Г. П. Шалаева

БОЛЬШОЙ СОВРЕМЕННЫЙ АНГЛО-РУССКИЙ СЛОВАРЬ с ТРАНСКРИПЦИЕЙ

Филологическое общество «СЛОВО»

издательство

Москва
2007

ББК 81.2Англ-4
Ш 18

Г. П. Шалаева

Все права на данное издание принадлежат издательству
«Филологическое общество «СЛОВО»
и находятся под охраной издательства.
Ни одна часть данного издания, включая название,
не может перерабатываться, ксерокопироваться, репродуцироваться
или множиться каким-либо иным способом

Шалаева Г. П.
Ш 18   Большой современный англо-русский словарь с транскрипцией / Г. П. Шалаева. — М. : СЛОВО : Эксмо, 2007. — 847 с.

ISBN 5-8123-0229-4 (СЛОВО)
ISBN 978-5-699-05432-9 (Эксмо)

«Большой современный англо-русский словарь с транскрипцией» содержит более 50 000 слов, словосочетаний, общеотраслевых и узкоспециальных терминов. Словарь не имеет аналогов с точки зрения насыщенности терминологией, формулировок семантических значений, а также удобства использования.
Издание предназначено как для специалистов в области английского языка, лиц, читающих англоязычную литературу и работающих с англоязычными документами, так и для широкой аудитории.

ББК 81.2Англ-4

ISBN 5-8123-0229-4
ISBN 978-5-699-05432-9

© Филологическое общество «СЛОВО», 2007

От автора

Словарь содержит более 50 000 лексических единиц и словосочетаний.

Он обобщает многолетний опыт работы автора в области перевода английской и американской специализированной литературы. Работая над словарем, автор постаралась максимально расширить круг будущих пользователей, создав универсальное издание, которое позволило бы читать и переводить соответствующую английскую литературу без помощи отраслевых словарей.

Ранее читатель, встречая в тексте какой-либо термин, должен был не только обращаться к общему словарю, но и уточнять перевод специальной терминологии с помощью специализированного словаря. Поэтому кроме широко употребляемых слов и устойчивых словосочетаний, отражающих существующие в данное время нормы употребления языковых единиц, словарь охватывает терминологию по следующим разделам: авиация, автомобильное дело, анатомия, археология, архитектура и строительство, астрономия, биология, ботаника, бухгалтерия, финансы и банковское дело, ветеринария, внешняя торговля и экономика, военное дело, вычислительная техника и программирование, генетика, география, геология, зоология, инженерия, искусствоведение и музыка, лингвистика, математика, медицина, метеорология, общественное питание, орнитология, педагогика, полиграфия и издательское дело, политология, психология, радио и телевидение, реклама и маркетинг, религия, садоводство, связь, статистика, таможенное дело, торговля, транспорт, физкультура и спорт, философия, фотография, экология, электротехника и приборостроение, юриспруденция и право.

Безусловно, столь широкий перечень не дает возможности полностью охватить всю терминологию вышеперечисленных отраслей. Это задача узкоотраслевых словарей. В настоящее издание включена наиболее употребительная терминология по упомянутым разделам. При этом автор избегала отраслевого жаргона, поэтому для словаря были отобраны лишь получившие повсеместное распространение общепризнанные термины.

В работе над словарем автор также уделила особое внимание уточнению и дополнению сложившегося терминологического массива новыми терминами и словосочетаниями, постаравшись дать наиболее полную совокупность значений термина, что существенно увеличивает число значений и, таким образом, облегчает перевод конкретного текста.

При составлении словаря были использованы американские и английские специализированные издания, периодика и корреспонденция, глоссарии, стандарты и справочники, лексикографические издания и коммерческая документация.

Автор искренне надеется, что словарь принесет ощутимую пользу тем, кто его приобретет.

Построение словаря

Словарь имеет алфавитный принцип построения, причем составные термины и словосочетания рассматриваются как слитно написанные слова и для них принята также алфавитная система.

По этой системе словосочетания, состоящие из двух или нескольких слов, следует искать в алфавитном порядке по первому слову. Например, термин *criminal trial* следует искать на слово *criminal*.

Устойчивые терминологические сочетания также даются по алфавитному принципу. Если термин не помещен в словаре полностью (в виде словосочетания), то нужно найти каждое слово, входящее в состав термина, в отдельности.

Сложные термины, начинающиеся с одного и того же неизмененного слова, помещены в алфавитном порядке независимо от того, пишется ли термин в виде отдельных слов, или через дефис, или слитным словом. Например, идут подряд: *rainless region, rain-making, rain precipitation*.

Каждое ведущее слово снабжено международной транскрипцией. В подбор к нему, в некоторых случаях, даются глаголы, как правило представленные в форме несовершенного вида.

В русском переводе части речи разделены точкой с запятой независимо от семантического содержания. Например: *tapse — истечение; препираться*.

Синонимические варианты переводов даны также через точку с запятой. Например: *look — смотреть; видеть и т.д.*

Пояснения к русским переводам и принятые сокращения даются после термина в круглых скобках, набранные курсивом. Например: *clutch — муфта (авт.)*.

Слова, приведенные в словаре, принадлежат к разным частям речи, но подавляющее большинство их — имена существительные, так как основная функция термина — быть единицей номинации.

Если термин всегда или наиболее часто употребляется во множественном числе, он так и приводится в словаре.

Некоторые прилагательные употребляются как с суффиксом *-ic*, так и с суффиксом *-ical*, например: *dynamic* и *dynamical*. В данном словаре это зависит от существующей практики употребления слова. Если обе формы кажутся равноправными, предпочтение отдается краткой форме с суффиксом *-ic*.

Нужно учитывать, что английская орфография часто допускает равноправные варианты написания слов. Следует отметить, что в нашем словаре они даны в соответствии со словарем Daniel Jones «English pronouncing dictionary».

В приложении дан список географических названий (морей, рек, океанов, вулканов, пустынь и горных массивов, частей света, государств и их столиц), денежных единиц, а также таблицы, включающие все метрические и неметрические единицы измерений, знаки зодиака, названия пород собак и др.

Условные сокращения

авиац. — авиация
авт. — автомобильное дело
амер. — американизм
анат. — анатомия
араб. — арабское слово
архаич. — архаизм
археол. — археология
архит. — архитектура
астр. — астрономия
балет. — балет
библ. — библейское выражение
биол. — биология
бирж. — биржевое выражение
бот. — ботаника
бухг. — бухгалтерия
воен. — военное дело
геогр. — география
геол. — геология
геом. — геометрия
гл. — глагол
горн. — горное дело
грам. — грамматика
греч. — греческое слово
груб. — грубое выражение
дип. — дипломатический термин
ед.ч. — единственное число
ж.-д. — железнодорожное дело
жарг. — жаргонизм
живоп. — живопись
зоол. — зоология
индийск. — индийское слово
ирланд. — ирландское слово
исп. — испанское слово
ист. — историческое слово
итал. — итальянское слово
ихт. — ихтиология
карт. — картография
книж. — книжный стиль
коммерч. — коммерческий термин
компьют. — компьютерный термин
ласк. — ласкательное выражение

лат. — латинское выражение
лес. — лесное хозяйство
линг. — лингвистика
лит. — литературное выражение
лог. — логика
мат. — математика
мед. — медицина
межд. — международное дело
минер. — минералогия
миф. — мифология
мн.ч. — множественное число
мор. — морское дело
муз. — музыка
нем. — немецкое слово
норвеж. — норвежское слово
орнит. — орнитология
охот. — охотоводство
парл. — парламентское выражение
перен. — переносное значение
перс. — персидское слово
полигр. — полиграфия
полит. — политика
поэт. — поэтическое выражение
пренебр. — пренебрежительное выражение
псих. — психология
пунктуац. — пунктуация
разг. — разговорное выражение
рел. — религия
русс. — русское слово
с.-х. — сельское хозяйство
сканд. — скандинавское слово
спорт. — спортивный термин
стих. — стихотворение
строит. — строительный термин
сущ. — существительное
театр. — театральный термин
текст. — текстильный термин
телевид. — телевидение
техн. — технический термин
трансп. — транспорт
турец. — турецкое выражение

уст. — устаревшее слово	*шахм.* — шахматный термин
физ. — физика	*шотланд.* — шотландское слово
физиол. — физиология	*шутл.* — шутливое выражение
филос. — философия	*экон.* — экономика
фин. — финансы	*эл.* — электротехника
фон. — фонетика	*электр.* — электроника
франц. — французское слово	*энт.* — энтомология
хим. — химия	*юрид.* — юридический термин
церк. — церковное выражение	*япон.* — японское слово

Английский алфавит

Aa [eɪ]	**Jj** [dʒeɪ]	**Ss** [es]
Bb [biː]	**Kk** [keɪ]	**Tt** [tiː]
Cc [siː]	**Ll** [el]	**Uu** [juː]
Dd [diː]	**Mm** [em]	**Vv** [viː]
Ee [iː]	**Nn** [en]	**Ww** [ˈdʌbljuː]
Ff [ef]	**Oo** [ou]	**Xx** [eks]
Gg [dʒiː]	**Pp** [piː]	**Yy** [waɪ]
Hh [eɪtʃ]	**Qq** [kjuː]	**Zz** [zed]
Ii [aɪ]	**Rr** [aː]	

A

a [eɪ]; мн. — As; A's [eɪz] первая буква английского алфавита; буквенное обозначение звука «ля» (*муз.*)

a [eɪ (полная форма), ə (краткая форма)] неопределенный артикль

a capella [ˌɑːkəˈpələ] а капелла (*муз.*)

a good deal of money [əˈgudˈdiəlˈəvˈmʌnɪ] много денег

a-go-go [əˈgougou] дискотека (*муз.*)

aback [əˈbæk] назад; задом; сзади

abaction крупная кража или угон скота (*юр.*)

abacus [ˈæbəkəs] счеты; абак; координатная сетка; сетчатая номограмма

abaft [əˈbɑːft] на корме; в сторону кормы; с кормы; позади; сзади

abalienated страдающий душевным расстройством

abalienation психоз; душевное расстройство

abalone [ˌæbəˈlounɪ] морское ушко (*зоол.*)

abandon [əˈbændən] покидать; оставлять; самовольно уходить (*с поста*); отказываться; сдавать; закрывать; консервировать (*предприятие*); предаваться (*страсти, отчаянию*); импульсивность; мощность; сила, энергия; абандон

abandoned [əˈbændənd] заброшенный; покинутый; падший; распутный; несдержанный; безудержный; бурный; неконтролируемый; необузданный

abandonee [əˌbændəˈniː] лицо, в пользу которого имеет место отказ от права (*юр.*); страховщик, в пользу которого остается застрахованный груз

abandonment [əˈbændənmənt] оставление; отказ (*от права, иска*); заброшенность; запущенность; абандон (*экон.*)

abandonment of invention [əˈbændənmənt|əv|ɪnˈvenʃən] отказ от права на изобретение

abandonment of ownership [əˈbændənmənt|əv|ˈounəʃɪp] отказ от права собственности

abarticulation диартроз (*биол.*)

abase [əˈbeɪs] попирать; уничижать; понижать (*в чине, должности*)

abasement [əˈbeɪsmənt] унижение; уничижение; понижение (*в чине, должности*)

abashed [əˈbæʃt] сконфуженный; смешавшийся; смущенный

abashment [əˈbæʃmənt] смущение; паника; растерянность

abate [əˈbeɪt] ослаблять; уменьшать; умерять; снижать; сбавлять; делать скидку; уменьшаться; ослабевать; утихать (*о буре, эпидемии и т. п.*); стесывать (*камень*); аннулировать; отменять; прекращать; устранять; незаконно завладеть недвижимостью до вступления наследника во владение (*юр.*)

abatement [əˈbeɪtmənt] уменьшение; ослабление; смягчение; снижение; сокращение; скидка; уступка; прекращение; устранение; остановка; отмена; угасание; аннулирование; незаконное завладение недвижимостью до вступления наследника во владение (*юр.*)

abatement of action [əˈbeɪtmənt|əv|ˈækʃən] прекращение иска

abatement of suit [əˈbeɪtmənt|əv|ˈsjuːt] прекращение производства по делу

abater [əˈbeɪtə] прошение о прекращении судебного процесса

abatis [ˈæbətɪs] завал; засека; ограда из колючей проволоки

abattoir [ˈæbətwɑː] бойня; скотобойня

abbacy [ˈæbəsɪ] аббатство; сан аббата; срок исполнения настоятелем монастыря своих обязанностей (*церк.*)

abbess [ˈæbɪs] аббатиса; настоятельница монастыря (*церк.*)

abbey [ˈæbɪ] аббатство; монастырь; главная церковь аббатства (*церк.*)

abbot [ˈæbət] аббат

abbreviate [əˈbriːvɪeɪt] сокращать (*текст*); урезывать; использовать сокращения, аббревиатуры; выписка из документа (*юр.*)

abbreviate of adjudication [əˈbriːvɪeɪt|əv|əˌdʒuːdɪˈkeɪʃən] выдержка из решения суда

abbreviation [əˌbriːvɪˈeɪʃən] аббревиатура; сокращение; сокращенное наименование

ABC-book [ˈeɪbiːˈsiːbuk] букварь

abdicate [ˈæbdɪkeɪt] отрекаться (*от престола*); отказываться (*от права, поста*); отрекаться (*от своего ребенка*) (*юр.*)

abdication [ˌæbdɪˈkeɪʃ(ə)n] отречение (*от престола*); отказ (*от права, претензии, должности*); сложение полномочий

abdomen [ˈæbdəmen] брюшная полость; живот; брюшко (*насекомого*) (*биол.*)

abdominous [æbˈdɔmɪnəs] толстый

abducens [æbˈdjuːsəns] наружная прямая кишка (*анат.*)

abduct [æbˈdʌkt] похищать; насильно (*обманом*) увозить другое лицо

ABD — ABL

abduction [æb'dʌkʃn] абдукция; похищение; насильственный увоз другого лица; силлогизм, малая посылка которого является лишь вероятной

abearance [ə'bɛərəns] данное под поручительством обязательство не нарушать закон

abecedarian [ˌeɪbɪsɪ'dɛərɪən] расположенный в алфавитном порядке; относящийся к алфавиту; азбучный; примитивный; простой; элементарный; обучающий; обучающийся грамоте; начинающий

abecedary [ˌeɪbiː'siːdərɪ] азбука; букварь

abed [ə'bed] в постели; на кровать; лежащий, находящийся в постели или на кровати; прикованный к постели; преждевременное завершение; аварийная остановка

abenteric [ˌeɪbn'terɪk] внекишечный (мед.)

aberdevine [ˌæbədə'vaɪn] чиж (орнит.)

aberrance [æ'berəns] отклонение от правильного пути (книж.); отклонение от нормального типа; аберрация (биол.)

aberrant [æ'berənt] заблуждающийся; сбившийся с правильного пути; отклонившийся; отклоняющийся от нормы; аберрантный (биол.)

aberration [ˌæbə'reɪʃən] помрачение ума; отклонение от нормы

abet [ə'bet] подстрекать; содействовать (совершению чего-либо дурного); поощрять кого-либо сделать что-либо плохое; соучаствовать в совершении преступления; поддерживать

abetment [ə'betmənt] подстрекательство к совершению преступления; поощрение (плохого); содействие (дурному)

abettor [ə'betə] подстрекатель; пособник; соучастник; соумышленник

abeyance [ə'beɪəns] состояние неопределенности (неизвестности, ожидания разрешения какого-либо дела); временное бездействие; временное прекращение (юр.); приостановление; временная отмена (закона, права); отсутствие владельца, претендента на собственность или наследство (юр.)

abhor [əb'hɔː] питать отвращение; ненавидеть; не выносить (разг.)

abhorrence [əb'hɔrəns] отвращение; омерзение; ненависть; резко отрицательное отношение; то, что вызывает отвращение, ненависть

abidance [ə'baɪdəns] соблюдение чего-либо; подчинение чему-либо; выполнение; жительство; пребывание (книж.)

abide [ə'baɪd] оставаться верным (неизменным); придерживаться (выполнять) обещания; следовать чему-либо; действовать в соответствии с чем-либо; принимать что-либо во внимание; (быть вынужденным) считаться с чем-либо; пребывать; жить; обитать; проживать; ждать; ожидать (покорно или пассивно); вынести; пережить; вытерпеть; выносить; терпеть

abiding [ə'baɪdɪŋ] постоянный; неизменный

abience [ə'bɪəns] избегание

ability [ə'bɪlɪtɪ] способность; возможность сделать что-либо; ловкость; квалификация; умение; дарование; платежеспособность (фин.); компетенция; правоспособность; дееспособность (юр.)

ability to conceive [ə'bɪlɪtɪ tə kən'siːv] способность к зачатию

ability to pay [ə'bɪlɪtɪ tə 'peɪ] платежеспособность

abintestate [ˌæbɪn'testɪt] наследник при отсутствии завещания

abiogenesis [ˌeɪbaɪo(ʊ)'dʒenɪsɪs] самозарождение; абиогенез

abiosis [ˌeɪbaɪ'oʊsɪs] смерть; абиоз; состояние безжизненности

abirritate [æ'bɪrɪteɪt] уменьшать раздражение

abishered освобожденный от штрафов

abject ['æbdʒekt] жалкий; презренный; низкий; униженный; несчастный; находящийся в унизительном положении; подобострастный; раболепный

abjection [æb'dʒekʃən] унижение; уничижение; униженность

abjuration [ˌæbdʒu(ə)'reɪʃən] клятвенное отречение

abjure [əb'dʒuə] отказываться; отрекаться; отступаться; сторониться; чуждаться; отказываться (от требования); отрицать что-либо под присягой

ablastous [ə'blæstəs] неспособный к прорастанию (образованию почек)

ablation [ə'bleɪʃən] ампутация

ablative ['æblətɪv] аблатив; творительный падеж; слово в аблативе

ablaze [ə'bleɪz] горящий; пылающий; сверкающий; сияющий; блистающий; возбужденный; взволнованный; пылкий

able ['eɪbl] способный; обладающий способностью; талантливый; годный; компетентный; квалифицированный; умелый; умеющий; знающий; правоспособный; дееспособный; платежеспособный (юр.)

able-bodied ['eɪbl'bɔdɪd] крепкий; здоровый; годный (к военной службе); трудоспособный (экон.)

able-minded ['eɪbl'maɪndɪd] способный; умный

ablepsia [ə'blepsɪə] слепота; неспособность видеть

ablocate [ə'blɔkeɪt] брать в наём; сдавать в наём

abloom [ə'bluːm] растущий; цветущий; в цвету

ablush [ə'blʌʃ] покрывшись румянцем; смущенный

ablution [ə'bluːʃən] омовение; обмывание; вода или иная жидкость для омовения

ably ['eɪblɪ] умело; искусно; ловко; компетентно; квалифицированно; талантливо; умно

abnegate ['æbnɪgeɪt] отказывать себе в чем-либо; отказываться *(от прав, привилегий и т. п.)*; отрицать; отвергать; опровергать; отрекаться; противоречить

to abnegate powers — сложить с себя полномочия

abnormal [æb'nɔːməl] аномальный; ненормальный; неправильный; огромный; необычно большого размера; отклоняющийся от средней величины

abnormal amount of rain [æb'nɔːməl|ə'maunt|əv|'reɪn] выпадение осадков выше нормы *(для данного времени года)*

abnormal behaviour [æb'nɔːməl|bɪ'heɪvjə] неадекватное поведение

abnormal mentally [æb'nɔːməl|'mentlɪ] психически ненормальный

abnormal refraction [æb'nɔːməl|rɪ'frækʃən] аномальная рефракция

abnormality [ˌæbnɔː'mælɪtɪ] аномальность; ненормальность; отклонение от принятого

abnormally dangerous [æb'nɔːməlɪ|'deɪndʒərəs] чрезвычайно опасный

aboard [ə'bɔːd] на борту *(судна, самолета, поезда, автобуса)*; вдоль

abode [ə'boud] жилище; местонахождение; местожительство

abode fixed [ə'boud'fɪkst] постоянное местожительство

abolish [ə'bɔlɪʃ] отменять; упразднять; положить конец чему-либо; уничтожать; разрушать; аннулировать; сводить к нулю

abolishment [ə'bɔlɪʃmənt] гашение; отмена; подавление; упразднение; аннулирование; разрушение; уничтожение

abolition [ˌæbə'lɪʃən] отмена; аннулирование *(договора, закона)*; ликвидация; избавление от чего-либо; устранение; прекращение уголовного преследования

abominable [ə'bɔmɪnəbl] гнусный; противный; гадкий; страшный; ужасный; грязно; мерзко; отвратительно

abominate [ə'bɔmɪneɪt] питать отвращение; ненавидеть

abomination [əˌbɔmɪ'neɪʃ(ə)n] отвращение; гнусность

abonent [ə'bænənt] абонент; пользователь

abonent net [ə'bænənt'net] абонент сети

aboriginal [ˌæbə'rɪdʒənl] исконный; коренной; местный; первобытный; туземец; коренной житель; абориген; исконное слово

aborigine [ˌæbə'rɪdʒɪnɪ] туземец; абориген; представитель коренного населения; флора и фауна данного *(географического)* района

abort [ə'bɔːt] иметь выкидыш; производить искусственный аборт; потерпеть неудачу *(в самом начале чего-либо)*; не удаваться; остаться недоразвитым *(биол.)*; останавливать; прекращать; предотвращать; прерывать выполнение программы *(компьют.)*; аварийно заканчиваться; срываться

aborted [ə'bɔːtɪd] недоношенный; недоразвитый; прекращенный *(биол.)*

abortion [ə'bɔːʃən] аборт; выкидыш; недоразвитие органа

abortionist [ə'bɔːʃənɪst] подпольный акушер

abortive [ə'bɔːtɪv] абортивное средство; выкидыш; преждевременный *(о родах)*; безуспешный; бесплодный; неудавшийся; прерванный; неудачный

abortive crime [ə'bɔːtɪv'kraɪm] покушение на преступление

abortus [ə'bɔːtəs] недоразвитый плод, полученный в результате искусственного аборта

abosis [ə'bɔːzɪs] смерть; абиоз; состояние безжизненности

abound [ə'baund] быть в большом количестве; иметь в большом количестве; изобиловать

about [ə'baut] кругом; вокруг; недалеко; приблизительно; около; почти; при; нахождение в разных местах тут и там; по; поблизости; относительно; насчет; существующий, находящийся в обращении; меняющий курс; ложащийся, поворачивающий на другой галс

about-face [ə'bautfeɪs] — *сущ.* [ə'baut'feɪs] — *гл.* поворот кругом; внезапное и полное изменение *(отношения, точки зрения)*; отскок назад *(при ударе)*; повернуть(ся) кругом; внезапно и полностью изменить *(отношение, политику, точку зрения)*

about-ship [ə'baut'ʃɪp] менять курс

about-sledge [ə'bautsledʒ] кузнечный молот

about-towner [ə'baut'taunə] завсегдатай ночных клубов

above [ə'bʌv] наверху; выше; вверх; ранее; наверх; более; больше; свыше; на небе; в небесах; на спине *(зоол.)*; над; раньше; до *(в книге, документе)*; вышеупомянутое

above average [ə'bʌv'ævərɪdʒ] выше среднего

above lock [ə'bʌv'lɔk] вверх по течению реки

above normal [ə'bʌv'nɔːməl] выше нормы

above par [ə'bʌv'paː] выше номинальной стоимости

above rubies [ə'bʌv'ruːbɪz] неоценимый

above sea level [ə'bʌv'siː'levl] над уровнем моря

above the battle [ə'bʌv|ðə|'bætl] беспристрастный; стоящий в стороне от схватки

above the standard [əˈbʌv|ðəˈstændəd] выше нормы

above-board [əˈbʌvˈbɔːd] добропорядочный; открытый; порядочный; прямой; честный; открыто; честно

above-earth potential [əˈbʌv.ɜːθ|pəˈtenʃəl] фазовое напряжение (техн.)

above-ground [əˈbʌvˈgraund] живущий; живой; жизненный; наземный; надземный (бот.); открытый; прямой; откровенный

above-mentioned [əˈbʌvˈmenʃənd] вышеупомянутый; вышеупомянутое

abracadabra [ˌæbrəkəˈdæbrə] заклинание; абсурд; бессмыслица

abradant [əˈbreɪdənt] абразивный материал; шкурка

abrade [əˈbreɪd] стирать; снашивать трением; сдирать (кожу); обдирать; шлифовать (техн.); портить; сводить на нет

abrading [əˈbreɪdɪŋ] стирание; износ; шлифовка; притирка

abrading action [əˈbreɪdɪŋˈækʃən] износ

abrading process [əˈbreɪdɪŋˈprəusəs] шлифовальный процесс

abrasing machining [əˈbreɪzɪŋ|məˈʃiːnɪŋ] механическая шлифовка

abrasion [əˈbreɪʒən] истирание; трение; ссадина; механическое повреждение поверхности вследствие трения; абразия; абразивный износ; смыв материка морской водой (геол.); снашивание (техн.); срабатывание; выскабливание; шлифование

abrasion disc [əˈbreɪʒənˈdɪsk] шлифовальный круг

abrasion fly ash [əˈbreɪʒənˈflaɪˈæʃ] абразивная пыль

abrasion hardness [əˈbreɪʒənˈhɑːdnɪs] твердость на истирание

abrasion index [əˈbreɪʒənˈɪndeks] коэффициент абразивного износа

abrasion resistance [əˈbreɪʒənrɪˈzɪstəns] стойкость; сопротивление изнашиванию; износоустойчивость

abrasion test [əˈbreɪʒənˈtest] испытание на износ

abrasion-resistant alloy [əˈbreɪʒənrɪˌzɪstəntˈælɔɪ] износостойкий сплав

abrasive [əˈbreɪsɪv] абразивный материал; шлифующий; размывающий (геол.); резкий; колкий (о тоне, замечании и т. п.); обидный; раздражающий (о человеке); несносный; спорный; могущий вызвать разногласия (обиды и т. п.)

abrasive cloth [əˈbreɪsɪvˈklɔθ] наждачная бумага; шкурка

abrasive coat [əˈbreɪsɪvˈkout] абразивное покрытие

abrasive machining [əˈbreɪsɪv|məˈʃiːnɪŋ] абразивная обработка

abrasive paste [əˈbreɪsɪvˈpeɪst] абразивная паста

abrasive powder [əˈbreɪsɪvˈpaudə] абразивный порошок

abrasives [əˈbreɪsɪvs] абразивные материалы; твердые включения, вызывающие износ

abreaction [ˌæbrɪˈækʃən] снятие нервно-психического напряжения

abreast [əˈbrest] в ряд; рядом; на одной линии; не отставая; держась на (должном) уровне; на уровне

abrego альбакор, тунец длинноперый (биол.)

abridge [əˈbrɪʤ] сокращать; уменьшать; укорачивать; проводить усечение; убавлять; ограничивать; урезать (права, привилегии и т. п.); замыкать; закорачивать

abridged [əˈbrɪʤd] сокращенный

abridgement [əˈbrɪʤmənt] сокращение; сокращенный текст (издание); краткое изложение; конспект

abroachment [əˈbroutʃmənt] спекуляция

abroad [əˈbrɔːd] за границей; за границу; широко; повсюду; в заблуждении; вне дома; вне своего жилища; из дому; далеко от цели (при стрельбе, в играх)

abrogate [ˈæbrougeɪt] отменять; аннулировать; отказываться; отбрасывать

abrogation [ˌæbrouˈgeɪʃən] отмена; аннулирование

abrupt [əˈbrʌpt] внезапный; неожиданный; крутой; обрывистый; резкий; грубый (о манерах и т. п.); отрывистый; неровный (о стиле); скачкообразный (об изменении и т. п.)

abrupt slope [əˈbrʌptˈsloup] крутой уклон (откос)

abruption [əˈbrʌpʃən] разрыв; разъединение; отторжение; выход на поверхность (пласта) (геол.)

abruption test [əˈbrʌpʃənˈtest] испытание на разрыв

abruptness [əˈbrʌptnɪs] крутизна; обрывистость; внезапность; неожиданность; непредсказуемость; сюрприз; резкость (движений); резкость; грубость (ответа); отрывистость; неровность (стиля)

ABS (antiskid brake system) [ˈæntɪˌskɪdˈbreɪkˈsɪstɪm] противоскользящая тормозная система

abscess [ˈæbsɪs] нарыв

abscissa [æbˈsɪsə] абсцисса; ось абсцисс

abscission [æbˈsɪʒ(ə)n] ампутация (мед.); сбрасывание или опадение (бот.)

abscond [əbˈskɔnd] скрываться (с чужими деньгами); бежать (от суда, следствия, правосудия)

abseil [ˈæbseɪl] спускаться на веревке (об альпинистах)

abseil piton [ˈæbseɪlˈpiːten] крюк с кольцом

absence ['æbsəns] отсутствие; неявка; недостаток; неимение; рассеянность; отсутствие внимания

absence from court ['æbsəns|frəm|'kɔ:t] неявка в суд

absence from work ['æbsəns|frəm|'wə:k] прогул

absence of demand ['æbsəns|əv|dɪ'ma:nd] отсутствие спроса

absence of novelty ['æbsəns|əv|'nɔvəltɪ] отсутствие новизны

absence of utility ['æbsəns|əv|ju:'tɪlɪtɪ] отсутствие полезности

absence without leave ['æbsəns|wɪ'ðaut|'li:v] прогул; неявка на работу

absent ['æbsənt] отсутствующий (где-либо); кажущийся; рассеянный; отлучиться; отсутствовать; не явиться; уклоняться (от работы и т. п.); в отсутствие

absent good cause ['æbsənt|'gud|'kɔ:s] отсутствие уважительной причины

absent-mindedness ['æbsənt'maɪndɪdnɪs] невнимательность; рассеянность

absentee [,æbsən'ti:] отсутствующий; не явившийся; уклоняющийся (от посещения собраний, занятий и т. п.)

absenteeism [,æbsən'ti:ɪzm] абсентеизм; невыход(ы) на работу: прогул(ы); длительное отсутствие собственника на недвижимость

absently ['æbsəntlɪ] рассеянно

absinth ['æbsɪnθ] полынь горькая (бот.); абсент; полынная водка; желтовато-зеленый цвет

absolute ['æbs(ə)lu:t] полный; абсолютный; безусловный; беспримесный; чистый; самовластный; неограниченный; действительный; несомненный; максимальный

absolute acceleration ['æbsəlu:t|æk,selə'reɪʃən] абсолютное ускорение (метео)

absolute acceptance ['æbsəlu:t|ək'septəns] безоговорочный акцепт

absolute accuracy ['æbsəlu:t|'ækjurəsɪ] абсолютная точность

absolute address ['æbsəlu:t|ə'dres] абсолютный адрес (компьют.)

absolute altitude ['æbsəlu:t|'æltɪtju:d] абсолютная высота

absolute authority ['æbsəlu:t|ɔ:'θɔrɪtɪ] абсолютная власть

absolute code ['æbsəlu:t|'koud] машинный код

absolute control ['æbsəlu:t|kən'troul] полный контроль

absolute determination ['æbsəlu:t|dɪ,tə:mɪ'neɪʃən] абсолютное определение (метео)

absolute deviation ['æbsəlu:t|,dɪvɪ'eɪʃən] модуль отклонения

absolute electrometer ['æbsəlu:t|ɪlek'trɔmɪtə] абсолютный электрометр

absolute error ['æbsəlu:t|'erə] абсолютная ошибка

absolute extremum ['æbsəlu:t|ɪk'stri:məm] абсолютный экстремум

absolute humidity ['æbsəlu:t|hju:'mɪdɪtɪ] абсолютная влажность

absolute majority ['æbsəlu:t|mə'dʒɔrɪtɪ] абсолютное большинство

absolute pitch ['æbsəlu:t|'pɪtʃ] абсолютный слух

absolute scale ['æbsəlu:t|'skeɪl] абсолютная шкала

absolute standard barometer ['æbsəlu:t|'stændəd|bə'rɔmɪtə] нормальный барометр

absolute temperature ['æbsəlu:t|'temprɪtʃə] абсолютная температура

absolute transfer ['æbsəlu:t|'trænsfə(:)] полная передача прав

absolute unit ['æbsəlu:t|'ju:nɪt] абсолютная единица (мат.)

absolute value ['æbsəlu:t|'vælju:] абсолютная величина; абсолютное значение

absolute vector ['æbsəlu:t|'vektə] абсолютный вектор

absolute velocity ['æbsəlu:t|vɪ'lɔsɪtɪ] абсолютная скорость

absolutely ['æbsəlu:tlɪ] безусловно; конечно; точно; именно; вполне

absoluteness ['æbsəlu:tnɪs] безусловность; неограниченность; полнота власти

absolution [,æbsə'lu:ʃən] прощение; освобождение (от ответственности, долгов, наказания); оправдание (юр.); абсолюция

absolutism ['æbsəlu:tɪzm] абсолютизм; неограниченная монархия; бесспорность; несомненность; философия абсолюта

absolve [əb'zɔlv] освобождать; избавлять (от ответственности, долгов, наказания); прощать; оправдывать; выносить оправдательный приговор кому-либо; отпускать (грехи)

to absolve from blame — прощать вину

absorb [əb'sɔ:b] всасывать; впитывать; абсорбировать; поглощать (внимание); понимать; постигать; оплачивать; брать на себя (расходы); вынести; выдержать; переносить; амортизировать (толчки)

to absorb heat — поглощать тепло
to absorb light — поглощать свет
to absorb odor — поглощать запах
to absorb power — поглощать мощность
to absorb radiation — поглощать излучение
to absorb the full meaning of a remark — полностью осознать смысл (сделанного) замечания

absorbability [əb,sɔ:bə'bɪlɪtɪ] поглотительная способность

absorbable [əb'sɔ:bəbəl] поглощаемый

absorbed [əbˈsɔːbd] абсорбированный; поглощенный; увлеченный чем-либо; занятый чем-либо

absorbed heat [əbˈsɔːbd|ˈhiːt] поглощенное тепло

absorbed neutrons [əbˈsɔːbd|ˈnjuːtrɔnz] поглощенные нейтроны

absorbency [əbˈsɔːbənsɪ] впитывающая способность

absorbent [əbˈsɔːbənt] абсорбент; поглотитель; промокательная бумага; лимфатические сосуды (биол.)

absorbent gland [əbˈsɔːbənt|ˈglænd] лимфатический узел

absorber [əbˈsɔːbərə] амортизатор

absorbing [əbˈsɔːbɪŋ] впитывающий; всасывающий; всепоглощающий; амортизирующий (техн.); смягчающий (удар)

absorbing capacity [əbˈsɔːbɪŋ|kəˈpæsɪtɪ] поглощающая способность

absorbing layer [əbˈsɔːbɪŋ|ˈleɪə] поглощающий слой

absorbing power [əbˈsɔːbɪŋ|ˈpauə] поглощающая способность

absorption [əbˈsɔːpʃən] всасывание; впитывание; погруженность (в мысли, работу и т. п.); поглощение; включение в число членов

absorption coefficient [əbˈsɔːpʃen|ˌkouˈfɪʃənt] коэффициент поглощения

absorption function [əbˈsɔːpʃən|ˈfʌŋkʃən] функция поглощения

absorption spectrum [əbˈsɔːpʃən|ˈspektrəm] спектр поглощения

absorptive [əbˈsɔːptɪv] поглощающий; абсорбирующий; амортизирующий; смягчающий

absorptivity [ˌæbsɔːpˈtɪvɪtɪ] поглощательная способность

abstain [əbˈsteɪn] воздерживаться; не голосовать

abstainer [əbˈsteɪnə] непьющий; трезвенник; воздержавшийся (при голосовании)

abstemious [æbˈstiːmjəs] воздержанный; умеренный (в пище, питье); отрегулированный; сдержанный; скромный; бережливый; сберегательный; экономный

abstention [əbˈstenʃən] воздержание; воздержанность (в еде и т. п.); неучастие в голосовании; неявка (на выборы и т. п.)

abstergent [əbˈstəːdʒənt] моющий; очищающий; моющее средство (мыло, порошок и т. п.)

abstersion [əbˈstəːʃən] очищение; промывание

abstinent [ˈæbstɪnənt] умеренный; воздержанный; трезвый; непьющий

abstract [ˈæbstrækt] — сущ. [æbˈstrækt] — гл. абстракция; отвлеченное понятие; отвлеченный термин; конспект; резюме; извлечение (из книги); документ о правовом титуле; выписка; выдержка из документа; произведение абстрактного искусства; абстрактный; отвлеченный; спекулятивный; умозрительный; трудный для понимания; малопонятный; неясный; теоретический; отнимать; извлекать; абстрагировать(ся); рассматривать отвлеченно; резюмировать; суммировать; обобщать; реферировать; складывать; красть

abstract behavior [ˈæbstækt|bɪˈheɪvjə] абстрактное поведение

abstract of account [ˈæbstækt|əv|əˈkaunt] выписка из счета

abstract of evidence [ˈæbstækt|əv|ˈevɪdəns] краткое изложение доказательств

abstract of record [ˈæbstækt|əv|ˈrekɔːd] выписка из протокола дела

abstracted [æbˈstræktɪd] погруженный в мысли; отдаленный; удаленный

abstractedly [æbˈstræktɪdlɪ] рассеянно; абстрактно; отвлеченно; отдельно

abstraction [æbˈstrækʃən] абстракция; обобщение; рассеянность; погруженность в мысли; задумчивость; произведения абстрактного искусства; абстракционизм; отвод; вывод; обход; отведение; отделение

abstruse [æbˈstruːs] глубокомысленный; серьезный; трудный для понимания; скрытый; тайный (о мыслях и т. п.)

absurd [əbˈsəːd] нелепый; абсурдный; глупый; смехотворный; самопротиворечащий; абсурдистский; абсурд; абсурдность

absurdist [əbˈsəːdɪst] абсурдист

absurdist theatre [əbˈsəːdɪst|ˈθɪətə] театр абсурда

absurdity [əbˈsəːdɪtɪ] нелепость; абсурд; нелепое утверждение (поступок); вздор; глупость

absurdly [əbˈsəːdlɪ] нелепо; глупо; до смешного

abundance [əˈbʌndəns] изобилие; избыток; богатство; благополучие; благосостояние; достаток; масса; множество; совокупность

abundant [əˈbʌndənt] изобильный

abuse [əˈbjuːs] — сущ. [əˈbjuːz] — гл. оскорбление; плохое (жестокое) обращение; злоупотребление; нападки; неправильное употребление или использование; нападение; избиение; изнасилование; совращение малолетних; эксплуатация с нарушением установленных режимов (техн.); оскорблять; ругать; бесчестить; поносить; мучить; портить; неосторожно пользоваться чем-либо; злоупотреблять

abuse of authority [əˈbjuːs|əv|ɔːˈθɔrɪtɪ] злоупотребление властью

abuse of confidence [əˈbjuːs|əv|ˈkɔnfɪdəns] злоупотребление доверием

abuse of corpse [əˈbjuːs|əv|ˈkɔːps] надругательство над трупом

abuse of environment [əbˈjuːs|əv|ɪnˈvaɪ(ə)rənmənt] загрязнение окружающей среды

abuse of law [əbˈjuːs|əv|ˈlɔː] злоупотребление законом

abuse of office [əbˈjuːs|əv|ˈɔfɪs] должностное злоупотребление

abuse of power [əbˈjuːs|əv|ˈpauə] превышение власти; злоупотребление властью

abusive [əˈbjuːsɪv] бранный; оскорбительный; жестокий; негуманный; оскорбляющий; готовый оскорбить, обидеть; злоупотребляющий чем-либо в личных интересах; коррумпированный; вводящий в заблуждение

abusive act [əbˈjuːsɪv|ˈækt] злоупотребление

abusive conduct [əbˈjuːsɪv|ˈkɔndʌkt] оскорбительное поведение

abusive language [əbˈjuːsɪv|ˈlæŋgwɪʤ] оскорбительные выражения

abut [əˈbʌt] примыкать; граничить; упираться; опираться; соединять впритык *(техн.)*

abutment [əˈbʌtmənt] граница; кордон; межа; рубеж; контрфорс; пилястр; торец; упор; опора; пята *(техн.)*

abutment pier [əˈbʌtmənt|ˈpɪə] опора; бык моста *(ж.-д.)*

abuttal [əˈbʌtəl] межа; граница

abuzz [əˈbʌz] гудящий; жужжащий; активный; деятельный; энергичный

abysm [əˈbɪzm] бездна; пропасть; пучина

abysmal [əˈbɪzməl] бездонный; глубокий; ужасный; страшный

abyss [əˈbɪs] бездна; пропасть; пучина; первозданный хаос

abyssal [əˈbɪsəl] глубинный; глубоководный; изверженный; магматический *(геол.)*

acacia [əˈkeɪʃə] акация *(бот.)*

academic [ˌækəˈdemɪk] университетский; академический; относящийся к академии; фундаментальный; гуманитарный; чисто теоретический; отвлеченный; оторванный от практики; не имеющий никакого практического значения; праздный *(о вопросе и т. п.)*; канонический; традиционный; преподаватель, профессор или научный сотрудник *(высшего)* учебного заведения; чисто теоретические, академические аргументы и т. п.; учебные занятия *(в колледже и т. п.)*

academic bodies [ˌækəˈdemɪk|ˈbɔdɪz] академические круги

academic circles [ˌækəˈdemɪk|ˈsəːklz] научные круги

academic freedom [ˌækəˈdemɪk|ˈfriːdəm] академическая свобода

academic institution [ˌækəˈdemɪk|ˌɪnstɪˈtjuːʃən] высшее учебное заведение

academical [ˌækəˈdemɪk(ə)l] академический; университетский

academician [əˌkædəˈmɪʃən] академик; студент, преподаватель, профессор или научный сотрудник высшего учебного заведения; традиционалист; приверженец канонов *(в философии, искусстве и т. п.)*

academy [əˈkædəmɪ] академия; высшее учебное заведение; привилегированное среднее *(частное)* учебное заведение; специальное учебное заведение

academy of music [əˈkædəmɪ|əv|ˈmjuːzɪk] музыкальная школа

academy of sciences [əˈkædəmɪ|əv|ˈsaɪəns] академия наук

acanthous [əˈkænθəs] колючий

acaulescent [ˌækɔːˈlesənt] бесстебельное растение *(бот.)*

accede [ækˈsiːd] соглашаться; примыкать; присоединяться; принимать *(должность и т. п.)*; вступать *(в должность, во владение, в организацию, в право)*

  to accede to an estate — вступить во владение
  to accede to the throne — взойти на престол

accelerando [ækˌseləˈrændou] аччелерандо *(муз.)*

accelerant [ækˈselərənt] катализатор; ускоритель

accelerate [æəkˈseləreɪt] ускорять; увеличивать скорость; ускоряться; разгоняться

accelerated amortization [ækˈseləreɪtɪd|əˌmɔːtɪˈzeɪʃən] ускоренная амортизация

accelerated development [ækˈseləreɪtɪd|dɪˈveləpmənt] ускоренное развитие

accelerating [æəkˈseləreɪtɪŋ] ускоряющий*(ся)*; прогрессивный *(об оплате)* *(экон.)*

accelerating carburetter piston [ækˈseləreɪtɪŋ|ˈkɑːbjuretə|ˈpɪstn] поршень насоса-ускорителя в карбюраторе

accelerating service [ækˈseləreɪtɪŋ|ˈsəːvɪs] форсированная работа

accelerating wage rate [ækˈseləreɪtɪŋ|ˈweɪʤ|ˈreɪt] прогрессивно-сдельная оплата *(труда)*

acceleration [ækˌseləˈreɪʃən] ускорение; акселерация; убыстрение; форсирование; перегрузка; приемистость *(двигателя)*; разбег; разгон *(техн.)*; улучшение сходимости

acceleration from test [ækˌseləˈreɪʃən|frəm|ˈtest] разгон с места

acceleration jet [ækˌseləˈreɪʃən|ˈʤet] жиклер ускорительного насоса

acceleration lag [ækˌseləˈreɪʃən|ˈlæg] запаздывание *(при разгоне)*

acceleration lane [ækˌseləˈreɪʃən|ˈleɪn] скоростное шоссе

acceleration of circulation [æk͵selə'reɪʃən|əv͵sɜːkju'leɪʃən] ускорение циркуляции *(метео)*

acceleration of fuel [æk͵selə'reɪʃən|əv|'fjuəl] испаряемость топлива

acceleration of gravity [æk͵selə'reɪʃən|əv|'grævɪtɪ] ускорение силы тяжести

acceleration potential [æk͵selə'reɪʃən|pə'tenʃəl] потенциал ускорения

acceleration speed [æk͵selə'reɪʃən|'spiːd] возрастающая скорость

acceleration test [æk͵selə'reɪʃən|'test] ускоренное испытание

acceleration time [æk͵selə'reɪʃən|'taɪm] время разгона диска или магнитной ленты

acceleration time adjuster [æk͵selə'reɪʃən|'taɪm|ə'dʒʌstə] ускоритель бензонасоса

accelerator [ək'seləreɪtə] ускоритель *(техн.)*; акселератор; катализатор; педаль газа

accelerator pedal [ək'seləreɪtə|'pedl] педаль газа

accelerograph [ək'seləregraːf] акселерограф

accelerometer [ək͵selə'rɔmɪtə] акселерометр

accent ['æks(ə)nt] — *сущ.* [æk'sent] — *гл.* ударение; знак ударения; штрих; произношение; акцент; речь; язык; отличительная черта; отличительный признак; характерная особенность; отделка; делать, ставить ударение; ставить знаки ударения; подчеркивать; акцентировать; концентрировать; сосредотачивать; выделять; произносить *(выразительно)*; выговаривать

accent mark ['æks(ə)nt|'maːk] знак ударения

accented [æk'sentɪd] подчеркнутый

accentor [æk'sentə] солирующий певец *(муз.)*

accentuate [æk'sentjueɪt] делать *(ставить)* ударение; выделять; отделять; подчеркивать; обострять; углублять; усиливать; усугублять

accentuation [æk͵sentju'eɪʃən] постановка ударения; выделение; подчеркивание; разграничение; манера произношения

accept [ək'sept] принимать; акцептовать; допускать; признавать; соглашаться; относиться благосклонно; считать *(кого-либо)* приемлемым *(подходящим)*; ввод данных с клавиатуры *(компьют.)*

to accept an apologies — *принимать извинения*

to accept an election — *признавать результаты выборов*

to accept an offer — *принять предложение*

to accept as pledge — *принимать в качестве залога*

to accept blame — *принимать вину (на себя)*

to accept bribes — *брать взятки*

to accept in deposit — *принять на хранение*

to accept loss — *принять на себя убыток*

to accept the inevitable — *мириться с неизбежностью*

to accept goods — *принимать товар*

acceptability [ək͵septə'bɪlɪtɪ] приемлемость

acceptability appraisal [ək͵septə'bɪlɪtɪ|ə'preɪzəl] оценка пригодности

acceptable [ək'septəbl] приемлемый; желанный; отрадный; приятный; могущий быть акцептованным *(о векселе)* *(фин.)*

acceptable conditions [ək'septəbl|kən'dɪʃənz] приемлемые условия

acceptably [ək'septəblɪ] приемлемо; допустимо

acceptance [ək'septəns] получение; прием; одобрение; похвала; признание; хвала; принятое значение слова; акцепт *(фин.)*; акцептование; принятие *(запроса)*; приемка *(системы)* *(компьют.)*

acceptance certificate [ək'septəns|sə'tɪfɪkɪt] акт о приемке

acceptance data [ək'septəns|'deɪtə] сбор данных

acceptance of bill [ək'septəns|əv|'bɪl] акцепт векселя *(фин.)*

acceptance of bribe [ək'septəns|əv|'braɪb] получение взятки

acceptance of luggage [ək'septəns|əv|'lʌgɪdʒ] прием багажа

acceptance stamp [ək'septəns|'stæmp] клеймо контроля

acceptance test [ək'septəns|'test] приемные испытания

acceptation [͵æksep'teɪʃən] принятое значение слова *(выражения)*

accepted [ək'septɪd] общепринятый; обычный; распространенный; традиционный

accepter [ək'septə] тот, кто принимает; приемщик

acceptor [ək'septə] акцептант

access ['ækses] доступ; добавление; прирост; проход; подъезд; подход; приступ *(гнева, болезни)* *(книж.)*; презумпция наличия половых сношений, выводимая из факта совместного проживания *(юр.)*; выборка из памяти компьютера

access control ['ækses|kən'troul] контрольно-пропускная служба

access door ['ækses|'dɔː] лаз; дверцы люка

access fittings ['ækses|'fɪtɪŋz] смотровые коробки в скрытой проводке

access for engine ['ækses|fər|'endʒɪn] доступ к двигателю *(техн.)*

access for repairs ['ækses|fə|rɪ'peəz] смотровой люк

access of tone ['ækses|əv|'toun] нарастание звука

access railroad ['ækses|'reɪlroud] подъездная железная дорога

access restriction ['ækses|rɪs'trɪkʃən] ограничение доступа

access to the case ['ækses|tə|ðə|'keɪs] возможность ознакомления с делом

access-board [ˈæksesˈbɔːd] стремянка; приставная лестница

accessary [əkˈsesərɪ] соучаствующий; вспомогательный; побочный; второстепенный; несущественный; соучастник (в чем-либо) (юр.)

accessibility [æk.sesɪˈbɪlɪtɪ] доступность; легкость осмотра (ремонта); удобство подхода (воен.)

accessible [ækˈsesəbl] доступный; открытый для доступа; поддающийся; податливый; покладистый; послушный; удобный (техн.)

accessible to bribery [ækˈsesəbl|təˈbraɪbərɪ] продажный (человек)

accession [ækˈseʃən] прирост; прибавление; пополнение; увеличение; вход; доступ; подступ; вступление (в должность, на престол и т. п.); вносить книги в каталог; приобретать книги для библиотеки

accessorial [ˌæksəˈsɔːrɪəl] вспомогательный; добавочный; дополнительный; причастный (к преступлению) (юр.)

accessories [ækˈsesərɪz] арматура; аксессуары; оборудование; дополнительные принадлежности

accessory [ækˈsesərɪ] соучастник преступления

accessory material [ækˈsesərɪ|məˈtɪərɪəl] вспомогательный материал

accidence [ˈæksɪdəns] морфология; элементы (основы) какого-либо предмета

accident [ˈæksɪdənt] несчастный случай; катастрофа; происшествие; авария; случай; случайность

accident benefit [ˈæksɪdənt|ˈbenɪfɪt] пособие по несчастному случаю

accident prevention [ˈæksɪdənt|prɪˈvenʃən] техника безопасности

accident-prone [ˈæksɪdəntˌproun] невезучий; тридцать три несчастья; высокоаварийный; небезопасный

accidental [ˌæksɪˈdentl] беспорядочный; случайный; неожиданный; второстепенный; вспомогательный; дополнительный; несущественный; побочный; случай; случайность; несущественная черта; случайный элемент; несущественное условие

accidental coincidence [ˌæksɪˈdentl|ko(u)ˈɪnsɪdəns] случайное совпадение

accidental death [ˌæksɪˈdentl|ˈdeθ] смерть в результате несчастного случая

accidental error [ˌæksɪˈdentl|ˈerə] случайная ошибка

accidental killer [ˌæksɪˈdentl|ˈkɪlə] лицо, случайно лишившее человека жизни

accidental killing [ˌæksɪˈdentl|ˈkɪlɪŋ] лишение жизни в результате несчастного случая

accidentally [ˌæksɪˈdentəlɪ] случайно; наудачу; непредумышленно; нечаянно

accipiters [əkˈsɪpɪtəz] ястребиные

acclaim [əˈkleɪm] шумно (бурно) аплодировать; заявлять; объявлять; провозглашать; шумное приветствие

acclamation [ˌækləˈmeɪʃən] шумное одобрение; приветственные возгласы

to hail with acclamations — приветствовать шумными возгласами одобрения

acclimatization [əˌklaɪmətaɪˈzeɪʃən] акклиматизация

acclimatize [əˈklaɪmətaɪz] акклиматизировать; привыкнуть

acclive [əˈklaɪv] наклонный; покатый

acclivity [əˈklɪvɪtɪ] подъем (пологий)

acclivous [əˈklaɪvəs] плоский; пологий; ровный

accolade [ˈækəleɪd] похвала; одобрение; скобка, соединяющая несколько нотных станов (муз.); посвящение в рыцари

accommodate [əˈkɔmədeɪt] подгонять; приспосабливать; обеспечивать; снабжать; давать пристанище; предоставлять жилье (помещение); расквартировывать (войска); вмещать (людей и т. п.); оказывать услугу; примирять; улаживать (ссору); согласовывать

to accommodate a client — обслуживать клиента

accommodating [əˈkɔmədeɪtɪŋ] услужливый; любезный; уживчивый; неконфликтующий; сговорчивый; уступчивый; приспосабливающийся; вмещающий

accommodation [əˌkɔməˈdeɪʃən] помещение; место (в поезде, на пароходе и т. п.); расквартирование войск (воен.); приспособление; согласование; соглашение; компромисс; ссуда

accommodation train [əˌkɔməˈdeɪʃən|ˈtreɪn] местный пассажирский поезд со всеми остановками

accompaniment [əˈkʌmpənɪmənt] сопровождение; дополнение (к туалету и т. п.); аккомпанемент (муз.)

accompanist [əˈkʌmpənɪst] аккомпаниатор

accompany [əˈkʌmpənɪ] сопровождать; сопутствовать; эскортировать; аккомпанировать (муз.)

accompanying [əˈkʌmpənɪɪŋ] сопутствующий; сопровождающий

accompanying audio channel [əˈkʌmpənɪɪŋ|ˈɔːdɪə|ˈtʃænl] канал звукового сопровождения

accompanying sound signal [əˈkʌmpənɪɪŋ|ˈsaund|ˈsɪgnl] сигнал звукового сопровождения

accomplice [əˈkɔmplɪs] сообщник; соучастник (преступления)

accomplish [əˈkɔmplɪʃ] совершать; выполнять; достигать совершенства

accomplished [ə'kɔmplɪʃt] завершенный; совершенный; законченный; полный; изысканный (о манерах и т. п.)

accomplishing [ə'kɔmplɪʃɪŋ] исполняющий; совершающий

accomplishment [ə'kɔmplɪʃmənt] выполнение; завершение; исполнение; совершение; достижение; успех; образованность; воспитание; достоинства; внешний лоск; благоустройство

accord [ə'kɔ:d] одобрение; подтверждение; согласие; соглашение; договор; договоренность; пакт; сделка; адекватность; гармония; соответствие; аккорд (муз.); созвучие; согласовываться; гармонировать; соответствовать; предоставлять; жаловать; оказывать

accordance [ə'kɔ:dəns] одобрение; подтверждение; согласие; соответствие; предоставление

accordant [ə'kɔ:dənt] согласный; созвучный; направленный по падению пластов (геол.)

according to [ə'kɔ:dɪŋ'tu:] согласно; в зависимости от

accordingly [ə'kɔ:dɪŋlɪ] соответственно; в соответствии; таким образом; следовательно

accordion [ə'kɔ:djən] аккордеон; гармоника (муз.); колебание; частота

accordion-fold [ə'kɔ:djən'fould] фальцовка гармошкой

accordion-pleated [ə'kɔ:djən,pli:tɪd] волнистый; гофрированный; рифленый

accost [ə'kɔst] приветствие; воззвание; обращение; призыв; приветствовать; обращаться к кому-либо; подойти и заговорить с кем-либо; приставать к кому-либо

accouchement [ə'ku:ʃma:ŋ] разрешение от бремени; роды

accoucheur [,æku:'ʃə:] акушер

account [ə'kaunt] счет; расчет; подсчет; причитающийся платеж; отчет; сообщение; доклад; мнение; оценка; основание; причина; важность; значение; выгода; польза; торговый баланс; считать; рассматривать; отчитываться (перед кем-либо в чем-либо); давать отчет (кому-либо в чем-либо); отвечать; нести ответственность; объяснять; вменять; приписывать; вызывать что-либо; приводить к чему-либо; служить причиной чего-либо

account activity [ə'kaunt|æk'tɪvɪtɪ] объем операций, проходящих по банковскому счету

account capital [ə'kaunt|'kæpɪtl] ликвидный капитал

account duty [ə'kaunt|'dju:tɪ] налог на дарение

account number [ə'kaunt|'nʌmbə] номер счета в банке

account of charges [ə'kaunt|əv|'tʃa:ʤɪz] счет накладных расходов

account officer [ə'kaunt|'ɔfɪsə] бухгалтер-ревизор; счетный работник

account-book [ə'kaunt|'buk] бухгалтерская книга

account-books [ə'kaunt|'buks] бухгалтерская отчетность

accountability [ə,kauntə'bɪlɪtɪ] ответственность; подотчетность

accountable [ə'kauntəbl] ответственный; подотчетный (о лице); легкий; объяснимый

accountancy [ə'kauntənsɪ] бухгалтерское дело; счетоводство

accountancy documents [ə'kauntənsɪ|'dɔkjumənts] расчетные документы

accountant [ə'kauntənt] бухгалтер; счетовод; ответчик (юр.)

accountant-general [ə'kauntənt,ʤenərəl] главный бухгалтер

accounting [ə'kauntɪŋ] учет; запись; отчетность; протокол; балансирование; расчет; ведение учета

accounting area [ə'kauntɪŋ|'ɛrɪə] учетная площадь

accounting device [ə'kauntɪŋ|dɪ'vaɪs] счетное устройство

accounts [ə'kaunts] отчетность; расчеты; счетоводство

accounts department [ə'kaunts|dɪ'pa:tmənt] бухгалтерия

accounts don't balance [ə'kaunts|'dount|'bæləns] счета не сходятся

accounts due from customers [ə'kaunts|'dju:|frəm|'kʌstəməz] дебиторская задолженность; счета к получению

accounts payable [ə'kaunts|'peɪəbl] задолженность

accounts receivable [ə'kaunts|rɪ'si:vəbl] причитающиеся суммы

accounts valuation [ə'kaunts|,vælju'eɪʃən] смета

accoutre [ə'ku:tə] облекать; одевать; снаряжать; экипировать

accoutrement [ə'ku:təmənt] снаряжение; одежда; платье; багаж

accredit [ə'kredɪt] уполномочивать; аккредитовывать; принять в качестве аккредитованного лица (дипломатического представителя и т. п.); приписывать, относить на чей-либо счет; доверять; (по)верить; признать высшее учебное заведение правомочным выдавать дипломы и присваивать ученые степени; кредитовать; предоставлять кредит

accreditation [ə,kredɪ'teɪʃən] аккредитация

accredited [ə'kredɪtɪd] аккредитованный; облеченный полномочиями; общепринятый; обычный; традиционный; качественный

accredited milk [ə'kredɪtɪd|'mɪlk] свежее молоко

accrete [ə'kri:t] сросшийся; срастаться; обрастать *(бот.)*

accretion [æ'kri:ʃən] разрастание; прирост; приращение; увеличение; срастание; сращение; наращение; подъем; нанос земли *(геол.)*; органический рост *(биол.)*; срастание *(биол.)*

accretion of demand [æ'kri:ʃən|əv|dı'ma:nd] увеличение спроса

accretion of power [æ'kri:ʃən|əv|'pauə] расширение полномочий

accretion of stock [æ'kri:ʃən|əv|'stɔk] увеличение запаса

accretion to the capital [æ'kri:ʃən|tə|ðə|'kæpıtl] прирост капитала

accrual [ə'kru:əl] нарастание; возрастание; интенсификация; накапливание; увеличение доли наследника *(в случае смерти, отказа от наследства и т. п. сонаследников) (юр.)*

accrual of interest [ə'kru:əl|əv|'ıntrıst] начисление процентов

accrue [ə'kru:] увеличиваться; накапливаться *(о задолженности и т. п.)*; нарастать; прибавляться; выпадать на долю; доставаться; возникать; происходить; добывать; обретать; получать; принимать; приобретать

accrued [ə'kru:d] начисленный; накопленный

accrued assets [ə'kru:d|'æsets] начисленный доход

accrued charges [ə'kru:d|'tʃa:dʒız] наросшие проценты

accrued loss [ə'kru:d|'lɔs] фактический ущерб

accumbent [ə'kʌmbənt] супротивный

accumulate [ə'kju:mjuleıt] накапливать; аккумулировать; скапливаться

accumulated [ə'kjumjuleıtıd] собранный; накопленный; суммированный

accumulated deficiency [ə'kjumjuleıtıd|dı'fıʃənsı] сумма дефицитов

accumulated errors [ə'kjumjuleıtıd|'erəz] накопленные ошибки

accumulated excess [ə'kjumjuleıtıd|ık'ses] сумма избытков

accumulating compensated absence [ə'kjumjuleıtıŋ|'kɔmpenseıtıd|'æbsəns] накапливаемый оплачиваемый отпуск

accumulation [ə,kju:mju'leıʃən] собирание; аккумуляция; накопление; сбор *(данных, информации и т. п.)*; скопление; груда; масса; совпадение разных доказательств в подтверждение одного факта

accumulation fund [ə,kju:mju'leıʃən|'fʌnd] фонд накопления

accumulation of funds [ə,kju:mju'leıʃən|əv|'fʌnds] накопление денежных средств

accumulation of interest [ə,kju:mju'leıʃən|əv|'ıntrıst] рост процентов

accumulation of snow [ə,kju:mju'leıʃən|əv|'snou] снежный занос

accumulative [ə'kju:mjulətıv] накопленный; аккумулированный

accumulator [ə'kju:mjuleıtə] аккумулятор; накопитель; собирающее устройство *(техн.)*

accumulator acid [ə'kju:mjuleıtər|'æsıd] электролит *(кислотного)* аккумулятора

accumulator battery [ə'kju:mjuleıtə|'bætərı] аккумуляторная батарея

accumulator charger [ə'kju:mjuleıtə|'tʃa:dʒə] зарядное устройство

accumulator plate [ə'kju:mjuleıtə|'pleıt] аккумуляторная пластина

accumulator rectifier [ə'kju:mjuleıtə|'rektıfaıə] выпрямитель для зарядки аккумуляторов

accumulator terminal [ə'kju:mjuleıtə|'tə:mınəl] клемма аккумулятора

accumulator traction [ə'kju:mjuleıtə|'trækʃən] аккумуляторная тяга

accumulator volume [ə'kju:mjuleıtə|'vɔljum] емкость аккумулятора

accuracy ['ækjurəsı] правильность; точность; скрупулезность; тщательность

accuracy of estimate ['ækjurəsı|əv|'estımıt] точность оценки

accuracy of forecast ['ækjurəsı|əv|'fɔ:ka:st] точность прогноза

accuracy of instrument ['ækjurəsı|əv|'ınstrumənt] точность прибора

accuracy of measurement ['ækjurəsı|əv|'meʒəmənt] точность измерений; верность измерений

accuracy of measuring ['ækjurəsı|əv|'meʒərıŋ] точность измерения

accuracy of reading ['ækjurəsı|əv|'ri:dıŋ] точность отсчета

accurate ['ækjurıt] верный; истинный; правильный; точный; доскональный; скрупулезный; тщательный; меткий *(о стрельбе) (воен.)*

accurate adjustment ['ækjurıt|ə'dʒʌstmənt] точная установка; тщательная пригонка

accurate grinding ['ækjurıt|'graındıŋ] точная шлифовка

accurate information ['ækjurıt|,ınfə'meıʃən] четкая информация

accurate to dimension ['ækjurıt|tə|dı'menʃən] точно по размеру

accurate to... ['ækjurıt'tu:] с точностью до...

accurately ['ækjurıtlı] точно; безошибочно; аккуратно

ACC — ACK

accursed [əˈkəːsɪd] проклятый; ненавистный; отвратительный; плохой; противный; мерзкий; несносный

accusant [əˈkjuːzənt] обвинитель

accusation [ˌækju(ː)ˈzeɪʃ(ə)n] иск; обвинение; упрек; (*юр.*) обвинительное заключение; обвинительный акт

  to bring accusation — *выдвинуть обвинение*

accusative [əˈkjuːzətɪv] винительный; аккузатив; винительный падеж

accusatory [əˈkjuːzət(ə)rɪ] обличительный; разоблачающий

accuse [əˈkjuːz] винить; обвинять; выдвинуть обвинение против кого-либо; придираться; порицать; осуждать

accused [əˈkjuːzd] обвиняемый; ответчик; подсудимый

accuser [əˈkjuːzə] обвинитель; прокурор

accusing [əˈkjuːzɪŋ] обвинительный; осуждающий

accustom [əˈkʌstəm] прививать; приучать

accustomed [əˈkʌstəmd] привыкший; приученный; знакомый; обыкновенный; обычный; привычный

ace [eɪs] первоклассный летчик; ас; выдающийся спортсмен; маленькая частица; йота

acedia [ˌæsəˈdɪə] бездельничанье; леность; лень; медлительность

acerbic [əˈsəːbɪk] кислый; терпкий; неприятный; резкий; грубый; язвительный

acerbity [əˈsəːbɪtɪ] терпкость; резкость; жесткость (*в характере человека*); грубость; резкое или грубое выражение

acerose leaf [ˈæsərous ˈliːf] хвоя

acetate [ˈæsɪtɪt] прозрачная монтажная основа

acetic [əˈsiːtɪk] уксусный

acetic acid [əˈsiːtɪk ˈæsɪd] уксусная кислота

acetone [ˈæsɪtoun] ацетон

acetous [ˈæsɪtəs] уксусный; кислый

acetylene [əˈsetɪliːn] ацетилен

achat [əˈkeɪt] купля

ache [eɪk] боль; болеть; испытывать боль; страдать; переживать о чем-либо; жаждать; страстно стремиться к чему-либо

acheless [ˈeɪklɪs] безболезненный

achievable [əˈtʃiːvəbl] достижимый; доступный

achieve [əˈtʃiːv] добиваться; достигать; доходить; успешно выполнять; доводить до конца

achievement [əˈtʃiːvmənt] достижение; успех (*в чем-либо*); выполнение; исполнение; совершение; деяние; подвиг; поступок

achiever [əˈtʃiːvə] успевающий ученик; человек, который добивается успеха в жизни

aching [ˈeɪkɪŋ] больной; болящий; ноющий

aching tooth [ˈeɪkɪŋ ˈtuːθ] ноющий зуб

achromatic [ˌækrouˈmætɪk] бесцветный; лишенный окраски; страдающий дальтонизмом (*мед.*); неокрашенный (*биол.*); ахроматический (*муз.*)

achromatic separation [ˌækrouˈmætɪk ˌsepəˈreɪʃən] ахроматическое цветоделение

achromatism [əˈkroumətɪzm] бесцветность

achy [ˈeɪkɪ] больной; нездоровый

acid [ˈæsɪd] кислота; кислотный; кислый; язвительность; колкое замечание; едкий; язвительный

acid accumulator [ˈæsɪd əˈkjuːmjuleɪtə] кислотный аккумулятор

acid dye [ˈæsɪd ˈdaɪ] кислый краситель

acid medium [ˈæsɪd ˈmiːdjəm] кислая среда

acid nuclei [ˈæsɪd ˈnjuːklɪaɪ] кислотные конденсации

acid rain [ˈæsɪd ˈreɪn] кислотный дождь

acid salt [ˈæsɪd ˈsɔːlt] кислая соль

acid value [ˈæsɪd ˈvæljuː] коэффициент кислотности

acid-free paper [ˈæsɪdˌfriːˈpeɪpə] бескислотная бумага

acid-proof [ˈæsɪdˈpruːf] кислотоупорный

acidate [əˈsɪdeɪt] подкислять

acidic [əˈsɪdɪk] кислотный; кислый

acidification [əˌsɪdɪfɪˈkeɪʃən] окисление

acidify [əˈsɪdɪfaɪ] подкислять; окислять(ся)

acidity of precipitation [əˈsɪdɪtɪ əv prɪˌsɪpɪˈteɪʃən] кислотность осадков

acidize [ˈæsɪdaɪz] окислять

acidly [ˈæsɪdlɪ] едко; с раздражением; холодно; ледяным тоном

acidulated [əˈsɪdjuleɪtɪd] кисловатый; брюзгливый; недовольный

acknowledge [əkˈnɔlɪʤ] сознавать; допускать; признавать; подтверждать; быть признательным за что-либо; награждать (*за услугу*); признавать подлинным (*юр.*); подтверждать достоверность

acknowledge a claim [əkˈnɔlɪʤ ə ˈkleɪm] признавать иск

acknowledgement [əkˈnɔlɪʤmənt] известность; популярность; признание; подтверждение приема; уведомление о получении; расписка; благодарность; признательность; официальное заявление (*юр.*)

acknowledgement of debt [əkˈnɔlɪʤmənt əv ˈdet] признание долга

acknowledgement of liability [əkˈnɔlɪʤmənt əv ˌlaɪəˈbɪlɪtɪ] признание ответственности

acknowledgement of order [əkˈnɔlɪʤmənt əv ˈɔːdə] подтверждение заказа

acknowledgement of paternity [əkˈnɔlɪʤmənt əv pəˈtəːnɪtɪ] признание отцовства

acknowledgement of receipt [əkˈnɔlɪʤmənt|əv|rɪˈsiːt] официальное уведомление о получении; подтверждение получения

acknowledger [əkˈnɔlɪʤə] авторегулировка

aclinal [əˈklaɪnəl] горизонтальный; без уклона

aclinic [əˈklɪnɪk] горизонтальный; без уклона

aclinic line [əˈklɪnɪk|ˈlaɪn] магнитный экватор *(метео)*

acme [ˈækmɪ] высшая точка; кульминационный пункт; кризис *(болезни) (мед.)*

acock [əˈkɔk] набекрень; вызывающе; на взводе *(о курке)*

acolyte [ˈækəlaɪt] прислужник; псаломщик; служитель

aconite [ˈækənaɪt] аконит *(биол.)*

acorn [ˈeɪkɔːn] желудь; желудевый

acorn nut [ˈeɪkɔːn|ˈnʌt] колпачковая гайка

acotyledonous [ˌækɔtɪˈliːdənəs] бессемядольный

acoustic [əˈkuːstɪk] акустический; голосовой; звуковой

acoustic absorbent [əˈkuːstɪk|əbˈsɔːbənt] шумопоглотитель

acoustic bearing [əˈkuːstɪk|ˈbeərɪŋ] акустический пеленг

acoustic cloud [əˈkuːstɪk|ˈklaud] акустическое облако

acoustic coupler [əˈkuːstɪk|ˈkʌplə] акустический модем

acoustic mine [əˈkuːstɪk|ˈmaɪn] акустическая мина

acoustic modem [əˈkuːstɪk|ˈmɔdəm] акустический модем

acoustic nerve [əˈkuːstɪk|ˈnəːv] слуховой нерв

acoustic noise [əˈkuːstɪk|ˈnɔɪz] акустические помехи

acoustic organ [əˈkuːstɪk|ˈɔːgən] орган слуха

acoustic phenomenon [əˈkuːstɪk|fɪˈnɔmɪnən] звуковое явление

acoustic pressure [əˈkuːstɪk|ˈpreʃə] акустическое давление

acoustic propagation [əˈkuːstɪk|ˌprɔpəˈgeɪʃən] распространение звука

acoustical [əˈkuːstɪkl] слуховой

acoustical absorption [əˈkuːstɪkl|əbˈsɔːpʃən] звукопоглощение

acoustical absorption coefficient [əˈkuːstɪkl|əbˈsɔːpʃən|ˌkouɪˈfɪʃənt] коэффициент звукопоглощения

acoustical guitar [əˈkuːstɪkl|gɪˈtaː] классическая гитара

acoustical panel [əˈkuːstɪkl|ˈpænl] звукопроницаемая панель

acoustics [əˈkuːstɪks] акустика

acquaintance [əˈkweɪntəns] знакомство

acquaintanceship [əˈkweɪntənʃɪp] знакомство; связи

acquainted [əˈkweɪntɪd] знакомый с чем-либо *(с кем-либо)*, знающий что-либо *(кого-либо)*

acquest [æˈkwest] доход

acquiescent [ˌækwɪˈesnt] уступчивый; человек, идущий на уступки

acquire [əˈkwaɪə] заводить; обзаводиться; приобретать; достигать; овладевать *(каким-либо навыком и т. п.)*

acquired [əˈkwaɪəd] неврожденный; приобретенный

acquired character [əˈkwaɪəd|ˈkærɪktə] приобретенный признак

acquiree [əˈkwaɪiː] продавец; приобретаемая компания

acquirer [əˈkwaɪə] покупатель *(юридическое или физическое лицо, покупающее предприятие, компанию и т. п.) (коммерч.)*

acquisition [ˌækwɪˈzɪʃən] приобретение *(часто ценное, существенное)*

acquisition cross-border [ˌækwɪˈzɪʃən|ˈkrɔs,bɔːdə] приобретение в других странах

acquisition of nationality [ˌækwɪˈzɪʃən|əv|ˌnæʃəˈnælɪtɪ] приобретение подданства, гражданства

acquisition of property [ˌækwɪˈzɪʃən|əv|ˈprɔpətɪ] приобретение собственности

acquisition of the land [ˌækwɪˈzɪʃən|əv|ðə|ˈlænd] отвод земли

acquisitive [əˈkwɪzɪtɪv] стяжательский; восприимчивый; впечатлительный; чувствительный

acquisitive offence [əˈkwɪzɪtɪv|əˈfens] корыстное преступление

acquit [əˈkwɪt] оправдывать; освобождать *(от обязательства и т. п.)*

acquittal [əˈkwɪtl] оправдание; освобождение *(от долга)*; выполнение *(обязанностей и т. п.)*

acquittance [əˈkwɪtəns] освобождение от обязательства *(долга)*; погашение долга; расписка об уплате долга; оправдание; признание невиновным

acranthed верхушечноцветковый *(бот.)*

acre [ˈeɪkə] акр *(= 0,4 га)*; владения; земли

acre-shot [ˈeɪkəʃɔt] местный налог на землю

acreage [ˈeɪkərɪʤ] площадь земли в акрах

acrid [ˈækrɪd] острый; едкий *(на вкус и т. п.)*; раздражающий; резкий *(о характере)*; язвительный

acridity [æˈkrɪdɪtɪ] острота *(блюд, напитков)*; резкость *(манер, поведения и т. п.)*; язвительность

acrimonious [ˌækrɪˈmounjəs] желчный *(о характере)*; саркастический; язвительный

acrimony [ˈækrɪmənɪ] желчность *(характера)*

acroaesthesia [ˌækrouiːsˈθiːzə] повышенная болевая чувствительность; акроэстезия
acrobat [ˈækrəbæt] акробат
acrobatic [ˌækrəˈbætɪk] акробатический
acrobatics [ˌækrəˈbætɪks] акробатика; гимнастика; акробатические или гимнастические упражнения; выходки; номера; проделки; пилотаж
acrocarpous [ˌækrouˈkɑːpəs] верхоплодный *(бот.)*
acromicria акромикрия
acronym [ˈækrənɪm] акроним
acrophobia [ˌækrəˈfoubɪə] страх высоты; акрофобия
acropolis [əˈkrɔpəlɪs] акрополь *(архит.)*
across [əˈkrɔs] поперек; в ширину; на ту сторону; на той стороне; крест-накрест; *(включено)* параллельно *(техн.)*; сквозь; через; поперек; местонахождение по другую сторону чего-либо
across country [əˈkrɔsˈkʌntrɪ] по пересеченной местности
across lots [əˈkrɔsˈlɔts] напрямик; кратчайшим путем
across the width [əˈkrɔsðəˈwɪdθ] по ширине
across-the-board [əˈkrɔsðəˈbɔːd] всеобщий; всеохватывающий
across-the-line [əˈkrɔsðəˈlaɪn] параллельно включенный; под полное напряжение
acrostic [əˈkrɔstɪk] акростих; имеющий форму акростиха
acroterium [ˌækrouˈtɛrɪəm] акротерий
act [ækt] дело; поступок; акт; действие; деяние; закон; постановление *(парламента, суда)*; миниатюра; номер *(программы варьете, эстрадного концерта или представления в цирке)*; действовать; поступать; вести себя; работать; влиять; служить; действовать в качестве *(кого-либо)*; прикидываться; притворяться; играть *(театр.)*; исполнять роль
  to act by authority — действовать по полномочию
  to act from mercenery motives — действовать из корыстных побуждений
  to act in unison — действовать согласованно
  to act kindly — действовать мягко *(о лекарстве)*
  to act legally — действовать по закону
  to act out of spite — поступать назло
  to act unlawfully — действовать противоправно
act of crime [ˈæktəvˈkraɪm] преступное деяние
act of force [ˈæktəvˈfɔːs] акт насилия
act of grace [ˈæktəvˈɡreɪs] индульгенция; амнистия
act of legislation [ˈæktəvˌledʒɪsˈleɪʃən] законодательный акт
act of protest [ˈæktəvˈproutest] акт протеста
act of purchase [ˈæktəvˈpɜːtʃɪs] акт купли
act of sale [ˈæktəvˈseɪl] акт продажи

act of terrorism [ˈæktəvˈterərɪzm] террористический акт
actin актин; мышечный белок *(биол.)*
acting [ˈæktɪŋ] выступление; игра; представление; приспособленный для постановки; исполняющий обязанности; действующий; работающий
acting surface [ˈæktɪŋˈsɜːfɪs] рабочая поверхность
acting up and down [ˈæktɪŋˈʌpənˈdaun] двигающийся вверх и вниз
actinia [ækˈtɪnɪə] актиния *(биол.)*
actinic [ækˈtɪnɪk] фотохимический
actinic radiation [ækˈtɪnɪkˌreɪdɪˈeɪʃən] фотохимическое излучение
actinic rays [ækˈtɪnɪkˈreɪz] фотохимические лучи
actinotrichium актинотрихия *(биол.)*
actinula актинула *(биол.)*
action [ˈækʃən] действие; поступок; поведение; воздействие; деятельность; работа; эффект; обвинение; иск; судебный процесс; бой; механизм музыкального инструмента
action and reaction [ˈækʃənəndrɪˈækʃən] действие и противодействие
action at law [ˈækʃənətˈlɔː] судебный иск
action center [ˈækʃənˈsentə] центр действия *(атмосферы)*
action course [ˈækʃənˈkɔːs] боевой курс
action for battery [ˈækʃənfəˈbætərɪ] иск о побоях
action for conspiracy [ˈækʃənfəkənˈspɪrəsɪ] иск об убытках
action for damages [ˈækʃənfəˈdæmɪdʒɪz] иск о возмещении убытков
action for libel [ˈækʃənfəˈlaɪbəl] дело о клевете
action of rescission [ˈækʃənəvrɪˈsɪʒən] иск о расторжении договора
action radius [ˈækʃənˈreɪdɪəs] радиус действия
action time [ˈækʃənˈtaɪm] рабочее время
action to recover control of child [ˈækʃəntərɪˈkʌvəkənˈtroulʌvˈtʃaɪld] иск об установлении надзора за ребенком
actionable [ˈækʃnəbl] дающий основание для судебного преследования *(юр.)*
actionize [ˈækʃənaɪz] преследовать в исковом порядке
activate [ˈæktɪveɪt] активировать; делать радиоактивным *(хим.), (биол.)*; формировать и укомплектовывать *(воен.)*
activated [ˈæktɪveɪtɪd] активированный
activated charcoal [ˈæktɪveɪtɪdˈtʃɑːkoul] уголь активированный
activated water [ˈæktɪveɪtɪdˈwɔːtə] облученная вода
activating [ˈæktɪveɪtɪŋ] активирующий
activation [ˌæktɪˈveɪʃən] активация; заливка электролита в аккумулятор

activator [ˈæktɪveɪtə] активатор

active [ˈæktɪv] активный; живой; деятельный; энергичный; действующий; эффективный; оживленный (экон.); действующий (воен.); действительный (воен.); действительный (о залоге); процентный; приносящий проценты (фин.); находящийся в активе (фин.); активист (полит.)

active absorption [ˈæktɪv|əbˈsɔːpʃən] активное поглощение

active car safety [ˈæktɪv|ˈkɑː|ˌseɪftɪ] активная безопасность автомобиля

active cooling surface [ˈæktɪv|ˈkuːlɪŋ|ˌsəːfɪs] эффективная поверхность охлаждения

active days [ˈæktɪv|ˈdeɪz] рабочие дни

active deposit [ˈæktɪv|dɪˈpɔzɪt] радиоактивный осадок

active duty [ˈæktɪv|ˈdjuːtɪ] действительная служба в армии

active forces [ˈæktɪv|ˈfɔːsɪz] действующие силы

active front [ˈæktɪv|ˈfrʌnt] активный фронт (метео)

active layer [ˈæktɪv|ˈleɪə] активный слой (метео)

active list [ˈæktɪv|ˈlɪst] список командного состава

active market [ˈæktɪv|ˈmɑːkɪt] оживленный рынок

active night-viewer [ˈæktɪv|ˈnaɪtˌvjuːə] активный прибор ночного видения

active nucleus [ˈæktɪv|ˈnjuːklɪəs] радиоактивное ядро

active product [ˈæktɪv|ˈprɔdəkt] продукт радиоактивного распада

active surface [ˈæktɪv|ˈsəːfɪs] деятельная поверхность (почвы)

active trip [ˈæktɪv|ˈtrɪp] быстродействующая защелка

active uptake [ˈæktɪv|ˈʌpteɪk] активное поглощение

active voice [ˈæktɪv|ˈvɔɪs] действительный залог

activist [ˈæktɪvɪst] активист; энергичный, напористый деятель; сторонник активных мер; активный политик

activist president [ˈæktɪvɪst|ˈprezɪdənt] президент, проводящий активную политику

activities [ækˈtɪvɪtɪz] деятельность; активность; конъюнктура; показатели (в экономических исследованиях)

activity [ækˈtɪvɪtɪ] деятельность; жизнедеятельность; активность; интенсивность; оживление; энергия

activity cycle [ækˈtɪvɪtɪ|ˈsaɪkl] цикл активности

actor [ˈæktə] актер; деятель; личность

actress [ˈæktrɪs] актриса

actual [ˈæktʃuəl] фактически существующий; действительный; подлинный; современный; текущий

actual activity completion date [ˈæktʃuəl|ækˈtɪvɪtɪ|kəmˈpliːʃən|ˈdeɪt] фактическая дата окончания работы

actual amount [ˈæktʃuəl|əˈmaunt] фактическая сумма

actual carrying capacity [ˈæktʃuəl|ˈkærɪŋ|kəˈpæsɪtɪ] пропускная способность

actual danger [ˈæktʃuəl|ˈdeɪndʒə] реальная опасность

actual data [ˈæktʃuəl|ˈdeɪtə] фактические данные

actual displacement [ˈæktʃuəl|dɪsˈpleɪsmənt] рабочий объем цилиндра

actual elevation [ˈæktʃuəl|ˌelɪˈveɪʃən] высота барометра над уровнем моря

actual necessity [ˈæktʃuəl|nɪˈsesɪtɪ] реальная необходимость

actual output [ˈæktʃuəl|ˈautput] эффективная мощность; полезная отдача

actual pressure [ˈæktʃuəl|ˈpreʃə] фактическое давление (метео)

actual use [ˈæktʃuəl|ˈjuːs] фактическое применение

actuality [ˌæktʃuˈælɪtɪ] действительность; реальность; явь; существующие условия; факты; реализм (в искусстве)

actualize [ˈæktʃuəlaɪz] реализовать; исполнять; осуществлять; воссоздавать реалистически (в искусстве)

actuary [ˈæktʃuərɪ] статистик страхового общества

actuate [ˈæktjueɪt] приводить в действие; заводить; запускать; включать; возбуждать; побуждать

actuating [ˈæktjueɪtɪŋ] действующий; приводной

actuating arm [ˈæktjueɪtɪŋ|ˈɑːm] приводной рычаг

actuating brake cylinder [ˈæktjueɪtɪŋ|ˈbreɪk|ˈsɪlɪndə] цилиндр гидравлического тормозного привода

actuating device [ˈæktjueɪtɪŋ|dɪˈvaɪs] датчик; привод

actuating lever [ˈæktjueɪtɪŋ|ˈliːvə] рычаг, приводящий в действие какой-либо механизм

actuation [ˌæktjuˈeɪʃən] запуск; включение; приведение в действие; срабатывание

actuator [ˈæktjueɪtə] привод головок (компьют.)

actuator valve [ˈæktjueɪtə|ˈvælv] клапан электропневматического привода

acuity [əˈkjuːɪtɪ] острота; острый характер (болезни)

acumen [əˈkjuːmen] проницательность; сообразительность

acuminate [əˈkjuːmɪnɪt] — сущ., [əˈkjuːmɪneɪt] — гл. заостренный; остроконечный; заострять; обострять; придавать остроту

acupressure [ˈækjuˈpreʃə] массаж биологически активных точек кожи; сдавливание или обкалывание кровеносного сосуда *(мед.)*

acute [əˈkjuːt] остроконечный; острый; сильный; резкий; мудрый; проницательный; сообразительный; пронзительный; высокий *(о звуке)*

acute accent [əˈkjuːtˈæksənt] знак ударения

acute angle [əˈkjuːtˈæŋgl] острый угол *(мат.)*

acute triangle [əˈkjuːtˈtraɪæŋgl] остроугольный треугольник

acute-angled triangle [əˈkjuːtˈæŋgldˈtraɪæŋgl] остроугольный треугольник

acutely [əˈkjuːtlɪ] остро; резко; сильно

acyclic [əˈsaɪklɪk] ациклический

ad [æd] анонс; реклама; объявление

ad interim copyright [ˌædˈɪntərɪmˈkɔpɪrat] временное авторское право

ad lib [ˌædˈlɪb] импровизация; экспромт; сколько угодно; свободно; неподготовленный; импровизированный

adagio [əˈdɑːʤɪou] адажио *(муз.)*

adamant [ˈædəmənt] твердый минерал, металл; что-либо твердое, несокрушимое; непреклонный; непоколебимый

adam's apple [ˈædəmzˈæpl] кадык *(мед.)*

adapt [əˈdæpt] приспосабливать(ся); пригонять; прилаживать; применяться; адаптировать; сокращать и упрощать; менять; переделывать; трансформировать

adaptability [əˌdæptəˈbɪlɪtɪ] приспособляемость

adaptable [əˈdæptəbl] годный; приспособляемый

adaptation [ˌædæpˈteɪʃən] привыкание; приспособление; адаптация; передел; переделка; реконструкция

adaptation level [ˌædæpˈteɪʃənˈlevl] уровень адаптации

adaptation of new developments [ˌædæpˈteɪʃənˈɔvˈnjuːdɪˈveləpmənts] внедрение новой техники

adapter [əˈdæptə] тот, кто переделывает, адаптирует литературное произведение; адаптер; звукосниматель *(техн.)*

adapter plug [əˈdæptəˈplʌg] контактный штифт

adapter sleeve [əˈdæptəˈsliːv] переходная муфта *(втулка)*; штуцер; закрепительная втулка

adapter wrench [əˈdæptəˈrentʃ] разводной гаечный ключ

adaption [əˈdæpʃən] модификация конструкции

add [æd] прибавлять; присоединять; прибавлять *(к сказанному)*; складывать *(мат.)*

to add in mind — складывать в уме

to add lustre to — придать блеск *(чему-либо)*; прославить *(что-либо)*

to add together — суммировать

add weight to the steam [ˈædˈweɪtˈtəðəˈstiːm] увеличивать давление пара

add-in [ˈædɪn] расширение *(компьют.)*

add-in memory [ˈædɪnˈmemərɪ] дополнительная память *(компьют.)*

added [ˈædɪd] добавленный; прибавляемый; приставной

added metal [ˈædɪdˈmetl] наплавленный металл

addend [əˈdend] слагаемое *(компьют.)*

addenda [əˈdendə] дополнение

addendum [əˈdendəm] приложение; дополнение; список опечаток

adder [ˈædə] гадюка обыкновенная; ядовитая змея; суммирующее устройство; сумматор

addict [ˈædɪkt] — *сущ.* [əˈdɪkt] — *гл.* наркоман; алкоголик; увлекаться *(дурным)*

addict compulsory commitment [əˈdɪktkəmˈpʌlsərɪkəˈmɪtmənt] направление наркомана на принудительное лечение

addicted [əˈdɪktɪd] склонный *(часто к дурному, напр. наркотикам, алкоголю)*; предающийся чему-либо; постоянно делающий что-либо в силу привычки

addiction [əˈdɪkʃ(ə)n] склонность к чему-либо; пагубная привычка; физическая зависимость *(от алкоголя, наркотиков)*

addictive [əˈdɪktɪv] вызывающий привычку

adding [ˈædɪŋ] сложение

adding-machine [ˈædɪŋməˈʃiːn] арифмометр; суммирующая машина

addition [əˈdɪʃən] добавление; сложение *(мат.)*; примесь *(хим.)*; присадка *(авт.)*

addition charges [əˈdɪʃənˈtʃɑːʤɪz] накладные расходы

additional [əˈdɪʃənl] вспомогательный; добавочный; дополнительный

additional building [əˈdɪʃənlˈbɪldɪŋ] пристройка

additional charge [əˈdɪʃənlˈtʃɑːʤ] подзарядка

additional fee [əˈdɪʃənlˈfiː] дополнительный взнос

additional lane [əˈdɪʃənlˈleɪn] дополнительная полоса движения

additional load [əˈdɪʃənlˈloud] добавочная нагрузка

additional pipe [əˈdɪʃənlˈpaɪp] патрубок; насадка

additional resistance [əˈdɪʃənlrɪˈzɪstəns] добавочное сопротивление

additional term [əˈdɪʃənlˈtəːm] дополнительный срок

additional train [əˈdɪʃənəlˈtreɪn] дополнительный поезд

additive [ˈædɪtɪv] аддитивный; присадка; добавка *(техн.)*

additivity [ˌædɪˈtɪvɪtɪ] аддитивность

addle ['ædl] испортившийся; испорченный; прогнивший; тухлый; пустой; взбалмошный; путаный; портиться (о яйце); путать

addle-brained ['ædl,breɪnd] пустоголовый; помешанный

addlement ['ædlmənt] беспорядок; неразбериха; путаница

address [ə'dres] адрес; обращение; речь; воззвание; выступление; призыв; такт; ловкость; умелое обхождение; ухаживание; адресовать; направлять; обращаться к кому-либо; адресоваться; выступать; направлять силы (энергию на что-либо); браться (за что-либо); часть искового заявления, содержащая название суда, в который подается исковое заявление (юр.)

address adjustment [ə'dres|ə'dʒʌstmənt] настройка адреса (компьют.)

address for the defense [ə'dres|fə|ðə|dɪ'fens] речь защитника

address for the prosecution [ə'dres|fə|ðə,prɒsɪ'kjuːʃən] речь обвинителя

address list [ə'dres|'lɪst] список адресов

addressee [,ædre'siː] адресат

adduce [ə'djuːs] представлять, приводить (в качестве доказательства); выдвигать; приобщать к делу (доказательства) (юр.)

adduction [ə'dʌkʃ(ə)n] приведение (фактов, доказательств)

adeem [ə'diːm] отозвать; забрать

adenoid ['ædɪnɔɪd] связанный с лимфатическими железами; аденоидный

adept ['ædept] знаток; эксперт; знающий; опытный

adequacy ['ædɪkwəsɪ] соответствие; достаточность; адекватность; соразмерность; знание

adequate ['ædɪkwɪt] адекватный; соответствующий; достаточный; компетентный; отвечающий требованиям

adequate diet ['ædɪkwɪt|'daɪət] полноценный рацион

adequate distance ['ædɪkwɪt|'dɪstəns] достаточная длина

adequate quality ['ædɪkwɪt|'kwɒlɪtɪ] доброкачественность

adequate strength ['ædɪkwɪt|'streŋθ] необходимая прочность

adequation [,ædɪ'kweɪʃ(ə)n] выравнивание; стабилизация; эквивалент

adermin витамин B6, адермин

adhere [əd'hɪə] прилипать; приставать; твердо держаться; придерживаться чего-либо; оставаться верным (принципам и т. п.)

adhere to assigned limits [əd'hɪə|tə|ə'saɪnd|'lɪmɪts] соблюдать предусмотренные правила

adherence [əd'hɪərəns] приверженность; строгое соблюдение (правил, принципов и т. п.)

adherence to specification [əd'hɪərəns|tə|,spesɪfɪ'keɪʃən] соблюдение технических условий

adherent [əd'hɪərənt] приверженец; сторонник; вязкий; клейкий; плотно прилегающий

adhesion [əd'hiːʒən] прилипание; слипание; верность (принципам, партии и т. п.); согласие; приемистость (автомобиля) (техн.)

adhesion factor [əd'hiːʒən|'fæktə] коэффициент сцепления

adhesion force [əd'hiːʒən|'fɔːs] сила сцепления

adhesion wheel [əd'hiːʒən|'wiːl] фрикционное колесо

adhesive [əd'hiːsɪv] липкий; клейкий; клей; липкая этикетка; клеящее вещество

adhesive binder [əd'hiːsɪv|'baɪndə] машина для бесшвейного скрепления

adhesive binding [əd'hiːsɪv|'baɪndɪŋ] клеевое скрепление книжного блока

adhesive paper [əd'hiːsɪv|'peɪpə] бумага липкая

adhesive plaster [əd'hiːsɪv|'plɑːstə] лейкопластырь

adhesiveness [əd'hiːsɪvnɪs] клейкость; липкость

adhibit [æd'hɪbɪt] скреплять
to adhibit the seal — скрепить печатью

adiabat ['ædɪəbæt] адиабата

adiabatic compression [,ædɪə'bætɪk|kəm'preʃən] адиабатическое сжатие

adiabatic cooling [,ædɪə'bætɪk|'kuːlɪŋ] адиабатическое охлаждение

adiabatic equilibrium [,ædɪə'bætɪk|,iːkwɪ'lɪbrɪəm] адиабатическое равновесие

adiabatic region [,ædɪə'bætɪk|'rɪdʒən] тропосфера (метео)

adieu [ə'djuː] прощай(те); прощание

adipose ['ædɪpəʊs] животный жир; жирный

adipose metabolism ['ædɪpəʊs|mə'tæbəlɪzm] жировой обмен

adipose tissue ['ædɪpəʊs|'tɪʃuː] жировая ткань

adiposity [,ædɪ'pɒsɪtɪ] ожирение; тучность

adit ['ædɪt] ввод; вступление; близость; приближение

adjacency [ə'dʒeɪsənsɪ] соседство; прилегание; примыкание; смежность

adjacent [ə'dʒeɪsənt] примыкающий; смежный

adjacent angle [ə'dʒeɪsənt|'æŋgl] прилежащий, смежный угол

adjacent territory [ə'dʒeɪsənt|'terɪtərɪ] прилегающая территория

adjacent track [ə'dʒeɪsən|t'træk] соседний путь

adjectival [,ædʒek'taɪvəl] употребленный в качестве прилагательного

adjective [ˈædʒɪktɪv] имя прилагательное; имеющий свойства прилагательного; относящийся к прилагательному; зависимый; несамостоятельный; подначальный; подневольный

adjective law [ˈædʒɪktɪvˈlɔː] процессуальное право

adjective legislation [ˈædʒɪktɪv͵ledʒɪsˈleɪʃən] процессуальное законодательство

adjoin [əˈdʒɔɪn] прилегать; примыкать; граничить; соприкасаться

adjoining [əˈdʒɔɪnɪŋ] граничащий; прилегающий; прилежащий; примыкающий; смежный; соприкасающийся

adjourn [əˈdʒəːn] медлить; откладывать; отсрочивать; делать, объявлять перерыв (*в работе сессии, в заседании и т. п.*); закрывать (*заседание*); расходиться; переходить в другое место; переносить заседание в другое помещение

to adjourn the court — отложить заседание суда

adjournal [əˈdʒəːnəl] перерыв (*между заседаниями*); отсрочка

adjournment [əˈdʒəːnmənt] задержка; опоздание; остановка

adjudge [əˈdʒʌdʒ] выносить приговор; присуждать (*премию и т. п.*); признать; установить; рассмотреть спор; осудить

to adjudge guilty — признать виновным
to adjudge to die — приговорить к смертной казни
to adjudge to jail — приговорить к тюремному заключению

adjudg(e)ment [əˈdʒʌdʒmənt] судебное решение; вынесение приговора; присуждение (*премии и т. п.*)

adjudicate [əˈdʒuːdɪkeɪt] судить; выносить решение (*на конкурсе и т. п.*)

adjudication [ə͵dʒuːdɪˈkeɪʃən] установление; признание

adjudication of claim [ə͵dʒuːdɪˈkeɪʃən|əv|ˈkleɪm] рассмотрение иска

adjudicator [əˈdʒuːdɪkeɪtə] судья; арбитр

adjudicatory [əˈdʒuːdɪkətərɪ] право юрисдикции

adjunct [ˈædʒʌŋkt] приложение; дополнение; определение; обстоятельственное слово; помощник; адъюнкт; принадлежности

adjure [əˈdʒuə] заклинать; молить; приводить к присяге

adjust [əˈdʒʌst] приводить в порядок; улаживать (*спор и т. п.*); подгонять; пригонять; прилаживать; приспосабливать; регулировать; устанавливать; выверять; настраивать

adjust a bearing [əˈdʒʌst|əˈbeərɪŋ] подтягивать подшипник

adjust for wear [əˈdʒʌst|fəˈweə] выбирать зазор (*техн.*)

adjustable [əˈdʒʌstəbl] регулируемый; приспособляемый; передвижной; переносный

adjustable axle [əˈdʒʌstəblˈæksl] самоустанавливающаяся ось

adjustable backrest [əˈdʒʌstəblˈbækrest] регулируемая спинка сидения

adjustable blade [əˈdʒʌstəblˈbleɪd] регулируемая лопасть

adjustable dog [əˈdʒʌstəblˈdɔg] переставной упор

adjustable frame [əˈdʒʌstəblˈfreɪm] раздвижная рама

adjustable open-end wrench [əˈdʒʌstəblˈoupən.endˈrentʃ] разводной трубный ключ

adjustable platform [əˈdʒʌstəblˈplætfɔːm] телескопическая вышка

adjustable rail-joint [əˈdʒʌstəblˈreɪl.dʒɔɪnt] регулируемый стык (*ж.-д.*)

adjustable rod [əˈdʒʌstəblˈrɔd] регулируемая тяга

adjustable seat [əˈdʒʌstəblˈsiːt] откидное сиденье

adjustable shock absorber [əˈdʒʌstəblˈʃɔkəbˈsɔːbə] амортизатор с регулируемыми показателями

adjustable spanner [əˈdʒʌstəblˈspænə] разводной гаечный ключ

adjustable wrench [əˈdʒʌstəblˈrentʃ] разводной ключ

adjustage [əˈdʒʌstɪdʒ] штуцер; насадка

adjusted [əˈdʒʌstɪd] урегулированный; установленный

adjusted data [əˈdʒʌstɪdˈdeɪtə] скорректированные данные

adjusted fire [əˈdʒʌstɪdˈfaɪə] прицельный огонь (*воен.*)

adjuster [əˈdʒʌstə] монтажник; сборщик; регулировщик; натяжное приспособление

adjuster bolt [əˈdʒʌstəˈboult] натяжной болт

adjusting [əˈdʒʌstɪŋ] регулирующий; установочный; монтажный; сборочный

adjusting device [əˈdʒʌstɪŋdɪˈvaɪs] регулирующее устройство

adjusting ear [əˈdʒʌstɪŋˈɪə] натяжной винт

adjusting screw [əˈdʒʌstɪŋˈskruː] шпиндель

adjusting shim [əˈdʒʌstɪŋˈʃɪm] прокладка (*авт.*)

adjusting shop [əˈdʒʌstɪŋˈʃɔp] сборочная; монтажный цех

adjustment [əˈdʒʌstmənt] приспособление; установка; сборка; выверка; наладка; настройка; подгонка; регулировка; корректирование (*воен.*); урегулирование (*юр.*); согласование; округление; выравнивание; корректировка; внесение поправок

adjustment notch [əˈdʒʌstməntˈnɔtʃ] установочная метка

adjustment of instruments [əˈdʒʌstmənt|əvˈɪnstrumənts] проверка приборов

adjustment of loss [əˈʤʌstmənt ɒv ˈlɔs] компенсация потерь

adjutancy [ˈæʤutənsɪ] звание (должность) адъютанта

adjutant [ˈæʤutənt] адъютант; подручный

adjuvant [ˈæʤuvənt] ассистент; помощник; секретарь; вспомогательное средство; вспомогательный; добавочный; дополнительный; усиливающий действие (медикамента и т. п.)

adman [ˈædmæn] сотрудник рекламного агентства; специалист по рекламе; рекламный агент

admass [ˈædmæs] рассчитанная на массового потребителя (реклама)

admeasure [ædˈmeʒə] отмерять; устанавливать пределы, границы; измерять; распределять

to admeasure the penalty — определить меру наказания

admin [ˈædmɪn] управление делами; ведение (дела, предприятия); управление чем-либо; административная работа

administer [ədˈmɪnɪstə] управлять; вести (дела); снабжать; оказывать помощь; отправлять (правосудие); налагать (взыскание); применять (меры воздействия и т. п.); назначать, давать (лекарство)

administrate [ədˈmɪnɪstreɪt] управлять; контролировать

administration [ədˌmɪnɪsˈtreɪʃən] управление (делами); ведение (дел); администрация; административный орган; министерство; правительство; отправление (правосудия); назначение или прием (лекарств)

administration board [ədˌmɪnɪsˈtreɪʃən ˈbɔːd] административный совет

administration of bankrupt's estate [ədˌmɪnɪsˈtreɪʃən ɒv ˈbæŋkrʌpts ɪsˈteɪt] конкурсное управление имуществом

administration of complaints [ədˌmɪnɪsˈtreɪʃən ɒv kəmˈpleɪnts] рассмотрение жалоб

administration of the oath [ədˌmɪnɪsˈtreɪʃən ɒv ðə ˈoʊθ] принятие присяги

administrative [ədˈmɪnɪstrətɪv] административный; административно-хозяйственный; управленческий; исполнительный (о власти); правительственный; тыловой (воен.)

administrative agency [ədˈmɪnɪstrətɪv ˈeɪʤənsɪ] административный орган

administrative area [ədˈmɪnɪstrətɪv ˈeərɪə] административная единица

administrative authority [ədˈmɪnɪstrətɪv ɔːˈθɒrɪtɪ] административный орган

administrative clemency [ədˈmɪnɪstrətɪv ˈklemənsɪ] помилование в административном порядке

administrative dereliction [ədˈmɪnɪstrətɪv ˌderɪˈlɪkʃən] бездействие власти

administrative division [ədˈmɪnɪstrətɪv dɪˈvɪʒən] административное деление

administrative government [ədˈmɪnɪstrətɪv ˈgʌvnmənt] административная власть

administrative law [ədˈmɪnɪstrətɪv ˈlɔː] административное право

administrative liable [ədˈmɪnɪstrətɪv ˈlaɪəbəl] подлежащий административной ответственности

administrative unit [ədˈmɪnɪstrətɪv ˈjuːnɪt] административная единица

administrative use [ədˈmɪnɪstrətɪv ˈjuːs] служебное пользование

administrator [ədˈmɪnɪstreɪtə] администратор; лицо, выполняющее официальные обязанности (судья и т. п.); опекун (юр.); управляющий делами

administratrix [ədˈmɪnɪstreɪtrɪks] женщина-администратор

admirable [ˈædm(ə)rəbl] восхитительный; выдающийся; замечательный; поразительный; превосходный

admiral [ˈædmərəl] адмирал; флагманский корабль

admiralty [ˈædmərəltɪ] адмиральское звание; суд по морским делам

admiralty law [ˈædmərəltɪ ˈlɔː] морское право

admiration [ˌædməˈreɪʃ(ə)n] восхищение; предмет восхищения

admire [ədˈmaɪə] восхищаться; выражать восторг; хотеть, желать сделать что-либо

admirer [ədˈmaɪərə] обожатель; любитель; поклонник

admirer of music [ədˈmaɪərə ɒv ˈmjuːzɪk] любитель музыки

admiring [ədˈmaɪərɪŋ] восхищенный

admissible [ədˈmɪsəbl] допустимый; приемлемый; имеющий право быть принятым (юр.)

admission [ədˈmɪʃən] вход; входная плата; допущение; принятие; признание; впуск (техн.); подвод (пара или воздуха в цилиндр и т. п.); допуск; признание (факта) (юр.); передача на поруки

admission chamber [ədˈmɪʃən ˈʧeɪmbə] камера впуска

admission fee [ədˈmɪʃən ˈfiː] входная плата; вступительный взнос

admission of alien [ədˈmɪʃən ɒv ˈeɪljən] разрешение иностранцу на въезд в страну

admission of guilt [ədˈmɪʃən ɒv ˈgɪlt] признание виновности

admission pipe [ədˈmɪʃən ˈpaɪp] впускная труба

admission port [ədˈmɪʃən ˈpɔːt] входное отверстие

admission ticket [ədˈmɪʃən ˈtɪkɪt] входной билет

admit [əd'mɪt] допускать; соглашаться; принимать в члены; впускать; позволять; разрешать; вмещать (о помещении); признавать (факт)
  to admit a claim — признавать претензию
  to admit an offence — признаться в совершении преступления
  to admit free — принять в члены без вступительного взноса
  to admit guilt — признать себя виновным
  to admit to bail — освободить под поручительство
  to admit to the country — разрешить въезд в страну
admittance [əd'mɪt(ə)ns] вход; доступ; разрешение (на вход, ввоз и т. п.); ввод во владение (юр.)
admittedly [əd'mɪtɪdlɪ] по общему признанию или согласию; предположительно
admitting [əd'mɪtɪŋ] впускной
admix [əd'mɪks] примешивать; примешать; смешивать; смешать
admixture [əd'mɪkstʃə] примесь
admonish [əd'mɔnɪʃ] предостерегать; склонять; советовать; убеждать; увещевать; уговаривать; делать замечание, указание, выговор; напоминать
admonition [ˌædmou'nɪʃ(ə)n] предостережение; выговор; увещевание; замечание; указание; дисциплинарное замечание (воен.); порицание (церк.); осуждение (церк.)
admonitory [əd'mɔnɪt(ə)rɪ] увещевающий; предостерегающий
adnexa [æd'neksə] придатки
ado [ə'duː] суета; хлопоты; затруднение; препятствие; трудность
adobe [ə'doubɪ] кирпич воздушной сушки; необожженный кирпич; саман; саманная, глинобитная постройка
adolescence [ˌædou'lesns] юность; подростковый возраст; моложавость
adolescent [ˌædou'lesnt] юношеский; юный; молодой; юноша; девушка; подросток
Adonis [ə'dounɪs] Адонис; красавец; горицвет; адонис (бот.)
adopt [ə'dɔpt] усыновлять; удочерять; зачислять; принимать (закон, резолюцию); перенимать; усваивать; заимствовать (линг.); выбирать; брать по выбору; подтверждать (юр.); утверждать (оспоримую сделку) (юр.)
  to adopt stolen goods — укрывать краденое
adopted child [ə'dɔptɪd|'tʃaɪld] приемный ребенок
adoptee [ˌædɔp'tiː] приемыш; усыновленный; удочеренный
adopter [ə'dɔptə] приемный отец (мать); укрыватель краденого
adoption [ə'dɔpʃən] усыновление; удочерение; принятие (закона); усвоение; выбор; заимствование (линг.); подтверждение; утверждение

adoption of judgement [ə.dɔpʃən|əv|'ʤʌʤmənt] отказ от апелляции
adoptive [ə'dɔptɪv] приемный; усыновленный; восприимчивый; легко усваивающий
adoptive father [ə'dɔptɪv|'fɑːðə] приемный отец; усыновитель
adoptive parents [ə'dɔptɪv|'pɛərənts] приемные родители
adoptive state [ə'dɔptɪv|'steɪt] страна пребывания
adorable [ə'dɔːrəbl] обожаемый; восхитительный; прелестный (разг.)
adoration [ˌædɔː'reɪʃən] обожание; поклонение
adore [ə'dɔː] обожать; поклоняться
adorer [ə'dɔːrə] обожатель
adoring [ə'dɔːrɪŋ] поклоняющийся
adorn [ə'dɔːn] украшать; привирать; приукрашивать
adornment [ə'dɔːnmənt] украшение
adperson ['ædˌpəːsn] рекламный агент
adpromissor [æd'prɔmɪsə] поручитель; гарант
adrenal [ə'driːnəl] надпочечник (мед.)
adrenal body [ə'driːnəl|'bɔdɪ] надпочечник
adrenal gland [ə'driːnəl|'glænd] надпочечник
adrenalin [ə'drenəlɪn] адреналин (мед.)
adrift [ə'drɪft] по течению
adroit [ə'drɔɪt] ловкий; искусный; находчивый
adsorbent [əd'sɔːb(ə)nt] адсорбирующее вещество (хим.)
adulation [ˌædju'leɪʃ(ə)n] низкопоклонство
adulatory ['ædjuleɪt(ə)rɪ] льстивый; угодливый
adult ['ædʌlt] взрослый; совершеннолетний; взрослая особь; зрелый; развитой
adult age ['ædʌlt|'eɪʤ] совершеннолетие
adult education ['ædʌlt|ˌedju(ː)'keɪʃən] обучение взрослых
adult film ['ædʌlt|'fɪlm] фильм для взрослых
adult malefactor ['ædʌlt|'mælɪfæktə] совершеннолетний преступник
adult offender ['ædʌlt|ə'fendə] совершеннолетний преступник
adulter [ə'dʌltə] участник прелюбодеяния
adulterant [ə'dʌltər(ə)nt] примесь
adulterate [ə'dʌltəreɪt] фальсифицировать; фальсифицированный; прелюбодействовать; внебрачный; незаконнорожденный
adulterated [ə'dʌltəreɪtɪd] фальсифицированный; испорченный
adulteration [ə,dʌltə'reɪʃ(ə)n] фальсификация; подделка
adulterer [ə'dʌltərə] нарушающий супружескую верность; участник прелюбодеяния
adulteress [ə'dʌltərɪs] нарушающая супружескую верность; участница прелюбодеяния
adulthood [ə'dʌlthuːd] взрослое состояние

adumbrate ['ædʌmbreɪt] бегло набросать; предвещать; предзнаменовать; затемнять; бросать тень

adust [ə'dʌst] ссохшийся от солнца; выжженный; спаленный; обугленный; загорелый; мрачный; угрюмый

advance [əd'vɑːns] продвижение *(вперед по службе и т. п.)*; наступление *(воен.)*; успех; прогресс; улучшение; предварение; упреждение *(техн.)*; повышение *(цен и т. п.)*; ссуда; аванс; задаток; продвигаться вперед; выдвигать *(довод)*; заем *(юр.)*; предоставлять заем; предложение более выгодной цены *(на аукционе)*

to advance in popularity — становиться более популярным; завоевывать популярность

to advance in price — дорожать; повышаться в цене

to advance in years — стареть

to advance interests — содействовать кому-либо или чьим-либо интересам

advance account [əd'vɑːnsə'kaunt] авансовый счет

advance against payment [əd'vɑːns|ə'genst|'peɪmənt] аванс в счет платежей

advance directions sign [əd'vɑːns|dɪ'rekʃənz|'saɪn] указатель направления движения

advance in rank [əd'vɑːns|ɪn|'ræŋk] повышение в чине; продвижение по службе

advance knowledge [əd'vɑːns|'nɔlɪʤ] предвидение

advance of capital [əd'vɑːns|əv|'kæpɪtl] затрата капитала

advance order [əd'vɑːns|'ɔːdə] предварительный заказ

advance to the supplier [əd'vɑːns|tə|ðə|sə'plaɪə] аванс поставщику

advance track [əd'vɑːns|'træk] отправной путь

advance-guard [əd'vɑːnsgɑːd] авангард; передовой отряд; форпост

advanced [əd'vɑːnst] выдвинутый вперед; передовой; успевающий *(об ученике)*; продвинутый; повышенного типа

advanced age [əd'vɑːnst|'eɪʤ] преклонный возраст

advanced base [əd'vɑːnst|'beɪs] главное основание; главная причина

advanced charge [əd'vɑːnst|'tʃɑːʤ] наложенный платеж

advanced design features [əd'vɑːnst|dɪ'zaɪn|'fiːtʃəz] технические усовершенствования

advanced ignition [əd'vɑːnst|ɪg'nɪʃən] раннее зажигание

advanced price [əd'vɑːnst|'praɪs] повышенная цена

advanced sexual development [əd'vɑːnst|'seksjuəl|dɪ'veləpmənt] преждевременное половое развитие

advanced sparking [əd'vɑːnst|'spɑːkɪŋ] преждевременная вспышка

advanced studies [əd'vɑːnst|'stʌdɪz] занятия *(курс)* повышенного типа для продолжающих обучение

advancement [əd'vɑːnsmənt] продвижение; распространение *(образования и т. п.)*; достижение

advancer [əd'vɑːnsə] фазокомпенсатор

advantage [əd'vɑːntɪʤ] преимущество; благоприятное положение; выгода; польза; помогать; оказывать помощь

advantage of location [əd'vɑːntɪʤ|əv|lou'keɪʃən] преимущество расположения

advantaged [əd'vɑːntɪʤd] обладающий преимуществом; имеющий превосходство; обеспеченный; живущий в достатке

advantageous [ˌædvən'teɪʤəs] благоприятный; выгодный

advection [əd'vekʃən] адвекция

advective [əd'vektɪv] адвективный

advent ['ædvənt] наступление; пришествие; адвент, рождественский пост

adventitious [ˌædven'tɪʃəs] побочный; вспомогательный

adventure [əd'ventʃə] приключение; рискованное предприятие; риск; страх; авантюра; переживание; случай; событие; явление; приключенческий; рисковать; отваживаться; рискнуть

adventure play-ground [əd'ventʃə|'pleɪgraund] площадка для игр

adventurer [əd'ventʃərə] искатель приключений; авантюрист

adventuress [əd'ventʃərɪs] искательница приключений; авантюристка

adventurism [əd'ventʃərɪzm] вызывающее поведение

adventurist [əd'ventʃ(ə)rɪst] авантюрный; опасный; рискованный; авантюристический

adventurous [əd'ventʃ(ə)rəs] безрассудно смелый; активный; деятельный; опасный; рискованный

adverb ['ædvəːb] наречие

adverb of degree ['ædvəːb|əv|dɪ'griː] наречие степени

adverb of manner ['ædvəːb|əv|'mænə] наречие образа действия

adverbial [əd'vəːbjəl] наречный

adverbial phrase [əd'vəːbjəl|'freɪz] обстоятельственный оборот

adversary ['ædvəs(ə)rɪ] противник; враг; соперник; противная сторона *(юр.)*

adversative [əd'vəːsətɪv] выражающий противоположное понятие; противительный

adverse ['ædvə:s] враждебный; неблагоприятный; вредный; лежащий (на)против; противопоставляемый

adverse conditions ['ædvə:s|kən'dıʃənz] неблагоприятные условия

adverse decision ['ædvə:s|dı'sıʒən] решение в пользу противоположной стороны

adverse effect ['ædvə:s|ı'fekt] неблагоприятный результат; неблагоприятный эффект

adverse-weather lamp ['ædvə:s,weðə|'læmp] противотуманная фара

adversity [əd'və:sıtı] бедствия; напасти; несчастья; неблагоприятная обстановка

advert [əd'və:t] ссылаться; упоминать; обращаться к чему-либо; касаться

advertence [əd'və:təns] внимательное отношение

advertent confession [əd'və:tənt|kən'feʃən] добровольное признание

advertise ['ædvətaız] помещать объявление; афишировать; рекламировать; извещать; информировать; объявлять; оповещать; осведомлять

advertisement [əd'və:tısmənt] реклама; объявление; анонс; рекламный раздел

advertisement pillar [əd'və:tısmənt|'pılə] столб для объявлений

advertiser ['ædvətaızə] газета с объявлениями

advertising ['ædvətaızıŋ] рекламирование; реклама; объявление; рекламное объявление; публикация объявлений; оплаченное объявление; рекламный анонс; рекламное дело

advertising account ['ædvətaızıŋ|ə'kaunt] рекламодатель

advertising action ['ædvətaızıŋ|'ækʃən] рекламная акция

advertising activities ['ædvətaızıŋ|æk'tıvıtız] рекламная деятельность

advertising agency ['ædvətaızıŋ|'eıdʒənsı] рекламное агентство

advertising campaign ['ædvətaızıŋ|kæm'peın] рекламная кампания

advertising copy ['ædvətaızıŋ|'kɔpı] рекламный текст

advertorial [,ædvə'tɔ:rıəl] информирующая реклама (нацеленная на сообщение фактов, а не на сбыт товаров)

advice [əd'vaıs] извещение; авизо; совет; консультация (юриста)

advice of collection [əd'vaıs|əv|kə'lekʃən] инкассовое авизо

advice of dispatch [əd'vaıs|əv|dıs'pætʃ] извещение об отправке груза

advice of impediment to delivery [əd'vaıs|əv|ım'pedımənt|tə|dı'lıvərı] уведомление о задержке поставки

advice on procedure [əd'vaıs|ɔn|prə'si:dʒə] методические консультации

advisable [əd'vaızəbl] благоразумный; мудрый; разумный; рекомендуемый; целесообразный; желательный; полезный

advise [əd'vaız] советовать(ся); консультировать(ся); извещать; информировать; уведомлять

advised [əd'vaızd] знающий; осведомленный; сведущий; информированный; намеренный; обдуманный; преднамеренный; умышленный; осторожный; благоразумный; разумный; рассудительный; рассмотревший дело (о суде) (юр.)

advisedly [əd'vaızıdlı] намеренно; обдуманно

advisement [əd'vaısmənt] обсуждение; подробное рассмотрение; совещание суда перед рассмотрением приговора (юр.)

adviser [əd'vaızə] советник; консультант

advisory [əd'vaızərı] совещательный; консультативный; разъяснительный

advisory agency [əd'vaızərı|'eıdʒənsı] совещательный орган

advisory body [əd'vaızərı|'bɔdı] совещательный орган; консультативный орган

advisory organ [əd'vaızərı|'ɔ:gən] консультативный орган

advocacy ['ædvəkəsı] защита; охрана; предохранение; адвокатура; адвокатская деятельность; пропаганда (взглядов и т. п.)

advocate ['ædvəkıt] — сущ. ['ædvəkeıt] — гл. защитник; сторонник (мнения); отстаивать; поддерживать; пропагандировать (взгляды и т. п.)
to advocate peace — выступить в защиту мира

adynamia [,ædaı'neımıə] слабость; потеря сил (мед.)

adze [ædz] лопатка; лопатка альпиниста; тесать; обтесывать; стругать; ровнять

adzing ['ædzıŋ] зарубка

aegis ['i:dʒıs] защита

aeon ['i:ən] вечность; эра (геологическая)

aerate ['eıəreıt] проветривать; газировать

aerated concrete ['eıəreıtıd|'kɔnkri:t] пористый бетон

aerated water ['eıəreıtıd|'wɔ:tə] газированная вода

aeration [,eıə'reıʃ(ə)n] проветривание; аэрация; насыщение кислородом; газирование

aerial ['eərıəl] воздушный; надземный (биол.); эфирный; невыполнимый; неосуществимый; нереальный; антенна

aerial mapping ['eərıəl|'mæpıŋ] аэросъемка местности

aerial navigation [ˈɛərɪəlˌnævɪˈgeɪʃən] аэронавигация

aerial photographic survey [ˈɛərɪəlˌfoutəˈgræfɪkˈsəːveɪ] аэрофотосъемка

aerial power line [ˈɛərɪəlˈpauəˈlaɪn] воздушная линия электропередачи

aerial reach [ˈɛərɪəlˈriːtʃ] радиус действия антенны

aerial reconnaissance [ˈɛərɪəlrɪˈkɔnɪsəns] авиаразведка

aerial ropeway [ˈɛərɪəlˈroupweɪ] подвесная канатная дорога

aerie [ˈɛərɪ] гнездо (выводок) хищной птицы; дом на возвышенном уединенном месте

aeriform [ˈɛərɪfɔːm] воздушный; газообразный; нереальный; неосуществимый

aerify [ˈɛərɪfaɪ] превращать в газообразное состояние; газировать

aerobic [ɛəˈroubɪk] аэробный

aerobics [ɛəˈroubɪks] аэробика

aerobiology [ˈɛəroubaɪˈɔləʤɪ] аэробиология

aerobomb [ˈɛəroubɔm] авиабомба

aerocamera [ˈɛərouˈkæm(ə)rə] аэрокамера (техн.)

aerocarrier [ˈɛərouˈkærɪə] авианосец

aerodrome [ˈɛərədroum] аэродром

aerodynamical [ˈɛəroudaɪˈnæmɪkəl] аэродинамический

aerodynamics [ˈɛəroudaɪˈnæmɪks] аэродинамика

aeroengine [ˈɛərouˈenʤɪn] авиационный двигатель

aerogenic [ˈɛərouˈʤenɪk] зигзагообразующий (о бактерии)

aerogram [ˈɛərougræm] радиограмма

aerograph [ˈɛərougrɑːf] аэрограф; метеорограф

aerolite [ˈɛərəlaɪt] метеорит

aerological [ˌɛərəˈlɔʤɪkəl] аэрологический

aerology [ɛəˈrɔləʤɪ] аэрология

aeronaut [ˈɛərənɔːt] аэронавт

aeronautical [ˌɛərəˈnɔːtɪkəl] воздухоплавательный; авиационный

aeronautics [ˌɛərəˈnɔːtɪks] воздухоплавание; авиация

aeronavigator [ˈɛərəˈnævɪgeɪtə] авиаштурман

aerophone [ˈɛərəfoun] звукоусилитель; слуховой аппарат; аудифон; переговорное устройство на самолете

aeroplanction [ˌɛərəˈplæŋkʃən] воздушный планктон

aeroplane [ˈɛərəpleɪn] аэроплан; самолет

aerosol [ˈɛərəsɔl] аэрозоль

aerosol paint [ˈɛərəsɔlˈpeɪnt] аэрозольная упаковка краски

aerostat [ˈɛəroustæt] аэростат

aerostatic balance [ˌɛərouˈstætɪkˈbæləns] аэростатическое равновесие

aerostatics [ˌɛərouˈstætɪks] аэростатика; воздухоплавание

aerostation [ˌɛərouˈsteɪʃ(ə)n] воздухоплавание

aerotube [ˈɛərətjuːb] воздухопровод

aerugo [iːˈrugou] окись меди

aesthete [ˈiːsθiːt] эстет

aesthetic [iːsˈθetɪk] эстетический

aesthetics [iːsˈθetɪks] эстетика

aesthophysiology [ˈiːsθouˌfɪzɪˈɔləʤɪ] физиология органов чувств

aestisilvae летнезеленые леса (биол.)

aestival [iːsˈtaɪvəl] летний (биол.)

aestivator [iːsˈtɪveɪtə] животное, впадающее в летнюю спячку

afar [əˈfɑː] вдалеке; издали; издалека

afeer определять сумму; подтверждать

affability [ˌæfəˈbɪlɪtɪ] приветливость; вежливость; любезность

affable [ˈæfəbl] приветливый; вежливый; любезный

affair [əˈfɛə] дело; дела; занятия; любовная связь; дело (воен.); стычка

affect [əˈfekt] действовать на кого-либо; влиять; воздействовать; волновать; трогать; задевать; затрагивать; поражать (о болезни); притворяться; делать вид; прикидываться; любить; предпочитать что-либо

affectation [ˌæfekˈteɪʃ(ə)n] жеманство; неестественность; искусственность (языка, стиля)

affected [əˈfektɪd] тронутый; задетый; находящийся под влиянием; пораженный болезнью; неестественный; притворный; жеманный

affecting [əˈfektɪŋ] трогательный; волнующий; впечатляющий

affection [əˈfekʃ(ə)n] привязанность; любовь; болезнь; заболевание; влияние; поражение (биол.)

affectionate [əˈfekʃnɪt] любящий; нежный

affective [əˈfektɪv] эмоциональный

afferent [ˈæfərənt] центростремительный (биол.)

affiance [əˈfaɪəns] доверие; обручение; помолвка; обещание верности (при обручении)

affiant [əˈfaɪənt] свидетель, дающий показание под присягой (юр.)

affidavit [ˌæfɪˈdeɪvɪt] письменное показание под присягой; аффидевит

affile регистрировать и хранить документы в надлежащем порядке

affiliate [əˈfɪlɪeɪt] принимать в члены; присоединять как филиал; присоединяться; устанавливать связи (культурные и т. п.); устанавливать (отцовство, авторство) (юр.); усыновлять; удочерять;

AFF — AFT

проследить источник; лицо, связанное с преступным миром

affiliated [əˈfɪlɪeɪtɪd] подотчетный; связанный; являющийся филиалом

affiliated societies [əˈfɪlɪeɪtɪd|səˈsaɪətɪz] филиалы

affiliation [əˌfɪlɪˈeɪʃən] прием в члены; присоединение; установление отцовства, авторства *(в суде) (юр.)*

affinal [əˈfaɪnəl] находящийся в родстве *(через брак)*

affined [əˈfaɪnd] родственный *(в каком-либо отношении)*; связанный обязательством *(юр.)*

affinity [əˈfɪnɪtɪ] свойство; качество; родственность; близость; привлекательность; влечение; тяга; тяготение; сродство *(хим.)*; родство *(тональностей) (муз.)*

affirm [əˈfɜːm] одобрять; утверждать; подтверждать; торжественно заявлять *(юр.)*

affirmation [ˌæfəˈmeɪʃən] утверждение; подтверждение; торжественное заявление *(вместо присяги) (юр.)*

affirmative [əˈfɜːmətɪv] позитивный; положительный; утвердительный; заявление; утверждение; *(the affirmative)* сторона, выступающая «за» *(в споре, дискуссии)*

affix [ˈæfɪks] — *сущ.* [əˈfɪks] — *гл.* аффикс; прибавление; придаток; прикреплять; прибавлять; присоединять; поставить *(подпись)*; приложить *(печать)*

afflatus [əˈfleɪtəs] вдохновение; воодушевление; божественное откровение

afflict [əˈflɪkt] огорчать; причинять боль; беспокоить; тревожить

afflicted [əˈflɪktɪd] огорченный; страдающий *(от болезни)*

affliction [əˈflɪkʃ(ə)n] горе; несчастье; бедствие; злоключение; злополучие; грусть; огорчение; печаль; скорбь

affluence [ˈæfluəns] достаток; изобилие; богатство; наплыв; стечение; приток; скопление

affluent [ˈæfluənt] приток *(реки)*; подпор *(реки)*; изобильный; обильный; богатый; приливающий; притекающий; многоводный; полноводный

afflux [ˈæflʌks] приток *(воздуха)*; впуск *(воды)*

afford [əˈfɔːd] *(быть в состоянии)* позволить себе; давать; предоставлять; передавать; подавать; приносить; доставлять

affordable [əˈfɔːdəbl] возможный; допустимый; по средствам

afforest [æˈfɔrɪst] засадить лесом; облесить

afforestation [æˌfɔrɪsˈteɪʃən] лесонасаждение

affranchise [əˈfræntʃaɪz] отпускать на волю

affray [əˈfreɪ] нарушение общественного спокойствия

affreight [əˈfreɪt] фрахтовать

affreightment [əˈfreɪtmənt] фрахтование

affright [əˈfraɪt] испуг; страх; грозить; пугать

affront [əˈfrʌnt] оскорбление *(публичное)*; оскорблять *(публично)*; смотреть в лицо *(опасности, смерти)*; бросать вызов

affusion [əˈfjuːʒ(ə)n] обливание; опускание в купель

aficionado [əˌfɪʃɪəˈnɑːdou] ревностный поклонник; поборник; приверженец; ревнитель; болельщик; страстный любитель корриды

afield [əˈfiːld] в поле; на поле; на войне; на войну

afire [əˈfaɪə] охваченный пламенем; пылающий страстью; в огне

aflame [əˈfleɪm] объятый пламенем; горящий; пылающий в огне; сверкающий; горячий; пылкий

aflat [əˈflæt] горизонтально; плоско

afloat [əˈflout] плавающий на поверхности воды; плывущий по течению; *(находящийся)* на плаву, в движении; в полном разгаре; покрытый, залитый водой; *(находящийся)* на службе в военном флоте *(мор.)*; на воде; на море; на борту *(мор.)*; на борт *(судна)*

afoot [əˈfut] в движении; в действии

aforementioned [əˈfɔːˈmenʃ(ə)nd] вышесказанный

aforenamed [əˈfɔːˈneɪmd] вышеназванный

aforesaid [əˈfɔːsed] вышесказанный; вышеприведенный

aforethought [əˈfɔːθɔːt] намеренный

aforethought killer [əˈfɔːθɔːtˈkɪlə] лицо, совершившее убийство с заранее обдуманным намерением

aforetime [əˈfɔːtaɪm] прежде; встарь; в былое время

afoul [əˈfaul] столкнувшись; в запутанном состоянии; запутавшись *(о снастях и т. п.)*; в состоянии конфликта, столкновения

afraid [əˈfreɪd] испуганный; напуганный; боящийся

afresh [əˈfreʃ] еще; опять

african hunting dog [ˈæfrɪkənˈhʌntɪŋˈdɔg] гиеновая собака

aft [ɑːft] задний; обратный; на корме *(мор.)*

after [ˈɑːftə] вдогонку; после; о; за; несмотря на; после того как; позади; сзади; позднее; потом; затем; впоследствии; задний; вытекающий; последующий; следующий

after date [ˈɑːftədeɪt] по наступлении указанной даты

after deck [ˈɑːftəˈdek] кормовая часть

after demand [ˈɑːftədɪˈmɑːnd] по требованию

after-acquired [ˈɑːftərəˈkwaɪəd] приобретенный впоследствии

after-born [ˈɑːftəbɔːn] родившийся после смерти родителей

after-burner [ˈɑːftəˈbəːnər] дожигатель *(техн.)*

after-care [ˈɑːftəkɛə] уход за выздоравливающим; воспитание лиц, отбывших лишение свободы

after-cooler [ˈɑːftəˈkuːlə] теплообменник последней ступени турбонаддува *(техн.)*

after-effect [ˈɑːftərɪˈfekt] последствие; результат, выявившийся позднее; последействие

after-game [ˈɑːftəgeɪm] попытка отыграться; средства, пущенные в ход позднее

after-life [ˈɑːftəlaɪf] загробная жизнь; вторая половина жизни

after-payment [ˈɑːftəˈpeɪmənt] последующий платеж; доплата

after-piece [ˈɑːftəpiːs] дивертисмент

after-sales [ˈɑːftəseɪlz] послепродажный

after-tax [ˈɑːftətæks] за вычетом налогов

after-time [ˈɑːftətaɪm] дополнительное время

after-treatment [ˈɑːftəˈtriːtmənt] последующая обработка

afterdribble [ˈɑːftəˈdrɪbl] подтекание форсунки *(техн.)*

afterglow [ˈɑːftəglou] вечерняя заря; приятное чувство, оставшееся после чего-либо

afterheat [ˈɑːftəhiːt] бабье лето

afterlight [ˈɑːftəlaɪt] задний свет *(театр.)*; прозрение

afterload [ˈɑːftəloud] нагрузка, преодолеваемая мышцей при сокращении

afternoon [ˈɑːftəˈnuːn] время после полудня; послеобеденное время

afters [ˈɑːftəz] второе и третье блюда *(разг.)*

aftershave [ˈɑːftəʃeɪv] лосьон, применяющийся после бритья

aftershock [ˈɑːftəʃɔk] толчок после основного землетрясения *(геол.)*

aftersummer [ˌɑːftəˈsʌmə] бабье лето

aftertaste [ˈɑːftəteɪst] вкус, остающийся во рту после еды, курения и т. п.

afterthought [ˈɑːftəθɔːt] мысль, пришедшая в голову слишком поздно; дума; мысль

afterwards [ˈɑːftəwədz] впоследствии; позднее

again [əˈgen] еще; заново; опять; снова; с другой стороны; кроме того; к тому же

againbuy [əˈgenbaɪ] выкупить заложенное имущество

against [əˈgenst] против

against receipt [əˈgenstrɪˈsiːt] под расписку

against the background [əˈgenstðəˈbækgraund] на фоне

against the sun [əˈgenstðəˈsʌn] против часовой стрелки

agamic [əˈgæmɪk] бесполый *(биол.)*

agamogenetic [ˌægəməʤɪˈnetɪk] размножающийся бесполым путем

agaric [ˈægərɪk] пластинчатый гриб *(бот.)* съедобный гриб *(бот.)*

agaric honey [ˈægərɪkˈhʌnɪ] опенок настоящий

agate [ˈægət] агат *(минерал)*; агат *(шрифт)* *(полигр.)*

agave [əˈgeɪvɪ] агава *(биол.)*

agaze [əˈgeɪz] в изумлении; смотрящий широко открытыми глазами

age [eɪʤ] возраст; совершеннолетие; старость; преклонный возраст; поколение; век; период; эпоха *(геол.)*; долгий срок; стареть; старить; подвергать старению *(техн.)*

age bracket [ˈeɪʤˈbrekɪt] возрастная группа

age composition [ˈeɪʤˌkɔmpəˈzɪʃən] возрастной состав

age determination [ˈeɪʤdɪˌtəːmɪˈneɪʃən] определение возраста

age distribution [ˈeɪʤˌdɪstrɪˈbjuːʃən] распределение по возрасту

age group [ˈeɪʤgruːp] возрастная группа

age limit [ˈeɪʤˈlɪmɪt] возрастное ограничение; предельный возраст

age of admission to school [ˈeɪʤəvədˈmɪʃəntəˈskuːl] возраст для поступления в школу

age of boiler [ˈeɪʤəvˈbɔɪlə] срок службы котла

age of capacity [ˈeɪʤəvkəˈpæsɪtɪ] возраст дееспособности

age of consent [ˈeɪʤəvkənˈsent] брачный возраст

age of majority [ˈeɪʤəvməˈʤɔrɪtɪ] совершеннолетие

age structure [ˈeɪʤˈstrʌktʃə] возрастной состав

age-grade [ˈeɪʤgreɪd] возрастная группа

age-old [ˈeɪʤould] вековой; очень давний

aged [ˈeɪʤd] старый; пожилой; достигший такого-то возраста; старческий; старики

ageing [ˈeɪʤɪŋ] старение; вызревание; созревание; механическое старение

ageism [ˈeɪʤɪzm] предубеждение против какой-либо возрастной группы *(дискриминация пожилых при найме на работу и т. п.)*

ageless [ˈeɪʤlɪs] нестареющий

agelong [ˈeɪʤlɔŋ] очень долгий; вечный

agency [ˈeɪʤənsɪ] агентство; орган *(учреждение, организация)*; представительство; сила; фактор; средство; посредство; поддержка; помощь; посредничество; содействие; действие; деятельность

agenda [əˈʤendə] повестка дня; последовательность компьютерных операций; программа

agenitalism отсутствие половых органов *(мед.)*

agent [ˈeɪdʒ(ə)nt] деятель; личность; агент; представитель; посредник; доверенное лицо; агентура; действующая сила; фактор; вещество

agent [ˈeɪdʒənt] присадка

agential [əˈdʒenʃ(ə)l] относящийся к агенту (агентству)

ageusia [əˈgjuːsɪə] потеря вкуса

agglomerate [əˈglɔmərɪt] собирать(ся); скоплять(ся) (в кучу, в массу)

agglomeration [ə͵glɔməˈreɪʃən] агломерат

agglutinate [əˈgluːtɪneɪt] — гл. [əˈgluːtɪnɪt] — сущ. клеить; приклеивать; превращать(ся) в клей; склеенный; агглютинативный (линг.)

aggrandize [əˈgrændaɪz] увеличивать (мощь, благосостояние); возвеличивать; прославлять; повышать (в ранге)

aggrandizement [əˈgrændɪzmənt] увеличение; повышение

aggravant [ˈægrəvənt] отягчающее обстоятельство (юр.)

aggravate [ˈægrəveɪt] отягчать; усугублять; надоедать; огорчать

aggravated killer [ˈægrəveɪtɪd ˈkɪlə] лицо, совершившее убийство при отягчающих обстоятельствах

aggravated killing [ˈægrəveɪtɪd ˈkɪlɪŋ] убийство при отягчающих обстоятельствах

aggravating [ˈægrəveɪtɪŋ] ухудшающий; досадный

aggravation [͵ægrəˈveɪʃən] усугубление; ухудшение; отягчающее обстоятельство (юр.)

aggregate [ˈægrɪgɪt] — сущ. [ˈægrɪgeɪt] — гл. множество; семейство; совокупность; агрегат; конструкция; установка; собранный вместе; общий; весь; скученный; сгруппированный (биол.); сложный; сборный; агрегатный (геол.); собирать в одно целое; собираться; приобщать (to — к организации); равняться; составлять в сумме; общая сумма (юр.)

aggregate amount [ˈægrɪgɪt əˈmaunt] общий итог

aggregate damage [ˈægrɪgɪt ˈdæmɪdʒ] общая сумма ущерба

aggregate of sentences [ˈægrɪgɪt əv ˈsentensəz] общий срок наказания

aggregate profit [ˈægrɪgɪt ˈprɔfɪt] общая прибыль

aggregation [͵ægrɪˈgeɪʃən] накопление; агрегат; конструкция; скопление; масса

aggregative behavior [ˈægrɪgeɪtɪv bɪˈheɪvjə] стайность

aggression [əˈgreʃən] атака; нападение; наступление; агрессия; агрессивность; вызывающее поведение

aggressive [əˈgresɪv] нападающий; агрессивный; активный; деятельный; настойчивый; энергичный

aggressiveness [əˈgresɪvnɪs] агрессивность; вызывающий образ действий

aggressor [əˈgresə] агрессор; нападающая сторона; зачинщик; субъект преступного нападения (юр.)

aggrieve [əˈgriːv] обижать; огорчать; наносить ущерб; отказать кредитору в удовлетворении требования (юр.)

aggrieved [əˈgriːvd] обиженный; огорченный; расстроенный; потерпевший ущерб; пострадавший (юр.)

aghast [əˈgɑːst] ошеломленный

agile [ˈædʒaɪl] проворный; быстрый; живой; подвижной; расторопный; шустрый

agiler [ˈædʒaɪlə] осведомитель; шпион

agility [əˈdʒɪlɪtɪ] быстрота; живость; ловкость; проворство; резвость; стремительность

agio [ˈædʒɪou] ажио (фин.); лаж; биржевая игра; ажиотаж; шумиха

agiotage [ˈædʒətɪdʒ] ажиотаж; шумиха; биржевая игра; спекуляция

agitate [ˈædʒɪteɪt] волновать; возбуждать; подстрекать; перемешивать

agitated [ˈædʒɪteɪtɪd] взволнованный; возбужденный

agitation [͵ædʒɪˈteɪʃən] агитация; беспокойство; возбуждение; волнение; смятение; тревога; взбалтывание

agitator [ˈædʒɪteɪtə] агитатор; мешалка

aglet [ˈæglɪt] аксельбант; металлический наконечник шнурка; сережка (форма соцветия) (бот.)

aglow [əˈglou] пылающий; раскаленный докрасна; возбужденный

agnate [ˈægneɪt] родственник по мужской линии; родственный по отцу; близкий; родственный

agnosticism [ægˈnɔstɪsɪzm] агностицизм

ago [əˈgou] тому назад; давно

agog [əˈgɔg] возбужденный; в возбуждении

agogic [əˈgɔdʒɪk] агогический (муз.)

agoing [əˈgouɪŋ] на ходу; в движении

agonic [əˈgɔnɪk] не образующий угла

agonistic [͵ægəˈnɪstɪk] атлетический; участвующий в спортивном состязании; полемический

agonize [ˈægənaɪz] агонизировать; быть в агонии; мучить; прилагать отчаянные усилия; страстно бороться

agonized [ˈægənaɪzd] мучительный; безумный; неистовый; отчаянный

agony [ˈægənɪ] агония; мука; мучение; взрыв; внезапное проявление (чувства); сильная борьба

agoraphobia [͵ægərəˈfoubɪə] боязнь открытого пространства (агорафобия)

agraffe [əˈgræf] аграф

agraphia [əˈgræfɪə] потеря способности писать (аграфия)

agrarian [əˈgrɛərɪən] аграрный; земельный; земледельческий; сельскохозяйственный; дикорастущий (бот.); крупный землевладелец; аграрий; сторонник аграрных реформ; аграрный закон

agrarian law [əˈgrɛərɪənˈlɔː] земельное право

agree [əˈgriː] соглашаться; сходиться во взглядах; уславливаться; договариваться; соответствовать; гармонировать; быть сходным; уживаться; быть полезным (приятным, подходящим); согласовывать; приводить в порядок (счета и т. п.); согласоваться

   to agree completely — соглашаться полностью
   to agree in tastes — сходиться во вкусах
   to agree in views — сходиться во взглядах
   to agree on conditions — оговориться
   to agree readily — охотно соглашаться

agreeable [əˈgrɪəbl] приятный; милый; отрадный; выражающий согласие (разг.); охотно готовый сделать что-либо; соответствующий; допустимый; приемлемый

agreeably [əˈgrɪəblɪ] приятно; соответственно

agreed [əˈgriːd] условленный; уговорный

agreed termination [əˈgriːd.təˌmɪˈneɪʃən] прекращение службы по взаимному согласию

agreed time [əˈgriːdˈtaɪm] согласованный срок

agreed to [əˈgriːdˈtuː] согласованный; предписанный

agreed upon [əˈgriːdəˈpɒn] обусловленный

agreement [əˈgriːmənt] (взаимное) согласие; договор; соглашение; сдельная плата; согласование
   to reach an agreement — достичь соглашения

agreement of law-suit [əˈgriːməntəvˈlɔːsjuːt] мировое соглашение

agreement of marriage [əˈgriːməntəvˈmærɪdʒ] брачный договор

agreement to sell [əˈgriːmənttəˈsel] соглашение о продаже

agricultural [ˌægrɪˈkʌltʃʊrəl] сельскохозяйственный; аграрный; земельный; земледельческий

agricultural lease [ˌægrɪˈkʌltʃʊrəlˈliːs] сельскохозяйственная аренда

agricultural tenant [ˌægrɪˈkʌltʃʊrəlˈtenənt] землевладелец

agriculture [ˈægrɪkʌltʃə] сельское хозяйство; земледелие; агрономия

agriculturist [ˌægrɪˈkʌltʃərɪst] агроном; земледелец

agrimony [ˈægrɪmənɪ] репейник

agrimotor [ˈægrɪˌmoʊtə] трактор (техн.)

agrobiologist [ˌægroʊbaɪˈɒlədʒɪst] агробиолог

agronomic(al) [ˌægroʊˈnɒmɪkəl] агрономический

aground [əˈgraʊnd] сидящий на мели (в затруднении); без средств; на мели (мор.)

ague [ˈeɪgjuː] малярия; лихорадка; лихорадочный озноб

aguish [ˈeɪgjuːɪʃ] малярийный; подверженный малярии; перемежающийся

ahead [əˈhed] будущий; грядущий; вперед; впереди

aheap [əˈhiːp] в куче

ahorse [əˈhɔːs] верхом; на коне

ahypnia бессонница (мед.)

aid [eɪd] помощь; поддержка; содействие; ассистент; помощник; секретарь; сборы; налоги; вспомогательные войска (воен.); вспомогательные средства; пособия; помогать; способствовать; пособник (юр.); подстрекатель (юр.)

aid program [ˈeɪdˈproʊgræm] программа финансовой помощи

aide [eɪd] помощник (руководителя); консультант; референт; советник; помощник (министра и т. п.); ответственный работник (подчиненный кому-либо); санитарка; санитар; сиделка

aide-de-camp [ˈeɪddəˈkæŋ] адъютант

aide-memoire [ˌeɪdmeˈmwaː] памятная записка (франц.)

aided [ˈeɪdɪd] полуавтоматический

aids [eɪdz] (вспомогательные) средства

aigrette [ˈeɪgret] султан; белая цапля; пучок лучей (техн.); сноп лучей в солнечной короне (астр.)

aiguille [ˈeɪgwiːl] горный пик; остроконечная вершина; игла

ail [eɪl] болеть; беспокоить; причинять страдание; чувствовать недомогание

ailerons [ˈeɪlərɒnz] элероны (техн.)

ailing [ˈeɪlɪŋ] чахнущий; недужный

ailment [ˈeɪlmənt] нездоровье

aim [eɪm] намерение; цель; прицел; мишень; стремиться; целить(ся); прицеливаться; направлять; нацеливать; бросить; иметь в виду; метить

aim of the law [ˈeɪməvðəˈlɔː] цель закона

aiming [ˈeɪmɪŋ] наводка; прицеливание; прицельный

aiming fire [ˈeɪmɪŋˈfaɪə] прицельный огонь

aimless [ˈeɪmlɪs] бесприцельный; беспредметный; бесцельный

air [ɛə] воздух; атмосфера; ветерок; дуновение; внешний вид; выражение лица; воздушный; авиационный; самолетный; пневматический; проветривать; вентилировать; выставлять напоказ; обнародовать; ария (муз.); мелодия (муз.)

air axle [ˈɛərˈæksl] мост на пневматической подвеске (авт.)

air balloon [ˈɛəbəˈluːn] аэростат; воздушный шар

air bearing [ˈɛəˈbeərɪŋ] воздушный подшипник

AIR — AIR

air bombardment [ˈɛə|bɔmˈbɑːdmənt] воздушная бомбардировка

air bottle [ˈɛə|ˈbɔtl] воздушный баллон

air cargo carriage [ˈɛə|ˈkɑːgou|ˈkærɪʤ] грузовые авиаперевозки

air choke [ˈɛə|ˈtʃouk] воздушная заслонка

air circulation [ˈɛə|ˌsəːkjuˈleɪʃən] циркуляция воздуха

air current [ˈɛə|ˈkʌrent] воздушный поток; атмосферное течение *(метео)*

air delivery [ˈɛə|dɪˈlɪvərɪ] расход воздуха

air density [ˈɛə|ˈdensɪtɪ] плотность воздуха

air layer [ˈɛə|ˈleɪə] слой воздуха

air motion [ˈɛə|ˈmouʃən] движение воздуха

air pollution [ˈɛə|pəˈluːʃən] загрязнение воздуха

air pressure [ˈɛə|ˈpreʃə] атмосферное давление

air temperature [ˈɛə|ˈtemprɪtʃə] температура воздуха

air-actuated [ˈɛərˈæktjueɪtɪd] пневматический

air-blast [ˈɛəblʌst] вентилятор

air-bleed [ˈɛəbliːd] жиклер

air-bubble [ˈɛəbʌbl] воздушный пузырь

air-cleaner [ˈɛəˌkliːnə] воздушный фильтр; воздухоочиститель

air-cleaning filter [ˈɛəˌkliːnɪŋ|ˈfɪltə] воздушный фильтр

air-conditioner [ˈɛəkənˌdɪʃnə] кондиционер воздуха

air-conditioning [ˈɛəkənˌdɪʃənɪŋ] кондиционирование воздуха

air-cooled [ˈɛəˈkuːld] с воздушным охлаждением

air-cooled diesel [ˈɛəˌkuːld|ˈdiːzəl] дизель с воздушным охлаждением

air-earth interface [ˈɛərˌəːθ|ˈɪntəfeɪs] земная поверхность

air-filtration unit [ˈɛəfɪlˌtreɪʃən|ˈjuːnɪt] воздухофильтрационная установка

air-force base [ˈɛəfɔːs|ˈbeɪs] военно-воздушная база

air-force brass [ˈɛəfɔːs|ˈbrɑːs] командующий военно-воздушными силами

air-freighter [ˈɛəˌfreɪtə] грузовой самолет

air-gauge [ˈɛəgeɪʤ] манометр

air-heater [ˈɛəˌhiːtə] калорифер; воздухонагреватель

air-hostess [ˈɛəˌhɔstɪs] стюардесса

air-hunger [ˈɛəˈhʌŋgə] кислородное голодание

air-jacket [ˈɛəˈʤækɪt] надувной спасательный жилет

air-liner [ˈɛəlaɪnə] рейсовый *(пассажирский)* самолет

air-lock tank [ˈɛəlɔk|ˈtæŋk] шлюзовая камера в подводном аппарате

air-mail [ˈɛəmeɪl] авиапочта

air-mechanic [ˈɛəmɪˈkænɪk] бортмеханик

air-monger [ˈɛəˈmʌŋgə] фантазер

air-parcel [ˈɛəˈpɑːsl] воздушная частица

air-pocket [ˈɛəˌpɔkɪt] воздушная яма

air-pressure brake [ˈɛəˌpreʃəˈbreɪk] пневматический тормоз

air-pump [ˈɛəpʌmp] нагнетательный насос

air-raid alarm [ˈɛəreɪd|əˈlɑːm] воздушная тревога

air-raid shelter [ˈɛəreɪd|ˈʃeltə] бомбоубежище

air-resistance [ˈɛərɪˈzɪstəns] сопротивление воздуха

air-route [ˈɛəruːt] авиатрасса; маршрут полета

air-screw [ˈɛəskruː] воздушный винт; пропеллер

air-shed [ˈɛəʃed] ангар

air-show [ˈɛəʃou] демонстрационные полеты

air-sickness [ˈɛəˌsɪknɪs] воздушная болезнь; горная болезнь

air-space [ˈɛəspeɪs] воздушное пространство

air-speed meter [ˈɛəˌspiːd|ˈmiːtə] самолетный спидометр

air-stream [ˈɛəstriːm] воздушное течение

air-time [ˈɛətaɪm] эфирное время

air-trap [ˈɛətræp] воздухоуловитель *(в ртутном барометре)*

air-tube [ˈɛətjuːb] трахея

air-washer [ˈɛəˌwɔʃə] воздушный фильтр

airbag [ˈɛəbæg] воздушная подушка *(техн.)*

airbed [ˈɛəbed] надувной матрац

airborne [ˈɛəbɔːn] переносимый по воздуху; находящийся в воздухе

airborne contamination [ˈɛəbɔːn|kənˌtæmɪˈneɪʃən] радиоактивное загрязнение воздуха

airborne dust [ˈɛəbɔːn|ˈdʌst] атмосферная пыль

aircraft [ˈɛəkrɑːft] авиация; самолет; авиационный

aircraft icing [ˈɛəkrɑːft|ˈaɪsɪŋ] обледенение самолета

airdrome [ˈɛədroum] аэродром

airdrome forecast [ˈɛədroum|ˈfɔːkɑːst] прогноз на вылет

airer [ˈe(ə)rə] сушка для белья

airfield [ˈɛəfiːld] аэродром; летное поле

airflow [ˈɛəflou] поток воздуха

airglow [ˈɛəglou] свечение ночного неба

airily [ˈɛərɪlɪ] воздушно; грациозно; легко; беззаботно; легкомысленно

airing [ˈɛərɪŋ] проветривание и просушивание; вентиляция; прогулка

airless [ˈɛəlɪs] безветренный; безвоздушный

airline [ˈɛəlaɪn] авиалиния

airplane [ˈɛəpleɪn] аэроплан; самолет

to board (take) an airplane — сесть на самолет; подняться на борт самолета *to bring down (land) an airplane* — посадить самолет

to bring down (shoot down) an airplane — сбить самолет

airplane crash [ˈɛəpleɪnˈkræʃ] авиакатастрофа
airplay [ˈɛəpleɪ] трансляция звукозаписи *(в эфир)*
airport [ˈɛəpɔːt] аэропорт
airtight [ˈɛətaɪt] воздухонепроницаемый
airway [ˈɛəweɪ] воздуховод
airy [ˈɛərɪ] легкий; воздушный; грациозный
aisle [aɪl] проход *(между рядами в церкви, в театре, вагоне и т. п.)*; пролет цеха
aitchbone [ˈeɪtʃboun] крестцовая кость; огузок
akin [əˈkɪn] сродни; сродный; близкий; родственный; похожий; кровный родственник *(юр.)*
alabaster [ˈæləbɑːstə] алебастр; гипс
alack [əˈlæk] увы! *(поэт.)*
alacrity [əˈlækrɪtɪ] живость; готовность; рвение; старание
alar [ˈeɪlə] крыловидный; относящийся к крыльям; имеющий крылья *(биол.)*; с крыльями; пазушный *(бот.)*; с крылышками *(о семенах и т. п.)*; подмышечный *(биол.)*
alarm [əˈlɑːm] боевая тревога; сигнал тревоги; сигнальное устройство; смятение; страх; сигнальный; тревожный; поднять тревогу; предупредить об опасности; поднять по тревоге *(воен.)*; встревожить; взволновать; напугать; насторожить; вызвать тревогу; вспугнуть

to activate an alarm — дать сигнал тревоги

to alarm profoundly — глубоко волновать

to be alarmed at smth. — встревожиться из-за чего-либо; быть напуганным чем-либо

to be alarmed by rumours — взволноваться из-за слухов

to cause alarm — вызывать чувство страха

to deactivate an alarm — дать отбой тревоги; отключить сигнал тревоги

to feel alarm — бояться

to take alarm — встревожиться

alarm blast [əˈlɑːmˈblɑːst] тревожный свисток; гудок
alarm device [əˈlɑːmdɪˈvaɪs] устройство аварийной сигнализации
alarm false [əˈlɑːmˈfɔːls] ложный вызов милиции
alarm indication [əˈlɑːmˌɪndɪˈkeɪʃən] сигнал тревоги
alarm pilot relay [əˈlɑːmˈpaɪlətˈriːleɪ] аварийное реле
alarm-bell [əˈlɑːmˈbel] набат; набатный колокол; сигнальный звонок
alarming [əˈlɑːmɪŋ] волнующий; тревожный
alarmist [əˈlɑːmɪst] паникер
alb [ælb] стихарь

albatross [ˈælbətrɔs] альбатрос
albeit [ɔːlˈbiːɪt] хотя *(поэт.)*
albert [ˈælbət] цепочка для мужских часов
albescent [ælˈbes(ə)nt] становящийся белым; белеющий
albino [ælˈbiːnou] альбинос
albugo [ælˈbjuːgou] бельмо *(мед.)*
album [ˈælbəm] альбом; книга автографов известных актеров, спортсменов и т. п.; альбом пластинок
albumen [ˈælbjumɪn] *(яичный)* белок; альбумин; белок; белковое вещество *(биол.)*
albumininous compound
[ælˈbjuːmɪnəsˈkɔmpaund] белковое соединение
albuminoid [ælˈbjuːmɪnɔɪd] белковидный; альбуминоид
albuminolysis гидролиз *(расщепление белка)*
albuminous [ælˈbjuːmɪnəs] белковый
alchemical [ælˈkemɪkəl] алхимический
alchemist [ˈælkɪmɪst] алхимик
alchemy [ˈælkɪmɪ] алхимия
alcohol [ˈælkəhɔl] алкоголь; спирт; спиртные напитки; спиртовой

to abstain from alcohol — воздерживаться от приема алкоголя

to distill alcohol — делать алкоголь; производить алкоголь

to reek of alcohol — пахнуть спиртом; пахнуть алкоголем

alcohol abuse [ˈælkəhɔləˈbjuːs] злоупотребление алкоголем
alcohol lamp [ˈælkəhɔlˈlæmp] спиртовка
alcohol misuse [ˈælkəhɔlˈmɪsjuːs] злоупотребление алкоголем
alcohol thermometer [ˈælkəhɔlθəˈmɔmɪtə] спиртовой термометр
alcohol-impaired driver [ˈælkəhɔlɪmˌpeədˈdraɪvə] водитель автомобиля, находящийся в нетрезвом состоянии
alcoholic [ˌælkəˈhɔlɪk] алкогольный; спиртовой; алкоголик
alcoholism [ˈælkəhɔlɪzm] алкоголизм
alcove [ˈælkouv] альков; ниша; беседка
aldehyde [ˈældɪhaɪd] альдегид *(хим.)*
alder [ˈɔːldə] ольха *(бот.)*
ale [eɪl] пиво; эль
aleak [əˈliːk] давший течь; протекающий
aleatory [ˈeɪlɪətərɪ] беспорядочный; случайный
alee [əˈliː] под ветром; в подветренную сторону *(мор.)*
alehouse [ˈeɪlhaus] пивная
alert [əˈləːt] тревога; сигнал тревоги; состояние боевой готовности *(воен.)*; бдительный; внимательный; настороженный; живой; проворный;

привести в состояние готовности; предупреждать об опасности; объявлять тревогу *(воен.)*; поднимать по тревоге

to be on the alert — *быть настороже, наготове*
to call an alert — *бить тревогу*
to call off (cancel) an alert — *бить отбой тревоги*
to keep on the alert — *тревожить; не давать покоя*
to place (troops) on alert — *поднять по тревоге*

alert condition [əˈləːt|kənˈdɪʃən] аварийная ситуация

alewife [ˈeɪlwaɪf] содержательница пивной
alfalfa [ælˈfælfə] люцерна *(бот.)*
alfresco [ælˈfreskou] происходящий на открытом воздухе; на открытом воздухе; под открытым небом
alga [ˈælgə] водоросль *(бот.)*
algal [ˈælgəl] относящийся к водорослям; водорослевый *(бот.)*
algalike [ˈælgəlaɪk] водорослевидный
algebra [ˈældʒɪbrə] алгебра; учебник алгебры
algebraic [ˌældʒɪˈbreɪɪk] алгебраический
algid [ˈældʒɪd] ледяной; холодный; характеризующийся ознобом *(мед.)*
alginic acid [ˈældʒɪnɪkˈæsɪd] альгиновая кислота
algorithm [ˈælgərɪðm] алгоритм *(мат.)*
alias [ˈeɪlɪæs] вымышленное имя; прозвище; кличка; иначе называемый
alibi [ˈælɪbaɪ] алиби *(юр.)*; оправдание *(разг.)*; отговорка; представлять алиби *(юр.)*; оправдывать; ссылаться на какой-либо предлог
alibi witness [ˈælɪbaɪˈwɪtnɪs] свидетель алиби
alien [ˈeɪljən] чужеземец; иностранец; чужеземный; иностранный; чужеродный; чужестранец; чуждый; посторонний; несвойственный
alien registration card [ˈeɪljənˌredʒɪsˈtreɪʃənˈkɑːd] регистрационная карточка иностранца
alien-enemy [ˈeɪljənˈenɪmɪ] проживающий в стране подданный враждебного государства *(юр.)*
alien-friend [ˈeɪljənˈfrend] проживающий в стране подданный дружественной страны *(юр.)*
alienability [ˌeɪljənəˈbɪlɪtɪ] отчуждаемость
alienable [ˈeɪljənəbl] отчуждаемый *(юр.)*
alienage [ˈeɪljənɪdʒ] статус иностранца
alienate [ˈeɪljəneɪt] отчуждать; отвращать; заставлять отвернуться
alienation [ˌeɪljəˈneɪʃ(ə)n] отдаление; отчуждение; отчуждение *(юр.)*
alienism [ˈeɪljənɪzm] положение иностранца в чужой стране; психиатрия
alienist [ˈeɪljənɪst] психиатр
aliform [ˈeɪlɪfɔːm] крылообразный
alight [əˈlaɪt] сходить; выходить; высаживаться *(из поезда, автобуса и т. п.)*; спешиваться; спускаться; садиться *(о птицах, насекомых)*; приземляться; совершать посадку; остановиться *(в гостинице и т. п.)*; случайно обнаружить что-либо; натолкнуться на что-либо; зажженный; в огне; освещенный; светящийся; сияющий

to alight at a station — *выходить на станции*

alighting [əˈlaɪtɪŋ] посадка; приземление; высадка на берег *(пассажиров)*
alighting deck [əˈlaɪtɪŋˈdek] посадочная палуба
align [əˈlaɪn] выстраивать в линию; равняться; строиться; спрямлять *(техн.)*

to align the sights (of rifle) and bull's-eye — *прицеливаться в яблоко мишени*
to align the track — *рихтовать путь (ж.-д.)*

aligner [əˈlaɪnə] установочный штифт *(техн.)*
alignment [əˈlaɪnmənt] выравнивание; визирование через несколько точек; равнение *(воен.)*; линия строя; створ *(мор.)*; выключка *(полигр.)*
alignment chart [əˈlaɪnməntˈtʃɑːt] топографическая карта
alike [əˈlaɪk] одинаковый; точно так же; подобно
aliment [ˈælɪmənt] еда; корм; пища; материальная и моральная поддержка; содержать кого-либо; поддерживать; алименты; выплачивать алименты *(юр.)*
alimentary [ˌælɪˈmentərɪ] пищевой; питательный; связанный с питанием; *(биол.)* пищеварительный; поддерживающий; подкрепляющий; оказывающий помощь; алиментный; относящийся к алиментам; связанный с содержанием кого-либо *(юр.)*
alimentary canal [ˌælɪˈmentərɪkəˈnæl] пищеварительный тракт *(мед.)*
alimentary tube [ˌælɪˈmentərɪˈtjuːb] пищеварительный тракт *(мед.)*
alimentation [ˌælɪmenˈteɪʃ(ə)n] кормление; питание; пища; содержание кого-либо
alimony [ˈælɪmənɪ] алименты; кормление; питание; пища; содержание
aliped [ˈælɪped] крылоногий; крылоногое животное *(летучая мышь)*
aliquation [ˌælɪˈkweɪʃən] расслаивание
aliquot [ˈælɪkwɔt] кратный *(мат.)*
alive [əˈlaɪv] живой; в живых; бодрый; чуткий к чему-либо; ясно понимающий что-либо; кишащий; действующий; работающий; на ходу; под напряжением
alive circuit [əˈlaɪvˈsəːkɪt] цепь под напряжением
alkali [ˈælkəlaɪ] щелочь
alkaline [ˈælkəlaɪn] щелочной
alkaline accumulator [ˈælkəlaɪnəˈkjuːmjuleɪtə] щелочной аккумулятор
all [ɔːl] весь; все; всё; всякий; всевозможный; любой; наибольший; максимально возможный; закончившийся; истекший; всецело; полностью;

целиком; совершенно; совсем; только; ничего кроме; исключительно; все сущее; вселенная; мир; самое дорогое *(ценное)* для кого-либо

all alone [ˈɔːlǀəˈloun] в полном одиночестве; без всякой помощи; самостоятельно

all charges paid [ˈɔːlǀˈtʃɑːdʒɪzǀˈpeɪd] оплачено полностью

all day [ˈɔːlǀˈdeɪ] круглосуточный

all day long [ˈɔːlǀdeɪǀˈlɔːŋ] день-деньской

all for nothing [ˈɔːlǀfəǀˈnʌθɪŋ] зря; напрасно

all hands [ˈɔːlǀˈhændz] рабочий коллектив

all over [ˈɔːlǀˈouvə] всюду; везде

all right [ˈɔːlǀˈraɪt] в порядке; вполне удовлетворительный; подходящий; устраивающий кого-либо; вполне удовлетворительно; приемлемо; как нужно; ладно; согласен

all round [ˈɔːlǀˈraund] кругом; со всех сторон

all sorts [ˈɔːlǀˈsɔːts] всевозможный

all the better [ˈɔːlǀðəǀˈbetə] тем лучше

all the rage [ˈɔːlǀðəǀˈreɪdʒ] последний крик моды

all the way to [ˈɔːlǀðəǀˈweɪǀtu] вплоть

all the worse [ˈɔːlǀðəǀˈwəːs] тем хуже

all to pieces [ˈɔːlǀtəǀˈpiːsɪz] в полном упадке сил *(физических и моральных)*

all-absorbing [ˈɔːləbˈsɔːbɪŋ] всепоглощающий

all-cast [ˈɔːlˈkɑːst] цельнолитный

all-clear [ˈɔːlˈklɪə] сигнал отбоя воздушной тревоги; отбой

all-hell [ˈɔːlhel] черноголовка обыкновенная *(бот.)*

all-honoured [ˈɔːlɔnəd] всеми почитаемый

all-in [ˈɔːlˈɪn] измученный; уставший; включая все

all-in-all [ˈɔːlɪnˈɔːl] все для кого-либо; предмет любви, обожания; очень важный; решающий; полностью; целиком; в целом; в общем; в итоге; всего

all-in-one [ˈɔːlɪnˈwʌn] функционально полный; целостный; цельный; неразъемный

all-metal [ˈɔːlˈmetl] цельнометаллический

all-night [ˈɔːlnaɪt] ночной *(о ресторане, кафе и т. п.)*

all-out [ˈɔːlaut] тотальный; с применением всех сил и ресурсов; идущий напролом; решительный; измученный; уставший; изо всех сил; всеми средствами; вполне; основательно

all-outer [ˈɔːlˈautə] сторонник крайних мер

all-overish [ˈɔːlˈouvərɪʃ] чувствующий недомогание

all-purpose [ˈɔːlˈpəːpəs] универсальный

all-purpose instrument [ˈɔːlˈpəːpəsˈɪnstrumənt] универсальный прибор

all-round education [ˈɔːlraundǀˌædjuˈkeɪʃən] разностороннее образование

all-up [ˈɔːlʌp] общий вес *(самолета, экипажа, пассажиров, груза и т. п.)* в воздухе *(авиац.)*

all-wool [ˈɔːlˈwul] чистошерстяной

allay [əˈleɪ] успокаивать *(волнение, подозрение, боль)*; ослаблять; сокращать; уменьшать

allcomers [ˈɔːlˈkʌməz] открытое состязание, конкурс и т. п. для всех желающих; *(массовая)* драка

allegation [ˌæleˈgeɪʃən] голословное утверждение; заявление; утверждение

allege [əˈledʒ] ссылаться *(в оправдание, в доказательство)*; утверждать *(без основания)*; приписывать

alleged [əˈledʒd] утверждаемый *(голословно)*; сомнительный; мнимый; подозрительный; не внушающий доверия

alleged offender [əˈledʒdǀəˈfendə] обвиняемый

allegiance [əˈliːdʒəns] верность; преданность; лояльность; вассальная зависимость; обязательство верности и повиновения; пребывание в подданстве

allegorical [ˌæləˈgɔrɪkəl] аллегорический; иносказательный; метафорический

allegorize [ˈælɪgəraɪz] изображать; высказываться, толковать аллегорически; изъясняться иносказательно

allegory [ˈælɪgəri] аллегория

allegretto [ˌælɪˈgretou] аллегретто *(муз.)*

allegro [əˈleɪgrou] аллегро *(муз.)*

allemande [ˈælmɑːnd] аллеманда

allergen [ˈælədʒən] аллерген

allergic [əˈləːdʒɪk] аллергический *(мед.)*; не переносящий *(вида, присутствия)*; не выносящий; питающий отвращение

allergy [ˈælədʒɪ] аллергия *(мед.)*; повышенная чувствительность; отвращение

alleviate [əˈliːvɪeɪt] облегчать *(боль, страдания)*; смягчать

alleviation [əˌliːvɪˈeɪʃ(ə)n] облегчение; послабление; смягчение

alley [ˈælɪ] узкая улица, переулок; проход между рядами домов; аллея; кегельбан

allheal [ˈɔːlhiːl] валериана

alliance [əˈlaɪəns] союз; альянс; брачный союз; общность; родство; блок; объединение

to dissolve an alliance — расторгнуть соглашение; разрушить альянс

to enter into an alliance — вступать в союз, альянс

to form an alliance — создать альянс; образовать союз

allied [əˈlaɪd] близкий; родственный; союзный; союзнический

alligation [ˌælɪˈgeɪʃən] сплав; объединение; слияние; смешение

alligator [ˈælɪgeɪtə] аллигатор (зоол.); щековая камнедробилка (техн.); кожа аллигатора (крокодила)
alligator wrench [ˈælɪgeɪtəˈrentʃ] газовый ключ
alliteration [əˌlɪtəˈreɪʃən] аллитерация
allobar [ˈæləbɑː] область измерения давления
allocate [ˈæləkeɪt] размещать; локализировать; разместить; распределять; назначать
allocation [ˌæləˈkeɪʃən] размещение; распределение; назначение; ассигнование; локализация; установление места
allocation of profits [ˌæləˈkeɪʃən|əv|ˈprɔfɪts] распределение прибылей
allocation of shares [ˌæləˈkeɪʃən|əv|ˈʃeəz] распределение акций
allocution [ˌæloʊˈkjuːʃən] речь; обращение (в торжественных случаях)
allodial [əˈloudjəl] свободный от ленных повинностей
allogamy [əˈlɔgəmɪ] перекрестное оплодотворение (бот.)
allonge [əˈlɔnʒ] аллонж (фин.)
allot [əˈlɔt] распределять (по жребию); вводить в состав (воен.); придавать
allotment [əˈlɔtmənt] распределение; перечисление (фондов); доля; часть; небольшой участок, отведенный под огород; садовый участок; надел; (воен.) введение в состав; придача; выплата (части зарплаты) по аттестату семье (воен.)
allow [əˈlau] позволять; разрешать; предоставлять; делать возможным; допускать; признавать; принимать во внимание; учитывать; делать скидку (поправку); заявлять; утверждать; считать
allow a claim [əˈlau|əˈkleɪm] удовлетворять требование
allowable [əˈlauəbl] то, что допускается, разрешается, считается приемлемым, законным; допустимый; законный
allowable load [əˈlauəblˈloud] допустимая нагрузка
allowance [əˈlauəns] (годовое, месячное и т. п.) содержание; карманные деньги; норма выдачи; паек; вознаграждение; прибавка к окладу; скидка; разрешение; принятие; довольствие; позволение; припуск; допуск; фора (спорт); назначать; выдавать строго ограниченный паек; порция; рацион; норма отпуска; вычет
allowance for cash [əˈlauəns|fəˈkæʃ] скидка за платеж наличными
allowance for damage [əˈlauəns|fəˈdæmɪdʒ] компенсация за ущерб
allowed [əˈlaud] допустимый; разрешенный
allowed value [əˈlaud|ˈvæljuː] допустимое значение

allowedly [əˈlauɪdlɪ] дозволенным образом; по общему признанию
alloy [ˈælɔɪ] — сущ. [əˈlɔɪ] — гл. сплав; лигатура; примесь; проба (драгоценного металла); сплавлять (металлы); подмешивать; омрачать (радость, удовольствие и т. п.)
alloyed oil [əˈlɔɪdˈɔɪl] защитная пленка смазки
allseed [ˈɔːlsiːd] многосеменное растение (бот.)
allspice [ˈɔːlspaɪs] гвоздичное дерево; ямайский душистый перец (бот.)
allspice tree [ˈɔːlspaɪsˈtriː] гвоздичное дерево; ямайский душистый перец (бот.)
allude [əˈluːd] упоминать; ссылаться; намекать
allure [əˈljuə] вовлекать; заколдовывать; очарование; привлекательность
allurement [əˈljuəmənt] обольщение; привлекательность; приманка
alluring [əˈljuərɪŋ] привлекательный; красивый; очаровательный
allusion [əˈluːʒ(ə)n] упоминание; намек
allusive [əˈluːsɪv] заключающий в себе ссылку (намек); иносказательный; символический
alluvial [əˈluːvjəl] намывной; наносный
alluvial soil [əˈluːvjəlˈsɔɪl] наносный грунт
alluvium [əˈluːvjəm] гравий; песок; галька
ally [əˈlaɪ] друг; союзник; соединять
almanac [ˈɔːlmənæk] календарь
almighty [ɔːlˈmaɪtɪ] всемогущий; могучий; ужасный; сильно
almond [ˈɑːmənd] миндаль; миндальный; миндалина (мед.)
almond-eyed [ˈɑːməndˈaɪd] с миндалевидным разрезом глаз
almond-oil [ˈɑːməndˈɔɪl] миндальное масло
almond-shaped [ˈɑːməndʃeɪpt] миндалевидный
almoner [ˈɑːmənə] чиновник в больнице, ведающий оплатой лечения и обслуживанием больных; раздающий милостыню
almost [ˈɔːlmoust] почти; едва не
alms [ɑːmz] милостыня; подаяние
to beg alms — *просить милостыню*
to dispense (give) alms — *подавать милостыню*
to gather alms — *собирать милостыню*
alms for the needy [ˈɑːmz|fəðəˈniːdɪ] подаяния нуждающимся
alms-deed [ˈɑːmzdiːd] благотворительность; акт благотворительности
almshouse [ˈɑːmzhaus] богадельня
almsman [ˈɑːmzmən] живущий подаянием; нищий
aloe [ˈæloʊ] алоэ (бот.); сабур (слабительное) (мед.)
aloft [əˈlɔft] наверху; на высоте; (мор.) на марсе, на реях

alone [ə'loun] единственный; один; одинокий; одиночный; сам; без посторонней помощи; исключительно; только

along [ə'lɔŋ] вперед; по всей линии; с собой; вдоль; по

along full width [ə'lɔŋ'fu:l|'widθ] во всю ширину

along the centerline [ə'lɔŋ|ðə'sentəlain] по оси

along-shore [ə'lɔŋ|ʃɔ:] вдоль берега

alongside [ə'lɔŋ'said] бок о бок; рядом; борт о борт; у борта; у стенки

aloof [ə'lu:f] сторонящийся; отчужденный; индифферентный; нечувствительный; равнодушный; надменный; поодаль; в стороне

aloofness [ə'lu:fnis] отчужденность; индифферентность; равнодушие

aloud [ə'laud] вслух; громко; сильно *(разг.)*; заметно; ощутимо

alp [ælp] горная вершина

alpaca [æl'pækə] альпака; шерсть *(ткань)* из шерсти альпаки

alpenstock ['ælpinstɔk] альпеншток *(спорт.)*

alpha ['ælfə] альфа *(первая буква греческого алфавита)*; главная звезда созвездия

alpha emitter альфа-излучатель

alpha particle ['ælfə'pɑ:tikl] альфа-частица

alphabet ['ælfəbit] алфавит

alphabetic [ˌælfə'betik] алфавитный; букварный

alphabetically [ˌælfə'betikəli] в алфавитном порядке

alpine ['ælpain] горный; альпийский

alpinist ['ælpinist] альпинист; скалолаз

already [ɔ:l'redi] уже

also ['ɔ:lsou] тоже; также; к тому же

alt [ælt] высокий звук

altar ['ɔ:ltə] престол; алтарь; жертвенник *(церк.)*; пламенный порог *(печи) (техн.)*

to lead to the altar — вести к алтарю; жениться

altar-cloth ['ɔ:ltəklɔθ] напрестольная пелена *(церк.)*

altar-piece ['ɔ:ltəpi:s] запрестольный образ *(церк.)*

alter ['ɔ:ltə] изменять; менять; переделывать; меняться; изменяться; кастрировать *(скот)*

alterant ['ɔ:ltərənt] способный вызывать изменения; что-либо вызывающее изменения

alteration [ˌɔ:ltə'reiʃən] изменение; внесение изменений; преобразование; переделка

alterative ['ɔ:ltərətiv] вызывающий изменение *(перемену)*; средство, повышающее обмен веществ

altercate ['ɔ:ltəkeit] препираться; ссориться

altercation [ˌɔ:ltə'keiʃən] судебное расследование обстоятельств дела при помощи допроса свидетелей

altering course ['ɔ:ltəriŋ'kɔ:s] переменный курс

alternate [ɔ:l'tə:nit] — *сущ.* ['ɔ:ltə:neit] — *гл.* перемежающийся; запасной; дублер; альтернативный; накрест лежащий; попеременный; противоположный; чередовать; сменять друг друга

alternate angle [ɔ:l'tə:nit'æŋgl] противолежащий угол

alternating ['ɔ:ltə:neitiŋ] альтернирующий; знакопеременный; знакочередующийся; антисимметрический; кососимметричный; меняющийся; перемежающийся; периодический

alternating current circuit ['ɔ:ltə:neitiŋ|'kʌrənt|'sə:kit] цепь переменного тока

alternating note ['ɔ:ltə:neitiŋ|'nout] вспомогательная нота

alternation [ˌɔ:ltə:'neiʃən] чередование; альтернация; альтернирование; дизъюнкция; кососимметрирование; видоизменение; перемежаемость; перемена

alternative [ɔ:l'tə:nətiv] альтернатива; выбор; альтернативный; взаимоисключающий; переменно действующий; переменный

alternator [ɔ:l'tə:nətə] генератор переменного тока

although [ɔ:l'ðou] хотя; если бы даже; несмотря на то, что

altimeter ['æltimi:tə] альтиметр; высотомер; статоскоп

altimetry [æl'timitri] измерение высот

altisonant [æl'tisənənt] высокопарный; громкий

altitude ['æltitju:d] альтитуда; высота

altitudinal [ˌælti'tju:dinəl] высотный

alto clef ['æltou|'klef] альтовый ключ; ключ «до»

alto-stratus ['æltou'streitəs] высокослоистые облака

altogether [ˌɔ:ltə'geðə] вполне; всецело; совершенно; в общем; в целом; всего; совокупность; обнаженная модель

altruism ['æltruizm] альтруизм

altruist ['æltruist] альтруист

altruistic [ˌæltru'istik] альтруистический

alum ['æləm] квасцовый камень

aluminium [ˌælju'minjəm] алюминий

alumnus [ə'lʌmnəs] бывший питомец *(школы или университета)*

alveolate ['ælviəleit] ячеистый *(биол.)*

alveole ['ælvioul] альвеола; ячейка

always ['ɔ:lwəz] всегда; неизменно

amain [ə'mein] быстро; сломя голову; с разгона; по инерции; сильно; изо всех сил

amalgam [ə'mælgəm] амальгама; смесь; состав

amalgamate [ə'mælgəmeit] соединять(ся); объединять(ся); амальгамировать

amalgamated [ə'mælgəmeitid] объединенный

amalgamation [ə‚mælgə'meɪʃən] объединение; слияние; смешение
amanita [‚æmə'naɪtə] поганка бледная; мухомор; ложный шампиньон
amaranth ['æmərænθ] амарант; щирица; пурпурный цвет *(бот.)*
amaranthine [‚æmə'rænθaɪn] неувядающий; пурпурный
amass [ə'mæs] собирать; коллекционировать; копить; накоплять; сосредотачивать
amateur ['æmətə:] дилетант; любитель; непрофессионал; спортсмен-любитель; любительский
amateurish [‚æmə'tə:rɪʃ] любительский; непрофессиональный; неумелый
amateurism [‚æmə'tə:rɪzm] дилетантизм; статус любителя *(у спортсмена)*
amative ['æmətɪv] влюбчивый; любовный
amatory ['æmətərɪ] любовный; любящий
amaze [ə'meɪz] изумлять
amazed [ə'meɪzd] изумленный
amazement [ə'meɪzmənt] изумление; удивление
amazing [ə'meɪzɪŋ] изумительный
ambages [æm'beɪdʒi:z] обиняки; оттяжки; проволочки
ambassador [æm'bæsədə] посол; посланец; вестник; посланный; представитель
ambassadorial [æm‚bæsə'dɔ:rɪəl] посольский
ambassadress [æm'bæsədrɪs] жена посла; женщина-посол; посланница
amber ['æmbə] янтарь; янтарный; желтый *(о сигнале уличного движения)*
ambidextrous ['æmbɪ'dekstrəs] владеющий одинаково свободно обеими руками
ambience ['æmbɪəns] круги; окружение; сферы
ambient ['æmbɪənt] обтекающий; окружающий
ambient light ['æmbɪənt|'laɪt] внешняя засветка
ambient temperature ['æmbɪənt|'temprɪtʃə] температура окружающего воздуха
ambiguity [‚æmbɪ'gju(:)ɪtɪ] двусмысленность; неопределенность
ambiguous [æm'bɪgjuəs] двусмысленный; сомнительный
ambit ['æmbɪt] окрестность; окружение; границы; сфера; открытое пространство вокруг здания *(архит.)*
ambition [æm'bɪʃən] амбиция; честолюбие; стремление; цель; предмет желаний
ambitious [æm'bɪʃəs] честолюбивый; стремящийся; жаждущий; претенциозный
ambivalence ['æmbɪ'veɪləns] амбивалентность
ambivalent ['æmbɪ'veɪlənt] противоречивый *(о чувстве и т. п.)*
amble ['æmbl] иноходь; легкая походка; ехать на иноходце; идти легким шагом

ambler ['æmblə] иноходец
ambulance ['æmbjuləns] полевой госпиталь; средство санитарного транспорта; скорая помощь; санитарный
ambulance transport ['æmbjuləns|'trænspɔ:t] санитарный транспорт
ambulance-car ['æmbjuləns'ka:] санитарный вагон
ambulance-room ['æmbjuləns'ru:m] перевязочная
ambulanceman ['æmbjulənsmən] работник скорой помощи *(санитар, водитель и т. п.)*
ambulant ['æmbjulənt] перемещающийся *(о боли)*; амбулаторный *(о больном)*; не требующий постельного режима *(о болезни)*
ambulatory ['æmbjulətərɪ] амбулаторный; ходячий *(о больном)*; передвижной; временный; переменчивый; непостоянный; странствующий; приспособленный для ходьбы; галерея для прогулок; странствующий человек; амбулаторный больной
ambush ['æmbuʃ] засада; находиться, сидеть, лежать в засаде; устраивать засаду; нападать из засады
ameliorate [ə'mi:ljəreɪt] улучшать*(ся)*
amelioration [ə‚mi:ljə'reɪʃən] улучшение; мелиорация
ameliorative [ə'mi:ljərətɪv] мелиоративный; улучшающий*(ся)*
amen ['a:'men] аминь
amenability [ə‚mi:nə'bɪlɪtɪ] ответственность; подверженность *(заболеваниям)*; податливость
amenable [ə'mi:nəbl] ответственный; послушный; сговорчивый; податливый; покорный; тихий; поддающийся; подверженный *(заболеваниям)*
amenably [ə'mi:nəblɪ] вносить поправки; улучшать*(ся)*; исправлять*(ся)*; согласно; в соответствии
amend [ə'mend] исправлять; вносить поправки *(в законопроект, предложение и т. п.)*
amendable [ə'mendəbl] исправимый
amended legislation [ə'mendɪd|‚ledʒɪs'leɪʃən] законодательство с поправками
amendment [ə'mendmənt] поправка *(к резолюции, законопроекту)*; исправление
amends [ə'mendz] возмещение
to make amends to smb. for smth. — возмещать кому-либо убытки
amenity [ə'mi:nɪtɪ] приятность; мягкость; все, что способствует хорошему настроению, отдыху и т. п.; удовольствие
amentia [ə'menʃə] слабоумие
amerce [ə'mə:s] штрафовать; наказывать
amercement [ə'mə:smənt] наложение штрафа *(по усмотрению штрафующего)*; денежный штраф; расплата
american jackal [ə'merɪkən|'dʒækɔ:l] койот *(зоол.)*

american tiger [əˈmerɪkənˈtaɪgə] ягуар *(зоол.)*
amiability [ˌeɪmjəˈbɪlɪtɪ] дружелюбие; добродушие
amiable [ˈeɪmjəbl] дружелюбный; добродушный *(человек)*
amicable [ˈæmɪkəbl] дружественные *(отношения)*
amicable adjustment [ˈæmɪkəbl|əˈdʒʌstmənt] мировая сделка
amid [əˈmɪd] между; посреди; среди
amidships [əˈmɪdʃɪps] посередине корабля *(мор.)*; у миделя *(авиац.)*
amiss [əˈmɪs] дурной; неподходящий; плохо; несвоевременно
amitotic division [ˌæmɪˈtɔtɪk|dɪˈvɪʒən] прямое деление ядра
amity [ˈæmɪtɪ] дружеские *(мирные)* отношения
ammeter [ˈæmɪtə] амперметр
ammo [ˈæmou] боеприпасы *(воен.)*
ammonia [əˈmounjə] аммиак *(хим.)*; нашатырный спирт *(разг.)*
ammunition [ˌæmjuˈnɪʃ(ə)n] боеприпасы; снаряды; патроны; подрывные средства; боезапас; артиллерийский; снабжать боеприпасами
to provide ammunition for — обеспечивать боевыми припасами
ammunition belt [ˌæmjuˈnɪʃənˈbelt] патронная лента; патронташ
ammunition box [ˌæmjuˈnɪʃənˈbɔks] патронный ящик; коробка для патронной ленты; ниша для боеприпасов *(в окопе и т. п.)*
ammunition transport [ˌæmjuˈnɪʃənˈtrænspɔːt] транспорт боеприпасов
amnesia [æmˈniːzjə] потеря памяти; амнезия *(мед.)*
amnesic [æmˈniːzɪk] человек, страдающий потерей памяти; утративший память; страдающий амнезией
amnesty [ˈæmnestɪ] амнистия; помилование; прощение; сознательное попустительство; амнистировать
to declare (grant, offer) (an) amnesty — объявить амнистию; даровать прощение
amoeba [əˈmiːbə] амеба *(зоол.)*
among [əˈmʌŋ] между; из числа; в числе; из; среди
amongst [əˈmʌŋst] между
amoral [æˈmɔrəl] аморальный
amorous [ˈæmərəs] влюбчивый; влюбленный; любовный; амурный
amorousness [ˈæmərəsnɪs] влюбчивость; влюбленность
amorphous [əˈmɔːfəs] бесформенный; некристаллический

amortization [əˌmɔːtɪˈzeɪʃən] износ; погашение долга; амортизационный
amortization standard [əˌmɔːtɪˈzeɪʃənˈstændəd] стандарт амортизации
amortize [əˈmɔːtaɪz] амортизировать; списывать; погашать; выкупать в рассрочку *(долг)*; отчуждать земельную собственность по «праву мертвой руки»; отчуждать недвижимость в пользу корпорации; уничтожать; умерщвлять; убивать
amount [əˈmaunt] величина; количество; итог; результат; сумма; важность; значение; доходить *(до какого-либо количества)*; быть равным
amount due [əˈmauntˈdjuː] сумма долга
amount for shrinkage [əˈmauntˈfəˈʃrɪŋkɪdʒ] запас на усадку
amount in arrears [əˈmauntˈɪnəˈrɪəz] сумма просроченного платежа
amount in cash [əˈmauntˈɪnˈkæʃ] сумма наличными
amount in order [əˈmauntˈɪnˈɔːdə] объем заказа
amount of balance [əˈmauntˈəvˈbæləns] остаток на счете
amount of business [əˈmauntˈəvˈbɪznɪs] торговый оборот
amount of charge [əˈmauntˈəvˈtʃɑːdʒ] тариф; размер платы
amount of claim [əˈmauntˈəvˈkleɪm] сумма иска
amount of clearance [əˈmauntˈəvˈklɪərəns] величина зазора
amount of finance [əˈmauntˈəvˈfaɪnæns] объем финансовых средств
amount of indebtedness [əˈmauntˈəvˈɪnˈdetɪdnɪs] сумма долга
amount of information [əˈmauntˈəvˌɪnfəˈmeɪʃən] объем информации
amount of loss [əˈmauntˈəvˈlɔs] размер ущерба
amount of shares issued [əˈmauntˈəvˈʃeəzˈɪsjuːd] сумма выпущенных акций
amount of tax [əˈmauntˈəvˈtæks] сумма налога
amount of turnover [əˈmauntˈəvˈtəːnˌouvə] объем оборота
amount of water required [əˈmauntˈəvˈwɔːtəˌrɪˈkwaɪəd] расход воды
amount of work [əˈmauntˈəvˈwəːk] объем работ
amount used [əˈmauntˈjuːzd] затрата
amount written of [əˈmauntˈrɪtnˈɔv] списанная сумма
amour [əˈmuə] любовь
amourette [ˌæmuˈret] любовная интрижка
amove [əˈmuv] перемещать; передавать; препровождать в места лишения свободы *(юр.)*
amp [æmp] ампер
amperage [æmˈpɛərɪdʒ] сила тока *(в амперах)* *(электр.)*

AMP — ANA

ampere ['æmpeə] ампер
amphibia [æm'fɪbɪə] земноводные *(биол.)*; амфибии
amphibian [æm'fɪbɪən] земноводный; амфибийный; десантный *(воен.)*
amphibolic [,æmfɪ'bɔlɪk] двусмысленный
amphibology [,æmfɪ'bɔlədʒɪ] двусмысленное выражение
amphitheatre ['æmfɪ,θɪətə] амфитеатр
amphora ['æmfərə] амфора *(греч.)*
ample ['æmpl] богатый; достаточный; просторный; обширный
ample means ['æmpl|'mi:nz] более чем достаточные средства
ampleness ['æmplnɪs] достаточность
amplification [,æmplɪfɪ'keɪʃən] увеличение; гиперболизация; распространение *(мысли или выражения)*
amplifier ['æmplɪfaɪə] усилитель
amplify ['æmplɪfaɪ] расширять(ся); развивать *(мысль)*; вдаваться в подробности; гиперболизировать
to amplify on smth. — *распространяться о чем-либо*
amplitude ['æmplɪtju:d] амплитуда *(физ.)*; полнота; широта; размах *(мысли)*; обширность; радиус действия
amply ['æmplɪ] обильно; пространно
ampule ['æmpju:l] ампула
amputate ['æmpjuteɪt] ампутировать; лишать
amputation [,æmpju'teɪʃən] ампутация
amputee [,æmpju'ti:] человек с ампутированной ногой, рукой
amuck [ə'mʌk] безудержно; бешено
amulet ['æmjulɪt] амулет
amuse [ə'mju:z] забавлять; развлекаться; забавляться; приятно проводить время; приятно удивляться
amused [ə'mju:zd] довольный; изумленный; *(приятно)* удивленный; веселый; радостный; оживленный; улыбающийся
amusement [ə'mju:zmənt] веселье; забава; развлечение; увеселение; времяпрепровождение
amusing [ə'mju:zɪŋ] забавный; смешной; занимательный; занятный; комический; курьезный
amyelonic не имеющий спинного мозга
an [æn — полная форма; ən, n — краткие формы] неопределенный артикль
an account with a bank [ən|ə'kaunt|wɪð|ə|'bæŋk] иметь счет в банке
ana ['a:nə] сборник воспоминаний; анекдоты; рассказы о каком-либо лице
anabatic [,ænə'bætɪk] восходящий
anabiosis [,ænəbaɪ'ousɪs] анабиоз *(биол.)*
anabolism [ə'næbəlɪzm] анаболизм

anabranch ['ænəbra:ntʃ] приток реки, возвращающийся в ее же русло
anachronistical [ə,nækrə'nɪstɪk(ə)l] анахронический
anaconda [,ænə'kɔndə] анаконда; удав *(крупный)*
anacusia полная глухота *(мед.)*
anaemic [ə'ni:mɪk] малокровный; безжизненный; слабый *(мед.)*
anaesthesia [,ænɪs'θi:zjə] анестезия; обезболивание; потеря чувствительности
anaesthetic [,ænɪs'θetɪk] анестезирующий; обезболивающее средство
to administer (give) an anaesthetic — *делать обезболивание*
to have (take) an anaesthetic — *принимать обезболивающие препараты*
anaesthetic weakening [,ænɪs'θetɪk|'weɪkənɪŋ] очнуться от наркоза
anagram ['ænəgræm] анаграмма
anal fin ['eɪn(ə)l|'fɪn] подхвостовый плавник *(биол.)*
analects ['ænəlekts] литературный сборник
analgesic [,ænæl'dʒesɪk] болеутоляющий; болеутоляющее средство
anallobar [ə'næləba:] область роста давления
analog(ue) ['ænəlɔg] аналог; модель; моделирующее устройство *(система)*; вариант; разновидность; аналог; аналогичный; функционально подобный орган *(биол.)*
analog data ['ænəlɔg|'deɪtə] аналоговые данные
analogical [,ænə'lɔdʒɪkəl] основанный на аналогии; фигуральный
analogous [ə'næləgəs] аналогичный; сходный
analogy [ə'nælədʒɪ] сходство
analyse ['ænəlaɪz] анализировать; исследовать; разлагать *(хим.)*; разбирать *(предложение)*; освещать; осмыслить; расчленять
analyser ['ænəlaɪzə] аналитик; анализатор *(электронный прибор)*; тестер; рассеивающая призма *(физ.)*
analysing ['ænəlaɪzɪŋ] исследование; анализирование
analysis [ə'næləsɪs] анализ; изучение; исследование; подробное рассмотрение; разложение *(хим.)*; разбор; психоанализ
analysis of corporate cash flows
[ə'næləsɪs|əv|'kɔ:pərɪt|'kæʃ|,flouz] анализ движения денежных средств компании
analysis of economic activity
[ə'næləsɪs|əv|,i:kə'nɔmɪk|æk'tɪvɪtɪ] анализ хозяйственной деятельности
analyst ['ænəlɪst] аналитик; лаборант-химик; специалист по психоанализу; психиатр; комментатор

analytic [ˌænəˈlɪtɪk] аналитический
analytics [ˌænəˈlɪtɪks] использование метода анализа; аналитика
anamnesis [ˌænəmˈniːsɪs] припоминание; анамнез *(мед.)*
anamorphosis [ˌænəˈmɔːfəsɪs] искаженное изображение предмета; изменение формы путем эволюции
ananas [əˈnɑːnəs] ананас
anancastia навязчивость; навязчивая идея
anapaest [ˈænəpiːst] анапест *(лит.)*
anaplasty [ˈænəplæstɪ] пластическая хирургия *(мед.)*
anarchic [æˈnɑːkɪk] анархический
anarchism [ˈænəkɪzm] анархизм
anarchy [ˈænəkɪ] анархия; безвластие
anathema [əˈnæθɪmə] анафема; отлучение от церкви; проклятие
anathematize [əˈnæθɪmətaɪz] предавать анафеме; проклинать; отлучить от церкви
anatomical [ˌænəˈtɔmɪk(ə)l] анатомический
anatomist [əˈnætəmɪst] анатом; критик
anatomize [əˈnætəmaɪz] анатомировать; подвергать тщательному разбору
anatomy [əˈnætəmɪ] анатомия; анатомирование; анализ; тщательный разбор
anavaccine убитая вакцина *(мед.)*
ancestor [ˈænsɪstə] прародитель; предок; предшествующий владелец *(юр.)*
ancestral [ænˈsestrəl] родоначальный; наследственный; родовой
ancestral feature [ænˈsestrəlˈfiːtʃə] наследственный признак
ancestry [ˈænsɪstrɪ] предки; происхождение; родословная
anchor [ˈæŋkə] якорь; символ надежды; железная связь *(техн.)*; анкер; ставить на якорь; бросить якорь; закреплять; остепениться
anchor cable [ˈæŋkəˈkeɪbl] якорный канат
anchor ice [ˈæŋkərˈaɪs] донный лед
anchorage [ˈæŋkərɪdʒ] якорная стоянка; якорный сбор *(мор.)*; закрепление; опора *(техн.)*; якорь спасения
anchored [ˈæŋkəd] стоящий на якоре; безошибочный
anchoress [ˈæŋkərɪs] затворница
anchoret [ˈæŋkəret] отшельник
anchoring point [ˈæŋkərɪŋˈpɔɪnt] мертвая точка
anchorman [ˈæŋkəmən] опора; душа *(какого-либо дела)*; спортсмен последнего этапа *(в эстафете)*; журналист, ведущий репортажи с мест событий
anchovy [ˈæntʃəvɪ] анчоус; анчоусный

ancient [ˈeɪnʃ(ə)nt] древний; ископаемый; античный; старейшина; древние народы; античные писатели
ancient demesne [ˈeɪnʃəntdɪˈmeɪn] наследственное *(родовое)* имение
ancienty [ˈeɪnʃəntɪ] старшинство
ancillary [ænˈsɪlərɪ] вспомогательный; добавочный; подсобный; подчиненный; служебный
ancillary firm [ænˈsɪləriˈfɜːm] подчиненная фирма
and [ænd — полная форма; ənd, ən, nd, n — краткие формы] союз «и»
and all [ændˈɔːl] и все остальное; и так далее; и все такое прочее
and so forth [ændˈsouˈfɔːθ] и так дальше
and so on [ændˈsouˈɔn] и так далее
and what not [ændˈwɔtˈnɔt] и так далее
andante [ænˈdæntɪ] анданте *(муз.)*
ander [ˈændə] самец
andiron [ˈændaɪən] железная подставка для дров в камине
androgyne [ˈændrədʒɪn] андрогин; гермафродит; обоеполый организм
androgynous [ænˈdrɔdʒɪnəs] двуполый; соединяющий в себе противоположные свойства
android [ˈændrɔɪd] андроид, человекоподобный робот *(в фантастике)*; относящийся к мужскому полу
androlepsy захват заложников
andromania нимфомания
anecdote [ˈænɪkdout] короткий рассказ; анекдот; подробности частной жизни *(какого-либо исторического лица)*
anecdotic [ˌænekˈdɔtɪk] анекдотичный; маловероятный
anelectric bulb [ˌænɪˈlektrɪkˈbʌlb] анэлектрическая лампочка
anemone [əˈnemənɪ] ветреница *(бот.)*
aneroid [ˈænərɔɪd] анероид *(метео)*; безжидкостный
aneroid box [ˈænərɔɪdˈbɔks] анероидная коробка
aneroidogram барограмма *(метео)*
an(a)esthesia [ˌænɪsˈθiːzɪə] анестезия; наркоз; обезболивание *(мед.)*
anew [əˈnjuː] вновь; заново; снова
anfractuous [ænˈfræktjuəs] извилистый; запутанный
angel [ˈeɪndʒəl] ангел; театральный меценат; лицо, оказывающее кому-либо финансовую *(политическую)* поддержку; поддерживать *(какое-либо предприятие)*
angelic [ænˈdʒelɪk] ангельский
anger [ˈæŋgə] гнев; злость; агрессия; раздражение; вызывать гнев

to allay (appease, calm) smb.'s anger — смирять чей-либо гнев; гасить чье-либо раздражение

to arouse (stir up) anger — разгневаться

to blaze (fit, outburst) of anger — взорваться от гнева; кипеть от ярости

to express (feel, show) anger — показывать, выражать недовольство; показывать раздражение

to repress (swallow) one's anger — сдерживать чей-либо гнев, чье-либо раздражение

to vent one's anger — выплеснуть чей-либо гнев

angle [ˈæŋgl] угол; вершина; угловая точка; точка зрения; сторона *(вопроса, дела и т. п.)*; угольник; искажать *(рассказ, события)*; рыболовный крючок; удить рыбу; закидывать удочку

angle of advance [ˈæŋgl|əv|ədˈvɑːns] угол опережения

angle of deviation [ˈæŋgl|əv|diːvɪˈeɪʃən] угол отклонения

angle of gradient [ˈæŋgl|əv|ˈgreɪdjənt] угол уклона

angle of impact [ˈæŋgl|əv|ˈɪmpækt] угол столкновения

angle of refraction [ˈæŋgl|əv|rɪˈfrækʃən] угол преломления

angle of rotation [ˈæŋgl|əv|rouˈteɪʃən] угол поворота

angle of sight [ˈæŋgl|əv|ˈsaɪt] угол зрения *(техн.)*

angle of slope [ˈæŋgl|əv|ˈsloup] угол наклона

angler [ˈæŋglə] рыболов; морской черт *(биол.)*

angleworm [ˈæŋglwəːm] червяк, насаживаемый на рыболовный крючок как приманка

angora [æŋˈgɔːrə] ангорская кошка *(коза)*; ткань из шерсти ангорской козы

angrily [ˈæŋgrɪlɪ] гневно

angry [ˈæŋgrɪ] сердитый; воспаленный *(о ране, язве и т. п.)*

to become (get) angry — сердиться

angst [æŋst] страх

anguine [ˈæŋgwɪn] змеевидный

anguish [ˈæŋgwɪʃ] боль; мука; испытывать острую тоску

anguished [ˈæŋgwɪʃt] испытывающий муки; мученический; выражающий боль

angular [ˈæŋgjulə] угольный; неловкий; угловатый; угловой; костлявый; худой; чопорный

angular motion [ˈæŋgjulə|ˈmouʃən] угловое движение

angular point [ˈæŋgjulə|ˈpɔɪnt] вершина угла

angular thread [ˈæŋgjulə|ˈθred] винтовая нарезка

angular velocity [ˈæŋgjulə|vɪˈlɔsɪtɪ] угловая скорость

angularity [ˌæŋgjuˈlærɪtɪ] угловатость; костлявость; худоба; чопорность

anhydrous [ænˈhaɪdrəs] безводный *(хим.)*

aniens ничтожный *(о сделке)*

anient аннулировать; отменять *(сделку)*

anientisement порча имущества

anil [ˈænɪl] индиго *(растение и краска)*

anile [ˈeɪnaɪl] старушечий; слабоумный

anility [æˈnɪlɪtɪ] дряхлость; старческое слабоумие

animadversion [ˌænɪmædˈvəːʃən] критика

animadvert [ˌænɪmædˈvəːt] критиковать

animal [ˈænɪməl] животное; скотина; животный

to butcher (slaughter) animals (for food) — убивать зверей *(для пищи)*

to domesticate an animal — приручать животное

to hunt wild animals — охотиться на диких зверей

to neuter an animal — кастрировать животное

to skin an animal — снимать шкуру с животного

to stuff an animal — набивать чучело животного

to tame (train) a wild animal — дрессировать животное

to trap an animal — загнать зверя в ловушку

animal behavior [ˈænɪməl|bɪˈheɪvjə] поведение животных

animal bones [ˈænɪməl|ˈbounz] костная мука *(удобрение)*

animal breeding [ˈænɪməl|ˈbriːdɪŋ] животноводство

animal fat [ˈænɪməl|ˈfæt] животный жир

animal kingdom [ˈænɪməl|ˈkɪŋdəm] животный мир; совокупность животных; царство зверей

animal traction [ˈænɪməl|ˈtrækʃən] конная тяга; вьючные перевозки

animalcule [ˌænɪˈmælkjuːl] микроскопическое животное

animalism [ˈænɪməlɪzm] чувственность; анимализм

animate [ˈænɪmɪt] живой; оживленный; [ˈænɪmeɪt] вдохнуть жизнь; воодушевлять

animated [ˈænɪmeɪtɪd] оживленный; бойкий; воодушевленный; живой

animated cartoon [ˈænɪmeɪtɪd|kɑːˈtuːn] мультиплицированный; мультипликатор

animated needle [ˈænɪmeɪtɪd|ˈniːdl] магнитная стрелка

animation [ˌænɪˈmeɪʃən] воодушевление; вдохновение; оживление; увлечение

animator [ˈænɪmeɪtə] художник-мультипликатор

animosity [ˌænɪˈmɔsɪtɪ] враждебность

to arouse (stir up) animosity — возбуждать враждебные чувства по отношению к кому-либо

to feel animosity — чувствовать враждебность

animus [ˈænɪməs] предубеждение; агрессивность; враждебность; необъективность

anise [ˈænɪs] анис *(растение) (бот.)*

aniseed [ˈænɪsiːd] анис *(семя, семена) (бот.)*

anker ['æŋkə] анкер *(физ.)*
ankle ['æŋkl] лодыжка; щиколотка
ankle-joint ['æŋkl'dʒɔint] голеностопный сустав
anklet ['æŋklɪt] ножной браслет
annalist ['ænəlɪst] историограф; летописец
annals ['ænlz] анналы; временник; летопись
anneal [ə'ni:l] прокаливать; обжигать *(стекло, керамические изделия)*
annealed [ə'ni:ld] отпущенный
annealing [ə'ni:lɪŋ] отжиг; отжиг стали; отжигательный; отжигающий; обжиговый
annelida [ə'nelɪdə] кольчатые черви *(зоол.)*
annex ['æneks] — *сущ.* [ə'neks] — *гл.* добавление; пристройка; присоединять; делать приложение *(к книге и т. п.)*
annexation [,ænek'seɪʃən] присоединение
annexes ['æneksɪs] пристройки; служебные здания
annihilate [ə'naɪəleɪt] избавляться; истреблять; отменять
annihilation [ə,naɪə'leɪʃən] истребление; упразднение
anniversary [,ænɪ'və:sərɪ] годовщина; юбилей; ежегодный
to celebrate (commemorate) anniversary — отмечать юбилей; отмечать годовщину какого-либо события
anniversary foundation [,ænɪ'və:sərɪ|faun'deɪʃən] юбилейный фонд
annotate ['ænouteɪt] комментировать; снабжать примечаниями
annotation [,ænou'teɪʃən] резюме; реферат; аннотация; аннотирование; замечание
to make an annotation — сделать аннотацию; написать реферат
annotinous однолетний
announce [ə'nauns] объявлять; издавать; докладывать *(о прибытии посетителей, гостей)*
announcement [ə'naunsmənt] объявление; сообщение; извещение; уведомление
to issue (make) an announcement — сделать объявление
announcer [ə'naunsə] объявляющий программу; диктор
announcer cubicle [ə'naunsə|'kju:bɪkəl] дикторская кабина
annoy [ə'nɔɪ] досаждать; докучать
to annoy greatly (very much) — сильно раздражать (кого-либо)
to be annoyed with one's children — сердиться, злиться на детей
annoyance [ə'nɔɪəns] досада; надоедание; приставание
annoyed [ə'nɔɪd] раздосадованный
annoying [ə'nɔɪɪŋ] надоедливый

annual ['ænjuəl] ежегодный; ежегодник; годовой; иллюстрированный рождественский сборник *(подарок к рождеству)*; однолетнее растение
annual account ['ænjuəl|ə'kaunt] годовой отчет
annual balance ['ænjuəl|'bæləns] годичный баланс
annual bonus ['ænjuəl|'bounəs] годовая премия
annual book show ['ænjuəl|'buk|'ʃou] ежегодная книжная выставка
annual budget ['ænjuəl|'bʌdʒɪt] годовой бюджет
annual capacity ['ænjuəl|kə'pæsɪtɪ] годовая производительность
annual cycle ['ænjuəl|'saɪkl] годовой цикл
annual depreciation allowance ['ænjuəl|dɪ,pri:ʃɪ'eɪʃən|ə'lauəns] ежегодная налоговая скидка на амортизацию
annual dividend ['ænjuəl|'dɪvɪdend] годовой дивиденд
annual fair ['ænjuəl|'fɛə] ежегодная ярмарка
annual income ['ænjuəl|'ɪnkəm] годовой доход
annual mean ['ænjuəl|'mi:n] среднее годовое значение *(метео)*
annual rate ['ænjuəl|'reɪt] годовой показатель
annually ['ænjuəlɪ] ежегодно
annuitant [ə'njuɪtənt] получающий ежегодную ренту
annuity [ə'njuɪtɪ] рента; аннуитет; рента ежегодная
annul [ə'nʌl] аннулировать; уничтожать
annular ['ænjulə] кольцевой; кольцеобразный
annulary ['ænjulərɪ] безымянный палец
annulate ['ænjuleɪt] кольцевой; кольчатый *(биол.)*
annulment [ə'nʌlmənt] аннуляция; аннулирование
annulus ['ænjuləs] кольцеобразная деталь; кольцевой зазор
annunciate [ə'nʌnʃɪeɪt] возвещать; извещать; объявлять; уведомлять
annunciation [ə,nʌnsɪ'eɪʃən] возвещение; благовещение *(рел.)*
annunciator [ə'nʌnʃɪeɪtə] нумератор; оповестительное устройство; сигнализатор
anode ['ænoud] анод *(электр.)*
anodyne ['ænoudaɪn] болеутоляющее средство; успокаивающий
anoint [ə'nɔɪnt] смазывать *(кожу маслом и т. п.)*; помазывать *(рел.)*
anointment [ə'nɔɪntmənt] смазывание *(кожи маслом и т. п.)*; помазание *(рел.)*
anomalistic [ə,nɔmə'lɪstɪk] аномальный; аномалистический *(астр.)*
anomalous [ə'nɔmələs] неправильный; аномальный

ANO — ANT

anomalous data [ə'nɔmələs|'deɪtə] неверные данные

anomaly [ə'nɔməlɪ] отклонение; непоследовательность

anon [ə'nɔn] в скором времени; тотчас

anonym ['ænənɪm] аноним; псевдоним

anonymity [ænə'nɪmɪtɪ] анонимность

anonymous [ə'nɔnɪməs] анонимный

anopheles [ə'nɔfɪli:z] малярийный комар

anorak ['ænəræk] куртка с капюшоном; анорак

anorexic [ænə'reksɪk] страдающий отсутствием аппетита; испытывающий отвращение к пище

another [ə'nʌðə] еще один; другой

another's [ə'nʌðəz] чужой

anoxia [ə'nɔksɪə] кислородное голодание

ansa ['ænsə] петля (мед.)

anserine ['ænsəraɪn] гусиный; глупый

ansjovie хамса (ихт.)

answer ['ɑːnsə] ответ; решение (вопроса и т. п.); возражение; письменное возражение ответчика по иску (юр.); отвечать; подходить; соответствовать; удовлетворять; ручаться; нести ответственность; удаваться; иметь успех

to answer a question (smb.'s remark) — *отвечать на вопрос (чье-либо замечание)*

to answer in kind — *отплатить той же монетой*

to answer in the affirmative (in the negative) — *дать положительный (отрицательный) ответ*

to answer politely (sharply, rudely) — *отвечать вежливо (резко, грубо)*

answerability [ˌɑːnsərə'bɪlɪtɪ] подотчетность

answerable ['ɑːnsərəbl] такой, на который можно возразить или ответить; ответственный; соответственный

ant [ænt] муравей; муравьиный

ant-bear ['ænt'bɛə] муравьед

ant-eater ['ænt.iːtə] муравьед; ехидна

ant-fly ['æntflaɪ] летучий муравей (наживка)

ant-lion ['ænt.laɪən] муравьиный лев (биол.)

antacid ['ænt'æsɪd] средство, нейтрализующее кислоту

antagonism [æn'tægənɪzm] антагонизм; сопротивление

antagonist [æn'tægənɪst] соперник; антагонистический

antagonistic [æn.tægə'nɪstɪk] противоположный; противодействующий

antagonize [æn'tægənaɪz] бороться; вызывать вражду; сопротивляться

antarctic [ænt'ɑːktɪk] антарктический

Antarctic circle [ænt'ɑːktɪk|'səːkl] Южный полярный круг

ante ['æntɪ] аванс; ставка

ante meridiem ['æntɪ|mə'rɪdɪəm] до полудня

ante-bellum ['æntɪ'beləm] довоенный

antecedent [æntɪ'siːdənt] предшествующее; прошлая жизнь; прошлое; предыдущий член отношения (мат.); антецедент; предшествующий; априорный

antecedent debt [æntɪ'siːdənt|'det] долг по ранее заключенному договору

antecessor [ˌæntɪ'sesə] наследодатель; предшествующий собеседник

antechamber ['æntɪ.tʃeɪmbə] вестибюль

antedate ['æntɪ'deɪt] дата, поставленная задним числом; датировать более ранним (задним) числом; предвидеть; предшествовать

antediluvian ['æntɪdɪ'luːvjən] старомодный; глубокий старик; старомодный человек

antelope ['æntɪloup] антилопа

antemeridian ['æntɪmə'rɪdɪən] дополуденный

antenatal ['æntɪ'neɪtl] относящийся к утробной жизни

antenatal life ['æntɪ'neɪtl|'laɪf] внутриутробная жизнь

antenna [æn'tenə] усик (зоол.); щупальце; антенна; радиоантенна

antenna coupling [æn'tenə|'kʌplɪŋ] связь с антенной

antenna power [æn'tenə|'pauə] мощность антенны

antenna socket [æn'tenə|'sɔkɪt] антенное гнездо

antenuptial ['æntɪ'nʌpʃəl] добрачный

antenuptial conception ['æntɪ'nʌpʃəl|kən'sepʃən] добрачное зачатие

anteprandial ['æntɪ'prændjəl] предобеденный

anterior [æn'tɪərɪə] передний; предшествующий

anteriority [ˌæntɪərɪ'ɔrɪtɪ] первенство; приоритет

anteriorly [æn'tɪərɪəlɪ] раньше

anteroom ['æntɪrum] приемная

anthem ['ænθəm] гимн; торжественная песнь; государственный гимн; пение; церковный хорал; петь гимны; воспевать

anther ['ænθə] пыльник (биол.)

anthesis [æn'θiːsɪs] цветение; опыление (бот.)

anthill ['ænthɪl] муравейник

anthologist [æn'θɔlədʒɪst] составитель антологии

anthology [æn'θɔlədʒɪ] антология

anthracite ['ænθrəsaɪt] антрацит

anthrax ['ænθræks] карбункул; сибирская язва (мед.)

anthropoid ['ænθrəpɔɪd] человекообразная обезьяна; человекообразный

anthropologist [ˌænθrə'pɔlədʒɪst] антрополог

anthropomorphic [ˌænθrəpə'mɔːfɪk] человекоподобный

anthropophagy [ˌænθrə'pɔfədʒɪ] людоедство

anti- ['æntɪ] противо-

anti-aircraft [ˈæntɪˌɛəkrɑːft] зенитная артиллерия; противовоздушный

anti-hero [ˈæntɪˌhɪərouə] антигерой *(лит.)*

antibiotic [ˈæntɪbaɪˈɔtɪk] антибиотик; антибиотический

antibody [ˈæntɪˌbɔdɪ] антитело; противотело

antic [ˈæntɪk] ужимки; шалости; гротеск

antichrist [ˈæntɪkraɪst] антихрист

anticipate [ænˈtɪsɪpeɪt] ожидать; предвидеть; ускорять; приближать *(наступление чего-либо)*; отводить; делать что-либо; говорить о чем-либо и т. п. раньше времени; использовать заранее

anticipation [ænˌtɪsɪˈpeɪʃən] ожидание; предвосхищение

anticipatory [ænˈtɪsɪpeɪtərɪ] предварительный; опережающий; предваряющий

anticlerical [ˈæntɪˈklerɪkl] антиклерикальный

anticlimax [ˈæntɪˈklaɪmæks] разрядка напряжения; спад

anticlockwise [ˌæntɪˈklɔkwaɪz] против часовой стрелки

anticorrodant [ˌæntɪkəˈroudənt] противокоррозийная добавка

anticorrosive [ˈæntɪkəˈrousɪv] антикоррозийный

anticorrosive composition [ˌæntɪkəˈrousɪv ˌkɔmpəˈzɪʃən] антикоррозионная смазка

anticreepage [ˈæntɪˈkriːpɪʤ] противоугонный

anticreeper [ˌæntɪˈkriːpə] противоугон

anticyclone [ˈæntɪˈsaɪkloun] антициклон; антициклонный

antidamage [ˈæntɪˈdæmɪʤ] противоаварийный

antidazzle [ˈæntɪˈdæzl] неослепляющий *(о свете фар)*; противоослепляющий

antidemocratic [ˌæntɪˌdeməˈkrætɪk] антидемократический

antidote [ˈæntɪdout] противоядие

antidrum [ˈæntɪˈdrʌm] звуконепроницаемый

antifascist [ˈæntɪˈfæsɪst] антифашист; антифашистский

antifever [ˈæntɪˈfiːvə] жаропонижающий

antifreeze [ˈæntɪˌfriːz] антифриз *(техн.)*

antifreeze protection [ˈæntɪˌfriːz prəˈtekʃən] антиобледенитель

antifreezing compound [ˈæntɪˌfriːzɪŋ ˈkɔmpaund] антифриз

antigenic complex [ˈæntɪˈʤenɪk ˈkɔmpleks] антигенный комплекс

antiglare headlight [ˈæntɪˈgleə ˈhedlaɪt] фара с антибликовым покрытием

antijamming [ˈæntɪˈʤæmɪŋ] защита от помех; устранение помех; помехоустойчивый

antilock brake system (ABS) [ˈæntɪˌlɔk ˈbreɪk ˈsɪstɪm] противоблокировочная тормозная система

antilogy [ænˈtɪləʤɪ] конфликт; противоречие; столкновение

antimacassar [ˈæntɪməˈkæsə] салфеточка *(на спинке мягкой мебели, на столе)*

antimatter [ˈæntɪˌmætə] антивещество *(физ.)*

antimissile [ˈæntɪˈmɪsaɪl] противоракетный

antimissile barrage [ˈæntɪˌmɪsaɪl ˈbærɑːʒ] противоракетная заградительная завеса

antinomy [ænˈtɪnəmɪ] противоречие в законе, законодательстве; парадокс; противоречие

antipathic [ˌæntɪˈpæθɪk] противоположный; характеризующийся противоположными симптомами *(мед.)*

antipathy [ænˈtɪpəθɪ] отвращение; несовместимость

antiphlogistic [ˈæntɪflouˈʤɪstɪk] противовоспалительный

antipodal [ænˈtɪpədl] живущий *(расположенный)* в противоположном полушарии; диаметрально противоположный

antipodes [ænˈtɪpədiːz] жители или страны противоположных полушарий; противоположности

antipoison [ˈæntɪˈpɔɪzn] противоядие; противоядный

antipole [ˈæntɪpoul] противоположный полюс; диаметральная противоположность

antique [ænˈtiːk] древняя *(старинная вещь)*; произведение древнего *(античного)* искусства; древнее *(античное)* искусство; антиква *(полигр.)*; старинный; древний; отделывать *(подделывать)* под старину

antiquity [ænˈtɪkwɪtɪ] старина; классическая древность

antiradar антирадар

antirust [ˈæntɪˈrʌst] антикоррозийный

antirust agent [ˈæntɪˈrʌst ˈeɪʤənt] антикоррозийная добавка

antirust compound [ˈæntɪˈrʌst ˈkɔmpaund] антикоррозийная смазка

antiseptic action [ˌæntɪˈseptɪk ˈækʃən] антисептическое действие

antiskid [ˌæntɪˈskɪd] нескользящий *(техн.)*

antiskid chain [ˌæntɪˈskɪd ˈʧeɪn] цепь противоскольжения

antislip serration [ˌæntɪˈsliːp seˈreɪʃən] протекторный рисунок

antisocial [ˈæntɪˈsouʃ(ə)l] антиобщественный; необщительный

antisplash [ˌæntɪˈsplæʃ] защита от брызг

antitheft alarm [ˌæntɪˈθeft əˈlɑːm] противоугонная сигнализация

antitoxin [ˌæntɪˈtɔksɪn] противоядие
antitrust [ˌæntɪˈtrʌst] направленный против трестов, монополий и т. п.
antitype [ˈæntɪtaɪp] антигерой *(лит.)*
antityphoid [ˌæntɪˈtaɪfɔɪd] противотифозный
antiviral [ˌæntɪˈvaɪr(ə)l] противовирусный
antiwar [ˌæntɪˈwɔː] антивоенный
antler [ˈæntlə] олений рог
antonym [ˈæntənɪm] антоним
antsy [ˈæntsɪ] беспокойный
anvil [ˈænvɪl] наковальня
anxiety [æŋˈzaɪətɪ] беспокойство; опасение; страстное желание
 to feel anxiety — *чувствовать тревогу; ощущать беспокойство*
 to relieve one's anxiety — *облегчать чьи-либо страдания; рассеивать чьи-либо опасения*
anxious [ˈæŋkʃəs] озабоченный; беспокойный *(о деле, времени)*; сильно желающий
 to be anxious about — *беспокоиться о*
anxiously [ˈæŋkʃəslɪ] с тревогой; весьма; очень
any [ˈenɪ] всякий; какой-нибудь; любой
anybody [ˈenɪˌbɔdɪ] кто-нибудь; никто; любой
anyhow [ˈenɪhau] каким бы то ни было образом; так или иначе; никак; во всяком случае; что бы то ни было; как-нибудь; кое-как; плохо
anyone [ˈenɪwʌn] кто-либо; кто-нибудь
anyplace [ˈenɪpleɪs] везде; куда бы то ни было
anything [ˈenɪθɪŋ] что-нибудь; ничто; что угодно; всё
anywhere [ˈenɪwɛə] куда-нибудь; никуда; куда угодно
anywise [ˈenɪwaɪz] каким-нибудь образом; в какой-либо степени
aorta [eɪˈɔːtə] аорта *(мед.)*
apace [əˈpeɪs] быстро
apanage [ˈæpənɪdʒ] цивильный лист; удел; апанаж; атрибут; свойство
apart [əˈpɑːt] в стороне; отдельно; врозь; порознь; на части; на куски
apartheid [əˈpɑːthaɪd] расовая изоляция; апартеид
apartment [əˈpɑːtmənt] комната; квартира; многоквартирный
 to furnish (redecorate, renovate) an apartment — *ремонтировать квартиру (обновлять интерьер)*
 to rent (out) an apartment to — *сдавать квартиру*
 to rent an apartment from — *снимать квартиру*
apartness [əˈpɑːtnɪs] изолированность; изоляция; обособленность
apathetic [ˌæpəˈθetɪk] равнодушный
apathy [ˈæpəθɪ] безразличие
apdictic неопровержимый

ape [eɪp] человекообразная обезьяна; кривляка; передразнивать
ape-man [ˈeɪpmən] обезьяноподобный человек; примат
apeak [əˈpiːk] вертикально; торчком; «на попа» *(мор.)*
aperient [əˈpɪərɪənt] слабительное; послабляющий
aperitive [əˈperɪtɪv] аперитив
aperture [ˈæpətjuə] отверстие; проем *(строит.)*; пролет; относительный
apery [ˈeɪpərɪ] обезьянничанье; обезьяний питомник
apex [ˈeɪpeks] верхушка; конек крыши *(строит.)*; приемная площадка уклона *(строит.)*; кульминационный пункт
apex angle [ˈeɪpeksˈæŋgl] угол при вершине; угол раствора *(архит.)*
aphid [ˈeɪfɪd] тля *(зоол.)*
aphonia [æˈfəunjə] афония *(мед.)*; потеря голоса
aphorism [ˈæfərɪzm] афоризм; изречение
aphrenia [æfrəˈnɪə] слабоумие; бессознательное состояние
aphrodisiac [ˌæfrouˈdɪzɪæk] сладострастный; возбуждающий
aphtha [ˈæfθə] молочница *(детская болезнь)*; ящур *(болезнь скота)*
aphyllous [əˈfɪləs] не имеющий листьев *(бот.)*
apian [ˈeɪpjən] пчелиный
apiarian [ˌeɪpɪˈɛərɪən] пчеловодческий
apiarist [ˈeɪpjərɪst] пасечник; пчеловод
apiary [ˈeɪpjərɪ] пасека
apical [ˈæpɪkəl] вершинный; апикальный *(геол.)*; находящийся при вершине *(мат.)*
apiculture [ˈeɪpɪkʌltʃə] пчеловодство
apiece [əˈpiːs] поштучно; за каждого
apish [ˈeɪpɪʃ] обезьяний; обезьянничающий; глупый
apitoxin [ˌeɪpɪˈtɔksɪn] пчелиный яд
aplomb [ˈæplɔŋ] самоуверенность *(в обращении, разговоре)*; перпендикулярность
apnoea [ˈæpnɪə] остановка дыхания
apocalypse [əˈpɔkəlɪps] откровение; катаклизм
apocalyptic [əˌpɔkəˈlɪptɪk] пророческий; трагический; бесповоротный
apocarpous [ˌæpouˈkɑːpəs] раздельный *(бот.)*
apocope [əˈpɔkəpɪ] отпадение последнего слога или звука в слове *(линг.)*
apocrypha [əˈpɔkrɪfə] апокрифические книги
apocryphal [əˈpɔkrɪfəl] неканонический; выдаваемый за подлинный; сомнительный
apodal [ˈæpədəl] голобрюхий *(о рыбах, пресмыкающихся и т. п.)* *(зоол.)*
apogee [ˈæpədʒiː] апогей

apograph ['æpəgrɑːf] копия документа
apolitical [ˌeɪpə'lɪtɪkəl] политически пассивный; не имеющий политического значения
apologetic [əˌpɒlə'dʒetɪk] извиняющийся; примирительный; защитительный
apologia [ˌæpə'loʊdʒɪə] апология
apologist [ə'pɒlədʒɪst] защитник
apologize [ə'pɒlədʒaɪz] извиняться
apologue ['æpəlɒg] нравоучительная басня
apology [ə'pɒlədʒɪ] извинение; оправдание
apoplexy ['æpəpleksɪ] паралич
apostasy [ə'pɒstəsɪ] отступничество (от своих принципов и т. п.); ересь
apostate [ə'pɒstɪt] отступник; отступнический
apostatize [ə'pɒstətaɪz] отступаться (от своих принципов и т. п.)
apostle [ə'pɒsl] апостол; поборник
apostolic [ˌæpəs'tɒlɪk] апостольский; папский
apostrophe [ə'pɒstrəfɪ] обращение (в речи, поэме и т. п.); апостроф
apothecary [ə'pɒθɪkərɪ] аптекарь; аптека
apothegm ['æpəθem] пословица; игра в пословицы; олицетворение (чего-либо дурного)
apotheosis [əˌpɒθɪ'oʊsɪs] апофеоз; прославление; культ; канонизация
appal [ə'pɔːl] устрашать
appalling [ə'pɔːlɪŋ] ужасный
appallingly [ə'pɔːlɪŋlɪ] потрясающе
apparatus [ˌæpə'reɪtəs] прибор; инструмент; гимнастический снаряд; органы; приспособление; устройство
apparatus room [ˌæpə'reɪtəs|'ruːm] аппаратная
apparel [ə'pærəl] одеяние; украшение на облачении; облачать; украшать
apparent [ə'pærənt] очевидный; несомненный; бесспорный (юр.)
apparent death [ə'pærənt|'deθ] клиническая смерть (мед.)
apparent error [ə'pærənt|'erə] очевидная ошибка
apparent sky shape [ə'pærənt|'skaɪ|'ʃeɪp] форма небесного свода (метео)
apparently [ə'pærəntlɪ] очевидно; вероятно
apparition [ˌæpə'rɪʃən] появление (неожиданное); видение; видимость
apparitor [ə'pærɪtɔː] чиновник в гражданском или церковном суде
appassionata [əˌpæsjə'nɑːtə] аппассионата
appeal [ə'piːl] призыв; воззвание; обращение; апелляция; просьба; жалоба; привлекательность; притягательность; вызывать; обращаться с призывом; просить; молить; обжаловать; апеллировать; привлекать
appealable [ə'piːləbl] подлежащий обжалованию
appealing [ə'piːlɪŋ] трогательный; заманчивый

appear [ə'pɪə] показываться; выглядеть; выступать на сцене (в суде); появляться (в печати); производить впечатление; явствовать; наступать; обнаруживаться; проявляться; фигурировать
to appear posthumously — *выходить посмертно*
appearance [ə'pɪərəns] появление; внешний вид; наружность; видимость; выступление; выход из печати; загадочное явление; феномен; призрак
to make (put in) an appearance — *показываться; появляться*
to put in an appearance — *появиться ненадолго (на собрании, вечере и т. п.)*
appease [ə'piːz] успокаивать; попустительствовать; облегчать (боль, горе); удовлетворять; утолять
appeasement [ə'piːzmənt] умиротворение
appellant [ə'pelənt] апеллирующий; жалующийся; (юр.) апелляционный
appellate [ə'pelɪt] апелляционный (юр.)
appellation [ˌæpə'leɪʃən] имя; название; присвоение какого-либо имени
appellative [ə'pelətɪv] заглавие; имя существительное нарицательное; нарицательный
appellee [ˌæpe'liː] ответчик по апелляции (юр.)
append [ə'pend] добавлять, прилагать что-либо (к письму, книге и т. п.)
appendage [ə'pendɪdʒ] придаток; дополнение
appendicular organ [ˌæpən'dɪkjulə|'ɔːgən] конечность
appendix [ə'pendɪks] дополнение; приложение (содержащее библиографию, примечания и т. п.); аппендикс (биол.); аппендикс (аэростата)
appentice ['æpɪntaɪz] навес
appertain [ˌæpə'teɪn] принадлежать
appetency ['æpɪtənsɪ] желание; влечение
appetite ['æpɪtaɪt] аппетит; инстинктивная потребность (в пище, питье и т. п.); склонность
appetizer ['æpɪtaɪzə] то, что возбуждает аппетит; закуска
appetizing ['æpɪtaɪzɪŋ] привлекательный
applaud [ə'plɔːd] рукоплескать; утверждать
applause [ə'plɔːz] аплодисменты; одобрение
to draw (get, win) applause for — *сорвать аплодисменты*
apple ['æpl] яблоко; яблоня; глазное яблоко (мед.)
apple butter ['æpl|'bʌtə] яблочное масло
apple dumpling ['æpl|ˌdʌmplɪŋ] яблоко, запеченное в тесте
apple-grub ['æplgrʌb] червь; червоточина
apple-sauce ['æpl'sɔːs] яблочное пюре; лесть; абсурд
apple-tree ['æpltriː] яблоня
appliance [ə'plaɪəns] прибор; применение; приспособление; протез

applicability [ˌæplɪkəˈbɪlɪtɪ] применимость; наложимость; приложимость

applicable [ˈæplɪkəbl] приложимый; применимый; наложимый; прикладываемый; применительный; приспособляемый

applicant [ˈæplɪkənt] кандидат; проситель

applicant for credit [ˈæplɪkənt|fəˈkredɪt] заявка на получение кредита

applicant for shares [ˈæplɪkənt|fəˈʃeəz] лицо, желающее купить акции

application [ˌæplɪˈkeɪʃ(ə)n] заявление; применение; прикладывание (*горчичника, пластыря и т. п.*); употребление (*лекарства*); прилежание; прикладная программа (*компьют.*)

application blank [ˌæplɪˈkeɪʃənˈblæŋk] анкета поступающего на работу

application for job [ˌæplɪˈkeɪʃən|fəˈdʒɔb] заявление о приеме на работу

application for leave [ˌæplɪˈkeɪʃən|fəˈliːv] заявление о предоставлении отпуска

application form [ˌæplɪˈkeɪʃənˈfɔːm] анкета поступающего на работу

applications software [ˌæplɪˈkeɪʃənzˈsɔftweə] прикладное программное обеспечение

applicator [ˈæplɪkeɪtə] инструмент для введения в полость лечебного средства (*мед.*); лопаточка; (*деревянная, стеклянная*) для нанесения грима, клея и т. п.

applicator roll [ˈæplɪkeɪtəˈroul] валик накатной

applied [əˈplaɪd] технический; прикладной; практический; прикладываемый; приложенный; применявшийся; применяемый; нанесенный

applied art [əˈplaɪdˈɑːt] прикладное искусство

applied data [əˈplaɪdˈdeɪtə] данные прикладного характера

applied load [əˈplaɪdˈloud] приложенная нагрузка

applied mathematics [əˈplaɪdˌmæθɪˈmætɪks] прикладная математика

appliqué [æˈpliːkeɪ] аппликация (*франц.*)

apply [əˈplaɪ] обращаться (*за работой, помощью, справкой, разрешением и т. п.*); применять; прикладывать; заниматься (*чем-либо*); быть приемлемым; приводить; обращаться

to apply another coat of paint — нанести еще один слой краски

to apply bank — *создавать крен*

to apply brake — *включать тормоз*

to apply by letter — *обращаться в письменном виде*

to apply for patent — *подавать заявку на патент*

to apply one's eye to the telescope — *приложить глаз к телескопу (ухо к замочной скважине и т. п.)*

to apply a mustard-plaster — *ставить горчичники*

appoint [əˈpɔɪnt] назначать (*время, место и т. п.*); утверждать (*в должности*); предписывать; приводить в порядок

to appoint a date — *назначать дату*

to appoint a guardian — *назначать опекуна*

to appoint provisionally — *назначать (кого-либо) временно*

appointed [əˈpɔɪntɪd] назначенный; оборудованный

appointed executive [əˈpɔɪntɪd|ɪɡˈzekjutɪv] назначенный управляющий

appointee [əpɔɪnˈtiː] получивший назначение

appointive [əˈpɔɪntɪv] замещаемый по назначению, а не по выборам (*о должности*)

appointment [əˈpɔɪntmənt] назначение (*на должность*); должность; условленная встреча; распределение наследственного имущества по доверенности (*юр.*); оборудование

appointment book [əˈpɔɪntməntˈbuk] журнал регистрации пациентов

appointment with limited tenure [əˈpɔɪntmənt|wɪðˈlɪmɪtɪd|ˈtenjuə] назначение на ограниченный срок

appointments committee [əˈpɔɪntmənts|kəˈmɪtɪ] комиссия по назначениям

apportion [əˈpɔːʃ(ə)n] распределять; наделять чем-либо

apportionment [əˈpɔːʃənmənt] пропорциональное распределение

apposite [ˈæpəzɪt] подходящий; уместный

appositely [ˈæpəzɪtlɪ] кстати

apposition [ˌæpəˈzɪʃən] присоединение; приложение

appraisal [əˈpreɪzəl] оценка; оценочная ведомость; аттестация; бонитировка (*с.-х.*); оценка стоимости имущества

appraisal plan [əˈpreɪzəlˈplæn] система оценок

appraise [əˈpreɪz] оценивать; расценивать; производить оценку; устанавливать цену

appraisement [əˈpreɪzmənt] оценка; оценивание; цена; стоимость

appraiser [əˈpreɪzə] оценщик

appreciable [əˈpriːʃəbl] ощутимый; поддающийся оценке; существенный; заметный

appreciate [əˈpriːʃɪeɪt] оценивать; (высоко) ценить; понимать; принимать во внимание; ощущать; повышать(ся) в ценности

appreciated [əˈpliːʃɪeɪtɪd] ценимый по достоинству; повысившийся в цене

appreciation [əˌpriːʃɪˈeɪʃən] оценка; понимание; признательность; определение; благоприятный отзыв; повышение ценности

appreciative [əˈpriːʃjətɪv] восприимчивый

apprehend [ˌæprɪˈhend] понимать; предчувствовать *(что-либо дурное)*; арестовывать
to apprehend danger — *чуять опасность*
apprehended loss [ˌæprɪˈhendɪdˈlɔs] предполагаемый убыток
apprehensible [ˌæprɪˈhensəbl] постижимый
apprehension [ˌæprɪˈhenʃən] мрачное предчувствие; способность схватывать; мнение; арест
apprehensive [ˌæprɪˈhensɪv] полный тревоги; сообразительный
apprentice [əˈprentɪs] подмастерье; начинающий; отдавать в учение
apprenticeship [əˈprentɪʃɪp] учение; ученичество; срок обучения
apprise [əˈpraɪz] извещать; устанавливать цену
approach [əˈproutʃ] приближение; подход; авансы; подступ *(воен.)*; заход на посадку *(авиац.)*; подходить; приближаться; делать предложения; пытаться повлиять на кого-либо
to take a judicious approach to a problem — *подойти к проблеме с юридической точки зрения*
approach of summer [əˈproutʃˈɔvˈsʌmə] наступление лета
approachable [əˈproutʃəbl] доступный; охотно идущий навстречу *(предложениям и т. п.)*
approbate [ˈæproubeɪt] одобрять; утверждать
approbation [ˌæprəˈbeɪʃən] одобрение; разрешение
approbatory [ˈæprəbeɪtərɪ] хвалебный
appropriate [əˈprouprɪɪt] — *сущ.* [əˈprouprɪeɪt] — *гл.* подходящий; свойственный; присваивать; конфисковывать; назначать; вкладывать
appropriate funds [əˈprouprɪɪtˈfʌndz] выделять денежные средства
appropriation [əˌprouprɪˈeɪʃən] присвоение; конфискация; назначение; предназначение; ассигнование
appropriation of funds [əˌprouprɪˈeɪʃənˈɔvˈfʌndz] выделение денежных средств
appropriation-in-aid [əˌprouprɪˈeɪʃənɪnˈeɪd] дотация; субсидия; денежное пожертвование
approval [əˈpruːvəl] одобрение; утверждение; рассмотрение
approve [əˈpruːv] одобрять; утверждать; проявлять себя
to approve of smb.'s plan (behaviour, answer) — *одобрить чей-либо план (поведение, ответ)*
approved [əˈpruːvd] одобренный; проверенный; принятый
approved person [əˈpruːvdˈpəːsn] утвержденное лицо
approved text [əˈpruːvdˈtekst] согласованный текст
approvement [əˈpruːvmənt] апробация
approvingly [əˈpruːvɪŋlɪ] одобрительно
approximate [əˈprɔksɪmɪt] — *сущ.* [əˈprɔksɪmeɪt] — *гл.* находящийся близко; приблизительный; почти соответствовать; приблизительно равняться
approximate calculation [əˈprɔksɪmɪtˌkælkjuˈleɪʃən] приближенный расчет
approximately [əˈprɔksɪmɪtlɪ] приблизительно; примерно
approximation [əˌprɔksɪˈmeɪʃən] приближение; приблизительная или очень близкая сумма *(цифра и т. п.)*
approximative [əˈprɔksɪmətɪv] приблизительный; приближенный
appurtenance [əˈpəːtɪnəns] принадлежность; придаток
apricot [ˈeɪprɪkɔt] абрикос; абрикосовое дерево; абрикосовый цвет
apricot-tree [ˈeɪprɪkɔtˈtriː] абрикосовое дерево
apriority [ˌeɪpraɪˈɔrɪtɪ] априорность
apron [ˈeɪprən] фартук; передник; полость *(в экипаже)*; авансцена; бетонированная площадка перед ангаром; водобой *(техн.)*; козырек *(техн.)*; ширина набережной; ледяной *(подводный)* таран айсберга; нажимной элеватор *(в сноповязалке или комбайне)*; оттяжка проволочного заграждения *(воен.)*; маскировка орудия *(воен.)*; островной шельф
apron-strings [ˈeɪprənˈstrɪŋz] завязки передника
apropos [ˈæprəpou] годный; между прочим; относительно
apt [æpt] подходящий; подверженный; способный; вероятный
apt to take fire [ˈæptˌtəˈteɪkˈfaɪə] легковоспламеняющийся
apt words [ˈæptˈwəːdz] надлежащая формулировка
apterous [ˈæptərəs] бескрылый *(зоол.)*
aptitude [ˈæptɪtjuːd] пригодность; склонность; способность
apyrous [eɪˈpaɪrəs] огнеупорный
aqua [ˈækwə] вода; цвет морской волны *(хим.)*
aqua-regia [ˈækwəˈriːdʒə] царская водка *(хим.)*
aqua-vitae [ˈækwəˈvaɪtiː] крепкий спиртной напиток
aqualung [ˈækwəlʌŋ] акваланг
aquamarine [ˌækwəməˈriːn] аквамарин; зеленовато-голубой цвет
aquarelle [ˌækwəˈrel] акварель
aquarellist [ˌækwəˈrelɪst] акварелист
aquarium [əˈkwɛərɪəm] аквариум
aquatic [əˈkwætɪk] водяной; водный
aquatics [əˈkwætɪks] водные виды спорта
aqueduct [ˈækwɪdʌkt] акведук; мост-трубопровод
aqueous [ˈeɪkwɪəs] водяной; осадочный *(геол.)*

AQU — ARC

aqueous solution [ˈeɪkwɪəs|səˈluːʃən] водный раствор

aqueous vapour [ˈeɪkwɪəs|ˈveɪpə] водяной пар

aquiferous [əˈkwɪfərəs] водоносный *(геол.)*

aquiline [ˈækwɪlaɪn] орлиный

arabesque [ˌærəˈbesk] арабеска; мавританский; мифический

arable [ˈærəbl] пахотный; пахота

arable land [ˈærəbl|ˈlænd] пашня

arachnid [əˈræknɪd] паукообразное насекомое

arachnoid [əˈræknɔɪd] паутинная оболочка мозга

arbalest [ˈɑːbəlɪst] арбалет

arbalester [ˈɑːbəlɪstə] арбалетчик

arbiter [ˈɑːbɪtə] арбитр *(юр.)*; властитель; главный судья *(спорт.)*

arbitrage [ˈɑːbɪtrɪdʒ] скупка ценных бумаг и т. п. для перепродажи *(фин.)*

arbitrage market [ˈɑːbɪtrɪdʒ|ˈmɑːkɪt] арбитражный рынок

arbitral [ˈɑːbɪtrəl] третейский

arbitral decision [ˈɑːbɪtrəl|dɪˈsɪʒən] арбитражное решение

arbitrament [ɑːˈbɪtrəmənt] посредничество; авторитетное решение

arbitrarily [ˈɑːbɪtrərɪlɪ] произвольно; как угодно; сколь угодно

arbitrary [ˈɑːbɪtrərɪ] произвольный; капризный; деспотический

arbitrary access [ˈɑːbɪtrərɪ|ˈækses] произвольный доступ *(компьют.)*

arbitrary act [ˈɑːbɪtrərɪ|ˈækt] самоуправство

arbitrary behavior [ˈɑːbɪtrərɪ|bɪˈheɪvjə] произвол

arbitrary rule [ˈɑːbɪtrərɪ|ˈruːl] произвол

arbitrate [ˈɑːbɪtreɪt] выносить третейское решение; решать в арбитражном порядке; быть третейским судьей

arbitration [ˌɑːbɪˈtreɪʃən] арбитраж; третейский суд

    to conduct arbitration — проводить заседание суда
    to go (resort) to arbitration — обращаться в суд

arboraceous [ˌɑːbəˈreɪʃəs] древовидный

arboreal [ɑːˈbɔːrɪəl] относящийся к дереву; живущий на деревьях

arborescent [ˌɑːbəˈresnt] древовидный

arboretum [ˌɑːbəˈriːtəm] древесный питомник

arboriculture [ˈɑːbərɪkʌltʃə] лесоводство

arboriculturist [ˌɑːbərɪˈkʌltʃərɪst] лесовод

arbour [ˈɑːbə] беседка *(из зелени)*

arbutus [ɑːˈbjuːtəs] земляничное дерево

arc [ɑːk] дуга; изгиб; радуга; электрическая дуга; дуговой; образовать дугу

arc lamp [ˈɑːk|ˈlæmp] дуговая лампа

arc of cranium [ˈɑːk|əv|ˈkreɪnɪəm] черепной свод

arc spectrum [ˈɑːk|ˈspektrəm] дуговой спектр

arc tangent [ˈɑːk|ˈtændʒənt] арктангенс

arc welding [ˈɑːk|ˈweldɪŋ] электросварка; дуговая сварка

arc-like [ˈɑːk.laɪk] дугоподобный

arcade [ɑːˈkeɪd] пассаж *(с магазинами)*; галерея игровых автоматов; сводчатая галерея *(архит.)*

arcade game [ɑːˈkeɪd|ˈgeɪm] видеоигра *(компьют.)*

arcading [ɑːˈkeɪdɪŋ] аркада

arcana of nature [ɑːˈkeɪnər|əv|ˈneɪtʃə] тайны природы

arcana of political intrigues [ɑːˈkeɪnər|əv|pəˈlɪtɪkəl|ɪnˈtriːgz] секреты политических интриг

arcane [ɑːˈkeɪn] тайный

arcanum [ɑːˈkeɪnəm] загадка; колдовской напиток

arch [ɑːtʃ] арка; дуга; радуга; арочный; перекрывать сводом; изгибать*(ся)* дугой; игривый; лукавый

arch- [ɑːtʃ-] архи-; главный, старший; отъявленный; самый большой; первоначальный

arch-enemy [ˈɑːtʃˈenɪmɪ] заклятый враг; сатана

arch-founder [ˈɑːtʃˈfaʊndə] основатель

arch-liar [ˈɑːtʃˈlaɪə] отъявленный лжец

arch-rogue [ˈɑːtʃˈroʊg] архиплут

archaeological [ˌɑːkɪəˈlɔdʒɪkəl] археологический

archaeological dig [ˌɑːkɪəˈlɔdʒɪkəl|ˈdɪg] археологические раскопки

archaeological find [ˌɑːkɪəˈlɔdʒɪkəl|ˈfaɪnd] археологическая находка

archaeologist [ˌɑːkɪˈɔlədʒɪst] археолог

archaeology [ˌɑːkɪˈɔlədʒɪ] археология

archaic [ɑːˈkeɪɪk] архаический; отживший; устаревший; устарелый

archaism [ˈɑːkeɪɪzm] архаичный стиль; архаичное слово или выражение; отжившее установление

archaize [ˈɑːkeɪaɪz] подражать архаическим формам; стилизовать под старину; употреблять архаизмы

archangel [ˈɑːk.eɪndʒəl] архангел

arched [ɑːtʃt] изогнутый; сводчатый; арочный

archer [ˈɑːtʃə] лучник

archery [ˈɑːtʃərɪ] стрельба из лука; группа стрелков из лука

archetypal [ˈɑːkɪtaɪpəl] исконный

archetype [ˈɑːkɪtaɪp] прототип

archipelago [ˌɑːkɪˈpelɪgoʊ] архипелаг; группа островов; Эгейское море

architect [ˈɑːkɪtekt] архитектор; создатель

architect of one's own fortunes [ˈɑːkɪtekt|əv|ˈwʌnz|oʊn|ˈfɔːtʃənz] кузнец своего счастья

architectonic [ˌɑːkɪtekˈtɔnɪk] архитектурный; конструктивный; относящийся к систематизации науки

architectonics [ˌɑːkɪtek'tɔnɪks] архитектоника; зодчество
architectural [ˌɑːkɪ'tektʃ(ə)r(ə)l] архитектурный
architecture ['ɑːkɪtektʃ(ə)] зодчество; архитектурный стиль; структура *(конфигурация)*
archival [ɑː'kaɪv(ə)l] архивный
archive ['ɑːkaɪv] архив *(хранилище и материалы)*; помещать в архив; хранить в архиве
archivist ['ɑːkɪvɪst] хранитель архива; архивовед
archivolt ['ɑːkɪvoult] архивольт
archness ['ɑːtʃnɪs] игривое лукавство; хитрость
archway ['ɑːtʃweɪ] арка; проход под аркой
archwise ['ɑːtʃwaɪz] дугообразно
arctic ['ɑːktɪk] арктический; холодный; Арктика
Arctic falcon ['ɑːktɪk'fælkən] кречет
arctic fox ['ɑːktɪk'fɔks] песец *(зоол.)*
Arctic tern ['ɑːktɪk'tɜːn] полярная крачка
arcticize ['ɑːktɪsaɪz] приспосабливать к работе в арктических условиях
arcuated ['ɑːkjueɪtɪd] аркообразный; арковидный
ardent ['ɑːdənt] пылкий; горящий
ardent desire ['ɑːdənt|dɪ'zaɪə] страстное желание
ardent love ['ɑːdənt|'lʌv] горячая любовь
ardently ['ɑːdəntlɪ] горячо
ardour ['ɑːdə] рвение; пыл; зной
to argue with ardour — с жаром спорить, доказывать
to cool (dampen) one's ardour — охладить чей-либо пыл
to damp smb.'s ardour — умерять чей-либо пыл
to demonstrate (display) ardour — проявлять энтузиазм
to fight with ardour — страстно бороться за что-либо
arduous ['ɑːdjuəs] трудный; крутой; энергичный
arduous efforts ['ɑːdjuəs'efəts] неослабные усилия
arduous life ['ɑːdjuəs'laɪf] тяжкая жизнь
arduous manual labour ['ɑːdjuəs'mænjuəl'leɪbə] изнурительный ручной труд
arduous paths ['ɑːdjuəs'pɑːθs] трудные пути
arduous task ['ɑːdjuəs'tɑːsk] трудная задача
area ['ɛərɪə] пространство; площадь *(мат.)*; район; зона; сфера; область; поверхность; размах
to close off (rope off) an area — блокировать участок дороги
area image sensor ['ɛərɪə'ɪmɪdʒ'sensə] матричный преобразователь
area of a triangle ['ɛərɪəəv'traɪæŋgl] площадь треугольника
area of action ['ɛərɪəəv'ækʃən] область действия
area under crop ['ɛərɪə'ʌndə'krɔp] посевная площадь

arena [ə'riːnə] арена; место действия
arenaceous [ˌærɪ'neɪʃəs] песчаный; содержащий песок; рассыпчатый *(геол.)*
areometer [ˌærɪ'ɔmɪtə] ареометр
arête [æ'reɪt] острый гребень горы *(геол.)*
argali ['ɑːgəlɪ] архар; горный баран
argent ['ɑːdʒənt] серебристый; геральдика; серебро; белизна
argentic [ɑː'dʒentɪk] содержащий серебро *(хим.)*
argil ['ɑːdʒɪl] гончарная *(белая)* глина
argillaceous [ˌɑːdʒɪ'leɪʃəs] глинистый
argonaut ['ɑːgənɔːt] золотоискатель; моллюск *(зоол.)*
argosy ['ɑːgəsɪ] большое торговое судно *(ист.)*; корабль *(поэт.)*
arguable ['ɑːgjuːəbl] спорный; могущий быть доказанным
argue ['ɑːgjuː] спорить; аргументировать; обсуждать; убеждать; разубеждать; доказывать
to argue against — выступать против; полемизировать
to argue away — разъяснить, доказать несостоятельность *(довода, утверждения и т. п.)*
to argue in favour of — приводить доводы в пользу чего-либо
argufy ['ɑːgjufaɪ] спорить ради спора
argument ['ɑːgjumənt] довод; доказательство; дискуссия; краткое содержание *(книги)*; аргумент; независимая переменная
argumentation [ˌɑːgjumen'teɪʃən] аргументация; прения
argumentative [ˌɑːgjuː'mentətɪv] любящий спорить; спорный; изобилующий аргументацией; последовательный; свидетельствующий
argus-eyed ['ɑːgəs'aɪd] бдительный
argusfish [ˌɑːgəs'fɪʃ] аргус *(биол.)*
argute [ɑː'gjuːt] проницательный; пронзительный *(о звуке)*
aria ['ɑːrɪə] ария
arid ['ærɪd] засушливый; сухой; неинтересный; безводный; бесплодный *(биол.)*
arid climate ['ærɪd'klaɪmɪt] сухой климат
arid land ['ærɪd'lænd] засушливая земля
arid region ['ærɪd'rɪdʒən] засушливый район; аридная, пустынная область
aridity [æ'rɪdɪtɪ] сухость
arietta [ˌærɪ'etə] ариетта *(муз.)*
aright [ə'raɪt] верно
aril ['ærɪl] кожура; шелуха *(бот.)*
ariose ['ærɪous] певучий; мелодичный; ариозо *(муз.)*
arise [ə'raɪz] возникать; проистекать; раздаваться; подниматься; воскресать; восставать
arista [ə'rɪstə] ось *(биол.)*

aristocracy [ˌærɪsˈtɔkrəsɪ] аристократия
aristocrat [ˈærɪstəkræt] аристократ
aristocratic [ˌærɪstəˈkrætɪk] знатный
arithmetic [ˌærɪθˈmetɪk] арифметика
arithmetical [ˌærɪθˈmetɪkəl] арифметический
arithmetical mean [ˌærɪθˈmetɪkəlˈmiːn] среднее арифметическое
arithmetical operation [ˌærɪθˈmetɪkəlˌɔpəˈreɪʃən] арифметическое действие
arithmetical progression [ˌærɪθˈmetɪkəlprəˈgreʃən] арифметическая прогрессия
arithmetician [əˌrɪθməˈtɪʃən] арифметик
arithmometer [ˌærɪθˈmɔmɪtə] вычислительная машина
ark [ɑːk] ковчег; баржа *(амер.)*
arm [ɑːm] рука *(от кисти до плеча)*; конечность; передняя лапа *(животного)*; узкий морской залив; рукав реки *(платья)*; ручка, подлокотник *(кресла)*; ветвь; отросток; вырост; луч; власть; сила; плечо *(рычага) (техн.)*; оружие; род войск; война, вооружать(ся); запасать(ся); заряжать; взводить *(курок)*; щупальце
  to arm oneself with patience — набираться терпения
  to be armed with information — располагать информацией
  to be armed with tools (maps, etc.) — иметь в своем распоряжении инструменты (карты и т. п.)
  to carry smth. under one's arm — держать под контролем что-либо
  to fling (put, throw) one's arms around smb. — обвить руками кого-либо
  to greet smb. with open (outstretched) arms — встречать кого-либо с распростертыми объятиями
  to hold in one's arms — заключить в объятия
  to walk arm in arm with — ходить, взявшись за руки
arm of angle [ˈɑːmɔvˈæŋgl] сторона угла
arm-in-arm [ˈɑːmɪnˈɑːm] под руку
arm-saw [ˈɑːmsɔː] ручная пила; ножовка
arm-twisting [ˈɑːmˌtwɪstɪŋ] выворачивание рук; политика грубого нажима *(полит.)*
armache [ˈɑːmeɪk] боль в руке *(ревматическая)*
armada [ɑːˈmɑːdə] армада
armadillo [ˌɑːməˈdɪlou] броненосец *(биол.)*
armament [ˈɑːməmənt] вооружение *(действие)*; вооруженная сила; оружие
armament depot [ˈɑːməməntˈdepou] склад вооружения
armature [ˈɑːmətjuə] вооружение; арматура *(техн.)*; якорь *(электр.)*; броня *(кабеля) (электр.)*; панцирь *(зоол.), (бот.)*
armband [ˈɑːmbænd] нарукавная повязка
armchair [ˈɑːmtʃɛə] кресло; кабинетный

arme blanche [ˈɑːmˈblɑːntʃ] холодное оружие; кавалерия *(франц.)*
armed [ɑːmd] вооруженный
armed attack [ˈɑːmdəˈtæk] вооруженное нападение
armed cap-a-pie [ˈɑːmdˈkæpəˈpaɪ] вооруженный до зубов
armed conflict [ˈɑːmdˈkɔnflɪkt] вооруженный конфликт
armed forces [ˈɑːmdˈfɔːsɪz] вооруженные силы
armed insurrection [ˈɑːmdˌɪnsəˈrekʃən] вооруженное восстание
armed neutrality [ˈɑːmdnjuːˈtrælɪtɪ] вооруженный нейтралитет
armed robbery [ˈɑːmdˈrɔbərɪ] вооруженный грабитель
armful [ˈɑːmful] охапка
armhole [ˈɑːmhoul] пройма
arming [ˈɑːmɪŋ] боевое снаряжение
armistice [ˈɑːmɪstɪs] прекращение военных действий
armless [ˈɑːmlɪs] безрукий; не имеющий ветвей; безоружный
armlet [ˈɑːmlɪt] нарукавная повязка; браслет; небольшой морской залив
armload [ˈɑːmloud] охапка
armo(u)r [ˈɑːmə] вооружение; броня *(корабля, танка и т. п.)*; бронесилы; скафандр *(водолаза)*; панцирь *(зоол.), (бот.)*; доспехи; бронированный; покрывать броней
armored [ˈɑːməd] блиндированный; броневой; броненосный; бронетанковый; бронированный; армированный
armorial [ɑːˈmɔrɪəl] геральдический; гербовник
armorial bearing licence [ɑːˈmɔrɪəlˈbeərɪŋˈlaɪsəns] разрешение носить оружие
armory [ˈɑːmərɪ] геральдика; учебный манеж
armour-bearer [ˈɑːməˌbeərə] оруженосец *(ист.)*
armour-clad [ˈɑːməklæd] бронированный; броненосец
armour-piercer [ˈɑːməˌpɪəsə] бронебойный снаряд
armourer [ˈɑːmərə] оружейник; владелец оружейного завода; заведующий оружейным складом
armoury [ˈɑːmərɪ] арсенал
armpit [ˈɑːmpɪt] подмышка; подмышечная впадина
armrest [ˈɑːmrest] подлокотник *(сиденья)*
army [ˈɑːmɪ] армия; множество
  to array (commit, deploy, field, concentrate, mass) an army — сконцентрировать где-либо военные формирования
  to command (lead) army — командовать армией
  to crush an army — нанести поражение армии

ARM — ARR

to demobilize an army — расформировывать армию
to envelop an army — окружить армию
to equip (supply) an army — экипировать армию
to inspect (muster, review) an army — осуществлять проверку военных частей
to mobilize (raise) an army — мобилизовать военные формирования
to put an army to flight — бросить в авангард военные формирования
to rally an army — сплотить армию после поражения
to surprise an army — внезапно напасть на военные формирования
to train an army — проводить военные учения
army ants [ˈɑːmɪˈænts] бродячие муравьи
army brass [ˈɑːmɪˈbrɑːs] командующий армией
army register [ˈɑːmɪˈreʤɪstə] список офицерского состава армии *(амер.)*
army-beef [ˈɑːmɪbiːf] мясные консервы *(для армии)*
arnica [ˈɑːnɪkə] арника
aroma [əˈroumə] аромат; ароматичность; благовоние
aromatic [ˌærouˈmætɪk] ароматический; ароматичный; благовонный; эфиромасличный; эфироносный
aromatic-free [ˌærouˈmætɪkˈfriː] неароматический; недушистый
around [əˈraund] всюду; в окружности; вблизи; вокруг; около; приблизительно
around the block [əˈraundðəˈblɔk] по кварталу
arousal [əˈrauzəl] пробуждение; возбуждение
arouse [əˈrauz] будить; просыпаться; пробуждать; раздражать кого-либо
to arouse a derision — вызывать насмешки
to arouse interest — возбуждать интерес
arousing [əˈrauzɪŋ] будящий
arpeggio [ɑːˈpeʤɪou] арпеджио *(муз.)*
arrack [ˈærək] арак *(спиртной напиток из риса)*
arraign [əˈreɪn] привлекать к суду; предъявлять обвинение; придираться
arraignment [əˈreɪnmənt] привлечение к суду; придирки
arrange [əˈreɪnʤ] приводить в порядок; классифицировать; приходить к соглашению; устраивать(ся); договариваться; улаживать *(спор и т. п.)*; урегулировать; переделывать; приспосабливать; аранжировать *(муз.)*; монтировать *(техн.)*
arranged edition [əˈreɪnʤdˈɪdɪʃən] переработанное издание
arrangement [əˈreɪnʤmənt] приведение в порядок; договоренность; разрешение *(спора)*; мера; мероприятие; приспособление; механизм; аранжировка *(муз.)*; монтаж *(техн.)*

arranger [əˈreɪnʤə] аранжировщик *(муз.)*
arrant [ˈær(ə)nt] настоящий
arras [ˈærəs] гобелены
array [əˈreɪ] боевой порядок; войска; масса; наряд; одеяние; пышное облачение; список присяжных заседателей *(юр.)*; выстраивать в боевой порядок; одевать; украшать; составлять список присяжных заседателей *(юр.)*
array processor [əˈreɪˈprousesə] матричный процессор
arrayed data [əˈreɪdˈdeɪtə] массив данных
arrearage [əˈrɪərɪʤ] задолженность; долги; запас
arrears [əˈrɪəz] долги; задержка
arrears of rent [əˈrɪəzəvˈrent] задолженность по квартплате
arrears of wages [əˈrɪəzəvˈweɪʤɪz] задолженность по зарплате
arrest [əˈrest] арест; наложение ареста *(на имущество)*; задержка; остановка; прекращение; стопорный механизм; арестовывать; приостанавливать; приковывать *(взоры; внимание)*; выключать *(машину, прибор)*
to make an arrest — арестовать
to resist an arrest — сопротивляться при аресте
arrest in quarters [əˈrestɪnˈkwɔtəz] казарменный арест
arrest to the room [əˈresttəðəˈruːm] домашний арест
arrest witness [əˈrestˈwɪtnɪs] понятой при аресте
arrestee [ərestiː] арестованный
arrester [əˈrestə] ограничитель; упор; стопор
arresting [əˈrestɪŋ] привлекающий внимание; задерживающий
arresting device [əˈrestɪŋdɪˈvaɪs] стопорный механизм; ограничитель хода; защелка
arris [ˈærɪs] ребро; острый угол
arrival [əˈraɪvəl] прибытие; вновь прибывший; принятие; достижение *(соглашения и т. п.)*; новорожденный; вход *(пользователя в систему) (компьют.)*; время входа *(пользователя в систему)*
arrival line [əˈraɪvəlˈlaɪn] путь прибытия
arrival platform [əˈraɪvəlˈplætfɔːm] платформа для прибывающих поездов
arrival station [əˈraɪvəlˈsteɪʃən] станция прибытия
arrival time [əˈraɪvəlˈtaɪm] время прибытия; время прилета
arrivals [əˈraɪvəlz] новоприбывшие товары; финансовые поступления
arrive [əˈraɪv] прибывать; достигать; достигать *(какого-либо возраста)*; наступать *(о времени, событии)*; добиться успеха
arrogance [ˈærəgəns] высокомерие; самонадеянность

arrogant [ˈærəgənt] высокомерный; самонадеянный

arrogate [ˈærougeɪt] дерзко (самонадеянно) претендовать; приписывать; присваивать

arrow [ˈærou] стрела; стрелка (на схемах или чертежах); что-либо напоминающее по форме стрелу; пускать стрелы; мчаться стрелой; отмечать стрелкой; прокалывать; резко подниматься

arrow-head [ˈærouhed] наконечник

arrow-headed [ˈærouˌhedɪd] заостренный

arrow-like [ˈæroulaɪk] стреловидный

arrowroot [ˈærəruːt] маранта (бот.)

arrowy [ˈæroui] стреловидный; острый

arsenal [ˈɑːsɪnl] арсенал; склад; запас вооружений; источник силы

arsenic [ˈɑːsnɪk] мышьяк; мышьяковый

arson [ˈɑːsn] поджог (юр.)

arsonist [ˈɑːsnɪst] поджигатель

art [ɑːt] искусство; мастерство; художественный; искусственный; склонять (юр.); подстрекать (юр.)

art castings [ˈɑːtˈkɑːstɪŋz] художественное литье

art collection [ˈɑːtkəˈlekʃən] коллекция произведений искусства

art dealer [ˈɑːtˈdiːlə] торговец произведениями искусства

art director [ˈɑːtdɪˈrektə] художник фильма

art exhibit [ˈɑːtɪɡˈzɪbɪt] художественная выставка

artefact [ˈɑːtɪfækt] (любой) продукт, сделанный человеком; артефакты; памятники материальной культуры

arterial [ɑːˈtɪərɪəl] артериальный (биол.); разветвляющийся; магистральный

arterial circulation [ɑːˈtɪərɪəlˌsəːkjuˈleɪʃən] артериальное кровообращение

artery [ˈɑːtərɪ] артерия (биол.); магистраль

artery forceps [ˈɑːtərɪˈfɔːseps] артериальный зажим

artesian [ɑːˈtiːzjən] артезианский

artesian well [ɑːˈtiːzjənˈwel] артезианский колодец

artful [ˈɑːtful] ловкий; коварный

artfulness [ˈɑːtfulnɪs] ловкость; уловка

arthritis [ɑːˈθraɪtɪs] артрит (мед.)

artichoke [ˈɑːtɪtʃouk] артишок (бот.)

article [ˈɑːtɪkl] статья; параграф; вещь; предмет торговли; артикль; предъявлять пункты обвинения; отдавать по контракту в учение

articles of agreement [ˈɑːtɪklzəvəˈgriːmənt] письменный договор

articles of association [ˈɑːtɪklzəvəˌsousɪˈeɪʃən] устав акционерного общества

articles of incorporation [ˈɑːtɪklzəvɪnˌkɔːpəˈreɪʃən] свидетельство о регистрации компании

articles of partnership [ˈɑːtɪklzəvˈpɑːtnəʃɪp] устав товарищества

articular [ɑːˈtɪkjulə] суставной (биол.)

articulate [ɑːˈtɪkjulɪt] — *прил.* [ɑːˈtɪkjuleɪt] — *гл.* четкий; членораздельный; ясный; отчетливый; коленчатый (биол); шарнирный (техн.); отчетливо произносить; артикулировать; связывать (анат.)

articulated [ɑːˈtɪkjuleɪtɪd] сочлененный

articulated coupling [ɑːˈtɪkjuleɪtɪdˈkʌplɪŋ] шарнирная муфта

articulated shaft [ɑːˈtɪkjuleɪtɪdˈʃɑːft] шарнирный вал

articulated truck [ɑːˈtɪkjuleɪtɪdˈtrʌk] автомобильный поезд

articulation [ɑːˌtɪkjuˈleɪʃən] артикуляция; сочленение

artifice [ˈɑːtɪfɪs] выдумка; искусная проделка

artificer [ɑːˈtɪfɪsə] ремесленник; слесарь; механик; изобретатель; техник (оружейный) (воен.)

artificial [ˌɑːtɪˈfɪʃəl] искусственный; притворный; искусственное удобрение; искусственные цветы

artificial atmosphere [ˌɑːtɪˈfɪʃəlˈætməsfɪə] кондиционированный воздух

artificial body [ˌɑːtɪˈfɪʃəlˈbɔdɪ] юридическое лицо

artificial brain [ˌɑːtɪˈfɪʃəlˈbreɪn] искусственный мозг

artificial breathing device [ˌɑːtɪˈfɪʃəlˈbriːðɪŋdɪˈvaɪs] аппарат для искусственного дыхания

artificial butter [ˌɑːtɪˈfɪʃəlˈbʌtə] маргарин

artificial circulation [ˌɑːtɪˈfɪʃəlˌsəːkjuˈleɪʃən] искусственное кровообращение

artificial constraint [ˌɑːtɪˈfɪʃəlkənˈstreɪnt] искусственная связь

artificial cooling [ˌɑːtɪˈfɪʃəlˈkuːlɪŋ] искусственное охлаждение

artificial daylight [ˌɑːtɪˈfɪʃəlˈdeɪlaɪt] искусственный дневной свет

artificial environment [ˌɑːtɪˈfɪʃəlɪnˈvaɪərənmənt] искусственная среда

artificial fat [ˌɑːtɪˈfɪʃəlˈfæt] синтетический жир

artificial influence [ˌɑːtɪˈfɪʃəlˈɪnfluəns] искусственное воздействие

artificial intelligence [ˌɑːtɪˈfɪʃəlɪnˈtelɪdʒəns] искусственный интеллект

artificial language [ˌɑːtɪˈfɪʃəlˈlæŋgwɪdʒ] искусственный язык

artificial leather [ˌɑːtɪˈfɪʃəlˈleðə] искусственная кожа

artificial light [ˌɑːtɪˈfɪʃəlˈlaɪt] искусственный свет

artificial medium [ˌɑːtɪˈfɪʃəlˈmiːdjəm] искусственная среда

artificial respiration [ˌɑːtɪˈfɪʃəlˌrespəˈreɪʃən] искусственное дыхание

artificial satellite [ˌa:tɪˈfɪʃəlˈsætəlaɪt] искусственный спутник

artificial seasoning [ˌa:tɪˈfɪʃəlˈsi:znɪŋ] ускоренный процесс сушки древесины

artificial ventilation [ˌa:tɪˈfɪʃəlˌventɪˈleɪʃən] искусственная вентиляция

artificiality [ˌa:tɪfɪʃɪˈælɪtɪ] искусственность

artillerist [a:ˈtɪlərɪst] артиллерист

artillery [a:ˈtɪlərɪ] артиллерия; артиллерийский

artillery board [a:ˈtɪlərɪˈbɔ:d] батарейный огневой планшет

artillery engagement [a:ˈtɪlərɪɪnˈgeɪdʒmənt] артиллерийский бой

artillery mount [a:ˈtɪlərɪˈmaunt] орудийная установка

artillery range [a:ˈtɪlərɪˈreɪndʒ] артиллерийский полигон

artisan [ˌa:tɪˈzæn] мастеровой

artisan undertaking [ˌa:tɪˈzænˈʌndəteɪkɪŋ] кустарное предприятие

artist [ˈa:tɪst] художник; артист; деятель искусства; мастер своего дела

artist by birth [ˈa:tɪstbaɪˈbə:θ] художник по призванию

artiste [a:ˈti:st] эстрадный артист; профессиональный певец; актер

artistic [a:ˈtɪstɪk] артистический; художественный

artistic bent [a:ˈtɪstɪkˈbent] артистические наклонности

artistic copyright [a:ˈtɪstɪkˈkɔpɪraɪt] авторское право на произведение искусства

artistic device [a:ˈtɪstɪkdɪˈvaɪs] художественный прием

artistic photography [a:ˈtɪstɪkf(ə)ˈtɔgrəfɪ] художественная фотография

artistic property [a:ˈtɪstɪkˈprɔpətɪ] художественная собственность

artistry [ˈa:tɪstrɪ] артистизм; артистичность; занятие искусством

artless [ˈa:tlɪs] простой; простодушный; неумелый

arts section [ˈa:tsˈsekʃən] раздел культуры

artsy [ˈa:tsɪ] претендующий на художественность; чрезмерно разукрашенный

artwork [ˈa:twə:k] произведения искусства; скульптура; иллюстрации; изобразительный оригинал

as [æz — полная форма; əz, z — краткие формы] в качестве; ввиду того что; за; затем что; по мере того; так как

as a gesture [ˈæzʃəˈdʒestʃə] в качестве жеста

as a matter of fact [ˈæzʃəˈmætərʃəvˈfækt] фактически; на самом деле; в сущности

as a result [ˈæzʃərɪˈzʌlt] в результате

as a rule [ˈæzʃəˈru:l] как правило

as a unit [ˈæzʃəˈju:nɪt] в виде комплекта

as affected [ˈæzʃəˈfektɪd] под влиянием

as an example [ˈæzʃənɪgˈza:mpl] примерно; как пример; в качестве примера

as before [ˈæzʃbɪˈfɔ:] по-предыдущему; по-прежнему

as concerns [ˈæzʃkənˈsə:nz] относительно

as directed [ˈæzʃdɪˈrektɪd] согласно указаниям

as ever [ˈæzʃˈevə] как только; как всегда

as far as [ˈæzʃˈfa:rʃəz] насколько; поскольку

as far back as [ˈæzʃˈfa:ˈbækʃəz] еще во время

as for [ˈæzʃˈfɔ:] что касается

as from now [ˈæzʃfrəmˈnau] с сего числа

as from then [ˈæzʃfrəmˈðən] с того времени

as good as [ˈæzʃˈgudʃəz] все равно что

as if [ˈæzʃˈɪf] будто; словно; якобы

as long as [ˈæzʃˈlɔŋʃəz] пока; до тех пор; поскольку

as many [ˈæzʃˈmænɪ] столько же; насколько

as much [ˈæzʃˈmʌtʃ] настолько

as of [ˈæzʃˈɔv] что касается

as of today [ˈæzʃɔvtəˈdeɪ] с завтрашнего дня

as on [ˈæzʃˈɔn] в соответствии с

as opposed to [ˈæzʃəˈpouzdʃtə] в отличие от

as per [ˈæzʃˈpə:] согласно

as predicted [ˈæzʃpreˈdɪktɪd] по прогнозу

as regards [ˈæzʃrɪˈga:dz] относительно; в отношении; что касается

as required [ˈæzʃrɪˈkwaɪəd] по требованию

as usual [ˈæzʃˈju:ʒuəl] как обычно

asbestine [æsˈbestaɪn] асбестовый

asbestos [æzˈbestəs] асбест

asbestos cement [æzˈbestəsʃsɪˈment] асбестоцемент

ascend [əˈsend] всходить; восходить; набирать высоту (авиац.); подниматься; повышаться (о звуке) (муз.)

ascendancy [əˈsendənsɪ] власть

ascendant [əˈsendənt] власть; гороскоп; предок; родственник по восходящей линии; поднимающийся; господствующий

ascending [əˈsendɪŋ] восходящий; возрастающий; напорный; вертикальный

ascension [əˈsenʃən] взлет

ascensional [əˈsenʃənl] восходящий; подъемный

ascensional rate [əˈsenʃənlˈreɪt] скорость подъема

ascent [əˈsent] восхождение; крутой склон; марш лестницы

ascertain [ˌæsəˈteɪn] удостоверяться; констатировать; определять; устанавливать; убеждаться

ascertained fact [ˌæsəˈteɪndˈfækt] установленный факт

ascertainment [ˌæsə'teɪnmənt] выяснение; установление; определение
asceticism [ə'setɪsɪzm] аскетизм
ascorbic [əs'kɔːbɪk] аскорбиновый
ascorbic acid [əs'kɔːbɪk'æsɪd] аскорбиновая кислота
ascribe [əs'kraɪb] приписывать (кому-либо)
ascription [əs'krɪpʃ(ə)n] отнесение; атрибуция; социальное происхождение
asexual [æ'seksjuəl] бесполый
ash [æʃ] зола; останки; прах; посыпать пеплом; ясень (бот.)
ash fruit ['æʃˌfruːt] рябина; плод рябины
ash tray ['æʃˌtreɪ] пепельница
ash tree ['æʃˌtriː] ясень
ash-bin ['æʃˌbɪn] урна для мусора; зольник (техн.)
ash-blond ['æʃˌblɒnd] пепельный (о цвете волос блондинки)
ash-dry ['æʃdraɪ] сухой и рассыпающийся как пепел
ash-grey ['æʃgreɪ] пепельно-серый
ash-pot ['æʃpɒt] пепельница
ashamed [ə'ʃeɪmd] пристыженный
ashlar ['æʃlə] облицовочный камень; тесаный камень; кладка из тесаного камня (строит.)
ashore [ə'ʃɔː] к берегу; на берегу
ashy ['æʃɪ] пепельный; бледный
asiatic black bear [ˌeɪʃɪ'ætɪk'blæk'beə] гималайский медведь
aside [ə'saɪd] в сторону; отдельно
aside from [ə'saɪd'frɒm] помимо
asinine ['æsɪnaɪn] ослиный; упрямый
ask [ɑːsk] спрашивать; осведомляться; просить к телефону кого-либо; просить разрешения сделать что-либо; назначать цену; запрашивать (какую-либо сумму); приглашать; быть необходимым
  to ask for payment — требовать оплату
  to ask for security — требовать гарантии
  to ask in marriage — ухаживать
  to ask the banns — оглашать имена вступающих в брак
askance [əs'kæns] косо; с подозрением
askew [əs'kjuː] криво; искоса
asking ['ɑːskɪŋ] обращение с вопросом; оглашение в церкви (архаич.)
asleep [ə'sliːp] спящий; бездеятельный; затекший (о руке, ноге)
aslope [ə'sloup] на скате
asocial [ə'souʃ(ə)l] нарушающий интересы общества
asocial behaviour [ə'souʃəl bɪ'heɪvjə] асоциальное поведение
asparagus [əs'pærəgəs] спаржа (бот.)

aspect ['æspekt] внешний вид; сторона; аспект; перспективы; положение
aspect change ['æspekt'tʃeɪndʒ] смена аспектов
aspect ratio ['æspekt'reɪʃɪou] формат изображения; формат кадра
aspen ['æspən] осина; тополь осинообразный; осиновый
aspen mushroom ['æspən'mʌʃrum] подосиновик
asperity [æs'perɪtɪ] неровность; суровость (климата); лишения; строгость
asperse [əs'pəːs] бесславить
aspersion [əs'pəːʃən] клевета
asphalt ['æsfælt] асфальт; битум; покрывать асфальтом; асфальтировать
asphalt covering ['æsfælt'kʌvərɪŋ] асфальтовое покрытие
asphalt paint ['æsfælt'peɪnt] битумный лак
asphaltic felt [æs'fæltɪk'felt] пергамин; картон
asphyxia [æs'fɪksɪə] удушье (мед.)
asphyxiant [æs'fɪksɪənt] удушающее отравляющее вещество; отравляющий
asphyxiant gas [æs'fɪksɪənt'gæs] удушающий газ
asphyxiate [æs'fɪksɪeɪt] вызывать удушье; задыхаться
aspic ['æspɪk] заливное (блюдо)
aspirant [əs'paɪərənt] честолюбец; домогающийся
aspirate ['æspəreɪt] придыхательный звук; знак придыхания; произносить с придыханием (фон.); удалять (жидкость) из какой-либо полости (мед.)
aspiration [ˌæspə'reɪʃən] сильное желание (достичь чего-либо); придыхание (фон.)
aspirator ['æspəreɪtə] аспиратор; вентилятор; отсасывающее устройство
aspire [əs'paɪə] стремиться
aspirin ['æspərɪn] аспирин; таблетка аспирина
aspirating pump ['æspə'reɪtɪŋ'pʌmp] всасывающий насос
ass [æs] осел
assail [ə'seɪl] нападать; резко критиковать; решительно, энергично браться за трудное дело
assailable [ə'seɪləbl] уязвимый
assailant [ə'seɪlənt] противник
assassin [ə'sæsɪn] наемный убийца; террорист
assassinate [ə'sæsɪneɪt] предательски убивать; совершать террористический акт
assassination [əˌsæsɪ'neɪʃ(ə)n] убийство; террористический акт
assault [ə'sɔːlt] нападение; нападки; изнасилование; словесное оскорбление и угроза физическим насилием (юр.); высадка десанта с боем (воен.); штурмовой (воен.); атаковать; набрасываться (с угрозами и т. п.)
assault boat [ə'sɔːlt'bout] атакующее судно

assaulter [ə'sɔːltə] нападающий; нападающая сторона (*юр.*)

assay [ə'seɪ] анализ; проба; опробование; образец для анализа; пробовать

assaying [ə'seɪɪŋ] опробование

assemblage [ə'semblɪʤ] заседание; скопление; коллекция; монтаж (*техн.*); семейство

assemble [ə'sembl] вызывать; собирать(*ся*); монтировать (*техн.*)

assembled diagram [ə'sembld'daɪəgræm] сводная диаграмма

assembler [ə'semblə] (*рабочий*) сборщик; сборочное устройство; верстатка

assembling [ə'semblɪŋ] установка; монтаж; сборка

assembling bolt [ə'semblɪŋ'boult] монтажный болт

assembly [ə'semblɪ] сбор; верстка; монтаж (*техн.*); сборка; агрегат; сигнал сбора (*воен.*); сборочный

assembly area [ə'semblɪ'eərɪə] строительная площадка

assembly center [ə'semblɪ'sentə] лагерь для интернированных

assembly time [ə'semblɪ'taɪm] монтажное время

assembly-hall [ə'semblɪhɔːl] сборочный цех

assembly-room [ə'semblɪrum] зал для концертов, собраний и т. п.; сборочный цех

assent [ə'sent] одобрение; позволение; соглашаться (*на что-либо, с чем-либо*)

assentation [ˌæsen'teɪʃ(ə)n] угодливость

assert [ə'səːt] утверждать; доказывать

to assert one's rights — *отстаивать свои права*

assertion [ə'səːʃ(ə)n] утверждение; претензия; суждение

assertion checker — *программа верификации; верификатор условий*

assertion operator — *оператор контроля*

assertive [ə'səːtɪv] позитивный; чрезмерно настойчивый

assertive words [ə'səːtɪv'wəːdz] утверждение

assess [ə'ses] определять сумму налога (*штрафа и т. п.*); штрафовать; оценивать имущество для обложения налогом

assessable [ə'sesəbl] подлежащий обложению (*налогом*)

assessment [ə'sesmənt] обложение; сумма обложения (*налогом*); оценка; определение ценности; определение стоимости

assessment area [ə'sesmənt'eərɪə] налоговый район

assessment for a tax [ə'sesmənt fər ə 'tæks] сумма налогового обложения

assessor [ə'sesə] эксперт(-консультант) (*юр.*); налоговый чиновник

asset ['æset] имущество несостоятельного должника (*юр.*); активы (*фин.*); средства; имущество; ценное качество (*разг.*)

asset choice ['æset'tʃɔɪs] выбор активов (*фин.*)

assets and liabilities ['æsets ənd ˌlaɪə'bɪlɪtɪz] активы и пассивы (*фин.*)

asseverate [ə'sevəreɪt] категорически (*клятвенно*) утверждать; торжественно заявлять

asseveration [əˌsevə'reɪʃən] категорическое утверждение; торжественное заявление

assiduity [ˌæsɪ'djuːɪtɪ] прилежание; ухаживание

assiduous [ə'sɪdjuəs] трудолюбивый

assiduousness [ə'sɪdjuəsnɪs] усердие

assign [ə'saɪn] определять (*срок, границы*); поручать (*задание, работу*); назначать; предназначать; закреплять за кем-либо; передавать (*имущество*); приписывать

assignation [ˌæsɪg'neɪʃən] назначение; передача; любовное свидание; ассигнация

assignee [ˌæsɪ'niː] представитель; правопреемник (*юр.*); цессионарий; уполномоченный; агент

assignment [ə'saɪnmənt] назначение; ассигнование; распределение; задание; командировка; передача имущества или прав; документ о передаче имущества или прав

assignment clause [ə'saɪnmənt'klɔːz] условие о переуступке

assimilate [ə'sɪmɪleɪt] уподоблять; сравнивать; поглощать; ассимилировать

assimilation [əˌsɪmɪ'leɪʃən] сопоставление; усвоение; ассимиляция

assist [ə'sɪst] помогать; принимать участие; присутствовать

assistance [ə'sɪstəns] помощь; содействие

assistance manager [ə'sɪstəns'mænɪʤə] помощник заведующего

assistance to vice-president [ə'sɪstəns tə 'vaɪs'prezɪdənt] помощник заместителя управляющего

assistant [ə'sɪstənt] помощник; заместитель судьи (*юр.*); подручный; медицинская сестра

assistant editor [ə'sɪstənt'edɪtə] ассистент по монтажу

assistant operator [ə'sɪstənt'ɔpəreɪtə] помощник оператора

assisting offender [ə'sɪstɪŋ ə'fendə] соучастник преступления

assize [ə'saɪz] судебное разбирательство; суд присяжных; твердо установленная цена (*мера*); иск о восстановлении владения недвижимостью (*юр.*)

assize court [ə'saɪz'kɔːt] выездная судебная сессия

associate [ə'souʃɪɪt] — *сущ.* [ə'souʃɪeɪt] — *гл.* товарищ; коллега; союзник; сообщник (*юр.*); объединять; ассоциироваться; общаться; становиться партнером

associate contractor [ə'souʃɪt|kən'træktə] вторичный подрядчик

associate director [ə'souʃɪt|dɪ'rektə] помощник директора

associated [ə'souʃɪeɪtɪd] связанный; взаимодействующий

associated company [ə'souʃɪeɪtɪd|'kʌmpənɪ] «дочернее» общество

association [ə,sousɪ'eɪʃən] объединение; общество; ассоциация; близость; жизненное сообщество

association agreement [ə,sousɪ'eɪʃən|ə'gri:mənt] договор о сотрудничестве

association word [ə,sousɪ'eɪʃən|'wə:d] словесная ассоциация

associative [ə'souʃətɪv] ассоциативный; коммуникабельный

associative bond [ə'souʃətɪv|'bɔnd] ассоциативная связь

associative memory [ə'souʃətɪv|'memərɪ] ассоциативная память

assonance ['æsənəns] созвучие; ассонанс

assonant ['æsənənt] ассонант; созвучный

assort [ə'sɔ:t] сортировать; классифицировать

assorted [ə'sɔ:tɪd] смешанный; годный

assortment [ə'sɔ:tmənt] ассортимент; сортировка

assuage [ə'sweɪʤ] успокаивать (гнев и т. п.); утолять (голод)

assuagement [ə'sweɪʤmənt] успокоение; болеутоляющее средство

assume [ə'sju:m] принимать на себя; принимать (характер, форму); напускать на себя; допускать; быть самонадеянным

to assume a risk — брать на себя риск

to assume an obligation — принимать на себя обязательство

to assume command — принимать командование

to assume control — взять на себя управление (чем-либо)

to assume office — вступать в должность

assumed [ə'sju:md] выдуманный; искусственный; предполагаемый

assumed data [ə'sju:md|'deɪtə] данные, принятые за исходные

assumed load [ə'sju:md|'loud] расчетная нагрузка

assuming [ə'sju:mɪŋ] самонадеянный; высокомерный

assumption [ə'sʌmpʃən] присвоение; вступление (в должность); притворство; предположение; высокомерие; успение

assumptive [ə'sʌmptɪv] гипотетический; самонадеянный

assurance [ə'ʃuərəns] уверение; убежденность; уверенность в себе; наглость; страхование

assurance coefficient [ə'ʃuərəns|,kouɪ'fɪʃənt] запас прочности

assure [ə'ʃuə] уверять; убеждаться; гарантировать; страховать

assured [ə'ʃuəd] определенный; гарантированный; застрахованный; самоуверенный

assuredly [ə'ʃuərɪdlɪ] несомненно

assuredness [ə'ʃuədnɪs] уверенность; наглость

assurer [ə'ʃuərə] страховщик

astatic [əs'tætɪk] астатический (физ.)

aster ['æstə] астра

asterisk ['æstərɪsk] звездочка; звездочка (полигр.); отмечать звездочкой

astern [əs'tə:n] на корме; назад

astern running [əs'tə:n|'rʌnɪŋ] задний ход

asteroid ['æstərɔɪd] астероид (астр.); морская звезда (зоол.); звездообразный

asthenia [æs'θi:njə] слабость; астения; бессилие

asthenia ganglionic [æs'θi:njə|'gæŋglɪɔnɪk] неврастения (мед.)

asthma ['æsmə] приступы удушья (мед.); астма

asthmatic [æs'mætɪk] астматический; страдающий астмой; астматик

astigmatism [æs'tɪgmətɪzm] астигматизм (мед.)

astir [ə'stə:] находящийся в движении; взволнованный; на ногах

astonish [əs'tɔnɪʃ] изумлять

astonishing [əs'tɔnɪʃɪŋ] удивительный

astonishment [əs'tɔnɪʃmənt] изумление

astound [əs'taund] поражать

astounding [əs'taundɪŋ] поразительный

astraddle [ə'strædl] широко расставив ноги; верхом (на стуле)

astragal ['æstrəgəl] ободок вокруг колонны (архит.)

astrakhan [,æstrə'kæn] каракуль; каракулевый

astral ['æstrəl] звездный; астральный

astray [ə'streɪ] сбившись с пути

to go (to run) astray — заблудиться; сбиться с пути

astride [ə'straɪd] верхом; расставив ноги

astride jump [ə'straɪd|'ʤʌmp] подскок

astringent [əs'trɪnʤənt] вяжущий; стягивающий; терпкий

astro- ['æstrou] *в сложных словах имеет значение* звездный; космический; астрономический

astrocompass [,æstrou'kʌmpəs] астрономический компас

astrolabe ['æstrouleɪb] астролябия (мор.)

astrologer [əs'trɔləʤə] звездочет; астролог

astrology [əs'trɔləʤɪ] астрология

astronaut ['æstrənɔ:t] астронавт; летчик-космонавт

astronautics [ˌæstrəˈnɔːtɪks] астронавтика; звездоплавание; космонавтика
astronomer [əsˈtrɒnəmə] астроном
astronomical [ˌæstrəˈnɒmɪkəl] астрономический; очень большой
astronomy [əsˈtrɒnəmɪ] астрономия
astrophysics [ˈæstrouˈfɪzɪks] астрофизика
astute [əsˈtjuːt] коварный; проницательный
asunder [əˈsʌndə] порознь; пополам
asylum [əˈsaɪləm] приют; психиатрическая больница
asymmetric [ˌæsɪˈmetrɪk] асимметричный
asymmetry [æˈsɪmɪtrɪ] нарушение симметрии
asymptomatic [ˌeɪsɪmptəˈmætɪk] бессимптомный *(мед.)*
asynchronous [əɪˈsɪŋkrənəs] не совпадающий по времени
asyndetic [ˌæsɪnˈdetɪk] бессоюзный
at [æt — полная форма; ət — краткая форма] в; на; у; при; к; до; во; за; из; при; по
at a blow [ˈætləˈblou] одним ударом; сразу
at a critical juncture [ˈætləˈkrɪtɪkəlˈdʒʌŋktʃə] в критический момент
at a deficit [ˈætləˈdefɪsɪt] дефицитом
at a distance [ˈætləˈdɪstəns] на известном расстоянии
at a give-away price [ˈætləˈɡɪvəˌweɪˈpraɪs] почти даром
at a glance [ˈætləˈɡlɑːns] с одного взгляда
at a heat [ˈætləˈhiːt] за один раз
at a loss [ˈætləˈlɔs] в убыток
at a stated time [ˈætləˈsteɪtɪdˈtaɪm] в установленное время *(срок)*
at a time [ˈætləˈtaɪm] разом
at an early date [ˈætlənˈɜːlɪˈdeɪt] срочно
at any cost [ətˈænɪˈkɒst] обязательно
at any hand [ətˈænɪˈhænd] во всяком случае
at any point [ətˈænɪˈpɔɪnt] в любой момент
at any rate [ətˈænɪˈreɪt] по крайней мере
at best [ətˈbest] в лучшем случае
at breakfast [ətˈbrekfəst] за завтраком
at buyers option [ətˈbaɪəzˈɔpʃən] по опциону покупателей *(фин.)*
at close quarters [ətˈklousˈkwɔːtəz] в тесном соседстве
at cost [ətˈkɒst] по себестоимости
at dawn [ətˈdɔːn] на рассвете; на заре
at first-hand [ətˈfɜːstˈhænd] из собственного опыта
at full throttle [ətˈfulˈθrɒtl] на полной скорости; на полной мощности
at hand [ətˈhænd] наличный; поступающий
at idle speed [ətˈaɪdlˈspiːd] на холостом ходу

at most [ətˈmoust] самое большее; по большей мере
at or better [ætˈɔːˈbetə] купить по обусловленной цене или дешевле; продать по обусловленной цене или дороже
at par [ətˈpɑː] по номиналу
at present [ətˈpreznt] в настоящее время; ныне
at rear [ətˈrɪə] сзади
at rest [ətˈrest] неподвижный; в состоянии покоя
at sight [ətˈsaɪt] по предъявлении
at smb.'s bidding [ətˈsʌmbədɪzˈbɪdɪŋ] по чьему-либо требованию, приказанию и т. п.
at smb's dictation [ətˈsʌmbədɪzdɪkˈteɪʃən] в соответствии с чьим-либо предписанием
at the bare mention of [ətðəˈbeəˈmenʃənˈəv] при одном упоминании о
at the beginning [ˈætðəbɪˈɡɪnɪŋ] вначале; сначала
at the bottom [ˈætðəˈbɒtəm] внизу
at the common rate [ˈætðəˈkɒmənˈreɪt] по рыночной цене
at the point of the bayonet [ˈætðəˈpɔɪntˈəvðəˈbeɪənɪt] силой оружия; на штыках
at the summit of fame [ˈætðəˈsʌmɪtˈəvˈfeɪm] на вершине, в зените славы
at the top [ˈætðəˈtɒp] вверху
atavism [ˈætəvɪzm] атавизм
atavistic [ˌætəˈvɪstɪk] атавистический
ataxy [əˈtæksɪ] атаксия *(мед.)*
atelier [ˈætəlɪeɪ] ателье; студия
atheism [ˈeɪθɪɪzm] атеизм
atheist [ˈeɪθɪɪst] атеист
atheistic [ˌeɪθɪˈɪstɪk] атеистический
athlete [ˈæθliːt] спортсмен; атлет
athletic [æθˈletɪk] атлетический
athletics [æθˈletɪks] атлетика
athwart [əˈθwɔːt] косо; против; поперек; вопреки
atlas [ˈætləs] географический атлас
atmosphere [ˈætməsfɪə] атмосфера; обстановка; атмосферный
atmospheric [ˌætməsˈferɪk] атмосферный
atmospherics [ˌætməsˈferɪks] атмосферные помехи *(разряды)*
atoll [ˈætɒl] коралловый остров
atom [ˈætəm] атом; мельчайшая частица; атомный
atom bomb [ˈætəmˈbɒm] атомная бомба; сбрасывать атомные бомбы
atom-smasher [ˈætəmˌsmæʃə] ускоритель ядерных частиц
atomic [əˈtɒmɪk] атомный
atomic blast [əˈtɒmɪkˈblɑːst] ядерный взрыв
to be in (out of) blast — работать полным ходом (стоять) (о доменной печи)

to set off a blast — осуществлять взрыв
atomic bomb [ə'tɔmɪk'bɔm] атомная бомба
atomic division [ə'tɔmɪk dɪ'vɪʒən] прямое деление ядра
atomic energy [ə'tɔmɪk'enədʒɪ] атомная энергия
atomic kernal [ə'tɔmɪk'kə:nəl] атомное ядро
atomic nucleus [ə'tɔmɪk'nju:klɪəs] атомное ядро
atomic particle [ə'tɔmɪk'pa:tɪkl] элементарная частица
atomic pile [ə'tɔmɪk'paɪl] ядерный реактор
atomic weapon [ə'tɔmɪk'wepən] атомное оружие
atomicity [ˌætə'mɪsɪtɪ] валентность *(хим.)*
atomistic [ˌætə'mɪstɪk] атомистический; состоящий из множества мелких частей, элементов
atomization [ˌætəmaɪ'zeɪʃən] распыление; пульверизация
atomize ['ætəmaɪz] распылять; дробить
atomizer ['ætəmaɪzə] разбрызгиватель *(стеклоочистителя)*; форсунка
atomizing ['ætəmaɪzɪŋ] распыление
atonal [æ'tounl] атональный *(муз.)*
atone [ə'toun] искупать *(вину)*; возмещать
atonement [ə'tounmənt] искупление *(вины)*; возмещение
atonic [æ'tɔnɪk] безударный *(фон.)*; ослабевший *(мед.)*
atony ['ætənɪ] атония *(мед.)*
atop [ə'tɔp] наверху
atrip [ə'trɪp] отделившийся от грунта; незарифленный; готовый к спуску
atrium ['a:trɪəm] атрий; атриум *(архит.)*; предсердие *(биол.)*; полость *(биол.)*
atrocious [ə'trouʃəs] бесчеловечный; отвратительный *(разг.)*
atrocity [ə'trɔsɪtɪ] жестокость; грубый промах; что-либо ужасное
atrophied ['ætrəfɪd] атрофированный; истощенный
atrophy ['ætrəfɪ] атрофия *(мед.)*; истощение; исхудание; изматывать; изнурять; переутомлять; остановка развития
attach [ə'tætʃ] прикладывать; присоединять(ся); прикомандировывать; привязывать; придавать; арестовывать *(юр.)*
attaché [ə'tæʃeɪ] атташе посольства
attaché-case [ə'tæʃɪkeɪs] кожаный ручной плоский чемоданчик
attached [ə'tætʃt] преданный кому-либо; прикомандированный; прикрепленный; описанный *(об имуществе)*
attached device [ə'tætʃt dɪ'vaɪs] подключенное устройство
attached procedure [ə'tætʃt prə'si:dʒə] присоединенная процедура

attachedly [ə'tætʃɪdlɪ] преданно
attaching [ə'tætʃɪŋ] прикрепление; закрепление
attachment [ə'tætʃmənt] верность; прикрепление; наложение ареста *(на имущество)*; заключение под стражу; привод в суд *(юр.)*; принадлежность *(техн.)*
attachment bolt [ə'tætʃmənt'boult] крепежный болт
attachment clip [ə'tætʃmənt'klɪp] скоба; хомут
attachment flange [ə'tætʃmənt'flændʒ] соединительный фланец
attack [ə'tæk] атака; приступ; припадок; штурмовой *(воен.)*; нападать; критиковать; предпринимать; поражать *(о болезни)*; разрушать
attack area [ə'tæk'eərɪə] зона нападения *(спорт.)*
attack of nerves [ə'tæk əv'nə:vz] нервный припадок
attackable [ə'tækəbl] уязвимый; дискуссионный
attacked [ə'tækt] подвергающийся воздействию разъедающего вещества; атакуемый
attain [ə'teɪn] достигать; принимать значения
attainability [əˌteɪnə'bɪlɪtɪ] достижимость
attainable [ə'teɪnəbl] достигаемый; досягаемый; достижимый
attainder [ə'teɪndə] лишение гражданских и имущественных прав за государственную измену *(юр.)*
attainment [ə'teɪnmənt] приобретение; знания
attaint [ə'teɪnt] позор; лишать имущественных и гражданских прав; бесславить
attar ['ætə] эфирное масло *(из цветов)*
attemper [ə'tempə] смешивать в соответствующих пропорциях; регулировать; ослаблять
attemperator [ə'tempəreɪtə] термостат
attempt [ə'tem(p)t] попытка; покушение; пробовать; пытаться уничтожить
attempted [ə'tem(p)tɪd] ограничившийся попыткой
attempted breakthrough [ə'tem(p)tɪd'breɪkθru:] попытка прорыва
attempted call [ə'tem(p)tɪd'kɔ:l] пробный вызов
attempted coup [ə'tem(p)tɪd'ku:] попытка переворота
attempted crime [ə'tem(p)tɪd'kraɪm] попытка совершить преступление
attempted homicide [ə'tem(p)tɪd'hɔmɪsaɪd] покушение на убийство
attempted rape [ə'tem(p)tɪd'reɪp] попытка изнасилования
attempted suicide [ə'tem(p)tɪd'sjuɪsaɪd] попытка самоубийства
attend [ə'tend] уделять внимание; заботиться; ухаживать *(за больным)*; прислуживать; обслужи-

вать; сопровождать; присутствовать (на лекциях, собраниях и т. п.)

attendance [əˈtendəns] посещение; посещаемость; аудитория; уход

attendance allowance [əˈtendəns|əˈlauəns] пособие по уходу

attendance chart [əˈtendəns|ˈtʃɑːt] график выходов на работу

attendant [əˈtendənt] сопровождающее, обслуживающее или присутствующее лицо; спутник; служитель

attendants [əˈtendənts] обслуживающий персонал

attention [əˈtenʃən] внимание; внимательность; забота; уход (за больным и т. п.); ухаживание; уход (за машиной) (техн.)

attention device [əˈtenʃən|dɪˈvaɪs] сигнальное устройство

attentive [əˈtentɪv] сосредоточенный; заботливый; вежливый

attenuate [əˈtenjuːɪt] — прил. [əˈtenjueɪt] — гл. худой; разжиженный; истощать; ослаблять; смягчать (вину) (юр.)

attenuated [əˈtenjueɪtɪd] изнуренный; растворенный

attenuated killer [əˈtenjueɪtɪd|ˈkɪlə] лицо, совершившее убийство при смягчающих обстоятельствах

attenuation [əˌtenjuˈeɪʃən] ослабление; разжижение; затухание; утончение

attenuation network [əˌtenjuˈeɪʃən|ˈnetwəːk] удлинитель

attest [əˈtest] удостоверять; свидетельствовать; подтверждать; заверять; приводить к присяге

attestation [ˌætesˈteɪʃən] свидетельское показание; засвидетельствование (документа); приведение к присяге

attested documents [əˈtestɪd|ˈdɔkjuːmənts] засвидетельствованные документы

attestor [əˈtestə] очевидец; свидетель

attic [ˈætɪk] аттический; классический (о стиле); мансарда; верхний чердачный этаж; чердак; фронтон (архит.); голова (шутл.)

attic-storey [ˈætɪkˌstɔːrɪ] чердачный этаж

atticism [ˈætɪsɪzm] изящество выражения

attire [əˈtaɪə] наряд; платье; оленьи рога (охот.); наряжать

attitude [ˈætɪtjuːd] отношение; командно-пилотажный; пространственное положение; членорасположение; позиция; ориентация

attitude cluster [ˈætɪtjuːd|ˈklʌstə] совокупность установок

attitudinal homogeneity [ˌætɪˈtjuːdɪnəl|ˌhɔmouʤeˈniːɪtɪ] общность установок

attitudinize [ˌætɪˈtjuːdɪnaɪz] принимать (театральные) позы

attorn [əˈtəːn] поручать что-либо; передавать какие-либо права; доверять; давать согласие новому владельцу имущества на продление аренды

attorney [əˈtəːnɪ] поверенный; адвокат (юр.)

attorney-in-fact [əˈtəːnɪɪnˈfækt] лицо, действующее по доверенности

attract [əˈtrækt] привлекать; завоевывать; влечь; интересовать; притянуть

to attract capital — *привлекать капитал*

attractable [əˈtræktəbl] притягиваемый

attraction [əˈtrækʃən] влечение; привлекательность; приманка; аттракцион

attractive [əˈtræktɪv] заманчивый; привлекательный

attractive force [əˈtræktɪv|ˈfɔːs] сила притяжения

attractive offer [əˈtræktɪv|ˈɔfə] заманчивое предложение

attractive price [əˈtræktɪv|ˈpraɪs] привлекательная цена

attractor [əˈtræktə] аттрактор; точка притяжения

attributable [əˈtrɪbjutəbl] быть приписанным к чему-либо

attribute [ˈætrɪbjuːt] — сущ. [əˈtrɪbjuːt] — гл. свойство; атрибут; определение; приписывать; относить

attribution [ˌætrɪˈbjuːʃən] отнесение; власть

attributive [əˈtrɪbjutɪv] атрибут; атрибутивный

attrition [əˈtrɪʃən] трение; изнашивание от трения; изнурение

attune [əˈtjuːn] делать созвучным; настраивать (музыкальный инструмент)

atypical [eɪˈtɪpɪkl] нетипичный

aubergine [ˈoubəʤiːn] баклажан (франц.)

auburn [ˈɔːbən] красновато-коричневый (о волосах)

auction [ˈɔːkʃən] аукцион; продавать с аукциона

to put up for auction — *выставлять на аукционе*

auctioneer [ˌɔːkʃəˈnɪə] аукционист; продавать с молотка

audacious [ɔːˈdeɪʃəs] дерзкий; наглый

audacity [ɔːˈdæsɪtɪ] отвага; наглость

audibility [ˌɔːdɪˈbɪlɪtɪ] слышимость

audibility zone [ˌɔːdɪˈbɪlɪtɪ|ˈzoun] зона слышимости

audible [ˈɔːdəbl] слышный

audible alarm [ˈɔːdəbl|əˈlɑːm] звуковой аварийный сигнал

audibly [ˈɔːdəblɪ] громко; внятно

audience [ˈɔːdjəns] публика; зрители; аудитория; радиослушатели; телезрители; аудиенция (of, with — у кого-либо)

AUD — AUT

audio [ˈɔːdɪou] звукозапись и воспроизведение звука; аппаратура для записи и воспроизведения звука; звуковой; слышимый

audio equipment [ˈɔːdɪou|ɪkˈwɪpmənt] звуковая аппаратура

audio frequency [ˈɔːdɪou|ˈfriːkwənsɪ] звуковая частота

audio record [ˈɔːdɪou|ˈrekɔd] фонограмма

audiodisk [ˈɔːdɪədɪsk] грампластинка

audiometer [ˌɔːdɪˈɔmɪtə] шумомер

audiotape [ˈɔːdɪəteɪp] магнитная лента для звукозаписи

audiotypist [ˌɔːdɪouˈtaɪpɪst] фономашинистка *(печатает материал с диктофонной записи)*

audit [ˈɔːdɪt] проверка; проверять отчетность; ревизия

audit accounts [ˈɔːdɪt|əˈkaunts] проводить ревизию счета

audit adjustments [ˈɔːdɪt|əˈdʒʌstmənts] аудиторские поправки

audit approach [ˈɔːdɪt|əˈproutʃ] метод проведения ревизии

audit commission [ˈɔːdɪt|kəˈmɪʃən] ревизионная комиссия

audit department [ˈɔːdɪt|dɪˈpɑːtmənt] финансовая служба; ревизионный отдел

auditing committee [ˈɔːdɪtɪŋ|kəˈmɪtɪ] ревизионная комиссия

audition [ɔːˈdɪʃən] слух; проба; прослушивание *(музыкантов)*; выслушивать; слушать; прослушивать

auditor [ˈɔːdɪtə] ревизор; аудитор *(юр.)*; вольнослушатель

auditorial [ˌɔːdɪˈtɔːrɪəl] контрольный

auditorium [ˌɔːdɪˈtɔːrɪəm] аудитория; зрительный; зрительный зал

auditory [ˈɔːdɪtərɪ] слуховой *(биол.)*

auditory canal [ˈɔːdɪtərɪ|kəˈnæl] слуховой канал *(мед.)*

auditory hallucination [ˈɔːdɪtərɪ|həˌluːsɪˈneɪʃən] слуховая галлюцинация

auditory nerve [ˈɔːdɪtərɪ|nəːv] слуховой нерв

auger [ˈɔːgə] бурав; шнек *(транспортера) (техн.)*

auger hole [ˈɔːgə|ˈhoul] буровая скважина

augment [ˈɔːgmənt] — *сущ.* [ɔːgˈment] — *гл.* подъем; приращение; повышать

augmentation [ˌɔːgmenˈteɪʃən] подъем

augmentative [ɔːgˈmentətɪv] увеличивающийся; увеличительный *(о суффиксе)*

augur [ˈɔːgə] авгур *(ист.)*; прорицатель; предсказывать

augural [ˈɔːgjurəl] предвещающий

augural sign [ˈɔːgjurəl|ˈsaɪn] зловещий знак

augury [ˈɔːgjurɪ] гадание; знамение; предчувствие

auk [ɔːk] гагарка *(птица)*

aunt [ɑːnt] тетя

aura [ˈɔːrə] дуновение; атмосфера чего-либо; аура *(мед.)*

aural [ˈɔːrəl] ушной; слуховой

aurally [ˈɔːrəlɪ] устно; на слух

aureate [ˈɔːrɪɪt] золотистый; позолоченный

aureola [ɔːˈrɪələ] венчик

aureole [ˈɔːrɪoul] сияние; нимб; ореол

auric [ˈɔːrɪk] содержащий золото; золотоносный *(горн.)*

auricle [ˈɔːrɪkl] ушная раковина; предсердие

auricular tube [ɔːˈrɪkjuləˈtjuːb] наружный слуховой проход

auriform [ˈɔːrɪfɔːm] имеющий форму уха

aurochs [ˈɔːrɔks] зубр *(зоол.)*

aurora [ɔːˈrɔːrə] заря; полярное сияние

aurora australis [ɔːˈrɔːrə|ɔːsˈtreɪlɪs] южное полярное сияние

aurora borealis [ɔːˈrɔːrə|ˌbɔːrɪˈeɪlɪs] северное полярное сияние

aurora polaris [ɔːˈrɔːrə|pouˈlærɪs] полярное сияние

auroral [ɔːˈrɔːrəl] утренний; сияющий; вызванный северным, южным сиянием

auscultate [ˈɔːskəlteɪt] выслушивать *(больного) (мед.)*

auspices [ˈɔːspɪsɪz] доброе предзнаменование; покровительство

auspicious [ɔːsˈpɪʃəs] благоприятный

auspicious beginning [ɔːsˈpɪʃəs|bɪˈgɪnɪŋ] многообещающее начало

austere [əsˈtɪə] строгий; аскетический; строгий

austerity [əsˈterɪtɪ] строгость; суровость; простота

austral [ˈɔːstrəl] южный

autarkic [ɔːˈtɑːkɪk] экономически самостоятельный; изоляционистский

autarky [ˈɔːtɑːkɪ] автаркия; государство, которое само обеспечивает себя экономически

authentic [ɔːˈθentɪk] подлинный; достоверный

authentically [ɔːˈθentɪkəlɪ] достоверно

authenticate [ɔːˈθentɪkeɪt] удостоверять; заверять; засвидетельствовать; удостоверение подлинности

authentication [ɔːˌθentɪˈkeɪʃən] подтверждение подлинности; подтверждение права на доступ

authenticity [ˌɔːθenˈtɪsɪtɪ] подлинность

author [ˈɔːθə] автор; разработчик; виновник; писатель; творец

author's alternations [ˈɔːθəz|ˌɔːltəˈneɪʃənz] авторская правка

author's proof [ˈɔːθəz|ˈpruːf] авторская корректура

authoress [ˈɔːθərɪs] писательница
authorial [ɔːˈθɔːrɪəl] авторский
authoritarian [ɔːˌθɒrɪˈtɛərɪən] авторитарный; сторонник авторитарной власти
authoritarian character [ɔːˌθɒrɪˈtɛərɪən ˈkærɪktə] авторитарный характер
authoritative [ɔːˈθɒrɪtətɪv] авторитетный; внушительный
authority [ɔːˈθɒrɪtɪ] власть; власти; полномочие; авторитет; вес; влияние; значение; авторитет; крупный специалист; авторитетный источник *(книга, документ)*; основание
authority for purchase [ɔːˈθɒrɪtɪ fə ˈpɜːtʃəs] разрешение на закупку
authority to sign [ɔːˈθɒrɪtɪ tə ˈsaɪn] право подписи
authorization [ˌɔːθəraɪˈzeɪʃən] уполномочивание; одобрение
authorize [ˈɔːθəraɪz] поручать; разрешать; оправдывать
authorized [ˈɔːθəraɪzd] авторизованный
authorized access [ˈɔːθəraɪzd ˈækses] санкционированный доступ
authorized biography [ˈɔːθəraɪzd baɪˈɒɡrəfɪ] автобиография
authorized by law [ˈɔːθəraɪzd baɪ ˈlɔː] управомоченный по закону
authorized call [ˈɔːθəraɪzd ˈkɔːl] санкционированный вызов
authorized capital stock [ˈɔːθəraɪzd ˈkæpɪtl ˈstɒk] уставный капитал
authorized representative [ˈɔːθəraɪzd ˌreprɪˈzentətɪv] доверенное лицо
authorized signature [ˈɔːθəraɪzd ˈsɪɡnɪtʃə] образец подписи
authorized user [ˈɔːθəraɪzd ˈjuːzə] зарегистрированный пользователь
authorship [ˈɔːθəʃɪp] авторство
auto- [ˈɔːtou-] авто-; само-
auto-aerial [ˈɔːtou ˈɛərɪəl] автомобильная антенна
auto-alarm [ˈɔːtouəˈlɑːm] автосигнализация
auto-car [ˈɔːtoukɑː] автомашина
auto-ignition [ˈɔːtouɪɡˈnɪʃən] автоматическое зажигание
auto-infection [ˈɔːtouɪnˈfekʃən] самозаражение *(мед.)*
auto-suggestion [ˈɔːtousəˈdʒestʃən] самовнушение
auto-training [ˈɔːtouˈtreɪnɪŋ] психорегулирующая тренировка
autobahn [ˈɔːtoubɑːn] автомагистраль
autobiographic [ˈɔːtouˌbaɪouˈɡræfɪk] автобиографический
autobiography [ˌɔːtoubaɪˈɒɡrəfɪ] автобиография
autobulb [ˈɔːtəbʌlb] автомобильная лампа накаливания

autobus [ˈɔːtəbʌs] автобус *(амер.)*
autochthon [ɔːˈtɒkθən] коренной житель
autochthonal [ɔːˈtɒkθənəl] коренной *(о населении страны)*
autocode [ˈɔːtəkoud] автокод *(компьют.)*
autocracy [ɔːˈtɒkrəsɪ] самодержавие
autocrat [ˈɔːtəkræt] автократ; властный человек
autocratic [ˌɔːtəˈkrætɪk] самодержавный; властный
autocue [ˈɔːtəkjuː] телесуфлер
autodump [ˈɔːtədʌmp] автозагрузка *(компьют.)*
autogamous [ɔːˈtɒɡəməs] самоопыляющийся
autogenesis [ˌɔːtəˈdʒenɪsɪs] самозарождение
autogenous [ɔːˈtɒdʒɪnəs] автогенный *(техн.)*
autograph [ˈɔːtəɡrɑːf] автограф; оригинал рукописи; надписывать; давать автограф
autograph will [ˈɔːtəɡrɑːf ˈwɪl] собственноручно написанное завещание
autographic [ˌɔːtəˈɡræfɪk] собственноручный; написанный собственноручно
automat [ˈɔːtəmæt] кафе-автомат; торговый автомат *(амер.)*
automate [ˈɔːtəmeɪt] автоматизировать; переходить на автоматическую работу
automated data processing [ˈɔːtəmeɪtɪd ˈdeɪtə ˈprousesɪŋ] автоматическая обработка данных
automated drawing machine [ˈɔːtəmeɪtɪd ˈdrɔːɪŋ məˈʃiːn] автоматизированная чертежная машина
automated towing machine [ˈɔːtəmeɪtɪd ˈtouɪŋ məˈʃiːn] автоматическая буксирная лебедка
automatic [ˌɔːtəˈmætɪk] автоматический; автоматный
automatic adjustment [ˌɔːtəˈmætɪk əˈdʒʌstmənt] автоматическая регулировка
automatic bascular barrier [ˌɔːtəˈmætɪk ˈbæskjuːlə ˈbærɪə] автоматический шлагбаум
automatic chrome match [ˌɔːtəˈmætɪk ˈkroum ˈmætʃ] автоматическая регулировка цветности
automatic coupler [ˌɔːtəˈmætɪk ˈkʌplə] автосцепка
automatic cylinder [ˌɔːtəˈmætɪk ˈsɪlɪndə] плоскопечатный автомат
automatic drinking bowl [ˌɔːtəˈmætɪk ˈdrɪŋkɪŋ ˈboul] автопоилка
automatic message accounting [ˌɔːtəˈmætɪk ˈmesɪdʒ əˈkauntɪŋ] автоматическая система обработки счетов
automatic photocomposing [ˌɔːtəˈmætɪk ˌfoutəkəmˈpouzɪŋ] фотонаборный автомат

automatic platen [ˌɔːtəˈmætɪkˈplætən] тигельный печатный автомат

automatic slack adjuster [ˌɔːtəˈmætɪkˈslækəˈdʒʌstə] автоматический регулятор хода поршня *(техн.)*

automatic switch gear [ˌɔːtəˈmætɪkˈswɪtʃˈɡɪə] рубильник; рычаг переключения

automatic thermo-electric switch [ˌɔːtəˈmætɪkˈθəːmouɪˌlektrɪkˈswɪtʃ] автоматический термовыключатель

automatic transmission [ˌɔːtəˈmætɪkˌtrænzˈmɪʃən] автоматическая коробка передач

automatically [ˌɔːtəˈmætɪkəlɪ] автоматически

automation [ˌɔːtəˈmeɪʃən] автоматизация

automatism [ɔːˈtɔmətɪzm] автоматизм; непроизвольное движение

automobile [ˈɔːtəməbiːl] автомобиль; автомашина; легковой автомобиль; автомобильный

automobile carrier [ˈɔːtəməbiːlˈkærɪə] судно для перевозки автомобилей

automobile dealer [ˈɔːtəməbiːlˈdiːlə] агент по продаже автомобилей

automobile factory [ˈɔːtəməbiːlˈfæktərɪ] автомобильный завод

automobile ferry [ˈɔːtəməbiːlˈferɪ] автомобильный паром

automobile identification number [ˈɔːtəməbiːlˌaɪdentɪfɪˈkeɪʃənˈnʌmbə] регистрационный номер автомобиля

automobile industry [ˈɔːtəməbiːlˈɪndʌstrɪ] автомобильная промышленность

automobile loan [ˈɔːtəməbiːlˈloun] ссуда на приобретение автомобиля

automobile racetrack [ˈɔːtəməbiːlˈreɪsˌtræk] автодром

automobile tyre [ˈɔːtəməbiːlˈtaɪə] автопокрышка

automobile wagon [ˈɔːtəməbiːlˈwæɡən] грузовой автомобиль

automotive [ˌɔːtəˈmoutɪv] самодвижущийся; автомобильный; автомеханический; с двигателем внутреннего сгорания

automotive glass [ˌɔːtəˈmoutɪvˈɡlɑːs] автомобильное стекло

autonomist [ɔːˈtɔnəmɪst] автономист

autonomous [ɔːˈtɔnəməs] самоуправляющийся

autonomy [ɔːˈtɔnəmɪ] суверенитет; право на самоуправление; автономная область

autopilot [ˈɔːtouˌpaɪlət] автопилот

autopsy [ˈɔːtəpsɪ] вскрытие *(трупа)*

autorifle [ˈɔːtəraɪfl] ручной пулемёт *(амер.)*

autosilo [ˈɔːtəˈsaɪlou] многоэтажный гараж

autostrada [ˈɔːtouˌstrɑːdə] скоростная автострада

autothrottle [ˈɔːtouˈθrɔtl] автомат тяги

autotrembler [ˈɔːtouˈtremblə] автомобильный трамблер; прерыватель

autotruck [ˈɔːtəˌtrʌk] грузовик

autotyre [ˈɔːtəˌtaɪə] автошина

autumn [ˈɔːtəm] осень; наступление старости; осенний

autumnal [ɔːˈtʌmnəl] осенний; цветущий или созревающий осенью

auxiliaries [ɔːɡˈzɪljərɪz] собственные нужды; вспомогательное оборудование *(устройство)*

auxiliary [ɔːɡˈzɪljərɪ] вспомогательный; вытяжной; добавочный; дополнительный; подсобный; собственный; запасной; служебный; обслуживающий

auxiliary facility [ɔːɡˈzɪljərɪfəˈsɪlɪtɪ] дополнительная возможность

auxiliary income [ɔːɡˈzɪljərɪˈɪnkəm] дополнительный доход

auxiliary organ [ɔːɡˈzɪljərɪˈɔːɡən] вспомогательный орган

auxiliary parachute [ɔːɡˈzɪljərɪˈpærəʃuːt] вытяжной парашют

auxiliary process [ɔːɡˈzɪljərɪˈprousəs] вспомогательное производство

auxiliary propelled [ɔːɡˈzɪljərɪprəˈpeld] самодвижущийся

auxiliary tank [ɔːɡˈzɪljərɪˈtæŋk] расширительный бачок

auxiliary time [ɔːɡˈzɪljərɪˈtaɪm] вспомогательное время

auxiliary valve [ɔːɡˈzɪljərɪˈvælv] вспомогательный клапан; запасной клапан

auxins [ˈɔːksɪnz] гормоны роста растений

avail [əˈveɪl] выгода; быть полезным; выгодным

availability [əˌveɪləˈbɪlɪtɪ] *(при)*годность; наличие; готовность; доступность

availability of capital [əˌveɪləˈbɪlɪtɪəvˈkæpɪtl] наличие капитала

availability of labour [əˌveɪləˈbɪlɪtɪəvˈleɪbə] наличие рабочей силы

available [əˈveɪləbl] доступный; *(при)*годный; незанятый; имеющийся в распоряжении; возможный; свободный; активный

available assets [əˈveɪləblˈæsets] свободные активы

available at option [əˈveɪləblətˈɔpʃən] поставляемый по выбору заказчика; не серийный

available at request [əˈveɪləblətrɪˈkwest] поставляемый по требованию

available capacity [əˈveɪləblkəˈpæsɪtɪ] полезная мощность

available data [əˈveɪləblˈdeɪtə] имеющиеся данные

available earnings [ə'veɪləbl|'ɜːnɪŋz] чистая прибыль компании

available facts [ə'veɪləbl|'fækts] имеющиеся факты

available for sale [ə'veɪləbl|fə'seɪl] имеющийся для продажи

available funds [ə'veɪləbl|'fʌndz] наличные денежные средства

available housing [ə'veɪləbl|'hauzɪŋ] жилищный фонд

available supplies [ə'veɪləbl|sə'plaɪz] наличные запасы

aval [aː'vaːl] аваль (поручительство по векселю, сделанное лицом в виде особой гарантийной записи)

avalanche ['ævəlɑːnʃ] лавина; снежный обвал; град (пуль, ударов)

avant-corps [ˌævɒŋ'kɔː] выступающий фасад (архит.)

avant-garde [ˌævɒŋ'gɑːd] передовой отряд; авангард; авангардисты (в искусстве, литературе); авангардистский

avarice ['ævərɪs] алчность

avaricious [ˌævə'rɪʃəs] алчный; жадный

avenge [ə'vendʒ] мстить

avengeful [ə'vendʒful] мстительный

avenger [ə'vendʒə] мститель

avenue ['ævɪnjuː] дорога, обсаженная деревьями; широкая улица; проспект; путь, проход (узкий)

aver [ə'vɜː] утверждать; доказывать (юр.)

average ['ævərɪdʒ] средняя величина; убыток от аварии судна; распределение убытка от аварии между владельцами (груза, судна); средний; нормальный; в среднем равняться; составлять

average annual ['ævərɪdʒ|'ænjuəl] среднегодовой

average daily mileage ['ævərɪdʒ|'deɪlɪ|'maɪlɪdʒ] среднесуточный пробег

average demand ['ævərɪdʒ|dɪ'mɑːnd] среднее потребление

average efficiency ['ævərɪdʒ|ɪ'fɪʃənsɪ] средняя производительность

average life ['ævərɪdʒ|'laɪf] средняя продолжительность жизни

average load ['ævərɪdʒ|'loud] средняя нагрузка

average statement ['ævərɪdʒ|'steɪtmənt] частичная диспаша

average value ['ævərɪdʒ|'væljuː] средняя стоимость

averaged ['ævərɪdʒd] усредненный

averment [ə'vɜːmənt] утверждение; доказательство (юр.)

averruncator [ˌævə'rʌŋkeɪtə] садовые ножницы

averse [ə'vɜːs] питающий отвращение (к чему-либо)

aversion [ə'vɜːʃən] антипатия; неохота; предмет отвращения

avert [ə'vɜːt] отводить (взгляд); отвлекать (мысли); отвращать; предотвращать (удар, опасность и т. п.)
to avert (a) danger — предотвращать опасность
to avert (a) disaster — предотвращать беду

avertible [ə'vɜːtəbl] предотвратимый

aviary ['eɪvjərɪ] вольер(а)

aviate ['eɪvɪeɪt] летать на самолете, дирижабле и т. п.; управлять самолетом, дирижаблем и т. п.

aviation [ˌeɪvɪ'eɪʃən] авиация; авиационный

aviation kerosene [ˌeɪvɪ'eɪʃən|'kerəsiːn] авиационный керосин

aviation oil [ˌeɪvɪ'eɪʃən|'ɔɪl] авиационное масло

aviator ['eɪvɪeɪtə] летчик;

aviculture ['eɪvɪkʌltʃə] птицеводство

avid ['ævɪd] жадный

avidity [ə'vɪdɪtɪ] алчность

avidly ['ævɪdlɪ] жадно

avifauna [ˌeɪvɪ'fɔːnə] птичья фауна (биол.); птицы (данной местности, данного района)

avigation [ˌævɪ'geɪʃən] аэронавигация

avionics [ˌeɪvɪ'ɔnɪks] авиационная радиоэлектроника; авиационное электронное оборудование

aviso [ə'vaɪzou] авизо (банковское извещение); посыльное судно (мор.)

avocado [ˌævou'kɑːdou] авокадо (бот.)

avocation [ˌævou'keɪʃən] основное занятие; побочные занятия, развлечения

avocational [ˌævou'keɪʃənl] любительский; самодеятельный

avoid [ə'vɔɪd] избегать; отменять (юр.)

avoidable [ə'vɔɪdəbl] такой, которого можно избежать

avoidance [ə'vɔɪdəns] уклонение; упразднение; вакансия

avouch [ə'vautʃ] уверять; гарантировать; признаваться

avow [ə'vau] открыто признавать; признаваться; признавать факт (юр.)

avowal [ə'vauəl] признание

avowed [ə'vaud] общепризнанный

avowed enemy [ə'vaud|'enɪmɪ] заклятый враг

avowedly [ə'vauɪdlɪ] открыто

avulsion [ə'vʌlʃən] насильственное разъединение (юр.)

avuncular [ə'vʌŋkjulə] фамильярный; добродушный

await [ə'weɪt] дожидаться; предстоять; ждать

awake [ə'weɪk] будить; просыпаться; бодрствующий; бдительный

awakening [ə'weɪknɪŋ] пробуждение

award [ə'wɔːd] присуждение (награды, премии); присужденное наказание, премия; решение (судей, арбитров); присуждать что-либо; награждать чем-либо

to award a degree to — присвоить степень
to award a prize — присуждать премию
to award a sentence — вынести приговор

awarder [əˈwɔːdə] третейский судья

aware [əˈweə] знающий; компетентный; осведомленный; сведущий; сознающий

awash [əˈwɔʃ] в уровень с поверхностью воды; смытый водой; качающийся на волнах; навеселе *(разг.)*

away [əˈweɪ] движение, удаление прочь; исчезновение; непрерывное действие; передача другому лицу

away match [əˈweɪˈmætʃ] матч; игра на чужом поле

away team [əˈweɪˈtiːm] команда гостей *(спорт.)*

awe [ɔː] *(благоговейный)* страх; трепет; внушать благоговение

awe-inspiring [ˈɔːɪnˈspaɪərɪŋ] внушающий благоговейный ужас; повергающий в трепет; волнующий

awe-struck [ˈɔːstrʌk] охваченный благоговейным страхом

awesome [ˈɔːsəm] устрашающий; испытывающий страх

awful [ˈɔːful] страшный; внушающий страх; величественный

awheel [əˈwiːl] на колесах

awhile [əˈwaɪl] на некоторое время; ненадолго

awkward [ˈɔːkwəd] неловкий *(о людях, движениях и т. п.)*; неудобный; трудный *(о человеке)*; труднопреодолимый; громоздкий; неуклюжий

awkwardness [ˈɔːkwədnɪs] неловкость

awl [ɔːl] шило; наколюшка; шильный

awl-shaped [ˈɔːlʃeɪpt] шиловидный

awlwort [ˈɔːlwəːt] шильник

awn [ɔːn] ость *(колоса)*

awn heap [ˈɔːnˈhiːp] полова *(биол.)*

awning [ˈɔːnɪŋ] навес

awry [əˈraɪ] кривой; искаженный; неправильный; набок; неудачно

ax (axis) [æks (ˈæksɪs)] ось

axe [æks] топор; колун; казнь; резкое сокращение бюджета *(экон.)*; секира *(ист.)*; работать топором; сокращать *(штаты)*

axe-stone [ˈæksstoun] нефрит *(минер.)*

axeman [ˈæksmæn] лесоруб; вооруженный боевым топором *(ист.)*

axial [ˈæksɪəl] осевой; аксиальный; центральный

axial armature [ˈæksɪəlˈɑːmətjuə] осевой якорь

axial bearing [ˈæksɪəlˈbeərɪŋ] опорный подшипник

axial cord [ˈæksɪəlˈkɔːd] центральная стропа парашюта

axil [ˈæksɪl] влагалище *(листа)* *(бот.)*

axillary [ækˈsɪləri] подмышечный *(биол.)*; пазушный *(бот.)*

axiom [ˈæksɪəm] аксиома; постулат

axiom of choise [ˈæksɪəmˈɔvˈtʃɔɪs] постулат выбора

axiom of power [ˈæksɪəmˈɔvˈpauə] аксиома мощности

axiomatic [ˌæksɪəˈmætɪk] не требующий доказательства; аксиоматический; самоочевидный

axis [ˈæksɪs] ось координат; координатная ось; ось *(в каком-либо механизме)*

axle [ˈæksl] вал *(техн.)*

axle and mountings [ˈækslˈəndˈmauntɪŋz] вал и ступицы *(техн.)*

axle casing [ˈækslˈkeɪsɪŋ] картер ведущего моста *(техн.)*

axle shaft [ˈækslˈʃɑːft] полуось

axle-box [ˈækslˈbɔks] осевая букса *(техн.)*

axle-grease [ˈækslˈɡriːs] колесная мазь

axled [ˈæksld] осевой

axleloading [ˈækslˈloudɪŋ] осевая нагрузка

axonometric chart [ˌæksənəˈmetrɪkˈtʃɑːt] стереограмма

axunge [ˈæksʌndʒ] сало *(гусиное)*

azalea [əˈzeɪljə] азалия *(бот.)*

azimuth [ˈæzɪməθ] азимут; азимутальный

azimuth compass [ˈæzɪməθˈkʌmpəs] пеленгаторный компас

azimuth deflection [ˈæzɪməθdɪˈflekʃən] отклонение по азимуту

azoic [əˈzouɪk] безжизненный; не содержащий органических остатков *(геол.)*

azote [əˈzout] азот

azotic [əˈzɔtɪk] азотный

azotic acid [əˈzɔtɪkˈæsɪd] азотная кислота

azure [ˈæʒə] *(небесная)* лазурь; голубой; лазуревый; кобальтовый

azygous [ˈæzɪɡəs] непарный

B

b [biː]; мн. — Bs; B's [biːz] вторая буква английского алфавита; условное обозначение чего-либо, следующего за первым по порядку

babble [ˈbæbl] лепет; бормотание; болтовня; журчание; лепетать; бормотать; болтать; выболтать; проболтаться; журчать

babbler [ˈbæblə] болтун; говорун

babel [ˈbeɪbəl] галдеж; смешение языков; вавилонское столпотворение

babes and sucklings [ˈbeɪbz|ənd|ˈsʌklɪŋz] новички; совершенно неопытные люди

babes in the wood [ˈbeɪbz|ɪn|ðə|ˈwud] наивные, доверчивые люди

babies'-breath [ˈbeɪbɪzbreθ] перекати-поле *(бот.)*

baboon [bəˈbuːn] бабуин; павиан

babul [baːˈbuːl] акация аравийская *(бот.)*

baby [ˈbeɪbɪ] ребенок; младенец; детеныш *(о животных)*; отросток; детский; младенческий; инфантильный; маленький

   to baptize a baby — крестить ребенка
   to calm a baby — успокоить ребенка
   to carry a baby — выносить ребенка
   to carry a baby to term — выносить ребенка весь срок беременности
   to diaper (амер.), swaddle a baby — пеленать ребенка
   to have a baby — завести ребенка
   to nurse a baby — нянчить ребенка
   to plead the baby act — уклоняться от ответственности, ссылаясь на неопытность
   to rock a baby to sleep — убаюкивать ребенка
   to send a baby on an errand — заранее обрекать на неудачу

baby bird [ˈbeɪbɪ|bəːd] птенец; птенчик; малыш

baby boom [ˈbeɪbɪ|buːm] демографический взрыв; увеличение рождаемости

baby bottle [ˈbeɪbɪ|bɒtl] детский рожок

baby buggy [ˈbeɪbɪ|bʌgɪ] детская коляска

baby car [ˈbeɪbɪ|kaː] малолитражный автомобиль

baby elephant [ˌbeɪbɪ|ˈelɪfənt] слоненок

baby grand [ˌbeɪbɪ|ˈgrænd] кабинетный рояль

baby plane [ˌbeɪbɪ|ˈpleɪn] авиетка *(авиац.)*

baby-minding [ˈbeɪbɪ|maɪndɪŋ] уход за ребенком

baby-moon [ˈbeɪbɪmuːn] искусственный спутник Земли

baby-sitter [ˈbeɪbɪ|sɪtə] приходящая няня

babyhood [ˈbeɪbɪhud] малолетство; младенчество; младенческий возраст

babyish [ˈbeɪbɪʃ] детский; ребяческий; инфантильный

baby's formula [ˈbeɪbɪz|fɔːmjulə] детская питательная смесь

baccalaureate [ˌbækəˈlɔːrɪɪt] степень бакалавра

bacciferous [bækˈsɪfərəs] ягодоносный

bachelor [ˈbætʃələ] холостяк; бакалавр

bachelor girl [ˈbætʃələ|gəːl] одинокая девушка, живущая самостоятельно

bachelorhood [ˈbætʃələhud] холостая жизнь

bachelor's degree [ˈbætʃələz|dɪˌgriː] степень бакалавра

bachelor's wife [ˈbætʃələz|waɪf] идеальная женщина; «мечта холостяка»

bachelor's-button [ˈbætʃələz|bʌtn] лютик; василек голубой *(бот.)*

bacillary [bəˈsɪlərɪ] бациллярный; палочковидный

bacilli-carrier [bəˈsɪlaɪˌkærɪə] бациллоноситель

bacillus [bəˈsɪləs] бацилла; палочка *(мед.)*

back [bæk] спина; спинка *(стула, в одежде, выкройке)*; гребень *(волны, холма)*; задняя или оборотная сторона; изнанка; подкладка; киль судна *(мор.)*; корешок *(книги)*; обух; висячий бок *(пласта) (геол.)*; кровля *(забоя)*; потолок *(выработки)*; защитник *(в футболе)*; задний; отдаленный; занять скромное положение; запоздалый; просроченный *(о платеже)*; старый; отсталый; обратный; противоположный; поддерживать; подкреплять; служить *(спинкой, фоном, подкладкой)*; ставить *(на подкладку, на лошадь и т. п.)*; двигать(ся) в обратном направлении; пятить(ся); переплетать *(книгу)*; держать пари; граничить; примыкать; ездить верхом; приучать *(лошадь)* к седлу; садиться в седло; вспять; назад; обратно; противоположно; тому назад; указывает на ответное действие; нижняя дека, дно у струнных инструментов *(муз.)*; индоссировать *(юр.)*; визировать; субсидировать; финансировать

   to arch one's back — сгорбиться
   to back a plan — поддерживать план
   to back an argument with proof — подкрепить аргументацию доказательствами
   to back smb. (up) — оказывать кому-либо поддержку; содействовать кому-либо
   to back smb. in business — финансировать чье-либо дело
   to stand back to back — стоять спиной к спине, стоять впритык, вплотную
   to turn one's back upon smb. — отвернуться от кого-либо

back copy [ˈbæk|kɒpɪ] старый номер

back cover [ˌbæk|ˈkʌvə] задняя сторона обложки

back filling [ˈbæk|fɪlɪŋ] засыпка; забутка *(строит.)*

back flap [ˈbæk|flæp] задний клапан суперобложки

back flip [ˈbæk|flɪp] сальто назад

back from the door! [ˈbæk|frəm|ðə|ˈdɔː] прочь от двери!

back gear [ˈbæk|gɪə] привод заднего хода

back home [ˌbæk|ˈhoum] снова дома; на родине

back margin [ˈbæk|maːdʒɪn] внутреннее поле для склейки корешка

back matter [ˈbæk|mætə] подверстка до заданного формата книги

back orders [ˈbæk|ɔːdəz] невыполненные заказы

back steps [ˈbæk|steps] подъезд; крыльцо

back stop ['bæk|stɔp] задний упор

back street ['bæk|stri:t] закоулок; отдаленная улица

back stroke ['bæk|strouk] плаванье на спине

back taxes ['bæk|tæksız] недоимки

back to front ['bæktə'frʌnt] наоборот

back up ['bæk'ʌp] подниматься спиной к склону; давать задний ход; копировать файл

back video ['bæk|vıdıə] обратный видеосигнал

back view of things ['bæk|vju:|əv|'θɪŋz] отсталые взгляды

back way ['bæk|weɪ] окольный путь

back-bencher [,bæk'bentʃə] рядовой член парламента

back-blocks ['bækblɔks] местность, удаленная от путей сообщения; район трущоб

back-blow ['bækblou] неожиданный удар; отдача, откат орудия (воен.)

back-breaking ['bæk,breɪkɪŋ] изнурительный; непосильный

back-chat ['bæktʃæt] дерзкий ответ

back-cloth ['bækklɔθ] задник

back-country ['bæk,kʌntrɪ] далекий; дальний; отдаленный

back-coupling ['bæk,kʌplɪŋ] обратная связь

back-end [,bæk'end] поздняя осень

back-end interface ['bækend|ɪntəfeɪs] внутренний интерфейс

back-end processor ['bækend|'prousesə] дополнительный процессор

back-front ['bækfrʌnt] спинно-брюшной

back-pedal [,bæk'pedl] тормозить велосипед; медлить; приостанавливать; тормозить (дело)

back-rest adjustment ['bækrest|ə,dʒʌstmənt] регулировка спинки кресла

back-seat [,bæk'si:t] место сзади; скромное положение (разг.)

back-seat driver [,bæksi:t|'draɪvə] пассажир, дающий водителю указание, как вести машину; безответственный человек, дающий советы или (ценные) указания

back-yard [,bæk'ja:d] местный; частный; особый

back-yard production ['bækja:d|prə,dʌkʃən] местное (кустарное) производство

backboard ['bækbɔ:d] деревянная спинка (в лодке или повозке); спинодержатель

backbone ['bækboun] спинной хребет; позвоночник; позвоночный столб; твердость характера; главная опора; основа; суть; сущность; корешок книги

backbone network ['bækboun|'netwə:k] базовая сеть

backcomb ['bæk,koum] взбивать; начесывать

backcountry district ['bæk,kʌntrɪ|'dɪstrɪkt] отдаленный сельский район

backdate [,bæk'deɪt] датировать задним числом

backdoor ['bæk'dɔ:] черный ход; запасный выход; закулисные интриги; закулисный; потайной; секретный; тайный

backdown ['bækdaun] отступление; отказ от притязаний

backdrop ['bækdrɔp] задник декорации

backer ['bækə] поборник; поручитель; приверженец; сторонник

backfall [,bæk'fɔ:l] падение на спину (в борьбе) (спорт)

backfire ['bæk'faɪə] обратная вспышка

backfire in the carburettor ['bæk'faɪər|ɪn|ðə|'ka:bjuretə] взрыв в карбюраторе

backflow ['bæk,flou] противоток; обратное течение

backgammon [bæk'gæmən] нарды (игра)

background ['bækgraund] основа; база; истоки; корни; данные; история вопроса; фон; задний план; музыкальное сопровождение; шумовое оформление; происхождение; квалификация; образование; низкоприоритетный

background of development ['bækgraund|əv|dɪ'veləpmənt] основа для развития

background picture ['bækgraund|'pɪktʃə] изображение заднего плана

backhand ['bækhænd] удар слева (в теннисе)

backhanded [,bæk'hændɪd] нанесенный тыльной стороной руки (об ударе); двусмысленный; неискренний; косой; с уклоном влево (о почерке); обратный; противоположный обычному направлению

backhanded compliment [,bæk'hændɪd|'kɔmplɪmənt] сомнительный комплимент

backhander ['bækhændə] взятка; подкуп

backing ['bækɪŋ] финансирование; поддержка; субсидирование

backing of gold ['bækɪŋ|əv|'gould] покрытие золотом

backing of the currency ['bækɪŋ|əv|ðə|'kʌrənsɪ] обеспечение бумажной валюты

backlash ['bæklæʃ] саморегуляция; зазор; люфт; свободный ход

backless ['bæklɪs] с низким вырезом на спине (о платье); без спинки

backless stool ['bæklɪs|'stu:l] табуретка

backlight ['bæklaɪt] задний фонарь автомобиля

backlight wiper ['bæklaɪt|'waɪpə] стеклоочиститель заднего стекла

backlist ['bæklɪst] ассортимент издательства

backlog ['bæklɔg] задолженность; отставание; невыполненная работа; невыполненные заказы; резерв; запас

backlog of debts ['bæklɔg|əv'dets] накопившаяся задолженность

backlog of orders ['bæklɔg|əv'ɔːdəz] невыполненные заказы

backmost ['bækmoust] самый задний

backpack ['bækpæk] рюкзак

backpage ['bækpeɪdʒ] оборотная сторона листа; последняя страница книги

backplate ['bækpleɪt] щиток; опрная пластина

backpollination ['bæk,pɔlɪ'neɪʃən] обратное опыление (бот.)

backrest ['bækrest] спинка сиденья

backrest adjustment ['bækrest|ə'dʒʌstmənt] регулировка спинки сиденья

backrolling ['bæk'rouliŋ] обратная перемотка (ленты)

backroom ['bæk ruːm] секретный отдел; секретная лаборатория; засекреченный; секретный (разг.)

backrush ['bæk rʌʃ] откат (волны)

backside ['bæk'saɪd] зад; задняя; тыльная сторона; отпадать (от веры); снова впадать (в ересь, порок и т. п.); отказываться от прежних убеждений

backslash ['bækslæʃ] наклонная черта влево

backspacing ['bæk'speɪsɪŋ] обратное перемещение

backstage ['bæksteɪdʒ], [,bæk'steɪdʒ] закулисный; кулуарный; негласный; за кулисами; за сценой

backstage talks ['bæksteɪdʒ'tɔːks] закулисные переговоры

backstairs ['bæk'steəz] черная лестница; закулисные интриги; закулисный; тайный

backstairs influence ['bæk'steəz'ɪnfluəns] тайное влияние

backstitch ['bækstɪtʃ] строчка

backstop ['bækstɔp] заслон; стенка

backstop facility ['bækstɔp|fə'sɪlɪtɪ] согласие предоставить помощь

backstroke ['bækstrouk] ответный удар; плавание на спине

backsword ['bæksɔːd] тесак (ист.)

backtrack ['bæk'træk] отвергать; отказываться; отрекаться; отрицать; отступаться; возвращаться

backup ['bækʌp] поддержка; средства резервирования; резервное устройство; резервная копия; резервный экземпляр; резервирование; вспомогательные средства; служащий аккомпанементом

backup alarm ['bækʌp|ə,laːm] сигнал заднего хода

backup file ['bækʌp|faɪl] резервный файл

backup machine ['bækʌp|mə,ʃiːn] резервная (вычислительная) машина

backup roll [,bækʌp'roul] прижимный валик

backup roll bearing ['bækʌp|,roul|'beərɪŋ] подшипник опорного валика

backward ['bækwəd] обратный (о движении); отсталый; замшелый; запоздалый; медлящий; неохотно делающий; застенчивый; робкий; назад; наоборот; в обратном направлении

backward child ['bækwəd|tʃaɪld] умственно отсталый ребенок

backward children ['bækwəd|tʃɪldrən] умственно (физически) отсталые дети

backward countries ['bækwəd|,kʌntrɪz] страны, отсталые в экономическом отношении

backward force ['bækwəd|fɔːs] усилие на себя

backward pass ['bækwəd|paːs] обратный проход

backward reference ['bækwəd|,refrəns] ссылка назад

backward sighting ['bækwəd|,saɪtɪŋ] визирование назад

backward somersault ['bækwəd|,sʌməsɔːlt] сальто назад

backwardness ['bækwədnɪs] отсталость; запоздалость умственного развития

backwards ['bækwədz] навзничь; назад; обратно

backwash ['bækwɔʃ] вода, отбрасываемая колесами (винтом парохода); обратный поток; возмущенный поток (воздуха за самолетом); отголосок; последствия; след

backwashing ['bækwɔʃɪŋ] промывка

backwater ['bæk,wɔːtə] заводь; запруда; скаты; прилив; приток

backwater district ['bæk,wɔːtə'dɪstrɪkt] медвежий угол

backwoods ['bækwudz] лесная глушь; лесные пограничные районы; провинциальный; неотесанный

backwoodsman ['bækwudzmən] обитатель лесной глуши; провинциал; пэр, который очень редко или вовсе не посещает палату лордов (разг.)

bacon ['beɪkən] копченая свиная грудинка (бекон); чистый выигрыш (разг.); чистая прибыль

bacon and eggs ['beɪkən|ənd|'egz] яичница с беконом

bacteria [bæk'tɪərɪə] бактерия; микроб

bacterial [bæk'tɪərɪəl] бактериальный

bacterial decomposition [bæk'tɪərɪəl|,diːkɔmpə'zɪʃən] разложение под влиянием бактерий

bactericidal [bæk,tɪərɪ'saɪdl] бактерицидный

bactericidal action [bæk,tɪərɪ'saɪdl|'ækʃən] бактерицидное действие

bacteriological weapons [bæk,tɪərɪə'lɔdʒɪkəl|'wepən] бактериологическое оружие

bacteriology [bæk,tɪərɪ'ɔlədʒɪ] бактериология

BAC — BAG

bacterioscopy [bæk͵tɪərɪˈɔskəpɪ] бактериоскопия
bacteriosis [bæk͵tɪərɪˈousɪs] бактериоз
bactrian camel [ˈbæktrɪən͵kæməl] двугорбый верблюд
bad [bæd] дурной; плохой; испорченный; безнравственный; вредный; больной; сильный *(о боли, холоде и т. п.)*; грубый *(об ошибке)*; недействительный *(юр.)*; крах; несчастье; неудача; поражение; потеря; проигрыш; убыток; гибель
  to be taken bad — заболеть
  to make the best of a bad job — мужественно переносить невзгоды
bad blood [ˈbæd|blʌd] ссора
bad break [ˈbæd|breɪk] неправильный перенос слова
bad business [͵bæd|ˈbɪznɪs] плохое дело; ужасное занятие
bad case [ˈbæd|ˈkeɪs] необоснованная версия
bad character [͵bæd|ˈkærɪktə] темная личность
bad cheque [ˈbæd|ˈtʃek] поддельный чек
bad cheque artist [ˈbæd|tʃek|ˈɑːtɪst] изготовитель фальшивых чеков
bad coin [ˈbæd|ˈkɔɪn] фальшивая *(неполноценная)* монета
bad copy [ˈbæd|ˈkɔpɪ] неразборчивый текст
bad debt [ˈbæd|ˈdet] безнадежный долг; мертвый долг
bad doer [ˈbæd|ˈduːə] растение, которое плохо растет или цветет
bad egg [ˈbæd|ˈeg] мошенник *(разг.)*
bad fairy [ˈbæd|ˈfeərɪ] злой гений
bad faith [ˈbæd|ˈfeɪθ] недобросовестность
bad feeling [ˈbæd|ˈfiːlɪŋ] плохое впечатление
bad form [ˈbæd|ˈfɔːm] дурные манеры
bad harvest [ˈbæd|ˈhɑːvɪst] неурожай
bad job [ˈbæd|ˈdʒɔb] безнадежное дело; неудача
bad language [ˈbæd|ˈlæŋgwɪdʒ] сквернословие
bad leg [ˈbæd|ˈleg] больная нога
bad loan [ˈbæd|ˈloun] непогашенная в срок ссуда; просроченная ссуда
bad luck [ˈbæd|lʌk] невезение
bad mixer [͵bæd|ˈmɪksə] необщительный человек
bad money [ˈbæd|ˈmʌnɪ] фальшивые деньги
bad name [ˈbæd|ˈneɪm] дурная репутация
bad social behavior [͵bæd|ˈsouʃəl|bɪˈheɪvjə] антиобщественное поведение
bad will [ˈbæd|ˈwɪl] дурное намерение; завещание, не имеющее законной силы
bad work [ˈbæd|ˈwəːk] брак
bad-mouth [ˈbædmauθ] чернить; порочить; обливать грязью
bad-tempered [͵bædˈtempəd] злой; раздражительный

badge [bædʒ] значок; кокарда; эмблема; символ; признак; знак; идентификационная карточка
badger [ˈbædʒə] барсук; кисть из волоса барсука; изводить; травить; дразнить; выклянчивать
badger-dog [ˈbædʒədɔg] такса *(порода собак)*
badger-fly [ˈbædʒəflaɪ] искусственная муха *(наживка)*
badinage [ˈbædɪnɑːʒ] подшучивание *(франц.)*
badlands [ˈbædlændz] неплодородная почва
badly [ˈbædlɪ] дурно; плохо; очень сильно
badly appointed [ˈbædlɪ|əˈpɔɪntɪd] плохо оборудованный
badly organized [ˈbædlɪ|ˈɔːgənaɪzd] неустроенный; неустановившийся
badly wounded [ˈbædlɪ|ˈwuːndɪd] тяжело ранен
badminton [ˈbædmɪntən] бадминтон; крюшон из красного вина
badminton game [ˈbædmɪntən͵geɪm] бадминтон
badness [ˈbædnɪs] негодность; недоброкачественность; неполноценность; неправильность; неточность; ошибочность
badwhale [ˈbædweɪl] малый полосатик *(биол.)*
baffle [ˈbæfl] разделительная перегородка *(техн.)*; отражательная полоса; щит; экран; турбулизатор потока; дефлектор; глушитель; расстраивать *(планы)*; мешать; препятствовать; ставить в тупик; сбивать с толку; тщетно бороться; отводить, изменять течение
baffle paint [ˈbæfl͵peɪnt] маскировочная окраска
baffle pursuit [ˈbæfl|pəˈsjuːt] ускользать от преследования
bafflement [ˈbæflmənt] сложность; трудность
baffling [ˈbæflɪŋ] трудный; тяжелый
baffling winds [ˈbæflɪŋ͵wɪndz] переменные, неблагоприятные ветры
bag [bæg] мешок; сумка; чемодан; ягдташ; добыча *(охотника)*; баллон; полость *(в горной породе)*; карман; мешки *(под глазами)*; вымя; множество; уйма; мультимножество; дипломатическая почта; класть в мешок; убить *(столько-то дичи)*; сбить *(самолет)*; собирать *(коллекцию)*; оттопыриваться; висеть мешком; надуваться *(о парусах)*; присваивать; брать без спроса; жать серпом
  to check one's bags — проверять сумки; проверять чемоданы
  to empty the bag — опорожнить мешок; сумку
  to pack one's bag — упаковывать вещи
  to unpack one's bags — распаковывать вещи
bagatelle [͵bægəˈtel] пустяк; безделушка; род бильярда; багатель *(небольшая музыкальная пьеса)*
bagel [ˈbeɪgəl] рогалик
bagful [ˈbægful] *(полный)* мешок *(мера)*

baggage ['bægɪʤ] багаж; возимое имущество; обоз; девчонка *(разг.)*; озорница; плутовка; проститутка

to check baggage — проверить чей-либо багаж
to claim one's baggage — декларировать багаж

baggage animal ['bægɪʤˌænɪməl] вьючное животное
baggage car ['bægɪʤˌkɑ:] багажный вагон
baggage check [ˌbægɪʤ'ʧek] багажный чек
baggage receipt [ˌbægɪʤrɪ'si:t] багажная квитанция
baggage registration office ['bægɪʤˌreʤɪs'treɪʃən'ɔfɪs] служба регистрации багажа
baggage room ['bægɪʤˌru:m] камера хранения *(багажа)*
baggage train ['bægɪʤ'treɪn] вещевой обоз
baggage-and-cargo space ['bægɪʤəndˌkɑ:gouˌspeɪs] багажно-грузовое помещение
baggageman ['bægɪʤmæn] носильщик
bagging ['bægɪŋ] мешковина
baggy ['bægɪ] мешковатый
bagman ['bægmən] лоточник
bagpipe ['bægpaɪp] волынка *(музыкальный духовой инструмент)*
bagpiper ['bægˌpaɪpə] волынщик
bags [bægz] множество; масса
baguette [bæ'get] длинный французский хлеб *(багет)*
bail [beɪl] залог; поручительство; поручитель; передача на поруки; поручиться; брать на поруки
bailage ['beɪlɪʤ] сбор за доставку товара
bailer ['beɪlə] ковш; черпак; лейка *(для откачки воды)*; человек, вычерпывающий воду из лодки
bailiff ['beɪlɪf] судебный пристав; бейлиф; управляющий имением
bailing out ['beɪlɪŋ'aut] выпутывание из неприятной ситуации; покидание вынужденное
bailor ['beɪlə] депонент
bailsman ['beɪlzmən] гарант; поручитель
bairn [beən] ребенок *(шотланд.)*
bait [beɪt] приманка; наживка; искушение; отдых и кормление лошадей в пути; насаживать наживку на крючок; завлекать; искушать; приманивать; кормить *(лошадь в пути)*; получать корм *(о лошади)*; останавливаться в пути для отдыха и еды; травить *(собаками)*; преследовать насмешками; изводить; не давать покоя

to hold out (offer, put out, set out) bait — положить приманку
to rise to the bait — клюнуть на приманку
to take the bait — проглотить наживку

bajree ['bɑ:ʤri:] просо посевное *(жемчужное)*

bake [beɪk] печься; печь; сушить на солнце; обжигать *(кирпичи)*; запекаться; застывать; затвердевать; загорать на солнце; закреплять тонер
bakehouse ['beɪkhaus] пекарня
baker ['beɪkə] булочник; пекарь
baker-legged [ˌbeɪkə'legd] кривоногий
bakery ['beɪkərɪ] хлебопекарня; пекарский; хлебозавод
baker's dozen [ˌbeɪkəz'dʌzn] чертова дюжина
baking ['beɪkɪŋ] выпечка; количество хлеба, выпекаемого за один раз; обжиг; прокаливание; палящий
balaam ['beɪlæm] ненадежный; неверный союзник; запасной материал для заполнения свободного места в газете
balaclava [ˌbælə'klɑ:və] вязаный шлем
balalaika [bælə'laɪkə] балалайка
balance ['bæləns] весы; равновесие; состояние равновесия; противовес; маятник; балансир; баланс; сальдо; остаток; остальная часть; счет в банке; балансировать; сохранять равновесие; быть в равновесии; уравновешивать; взвешивать в уме; обдумывать; сопоставлять; колебаться; медлить; подводить баланс *(коммерч.)*

to bring in balance with — привести в соответствие с...
to make up a balance — составлять баланс
to strike the balance — подвести баланс
to balance an account — погасить счет

balance disadvantage by (with) smth. ['bælənsˌdɪsəd'vɑ:ntɪʤˌbaɪ (wɪð) 'sʌmθɪŋ] восполнять ущерб чем-либо; нейтрализовать вред от чего-либо
balance in hand ['bælənsɪn'hænd] наличность кассы
balance in indecision ['bælənsɪnˌɪndɪ'sɪʒən] медлить в нерешительности
balance of an account ['bælənsˌəvənə'kaunt] остаток счета
balance of claims and liabilities ['bælənsəv'kleɪmzˌəndˌlaɪə'bɪlɪtɪz] расчетный баланс
balance of forces [ˌbælənsəv'fɔ:sɪz] равновесие сил
balance of income and expenditure ['bælənsəv'ɪnkəmˌəndɪks'pendɪʧə] баланс доходов и расходов *(фин.)*
balance of national income ['bælənsəvˌnæʃənl'ɪnkəm] баланс национального дохода *(фин.)*
balance of nature [ˌbælənsəv'neɪʧə] равновесие в природе
balance of power [ˌbælənsəv'pauə] политическое равновесие *(между государствами)*

balance of producer goods [ˈbæləns|əv|prəˈdjuːsə|gudz] баланс средств производства

balance of profit [ˈbæləns|əv|ˈprɒfɪt] остаток прибыли

balance oneself [ˈbæləns|wʌnˈself] сохранять (удерживать) равновесие

balance one's accounts [ˈbæləns|wʌnz|əˈkaunts] подытоживать счета

balance one's income with expenditure [ˈbæləns|wʌnz|ˌɪnkəm|wɪð|ɪksˈpendɪtʃə] сопоставлять свои доходы и расходы

balance-beam [ˈbælənsbiːm] коромысло (весов); балансир; гимнастическое бревно (спорт)

balance-bridge [ˈbælənsbrɪdʒ] подъемный мост

balance-master [ˈbælənsˌmɑːstə] эквилибрист

balance-sheet [ˈbælənsʃiːt] баланс

balanced [ˈbælənst] уравновешенный; гармоничный; выровненный; пропорциональный; сбалансированный

balanced diet [ˈbælənstˌdaɪət] сбалансированный рацион

balconied [ˈbælkənɪd] с балконом; с балконами

balcony [ˈbælkənɪ] балкон; балкон первого яруса; лоджия

bald [bɔːld] лысый; плешивый; оголенный; лишенный растительности, перьев, меха; с белой отметиной на голове (о животных); неприкрытый (о недостатках); неприкрашенный; простой; прямой; бесцветный (о стиле и т. п.)

bald-coot [ˈbɔːldkuːt] лысуха (птица); лысый (разг.); плешивый человек

baldachin [ˈbɔːldəkɪn] балдахин

balderdash [ˈbɔːldədæʃ] вздор; сквернословие

balding [ˈbɔːldɪŋ] лысеющий

baldness [ˈbɔːldnɪs] безволосость; безостость

baldric [ˈbɔːldrɪk] перевязь (для меча, рога)

bale [beɪl] кипа (товара); тюк; товар; беда; укладывать в тюки; увязывать в кипы; брикет; зажим

baleen [bəˈliːn] китовый ус

balefire [ˈbeɪlˌfaɪə] сигнальный огонь; костер

baleful [ˈbeɪlful] гибельный; бедственный; губительный; зловещий; злобный; злой; недобрый; ожесточенный

baleful look [ˈbeɪlfulˌluk] недобрый взгляд

baling [ˈbeɪlɪŋ] пакетировочный; тюкование; тюковка

balk [bɔːk] окантованное бревно; балка; брус; чердачное помещение; невспаханная полоса земли; препятствие; задержка; помеха; преграда; бимс (мор.); задерживать; мешать; препятствовать; не оправдать (надежд); пропускать; обходить; оставлять без внимания; игнорировать; отказываться (от пищи и т. п.); уклоняться (от исполнения долга); упускать (случай); артачиться; упираться

balky [ˈbɔːkɪ] упрямый (о животном)

ball [bɔːl] шар; клубок (шерсти); мяч; удар (мячом); бейсбол; пуля; ядро; подушечка пальца; пилюля; чепуха (разг.); бал; танцевальный вечер; семенная коробочка (бот.); шаровой наконечник; шаровая опора (авт.)

the ball is with you — очередь за вами

to ball up — приводить в смущение; путать (разг.); срывать (дело, план)

to bat (bounce) a ball — играть с мячом

to catch (take) the ball before the bound — действовать слишком поспешно

to catch a ball — ловить мяч

to dance at a ball — танцевать на балу

to drop a ball — пропустить мяч; не поймать мяч

to give a ball — давать бал

to have the ball at one's feet — быть господином положения; иметь шансы на успех

to keep the ball rolling (keep up the ball) — поддерживать разговор; продолжать делать что-либо

to make balls of smth. — натворить дел; напутать; привести что-либо в беспорядок

to organize a ball — устроить бал

to strike the ball under the line — потерпеть неудачу

to take up the ball — вступать в разговор; приступать к чему-либо

to throw a ball — бросить мяч

ball bounces [ˈbɔːl|ˈbaunsɪz] мяч отскакивает

ball boy [ˈbɔːl|bɔɪ] мальчик, подающий мячи (на корте)

ball burnishing [ˈbɔːl|ˌbəːnɪʃɪŋ] накатывание шариком

ball girl [ˈbɔːl|gəːl] девочка, подающая мячи (на корте)

ball gown [ˈbɔːl|ˌgaun] бальное платье

ball joint [ˌbɔːl|ˈdʒɔɪnt] шаровой шарнир

ball lightning [ˌbɔːl|ˈlaɪtnɪŋ] шаровая молния

ball of fortune [ˌbɔːl|əv|ˈfɔːtʃən] игрушка судьбы

ball of the eye [ˌbɔːl|əv|ðɪ|ˈaɪ] глазное яблоко

ball of the knee [ˌbɔːl|əv|ðə|ˈniː] коленная чашка

ball park [ˈbɔːl|pɑːk] поле; стадион

ball point pen [ˌbɔːl|pɔɪnt|ˈpen] шариковая ручка

ball-bearing [ˌbɔːlˈbɛərɪŋ] шарикоподшипник; шариковый подшипник

ball-cartridge [ˌbɔːlˈkɑːtrɪdʒ] боевой патрон

ball-park [ˈbɔːlpɑːk] примерное количество; приближенный; приблизительный; примерный

ball-pin [ˌbɔːlˈpɪn] шаровая цапфа

ball-room [ˈbɔːlrum] танцевальный зал; бальный зал

ball-shaped [ˈbɔːlʃeɪpt] шаровидный

ballad [ˈbæləd] баллада (поэт.)

folk ballad — народная баллада
ballad-monger ['bæləd,mʌŋgə] автор *(продавец)* баллад; рифмоплёт
balladry ['bælədrɪ] народные баллады и их стиль
ballast ['bæləst] балласт; обуза; грузить балластом
ballerina [,bælə'ri:nə] балерина *(мн. ч. ballerine)*
ballet ['bæleɪ] балет
to dance a ballet — танцевать балет
to perform a ballet — показывать балет
to stage a ballet — ставить балет
ballet music ['bæleɪ,mju:zɪk] музыка к балету
ballet slippers ['bæleɪ,slɪpəz] балетные туфли
ballet-master ['bæleɪ,ma:stə] балетмейстер
balletomane ['bælɪtəmeɪn] балетоман
ballistic missile [bə'lɪstɪk,mɪsaɪl] баллистическая ракета
ballistics [bə'lɪstɪks] баллистика
balloon [bə'lu:n] воздушный шар; неуправляемый аэростат; кружок, в который заключены слова изображенного на карикатуре персонажа; подниматься на воздушном шаре; раздуваться
to blow up (inflate a balloon) — надувать воздушный шар
to deflate a balloon — сдувать воздушный шар
balloon-sonde шар-зонд
balloonist [bə'lu:nɪst] аэронавт; воздухоплаватель
ballot ['bælət] баллотировочный шар; избирательный бюллетень; баллотировка; голосование; результаты голосования; жеребьёвка; небольшая кипа *(весом 70–120 фунтов)*; голосовать; тянуть жребий
ballot day ['bælət,deɪ] день выборов
ballot-box ['bælətbɔks] избирательная урна
ballot-paper ['bælət,peɪpə] избирательный бюллетень
ballplayer ['bɔ:l,pleɪə] бейсболист
bally ['bælɪ] выражает раздражение; нетерпение; радость; страшно; ужасно
ballyhoo ['bælɪhu:] ажиотаж; бум; шумиха; абсурд
ballyrag ['bælɪræg] грубо подшучивать; бранить
balm [ba:m] бальзам; болеутоляющее средство; утешение; мята лимонная *(бот.)*
to apply a balm — применять, наносить бальзам
balm lemon ['ba:m,lemən] мелисса лекарственная
balm-cricket ['ba:m,krɪkɪt] цикада
balmy ['ba:mɪ] ароматный; благоуханный; приятный *(о воздухе)*; нежный *(о ветерке)*; бальзамический; бальзамовый; дающий бальзам *(о дереве)*; целительный; успокоительный; глупый
balsa ['bɔ:lsə] бальза *(дерево)*; плотик *(мор.)*

balsam ['bɔ:lsəm] бальзам; *(бот.)* бальзамин *(садовый)*
balsam fir [,bɔ:lsəm'fə:] пихта бальзамическая
balsamic [bɔ:l'sæmɪk] бальзамический; успокаивающий
baluster ['bæləstə] столбики дорожного ограждения; балясина; стойка поручня
balustrade [,bæləs'treɪd] балюстрада
bamboo [bæm'bu:] бамбук; бамбуковый
bamboozle [bæm'bu:zl] обманывать; вводить в заблуждение
ban [bæn] запрещение; церковное проклятие; анафема; приговор об изгнании; объявление вне закона; налагать запрет; запрещать; проклинать
ban-the-bomb ['bændəbɔm] ратующий за ядерное разоружение
banal [bə'na:l] банальный; избитый; неоригинальный
banalize ['bænəlaɪz] опошлять
banana [bə'na:nə] банан
to peel a banana — очищать банан от кожуры
banana republic [bə'na:nərɪ,pʌblɪk] банановая республика; малоразвитое государство
banana water lily [bə,na:nə'wɔ:tə'lɪlɪ] кувшинка жёлтая
band [bænd] тесьма; лента; обод; обруч; поясок; полоса; зона; связка; валик; стержень; диск *(в хромосоме) (биол.)*; полоса частот *(электр.)*; диапазон; ленточный; завязывать; связывать; соединять; перевязывать; отряд; группа людей; оркестр; отряд солдат; банда; семейство; стая; кольцо *(для птиц)*
to form a band — организовать оркестр
band conveyer ['bænd,kən'veɪə] ленточный конвейер
band filter ['bænd,fɪltə] ленточный фильтр
band matrix ['bænd,meɪtrɪks] ленточная матрица
band of frequencies ['bænd əv'fri:kwənsɪz] полоса частот
band-brake ['bændbreɪk] ленточный тормоз
band-saw ['bændsɔ:] ленточная пила
band-wagon ['bænd,wægən] фургон *(грузовик)* с оркестром *(передвижного цирка)*; сторона, одержавшая победу *(на выборах)*; видное положение
bandage ['bændɪʤ] бинт; перевязочный материал; бандаж; повязка *(на глаза)*; бинтовать; перевязывать
to apply (put on) a bandage — наложить бинт; наложить повязку
to loosen a bandage — ослабить повязку
to remove a bandage — снять повязку
to roll a bandage — свёртывать бинт
to tighten a bandage — затягивать повязку
bandanna [bæn'dænə] цветной платок

bandbox [ˈbændbɔks] картонка *(для шляп, лент и т. п.)*

bandeau [ˈbændou] лента для волос; кожаный *(шелковый)* ободок, подшиваемый изнутри к тулье женской шляпы

banded [ˈbændɪd] окаймленный

banderole [ˈbændəroul] вымпел; легенда *(на гравюре)*; скульптурное украшение в виде ленты с надписью *(архит.)*

banding [ˈbændɪŋ] обвязочный; обвязка лентой; шнурочный; перевязь; нить; кольцевание птиц *(зоол.)*; распределение дисков на хромосомах *(биол.)*

bandit [ˈbændɪt] бандит; разбойник

banditry [ˈbændɪtrɪ] бандитизм; разбой

banditti [bænˈdɪtɪ(ː)] банда; шайка

bandleader [ˈbændˌliːdə] дирижер джаз-оркестра; военный капельмейстер; руководитель группы

bandmaster [ˈbændˌmɑːstə] капельмейстер

bandog [ˈbændɔg] цепная собака; английский дог; ищейка

bandoleer [ˌbændəˈlɪə] патронташ

bandolero [ˌbændəˈlɪrou] разбойник *(исп.)*

bandore [bænˈdɔː] лютня

bandsman [ˈbændzmən] оркестрант

bandstand [ˈbændˌstænd] эстрада для оркестра; открытая эстрада

bandy [ˈbændɪ] перекидываться; обмениваться *(мячом, словами, комплиментами и т. п.)*; обсуждать; распространять *(слух)*; хоккей с мячом; бенди; клюшка для игры в хоккей с мячом; кривой; изогнутый *(о ногах)*

bane [beɪn] отрава; яд; проклятие *(поэт.)*; паслён *(биол.)*

baneful [ˈbeɪnful] бедственный; гибельный; губительный; пагубный; вредный

banewort [ˈbeɪnwəːt] лютик жгучий *(бот.)*; прыщенец; ядовитое растение

bang [bæŋ] удар; стук; звук выстрела, взрыва и т.п; ударить(ся); стукнуть(ся); хлопнуть *(дверью)*; с шумом захлопнуться *(о двери)*; бахнуть; грохнуть; бить *(разг.)*; превосходить *(разг.)*; перегонять; вдруг; внезапно; как раз; прямо; челка; подстригать волосы челкой; высушенные листья и стебли индийской конопли; гашиш

to bang down — с шумом захлопнуть; забить; заколотить

to bang off — расстреливать *(патроны)*

to bang on — ударить(ся); стукнуть(ся)

to bang out — исполнять *(как правило, музыку)* громко; писать что-либо в спешке *(на пишущей машине)*

to go bang — выстрелить *(о ружье)*

bang-up [ˈbæŋʌp] первоклассный; превосходный; высокого качества; высокопробный

banger [ˈbæŋə] сосиска

banging [ˈbæŋɪŋ] хлопанье

bangle [ˈbæŋgl] браслет, надеваемый на запястье *(щиколотку)*

banian [ˈbænɪən] индус-торговец; маклер; секретарь; управляющий; широкая, свободная рубашка, халат

banian days [ˈbænɪənˈdeɪz] постные дни

banian hospital [ˌbænɪənˈhɔspɪtl] ветеринарная лечебница

banian-tree [ˈbænɪəntriː] индийская смоковница

banish [ˈbænɪʃ] высылать; изгонять; подвергать изгнанию; отправлять; ссылать; прогонять; отгонять *(мысли)*

to banish thoughts — отгонять мысли

banishment [ˈbænɪʃmənt] высылка; депортация; изгнание; ссылка

banister [ˈbænɪstə] балясина; стойка поручня

banjo [ˈbændʒou] банджо *(муз.)*; картер *(техн.)*; кожух; коробка

bank [bæŋk] банк; вал; насыпь; берег; банка; отмель; нанос; занос; крен *(авиац.)*; залежь *(горн.)*; пласт *(руды, угля в открытых разработках)*; делать насыпь; образовать наносы *(о песке, снеге)*; сгребать *(в кучу)*; наваливать; окружать валом; запруживать; делать вираж *(авиац.)*; накреняться; играть шара от борта, бортов *(на бильярде)*; банк *(в картах)*; место хранения запасов; банковский; банковый; класть *(деньги)* в банк; держать *(деньги)* в банке; откладывать; быть банкиром; скамья *(на галере)*; ряд весел *(на галере)*; клавиатура *(органа)*; верстак *(в некоторых ремеслах)*

to charter (establish) a bank — учредить банк

to open an account in (with) a bank — открыть счет в банке

bank of accumulators — аккумуляторная батарея

bank of capacitors — конденсаторная батарея

bank accommodation [ˈbæŋkəˌkɔməˈdeɪʃən] банковская ссуда

bank account [ˈbæŋkəˌkaunt] счет в банке; текущий счет

bank audit [ˌbæŋkˈɔːdɪt] ревизия банковской отчетности

bank balance [ˈbæŋkˌbæləns] банковское сальдо; остаток счета в банке

bank clearing [ˌbæŋkˈklɪərɪŋ] безналичные расчеты между банками

bank clerk [ˈbæŋkˌklɑːk] банковский служащий

bank cost accounting [ˈbæŋkˌkɔstəˈkauntɪŋ] анализ операционной деятельности банка

bank credit [ˈbæŋkˌkredɪt] банковский кредит

bank draft [ˈbæŋkˌdrɑːft] банковский чек

bank guarantee [ˈbæŋkˌgærənˈtiː] банковская гарантия

bank loan [ˈbæŋk|loun] банковская ссуда
bank of circulation [ˈbæŋk|əv|ˌsəːkjuˈleɪʃən] эмиссионный банк
bank of deposit [ˈbæŋk|əv|dɪˈpɔzɪt] депозитный банк
bank of discount [ˈbæŋk|əv|dɪsˈkaunt] учетный банк
bank-note [ˈbæŋkˈnout] банкнота; кредитный билет
bank-notes by denomination [ˈbæŋkˈnouts|ˌbaɪ|dɪˌnɔmɪˈneɪʃən] банкноты по купюрам
bank-notes in circulation [ˈbæŋkˈnouts|ɪn|ˌsəːkjuˈleɪʃən] банкноты в обращении
banking [ˈbæŋkɪŋ] банковое дело; операции по предоставлению займов; банковские услуги; банковский кредит; вираж *(авиац.)*; крен
banking capital [ˈbæŋkɪŋ|ˌkæpɪtl] банковский капитал
banking circles [ˈbæŋkɪŋ|ˌsəːklz] банковские круги
banking network [ˈbæŋkɪŋ|ˌnetwəːk] банковская сеть
banking transaction [ˈbæŋkɪŋ|trænˌzækʃən] банковская операция
bankrupt [ˈbæŋkrəpt] неплатежеспособный; несостоятельный; банкрот; обанкротившийся; лишенный *(of, in — чего-либо)*; сделать банкротом; довести до банкротства; разорить
bankruptcy [ˈbæŋkrəptsɪ] банкротство
bankruptcy notice [ˈbæŋkrəptsɪ|ˌnoutɪs] заявление о признании банкротом
banner [ˈbænə] знамя; флаг; стяг; *(перен.)* символ; заголовок, «шапка»; лозунг
banner day [ˈbænə|deɪ] праздник
banner head [ˈbænə|hed] заголовок на всю ширину полосы
banner page [ˈbænə|peɪdʒ] титульный лист
banner-bearer [ˈbænəˌbɛərə] знаменосец
banner-cry [ˈbænəkraɪ] боевой клич
bannerette [ˌbænəˈret] флажок
bannock [ˈbænək] пресная лепешка
banquet [ˈbæŋkwɪt] банкет; пир; званый обед; давать банкет *(в честь кого-либо.)*; пировать
to arrange (give, hold) a banquet — дать банкет
to cater a banquet — обеспечить провизией банкет, званый обед
banquet of brine [ˌbæŋkwɪt|əvˈbraɪn] горькие слезы
banqueter [ˈbæŋkwɪtə] участник банкета
banqueting hall [ˈbæŋkwɪtɪŋ|hɔːl] банкетный зал
banquette [bæŋˈket] насыпь; стрелковая ступень *(воен.)*; банкет
banshee [bænˈʃiː] дух, стоны которого предвещают смерть *(миф.)*; сирена воздушной тревоги *(разг.)*

bantam [ˈbæntəm] бентамка *(мелкая порода кур)*; «петух» *(разг.)*; задира; забияка; мал, да удал
bantam-weight [ˈbæntəmweɪt] легчайший вес *(спорт.)*
banter [ˈbæntə] добродушное подшучивание
bantling [ˈbæntlɪŋ] выродок *(о ребенке)*
banyan [ˈbænɪən] смоковница бенгальская; баньян
baobab [ˈbeɪəbæb] баобаб *(дерево) (бот.)*
bap [bæp] булочка *(шотланд.)*
baptism [ˈbæptɪzm] крещение *(церк.)*
to accept baptism — принять обряд крещения
to administer baptism — осуществлять обряд крещения
baptism of blood [ˌbæptɪzm|əvˈblʌd] мученичество; первое ранение *(воен.)*
baptist [ˈbæptɪst] баптист
Baptist church [ˈbæptɪst|tʃəːtʃ] баптистская церковь
baptist(e)ry [ˈbæptɪst(ə)rɪ] баптистерий; купель *(у баптистов)*
baptize [bæpˈtaɪz] крестить; давать имя
bar [baː] полоса *(металла)*; брусок; болванка; чушка; штык; лом; засов; вага; застава; решетка; преграда; препятствие; планка *(спорт)*; бар; нанос песка *(в устье реки)*; мелководье; отмель; пряжка на орденской ленте; тактовая черта *(муз.)*; такт; полоса *(света, краски)*; запирать на засов; преграждать; жердь; перекладина; тормозить; препятствовать; исключать; отстранять; запрещать; иметь *(что-либо)* против *(кого-либо, чего-либо.) (разг.)*; не любить; тюремная решетка; профиль; угольник; стержень *(авто)*; шина; штанга; прилавок; стойка; бар; буфет; закусочная; небольшой ресторан; возражение ответчика *(юр.)*; обстоятельство, препятствующее выдаче патента; отменять *(юр.)*; аннулировать; барьер, отделяющий судей от подсудимых; адвокатура; суд; суждение; бар *(единица давления) (физ.)*
to bar from coming to the theatre — запрещать пойти в театр
to bar the talks — запрещать разговоры (обсуждение вопроса и т. п.)
to be at the Bar — быть адвокатом
to be called to the Bar — получить право адвокатской практики
to be called within the Bar — получить назначение на должность королевского адвоката
to drink at the bar — попить в баре
to drop into a bar — заскочить в бар
to let down the bars — устранить препятствия; отменить ограничения
to manage (operate) a bar — управлять баром; вести дела небольшого ресторана

BAR — BAR

to pitch smb. over the bar — лишать кого-либо звания адвоката или права адвокатской практики

to run a bar — открыть закусочную; открыть небольшой ресторан

to stop at a bar — зайти по дороге в буфет

bar chart [ˈbaː|tʃaːt] гистограмма

bar code [ˈbaː|koud] штриховой код

bar of chocolate [ˈbaːr|əv|ˈtʃɔkəlɪt] плитка шоколада

bar of conscience [ˈbaːr|əv|ˈkɔnʃəns] суд совести

bar of public opinion [ˈbaːr|əv|ˌpʌblɪk|əˈpɪnjən] суд общественного мнения

bar of soap [ˈbaːr|əv|ˈsoup] кусок мыла

bar stool [ˈbaː|stuːl] высокий табурет

barathea [ˌbærəˈθiːə] баратея *(шерстяная материя, иногда с примесью шелка или бумаги)*; китель *(воен.)*

barb [baːb] ус *(бот.)*; шип; колючка; усики *(некоторых рыб) (биол.)*; бородка *(птичьего пера)*; зубец; зазубрина; заусенец; колкость; колкое замечание; снимать заусенцы; удалять зазубрины

barbaralia [ˌbaːbəˈreɪlɪə] иностранный акцент

barbarian [baːˈbɛərɪən] варвар; варварский

barbarism [ˈbaːbərɪzm] варварство; варваризм *(линг.)*

to demonstrate (display) barbarism — демонстрировать варварское отношение к чему-либо

barbarity [baːˈbærɪtɪ] варварство; жестокость; бесчеловечность; грубость *(вкуса, стиля)*

barbarous [ˈbaːbərəs] варварский; грубый; жестокий; дикий

barbary ape [ˌbaːbərɪˈeɪp] бесхвостый макак

barbecue [ˈbaːbɪkjuː] целиком зажаренная туша; большая рама с решеткой для жарения *(копчения)* мяса большими кусками; пикник с традиционным блюдом из мяса, зажаренного на решетке над углями *(амер.)*; площадка для сушки кофейных бобов; жарить мясо над решеткой на вертеле; жарить *(тушу)* целиком

barbed [baːbd] имеющий колючки; колючий; колкий; ядовитый

barbed wire [ˌbaːbd|ˈwaɪə] колючая проволока

barbed-wire barricade [ˌbaːbd|waɪə|ˌbærɪˈkeɪd] заграждение из колючей проволоки

barbel [ˈbaːb(ə)l] усач *(биол.)*; барбус; усик *(некоторых рыб)*; ящур *(мед.)*

barbell [ˈbaːbel] штанга

barber [ˈbaːbə] парикмахер; цирюльник; сильный ветер с мокрым снегом, вызывающий обледенение; морозный туман

barber shop [ˈbaːbə|ʃɔp] парикмахерская

barberry [ˈbaːbərɪ] барбарис *(бот.)*

barbican [ˈbaːbɪkən] барбакан; навесная башня *(ист.)*

bard [baːd] бард *(поэт.)*; певец; лауреат традиционных состязаний поэтов в Уэльсе

bardic poetry [ˌbaːdɪk|ˈpoʊɪtrɪ] поэзия бардов

bare [bɛə] голый; обнаженный; пустой; лишенный *(чего-либо.)*; бедный; поношенный; неприкрашенный; простой; едва достаточный; малейший; неизолированный *(электр.)*

to believe smth. on smb.'s bare word — верить кому-либо на слово

bare board [ˌbɛəˈbɔːd] пустая плата *(компьют.)*

bare-stalked [ˌbɛəˈstɔːkt] голостебельчатый *(бот.)*

barfly [ˈbaːflaɪ] завсегдатай кабаков, баров

bargain [ˈbaːgɪn] сделка; соглашение; договор о покупке; выгодная покупка; дешево купленная вещь; торговаться; договариваться; условиться; заключить сделку; договориться; рассчитывать

to bargain about the price — торговаться из-за цены

to be on the bargain counter — продаваться по низкой цене

to buy at a bargain — покупать по дешевке

to keep one's part of the bargain — вести торг

to make a bargain — заключить сделку

to make the best of a bad bargain — не падать духом в беде

bargain basement [ˈbaːgɪn|ˌbeɪsmənt] отдел продажи товаров по сниженным ценам

bargain basement rates [ˈbaːgɪn|ˌbeɪsmənt|ˈreɪts] дешевка; сниженные цены

bargain money [ˈbaːgɪn|ˌmʌnɪ] задаток

bargaining [ˈbaːgɪnɪŋ] переговоры

bargainor [ˈbaːgɪnə] продавец *(недвижимости)*

barge [baːdʒ] баржа; барка; шаланда; двухпалубная баржа для экскурсий; адмиральский катер; катер командующего; выступ дымовой трубы над фронтонной стеной *(архит.)*; перевозить *(грузы)* на барже

baric [ˈbærɪk] бариевый *(хим.)*; барометрический

bark [baːk] кора *(дерева)*; хина; хинная корка; дубильная кора; дубить; сдирать кору *(с дерева)*; сдирать кожу *(разг.)*; лай; звук выстрела; кашель *(разг.)*; лаять; рявкать; кашлять; барк *(большое парусное судно)*; корабль

to bark up the wrong tree — напасть на ложный след

to come (go) between the bark and the tree — вмешиваться в чужие *(семейные)* дела; становиться между мужем и женой и т. п.

bark grafting [ˈbaːk|ˌgraːftɪŋ] прививка под кору *(бот.)*

bark lice [ˈbaːk|laɪs] щитовки *(бот.)*

bark mill [ˈbaːk|mɪl] дробилка для коры

barkeeper [ˈbaː.kiːpə] хозяин бара; бармен

barken [ˈbaːkən] дубить

barker [ˈbɑːkə] окорщик; аукционист; зазывала; огнестрельное оружие *(разг.)*; револьвер
barkery [ˈbɑːkərɪ] завод
barking [ˈbɑːkɪŋ] окорка; дубление корой; лай
barley [ˈbɑːlɪ] ячмень
barley sugar [ˈbɑːlɪˌʃuːgə] леденец
barley-break [ˈbɑːlɪbreɪk] пятнашки *(игра)*
barley-water [ˈbɑːlɪˌwɔːtə] ячменный отвар
barleycorn [ˈbɑːlɪkɔːn] ячменное зерно; треть дюйма
barling [ˈbɑːlɪŋ] жердь; шест
barlow [ˈbɑːlou] большой складной карманный нож
barm [bɑːm] *(пивные)* дрожжи; закваска
barmaid [ˈbɑːmeɪd] девушка за стойкой; барменша
barman [ˈbɑːmən] бармен
barmy [ˈbɑːmɪ] дрожжевой
barn [bɑːn] амбар; *(сенной)* сарай; гумно; некрасивое здание; конюшня; коровник; трамвайный парк
barn dance [ˈbɑːnˌdɑːns] сельский праздник с танцами
barn-door fowl [ˈbɑːnˌdɔːˈfaul] домашняя птица
barn-owl [ˈbɑːnˈaul] сипуха *(птица)*
barnacle [ˈbɑːnəkl] кляп; кляпцы *(на морду неспокойной лошади)*; очки *(разг.)*; казарка белощекая *(птица)*; морская уточка *(ракообразное)*; неотвязный человек *(разг.)*; старый моряк *(разг.)*
barnburner [ˈbɑːnˌbɜːnə] радикал; сторонник крайних мер; человек, не идущий на компромиссы
barnstorm [ˈbɑːnstɔːm] играть в сарае, в случайном помещении *(о странствующем актере)*; выступать с речами во время предвыборной кампании *(в маленьких городах)*
barnstormer [ˈbɑːnˌstɔːmə] посредственный актер
barnstorming [ˈbɑːnˌstɔːmɪŋ] энергичный; живой *(об игре актера, выступлении спортсмена и т.д.)*
barogram [ˈbærəgræm] барограмма
barograph [ˈbærougrɑːf] барограф
barometer [bəˈrɒmɪtə] барометр
barometric [ˌbærəˈmetrɪk] барометрический
baron [ˈbærən] барон; король; магнат
baronage [ˈbærənɪdʒ] бароны; сословие баронов *(пэров)*; титул барона
baroness [ˈbærənɪs] баронесса
barony [ˈbærənɪ] владения барона; титул барона; владение; вотчина; имение; поместье
baroque [bəˈrɒk] барокко; барочный; в стиле барокко; причудливый
baroscope [ˈbærəskoup] бароскоп
barotropism баротаксия *(реакция на изменение барометрического давления) (мед.)*

barouche [bəˈruːʃ] ландо; четырехместная коляска
barquentine [ˈbɑːkəntiːn] баркентина
barrack [ˈbærək] барак; казарма; флотский экипаж; громко высмеивать; освистывать неудачливого игрока
barracuda [ˌbærəˈkjuːdə] барракуда *(биол.)*; морская щука
barrage [ˈbærɑːʒ] заграждение; плотина; дамба; запруда; перемычка; заградительный огонь *(воен.)*; огневой вал; барраж *(мор.)*; заграждение *(воен.)*
to lay down a barrage — поставить заграждение
to lift a barrage — поднять заграждение
barrage balloon [ˈbærɑːʒbəˌluːn] аэростат заграждения
barrel [ˈbærəl] бочка; бочонок; баррель *(мера жидких, сыпучих и некоторых твердых материалов)*; ствол; дуло *(оружия)*; брюхо *(лошади, коровы)*; деньги для финансирования какой-либо кампании; барабан *(техн.)*; вал; цилиндр; барабанная полость *(уха) (анат.)*
to have smb. over the barrel — застать кого-либо врасплох
to holler down a rain barrel — «кричать в пустую бочку»; заниматься пустозвонством
to sit on a barrel of gunpowder — сидеть на бочке с порохом; ходить по краю пропасти
barrel factory [ˈbærəlˈfæktərɪ] бондарный завод
barrel house [ˈbærəlˌhaus] трактир; кабак; пивная
barrel in [ˈbærəlˈɪn] двигаться очень быстро
barrel printer [ˈbærəlˌprɪntə] барабанное печатающее устройство
barrel-head [ˈbærəlhed] дно бочки
barrel-organ [ˈbærəlˌɔːgən] шарманка
barren [ˈbærən] пустырь; пустошь; бесплодный; бессемянный; неплодородный
barren money [ˈbærənˌmʌnɪ] беспроцентный долг
barren of ideas [ˈbærənəvaɪˈdɪəz] лишенный мыслей
barrenness [ˈbærənnɪs] бесплодие; стерильность
barrenness of intellect [ˈbærənnɪsəvˈɪntɪlekt] умственное убожество
barret [ˈbærət] берет
barricade [ˌbærɪˈkeɪd] баррикада; барьер; преграда; препятствие; заграждение
to man the barricade — заполнить людьми баррикаду
to place (set up) a barricade — соорудить баррикаду
to remove (take down) a barricade — сломать баррикаду
barrier [ˈbærɪə] барьер; застава; помеха; преграда; препятствие; шлагбаум
to break down (remove) a barrier — сломать барьер

to break the sound barrier — оборвать звук
to erect (place, set up) a barrier — поставить барьер
to overcome (take) a barrier — взять барьер; преодолеть препятствие

barring ['ba:rɪŋ] за исключением; пуск в ход *(машины) (техн.)*; крепление кровли *(горн.)*; шахтная крепь

barrio ['ba:rɪou] район; округ; пригород *(в испаноязычных странах)*

barrister ['bærɪstə] адвокат; барристер

barrister-at-law ['bærɪstəət'lɔ:] адвокат, имеющий право выступать в высшем суде

barrow ['bærou] тачка; ручная тележка; носилки; полная тачка; курган; *(могильный)* холм

barrow truck ['bærou|trʌk] двухколесная тележка

barrow-boy ['bærouboɪ] уличный торговец

bars [ba:z] брусья *(спорт.)*

bartender ['ba:.tendə] бармен

barter ['ba:tə] менять; обменивать; вести меновую торговлю; торговаться; товарообмен; меновая торговля

to barter away — продать по очень низкой цене; променять *(свободу, положение и т. п.)* на что-либо менее ценное

barter agreement ['ba:tə|ə'gri:mənt] соглашение о товарообмене *(фин.)*; бартер

barter deal ['ba:tə|di:l] бартерная сделка

barter house ['ba:tə|haus] торговый дом

bartizan ['ba:tɪzæn] сторожевая башенка *(ист.)*

barton ['ba:tən] имение; поместье; усадьба; двор усадьбы *(фермы)*; часть сданной в аренду усадьбы, остающаяся в распоряжении владельца

barythymia [.bærɪ'θaɪmɪə] угрюмость; замкнутость; меланхолия

barytone ['bærɪtoun] баритон

bas-relief ['bæsrɪ,li:f] барельеф

basal ['beɪsl] лежащий в основе; основной

basal year ['beɪsl|jɪə] базовый год

basalt ['bæsɔ:lt] базальт *(минер.)*

bascule-bridge ['bæskju:l'brɪdʒ] подъемный мост

bascule-door ['bæskju:l'dɔ:] подъемные ворота

base [beɪs] основа; основание; базис; база; опорный пункт; опора; место старта *(спорт.)*; игра в бары; подножие *(горы)*; пьедестал *(архит.)*; цоколь; фундамент; основание *(хим.)*; ножка литеры *(полигр.)*; колодка для клише; фацетная доска; корень слова; базировать; размещать войска; базировать; обосновывать; основывать; строить; низкий; низменный; подлый; неблагородный; простой; окисляющийся *(о металлах)*; условный *(юр.)*; неокончательно установленный; исходный; начальный; первоначальный; донная часть *(ракеты)*; уровень *(отсчета)*; цоколь *(лампы)*; туристическая станция

to establish (set up) a base — создать базу

base course ['beɪs|kɔ:s] генеральный курс

base line ['beɪs|laɪn] основная, базисная линия; исходный материал; исходные данные; линия снабжения армии *(воен.)*

base pay ['beɪs|peɪ] основная заработная плата

base period (year) ['beɪs|'pɪərɪəd ('jɪə)] исходный период *(год)*

base rate ['beɪs|reɪt] тарифная оплата

base unit ['beɪs|'ju:nɪt] структурная единица

base upon ['beɪs|ə'pɔn] базировать; обосновывать; основывать

base weight ['beɪs|weɪt] базовый вес

base wire ['beɪs|'waɪə] мерная базисная проволока

base-ship ['beɪsʃɪp] плавучая база

baseball ['beɪsbɔ:l] бейсбол *(спорт.)*

baseball ball ['beɪsbɔ:l|'bɔ:l] бейсбольный мяч

baseboard ['beɪsbɔ:d] подставка

based [beɪst] размещенный; основанный; обоснованный

baseless ['beɪslɪs] безосновательный; необоснованный; неосновательный; не обеспеченный базой

baseless assertion ['beɪslɪs|ə'sə:ʃən] необоснованное утверждение

baselessness ['beɪslɪsnɪs] необоснованность; неосновательность; неубедительность

basely ['beɪslɪ] бесчестно; низко

basement ['beɪsmənt] базис; основа; основание; фундамент; подвал; *(полу)*подвальный этаж; цокольный этаж

baseness ['beɪsnɪs] гадость; нечестность; низость

bash [bæʃ] удар; бить; сильно ударять

to bash about — грубо обращаться с кем-либо, чем-либо

to bash in — пробивать

bash up ['bæʃ|'ʌp] сломать, повредить что-либо; поранить кого-либо

bashful ['bæʃful] застенчивый; робкий

bashfulness ['bæʃfulnɪs] боязливость; застенчивость; робость

bashing ['bæʃɪŋ] порка *(разг.)*

basic ['beɪsɪk] основание; основа; базис; исходный пункт; базисный; главный; основной; основный *(хим.)*

basic activity ['beɪsɪk|æk'tɪvɪtɪ] основной вид деятельности

basic balance ['beɪsɪk|'bæləns] базисный баланс

basic belief ['beɪsɪk|bɪ'li:f] основное убеждение

basic brick ['beɪsɪk|'brɪk] основной кирпич

basic budget ['beɪsɪk|'bʌdʒɪt] исходный бюджет

basic capacity ['beɪsɪk|kə'pæsɪtɪ] основная производительность

basic commodities [ˈbeɪsɪk|kəˈmɔdɪtɪz] основные товары

basic concept [ˈbeɪsɪk|ˈkɔnsept] основное понятие

basic data [ˈbeɪsɪk|ˈdeɪtə] исходные данные

basic diet [ˈbeɪsɪk|ˈdaɪət] основной рацион

basic document [ˈbeɪsɪk|ˈdɔkjumənt] первичный документ

basic dye [ˈbeɪsɪk|ˈdaɪ] основный краситель

basic equation [ˈbeɪsɪk|ɪˈkweɪʃən] основное уравнение

basic language [ˈbeɪsɪk|ˈlæŋgwɪʤ] основные положения документа

basic law [ˈbeɪsɪk|ˈlɔː] конституция

basically [ˈbeɪsɪkəlɪ] в своей основе; по существу

basicity [beɪˈsɪsɪtɪ] валентность (хим.)

basicity constant [beɪˈsɪsɪtɪ|ˈkɔnstənt] константа основности

basics [ˈbeɪsɪks] основы

basihyal bone язычковая кость

basil [ˈbæzɪl] базилик

basilisk [ˈbæzɪlɪsk] василиск (биол.); маленькая американская ящерица (зоол.); смертельный; смертоносный; ядовитый

basin [ˈbeɪsn] миска; бак; мелкая бухта; бассейн; резервуар; пруд; водоем; водохранилище

basipodium запястье, предплюсна (мед.)

basis [ˈbeɪsɪs] базис; основа; основание; фундамент; база

on an aquitable basis — *на справедливой основе*
on parity basis — *на паритетной основе*

basis point [ˈbeɪsɪs|ˈpɔɪnt] одна сотая часть процента; базисный пункт; исходная точка

basis price [ˈbeɪsɪs|ˈpraɪs] основная цена

bask [bɑːsk] греться (на солнце, у огня); наслаждаться (покоем, счастьем)

basket [ˈbɑːskɪt] корзина; кузов; бросать в корзину для ненужных бумаг; оплетать проволокой

basket dinner [ˈbɑːskɪt|ˈdɪnə] пикник

basket of currencies [ˈbɑːskɪt|əv|ˈkʌrənsɪz] валютная корзина; набор валют

basket of goods [ˈbɑːskɪt|əv|ˈgudz] потребительская корзина

basketball [ˈbɑːskɪtbɔːl] баскетбол (спорт.)

basket-hilt [ˈbɑːskɪthɪlt] эфес с чашкой

basketball ball [ˈbɑːskɪtbɔːl|ˈbɔːl] баскетбольный мяч

basketry [ˈbɑːskɪtrɪ] плетеные изделия

bason [ˈbeɪsn] верстак для обработки фетра; обрабатывать фетр

basque [bæsk] баск; баскский язык

bass [beɪs] бас; басовый; [bæs]окунь; луб; лыко; липа (бот.)

bass clef [ˈbeɪs|klef] басовый ключ; ключ «фа»

bass drum [ˈbeɪs|drʌm] турецкий барабан

bass singer [ˈbeɪs|ˈsɪŋə] бас (муз.)

bass-bar [ˈbeɪsbɑː] басбалкен (пружина у смычковых инструментов)

bass-viol [ˈbeɪsˈvaɪəl] виолончель; контрабас

bass-wood [ˈbæswud] липа

basset [ˈbæsɪt] бассет (порода собак); выход пластов

bassinet [ˌbæsɪˈnət] кроватка для новорожденного

bassinet(te) [ˌbæsɪˈnet] плетеная колыбель с верхом

bassist [ˈbeɪsɪst] оркестрант, играющий на одном из инструментов басовой группы

basso [ˈbæsou] бас (муз.)

bassoon [bəˈsuːn] фагот (муз.)

bassoonist [bæˈsuːnɪst] фаготист

bast [bæst] лыко; луб; мочало; лубяное волокно; рогожа; как лубяной

bast mat [ˈbæst|mæt] циновка из луба; рогожа

bastard [ˈbæstəd] внебрачный ребенок; незаконнорожденный; гибрид; метис; помесь

bastard acacia [ˈbæstəd|əˈkeɪʃə] акация белая

bastard child [ˌbæstəd|ˈʧaɪld] внебрачный ребенок

bastard good nature [ˌbæstəd|ˈguːd|ˈneɪʧə] кажущееся добродушие

bastard lupine [ˈbæstəd|ˈluːpɪn] клевер

bastard title [ˈbæstəd|ˌtaɪtl] шмуцтитул (полигр.)

bastardize [ˈbæstədaɪz] объявлять незаконнорожденным

baste [beɪst] бить; колотить; закидывать вопросами, критическими замечаниями; поливать жиром (жаркое) во время жарки; смётывать

bastille [bæsˈtiːl] крепость; тюрьма (франц.)

basting [ˈbeɪstɪŋ] наметка

bastion [ˈbæstɪən] бастион (воен.)

bat [bæt] дубина; било (для льна); бита; лапта; ракетка (для тенниса); резкий удар; темп; шаг; летучая мышь; бить палкой, битой; язык (разг.); устная речь; ватин; ватная подкладка

to bat one's eyes — *мигать; моргать*

bat-blind [ˈbætblaɪnd] совершенно слепой

batata [bæˈtɑːtə] батат (бот.); сладкий картофель

batch [bæʧ] количество хлеба, выпекаемого за один раз; кучка; пачка; группа; дозировка; объединение; партия; содружество; замес бетона; совокупность данных или программ; пакет; серия; порция; набор; комплект

of the same batch — *того же сорта*

batch file [ˈbæʧ|faɪl] командный файл

batch production [ˌbæʧ|prəˈdʌkʃn] серийное производство

batch truck [ˈbæʧ|trʌk] передвижной бункер

batcher [ˈbætʃə] сортировщик; бункер; дозатор; питатель

batching [ˈbætʃɪŋ] дозирование; дозировка

batching scales [ˌbætʃɪŋˈskeɪlz] дозировочные весы

batchwise [ˈbætʃwaɪz] периодически; серийный

bate [beɪt] убавлять; уменьшать; слабеть; притуплять; погружать (кожу) в раствор для смягчения

to bate one's curiosity — *удовлетворить любопытство*

batfowl [ˈbætfaul] ловить птиц ночью, ослепляя их огнем и сбивая палкой

bath [bɑːθ] ванна; купание (в ванне); баня; купальное заведение; ванна (техн.); купать; мыть; омывать; умывать; обмывочный пункт; душевая

bath-house [ˈbɑːθhaus] баня; купальня

bath-robe [ˈbɑːθroub] купальный халат

bath-room [ˈbɑːθrum] ванная (комната)

bathe [beɪð] купать(ся); окунать(ся); мыть; обмывать (тело); промывать (глаза); омывать (берега — о реке, озере); заливать (о свете); купание

to bathe one's hands in blood — *обагрить руки кровью*

bather [ˈbeɪðə] купальщик

bathing [ˈbeɪðɪŋ] купание

bathing cap [ˈbeɪðɪŋkæp] купальная шапочка

bathing costume [ˈbeɪðɪŋˈkɔːstjuːm] купальный костюм

bathing gown [ˈbeɪðɪŋˈgaun] купальный халат

bathing suit [ˈbeɪðɪŋˈsjuːt] купальник

bathing trunks [ˈbeɪðɪŋtrʌŋks] плавки

bathophobia [ˌbæθəˈfoubɪə] акрофобия

bathos [ˈbeɪθɔs] глубина; бездна; переход от высокого к комическому (о стиле) (лит.)

bathos of stupidity [ˌbeɪθɔsəvstjuːˈpɪdɪtɪ] верх глупости

bathymetry [bəˈθɪmɪtrɪ] измерение глубины (моря)

bathyscaphe [ˈbæθɪskæf] батискаф (глубоководная камера с механизмами для передвижения под водой)

bathysphere [ˈbæθɪsfɪə] батисфера (глубоководная камера, опускаемая на тросе)

batik [bəˈtɪk, ˈbætɪk] батик (способ производства рисунка на ткани)

bating [ˈbeɪtɪŋ] за исключением

batiste [bæˈtiːst] батист

batman [ˈbætmən] вестовой (воен.); денщик; ординарец

baton [ˈbætən] жезл; дирижерская палочка; эстафета; эстафетная палочка (спорт.); полицейская дубинка; бить дубинкой (о полицейском)

baton charge [ˈbætənˈtʃɑːdʒ] нападение полицейских (вооруженных дубинками)

batsman [ˈbætsmən] отбивающий мяч (в крикете, бейсболе)

battalion [bəˈtæljən] батальон; артиллерийский дивизион

battarism [bəˈtærɪzm] заикание

battement [ˌbætəˈmɔn] батман (балет.)

batten [ˈbætn] половая доска; дранка; деревянная (металлическая) рейка; дощатый; скреплять (поперечными) рейками; заколачивать досками; жиреть; откармливаться; преуспевать за счет других; жить в роскоши и безделье; тучнеть (о почве)

to batten upon — *наживаться за счет других*

batten wall [ˈbætnwɔːl] дощатая перегородка

battens [ˈbætnz] обрешетина

batter [ˈbætə] взбитое тесто; мятая глина; густая липкая грязь; сильный артиллерийский обстрел (воен.); ураганный огонь; сбитый шрифт (полигр.); сильно бить; колотить; дубасить; долбить; подвергать суровой критике; громить; плющить (металл); месить; мять (глину); разрушать; пробивать бреши (артиллерийским огнем); сбивать шрифт (полигр.); уступ; уклон (стены); отклоняться

to batter at the door — *сильно стучать в дверь*

battered [ˈbætəd] избитый; разбитый; изношенный; обветшалый; мятый

battering [ˈbætərɪŋ] избиение; град ударов; сильный стук (в дверь и т. п.); долбление; вмятина; огонь на разрушение (воен.)

battering-ram [ˈbætərɪŋræm] таран (ист.); стенобитное орудие

battery [ˈbætərɪ] батарея (воен.); дивизион (легкой артиллерии); артиллерия корабля (мор.); батарея; гальванический элемент; аккумулятор; побои (юр.); оскорбление действием

to charge a battery — *зарядить батарею*

to discharge (run down) a battery — *разряжать аккумулятор*

to mask one's batteries — *скрывать свои намерения*

to recharge a battery — *перезарядить батарею*

to turn a man's battery against himself — *бить противника его же оружием*

battery capacity [ˈbætərɪkəˈpæsɪtɪ] ёмкость аккумуляторной батареи

battery car [ˈbætərɪkɑː] аккумуляторный автомобиль; электровагон

battery charger [ˈbætərɪˈtʃɑːdʒə] зарядное устройство

battery charging circuit [ˈbætərɪˌtʃɑːdʒɪŋˈsəːkɪt] зарядная цепь

battery farm [ˈbætərɪfɑːm] птицефабрика

battery locomotive [ˈbætərɪˈloukəˌmoutɪv] электровоз

battery of studies [ˈbætərɪəvˈstʌdɪz] комплекс исследований

battery supply circuit [ˈbætərɪ|səˈplaɪˈsəːkɪt] цепь питания от аккумуляторной батареи

battery vehicle [ˈbætərɪ|ˈviːkl] электрокар; электромобиль

battle [ˈbætl] битва; сражение; бой; битва; борьба; война; боевой; бороться; сражаться

   to do (give) battle — дать бой; дать сражение

   to break off (terminate) a battle — завершить сражение

   to come unscathed out of the battle — выйти сухим из воды

   to fight (wage) battle — вести бой

   to fight one's battles over again — снова переживать прошлое

   to fight smb.'s battles for him — лезть в драку за кого-либо

   to join battle — вступить в бой

   to lose battle — проиграть сражение

   to win a battle — выиграть сражение

battle alarm [ˌbætl|əˈlaːm] боевая тревога

battle array [ˈbætl|əˈreɪ] боевой порядок

battle bowler [ˈbætl|ˌboʊlə] стальной шлем

battle damage [ˈbætl|ˈdæmɪdʒ] боевое повреждение

battle dress [ˈbætl|dres] походная форма *(воен.)*

battle honour [ˈbætl|ˈɔnə] боевое отличие

battle of the books [ˈbætl|əvðəˈbuks] ученая дискуссия

battle-axe [ˈbætlæks] боевой топор; алебарда

battle-cruiser [ˈbætl,kruːzə] линейный крейсер

battle-cry [ˈbætlkraɪ] боевой клич; лозунг; призыв

battle-royal [ˌbætlˈrɔɪəl] драка; общая свалка; шумная ссора

battledore [ˈbætldɔː] валек; скалка; ракетка *(для игры в волан)*

battlement [ˈbætlmənt] зубчатая стена; зубцы *(стен, башен)*; зубчатые вершины гор

battler [ˈbætlə] боец; рядовой; солдат; выносливый боксер

battue [bæˈtuː] облава *(на охоте)*; тщательные поиски; бойня; резня *(франц.)*

batty [ˈbætɪ] сумасшедший

bauble [ˈbɔːbl] игрушка; безделушка; пустяк

baubling [ˈbɔːblɪŋ] пустячный

baulk [bɔːk] пересекать

bauxite [ˈbɔːksaɪt] боксит; алюминиевая руда *(минер.)*

bawdry [ˈbɔːdrɪ] ругань; сквернословие

bawdy [ˈbɔːdɪ] вульгарный; непристойный

bawdy-house [ˈbɔːdɪhaus] публичный дом

bawl [bɔːl] крик; рев; громкие рыдания; кричать; орать *(на кого-либо)*

   to bawl out — кричать, выкрикивать

   to bawl out abuse — ругаться

   to bawl smb. out — накричать, наорать на кого-либо

bay [beɪ] бухта; губа; залив; ниша; глубокий выступ комнаты с окном; стойло; железнодорожная платформа; тупик *(авт.)*; судовой лазарет; лай; лаять; преследовать; травить; загонять *(зверя)*; пролет; помещение; пространство; участок *(цеха)*; отсек; запруда; набережная

bay-salt [ˈbeɪsɔːlt] осадочная морская *(озерная)* соль

bay-tree [ˈbeɪtriː] лавр благородный

bayadere [ˌbajəˈdɛə] баядера; полосатая материя *(франц.)*

bayonet [ˈbeɪənɪt] штык; штыковой; колоть штыком

   to charge with the bayonet — броситься в штыки

   to thrust a bayonet into (smb.'s body) — воткнуть штык в кого-либо

bayou [ˈbaɪuː] заболоченный рукав реки, озера или морского залива *(на юге США)*

baza(a)r [bəˈzaː] восточный базар; благотворительный базар; большой магазин; большой торговый зал

bazooka [bəˈzuːkə] реактивный противотанковый гранатомет «базука»

   to fire (operate) a bazooka — применять «базуку»; стрелять из гранатомета

be [biː] быть; существовать; находиться; бывать; происходить; случаться; стоить; *в составном именном сказуемом является глаголом-связкой*; служит как вспомогательный глагол; модальный глагол с последующим инфинитивом означает долженствование, возможность, намерение

   to be a bad sailor — плохо переносить качку на море

   to be a lender — выступать в роли ссудодателя

   to be a matter of — стоить

   to be a part of — входить в состав

   to be a party to — принимать участие

   to be a unit — быть единодушным *(амер.)*

   to be about — касаться; иметь отношение; делать; осуществлять; быть поблизости; кружиться; двигаться вокруг чего-либо; собираться (сделать что-либо); полагать; предполагать; быть занятым чем-либо; быть на ногах; встать; быть в большом количестве

   to be above — быть выше, чем что-либо (кто-либо); быть в большем количестве, чем что-либо (кто-либо); иметь более высокий ранг; быть безупречным; вне подозрений; выше критики

   to be above one's head — быть слишком сложным для чьего-либо понимания

   to be above oneself — быть в возбужденном, взволнованном состоянии to be abreast of — быть наравне с кем-либо (чем-либо); быть в курсе дела

to be absent — отсутствовать

to be acceptable as collateral — быть приемлемым в качестве обеспечения

to be accompanied — сопровождаться

to be accorded permission — получить разрешение (сделать что-либо)

to be accumulated — накапливаться

to be asleep — спать

to be at — намереваться; ругать; настойчиво просить кого-либо; осуществлять что-либо активно; быть популярным (модным); трогать; брать что-либо чужое; атаковать кого-либо

to be at a dead end — быть в безнадежном состоянии; не иметь шансов на продвижение

to be at a loss — быть неспособным сказать (сделать что-либо)

to be at an end — кончаться

to be at anchor — стоять на якоре

to be at apogee — находиться в апогее

to be at attention — стоять по стойке «смирно» (воен.)

to be at daggers drawn with smb. — быть на ножах с кем-либо

to be at each other's throats — набрасываться друг на друга

to be at ease — стоять в положении «вольно»; чувствовать себя удобно

to be at gaze — находиться в состоянии замешательства; быть в изумлении

to be at grass — пастись; быть на подножном корму; быть на отдыхе

to be at law — соблюдать закон

to be at loggerheads — иметь резкие разногласия

to be at odds — быть несогласным с кем-либо (чем-либо)

to be at pains — делать что-либо, что приносит большие неприятности

to be at play — играть

to be at rest — покоиться

to be at sea — находиться в плавании

to be at the pains — прилагать усилия; брать на себя труд; стараться

to be at variance — расходиться во мнениях; находиться в противоречии; быть в ссоре

to be at work — быть занятым чем-либо

to be attracted — тяготеть

to be authorized — получать право

to be away — уложить в (какое-либо) место; уходить; отлучиться; отсутствовать; везти; удаваться; иметь большой шанс на успех; задуматься; погрузиться в свои мысли

to be back — возвращаться; вновь входить в моду; положить что-либо на прежнее место

to be badly off — быть в трудном положении; нуждаться

to be bankrupt — быть несостоятельным должником

to be banned from driving — быть лишенным водительских прав

to be based — основываться

to be before — быть; жить раньше, чем что-либо (кто-либо); предшествовать чьему-либо рождению; обвиняться

to be behind — находиться; лежать на задней стороне чего-либо; опаздывать; приходить позже, чем остальные; не выполнять вовремя денежных обязательств; отставать в учебе; служить причиной

to be behind bars — находиться в тюрьме

to be behind schedule — запаздывать

to be behind the times — быть старомодным (в отношении идей)

to be below — находиться на более низком уровне, чем что-либо; быть в меньшем количестве, чем что-либо; иметь более низкий ранг, чем что-либо; быть хуже, чем что-либо; находиться в помещении корабля

to be beneath — находиться ниже чего-либо (кого-либо); быть позорным для кого-либо

to be beneath contempt — иметь невысокие моральные качества

to be beneath smb.'s dignity — быть позорным для кого-либо

to be beneath smb.'s notice — быть недостойным внимания

to be beneficial to — быть полезным

to be bent on smth. — устремлять свои помыслы на что-либо; стремиться к чему-либо

to be beside — находиться рядом с кем-либо, чем-либо

to be beside oneself — быть в возбужденном, взволнованном состоянии

to be beside the point — быть неважным, несвязанным

to be better off — быть богаче

to be between — находиться между чем-либо (кем-либо)

to be beyond — находиться за чем-либо или вне пределов чего-либо; не подлежать чему-либо; выходить за рамки (пределы чего-либо); быть больше, чем что-либо; быть слишком сложным для кого-либо

to be beyond a joke — становиться слишком серьезным

to be beyond control — выйти из подчинения

to be beyond endurance — быть невыносимым

to be beyond hope — быть в безнадежном положении

to be beyond one's ken — быть слишком трудным для чьего-либо понимания

to be beyond question — быть верным, истинным

to be beyond redemption — быть окончательно погибшим

to be biased against — иметь предубеждение против кого-либо

to be blinded to — не знать

to be blue — хандрить

to be bondsman — быть поручителем

to be bound for — следовать в направлении

to be bound up in — быть занятым чем-либо

to be bound up with — быть связанным с чем-либо

to be brief — быть кратким

to be broken — нарушаться

to be bullish — играть на повышение

to be calculated — начисляться; подсчитываться

to be called — называться

to be cancellable — быть сократимым

to be cancelled — быть аннулированным

to be caught — попадаться

to be caught short — не хватать

to be characterized — описываться; характеризоваться

to be checked — сверяться

to be chilled — зябнуть; мерзнуть

to be circumscribed — описываться

to be cleared up — разъясняться

to be close to — тяготеть

to be closed — быть закрытым

to be eliminated — ликвидироваться

to be employed — быть принятым на работу

to be engaged in — заниматься

to be off one's balance — потерять душевное равновесие

to be off the press — выходить из печати

to be on a self-sustained budget — находиться на хозрасчете

to be packed to capacity — быть набитым битком; быть переполненным

be-in [ˈbiːɪn] праздник с гуляньем; сборище *(обычно у хиппи)*

beach [biːtʃ] пляж; отлогий морской берег; взморье; отмель; приливная полоса; береговой вал; пункт высадки морского десанта; сажать на мель; выгружать на берег

beach grass [ˈbiːtʃˌɡrɑːs] песколюб *(бот.)*

beach seine [ˈbiːtʃˈseɪn] закидной невод

beach-comber [ˈbiːtʃˌkoʊmə] океанская волна, набегающая на берег; *(белый)* обитатель островов Тихого океана, перебивающийся случайной работой; лицо без определенных занятий *(разг.)*; бездельник; бродяга

beach-head [ˈbiːtʃhed] береговой плацдарм *(при высадке десанта) (воен.)*

beachcart [ˈbiːtʃkɑːt] тележка для спуска береговой спасательной шлюпки

beachfront [ˈbiːtʃfrʌnt] пляжный

beacon [ˈbiːkən] маяк; бакен; буй; сигнальный огонь; сигнальная башня; предостережение; радиомаяк; освещать сигнальными огнями; обставлять знаками; ограждать; светить; указывать путь; служить маяком

beacon light [ˈbiːkənˈlaɪt] сигнальный огонь

bead [biːd] шарик; бусина; бисерина; бусы; бисер; четки *(церк.)*; капля; пузырек *(воздуха)*; мушка *(воен.)*; прицел; борт *(техн.)*; отогнутый край; заплечик; реборда; буртик; капельки *(украшение по краю фронтона) (архит.)*; нанизывать *(бусы)*; украшать бусами; вышивать бисером; читать молитвы; бортик; загиб; закраина; отбортовывать

bead-roll [ˈbiːdroʊl] перечень; реестр; список; происхождение; родословная; четки; поминальный список

beaded [ˈbiːdɪd] нанизанный *(о бусах)*; похожий на бусы; бисер; капельки

beaded lizard [ˌbiːdɪdˈlɪzəd] ядозуб

beadle [ˈbiːdl] церковный староста; судебный посыльный; курьер при суде

beadledom [ˈbiːdldəm] абстракция; формализм; бюрократизм

beads [ˈbiːdz] ожерелье; четки

beadsman [ˈbiːdzmən] призреваемый в богадельне; молящийся *(за благодетеля)*

beady [ˈbiːdɪ] похожий на бусинку; маленький и блестящий *(о глазах)*

beagle [ˈbiːɡl] гончая *(собака)*; агент; сыщик; охотиться с гончими

beak [biːk] клюв; что-либо напоминающее клюв *(крючковатый нос, носик сосуда, выступ на носу старинного корабля и т. п.)*; судья *(разг.)*; слезник *(архит.)*; мундштук у деревянных духовых инструментов; мыс; коса; водорез

beak-shaped [ˈbiːkʃeɪpt] клювовидный; клювообразный

beaked [biːkt] имеющий клюв; выступающий *(о мысе, скале)*

beaker [ˈbiːkə] лабораторный стакан; мензурка; кубок; чаша

beam [biːm] луч; пучок лучей; сияние; сияющий вид; сияющая улыбка; балка; брус; перекладина; ткацкий навой; дышло; балансир *(техн.)*; коромысло *(весов)*; бимс *(мор.)*; бум *(спорт.)*; ширина *(судна)*; траверз *(мор.)*; грядиль *(плуга) (с.-х.)*; радиосигнал *(для самолета)*; радиус действия *(микрофона, громкоговорителя)*; сиять; светить; лучезарно улыбаться; испускать лучи; излучать; определять местонахождение самолета с помощью радара (радио); вести направленную передачу; ствол рога (биол.)

to be on one's beam ends — лежать на боку (о судне); быть в опасности, в безвыходном положении

to direct (shine) a beam at — направлять пучок света на что-либо

beam athwartship [ˈbiːm|əˌθwɔːtʃɪp] ширина судна
beam balance [ˈbiːmˌbæləns] рычажные весы; весы коромысловые
beam clamp [ˈbiːmˌklæmp] скоба для крепления к бимсу
beam compass [ˈbiːmˌkʌmpəs] штангенциркуль
beam entry point [ˈbiːmˈentrɪˌpɔɪnt] место входа пучка частиц
beam in one's eye [ˈbiːm|ɪn|ˌwʌnzˈaɪ] «бревно в собственном глазу»; собственный недостаток
beaming [ˈbiːmɪŋ] яркий; блестящий; светлый; ясный (о звуке); светлый; прозрачный (о жидкости); полированный; блестящий; великолепный; способный; смышленый; живой; расторопный; веселый; излучение
bean [biːn] боб (плод); голова; монета (золотая)
bean bag [ˈbiːn|bæg] большая круглая подушка, наполненная полистиролом или пенорезиной
bean counter [ˈbiːnˌkauntə] погоня за наживой
bean-feast [ˈbiːnfiːst] традиционный обед, устраиваемый хозяином для служащих раз в год; гулянка; пирушка
bean-pod [ˈbiːnpɔd] бобовый стручок
bean-shaped [ˈbiːnʃeɪpt] бобовидный
beanlike [ˈbiːnlaɪk] бобообразный
beanpole [ˈbiːnpoul] тощий и высокий человек (разг.)
bear [bɛə] медведь; грубый, невоспитанный человек; спекулянт, играющий на понижение; дыропробивной пресс; медведка; швабра (для мытья палубы) (разг.); носить; нести; перевозить; переносить; выдерживать; нести нагрузку, тяжесть; поддерживать; подпирать; опираться (на что-либо); рождать; производить на свет; приносить плоды; питать; иметь (чувство и т. п.); (в отрицательных или вопросительных предложениях) терпеть; допускать; разрешать; выносить; держаться; вести себя; простираться; нести (расходы, ответственность); выносить; выдерживать (испытания, боль и т. п.); иметь (герб); обладать; нести на себе; играть на понижение; давать (показания в суде)

to bear a hand — участвовать; помогать
to bear a heavy load — нести тяжелый груз
to bear a part — принимать участие
to bear a resemblance — быть похожим; иметь сходство
to bear a resemblance to — выглядеть как кто-либо; что-либо
to bear arms — носить оружие; служить в армии; иметь или носить герб
to bear arms against smb. — поднять оружие на кого-либо; восстать против кого-либо
to bear away — выиграть (приз, кубок и т. п.); выйти победителем; быть захваченным, увлеченным чем-либо; уезжать; отправляться
to bear children — рожать детей
to bear company — составлять компанию; сопровождать; ухаживать
to bear comparison with — выдержать сравнение с
to bear down — преодолевать; подходить по ветру (мор.); устремляться; набрасываться; нападать (на кого-либо.); влиять; наносить поражение; разбивать; прилагать усилия; подходить близко к чему-либо; возлагаться на кого-либо; строго наказывать кого-либо
to bear evidence — давать показания
to bear fruit — приносить плоды
to bear hard on — подавлять кого-либо
to bear in brains — помнить; иметь в виду
to bear in mind — помнить; принимать во внимание
to bear interest — приносить проценты
to bear losses — нести убытки
to bear north (south, east, etc.) — лежать или быть расположенным к северу (югу, востоку и т. п.)
to bear responsibility — нести ответственность
to bear tales — ябедничать
to bear testimony — свидетельствовать; показывать; давать показания под присягой
to bear the bag — распоряжаться деньгами; быть хозяином положения
to bear the bell — быть вожаком; первенствовать
to bear the cases downstairs — снести чемоданы вниз
to bear expenses (losses, etc.) — нести расходы (потери и т. п.)
to bear the marks of blows — носить следы побоев
to bear the news — передавать новости
to bear the palm — получить пальму первенства; одержать победу
to bear the signature — иметь подпись; быть подписанным
to bear the test — выдержать испытание
to bear to — нести что-либо в каком-либо направлении
to bear to the right — принять вправо
to bear up — поддерживать; подбадривать; держаться стойко; спускаться (по ветру) (мор.); оставаться прочным; не ломаться
to bear with — относиться терпеливо к чему-либо; мириться с чем-либо

to bear witness — *свидетельствовать; давать показания*

bear hug [ˈbɛə|hʌg] *медвежья хватка; хватка (борьба)*

bear-baiting [ˈbɛə‚beɪtɪŋ] *травля медведя*

bear-pit [ˈbɛəpɪt] *медвежья яма*

bearable [ˈbɛərəbl] *приемлемый; удовлетворительный*

bearberry [ˈbɛəbərɪ] *толокнянка обыкновенная; медвежья ягода*

beard [bɪəd] *борода; растительность на лице; ость (колоса); кончик вязального крючка; зубец; зазубрина; смело выступать против; отесывать края доски или бруса*

to beard the lion in his den — *смело подходить к опасному (страшному) человеку*

to grow a beard — *отпустить бороду*

to shave off (trim) one's beard — *сбрить бороду*

to stroke one's beard — *поглаживать бороду*

bearded dragon [ˈbɪədɪd|ˈdræɡən] *бородатая ящерица*

beardie *голец (биол.)*

beardless [ˈbɪədlɪs] *безбородый; юношеский*

bearer [ˈbɛərə] *тот, кто носит; санитар; носильщик; податель; предъявитель; плодоносящее растение; несущий элемент; опора (техн.); подушка*

bearer cheque [ˈbɛərə|tʃek] *чек на предъявителя (фин.)*

bearer note [ˈbɛərə‚nout] *вексель на предъявителя*

bearer of bill [ˈbɛərə|əv‚bɪl] *держатель векселя*

beargarden [ˈbɛə‚ɡɑːdn] *медвежий садок; шумное сборище*

bearing [ˈbɛərɪŋ] *ношение; рождение; произведение на свет; плодоношение; плодоносящий; поведение; осанка; манера держать себя; терпение; отношение; значение; девиз (на гербе); подшипник (техн.); опора (техн.); точка опоры; пеленг; румб; азимут; направление; ориентация; несущий; порождающий; рождающий*

to consider a question in all its bearings — *рассматривать вопрос со всех сторон*

to come into bearing — *вступать в пору размножения*

this has no bearing on the question — *это не имеет никакого отношения к делу, вопросу*

the precise bearing of the word — *точное значение слова*

bearing a date [ˈbɛərɪŋ|ə‚deɪt] *датированный*

bearing preload adjustment [ˈbɛərɪŋ‚priːloud|əˈdʒʌstmənt] *регулировка предварительного натяга в подшипнике (техн.)*

bearish [ˈbɛərɪʃ] *медвежий; грубый; понижательный (бирж.)*

bearleader [ˈbɛə‚liːdə] *вожак (медведя); гувернер, путешествующий с богатым молодым человеком (разг.)*

bearskin [ˈbɛəskɪn] *медвежья шкура; меховой кивер (английских гвардейцев)*

beast [biːst] *зверь; животное; скотина; тварь; упрямец; неприятный человек; отгульный скот*

beast of a job [ˈbiːst|əv|əˈdʒɔb] *неприятная, трудная задача*

beast of burden [ˈbiːst|əv|ˈbəːdn] *вьючное животное*

beast of prey [ˈbiːst|əv|ˈpreɪ] *хищный зверь*

beastliness [ˈbiːstlɪnɪs] *скотство; гадость*

beastly [ˈbiːstlɪ] *животный; непристойный; противный; ужасный; гадкий; грязный*

beasts of draught [ˈbiːsts|əv|ˈdrɑːft] *живое тягло; рабочий скот*

beat [biːt] *удар; бой (барабана); биение (сердца); колебание (маятника); такт; отбивание такта; размер; ритм; дозор; обход; район (обхода); пульсация; толчок; систола; бить; колотить; ударять; выбивать (дробь на барабане); отбивать (котлету); взбивать (тесто, яйца); отбивать (часы); толочь (в порошок); выколачивать (ковер, одежду, мебель и т. п.); биться (о сердце); разбиваться; хлестать; стучаться; побеждать; побивать; превосходить; лавировать (мор.); бороться с встречным ветром, течением*

to beat a parley — *давать сигнал барабанным боем или звуком трубы о желании вступить в переговоры (воен.)*

to beat about — *метаться; изменять направление (о корабле); беспокойно искать; разыскивать*

to beat about the bush — *ходить вокруг да около; подходить к делу осторожно, издалека; говорить обиняками*

to beat against — *ударять обо что-либо*

to beat back — *отбивать; отражать; плыть с трудом (мор.)*

to beat black and blue — *избить до синяков; живого места не оставить*

to beat down — *подавлять (оппозицию); сбивать (цену)*

to beat goose — *хлопать себя по бокам, чтобы согреться*

to beat hollow — *разбить наголову; избить; перещеголять*

to beat in — *проломить; раздавить; вколачивать; вдалбливать; вбивать*

beaten [ˈbiːtn] *битый; побежденный; разбитый; банальный; избитый; измученный; утомленный; проторенный; кованый; поражаемый (воен.)*

beaten area [ˈbiːtn|ˈeərɪə] *обстреливаемый район*

beaten to death [ˈbiːtn|tə|ˈdeθ] *забитый насмерть*

BEA — BED

beater [ˈbiːtə] тот, кто бьет; загонщик; колотушка; пестик; трепало; било; цеп (с.-х.); битер (комбайна)

beatific [ˌbiːəˈtɪfɪk] блаженный; дающий блаженство

beatify [bɪ(ː)ˈætɪfaɪ] делать счастливым; канонизировать (церк.)

beating [ˈbiːtɪŋ] битье; порка; избиение; поражение; разгром; разрушение; биение; взмахивание (крыльями); равномерный стук; пульсация; колебания (маятника)

beating of waves [ˈbiːtɪŋ|əv|ˈweɪvz] прибой

beatitude [bɪˈætɪtjuːd] блаженство

beau [bou] франт; щеголь; кавалер; поклонник (франц.)

beaut [bjuːt] отличный (разг.)

beauteous [ˈbjuːtjəs] красивый; прекрасный; привлекательный

beautician [bjuːˈtɪʃən] косметолог; косметичка

beautiful [ˈbjuːtəful] живописный; превосходный; красивый; прекрасный; привлекательный

beautify [ˈbjuːtɪfaɪ] украшать

beauty [ˈbjuːtɪ] красота; красавица; прелесть

beauty contest [ˈbjuːtɪ|ˈkɔntest] конкурс красоты

beauty parlour [ˈbjuːtɪ|ˌpɑːlə] косметический кабинет; институт красоты

beauty-sleep [ˈbjuːtɪsliːp] сон днем; ранний сон (до полуночи)

beauty-spot [ˈbjuːtɪspɔt] мушка (на лице)

beaver [ˈbiːvə] бобр; бобровый мех; касторовая шляпа; забрало

beaver dam [ˈbiːvə|dæm] бобровая плотина

bebop [ˈbiːbup] бибоп; род джазовой музыки

becalm [bɪˈkɑːm] умиротворять; унимать; успокаивать; заштилеть (о судне)

because [bɪˈkɔz] потому что; так как

beck [bek] кивок; приветствие рукой; ручей; манить; кивать; делать знаки рукой

becket [ˈbekɪt] строчка; петля

becket tiller [ˈbekɪt|ˈtɪlə] рулепель-штерт

becloud [bɪˈklaud] затемнять; заволакивать; затуманивать (зрение, рассудок)

become [bɪˈkʌm] употребляется как глагол-связка делаться; становиться; годиться; подходить; приличествовать; соответствовать; быть к лицу

to become a party to — принимать участие
to become airborne — отрываться от земли
to become apparent — проявляться
to become aware — ощущать; чувствовать; воспринимать; понимать; осознавать; постигать
to become bankrupt — обанкротиться
to become bent — горбиться; сутулиться
to become brown — чернеть; загорать
to become callous — грубеть

to become carious — гнить; портиться; разлагаться; разрушаться
to become charred — обугливаться
to become confused — смутиться; спутаться
to become demented — сходить с ума
to become effaced — изглаживаться
to become effective — входить в силу
to become established — устанавливаться
to become exhausted — исчерпываться
to become free — освободиться
to become hoarse — охрипнуть
to become liable to punishment — подлежать наказанию
to become of — случаться; происходить (чаще о плохом событии)
to become operational — вступать в силу
to become shallow — мелеть
to become zero — обратиться в нуль

become hardened [bɪˈkʌm|ˈhɑːdnd] запекаться; застывать; затвердевать

becoming [bɪˈkʌmɪŋ] подобающий; соответствующий; (идущий) к лицу (о платье)

bed [bed] кровать; постель; брачное ложе; клумба; гряда; грядка; дно (моря); русло (реки); лежка зверя; заросль; могила; пласт; слой; залегание; балластный слой; полотно; основание (для фундамента); класть в постель; ложиться в постель; стлать подстилку (для лошади); сажать; высаживать в грунт; класть на надлежащее основание (кирпич на слой известки и т. п.); настилать; брачные права и обязанности; ночлег

to bed down — устраивать на ночь
to bed in — закреплять; вкапывать (воен.)
to bed out — высаживать растения
to bed stone — нижний жернов
to get out of bed — встать с постели
to go to bed — ложиться спать
to keep to (one's) bed — хворать; лежать в постели
to leave one's bed — выздороветь; встать с постели
to lie (sit on) a bed — сидеть на диване
to lie (stay) in bed — лежать в кровати
to make the bed — стелить постель
to take to one's bed — слечь в постель
to undo a bed — разобрать постель

bed and breakfast [ˈbed|ənd|ˈbrekfəst] система услуг в гостинице, по которой проживающий платит за номер на ночь и за завтрак на следующее утро

bed curtains [ˈbed|ˌkəːtnz] балдахин; полог; навес; тент

bed of boards [ˈbed|əv|ˈbɔːdz] нары

bed of brick [ˈbed|əv|ˈbrɪk] нижняя грань кирпича

bed of flowers [ˈbed|əv|ˈflauəz] легкая жизнь

bed of straw [ˈbed|əv|ˌstrɔː] соломенный тюфяк

bed of thorns [ˈbed|əv|ˈθɔːnz] тернистый путь; неприятное, трудное положение
bed-bug [ˈbedbʌg] клоп
bed-rock [ˈbedrɔk] коренная подстилающая порода; бедрок; почва *(залежи)*; основные принципы
bed-side [ˈbedsaɪd] место у кровати, постели
bed-side table [ˈbedsaɪd|ˌteɪbl] ночной столик; *(прикроватная)* тумбочка
bed-sitting-room [ˈbedˈsɪtɪŋrum] жилая комната *(спальня и гостиная)*
bed-spread [ˈbedspred] постельное покрывало
bedabble [bɪˈdæbl] замочить; забрызгать
bedaub [bɪˈdɔːb] замазать; запачкать
bedazzle [bɪˈdæzl] ослеплять блеском
bedchamber [ˈbedˌtʃeɪmbə] спальня
bedding [ˈbedɪŋ] постельные принадлежности; подстилка для скота; основание; ложе; базис; основа; фундамент; залегание *(геол.)*; высаживание в грунт
bedeck [bɪˈdek] украшать
bedevil [bɪˈdevl] мучить; терзать; сбивать с толку; околдовать; «навести порчу»
bedew [bɪˈdjuː] покрывать росой; обрызгивать
bedewed [bɪˈdjuːd] росистый
bedfast [ˈbedfɑːst] прикованный к постели *(болезнью)*
bedfellow [ˈbedˌfelou] муж, жена, супруг, супруга, спящий с кем-либо в одной постели; компаньон; партнёр; соучастник
bedgown [ˈbedgaun] женская ночная сорочка
bedhead [ˈbedhed] изголовье
bedigeon шпатлёвка
bedim [bɪˈdɪm] затемнять; затуманивать
bedizen [bɪˈdaɪzn] ярко; пёстро украшать; наряжать
bedlam [ˈbedləm] дом умалишённых; бедлам
bedlamite [ˈbedləmaɪt] сумасшедший *(человек)*
bednight [ˈbednaɪt] ночлег
bedpost [ˈbedpoust] столбик кровати
bedrid(den) [ˈbedˌrɪd(n)] прикованный к постели болезнью; бессильный
bedside manner [ˈbedsaɪdˈmænə] умение подойти к больному; врачебный такт
bedside rug [ˈbedsaɪdˈrʌg] прикроватный коврик
bedsit [ˈbedsɪt] комната, снимаемая на двоих
bedsore [ˈbedsɔː] пролежень
bedspread [ˈbedspred] покрывало
bedstead [ˈbedsted] остов кровати; стенд
bedtime [ˈbedtaɪm] время ложиться спать
bee [biː] пчела; трудолюбивый человек *(в переносном значении)*; встреча соседей, друзей и т. п. для совместной работы и взаимопомощи *(для спортивных соревнований и гулянья)*
bee glue [ˈbiːˌgluː] пчелиный клей

bee-farming [ˈbiːˌfɑːmɪŋ] пчеловодство
bee-garden [ˈbiːˌgɑːdn] пасека; пчельник
bee-keeper [ˈbiːˌkiːpə] пасечник
bee-keeping [ˈbiːˌkiːpɪŋ] пчеловодческий
bee-line [ˈbiːlaɪn] прямая *(воздушная)* линия
beech [biːtʃ] бук; буковое дерево; буковый
beef [biːf] говядина; бык или корова *(откормленные на убой)*; мясной скот; туша; туша *(о человеке)*; сила; энергия

to beef up — усиливать; укреплять; подкреплять *(людьми, средствами и т. п.)*; расширять; наращивать

to boil beef — варить говядину
to braise beef — тушить говядину
to broil (roast) beef — жарить
to cook beef — готовить блюдо из говядины
to stew beef — тушить, томить говядину

beef broth [ˈbiːfˌbrɔθ] мясной бульон
beef infusion broth [ˈbiːfɪnˌfjuːʒənˈbrɔθ] мясной бульон
beef tea [ˈbiːfˈtiː] крепкий бульон; мясной бульон
beef-witted [ˈbiːfˈwɪtɪd] глупый
beefburger [ˈbiːfbəːgə] булочка с рубленым бифштексом
beefeater [ˈbiːfˌiːtə] лейб-гвардеец *(при английском дворе)*; служитель охраны лондонского Тауэра
beefsteak [ˈbiːfˈsteɪk] бифштекс
beefy [ˈbiːfɪ] мясистый; крепкий; мускулистый
beehive [ˈbiːhaɪv] улей
beep tone [ˈbiːpˌtoun] зуммер
beeper [ˈbiːpə] таймер; устройство звуковой сигнализации
beer [bɪə] пиво

to brew beer — варить пиво

beer and skittles [ˈbɪərəndˈskɪtlz] праздные развлечения
beer marquee [ˈbɪəmɑːˈkiː] пивная
beer on draught [ˈbɪərɔnˌdrɑːft] пиво из бочки
beerhouse [ˈbɪəhaus] пивная
beermat [ˈbɪəmæt] картонная подставка под стакан с пивом
beery [ˈbɪərɪ] пивной; отдающий пивом; подвыпивший
beestings [ˈbiːstɪŋz] молоко новотельной коровы; молозиво
beeswax [ˈbiːzwæks] пчелиный воск; натирать воском
beeswing [ˈbiːzwɪŋ] налёт на старом, выдержанном вине; выдержанное вино
beet [biːt] свёкла; бурак; свеклорезальный; свеклоуборочный
beet harvester [ˈbiːtˌhɑːvɪstə] свеклоуборочный комбайн

BEE — BEG

beet slicing machine [ˈbiːtlˌslaɪsɪŋ|məˈʃiːn] свеклорезальная машина

beet-growing [ˈbiːtˈɡroʊɪŋ] свеклосеяние

beet-sugar [ˈbiːtˈʃuɡə] свеклосахарный

beetle [ˈbiːtl] жук; таракан; кувалда; трамбовать; дробить *(камни)*; нависший; выступающий; выступать; нависать

beetle blind [ˈbiːtl|blaɪnd] совершенно слепой

beetle off [ˈbiːtl|ˈɔːf] уходить; отправляться *(разг.)*

beetle-browed [ˈbiːtlbraʊd] с нависшими бровями; угрюмый; мрачный; насупленный

beetle-head [ˈbiːtlhed] болван

beetling [ˈbiːtlɪŋ] нависший

beetling brows [ˈbiːtlɪŋ|ˈbraʊz] нависшие брови

beetling cliffs [ˈbiːtlɪŋ|ˈklɪfs] нависшие скалы

beetroot [ˈbiːtruːt] свекловица

befall [bɪˈfɔːl] вершиться; случаться; совершаться

befit [bɪˈfɪt] подходить; приличествовать кому-либо

befog [bɪˈfɔɡ] затемнять; затуманивать

befogged [bɪˈfɔɡd] затуманенный; озадаченный

befool [bɪˈfuːl] одурачивать; вводить в заблуждение

before [bɪˈfɔː] перед; перед лицом; в присутствии; до; впереди; выше; больше; скорее... чем; прежде чем

to appear before the Court — предстать перед судом

before dark [bɪˈfɔː|daːk] до наступления темноты

before day [bɪˈfɔː|deɪ] до рассвета

before maturity [bɪˈfɔː|məˈtjʊərɪtɪ] до наступления срока

before meal [bɪˈfɔː|miːl] перед едой

before smb.'s face [bɪˈfɔː|ˌsʌmbedɪzˈfeɪs] перед *(самым)* носом у кого-либо

before tax [bɪˈfɔː|tæks] до вычета налога

before-dinner [bɪˈfɔːˈdɪnə] предобеденный

beforehand [bɪˈfɔːhænd] заранее; вперед; заблаговременно; преждевременно; предварительный

befoul [bɪˈfaʊl] пачкать; загрязнять; марать; осквернять

befriend [bɪˈfrend] относиться дружески; помогать

befringe [bɪˈfrɪndʒ] отделывать бахромой; окаймлять

befuddle [bɪˈfʌdl] одурманивать

beg [beɡ] просить; умолять; нищенствовать; просить подаяния; служить; стоять на задних лапах *(о собаке)*; в официальном обращении в письме

to beg for mercy — просить пощады

to beg for the moon — просить невозможное

to beg leave — просить разрешения

to beg off — отпроситься

to beg pardon — просить извинения; прощения

to beg to do smth. — взять на себя смелость; позволить себе что-либо сделать

begad [bɪˈɡæd] клянусь небом *(разг.)*

beget [bɪˈɡet] производить; рождать; возбуждать; вызывать; порождать

begetter [bɪˈɡetə] отец; породивший; виновник

beggar [ˈbeɡə] нищий; парень; малый; плутишка; доводить до нищеты; разорять; опережать; превосходить; превышать

beggar description [ˌbeɡədɪsˈkrɪpʃən] не поддаваться описанию

beggar on horseback [ˈbeɡərɔn|ˈhɔːsbæk] выскочка

beggar oneself [ˌbeɡəwʌnˈself] разориться

beggar woman [ˈbeɡə|ˈwʊmən] нищенка

beggar's-ticks [ˌbeɡəzˈtɪks] череда

beggar-my-neighbor [ˌbeɡəmaɪˈneɪbə] направленный на разорение соседа

beggarly [ˈbeɡəlɪ] бедный; нищенский; жалкий; нищий; скудный; нищенски; умоляюще

beggarly hovel [ˈbeɡəlɪ|ˈhɔvel] жалкая лачуга

beggary [ˈbeɡərɪ] крайняя нужда; нищета; нищенство; нищие

begging [ˈbeɡɪŋ] нищенство; нищенствующий; вымаливающий подаяние

begin [bɪˈɡɪn] начинать(ся)

to begin at the beginning — начинать с самого начала

to begin at the wrong end — начинать не с того конца

to begin over — начинать сызнова

to begin the world — вступать в новую жизнь

to begin with — начинать с чего-либо

begining [bɪˈɡɪnɪŋ] зарождение

begining-of-file label [bɪˈɡɪnɪŋəvfaɪl|ˈleɪbl] метка файла

beginner [bɪˈɡɪnə] тот, кто начинает; новичок; начинающий

beginning [bɪˈɡɪnɪŋ] зарождение; точка отправления; исходная точка; первопричина; происхождение; истоки; начальная стадия

to make a beginning — начать

to mark a beginning — зарегистрировать начало

beginning of month [bɪˈɡɪnɪŋ|əvˈmʌnθ] начало месяца

beginning of year [bɪˈɡɪnɪŋ|əvˈjɪə] начало года

beginning with [bɪˈɡɪnɪŋ|ˈwɪð] исходя; начиная с

begird [bɪˈɡəːd] опоясывать; обступать; окружать; охватывать

begoon баклажан

begrime [bɪˈɡraɪm] пачкать; покрывать сажей, копотью

begrudge [bɪˈɡrʌdʒ] завидовать; жалеть что-либо; скупиться

beguile [bɪˈɡaɪl] обманывать; вводить в заблуждение; дезориентировать; занимать; развлекать;

отвлекать чье-либо внимание; коротать; проводить время

to beguile with — *приятно проводить время, занимаясь чем-либо*

beguiling [bɪˈgaɪlɪŋ] заманчивый; привлекательный

behalf [bɪˈhɑːf] помощь; защита; поддержка; интерес; выгода; польза

on/in behalf of — *в интересах кого-л.; от имени кого-л.*

on my (his, her) behalf — *в моих (его, ее) интересах; от моего (его, ее) имени*

on behalf of my friends — *от имени моих друзей*

behave [bɪˈheɪv] поступать; вести себя

behave yourself! — *ведите себя прилично!*

to behave correctly — *вести себя корректно*

to behave ill — *плохо вести себя*

to behave like a charlatan — *мошенничать; обманывать; шарлатанить*

to behave oneself — *вести себя как следует*

to behave outrageously — *бесчинствовать*

behaviour [bɪˈheɪvjə] манеры; поведение; отношение; обращение; режим работы; действия

to be on one's best behaviour — *стараться вести себя как можно лучше*

to exhibit behaviour — *демонстрировать какое-либо поведение*

to exhibit strange behaviour — *странно вести себя*

to put smb. on his good behaviour — *дать человеку возможность исправиться*

behavioural [bɪˈheɪvjərəl] поведенческий

behavioural norm [bɪˈheɪvjərəlˈnɔːm] норма поведения

behaviourism [bɪˈheɪvjərɪzm] бихевиоризм *(псих.)*

behead [bɪˈhed] обезглавливать

beheading [bɪˈhedɪŋ] отсечение головы; обезглавливание

behemoth [bɪˈhiːmɔθ] бегемот; чудище

behest [bɪˈhest] приказание; повеление; распоряжение; приказ; завет

behind [bɪˈhaɪnd] за; сзади; позади; после; ниже *(по качеству и т. п.)*

behind closed doors [bɪˈhaɪndˌklouzdˈdɔːz] за закрытыми дверями; тайно

behind the back [bɪˈhaɪndðəˈbæk] за спиной; тайком

behind the curtain [bɪˈhaɪndðəˈkəːtn] за кулисами; не публично

behind the house [bɪˈhaɪndðəˈhaus] за домом; позади дома

behind the times [bɪˈhaɪndðəˈtaɪmz] отсталый; устарелый

behind time [bɪˈhaɪndˈtaɪm] с опозданием

behindhand [bɪˈhaɪndhænd] отсталый; запоздавший; задолжавший; в долгу; задним числом

behold [bɪˈhould] видеть; замечать; глядеть; созерцать

beholden [bɪˈhouldən] обязанный; признательный *(кому-либо, за что-либо)*

beholder [bɪˈhouldə] зритель; очевидец; свидетель

behoof [bɪˈhuːf] польза; выгода

behoove [bɪˈhuːv] надлежать; следовать

beige [beɪʒ] цвет беж; материя из некрашеной шерсти

being [ˈbiːɪŋ] бытие; жизнь; существование; лицо; персона; существо; человек; существо; суть; плоть и кровь; настоящий; существующий

to the very roots of one's being — *до мозга костей*

being in love [ˈbiːɪŋɪnˈlʌv] влюбленность

being investigated [ˈbiːɪŋɪnˈvestɪgeɪtɪd] исследуемый

being made [ˈbiːɪŋˈmeɪd] создаваемый

being packed [ˈbiːɪŋˈpækt] укладывающийся

being rectified [ˈbiːɪŋˈrektɪfaɪd] выпрямляющийся

bejewelled [bɪˈdʒuːld] обвешанный драгоценностями *(амер.)*

belabour [bɪˈleɪbə] бить; колотить *(разг.)*

belated [bɪˈleɪtɪd] запоздалый; поздний; застигнутый ночью; темнотой

belaud [bɪˈlɔːd] восхвалять; превозносить; славословить; хвалить

belay [bɪˈleɪ] страховка; завертывать

belch [beltʃ] отрыжка; столб *(огня, дыма)*; изрыгать *(ругательства)*; отрыгивать; извергать *(лаву)*; выбрасывать *(огонь; дым)*

belcher [ˈbeltʃə] пестрый платок *(шарф)*

beldam(e) [ˈbeldəm] ведьма

beleaguer [bɪˈliːgə] осаждать

beleaguered city [bɪˈliːgədˈsɪtɪ] осажденный город

belfry [ˈbelfrɪ] колокольня; башня

belie [bɪˈlaɪ] оболгать; оклеветать; давать неверное представление о чем-либо; изобличать; опровергать; противоречить; не оправдывать *(надежд)*

belief [bɪˈliːf] вера; доверие; факт; знания; мнение; убеждение

to express (hold) a belief — *выразить доверие кому-либо, чему-либо*

to give up (relinquish) one's belief — *перестать доверять кому-либо*

to shake one's belief — *поколебать чье-либо доверие*

to the best of my belief — *насколько мне известно; вера; верование*

belief-invoked interpretation [bɪˈliːfɪnˈvouktˌɪn.təˌprɪˈteɪʃən] интерпретация *(компьют.)*

BEL — BEL

believable [bɪˈliːvəbl] вероятный

believe [bɪˈliːv] верить; доверять; придавать большое значение; думать; полагать

believer [bɪˈliːvə] верующий; защитник; поборник; приверженец; сторонник

believing that [bɪˈliːvɪŋˈðæt] полагая, что

belike [bɪˈlaɪk] вероятно; быть может

belittle [bɪˈlɪtl] занижать; недооценивать; преуменьшать; принижать; умалять

bell [bel] колокол; колокольчик; звонок; бубенчик; раструб; расширение; чашечка цветка *(бот.)*; колокольчик *(форма цветка)*; рында *(колокол) (мор.)*; склянка; купол *(геол.)*; нависшая порода; крик; рев оленя *(во время течки у самок)*; кричать; мычать

to cast a bell — отливать колокол

to ring (sound) a bell — давать звонок; звонить в колокол

to strike the bells — бить склянки

bell crank lever [ˈbel|kræŋk|ˈliːvə] коленчатый рычаг

bell tower [ˈbelˌtauə] часовня

bell-punch [ˈbelpʌntʃ] компостер *(кондуктора автобусов и трамваев)*

bell-push [ˈbelpuʃ] кнопка звонка

bell-ringer [ˈbelˌrɪŋə] звонарь; мелкий политикан

bell-shaped [ˈbelʃeɪpt] колоколообразный

bell-tent [ˈbeltent] круглая палатка

bell-wether [ˈbelˌweðə] баран-вожак с бубенчиком *(в стаде)*; вожак

belladonna [ˌbeləˈdɔnə] сонная трава; белладонна

belle [bel] красавица

belled [beld] снабженный или увешанный колоколами; расширенный; имеющий раструб; с раструбом; имеющий форму колокольчика *(о цветке)*

belles-lettres [ˈbelˈletr] художественная литература; беллетристика

bellflower [ˈbelˌflauə] колокольчик

bellicose [ˈbelɪkous] воинственный; агрессивный

bellicosity [ˌbelɪˈkɔsɪtɪ] воинственность; агрессивность; драчливость

belligerency [bɪˈlɪdʒərənsɪ] состояние войны

belligerent nation [bɪˈlɪdʒərəntˈneɪʃən] воюющее государство

bellman [ˈbelmən] глашатай

bellmouth [ˈbelˈmauθ] раструб

bellow [ˈbelou] мычание; рев *(животных)*; вопль; рев; мычать; реветь; орать; бушевать; рычать *(от боли)*

bellows [ˈbelouz] воздуходувные мехи; кузнечные мехи; мех *(муз.)*

belly [ˈbelɪ] брюшко; живот; желудок *(первый)* у жвачных; верхняя дека струнного инструмента; утолщение пласта *(геол.)*; «пузо» паруса *(мор.)*

belly dance [ˈbelɪ|daːns] танец живота

belly laugh [ˈbelɪ|laːf] хохот

belly-ache [ˈbelɪeɪk] боль в животе; ворчать

belly-band [ˈbelɪbænd] подпруга; бандаж

belly-landing [ˈbelɪˌlændɪŋ] посадка с убранным шасси *(авиац.)*; посадка на фюзеляж, на «брюхо»

belly-pinched [ˈbelɪpɪntʃt] изголодавшийся

belong [bɪˈlɔŋ] принадлежать; относиться *(к чему-либо)*; быть связанным *(с кем-либо, чем-либо)*; быть родом из; происходить; быть частью группы; быть «своим»; находиться; помещаться

belonging [bɪˈlɔŋɪŋ] принадлежность; причастность; принадлежности; вещи; пожитки; пристройки; службы

belonoid иглообразный

beloved [bɪˈlʌvd] возлюбленный*(ая)*; любимый*(ая)*

below [bɪˈlou] под; ниже *(о качестве, положении и т. п.)*

below par [bɪˈlou|paː] ниже паритета; ниже номинала

below the average [bɪˈlou|ðəˈævərɪdʒ] ниже среднего

belt [belt] пояс; ремень; портупея; зона; район; полоса; узкий пролив; лента конвейера *(техн.)*; приводной ремень *(техн.)*; патронная лента *(воен.)*; броневой пояс *(мор.)*; облом *(архит.)*; подпоясывать; опоясывать; пороть ремнем

to belt down — выскочить в спешке наружу

to belt up — быть спокойным; прикрепить ремни в машине

to buckle (fasten) one's belt — пристегнуть ремни

to loosen belt — ослабить ремень

to tighten one's belt — затягивать ремни

to undo one's belt — расстегнуть ремень

belt drive [ˌbeltˈdraɪv] ременный привод

belt idler [ˈbeltˈaɪdlə] натяжитель ремня

belt route [ˈbeltˈruːt] кольцевая дорога; автострада

belt transmission [ˈbelt|trænzˈmɪʃən] ременная передача

belt-buckle [ˈbeltbʌkl] пряжка

belt-line [ˈbeltlaɪn] кольцевая дорога; объездной путь

belt-saw [ˈbeltsɔː] ленточная пила

belt-type [ˈbeltˈtaɪp] транспортерный

beltane [ˈbelteɪn] кельтский праздник костров *(1-го мая старого стиля)*

belted [ˈbeltɪd] опоясанный; имеющий ременный привод

belted cruiser [ˈbeltɪdˈkruːzə] броненосный *(бронепалубный)* крейсер

belter [ˈbeltə] выдающийся человек *(разг.)*

belting [ˈbeltɪŋ] ременная передача; приводной ремень; порка (ремнем); материал для изготовления ремней

beluga [bɪˈluːgə] белуга (биол.)

belvedere [ˈbelvɪdɪə] бельведер (архит.)

bemoan [bɪˈmoun] оплакивать

bemuse [bɪˈmjuːz] ошеломлять; поражать; потрясать; смущать

bench [bentʃ] скамья; место (в парламенте); место судьи; суд; судьи; верстак; станок; терраса (геол.); уступ; карниз (строит.); банка (мор.); выставка (собак); демонстрировать на выставке (собак)

to be raised to the bench — *получить место судьи*

bench vice [ˈbentʃ|vaɪs] верстачные тиски

bench work [ˈbentʃ|wəːk] слесарное дело

bench-warmer [ˈbentʃ|wɔːmə] бездомный; безработный; запасной игрок (разг.)

bench-warrant [ˈbentʃ|wɔːrənt] распоряжение суда (юр.)

benchmark [ˈbentʃmaːk] отметка уровня; отметка высоты; исходный пункт

benchmark data [ˈbentʃmaːk|ˈdeɪtə] исходные данные

benchmark rate [ˈbentʃmaːk|ˈreɪt] ставка-ориентир

benchmarking [ˈbentʃmaːkɪŋ] эталонное тестирование

bend [bend] изгиб; сгиб; изгиб дороги; излучина реки; узел (мор.); шпангоуты; колено (техн.); отвод; кессонная болезнь (мор.); сгибать(ся); гнуть(ся); изгибать(ся); напрягать (мысли, внимание и т. п.); направлять (взоры, шаги и т. п.); покорять(ся); вязать; привязывать (трос, паруса); кессонная болезнь

to bend before — *подчиняться; уступать; соглашаться*

to bend the law — *подчиняться закону*

to make a bend — *изгибаться; давать излучину; делать излучину*

bend angle [ˈbend|ˈæŋgl] угол изгиба

bended [ˈbendɪd] согнутый

bender [ˈbendə] клещи; кутеж; попойка; шестипенсовик (разг.)

beneath [bɪˈniːθ] внизу; ниже; под

to be beneath notice (contempt) — *не заслуживать внимания*

beneath criticism [bɪˈniːθ|ˈkrɪtɪsɪzm] ниже всякой критики

beneath our (very) eyes [bɪˈniːθ|auə (ˈverɪ) |ˈaɪz] (прямо) на наших глазах

benediction [ˌbenɪˈdɪkʃ(ə)n] благословение

to give (offer, pronounce) the benediction — *дать благословение; благословить*

to pronounce a benediction over — *благословить кого-либо*

benefaction [ˌbenɪˈfækʃ(ə)n] благодеяние; милость; взнос; вклад; пожертвование

benefactor [ˈbenɪfæktə] благодетель; жертвователь

beneficed clergyman [ˈbenɪfɪst|ˈkləːdʒɪmən] приходской священник

beneficence [bɪˈnefɪs(ə)ns] благотворительность; филантропия; благодеяние

beneficial [ˌbenɪˈfɪʃ(ə)l] благотворный; целебный; выгодный; доходный; полезный

beneficial association [ˌbenɪˈfɪʃ(ə)l|əˌsousɪˈeɪʃən] общество взаимопомощи

beneficiary [ˌbenɪˈfɪʃərɪ] владелец бенефиции, феода; лицо, пользующееся пожертвованиями, благодеяниями; лицо, получающее пенсию (страховую премию, пособие, ренту и т.п); глава церковного прихода

benefit [ˈbenɪfɪt] выгода; польза; прибыль; преимущество; привилегия; бенефис (театр.); благо; пенсия; (страховое) пособие; помогать; приносить пользу; извлекать пользу, выгоду (из чего-либо); материальное пособие

to derive benefit — *извлекать пользу*

to take the benefit of the bankrupt — *объявить себя банкротом*

benevolence [bɪˈnevələns] благожелательность; доброжелательность; благотворительность; филантропия; щедрость; поборы с населения под видом добровольного приношения (ист.)

benevolent [bɪˈnevələnt] благожелательный; благотворительный; филантропический; великодушный

benevolent foundation [bɪˈnevələnt|faunˈdeɪʃən] благотворительный фонд

bengal light [ˈbeŋgɔːl|ˈlaɪt] бенгальский огонь

benighted [bɪˈnaɪtɪd] застигнутый ночью; погруженный во мрак (невежества и т. п.)

benign [bɪˈnaɪn] добрый; милостивый; мягкий (о климате); плодоносный (о почве); в легкой форме (о болезни) (мед.); доброкачественный (об опухоли) (мед.)

benignity [bɪˈnɪgnɪtɪ] доброта

benne [ˈbenɪ] кунжут (бот.); сезам

bent [bent] склонность; стремление; изгиб; склон холма; рамный устой (строит.); изогнутый; бесчестный (разг.); полевица (бот.); луг; нива; поле

to follow one's bent — *следовать своему влечению*

to the top of one's bent — *вдоволь*

benthos [ˈbenθɔs] бентос (флора и фауна морского дна)

BEN — BES

benumb [bɪ'nʌm] приводить в оцепенение; притуплять *(чувства)*; парализовать *(энергию)*

benumbed [bɪ'nʌmd] окоченевший от холода; притупленный *(о чувствах)*; оцепенелый

benzene ['benzi:n] бензол *(хим.)*

benzine ['benzi:n] бензин; чистить бензином

benzoic acid [ben'zouɪk|'æsɪd] бензойная кислота

bequeath [bɪ'kwi:ð] завещать *(движимость)*

bequest [bɪ'kwest] наследство; посмертный дар; оставление наследства

berate [bɪ'reɪt] бранить

berber(r)y ['bə:bərɪ] барбарис *(бот.)*

berbine вербена *(бот.)*

bereave [bɪ'ri:v] лишать

bereavement [bɪ'ri:vmənt] тяжелая утрата

bereft of reason [bɪ'reft|əv|'ri:zn] умалишенный; без сознания; без чувств

beret ['bereɪ] берет

berg [bə:g] айсберг; ледяная гора

bergamot ['bə:gəmɔt] бергамот; бергамотный; бергамотовый *(бот.)*

bergy bit ['bə:gɪ|bɪt] крупный обломок айсберга

berhyme [bɪ'raɪm] воспевать в стихах

berk [bə:k] болван

berm [bə:m] обочина

Berne Convention ['bə:n|kən'venʃən] Бернская конвенция *(охрана авторских прав)*

berried lobster [,berɪd|'lɔbstə] омар с икрой

berry ['berɪ] ягода; икринка; зернышко икры; зерно *(кофе, пшеницы и т. п.)*; мясистый плод *(помидор, банан и т. п.)*; приносить ягоды; собирать ягоды

berry-shaped ['berɪʃeɪpt] ягодообразный

berrylike ['berɪlaɪk] ягодный

berserk(er) [bə:'sə:k(ə)] берсерк; древнескандинавский витязь; неустрашимый, неистовый воин; неистовый человек

berth [bə:θ] койка *(в кубрике)*; спальное место *(в поезде, самолете)*; причал; место у причала; пристань; якорное место *(мор.)*; должность; место; ставить *(судно)* на якорь; предоставлять спальное место, койку; предоставлять место; покрывать, обшивать досками

bertha ['bə:θə] берта; кружевной воротник

berthing ['bə:θɪŋ] постановка к причалу; место стоянки судна

berthing barge ['bə:θɪŋ|'ba:ʤ] дебаркадер; жилая баржа

berthing compartment ['bə:θɪŋ|kəm'pa:tmənt] жилой отсек; кубрик

beseech [bɪ'si:tʃ] заклинать; молить; просить; упрашивать

beseeching [bɪ'si:tʃɪŋ] молящий *(о взгляде, тоне)*

beseem [bɪ'si:m] подобать; приличествовать

beset [bɪ'set] окружать; осаждать; занимать; преграждать *(дорогу)*; украшать *(орнаментом)*
to beset with questions — осаждать вопросами

besetting [bɪ'setɪŋ] постоянно преследующий

besetting sin [bɪ'setɪŋ|'sɪn] главное искушение

beside [bɪ'saɪd] рядом с; близ; около; по сравнению с; мимо; кроме; помимо

beside oneself [bɪ'saɪd|wʌn'self] вне себя

beside the mark [bɪ'saɪd|ðə|'ma:k] мимо цели; некстати; не по существу

beside the purpose [bɪ'saɪd|ðə|'pə:pəs] нецелесообразно

beside the river [bɪ'saɪd|ðə|'rɪvə] у реки

besides [bɪ'saɪdz] кроме того; сверх того; кроме; за исключением; исключая

besiege [bɪ'si:ʤ] осаждать *(воен.)*; обложить; окружить; осаждать *(просьбами, вопросами)*

besieger [bɪ'si:ʤə] осаждающая сторона

beslaver [bɪ'slævə] замусолить; заслюнявить; чрезмерно льстить

besmear [bɪ'smɪə] пачкать; марать; грязнить; загрязнять; засаливать; бесчестить; позорить

besmirch [bɪ'smə:tʃ] загрязнять; марать; пачкать; чернить; порочить; бесчестить; позорить; пятнать

besom ['bi:zəm] веник; метла; мести

besot [bɪ'sɔt] опьянять; кружить голову; одурманивать

besotted [bɪ'sɔtɪd] одурманенный *(спиртными напитками, наркотиками и т. п.)*

bespangle [bɪ'spæŋgl] осыпать блестками

bespatter [bɪ'spætə] забрызгивать грязью; бесчестить

bespeak [bɪ'spi:k] заказывать заранее; заручаться чем-либо; оговаривать; обусловливать; являться условием; обнаруживать; свидетельствовать; обращаться к кому-либо

bespectacled [bɪ'spektəkld] носящий очки; в очках

bespoke [bɪ'spouk] сделанный на заказ

bespoke department [bɪ'spouk|dɪ'pa:tmənt] отдел заказов

bespoke tailoring [bɪ'spouk|'teɪlərɪŋ] индивидуальный пошив; пошив по заказам

besprent [bɪ'sprent] обрызганный; усыпанный

best [best] лучший; наилучший; оптимальный; больший *(усиливает значение существительного)*; что-либо самое лучшее; высшая степень чего-либо
to get the best (of smb.) — извлечь лучшее из чего-либо
to look one's best — выглядеть наилучшим образом
to make the best (of smth.) — сделать все возможное

best girl [,best|'gə:l] возлюбленная; невеста *(разг.)*

best liar [,best|'laɪə] отъявленный лжец

best man [,best|'mæn] шафер

best of all [ˈbest|əv|ˈɔ:l] лучше всего; больше всего
best test [ˈbest|ˈtest] лучший критерий
best thrashing [ˈbest|ˈθræʃɪŋ] хорошая порка
best-practice standard [ˈbest|ˈpræktɪs|ˈstændəd] уровень выработки, достигнутый на лучших предприятиях
best-seller [ˌbestˈselə] ходкая книга; бестселлер; автор ходкой книги
best-selling book [ˌbestˈselɪŋ|ˈbuk] бестселлер
bestead [bɪˈsted] помогать; быть полезным; окруженный
bestir [bɪˈstə:] встряхнуться; энергично взяться
bestow [bɪˈstou] давать; даровать; награждать; приютить (разг.); вкладывать; класть; помещать
bestowal [bɪˈstouəl] дар; награждение
bestrew [bɪˈstru:] усыпать; разбрасывать; раскидывать; рассеивать
bestride [bɪˈstraɪd] садиться или сидеть верхом; стоять, расставив ноги; перекинуться (о мосте, радуге); защищать; охранять; предохранять
bet [bet] заключать пари; человек, предмет и т. п., по поводу которого заключается пари; ставка (в пари); держать пари; биться об заклад
to accept (take) a bet — принять пари; согласиться на пари
to bet on — быть абсолютно уверенным в чем-либо
to bet on — держать пари за (против)
to place a bet on — заключить пари на что-либо
beta [ˈbi:tə] бета (вторая буква греческого алфавита)
beta particle [ˈbi:tə|ˌpa:tɪkl] бета-частица
beta plus [ˈbi:tə|plʌs] немного лучше второго сорта
beta radiation [ˈbi:tə|ˌreɪdɪˈeɪʃən] бета-излучение
beta rays [ˈbi:tə|reɪz] бета-лучи; бета-излучение
bethel [ˈbeθəl] сектантская молельня (в Англии)
bethink [bɪˈθɪŋk] вспомнить; подумать; задумать
betide [bɪˈtaɪd] постигать; случаться
betimes [bɪˈtaɪmz] своевременно; рано; быстро
betoken [bɪˈtoukən] значить; обозначать; означать; предвещать
betony [ˈbetənɪ] буковица (бот.)
betray [bɪˈtreɪ] изменять; предавать; выдавать; не оправдывать (надежд, доверия); обманывать; соблазнять
betrayal [bɪˈtreɪəl] измена; предательство
betrayer [bɪˈtreɪə] изменник; предатель
betroth [bɪˈtrouð] обручить(ся)
to betroth to — обручать(ся) с кем-либо
betrothal [bɪˈtrouðəl] обручение; помолвка
betrothed [bɪˈtrouðd] обрученный; помолвленный
better [ˈbetə] сравнительная степень от good; лучший; наилучший; оптимальный; чувствующий себя лучше; улучшать(ся); превзойти; держащий пари
betting [ˈbetɪŋ] пари; заключение пари
betting shop [ˈbetɪŋ|ˈʃɔp] место, где делают ставки на скачках; ломбард
between [bɪˈtwi:n] между
between hay and grass [bɪˈtwi:n|ˈheɪ|ənd|ˈgra:s] ни то ни се; ни рыба ни мясо
between ourselves [bɪˈtwi:n|ˌauəˈselvz] между нами
between the cup and the lip a morsel may slip [bɪˈtwi:n|ðə|ˈkʌp|ənd|ðə|ˈlɪp|ə|ˈmɔ:səl|meɪ|ˈslɪp] не радуйся раньше времени
between the devil and the deep sea [bɪˈtwi:n|ðə|ˈdevl|ənd|ðə|ˈdi:p|ˈsi:] в безвыходном положении; между двух огней
between this and then [bɪˈtwi:n|ˈðɪs|ənd|ˈðen] на досуге; между делом
between times (between whiles) [bɪˈtwi:n|taɪmz (bɪˈtwi:n|waɪlz)] в промежутках
between wind and water [bɪˈtwi:n|ˈwɪnd|ənd|ˈwɔ:tə] в наиболее уязвимом месте
between you and me (and the bedpost) [bɪˈtwi:n|ˈju:|ənd|ˈmi: (ənd|ðə|ˈbedpoust)] конфиденциально
bevel [ˈbevəl] скос (техн.); конус; заострение; косой; конусный; скашивать; обтесывать; снимать фаску; коситься; кривиться
beverage [ˈbevərɪʤ] напиток
bevvy [ˈbevɪ] небольшое количество спиртных напитков
bevy [ˈbevɪ] стая (птиц); стадо; общество; собрание (преимущественно женщин)
bewail [bɪˈweɪl] оплакивать; скорбеть
beware [bɪˈwɛə] беречься; остерегаться
bewilder [bɪˈwɪldə] смущать; ставить в тупик; сбивать с толку
bewilderment [bɪˈwɪldəmənt] смущение; беспорядок
bewitch [bɪˈwɪtʃ] заколдовывать; очаровывать
bewitching [bɪˈwɪtʃɪŋ] очаровательный; чарующий
bewitchment [bɪˈwɪtʃmənt] колдовство; очарование; чары
bewray [bɪˈreɪ] невольно выдавать
beyond [bɪˈjɔnd] за; по ту сторону; позже; после; вне; выше; сверх; загробная жизнь
beyond all bearing [bɪˈjɔnd|ˌɔ:l|ˈbɛərɪŋ] нестерпимый; нестерпимо
beyond belief [bɪˈjɔnd|bɪˈli:f] невероятно
beyond (all) comparison [bɪˈjɔnd (ɔ:l) |kəmˈpærɪsn] вне (всякого) сравнения
beyond compute [bɪˈjɔnd|kəmˈpju:t] неисчислимый
beyond controversy [bɪˈjɔnd|ˈkɔntrəvə:sɪ] неоспоримо; бесспорно

beyond description [bɪˈjɔnd|dɪsˈkrɪpʃən] не поддающийся описанию
beyond doubt [bɪˈjɔnd|ˈdaut] бесспорно
beyond expression [bɪˈjɔnd|ɪksˈpreʃən] невыразимый
beyond grasp [bɪˈjɔnd|ˈgrɑːsp] вне пределов досягаемости
beyond hope [bɪˈjɔnd|ˈhoup] безнадежно
beyond ken [bɪˈjɔnd|ˈken] выше *(чьего-либо)* понимания
beyond limit [bɪˈjɔnd|ˈlɪmɪt] сверх предела
beyond measure [bɪˈjɔnd|ˈmeʒə] чрезмерно
beyond one's depth [bɪˈjɔnd|wʌnz|ˈdepθ] слишком трудно
beyond price [bɪˈjɔnd|ˈpraɪs] бесценно
beyond reach [bɪˈjɔnd|ˈriːtʃ] вне досягаемости
beyond recall [bɪˈjɔnd|rɪˈkɔːl] непоправимый; забытый
bezel [ˈbezl] скошенное лезвие стамески; гнездо *(камня в перстне или в часах)*; фасет; желобок, в который вправляется стекло часов; оправа; держатель
bi- [baɪ-] дву(х)-
bi-monthly [ˈbaɪˈmʌnθlɪ] выходящий раз в два месяца; выходящий два раза в месяц
bi-partite [ˈbaɪˈpɑːtaɪt] двудольный
bi-serial [ˈbaɪˈsɪərɪəl] двухсерийный
bi-uniform [ˈbaɪˈjuːnɪfɔːm] равномерный в обе стороны
bi-variate [ˈbaɪˈveərɪeɪt] двумерный
bi-weekly [ˈbaɪˈwiːklɪ] выходящий раз в две недели; выходящий два раза в неделю
bias [ˈbaɪəs] наклон; покатость; склон; уклон; косая линия в ткани; предубеждение; пристрастие; необъективность; предвзятость; склонность; смещение *(физ.)*; искажение; склонять; оказывать влияние *(плохое)*; настраивать
to cut on the bias — *кроить по косой линии*
bias distortion [ˈbaɪəs|dɪsˈtɔːʃən] искажение за счет смещения
biassed [ˈbaɪəst] лицеприятный; необъективный; предвзятый; пристрастный; тенденциозный
biaxial [baɪˈæksɪəl] двухосный
bib [bɪb] детский нагрудник; верхняя часть фартука; пьянствовать
bib cock [ˈbɪb|kɔk] водопроводный кран
bib-valve [ˈbɪbvælv] сливной кран
bibelot [ˈbiblou] безделушка; брелок; книга миниатюрного формата
Bible [ˈbaɪbl] Библия
biblical [ˈbɪblɪk(ə)l] библейский
biblio [ˈbɪblɪou] оборот титульной страницы
bibliofilm [ˈbɪblɪoufɪlm] микрофильм
bibliographer [ˌbɪblɪˈɔgrəfə] библиограф

bibliographic [ˌbɪblɪouˈgræfɪk] библиографический
bibliographical [ˌbɪblɪouˈgræfɪkəl] библиографический
bibliography [ˌbɪblɪˈɔgrəfɪ] библиография; выходные данные
bibliolater [ˌbɪblɪˈɔlətə] книголюб; буквалист в истолковании Библии
bibliomaniac [ˌbɪblɪouˈmeɪnɪæk] библиоман
bibliophile [ˈbɪblɪoufaɪl] книголюб
bibliopole [ˈbɪblɪoupoul] букинист
bibulous [ˈbɪbjuləs] впитывающий влагу; пьянствующий
bicapitate [baɪˈkæpɪteɪt] двуглавый
bice [baɪs] бледно-синяя краска или бледно-синий цвет
bicentenary [ˌbaɪsenˈtiːnərɪ] двухсотлетняя годовщина; двухсотлетие; двухсотлетний
bicentric distribution [ˌbaɪˈsentrɪk|ˌdɪstrɪˈbjuːʃən] бицентрическое распространение; бицентрическое распределение
bicephalous [baɪˈsefələs] двуглавый
bicker [ˈbɪkə] перебранка; потасовка; журчание; легкий шум; пререкаться; спорить; драться; журчать *(о воде)*; стучать *(о дожде)*; колыхаться *(о пламени)*
bickering [ˈbɪkərɪŋ] спор; ссора
bicolor [baɪˈkʌlə] двухцветный
biconjugate [baɪˈkɔndʒugɪt] спаренный
biconvex [baɪˈkɔnveks] оптика; двояковыпуклый
bicorn [ˈbaɪkɔːn] двурогий
bicycle [ˈbaɪsɪkl] велосипед; ездить на велосипеде
to get on (mount) a bicycle — *сесть на велосипед*
to go somewhere by bicycle — *поехать куда-либо на велосипеде*
to pedal (ride) a bicycle — *ездить на велосипеде*
bicycle chain [ˈbaɪsɪkl|ˈtʃeɪn] велосипедная цепь
bicycle frame [ˈbaɪsɪkl|ˈfreɪm] рама велосипеда
bicycle handle bar [ˈbaɪsɪkl|ˈhændl|bɑː] руль велосипеда
bicycle lamp [ˈbaɪsɪkl|ˈlæmp] велосипедная фара
bicycle saddle [ˈbaɪsɪkl|ˈsædl] седло велосипеда
bicycle tube [ˈbaɪsɪkl|ˈtjuːb] велосипедная камера
bicycling [ˈbaɪsɪklɪŋ] езда на велосипеде
bicyclist [ˈbaɪsɪklɪst] велосипедист
bid [bɪd] предложение цены *(на аукционе)*; заявка *(на торгах)*; предлагаемая цена; приглашение *(разг.)*; претензия; домогательство; предлагать цену *(на аукционе)*; приказывать; просить; приглашать *(гостей)*
to make bids for smth. — *претендовать на что-либо; домогаться чего-либо*
to bid for — *пытаться добиться; достичь чего-либо; стараться получить что-либо*

bid fair [ˈbɪdˈfeə] казаться вероятным
bid farewell [ˈbɪdˈfeəˈwel] прощаться
biddable [ˈbɪdəbl] податливый; покорный
bidder [ˈbɪdə] выступающий на торгах покупатель; покупщик
bidding [ˈbɪdɪŋ] предложение цены; аукцион; торги; приказ; приказание; распоряжение; привлечение; приглашение; призыв

to open the bidding — *открыть аукцион*

bide [baɪd] ждать благоприятного случая; выжидать
bidentate [baɪˈdenteɪt] двузубый
bidet [ˈbiːdeɪ] биде
biennial [baɪˈenɪəl] двухгодичный; двухлетний; случающийся раз в два года; двухлетнее растение
bier [bɪə] похоронные дроги *(носилки)*; могила; смерть; гроб
bifacial [baɪˈfeɪʃəl] двуликий; противоречащий
biff [bɪf] сильный удар; бить; ударять
biffin [ˈbɪfɪn] темно-красное яблоко для печения, варки
bifid [ˈbaɪfɪd] разделенный надвое; расщепленный; двураздельный; раздвоенный
bifilar [baɪˈfaɪlə] бифилярный; двунитный
bifoliate [baɪˈfoʊlɪeɪt] двулистный
big [bɪg] большой; крупный; высокий; широкий; громкий; взрослый; беременная; раздутый; наполненный; важный; значительный; хвастливый; великодушный

to look big — *принимать важный вид*

big boy [ˌbɪgˈbɔɪ] взрослый юноша
big brother [ˌbɪgˈbrʌðə] старший брат
big business [ˌbɪgˈbɪznɪs] большой бизнес
big cats [ˌbɪgˈkæts] львы, тигры и другие дикие животные семейства кошачьих
big deal [ˌbɪgˈdiːl] важная персона; важное занятие *(разг.)*
big dipper [ˌbɪgˈdɪpə] колесо обозрения
big girl [ˌbɪgˈgəːl] взрослая девушка
big government [ˌbɪgˈgʌvnmənt] влиятельное правительство
big head [ˈbɪgˌhed] высокомерие; гонор; самодовольство; самомнение; человек с большим самомнением; хвастун
big heart [ˌbɪgˈhɑːt] благородство; великодушие
big labor [ˌbɪgˈleɪbə] важная рабочая сила
big money [ˌbɪgˈmʌnɪ] денежные тузы
big screen [ˈbɪgˌskriːn] большой экран; фильмы, производящиеся для кинотеатров, а не для телевидения
big sister [ˌbɪgˈsɪstə] старшая сестра
big stand [ˌbɪgˈstænd] лесной массив
big tree [ˈbɪgˌtriː] секвойя *(бот.)*
big wheel [ˌbɪgˈwiːl] чертово колесо

big with news [ˈbɪgwɪðˈnjuːz] полный новостей
big-end [ˌbɪgˈend] нижняя головка шатуна
big-end bearing [ˈbɪgˈendˈbeərɪŋ] подшипник нижней головки шатуна
big-horn [ˈbɪghɔːn] снежный баран; чубук
big-timer [ˈbɪgˌtaɪmə] знаменитость; актер высшей категории
bigamist [ˈbɪgəmɪst] двоеженец; двумужница
bigamy [ˈbɪgəmɪ] бигамия; двоеженство; двоемужие

to commit (practice) bigamy — *быть двоеженцем*

bigemmate двупочечный
bigg [bɪg] четырехрядный ячмень *(с.-х.)*
bigger [ˈbɪgə] превосходная степень от good: больший; больше
biggin [ˈbɪgɪn] капюшон
biggish [ˈbɪgɪʃ] большой; огромный *(разг.)*
bight [baɪt] бухта; излучина *(реки)*; шлаг *(троса) (мор.)*; бухта троса
bigness [ˈbɪgnɪs] величина; высота; большой бизнес; крупнейшие корпорации
bigot [ˈbɪgət] слепой приверженец; изувер; фанатик
bigoted [ˈbɪgətɪd] фанатический; нетерпимый
bigotry [ˈbɪgətrɪ] слепая приверженность чему-либо; фанатизм
bijou [ˈbiːʒuː] безделушка; драгоценная вещь; маленький и изящный
bike [baɪk] велосипед; мотоцикл *(разг.)*
biker [ˈbaɪkə] мотоциклист
bikini [bɪˈkiːnɪ] бикини *(женский купальный костюм)*
bilabial [baɪˈleɪbjəl] билабиальный *(фон.)*
bilateral [baɪˈlæt(ə)r(ə)l] двусторонний
bilateral act [baɪˈlæt(ə)r(ə)lˈækt] двусторонний акт
bilateral agreement [baɪˈlæt(ə)r(ə)lə'griːmənt] двустороннее соглашение
bilateral (multilateral) clearing [baɪˈlæt(ə)r(ə)l(ˈmʌltɪˈlæt(ə)r(ə)l)ˈklɪərɪŋ] двусторонний *(многосторонний)* клиринг
bilateral treaty [baɪˈlæt(ə)r(ə)lˈtriːtɪ] двусторонний договор
bilberry [ˈbɪlb(ə)rɪ] черника
bilbo [ˈbɪlbou] ножные кандалы; испанский клинок *(ист.)*
bile [baɪl] желчь *(мед.)*; раздражительность; желчность
bile cyst [ˈbaɪlˈsɪst] желчный пузырь
bile medium [ˈbaɪlˈmiːdjəm] желчная среда
bilge [bɪldʒ] днище *(судна)*; скула; трюмная вода; средняя, наиболее широкая часть бочки; *(разг.)* ерунда; чепуха; стрела прогиба *(техн.)*; трюмный; пробить днище

bilge-pump [ˈbɪldʒpʌmp] трюмная помпа
bilingual [baɪˈlɪŋgw(ə)l] двуязычный; говорящий на двух языках
bilious [ˈbɪljəs] желчный; страдающий от развития желчи; несдержанный; раздражительный
biliousness [ˈbɪljəsnɪs] желчность; недоброжелательство; предвзятость
bilker [ˈbɪlkə] вор; похититель
bill [bɪl] клюв; узкий мыс; козырек (фуражки); носок якоря; билль; законопроект; список; инвентарь; документ; программа (концерта и т. п.); счет; список; расходы; затраты; стоимость; счет-фактура; вексель; афиша; реклама; рекламный листок; банкнот; иск (юр.); алебарда; садовые ножницы; секач; топор(ик); объявлять в афишах; расклеивать афиши; обещать; объявлять; выписывать накладную; выдавать накладную; выставлять счет; целоваться клювиками (о голубях); нежничать; ласкаться

to draft a bill — составлять законопроект
to find a true bill — передавать дело в суд
to foot a bill — оплатить расходы
to ignore the bill — прекращать дело
to introduce (propose) a bill — предложить законопроект
to oppose bill — высказаться против законопроекта
to pass a bill — провести законопроект
to pay a bill — оплатить счет
to quash (reject, vote) down a bill — забаллотировать законопроект
to run up a bill — иметь счет (у портного, в магазине и т. п.); доводить счет до определенной суммы
to settle a bill — урегулировать платеж по счету
to shelve a bill — откладывать обсуждение законопроекта
to support a bill — поддержать законопроект
to veto a bill — наложить вето на законопроект

bill business [ˈbɪlˈbɪznɪs] операции с векселями
bill of acceptance [ˈbɪl|əv|əkˈseptəns] акцепт
bill of costs [ˈbɪl|əvˈkɔsts] счет адвоката (поверенного) клиенту за ведение дела
bill of entry [ˈbɪl|əvˈentrɪ] таможенная декларация
bill of exchange [ˈbɪl|əv|ɪksˈtʃeɪndʒ] вексель
bill of health [ˈbɪl|əvˈhelθ] карантинное свидетельство
bill of lading [ˈbɪl|əvˈleɪdɪŋ] коносамент (фин.)
bill presenter [ˈbɪl|əvˈprezntə] презентант (фин.)
bill-book [ˈbɪlˈbuk] вексельная книга
bill-broker [ˈbɪlˌbroukə] биржевой маклер (по векселям)
bill-discounter [ˈbɪldɪsˌkauntə] дисконтер
bill-market [ˈbɪlˈmɑːkɪt] учетный рынок
bill-poster [ˈbɪlˌpoustə] расклейщик афиш
billboard [ˈbɪlbɔːd] доска для объявлений, афиш; рекламный щит; якорная подушка

billet [ˈbɪlɪt] ордер на постой; помещение для постоя; размещение по квартирам; должность; место; назначение; полено; чурбан; плашка; толстая палка; заготовка; сутунка; болванка; брусок; расквартировать войска
billet-doux [ˈbɪleɪˈduː] любовное письмо (разг.)
billeting officer [ˈbɪlɪtɪŋˈɔfɪsə] квартирьер
billfold [ˈbɪlfould] бумажник
billiard-ball [ˈbɪljədbɔːl] бильярдный шар
billing [ˈbɪlɪŋ] выручка; выписывание счета-фактуры
billingsgate [ˈbɪlɪŋzgɪt] площадная брань (по названию большого рыбного рынка в Лондоне)
billion [ˈbɪljən] биллион; миллиард (амер.)
billionaire [ˌbɪljəˈnɛə] миллиардер (амер.)
billon [ˈbɪlən] биллон; низкопробное золото (серебро) (техн.)
billow [ˈbɪlou] большая волна; вал; морской вал; прибой; вздыматься; волноваться
bilocular двухкамерный
bin [bɪn] закром; ларь; бункер; мусорное ведро; мешок или корзина для сбора хмеля; хранить в закромах
binary [ˈbaɪnərɪ] бинарный; двойной; сдвоенный; состоящий из двух элементов
binary numeral [ˈbaɪnərɪˈnjuːmərəl] двоичная цифра
bind [baɪnd] вязать; связывать; обшивать; обвязывать (края); зажимать; защемлять; брошюровать; привязывать (к чему-либо); задерживать; ограничивать; переплетать (книгу); обязывать; затвердевать; скреплять; вызывать запор

to be bound to be defeated — быть обреченным на поражение
to be bound to take an action — быть вынужденным что-либо предпринять (выступить)
to bind oneself — взять на себя обязательство; обязаться

binder [ˈbaɪndə] переплетчик; связующее вещество (деталь); сноповязалка
bindery [ˈbaɪndərɪ] переплетная мастерская
binding [ˈbaɪndɪŋ] переплет; обшивка; оковка; связь; сращивание (проводов) (электр.); крепление (лыжное) (спорт.); связывание (линг.); брошюровка; связующий; вяжущий; ограничивающий; ограничительный; сдерживающий; обязывающий; обязательный
binding board [ˈbaɪndɪŋˈbɔːd] переплетный картон
bindweed [ˈbaɪndwiːd] вьюнок (бот.)
bine [baɪn] побег (бот.); стебель ползучего растения (хмеля)
binge [bɪndʒ] выпивка; кутеж (разг.)
bingo [ˈbɪŋgou] бинго (игра типа лото); бренди

binocular [bɪˈnɔkjulə] бинокулярный
binocular eyepiece [bɪˈnɔkjuləˈaɪpiːs] бинокулярные трубки
binoculars [bɪˈnɔkjuləz] бинокль
to adjust (focus) binoculars — настроить бинокль
to train binoculars on — навести бинокль на кого-либо или на что-либо
binomial [baɪˈnoumjəl] бином *(мат.)*; двучлен
biochemical [ˌbaɪouˈkemɪkəl] биохимический
biochemical lesion [ˌbaɪouˈkemɪkəlˈliːʒən] биохимическое повреждение
biochemist [ˈbaɪouˈkemɪst] биохимик
biochemistry [ˈbaɪouˈkemɪstrɪ] биохимия
biocycle [ˈbaɪouˈsaɪkl] биоцикл; жизненный цикл
biogenesis [ˈbaɪouˈʤenɪsɪs] биогенез
biogenetic [ˌbaɪouʤɪˈnetɪk] биогенетический
biogenic [ˈbaɪouˈʤenɪk] органический; органического происхождения
biography [baɪˈɔgrəfɪ] биография
biological change [ˌbaɪəˈlɔʤɪkəlˈtʃeɪnʤ] биологическое изменение
biological chemistry [ˌbaɪəˈlɔʤɪkəlˈkemɪstrɪ] биохимия
biological efficiency [ˌbaɪəˈlɔʤɪkəlɪˈfɪʃənsɪ] биологическая продуктивность
biological equilibrium [ˌbaɪəˈlɔʤɪkəlˌɪkwɪˈlɪbrɪəm] биологическое равновесие
biologist [baɪˈɔləʤɪst] биолог
biology [baɪˈɔləʤɪ] биология
biomechanics [ˌbaɪoumɪˈkænɪks] биомеханика
biorhythm [ˈbaɪəˈrɪðm] биоритм
biosocial [ˌbaɪouˈsouʃəl] биосоциальный
biosphere [ˈbaɪəsfɪə] биосфера
biosynthesis [ˌbaɪouˈsɪnθəsɪs] биосинтез
biosynthesis chamber [ˌbaɪouˈsɪnθəsɪsˈtʃeɪmbə] камера биосинтеза
biotic [baɪˈɔtɪk] живой; жизненный; биологический
biotic balance [baɪˈɔtɪkˈbæləns] биологическое равновесие
biotin биотин, витамин H
biotype [ˈbaɪətaɪp] биотип; генотип
bipartisan [ˌbaɪpɑːtɪˈzæn] двухпартийный
bipartite [baɪˈpɑːtaɪt] двусторонний *(о соглашении и т. п.)*; состоящий из двух частей; разделенный на две части; двураздельный
bipedal [ˈbaɪˌpedl] двуногий
biphase [ˈbaɪfeɪz] двухфазный
bipod [ˈbaɪpɔd] сошка; двунога *(воен.)*
bipolar [baɪˈpoulə] двухполюсный *(электр.)*
birch [bəːtʃ] береза
bird [bəːd] птица; парень *(разг.)*; человек
to do smth. like a bird — делать что-либо охотно
to get the bird — быть уволенным; быть освистанным
to make a bird — попасть (в цель); поразить
bird in the bush [ˈbəːdɪnðəˈbuʃ] нечто нереальное
bird in the hand [ˈbəːdɪnðəˈhænd] нечто реальное
bird of Jove [ˈbəːdəvˈʤouv] орел
bird of Juno [ˈbəːdəvˈʤuːnou] павлин
bird of paradise [ˈbəːdəvˈpærədaɪs] райская птица *(биол.)*
bird of passage [ˈbəːdəvˈpæsɪʤ] перелетная птица; бродяга *(разг.)*; шатун
bird of prey [ˈbəːdəvˈpreɪ] хищная птица
bird-cage [ˈbəːdkeɪʤ] клетка *(для птиц)*
bird-call [ˈbəːdkɔːl] звук, издаваемый птицей; вабик
bird-catcher [ˈbəːdˌkætʃə] птицелов; охотник
bird-dog [ˈbəːddɔg] собака для охоты на птицу; агент *(фирмы)*, выполняющий заказы по поставке тех или иных товаров; отбивающий *(возлюбленную)* *(разг.)*
bird-fancier [ˈbəːdˌfænsɪə] птицевод; продавец птиц
bird's-eye [ˈbəːdzaɪ] первоцвет *(мучнистый)* *(бот.)*
bird's-eye view [ˈbəːdzaɪˈvjuː] вид с высоты птичьего полета; общая перспектива
bird's-nest [ˈbəːdznest] птичье гнездо; ласточкино гнездо *(китайское лакомство)*
bird's-nesting [ˈbəːdzˌnestɪŋ] охота за птичьими гнездами
bird's-tare [ˈbəːdzteə] горошек мышиный
birth [bəːθ] рождение; роды; начало; источник; происхождение
to give birth to — дать начало чему-либо
birth certificate [ˈbəːθsəˈtɪfɪkɪt] свидетельство о рождении
birth control [ˈbəːθkənˈtroul] регулирование рождаемости
birth defect [ˈbəːθdɪˈfekt] дефект изготовления; врожденный дефект
birth-pill [ˈbəːθpɪl] противозачаточная таблетка
birth-rate [ˈbəːθreɪt] рождаемость; коэффициент рождаемости
birthday [ˈbəːθdeɪ] день рождения
to attain (reach) a birthday — дожить до дня рождения
to celebrate (mark) a birthday — отметить день рождения
birthday cake [ˈbəːθdeɪˈkeɪk] торт ко дню рождения
birthing [ˈbəːθɪŋ] относящийся к родам
birthmark [ˈbəːθmɑːk] родинка; родимое пятно
birthplace [ˈbəːθpleɪs] место рождения; родина
birthright [ˈbəːθraɪt] право первородства; право по рождению *(в определенной семье и т. п.)*

bis [bɪs] еще раз; вторично; бис
biscuit [ˈbɪskɪt] сухое печенье; бисквитный; неглазированный фарфор; светло-коричневый цвет; светло-коричневый
  to bake biscuits — печь печенье
bisect [baɪˈsekt] разрезать; делить пополам
bisection [baɪˈsekʃ(ə)n] деление пополам
bisector [baɪˈsektə] биссектриса *(мат.)*
bisexual [ˈbaɪˈseksjuəl] двуполый; гермафродит; бисексуальный
bishop [ˈbɪʃəp] епископ; слон *(фигура в шахматах)*; бишоп *(напиток из вина и фруктового сока)*; ткачик *(зоол.)*
bishopric [ˈbɪʃəprɪk] сан епископа; епархия
bison [ˈbaɪsn] бизон; зубр
bistro [ˈbiːstrou] бистро *(франц.)*; закусочная
bisulcate [baɪˈsʌlkeɪt] двубороздчатый
bit [bɪt] кусочек; частица; разряд; небольшое количество; доля; мелкая монета; удила; мундштук; режущий край инструмента; лезвие; бур; бурав; зубило; резец; режущая кромка; сверло; головка бура; бородка *(ключа)*; взнуздывать; обуздывать; сдерживать; укрощать; усмирять
bitch [bɪtʃ] сука *(собака)*; *в названиях животных означает самку*; жаловаться; скулить; портить; пакостить; вредить; наносить ущерб; обманывать; обводить вокруг пальца
bitch wolf [ˈbɪtʃ|wulf] волчица
bitchy [ˈbɪtʃɪ] злобный; ожесточенный; озлобленный; разнузданный; циничный *(разг.)*
bite [baɪt] укус; след укуса; клев *(рыбы)*; кусок *(пищи)*; завтрак; легкая закуска; едкость; острота; травление *(при гравировке)*; прикус *(мед.)*; зажатие *(техн.)*; сцепление; кусать(ся); жалить; клевать *(о рыбе)*; колоть; рубить *(саблей)*; жечь *(о перце, горчице и т. п.)*; щипать; кусать *(о морозе)*; травить; разъедать *(о кислотах)*; колоть; язвить; принять; ухватиться *(за предложение)*; попадаться; поддаваться обману; сцепляться *(техн.)*
  to bite the dust — умереть; скончаться *(от чего-либо, за что-либо)*; томиться желанием *(разг.)*; кончаться; исчезать; быть забытым; становиться безучастным, безразличным; затихать *(о ветре, звуке)*; испаряться *(о жидкости)*; заглохнуть *(о моторе)*
  to bite the dust in one's bed — умереть естественной смертью
  to have a bite — перекусить; закусить
biter [ˈbaɪtə] тот, кто кусает; кусающееся животное
biting [ˈbaɪtɪŋ] едкий; острый; резкий; язвительный
bitter [ˈbɪtə] горький; бедственный; мучительный; тяжелый; резкий *(о словах)*; едкий *(о замечании)*; резкий; сильный *(о ветре)*; злобный; злой; ожесточенный; горечь; горькое пиво
bitter contempt [ˈbɪtə|kənˈtempt] полное презрение; глубочайшее презрение
bitter cup [ˈbɪtə|kʌp] горькая чаша
bitter-ender [ˈbɪtərˈendə] не идущий на компромисс; принципиальный человек
bitterish [ˈbɪtərɪʃ] горьковатый
bittersweet [ˈbɪtəswiːt] горьковато-сладкий
bitumen [ˈbɪtjumɪn] битум; асфальт
bitumen mastic битумная мастика
bituminous road surfacing [bɪˈtjuːmɪnəsˈroudˈsəːfɪsɪŋ] асфальтовое дорожное покрытие
bivalent [ˈbaɪˌveɪlənt] двухвалентный
bivalve [ˈbaɪvælv] двустворчатый моллюск; двустворчатый
bivariate distribution [baɪˈveərɪɪtˌdɪstrɪˈbjuːʃən] двумерное распределение
bivvy [ˈbɪvɪ] бивак; палатка
bizarre [bɪˈzɑː] неестественный; ненормальный; причудливый; эксцентричный *(франц.)*
blab [blæb] болтун; болтовня; болтать о чем-либо; разбалтывать
blabber [ˈblæbə] болтун; сплетник
black [blæk] черный; темный; темнокожий; смуглый; мрачный; унылый; безнадежный; злой; сердитый; дурной; грязный *(о руках, белье)*; зловещий; черный цвет; чернота; черная краска; чернь; негр; черное пятно; платье черного цвета; траурное платье; окрашивать черной краской; ваксить; чернить
  to swear black is white — называть черное белым; заведомо говорить неправду
black ape [ˈblæk|eɪp] черный павиан
black as ink [ˈblæk|əzˈɪŋk] черный, как сажа; мрачный; безрадостный
black ball [ˈblæk|bɔːl] черный шар *(при баллотировке)*
black bank [ˈblæk|bæŋk] банк, владельцем которого является негр *(США)*
black belt [ˈblæk|belt] черный пояс *(носят те, кто достиг наивысшего мастерства в дзюдо и карате)*
black box [ˈblæk|bɔks] черный ящик *(техн.)*; «черный ящик»
black bread [ˈblæk|bred] черный хлеб
black diamond [ˈblæk|ˈdaɪmənd] черный технический алмаз
black dogfish [ˈblæk|ˈdɔgfɪʃ] акула
black dogwood [ˈblæk|ˈdɔgwud] крушина *(бот.)*
black earth [ˈblæk|ˈəːθ] чернозем
black economy [ˈblæk|ɪˈkɔnəmɪ] теневая экономика

black eel [ˈblæk|ˈiːl] мурена
black frost [ˈblæk|ˈfrɔst] мороз без инея
black grouse [ˈblæk|graus] тетерев *(зоол.)*
black hole [ˈblæk|houl] черная дыра *(астр.)*; карцер
black in the face [ˈblæk|ɪn|ðəˈfeɪs] багровый *(от гнева, усилий и т. п.)*
black ink operation [ˈblæk|ˈɪŋk|ˌɔpəˈreɪʃən] грязная сделка
Black Maria [ˈblæk|məˈraɪə] тюремная карета; «черный ворон»
black mark [ˈblæk|ˈmɑːk] пометка о неблагонадежности
black market [ˈblæk|ˈmɑːkɪt] черный рынок
black pudding [ˈblæk|ˈpudɪŋ] кровяная колбаса
black-and-white [ˈblækəndˈwaɪt] черно-белый; контурный оригинал
black-and-white image [ˈblækəndˌwaɪtˈɪmɪʤ] черно-белое изображение
black-and-white monitor [ˈblækəndˌwaɪtˈmɔnɪtə] черно-белый монитор
black-and-white tube [ˈblækəndˌwaɪtˈtjuːb] черно-белый кинескоп
black-chalk [ˈblæktʃɔːk] графит *(минер.)*
black-draught [ˈblækˈdrɑːft] слабительное
black-eye [ˈblækˈaɪ] синяк под глазом *(от удара)*
black-face [ˈblækˈfeɪs] начертание жирное
black-head [ˈblækhed] угорь *(на лице)*; чернеть морская *(птица)*
black-headed gull [ˈblækˌhedɪdˈgʌl] чайка
black-letter [ˈblækˈletə] старинный английский готический шрифт
black-marketter [ˈblækˌmɑːkɪtə] спекулянт *(на черном рынке)*
black-out [ˈblækaut] выключение света в зрительном зале и на сцене *(театр.)*; затемнение *(в связи с противовоздушной обороной)*; временное отсутствие электрического освещения *(вследствие аварии и т. п.)*; затемнение сознания; провал памяти; временная слепота; засекреченность; затемненный; засекреченный
blackbeetles [ˈblækˈbiːtlz] тараканы
blackberry [ˈblækbərɪ] ежевика
blackbird [ˈblækbəːd] черный дрозд
blackboard compass [ˈblækbɔːdˈkʌmpəs] циркуль для доски
blackcap [ˈblækkæp] судейская шапочка, надеваемая при произнесении смертного приговора; черная малина
blackcock [ˈblækkɔk] тетерев
blackface [ˈblækfeɪs] антибликовое стекло
blackfin [ˈblækfɪn] сиг *(биол.)*
blackfriar [ˈblækˈfraɪə] доминиканец *(монах)*

blackjack [ˈblækʤæk] кувшин для пива и т. п; пиратский флаг; дубинка *(разг.)*; сфалерит *(минер.)*; цинковая обманка
blackleg [ˈblækleg] штрейкбрехер; жулик; мошенник; плут; шулер
blackmail [ˈblækmeɪl] шантаж; вымогание; шантажировать
blackmailer [ˈblækˌmeɪlə] шантажист
blackness [ˈblæknɪs] чернота; мрачность
blacksmith [ˈblæksmɪθ] кузнец
blackstrap [ˈblækstræp] дешевый портвейн *(ром)*, смешанный с патокой
blackthorn [ˈblækθɔːn] лива колючая *(бот.)*; терн; терновник
blacktop [ˈblæktɔp] щебеночно-асфальтовое покрытие *(амер.)*
blacky [ˈblækɪ] черноватый; негр; чернокожий *(разг.)*
bladder [ˈblædə] мочевой пузырь *(анат.)*; пузырь; пустомеля
bladdery [ˈblædərɪ] пузырчатый; полый; порожний; пустой
blade [bleɪd] лезвие; клинок; полотнище *(пилы)*; лопасть *(винта, весла)*; былинка; лист; пластинка; крыло семафора *(ж.-д.)*; перо *(руля)*; парень *(разг.)*
blade-bone [ˈbleɪdboun] лопатка
blades [bleɪdz] ножи для мясорубки
blag [blæg] билет *(полученный бесплатно)*
blague [blɑːg] хвастовство *(франц.)*; пускание пыли в глаза
blah [blɑː] абсурд *(разг.)*
blame [bleɪm] порицание; упрек; ответственность; порицать; считать виновным
blameless [ˈbleɪmlɪs] безупречный; совершенный
blamelessness [ˈbleɪmlɪsnɪs] безупречность
blameworthy [ˈbleɪmˌwəːðɪ] заслуживающий порицания
blanch [blɑːntʃ] белить; отбеливать; бледнеть *(от страха и т. п.)*; обесцвечивать *(растения)*; обваривать и снимать шелуху; бланшировать; лудить; чистить до блеска *(металл)*
bland [blænd] вежливый; ласковый; вкрадчивый; мягкий *(о климате)*; слабый; успокаивающий *(о лекарстве)*
bland print [ˈblændˈprɪnt] чистый лист
blandish [ˈblændɪʃ] задабривать; уговаривать; упрашивать; льстить
blandishment [ˈblændɪʃmənt] уговаривание; льстивая речь
blandly [ˈblændlɪ] вежливо
blank [blæŋk] бланк; анкета; прочерк; пустой; чистый; неисписанный *(о бумаге)*; незаполненный *(о бланке, документе)*; незастроенный *(о месте)*;

BLA — BLE

лишенный содержания; бессодержательный; озадаченный; смущенный; полный; чистейший; сплошной; пустое, свободное место; пробел; пустота *(душевная)*; белый круг мишени *(воен.)*; цель; заготовка *(техн.)*; болванка

to look blank — казаться озадаченным

blank ammunition [ˈblæŋkˌæmjuˈnɪʃən] холостая пуля

blank card [ˈblæŋkˈkɑːd] пустая перфокарта

blank despair [ˈblæŋkdɪsˈpeə] полное отчаяние

blank look [ˈblæŋkˈlʊk] бессмысленный взгляд

blank silence [ˈblæŋkˈsaɪləns] абсолютное молчание

blanket [ˈblæŋkɪt] шерстяное одеяло; попона; чепрак; тяжелое облако; густой туман; нанос *(геол.)*; поверхностный слой; отложение; покров; общий; полный; всеобъемлющий; без особых оговорок *(указаний)*; покрывать *(одеялом)*; подбрасывать на одеяле; охватывать; включать в себя; заглушать *(шум, радиопередачу — о мощной радиостанции)*; забрасывать *(бомбами)*; задымлять

blanket ballot [ˈblæŋkɪtˈbælət] голосование списком

blanketing [ˈblæŋkɪtɪŋ] затягивание водоема тиной

blankly [ˈblæŋklɪ] безучастно; невыразительно; тупо; беспомощно; прямо; решительно; крайне; очень; чрезвычайно

blare [blɛə] звуки труб; рев; громко трубить

blarney [ˈblɑːnɪ] лесть; льстить

blaspheme [blæsˈfiːm] поносить; богохульствовать

blasphemous [ˈblæsfɪməs] богохульный

blasphemous words [ˈblæsfɪməsˈwɜːdz] богохульство

blasphemy [ˈblæsfɪmɪ] богохульство

blast [blɑːst] сильный порыв ветра; поток воздуха; звук *(духового инструмента)*; взрыв; заряд *(для взрыва)*; взрывная волна; пагубное влияние; вредитель; болезнь *(растений)*; форсированная тяга *(техн.)*; дутье; воздуходувка; взрывать; вредить *(растениям и т. п.)*; разрушать *(планы, надежды)*; дуть *(техн.)*; продувать; проклинать

blast main [ˈblɑːstmeɪn] воздуховод

blast wave [ˈblɑːstweɪv] взрывная волна

blast-furnace [ˈblɑːstˈfɜːnɪs] доменная печь

blasted [ˈblɑːstɪd] разрушенный; проклятый

blaster [ˈblɑːstə] запальщик; взрывник

blasting [ˈblɑːstɪŋ] бедственный; губительный; взрывчатый; гибель; порча; подрывные работы; паление шпуров; дутье; радио дребезжание *(громкоговорителя)*

blastogenesis [ˌblæstoʊˈdʒenɪsɪs] бластогенез; размножение почкованием; передача наследственных признаков

blastogenic [ˌblæstəˈdʒenɪk] зародышевый

blaze [bleɪz] огонь; пламя; яркий свет, цвет; блеск; великолепие; вспышка *(огня, страсти)*; ад; гореть ярким пламенем; сверкать; сиять; кипеть; белая звездочка *(на лбу животного)*; метка; клеймо *(на дереве)*; клеймить *(деревья)*; делать значки на чем-либо; отмечать *(дорогу)* зарубками; разглашать

to blaze away — продолжать гореть; поддерживать беспрерывный огонь *(воен.)*; быстро, горячо говорить; выпаливать; работать с увлечением

blaze of publicity [ˈbleɪzəvpʌbˈlɪsɪtɪ] полная гласность

blazer [ˈbleɪzə] яркая *(фланелевая)* спортивная куртка; возмутительная ложь *(разг.)*

blazing [ˈbleɪzɪŋ] ярко горящий; заведомый; очевидный

blazon [ˈbleɪzn] герб; символ; эмблема; прославление; украшать геральдическими знаками

blazonry [ˈbleɪznrɪ] гербы; геральдика; великолепие; блестящее представление

bleach [bliːtʃ] отбеливающее вещество; хлорная известь; отбеливание; обесцвечивание; белить; отбеливать*(ся)*; обесцвечивать; побелеть

to bleach out — отбеливать*(ся)*

bleacher [ˈbliːtʃə] отбельщик; белильный бак; места на открытой трибуне *(спорт)*

bleak [bliːk] открытый; не защищенный от ветра; холодный; суровый по климату; лишенный растительности; унылый; мрачный *(о выражении лица)*; бесцветный; бледный; уклейка *(рыба)*

blear [blɪə] затуманенный; неясный; неопределенный; неотчетливый; смутный; затуманивать *(взор, полированную поверхность и т. п.)*

blear-eyed [ˈblɪəraɪd] с затуманенными глазами; близорукий; недальновидный; непредусмотрительный; непроницательный; туповатый

bleary [ˈblɪərɪ] затуманенный *(о зрении от усталости)*; неопределенный; неотчетливый; неясный; смутный; изнеможенный

bleat [bliːt] блеяние; мычание *(теленка)*; блеять; мычать *(о теленке)*; говорить глупости; жаловаться; ныть; скулить

bleb [bleb] волдырь; пузырек воздуха *(в воде, стекле)*; раковина *(в металле)*

bleed [bliːd] кровоточить; истекать кровью; проливать кровь; пускать кровь; сочиться; просачиваться; продувать; спускать *(воду)*; опоражнивать *(бак и т. п.)*; вымогать деньги; подвергаться вымогательству; обрезать страницу в край *(не оставляя* полей) (*тж. bleed off*) (*полигр.*); заглушка (*авто*); клапан; полосная иллюстрация

to bleed for — сочувствовать; выудить деньги у кого-либо

to bleed to death — умереть от потери крови

bleeder [ˈbliːdə] тот, кто производит кровопускание; вымогатель; гангстер; жулик; страдающий гемофилией (*мед.*); предохранительный клапан (*на трубопроводе*) (*техн.*); кран для спуска жидкости

bleeding [ˈbliːdɪŋ] кровотечение; кровопускание; обливающийся, истекающий кровью; обескровленный; обессиленный; полный жалости, сострадания

to staunch (the) bleeding — остановить кровотечение

bleeding at the nose [ˈbliːdɪŋ|ət|ðə|ˈnouz] кровотечение из носа

bleep [bliːp] сигнал спутника Земли

blemish [ˈblemɪʃ] недостаток; позор; портить; вредить; наносить урон; пятнать; бесславить; марать; позорить; пятно

blench [blentʃ] уклоняться; отступать перед чем-либо; закрывать глаза на что-либо; белить; отбеливать

blend [blend] смесь; состав; переход одного цвета или одного оттенка в другой; смешивать(ся); изготовлять смесь; сочетать(ся) (*с чем-либо*); гармонировать; незаметно переходить из оттенка в оттенок (*о красках*); стираться (*о различиях*)

blender [ˈblendə] смеситель; мешалка; электросмеситель

bless [bles] благословлять; освящать; славословить; делать счастливым; осчастливливать

blessed [ˈblesɪd] блаженный; счастливый

blether [ˈbleðə] болтовня; вздор; болтать вздор; трещать

bletherskate [ˈbleðəskeɪt] болтун

blewits [ˈbluː(ː)ɪts] шляпочный гриб

blight [blaɪt] болезнь растений (*выражающаяся в увядании и опадании листьев без гниения*); насекомые-паразиты на растениях; душная атмосфера; вредное, пагубное влияние; упадок; гибель; уныние; разочарование; мрачность; подавленность; приносить вред (*растениям*); разбивать (*надежды и т. п.*); отравлять (*удовольствие*)

blighter [ˈblaɪtə] губитель; неприятный, нудный человек

blighting [ˈblaɪtɪŋ] приносящий вред (*растениям*)

blimp [blɪmp] малый дирижабль мягкой системы; толстый, неуклюжий человек; увалень; крайний консерватор; «твердолобый»

blind [blaɪnd] слепой; слепо напечатанный; неясный; действующий вслепую, безрассудно; непроверенный; не основанный на знании, фактах; слепой, не выходящий на поверхность (*о шахте, жиле*); глухой; сплошной (*о стене и т. п.*); штора; маркиза; жалюзи; ставень; предлог; отговорка; обман; уловка; бленда; диафрагма; ослеплять; поражать; потрясать; слепить; затемнять; запутывать; затмевать; затуманивать; ослеплять (*воен.*); диафрагмировать (*оптика*); вести машину, пренебрегая правилами движения

to adjust a blind — поправить штору

to apply (turn) the blind eye — закрывать глаза (на что-либо)

to be blind to smth. — не быть в состоянии оценить что-либо

to draw blind — повесить штору

to go it blind — играть втемную; действовать вслепую, безрассудно

to lower blind — опустить штору

to raise the blind — поднять штору

blind anger [ˈblaɪnd|ˈæŋgə] слепой гнев

blind coal [ˈblaɪnd|koul] антрацит; беспламенный уголь

blind date [ˈblaɪnd|ˈdeɪt] свидание с незнакомым человеком; свидание вслепую

blind drunk [ˈblaɪnd|drʌŋk] мертвецки пьян

blind flying [ˈblaɪnd|ˈflaɪɪŋ] слепой полет (*авиац.*); полет по приборам

blind hand [ˈblaɪnd|hænd] нечеткий почерк

blind jealousy [ˈblaɪnd|ˈdʒeləsɪ] слепая ревность

blind keyboard [ˈblaɪnd|ˈkiːbɔːd] слепая клавиатура

blind lantern [ˈblaɪnd|ˈlæntən] потайной фонарь

blind lead [ˈblaɪnd|liːd] тупик

blind letter [ˈblaɪnd|ˈletə] письмо без адреса или с неполным, нечетким адресом

blind of an eye [ˈblaɪnd|əv|ən|ˈaɪ] слепой на один глаз

blind path [ˈblaɪnd|ˈpɑːθ] еле заметная тропинка

blind shell [ˈblaɪnd|ˈʃel] неразорвавшийся или незаряженный снаряд

blind spot [ˈblaɪnd|ˈspɔt] мертвая точка (*физиол.*); «белое пятно»; область, в которой данное лицо плохо разбирается

blind stamping [ˈblaɪnd|ˈstæmpɪŋ] бескрасочное тиснение

blind to [ˈblaɪnd|tu] отказываться принять какие-либо факты

blind Tom [ˈblaɪnd|təm] жмурки

blind-alley [ˈblaɪnd|ˈælɪ] тупик; безвыходное положение; бесперспективный; безвыходный

blind-pig (-tiger) [ˈblaɪndpɪg(ˈtaɪgə)] бар, где незаконно торгуют спиртными напитками

blindage [ˈblaɪndɪdʒ] блиндаж

blindfold [ˈblaɪndfould] с завязанными глазами; действующий вслепую; безрассудный; не думающий; завязывать глаза

blindly [ˈblaɪndlɪ] безрассудно; слепо; слепой
blindman's holiday [ˈblaɪndmænzˈhɔlədɪ] полумрак; сумерки
blindman's-buff [ˈblaɪndmænzˈbʌf] жмурки
blindness [ˈblaɪndnɪs] слепота; ослепление; безрассудство; неосторожность
blink [blɪŋk] мерцание; мигание; мгновение; миг; момент; отблеск льда (*на горизонте*); мигать; щуриться; мерцать; закрывать глаза (*на что-либо*)
blink away [ˈblɪŋkəˈweɪ] сдержать (*о слезах*)
blink back [ˈblɪŋkˈbæk] стараться смахнуть
blinker [ˈblɪŋkə] наглазники; шоры; светосигнальный аппарат
blinkered [ˈblɪŋkəd] ограниченный
blinkers [ˈblɪŋkəz] шорты
blip [blɪp] изображение на экране радара
bliss [blɪs] блаженство; счастье
blissful [ˈblɪsful] счастливый
blister [ˈblɪstə] волдырь; водяной пузырь; вытяжной пластырь; раковина (*в металле*) (*техн.*); блистерная установка (*авиац.*); вызывать пузыри; покрываться волдырями, пузырями; мучить (*разг.*); надоедать; поколотить (*разг.*)
blister-fly [ˈblɪstəflaɪ] шпанская мушка
blistering [ˈblɪstərɪŋ] вызывающий волдыри; очень горячий; гневный; разъяренный; сердитый; быстрый; скорый; стремительный
blithe [blaɪð] веселый; жизнерадостный
blithering [ˈblɪð(ə)rɪŋ] болтливый; законченный; полный; совершенный; презренный
blitz [blɪts] внезапное нападение; массированная бомбардировка; разбить; разбомбить; разгромить; сокрушить
blitzkrieg [ˈblɪtskriːg] молниеносная война (*нем.*); блицкриг
blizzard [ˈblɪzəd] снежная буря; буран
bloat [blout] раздуваться; пухнуть; коптить (*рыбу*)
bloated [ˈbloutɪd] обрюзгший; копченый
bloating [ˈbloutɪŋ] вздутие
blob [blɔb] капля; маленький шарик (*земли, глины и т. п.*); делать кляксы
blobber-lipped [ˈblɔbəˈlɪpt] толстогубый
bloc [blɔk] блок; объединение (*франц.*)
block [blɔk] колода; преграда; барьер; блокада (*мед.*); блок; глыба (*камня*); блок (*для стройки*); квартал (*города*); жилищный массив; группа, масса однородных предметов; плаха; деревянная печатная форма; болван, форма (*для шляп*); блокнот; кубик; шашка (*подрывная, дымовая*); преграда; затор (*движения*); блокировка; блокпост; блок (*техн.*); шкив; целик (*техн.*); клише; провал в памяти; внезапная остановка речи; преграждать; задерживать; блокировать; препятствовать; создавать препятствия; задерживать (*прохождение законопроекта*) (*полит.*); набрасывать вчерне; блокировать (*фин.*); задерживать; замораживать; засорять(ся)

to block progress — *стоять на пути прогресса*

block grant [ˈblɔkˈgrɑːnt] общая субсидия
block letter [ˈblɔkˈletə] прописная печатная буква
block printing [ˈblɔkˌprɪntɪŋ] ксилография
block time [ˈblɔkˈtaɪm] путевое время
blockade [blɔˈkeɪd] блокада; затор (*движения*); блокировать

to impose a blockade — *осуществлять блокаду*
to maintain a blockade — *поддерживать блокаду*

blockage [ˈblɔkɪdʒ] блокировка; закупорка
blockbusting [ˈblɔkbʌstɪŋ] захватывающий; сенсационный (*разг.*)
blocked [blɔkt] замороженный; блокированный (*фин.*)
blocked access [ˈblɔktˈækses] заблокированный доступ
blocked balances [ˈblɔktˈbælənsɪz] заблокированные счета
blocker [ˈblɔkə] основной игрок (*спорт.*)
blockhead [ˈblɔkhed] болван
blockhouse [ˈblɔkhaus] сруб; блокгауз (*строит.*)
blocking [ˈblɔkɪŋ] расстановка актеров
blond(e) [blɔnd] блондин; белокурый
blood [blʌd] кровь; происхождение; родство; темперамент; страстность; настроение; состояние; кровопролитие; денди; светский человек; сок (*плодов, растений*); сенсация; сенсационный роман; пускать кровь; приучать собаку к крови

to donate blood — *давать свою кровь; быть донором*
to let draw one's blood — *пустить кровь*
to make smb.'s blood boil (creep) — *приводить кого-либо в бешенство (в содрогание)*
to staunch the flow of blood — *останавливать потоки крови*
to type blood — *определять группу крови*

blood and iron [ˈblʌdˌəndˈaɪən] грубая сила; милитаризм
blood and thunder [ˈblʌdˌəndˈθʌndə] мелодраматический; полный ужасов (*разг.*)
blood bank [ˈblʌdˈbæŋk] донорский пункт; запасы консервированной крови для переливания
blood brother [ˈblʌdˌbrʌðə] родной брат; побратим
blood cell [ˈblʌdˈsel] кровяная клетка
blood count [ˈblʌdˈkaunt] анализ крови
blood feud [ˈblʌdˈfjuːd] родовая вражда; кровная месть
blood gland [ˈblʌdˈglænd] эндокринная железа
blood group [ˈblʌdˈgruːp] группа крови (*мед.*)
blood loss [ˈblʌdˈlɔs] потеря крови
blood lust [ˈblʌdˈlʌst] жажда крови

blood orange [ˈblʌdˌɔrɪnʤ] королек *(сорт апельсина)*

blood pressure [ˈblʌd͵ˈpreʃə] кровяное давление

blood test [ˈblʌd͵ˈtest] анализ крови; исследование крови

blood transfusion [ˈblʌd͵trænsˈfjuːʒ(ə)n] переливание крови *(мед.)*

to administer a blood transfusion — осуществлять переливание крови

to get a blood transfusion — быть подверженным переливанию крови

blood typing [ˈblʌd͵ˈtaɪpɪŋ] определение группы крови

blood-guilty [ˈblʌdˌgɪltɪ] виновный в убийстве

blood-money [ˈblʌdˌmʌnɪ] компенсация за убийство

blood-red [ˈblʌd͵ˈred] алый; кроваво-красный

blood-sucking [ˈblʌdˌsʌkɪŋ] кровососущий

blood-vascular [ˈblʌdˈvæskjulə] сосудистый

blooded [ˈblʌdɪd] чистокровный *(о животных)*

bloodforming [ˈblʌdˌfɔːmɪŋ] кроветворный

bloodiness [ˈblʌdɪnɪs] кровожадность

bloodless [ˈblʌdlɪs] бескровный; истощенный; бледный; безжизненный; вялый

bloodletting [ˈblʌdˌletɪŋ] кровопускание

bloodshed [ˈblʌdʃed] убийство

bloodworm [ˈblʌdwəːm] красный дождевой червь; мотыль; личинка комаров-дергунов

bloody [ˈblʌdɪ] окровавленный; кровавый; убийственный; кровожадный

bloody battle [ˈblʌdɪ͵ˈbætl] кровавое сражение

bloody flux [ˈblʌdɪ͵flʌks] дизентерия *(мед.)*

bloody-minded [ˈblʌdɪˈmaɪndɪd] жестокий; бесчеловечный; деспотический; кровожадный

bloom [bluːm] цвет; цветение; цветущая часть растения; расцвет; румянец; пушок *(на плодах)*; цвести; расцветать; излучение; флюоресценция

bloomers [ˈbluːməz] женские спортивные брюки; шаровары

blooming [ˈbluːmɪŋ] цветущий

blossom [ˈblɔsəm] цвет; цветение *(плодовых деревьев)*; расцвет; цвести; распускаться; расцветать; преуспеть; добиться успеха

blossom dust [ˈblɔsəm͵ˈdʌst] пыльца

blot [blɔt] пятно; клякса; помарка; позор; бесчестье; загрязнять; марать; пачкать; пятнать; бесславить; бесчестить; промокать *(промокательной бумагой)*; грунтовать; окрашивать

blotch [blɔʧ] прыщ; клякса; пятно; пятнистость *(плодов, листьев)*; покрывать пятнами, кляксами; нарост; бородавка *(у растения)*

blotchy [ˈblɔʧɪ] покрытый пятнами

blotter [ˈblɔtə] писака; промокательная бумага; пресс-папье; книга записей; мемориал; торговая книга

blottesque [blɔˈtesk] написанный густыми мазками, грубыми штрихами *(о картине, описании)*

blotting-pad [ˈblɔtɪŋpæd] папка для бумаг

blouse [blauz] рабочая блуза; блузка; гимнастерка

blow [blou] удар; несчастье; удар *(судьбы)*; дуновение; хвастовство; веять; дуть; развевать; гнать *(о ветре)*; взрывать; пыхтеть; тяжело дышать; играть *(на духовом инструменте)*; звучать *(о трубе)*; гудеть; свистеть; хвастать *(разг.)*; класть яйца *(о мухах)*; транжирить *(деньги)*; расщедриться; проклинать *(разг.)*

to aim a blow (at) — замахнуться

to blow open — взрывать; взламывать *(с помощью взрывчатки)*

to blow open a safe — взломать сейф

to blow someone to blazes (glory, kingdom) — взрывать кого-либо

to blow something to stoms (bits, places) — разрывать на куски при взрыве

to come to blows; to exchange blows — вступить в бой, в драку; дойти до рукопашной

to cushion a blow — смягчать удар

to dodge a blow — избегать удара; уклоняться от удара

to rain blows on smb. — заваливать кого-либо ударами

to strike a blow — наносить удар

to strike a blow against — противодействовать

to strike a blow against poverty — нанести удар по нищете и бедности

to strike a blow for — помогать

to strike a blow for freedom — нанести удар по свободе

blow on the head [ˈblou͵ɔn͵ðəˈhed] удар по голове

blow up [ˈblouˈʌp] — *гл.* [ˈblouʌp] — *сущ.* увеличивать изображение; увеличенное изображение

blower [ˈblouə] тот, кто дует; тот, кто раздувает *(мехи и т. п.)*; трубач; хвастун; воздуходувка *(техн.)*; воздуходувка *(мед.)*; вентилятор; щель, через которую выделяется газ *(горн.)*; кит; телефон *(разг.)*; громкоговоритель *(разг.)*

blower set [ˈblouə͵ˈset] компрессор

blowing of a fuse [ˈblouɪŋ͵əv͵əˈfjuːz] перегорание предохранителя *(техн.)*

blowing sand [ˈblouɪŋ͵ˈsænd] песчаная буря

blowing-up [ˈblouɪŋˈʌp] взрыв; увеличение изображения

blowlamp [ˈbloulæmp] паяльная лампа

blown [bloun] запыхавшийся; еле переводящий дыхание

BLO — BLU

blown fuse [ˈbloun|ˈfjuːz] сгоревший предохранитель *(техн.)*
blowtorch [ˈblouto:tʃ] паяльная лампа
blowy [ˈbloui] ветреный *(о погоде)*
blowzy [ˈblauzi] толстый и краснощекий; растрепанный; неряшливый *(о женщине)*
blubber [ˈblʌbə] ворвань; медуза *(разновидность)*; плач; рев; громко плакать; толстый; выпячивающийся *(о губах)*; китовый жир
blubber out [ˈblʌbəˈraut] говорить о чем-либо, рыдая
blubbered [ˈblʌbəd] зареванный
bluchers [ˈbluːtʃəz] короткие сапоги; старомодные мужские ботинки на шнурках
bludgeon [ˈblʌdʒ(ə)n] дубинка; бить дубинкой
blue [bluː] голубой; лазурный; синий; посиневший; с кровоподтеками; испуганный; подавленный; унылый; непристойный; скабрезный; относящийся к партии тори; консервативный; ученый *(о женщине)*; синяя краска; голубая краска; синька; небо; море; океан; синяя форменная одежда; меланхолия; хандра; окрашивать в синий цвет; подсинивать *(белье)*; воронить *(сталь)*; транжирить *(разг.)*
to make (turn) the air blue — *сквернословить; ругаться*
blue dandelion [ˈbluːˈdændilaiən] цикорий *(бот.)*
blue dog [ˈbluːˈdɔg] синяя акула
blue film [ˈbluːˈfilm] фильм для взрослых
blue funk [ˈbluːˈfʌŋk] испуг; паника; замешательство
blue pirate dragon [ˈbluːˈpairətˈdrægən] стрекоза
blue riband [ˈbluːˈribənd] высшая награда
blue ribbon [ˈbluːˈribən] орденская лента *(ордена Подвязки)*; отличие; значок члена общества трезвенников
Blue Ribbon Army [ˈbluːˌribənˈaːmi] общество трезвенников
blue streak [ˈbluːˈstriːk] быстро движущийся предмет; поток слов
blue study [ˈbluːˈstʌdi] *(мрачное)* раздумье; размышление
blue vitriol [ˈbluːˈvitriəl] медный купорос
blue-blood [ˈbluːˈblʌd] аристократическое происхождение; «голубая кровь»
blue-book [ˈbluːbuk] синяя книга *(сборник официальных документов, парламентские стенограммы и т. п.)*; список лиц, занимающих государственные должности; путеводитель для автомобилистов *(амер.)*; тетрадь *(в синей обложке)* для экзаменационных работ *(амер.)*
blue-coat [ˈbluːkout] боец; рядовой; солдат; матрос; полицейский
blue-collar job [ˈbluːˌkɔləˈdʒɔb] труд рабочего

blue-collar worker [ˈbluːˌkɔləˈwəːkə] рабочий; «синие воротнички»
blue-pencil [ˈbluːˈpensl] редактировать; вычеркивать; сводить; сокращать
blue-print [ˈbluːˈprint] «синька»; светокопия; наметка; план
bluebell [ˈbluːbel] колокольчик
blueberry [ˈbluːbəri] черника; голубика
bluebottle [ˈbluːˌbɔtl] василек *(синий) (бот.)*; муха трупная *(биол.)*; полицейский *(разг.)*
bluefish [ˈbluːfiʃ] луфарь
blues [bluːz] блюз *(муз.)*
bluestocking [ˈbluːˌstɔkiŋ] «синий чулок»
bluet [ˈbluːit] василек *(бот.)*
bluetit [ˈbluːtit] лазоревка *(птица)*
bluff [blʌf] отвесный; крутой; резкий; прямой; отвесный берег; обрыв; утес; блеф; запугивание; обманщик; обманывать
bluffy [ˈblʌfi] грубовато-добродушный; обрывистый
bluish [ˈbluːiʃ] голубоватый; синеватый
blunder [ˈblʌndə] грубая ошибка; погрешность; промах; просчет; двигаться ощупью; спотыкаться; ошибаться; брать фальшивые ноты; плохо справляться с чем-либо; испортить; напутать; упустить
to blunder away one's chance — *пропустить удобный случай*
blunder on [ˈblʌndərˈɔn] случайно натолкнуться на что-либо
blunderbuss [ˈblʌndəbʌs] мушкетон *(короткоствольное ружье с раструбом)*
blundering [ˈblʌnd(ə)riŋ] неловкий; неумелый; ложный; неправильный; ошибочный
blunge [blʌndʒ] мять глину; перемешивать глину с водой
blunt [blʌnt] тупой; туповатый; тупоконечный; непонятливый; грубоватый; отчетливый; ослаблять; притуплять
blunt blade [ˈblʌntˈbleid] тупое лезвие; тупой клинок
blur [bləː] клякса; пятно; расплывшееся пятно; неясные очертания; порок; замарать; запачкать; сделать неясным; затуманить; запятнать *(репутацию)*; нерезкость
blur out [ˈbləːrˈaut] стереть; изгладить
blur over [ˈbləːrˈouvə] замазывать; затушевывать *(ошибки, недостатки и т. п.)*
blurb [bləːb] издательское рекламное объявление; реклама *(на обложке или суперобложке книги)*
blurred [bləːd] неясный; смутный; затуманенный; просвечивающий; полупрозрачный
blurred picture [ˈbləːdˈpiktʃə] нечеткое изображение
blurriness [ˈbləːrinis] нерезкость

blurring [ˈblə:rɪŋ] затуманивание
blurt [blə:t] выпалить; выдавать; проговариваться
blush [blʌʃ] румянец; краска стыда, смущения; прилив крови к лицу; розоватый оттенок; взгляд; краснеть; заливаться румянцем от смущения, стыда *(из-за чего-либо)*
to put to the blush — *заставить покраснеть*
to spare smb.'s blushes — *щадить чью-либо скромность, стыдливость*
blusher [ˈblʌʃə] румяна
blushful [ˈblʌʃful] застенчивый; стыдливый; красный; румяный
bluster [ˈblʌstə] рев бури; шум; пустые угрозы; хвастовство; бушевать; реветь *(о буре)*; шуметь; хвастаться; грозиться; неистовствовать
blusterer [ˈblʌstərə] забияка
blustery [ˈblʌstərɪ] буйный; бурный; бушующий; дикий; хвастливый; шумливый; агрессивный; задиристый
bo-peep [bouˈpi:p] игра в прятки *(с ребенком)*
boa [ˈbo(u)ə] боа *(биол.)*; удав; боа; горжетка
boar [bɔ:] хряк; боров; кабан; самец морской свинки
board [bɔ:d] доска; обеденный стол; питание; полка; подмостки; сцена; крышка переплета; борт *(судна)*; широкая выработка в угольном пласте *(горн.)*; галс *(мор.)*; настилать пол; обшивать досками; столоваться; предоставлять питание *(жильцу и т. п.)*; сесть на корабль, в поезд, в трамвай, на самолет; брать на абордаж; лавировать *(мор.)*; правление; руководство; комитет; совет; департамент; коллегия; министерство; правление; плотная бумага; жесткий картон для обложки
to come (go) on board — *сесть на корабль*
to go by the board — *падать за борт; быть выброшенным за борт*
to go on the boards — *стать актером*
to make boards — *лавировать*
to tread boards — *быть актером*
board of administration [ˈbɔ:d|əv|əd,mɪnɪsˈtreɪʃən] административный совет
board of auditors [ˈbɔ:d|əv|ˈɔ:dɪtəz] ревизионная комиссия
board of directors [ˈbɔ:d|əv|dɪˈrektəz] правление директоров; правление акционерного общества; совет директоров
board of justice [ˈbɔ:d|əv|ˈʤʌstɪs] судейская коллегия
board-wages [ˈbɔ:dˈweɪʤɪz] столовые и квартирные деньги *(выплачиваемые прислуге и т. п.)*
board-walk [ˈbɔ:dwɔ:k] дощатый настил для прогулок на пляже
boarder [ˈbɔ:də] пансионер; иждивенец; нахлебник; пансионер *(в школе)*; софит
to keep (take) in boarders — *содержать пансионеров*
boarding [ˈbɔ:dɪŋ] обшивка досками; доски
boarding card [ˈbɔ:dɪŋˈka:d] посадочный талон
boarding-school [ˈbɔ:dɪŋsku:l] пансион; закрытое учебное заведение; школа-интернат
boardroom [ˈbɔ:drum] зал заседаний совета директоров
boards [bɔ:dz] подмостки; сцена
boast [boust] хвастовство; предмет гордости; хвастать(ся); гордиться; грубо обтесывать камень
to make boast of smth. — *хвастать(ся) чем-либо*
boaster [ˈboustə] хвастун; пазовик; зубило *(каменщика)*; скарпель
boastful [ˈboustful] хвастливый
boat [bout] лодка; корытце; кататься на лодке; перевозить в лодке
to go by boat — *ехать морем; плыть на пароходе*
to launch (lower) a boat — *спускать судно на воду*
to overturn (swamp, upset) a boat — *перевернуться на лодке*
to row boat — *грести на лодке*
to sail boat — *плыть на корабле*
to steer a boat — *управлять кораблем; вести корабль*
to take the boat — *сесть на судно*
boat train [ˈboutˈtreɪn] поезд, согласованный с пароходным расписанием
boat-fly [ˈboutflaɪ] водяной клоп
boat-hook [ˈbouthuk] багор
boat-house [ˈbouthaus] сарай для лодок
boat-race [ˈboutreɪs] состязание по гребле
boat-tailed [ˈboutˈteɪld] обтекаемой формы
boatage [ˈboutɪʤ] сумма, взыскиваемая портом с владельцев судов за оказываемые портом услуги, например, при причаливании судна
boatbuilding [ˈboutbɪldɪŋ] судостроение
boater [ˈboutə] лодочник; гребец; канотье *(шляпа)*
boatful [ˈboutful] пассажиры и команда судна; лодка, наполненная до отказа
boatload [ˈboutloud] полная нагрузка лодки
boats moorage [ˈboutsˈmuərɪʤ] причал для лодок
boatswain [ˈbousn] боцман
bob [bɔb] подвеска; маятник; гиря, чашка *(маятника)*; хвост *(игрушечного змея)*; поплавок; отвес; завиток *(волос)*; парик с короткими завитками; короткая стрижка *(у женщин)*; подстриженный хвост *(лошади или собаки)*; шарообразный предмет *(дверная ручка, набалдашник трости и т. п.)*; помпон *(на шапочке)*; припев; рефрен; резкое движение; толчок; книксен; приседание; балансир *(мор.)*; качаться; подскакивать; подпрыгивать; стукать(ся); приседать; коротко стричься *(о женщине)*; ловить угрей на наживку; шиллинг

bobbin [ˈbɔbɪn] катушка; коклюшка; цевка; шпуля; бобина (электр.); катушка зажигания
bobbins [ˈbɔbɪnz] бобина
bobble [bɔbl] кисточка (украшение)
bobby [ˈbɔbɪ] полисмен
bobby pin [ˈbɔbɪˌpɪn] заколка
bobby-socker [ˈbɔbɪˌsɔkə] девочка-подросток (разг.)
bobbysox [ˈbɔbɪsɔks] коротенькие носочки
bobcat [ˈbɔbkæt] рысь рыжая (биол.)
bobolink [ˈbɔbəlɪŋk] рисовый трупиал (птица) (биол.)
bobsleigh [ˈbɔbsleɪ] бобслей; бобслей (сани с рулем для катания с гор); санки для перевозки леса, подвязываемые под концы бревен
bobtail [ˈbɔbteɪl] обрезанный хвост; лошадь или собака с обрезанным хвостом
bock [bɔk] крепкое темное пиво (немецкое); стакан пива (разг.)
bode [boud] предвещать; предрекать
bode ill [ˈboudˈɪl] сулить что-либо плохое
bode well [ˈboudˈwel] сулить что-либо хорошее
bodeful [ˈboudful] грозный; зловещий
bodega [bouˈdiːgə] винный погребок (исп.)
bodice [ˈbɔdɪs] корсаж; лиф (платья)
bodice-ripping [ˈbɔdɪsrɪpɪŋ] романтический фильм (повесть), действие которого происходит в начале XIX века
bodied [ˈbɔdɪd] уплотненный
bodiless [ˈbɔdɪlɪs] бестелесный
bodily [ˈbɔdɪlɪ] вещественный; материальный; телесный; физический; лично; собственной персоной; целиком; в собранном виде (техн.)
bodily damage [ˈbɔdɪlɪˈdæmɪdʒ] телесное повреждение
bodily fear [ˈbɔdɪlɪˈfɪə] физический страх
bodily harm [ˈbɔdɪlɪˈhɑːm] телесное повреждение
bodily mischief [ˈbɔdɪlɪˈmɪstʃɪf] телесное повреждение
bodily movement [ˈbɔdɪlɪˈmuːvmənt] жест; телодвижение
bodkin [ˈbɔdkɪn] шило; длинная шпилька для волос; кинжал
body [ˈbɔdɪ] тело; человек (разг.); труп; туловище; главная, основная часть чего-либо; корпус; остов; кузов; фюзеляж (самолета); группа людей; совокупность; комплекс; воинская часть; юридическое лицо; корпорация; организация; масса; большинство; консистенция; сравнительная плотность (жидкости); кроющая способность (краски); крепость (вина); перегонный куб; реторта
  to build up (condition, strengthen) one's body — укреплять свое тело
  to cremate a body — кремировать тело
  to embalm a body — бальзамировать труп
  to exhume a body — эксгумировать труп
  to keep body and soul together — поддерживать существование
body armour [ˈbɔdɪˈɑːmə] бронежилет
body arrangement [ˈbɔdɪəˈreɪndʒmənt] конструкция кузова
body axis [ˈbɔdɪˈæksɪs] связанная ось
body blow [ˈbɔdɪˈblou] сокрушительный удар; удар по корпусу
body bolt [ˈbɔdɪˈboult] бортовой запор
body of a book [ˈbɔdɪəvəˈbuk] главная часть книги (без предисловия, примечаний и т. п.)
body of the order [ˈbɔdɪəvðəˈɔːdə] текст приказа
body of water [ˈbɔdɪəvˈwɔːtə] водное пространство
body pillar [ˈbɔdɪˈpɪlə] стойка кузова
body politic [ˈbɔdɪˈpɔlɪtɪk] государство
body size [ˈbɔdɪˈsaɪz] кегль шрифта
body temperature [ˈbɔdɪˈtemprɪtʃə] температура тела
body weight [ˈbɔdɪˈweɪt] вес тела
body-check(ing) [ˈbɔdɪtʃek(ɪŋ)] силовой прием; блокировка (спорт)
body-cloth [ˈbɔdɪklɔθ] попона
body-snatcher [ˈbɔdɪˌsnætʃə] похититель трупов; снайпер (воен.); репортер, освещающий деятельность выдающихся лиц
body-space concept [ˈbɔdɪspeɪsˈkɔnsept] предметно-пространственное представление
bodybuilding [ˈbɔdɪˌbɪldɪŋ] бодибилдинг
bodyguard [ˈbɔdɪɡɑːd] личная охрана; эскорт; телохранитель
bodysuit [ˈbɔdɪsjuːt] трико
bodywork [ˈbɔdɪwəːk] кузовная работа
Boeotian [bɪˈouʃən] грубый; тупой; невежда; тупица
bog [bɔg] болото; трясина
bog-berry [ˈbɔgb(ə)rɪ] клюква
bog-standard [ˈbɔgˈstændəd] заурядный (разг.)
bog-trotter [ˈbɔgˌtrɔtə] обитатель болот; ирландец
bogeyman [ˈbouɡɪmæn] страшилище
boggard [ˈbɔgəd] иллюзия; привидение; призрак; пугало
boggle [ˈbɔgl] пугаться; колебаться; останавливаться; делать что-либо неумело; портить; лукавить; лицемерить
boggy [ˈbɔgɪ] болотистый; топкий; заболоченный
boghead [ˈbɔghed] битуминозный каменный уголь
bogie [ˈbouɡɪ] тележка; каретка

bogus [ˈbougəs] подделка; поддельный; фальшивый; фиктивный

bogus company [ˈbougəsˈkʌmpənɪ] фиктивная компания

Bohemia [bouˈhiːmjə] Богемия; богема

Bohemian [bouˈhiːmjən] богемский; богемный; богемец; представитель богемы; цыган

boil [bɔɪl] варить(ся); кипятить(ся); кипеть; бурлить; сердиться; нарыв; фурункул; кипение; кипящая жидкость; выпаривание

boil down [ˈbɔɪlˈdaun] уваривать(ся)

boiled [bɔɪld] вареный; кипяченый

boiler [ˈbɔɪlə] (паровой) котел; кипятильник; куб (бак) для кипячения; птица, овощи, годные для варки

boiler compartment [ˈbɔɪləkəmˈpɑːtmənt] котельное отделение

boiler unit [ˈbɔɪləˈjuːnɪt] котельная установка

boilersuit [ˈbɔɪləsjuːt] роба; спецовка

boiling heat [ˈbɔɪlɪŋˈhiːt] удельная, скрытая теплота испарения (при температуре кипения)

boiling-point [ˈbɔɪlɪŋpɔɪnt] точка кипения

boisterous [ˈbɔɪst(ə)rəs] активный; бурный; неистовый; яростный; бойкий; живой; шумливый

bold [bould] отважный; смелый; храбрый; бесстыдный; наглый; низкий; самоуверенный; отчетливый (о почерке, шрифте); подчеркнутый; рельефный; крутой; обрывистый

bold-faced [ˈbouldfeɪst] наглый; жирный (о шрифте)

boldly [ˈbouldlɪ] смело; нагло

boldness [ˈbouldnɪs] смелость; дерзость; активность

bole [boul] пень

bolero [bəˈlɛərou] испанский танец; [ˈbɔlərou] короткая курточка с рукавами или без рукавов; болеро

boletus [bouˈliːtəs] гриб

bolide [ˈboulɪd] болид (астр.)

bollard [ˈbɔləd] швартовная тумба (мор.)

Bologna-sausage [bəˈlounjəˈsɔsɪʤ] болонская (копченая) колбаса

Bolshevism [ˈbɔlʃɪvɪzm] большевизм

bolster [ˈboulstə] валик под подушкой; балка; брус; перекладина; поперечина; подкладка (техн.); втулка; шейка; вага; буфер; подпирать (подушку) валиком; поддерживать; подговаривать; подстрекать; поучивать; стимулировать; усиливать

bolt [boult] засов; задвижка; болт; стрела арбалета; удар грома; бегство; вязанка (хвороста); кусок; рулон (холста, шелковой материи); запирать на засов; скреплять болтами; нестись стрелой, убегать; удирать; понести (о лошади); глотать не разжевывая; просеивать сквозь сито; грохотить

bolt screw [ˈboultˈskruː] шуруп

bolt thread [ˈboultˈθred] винтовая резьба

bolt-hole [ˈboulthoul] прибежище; пристанище; убежище

bolus [ˈbouləs] большая пилюля; шарик

bomb [bɔm] бомба; баллон (для сжатого воздуха, сжиженного газа); контейнер для радиоактивных материалов; вулканическая бомба (геол.); бомбить; сбрасывать бомбы; провалиться, потерпеть неудачу (разг.)

to deactivate (defuse) a bomb — обезвреживать бомбу

to detonate (explode, set off) a bomb — взрывать бомбу

to dispose of an unexploded bomb — иметь в распоряжении невзорвавшуюся мину

to drop a bomb — сбрасывать бомбу

to plant a bomb — закладывать мину

bomb dropper [ˈbɔmˌdrɔpə] бомбосбрасыватель (авиац.)

bomb shelter [ˈbɔmˈʃeltə] бомбоубежище

bomb site [ˈbɔmbˈsaɪt] пространство, на котором бомбами разрушены все здания

bomb-load [ˈbɔmloud] бомбовая нагрузка

bombard [ˈbɔmbɑːd] — сущ. [bɔmˈbɑːd] — гл. бомбарда; бомбардировать (чем-либо); засыпать (разг.); донимать (вопросами); бомбардировать (физ.); облучать частицами

bombardier [ˌbɔmbəˈdɪə] бомбардир; капрал артиллерии

bombarding [bɔmˈbɑːdɪŋ] бомбардирующий; ударяющий

bombardment [bɔmˈbɑːdmənt] бомбардировка; артиллерийский (минометный) обстрел

to conduct a bombardment — вести бомбардировку

bombardon [bɔmˈbɑːdn] бомбардон (духовой инструмент)

bombastic [bɔmˈbæstɪk] напыщенный

bombed-out [ˈbɔmdˈaut] разбомбленный

bomber [ˈbɔmə] бомбометатель (воен.); гранатометчик; бомбардировщик (авиац.)

bomber jacket [ˈbɔmbəˈʤækɪt] короткий жакет с присобранными складками на талии или бедрах

bombshell [ˈbɔmʃel] бомба; потрясающая новость; гром среди ясного неба

bon mot [bɔŋˈmou] остроумное выражение; острота

bon voyage [ˈbɔŋvɔɪˈɑːʒ] доброго пути! (франц.)

bon-bon [ˈbɔnbɔn] конфета (франц.)

bona fide [ˈbounəˈfaɪdɪ] истинный; настоящий; добросовестно

bonce [bɔns] глава; голова (разг.)

bond [bɔnd] связь; узы; оковы; тюремное заключение; соединение; сдерживающая сила; долговое обязательство; облигация (фин.); бона (фин.); таможенная закладная; закладная; залог; перевязка *(кирпичной кладки) (строит.)*; связывать; закладывать имущество; подписывать обязательства; выпускать облигации, боны; оставлять товары на таможне до уплаты пошлины; скреплять, связывать *(кирпичную кладку)*

 to cash (in) a bond — погашать долговое обязательство
 to forfeit a bond — терять облигации, ценные бумаги
 to form bond — создавать связь
 to furnish (post) a bond — предоставлять облигации
 to issue a bond — выпустить долговое обязательство
 to set bond — выпустить облигации
 to stand bond for smb. — поручиться за кого-либо
 to strengthen a bond (of friendship) with — укреплять узы дружбы

bond debt [ˈbɔnd|ˈdet] долг по облигации *(фин.)*
bond note [ˈbɔnd|ˈnout] разрешение таможни на вывоз товара с таможенного склада
bond of indemnity [ˈbɔnd|əv|inˈdemnɪtɪ] гарантийное письмо
bond of obligation [ˈbɔnd|əv|ˌɔbliˈgeɪʃən] долговое обязательство
bond-holder [ˈbɔnd,houldə] держатель облигаций
bonded [ˈbɔndɪd] обеспеченный бонами *(о долге)*; хранящийся на таможенных складах
bonded debt [ˈbɔndɪd|ˈdet] облигационный заем
bondmaid [ˈbɔndmeɪd] крепостная женщина; раба
bondman [ˈbɔndmən] крепостной
bonds [bɔndz] бумаги ценные
bondsman [ˈbɔndzmən] поручитель
bone [boun] кость; скелет; тело; что-либо сделанное из кости; *(игральные)* кости; кастаньеты; домино; коклюшки; китовый ус; снимать мясо с костей; удобрять костяной мукой

 to break (fracture) a bone — сломать кость
 to set a (broken) bone — вправить кость

bone china [ˈboun|ˈtʃaɪnə] костяной фарфор
bone chisel [ˈboun|ˈtʃɪzl] зубное долото
bone marrow [ˈboun|ˈmærou] костный мозг
bone-black [ˈbounblæk] животный или костный уголь
bone-dry [ˈboundraɪ] совершенно высохший; «сухой» закон
bone-setter [ˈboun,setə] костоправ
bone-shaker [ˈboun,ʃeɪkə] старая расшатанная машина или старый велосипед *(разг.)*
boneless [ˈbounlɪs] бесхарактерный
bong [bɔŋ] долгий глухой звук, который издает колокол
bongo [ˈboungou] бонго *(небольшой сдвоенный барабан)*

bonhomie [ˈbɔnɔmiː] добродушие; дружелюбие
Boniface [ˈbɔnɪfeɪs] трактирщик
bonification [ˌbɔnɪfɪˈkeɪʃən] освобождение от налога; бонификация
bonito [bəˈniːtou] малый тунец *(биол.)*
bonnet [ˈbɔnɪt] капот
bonny [ˈbɔnɪ] красивый *(о девушке)*; здоровый; цветущий; пышущий здоровьем; крепкий; хороший
bonny-clabber [ˈbɔnɪ,klæbə] простокваша
bonus [ˈbounəs] премия; льгота; надбавка; награда; вознаграждение; добавочный дивиденд

 to get (receive) a bonus — получить награду, премию
 to give (pay) a bonus — дать премию

bonus fund [ˈbounəs|ˈfʌnd] премиальный фонд
bonus-job [ˈbounəsˈdʒɔb] сдельная работа
bony [ˈbounɪ] костистый; костлявый
booby-prize [ˈbuːbɪpraɪz] утешительный приз *(дающийся в шутку пришедшему последним в состязании)*
booby-trap [ˈbuːbɪtræp] западня; капкан; ловушка; мина-ловушка *(воен.)*

 to deactivate a booby-trap — обезопасить ловушку
 to set a booby-trap — поставить ловушку
 to set off (trigger) a booby-trap — пускать в действие западню

boodle [ˈbuːdl] сборище; толпа; ворох; взятка; карточная игра
book [buk] книга; литературное произведение; Библия; том; часть; либретто; текст *(оперы и т. п.)*; сценарий; конторская книга; сборник отчетов *(коммерческого предприятия, научного общества и т. п.)*; букмекерская книга записи ставок пари *(на скачках)*; запись заключаемых пари; книжечка *(билетов на автобус и т. п.)*; заносить в книгу; *(за)*регистрировать; заказывать; брать билет *(железнодорожный и т. п.)*; принимать заказы на билеты; заручиться согласием; приглашать; ангажировать *(актера, оратора)*

 to be in smb.'s good (bad, black) books — быть у кого-либо на хорошем (плохом) счету
 to be on the books — значиться в списке
 to bind a book — переплетать книгу
 to bring out (publish, put out) a book — опубликовать произведение
 to charge (check) a book (out of a library) — заказывать книгу из библиотеки
 to dedicate (inscribe) a book — посвятить книгу кому-либо
 to know a thing like a book — знать что-либо как свои пять пальцев
 to read smb. like a book — прекрасно понимать кого-либо; видеть насквозь

to renew a book (borrowed from a library) — продлить пользование книгой

to set a book in type — отдать книгу в печать

to speak by the book — говорить о чем-либо на основании точной информации

to suit smb.'s book — совпадать с чьими-либо планами; отвечать чьим-либо интересам

book auction [ˈbukˈɔːkʃən] книжный аукцион; продавать с аукциона

book block [ˈbukˌblɔk] книжный блок

book cover (jacket) [ˈbukˈkʌvə(ˈdʒækɪt)] обложка

book fair [ˈbukˈfeə] книжная ярмарка

book house [ˈbukˌhaus] издательство книжное

book industry [ˈbukˈɪndəstrɪ] книгоиздание

book note [ˈbukˈnout] аннотация на книгу

book of complaints [ˈbukəvkəmˈpleɪnts] книга жалоб

book proofs [ˈbukˈpruːfs] сигнальный экземпляр; пробные оттиски книги

book publisher [ˈbukˌpʌblɪʃə] книгоиздатель

book trade [ˈbukˈtreɪd] книготорговое дело

book-club [ˈbukklʌb] книжный клуб

book-hunter [ˈbukˌhʌntə] коллекционер редких книг

book-keeper [ˈbukˌkiːpə] бухгалтер; счетовод

book-keeping machine [ˈbukˌkiːpɪŋməˈʃiːn] бухгалтерская машина

book-maker [ˈbukˌmeɪkə] букмекер (*на скачках*)

book-making [ˈbukˌmeɪkɪŋ] изготовление книг

book-mark [ˈbukmaːk] закладка (*в книге*)

book-seller [ˈbukˌselə] книготорговец

book-shelf [ˈbukʃelf] книжная полка

book-shop [ˈbukʃɔp] книжный магазин

book-stall [ˈbukstɔːl] книжный киоск

bookbinder [ˈbukˌbaɪndə] переплетчик; переплетная мастерская

bookbinding [ˈbukˌbaɪndɪŋ] брошюровочно-переплетные процессы

bookbinding art [ˈbukˌbaɪndɪŋˈaːt] искусство переплета

bookcase [ˈbukkeɪs] книжный шкаф; книжная полка; этажерка

booked [bukt] заказанный; зафрахтованный; занятый; зарегистрированный; запротоколированный

booklet [ˈbuklɪt] брошюра; буклет

bookplate [ˈbukpleɪt] экслибрис

bookworm [ˈbukwəːm] книжный червь; любитель книг; библиофил

boom [buːm] плавучий бон (*мор.*); заграждение (*в виде бревен или цепи*); стрела (*техн.*); вылет (*крана*); укосина; микрофонный журавль; лонжерон хвостовой фермы (*авиац.*); пояс (*арки*) (*строит.*); бревно (*спорт.*); гул (*грома, выстрела и т. п.*); гудение; гул; жужжание; шум; крик выпи; бум; резкий подъем деловой активности; шумиха; шумная реклама; греметь; гудеть; жужжать; орать; реветь; кричать (*о выпи*); производить шум, сенсацию; становиться известным; быстро расти (*о цене, спросе*); рекламировать; создавать шумиху (*вокруг человека, товара и т. п.*)

boom table [ˈbuːmˈteɪbl] постамент

boom town [ˈbuːmˈtaun] быстро выросший (*растущий*) город

boomer [ˈbuːmə] самец кенгуру; человек, рекламирующий что-либо или создающий шумиху вокруг чего-либо

boomerang [ˈbuːməræŋ] бумеранг

boon [buːn] благо; благодеяние; дар; преимущество; удобство; просьба; приятный; благотворный (*о климате и т. п.*); доброжелательный; сердцевина (*дерева*)

boor [buə] грубый, невоспитанный человек

boorga (burga) пурга

boorish [ˈbuərɪʃ] грубый; невежливый; невоспитанный; неучтивый

boost [buːst] рекламирование (*разг.*); поддержка; создание популярности; повышение (*в цене*); добавочное напряжение; поднимать; подпихивать; помогать подняться; рекламировать; горячо поддерживать; способствовать росту популярности; повышать (*цену*); повышать напряжение (*электр.*); повышать давление (*техн.*); форсировать (*двигатель и т. п.*)

booster [ˈbuːstə] помощник; горячий сторонник; побудитель (*техн.*); усилитель; бустер (*ж.-д.*); ракета-носитель (*воен.*); стартовый двигатель

boot [buːt] ботинок; бутсы; колодки (*орудие пытки*); фартук (*экипажа*); отделение для багажа (*в автомобиле, в карете*); обертка (*початка кукурузы*); надевать ботинки; ударить сапогом; увольнять (*разг.*); выгода; польза; помогать; способствовать; оказывать помощь; новичок; багажник (*автомобиля*)

the boot is on the other leg — ответственность лежит на другом

to be in smb.'s boots — быть на чьем-либо месте; быть в чьей-либо шкуре

to die in one's boots — умереть скоропостижной или насильственной смертью

to get the (order of the) boot — быть уволенным

to have one's heart in one's boots — струсить; «душа в пятки ушла»

to move/start one's boots — уходить; отправляться

to put on boot — надеть ботинок

to take off (one's) boot — снять ботинок

to boot concrete — утаптывать бетон

boot space [ˈbuːt|speɪs] багажное отделение *(в автомобиле)*
boot-top [ˈbuːttɔp] голенище
boot-tree [ˈbuːttriː] сапожная колодка
bootblack [ˈbuːtblæk] чистильщик сапог *(амер.)*
bootee [ˈbuːtiː] *(теплый)* дамский ботинок; детский вязаный башмачок
booth [buːð] будка; стенд
bootjack [ˈbuːtdʒæk] приспособление для снимания сапог; ловильный крюк *(горн.)*
bootlace [ˈbuːtleɪs] шнурок для ботинок
bootlegg [ˈbuːt‚leg] голенище; невзорвавшийся шпур *(горн.)*; спиртные напитки, продаваемые тайно; контрабандный
bootlegger [ˈbuːt‚legə] торговец контрабандными самогонными спиртными напитками; торговец запрещенными товарами
bootless [ˈbuːtlɪs] без башмаков; без сапог; босоногий; безрезультатный; бесполезный; напрасный
bootlicker [ˈbuːt‚lɪkə] подхалим
bootmaker [ˈbuːt‚meɪkə] сапожник
boots [buːts] коридорный; слуга *(в гостинице)*
bootstrap [ˈbuːtstræp] программа самозагрузки *(компьют.)*
bootstrapping [ˈbuːtstræpɪŋ] самонастройка; самообеспечение *(компьют.)*
booze [buːz] спиртной напиток; попойка; запой; пьянствовать
bop [bɔp] танец *(разг.)*; танцевать *(разг.)*
borage [ˈbɔrɪdʒ] огуречная трава
borax [ˈbɔːræks] бура *(хим.)*
border [ˈbɔːdə] граница; край; кайма; бордюр; фриз; обочина дороги; поле набора; граничить *(с чем-либо)*; походить; быть похожим; обрамлять; обшивать; окаймлять
to cross (slip across) a border — перейти границу; пересечь границу
to draw (establish, fix) a border — провести границу; установить границу
to patrol a border — охранять границу
to smuggle goods across a border — переправлять контрабандный груз через границу
borderer [ˈbɔːdərə] житель пограничной полосы
borderland [ˈbɔːdəlænd] пограничная область; пограничная полоса; промежуточная область *(в науке)*; что-либо неопределенное, промежуточное; нечто среднее
borderless [ˈbɔːdəlɪs] не имеющий границ; бесконечный
borderline [ˈbɔːdəlaɪn] пограничный; находящийся на грани
borderline bid [ˈbɔːdəlaɪn|ˈbɪd] сомнительное предложение

borderline case [ˈbɔːdəlaɪn|ˈkeɪs] пограничный инцидент
bore [bɔː] высверленное отверстие; дыра; туннель; канал ствола; диаметр отверстия; калибр; скучное занятие; скука; скучный человек; сверлить; растачивать; бурить; с трудом пробивать себе путь; докучать; донимать; надоедать; сильное приливное течение *(в узких устьях рек)*
bore hole [ˈbɔː|houl] буровая скважина
boreal [ˈbɔːrɪəl] нордовый; северный
borecole [ˈbɔːkoul] капуста кормовая; браунколь
bored to death [ˈbɔːd|tə|ˈdeθ] утомленный до смерти
boredom [ˈbɔːdəm] скука
boring [ˈbɔːrɪŋ] бурение; сверление; буровая скважина; *(просверленное)* отверстие; докучливость; надоедливость; стружка; сверлящий; надоедливый; неинтересный; пресный; скучный
boring bit [ˈbɔːrɪŋ|ˈbɪt] сверло; расточной резец
boring mill [ˈbɔːrɪŋ|ˈmɪl] сверлильный станок
borings [ˈbɔːrɪŋz] металлическая стружка
born [bɔːn] врожденный; природный; прирожденный
borne [ˈbɔːneɪ] ограниченный; с узким кругозором *(франц.)*
boron [ˈbɔːrən] бор *(хим.)*
borough [ˈbʌrə] небольшой город; один из пяти районов Нью-Йорка *(амер.)*
borrow [ˈbɔrou] занимать; брать на время; заимствовать; перенимать; усваивать
borrowed capital [ˈbɔroud|ˈkæpɪtl] заемный капитал
borrower [ˈbɔrouə] заимодавец; кредитор
borrowing ability [ˈbɔrouɪŋ|əˈbɪlɪtɪ] кредитоспособность
borsch [bɔːʃ(t)] борщ
Borstal boy [ˈbɔːstl|ˈbɔɪ] подросток, отбывающий срок в колонии
Borstal institution [ˈbɔːstl|ˌɪnstɪˈtjuːʃən] колония для несовершеннолетних преступников
borzoi [ˈbɔːzɔɪ] борзая *(порода собак)*
boscage [ˈbɔskɪdʒ] роща; подлесок; кустарник
bosk [bɔsk] рощица
bosom [ˈbuzəm] грудь; пазуха; лоно; месторождения; недра; душа; сердце; корсаж; грудь сорочки и т.п; манишка *(амер.)*; хранить в тайне; прятать *(за пазуху)*
to put in one's bosom — положить за пазуху
bosom-friend [ˈbuzəmfrend] закадычный друг
boss [bɔs] хозяин; предприниматель; работодатель; руководитель местной политической организации; десятник; штейгер; горный мастер; быть хозяином; распоряжаться; вогнутость; выпуклость; выступ; шишка; бобышка *(техн.)*; утолще-

ние; выступ; прилив; упор; купол *(геол.)*; шток; рельефное украшение *(архит.)*; втулка колеса; делать выпуклый орнамент; обтачивать ступицу; испортить дело; промах; беспорядок; совершить ошибку; напутать

bossy ['bɒsɪ] выпуклый; шишковатый
boston ['bɒst(ə)n] вальс-бостон; бостон *(карт.)*
botanic(al) [bə'tænɪk(ə)l] ботанический
botanist ['bɒtənɪst] ботаник
botch [bɒtʃ] заплата; плохо сделанная работа; неумело латать; делать небрежно; портить
botcher ['bɒtʃə] плохой работник
botfly ['bɒtflaɪ] овод
both [bouθ] оба
bother ['bɒðə] надоедать; беспокоить; докучать; донимать; беспокоиться; волноваться; суетиться; хлопотать; ходатайствовать; беспокойство
bothersome ['bɒðəsəm] надоедливый
bothway ['bouθweɪ] двунаправленный
bottle ['bɒtl] бутылка; флакон; рожок *(для грудных детей)*; вино; опока *(техн.)*; хранить в бутылках; разливать по бутылкам; поймать *(на месте преступления) (разг.)*; сноп; охапка сена

to be fond of the bottle — любить выпить
to break a bottle — разбить бутылку
to empty a bottle — опустошить бутылку
to fill a bottle — наполнить бутылку
to flee from the bottle — избегать спиртных напитков
to have a bottle — выпить; пропустить рюмочку
to hit (give up) the bottle — стать трезвенником
to pass the bottle round — передавать бутылку вкруговую
to rinse a bottle — помыть бутылку
to take to the bottle — запить; пристраститься к вину
to uncork a bottle — открывать, откупоривать бутылку

bottle bank ['bɒtl|'bæŋk] контейнер для пустых бутылок
bottle beer ['bɒtl|'bɪə] пиво в бутылках
bottle-feeding ['bɒtl,fi:dɪŋ] искусственное вскармливание
bottle-holder ['bɒtl,houldə] секундант боксера; помощник; сторонник
bottle-opener [,bɒtl'oupnə] открывалка
bottled goods ['bɒtld|'gudz] консервы
bottleneck ['bɒtlnek] узкий проход; пробка *(в уличном движении)*; узкое место; дефиле; горлышко бутылки; создавать затор, пробку
bottleneck road ['bɒtlnek|'roud] сужение дорожного полотна
bottler ['bɒtlə] рабочий, разливающий напитки по бутылкам

bottom ['bɒtəm] днище; дно *(моря, реки и т. п.)*; низ; нижняя часть; конец; грунт; почва; подстилающая порода; основание; фундамент; зад; задняя часть; основа; суть; причина; сиденье *(стула)*; под *(печи)*; подводная часть корабля; судно *(торговое)*; низменность; долина *(реки)*; запас жизненных сил; выносливость; осадок; нижний; низкий; последний; базисный; главный; основной; строить; основывать; основываться; приделывать дно; касаться дна; измерять глубину; доискаться причины; добраться до сути; вникнуть

to be at the bottom of smth. — быть причиной или зачинщиком чего-либо
to be at the bottom of the class — занимать последнее место по успеваемости
to go to the bottom — пойти ко дну
to have no bottom — быть без дна; не иметь дна; быть неистощимым, неисчерпаемым
to send to the bottom — потопить
to touch bottom — коснуться дна; дойти до предельно низкого уровня (о ценах); опуститься; добраться до сути дела

bottom drawer ['bɒtəm|drɔ:] ящик в комоде, в котором хранится приданое невесты
bottom ice ['bɒtəm|'aɪs] лед внутриводный; лед донный
bottom leather ['bɒtəm|'leðə] кожа для низа обуви
bottom line ['bɒtəm|'laɪn] практический результат; итог; основной момент
bottom mine ['bɒtəm|'maɪn] донная мина
bottom plug ['bɒtəm|'plʌg] заглушка; нижняя пробка
bottom up ['bɒtəm|'ʌp] вверх дном
bottom-land ['bɒtəmlænd] пойма; низина; долина
bottom-of-the-line ['bɒtəməvðə'laɪn] итоговая строка счета прибылей и убытков в годовом отчете
bottom-of-the-range ['bɒtəməvðə'reɪndʒ] чистая прибыль или убыток компании за определенный период
bottoming ['bɒtəmɪŋ] слой щебня *(на дороге)*
bottomless ['bɒtəmlɪs] бездонный; необъяснимый; не имеющий сиденья *(о стуле)*; безосновательный
bottommost ['bɒtəmmoust] самый нижний
bouffant ['bu:fɒn] пышный *(о прическе)*
bough [bau] сук; ветвь; ветка
bought ledger ['bɔ:t|'ledʒə] книга расходов
bougie ['bu:ʒi:] восковая свеча; буж; расширитель
bouillabaisse ['bu:jəbes] тушеная в воде или в белом вине рыба; попурри
bouillon [bu:'jɔ:ŋ] бульон; суп; пышные складки *(франц.)*
boulder ['bouldə] валун; галька

BOU — BOX

boulevard [ˈbuːlvɑː] бульвар; проспект
bounce [bauns] прыжок; отскок; глухой, внезапный удар; упругость; хвастовство; преувеличения; увольнение; прыжок самолета при посадке; подпрыгивать; отскакивать; обманом, запугиванием заставить сделать что-либо; хвастать; увольнять; подпрыгивать при посадке (авиац.); вдруг; внезапно и шумно
bouncing [ˈbaunsɪŋ] здоровый; крупный; полный; рослый; хвастливый; чванный
bouncy [ˈbaunsɪ] живой; подвижный; пружинистый; тряский
bound [baund] граница; кордон; предел; рубеж; ограничение; ограничивать; сдерживать; граничить; служить границей; прыгать; скакать; быстро бежать; отскакивать (о мяче и т. п.); связанный; несвободный; обязанный; вынужденный; непременный; обязательный; уверенный; решившийся (на что-либо); переплетенный; в переплете
bound atom [ˈbaund|ˈætəm] связанный атом
bound to military service [ˈbaund|tə|ˈmɪlɪtərɪ|ˈsəːvɪs] военнообязанный
bound up with smb (smth.) [ˈbaund|ʌp|wɪð|ˈsʌmbədɪ(ˈsʌmθɪŋ)] тесно связанный с кем-либо (чем-либо)
boundary [ˈbaund(ə)rɪ] граница; межа; пограничный знак
 to draw (fix, set) boundary — провести границу
 to form a boundary — урегулировать границу
 to redraw a boundary — пересмотреть границу
boundary layer [ˈbaund(ə)rɪ|ˈleɪə] пограничный слой
boundary ridge [ˈbaund(ə)rɪ|ˈrɪʤ] межа
boundless [ˈbaundlɪs] безграничный
bounty [ˈbauntɪ] щедрость; щедрый подарок
 to offer (pay) a bounty — подарить дорогой подарок
bounty hunter [ˈbauntɪ|ˈhʌntə] наемный убийца; человек, убивающий за вознаграждение
bouquet [ˈbukeɪ] букет; букет, аромат (вина)
 to hand smb. a bouquet for (to throw bouquets at smb.) — восхвалять кого-либо; расточать комплименты кому-либо (разг.)
bourbon [ˈbuəbən] консерватор; сорт виски
bourgeois [ˈbuəʒwɑː] буржуа; горожанин; буржуазный
bourgeoisie [ˌbuəʒwɑːˈziː] буржуазия (франц.)
bourn(e) [buən] граница; рубеж; цель
bourse [buəs] парижская фондовая биржа (франц.)
bouse [bauz] выбирать; тянуть (снасти)
bout [baut] черед; что-либо выполненное за один раз; схватка, встреча (спорт.); припадок; приступ (болезни, кашля)

boutique [buːˈtiːk] бутик, модный магазин; небольшая высокоспециализированная брокерская фирма
bovine [ˈbouvaɪn] бычий; тяжеловесный; медлительный
bow [bau] поклон; нос (корабля); гнуть(ся); сгибать(ся); кланяться; наклонить, склонить голову; подчиняться; преклоняться; [bou] лук; самострел; дуга; смычок; бант для волос; владеть смычком
bow compass [ˈbau|ˈkʌmpəs] кронциркуль
bow-tie [ˈboutaɪ] бабочка (галстук)
bowed [baud] согнутый; искривленный
bowel [ˈbauəl] кишка (мед.); внутренности; недра; жалость; сожаление; сострадание
 to evacuate the bowels — очищать желудок (мед.)
 to have the bowels open — иметь стул (мед.)
bower [ˈbauə] дача; коттедж; беседка; жилище; будуар; становой якорь
bower boot [ˈbauə|ˈbuːt] дачная обувь
bowery [ˈbauərɪ] обсаженный деревьями, кустами; ферма; хутор; улица (квартал) дешевых баров; тенистый
bowing [ˈbouɪŋ] техника владения смычком; игра на скрипичных инструментах
bowl [boul] кубок; чаша; чашка; ваза (для цветов); чашеобразная часть чего-либо; углубление (ложки, подсвечника, чашки весов, резервуара фонтана); шар; игра в шары, кегли; блок (техн.); ролик; играть в шары; катить (шар, обруч); катиться; подавать мяч (в крикете) (спорт.); метать мяч (в бейсболе)
 to bowl out — выбить из строя; очень удивить кого-либо
 to bowl over — сбить; привести в замешательство
bowl along [ˈboul|əˈlɔŋ] идти, ехать или катиться быстро
bowl off [ˈboul|ˈɔf] выйти из игры
bowl-shaped [ˈboulʃeɪpt] чашеобразный
bowler [ˈboulə] котелок (мужская шляпа); игрок, подающий мяч (в крикете) или мечущий мяч (в бейсболе)
bowlful [ˈboulful] миска (чего-либо)
bowling [ˈboulɪŋ] боулинг; игра в шары; кегельбан
bowman [ˈboumən] стрелок (из лука); лучник [ˈbaumən] баковый гребец (ближайший к носу)
bowshot [ˈbouʃɔt] дальность полета стрелы
bowsprit [ˈbousprɪt] бушприт (мор.)
box [bɔks] коробка; ящик; садок; рождественский подарок (обычно в ящике); телевизор (разг.); ящик под сиденьем кучера; козлы; ложа (театр.); стойло; маленькое отделение с перегородкой (в харчевне); домик (особ. охотничий); рудничная угольная вагонетка; подсачивать (дерево); удар;

бокс; место для дачи свидетельских показаний *(юр.)*; запирать; класть в ящик или коробку; подавать *(документ)* в суд; бить кулаком; боксировать; эвкалипт *(бот.)*; самшит

to be in a (tight) box — быть в трудном положении
to be in one's thinking box — серьезно думать
to be in the same box — быть в одинаковом положении с кем-либо
to be in the wrong box — быть в неловком положении

box of bricks ['bɔks|əv|'brɪks] детские кубики
box ring wrench ['bɔks|'rɪŋ|'rentʃ] торцовый разводной ключ
box spanner ['bɔks|'spænə] торцовый гаечный ключ
box wrench ['bɔks|'rentʃ] накидной ключ; торцовый ключ
box-head ['bɔkshed] заголовок в рамке
box-office ['bɔks'ɔfis] театральная касса
box-pleat ['bɔks'pli:t] бантовая складка
box-seat ['bɔks'si:t] сиденье на козлах; место в ложе
box-tree ['bɔkstri:] самшит
boxcalf ['bɔks'ka:f] хромовая телячья кожа
boxcar ['bɔkska:] товарный вагон
boxed set ['bɔkst|'set] комплект книг
boxer ['bɔksə] боксер *(спорт.)*; боксер *(порода собак)*
boxing ['bɔksɪŋ] упаковка *(в ящик)*; фанера; материал для ящиков, футляров; кожух; контейнер; тара; футляр; бокс
boxing-gloves ['bɔksɪŋglʌvz] боксерские перчатки
boxmaking machine ['bɔks.meɪkɪŋ|mə'ʃi:n] машина для изготовления картонных коробок
boxwood ['bɔkswud] самшит
boxy ['bɔksɪ] квадратный; приземистый; свободного покроя
boy [bɔɪ] мальчик; парень; молодой человек; бой *(слуга-туземец на Востоке)*; юнга *(мор.)*
boy racer ['bɔɪ|'reɪsə] любитель быстрой езды
boyfriend ['bɔɪfrend] возлюбленный
boy-scout ['bɔɪ'skaut] бойскаут
boycott ['bɔɪkət] бойкот; бойкотировать
to impose a boycott — объявить бойкот
to lift a boycott — прекращать бойкот
boyhood ['bɔɪhud] отрочество
boyish ['bɔɪɪʃ] мальчишеский; живой
bra [bra:] бюстгальтер; бра
brabble ['bræbl] пререкания; раздор; пререкаться; ссориться из-за пустяков
brace [breɪs] связь; скоба; скрепа; подпорка; распорка; пара *(о дичи)* *(охот.)*; свора *(ремень)*; подтяжки; фигурная скобка; коловорот *(техн.)*; брас *(мор.)*; связывать; скреплять; подпирать; подкреплять; обхватывать; укреплять *(нервы)*

to brace one's energies — взять себя в руки
brace and bit ['breɪs|ənd|'bɪt] перка
bracelet ['breɪslɪt] браслет; наручники *(во мн. числе)*
bracer ['breɪsə] скрепление; связь; скоба; нарукавник; укрепляющее средство; живительная влага *(разг.)*
braces ['breɪsɪz] подтяжки
bracing ['breɪsɪŋ] крепление; связь; держатель; бодрящий *(о воздухе)*; укрепляющий
bracing frame ['breɪsɪŋ|'freɪm] рама жесткости
bracken ['bræk(ə)n] папоротник-орляк
bracket ['brækɪt] скобка; кронштейн; консоль; держатель; подвеска; группа; рубрика; газовый рожок; вилка *(при стрельбе)* *(воен.)*; заключать в скобки; упоминать; ставить наряду с кем-либо, с чем-либо; захватывать в вилку *(воен.)*

to enclose (a word) in brackets — заключить слово в скобки
to put (a word) into brackets — поместить слово в скобки

bracket bering ['brækɪt|'beərɪŋ] консольный подшипник
bracket of tax ['brækɪt|əv|'tæks] ступень налоговой шкалы в прогрессивном налогообложении
bracket-shaped ['brækɪtʃeɪpt] скобообразный
bracketed expression ['brækɪtɪd|ɪks'preʃən] выражение в скобках
brackish ['brækɪʃ] солоноватый *(о воде)*; противный *(на вкус)*; отвратительный
brad [bræd] гвоздь без шляпки; шпилька; штифт *(авт.)*
bradawl ['brædɔ:l] шило
bradyarthria брадиартрия *(мед.)*
brae [breɪ] крутой берег реки; склон холма
brag [bræg] хвастовство; хвастун; хвастаться; бахвалиться; кичиться
braggadocio [,brægə'doutʃiou] бахвальство; хвастун
braggart ['brægət] хвастун; хвастливый
braggery ['brægərɪ] хвастовство
braid [breɪd] шнурок; тесьма; галун; коса *(волос)*; плести; прясть; ткать; обшивать тесьмой, шнурком; заплетать; завязывать лентой *(волосы)*; оплетать *(техн.)*; обматывать *(провод)*
brail [breɪl] гитов *(снасть для уборки парусов)* *(мор.)*; путы для сокола
Braille [breɪl] шрифт Брайля *(для слепых)*
brain [breɪn] мозг; интеллект; разум; рассудок; ум; умственные способности *(разг.)*; умница *(разг.)*; электронная вычислительная машина *(разг.)*; размозжить голову

smth. on the brain — неотвязная мысль

to beat (puzzle, rack) one's brains about (with) smth. — *ломать себе голову над чем-либо*
to crack one's brain(s) — *спятить; свихнуться*
to have (got) smb. (smth.) on the brain — *неотступно думать о ком-либо (о чем-либо)*
to have one's brains on ice — *сохранять ледяное спокойствие (разг.)*
to make smb.'s brain reel — *поразить кого-либо*
to pick/suck smb.'s brains — *использовать чужие мысли*
to turn smb.'s brain — *вскружить кому-либо голову; сбить кого-либо с толку*
brain dead [ˈbreɪnˈded] глупый
brain drain [ˈbreɪnˈdreɪn] «утечка мозгов»
brain work [ˈbreɪnˌwɜːk] умственный труд
brain worker [ˈbreɪnˌwɜːkə] работник умственного труда
brain-fever [ˈbreɪnˌfiːvə] воспаление мозга; болезнь, осложненная мозговыми явлениями
brain-teaser [ˈbreɪnˌtiːzə] трудная проблема
brainwave [ˈbreɪnweɪv] счастливая мысль; блестящая идея (разг.)
braird [ˈbrɛəd] первый росток; всходить (о траве, посевах)
braise [breɪz] тушеное мясо; тушить (мясо)
brake [breɪk] тормоз; задерживать; замедлять; тормозить; мять; трепать (лен, пеньку); месить (тесто); разбивать комья (бороной); чаща; заросли кустарника
to apply (step on) a brake — *нажать на тормоз*
to jam on (slam on) the brakes — *резко нажать на тормоза*
to put a brake on — *включить тормозное устройство*
to put on the brakes — *поставить на тормоза*
to release the brakes — *отпустить тормоза*
to ride the brakes — *ехать на тормозах (по инерции)*
brake action [ˈbreɪkˈækʃən] торможение
brake adjuster [ˈbreɪkəˈdʒʌstə] механизм регулировки тормоза
brake adjustment [ˈbreɪkəˈdʒʌstmənt] регулировка тормозов
brake arrangement [ˈbreɪkəˈreɪndʒmənt] тормозное устройство
brake axle [ˈbreɪkˈæksl] тормозная ось (техн.)
brake balancer [ˈbreɪkˈbælənsə] прибор для регулировки тормозов
brake band [ˈbreɪkˈbænd] тормозная лента
brake block [ˈbreɪkˈblɔk] тормозная колодка
brake charging accumulator [ˈbreɪkˈtʃɑːdʒɪŋəˈkjuːmjuleɪtə] зарядный аккумулятор тормозной системы

brake cylinder [ˈbreɪkˈsɪlɪndə] тормозной цилиндр
brake disk [ˈbreɪkˈdɪsk] тормозной диск
brake failure [ˈbreɪkˈfeɪljə] отказ тормозов; неисправность тормозов
brake fluid [ˈbreɪkˈfluːɪd] тормозная жидкость
brake hand lever [ˈbreɪkˈhændˈliːvə] рычаг ручного тормоза
brake hose [ˈbreɪkˈhouz] тормозной шланг
brake lock-up [ˈbreɪkˈlɔkʌp] блокировка тормозов
brake master cylinder [ˈbreɪkˈmɑːstəˈsɪlɪndə] главный тормозной цилиндр
brake pad [ˈbreɪkˈpæd] тормозная колодка
brake pedal linkage adjustment [ˈbreɪkˈpedlˈlɪŋkɪdʒəˈdʒʌstmənt] регулировка хода педали тормоза
brake sheave [ˈbreɪkˈʃiːv] тормозной диск
brake valve actuator [ˈbreɪkˈvælvˈæktjueɪtə] привод тормозного клапана (техн.)
brakeman [ˈbreɪkmən] тормозящий (спорт.)
braky [ˈbreɪkɪ] заросший кустарником, папоротником
bramble [ˈbræmbl] ежевика (бот.)
bran [bræn] отруби; высевки
branch [brɑːntʃ] ветвь; ветка; отрасль; род войск (воен.); служба; отделение; филиал; линия (родства); рукав (реки); ручеек; отрог (горной цепи); ответвление (дороги); отвод (техн.); тройник; вспомогательный; боковой; ответвляющийся; раскидывать ветви; разветвляться
to branch off — *разветвляться; отходить от главного направления*
branch bank [ˈbrɑːntʃˈbæŋk] филиал банка
branch cable [ˈbrɑːntʃˈkeɪbl] отводной кабель
branch connection (piece) [ˈbrɑːntʃkəˈnekʃən(ˈpiːs)] патрубок
branch network [ˈbrɑːntʃˈnetwɜːk] сеть филиалов
branch of pipeline [ˈbrɑːntʃəvˈpaɪplaɪn] ветвь трубопровода
branch of science [ˈbrɑːntʃəvˈsaɪəns] дисциплина
branch of tree [ˈbrɑːntʃəvˈtriː] ветвь дерева
branch office [ˈbrɑːntʃˈɔfɪs] контора отделения; филиал компании; отделение
branch pipe [ˈbrɑːntʃˈpaɪp] тройник
branchial chamber [ˈbræŋkɪəlˈtʃeɪmbə] жаберная полость (биол.)
branchless [ˈbrɑːntʃlɪs] без сучьев; без ответвлений (о дороге, трубопроводе и т. п.)
branchy [ˈbrɑːntʃɪ] ветвистый; разветвленный
brand [brænd] головня; головешка; раскаленное железо; выжженное клеймо; тавро; фабричное клеймо; фабричная марка; клеймо; печать позора; качество; сорт; меч; головня (бот.); выжигать

клеймо; отпечатываться в памяти; оставлять неизгладимое впечатление; клеймить; позорить; осуждать; признавать виновным

brand name [ˈbrænd ˈneɪm] фирменное название товара; фабричная марка

brand-new [ˈbrænd ˈnjuː] совершенно новый; «с иголочки»

brandish [ˈbrændɪʃ] махать; размахивать (мечом, палкой)

brandling [ˈbrændlɪŋ] дождевой червь

brandy [ˈbrændɪ] бренди; коньяк

brant(-goose) [ˈbrænt (ˈguːs)] казарка (биол.)

brash [bræʃ] хрупкий; дерзкий; наглый; изжога; внезапный ливень

brass [brɑːs] латунь; желтая медь; медная мемориальная доска; духовые инструменты; деньги, медяки; бесстыдство (разг.); начальство (воен.); высший военный чин; старший офицер; латунный; медный; покрывать латунью, медью; нагло вести себя

to brass up — надевать кожаные ремни и металлические украшения (на лошадь); платить свою долю

brass band [ˈbrɑːs ˈbænd] духовой оркестр

brass collar [ˈbrɑːs ˈkɔlə] официальное лицо; влиятельный человек

brass knuckles [ˈbrɑːs ˈnʌklz] кастет

brass plate [ˈbrɑːs ˈpleɪt] дощечка на двери

brass works [ˈbrɑːs ˈwəːks] медеплавильный завод

brass-hat [ˈbrɑːs ˈhæt] штабной офицер; высокий чин

brassard [ˈbræsɑːd] нарукавная повязка

brassboard [ˈbrɑːsbɔːd] экспериментальный

brasserie [ˈbræsərɪ] маленький ресторан или бар

brassiére [ˈbræsɪeə] бюстгальтер

brat pack [ˈbræt ˈpæk] молодые писатели, пользующиеся сиюминутной популярностью

brattle [ˈbrætl] грохот; топот; грохотать; топать

bravado [brəˈvɑːdou] хвастовство; бравада; напускная храбрость

brave [breɪv] мужественный; смелый; отличный; отменный; превосходный; прекрасный; нарядный (уст.); храбро встречать (опасность и т. п.)

bravery [ˈbreɪv(ə)rɪ] мужество; отвага; смелость; храбрость; великолепие; нарядность; показная роскошь

bravo [ˈbrɑːˈvou] браво!

bravura [brəˈvuərə] бравурность; бравурный пассаж; бравурная пьеса; отличное исполнение; бравада

brawl [brɔːl] шумная ссора; журчание; кричать; скандалить; ссориться; журчать

brawler [ˈbrɔːlə] скандалист; крикун

brawn [brɔːn] мускулы; мускульная сила; засоленная, консервированная свинина; студень из свиной головы и говяжьих ножек

brawny [ˈbrɔːnɪ] крепкий; мускулистый; сильный

bray [breɪ] крик осла; неприятный, резкий звук; кричать (об осле); издавать неприятный звук

braze [breɪz] паять твердым припоем из меди и цинка; делать твердым

brazen [ˈbreɪzn] медный; бронзовый; бесстыдный; низкий

brazier [ˈbreɪzjə] медник; жаровня

breach [briːtʃ] пролом; отверстие; брешь; дыра; дырка; разрыв (отношений); нарушение (закона, обязательства); интервал; волны, разбивающиеся о корабль; пробивать брешь; проламывать; выскочить из воды (о ките)

to breach a contract — нарушать условия контракта

to close (seal off) a breach — закрывать брешь

to effect (make) a breach (in enemy lines) — пробить брешь

to fling oneself (throw oneself) into the breach — броситься на прорыв

breach of blockade [ˈbriːtʃ əv bləˈkeɪd] прорыв блокады

breach of close [ˈbriːtʃ əv ˈklous] незаконное вторжение на чужую территорию

breach of contract [ˈbriːtʃ əv ˈkɔntrækt] нарушать контракт

breach of expectations [ˈbriːtʃ əv ˌekspekˈteɪʃənz] крушение надежд

breach of faith [ˈbriːtʃ əv ˈfeɪθ] злоупотребление доверием; супружеская измена

breach of peace [ˈbriːtʃ əv ˈpiːs] нарушение общественного порядка

breach of prison [ˈbriːtʃ əv ˈprɪzn] побег из тюрьмы

bread [bred] хлеб; еда; корм; пища; обваливать в сухарях; панировать; средства к существованию

to bake bread — печь хлеб

to break bread with — делить кусок хлеба с кем-либо

to earn one's bread — зарабатывать на жизнь

to have one's bread buttered for life — быть материально обеспеченным на всю жизнь

to take the bread out of smb.'s mouth — отбивать хлеб у кого-либо

to toast bread — поджаривать хлеб

bread and cheese [ˈbred ənd ˈtʃiːz] простая или скудная пища

bread buttered on both sides [ˈbred ˈbʌtəd ɔn ˈbouθ ˈsaɪdz] благополучие; обеспеченность; взаимовыгодная сделка

bread-and-butter [ˈbredən(d) ˈbʌtə] будничный; обыденный; повседневный; прозаический; бутерброд; средства к существованию

bread-and-butter issue [ˈbredəndˌbʌtərˈiːsjuː] жизненно важные проблемы

bread-and-butter letter [ˈbredəndˌbʌtəˈletə] письмо, в котором выражается благодарность за гостеприимство

bread-and-butter miss [ˈbredəndˌbʌtəˈmɪs] школьница; девочка школьного возраста

bread-basket [ˈbredˌbɑːskɪt] корзина для хлеба; главный зерновой район

bread-fruit [ˈbredfruːt] хлебное дерево; плод хлебного дерева

bread-line [ˈbredlaɪn] очередь безработных за бесплатным питанием (амер.)

bread-stuffs [ˈbredstʌfs] гранула; зерно; семя; мука

bread-ticket [ˈbredˌtɪkɪt] хлебная карточка

bread-winner [ˈbredˌwɪnə] кормилец (семьи); источник существования

breadcrumb [ˈbredkrʌm] хлебный мякиш; крошки хлеба

breadth [bredθ] ширина; полотнище; широта (кругозора, взглядов); широкий размах

break [breɪk] отверстие; трещина; пролом; перенос; прорыв; перерыв; пауза; перемена (в школе); разлад; тире-многоточие (в телеграфе); разрыв (отношений); обмолвка; внезапное падение цен (фин.); большое количество чего-либо; возможность (разг.); шанс; расслоение жидкости (хим.); разрыв (геол.); малый сброс; прекращение боя при захвате (в боксе); ломать(ся); разбивать(ся); разрушать(ся); рвать(ся); разрывать(ся); взламывать; рассеиваться; расступаться; расходиться; прерывать (сон, молчание, путешествие); распечатывать (письмо); откупоривать (бутылку, бочку); прокладывать (дорогу); разменивать (деньги); разорять(ся); разрознивать (коллекцию и т. п.); сломить (сопротивление, волю); подорвать (силы, здоровье, могущество); ослабить; ослабеть; порывать (отношения); нарушать (обещание, закон, правило); ломаться (о голосе); прерываться (от волнения); приучать (лошадь к поводьям); дрессировать; обучать; избавлять(ся); отучать (от привычки и т. п.); разжаловать; вскрываться (о реке, о нарыве); взрываться; срываться; побить (рекорд); прерывать (ток); размыкать (цепь) (электр.); мять; трепать; сепарировать (масло от обрата, мед от воска); осветлять (жидкость) (хим.); абзац

to break the peace — нарушить покой, мир

to get the breaks — использовать благоприятные обстоятельства; иметь успех

to make a break with smb. — порвать с кем-либо

break even [ˈbreɪkˈiːvən] окупать

break in the sound [ˈbreɪkɪnðəˈsaund] прерывание звука

break-away [ˈbreɪkəweɪ] отход (от традиций и т. п.); отрыв (от группы в беге, эстафете и т. п.) (спорт.); уход от защиты (в футболе и т. п.); фальстарт (спорт.); прекращение боя при захвате (в боксе)

break-through [ˈbreɪkθruː] важное научное открытие; революционизирующее усовершенствование

break-up [ˈbreɪkʌp] развал; разруха; закрытие школы (на каникулы); прерывание

breakage [ˈbreɪkɪdʒ] ломка; поломка; авария; нарушение; повреждение; поломанные предметы; бой; компенсация за поломку

breakdown [ˈbreɪkdaun] авария

breaker [ˈbreɪkə] дробильщик; нарушитель (закона и т. п.); отбойщик; бурун; дробилка (техн.); выключатель (электр.); прерыватель; мяло; трепалка; ледорез (техн.); небольшой бочонок

breakeven [ˈbreɪkˈiːvən] безубыточность; становиться безубыточным; безубыточный

breakeven point [ˈbreɪkˌiːvənˈpɔɪnt] окупаемость

breakfast [ˈbrekfəst] утренний завтрак; завтракать

to eat (have) breakfast — завтракать

to make (prepare) breakfast — готовить завтрак

breaking wave [ˈbreɪkɪŋˈweɪv] прибой

breaking-even [ˈbreɪkɪŋˈiːvən] безубыточное ведение дела

bream [briːm] лещ; очищать (подводную часть корабля)

breast [brest] грудь; грудная железа; молочная железа; душа; совесть; часть стены от подоконника до пола (строит.); отвал (плуга); грудь забоя (горн.); стать грудью против чего-либо; восставать; противиться

breast-band [ˈbrestbænd] шлейка (в упряжи)

breast-bone [ˈbrestboun] грудная кость; грудина (анат.)

breast-feed [ˈbrestfiːd] вскармливать грудью

breast-pin [ˈbrestpɪn] булавка для галстука

breast-plate [ˈbrestpleɪt] нагрудник (кирасы); нагрудный знак; грудной ремень; подперсье (в сбруе); нижняя часть щита (черепахи)

breast-pocket [ˈbrestˌpɔkɪt] нагрудный карман

breastwork [ˈbrestwəːk] бруствер

breath [breθ] дыхание; вздох; бытие; жизнь; существование; дуновение

all in a (one) breath — единым духом

below (under) one's breath — тихо; шепотом

deep (long) breath — глубокий вдох

to bate (hold) one's breath — затаить, задерживать дыхание

to be out of breath — запыхаться; задыхаться

to catch (hold) one's breath — задержать дыхание

to draw one's last breath — испустить дух; умереть

to draw the first breath — родиться; появиться на свет

to get one's breath back — перевести дыхание

to lose one's breath — сбиться с дыхания

breath-taking ['breθˌteɪkɪŋ] захватывающий; изумительный; поразительный

breath-test ['breθtest] проверка на алкоголь (*водителей автомашин и т. п.*)

breathable ['bri:ðəbl] пригодный для дыхания; воздухопроницаемый

breathalyzer ['breθəˌlaɪzə] аппарат для получения пробы на алкоголь (*у водителя автомашины*)

breathe [bri:ð] дышать; вздохнуть; перевести дух; жить; существовать; дать передохнуть; издавать приятный запах; дуть слегка (*о ветре*); говорить (*тихо*); выражать что-либо; дышать чем-либо (*о лице, наружности*)

to breathe again — свободно вздохнуть; вздохнуть с облегчением

to breathe heavily — тяжело дышать

to breathe of — выболтать

to breathe on — запятнать чью-либо репутацию; чернить; клеветать

breather ['bri:ðə] живое существо; дыхательное упражнение; короткая передышка; респиратор

breathholding ['breθˌhouldɪŋ] задержка дыхания

breathing capacity ['bri:ðɪŋ kəˈpæsɪtɪ] дыхательный объем легких

breathing opening ['bri:ðɪŋ ˈoupnɪŋ] дыхательное отверстие

breathless ['breθlɪs] запыхавшийся; задыхающийся; затаивший дыхание; бездыханный; безветренный; неподвижный (*о воздухе, воде и т. п.*)

breathless attention ['breθlɪs əˈtenʃən] напряженное внимание

breathy ['breθɪ] хриплый

breech [bri:tʃ] ягодица; казенная часть (*орудия*) (*воен.*)

breech-sight ['bri:tʃsaɪt] прицел (*воен.*)

breeches ['brɪtʃɪz] бриджи; брюки (*разг.*)

breeches part ['brɪtʃɪz pɑ:t] мужская роль, исполняемая женщиной

breeches-buoy ['brɪtʃɪzbɔɪ] спасательная люлька (*для снятия людей с аварийного судна*)

breed [bri:d] племя; порода; род; поколение; потомство; происхождение; родословная; выводить; разводить (*животных*); вскармливать; высиживать (*птенцов*); воспитывать; обучать; размножаться; порождать

breeder ['bri:də] тот, кто разводит животных; производитель (*о животном*); аппаратура для (*расширенного*) воспроизводства ядерного топлива (*техн.*)

breeder material ['bri:də məˈtɪərɪəl] ядерное топливное сырье

breeding ['bri:dɪŋ] разведение (*животных*); размножение; хорошие манеры; воспитанность

breeding colour ['bri:dɪŋ ˈkʌlə] брачная окраска (*у животных*)

breeding efficiency ['bri:dɪŋ ɪˈfɪʃənsɪ] оплодотворяемость

breeze [bri:z] легкий ветерок; бриз; ссора; шум; новость; веять; продувать; промчаться (*разг.*)

breezy ['bri:zɪ] прохладный; свежий; веселый; живой

brekker ['brekə] завтрак (*разг.*)

brethren ['breðrɪn] собратья; братия

breve [bri:v] значок краткости над гласными (*полигр.*); предписание; судебный приказ

brevet ['brevɪt] патент; пилотское свидетельство (*авиац.*); присваивать следующее звание без изменения оклада; грамота

breviary ['bri:vjərɪ] сокращение; сокращенное изложение; конспект; католический требник (*церк.*)

brevity ['brevɪtɪ] краткость; сжатость

brew [bru:] варить (*пиво*); смешивать; приготовлять (*пунш*); заваривать (*чай*); замышлять (*мятеж, восстание*); затевать (*ссору и т. п.*); надвигаться; назревать; приближаться; варка (*напитка*); варево

brewing ['bru:ɪŋ] пивоварение; количество пива, которое варится за один раз; скопление грозовых туч (*мор.*)

bribable ['braɪbəbl] коррумпированный; корыстный; подкупной; продажный

bribe [braɪb] взятка; подкуп; подкупать; давать; предлагать взятку

to get a bribe — получить взятку

to give a bribe — дать взятку

bribe-taker ['braɪbˌteɪkə] взяточник

briber ['braɪbə] взяткодатель

bribery ['braɪbərɪ] взяточничество

bric-à-brac ['brɪkəbræk] безделушки (*франц.*); старинные вещи

brick [brɪk] кирпич; брусок (*мыла*); кирпичный; класть кирпичи; облицовывать или мостить кирпичом

brick clay ['brɪk kleɪ] кирпичная глина

brick fuel ['brɪk fjuəl] брикет

brick-field ['brɪkfi:ld] кирпичный завод

brick-kiln ['brɪkkɪln] печь для обжига кирпича

brickbat ['brɪkbæt] обломок кирпича; нелестный отзыв; резкое замечание

bricklayer ['brɪkˌleɪə] каменщик

bridal ['braɪdl] свадьба

bride [braɪd] невеста

bridegroom ['braɪdgrum] жених

bridge [brɪʤ] мост; мостик; перемычка; соединять при помощи моста; бридж *(карточная игра)*
bridge of nose [ˈbrɪʤ|əvˈnouz] переносица
bridle [ˈbraɪdl] уздечка
brief [bri:f] недолгий; короткий; сжатый; лаконичный; отрывистый; сводка; резюме; краткое письменное изложение дела
briefing [ˈbri:fɪŋ] брифинг
briefly [ˈbri:flɪ] кратко; сжато
briefs [bri:fs] штанишки; короткие кальсоны; трусы
brier [ˈbraɪə] роза; шиповник
briery [ˈbraɪərɪ] колючий
brigade [brɪˈgeɪd] бригада; команда; отряд
brigadier [ˌbrɪgəˈdɪə] бригадир
brigand [ˈbrɪgənd] грабитель; разбойник; бандит
brigandish [ˈbrɪgəndɪʃ] грабительский; разбойничий; бандитский
bright [braɪt] яркий; светлый; блестящий; светлый; способный; смышленый
brighten [ˈbraɪtn] очищать; придавать блеск; проясняться
brightness [ˈbraɪtnɪs] яркость
brill [brɪl] бриль *(единица яркости света)*
brilliant [ˈbrɪljənt] бриллиант
brim [brɪm] поля шляпы
brindled [ˈbrɪndld] полосатый; пятнистый
brine [braɪn] морская вода; соляной раствор; рассол
bring [brɪŋ] приносить; приводить; привозить; доставлять; вызывать; влечь за собой; вводить; возбуждать *(дело)*; предъявлять *(иск)*; вводить в действие; доводить до чего-либо; снижать; импортировать; пускать в оборот; объявлять *(заем)*; поднимать вопрос
  to bring down prices — снизить цены
  to bring to market — выбросить на рынок
  to bring to profit — сделать прибыльным
  to bring to ruin — разорить
  to bring within the reach — сделать доступным
  to bring a case — возбудить иск
  to bring forward — перенести на более ранний срок
  to bring in balance with ... — привести в соответствие с ...
brisk [brɪsk] живой; оживленный; проворный; отрывистый; шипучий
brisk demand [ˈbrɪsk|dɪˈmɑ:nd] большой спрос
brisk trade [ˈbrɪsk|ˈtreɪd] оживленная торговля
brisket [ˈbrɪskɪt] грудинка
brittle material [ˈbrɪtl|məˈtɪərɪəl] хрупкий материал
broad [brɔ:d] широкий; либеральный; терпимый; обширный; просторный; ясный
broad back [ˈbrɔ:d|ˈbæk] широкая спина

broad language [ˈbrɔ:d|ˈlæŋgwɪʤ] широкая формулировка
broad-beam headlight [ˈbrɔ:dbi:m|ˈhedlaɪt] широкоугольный прожектор
broadcast [ˈbrɔ:dkɑ:st] радиопередача; радиовещание; трансляция; телевизионная передача
broadcasting [ˈbrɔ:dkɑ:stɪŋ] радиовещание; радиостудия; телевизионное вещание
broadcasting rights [ˈbrɔ:dkɑ:stɪŋ|ˈraɪts] право на воспроизведение на ТВ, радио
broadcasting zone [ˈbrɔ:dkɑ:stɪŋ|ˈzoun] зона вещания
broadtail [ˈbrɔ:dteɪl] каракульча
brochure [ˈbrouʃuə] брошюра
brochures [ˈbrouʃuəz] брошюры
brock [brɔk] барсук
broil [brɔɪl] жареное мясо
broke [brouk] макулатура
broken [ˈbrouk(ə)n] подорванный; сломленный; ослабленный; разоренный; разорившийся; сломанный; разбитый; прерывистый; неустойчивый
broken circuit [ˈbrouk(ə)n|ˈsə:kɪt] разомкнутая цепь
broken number [ˈbrouk(ə)n|ˈnʌmbə] дробное число; дробь
broker [ˈbroukə] брокер *(фин.)*; маклер; посредник; агент
brokerage [ˈbroukərɪʤ] куртаж
broker's commission [ˈbroukəz|kəˈmɪʃən] комиссионное вознаграждение брокеру
brooch [broutʃ] брошь
brood [bru:d] помет; потомство *(одной особи)*; выводок
brood chamber [ˈbru:d|ˈʧeɪmbə] выводковая камера
brood-hen [ˈbru:dhen] курица-наседка
broom [brum] метла
broth [brɔθ] бульон; жидкая среда *(биол.)*
brother [ˈbrʌðə] брат
brow [brau] бровь
brown [braun] коричневый
brown bear [ˈbraun|ˈbeə] бурый медведь
brown bread [ˈbraun|ˈbred] черный хлеб
brum фальшивый; фальшивая монета
brush [brʌʃ] чистить; тереть; драить
brush arm [ˈbrʌʃ|ˈɑ:m] щеткодержатель
brushwood [ˈbrʌʃwud] хворост; терновая изгородь
Brussels-sprouts [ˈbrʌsl|ˈsprauts] брюссельская капуста
brutal killer [ˈbru:tl|ˈkɪlə] лицо, совершившее убийство особо жестоким способом
brutal treatment [ˈbru:tl|ˈtri:tmənt] жестокое обращение

brute [bru:t] животное; жестокий; грубый; бессмысленный

bubble [ˈbʌbl] пузырь; пузырек воздуха или газа *(в жидкости)*; пузырек воздуха *(в стекле)*; дутое предприятие; «мыльный пузырь»; пузыриться; кипеть; бить ключом; журчать *(о речи)*; дурачить; обманывать

to blow bubbles — надувать пузыри

to prick bubbles — прокалывать пузыри

bubble company [ˈbʌblˈkʌmpəni] дутое предприятие

bubble scheme [ˈbʌblˈski:m] дутый план

bubble-bath [ˈbʌblba:θ] пена для ванны; пенистая ароматная ванна

bubble-gum [ˈbʌbgʌm] надувная жевательная резинка

bubbler [ˈbʌblə] фонтанчик для питья

bubbly [ˈbʌbli] пенящийся *(о вине)*; пузырчатый *(о стекле)*; шампанское *(разг.)*

bubbly-jock [ˈbʌbliʤɔk] индюк

bubo [ˈbju:bou] бубон *(мед.)*

bubonic [bju(:)ˈbɔnik] бубонный

bubonic plague [bju(:)ˈbɔnikˈpleig] бубонная чума

buccal orifice [ˈbʌkəlˈɔrifis] ротовое отверстие

buck [bʌk] самец *(оленя, антилопы, зайца, кролика)*; денди; щеголь; доллар; становиться на дыбы; брыкаться; козлы для пилки дров; козел *(гимнастический снаряд)*; распиливать *(деревья)* на бревна; дробить *(руду)*

to buck off — сбрасывать *(с седла)*

to buck up — встряхнуться; оживиться; проявить энергию

bucket [ˈbʌkit] ведро; бадья; черпак; ковш *(землечерпалки и т. п.)*; грейфер *(техн.)*; поршень насоса; подъемная клеть *(техн.)*; люлька; большое количество; вычерпывать; зачерпывать; наваливаться *(на весла при гребле)*

bucket-shop [ˈbʌkitʃɔp] биржевая контора, в которой нелегально ведется спекулятивная игра

buckish [ˈbʌkiʃ] фатоватый; щегольской

buckle [ˈbʌkl] пряжка; изгиб; прогиб *(вертикальный)*; застегивать пряжку; сгибать; выгибать; гнуть; изгибать; сгибаться *(от давления)*

buckler [ˈbʌklə] небольшой круглый щит; круглый ставень *(мор.)*; защита; прикрытие; защищать; заслонять; охранять; предохранять

buckling damage [ˈbʌkliŋˈdæmiʤ] повреждение вследствие потери устойчивости конструкции

buckram [ˈbʌkrəm] клеенка; клееный холст; чопорность; чопорный; твердый переплет

bucksaw [ˈbʌksɔ:] лучковая пила

buckwheat [ˈbʌkwi:t] гречиха; гречневый

buckwheat cakes [ˈbʌkwi:tˈkeiks] гречишные блины, оладьи

bucolic [bju(:)ˈkɔlik] буколический; сельский; сельский житель

bud [bʌd] почка; бутон; глазок; давать почки; пускать ростки; прививать глазком *(с.-х.)*; развиваться

budding [ˈbʌdiŋ] подающий надежды; многообещающий; окулировка

budge [bʌʤ] шевелиться; пошевельнуть; сдвинуть с места; овчина

budget [ˈbʌʤit] бюджет; финансовая смета; запас; предусматривать в бюджете; ассигновать; составлять бюджет *(фин.)*

budget account [ˈbʌʤitəˈkaunt] бюджетный счет; счет потребительского кредита

budget accountant [ˈbʌʤitəˈkauntənt] бухгалтер-контролер по исполнению сметы

budget costs [ˈbʌʤitˈkɔsts] бюджетные затраты

budget for ... [ˈbʌʤitˈfɔ:] ассигновать на что-либо

budgetary [ˈbʌʤitəri] бюджетный

budgeted [ˈbʌʤitid] плановый

budgeting application [ˈbʌʤitiŋˌæpliˈkeiʃən] распределение бюджетных средств

buff [bʌf] буйволовая кожа; толстая бычачья кожа; цвета буйволовой кожи; полировать *(кожаным кругом)*; поглощать удары; смягчать толчки

buffalo [ˈbʌfəlou] буйвол; бизон; танк-амфибия *(воен.)*

buffer [ˈbʌfə] буфер *(техн.)*; амортизатор; глушитель; демпфер; буферное государство; буферный; буферное запоминающее устройство *(компьют.)*; буферный регистр

buffering [ˈbʌfəriŋ] амортизация

buffet [ˈbʌfit] [ˈbufei] удар *(рукой)*; наносить удары; ударять; бороться *(с волнами)*; проталкиваться; протискиваться; буфет *(для посуды)*; буфетная стойка

buffoon [bʌˈfu:n] буффон; фигляр; шут; шутовской; паясничать; фиглярничать; кривляться

buffoonery [bʌˈfu:nəri] шутовство; буффонада; клоунада

bug [bʌg] клоп; насекомое; жук; диктофон; «жучок» *(аппарат для подслушивания, тайного наблюдения)*; подслушивать; вести тайное наблюдение *(с помощью специальной аппаратуры)*; дефект; ошибка; помеха

to install a bug — устанавливать подслушивающее устройство

to remove (tear out) a bug — убрать подслушивающее устройство

buggy [ˈbʌgi] легкая двухместная коляска с откидным верхом; кабриолет; маленькая вагонетка

bughouse [ˈbʌghaus] сумасшедший дом; анормальный; ненормальный; патологический; сумасшедший

BUG — BUL

bugle [ˈbjuːgl] охотничий рог; рожок; горн; сигнальная труба; трубить в рог; дубровка ползучая *(бот.)*
  to blow (play) a bugle — *дуть в горн*
bugler [ˈbjuːglə] горнист
build [bɪld] конструкция; форма; стиль; телосложение; сооружать; строить; создавать; основывать; вить *(гнезда)*; основываться; полагаться
  to build up a business — *создать предприятие*
  to build (out) of — *делать что-либо из какого-либо материала*
  to build plans — *строить планы*
build-up [ˈbɪldʌp] реклама *(разг.)*; сосредоточение *(воен.)*; наращивание, накопление *(сил, средств)*
build-up area [ˈbɪldʌpˈeərɪə] строительная площадка
builder [ˈbɪldə] строитель; строительная организация; подрядчик; плотник; каменщик; компонент *(техн.)*; структурообразователь
building [ˈbɪldɪŋ] здание; постройка; дом; сооружение; строение; надворные постройки; службы; возведение; строительство; строительный
building and assembly jobs [ˈbɪldɪŋ|ənd|əˈsemblɪ|ˈʤɔbz] строительно-монтажные работы
building bay [ˈbɪldɪŋˈbeɪ] сборочный участок
building block [ˈbɪldɪŋˈblɔk] блок для строительства
building contractor [ˈbɪldɪŋkənˈtræktə] строительный подрядчик
building lease [ˈbɪldɪŋˈliːs] аренда земли под застройку
building leasehold [ˈbɪldɪŋˈliːshould] право застройки
building-paper [ˈbɪldɪŋˌpeɪpə] облицовочный картон
building-society [ˈbɪldɪŋsəˈsaɪətɪ] жилищно-строительный кооператив
built [bɪlt] выстроенный; построенный
built-in [ˈbɪltɪn] встроенный; стенной; свойственный; присущий чему-либо
built-in timber [ˈbɪltɪnˈtɪmbə] составной деревянный брус
bulb [bʌlb] луковица *(мед.)*, *(бот.)*; шарик *(термометра)*; колба электрической лампы; электрическая лампа; лампа накаливания; баллон; сосуд; пузырек; выпуклость; выступ; расширяться в форме луковицы
  to screw in a bulb — *ввернуть лампочку*
bulb onion [ˈbʌlbˈʌnjən] репчатый лук
bulblet [ˈbʌlblɪt] луковица-детка
bulge [bʌlʤ] внезапное краткосрочное повышение цен; выпуклость; выпячиваться; выдаваться

b(o)ulimia булимия *(мед.)*
bulk [bʌlk] объем; вместимость; масса; большие размеры; толщина книги; большое количество; основная масса; большая часть чего-либо; вместительность; корпус *(здания)*; груз *(судна)*; казаться большим, важным; устанавливать вес *(груза)*; ссыпать; сваливать в кучу; нагромождать
bulk buying [ˈbʌlkˈbaɪɪŋ] оптовая закупка
bulk commodities [ˈbʌlkkəˈmɔdɪtɪz] массовые товары
bulk oil carrier [ˈbʌlkˈɔɪlˌkærɪə] нефтеналивное судно; танкер
bulk order [ˈbʌlkˈɔːdə] оптовый заказ
bulk stock [ˈbʌlkˈstɔk] складированный тираж
bulkhead [ˈbʌlkhed] переборка
bulky [ˈbʌlkɪ] рыхлый *(о бумаге)*
bull [bul] бык; буйвол; самец кита, слона, аллигатора и других крупных животных; Телец *(созвездие и знак зодиака)*; бычий; повышаться в цене; преуспевать; приобретать влияние, значение; иметь перспективы роста
bull-calf [ˈbulˈkaːf] бычок; простак
bull-frog [ˈbulfrɔg] лягушка-бык; лягушка-вол
bull-pen [ˈbulpen] стойло для быка; камера предварительного заключения
bulldog [ˈbuldɔg] бульдог *(порода собак)*
bullet [ˈbulɪt] пуля; ядро; грузило; наборный знак «черный кружок»
  to shoot a bullet — *выпустить пулю*
bullet-proof [ˈbulɪtpruːf] пуленепробиваемый
bulletin [ˈbulɪtɪn] бюллетень; сводка; сведения; сводный отчет; выпускать бюллетени; информационное сообщение
bulletin board [ˈbulɪtɪnˈbɔːd] доска объявлений
bulletin of inventions [ˈbulɪtɪnəvɪnˈvenʃənz] бюллетень изобретений
bullfight [ˈbulfaɪt] бой быков
bullfighter [ˈbulˌfaɪtə] тореадор
bullfinch [ˈbulfɪntʃ] снегирь *(биол.)*; густая живая изгородь со рвом
bullhead [ˈbulhed] подкаменщик *(рыба)* *(биол.)*; болван; тупица
bullion [ˈbuljən] слиток золота *(серебра)*; кружево с золотой или серебряной нитью
bullish [ˈbulɪʃ] преуспевающий; растущий
bullock [ˈbulək] вол *(биол.)*
bullock's [ˈbuləks] коровяк обыкновенный; медвежье ухо
bullyrag [ˈbulɪræg] грозить; запугивать; бранить; поносить; ругать
bull's-foot [ˈbulzfuːt] мать-и-мачеха
bulrush [ˈbulrʌʃ] камыш *(озерный)* *(бот.)*; ситник
bulwark [ˈbulwək] оплот; охрана; укрепление; сила; обеспечение; фальшборт

bumble-bee [ˈbʌmblbiː] шмель
bumbling [ˈbʌmblɪŋ] неуклюжий; неумелый
bumming bit «втискивание» программы в память *(при ограниченной емкости памяти)*
bump [bʌmp] столкновение; глухой удар; опухоль; шишка; выгиб; выпуклость; способность; вдруг; внезапно
bumper [ˈbʌmpə] бокал, полный до краев; бампер *(техн.)*; амортизатор; очень большой
bumpiness [ˈbʌmpɪnɪs] болтанка
bumpy [ˈbʌmpɪ] турбулентный
bun [bʌn] сдобная булочка с изюмом; пучок; узел *(волос)*
bunch [bʌntʃ] связка; пучок; гроздь; куст; пачка *(чего-либо однородного)*; группа; компания; образовывать пучки, гроздья; сбивать(ся) в кучу; собирать в сборки *(платье)*
  to bunch up — комкать
bunch of cables [ˈbʌntʃ|əv|ˈkeɪblz] пучок кабелей
bunch of electrons [ˈbʌntʃ|əv|ɪˈlektrɒnz] группа электронов
bunch of fives [ˈbʌntʃ|əv|ˈfaɪvz] пятерня; рука; кулак
bunch of grapes [ˈbʌntʃ|əv|ˈgreɪps] кисть, гроздь винограда
bunch of keys [ˈbʌntʃ|əv|ˈkiːz] связка ключей
bunching [ˈbʌntʃɪŋ] скопление; концентрация; группирование
bunco [ˈbʌŋkou] обман; мошенничество
bundle [ˈbʌndl] узел; связка; вязанка; пучок; пакет; сверток; связывать в узел
bundle away [ˈbʌndl|əˈweɪ] быстро уйти
bundle into [ˈbʌndl|ɪntu] неаккуратно засунуть что-либо куда-либо
bundle loader [ˈbʌndl|ˈloudə] загрузчик пачек
bundle of nerves [ˈbʌndl|əv|ˈnɜːvz] комок нервов *(мед.)*
bundle up [ˈbʌndl|ˈʌp] тепло одевать(ся); укутывать(ся)
bundled software [ˈbʌndld|ˈsɒftweə] стандартное программное обеспечение *(компьют.)*
bung [bʌŋ] *(большая)* пробка; затычка; втулка; трактирщик; закрывать; закупоривать; затыкать; безжизненный; мертвый; погибший; умерший; обанкротившийся
bungle [ˈbʌŋgl] плохая работа; ошибка; путаница; работать неумело; портить работу; неряшливо работать
bunk [bʌŋk] койка; спать на койке; ложиться спать
bunk-bed [ˈbʌŋkbed] койка
bunker [ˈbʌŋkə] бункер; силосная яма; убежище; блиндаж с крепким покрытием *(воен.)*; бункерный; попасть в затруднительное положение

bunkering barge [ˈbʌŋkerɪŋ|ˈbɑːdʒ] нефтеналивная баржа-заправщик
bunkering tanker [ˈbʌŋkerɪŋ|ˈtæŋkə] танкер-заправщик
bunt [bʌnt] пузо *(паруса) (мор.)*; мотня *(невода)*; ударять; бить; нападать; пихать; бодать
bunting [ˈbʌntɪŋ] материя для флагов
buoy [bɔɪ] буй; бакен; буек; веха; ставить бакены; поддерживать на поверхности; поднимать на поверхность
buoyage [ˈbɔɪɪdʒ] установка бакенов
buoyancy [ˈbɔɪənsɪ] плавучесть; способность держаться на поверхности воды; жизнерадостность; душевная энергия; повышательная тенденция *(на бирже) (фин.)*
buoyancy material [ˈbɔɪənsɪ|məˈtɪərɪəl] материал, обладающий плавучестью
buoyant [ˈbɔɪənt] плавучий; способный держаться на поверхности; бодрый; жизнерадостный
buoyant mine [ˈbɔɪənt|ˈmaɪn] плавающая мина
bur [bɜː] шип; колючка *(растения)*; репей; репейник; назойливый человек; бор *(мед.)*
bur-marigold [ˈbɜːˈmærɪgould] череда
buran буран
burble [ˈbɜːbl] бормотание; болтовня; бормотать; болтать
burden [ˈbɜːdn] ноша; тяжесть; груз; бремя; тоннаж *(судна) (мор.)*; накладные расходы; грузить; нагружать; отягощать; обременять; припев *(муз.)*; рефрен
  to alleviate a burden — сбросить груз
  to bear a burden — нести бремя
  to distribute a burden equitably — поровну распределить ношу
  to impose (place) a burden on smb. — перекладывать ношу на чьи-либо плечи
  to share a burden — разделять трудности
burdock [ˈbɜːdɒk] лопух большой *(бот.)*
bureau [bjuəˈrou] бюро; комитет; отдел; отделение; управление; филиал
bureaucracy [bju(ə)ˈrɒkrəsɪ] бюрократия; бюрократизм
bureaucratic [ˌbjuərouˈkrætɪk] бюрократический; чиновнический
burfish [ˈbɜːfɪʃ] рыба-шар
burgeon [ˈbɜːdʒ(ə)n] бутон; почка; росток; давать почки, ростки; распускаться
burglar alarm [ˈbɜːglər|əˈlɑːm] охранная сигнализация
burial [ˈberɪəl] похороны; захоронение; могильник
burial-ground [ˈberɪəlgraund] кладбище
burial-mound [ˈberɪəlmaund] могильный холм; курган

BUR — BUS

burke [bəːk] замять *(дело)*; задушить; запретить *(книгу)* до выхода в свет

burlesque [bəːˈlesk] бурлеск; пародия; карикатура; шуточный; пародировать

burn [bəːn] ожог; знак; клеймо; жечь; палить; сжигать; прожигать; сгорать; гореть; пылать; обжигать; поджигать

to receive a burn — *получить ожог*

burner [ˈbəːnə] топка; горелка; распылитель; форсунка

to light (turn on) a burner — *включить горелку*

to turn off a burner — *отключить горелку*

burning [ˈbəːnɪŋ] горение; обжиг; обжигание; прокаливание; поджог

burning anger [ˈbəːnɪŋˈæŋɡə] яростный гнев

burning animosity [ˈbəːnɪŋˌænɪˈmɔsɪtɪ] глубокая враждебность

burning fuse [ˈbəːnɪŋˈfjuːz] плавкий предохранитель

burning jealousy [ˈbəːnɪŋˈdʒeləsɪ] беспочвенная ревность

burnish [ˈbəːnɪʃ] полировка; блеск; чистить; полировать; воронить *(сталь)*; блестеть

burnisher [ˈbəːnɪʃə] полировщик; инструмент для полировки

burnt oil [ˈbəːntˈɔɪl] отработанное масло

burr [bəː] шум; грохот *(машин и т. п.)*; картавить; ореол *(луны или звезды)*; заусенец

burr beater [ˈbəːˈbiːtə] отбойный валик

burr mill [ˈbəːˈmɪl] жерновая мельница

burrow [ˈbʌrou] нора; норка; червоточина; рыть нору, ход; жить в норе; прятаться в норе

burrow across [ˈbʌrouəˈkrɔs] прорыть

burst [bəːst] взрыв; импульс; толчок; разрыв *(снаряда)*; пулеметная очередь; вспышка *(пламени и т. п.)*; порыв; кутеж; лопаться; разрываться; взрываться; прорываться; разламывать

burst binding [ˈbəːstˈbaɪndɪŋ] клеевое скрепление блока

burst error [ˈbəːstˈerə] пакет ошибок

burst-up [ˈbəːstʌp] крах; провал; разорение

burster [ˈbəːstə] разрывной заряд

bursting [ˈbəːstɪŋ] взрыв; разрыв; растрескивание; разрывной

bury [ˈberɪ] хоронить; зарывать в землю; прятать; скрывать; укрывать

to bury one's face in one's hands — *закрыть лицо руками*

to bury one's hands in one's pockets — *засунуть руки в карманы*

to bury oneself in books — *зарыться в книги*

bus [bʌs] автобус; шина; магистральная шина; магистраль; канал *(передачи информации)*; соединять с помощью шины *(компьют.)*

bus bay [ˈbʌsˈbeɪ] автобусная стоянка

bus station [ˈbʌsˈsteɪʃən] автобусная станция

bus stop [ˈbʌsˈstɔp] автобусная остановка

busbar [ˈbʌsbaː] сборная шина

bush [buʃ] куст; кустарник; чаща; чащоба; густые волосы; обсаживать кустарником; густо разрастаться; бороновать *(землю)*; втулка; вкладыш; букса; гильза; смерч

bush bean [ˈbuʃbiːn] фасоль кустовая

bushy [ˈbuʃɪ] густолиственный *(бот.)*; густолистый; густорастущий; низкосучный

bushy beard [ˈbuʃɪˈbɪəd] густая борода

bushy trees [ˈbuʃɪˈtriːz] низкорослые деревья

busily [ˈbɪzɪlɪ] деловито; назойливо; навязчиво; с излишним любопытством

business [ˈbɪznɪs] дело; занятие; профессия; деятельность; торговля; бизнес; коммерческая деятельность; промышленная деятельность; торговое предприятие; торгово-промышленное предприятие; фирма; *(выгодная)* сделка; обязанность; право; действие; игра; мимика; жесты; деловой; практический

to be out of business — *обанкротиться*

to build up (establish, launch) a business — *открыть торговое предприятие*

to buy into (buy out, take over) a business — *выкупать обратно свои вещи*

to conduct (do, transact, drum up) business — *вести коммерческую деятельность*

to do business with smb. — *иметь с кем-либо дело*

to go into business — *заняться бизнесом*

to go out of business — *выйти из игры; уйти из делового мира*

to manage (operate, run) a business — *управлять торговым предприятием*

to mind one's (own) business — *остерегаться чьего-либо бизнеса*

to set up in business — *начать торговое дело*

to buy a business — *купить предприятие*

to do business — *вести бизнес*

to direct a business — *руководить предприятием*

business address [ˈbɪznɪsəˈdres] служебный адрес

business agreement [ˈbɪznɪsəˈɡriːmənt] деловое соглашение

business association [ˈbɪznɪsəˌsousɪˈeɪʃən] торгово-промышленная организация

business bank [ˈbɪznɪsˈbæŋk] коммерческий банк

business boom [ˈbɪznɪsˈbuːm] подъем деловой активности

business branch [ˈbɪznɪsˈbraːntʃ] филиал; отделение

business card [ˈbɪznɪsˈkaːd] визитная карточка

business circles [ˈbɪznɪsˈsəːklz] деловые круги

business connections [ˈbɪznɪskəˈnekʃənz] деловые связи

business data [ˈbɪznɪsˈdeɪtə] деловая информация
business decline [ˈbɪznɪsdɪˈklaɪn] падение деловой активности
business depression [ˈbɪznɪsdɪˈpreʃən] спад деловой активности
business man [ˈbɪznɪsmən] деловой человек; коммерсант; бизнесмен; предприниматель
business manager [ˈbɪznɪsˌmænɪdʒə] управляющий делами; коммерческий директор
business name [ˈbɪznɪsˈneɪm] наименование фирмы
business of crime [ˈbɪznɪsəvˈkraɪm] преступная деятельность
business of the day (meeting) [ˈbɪznɪsəvðəˈdeɪ(ˈmiːtɪŋ)] повестка дня
business-like character [ˈbɪznɪslaɪkˈkærɪktə] деловитость
business-woman [ˈbɪznɪsˌwumən] женщина-предприниматель
busk [bʌsk] готовиться; одеваться; мчаться; спешить; торопиться
busker [ˈbʌskə] уличный музыкант; бродячий актер
buss [bʌs] звонкий поцелуй; целовать
bust [bʌst] бюст; женская грудь; обанкротиться
bustard [ˈbʌstəd] дрофа *(биол.)*
bustle [ˈbʌsl] суета; суматоха; торопить(ся); суетиться
busy [ˈbɪzɪ] деятельный; занятой; занятый; оживленный *(об улице)*; беспокойный; суетливый; давать работу; засадить за работу; занять работой
but [bʌt — полная форма; bət — краткая форма] лишь; только; кроме; за исключением; но; а; однако; тем не менее
butane [ˈbjuːteɪn] бутан *(хим.)*
butcher [ˈbutʃə] мясник; искусственная муха *(для ловли лососей)*; бить *(скот)*; безжалостно убивать
butcherly [ˈbutʃəlɪ] жестокий; кровожадный; бесчеловечный; варварский; деспотический
butchery [ˈbutʃərɪ] *(ското)*бойня; бойня; резня
butler [ˈbʌtlə] дворецкий; старший лакей
butt [bʌt] стык; торец; удар *(головой)*; петля, навес *(двери)*
butter [ˈbʌtə] масло; намазывать маслом
to churn (cream, make) butter — сбивать масло
to fry in butter — жарить на масле
to spread butter (on bread) — намазывать масло на хлеб
buttercup [ˈbʌtəkʌp] лютик
butterfly [ˈbʌtəflaɪ] бабочка; баттерфляй *(стиль плавания)*; дроссель
butterwort [ˈbʌtəwɜːt] жирянка *(бот.)*
button [ˈbʌtn] пуговица; кнопка; шишечка *(на острие рапиры) (спорт.)*; бутон; молодой неразвившийся гриб; кнопочный; пришивать пуговицы; застегивать(ся) на все пуговицы
to button up — застегнуть(ся) на все пуговицы; приводить в порядок войска *(воен.)*; закрыть(ся); запереть(ся) *(внутри помещения)*
to lose (rip off, tear off) a button — потерять пуговицу; оторвать пуговицу
to sew on a button — пришивать пуговицу
button tree [ˈbʌtnˈtriː] жимолость
button-hole [ˈbʌtnhoul] петля; цветок в петлице; бутоньерка; красиво изогнутый ротик; прометывать петли; задерживать кого-либо для долгого и нудного разговора
buttress [ˈbʌtrɪs] контрфорс; подпора; устой; бык; опора; поддержка; поддерживать; служить опорой
butyl [ˈbjuːtɪl] бутил *(хим.)*
buy [baɪ] купить; закупать; накупить; покупать; приобретать; делать покупки; подкупать; скупать акции; выкупать чью-либо долю; давать взятку; скупать
to buy for cash — покупать за наличные
to buy on credit — покупать в кредит
buy-in [ˈbaɪɪn] покупать готовую книгу с последующим ее изданием
buyer [ˈbaɪə] заказчик; клиент; покупатель
buyer's over [ˈbaɪəzˈouvə] превышение спроса над предложением
to buy a bull — играть на повышение
to buy a white horse — транжирить деньги
to buy ahead — покупать на срок
to buy low — купить дешево
to buy off — откупаться
to buy on own account — покупать за собственный счет
to buy over smb.'s head — перехватить у кого-либо покупку за более дорогую цену
buying [ˈbaɪɪŋ] покупка
buying activity [ˈbaɪɪŋækˈtɪvɪtɪ] покупательская активность
buzz [bʌz] жужжание; гул *(голосов)*; молва; слух; слухи; гудеть; жужжать; лететь на бреющем полете *(о самолете) (авиац.)*; бросать; швырять; распространять слухи; носиться *(о слухах)*
buzzer [ˈbʌzə] гудок; сирена; зуммер *(электр.)*; пищик; автоматический прерыватель
by [baɪ] у; при; около; указывает на средство передвижения, причину, источник: через; посредством; от; по; указывает на меры веса, длины и т.п; указывает на характер действия: близко; возле; около; рядом; мимо
to know by experience — знать по опыту
to perish by starvation — погибнуть от голода
by air mail [baɪˈeəˈmeɪl] воздушной почтой; авиапочтой

BY — CAB

by chance [baɪˈtʃɑːns] случайно
by chute (gravity) [baɪˈʃuːt(ˈɡrævɪtɪ)] самотеком
by deputy [baɪˈdepjutɪ] через представителя
by five o'clock [baɪˈfaɪvəˈklɔk] к пяти часам
by hand [baɪˈhænd] от руки; вручную
by mutual consent [baɪˈmjuːtjuəlkənˈsent] с обоюдного согласия
by plane [baɪˈpleɪn] самолетом
by the law [ˈbaɪðəˈlɔː] по закону
by the pound [ˈbaɪðəˈpaund] в фунтах; фунтами
by the yard [ˈbaɪðəˈjɑːd] в ярдах; ярдами
by then [ˈbaɪˈðen] к тому времени
by tomorrow [ˈbaɪtəˈmɔrou] к завтрашнему дню
by-effect [ˈbaɪɪˌfekt] побочный результат; побочное действие; сопутствующий эффект
by-election [ˈbaɪɪˌlekʃən] дополнительные выборы
by-laws [ˈbaɪlɔːz] уставные нормы; подзаконный акт; автономные правила; постановление органа местной власти
by-name [ˈbaɪneɪm] кличка; прозвание; прозвище
by-pass [ˈbaɪpɑːs] обход; обводный канал; обходный путь; шунт; обходить; окаймлять; окружать; опоясывать; охватывать; пренебрегать; не принимать во внимание; обходить (закон, правила)
by-road [ˈbaɪroud] объездной путь
by-street [ˈbaɪstriːt] переулок; улочка
by-worker [ˈbaɪˌwəːkə] совместитель
bygone [ˈbaɪɡɔn] прошлый; прошлое; прошлые обиды; былое
byre [ˈbaɪə] коровник
bystander [ˈbaɪˌstændə] свидетель; очевидец; наблюдатель
byte [baɪt] байт (в информатике); слог (машинного слова)
byte multiplexor channel [ˈbaɪtˈmʌltɪpleksəˈtʃænl] мультиплексный байтовый канал
byte structure [ˈbaɪtˈstrʌktʃə] байтовая структура
byway [ˈbaɪweɪ] проселочная дорога; запасная дорога; малознакомая дорога
byword [ˈbaɪwəːd] поговорка; олицетворение; символ

C

c [siː]; мн. — Cs; C's [siːz] третья буква английского алфавита; до (муз.); сто долларов; сантиметр
cab [kæb] кабина; такси; наемный экипаж; будка (на паровозе); кузов
cabal [kəˈbæl] интрига; политическая клика
cabana [kəˈbɑːnə] маленький домик (исп.); кабинка для переодевания (на пляже) (амер.)
cabaret [ˈkæbəreɪ] кабаре; эстрадное выступление в кабаре (франц.); поднос для чашек, рюмок и т. п. (амер.)
cabas [ˈkæbɑː] рабочая корзинка; сумочка
cabbage [ˈkæbɪʤ] капуста; капустный; завиваться кочаном; обрезки материи заказчика, остающиеся у портного; воровать
cabbage butterfly [ˈkæbɪʤˈbʌtəflaɪ] капустница (зоол.)
cabbage-head [ˈkæbɪʤhed] кочан капусты; тупица (разг.)
cabbala [kəˈbɑːlə] каб(б)ала; кабалистика; нечто невразумительное
cabbalistic [ˌkæbəˈlɪstɪk] каб(б)алистический
cabby [ˈkæbɪ] таксист; извозчик
cabin [ˈkæbɪn] хижина; домик; коттедж; будка; кабина; каюта; салон; закрытая кабина (авиац.); прицепная кабина (трейлера); блокпост; помещать в тесную комнату, кабину и т. п.; жить в хижине; ютиться
cabin crew [ˈkæbɪnˈkruː] стюарды и стюардессы на самолете
cabin de luxe [ˈkæbɪndeˈluks] каюта-люкс
cabin-boy [ˈkæbɪnbɔɪ] юнга
cabined [ˈkæbɪnd] сжатый
cabinet [ˈkæbɪnɪt] кабинет министров; шкаф с выдвижными ящиками; ящик (радиоприемника); кабинет; министерский; правительственный; кабинетный
cabinet council [ˈkæbɪnɪtˌkaunsl] кабинет министров
cabinet crisis [ˈkæbɪnɪtˈkraɪsɪs] правительственный кризис
cabinet piano [ˈkæbɪnɪtˈpjænou] кабинетный рояль
cabinet-maker [ˈkæbɪnɪtˌmeɪkə] столяр-краснодеревщик; премьер-министр (шутл.)
cabinet-work [ˈkæbɪnɪtwəːk] тонкая столярная работа
cable [ˈkeɪbl] кабель; канат; трос; кабельтов (трос); телеграмма; витой орнамент (архит.); канатный; закреплять канатом; телеграфировать; якорный канат; якорная цепь
cable address [ˈkeɪblˈəˈdres] телеграфный адрес
cable car [ˈkeɪblˈkɑː] вагонетка канатной дороги
cable clamp [ˈkeɪblˈklæmp] клемма кабеля; столярный зажим; тросовый зажим
cable clip [ˈkeɪblˈklɪp] кабельный зажим
cable notification [ˈkeɪblˌnoutɪfɪˈkeɪʃən] телеграфное уведомление
cable subscriber [ˈkeɪblˈsəbˈskraɪbə] абонент кабельной сети телевидения

cable television [ˈkeɪbl̩ˌtelɪˈvɪʒən] кабельное телевидение

cabling [ˈkeɪblɪŋ] укладка кабеля; прокладка кабеля; кручение; свивание *(тросов, канатов)*; монтаж кабельной проводки

cabman [ˈkæbmən] шофер такси; извозчик

caboose [kəˈbuːs] камбуз; камбузная рубка *(мор.)*; служебный вагон в товарном поезде; печь на открытом воздухе

cabriole [ˈkæbrɪoul] гнутый *(о ножке мебели)*

cabriolet [ˌkæbrɪouˈleɪ] наемный экипаж; автомобиль с открытым верхом; кабриолет

cabstand [ˈkæbstænd] стоянка такс, извозчиков

cacao [kəˈkaːou] какао *(боб и напиток)*

cacao-tree [kəˈkaːouˈtriː] шоколадное дерево

cachalot [ˈkæʃəlɔt] кашалот

cache [kæʃ] тайник; тайный склад оружия; запас провианта; запас пищи; запас зерна *(меда)*, сделанный животным на зиму; прятать про запас; сверхоперативная память *(компьют.)*

cachectic [kəˈkektɪk] болезненный; худосочный

cachet [ˈkæʃeɪ] печать *(франц.)*; отличительный знак *(подлинности происхождения и т. п.)*; капсула для приема лекарств

cachexy [kəˈkeksɪ] истощение; разложение *(моральное и т. п.)* *(мед.)*

cacique [kæˈsiːk] кацик *(вождь, царек американских индейцев и племен Вест-Индии) (исп.)*; политический заправила *(амер.)*

cack-handed [ˌkækˈhændɪd] неловкий

cackle [ˈkækl] кудахтанье; клохтание; гоготанье; хихиканье; болтовня; кудахтать; клохтать; гоготать; хихикать; болтать

cacology [kæˈkɔlədʒɪ] плохая речь *(с ошибками, плохим произношением и т. п.)*

cacophonous [kəˈkɔfənəs] какофонный; неблагоразумный

cacophony [kæˈkɔfənɪ] какофония; хаотичное нагромождение звуков

cactaceous [kækˈteɪʃəs] принадлежащий к семейству кактусовых; кактусовый *(бот.)*

cactus [ˈkæktəs] кактус; дерево хусими

cad [kæd] невоспитанный человек

cad index [ˈkædˈɪndeks] картотека

cadastral [kəˈdæstrəl] кадастровый

cadastre [kəˈdæstə] список; кадастр

cadaver [kəˈdeɪvə] труп

cadaveric [kəˈdævərɪk] трупный

cadavericole [kəˌdævəˈrɪkoul] живущий на трупах *(биол.)*

cadaverous [kəˈdæv(ə)rəs] трупный; смертельно бледный

caddis [ˈkædɪs] саржа; гарусная тесьма

caddish [ˈkædɪʃ] вульгарный

caddy [ˈkædɪ] мальчик, подносящий клюшки, мячи при игре в гольф; чайница

cade [keɪd] можжевельник; бочонок; ягненок *(жеребенок)*, выкормленный искусственно

cadelle личинка мавританской козявки

cadence [ˈkeɪd(ə)ns] понижение голоса; каденция *(муз.)*; ритм; темп; мерный шаг *(воен.)*; движение в ногу

cadet [kəˈdet] курсант военного училища; младший сын; сводник; кадет; кадетский

cadge [kædʒ] попрошайничать

cadger [ˈkædʒə] разносчик; попрошайка; карманная масленка

cadmium [ˈkædmɪəm] кадмий *(хим.)*

cadre [ˈkaːdə] остов; кадры; кадровый состав *(воен.)*

caducity [kəˈdjuːsɪtɪ] бренность; дряхлость

caecilian [sɪˈsɪlɪən] червяга *(биол.)*

caecum [ˈsiːkəm] слепая кишка

Caesar [ˈsiːzə] Цезарь; самодержец; кесарь *(ист.)*

Caesarian [ˌsiːzəˈrɪən] автократический

caesura [sɪ(ː)ˈzjuərə] цезура *(стих.)*; пауза *(муз.)*; перерыв *(муз.)*

cafe [ˈkæfeɪ] кафе; кофейня *(франц.)*

cafeteria [ˌkæfɪˈtɪərɪə] кафе-закусочная

caff [kæf] забегаловка

caffeine [ˈkæfiːn] кофеин

caftan [ˈkæftən] кафтан; длинный восточный халат *(перс.)*

cage [keɪdʒ] клетка; кожух; каркас; обойма; изолятор; обмотка; тюрьма; кабина лифта; садок *(для насекомых или рыб)*; сажать в клетку; заключать в тюрьму *(разг.)*; подъёмная клеть *(в шахте)*

cagey [ˈkeɪdʒɪ] уклончивый в ответах

cahoot [kəˈhuːt] соучастие

Cain [ˈkeɪn] Каин *(библ.)*; братоубийца; предатель

caique [kaɪˈiːk] турецкая шлюпка

cairn [kɛən] пирамида из камней *(памятник, межевой или какой-либо условный знак)*

caisson [kəˈsuːn] кессон *(техн.)*; зарядный ящик *(воен.)*; батопорт *(мор.)*; затвор

caisson disease [kəˈsuːnˈdɪˈziːz] морская болезнь

caitiff [ˈkeɪtɪf] негодяй; трус; трусливый

cajole [kəˈdʒoul] льстить

cajolement [kəˈdʒoulmənt] лесть; выманивание; обман *(с помощью лести)*

cake [ˈkeɪk] кекс; пирожное; лепешка грязи или глины *(приставшая к платью)*; плитка; брикет; брусок; жмых; застывать; затвердевать; спекаться; покрывать; небольшая льдина с ровной поверхностью

cake tin [ˈkeɪkˈtɪn] форма для выпечки

cake-walk [ˈkeɪkwɔːk] кекуок *(танец)*

CAK — CAL

caked [ˈkeɪkt] отвердевший; затвердевший; отверделый; сгущённый; осевший, свернувшийся

caking coal [ˈkeɪkɪŋˌkoul] спекающийся уголь

calabash [ˈkæləbæʃ] бутылочная тыква; горлянка; бутылка или курительная трубка из горлянки

calaber [ˌkæləˈbaː] серый беличий мех

calamaries [ˈkæləmərɪz] кальмары (биол.)

calamitous [kəˈlæmɪtəs] пагубный; бедственный

calamity [kəˈlæmɪtɪ] беда; катастрофа

calamus [ˈkæləməs] аир тростниковый; аирный; пальма ротанговая (бот.)

calandra lark [ˈkæləndrəˈlaːk] степной жаворонок

calash [kəˈlæʃ] коляска; верх коляски

calathidium корзинка (тип соцветия) (бот.)

calbasu губан (ихт.)

calcaneum [kælˈkeɪnɪəm] пяточная кость

calcar [ˈkælkə] шпора (анат.)

calcareous [kælˈkɛərɪəs] известковистый; известняковый; известковый

calciferol [kælˈsɪfərol] витамин D_2

calcification [ˌkælsɪfɪˈkeɪʃ(ə)n] обызвествление; накопление солей кальция; отвердение; кальцификация

calcify [ˈkælsɪfaɪ] превращать(ся) в известь

calcination [ˌkælsɪˈneɪʃ(ə)n] обжиг; кальцинация; кальцинирование; кальцинирующий; кальцинирующий обжиг; прокаливание

calcitrant [ˈkælsɪtrənt] огнеупорный

calculable [ˈkælkjuləbl] поддающийся исчислению; верный; вычислимый; исчислимый

calculagraph счетчик времени

calculate [ˈkælkjuleɪt] вычислять; подсчитывать; рассчитывать; полагать; думать; предполагать

calculated [ˈkælkjuleɪtɪd] вычисленный; рассчитанный; расчетный; обдуманный; преднамеренный; предумышленный; умышленный

calculating [ˈkælkjuleɪtɪŋ] исчислимый; бережливый

calculating machine [ˈkælkjuleɪtɪŋməˌʃiːn] вычислительная машина; счетная машина; калькулятор; вычислитель

calculation [ˌkælkjuˈleɪʃ(ə)n] вычисление; исчисление; расчет; подсчет; калькуляция; счисление; обдумывание; (амер.) предвидение

calculator [ˈkælkjuleɪtə] калькулятор; счетно-решающее устройство; арифмометр; счетчик; вычислительная или счетная машина; вычислительная таблица

calefactory [ˌkælɪˈfækt(ə)rɪ] нагревательный

calendar [ˈkælɪndə] календарь; святцы; опись; реестр; перечень; список; повестка дня; вносить в список; составлять индекс; инвентаризировать; альманах; справочник; периодический указатель; список дел к слушанию

calendar year [ˈkælɪndəˈjɪə] календарный год

calender [ˈkælɪndə] каландр; каландрировать; лощить

calendered paper [ˈkælɪndədˈpeɪpə] каландрированная, глазированная, сатинированная или лощеная бумага

calends [ˈkælɪndz] календы; первое число месяца (у древних римлян)

calendula [kəˈlendjulə] ноготки (бот.); календула (мед.)

calf [kaːf] теленок; детеныш (оленя, слона, кита, тюленя и т. п.); телячья кожа; опоек; придурковатый парень, «теленок»; небольшая плавучая льдина; икра (ноги)

calf 's-mouth [ˈkaːfsmauθ] львиный зев (бот.)

calf-length [ˈkaːflenθ] (длиною) до икры или до щиколотки

calflove [ˈkaːflʌv] юношеское увлечение

calf's teeth [ˈkaːvzˌtiːθ] молочные зубы

caliber [ˈkælɪbə] калибр; калиберный; калибровочный; внутренний диаметр; размер

calibrate [ˈkælɪbreɪt] калибровать; выверять; определять начальную скорость (воен.); градуировать; тарировать; сострeливать орудия

calibration [ˌkælɪˈbreɪʃən] калибровка; градуировка; проверка; выверка; поверка; тарирование

calibre [ˈkælɪbə] диаметр; размер; широта ума

calico-printer [ˈkælɪkouˌprɪntə] набойщик (в текст. промышленности)

California big tree [ˌkælɪˈfɔːnjəˈbɪgˌtriː] секвойя гигантская

caliper [ˈkælɪpə] толщина листа (бумаги); толщиномер

caliph [ˈkælɪf] халиф

caliphate [ˈkælɪfeɪt] халифат

calk [kɔːk] шип (подковы); подковка (на каблуке); подковывать на шипах; набивать подковки (на каблуки); негашеная известь; копировать; чертить; чеканить; уплотнять

calking [ˈkɔːkɪŋ] чеканка; уплотнение

call [kɔːl] зов; манок; крик (животного, птицы); призыв; запрос; телефонный вызов; перекличка; влечение; визит; посещение; заявка; заход (парохода) в порт; приглашение; сигнал; звонок; список; позывной; требование; требование уплаты; необходимость; предварительная премия; опцион; межевая веха; переход к подпрограмме; требовать; предусматривать; изымать из обращения; пускать в оборот; звать; окликать; отменять; называть; вызывать; созывать; призывать; запрашивать; объявлять; оглашать; будить; заходить; отзывать; считать

call bell [ˈkɔːlˌbel] сигнальный звонок

call box [ˈkɔːlˌbɔks] телефонная будка

call by name [ˈkɔːl|baɪˈneɪm] вызов по имени; передача параметров

call deposit [ˈkɔːl|dɪˈpɔzɪt] депозит до востребования

call-up [ˈkɔːlʌp] призыв на военную службу

call-up paper [ˈkɔːlʌpˈpeɪpə] повестка о явке на призывной пункт

caller [ˈkɔːlə] гость, выкликающий имена во время переклички; тот, кто звонит по телефону; [ˈkælə] прохладный (*о ветре, погоде*)

calligraphic display [ˌkælɪˈɡræfɪk|dɪsˈpleɪ] векторный дисплей

calligraphy [kəˈlɪɡrəfɪ] чистописание; почерк; каллиграфия

calling [ˈkɔːlɪŋ] призвание; вызов; профессия

calling card [ˈkɔːlɪŋˈkɑːd] визитная карточка (*амер.*)

callipers [ˈkælɪpəz] кронциркуль; штангенциркуль; калибр

callousness [ˈkæləsnɪs] бессердечность

callow [ˈkælou] низина; неоперившийся; незрелый

calm [kɑːm] спокойный; безветренный; тихий; беззастенчивый (*разг.*); тишина; безветрие; штиль; затишье; успокаивать; умиротворять; унимать; усмирять

calmness [ˈkɑːmnɪs] покой; спокойствие; хладнокровие; выдержка; невозмутимость

caloric [kəˈlɔrɪk] теплота; тепловой; теплотворный

calorie [ˈkælərɪ] калория

calorific [ˌkæləˈrɪfɪk] калорийный

calorific capacity [ˌkæləˈrɪfɪk|kəˈpæsɪtɪ] теплоемкость

calorification [kəˌlɔrɪfɪˈkeɪʃ(ə)n] выделение тепла

calorifier [kəˈlɔrɪfaɪə] подогреватель воздуха; калорифер; нагревательный прибор

calorimeter [ˌkæləˈrɪmɪtə] калориметр (*техн.*)

calorstat [ˈkæləstæt] термостат (*техн.*)

caltrop [ˈkæltrəp] проволочные ежи (*воен.*); василек колючеголовый (*бот.*)

calumet [ˈkæljumet] трубка мира (*у североамериканских индейцев*)

calumniate [kəˈlʌmnɪeɪt] клеветать

calumniation [kəˌlʌmnɪˈeɪʃ(ə)n] оговор

calumniator [kəˈlʌmnɪeɪtə] клеветник

calumniatory [kəˈlʌmnɪətərɪ] клеветнический

calvados [ˈkælvədəs] кальвадос; яблочная водка

calve [kɑːv] родить детеныша (*о слонах, китах, тюленях и т. п.*); отелиться; отрываться от ледников или айсбергов (*о льдинах*); обрушиваться при подкопе (*горн.*)

calving [ˈkɑːvɪŋ] отел (*биол.*)

calvish [ˈkɑːvɪʃ] телячий; глупый

calx [kælks] окалина; зола; известь

calyx [ˈkeɪlɪks] чашечка (*цветка*) (*бот.*); чашевидная полость (*анат.*)

cam [kæm] кулачок; кулак; кулачковая шайба (*техн.*)

cam actuator [ˈkæm|ˌæktjuˈeɪtə] кулачковый привод (*техн.*)

cam follower [ˈkæm|ˈfɔlouə] толкатель клапана

cam for vacuum pump [ˈkæm|fəˈvækjuəm|pʌmp] клапан вакуумного насоса

camaraderie [ˌkæməˈrɑːdərɪ(ː)] товарищество (*франц.*)

camarilla [ˌkæməˈrɪlə] камарилья (*исп.*)

camber [ˈkæmbə] выпуклость; подъем (*в мостах*) (*строит.*); бомбировка (*вала*) (*техн.*); кривизна; выгибать

camber angle [ˈkæmbərˈæŋɡl] угол развала передних колес автомобиля (*техн.*)

cambist [ˈkæmbɪst] биржевой маклер

camboose камбуз (*мор.*)

cambrel [ˌkæmbrəl] распорка для туш (*у мясников*)

cambric [ˈkeɪmbrɪk] батист

camel [ˈkæm(ə)l] верблюд; камель (*приспособление для подъема судов*) (*мор.*)

camel-hair [ˈkæməlhɛə] верблюжья шерсть; материя из верблюжьей шерсти (*часто с примесями*)

camelcade [ˈkæm(ə)lkeɪd] караван верблюдов

cameleer [ˌkæmɪˈlɪə] погонщик верблюдов

camellia [kəˈmiːljə] камелия

camelry [ˈkæməlrɪ] отряд на верблюдах (*воен.*)

camera [ˈkæm(ə)rə] фотографический аппарат; кинокамера; киноаппарат; сводчатое покрытие; помещение (*воен.*); телекамера

camera angle [ˈkæmərəˈæŋɡl] угол съемки

camera assistant [ˈkæmərəˌə.sɪstənt] ассистент телеоператора

camera ready copy [ˈkæmərəˈredɪ|ˈkɔpɪ] оригинал-макет

camera shifting [ˈkæmərəˈʃɪftɪŋ] быстрая смена плана видеосъемки

camera-shy [ˈkæmrəʃaɪ] испытывающий неловкость или страх перед объективом

cameraman [ˈkæmərəmæn] кинооператор

camerawork [ˈkæmrəwəːk] киносъемка

camion [ˈkæmɪən] фургон; грузовик (*для перевозки орудий*)

camisole [ˈkæmɪsoul] лифчик; камзол

camlet [ˈkæmlɪt] камлот (*текст.*)

camomile [ˈkæmoumaɪl] ромашка; ромашковый

camouflage [ˈkæmuflɑːʒ] камуфляж; хитрость; маскировать; скрывать; прибегать к уловкам

camp [kæmp] лагерь; стоянка; сторона; загородный домик; дача *(в лесу)*; располагаться лагерем; жить *(где-либо)* временно без всяких удобств

camp-bed [ˈkæmpˈbed] походная *(складная)* кровать

camp-chair [ˈkæmpˈtʃɛə] складной стул

camp-cot [ˈkæmpˈkɔt] раскладушка

camp-fever [ˈkæmpˌfiːvə] тиф *(мед.)*

camp-fire [ˈkæmpˌfaɪə] бивачный костер

camp-follower [ˈkæmpˌfɔlouə] гражданское лицо, сопровождающее армию; подпевала

campaign [kæmˈpeɪn] кампания; подход; операция; страда *(с.-х.)*; участвовать в походе; проводить кампанию

to launch a campaign — *вести кампанию*

campaign committee [kæmˈpeɪnkəˈmɪtɪ] комитет по проведению избирательной кампании

campaigner [kæmˈpeɪnə] участник кампании

campanile [ˌkæmpəˈniːlɪ] колокольня *(отдельно стоящая) (архит.)*

campanology [ˌkæmpəˈnɔlədʒɪ] кампанология *(наука о колоколах)*

campanula [kəmˈpænjulə] колокольчик *(бот.)*

camper [ˈkæmpə] отдыхающий; домик на колесах

campestral [kæmˈpestrəl] полевой

campground [ˈkæmpgraund] палаточный лагерь

camphor [ˈkæmfə] камфора; камфорный

camphor balls [ˈkæmfəˈbɔːlz] нафталин

camphor tree [ˈkæmfəˈtriː] камфорное дерево

camphorated [ˈkæmfəreɪtɪd] пропитанный камфорой

camphorated oil [ˈkæmfəreɪtɪdˈɔɪl] камфорное масло

camping [ˈkæmpɪŋ] кемпинг; лагерь для автотуристов

camping site [ˈkæmpɪŋˈsaɪt] палаточный лагерь

camshaft [ˈkæmʃɑːft] распредвал *(техн.)*

can [kæn — полная форма; kən, kn — редуцированные формы] мочь; быть в состоянии; иметь право; *(выражает сомнение, неуверенность, недоверие)*; бидон; жестяная коробка или банка; канистра; банка консервов; стульчак *(амер.)*; сиденье в уборной; тюрьма *(амер.)*; консервировать

can beer [ˈkænˈbɪə] пиво в банках

can-do [ˈkəndu] исполнительный и энергичный *(разг.)*

can-opener [ˈkænˌoupnə] консервный нож

canaille [kæˈneɪl] сброд; чернь *(франц.)*

canal [kəˈnæl] канал; желоб

canalization [ˌkænəlaɪˈzeɪʃ(ə)n] канализация; канализирование

canalize [ˈkænəlaɪz] проводить каналы; направлять через определенные каналы

canape [ˈkænəpeɪ] канапе *(разновидность бутерброда)*

canard [kæˈnɑːd] «утка»; ложный слух

canary [kəˈnɛərɪ] канарейка; сорт вина; канареечный; ярко-желтый

canaster [kəˈnæstə] кнастер *(сорт табака)*

cancan [ˈkænkæn] канкан *(французский танец)*

cancel [ˈkæns(ə)l] зачеркивание; отмена; вычеркивание *(в гранках) (полигр.)*; перепечатка *(листа) (полигр.)*; компостер; аннулировать; отменять; вычеркивать; стирать *(запись)*; отбрасывать; расторгать; погашать; сокращать *(мат.)*; сокращение; сводить на нет

to cancel a contract — *расторгнуть договор*

to cancel a power of attorney — *объявить доверенность недействительной*

to cancel an order — *аннулировать (отменить) заказ*

cancellated [ˈkænsəleɪtɪd] решетчатый; сетчатый

cancellation [ˌkænsəˈleɪʃ(ə)n] аннуляция; отмена; уничтожение; расторжение; вычеркивание; погашение; стирание; гашение; сокращение *(мат.)*; затухание; ослабление; окончание срока поставки товаров или обслуживания

cancellation of conviction [ˌkænsəˈleɪʃənəvkənˈvɪkʃən] погашение судимости *(юр.)*

cancelling date [ˈkænsəlɪŋˈdeɪt] канцелинг *(фин.)*

cancer [ˈkænsə] рак *(мед.)*; беда

cancerous [ˈkæns(ə)rəs] раковый *(мед.)*; раковидный

cancroid [ˈkæŋkrɔɪd] ракообразная опухоль; рак кожи; ракообразный *(биол.) (мед.)*

candelabra [ˌkændɪˈlɑːbrə] подсвечник

candelabrum [ˌkændɪˈlɑːbrəm] канделябр

candid [ˈkændɪd] искренний; беспристрастный

candidacy [ˈkændɪdəsɪ] кандидатура

candidate [ˈkændɪdɪt] кандидат; соискатель

candidate for governor [ˈkændɪdɪtfəˈgʌvənə] кандидат на пост губернатора

candidate of science [ˈkændɪdɪtəvˈsaɪəns] кандидат наук

candied [ˈkændɪd] засахаренный; засахарившийся *(о меде и т. п.)*; льстивый

candle [ˈkændl] свеча; международная свеча *(единица силы света)*; газовая горелка; проверять свежесть яиц на свет

candle-end [ˈkændlend] огарок

candle-wick [ˈkændlwɪk] фитиль

candlelight [ˈkændllaɪt] свет горящей свечи, свечей; полумрак; сумерки

candlelit [ˈkændllɪt] освещенный свечой

candlestick [ˈkændlstɪk] подсвечник

candour [ˈkændə] искренность; беспристрастие

candy [ˈkændɪ] леденец; конфета *(амер.)*; варить в сахаре; засахаривать*(ся)*

cane [ˈkeɪn] камыш; трость; сахарный тростник; бить палкой; вдалбливать урок *(into)* *(разг.)*; стержень *(авт.)*

cane chair [ˈkeɪn|tʃɛə] плетеное кресло *(из камыша)*

cane-brake [ˈkeɪnbreɪk] заросли *(сахарного)* тростника

cane-sugar [ˈkeɪnˌʃugə] тростниковый сахар; сахароза

canine [ˈkeɪnaɪn][ˈkænaɪn] собачий; псовый; клык

canine appetite [ˈkeɪnaɪnˈæpɪtaɪt] волчий аппетит

canine madness [ˈkeɪnaɪnˈmædnɪs] водобоязнь; бешенство

canine tooth [ˈkeɪnaɪn|tuːθ] клык

canister [ˈkænɪstə] небольшая жестяная коробка *(для чая, кофе и т. п.)*; коробка противогаза; банка; бидон; канистра

canister-shot [ˈkænɪstəʃɒt] картечь

canker [ˈkæŋkə] язва; червоточина; разъедать; изъязвлять; заражать; губить; разлагать; пожирать

canker-worm [ˈkæŋkəwəːm] плодовый червь *(биол.)*

cankerous [ˈkæŋkərəs] разъедающий; гибельный

cankerwort [ˈkæŋkəwəːt] одуванчик лекарственный *(бот.)*

cannabic [ˈkænəbɪk] конопляный

canned [kænd] консервированный *(о продуктах)*; пьяный *(разг.)*

canned goods [ˈkændˈgudz] консервы; консервированные продукты

canned meat and milk [ˈkændˈmiːtˌəndˈmɪlk] консервированные мясные и молочные продукты

canned music [ˈkændˈmjuːzɪk] граммпластинка; магнитофонная лента

cannelloni [ˌkænəlouni] трубочки из теста с мясной, сырной и т. п. начинкой

cannery [ˈkænərɪ] консервный завод

cannibal [ˈkænɪb(ə)l] каннибал; животное, пожирающее себе подобных; людоедский

cannibalism [ˈkænɪbəlɪzm] людоедство; каннибализм

cannibalize [ˈkænɪbəlaɪz] ремонтировать машину с помощью частей, снятых с другой машины; раскулачить

cannikin [ˈkænɪkɪn] жестянка; кружечка

canning [ˈkænɪŋ] консервирование

cannon [ˈkænən] артиллерийское орудие; пушка; артиллерийская установка; карамболь *(в биллиарде)*; сделать карамболь; отскочить при столкновении; столкнуться

cannon fodder [ˈkænənˈfɒdə] пушечное мясо

cannon-ball [ˈkænənbɔːl] пушечное ядро

cannon-bit [ˈkænənbɪt] мундштук *(для лошади)*

cannon-bone [ˈkænənboun] берцовая кость *(у копытных)* *(биол.)*

cannon-shot [ˈkænənʃɒt] пушечный выстрел; дальность пушечного выстрела

cannonade [ˌkænəˈneɪd] канонада; орудийный огонь; пушечная стрельба; обстреливать артиллерийским огнем

cannoneer [ˌkænəˈnɪə] артиллерист; канонир

canny [ˈkænɪ] хитрый

canoe [kəˈnuː] каноэ; челнок; байдарка; пирога; плыть в челноке, на байдарке

canoeing [kəˈnuːɪŋ] каноэ *(вид спорта)*

canoeist [kəˈnuːɪst] лодочник; байдарочник

canon [ˈkænən] правило; закон; предписание; канон *(церк.)*; критерий; список произведений какого-либо автора, подлинность которых установлена; католические святцы; ухо; кольцо колокола; канонический; каноник

canonical [kəˈnɒnɪk(ə)l] канонический; церковное облачение

canonization [ˌkænənaɪˈzeɪʃ(ə)n] канонизация; причисление к лику святых

canonize [ˈkænənaɪz] канонизировать

canoodle [kəˈnuːdl] ласкать

canopy [ˈkænəpɪ] балдахин; покров; полог *(у дерева)*; купол *(парашюта)*; покрывать балдахином, навесом

canopy trees [ˈkænəpɪˈtriːz] деревья с хорошо развитой кроной

cant [kænt] косяк; скошенный; *(срезанный)* край; наклон; наклонное положение; отклонение от прямой; скос; фаска; обтесанное бревно *(амер.)*; толчок; скашивать; кренить; наклонять; накренять; опрокидывать*(ся)*; перевертывать*(ся)*; ставить под углом; кантовать; жаргон; плаксивый тон *(нищего)*; лицемерие; лицемерный; клянчить; быть ханжой; сплетничать

cantabile [kænˈtɑːbɪlɪ] певуче; напевно

cantaloupe [ˈkæntəluːp] дыня мускусная *(бот.)*

cantankerous [kənˈtæŋk(ə)rəs] придирчивый

cantata [kænˈtɑːtə] кантата *(муз.)*

canteen [kænˈtiːn] войсковая лавка; буфет; столовая *(при заводе, учреждении и т. п.)*; *(солдатская)* фляга; походный ящик с кухонными и столовыми принадлежностями

canter [ˈkæntə] говорящий на жаргоне; попрошайка; лицемер; легкий галоп; ехать *(пускать)* лошадь легким галопом

canticle [ˈkæntɪkl] гимн; церковная духовная песня

cantillate [ˈkæntɪleɪt] петь; напевать

canto [ˈkæntou] песнь; пение; напев; верхний голос *(муз.)*; сопрано

canton [ˈkæntən] кантон, округ (в Швейцарии)
cantonal [ˈkæntənl] кантональный
cantonment [kənˈtuːnmənt] расквартирование (войск); военный городок
cantor [ˈkæntɔː] певчий; регент хора
cantrip [ˈkæntrɪp] колдовство; шутка (шотланд.)
Canuck [kəˈnʌk] канадец (французского происхождения) (амер.)
canvas [ˈkænvəs] холст; парус; парусина; брезент; полотно; канва
canvas stretcher [ˈkænvəsˈstretʃə] подрамник для холста
canvass [ˈkænvəs] обсуждать; собирать голоса перед выборами; предвыборная агитация за кандидатов; собирать (заказы, пожертвования, взносы); официальный подсчет голосов; проверка и утверждение результатов выборов
canvasser [ˈkænvəsə] вербующий сторонников кандидата перед выборами; представитель фирмы
cany [ˈkeɪnɪ] камышовый
canyon [ˈkænjən] каньон; глубокое ущелье
canzone [kænˈtsounɪ] канцона; песня (муз.)
caoutchouc [ˈkautʃuk] каучук
cap [ˈkæp] кепка; чепец; шляпка (гриба); верхушка; колпачок (техн.); пистон; цоколь (электролампы) (электр.); писчая бумага большого формата; прописная буква; надевать шапку; покрывать голову; крыть; присуждать ученую степень (в шотландских университетах); принять в состав команды (спорт.); вставлять капсюль; перекрыть; перещеголять; прописная буква

cap height [ˈkæpˈhaɪt] высота прописной буквы
cap-a-pie [ˌkæpəˈpiː] с головы до ног
cap-stone [ˈkæpstoun] замковый камень (строит.); кульминационный пункт
capability [ˌkeɪpəˈbɪlɪtɪ] одаренность; производительность; характеристика; потенциальная возможность; способность; возможность
capable [ˈkeɪpəbl] способный; искусный; поддающийся (чему-либо); способный (на что-либо дурное)
capacious [kəˈpeɪʃəs] вместительный; обширный
capacitance [kəˈpæsɪtəns] емкость; емкостное сопротивление (техн.)
capacitate [kəˈpæsɪteɪt] делать способным; делать правомочным (юр.)
capacitor [kəˈpæsɪtə] конденсатор (электр.); емкость
capacity [kəˈpæsɪtɪ] вместимость; емкость; объем; кубатура; способность; мощность; производительность; способность (к чему-либо); умственные способности; компетенция; подача; пропускная способность; нагрузка; возможность; положение; правоспособность; дееспособность; должность; должностное положение

to be packed to capacity — быть набитым битком; быть переполненным

to operate at capacity — работать с полной нагрузкой

capacity for language [kəˈpæsɪtɪfəˈlæŋgwɪdʒ] врожденная способность к языку
capacity for work [kəˈpæsɪtɪfəˈwəːk] работоспособность
capacity load [kəˈpæsɪtɪˈloud] полная нагрузка
capacity of highway [kəˈpæsɪtɪəvˈhaɪweɪ] пропускная способность
caparison [kəˈpærɪsn] попона; убор; украшение; разукрашивать
cape [keɪp] накидка; мыс
capelin [ˈkæpəlɪn] мойва (биол.)
caper [ˈkeɪpə] каперсовый куст; каперсы; прыжок; скачок; делать прыжки; капер
capercailzie [ˌkæpəˈkeɪlzɪ] глухарь
capias [ˈkeɪpɪæs] ордер на арест лица или имущества; судебный приказ (юр.)
capillarity [ˌkæpɪˈlærɪtɪ] капиллярность
capillary [kəˈpɪlərɪ] капилляр; волосной; капиллярный
capital [ˈkæpɪtl] капитал; класс капиталистов; столица; ценная бумага; прописная буква; главный; превосходный (разг.); уголовный (юр.); капитель; наказуемый смертной казнью
capital accumulation [ˈkæpɪtləˌkjuːmjuˈleɪʃən] накопление капитала
capital addition [ˈkæpɪtləˈdɪʃən] прирост капитала
capital allowances [ˈkæpɪtləˈlauənsɪz] налоговые скидки на амортизацию
capital amount [ˈkæpɪtləˈmaunt] основная сумма долга
capital assets [ˈkæpɪtlˈæsets] основные средства; недвижимость
capital construction [ˈkæpɪtlkənˈstrʌkʃən] капитальное строительство
capital crime [ˌkæpɪtlˈkraɪm] преступление, караемое смертной казнью
capital cycle [ˈkæpɪtlˈsaɪkl] круговорот капитала
capital depreciation [ˈkæpɪtldɪˌpriːʃɪˈeɪʃən] амортизация капитала
capital equipment [ˈkæpɪtlɪˈkwɪpmənt] оборудование предприятия
capital expenditure [ˈkæpɪtlɪksˈpendɪtʃə] активы
capital fund [ˈkæpɪtlˈfʌnd] основной фонд
capital-intensive [ˈkæpɪtlɪnˈtensɪv] капиталоемкий, требующий больших капиталовложений (экон.)
capitalism [ˈkæpɪtəlɪzm] капитализм

capitalist ['kæpɪtəlɪst] капиталист; капиталистический

capitalization [kə,pɪtəlaɪ'zeɪʃ(ə)n] капитализация

capitally ['kæpɪtlɪ] великолепно; превосходно; чрезвычайно

capitate(d) ['kæpɪteɪt(ɪd)] имеющий форму головы; головчатый (бот.)

capitation [,kæpɪ'teɪʃən] поголовный подсчет; поголовное исчисление

capitel капитель (архит.)

capitulate [kə'pɪtjuleɪt] капитулировать

capitulation [kə,pɪtju'leɪʃ(ə)n] сдача

capon ['keɪpən] каплун; трус

capon-justice ['keɪpən ʤʌstɪs] судья-взяточник

caponier [,kæpə'nɪə] капонир (воен.)

capote [kə'pout] плащ с капюшоном; длинная шинель; женская шляпка с завязками; откидной верх экипажа; капот автомобильного мотора

cappuccino [,kæpə'tʃi:nou] кофе со взбитыми сливками (капуччино)

capriccio [kə'prɪtʃiou] каприччо (муз.)

caprice [kə'pri:s] каприз; изменчивость

capricious [kə'prɪʃəs] капризный;

caprine ['kæpraɪn] козлиный

capronic acid капроновая кислота

caps [kæps] прописные буквы

caps and lower case ['kæps|ənd|'lauə|keɪs] печать прописными и строчными

capsicum ['kæpsɪkəm] стручковый перец

capsize [kæp'saɪz] опрокидывать(ся) (о лодке, судне, телеге и т. п.)

capsulation [,kæpsju:'leɪʃən] герметизация

capsule ['kæpsju:l] капсюль; капсула (биол.); оболочка; облатка (мед.); семенная коробочка (бот.); мембрана (техн.); отделяемая (от космического корабля) кабина; резюме; краткий; суммировать

captain ['kæptɪn] капитан (воен.); капитан 1 ранга (мор.); полководец; руководитель; капитан команды (спорт.); брандмейстер; начальник пожарной команды; метрдотель; старшина клуба; заведующий шахтой (горн.); штейгер; вести; направлять; руководить; быть капитаном корабля; быть капитаном спортивной команды; морской петух (биол.)

captaincy ['kæptɪnsɪ] звание капитана

captation [kæp'teɪʃ(ə)n] заискивание; первая стадия гипноза

caption ['kæpʃ(ə)n] заголовок (статьи, главы); (кино) титр; надпись на экране; арест (юр.); сопроводительная надпись или бумага к документу (юр.); подпись под рисунком; заставка

caption-producing equipment ['kæpʃənprə,dju:sɪŋ|ɪ'kwɪpmənt] аппаратная ввода титров

captioning data ['kæpʃənɪŋ|'deɪtə] субтитры

captious ['kæpʃəs] придирчивый

captivate ['kæptɪveɪt] завоевывать

captivating ['kæptɪveɪtɪŋ] очаровательный

captive ['kæptɪv] взятый в плен; пленник

captive balloon ['kæptɪv|bə,lu:n] привязной аэростат

captivity [kæp'tɪvɪtɪ] плен

captor ['kæptə] захвативший в плен

capture ['kæptʃə] поимка; захват; взятие в плен; добывание; добыча; отлов; захватывать силой; брать в плен; завладеть; призовое судно (мор.)

Capuchin ['kæpjuʃɪn] капуцин (монах); плащ с капюшоном; капуцин (обезьяна)

car [ka:] автомобиль; тележка; гондола дирижабля; кабина лифта; колесница; вагон; вагонный

car alarm ['ka:|ə'la:m] сигнальное устройство автомобиля

car belt ['ka:|belt] вентиляторный ремень

car body ['ka:|'bɔdɪ] кузов автомобиля, вагона

car breaker ['ka:|'breɪkə] установка для резки автомобилей

car crash ['ka:|kræʃ] автомобильная катастрофа

car dealer ['ka:|'di:lə] продавец автомобилей

car dealership ['ka:|'di:ləʃɪp] продажа автомобилей

car dump ['ka:|dʌmp] автомобильная свалка

car emission ['ka:r|ɪ'mɪʃən] выбросы автомашины в окружающую среду

car enamel ['ka:r|ɪ'næməl] автомобильная краска

car entrance ['ka:|'entrəns] проезд

car exhaust ['ka:r|ɪg'zɔ:st] выхлопные газы автомобиля

car factory ['ka:|'fæktərɪ] автозавод

car hire charge ['ka:|,haɪə|'tʃa:ʤ] плата за прокат автомобиля

car hire service ['ka:|haɪə|'sə:vɪs] служба проката автомобилей

car insurance ['ka:r|ɪn'ʃuərəns] страхование автомобиля

car market ['ka:|'ma:kɪt] авторынок

car park ['ka:|'pa:k] автостоянка

car pool ['ka:|'pu:l] легковые автомобили для служебного пользования

car reservation ['ka:|rezə'veɪʃən] предварительный заказ автомашины

car sales manager ['ka:|seɪlz|'mænɪʤə] менеджер по продажам автомобилей

car shed ['ka:|ʃed] гараж

car starter ['ka:|'sta:tə] стартер двигателя автомобиля

car trailer ['ka:|'treɪlə] автомобильный прицеп

car tyre ['ka:|'taɪə] автомобильная шина

car victim ['ka:|'vɪktɪm] потерпевший в аварии

CAR — CAR

car wash bay [ˈkɑːǀwɔʃǀˈbeɪ] помещение для мойки автомобилей
car washing plant [ˈkɑːǀˈwɔʃɪŋǀˈplɑːnt] установка для мойки автомобилей
car workshop [ˈkɑːǀˈwəːkʃɔp] автомастерская
car wreck [ˈkɑːǀrek] автомобильная авария
car-jacker [ˈkɑːˈdʒækə] автоподъемник
car-load [ˈkɑːˈloud] партия груза на один вагон
car-wash [ˈkɑːwɔʃ] мойка (автомобилей)
carabao азиатский буйвол (биол.)
carabine [ˈkɑːbaɪn] карабин
carabineer [ˌkærəbɪˈnɪə] карабинер (воен.)
caracal [ˈkærəkæl] рысь степная (воен.)
caracole [ˈkærəkoul] караколь; винтовая лестница
caracul [ˈkærəkəl] каракуль; каракулевая овца
carafe [kəˈræf] графин
caramel [ˈkærəmel] карамель; жженый сахар (для подкрашивания кондитерских изделий)
caramelize [ˈkærəməlaɪz] карамелизовать
carapace [ˈkærəpeɪs] панцирь черепахи и ракообразных (зоол.)
caravan [ˈkærəvæn] караван; фургон; передвижной дом на колесах; дом-автоприцеп; дом-фургон
caravanning [ˈkærəvænɪŋ] автотуризм
caravanserai [ˌkærəˈvænsəraɪ] караван-сарай; большая гостиница
caraway [ˈkærəweɪ] тмин (бот.)
carbarn [ˈkɑːbɑːn] трамвайный парк (амер.)
carbohydrate [ˈkɑːbouˈhaɪdreɪt] углевод
carbon [ˈkɑːbən] углерод (хим.); листок копировальной бумаги; копирка
carbon buildup [ˈkɑːbənǀˈbɪldʌp] нарост нагара
carbon dioxide [ˈkɑːbənǀdaɪˈɔksaɪd] углекислота
carbon dioxide fire extinguisher [ˈkɑːbənǀdaɪˈɔksaɪdǀˈfaɪərɪksˈtɪŋwɪʃə] углекислотный огнетушитель
carbon monoxide [ˈkɑːbənǀmɔˈnɔksaɪd] окись углерода
carbon removing compound [ˈkɑːbənǀrɪˈmuːvɪŋǀˈkɔmpaund] мастика дял снятия нагара
carbon-copy [ˈkɑːbənˌkɔpɪ] копия, полученная через копирку; точная копия (чего-либо, кого-либо) (разг.)
carbon-paper [ˈkɑːbənˌpeɪpə] копировальная бумага; копирка
carbonaceous [ˌkɑːbəˈneɪʃəs] содержащий углерод; богатый углеродом
carborundum cloth [ˌkɑːbəˈrʌndəmǀklɔθ] абразивная шкурка
carborundum disk [ˌkɑːbəˈrʌndəmǀdɪsk] точильный камень
carboxylase [kɑːˈbɔksɪˈleɪs] карбоксилаза (мед.)

carboy [ˈkɑːbɔɪ] оплетенная бутыль (для кислот)
carburettor [ˈkɑːbjuretə] карбюратор (техн.)
carburettor setting [ˈkɑːbjuretəˈsetɪŋ] регулировка карбюратора
carcajou [ˈkɑːkədʒuː] росомаха (зоол.)
carcass [ˈkɑːkəs] туша; тушка; тело; скелет; каркас; остов; арматура (строит.); обломки; зажигательное ядро (воен., ист.)
carcinogen [kɑːˈsɪnədʒn] канцероген; канцерогенное вещество (мед.)
carcinous [kɑːˈsɪnəs] раковый
card [kɑːd] карта (игральная); карточка; диаграмма; билет; формуляр; ярлык; перфокарта; плата (компьют.); картушка (компаса); объявление в газете; публикация; плотная бумага
card back [ˈkɑːdǀbæk] оборотная сторона перфокарты
card catalogue [ˌkɑːdǀˈkætəlɔg] карточный каталог
card file [ˈkɑːdǀfaɪl] картотека
card index [ˈkɑːdǀɪndeks] архив; картотека
card-feed device [ˈkɑːdfiːdǀdɪˈvaɪs] механизм подачи перфокарт (компьют.)
card-filing cabinet [ˈkɑːdfiːlɪŋǀˈkæbɪnɪt] ящик для хранения перфокарт
card-player [ˈkɑːdˌpleɪə] игрок; картежник
cardamon [ˈkɑːdəmən] кардамон; кардамоновый
cardan [ˈkɑːdən] кардан
cardan shaft [ˈkɑːdənǀʃɑːft] карданный вал
cardboard [ˈkɑːdbɔːd] толстая плотная бумага; тонкий картон (для коробок и картотек)
carder [ˈkɑːdə] чесальщик; кардная машина
cardholder [ˈkɑːdˌhouldə] владелец кредитной карточки
cardiac [ˈkɑːdɪæk] средство, возбуждающее сердечную деятельность; сердечный
cardiac arrest [ˌkɑːdɪækəˈrest] остановка сердца
cardiac efficiency [ˌkɑːdɪækɪˈfɪʃənsɪ] производительность сердца
cardiac muscle [ˌkɑːdɪækˈmʌsl] сердечная мышца
cardiac nerve [ˌkɑːdɪækˈnəːv] сердечный нерв
cardigan [ˈkɑːdɪgən] шерстяная кофта на пуговицах без воротника
cardinal [ˈkɑːdɪnl] важнейший; основной; главный; кардинальный; количественный (грам.); ярко-красный; кардинал (церк.); количественное числительное (грам.); кардинал (орнит.)
cardinal problem [ˌkɑːdɪnlˈprɔbləm] основная проблема
cardinal winds [ˌkɑːdɪnlˈwɪndz] ветры, дующие с севера, запада и т.д.
cardiochronograph [ˌkɑːdɪəˈkrɔnəgrɑːf] кардиохронограф (мед.)
cardiograph [ˈkɑːdɪəgrɑːf] электрокардиограф
cardiography [ˈkɑːdɪəgrɑːfɪ] кардиография

cardiology [ˌkaːdɪˈɔləʤɪ] кардиология (мед.)
cardiotachometer [ˌkaːdɪətæˈkɔmɪtə] сердечный тахометр
cardiovascular [ˌkaːdɪouˈvæskjulə] сердечно-сосудистый
carditioner [kaːˈdɪʃənə] реперфоратор карт
care [kɛə] забота; уход; внимательность; внимание; заботиться (for, of, about); питать интерес, любовь (for); беспокоиться; иметь желание (to); тщательность; осторожность; наблюдение
care giver [ˈkɛəˈgɪvə] куратор
care worker [ˈkɛəˈwəːkə] сиделка
care-taker [ˈkɛəˌteɪkə] лицо, присматривающее за домом, квартирой и т. п.; смотритель (здания)
care-worn [ˈkɛəwɔːn] измученный заботами
careen [kəˈriːn] килевать; кренговать; крениться
careenage [kəˈriːnɪʤ] кренгование; место для кренгования; стоимость кренгования
career [kəˈrɪə] карьера; род деятельности; профессия; быстрое движение; быстро двигаться
career diplomatist [kəˈrɪəǀdɪpˈloumətɪst] профессиональный дипломат
career pattern [kəˈrɪəˈpætən] трудовой стаж
career prospects [kəˈrɪəˈprɔspekts] перспективы служебного роста
career-guidance [kəˈrɪəˌgaɪd(ə)ns] профориентация
careerist [kəˈrɪərɪst] карьерист
carefree [ˈkɛəfriː] беззаботный
careful [ˈkɛəful] заботливый; старательный; аккуратный; осторожный; тщательный
carefully [ˈkɛəflɪ] бережно; осторожно
careless [ˈkɛəlɪs] небрежный; легкомысленный; беззаботный
carer [ˈkɛərə] сиделка
caress [kəˈres] ласка; гладить
carfare [ˈkaːfɛə] стоимость проезда на трамвае
carfax [ˈkaːfæks] перекресток четырех улиц
cargo [ˈkaːgou] груз; грузовой; перевозимый груз
cargo barge [ˈkaːgouˈbaːʤ] грузовая баржа
cargo boom [ˈkaːgouˈbuːm] грузовая стрела
cargo capacity [ˌkaːgouǀkəˈpæsɪtɪ] грузовместимость
cargo carrier [ˈkaːgouˌkærɪə] грузовое судно
cargo compartment [ˈkaːgouǀkəmˈpaːtmənt] грузовой отсек
cargo cubic [ˌkaːgouˈkjuːbɪk] грузовместимость
cargo deck [ˈkaːgouǀdek] грузовая палуба
cargo hire [ˈkaːgouˌhaɪə] плата за прокат автомобиля
cargo hold [ˈkaːgouǀhould] багажный отсек
cargo jack [ˈkaːgouǀʤæk] грузовой домкрат (техн.)
cargo tracer [ˈkaːgouǀˈtreɪsə] запрос об отправке груза
cargo transport [ˈkaːgouǀˈtrænspɔːt] грузовой транспорт
cargo winch [ˈkaːgouǀwɪntʃ] грузовая лебедка
cargoship [ˈkaːgouˌʃɪp] грузовое судно
carhop [ˈkaːhɔp] официант ресторана для автомобилистов, обслуживающий клиентов прямо в машине (амер.)
caribou [ˈkærɪbuː] карибу (северный канадский олень) (биол.)
caricature [ˌkærɪkəˈtjuə] карикатура; изображать в карикатурном виде
caricaturist [ˌkærɪkəˈtjuərɪst] карикатурист
caries [ˈkɛərɪz] кариес (мед.)
carillon [kəˈrɪljən] подбор колоколов; мелодичный перезвон (колоколов) (франц.)
caring [ˈkɛərɪŋ] внимательный; заботливый; относящийся к социальной помощи
carmaking unit [ˈkaːmeɪkɪŋǀˈjuːnɪt] ремонтный комплект инструментов; комплект запасных частей к автомобилю
carman [ˈkaːmən] возчик; вагоновожатый (амер.)
carnage [ˈkaːnɪʤ] кровавая бойня; массовое убийство; резня
carnal [ˈkaːnl] плотский; чувственный
carnal knowledge [ˈkaːnlˈnɔlɪʤ] половые сношения
carnality [kaːˈnælɪtɪ] похоть
carnation [kaːˈneɪʃ(ə)n] гвоздика; разные оттенки красноватых тонов (от бледно-розового до темно-красного); телесный цвет; части картины, изображающие нагое тело (в живописи); алый
carnival [ˈkaːnɪv(ə)l] карнавал; масленица (в католических странах)
carnivore [ˈkaːnɪvɔː] плотоядное животное (биол.); хищник; насекомоядное растение (бот.)
carnivores [ˈkaːnɪvɔːz] хищные звери
carnivorous [kaːˈnɪv(ə)rəs] плотоядный
carnivorous (flesh-eating) animal [kaːˈnɪvərəs (ˈfleʃˌiːtɪŋ) ˈænɪməl] плотоядное (хищное) животное
carnose [ˈkaːnous] мясистый
carol [ˈkær(ə)l] веселая песнь; гимн (рождественский); воспевать
carotene [ˈkærətɪn] каротин; провитамин А
carotid artery [kəˈrɔtɪdǀˈaːtərɪ] сонная артерия
carousel [ˌkærəˈsel] карусель (амер.)
carp [kaːp] карп
carpbream [ˈkaːpbriːm] лещ
carpenter [ˈkaːpɪntə] плотник; плотничать; столяр; столярный
carpenter-ant [ˈkaːpɪntəˈaːnt] муравей-древоточец
carpenter-bee [ˈkaːpɪntəbiː] шмель-плотник
carpenter's clamp [ˈkaːpɪntəzˈklæmp] столярный зажим
carpenter's pincers [ˈkaːpɪntəzˈpɪnsəz] кусачки

carpentry [ˈkɑːpɪntrɪ] столярничество; плотничье дело

carper [ˈkɑːpə] придира

carpet [ˈkɑːpɪt] ковер; строительное покрытие; дорожное покрытие; защитный слой *(техн.)*; устилать; покрывать коврами; устилать *(цветами)*; вызывать для замечания *(разг.)*

carpet of flowers [ˈkɑːpɪt|əv|ˈflauəz] ковер цветов

carpet-bag [ˈkɑːpɪtbæg] саквояж *(первоначально ковровый)*

carpet-knight [ˈkɑːpɪtnaɪt] солдат, отсиживающийся в тылу; салонный шаркун; рыцарь, получивший свое звание не на поле битвы, а во дворце, преклонив колена на ковре *(ист.)*

carpet-rod [ˈkɑːpɪtrɔd] металлический прут для укрепления ковра на лестнице

carping [ˈkɑːpɪŋ] придирчивый; находящий недостатки

carport [ˈkɑːpɔːt] навес для автомобиля; крытая автостоянка

carpus [ˈkɑːpəs] запястье

carrag(h)een [ˈkærəgiːn] ирландский *(жемчужный)* мох *(съедобные водоросли)*

carrel [ˈkærəl] кабина для индивидуальной научной работы *(в библиотеке и т. п.)*

carriage [ˈkærɪdʒ] коляска; тележка; карета; вагон; перевозка; транспорт; пассажирский вагон; вагонетка; держатель; несущая конструкция; каретка *(пишущей машинки, станка)*; шасси; рама; лафет; платформа; перевозка; стоимость перевозки; провоз; выполнение; осанка; манера себя держать

carriage cost [ˈkærɪdʒ|kɔst] транспортные расходы

carriage paid [ˌkærɪdʒ|ˈpeɪd] провоз оплачен; перевозка, оплаченная продавцом

carriage road [ˈkærɪdʒ|roud] проселочная дорога

carriage way marking [ˈkærɪdʒ|weɪ|ˈmɑːkɪŋ] дорожная разметка

carriage-company [ˈkærɪdʒˌkʌmp(ə)nɪ] «избранное общество» *(имеющее своих лошадей)*

carriage-dog [ˈkærɪdʒdɔg] далматский пятнистый дог

carriage-forward [ˈkærɪdʒˈfɔːwəd] стоимость пересылки за счет получателя

carriage-free [ˈkærɪdʒˈfriː] пересылка бесплатно

carriage-way [ˈkærɪdʒweɪ] проезжая часть дороги

carriageable [ˈkærɪdʒəbl] проезжий *(о дороге)*

carrier [ˈkærɪə] носильщик; транспортное агентство; курьер; носитель; переносчик; перевозчик; почтовый голубь; почтальон *(амер.)*; авианосец *(мор.)*; транспортное судно; транспортный самолет; транспортер; транспортная компания; багажник *(на мотоцикле)*; кристаллодержатель

carrier bag [ˈkærɪə|ˈbæg] хозяйственная сумка

carrier bearing [ˈkærɪə|ˈbɛərɪŋ] опорный подшипник

carrier rocket [ˈkærɪəˌrɔkɪt] ракета-носитель

carrier-borne aircraft [ˈkærɪəbɔːn|ˈɛəcrɑːft] самолеты, действующие с авианосца

carrier-nation [ˈkærɪəˌneɪʃ(ə)n] государство, широко использующее свой флот для перевозки товаров других стран

carrier-plane [ˈkærɪəpleɪn] бортовой самолет

carriole [ˈkærɪoul] канадские сани; легкий крытый одноконный экипаж

carrion [ˈkærɪən] падаль; труп; мясо, негодное к употреблению; гниющий

carrion-crow [ˈkærɪənˈkrou] черная ворона

carrot [ˈkærət] морковь; рыжие волосы *(разг.)*; приманка

carroty [ˈkærətɪ] морковного цвета

carrousel [ˌkæruˈzel] балаган; карусель

carry [ˈkærɪ] везти; перевозить; держать; нести на себе тяжесть; принимать; передавать; приносить *(доход, процент)*; доводить; брать приступом *(крепость и т. п.)*; увлекать за собой; добиться; проводить; влечь за собой; достигать; продолжать; торговать; содержать; перенос; переносить; цифра переноса

to carry arms — носить оружие
to carry back — напоминать кому-либо прошлое
to carry conviction — убеждать; быть убедительным
to carry over — пролонгировать
to carry punishment — понести наказание
to carry before justice — привлечь к суду; отдать в руки правосудия
to carry into effect — вводить в действие
to carry into execution — приводить в исполнение
to carry in — вводить данные
to carry out a test — проводить испытание
to carry out sentence — приводить приговор в исполнение

carry-over [ˈkærɪˌouvə] излишек, переходящий остаток; пережиток; перенос *(слова на другую строку)*; репорт *(отсрочка сделки) (фин.)*

carryall [ˈkærɪɔːl] вещевой мешок; просторный крытый экипаж

carrycot [ˈkærɪkɔt] переносная детская кроватка *(с ручками)*

carrying capacity [ˈkærɪɪŋ|kəˈpæsɪtɪ] пропускная способность; грузоподъемность

carrying trade [ˈkærɪɪŋˈtreɪd] перевозка товаров водным путем; фрахтовое дело

carryings-on [ˈkærɪɪŋzˈɔn] фривольное, легкомысленное поведение *(разг.)*

carsick [ˈkɑːsɪk] не переносящий езды в автотранспорте

cart [ka:t] телега; ехать; везти в телеге; повозка

cart boy [′ka:t|′bɔɪ] носильщик, обязанный везти за покупателем тележку с продуктами

cart traction [′ka:t|′trækʃən] гужевая тяга

cart-horse [′ka:tho:s] ломовая лошадь

cart-road [′ka:troud] просёлочная, гужевая дорога

cart-wheel [′ka:twi:l] колесо телеги; кувырканье «колесом»; переворот через крыло *(авиац.)*; большая монета *(крона, серебряный доллар и т. п.) (разг.)*

cart-wright [′ka:traɪt] экипажный мастер; каретник

carte [ka:t] меню; карта вин *(франц.)*

carte blanche [′ka:t|′bla:nʃ] карт-бланш *(франц.)*

cartel [ka:′tel] картель *(экон.)*; соглашение между воюющими сторонами *(об обмене пленными, почтой)*; письменный вызов на дуэль

cartelling [ka:′telɪŋ] обмен военнопленными

carter [′ka:tə] ломовой извозчик

cartilage [′ka:tɪlɪʤ] хрящ

cartilaginous [ˌka:tɪ′læʤɪnəs] хрящевой

cartographer [ka:′tɔgrəfə] картограф

cartographic(al) [ˌka:tou′græfɪk, ˌka:tou′græfɪk(ə)l] картографический

cartography [ka:′tɔgrəfɪ] картография *(составление карт)*

cartomancy [′ka:toumænsɪ] гадание на картах

carton [′ka:tən] *(большая)* картонная коробка; картон; белый кружок в центре мишени

cartoon [ka:′tu:n] карикатура *(политическая)*; картон *(этюд для фрески и т. п.)*; мультипликация; мультфильм; рисовать карикатуры; изображать в карикатурном виде

cartoonist [ka:′tu:nɪst] карикатурист

cartouche [ka:′tu:ʃ] картуш *(франц.)*; орнаментальный завиток *(на капители, на титуле книги)*; лядунка; патронная сумка *(воен.)*; картуш *(архит.)*

cartridge [′ka:trɪʤ] патрон; катушка с фотографическими плёнками; гильза; кассета

cartridge-belt [′ka:trɪʤbelt] патронташ; пулемётная лента

cartridge-box [′ka:trɪʤbɔks] патронный ящик

cartulary [′ka:tjulərɪ] журнал записей

caruncle [′kærəŋkl] мясистый нарост *(у индюка)*

carve [ka:v] резать; резать *(мясо за столом)*; делить; разделывать *(тушу)*

carvel [′ka:vəl] каравелла *(испанский корабль XV–XVII вв.) (ист.)*

carvel-built [′ka:vəlbɪlt] с обшивкой вгладь *(мор.)*

carver [′ka:və] резчик *(по дереву)*; нож для нарезания мяса *(за столом)*

carving [′ka:vɪŋ] резьба по дереву; резная работа

carving chisel [′ka:vɪŋ|′tʃɪzl] долбёжная стамеска

caryatid [ˌkærɪ′ætɪd] кариатида *(искусство)*

cascade [kæs′keɪd] водопад; ниспадать каскадом

case [keɪs] случай; положение; судебное дело *(юр.)*; спорный вопрос в суде; казус; судебное решение по делу; судебный прецедент; материалы дела; фактические обстоятельства; версия; доводы; доказательства; факты; аргументация по делу; изложение требований; меморандум по делу; обвинение *(в суде)*; клиент *(адвоката)*; находиться под наблюдением *(правоохранительных органов)*; заболевание *(мед.)*; раненый *(мед.)*; больной; пациент; падеж *(грам.)*; коробка; сумка; чемодан; футляр; чехол *(музыкального инструмента)*; крышка *(переплёта)*; кассета; кожух *(техн.)*; корпус; обшивка; наборная касса *(полигр.)*; витрина *(в музеях)*; строительная коробка *(оконная, дверная)*; класть; упаковывать в ящик; вставлять в оправу; накрывать; обшивать; покрывать; укрывать; вставлять книжный блок в переплётную крышку; оболочка; ящик; гильза; исследуемый; находящийся под наблюдением экспериментатора; футляр для очков

to conduct a case — вести судебный процесс

to make out the case — выиграть дело

to prejudice a case — относиться к делу с предубеждением

to sanction a case — назначить дело к слушанию

case at bar [′keɪs|ət|′ba:] дело на стадии судебного разбирательства

case at hand [′keɪs|ət|′hænd] дело, находящееся в производстве

case decision [′keɪs|dɪ′sɪʒən] решение суда; решение по делу

case to move for new trial [′keɪs|tə|mu:v|fə|nju:|′traɪəl] заявление о новом рассмотрении дела

case work [′keɪs|wə:k] вставка в переплётную крышку

case-harden [′keɪsˌha:dn] цементировать *(сталь) (техн.)*; делать нечувствительным

case-hardened [′keɪsˌha:dnd] закалённый; нечувствительный *(техн.)*

case-record [′keɪsˌrekɔ:d] история болезни

case-shot [′keɪsʃɔt] картечь

casebook [′keɪsbuk] журнал для записи пациентов, посетителей и т. п.

casebound [′keɪsbaund] книга в жёсткой обложке

cased binding [′keɪst|′baɪndɪŋ] жёсткая переплётная крышка

cased book [′keɪst|buk] книга в жёсткой переплётной крышке

casein glue [′keɪsɪɪn|′glu:] казеиновый клей

casemate [′keɪsmeɪt] каземат *(воен.)*

casement [′keɪsmənt] створный оконный переплёт; оконная створка; окно *(поэт.)*

caseous [ˈkeɪsɪəs] творожистый
casern(e) [kəˈzəːn] казарма *(франц.)*
cash [kæʃ] наличные деньги; наличный расчет; получать *(платить)* деньги по чеку
cash advance [ˈkæʃədˌvaːns] денежный аванс
cash balance [ˈkæʃˌbæləns] остаток кассы
cash bar [ˈkæʃbaː] бар или ресторан, где принимается плата только наличными
cash bounty [ˈkæʃˌbauntɪ] подаренная, дарованная сумма денег; правительственная поощрительная премия; призовая премия; премия при добровольном поступлении на службу *(воен.)*; субсидия
cash card [ˈkæʃkaːd] кредитная карточка
cash cover [ˈkæʃˌkʌvə] денежное обеспечение
cash cow [ˈkæʃˈkau] продукт, пользующийся спросом
cash dispenser [ˌkæʃdɪˈspensə] кассир-автомат
cash flow [ˈkæʃflou] отрицательный платежный баланс
cash journal [ˈkæʃˌdʒəːnl] кассовый журнал
cash on delivery [ˈkæʃˌɔnˌdɪˈlɪvərɪ] оплата при доставке; наложенный платеж
cash-and-carry [ˈkæʃəndˈkærɪ] продажа за наличный расчет без доставки на дом
cash-book [ˈkæʃbuk] кассовая книга
cash-desk [ˈkæʃdesk] расчетная касса
cash-memo [ˈkæʃˌmemou] товарный чек
cash-starved [ˈkæʃstaːvd] оказавшийся без финансовой поддержки
cash-strapped [ˈkæʃstræpt] безденежный
cashew [kæˈʃuː] анакард *(бот.) (вид дерева, растущего в Южной Америке)*; орех кешью *(бот.)*
cashier [kæˈʃɪə][kəˈʃɪə] кассир; увольнять со службы; *(воен.)* увольнять со службы *(за недостойное поведение)*
cashomat [kəʃəˈmæt] автомат для выдачи вкладчикам денег по удостоверению личности
casing [ˈkeɪsɪŋ] обшивка; рубашка; обсадная труба *(техн.)*; кожух *(техн.)*
casing-in [ˈkeɪsɪŋˈɪn] вставка книжного блока в переплетную крышку
casino [kəˈsiːnou] игорный дом; казино
cask [kaːsk] бочка
casket [ˈkaːskɪt] шкатулка; *(амер.)* гроб; контейнер *(для радиоактивных материалов)*
cassation [kæˈseɪʃən] кассация
cassava [kəˈsaːvə] маниока *(бот.)*
casserole [ˈkæsəroul] кастрюля *(из жаропрочного материала)*; запеканка *(из риса, овощей и мяса)*
casserole dish [ˈkæsəroulˈdɪʃ] кастрюля из жаропрочного стекла
cassette [kəˈset] кассета; компакт-кассета; кассетный
cassette player [kəˈsetˈpleɪə] кассетный плеер

cassette recorder [kəˈsetrɪˈkɔːdə] кассетный магнитофон
cassette VTR [kəˈsetˈviːtiːˈaː] кассетный видеомагнитофон
cassia [ˈkæsɪə] сенна
cassock [ˈkæsək] ряса; поп *(разг.)*
cassowary [ˈkæsəweərɪ] казуар *(орнит.)*
cast [kaːst] бросок; поворот; метание; бросание; расстояние, пройденное брошенным предметом; риск; форма для отливки; забрасывание; отливка; литье; гипсовый слепок; гипсовая повязка; подсчет; распределение ролей *(театр.)*; актерский состав; список действующих лиц и исполнителей *(театр.)*; оттенок; образец; склад *(ума, характера)*; выражение *(лица)*; отклонение; бросать; присуждать; приговаривать
cast iron [ˈkaːstˈaɪən] чугун
cast iron pipe [ˈkaːstˈaɪənˈpaɪp] чугунная труба
cast-coated paper [ˈkaːstˈkoutɪdˈpeɪpə] глянцевая мелованная бумага
cast-off [ˈkaːstˈɔf] отверженный; выброшенная вещь; обноски; объедки
castanets [ˌkæstəˈnets] кастаньеты
castaway [ˈkaːstəweɪ] потерпевший кораблекрушение; изгой
caste [kaːst] каста; привилегированный класс
castellan [ˈkaːstɪlən] кастелян
castellated [ˈkæsteleɪtɪd] построенный в виде замка; изобилующий замками; зазубренный *(техн.)*
caster [ˈkaːstə] литейщик; выбракованная лошадь *(воен.)*; аппарат отливной
castigate [ˈkæstɪgeɪt] наказывать; бранить; исправлять; редактировать *(литературное произведение)*
casting [ˈkaːstɪŋ] бросание; метание; литье *(техн.)*; отливка *(процесс и изделие)*; коробление *(древесины)*; удаление выкопанного грунта; подбор актеров; распределение ролей *(театр.)*
casting bed [ˈkaːstɪŋˌbed] литейный двор
casting-vote [ˌkaːstɪŋˈvout] решающий голос председателя при равенстве голосов
castle [ˈkaːsl] замок; твердыня; ладья *(шахм.)*; рокировать*(ся)*
castle-builder [ˈkaːslˌbɪldə] фантазер
castor [ˈkaːstə] бобровый мех; кастор; шляпа из бобрового, кроличьего меха; ролик; колесико *(на ножках мебели)*; солонка
castor oil [ˈkaːstərˈɔɪl] касторовое масло
castor sugar [ˈkaːstəˌʃugə] сахарная пудра
castor-oil plant [ˈkaːstərɔɪlˈplaːnt] клещевина обыкновенная
castrate [kæsˈtreɪt] евнух; кастрат; холостить; кастрировать; урезывать *(текст)*

casual [ˈkæʒjuəl] случайный; невольный; непреднамеренный; небрежный; нерегулярный; причинный; каузальный; выражающий причинную обусловленность; временный рабочий; случайный посетитель; клиент; покупатель; бродяга; пострадавший от несчастного случая

casual labor [ˈkæʒjuəlˈleɪbə] непостоянная работа

casualty [ˈkæʒjuəltɪ] несчастный случай; авария; случайное происшествие; ущерб от несчастного случая; человек, пострадавший от несчастного случая; раненый (воен.); убитый (воен.); подбитая машина (воен.); потери (на войне)

casualty clearing station [ˈkæʒjuəltɪˌklɪərɪŋˈsteɪʃ(ə)n] эвакуационный пункт

casualty list [ˈkæʒjuəltɪˌlɪst] список убитых, раненых и пропавших без вести (на войне)

casualty loss [ˈkæʒjuəltɪˌlɔːs] ущерб от несчастного случая

cat [kæt] кот; кошка; животное семейства кошачьих; кошка (плеть); сварливая женщина (разг.); двойной треножник; бить плетью; катализатор (авт.)

cat tree [ˈkætˈtriː] бересклет европейский

cat-ice [ˈkætaɪs] тонкий ледок

catabatic [ˌkætəˈbætɪk] нисходящий

cataclysm [ˈkætəklɪzm] катаклизм; потоп

catacomb [ˈkætəkuːm] подземелье

catafalque [ˈkætəfælk] катафалк; помост под балдахином для гроба

catalepsy [ˈkætəlepsɪ] столбняк; неподвижность; оцепенение

catalog(ue) [ˈkætəlɔg] каталог; прейскурант; учебный план (амер.); вносить в каталог; заносить в каталог

cataloguer [ˈkætəlɔgə] составитель каталога

catalyse [ˈkætəlaɪz] катализировать

catalysis [kəˈtælɪsɪs] катализ (хим.)

catalyst [ˈkætəlɪst] катализатор

catalyst equipped car [ˈkætəlɪstɪˌkwɪptˈkaː] автомобиль с каталитическим дожигателем топлива

catamaran [ˌkætəməˈræn] катамаран (двухкорпусное судно) (мор.); сварливая женщина (разг.)

catamnesis эпикриз

catamount [ˈkætəmaunt] европейская дикая кошка; североамериканская рысь

cataphyllary leaf [ˌkætəˈfɪlərɪˈliːf] почки

cataplasm [ˈkætəplæzm] припарка

catapult [ˈkætəpʌlt] метательная машина (ист.); катапульта (авиац.); рогатка; метать (ист.); выбрасывать катапультой; стрелять из рогатки

cataract [ˈkætərækt] водопад; порог (на реке); сильный ливень; поток (красноречия); масляный тормоз

catarrh [kəˈtaː] простуда

catastrophe [kəˈtæstrəfɪ] катастрофа; развязка (в драме); гибель

catastrophic [ˌkætəˈstrɔfɪk] катастрофический

catatonic [ˌkætəˈtɔnɪk] бессознательный

catbird [ˈkætbəːd] дрозд (амер.)

catcall [ˈkætkɔːl] освистывание; свисток; освистывать

catch [kætʃ] поимка; захват; изобличение; улов; добыча; выгода; выгодное приобретение; хитрость; ловушка; приостановка (дыхания, голоса); щеколда (техн.); задвижка; защелка; шпингалет; тормоз (техн.); стопор; арретир; ловить; заразиться; застать; догнать; защемить; задерживать; попасть; поймать; застигнуть; изобличать; прерывать; покрываться льдом

to catch cold — простудиться
to catch it — получать выговор
to catch off guard — застать кого-либо врасплох
to catch on — зацепляться

catch-all [ˈkætʃɔːl] вместилище разнообразных предметов

catch-phrase [ˈkætʃfreɪz] известная фраза

catcher [ˈkætʃə] принимающий (в бейсболе)

catching [ˈkætʃɪŋ] заразный; заманчивый; неустойчивый (о погоде); захватывающий

catchment [ˈkætʃmənt] дренаж

catchment area [ˈkætʃməntˌɛərɪə] бассейн (реки); водосборная площадь

catchpenny [ˈkætʃˌpenɪ] нечто показное; рассчитанное на дешевый успех; показной

catchpoll [ˈkætʃpoul] судебный пристав

catchword [ˈkætʃwəːd] модное словечко; слово или фраза, используемые как лозунг; колонтитул в словарях и энциклопедиях (полигр.); заглавное слово (словарной статьи); реплика (театр.); рифмованное слово; пароль

catchy [ˈkætʃɪ] привлекательный; легкозапоминающийся (о мелодии); хитроумный; порывистый (о ветре)

catechism [ˈkætɪkɪzm] катехизис (церк.); ряд вопросов и ответов

catechize [ˈkætɪkaɪz] излагать в форме вопросов и ответов; допрашивать; наставлять (церк.)

catechu [ˈkætɪtʃuː] дубильный экстракт

catechumen [ˌkætɪˈkjuːmen] новообращенный; начинающий (церк.)

categoric [ˈkætɪgɔrɪk] категориальный

categorical [ˌkætɪˈgɔrɪk(ə)l] абсолютный; решительный; категоричный; безусловный

categorize [ˈkætɪgəraɪz] распределять по категориям

category [ˈkætɪgərɪ] категория; класс; категоричность; цепной

category of loan [ˈkætɪgərɪˌəvˈloun] вид ссуды

CAT — CAV

catena [kəˈtiːnə] вереница
catenarian [ˌkætɪˈnɛərɪən] цепной
catenate [ˈkætɪneɪt] сцеплять
catenation [ˌkætɪˈneɪʃ(ə)n] сочленение
cater [ˈkeɪtə] поставлять провизию; обслуживать зрителя; посетителя (*о театрах и т. п.*); стараться доставлять удовольствие; угождать
cater-cousin [ˈkeɪtəˌkʌzn] дальний родственник; закадычный друг
catering [ˈkeɪt(ə)rɪŋ] общественное питание; ресторанное дело
caterpillar [ˈkætəpɪlə] гусеница (*биол.*); гусеничный ход
caterpillar tractor [ˈkætəpɪləˈtræktə] гусеничный трактор
caterwaul [ˈkætəwɔːl] кошачий концерт; кричать по-кошачьи
catgut [ˈkætgʌt] струна (*для музыкальных инструментов и ракеток*); скрипка
catharsis [kəˈθɑːsɪs] очищение желудка (*мед.*); катарсис (*филос.*) (*псих.*)
cathartic [kəˈθɑːtɪk] слабительный; слабительное (*средство*)
cathedral [kəˈθiːdr(ə)l] кафедральный собор; соборный
catheter [ˈkæθɪtə] катетер (*мед.*)
cathetus [ˈkæθɪtəs] катет (*мат.*)
cathode [ˈkæθoud] катод
cathodic [kæˈθɔdɪk] катодный
catholic [ˈkæθəlɪk] католический; вселенский (*церк.*); всеобъемлющий; католик
Catholic bishop [ˈkæθəlɪkˈbɪʃəp] епископ католической церкви
Catholic church [ˈkæθəlɪkˈtʃəːtʃ] католическая церковь
Catholicism [kəˈθɔlɪsɪzm] католичество
catholicize [kəˈθɔlɪsaɪz] обращать в католичество
catkin [ˈkætkɪn] сережка (*на деревьях*)
catopter [kəˈtɔptə] отражатель; зеркало
catsuit [ˈkætsjuːt] узкий женский комбинезон
cattery [ˈkætərɪ] место, где можно оставить свою кошку, отправляясь в отпуск
cattily [ˈkætɪlɪ] назло; вопреки
cattish [ˈkætɪʃ] кошачий; хитрый
cattle [ˈkætl] крупный рогатый скот
cattle breeding [ˈkætlˌbriːdɪŋ] скотоводство
cattle head [ˈkætlˌhed] поголовье скота
cattle-dealer [ˈkætlˌdiːlə] торговец скотом; скотопромышленник
cattle-feeder [ˈkætlˌfiːdə] машина для автоматического распределения и подачи корма
cattle-grid [ˈkætlgrɪd] приспособление, препятствующее выходу скота с пастбища на дорогу
cattle-leader [ˈkætlˌliːdə] кольцо, продетое через нос животного
cattle-lifter [ˈkætlˌlɪftə] вор, угоняющий скот
cattle-pen [ˈkætlpen] загон для скота
cattle-shed [ˈkætlʃed] хлев
cattleman [ˈkætlmən] пастух; скотовод (*амер.*)
cattleship [ˈkætlʃɪp] судно для перевозки скота
catwalk [ˈkætwɔːk] подиум; узкий мостик
cat's eye [ˈkætsˌaɪ] световозвращатель
cat's-paw [ˈkætspɔː] орудие в чьих-либо руках; легкий бриз; рябь на воде
caucus [ˈkɔːkəs] предвыборное фракционное или партийное совещание; политика подтасовки выборов, давления на избирателей и т. п.
caudal fin [ˈkɔːdlˈfɪn] хвостовой плавник
caudate [ˈkɔːdeɪt] хвостатый; имеющий хвост
caught in a deception [ˈkɔːtˌɪnˌəˌdɪˈsepʃən] уличенный в обмане
cauldron [ˈkɔːldr(ə)n] котел; котлообразный провал (*геол.*)
caulescent [kɔːˈlesənt] имеющий стебель (*о травянистых растениях*) (*бот.*)
cauliflower [ˈkɔlɪflauə] цветная капуста
caulk [kɔːk] конопатить и смолить (*суда*); затыкать; замазывать (*щели в окнах*)
caulker [ˈkɔːkə] конопатчик; чеканщик
causal [ˈkɔːz(ə)l] каузальный (*франц.*); причинный (*грам.*)
causality [kɔːˈzælɪtɪ] причинная связь (*филос.*)
causative [ˈkɔːzətɪv] причинный; каузативный (*грам.*)
cause [kɔːz] источник; основание; причина; мотив; повод; дело; судебное дело, процесс, тяжба; быть причиной; причинять; вызывать; заставлять
cause list [ˈkɔːzˌlɪst] список дел к слушанию
cause of arrest [ˈkɔːzˌəvəˈrest] основание для ареста
cause of offence [ˈkɔːzˌəvəˈfens] причина преступления
causeless [ˈkɔːzlɪs] беспричинный
causer [ˈkɔːzə] виновник
causeway [ˈkɔːzweɪ] мостовая; дамба; строить плотину; дамбу; замащивать; мостить
causticity [kɔːsˈtɪsɪtɪ] едкость; язвительность
cauterizer [ˈkɔːtəraɪzə] прижигатель
caution [ˈkɔːʃ(ə)n] осторожность; предостережение; необыкновенный человек; предостерегать
caution money [ˈkɔːʃənˌmʌnɪ] задаток
caution sign [ˈkɔːʃənˌsaɪn] предупредительный знак
cautionary [ˈkɔːʃənərɪ] поручительство
cautious [ˈkɔːʃəs] бережный; осторожный
cavalcade [ˌkæv(ə)lˈkeɪd] кавалькада

cavalier [ˌkævəˈliə] всадник; кавалерист; рыцарь *(ист.)*; кавалер; бесцеремонный; естественный; надменный

cavalry [ˈkæv(ə)lrɪ] кавалерия

cavalryman [ˈkævəlrɪmən] кавалерист

cavatina [ˌkævəˈtiːnə] каватина *(небольшая оперная ария)*

cave [keɪv] пещера; впадина; фракция; выдалбливать; дыра

cave-man [ˈkeɪvmæn] пещерный человек

caveat [ˈkeɪvɪæt] предостережение; протест; возражение; ходатайство о приостановке судебного разбирательства *(юр.)*; предварительная заявка на патент

cavendish [ˈkæv(ə)ndɪʃ] плиточный табак *(сдобренный патокой)*

caver [ˈkeɪvə] исследователь пещер

cavern [ˈkævən] пещера

cavernous [ˈkævənəs] изобилующий пещерами; пещеристый *(мед.)*; похожий на пещеру; впалый; глубокий и глухой *(о звучании)*

caviar(e) [ˈkævɪɑː] икра *(употребляемая в пищу)*

caviller [ˈkævɪlə] придирчивый человек

cavity [ˈkævɪtɪ] впадина; каверна *(мед.)*; полость; трещина в породе

caw [kɔː] карканье; каркать

cay [keɪ] коралловый риф; песчаная отмель

cayenne [keɪˈen] красный стручковый перец

cayman [ˈkeɪmən] кайман *(биол.)*

CD player [ˈsiːdiːˈpleɪə] плеер с компакт-диском

CD-ROM [ˈsiːdiːˈrɔm] компакт-диск

CD-ROM drive [ˌsiːdiːˈrɔm|draɪv] дисковод для компакт-дисков *(компьют.)*

cease [siːs] переставать; приостанавливать *(часто с герундием)*

cease-fire [ˈsiːsˌfaɪə] прекращение огня

ceaseless [ˈsiːslɪs] беспрерывный

cecity [ˈsiːsɪtɪ] слепота

cecum [ˈsiːkəm] слепая кишка

cedar [ˈsiːdə] кедр

cedar-tree [ˈsiːdəˈtriː] кедр

cede [siːd] сдавать *(территорию)*; уступать *(в споре)*

cedilla [sɪˈdɪlə] седиль *(орфографический знак)*

ceilidh [ˈkeɪlɪ] вечеринка с музыкой и танцами *(в Шотландии и Ирландии)*

ceiling [ˈsiːlɪŋ] верх; перекрытие; потолок; максимум; предел; максимальная цена *(экон.)*

ceiling board [ˈsiːlɪŋˌbɔːd] потолочная доска

celadon [ˈselədɔn] светлый серовато-зеленый цвет или цвет морской волны

celandine [ˈseləndaɪn] чистотел *(бот.)*

celebrant [ˈselɪbr(ə)nt] священник, отправляющий церковную службу

celebrate [ˈselɪbreɪt] праздновать; прославлять; отправлять церковную службу; веселиться *(разг.)*; отмечать приятное событие

celebrated [ˈselɪbreɪtɪd] знаменитый

celebration [ˌselɪˈbreɪʃ(ə)n] празднование; церковная служба

celebrity [sɪˈlebrɪtɪ] известность; знаменитость

celerity [sɪˈlerɪtɪ] быстрота

celery [ˈselərɪ] сельдерей *(бот.)*

celesta [sɪˈlestə] челеста *(музыкальный инструмент)*

celestial [sɪˈlestjəl] небесный; великолепный; небожитель

celestial map [sɪˈlestjəlˈmæp] карта звездного неба

celibacy [ˈselɪbəsɪ] целибат *(обет безбрачия)*; безбрачие

celibate [ˈselɪbɪt] холостяк; человек, давший обет безбрачия

cell [sel] ячейка; тюремная камера; келья; небольшой монастырь; могила *(поэт.)*; клетка организма *(биол.)*; камера *(техн.)*; элемент *(электр.)*; секция крыла *(авиац.)*; помещать в клетку; находиться в клетке; сидеть за решеткой

cell dissolution [ˈselˌdɪsəˈluːʃən] клеточный распад

cell division [ˈselˌdɪˈvɪʒən] деление клетки

cell enlargement [ˈselˌɪnˈlɑːʤmənt] рост клеток *(биол.)*

cellar [ˈselə] подвал; винный погреб; хранить в подвале; в погребе

cellar window [ˈseləˈwɪndou] подвальное окно

cellarage [ˈselərɪʤ] погреба; хранение в подвалах; плата за хранение в подвалах

cellarer [ˈselərə] келарь *(эконом в монастыре)*

cellaret [ˌseləˈret] погребец

cellist [ˈtʃelɪst] виолончелист

cellmate [ˈselmeɪt] сокамерник

cello [ˈtʃelou] виолончель

cellophane [ˈseloufeɪn] целлофан

cellular lamella [ˈseljuləˌləˈmelə] клеточная пластинка

cellular phone [ˈseljuləˈfoun] сотовый радиотелефон

cellulate [ˈseljuleɪt] состоящий из клеток

celluloid [ˈseljulɔɪd] целлулоид; кинопленка; кино *(разг.)*

cellulose [ˈseljulous] целлюлоза; клетчатка

Celsius [ˈselsjəs] шкала термометра Цельсия

celtuce [ˈseltəs] гибрид сельдерея и салата

cembalo [ˈtʃembəlou] цимбалы; клавесин *(муз.)*

cement [sɪˈment] цемент; всякое вещество, скрепляющее подобно цементу; связь; клей; паста; замазка; цементировать; скреплять; связывать; склеивать; соединять крепко

cementation [ˌsiːmenˈteɪʃ(ə)n] цементирование; цементация
cementing [sɪˈmentɪŋ] заливка цементом
cemetery [ˈsemɪtrɪ] кладбище
cense [sens] кадить ладаном *(церк.)*
censer [ˈsensə] кадило
censor [ˈsensə] цензор; надзиратель *(в английских колледжах)*; блюститель нравов; подвергать цензуре
censorial [senˈsɔːrɪəl] цензорский
censorious [senˈsɔːrɪəs] строгий
censorship [ˈsensəʃɪp] цензура; должность цензора
censurable [ˈsenʃ(ə)rəbl] достойный порицания
censure [ˈsenʃə] неодобрение; осуждение; порицать
census [ˈsensəs] перепись; народосчисление; полный набор характеристик; ценз
census division [ˈsensəsdɪˈvɪʒən] переписной участок
census enumeration [ˈsensəsɪˌnjuːməˈreɪʃən] счётчик переписи населения
census questionnaire [ˈsensəsˌkwestɪəˈneə] опросный лист переписи; статистическая анкета
census returns [ˈsensəsrɪˈtəːnz] результаты переписи
census-paper [ˈsensəsˌpeɪpə] бланк, заполняемый при переписи
centaur [ˈsentɔː] кентавр *(миф.)*; созвездие Кентавра
centaury [ˈsentɔːrɪ] горечавка
centenarian [ˌsentɪˈnɛərɪən] вековой; человек ста *(и более)* лет
centenary [senˈtiːnərɪ] столетие; столетняя годовщина; день празднования столетней годовщины; вековой
center [ˈsentə] центр; отцентрировать; зацентровать; комбинат; кружало; межцентровый; оптический; центровой; центровочный; очаг; керн; сердечник; центральный
center bit [ˈsentəbɪt] центровочное сверло
centering [ˈsentərɪŋ] центрирование; центровка
centesimal [senˈtesɪm(ə)l] разделённый на сто частей
centigrade [ˈsentɪgreɪd] стоградусный
centipede [ˈsentɪpiːd] сороконожка *(биол.)*
central [ˈsentr(ə)l] центральный; расположенный в центре или недалеко от центра
central bank [ˈsentrəlˈbæŋk] центральный банк
central canal [ˈsentrəlkəˈnæl] спинномозговой канал *(мед.)*
central collision [ˈsentrəlkəˈlɪʒən] лобовое столкновение автомобилей

central distribution [ˈsentrəlˌdɪstrɪˈbjuːʃən] центральное распределение
central heating [ˈsentrəlˈhiːtɪŋ] центральное отопление
central island [ˈsentrəlˈaɪlənd] островок безопасности
central nervous system [ˈsentrəlˈnəːvəsˈsɪstɪm] центральная нервная система *(анат.)*
centralism [ˈsentrəlɪzəm] централизм
centralist [ˈsentrəlɪst] центрист
centralization [ˌsentrəlaɪˈzeɪʃ(ə)n] централизация
centralized door locking [ˈsentrəlaɪzdˈdɔːˈlɔkɪŋ] центральная блокировка дверей
centre [ˈsentə] центр; угольник *(техн.)*; центральный игрок *(нападающий, защитник и т. д.) (спорт.)*; центровой; центральный; помещать*(ся)* в центре; центрировать *(техн.)*
centre lane [ˈsentəˌleɪn] осевая полоса движения
centre stand [ˈsentəˌstænd] центральная опора
centrefold [ˈsentəfould] фотография на развороте журнала
centric(al) [ˈsentrɪk, ˈsentrɪk(ə)l] основной; центральный
centrifugal [senˈtrɪfjug(ə)l] центробежный
centrifugal clarifier [senˈtrɪfjugəlˈklærɪfaɪə] сепаратор
centrifugal pump [senˈtrɪfjugəlˈpʌmp] центробежный насос
centrifuge [ˈsentrɪfjuːʤ] центрифуга
centuple [ˈsentjupl] стократный
centurion [senˈtjuərɪən] центурион *(офицер в армии Римской империи) (ист.)*
century [ˈsentʃurɪ] столетие; центурия *(ист.)*; сотня *(чего-либо)*; сотка; сто долларов; сто фунтов стерлингов
cep [sep] боровик
cephalalgia [ˌsefəˈlælʤɪə] головная боль *(мед.)*
cephalitis [ˌsefəˈlaɪtɪs] энцефалит; воспаление головного мозга *(мед.)*
ceramic [sɪˈræmɪk] керамический; керамизированный
ceramics [sɪˈræmɪks] керамика; гончарное производство; керамические изделия
ceramist [ˈserəmɪst] гончар
cereal [ˈsɪərɪəl] хлебный злак; каша *(кушанье из круп)*; зерновой; хлебный
cerebellar [ˌserɪˈbelə] мозжечковый
cerebellum [ˌserɪˈbeləm] мозжечок
cerebral [ˈserɪbr(ə)l] мозговой *(мед.)*; церебральный *(звук) (фон.)*
cerebral circulation [ˈserɪbrəlˌsəːkjuˈleɪʃən] мозговое кровообращение
cerebral excitement [ˈserɪbrəlɪkˈsaɪtmənt] мозговое возбуждение

cerebration [ˌserɪˈbreɪʃ(ə)n] мозговая деятельность; деятельность головного мозга
cerebrospinal fluid [ˌserɪbrəˈspaɪnl|ˈfluːɪd] спинномозговая жидкость
cerebrum [ˈserɪbrəm] головной мозг (анат.)
cerement [ˈsɪəmənt] навощенная холстина; саван; погребальные одежды
ceremonious [ˌserɪˈmoʊnjəs] церемониальный; церемонный; манерный
ceremony [ˈserɪmənɪ] обряд; ритуал; церемонность
cerise [səˈriːz] светло-вишневый
cermet [ˈsəːmet] металлокерамика (техн.)
certain [ˈsəːtn] определенный; конкретный; некий; уверенный; некоторый; надежный; верный; несомненный; один
certain event [ˈsəːtn|ɪˈvent] достоверное событие
certainly [ˈsəːtnlɪ] наверное; несомненно; с уверенностью; конечно; наверняка; непременно
certificate [səˈtɪfɪkɪt] — сущ. [səˈtɪfɪkeɪt] — гл. письменное удостоверение; свидетельство; сертификат; паспорт (оборудования); свидетельство об окончании среднего учебного заведения; аттестат; выдавать письменное удостоверение
certificate of acknowledgement [səˈtɪfɪkɪt|əv|ækˈnɒlɪdʒmənt] нотариальное свидетельство
certificate of annulment [səˈtɪfɪkɪt|əv|əˈnʌlmənt] свидетельство о расторжении брака
certificate of audit [səˈtɪfɪkɪt|əvˈɔːdɪt] акт ревизии
certificate of birth [səˈtɪfɪkɪt|əvˈbəːθ] свидетельство о рождении
certificate of competency [səˈtɪfɪkɪt|əvˈkɒmpɪtənsɪ] удостоверение о квалификации
certificate of conviction [səˈtɪfɪkɪt|əv|kənˈvɪkʃən] справка о судимости
certificate of origin [səˈtɪfɪkɪt|əvˈɒrɪdʒɪn] сертификат о происхождении
certificated [səˈtɪfɪkeɪtɪd] дипломированный
certificated (verified) copy [səˈtɪfɪkeɪtɪd| (ˈverɪfaɪd) ˈkɒpɪ] заверенная копия
certification [ˌsəːtɪfɪˈkeɪʃən] свидетельство; выдача свидетельства
certified copy [ˈsəːtɪfaɪdˈkɒpɪ] заверенная копия
certify [ˈsəːtɪfaɪ] заверять; гарантировать; уверять; констатировать
certitude [ˈsəːtɪtjuːd] вера; несомненность; уверенность
cerulean [sɪˈruːljən] лазурный
ceruse [ˈsɪəruːs] (свинцовые) белила; белила (косметические)
cervical vertebra [ˈsəːvɪkəl|ˈvəːtɪbrə] шейный позвонок

cervine [ˈsəːvaɪn] олений
cervix [ˈsəːvɪks] шея (анат.)
cess [ses] налог; местный налог (ирланд.); поземельный налог (шотланд.)
cessation [seˈseɪʃ(ə)n] остановка; прекращение
cession [ˈseʃ(ə)n] передача
cessionary [ˈseʃənərɪ] цессионарий
cesspit [ˈsespɪt] помойная яма
cetacean [sɪˈteɪʃən] китовый; животное из семейства китовых
cetaceous [sɪˈteɪʃəs] китообразный
cha-cha [ˈtʃɑːtʃɑː] ча-ча-ча (парный латиноамериканский танец)
chafe [tʃeɪf] ссадина; недовольство; втирать; натирать; тереться (о животных); раздражаться; износ при трении, истирании
chafer [ˈtʃeɪfə] майский жук
chaff [tʃɑːf] мякина; мелко нарезанная солома; отбросы; высевки; кострика (отходы трепания и чесания); подшучивание; поддразнивание; болтовня; соломенный; рубить; резать (солому и т. п.); поддразнивать; подшучивать
chaffer [ˈtʃæfə] спор (из-за цены); торг; торговаться
chaffinch [ˈtʃæfɪntʃ] зяблик
chaffy [ˈtʃɑːfɪ] покрытый мякиной; никчемный
chafing-dish [ˈtʃeɪfɪŋdɪʃ] жаровня; электрическая кастрюля
chagrin [ˈʃæɡrɪn] досада; досаждать
chain [tʃeɪn] цепь; цепной механизм; цепочка; последовательность; оковы; однотипные магазины; театры; цепной; скреплять; сковывать; привязывать
chain adjuster [ˈtʃeɪn|əˈdʒʌstə] приспособление для натяжения цепи
chain belt [ˈtʃeɪn|belt] трансмиссионная цепь
chain letter [ˈtʃeɪn|ˌletə] письмо (религиозно-мистического содержания)
chain of proofs [ˈtʃeɪn|əvˈpruːfs] цепь доказательств
chain tension adjustment [ˈtʃeɪn|ˈtenʃən|əˈdʒʌstmənt] регулировка натяжения цепи (техн.)
chain-gang [ˈtʃeɪnɡæŋ] группа каторжников в кандалах, скованных общей цепью
chain-rule [ˈtʃeɪnruːl] цепное правило (мат.)
chain-smoker [ˈtʃeɪnˌsmoʊkə] заядлый курильщик
chain-stitch [ˈtʃeɪnstɪtʃ] тамбурная строчка
chain-stores [ˈtʃeɪnstɔːz] сеть магазинов одной фирмы
chainguard [ˈtʃeɪnɡɑːd] защитный кожух цепи (техн.)
chainlet [ˈtʃeɪnlɪt] цепочка

chainsmoke [ˈtʃeɪnsmouk] закуривать от папиросы; непрерывно курить

chair [tʃɛə] стул; кафедра; председательское место; электрический стул; место свидетеля в суде *(юр.)*; возглавлять; председательствовать; поднимать и нести на стуле *(в знак одержанной победы)*

chair lift [ˈtʃɛəˈlɪft] кресельный подъемник *(для горнолыжников)*

chair-bed [ˈtʃɛəˈbed] кресло-кровать

chairman [ˈtʃɛəmən] председатель

chairman of the board [ˈtʃɛəmən|əv|ðə|ˈbɔːd] председатель правления совета директоров *(фин.)*

chairmanship [ˈtʃɛəmənʃɪp] обязанности председателя

chairperson [ˈtʃɛəpəːsn] председатель *(мужчина или женщина)*

chairwoman [ˈtʃɛəˌwumən] председательница

chaise [tʃeɪz] фаэтон; почтовая карета *(франц.)*

chaise-longue [ˌʃeɪzˈlɔːŋ] шезлонг

chaitya чайтья *(искусство)*

chalcography [kælˈkɔgrəfɪ] гравирование на меди

chalet [ˈʃæleɪ] шале *(франц.)*; сельский домик *(в Швейцарии)*; дача в швейцарском стиле; уличная уборная

chalice [ˈtʃælɪs] чашечка *(бот.)*

chalk [tʃɔːk] мел; мелок *(для рисования, записи)*; долг; кредит; счет *(в игре)*; рисовать или натирать мелом; удобрять известью

chalk-stone [ˈtʃɔːkstoun] известняк; подагрические утолщения на суставах *(мед.)*

chalkboard [ˈtʃɔːkbɔːd] доска, на которой пишут мелом

chalky [ˈtʃɔːkɪ] меловой; бледный как мел

challenge [ˈtʃælɪndʒ] вызов *(на состязание, дуэль и т. п.)*; оклик *(часового)*; сложная задача; опознавательные *(сигнал) (мор.)*; отвод *(присяжных) (юр.)*; вызывать; сомневаться; оспаривать; требовать *(внимания, уважения и т. п.)*; спрашивать пароль, пропуск

challenger [ˈtʃælɪndʒə] посылающий вызов; претендент, возражающий против чего-либо

chamber [ˈtʃeɪmbə] комната *(обр. спальня)*; холостая меблированная квартира; контора адвоката; палата *(парламента)*; камера *(техн.)*; полость; отсек; барокамера; патронник *(воен.)*; камерный зал *(муз.)*; зал; конференц-зал; приемная

chamber concert [ˈtʃeɪmbəˈkɔnsət] концерт камерной музыки

Chamber of Commerce and Industry [ˈtʃeɪmbər|əv|ˈkɔməːsənd|ˈɪndəstrɪ] Торгово-промышленная палата

chamber-maid [ˈtʃeɪmbəmeɪd] горничная в гостинице

chamber-pot [ˈtʃeɪmbəpɔt] ночной горшок

chamberlain [ˈtʃeɪmbəlɪn] управляющий двором короля; камергер

chameleon [kəˈmiːljən] хамелеон

chamfer [ˈtʃæmfə] желоб; фаска; паз; канавка; выемка; скос *(техн.)*; галтель *(техн.)*; вынимать пазы; скашивать кромку; снимать фаску; стесывать острые углы *(ребра, кромки и т. п.)*

chamois [ˈʃæmwaː] серна *(биол.)*

champ [tʃæmp] чавканье; жевать; грызть удила

champagne [ʃæmˈpeɪn] шампанское *(франц.)*

champaign [ˈtʃæmpeɪn] равнина; открытое поле

champignon [tʃæmˈpɪnjən] шампиньон *(бот.)*

champion [ˈtʃæmpjən] борец; чемпион; первоклассный; защищать; бороться за что-либо

championship [ˈtʃæmpjənʃɪp] первенство *(спорт.)*; звание чемпиона; поборничество

chance [tʃaːns] случай; случайность; вероятность; риск; судьба; возможность; случайный; происходить; осмелиться

chance-medley [ˈtʃaːnsˌmedlɪ] несчастная случайность *(юр.)*

chanceful [ˈtʃʌnsful] опасный

chancel [ˈtʃaːns(ə)l] алтарь

chancellery [ˈtʃaːnsələrɪ] звание канцлера; канцелярия *(посольства, консульства)*

chancellor [ˈtʃaːnsələ] канцлер; первый секретарь посольства; номинальный президент университета *(в США действительный)*; старшина присяжных заседателей *(шотланд.)*

chancery [ˈtʃaːns(ə)rɪ] (Chancery) суд лорда-канцлера; суд совести *(амер.)*; архив; канцелярия; картотека; захват головы *(спорт.)*

chancy [ˈtʃaːnsɪ] рискованный; неопределенный *(разг.)*; счастливый

chandelier [ˌʃændɪˈlɪə] канделябр

chandler [ˈtʃaːndlə] свечной фабрикант; торговец свечами

chandlery [ˈtʃaːndlərɪ] склад свечей; мелочной товар

change [tʃeɪndʒ] перемена; замена; изменение; переход; разнообразие; смена *(белья, платья)*; сдача; мелкие деньги; разменная монета; пересадка *(на железной дороге, трамвае)*; новая фаза Луны; перезвон колоколов; обменивать(ся); разменивать; изменять *(что-либо)*; менять(ся); разменять *(деньги) (на что-либо)*; заменять; переключать; превращаться; переодеваться; делать пересадку; скисать; разряд изменений *(в системах с виртуальной памятью) (компьют.)*

to change a cheque — получить наличные деньги по чеку

change a bill [ˈtʃeɪndʒ|ə|ˈbɪl] поменять деньги

change file [ˈtʃeɪndʒˌfaɪl] файл изменений

change gear ['tʃeɪndʒ‖gɪə] переключатель передач
change gear box ['tʃeɪndʒ‖gɪə|bɔks] коробка передач
change of heading ['tʃeɪndʒəv'hedɪŋ] изменение курса
change record ['tʃeɪndʒ'rekɔːd] запись файла изменений
change speed gear ['tʃeɪndʒ'spiːd'gɪə] коробка переключения скоростей
change-over ['tʃeɪndʒouvə] переключение; перестройка; изменение
change-over valve ['tʃeɪndʒouvə'vælv] направляющий гидрораспределитель
changeability [,tʃeɪndʒə'bɪlɪtɪ] изменчивость; превратность
changeable ['tʃeɪndʒəbl] изменяемый; сменный; непостоянный; изменчивый; изменяющийся; неустойчивый; заменяемый
changeless ['tʃeɪndʒlɪs] неизменный
changing ['tʃeɪndʒɪŋ] стол для пеленания
changing cubicle ['tʃeɪndʒɪŋ'kjuːbɪkl] кабина для переодевания
changing note ['tʃeɪndʒɪŋ'nout] вспомогательная нота
changing room ['tʃeɪndʒɪŋ'ruːm] раздевалка
chank моллюск (биол.)
channel ['tʃænl] пролив; канал; канавка; ход; сток; источник; штрих; вдавленная линия; бороздка; желоб (техн.); канал (телевизионный, радио); канал ввода-вывода; канал связи; дорожка (магнитной ленты); проводить канал; пускать по каналу; делать выемки, пазы
channel bar ['tʃænl‖baː] швеллер
channel capacity ['tʃænl‖kə'pæsɪtɪ] пропускная способность канала связи
channel director ['tʃænl‖dɪ'rektə] процессор управления каналами
channel-hopping ['tʃænlhɔpɪŋ] быстрое переключение телевизионных каналов (в поисках чего-нибудь интересного)
chanson [ʃaːŋ'sɔːŋ] песня (франц.)
chansonette [,ʃænsə'net] шансонетка
chant [tʃaːnt] песнь (поэт.); пение; напев; церковное песнопение; воспевать; прославлять; рассказывать или петь монотонно
chantage ['tʃaːntɪʒ] вымогательство (франц.); шантаж
chanter ['tʃaːntə] певчий; регент церковного хора; трубка волынки
chanterelle [,tʃaːntə'rel] лисичка (гриб)
chanteuse [ʃaːn'təːz] эстрадная певица
chanticleer [,tʃaːntɪ'klɪə] шантеклер (петух) (франц.)
chantry ['tʃaːntrɪ] вклад, оставленный на отправление заупокойных месс (о завещателе); часовня
chanty ['tʃaːntɪ] хоровая матросская песня (которую поют при подъеме тяжестей и т. п.)
chaos ['keɪɔs] хаос
chaotic [keɪ'ɔtɪk] беспорядочный; хаотический; хаотичный
chap [tʃæp] прорез; ссадина; образовывать трещину; трескаться (о руках на морозе); челюсть (у животных); пасть; захват; нижняя челюсть; щека
chap-book ['tʃæpbuk] дешевое издание народных сказок, преданий, баллад
chap-fallen ['tʃæp‚fɔːlən] с отвислой челюстью; подавленный; удрученный; унылый
chaparral [,tʃæpə'ræl] чапарель; заросль вечнозеленого карликового дуба; колючий кустарник
chape [tʃeɪp] оковка ножен
chapel ['tʃæp(ə)l] часовня; капелла; богослужение; служба в часовне; певческая капелла; хор певчих; типография; церковь
chapel-master ['tʃæpəl'maːstə] капельмейстер; хормейстер
chapelt ['tʃæplɪt] венок; четки; бусы; жеребейка
chaperon ['ʃæpəroun] пожилая дама, сопровождающая молодую девушку на балы; сопровождать (молодую девушку)
chapiter ['tʃæpɪtə] капитель колонны (архит.)
chaplain ['tʃæplɪn] капеллан; священник
chaplaincy ['tʃæplɪnsɪ] сан или должность капеллана; здание, в котором работает капеллан
chapman ['tʃæpmən] странствующий торговец
chapter ['tʃæptə] глава (раздел) книги; сюжет; тема; предмет; собрание каноников или членов монашеского, рыцарского ордена; разбивать книгу на главы
chapter title ['tʃæptə'taɪtl] заголовок главы
char [tʃaː] случайная, поденная работа; домашняя работа; выполнять поденную работу; чистить; убирать (дом); что-либо обуглившееся; древесный уголь; обжигать; обугливать(ся); озерная форель; голец (рыба)
character ['kærɪktə] характер; признак; особенность; репутация; характеристика; письменная рекомендация; личность; образ; герой (в литературе); литера; символ (компьют.); характерная особенность; свойство; качество; природа; характерный; запечатлевать; характеризовать; иероглиф; буква
character assassination ['kærɪktə‖ə‚sæsɪ'neɪʃən] злобная клевета
character assembly ['kærɪktə‖ə'semblɪ] сборка символа
character count ['kærɪktə'kaunt] подсчет знаков (в строке)

character display [ˈkærɪktəǀdɪsˈpleɪ] алфавитно-цифровой дисплей

character field [ˈkærɪktəǀˈfiːld] текстовое поле

character recognition [ˈkærɪktəˌrekəgˈnɪʃən] распознавание знаков или символов

character-fitting [ˈkærɪktəˈfɪtɪŋ] вгонка и разгонка знаков

characterful [ˈkærɪktəful] типичный

characteristic [ˌkærɪktəˈrɪstɪk] характерный; характерная черта; характеристика (логарифма) (мат.)

characters per line [ˈkærɪktəzǀpəːˈlaɪn] количество печатных знаков в строке

charade [ʃəˈrɑːd] шарада

charcoal [ˈtʃɑːkoul] древесный уголь; угольный карандаш; рисунок углем; отмечать; рисовать углем; рашкуль

charcoal burner [ˈtʃɑːkoulˌbəːnə] плита, работающая на угле

charcoal-burner [ˈtʃɑːkoulˌbəːnə] угольщик

chard [tʃɑːd] мангольд

charge [tʃɑːdʒ] заряд; нагрузка; забота; руководство; лицо, состоящее на попечении; обязанности; ответственность; предписание; приказ; требование; сбор; начисление; цена; занесение на счет; налог; обременение; дебет; долговое обязательство; цена услуги; расходы; издержки; обвинение; заключительная речь судьи к присяжным (юр.); нападение (воен.); послание епископа к пастве (церк.); паства (церк.); заряжать (оружие, аккумулятор); нагружать; загружать; вверять; запрашивать или назначать цену за услуги; просить за что-либо; требовать (цену); записывать в долг; обвинять; взыскивать; дебетовать; записывать на счет; обременять; вменять в обязанность; списывать со счета; завышать цену; предписывать; нападать

to be in charge of — заведовать чем-либо; быть в чьем-то ведении

to charge to account — поставить на счет

to take charge of — возглавлять; принимать на хранение; заботиться

to charge a high price — назначать высокую цену

charge card [ˈtʃɑːdʒǀˈkɑːd] кредитная карточка

charge carrier [ˈtʃɑːdʒǀˈkærɪə] носитель тока

charge control lamp [ˈtʃɑːdʒǀkənˈtroulˈlæmp] контрольная лампа зарядки аккумуляторной батареи

charge on payroll [ˈtʃɑːdʒǀɔnˈpeɪroul] начисление на заработную плату

charge-sheet [ˈtʃɑːdʒʃiːt] список арестованных с указанием их проступков (юр.); находящийся в полицейском участке

charging [ˈtʃɑːdʒɪŋ] загрузка

charging generator [ˈtʃɑːdʒɪŋǀˈdʒenəreɪtə] зарядный генератор

charging panel [ˈtʃɑːdʒɪŋǀˈpænl] зарядная панель или щит

chariness [ˈtʃɛərɪnɪs] осмотрительность; заботливость; бережливость; экономия

chariot [ˈtʃærɪət] колесница; везти в колеснице; ехать в колеснице

charioteer [ˌtʃærɪəˈtɪə] возница; везти в колеснице

charisma [ˈkærɪzmə] божий дар (рел.); обаяние; гениальность (о художественном даре или исполнении)

charismatic [ˌkærɪzˈmætɪk] харизматический

charitable [ˈtʃærɪtəbl] благотворительный; милосердный

charitable act [ˈtʃærɪtəblǀˈækt] благотворительная акция

charitable activity [ˈtʃærɪtəblǀækˈtɪvɪtɪ] благотворительная деятельность

charitable contribution [ˈtʃærɪtəblˌkɔntrɪˈbjuːʃən] благотворительный взнос

charitable endowment [ˈtʃærɪtəblǀɪnˈdaumənt] благотворительный фонд; благотворительные пожертвования

charitable gift [ˈtʃærɪtəblǀˈgɪft] пожертвование на благотворительные цели

charity [ˈtʃærɪtɪ] милосердие; благотворительность; благотворительные учреждения или дела

charity concert [ˈtʃærɪtɪǀˈkɔnsət] благотворительный концерт

charity shop [ˈtʃærɪtɪǀˈʃɔp] магазин, торгующий подержанными вещами и отдающий выручку на благотворительные цели

charity-school [ˈtʃærɪtɪskuːl] приют

charivari [ˌʃɑːrɪˈvʌrɪ] шум; гам (франц.)

charlatan [ˈʃɑːlət(ə)n] шарлатан

charleston [ˈtʃɑːlstən] чарльстон (танец)

charlock [ˈtʃɑːlɔk] горчица полевая

charm [tʃɑːm] очарование; шарм; чары; амулет; брелок; прельщать; заколдовывать; успокаивать (боль); приручать, заклинать (змею)

charmer [ˈtʃɑːmə] очаровательный; обаятельный человек (шутл.); волшебник; заклинатель змей

charmless [ˈtʃɑːmləs] некрасивый

charnel-house [ˈtʃɑːnlhaus] склеп

charred [tʃɑːd] обуглившийся

chart [tʃɑːt] морская карта; диаграмма; схема; чертеж; карта; карточка; график; таблица; наносить на карту; составлять карту; наносить на карту; график

chart board [ˈtʃɑːtbɔːd] планшет; картодержатель

chart of eye-grounds [ˈtʃɑːtǀəvˈaɪˈgraundz] таблица проверки глазного дна

chart paper [ˈtʃɑːtˈpeɪpə] картографическая бумага

charter [ˈtʃɑːtə] грамота; право; устав; сдача напрокат (*автомобиля и т. п.*); даровать привилегию; фрахтовать (*судно*); заказывать (*разг.*)

chartered [ˈtʃɑːtəd] привилегированный; зафрахтованный; заказанный (*разг.*)

chartered capital [ˈtʃɑːtəd ˈkæpɪtəl] уставной капитал

charterer [ˈtʃɑːtərə] наниматель; заказчик (*самолета, автобуса*)

chartreuse [ʃɑːˈtrɜːz] ликер шартрез (*франц.*); картезианский монастырь (*ист.*)

charwoman [ˈtʃɑːˌwumən] поденщица для домашней работы; уборщица

chary [ˈtʃɛərɪ] осторожный; сдержанный

chase [tʃeɪs] охота; преследование; погоня; животное, преследуемое охотником; преследуемый корабль (*мор.*); территория для охоты; охотиться; гнаться; рассеивать; дульная часть ствола орудия (*воен.*); фальц (*техн.*); рама (*полигр.*); оправа (*драгоценного камня*); нарезать (*винт*); гравировать (*орнамент*); запечатлевать

to chase threads — *нарезать резьбу*

chasm [kæzm] глубокая расселина; бездна; лакуна; глубокое расхождение в мнениях, вкусах и взглядах

chassis [ˈʃæsɪ] шасси (*техн.*)

chassis frame [ˈʃæsɪ freɪm] рама шасси

chasten [ˈtʃeɪsn] бичевать; дисциплинировать; очищать (*литературный стиль*)

chastisement [ˈtʃæstɪzmənt] дисциплинарное взыскание

chastity [ˈtʃæstɪtɪ] целомудрие; воздержанность; строгость; чистота (*стиля*)

chastity belt [ˈtʃæstɪtɪ belt] пояс верности

chat [tʃæt] дружеский разговор; непринужденно болтать; чекан (*птица*)

chat show [ˈtʃæt ʃou] беседа или интервью со знаменитостью, видным деятелем и т. п.

chat-up line [ˈtʃætʌp laɪn] фраза в начале разговора с незнакомым человеком

chatelaine [ˈʃætəleɪn] хозяйка дома (*франц.*); цепочка на поясе для ключей, кошелька, брелков и т. п.

chattel [ˈtʃætl] движимое имущество

chattels real [ˈtʃætlz rɪəl] арендованное имущество

chatter [ˈtʃætə] болтовня; щебетание; журчание; дребезжание; дребезг; нестабильная вибрация; болтать; щебетать; журчать; дребезжать; стучать (*зубами*); вибрировать

chatterbox [ˈtʃætəbɔks] пустомеля

chauffer [ˈtʃɔːfə] небольшая переносная железная печь

chauffeur [ˈʃoufə] водитель; шофер (*франц.*)

chauvinism [ˈʃouvɪnɪzm] шовинизм

chauvinist [ˈʃouvɪnɪst] шовинист

chaw [tʃɔː] чавканье; жвачка

chaw-bacon [ˈtʃɔːˌbeɪk(ə)n] неотесанный

cheap [tʃiːp] дешевый; обесцененный; имеющий низкую покупательную цену (*о валюте*); плохой

cheap edition [ˈtʃiːp ɪˈdɪʃən] дешевое издание

cheap money [ˈtʃiːp ˈmʌnɪ] невысокая стоимость займов

cheap shot [ˈtʃiːp ʃɔt] удар по больному месту

cheapen [ˈtʃiːp(ə)n] дешеветь; снижать цену; снижаться в цене; удешевлять; снижать стоимость; унижать

to cheapen production — *снижать себестоимость производства*

cheaply [ˈtʃiːplɪ] дешево; легко

cheat [tʃiːt] мошенничество; плутовство; плут; жулик; мошенник; жульничество; обман; вводить в заблуждение; избежать чего-либо; занимать чем-либо

check [tʃek] препятствие; остановка; задержка; проверка; шах (*шахм.*); потеря охотничьей собакой следа; контроль; галочка (*знак проверки*); багажная квитанция; корешок; номер; номерок (*в гардеробе*); контрамарка; корешок (*билета и т. п.*); чек (*амер.*); фишка (*амер.*); марка (*в карточной игре*); клетчатая ткань; трещина; щель (*в дереве*); останавливать(ся); сдерживать; приостанавливать; прекращать; располагать в шахматном порядке; проверять; контролировать; делать выговор; сдавать (*в гардероб, в камеру хранения, в багаж и т. п.*) (*амер.*)

to check to prices — *прекращение роста цен*

to keep a check on activity — *сдерживать экономическую деятельность*

check book [ˈtʃek buk] чековая книжка

check list [ˈtʃek lɪst] перечень; контрольный список; список избирателей

check screw [ˈtʃek skruː] стопорный винт

check-man [ˈtʃekmən] контролер; учетчик

check-off [ˈtʃekɔf] удержание профсоюзных членских взносов непосредственно из заработной платы; вычет; удержание из заработной платы стоимости покупок, сделанных в лавке компании, квартплаты и т. п.

check-out [ˈtʃəkaut] инспекция; контроль (*у выхода в библиотеке или в магазине самообслуживания*)

check-point [ˈtʃekpɔɪnt] контрольно-пропускной пункт

check-room [ˈtʃekrum] гардероб; раздевалка; камера хранения

check-taker [ˈtʃekˌteɪkə] билетер (*театр.*); кондуктор (*ж.-д.*)

check-up ['tʃekʌp] осмотр; проверка; контроль; ревизия; ревизионный; техосмотр; проверка состояния; проверять

checkable ['tʃekəbl] поддающийся контролю

checkerboard ['tʃekəbɔːd] шахматная доска

checking account ['tʃekɪŋəˈkaunt] чековый счет *(амер.)*; текущий счет *(в банке)*

checkmate ['tʃekmeɪt] шах и мат; полное поражение; сделать мат; расстроить планы

Cheddar ['tʃedə] чеддер *(сорт сыра)*

cheek [tʃiːk] щека; наглость *(разг.)*; боковая стойка *(техн.)*; бок жилы *(геол.)*; чиксы *(на мачте) (мор.)*

cheek by jowl ['tʃiːkbaɪ'dʒaul] рядом; бок о бок

cheek-bone ['tʃiːkboun] скула; скуловая кость

cheek-tooth ['tʃiːktuːθ] коренной зуб; моляр

cheep [tʃiːp] писк *(птенцов, мышей)*; пищать

cheeper ['tʃiːpə] птенец *(куропатки или тетерева)*; пискун

cheer [tʃɪə] одобрительное, приветственное восклицание; аплодисменты; одобрительные возгласы; настроение; веселье; хорошее угощение; приветствовать громкими возгласами; ободрять; аплодировать

cheerful ['tʃɪəful] бодрый; яркий; светлый *(о дне)*

cheerio ['tʃɪərɪ'ou] за ваше здоровье!; всего хорошего!; здорово!; привет! *(межд.)*

cheerleader ['tʃɪəliːdə] капитан болельщиков

cheerless ['tʃɪəlɪs] гнетущий

cheery ['tʃɪərɪ] оживленный

cheese [tʃiːz] сыр

cheese off ['tʃiːz'ɔf] раздражать *(разг.)*

cheese-cloth ['tʃiːzklɔθ] марля

cheeseburger ['tʃiːzbəːgə] чизбургер

cheesemonger ['tʃiːz,mʌŋgə] торговец сыром

cheeseparing ['tʃiːz,pɛərɪŋ] корка сыра; жадность; отбросы; отходы

cheesy ['tʃiːzɪ] сырный; модный *(разг.)*; стильный

cheetah ['tʃiːtə] гепард *(биол.)*

chef [ʃef] шеф-повар

chela ['kiːlə] клешня *(биол.)*

chemical ['kemɪk(ə)l] химический; химические препараты

chemical change [,kemɪkəl'tʃeɪndʒ] химическая реакция

chemical cleaning [,kemɪkəl'kliːnɪŋ] химическая чистка

chemical composition [,kemɪkəl,kɔmpə'zɪʃən] химический состав

chemical treatment [,kemɪkəl'triːtmənt] химическая обработка

chemical weapons [,kemɪkəl'wepənz] химическое оружие; химические средства ведения войны

chemicals ['kemɪkəlz] химикалии

chemise [ʃɪ'miːz] женская сорочка

chemisette [,ʃemɪ(ː)'zet] шемизетка; манишка *(женская)*

chemist ['kemɪst] химик; аптекарь

chemistry ['kemɪstrɪ] химия

chemoresistance [,kiːmouri'zɪstəns] устойчивость к химическим воздействиям *(мед.)*

chemosphere ['keməsfɪə] хемосфера

chemotherapy [,kiːmou'θerəpɪ] химиотерапия *(хим.)*

cheque [tʃek] банковый чек; чек; получить по чеку

to cash a cheque — получить по чеку
to draw a cheque — выписывать чек

cheque to order ['tʃektə'ɔːdə] ордерный чек

cheque-book ['tʃekbuk] чековая книжка

chequer ['tʃekə] шахматная доска *(как вывеска гостиницы)*; шашки *(игра) (амер.)*; клетчатая материя; графить в клетку; размещать в шахматном порядке; пестрить

chequer-wise ['tʃekəwaɪz] в шахматном порядке

chequered ['tʃekəd] клетчатый; пестрый; изменчивый

cherish ['tʃerɪʃ] лелеять *(надежду, мысль)*; хранить *(в памяти)*; заботливо выращивать *(растения)*; нежно любить *(детей)*

cheroot [ʃə'ruːt] сорт сигар с обрезанными концами

cherry ['tʃerɪ] вишня *(плод)*; слива; черемуха; вишневый цвет

cherry-tree ['tʃerɪtriː] вишневое дерево

cherubic [tʃe'ruːbɪk] невинный, как херувим; розовощекий

chess [tʃes] шахматы; оконная рама

chess-board ['tʃesbɔːd] шахматная доска

chess-man ['tʃesmæn] шахматная фигура

chess-player ['tʃes,pleɪə] шахматист

chest [tʃest] ящик; коробка; рундук; камера; казначейство; грудная клетка; корыто

chest-note ['tʃestnout] низкая грудная нота

chest-trouble ['tʃest,trʌbl] хроническая болезнь легких

chesterfield ['tʃestəfiːld] длинное пальто в талию; длинный мягкий диван

chestnut ['tʃesnʌt] каштан; бабка *(у лошади)*; гнедая лошадь *(разг.)*; избитый анекдот *(разг.)*; каштанового цвета; гнедой

chesty ['tʃestɪ] чахоточный

cheval-glass [ʃə'vælglɑːs] высокое зеркало на подвижной раме; псише

chevalier [,ʃevə'lɪə] рыцарь *(ист.)*; кавалер ордена; кавалер

chevalier of fortune [,ʃevə'lɪərəv'fɔːtʃən] авантюрист

cheviot [ˈtʃevɪət] шевиот
chevron [ˈʃevr(ə)n] шеврон; стропило *(строит.)*
chevy [ˈtʃevɪ] охота; охотничий крик при погоне за лисицей; гнаться; удирать
chew [tʃuː] жвачка; жевательный табак; жевать; обдумывать
chewing-gum [ˈtʃuː(ː)ɪŋɡʌm] жевательная резинка
chewy [ˈtʃuːɪ] требующий продолжительного жевания
chic [ʃiːk] шик; модный
chicane [ʃɪˈkeɪn] придирка; крючкотворство; придираться
chick [tʃɪk] цыпленок; ребенок
chick-pea [ˈtʃɪkpiː] горох турецкий *(бот.)*
chickaree [ˌtʃɪkəˈriː] североамериканская белка
chicken [ˈtʃɪkɪn] цыпленок; птенец *(до года)*; курица *(биол.)*; *(неопытный)* юнец; новоиспеченный; курица *(кушанье)*
chicken wire [ˈtʃɪkɪnˈwaɪə] *(мелкая)* проволочная сетка
chicken-hearted [ˈtʃɪkɪnˌhɑːtɪd] трусливый
chicken-liver [ˈtʃɪkɪnˌlɪvə] трус
chickling [ˈtʃɪklɪŋ] цыпленок; чина посевная *(бот.)*
chicory [ˈtʃɪkərɪ] цикорий
chide [tʃaɪd] бранить; шуметь
chief [tʃiːf] глава; руководитель; лидер; начальник; шеф; заведующий; вождь *(племени)*; ведущий; главный; руководящий; старший; основной; важнейший
chief accountant [ˈtʃiːfəˈkauntənt] главный бухгалтер
chief cabin [ˈtʃiːfˈkæbɪn] кают-компания
chief designer [ˈtʃiːfdɪˈzaɪnə] генеральный конструктор
chief executive [ˈtʃiːfɪɡˈzekjutɪv] глава фирмы
chief operator [ˈtʃiːfˈɔpəreɪtə] ведущий оператор
chief witness [ˈtʃiːfˈwɪtnɪs] главный свидетель
chieftain [ˈtʃiːftən] вождь *(клана, племени)*; военный вождь *(поэт.)*; атаман разбойников
chieftaincy [ˈtʃiːftənsɪ] положение *(власть)* атамана; вождя клана
chieftainship [ˈtʃiːftənʃɪp] положение *(власть)* атамана; вождя клана
chiff-chaff [ˈtʃɪftʃæf] пеночка-кузнечик *(птица)*
chiffon [ˈʃɪfɔn] шифон *(вид ткани)*
chiffonier [ˌʃɪtəˈnɪə] шифоньер(ка)
chignon [ˈʃiːnjɔn] шиньон
chihuahua [tʃɪˈwɑːwə] чихуахуа *(порода собак)*
chilblain [ˈtʃɪlbleɪn] обморожение; обмороженное место
child [tʃaɪld] ребенок; дитя; отпрыск; детище; младенец; порождение

child allowance [ˈtʃaɪldəˈlauəns] пособие на содержание ребенка
child benefit [ˈtʃaɪldˈbenɪfɪt] еженедельное пособие на детей
child in care [ˈtʃaɪldɪnˈkeə] приемный ребенок
child labor [ˈtʃaɪldˌleɪbə] детский труд
child prodigy [ˌtʃaɪldˈprɔdɪdʒɪ] вундеркинд
child welfare [ˈtʃaɪldˌwelfeə] охрана младенчества *(детства)*
child-bearing [ˈtʃaɪldˌbɛərɪŋ] деторождение
child-minder [ˈtʃaɪldˌmaɪndə] няня, присматривающая за детьми, пока родители находятся на работе
child-minding [ˈtʃaɪldˌmaɪndɪŋ] присмотр за детьми
childbed [ˈtʃaɪldbed] роды
Childermas [ˈtʃɪldəmæs] день избиения младенцев *(28 декабря) (церк.)*
childhood [ˈtʃaɪldhud] детство; детский
childish [ˈtʃaɪldɪʃ] детский; несерьезный
childish babble [ˈtʃaɪldɪʃˈbæbl] детский лепет
childless [ˈtʃaɪldlɪs] бездетный
childlike [ˈtʃaɪldlaɪk] простой; искренний
childly [ˈtʃaɪldlɪ] детский; по-детски
childness [ˈtʃaɪldnɪs] ребячливость
childproof [ˈtʃaɪldpruːf] недоступный для детей
children's book [ˈtʃɪldrənzˈbuk] детская книга
children's literature [ˈtʃɪldrənzˈlɪtərɪtʃə] детская литература
child's-play [ˈtʃaɪldzpleɪ] легкая задача
chiliad [ˈkɪlɪæd] тысяча; тысячелетие
chill [tʃɪl] холод; простуда; прохлада; закалка *(техн.)*; неприятно холодный; прохладный; бесчувственный; закаленный *(техн.)*; охлаждать; студить; холодеть; чувствовать озноб; приводить в уныние; слегка подогревать *(жидкость) (разг.)*; охлаждаться
chilled [tʃɪld] застуженный; стуженый; охлажденный; вымороженный
chilled iron arms [ˈtʃɪldˈaɪənˌɑːmz] холодное оружие
chilled look [ˈtʃɪldˈluk] холодный, надменный взгляд
chiller [ˈtʃɪlə] фильм ужасов
chilli [ˈtʃɪlɪ] *(красный)* стручковый перец *(бот.)*
chilling [ˈtʃɪlɪŋ] холодильный; вымораживание; застывание; замерзание; охлаждение; замораживание
chime [tʃaɪm] набор колоколов; звон курантов; колокольный перезвон; гармония, музыка *(стиха)*; гармоничное сочетание; согласие; согласованность; выбивать *(мелодию)*; звучать согласно; соответствовать; однообразно повторять(ся)
chimera [kaɪˈmɪərə] химера; фантазия; несбыточная мечта

CHI — CHO

chimerical [kaɪˈmerɪk(ə)l] невыполнимый
chimin право прохода, проезда
chimney [ˈtʃɪmnɪ] труба *(дымовая или вытяжная)*; камин; ламповое стекло; кратер вулкана; расщелина, по которой можно взобраться на отвесную скалу
chimney breast [ˈtʃɪmnɪˈbrest] стена у камина
chimney-cap [ˈtʃɪmnɪkæp] колпак дымовой трубы
chimney-corner [ˈtʃɪmnɪˌkɔːnə] место у камина
chimney-stalk [ˈtʃɪmnɪstɔːk] заводская труба; дымовая труба
chimney-sweeper [ˈtʃɪmnɪˌswiːpə] трубочист
chimpanzee [ˌtʃɪmpənˈziː] шимпанзе
chin [tʃɪn] подбородок
chin-chin [ˈtʃɪnˈtʃɪn] привет! *(восклицание при встрече и прощании)*; за Ваше здоровье! *(шутливый тост)*
chin-rest [ˈtʃɪnrest] подбородник *(у скрипки)*
china [ˈtʃaɪnə] китайский; фарфор
china cabinet [ˈtʃaɪnəˈkæbɪnət] буфет; шкаф для посуды
china ink [ˈtʃaɪnəˈɪŋk] *(китайская)* тушь
china-clay [ˈtʃaɪnəˈkleɪ] фарфоровая глина
china-closet [ˈtʃaɪnəˌklɔzɪt] буфет
china-ware [ˈtʃaɪnəwɛə] фарфоровые изделия
Chinatown [ˈtʃaɪnətaun] китайский квартал *(в некитайском городе)*
chinchilla [tʃɪnˈtʃɪlə] шиншилла *(биол.)*; шиншилловый мех
chine [tʃaɪn] спинной хребет животного; филей; горная гряда; ущелье
Chinese [ˈtʃaɪˈniːz] китайский; китаец; китаянка; китайский язык
Chinese angelica tree [ˌtʃaɪniːzænˈʤelɪkəˈtriː] аралия китайская
chinese cabbage [ˌtʃaɪniːzˈkæbɪʤ] китайская капуста
chinook [tʃɪˈnuk] чавыча *(рыба)*
chinos [ˈtʃiːnous] брюки из хлопчатобумажного твила
chinquapin [ˈtʃɪŋkəpɪn] каштан *(бот.)*
chinquapin tree [ˈtʃɪŋkəpɪnˈtriː] каштан
chip [tʃɪp] щепка; лучина; обломок *(камня)*; место, где отбит кусок; тонкий кусочек *(сушеного яблока, поджаренного картофеля и т. п.)*; чипсы *(разг.)*; жареный хрустящий картофель; фишка; марка *(в играх)*; деньги *(разг.)*; монеты; ничего не стоящая вещь; щебень; стругать; отбивать края *(посуды и т. п.)*; откалываться; пробивать яичную скорлупу *(о цыплятах)*; жарить сырой картофель ломтиками
chip basket [ˈtʃɪpˌbɑːskɪt] легкая корзина из стружек *(для цветов; фруктов)*
chip pan [ˈtʃɪpˌpæn] фритюрница
chip set [ˈtʃɪpˌset] микропроцессорный набор
chip shop [ˈtʃɪpˌʃɔp] магазин, торгующий горячей пищей *(чипсами, рыбой, сосисками, курицей)*
chipboard [ˈtʃɪpbɔːd] доска из прессованных опилок
chipmunk [ˈtʃɪpmʌŋk] бурундук *(биол.)*
Chippendale [ˈtʃɪp(ə)ndeɪl] чиппендейл *(стиль мебели XVIII в.)*
chipper [ˈtʃɪpə] вырубщик; дроворубка; бодрый; настройщик первичной настройки *(без ремонта)*
chippy [ˈtʃɪpɪ] зазубренный *(о ноже)*; сухой *(как щепка)*
chirk [tʃəːk] бойкий; развеселить
chirk up [ˈtʃəːkˈʌp] оживляться
chirm [tʃəːm] шум *(голосов)*; стрекотание *(насекомого)*
chiromancy [ˈkaɪərəumænsɪ] хиромантия; гадание по руке
chiropody [kɪˈrɔpədɪ] педикюр
chiropractic [ˌkaɪərəˈpræktɪk] хиропрактика
chirp [tʃəːp] чириканье; щебетание; стрекотание; писк; чирикать; щебетать; стрекотать; пищать
chirpy [ˈtʃəːpɪ] веселый; живой
chirr [tʃəː] стрекотание; стрекотать; шуршать *(о сухом тростнике)*
chirrup [ˈtʃɪrəp] щебет
chisel [ˈtʃɪzl] долото; ваяло; ваяльный; долотить; долотной; долотчатый; зубило; зубильный; отрубать зубилом; рыхлительный; стамеска; стамесочный; чизель; чизель-культиватор
chiselled [ˈtʃɪzld] точеный
chit [tʃɪt] крошка; росток; короткое письмо; счет; аттестат; расписка
chit-chat [ˈtʃɪtʃæt] болтовня; пересуды
chiton [ˈkaɪt(ə)n] хитон
chitterlings [ˈtʃɪtəlɪŋz] требуха
chivalrous [ˈʃɪv(ə)lrəs] рыцарский
chivalry [ˈʃɪv(ə)lrɪ] рыцарство
chive [tʃaɪv] лук-резанец; зубок чеснока
chivied [ˈtʃɪvɪd] измученный
chivvy [ˈtʃɪvɪ] досаждать; маневрировать
chlamydate [ˈklæmɪdeɪt] имеющий покров *(биол.)*
chloride [ˈklɔːraɪd] хлорид; хлористый
chlorinator [ˈklɔːrɪneɪtə] хлоратор
chlorine [ˈklɔːriːn] хлор
chlorine ion [ˈklɔːriːnˈaɪən] ион хлора
chloroform [ˈklɔrəfɔːm] хлороформ; захлороформить; хлороформенный
chlorophyll [ˈklɔrəfɪl] хлорофилл
choc-ice [ˈtʃɔkaɪs] мороженое в шоколаде
chock [tʃɔk] клин; подставка; тормозная колодка *(под колеса)*; костровая крепь *(горн.)*; подшипник; подпирать
chock block [ˈtʃɔkˌblɔk] подкладка под колесо

chock-a-block ['tʃɔkə'blɔk] до упора *(мор.)*; до отказа; битком набитый *(разг.)*
chock-full ['tʃɔkful] переполненный
chocking-up ['tʃɔkɪŋʌp] заклинивание
chocoholic [,tʃɔkə'hɔlɪk] любитель шоколада
chocolate ['tʃɔk(ə)lɪt] шоколад; шоколадные конфеты; шоколадный; шоколадного цвета
choice [tʃɔɪs] выбор; отбор; нечто отборное; избранник; лучший; осторожный; отборный; альтернатива; пункт меню
choice of citizenship ['tʃɔɪs|əv|'sɪtɪznʃɪp] выбор гражданства; оптация
choicely ['tʃɔɪslɪ] осторожно
choir ['kwaɪə] церковный хор; хор певчих; хоровой ансамбль; капелла; место хора *(в соборе)*; петь хором; балетный ансамбль; побочная клавиша органа; клирос
choir-master ['kwaɪə,ma:stə] хормейстер
choke [tʃouk] припадок удушья; удушение; завязанный конец *(мешка)*; воздушная заслонка *(техн.)*; дроссель; душить; задыхаться *(от волнения, гнева)*; заглушать; засорять
to choke a carburettor — закрывать воздушную заслонку карбюратора
choke-bore ['tʃoukbɔ:] чокбор *(канал ружейного ствола, суживающийся у дула)*; ружье чокбор
choke-damp ['tʃoukdæmp] удушливый газ
chokeberry ['tʃoukbərɪ] арония *(ягодное растение)*
cholera ['kɔlərə] холера
choleraic [,kɔlə'reɪɪk] холерный
choleric ['kɔlərɪk] раздражительный
cholesterol [kə'lestərəl] холестерин; холестерол *(биол.)* *(хим.)*
chondroskeleton [,kɔndrou'skelɪtn] хрящевой скелет *(биол.)*
choose [tʃu:z] выбирать; избирать; решать; хотеть
chop [tʃɔp] *(рубящий)* удар; отбивная *(котлета)*; сечка *(корм)*; рубить; крошить; отчеканивать *(слова)*; челюсть; перемена; замена; легкое волнение; клеймо; фабричная марка
chop-chop ['tʃɔp'tʃɔp] быстро-быстро
chop-house ['tʃɔphaus] дешевый мясной ресторан
chop-suey ['tʃɔp'su:ɪ] китайское рагу
chopper ['tʃɔpə] нож; секач; тяпка; укоротитель
chopper switch ['tʃɔpə|swɪtʃ] рубильник *(электр.)*
chopping ['tʃɔpɪŋ] ограничение; прерывание
choppy ['tʃɔpɪ] часто меняющийся; порывистый *(о ветре)*; потрескавшийся
chopsticks ['tʃɔpstɪks] палочки для еды *(у китайцев, корейцев и японцев)*
chorale [kɔ'ra:l] хорал

chorale cantata [kɔ'ra:l|kæn'ta:tə] хоральная кантата
chord [kɔ:d] струна *(перен.)*; связка *(анат.)*; хорда *(мат.)*; строительный пояс *(фермы)*; аккорд; гамма красок
chord keyboard ['kɔ:d|'ki:bɔ:d] аккордовая клавиатура
chorda ['kɔ:də] хорда *(мед.)*; спинная струна
chorea [kɔ'rɪə] хорея *(мед.)*
choreographer [,kɔrɪ'ɔgrəfə] балетмейстер
choreographic [,kɔrɪə'græfɪk] хореографический; балетный
choreography [,kɔrɪ'ɔgrəfɪ] хореография
chorister ['kɔrɪstə] хорист; регент *(хора)* *(амер.)*
choroid ['kourɔɪd] сосудистая оболочка глаза
chortle ['tʃɔ:tl] сдавленный смех; ликование; смеяться сдавленным смехом; громко ликовать
chorus ['kɔ:rəs] хор; хоровая группа; кордебалет; хоровой ансамбль; припев; музыкальное произведение для хора; повторять хором; петь хором
chorus boy ['kɔ:rəs|bɔɪ] мальчик-хорист
chorus cantata ['kɔ:rəs|kæn'ta:tə] хоральная кантата
chosen ['tʃouzn] выбранный; выделенный; избиравшийся; подобранный
chouse [tʃaus] мошенничество; обманывать
chrism ['krɪzm] елей; помазание
christen ['krɪsn] крестить; давать имя при крещении
Christendom ['krɪsndəm] христианский мир
christening ['krɪsnɪŋ] крещение
Christian ['krɪstjən] христианский; христианин; христианка
Christian era ['krɪstjən|'ɪərə] наша эра
Christian Orthodox church ['krɪstjən|'ɔ:θədɔks|'tʃə:tʃ] православная церковь
Christianity [,krɪstɪ'ænɪtɪ] христианство
christianize ["krɪstjənaɪz] обращать в христианство
Christmas ['krɪsməs] рождество *(Xmas)*; рождественский
Christmas bonus ['krɪsməs|'bounəs] рождественская премия
Christmas eve ['krɪsməs|i:v] сочельник
Christmas-box ['krɪsməsbɔks] коробка с рождественскими подарками; рождественский подарок
Christmas-tide ['krɪsməstaɪd] святки
Christmas-tree ['krɪsməstri:] рождественская елка
chroma ['kroumə] насыщенность цвета
chroma error ['kroumə|'erə] искажение цвета
chromatic [krou'mætɪk] цветной; хроматический
chromaticity цветность
chrome [kroum] хром

CHR — CIN

chrome leather [ˌkroum|ˈleðə] хром *(кожа)*
chrome plating [ˈkroumˌpleɪtɪŋ] хромирование
chrome-plated [ˈkroumˌpleɪtɪd] хромированный
chromic [ˈkroumɪk] хромовый *(хим.)*
chromosomal [ˈkroumǝsouml] хромосомный
chromosomal gene [ˈkroumǝsouml|ˈdʒiːn] хромосомный ген
chromosome aberration [ˈkroumǝsoum|ˌæbǝˈreɪʃǝn] структурная перестройка хромосом
chronic [ˈkrɔnɪk] застарелый *(о болезни)*; постоянный; ужасный *(разг.)*; хроник
chronic complaints [ˈkrɔnɪk|kǝmˈpleɪnts] вечные жалобы
chronic doubts [ˈkrɔnɪk|ˈdauts] вечные сомнения
chronicity [krɔˈnɪsɪtɪ] хроническое состояние
chronicle [ˈkrɔnɪkl] хроника; летопись; заносить *(в дневник, летопись)*; отмечать *(в прессе)*; вести хронику
chronicler [ˈkrɔnɪklǝ] хроникер; летописец
chronograph [ˈkrɔnougraːf] хронограф
chronological [ˌkrɔnǝˈlɔdʒɪk(ǝ)l] хронологический
chronology [krǝˈnɔlǝdʒɪ] хронология; хронологическая таблица
chronometer [krǝˈnɔmɪtǝ] метроном
chrysalis [ˈkrɪsǝlɪs] куколка *(гусеницы)*
chrysanthemum [krɪˈsænθ(ǝ)mǝm] хризантема *(бот.)*
chub [tʃʌb] голавль *(рыба)*
chubby [ˈtʃʌbɪ] круглолицый
chuck [tʃʌk] зажимный патрон *(техн.)*; зажимать; подергивание *(головой)*; увольнение *(разг.)*; бросать; швырять; ласково похлопывать; цыпленок; *(ласк.)* цыпочка; кудахтанье; кудахтать; скликать домашнюю птицу; понукать лошадь
chuck-farthing [ˈtʃʌkˌfaːðɪŋ] игра в орлянку
chuckle [ˈtʃʌkl] хихиканье; радость; посмеиваться; радоваться; большой *(о голове)*; неуклюжий
chucklehead [ˈtʃʌklhed] морской окунь *(биол.)*
chuco морской кот *(биол.)*
chuff [tʃʌf] грубиян
chum [tʃʌm] товарищ; приятель; быть в дружбе; жить вместе в одной комнате; кета *(рыба)*
chumiza просо *(бот.)*
chummery [ˈtʃʌmǝrɪ] сожительство в одной комнате; комната, занимаемая несколькими товарищами
chump [tʃʌmp] колода; толстый конец *(чего-либо)*; филейная часть *(мяса)*
chunk [tʃʌŋk] толстый кусок; коренастый и полный человек; коренастая лошадь; запустить; метнуть; швырнуть; выбить; выколотить
chunking [ˈtʃʌŋkɪŋ] лязг; неуклюжий

church [tʃǝːtʃ] церковь; церковный
church bell [ˈtʃǝːtʃbel] церковный колокол
church cantata [ˈtʃǝːtʃkænˌtaːtǝ] церковная кантата
church service [ˈtʃǝːtʃˌsǝːvɪs] церковная служба
church-goer [ˈtʃǝːtʃˌgouǝ] человек, регулярно посещающий церковь
church-rate [ˈtʃǝːtʃreɪt] местный налог на содержание церкви
churchman [ˈtʃǝːtʃmǝn] церковник; верующий
churchwarden [ˈtʃǝːtʃˌwɔːdn] церковный староста; длинная курительная трубка *(разг.)*
churchyard [ˈtʃǝːtʃjaːd] погост; церковный двор
churl [tʃǝːl] грубый; дурно воспитанный человек; скряга; деревенщина
churn [tʃǝːn] маслобойка; мешалка; сбивать *(масло)*; взбалтывать
churn-staff [ˈtʃǝːnstaːf] мутовка
chute [ʃuːt] стремнина; покатый настил; спуск *(техн.)*; мусоропровод; скат *(горн.)*
ci-devant [ˌsiːdǝˈvaːŋ] прежний *(франц.)*
cibol зимний лук *(бот.)*
cicada [sɪˈkaːdǝ] цикада; цикады
cicatrice [ˈsɪkǝtrɪs] рубец; шрам
cicatrization [ˌsɪkǝtraɪˈzeɪʃ(ǝ)n] заживление; рубцевание
cicatrize [ˈsɪkǝtraɪz] заживлять; заживать; зарубцовываться; покрывать(ся) рубцами
cicero [ˈsɪsǝrou] цицеро *(тип шрифта)*
Ciceronian [ˌsɪsǝˈrounjǝn] красноречивый; цицероновский
cider [ˈsaɪdǝ] сидр
cider tree [ˈsaɪdǝ|ˈtriː] эвкалипт
cigar [sɪˈgaː] сигара
cigar-holder [sɪˈgaːˌhouldǝ] мундштук для сигар
cigarette [ˌsɪgǝˈret] сигарета; папиросный; сигаретка; сигаретный; сигаретоупаковочный
cigarette-case [ˌsɪgǝˈretkeɪs] портсигар
cigarette-end [ˌsɪgǝˈretend] окурок
cigarette-paper [ˌsɪgǝˈretˌpeɪpǝ] папиросная бумага
cilia [ˈsɪlɪǝ] ресницы *(анат.)*; реснички *(бот.)*; жгутики
ciliated [ˈsɪlɪeɪtɪd] опушенный ресницами; снабженный ресничками *(бот.)*
cilice [ˈsɪlɪs] ткань из волоса
cilium [ˈsɪlɪǝm] ресница
cinch [sɪntʃ] подпруга; нечто надежное *(разг.)*; верное, предрешенное дело; влияние; подтягивать подпругу; нажимать *(на кого-либо)*; «загнать в угол»; обеспечить *(успех дела)*
cinchona [sɪŋˈkounǝ] хинная кора; хинное дерево
cincinnus завиток *(тип соцветия)* *(бот.)*

cincture ['sɪŋktʃə] пояс *(поэт.)*; опоясывание; поясок *(колонны) (архит.)*; окружать; опоясывать; охватывать

cinder ['sɪndə] тлеющие угли; окалина; шлак; угольная мелочь; зола; обращать в пепел

cinder block ['sɪndə|blɔk] куча пепла

cinder track ['sɪndə|træk] гаревая дорожка

cinder-path ['sɪndəpɑ:θ] беговая дорожка *(спорт.)*

Cinderella [ˌsɪndəˈrelə] Золушка

cine-camera ['sɪnɪˌkæm(ə)rə] киноаппарат *(съемочный)*

cine-film ['sɪnɪfɪlm] кинопленка; фотопленка

cine-oriented image ['sɪnɪˈɔ:rɪentɪd|'ɪmɪdʒ] вертикальное изображение

cine-projector [ˌsɪnəprəˈdʒektə] проекционный аппарат

cinema ['sɪnəmə] кино; кинотеатр; кинокартина

cinema-circuit ['sɪnəməˌsə:kɪt] кинотеатры, принадлежащие одному владельцу

cinema-goer ['sɪnəməˌgouə] кинозритель

cinemactor ['sɪnəmˌæktə] киноактер *(амер.)*

cinemateque ['sɪnəmətek] кинотеатр, демонстрирующий авангардистские фильмы; фильмотека

cinematography [ˌsɪnəməˈtɔgrəfɪ] кинематограф; кинематография; киноискусство

cinereous [sɪˈnɪərɪəs] пепельного цвета

cinq(ue) [sɪŋk] пятерка; пять очков *(в картах, домино, игральных костях)*

cipher ['saɪfə] код; шифр; арабская цифра; нуль; ничтожество; монограмма; высчитывать; зашифровывать; шифровать; клеймить условным знаком; лапчатка *(растение)*

cipher machine ['saɪfə|məˌʃi:n] криптографическая *(шифровальная)* машина

circle ['sə:kl] круг; окружность; группа; круг *(людей)*; кружок; область; сфера; круговорот; цикл; округ; ярус *(театр.)*; орбита *(астр.)*; двигаться по кругу; вращаться; циркулировать; окружать *(поэт.)*; передавать по кругу *(вино, закуску и т. п.)*; арена цирка

circle of customers ['sə:kl|əv|'kʌstəməz] круг потребителей

circle of declination ['sə:kl|əv|deklɪˈneɪʃən] часовой круг

circle of inflexion ['sə:kl|əv|ɪnˈflekʃən] поворотный круг

circle of latitude ['sə:kl|əv|'lætɪtju:d] меридиан; круг широты

circle of longitude ['sə:kl|əv|'lɔndʒɪtju:d] параллель; круг долготы

circle of the horizon ['sə:kl|əv|ðə|həˈraɪzn] линия видимого горизонта

circle of vegetation ['sə:kl|əv|vedʒɪˈteɪʃən] цикл вегетации

circlet ['sə:klɪt] кружок; браслет

circling ['sə:klɪŋ] движение по кругу

circuit ['sə:kɪt] кругооборот; схема; контур; цепь; сеть; длина окружности; окружность; замкнутая линия; объезд; круговая поездка; выездная сессия суда *(юр.)*; округ *(судебный, церковный и т. п.)*; цикл; совокупность операций; обходить вокруг; линия связи; канал связи

circuit board backward ['sə:kɪt|bɔ:d|'bækwəd] монтажная сторона платы

circuit-breaker ['sə:kɪtˈbreɪkə] выключатель; прерыватель тока

circuitous [sə(:)ˈkju(:)ɪtəs] окольный *(путь)*

circuitry ['sə:kɪtrɪ] диаграмма

circular ['sə:kjulə] круглый; коловратный; коловращательный; кругловязальный; круговой; кольцевой; кольцеобразный; кругообразный; циркульный; циркуляционный; циркуляр; циркулярный; относящийся к окружности; дисковый; дискообразный; циклический; кольцевой; радиальный

circular kiln ['sə:kjulə|kɪln] печь для обжига кирпича

circular note ['sə:kjulə|'nout] аккредитив

circular saw ['sə:kjulə|sɔ:] циркулярная пила

circularity [ˌsə:kjuˈlærɪtɪ] кругообразность

circularize ['sə:kjulərаɪz] рассылать рекламу

circulate ['sə:kjuleɪt] циркулировать; иметь круговое движение; распространять(ся); повторяться; передавать; быть в обращении; обращаться *(о деньгах)*

circulating ['sə:kjuleɪtɪŋ] циркулирующий; обтекающий; оборотный; находящийся в обращении; циркуляционный; повторяющийся; наводящийся; циркулирование; блуждающий *(техн.)*

circulating assets ['sə:kjuleɪtɪŋ|'æsets] оборотные средства

circulating bank-notes ['sə:kjuleɪtɪŋ|'bæŋkˈnouts] банкноты в обращении

circulating capital ['sə:kjuleɪtɪŋ|'kæpɪtl] оборотный капитал

circulating medium ['sə:kjuleɪtɪŋ|'mi:djəm] платежное средство

circulating notes ['sə:kjuleɪtɪŋ|'nouts] банковские билеты; векселя

circulation [ˌsə:kjuˈleɪʃ(ə)n] круговорот; кровообращение; циркуляция; денежное обращение; тираж *(газет, журналов)*; распространение; обращение; круговое движение

to put into circulation — пустить в обращение
to withdraw from circulation — изъять из обращения

circulation of capital [ˌsə:kjuˈleɪʃən|əv|'kæpɪtl] кругооборот капитала

circulation register [ˌsə:kjuˈleɪʃən|'redʒɪstə] сдвиговый центр

circulator [ˈsəːkjuleɪtə] распространитель; периодическая дробь *(мат.)*
circulatory [ˈsəːkjuleɪtərɪ] кровеносный
circumambient [ˌsəːkəmˈæmbɪənt] окружающий *(о воздухе, среде)*; омывающий *(о газе или жидкости)*
circumambulate [ˌsəːkəmˈæmbjuleɪt] *(об)*ходить вокруг; ходить вокруг да около
circumcision [ˌsəːkəmˈsɪʒ(ə)n] обрезание *(церк.)*; круговое сечение *(мед.)*; духовное очищение
circumduct [ˌsəːkəmˈdʌkt] аннулировать; отменять
circumference [s(ə)ˈkʌmf(ə)r(ə)ns] периферия; округ; окружность; окружной
circumferential [səˌkʌmfəˈrenʃl] периферический
circumferential highway [səˌkʌmfəˈrenʃlˈhaɪweɪ] кольцевая дорога
circumflection [ˌsəːkəmˈflekʃən] изгиб; кривизна
circumfluous [səˈkʌmfluəs] окруженный водой; омываемый
circumjacent [ˌsəːkəmˈdʒeɪs(ə)nt] расположенный вокруг; непосредственно окружающий
circumlittoral [ˌsəːkəmˈlɪtər(ə)l] прибрежный
circumlocution [ˌsəːkəmləˈkjuːʃən] многоречивость; уклончивые речи; иносказание *(линг.)*; парафраз*(а)*
circumlocutional [ˌsəːkəmləˈkjuːʃənl] многоречивый; уклончивый
circumnavigation [ˈsəːkəmˌnævɪˈgeɪʃ(ə)n] кругосветное плавание
circumradius [ˌsəːkəmˈreɪdjəs] радиус описанной окружности *(геом.)*
circumscribe [ˈsəːkəmskraɪb] ограничивать *(права, интересы)*; описывать, очерчивать *(геометрическую фигуру)*
circumscription [ˌsəːkəmˈskrɪpʃ(ə)n] ограничение; район; область; округ; сфера; надпись *(по окружности монеты, по краям марки и т. п.)*
circumspect [ˈsəːkəmspekt] осторожный; осмотрительный *(о человеке)*; продуманный *(о плане, решении и т. п.)*
circumspection [ˌsəːkəmˈspekʃ(ə)n] осторожность; бдительность
circumstance [ˈsəːkəmstəns] обстоятельство; подробности; детали; условие; случай; положение дел; материальное положение; финансовое положение; деталь; обстановка; среда; ритуал
circumstanced [ˈsəːkəmstənst] поставленный в *(такие-то)* условия
circumstantial [ˌsəːkəmˈstænʃ(ə)l] детальный; случайный; деталь; привходящий момент
circumstantiality [ˈsəːkəmˌstænʃɪˈælɪtɪ] обстоятельность
circumstantially [ˌsəːkəmˈstænʃəlɪ] обстоятельно; не прямо; с помощью косвенных доказательств

circumvention [ˌsəːkəmˈvenʃ(ə)n] ложь
circumvolution [ˌsəːkəmvəˈljuːʃ(ə)n] вращение *(вокруг общего центра)*; извилина
circus [ˈsəːkəs] цирк; круглая площадь с радиально расходящимися улицами; перистое облако
circus act [ˈsəːkəsˈækt] цирковой трюк
cirrous [ˈsɪrəs] перистый
cirrus [ˈsɪrəs] перистое облако
cisatlantic [ˌsɪsətˈlæntɪk] на европейской стороне Атлантического океана
cissy [ˈsɪsɪ] девочка; изнеженный мальчик или мужчина
cist [sɪst] гробница
Cistercian [sɪsˈtəːʃən] цистерцианец *(монах примыкавшего к бенедиктинцам ордена)*
cistern [ˈsɪstən] цистерна; бак; резервуар; водоем; сливной бачок
citadel [ˈsɪtədl] крепость; твердыня; цитадель
citation [saɪˈteɪʃ(ə)n] цитирование; цитата; ссылка; указание наименования закона; перечисление фактов; вызов ответчика в суд; упоминание в списках отличившихся *(воен.)*
cite [saɪt] ссылаться; вызывать ответчика в суд; привлекать к судебной ответственности; приглашать; перечислять факты; ссылка; цитировать
cithara [ˈsɪθərə] кифара
cither [ˈsɪθə] цитра
cither(n) [ˈsɪθə(n)] кифара *(поэт.)* *(ист.)*
citify [ˈsɪtɪfaɪ] придавать городской вид
citizen [ˈsɪtɪzn] гражданин; гражданка; горожанин; штатский *(человек)* *(амер.)*
citizenry [ˈsɪtɪznrɪ] гражданское население; гражданство
citizenship [ˈsɪtɪznʃɪp] гражданство
citric [ˈsɪtrɪk] лимонный
citric acid [ˈsɪtrɪkˈæsɪd] лимонная кислота
citrine [sɪˈtriːn] витамин Р
citron [ˈsɪtr(ə)n] цитрон; лимонный цвет
citrous [ˈsɪtrəs] цитрусовый
citrus [ˈsɪtrəs] цитрус *(бот.)*
cittern [ˈsɪtəːn] циста *(муз.)*
city [ˈsɪtɪ] город; городской
city bus [ˌsɪtɪˈbʌs] городской автобус
city centre [ˌsɪtɪˈsentə] центр города
city council [ˌsɪtɪˈkaunsl] муниципальный совет
city hall [ˌsɪtɪˈhɔːl] здание муниципалитета *(амер.)*; ратуша
city jail [ˌsɪtɪˈdʒeɪl] городская тюрьма
city mains [ˌsɪtɪˈmeɪnz] городские магистрали
city map [ˈsɪtɪˈmæp] карта города
city plan [ˈsɪtɪˈplæn] план города
city treasurer's department [ˌsɪtɪˈtreʒərəzdɪˈpɑːtmənt] департамент городского казначея

city-state ['sɪtɪsteɪt] город-государство *(ист.)*; полис
civic ['sɪvɪk] гражданский
civic rights ['sɪvɪk'raɪts] гражданские права
civic-minded ['sɪvɪk'maɪndɪd] с развитым чувством гражданского долга
civics ['sɪvɪks] основы гражданственности; гражданское право; гражданские дела *(юр.)*
civil ['sɪvl] гражданский; штатский *(противоп. военный)*; гражданский *(противоп. уголовный) (юр.)*; вежливый
civil architect [ˌsɪvl'ɑːkɪtekt] гражданский архитектор
civil case [ˌsɪvl'keɪs] гражданское дело
civil claim [ˌsɪvl'kleɪm] гражданский иск
civil clerk [ˌsɪvl'klɑːk] секретарь гражданского суда
civil code [ˌsɪvl'koud] гражданский кодекс
civil commotion [ˌsɪvlkə'mouʃən] общественные беспорядки
civil court [ˌsɪvl'kɔːt] гражданский суд
civil day [ˌsɪvl'deɪ] гражданские сутки *(исчисляются от 12 ч. ночи)*
civil death [ˌsɪvl'deθ] лишение гражданских прав
Civil Defence [ˌsɪvldɪ'fens] организация противовоздушной обороны
civil disturbance [ˌsɪvldɪs'təːbəns] гражданские беспорядки
civil docket [ˌsɪvl'dɔkɪt] список гражданских дел к слушанию
civil government [ˌsɪvl'gʌvnmənt] гражданская власть
civil law [ˌsɪvl'lɔː] римское право
civil lawyer [ˌsɪvl'lɔːjə] специалист по гражданскому праву
civil legislation [ˌsɪvlledʒɪs'leɪʃən] гражданское законодательство
civil liability [ˌsɪvllaɪə'bɪlɪtɪ] гражданско-правовая ответственность
civil liberties [ˌsɪvl'lɪbətɪz] гражданские свободы
civil litigation [ˌsɪvllɪtɪ'geɪʃən] судебный процесс по гражданскому делу
civil servant [ˌsɪvl'səːvənt] государственный служащий; чиновник
civil unrest [ˌsɪvlʌn'rest] общественные беспорядки
civil war [ˌsɪvl'wɔː] гражданская война
civil-spoken [ˌsɪvl'spoukən] учтивый в разговоре
civilian [sɪ'vɪljən] штатский *(человек)*; гражданское население; лицо, состоящее на гражданской службе; специалист по гражданскому праву; гражданское лицо
civilian duty [sɪ'vɪljən'djuːtɪ] трудовая повинность
civility [sɪ'vɪlɪtɪ] вежливость

civilization [ˌsɪvɪlaɪ'zeɪʃ(ə)n] цивилизация; цивилизованный мир
civilized ['sɪvɪlaɪzd] цивилизованный; воспитанный
civilly ['sɪvɪlɪ] учтиво
civilly dead ['sɪvɪlɪ'ded] лишенный гражданских прав
civ(v)y ['sɪvɪ] штатский *(человек)*; штатская одежда *(воен.)*
clabber ['klæbə] простокваша; скисать; свертываться *(о молоке)*
clabber-spoon ['klæbəspuːn] дикий горох
clack [klæk] треск; шум голосов; погремушка; щелкать; громко болтать; гоготать; откидной клапан; обратный клапан
cladose ['klædous] ветвистый; с ветвями
cladotype ['klædoutaɪp] реликт; реликтовая форма
claim [kleɪm] требование; право требования; иск; претензия; притязание; утверждение; заявление; ссылка; предлог; требовать; заявлять; предъявить претензию; утверждать; патентная формула; формула изобретения; участок, отведенный под разработку недр

to allow a claim — признать правильность претензии

to dispute a claim — оспаривать претензию

to give up a claim — отказываться от требования

to lay a claim to smth. — предъявить требование на что-либо

to make a claim on smb. for smth. — предъявлять иск к кому-либо о чем-либо

to meet a claim — удовлетворять требование

to reject a claim — отказать в требовании

to renounce one's claims — отказываться от претензий

claim and delivery ['kleɪm ənd dɪ'lɪvərɪ] иск о восстановлении владения движимостью
claim check ['kleɪm'tʃek] квитанция на получение заказа, вещей после ремонта и т. п.
claim for compensation ['kleɪm fə ˌkɔmpen'seɪʃən] иск о возмещении убытков
claim for damages ['kleɪm fə 'dæmɪdʒɪz] иск о возмещении убытков
claim in return ['kleɪm ɪn rɪ'təːn] встречное требование
claim letter ['kleɪm'letə] рекламация
claim of alibi ['kleɪm əv 'ælɪbaɪ] заявление алиби
claim of sovereignty ['kleɪm əv 'sɔvrəntɪ] притязание на суверенитет
claimant ['kleɪmənt] претендент; истец; сторона, заявляющая требование
claiming race ['kleɪmɪŋ'reɪs] скачки, после которых любая из лошадей может быть куплена

clairvoyance [klɛə'vɔɪəns] ясновидение; проницательность

clairvoyant [klɛə'vɔɪənt] ясновидец; провидец; ясновидящий; дальновидный

clam [klæm] съедобный морской моллюск; двустворчатый моллюск; скрытный, необщительный человек (разг.) (амер.); собирать моллюсков; приклеиваться

clam-shell ['klæmʃel] раковина моллюска; грейфер (техн.)

clamant ['kleɪmənt] шумливый; вопиющий

clamber ['klæmbə] трудный подъем; карабкаться; цепляться

clambering plant ['klæmb(ə)rɪŋ'plɑːnt] вьющееся растение

clamminess ['klæmɪnɪs] клейкость

clammy ['klæmɪ] липкий; клейкий; холодный и влажный на ощупь

clamorous ['klæm(ə)rəs] шумный; настоятельный

clamour ['klæmə] крики; шум; шумные протесты; возмущение; ропот; шумно требовать

clamp [klæmp] зажим; зажимное приспособление; клемма; скреплять; зажимать; смыкать; стягивать; куча (картофеля, прикрытого на зиму соломой и землей); складывать в кучу; тяжелая поступь; тяжело ступать; скоба; пробойник; струбцина

clamp bolt ['klæmp'boult] стяжной болт

clamper ['klæmpə] фиксирующая цепь в радиосхеме (техн.)

clan [klæn] клан, род (в Шотландии); клика

clandestine [klæn'destɪn] тайный; скрытый; нелегальный

clandestine dealings [klæn'destɪn'diːlɪŋz] махинации; подпольные сделки

clandestine market [klæn'destɪn'mɑːkɪt] подпольная торговля

clang [klæŋ] лязг; звон; клацанье; производить лязг; резкий звук; металлический звук

clanger ['klæŋə] грубый промах

clank [klæŋk] звон; лязг (цепей, железа); греметь (цепью)

clannish ['klænɪʃ] клановый; приверженный к своему роду, клану; ограниченный; обособленный; замкнутый в своем кругу, группе и т. п.

clannishness ['klænɪʃnɪs] землячество

clanship ['klænʃɪp] принадлежность, преданность своему клану; роду; разделение на враждебные группы; кружковщина; обособленность

clap [klæp] хлопанье; удар (грома); аплодировать; хлопать (дверями, крыльями и т. п.); похлопать; надвигать (быстро или энергично); налагать

clap-net ['klæpnet] силок для птиц

clapper ['klæpə] язык (колокола); трещотка (для отпугивания птиц); хлопушка

clapperclaw ['klæpəklɔː] царапать; рвать когтями; бранить

clarence ['klær(ə)ns] закрытая четырехместная карета

claret ['klærət] красное вино; кларет; цвет бордо; кровь (жарг.)

claret-cup ['klærətkʌp] крюшон из красного вина

clarification [ˌklærɪfɪ'keɪʃ(ə)n] прояснение; очищение; очистка

clarifier ['klærɪfaɪə] осветляющее средство; осветлитель; очиститель; фильтр; устройство для уменьшения радиопомех

clarify ['klærɪfaɪ] делать(ся) прозрачным (о воздухе, жидкости); делать(ся) ясным (о стиле; мысли и т. п.); вносить ясность

clarinet [ˌklærɪ'net] кларнет (муз.)

clarinettist [ˌklærɪ'netɪst] кларнетист

clarion ['klærɪən] горн (поэт.); рожок; звук рожка, горна; громкий, чистый (о звуке); один из регистров органа

clarity ['klærɪtɪ] прозрачность; четкость

clary ['klɛərɪ] шалфей мускатный (бот.)

clash [klæʃ] лязг (оружия); столкновение; разногласие; конфликт; сталкиваться; ударять с грохотом; расходиться (о взглядах) (по поводу чего-либо); приходить в столкновение; дисгармонировать (с чем-либо); совпадать во времени (с чем-либо)

clasp [klɑːsp] застежка; пряжка; пожатие; зажим (техн.); застегивать; обнимать; обвиваться (о растении); лопасть

clasp brake ['klɑːsp|breɪk] колодочный тормоз

clasp-knife ['klɑːspnaɪf] складной нож

clasp-pin ['klɑːsppɪn] безопасная (английская) булавка; заколка

class [klɑːs] класс; качество; сорт; разряд; категория; тип; класс (биол.); класс (в школе); время начала занятий (в школе); курс (обучения); выпуск (студентов или учащихся такого-то года) (амер.); отличие; класс (на железной дороге, пароходе); призывники одного и того же года рождения (воен.); тип корабля (мор.); классный; группировать; распределять отличия (в результате экзаменов); классифицировать; присваивать класс; составить себе мнение

to class with — *ставить наряду с чем-либо*

class of problems ['klɑːs|əv'prɒbləmz] круг вопросов

class struggle ['klɑːs'strʌgl] классовая борьба

class-book ['klɑːsbuk] учебник

class-consciousness ['klɑːs'kɒnʃəsnɪs] классовое сознание

class-fellow [ˈklɑːsˌfelou] одноклассник; школьный товарищ

class-room [ˈklɑːsrum] класс; классная комната; аудитория *(в учебном заведении)*

classic [ˈklæsɪk] классический; образцовый; классик; специалист по античной филологии; классическое произведение; классическая литература

classical ballet [ˈklæsɪkəlˈbæleɪ] классический балет

classicize [ˈklæsɪsaɪz] подражать классическому стилю; возводить в образец

classification [ˌklæsɪfɪˈkeɪʃən] классификация; классификационный; рубрикация; систематизация; сортировка; присвоение судну класса; выдача классификационного свидетельства; засекречивание; определение грифа секретности

classification table [ˌklæsɪfɪˈkeɪʃənˈteɪbl] классификационная таблица

classified [ˈklæsɪfaɪd] классифицировать; классифицированный; секретный; закрытый; не подлежащий оглашению; группированный; классификационный

classified data [ˈklæsɪfaɪdˈdeɪtə] секретные сведения

classified document [ˈklæsɪfaɪdˈdɔkjumənt] секретный документ

classify [ˈklæsɪfaɪ] классифицировать; рубрицировать; группировать; сгруппировать; устанавливать положение в системе

classless [ˈklɑːslɪs] бесклассовый

classman [ˈklɑːsmæn] студент, выдержавший экзамен с отличием

classy [ˈklɑːsɪ] высокопробный; шикарный

clatter [ˈklætə] звон *(посуды)*; грохот *(машин)*; гул *(голосов)*; топот; стучать; болтать

clause [klɔːz] предложение *(являющееся частью сложного предложения) (грам.)*; статья; пункт; оговорка; условие; делить на статьи; формулировать

claustrophobia [ˌklɔːstrəˈfoubɪə] клаустрофобия *(мед.)*; боязнь замкнутого пространства

clavecin [ˈklævɪsɪn] клавесин *(муз.)*

clavichord [ˈklævɪkɔːd] клавикорды *(муз.)*

clavicle [ˈklævɪkl] ключица *(анат.)*

clavier [ˈklævɪə] [kləˈvɪə] клавиатура; клавир *(старинное название фортепиано)*

claw [klɔː] коготь; коготок; лапа с когтями; клещи; выступ *(техн.)*; зуб *(техн.)*; зубец *(техн.)*; кулачок *(техн.)*; царапать; хватать; лавировать; ноготок *(цветок)*; клешня

claw chisel [ˈklɔːˈtʃɪzl] зубчатое долото

claw clutch [ˈklɔːˈklʌtʃ] кулачковая муфта

claw nut [ˈklɔːˈnʌt] натяжная гайка

clay [kleɪ] глина; глинистый; глинка; глинобитный; глиняный; скудель; черепяной

clayey [ˈkleɪɪ] глинистый; запачканный глиной

claymore [ˈkleɪmɔː] старинный палаш *(шотландских горцев)*

cleading обшивка; облицовка; теплоизоляция двигателя

clean [kliːn] чистить; очищать; банить; вчистую; набело; обогащать; прочищать; убирать; чисто; чистовой; чистый; не содержащий оговорок; узкий; очищенный

clean boxer [ˌkliːnˈbɔksə] искусный боксер

clean copy [ˈkliːnˈkɔpɪ] беловик

clean data [ˈkliːnˈdeɪtə] достоверные данные *(прошедшие контроль)*

clean-cut [ˈkliːnˈkʌt] резко очерченный; привлекательный; определенный

clean-fingered [ˈkliːnˈfɪŋɡəd] неподкупный

clean-handed [ˈkliːnˈhændɪd] добропорядочный

clean-limbed [ˈkliːnˈlɪmd] стройный *(о фигуре)*

clean-shaven [ˈkliːnˈʃeɪvn] чисто выбритый

clean-up [ˈkliːnˈʌp] уборка; *(моральное)* очищение *(от порока, преступления и т. п.)*

cleaner [ˈkliːnə] очиститель; фильтр; перечистный; счищающий; фильтрующий; ёрш для чистки труб

cleaning [ˈkliːnɪŋ] уборка; чистка; очистка; сглаживание

cleaning agent [ˈkliːnɪŋˈeɪdʒənt] детергент *(техн.)*

cleanliness [ˈklenlɪnɪs] опрятность

cleanse [klenz] чистить; обеззараживать; очищать желудок *(слабительным)*

cleanser [ˈklenzə] моющее средство; очиститель; фильтр

clear [klɪə] светлый; прозрачный; чистый *(о весе, доходе, о совести, прибыли)*; свободный; лишенный чего-либо; полный; отчетливый; прозрачный; не обремененный, свободный от чего-либо; недвусмысленный; ясный; явный; очевидный; светлый; чистый; очищать(ся); распродавать; прочищать; освобождать; становиться прозрачным *(о вине)*; проясняться; рассеивать *(сомнения, подозрения)*; оправдывать; эвакуировать; распродавать; очищать от пошлин; проходить мимо; миновать; уплачивать пошлины; получать чистую прибыль; учитывать долги, пошлины; производить расчет

to be in the clear — быть вне конкуренции
to clear debts — покрывать долги
to clear goods — распродавать товары

clear-cut [ˌklɪəˈkʌt] резко очерченный

clear-gap [ˈklɪəˈɡæp] просвет

clear-sighted [ˈklɪəˈsaɪtɪd] дальновидный

clear-starch [ˈklɪəstɑːtʃ] крахмалить

clear-way [ˈklɪəweɪ] фарватер; судоходное русло; магистраль непрерывного движения

clearage [ˈklɪərɪʤ] раскол; расхождение

clearance [ˈklɪərəns] очистка; зазор; промежуток; просвет; вырубка (леса); очистка; расчистка; таможенная очистка; таможенное свидетельство; устранение препятствий; очистка от пошлины; разрешение; произведение расчетов через расчетную палату; холостой ход; погашение; оплата долга; урегулирование претензий; распродажа; установление личности; раскрытие преступления; минимальная глубина под килем корабля; безопасное расстояние до опасности

clearance adjustment [ˈklɪərəns|əˈʤʌstmənt] регулировка люфта (техн.)

clearance fit [ˈklɪərəns|fɪt] свободная посадка

clearance gauge [ˈklɪərəns|ˈgeɪʤ] калибр для измерения зазоров

clearance loan [ˈklɪərəns|ˈloun] однодневная ссуда

clearance sale [ˈklɪərəns|ˈseɪl] распродажа

cleared case [ˈklɪəd|ˈkeɪs] раскрытое преступление

clearing [ˈklɪərɪŋ] деблокирование; деблокировка; деблокирующий; очистка от пошлин; клиринг (фин.); клиринговое соглашение; расчистка; осветление; устранение дефекта; зазор; расчищение; ссечка; обнуление; освобождение; разъединение; полынья

clearing agency [ˈklɪərɪŋ|ˈeɪʤənsɪ] клиринговое учреждение

clearing agreement [ˈklɪərɪŋ|əˈgriːmənt] соглашение о клиринговых расчетах

clearing bank [ˈklɪərɪŋ|ˈbæŋk] клиринговый банк

clearing house [ˈklɪərɪŋ|haus] банковская расчетная палата

clearing station [ˈklɪərɪŋ|ˈsteɪʃən] эвакуационный пункт

clearing-off [ˈklɪərɪŋˈɔf] расплата

clearness [ˈklɪənɪs] четкость изображения

clearway [ˈklɪəweɪ] магистраль непрерывного движения; фарватер

cleat [kliːt] планка; рейка; крепительная планка; деревянный брус; упорная планка

cleavage [ˈkliːvɪʤ] расщепление; дробление клетки; раскол; раскалывание; спайность; слоистость; спайный; рассечение

cleave [kliːv] раскалывать; раскалываться; рассекать; расщеплять; расщепить

cleaver [ˈkliːvə] дровокол; большой нож мясника

clef [klef] ключ (муз.); клапан у духовых инструментов

clefs [klefs] нотные ключи

cleft [kleft] расселина; трещина; раскалывать; клюфт; надкол; раскол

cleg [kleg] овод; слепень

clem [klem] голодать; морить голодом

clemency [ˈklemənsɪ] милосердие; помилование; мягкость (климата)

clement [ˈklemənt] милосердный; мягкий (о климате)

clench [klentʃ] захват; зажим; скоба; зажимать; сжимать; загибать

clepsydra [ˈklepsɪdrə] клепсидра (ист.); водяные часы

clergy [ˈkləːʤɪ] духовенство; священники

clergyable [ˈkləːʤɪbl] подлежащий церковному суду

clergyman [ˈkləːʤɪmən] священник; лицо духовного звания

cleric [ˈklerɪk] церковник

clerical [ˈklerɪkəl] клерикальный; канцелярский

clerical error [ˈklerɪkəl|ˈerə] описка; опечатка

clerical mistake [ˈklerɪkəl|mɪsˈteɪk] канцелярская ошибка

clericalism [ˈklerɪkəlɪzm] клерикализм

clerihew [ˈklerɪhjuː] комическое четверостишие

clerk [klaːk] клерк; секретарь; солиситор-практикант; писарь (воен.); чиновник; конторский служащий; приказчик; духовное лицо; служить; быть чиновником

clerk of assize [ˈklaːk|əvˈsaɪz] секретарь выездной сессии суда присяжных

clerk of works [ˈklaːk|əvˈwəːks] производитель работ

clerk to county council [ˈklaːk|təˌkauntɪˈkaunsl] секретарь окружного совета

clerk to the justice [ˈklaːk|təθəˈʤʌstɪs] судебный секретарь

clerkly [ˈklaːklɪ] обладающий хорошим почерком; церковный; ученый

clerkly hand [ˈklaːklɪ|hænd] хороший почерк

clerkship [ˈklaːkʃɪp] должность секретаря, клерка и т. п.

clever [ˈklevə] умный; ловкий; талантливый; ухищренный; искусный

cleverness [ˈklevənɪs] даровитость; умение

clevis [ˈklevɪs] вага (дышла); карабин (техн.); хомут (техн.); скоба; серьга

clevis pin [ˈklevɪs|pɪn] штифт с головкой и отверстием под шплинт

clew [kluː] клубок; сматывать в клубок

cliché [ˈkliːʃeɪ] штамп; клише; избитая фраза

click [klɪk] щелканье (затвора, щеколды); засечка (у лошади); кулачок; собачка; защелка; трещотка; щелкать; щелчок; нажать и отпустить клавишу

click beetle [ˈklɪk|ˌbiːtl] жук-щелкун (биол.)

client [ˈklaɪənt] клиент; заказчик; постоянный покупатель; комитент (юр.); пользователь; владелец

clientage [ˈklaɪəntɪʤ] клиентура; отношения патрона и клиентов

cliff [klɪf] отвесная скала; крутой обрыв; утес

cliffhanger firm [ˈklɪfhæŋəˈfɜːm] конкурирующая фирма

climacteric [klaɪˈmæktərɪk] менопауза

climate [ˈklaɪmɪt] климат; климатический; атмосфера; настроение; состояние общественного мнения

climatic [klaɪˈmætɪk] климатический; сезонный

climatic chamber [klaɪˈmætɪkˈʧeɪmbə] камера искусственного климата

climatic zone [klaɪˈmætɪkˈzoun] климатический пояс

climatology [ˌklaɪməˈtɔləʤɪ] климатология

climax [ˈklaɪmæks] высшая точка; кульминационный пункт; нарастание; дойти (довести) до кульминационного пункта; климакс (мед.)

climb [klaɪm] восхождение; взбираться; подъем; подниматься; всплывать; лазить; виться (о растениях)

climb-down [ˈklaɪmˈdaun] спуск; уступка (в споре)

climber [ˈklaɪmə] альпинист; монтерские когти; вьющееся растение; карьерист; честолюбец

climbimg bean [ˈklaɪmɪŋˈbiːn] фасоль вьющаяся

climbing frame [ˈklaɪmɪŋˈfreɪm] манеж (для детей)

clime [klaɪm] климат; край

clinch [klɪnʧ] зажим; скоба; заклепка; игра слов; каламбур; клинч (захват в боксе); тупиковая ситуация; прибивать гвоздем, загибая его шляпку; загнутый конец гвоздя; окончательно решать; войти в клинч (в боксе); зажимать; обжимать; загибать

clinch bolt [ˈklɪnʧˈboult] заклепочный болт

clincher [ˈklɪnʧə] заклепка; болт; клепальщик; решающий довод (разг.)

clincher head tyre [ˈklɪnʧəˈhedˈtaɪə] клинчерная шина

cling [klɪŋ] цепляться; держаться (берега, дома и т. п.); оставаться верным (взглядам, друзьям); прильнуть; облегать (о платье)

clingfilm [ˈklɪŋfɪlm] пластиковая оболочка для пищи

clingfish [ˈklɪŋfɪʃ] рыба-присоска (биол.)

clingstone [ˈklɪŋstoun] плохо отделяемая косточка (персика, абрикоса и т. п.)

clingy [ˈklɪŋɪ] липкий

clinic [ˈklɪnɪk] клиника; лечебное учреждение; амбулатория; медпункт (при больнице); практические занятия студентов-медиков в клинике

clinical [ˈklɪnɪk(ə)l] клинический; медицинский

clinician [klɪˈnɪʃn] клинический врач

clink [klɪŋk] звон (тонкого металла, стекла); рубить зубилом; звенеть; тюрьма

clinker [ˈklɪŋkə] неправильно взятая нота

clinking [ˈklɪŋkɪŋ] звенящий; превосходный; весьма; очень

clip [klɪp] зажимная скоба; зажим; хомут; струбцина; обойма; скрепка; клипса; зажимать; скреплять (бумаги); стрижка; настриг шерсти; фиксатор; сильный удар; стричь (овец); срезать; ограничивать; отсекать; обрезать; надрывать (билет в трамвае и т. п.); зажимать; фиксировать; делать вырезки (из газет и т. п.); глотать; сокращать (слова)

clip bolt [ˈklɪpˈboult] зажимной болт

clipboard [ˈklɪpbɔːd] пюпитр в виде дощечки с зажимом

clipper [ˈklɪpə] машинка для стрижки; ограничитель

clipping [ˈklɪpɪŋ] газетная вырезка; обрезок; обрезание; ограничение; срезание; отсечение; режущий

cliqu(e)y [ˈkliːkɪ] имеющий характер клики (франц.); замкнутый

clitoris [ˈklɪtərɪs] клитор (мед.)

cloaca [klouˈeɪkə] клоака

cloak [klouk] плащ; покров; предлог; покрывать плащом; маскировать

cloak-and-dagger [ˈkloukən(d)ˈdægə] приключенческий; шпионский

cloak-and-dagger agents [ˈkloukən(d)ˈdægəˈeɪʤənts] шпионы

cloak-room [ˈkloukrum] гардероб; камера хранения (ж.-д.); уборная

clobber [ˈklɔbə] избивать; затирать; полностью разбить; разгромить

cloche [klouʃ] вид тепличной рамы; стеклянная, герметически закрывающаяся крышка скороварки (в форме колокола); дамская шляпа «колокол»

clock [klɔk] часы (стенные, настольные, башенные); часовой механизм; отмечать время прихода на работу или ухода с работы; показать время (спорт.); хронометрировать; засекать время; синхронизатор; генератор тактовых импульсов; схема синхронизации; синхронизация; тактирование; тактовые (синхронизирующие) импульсы; тактовая частота

clock case [ˈklɔkˈkeɪs] корпус (часов)

clock hospital [ˈklɔkˈhɔspɪtl] мастерская по ремонту часов

clock house [ˈklɔkˈhaus] проходная будка

clock rate [ˈklɔkˈreɪt] тактовая частота

clock-face [ˈklɔkfeɪs] циферблат

clock-glass [ˈklɔkglaːs] стеклянный колпак для часов

CLO — CLO

clock-work [ˈklɔkwəːk] часовой механизм; точный; заводной

clockwatcher [ˈklɔkˌwɔtʃə] человек, работающий «от и до»; человек, формально относящийся к своей работе

clod [klɔd] глыба; прах; олух; слеживаться комьями; швырять комьями; мешать; препятствовать; засорять; отвал

cloddish [ˈklɔdɪʃ] глупый; неуклюжий

clodhopper [ˈklɔdˌhɔpə] неповоротливый; грубоватый; неотесанный парень

clog [klɔg] помеха; засорение; башмак на деревянной подошве; танцевать в деревянных башмаках; обременять; мешать; засорять(ся) чем-либо; застопоривать(ся); надевать путы; спутывать (лошадь); надевать башмаки на деревянной подошве

clogging [ˈklɔgɪŋ] засорение; закупорка; забивание

cloggy [ˈklɔgɪ] комковатый; сбивающийся в комья; вязкий; густой; легко засоряющийся

cloister [ˈklɔɪstə] монастырь; крытая аркада (архит.); заточать в монастырь; уединяться

cloistered [ˈklɔɪstəd] заточенный; одинокий; уединенный; окруженный аркадами

cloisterer [ˈklɔɪstərə] монах

cloistral [ˈklɔɪstr(ə)l] монастырский; монашеский; одинокий; уединенный

cloistress [ˈklɔɪstrɪs] монахиня

clone [kloun] клон (биол.); полное подобие (чего-либо); двойник; клонировать(ся)

clop [klɔp] стук (копыт)

close [klous] — *прил.* [klouz] — *гл.* закрытый; уединенный; скрытый; тесный; замкнутый; молчаливый; скрытный; незначительный; строгий (об аресте, изоляции); душный; спертый; близкий (о времени и месте); близкий; интимный; тщательный; точный; внимательный; подробный; точный; сжатый (о почерке, стиле); плотный, без пропусков, пробелов; связный; густой (о лесе); ограниченный; близко; почти; приблизительно; коротко; завершение; заключение; окончание; прекращение; закрывать(ся); заканчивать(ся); заключать; задраивать; замыкать; кончать; подходить близко; сближаться вплотную; огороженное место (часто вокруг собора); строго охраняемый; школьная площадка

to close a contract — заключить договор
to close a file — закрыть файл
to close a transaction — заключить сделку
to close an account — закрыть счет
to close with the offer — принять предложение

close arrest [ˈklous|əˈrest] строгий арест

close bond [ˈklous|ˈbɔnd] тесная связь

close contest [ˈklous|ˈkɔntest] упорная борьба на выборах

close cooperation [ˈklous|kou.ɔpəˈreɪʃən] тесное сотрудничество

close down [ˈklouz|ˈdaun] закрывать (предприятие); прекращать работу; прекращение работы; завершение работы; применять репрессии; подавлять; сгущаться; нависать

close letter [ˈklous|ˈletə] конфиденциальное письмо

close of argument [ˈklous|əv|ˈaːgjumənt] прекращение прений сторон

close off [ˈklouz|ˈɔːf] блокировать (дорогу, проход)

close on [ˈklous|ˈɔn] почти; приблизительно

close shake [ˈklous|ʃeɪk] вибрато на струнных и духовых инструментах (муз.)

close shot [ˈklous|ʃɔt] крупный план

close to [ˈklous|ˈtuː] близ; около

close-fisted [ˌklousˈfɪstɪd] скупой

close-out [ˈklouzaut] распродажа

close-run [ˈklouzrʌn] почти равный

close-up [ˈklousʌp] фото крупным планом

close-up picture [ˈklousʌp|ˈpɪktʃə] изображение крупного плана

close-up shot [ˈklousʌp|ˈʃɔt] съемка крупным планом

close-up view [ˈklousʌp|ˈvjuː] крупный план

closed [klouzd] закрытый; запертый; законченный

closed border [ˈklouzd|ˈbɔːdə] закрытая граница

closed circuit cooling [ˈklouzd|ˌsəːkɪt|ˈkuːlɪŋ] замкнутая система охлаждения

closed circuit oiling [ˈklouzd|ˌsəːkɪt|ˈɔɪlɪŋ] замкнутая система смазки

closed subroutine [ˈklouzd|sʌbruːˈtiːn] замкнутая подпрограмма

closed system [ˈklouzd|ˈsɪstɪm] замкнутая система

closed user group [ˈklouzd|ˌjuːzə|ˈgruːp] замкнутая группа пользователей

closed-shop [ˈklouzdʃɔp] вычислительный центр (без доступа пользователей)

closely [ˈklouslɪ] вплотную; тесно

closely-knit [ˈklouslɪˈnɪt] спаянный; сплоченный

closeness [ˈklousnɪs] близость; родственность; густота; концентрация; плотность; духота; жадность; скаредность; скупость; уединение

closet [ˈklɔzɪt] чулан; (стенной) шкаф; кабинет; уборная; блокировать; закрывать; запирать

closing [ˈklouzɪŋ] заключение; закрытие; конец; закрытие; запирание; смыкание; заключительный; конечный; конец (окончание) передачи

closing day [ˈklouzɪŋ|deɪ] последний срок

closing group [ˈklouzɪŋ|gruːp] заключительная партия

closure [ˈklouʒə] закрытие; прекращение прений; закрывать прения

clot [klɔt] комок; сгусток; свертываться; запекаться *(о крови)*; сгущаться; створаживаться *(о молоке)*

cloth [klɔθ] ткань; сукно; полотно; холст; бумажная материя; переплетная ткань; куски материи; материя; парусина; парус; полотнище; скатерть; чехол; духовный сан

clothbound [ˈklɔθˈbaund] книга с тканевым переплетом

clothe [klouð] одевать; облекать; наделять *(полномочиями)*; накрывать; покрывать; укрывать

clothes [klouðz] одежда; платье; *(постельное)* белье

clothes peg [ˈklouðzˈpeg] прищепка; зажим; защипка *(для белья)*

clothes-basket [ˈklouðzˌbɑːskɪt] бельевая корзина

clothes-moth [ˈklouðzmɔθ] моль

clothier [ˈklouðɪə] торговец мануфактурой и мужской одеждой; портной

clothing [ˈklouðɪŋ] одежда; платье; обшивка; теплоизоляция; обмундирование *(воен.)*; паруса *(мор.)*

clotted [ˈklɔtɪd] запекшийся; свернувшийся

cloture [ˈkloutʃə] прекращение прений

clou [kluː] основная мысль; то, что находится в центре внимания; гвоздь программы *(франц.)*

cloud [klaud] облако; туча; пятно; покров; шерстяная шаль; покрывать*(ся)* облаками, тучами; омрачать*(ся)*; затемнять

cloud-burst [ˈklaudbəːst] ливень

cloud-cuckoo-land [ˌklaudˈkukuːlænd] сказочная страна; мир грез

cloud-drift [ˈklauddrɪft] плывущие облака

cloudiness [ˈklaudɪnɪs] облачность

cloudless [ˈklaudlɪs] безоблачный

cloudy [ˈklaudɪ] облачный; непрозрачный; мутный *(о жидкости)*; путаный; туманный *(о мысли)*; затуманенный; неясный *(о зрении, о видимости)*

clout [klaut] лоскут; тряпка

clout-nail [ˈklautneɪl] гвоздь с широкой плоской шляпкой

clove [klouv] гвоздика *(пряность)*; гвоздичное дерево; зубок; луковичка; долька

clove tree [ˈklouvˈtriː] гвоздичное дерево

cloven [ˈklouvn] раздвоенный; расщепленный

cloven-hoofed [ˌklouvnˈhuːft] парнокопытный

cloven-hoofed animal [ˈklouvnhuːftˈænɪməl] парнокопытное животное

clover [ˈklouvə] клевер

clow [ˈklou] шлюзные ворота

clown [klaun] клоун; шут; дурачиться; изображать из себя клоуна

clownery [ˈklaunərɪ] клоунада

clownish [ˈklaunɪʃ] шутовской; грубый; невежливый; неотесанный; неучтивый

cloy [klɔɪ] пресыщать

club [klʌb] дубинка; приклад *(ружья)*; клуб; собираться вместе; устраивать складчину

clubbable [ˈklʌbəbl] достойный быть членом клуба; общительный; любящий *(клубное)* общество

clubber [ˈklʌbə] завсегдатай ночных клубов

clubby [ˈklʌbɪ] коммуникабельный; контактный; общительный; узкий; открытый только для своих

clubhouse [ˈklʌbhaus] лодочная станция

clubs [klʌbz] трефы *(в картах)*

cluck [klʌk] клохтанье; кудахтанье; клохтать; кудахтать

clucking hen [ˈklʌkɪŋˈhen] наседка

clue [kluː] ключ *(к разгадке чего-либо)*; улика; нить *(рассказа и т. п.)*; ход мыслей

clueless [ˈkluːlɪs] невежественный *(разг.)*; необразованный; несведущий

clump [klʌmp] группа *(деревьев)*; звук тяжелых шагов; двойная подошва; тяжело ступать; сажать группами; агрегат; глыба; бетонный якорь

clumpy [ˈklʌmpɪ] комковатый; массивный; тяжелый

clumsiness [ˈklʌmzɪnɪs] неповоротливость; неуклюжесть; грубость; топорность; бестактность

clumsy [ˈklʌmzɪ] неуклюжий; неловкий; грубый; топорный; бестактный

clunk [klʌŋk] глухой металлический звук; тяжелый удар; издавать глухой металлический звук

clunky [ˈklʌŋkɪ] большой; неуклюжий

cluster [ˈklʌstə] кисть; пучок; гроздь; куст; группа; скопление; сборка; рой *(пчел)*; пакет; пачка; блок; концентрация; скопление; расти пучками; гроздьями; собираться группами; толпиться; тесниться; кластер *(одновременное воспроизведение ряда соседних звуков) (муз.)*; группа абонентов *(в сети)*

cluster of bees [ˈklʌstərəvˈbiːz] пчелиный рой

cluster sampling [ˈklʌstəˈsæmplɪŋ] групповая выборка

clutch [klʌtʃ] сжатие; захват; сокращение; лапа с выпущенными когтями; когти; лапы; владычество; власть; могущество; схватить; зажать; ухватить*(ся)* за что-либо; включать сцепление; сцеплять; соединять; выводок; кладка яиц; высиживать *(цыплят)*; гнездо с яйцами; муфта *(техн.)*; сцепление; педаль сцепления; педаль управления муфтой сцепления; зажимное устройство; сцепка; схватывание

clutch adjustment [ˈklʌtʃəˈʤʌstmənt] регулировка муфты; регулировка хода педали сцепления *(техн.)*

clutch brake [ˈklʌtʃˈbreɪk] тормоз сцепления
clutch case [ˈklʌtʃkeɪs] корпус муфты сцепления
clutch disk [ˈklʌtʃdɪsk] диск сцепления
clutch lever [ˈklʌtʃˈliːvə] педаль сцепления
clutch release bearing [ˈklʌtʃriːˈliːsˈbeərɪŋ] подшипник сцепления
clutter [ˈklʌtə] суматоха; беспорядок; хаос; гам; шум; создавать суматоху; приводить в беспорядок; загромождать вещами; создавать помехи; мешать
co- [kou-] *в сложных словах означает общность, совместность действий, сотрудничество, взаимность и т. п.*
co-accused [ˈkouəˈkjuːzd] сообвиняемый
co-adopt [ˈkouəˈdɔpt] совместно удочерять *(усыновлять)*
co-applicant [kouˈæplɪkənt] созаявитель
co-author [kouˈɔːθə] соавтор
co-authorship [kouˈɔːθəʃɪp] соавторство
co-axial [kouˈæksɪəl] коаксиальная линия; коаксиальный
co-axial cable [kouˈæksɪəlˈkeɪbl] коаксиальный кабель
co-belligerent [ˈkoubɪˈlɪdʒərənt] военный союзник
co-conspirator [ˈkoukənˈspɪrətə] соучастник преступления
co-edition [ˈkouɪˈdɪʃən] совместное издание
co-occurrence [ˌkouəˈkʌrəns] совпадение событий *(во времени)*
co-operate [kouˈɔpəreɪt] сотрудничать с кем-либо; содействовать; способствовать в чем-либо; кооперировать; содействовать; объединять
co-operation [kouˌɔpəˈreɪʃən] сотрудничество; совместные действия; кооперация; взаимодействие *(воен.)*
co-operative [kouˈɔpərətɪv] совместный; объединенный; кооперативный; кооператив; кооперативное общество
co-ordinate [kouˈɔːdnɪt] — *прил.* [kouˈɔːdɪneɪt] — *гл.* одного разряда; той же степени; равный; одного ранга; не подчиненный; координировать; устанавливать правильное соотношение
co-ordination [kouˌɔːdɪˈneɪʃən] координация; взаимодействие; согласование; увязка; сочинение *(грам.)*
co-owner [kouˈounə] совладелец
co-ownership [kouˈounəʃɪp] совместное владение
co-plaintiff [kouˈpleɪntɪf] соистец *(юр.)*
co-reside [ˈkourɪˈzaɪd] совместно находиться в системе *(компьют.)*
co-respondent [ˈkourɪsˌpɔndənt] соответчик *(в бракоразводном процессе) (юр.)*
co-tenant [kouˈtenənt] совладелец

coach [koutʃ] карета; экипаж; пассажирский вагон *(ж.-д.)*; автобус *(междугородного сообщения)*; почтовая карета *(ист.)*; ехать в карете; перевозить в карете; репетитор *(подготавливающий к экзаменам)*; тренер; инструктор; заниматься с репетитором; натаскивать; разучивать с певцами; тренировать; подготавливать к состязаниям; инструктировать свидетеля перед дачей им показаний в суде *(юр.)*
coach body [ˈkoutʃˈbɔdɪ] автомобильный кузов
coaching [ˈkoutʃɪŋ] занятия концертмейстера с певцами *(муз.)*
coachman [ˈkoutʃmən] кучер
coagulate [kouˈægjuleɪt] сгущать*(ся)*; свертывать*(ся)*; коагулят; сгусток
coagulation [kouˌægjuˈleɪʃ(ə)n] коагуляция; свертывание
coal [koul] *(каменный)* уголь; уголек; грузить*(ся)* углем; обугливаться
coal loading [ˈkoulˈloudɪŋ] загрузка угля
coal seam [ˈkoulˈsiːm] угольный пласт
coal shovel [ˈkoulˌʃʌvl] лопата для угля
coal-cutter [ˈkoulˌkʌtə] врубовая машина
coal-driller [ˈkoulˌdrɪlə] забойщик *(в шахте)*
coalesce [ˌkouəˈles] срастаться; объединяться *(о людях)*; объединять в произвольном порядке; сливаться; соединяться
coalescence [ˌkouəˈlesns] связывание; соединение; сращение; сцепление; срастание; слипание; объединение *(в группы и т. п.)*; смесь; слияние
coalface [ˈkoulfeɪs] забой *(шахты)*
coalfield [ˈkoulfiːld] каменноугольный бассейн; месторождение каменного угля
coalition [ˌkouəˈlɪʃ(ə)n] коалиция; союз; коалиционный
coalitionist [ˌkouəˈlɪʃ(ə)nɪst] участник коалиции
coalman [ˈkoulmæn] рудокоп; углекоп; угольщик *(пароход)*
coalmill [ˈkoulmɪl] угледробилка
coalmine [ˈkoulmaɪn] угольная шахта; копь
coaly [ˈkoulɪ] угольный; содержащий уголь; черный как уголь; покрытый угольной пылью; чумазый
coarse [kɔːs] грубый *(о пище, одежде и т. п.)*; крупный; необработанный; шероховатый *(о материале)*; низкого сорта; грубый; невежливый; вульгарный; непристойный
coarse adjustment [ˈkɔːsəˈdʒʌstmənt] грубая регулировка
coarse-grained [ˈkɔːsˌgreɪnd] крупнозернистый; неотесанный; грубый *(о человеке)*
coarsen [ˈkɔːsn] делать грубым; грубеть
coarticulation [kouɑːˌtɪkjuˈleɪʃən] сочленение

coast [koust] морской берег; побережье; снежная горка *(амер.)*; спуск с горы на санках *(амер.)*; спуск под уклон с выключенным мотором или без педалей; плавать вдоль побережья; двигаться накатом; двигаться по инерции

coastal ['koustəl] береговой; судно береговой охраны

coastal waters [,koustəl'wɔ:tez] прибрежные воды

coaster ['koustə] каботажное судно; житель берегового района; подставка для стакана *(и т. п.)*; серебряный поднос

coastguard ['koustga:d] береговая охрана; морская пограничная служба *(амер.)*

coasting ['koustɪŋ] каботажное судоходство; каботаж *(судоходство вдоль берегов)*

coasting trade ['koustɪŋ'treɪd] каботажная торговля

coastline ['koustlaɪn] береговая линия

coat [kout] пиджак; мундир; китель; верхнее платье; пальто; покров; слой; оболочка; плева; покрывать; выкладывать; облицовывать; грунт; лакировать; грунтовать; мелование; наносить покрытие

coat accounting ['kout|ə'kauntɪŋ] учет издержек

coat of arms ['kout|əv|'a:mz] герб

coat-hanger ['kout'hæŋə] вешалка-плечики для пальто

coat-tail ['koutteɪl] фалда *(фрака, мундира и т. п.)*

coatchload ['koutʃloud] туристы, путешествующие в автобусах

coated paper ['koutɪd'peɪpə] мелованная бумага

coatee ['kouti:] короткая куртка; жакетка

coating ['koutɪŋ] слой; грунт; шпаклевка; покрытие; дублирование; грунтовка

coating metal ['koutɪŋ'metl] металлическое покрытие

coating pistol ['koutɪŋ'pɪstl] краскопульт

coax [kouks] упрашивать *(лаской, терпеливо и т. п.)*; уговаривать; добиться чего-либо с помощью уговоров, лести; человек, который умеет упросить, убедить

cob [kɔb] глыба; ком; кусок; крупный орех; кочерыжка кукурузного початка; бросать; кидать; метать; швырять; лебедь-самец; чайка; морская чайка

cob-swan ['kɔbswɔn] лебедь-самец

cobalamin [kou'bæləmɪn] витамин B12

cobalt [kou'bɔ:lt] кобальт; кобальтовая синяя краска *(хим.)*

cobble ['kɔbl] булыжник; крупный уголь; мостить *(булыжником)*; чинить; латать *(обувь)*

cobbler ['kɔblə] сапожник, занимающийся починкой обуви; плохой работник

cobby ['kɔbɪ] коренастый; низкий; низкорослый

coble ['koubl] плоскодонная рыбачья лодка

cobra ['koubrə] кобра; очковая змея

cobweb ['kɔbweb] паутина; сплетение; легкая прозрачная ткань; тонкости; хитросплетения

cobwebby ['kɔb,webɪ] затянутый паутиной

cocaine [kə'keɪn] кокаин

cocainize [kə'keɪnaɪz] впрыскивать кокаин

cocarboxylase кокарбоксилаза *(лекарство)*

cocash астра пунцовая *(бот.)*

coccygeal gland [kɔk'sɪdʒɪəl'glænd] копчиковая железа

coccyx ['kɔksɪks] копчик *(биол.)*; хвостец

cochin(-china) ['kɔtʃɪn('tʃaɪnə)] кохинхинка *(порода кур)*

cochineal ['kɔtʃɪni:l] кошениль *(краска)*

cochlea ['kɔklɪə] стремя *(анат.)*

cock [kɔk] петух; самец у птиц, рыб или крупных ракообразных; петушиный крик *(на заре)*; флюгер; вентиль; кран; курок; взводить; ставить на боевой взвод; вожак; коновод; взметать; поднимать; стог; складывать сено в стога

cock of the wood ['kɔk|əv|ðə|'wud] глухарь

cock plug ['kɔk|plʌg] пробка крана

cock sparrow ['kɔk|spærou] воробей-самец; забияка; задира

cock-crow ['kɔkkrou] время, когда начинают петь петухи; рассвет

cock-eyed [,kɔk'aɪd] косоглазый; пьяный *(разг.)*; бестолковый; дурацкий

cock-loft ['kɔklɔft] мансарда; чердак

cock-sure [,kɔk'ʃuə] вполне уверенный; самоуверенный; неизбежный *(о событии)*

cockade [kɔ'keɪd] кокарда

cockatoo [,kɔkə'tu:] какаду *(попугай)*

cockatrice ['kɔkətraɪs] василиск

cocked [kɔkt] поднятый; задранный кверху

cockerel ['kɔk(ə)r(ə)l] петушок; драчун; задира

cockiness ['kɔkɪnɪs] самонадеянность; дерзость

cockle ['kɔkl] морщина; изъян *(в бумаге, материи)*; морщиниться

cockpit ['kɔkpɪt] открытая кабина; кабина летчика

cockroach ['kɔkroutʃ] таракан

cockscomb ['kɔkscoum] петушиный гребень

cockscrew ['kɔkskru:] штопор

cocktail ['kɔkteɪl] коктейль; выскочка

cocktail bar ['kɔkteɪl|'ba:] коктейль-бар

cocky ['kɔkɪ] самоуверенный; дерзкий; нахальный

coco-palm ['koukəpa:m] кокосовая пальма

cocoa ['koukou] какао *(порошок и напиток)*; какаовый

COC — COG

coconut [ˈkoukənʌt] кокос; кокосовый; кокосовый орех
cocoon [kəˈkuːn] кокон
cod [kɔd] треска *(рыба)*; тресковые; обманывать; дезориентировать; стручок; шелуха; оболочка
coda [ˈkoudə] кода *(заключительный раздел музыкального произведения)*; окончание
codability [ˈkoudəbɪlɪtɪ] кодируемость
coddle [ˈkɔdl] неженка; ухаживать *(как за больным)*; кутать; изнеживать; баловать; обваривать кипятком; варить на медленном огне
code [koud] кодекс *(юр.)*; свод законов; законы; код; шифр; законы чести, морали; моральные нормы, принципы; правила поведения; система кодирования; кодировка; шифровать по коду; кодировать; текст программы *(компьют.)*; программировать; составлять программы
code clerk [ˈkoud|klaːk] шифровальщик
code distance [ˈkoud|dɪstəns] кодовое расстояние
code generation [ˈkoud|ʤenəˈreɪʃən] генерация объектного кода *(компьют.)*
code line [ˈkoud|laɪn] строка программы
code number [ˈkoud|nʌmbə] кодовый номер
code of honour [ˈkoudəvˈɔːnə] кодекс чести
code of practice [ˈkoud|əvˈpræktɪs] процессуальный кодекс
code removal [ˈkoud|rɪˈmuːvəl] удаление кода
code walkthrough [ˈkoud|ˈwɔːkθruː] разбор программы
coded image [ˈkoudɪdˈɪmɪʤ] закодированное изображение
coder [ˈkoudə] программист; шифратор
codex [ˈkoudeks] старинная рукопись или сборник старинных рукописей; кодекс
codicil [ˈkɔdɪsɪl] кодициль *(юр.)*; дополнение к завещанию
codification [ˌkɔdɪfɪˈkeɪʃ(ə)n] кодификация; сведение в кодекс
codify [ˈkɔdɪfaɪ] составлять кодекс; кодифицировать; приводить в систему *(условные знаки, сигналы и т. п.)*; шифровать
coding [ˈkoudɪŋ] кодирование; программирование; составление программ
coding device [ˈkoudɪŋ|dɪˈvaɪs] кодирующее устройство
coding scheme [ˈkoudɪŋ|ˈskiːm] система кодирования
coding sheet [ˈkoudɪŋ|ʃiːt] бланк для записи программ
codling [ˈkɔdlɪŋ] дикая яблоня *(бот.)*
coeducation [ˈkou.edjuːˈkeɪʃən] совместное обучение лиц обоего пола

coefficient [ˌkouɪˈfɪʃ(ə)nt] коэффициент; содействующий фактор; содействующий
coeliac брюшной
coequal [kouˈiːkw(ə)l] равный другому *(по чину, званию и т. п.)*
coerce [kouˈəːs] вынуждать; заставлять; принуждать; сообщить движение
coercible [kouˈəːsɪbl] поддающийся принуждению, насилию; сжимающийся *(о газах)*
coercion [kouˈəːʃ(ə)n] принуждение; насилие; применение силы; приведение *(типов)* *(компьют.)*
coercive [kouˈəːsɪv] насильственный; обязательный; принудительный
coercive activities [kouˈəːsɪvækˈtɪvɪtɪz] мероприятия принудительного характера
coercive measure [kouˈəːsɪvˈmeʒə] мера принуждения
coeval [kouˈiːv(ə)l] сверстник; современник; одного возраста; современный
coexist [ˈkouɪgˈzɪst] сосуществовать с кем-либо
coexistence [ˈkouɪgˈzɪst(ə)ns] сосуществование; совместное существование
cofactor [ˈkoufæktə] алгебраическое дополнение
coffee [ˈkɔfɪ] кофе; кофейное дерево
coffee bar [ˈkɔfɪˈbaː] кафетерий *(в Великобритании)*
coffee break [ˈkɔfɪˈbreɪk] короткий перерыв *(в работе, чтобы выпить кофе)*
coffee tree [ˈkɔfɪˈtriː] кофейное дерево
coffee-cup [ˈkɔfɪkʌp] маленькая *(кофейная)* чашка
coffee-grinder [ˈkɔfɪˌgraɪndə] кофейная мельница
coffee-house [ˈkɔfɪhaus] кафе
coffer [ˈkɔfə] металлический *(денежный)* сундук; казна; запирать в сундук; кессон; плавучий док; камера шлюза
cofferdam [ˈkɔfədæm] водонепроницаемая перемычка
coffin [ˈkɔfɪn] гроб; фунтик; бумажный пакетик; заброшенная шахта; класть в гроб; упрятать подальше что-либо; контейнер *(для хранения и транспортировки радиоактивных веществ)*
coffin joint [ˈkɔfɪnˈʤɔɪnt] венечный сустав
cog [kɔg] зубец; выступ; зуб; шип; клин; штырь; палец; кулак; жульничество; ложь; неправда; обман; обманывать; жульничать; вводить в заблуждение; зацепляться; соединять на шипах; небольшая рыбачья лодка
cog-wheel [ˈkɔgwiːl] зубчатое колесо *(техн.)*
cogence [ˈkouʤ(ə)ns] неопровержимость; неоспоримость
cogent [ˈkouʤ(ə)nt] убедительный; неоспоримый
cogged [kɔgd] зубчатый; снабжённый зубьями

cogged belt [ˈkɔgd|ˈbelt] зубчатый ремень
cogger [ˈkɔgə] шулер; жулик
cogitable [ˈkɔʤɪtəbl] мыслимый; доступный пониманию
cogitate [ˈkɔʤɪteɪt] обдумывать; взвешивать; продумывать
cogitation [ˌkɔʤɪˈteɪʃ(ə)n] мнение; мысль; размышление
cogitative [ˈkɔʤɪtətɪv] интеллектуальный; мыслительный; умственный
cognac [ˈkɔnjæk] коньяк
cognate [ˈkɔgneɪt] слова, языки общего происхождения *(линг.)*; родственный по женской линии; кровный; родственник; родственный; сходный; близкий
cognation [kɔgˈneɪʃ(ə)n] родство *(слов, языков) (линг.)*; кровное родство по женской линии *(юр.)*
cognition [kɔgˈnɪʃ(ə)n] познавательная способность; знание; осведомленность; познание; эрудиция; судебное производство по назначению опекуна
cognitive [ˈkɔgnɪtɪv] познавательный
cognitive complexity [ˈkɔgnɪtɪv|kəmˈpleksɪtɪ] сложность познания
cognitive need [ˈkɔgnɪtɪv|ˈniːd] любознательность
cognizable [ˈkɔgnɪzəbl] познаваемый; *(юр.)* подсудный
cognizable case [ˈkɔgnɪzəbl|ˈkeɪs] подсудное дело
cognizance [ˈkɔgnɪz(ə)ns] знание; осведомленность; заведомость; ведение; признание; компетенция; полномочия; права; подтверждение; принятие во внимание; подсудность; юрисдикция; судебное рассмотрение дела; отличительный знак; герб
cognizant [ˈkɔgnɪzənt] компетентный; осведомленный; знающий
cognize [kɔgˈnaɪz] узнавать; замечать; обращать внимание; знать; познавать
cognomen [kɔgˈnoumen] семейство; семья; фамилия; кличка; прозвание; прозвище
cohabit [kouˈhæbɪt] сожительствовать *(в браке или вне брака)*; совместно проживать; находиться в супружеских отношениях
cohabitant [kouˈhæbɪt(ə)nt] сожитель; сожительница
cohabitation [ˌkouhæbɪˈteɪʃ(ə)n] сожительство; совместное проживание; супружество
coheir [ˈkouˈɛə] сонаследник
coheiress [ˈkouˈɛərɪs] сонаследница
cohere [kouˈhɪə] быть сцепленным, связанным; быть объединенным; быть связным, членораздельным; скоординироваться; согласоваться; увязаться

coherence [kouˈhɪər(ə)ns] связь; сцепление; логичность; связность
coherency [kouˈhɪər(ə)nsɪ] слаженность; согласованность; стройность
coherent [kouˈhɪər(ə)nt] сцепленный; логичный; последовательный; связный; гармонический; гармоничный; согласованный; последовательный; понятный; ясный; вразумительный
cohesion [kouˈhiːʒ(ə)n] сцепление; зацепление; связь; связность; единство; спаянность; сплоченность
cohesive [kouˈhiːsɪv] способный к сцеплению; связующий
cohesive force [kouˈhiːsɪv|ˈfɔːs] сила сцепления
coho кижуч *(рыба)*
cohort [ˈkouhɔːt] когорта; потомство; поколение; войско; отряд; группа; компания; поборник; последователь; приверженец; сторонник
coif [kɔɪf] чепец; шапочка; завивать; причесывать
coiffeur [kwaːˈfəː] парикмахер *(франц.)*
coiffure [kwaːˈfjuə] прическа *(франц.)*
coil [kɔɪl] веревка, сложенная витками в круг; обмотка; виток; кольцо; рулон перфоленты; катушка; проволочная спираль; свертываться кольцом, спиралью; извиваться; наматывать; обматывать вокруг чего-либо
coil ignition [ˈkɔɪl|ɪgˈnɪʃən] батарейное зажигание с катушкой индуктивности
coiler [ˈkɔɪlə] змеевик
coin [kɔɪn] монета; деньги *(разг.)*; чеканить монеты; выбивать *(медаль)*; штамповать; измышлять; фабриковать; создавать *(новые слова, выражения)*
coinage [ˈkɔɪnɪʤ] чеканка монеты; монетная система; создание *(новых слов, выражений)*; выдумка; вымысел; домысел
coinage offence [ˈkɔɪnɪʤ|əˈfens] фальшивомонетничество
coincide [ˌkouɪnˈsaɪd] совпадать с чем-либо; соответствовать; подходить; равняться; удовлетворять
coincidence [kouˈɪnsɪd(ə)ns] совпадение; одинаковость; согласованное положение; случайное стечение обстоятельств
coincident [kouˈɪnsɪd(ə)nt] совпадающий; равносильный; соответствующий
coincidental [kouˌɪnsɪˈdentl] случайный
coiner [ˈkɔɪnə] чеканщик *(монеты)*; фальшивомонетчик; выдумщик
coins in the denomination of... [ˈkɔɪnz|ɪn|ðə|dɪˌnɔmɪˈneɪʃən|əv] монеты достоинством в...
coinsurance [ˌkouɪnˈʃuərəns] страхование не на полную стоимость

coition [kou'ıʃ(ə)n] совокупление; соитие; коитус

coitus ['kɔıtəs] см. coition

coke [kouk] кокс; нагар; коксовать; коксоваться

coking ['koukıŋ] образование наслоений кокса

col ['kɔl] седловина

cola ['koulə] кола

colander ['kʌləndə] дуршлаг

colature фильтрат

cold [kould] холодный; безучастный; равнодушный; недействующий; неприветливый; слабый; холод; простуда

cold asphalt macadam ['kould|,æsfælt|mə'kædəm] дорожное щебеночное покрытие

cold beer ['kould|'bıə] холодное пиво

cold chisel ['kould|'tʃızl] слесарное зубило

cold cured foam ['kould|,kjuəd|'foum] вулканизация холодным способом *(техн.)*

cold curing ['kould|'kjuərıŋ] холодная вулканизация

cold dish ['kould|dıʃ] закуска

cold mix ['kould|'mıks] холодная смесь

cold pressing (forming) ['kould|'presıŋ ('fɔ:mıŋ)] холодная штамповка

cold shoulder ['kould|'ʃouldə] холодный прием

cold storage car ['kould|,stɔ:rıʤ|'ka:] авторефрижератор

cold-blooded ['kould'blʌdıd] бесчувственный; зябкий; холоднокровный *(биол.)*

cold-frame ['kouldfreım] теплица

cold-killed ['kɔ:uldkıld] погибший от холода

cold-working ['kould'wə:kıŋ] холодная обработка металла

coldly ['kouldlı] холодно; неприветливо; с холодком

coldness ['kouldnıs] холод; холодность

coldshort ['kould'ʃɔ:t] хладноломкий *(о стали)*

cole [koul] капуста *(огородная)*

cole-rape ['koulreıp] кольраби

colessed ['koulsi:d] капуста полевая *(бот.)*

colewort ['koulwə:t] капуста листовая

colibacillus кишечная бактерия

colic ['kɔlık] колика; резкая боль

Coliseum [,kɔlı'sıəm] Колизей *(в Риме)*

collaborate [kə'læbəreıt] сотрудничать; предательски сотрудничать *(с врагом)*

collaboration [kə,læbə'reıʃ(ə)n] сотрудничество; совместная работа; предательское сотрудничество

collaborationist [kə,læbə'reıʃ(ə)nıst] коллаборационист

collaborative [kə'læbərətıv] общий; объединенный; совместный

collage ['kɔla:ʒ] коллаж; комбинация разнородных элементов

collagen ['kɔləʤən] коллаген *(мед.)*

collapse [kə'læps] обвал; разрушение; поломка; авария; выход из строя; потеря устойчивости; осадка; оседание волокон; крушение; гибель; падение; крах; резкий упадок сил; изнеможение; коллапс; депрессия; продольный изгиб; ломаться; обваливаться; разрушаться; рушиться; выходить из строя; крушение *(надежд, планов)*; сильно ослабеть; свалиться от болезни; слабости; падать духом; сплющиваться; сжиматься

collapsible [kə'læpsıbl] разборный; складной; откидной; убирающийся; раздвижной; телескопический

collapsible tank [kə'læpsıbl|'tæŋk] складная цистерна *(мор.)*

collar ['kɔlə] воротник; воротничок; заплечик; фланец; ожерелье; ошейник; хомут; кольцо; бугель; переходная муфта; втулка; сальник; схватить за ворот; надеть хомут; завладеть *(разг.)*; захватить; свертывать в рулет *(мясо и т. п.)*

collar bone ['kɔlə|boun] ключица *(анат.)*

collared pork ['kɔləd|'pɔ:k] свиной рулет

collaret(te) [kɔlə'ret] кружевной, меховой воротничок

collate [kɔ'leıt] детально сличать; делать сверку; сравнивать; сопоставлять; объединять; сливать *(с сохранением упорядоченности)*

collateral [kɔ'lætərəl] вспомогательный; несущественный; побочный; второстепенный факт; косвенный; одновременный; параллельный; родственник по боковой линии; дополнительное обеспечение

collateral advantage [kɔ'lætərəl|əd'va:ntıʤ] побочная выгода

collateral descendant [kɔ'lætərəl|dı'sendənt] наследник по боковой линии

collateral note [kɔ'lætərəl|'nout] обеспеченный вексель

collating sequence [kɔ'leıtıŋ|'si:kwəns] сортирующая последовательность

collation [kɔ'leıʃ(ə)n] сличение; сопоставление; сравнение; сравнивание; сверка; закуска; легкий ужин

collator [kɔ'leıtə] раскладочная машина для перфокарт; сортировально-подборочная машина

colleague ['kɔli:g] коллега; сослуживец

collect [kə'lekt] собирать; коллекционировать; комплектовать; скопляться; собираться; овладевать собой; сосредоточиваться; забирать *(товары)*; получать деньги; инкассировать; взимать *(пошлины)*

to collect a bill — получать деньги по векселю

to collect duties — взимать пошлины

collect on delivery — наложенный платеж

collectable [kə'lektəbl] коллекционируемый

collected [kəˈlektɪd] собранный; внимательный; сосредоточенный; невозмутимый; спокойный; тихий; хладнокровный

collection [kəˈlekʃən] накопление; сбор; собирание; гнездо; совокупность; ассортимент; коллекция; собрание; скопление; толпа; денежный сбор; инкассо *(фин.)*

collection body (vehicle) [kəˈlekʃən|ˈbɒdɪ (ˈviːɪkl)] мусоровоз; автомобиль-мусоросборщик; помойка

collection of arrears [kəˈlekʃən|əv|əˈrɪəz] взыскание недоимок

collection of bills [kəˈlekʃən|əv|ˈbɪlz] сборник законопроектов

collection of facts [kəˈlekʃən|əv|ˈfækts] совокупность фактов

collective [kəˈlektɪv] коллективный; совместный; коллектив

collective arrangement [kəˈlektɪv|əˈreɪnʤmənt] коллективное соглашение

collective authorship [kəˈlektɪv|ˈɔːθəʃɪp] коллективное авторство

collective farmer [kəˈlektɪv|ˌfɑːmə] колхозник; колхозница

collectivism [kəˈlektɪvɪzm] коллективизм

collectivity [ˌkɒlekˈtɪvɪtɪ] коллектив; коллективная организация; коллективизм

collectivization [kəˌlektɪvaɪˈzeɪʃ(ə)n] коллективизация

collector [kəˈlektə] сборщик *(налогов и т. п.)*; коллектор; сборник; коллекционер; собиратель; токосниматель; щетки электрогенератора

college [ˈkɒlɪʤ] университетский колледж; университет *(амер.)*; специальное высшее учебное заведение *(педагогическое, военное, морское и т. п.)*; средняя школа с интернатом; корпорация; коллегия

college bookstore [ˈkɒlɪʤ|ˈbʊkstɔː] магазин учебной литературы

college boy [ˈkɒlɪʤ|bɔɪ] учащийся колледжа

collegian [kəˈliːʤjən] студент колледжа; лицо, окончившее колледж

collegiate [kəˈliːʤɪɪt] академический; университетский; коллегиальный

colley [ˈkɒlɪ] дрозд *(биол.)*

collide [kəˈlaɪd] сталкиваться; вступить в противоречие

collier [ˈkɒlɪə] углевоз; угольный транспорт

colliery [ˈkɒljərɪ] каменноугольная копь

colligate [ˈkɒlɪgeɪt] связывать; обобщать *(факты)*

collinous растущий на холмах

collision [kəˈlɪʒən] столкновение; конфликт; коллизия; противоречие *(интересов)*

collision damage [kəˈlɪʒən|ˈdæmɪʤ] повреждение в результате столкновения

collocate [ˈkɒloukeɪt] располагать; расстанавливать

collocation [ˌkɒlouˈkeɪʃən] расположение; размещение; распределение

collocutor [kəˈlɒkjutə] собеседник

collodion [kəˈloudjən] коллодий

collogue [kəˈloug] беседовать интимно; наедине *(разг.)*

colloid [ˈkɒlɔɪd] коллоид

colloquial [kəˈloukwɪəl] разговорный; нелитературный *(о речи, слове, стиле)*

colloquium [kəˈloukwɪəm] коллоквиум

colloquy [ˈkɒləkwɪ] беседа; интервью; разговор; собеседование; литературное произведение в форме диалога; говорить; перебрасываться репликами

collude [kəˈluːd] вступать в сговор; сговариваться

collusion [kəˈluːʒən] сговор; тайное соглашение *(в ущерб третьей стороне)*

cologne [kəˈloun] одеколон

colon [ˈkoulən] двоеточие; толстая кишка

colonel [ˈkɜːnl] полковник

colonelcy [ˈkɜːnlsɪ] чин, звание полковника

colonial [kəˈlounjəl] колониальный; житель колоний

colonial emancipation [kəˈlounjəl|ɪˌmænsɪˈpeɪʃən] деколонизация

colonialism [kəˈlounjəlɪzm] колониализм; колониальный режим; колониальный налет *(выражающийся в манерах, речи и т. п.)*

colonialist [kəˈlounjəlɪst] колонизатор

colonist [ˈkɒlənɪst] колонист; поселенец

colonization [ˌkɒlənaɪˈzeɪʃ(ə)n] колонизация

colonize [ˈkɒlənaɪz] колонизировать; заселять *(чужую страну)*; поселять(ся)

colonizer [ˈkɒlənaɪzə] колонизатор; поселенец; колонист

colonnade [ˌkɒləˈneɪd] колоннада; *(двойной)* ряд деревьев

colony [ˈkɒlənɪ] колония; поселение; селение; населенный пункт

colony of bees [ˈkɒlənɪ|əv|ˈbiːz] пчелиный рой

colophon [ˈkɒləfən] концовка; выходные сведения *(в конце старинных книг)*; эмблема издательства или типографии на книге

colophony [kəˈlɒfənɪ] канифоль

color [ˈkʌlə] красящее вещество; колер; см. colour

colorado potato beetle [ˌkɒləˈrɑːdou|pəˌteɪtouˈbiːtl] колорадский жук

coloration [ˌkʌləˈreɪʃən] окраска; раскраска; расцветка; цвет; окрашивание

coloratura [ˌkɒlərəˈtuərə] колоратура *(муз.)*

colorific [ˌkɒləˈrɪfɪk] красящий; красочный; цветистый *(о стиле)*

COL — COM

colossal [kəˈlɔsl] большой; грандиозный; великолепный *(разг.)*; замечательный

colostrum [kəˈlɔstrəm] молозиво

colour [ˈkʌlə] цвет; оттенок; тон; окраска; краска; красящее вещество; пигмент; колер; свет; вид; оттенок; румянец; колорит; предлог; индивидуальность; яркая личность; *(во мн.ч.)* знамя; оттенок *(муз.)*; тембр; цветной; красить; раскрашивать; окрашивать; прикрашивать; искажать; принимать окраску; окрашиваться; краснеть; рдеть *(о лице, о плоде)*; видимость; симуляция; обманчивая внешность; предлог *(юр.)*

colour adaptation [ˈkʌlərˌædæpˈteɪʃən] цветовая адаптация

colour analyzer [ˈkʌləˈænəlaɪzə] цветоанализатор

colour bar [ˈkʌləˌbɑː] «цветной барьер»; расовая дискриминация

colour bar test pattern [ˈkʌləˌbɑːˌtestˈpætən] цветные полосы

colour blindness [ˈkʌləˈblaɪndnɪs] ослепление яркими цветами

colour contrast [ˈkʌləˈkɔntræst] цветовой контраст

colour correction [ˈkʌləkəˈrekʃən] цветокоррекция

colour edging [ˈkʌləˈedʒɪŋ] цветная окантовка

colour fast [ˈkʌləˈfɑːst] невыцветающий *(о ткани)*; прочный *(о краске)*

colour film [ˈkʌləˈfɪlm] цветной фильм; цветная плёнка

colour gamut [ˈkʌləˈgæmət] гамма цветов

colour image [ˈkʌləˈɪmɪdʒ] изображение цветное

colour intensity [ˈkʌlərɪnˈtensɪtɪ] яркость цвета

colour masking [ˈkʌləˈmɑːskɪŋ] цветовая коррекция

colour monitor [ˈkʌləˈmɔnɪtə] цветной монитор

colour music [ˈkʌləˈmjuːzɪk] цветомузыка

colour notation [ˈkʌləˌnouˈteɪʃən] цветовой код

colour plane [ˈkʌləˈpleɪn] цветовая плоскость

colour plate [ˈkʌləˈpleɪt] клише для многокрасочной печати

colour receiver [ˈkʌlərɪˈsiːvə] цветной телевизор

colour rendering [ˈkʌləˈrendərɪŋ] цветопередача

colour roll [ˈkʌləˈroul] валик красочный

colour sensation [ˈkʌləsenˈseɪʃən] цветовое восприятие

colour separation [ˈkʌləsepəˈreɪʃən] цветоделение

colour separation set [ˈkʌləsepəˈreɪʃənˈset] комплект цветоделенных фотоформ

colour strength [ˈkʌləˈstreŋθ] насыщенность цвета

colour transparency [ˈkʌləˈtrænsˈpeərənsɪ] цветной диапозитив

colour-blind [ˈkʌləblaɪnd] не различающий цветов; дальтоник

colour-intensity control [ˈkʌlərɪnˈtensɪtɪkənˈtroul] регулировка насыщенности цвета

colourable [ˈkʌl(ə)rəbl] поддающийся окраске; благовидный; правдоподобный; обманчивый; ранимый; вводящий в заблуждение

colourant [ˈkʌlərənt] краситель; пигмент

colourcast [ˈkʌləkɑːst] цветное телевидение

coloured [ˈkʌləd] цветной; окрашенный; раскрашенный; красочный; цветной *(о неграх, мулатах)*

colourful [ˈkʌləful] красочный; яркий

colour(ed) illustration, full-colour illustration [ˈkʌlə(d)ˌɪləsˈtreɪʃən, ˈfulˈkʌlərˌɪləsˈtreɪʃən] цветная иллюстрация

colouring [ˈkʌlərɪŋ] красящее вещество; колорит; окраска; раскраска; расцветка; цвет; чувство цвета *(у художника)*; цвет *(лица, волос и т. п.)*

colourless [ˈkʌləlɪs] бесцветный; бледный *(перен.)*

colt [koult] кольт *(револьвер или пистолет)*; жеребёнок; оленёнок; верблюжонок; детёныш зебры; новичок *(разг.)*

coltish [ˈkoultɪʃ] жеребячий; игривый

coltsfoot [ˈkoultsfut] мать-и-мачеха *(растение)*

colubrid уж

columbarium [ˌkɔləmˈbɛərɪəm] колумбарий; голубятня

columbine [ˈkɔləmbaɪn] коломбина; водосбор; голубиный

column [ˈkɔləm] колонна; столб жидкости в трубке; столбец *(матрицы, таблицы, дисплея)*; колонка; графа; тумба; станина двигателя; опора; поддержка; столп; спинная струна; хорда *(мед.)*; позвоночник *(мед.)*; нервный пучок *(мед.)*

columnar [kəˈlʌmnə] колоннообразный; напечатанный столбцами; поддерживаемый на столбах; стебельчатый

columnist [ˈkɔləmnɪst] корреспондент; обозреватель; фельетонист *(амер.)*

coma [ˈkoumə] кома; коматозное состояние *(мед.)*; хохолок; пучок волосков

comate [kouˈmeɪt] хохлатый

comb [koum] гребень; расчёска; гребёнка винторезная; гребешок; хохолок; скребница; конёк *(крыши)*; пчелиные соты; расчёсывать; разбиваться *(о волнах)*; прочёсывать *(местность и т. п.)*

comb-out [ˈkoumˈaut] вычёсывание; чистка *(служащих, членов союза и т. п.)*; переосвидетельствование *(ранее освобождённых от военной службы)*

comb-shaped [ˈkoumʃeɪpt] гребенчатый

combat [ˈkɔmbət] бой; сражение; боевой; походный; строевой; сражаться; бороться

combatant [ˈkɔmbət(ə)nt] боец; участник сражения; боевой корабль; воюющая сторона; борец; защитник; поборник; боевой; строевой; агрессивный; воинственный

combative ['kɔmbətɪv] боевой; воинственный; агрессивный; драчливый

combination [,kɔmbɪ'neɪʃ(ə)n] соединение; комбинация; сочетание; состав; комбинезон; союз; объединение; комбинированный; комплекс (физиол.); шайка; банда

combination pliers [kɔmbɪ'neɪʃən'plaɪəz] универсальные клещи

combinative ['kɔmbɪnətɪv] комбинаторный; комбинационный; склонный к комбинациям

combine ['kɔmbaɪn] — сущ. [kəm'baɪn] — гл. комбайн; картель; комбинат; объединение; слияние; объединять(ся); сочетать(ся); комбинировать; смешивать(ся); убирать комбайном; образовывать преступное сообщество

combined [kəm'baɪnd] комбинированный; объединенный; сгруппированный

combings ['koumɪŋz] расчесывание; волосы, остающиеся на гребне после расчесывания

combo ['kɔmbou] небольшой эстрадный ансамбль (разг.)

comburent [kəm'bjurənt] горючее; топливо; поддерживающий горение

combustibility [kəm,bʌstə'bɪlɪtɪ] воспламеняемость; горючесть

combustible [kəm'bʌstəbl] легковоспламеняющийся; горючий; горючее; топливо

combustion [kəm'bʌstʃən] горение; сгорание; воспламенение; возгорание; сожжение; сжигание; волнение; беспокойство

combustion assembly [kəm'bʌstʃən|ə'semblɪ] блок камеры сгорания (авт.)

combustion chamber [kəm'bʌstʃən|'tʃeɪmbə] топка; камера сгорания

combustion engine [kəm'bʌstʃən|'enʤɪn] двигатель внутреннего сгорания

combustor [kəm'bʌstə] топочная камера котла

come [kʌm] подходить; приходить; прибывать; приезжать; делаться; становиться; снижаться; подниматься; доходить до; достигать; равняться; поступать; вести свое происхождение; происходить

to come about — происходить; случаться; менять направление (о ветре, корабле)

to come across — (случайно) встретиться с кем-либо; натолкнуться на что-либо; быть понятым кем-либо; приходить в голову

to come again — возвращаться; повторять чьи-либо слова

to come around to — находить что-либо; гнаться за кем-либо; обнаруживать

to come back — возвращаться; вспоминаться; очнуться; прийти в себя; повторять чьи-либо слова

to come down — снижаться

to come forward — выходить вперед; выдвигаться; откликаться; предлагать свои услуги; выделяться; выдаваться; быть готовым для продажи, использования; предлагаться к рассмотрению

to come in — входить; прибывать (о поезде, пароходе); вступать (в должность); приходить к власти; входить в моду

to come in handy — быть кстати; пригодиться

to come into effect — входить в силу; вступать в силу

to come into use — входить в употребление

to come next — следовать (во времени); быть результатом; быть следующим пунктом действий; иметь меньшее значение, чем что-либо

to come out — выйти из печати (полигр.)

to come out against — выступать против

to come out for — бастовать (с какой-либо целью); поддерживать

to come out from — быть результатом чего-либо

to come over — переезжать; приезжать; переходить на другую сторону; получать преимущество; охватить; овладеть; быть понятым; менять мнение; постепенно изменяться (о погоде, небе и т.д.)

to come round — объехать; обойти кругом; заходить ненадолго; заглянуть; приходить в себя (после обморока, болезни); изменяться к лучшему; менять свое мнение; соглашаться с чьей-либо точкой зрения; хитрить; обманывать

to come short — не хватать; иметь недостаток в чем-либо; уступать в чем-либо; не достигнуть цели; не оправдать ожиданий

to come through — проходить внутрь; проникать; остаться в живых; выпутаться из неприятного положения

to come to — равняться; составлять

to come to a head — нарывать

to come to close quarters — вступить в рукопашную; сцепиться в споре; столкнуться лицом к лицу

to come to life — оживать; приходить в себя (после обморока и т. п.); осуществляться

to come together — объединиться; собраться вместе; сойтись (о мужчине и женщине); помириться

to come under — относиться; подпадать; подвергаться

to come up — подниматься; вырастать; возникать; всходить (о растении); прорастать; размножаться; приезжать (из провинции в большой город, университет и т. п.)

to come up against — встречаться с трудностями

to come upon — натолкнуться; напасть неожиданно; предъявить требование; лечь бременем на чьи-

либо плечи; охватывать кого-либо; случаться с кем-либо

come-and-go [ˈkʌmənd'gou] движение взад и вперед

come-between [ˈkʌmbɪ'twiːn] посредник; посредница

come-off [ˈkʌm'ɔf] завершение; конец; окончание; отговорка; отписка; прием; уловка; хитрость

comedian [kəˈmiːdjən] автор комедий; комик; комедийный актер

comedienne [kəˈmeɪdɪ'en] комедийная актриса

comedietta [kəˈmiːdɪ'etə] одноактная комедия

comedy [ˈkɔmɪdɪ] комедия; забавное событие; комичный случай

comeliness [ˈkʌmlɪnɪs] миловидность

comely [ˈkʌmlɪ] миловидный; хорошенький

comer [ˈkʌmə] приходящий; пришелец; посетитель

comestible [kəˈmestɪbl] съестные припасы; съедобный

comet [ˈkɔmɪt] комета

comfit [ˈkʌmfɪt] конфета; засахаренные фрукты

comfort [ˈkʌmfət] утешение; успокоение; ободрение; отдых; покой; комфорт; удобства; утешать; умиротворять; унимать; успокаивать

comfortable [ˈkʌmf(ə)təbl] удобный; комфортабельный; уютный; спокойный; довольный

comforter [ˈkʌmfətə] утешитель; пустышка; соска; шерстяной шарф; теплое кашне

comforting [ˈkʌmfətɪŋ] утешительный

comfortless [ˈkʌmfətlɪs] неуютный; безутешный; печальный; траурный

comfrey [ˈkʌmfrɪ] окопник лекарственный

comic [ˈkɔmɪk] комический; юмористический; забавный; комедийный; комик; кинокомедия

comic-strip oriented image [ˈkɔmɪkstrɪp,ɔːrɪentɪd'ɪmɪdʒ] горизонтальное изображение

comical [ˈkɔmɪk(ə)l] смешной; забавный; потешный

comicality [,kɔmɪˈkælɪtɪ] комичность; чудачество; что-либо смешное

comics [ˈkɔmɪks] комиксы

coming [ˈkʌmɪŋ] прибытие; приезд; приход; будущий; наступающий; предстоящий; многообещающий; подающий надежды *(писатель, поэт и т. п.)*

coming-in [ˈkʌmɪŋ'ɪn] ввоз *(товаров)*

coming-out [ˈkʌmɪŋ'aut] вывоз *(товаров)*

comity [ˈkɔmɪtɪ] вежливость

comma [ˈkɔmə] запятая

command [kəˈmaːnd] команда; приказ; командование; власть; господство; владение; приказывать; командовать; управлять; господствовать; управляющий сигнал; оператор программы; машинная команда *(компьют.)*

command file [kəˈmaːnd'faɪl] командный файл

command language [kəˈmaːnd'læŋgwɪdʒ] язык управления заданиями

command line [kəˈmaːnd'laɪn] командная строка

commandeer [,kɔmənˈdɪə] принудительно набирать *(в армию)*; изымать; конфисковать; реквизировать; присваивать *(разг.)*

commander [kəˈmaːndə] командир; начальник; военачальник

Commander-in-Chief [kəˈmaːnd(ə)rɪnˈtʃiːf] главнокомандующий; командующий войсками округа; командующий флотом или отдельной эскадрой *(мор.)*

commanding [kəˈmaːndɪŋ] командующий; господствующий; доминирующий; видный; внушительный; представительный

commandment [kəˈmaːndmənt] директива; приказ; указание; заповедь

commando [kəˈmaːndou] диверсионно-десантный отряд *(воен.)*; боец диверсионно-десантного отряда

commemorate [kəˈmeməreɪt] праздновать *(годовщину)*; отмечать *(событие)*; чтить память; служить напоминанием

commemoration [kə,meməˈreɪʃ(ə)n] празднование *(ознаменование) (годовщины)*; поминовение *(церк.)*

commemorative [kəˈmemərətɪv] мемориальный; незабвенный

commence [kəˈmens] начинать(ся); предъявлять иск; возбудить дело

commencement [kəˈmensmənt] зарождение; зачин; начало; вступление в действие; актовый день *(в учебных заведениях США)*

commend [kəˈmend] хвалить; рекомендовать; привлекать; прельщать

commendable [kəˈmendəbl] похвальный; достойный похвалы

commendation [,kɔmenˈdeɪʃ(ə)n] одобрение; похвала; хвала; объявление благодарности в приказе *(воен.)*; рекомендация

commensal [kəˈmensəl] сотрапезник; комменсал *(биол.)*

commensurable [kəˈmenʃ(ə)rəbl] соизмеримый; пропорциональный

commensurate [kəˈmenʃ(ə)rɪt] соответственный; надлежащий; соразмерный

comment [ˈkɔment] замечание; отзыв; примечание; ссылка; комментарий; толкование; коллективные суждения; толки; делать *(критические)* замечания; высказывать мнение о чем-либо

comment statement [ˈkɔmənt ˈsteɪtmən] комментарий

commentary [ˈkɔməntərɪ] комментарий; примечание

commentary studio [ˈkɔməntərɪ ˈstjuːdɪou] кабина комментатора

commentate [ˈkɔmənteɪt] комментировать (в радио- или телепередачах)

commentation [ˌkɔmənˈteɪʃ(ə)n] комментирование; толкование (текста)

commentator [ˈkɔmenteɪtə] (радио)комментатор; интерпретатор; толкователь

commentator unit [ˈkɔmenteɪtə ˈjuːnɪt] комментаторский пульт

commerce [ˈkɔmə(ː)s] торговля; коммерческая деятельность; общение; внебрачные сношения; сообщение; связь

commercial [kəˈməːʃəl] коммерческий; купеческий; торговый; промышленный; серийный; имеющий целью извлечение прибыли

commercial activity [kəˈməːʃəl ækˈtɪvɪtɪ] коммерческая деятельность

commercial application [kəˈməːʃəl æplɪˈkeɪʃən] промышленное применение

commercial attache [kəˈməːʃəl əˈtæʃeɪ] торговый атташе

commercial bank [kəˈməːʃəl ˈbæŋk] коммерческий банк

commercial department [kəˈməːʃəl dɪˈpɑːtmənt] коммерческий отдел

commercial establishment [kəˈməːʃəl ɪsˈtæblɪʃmənt] торговое предприятие

commercial label [kəˈməːʃəl ˈleɪbl] торговый знак

commercial mission [kəˈməːʃəl ˈmɪʃən] торговое представительство; торговая делегация

commercial publication [kəˈməːʃəl pʌblɪˈkeɪʃən] коммерческое издание

commercial transport [kəˈməːʃəl ˈtrænspɔːt] коммерческие перевозки

commercial van [kəˈməːʃəl væn] автомобиль-фургон

commercialese [kəˌməːʃəˈliːz] стиль коммерческих документов

commercialism [kəˈməːʃəlɪzm] слово или выражение, используемое в коммерческом языке

commercialize [kəˈməːʃəlaɪz] превращать в источник прибыли; ставить на коммерческую основу

commingle [kɔˈmɪŋgl] смешивать(ся)

comminute [ˈkɔmɪnjuːt] толочь; превращать в порошок; дробить; делить на мелкие части (имущество)

comminution [ˌkɔmɪˈnjuːʃ(ə)n] раздробление; размельчение

commiserate [kəˈmɪzəreɪt] сочувствовать; выражать соболезнование

commiseration [kəˌmɪzəˈreɪʃən] сочувствие; соболезнование; участие

commiserative [kəˈmɪzərətɪv] соболезнующий; сочувствующий

commission [kəˈmɪʃən] доверенность; полномочия; комиссия; комитет; поручение; заказ; комиссионные; комиссионная продажа; комиссионное вознаграждение; совершение (преступления и т. п.); назначать на должность; патент на должность; разрешать; санкционировать; уполномочивать; служебная командировка; вводить в действие; сдавать в эксплуатацию; поручать; давать заказ; утверждать в должности; судебное поручение; договор комиссии; деяние

to commission new production capacities — осваивать новые производственные мощности

commission account [kəˈmɪʃən əˈkaunt] счет комиссионных выплат

commission agent [kəˈmɪʃən ˈeɪʤənt] комиссионер

commission broker [kəˈmɪʃən ˈbroukə] брокер-комиссионер

commission house [kəˈmɪʃən ˈhaus] брокерская фирма

commission shop [kəˈmɪʃən ˈʃɔp] комиссионный магазин

commission trade [kəˈmɪʃən ˈtreɪd] комиссионная торговля

commissionaire [kəˌmɪʃəˈnɛə] комиссионер (при гостинице); посыльный; курьер; рассыльный; швейцар

commissioned [kəˈmɪʃ(ə)nd] облеченный полномочиями; получивший поручение; получивший офицерское звание; укомплектованный личным составом и готовый к плаванию (о корабле)

commissioner [kəˈmɪʃnə] специальный уполномоченный; комиссар; член комиссии

commissioning editor [kəˈmɪʃnɪŋ ˈedɪtə] редактор, разрабатывающий идею книги и подбирающий автора для ее написания

commissure [ˈkɔmɪsjuə] соединение; место сочленения; спайка; стык; шов

commit [kəˈmɪt] совершать (преступление и т. п.); предавать; вверять; поручать; обязывать; передавать на рассмотрение; предавать суду; заключать под стражу

to commit suicide — покончить жизнь самоубийством

commit to [kəˈmɪt ˈtu] предавать; оставлять; посылать; отправлять; держать обещание; выполнять обязательства; фиксировать

COM — COM

commitment [kəˈmɪtmənt] вручение; передача; передача законопроекта в комиссию; заключение под стражу; гарантия; обязательство; совершение (*преступления*); обязанность; передача на рассмотрение; приказ о заключении в тюрьму; арест; препровождение; заключенный, поступивший в место заключения; заверение; обещание; поддержка; приверженность чему-либо, кому-либо
to violate commitments — *нарушать обязательства*
commitment warrant [kəˈmɪtmənt|ˈwɔrənt] приказ о заключении под стражу
committable [kəˈmɪtəbl] подлежащий принудительному лечению
committal [kəˈmɪtl] погребение; передача на рассмотрение; заключение под стражу; арест
committed [kəˈmɪtɪd] преданный; приверженный чему-либо; ярый; активно участвующий в каких-либо общественно-политических событиях
committee [kəˈmɪtɪ] комитет; комиссия; совет; куратор; опекун; попечитель
committee of bankruptcy [kəˈmɪtɪ|əv|ˈbæŋkrəptsɪ] конкурсное управление
committee of privileges [kəˈmɪtɪ|əv|ˈprɪvɪlɪdʒɪz] комитет по привилегиям
committee of supply [kəˈmɪtɪ|əv|səˈplaɪ] бюджетный комитет
committeeship [kəˈmɪtɪʃɪp] опекунство; попечительство
committer [kəˈmɪtə] субъект деяния
commixture [kəˈmɪkstʃə] смешение; смесь
commode [kəˈmoud] комод
commodious [kəˈmoudjəs] обширный; просторный; свободный
commodity [kəˈmɔdɪtɪ] предмет потребления; товар; продукт; товарный (*экон.*)
commodity distribution [kəˈmɔdɪtɪ|dɪstrɪˈbjuːʃən] товарное обращение
commodity exchange [kəˈmɔdɪtɪ|ɪksˈtʃeɪndʒ] товарная биржа
commodity market [kəˈmɔdɪtɪ|ˈmaːkɪt] товарный рынок
common [ˈkɔmən] общий; имеющий общее происхождение; общественный; публичный; совместный; обыкновенный; простой; общепринятый; распространенный; общее; обычное; общинная земля; выгон; пустырь; право на общественное пользование землей
common antenna [ˈkɔmən|ænˈtenə] общая антенна
common apple [ˈkɔmən|ˈæpl] яблоня карликовая
common border [ˈkɔmən|ˈbɔːdə] общая граница
common boundary [ˈkɔmən|ˈbaundərɪ] общая граница

common buzzard [ˈkɔmən|ˈbʌzəd] сарыч обыкновенный
common carrier [ˈkɔmən|ˈkærɪə] общественная линия связи
common chord [ˈkɔmən|ˈkɔːd] мажорное трезвучие (*муз.*)
common council [ˈkɔmən|ˌkaunsɪl] муниципальный совет
common councillor [ˈkɔmən|ˌkaunsɪlə] муниципальный советник
common currency [ˈkɔmən|ˈkʌrənsɪ] единая валюта
common divisor [ˈkɔmən|dɪˈvaɪzə] общий делитель
common gaol [ˈkɔmən|ˈdʒeɪl] тюрьма общего режима
common jail [ˈkɔmən|ˈdʒeɪl] тюрьма общего режима
common knowledge [ˈkɔmən|ˈnɔlɪdʒ] общеизвестность
common land [ˈkɔmən|lænd] общественный выгон
common law [ˈkɔmən|lɔː] общее право; обычное право; некодифицированное право; неписаный закон (*юр.*)
common law wife [ˈkɔmən|lɔː|ˈwaɪf] гражданская жена
Common market [ˈkɔmən|ˈmaːkɪt] Общий рынок
common mistake [ˈkɔmən|mɪsˈteɪk] широко распространенное ошибочное мнение
common seal [ˈkɔmən|siːl] тюлень
common software [ˈkɔmən|ˈsɔftweə] стандартное программное обеспечение
common stag beetle [ˈkɔmən|stæg|ˈbiːtl] жук-олень
common tare [ˈkɔmən|teə] горошек посевной
common time [ˈkɔmən|taɪm] четырехдольный или двудольный тактовый размер
common vetch [ˈkɔmən|vetʃ] горошек посевной
common-room [ˈkɔmənrum] общая комната (*в общественных учреждениях*); профессорская (*в университете*)
commonality [kɔməˈnælɪtɪ] общность
commonalty [ˈkɔmənltɪ] общины; народ (*т. е. третье сословие без высших сословий*) (*ист.*)
commoner [ˈkɔmənə] человек из народа; простой человек; член палаты общин; имеющий общинные права; студент, не получающий стипендии
commonly [ˈkɔmənlɪ] обычно; обыкновенно; как правило; дешево; плохо
commonness [ˈkɔmənnɪs] обыденность; обычность; банальность; избитость; пошлость

commonplace ['kɔmənpleɪs] общее место; банальность; банальный; избитый; повторять общие места; записывать в общую тетрадь

commons ['kɔmənz] простой народ; третье сословие; доза; порция; рацион; часть

commonwealth ['kɔmənwelθ] государство; республика; держава; содружество; федерация; союз; штат; общее благосостояние

commorancy ['kɔmərənsɪ] местожительство; временное пребывание

commotion [kə'mouʃən] волнение *(моря)*; смятение; потрясение *(нервное, душевное)*; суета; суматоха

communal ['kɔmjunl] общинный; коллективный; коммунальный

commune ['kɔmju:n] — *сущ.* [kə'mju:n] — *гл.* общество; община; коммуна; общаться; беседовать

communicable [kə'mju:nɪkəbl] поддающийся передаче; передающийся; сообщающийся; коммуникабельный; общительный

communicate [kə'mju:nɪkeɪt] сообщать; уведомлять; сообщаться; сноситься; передавать; причащать*(ся)* *(церк.)*

communicating [kə'mju:nɪkeɪtɪŋ] смежный *(о комнате)*

communication [kə,mju:nɪ'keɪʃən] передача; сообщение; коммуникация; связь; средство сообщения; коммуникации; коммуникационные линии; общение; связи; контакты; служащий для сообщения, связи

communication channel [kə,mju:nɪ'keɪʃən|'tʃænl] канал связи

communication facilities [kə,mju:nɪ'keɪʃən|fə'sɪlɪtɪz] средства связи

communication port [kə,mju:nɪ'keɪʃən|'pɔ:t] коммуникационный порт

communication satellite [kə,mju:nɪ'keɪʃən|'sætəlaɪt] спутник связи

communicative [kə'mju:nɪkətɪv] коммуникабельный; контактный; общительный

communicatory [kə'mju:nɪkeɪt(ə)rɪ] информационный

communion [kə'mju:njən] общение; беседа; диалог; общность; вера; вероисповедание; группа людей одинакового вероисповедания

Communion Service [kə'mju:njən|'sə:vɪs] божественная литургия

communism ['kɔmjunɪzm] коммунизм; социализм

communist ['kɔmjunɪst] коммунист; коммунистический; левый; революционный

community [kə'mju:nɪtɪ] община; население общины; объединение; сообщество; общество; общность; государство

community antenna [kə'mju:nɪtɪ|æn'tenə] коллективная антенна

community of ideas [kə'mju:nɪtɪ|əv|aɪ'dɪəz] общность идей

community of nations [kə'mju:nɪtɪ|əv|'neɪʃənz] международное сообщество

community transport [kə'mju:nɪtɪ|'trænspɔ:t] общественный транспорт

community type [kə'mju:nɪtɪ|'taɪp] тип сообщества

commutation [,kɔmju(:)'teɪʃ(ə)n] замена; замещение; смена; коммутация; переключение; смягчение наказания *(юр.)*; перестановка *(мат.)*; коммутирование; перемена направления тока

commutative semifield ['kɔmjuteɪtɪv|'semɪfi:ld] коммутативное полуполе

commutator ['kɔmjuteɪtə] коммутатор; переключатель; коллектор

commute [kə'mju:t] заменять периодический платеж одновременной выплатой; смягчать наказание *(юр.)*; сократить срок наказания; пользоваться сезонным билетом; совершать регулярные поездки на работу в город из пригорода

commuter [kə'mju:tə] пассажир с льготным билетом

commuter belt [kə'mju:tə|'belt] пригородный пояс; пригородные районы

comp ['kɔmp] аккомпанировать; аккомпанемент

compact ['kɔmpækt] — *сущ., прил.* [kəm'pækt] — *гл.* договор; пакт; сделка; соглашение; договорной акт; компактный; плотный; сжатый; массивный; сплошной; сдавливать; сжимать; спрессовывать; уплотнять

compact disk ['kɔmpækt|dɪsk] компакт-диск

compacted [kəm'pæktɪd] компактный; плотно упакованный; уложенный

compacting garbage collection [kəm'pæktɪŋ,ga:bɪdʒ|kə'lekʃən] чистка памяти с уплотнением *(компьют.)*

compaction roller [kəm'pækʃən|'roulə] дорожный каток

companion [kəm'pænjən] товарищ; спутник; попутчик; компаньон; компаньонка; собеседник; кавалер ордена *(низшей степени)*; предмет, составляющий пару; справочник; парный; сопровождать; быть компаньоном, спутником

companion-in-arms [kəm'pænjənɪn'a:mz] товарищ/собрат по оружию; соратник

companionable [kəm'pænjənəbl] коммуникабельный; контактный; общительный

companionship [kəm'pænjənʃɪp] общение; товарищеские отношения

company [ˈkʌmpənɪ] общество; компания; товарищество; собеседник; труппа артистов; ансамбль; экипаж; рота (воен.)

company business [ˈkʌmpənɪˈbɪznɪs] общественные дела

comparable [ˈkɔmpərəbl] сравнимый; заслуживающий сравнения; сопоставимый

comparative [kəmˈpærətɪv] сравнительный; соответственный; сравнительная степень (грам.)

comparative analysis [kəmˈpærətɪvǀəˈnæləsɪs] сравнительный анализ

comparatively [kəmˈpærətɪvlɪ] сравнительно; относительно

compare [kəmˈpɛə] сравнивать; сличать; ставить наравне; выдерживать сравнение; уподоблять

comparer [kəmˈpɛərə] блок сравнения; сравнивающее устройство

comparison [kəmˈpærɪsn] сличение; сопоставление; сравнение

compartment [kəmˈpɑːtmənt] отделение; купе; отсек

compartment battens [kəmˈpɑːtməntǀˈbætnz] софиты

compartmentalize [ˌkɔmpɑːtˈmentəlaɪz] делить на отсеки, отделения, ячейки; отделять

compass [ˈkʌmpəs] компас; окружность; круг; объем; диапазон; обхват; вместимость; граница; кордон; предел(ы); рубеж; компасный; полукруглый; затевать; замышлять; склонять к чему-либо; достигать; доходить; осуществлять; понимать; постигать; разгадывать; схватывать; циркуль-измеритель (техн.)

compass saw [ˈkʌmpəsǀsɔː] лобзиковая пила

compassion [kəmˈpæʃ(ə)n] жалость; сострадание

compassionate [kəmˈpæʃənɪt] — прил. [kəmˈpæʃəneɪt] — гл. жалостливый; сострадательный; сочувствующий; благотворительный; филантропический; относиться с состраданием; сочувствовать

compassionate leave [kəmˈpæʃənɪtǀˈliːv] отпуск по семейным обстоятельствам

compatibility [kəmˌpætəˈbɪlɪtɪ] совместимость; совместность; сочетаемость; сравнимость

compatible [kəmˈpætəbl] совместимый

compatriot [kəmˈpætrɪət] соотечественник

compeer [kɔmˈpɪə] ровня; друг; приятель; товарищ; равный по положению

compel [kəmˈpel] заставлять; принуждать; подчинять; покорять

compelling [kəmˈpelɪŋ] необоримый; неодолимый

compendency [kəmˈpendənsɪ] связность (мат.)

compendious [kəmˈpendɪəs] краткий; сжатый

compendium of games [kəmˈpendɪəmǀəvǀˈgeɪmz] набор игр

compensate [ˈkɔmpenseɪt] вознаграждать; награждать; удостаивать; балансировать; уравнивать; возмещать (убытки); компенсировать; замещать

compensated absence [ˈkɔmpenseɪtɪdǀˈæbsəns] оплачиваемый отпуск

compensating roll [ˈkɔmpenseɪtɪŋǀˈroul] валик регистровый

compensation [ˌkɔmpenˈseɪʃən] вознаграждение; заработная плата; возмещение; выплата; компенсация; балансировка; уравновешивание; замещение

compensation for play [ˌkɔmpenˈseɪʃənfəˈpleɪ] компенсация свободного хода

compensation of errors [ˌkɔmpenˈseɪʃənǀəvǀˈerəz] уравнение погрешностей

compensative [kəmˈpensətɪv] вознаграждающий; возмещающий; компенсирующий

compensatory action [ˌkɔmpənˈseɪtərɪǀˈækʃən] иск о возмещении вреда

compere [ˈkɔmpɛə] конферансье; ведущий (программу); вести программу

compete [kəmˈpiːt] состязаться; соревноваться против кого-либо (чего-либо); конкурировать; принимать участие в спортивном соревновании

competence [ˈkɔmpɪtəns] способность; одаренность; умение; юрисдикция; правоспособность; дееспособность; знание; компетентность; компетенция; правомочность; достаток; хорошее материальное положение; соответствие требованиям права; допустимость

competent [ˈkɔmpɪtənt] знающий; компетентный; удовлетворяющий требованиям; (юр.) полноправный; правомочный; достаточный; заданный; законный

competent majority [ˈkɔmpɪtəntǀməˈdʒɔrɪtɪ] необходимое большинство

competing titles [kəmˈpiːtɪŋǀˈtaɪtlz] книги одного и того же содержания, написанные автором для разных издателей, действующих на одном и том же рынке

competition [ˌkɔmpɪˈtɪʃən] конкуренция; соперничество; соревнование; борьба за существование; встреча; состязание; конкурентная борьба; конкурс; конкурсный экзамен

to sustain competition — выдерживать конкуренцию

competition in quality [ˌkɔmpɪˈtɪʃənǀɪnǀˈkwɔlɪtɪ] конкуренция за качество

competitioner [ˌkɔmpɪˈtɪʃ(ə)nə] участник соревнования; лицо, поступающее на службу по конкурсу

competitive [kəmˈpetɪtɪv] соперничающий; конкурирующий; конкурентный; соревнующийся; конкурсный

competitive ability [kəmˈpetɪtɪv|əˈbɪlɪtɪ] конкурентоспособность

competitive activity [kəmˈpetɪtɪv|ækˈtɪvɪtɪ] конкурентная борьба

competitive advantage [kəmˈpetɪtɪv|ədˈvɑːntɪdʒ] конкурентное преимущество

competitive bidding [kəmˈpetɪtɪv|ˈbɪdɪŋ] соревновательные торги

competitiveness [kəmˈpetɪtɪvnɪs] конкурентоспособность

competitor [kəmˈpetɪtə] конкурент; антагонист; противник; соперник

to outperform the competitor — перехитрить конкурента

competitor's offers [kəmˈpetɪtəz|ˈɔfəz] предложения конкурентов

compilation [ˌkɔmpɪˈleɪʃən] компиляция; компилирование; трансляция; составление; собирание (*материала, фактов и т. п.*)

compilation of data [ˌkɔmpɪˈleɪʃən|əv|ˈdeɪtə] сбор и обработка данных

compilation of rates [ˌkɔmpɪˈleɪʃən|əv|ˈreɪts] тарификация

compile [kəmˈpaɪl] компилировать; составлять; транслировать; составлять; собирать (*материал, факты и т. п.*); накапливать (*разг.*)

compile time [kəmˈpaɪl|ˈtaɪm] время трансляции

compile-time check [kəmˈpaɪltaɪm|ˈtʃek] статистический контроль

compile-time error [kəmˈpaɪltaɪm|ˈerə] ошибка при трансляции

compiler [kəmˈpaɪlə] составитель; компилятор; транслятор

complacence [kəmˈpleɪsns] благодушие; удовлетворенность; самодовольство

complacency [kəmˈpleɪsnsɪ] благодушие; удовлетворенность; самоуспокоенность; самодовольство; гомеостаз (*мед.*)

complacent [kəmˈpleɪsnt] благодушный; удовлетворенный; самодовольный

complain [kəmˈpleɪn] выражать недовольство чем-либо; подавать жалобу; жаловаться

complainant [kəmˈpleɪnənt] жалобщик; истец; потерпевший (*юр.*)

complaint [kəmˈpleɪnt] недовольство; неудовлетворение; претензия; иск; официальное обвинение; жалоба; рекламация; болезнь; заболевание; недуг

to lodge complaint against smb. — подать жалобу на кого-либо

complaisance [kəmˈpleɪz(ə)ns] услужливость; почтительность; обходительность; любезность

complaisant [kəmˈpleɪz(ə)nt] услужливый; почтительный; обходительный; любезный

complement [ˈkɔmplɪmənt] — *сущ.* [ˈkɔmplɪment] — *гл.* дополнение; дополняющие числа; группа; комплект; экипаж корабля; дополнять; служить дополнением до целого; комплектовать; укомплектовывать; комплемент; хромосомный набор

complementary [ˌkɔmplɪˈmentərɪ] вспомогательный; добавочный; дополнительный

complementary colour [ˌkɔmplɪˈmentərɪ|ˈkʌlə] дополнительный цвет

complementing amplifier [ˌkɔmplɪˈmentɪŋ|ˈæmplɪfaɪə] инвертор (*техн.*)

complete [kəmˈpliːt] полный; законченный; совершенный; целый; завершать; заканчивать; делать полным; комплектовать; набирать

complete approval [kəmˈpliːt|əˈpruːvəl] безоговорочное одобрение

complete combustion [kəmˈpliːt|kəmˈbʌstʃən] полное сгорание

complete darkness [kəmˈpliːt|ˈdɑːknɪs] кромешная темнота

completed [kəmˈpliːtɪd] укомплектованный; завершенный

completely [kəmˈpliːtlɪ] вполне; всецело; основательно

completeness [kəmˈpliːtnɪs] полнота; завершенность; законченность; комплектность

completion [kəmˈpliːʃən] завершение; окончание; достройка

completion code [kəmˈpliːʃən|ˈkoud] код завершения

completion of proceedings [kəmˈpliːʃən|əv|prəˈsiːdɪŋz] окончание производства по делу

completion of sentence [kəmˈpliːʃən|əv|ˈsentəns] отбытие наказания

completive [kəmˈpliːtɪv] завершающий; заканчивающий

complex [ˈkɔmpleks] комплекс; множество; совокупность; комплексный; сложный; трудный; запутанный; сложный эксперимент

complex matter [ˈkɔmpleks|ˈmætə] сложный набор

complexion [kəmˈplekʃən] цвет лица (*волос, глаз*); вид; аспект; отношение; сторона

complexity [kəmˈpleksɪtɪ] см. complicacy

compliance [kəmˈplaɪəns] одобрение; согласие; уступчивость; выполнение; соблюдение; податливость; покладистость

compliant [kəm'plaɪənt] покладистый; уступчивый

complicacy ['kɔmplɪkəsɪ] сложность; многообразие; причастность

complicate ['kɔmplɪkeɪt] затруднять; усложнять

complicated ['kɔmplɪkeɪtɪd] запутанный; сложный

complication [ˌkɔmplɪ'keɪʃ(ə)n] сложность; запутанность; осложнение *(болезни)*; совокупность разных ощущений

complicative ['kɔmplɪkeɪtɪv] усложняющий

complicity [kəm'plɪsɪtɪ] соучастие

compliment ['kɔmplɪmənt] комплимент; похвала; любезность; поздравление; поклон; привет; приветствие; почесть; говорить комплименты; хвалить; поздравлять; приветствовать; оказывать почесть; подарить *(что-либо)*

complimentary [ˌkɔmplɪ'ment(ə)rɪ] поздравительный; лестный

comply [kəm'plaɪ] уступать; соглашаться; идти на уступки; исполнять; подчиняться

to comply with the rules — подчиняться правилам

compo leather ['kɔmpou'leðə] искусственная кожа

component [kəm'pounənt] компонент; составная часть; элемент; деталь; узел; блок; составной; сложный; смешанный; составляющая *(вектора)*

component element [kəm'pounənt'elɪmənt] составной элемент

components of crime [kəm'pounənts|əv|'kraɪm] состав преступления

comport [kəm'pɔːt] согласоваться с чем-либо; соответствовать

compos (mentis) ['kɔmpɔs('mentɪs)] находящийся в здравом уме; вменяемый *(лат.) (юр.)*

compose [kəm'pouz] составлять; набирать; верстать; урегулировать; сочинять; создавать; писать *(музыкальное или литературное произведение)*; улаживать *(ссору, спор)*; успокаивать; состоять *(из)*

composed [kəm'pouzd] невозмутимый; сдержанный

composer [kəm'pouzə] композитор

composing [kəm'pouzɪŋ] составляющий; успокаивающий

composite ['kɔmpəzɪt] смесь; соединение; композиционный материал; композиция; составной; сложный; смешанный; комбинированный

composite drawing ['kɔmpəzɪt'drɔːɪŋ] словесный портрет

composite fuel ['kɔmpəzɪt'fjuəl] топливная смесь

composite material ['kɔmpəzɪt|mə'tɪərɪəl] композиционный материал

composite video ['kɔmpəzɪt'vɪdɪou] полный видеосигнал

composition [ˌkɔmpə'zɪʃən] литературное, музыкальное произведение; сочинение; состав; набор; структура; составление; образование; композиция; компоновка; строение; смесь; соединение; сплав; соглашение; компромисс; урегулирование; соглашение о перемирии

composition of causes [ˌkɔmpə'zɪʃən|əv|'kɔːzɪz] сумма причин

composition of the court [ˌkɔmpə'zɪʃən|əv|ðə|'kɔːt] состав суда

compositional [ˌkɔmpə'zɪʃənəl] композиционный

compositive [kəm'pɔzɪtɪv] искусственный; синтетический

compositor [kəm'pɔzɪtə] наборщик

compost ['kɔmpɔst] компост; составное удобрение; удобрять компостом; готовить компост

composted earth ['kɔmpɔstɪd|'əːθ] земля, удобренная компостом

composure [kəm'pouʒə] покой; спокойствие; тишина; хладнокровие; самообладание

compote ['kɔmpɔt] компот *(франц.)*

compound ['kɔmpaund] — *сущ., прил.* [kəm'paund] — *гл.* смесь; соединение; состав; сложное слово; составной; сложный; сложносочиненный; смешанный; комбинированный; смешивать; соединять; составлять; улаживать; примирять *(интересы)*; огороженное место; химическое соединение

compound interest account ['kɔmpaund|ɪntrɪst|ə'kaunt] сберегательный счет

compounder [kəm'paundə] мировой посредник

comprehend [ˌkɔmprɪ'hend] постигать; разгадывать; соображать; включать; охватывать

comprehensible [ˌkɔmprɪ'hensəbl] понятный; постижимый

comprehension [ˌkɔmprɪ'henʃən] понимание; осмысление; постижение; включение; вложение; охват

comprehensive [ˌkɔmprɪ'hensɪv] объемлющий; исчерпывающий; всесторонний; громадный; крупный; обширный; всесторонний; понятливый; легко схватывающий

compress ['kɔmpres] — *сущ.* [kəm'pres] — *гл.* компресс; сжимать; сдавливать

compressed [kəm'prest] сжатый

compressed air [kəm'prest|'eə] сжатый воздух

compressed-air bottle [kəm'presteə|'bɔtl] баллон со сжатым воздухом

compressed-air brake [kəm'presteə|'breɪk] пневматический тормоз

compressibility [kəmˌpresɪ'bɪlɪtɪ] сжимаемость; объемная упругость; коэффициент сжимаемости

compressible [kəm'presəbl] сжимающийся

compression [kəm'preʃən] сжатие; сдавливание; сокращение; компрессия; повышение атмосферного давления; укорочение периода развития; уплотнение; давление

compression bandage [kəm'preʃən|'bændɪʤ] давящая повязка

compression gland (packing) [kəm'preʃən|'glænd ('pækɪŋ)] сальник

compression nut [kəm'preʃən|'nʌt] стяжная гайка

compression of ideas [kəm'preʃən|əv|aɪ'dɪəz] строгое изложение мыслей

compression pump [kəm'preʃən|pʌmp] компрессор

compressor [kəm'presə] компрессор

comprint [kəm'prɪnt] выпуск книги с нарушением авторского права

comprise [kəm'praɪz] включать; заключать в себе; охватывать; содержать; вмещать; входить в состав

compromise ['kɔmprəmaɪz] компромисс; компрометировать; мировая сделка; пойти на компромисс; заключать мировую сделку; третейская запись; подвергать риску

to compromise an action — *закончить дело миром*

compromiser ['kɔmprəmaɪzə] примиренец; соглашатель

compulsion [kəm'pʌlʃən] принуждение; насилие; применение силы

compulsion of evidence [kəm'pʌlʃən|əv|'evɪdəns] принуждение к даче показаний

compulsive [kəm'pʌlsɪv] насильственный; обязательный; принудительный; способный заставить

compulsory [kəm'pʌlsərɪ] принудительный; насильственный; непременный; обязательный; вынужденный

compulsory arbitration [kəm'pʌlsərɪ|ˌɑ:bɪ'treɪʃən] принудительный арбитраж *(фин.)*

compulsory education [kəm'pʌlsərɪ|ˌedju(:)'keɪʃən] обязательное обучение

compulsory hospitalization [kəm'pʌlsərɪ|ˌhɔspɪtəlaɪ'zeɪʃən] принудительная госпитализация

compulsory labor [kəm'pʌlsərɪ|'leɪbə] принудительный труд

compulsory liquidation [kəm'pʌlsərɪ|ˌlɪkwɪ'deɪʃən] принудительная ликвидация

compulsory (military) service [kəm'pʌlsərɪ|(ˌmɪlɪtərɪ)'sə:vɪs] воинская повинность

compulsory sign [kəm'pʌlsərɪ|'saɪn] запрещающий знак

compulsory stop [kəm'pʌlsərɪ|'stɔp] обязательная остановка

compulsory treatment [kəm'pʌlsərɪ|'tri:tmənt] принудительное лечение

compunction [kəm'pʌŋkʃən] угрызения совести; раскаяние; сожаление

compunctious [kəm'pʌŋkʃəs] испытывающий угрызения совести

computable [kəm'pju:təbl] исчислимый

computation [ˌkɔmpju(:)'teɪʃən] вычисление; выкладка; расчет

computational [ˌkɔmpju'teɪʃənl] вычислительный; вычисляемый

computational capability [ˌkɔmpju'teɪʃənl|ˌkeɪpə'bɪlɪtɪ] вычислительная мощность

compute [kəm'pju:t] подсчитывать; вычислять

computed bearing [kəm'pju:tɪd|'beərɪŋ] автоматный пеленг

computer [kəm'pju:tə] компьютер; электронно-вычислительная машина *(ЭВМ)*

computer art [kəm'pju:tə|'ɑ:t] вычислительная техника

computer bureau [kəm'pju:tə|bjuə'rou] вычислительный центр

computer center (facility) [kəm'pju:tə|'sentə (fə'sɪlɪtɪ)] вычислительный центр

computer circuit [kəm'pju:tə|'sə:kɪt] схема вычислительной машины

computer communication [kəm'pju:tə|kə,mju:nɪ'keɪʃən] компьютерная связь

computer conference [kəm'pju:tə|'kɔnfərəns] телеконференция

computer configuration [kəm'pju:tə|kən,fɪgju'reɪʃən] конфигурация компьютера

computer error [kəm'pju:tə|'erə] ошибка компьютера

computer game [kəm'pju:tə|'geɪm] игровая программа

computer graphics [kəm'pju:tə|'græfɪks] компьютерная графика

computer hardware [kəm'pju:tə|'hɑ:dweə] аппаратное обеспечение

computer language [kəm'pju:tə|'læŋgwɪʤ] язык вычислительной машины

computer listing [kəm'pju:tə|'lɪstɪŋ] компьютерная распечатка

computer literacy [kəm'pju:tə|'lɪtərəsɪ] компьютерная грамотность

computer mail [kəm'pju:tə|'meɪl] электронная почта

computer manufacturer [kəm'pju:tə|ˌmænju'fæktʃərə] фирма-изготовитель компьютеров

computer network [kəm'pju:tə|'netwə:k] компьютерная сеть

computer run [kəm'pju:tə|rʌn] запуск программы на компьютере
computer science [kəm'pju:tə|'saɪəns] информатика
computer system [kəm'pju:tə|'sɪstɪm] компьютерная система
computer typesetting [kəm'pju:tə|'taɪp‚setɪŋ] компьютерный набор
computer-aided design [kəm'pju:tə'reɪdɪd|dɪ'zaɪn] автоматизированное проектирование
computer-aided manufacturing [kəm'pju:tə'reɪdɪd|‚mænju'fæktʃərɪŋ] автоматизация производственных процессов
computer-literate [kəm'pju:tə'lɪtərət] пользователь, знакомый с компьютером
computerate [kəm'pju:tərət] умеющий пользоваться компьютером
computerisation [kəm‚pju:təraɪ'zeɪʃ(ə)n] использование счетных машин
computerize [kəm'pju:təraɪz] компьютеризировать
computing [kəm'pju:tɪŋ] вычислительный; вычисляемый; вычисление; применение; вычислительная техника
computing circuit [kəm'pju:tɪŋ|'sə:kɪt] вычислительная схема
computing device [kəm'pju:tɪŋ|dɪ'vaɪs] вычислительное устройство
comrade ['kɔmrɪd] друг; приятель; товарищ
comrade-in-arms ['kɔmrɪdɪn'a:mz] соратник; товарищ по оружию; боевой товарищ
comradely ['kɔmrɪdlɪ] дружеский; товарищеский
comradeship ['kɔmrɪdʃɪp] товарищеские отношения
con [kɔn] заучивать наизусть; зубрить; вести судно; управлять кораблем; направлять мысль, действия *(человека)*; стук; афера; жульничество; ложь; вор; жулик; похититель; жульнический; мошеннический; обманный; жульничать

the pros and cons — за и против

con sordino ['kɔnsɔ:'di:nou] глухо; приглушенно
concatenate [kɔn'kætɪneɪt] объединять; связывать; соединять
concatenation [kɔn‚kætɪ'neɪʃ(ə)n] сцепление *(событий, идей)*; взаимная связь *(причинная)*; каскад *(техн.)*; цепь; связь; соединение; непрерывный ряд
concave ['kɔn'keɪv] вогнутая поверхность; впалый; вогнутый; впадина; котловина; яма; вогнутая линза; небесный свод; делать вогнутым; ослабленный сварной шов
concavity [kɔn'kævɪtɪ] вогнутая поверхность; вогнутость
conceal [kən'si:l] скрывать; утаивать; умалчивать; маскировать; прятать; скрывать; утаивать

concealer [kən'si:lə] соучастник; укрыватель
concealment [kən'si:lmənt] утаивание; сокрытие; укрывательство; умалчивание; тайное убежище; маскировка
concede [kən'si:d] уступать; допускать *(возможность, правильность чего-либо)*; признавать
conceit [kən'si:t] самонадеянность; самомнение; тщеславие
conceited [kən'si:tɪd] самодовольный; тщеславный
conceivable [kən'si:vəbl] мыслимый; постижимый; вероятный
conceivably [kən'si:vəblɪ] предположительно
conceive [kən'si:v] постигать; понимать; представлять себе; задумывать; располагать; возыметь; испытать; ощутить; почувствовать; забеременеть; зачать
conceiving [kən'si:vɪŋ] зарождение; зачатие; источник; начало
concentrate ['kɔns(ə)ntreɪt] концентрат; обогащенный материал; сосредотачивать*(ся)*; концентрировать*(ся)*; сгущать; выпаривать; обогащать
concentrated ['kɔns(ə)ntreɪtɪd] сосредоточенный; внимательный; концентрированный; обогащенный
concentration [‚kɔns(ə)n'treɪʃən] концентрация; сосредоточение; конденсация; сгущение; обогащение руды
concentration camp [‚kɔns(ə)n'treɪʃən|'kæmp] концентрационный лагерь
concentrator [‚kɔnsən'treɪtə] концентратор
concentre [kən'sentə] концентрировать*(ся)*; сосредотачивать *(мысли и т. п.)*; сходиться в центре; иметь общий центр
concentric [kən'sentrɪk] концентрический
concentrically [kən'sentrɪk(ə)lɪ] концентрически
concentricity [‚kɔnsən'trɪsɪtɪ] концентричность
concept ['kɔnsept] понятие; идея; концепция; представление; направление; общее представление исследований
conceptacle [kən'septɪk(ə)l] стручок без перегородок *(бот.)*; вместилище
conception [kən'sepʃən] осмысление; понимание; мнение; суждение; идея; концепция; понятие; замысел; план; цель; оплодотворение; осеменение; зачатие; зарождение
conception of invention [kən'sepʃən|əv|ɪn'venʃən] идея изобретения
conceptual [kən'septjuəl] абстрактный; отвлеченный; умозрительный; понятийный; схематический
conceptualize [kən'septuəlaɪz] концептуализировать; осмыслять

concern [kənˈsəːn] забота; беспокойство; огорчение; интерес; участие; дело; касательство; отношение; важность; значение; предприятие; фирма; концерн; касаться; иметь отношение к чему-либо; заботиться; беспокоить(ся)

to have a concern in business — *быть участником какого-либо предприятия*

concerned [kənˈsəːnd] занятый чем-либо; связанный с чем-либо; имеющий отношение к чему-либо; озабоченный; серьезный; рассматриваемый; заинтересованный

the parties concerned — *заинтересованные стороны*

concerning [kənˈsəːnɪŋ] касательно; относительно; что касается

concernment [kənˈsəːnmənt] важность; значение; значимость; забота; заинтересованность; интерес; участие; озабоченность; серьезность

concert [ˈkɔnsə(ː)t] — *сущ., прил* [kənˈsəːt] — *гл.* концерт; одобрение; подтверждение; согласие; соглашение; уговор; концертный; сговариваться; договариваться

concert band [ˈkɔnsə(ː)t ˈbænd] концертный оркестр

concert grand [ˈkɔnsə(ː)t ˈɡrænd] концертный рояль

concerted [kənˈsəːtɪd] гармоничный; согласованный

concertina [ˌkɔnsəˈtiːnə] концертина (*музыкальный инструмент типа гармоники*)

concertina fold [ˌkɔnsəˈtiːnə ˈfould] фальцовка гармошкой

concertino [ˌkɔntʃəˈtiːnou] концертино (*музыкальное произведение виртуозного характера*)

concertmaster [ˈkɔnsəːtˌmaːstə] концертмейстер (*первый скрипач в оркестре*)

concession [kənˈseʃ(ə)n] послабление; скидка (*в цене*); уступка; предоставление; концессия; концессионный договор

to make concessions — *идти на уступки*

concessionary [kənˈseʃnrɪ] сниженный; льготный (*о цене*)

concessionary terms [kənˈseʃnrɪ ˈtəːmz] льготные условия

concessive [kənˈsesɪv] неконфликтующий; уступчивый; уступительный (*грам.*)

conch [kɔŋk] раковина; ушная раковина; крупный брюхоногий моллюск

concierge [ˌkɔːnsɪˈɛəʒ] консьерж; консьержка (*франц.*)

conciliate [kənˈsɪlɪeɪt] умиротворять; успокаивать; примирять; расположить к себе; снискать доверие; любовь

conciliation [kənˌsɪlɪˈeɪʃ(ə)n] примирение; улаживание; умиротворение; согласительная (*примирительная*) процедура (*юр.*)

conciliator [kənˈsɪlɪeɪtə] миротворец; примиритель; мировой посредник (*юр.*)

conciliatory [kənˈsɪlɪət(ə)rɪ] примирительный; примиренческий (*полит.*)

concilium [kənˈsɪlɪəm] консилиум

concise [kənˈsaɪs] краткий; сжатый; короткий; четкий; выразительный

conciseness [kənˈsaɪsnɪs] краткость; лаконизм; выразительность

conclave [ˈkɔnkleɪv] тайное совещание; конклав (*церк.*)

conclude [kənˈkluːd] заканчивать(ся); выводить; заключать; делать вывод; решать

to conclude a treaty — *заключить договор*

conclusion [kənˈkluːʒn] окончание; закрытие; конец; завершение; заключение; окончательный вывод; умозаключение; решение суда; исход; итог; последствие; результат; заключительная музыкальная партия

to arrive at a conclusion — *прийти к заключению*
to draw a conclusion — *прийти к соглашению*

conclusion of investigation
[kənˈkluːʒn əv ɪnˌvestɪˈɡeɪʃən] окончание расследования

conclusive [kənˈkluːsɪv] заключительный; конечный; окончательный; последний; решающий; убедительный; неоспоримый; неопровержимый; безусловный; обосновывающий

concoct [kənˈkɔkt] стряпать; сфабриковать; придумать (*небылицу, сюжет рассказа и т. п.*)

concoction [kənˈkɔkʃ(ə)n] варево; стряпня; вымысел; небылицы; составление; формирование

concomitance [kənˈkɔmɪt(ə)ns] сопутствование

concomitant [kənˈkɔmɪt(ə)nt] сопутствующий; сопровождающий; сопутствующее обстоятельство

concomitant circumstances
[kənˈkɔmɪt(ə)nt ˈsəːkəmstənsɪz] сопутствующие обстоятельства

concord [ˈkɔŋkɔːd] одобрение; подтверждение; соглашение; договор; конвенция; согласие; согласование; компромисс; гармония (*муз.*); созвучие

concordance [kənˈkɔːd(ə)ns] согласие; одобрение; подтверждение; соответствие, совпадение признаков; конкорданс (*алфавитный список всех слов текста*)

concordant [kənˈkɔːd(ə)nt] согласный; согласующийся; гармонический; гармоничный; слаженный; созвучный

concordat [kənˈkɔːdæt] договор; конкордат; соглашение; условность; дружеский договор между отдельными лицами, партиями, правительствами

concourse [ˈkɔŋkɔːs] стечение народа; толпа; скопление чего-либо; открытое место, где собирается публика; главный вестибюль вокзала *(амер.)*

concrete [ˈkɔnkriːt] — *сущ., прил.* [kənˈkriːt] — *гл.* бетонировать; сгущать*(ся)*; твердеть; сращивать; конкретный; определенный; точный; реальный; бетонный

concrete and lead shield [ˈkɔnkriːt|ənd|ˈled|ˈʃiːld] бетонно-свинцовая защита

concrete block [ˈkɔnkriːt|ˈblɔk] бетонный блок

concrete guard rail [ˈkɔnkriːt|ˈgɑːd|ˈreɪl] бетонное ограждение

concrete pavement [ˈkɔnkriːt|ˈpeɪvmənt] бетонное дорожное покрытие

concrete paver [ˈkɔnkriːt|ˈpeɪvə] бетоноукладчик

concrete purlin [ˈkɔnkriːt|ˈpəːlɪn] бетонная балка

concretemixer [ˈkɔnkriːtˈmɪksə] бетономешалка

concreter [ˈkɔnkriːtə] бетонщик

concretion [kənˈkriːʃ(ə)n] сращение; наращивание; соединение

concretize [ˈkɔnkrɪ(ː)taɪz] конкретизировать; рассматривать в деталях

concubinage [kənˈkjuːbɪnɪʤ] внебрачное сожительство

concubine [ˈkɔŋkjubaɪn] любовница; наложница; младшая жена *(у народов, где распространено многоженство)*

concupiscence [kənˈkjuːpɪs(ə)ns] похотливость; страстное желание

concupiscent [kənˈkjuːpɪs(ə)nt] похотливый; сладострастный

concur [kənˈkəː] совпадать; соглашаться; сходиться; сходиться в мнениях; действовать сообща, совместно

concurrence [kənˈkʌr(ə)ns] совпадение *(мнений и т. п.)*; стечение *(обстоятельств)*; согласие; согласованность *(действий)*; увязка; схождение пересечений в точке

concurrency [kənˈkʌrənsɪ] совпадение *(по времени)*; параллелизм

concurrent [kənˈkʌrənt] неотъемлемая часть; фактор; сопутствующее обстоятельство; одновременный; совпадающий; пересекающийся в точке; имеющие общую точку; сходящиеся в точке; действующий совместно или одновременно; параллельный; совместный

concurrent execution [kənˈkʌrənt|ˌeksɪˈkjuːʃən] параллельное выполнение

concurrent processing [kənˈkʌrənt|ˈprousesɪŋ] параллельная обработка

concuss [kənˈkʌs] потрясать; сотрясать; трясти; запугивать; принуждать к чему-либо

concussion [kənˈkʌʃən] сотрясение; столкновение; контузия; толчок; соударение

concussion of the brain [kənˈkʌʃən|əv|ðə|ˈbreɪn] сотрясение мозга

concussion wave [kənˈkʌʃən|ˈweɪv] взрывная волна

concyclic [kənˈsaɪklɪk] лежащий на одной окружности

condemn [kənˈdem] осуждать; порицать; приговаривать к смертной казни; выносить приговор за что-либо; присуждать; браковать; признавать негодным; принудительно отчуждать; конфисковать

to condemn a licence — *признать лицензию недействительной*

to condemn of a crime — *присудить смертную казнь за совершение преступления*

condemnation [ˌkɔndemˈneɪʃ(ə)n] приговор; неодобрение; осуждение на смертную казнь; отказ в иске; порицание; конфискация; наложение ареста; принудительное отчуждение; убытки, присуждаемые с проигравшей стороны

condemnatory [kənˈdemnət(ə)rɪ] осуждающий; обвинительный; присуждающий

condemned [kənˈdemd] осужденный; приговоренный; ответчик, проигравший процесс

condensable [kənˈdensəbl] поддающийся сжиманию, сгущению; превратимый в жидкое состояние *(о газе)*

condensate [ˌkɔndenˈseɪt] конденсат; сжижать; сгущать; конденсировать; сжиженный; сгущенный

condensation [ˌkɔndenˈseɪʃən] конденсация; концентрация; сгущение; сжатость *(стиля)*; уплотнение; сжижение

condense [kənˈdens] сгущать*(ся)*; конденсировать*(ся)*; сжато выражать *(мысль)*

condensed [kənˈdenst] конденсированный; сгущенный; уплотненный *(о шрифте)*; узкий

condensed face [kənˈdenst|ˈfeɪs] узкое начертание шрифта

condenser [kənˈdensə] конденсатор; холодильник *(техн.)*; электрическая емкость

condescend [ˌkɔndɪˈsend] снисходить; вознаграждать; награждать; удостаивать; унижаться до чего-либо; ронять свое достоинство

condescending [ˌkɔndɪˈsendɪŋ] снисходительный; толерантный

condescension [ˌkɔndɪˈsenʃ(ə)n] снисхождение; снисходительность

condign [kənˈdaɪn] заслуженный *(о наказании)*

condiment [ˈkɔndɪmənt] приправа

condition [kənˈdɪʃ(ə)n] ограничение; связь; условие; место; позиция; положение; состояние; обстоятельства; обстановка; режим работы; ситуация; режим; общественное положение; ставить условия; обуславливать; существенное условие; определять; регулировать; кондиционировать; откармливать; довести до кондиции to meet the conditions — выполнять условия

conditional [kənˈdɪʃ(ə)nl] договорный; конвенционный; условный; обусловленный; зависящий от чего-либо; имеющий силу при условии чего-либо; обусловленный чем-либо; условное выражение

conditional acceptance [kənˈdɪʃ(ə)nl|əkˈseptəns] условное акцептование

conditional code [kənˈdɪʃ(ə)nl|ˈkoud] код завершения

conditional compilation [kənˈdɪʃ(ə)nl|ˌkɔmpɪˈleɪʃən] условная трансляция

conditional discharge [kənˈdɪʃ(ə)nl|dɪsˈtʃɑːʤ] условное освобождение

conditional distribution [kənˈdɪʃ(ə)nl|ˌdɪstrɪˈbjuːʃən] условное распределение

conditional handler [kənˈdɪʃ(ə)nl|ˈhændlə] обработчик особой ситуации

conditional jump [kənˈdɪʃ(ə)nl|ʤʌmp] условный переход

conditionally [kənˈdɪʃ(ə)nəlɪ] условно; в зависимости от

conditioned [kənˈdɪʃ(ə)nd] обусловленный; кондиционный; отвечающий стандарту; кондиционированный

conditioned exciter [kənˈdɪʃ(ə)nd|ɪkˈsaɪtə] условный раздражитель

conditioner [kənˈdɪʃənə] кондиционер

conditioning [kənˈdɪʃnɪŋ] меры к улучшению физического состояния; меры к сохранению чего-либо в свежем состоянии; кондиционирование (воздуха); тренировочный; учебный; установление требуемого состава или состояния; приведение товара в соответствие с установленными нормами

conditions of sale [kənˈdɪʃəns|əv|ˈseɪl] условия продажи

condolatory [kənˈdoulətrɪ] соболезнующий; сочувствующий

condole [kənˈdoul] сочувствовать

condole with smb. [kənˈdoul|wɪð|ˈsʌmbədɪ] выражать соболезнование (кому-либо)

condolence [kənˈdouləns] соболезнование

condom [ˈkɔndəm] презерватив

condominium [ˌkɔndəˈmɪnɪəm] кондоминиум; совместное владение; совместная собственность; кооперативная квартира

condonation [ˌkɔndouˈneɪʃ(ə)n] терпимость; прощение; освобождение от ответственности

condone [kənˈdoun] мириться; смотреть сквозь пальцы; простить; освободить от ответственности; помиловать

condor [ˈkɔndɔː] кондор (биол.)

conduce [kənˈdjuːs] способствовать; вести к чему-му-либо

conducive [kənˈdjuːsɪv] благоприятный; полезный; способствующий

conduct [ˈkɔndʌkt] — сущ. [kənˈdʌkt] — гл. поведение; образ действий; руководство; ведение; заведование; вести; направлять; руководить; сопровождать; эскортировать; аккомпанировать; руководить; дирижировать (оркестром, хором)
to conduct a case — вести судебное дело
to conduct court — вести судебный процесс

conductance [kənˈdʌktəns] активная проводимость; электропроводность

conduction [kənˈdʌkʃən] проводимость; теплопроводность

conductive [kənˈdʌktɪv] проводящий; кондукционный

conductivity [ˌkɔndʌkˈtɪvɪtɪ] проводимость; электропроводность; коэффициент проводимости; удельная электропроводность

conductor [kənˈdʌktə] кондуктор; проводник; провод; жила кабеля (техн.); гид; руководитель; дирижер; громоотвод; капельмейстер

conductor's baton [kənˈdʌktəz|ˈbætən] дирижерская палочка

conductress [kənˈdʌktrɪs] кондукторша; руководительница

conduit [ˈkɔndɪt] трубопровод; водопроводная труба; акведук; подземный потайной ход; канал; кабелепровод

cone [koun] конус; коническая поверхность; коническое сопло; раструб; шишка (бот.); колосок; придавать форму конуса; колбочка (сетчатка глаза); бугорок (зуба)

cone scale [ˈkoun|skeɪl] чешуйка

cone-shaped [ˈkounʃeɪpt] шишковидный

confabulate [kənˈfæbjuleɪt] беседовать; общаться; разговаривать

confabulation [kənˌfæbjuˈleɪʃ(ə)n] дружеский разговор

confection [kənˈfekʃ(ə)n] сласти; изготовление сластей; приготовлять конфеты, сласти

confectioner [kənˈfekʃnə] кондитер

confectionery [kənˈfekʃnərɪ] кондитерская; кондитерские изделия

confederacy [kənˈfed(ə)rəsɪ] конфедерация; лига; союз государств; заговор; сговор

confederate [kənˈfed(ə)rɪt] — сущ., прил. [kənˈfedəreɪt] — гл. член конфедерации; союзник; сообщник; соучастник; союзный; федеративный; объединять(ся) в союз; составлять федерацию

confederation [kənˌfedəˈreɪʃ(ə)n] конфедерация; лига; союз государств; союз; сговор; заговор

confer [kənˈfəː] даровать; присваивать (звание); присуждать (степень); обсуждать; совещаться; вести переговоры; сопоставлять; давать; предоставлять; возлагать; сравнивать

conferee [ˌkɔnfəˈriː] участник переговоров, конференции, совещания

conference [ˈkɔnf(ə)r(ə)ns] конференция; совещание; съезд; переговоры; картельное соглашение судовладельцев; обмен мнениями

conferment [kənˈfəːmənt] присвоение *(звания)*; присуждение *(степени)*

confess [kənˈfes] признавать(ся); сознаваться; исповедовать(ся)

confessant [kənˈfesənt] исповедующийся

confessedly [kənˈfesɪdlɪ] по личному, общему признанию

confession [kənˈfeʃən] признание *(вины, ошибки, иска)*; признание на исповеди; исповедь; вера; вероисповедание; исповедание

confession of action [kənˈfeʃən|əv|ˈækʃən] признание иска

confession of guilt [kənˈfeʃən|əv|ˈgɪlt] признание вины

confessor [kənˈfesə] духовник; исповедник

confidant [ˌkɔnfɪˈdænt] наперсник

confidante [ˌkɔnfɪˈdænt] наперсница

confide [kənˈfaɪd] доверять; поверять кому-либо; вверять; поручать; признаваться; сообщать по секрету

confidence [ˈkɔnfɪd(ə)ns] вера; доверие; степень доверенности; доверие *(к величине)*; конфиденциальное сообщение; самонадеянность; самоуверенность; уверенность

confidence man [ˈkɔnfɪd(ə)ns|mæn] мошенник

confident [ˈkɔnfɪd(ə)nt] уверенный *(в успехе и т. п.)*; самонадеянный; самоуверенный

confidential [ˌkɔnfɪˈdenʃ(ə)l] конфиденциальный; доверительный; доверяющий; пользующийся доверием; секретный

confidential data [ˌkɔnfɪˈdenʃ(ə)l|ˈdeɪtə] секретные данные

confidentiality [ˌkɔnfɪdenʃɪˈælɪtɪ] конфиденциальность; секретность

confidentially [ˌkɔnfɪˈdenʃəlɪ] по секрету; конфиденциально

configuration [kənˌfɪgjuˈreɪʃ(ə)n] конфигурация; очертания; архитектура; форма; схема; компоновка; состав оборудования

confine [kənˈfaɪn] ограничивать *(в пределах чего-либо)*; заключать в тюрьму; заточать; держать взаперти; лишать свободы

confined [kənˈfaɪnd] конечный; ограниченный в своем распространении; ограничительный; тесный; неширокий; тонкий; узкий; заключенный; лишенный свободы

confinement [kənˈfaɪnmənt] ограничение; ограниченность; сужение; тюремное заключение; заключение под стражу; роды

confinement grant [kənˈfaɪnmənt|ˈgrɑːnt] пособие по беременности

confines [ˈkɔnfaɪnz] границы; граница; предел; рубеж

confirm [kənˈfəːm] объяснять; оправдывать; подтверждать; утверждать; закреплять; санкционировать; ратифицировать; утвердить; нести; поддерживать; подкреплять; подпирать

to confirm a treaty — ратифицировать договор
to confirm by a notary — засвидетельствовать у нотариуса

confirmation [ˌkɔnfəˈmeɪʃ(ə)n] подтверждение; согласие; конфирмация; санкционирование; ратифицирование; предложение; утверждение; формулировка; подтверждение приема; квитирование *(компьют.)*

confirmative [kənˈfəːmətɪv] подтверждающий; подкрепляющий

confirmed [kənˈfəːmd] перманентный; хронический; закоренелый; неисправимый; убежденный

confiscable [kənˈfɪskəbl] подлежащий конфискации

confiscate [ˈkɔnfɪskeɪt] конфисковать; реквизировать у кого-либо

confiscation [ˌkɔnfɪsˈkeɪʃən] конфискация; отчуждение; реквизиция

confiscation of property [ˌkɔnfɪsˈkeɪʃən|əv|ˈprɔpətɪ] конфискация имущества

confiture [ˈkɔnfɪtʃə] варенье; конфитюр

conflagration [ˌkɔnfləˈgreɪʃ(ə)n] большой пожар; сожжение

conflation [kənˈfleɪʃ(ə)n] объединение двух вариантов текста в один

conflict [ˈkɔnflɪkt] — *сущ.* [kənˈflɪkt] — *гл.* коллизия; конфликт; противоречие; столкновение; быть в конфликте; противоречить чему-либо; коллидировать; сталкиваться

conflicting [kənˈflɪktɪŋ] несовместимый; противоречащий

confluence [ˈkɔnfluəns] слияние *(рек)*; пересечение *(дорог)*; место слияния; стечение народа; толпа; сходящийся поток; область сгущения; приток к оси

confluent [ˈkɔnfluənt] сливающийся

confocal [kɔnˈfouk(ə)l] конфокальный; софокусный *(мат.)*

conform [kənˈfɔːm] сообразовать(ся); согласовываться; приспособлять(ся); подчиняться *(правилам)*; соответствовать

conformable [kənˈfɔːməbl] податливый; подчиняющийся; аналогичный; подобный; сходный

conformant arrays [kənˈfɔːmənt|əˈreɪz] совместимые массивы *(компьют.)*

conformation [ˌkɒnfɔːˈmeɪʃ(ə)n] устройство; форма; структура; конформация; экстерьер *(животного)*; приспособление; повиновение; подчинение; послушание

conformed [kənˈfɔːmd] сходный по форме; однообразный

conformity [kənˈfɔːmɪtɪ] соответствие; адекватность; согласованность; похожесть; сходство; схожесть; повиновение; подчинение; послушание

confound [kənˈfaʊnd] мешать; перемешивать; поражать; приводить в смущение; разрушать *(планы, надежды)*

confounded [kənˈfaʊndɪd] отъявленный *(разг.)*

confoundedly [kənˈfaʊndɪdlɪ] весьма; очень; страшно; ужасно *(разг.)*

confraternity [ˌkɒnfrəˈtɜːnɪtɪ] братство; лагерь; содружество

confrere [ˈkɒnfrɛə] коллега; собрат *(франц.)*

confront [kənˈfrʌnt] стоять лицом к лицу; стоять против; делать очную ставку; сличать; согласовывать; сопоставлять

confrontation [ˌkɒnfrʌnˈteɪʃ(ə)n] конфронтация; очная ставка; сличение; сопоставление; сравнение

confuse [kənˈfjuːz] смешивать; спутывать; производить беспорядок; приводить в замешательство; смущать; помрачать сознание

confused [kənˈfjuːzd] смущенный; спутанный

confused babble [kənˈfjuːzd|ˈbæbl] смущенное бормотание

confusedly [kənˈfjuːzɪdlɪ] смущенно; беспорядочно; в беспорядке

confuser [kənˈfjuːzə] конфузор, сужающийся патрубок *(техн.)*

confusing [kənˈfjuːzɪŋ] сбивающий с толку

confusion [kənˈfjuːz(ə)n] смущение; волнение; замешательство; смятение; беспорядок; беспорядочность; непорядок; неразбериха; путаница; смешение; соединение в одну массу; общественные беспорядки; волнения

confutation [ˌkɒnfjuːˈteɪʃ(ə)n] опровержение; отрицание

confute [kənˈfjuːt] опровергать; отрицать

conge [ˈkɒnʒeɪ] отпуск *(франц.)*

congeal [kənˈdʒiːl] блокировать; задерживать; замораживать; замерзать; застывать; затвердевать; сгущать*(ся)*; свертываться

congelation [ˌkɒndʒɪˈleɪʃ(ə)n] замораживание; замерзание; застывание; затвердение

congener [ˈkɒndʒɪnə] собрат; сородич; представитель того же рода; родственная вещь; аналогичный; родственный; сходный

congeneric(al) [ˌkɒndʒɪˈnerɪk(əl)] гомогенный; однородный; подобный; принадлежащий к тому же роду

congenerous [kənˈdʒenərəs] родственный; однородный

congenetic [kɒndʒɪˈnetɪk] имеющий общее происхождение

congenial [kənˈdʒiːnjəl] близкий; родственный; врожденный; прирожденный; конгениальный; благоприятный; годный; подходящий

congeniality [kənˌdʒiːnɪˈælɪtɪ] близость; конгениальность; подобие; сходство; родство

congenital [kənˈdʒenɪtl] внутренний; врожденный

congenital blindness [kənˈdʒenɪtl|ˈblaɪndnɪs] врожденная слепота

conger [ˈkɒŋɡə] морской угорь *(биол.)*

congeries [kɒnˈdʒɪəriːz] масса; куча; множество; скопление

congest [kənˈdʒest] перегружать; наполнять; насыщать; накоплять*(ся)*; скоплять*(ся)*; скученный; перенаселенный; собранный в одну массу

congested [kənˈdʒestɪd] перенаселенный *(о районе и т. п.)*

congestion [kənˈdʒestʃ(ə)n] перенаселенность; куча; груда; скопление; перегруженность; затор *(уличного движения)*; перегрузка сети передачи данных *(компьют.)*

conglobate [ˈkɒŋɡloʊbeɪt] сферический; шарообразный; придавать, принимать сферическую форму; шаровидно-скученный

conglomerate [kənˈɡlɒmərɪt] — *сущ.* [kənˈɡlɒməreɪt] — *гл.* собранный в клубок; объединение; конгломерат; масса; скопление; собирать*(ся)*; накапливаться

conglomeration [kənˌɡlɒməˈreɪʃ(ə)n] конгломерация; скопление; сбор

conglutination [kənˌɡluːtɪˈneɪʃ(ə)n] склеивание; слипание

congratulate [kənˈɡrætjuleɪt] поздравлять с чем-либо

congratulation [kənˌɡrætjuˈleɪʃ(ə)n] поздравление

congratulatory [kənˈɡrætjulət(ə)rɪ] поздравительный

congregant [ˈkɒŋɡrɪɡənt] прихожанин *(церк.)*

congregate [ˈkɒŋɡrɪɡeɪt] собирать*(ся)*; копиться

congregation [ˌkɒŋɡrɪˈɡeɪʃ(ə)n] скопление; собрание; концентрация; университетский совет

congress [ˈkɒŋɡres] конгресс; съезд; *(the Congress)* конгресс США

congressional [kənˈɡreʃənl] относящийся к конгрессу

CON — CON

congruence [ˈkɔŋgruəns] согласованность; слаженность; соответствие; стройность; совпадение; стечение; одинаковость; совмещаемость фигур; сравнимость *(в теории чисел) (мат.)*

congruent [ˈkɔŋgruənt] запасной; резервный

congruous [ˈkɔŋgruəs] соответствующий; гармонирующий

conic [ˈkɔnɪk] конусный; конусообразный; конический; коническое сечение; кривая второго порядка

conical [ˈkɔnɪk(ə)l] конический; конусный; конусообразный

conifer [ˈkounɪfə] хвойное дерево

coniferous [kouˈnɪfərəs] хвойный; шишконосный

coniferous wood [kouˈnɪfərəsˈwud] хвойный лес; бор

coniform [ˈkounɪfɔːm] конический; конусный; конусообразный

conjectural [kənˈdʒekt(ə)r(ə)l] гипотетический; предположительный

conjecture [kənˈdʒektʃə] гипотеза; догадка; предположение; гадать; ожидать; полагать

conjoin [kənˈdʒɔɪn] соединять(ся); сочетать(ся)

conjoint [kənˈdʒɔɪnt] соединенный; объединенный

conjointly [kənˈdʒɔɪntlɪ] совместно

conjoints [kənˈdʒɔɪnts] супруги

conjugal [ˈkɔndʒug(ə)l] супружеский; брачный

conjugality [ˌkɔndʒuˈgælɪtɪ] супружество; состояние в браке

conjugate [ˈkɔndʒugɪt] — *прил.* [ˈkɔndʒugeɪt] — *гл.* соединенный; спрягать *(грам.)*; соединяться *(биол.)*; сливаться; конъюгировать

conjugation [ˌkɔndʒuˈgeɪʃ(ə)n] связывание; соединение; сцепление; спряжение *(грам.)*

conjunct [kənˈdʒʌŋkt] соединенный; связанный; объединенный

conjunction [kənˈdʒʌŋkʃ(ə)n] связь; совпадение; стечение; сочетание; союз *(грам.)*; пересечение дорог; перекресток; логическое умножение

conjunctiva [ˌkɔndʒʌŋkˈtaɪvə] конъюнктива *(слизистая оболочка глаза)*

conjunctive [kənˈdʒʌŋktɪv] связывающий

conjunctive denial [kənˈdʒʌŋktɪvdɪˈnaɪəl] отрицание совокупности фактов

conjuncture [kənˈdʒʌŋktʃə] стечение обстоятельств; конъюнктура

conjuration [ˌkɔndʒu(ə)ˈreɪʃ(ə)n] заклинание; колдовство

conjure [ˈkʌndʒə] заниматься магией; колдовать; вызывать в воображении; показывать фокусы

conjure up [ˈkʌndʒərˈʌp] заставлять появиться как по волшебству; вызывать в воображении

conjurer [ˈkʌndʒ(ə)rə] волшебник; чародей; фокусник

conk [kɔŋk] нос; скончаться; умереть; перебои, стуки в двигателе

to conk out — испортиться; сломаться; заглохнуть *(о двигателе)*; очень устать; потерять сознание

conn [kɔn] управление кораблем; подавать команды рулевому *(мор.)*

connate [ˈkɔneɪt] врожденный; природный; прирожденный; соединенный; рожденный *(возникший)* одновременно; сросшийся

connatural [kəˈnætʃr(ə)l] врожденный; прирожденный; гомогенный; однородный; подобный; одинаковый по своей природе

connect [kəˈnekt] соединять(ся); связывать(ся); ассоциировать; ставить в причинную связь; быть согласованным; присоединять; включать; подключать

connect time [kəˈnektˈtaɪm] продолжительность сеанса связи

connected [kəˈnektɪd] связанный с кем-либо, чем-либо; имеющий большие, родственные связи; связный *(о рассказе и т. п.)*; соединенный

connecting bolt [kəˈnektɪŋˈboult] соединительный болт

connecting pipe [kəˈnektɪŋˈpaɪp] соединительный патрубок, штуцер

connecting rod [kəˈnektɪŋˈrɔd] соединительная тяга *(техн.)*

connecting rod bearing [kəˈnektɪŋrɔdˈbeərɪŋ] подшипник верхней головки шатуна

connecting sleeve [kəˈnektɪŋˈsliːv] соединительная муфта

connecting terminal [kəˈnektɪŋˈtəːmɪnl] клемма *(техн.)*

connecting tube [kəˈnektɪŋˈtjuːb] штуцер *(техн.)*

connection [kəˈnekʃən] причастность; связь; штуцер *(техн.)*; родство; родственник; клиентура; сцепление; соединение; свойство; присоединение; сочленение; сообщение; включение; патрубок; политическое или коммерческое объединение

connection sleeve [kəˈnekʃənˈsliːv] соединительная муфта

connective [kəˈnektɪv] соединительный; связующий; соединительное слово *(грам.)*; связник *(бот.)*

connectivity [ˌkɔnekˈtɪvɪtɪ] сетевое взаимодействие

connector [kəˈnektə] соединитель; соединительное устройство; соединительное звено; соединительная муфта; соединительный штуцер; соединительный разъем; клемма

connexion [kəˈnekʃ(ə)n] связь; соединение; присоединение; родство; свойство; клиентура; покупатели

connivance [kəˈnaɪv(ə)ns] потворство; попустительство; потакание; молчаливое согласие; допущение

connive [kəˈnaɪv] потворствовать; смотреть сквозь пальцы; попустительствовать; молчаливо допускать

connivent [kəˈnaɪvənt] сближенный; сходящийся

conniving [kəˈnaɪvɪŋ] коварный; лукавый; предательский

connoisseur [ˌkɔnəˈsəː] знаток; специалист; эксперт

connotation [ˌkɔnouˈteɪʃ(ə)n] дополнительное, сопутствующее значение

connote [kɔˈnout] иметь дополнительное, второстепенное значение *(о слове)*; иметь дополнительное следствие *(о факте и т. п.)*

connubial [kəˈnjuːbjəl] брачный; супружеский

connubium [kəˈnjuːbɪum] спаривание; скрещивание

conquer [ˈkɔŋkə] завоевывать; покорять; подчинять; побеждать; преодолевать

conqueror [ˈkɔŋk(ə)rə] завоеватель; победитель; решающая партия *(спорт.)*

conquest [ˈkɔŋkwest] завоевание; покорение; достижение; победа; завоеванная территория; захваченное имущество и т. п.

conquistador [kɔnˈkwɪstədɔː] конквистадор *(ист.)*

consanguineous [ˌkɔnsæŋˈgwɪnɪəs] аналогичный; близкий; единокровный

consanguinity [ˌkɔnsæŋˈgwɪnɪtɪ] близость; единокровность; родственность; кровное родство

conscience [ˈkɔnʃ(ə)ns] совесть; сознание

conscienceless [ˈkɔnʃ(ə)nslɪs] бессовестный; нечестный; низкий

conscientious [ˌkɔnʃɪˈenʃəs] добросовестный; сознательный; честный *(об отношении к чему-либо)*

conscious [ˈkɔnʃəs] сознающий; ощущающий; здравый; сознательный

consciousness [ˈkɔnʃəsnɪs] сознание; сознательность; самосознание; осознание

conscript [ˈkɔnskrɪpt] — *сущ.* [kənˈskrɪpt] — *гл.* призывник; новобранец; рекрут; призывать на военную службу; мобилизовать

conscription [kənˈskrɪpʃ(ə)n] воинская повинность; набор на военную службу

consecrate [ˈkɔnsɪkreɪt] посвященный; посвящать

consecration [ˌkɔnsɪˈkreɪʃən] надпись; посвящение; освящение

consecution [ˌkɔnsɪˈkjuːʃ(ə)n] последовательность; следование *(событий и т. п.)*

consecutive [kənˈsekjutɪv] логический; логичный; последовательный; следственный *(грам.)*; последующий; параллельный

consenescence [ˌkɔnsɪˈnesns] одряхление; старение

consensual [kənˈsenʃuəl] согласованный; всеобщий

consensus [kənˈsensəs] единодушие; одобрение; всеобщее согласие; консенсус; согласованность

consent [kənˈsent] одобрение; подтверждение; согласие; допущение; позволение; разрешение; соглашаться; допускать; позволять; разрешать; давать согласие

consentaneity [kənˌsentəˈniːɪtɪ] слаженность; согласованность; стройность; единодушие

consentaneous [ˌkɔnsenˈteɪnɪəs] гармонический; совпадающий; согласованный; единодушный

consentient [kənˈsenʃənt] единодушный; соглашающийся; гармонический; гармоничный; согласованный

conseptus оплодотворенное яйцо млекопитающих

consequence [ˈkɔnsɪkwəns] последствие; следствие; выведение; вывод; заключение; влиятельность; влиятельное положение; значение; важность

consequent [ˈkɔnsɪkwənt] *(логически)* последовательный; являющийся результатом чего-либо; исход; итог; результат

consequential [ˌkɔnsɪˈkwenʃ(ə)l] логически вытекающий; важный; значительный; существенный; важничающий; полный самомнения

consequently [ˈkɔnsɪkwəntlɪ] следовательно; поэтому; в результате

conservancy [kənˈsəːv(ə)nsɪ] охрана рек и лесов; охрана природы; комитет по охране рек и лесов

conservation [ˌkɔnsə(ː)ˈveɪʃ(ə)n] оставление; сохранение; хранение; консервация; консервирование *(плодов)*; охрана природных ресурсов; охрана природы; рациональное природопользование

conservatism [kənˈsəːvətɪzm] консервативность; консерватизм; косность; устойчивость свойств

conservative [kənˈsəːv(ə)tɪv] закоснелый; консервативный; реакционный; охранительный; умеренный; осторожный; сдержанный; консерватор; реакционер

conservatoire [kənˈsəːvətwaː] консерватория

conservator [kənˈsəːvətə] хранитель; опекун; служащий управления охраны рек и лесов

conservatory [kənˈsəːvətrɪ] оранжерея; теплица

conserve [kənˈsəːv] беречь; охранять; сберегать; консервировать

CON — CON

consider [kən'sɪdə] рассматривать; обсуждать; взвешивать; обдумывать; думать; мыслить; полагать; считать; принимать во внимание; учитывать

considerable [kən'sɪd(ə)rəbl] значительный; большой; важный; немалый; большой; немалый; масса; много; множество; совокупность

considerate [kən'sɪd(ə)rɪt] внимательный к другим; деликатный; тактичный

consideration [kən,sɪdə'reɪʃ(ə)n] анализ; обсуждение; рассмотрение; разбор; мнение; встречное удовлетворение; соображение; внимание; предупредительность; возмещение; компенсация; вознаграждение; уважение

considering [kən'sɪd(ə)rɪŋ] учитывая; принимая во внимание

consign [kən'saɪn] передавать; поручать; (пред)назначать; предавать (земле); отправлять (товары); посылать товары на консигнацию; депонировать

consignee [,kɔnsaɪ'ni:] грузополучатель; адресат груза; комиссионер; консигнатор

consignment [kən'saɪnmənt] груз; партия товара; накладная; консигнация

consignment note [kən'saɪnmənt'nout] транспортная накладная

consignor [kən'saɪnə] грузоотправитель; консигнант

consilience [kən'sɪlɪəns] совпадение; стечение (обстоятельств); одинаковость

consilient [kən'sɪlɪənt] совпадающий; согласный

consist [kən'sɪst] состоять из; заключаться в; совмещаться; совпадать

consistence [kən'sɪst(ə)ns] консистенция; густота; плотность

consistency [kən'sɪst(ə)nsɪ] логичность; последовательность; неизменность; постоянство; устойчивость; слаженность; согласованность; консистенция; плотность; непротиворечивость; состоятельность; совместимость (мат.); целостность

consistency of estimator [kən'sɪst(ə)nsɪ əv'estɪmeɪtə] состоятельность оценки

consistent [kən'sɪst(ə)nt] последовательный; стойкий; консистентный; непротиворечивый; плотный; прочный; твердый; совместимый; постоянный; согласующийся; подходящий; совместный

consistory [kən'sɪst(ə)rɪ] консистория; церковный суд (церк.)

consocietum сообщество

consolation [,kɔnsə'leɪʃ(ə)n] утешение; утешительный

consolatory [kən'sɔlət(ə)rɪ] утешительный

console [kən'soul] — гл. ['kɔnsoul] — сущ. утешать; пульт органа; консоль; кронштейн; пульт управления; приборная панель; пульт оператора; клавиатура (компьют.); операторский терминал

console command processor ['kɔnsoul kə'mɑ:nd'prousesə] диалоговый монитор

console-mirror ['kɔnsoul'mɪrə] трюмо

consolidate [kən'sɔlɪdeɪt] укреплять(ся); консолидировать (займы); объединять(ся) (о территориях, обществах); твердеть; застывать; затвердевать; закреплять(ся) (воен.)

consolidated [kən'sɔlɪdeɪtɪd] консолидированный; объединенный; сводный; затвердевший

consolidated data [kən'sɔlɪdeɪtɪd'deɪtə] сводка

consolidated shipment [kən'sɔlɪdeɪtɪd'ʃɪpmənt] сборная отправка

consolidation [kən,sɔlɪ'deɪʃ(ə)n] консолидация; объединение; укрепление; усиление; отвердевание; уплотнение; твердение

consonance ['kɔnsənəns] гармония; созвучие; одобрение; согласие; консонанс

consonant ['kɔnsənənt] согласный звук (фон.); согласный с; совместимый; созвучный; гармоничный; слаженный

consort ['kɔnsɔ:t] — сущ. [kən'sɔ:t] — гл. супруг(а); общаться; гармонировать; соответствовать

consortium [kən'sɔ:tjəm] консорциум; супружеская общность; лишайник (биол.)

conspicuous [kən'spɪkjuəs] видный; заметный; бросающийся в глаза

conspiracy [kən'spɪrəsɪ] конспирация; заговор; тайный сговор; тайная, подпольная организация; сговор

conspirator [kən'spɪrətə] заговорщик; интриган; участник преступного сговора

conspiratorial [kən,spɪrə'tɔ:rɪəl] заговорщический; законспирированный; конспиративный

conspire [kən'spraɪə] устраивать заговор; тайно замышлять

constable ['kʌnstəbl] констебль (полицейский чин)

constabulary [kən'stæbjulərɪ] полицейские силы; полиция; полицейский

constancy ['kɔnst(ə)nsɪ] неизменность; постоянство; устойчивость; верность; твердость

constant ['kɔnst(ə)nt] неизменный; неизменяемый; постоянный; твердый; верный (идее и т. п.); константа; постоянная величина; коэффициент; устойчивый

constant address ['kɔnst(ə)nt ə'dres] базовый адрес

constant-level lake ['kɔnst(ə)ntlevl'leɪk] озеро с постоянным уровнем воды

constantly ['kɔnst(ə)ntlɪ] постоянно; часто; то и дело

constat заверенная копия документа

constellation [ˌkɔnstəˈleɪʃ(ə)n] созвездие; совокупность; группа одинаковых элементов

consternation [ˌkɔnstə(ː)ˈneɪʃ(ə)n] ужас; испуг; оцепенение *(от страха)*

constituency [kənˈstɪtjuənsɪ] избиратели; избирательный округ

constituent [kənˈstɪtjuənt] составная часть; избиратель; составляющая *(линг.)*; входящий в состав компонента; доверитель; избирающий; составляющий часть целого; компонент

constitute [ˈkɔnstɪtjuːt] составлять; основывать; строить; учреждать; быть; являться; устанавливать; назначать; издавать или вводить в силу закон

constitution [ˌkɔnstɪˈtjuːʃn] конституция; основной закон; организация; основание; телосложение; склад; смесь; соединение; состав; устав; положение; строение; структура; устройство; учреждение; создание; образование

constitution of court [ˌkɔnstɪˈtjuːʃənǀəvǀˈkɔːt] состав суда

constitutional [ˌkɔnstɪˈtjuːʃənl] конституционный; моцион; прогулка

constitutional law [ˌkɔnstɪˈtjuːʃənlǀˈlɔː] конституционное право; государственное право

constitutive [ˈkɔnstɪtjuːtɪv] учредительный; устанавливающий; образующий; конструктивный; важный; значительный; существенный; сложный; смешанный; составной

constrain [kənˈstreɪn] вынуждать; заставлять; сдерживать; сжимать; заключать в тюрьму; стеснять; накладывать связи

constrained [kənˈstreɪnd] вынужденный; скованный; несвободный *(о движениях)*; стесненный

constrainedly [kənˈstreɪnɪdlɪ] поневоле; по принуждению; стесненно; напряженно; с усилием

constraint [kənˈstreɪnt] принуждение; насилие; применение силы; принужденность; стеснение; напряженность; скованность; тюремное заключение; сдерживающий фактор; пресечение; ограничение; ограничивающее условие; ограничение степеней свободы; связь; заделка *(концов балки)*

constraints [kənˈstreɪnts] ограничения целостности в базах данных *(компьют.)*

constrict [kənˈstrɪkt] стягивать; сжимать; затягивать; перетягивать

constriction [kənˈstrɪkʃ(ə)n] перехват; свертывание; сжатие; сужение; перетяжка; стягивание; суживающийся канал; поджатие *(потока)*

constrictive [kənˈstrɪktɪv] сжимающий; стягивающий

constrictor [kənˈstrɪktə] сжимающая мышца *(анат.)*; обыкновенный удав *(биол.)*

construct [kənˈstrʌkt] строить; сооружать; создавать; сочинять; придумывать; составлять *(предложение) (грам.)*; конструировать; делать геометрическое построение; конструкция; приглашение

construction [kənˈstrʌkʃən] строительство; стройка; здание; строение; истолкование; конструкция *(предложения и т. п.) (грам.)*; сооружение; толкование; структура; постройка; составление уравнения *(мат.)*; геометрическое построение; построение *(мат.)*

construction cost [kənˈstrʌkʃənǀˈkɔst] стоимость строительства

construction in progress [kənˈstrʌkʃənǀɪnǀˈprougres] незавершенное строительство

construction number [kənˈstrʌkʃənǀˈnʌmbə] заводской номер

construction of roads [kənˈstrʌkʃənǀəvǀˈroudz] строительство дорог

construction set [kənˈstrʌkʃənǀˈset] строительный набор

constructive [kənˈstrʌktɪv] конструктивный; строительный; творческий; созидательный; подразумеваемый; выведенный путем умозаключения

constructor [kənˈstrʌktə] конструктор; инженер; строитель; инженер-кораблестроитель *(мор.)*

construe [kənˈstruː] толковать; истолковывать

consuetude [ˈkɔnswɪtjuːd] обычай; неписаный закон; дружеское общение

consuetudinary [ˌkɔnswɪˈtjuːdɪnərɪ] обыденный; обыкновенный; обычный

consul [ˈkɔns(ə)l] консул

consular [ˈkɔnsjulə] консульский

consular fees [ˈkɔnsjuləǀˈfiːz] консульский сбор

consulate [ˈkɔnsjulɪt] консульство; консульское звание

consulship [ˈkɔns(ə)lʃɪp] должность консула

consult [kənˈsʌlt] советоваться; консультироваться; принимать во внимание; совещаться; справляться *(о чем-либо)*; учитывать

consultancy [kənˈsʌltənsɪ] консультирование; дача консультаций; должность консультанта

consultant [kənˈsʌltənt] консультант; советник

consultation [ˌkɔns(ə)lˈteɪʃ(ə)n] консультация; консультирование; разъяснение; встреча; совещание

consultative [kənˈsʌltətɪv] совещательный; консультативный; разъяснительный

consulting [kənˈsʌltɪŋ] консультационная фирма; консалтинг *(фин.)*

consulting model [kənˈsʌltɪŋǀˈmɔdl] программа-консультант

consumable [kənˈsjuːməbl] потребляемый; расходуемый; предметы потребления; судовые запасы; расходные материалы

consume [kən'sju:m] потреблять; расходовать; съедать; поглощать; расточать *(состояние, время)*; тратить

consumer [kən'sju:mə] потребитель; потребительский; консумент; абонент

consumer commodities [kən'sju:məkə'mɔdɪtɪz] предметы широкого потребления

consumer contract [kən'sju:mə'kɔntrækt] потребительский договор

consumer cooperation [kən'sju:məkou,ɔpə'reɪʃən] потребительская кооперация

consumer's choice [kən'sju:məz'tʃɔɪs] потребительский вкус

consumer's demand [kən'sju:məzdɪ'ma:nd] потребительский спрос

consumer's goods [kən'sju:məz'gudz] потребительские товары

consummate [kən'sʌmɪt] — *прил.* ['kɔnsʌmeɪt] — *гл.* законченный; совершенный; точный; доводить до конца; завершать; окончательно оформлять; вводить в действие

consummately [kən'sʌmɪtlɪ] вполне; полностью; совершенно; совсем; в совершенстве

consummation [,kɔnsə'meɪʃ(ə)n] завершение *(работы)*; конец; смерть; достижение; осуществление *(цели)*; совершенство

consumption [kən'sʌmpʃən] потребление; затрата; издержки; расход; поглощение

consumption rate [kən'sʌmpʃən'reɪt] норма потребления

consumptive [kən'sʌmptɪv] туберкулезный; чахоточный; истощающий

contact ['kɔntækt] — *сущ., прил.* [kən'tækt] — *гл.* соприкосновение; контакт; касание; знакомства; отношения; связи; связь; сцепление; контактный; связывающий; быть в соприкосновении; *(со)*прикасаться; приводить в соприкосновение; устанавливать связь; касание *(мат.)*; приглашение; включать

contact breaker ['kɔntækt'breɪkə] рубильник; контактный прерыватель *(техн.)*

contact maker ['kɔntækt'meɪkə] замыкатель; выключатель; рубильник *(эл.)*

contact print ['kɔntækt'prɪnt] контактная печать

contact screen ['kɔntækt'skri:n] контактный растр

contacting [kən'tæktɪŋ] контактный *(техн.)*; замыкание контакта

contactless [kən'tæktlɪs] бесконтактный

contagion [kən'teɪdʒ(ə)n] заражение; инфекция; вредное влияние; моральное разложение; заразное начало; распространение инфекции; инфекционное заболевание

contagious [kən'teɪdʒəs] заразный; инфекционный; заразительный *(смех и т. п.)*; контагиозный

contain [kən'teɪn] содержать в себе; вмещать; ограничивать; сдерживать; удерживать; делиться без остатка *(мат.)*

container [kən'teɪnə] вместилище; сосуд; стандартная тара; контейнер; резервуар; приемник

container capsule [kən'teɪnə'kæpsju:l] грузовой контейнер

containerization [kən,teɪnəraɪ'zeɪʃən] контейнерная перевозка

containerize [kən'teɪnəraɪz] перевозить в контейнерах

containment [kən'teɪnmənt] сдерживание; политика сдерживания *(агрессора, экспансии и т. п.)*; вместимость; объем; герметичность; удерживание; удержание; защитная оболочка реакторной установки

contaminant [kən'tæmɪnənt] загрязняющее вещество; грязь; примесь; загрязнитель

contaminate [kən'tæmɪneɪt] загрязнять; пачкать; портить; разлагать; осквернять; заражать

contamination [kən,tæmɪ'neɪʃ(ə)n] загрязнение; порча; ухудшение; осквернение; заражение; инфекция; зараженность; примесь; контаминация *(линг.)*

contemn [kən'tem] презирать; пренебрегать

contemplate ['kɔntempleɪt] обозревать; созерцать; взвешивать; обдумывать; исследовать; намереваться; предполагать; ставить целью; иметь намерением что-либо; замышлять; рассматривать; предусматривать

contemplation [,kɔntem'pleɪʃən] созерцание; размышление; раздумье; анализ; изучение; рассмотрение; гипотеза; догадка; предположение; ожидание; намерение; цель; точка зрения

contemplation in law [,kɔntem'pleɪʃənɪn'lɔ:] точка зрения закона

contemplative ['kɔntempleɪtɪv] созерцательный; задумчивый

contemporaneity [kən,temp(ə)rə'ni:ɪtɪ] современность; одновременность; совпадение *(во времени)*

contemporaneous [kən,tempə'reɪnjəs] новый; современный; одновременный; синхронный; совместный

contemporary [kən'temp(ə)rərɪ] современник; сверстник; новый; современный; одновременный

contempt [kən'tempt] презрение к; неуважение *(юр.)*; оскорбление; нарушение норм права

contemptible [kən'temptəbl] презренный

contemptuous [kən'temptjuəs] презрительный; высокомерный; нарушающий нормы

contemptuously [kən'temptjuəslɪ] презрительно; с презрением; в нарушение нормы

contend [kən'tend] бороться против кого-либо; соперничать; состязаться; утверждать; заявлять

contender [kən'tendə] соперник *(на состязании, на выборах)*; претендент; кандидат *(на пост)*

content ['kɔntent] — *сущ.* [kən'tent] — *прил., гл.* содержание; суть; относительное содержание; содержимое; сущность; объем; оглавление; величина; вместимость; емкость; размер; количество; довольство; чувство удовлетворения; довольный; согласный; голосующий за *(в палате лордов)*; насыщать; удовлетворять; утолять; площадь геометрической фигуры

content-addressable ['kɔntentə'dresəbl] ассоциативный

content-addressable memory ['kɔntentə,dresəbl'meməri] ассоциативная память *(компьют.)*

content-richness ['kɔntent'ritʃnis] содержательность

contented [kən'tentid] довольный; обеспеченный; удовлетворенный

contention [kən'tenʃ(ə)n] борьба; спор; ссора; конкуренция; соперничество; соревнование; состязание; предмет спора, ссоры; утверждение; конфликтная ситуация

contentious [kən'tenʃəs] дискуссионный; неясный; спорный; вздорный; придирчивый; сварливый; рассматриваемый в порядке спора между сторонами *(юр.)*

contentment [kən'tentmənt] довольство; удовлетворенность

contents page ['kɔntents'peidʒ] страница оглавления

contest ['kɔntest][kən'test] дискуссия; прения; спор; конкурс; соперничество; соревнование; опровергать; оспаривать; бороться; защищать; отстаивать; соревноваться; соперничать; добиваться; участвовать в выборах; выставлять кандидатов

to contest a person's right — оспаривать чьи-либо права

contestant [kən'testənt] антагонист; конкурент; соперник; участник соревнования, состязания; противник

contestation [,kɔntes'teiʃ(ə)n] борьба; война; конкуренция; соперничество; соревнование

context ['kɔntekst] контекст; ситуация; связь; фон

context editor ['kɔntekst'editə] строковой редактор *(компьют.)*

contextual [kən'tekstjuəl] контекстуальный; вытекающий из контекста

contexture [kən'tekstʃə] сплетение; ткань; композиция *(литературного произведения)*

contiguity [,kɔnti'gju(:)iti] смежность; близость

contiguous [kən'tigjuəs] соприкасающийся; смежный; соседний

contiguous file [kən'tigjuəs'fail] непрерывный файл *(компьют.)*

continence ['kɔntinəns] сдержанность; воздержание *(например, половое)*

continent ['kɔntinənt] сдержанный; спокойный; умеренный; воздержанный; целомудренный; континент; материк; часть света

continental [,kɔnti'nentl] континентальный; внешний; зарубежный; житель европейского континента; иностранец

continental breakfast [,kɔnti'nentl'brekfəst] континентальный завтрак

contingency [kən'tindʒ(ə)nsi] случайность; непредвиденное обстоятельство; непредвиденные расходы; чрезвычайные обстоятельства; сопряженность признаков; ограничение *(мат.)*

contingent [kən'tindʒənt] контингент; случайный; возможный; зависящий от обстоятельств; условный

continual [kən'tinjuəl] постоянный; непрерывный

continuance [kən'tinjuəns] продолжительность; длительный период; продолжение; распространение; расширение; длительность; период; длительное пребывание *(в неизменных условиях)*

continuation [kən,tinju'eiʃ(ə)n] продолжение; распространение; возобновление; возрождение; восстановление

continue [kən'tinju(:)] продолжать(ся); сохранять(ся); длиться; простираться; тянуться; служить продолжением; пролонгация; продолжение

continued [kən'tinju(:)d] непрерывный; беспрерывный; длительный; продолжающийся; постоянный

continuity [,kɔnti'nju(:)iti] непрерывность; неразрывность; преемственность; целостность; отсутствие разрывов

continuity announcer [,kɔnti'nju(:)iti|ə'naunsə] комментатор; ведущий передачи

continuous [kən'tinjuəs] непрерывный; длительный; всеобщий; общий; сплошной; неразрывный; неразрезной; постояннодействующий; продолжительный; продолжающийся; незатухающий; постоянный *(о токе)*

continuous adjustment [kən'tinjuəs|ə'dʒʌstmənt] плавная регулировка

continuous light [kən'tinjuəs'lait] непрерывный свет

continuous stationary [kən'tinjuəs'steiʃnəri] ролевая *(рулонная)* бумага для принтеров; фальцованная бумага для печатающего устройства

continuous tone [kənˈtɪnjuəsˈtoun] нерастрированное изображение

continuous-duty [kənˈtɪnjuəsˈdjuːtɪ] рассчитанный на длительную нагрузку; предназначенный для длительной работы

contort [kənˈtɔːt] искажать; искривлять; искажать; искривлять

contorted [kənˈtɔːtɪd] скрученный; закрученный; искривленный

contortion [kənˈtɔːʃ(ə)n] искривление; искажение; искривление

contortionist [kənˈtɔːʃnɪst] «человек-змея»; акробат

contour [ˈkɔntuə] контур; очертание; профиль; горизонталь; контурный; наносить контур; вычерчивать в горизонталях

contouring [ˈkɔntuərɪŋ] профилирование

contra [ˈkɔntrə] нечто противоположное; напротив; наоборот; против; довод (голос, аргумент) против

contra-bossing [ˈkɔntrəˈbɔsɪŋ] обтекатель гребного вала

contraband [ˈkɔntrəbænd] контрабанда; контрабандный

contraband traffic [ˈkɔntrəbændˈtræfɪk] перевозка контрабанды

contrabandist [ˈkɔntrəbændɪst] контрабандист

contrabass [ˌkɔntrəˈbeɪs] контрабас (муз.)

contraceptive [ˌkɔntrəˈseptɪv] противозачаточный; противозачаточное средство

contract [ˈkɔntrækt] — сущ., прил. [kənˈtrækt] — гл. контракт; договор; соглашение; сделка; условие; брачный договор; обручение; помолвка; договорный; сжимать(ся); суживать(ся); сокращать(ся); хмурить; морщить; заключать договор; соглашение; вступать (в брак, в союз с кем-либо); принимать обязанности; стягивать

to cancel a contract — аннулировать контракт
to conclude a contract — заключать контракт
to infringe a contract — нарушать контракт
to make a contract — заключать контракт
to negotiate a contract — обсуждать договор

contract construction [ˈkɔntræktkənˈstrʌkʃən] подрядное строительство

contract for sale [ˈkɔntræktfəˈseɪl] контракт на продажу

contract killer [ˈkɔntræktˈkɪlə] наемный убийца

contract labor [ˈkɔntræktˈleɪbə] работа по договору

contract of carriage [ˈkɔntræktəvˈkærɪdʒ] договор перевозки

contract of debt [ˈkɔntræktəvˈdet] договор займа

contract of engagement [ˈkɔntræktəvɪnˈgeɪdʒmənt] договор найма

contract of guarantee [ˈkɔntræktəvˌgærənˈtiː] договор поручительства

contract of insurance [ˈkɔntræktəvɪnˈʃuərəns] договор страхования

contract of tenancy [ˈkɔntræktəvˈtenənsɪ] договор аренды

contract of work and labour [ˈkɔntræktəvˈwəːkəndˈleɪbə] договор подряда

contract time [ˈkɔntræktˈtaɪm] срок действия договора

contracted [kənˈtræktɪd] обусловленный договором; договорный; помолвленный; сморщенный; нахмуренный; узкий; ограниченный (о взглядах)

contractile [kənˈtræktaɪl] сжимающий(ся); сокращающийся

contractility [ˌkɔntrækˈtɪlɪtɪ] сжимаемость; сокращаемость

contracting [kənˈtræktɪŋ] контрактация

contracting agency [kənˈtræktɪŋˈeɪdʒənsɪ] подрядная организация

contraction [kənˈtrækʃ(ə)n] сжатие; сужение; заключение (брака, займа); приобретение (привычки); сокращение; уменьшение

contractive [kənˈtræktɪv] сжимающийся; сокращающийся; способный сокращаться (сжиматься)

contractor [kənˈtræktə] подрядчик; поставщик; сторона в договоре

contractual [kənˈtræktjuəl] договорный; условный

contractual arrangement [kənˈtræktjuələˈreɪndʒmənt] договорное соглашение

contradict [ˌkɔntrəˈdɪkt] противоречить; возражать; опровергать; отрицать

to contradict a witness — опровергать показания свидетеля

contradiction [ˌkɔntrəˈdɪkʃ(ə)n] конфликт; противоречие; опровержение; отрицание; несоответствие; расхождение

contradictor [ˌkɔntrəˈdɪktə] оппонент; соперник; полемист; спорщик

contradictory [ˌkɔntrəˈdɪkt(ə)rɪ] противоречащий; несовместимый; противоречивый

contradistinction [ˌkɔntrədɪsˈtɪŋkʃ(ə)n] противопоставление; противоположение

contradistinguish [ˌkɔntrədɪsˈtɪŋgwɪʃ] противопоставлять; разграничивать; различать

contraflow [ˈkɔntrəflou] обратное течение

contralto [kənˈtræltou] контральто (самый низкий женский голос)

contramissile [ˌkɔntrəˈmɪsaɪl] противоракетный

contraoctave [ˌkɔntrəˈɔkteɪv] контроктава

contraposition [ˌkɔntrəpəˈzɪʃ(ə)n] антитеза; контраст; противоположение

contrariety [ˌkɔntrə'raɪətɪ] конфликт; противоречие; препятствие; помеха

contrariness ['kɔntrərɪnɪs] настойчивость; своеволие; упрямство

contrariwise ['kɔntrərɪwaɪz] наоборот; обратно; в обратном порядке; в противоположном направлении; с другой стороны

contrarotation [ˌkɔntrərou'teɪʃən] вращение в противоположном направлении

contrary ['kɔntrərɪ] обратный; противоположный; вопреки; против; противный; противоречащий

contrast ['kɔntra:st] — *сущ*. [kən'tra:st] — *гл*. противоположность; контраст; контрастность; сопоставление; краска; оттенок; тон; противополагать; сопоставлять; контрастировать

contravention [ˌkɔntrə'venʃən] нарушение *(закона, права и т. п.)*; противоречие *(закону, праву и т. п.)*

contravention of law [ˌkɔntrə'venʃən|əv|'lɔ:] правонарушение

contribute [kən'trɪbju(:)t] содействовать; способствовать; жертвовать *(деньги)*; делать вклад; сотрудничать

contribution [ˌkɔntrɪ'bju:ʃ(ə)n] содействие; вклад; пожертвование; взнос; участие в погашении долга; возмещение доли ответственности; долевой взнос; контрибуция; налог; статья *(для газеты или журнала)*

contributor [kən'trɪbjutə] ассистент; секретарь; жертвователь; лицо, вносящее долевой взнос; сотрудник газеты, журнала

contributory [kən'trɪbjut(ə)rɪ] содействующий; способствующий; делающий взнос, пожертвование; сотрудничающий

contrite ['kɔntraɪt] кающийся; сокрушающийся

contritely ['kɔntraɪtlɪ] покаянно; с раскаянием; сокрушенно

contrition [kən'trɪʃ(ə)n] раскаяние; сожаление

contrivance [kən'traɪv(ə)ns] изобретательность; махинация; выдумка; затея; план; ухищрение; изобретение; находка; решение; механическое приспособление *(устройство)*; средство маскировки

contrive [kən'traɪv] придумывать; выдумывать; изобретать; затевать; замышлять; начинать; справляться; суметь; устраивать свои дела; ухитряться; заниматься махинациями

contriver [kən'traɪvə] изобретатель; махинатор

control [kən'troul] руководство; управление; власть; орган управления; проверка; рычаг управления; надзор; регулирование; режим; управляющее устройство; сдерживание; контроль; самообладание; сдержанность; нормирование; регулировка; командный пункт; контрольный орган; директивы; распоряжаться; управлять; регулировать; сдерживать; нормировать; настраивать *(техн.)*; контролировать; руководить; проверять

control accuracy [kən'troul|'ækjurəsɪ] безошибочность контроля

control arm [kən'troul|'a:m] рычаг управления

control cabin [kən'troul|'kæbɪn] ходовая рубка

control linkage backlash [kən'troul|ˌlɪŋkɪʤ|'bæklæʃ] люфт в системе управления

control panel [kən'troul|'pænəl] пульт, панель управления *(компьют.)*

control post [kən'troul|'poust] пост управления; командный пункт

control station [kən'troul|'steɪʃən] пост управления; командный пункт

control unit [kən'troul|'ju:nɪt] блок управления

control-room team [kən'troulrum|'ti:m] бригада видеорежиссера

controlled missile [kən'trould|'mɪsaɪl] управляемая ракета

controller [kən'troulə] контролер; ревизор; инспектор; управляющее устройство; прибор управления; регулятор; пусковой реостат; стопор якорной цепи *(мор.)*

controlling effect [kən'troulɪŋ|ɪ'fekt] регулируемый эффект

controversial [ˌkɔntrə'və:ʃəl] спорный; дискуссионный

controversial question [ˌkɔntrə'və:ʃəl|'kwestʃən] спорный вопрос

controversialist [ˌkɔntrə'və:ʃəlɪst] спорщик; полемист

controversion [ˌkɔntrə'və:ʃn] спор; разногласие

controversy ['kɔntrəvə:sɪ] дебаты; дискуссия; полемика; спор; разногласие; гражданский процесс; предмет спора

controvert ['kɔntrəvə:t] опровергать; оспаривать; возражать; отрицать; противиться

contumacious [ˌkɔntju(:)'meɪʃəs] неподчиняющийся; непокорный; упорный; стойкий; упрямый; устойчивый

contumacy ['kɔntjuməsɪ] неповиновение; неподчинение; упорство; настойчивость; неявка в суд

contumelious [ˌkɔntju(:)'mi:ljəs] оскорбительный; дерзкий

contumely ['kɔntju(:)mlɪ] оскорбление; дерзость; бесславие; бесчестье; позор

contuse [kən'tju:z] контузить; ушибить

contusion [kən'tju:ʒ(ə)n] контузия; ушиб

conundrum [kə'nʌndrəm] загадка; головоломка

conurbation [ˌkɔnə:'beɪʃ(ə)n] большой город со всеми пригородами

conusance компетенция; юрисдикция

CON — CON

conusant знающий; осведомленный о чем-либо
convalesce [ˌkɔnvəˈles] выздоравливать
convalescence [ˌkɔnvəˈlesns] выздоравливание; выздоровление
convalescent [ˌkɔnvəˈlesnt] выздоравливающий; поправляющийся
convection [kənˈvekʃən] конвекция
convectional [kənˈvekʃənl] конвективный
convector [kənˈvektə] радиатор отопления
convene [kənˈviːn] созывать *(собрание, съезд)*; вызывать *(в суд)*; собирать; собираться
convener [kənˈviːnə] член *(комитета, комиссии)*
convenience [kənˈviːnjəns] удобство; комфорт; удобства; пригодность; выгода
convenient [kənˈviːnjənt] удобный; подходящий
convent [ˈkɔnv(ə)nt] монастырь *(женский)*
convention [kənˈvenʃ(ə)n] собрание; съезд; договор; конвенция; сделка; общее согласие; обычай; привычка; конвент; правило; условное обозначение
conventional [kənˈvenʃənl] обусловленный; договоренный; конвенционный; условный; обычный; общепринятый; шаблонный; обычного типа; условно принятый; стандартный; нормальный; удовлетворяющий техническим условиям
conventionality [kənˌvenʃəˈnælɪtɪ] традиционность
converge [kənˈvəːdʒ] сходиться *(о линиях, дорогах и т. п.)*; сводить в одну точку; идти сближающимися курсами; сходиться в одной точке; стремиться к пределу *(мат.)*
convergence [kənˈvəːdʒəns] схождение; сужение; сближение; конвергенция *(физ.)*; сходимость
convergent [kənˈvəːdʒ(ə)nt] сходящийся в одной точке; конвергентный; затухающий
converger [kənˈvəːdʒə] человек с холодным, аналитическим умом; рационалист
converging [kənˈvəːdʒɪŋ] сходящийся
conversable [kənˈvəːsəbl] общительный; коммуникабельный; подходящий для разговора *(о теме)*
conversance [kənˈvəːs(ə)ns] осведомленность
conversant [kənˈvəːs(ə)nt] хорошо знакомый; знающий; опытный; сведущий
conversation [ˌkɔnvəˈseɪʃ(ə)n] беседа; интервью; разговор; неофициальные переговоры; переговоры; половая связь
conversational [ˌkɔnvəˈseɪʃənl] разговорный; разговорчивый
converse [kənˈvəːs] — *гл.* [ˈkɔnvəːs] — *сущ., прил.* разговаривать; беседовать; беседа; интервью; разговор; собеседование; обратный; перевернутый; противоположный
converse effect [ˈkɔnvəːs ɪˈfekt] обратный эффект
conversely [ˈkɔnvəːslɪ] обратно; вспять; назад

conversion [kənˈvəːʃ(ə)n] превращение; обращение; конверсия; переоборудование; переработка; перестройка; трансформирование; модификация; присвоение движимого имущества; поворот судебного решения; преобразование выражения *(мат.)*
convert [kənˈvəːt] превращать*(ся)*; переделывать; видоизменять*(ся)*; обменивать; конвертировать *(фин.)*; перестраивать; присваивать движимое имущество; изменять юридический статус; производить переоборудование
converter [kənˈvəːtə] конвертер; преобразователь; устройство передачи данных с необходимым преобразованием; цифратор; преобразователь частоты
convertibility [kənˌvəːtəˈbɪlɪtɪ] изменяемость; обратимость; свободный обмен валюты *(фин.)*
convertible [kənˈvəːtəbl] обратимый; изменяемый; заменимый; откидной; кузов с откидным верхом
convertible currency [kənˈvəːtəbl ˈkʌrənsɪ] конвертируемая валюта
convertible hood [kənˈvəːtəbl ˈhud] складной верх кузова
convex [ˈkɔnveks, kɔnˈveks] выпуклый; круглый; усиленный *(о сварном шве) (техн.)*
convexity [kɔnˈveksɪtɪ] выпуклость
convexo-concave [kənˌveksoukənˈkeɪv] выпукло-вогнутый
convexo-convex [kənˌveksoukənˈveks] двояковыпуклый
convey [kənˈveɪ] перевозить; переправлять; сообщать *(известия)*; выражать *(идею и т. п.)*; доставлять; препровождать; транспортировать; передавать *(звук)*
conveyance [kənˈveɪəns] перевозка; транспортировка; наемный экипаж; передача правового титула
conveyance of property [kənˈveɪəns əv ˈprɔpətɪ] передача права собственности
conveyer [kənˈveɪə] конвейер; транспортер *(техн.)*
conveyor [kənˈveɪə] транспортер
conveyor belt [kənˈveɪə ˈbelt] лента транспортера
convict [ˈkɔnvɪkt] — *сущ.* [kənˈvɪkt] -*гл.* осужденный; заключенный; каторжник; содержащийся под стражей; осудить; признать виновным
convict labor [ˈkɔnvɪkt ˈleɪbə] труд заключенных
convicted defendant [kənˈvɪktɪd dɪˈfendənt] осужденный
convicted offender [kənˈvɪktɪd əˈfendə] осужденный
conviction [kənˈvɪkʃ(ə)n] осуждение; признание виновным *(юр.)*; убеждение; уверение; уговаривание; уверенность; убежденность; судимость

convince [kən'vɪns] убеждать; уверять в чем-либо; доводить до сознания *(ошибку, проступок и т. п.)*

convinced [kən'vɪnst] убежденный в чем-либо

convincing [kən'vɪnsɪŋ] убедительный

convivial [kən'vɪvɪəl] праздничный; пиршественный; веселый; компанейский

conviviality [kən,vɪvɪ'ælɪtɪ] праздничное настроение

convocation [,kɔnvou'keɪʃ(ə)n] созыв; заседание; митинг; собрание

convoke [kən'vouk] собирать; созывать *(парламент, собрание)*

convolute ['kɔnvəlu:t] свернутый; скрученный

convolution [,kɔnvə'lu:ʃ(ə)n] свернутость; изогнутость; оборот *(спирали)*; виток; свертывание; завивание; листосложение *(бот.)*; извилина *(мозга) (анат.)*

convolve [kən'vɔlv] свертывать(ся); скручивать(ся); сплетать(ся)

convoy ['kɔnvɔɪ] сопровождение; конвой; конвоирование; эскортный; колонна автомобилей; погребальная процессия; сопровождающий; конвойный; сопровождать; конвоировать

to convoy safe — *конвоировать под усиленной охраной*

convulse [kən'vʌls] потрясать; беспокоить; волновать; тревожить

convulsion [kən'vʌlʃ(ə)n] судорога; конвульсия; колебание *(почвы)*; потрясение

convulsive [kən'vʌlsɪv] конвульсивный; судорожный

cony ['kounɪ] кролик

coo [ku:] воркование; ворковать; говорить воркующим голосом

cook [kuk] кухарка; повар; кок *(мор.)*; приготовлять пищу; жарить(ся); варить(ся)

cook-room ['kukrum] кухня

cook-shop ['kukʃɔp] столовая; харчевня

cooker ['kukə] плита; печь; кастрюля

cooker hood ['kukə|hud] вытяжка

cookery ['kukərɪ] кулинария; стряпня

cookery-book ['kukərɪbuk] поваренная книга

cookie ['kukɪ] домашнее печенье; булочка *(амер.)*

cool [ku:l] прохладный; свежий; холодный; спокойный; невозмутимый; дерзкий; нахальный; прохлада; хладнокровие

cool-headed ['ku:l'hedɪd] невозмутимый; спокойный; хладнокровный

coolant ['ku:lənt] охладитель; охлаждающая среда *(жидкость)*; теплоноситель; охлаждающий

coolant hose ['ku:lənt|'houz] шланг для охлаждающей жидкости

coolant pump ['ku:lənt|'pʌmp] насос для подачи охлаждающей жидкости

cooler ['ku:lə] холодильник; радиатор; охладитель; охлаждающий аппарат

cooliban ['ku:lɪbæn] эвкалипт *(бот.)*

cooling ['ku:lɪŋ] охлаждение; снижение радиоактивности; выдерживание радиоактивных веществ; охлаждающий; холодильный;

cooling air ['ku:lɪŋ|'eə] охлаждающий воздух

cooling circuit ['ku:lɪŋ|'sə:kɪt] контур охлаждения

cooling fan ['ku:lɪŋ|'fæn] охлаждающий вентилятор

cooling water pump ['ku:lɪŋ|'wɔ:tə|pʌmp] насос водяного охлаждения

cooling water thermostat ['ku:lɪŋ|wɔ:tə|'θə:məstət] термостат охлаждающей жидкости

coolness ['ku:lnɪs] прохлада; свежесть; ощущение прохлады; хладнокровие; спокойствие

coolroom ['ku:lrum] холодильная камера; рефрижераторный трюм

coomb [ku:m] ложбина; овраг

coop [ku:p] курятник; сажать в курятник, в клетку

cooper ['ku:pə] бондарь; бочар; спиртной напиток

cooper-clad ['ku:pəklæd] с медным покрытием

cooperate [kou'ɔpəreɪt] кооперироваться; сотрудничать; содействовать; объединяться

cooperation [kou,ɔpə'reɪʃən] взаимодействие; связь; кооперация; сотрудничество

cooperative [kou'ɔpərətɪv] кооперативный; совместный; объединенный

cooperative apartment [kou'ɔpəretɪv|ə'pa:tmənt] кооперативная квартира

cooperative association [kou'ɔpərətɪv|ə,sousɪ'eɪʃən] акционерное общество

coordinate [kou'ɔ:dnɪt] — *сущ., прил.* [kou'ɔ:dɪneɪt] — *гл.* координата; система координат *(мат.)*; согласованный; согласовывать; координировать; координатный

coordinated traffic signalization [kou'ɔ:dɪneɪtɪd|'træfɪk|,sɪgnəlaɪ'zeɪʃən] система светофорного движения «зеленая волна»

coordination [kou,ɔ:dɪ'neɪʃən] взаимодействие; координация; координирование; согласование

coordinator [kou'ɔ:dɪneɪtə] координатор *(голосующее устройство)*

coot [ku:t] лысуха *(зоол.)*

cootie ['ku:tɪ] вошь *(платяная)*

cop [kɔp] полицейский; поимка; поймать; застать *(на месте преступления)*; хохолок *(птичий)*

coparcenery [kou'pa:sənərɪ] совместное исследование; равная доля в наследстве

copartnership [kou'pa:tnəʃɪp] товарищество

COP — COR

cope [koup] справиться; совладать; будка; кабина; крыть; накрывать; обхватывать; заменять; покупать

cope-stone [ˈkoupstoun] карнизный камень; завершение; последнее слово *(науки и т. п.)*

copier [ˈkɔpɪə] копировально-множительное устройство

coping [ˈkoupɪŋ] парапет *(док)*; полукруглый профиль; полукруглая сталь

copious [ˈkoupjəs] плодовитый; распределенный группами; распределенный плотно и равномерно; обильный; богатый; изобильный

copious annotations [ˈkoupjəs|ˌænouˈteɪʃənz] подробные замечания

copiousness [ˈkoupjəsnɪs] плодовитость

copper [ˈkɔpə] медь; паяльник; медный; камбузный котел; покрывать медью; обшивать медными листами

copperhead [ˈkɔpəhed] суслик *(зоол.)*

copperplate engraving [ˈkɔpəpleɪt|ɪnˈɡreɪvɪŋ] гравюра на меди

coppery [ˈkɔpərɪ] цвета меди; содержащий медь

coppice [ˈkɔpɪs] поросль; молодой лесок; рощица; подлесок; лесной участок *(для периодической вырубки)*

coprinus гриб навозник *(бот.)*

coprocessing [ˌkouˈprousesɪŋ] совместная обработка данных

coprocessor [ˌkouˈprousesə] сопроцессор *(в многопроцессорных системах)*

coproduction [ˌkouprəˈdʌkʃən] совместная публикация

coprophagous [kɔˈprɔfəɡəs] питающийся экскрементами

copula [ˈkɔpjulə] связка *(анат.)*

copulation [ˌkɔpjuˈleɪʃ(ə)n] связывание; соединение; сцепление

copulative [ˈkɔpjulətɪv] соединительный *(грам.)*

copy [ˈkɔpɪ] экземпляр; рукопись; копия; оттиск; отпечаток; контрафакция; текстовая реклама; копировать; снимать копию; воспроизводить; переписывать; размножать *(записи)*

copy block [ˈkɔpɪ|blɔk] текстовой блок

copy editing [ˈkɔpɪ|ˈedɪtɪŋ] издательская подготовка рукописи

copy editor [ˈkɔpɪ|ˈedɪtə] редактор, готовящий рукопись к печати

copy for the cover [ˈkɔpɪ|fə|ðə|ˈkʌvə] текст на обложку

copy of document [ˈkɔpɪ|əv|ˈdɔkjumənt] копия документа

copy preparation [ˈkɔpɪˌprepəˈreɪʃən] подготовка оригинала

copy-book [ˈkɔpɪbuk] тетрадь с прописями

copycat [ˈkɔpɪkæt] подражатель *(разг.)*

copyfitting [ˈkɔpɪfɪtɪŋ] вгонка текста в заданный формат; расчет полосы набора

copying pencil [ˈkɔpɪɪŋ|pensl] химический карандаш

copyist [ˈkɔpɪɪst] переписчик; писец; имитатор; подражатель

copyprotected disk [ˌkɔpɪprəˈtektɪd|ˈdɪsk] защищенный диск *(компьют.)*

copyprotected software [ˌkɔpɪprəˈtektɪd|ˈsɔftweə] защищенная программа *(компьют.)*

copyprotection [ˌkɔpɪprəˈtekʃən] защита

copyright [ˈkɔpɪraɪt] авторское право; обеспечивать авторское *(издательское)* право; издательское право; право перепечатки

copyright act [ˈkɔpɪraɪt|ˈækt] закон об авторском праве

copyright claimant [ˈkɔpɪraɪt|ˈkleɪmənt] претендент на авторское право

copyright date [ˈkɔpɪraɪt|ˈdeɪt] дата установления авторского права

copyright edition [ˈkɔpɪraɪt|ɪˈdɪʃən] издание, защищенное авторским правом

copyright fee [ˈkɔpɪraɪt|ˈfiː] плата за право воспроизведения охраняемых авторским правом работ

copyright holder [ˈkɔpɪraɪt|ˈhouldə] владелец авторского права

copyright infringement [ˈkɔpɪraɪt|ɪnˈfrɪndʒmənt] нарушение авторских прав

copyright law [ˈkɔpɪraɪt|ˈlɔː] закон об авторском праве

copyright lawyer [ˈkɔpɪraɪt|ˈlɔːjə] юрист, специализирующийся в авторском праве

copyrighted [ˈkɔpɪraɪtɪd] охраняемый авторским правом

copywriter [ˈkɔpɪraɪtə] составитель текста для рекламы

copywriting [ˈkɔpɪraɪtɪŋ] составление текста для рекламы

coquettish [kɔˈketɪʃ] кокетливый

cor [kɔː] валторна *(муз.)*

cor anglais [ˌkɔːrˈɑːŋɡleɪ] английский рожок *(муз.)*

coral [ˈkɔr(ə)l] коралл; кораллового цвета; коралловые полипы *(биол.)*; коралловый

corbie [ˈkɔːbɪ] ворон

cord [kɔːd] веревка; шнур; шнурок; толстая струна; провод; связывать веревкой; соединять шнуром; связка *(мед.)*

cord ply [ˈkɔːd|plaɪ] слой корда

cord wire [ˈkɔːd|waɪə] проволока для струн

cordage [ˈkɔːdɪdʒ] такелаж

cordial [ˈkɔːdjəl] сердечный; искренний; *(стимулирующее)* сердечное средство

cordiality [ˌkɔːdɪˈælɪtɪ] гостеприимство; радушие; сердечность
cordiform [ˈkɔːdɪfɔːm] сердцевидный; сердцеобразный
cordon [ˈkɔːdn] кордон; граница
cordon line [ˈkɔːdn|ˈlaɪn] пограничная линия
corduroy [ˈkɔːdərɔɪ] вельвет; плисовые или вельветовые штаны
core [kɔː] сердцевина; внутренность; центр; сердце *(чего-либо)*; сердечник; жила кабеля; ядро; стержень; литейный стержень; кочерыжка; почвенный монолит; активная зона реактора; семенная камера
cored [kɔːd] полый; пустой
coriaceous [ˌkɔrɪˈeɪʃəs] кожистый; жесткий
coriander [ˌkɔrɪˈændə] кориандр *(бот.)*
corium [ˈkɔːrɪəm] кожица; кориум; дерма *(биол.)*
cork [kɔːk] заглушка; пробка; поплавок; пробковая ткань; пробковый; затыкать пробкой; закупоривать пробкой
cork-screw [ˈkɔːkskruː] штопор; винтообразный; спиральный; двигаться *(как)* по спирали
corkscrew road [ˈkɔːkskruːˈroʊd] извилистая дорога
corky [ˈkɔːkɪ] пробковый; живой *(разг.)*; веселый; ветреный
cormorant [ˈkɔːm(ə)r(ə)nt] скряга; скупой; баклан *(зоол.)*
corn [kɔːn] зерно; зернышко; кукуруза; маис; пшеница; зерновой; наливаться зерном
corn crop [ˈkɔːn|krɔp] урожай зерна
corn lily [ˈkɔːn|ˈlɪlɪ] вьюнок полевой
corn salad [ˈkɔːn|ˈsæləd] рапунцель *(бот.)*
corn seed beetle [ˈkɔːn|siːd|ˈbiːtl] жужелица
corn-bin [ˈkɔːnbɪn] закром
corn-bins [ˈkɔːnbɪnz] закрома
corn-cob [ˈkɔːnkɔb] початок кукурузы
corn-field [ˈkɔːnfiːld] поле; нива
cornbind [ˈkɔːnbaɪnd] вьюнок полевой *(бот.)*
cornea [ˈkɔːnɪə] роговица *(глаза)*
corned [kɔːnd] соленый
cornel [ˈkɔːnl] зернышко
corneous [ˈkɔːnɪəs] роговой; роговидный
corneous layer [ˈkɔːnɪəs|ˈleɪə] роговой слой
corner [ˈkɔːnə] угол; уголок; закоулок; район; часть; спекулятивная покупка; поворот дороги; вершина многогранника *(геом.)*; угловая точка кривой *(геом.)*; загонять в угол, в тупик; завернуть за угол
cornered [ˈkɔːnəd] с углами; имеющий углы; в трудном положении; припертый к стене
cornflower [ˈkɔːnˈflauə] василек *(бот.)*
cornice [ˈkɔːnɪs] карниз
cornification [ˌkɔːnɪfɪˈkeɪʃən] ороговение

cornstalk [ˈkɔːnstɔːk] стебель кукурузы *(бот.)*
cornuda акула-молот
corny [ˈkɔːnɪ] хлебный; зерновой; хлебородный
corollary [kəˈrɔlərɪ] вывод; заключение; результат
corona [kəˈrounə] корона, венец *(бот.)*; коронка *(зуба)*
coronach [ˈkɔrənək] похоронная песнь
coronal [ˈkɔrənl] — *сущ.* [kəˈrounl] — *прил.* венец; корона; венок; венечный; коронарный
coronary circulation [ˈkɔrənərɪˌsəːkjuˈleɪʃən] коронарное кровообращение
coronate [ˈkɔrəneɪt] короновать
coronation [ˌkɔrəˈneɪʃ(ə)n] коронация; коронование; *(успешное)* завершение
corotating [ˌkouroʊˈteɪtɪŋ] с одинаковым направлением вращения
corporal [ˈkɔːp(ə)r(ə)l] материальный; личный; телесный; капрал
corporal oath [ˈkɔːp(ə)r(ə)l|ˈouθ] торжественная присяга
corporate [ˈkɔːp(ə)rɪt] корпоративный; общий
corporate appraisal [ˈkɔːp(ə)rɪt|əˈpreɪzəl] оценка компании
corporate merger [ˈkɔːp(ə)rɪt|ˈməːdʒə] слияние корпораций
corporation [ˌkɔːpəˈreɪʃ(ə)n] ассоциация; корпорация; общество; акционерное общество; объединение
corporeal [kɔːˈpɔːrɪəl] материальный; телесный; вещественный; действительный
corporeality [kɔːˌpɔːrɪˈælɪtɪ] вещественность; материальность
corps [kɔː] корпус; корпус *(воен.)*; род войск; служба
corps de ballet [ˌkɔː|dəˈbæleɪ] кордебалет
corpse [kɔːps] труп
corpulence [ˈkɔːpjuləns] дородность; тучность
corpulent [ˈkɔːpjulənt] жирный; полный; тучный
corpus [ˈkɔːpəs] свод *(законов, норм)*; кодекс; собрание; основной капитал; совокупность *(текстов)*; информационный фонд; тело; главная часть органа; корпус *(бот.)*
corpuscle [ˈkɔːpʌsl] частица
corpuscular [kɔːˈpʌskjulə] атомический; атомный
corral [kəˈrɑːl] загон *(для скота)*; загонять в загон
correct [kəˈrekt] верный; истинный; соответствующий; подходящий *(о поведении, одежде)*; правильный; исправлять; корректировать; преобразовать результат *(мат.)*; регулировать; устранять ошибки; поправлять; вносить поправки
correction [kəˈrekʃən] поправка; исправление; корректура; правка; корректирование; кара; нака-

зание; расплата; коррекция; регулирование; исправительная мера; исправительное учреждение; исправительное воздействие; поправочный; компенсация *(магнитного компаса)*

correction effort [kəˈrekʃən|ˈefət] исправительное мероприятие

correctional [kəˈrekʃənl] исправительный

correctional client [kəˈrekʃənl|ˈklaɪənt] заключенный

corrective [kəˈrektɪv] исправительный; корректирующий

corrective maintenance [kəˈrektɪv|ˈmeɪntɪnəns] профилактический ремонт

correctly [kəˈrektlɪ] верно; правильно; вежливо; корректно

corrector [kəˈrektə] корректор; критик; наказывающий; корректирующее устройство; девиационный прибор; магнит-уничтожитель; компенсационный магнит

correlate [ˈkɔrɪleɪt] соотносительное понятие; находиться в связи, в определенном соотношении

correlation [ˌkɔrɪˈleɪʃən] взаимосвязь; соотношение; корреляция; связь; зависимость; сопоставление; согласование; соотнесение

correlation chart [ˌkɔrɪˈleɪʃən|ˈtʃɑːt] корреляционная таблица

correlative [kɔˈrelətɪv] соотносительный; парный

correspond [ˌkɔrɪsˈpɔnd] соответствовать; согласовываться; быть аналогичным; переписываться; состоять в переписке

to correspond to the specification — соответствовать спецификации

correspondence [ˌkɔrɪsˈpɔndəns] адекватность; соответствие; соотношение; аналогия; отношение; корреспонденция; переписка; письма

to enter into business correspondence — вступать в деловую переписку

correspondence quality printer [ˌkɔrɪsˈpɔndəns|ˌkwɔlɪtɪ|ˈprɪntə] устройство качественной печати

correspondent [ˌkɔrɪsˈpɔndənt] корреспондент; обозреватель

correspondents account [ˌkɔrɪsˈpɔndənts|əˈkaunt] корреспондентский счет

corresponding [ˌkɔrɪsˈpɔndɪŋ] надлежащий; соответствующий; ведущий переписку

corresponding member [ˌkɔrɪsˈpɔndɪŋ|ˈmembə] член-корреспондент

corridor [ˈkɔrɪdɔː] коридор; проход

corrigenda [ˌkɔrɪˈdʒendə] список опечаток

corrigible [ˈkɔrɪdʒəbl] исправимый; поправимый

corroborant [kəˈrɔb(ə)r(ə)nt] подтверждающий; подкрепляющий; подтверждающий факт

corroborate [kəˈrɔbəreɪt] подтверждать; подкреплять; дополнять

corroboration [kəˌrɔbəˈreɪʃən] подтверждение; подкрепление; дополнительное доказательство

corroborative [kəˈrɔb(ə)rətɪv] укрепляющий; подтверждающий; подкрепляющий

corrode [kəˈroud] разъедать; ржаветь; корродировать; подвергаться коррозии

corrosion [kəˈrouʒən] коррозия

corrosion inhibitive pigment [kəˈrouʒən|ɪnˌhɪbɪtɪv|ˈpɪgmənt] антикоррозийная краска

corrosion prevention [kəˈrouʒən|prɪˈvenʃən] предотвращение коррозии

corrosion-resistant material [kəˈrouʒənrɪˈzɪstənt|məˈtɪərɪəl] коррозионно-стойкий материал

corrosionless [kəˈrouʒənlɪs] нержавеющий

corrosive [kəˈrousɪv] едкий; разъедающий; коррозийный; агрессивный; ржавеющий

corrugate [ˈkɔrugeɪt] сморщивать*(ся)*

corrugated [ˈkɔrugeɪtɪd] волнистый; рифленый; сморщенный; гофрированный

corrugated board [ˈkɔrugeɪtɪd|ˈbɔːd] картон гофрированный

corrugated paper [ˈkɔrugeɪtɪd|ˈpeɪpə] бумага гофрированная

corrugation [ˌkɔruˈgeɪʃ(ə)n] складка; морщина; выбоина *(дороги)*; гофр; гофрирование; гофрировка; волнистость

corrupt [kəˈrʌpt] испорченный; развращенный; искаженный; недостоверный *(о тексте)*; бесчестный; морально запятнанный; коррумпированный; испорченный; подкупной; портить*(ся)*; развращать*(ся)*; склонять *(к чему-либо преступному)*; лишать гражданских прав; подкупать; гнить; разлагаться; разрушать *(информацию)*; искажать *(текст)*

corrupted [kəˈrʌptɪd] искаженный *(о тексте)*; подкупленный; склоненный *(к совершению чего-либо плохого)*; лишенный гражданских прав

corruptibility [kəˌrʌptəˈbɪlɪtɪ] подкупность; продажность; подверженность порче

corruptible [kəˈrʌptəbl] портящийся; подкупный

corruption [kəˈrʌpʃ(ə)n] порча; гниение; развращение; коррупция; разложение; получение взятки; склонение к совершению чего-либо плохого

corruptly [kəˈrʌptlɪ] противоправно; незаконно; бесчестно; неправомерно; с намерением извлечь незаконную выгоду

corsair [ˈkɔːsɛə] корсар; пират; капер *(судно)*; розовый морской окунь *(зоол.)*

corselet [ˈkɔːslɪt] латы

corset [ˈkɔːsɪt] корсет; грация; пояс

cortex [ˈkɔːteks] кора *(бот.)*; корка; кора головного мозга; кортикальный слой *(анат.)*; кожица

cortical activity [ˈkɔːtɪkəlˌækˈtɪvɪtɪ] активность коры головного мозга

corticate [ˈkɔːtɪkɪt] покрытый корой; корковидный

cortisone [ˈkɔːtɪzoun] гидрокортизон

coruscate [ˈkɔrəskeɪt] сверкать; блистать

coruscation [ˌkɔrəsˈkeɪʃ(ə)n] блеск; сверкание

corvee [ˈkɔːveɪ] тяжелая, подневольная работа *(франц.)*

corvette [kɔːˈvet] корвет; сторожевой корабль *(мор.)*; малый корабль ПЛО *(мор.)*

corvine [ˈkɔːvaɪn] вороний

corydalis хохлатка *(бот.)*

coryphaeus [ˈkɔrɪˈfiːəs] дирижер хора *(муз.)*; глава; лидер

cose [kouz] удобно; уютно расположиться

cosher [ˈkɔʃə] баловать; нежить

cosily [ˈkouzɪlɪ] уютно

cosine [ˈkousaɪn] косинус *(мат.)*

cosiness [ˈkouzɪnɪs] уют; уютность

cosmetic [kɔzˈmetɪk] косметический; косметика; косметическое средство

cosmetize [kɔzmeˈtaɪz] подправлять; приукрашать

cosmetologist [ˌkɔzmɪˈtɔlədʒɪst] косметолог; косметичка

cosmetology [ˌkɔzmɪˈtɔlədʒɪ] косметика

cosmic [ˈkɔzmɪk] космический; большой; всеобъемлющий; немалый; огромный

cosmonaut [ˈkɔzmənɔːt] астронавт; космонавт

cosmopolitan [ˌkɔzmouˈpɔlɪt(ə)n] космополит; космополитический

cosmopolitanism [ˌkɔzməˈpɔlɪtənɪzm] космополитизм

cosmos [ˈkɔzməs] вселенная; космос; мир; упорядоченная система *(греч.)*

cosset [ˈkɔsɪt] любимец; баловень; баловать; ласкать; нежить

cost [kɔst] цена; стоимость; себестоимость; расход *(времени)*; расходование; затраты; расходы; издержки; судебные издержки; судебные расходы; обходиться; стоить; назначать цену; расценивать *(товар)*

  to bear costs — нести издержки

cost absorption [ˈkɔstǀəbˈsɔːpʃən] поглощение затрат

cost account [ˈkɔstǀəˈkaunt] счет затрат

cost accounting [ˈkɔstǀəˈkauntɪŋ] учет производственных затрат

cost allocation [ˈkɔstǀæləˈkeɪʃən] распределение затрат

cost analysis [ˈkɔstǀəˈnæləsɪs] анализ затрат

cost application [ˈkɔstǀæplɪˈkeɪʃən] распределение затрат

cost calculation [ˈkɔstǀˌkælkjuˈleɪʃən] калькуляция себестоимости

cost of action [ˈkɔstǀəvˈækʃən] сумма иска

cost of civil engineering works
[ˈkɔstǀəvˈsɪvlǀenʤɪˈnɪərɪŋǀˈwəːks] стоимость выполнения строительных работ

cost of delivery [ˈkɔstǀəvdɪˈlɪvərɪ] стоимость доставки

cost of lawyer [ˈkɔstǀəvˈlɔːjə] оплата услуг адвоката

cost of services [ˈkɔstǀəvˈsəːvɪsɪz] стоимость услуг

cost of travel [ˈkɔstǀəvˈtrævl] стоимость проезда

cost price [ˈkɔstǀˈpraɪs] продажная цена, равная себестоимости

cost to the consumer [ˈkɔstǀtəðəǀkənˈsjuːmə] издержки потребителя

cost-effective [ˈkɔstɪˈfektɪv] доходный; прибыльный; рентабельный; выгодный

cost-of-living adjustment
[ˈkɔstəvlɪvɪŋǀəˈʤʌstmənt] поправка на рост прожиточного минимума

cost-of-living bonus [ˈkɔstəvlɪvɪŋǀˈbounəs] премия в размере минимальной заработной платы

cost-quality standards [ˈkɔstˈkwɔlɪtɪǀˈstændədz] нормы затрат для обеспечения качества продукции

costal [ˈkɔstl] реберный

coster(monger) [ˈkɔstə (ˈmʌŋgə)] уличный торговец фруктами, овощами, рыбой и т. п.

costing [ˈkɔstɪŋ] подсчет продажной цены

costless [ˈkɔstlɪs] даровой; ничего не стоящий

costliness [ˈkɔstlɪnɪs] дорогая цена; дороговизна

costly [ˈkɔstlɪ] дорогой; дорогостоящий; богатый; пышный

costmary [ˈkɔstmeərɪ] пижма *(бот.)*

costs of justice [ˈkɔstsǀəvˈʤʌstɪs] судебные издержки

costume [ˈkɔstjuːm] костюм; одежда; платье; стиль в одежде; одевать; снабжать одеждой

costume ball [ˈkɔstjuːmǀbɔːl] бал-маскарад

costume jewellery [ˈkɔstjuːmǀˈʤuːəlrɪ] дешевые украшения

costume piece [ˈkɔstjuːmǀˈpiːs] историческая пьеса *(театр.)*

costumier [kɔsˈtjuːmɪə] костюмер

cosy [ˈkouzɪ] удобный; уютный

cot [kɔt] детская кроватка; койка; загон; хлев

cote [kout] загон; овчарня; хлев

coterie [ˈkoutərɪ] кружок *(литературный, артистический и т. п.)*; избранный, замкнутый круг

coterminous [ˈkouˈtəːmɪnəs] соседствующий; примыкающий

cothurnus [kouˈθəːnəs] трагедия

cotillion [kəˈtɪljən] котильон *(бальный танец)*
cotoneaster [kəˌtouniˈæstə] кизильник *(бот.)*
cotsfoot [ˈkɔtsfut] мать-и-мачеха *(бот.)*
cottage [ˈkɔtɪʤ] коттедж; летняя дача *(амер.)*; изба; хижина
cottage craft [ˈkɔtɪʤ|krɑːft] кустарный промысел
cotter [ˈkɔtə] клин; подшипник; чека; шпонка; ставить чеку; зашплинтовывать; заклинивать
cotton [ˈkɔtn] хлопок; хлопчатник; хлопчатая бумага; бумажная ткань; хлопковый; согласоваться; уживаться
cotton grass [ˈkɔtn|grɑːs] пушица
cotton leafworm [ˈkɔtn|ˈliːfwəːm] совка *(биол.)*
cotton waste [ˈkɔtn|weɪst] ветошь
cotton wool [ˈkɔtn|wul] хлопок-сырец; вата
cottonwood [ˈkɔtnwud] тополь *(бот.)*
cottony [ˈkɔtnɪ] хлопковый; мягкий; пушистый
coua кукушка
couch [kauʧ] берлога; нора; кушетка; тахта; ложе; выражать; излагать; формулировать
couch-grass [ˈkauʧgrɑːs] пырей ползучий *(бот.)*
coucher [ˈkauʧə] валяльщик
couchette [kuːˈʃet] спальное место *(в вагоне)*
cough [kɔf] кашель; кашлять
coulisse [kuːˈliːs] кулиса в театре; выемка *(техн.)*; паз
couloir [ˈkuːlwɑː] ущелье *(франц.)*
coulometer [kuːˈlɔmɪtə] вольтметр *(техн.)*
coulter [ˈkoultə] резак
council [ˈkaunsl] совет; совещание; встреча; конференция; церковный собор
council of conciliation [ˈkaunsl|əv|kənˌsɪlɪˈeɪʃən] трудовой арбитраж
council of ministers [ˈkaunsl|əv|ˈmɪnɪstəz] совет министров
council-board [ˈkaunslbɔːd] заседание совета; стол, за которым происходит заседание совета
councillor [ˈkaunsɪlə] член совета; советник
counsel [ˈkaunsəl] дискуссия; обсуждение; совещание; совет; консультация; участвующий в деле адвокат *(юр.)*; давать совет; советовать; рекомендовать; консультировать; давать заключение

to be heard by councel — вести дело через адвоката
counsel for the defence [ˈkaunsəl|fə|ðə|dɪˈfens] защитник *(юр.)*
counsel for the plaintiff [ˈkaunsəl|fə|ðə|ˈpleɪntɪf] адвокат *(адвокаты)* истца
counsel for the prosecution [ˈkaunsəl|fə|ðə|ˌprɔsɪˈkjuːʃən] обвинитель
counsellor [ˈkaunsələ] советник; адвокат; юрист, дающий консультации
count [kaunt] вычисление; подсчет голосов; изложение дела; счет; подсчет; обсчет; излагать дело; полагать; пункт искового заявления *(юр.)*; идентичное притязание; единица счета; одиночный импульс счета; граф; подсчитывать; считать; принимать во внимание; пересчитывать

to count the cost — взвесить все обстоятельства
countable [ˈkauntəbl] исчислимый; исчисляемый
countdown [ˈkauntdaun] отсчет времени в обратном порядке; обратный счет; работа счетчика в режиме вычитания *(импульсов)*
countdown marker [ˈkauntdaun|ˈmɑːkə] километровый знак
countenance [ˈkauntɪnəns] выражение лица; лицо; самообладание; спокойствие; сочувственный взгляд; одобрять; позволять; разрешать
counter [ˈkauntə] прилавок; ларек; стойка; фишка; марка *(для счета в играх)*; шашка *(в игре)*; сумматор; измеритель; противоположный; противодействующий; обратный; встречный; противостоять; счетчик; регистр; задник
counter mechanism [ˈkauntəˈmekənɪzəm] счетный механизм; счетчик
counter tube casing [ˈkauntə|tjuːb|ˈkeɪsɪŋ] кожух трубки счетчика *(излучения)*
counter-flange [ˈkauntəflænʤ] контрфланец
counter-interrogation [ˈkauntərɪnˌterəˈgeɪʃən] перекрестный допрос
counter-nut [ˈkauntənʌt] контргайка
counter-revolution [ˈkauntəˌrevəˈluːʃən] контрреволюция
counteract [ˌkauntəˈrækt] бороться; противодействовать; сопротивляться; нейтрализовать; препятствовать
counteraction [ˌkauntəˈrækʃən] встречный иск; отпор; противодействие; сопротивление; нейтрализация
counterbalance [ˈkauntəˌbæləns] — сущ. [ˌkauntəˈbæləns] — гл. противовес; служить противовесом; уравновешивать
counterbalance shaft [ˈkauntəˌbæləns|ʃɑːft] вал противовеса
counterblow [ˈkauntəblou] встречный удар; контрудар
counterbore [ˈkauntəbɔː] расточка; расточенное отверстие
countercase [ˈkauntəkeɪs] возражение по иску
countercharge [ˈkauntəʧɑːʤ] встречное обвинение
counterclockwise [ˈkauntəˈklɔkwaɪz] против *(движения)* часовой стрелки
countercross action [ˈkauntəkrɔs|ˈækʃən] встречный иск
counterculture [ˌkauntəˈkʌlʧə] неофициальная; диссидентская культура
counterespionage [ˈkauntərˌespɪəˈnɑːʒ] контрразведка

counterfeit ['kauntəfit] подделка; фальсификация; фальшивка; контрафакция; фальшивые деньги; фальшивый; поддельный; подложный; подделывать; фальсифицировать; незаконно копировать

counterfeit bank note ['kauntəfit|'bæŋknout] поддельная банкнота

counterfeit document ['kauntəfit|'dɔkjumənt] подложный документ

counterfeiting ['kauntəfitiŋ] подделка; фальшивомонетничество; контрафакция

counterflow ['kauntəflou] противоток

counterfoil ['kauntəfɔil] корешок (чека, квитанции)

counterglow ['kauntəglou] противосияние

counterman ['kauntəmən] приказчик; продавец; торговец

countermand [,kauntə'ma:nd] контрприказ; приказ в отмену прежнего приказа; отмена (приказа, распоряжения); отменять (приказ, распоряжение)

countermeasures ['kauntə,meʒəz] контрмеры

countermissile ['kauntə,misail] противоракетный

counteroffensive ['kauntərə,fensiv] контрнаступление (воен.)

counteroffer ['kauntə'rɔfə] встречное предложение

counterpack ['kauntəpæk] модуль для показа книг в магазине

counterpart ['kauntəpa:t] копия; дубликат; двойник; эквивалент; коллега; товарищ по занятию

counterpoise ['kauntəpɔiz] противовес; баланс; равновесие; балансировать; уравновешивать

counterpoison ['kauntə,pɔiz(ə)n] противоядие

countersecurity ['kauntə] гарантия поручительства

countersign ['kauntəsain] визировать; скреплять подписью; ставить вторую подпись; скрепа; подпись в порядке контрассигнования

countersuit ['kauntəsju:t] встречный иск

countertrade ['kauntətreid] антипассат

countertube ['kauntətju:b] трубка счетчика (излучения)

countervail ['kauntəveil] компенсировать; возместить

counterweigh [,kauntə'wei] балансировать; равнять; уравновешивать; противовес

countess ['kauntis] графиня

counting blocks ['kauntiŋ|'blɔks] детские счеты

counting-house ['kauntiŋhaus] канцелярия; контора; учреждение; бухгалтерия; счетоводство

countless ['kauntlis] бессчетный; бесчисленный

country ['kʌntri] страна; родина; отечество; деревня; сельская местность; периферия; провинция; местность; территория; ландшафт; область; сфера; присяжные; деревенский; сельский

country beam ['kʌntri|bi:m] дальний свет

country road ['kʌntri|'roud] проселочная дорога

country-house ['kʌntri'haus] помещичий дом; загородный дом; дача

country-seat [,kʌntri'si:t] поместье; вотчина

country-side ['kʌntrisaid] сельская местность; округа; местное сельское население

countryman ['kʌntrimən] земляк; соотечественник; крестьянин; сельский житель

countrywide [,kʌntri'waid] охвативший всю страну

countrywoman ['kʌntri,wumən] землячка; соотечественница; крестьянка; сельская жительница

county ['kaunti] графство

coup [ku:] удачный ход; удача в делах (франц.)

coupé ['ku:pei] двухместный закрытый кузов, купе (авт.)

couple ['kʌpl] два; пара; термоэлемент; сцеплять; включать (механизм); соединяться; спариваться; связывать; ассоциировать

coupler ['kʌplə] соединительная муфта (техн.)

couplet ['kʌplit] рифмованное двустишие; куплет; строфа

coupling ['kʌpliŋ] спаривание; сцепление; соединение; взаимодействие; штуцер; разъем; связь; связывание; увязка; связность

coupling agent ['kʌpliŋ|'eidʒənt] модификатор; связующее вещество

coupling bar ['kʌpliŋ|ba:] соединительная тяга

coupling bolt ['kʌpliŋ|'boult] стяжной болт

coupling box ['kʌpliŋ|bɔks] соединительная муфта

coupling bushing ['kʌpliŋ|'buʃiŋ] соединительная втулка

coupling hook ['kʌpliŋ|huk] буксирный крюк

coupon ['ku:pɔn] купон; талон; свидетельство об уплате процентов; номинальный процентный доход по облигации; отрывной талон; бланк заказа; премиальный купон; свидетельство на получение дивидендов

coupon bond ['ku:pɔn|bɔnd] облигация на предъявителя; неименная облигация

coupon book ['ku:pɔn|buk] книжка купонов

coupon check ['ku:pɔn|tʃek] чек для оплаты процентов по облигациям

coupon collection teller ['ku:pɔn|kə'lekʃən|'telə] руководитель отдела инкассации купонов (в банке)

coupon holder ['ku:pɔn|'houldə] владелец купона

coupon owner ['ku:pɔn|'ounə] владелец купона

coupon payment ['ku:pɔn|'peimənt] платеж по купону

coupon rate of interest [ˈkuːpɔn|ˈreɪt|əv|ˈɪntrɪst] процентная ставка купона; купонная норма процента

coupon sheet [ˈkuːpɔn|ʃiːt] купонный лист; лист купонов

coupon stock [ˈkuːpɔn|stɔk] ценные бумаги с прилагаемыми купонами на дивиденды

coupon stripping [ˈkuːpɔn|ˈstrɪpɪŋ] отделение купонов от облигаций

coupon swap [ˈkuːpɔnswɔp] простой купонный своп

coupon switch [ˈkuːpɔn|swɪtʃ] переброска инвестиций из одних ценных бумаг в другие с целью немедленного получения прибыли

coupon tax [ˈkuːpɔn|tæks] купонный налог

coupon teller [ˈkuːpɔn|ˈtelə] кассир по оплате купонов

coupon yield [ˈkuːpɔn|ˈjiːld] купонный доход

courage [ˈkʌrɪdʒ] бесстрашие; мужество; отвага

courageous [kəˈreɪdʒəs] отважный; смелый; храбрый

courante [kuˈrɑːnt] куранта (франц. придворный танец)

courgette [kuəˈʒet] кабачок (бот.)

courier [ˈkurɪə] гонец; курьер; агент; комиссионер; посредник; отправить с курьером

course [kɔːs] курс (лекций, лечения, обучения); направление; ход; течение; порядок; очередь; линия поведения; русло; преследовать; гнаться по пятам; бежать, течь по чему-либо

course book [ˈkɔːs|buk] учебник

course of duty [ˈkɔːs|əv|ˈdjuːtɪ] исполнение служебных обязанностей

course of justice [ˈkɔːs|əv|ˈdʒʌstɪs] отправление правосудия

course recording machine [ˈkɔːs|rɪˈkɔːdɪŋ|məˈʃiːn] курсограф (мор.)

course-changing [ˈkɔːs tʃeɪndʒɪŋ] изменение курса

courser [ˈkɔːsə] рысак

courseware [ˈkɔːsweə] программное обеспечение для программированного обучения

court [kɔːt] двор; суд; судья; судьи; судебное присутствие; законодательное собрание; время, назначенное для слушания дела в суде; правление; дирекция; площадка для игр; корт; ухаживать; добиваться

to appear in court — предстать перед судом
to attend the court — явиться в суд
to refer to court — направлять в суд
to stand court — предстать перед судом

court decision [ˈkɔːt|dɪˈsɪʒən] решение суда

Court of Appeal [ˈkɔːt|əv|əˈpiːl] апелляционный суд

court of arbitration [ˈkɔːt|əv|ˌɑːbɪˈtreɪʃən] арбитражный суд

court of honour [ˈkɔːt|əv|ˈɔnə] суд чести

court of review [ˈkɔːt|əv|rɪˈvjuː] кассационный суд

court of superior jurisdiction [ˈkɔːt|əv|sjuː(ː)ˈpɪərɪə|ˌdʒuərɪsˈdɪkʃən] вышестоящий суд

court plaster [ˈkɔːt|ˈplɑːstə] лейкопластырь

court taxes [ˈkɔːt|ˈtæksɪz] судебные издержки

court-appointed lawyer [ˈkɔːtəˈpɔɪntɪd|ˈlɔːjə] адвокат по назначению суда

court-house [ˈkɔːtˈhaus] здание суда

court-martial [ˈkɔːtˈmɑːʃəl] военный трибунал; военно-полевой суд; судить военным судом

courteous [ˈkɔːtjəs] вежливый; обходительный; учтивый

courtesan [ˌkɔːtɪˈzæn] куртизанка

courtesy [ˈkəːtɪsɪ] учтивость; обходительность; правила вежливости; этикет; льгота; привилегия; право вдовца на пожизненное владение имуществом умершей жены

courtesy call [ˈkəːtɪsɪ|kɔːl] визит вежливости

courtesy of the port [ˈkəːtɪsɪ|əv|ðə|ˈpɔːt] освобождение от таможенного досмотра

courtier [ˈkɔːtjə] придворный; льстец

courtliness [ˈkɔːtlɪnɪs] вежливость; учтивость; изысканность; льстивость

courtly [ˈkɔːtlɪ] вежливый; изысканный; тонкий; утонченный; льстивый; раболепный

courtroom [ˈkɔːtrum] зал судебных заседаний

courtship [ˈkɔːtʃɪp] ухаживание

courtyard [ˈkɔːtjɑːd] внутренний двор

court's calendar [ˈkɔːts|ˈkælɪndə] график судебных заседаний

cousin [ˈkʌzn] двоюродный брат; кузен; двоюродная сестра; кузина; родственник

cove [kouv] бухточка; убежище среди скал; сооружать свод

coven [ˈkʌv(ə)n] сборище; шабаш ведьм (шотланд.)

covenant [ˈkʌvənənt] договор; статья договора; условие договора; обязательство; договоренность; заключать соглашение, договор

covenant of marriage [ˈkʌvənənt|əv|ˈmærɪdʒ] брачный контракт

covenanted [ˈkʌvənəntɪd] связанный договором

cover [ˈkʌvə] крышка; чехол; футляр; покрышка; покрытие; растительный покров; чехол; колпак; конверт; обложка; переплет; обертка; уплата по счету; страхование; убежище; укрытие; обеспечение; закрывать; покрывать; скрывать; накрывать; прикрывать; страховать; охватывать; случать; распространять свое действие; расстилаться; распространяться; обеспечивать покрытие *to cover up* — спрятать; тщательно прикрыть; закрывать

to cover eggs — высиживать яйца

cover board [ˈkʌvə|bɔːd] картон обложечный
cover costs [ˈkʌvə|kɔsts] окупать
cover design [ˈkʌvə|dɪˈzaɪn] эскиз обложки
cover price [ˈkʌvə|praɪs] розничная цена книги
cover-note [ˈkʌvənout] ковер-нота *(временное свидетельство о страховании)*
cover-up [ˈkʌvərʌp] прикрытие; «дымовая завеса»; повод; предлог; причина
coverage [ˈkʌvərɪʤ] охват; зона действия; освещение *(в печати, по радио и т. п.)*; страхование; обложение *(налогом)*; обзор; рабочая область; покрытие; степень компенсации; показ; обеспечение
coverage area [ˈkʌvərɪʤ|ˈeərɪə] зона охвата
coverall(s) [ˈkʌvərɔːl(z)] рабочий комбинезон; спецодежда
covered [ˈkʌvəd] крытый; защищенный; укрытый; закрытый
covering [ˈkʌv(ə)rɪŋ] покрышка; чехол; оболочка; обшивка; сопроводительный покров; плева *(анат.)*; облицовка; нанесение покрытия; обмазка; мазь; замазка; изоляция; изоляционный слой; корпус; настил; покрытие; случка; спаривание; препроводительный; сопроводительный
covering letter [ˈkʌv(ə)rɪŋ|ˈletə] сопроводительное письмо; накладная на отправку товара
coverlet [ˈkʌvəlɪt] покрывало; одеяло
covert [ˈkʌvət] убежище для дичи *(лес, чаща)*; оперение; завуалированный; затаенный; скрытый; тайный; секретный; замужняя
covert operation [ˈkʌvət|ɔpəˈreɪʃən] секретная операция
coverture [ˈkʌvətjuə] прибежище; пристанище; статус замужней женщины *(юр.)*
covet [ˈkʌvɪt] жаждать; домогаться *(чужого, недоступного)*
covetous [ˈkʌvɪtəs] жадный; алчный; скупой; завистливый
covey [ˈkʌvɪ] выводок; стая
covey of birds [ˈkʌvɪ|əv|ˈbəːdz] стая птиц
covin [ˈkʌvɪn] сговор в ущерб третьей стороне
cow [kau] корова; самка *(слона, кита, тюленя, моржа, носорога)*; запугивать; терроризировать; усмирять
cow bell [ˈkau|bel] альпийский колокольчик *(бот.)*
cow cabbage [ˈkau|ˈkæbɪʤ] капуста листовая
cow-boy [ˈkaubɔɪ] ковбой *(амер.)*
cow-fish [ˈkaufɪʃ] морская корова; серый дельфин; касатка
cow-house [ˈkauhaus] хлев
cow-leech [ˈkauliːʧ] ветеринар *(разг.)*

cowanyung ставрида
coward [ˈkauəd] трус; трусливый; робкий; малодушный
cowardice [ˈkauədɪs] трусость; малодушие; робость
cowardly [ˈkauədlɪ] трусливый; малодушный
cowberry [ˈkaubərɪ] брусника
cower [ˈkauə] сжиматься; съеживаться
cowherd [ˈkauhəːd] пастух; скотник; чабан; пастух; скотник
cowl [kaul] ряса; сутана с капюшоном; капюшон; капот двигателя; раструб; дефлектор; колпак; дымоулавливающий колпак
cowl muscle [ˈkaul|mʌsl] трапециевидная мышца
cowlick [ˈkaulɪk] вихор; чуб
cowling [ˈkaulɪŋ] капот; кожух; раструб
cowshed [ˈkauʃed] коровник; хлев
cow's-lungwort [ˈkauzˈlʌŋwəːt] медвежье ухо
cox [kɔks] рулевой *(спорт.)*
coxa [ˈkɔksə] тазобедренный сустав *(мед.)*
coxcombry [ˈkɔks,koumrɪ] самодовольство; фатовство
coxofemoral joint [kɔksəˈfemərəlˈʤɔɪnt] тазобедренный сустав
coy [kɔɪ] застенчивый; скромный; одинокий; уединенный
coyote [ˈkɔɪout] луговой волк; койот
coypu [ˈkɔɪpuː] нутрия
cozen [ˈkʌzn] надувать; морочить; обманывать
cozenage [ˈkʌznɪʤ] ложь
crab [kræb] дикое яблоко; дикая яблоня; краб *(зоол.)*; царапать когтями *(о хищной птице)*; неудобство; крах; неудача; раздражительный, ворчливый человек; ручная переносная лебедка; двигаться в боковом направлении
crabbed [ˈkræbɪd] ворчливый; раздражительный; трудно понимаемый; неразборчивый *(о почерке)*
crack [kræk] треск; щелканье; разрыв; трещина; щель; удар; производить треск, шум; трескаться; делать трещину; раскалывать(ся); ломаться *(о голосе)*
crack up [ˈkrækˈʌp] превозносить; рекламировать; разбиваться *(вдребезги)*; стареть; слабеть *(от старости) (разг.)*
crack-brained [ˈkrækbreɪnd] помешанный; слабоумный; бессмысленный; неразумный *(о поведении, поступке)*
crack-burglar [ˈkrækˈbəːglə] взломщик
crackajack [ˈkrækəʤæk] замечательный, талантливый, выдающийся человек
cracked [krækt] треснувший; пошатнувшийся *(о репутации, кредите)*; выживший из ума; резкий; надтреснутый *(о голосе)*

cracker [ˈkrækə] хлопушка-конфета; шутиха; тонкое сухое печенье; крекер; щипцы для орехов; дробилка

cracking [ˈkrækɪŋ] образование трещин; растрескивание

crackle [ˈkrækl] потрескивание; треск; хруст; потрескивать; хрустеть

crackling [ˈkræklɪŋ] треск; хруст; поджаристая корочка *(свинины)*; шкварки

cracksman [ˈkræksmən] вор-взломщик

cracky [ˈkrækɪ] потрескавшийся; легко трескающийся; помешанный *(разг.)*

cradle [ˈkreɪdl] колыбель; люлька; опора; подушка; седло; гнездо; спусковые салазки; пусковая рама *(техн.)*; начало; истоки; младенчество; качать в люльке; убаюкивать; воспитывать с самого раннего детства

craft [krɑːft] ремесло; ловкость; сноровка; промысел; профессия; судно; катер; плавучее средство; самолет; летательный аппарат; цеховой

craftily [ˈkrɑːftɪlɪ] хитро; обманным путем

craftiness [ˈkrɑːftɪnɪs] лукавство; уловка; хитрость

craftsman [ˈkrɑːftsmæn] мастер; ремесленник; квалифицированный рабочий

craftsmanship [ˈkrɑːftsmənʃɪp] искусство; мастерство; умение

crafty [ˈkrɑːftɪ] коварный; лукавый

crag [kræg] скала; утес

craggy [ˈkrægɪ] скалистый; изобилующий скалами; вертикальный; крутой; отвесный

cragsman [ˈkrægzmən] альпинист

crake [kreɪk] коростель *(зоол.)*

cram [kræm] давка; толкотня; нахватанные знания; впихивать; втискивать; переполнять; откармливать; пичкать

cram-ful [ˈkræmˈful] набитый до отказа

cramp [kræmp] спазм; судорога; скоба; зажим; тиски; струбцина; вызывать судорогу, спазмы; связывать; стеснять *(движение)*; сжимать; скреплять скобой

cramped [kræmpt] страдающий от судорог; стиснутый; стесненный *(в пространстве)*; чрезмерно сжатый *(о стиле)*; неразборчивый *(о почерке)*; ограниченный *(об умственных способностях)*

cranberry [ˈkrænb(ə)rɪ] клюква

cranberry tree [ˈkrænb(ə)rɪˈtriː] калина

crane [kreɪn] *(грузо)*подъемный кран; сифон; журавль; вытягивать шею; поднимать краном

crane boom [ˈkreɪnˈbuːm] стрела крана

crane cab [ˈkreɪnˈkæb] кабина управления краном

craneman [ˈkreɪnmæn] крановщик

crane's-bill [ˈkreɪnzbɪl] герань

cranial [ˈkreɪnjəl] черепной

cranial capacity [ˈkreɪnjəlkəˈpæsɪtɪ] объем черепной коробки

crank [kræŋk] прихоть; причуда; сгибать; склонять; коленчатый рычаг; рукоятка; пусковая рукоятка; кривошип

crank angle [ˈkræŋkˈæŋgl] угол поворота коленвала

crank arm [ˈkræŋkˈɑːm] пусковая рукоятка

crankcase [ˈkræŋkˈkeɪs] картер двигателя

crankcase oil [ˈkræŋkkeɪsˈɔɪl] моторное масло

cranked [kræŋkt] изогнутый; коленчатый

crankshaft [ˈkræŋkˈʃɑːft] подшипник коленчатого вала; коленчатый вал

cranky [ˈkræŋkɪ] расшатанный; неисправный *(о механизме)*; слабый *(о здоровье)*

crannied [ˈkrænɪd] потрескавшийся

cranny [ˈkrænɪ] прорез; разрез; трещина

craped [kreɪpt] завитой; одетый в траур; отделанный крепом

crapulence [ˈkræpjuləns] похмелье; пьяный разгул

crash [kræʃ] грохот; треск; сильный удар при падении, столкновении; авария; поломка; разрушение; крушение; крах; банкротство; падать; рушиться с треском; разбить*(ся)*; разрушить; вызвать аварию; потерпеть аварию; разориться; потерпеть неудачу; аварийный

crash-back [ˈkræʃbæk] аварийный реверс

crashing bore [ˈkræʃɪŋˈbɔː] жуткая скука; невыносимое занятие

crass [kræs] грубый; невежливый; неучтивый; полнейший *(о невежестве и т. п.)*

crate [kreɪt] *(деревянный)* ящик; упаковочная клеть, корзина; упаковывать в клети, корзины

crater [ˈkreɪtə] кратер *(вулкана)*; воронка *(от снаряда)*

cravat [krəˈvæt] галстук; шарф *(франц.)*

crave [kreɪv] страстно желать; жаждать; просить; умолять; требовать *(об обстоятельствах)*

craven [ˈkreɪv(ə)n] малодушный; трусливый; трус

craving [ˈkreɪvɪŋ] страстное желание; стремление

craw [krɔː] птичий зоб *(биол.)*

crawfish [ˈkrɔːfɪʃ] см. crayfish

crawl [krɔːl] ползать; ползти; виться; стелиться; идти самым малым ходом *(о корабле)*; пресмыкаться; кишеть *(насекомыми)*; ползание; медленное движение

crawl stroke [ˈkrɔːlˈstrouk] плавание вольным стилем; плавание кролем

crawler [ˈkrɔːlə] пресмыкающееся животное; низкопоклонник; гусеничный ход *(техн.)*; ползучее растение

crawler track [ˈkrɔːlə|ˈtræk] гусеничная цепь

crayfish [ˈkreɪfɪʃ] речной рак; лангуст*(а)*

crayon [ˈkreɪən] цветной карандаш; цветной мелок; пастель; карандаш для бровей; рисовать цветным карандашом, мелком

craze [kreɪz] мания; мода; волосная трещина *(биол.)*; увлечение; сводить с ума; растрескиваться

crazy [ˈkreɪzɪ] безумный; сумасшедший

creak [kriːk] скрип; скрипеть

creaky [ˈkriːkɪ] скрипучий

cream [kriːm] сливки; крем; пена; отстаиваться; пениться

cream biscuit [ˈkriːm|ˈbɪskɪt] печенье с кремом

cream of society [ˈkriːm|əv|səˈsaɪətɪ] «сливки общества»

cream-coloured [ˈkriːm‚kʌləd] кремового цвета

creamery [ˈkriːmərɪ] маслобойня; сыроварня; молочная

creamy [ˈkriːmɪ] сливочный; жирный; кремовый

creancer кредитор

crease [kriːs] складка; сгиб; загиб; конек *(крыши)*; старое русло реки; мять*(ся)*; утюжить складки; загибать

creasy [ˈkriːsɪ] смятый; морщинистый

create [krɪ(ː)ˈeɪt] порождать; творить; возводить в звание; волноваться; суетиться; создавать; предусматривать

creation [krɪ(ː)ˈeɪʃ(ə)n] создание; творение; сотворение; произведение науки, искусства; космос; мир; мироздание; возведение в звание; сценическое воплощение

creative [krɪ(ː)ˈeɪtɪv] созидательный; творческий

creative abilities [krɪ(ː)ˈeɪtɪv|əˈbɪlɪtɪz] творческие способности

creative activity [krɪ(ː)ˈeɪtɪv|ækˈtɪvɪtɪ] творческая деятельность

creative development [krɪ(ː)ˈeɪtɪv|dɪˈveləpmənt] творческий путь

creator [krɪʌ(ː)ˈeɪtə] творец; создатель; автор; *(the Creator)* Бог

creature [ˈkriːtʃə] образование; создание; творение; живое существо; выдвиженец; ставленник

creche [kreɪʃ] детские ясли *(франц.)*

credence [ˈkriːd(ə)ns] вера; доверие; жертвенник *(в алтаре)*

credent [ˈkriːd(ə)nt] доверчивый

credential [krɪˈdenʃ(ə)l] мандат; удостоверение личности; рекомендация; полномочия

credential letters [krɪˈdenʃ(ə)l|ˈletəz] мандат; полномочия; верительные грамоты

credentials [krɪˈdenʃ(ə)lz] верительные грамоты

credentials committee [krɪˈdenʃ(ə)lz|kəˈmɪtɪ] мандатная комиссия

credibility [‚kredɪˈbɪlɪtɪ] вероятность; возможность; вера; доверие; достоверность; правдивость

credible [ˈkredəbl] правдоподобный; вероятный; заслуживающий доверия

credit [ˈkredɪt] доверие; кредит; аккредитив; вера; хорошая репутация; льготы при отбывании тюремного заключения; похвала; честь; доверять; верить; записывать; прибавлять; приписывать; кредитовать

to cancel credit — погасить кредит
to loose credit — терять кредит
to obtain credit — получать кредит

credit account [ˈkredɪt|əˈkaunt] кредитный счет

credit advice [ˈkredɪt|ədˈvaɪs] кредитовое авизо

credit arrangement [ˈkredɪt|əˈreɪndʒmənt] предоставление кредитов

credit balance [ˈkredɪt|ˈbæləns] кредитовый остаток; кредитовое сальдо

credit bank [ˈkredɪt|ˈbæŋk] кредитный банк

credit card [ˈkredɪt|ˈkaːd] кредитная карточка

credit ease [ˈkredɪt|ˈiːz] кредит на льготных условиях

credit facilities [ˈkredɪt|fəˈsɪlɪtɪz] кредит *(фин.)*

credit limit [ˈkredɪt|ˈlɪmɪt] лимит кредита

credit line [ˈkredɪt|ˈlaɪn] максимальная сумма кредита

credit note [ˈkredɪt|ˈnout] кредитовое авизо

credit of one's name [ˈkredɪt|əv|wanz|ˈneɪm] репутация

credit pending clearance [ˈkredɪt|pendɪŋ|ˈklɪərəns] расчетный кредит

credit period [ˈkredɪt|ˈpɪərɪəd] срок кредита

credit sale [ˈkredɪt|seɪl] продажа в кредит

credit trading agreement [ˈkredɪt|treɪdɪŋ|əˈgriːmənt] соглашение о продаже в кредит

creditable [ˈkredɪtəbl] заслуживающий доверия

crediting [ˈkredɪtɪŋ] кредитование

creditor [ˈkredɪtə] заимодавец; кредитор; веритель

creditworthy [ˈkredɪtwəːðɪ] кредитоспособный

credo [ˈkriːdou] кредо *(лат.)*; убеждения; символ веры *(церк.)*

credulity [krɪˈdjuːlɪtɪ] доверчивость; легковерие; легковерность

credulous [ˈkredjuləs] доверчивый; легковерный

creed [kriːd] кредо; убеждения; вероучение; символ веры

creel [kriːl] корзина для рыбы; сновальная рамка *(текст.)*

CRE — CRI

creep [kri:p] ползать; пресмыкаться; еле передвигать ноги *(о больном)*; красться; подкрадываться; содрогаться; чувствовать мурашки по телу
to creep on — *накапливаться; постепенно увеличиваться*
creeper ['kri:pə] ползучее растение; корневищный побег; пресмыкающееся; рептилия; ползунки *(детская одежда)*; пищуха *(зоол.)*
creeper gear ['kri:pə'gɪə] первая передача *(авт.)*
creeping ['kri:pɪŋ] пресмыкающийся
creeping trefoil ['kri:pɪŋ'trefɔɪl] клевер ползучий
creepy ['kri:pɪ] вызывающий мурашки; бросающий в дрожь; ползучий; пресмыкающийся
cremate [krɪ'meɪt] кремировать
cremation [krɪ'meɪʃ(ə)n] кремация
crematorium [,kremə'tɔ:rɪəm] крематорий
crenel(l)ated ['krenɪleɪtɪd] зубчатый
creolefish ['kri:oulfɪʃ] каменный окунь *(зоол.)*
crepidoma крепида *(архит.)*
crepitate ['krepɪteɪt] потрескивать; хрустеть; хрипеть
crepitation [,krepɪ'teɪʃ(ə)n] потрескивание; хруст
crepuscular [krɪ'pʌskjulə] сумеречный; тусклый
crescendo [krɪ'ʃendou] крещендо *(усиливая звук)*
crescent ['kresnt] полумесяц; убывающая луна; серп; серповидное тело; серп луны; полукруг; полуокружность; серповидный; полулунный; возрастающий; растущий
cresset ['kresɪt] пламя; светоч; факел
crest [krest] гребешок, хохолок *(птицы)*; гребень; грива; выступ; максимальное значение; пик *(нагрузки)*; гребень волны; служить гребнем; увенчивать; достигать вершины; пиковый
crested ['krestɪd] снабженный; украшенный гребнем; хохолком
crevasse [krɪ'væs] ледяная трещина
crevice ['krevɪs] прорез; разрез; трещина; щель
crew [kru:] команда; экипаж; расчет; бригада или артель рабочих; общество; товарищество; шайка
crew chief ['kru:'tʃi:f] директор съемочной группы
crew space ['kru:|speɪs] кубрик
crewman ['kru:mæn] член шайки, бригады и т.д.
crew's berthing ['kru:z'bə:θɪŋ] кубрики
crew's cabin ['kru:z'kæbɪn] каюта для экипажа
crib [krɪb] ясли; кормушка; стойло; хижина; небольшая комната; мелкая кража; плагиат; запирать; заключать в тесное помещение; совершать плагиат; сейф; стальная камера
cribbing ['krɪbɪŋ] опорные устройства на стапеле
cribble ['krɪbl] грохот; решето; сито
crick [krɪk] растянуть мышцу
cricket ['krɪkɪt] сверчок; крикет; низкий стул или табурет; скамеечка для ног

crier ['kraɪə] крикун; чиновник в суде, делающий публичные объявления; судебный глашатай
crime [kraɪm] преступление; нарушение; преступность; обвинение; вынести приговор
to clean a crime — *раскрыть преступление*
to terminate a crime — *пресечь преступление*
crime affiliations ['kraɪm|ə,fɪlɪ'eɪʃənz] связи с преступным миром
crime business ['kraɪm|'bɪznɪs] преступный бизнес
crime detection agency ['kraɪm|dɪ,tekʃən|'eɪʤənsɪ] сыскное агентство
crime difficult to trace ['kraɪm|,dɪfɪkəlt|tə|'treɪs] трудно раскрываемое преступление
crime due to jealousy ['kraɪm|,dju:|tə|'ʤeləsɪ] преступление из ревности
crime leader ['kraɪm|'li:də] руководитель преступной организации
crime of forethought ['kraɪm|əv|'fɔ:θɔ:t] предумышленное преступление
crime of negligence ['kraɪm|əv|'neglɪʤəns] преступная небрежность
crime under investigation
['kraɪm|,ʌndər|ɪnvestɪ'geɪʃən] расследуемое преступление
criminal ['krɪmɪnl] преступный; криминальный; уголовный; злоумышленник; преступник; субъект преступления; лицо, виновное в совершении преступления; лицо, осужденное за совершение преступления
criminal activities ['krɪmɪnl|æk'tɪvɪtɪz] преступная деятельность
criminal behaviour ['krɪmɪnl|bɪ'heɪvjə] преступная деятельность
criminal clerk ['krɪmɪnl|'klɑ:k] секретарь уголовного суда
criminal (penal) code ['krɪmɪnl| (pi:nl) 'koud] уголовный кодекс
criminal complicity ['krɪmɪnl|kəm'plɪsɪtɪ] соучастие в преступлении
criminal conspiracy ['krɪmɪnl|kən'spɪrəsɪ] преступный сговор
criminal conversation ['krɪmɪnl|kɔnvə'seɪʃən] прелюбодеяние
criminal defence lawyer ['krɪmɪnl|dɪ'fens|'lɔ:jə] защитник
criminal docket ['krɪmɪnl|'dɔkɪt] список уголовных дел к слушанию
criminal effort ['krɪmɪnl|'efət] покушение на преступление
criminal end ['krɪmɪnl|'end] преступная цель
criminal file ['krɪmɪnl|'faɪl] досье преступников
criminal group ['krɪmɪnl|'gru:p] преступная группировка

criminal law [ˈkrɪmɪnl|ˈlɔː] уголовное право
criminal lawyer [ˈkrɪmɪnl|ˈlɔːjə] криминалист; адвокат по уголовным делам
criminal legislation [ˈkrɪmɪnl|ˌleʤɪsˈleɪʃən] уголовное законодательство
criminal litigation [ˈkrɪmɪnl|lɪtɪˈgeɪʃən] судебный процесс по уголовному делу
criminal matter [ˈkrɪmɪnl|ˈmætə] уголовное дело
criminal mind [ˈkrɪmɪnl|ˈmaɪnd] преступный умысел
criminal negligence [ˈkrɪmɪnl|ˈneglɪʤəns] преступная небрежность
criminal offence [ˈkrɪmɪnl|əˈfens] уголовное преступление
criminal transaction [ˈkrɪmɪnl|trænˈzækʃən] преступная сделка
criminal type [ˈkrɪmɪnl|ˈtaɪp] криминальный тип
criminal wrong [ˈkrɪmɪnl|ˈrɒŋ] уголовное правонарушение
criminalist [ˈkrɪmɪnəlɪst] криминалист
criminality [ˌkrɪmɪˈnælɪtɪ] преступность; виновность
criminalize [ˈkrɪmɪnəlaɪz] считать какие-либо действия противозаконными; вовлечь в преступную деятельность
criminally [ˈkrɪmɪnəlɪ] преступно; согласно уголовному праву; с точки зрения уголовного закона
criminally liable [ˈkrɪmɪnəlɪ|ˈlaɪəbl] подлежащий уголовной ответственности
criminate [ˈkrɪmɪneɪt] обвинять в преступлении; инкриминировать; критиковать; осуждать; порицать; судить; доказывать чью-либо виновность в совершении преступления; признать виновным; объявить преступником; осудить; вовлечь в совершение преступления
crimination [ˌkrɪmɪˈneɪʃ(ə)n] обвинение в преступлении; резкое порицание; инкриминирование; оговор; причастность к совершению преступления
criminous [ˈkrɪmɪnəs] преступный
crimonogenic криминогенный
crimp [krɪmp] завитые волосы; завиток; спираль; барьер; помеха; ломкий; хрупкий; хрустящий; завивать; гофрировать; вербовать обманным путем
crimped [krɪmpt] завитой
crimper [ˈkrɪmpə] обжимание; щипцы *(для завивки)*
crimpy [ˈkrɪmpɪ] курчавый; вьющийся
crimson [ˈkrɪmzn] малиновый цвет; румянец; краснеть; покрываться румянцем
cringe [krɪnʤ] раболепствовать; съеживаться *(от страха)*
cringing [ˈkrɪnʤɪŋ] низкопоклонство; раболепие
crinite [ˈkraɪnɪt] волосатый; с ворсинками

crinkle [ˈkrɪŋkl] выгиб; извилина; изгиб; извилина; морщина; складка; извиваться; изгибаться; морщить(ся); завивать *(волосы)*; морщинистость; складчатость
crinkly [ˈkrɪŋklɪ] измятый; морщинистый
cripple [ˈkrɪpl] инвалид; калека; калечить; уродовать; хромать
crisis [ˈkraɪsɪs] кризис; спад; критический; решительный момент; перелом
crisis alert system [ˈkraɪsɪs|əˈlɜːt|ˈsɪstɪm] система аварийной сигнализации
crisis-ridden [ˈkraɪsɪsˌrɪdn] охваченный кризисом
crisp [krɪsp] рассыпчатый; хрустящий; жесткий; твердый; свежий; бодрящий; ясно очерченный; четкий *(о чертах лица)*; живой *(о стиле и т. п.)*; решительный *(об ответе, нраве)*; хрустеть; завивать(ся); покрываться рябью
crisp bacon [ˈkrɪsp|ˈbeɪkən] твердый бекон
crispy [ˈkrɪspɪ] хрустящий
criss-cross [ˈkrɪskrɒs] перекрещивающийся; перекрестный; крест-накрест; вкось; перекрещивать; оплетать *(крест-накрест)*
crista гребень; гребешок
cristate [ˈkrɪsteɪt] гребенчатый; хохлатый
criterion [kraɪˈtɪərɪən] критерий; мерило; признак; ключ; ключевое слово
critic [ˈkrɪtɪk] критик
critical [ˈkrɪtɪk(ə)l] критический; дефицитный; отчетливый; понятный; разборчивый; кризисный; переломный
critical biography [ˈkrɪtɪk(ə)l|baɪˈɒgrəfɪ] критическая биография
critical level [ˈkrɪtɪk(ə)l|ˈlevl] критический уровень
critical temperature [ˈkrɪtɪk(ə)l|ˈtemprɪtʃə] критическая температура
critical value [ˈkrɪtɪk(ə)l|ˈvæljuː] критическое значение
criticality [ˌkrɪtɪˈkælɪtɪ] критическое состояние
criticaster [ˈkrɪtɪˌkæstə] критикан; придира
criticism [ˈkrɪtɪsɪzm] критика; критический разбор; критическая статья
criticize [ˈkrɪtɪsaɪz] критиковать; осуждать
critique [krɪˈtiːk] критика; рецензия; критическая статья; критический отзыв
croak [krouk] карканье; кваканье; каркать; квакать; брюзжать; ворчать
croaker [ˈkroukə] каркающая птица; квакающее животное; ворчун
crochet [ˈkrouʃeɪ] крючок
crock [krɒk] глиняный кувшин, горшок; глиняный черепок
crocked [krɒkt] загнанный; заезженный
crockery [ˈkrɒkərɪ] посуда *(глиняная, фаянсовая)*

crocket ['krɔkɪt] готический орнамент в виде листьев *(архит.)*
crocodile ['krɔkədaɪl] крокодил
crocodilian [ˌkrɔkə'dɪlɪən] крокодиловый
crocus ['kroukəs] крокус; шафран *(бот.)*
croft [krɔft] приусадебный участок *(в Англии)*; небольшая ферма *(в Шотландии)*
crofter ['krɔftə] арендатор небольшой фермы *(в Шотландии)*
croissant ['kwæsɔn] слоеный рогалик *(круассан)*
crone [kroun] старуха
crony ['krounɪ] близкий, закадычный друг
crook [kruk] крюк; посох; поворот; изгиб *(реки, дороги)*; сгибать(ся); искривлять
crook-back(ed) ['krukbæk(t)] горбатый
crooked ['krukɪd] изогнутый; кривой; искривленный; сгорбленный; нечестный; несправедливый; добытый нечестным путем
crooked gambler ['krukɪd|'gæmblə] шулер
crooked trunk ['krukɪd|'trʌŋk] искривленный ствол
croon [kru:n] петь глухим и хриплым голосом перед микрофоном; напевать вполголоса
to croon to oneself — напевать про себя
crooner ['kru:nə] эстрадный певец; шансонье
crop [krɔp] урожай; жатва; посев; сельскохозяйственная культура; верхушка; макушка; зоб *(у птицы, насекомого)*; коротко остриженные волосы; обилие; масса; сажать; сеять; подстригать; обрезать иллюстрацию; обрезать; кадрировать; срезать; собирать урожай; давать урожай; объедать; щипать
crop failure ['krɔp|'feɪljə] неурожай
crop plants ['krɔp|plɑ:nts] хлебные злаки
cropper ['krɔpə] жнец; косец
cropping ['krɔpɪŋ] обрезка; вырезка; выделение части иллюстрации; кадрирование иллюстраций
croquet ['krouker] крокет
cross [krɔs] крест; крестовина; тройник; пересечение; распятие; испытания; страдания; поперечный; пересекающийся; перпендикулярный; крестообразный; пересекать; перекрещивать; скрещивать(ся); противодействовать; противоречить
to cross out — вычеркивать; стирать
cross complaint ['krɔs|kəm'pleɪnt] встречная жалоба
cross over ['krɔs|'ouvə] переходить; пересекать
cross-action ['krɔs'ækʃən] встречный иск
cross-arm ['krɔsɑ:m] поперечина; траверса
cross-bar ['krɔsbɑ:] поперечина *(техн.)*; распорка; планка *(для прыжков в высоту)*; перекладина *(ворот в футболе и т. п.)*; ригель
cross-beam ['krɔsbi:m] поперечная балка; коромысло; люковый бимс

cross-connection [ˌkrɔskə'nekʃən] перекрестная связь
cross-country route [ˌkrɔs'kʌntrɪ|'ru:t] маршрут по пересеченной местности
cross-country tyre [ˌkrɔs'kʌntrɪ|'taɪə] шина повышенной проходимости
cross-examination ['krɔsɪgzæmɪ'neɪʃən] перекрестный допрос
cross-eyed ['krɔsaɪd] косоглазый; косой
cross-fade ['krɔsfeɪd] микширование
cross-flow ['krɔsflou] поперечное течение
cross-opposition [ˌkrɔsɔpə'zɪʃən] встречное возражение
cross-point ['krɔspɔɪnt] точка пересечения
cross-pollination [ˌkrɔspɔlɪ'neɪʃən] перекрестное опыление *(бот.)*
cross-purpose ['krɔs'pə:pəs] противоположное намерение; недоразумение; игра-загадка
cross-reference [ˌkrɔs'refrəns] перекрестная ссылка; делать перекрестную ссылку
cross-section ['krɔsˌsekʃən] поперечное сечение; поперечный разрез
cross-stitch ['krɔsstɪtʃ] вышивка крестиками; крестик
cross-tee ['krɔsti:] тройник *(авт.)*
cross-timber ['krɔs'tɪmbə] поперечина
cross-validation [ˌkrɔsvælɪ'deɪʃən] перекрестная проверка
crossbill ['krɔsbɪl] клест *(птица)*
crossbow ['krɔsbou] самострел; арбалет *(ист.)*
crossbred ['krɔsbred] гибридный; разнородный
crossbreed ['krɔsbri:d] гибрид; помесь; скрещивать
crosscheck ['krɔstʃek] перекрестный контроль
crossed cheque ['krɔst|'tʃek] кроссированный чек
crossfall ['krɔsfɔ:l] поперечный уклон
crosshatch [ˌkrɔs'hætʃ] гравировать, штриховать перекрестными штрихами; сетка *(в изображении)*
crosshead ['krɔshed] румпель; поперечина; крестовина
crossing ['krɔsɪŋ] пересечение; скрещивание; перекресток; переход *(через улицу)*
crossing zero ['krɔsɪŋ|'zɪərou] пересечение нулевого уровня *(мат.)*
crossly ['krɔslɪ] раздраженно; сварливо; сердито
crossness ['krɔsnɪs] раздражительность; сварливость
crossover ['krɔsouvə] путепровод
crossroad ['krɔsroud] пересекающая дорога; перекресток
crosswalk ['krɔswɔ:k] пешеходный переход
crosswise ['krɔswaɪz] крестообразно; крест-накрест
crotch [krɔtʃ] развилина; промежность

crotchet ['krɔtʃɪt] крючок; крюк; каприз *(разг.)*; причуда; фантазия; четвертная нота *(муз.)*
crotchety ['krɔtʃɪtɪ] своенравный; капризный
crouch [krautʃ] припасть к земле; пресмыкаться
croup [kru:p] круп
croupier ['kru:pɪə] банкомет *(франц.)*; крупье
crouton ['kru:tɔn] гренки в супе
crow [krou] ворона; пение петуха; радостный крик *(младенца)*; кричать кукареку; издавать радостные звуки *(о детях)*; ликовать
crowd [kraud] толпа; давка; множество; масса чего-либо; уплотнение; объединение; набегание; собираться толпой; толпиться
  to crowd in on — *окружать; нахлынуть (о воспоминаниях)*
  to crowd into — *протискиваться; втискиваться*
crowded ['kraudɪd] густорасположенный; частый; переполненный; наполненный; полный
crowfoot ['kroufut] лютик *(бот.)*
crown [kraun] венец; корона; коронка *(на зубах)*; венчик; розетка *(листьев)*; вершина; наивысшая точка; завершение; крона; верхушка дерева; верхнее перекрытие; гребень *(птицы)*; темя; венчать; короновать; вознаграждать; возглавлять
crown law ['kraun|lɔ:] уголовное право
crowned [kraund] коронованный; увенчанный; завершенный; законченный; полный
crucial ['kru:ʃ(ə)l] решающий *(о моменте, опыте)*
crucial ligament ['kru:ʃ(ə)l|'lɪɡəmənt] крестообразная связка *(анат.)*
crucian ['kru:ʃ(ə)n] карась
cruciate ['kru:ʃɪeɪt] крестообразный
crucible ['kru:sɪbl] суровое испытание
crucifix ['kru:sɪfɪks] распятие
crucifixion [,kru:sɪ'fɪkʃ(ə)n] распятие на кресте; муки; страдания
cruciform ['kru:sɪfɔ:m] крестообразный
crucify ['kru:sɪfaɪ] распинать; мучить
crude [kru:d] незрелый; сырой; необработанный; неочищенный; грубый
crude iron ['kru:d|'aɪən] чугун
crude oil engine ['kru:d|,ɔɪl|'enʤɪn] дизельный двигатель
crudity ['kru:dɪtɪ] незрелость; необработанность
cruel [kruəl] жестокий; безжалостный; мучительный; ужасный
cruelly ['kruəlɪ] жестоко; безжалостно; мучительно
cruelty [kruəltɪ] жестокость; безжалостность; бессердечие
cruise [kru:z] морское путешествие; крейсерство; рейс; поход; круизное судно *(мор.)*; плавание; круиз; совершать рейсы; плавать

cruiser ['kru:zə] крейсер *(мор.)*; прогулочный катер; крейсерская яхта; круизное судно
crumb [krʌm] крошка *(хлеба)*; мякиш *(хлеба)*; крохи; крупицы; крошить
crumble ['krʌmbl] крошиться; осыпаться; толочь; растирать *(в порошок)*; распадаться; разрушаться
crumbly ['krʌmblɪ] крошащийся; рассыпчатый; рыхлый
crumby ['krʌmɪ] усыпанный крошками; мягкий *(как мякиш)*
crump [krʌmp] сильный удар; тяжелое падение; сильно ударять
crumpet ['krʌmpɪt] сдобная пышка
crumple ['krʌmpl] комкать; морщиться; съеживаться; закручивать; сгибать; падать духом; скручиваться
crunch [krʌntʃ] хруст; скрип; треск; грызть; хрустеть; скрипеть под ногами; трещать
crupper ['krʌpə] круп
crural ['kru(ə)rəl] бедренный *(анат.)*
crus [krʌs] голень *(анат.)*
crusade [kru:'seɪd] крестовый поход *(ист.)*; поход; кампания *(против чего-либо или за что-либо)*
crusader ['kru:'seɪdə] крестоносец; участник общественной кампании *(ист.)*
crush [krʌʃ] раздавливание; дробление; (раз)давить; дробить; толочь; размельчать; подавлять; сокрушать; уничтожать
crush roll ['krʌʃ|roul] обжимной валик
crush-room ['krʌʃrum] фойе *(в театре)*
crushing ['krʌʃɪŋ] раздавливание; смятие; дробление; измельчение; сильный; сокрушительный; тяжелый
crushing blow ['krʌʃɪŋ|'blou] сильный удар; сокрушающий удар
crushing burden ['krʌʃɪŋ|'bə:dn] тяжелое бремя
crust [krʌst] корка *(хлеба)*; горбушка; твердый поверхностный слой; щит *(у черепахи)*; панцирь ракообразных *(зоол.)*; покрывать(ся) корой, коркой; давать осадок
crust of bread ['krʌst|əv|'bred] корка хлеба
crustaceous [krʌ'steɪʃəs] ракообразный
crusted ['krʌstɪd] покрытый коркой; с образовавшимся осадком *(о вине)*; древний; укоренившийся
crustily ['krʌstɪlɪ] сварливо; с раздражением
crustiness ['krʌstɪnɪs] сварливость; раздражительность
crusty ['krʌstɪ] покрытый корой, коркой; жесткий; сварливый; раздражительный; резкий *(о человеке и т. п.)*
crutch [krʌtʃ] костыль; опора

crux [krʌks] затруднение; трудный вопрос; недоумение

cry [kraɪ] крик; вопль; мольба; плач; кричать; вопить; плакать

crying [ˈkraɪɪŋ] кричащий; плачущий; возмутительный; вопиющий

crying abuse [ˈkraɪɪŋ|əˈbjuːs] вопиющее злоупотребление

crymophil обитатель тундры

crypt [krɪpt] крипта (ист.); склеп; потайное место; тайник

cryptanalysis [ˌkrɪptəˈnælɪsɪs] техника для расшифровки криптограмм

cryptic [ˈkrɪptɪk] загадочный; таинственный

cryptogram [ˈkrɪptougræm] криптограмма; тайнопись

cryptography [krɪpˈtɔgrəfɪ] криптография

crystal [ˈkrɪstl] кристалл; хрусталь; кристаллический; хрустальный

crystal clock [ˈkrɪstl|klɔk] кварцевые часы

cub [kʌb] детеныш (зоол.); щенок

cubage [ˈkjuːbɪʤ] кубатура

cubbish [ˈkʌbɪʃ] неуклюжий; дурно воспитанный

cubby [ˈkʌbɪ] уютное местечко, жилище

cube [kjuːb] куб (мат.); кубический; третья степень; возводить в куб

cubic(al) [ˈkjuːbɪk(əl)7] кубический; кубичный; вместимость; емкость; кубатура

cubicle [ˈkjuːbɪkl] одноместная больничная палата; ячейка; отсек; кабина; шкаф; пульт управления

cubiform [ˈkjuːbɪfɔːm] кубовидный

cubitus [ˈkjuːbɪtəs] локтевая кость

cuckold [ˈkʌkould] рогоносец; обманутый муж; наставлять рога; изменять своему мужу; череда сборная (бот.)

cuckoo [ˈkukuː] кукушка; куковать

cucumber [ˈkjuːkʌmbə] огурец

cucurbit [kjuːˈkəːbɪt] тыква (бот.)

cud [kʌd] жвачка

cuddle [ˈkʌdl] объятия; прижимать к себе; обнимать; свернуться калачиком

cuddly [ˈkʌdlɪ] отрадный; приятный; сладкий; осел

cudgel [ˈkʌʤ(ə)l] дубина; бить палкой

cue [kjuː] реплика (театр.); аллюзия; намек; указание; вступление; дать вступление (муз.); метка; точка поиска

cue point [ˈkjuːˈpɔɪnt] поисковая точка

cue rack [ˈkjuːˈræk] стойка для киев

cue tone [ˈkjuːˈtoun] звуковая метка

cuff [kʌf] обшлаг; манжета

cufflink [ˈkʌflɪŋk] запонка

cuirass [kwɪˈræs] кираса; панцирь; щит; твердый покров у животных

cuisine [kwɪ(ː)ˈziːn] кухня; стол (франц.)

culinary [ˈkʌlɪnərɪ] кулинарный; кухонный; годный для варки (об овощах)

culinary water [ˈkʌlɪnərɪˈwɔtə] питьевая вода

cull [kʌl] отбор; браковка; отбраковка; собирать (цветы); отбирать; браковать; отбраковывать

culm [kʌlm] стебель (трав, злаков) (бот.); соломина; верх; вершина; кульминация

culminate [ˈkʌlmɪneɪt] достигать высшей точки, степени

culmination [ˌkʌlmɪˈneɪʃ(ə)n] наивысшая точка; кульминационный пункт; кульминация; зенит

culpability [ˌkʌlpəˈbɪlɪtɪ] виновность

culpable [ˈkʌlpəbl] заслуживающий порицания; виновный; преступный

culprit [ˈkʌlprɪt] обвиняемый; преступник; виновный; злоумышленник; правонарушитель

cult [kʌlt] вера; вероисповедание; исповедание; культ; обожествление

cultivate [ˈkʌltɪveɪt] возделывать; обрабатывать; культивировать; развивать

cultivated cabbage [ˈkʌltɪveɪtɪd|ˈkæbɪʤ] капуста кочанная

cultivator [ˈkʌltɪveɪtə] культиватор

cultural [ˈkʌltʃ(ə)r(ə)l] культурный; развитой; цивилизованный

cultural barrier [ˈkʌltʃ(ə)r(ə)l|ˈbærɪə] культурные различия

cultural conservation [ˈkʌltʃ(ə)r(ə)l|ˌkɔnsə(ː)ˈveɪʃən] памятник культуры

culture [ˈkʌltʃə] культура; возделывание; разведение

culture hero [ˈkʌltʃə|ˈhɪərou] национальный герой

cultured [ˈkʌltʃəd] культивируемый; культурный; развитой

culvert [ˈkʌlvət] водопровод; водопроводная галерея

cumbersome [ˈkʌmbəsəm] нескладный; громоздкий; обременительный; тягостный; тяжкий

cumin [ˈkʌmɪn] тмин (бот.)

cumulate [ˈkjuːmjuleɪt] накапливаться; кумулировать

cumulation [ˌkjuːmjuˈleɪʃən] накопление; сбор; скопление; собирание; аккумуляция

cumulative [ˈkjuːmjulətɪv] совокупный; накопленный; кумулятивный; интегральный (мат.)

cumulative index [ˈkjuːmjulətɪv|ˈɪndeks] сводный указатель

cumulus [ˈkjuːmjuləs] кучевое облако

cuneiform [ˈkjuːnɪɪfɔːm] клинообразный

cunning [ˈkʌnɪŋ] коварство; прием; ловкость; умение; коварный; лукавый

cup [kʌp] чаш(к)а; кубок; колпачок; масленка; уплотнительное кольцо; чашеобразная структура; чашечка цветка; принимать чашеобразную форму

cupboard [ˈkʌpəd] буфет; шкаф; стенной шкаф; чулан

cupful [ˈkʌpful] полная чашка чего-либо

cupidity [kju(:)ˈpɪdɪtɪ] алчность; жадность

cupid's-delight [ˈkjuːpɪdzdɪˈlaɪt] анютины глазки (бот.)

cupola [ˈkjuːpələ] верх; верхушка; купол

cupronickel [ˌkjuːprouˈnɪkəl] мельхиор

cuprum [ˈkjuːprəm] медь

cupule присоска (зоол.); плюска (бот.)

curability [ˌkjuərəˈbɪlɪtɪ] излечимость

curable [ˈkjuərəbl] излечимый

curative [ˈkjuərətɪv] целебный; целительный; целебное средство; исправительный

curator [kjuəˈreɪtə] хранитель (музея, библиотеки); куратор; член правления (в университете)

curatorial [ˌkjuərəˈtɔːrɪəl] кураторский

curb [kəːb] узда; обуздание; надевать узду (на лошадь); обуздывать; сдерживать

curbstone [ˈkəːbˈstoun] бордюрный камень

curdle [ˈkəːdl] свертывать(ся) (о крови, молоке); застыть (от ужаса); оцепенеть

cure [kjuə] лекарство; лечение; излечение; вулканизация; вылечивать; исцелять

cureless [ˈkjuəlɪs] неизлечимый

curfew [ˈkəːfjuː] комендантский час

curing [ˈkjuərɪŋ] лечение; исцеление; заготовка; консервирование

curing bag [ˈkjuərɪŋˌbæg] камера для вулканизации

curing press [ˈkjuərɪŋˌpres] вулканизационный пресс

curiosity [ˌkjuərɪˈɔsɪtɪ] любопытство; любознательность

curious [ˈkjuərɪəs] любопытный; любознательный; пытливый

curiously [ˈkjuərɪəslɪ] странно; необычайно

curl [kəːl] локон; завиток; завивка; завивать(ся); виться

curling tongs [ˈkəːlɪŋˌtɔŋz] щипцы для завивки

curly [ˈkəːlɪ] кудрявый; курчавый; вьющийся; изогнутый

curmudgeon [kəːˈmʌdʒ(ə)n] грубиян (разг.); скопидом; скряга; скупец; скупой

currant [ˈkʌr(ə)nt] коринка (сорт винограда); смородина

currency [ˈkʌrənsɪ] денежное обращение; валюта; деньги; употребительность; срок действия; средство обращения; продолжительность

currency clause [ˈkʌrənsɪˈklɔːz] валютная оговорка

currency dumping [ˈkʌrənsɪˈdʌmpɪŋ] валютный демпинг

currency earnings [ˈkʌrənsɪˈəːnɪŋz] валютные поступления

currency fluctuation [ˈkʌrənsɪˌflʌktjuˈeɪʃən] колебания валюты

currency of account [ˈkʌrənsɪəvəˈkaunt] счета

currency of bill [ˈkʌrənsɪəvˈbɪl] валюта векселя (фин.)

currency of contract [ˈkʌrənsɪəvˈkɔntrækt] срок действия договора

current [ˈkʌrənt] струя; поток; ток (электрический); текущая запись (в базу данных); течение; ход (событий и т. п.); находящийся в обращении; текущий

current account [ˈkʌrəntəˈkaunt] текущий банковский счет

current capital [ˈkʌrəntˈkæpɪtl] оборотный капитал

current development [ˈkʌrəntdɪˈveləpmənt] текущие события

current limiting circuit breaker [ˈkʌrəntˌlɪmɪtɪŋˌsəːkɪtˈbreɪkə] ограничитель выключения тока

current number [ˈkʌrəntˈnʌmbə] очередной номер

currish [ˈkəːrɪʃ] дурно воспитанный; грубый; сварливый

curry [ˈkʌrɪ] карри (острая индийская приправа)

curse [kəːs] проклятие; ругательство; беда; бедствие; отлучение от церкви; проклинать; ругаться; кощунствовать

cursed [ˈkəːsɪd] проклятый; окаянный

cursive [ˈkəːsɪv] скоропись; рукописный шрифт

cursor [ˈkəːsə] стрелка; указатель; курсор (компьют.); движок

cursor control key [ˈkəːsəkənˈtroulˈkiː] клавиша управления курсором

cursor update [ˈkəːsəˈʌpdeɪt] перемещение курсора

cursory [ˈkəːs(ə)rɪ] беглый; внешний

curt [kəːt] краткий; сжатый (о стиле); отрывисто-грубый (об ответе)

curtail [kəːˈteɪl] сокращать; укорачивать; лишать; отбирать; отнимать

curtailment [kəːˈteɪlmənt] сокращение; урезывание; лишение; отнятие; потеря

curtain [ˈkəːtn] завеса; штора; занавеска; занавес; диафрагма; занавешивать

curtain-call [ˈkəːtnkɔːl] вызов актера на сцену

curtain-raiser [ˈkəːtnˌreɪzə] одноактная пьеса, исполняемая перед началом спектакля

curtain-up [ˈkəːtnʌp] начало спектакля; поднятие занавеса

curtsey [ˈkəːtsɪ] приседание; реверанс; приседать; делать реверанс

curvature [ˈkəːvətʃə] выгиб; изгиб; искривление; кривизна; закругление; линия изгиба; радиус кривой

curve [kəːv] кривая *(линия)*; дуга; лекало; график; характеристика; диаграмма; изгиб; вираж; кривизна; гнуть; сгибать; изгибать*(ся)*; перегибать; искривлять*(ся)*; закруглять; закругление; обводы

curved line [ˈkəːvdˈlaɪn] кривая

curvilinear [ˌkəːvɪˈlɪnɪə] криволинейный

cushion [ˈkuʃ(ə)n] подушка *(диванная)*; амортизатор *(техн.)*; буфер *(компьют.)*; подкладка; прокладка; замалчивать; обходить молчанием

cushioncraft [ˈkuʃ(ə)nkraːft] судно на воздушной подушке *(мор.)*

cushioning [ˈkuʃ(ə)nɪŋ] амортизирование; упругое сжатие

cusp [kʌsp] *(горный)* пик; выступ; мыс; вершина; точка пересечения двух кривых

cuspid [ˈkʌspɪd] клык

cuspidate(d) [ˈkʌspɪdeɪt(ɪd)] заостренный; остроконечный

cuss [kʌs] проклятие; парень; ругаться

custodial [kʌsˈtoudɪəl] относящийся к тюремному заключению; опекунский

custodial case [kʌsˈtoudɪəlˈkeɪs] социально опасная личность

custodian [kʌsˈtoudjən] сторож; хранитель *(музея и т. п.)*; куратор; опекун; попечитель; охранитель

custody [ˈkʌstədɪ] опека; попечение; хранение; присмотр; охрана; контроль; заключение; заточение; ограничение; владение; задержание; лишение свободы; содержание под стражей; тюремное заключение

custom [ˈkʌstəm] обычай; привычка; традиция; клиентура; обычное право *(юр.)*; покупатели; заказы; таможня; таможенные пошлины

custom charge [ˈkʌstəmˈtʃaːʤ] таможенный сбор

custom software [ˈkʌstəmˈsɔftweə] заказное программное обеспечение

custom-built [ˈkʌstəmbɪlt] изготовленный на заказ

custom-house [ˈkʌstəmhaus] таможня; таможенное управление

custom-house examination [ˈkʌstəmhausɪgˌzæmɪˈneɪʃən] таможенный досмотр

customable [ˈkʌstəməbl] подлежащий таможенному обложению *(пошлине)*; облагаемый таможенной пошлиной

customary [ˈkʌstəm(ə)rɪ] обычный; привычный; основанный на обычае; вытекающий из обычая

customer [ˈkʌstəmə] заказчик; покупатель; клиент

customer engineer [ˈkʌstəməˌenʤɪˈnɪə] наладчик *(устанавливающий заказанное оборудование)*

customer service department [ˈkʌstəməˌsəːvɪsdɪˈpaːtmənt] отдел сбыта

customize [ˈkʌstəmaɪz] переделывать; подгонять; согласовывать

customs (the) [(ðə)ˈkʌstəms] таможня

customs clearance [ˈkʌstəmsˈklɪərəns] таможенное разрешение

customs duty [ˈkʌstəmsˈdjuːtɪ] таможенная пошлина

customs fee [ˈkʌstəmsˈfiː] таможенный сбор

customs law [ˈkʌstəmsˈlɔː] таможенный закон

customs-enforcement area [ˈkʌstəmsɪnˈfɔːsməntˈeərɪə] таможенная зона

custom(s) warrant [ˈkʌstəm(s)ˈwɔrənt] разрешение на выпуск груза из таможни

cut [kʌt] резка; резание; надрез; порез; засечка; сечение; высечка; разрез; рана; зарубка; отрезок; покрой; канал; монтажный кадр; отрезанный; срезанный; скроенный; сниженный; уменьшенный; разрезной; отрезать; резать; срезать; разрезать; вырезать; монтировать; снижать; сокращать; косить; жать; убирать урожай; рубить; валить *(лес)*; кроить; разделять на фракции; кастрировать *(животное)*; обработка режущим инструментом; погон; фракция

to cut flush — срезать заподлицо

cut form [ˈkʌtˈfɔːm] страница; бумага, состоящая из отдельных страниц

cut form feeder [ˈkʌtˈfɔːmˈfiːdə] автоподача страниц

cut nippers [ˈkʌtˈnɪpəz] кусачки

cut off the ignition [ˈkʌtˈɔfðəɪgˈnɪʃən] выключать зажигание

cut transition [ˈkʌttrænˈzɪʃən] переключение

cut-in [ˈkʌtɪn] включение; включенный; заключение; начало работы

cut-off [ˈkʌtɔf] отсечка; запирание; закрывание; срез; ограничение; отсечение; выключение; отключение

cut-off [ˈkʌtˈɔf] отрезать; выключать; прерывать

cut-off date [ˈkʌtɔfˈdeɪt] последний срок

cut-out [ˈkʌtaut] срез; вырез; контур; линия; профиль; очертание; прерыватель; выключатель; рубильник; предохранитель; выключение

cutaneous covering [kjuː)ˈteɪnjəsˈkʌvərɪŋ] кожный покров

cutback [ˈkʌtbæk] понижение; снижение; сокращение; уменьшение

cute [kjuːt] умный *(разг.)*; сообразительный; заманчивый; миловидный

cuticle [ˈkjuːtɪkəl] кожица; кутикула
cutlery [ˈkʌtləri] ножевые изделия; ножевой товар; ремесло ножовщика; режущий инструмент; фреза; кусачки; ножницы
cutlery drawer [ˈkʌtləriˈdrɔː] ящик для столовых приборов
cutter [ˈkʌtə] резак; резчик *(по дереву, камню)*; закройщик; закройщица; машина бумагорезальная; режиссер; монтажер; режущий инструмент; фреза; резец; плашка; кусачки; ножницы
cutting [ˈkʌtɪŋ] резание; резка; черенок *(бот.)*; рубка; тесание; закройка; срезание; вырезка *(газетная, журнальная)*; фрезеровка; высекание; снижение норм расценок *(фин.)*; обрезки; опилки; стружки; острый; резкий; монтировать; режущий; отводок *(бот.)*; снижение
cutting board [ˈkʌtɪŋˈbɔːd] доска для резки хлеба
cutting pliers [ˈkʌtɪŋˈplaɪəz] кусачки
cutting script [ˈkʌtɪŋˈskrɪpt] монтажный лист
cutting template [ˈkʌtɪŋˈtemplɪt] лекало
cutting tool [ˈkʌtɪŋˈtuːl] режущий инструмент
cutting torch [ˈkʌtɪŋˈtɔːtʃ] резак; газовый резак
cutting unit [ˈkʌtɪŋˈjuːnɪt] жатвенный аппарат
cuttlefish [ˈkʌtlfɪʃ] каракатица *(зоол.)*
cutup [ˈkʌtʌp] срез; подрез
cutwater [ˈkʌtˈwɔːtə] водорез
cutway view [ˈkʌtweɪˈvjuː] изображение в разрезе
cyan [ˈsaɪən] циан; синий *(цвет в триаде)*
cybernetic [ˌsaɪbəˈnetɪk] кибернетический
cybernetics [ˌsaɪbəˈnetɪks] кибернетика
cycle [ˈsaɪkl] цикл; круг; период; круговой процесс; кругооборот; такт; повторяться циклически; проходить цикл развития; делать обороты *(о колесе и т. п.)*; ездить на велосипеде; период пульсации
cycle code [ˈsaɪklˈkoud] циклический код
cycle index [ˈsaɪklˈɪndeks] параметр цикла
cycle lamp [ˈsaɪklˈlæmp] велосипедная фара
cycle of money [ˈsaɪkləvˈmʌni] оборот денег
cycle of reproduction [ˈsaɪkləvˌriːprəˈdʌkʃən] цикл воспроизводства
cycle pump [ˈsaɪklˈpʌmp] велосипедный насос
cycle racing [ˈsaɪklˈreɪsɪŋ] велосипедный спорт
cycle tyre [ˈsaɪklˈtaɪə] велосипедная шина
cyclic(al) [ˈsaɪklɪk(ə)l] циклический; цикличный
cycling [ˈsaɪklɪŋ] чередование; циклический; периодический
cyclist [ˈsaɪklɪst] велосипедист
cyclist strip [ˈsaɪklɪstˈstrɪp] полоса движения для велосипеда
cycloid [ˈsaɪklɔɪd] человек с изменчивым настроением
cyclone [ˈsaɪkloun] циклон

cylinder [ˈsɪlɪndə] цилиндр; цилиндровый *(геом.)*; баллон; резервуар; барабан *(котла)*; корпус *(турбины)*
cylinder barrel [ˈsɪlɪndəˈbærəl] блок цилиндров
cylinder check ball [ˈsɪlɪndəˈtʃekˈbɔːl] обратный шариковый клапан цилиндра
cylinder press [ˈsɪlɪndəˈpres] плоскопечатная машина
cylinder revolution [ˈsɪlɪndəˌrevəˈluːʃən] вращение цилиндра
cymbal [ˈsɪmbəl] тарелка *(муз.)*
cymbals [ˈsɪmblz] тарелки *(ударный инструмент)*; цимбалы *(муз.)*
cynic [ˈsɪnɪk] циник
cynical [ˈsɪnɪk(ə)l] циничный; бесстыдный; низкий
cyperus сыть *(биол.)*
cypress [ˈsaɪprɪs] кипарис *(бот.)*
cyst [sɪst] пузырь *(анат.)*
cystic [ˈsɪstɪk] пузырный
cystoscope [ˈsɪstəskoup] цистоскоп *(мед.)*
czar [zɑː, tsɑː] государь; монарх; царь *(русс.)*
czardas [ˈzɑːdæs] чардаш *(венгерский народный танец)*

D

d [diː]; мн. — Ds; D's [diːz] четвертая буква английского алфавита; нота «ре» *(муз.)*
dab [dæb] легкий удар; прикосновение; мазок; пятно *(краски)*; знаток; лиманда *(ихт.)*; капелька; немного; чуть-чуть; слегка прикасаться; тыкать; ударять; клевать; прикладывать что-либо мягкое или мокрое; намазывать; покрывать *(краской)*
dabble [ˈdæbl] плескать(ся); брызгать(ся); барахтаться; опрыскивать; заниматься чем-либо поверхностно, по-любительски
to dabble at painting — рисовать иногда и как любитель
dabbler [ˈdæblə] дилетант; любитель; непрофессионал
dabby [ˈdæbɪ] сырой; мокрый и липнущий к телу *(об одежде)*
dabster [ˈdæbstə] знаток; специалист; неумелый работник *(пренебр.)*
dace [deɪs] елец *(рыба)*; плотва
dachshund [ˈdækshund] такса *(порода собак)*
dacryocyst [ˈdækrɪousɪst] слезный мешочек *(анат.)*
dactyl [ˈdæktɪl] палец

dactylar [ˈdæktɪlə] пальцевый

dactylic [dækˈtɪlɪk] дактилический; дактилический стих; пальцевидный

dactyliography [ˌdæktɪlɪˈɔgrəfɪ] история искусства гравирования

dactylogram [dækˈtɪlougræm] отпечаток пальца; дактилограмма

dactyloid [ˈdæktɪlɔɪd] пальцеобразный

dactylology [ˌdæktɪˈlɔlədʒɪ] дактилология

dactyloscopy [ˌdæktɪˈlɔskəpɪ] дактилоскопия

dad [dæd] папа (*разг.*)

dado [ˈdeɪdou] цоколь (*строит.*); панель (*стены*); обшивать панелью; окрашенная в темный цвет нижняя часть котельных кораблей (*мор.*)

daedal [ˈdiːd(ə)l] искусный; тонкий (*поэт.*); затейливый; сложный

Daedalian [dɪ(ː)ˈdeɪlɪən] сложный; запутанный

daffodil [ˈdæfədɪl] нарцисс желтый (*бот.*); бледно-желтый цвет

daffy [ˈdaːfɪ] взбалмошный

daft [daːft] слабоумный; безрассудный; легкомысленный

dag [dæg] клок сбившейся шерсти; большой пистолет

dagger [ˈdægə] кинжал; пронзать кинжалом; диагональная связь; упорная стрела (*техн.*); укосина (*техн.*); типографский знак «крестик»

dagger-flower [ˈdægəˈflauə] астра (*бот.*)

dagger-shaped [ˈdægəʃeɪpt] кинжаловидный

daggle [ˈdægl] тащить; волочить по грязи

dahlia [ˈdeɪljə] георгин (*бот.*)

daikon японская редька (*бот.*)

daily [ˈdeɪlɪ] ежедневный; каждодневный; дневной; суточный; ежедневная газета; приходящая работница (*разг.*); ежедневно; каждый день; всегда; постоянно

daily allowance [ˈdeɪlɪəˈlauəns] суточное довольствие (*разг.*)

daily bread [ˈdeɪlɪ|bred] хлеб насущный

daily exchange [ˈdeɪlɪ|ɪksˈtʃeɪndʒ] курс дня

daily fuel consumption [ˈdeɪlɪˈfjuəl|kənˈsʌmpʃən] суточный расход топлива

daily needs [ˈdeɪlɪˈniːdz] повседневные нужды

daily newspaper [ˈdeɪlɪˈnjuːsˌpeɪpə] ежедневная газета

daily proceeds [ˈdeɪlɪˈprouziːdz] суточная выручка

daily rate [ˈdeɪlɪˈreɪt] суточная дача

daily record [ˈdeɪlɪˈrekɔːd] суточный тариф

daily sales [ˈdeɪlɪˈseɪlz] дневной оборот

daily wants [ˈdeɪlɪ|wɔnts] насущные потребности; бытовые нужды

daily weight gain [ˈdeɪlɪˈweɪt|geɪn] суточный привес

daintiness [ˈdeɪntɪnɪs] изощренность; утонченность

dainty [ˈdeɪntɪ] деликатес; утонченный; лакомый; вкусный; разборчивый

dairy [ˈdeərɪ] маслодельня; маслобойня; сыроварня; молочное хозяйство; молочная ферма; молочный; мясо-молочный; молочный скот; разводить молочный скот

dairy cattle [ˈdeərɪˈkætl] молочный скот

dairy factory [ˈdeərɪˈfæktərɪ] молочный завод

dairy farm [ˈdeərɪ|faːm] молочная ферма; молочное хозяйство

dairying [ˈdeərɪɪŋ] молочное хозяйство

dairymaid [ˈdeərɪmeɪd] доярка

dairyman [ˈdeərɪmæn] работник молочной промышленности; работник на молочной ферме

dais [ˈdeɪɪs] помост; возвышение

daisied [ˈdeɪzɪd] покрытый маргаритками

daisy [ˈdeɪzɪ] маргаритка (*бот.*)

daisy chain [ˈdeɪzɪ|tʃeɪn] последовательная цепочка (*компют.*)

daisy-wheel [ˈdeɪzɪwiːl] печатающее устройство «ромашка»

daisy-wheel printer [ˈdeɪzɪwiːlˈprɪntə] лепестковое печатающее устройство

dalag змееголов (*ихт.*)

dale [deɪl] дол; долина (*поэт.*); желоб; отливная труба; водопроток

dalle [dæl] кафель (*для настилки полов*); стремнины

dalliance [ˈdælɪəns] праздное времяпрепровождение; развлечение; несерьезное отношение к чему-либо; флирт

dally [ˈdælɪ] заниматься пустяками; оттягивать; развлекаться; кокетничать

to dally away — *зря терять время; упускать возможность*

to dally off — *откладывать в долгий ящик; уклоняться от чего-либо*

daltonism [ˈdɔːlt(ə)nɪzm] дальтонизм (*мед.*)

dam [dæm] дамба; плотина; перемычка; мол; запруженная вода; запруда; матка (*биол.*); самка у животных; запруживать; строить дамбу; задерживать воду плотиной

damage [ˈdæmɪdʒ] вред; повреждение; урон; дефект; убытки; поломка; авария; ущерб; компенсация за убытки; возмещение убытков; повреждать; портить; наносить (*причинять*) ущерб (*убыток*); ушибить; бесславить; повредить

to access damages — *установить сумму возмещения убытков*

to ask for damages — *подать иск о взыскании убытков*

to claim damages — требовать возмещения убытков; взыскивать убытки

to do damage — причинять убытки; наносить ущерб; портить

to recover damages — получить компенсацию за убытки

to repair the damages — возместить убытки

to undo the damage — возместить ущерб

damage done [ˈdæmiʤ|ˈdʌn] причиненный ущерб

damage to property [ˈdæmiʤ|tə|ˈprɔpəti] материальный ущерб

damageable [ˈdæmiʤəbl] легко повреждающийся или портящийся

damaged [ˈdæmiʤd] понесший ущерб (*убыток*); поврежденный

damaged mentally [ˈdæmiʤd|ˈmentəli] психически неполноценный

damaging words [ˈdæmiʤiŋ|ˈwəːdz] клевета (*устная*)

damascene [ˈdæməsiːn] булат; дамаск; украшать насечкой из золота или серебра (*металл*); воронить (*сталь*)

damask [ˈdæməsk] дамаст (*узорчатая шелковая или полотняная ткань*); камчатное полотно (*для скатертей*); дамасская сталь; алый цвет; камчатный; сделанный из дамасской стали; булатный; алый; ткать с узорами; украшать насечкой из золота или серебра; воронить (*сталь*); ночная фиалка (*бот.*)

dammar [ˈdæmə] даммаровая смола

damming fact [ˈdæmiŋ|ˈfækt] порочащий факт

damn [dæm] проклятие; ругательство; проклинать; осуждать; освистать; провалить; ругаться

damnable [ˈdæmnəbl] порицаемый; осужденный

damnably [ˈdæmnəbli] отвратительно

damnation [dæmˈneɪʃ(ə)n] проклятие; вечные муки (*в аду*); осуждение; строгая критика; освистание (*пьесы*)

damnatory [ˈdæmnət(ə)ri] осуждающий; вызывающий осуждение; ведущий к осуждению (*о показании*) (*юр.*)

damned [dæmd] осужденный; проклятый

damnific [dæmˈnifik] вредный

damnification [ˌdæmnifiˈkeɪʃ(ə)n] причинение вреда, ущерба (*юр.*)

damnify [ˈdæmnifai] причинять вред (*ущерб*); наносить обиду

damning [ˈdæmiŋ] вызывающий осуждение; убийственный (*юр.*)

damp [dæmp] сырость; влажность; уныние; подавленное настроение; застой; угнетенное состояние духа; дымка (*уст.*); туман; рудничный газ (*горн.*); влажный; мокрый; сырой; смачивать; увлажнять; спустить жар в печи; затушить (*топку*); обескураживать; угнетать (*о мысли и т. п.*); уменьшать амплитуду колебаний (*физ.*); заглушать (*звук*); тормозить; амортизировать; смягчать (*удар*); ослаблять; демпфировать (*техн.*); уменьшать подачу воздуха в топку; глушить

to cash a damp upon trade — привести к застою в торговле

to damp out noise — заглушать шум

damp-proof [ˈdæmppruːf] влагонепроницаемый; влагонепроницаемого исполнения

dampen [ˈdæmpən] обескураживать; ослаблять; отсыревать

to dampen sound — заглушать звук

dampening [ˈdæmpəniŋ] смачивающий; увлажняющий; успокоение

damper [ˈdæmpə] увлажнитель; демпфер; успокоитель; гаситель колебаний; регистр; глушитель; кто-либо или что-либо действующее угнетающе; пресная лепешка (*испеченная в золе*); сурдина; амортизатор; задвижка; заслонка; регулятор тяги

damping [ˈdæmpiŋ] смачивание; увлажнение; глушение; амортизация; затухание; успокоение

dampish [ˈdæmpiʃ] сыроватый; слегка влажный

dampness [ˈdæmpnəs] влага

dampy [ˈdæmpi] сыроватый; содержащий рудничный газ (*горн.*)

damselfly [ˈdæmzəlflai] стрекоза (*зоол.*)

damson [ˈdæmz(ə)n] тернослив

damson-coloured [ˈdæmz(ə)nˌkʌləd] красновато-синий (*цвета сливы*)

dan [dæn] буек; поплавок (*мор.*)

dance [daːns] танец; тур (*в танцах*); бал; танцевальный вечер; пляска; танцевальная музыка; танцевать; прыгать; скакать; плясать; отплясывать; заставлять танцевать

dance band [ˈdaːns|ˈbænd] танцевальная группа

dance movement [ˈdaːns|ˈmuːvmənt] баллябиль (*танцевальная пьеса в балете или опере*) (*муз.*)

dancer [ˈdaːnsə] танцор; плясун; танцовщик; танцовщица; балерина; танцующий

dancing [ˈdaːnsiŋ] пляска; танцы

dancing party [ˈdaːnsiŋ|ˈpaːti] танцевальный вечер

dancing-girl [ˈdaːnsiŋgəːl] баядера; танцовщица; профессиональная партнерша в платных танцах

dancing-hall [ˈdaːnsiŋhɔːl] танцевальный зал; дансинг

dancing-master [ˈdaːnsiŋˈmaːstə] учитель танцев

dancing-mistress [ˈdaːnsiŋˈmistris] учительница танцев

dancing-school [ˈdaːnsiŋskuːl] школа танцев

dandelion [ˈdændilaiən] одуванчик

dander [ˈdændə] раздражение (*разг.*); злоба

dandiacal [dænˈdaiək(ə)l] щегольски одетый

dandified [ˈdændifaid] щегольской

DAN — DAS

dandify ['dændɪfaɪ] одевать щеголем
dandle ['dændl] ласкать
dandruff ['dændrʌf] перхоть
dandy ['dændɪ] денди; что-либо первоклассное; траловая лебедка (мор.); парусное судно с выносной бизанью (мор.); щегольской; первоклассный; превосходный
dandyism ['dændɪɪzm] щегольство
danger ['deɪndʒə] опасность; риск; угроза; опасный
danger class ['deɪndʒə|'klɑ:s] категория риска
danger of collusion ['deɪndʒər|əv|kə'lɪʒən] опасность столкновения
danger warning sign ['deɪndʒə|,wɔ:nɪŋ|'saɪn] дорожный знак, предупреждающий об опасности
danger zone ['deɪndʒə|'zoun] опасная зона
danger-signal ['deɪndʒə,sɪgnl] сигнал опасности; сигнал «путь закрыт»
dangerous ['deɪndʒrəs] опасный; рискованный
dangerous goods ['deɪndʒrəs|'gudz] опасные товары
dangerous refuse ['deɪndʒrəs|'refju:s] опасные отходы
dangerous structure ['deɪndʒrəs|'strʌktʃə] аварийное сооружение
dangle ['dæŋgl] свободно свисать; качаться; покачивать; манить
 to dangle after — бегать за кем-либо; волочиться
 to dangle around — болтаться
dangle-dolly ['dæŋgl,dɔlɪ] игрушка, которая подвешивается в автомашине
dangler ['dæŋglə] бездельник; волокита
dangling ['dæŋglɪŋ] висящий; свисающий; обособленный (грам.)
danism ростовщичество
dank [dæŋk] влажный
danseuse [dɑ:n'sə:z] балерина; танцовщица
dap [dæp] подпрыгивание (мяча); зарубка; зазубрина; гнездо; выемка; канавка; удить рыбу; ударять о землю мячом
daphne ['dæfnɪ] волчеягодник
dapper ['dæpə] опрятно или щегольски одетый; движущийся; передвигающийся
dapple-bay ['dæplbeɪ] гнедой в яблоках конь
dapple-grey ['dæpl'greɪ] серый в яблоках конь
dappled ['dæpld] пестрый
dappled deer ['dæpld|'dɪə] пятнистый олень
dare [dɛə] сметь; отваживаться; пренебрегать опасностью; вызывать; подзадоривать; подзадоривание; рисковать; вызов
dare-devil ['dɛə,devl] смельчак; бесшабашный человек; отважный; безрассудный

daring ['dɛərɪŋ] смелость; отвага; бесстрашный; мужественный; отважный; отчаянный; смелый; храбрый
dark [dɑ:k] темный; смуглый; темноволосый; необразованный; тайный; дурной; порочный (о поступке); мрачный; угрюмый; безнадежный; печальный; невежественность; невежество; необразованность; неведение; незнание; неосведомленность; тень (в живописи); глубокий (о звуке)
dark lantern ['dɑ:k|'læntən] потайной фонарь
darken ['dɑ:k(ə)n] затемнять; делать темным; темнеть; затемнять (смысл); омрачать; дать более насыщенный тон (в красках); меркнуть
darkle ['dɑ:kl] темнеть; хмуриться
darkling ['dɑ:klɪŋ] темный; в темноте; во мраке
darkly ['dɑ:klɪ] мрачно; злобно; загадочно; неясно
darkness ['dɑ:knɪs] темнота; мрак
darkroom light ['dɑ:krum|'laɪt] лабораторный свет
darksome ['dɑ:ksəm] темный; мрачный; хмурый (поэт.)
darling ['dɑ:lɪŋ] любимый; любимая; баловень; любимец; дорогой; прелестный; горячий; заветный (о желании)
darn [dɑ:n] заштопанное место; штопать; чинить; проклятый; страшный; ужасный; проклинать; ругаться
darner ['dɑ:nə] штопальщик; штопальщица; «гриб» (для штопки)
darning ['dɑ:nɪŋ] штопанье; штопка; вещи, нуждающиеся в штопанье
darning-needle ['dɑ:nɪŋ,ni:dl] штопальная игла; стрекоза
darraign урегулировать спор; отвечать на обвинение
dart [dɑ:t] острое метательное оружие; дротик; жало; соединение; шов; бросок; быстрое, короткое движение; метание (дротика, стрелы); метать (стрелы); помчаться стрелой
dart board ['dɑ:t|bɔ:d] поле для игры в дартс
darter ['dɑ:tə] метатель дротика; окунь
darting ['dɑ:tɪŋ] быстрый; скорый; стремительный
dash [dæʃ] стремительное движение; порыв; натиск; решительность; энергия; взмах; удар; рывок (спорт.); бросок (в беге, игре); забег; плеск; примесь чего-либо; чуточка; быстрый набросок; мазок; штрих; росчерк; черта; тире; рисовка; бросить; швырнуть; броситься; ринуться; мчаться; нестись; сделать рывок в беге (спорт.); разбивать(ся); брызгать; плескать; обескураживать; смущать; разрушать (планы, надежды и т. п.); разбавлять; смешивать; подмешивать; подчеркивать; острое стаккато (муз.)

dash-board ['dæʃbɔːd] крыло *(экипажа)*; приборная доска; приборный щиток; пульт управления

dashboard unit ['dæʃbɔːd'juːnɪt] датчики приборной панели

dashed line ['dæʃt'laɪn] пунктирная линия

dasher ['dæʃə] человек, производящий фурор; крыло *(экипажа)*

dashing ['dæʃɪŋ] лихой; быстрый; скорый; стремительный; живой; жизненный; энергичный; франтоватый

dashpot ['dæʃpɔt] амортизатор; успокоитель; дроссель; буфер; глушитель колебаний

dashpot pump ['dæʃpɔt'pʌmp] ускорительный насос карбюратора *(авт.)*

dastard ['dæstəd] трус

dastardly ['dæstədlɪ] трусливый

dasyure ['dæsɪjuə] сумчатая куница

data ['deɪtə] единица данных; данные; факты; сведения; информация; показатели; характеристики

to recieve data — получать данные
to submit data — предоставлять данные

data address ['deɪtəə'dres] адрес данных

data addressed memory ['deɪtəə.drest'memərɪ] ассоциативная память

data administrator ['deɪtəəd'mɪnɪstreɪtə] администратор базы данных

data array ['deɪtəə'reɪ] массив данных

data bank ['deɪtəbæŋk] банк данных; база данных

data base ['deɪtəbeɪs] база данных

data bug ['deɪtəbʌg] ошибка при работе с данными

data capture [.deɪtə'kæptʃə] ввод данных

data carrier ['deɪtə'kærɪə] носитель информации

data collection ['deɪtəkə'lekʃən] сбор данных

data communication ['deɪtəkə,mjuːnɪ'keɪʃən] передача данных

data handling [.deɪtə'hændlɪŋ] обработка данных

data input device ['deɪtə'ɪnput'dɪ'vaɪs] устройство ввода данных

data output ['deɪtə'autput] вывод данных

data processing ['deɪtə'prousɪsɪŋ] обработка данных

data processing center ['deɪtə,prousɪsɪŋ'sentə] центр обработки данных

data publication ['deɪtəpʌblɪ'keɪʃən] срок издания книги

data publishing ['deɪtəpʌblɪʃɪŋ] база данных для выпуска издательской продукции

data set catalog ['deɪtəset'kætəlɔg] каталог набора данных

data sheet ['deɪtə,ʃiːt] спецификация

data source ['deɪtə'sɔːs] источник данных

data stream ['deɪtə'striːm] цифровой порог

data-in ['deɪtə'ɪn] входные данные

data-out ['deɪtə'aut] выходные данные

database damage ['deɪtəbeɪs'dæmɪʤ] повреждение базы данных

database machine ['deɪtəbeɪsmə'ʃiːn] процессор

datable ['deɪtəbl] поддающийся датировке

dataway ['deɪtəweɪ] информационный канал

date [deɪt] дата; число *(месяца)*; период; срок; день; время; пора; эпоха; свидание *(разг.)*; тот, кому назначают свидание *(разг.)*; финик *(плод)*; датировать; вести начало от чего-либо; восходить *(к определенной эпохе, вести исчисление (от какой-либо даты)*; указывать время и место; назначать свидание; выйти из употребления; устареть

to date of occurrence — датировать события

date notation ['deɪtnou'teɪʃən] указание даты

date of appearance ['deɪtəvə'pɪərəns] день явки в суд

date of issue ['deɪtəv'ɪsjuː(ˈɪʃjuː)] время издания

date of payment ['deɪtəv'peɪmənt] срок платежа

date of possession ['deɪtəvpə'zeʃən] срок владения

date of publication ['deɪtəv,pʌblɪ'keɪʃən] дата выхода в свет; дата издания

date of record ['deɪtəv'rekɔːd] дата регистрации владельцев акций

date of signature ['deɪtəv'sɪgnɪtʃə] дата подписания

date of term ['deɪtəv'təːm] срок окончания

date off ['deɪtɔf] дата снятия

date on ['deɪtɔn] дата приемки

date received ['deɪtrɪ'siːvd] дата получения

date sold ['deɪt'sɔld] дата продажи

date-line ['deɪtlaɪn] демаркационная линия суточного времени *(мор. астр.)*; указание места и даты корреспонденции, статьи и т. п.; выходные данные

date-palm ['deɪtpɑːm] финиковая пальма

dated ['deɪtɪd] датированный; вышедший из употребления; устаревший

dateless ['deɪtlɪs] недатированный; бесконечный *(поэт.)*; незапамятный; неприглашенный; не получивший приглашения

dative ['deɪtɪv] дательный *(грам.)*; сменяемый *(о должности судьи, чиновника и т. п.)*

datum ['deɪtəm] данная величина; заданная величина; исходный уровень; отметка; элемент данных; единица информации; нулевой уровень; исходный факт; оценка; параметр; характеристика

datura [də'tjuərə] дурман *(бот.)*

DAU — DE-

daub [dɔːb] штукатурка из строительного раствора с соломой; мазок; плохая картина; обмазывать; мазать *(глиной, известкой и т. п.)*; малевать; грязнить

dauber [ˈdɔːbə] плохой художник; мазилка; подушечка, пропитанная краской

dauby [ˈdɔːbɪ] плохо написанный *(о картине)*; липкий; клейкий

daughter [ˈdɔːtə] дочь; дочерний; родственный; порождение; отпрыск

daughter enterprise [ˈdɔːtəˈentəpraɪz] «дочернее» предприятие

daughter-in-law [ˈdɔːt(ə)rɪnlɔː] жена сына; невестка; сноха

daughterly [ˈdɔːtəlɪ] порожденный

daunt [dɔːnt] обуздывать; укрощать; грозить; запугивать; устрашать; обескураживать; озадачивать

dauntless [ˈdɔːntlɪs] неустрашимый; бесстрашный; смелый; храбрый

davit [ˈdævɪt] шлюпбалка; кран-балка

daw [dɔː] галка *(птица)*

dawdle [ˈdɔːdl] зря тратить время; бездельничать

dawdler [ˈdɔːdlə] лодырь; копуша

dawn [dɔːn] рассвет; утренняя заря; зарождение; рассветать; начинаться; проявляться; пробуждаться *(о таланте и т. п.)*; впервые появляться; пробиваться *(об усиках)*; становиться ясным; проясняться

day [deɪ] день; сутки; дата; срок; дни жизни; жизнь; знаменательный день; дневное время; период; отрезок времени; эпоха; пора; время *(расцвета, упадка и т. п.)*; победа; дневная поверхность *(геол.)*; пласт, ближайший к земной поверхности *(геол.)*; дневной; суточный

day length [ˈdeɪˌleŋθ] длительность дня

day light [ˈdeɪˌlaɪt] дневной свет

day nursery [ˈdeɪˌnəːs(ə)rɪ] *(дневные)* ясли для детей

day out [ˈdeɪˌaut] день, проведенный вне дома; свободный день для прислуги

day pupil [ˈdeɪˈpjuːpl] ученик, учащийся в пансионе, но не живущий там

day release [ˈdeɪrɪˈliːs] освобождение от работы на один или несколько дней для повышения квалификации

day return [ˈdeɪrɪˈtəːn] обратный билет на тот же день

day shift [ˈdeɪˌʃɪft] дневная рабочая смена

day trip [ˈdeɪˈtrɪp] путешествие, длящееся один день

day wage [ˈdeɪˈweɪdʒ] поденная заработная плата

day-and-night [ˈdeɪən(d)ˈnaɪt] круглосуточный

day-bed [ˈdeɪbed] кушетка, тахта

day-boarder [ˈdeɪˌbɔːdə] полупансионер *(о школьнике)*

day-book [ˈdeɪbuk] дневник; бухгалтерский журнал

day-dream [ˈdeɪdriːm] грезы; мечты; фантазия; грезить наяву; мечтать; фантазировать

day-dreamer [ˈdeɪˌdriːmə] мечтатель; фантазер

day-glow [ˈdeɪgloʊ] яркие цвета

day-labour [ˈdeɪˌleɪbə] поденная работа

day-labourer [ˈdeɪˌleɪbərə] поденщик; временный рабочий

day-long [ˈdeɪlɔŋ] весь день; длящийся целый день

day-school [ˈdeɪskuːl] школа для приходящих учеников; школа без пансиона; школа с дневными часами занятий; обычная школа

day-star [ˈdeɪstaː] утренняя звезда; солнце

day-time [ˈdeɪtaɪm] день; дневное время

day-to-day [ˈdeɪtəˈdeɪ] будничный; обыденный; повседневный

day-to-day activity [ˈdeɪtəˈdeɪækˈtɪvɪtɪ] повседневная деятельность

day-work [ˈdeɪwəːk] поденная работа; дневная работа; дневная выработка

dayberry [ˈdeɪberɪ] крыжовник

daybreak [ˈdeɪbreɪk] рассвет

daylight [ˈdeɪlaɪt] дневной; светоестественное освещение; гласность

daylight lamp [ˈdeɪlaɪtˈlæmp] лампа дневного света

daylight-saving [ˈdeɪlaɪtˌseɪvɪŋ] перевод летом часовой стрелки *(на час)* вперед *(с целью экономии электроэнергии)*

daysman [ˈdeɪzmæn] поденный рабочий; арбитр

daytank [ˈdeɪˈtæŋk] расходная цистерна

daze [deɪz] изумление; изумить; ошеломить; удивить; слюда *(геол.)*

dazedly [ˈdeɪzɪdlɪ] изумленно

dazzle [ˈdæzl] ослепление; ослепительный блеск; маскировочная окраска; ослеплять ярким светом, блеском, великолепием; поражать; прельщать

de facto [ˈdiːˈfæktou] на деле; фактически; де-факто *(лат.)*

de facto government [diːˈfæktouˈgʌvnmənt] правительство де-факто

de jure [diːˈdʒuərɪ] юридически; де-юре *(лат.)*

de jure address [diːˈdʒuərɪəˈdres] юридический адрес

de jure government [diːˈdʒuərɪˈgʌvnmənt] правительство де-юре

de luxe [dəˈluks] богатый; пышный; роскошный

de luxe edition [dəˈluksɪˈdɪʃən] роскошное издание

de- [diː-, dɪ-, de-] указывает на *отделение, лишение*; придает слову противоположное значение

de-emphasis [diːˈemfəsɪs] коррекция воспроизведения

de-energization [ˈdiːˌenədʒ(a)ɪˈzeɪʃən] отключение питания

de-escalate [dɪˈeskəleɪt] сворачивать; сокращать; сокращаться; уменьшать

de-escalation [dɪˌeskəˈleɪʃ(ə)n] свертывание; сжатие; уменьшение

de-update [diːˈʌpdeɪt] восстанавливать

deacon [ˈdiːk(ə)n] дьякон; читать вслух псалмы

deaconess [ˈdiːkənɪs] диакониса; дьяконица

deactivate [dɪˈæktɪveɪt] вывести из строя; дезактивировать; законсервировать *(механизм)*; переводить в резерв; обезвреживать *(мину)*

deactivator [dɪˈæktɪveɪtə] дезактиватор

dead [ded] мертвый; умерший; неживой; погибший; безжизненный; недействующий; неподвижный; утративший, потерявший основное свойство; заглохший; не работающий; сухой; увядший *(о растениях)*; неплодородный *(о почве)*; нечувствительный; онемевший; вялый, безразличный *(к чему-либо)*; однообразный; унылый; вышедший из употребления *(о законе, обычае)*; вышедший из игры; полный; глухой; заглушенный; безэховый; пассивный; заблокированный; совершенный; негодный *(полигр.)*; непроветриваемый *(о выработке)*; застойный *(о воздухе)*; пустой *(горн.)*; не содержащий полезного ископаемого; не находящийся под напряжением *(электр.)*; умершие; покойники; глухая пора; вполне; полностью; наглухо закрытый; закрепленный; лишенный напряжения; обесточенный; отключенный от сети

dead black [ˈdedˈblæk] чернь; черная краска

dead body [ˈdedˈbɔdɪ] труп

dead calm [ˈdedˈkɑːm] мертвый штиль

dead capital [ˈdedˈkæpɪtl] мертвый капитал

dead centre [ˈdedˈsentə] мертвая точка

dead earth [ˈdedˈəːθ] полное заземление *(электр.)*

dead freight [ˈdedˈfreɪt] мертвый груз

dead gage [ˈdedˈgeɪdʒ] ипотечный залог

dead heat [ˈdedˈhiːt] ничья; схватка вничью *(спорт.)*

dead leaf [ˈdedˈliːf] опавший лист

dead letter [ˈdedˈletə] не применяющийся, но и не отмененный закон; письмо, не востребованное адресатом или не доставленное ему

dead lift [ˈdedˈlɪft] напрасное усилие *(при подъеме тяжести)*; геодезическая высота подъема

dead loan [ˈdedˈloun] безнадежный долг

dead loss [ˈdedˈlɔs] чистый убыток

dead march [ˈdedˈmɑːtʃ] похоронный марш

dead set [ˈdedˈset] *(мертвая)* стойка *(охот.)*; решимость

dead short [ˈdedˈʃɔːt] короткое замыкание *(электр.)*

dead short circuit [ˈdedˈʃɔːtˈsəːkɪt] полное короткое замыкание

dead shot [ˈdedˈʃɔt] стрелок, не дающий промаха

dead standing trees [ˈdedˌstændɪŋˈtriːz] сухостойные деревья

dead volcano [ˈdedˈvɔlˈkeɪnou] потухший вулкан

dead-alive [ˈdedəˈlaɪv] безжизненный; подавленный; удрученный

dead-beat [ˈdedˈbiːt] смертельно усталый; измотанный; загнанный *(о лошади)*; успокоенный *(о магнитной стрелке)*

dead-end clamp [ˈdedendˈklæmp] анкерный зажим

dead-end kid [ˈdedendˈkɪd] уличный мальчишка

dead-house [ˈdedhaus] морг

dead-level [ˈdedˈlevl] совершенно гладкая поверхность; равнина; монотонность; одинаковость

dead-ripe [ˈdedraɪp] созревший

dead-tree [ˈdedtriː] сухостой

dead-water [ˈdedˌwɔːtə] стоячая вода

dead-wind [ˈdedˈwɪnd] встречный лобовой ветер

deadborn [ˈdedbɔːn] мертворожденный

deaden [ˈdedn] лишать(ся) жизненной энергии, силы; заглушать; ослаблять *(чем-либо)*; смягчать; лишать блеска, аромата

dead(-)end [ˈdedˈend] безвыходный; бесперспективный; заглушенный *(техн.)*; тупиковый

deadfall [ˈdedfɔːl] западня; капкан; куча поваленных деревьев

deadhead [ˈdedhed] бесплатный посетитель театров; бесплатный пассажир; нерешительный, неэнергичный человек; порожняк; пустой грузовой автомобиль

deadlight [ˈdedlaɪt] глухой иллюминатор

deadline [ˈdedlaɪn] предельный срок *(выполнения работы)*; конечный

deadlock [ˈdedlɔk] мертвая точка; тупик; тупиковая ситуация; безвыходное положение; взаимоблокировка; зависание программы *(компьют.)*; блокировка; зайти в тупик; блокировать; завести кого-либо в тупик

deadlock condition [ˈdedlɔkkənˈdɪʃən] тупиковая ситуация

deadly [ˈdedlɪ] смертельный; убийственный; смертный; неумолимый; ужасный; чрезвычайный; смертельно

deadly danger [ˈdedlɪˈdeɪndʒə] смертельная опасность

deadly feud [ˈdedlɪˈfjuːd] смертельная, непримиримая вражда; кровная месть

deadly weapon [ˈdedlɪˈwepən] смертоносное оружие

deadman [ˈdedmæn] ледовый якорь *(мор.)*
deadstart [ˈdedstɑːt] неудачный запуск; срыв запуска
deadweight [ˈdedˈweɪt] собственная масса; полная грузоподъемность
deaf [def] глухой; глуховатый; глухой, отказывающийся слушать
deaf-and-dumb [ˈdefən(d)ˈdʌm] глухонемой
deaf-and-dumb alphabet [ˈdefən(d)ˈdʌmˈælfəbɪt] азбука для глухонемых
deafen [ˈdefn] оглушать; заглушать; ослаблять; делать звуконепроницаемым
deafening [ˈdefnɪŋ] оглушительный; заглушающий
deafness [ˈdefnɪs] глухота
deal [diːl] некоторое количество; часть; сделка; дело; сговор; соглашение; обращение; обхождение; сдача *(в картах)*; правительственный курс; система мероприятий; раздавать; распределять; сдавать *(карты)*; наносить *(удар)*; заключать сделку; причинять *(обиду)*; торговать *(чем-либо)*; вести торговые дела *(с кем-либо)*; быть клиентом; покупать в определенной лавке; общаться; иметь дело *(с кем-либо)*; вести дело; ведать; заниматься чем-либо; торговать; рассматривать; трактовать; обсуждать; рассматривать вопрос; обходиться; поступать; принимать меры; бороться; еловая или сосновая доска определенного размера; дильс; хвойная древесина; хвойный лес
  to close a deal — *заключить сделку*
  to deal in politics — *заниматься политикой*
  to deal in stolen property — *торговать краденым*
dealate насекомое, сбросившее крылья
dealation сбрасывание крыльев
dealbate [dɪˈælbɪt] покрытый белым налетом
dealer [ˈdiːlə] делец; коммерсант; дилер; торговец; сдающий карты; агент по продаже; биржевик; посредник; распределитель продукции фирмы
dealer in old clothes [ˈdiːlərɪnˈouldˈkloudz] старьевщик
dealership [ˈdiːləʃɪp] местное представительство; агентство *(фирмы)*; сделка; операция; распределение; поведение; фирма, продающая товар данного предприятия
dealing [ˈdiːlɪŋ] распределение; действия; поведение; поступки; дружеские отношения; торговые дела; сделки; операция; торговые связи
dealing for a fall [ˈdiːlɪŋfərəˈfɔːl] игра на понижение
dealing for rise [ˈdiːlɪŋfəˈraɪz] игра на повышение
dealing with [ˈdiːlɪŋˈwɪð] занимающийся; посвященный
dealings [ˈdiːlɪŋz] деловые отношения

deallocate [diːˈæləkeɪt] освобождать ресурс; перемещать программу в памяти *(компьют.)*
dean [diːn] настоятель собора; старший священник; декан; старшина дипломатического корпуса; старейшина; балка; глубокая и узкая долина
deanery [ˈdiːnərɪ] деканство; деканат; дом декана или настоятеля; церковный округ *(подчиненный благочинному)*
dear [dɪə] дорогой; милый; прелестный; славный; *(вежливая или иногда ироническая форма обращения)*; дорогой; дорогостоящий; возлюбленный
dear-bought [ˈdɪəbɔːt] дорого доставшийся
dearly [ˈdɪəlɪ] нежно; дорогой ценой; дорого
dearth [dəːθ] нехватка продуктов; голод; дефицит; недостаток; недостача; нехватка
dearth of workmen [ˈdəːθəvˈwəːkmən] недостаток рабочих рук
death [deθ] смерть; гибель; конец; смертная казнь; смертельный; смертный; убивать; казнить
death action [ˈdeθˈækʃən] покушение на убийство
death certificate [ˈdeθsəˈtɪfɪkeɪt] свидетельство о смерти
death from misadventure [ˈdeθfrəmˈmɪsədˈventʃə] смерть в результате несчастного случая
death sentence [ˈdeθˈsentəns] смертный приговор
death tax [ˈdeθtæks] налог на наследство
death wish [ˈdeθwɪʃ] завещание
death-agony [ˈdeθˌægənɪ] предсмертная агония
death-bed [ˈdeθbed] смертное ложе; предсмертные минуты; предсмертный
death-cup [ˈdeθkʌp] бледная поганка
death-damp [ˈdeθdæmp] холодный пот *(у умирающего)*
death-duty [ˈdeθˈdjuːtɪ] налог на наследство
death-feud [ˈdeθfjuːd] смертельная вражда
death-hunter [ˈdeθhʌntə] мародер, обирающий убитых на поле сражения
death-mask [ˈdeθmɑːsk] маска; слепок *(с лица умершего)*
death-rate [ˈdeθreɪt] смертность
death-watch [ˈdeθwɒtʃ] книгоед; книжная вошь *(энт.)*
deathless [ˈdeθlɪs] бессмертный
deathlike [ˈdeθlaɪk] подобный смерти
deathly [ˈdeθlɪ] смертельный; роковой; подобный смерти; смертельно
deathman [ˈdeθmæn] палач
debacle [deɪˈbɑːkl] ледоход; стихийный прорыв вод; разгром; паническое бегство; ниспровержение; падение *(правительства)*

DEB — DEC

debar [dı'ba:] воспрещать; не допускать; препятствовать; отказывать; запрещать; лишать прав
to debar from voting — *лишать права голоса*

debark [dı'ba:k] высаживать(ся); выгружать(ся) (на берег); обдирать кору

debarkation [,di:ba:'keıʃ(ə)n] высадка (людей); выгрузка (товара); дебаркация

debase [dı'beıs] унижать достоинство; понижать качество; портить

debasement [dı'beısmənt] унижение; снижение ценности; качества

debatable [dı'beıtəbl] дискуссионный; неясный; спорный; оспариваемый

debate [dı'beıt] дебаты; дискуссия; обсуждение; дискуссия; полемика; прения; спор; официальный отчет о парламентских заседаниях; обсуждать; оспаривать; дебатировать; спорить (о чем-либо, с кем-либо); обдумывать; рассматривать; думать (о чем-либо); взвешивать

debater [dı'beıtə] участник дебатов, прений

debating-society [dı'beıtıŋsə'saıətı] дискуссионный клуб

debauch [dı'bɔ:tʃ] дебош; разврат; распутство; совращать; портить; искажать (вкус, суждение)

debauchee [,debɔ:'tʃi:] развратник; распутник

debeaking [di:'bi:kıŋ] обрезка у птиц кончика клюва

debellation завоевание целого государства

debenture [dı'bentʃə] облигация; долговое обязательство

debenture bond [dı'bentʃə'bɔnd] долговая расписка

debilitate [dı'bılıteıt] ослаблять

debilitation [dı,bılı'teıʃ(ə)n] ослабление; понижение; спад; обессиливание

debility [dı'bılıtı] бессилие; слабость здоровья; дебильность (мед.)

debit ['debıt] дебет; дебетовое сальдо; приход; вносить в дебет; дебетовать; записывать дебет

debit advice ['debıt|əd'vaıs] дебетовое авизо

debit and credit ['debıt|ənd|'kredıt] приход и расход

debit balance ['debıt|'bæləns] дебетовое сальдо

debit note ['debıt|'nout] дебетовое авизо (фин.)

deblock [di:'blɔk] разблокировать; разделять блоки на записи

deblocking [di:'blɔkıŋ] разблокирование; распаковка блоков информации

debonair [,debə'nɛə] добродушный; любезный; веселый; жизнерадостный; оживленный; развеселый

debouch [dı'bautʃ] выходить из ущелья на открытую местность (о реке); дебушировать

debouchure устье реки; вход в залив

debrief [,di:'bri:f] производить опрос (пилота, космонавта и т. п.) после выполнения задания

debris ['deıbri:] осколки; развалины; руины; строительный мусор; обломки пород (геол.); покрывающая месторождение пустая порода; остатки

debt [det] долг; задолженность; обязательство; иск о взыскании денежного долга
to acknowledge a debt — *признать долг*
to cancel debts — *аннулировать долги*
to collect debts — *получать долги*
to discharge a debt — *погасить долг*
to get into debts — *влезть в долги*
to owe a debt — *быть должником*
to recover a debt — *взыскать долг*

debt servicing ability ['det|'sə:vısıŋ|ə'bılıtı] кредитоспособность

debtee кредитор

debtor ['detə] должник; дебитор

debug [,di:'bʌg] отлаживать программу; налаживать компьютер; устранять неисправности (неполадки)

debugger [di:'bʌgə] программа отладки

debugging [di:'bʌgıŋ] устранение неполадок (неисправностей); выявление и устранение дефектов в программе (компьют.); доводка; наладка (аппаратуры)

debut ['deıbu:] дебют; дебютировать

debutant ['debju(:)ta:ŋ] дебютант

debutante ['debju(:)ta:nt] дебютантка

decachord ['dekəkɔ:d] десятиструнный; десятиструнная арфа

decadal ['dekəd(ə)l] происходящий каждые десять лет

decade ['dekeıd] группа из десяти; десяток; десятилетие; декада; декадный; десятичный

decadence ['dekəd(ə)ns] падение; спад; декадентство; упадничество; декаданс

decadency ['dekəd(ə)nsı] упадок; ухудшение; упадочничество; декаданс (в искусстве)

decadent ['dekəd(ə)nt] декадент; декадентский; упаднический; упадочный

decaf ['di:kæf] кофе без кофеина (разг.)

decaffeinated [,di:'kæfıneıtıd] не содержащий кофеина

decagon ['dekəgən] десятиугольник

decagonal [de'kægən(ə)l] десятиугольный

decahedral [,dekə'hi:drəl] десятигранный

decalitre ['dekə,li:tə] декалитр

decalogue ['dekəlɔg] десять заповедей; декалог (библ.)

decametre ['dekə,mi:tə] декаметр

decamp [dı'kæmp] сниматься с лагеря; удирать; скрываться

219

decampment [dɪˈkæmpmənt] выступление из лагеря; быстрый уход; бегство; побег

decanter [dɪˈkæntə] графин

decaphyllous [ˌdekəˈfɪləs] десятилистный *(бот.)*

decapitate [dɪˈkæpɪteɪt] обезглавить; отрубить голову

decapitation [dɪˌkæpɪˈteɪʃ(ə)n] обезглавливание; смертная казнь через обезглавливание

decarbonate [diːˈkɑːbəneɪt] очищать от нагара; копоти

decarbonize an engine [diːˈkɑːbənaɪz|ən|ˈendʒɪn] удалять нагар с деталей двигателя

decasyllabic [ˌdekəsɪˈlæbɪk] десятисложный; десятисложный стих

decathlon [dɪˈkæθlɔn] десятиборье *(спорт.)*

decay [dɪˈkeɪ] гниение; распад; гниль; спад; затухание; сгнившая часть *(яблока и т. п.)*; разложение; упадок; загнивание; распад *(государства, семьи и т. п.)*; расстройство *(здоровья)*; разрушение *(здания)*; распадаться; гнить; разлагаться; портиться; приходить в упадок *(о государстве)*; затухать; разрушение информации

decayed [dɪˈkeɪd] испорченный; пришедший в упадок; распавшийся; испортившийся

decaying [dɪˈkeɪɪŋ] гниющий; загнивающий; разлагающийся; начинающий засыхать

decease [dɪˈsiːs] гибель; кончина; почить; скончаться; умереть; прекращаться

deceased [dɪˈsiːst] покойный; умерший; покойник; скончавшийся

decedent [dɪˈsiːdənt] покойный; умерший

deceit [dɪˈsiːt] обман; хитрость; лживость; уловка; трюк; мошенническая проделка; намеренное введение в заблуждение

deceitful [dɪˈsiːtful] вводящий в заблуждение; изменнический; предательский; лживый; вероломный; обманный

deceive [dɪˈsiːv] обманывать; намеренно вводить в заблуждение

decelerability [diːˌselərəˈbɪlɪtɪ] способность к быстрому замедлению

decelerate [diːˈseləreɪt] уменьшать скорость, ход; замедлять; снижать скорость; тормозить; уменьшать частоту вращения

deceleration [diːˌseləˈreɪʃ(ə)n] запаздывание; замедление; уменьшение скорости хода; торможение; снижение частоты вращения

December [dɪˈsembə] декабрь; декабрьский

decency [ˈdiːsnsɪ] благопристойность; вежливость; соблюдение приличий; правила хорошего тона

decennary [dɪˈsenərɪ] десятилетие

decennial [dɪˈsenjəl] десятилетний; продолжающийся десять лет; повторяющийся каждые десять лет

decent [ˈdiːsnt] приличный; благопристойный; порядочный; достаточный; изрядный; скромный; сдержанный; умеренный; славный; хороший *(разг.)*

decently [ˈdiːsntlɪ] порядочно; прилично; хорошо; скромно; любезно; мило

decentralization [diːˌsentrəlaɪˈzeɪʃən] децентрализация

decentralize [diːˈsentrəlaɪz] децентрализовать

deception [dɪˈsepʃ(ə)n] обман; жульничество; ложь; уловка; хитрость

deceptive [dɪˈseptɪv] обманчивый; вводящий в заблуждение

deceptive course [dɪˈseptɪv|ˈkɔːs] ложный курс

decerebration [diːˌserɪˈbreɪʃən] удаление головного мозга

deci- [desɪ-] деци *(обозначает десятую часть, особенно в метрической системе)*

decibel [ˈdesɪbel] децибел *(акустическая единица) (физ.)*

decidability [dɪˌsaɪdəˈbɪlɪtɪ] разрешимость

decidable [dɪˈsaɪdəbl] разрешимый

decide [dɪˈsaɪd] решать(ся); принимать решение; разрешать; делать выбор; выносить решение

to decide a motion — принять решение по заявленному ходатайству

to decide by toss — бросать жребий

to decide for — выносить решение в пользу кого-либо

to decide the difference — разрешить спор

decided [dɪˈsaɪdɪd] бесповоротный; окончательный; решительный; определенный

decided bent [dɪˈsaɪdɪd|ˈbent] определенные склонности

decidedly [dɪˈsaɪdɪdlɪ] категорически; бесспорно

decider [dɪˈsaɪdə] решающая встреча *(спорт.)*

decidua [dɪˈsɪdjuə] отпадающая оболочка матки

deciduous [dɪˈsɪdjuəs] листопадный *(о деревьях) (бот.)*; лиственный; периодически сбрасываемый *(о рогах)*; молочный *(о зубах)*; быстротечный; быстрый; опадающий; осыпающийся

deciduous calyx [dɪˈsɪdjuəs|ˈkeɪlɪks] падающая чашечка

deciduous wood [dɪˈsɪdjuəs|ˈwud] лиственный лес

decimal [ˈdesɪm(ə)l] десятичный; десятичная дробь; десятичное число; десятичный знак

decimal fraction [ˈdesɪm(ə)l|ˈfrækʃən] десятичная дробь

decimal number [ˈdesɪm(ə)l|ˈnʌmbə] десятичная цифра

decimalism [ˈdesɪməlɪzm] применение десятичной системы

decimate [ˈdesɪmeɪt] казнить каждого десятого; уничтожать; косить; аннулировать; сводить к нулю; взимать десятину *(ист.)*

decimetre [ˈdesɪˌmiːtə] дециметр

decipher [dɪˈsaɪfə] расшифровка; декодировать; раскодировать; расшифровывать; разбирать *(неясный почерк, древние письмена т. п.)*; распутывать; разгадывать

decipherable [dɪˈsaɪf(ə)rəbl] поддающийся расшифровке, чтению

decipherer [dɪˈsaɪfərə] устройство для расшифровки; дешифратор

decision [dɪˈsɪʒ(ə)n] решение; заключение *(юр.)*; приговор; решимость; решительность; выбор; определение суда; решение арбитража; решающий

the decision is pending — *решение еще не вынесено*

to reach a decision — *добиться решения*

to take a decision — *принять решение*

decision taking [dɪˈsɪʒ(ə)nˈteɪkɪŋ] принятие решения

decision-maker [dɪˈsɪʒ(ə)nˈmeɪkə] лицо, принимающее решение

decisive [dɪˈsaɪsɪv] решающий; имеющий решающее значение; решительный; убедительный; определенный

decisive battle [dɪˈsaɪsɪvˈbætl] решительный бой

decisive blow [dɪˈsaɪsɪvˈblou] решительный удар

decisive evidence [dɪˈsaɪsɪvˈevɪdəns] решающее доказательство

deck [dek] палуба; крыша вагона; складной или съемный верх *(автомобиля)*; пол в вагоне трамвая или автобуса; колода *(карт)*; земля *(мор.)*; пачка перфокарт; плата; лентопротяжный механизм; настилать палубу; принимать на палубу; украшать; убирать *(цветами, флагами)*

to go on deck — *выходить на палубу*

to put a deck-chair up — *раскладывать шезлонг*

deck landing [ˈdekˌlændɪŋ] посадка на палубу *(авиац.)*

deck of cards [ˈdekəvˈkɑːdz] колода карт

deck-cabin [ˈdekˈkæbɪn] каюта на палубе

deck-cargo [ˈdekˈkɑːgou] палубный груз

deck-chair [ˈdektʃɛə] шезлонг

deck-hand [ˈdekhænd] матрос; палубная команда

deck-house [ˈdekhaus] рубка; салон на верхней палубе *(мор.)*

deck-light [ˈdeklaɪt] палубный иллюминатор *(мор.)*

deck-passage [ˈdekˌpæsɪdʒ] проезд на палубе *(без права пользования каютой)*

decking [ˈdekɪŋ] украшение; палубный материал; настил; опалубка

deckle [ˈdekl] обрезать края бумаги; трепать; обрывать *(край бумаги)*

deckle-edged [ˈdeklˈedʒd] с неровными краями *(о бумаге)*

declaim [dɪˈkleɪm] произносить с пафосом *(речь)*; осуждать *(в выступлении)*; выступать против; декламировать; читать *(стихи)*

declamation [ˌdekləˈmeɪʃ(ə)n] декламация; художественное чтение; торжественная речь; красноречие; хорошая фразировка *(при пении)*

declamatory [dɪˈklæmət(ə)rɪ] декламационный; ораторский; напыщенный

declarant [dɪˈklɛərənt] тот, кто подает заявление, декларацию; заявитель; истец; иностранец

declaration [ˌdekləˈreɪʃən] высказывание; декларация; заявление; объявление; декларация *(документы)*; объявление *(войны и т. п.)*; исковое заявление истца *(юр.)*; торжественное заявление *(свидетеля без присяги)*; таможенная декларация; описание; предъявление на таможне вещей, облагаемых таможенной пошлиной; объяснение в любви

to produce declaration — *предъявлять декларацию*

declaration day [ˌdekləˈreɪʃənˈdeɪ] день объявления результатов голосования

declaration of alienage [ˌdekləˈreɪʃənəvˈeɪliənɪdʒ] заявление об отказе от гражданства

declaration of the roll [ˌdekləˈreɪʃənəvðəˈroul] объявление результатов голосования

declaration of war [ˌdekləˈreɪʃənəvˈwɔː] объявление войны

declaration of will [ˌdekləˈreɪʃənəvˈwɪl] волеизъявление

declarative [dɪˈklærətɪv] декларативный; повествовательный *(о предложении) (грам.)*

declaratory [dɪˈklærət(ə)rɪ] пояснительный; иллюстративный; объяснительный

declare [dɪˈklɛə] объявлять; признавать; объявлять кого-либо кем-либо; заявлять; провозглашать; объявлять публично; высказываться; называть; предъявлять вещи, облагаемые пошлиной *(на таможне)*; объявлять козырь *(в картах)*; обнаруживать; выражать отношение; высказываться; подать иск; изложить основание иска; обнародовать; показывать

to declare insane — *объявлять невменяемым*

to declare oneself a bankrupt — *объявлять себя банкротом*

to declare the hearing closed — *объявлять слушание законченным*

declared [dɪˈklɛəd] заявленный; объявленный; видимый; очевидный; признанный; явный

declarer [dɪˈklɛərə] оператор объявления

declassed [ˈdɪˈklɑːst] деклассированный

declassify [diːˈklæsıfaı] рассекречивать *(документы, материалы)*

declensional [dıˈklenʃənl] относящийся к склонению *(грам.)*

declinate [ˈdeklınıt] загнутый; отклоненный вниз

declination [ˌdeklıˈneıʃ(ə)n] изменение; магнитное склонение; наклон; наклонение; склонение; отклонение; ориентирование по странам света *(по карте)*

declinatory [dıˈklaınət(ə)rı] отклоняющий(ся); отказывающий(ся)

decline [dıˈklaın] склон; уклон; падение; спад; упадок; снижение *(цены)*; конец; сокращение; ухудшение *(здоровья, жизненного уровня и т. п.)*; закат *(жизни, дня)*; изнурительная болезнь; клониться; наклоняться; заходить *(о солнце)*; идти к концу; приходить в упадок; ухудшаться *(о здоровье, жизненном уровне и т. п.)*; уменьшаться; идти на убыль; спадать *(о температуре)*; отклонять; отказывать(ся); наклонять; склонять; склонять *(грам.)*; снижаться

 to decline an offer — *отклонять предложение*

decline in jobs [dıˈklaın|ın|ˈdʒɔbz] сокращение занятости

decline in prices [dıˈklaın|ın|ˈpraısız] снижение цен

decline of export markets [dıˈklaın|əv|ˈekspɔːt|ˈmɑːkıts] сужение экспортных рынков

declining [dıˈklaınıŋ] преклонный; упаднический; начинающий убывать; начинающий засыхать; перестойный *(о лесе)*

declivitous [dıˈklıvıtəs] довольно крутой *(о спуске)*

declivity [dıˈklıvıtı] покатость; спуск; склон; откос; уклон *(пути)*; скат; наклон; угол наклона

declivous [dıˈklaıvəs] покатый; наклонный; отлогий

declutching [diːˈklʌtʃıŋ] выключение сцепления автомобиля

decoct [dıˈkɔkt] приготовлять

decoction [dıˈkɔkʃ(ə)n] вываривание; *(лечебный)* отвар

decode [diːˈkoud] расшифровывать; декодировать

decoded [diːˈkoudıd] декодированный; расшифрованный

decoder [ˌdiːˈkoudə] дешифратор; декодер; декодирующее устройство

decoding [diːˈkoudıŋ] декодирование; дешифрование

decollete [deıˈkɔlteı] декольте; декольтированный; рассортировать; разделять на части

decolo(u)rant [diːˈkʌlər(ə)nt] обесцвечивающее вещество

decolo(u)ration [ˌdiːkʌləˈreıʃ(ə)n] обесцвечивание

decolo(u)rize [diːˈkʌləraız] обесцвечивать

decompiler декомпилятор

decompilling декомпиляция

decomplementize уничтожать комплемент

decomplex [ˌdiːkəmˈpleks] вдвойне сложный; имеющий сложные части

decomposable [ˌdiːkəmˈpouzəbl] разложимый *(мат.)*

decompose [ˌdiːkəmˈpouz] деградировать; разлагаться; нагнаивать; распадаться; разбивать; раскладывать; расщепляться; разложить; разлагать на составные части; разбирать; анализировать; гнить

decomposed [ˌdiːkəmˈpouzd] истлевший; разложенный; распадающийся; разбитый; расщепленный; декомпозер; разложившийся; сгнивший

decomposing body [ˌdiːkəmˈpouzıŋˈbɔdı] разлагающееся тело

decomposite [diːˈkɔmpəzıt] составленный из сложных частей; составной; что-либо состоящее из сложных частей *(вещество, слово и т. п.)*

decomposition [ˌdiːkɔmpəˈzıʃ(ə)n] разложение; гниение; разбиение; распад; расщепление; декомпозиция

decompound [ˌdiːkəmˈpaund] многосложный *(бот.)*; разлагать на составные части

decompress [ˌdiːkəmˈpres] уменьшать, снижать давление

decompression [ˌdiːkəmˈpreʃn] снижение давления воздуха; декомпрессия

deconsecrate [diːˈkɔnsıkreıt] секуляризировать *(церковные земли, имущество)*

deconsecration [diːˌkɔnsıkreıʃən] лишение юридической силы; секуляризация

deconstruct [ˌdiːkənstˈrʌkt] вскрывать противоречия

decontaminant [ˌdiːkənˈtæmınənt] дезактивационное средство

decontaminate [ˈdiːkənˈtæmıneıt] очищать; очистить; обеззараживать; обеззаразить; дезактивировать

decontamination [ˈdıkənˌtæmıˈneıʃən] дезактивация; очистка; обеззараживание; дегазация; дезинфекция

decontrol [ˈdiːkənˈtroul] освобождение от государственного контроля; освобождать от государственного контроля

decor [ˈdeıkɔː] оформление *(выставки и т. п.)*; декорации; орнамент

decorate [ˈdekəreıt] украшать; декорировать; отделывать *(дом, помещение)*; награждать знаками отличия, орденами

decorated ['dekəreɪtɪd] декорированный; украшенный; награжденный

decoration [,dekə'reɪʃ(ə)n] украшение; убранство; декорация; украшение дома; праздничные флаги; гирлянды; развешивать гирлянды; орден; знак отличия

decorative ['dek(ə)rətɪv] декоративный

decorator ['dekəreɪtə] архитектор-декоратор; маляр; обойщик

decorous ['dekərəs] благопристойный; порядочный; приличный

decorticate [dɪ'kɔːtɪkeɪt] сдирать (кору, шелуху); шелушить

decorum [dɪ'kɔːrəm] правила приличия

decouple [,diː'kʌpl] расцеплять; развязывать; разъединять

decoupler [,diː'kʌplə] развязывающее устройство; развязка

decoupling [,diː'kʌplɪŋ] развязка; развязывание; разрыв связей; разделение; нарушение связи; отключение; расцепление

decoy [dɪ'kɔɪ] приманка; манок; западня; капкан; ловушка; пруд, затянутый сеткой (для заманивания диких птиц с помощью манков); макет (воен.); средство отвлечения; ложная цель; ложный; приманивать; заманивать в ловушку; вовлекать; впутывать; завлекать; соблазнять; обольщать

decoy ship [dɪ'kɔɪ|ʃɪp] судно-ловушка (мор.)

decoy-duck [dɪ'kɔɪdʌk] манок для заманивания диких уток; приманка

decrease ['diːkriːs] — сущ. [diː'kriːs] — гл. уменьшение; убывание; убыль; спад; уменьшать(ся); убывать; понижать; понизить; падать; снижаться; убавляться

decree [dɪ'kriː] декрет; директива; постановление; приказ; указ; решение (суда); постановление церковного совета; декреталии; издавать декрет; декретировать; отдавать распоряжение; приказывать

decree absolute [dɪ'kriː|'æbsəluːt] окончательное решение суда (юр.)

decrement ['dekrɪmənt] уменьшение; степень убыли; убывание; убыль; уменьшать значение

decrepit [dɪ'krepɪt] дряхлый; ветхий; изношенный; обветшалый; старый

decrepitate [dɪ'krepɪteɪt] обжигать (техн.); прокаливать до растрескивания; потрескивать на огне

decrepitude [dɪ'krepɪtjuːd] дряхлость; старость; ветхость

decrescendo ['diːkrɪ'ʃendou] декрещендо (муз.)

decrescent [dɪ'kresnt] убывающий

decretal [dɪ'kriːt(ə)l] декрет; постановление; решение; указ; декреталии

decretive [dɪ'kriːtɪv] декретный

decrial [dɪ'kraɪ(ə)l] открытое осуждение; порицание

decriminalize [,diː'krɪmɪnəlaɪz] исключить (деяние и т. п.) из числа уголовно наказуемых

decry [dɪ'kraɪ] осуждать; принижать

decryption [diː'krɪpʃən] декодирование; расшифровывание; дешифрование

decumbent [dɪ'kʌmbənt] лежащий; стелющийся по земле; ползучий

decurrent [dɪ'kʌrənt] нисбегающий

decussate ['dekəseɪt] пересекающийся под прямым углом; расположенный крестообразно; пересекать(ся) под прямым углом; крест-накрест

dedicate ['dedɪkeɪt] посвящать; назначать; предназначать; предопределять; надписывать (книгу); открывать (торжественно); использовать только для определенной цели

dedicated ['dedɪkeɪtɪd] преданный; посвятивший себя (долгу, делу); убежденный (о стороннике чего-либо); выделенный; назначенный; специализированный

dedicatee [,dedɪkə'tiː] лицо, которому что-либо посвящено

dedication [,dedɪ'keɪʃ(ə)n] надпись; посвящение; верность; преданность; самоотверженность; передача в общественное пользование; выделение; назначение; отказ от патентных прав в пользу общества

dedicator ['dedɪkeɪtə] тот, кто посвящает; посвящающий

dedicatory ['dedɪkət(ə)rɪ] посвятительный; посвящающий

deduce [dɪ'djuːs] выводить (заключение, следствие, формулу); проследить; установить происхождение; прослеживать

deducibility [dɪ,djuːsə'bɪlɪtɪ] выводимость

deduct [dɪ'dʌkt] вычитать; отнимать; удерживать; сбавлять; делать удержание

to deduct 20% from smb's pay — удержать 20% из чьей-либо зарплаты

deduction [dɪ'dʌkʃ(ə)n] вычитание; вычет; удержание; вычитаемое (мат.); сбавка; скидка; уступка; вывод; заключение; дедукция (лог.); умозаключение

deductive [dɪ'dʌktɪv] дедуктивный (лог.)

deed [diːd] действие; поступок; дело; обстоятельство; случай; факт; деяние; подвиг; поступок; акт (юр.); документ; действительность

to draw up a deed — составить документ

deed of assignment ['diːd|əv|ə'saɪnmənt] акт передачи права

deed of conveyance ['diːd|əv|kən'veɪəns] купчая; акт отчуждения

deed of gift ['diːd|əv|'ɡɪft] дарственная

deed-poll ['di:dpoul] одностороннее обязательство *(юр.)*; односторонний документ за печатью

deem [di:m] думать; мыслить; полагать; размышлять; считать

deemster ['di:mstə] выборный судья

deep [di:p] глубина; глубокий; серьезный; не поверхностный; погруженный во что-либо; поглощенный; чем-либо занятый; сильный; таинственный; труднопостигаемый; насыщенный; темный; густой *(о краске, цвете)*; полный; низкий *(о звуке)*; глубокое место; море *(поэт.)*; океан; бездна; пропасть; самое сокровенное; впадина; пучина

deep (profound, seething) anger ['di:p|(prə'faund, 'si:θɪŋ)'æŋgə] сильное раздражение

deep animosity ['di:p|ænɪ'mɔsɪtɪ] глубокая враждебность

deep anxiety ['di:p|æŋ'zaɪətɪ] сильное беспокойство; сильная тревога

deep offset ['di:p|'ɔ:fset] резьба глубокого профиля

deep-brown ['di:p'braun] темно-коричневый

deep-draft ['di:p'drɑ:ft] глубокая осадка судна

deep-drawn ['di:p'drɔ:n] вырвавшийся из глубины *(о вздохе)*

deep-dwelling ['di:p'dwelɪŋ] обитающий в глубинах

deep-felt ['di:p'felt] глубоко прочувствованный

deep-freeze compartment ['di:pfri:z|kəm'pɑ:tmənt] морозильная камера

deep-frozen ['di:p,frouzn] глубокозамороженный

deep-fry [,di:p'fraɪ] жарить во фритюре

deep-laid ['di:p'leɪd] глубоко заложенный; детально разработанный и секретный *(о плане)*

deep-mouthed ['di:p'mauðd] зычный; громко лающий

deep-rooted ['di:p'ru:tɪd] глубоко укоренившийся

deep-sea ['di:p'si:] глубоководный

deep-seated ['di:p'si:tɪd] глубоко сидящий; вкоренившийся; затаенный *(о чувстве)*; твердый *(об убеждении)*

deep-seated rust ['di:p,si:tɪd|'rʌst] въевшаяся ржавчина

deepen ['di:p(ə)n] углублять(ся); усиливать(ся); делать(ся) темнее; сгущать(ся) *(о красках, тенях)*; понижать(ся) *(о звуке, голосе)*; понижать *(тон)*; усугублять; увеличивать

deepening ['di:pənɪŋ] углубление

deepfreeze ['di:pfri:z] морозильник; замораживать; морозильная камера

deeply ['di:plɪ] глубоко; резко; серьезно; искусно

deepness ['di:pnɪs] глубина

deer [dɪə] олень; олений

deer-forest ['dɪə,fɔrɪst] олений заповедник

deer-hound ['dɪəhaund] шотландская борзая

deerberry ['dɪəberɪ] черника *(бот.)*

deerskin ['dɪəskɪn] оленья кожа; лосина; замша

deerstalker ['dɪə,stɔ:kə] охотник на оленей; войлочная шляпа

deface [dɪ'feɪs] портить; искажать; стирать; делать неудобочитаемым; дискредитировать; обезобразить; изуродовать

defacement [dɪ'feɪsmənt] порча; изнашивание; искажение; ухудшение; стирание; изуродование; уродство

defalcate ['di:fælkeɪt] обмануть доверие; нарушить долг; совершить растрату; присвоить чужие деньги

defalcation [,di:fæl'keɪʃən] растрата чужих денег; зачет требований

defamation [,defə'meɪʃən] клевета; диффамация

defamation of character [,defə'meɪʃən|ɔv'kærɪktə] дискредитация

defamatory [dɪ'fæmət(ə)rɪ] бесчестящий; клеветнический; позорящий; дискредитирующий

defamatory matter [dɪ'fæmət(ə)rɪ|'mætə] материал, содержащий позорящие кого-либо сведения

defame [dɪ'feɪm] поносить; клеветать; порочить; позорить; бесчестить; обвинять

defamed [dɪ'feɪmd] опозоренный

defamer [dɪ'feɪmə] клеветник

defatted [di:'fætɪd] обезжиренный

default [dɪ'fɔ:lt] неплатеж; неисправность должника; невыполнение обязательств *(денежных)*; упущение; отсутствие; недостаток; недосмотр; ошибка; пропуск; правонарушение; провинность; проступок; неявка в суд; прекратить платежи; не выполнить своих обязательств; вынести заочное решение *(в пользу истца)*; выйти из состязания до его окончания *(спорт.)*; подразумеваемый; умолчание; по умолчанию

to claim a default — *предъявить претензию за неисполнение договора*

to default a term — *пропустить срок*

default apperance [dɪ'fɔ:lt|ə'pɪərəns] неявка

default of interest [dɪ'fɔ:lt|ɔv|'ɪntrɪst] неуплата процентов

default of issue [dɪ'fɔ:lt|ɔv|'ɪsju:] отсутствие детей или наследников

default of payment [dɪ'fɔ:lt|ɔv|'peɪmənt] неуплата

defaulter [dɪ'fɔ:ltə] лицо, не выполняющее своих обязательств; банкрот; растратчик; уклонившийся от явки *(в суд)*; провинившийся, получивший взыскание *(воен.)*; участник, выбывший из соревнований до окончания матча, встречи *(и т. п.) (спорт.)*; солдат, нарушивший воинскую дисциплину

defeasance [dɪ'fi:z(ə)ns] аннулирование; ликвидация; отмена; уничтожение; документ, содержащий условия аннулирования другого документа

defeasible [dɪˈfiːzəbl] могущий быть отмененным, аннулированным; теряющий силу при определенном условии

defeat [dɪˈfiːt] поражение; разгром; разрушение; расстройство *(планов)*; отмена; крушение *(надежд)*; наносить поражение; расстраивать *(планы)*; разрушать *(надежды и т. п.)*; проваливать *(законопроект)*; аннулировать *(юр.)*; отменять; прекращение; аннулирование; опровергать; предотвращать; препятствовать

defeated [dɪˈfiːtɪd] побежденный

defeatism [dɪˈfiːtɪzm] пораженчество

defeatist [dɪˈfiːtɪst] капитулянт; пораженец

defecate [ˈdefɪkeɪt] очищать*(ся)*; отстаивать; осветлять *(жидкость)*

defecation [ˌdefɪˈkeɪʃən] дефекация

defect [dɪˈfekt] недостаток; неисправность; изъян; дефект; авария; повреждение; поломка; порок; недоработка; бежать за границу по политическим мотивам

defection [dɪˈfekʃ(ə)n] нарушение *(долга, верности)*; крах; неудача; поражение; провал

defective [dɪˈfektɪv] несовершенный; недостаточный; неисправный; плохой *(о памяти)*; дефектный; умственно отсталый; недостаточный *(о глаголе) (грам.)*; поврежденный; психически неполноценный; юридически порочный; некачественный

defective mark [dɪˈfektɪvˈmɑːk] отвлекающий признак

defector [dɪˈfektə] перебежчик за границу по политическим мотивам

defederation [diːˌfedəˈreɪʃən] распадение федерации

defence area [dɪˈfensˈeərɪə] зона защиты *(спорт.)*

defence boom [dɪˈfensˈbuːm] бон заграждения

defence capacity [dɪˈfens|kəˈpæsɪtɪ] обороноспособность

defence case [dɪˈfens|keɪs] версия защиты

defence lawyer [dɪˈfens|ˈlɔːjə] защитник, адвокат ответчика

defence of appeal [dɪˈfens|əv|əˈpiːl] поддержка апелляции

defence of property [dɪˈfens|əv|ˈprɔpətɪ] защита имущества

defence of self (self defence) [dɪˈfens|əv|ˈself (ˈselfdɪˈfens)] самооборона

defence witness [dɪˈfens|ˈwɪtnɪs] свидетель защиты

defenceless [dɪˈfenslɪs] беззащитный; незащищенный; уязвимый; необороняемый

defend [dɪˈfend] оборонять*(ся)*; защищать*(ся)*; отстаивать; поддерживать *(мнение)*; оправдывать *(меры и т. п.)*; выступать защитником; возражать; запрещать

defendant [dɪˈfendənt] ответчик *(юр.)*; обвиняемый; подсудимый

defender [dɪˈfendə] борец; защитник; поборник; чемпион, защищающий свое звание *(спорт.)*

defeneration дача взаймы под ростовщический процент

defense alliance [dɪˈfens|əˈlaɪəns] оборонительный альянс

defensible [dɪˈfensəbl] удобный для обороны *(воен.)*; защитимый; оправдываемый

defensive [dɪˈfensɪv] оборона; оборонительная позиция; оборонительный; оборонный; защитный

defensive character [dɪˈfensɪvˈkærɪktə] защитный признак

defensor [dɪˈfensə] ответчик; попечитель; опекун

defence [dɪˈfens] оборона; защита; укрепления *(воен.)*; оборонительные сооружения; заграждение; защита *(на суде) (юр.)*; оправдание; реабилитация; защита *(спорт.)*; запрещение *(рыбной ловли)*

defer [dɪˈfəː] медлить; откладывать; отсрочивать; задерживать; оттягивать; предоставлять отсрочку от призыва; считаться *(с мнением)*; полагаться на кого-либо; подчиняться; уступать

to defer to smb.'s experience — полагаться на чей-либо опыт

deference [ˈdef(ə)r(ə)ns] уважение; почтительное отношение

deferent [ˈdef(ə)rənt] выносящий; выводящий *(о протоке)*; отводящий *(о канале)*

deferential [ˌdefəˈrenʃ(ə)l] почтительный

deferment [dɪˈfəːmənt] задержка; опоздание; откладывание; отсрочка

deferred [dɪˈfəːd] задержанный; замедленный; отсроченный; пониженный; взимаемый при задержке доставки; отложенный

deferred rate [dɪˈfəːdˈreɪt] пониженный тариф

defiance [dɪˈfaɪəns] вызов *(на бой, спор)*; вызывающее поведение

defiant [dɪˈfaɪənt] вызывающий; открыто неповинующийся; дерзкий

deficiency [dɪˈfɪʃ(ə)nsɪ] отсутствие чего-либо; нехватка; дефектность; дефицит; недостаток; неполноценность; порок; недостаточность

deficiency in weight [dɪˈfɪʃ(ə)nsɪ|ɪn|ˈweɪt] дефицит веса

deficient [dɪˈfɪʃ(ə)nt] недостаточный; недостающий; дефектный; несовершенный; лишенный *(чего-либо)*; неполный

deficit [ˈdefɪsɪt] дефицит; нехватка; недочет

to be in deficit — быть в дефиците

defilade [ˌdefɪˈleɪd] естественное укрытие; укрывать рельефом *(от наблюдения и огня прямой наводкой) (воен.)*

DEF — DEF

defile [dɪˈfaɪl] загрязнять; марать; пачкать; осквернять; профанировать; портить; развращать; разлагать; растлевать; лишить девственности; [ˈdiːfaɪl] дефиле; теснина; ущелье

defilement [dɪˈfaɪlmənt] загрязнение; осквернение; профанация; растление; лишение девственности

definable [dɪˈfaɪnəbl] поддающийся определению; определимый

define [dɪˈfaɪn] определять; давать определение; давать характеристику; устанавливать значение (*слова и т. п.*); обозначать; обрисовывать; описывать; очерчивать; конструировать дефиницию; формулировать

to define a problem — *формулировать задачу*

defined [dɪˈfaɪnd] определенный; получивший определение

definite [ˈdefɪnɪt] дефинитный; определенный; именованный; несомненный; точный

definite compulsory commitment [ˈdefɪnɪt|kəmˌpʌlsərɪ|kəˈmɪtmənt] заключение под стражу на определенный срок

definiteness [ˈdefɪnɪtnɪs] определенность

definition [ˌdefɪˈnɪʃ(ə)n] определение; формулировка; отчетливость; разборчивость; четкость; определенность; дефиниция; описание; задание; разрешение (*изображения*)

definitive [dɪˈfɪnɪtɪv] окончательный; решительный; безусловный; заключительный; последний; вполне развитой (*биол.*); дефинитивный

deflagrate [ˈdefləgreɪt] быстро сжигать или сгорать

deflagration [ˌdefləˈgreɪʃ(ə)n] сгорание взрывчатых веществ без взрыва; вспышка

deflate [dɪˈfleɪt] спускать (*шину и т. п.*); выкачивать; выпускать воздух; газ; сплющиваться; сокращать выпуск денежных знаков (*фин.*); снижать цены; опровергать (*довод и т. п.*); понижать порядок (*матрицы*)

deflect [dɪˈflekt] отклонять(ся) от прямого направления; преломлять(ся); наводить орудие

deflected [dɪˈflektɪd] отогнутый

deflection [dɪˈflekʃən] отклонение; деформация; прогибание; сгибание; прогиб; изгиб; отклонение стрелки; провисание; преломление лучей

deflection axis [dɪˈflekʃən|ˈæksɪs] ось отклонения (*техн.*)

deflective [dɪˈflektɪv] вызывающий отклонение; отклоняющий

deflector [dɪˈflektə] отражатель; козырек; отклоняющее устройство

deflower [diːˈflaʊə] обрывать цветы; портить; вредить; наносить ущерб; растлить; лишить девственности

defocusing [ˌdiːˈfoʊkəsɪŋ] нарушение фокусировки; расфокусировка

defoliate [dɪˈfoʊlɪt] лишенный листьев; лишать листвы; уничтожать растительность

deforce [dɪˈfɔːs] лишать собственности

deforcement [dɪˈfɔːsmənt] захват; незаконное присвоение (*чужой собственности*)

deforest [dɪˈfɔrɪst] вырубить леса; обезлесить (*местность*)

deform [dɪˈfɔːm] искажать; искривлять; уродовать; искажать (*мысль*); деформировать (*техн.*)

deformability [dɪˌfɔːməˈbɪlɪtɪ] деформируемость

deformation [ˌdiːfɔːˈmeɪʃ(ə)n] уродование; искажение; искривление; порча; деформация (*техн.*)

deformity [dɪˈfɔːmɪtɪ] уродливость; уродство (*физическое или нравственное*); урод; изуродованная вещь

defraud [dɪˈfrɔːd] обманывать; вводить в заблуждение; дезориентировать; обманом лишать (*чего-либо*); выманивать; мошенничать

defraudation [dɪˌfrɔːˈdeɪʃən] обман; мошенничество; лишение чего-либо путем обмана

defrauded [dɪˈfrɔːdɪd] обманутый; потерпевший от мошенничества

defray [dɪˈfreɪ] платить; уплачивать; оплачивать издержки

to defray the cost — *взять расходы на себя*

defrayal [dɪˈfreɪ(ə)l] оплата (*издержек*); платеж

defrayer [dɪˈfreɪə] плательщик издержек

defreeze [diːˈfriːz] размораживать (*продукты*)

defrock [ˈdiːˈfrɔk] расстричь (*монаха*); лишить духовного сана

defrost [diːˈfrɔst] размораживать (*холодильник и т. п.*); размораживать (*фонды иностранного государства*) (*экон.*)

defroster [diːˈfrɔstə] стеклообогреватель; противообледенитель (*авт.*)

defrosting [diːˈfrɔstɪŋ] размораживание; оттаивание

deft [deft] ловкий

defueling [diːˈfjuːəlɪŋ] откачка топлива из цистерн

defunct [dɪˈfʌŋkt] умерший; усопший; вымерший; исчезнувший; мнимый; покойный; покойник; пресекшийся (*о роде*)

defy [dɪˈfaɪ] вызывать; бросать вызов; нарушать; не повиноваться; не соблюдать; пренебрегать; попирать (*принципы и т. п.*); не поддаваться; представлять непреодолимые трудности; игнорировать; открыто не повиноваться

to defy competition — *конкурировать с успехом*
to defy the law — *нарушать закон*
to defy public opinion — *презирать общественное мнение*

degas [dɪˈgæs] дегазировать

degassing [dɪˈgæsɪŋ] удаление газов; дегазация

degauss [ˈdiːˈgaus] размагничивать; стирать магнитную запись

degeneracy [dɪˈdʒen(ə)rəsɪ] вырождение; дегенерация; падение; спад; упадок

degenerate [dɪˈdʒen(ə)rɪt] — *сущ., прил.* [dɪˈdʒenəreɪt] — *гл.* дегенерат; вырождающийся; вырождаться; ухудшаться

degenerate conversation [dɪˈdʒenəreɪtˌkɔnvəˈseɪʃən] извращенные половые сношения

degeneration [dɪˌdʒenəˈreɪʃən] вырождение; дегенерация; перерождение

degradation [ˌdegrəˈdeɪʃən] разложение; разрушение; упадок; деградация; ухудшение; понижение; разжалование; уменьшение масштаба; вырождение *(биол.)*; ослабление интенсивности тона *(живоп.)*; размытие *(геол.)*; подмыв; понижение земной поверхности; сокращение возможностей *(системы)*; снижение эффективности *(работы системы)*

degrade [dɪˈgreɪd] приходить в упадок; деградировать; снижать; убавлять; уменьшать *(силу, ценность и т. п.)*; понижать *(в чине, звании и т. п.)*; разжаловать; унижать

degraded [dɪˈgreɪdɪd] находящийся в состоянии упадка; деградировавший; разжалованный; пониженный в чине, звании; униженный; деградированный *(о тоне) (живоп.)*; вырождающийся *(биол.)*; размытый *(геол.)*; понизившийся

degrease [ˌdiːˈgriːz, ˌdiːˈgriːs] обезжиривать; удалять смазку

degreasing [ˌdiːˈgriːzɪŋ, ˌdiːˈgriːsɪŋ] обезжиривание

degree [dɪˈgriː] степень; уровень; ступень; стадия; степень родства; колено *(родства)*; положение; ранг; звание; ученая степень; градус; достоинство; качество; сорт; степень *(грам.)*; степень *(мат.)*; порядок *(уравнения)*; академическое звание; ступень лада *(муз.)*
  the degree of bachelor — степень бакалавра
  the degree of doctor — степень доктора
  the degree of master — степень магистра

degree of accuracy [dɪˈgriːǀəvǀˈækjurəsɪ] степень точности

degree of approximation [dɪˈgriːǀəvǀəˌprɔksɪˈmeɪʃən] степень приближения

degree of curvature [dɪˈgriːǀəvǀˈkəːvətʃə] порядок кривой

degree of differential equation [dɪˈgriːǀəvǀˌdɪfəˈrenʃəlǀɪˈkweɪʃən] порядок дифференциального уравнения *(мат.)*

degree of latitude [dɪˈgriːǀəvǀˈlætɪtjuːd] градус широты

degree of longitude [dɪˈgriːǀəvǀˈlɔndʒɪtjuːd] градус долготы

degree of purity [dɪˈgriːǀəvǀˈpjuərɪtɪ] степень чистоты

degree of readiness [dɪˈgriːǀəvǀˈredɪnɪs] степень готовности

degree of safety [dɪˈgriːǀəvǀˈseɪftɪ] запас прочности

degree of uncertainty [dɪˈgriːǀəvǀʌnˈsəːtntɪ] степень неопределенности

degress [dɪˈgres] снижать
  to degress prices — снижать цены

degression [dɪˈgreʃən] уменьшение; снижение; сокращение; спад; нисхождение; снижение налогов; падающий; нисходящий; уменьшающийся *(о налоге)*

degressive [dɪˈgresɪv] нисходящий; падающий; спускающийся; пропорционально уменьшающийся *(о налоге)*

degrowth [diːˈgrouθ] уменьшение массы

dehorning [diːˈhɔːnɪŋ] удаление рогов

dehumanize [diːˈhjuːmənaɪz] делать грубым, бесчеловечным

dehumidification [ˈdiːhjuːˌmɪdɪfɪˈkeɪʃən] удаление влаги; осушение; сушка

dehumidifier [ˌdiːhjuːˈmɪdɪfaɪə] влагопоглотитель; осушитель

dehumidify [ˌdiːhjuːˈmɪdɪfaɪ] высушивать; осушать

dehydrate [ˌdiːhaɪˈdreɪt] обезвоживать

dehydration [ˌdiːhaɪˈdreɪʃən] обезвоживание; дегидрация

deice [ˈdiːˈaɪs] удалять лед

deicer [ˈdiːˈaɪsə] противообледенитель

deicing [ˈdiːˈaɪsɪŋ] оттаивание

deink [ˈdiːˈɪŋk] очищать от краски

deinstitutionalization [ˈdiːˌɪnstɪˌtjuːʃənəlaɪˈzeɪʃən] освобождение из места лишения свободы

del credere [delˈkredərɪ] делькредере

delate [dɪˈleɪt] обвинять; доносить; ставить в вину; обнародовать; объявлять; оглашать; распространять

delation [dɪˈleɪʃ(ə)n] донос; обвинение

delator [dɪˈleɪtə] доносчик

delay [dɪˈleɪ] задержка; опоздание; отлагательство; отсрочка; замедление; задержание; отставание; запаздывание; препятствие; приостановка; выдержка времени; просрочка; время задержки; промедление; проволочка; откладывать; медлить; отсрочивать; оттягивать; задерживать; блокировать; останавливать; препятствовать
  to delay an action — отложить процесс
  to grant a delay — предоставлять отсрочку
  to delay delivery — задерживать поставку

delay allowance [dɪˈleɪǀəˈlauəns] оплата простоя

delay in appeal [dɪˈleɪ|ɪn|əˈpiːl] просрочка подачи апелляции

delay in delivery [dɪˈleɪ|ɪn|dɪˈlɪvərɪ] задержка в доставке

delay in trial [dɪˈleɪ|ɪn|ˈtraɪəl] задержка судебного разбирательства

delayed [dɪˈleɪd] задержанный; замедленный

delayed action [dɪˈleɪd|ˈækʃn] замедленное действие

delayed adjustment [dɪˈleɪd|əˈʤʌstmənt] регулировка с задержкой *(техн.)*

delayed drop [dɪˈleɪd|drɔp] затяжной парашютный прыжок

delayer [dɪˈleɪə] задерживающий элемент

deleave [diːˈliːv] рассортировывать

delectable [dɪˈlektəbl] восхитительный; прелестный

delectation [ˌdiːlekˈteɪʃ(ə)n] наслаждение; удовольствие

delegacy [ˈdelɪɡəsɪ] делегация; депутация; делегирование; полномочия делегата

delegate [ˈdelɪɡɪt] — *сущ.* [ˈdelɪɡeɪt] — *гл.* делегат; посланник; депутат; представитель; делегированный; уполномоченный; делегировать; уполномочивать; передавать полномочия; вверять; доверять; поручать; посылать; переводить *(долг)*; посылать

delegate at large [ˈdelɪɡɪt|ət|ˈlɑːʤ] полномочный представитель

delegation [ˌdelɪˈɡeɪʃ(ə)n] делегация; посылка делегации; передача; перевод долга; экспромиссия; депутация; делегирование

delete [dɪˈliːt] вычеркивать; стирать; изглаживать *(из памяти)*; не оставлять следов; удалять; ликвидировать; уничтожать; исключать *(в документе)*

deleterious [ˌdelɪˈtɪərɪəs] вредный; вредоносный; пагубный; губительный; разрушительный

deletion [dɪˈliːʃ(ə)n] вычеркивание; стирание; то, что вычеркнуто, стерто; ликвидация; уничтожение; изъятие *(в документе)*; удаление; исключение; стирание *(записи)*

deliberate [dɪˈlɪb(ə)rɪt] — *прил.* [dɪˈlɪbəreɪt] — *гл.* нарочитый; преднамеренный; намеренный; обдуманный; осмотрительный; осторожный; неторопливый *(о движениях, речи и т. п.)*; взвешивать; обдумывать; продумывать; совещаться; консультироваться; обсуждать; советоваться

deliberate abuse [dɪˈlɪb(ə)rɪt|əˈbjuːs] преднамеренно неправильное использование

deliberate act [dɪˈlɪb(ə)rɪt|ˈækt] умышленное действие

deliberately [dɪˈlɪb(ə)rɪtlɪ] нарочно; умышленно; обдуманно; осмотрительно; осторожно; медленно; не спеша; преднамеренно; сознательно

deliberation [dɪˌlɪbəˈreɪʃ(ə)n] совещание; взвешивание; обдумывание; обсуждение; дискуссия; осмотрительность; осторожность; рассудительность; медлительность; неторопливость

deliberative [dɪˈlɪb(ə)rətɪv] консультативный; совещательный

deliberative body [dɪˈlɪb(ə)rətɪv|ˈbɔdɪ] совещательный орган

delicacy [ˈdelɪkəsɪ] изысканность; тонкость; утонченность; деликатность; такт; учтивость; нежность *(красок, оттенков, кожи)*; сложность; щекотливость *(положения)*; болезненность; хрупкость; чувствительность *(приборов, опыта)*; деликатес; лакомство

delicate [ˈdelɪkɪt] изысканный; тонкий; утонченный; искусный *(о работе)*; изящный; вежливый; деликатный; учтивый; нежный; блеклый *(о красках и т. п.)*; острый *(о слухе)*; щекотливый; затруднительный *(о положении)*; хрупкий; болезненный; слабый *(о здоровье)*; чувствительный *(о приборе)*

delicate adjustment [ˈdelɪkɪt|əˈʤʌstmənt] точная регулировка

delicious [dɪˈlɪʃəs] восхитительный; прелестный; очень вкусный; приятный

delict [ˈdiːlɪkt] деликт *(юр.)*; нарушение закона; правонарушение

delictual нарушающий право

delight [dɪˈlaɪt] наслаждение; удовольствие; восторг; восхищение; восхищать(ся); доставлять наслаждение; наслаждаться

delightful [dɪˈlaɪtful] восхитительный; красивый; очаровательный

delightsome [dɪˈlaɪtsəm] восхитительный *(поэт.)*

delimit [diːˈlɪmɪt] определять границы; размежевывать; устанавливать границы; разделять; разграничивать

delimiter [diːˈlɪmɪtə] ограничитель; разделитель; разграничитель

delineate [dɪˈlɪnɪeɪt] очерчивать; обрисовывать очертания или размеры; изображать; выражать; описывать; устанавливать границы; давать определение, дефиницию

delineation [dɪˌlɪnɪˈeɪʃ(ə)n] очерчивание; чертеж; эскиз; описание; установление границ; определение; дефиниция

delineator [dɪˈlɪnɪeɪtə] тот, кто устанавливает размеры, очертания и прочее; выкройка, пригодная для разных размеров одежды; патронка

delinquency [dɪˈlɪŋkwənsɪ] проступок; упущение; провинность; правонарушение; невыполнение обязанностей; нарушение *(договора)*; задолженность; просрочка

delinquent [dɪˈlɪŋkwənt] злоумышленник; правонарушитель; преступник; виноватый; не выполнивший или не выполняющий своих обязанностей; нарушивший право

deliquescent [ˌdelɪˈkwesnt] многоствольный; растворяющийся; распадающийся

delirious [dɪˈlɪrɪəs] *(находящийся)* в бреду; безумный; исступленный; горячечный; бредовый; бессвязный *(о речи)*

delirium [dɪˈlɪrɪəm] бред; бредовое состояние; исступление

deliver [dɪˈlɪvə] доставлять; формально вручать; разносить *(письма, товары)*; передавать официально; вручать; представлять *(отчет и т. п.)*; освобождать; избавлять; сдавать *(товар, город, крепость)*; уступать; произносить; принимать *(младенца) (мед.)*; отдавать приказ; доставлять обвиняемого в суд; питать; снабжать; поставлять; вырабатывать; производить; выпускать *(с завода)*; нагнетать *(о насосе)*; наносить *(удар, поражение и т. п.) (воен.)*

to deliver a bill — предъявлять счет
to deliver a judgement — вынести приговор
to deliver letters — разносить письма
to deliver justice — отправлять правосудие

deliverance [dɪˈlɪv(ə)r(ə)ns] высвобождение; избавление; освобождение; раскрепощение; формальная подача; официальное заявление; мнение, высказанное публично; вердикт *(юр.)*; ввод во владение

delivery [dɪˈlɪv(ə)rɪ] поставка; доставка; сдача товара; традиция; разноска *(писем, газет)*; производительность; вручение; передача; формальная передача *(собственности) (юр.)*; ввод во владение; сдача *(рукописи)* в издательство; выдача; выводное устройство; произнесение *(речи и т. п.)*; манера произнесения; роды; питание; снабжение *(током, водой)*; подача *(угля)*; нагнетание; нагнетательный насос *(техн.)*; подача *(спорт.)*; подача *(питания)*; выдача сигнала; отдача приказа; доставка обвиняемого в суд

to delay delivery — задерживать поставку

delivery advice [dɪˈlɪv(ə)rɪ|ədˈvaɪs] извещение о доставке груза

delivery boy [dɪˈlɪv(ə)rɪ|bɔɪ] мальчик на посылках

delivery by instalments [dɪˈlɪv(ə)rɪ|baɪ|ɪnˈstɔːlmənts] доставка по частям

delivery cycle [dɪˈlɪv(ə)rɪ|ˈsaɪkl] цикл поставки

delivery date [dɪˈlɪv(ə)rɪ|deɪt] дата сдачи *(рукописи)*

delivery device [dɪˈlɪv(ə)rɪ|dɪˈvaɪs] средство доставки

delivery on call [dɪˈlɪv(ə)rɪ|ɔn|ˈkɔːl] доставка по требованию

delivery terms [dɪˈlɪv(ə)rɪ|ˈtəːmz] условия поставки

delivery time [dɪˈlɪv(ə)rɪ|taɪm] срок поставки

delivery van [dɪˈlɪv(ə)rɪ|væn] фургон для доставки покупок и заказов на дом

delivery-acceptance [dɪˈlɪv(ə)rɪəkˈseptəns] сдача-приемка

dell [del] лесистая долина; лощина

Delphian [ˈdelfɪən] дельфийский; непонятный; загадочный; двусмысленный

delta [ˈdeltə] дельта *(греческая буква)*; дельта *(реки)*; треугольник *(эл.)*; соединение треугольником

deltaic [delˈteɪɪk] образующий дельту

delude [dɪˈluːd] вводить в заблуждение; обманывать

deluge [ˈdeljuːdʒ] потоп; ливень; поток *(слов)*; град *(вопросов)*; толпы *(посетителей)*; затоплять; наводнять; затопление; наводнение; заливать

delugeproof [ˈdeljuːdʒpruːf] водонепроницаемого исполнения

delusion [dɪˈluːʒ(ə)n] заблуждение; иллюзия; призрак; фантом; ложь; неправда; обман

delusive [dɪˈluːsɪv] обманчивый; иллюзорный; нереальный

delve [delv] впадина; котловина; делать изыскания; рыться *(в документах)*; копаться *(в книгах)*

demagnetization [ˈdiːˌmægnɪtaɪˈzeɪʃən] размагничивание

demagnetize [ˌdiːˈmægnɪtaɪz] размагничивать

demagogic [ˌdeməˈgɔgɪk] демагогический

demagogue [ˈdeməgɔg] демагог

demand [dɪˈmɑːnd] требование; запрос; потребность; правопритязание; иск; спрос; нехватка; потребляемое количество *(энергии)*; требовать; предъявлять требование; нуждаться; требоваться; спрашивать; задавать вопрос; запрашивать

to be in good demand — пользоваться большим спросом
to demand payment — требовать уплаты
to exceed the demand — превышать спрос
to meet demands — удовлетворять спрос

demand analysis [dɪˈmɑːndəˈnæləsɪs] изучение спроса

demand deposit [dɪˈmɑːnd|dɪˈpɔzɪt] бессрочный вклад

demand determines supply [dɪˈmɑːnd|dɪˈtəːmɪnz|səˈplaɪ] спрос определяет предложение

demand in reconvention [dɪˈmɑːnd|ɪn|ˌriːkənˈvenʃən] встречное требование *(иск)*

demandant [dɪˈmɑːndənt] истец *(юр.)*

demanding nation [dɪˈmɑːndɪŋ|ˈneɪʃən] государство, требующее выдачи преступника

demarcate [ˈdiːmɑːkeɪt] разграничивать; определять границы; разделять; проводить демаркационную линию; производить демаркацию

demarcation [ˌdiːmɑːˈkeɪʃ(ə)n] разграничение; разделение; размежевание; демаркация

demarche [ˈdeɪmɑːʃ] демарш *(франц.)*
demean [dɪˈmiːn] вести себя; попирать; унижать
demembration [ˌdiːmemˈbreɪʃən] членовредительство
demented [dɪˈmentɪd] сумасшедший
demerit [diːˈmerɪt] недостаток; дефект; дурная черта; плохая отметка *(в школе)*
demeritorious [dɪˌmerɪˈtɔːrɪəs] заслуживающий порицания
demesne [dɪˈmeɪn] собственность; земельная собственность; владение *(недвижимостью)*; владения *(земли)*; обладание; участок, прилегающий к дому; поместье, не сдаваемое владельцем в аренду *(уст.)*
demesne lands [dɪˈmeɪn|ˈlændz] земли, не сданные в аренду
demi- [ˈdemɪ-] *обозначает половинную часть чего-либо;* полу-; наполовину; частично; *указывает на недостаточно хорошее качество, небольшой размер и т. п.*
demigod [ˈdemɪɡɒd] полубог
demijohn [ˈdemɪdʒɒn] большая оплетенная бутыль
demilitarization [ˌdiːˌmɪlɪtəraɪˈzeɪʃən] демилитаризация
demilitarize [ˌdiːˈmɪlɪtəraɪz] демилитаризировать
demilune [ˈdemɪljuːn] полумесяц *(уст.)*
demineralizer [ˌdiːˈmɪnərəlaɪzə] установка для обессоливания воды
demisable [dɪˈmaɪzəbl] могущий быть отданным в аренду, переданным по наследству *(об имуществе)*
demise [dɪˈmaɪz] аренда; передача имущества по наследству; сдача имущества в аренду; отречение от престола; переход короны или прав наследнику; гибель; кончина; смерть; сдавать в аренду; оставлять по духовному завещанию *(имущество)*; передавать по наследству; отрекаться *(от престола)*
demission [dɪˈmɪʃ(ə)n] сложение звания; отставка; отречение
demit [dɪˈmɪt] отказываться от должности; уходить в отставку
democracy [dɪˈmɒkrəsɪ] демократия; демократическое государство; демократизм
democrat [ˈdeməkræt] демократ; легкий открытый экипаж
democratic [ˌdeməˈkrætɪk] демократический; демократичный
democratize [dɪˈmɒkrətaɪz] демократизировать
demodifier демодификатор *(техн.)*
demographic [ˌdiːməˈɡræfɪk] демографический
demography [diːˈmɒɡrəfɪ] демография; народоописание
demoiselle [ˌdemwɑːˈzel] тигровая акула

demolish [dɪˈmɒlɪʃ] разрушать; сносить *(здание)*; разбивать; опровергать *(теорию, довод)*; уничтожать
demolition [ˌdeməˈlɪʃ(ə)n] разрушение; разборка; снос; ломка; уничтожение; подрывание; подрывной; фугасный
demon [ˈdiːmən] демон; дьявол
demonetize [diːˈmʌnɪtaɪz] лишать стандартной стоимости *(монету)*; изымать из обращения *(монету)*
demoniac [dɪˈmoʊnɪæk] бесноватый; одержимый; демонический; дьявольский
demonstrable [ˈdemənstrəbl] доказуемый; наглядный; очевидный
demonstrate [ˈdemənstreɪt] демонстрировать; проводить демонстрацию; наглядно показывать; доказывать; служить доказательством; проявлять *(чувства и т. п.)*; участвовать в демонстрации; производить демонстрацию *(воен.)*; наносить отвлекающий удар
demonstration [ˌdemənsˈtreɪʃ(ə)n] демонстрирование наглядными примерами; довод; доказательство; основание; проявление *(симпатии и т. п.)*; демонстрация; показное учение; наглядный показ
demonstrative [dɪˈmɒnstrətɪv] доказательный; изобразительный; иллюстративный; наглядный; убедительный; бурный; необузданный; несдержанный; экспансивный; демонстративный; указательный *(грам.)*; указательное местоимение
demonstrator [ˈdemənstreɪtə] демонстрант; участник демонстрации; демонстратор; лаборант; ассистент профессора
demoralization [dɪˌmɒrəlaɪˈzeɪʃ(ə)n] деморализация
demoralize [dɪˈmɒrəlaɪz] деморализовать; подрывать дисциплину; вносить дезорганизацию
demote [dɪˈmoʊt] понижать в должности *(звании, ранге)*
demotic [dɪ(ː)ˈmɒtɪk] народный; простонародный; демотический *(о египетском письме)*
demotion [dɪˈmoʊʃən] понижение в должности *(ранге, звании)*
demount [dɪˈmaʊnt] демонтировать; разбирать
demountable [dɪˈmaʊntəbl] заменяемый; разборный; съемный
demounting [dɪˈmaʊntɪŋ] демонтирование; разборка; демонтаж оборудования
demulcent [dɪˈmʌlsənt] успокоительное средство; болеутоляющий; мягчительный; успокоительный
demultiplexer [dɪˈmʌltɪpleksə] многоканальный коммутатор
demultiplexing [dɪˈmʌltɪpleksɪŋ] распределение каналов многоканальной линии

demur [dɪˈmɜː] колебание; возражение; ответ; колебаться; сомневаться; представлять возражения; заявлять процессуальный отвод *(юр.)*

demure [dɪˈmjuə] скромный; сдержанный; серьезный; притворно застенчивый

demurrage [dɪˈmʌrɪʤ] простой *(судна, вагона)*; демередж; плата за простой *(судна, вагона)*; плата за хранение грузов сверх срока

demurrant [dɪˈmʌrənt] сторона, заявляющая процессуальный отвод

demurrer [dɪˈmʌrə] процессуальный отвод *(юр.)*; возражение; ответ; [dɪˈmɜːrə] тот, кто колеблется, сомневается

demy [dɪˈmaɪ] формат бумаги; стипендиат колледжа Магдалины в Оксфорде

demystify [ˌdiːˈmɪstɪfaɪ] прояснять

den [den] логово; берлога; нора; пещера; клетка для диких зверей *(в зоологическом саду)*; небольшой обособленный рабочий кабинет *(разг.)*; каморка; прибежище; притон; жить в пещере, клетке и т. п.; забираться в берлогу

denary [ˈdiːnərɪ] десятеричный; десятичный

denatant плывущий по течению; мигрирующий по течению

denationalization [ˌdiːˌnæʃnəlaɪˈzeɪʃən] лишение *(утрата)* гражданства; реприватизация

denationalize [ˌdiːˈnæʃənəlaɪz] денационализировать; лишать гражданства

denaturalize [diːˈnætʃrəlaɪz] лишать природных свойств; денатурализовать; лишать подданства, прав гражданства; реприватизировать

denature [diːˈneɪtʃə] изменять естественные свойства; денатурировать *(спирт)*

dendriform [ˈdendrɪfɔːm] древовидный

dendritic [denˈdrɪtɪk] древовидный

dendrocolous обитающий на деревьях

dendrology [denˈdrɔləʤɪ] дендрология, лесоведение

dene [diːn] долина; прибрежные пески; дюны

dengue [ˈdeŋgɪ] тропическая лихорадка

deniable [dɪˈnaɪəbl] спорный

denial [dɪˈnaɪəl] непризнание; отрицание; отклонение; недопущение; возражение; опровержение; отказ; отречение; отказ в предоставлении

denial of justice [dɪˈnaɪəl|əv|ˈʤʌstɪs] отказ в правосудии

denied matter [dɪˈnaɪd|ˈmætə] отрицательный факт

denigrate [ˈdenɪgreɪt] клеветать; наговаривать; оговаривать; порочить; чернить

denigration [ˌdenɪˈgreɪʃən] клевета; наговор

denim [ˈdenɪm] грубая хлопчатобумажная ткань

denization [ˈdenɪzeɪʃən] предоставление прав гражданства

denizen [ˈdenɪzn] жилец; житель; обитатель; натурализованный иностранец; акклиматизировавшееся животное или растение; заимствованное слово, вошедшее в употребление; принимать в число граждан; акклиматизировать *(животное, растение)*; вводить иностранное слово в употребление

denominate [dɪˈnɔmɪneɪt] называть; именовать; обозначать; выражать

denomination [dɪˌnɔmɪˈneɪʃən] название; называние; обозначение; наименование; достоинство; ценность; нарицательная стоимость; стоимость; категория; класс; тип; вероисповедание

denominational [dɪˌnɔmɪˈneɪʃənl] относящийся к какому-либо вероисповеданию; сектантский

denominative [dɪˈnɔmɪnətɪv] нарицательный; номинальный; образованный от существительного или прилагательного *(грам.)*

denominator [dɪˈnɔmɪneɪtə] знаменатель *(дроби)*

denotation [ˌdɪnouˈteɪʃən] обозначение; изображение

denotative [dɪˈnoutətɪv] означающий; указывающий

denote [dɪˈnout] значить; обозначать; означать; подразумевать; указывать; показывать

denotement [dɪˈnoutmənt] обозначение; знак; указание

denouement [deɪˈnuːmɑːŋ] развязка *(в романе, драме)*; завершение; исход; конец; окончание

denounce [dɪˈnauns] обличать; осведомлять; обвинять; осуждать; поносить; инкриминировать; ставить в вину; доносить; грозить; угрожать; денонсировать; расторгать *(договор)*; отказываться от договора; предрекать; предсказывать *(плохое)*

to denounce confession of crime — отказаться от сделанного ранее признания в совершении преступления

to denounce smb. for theft — обвинить кого-либо в краже

dense [dens] плотный; компактный; сжатый; дремучий; тугой; частый; густой; глупый

densely [ˈdenslɪ] густо; плотно

densify [ˈdensɪfaɪ] загущать; уплотнять

density [ˈdensɪtɪ] плотность; насыщенность; скопление; напряженность *(поля)*; беспористость; магнитная индукция *(физ.)*; кучность; монолитность; сомкнутость; густота; скученность; удельный вес; концентрация; интенсивность

density of air [ˈdensɪtɪ|əv|ˈɛə] плотность воздуха

density of load [ˈdensɪtɪ|əv|ˈloud] интенсивность нагрузки

dent [dent] выбоина; впадина; вогнутое или вдавленное место; вмятина; зуб; зубовидный отросток; зубец *(тех.)*; вдавливать; оставлять след, выбоину; вминать; нарезать; насекать

dental ['dentl] зубной; зубоврачебный

dental bridge ['dentl|bridʒ] мостовидный протез *(челюсти)*

dentate ['denteɪt] зубчатый; пильчатый

denticle ['dentɪkl] зубчик; дентикула *(архит.)*

denticulate [den'tɪkjuleɪt] зазубренный

denticulate ligament [den'tɪkjuleɪt|'lɪgəmənt] зубчатая связка *(анат.)*

dentiform ['dentɪfɔ:m] имеющий форму зуба

dentifrice ['dentɪfrɪs] зубной порошок или зубная паста

dentigerous имеющий зубы

dentine ['denti:n] дентин *(мед.)*

dentist ['dentɪst] зубной врач; дантист

dentition [den'tɪʃən] прорезывание зубов; расположение зубов

denture ['dentʃə] зубной ряд; полный съемный протез *(зуба)*

denture clutch ['dentʃə'klʌtʃ] зубчатая муфта

denuclearized [di:'nju:klɪəraɪzd] безъядерный

denuclearized zone [di:'nju:klɪəraɪzd|'zoun] безъядерная зона

denucleated [,di:'nju:klɪeɪtɪd] не имеющий ядра

denude [dɪ'nju:d] обнажать; оголять; лишать; отбирать; обнажать смывом *(геол.)*

denuded [dɪ'nju:dɪd] обнаженный; оголенный; не имеющий чешуек

denunciation [dɪ,nʌnsɪ'eɪʃən] обличение; опасность; донос; обвинение; осуждение; риск; угроза; денонсирование; расторжение договора

denunciative [dɪ'nʌnsɪətɪv] обвинительный; осуждающий; угрожающий; обличительный

denunciator [dɪ'nʌnsɪeɪtə] обвинитель; прокурор; доносчик; обличитель

denunciatory [dɪ'nʌnsɪətərɪ] обличительный; обвинительный

deny [dɪ'naɪ] опровергать; отрицать; мешать; отклонять; отказывать(ся); не допускать; отказывать в приеме *(гостей)*; отрекаться; отступаться; отпираться; брать назад; отказываться предоставлять что-либо

to deny bail — отказать в передаче на поруки

to deny export privileges — лишать права заниматься экспортной торговлей

to deny flatly — категорически отказать

to deny licence — отказать в выдаче лицензии

to deny motion — отклонить ходатайство

to deny the charge — отвергать обвинение

deodar ['dɪouda:] гималайский кедр

deodorant [di:'oudər(ə)nt] дезодорант; дезодорирующее средство; дезодорирующий

deodorize [di:'oudəraɪz] уничтожать; отбивать *(дурной)* запах

deontology [,di:ɔn'tɔlədʒɪ] мораль; нравственность; этика

depart [dɪ'pa:t] уходить; уезжать; отходить; отбывать; отправляться; отклоняться; уклоняться; отступать; умирать; гибнуть; погибать; скончаться; изменять

departed [dɪ'pa:tɪd] покойный; умерший; былой *(поэт.)*; минувший; покойник(и)

department [dɪ'pa:tmənt] отдел; область; отрасль; ведомство; департамент; министерство; войсковой округ; отделение; цех; факультет; управление; мастерская

department manager [dɪ'pa:tmənt|'mænɪdʒə] начальник отдела

Department of Commerce [dɪ'pa:tmənt|əv|'kɔmə(:)s] министерство торговли

Department of Defense [dɪ'pa:tmənt|əv|dɪ'fens] министерство обороны

department store [dɪ'pa:tmənt|stɔ:] универсальный магазин

departmental [,di:pa:t'mentl] ведомственный; местнический; узковедомственный; разделенный на округа *(департаменты, отделы)*

departmentalism [,di:pa:t'mentəlɪzm] бюрократизм

departure [dɪ'pa:tʃə] отправление; отбытие; отход; отступление; отъезд; уход; исходный момент; отправная точка; отклонение; уклонение; кончина; смерть; отшествие; отшедший пункт; исходный; отправной; отправка *(сообщения в сеть)* *(компьют.)*

depasture [di:'pa:stʃə] пасти(сь); выгонять на пастбище *(скот)*

depauperate ['di:'pɔ:pəreɪt] доводить до нищеты; истощать; лишать сил

depauperize ['di:'pɔ:pəraɪz] избавлять от нищеты; изживать нищету

depend [dɪ'pend] зависеть; находиться на иждивении; находиться в зависимости; полагаться; рассчитывать; находиться на рассмотрении суда

dependability [dɪ,pendə'bɪlɪtɪ] надежность; солидность

dependable [dɪ'pendəbl] надежный; заслуживающий доверия

dependence [dɪ'pendəns] надежность; зависимость; подчиненное положение; вера; доверие; неразрешенность *(дела)*; ожидание решения; отношение; нахождение на иждивении; нахождение дела на рассмотрении суда

dependency [dɪ'pendəns] зависимость; подчиненное положение; зависимая страна; отношение; зависимая территория

dependent [dɪˈpendənt] подчиненный; подвластный; зависимый; зависящий от; находящийся под воздействием; иждивенец

dependent child [dɪˈpendənt ˈtʃaɪld] ребенок-иждивенец

dependent's allowance [dɪˈpendənts əˈlauəns] пособие на иждивенцев

depending [dɪˈpendɪŋ] находящийся на рассмотрении (в производстве)

depersonalize [ˌdiːˈpəːsənəlaɪz] лишать индивидуальности

depict [dɪˈpɪkt] изображать; рисовать

depiction [dɪˈpɪkʃn] изображение; картина; описание

depilate [ˈdepɪleɪt] удалять волосы

depilatory [dɪˈpɪlət(ə)rɪ] способствующий удалению волос; средство для удаления волос

deplane [diːˈpleɪn] высаживать(ся) из самолета

deplenish [dɪˈplenɪʃ] опорожнять; опустошать

deplete [dɪˈpliːt] истощать; исчерпывать (запас, силы и т. п.); обеднять

depletion [dɪˈpliːʃn] опустошение; истощение

depletive [dɪˈpliːtɪv] слабительный; слабительное средство

deplorable [dɪˈplɔːrəbl] плачевный; прискорбный

deplore [dɪˈplɔː] оплакивать; сожалеть; считать предосудительным; порицать

deploy [dɪˈplɔɪ] развертывание; расширение; рост

deployment [dɪˈplɔɪmənt] развертывание; расширение; рост

depolarise [diːˈpouləraɪz] деполяризовать (физ.); расшатывать; разбивать (убеждения и т. п.)

depollination [diːˈpɔlɪneɪʃən] удаление пыльцы

deponent [dɪˈpounənt] свидетель (юр.); дающий показание под присягой; отложительный глагол (в греч. и лат. языках) (грам.)

depopulate [diːˈpɔpjuleɪt] уменьшать или истреблять население; обезлюдить; уменьшаться; сокращаться (о населении)

depopulation [diːˌpɔpjuˈleɪʃ(ə)n] истребление населения; уменьшение населения

deport [dɪˈpɔːt] высылать; ссылать; выдворять; депортировать

deportation [ˌdiːpɔːˈteɪʃ(ə)n] высылка; депортация; изгнание; ссылка

deportee [ˌdiːpɔːˈtiː] сосланный; высылаемый; депортированное лицо

deportment [dɪˈpɔːtmənt] манеры; умение держать себя; выправка; осанка

deposable [dɪˈpouzəbl] могущий быть снятым с должности

depose [dɪˈpouz] смещать (с должности); свергать (с престола); свидетельствовать (юр.); давать письменные показания под присягой; допрашивать под присягой

deposed [dɪˈpouzd] свергнутый; смещенный

deposit [dɪˈpɔzɪt] вклад (в банк); задаток; хранение; поклажа; залог; аванс; депозит; база; склад; хранилище; отложение; отстой; осадок; класть; вносить вклад в банк; депонировать; давать задаток; обеспечение; сдавать на хранение; отлагать; осаждать; давать осадок; класть яйца (о птицах); залежь; месторождение; взнос; копировать во внешнюю память (компьют.); покрытие; сохранная расписка; налет; нагар; накипь; приобщение к материалам дела

deposit at short notice [dɪˈpɔzɪt ət ˈʃɔːt ˈnoutɪs] краткосрочный вклад

deposit bank [dɪˈpɔzɪt bæŋk] депозитный банк

deposit money [dɪˈpɔzɪt ˈmʌnɪ] первый взнос (в рассрочке)

deposit of moisture [dɪˈpɔzɪt əv ˈmɔɪstʃə] запасы влаги

deposit-feeding [dɪˈpɔzɪt ˈfiːdɪŋ] питающийся донными отложениями

depositee [dɪˌpɔzɪˈtiː] поклажедержатель

deposition [ˌdepəˈzɪʃən] взнос; вклад денег в банк; осаждение; отложение; нанос; напластование; показания под присягой; показание; заявление; смещение с должности; приобщенное к материалам дела доказательство

deposition chamber [ˌdepəˈzɪʃən ˈtʃeɪmbə] напылительная камера

depositor [dɪˈpɔzɪtə] поклажедержатель; депонент; вкладчик

depository [dɪˈpɔzɪt(ə)rɪ] склад; хранилище; поклажедержатель; депозиторий; хранитель

depository for goods [dɪˈpɔzɪt(ə)rɪ fə ˈgudz] товарный склад

depot [ˈdepou] депо; склад; хранилище; база; амбар; сарай; базовый склад (воен.); [ˈdiːpou] учебная железнодорожная станция (воен.); запасной

depravation [ˌdeprəˈveɪʃ(ə)n] развращение; безнравственность; порча; регресс; упадок; ухудшение

deprave [dɪˈpreɪv] развращать; портить; искажать; портить; ухудшать

depravity [dɪˈprævɪtɪ] порочность; греховность

deprecate [ˈdeprɪkeɪt] резко осуждать; возражать; протестовать; выступать против

deprecation [ˌdeprɪˈkeɪʃ(ə)n] осуждение; строгая критика

deprecative [ˈdeprɪkeɪtɪv] неодобрительный

deprecatory [ˈdeprɪkətərɪ] молящий об отвращении какой-либо беды; просительный

DEP — DER

depreciable amount [dɪˈpriːʃ(ɪ)əbl|əˈmaunt] амортизируемая сумма

depreciable asset [dɪˈpriːʃ(ɪ)əbl|ˈæset] амортизируемое имущество

depreciate [dɪˈpriːʃɪeɪt] обесценивать(ся); падать в цене; недооценивать; попирать; умалять; унижать

depreciatingly [dɪˈpriːʃɪeɪtɪŋlɪ] неуважительно; пренебрежительно

depreciation [dɪˌpriːʃɪˈeɪʃən] обесценивание; обесценение; уценка; снижение стоимости; умаление; занижение; пренебрежение; преуменьшение; скидка на порчу товара; амортизация (техн.); изнашивание; физический или материальный износ оборудования

depreciation adjustment [dɪˌpriːʃɪˈeɪʃən|əˈdʒʌstmənt] корректировка амортизации

depreciation base [dɪˌpriːʃɪˈeɪʃən|ˈbeɪs] амортизируемая стоимость основных средств

depreciatory [dɪˈpriːʃət(ə)rɪ] обесценивающий; умаляющий

depredate [ˈdeprɪdeɪt] воровать; грабить; красть; опустошать; разорять; расхищать

depredation [ˌdeprɪˈdeɪʃ(ə)n] воровство; грабеж; опустошение; разрушительное действие; ограбление

depredator [ˈdeprɪdeɪtə] вор; грабитель; похититель; разрушитель; вредитель (биол.)

depress [dɪˈpres] подавлять; угнетать; ослаблять; снижать; опускать; понижать цену, стоимость чего-либо

depressant [dɪˈpresənt] успокоительное средство; понижающий деятельность какого-либо органа; депрессант; тормозящее средство

depressed [dɪˈprest] подавленный; угнетенный; унылый; пониженный; сниженный; вогнутый; сплющенный; сдавленный; вдавленный

depressing [dɪˈpresɪŋ] гнетущий; тягостный; унылый; наводящий тоску; уменьшение угла вертикального наведения орудия

depression [dɪˈpreʃən] угнетенное состояние; уныние; упадок; кризис; падение деловой активности; депрессия; снижение; падение (давления и т. п.); понижение местности; низина; впадина; углубление; подавление; область пониженного давления; циклон

depression of trade [dɪˈpreʃən|əvˈtreɪd] застой в торговле

depressive [dɪˈpresɪv] депрессивный; подавляющий; угнетающий

depressor [dɪˈpresə] депрессор (анат.)

deprivation [ˌdeprɪˈveɪʃən] потеря; лишение; убыток; лишение

deprivation of citizenship [ˌdeprɪˈveɪʃən|əvˈsɪtɪznʃɪp] лишение гражданства

deprivation of freedom [ˌdeprɪˈveɪʃən|əvˈfriːdəm] лишение свободы

deprive [dɪˈpraɪv] лишать (чего-либо); отрешать от должности

depth [depθ] глубина; глубь; глубины; пучина; интенсивность; мощность; сила; густота (цвета, краски); глубина (звука); разгар; середина; центр; толщина; высота борта (мор.); толща

depth resolution [ˈdepθˌrezəˈluːʃən] глубина резкости

depthometer [depˈθɒmɪtə] глубиномер (мор.)

depurate [ˈdepjʊreɪt] очищать(ся)

depuration [ˌdepjʊˈreɪʃ(ə)n] очищение

deputation [ˌdepjʊ(ː)ˈteɪʃ(ə)n] депутация; делегирование; делегация

depute [dɪˈpjuːt] делегировать; посылать; направлять; передавать полномочия; назначать заместителем

deputize [ˈdepjʊtaɪz] представлять (кого-либо); назначать представителем (заместителем); замещать (кого-либо); дублировать (об актере, музыканте); назначать; выступать в качестве заместителя

deputy [ˈdepjʊtɪ] депутат; делегат; посланник; представитель; уполномоченный; заместитель; помощник

deputy clerk [ˈdepjʊtɪ|ˈklɑːk] заместитель секретаря

deputy director [ˈdepjʊtɪ|dɪˈrektə] заместитель директора

deputy minister [ˈdepjʊtɪ|ˈmɪnɪstə] заместитель министра

dequeue выводить из очереди (техн.)

deracinate [dɪˈræsɪneɪt] вырывать с корнем; искоренять

derail [dɪˈreɪl] уходить в подпрограмму (компьют.)

deranged [dɪˈreɪndʒd] анормальный; ненормальный; патологический; сумасшедший; страдающий психическим расстройством; невменяемый; перепутанный; находящийся в беспорядке

derangement [dɪˈreɪndʒmənt] приведение в беспорядок; расстройство; психическое расстройство

derate [diːˈreɪt] уменьшать размеры местных налогов

derating [diːˈreɪtɪŋ] ухудшение параметров; выход из нормы; ограничение допустимых значений

deration [ˈdiːˈræʃ(ə)n] отменять нормирование, карточную систему

derecognition [ˈdiːˌrekəgˈnɪʃən] отмена дипломатического признания

deregulate [ˌdiːˈregjʊleɪt] прекращать регулирование

derelict ['derɪlɪkt] брошенное имущество; покинутый; брошенный; бесхозный; беспризорный; покинутый владельцем; нарушающий *(долг, обязанность)*; что-либо брошенное за негодностью; судно, брошенное командой; всеми покинутый, избегаемый человек; суша, образовавшаяся при отступлении воды

dereliction [,derɪ'lɪkʃən] заброшенность; оставление; упущение; нарушение обязанностей; отступление воды

dereliction of duty [,derɪ'lɪkʃən|əv|'djuːtɪ] халатное отношение

derestrict ['diːrɪs'trɪkt] снимать ограничения

deride [dɪ'raɪd] высмеивать; осмеивать

derision [dɪ'rɪʒ(ə)n] высмеивание; осмеяние; посмешище

derisive [dɪ'raɪsɪv] иронический, незначительный; несерьезный; смехотворный

derivation [,derɪ'veɪʃ(ə)n] дифференцирование; вывод *(формулы)*; происхождение; источник; начало; деривация *(лингв.)*; словопроизводство; ответвление; словообразование; извлечение; отклонение

derivative [dɪ'rɪvətɪv] производное слово *(лингв.)*; производная *(функция)*; дериват *(мат.)*; производное число; производный; обращение *(аккорда)*

derivator [derɪ'veɪtə] дифференцирующее устройство

derive [dɪ'raɪv] получать; извлекать; брать производную; порождать; происходить; устанавливать происхождение; производить; выводить *(уравнение)*; наследовать; отводить *(воду)*; ответвлять; шунтовать

to derive mechanism — получать модификацию механизма

derived [dɪ'raɪvd] производный; вторичный; выведенный

deriveting [dɪ'raɪvətɪŋ] удаление заклепок

derma ['dəːmə] дерма; собственно кожа; кутис

dermal ['dəːm(ə)l] кожный *(анат.)*; дермальный *(биол.)*

dermatologist [,dəːmə'tɔlədʒɪst] дерматолог; врач по кожным болезням

dermatophyte [,dəːmətə'faɪt] дерматофит *(растение, паразитирующее на коже)*

dermatozoon [,dəːmətə'zouɔn] животное, паразитирующее на коже

dermestids кожееды

dermotrichia кожные лучи плавника

derogate ['derougeɪt] умалять *(заслуги, права, достоинство)*; отнимать *(часть прав и т. п.)*; унижать себя; ронять свое достоинство; частичная отмена закона

derogatory ['derougeɪtərɪ] умаляющий *(права, заслуги, достоинства)*

derrick ['derɪk] буровая вышка; грузовая стрела

derring-do ['derɪŋ'duː] отчаянная храбрость; безрассудство

dervish ['dəːvɪʃ] дервиш *(турец.)*

desalination [,diːsælɪ'neɪʃn] опреснение; обессоливание

desalinization ['diːsælɪnaɪ'zeɪʃən] промывка; удаление солей

desalt [diː'sɔːlt] опреснять

desampler [diː'sæmplə] преобразователь дискретных данных в аналоговую форму

desaturation выход газа из жидкости; десатурация

descant ['deskænt] сопрано; дискант; петь; напевать; распевать

descend [dɪ'send] спускаться; сходить; опускаться; снижаться; происходить; передаваться по наследству; переходить; пасть; опуститься *(морально)*; унизиться; обрушиться; налететь; нагрянуть; переходить *(от прошлого к настоящему)*; идти от общего к частному; убывать; уменьшаться; склоняться к горизонту; вертикально погружаться *(мор.)*

descendant [dɪ'sendənt] отпрыск; потомок; происходящий; ведущий происхождение; наследник

descendental основанный на фактах; обусловленный опытом; натуралистический

descendible [dɪ'sendəbl] передаваемый по наследству

descending [dɪ'sendɪŋ] нисходящий *(о гамме) (муз.)*; направленный вниз; нисходящий

descent [dɪ'sent] спуск; лыжня на спуске; снижение; скат; склон; понижение *(звука, температуры и т. п.)*; происхождение; поколение *(по определенной линии)*; передача по наследству; наследование *(имущества, черт характера)*; падение *(моральное)*; внезапное нападение *(с моря)*; десант; опускание; вертикальное погружение; родословная; опушение *(органа)*

describe [dɪs'kraɪb] описывать; изображать; характеризовать*(ся)*; описать *(круг, кривую)*; начертить

described above [dɪs'kraɪbd|ə'bʌv] вышеописанный

description [dɪs'krɪpʃ(ə)n] изображение; описание; отображение; вид; класс; разряд; род; сорт; воссоздание; вычерчивание; изображение; обозначение; наименование

descriptive [dɪs'krɪptɪv] описательный; изобразительный; дескриптивный; иллюстративный; наглядный

descriptor [dɪs'krɪptə] идентификатор; паспорт; признак

descriptor [dɪsˈkrɪptə] идентификатор

descry [dɪsˈkraɪ] рассмотреть; заметить; увидеть *(издали)*; выявить; обнаружить; открыть; видеть *(поэт.)*

desecrate [ˈdesɪkreɪt] оскорблять; осквернять *(святыню)*

desecration [ˌdesɪˈkreɪʃ(ə)n] осквернение; профанация; надругательство над святыней

desegmentation [diːˌsegmənˈteɪʃən] утрата сегментации; слияние сегментов

desegregate [ˌdiːˈsegrɪgeɪt] интегрировать; объединять; складывать; соединять

deselection [ˌdiːsɪˈlekʃən] отмена выбора; деселекция *(компьют.)*

desensitization [dɪˌsensɪt(a)ɪˈzeɪʃən] десенсибилизация

desensitize [ˈdiːˈsensɪtaɪz] уменьшать восприимчивость; сделать безразличным; возвращать в нормальное психическое состояние *(мед.)*

desert [ˈdezət] пустыня; пустынный; оставлять *(пост)*; дезертировать; оставлять

deserticolous обитающий в пустыне

desertion [dɪˈzəːʃən] дезертирство

desexualize [diːˈsekʃuəlaɪz] кастрировать

desiccant [ˈdesɪkənt] высушивающее средство; высушивающий

desiccation [ˌdesɪˈkeɪʃən] высыхание; высушивание; потеря влаги

design [dɪˈzaɪn] творческий замысел; план; конструкция; образец; проект; разработка; схема; чертеж; дизайн; промышленный образец; промышленная модель; намерение; цель; расчет; рисунок; эскиз; узор; композиция *(картины и т. п.)*; умысел; предназначать; задумывать; замышлять; вынашивать замысел; намереваться; предполагать; собираться; составлять план; проектировать; конструировать; рисовать; изображать; делать эскизы *(костюмов и т. п.)*; конструирование

design accuracy [dɪˈzaɪn|ˈækjurəsɪ] расчетная точность

design data [dɪˈzaɪn|ˈdeɪtə] проектные данные

design defect [dɪˈzaɪn|dɪˈfekt] конструктивный недостаток; проектная недоработка

design department [dɪˈzaɪn|dɪˈpɑːtmənt] конструкторское бюро

design matrix [dɪˈzaɪn|ˈmætrɪks] проектная матрица

designate [ˈdezɪgnɪt] — *сущ.* [ˈdezɪgneɪt] — *гл.* определять; обозначать; указывать; именовать; называть; характеризовать; предназначать; устанавливать; назначать на должность; назначенный, но еще не вступивший в должность

designation [ˌdezɪgˈneɪʃən] наименование; маркировка; обозначение; название; указание; предназначение; намерение; цель; указание профессии *(рода деятельности)*; назначение на должность

designator [ˌdezɪgˈneɪtə] указатель; обозначение

designed capacity [dɪˈzaɪnd|kəˈpæsɪtɪ] расчетная мощность

designedly [dɪˈzaɪnɪdlɪ] умышленно; заведомо; намеренно

designee [ˌdezɪgˈniː] назначаемое должностное лицо

designer [dɪˈzaɪnə] конструктор; инженер; проектировщик; чертежник; рисовальщик; модельер; конструктор одежды; заговорщик; интриган; разработчик; дизайнер

designing [dɪˈzaɪnɪŋ] конструирование; проектирование; планировка; интриганство; планирующий; проектирующий; лукавый; хитроумный; хитрый

designs act [dɪˈzaɪnz|ˈækt] закон о промышленных образцах

desirability [dɪˌzaɪərəˈbɪlɪtɪ] желательность

desirable [dɪˈzaɪərəbl] желанный; желательный; нужный; годный; подходящий; соответствующий; хороший

desire [dɪˈzaɪə] *(сильное)* желание; просьба; запрос; пожелание; вожделение; страсть; предмет желания; мечта; желать; жаждать; мечтать; хотеть; молить; просить; требовать; упрашивать

desired value [dɪˈzaɪəd|ˈvæljuː] заданная величина

desirous [dɪˈzaɪərəs] желающий; жаждущий чего-либо

desist [dɪˈzɪst] переставать; прекращать; воздерживаться; отказываться от совершения

desk [desk] письменный стол; стенд; щит; рабочий стол; панель; конторка; парта; пюпитр *(муз.)*; пульт управления; аналой *(церк.)*; кафедра проповедника; пасторское звание; канцелярская работа

desk book [ˈdesk|buk] настольная книга; справочник

desk calendar [ˈdesk|ˈkælɪndə] настольный календарь

desk clerk [ˈdesk|klɑːk] портье

desk mat [ˈdesk|mæt] пресс-папье

desk-chair [ˈdeskˈtʃeə] шезлонг

desk-mounted [ˈdeskˈmauntɪd] настольный

desk-size [ˈdeskˈsaɪz] малогабаритный

desktop [ˈdesktɔp] настольный

desktop publishing [ˈdesktɔp|ˈpʌblɪʃɪŋ] настольная издательская система

desman [ˈdesmən] выхухоль

desolate [ˈdesəlɪt] заброшенный; безлюдный; необитаемый; одинокий; покинутый; неутешный

desolation [ˌdesəˈleɪʃ(ə)n] запустение; опустошение; разорение; заброшенность; одиночество; бедствие; горе; несчастье; отчаяние

despair [dɪs'pɛə] отчаяние; безысходность; источник огорчения; отчаиваться; терять надежду

despairingly [dɪs'pɛərɪŋlɪ] в отчаянии; безнадежно

despatch [dɪs'pætʃ] депеша; донесение; отправка товара клиенту; корреспонденция; отправка; отправлять товар клиенту; посылать; быстро выполнить

desperate ['desp(ə)rɪt] отчаянный; безнадежный; доведенный до отчаяния; безрассудный; ужасный; отъявленный; страшный

desperate addict ['desp(ə)rɪt|'ædɪkt] закоренелый наркоман

desperate bid ['desp(ə)rɪt|'bɪd] страшные домогательства

desperation [,despə'reɪʃ(ə)n] безрассудство; безумство; отчаяние

despicable ['despɪkəbl] презренный

despise [dɪs'paɪz] презирать

despite [dɪs'paɪt] злоба; презрение; пренебрежение; несмотря на; вопреки

despiteful [dɪs'paɪtful] жестокий (поэт.); злобный; злой; ожесточенный

despoil [dɪs'pɔɪl] грабить; обирать; лишать; расхищать; захватывать

despoilment [dɪs'pɔɪlmənt] ограбление; грабеж; расхищение; захват

despondent [dɪs'pɔndənt] унылый; подавленный

despot ['despɔt] деспот; тиран

despotic [des'pɔtɪk] властный; властолюбивый; деспотический

despotism ['despətɪzm] деспотизм; деспотия; тирания

dessert [dɪ'zə:t] десерт; сладкое (блюдо)

dessert-spoon [dɪ'zə:tspu:n] десертная ложка

destabilization [di:,steɪbəlaɪ'zeɪʃən] дестабилизация; нарушение устойчивости

destabilize [di:'steɪbəlaɪz] дестабилизировать

destination [,destɪ'neɪʃ(ə)n] назначение; предназначение; предначертание; предопределение; место назначения; цель (путешествия, похода и т. п.); пункт назначения; адресат информации

destine ['destɪn] назначать; предназначать; предопределять; направляться

destined ['destɪnd] предназначенный

destiny ['destɪnɪ] рок; судьба; неизбежный ход событий; неизбежность

destitute ['destɪtju:t] лишенный чего-либо; сильно нуждающийся; снимать, смещать с должности

destitution [,destɪ'tju:ʃ(ə)n] лишения; нужда; нищета

destrier ['destrɪə] боевой конь (ист.)

destroy [dɪs'trɔɪ] разрушать; губить; уничтожить; делать бесполезным; сводить к нулю; истреблять; ликвидировать; сделать непригодным; лишить юридической силы

destroyer [dɪs'trɔɪə] разрушитель; эскадренный миноносец (мор.); истребитель (авиац.)

destruction [dɪs'trʌkʃ(ə)n] разрушение; разгром; уничтожение; опустошение; разорение; причина гибели или разорения; приведение в непригодное состояние; лишение юридической силы; разложение

destructive [dɪs'trʌktɪv] разрушительный; пагубный; вредный; наносящий ущерб; гибельный; разрушитель; средство разрушения; уничтожающий; приводящий в негодное состояние; лишающий юридической силы

destructor [dɪs'trʌktə] мусоросжигательная печь; самоликвидатор (воен.)

desuetude [dɪ'sju(:)ɪtju:d] неупотребительность; устарелость; неупотребление

desultory ['des(ə)lt(ə)rɪ] несвязный; отрывочный; бессвязный

desuperheater [di:'sju:pə'hi:tə] пароохладитель

desynchronization [di:,sɪŋkrənaɪ'zeɪʃən] десинхронизация

detach [dɪ'tætʃ] отделять(ся); отвязывать; разъединять; отряжать (воен., мор.); посылать (отряд, судно)

detachable [dɪ'tætʃəbl] заменяемый; съемный; отрывной; отрезной; отделимый

detachable bolt [dɪ'tætʃəbl|'boult] съемный болт

detached [dɪ'tætʃt] отдельный; обособленный; изолированный; беспристрастный; независимый; объективный; бесстрастный; невозмутимый; (от)командированный

detachment [dɪ'tætʃmənt] отделение; выделение; изоляция; отрыв; разъединение; отчужденность; отрешенность; изолированность; обособленность; беспристрастность; независимость (суждений и т. п.); отряд (воен., мор.); орудийный, минометный расчет; (от)командирование (воен.)

detail ['di:teɪl] подробность; деталь; тонкость; частность; детали (здания или машины); части; элементы; текущий файл (компьют.); файл оперативной информации; детальный чертеж; детальный; подробный; подробно рассказывать; входить в подробности; выделять; наряжать; назначать в наряд (воен.)

detailed ['di:teɪld] подробный; детальный; подробно разработанный; доскональный; назначенный (воен.); выделенный

detailed account ['di:teɪld|ə'kaunt] подробный отчет

detailed analysis ['di:teɪld|ə'næləsɪs] подробный анализ

DET — DET

detain [dɪ'teɪn] задерживать; заставлять ждать; удерживать; брать под стражу; арестовывать; содержать под стражей; замедлять; мешать *(движению и т. п.)*

detainee [,diːteɪ'niː] задержанный *(юр.)*; находящийся под арестом; лицо, содержащееся под стражей

detainer [dɪ'teɪnə] незаконное удержание имущества *(юр.)*; предписание о содержании арестованного под стражей; предписание о продлении содержания под стражей

detainment [dɪ'teɪnmənt] задержание

detect [dɪ'tekt] открывать; обнаружить; раскрыть; разыскать; найти *(преступника)*

to *detect a target* — обнаруживать цель
to *detect fault* — выявлять повреждение

detectable [dɪ'tektəbl] открываемый

detected [dɪ'tektɪd] раскрытое *(преступление)*; обнаруженный *(преступник)*

detected offence [dɪ'tektɪd|ə'fens] раскрытое преступление

detection [dɪ'tekʃən] расследование; розыск; открытие; детектирование; регистрация; обнаружение; выявление; подслушивание; установление; отыскание; чувствительность

detective [dɪ'tektɪv] сыщик; детектив; сотрудник уголовного отдела милиции

detective bureau [dɪ'tektɪv|bjuə'rou] сыскное бюро

detector [dɪ'tektə] выявитель; обнаружитель; определитель; детектор; средство обнаружения; индикатор; сигнализатор; датчик; следящий механизм; указатель; чувствительный элемент

detent [dɪ'tent] стопор *(техн.)*; защелка; зафиксировать; фиксатор; собачка; упорный рычаг; устройство для сбрасывания мин

detent ball [dɪ'tent|bɔːl] шариковый фиксатор

detent pin [dɪ'tent|pɪn] фиксирующий штифт

detente [de'taːnt] разрядка *(франц.)*; ослабление напряжения *(в отношениях между государствами)*

detention [dɪ'tenʃ(ə)n] задержание; арест; содержание под арестом; вынужденная задержка; удержание; задержка судна сверх срока *(мор.)*; заключение под стражу; предварительное заключение

detention camp [dɪ'tenʃ(ə)n|'kæmp] лагерь для интернированных

détenu [,detə'njuː] арестованный; заключенный *(франц.)*

deter [dɪ'təː] удерживать *(от совершения чего-либо)*

detergent [dɪ'təːdʒ(ə)nt] очищающее, моющее средство; детергент; моющий; очищающий

deteriorate [dɪ'tɪərɪəreɪt] ухудшать*(ся)*; портить*(ся)*; разрушаться; вырождаться; дегенерировать

deterioration [dɪ,tɪərɪə'reɪʃ(ə)n] ухудшение; порча; амортизация; изнашивание; износ

deteriorative [dɪ'tɪərɪəreɪtɪv] ухудшающий

determinable [dɪ'təːmɪnəbl] истекающий *(срок)*; определимый; подлежащий прекращению

determinant [dɪ'təːmɪnənt] решающий; определяющий фактор; детерминант; определитель *(мат.)*; обуславливающий; определяющий

determinate [dɪ'təːmɪnɪt] определенный; установленный; ясный

determinate order [dɪ'təːmɪnɪt|'ɔːdə] установленный порядок

determination [dɪ,təːmɪ'neɪʃən] подсчет; определение; решение; установление; решимость; детерминация; вычисление; измерение

determination of a contract [dɪ,təːmɪ'neɪʃən|əv|ə|'kɔntrækt] прекращение действия договора

determinative [dɪ'təːmɪnətɪv] определяющий; разрешающий; решающий; устанавливающий; ограничивающий; решающий фактор; определяющее слово *(грам.)*

determine [dɪ'təːmɪn] определять; устанавливать; решать*(ся)*; детерминировать; обуславливать; заставлять; побуждать; кончаться *(юр.)*; истекать *(о сроке, аренде и т. п.)*; ограничивать; определять границы; вычислять; разрешать *(спор)*; прекращать

determined [dɪ'təːmɪnd] принявший решение; решившийся; решительный; полный решимости; непреклонный

determiner [dɪ'təːmɪnə] определяющее слово *(линг.)*

deterrence [dɪ'ter(ə)ns] удержание *(от совершения действий)*; отпугивание; устрашение

deterrent [dɪ'ter(ə)nt] средство устрашения; сдерживающее средство; отпугивающий; устрашающий; удерживающий; защитный; оградительный; предохранительный; препятствующий; предупреждающий; предотвращающий

detest [dɪ'test] ненавидеть; питать отвращение

detestable [dɪ'testəbl] отвратительный; мерзкий; плохой; противный

detestation [,diːtes'teɪʃ(ə)n] сильное отвращение; предмет или человек, вызывающий отвращение; ненависть

dethrone [dɪ'θroun] свергать с престола; низвергать

dethronement [dɪ'θrounmənt] свержение с престола; развенчание

dethyroidized не имеющий щитовидной железы

detonate ['detouneɪt] взрывать(ся); детонировать; подрывать

detonating ['detouneɪtɪŋ] детонирующий; взрывчатый

detonation [ˌdetou'neɪʃ(ə)n] детонация; взрыв

detonator ['detouneɪtə] детонатор; капсюль; петарда; взрыватель; запал; запальный патрон

detour ['diːtuə] окольный путь; обход; объезд

detour road ['diːtuə'roud] объездная дорога

detox [ˌdiː'tɒks] клиника для лечения алкоголиков и наркоманов

detoxification [diːˌtɒksɪfɪ'keɪʃən] детоксификация

detoxification center [diːˌtɒksɪfɪ'keɪʃən'sentə] вытрезвитель

detoxify [diː'tɒksɪfaɪ] устранять влияние яда

detract [dɪ'trækt] отнимать; вычитать; лишать; уменьшать; умалять; принижать

detraction [dɪ'trækʃ(ə)n] занижение; преуменьшение; клевета; злословие

detractive [dɪ'træktɪv] умаляющий достоинства; порочащий; клеветнический

detractor [dɪ'træktə] инсинуатор; клеветник; очернитель

detrain [diː'treɪn] высаживать(ся) из поезда; разгружать; выгружать (вагоны)

detriment ['detrɪmənt] ущерб; вред; убыток; невыгода; причинять ущерб

detrimental [ˌdetrɪ'mentl] приносящий убыток; вредный; наносящий ущерб

detruncate [diː'trʌŋkeɪt] сокращать; срезать

deuce [djuːs] двойка

devaluate ['diː'væljueɪt] обесценивать; проводить девальвацию (фин.)

devaluation [ˌdiːvælju'eɪʃən] девальвация

devalue ['diː'væljuː] проводить девальвацию; обесценивать (валюту)

devaporation [ˌdiːvæpə'reɪʃən] конденсация пара

devastate ['devəsteɪt] истощать; опустошать; разорять; расхищать

devastated ['devəsteɪtɪd] опустошенный; разоренный

devastating ['devəsteɪtɪŋ] опустошительный; разрушительный; большой; немалый; огромный

devastation [ˌdevəs'teɪʃ(ə)n] опустошение; разорение (гнезд); растрата имущества умершего (юр.); полное уничтожение паразитов

develop [dɪ'veləp] развивать(ся); совершенствовать; создавать; распространяться; развиваться (о болезни, эпидемии); конструировать; разрабатывать; излагать; раскрывать (аргументы, мотивы и т. п.); проявлять(ся); выяснять(ся); обнаруживать(ся); становиться очевидным; проявлять фото; развертывать(ся) (воен.); расширяться; расти (о предприятии)

developed [dɪ'veləpt] развитый

developer [dɪ'veləpə] застройщик; разработчик; проявитель

developing country [dɪ'veləpɪŋ'kʌntrɪ] развивающаяся страна

development [dɪ'veləpmənt] развитие; эволюция; рост; расширение; развертывание; улучшение; усовершенствование (механизмов); конструирование; разработка; создание; обстоятельство; событие; вывод; заключение; новое строительство; застройка; предприятие; проявление фото; событие; вывод формулы

development character [dɪ'veləpmənt'kærɪktə] характер развития

developmental [dɪˌveləp'mentl] связанный с развитием; эволюционный

devest [dɪ'vest] лишать (права, полномочий)

deviant ['diːvɪənt] человек с отклонением от нормы; отклоняющийся от нормы; отклоняющаяся форма

deviate ['diːvɪeɪt] отклоняться; отступать; уклоняться

deviation [ˌdiːvɪ'eɪʃ(ə)n] изменение; отклонение; девиация; уклон (полит.)

device [dɪ'vaɪs] устройство; машина; прибор; станок; аппарат; приспособление; метод; методика; прием; способ; средство; план; схема; проект; затея; злой умысел; девиз; символ; эмблема; приборы; аппараты; механизм

device adapter [dɪ'vaɪs ə'dæptə] адаптер внешнего устройства (техн.)

devil ['devl] бес; дьявол; черт; мальчик на побегушках; ученик в типографии; жареное мясное или рыбное блюдо с пряностями и специями; работать; исполнять черновую работу для литератора, журналиста; надоедать; докучать; донимать; дразнить; разрывать в клочки

devil-may-care ['devlmeɪ'kεə] беззаботный

devilfish ['devlfɪʃ] морской дьявол (ихт.)

devilry ['devlrɪ] черная магия; чертовщина; жестокость; злоба; проказы; шалости; дьяволы; нечистая сила

devil's claw ['devlzklɔː] винтовой стопор якорной цепи

devil's grass ['devlzgrɑːs] пырей (бот.)

devil's-claws ['devlzklɔːz] лютик полевой (бот.)

devious ['diːvjəs] отклоняющийся от прямого пути; блуждающий; окольный; кружной; извилистый; хитрый; коварный; неискренний; нечестный; хитроумный; далекий; дальний; отдаленный; уединенный

devisable [dɪ'vaɪzəbl] могущий быть придуманным; изобретенным; могущий быть завещанным (юр.); переданным по наследству

DEV — DIA

devise [dɪ'vaɪz] придумывать; изобретать; завещать недвижимость;

devisee [ˌdevɪ'ziː] наследник *(недвижимого имущества)* по завещанию

deviser [dɪ'vaɪzə] изобретатель; завещатель недвижимости; автор изобретения

devitalize [diː'vaɪtəlaɪz] лишать жизненной силы; делать безжизненным

devoid [dɪ'vɔɪd] лишенный; свободный

devolution [ˌdiːvə'luːʃ(ə)n] передача *(власти, обязанностей, права)*; переход *(имущества)* по наследству; вырождение; регресс; ограниченная автономия

devolve [dɪ'vɔlv] передавать *(права, обязанности, должность)*; переходить

devote [dɪ'vout] посвящать; уделять; предаваться чему-либо

devoted [dɪ'voutɪd] преданный; верный; нежный; посвященный; увлекающийся чем-либо

devotedly [dɪ'voutɪdlɪ] преданно

devotee [ˌdevou'tiː] человек, всецело преданный какому-либо делу; набожный человек; святоша; фанатик

devotion [dɪ'vouʃ(ə)n] преданность; сильная привязанность; посвящение себя чему-либо; увлечение; набожность; религиозные обряды; молитвы

devotional [dɪ'vouʃənl] благочестивый; набожный; праведный; религиозный

devour [dɪ'vauə] пожирать; поглощать; уничтожать

devouringly [dɪ'vauərɪŋlɪ] жадно

devout [dɪ'vaut] благоговейный; благочестивый; набожный; праведный; религиозный; искренний; верный; преданный

dew [djuː] роса; свежесть *(поэт.)*; орошать; обрызгивать; увлажнять

dew-drop ['djuːdrɔp] капля росы; росинка

dew-fall ['djuːfɔːl] выпадение росы; время выпадения росы; вечер

dewatering [dɪ'wɔːtərɪŋ] обезвоживание; обезвоживающий

dewberry ['djuːbərɪ] ежевика

dewy ['djuːɪ] покрытый росой; росистый; влажный; мокрый; сырой; увлажненный; свежий *(поэт.)*; освежающий

dexter ['dekstə] правый; находящийся на левой *(от смотрящего)* стороне герба *(геральдика)*

dexterity [deks'terɪtɪ] проворство; ловкость; быстрота; хорошие способности; беглость; пальцевое мастерство

dexterous ['dekst(ə)rəs] быстрый; ловкий; проворный; расторопный; проявляющий хорошие способности; способный

dhole красный волк

dhow [dau] плоскодонка; плоскодонная лодка

diabetic [ˌdaɪə'betɪk] диабетик; диабетический

diabolic [ˌdaɪə'bɔlɪk] дьявольский; злой; жестокий

diabolical [ˌdaɪə'bɔlɪk(ə)l] адский

diacoel третий желудочек мозга

diadem ['daɪədem] диадема; венец; корона; венок на голове; власть монарха; венчать короной; короновать

diagnose ['daɪəgnouz] диагностировать; ставить диагноз; обнаруживать ошибки

diagnosis [ˌdaɪəg'nousɪs] глубокое понимание; диагноз; оценка; точное определение

diagnostic disk [ˌdaɪəg'nɔstɪk'dɪsk] тестовый диск

diagnostics [ˌdaɪəg'nɔstɪks] диагностика

diagonal [daɪ'ægənl] диагональный; идущий наискось; диагональ; раскос

diagram ['daɪəgræm] диаграмма; график; схема; чертеж; макет верстки; кривая; графический; составлять диаграмму; изображать схематически

dial ['daɪ(ə)l] циферблат; круговая шкала; телефонный диск набора; солнечные часы; круглое лицо *(разг.)*; «луна»; угломерный круг; лимб; горный компас; измерять по шкале, циферблату; набирать номер; настраивать *(приемник, телевизор)*; вызывать по телефону

to turn a dial — *набирать номер*

dial-up network ['daɪ(ə)lʌp'netwəːk] коммутирующая сеть

dialect ['daɪəlekt] диалект; наречие; говор; диалектный

dialectics [ˌdaɪə'lektɪks] диалектика

dialing ['daɪəlɪŋ] дисковой набор кода

dialling code ['daɪəlɪŋ'koud] телефонный код местности

dialling tone ['daɪəlɪŋ'toun] длинный низкий гудок *(сигнал того, что линия свободна)*

dialogic [ˌdaɪə'lɔdʒɪk] диалогический

dialogue ['daɪəlɔg] диалог *(в драме, романе)*; разговор

diamante [ˌdaɪə'mæntɪ] материал, похожий на бриллиант *(используется для изготовления украшений)*

diameter [daɪ'æmɪtə] диаметр

diameter of bore [daɪ'æmɪtər əv 'bɔː] диаметр расточенного отверстия

diametral [daɪ'æmɪtr(ə)l] диаметральный; поперечный

diamond ['daɪəmənd] алмаз; бриллиант; площадка для игры в бейсбол *(спорт.)*; алмазный; бриллиантовый; ромбоидальный; украшать бриллиантами

diamond anniversary ['daɪəmənd ˌænɪ'vəːsərɪ] «бриллиантовая» свадьба *(шестидесятилетний, семидесятилетний юбилей)*

diamonds ['daɪəmǝndz] бубны *(в картах)*

diapason [,daɪə'peɪsn] диапазон; интервал; сфера; высота звука; регистр органа; камертон; звучность мелодии

diaper ['daɪəpə] узорчатое полотно; полотенце; салфетка из узорчатого полотна; пеленка; ромбовидный узор; украшать ромбовидным узором; завертывать в пеленки; пеленать

diaphanous [daɪ'æfənəs] прозрачный; просвечивающий

diaphony [daɪ'æfənɪ] диафония *(муз.)*

diaphragm ['daɪəfræm] диафрагма *(анат.)*; перегородка; перемычка; мембрана

diapositive [,daɪə'pɔzɪtɪv] диапозитив

diarchy ['daɪɑːkɪ] двоевластие; диархия

diarist ['daɪərɪst] человек, ведущий дневник

diarize ['daɪəraɪz] вести дневник

diarthrosis [,daɪə'θrousɪs] истинный сустав

diary ['daɪərɪ] дневник; записная книжка-календарь

diaspora [daɪ'æspərə] диаспора

diastimeter дальномер

diastole [daɪ'æstəlɪ] диастола

diastribe ['daɪəstraɪb] тирада

diathermic [,daɪə'θəːmɪk] теплопрозрачный

diatonic [,daɪə'tɔnɪk] диатонический *(муз.)*

dibber ['dɪbə] сажальный кол; тяпка

dice [daɪs] кость *(игральная)*; играть в кости; нарезать в форме кубиков *(в кулинарии)*; вышивать узор квадратиками

dice-box ['daɪsbɔks] стаканчик, из которого бросают игральные кости

dicer ['daɪsə] игрок в кости

dichromatic [,daɪkrou'mætɪk] двухцветный

dicker ['dɪkə] десяток; дюжина; мелкая сделка; обмен; торговаться по мелочам; заключать мелкие сделки; дотошно копаться

dickey ['dɪkɪ] манишка; вложение; вставка; фартук; детский нагрудник; сиденье для кучера или лакея позади экипажа; заднее складное сиденье в двухместном автомобиле; ненадежный *(о торговом предприятии и т. п.)*

dictaphone ['dɪktəfoun] диктофон

dictate ['dɪkteɪt] — *сущ.* [dɪk'teɪt] — *гл.* повеление; приказ; предписание; диктат; диктовать; навязанный договор; предписывать

to dictate terms to smb. — *навязывать кому-нибудь условия*

dictating machine [dɪk'teɪtɪŋ|mə'ʃiːn] диктофон

dictation [dɪk'teɪʃ(ə)n] диктовка; диктат; директива; предписание; указание; распоряжение; повеление; диктант

dictator [dɪk'teɪtə] диктатор

dictatorial [,dɪktə'tɔːrɪəl] диктаторский; властный; властолюбивый

dictatorship [dɪk'teɪtəʃɪp] диктатура

diction ['dɪkʃ(ə)n] стиль; манера выражения мысли; выбор слов; дикция

dictionary ['dɪkʃ(ə)nrɪ] словарь

didactic [dɪ'dæktɪk] дидактический; наставнический; нравоучительный; поучительный; любящий поучать

didacticism [dɪ'dæktɪsɪzm] дидактизм; склонность к поучению

die [daɪ] игральная кость; штамп *(для кирпича)*; трафарет; шаблон; матрица; пуансон; пресс-форма; обжимка; цоколь *(колонны)*; словолитная матрица; выдавливать; прессовать; чеканить; штамповать; умереть; скончаться; увядать; засыхать; томиться желанием; кончаться; становиться безучастным, безразличным; затихать *(о ветре, звуке)*; испаряться *(о жидкости)*; заглохнуть *(о моторе)*

to die a violent death — *умереть насильственной смертью*

to die away — *увядать, падать в обморок; замирать (о звуке)*

to die hard — *сопротивляться до конца; быть живучим*

to die intestate — *умереть, не оставив завещания*

to die off — *отмирать; умирать один за другим*

to die out — *вымирать*

die head ['daɪ|hed] винторезная головка

die stamping ['daɪ|'stæmpɪŋ] тиснение

die-away ['daɪə,weɪ] томный; страдальческий

die-cutter (die-cutting) machine ['daɪ'kʌtə|('daɪ'kʌtɪŋ)mə'ʃiːn] высекальная машина

die-sinker ['daɪsɪŋkə] резчик печатей; штемпелей

diesel ['diːzəl] дизель, дизельный двигатель

diesel car ['diːzəl|kɑː] легковой автомобиль с дизельным двигателем

diesel engine ['diːzəl|'endʒɪn] дизельный двигатель

diesel fuel ['diːzəl|'fjuːəl] дизельное топливо

diesel oil ['diːzəl|'ɔɪl] дизельное масло; дизельное топливо; солярка

diesel-alternator ['diːzəl|'ɔːltəːneɪtə] дизель-генератор переменного тока

diesel-driven ['diːzəl|'drɪvn] дизельный

dieses ['daɪsɪs] диез *(знак повышения на полутон звука) (муз.)*

diet ['daɪət] еда; корм; питание; пища; стол; диета; рацион; держать на диете; законодательное собрание; международная конференция

dietary ['daɪət(ə)rɪ] паек; порция; диета; питание; рацион; дие*(те)*тический

DIE — DIG

dieter [ˈdaɪətə] человек, сидящий на диете
dieting [ˈdaɪətɪŋ] подкормка
differ [ˈdɪfə] различаться; отличаться; не соглашаться; расходиться
difference [ˈdɪfr(ə)ns] разница; отличие; различие; разность; перепад давления; отличительный признак; разногласие; расхождение во мнениях; ссора; отличать; служить отличительным признаком

to speculate in difference — *играть на разнице (бирж.)*
to split the difference — *сойтись в цене*

different [ˈdɪfr(ə)nt] другой; не такой; несходный; непохожий; отличный; отличающийся; различный; разный; ненормальный; необычный; дифферента *(мат.)*
differential [ˌdɪfəˈrenʃəl] дифференциал автомобиля; перепад давления; дифференциал
differential axle [ˌdɪfəˈrenʃəlˈæksl] полуось
differential bearing [ˌdɪfəˈrenʃəlˈbeərɪŋ] подшипник дифференциала
differential car axle [ˌdɪfəˈrenʃəlˌkɑːˈæksl] полуось ведущего моста автомобиля
differential drive [ˌdɪfəˈrenʃəlˈdraɪv] передача с разделением потока мощности
differential gear [ˌdɪfəˈrenʃəlˈgɪə] дифференциал
differently [ˈdɪfr(ə)ntlɪ] различно; разно; иначе; отлично
difficile [ˈdɪfɪsiːl] капризный *(франц.)*; несговорчивый; тяжелый
difficult [ˈdɪfɪk(ə)lt] трудный; тяжелый; тяжкий; затруднительный; неприятный; прихотливый; разборчивый; требовательный
difficulty [ˈdɪfɪk(ə)ltɪ] трудность; затруднение; помеха; преграда; препятствие; затруднения *(материальные)*

to be in difficulties — *находиться в стесненных обстоятельствах; испытывать материальное затруднение*
to face difficulties — *сталкиваться с трудностями*
to overcome difficulties — *преодолевать трудности*

diffidence [ˈdɪfɪd(ə)ns] неуверенность в себе; застенчивость; робость; скромность
diffident [ˈdɪfɪd(ə)nt] неуверенный в себе; застенчивый; робкий; скромный
diffluent [ˈdɪfluənt] растекающийся; расплывающийся; переходящий в жидкое состояние
diffused [dɪˈfjuːzd] рассеянный *(о свете и т. п.)*; разбросанный; распространенный; многословный; расплывчатый; рассеивать *(свет, тепло и т. п.)*; распространять; распылять
diffused capacitor [dɪˈfjuːzdkəˈpæsɪtə] диффузный конденсатор
diffused light [dɪˈfjuːzdˈlaɪt] рассеянный свет
diffused opinion [dɪˈfjuːzdəˈpɪnjən] распространенное мнение
diffuser [dɪˈfjuːzə] распылитель; рассеиватель
diffusion [dɪˈfjuːʒ(ə)n] распространение; многословие; диффузия; рассеивание; распыление; смешение
diffusion of investment [dɪˈfjuːʒ(ə)nəvɪnˈvestmənt] распыление капиталовложений
dig [dɪg] копать; рыть; откапывать; разыскивать; вонзать; тыкать; толкать; толчок; тычок; насмешка; берлога; нора
digest [ˈdaɪdʒest] — *сущ.* — [daɪˈdʒest] — *гл.* сборник *(материалов)*; справочник; резюме; краткое изложение *(законов)*; обзор прессы; переваривать(ся) *(о пище)*; усваивать; осваивать *(территорию)*; переносить; терпеть; вываривать(ся); выпаривать(ся); настаивать(ся)
digestible [dɪˈdʒestəbl] удобоваримый; легко усваиваемый
digestion [dɪˈdʒestʃ(ə)n] пищеварение; усвоение; переваривание
digestive [dɪˈdʒestɪv] способствующий пищеварению; пищеварительный
digestive juice [dɪˈdʒestɪvˈdʒuːs] пищеварительный сок *(биол.)*
digestive organ [dɪˈdʒestɪvˈɔːgən] пищеварительный орган
digestive track [dɪˈdʒestɪvˈtræk] пищеварительный тракт
digger [ˈdɪgə] землекоп; горнорабочий; углекоп; копатель; экскаватор; американский лесной суслик *(биол.)*
digging [ˈdɪgɪŋ] копание; рытье; земляные работы; рудник; копь; золотые прииски; добыча *(полезных ископаемых)*; раскопки; жилище; жилье
digipad [ˈdɪdʒɪpæd] устройство для ввода графических данных
digit [ˈdɪdʒɪt] цифра; однозначное число; разряд; символ; знак; двоичный знак; палец
digit duration [ˈdɪdʒɪtdjuəˈreɪʃən] цифровой интервал
digital [ˈdɪdʒɪtl] пальцевидный; пальцеобразный; дискретный; цифровой; численный; числовой; клавиша; пальцевая техника *(муз.)*
digital cassette [ˈdɪdʒɪtlkəˈset] кассета с цифровой информацией
digital channel selection [ˈdɪdʒɪtlˈtʃænlsɪˈlekʃən] выбор канала
digital clock [ˈdɪdʒɪtlˈklɔk] цифровые часы; цифровой датчик времени
digital computer [ˈdɪdʒɪtlkəmˈpjuːtə] цифровая вычислительная машина
digital device [ˈdɪdʒɪtldɪˈvaɪs] цифровое устройство

digital drum ['dɪʤɪtl|'drʌm] цифровой барабан
digital image ['dɪʤɪtl|'ɪmɪʤ] цифровое изображение
digital key ['dɪʤɪtl|ki:] клапан
digital machine ['dɪʤɪtl|mə'ʃi:n] цифровая *(вычислительная)* машина
digital network ['dɪʤɪtl|'netwə:k] цифровая сеть
digital video equipment ['dɪʤɪtl|'vɪdɪou|ɪ'kwɪpmənt] аппаратура цифрового телевидения
digital video recording ['dɪʤɪtl|'vɪdɪou|rɪ'kɔ:dɪŋ] цифровая видеозапись
digital video signal ['dɪʤɪtl|'vɪdɪou|'sɪgnl] цифровой видеосигнал
digitally-controlled ['dɪʤɪt(ə)lɪkən'trould] с программным управлением
digitize ['dɪʤɪtaɪz] переводить в цифровую форму; преобразовывать данные в цифровой код
digitizer ['dɪʤɪtaɪzə] устройство ввода графической информации
dignified ['dɪgnɪfaɪd] обладающий чувством собственного достоинства; величественный; величавый; грандиозный; достойный *(о человеке)*
dignified bearing ['dɪgnɪfaɪd|'beərɪŋ] достойное поведение
dignify ['dɪgnɪfaɪ] придавать достоинство; облагораживать; вознаграждать; награждать; удостаивать; величать; удостаивать имени
dignity ['dɪgnɪtɪ] достоинство; чувство собственного достоинства; должность; звание; сан; титул; лица высокого звания; знать; почетное звание
digress [daɪ'gres] отступать; отвлекаться; отклоняться *(от темы, от существа дела)*
digressive [daɪ'gresɪv] отклоняющийся; отступающий *(от темы и т. п.)*
dijudication судебное решение или определение
dike [daɪk] дамба; плотина; преграда; препятствие; защищать дамбой; перегораживать плотиной; воздвигать плотину, дамбу; осушать; дренировать
dilapidate [dɪ'læpɪdeɪt] приходить или приводить в упадок; прожить; промотать; растратить
dilapidated [dɪ'læpɪdeɪtɪd] полуразрушенный; полуразвалившийся; разоренный; неопрятный; неряшливо одетый
dilatability [daɪˌleɪtə'bɪlɪtɪ] расширение
dilatation [ˌdaɪleɪ'teɪʃ(ə)n] расширение; распространение
dilatory ['dɪlət(ə)rɪ] медленный; неторопливый; тихий; медлительный; оттягивающий *(время)*; запоздалый; поздний; отсрочивающий; тормозящий; отлагательный; склонный к волоките
dilemma [dɪ'lemə] затруднительное положение

dilettante [ˌdɪlɪ'tæntɪ] дилетант; любитель; непрофессионал; дилетантский; любительский; непрофессиональный
dilettantism [ˌdɪlɪ'tæntɪzm] дилетантство
diligence ['dɪlɪʤəns] прилежность; старательность; заботливость
diligent ['dɪlɪʤ(ə)nt] прилежный; усердный; старательный; тщательно выполненный
dill [dɪl] укроп
dillisk красная водоросль
dilly-dally ['dɪlɪdælɪ] колебаться; мешкать; терять время в нерешительности
diluent ['dɪljuənt] вещество, разжижающее кровь; разжижитель; разжижающий; растворяющий; разбавитель; растворитель
dilute [daɪ'lju:t] разжижать; разбавлять; обескровливать; выхолащивать *(теорию, программу и т. п.)*; слабеть; становиться слабее; разбавленный; разведенный
diluter [daɪ'lju:tə] разбавитель
dilution [daɪ'lu:ʃ(ə)n] разведение; разжижение; растворение; ослабление; понижение; спад; разбавление; раствор
dim [dɪm] тусклый; неясный; матовый; слабый *(о зрении, об интеллекте)*; смутный; туманный; бестолковый; тупой; с неясным сознанием; уменьшать освещенность; переключать фары автомобиля на ближний свет
dim light ['dɪm|laɪt] ближний свет фар
dimension [dɪ'menʃən] измерение; размер; величина; объем; протяжение; придавать нужные размеры; размерность
dimensionless [dɪ'menʃənlɪs] безразмерный; отвлеченный; безмерный
dimidiate [dɪ'mɪdɪɪt] — *сущ.* [dɪ'mɪdɪeɪt] — *гл.* разделенный на две равные части; делить пополам
diminish [dɪ'mɪnɪʃ] убавлять(ся); уменьшать(ся); ослаблять; попирать; унижать; слабеть
to diminish in bulk — сокращаться в объеме
diminished [dɪ'mɪnɪʃt] уменьшенный; униженный
diminishing [dɪ'mɪnɪʃɪŋ] убывающий; уменьшающийся; тающий *(о доходах)*
diminishing pipe [dɪ'mɪnɪʃɪŋ|'paɪp] соединительный патрубок; переходная труба *(авт.)*
diminishing returns [dɪ'mɪnɪʃɪŋ|rɪ'tə:nz] сокращающиеся доходы
diminishing socket [dɪ'mɪnɪʃɪŋ|'sɔkɪt] соединительная муфта *(авт.)*
diminuendo [dɪˌmɪnju'endou] диминуэндо *(муз.)*
diminution [ˌdɪmɪ'nju:ʃ(ə)n] уменьшение; спад; убавление; сужение колонны *(архит.)*; уменьшение длительности нот *(муз.)*; умаление; принижение; неполнота документов

DIM — DIR

diminutival [dɪˌmɪnjuˈtaɪv(ə)l] уменьшительный; уменьшительный суффикс

dimmers [ˈdɪməz] фары ближнего света

dimmish [ˈdɪmɪʃ] неясный; тускловатый

dimple [ˈdɪmpl] ямочка *(на щеке, подбородке)*; рябь *(на воде)*; впадина; котловина; яма; покрываться рябью

dimply [ˈdɪmplɪ] покрытый ямочками; подернутый рябью *(о воде)*

din [dɪn] шум; грохот; гудение; гул; шуметь; грохотать; оглушать; гудеть; звенеть в ушах; назойливо повторять

dine [daɪn] обедать; угощать обедом; давать обед

diner [ˈdaɪnə] обедающий; вагон-ресторан

diner-out [ˈdaɪnərˈaut] человек, часто обедающий вне дома

dinette [ˌdaɪˈnet] кают-компания на подводной лодке

ding [dɪŋ] звон колокола; звенеть *(о металле и т. п.)*; назойливо повторять

ding-dong [ˈdɪŋˈdɔŋ] динь-дон *(о перезвоне колоколов)*; приспособление в часах, выбивающее каждую четверть; монотонное повторение; звенящий; чередующийся; с упорством; серьезно

dingey [ˈdɪŋɪ] см. dinghy

dinghy [ˈdɪŋɪ] индийская маленькая шлюпка; ялик; надувная резиновая лодка

dingle [ˈdɪŋgl] глубокая лощина

dingle-dangle [ˈdɪŋglˈdæŋgl] качание взад и вперед; качаясь

dingo [ˈdɪŋgou] собака динго

dingy [ˈdɪndʒɪ] выцветший; тусклый; темный; грязный *(от сажи, пыли)*; закоптелый; сомнительный *(о репутации)*; плохо одетый; обтрепанный

dining hall [ˈdaɪnɪŋˈhɔːl] столовая

dining-room [ˈdaɪnɪŋrum] столовая

dinner [ˈdɪnə] обед; обеденный

dinner-jacket [ˈdɪnəˌdʒækɪt] смокинг

dinosaur [ˈdaɪnousɔː] динозавр

dint [dɪnt] след от удара; вмятина; оставлять след, вмятину

diocesan [daɪˈɔsɪs(ə)n] епархиальный; епископ *(иногда священник или прихожанин)* данной епархии

diocese [ˈdaɪəsɪs] епархия

dioecious [daɪˈiːʃəs] раздельнополый; двудомный

dioval twins двуяйцовые близнецы

dip [dɪp] погружение; глубина погружения; понижение; наклонение; провес; жидкость; раствор *(для крашения, очистки металла, для уничтожения паразитов на овцах и т. п.)*; маканая свеча; приспущенное положение флага; откос; уклон; наклонение видимого горизонта; черпать; наклонять *(голову при приветствии)*; опускаться; спускаться; спускать *(парус)*; салютовать *(флагом)*; погружаться *(в изучение, исследование)*; пытаться выяснить что-либо; поверхностно, невнимательно просматривать; проводить гистологические срезы через проводку

diploma [dɪˈploumə] диплом; свидетельство; письменное удостоверение; аттестат; официальный документ

diplomacy [dɪˈplouməsɪ] дипломатия

diplomaed [dɪˈploumәd] имеющий или получивший диплом; дипломированный

diplomat [ˈdɪpləmæt] дипломат; политик

diplomatic [ˌdɪpləˈmætɪk] дипломатический; дипломатичный; мягкий; тактичный; неискренний; буквальный; дословный; текстуальный

diplomatic behaviour [ˌdɪpləˈmætɪkbɪˈheɪvjə] дипломатические манеры; манеры дипломата; дипломатическая деятельность

diplomatic body [ˌdɪpləˈmætɪkˈbɔdɪ] дипломатический корпус

diplomatics [ˌdɪpləˈmætɪks] дипломатическое искусство; дипломатика *(отдел палеографии)*

diplomatize [dɪˈploumətaɪz] действовать дипломатично

dipole [ˈdaɪpoul] вибратор

dipped beam [ˈdɪptˈbiːm] ближний свет *(авт.)*

dipper [ˈdɪpə] ковш; черпак; лейка; опускной ковш *(техн.)*

dipping [ˈdɪpɪŋ] погружение; макание; опускание; вертикальная качка

dipsey поплавок рыболовного яруса

dipsomaniac [ˌdɪpsouˈmeɪnɪæk] алкоголик; запойный пьяница

dipstick [ˈdɪpstɪk] измерительный стержень; указатель уровня масла; щуп для определения уровня масла в автомобиле

dipteral [ˈdɪptər(ə)l] окруженный портиком с двумя рядами колонн *(архит.)*

diptych [ˈdɪptɪk] диптих *(муз. цикл из двух пьес)*

dire [ˈdaɪə] страшный; ужасный; крайний; полный

direct [dɪˈrekt] прямой; личный; непосредственный; абсолютный; полный; открытый; ясный; правдивый; непосредственно; прямо; руководить; управлять; направлять; адресовать; нацеливать(ся); указывать; приказывать; дирижировать *(оркестром, хором)*; ставить *(о режиссуре)*; побуждать; подсказывать; править; показывать; давать инструкции

to direct a business — руководить фирмой

direct access [dɪˈrektˈækses] прямой доступ

direct (proximate) damages [dɪˈrekt(ˈprɔksɪmɪt)ˈdæmɪdʒɪz] прямые убытки

direct descendant [dɪˈrekt|dɪˈsendənt] прямой наследник

direct injection [dɪˈrekt|ɪnˈdʒekʃən] прямой впрыск топлива

direct knowledge [dɪˈrekt|ˈnɔlɪdʒ] сведения из первоисточников

direct labour standard [dɪˈrekt|ˈleɪbə|ˈstændəd] стандарт выработки на основные виды работ

direct lift hoist [dɪˈrekt|ˈlɪft|hɔɪst] гидравлический подъемник для автомобилей

direct mail [dɪˈrekt|ˈmeɪl] реклама по почте

direct opposite [dɪˈrekt|ˈɔpəzɪt] прямая противоположность

direct screening [dɪˈrekt|ˈskriːnɪŋ] прямое растрирование

direct transmission [dɪˈrekt|trænzˈmɪʃən] прямая передача

direct-acting shock absorber [dɪˈrekt,æktɪŋ|ˈʃɔk|əbˈsɔːbə] амортизатор прямого действия

direct-current circuit [dɪˈrekt,kʌrənt|ˈsəːkɪt] цепь постоянного тока

direct-current motor [dɪˈrekt,kʌrənt|ˈmoutə] электродвигатель постоянного тока

directing-post [dɪˈrektɪŋpoust] дорожный указательный столб

direction [daɪˈrekʃən] руководство; управление; дирекция; правление; указание; распоряжение; направление; адрес (на письме); область; сфера; постановка (спектакля, фильма) (театр.); режиссура

direction detector [daɪˈrekʃən|dɪˈtektə] пеленгатор

direction finder [daɪˈrekʃən|ˈfaɪndə] пеленгатор; радиопеленгатор

direction indicator [daɪˈrekʃən|ˈɪndɪkeɪtə] поворотник; указатель поворота

direction of motion [daɪˈrekʃən|əv|ˈmouʃən] направление движения

direction sign [daɪˈrekʃən|saɪn] дорожный знак; указатель дорожного направления

directional lamp [daɪˈrekʃən|læmp] лампочка поворотника

directionless [daɪˈrekʃnlɪs] не имеющий направления; бесцельный

directions [daɪˈrekʃənz] инструкция; директивы

directive [dɪˈrektɪv] директива; указание; руководящее указание; распоряжение; установка; направляющий; указывающий; управляющий; директивный; инструктивный; руководящий

directly [daɪˈrektlɪ] прямо; непосредственно; немедленно; тотчас; как только

directly-proportional [daɪˈrektlɪprəˈpɔːʃənl] прямо пропорциональный

director [dɪˈrektə] директор; руководитель; начальник управления (воен.); духовник (церк.); режиссер; видеорежиссер; дирижер (оркестра, хора); кинорежиссер; режиссер-постановщик; продюсер; прибор управления; пост сопровождения цели; центральный автомат стрельбы

director-general [dɪˈrektəˈdʒenərəl] генеральный директор

directorship [dɪˈrektəʃɪp] директорство; заведование; руководство; управление

directory [dɪˈrektərɪ] руководство; справочник; указатель; адресная книга; справочник; картотека клиентуры; дирекция; директивный; содержащий указания, инструкции; инструктивный

directress [dɪˈrektrɪs] директриса; начальница учебного заведения

dirge [dəːdʒ] погребальная песнь; панихида

dirigible [ˈdɪrɪdʒəbl] дирижабль; управляемый

dirk [dəːk] кинжал; кортик (мор.); вонзать кинжал

dirt [dəːt] грязь; сор; нечистоты; земля; почва; грунт; непорядочность; гадость; непристойные речи; брань; оскорбление; мусорный

dirt floor [ˈdəːt|ˈflɔː] земляной пол

dirt-cheap [ˈdəːtˈtʃiːp] очень дешевый

dirtily [ˈdəːtɪlɪ] грязно; бесчестно; низко

dirtiness [ˈdəːtɪnɪs] грязь; неопрятность; гадость; низость

dirty [ˈdəːtɪ] грязный; запачканный; немытый; вульгарный; неприличный; скабрезный; непорядочный; несправедливый; нечестный; загрязнять; пачкать

dirty boxer [ˈdəːtɪ|ˈbɔksə] боксер, дерущийся не по правилам

dirty business [ˈdəːtɪ|ˈbɪznɪs] грязные дела

dirty linen [ˈdəːtɪ|ˈlɪnɪn] грязное белье

dis- [dɪs-] не-; дис-; раз-; рас-

disability [ˌdɪsəˈbɪlɪtɪ] неспособность; неправоспособность; неплатежеспособность; аварийное состояние

disable [dɪsˈeɪbl] делать неспособным; делать неправоспособным; лишать права; выводить из строя; запрещать; заблокировать; отключать; ограничивать в правах; лишать трудоспособности; искалечить

disabled [dɪsˈeɪbld] искалеченный; выведенный из строя; поврежденный; потерпевший аварию; аварийный

disabled condition [dɪsˈeɪbld|kənˈdɪʃən] состояние бездействия

disabled veteran [dɪsˈeɪbld|ˈvetərən] инвалид войны

disabled worker [dɪsˈeɪbld|ˈwəːkə] инвалид труда

disablement [dɪsˈeɪblmənt] выведение из строя; утрата трудоспособности; лишение прав; ограничение в правах

disaccord [ˌdɪsəˈkɔːd] несогласие; расходиться во взглядах

disadvantage [ˌdɪsədˈvɑːntɪdʒ] невыгода; невыгодное положение; вред; ущерб; неудобство; барьер; помеха; преграда; убыток

disagree [ˌdɪsəˈgriː] не совпадать; расходиться во мнениях; не соглашаться; не ладить; ссориться; не подходить; быть противопоказанным; быть вредным (о климате, пище)

disagreeable [ˌdɪsəˈgrɪəbl] неприятный; приветливый; хмурый; неприятности (во мн. ч.)

disagreement [ˌdɪsəˈgriːmənt] расхождение во мнениях; разногласие; разлад; ссора

disallow [ˈdɪsəˈlau] отвергать; отказывать; отклонять; запрещать; подавлять; не разрешать

disallowance [ˌdɪsəˈlauəns] отказ; отклонение; запрещение

disannul [ˌdɪsəˈnʌl] аннулировать

disappear [ˌdɪsəˈpɪə] исчезать; скрываться; пропадать

disappearance [ˌdɪsəˈpɪər(ə)ns] исчезновение; пропажа

disappoint [ˌdɪsəˈpɔɪnt] разочаровывать; обманывать (надежды); лишать; отбирать; отнимать

disappointed [ˌdɪsəˈpɔɪntɪd] разочарованный

disappointment [ˌdɪsəˈpɔɪntmənt] разочарование; обманутая надежда; досада; недовольство; неприятность; неудовлетворение; что-либо не оправдавшее ожиданий

disapprobation [ˌdɪsæprouˈbeɪʃ(ə)n] неодобрение; осуждение; порицание; строгая критика

disapprobative [dɪsˈæproubeɪtɪv] неодобрительный; осуждающий

disapprobatory [dɪsˈæproubeɪt(ə)rɪ] неодобрительный; осуждающий

disapproval [ˌdɪsəˈpruːv(ə)l] неодобрение; осуждение; порицание; строгая критика

disapprove [ˈdɪsəˈpruːv] не одобрять

disapproving [ˌdɪsəˈpruːvɪŋ] неодобрительный

disapprovingly [ˈdɪsəˈpruːvɪŋlɪ] неодобрительно

disarm [dɪsˈɑːm] обезоруживать; обезвреживать; умиротворять; разоружать(ся); разряжать; удалять взрыватель из мины

disarmament [dɪsˈɑːməmənt] разоружение

disarmament agreement [dɪsˈɑːməmənt|əˈgriːmənt] соглашение о разоружении

disarming [dɪsˈɑːmɪŋ] обезоруживающий

disarrange [ˈdɪsəˈreɪndʒ] дезорганизовать; нарушать; расстраивать; срывать; приводить в беспорядок

disarrangement [ˌdɪsəˈreɪndʒmənt] расстройство; дезорганизация; непорядок; беспорядок; замешательство

disarray [ˈdɪsəˈreɪ] беспорядок; замешательство; непорядок; смятение; небрежный костюм; приводить в беспорядок, в смятение; раздевать (поэт.); снимать одежду

disassemble [ˈdɪsəˈsembl] разбирать; демонтировать

disassembly [ˌdɪsəˈsemblɪ] демонтаж, разборка

disassimilation [ˌdɪsəˌsɪmɪˈleɪʃən] распад вещества; диссимиляция

disaster [dɪˈzɑːstə] беда; бедствие; катастрофа; несчастье

disaster area [dɪˈzɑːstəˈeərɪə] район бедствия

disastrous [dɪˈzɑːstrəs] бедственный; гибельный; зловещий; грозный; злополучный; роковой

disavow [ˈdɪsəˈvau] отрицать; отрекаться; отказываться; снимать с себя ответственность; дезавуировать

disavowal [ˈdɪsəˈvauəl] отрицание; отказ; отклонение; отречение; дезавуирование

disbalance [dɪsˈbæləns] нарушение равновесия; дисбаланс

disband [dɪsˈbænd] отпускать; разгонять; распускать; расформировывать (воен.); разбегаться; рассеиваться

disbelief [ˈdɪsbɪˈliːf] неверие; недоверие

disbelieve [ˈdɪsbɪˈliːv] не верить; не доверять; быть скептиком

disbeliever [ˈdɪsbɪˈliːvə] неверующий

disbolism нарушение обмена веществ (мед.)

disbrain удалять головной мозг (мед.)

disbud [dɪsˈbʌd] обрезать (лишние) молодые побеги, почки

disburse [dɪsˈbəːs] платить; расплачиваться; оплачивать; проплачивать; уплачивать

disbursement [dɪsˈbəːsmənt] оплата; плата; расплата; уплата; выплаченная сумма; выплата; расходы; издержки

disc [dɪsk] диск; грампластинка; круг; тарелка клапана

disc harrow [ˈdɪsk|ˈhærou] дисковая борона

discard [ˈdɪskɑːd] — сущ. [dɪsˈkɑːd] — гл. сбрасывание карт; сброшенная карта; что-либо ненужное; брак; браковать; сбрасывать карту; отбрасывать; выбрасывать за ненадобностью; отказываться от прежних взглядов, дружбы и т. п.; увольнять; выгонять с работы; отказывать от места; списывать за негодностью; снимать с вооружения

discern [dɪˈsəːn] различать; распознавать; разглядеть; отличать; проводить различие

discernible [dɪˈsəːnəbl] видимый; различимый; видный; заметный

discerning [dɪˈsəːnɪŋ] умеющий различать; распознавать; мудрый; проницательный

discernment [dɪˈsəːnmənt] умение различать, распознавать; проницательность

discharge [dɪsˈtʃɑːʤ] разгрузка; выстрел; залп; увольнение; рекомендация *(выдаваемая увольняемому)*; освобождение *(заключенного)*; реабилитация; выгрузка; исполнение обязательств; оправдание подсудимого; уплата долга; исполнение обязанностей; вытекание; спуск; сток; слив; разгружать; выпустить заряд; выстрелить; выпускать; спускать; выливать; нести свои воды *(о реке)*; освобождать *(заключенного)*; реабилитировать; выписывать *(из больницы)*; выплачивать *(долги)*; выполнять *(обязанности)*; выплата; погашение долга; уплачивать; погашать; исполнение; отправление обязанностей

discharge of a contract [dɪsˈtʃɑːʤ|əv|əˈkɔntrækt] прекращение договорных обязательств

discharge of debt [dɪsˈtʃɑːʤ|əv|ˈdet] погашение долга

discharge opening [dɪsˈtʃɑːʤ|ˈoupənɪŋ] выпускное отверстие

discharge rate [dɪsˈtʃɑːʤ|ˈreɪt] ток разряда аккумуляторной батареи

discharging [dɪsˈtʃɑːʤɪŋ] разрядка аккумулятора

discharging berth [dɪsˈtʃɑːʤɪŋ|ˈbəːθ] причал для разгрузочных работ

disciple [dɪˈsaɪpl] ученик; последователь; поборник; приверженец; сторонник; апостол *(рел.)*

disciplinarian [ˌdɪsɪplɪˈnɛərɪən] сторонник дисциплины; приверженец пресвитерианства *(ист.)*

disciplinary [ˈdɪsɪplɪnərɪ] дисциплинарный; исправительный; дисциплинирующий

disciplinary cell [ˈdɪsɪplɪnərɪ|ˈsel] гауптвахта

discipline [ˈdɪsɪplɪn] дисциплина; порядок; дисциплинированность; дисциплина *(отрасль знания)*; наказание; дисциплинировать; тренировать; упражнять; подвергать дисциплинарному взысканию

disciplined behaviour [ˈdɪsɪplɪnd|bɪˈheɪvjə] дисциплинированное поведение

disclaim [dɪsˈkleɪm] отказываться; отрекаться; отступаться; отрицать; не признавать; отказываться *(от прав на что-либо) (юр.)*

disclaimer [dɪsˈkleɪmə] отказ; отклонение; отречение; отказ *(от права на что-либо) (юр.)*

disclose [dɪsˈklouz] выявлять; обнаруживать; раскрывать; объявлять; сообщать

to disclose records — опубликовать архивы

disclosure [dɪsˈklouzə] обнаружение; открытие; разоблачение; раскрытие; объявление; сообщение

disclosure of alibi [dɪsˈklouzər|əv|ˈælɪbaɪ] заявление алиби

disclosure of documents [dɪsˈklouzər|əv|ˈdɔkjumənts] разглашение содержания документов

disco [ˈdɪskou] дискотека; диско *(стиль современной музыки)*

discobolus [dɪsˈkɔbələs] дискобол

discoid [ˈdɪskɔɪd] имеющий форму диска

discolo(u)r [dɪsˈkʌlə] изменять цвет; окраску; обесцвечивать*(ся)*; пачкать*(ся)*; потеря окраски

discolo(u)ration [dɪsˌkʌləˈreɪʃ(ə)n] изменение цвета; обесцвечивание; знак; метка; пятно; потеря окраски

discomfit [dɪsˈkʌmfɪt] расстраивать *(планы и т. п.)*; приводить в замешательство; наносить поражение

discomfiture [dɪsˈkʌmfɪtʃə] расстройство планов; замешательство; смущение; поражение *(в бою)*

discomfort [dɪsˈkʌmfət] неудобство; неловкость; стесненное положение; лишения; беспокойство; волнение; тревога; беспокоить; причинять неудобство; затруднять

discommend [ˌdɪskəˈmend] не одобрять; осуждать; порицать; судить; не рекомендовать; отсоветовать

discommodity [ˌdɪskəˈmɔdɪtɪ] неудобство; невыгодность; что-либо бесполезное

discompose [ˌdɪskəmˈpouz] расстраивать; беспокоить; *(вз)*волновать; *(вс)*тревожить

discomposedly [ˌdɪskəmˈpouzɪdlɪ] беспокойно; тревожно; взволнованно

discomposure [ˌdɪskəmˈpouzə] беспокойство; возбуждение; волнение; замешательство; тревога

disconcert [ˌdɪskənˈsəːt] смущать; приводить в замешательство; расстраивать *(планы)*

disconcerted [ˌdɪskənˈsəːtɪd] смущенный; расстроенный

disconnect [ˈdɪskəˈnekt] разъединять; разобщать; расцеплять; отключать; отсоединять; выключать

disconnected [ˈdɪskəˈnektɪd] разъединенный; бессвязный; несвязный; отрывистый

disconnecting sleeve [ˈdɪskəˈnektɪŋ|ˈsliːv] разъемная муфта

disconnection [ˌdɪskəˈnekʃ(ə)n] разъединение; разделение; разобщение; изолированность; разобщенность; отключение

disconsider [ˌdɪskənˈsɪdə] дискредитировать

disconsolate [dɪsˈkɔns(ə)lɪt] неутешный; печальный; несчастный

discontent [ˈdɪskənˈtent] недовольство; неудовлетворенность; досада; недовольный; неудовлетворенный; вызывать недовольство

discontinuance [ˌdɪskənˈtɪnjuəns] остановка; перерыв; прекращение

discontinue [ˈdɪskənˈtɪnjuː(ː)] прерывать(ся); прекращать(ся); аннулировать; отменять; упразднять; прекращать *(дело) (юр.)*

discord [dɪsˈkɔːd] звучать диссонансом

discordant [dɪsˈkɔːd(ə)nt] несовместимый; несогласный; противоречащий; противоречивый; нестройный; диссонирующий *(о звуках)*

discotheque [ˈdɪskətek] дискотека

discount [ˈdɪskaunt] скидка; дисконт; учет векселей; процент скидки; ставка учета; делать скидку; не принимать в расчет; не доверять всему слышанному; получать проценты вперед при даче денег взаймы; обесценивать; уменьшать; снижать доход

to allow a discount — *предоставлять скидку*
to claim a discount — *требовать скидку*

discount for cash [ˈdɪskaunt|fəˈkæʃ] скидка за наличный расчет

discount rate [ˈdɪskauntˈreɪt] учетная ставка

discountenance [dɪsˈkauntɪnəns] не одобрять; обескураживать; отказывать в поддержке; смущать; приводить в замешательство

discounter [ˈdɪskauntə] магазин или предприятие, продающие товары очень дешево

discourage [dɪsˈkʌrɪʤ] обескураживать; расхолаживать; отбивать охоту; отговаривать; отсоветовать

discouragement [dɪsˈkʌrɪʤmənt] обескураживание; упадок духа; обескураженность; отговаривание

discouraging [dɪsˈkʌrɪʤɪŋ] обескураживающий; расхолаживающий

discourse [dɪsˈkɔːs] рассуждение *(письменное или устное);* доклад; лекция; речь; непрямая речь; излагать в форме речи

discourteous [dɪsˈkəːtjəs] невоспитанный; невежливый; неучтивый

discourtesy [dɪsˈkəːtɪsɪ] грубость; невежливость; невоспитанность; неучтивость

discover [dɪsˈkʌvə] обнаруживать; раскрывать; узнавать; делать открытия; открывать; выглядеть

discovert [dɪsˈkʌvət] незамужняя; овдовевшая

discovery [dɪsˈkʌv(ə)rɪ] открытие; выявление; обнаружение; раскрытие; обретение; представление документов; обнаружение нового факта преступления

discredit [dɪsˈkredɪt] дискредитация; недоверие; лишение коммерческого кредита *(фин.);* дискредитировать; бесславить; бесчестить; позорить; не доверять; опорочивать; лишать полномочий

to discredit an expert — *подвергать сомнению компетентность эксперта*

discreditable conduct [dɪsˈkredɪtəblˈkɔndəkt] дискредитирующее поведение

discreet [dɪsˈkriːt] благоразумный; мудрый; осмотрительный; осторожный; разумный; неболтливый; сдержанный; спокойный; умеренный

discrepancy [dɪsˈkrep(ə)nsɪ] расхождение; несходство; неувязка; различие; несовпадение; неточность; несоответствие; отклонение от точного размера

discrepant [dɪsˈkrep(ə)nt] отличающийся от чего-либо; несходный; противоречивый; разноречивый

discrete [dɪsˈkriːt] раздельный; состоящий из разрозненных частей; дискретный; абстрактный *(филос.)*

discretion [dɪsˈkreʃ(ə)n] благоразумие; осмотрительность; осторожность; рассудительность; свобода действий; усмотрение

discretionary [dɪsˈkreʃn(ə)rɪ] предоставленный на собственное усмотрение; действующий по собственному усмотрению; дискреционный

discriminate [dɪsˈkrɪmɪnɪt] — *сущ., прил.* [dɪsˈkrɪmɪneɪt] — *гл.* отчетливый; имеющий отличительные признаки; различающий(ся); выделять; отличать; *(уметь)* различать; распознавать

discrimination [dɪsˌkrɪmɪˈneɪʃ(ə)n] дискриминация; умение разбираться; проницательность; неодинаковое отношение; распознавание; отделение; выделение; разрешающая способность прибора

discriminatory [dɪsˈkrɪmɪnət(ə)rɪ] отличительный; тенденциозный; предвзятый; пристрастный;

discrown [dɪsˈkraun] лишать короны; развенчивать

discus [ˈdɪskəs] диск

discus-throw [ˈdɪskəsˈθrou] метание диска

discuss [dɪsˈkʌs] обсуждать; дискутировать; есть *(разг.);* пить с удовольствием; смаковать *(разг.)*

discussion [dɪsˈkʌʃ(ə)n] дискуссия; обсуждение; рассмотрение; дебаты; переговоры; беседа; исследование; прения

disdain [dɪsˈdeɪn] игнорирование; неуважение; презрение; пренебрежение; надменность; презирать; пренебрегать; считать ниже своего достоинства; смотреть свысока

disdainful [dɪsˈdeɪnful] презрительный; пренебрежительный

disease [dɪˈziːz] болезнь; поражать *(о болезни);* вызывать болезнь; заболевание; неисправность машины

disease of mind [dɪˈziːz|əv|ˈmaɪnd] психическое заболевание

diseased [dɪˈziːzd] больной; заболевший; болезненный; нездоровый

disembark [ˈdɪsɪmˈbɑːk] высаживать; высаживаться на берег; выгружать(ся)

disembarkation [ˌdɪsemba:'keɪʃ(ə)n] высадка; выгрузка *(на берег)*

disembarrass ['dɪsɪm'bærəs] выводить из затруднения, замешательства; освобождать *(от стеснения, хлопот)*; распутывать *(что-либо сложное)*

disembody ['dɪsɪm'bɔdɪ] расформировывать; распускать *(войска)*; отделять от конкретного воплощения *(идею и т. п.)*; освобождать от телесной оболочки *(рел.)*

disembogue [ˌdɪsɪm'boug] впадать; вливаться *(о реке)*; выливаться *(о толпе)*; высказываться; изливаться

disembosom [ˌdɪsɪm'buzəm] поверять *(тайну, чувство)*; открыть душу; открыться кому-либо

disembowel [ˌdɪsɪm'bauəl] потрошить

disembroil [ˌdɪsɪm'brɔɪl] развязывать; распутывать

disenchant [ˌdɪsɪn'tʃɑ:nt] освобождать от чар, иллюзий; разочаровывать

disenchantment [ˌdɪsɪnt'ʃɑ:ntmənt] разочарование; сожаление

disencumber ['dɪsɪn'kʌmbə] освобождать от затруднений, препятствий, бремени

disengage ['dɪsɪn'geɪdʒ] выключать сцепление

disentitle ['dɪsɪn'taɪtl] лишать права на что-либо; лишать титула

disentomb ['dɪsɪn'tu:m] выкапывать из могилы; откапывать; находить

disequilibrium ['dɪsekwɪ'lɪbrɪəm] отсутствие или потеря равновесия; неустойчивость

disestablish ['dɪsɪs'tæblɪʃ] разрушать; отменять *(установленное)*; отделять церковь от государства

diseur [di:'zə:] мелодекламатор

diseuse [di:'zə:z] шансонетка

disfavour ['dɪs'feɪvə] немилость; неодобрение; осуждение; порицание; не одобрять

disfeature [dɪs'fi:tʃə] обезображивать; уродовать *(внешность)*

disfigure [dɪs'fɪgə] обезображивать; уродовать; безобразить; калечить; портить; искажать

to disfigure a face — *изуродовать лицо*

disfigurement [dɪs'fɪgəmənt] обезображивание; физический недостаток; уродство; искажение

disfranchise ['dɪs'fræntʃaɪz] лишать прав *(гражданских, избирательных)*; лишать льгот *(привилегий, членства)*

disfrock [dɪs'frɔk] лишать духовного звания, сана

disgorge [dɪs'gɔ:dʒ] извергать *(лаву)*; выбрасывать *(клубы дыма)*; изрыгать; отдавать; разгружать(ся); вливаться; впадать; возвращать

to disgorge property — *возвращать незаконно присвоенное имущество*

disgrace [dɪs'greɪs] позор; бесчестие; позорный поступок; немилость; позорить; бесчестить; пятнать; разжаловать; лишить расположения; подвергнуть немилости

disgraceful [dɪs'greɪsful] зазорный; позорный; постыдный

disgruntle [dɪs'grʌntl] сердить; приводить в дурное настроение; раздражать

disgruntled [dɪs'grʌntld] в плохом настроении; раздраженный; рассерженный

disguise [dɪs'gaɪz] маскировка; переодевание; обманчивая внешность; маска; личина; переодевать; маскировать; делать неузнаваемым; скрывать

disgust [dɪs'gʌst] отвращение; омерзение; внушать отвращение; быть противным

disgustful [dɪs'gʌstful] отвратительный; плохой; противный

dish [dɪʃ] блюдо; тарелка; миска; кушанье; ложбина; впадина; котлован; класть на блюдо; выгибать; придавать вогнутую форму

to dish out — *раскладывать кушанье; раздавать*

to dish up — *подавать кушанье к столу; сервировать; (в переносном значении) уметь преподнести (анекдот и т. п.)*

dish drainer ['dɪʃ'dreɪnə] сушка для посуды

dish-cloth ['dɪʃklɔθ] посудное, кухонное полотенце; тряпка для мытья посуды

dish-gravy ['dɪʃˌgreɪvɪ] подливка *(из сока жаркого)*

dish-washer ['dɪʃˌwɔʃə] судомойка; посудомоечная машина

dish-water ['dɪʃˌwɔ:tə] помои

dishabituate [ˌdɪshə'bɪtjueɪt] отучать от привычки

dishallow [dɪs'hælou] осквернять *(святыню)*

disharmonious [ˌdɪshɑ:'mounjəs] дисгармоничный; несоответствующий

disharmonize [dɪs'hɑ:mənaɪz] дисгармонировать; вносить разногласие; нарушать гармонию

disharmony ['dɪs'hɑ:m(ə)nɪ] дисгармония; несогласие; разногласие; расхождение; несозвучность; развод

dishearten [dɪs'hɑ:tn] приводить в уныние; расхолаживать

disherison [dɪs'herɪzn] лишение наследства

dishevel [dɪ'ʃev(ə)l] взъерошить; растрепать

dishevelled [dɪ'ʃev(ə)ld] взъерошенный; всклокоченный; растрепанный

dishonest [dɪs'ɔnɪst] нечестный; мошеннический; непорядочный; бесчестный

dishonesty [dɪs'ɔnɪstɪ] нечестность; ложь; неправда; обман; небрежность; недобросовестность; нерадивость; мошенничество

dishonour [dɪs'ɔnə] бесславие; бесчестье; позор; стыд; позорить; отказ в оплате векселя

to dishonour one's promise — *не сдержать своего обещания*

dishonourable [dɪsʹon(ə)rəbl] бесчестный; позорный; нечестный; подлый; постыдный; низкий; позорящий

disillusion [ˌdɪsɪʹluːʒ(ə)n] утрата иллюзий; разочарование; разрушать иллюзии; открывать правду; разочаровывать

disillusionment [ˌdɪsɪʹluːʒənmənt] разочарование

disimprison [ʹdɪsɪmʹprɪzn] освобождать из тюрьмы

disincentive [ˌdɪsɪnʹsentɪv] сдерживающее средство; препятствие

disinclination [ˌdɪsɪnklɪʹneɪʃ(ə)n] несклонность; нерасположение; нежелание; неохота что-либо делать

disincline [ʹdɪsɪnʹklaɪn] лишать желания; отбивать охоту; не чувствовать склонности

disincorporate [ˌdɪsɪnʹkɔːpəreɪt] распустить; закрыть (общество, корпорацию)

disinfect [ˌdɪsɪnʹfekt] дезинфицировать; обеззараживать

disinfectant [ˌdɪsɪnʹfektənt] дезинфицирующее средство; дезинфицирующий

disinfection [ˌdɪsɪnʹfekʃ(ə)n] дезинфекция; обеззараживание; дезинфекционный

disinformation [ˌdɪsɪnfəʹmeɪʃn] дезинформация; ложь; неправда

disingenuous [ˌdɪsɪnʹdʒenjuəs] неискренний; хитрый; коварный; лицемерный; хитроумный

disinherit [ʹdɪsɪnʹherɪt] лишать наследства

disintegrate [dɪsʹɪntɪgreɪt] разделять(ся) на составные части; дезинтегрировать; раздроблять(ся); разлагаться; разрушаться; распадаться

disintegration [dɪsˌɪntɪʹgreɪʃ(ə)n] разделение на составные части; дезинтеграция; измельчение; разрушение; распадение; расщепление (хим., физ.)

disinter [ʹdɪsɪnʹtəː] отрывать; откапывать; отыскивать; эксгумировать

disinterest [dɪʹsɪntrəst] отсутствие интереса

disinterested [dɪsʹɪntrɪstɪd] бескорыстный; незаинтересованный; беспристрастный; объективный

disinterested help [dɪsʹɪntrɪstɪd ʹhelp] бескорыстная помощь

disinvestment [ˌdɪsɪnʹvestmənt] сокращение капиталовложений

disject [dɪsʹdʒekt] разбрасывать; раскидывать; рассеивать; расшвыривать

disjoint [dɪsʹdʒɔɪnt] расчленять; разбирать на части; делить; разбивать; разделять; вывихнуть

disjointed [dɪsʹdʒɔɪntɪd] расчлененный; несвязный (о речи); вывихнутый

disjunct [dɪsʹdʒʌŋkt] разобщенный; обособленный; разъединенный

disjunction [dɪsʹdʒʌŋkʃ(ə)n] разделение; разобщение; деление; дробление; разъединение; размыкание (цепи) (электр.)

disjunctive [dɪsʹdʒʌŋktɪv] разделительный союз; разъединяющий

disk [dɪsk] диск; круг; патефонная пластинка; дисковый; дискообразный; диск компьютера; придавать форму диска; записывать на пластинку

disk barbell [ʹdɪsk|ʹbɑːbel] штанга

disk brake [ʹdɪsk|ʹbreɪk] дисковой тормоз

disk cam [ʹdɪsk|kæm] дисковый кулачок

disk clutch [ʹdɪsk|ʹklʌtʃ] дисковая муфта

disk drive [ʹdɪsk|draɪv] дисковод

disk jockey [ʹdɪskˌdʒɔkɪ] диктор, ведущий программу, составленную из звукозаписей; диск-жокей

disk valve [ʹdɪsk|ʹvælv] дисковой клапан

diskette [dɪsʹket] дискета

dislike [dɪsʹlaɪk] нелюбовь; неприязнь; нерасположение; антипатия; не любить; испытывать неприязнь, нерасположение

dislocate [ʹdɪsloukeɪt] вывихнуть; нарушать; расстраивать (планы и т. п.); двигать; перемещать; переносить; сдвигать; смещать

dislodge [dɪsʹlɔdʒ] удалять; смещать; вытеснять; выгонять (зверя из берлоги); выбивать с позиции (противника)

disloyal [ʹdɪsʹlɔɪ(ə)l] нелояльный; вероломный; изменнический; предательский

disloyalty [ʹdɪsʹlɔɪ(ə)ltɪ] неверность; нелояльность; вероломство; измена; предательство

dismal [ʹdɪzm(ə)l] мрачный; унылый; печальный; угрюмый; гнетущий; тягостный; унылый

dismantle [dɪsʹmæntl] раздевать; снимать (одежду, покров); разбирать (машину); разоружать; расснащивать (корабль); срывать (крепость); демонтировать; лишать оборудования

dismantlement [dɪsʹmæntlmənt] демонтаж; разборка

dismantling [dɪsʹmæntlɪŋ] демонтаж; разборка

dismay [dɪsʹmeɪ] страх; тревога; испуг; печаль; уныние; грозить; пугать; ужасать; приводить в уныние

dismember [dɪsʹmembə] расчленять; разрывать на части; лишать членства

dismemberment [dɪsʹmembəmənt] расчленение; разделение на части

dismiss [dɪsʹmɪs] отпускать (класс и т. п.); распускать; увольнять; подавать команду «разойдись!»; освобождать (заключенного); прогонять; гнать от себя (мысль, опасение); отделываться от чего-либо; прекращать (дело), отклонять (заявление, иск); освобождать от работы; увольнять; отказываться от обвинения

to dissmiss an appeal — *отклонить апелляцию*
to dissmiss the assembly — *распустить собравшихся*

dismissal [dɪsˈmɪs(ə)l] предоставление отпуска; роспуск *(на каникулы и т. п.)*; увольнение; отставка; сокращение; высвобождение; освобождение; раскрепощение; отстранение от себя *(неприятной мысли и т. п.)*

dismissal of action [dɪsˈmɪs(ə)l|əv|ˈækʃən] отклонение иска

dismissal of case [dɪsˈmɪs(ə)l|əv|ˈkeɪs] прекращение дела

dismissal of licence [dɪsˈmɪs(ə)l|əv|ˈlaɪsəns] отказ в выдаче лицензии

dismissal of review [dɪsˈmɪs(ə)l|əv|rɪˈvjuː] отказ в пересмотре судебного решения

dismissal wage [dɪsˈmɪs(ə)l|ˈweɪdʒ] выходное пособие

dismission [dɪsˈmɪʃən] увольнение

dismissive [ˌdɪsˈmɪsɪv] освобождающий

dismortgage [dɪsˈmɔːgɪdʒ] выкупать заложенное имущество

dismount [ˈdɪsˈmaʊnt] слезать; сбрасывать с лошади; снимать *(с подставки, пьедестала)*; вынимать *(из оправы)*; разбирать *(машину)*; демонтировать

dismountable [dɪsˈmaʊntəbl] съемный; разборный; разъемный

disobedience [ˌdɪsəˈbiːdjəns] неповиновение; непослушание; неподчинение

disobedient [ˌdɪsəˈbiːdjənt] непокорный; непослушный

disobey [ˈdɪsəˈbeɪ] не повиноваться; не подчиняться; ослушаться

disoblige [ˈdɪsəˈblaɪdʒ] поступать нелюбезно; досаждать; не считаться с чьим-либо желанием, удобством; освобождать от обязательства

disobligingly [ˈdɪsəˈblaɪdʒɪŋlɪ] не считаясь с другими; нелюбезно

disorder [dɪsˈɔːdə] беспорядок; беспорядочность; непорядок; беспорядки *(массовые волнения)*; неполадки; расстройство *(мед.)*; расстраивать *(здоровье)*; приводить в беспорядок; нарушение общественного порядка

disorderly [dɪsˈɔːdəlɪ] беспорядочный; случайный; неаккуратный; небрежный; неопрятный; расстроенный *(о здоровье)*; необузданный; буйный; непристойный; вульгарный; распущенный; беспорядочный; неопрятный или распущенный человек

disorderly conduct [dɪsˈɔːdəlɪ|ˈkɔndəkt] нарушение общественного порядка

disorganization [dɪsˌɔːgənaɪˈzeɪʃ(ə)n] дезорганизация; расстройство; беспорядок; беспорядочность; непорядок

disorganize [dɪsˈɔːgənaɪz] дезорганизовать; расстраивать; расстроить; срывать

disorientate [dɪsˈɔːrɪenteɪt] дезориентировать; сбивать с толку; вводить в заблуждение

disown [dɪsˈoʊn] не признавать; отрицать; отказываться; отрекаться

disparage [dɪsˈpærɪdʒ] говорить пренебрежительно; относиться с пренебрежением; унижать; умалять; порочить; поносить; принижать

disparagement [dɪsˈpærɪdʒmənt] занижение; недооценка; преуменьшение; умаление; пренебрежительное отношение

disparaging [dɪsˈpærɪdʒɪŋ] унизительный; пренебрежительный

disparate [ˈdɪspərɪt] в корне отличный; несравнимый; несопоставимый; неизмеримый

disparity [dɪsˈpærɪtɪ] неравенство; несоответствие; несоразмерность

dispart [dɪsˈpɑːt] разделять(ся); расходиться; делить; распределять

dispassionate [dɪsˈpæʃnɪt] беспристрастный; объективный; бесстрастный; хладнокровный; невозмутимый; спокойный

dispatch [dɪsˈpætʃ] отправка; отправление *(курьера, почты)*; *(дипломатическая)* депеша; официальное донесение; быстрота; быстрое выполнение *(работы)*; предание смерти; отправка товара клиенту; убийство; диспач *(денежное вознаграждение)*; посылать; отсылать; отправлять по назначению; отправлять товар клиенту; быстро выполнять; справляться *(с делом, работой)*

dispense [dɪsˈpens] распределять; раздавать; освобождать; обходиться без чего-либо

dispersal [dɪsˈpɜːs(ə)l] рассеивание; рассыпание; рассасывание; рассредоточение

disperse [dɪsˈpɜːs] разгонять; рассеивать; исчезать; пропадать; рассеиваться

dispersion [dɪsˈpɜːʃən] дисперсия; рассеивание; разбрасывание

dispersive [dɪsˈpɜːsɪv] разбрасывающий; рассеивающий

dispirit [dɪˈspɪrɪt] приводить в уныние; удручать

dispiteous [dɪsˈpɪtɪəs] безжалостный; бесчеловечный; жестокий

displace [dɪsˈpleɪs] перемещать; двигать; перекладывать; переставлять; смещать; снимать; вытеснять; заменять; замещать; освобождать; отстранять; увольнять; иметь водоизмещение *(о судне)*; замещать один элемент другим *(хим.)*

displaced person [dɪsˈpleɪst|pɜːsn] перемещенное лицо

displacement [dɪsˈpleɪsmənt] перемещение; перестановка; вытеснение; смещение; водоизмещение; сдвиг; относительный адрес *(компьют.)*; замена; замещение; производительность; рассогласование; подача насоса; снятие с должности; рабочий объем цилиндра двигателя

displant [dɪsˈplɑːnt] вырывать с корнем; пересаживать; высаживать

displanter [dɪsˈplɑːntə] отсадок

display [dɪsˈpleɪ] выставка; показ; проявление; вывод данных; изображение на экране; выставление напоказ; хвастовство; выделение особым шрифтом *(полигр.)*; дисплей; устройство отображения *(индикации)*; индикатор; электронное табло; воспроизводить; выставлять; показывать; изображать; обнаруживать; представлять; проявлять; хвастаться; отображать; индицировать; воспроизведение; демонстрация; демонстрационная поза; толкование *(биол.)*; развертка; изображение текста на мониторе; ненормальное положение; наглядно представлять

display capacity [dɪsˈpleɪ|kəˈpæsɪtɪ] емкость дисплея

display character height [dɪsˈpleɪ|ˈkærɪktə|ˈhaɪt] высота знака

display controller [dɪsˈpleɪ|kənˈtroʊlə] дисплейный контроллер

display field [dɪsˈpleɪ|ˈfiːld] поле экрана дисплея

display pack [dɪsˈpleɪ|ˈpæk] модуль показа товара *(в магазине)*

display stand [dɪsˈpleɪ|ˈstænd] витрина для книг

display unit [dɪsˈpleɪ|ˈjuːnɪt] стенд; витрина для книг

displease [dɪsˈpliːz] не нравиться; быть неприятным, не по вкусу кому-либо; возмущать; раздражать; сердить

displeasing [dɪsˈpliːzɪŋ] неприятный; противный

displeasure [dɪsˈpleʒə] неудовольствие; недовольство; досада; неудовлетворение; неудовлетворенность; вызывать неудовольствие; сердить

displume [dɪsˈpluːm] ощипывать перья; лишить знаков отличия *(разг.)*; разжаловать

disporous двуспоровый *(бот.)*

disport [dɪsˈpɔːt] развлекаться; забавляться; резвиться

disposable [dɪsˈpoʊzəbl] находящийся *(имеющийся)* в свободном распоряжении; свободный; устранимый; выбрасываемый

disposal [dɪsˈpoʊz(ə)l] размещение; расположение; распределение; расстановка; диспозиция; возможность распорядиться чем-либо; продажа; отчуждение; передача функции; разрешение *(рассмотрение)* споров; законченное производство

disposal of radioactive materials [dɪsˈpoʊz(ə)l|əv|ˈreɪdɪoʊˈæktɪv|məˈtɪərɪəlz] удаление радиоактивных отходов

dispose [dɪsˈpoʊz] помещать; размещать; располагать; распределять; расставлять; склонять; отчуждать; распоряжаться; опровергнуть; отклонить; разрешать

disposition [ˌdɪspəˈzɪʃən] расположение; размещение *(в определенном порядке и т. п.)*; диспозиция *(воен.)*; дислокация; распоряжение; возможность распорядиться чем-либо; предрасположение; склонность; нрав; характер; избавление; продажа; приготовления; отчуждение имущества; постановление; положение договора; решение по делу; склонность; лишать собственности; права владения; выселять

disposition lenient [ˌdɪspəˈzɪʃən|ˈliːnjənt] кроткий нрав

dispositive [dɪsˈpɒzɪtɪv] распорядительный; регулирующий

dispossess [ˈdɪspəˈzes] выселение; лишать владения; выселять

disprison [ˈdɪsˈprɪzn] освобождать из тюрьмы

disproof [ˈdɪsˈpruːf] опровержение

disproportion [ˈdɪsprəˈpɔːʃ(ə)n] диспропорция; непропорциональность; несоразмерность

disprove [ˈdɪsˈpruːv] опровергать доказательствами

disprove testimony [dɪsˈpruːv|ˈtestɪmənɪ] опровергать свидетельские показания

dispunishable [dɪsˈpʌnɪʃəbl] ненаказуемый

disputable [dɪsˈpjuːtəbl] спорный; сомнительный; находящийся под вопросом

disputant [dɪsˈpjuːt(ə)nt] участник диспута, дискуссии; полемист; спорщик; принимающий участие в дискуссии; спорящий

disputation [ˌdɪspjuː(ː)ˈteɪʃ(ə)n] дебаты; дискуссия; прения; диспут; обсуждение; спор

disputatious [ˌdɪspjuː(ː)ˈteɪʃəs] любящий спорить

dispute [dɪsˈpjuːt] диспут; дебаты; полемика; спор; разногласия; пререкания; спорить; дискутировать; обсуждать; пререкаться; ссориться; оспаривать; подвергать сомнению *(право на что-либо, достоверность чего-либо и т. п.)*; оспаривать *(первенство в состязании и т. п.)*; противиться; препятствовать

disputed [dɪsˈpjuːtɪd] спорный

disputed border [dɪsˈpjuːtɪd|ˈbɔːdə] спорные приграничные территории

disputed decision [dɪsˈpjuːtɪd|dɪˈsɪʒən] обжалованное решение

disputed will [dɪsˈpjuːtɪd|ˈwɪl] оспариваемое завещание

disqualification [dɪsˌkwɒlɪfɪˈkeɪʃən] дисквалификация; лишение права; негодность; неправоспособность; недееспособность; обстоятельство, лишающее права

disqualify [dɪsˈkwɒlɪfaɪ] делать негодным *(недееспособным)*; дисквалифицировать; лишать права

disquiet [dɪsˈkwaɪət] беспокойство; волнение; смятение; тревога; беспокойный; тревожный; беспокоить; волновать; тревожить

disquieting [dɪsˈkwaɪətɪŋ] беспокойный; тревожный

disquietude [dɪsˈkwaɪɪtjuːd] беспокойство; волнение; тревога

disquisition [ˌdɪskwɪˈzɪʃ(ə)n] изучение; изыскание; исследование; тщательное дознание

disquisitional [ˌdɪskwɪˈzɪʃənl] исследовательский; носящий характер исследования

disregard [ˈdɪsrɪˈgɑːd] индифферентность; невнимание; равнодушие; пренебрежение; игнорирование; не обращать внимания; не придавать значения; пренебрегать; игнорировать; манкировать; не соблюдать

disrelish [dɪsˈrelɪʃ] недружелюбие; нерасположение; отвращение; не любить; испытывать отвращение

disrepair [ˈdɪsrɪˈpɛə] ветхость; плохое состояние; неисправность *(здания и т. п.)*

disreputable [dɪsˈrepjutəbl] пользующийся дурной репутацией; дискредитирующий; позорный; постыдный; скандальный; человек с сомнительной репутацией

disrepute [ˈdɪsrɪˈpjuːt] дурная слава; плохая репутация

disrespect [ˈdɪsrɪsˈpekt] неуважение; непочтительность; относиться непочтительно

disrobe [ˈdɪsˈroub] раздевать; разоблачать; раздеваться; разоблачаться

disrupt [dɪsˈrʌpt] разрывать; разрушать; срывать; подрывать

disruption [dɪsˈrʌpʃən] разрушение; разрыв; раскол; подрыв ткани; разногласия; срыв; распад *(геол.)*; дезинтеграция *(пород)*; пробой *(электр.)*

disruption voltage [dɪsˈrʌpʃənˈvoultɪʤ] разрядное напряжение

disruptive [dɪsˈrʌptɪv] вредный; разрушительный; подрывной; пробивной *(электр.)*; разрядный; подрывающий; срывающий

disruptive behaviour [dɪsˈrʌptɪvbɪˈheɪvjə] хулиганское поведение

dissatisfaction [ˈdɪsˌsætɪsˈfækʃən] неудовлетворенность; недовольство

dissatisfactory [ˈdɪsˌsætɪsˈfækt(ə)rɪ] неудовлетворительный

dissatisfied [ˈdɪsˈsætɪsfaɪd] неудовлетворенный; недовольный; раздосадованный

dissatisfy [ˈdɪsˈsætɪsfaɪ] не удовлетворять; вызывать недовольство

dissect [dɪˈsekt] разбивать; разрубать; рассекать; разрезать; вскрывать; препарировать; анатомировать; анализировать; разбирать критически

dissecting bench [dɪˈsektɪŋˈbentʃ] стол для препарирования

dissection [dɪˈsekʃən] разложение; расчленение; разделение; разбор; анализ; разбиение; анатомирование; рассечение; вскрытие; препарирование

dissector image [dɪˈsektəˈɪmɪʤ] разложение изображения

disseise [dɪsˈsiːz] незаконно нарушать права владения недвижимостью

dissemblance [dɪˈsembləns] различие; отсутствие сходства; разница; лживость; лицемерие; притворство; фальшь

dissemble [dɪˈsembl] маскировать; прятать; скрывать; лицемерить; притворяться; умышленно не замечать *(обиды, оскорбления и т. п.)*

dissembler [dɪˈsemblə] лицемер; притворщик

disseminated [dɪˈsemɪneɪtɪd] рассеянный; мелковкрапленный *(геол.)*

dissemination [dɪˌsemɪˈneɪʃən] разглашение сведений; рассеивание семян

dissension [dɪˈsenʃ(ə)n] разногласие; антагонизм; антагонистичность; раздоры; разлад; распри

dissent [dɪˈsent] разногласие; расхождение во взглядах; сектантство; расходиться во мнениях, взглядах; несогласие; особое мнение членов суда; заявить особое мнение

dissenter [dɪˈsentə] сектант; раскольник; диссидент; недовольный, оппозиционно настроенный человек

dissentient [dɪˈsenʃɪənt] инакомыслящий; придерживающийся других взглядов человек; голос против; не соглашающийся

dissenting vote [dɪˈsentɪŋvout] голоса против

dissert [dɪˈsəːt] рассуждать; писать исследование, диссертацию

dissertate [ˈdɪsə(ː)teɪt] рассуждать; писать исследование, диссертацию

dissertation [ˌdɪsə(ː)ˈteɪʃ(ə)n] диссертация; сочинение; трактат; труд

disserve [dɪsˈsəːv] оказать плохую услугу; напортить; навредить

disservice [ˈdɪsˈsəːvɪs] плохая услуга; ущерб; вред

dissever [dɪsˈsevə] разъединять(ся); отделять(ся); делить на части

disseverance [dɪsˈsev(ə)r(ə)ns] отделение; разделение; разобщение; разъединение

dissident [ˈdɪsɪd(ə)nt] диссидент; раскольник; инакомыслящий

dissilient [dɪˈsɪlɪənt] растрескивающийся; лопающийся

dissimilar [ˈdɪˈsɪmɪlə] неподобный; разноименный; не являющийся подобным; несходный; разнородный

dissimilarity [ˌdɪsɪmɪˈlærɪtɪ] несходство; неоднородность; неподобие

dissimulate [dɪˈsɪmjʊleɪt] скрывать *(чувства и т. п.)*; симулировать; лицемерить; притворяться

dissimulation [dɪˌsɪmjʊˈleɪʃ(ə)n] ложь; неправда; обман; притворство; диссимиляция

dissimulator [dɪˈsɪmjʊleɪtə] лицемер; притворщик

dissipate [ˈdɪsɪpeɪt] рассеивать; разгонять *(облака, мрак, страх и т. п.)*; рассеиваться; расточать; растрачивать *(время, силы)*; проматывать *(деньги)*; кутить; развлекаться

dissipated [ˈdɪsɪpeɪtɪd] рассеянный; растраченный *(понапрасну)*; распущенный; распутный

dissipation [ˌdɪsɪˈpeɪʃ(ə)n] рассеяние; расточение; легкомысленные развлечения; беспутный образ жизни; убыль; утечка

dissipator [ˌdɪsɪˈpeɪtə] радиатор

dissociable [dɪˈsəʊʃəbl] разделимый; разъединимый; [dɪˈsəʊʃəbl] необщительный; несоответствующий

dissocial [dɪˈsəʊʃ(ə)l] необщительный; скрытный

dissociate [dɪˈsəʊʃɪeɪt] разъединять; отделять; разобщать; отмежевываться

dissociation [dɪˌsəʊsɪˈeɪʃ(ə)n] разъединение; отделение; разделение; разобщение; отмежевание; расщепление личности; распад; разложение; диссоциация

dissociative [dɪˈsəʊsɪətɪv] разобщающий; разъединяющий

dissolubility [dɪˌsɔljʊˈbɪlɪtɪ] растворимость; разложимость; расторжимость

dissoluble [dɪˈsɔljʊbl] растворимый; разложимый; расторжимый

dissolute [ˈdɪsəluːt] беспутный; распутный; распущенный; расторжимый; могущий быть распущенным

dissolution [ˌdɪsəˈluːʃ(ə)n] растворение; разжижение; расплавление; разрушение; таяние; расторжение *(договора)*; роспуск, закрытие *(парламента и т. п.)*; расформирование; распад; прекращение договора; ликвидация; аннулирование

dissolution of marriage [ˌdɪsəˈluːʃ(ə)nəvˈmærɪdʒ] расторжение брака

dissolve [dɪˈzɔlv] растворять*(ся)*; таять; распускать *(парламент и т. п.)*; аннулировать; расторгать; уничтожать; сводить к нулю; постепенно исчезать; прекратить договор; распадаться

dissolvent [dɪˈzɔlvənt] растворитель; растворяющий

dissonance [ˈdɪsənəns] диссонанс *(муз.)*; неблагозвучие; несоответствие; несходство *(характеров и т. п.)*; разлад; неслитное созвучие

dissonant [ˈdɪsənənt] диссонирующий *(муз.)*; нестройный; противоречивый; сталкивающийся *(об интересах, взглядах)*

dissuade [dɪˈsweɪd] отговаривать; отсоветовать; разубеждать

dissuasion [dɪˈsweɪʒ(ə)n] отговаривание; разубеждение

dissuasive [dɪˈsweɪsɪv] разубеждающий

dissyllable [dɪˈsɪləbl] двусложное слово

dissymmetrical [ˌdɪsɪˈmetrɪk(ə)l] несимметричный; косой; несимметрический; зеркально симметричный

dissymmetry [ˈdɪˈsɪmɪtrɪ] асимметрия; несимметричность; зеркальная симметрия

distaff [ˈdɪstɑːf] прялка

distance [ˈdɪst(ə)ns] расстояние; промежуток; дистанция; отдаленность; дальность; даль; сдержанность; холодность *(в обращении)*; перспектива *(в живописи)*; период *(времени)*; отрезок; интервал между двумя нотами; мера различия; отклонение; оставлять далеко позади себя; размещать на равном расстоянии; отдалять

distance beam headlight [ˈdɪst(ə)nsbiːmˈhedlaɪt] фара дальнего света

distance education [ˈdɪst(ə)nsˌedjuː(ː)ˈkeɪʃən] заочное обучение

distance mark [ˈdɪst(ə)nsmɑːk] километровый знак

distance meter [ˈdɪst(ə)nsˈmiːtə] спидометр

distance ring [ˈdɪst(ə)nsrɪŋ] прокладочное кольцо

distant [ˈdɪst(ə)nt] далекий; дальний; дистальный; дистанционный; отстоящий; отдаленный; неплотный; сдержанный; холодный

distaste [ˈdɪsteɪst] отвращение; неприязнь; питать отвращение; испытывать неприязнь

distasteful [dɪsˈteɪstful] противный; неприятный *(на вкус)*

distemper [dɪsˈtempə] беспорядки; волнения; смута; душевное расстройство; хандра; расстраивать здоровье; нарушать душевное равновесие; клеевая краска; писать темперой; красить клеевой краской

distempered [dɪsˈtempəd] расстроенный

distend [dɪsˈtend] надувать*(ся)*; раздувать*(ся)*

distensibility [dɪˌstensəˈbɪlɪtɪ] растяжимость

distensible [dɪsˈtensəbl] растяжимый; расширяемый; эластичный

distension [dɪsˈtenʃ(ə)n] растяжение; расширение; удлинение

distent [dɪsˈtent] надутый; раздутый

distich [ˈdɪstɪk] двустишие; дистих *(поэт.)*

distichophyllous двухряднооблиственный

distichostachous двухрядноколосистый

distichous [ˈdɪstɪkəs] двухрядный *(биол.)*

distil [dɪsˈtɪl] дистиллировать; очищать; опреснять *(воду)*; капать; сочиться

distillation [ˌdɪstɪˈleɪʃ(ə)n] дистилляция; отгонка; перегонка; квинтэссенция; суть; существо; сущность

distillatory [dɪsˈtɪlət(ə)rɪ] дистиллирующий; очищающий

distillery [dɪsˈtɪlərɪ] винокуренный завод; перегонный завод; установка для перегонки

distinct [dɪsˈtɪŋkt] отдельный; особый; отличный *(от чего-либо)*; отличающийся; непохожий; индивидуальный; отчетливый; резкий; четкий; ясный; определенный; явный; явственный; различный; разный

distinction [dɪsˈtɪŋkʃ(ə)n] различение; распознавание; опознавание; выделение; различие; отличие; отличительная особенность; знак отличия; высокие качества; известность; знатность; разница; отход от правила *(принципа)*; характерная черта

distinctive [dɪsˈtɪŋktɪv] отличный; характерный; отличительный; различительный; своеобразный

distinctive character [dɪsˈtɪŋktɪvˈkærɪktə] самобытность

distinctly [dɪsˈtɪŋktlɪ] отчетливо; ясно; заметно; определенно

distinctness [dɪsˈtɪŋktnɪs] ясность; разборчивость; четкость

distinguish [dɪsˈtɪŋgwɪʃ] различить; разглядеть; видеть или проводить различие; метить; отмечать; помечать; определять; отличать; устанавливать; характеризовать

distinguished [dɪsˈtɪŋgwɪʃt] выдающийся; известный; изысканный; необычный; тонкий

distinguishing character [dɪsˈtɪŋgwɪʃɪŋˈkærɪktə] отличительный признак

distort [dɪsˈtɔːt] искажать; искривлять; коверкать; перекашивать; уродовать; извращать факты

distorting [dɪsˈtɔːtɪŋ] деформирование

distortion [dɪsˈtɔːʃ(ə)n] искажение; искривление; перекашивание; порча; извращение фактов

distract [dɪsˈtrækt] отвлекать; рассеивать *(внимание и т. п.)*; сбивать с толку; смущать; расстраивать

distracted [dɪsˈtræktɪd] обезумевший

distraction [dɪsˈtrækʃ(ə)n] отвлечение внимания; то, что отвлекает внимание; развлечение; рассеянность; раздражение; сильное возбуждение; отчаяние; безумие

distrain [dɪsˈtreɪn] накладывать арест на имущество в обеспечение долга; завладеть имуществом в обеспечение выполнения обязательства

distrainment [dɪsˈtreɪnmənt] опись имущества в обеспечение долга *(юр.)*

distraught [dɪsˈtrɔːt] потерявший рассудок; обезумевший *(от горя)*

distress [dɪsˈtres] горе; страдание; несчастье; беда; бедствие; недомогание; утомление; истощение; расстройство; нарушение; нужда; нищета; причинять страдание, горе, боль; доводить до нищеты; самопомощь; наложение ареста на имущество; опись имущества

distress call [dɪsˈtresˈkɔːl] сигнал бедствия

distress flare [dɪsˈtresˈfleə] аварийный световой сигнал

distress-gun [dɪsˈtresgʌn] выстрел с корабля как сигнал бедствия

distressed [dɪsˈtrest] бедствующий; потерпевший аварию; пораженный

distressed area [dɪsˈtrestˈeərɪə] район хронической безработицы

distressful [dɪsˈtresful] многострадальный; скорбный

distressing [dɪsˈtresɪŋ] огорчительный; внушающий беспокойство

distributable [dɪsˈtrɪbjutəbl] подлежащий распределению

distributary [dɪsˈtrɪbjutərɪ] рукав реки

distribute [dɪsˈtrɪbju(ː)t] распределять; раздавать; *(ровно)* размазывать *(краску)*; *(равномерно)* разбрасывать; распространять; классифицировать; сбывать; отправлять правосудие

distributing [dɪsˈtrɪbju(ː)tɪŋ] дистрибутивный; распределительный

distributing valve [dɪsˈtrɪbju(ː)tɪŋˈvælv] распределительный клапан

distribution [ˌdɪstrɪˈbjuːʃən] распределение; раздача; размещение; расположение; распространение; распределение имущества умершего среди наследников по закону

distribution advance [ˌdɪstrɪˈbjuːʃənədˈvɑːns] опережение зажигания

distribution charges [ˌdɪstrɪˈbjuːʃənˈtʃɑːdʒɪz] торговые расходы

distribution cost accounting [ˌdɪstrɪˈbjuːʃənˌkɔstəˈkauntɪŋ] учет затрат в торговле

distribution costs [ˌdɪstrɪˈbjuːʃənˈkɔsts] сбытовые издержки и расходы

distribution network [ˌdɪstrɪˈbjuːʃənˈnetwəːk] распространительская *(торговая)* сеть

distributional [ˌdɪstrɪˈbjuːʃ(ə)n(ə)l] распределительный; дистрибутивный

distributive [dɪsˈtrɪbjutɪv] дистрибутивный; распределительный; разделительный

distributive network [dɪsˈtrɪbjutɪvˈnetwəːk] торговая сеть

distributor [dɪsˈtrɪbjutə] распределитель зажигания; распределитель; регистр обмена; торговая фирма; раскатный цилиндр

district [ˈdɪstrɪkt] район; округ; область; участок; избирательный округ; районный; окружной; делить на районы, округа; районировать

district housing department [ˈdɪstrɪkt|ˈhauzɪŋ|dɪˈpɑ:tmənt] райжилотдел

districting [ˈdɪstrɪktɪŋ] деление на округа

distringas [dɪsˈtrɪŋgæs] приказ об аресте лица

distrust [dɪsˈtrʌst] недоверие; сомнение; колебание; подозрение; не доверять; сомневаться в ком-либо; подозревать

distrustful [dɪsˈtrʌstful] недоверчивый; подозрительный

distune [dɪsˈtju:n] расстраивать (инструмент)

disturb [dɪsˈtə:b] беспокоить; волновать; мешать; тревожить; нарушать (покой, молчание, душевное равновесие); смущать; расстраивать (планы); приводить в беспорядок; причинять беспокойство

disturbance [dɪsˈtə:b(ə)ns] нарушение; возмущение; помеха; разрушение; беспокойство; тревога; волнения; беспорядки; нарушение (прав) (юр.); неисправность; повреждение; неблагоприятное воздействие; нарушение общественного порядка

disturbed [dɪsˈtə:bd] разрушенная единица; сигнал разрушенного нуля

disunion [ˈdɪsˈju:njən] разделение; разъединение; деление; дробление; разобщение; несогласие; разлад; разногласие; расхождение

disunite [ˈdɪsju:ˈnaɪt] разделять; разобщать(ся); делить; разбивать; разъединять(ся)

disunity [ˈdɪsˈju:nɪtɪ] отсутствие единства

disuse [ˈdɪsˈju:s] — *сущ.* [ˈdɪsˈju:z] — *гл.* неупотребление; перестать употреблять; перестать пользоваться чем-либо; неиспользование

disymmetrical [ˈdi:sɪˈmetrɪkəl] дисимметричный

ditch [dɪtʃ] канава; ров; кювет; траншея; выемка; котлован; окапывать (рвом, канавой); чистить канаву, ров; осушать почву с помощью канав; делать вынужденную посадку на воду

ditch airplane [ˈdɪtʃˈɛəpleɪn] сделать вынужденную посадку

ditch-water [ˈdɪtʃˌwɔ:tə] стоячая, стоялая вода

ditcher [ˈdɪtʃə] землекоп

dithecous [daɪˈθi:kəs] двухкамерный

dither [ˈdɪðə] дрожь; озноб; сильное возбуждение (разг.); смущение; вибрировать; дрожать; трястись; ежиться; смущать(ся); колебаться (разг.)

dithyramb [ˈdɪθɪˈræmb] дифирамб

ditokia одновременное рождение двух детенышей (или откладка двух яиц одновременно)

dittander [dɪˈtændə] клоповник широколистный (бот.)

ditty [ˈdɪtɪ] частушка; шуточная песенка

diurnal [daɪˈə:nl] дневной; ежедневный; каждодневный; суточный; открывающийся только днем (биол.); однодневный; деятельный только в дневное время суток

diurnal cycle [daɪˈə:nl|ˈsaɪkl] суточный цикл

diurnation [ˌdaɪə(:)ˈneɪʃən] суточная миграция; дневная спячка

divagate [ˈdaɪvəgeɪt] отклоняться от темы; блуждать; бродить

divagation [ˌdaɪvəˈgeɪʃən] разговоры; рассуждения, отклоняющиеся от темы; бесцельное хождение

divan [dɪˈvæn] тахта; курительная комната

divaricate [daɪˈværɪkeɪt] разветвленный; ответвляться; разветвляться; расходиться (о дорогах)

divarication [daɪˌværɪˈkeɪʃən] расхождение

dive [daɪv] ныряние; прыжок в воду; прыжок (вниз); погружение; пикирование (авиац.); внезапное исчезновение; притон; нырять; бросаться в воду; бросаться вниз; погружаться; сунуть руку (в воду, в карман); пикировать

dive-bomber [ˈdaɪvˌbɔmə] пикирующий бомбардировщик

diver [ˈdaɪvə] прыгун в воду; ныряльщик; водолаз; искатель жемчуга; ловец губок; гагара; поганка (орнит.)

diverge [daɪˈvə:dʒ] расходиться; отклоняться; уклоняться; отходить от нормы или стандарта

divergence [daɪˈvə:dʒ(ə)ns] несоответствие; несходство; дивергенция; расхождение; отклонение; расходимость; противоречивость; разветвление

divergency [daɪˈvə:dʒ(ə)nsɪ] несоответствие; несходство; отклонение; расходимость; дивергенция; расхождение

divergent [daɪˈvə:dʒ(ə)nt] расходящийся; отклоняющийся; противоречивый; противоречащий; дивергентный

diverse [daɪˈvə:s] многообразный; иной; отличный; разнообразный

diversicolorous [daɪˌvə:sɪˈkʌlʌrəs] разноцветный

diversification [daɪˌvə:sɪfɪˈkeɪʃən] многообразие; разнообразие

diversified [daɪˈvə:sɪfaɪd] многосторонний; различный

diversiflorous [daɪˌvə:sɪˈflɔ:rəs] разноцветковый (бот.)

diversifolious [daɪˌvə:sɪˈfouliəs] разнолистный (бот.)

diversify [daɪˈvə:sɪfaɪ] разнообразить; вкладывать в различные предприятия (капитал) (амер.)

diversion [daɪˈvə:ʃ(ə)n] отклонение; отвлечение внимания; развлечение; обход; отвод; объезд; объездная дорога; направление транспорта в объезд; объездная дорога; устройство объезда; отклонение направления; изменение направления; отход; замена уголовной ответственности другими видами наказания

diversionary [daɪˈvəːʃənrɪ] отвлекающий внимание

diversity [daɪˈvəːsɪtɪ] разнообразие; разнесение; разновременность; разнородность; разброс; различие; многообразие; отличие; разновидность

divert [daɪˈvəːt] отводить; отклонять; отвлекать *(внимание)*; забавлять; развлекать; направлять по другим каналам; переадресовывать

diverted route [daɪˈvəːtɪd ˈruːt] объездной путь

diverting [daɪˈvəːtɪŋ] занимательный; развлекающий

divertissement [dɪˌvertɪsˈmɑːŋ] развлечение; дивертисмент *(легкое инструментальное произведение в нескольких частях)*; увеселительное представление; легкая виртуозная пьеса; танцевальная сюита

divest [daɪˈvest] раздевать; снимать *(одежду и т. п.)*; лишать права собственности

divestiture [daɪˈvestɪtʃə] раздевание; лишение прав

divide [dɪˈvaɪd] разделение; дележ; делить*(ся)*; разделяться; подразделять; дробить; распределять; делиться; наносить деления *(на шкалу)*; отделять*(ся)*; разъединять*(ся)*; вызывать разногласия; расходиться во мнениях; голосовать; ставить на голосование; проводить голосование

to divide out — *сокращать*

divided [dɪˈvaɪdɪd] разделенный; рассеченный; разрезной; секционный; измельченный; раздельный

divided boss [dɪˈvaɪdɪd ˈbɔs] разъемная ступица

dividend [ˈdɪvɪdend] делимое; дивиденд

divider [dɪˈvaɪdə] делитель; делительное устройство; циркуль

dividing [dɪˈvaɪdɪŋ] деление; разделяющий; растворяющий

dividual [dɪˈvɪdjuəl] отдельный; разделенный; делимый

divination [ˌdɪvɪˈneɪʃ(ə)n] гадание; ворожба; предсказание; прорицание; удачный, правильный прогноз

divine [dɪˈvaɪn] великолепный; божественный; небесный; посвященный; священник

diving [ˈdaɪvɪŋ] ныряние; окунание; пикирование; прыжки в воду *(спорт.)*; пикирующий

diving board [ˈdaɪvɪŋ bɔːd] трамплин для прыжков в воду

diving goggles [ˈdaɪvɪŋ ˈgɔg(ə)lz] маска для ныряния

diving platform [ˈdaɪvɪŋ ˈplætfɔːm] вышка

diving-bell [ˈdaɪvɪŋbel] водолазный колокол

diving-dress [ˈdaɪvɪŋdres] скафандр *(водолазный)*

divinity [dɪˈvɪnɪtɪ] божество; небесное создание; богословие; божественность

divinize [ˈdɪvɪnaɪz] обожествлять

divisibility [dɪˌvɪzɪˈbɪlɪtɪ] делимость

divisible [dɪˈvɪzəbl] кратный; разделимый; разъединимый; делящийся

division [dɪˈvɪʒ(ə)n] деление; разделение; отдел; раздел *(животных)*; округ; расхождение во взглядах; разногласия; разделение голосов во время голосования; дивизия *(воен.)*; отдел; часть; отделение; тип растений

division of department [dɪˈvɪʒ(ə)n əv dɪˈpɑːtmənt] отдел министерства

divisive [dɪˈvaɪsɪv] сеющий распри; вызывающий рознь, разногласия

divisor [dɪˈvaɪzə] делитель

divorce [dɪˈvɔːs] развод; расторжение брака; отделение; разъединение; разрыв; разводиться; отделять; разъединять; расторгать брак

divorce decree [dɪˈvɔːs dɪˈkriː] судебное решение о разводе

divorcée [dɪˌvɔːˈsiː] разведенная жена *(муж)*

divorcement [dɪˈvɔːsmənt] развод; расторжение брака; разрыв; разъединение

divorcer [dɪˈvɔːsə] супруг, расторгающий брак; основание для развода

divulgation [ˌdaɪvʌlˈgeɪʃən] разглашение служебной тайны; обнародование закона

divulge [daɪˈvʌldʒ] разглашать *(тайну)*

divvy [ˈdɪvɪ] пай; доля; делить*(ся)*; войти в пай

dixie [ˈdɪksɪ] походный кухонный котел; походный котелок

dixieland [ˈdɪksɪlænd] диксиленд

dizzily [ˈdɪzɪlɪ] головокружительно

dizziness [ˈdɪzɪnɪs] головокружение

dizzy [ˈdɪzɪ] испытывающий, чувствующий головокружение; головокружительный; ошеломленный; вызывать головокружение; ошеломлять

do [ˈduː] делать; заниматься чем-либо; работать; выполнять *(работу, долг, задачу и т. п.)*; изучать *(предмет, дисциплину)*; продать; поставить *(по определенной цене)*

to do a deed — *совершить поступок*

to do a degree — *получить степень*

to do a guy — *исчезнуть*

to do away with — *избавиться; отделяться от кого-либо, чего-либо; покончить с кем-либо, чем-либо; отменить что-либо*

to do by — *обращаться*

to do damage to — *причинять (наносить) вред, ущерб, убыток*

to do for — *заботиться (разг.); присматривать; вести хозяйство (кого-либо); справляться; губить;*

убивать; (ис)портить; подходить; обеспечивать; снабжать

to do one's level best — сделать все от себя зависящее; проявить максимум энергии

to do up — приводить в порядок; прибирать; крайне утомлять; завертывать (пакет); скреплять; украшать; прихорашиваться; консервировать; стирать и гладить (одежду)

to do with — терпеть; выносить; ладить с кем-либо; быть довольным; удовлетворяться; находить применение чему-либо; нуждаться; проводить время; держать себя в руках

do-all ['du:ɔ:l] мастер на все руки; посредник

do-it-yourselfer [,duɪtjɔː'selfə] умелец; мастер на все руки; сторонник независимого экономического развития

do-nothing ['du:ˌnʌθɪŋ] бездельник; лентяй

dobbin ['dɔbɪn] лошадь (спокойная)

docile ['dousaɪl] податливый; покорный; послушный; восприимчивый; понятливый; способный

docility [dou'sɪlɪtɪ] послушание; понятливость

dock [dɔk] док; портовый бассейн; госпиталь (воен.); пристань; железнодорожный тупик; щавель; склад декораций (в театре); пространство под полом сцены; ставить судно в док; входить в док; оборудовать доками; строить доки; производить стыковку (космических кораблей); скамья подсудимых; щавель (бот.); репица (хвоста животного); обрубленный хвост; обрубать (хвост); коротко стричь (волосы); уменьшать; сокращать; лишать части (чего-либо)

to appear in the dock — привлекаться в качестве подсудимого

to dock the entail — отменять ограничения в порядке наследования

to dock the wages — производить вычеты из заработной платы

dock-master ['dɔkˌmɑːstə] начальник дока

dockage ['dɔkɪʤ] стоянка судов в доках; сбор за пользование доком; сокращение; урезка

docker ['dɔkə] докер; портовый рабочий

docket ['dɔkɪt] ярлык; этикетка; квитанция об уплате таможенной пошлины; список дел к слушанию; книга записей; краткое содержание документа; выписка

dockland ['dɔklænd] территория дока

dockmackie калина кленолистная

dockyard ['dɔkjɑːd] судостроительная верфь

doctor ['dɔktə] врач; доктор; лекарь; медик; доктор (ученая степень); вспомогательное устройство; заниматься врачебной практикой; ремонтировать; чинить; подделывать (документы); фальсифицировать (пищу, вино); линь; скат (ихт.)

doctor on duty ['dɔktərˌɔnˈdjuːtɪ] дежурный врач

doctoral ['dɔkt(ə)rəl] докторский

doctorate ['dɔkt(ə)rɪt] докторская степень

doctor's degree ['dɔktəzˌdɪ'griː] докторская степень

doctrinaire belief [,dɔktrɪ'neəˌbɪ'liːf] основное убеждение

doctrine ['dɔktrɪn] вероучение; символ веры; доктрина; теория; учение; толкование; принцип

doctrinist ['dɔktrɪnɪst] слепой приверженец какой-либо доктрины

document ['dɔkjumənt] — сущ. ['dɔkjument] — гл. документ; свидетельство; текст; документальный источник информации; подтверждать документами; выдавать документы; документировать; сопровождать документами

document of title ['dɔkjumənt|əv|'taɪtl] товарораспределительный документ

document-originating machine ['dɔkjuməntə'rɪʤɪneɪtɪŋ|məˈʃiːn] машина для составления документов

documentalist [,dɔkju'mənt(ə)lɪst] сотрудник информационно-поисковой службы

documentary [,dɔkju'ment(ə)rɪ] документальный; документальный фильм; документированный

documentary witness [,dɔkju'ment(ə)rɪ|'wɪtnɪs] документальное свидетельство

documentation [,dɔkjumen'teɪʃən] документация; подтверждение документами; выдача документов

documentation center [,dɔkjumen'teɪʃən|'sentə] центр информационного обслуживания

documenting ['dɔkjumentɪŋ] документальное обоснование

documentor ['dɔkjumentə] программа формирования документов

docuterm ['dɔkjutəːm] ключевое слово документа в автоматическом поиске

dodder ['dɔdə] ковылять; дрожать; трястись (от слабости, старости); мямлить

doddery ['dɔdərɪ] нетвердый на ногах; дрожащий; трясущийся; глупый; слабоумный

dodecagon [dou'dekəgən] двенадцатиугольник

dodge [dɔʤ] хитрость; обман; фокус; трюк; шутка; шалость; выходка; сноровка; ловкий прием; уловка; взятка (в картах); безделушка; забава; игрушка; сложный; избегать; увертываться; уклоняться (от удара); прятаться; увиливать; хитрить; ловчить; маневрировать; изворотливый; ловкий; ушлый

dodger ['dɔʤə] увертливый человек; хитрец; рекламный листок; кукурузная лепешка

dodgery ['dɔʤərɪ] увертка; плутовство

dodgy ['dɔʤɪ] изворотливый; ловкий; хитрый; нечестный; хитроумный (о приспособлении)

dodo ['doudou] дронт (орнит.)

doe [dou] самка оленя, зайца, мыши

doer ['du(:)ə] исполнитель; деятель; созидатель; лицо, совершившее деяние; субъект действия

doeskin ['douskın] оленья кожа; замша; ткань, имитирующая замшу

doffer ['dɔfə] объемный барабан *(техн.)*

dog [dɔg] собака; пес; кобель; самец волка, лисы; ходить по пятам; выслеживать; преследовать *(в переносном значении)*; травить собаками; собачка *(в замке)*

dog clutch ['dɔg|klʌtʃ] кулачковая муфта

dog latin ['dɔg|'lætın] испорченная латынь

dog nail ['dɔg|neıl] костыль *(техн.)*

dog-bee ['dɔgbi:] трутень

dog-bur ['dɔgbə:] чернокорень *(бот.)*

dog-collar ['dɔg,kɔlə] собачий ошейник; высокий жесткий воротник *(у лиц духовного звания)*

dog-eared ['dɔgıəd] книга с загнутыми уголками страниц

dog-fancier ['dɔg,fænsıə] собаковод

dog-fox ['dɔgfɔks] самец лисицы; лис

dog-guide ['dɔggaıd] собака-поводырь

dog-hole ['dɔghoul] собачья конура; каморка

dog-lead ['dɔgli:d] собачий поводок

dog-lily ['dɔg'lılı] кувшинка

dog-rose ['dɔgrouz] дикая роза; шиповник

dog-sick ['dɔg'sık] плохо себя чувствовать

dog-sleep ['dɔgsli:p] чуткий сон; сон урывками

dogberry ['dɔgberı] крыжовник

dogcart ['dɔgka:t] высокий двухколесный экипаж с поперечными сиденьями и местом для собак под сиденьями; легкая тележка, запряженная собаками

doge [doudʒ] дож *(ист.)*

dogfight ['dɔgfaıt] свалка; беспорядочная драка; рукопашный бой

dogfish ['dɔgfıʃ] акула

dogged ['dɔgıd] упрямый; упорный; настойчивый; чрезвычайно; очень

doggerel ['dɔg(ə)r(ə)l] плохие стихи; вирши; бессмысленный; скверный *(о стихах)*

doggery ['dɔgərı] свора; собачьи повадки

doggess ['dɔgıs] сука; самка собаки

doggish ['dɔgıʃ] собачий; жестокий; грубый; раздражительный; огрызающийся; крикливо-модный

dogleg ['dɔgleg] пролет *(между ступенями)*

dogma ['dɔgmə] вероучение; символ веры; догма

dogmatic [dɔg'mætık] догматический; диктаторский

dogmatically [dɔg'mætık(ə)lı] догматически; авторитетным тоном

dogs-and-cats ['dɔgzənd'kæts] клевер

dogskin ['dɔgskın] лайка

dogwood ['dɔgwud] кизил *(бот.)*

dog's letter ['dɔgz|letə] старинное название буквы R

Dog's Tail ['dɔgz|teıl] Малая Медведица *(созвездие)*

dog's-meat ['dɔgzmi:t] мясо для собак; конина; падаль

dog's-mouth ['dɔgzmauθ] львиный зев

dog's-ribs ['dɔgzrıbz] подорожник

doily ['dɔılı] салфеточка

doing ['du(:)ıŋ] дела; действия; поведение; поступки; события; возня; шум; делание; совершение действия

doit [dɔıt] мелкая монета; мелочь; пустяк

dolce ['dɔltʃə] дольче *(муз.)*

dole [doul] пособие по безработице; небольшое вспомоществование; подачка; доля; судьба; скупо выдавать; раздавать в скудных размерах; раскладывать *(на тарелки)*; оказывать благотворительную помощь; расходовать деньги на выдачу пособий

doleful ['doulful] скорбный

dolefully ['doulfulı] печально; уныло

dolichocarpous длинноплодный

dolioform бочонкообразный

doll [dɔl] кукла; наряжать*(ся)*

doll-like ['dɔllaık] кукольный

dollish ['dɔlıʃ] кукольный; похожий на куклу

dolls' pram ['dɔlz|'præm] кукольная коляска

dolly ['dɔlı] бельевой валек; кукольный; детский; легкий; несложный; нетрудный; простой

dolly-tub ['dɔlıtʌb] лохань; корыто

dolman ['dɔlmən] доломан *(гусарский мундир)*; доломан *(род женской одежды)*

dolorous ['dɔlərəs] грустный; печальный; унылый; скорбный

dolose [dou'lous] злонамеренный; с преступной целью *(юр.)*

dolour ['doulə] горе; грусть; печаль; скорбь

dolphin ['dɔlfın] дельфин *(зоол.)*; дельфиний; дельфиновые

dolt [doult] болван; дурень

doltish ['doultıʃ] придурковатый; тупой

dolus умысел

domain [dou'meın] владение; имение; территория; зона; область определения; район; сфера; интервал времени; абсолютная собственность на недвижимость

dome [doum] купол; верх; верхушка; свод; величественное здание *(поэт.)*; венчать куполом; возвышаться в виде купола; обзорный фонарь; обтекатель

dome nut ['doum|nʌt] глухая гайка *(техн.)*

domed [doumd] куполообразный; украшенный куполом

domestic [dou'mestɪk] домашний; семейный; фамильный; домоседливый; любящий семейную жизнь; внутренний; отечественный; домашний; ручной *(о животных)*; прислуга; слуги; товары отечественного производства; внутригосударственный

domestic animal [dou'mestɪk|'ænɪməl] домашнее животное

domestic borrowings [dou'mestɪk|'bɔrouɪŋz] внутренние займы

domestic crime [dou'mestɪk|'kraɪm] бытовое преступление

domestic currency [dou'mestɪk|'kʌrənsɪ] местная валюта

domestic disturbance [dou'mestɪk|dɪs'tə:bəns] внутренние беспорядки

domestic market [dou'mestɪk|'ma:kɪt] внутренний рынок

domesticate [dou'mestɪkeɪt] приручать *(животных)*; цивилизовать; овладевать; одолевать; осваивать; привязывать к дому, к семейной жизни; обучать ведению хозяйства

domesticated [dou'mestɪkeɪtɪd] одомашненный

domestication [dou,mestɪ'keɪʃ(ə)n] привычка; любовь к дому, к семейной жизни; приручение *(животных)*

domesticity [,doumes'tɪsɪtɪ] семейная, домашняя жизнь; любовь к семейной жизни, к уюту

domett [dou'met] полушерстяная ткань

domic(al) ['doumɪk(əl)] куполообразный; купольный

domicile ['dɔmɪsaɪl] домициль; постоянное местожительство; поселиться на постоянное жительство; место платежа по векселю

domiciliary [,dɔmɪ'sɪljərɪ] домашний; по месту жительства

dominance ['dɔmɪnəns] преобладание; превосходство; господство; влияние; доминирование

dominant ['dɔmɪnənt] главный; доминирующий; доминантовый; превалирующий; преобладающий; возвышающийся *(о скале и т. п.)*; наиболее влиятельный; основной признак; доминанта *(муз.)*

dominate ['dɔmɪneɪt] господствовать; властвовать; доминировать; преобладать; возвышаться над чем-либо; иметь влияние на кого-либо; сдерживать; подавлять; овладевать; занимать; всецело поглощать

domination [,dɔmɪ'neɪʃ(ə)n] господство; власть; доминирование; превалирование; преобладание

domineer [,dɔmɪ'nɪə] властвовать; повелевать; запугивать; держать себя высокомерно; владычествовать; властвовать; господствовать

domineering [,dɔmɪ'nɪərɪŋ] властный; не допускающий возражений; высокомерный; господствующий; возвышающийся *(над местностью)*

dominical [də'mɪnɪk(ə)l] господний; христов; воскресный

dominion [də'mɪnjən] доминион; владение; владычество; власть; суверенное право; собственность и владение; господство

domino ['dɔmɪnou] домино *(маскарадный костюм)*; участник маскарада; кость *(домино)*; игра в домино

donate [dou'neɪt] жертвовать; отдавать; сообщать; передавать

donation [dou'neɪʃ(ə)n] дар; подарок; подношение; денежное пожертвование; дарение

donative ['dounətɪv] дар; подарок; подношение; дарственный; пожертвованный

donator [dou'neɪtə] жертвователь; донор *(мед.)*; даритель

done [dʌn] сделанный; соответствующий обычаю, моде; хорошо приготовленный; прожаренный; усталый; в изнеможении; совершено; составлен

donjon ['dɔndʒ(ə)n] главная башня *(средневекового замка) (архит.)*

donkey ['dɔŋkɪ] осел

donkey jacket ['dɔŋkɪ|'dʒækɪt] спецовка

donnish ['dɔnɪʃ] педантичный; важный; высокомерный; чванный

don't [dount] сокр. = do not

don't care condition ['dount,keəkən'dɪʃn] безразличное состояние

doodle ['du:dl] играть на волынке

doom [du:m] рок; судьба; приговор; осуждение; обвинительное заключение; обрекать; осуждать; предназначать; предопределять; штрафовать

doomed [du:md] обреченный; осужденный

doomsday ['du:mzdeɪ] день страшного суда *(рел.)*; светопреставление; конец света; день приговора

door [dɔ:] дверь; дверной проем; дорога; путь; дом; квартира; помещение; дверной

door bell ['dɔ:|bel] дверной звонок

door frame ['dɔ:|freɪm] дверная коробка

door hinge ['dɔ:|hɪndʒ] дверная петля

door interlock ['dɔ:|ɪntə'lɔk] система централизированной блокировки замков дверей автомобиля

door-case ['dɔ:keɪs] дверная коробка

door-keeper ['dɔ:ki:pə] привратник; швейцар

door-money ['dɔ:|mʌnɪ] плата за вход

door-plate ['dɔ:pleɪt] табличка на дверях *(с фамилией)*

door-post ['dɔ:poust] дверной косяк

door-to-door ['dɔ:tə'dɔ:] разъездная торговля

doorman [ˈdɔːmæn] швейцар

doormat [ˈdɔːmæt] половик для вытирания ног; слабый, бесхарактерный человек

doorstep [ˈdɔːstep] порог

doorway [ˈdɔːweɪ] дверной проем; раствор двери

dopant [ˈdoup(ə)nt] примесь

dope [doup] присадка (авт.); густая смазка; паста; допинг; добавка; примесь; наркотик; уплотняющая смазка; одурманивать; убаюкивать; давать наркотики

dorhawk [ˈdɔːhɔk] козодой (орнит.)

dormancy [ˈdɔːmənsɪ] дремота; состояние бездействия; спячка (животных); покой (растений)

dormant [ˈdɔːmənt] дремлющий; спящий; бездействующий; потенциальный; скрытый (о способностях, силах и т. п.); находящийся в состоянии спячки

dormer(-window) [ˈdɔːmə(ˈwɪndou)] слуховое, мансардное окно

dorsal [ˈdɔːs(ə)l] спинной (анат., зоол.)

dorsal fin [ˈdɔːs(ə)lˈfɪn] спинной плавник

dorse [dɔːs] молодая треска

dorsicolumn [ˌdɔːsɪˈkɔləm] задний столб спинного мозга

dorsiferous [ˌdɔːˈsɪfərəs] носящий детенышей на спине

dorsolumbar [ˌdɔːsouˈlʌmbə] поясничный

dorsum [ˈdɔːsəm] спина

dory [ˈdɔːrɪ] рыба с золотой чешуей

dosage [ˈdousɪdʒ] норма; дозировка; доза; порция; дозирование

dose [dous] доза; порция; прием; доля; давать лекарство; дозировать

dose rate detector [ˈdousˈreɪtˈdɪˈtektə] дозиметр

dosimeter [douˈsɪmɪtə] дозиметр

dosing [ˈdousɪŋ] дозирование; подкормка растений

doss [dɔs] кровать; койка (в ночлежном доме); сон; ночевать (в ночлежном доме); спать

doss-house [ˈdɔshaus] ночлежка

dossier data bank [ˈdɔsɪeɪ(ˈdɔsjə)ˈdeɪtəˈbæŋk] анкетный банк данных

dot [dɔt] точка; пятнышко; крошечная вещь; растровый элемент; ставить точку; отмечать пунктирной линией; покрывать; усеивать; приданое

dot and go one [ˈdɔtˈənˈgouˈwʌn] ковыляющая походка; калека на деревянной ноге; ковылять; хромать

dot etching [ˈdɔtˈetʃɪŋ] подтравливание растровых точек

dot-matrix printer [ˈdɔtˈmætrɪksˈprɪntə] матричное печатающее устройство

dotage [ˈdoutɪdʒ] старческое слабоумие; слепая любовь; обожание

dotation [douˈteɪʃən] пожертвование; вклад; предоставление приданого

dots per inch [ˈdɔtsˈpəːˈɪntʃ] количество растровых точек на дюйм

dotted [ˈdɔtɪd] пунктирный; точечный

dotty backs [ˈdɔtɪˈbæks] ложнохромисовые (биол.)

doty [ˈdoutɪ] пораженный гнилью (о древесине)

double [dʌbl] двойник; дублет; дубликат; удвоение; повторение; прототип; парные игры (в теннисе) (спорт.); изгиб (реки); хитрость; двойное количество; актер, исполняющий в пьесе две роли (театр.); двойной; спаренный; усиленный; двоякий; удваивать(ся); сдваивать; складывать вдвое; сжимать (кулак); запутывать след; замещать; делать что-либо дополнительно; вдвое; вдвойне; вдвоем; умножать на два; дважды; увертка; уловка

double bass [ˈdʌblˈbæs] контрабас

double bed [ˈdʌblˈbed] двуспальная кровать

double bend [ˈdʌblˈbend] зигзагообразный участок дороги

double bind [ˈdʌblˈbaɪnd] путаница понятий; растерянность

double bottom [ˈdʌblˈbɔtəm] двойное дно

double carry [ˈdʌblˈkærɪ] двойной перенос

double citizenship [ˈdʌblˈsɪtɪznʃɪp] двойное гражданство

double column [ˈdʌblˈkɔləm] двойная колонка

double cream [ˈdʌblˈkriːm] сливки для взбивания

double damages [ˈdʌblˈdæmɪdʒɪz] возмещение убытков в двойном размере

double density [ˈdʌblˈdensɪtɪ] двойная плотность записи

double eagle [ˈdʌblˈiːgl] двуглавый орел (геральдика); старинная золотая монета в 20 долларов

double entry [ˈdʌblˈentrɪ] двойная запись

double inverted commas [ˈdʌblɪnˈvəːtɪdˈkɔməz] кавычки

double page spread [ˈdʌblˈpeɪdʒˈspred] разворот

double piston [ˈdʌblˈpɪstən] ступенчатый поршень

double (page) plate [ˈdʌbl(ˈpeɪdʒ)ˈpleɪt] распашная иллюстрация

double pole [ˈdʌblˈpoul] двухполюсный

double precise [ˈdʌblprɪˈsaɪs] с удвоенной точностью

double quotes [ˈdʌblˈkwouts] кавычки

double spread [ˈdʌblˈspred] разворот

double taxation [ˈdʌblˈtækˈseɪʃən] двойное налогообложение

double-acting piston [ˈdʌblˈæktɪŋˈpɪstən] поршень двойного действия

double-breasted jacket [ˈdʌblˈbrestɪdˈdʒækɪt] двубортный пиджак

DOU — DOW

double-dealer [ˈdʌblˈdiːlə] обманщик; двурушник

double-decker [ˈdʌblˈdekə] двухпалубное судно; двухэтажный трамвай, автобус, троллейбус

double-event [ˈdʌblɪˌvent] двоеборье (спорт.)

double-faced [ˈdʌblfeɪst] двуличный; неискренний; двусторонний (о материи)

double-flowering lilac [ˈdʌblˈflauərɪŋˈlaɪlək] махровая сирень

double-meaning [ˈdʌblˌmiːnɪŋ] обманчивый; вводящий в заблуждение

double-quick [ˈdʌblkwɪk] очень быстро

double-walled [ˈdʌblwɔːld] с двойной оболочкой

doubledeck bus [ˈdʌbldekˈbʌs] двухэтажный автобус

doubler [ˈdʌblə] устройство умножения на два; удвоитель

doublet [ˈdʌblɪt] дубликат; копия; двухразрядный байт

doublethink [ˈdʌblθɪŋk] двоемыслие

doubletree [ˈdʌbltriː] крестовина (плуга и т. п.)

doublets [ˈdʌblɪts] дублеты

doubleword [ˈdʌblwəːd] двойное слово

doubling [ˈdʌblɪŋ] сдваивание; удвоение; дублирование; повторение; внезапный поворот (в беге); уклончивость; уловка; увертки; сучение; увеличивание вдвое; дублирующий

doubly [ˈdʌblɪ] вдвое; вдвойне; дважды; двояко; двойственно; нечестно

doubt [daut] сомнение; неопределенность; колебание; сомневаться; иметь сомнения; быть неуверенным; колебаться; не доверять; подозревать; подвергать сомнению

doubter [ˈdautə] скептик

doubtful [ˈdautful] полный сомнений; сомневающийся; колеблющийся; неопределенный; неясный; сомнительный; вызывающий подозрения; подозрительный

doubting [ˈdautɪŋ] колеблющийся; неустановившийся

doubtless [ˈdautlɪs] несомненно; вероятно; бесспорный; очевидный

douceur [duːˈsəː] чаевые; взятка; подкуп

douche [duːʃ] душ; обливание; промывание; поливать из душа; принимать душ; обливать(ся) водой; промывать

dough [dou] тесто; паста; густая масса; восковая спелость зерна

doughnut [ˈdounʌt] пончик; жареный пирожок

doughtily [ˈdautɪlɪ] доблестно; отважно

doughtiness [ˈdautɪnɪs] героизм; геройство; доблесть; мужество; отвага

dour [ˈduə] непреклонный; строгий; суровый

douse [daus] окунать(ся); погружать(ся) в воду; быстро спускать парус; гасить; тушить

dove [dʌv] голубь

dove-colour [ˈdʌvˌkʌlə] сизый цвет

dove-cot [ˈdʌvkɔt] голубятня

dove-eyed [ˈdʌvˈaɪd] с невинным выражением лица; с кротким взглядом

dove-house [ˈdʌvhaus] голубятня

dove-like [ˈdʌvlaɪk] нежный; покорный; послушный

dovish [ˈdʌvɪʃ] мирный; миролюбивый

dowdy [ˈdaudɪ] неряшливо и немодно одетый (о женщине); немодный; неэлегантный (о платье)

dowdyish [ˈdaudɪɪʃ] немодный; неэлегантный

dowel bush [ˈdauəlˈbuʃ] направляющая втулка

dower [ˈdauə] вдовья часть; приданое; природный дар; талант; оставлять наследство (вдове); давать приданое; наделять талантом

dower-chest [ˈdauətʃest] сундук (с приданым)

down [daun] низ; внизу; до конца; вплоть до; пух; подпушка; пушок (бот.); означает уменьшение количества, размера; ослабление; уменьшение силы; ухудшение; означает движение от центра к периферии; из столицы в провинцию; означает движение к центру города, в столицу, к югу; придает глаголам значение совершенного вида; направленный книзу; опускать; спускать; сбивать; осиливать; кончать с чем-либо

down-draft carburettor (carburetter) [ˈdaundrɑːftˈkɑːbjuretə] карбюратор

down-grade [ˈdaungreɪd] наклон; склон; уклон; падение; спад; упадок

down-hearted [ˈdaunˈhɑːtɪd] упавший духом; унылый

down-hill-of-life [ˈdaunhɪləvˈlaɪf] луговой чай

down-loading [ˈdaunˈloudɪŋ] разгрузка программы (компьют.)

down-river [ˌdaunˈrɪvə] вниз по течению

down-to-earth [ˌdauntuˈəːθ] практичный; утилитарный

downfall [ˈdaunfɔːl] падение; гибель; разорение; низвержение; ниспровержение; свержение; ливень; сильный снегопад; осадки

downhill [ˈdaunˈhɪl] наклон; склон; уклон; скоростной спуск (спорт.); наклонный; покатый; на закате

downhill racing [ˈdaunhɪlˈreɪsɪŋ] скоростной спуск

downhill ski [ˈdaunhɪlˈskiː] лыжи для слалома

downpipe [ˈdaunpaɪp] переточная труба

downright [ˈdaunraɪt] откровенный; открытый; прямой; честный; явный; видимый; очевидный; отъявленный; совершенно; явно

downside [ˈdaunsaɪd] нижняя сторона

downstage ['daunsteɪʤ] относящийся к авансцене; на авансцене

downstairs ['daun'stɛəz] расположенный в нижнем этаже; вниз; внизу; ниже

downtime ['daun] простой; работа вхолостую; потерянное время

downtrodden ['daun,trɒdn] втоптанный; растоптанный; подавленный; попранный; угнетенный

downward ['daunwəd] спускающийся; ухудшающийся; вниз; внизу; книзу; ниже

downwind [,daun'waɪnd] по ветру

downy ['daunɪ] пушистый; мягкий, как пух; пуховый; мягкий; нежный; холмистый; коварный; покрытый пухом; опушенный

dowry ['dauərɪ] приданое; природный талант

doxology [dɒk'sɒləʤɪ] Рождественская молитва

doyen ['dɔɪən] дуайен; старшина; старейшина; декан

doyenne [dɔɪ'en] профессионалка; специалистка

doze [douz] дремота; дряблость (древесины); дремать

dozen ['dʌzn] дюжина; масса; множество

dozy ['douzɪ] дремлющий; сонный

drab [dræb] тускло-коричневый цвет; плотная шерстяная ткань тускло-коричневого цвета; однообразие; серость; тускло-коричневый; желтовато-серый; бесцветный; неинтересный; однообразный; пресный; скучный

drabble ['dræbl] забрызгать(ся); испачкать(ся)

draft [drɑːft] чертеж; план; рисунок; эскиз; проект; набросок; черновик; чек; набор (воен.); призыв в армию; делать чертеж; составлять план; набрасывать черновик; переводной вексель

draft agreement ['drɑːft|ə'griːmənt] проект соглашения

draft bill ['drɑːft|bɪl] законопроект

draft budget ['drɑːft|'bʌʤɪt] проект бюджета

draft contract ['drɑːft|'kɒntrækt] проект договора

draft evader ['drɑːft|ɪ'veɪdə] лицо, уклоняющееся от воинской обязанности

draft law ['drɑːft|lɔː] законопроект

draft legislation ['drɑːft|,leʤɪs'leɪʃən] законопроект

draft-cattle ['drɑːft.kætl] тягло; тягловый или рабочий скот

draftee [,drɑːf'tiː] призывник

drafter ['drɑːftə] автор документа

drafting ['drɑːftɪŋ] составление (документа, законопроекта); вычерчивание; черчение; чертежный

drafting committee ['drɑːftɪŋ|kə'mɪtɪ] редакционный комитет

draftsman ['drɑːftsmən] чертежник; рисовальщик; составитель документа; автор законопроекта

draftsmanship ['drɑːftsmənʃɪp] черчение; искусство черчения

drag [dræg] землечерпалка; тяжелая борона; тормоз; торможение; обуза; бремя; экипаж, запряженный четверкой, с сиденьями внутри и наверху; бредень; невод; улица; (с усилием) тащить(ся); волочить(ся); тянуть; тормозить

drag coefficient ['dræg|,kouɪ'fɪʃənt] коэффициент лобового сопротивления

dragee [drɑː'ʒeɪ] драже (франц.)

dragging ['drægɪŋ] смещение изображения

draggle ['drægl] волочить(ся); испачкать; вывалять в грязи; тащиться в хвосте; медлить

dragon ['dræg(ə)n] дракон; очень строгий человек

dragon-fly ['dræg(ə)nflaɪ] стрекоза

dragonfish ['dræg(ə)nfɪʃ] морская мышь; песка-ровидные

dragonhead ['dræg(ə)nhed] черноголовка обыкновенная

dragon's mouth ['dræg(ə)nz|'mauθ] большой львиный зев (бот.)

dragoon [drə'guːn] драгун (воен.); посылать карательную экспедицию; принуждать силой

drain [dreɪn] утечка; сток; дренажная канава; канализационная труба; водоотвод; водосток; вытекание; осушать (почву); проводить канализацию; сочиться; сушить; истощать (силы, средства); отливать; отходить (о крови); непроизводительный расход

drain pipe ['dreɪn|paɪp] водосточная труба

drain-away ['dreɪnə,weɪ] «утечка мозгов»; переманивать (ученых, специалистов)

drain-ditch ['dreɪndɪtʃ] водосточная канава

drainage ['dreɪnɪʤ] водоотлив

drainage area ['dreɪnɪʤ|'eərɪə] канализационные области

drainage tube ['dreɪnɪʤ|tjuːb] дренажная трубка

draining board ['dreɪnɪŋ|'bɔːd] подставка для сушки (посуды); сушилка

draining hose ['dreɪnɪŋ|'houz] сливной (спускной) шланг

drake [dreɪk] селезень; старинная небольшая пушка; старинная скандинавская галера с изображением дракона на носу

drama ['drɑːmə] драма; несчастье; трагедия

dramatic [drə'mætɪk] напряженный; трагический; драматический; искусственный; неестественный; волнующий; впечатляющий; эффектный; разительный; бросающийся в глаза; театральный; драматургический; актерский; мелодраматический

dramatist ['dræmətɪst] драматург

dramatization [,dræmətaɪ'zeɪʃən] инсценировка

dramatize [ˈdræmətaɪz] драматизировать; инсценировать; преувеличивать

dramaturgy [ˈdræmətɜːʤɪ] драматургия

drape [dreɪp] драпировка; портьера; обойный материал; драпировать; украшать тканями, занавесами

drapery [ˈdreɪpərɪ] драпировка

drastic [ˈdræstɪk] сильнодействующий (о лекарстве); решительный; крутой; радикальный

draught [drɑːft] глоток; шашки; тяга; упряжь; тягловый; бочечный; осадка судна; сквозняк

draught beer [ˈdrɑːft|ˈbɪə] бочковое пиво

draughty [ˈdrɑːftɪ] расположенный на сквозняке

draw [drɔː] тяга; вытягивание; жеребьевка; лотерея; жребий; выигрыш; приманка; игра вничью; ничья; замечание, имеющее целью выпытать что-либо; наводящий вопрос; разводная часть моста (строит.); молодой побег (бот.); выдвижной ящик комода; вытяжка из растений; отбирать; извлекать; тащить; волочить; тянуть; натягивать; надевать; тянуть; бросать (жребий); вытаскивать; выдергивать; вырывать; задергивать; искажать; получать (деньги и т. п.); добывать (сведения, информацию); черпать (вдохновение и т. п.); потрошить; иметь тягу; настаивать(ся) (о чае); привлекать (внимание, интерес); навлекать; вызывать (на разговор, откровенность и т. п.); вызывать (слезы, аплодисменты); вбирать; вдыхать; втягивать; выводить (заключение); проводить (различие); кончать (игру) вничью; всасывать (авт.); составлять документ; оформлять документ; выписывать чек; формировать состав присяжных; разделение голосов поровну

draw-plate [ˈdrɔːpleɪt] волокуша

drawback [ˈdrɔːbæk] препятствие; помеха; преграда; препона; недостаток; отрицательная сторона; возвратная пошлина; уступка (в цене)

drawbar [ˈdrɔːbɑː] тяговый стержень (паровоза, вагона); упряжная тяга; затяжной винт

drawbridge [ˈdrɔːbrɪʤ] подъемный мост; разводной мост

drawee [drɔːˈiː] трассат (фин.)

drawer [ˈdrɔːə] чертежник; рисовальщик; составитель; (выдвижной) ящик (стола, комода); буфетчик; картотека; векселедатель; чекодатель

drawers [drɔːz] кальсоны; подштанники; трусы

drawing [ˈdrɔːɪŋ] рисование; чертеж; изображение; картина; рисунок; щепотка чая для заварки; лотерея

drawing account [ˈdrɔːɪŋ|əˈkaunt] открытый счет

drawing card [ˈdrɔːɪŋ|kɑːd] гвоздь программы

drawing easel [ˈdrɔːɪŋ|ˈiːzl] мольберт

drawing from the antique [ˈdrɔːɪŋ|frɒm|ðə|ænˈtiːk] рисование с античных моделей

drawing scale [ˈdrɔːɪŋ|skeɪl] масштабная линейка

drawing-block [ˈdrɔːɪŋblɒk] тетрадь; блокнот для рисования

drawing-board [ˈdrɔːɪŋbɔːd] чертежная доска

drawing-pin [ˈdrɔːɪŋpɪn] чертежная или канцелярская кнопка

drawing-room [ˈdrɔːɪŋrum] гостиная; купе в салон-вагоне; чертежный зал; чертежная

drawl [drɔːl] протяжное произношение; медлительность речи; растягивать слова; произносить с подчеркнутой медлительностью

drawn [drɔːn] нерешенный; с неясным исходом (о сражении и т. п.); закончившийся вничью; оттянутый назад; отведенный; обнаженный (о шпаге и т. п.); растопленный; искаженный

drawn-out [ˈdrɔːnaut] длительный; долгий; продолжительный

drawstring [ˈdrɔːstrɪŋ] шнурок, затягивающий сумку, мешок

dray [dreɪ] подвода; телега; беличье гнездо

drayman [ˈdreɪmən] ломовой извозчик

dread [dred] страх; боязнь; опасение; пугало; опаска; страшиться; страшный; ужасный

dreadful [ˈdredful] страшный; ужасный; очень плохой; отвратительный; сенсационный роман ужасов

dream [driːm] сон; сновидение; мечта; греза; видение; видеть сны; видеть во сне; мечтать; грезить; воображать; думать

dream ticket [ˈdriːm|ˈtɪkɪt] счастливый билет; удача

dream work [ˈdriːm|wəːk] фантазирование

dream-land [ˈdriːmlænd] сказочная страна; мир грез

dreamer [ˈdriːmə] мечтатель; фантазер

dreamily [ˈdriːmɪlɪ] мечтательно; как во сне

dreamless [ˈdriːmlɪs] без сновидений

dreamlike [ˈdriːmlaɪk] мифический; сказочный; фантастический; воображаемый; призрачный

dreamy [ˈdriːmɪ] мечтательный; непрактичный; мифический; призрачный; сказочный; фантастический; неясный; неопределенный; неотчетливый; смутный; полный сновидений

dreary [ˈdrɪərɪ] мрачный; тоскливый; отчаянно скучный; грустный; печальный; унылый

dredge [dreʤ] экскаватор; сеть для вылавливания устриц; ловить устриц сетью; посыпать (мукой, сахаром и т. п.)

dree [driː] страдать; терпеть

drench [drenʧ] промокание; ливень; доза лекарства; смачивать; мочить; промачивать; вливать

drenched to the bone [ˈdrenʧt|tə|ðə|ˈbəun] насквозь промокший

drencher [ˈdrenʧə] ливень

dress [dres] платье; одежда; внешний покров; одеяние; оперение; парадный (*об одежде*); одевать(ся); наряжать(ся); украшать(ся); причесывать; делать прическу; чистить (*лошадь*); перевязывать (*рану*); приготовлять; приправлять (*кушанье*); разделывать (*тушу*); удобрять (*почву*); обрабатывать (*землю*); выделывать (*кожу*); выравнивать; ровнять; шлифовать (*камень*); обтесывать; строгать (*доски*); расцвечивать (*мор.*) (*флагами*); равняться (*воен.*); выравнивать(ся); подрезать; подстригать (*деревья, растения*)

dress coat [ˈdresˈkout] фрак; парадный мундир

dress rehearsal [ˈdresrɪˈhɜːs(ə)l] генеральная репетиция

dress shirt [ˈdresˈʃɜːt] белая рубашка к вечернему костюму

dress watch [ˈdresˈwɔtʃ] часы-брошь

dress-circle [ˈdresˈsɜːkl] бельэтаж (*театр.*)

dresser [ˈdresə] оформитель витрин; хирургическая сестра; костюмер (*театр.*); кожевник; кухонный стол с полками для посуды; кухонный шкаф для посуды

dressing [ˈdresɪŋ] одевание; убранство; украшение; отделка; очистка; шлифовка; перевязочный материал; приправа (*к рыбе, салату*); удобрение; равнение

dressing material [ˈdresɪŋməˈtɪərɪəl] перевязочный материал

dressing station [ˈdresɪŋˌsteɪʃ(ə)n] перевязочный пункт (*воен.*)

dressmaking [ˈdresˌmeɪkɪŋ] шитье дамского платья

dribble [ˈdrɪbl] капля; моросящий дождь; ведение мяча (*в футболе, баскетболе*); капать; вести мяч (*в футболе и т. п.*); гнать шар в лузу (*в бильярде*)

dribbler [ˈdrɪblə] игрок, ведущий мяч (*в футболе и т. п.*)

dribblet [ˈdrɪblɪt] небольшая сумма

dried [draɪd] высушенный; вяленый; засохший; засушенный; насохший; насушенный; усохший

dried milk [ˈdraɪdˈmɪlk] сухое молоко

drier [ˈdraɪə] сушильная машина; сушилка

drift [drɪft] медленное течение; дрейф; нанос; медленное (*пассивное*) перемещение; плыть по течению; бездействовать; снос; дрейфовать; ледниковые отложения

drifter [ˈdrɪftə] дрифтер (*судно для лова рыбы плавными сетями*)

drifting [ˈdrɪftɪŋ] проходка штрека

driftweed [ˈdrɪftwiːd] перемещающиеся водоросли

drill [drɪl] (*физическое*) упражнение; тренировка; (*строевое*) учение; тренировать; обучать (*строю*); проходить строевое обучение; сверло; дрель; борозда; сеять; сажать рядами; сверлить; практическая отработка; бормашина

drill diameter [ˈdrɪlˈdaɪəˌmɪtə] диаметр сверла

drill mine [ˈdrɪlˈmaɪn] учебная мина

driller [ˈdrɪlə] бурильщик; сверлильный станок

drillhole [ˈdrɪlhoul] буровая скважина

drilling barge [ˈdrɪlɪŋˈbɑːdʒ] буровая баржа

drilling rig [ˈdrɪlɪŋˈrɪg] буровая вышка

drilvis электрические скаты

drink [drɪŋk] питье; напиток; глоток; стакан (*вина, воды*); спиртной напиток; пить; выпить; пьянствовать; впитывать; вдыхать (*воздух*)

to drink smb.'s health — пить за здоровье кого-либо

to drink the waters — побывать на водах; пить лечебные воды (*на курорте*)

drink-drive [ˈdrɪŋkdraɪv] управление автомобилем в нетрезвом состоянии

drinkable [ˈdrɪŋkəbl] годный для питья

drinking fountain [ˈdrɪŋkɪŋˌfauntɪn] питьевой фонтанчик

drinking through [ˈdrɪŋkɪŋθruː] поилка

drinking-song [ˈdrɪŋkɪŋsɔŋ] застольная песня

drinking-water [ˈdrɪŋkɪŋˌwɔːtə] питьевая вода

drip [drɪp] капанье; шум падающих капель; капать; падать каплями

dripping [ˈdrɪpɪŋ] просачивание; падающая каплями жидкость; жир, капающий с мяса во время жарки; влажный; мокрый; промокший; сырой; капающий

dripping-pan [ˈdrɪpɪŋpæn] сковорода; противень

drive [draɪv] катание; езда; прогулка (*в автомобиле*); подъездная дорога; преследование; большая энергия; напористость; побуждение; стимул; гонка; спешка (*в работе*); плоский удар (*в теннисе, крикете*); энергичное наступление (*воен.*); удар; атака; подъездная дорога; везти (*в автомобиле*); ехать (*в автомобиле*); быстро двигаться; нестись; править (*лошадьми*); управлять (*машиной, автомобилем*); гнать; преследовать; вбивать; вколачивать; проводить; прокладывать; доводить; приводить; вести; совершать; переутомлять; перегружать работой; побуждение; стимул; привод; передача

to drive a quill — быть писателем

to drive a tunnel — прокладывать туннель

to drive away — прогонять; рассеивать

drive axis [ˈdraɪvˈæksɪs] ось привода (*техн.*)

drive line [ˈdraɪvˈlaɪn] карданная передача

drive screw [ˈdraɪvˈskruː] ходовой винт

drive-in [ˈdraɪvɪn] кино под открытым небом (*магазин, банк, мастерская*)

drive-in bank [ˈdraɪvɪnˈbæŋk] банк, где обслуживают клиентов прямо в автомобилях

drivel [ˈdrɪvl] бессмыслица; пороть чушь; нести чепуху

driven axle ['drɪvn|'æksl] ведомая ось

driver ['draɪvə] шофер; водитель; машинист; вагоновожатый; погонщик скота; первичный двигатель; длинная клюшка; драйвер *(компьют.)*; усилитель записи; движущий механизм

driver-side airbag ['draɪvəsaɪd|'eəbæg] надувная подушка безопасности

driver's licence ['draɪvəz|'laɪsəns] водительские права

driving ['draɪvɪŋ] катание; езда; вождение автомобиля; сильный; имеющий большую силу; движущий; приводящий в движение; приводной; задающий; приведение в действие

driving axle ['draɪvɪŋ|æksl] ведущий мост *(техн.)*

driving belt ['draɪvɪŋ|belt] приводной ремень

driving force ['draɪvɪŋ|fɔːs] движущая сила

driving licence ['draɪvɪŋ|'laɪsəns] водительские права; разрешение на право вождения автомашины

driving light ['draɪvɪŋ|laɪt] дальний свет фар

driving storm ['draɪvɪŋ|stɔːm] сильная буря

driving wheel ['draɪvɪŋ|wiːl] ведущее колесо

driving-away ['draɪvɪŋə'weɪ] угон

drizzle ['drɪzl] мелкий дождь; изморось; моросить; моросящий

drogue [droug] буек, прикрепленный к гарпуну; плавучий якорь

droit ['drɔɪt] прерогатива; пошлины

droll [droul] шут; чудной; забавный; комический; шутить

drollery ['drouləri] шутки; юмор

dromedary ['drʌmədəri] одногорбый верблюд

drone [droun] трутень; гудение; жужжание; шум; гудеть; жужжать; бубнить; читать; бездельничать; волынка; петь монотонно

droningly ['drouniŋli] заунывно; монотонно

drool [druːl] абсурд; чепуха; чушь; течь; сочиться *(о слюне, крови)*

droop [druːp] понижение; склон; уклон; сутулость; изнеможение; упадок духа; поникать; свисать; склоняться; наклонять; увядать; ослабевать; изнемогать; унывать; падать духом

droopy ['druːpɪ] упавший духом

drop [drɔp] капля; глоток; драже; леденец; подвеска; серьга; падение; понижение; снижение; капать; стекать каплями; проливать *(слезы)*; ронять; падать; спадать; отправлять; опускать *(письмо)*; бросать *(привычку, занятие)*; сбрасывать *(с самолета)*; проронить *(слово)*; прекращать *(работу, разговор)*; оставлять; покидать *(семью, друзей)*; понижать *(голос)*; потуплять *(глаза)*; падать; снижаться; спадать; понижаться *(о цене и т. п.)*; опускать; пропускать; высаживать; довозить; доставлять; сразить *(ударом, пулей)*; спускаться; опускаться; телиться, жеребиться, ягниться, родиться *(о животном)* раньше времени; терять; проигрывать *(деньги)*; нисходящий ход; увольнять; исключать; отстранять; опадать; выступать каплями; опускной занавес в театре; скачок вниз; спад; испражняться *(о животном)*

to drop around — заходить; навещать

drop arm ['drɔp|aːm] маятник *(техн.)*

drop cloth ['drɔp|klɔθ] кулиса

drop scene ['drɔp|siːn] заключительная сцена в театре

drop-kick ['drɔpkɪk] удар с полулета *(в футболе)*

drop-leaf ['drɔpliːf] откидная доска

droplet ['drɔplɪt] капелька

droppable ['drɔpəbl] отбрасываемый

dropped heads ['drɔpt|'hedz] заголовки со спуском

dropper ['drɔpə] пипетка; капельница; лосось, вернувшийся в море

dropping glass ['drɔpɪŋ|glaːs] капельница

dropping tube ['drɔpɪŋ|tjuːb] пипетка

droppings ['drɔpɪŋz] помёт

drops ['drɔps] драже

dross [drɔs] мусор; шлак

drossy ['drɔsɪ] изобилующий шлаком; нечистый; сорный

drought [draut] засуха; засушливость; сухость воздуха

drought-resistant ['drautrɪ'zɪstənt] засухоустойчивый

droughty ['drautɪ] сухой; высохший; безводный; засохший; засушливый

drove [drouv] стадо; толпа

drover ['drouvə] гуртовщик; скотопромышленник

drown [draun] тонуть; топить*(ся)*; заливать; затоплять

to drown in — заглушать; заниматься чем-либо

drowse [drauz] дремота; полусон; сонливость; дремать; оказывать снотворное действие; быть сонным; наводить сон; проводить время в бездействии

drowsily ['drauzɪlɪ] сонно; вяло

drowsy ['drauzɪ] дремлющий; сонный; навевающий дремоту; снотворный; бездеятельный; вялый

drub [drʌb] *(по)*бить; *(по)*колотить; барабанить; стучать; топать; бранить; поносить; ругать

drubbing ['drʌbɪŋ] битье; избиение; побои; порка

drudge [drʌdʒ] человек, выполняющий тяжелую, нудную работу; выполнять тяжелую, нудную работу

drudgery ['drʌdʒ(ə)rɪ] тяжелая; нудная работа

drudgingly ['drʌdʒɪŋlɪ] усердно; старательно; с трудом

drug [drʌg] лекарство; медикамент; снадобье; наркотик; неходкий товар; лекарственный; наркотический; употреблять наркотики; притуплять *(чувства)*

drug abuse [ˈdrʌgǀəˈbjuːz] злоупотребление наркотиками

drug dealer [ˈdrʌgǀˈdiːlə] торговец наркотиками

drug trade [ˈdrʌgǀtreɪd] торговля наркотиками

drug traffic [ˈdrʌgǀˈtræfɪk] торговля наркотиками

drug-impaired driver [ˈdrʌgɪmˌpeədǀˈdraɪvə] водитель, находящийся в состоянии наркотического опьянения

drugged [ˈdrʌgd] наркоман

druggist [ˈdrʌgɪst] аптекарь

drugstore [ˈdrʌgstɔː] аптека; аптекарский магазин, торгующий лекарствами, мороженым, кофе, журналами, косметикой и т. п.

drum [drʌm] барабан; цилиндр; барабанный бой; барабанная перепонка; внутренняя полость среднего уха; ящик для упаковки сушеных фруктов; бить в барабан; барабанить пальцами; стучать; топать; хлопать крыльями

drum kit [ˈdrʌmǀkɪt] ударная установка *(муз.)*

drum printer [ˈdrʌmǀˈprɪntə] барабанное печатающее устройство

drum-major [ˈdrʌmǀˈmeɪʤə] тамбурмажор

drumbeat [ˈdrʌmbiːt] барабанный бой; мгновенье

drummer [ˈdrʌmə] барабанщик; ударник *(муз.)*

drumming [ˈdrʌmɪŋ] барабанная дробь

drums [drʌmz] ударные инструменты

drumstick [ˈdrʌmstɪk] барабанная палочка; ножка вареной или жареной птицы *(курицы, утки, гуся и т. п.)*

drunk [drʌŋk] пьяница; алкоголик

drunken [ˈdrʌŋk(ə)n] пьяный

drunken offender [ˈdrʌŋk(ə)nǀəˈfendə] лицо, совершившее преступление в состоянии алкогольного опьянения

drunkenness [ˈdrʌŋkənɪs] опьянение; пьянство; алкоголизм

dry [draɪ] сухое состояние; сушь; засуха; сухой; засушливый; пересохший; сушить; сохнуть; высыхать; неэмоциональный; блеклый звук; высушивать; высохший; обезвоженный; формальный; номинальный; не приносящий выгоды

to dry up — высушивать; высыхать; пересыхать *(о колодце, реке)*; истощиться; иссякнуть *(о воображении и т. п.)*; замолчать; перестать

dry cargo barge [ˈdraɪǀkaˈgouǀˈbɑːʤ] сухогруз

dry distillation [ˈdraɪǀdɪstɪˈleɪʃən] сухая перегонка

dry goods [ˈdraɪǀgudz] мануфактура; галантерея; галантерейные товары

dry law [ˈdraɪǀlɔː] сухой закон

dry measure [ˈdraɪǀmeʒə] мера сыпучих тел

dry powder extinguisher [ˈdraɪˌpaudərǀɪksˈtɪŋgwɪʃə] порошковый огнетушитель

dry shot [ˈdraɪǀʃɒt] холостой выстрел

dry substance [ˈdraɪǀˈsʌbstəns] сухое вещество

dry-cargo ship [ˈdraɪˌkaˈgouǀˈʃɪp] сухогрузный транспорт

dry-cleaners [ˈdraɪˈkliːnəz] химическая чистка; химчистка *(мастерская)*

dry-nurse [ˈdraɪˈnɜːs] няня; нянчить

dry-point engraving [ˈdraɪpɔɪntǀɪnˈgreɪvɪŋ] гравирование сухой иглой

dryer [ˈdraɪə] сушильная машина

drying [ˈdraɪɪŋ] высыхание; сушка; высушивание

drying chamber [ˈdraɪɪŋǀˈʧeɪmbə] сушильная камера

drying cylinder [ˈdraɪɪŋǀˈsɪlɪndə] сушильный барабан

drying machine [ˈdraɪɪŋǀməˈʃiːn] сушильная машина

dryish [ˈdraɪɪʃ] суховатый

dryland [ˈdraɪlænd] земля; почва; суша

dual [ˈdjuː(ː)əl] двойственный; двойной; сдвоенный; дуальный

dual layer filter [ˈdjuː(ː)əlˌleɪəˈfɪltə] двухслойный фильтр

dualism [ˈdjuː(ː)əlɪzəm] дуализм

duality [djuː(ː)ˈælɪtɪ] двойственность; дуализм

dualization [ˌdjuː(ː)əlaɪˈzeɪʃən] раздвоение

dualize [ˈdjuː(ː)əlaɪz] раздваивать

dub [dʌb] обрубать; обтесывать; строгать; ровнять; пригонять; обрабатывать; отделывать; смазывать жиром *(сапоги, кожу и т. п.)*; дублировать фильм; посвящать в рыцари; давать титул; приводить в качестве примера; копировать; копия; перезапись; перезаписывать

dubber [ˈdʌbə] оператор дубляжа

dubbing [ˈdʌbɪŋ] жир для смазывания кожи; дублирование

dubiety [djuː(ː)ˈbaɪətɪ] колебание; опасение; сомнение; что-либо сомнительное

dubious [ˈdjuːbjəs] подозрительный; сомнительный; колеблющийся; неустановившийся; сомневающийся; вызывающий сомнение

dubious alibi [ˈdjuːbjəsǀˈælɪbaɪ] сомнительное алиби

dubler [ˈdʌblə] оператор дублера

ducal [ˈdjuːk(ə)l] герцогский

duchess [ˈdʌʧɪs] герцогиня

duchy [ˈdʌʧɪ] герцогство; королевство

duck [dʌk] утка; утиное мясо; ныряние; окунание; быстрое наклонение головы; нырять; окунаться; парусиновые брюки

duck-legged [ˈdʌklegd] коротконогий; ходящий вперевалку

duck-out [ˈdʌkaut] дезертирство; дезертир *(воен.)*

duckbill [ˈdʌkbɪl] утконос

duckling [ˈdʌklɪŋ] утенок

duckweed [ˈdʌkwiːd] ряска *(бот.)*

duck's-egg [ˈdʌkseg] темный серо-зеленый цвет

duct [dʌkt] проток; трубопровод; нефтепровод; труба; кабельный канал связи; канал *(анат.)*

ductance [ˈdʌktəns] проводимость; проницаемость сосудов

ductile [ˈdʌktaɪl] гибкий; упругий; эластичный; ковкий; податливый; послушный; поддающийся влиянию *(о человеке)*

ductile material [ˈdʌktaɪl|məˈtɪərɪəl] пластичный материал

dud [dʌd] неудача; никчемный человек; неудачник; подделка; денежный документ, признанный недействительным; неразорвавшийся снаряд; негодный; недействительный; поддельный; фальшивый; фиктивный

dudgeon [ˈdʌdʒ(ə)n] деревянная рукоятка кинжала; возмущение; обида

due [djuː] сбор; налог; пошлина; взнос; следуемый; наступивший *(о сроке)*; должный; причитающийся; налоги; пошлины; сборы; членские взносы; надлежащий; соответствующий; обусловленный; причитающийся; ожидаемый; точно; прямо *(о стрелке компаса)*

due bill [ˈdjuː|bɪl] счет к оплате; долговая расписка

due data [ˈdjuː|ˈdeɪtə] срок платежа

due debt [ˈdjuː|det] долг, по которому наступил срок платежа

duel [ˈdju(ː)əl] дуэль; поединок; борьба; конкуренция; соревнование; состязание; драться на дуэли

duellist [ˈdju(ː)əlɪst] участник дуэли; дуэлянт

dues [djuːz] отложенный заказ на книги

duet [dju(ː)ˈet] дуэт

duffel-bag [ˈdʌf(ə)lbæg] вещевой мешок

duffer [ˈdʌfə] неспособный человек; подделыватель; фальсификатор; фальшивая монета

dug [dʌg] вымя

dug-out [ˈdʌgaut] челнок, выдолбленный из бревна; убежище *(воен.)*; блиндаж; землянка; укрытие; офицер, вновь призванный на службу из отставки *(воен.)*

dulcet [ˈdʌlsɪt] сладкий; нежный *(о звуках)*

dulcify [ˈdʌlsɪfaɪ] делать мягким, приятным; подслащивать

dulcimer [ˈdʌlsɪmə] цимбалы *(муз.)*

dull [dʌl] глупый; скучный; монотонный; притупленный; не отточенный; тупой; тусклый; пасмурный; неясный; безрадостный; понурый; унылый; вялый *(о торговле)*; неходкий; не имеющий спроса *(о товаре)*; притуплять(ся); делать(ся)

dull blade [ˈdʌl|bleɪd] тупое лезвие; тупой клинок

dull normal [ˈdʌl|ˈnɔːməl] тупица

dullish [ˈdʌlɪʃ] туповатый; скучноватый

dullness [ˈdʌlnɪs] матовость; неяркость

dulse [dʌls] красная водоросль

duly [ˈdjuːlɪ] должным образом; правильно; в должное время; своевременно; в надлежащем порядке

dumb [dʌm] немой; бессловесный; онемевший *(от страха и т. п.)*; беззвучный; молчаливый; незвучащий

dumb piano [ˈdʌm|pɪˌænou] немая клавиатура

dumb-bell [ˈdʌmbel] гиря; гантеля; болван; дурак; выполнять упражнения с гантелями

dumb-waiter [ˈdʌmˈweɪtə] вращающийся столик; открытая этажерка для закусок; кухонный лифт

dumble beetle [ˈdʌmbl|ˈbiːtl] жук-навозник

dumetum заросль кустарников

dummy [ˈdʌmɪ] чучело; манекен; кукла; имитация; модель; макет *(книги)*; фиктивный; поддельный; подставной; подложный; тренировочный; учебный; временный; преходящий; холостая команда; модельный; контрольный опыт

dummy address [ˈdʌmɪ|əˈdres] фиктивный адрес

dummy ammunition [ˈdʌmɪ|ˌæmjuˈnɪʃən] холостая пуля

dummy run [ˈdʌmɪ|ˈrʌn] испытательный пробег

dumose кустистый

dump [dʌmp] свалка; груда хлама; мусорная куча; временный полевой склад; глухой звук от падения тяжелого предмета; сбрасывать; сваливать *(мусор)*; опрокидывать *(вагонетку)*; разгружать; ронять с шумом; разгрузка памяти *(компьют.)*; распечатка содержимого памяти *(компьют.)*

dump bin [ˈdʌmp|bɪn] демонстрационная стойка для книг

dump truck [ˈdʌmp|trʌk] самосвал

dumper [ˈdʌmpə] самосвал

dumper truck [ˈdʌmpəˈtrʌk] самосвал

dumping [ˈdʌmpɪŋ] демпинг *(фин.)*; сброс отходов

dumping body [ˈdʌmpɪŋ|ˈbɔdɪ] опрокидывающийся кузов самосвала

dumpish [ˈdʌmpɪʃ] грустный

dumpling [ˈdʌmplɪŋ] клецка; яблоко, запеченное в тесте

dumpy [ˈdʌmpɪ] гнетущий; подавленный; унылый; коренастый

dun [dʌn] серовато-коричневый цвет; докучать; донимать; надоедать

dune [djuːn] дюна; дюнный

dung [dʌŋ] удобрение; помёт; экскременты; навоз; удобрять; унаваживать

dungeon ['dʌndʒ(ə)n] подземная тюрьма; темница

dungy ['dʌŋɪ] грязный; запачканный

dunk [dʌŋk] макать *(сухарь, печенье в чай, вино)*; замочить; смочить

duodecimal [,dju(:)ou'desɪm(ə)l] двенадцатая часть; двенадцатеричный

duodenum [,dju(:)ou'di:nəm] двенадцатиперстная кишка

duotone ['dju:o(u)toun] двухкрасочная репродукция

dupe [dju:p] жертва обмана; обманывать; одурачивать; вводить в заблуждение; дезориентировать

dupeable ['dju:pəbl] легко поддающийся обману

dupery ['dju:pərɪ] мошенничество; надувательство; обман

duplex ['dju:pleks] двусторонний; дублированный; двойной; диплоидный

duplex apartment ['dju:pleksə'pa:tmənt] квартира, расположенная в двух этажах с внутренней лестницей

duplexing ['dju:pleksɪŋ] установление двустороннего обмена

duplicate ['dju:plɪkɪt] — *сущ., прил.* ['dju:plɪkeɪt] — *гл.* дубликат; копия; запасные части; залоговая квитанция; двойной; удвоенный; воспроизведенный в точности; аналогичный; запасной; резервный; снимать копию; делать дубликат; удваивать; увеличивать вдвое; дублировать; копировать; размножать; второй экземпляр; дуплет; двустолбчатый; свидетельство о восстановлении несостоятельного должника в правах; долговая квитанция; скопированный; идентичный

duplicate a film ['dju:plɪkeɪtə'fɪlm] делать копию пленки

duplicate a letter ['dju:plɪkeɪtə'letə] тиражировать документ

duplicate film ['dju:plɪkɪtfɪlm] копия пленки

duplicate negative ['dju:plɪkɪt'negətɪv] дубль-негатив

duplicate part ['dju:plɪkɪtpa:t] запасная часть

duplication [,dju:plɪ'keɪʃən] дубликат; копия; удвоение; размножение; тиражирование; дублирование; копирование

duplicator ['dju:plɪkeɪtə] копировальный аппарат; множительное устройство

duplicity [dju(:)'plɪsɪtɪ] двойственность; соединение разных оснований иска в одном исковом требовании

durability [,djuərə'bɪlɪtɪ] прочность; износостойкость; долговечность; длина; длительность; продолжительность; живучесть

durable ['djuərəbl] закрепленный; надежный; прочный; стойкий; длительный; долговременный; устойчивый; длительного пользования

duration [dju(ə)'reɪʃən] продолжительность; длительность; срок действия; протяжение; период; срок полномочий

duration of life [dju(ə)'reɪʃənəv'laɪf] продолжительность жизни

duress(e) [djuə'res] лишение свободы; заключение *(в тюрьму)*; принуждение *(юр.)*

during ['djuərɪŋ] в течение; в продолжение; во время

dusk [dʌsk] сумерки; полумрак; сумрак; неясный; сумеречный; сумрачный; смеркаться

duskiness ['dʌskɪnɪs] полумрак; сумрак; темнота; смуглость

dusky ['dʌskɪ] сумеречный; темный; смуглый

dust [dʌst] пыль; прах; пыльца *(бот.)*; дуст; пыльцевидный препарат; вытирать; выбивать пыль; запылить; посыпать сахарной пудрой, мукой и т. п.

dust arrester ['dʌstə'restə] пылеуловитель

dust cleaner ['dʌst'kli:nə] пылеуловитель

dust coHector ['dʌstkə'lektə] пылеуловитель

dust pan ['dʌstpæn] совок для мусора

dust shield ['dʌstʃi:ld] пылезащитный кожух

dust trap ['dʌsttræp] пылеуловитель

dust-cart ['dʌstka:t] мусорный фургон

dust-coat ['dʌstkout] пыльник *(плащ)*

dust-colour ['dʌst,kʌlə] серовато-коричневый цвет

dust-cover ['dʌst,kʌvə] суперобложка

dust-hole ['dʌsthoul] мусорная яма; свалка

dust-proof ['dʌstpru:f] пыленепроницаемый; пылезащитный

dust-shot ['dʌstʃɒt] самая мелкая дробь

dust-storm ['dʌststɔ:m] пыльная буря

dustbin ['dʌstbɪn] мусоросборник

dustman ['dʌstmən] мусорщик

dustpan ['dʌstpæn] совок для мусора

dusty ['dʌstɪ] пыльный; мелкий; неопределенный *(об ответе и т. п.)*; неинтересный; сухой

dusty answer ['dʌstɪ'a:nsə] неудовлетворительный ответ

dutiable ['dju:tjəbl] подлежащий обложению *(таможенной)* пошлиной

dutiful ['dju:tɪful] исполненный сознания долга; послушный долгу; покорный; послушный

duty ['dju:tɪ] долг; обязанность; круг обязанностей; функция; повинность; дежурство; пошлина; сбор; почтение; служебный; дежурный; работа; режим работы; нагрузка; производительность; мощность; налог

duty-free [ˈdjuːtɪˈfriː] беспошлинный; беспошлинно
duty-bound [ˈdjuːtɪbaund] обязанный
duty-paid [ˈdjuːtɪpeɪd] оплаченный пошлиной
duvet [ˈduː(ː)veɪ] стеганое пуховое одеяло
DVTR [ˈdiːviːtiːˈaː] цифровой видеомагнитофон
dwarf [dwɔːf] карлик; карликовое животное *(растение)*; низкорослое *(растение)*; гном; карликовый; миниатюрный; низкорослый; останавливать развитие; создавать впечатление меньшего размера; мешать росту; задерживаться в развитии
dwarfish [ˈdwɔːfɪʃ] карликовый; низкорослый; миниатюрный; недоразвитый
dwarfism [ˈdwɔːfɪzm] низкорослость; карликовость
dwell [dwel] жить; обитать; находиться; пребывать; подробно останавливаться; задерживаться *(на чем-либо)*; останавливаться; задерживаться перед препятствием *(о лошади)*; расширение импульсов; перерыв в работе оборудования
dweller [ˈdwelə] жилец; житель; обитатель; лошадь, задерживающаяся перед препятствием
dwelling [ˈdwelɪŋ] жилище; дом; жилье; жилое помещение; проживание
dwelling-house [ˈdwelɪŋhaus] жилой дом
dwelling-place [ˈdwelɪŋpleɪs] местожительство
dwindle [ˈdwɪndl] уменьшаться; сокращаться; истощаться; терять значение; ухудшаться; приходить в упадок; вырождаться
dyad [ˈdaɪæd] число два; двойка; пара; двухвалентный элемент *(хим.)*; бивалент *(биол.)*; диада
dyadic [daɪˈædɪk] двоичный
dye [daɪ] краска; красящее вещество; краситель; окраска; расцветка; цвет; красить; окрашивать; принимать краску; окрашиваться
dye-house [ˈdaɪhaus] красильня
dye-stuff [ˈdaɪstʌf] красящее вещество; краситель
dye-wood [ˈdaɪwud] красильное дерево
dyed-in-the wool [ˈdaɪdɪnðəˈwul] выкрашенный в пряже; закоренелый; неисправимый; отъявленный; выносливый; прочный; стойкий
dyeing [ˈdaɪɪŋ] крашение; окраска тканей; красильное дело
dyer's-mignonette [ˈdaɪəzˌmɪnjəˈnet] желтая резеда
dynamic [daɪˈnæmɪk] динамический; активный; действующий; работающий; энергичный; функциональный
dynamic equilibrium [daɪˈnæmɪkˌiːkwɪˈlɪbrɪəm] динамическое равновесие
dynamic wheel balancer [daɪˈnæmɪkˈwiːlˈbælənsə] станок для динамической балансировки колес
dynamical [daɪˈnæmɪk(ə)l] динамический

dynamicize [daɪˈnæmɪsaɪz] преобразовывать данные из статистической формы в динамическую
dynamics [daɪˈnæmɪks] динамика; движущие силы
dynamite [ˈdaɪnəmaɪt] динамит; взрывать динамитом
dynamiter [ˈdaɪnəmaɪtə] террорист
dynamitic [ˌdaɪnəˈmɪtɪk] динамитный
dynamo [ˈdaɪnəmou] динамо; динамо-машина *(электр.)*
dynamogeny развитие силы или энергии
dynamoplastic [ˌdaɪnəmouˈplæstɪk] динамопластический
dynast [ˈdɪnəst] представитель династии
dynastic [dɪˈnæstɪk] династический
dynasty [ˈdɪnəstɪ] династия
dysfunction [dɪsˈfʌŋkʃən] дисфункция
dyslogistic [ˌdɪsləˈdʒɪstɪk] неодобрительный
dystopian [dɪsˈtoupjən] безысходный; мрачный
dystrophy [ˈdɪstrəfɪ] дистрофия

E

e [iː]; мн. — Es; E's [iːz] пятая буква английского алфавита; ми *(муз.)*; судно 2-го класса *(мор.)*
e-mail [ˈiːˈmeɪl] электронная почта
each [iːtʃ] каждый; всякий
each other [ˈiːtʃˈʌðə] друг друга *(обычно о двух)*
eager [ˈiːɡə] полный страстного желания; сильно желающий; стремящийся; нетерпеливый; горячий *(о желании и т. п.)*; активный; деятельный; энергичный; острый *(на вкус)*; резкий; язвительный
eager beaver [ˈiːɡəˈbiːvə] энтузиаст; крайне прилежный; добросовестный работник; работяга
eagerness [ˈiːɡənɪs] пыл; рвение; старание; сильное желание
eagle [ˈiːɡl] орел
eagle-eyed [ˈiːɡlˈaɪd] с проницательным взглядом; проницательный
eagle-owl [ˈiːɡlˈaul] филин
eaglet [ˈiːɡlɪt] орленок
eagre [ˈeɪɡə] приливный вал в устье реки; бар; толчея
ear [ɪə] ухо; молва; слух; толки; дужка; проушина; ручка; ушко; отверстие; скважина; колос; початок *(кукурузы)*; колоситься; наружное ухо; зажим для контактного провода *(техн.)*
ear lobe [ˈɪəˈloub] мочка уха
ear-ache [ˈɪəreɪk] боль в ухе

ear-drum [ˈɪədrʌm] барабанная перепонка
ear-flaps [ˈɪəflæps] наушники *(меховой шапки)*
ear-lap [ˈɪəlæp] мочка; ухо *(шапки и т. п.)*
ear-lock [ˈɪəlɔk] прядь волос; завиток у уха
ear-muff [ˈɪəmʌf] наушник *(для защиты от холода)*
ear-phones [ˈɪəfounz] наушники
ear-splitting [ˈɪəˌsplɪtɪŋ] оглушительный
ear-wax [ˈɪəwæks] ушная сера
eared [ˈɪəd] ушастый
earl [ə:l] граф *(английский)*
earldom [ˈə:ldəm] титул графа; графство; *(земельные)* владения графа
earless [ˈɪəlɪs] безухий; лишенный музыкального слуха; не имеющий ручки *(о сосуде)*
earlier [ˈə:lɪə] ранее; раньше
earlike [ˈɪəlaɪk] початковидный *(бот.)*
early [ˈə:lɪ] начальный; ранний; преждевременный; раннеспелый; скороспелый; заблаговременный; своевременный; близкий; скорый *(о сроке)*; нижний *(о свитах) (геол.)*; древний; рано; заблаговременно; заранее; своевременно; преждевременно
early ignition [ˈə:lɪɪgˈnɪʃən] зажигание с опережением
early in the day [ˈə:lɪɪnðəˈdeɪ] вовремя
early-warning [ˌə:lɪˈwɔ:nɪŋ] заблаговременное предупреждение
earmark [ˈɪəmɑ:k] клеймо на ухе; отличительный признак; клеймить; накладывать тавро; индивидуализировать; откладывать; предназначать; ассигновать; бронировать; резервировать
earn [ə:n] зарабатывать; наживать; получать *(приносить)* доход; завоевывать; заслуживать; приобретать; быть рентабельным
to earn commission — получать комиссионные
to earn keep — заработать на пропитание
to earn one's salt — не даром есть хлеб
to earn reward — получать вознаграждение
earner [ˈə:nə] лицо, получающее зарплату; источник дохода
earnest [ˈə:nɪst] серьезный; важный; искренний; убежденный; уверенный; горячий; ревностный; задаток; залог; аванс; авансовый платеж
earnest money [ˈə:nɪstˈmʌnɪ] задаток
earnestly [ˈə:nɪstlɪ] настоятельно; убедительно
earnings [ˈə:nɪŋz] заработанные деньги; заработок; прибыль; доход; денежные поступления
earnings per hour [ˈə:nɪŋzpəˈauə] почасовая оплата
earpiece [ˈɪəpi:s] раковина телефонной трубки; наушник; головной телефон
earplug [ˈɪəplʌg] затычка для ушей
earring [ˈɪərɪŋ] серьга

earshot [ˈɪəʃɔt] расстояние, на котором слышен звук
earth [ə:θ] земля; земной шар; суша; почва; грунт; прах; нора; заземление *(электр.)*; земляной; грунтовой; зарывать; закапывать; покрывать землей; окучивать; загонять или зарываться в нору; окапывать; заземлять *(техн.)*
earth apple [ˈə:θˌæpl] груша земляная, топинамбур
earth location [ˈə:θlouˈkeɪʃən] местность
Earth satellite [ˈə:θˈsætəlaɪt] спутник Земли
earth-born [ˈə:θbɔ:n] смертный; человеческий; рожденный землей *(миф.)*
earth-bound [ˈə:θbaund] будничный; житейский; земной; повседневный; направленный к земле
earth-flax [ˈə:θflæks] асбест
earth-nut [ˈə:θnʌt] земляной орех; арахис; трюфель; земляной каштан
earth-shaking [ˈə:θˌʃeɪkɪŋ] имеющий особо важное значение; первостепенной важности
earth-shattering [ˈə:θˌʃætərɪŋ] изумительный; поразительный
earth-worm [ˈə:θwə:m] земляной, дождевой червь; низкая душа; совка
earthen [ˈə:θ(ə)n] земляной; глиняный; земной
earthenware [ˈə:θ(ə)nweə] глиняная посуда; гончарные изделия; керамика; глина; глиняный
earthly [ˈə:θlɪ] земной; несерьезный; суетный; возможный
earthly-minded [ˈə:θlɪˈmaɪndɪd] чрезмерно практичный; насквозь земной
earthmover [ˈə:θmu:və] бульдозер
earthmoving equipment [ˈə:θmu:vɪŋɪˈkwɪpmənt] землеройные машины
earthquake [ˈə:θkweɪk] землетрясение; катастрофа; крушение; потрясение; сейсмостойкий
earthward(s) [ˈə:θwəd(z)] по направлению к земле
earthwork [ˈə:θwə:k] земляное укрепление; земляные работы
earthy [ˈə:θɪ] землистый; земляной; будничный; житейский; земной; повседневный; грубый; невежливый; неучтивый
ease [i:z] покой; независимость; непринужденность; свобода; досуг; свободное время; облегчение; послабление; безделье; лень; праздность; легкость; несложность; простота; облегчение *(боли)*; прекращение *(тревоги и т. п.)*; облегчать *(боль, ношу)*; успокаивать; ослаблять; освобождать; осторожно устанавливать; выпускать *(швы в платье)*; растягивать *(обувь)*; отдавать *(мор.)*; *(по)*травить; слабеть; снижаться; понижаться

easeful ['iːzful] успокоительный; невозмутимый; спокойный; тихий; вакантный; незанятый; праздный; свободный

easel ['iːzl] мольберт; подставка; пюпитр

easement ['iːzmənt] практичность; удобство; пристройки; службы; облегчение; успокоение; сервитут; права из сервитута

easily ['iːzɪlɪ] доступно; беспрепятственно; нетрудно; слегка; без труда; легко

easiness ['iːzɪnɪs] легкость; несложность; простота; непринужденность

east [iːst] восток; ост (мор.); Восток; восточный ветер; восточный; на восток; к востоку; с востока (о ветре)

east-bound ['iːstbaund] движущийся на восток

Easter ['iːstə] пасха (праздник); пасхальный (церк.)

Easter carol ['iːstə'kærəl] пасхальная песня

easterly ['iːstəlɪ] восточный; восточный ветер; на восток; к востоку; с востока (о ветре)

eastern ['iːstən] восточный; расположенный в (северо-) восточной части США или относящийся к ней; житель Востока

easternmost ['iːstənmoust] самый восточный

Eastertide ['iːstə'taɪd] пасхальная неделя; период от пасхи до праздника вознесения или троицы (церк.)

eastward ['iːstwəd] движущийся или обращенный на восток; на восток; к востоку; в восточном направлении; восточное направление

easy ['iːzɪ] легкий; нетрудный; удобный; выгодный; естественный; непринужденный; свободный; спокойный; покладистый; терпимый; излишне уступчивый; чересчур податливый; неторопливый; обеспеченный; состоятельный; вялый; застойный; не имеющий спроса товар; пологий (о скате); легко; спокойно; неторопливо

easy chair ['iːzɪ'tʃɛə] мягкое кресло

easy job ['iːzɪ'dʒɔb] постоянная работа

easy rider ['iːzɪ,raɪdə] проходимец

easy-going ['iːzɪ,gouɪŋ] добродушно-веселый; беззаботный; беспечный; несерьезный; оживленный; легкий; спокойный (о ходе лошади)

eat [iːt] есть; поглощать; пожирать; поедать; разъедать; разрушать; въедаться

to eat crisp — хрустеть; есть с хрустом

to eat heartily — есть с аппетитом

eatable ['iːtəbl] съедобный; еда; корм; пища; съестное

eater ['iːtə] едок; столовые фрукты

eating ['iːtɪŋ] прием пищи; еда; корм; пища

eating-house ['iːtɪŋhaus] дешевый ресторан

eau-de-Cologne ['oudəkə'loun] одеколон (франц.)

eaves [iːvz] карниз (строит.); свес крыши; веки (поэт.); ресницы

eavesdrop ['iːvzdrɔp] подслушивать

eavesdropper ['iːvz,drɔpə] подслушивающий; соглядатай

eavesdropping ['iːvz,drɔpɪŋz] подслушивание

ebb [eb] отлив; перемена к худшему; упадок; находиться в упадке; отливать; убывать; ослабевать; угасать; спадать

ebb-tide ['eb'taɪd] отлив

ebon ['ebən] эбеновый; черный

ebony ['ebənɪ] хурма (бот.); эбеновое, черное дерево; черный как смоль

ebullience [ɪ'bʌljəns] кипение; активизация; возбуждение; волнение

ebullient [ɪ'bʌljənt] кипящий; кипучий; полный энтузиазма

ebullition [,ebə'lɪʃ(ə)n] кипение; вскипание; радостное возбуждение

ecardinal [iː'kɑːdɪnəl] беззамковый (зоол.)

ecaudate [iː'kɔːdeɪt] бесхвостый

ecbatic [ek'bætɪk] обозначающий результат

eccentric [ɪk'sentrɪk] эксцентричный; странный; неестественный; эксцентричный человек; оригинал

eccentric bushing [ɪk'sentrɪk'buʃɪŋ] регулировочная втулка

eccentricity [,eksen'trɪsɪtɪ] эксцентричность; странность; эксцентрический

ecclesiastic [ɪ,kliːzɪ'æstɪk] духовное лицо; священнослужитель; внутренний; церковный

ecclesiastical [ɪ,kliːzɪ'æstɪkəl] легкая музыка; церковный

ecclesiastical law [ɪ,kliːzɪ'æstɪkəl'lɔː] церковное право

ecdemic [ek'demɪk] пришлый; завезенный

ecderon эпидермис (мед.)

ecdysis ['ekdɪsɪs] линька

echelon ['eʃəlɔn] звено (воен.); инстанция; эшелон; уступ; ступенчатое расположение; располагать уступами; эшелонировать

echidna [e'kɪdnə] ехидна (биол.)

echinated ['ekɪnɪtɪd] имеющий шипы

echinulate [ɪ'kɪnjulɪt] мелкоигольчатый

echo ['ekou] эхо; отголосок; отраженный звук; отражение; подражание; след; подражатель; отдаваться эхом; отражаться (о звуке); вторить; подражать

echo sounder ['ekou'saundə] эхолот

echoic [e'kouɪk] звукоподражательный

ecize [ɪ'saɪz] колонизировать

eclair ['eɪklɛə] эклер (пирожное)

eclampsia [ɪ'klæmpsɪə] конвульсия

eclat [ˈeɪklɑː] блеск; известность; популярность; слава; *(шумный)* успех; достижение; победа; шумиха

eclectic [ekˈlektɪk] эклектический; эклектик

eclecticism [ekˈlektɪsɪzəm] эклектика

eclipse [ɪˈklɪps] затмение *(астр.)*; затемнение; помрачение; потускнение; затмевать; заслонять; смена яркого оперения

ecliptic [ɪˈklɪptɪk] эклиптика

eco- [ˈekə-] *(приставка)* в сложных словах означает эко-

eco-activist [ˌekəˈæktɪvɪst] человек, активно участвующий в защите окружающей среды

ecocatastrophe [ˈekəkəˈtæstrəfɪ] экологическая катастрофа

ecological [ˌekəˈlɔʤɪk(ə)l] экологический

ecological balance [ˌekəˈlɔʤɪk(ə)l ˈbæləns] экологический баланс

ecology [ɪˈkɔləʤɪ] экология

econometer экономайзер

economic [ˌiːkəˈnɔmɪk] экономический; народнохозяйственный; экономичный; хозяйственный; рентабельный; экономически выгодный; целесообразный; практический; практичный; прикладной; утилитарный; бережливый

economic agent [ˌiːkəˈnɔmɪk ˈeɪʤənt] экономический объект

economic appraisal [ˌiːkəˈnɔmɪk əˈpreɪzəl] экономическая оценка

economic backwardness [ˌiːkəˈnɔmɪk ˈbækwədnɪs] экономическая отсталость

economic basis [ˌiːkəˈnɔmɪk ˈbeɪsɪs] экономическая основа

economic board [ˌiːkəˈnɔmɪk bɔːd] хозяйственное управление

economic boom [ˌiːkəˈnɔmɪk buːm] экономический подъем

economic boycott [ˌiːkəˈnɔmɪk ˈbɔɪkət] экономическое эмбарго

economic development [ˌiːkəˈnɔmɪk dɪˈveləpmənt] экономическое развитие

economic incentives [ˌiːkəˈnɔmɪk ɪnˈsentɪvz] материальные стимулы

economic recession [ˌiːkəˈnɔmɪk rɪˈseʃən] экономический спад

economic value analysis [ˌiːkəˈnɔmɪk ˈvæljuː ə ˈnæləsɪs] анализ экономической эффективности

economical [ˌiːkəˈnɔmɪk(ə)l] бережливый; расчетливый; экономичный; экономный; экономический; относящийся к экономике или политической экономии; вещественный; материальный; реальный

economical association [ˌiːkəˈnɔmɪk(ə)l əˌsousɪˈeɪʃən] хозяйственное объединение

economically [ˌiːkəˈnɔmɪk(ə)lɪ] бережливо; практично; экономно; экономически; с точки зрения экономики

economics [ˌiːkəˈnɔmɪks] экономика; экономия; народное хозяйство

economist [ɪ(ː)ˈkɔnəmɪst] экономист; бережливый человек

economize [ɪ(ː)ˈkɔnəmaɪz] экономить

economy [ɪ(ː)ˈkɔnəmɪ] хозяйство; выгадывание; выгодность; сбережения; экономичность; экономность; экономия; бережливость; расчетливость; народное хозяйство

economy drive [ɪ(ː)ˈkɔnəmɪ draɪv] режим экономии

ecosphere [ˈiːkouˌsfɪə] экосфера

ecstasize [ˈekstəsaɪz] приводить, приходить в восторг

ecstasy [ˈekstəsɪ] экстаз; исступленный восторг

ecstatic [eksˈtætɪk] исступленный; восторженный

ectal наружный; внешний

ectocrine продукт обмена, выделяемый во внешнюю среду

ectogenous способный к самостоятельному существованию

ecumene [ˈiːkjumiːn] биосфера

ecumenic(al) [ˌiːkjuː(ː)ˈmenɪk(əl)] вселенский *(о соборе) (церк.)*

edacious [ɪˈdeɪʃəs] прожорливый; жадный

edacity [ɪˈdæsɪtɪ] прожорливость; жадность; скупость

Edam [ˈiːdæm] эдамский сыр

edaphology [ˌedəˈfɔləʤɪ] почвоведение

eddy [ˈedɪ] водоворот; вихрь; облако; клубы *(дыма, пыли)*; вихревое, турбулентное движение *(физ.)*; крутиться в водовороте; клубиться

edelweiss [ˈeɪdlvaɪs] эдельвейс *(бот.)*

edentate [ɪˈdentɪt] беззубый *(зоол.)*

edge [eʤ] край; кромка; обрез *(книги)*; кант; ребро; острие; лезвие; острота; фаска; кряж; хребет; кайма; критическое положение; грань; бородка *(ключа)*; точить; заострять; окаймлять; окантовывать; обрамлять; обрезать края; сравнивать; сглаживать; обтесывать углы; подстригать *(траву)*; пододвигать незаметно или постепенно; продвигаться незаметно

edge stone [ˈeʤ stoun] жернов; бегун *(в дробилке)*; бордюрный камень

edge-to-edge [ˈeʤtəˈeʤ] встык

edge-tool [ˈeʤtuːl] острый режущий инструмент

edgeways ['eʤweɪz] острием; краем вперед; боком

edging ['eʤɪŋ] бордюр; кормозагибочный; окаймление; кайма

edgy ['eʤɪ] остроконечный; острый; режущий; имеющий резкий контур *(живоп.)*; раздраженный; раздражительный; несдержанный

(en)cyclop(a)edia [(en)ˌsaɪklou'piːdjə] энциклопедия

edibility [ˌedɪ'bɪlɪtɪ] съедобность

edible ['edɪbl] съедобный; годный в пищу; еда; пища; съедобное; съестное

edible mushroom ['edɪbl|'mʌʃrum] съедобный гриб

edict ['iːdɪkt] указ; эдикт

edification [ˌedɪfɪ'keɪʃ(ə)n] назидание; наставление; нравоучение; поучение

edifice [e'dɪfɪs] дом; здание; сооружение; строение; система взглядов; доктрина

edify ['edɪfaɪ] наставлять; поучать

edit ['edɪt] монтажный материал; монтаж; редактировать; готовить к печати; работать или быть редактором; осуществлять руководство изданием; монтировать *(фильм)*; компоновать; связывать; строить загрузочный модуль *(компьют.)*

edit console ['edɪt|'kɔnsoul] пульт видеомонтажа

editing key ['edɪtɪŋ|kiː] клавиша редактирования *(компьют.)*

editing table ['edɪtɪŋ|'teɪbl] монтажный стол

edition [ɪ'dɪʃ(ə)n] выпуск; издание; публикация; выпуск; тираж *(книги, газеты и т. п.)*; вариант; двойник; дубликат; копия; редакция; версия

editor ['edɪtə] редактор; автор передовиц *(в газете)*; программа редактирования

editor-in-chief ['edɪtərɪn'tʃiːf] главный редактор

editorial [ˌedɪ'tɔːrɪəl] редакторский; редакционный; передовая или редакционная статья

editorial department [ˌedɪ'tɔːrɪəl|dɪ'paːtmənt] издательский отдел

editorial staff [ˌedɪ'tɔːrɪəl|staːf] редакция

editorialist [ˌedɪ'tɔːrɪəlɪst] пишущий передовые или редакционные статьи

editorship ['edɪtəʃɪp] редакторство; должность редактора

educate ['edju(ː)keɪt] воспитывать; давать образование; приучать; тренировать; упражнять

educated ['edju(ː)keɪtɪd] образованный; тренированный

education [ˌedju(ː)'keɪʃ(ə)n] образование; воспитание; обучение; подготовка; просвещение; развитие *(характера, способностей)*; культура; образованность; дрессировка; обучение *(животных)*

educational [ˌedju(ː)'keɪʃənl] образовательный; воспитательный; педагогический; тренировочный; учебный

educational clinic [ˌedju(ː)'keɪʃənl|'klɪnɪk] лечебно-воспитательное учреждение

educational contractor [ˌedju(ː)'keɪʃənl|kən'træktə] фирма, издающая учебную литературу

educational film [ˌedju(ː)'keɪʃənl|'fɪlm] учебный фильм

educational publisher [ˌedju(ː)'keɪʃənl|'pʌblɪʃə] издатель учебной литературы

educator ['edju(ː)keɪtə] воспитатель; наставник; педагог; учитель

educe [ɪ(ː)'djuːs] выявлять *(способности)*; развивать; выводить *(заключение)*

eduction [ɪ(ː)'dʌkʃ(ə)n] выявление *(способностей)*; выведение; вывод; умозаключение; выпуск; выход; выбор; выборка; извлечение; удаление; очищение

edutainment [ˌeʤu'teɪnmənt] совмещение развлечения и образования

eel [iːl] угорь *(биол.)*

eelsucker ['iːlsʌkə] минога *(биол.)*

eelworm ['iːlwəːm] нематода

eerie ['ɪərɪ] жуткий; зловещий; мрачный; сверхъестественный; суеверно боязливый

efface [ɪ'feɪs] изгладить; изглаживать; стирать; вычеркивать

effect [ɪ'fekt] результат; следствие; действие; последствие; влияние; воздействие; сила; впечатление; эффект; звуковые эффекты в кино; намерение; цель; содержание; имущество; пожитки; движимость; полезный эффект; существо; производительность *(машины)*; личное имущество; производить; осуществлять; совершать; оформлять

to come into effect — вступать в силу
to effect contract — заключить договор
to effect payment — производить платеж
to effect policy of insurance — застраховать

effective [ɪ'fektɪv] действительный; результативный; эффективный; действенный; действующий; имеющий силу; эффектный; производящий впечатление; впечатляющий; годный; *(полностью)* готовый к действию; имеющий хождение *(о денежных знаках)*; полезный

effective date [ɪ'fektɪv|deɪt] дата вступления договора в силу

effective dose [ɪ'fektɪv|'dous] эффективная доза

effective law [ɪ'fektɪv|lɔː] действующий закон

effective lifetime [ɪ'fektɪv|'laɪftaɪm] действительный срок службы

effective load [ɪ'fektɪv|'loud] полезный груз

effective money [ɪ'fektɪv|'mʌnɪ] наличные деньги

effective time [ɪˈfektɪv|ˈtaɪm] полезное время
effective weight [ɪˈfektɪv|ˈweɪt] эффективная нагрузка
effectiveness [ɪˈfektɪvnɪs] эффективность; вступление в силу
effectless [ɪˈfektlɪs] неэффективный; безрезультатный
effectual [ɪˈfektjuəl] достигающий цели; действенный; действующий; действительный; имеющий силу *(юр.)*
effectuate [ɪˈfektjueɪt] совершать; приводить в исполнение
effectuation [ɪˌfektjuˈeɪʃ(ə)n] выполнение; исполнение; совершение
effeminacy [ɪˈfemɪnəsɪ] изнеженность; женственность *(в мужчине)*; женоподобие
effeminate [ɪˈfemɪnɪt] женоподобный, слабый, избалованный, изнеженный человек; томный; сладострастный
efferent [ˈefərənt] центробежный
effervescence [ˌefəˈvesns] вскипание; шипение; образование пены; волнение; тревога; возбуждение; выделение пузырьков газа
effervescent [ˌefəˈvesnt] шипучий; кипучий; активный; искрометный; возбужденный
effete [eˈfiːt] истощенный; слабый; безрезультатный; бесплодный; ненужный; упадочнический; пустой
efficacious [ˌefɪˈkeɪʃəs] действенный; эффективный; полезный; производительный; результативный
efficacy [ˈefɪkəsɪ] эффективность; сила; действенность
efficiency [ɪˈfɪʃ(ə)nsɪ] действенность; эффективность; продуктивность; производительность; умение; подготовленность; дееспособность; оперативность; отдача; рентабельность; коэффициент полезного действия; проявление; выход; работоспособность; личные способности; умелость; подготовленность; деловитость; культура труда
efficiency apartment [ɪˈfɪʃ(ə)nsɪ|əˈpɑːtmənt] рентабельное жилье; рентабельная квартира
efficiency wage [ɪˈfɪʃ(ə)nsɪ|ˈweɪdʒ] сдельная оплата труда
efficient [ɪˈfɪʃ(ə)nt] действенный; полезный; результативный; эффективный; умелый; подготовленный; квалифицированный *(о человеке)*; практический; рациональный; целесообразный; продуктивный *(техн.)*; с высоким коэффициентом полезного действия; знающий свое дело
effigy [ˈefɪdʒɪ] изображение; картина; портрет
effing [ˈefɪŋ] зверский

effloresce [ˌefloːˈres] зацветать; расцветать; выцветать; покрываться выцветом; выкристаллизовываться; выветриваться
efflorescence [ˌefloːˈresns] начало цветения; расцвет
effluent [ˈefluənt] река; поток, вытекающий из другой реки или озера; исток; сток; вытекающий из чего-либо; просачивающийся
effluvium [eˈfluːvjəm] испарение
efflux [ˈeflʌks] вытекание; исток; утечка; истечение *(жидкости, газа)*; истечение *(срока, времени)*; реактивная струя; выхлоп двигателя
effluxion [ɪˈflʌkʃən] истечение срока
effort [ˈefət] усилие; попытка; напряжение; труд; достижение *(разг.)*
effortless [ˈefətlɪs] не делающий усилий; пассивный; не требующий усилий; легкий
effraction [ɪˈfrækʃən] взлом
effrontery [ɪˈfrʌntərɪ] бесстыдство; наглость; нахальство
effulgence [eˈfʌldʒəns] блеск; лучезарность; сияние
effulgent [eˈfʌldʒ(ə)nt] лучезарный
effuse [eˈfjuːs][eˈfjuːz] льющийся; разливающийся; распространять; изливаться
effusion [ɪˈfjuːʒ(ə)n] излияние; извержение *(лавы)*; выпот
effusion of blood [ɪˈfjuːʒ(ə)n|əv|ˈblʌd] кровоизлияние *(мед.)*; потеря крови
eft [eft] тритон; саламандра *(биол.)*
egest [ɪ(ː)ˈdʒest] выбрасывать; выводить
egestion [ɪ(ː)ˈdʒestʃən] выделение; выведение наружу
egg [eg] яйцо; бомба; граната; яйцеклетка *(биол.)*; смазывать яйцом; науськивать; подстрекать
egg cell [ˈeg|sel] яйцеклетка
egg whisk [ˈeg|ˈwɪsk] венчик
egg-shaped [ˈeg|ʃeɪpt] яйцевидный; в форме яйца; овальный; яйцеобразный
egg-white [ˈegwaɪt] яичный белок
eggplant [ˈegplɑːnt] баклажан
eggshell [ˈegʃel] яичная скорлупа; оболочка яйца; хрупкий предмет; хрупкий и прозрачный
ego trip [ˈiːgou|ˈtrɪp] эгоизм
egocentric [ˌegouˈsentrɪk] эгоистичный; эгоцентрический
egoism [ˈegouɪzm] эгоизм
egoist [ˈegouɪst] эгоист
egrefin пикша
egress [ˈiːgres] вывод; выпуск; выход; право выхода
egression [ɪ(ː)ˈgreʃ(ə)n] вывод; выпуск; выход

egret [ˈiːgret] белая цапля; головка одуванчика, чертополоха; пушок; хохолок *(бот.)*

eider [ˈaɪdə] гага *(биол.)*

eider-down [ˈaɪdədaun] гагачий пух; пуховое стеганое одеяло

eidolon [aɪˈdoulɔn] образ; подобие; сходство; схожесть; иллюзия; привидение; фантом

eight [eɪt] восемь; октава *(муз.)*

eighteen [ˈeɪˈtiːn] восемнадцать

eighteenth [ˈeɪˈtiːnθ] восемнадцатый; восемнадцатая часть; восемнадцатое число

eighties [ˈeɪtɪz] восьмидесятые годы; восемьдесят лет; девятый десяток *(возраст между 80 и 89 годами)*

eightsome [ˈeɪts(ə)m] кадриль

eighty [ˈeɪtɪ] восемьдесят; восемьдесят *(единиц, штук)*

eiloid спиралевидный

either [ˈaɪðə] один из двух; тот или другой; и тот и другой; оба; каждый; любой *(из двух)*; такой или другой; этот или иной

ejaculate [ɪˈdʒækjuleɪt] восклицать; извергать *(жидкость)*

ejaculation [ɪˌdʒækjuˈleɪʃ(ə)n] восклицание; извержение; эякуляция; извержение семенной жидкости *(мед.)*

ejaculatory duct [ɪˈdʒækjuleɪtərɪˈdʌkt] семяизвергательный канал

eject [ɪ(ː)ˈdʒekt] — *гл.* [ˈiːdʒekt] — *сущ.* изгонять; лишать должности *(владения)*; выселять; извергать; выбрасывать; выпускать *(дым и т. п.)*; плод воображения; насильственно удалять

ejection [ɪ(ː)ˈdʒekʃ(ə)n] изгнание; опорожнение; лишение должности; выселение; извержение; выбрасывание *(дыма, лавы и т. п.)*; выброшенная, изверженная масса; лава; насильственное удаление

ejectment [ɪ(ː)ˈdʒektmənt] выселение; судебное дело о возвращении земель; иск о восстановлении владения недвижимостью; изъятие недвижимого имущества

ejector [ɪˈdʒektə] эжектор; выталкивать; водоструйный насос; выбрасыватель

ejector seat [ɪˈdʒektəˈsiːt] катапультируемое сиденье

eke [iːk] также; тоже; к тому же

elaborate [ɪˈlæb(ə)rɪt] — *сущ., прил.* [ɪˈlæbəreɪt] — *гл.* тщательно разработанный; продуманный; выработанный; искусно сделанный; улучшенный; усовершенствованный; тщательно разрабатывать; разрабатывать в деталях; вырабатывать; конкретизировать; развивать; уточнять

elaboration [ɪˌlæbəˈreɪʃ(ə)n] разработка; развитие; уточнение; построение; совершенствование; создание; сложность; выработка; переработка

elapse [ɪˈlæps] проходить; пролетать; лететь *(о времени)*

elastic [ɪˈlæstɪk] эластичный; упругий; гибкий; мягкий; приспособляющийся; быстро оправляющийся *(от огорчения, переживаний)*; резинка *(шнур)*; подвязка; резинка

elastic material [ɪˈlæstɪk mə'tɪərɪəl] упругий материал

elasticated [ɪˈlæstɪkeɪtɪd] гибкий; упругий; эластичный

elasticity [ˌelæsˈtɪsɪtɪ] эластичность; упругость; теория упругости; упругая деформация

elasticizer [ɪˈlæstɪsaɪzə] пластификатор

elate [ɪˈleɪt] поднимать настроение; подбодрять

elated [ɪˈleɪtɪd] в приподнятом настроении; ликующий

elation [ɪˈleɪʃ(ə)n] приподнятое настроение; восторг; бурная радость; энтузиазм; душевный подъем

elbow [ˈelbou] локоть; подлокотник *(кресла)*; угольник; толкать(ся) локтями; проталкиваться; протискиваться *(в толпе)*

elbow fitting [ˈelbouˈfɪtɪŋ] коленчатый патрубок

elbow-chair [ˈelbouˈtʃɛə] кресло с подлокотниками

elbow-rest [ˈelbourest] подлокотник

elbow-room [ˈelbourum] простор *(для движения)*; простор; свобода

elder [ˈeldə] старший *(в семье)*; старые люди; старшие; старейшина; старец; церковный староста; заслуженный государственный деятель; бузина

elderberry [ˈeldəˌberɪ] ягода бузины

elderly [ˈeldəlɪ] пожилой; почтенный

eldest [ˈeldɪst] самый старший *(в семье)*

elect [ɪˈlekt] избранный; избранник; избирать; выбирать *(голосованием)*; назначать *(на должность)*; решить; предпочесть; принять решение

elected body [ɪˈlektɪdˈbɔdɪ] выборный орган

election [ɪˈlekʃ(ə)n] выборы; выбор; избрание; предопределение *(рел.)*; избирательный; связанный с выборами

election propaganda [ɪˈlekʃ(ə)nˌprɔpəˈgændə] предвыборная агитация

election results [ɪˈlekʃ(ə)n rɪˈzʌlts] результаты выборов

election speech [ɪˈlekʃ(ə)nˈspiːtʃ] предвыборное выступление

electioneer [ɪˌlekʃ(ə)ˈnɪə] проводить предвыборную кампанию; агитировать за кандидата

electioneering [ɪˌlekʃ(ə)ˈnɪərɪŋ] предвыборная кампания

elective [ɪˈlektɪv] выборный; избирательный; имеющий избирательные права; необязательный; факультативный

elective body [ɪˈlektɪvˈbɔdɪ] избиратели

elective office [ɪˈlektɪv|ˈɔfɪs] выборная должность

elector [ɪˈlektə] избиратель; выборщик; лицо, осуществляющее право выбора

electoral [ɪˈlekt(ə)r(ə)l] выборный; избирательный

electoral campaign [ɪˈlekt(ə)r(ə)l|kæmˈpeɪn] избирательная *(предвыборная)* кампания

electorate [ɪˈlekt(ə)rɪt] контингент избирателей; избирательный округ; электорат

electric [ɪˈlektrɪk] гальванический; электрический; волнующий; изумительный; ошеломительный; поразительный; удивительный

electric accumulator [ɪˈlektrɪk|əˈkju:mjuleɪtə] аккумулятор

electric bell [ɪˈlektrɪk|bel] электрический звонок

electric blue [ɪˈlektrɪk|ˈblu:] электрик *(цвет)*

electric cable [ɪˈlektrɪk|ˈkeɪbl] электрический кабель

electric car [ɪˈlektrɪk|ka:] электромобиль

electric chair [ɪˈlektrɪk|ˈtʃɛə] электрический стул

electric lifter [ɪˈlektrɪk|ˈlɪftə] электроподъёмник

electric motor [ɪˈlektrɪk|ˈmoutə] электродвигатель

electric relay [ɪˈlektrɪk|ˈri:ˈleɪ] электрическое реле

electric torch [ɪˈlektrɪk|tɔ:tʃ] горелка для газоэлектрической сварки

electric typewriter [ɪˈlektrɪk|ˈtaɪpˌraɪtə] электрическая пишущая машина

electric-battery car [ɪˈlektrɪk,bætərɪ|ˈka:] электрический автомобиль

electrical [ɪˈlektrɪk(ə)l] гальванический; электрический

electrician [ɪlekˈtrɪʃ(ə)n] электрик; электромеханик; электромонтажник; электротехник

electricity [ɪlekˈtrɪsɪtɪ] электричество

electrics [ɪˈlektrɪks] электрооборудование

electrification [ɪˌlektrɪfɪˈkeɪʃ(ə)n] электрификация; электризация

electrify [ɪˈlektrɪfaɪ] электрифицировать; электризовать; заряжать электрическим током; возбуждать; побуждать; стимулировать; электризовать

electrocute [ɪˈlektrəkju:t] убивать электрическим током; казнить на электрическом стуле

electrode [ɪˈlektroud] электрод

electrodiagnosis [ɪˈlektrouˌdaɪəgˈnousɪs] электродиагностика

electrokinetics [ɪˈlektroukaɪˈnetɪks] электрокинетика

electrolier [ɪˌlektrouˈlɪə] люстра

electroluminescent lamp [ɪˈlektrouˌlu:mɪˈnes(ə)nt|ˈlæmp] электролюминесцентная лампа

electrolysis [ɪlekˈtrɔlɪsɪs] электролиз

electromotive [ɪˈlektroumoutɪv] электродвижущий

electromotor [ɪˈlektrouˈmoutə] электромотор; электродвигатель

electron [ɪˈlektrɔn] электрон; электронный

electron shell [ɪˈlektrɔn|ˈʃel] электронная оболочка

electronic [ɪlekˈtrɔnɪk] электронный

electronic clock [ɪlekˈtrɔnɪk|ˈklɔk] электронные часы

electronic composition [ɪlekˈtrɔnɪk|ˌkɔmpəˈzɪʃən] электронный набор

electronic film [ɪlekˈtrɔnɪk|fɪlm] видеосъемка

electronic journal [ɪlekˈtrɔnɪk|ˈdʒə:nl] электронная газета

electronic makeup [ɪlekˈtrɔnɪk|ˈmeɪkʌp] электронная верстка

electronic music [ɪlekˈtrɔnɪk|ˈmju:zɪk] мультиплексная техника записи

electronic publishing [ɪlekˈtrɔnɪk|ˈpʌblɪʃɪŋ] изготовление книжно-журнальной продукции в электронной форме

electronic scanner [ɪlekˈtrɔnɪk|ˈskænə] электронный сканер *(читающее устройство)*

electrophoresis [ɪˌlektrəfəˈri:sɪs] электрофорез

electrosecurity [ɪˈlektrousɪˈkjuərɪtɪ] электробезопасность

eleemosynary [ˌelɪi:ˈmɔsɪnərɪ] благотворительный

elegiac [ˌelɪˈdʒaɪək] грустный; элегический

elegy [ˈelɪdʒɪ] элегия; скорбный напев

element [ˈelɪmənt] элемент; составная часть; небольшая часть; форс-мажор; след; элемент *(хим.)*; основы *(науки и т. п.)*; азы; стихия; секция *(котла и т. п.) (техн.)*; подразделение; фактор; группа людей; непреодолимая сила

elemental [ˌelɪˈmentl] стихийный; природный; элементарный; простой

elementary [ˌelɪˈment(ə)rɪ] азбучный; примитивный; простой; элементарный; исходный; начальный; первоначальный; исходный; основной; первичный; простейший

elephant [ˈelɪfənt] слон; формат бумаги

elephantine [ˌelɪˈfæntaɪn] слоновый; слоноподобный; неуклюжий; тяжеловесный; тяжелый

elephant's-ear [ˈelɪfəntsˈɪə] бегония *(бот.)*

elevate [ˈelɪveɪt] поднимать; повышать; вздувать; возбуждать; поднимать настроение; повышать *(по службе)*; облагораживать; развивать; совершенствовать; улучшать; придавать угол возвышения *(орудию)*

elevated [ˈelɪveɪtɪd] приподнятый; надземный

elevated road [ˈelɪveɪtɪd|ˈroud] эстакадная дорога

elevating [ˈelɪveɪtɪŋ] подъемный

elevation [ˌelɪˈveɪʃ(ə)n] повышение; поднятие; величие; возвышение; повышение в должности; возвышенность; облагораживание; пригорок; высота *(над уровнем моря)*

elevator [ˈelɪveɪtə] грузоподъемник; лифт; элеватор

elevator operator [ˈelɪveɪtəˌɔpəreɪtə] лифтер

eleven [ɪˈlevn] одиннадцать; команда из одиннадцати человек *(в футболе или крикете)*

eleven-plus [ɪˈlevnplʌs] экзамен, принимаемый у детей в возрасте одиннадцати лет

elevenses [ɪˈlevnzɪz] легкий завтрак около 11 часов утра *(разг.)*

eleventh [ɪˈlevnθ] одиннадцатый; одиннадцатая часть; одиннадцатое число

elf [elf] эльф *(миф.)*; карлик; проказник; луфарь *(ихт.)*

elf-lock [ˈelflɔk] спутанные волосы

elfin [ˈelfɪn] относящийся к эльфам; волшебный; похожий на эльфа; миниатюрный; проказливый

elfwort [ˈelfwə:t] девясил высокий *(бот.)*

elicit [ɪˈlɪsɪt] извлекать; вытягивать; вызывать; выявлять; допытываться; делать вывод; устанавливать

elide [ɪˈlaɪd] выпускать; обходить молчанием

eligibility [ˌelɪdʒəˈbɪlɪtɪ] право на избрание; приемлемость

eligible [ˈelɪdʒəbl] могущий быть избранным; имеющий право; отвечающий требованиям; годный; желательный; подходящий; соответствующий

eliminate [ɪˈlɪmɪneɪt] устранять; выделять; удалять из организма; очищать; исключать; уничтожать; ликвидировать; сводить к нулю; игнорировать; не считаться

elimination [ɪˌlɪmɪˈneɪʃ(ə)n] исключение; отобранный путем отсева; удаление; устранение

eliminator [ɪˈlɪmɪneɪtə] сепаратор; воздухоочиститель

elisor [ɪˈlɪzə] лицо, назначенное для подбора присяжных

elite [eɪˈliːt] элита *(франц.)*; отборная часть; цвет *(общества и т. п.)*

elitism [ɪˈliːtɪzəm] власть в руках элиты; аристократическое высокомерие

elixir [ɪˈlɪksə] эликсир; панацея; философский камень *(алхимиков)*

elk [elk] лось

ell [el] крыло дома; пристройка; флигель

elleck морской петух

eller [ˈelə] ольха клейкая *(бот.)*

ellipse [ɪˈlɪps] эллипс; овал

ellipsis [ɪˈlɪpsɪs] многоточие

ellwhop пресноводная сельдь

elm [elm] вяз; берест

elm tree [ˈelmtriː] вяз

elocution [ˌeləˈkjuːʃ(ə)n] ораторское искусство; дикция

elocutionist [ˌeləˈkjuːʃnɪst] чтец; эстрадный актер

elongate [ˈiːlɔŋgeɪt] растягивать(ся); удлинять(ся); продлевать *(срок)*; вытянутый; продолговатый; удлиненный

elongated [ˈiːlɔŋgeɪtɪd] вытянутый; удлиненный

elongation [ˌiːlɔŋˈgeɪʃ(ə)n] продолжение; растяжение; удлинение; вытягивание; продление; пролонгация; расширение; отклонение

elope [ɪˈloup] сбежать; скрыться

elopement [ɪˈloupmənt] тайное бегство

eloquence [ˈeloukw(ə)ns] красноречие; ораторское искусство

eloquent [ˈeloukw(ə)nt] красноречивый; выразительный

else [els] *(с вопросительными местоимениями)* еще; кроме; иначе; а то; или же; другой

elsewhere [ˈelsˈwɛə] где-нибудь в другом месте; куда-нибудь в другое место

elucidate [ɪˈluːsɪdeɪt] объяснять; разъяснять; проливать свет

elucidation [ɪˌluːsɪˈdeɪʃ(ə)n] консультирование; объяснение; разъяснение

elucidative [ɪˈluːsɪdeɪtɪv] объяснительный; проливающий свет

elude [ɪˈluːd] ускользать; уклоняться

elusion [ɪˈluːʒ(ə)n] увертка; уклонение; уловка; ухищрение

elusive [ɪˈluːsɪv] неуловимый; уклончивый; трудный для получения, достижения; слабый *(о памяти)*; смутный *(о воспоминании)*

elusory [ɪˈluːsərɪ] легко ускользающий

elutriation [ɪˌl(j)uːtrɪˈeɪʃən] сцеживание; промывание

elvish [ˈelvɪʃ] волшебный; маленький; проказливый

emaciate [ɪˈmeɪʃɪeɪt] истощать; изнурять; исчерпывать; опустошать

emaciated [ɪˈmeɪʃɪeɪtɪd] истощенный; изнуренный; исчерпанный

emaciation [ɪˌmeɪsɪˈeɪʃ(ə)n] изнурение; истощение; истощенность

emanate [ˈeməneɪt] истекать; излучать; исходить

emanation [ˌeməˈneɪʃ(ə)n] истечение; излучение; испускание

emancipate [ɪˈmænsɪpeɪt] освобождать; эмансипировать; освобождать от родительской опеки *(юр.)*; объявлять совершеннолетним

emancipation [ɪˌmænsɪˈpeɪʃ(ə)n] освобождение; высвобождение; раскрепощение; эмансипация;

совершеннолетие *(юр.)*; выход из-под родительской опеки

emancipationist [ɪˌmænsɪˈpeɪʃ(ə)nɪst] сторонник эмансипации

emancipist [ɪˈmænsɪpɪst] бывший каторжник

emasculate [ɪˈmæskjuleɪt] изнеживать; расслаблять; обессиливать; ослаблять; уменьшать; выхолащивать *(идею и т. п.)*; обеднять *(язык)*; кастрировать

emasculation [ɪˌmæskjuˈleɪʃən] кастрация; кастрирование

embacle ледяной торос

embalm [ɪmˈbɑːm] бальзамировать; мумифицировать; сохранять от забвения; наполнять благоуханием

embalmment [ɪmˈbɑːmmənt] бальзамирование

embank [ɪmˈbæŋk] защищать насыпью; обносить валом; запруживать плотиной; заключать реку в каменную набережную

embankment [ɪmˈbæŋkmənt] насыпь; дамба; набережная; вал

embargo [emˈbɑːgou] эмбарго; блокирование; запрет; запрещение; накладывать эмбарго; реквизировать; изымать; накладывать запрет

embark [ɪmˈbɑːk] грузить*(ся)*; садиться на корабль; начинать; вступать *(в дело, в войну)*; отправиться на корабле

embarkation [ˌembɑːˈkeɪʃ(ə)n] погрузка; посадка на судно

embarrass [ɪmˈbærəs] затруднять; мешать; препятствовать; стеснять; смущать; приводить в замешательство; запутывать *(в делах)*; обременять *(долгами)*

embarrassed [ɪmˈbærəst] стесненный; смущенный; растерянный

embarrassing [ɪmˈbærəsɪŋ] стеснительный; смущающий

embarrassingly [ɪmˈbærəsɪŋlɪ] ошеломляюще

embarrassment [ɪmˈbærəsmənt] затруднение; помеха; преграда; препятствие; трудность; замешательство; смущение; запутанность *(в делах, долгах)*

embassy [ˈembəsɪ] посольство; миссия; посольские полномочия; функция посла

embattle [ɪmˈbætl] строить в боевой порядок; защищать зубцами и бойницами *(стены башни и т. п.)*

embay [ɪmˈbeɪ] вводить в залив *(судно)*; блокировать; закрывать; запирать; окружать; изрезывать *(берег)* заливами

embayment [ɪmˈbeɪmənt] бухта; морской залив

embed [ɪmˈbed] вставлять; врезать; заливать *(лекарство)*; вкапывать; закапывать; вделывать; запечатлеться; вводить; внедрять; насаждать; укреплять в грунте

embellish [ɪmˈbelɪʃ] украшать; приукрашивать *(выдумкой рассказ и т. п.)*

embellishment [ɪmˈbelɪʃmənt] украшение; приукрашивание

ember [ˈembə] красные угольки *(тлеющие в золе)*; горячая зола

embezzle [ɪmˈbezl] присваивать; растрачивать *(имущество, деньги)*

embezzled [ɪmˈbez(ə)ld] потерпевший от растраты имущества

embezzlement [ɪmˈbezlmənt] растрата; хищение; присвоение *(чужого имущества)*

embezzler [ɪmˈbezlə] растратчик

embitter [ɪmˈbɪtə] озлоблять; раздражать; наполнять горечью; отравлять *(существование)*; растравлять; отягчать *(горе и т. п.)*

emblazon [ɪmˈbleɪz(ə)n] расписывать герб; восхвалять; превозносить; славить; хвалить

emblem [ˈembləm] символ; эмблема; государственный герб; служить эмблемой; символизировать

emblematic(al) [ˌemblɪˈmætɪk, ˌemblɪˈmætɪk(ə)l] символический

emblematize [emˈblemətaɪz] служить эмблемой; символизировать

embodied [ɪmˈbɒdɪd] воплощенный; олицетворенный

embodiment [ɪmˈbɒdɪmənt] воплощение; включение; интеграция; олицетворение; объединение; слияние; смешение

embody [ɪmˈbɒdɪ] воплощать; изображать; олицетворять; осуществлять *(идею)*; заключать в себе; объединять; соединять; включать; включать в себя; объединяться; сливаться

embolden [ɪmˈbould(ə)n] ободрять; придавать храбрости; побуждать; поощрять; стимулировать

embonpoint [ˌɔːmbɔmˈpwæn] дородность; полнота; тучность

embosom [ɪmˈbuzəm] обнимать; прижимать к груди; окружать

emboss [ɪmˈbɒs] выбивать; выдавливать выпуклый рисунок; чеканить; гофрировать; лепить рельеф; украшать рельефом

embossed paper [ɪmˈbɒstˈpeɪpə] тисненая бумага

embouchure [ˌɔmbuˈʃuə] устье реки; вход *(в долину)*; мундштук у медных духовых инструментов *(муз.)*; раструб трубы

embowel [ɪmˈbauəl] потрошить

embower [ɪmˈbauə] окружать; осенять; опоясывать

embrace [ɪmˈbreɪs] объятие; объятия; обнимать*(ся)*; воспользоваться *(случаем, предложением)*; принимать *(веру, теорию)*; избирать *(специальность)*; охватывать *(взглядом, мыслью)*; включать; заключать в себе; содержать

embranchment [ɪmˈbrɑːntʃmənt] ветвь; ответвление; отклонение; ветвление; разветвление; развилка

embrasure [ɪmˈbreɪʒə] проем в стене *(архит.)*; амбразура *(воен.)*; бойница

embrittle [emˈbrɪtl] делать ломким или хрупким

embrittlement [emˈbrɪtlmənt] хрупкость

embrocate [ˈembroukeɪt] растирать жидкой мазью; класть припарки

embrocation [ˌembrouˈkeɪʃ(ə)n] растирание; жидкая мазь; примочка

embroider [ɪmˈbrɔɪdə] вышивать; расцвечивать; приукрашивать *(рассказ)*

embroidery [ɪmˈbrɔɪd(ə)rɪ] вышивание; вышивка; вышитое изделие; украшение; прикрасы; приукрашивание

embroil [ɪmˈbrɔɪl] запутывать *(дела, фабулу)*; впутывать *(в неприятности)*; ссорить

embroilment [ɪmˈbrɔɪlmənt] беспорядок; неразбериха; путаница; раздор; распря; скандал; ссора; вовлечение в ссору

embrown [ɪmˈbraun] придавать коричневый, бурый оттенок

embryo [ˈembrɪou] зародыш; эмбрион

embryonic [ˌembrɪˈɔnɪk] эмбриональный; незрелый; не успевший развиться

embryonic cell [ˌembrɪˈɔnɪkˈsel] эмбриональная клетка

embus [ɪmˈbʌs] сажать; садиться; грузить*(ся)* в автомашины

emcee [ˌemˈsiː] конферансье; ведущий *(радиопрограммы и т. п.)*; распорядитель *(бала и т. п.)*

emend [ɪ(ː)ˈmend] изменять или исправлять *(текст)*; вносить поправки; устранять разночтения

emendation [ˌiːmenˈdeɪʃ(ə)n] изменение или исправление текста *(литературного)* произведения; внесение поправок; устранение разночтений

emerald [ˈemər(ə)ld] изумруд; изумрудный цвет; изумрудный

emerge [ɪˈmɜːdʒ] высота подъема над водой; выход из воды; всплытие; появление на поверхности; вылупляться; появляться; всплывать; выходить; выясняться; вставать; возникать *(о вопросе и т. п.)*; появляться на поверхности

emergence [ɪˈmɜːdʒ(ə)ns] выход; появление; возникновение; вырост *(бот.)*; вылупление

emergency [ɪˈmɜːdʒ(ə)nsɪ] непредвиденный случай; чрезвычайное обстоятельство; выход из строя; крайняя необходимость; крайность; критическое положение; авария; запасной игрок *(спорт.)*; аварийный; вспомогательный; запасной; запасный; чрезвычайное положение

emergency amortization [ɪˈmɜːdʒ(ə)nsɪˌəˌmɔːtɪˈzeɪʃən] амортизация при чрезвычайных обстоятельствах

emergency brake application [ɪˈmɜːdʒ(ə)nsɪˌbreɪkˌæplɪˈkeɪʃən] аварийное торможение

emergency cock [ɪˈmɜːdʒ(ə)nsɪˌkɔk] аварийный кран

emergency communication [ɪˈmɜːdʒ(ə)nsɪˌkəˌmjuːnɪˈkeɪʃən] аварийная связь

emergency control [ɪˈmɜːdʒ(ə)nsɪˌkənˈtroul] аварийное управление

emergency lane [ɪˈmɜːdʒ(ə)nsɪˈleɪn] аварийная полоса

emergency measures [ɪˈmɜːdʒ(ə)nsɪˈmeʒəz] чрезвычайные меры

emergency station [ɪˈmɜːdʒ(ə)nsɪˈsteɪʃən] пункт первой помощи *(мед.)*; травматологический пункт

emergency store [ɪˈmɜːdʒ(ə)nsɪˌstɔː] неприкосновенный запас

emergency supply circuit [ɪˈmɜːdʒ(ə)nsɪˌsəˌplaɪˈsɜːkɪt] цепь аварийного питания

emergency supply network [ɪˈmɜːdʒ(ə)nsɪˌsəˌplaɪˈnetwɜːk] сеть аварийного питания

emergency unit [ɪˈmɜːdʒ(ə)nsɪˈjuːnɪt] аварийная установка

emergent [ɪˈmɜːdʒ(ə)nt] неожиданно появляющийся; внезапно всплывающий; новый; получивший независимость

emeritus [ɪ(ː)ˈmerɪtəs] заслуженный
emeritus professor — заслуженный профессор в отставке

emersion [ɪ(ː)ˈmɜːʃ(ə)n] появление *(солнца, луны после затмения)*; всплытие *(подводной лодки)*

emery [ˈemərɪ] наждак

emery board [ˈemərɪˌbɔːd] ошкуренная доска

emery-cloth [ˈemərɪklɔθ] наждачное полотно; шкурка

emery-paper [ˈemərɪˌpeɪpə] наждачная бумага

emigrant [ˈemɪgr(ə)nt] эмигрант; переселенец; эмигрирующий; переселенческий; эмигрантский

emigrate [ˈemɪgreɪt] переселять*(ся)*; эмигрировать; переезжать

emigration [ˌemɪˈgreɪʃ(ə)n] переселение; миграция; эмиграция

eminence [ˈemɪnəns] высота; возвышенность; выступ; бугорок; высокое положение; знаменитость; преосвященство

eminent [ˈemɪnənt] возвышающийся; возвышенный; высокий; видный; выдающийся

emir [eˈmɪə] эмир *(араб.)*

emirate [ˈemərət] эмират

emissary ['emɪs(ə)rɪ] агент; посредник; эмиссар; лазутчик; разведчик; шпион

emission [ɪ'mɪʃən] выделение тепла; излучение света; распространение запаха

emissive [ɪ'mɪsɪv] выделяющий; испускающий; излучающий

emit [ɪ'mɪt] испускать; распространять; выделять; издавать *(крик, звук)*; излучать *(физ.)*; выбрасывать; извергать *(дым, лаву)*; выпускать *(деньги, воззвания и т. п.)*

emmetropia [,emɪ'troʊpɪə] нормальное зрение

emollient [ɪ'mɒlɪənt] смягчающий; смягчающее средство

emolument [ɪ'mɒljumənt] заработок; вознаграждение; доход; жалованье; прибыль; приход

emote [ɪ'moʊt] проявлять чувства; переигрывать *(театр.)*; изображать страсти; переживать

emotion [ɪ'moʊʃ(ə)n] волнение; возбуждение; чувство; ощущение; эмоция

emotion balance [ɪ'moʊʃ(ə)n'bæləns] эмоциональная уравновешенность

emotional [ɪ'moʊʃənl] эмоциональный; взволнованный; волнующий

emotional bond [ɪ'moʊʃənl'bɒnd] душевная близость

emotional capability [ɪ'moʊʃənl,keɪpə'bɪlɪtɪ] эмоциональность

emotional excitement [ɪ'moʊʃənlɪk'saɪtmənt] эмоциональное возбуждение

emotionalism [ɪ'moʊʃnəlɪzm] повышенная эмоциональность

emotionless [ɪ'moʊʃnləs] неэмоциональный

empanel [ɪm'pænl] составлять список присяжных; включать в список присяжных

emparlance срок для представления объяснений по иску

empathy ['empəθɪ] сочувствие; сопереживание; участие

emperor ['emp(ə)rə] император; король; формат бумаги

emphasis ['emfəsɪs] выразительность; сила; мощность; акцент *(линг.)*; ударение; резкость контуров

emphasize ['emfəsaɪz] придавать особое значение; подчеркивать; акцентировать; делать особое ударение *(на слове, факте)*; ставить ударение

emphatic [ɪm'fætɪk] выразительный; эмфатический; подчеркнутый; настойчивый; настоятельный; упорный

emphatically [ɪm'fætɪk(ə)lɪ] настойчиво; многозначительно

empire ['empaɪə] империя; верховная власть; держава; господство; стиль ампир

empiric [em'pɪrɪk] эмпирик; лекарь-шарлатан; эмпирический; основанный на опыте

empirical knowledge [em'pɪrɪkəl'nɒlɪʤ] эмпирические знания

emplacement [ɪm'pleɪsmənt] установка на место; назначение места *(для постройки и т. п.)*; местоположение; оборудованная огневая позиция *(воен.)*; орудийный окоп

emplane [ɪm'pleɪn] сажать; садиться; грузить*(ся)* на самолет*(ы)*

employ [ɪm'plɔɪ] служба; работа по найму; держать на службе; предоставлять работу; нанимать; занимать *(время)*; употреблять; применять; использовать

employable [ɪm'plɔɪəbl] работоспособный; трудоспособный

employee [,emplɔɪ'iː] служащий; работающий по найму

employer [ɪm'plɔɪə] предприниматель; наниматель; работодатель

employment [ɪm'plɔɪmənt] служба; занятие; работа; место работы; использование; приложение; применение; употребление; личный наем; занятость

employment agreement [ɪm'plɔɪmənt ə'griːmənt] договор личного найма

employment application [ɪm'plɔɪmənt,æplɪ'keɪʃən] заявление о приеме на работу

employment exchange [ɪm'plɔɪmənt ɪks'tʃeɪnʤ] биржа труда

employment law [ɪm'plɔɪmənt lɔː] трудовое право

empower [ɪm'paʊə] предоставлять право; уполномачивать; оформлять полномочия

empowered [ɪm'paʊəd] уполномоченный

empowerment [ɪm'paʊəmənt] доверенность; полномочие

emprise [ɪm'praɪz] смелое предприятие; рыцарский подвиг

emptiness ['emptɪnɪs] вакуум; пустота

empty ['emptɪ] пустой; незанятый; полый; порожний; неясный; необитаемый; бессодержательный; вещественно-неопределенный; осушать *(стакан)*; выливать; опорожняться; пустеть; впадать *(о реке)*

empty-handed ['emptɪ'hændɪd] с пустыми руками

empurple [ɪm'pɜːpl] обагрять

empyrean [,empaɪ'riː)ən] небеса *(миф.)*; эмпиреи; небесная твердь; небо

emulate ['emjuleɪt] соревноваться; стремиться превзойти; конкурировать; соперничать; соревноваться; имитировать; копировать; подражать

emulation [,emju'leɪʃ(ə)n] конкуренция; соперничество; соревнование; подражание *(примеру)*

emulative [ˈemjulətɪv] соревновательный
emulous [ˈemjuləs] соревнующийся; жаждущий *(чего-либо)*; побуждаемый чувством соперничества
emulsify [ɪˈmʌlsɪfaɪ] делать эмульсию; превращать в эмульсию
emulsion [ɪˈmʌlʃ(ə)n] эмульсия
emulsion grain [ɪˈmʌlʃ(ə)nˈgreɪn] эмульсионное зерно
emulsion side [ɪˈmʌlʃ(ə)nˈsaɪd] эмульсионная сторона
emulsive [ɪˈmʌlsɪv] эмульсионный; маслянистый
enable [ɪˈneɪbl] запуск; разрешать; разблокировать; давать возможность *(право)*; облегчать; содействовать; способствовать; приспосабливать; делать годным; включать; давать юридический статус; узаконивать; уполномачивать
enabling [ɪˈneɪblɪŋ] уполномачивающий; дающий возможность
enact [ɪˈnækt] предписывать; устанавливать; принимать закон; постановлять; ставить на сцене; играть роль; происходить; разыгрываться
enacted [ɪˈnæktɪd] установленный
enacting [ɪˈnæktɪŋ] вводящий; постановляющий
enactment [ɪˈnæktmənt] закон; указ; законодательный акт; постановление; введение закона в силу; установление в законодательном порядке; законоположение; правовое предписание; норма права; веление; принятие закона; нормативный акт
enactor [ɪˈnæktə] законодатель
enamel [ɪˈnæm(ə)l] эмаль; финифть; глазурь; полива; эмаль *(на зубах)*; косметическое средство для кожи; лак для ногтей; покрывать эмалью; глазурью; эмалировать; испещрять
enameled [ɪˈnæməld] мелованный
enamelling [ɪˈnæməlɪŋ] эмалировка
enamour [ɪˈnæmə] очаровывать
encaenia [enˈsiːnjə] празднование годовщины *(основания)*
encage [ɪnˈkeɪdʒ] сажать в клетку
encamp [ɪnˈkæmp] располагать(ся) лагерем
encampment [ɪnˈkæmpmənt] лагерь; место лагеря; расположение лагерем
encapsulation [ɪnˌkæpsjuˈleɪʃən] инкапсуляция
encase [ɪnˈkeɪs] упаковывать; класть *(в ящик)*; полностью закрывать; заключать; вставлять; обрамлять; опалубить
encasement [ɪnˈkeɪsmənt] обшивка; облицовка; опалубка; футляр; кожух; покрышка; упаковка
encash [ɪnˈkæʃ] реализовать; получать наличными деньгами
encaustic [enˈkɔːstɪk] относящийся к живописи восковыми красками; обожженный; относящийся к обжигу *(о керамике, эмали)*
encephalic [ˌenseˈfælɪk] церебральный; мозговой

encephalitis [ˌensefəˈlaɪtɪs] энцефалит; воспаление головного мозга *(мед.)*
encephalocoel полость мозга
encephalogram [ɪnˈsef(ə)ləgræm] энцефалограмма
encephalography [ɪnˌsefəˈlɔgrəfɪ] энцефалография
encephalon [enˈsef(ə)lɔn] головной мозг
enchain [ɪnˈtʃeɪn] сажать на цепь; заковывать; приковывать *(внимание)*; сковывать *(чувства и т. п.)*; соединять; сцеплять
enchant [ɪnˈtʃɑːnt] очаровывать; приводить в восторг; околдовывать; опутывать чарами
enchanter [ɪnˈtʃɑːntə] волшебник; чародей
enchantment [ɪnˈtʃɑːntmənt] обаяние; очарование; волшебство; колдовство; магия
enchantress [ɪnˈtʃɑːntrɪs] ведьма; волшебница; колдунья; чародейка; чаровница; обворожительная женщина
enchase [ɪnˈtʃeɪs] оправлять; заделывать в оправу; инкрустировать; гравировать
enchiridion [ˌenkaɪ(ə)ˈrɪdɪən] инструкция; описание; руководство; справочник
encipher [enˈsaɪfə] шифровать; зашифровывать; писать шифром сообщение
encircle [ɪnˈsəːkl] окружать; делать круг
encirclement [ɪnˈsəːklmənt] круги; окружение; сферы
encircling [ɪnˈsəːklɪŋ] окружающий
encircling highway [ɪnˈsəːklɪŋˈhaɪweɪ] кольцевая автодорога
enclasp [ɪnˈklɑːsp] обнимать; обхватывать
enclave [ˈenkleɪv] территория, окруженная чужими владениями; анклав
enclose [ɪnˈklouz] окружать; огораживать; заключать; вкладывать *(в письмо и т. п.)*; прилагать; огораживать общинные земли *(ист.)*
enclosure [ɪnˈklouzə] огороженное место; ограда; кожух; ограждение; огражденное пространство; оболочка; огораживание; вложение; приложение; ограждать
encode [ɪnˈkoud] кодировать; шифровать
encoded [ɪnˈkoudɪd] закодированный
encomiastic [enˌkoumɪˈæstɪk] одобрительный; панегирический; похвальный; хвалебный
encompass [ɪnˈkʌmpəs] окружать *(заботой и т. п.)*; заключать
encore [ɔŋˈkɔː] бис!; вызов на «бис»; исполнение на «бис»; кричать «бис»; требовать повторного исполнения
encounter [ɪnˈkauntə] неожиданная встреча; столкновение; стычка; схватка; *(неожиданно)* встретить(ся); сталкиваться; наталкиваться *(на трудности и т. п.)*

encourage [ɪnˈkʌrɪʤ] ободрять; способствовать; воодушевлять; поощрять; поддерживать; попустительствовать; подстрекать; потворствовать

encouragement [ɪnˈkʌrɪʤmənt] ободрение, поощрение

encouragement prize [ɪnˈkʌrɪʤmənt|ˈpraɪz] поощрительный приз

encouraging [ɪnˈkʌrɪʤɪŋ] ободряющий; обнадеживающий

encroach [ɪnˈkroʊtʃ] вторгаться; покушаться на чужие права; посягать; нарушать право; узурпировать власть

encroachment [ɪnˈkroʊtʃmənt] агрессия; вторжение; нарушение права; посягательство; захват; выход за пределы

encrust [ɪnˈkrʌst] инкрустировать; покрывать(ся) коркой, ржавчиной

encrustation [ˌɪnkrʌsˈteɪʃən] образование корки; обрастание; накипь

encumber [ɪnˈkʌmbə] загромождать; задерживать; затруднять; мешать; препятствовать; стеснять; обременять *(имущество)*

encumbrance [ɪnˈkʌmbr(ə)ns] затруднение; обременение; помеха; преграда; препятствие; бремя; гнет; груз; обуза; лицо, находящееся на иждивении; закладная

encumbrancer [ɪnˈkʌmbrənsə] залогодержатель

encyclic(al) [enˈsɪklɪk] [enˈsɪklɪk(ə)l] предназначенный для широкого распространения; энциклика

encyclop(a)edic(al) [enˌsaɪklouˈpiːdɪk, enˌsaɪklouˈpiːdɪk(ə)l] энциклопедический

encyclop(a)edia [enˌsaɪklouˈpiːdjə] справочник; энциклопедия

encyclop(a)edist [enˌsaɪklouˈpiːdɪst] энциклопедист

end [end] конец; окончание; предел; смерть; остаток; обломок; обрезок; отрывок; край; граница; цель; результат; следствие; днище; отдел; часть; заканчивать; оканчивать; прекращать; кончаться; завершать(ся)

end face [ˈendfeɪs] торцовая поверхность; лобовая сторона; торцевая сторона

end month account [ˈend|mʌnθ|əˈkaunt] расчет на конец месяца

end ring [ˈend|rɪŋ] замыкающее кольцо

end-game [ˈendgeɪm] эндшпиль *(шахм.)*

end-paper [ˈendˌpeɪpə] пустой лист в начале и в конце книги; форзац

end-product [ˈendˌprɔdʌkt] готовый продукт; конечный продукт; результат

end-to-end [ˈendtəˈend] впритык; встык

end-trust bearing [ˈendtrʌst|ˈbeərɪŋ] упорный подшипник

end-up [ˈendʌp] курносый *(разг.)*

endamage [ɪnˈdæmɪʤ] наносить ущерб; повреждать

endamagement [ɪnˈdæmɪʤmənt] ущерб; повреждение; вред; убыток; нанесение ущерба

endanger [ɪnˈdeɪnʤə] подвергать опасности

endarterial [ˈendɑːtɪ(ə)rɪəl] внутриартериальный *(мед.)*

endear [ɪnˈdɪə] заставить полюбить; внушить любовь

endearment [ɪnˈdɪəmənt] ласка; выражение нежности, привязанности

endeavour [ɪnˈdevə] попытка; старание; предприятие; покушение; посягательство; предпринимать; покушаться; посягать; стремление; пытаться; прилагать усилия; стараться

endenizen [enˈdenɪz(ə)n] предоставлять гражданство

endfloat [ˈendflout] люфт *(техн.)*

ending [ˈendɪŋ] завершение; окончание; флексия *(грам.)*; завершающий; заключительный; конечный

endleaf [ˈendliːf] форзац

endless [ˈendlɪs] бесконечный; беспредельный; вечный; нескончаемый; бессчетный; бесчисленный; неисчислимый

endless paper [ˈendlɪs|ˈpeɪpə] рулонная бумага

endlong [ˈendlɔŋ] вдоль; прямо; вертикально; стойма

endnotes [ˈendnouts] сноски в конце главы

endocardiac [ˌendouˈkɑːdɪæk] внутрисердечный *(мед.)*

endocrine [ˈendoukrɪn] эндокринный *(мед.)*

endorse [ɪnˈdɔːs] расписываться на обороте документа; отмечать на обороте; делать отметку на документе; индоссировать; вписывать в документ; указывать основание иска; подтверждать; одобрять; поддерживать; рекомендовать

to endorse a passport — поставить визу в паспорт

endorsement [ɪnˈdɔːsmənt] индоссамент; надпись; передаточная надпись; подпись на обороте документа

endow [ɪnˈdau] обеспечивать постоянным доходом; давать; предоставлять; делать вклад; наделять; одарять; материально обеспечивать; давать приданое; облекать полномочиями

endowment [ɪnˈdaumənt] вклад; дар; предоставление; пожертвование; дар; дарование; талант; надел; депозит; взнос *(денег в банк)*; обеспечивание приданым; материальное обеспечение

endpaper [ˈendpeɪpə] форзац

endue [ɪnˈdjuː] одарять; наделять *(полномочиями, качествами)*; облекать

endurable [ɪnˈdjʊərəbl] переносимый; приемлемый; терпимый; удовлетворительный; прочный

endurance [ɪnˈdjʊər(ə)ns] выносливость; способность переносить *(боль, страдание и т. п.)*; прочность; стойкость; срок действия; автономность; сопротивляемость; длительность; продолжительность; срок службы; живучесть; износоустойчивость

endure [ɪnˈdjʊə] выносить; мириться; примиряться; терпеть; длиться; продолжаться; тянуться; выдерживать испытание временем

enduring [ɪnˈdjʊərɪŋ] выносливый; терпеливый; длительный; долгий; продолжительный; прочный; постоянный; стойкий

endways [ˈendweɪz] концом вперед; вверх; стоймя; вдоль

endysis [ˈendɪsɪs] образование нового покрова после линьки

enemy [ˈenɪmɪ] враг; антагонист; недруг; неприятель; противник; враждебный; агрессивный; наступательный; вражеский; неприятельский

enemy territory [ˈenɪmɪˈterɪtərɪ] вражеская территория

energetic [ˌenəˈʤetɪk] активный; деятельный; энергичный; решительный; сильный

energico [ɪˈnɑːʤɪkoʊ] энергично; решительно; с силой

energize [ˈenəʤaɪz] возбуждать; включать

energizer [ˈenəʤaɪzə] генератор *(техн.)*

energy [ˈenəʤɪ] энергия; мощность; сила; интенсивность; работа; энергичность; работоспособность; дисперсия

energy balance [ˈenəʤɪˈbæləns] энергетический баланс

energy consumption [ˈenəʤɪkənˈsʌmpʃən] потребляемая энергия

energy demands [ˈenəʤɪdɪˈmɑːndz] энергетические потребности

energy level [ˈenəʤɪˈlevl] энергетический уровень

enervate [ˈenəveɪt] расслабленный; слабый; обессиливать; расслаблять; лишать воли, мужества

enfeeble [ɪnˈfiːbl] облегчать; ослаблять; уменьшать

enfeoff [ɪnˈfef] дарить недвижимость

enfetter [ɪnˈfetə] заковывать *(в кандалы)*; сковывать; связывать; порабощать

enfold [ɪnˈfoʊld] завертывать; закутывать; обнимать; обхватывать

enforce [ɪnˈfɔːs] оказывать давление; принуждать; заставлять; навязывать; проводить в жизнь; придавать силу; усиливать; осуществлять в судебном порядке; обеспечивать исполнение

enforceability [ɪnˌfɔːsəˈbɪlɪtɪ] обеспеченность правовой санкцией; обладание исковой силой

enforceable [ɪnˈfɔːsəbl] возможный; осуществимый; обеспечиваемый применением силы или угрозой применить силу; имеющий исковую силу

enforced [ɪnˈfɔːst] принужденный; вынужденный

enforcement [ɪnˈfɔːsmənt] правоприменение; гнет; давление; нажим; принуждение; принудительный; принудительное взыскание

enforcement order [ɪnˈfɔːsməntˈɔːdə] исполнительный лист

enframe [ɪnˈfreɪm] вставлять в рамку; обрамлять; окаймлять; окантовывать

enfranchise [ɪnˈfræntʃaɪz] предоставлять избирательные права; освобождать; предоставлять права гражданства

enfranchisement [ɪnˈfræntʃɪzmənt] освобождение *(отпуск на волю)*; предоставление избирательных прав; предоставление прав гражданства

engage [ɪnˈgeɪʤ] нанимать; приглашать; закладывать; заказывать заранее *(комнату, место)*; заниматься чем-либо; занимать; привлекать; вовлекать; обязывать*(ся)*; ангажировать

engaged [ɪnˈgeɪʤd] занятый; заинтересованный; поглощенный чем-либо

engagement [ɪnˈgeɪʤmənt] дело; занятие; свидание; встреча; договоренность; личный наем; приглашение; обязательство; помолвка; бой *(воен.)*; стычка; зацепление *(техн.)*

engager [ɪnˈgeɪʤə] наниматель

engaging [ɪnˈgeɪʤɪŋ] красивый; обаятельный; очаровательный

engender [ɪnˈʤendə] создавать; создать; возбуждать

engine [ˈenʤɪn] машина; двигатель; мотор; локомотив; паровоз; орудие; инструмент; средство; паровозный; машинный; моторный

engine bed [ˈenʤɪnbed] рама двигателя

engine compartment bulkhead [ˈenʤɪnkəmˌpɑːtməntˈbʌlkhed] перегородка моторного отделения

engine console [ˈenʤɪnˈkɒnsoʊl] блок двигателя

engine jacket [ˈenʤɪnˈʤækɪt] капот двигателя *(авт.)*

engine oil [ˈenʤɪnˈɔɪl] моторное масло

engine performance [ˈenʤɪnpəˈfɔːməns] характеристика двигателя

engine-crew [ˈenʤɪnkruː] паровозная бригада

engine-driver [ˈenʤɪnˌdraɪvə] машинист *(ж.-д.)*

engine-room [ˈenʤɪnrum] машинное отделение

engineer [ˌenʤɪˈnɪə] инженер; конструктор; механик; слесарь; машинист; сапер; сооружать; строить; возводить; проектировать; работать в качестве инженера

engineering [ˌenʤɪˈnɪərɪŋ] проектирование; разработка; прикладной *(о науке)*; инженерное искусство; техника; машиностроение; машиностроительный

engineering data [ˌenʤɪˈnɪərɪŋ|ˈdeɪtə] технические данные

engineering man-hour [ˌenʤɪˈnɪərɪŋ|ˈmænˈauə] рабочее время технического персонала

engineering standard [ˌenʤɪˈnɪərɪŋ|ˈstændəd] техническая норма

engineering time [ˌenʤɪˈnɪərɪŋ|ˈtaɪm] время технического обслуживания

engineer's wrench [ˌenʤɪˈnɪəz|ˈrentʃ] гаечный ключ

enginery [ˈenʤɪnərɪ] машины; механическое оборудование

Englishism [ˈɪŋglɪʃɪzm] английская черта; английский обычай; идиома, употребляемая в Англии; привязанность ко всему английскому

Englishman [ˈɪŋglɪʃmən] англичанин

Englishwoman [ˈɪŋglɪʃˌwumən] англичанка

engorge [ɪnˈgɔːʤ] жадно и много есть; налиться кровью; глотать

engraft [ɪnˈgrɑːft] делать прививку; прививать; внедрять; осложнить норму оговорками в процессе ее применения

engrail [ɪnˈgreɪl] делать нарезку; зазубривать

engrave [ɪnˈgreɪv] гравировать; резать *(по камню, дереву, металлу)*; запечатлевать

engraver [ɪnˈgreɪvə] гравер

engraving [ɪnˈgreɪvɪŋ] гравирование; гравюра

engross [ɪnˈgrous] переписывать документ

engrossing [ɪnˈgrousɪŋ] всепоглощающий; захватывающий; увлекательный

engrossment [ɪnˈgrousmənt] придание документу надлежащей формы

engulf [ɪnˈgʌlf] поглощать; заваливать; засыпать

enhance [ɪnˈhɑːns] увеличивать; усиливать; усугублять; повышать *(цену)*

enhancement [ɪnˈhɑːnsmənt] повышение; прирост; увеличение; улучшение; оздоровление *(окружающей среды)*

enigma [ɪˈnɪgmə] головоломка; загадка

enigmatic [ˌenɪgˈmætɪk] загадочный; таинственный; сокровенный; неразгаданный; непонятный

enigmatical [ˌenɪgˈmætɪk(ə)l] загадочный; таинственный

enisle [ɪnˈaɪl] изолировать; поместить на остров

enjoin [ɪnˈʤɔɪn] предписывать; приказывать; запрещать; вменять в обязанность

enjoy [ɪnˈʤɔɪ] получать удовольствие; наслаждаться; пользоваться *(правами)*; владеть; иметь; обладать; осуществлять *(право)*

enjoyable [ɪnˈʤɔɪəbl] приятный; доставляющий удовольствие

enjoyment [ɪnˈʤɔɪmənt] наслаждение; осуществление; удовольствие; владение; обладание; пользование

enkindle [ɪnˈkɪndl] вдохновлять; воодушевлять; воспламенять; зажигать; окрылять

enlace [ɪnˈleɪs] обвивать; опутывать; окружать; опоясывать; охватывать

enlarge [ɪnˈlɑːʤ] увеличивать*(ся)*; укрупнять*(ся)*; усиливать*(ся)*; расширять*(ся)*; распространяться *(о чем-либо)*; продлевать срок; освобождать из мест заключения; увеличивать фотографию; поддаваться увеличению

enlarged [ɪnˈlɑːʤd] расширенный; увеличенный; укрупненный

enlarged edition [ɪnˈlɑːʤd|ɪˈdɪʃən] дополненное издание

enlarged meeting [ɪnˈlɑːʤd|miːtɪŋ] расширенное заседание

enlargement [ɪnˈlɑːʤmənt] расширение; увеличение; распространение; укрупнение; пристройка; развитие; рост; разрастание

enlighten [ɪnˈlaɪtn] просвещать; осведомлять; информировать; проливать свет

enlightened [ɪnˈlaɪtnd] просвещенный

enlightening [ɪnˈlaɪtnɪŋ] назидательный; наставительный; поучительный; разъясняющий

enlightenment [ɪnˈlaɪtnmənt] образование; обучение; просвещение; просвещенность

enlist [ɪnˈlɪst] вербовать на военную службу; зачислять; поступать на военную службу; заручиться поддержкой; привлечь на свою сторону

enlisted [ɪnˈlɪstɪd] срочнослужащий *(воен.)*

enlistee [ˌenlɪsˈtiː] поступивший на военную службу *(воен.)*

enlistment [ɪnˈlɪstmənt] добровольное поступление на военную службу; зачисление на военную службу; срок службы добровольца *(по контракту)*

enliven [ɪnˈlaɪvn] восстанавливать; оживлять; подбодрять; делать интереснее, веселее; разнообразить

enmesh [ɪnˈmeʃ] опутывать; запутывать

enmity [ˈenmɪtɪ] вражда; антагонизм; враждебность; неприязнь

ennoble [ɪˈnoubl] облагораживать; жаловать дворянство; делать дворянином

ennoblement [ɪˈnoublmənt] облагораживание; пожалование дворянством

enormity [ɪˈnɔːmɪtɪ] гнусность; чудовищное преступление

enormous [ɪˈnɔːməs] громадный; гигантский; обширный; огромный; ужасный; чудовищный

ENO — ENT

enormous offence [ɪˈnɔːməs|əˈfens] тяжкое преступление

enormously [ɪˈnɔːməslɪ] весьма; очень; чрезвычайно

enough [ɪˈnʌf] вдоволь; достаточный; достаточно; довольно

enounce [ɪ(ː)ˈnauns] выражать; излагать; называть; формулировать; выговаривать; говорить; произносить

enquire [ɪnˈkwaɪə] расследовать; запрашивать

enquiry [ɪnˈkwaɪərɪ] вопрос; запрос; проблема; дело; обсуждаемый вопрос; сомнение; пытка; расследование

enrage [ɪnˈreɪʤ] приводить в ярость

enrapture [ɪnˈræptʃə] восхищать; приводить в восторг; захватывать

enrich [ɪnˈrɪtʃ] улучшать; обогащать; удобрять *(почву)*; украшать; витаминизировать

enrichment [ɪnˈrɪtʃmənt] обогащение

enrobe [ɪnˈroub] облачать

enrol(l) [ɪnˈroul] вносить в список; регистрировать; вербовать; зачислять в армию; поступать на военную службу; записываться; вступать в члены *(какой-либо организации)*; приобщать к материалам суда

enrolment [ɪnˈroulmənt] внесение в списки; регистрация; вербовка; набор; наем; приобщение к материалам суда; реестр; регистр

ensanguined [ɪnˈsæŋgwɪnd] окровавленный; кроваво-красный

ensconce [ɪnˈskɔns] укрывать*(ся)*; устраивать*(ся)* удобно или уютно

enseal [ɪnˈsiːl] скреплять печатью

ensemble [aːnˈsaːmbl] ансамбль; общее впечатление; группа; костюм; туалет; совместное исполнение музыкального произведения

enshrine [ɪnˈʃraɪn] помещать в раку *(церк.)*; хранить; лелеять *(воспоминание и т. п.)*

enshroud [ɪnˈʃraud] закутывать; обволакивать

ensign [ˈensaɪn] значок; кокарда; символ; эмблема; знамя; флаг; вымпел; прапорщик

ensilage [ˈensɪlɪʤ] силосование; силосованный корм

enslave [ɪnˈsleɪv] порабощать; покорять; делать рабом

enslavement [ɪnˈsleɪvmənt] порабощение; завоевание; пленение; покорение; рабство; неволя; рабская зависимость; рабская покорность

enslaver [ɪnˈsleɪvə] поработитель; покоритель; обольстительница; покорительница

ensnare [ɪnˈsnɛə] поймать в ловушку; заманивать

ensoul [ɪnˈsoul] вдохновлять; воодушевлять; окрылять

ensue [ɪnˈsjuː] получаться в результате; происходить; следовать

ensuing [ɪnˈsjuːɪŋ] последующий; будущий; вытекающий

ensure [ɪnˈʃuə] гарантировать; обеспечивать; ручаться; застраховать; страховать

entail [ɪnˈteɪl] заповедное имущество; влечь за собой; вызывать что-либо; навлекать

entailed [ɪnˈteɪld] ограниченный в порядке наследования

entailer [ɪnˈteɪlə] завещатель

entangle [ɪnˈtæŋgl] запутывать; поймать в ловушку; обойти *(лестью)*; запутываться

entanglement [ɪnˈtæŋglmənt] сплетение *(бот.)*; запутанность; затруднительное положение; *(проволочное)* заграждение *(воен.)*

enter [ˈentə] входить; проникать; вонзаться; принимать участие; въезжать; вступать; поступать; вписывать; вносить *(в список)*; записывать; регистрировать; сделать письменное заявление, представление; начинать; браться; вводить данные; начинать выполнение программы; подавать; представлять; приобщать к делу; заключать договор

enteric [enˈterɪk] кишечный *(мед.)*

entering [ˈentərɪŋ] вхождение; вступающий; набегающий; расписывание

enterprise [ˈentəpraɪz] смелое предприятие; предприимчивость; смелость; активность; инициатива; энергичность; предпринимательство; промышленное предприятие *(фабрика, завод и т. п.)*

enterprise database [ˈentəpraɪz|ˈdeɪtəbeɪs] база данных предприятия

enterprising [ˈentəpraɪzɪŋ] предприимчивый; активный; деятельный; инициативный

entertain [ˌentəˈteɪn] принимать; угощать *(гостей)*; занимать; развлекать; питать *(надежду, сомнение)*; подкупать *(кого-либо)*; лелеять *(мечту)*; поддерживать *(переписку)*; рассматривать *(дело)*

entertainer [ˌentəˈteɪnə] эстрадный артист; эстрадник; конферансье

entertaining [ˌentəˈteɪnɪŋ] забавный; занимательный; курьезный; развлекательный; смешной

entertainment [ˌentəˈteɪnmənt] прием *(гостей)*; вечер; вечеринка; развлечения; увеселения; эстрадный концерт; дивертисмент; гостеприимство; угощение

enthral(l) [ɪnˈθrɔːl] покорять; порабощать; очаровывать; увлекать; захватывать

enthralling [ɪnˈθrɔːlɪŋ] захватывающий; увлекательный

enthrone [ɪnˈθroun] возводить на престол

enthronement [ɪnˈθrounmənt] возведение на престол

enthuse [ɪnˈθjuːz] приходить в восторг

enthusiasm [ɪnˈθjuːzɪæzm] восторг; воодушевление; увлечение; энтузиазм; восторженность; *(религиозное)* исступление

enthusiast [ɪnˈθjuːzɪæst] восторженный человек; энтузиаст

enthusiastic [ɪnˌθjuːzɪˈæstɪk] восторженный; полный энтузиазма, энергии; увлеченный

entice [ɪnˈtaɪs] привлекать; притягивать; обольщать; соблазнять; переманивать

enticement [ɪnˈtaɪsmənt] заманивание; переманивание; обольщение; приманка; соблазн; очарование

enticing [ɪnˈtaɪsɪŋ] заманчивый; привлекательный; притягательный; соблазнительный

entire [ɪnˈtaɪə] глубокий; полный; совершенный; целый; цельный; единый; сплошной; целостный; беспримесный; незагрязненный; очищенный; чистый

entirely [ɪnˈtaɪəlɪ] вполне; полностью; совершенно; вовсе; всецело; совсем; сплошь; целиком и полностью

entirety [ɪnˈtaɪətɪ] полнота; цельность; общая сумма; совместная общая собственность на недвижимость *(юр.)*

entitle [ɪnˈtaɪtl] называть; давать название; озаглавливать; предоставлять право; предоставлять правовой титул

entitlement [ɪnˈtaɪtlmənt] имя; название; наименование; право на что-либо; документ о предоставлении права

entity [ˈentɪtɪ] бытие; субстанция; суть; существо; сущность; нечто реально существующее; организм; организация; вещь; объект; самостоятельное образование; самостоятельная правовая единица

entity identifier [ˈentɪtɪ|aɪˈdentɪfaɪə] идентификатор объекта

entomb [ɪnˈtuːm] погребать; служить гробницей; укрывать

entombment [ɪnˈtuːmmənt] погребение; гробница; могила

entomophagous [ˌentəˈmɔfəgəs] насекомоядный

entourage [ˌɔntuˈrɑːʒ] окружение; окружающая обстановка; сопровождающие лица; свита

entrails [ˈentreɪlz] внутренности; месторождения; недра; кишки *(мед.)*

entrain [ɪnˈtreɪn] грузить*(ся)* в поезд; садиться в поезд; вовлекать; увлекать

entrainment [ɪnˈtreɪnmənt] унос; увлечение

entrance [ˈentr(ə)ns] вход *(в здание и т. п.)*; интродукция; вхождение; въезд; вступление; доступ; право входа; плата за вход; выход *(актера на сцену)*; [ɪnˈtrɑːns] приводить в состояние транса, восторга, испуга

entrancing [ɪnˈtrɑːnsɪŋ] чарующий; красивый; очаровательный

entrant [ˈentr(ə)nt] тот, кто входит, вступает *(посетитель, гость, вступающий в члены клуба, общества и т. п.)*; вступающий в должность; приступающий к отправлению обязанностей; приезжий, приезжающий *(в страну)*; *(заявленный)* участник *(состязания и т. п.)*

entrap [ɪnˈtræp] захватывать; захватить; улавливать; уловить; поймать в ловушку; заманивать

entreat [ɪnˈtriːt] умолять; упрашивать

entreaty [ɪnˈtriːtɪ] мольба; просьба

entree [ˈɔntreɪ] право входа; доступ; блюдо, подаваемое между рыбой и жарким

entrench [ɪnˈtrentʃ] окапывать *(воен.)*; нарушать; посягать; укреплять траншеями; отстаивать свои взгляды; защищать свою позицию

entrenched [ɪnˈtrentʃt] закрепившийся; укоренившийся

entrenchment [ɪnˈtrentʃmənt] окоп *(воен.)*; траншея; полевое укрепление; нарушение; посягательство

entrepreneur [ˌɔntrəprəˈnəː] антрепренер; предприниматель; бизнесмен; делец; устроитель концертов

entresol [ˈɔntresɔl] антресоль; полуэтаж *(архит.)*

entrust [ɪnˈtrʌst] вверять; возлагать; поручать

entry [ˈentrɪ] вход; въезд; дверь; ворота; проход; вестибюль; передняя; холл; лестничная площадка; вступление *(в организацию)*; вхождение; занесение; запись; статья *(в словаре, энциклопедии, справочнике и т. п.)*; устье реки; начало *(месяца и т. п.)*; торжественный выход короля; выход актера на сцену; заявка на участие *(в спортивном состязании, выставке и т. п.)*; занятие недвижимости с целью вступления во владение ею; таможенная декларация; проникновение; регистрация

entry point [ˈentrɪ|pɔɪnt] подъезд *(авт.)*

entry visa [ˈentrɪ|ˈviːzə] въездная виза

entr'acte [ˈɔntrækt] антракт

entwine [ɪnˈtwaɪn] сплетать*(ся)*; вплетать; обвивать; обхватывать

enucleate [ɪˈnjuːklɪeɪt] удалять ядро

enumerate [ɪˈnjuːməreɪt] нумеровать; перебирать; перечислять

enumeration [ɪˌnjuːməˈreɪʃ(ə)n] нумерация; перебор; перечисление; перечень; реестр; список

enunciate [ɪˈnʌnsɪeɪt] ясно, отчетливо произносить; объявлять; извещать; провозглашать; уведомлять; формулировать *(теорию и т. п.)*

enunciation [ɪˌnʌnsɪˈeɪʃ(ə)n] хорошее произношение, дикция; возвещение; объявление; провозглашение; изложение тем; формулировка; экспозиция

enure [ɪˈnjuə] вступать в силу; иметь юридическое действие

envelop [ɪnˈveləp] обертывать; завертывать; закутывать; окутывать; обходить; окружать; охватывать

envelope [ˈenvəloup] конверт; обертка; обложка; оберточная бумага; упаковка; оболочка *(аэростата и т. п.)*; покрышка; обвертка *(у растений)*; пленка *(в яйце)*; огибающая *(линия)*

enveloping layer [ˈenvələupɪŋ|ˈleɪə] внешний слой

envelopment [ɪnˈveləpmənt] обертывание; покрышка; охват *(воен.)*

envenom [ɪnˈvenəm] отравлять; испускать яд; поражать ядом

envenomed [ɪnˈvenəmd] злобный; злой; ожесточенный; ядовитый

enviable [ˈenvɪəbl] завидный

envious [ˈenvɪəs] завистливый

environ [ɪnˈvaɪər(ə)n] окружать; опоясывать; охватывать

environment [ɪnˈvaɪər(ə)nmənt] окружение; окружающая обстановка; окружающая среда; окружающие условия; операционная среда; состояние; контекст; условия эксплуатации; командная среда

environmental [ɪn,vaɪər(ə)nˈmentl] относящийся к окружающей среде; относящийся к борьбе с загрязнением

environmental abuse [ɪn,vaɪər(ə)nˈmentl|əˈbjuːs] нерациональное использование ресурсов окружающей среды

environmental action [ɪn,vaɪər(ə)nˈmentl|ˈækʃən] деятельность по охране окружающей среды

environmental change [ɪn,vaɪər(ə)nˈmentl|ˈtʃeɪndʒ] изменение окружающей среды

environmental defence [ɪn,vaɪər(ə)nˈmentl|dɪˈfens] охрана окружающей среды

environmental hazard [ɪn,vaɪər(ə)nˈmentl|ˈhæzəd] вредное воздействие окружающей среды

environmental law [ɪn,vaɪər(ə)nˈmentl|ˈlɔː] правовые нормы по охране окружающей среды

environs [ɪnˈvaɪər(ə)nz] окрестности; круги; окружение; среда; сферы

envisage [ɪnˈvɪzɪdʒ] смотреть прямо в глаза *(опасности, фактам)*; рассматривать *(вопрос)*; предвидеть; предугадывать; предусматривать

envision [ɪnˈvɪʒ(ə)n] воображать что-либо; рисовать в своем воображении; представлять себе

envoy [ˈenvɔɪ] посланник; делегат; посланец; представитель; агент; доверенное лицо; заключительная строфа поэмы; дипломатический представитель; посол со спецпоручением

envy [ˈenvɪ] зависть; предмет зависти; завидовать

enwrap [ɪnˈræp] завертывать; обвертывать; окутывать

enzygotic twins однояйцовые близнецы

enzyme [ˈenzaɪm] фермент

eolation [,iːouˈleɪʃən] выветривание

eparchy [ˈepɑːkɪ] епархия

epaulette [ˈepoulet] эполет

epedaphic зависящий от климата

epharmony [,epˈhɑːmənɪ] приспособляемость к окружающей среде

ephebic [eˈfiːbɪk] взрослый; зрелый

ephemeral [ɪˈfemər(ə)l] мимолетный; эфемерный; скоропреходящий; недолговечный

epic [ˈepɪk] эпическая поэма; многосерийный приключенческий фильм; эпический

epicentre [ˈepɪsentə] эпицентр *(землетрясения)*

epicure [ˈepɪkjuə] эпикуреец

epicureanism [,epɪkjuə(ə)ˈrɪ(ː)ənɪzm] учение Эпикура; эпикурейство

epidemic [,epɪˈdemɪk] эпидемия; эпидемический

epidemiology [,epɪ,diːmɪˈɔlədʒɪ] эпидемиология

epidermic tissue [,epɪdəːmɪk|ˈtɪsjuː] эпидермис *(анат.)*

epidermis [,epɪˈdəːmɪs] эпидермис

epigram [ˈepɪgræm] эпиграмма

epigraph [ˈepɪgrɑːf] эпиграф

epilepsy [ˈepɪlepsɪ] эпилепсия *(мед.)*

epileptic [,epɪˈleptɪk] эпилептический; эпилептик

epilogue [ˈepɪlɔg] эпилог

epinephros надпочечник *(мед.)*

Epiphany [ɪˈpɪfənɪ] Богоявление *(церк.)*; крещение *(праздник)*; *(epiphany)* прозрение

epipharynx носоглотка *(мед.)*

epirhizous растущий на корнях

episcopacy [ɪˈpɪskəpəsɪ] епископальная система церковного управления; епископат

episcopal [ɪˈpɪskəp(ə)l] епископский; епископальный

Episcopal bishop [ɪˈpɪskəp(ə)l|ˈbɪʃəp] архиепископ

episcopalian [ɪ,pɪskouˈpeɪljən] приверженец или член епископальной церкви; епископальный

episcopate [ɪˈpɪskoupɪt] сан епископа; епархия

episematic опознавательный

episematic coloration опознавательная окраска

episode [ˈepɪsoud] происшествие; случай; эпизод

episodic(al) [,epɪˈsɔdɪk(əl)] иррегулярный; нерегулярный; эпизодический; беспорядочный; случайный; стохастический

epistle [ɪˈpɪsl] письмо; послание

epistolary [ɪˈpɪstələrɪ] эпистолярный

epitaph [ˈepɪtɑːf] эпитафия; надпись на надгробном памятнике

epithet [ˈepɪθet] эпитет

epitome [ɪˈpɪtəmɪ] конспект; сокращение; изображение в миниатюре

epitomize [ɪˈpɪtəmaɪz] конспектировать; кратко излагать; сокращать

epoch [ˈiːpɔk] эпоха; век; время; пора; эра

epoch-making [ˈiːpɔkˌmeɪkɪŋ] значительный; большой; мировой

epochal [ˈepɔk(ə)l] важный; значительный; эпохальный

eponymous [ɪˈpɔnɪməs] дающий свое имя

epopee [ˈepoupiː] рассказ; эпопея

epos [ˈepɔs] эпос; эпическая поэма

epoxy [ɪˈpɔksɪ] эпоксидная смола

equability [ˌekwəˈbɪlɪtɪ] равномерность; единообразие; однородность; равенство; уравновешенность

equable [ˈekwəbl] равномерный; однородный; постоянный; ровный; уравновешенный; спокойный (о человеке)

equal [ˈiːkw(ə)l] равный; одинаковый; равноправный; единообразный; пригодный; подходящий; применимый; способный; спокойный; выдержанный (о характере); равняться; быть равным; приравнивать; уравнивать; оказаться на (должной) высоте

equal to [ˈiːkw(ə)lˈtuː] адекватный

equality [ɪ(ː)ˈkwɔlɪtɪ] равенство; равность; одинаковость; паритет; равноправие

equalization [ˌiːkwəlaɪˈzeɪʃ(ə)n] уравнивание; уравнение; стабилизация; выравнивание; компенсация; приравнивание

equalize [ˈiːkwəlaɪz] уравнивать; выравнивать; делать равным; равнять; уравновешивать

equalizer [ˈiːkwəlaɪzə] выравниватель; уравнитель; компенсатор; корректор

equally [ˈiːkwəlɪ] равно; в равной степени; одинаково; поровну

equals sign [ˈiːkwəlzˈsaɪn] знак равенства

equanimity [ˌekwəˈnɪmɪtɪ] спокойствие; самообладание; хладнокровие

equate [ɪˈkweɪt] приравнивать; равнять; составлять уравнение; уравнивать; уравнять; приравнять

equation [ɪˈkweɪʃ(ə)n] выравнивание; стабилизация; уравнение

equator [ɪˈkweɪtə] экватор

equatorial [ˌekwəˈtɔːrɪəl] экваториальный

equestrian [ɪˈkwestrɪən] всадник; наездник; конный

equestrian sport [ɪˈkwestrɪənˈspɔːt] конный спорт

equestrianism [ɪkˈwestrɪənɪzəm] конный спорт

equestrienne [ˌkwestrɪˈen] всадница; наездница (в цирке)

equiangular [ˌiːkwɪˈæŋgjulə] равноугольный (мат.)

equiangulator [ˌiːkwɪˈæŋgjuleɪtə] астролябия

equilateral [ˈiːkwɪˈlætərəl] равносторонний

equilateral triangle [ˈiːkwɪˈlætərəlˈtraɪæŋgl] равносторонний треугольник

equilibrate [ˌiːkwɪˈlaɪbreɪt] уравновешивать(ся)

equilibration [ˌiːkwɪlaɪˈbreɪʃ(ə)n] балансирование; балансировка; уравновешивание; равновесие; сохранение равновесия

equilibrist [ɪ(ː)ˈkwɪlɪbrɪst] акробат; эквилибрист

equilibrium [ˌiːkwɪˈlɪbrɪəm] равновесие

equine [ˈekwaɪn] лошадь; конский; лошадиный

equinoctial [ˌiːkwɪˈnɔkʃ(ə)l] равноденственный; равноденственная линия; небесный экватор

equinoctial circle [ˌiːkwɪˈnɔkʃ(ə)lˈsəːkl] линия равноденствия

equinox [ˈiːkwɪnɔks] равноденствие

equip [ɪˈkwɪp] снаряжать; экипировать; оборудовать; давать (необходимые знания, образование и т.п)

equipage [ˈekwɪpɪʤ] экипаж; выезд; снаряжение; экипировка; свита; оснастка; такелаж; команда

equipment [ɪˈkwɪpmənt] оборудование; оснащение; арматура; оснастка; материальная часть (воен.); боевая техника; подвижной состав (ж.-д.)

equipment lease [ɪˈkwɪpməntˈliːs] долгосрочная аренда оборудования

equipoise [ˈekwɪpɔɪz] баланс; равновесие; устойчивость; противовес; уравновешивать; держать в равновесии

equipollent [ˌiːkwɪˈpɔlənt] равный по силе; равноценный

equiponderant [ˌiːkwɪˈpɔndərənt] равный по весу; не имеющий перевеса

equiponderate [ˌiːkwɪˈpɔndəreɪt] уравновешивать; служить противовесом

equitability [ˌekwɪtəˈbɪlɪtɪ] равномерность распределения

equitable [ˈekwɪtəbl] беспристрастный; непредубежденный; объективный; справедливый; регулируемый путем справедливости

equitable deposit [ˈekwɪtəblˈdɪˈpɔzɪt] отдача документов на хранение кредиторов в обеспечение уплаты долга

equitant [ˈekwɪtənt] объемлющий; вкладной

equitation [ˌekwɪˈteɪʃ(ə)n] верховая езда; искусство верховой езды

equity [ˈekwɪtɪ] справедливое требование; обыкновенная акция; справедливость; беспристрастие; беспристрастность; нелицеприятность

equity asset [ˈekwɪtɪˈæset] акционерная собственность

equity capital [ˈekwɪtɪˈkæpɪtl] собственный капитал

EQU — ERU

equivalence [ɪˈkwɪvələns] равноценность; равнозначность; равносильность; эквивалентность

equivalent [ɪˈkwɪvələnt] эквивалент; равноценный; равнозначащий; равносильный; эквивалентный

equivocacy [ɪˈkwɪvəksɪ] сомнительность; двусмысленность

equivocal [ɪˈkwɪvəkəl] неясный; неопределённый; двойственный; допускающий двоякое толкование; сомнительный; двусмысленный

equivocate [ɪˈkwɪvəkeɪt] говорить двусмысленно; увиливать; затемнять смысл; допускать двоякое толкование

equivocation [ɪˌkwɪvəˈkeɪʃ(ə)n] ложь; неправда; обман; приём; уловка; хитрость; лживость; лицемерие; фальшь; двузначность; неоднозначность; возможность двоякого толкования

equivoke [ˈekwɪvouk] двусмысленность; каламбур; неопределённость

era [ˈɪərə] эра; время; период; эпоха

eradiate [ɪˈreɪdɪeɪt] излучать; испускать; сиять

eradiation [ɪˌreɪdɪˈeɪʃ(ə)n] излучение

eradicate [ɪˈrædɪkeɪt] вырывать с корнем; искоренять; уничтожать

eradication [ɪˌrædɪˈkeɪʃ(ə)n] искоренение; уничтожение; вырывание с корнем

erase [ɪˈreɪz] стирать; соскабливать; подчищать; стирать; изглаживать; вычёркивать *(из памяти)*; удалять

eraser [ɪˈreɪzə] ластик; резинка

erasure [ɪˈreɪʒə] подчистка; соскабливание; подчищенное; *(стёртое)* место в тексте; уничтожение; стирание с лица земли

ere [ɛə] до; перед; прежде чем; скорее чем

erect [ɪˈrekt] прямой; прямостоящий; вертикальный; отвесный; поднятый; ощетинившийся; бодрый; лично; непосредственно; прямо; сооружать; устанавливать; поднимать; возводить; воздвигать; строить; выпрямлять; распрямлять; производить; создавать; творить; монтировать; собирать

erectile [ɪˈrektaɪl] способный выпрямляться; способный напрягаться *(физиол.)*

erection [ɪˈrekʃ(ə)n] выпрямление; распрямление; эрекция *(мед.)*; возведение; сооружение; строительство

erection shop [ɪˈrekʃ(ə)n|ʃəp] сборочный цех *(мор.)*

erector [ɪˈrektə] строитель; основатель; основоположник; родоначальник; монтажник; монтёр; сборщик

erelong [ˌɛəˈlɔŋ] вскоре; незадолго; скоро

eremic [ɪˈriːmɪk], [ˈerəmɪk] пустынный

eremite [ˈerɪmaɪt] отшельник; затворник; пустынник

eremitic(al) [ˌerɪˈmɪtɪk(əl)] затворнический; отшельнический

eremobic отшельнический; живущий в изоляции

erenow [ˌɛəˈnau] вначале; прежде; раньше; сначала

ergate [ˈəːgeɪt] муравей-рабочий

ergot [ˈəːgət] спорынья *(бот.)*

ericetum пустошь

eristic [eˈrɪstɪk] возбуждающий спор, дискуссию; спорщик; искусство полемики

ermine [ˈəːmɪn] горностай

erode [ɪˈroud] разъедать; разрушать; выветривать; размывать

erogenic [ˌerəˈdʒenɪk] эрогенный

erosion [ɪˈrouʒ(ə)n] эрозия; разъедание; разрушение

erostrate бесклювый *(биол.)*

erotic [ɪˈrɔtɪk] любовный; эротический; любовное стихотворение

err [əː] заблуждаться; ошибаться; грешить; блуждать

errand [ˈer(ə)nd] поручение; задание; командировка

errand-boy [ˈer(ə)ndbɔɪ] мальчик на посылках; рассыльный; курьер *(в конторе)*

errant [ˈer(ə)nt] странствующий; блуждающий *(о мыслях)*; заблудший; сбившийся с пути

errata slip [eˈrɑːtə|slɪp] список опечаток

erratic [ɪˈrætɪk] странный; неустойчивый; беспорядочный; рассеянный *(о мыслях, взглядах и т. п.)*; блуждающий

erratum [eˈrɑːtəm] опечатка

erring [ˈəːrɪŋ] грешный; заблудший

erroneous [ɪˈrounjəs] ложный; неверный; неправильный; ошибочный

erroneous belief [ɪˈrounjəs|bɪˈliːf] ошибочное убеждение

error [ˈerə] заблуждение; оплошность; ошибка; промах; грех; погрешность

error in judgement [ˈerə|ɪn|ˈdʒʌdʒmənt] ошибка в суждении

error of fact [ˈerə|əv|ˈfækt] ошибка в фактах

error rate [ˈerə|reɪt] коэффициент ошибок

ersatz [ˈɛəzæts] замена; заменитель; суррогат; эрзац

erst [əːst] вначале; некогда; прежде; сначала

erstwhile [ˈəːstwaɪl] былой; давний; прежний; старый; бывало; вначале; некогда; прежде; сначала

eructation [ˌiːrʌkˈteɪʃ(ə)n] отрыжка; извержение *(вулкана)*

erudite [ˈeru(ː)daɪt] эрудит; ученый; эрудированный; начитанный

erudition [ˌeru(ː)ˈdɪʃ(ə)n] эрудиция; ученость; знание; начитанность; образованность

erupt [ɪˈrʌpt] извергать(ся) (*о вулкане, гейзере*); прорываться; прорезываться (*о зубах*)

eruption [ɪˈrʌpʃ(ə)n] извержение; взрыв (*смеха, гнева*)

erythrocyte [ɪˈrɪθrəsaɪt] эритроцит (*мед.*)

escalate [ˈeskəleɪt] совершать (*постепенное*) восхождение; расширять; обострять (*конфликт и т. п.*); перерастать

escalating [ˈeskəleɪtɪŋ] возрастающий; поднимающийся; растущий

escalation [ˌeskəˈleɪʃ(ə)n] эскалация; увеличение масштабов; расширение; обострение (*конфликта и т. п.*)

escalator [ˈeskəleɪtə] эскалатор

escalope [ˈeskələp] очищенный от костей кусок мяса или рыбы

escapade [ˌeskəˈpeɪd] веселая, смелая проделка; шальная выходка; побег (*из заключения*)

escape [ɪsˈkeɪp] бегство; побег; уход от действительности; избавление; спасение; истечение; выделение (*крови*); утечка (*газа, пара*); выпуск (*газа, пара*); выпускное отверстие; запасной выход; одичавшее культурное растение; незаконное освобождение из-под стражи; просачивание; бежать; совершать побег; избежать (*опасности*); спастись; избавиться; отделаться; уходить; отключаться; отстраняться; замыкаться в себе; давать утечку; улетучиваться; ускользать; уйти невредимым; вырываться (*о стоне и т. п.*); просачиваться

to escape from punishment — избежать наказания

to escape responsibility — избежать ответственности

to escape unpunished — остаться безнаказанным

escape clause [ɪsˈkeɪp|klɔːz] пункт договора, освобождающий от ответственности

escape hatchway [ɪsˈkeɪp|ˈhætʃweɪ] аварийный люк

escape key [ɪsˈkeɪp|kiː] клавиша выхода (*компьют.*)

escapee [ˌɪskeɪˈpiː] беглец

escapement [ɪsˈkeɪpmənt] бегство; спуск; регулятор хода (*часов*); выпуск; выход

escapologist [ˌeskəˈpɔləʤɪst] цирковой артист, демонстрирующий умение освобождаться от цепей

escarp [ɪsˈkɑːp] крутая насыпь; откос; делать откос

escharotic [ˌeskəˈrɔtɪk] едкое средство; едкий

eschew [ɪsˈtʃuː] беречься; воздерживаться; избегать; остерегаться; сторониться

escort [ˈeskɔːt][ɪsˈkɔːt] проводник; провожатый; защита; конвой; охрана; прикрытие; сопровождение; свита; эскорт; конвоировать; сопровождать; эскортировать

esculent [ˈeskjulənt] съедобный; годный в пищу (*об овощах*); съедобное; съестное

escutcheon [ɪsˈkʌtʃ(ə)n] щит герба; орнаментальный щит (*архит.*); доска с названием судна

Eskimo [ˈeskɪmou] эскимос; эскимосский

Eskimo dog [ˈeskɪmou|dɔg] лайка

Eskimo pie [ˈeskɪmou|paɪ] эскимо (*мороженое*)

esophagus [ɪ(ː)ˈsɔfəgəs] пищевод

esoteric [ˌesouˈterɪk] тайный; известный или понятный лишь посвященным; посвященный

espada рыба-меч

espalier [ɪsˈpæljə] шпалеры; шпалерник (*в саду*)

especial [ɪsˈpeʃ(ə)l] особенный; особый; специальный

especially [ɪsˈpeʃ(ə)lɪ] особенно; сугубо; чрезвычайно

espial [ɪsˈpaɪ(ə)l] тайное наблюдение; выслеживание

espionage [ˌespɪəˈnɑːʒ] разведка; шпионаж

espionage activities [ˌespɪəˈnɑːʒ|ækˈtɪvɪtɪz] шпионаж

espousal [ɪsˈpauz(ə)l] участие; поддержка какого-либо дела; свадьба; обручение

espouse [ɪsˈpauz] вступать в брак

espy [ɪsˈpaɪ] заметить; завидеть издалека; неожиданно обнаружить (*недостаток и т. п.*)

esquamate бесчешуйный

esquire [ɪsˈkwaɪə] эсквайр

essay [ˈeseɪ] — *сущ.* [eˈseɪ] — *гл.* очерк; этюд; набросок; рассказ; эскиз; эссе; попытка; старание; стремление; испытание; опробование; опыт; проба; подвергать испытанию; пытаться

essayist [ˈeseɪɪst] очеркист; эссеист

essence [ˈesns] существо; сущность; субстанция; отличительный признак; существование; экстракт; эссенция; аромат; бензин

essence of contract [ˈesns|əv|ˈkɔntrækt] существенные условия договора

essential [ɪˈsenʃ(ə)l] ценный; сущность; существенная часть; существенное условие; предметы первой необходимости; реквизит; существенный; основной; незаменимый; составляющий сущность; неотъемлемый; необходимый; весьма важный

essentiality [ɪˌsenʃɪˈælɪtɪ] сущность; суть; существенность; существо

essentially [ɪˈsenʃ(ə)lɪ] по существу; существенным образом; существенно

essoin [eˈsɔɪn] уважительная причина неявки в суд (*юр.*)

establish [ɪsˈtæblɪʃ] основывать; установить *(факт)*; учреждать; возбуждать; устанавливать; доказывать; закладывать; основополагать; создавать; порождать; адаптироваться; укореняться; приниматься *(о росте)*

established [ɪsˈtæblɪʃt] учрежденный; установленный; устоявшийся; доказанный; адаптированный; установленный; широко известный; общепризнанный; заданный; принятый; укоренившийся; упрочившийся; акклиматизировавшийся; авторитетный; влиятельный; заслуживающий доверия

established order [ɪsˈtæblɪʃtˈɔːdə] установленный порядок

establishment [ɪsˈtæblɪʃmənt] основание; введение; создание; учреждение; доказывание; установление; заведение; ведомство; предприятие; штат *(служащих)*; дом; семья; хозяйство; государственная церковь; истэблишмент; совокупность основ и устоев; закон; постановление; правило; норма

estate [ɪsˈteɪt] сословие; имущество; собственность; вотчина; имение; поместье; усадьба; положение

estate at will [ɪsˈteɪt|ətˈwɪl] бессрочная аренда

estate car [ɪsˈteɪt|kaː] автомобиль с кузовом «универсал»

estate in coparcenary [ɪsˈteɪt|ɪn|ˈkouˈpɑːsɪn(ə)rɪ] совместное наследование

estate of decedent [ɪsˈteɪt|əv|dɪˈsiːdənt] наследство

esteem [ɪsˈtiːm] почтение; уважение; почитать; уважать; чтить; считать; рассматривать; давать оценку

esthesia [esˈθiːʒə] восприятие; ощущение; чувство

estimable [ˈestɪməbl] достойный уважения; ценный

estimate [ˈestɪmɪt] — *сущ.* [ˈestɪmeɪt] — *гл.* оценка; определение ценности; смета; наметка; калькуляция; вычисление; подсчет; определение стоимости; оценивать; давать оценку; составлять смету; подсчитывать приблизительно; прикидывать; находить оценку

estimate calculation [ˈestɪmɪt|ˌkælkjuˈleɪʃən] сметная калькуляция

estimate cost [ˈestɪmɪt|ˈkɔst] сметная стоимость

estimate for a job [ˈestɪmeɪt|fərə'dʒɔb] готовить смету

estimated [ˈestɪmeɪtɪd] предполагаемый; приблизительный

estimated amount [ˈestɪmeɪtɪd|əˈmaunt] расчетная величина

estimated capacity [ˈestɪmeɪtɪd|kəˈpæsɪtɪ] проектная мощность

estimation [ˌestɪˈmeɪʃ(ə)n] суждение; мнение; высказывание; оценка; предварительный расчет; предложение; пиетет; почтение; уважение; подсчет; вычисление; определение глазомером; прикидка

estimator [ˈestɪmeɪtə] оценщик

estovers [eˈstouvəz] алименты

estrange [ɪsˈtreɪndʒ] отдалять; отстранять; делать чуждым

estrangement [ɪsˈtreɪndʒmənt] отчужденность; отчуждение; охлаждение; холодок *(в отношениях)*; отдаление; отделение; отрыв; разрыв

estreat [ɪsˈtriːt] копия судебного документа; штрафовать; наказывать; налагать пеню

estrogen [ˈestrədʒən] эстроген

estrus [ˈestrəs] течка *(биол.)*

estuary [ˈestjuərɪ] эстуарий; дельта; устье реки; морской рукав

esurient [ɪˈsjuərɪənt] голодный; жадный

et cetera [ɪtˈsetrə] и так далее; и прочее; несущественные дополнения

etch [etʃ] гравировать; травить на металле; запечатлевать

etcher [ˈetʃə] гравер; офортист

etching [ˈetʃɪŋ] гравировка; гравюра; офорт; вытравливание; травление

eternal [ɪ(ː)ˈtəːnl] вечный; бесконечный; бессрочный; вековечный; извечный; неизменный; твердый; непреложный *(о принципах и т. п.)*; беспрерывный; постоянный

eternalize [ɪ(ː)ˈtəːnəlaɪz] увековечивать; делать вечным

eternity [ɪ(ː)ˈtəːnɪtɪ] бесконечность; вечность; вечные истины; загробный мир

Etesian [ɪˈtiːʒən] годичный; периодический

ethereal [ɪ(ː)ˈθɪərɪəl] легкий; эфирный; воздушный; бесплотный; неземной

ethereality [ɪ(ː)ˌθɪərɪˈælɪtɪ] воздушность; легкость

etherization [ˌiːθəraɪˈzeɪʃ(ə)n] применение эфирного наркоза; превращение в эфир

etherize [ˈiːθəraɪz] усыплять эфиром *(мед.)*; превращать в эфир *(мед.)*

ethic [ˈeθɪk] нравственный; этический; моральный; этичный

ethical [ˈeθɪk(ə)l] духовный; внутренний; душевный

ethical code [ˈeθɪk(ə)l|ˈkoud] кодекс этических норм

ethical person [ˈeθɪk(ə)l|ˈpəːsn] нравственный человек

ethics [ˈeθɪks] мораль; нравственность; этика

ethmoid [ˈeθmɔɪd] решетчатый

ethnic(al) [ˈeθnɪk(əl)] этнический; языческий; имеющий отношение к национальным меньшинствам

ethnics [ˈeθnɪks] расовое, национальное, культурное происхождение

ethnocentric [ˌeθnouˈsentrɪk] националистический; этноцентричный

ethnographic(al) [ˌeθnouˈgræfɪk, ˌeθnouˈgræfɪk(ə)l] этнографический

ethnography [eθˈnɔgrəfɪ] этнография

ethos [ˈiːθɔs] характер (греч.); преобладающая черта; повадки

ethyl alcohol [ˈeθɪlˈælkəhɔl] этиловый спирт

etiolate [ˈiːtɪouleɪt] выращивать растение в темноте (бот.); этиолировать; делать бледным; придавать болезненный вид

etiology [ˌiːtɪˈɔlədʒɪ] этиология

etiquette [ˈetɪket] этикет; профессиональная этика

Etruscan [ɪˈtrʌskən] этрусский; этруск; этрусский язык

eubolism нормальный обмен веществ (мед.)

eucalyptus [ˌjuːkəˈlɪptəs] эвкалипт (бот.)

Eucharist [ˈjuːkərɪst] евхаристия (церк.); причастие

eugamic способный к половой жизни

eulogist [ˈjuːlədʒɪst] панегирист

eulogistical [ˌjuːləˈdʒɪstɪk(ə)l] одобрительный; панегирический; похвальный; хвалебный

eulogize [ˈjuːlədʒaɪz] восхвалять; превозносить; прославлять; славословить; хвалить

eulogy [ˈjuːlədʒɪ] хвалебная речь; панегирик

euonymus [juː(ˈ)ɔnɪməs] бересклет

eupeptic [juːˈpeptɪk] легко переваривающий

euphonic(al) [juːˈfɔnɪk(əl)] благозвучный

euphonium [juːˈfounjəm] один из регистров органа

euphony [ˈjuːfənɪ] благозвучие

euphorbia молочай

euphoria [juː(ˈ)fɔːrɪə] эйфория; повышенно-радостное настроение

European dogwood [ˌjuː(ə)rəˈpɪən|ˈdɔgwud] калина (бот.)

euthyroidism нормальное функционирование щитовидной железы

evacuate [ɪˈvækjueɪt] эвакуировать; вывозить

evacuee [ˌvækjuː(ˈ)iː] эвакуированный; эвакуируемый

evade [ɪˈveɪd] избегать; уклоняться; ускользать; избегать; обходить (закон); не поддаваться (усилиям, определению и т. п.)

evador [ɪˈveɪdə] лицо, действующее в обход закона

evaluate [ɪˈvæljueɪt] оценивать; определять количество; вычислять; характеризоваться; вычислять; выражать; иметь значение

evaluation [ɪˌvæljuˈeɪʃ(ə)n] оценка; вычисление; определение ценности

evaluative [ɪˈvæljuətɪv] оценочный

evanesce [ˌiːvəˈnes] исчезать из виду; изглаживаться; стираться

evanescence [ˌiːvəˈnesns] исчезновение; уход

evanescent [ˌiːvəˈnesnt] мимолетный; быстро исчезающий

evangelic [ˌiːvænˈdʒelɪk] евангельский

evangelical [ˌiːvænˈdʒelɪk(ə)l] евангельский; евангелический; протестантский

evangelism [ɪˈvændʒəlɪzəm] проповедование Евангелия

evangelist [ɪˈvændʒɪlɪst] евангелист; странствующий проповедник; миссионер

evaporated [ɪˈvæpəreɪtɪd] сгущенный

evaporation [ɪˈvæpəreɪʃən] испарение

evaporation loss [ɪˈvæpəreɪʃən|ˈlɔs] потеря от испарения

evaporator [ɪˈvæpəreɪtə] испаритель; выпариватель

evasive action [ɪˈveɪsɪv|ˈækʃən] уклонение

eve [iːv] канун; преддверие; вечер

even [ˈiːv(ə)n] гладкий; ровный; равный; четный; на одном уровне; равномерный; одинаковый; тот же самый; сходный; однообразный; монотонный; уравновешенный; беспристрастный; справедливый; ровно; как раз; точно; даже; выравнивать (поверхность); сглаживать; равнять; ставить на одну доску; уравновешивать

even numbers [ˈiːv(ə)n|ˈnʌmbəz] четные числа

even pages [ˈiːv(ə)n|ˈpeɪdʒɪz] четные страницы

even-handed [ˈiːv(ə)nˈhændɪd] беспристрастный; нелицеприятный; объективный; справедливый

even-minded [ˈiːv(ə)nˈmaɪndɪd] спокойный; невозмутимый; уравновешенный

even-tempered [ˌiːvənˈtempərɪd] невозмутимый; спокойный; уравновешенный

even-toed [ˈiːv(ə)ntoud] парнокопытный

even-toed ungulate [ˈiːv(ə)ntoud|ˈʌŋgjuleɪt] парнокопытное животное

evening [ˈiːvnɪŋ] вечер; вечеринка; встреча; прием; вечерний

evenly [ˈiːv(ə)nlɪ] ровно; поровну; одинаково; равно; беспристрастно; объективно; справедливо; равномерно; спокойно; уравновешенно

event [ɪˈvent] событие; происшествие; случай; исход; результат; номер (в программе состязаний); соревнование по определенному виду спорта

eventful [ɪˈventful] полный событий; богатый событиями

eventide [ˈiːv(ə)ntaɪd] вечер; вечерняя пора
eventless [ɪˈventlɪs] бедный событиями
eventual [ɪˈventʃuəl] возможный; завершенный; конечный; окончательный
eventuality [ɪˌventjuˈælɪtɪ] возможный случай; возможность; случайность
eventually [ɪˈventʃəlɪ] в конечном счете; в конце концов
eventuate [ɪˈventjueɪt] кончаться; разрешаться *(чем-либо)*; являться результатом; возникать; случаться
ever [ˈevə] всегда; неизменно; когда-либо; как только
ever frost [ˈevəˌfrɔst] вечная мерзлота
ever-present [ˌevəˈpreznt] вездесущий; повсеместный
everglade [ˈevəɡleɪd] болотистая низменность, местами поросшая высокой травой
evergreen [ˈevəɡriːn] вечнозеленый; вечнозеленое растение
evergrowing [ˌevəˈɡrouɪŋ] постоянно, неуклонно растущий
everlasting [ˌevəˈlɑːstɪŋ] бесконечный; бессрочный; вечный; длительный; постоянный; докучливый; надоедливый; выносливый; прочный; стойкий; сохраняющий цвет и форму в засушенном виде *(о растениях)*; бесконечность; вечность
evermore [ˈevəˈmɔː] навеки; навсегда
evert [ɪˈvəːt] выворачивать наизнанку; наружу
evertebrate [ɪˈvəːtɪbrɪt] беспозвоночный
every [ˈevrɪ] каждый; все; всякий
every minute [ˈevrɪˈmɪnɪt] ежеминутно
every other month [ˈevrɪˌʌðəˈmʌnθ] каждый следующий месяц
every other week [ˈevrɪˌʌðəˈwiːk] каждую следующую неделю
every other year [ˈevrɪˌʌðəˈjəː] каждый последующий год
every second day [ˈevrɪˌsekəndˈdeɪ] каждый второй день
every second month [ˈevrɪˌsekəndˈmʌnθ] каждый второй месяц
every two months [ˈevrɪˌtuˈmʌnθs] каждые два месяца
every way [ˈevrɪˌweɪ] во всех направлениях; во всех отношениях
everybody [ˈevrɪbɔdɪ] всякий; каждый
everyday [ˈevrɪdeɪ] ежедневный; повседневный; каждодневный; обычный; суточный
everyday accounting [ˈevrɪdeɪəˈkauntɪŋ] ежедневный учет
Everyman [ˈevrɪmæn] обыкновенный, средний человек; обыватель
everything [ˈevrɪθɪŋ] все
everywhere [ˈevrɪweə] везде; всюду; повсюду
evict [ɪ(ː)ˈvɪkt] выселять; изгонять; ссылать; отнимать по суду *(землю и т. п.)*
eviction [ɪ(ː)ˈvɪkʃ(ə)n] выселение; изгнание
evidence [ˈevɪd(ə)ns] очевидность; доказательство; подтверждение; свидетель; основание; данные; признаки; улика *(юр.)*; свидетельское показание; служить доказательством; доказывать
evidence of guilt [ˈevɪd(ə)nsəvˈɡɪlt] улики
evidence of identification [ˈevɪd(ə)nsəvaɪˌdentɪfɪˈkeɪʃən] идентификация личности
evident [ˈevɪd(ə)nt] явный; очевидный; ясный; простой; несомненный; неприкрытый; откровенный; неопровержимый
evidential [ˌevɪˈdenʃ(ə)l] основанный на очевидности; веский; доказательный; убедительный
evidently [ˈevɪd(ə)ntlɪ] очевидно; несомненно
evil [ˈiːvl] зло; вред; убыток; ущерб; беда; бедствие; катастрофа; несчастье; грех; изъян; недостаток; порок; дурной; злой; зловещий; нехороший; плохой; вредный; нездоровый; пагубный; злостный; мошеннический; обманный; низкий; порочный
evil design [ˈiːvlˌdɪˈzaɪn] злой умысел
evil mind [ˈiːvlˌmaɪnd] злоумышленник
evil will [ˈiːvlˌwɪl] вражда; неприязнь; злая воля или умысел; недоброжелательность
evil-doer [ˈiːvlˌduː(ː)ə] злодей; злоумышленник; правонарушитель; преступник; грешник
evince [ɪˈvɪns] выказывать; изображать; представлять; проявлять; доказывать
evincible [ɪˈvɪnsəbl] доказуемый; наглядный; очевидный
evincive [ɪˈvɪnsɪv] доказывающий; веский; доказательный; убедительный
eviscerate [ɪˈvɪsəreɪt] потрошить; лишать содержания; выхолащивать
evocation [ˌiːvəˈkeɪʃn] воскрешение в памяти
evocative [ˈevoukətɪv] восстанавливающий в памяти
evoke [ɪˈvouk] вызывать *(воспоминание, восхищение и т. п.)*; истребовать *(дело)* из нижестоящего суда в вышестоящий *(юр.)*
evolution [ˌiːvəˈluːʃ(ə)n] эволюция; развертывание; развитие; выделение *(газа, теплоты и т. п.)*; извлечение корня *(мат.)*
evolutional [ˌiːvəˈluːʃənl] вторичный; эволюционный
evolutionary descent [ˌiːvəˈluːʃənərɪdɪˈsent] эволюционное происхождение
evolutionism [ˌiːvəˈluːʃənɪzm] теория эволюции
evolutive [ˈiːvəluːtɪv] способствующий развитию; находящийся в процессе развития

evolve [ɪ'vɔlv] эволюционировать; развиваться; развертываться; развивать *(теорию)*; выделять *(газы, теплоту)*; издавать *(запах)*

evulsion [ɪ'vʌlʃ(ə)n] насильственное извлечение; вырывание с корнем

ewe [juː] овца

ewer ['juː(ː)ə] кувшин; умывальник; эверс *(мор.)*

ex gratia ['eks'greɪʃə] добровольный

ex interest ['eks'ɪntrɪst] без процентов

ex libris [eks'laɪbrɪs] экслибрис

ex post facto law [eks'poust'fæktə'lɔː] закон, имеющий обратную силу

ex- [eks-] *приставка указывает на изъятие, исключение и т. п.;* из-; вне-; бывший; прежний; экс-

ex-inmate ['eks'ɪnmeɪt] бывший заключенный

ex-offender ['eksə'fendə] бывший преступник

ex-service ['eks'sɜːvɪs] демобилизованный; отставной

Ex. character string bug ['eks'kærɪktə'strɪŋ'bʌg] ошибка в цепочке символов

exacerbate [eks'æsə(ː)beɪt] обострять; осложнять; углублять; усиливать; возмущать; ожесточать; раздражать

exacerbation [eks,æsə(ː)'beɪʃ(ə)n] обострение; осложнение; усиление; ухудшение; недовольство; неудовлетворение; раздражение; пароксизм *(мед.)*; обострение *(болезни)*

exact [ɪg'zækt] точный; строгий *(о правилах, порядке)*; аккуратный; совершенно правильный; *(настоятельно)* требовать; домогаться; добиваться; взыскивать; вымогать *(взятку)*; взыскивать налоги; вызывать в суд

exacting [ɪg'zæktɪŋ] требовательный; придирчивый; разборчивый; суровый; напряженный; изнуряющий

exaction [ɪg'zækʃ(ə)n] требование; домогательство; вымогание; вымогательство; шантаж; поборы; взимание налогов; налог; вызов в суд

exactitude [ɪg'zæktɪtjuːd] точность; аккуратность; пунктуальность

exactly [ɪg'zæktlɪ] точно; как раз; именно; да; совершенно верно *(в ответе)*

exactness [ɪg'zæktnɪs] точность; аккуратность; пунктуальность

exactor [ɪg'zæktə] вымогатель; гангстер

exaggerate [ɪg'zæʤəreɪt] гиперболизировать; преувеличивать; утрировать; излишне подчеркивать

exaggerated [ɪg'zæʤəreɪtɪd] преувеличенный

exaggeratedly [ɪg'zæʤəreɪtɪdlɪ] преувеличенно; подчеркнуто

exaggeration [ɪg,zæʤə'reɪʃ(ə)n] гиперболизация; преувеличение; утрирование

exaggerative [ɪg'zæʤərətɪv] преувеличивающий; не соблюдающий чувства меры

exalt [ɪg'zɔːlt] возвышать; возносить; возвеличивать; прославлять; превозносить; восхвалять; славословить; хвалить; усиливать; сгущать *(краски и т. п.)*; поднимать настроение

exaltation [,egzɔːl'teɪʃ(ə)n] возвышение; повышение; возвеличение; вознесение; поднятие; восторг; экзальтация

exalted [ɪg'zɔːltɪd] возвышенный *(о чувстве, стиле и т. п.)*; благородный; достойный; авторитетный; влиятельный; высокопоставленный; экзальтированный

exam [ɪg'zæm] экзамен *(разг.)*

examination [ɪg,zæmɪ'neɪʃ(ə)n] осмотр; исследование; освидетельствование; экспертиза; экзамен; следствие; допрос; опрос; расследование; проверка; досмотр; обследование; изучение

examine [ɪg'zæmɪn] рассматривать; исследовать; выслушивать *(мед.)*; осматривать; экзаменовать; допрашивать *(воен., юр.)*; опрашивать; расследовать; проводить освидетельствование

examinee [ɪg,zæmɪ'niː] экзаменующийся

examiner [ɪg'zæmɪnə] экзаменатор; обследователь; наблюдатель; инспектор

example [ɪg'zɑːmpl] прецедент; образец; пример; примерное наказание; урок; модель; образец; экземпляр; аналог

exanimate [ɪg'zænɪmɪt] без признаков жизни; безжизненный; вялый

exasperate [ɪg'zɑːsp(ə)reɪt] сердить; раздражать; изводить; доводить до белого каления; усиливать *(боль, гнев и т. п.)*

exasperating [ɪg'zɑːsp(ə)reɪtɪŋ] раздражающий; изводящий; невыносимый; несносный

exasperation [ɪg,zɑːspə'reɪʃ(ə)n] раздражение; гнев; недовольство; неудовлетворение; озлобление; усиление; обострение *(боли, болезни и т. п.)*

excavate ['ekskəveɪt] копать; рыть; вынимать грунт; рыть котлован; выкапывать; откапывать; производить раскопки *(археол.)*

excavation [,ekskə'veɪʃ(ə)n] выкапывание; вырытая яма; выемка; выдалбливание

excavator ['ekskəveɪtə] драга; землечерпалка; экскаватор; землекоп

exceed [ɪk'siːd] превышать; превысить полномочия; преступать меру дозволенного; переходить границы; превосходить; гиперболизировать; преувеличивать; утрировать

exceeding [ɪk'siːdɪŋ] безмерный; необъятный; огромный; чрезмерный

exceedingly [ɪk'siːdɪŋlɪ] весьма; очень; сильно; чрезвычайно

excel [ɪk'sel] превосходить; выдаваться; выделяться

excellence ['eks(ə)ləns] господство; превосходство; преобладание

excellent ['eks(ə)lənt] превосходный; прекрасный

excellently ['eks(ə)ləntlɪ] примерно; отлично

except [ɪk'sept] изымать; исключать; элиминировать; возражать; заявлять отвод; исключая; кроме; за исключением; если не

exceptant [ɪk'septənt] лицо, заявляющее отвод

excepting [ɪk'septɪŋ] за исключением

exception [ɪk'sepʃ(ə)n] исключение; возражение; ответ; обида; изъятие; оговорка

exception clause [ɪk'sepʃ(ə)n|klɔ:z] условие об освобождении от ответственности

exceptionable [ɪk'sepʃnəbl] небезупречный; вызывающий возражения

exceptional [ɪk'sepʃənl] исключительный; необыкновенный; необычный; особый

exceptionally [ɪk'sepʃənlɪ] исключительно

exceptive [ɪk'septɪv] составляющий исключение; придирчивый

excerpt ['eksə:pt] — *сущ.* [ek'sə:pt] — *гл.* выдержка *(из текста)*; отрывок; фрагмент; *(отдельный)* оттиск; выбирать *(отрывки)*; делать выдержки; подбирать цитаты

excerption [ek'sə:pʃ(ə)n] выбор отрывка; подбор цитат; цитата; отрывок; выдержка; выписка

excess [ɪk'ses] избыток; излишек; превышение; излишнее количество; изобилие; эксцесс; крайность; неумеренность; дополнительный

excess baggage [ɪk'ses|bægɪdʒ] багаж выше нормы

excess earning [ɪk'ses|'ə:nɪŋ] сверхприбыль

excess moisture [ɪk'ses|'mɔɪstʃə] избыточная влажность

excess profit [ɪk'ses|'prɔfɪt] налог на сверхприбыль

excess weight [ɪk'ses|'weɪt] лишний вес

excessive [ɪk'sesɪv] непомерный; чрезвычайный; чрезмерный; превышающий

excessive bail [ɪk'sesɪv|'beɪl] чрезмерная сумма залога

excessive consumption [ɪk'sesɪv|kən'sʌmpʃən] перерасход

exchalant [eks'heɪlənt] выдыхаемый; выводной

exchange [ɪks'tʃeɪndʒ] обмен; бартер; замена; мена; размен денег; биржа; рынок; переводной вексель; иностранная валюта; операции с иностранной валютой; центральная телефонная станция; коммутатор; обменивать; разменивать *(деньги)*; меняться; менять

exchange clause [ɪks'tʃeɪndʒ|klɔ:z] валютная оговорка

exchange control [ɪks'tʃeɪndʒ|kən'troul] валютный контроль

exchange customs [ɪks'tʃeɪndʒ|'kʌstəms] биржевые правила

exchange of blows [ɪks'tʃeɪndʒ|əv|'blouz] обмен ударами; обмен уколами *(колкостями в адрес друг друга)*

exchange of experience [ɪks'tʃeɪndʒ|əv|ɪks'pɪərɪəns] обмен опытом

exchangeable [ɪks'tʃeɪndʒəbl] подлежащий обмену; годный для обмена; взаимозаменяемый; сменный

exchangeable disk [ɪks'tʃeɪndʒəbl|'dɪsk] съемный диск

exchequer [ɪks'tʃekə] казна; казначейство; ресурсы; финансы

excisable [ek'saɪzəbl] подлежащий обложению акцизом

excise [ek'saɪz] акциз; акцизный сбор; акцизное управление; взимать акцизный сбор; вырезать; отрезать; иссекать; удалять

excise duty [ek'saɪz|'dju:tɪ] акцизный сбор

excise tax [ek'saɪz|'tæks] акцизный налог

excision [ek'sɪʒən] вырезание; отрезание; выемка

excitability [ɪk,saɪtə'bɪlɪtɪ] возбудимость; возбуждаемость

excitation [,eksɪ'teɪʃ(ə)n] активизация; возбуждение; волнение

excitation purity [,eksɪ'teɪʃ(ə)n|'pjuərɪtɪ] чистота цвета

excitative [ek'saɪtətɪv] возбудительный; возбуждающий

excitator [ek'saɪtətə] раздражитель

excite [ɪk'saɪt] возбуждать; волновать; побуждать; стимулировать; вызывать *(ревность, ненависть)*; пробуждать *(интерес и т. п.)*

excitement [ɪk'saɪtmənt] возбуждение; волнение; тревога; душевное волнение; аффект

exciting [ɪk'saɪtɪŋ] волнующий; захватывающий

exciting cause [ɪk'saɪtɪŋ|kɔ:z] возбудитель болезни

excitometabolic усиливающий обмен веществ

excitomotory вызывающий двигательную активность

excitonutrient возбуждающий аппетит

exclaim [ɪks'kleɪm] восклицать

exclamation [,eksklə'meɪʃ(ə)n] восклицание

exclamation mark [,eksklə'meɪʃ(ə)n|ma:k] восклицательный знак

exclamatory [eks'klæmət(ə)rɪ] восклицательный; крикливый; шумливый

exclamatory sentence [eks'klæmət(ə)rɪ|'sentəns] восклицательное предложение

excludable [ɪks'klu:dəbl] подлежащий исключению

exclude [ıks'klu:d] исключать; изъять; не допускать; запрещать въезд; удалять; выдворять

excluded [ıks'klu:dıd] исключенный; запрещенный

exclusion [ıks'klu:ʒ(ə)n] исключение; недопущение; запрещение въезда; вытеснение; вылупление; удаление; выдворение

exclusionary [ıks'klu:ʒənrı] исключающий

exclusive [ıks'klu:sıv] исключительный; исключающий; необыкновенный; особый; единственный; единый; недоступный; с ограниченным доступом (о клубе и т. п.); отличный; первоклассный

exclusive agreement [ıks'klu:sıv|ə'gri:mənt] эксклюзивное соглашение

exclusive right [ıks'klu:sıv|'raıt] эксклюзивное право

exclusive usage mode [ıks'klu:sıv,ju:zıʤ'moud] монопольный режим

exclusively [ıks'klu:sıvlı] всецело; исключительно

excogitate [eks'kɔʤıteıt] выдумывать; придумывать; измышлять; изобретать

excogitation [eks,kɔʤı'teıʃ(ə)n] вымысел; домысел; измышление; ложь

excommunicate [,ekskə'mju:nıkeıt] отлучать от церкви; отлученный от церкви

excommunication ['ekskə,mju:nı'keıʃ(ə)n] отлучение от церкви

excoriate [eks'kɔ:rıeıt] содрать кожу; ссадить; подвергать суровой критике

excoriation [eks,kɔ:rı'eıʃ(ə)n] сдирание кожи; ссадина; суровая критика; разнос

excrements ['ekskrımənts] экскременты; выделения

excrescence [ıks'kresns] разрастание; нарост; шишка

excrete [ık'skri:t] выделять; извергать

excruciate [ıks'kru:ʃıeıt] истязать; мучить; терзать

excruciating [ıks'kru:ʃıeıtıŋ] мучительный

excruciation [ıks,kru:ʃı'eıʃ(ə)n] мучение; терзание; мука; пытка

exculpate ['ekskʌlpeıt] оправдывать; снимать вину; реабилитировать; находить оправдание

exculpation [,ekskʌl'peıʃən] реабилитация

exculpatory [eks'kʌlpət(ə)rı] оправдывающий; оправдательный; реабилитирующий

exculpatory evidence [eks'kʌlpət(ə)rı|'evıdəns] доказательство невиновности

excursion [ıks'kə:ʃ(ə)n] экскурсия; круиз; поездка; путешествие; экскурс

excursion steamer [ıks'kə:ʃ(ə)n|'sti:mə] прогулочный теплоход

excursionist [ıks'kə:ʃnıst] турист; экскурсант

excursive [eks'kə:sıv] отклоняющийся (от пути, курса); беспорядочный; бессистемный; случайный; изобилующий авторскими отступлениями (о стиле)

excursus [eks'kə:səs] отступление (от темы, от сути); экскурс; подробное обсуждение какой-либо детали или пункта в книге

excusable [ıks'kju:zəbl] извинительный; простительный

excusatory [ıks'kju:zət(ə)rı] извинительный; оправдательный; оправдывающий

excuse [ıks'kju:s] — сущ. [ıks'kju:z] — гл. извинение; оправдание; реабилитация; отговорка; повод; предлог; освобождение (от обязанности); извинять; прощать; освобождать (от работы, обязанности); оправдывать; служить оправданием, извинением

execrable ['eksıkrəbl] отвратительный; отталкивающий; плохой

execrate ['eksıkreıt] ненавидеть; питать отвращение; проклинать

execration [,eksı'kreıʃ(ə)n] проклятие; омерзение; отвращение; предмет отвращения

executant [ıg'zekjut(ə)nt] исполнитель; музыкант

execute ['eksıkju:t] выполнять; совершать; осуществлять; доводить до конца; исполнять; казнить; оформлять

executed ['eksıkju:tıd] исполненный; казненный; совершенный; осуществленный

execution [,eksı'kju:ʃ(ə)n] выполнение; исполнение; исполнительный лист; совершение; мастерство исполнения; смертная казнь; судебный приказ об исполнении решения; осуществление; составление (документа)

execution of order [,eksı'kju:ʃ(ə)n|əv|'ɔ:də] выполнение заказа

executioner [,eksı'kju:ʃnə] палач

executive [ıg'zekjutıv] исполнительный; исполнительная власть; исполнительный орган; глава исполнительной власти; диспетчер; правительство; управляющий; должностное лицо; руководитель; администратор (фирмы, компании); начальник штаба (части) (воен.); помощник командира; операционная система

executive action [ıg'zekjutıv|'ækʃən] акт исполнительной власти

executive authority [ıg'zekjutıv|ɔ:'θɔrıtı] исполнительная власть

executive board [ıg'zekjutıv|bɔ:d] исполнительный орган; исполнительный комитет

executive body [ıg'zekjutıv|'bɔdı] орган исполнительной власти

executive director [ɪgˈzekjutɪv|dɪˈrektə] директор-распорядитель; исполнительная ветвь власти; исполнительный директор

executive government [ɪgˈzekjutɪv|ˈgʌvnmənt] исполнительная власть

executive powers [ɪgˈzekjutɪv|ˈpauəz] исполнительные органы (власти)

executive secretary [ɪgˈzekjutɪv|ˈsekrətrɪ] ответственный секретарь; управляющий делами (в органах ООН)

executive system concurrency [ɪgˈzekjutɪv|ˈsɪstɪm|kənˈkʌrənsɪ] одновременность выполнения заданий операционной системой (компьют.)

executor [ɪgˈzekjutə] душеприказчик; судебный исполнитель; палач

executorial [ɪg,zekjuˈtɔːrɪəl] административный; исполнительный

executrix [ɪgˈzekjutrɪks] душеприказчица

exemplar [ɪgˈzemplə] образец; пример для подражания; вариант; разновидность; тип; копия; оттиск; экземпляр

exemplary [ɪgˈzemplərɪ] образцовый; примерный; достойный подражания; типичный; типовой; характерный; иллюстративный; карательный

exemplification [ɪg,zemplɪfɪˈkeɪʃ(ə)n] пояснение примером; иллюстрация; официально заверенная копия

exemplify [ɪgˈzemplɪfaɪ] приводить пример; служить примером; снимать и заверять копию

exempt [ɪgˈzempt] освобожденный; изъятый; свободный; освобождать; исключать; изымать; предоставлять (льготу)

exemption [ɪgˈzempʃ(ə)n] освобождение; изъятие; исключение; иммунитет; привилегия; предоставление льготы

exemption from payment of premium [ɪgˈzempʃ(ə)n|frəm|ˈpeɪmənt|əv|ˈpriːmjəm] освобождение от уплаты взносов

exequies [ˈeksɪkwɪz] похороны

exercise [ˈeksəsaɪz] упражнение; использование; выполнение; тренировка; физическая зарядка; моцион; осуществление; проявление; учение; занятие; боевая подготовка; празднества; торжества; ритуал; упражнять(ся); развивать; тренировать; проводить учение (воен.); обучаться; выполнять (обязанности); использовать; осуществлять (права); пользоваться (правами); проявлять (способности); выполнять

exercise bicycle [ˈeksəsaɪz|ˈbaɪsɪkl] учебный велосипед; детский велосипед

exergue [ekˈsɜːg] место для надписи и надпись (на оборотной стороне монеты, медали)

exert [ɪgˈzɜːt] напрягать (силы); оказывать давление; влиять

exertion [ɪgˈzɜːʃ(ə)n] напряжение; труд; усилие; использование (авторитета и т. п.); проявление (силы воли, терпения)

exfoliate [eksˈfoulɪeɪt] лупиться; сходить слоями; шелушиться; отслаиваться; расслаиваться

exfoliation [eks,foulɪˈeɪʃ(ə)n] шелушение; отслоение; расслоение; опадение листьев

exhalation [,ekshəˈleɪʃ(ə)n] выдыхание; выдох; испарение; парообразование; пар; туман

exhale [eksˈheɪl] выдыхать; испаряться; производить выдох; выделять (пар и т. п.); растаять в воздухе; исчезнуть как дым; давать выход (гневу и т. п.)

exhaust [ɪgˈzɔːst] выхлопная труба; выпуск; выхлоп; выпускной; выхлопной; истощать (человека, силы, запасы и т. п.); изнурять; использовать; истощать; исчерпывать; разрежать; выкачивать; высасывать; вытягивать (воздух); выпускать (пар); опустошать

exhaust gas [ɪgˈzɔːst|gæs] выхлопной газ

exhaust gas combustor [ɪgˈzɔːst|gæs|kəmˈbʌstə] камера сжигания выхлопных газов

exhaust pipe [ɪgˈzɔːst|ˈpaɪp] выхлопная труба

exhaust products discharge [ɪgˈzɔːst|ˌprɔdəkts|dɪsˈtʃɑːdʒ] выхлопное устройство

exhaust trail [ɪgˈzɔːst|ˈtreɪl] след выхлопных газов

exhaust tube [ɪgˈzɔːst|tjuːb] выхлопная труба

exhaust valve [ɪgˈzɔːst|vælv] выпускной клапан

exhausted [ɪgˈzɔːstɪd] истощенный; изнуренный; измученный; обессиленный; исчерпанный; иссякший; использованный; истощенный; неплодородный (о почве)

exhaustible [ɪgˈzɔːstəbl] истощимый; небезграничный

exhausting [ɪgˈzɔːstɪŋ] утомительный; изнурительный

exhaustion [ɪgˈzɔːstʃ(ə)n] изнеможение; истощение; вытягивание; высасывание; выпуск; выход; разрежение (воздуха); опустошение

exhaustive [ɪgˈzɔːstɪv] всесторонний; исчерпывающий; полный; истощающий

exhibit [ɪgˈzɪbɪt] экспонат; изображение; показ; экспонирование; выставка; приложение; проводить выставку; вещественное доказательство; показывать; изображать; представлять; проявлять; выставлять; экспонировать(ся) на выставке; представлять вещественное доказательство (юр.); обнаруживать; подавать

exhibition [,eksɪˈbɪʃ(ə)n] выставка; показ; изображение; проявление; повышенная или именная стипендия; публичный экзамен; представление; подача документов

exhibition need [ˌeksɪˈbɪʃ(ə)nˈniːd] потребность быть в центре внимания

exhibition stand [ˌeksɪˈbɪʃ(ə)nˈstænd] выставочный стенд

exhibitioner [ˌeksɪˈbɪʃnə] стипендиат

exhibitionism [ˌeksɪˈbɪʃnɪzəm] эксгибиционизм

exhibitor [ɪgˈzɪbɪtə] экспонент; предъявитель; участник выставки

exhilarate [ɪgˈzɪləreɪt] развеселить; оживлять; подбодрять

exhilarated [ɪgˈzɪləreɪtɪd] веселый; оживленный

exhilarating [ɪgˈzɪləreɪtɪŋ] веселый; возбужденный; оживленный

exhilaration [ɪgˌzɪləˈreɪʃ(ə)n] веселость; радостное настроение; приятное возбуждение; то, что вызывает хорошее, радостное настроение, способствует хорошему расположению духа

exhort [ɪgˈzɔːt] увещевать; убеждать; призывать кого-либо сделать что-либо; заклинать; отводить; предотвращать; предупреждать; поддерживать; защищать *(реформу и т. п.)*

exhortation [ˌegzɔːˈteɪʃ(ə)n] призыв; увещевание; назидание; наставление; проповедь; предостережение; предуведомление; предупреждение; опора; поддержка

exhortative [ɪgˈzɔːtətɪv] нравоучительный; увещевательный

exigence [ˈeksɪʤ(ə)ns] острая необходимость; крайность

exigency [ˈeksɪʤ(ə)nsɪ] острая необходимость; крайность; требование; предписание

exigent [ˈeksɪʤ(ə)nt] повестка о вызове в суд; не терпящий отлагательств; срочный; разборчивый; требовательный

exigent condition [ˈeksɪʤentˌkʌnˈdɪʃn] аварийная ситуация

exigible [ˈeksɪʤɪbl] подлежащий взысканию; могущий быть потребованным

exiguity [ˌeksɪˈgju(ː)ɪtɪ] незначительность; несерьезность; ничтожность; скудость

exiguous [egˈzɪgjuəs] малый; незначительный; скудный

exile [ˈeksaɪl] изгнание; ссылка; изгнанник; изгой; отверженный; ссыльный; изгонять; ссылать; высылать

exility [egˈzɪlɪtɪ] тонкость; изящество; утонченность

exist [ɪgˈzɪst] существовать; жить; быть; иметься; находиться; влачить жалкое существование

existence [ɪgˈzɪst(ə)ns] существование; бытие; жизнь; наличие; все существующее; существо

existent [ɪgˈzɪst(ə)nt] существующий; происходящий; наличный

existential [ˌegzɪsˈtenʃl] относящийся к существованию, реальности; экзистенциальный; жизненный; наличный; существующий

existentialism [ˌegzɪsˈtenʃəlɪzm] экзистенциализм

existentialist [ˌegzɪsˈtenʃəlɪst] экзистенциалист

exit [ˈeksɪt] выход; уход *(актера со сцены)*; исчезновение; смерть

exit visa [ˈeksɪtˈviːzə] выездная виза

exiting language [ˈeksɪtɪŋˈlæŋgwɪʤ] действующая формулировка

exocrine gland [ˈeksəkr(a)ɪnˌglænd] железа с наружной секрецией

exodus [ˈeksədəs] массовый отъезд *(об эмигрантах)*; исход евреев из Египта *(библ.)*; Исход *(2-я книга Ветхого завета) (библ.)*

exogamy [ekˈsɔgəmɪ] экзогамия

exonerate [ɪgˈzɔnəreɪt] снять бремя *(вины, долга)*; реабилитировать; восстанавливать в правах; освободить от ответственности

exoneration [ɪgˌzɔnəˈreɪʃ(ə)n] оправдание; реабилитация; восстановление в правах; освобождение от ответственности

exonerative [ɪgˈzɔnərətɪv] снимающий бремя *(вины)*

exophthalmos [ˌeksɔfˈθælməs] пучеглазие *(мед.)*

exorbitance [ɪgˈzɔːbɪt(ə)ns] непомерность; чрезмерность; излишнее количество; избыток

exorbitant [ɪgˈzɔːbɪt(ə)nt] безмерный; непомерный; чрезвычайный; чрезмерный

exorcism [ˈeksɔːsɪzm] заклинание; изгнание нечистой силы

exorcize [ˈeksɔːsaɪz] заклинать; изгонять злых духов

exordial [ekˈsɔːdjəl] вводный; вступительный; начальный

exoteric [ˌeksouˈterɪk] общедоступный; понятный непосвященным

exotic [ɪgˈzɔtɪk] экзотический; иноземный; необычный; экзотическое растение; иностранное слово *(в языке)*

exotica [ɪgˈzɔtɪkə] экзотика

exoticism [ɪgˈzɔtɪsɪzəm] экзотичность

expand [ɪksˈpænd] расширять*(ся)*; увеличивать*(ся)* в объеме; растягивать*(ся)*; расправлять *(крылья)*; раскидывать *(ветви)*; развивать*(ся)*; излагать подробно; распространяться; распускаться *(бот.)*; расцветать; раскрывать *(формулу) (мат.)*; становиться более общительным; откровенным

expandable [ɪksˈpændəbl] разложимый

expanded type [ɪksˈpændɪdˌtaɪp] широкий шрифт

expanse [ɪksˈpæns] *(широкое)* пространство; протяжение; продолжение; распространение; расширение; экспансия

expansibility [ɪksˌpænsəˈbɪlɪtɪ] растяжимость

expansible [ıks'pænsəbl] безразмерный; растяжимый; эластичный

expansion [ıks'pænʃ(ə)n] расширение; растяжение; продолжение; распространение; рост; экспансия; пространство; протяжение; удлинение; развальцовка; раскатка

expansion line [ıks'pænʃ(ə)n‖laın] расширительная линия

expansive [ıks'pænsıv] способный расширяться; расширительный; громадный; обширный; экспансивный; откровенный; открытый (о характере)

expatiate [eks'peıʃıeıt] распространяться; разглагольствовать (на какую-либо тему)

expatriate [eks'pætrıeıt] экспатриант; эмигрант; беженец; изгнанник; изгой; изгонять из отечества; экспатриировать

expatriation [eks,pætrı'eıʃ(ə)n] изгнание из отечества; экспатриация; эмиграция

expect [ıks'pekt] ждать; ожидать; рассчитывать; надеяться; думать; полагать; предполагать

expectance [ıks'pekt(ə)ns] ожидание; предвкушение; надежда; упование; вероятность; возможность

expectancy [ıks'pekt(ə)nsı] ожидание; предвкушение; надежда; упование; вероятность; возможность; отсроченность использования; ожидание получения наследства

expectant [ıks'pekt(ə)nt] кандидат; кандидатура; претендент; соискатель; ожидающий; выжидательный; рассчитывающий (на получение чего-либо); беременная; ожидаемый

expectant mother [ıks'pekt(ə)nt'mʌðə] беременная женщина

expectation [,ekspek'teıʃ(ə)n] ожидание; предвкушение; виды на будущее, на наследство; вероятность; возможность

expediency [ıks'pi:djənsı] целесообразность; выгодность

expedient [ıks'pi:djənt] подходящий; надлежащий; целесообразный; соответствующий; средство для достижения цели; прием; уловка

expedite ['ekspıdaıt] быстрый; скорый; легкий; незатрудненный; необремененный; удобный; ускорять; быстро выполнять; устранять препятствия; облегчать; упрощать; быстро отправлять

expediter ['ekspıdaıtə] диспетчер; агент, которому поручено продвижение выполнения заказов и т. п.; толкач (техн.)

expedition [,ekspı'dıʃ(ə)n] экспедиция; быстрота; поспешность; скорость; стремительность

to organize an expedition — организовать экспедицию

expeditionary [,ekspı'dıʃ(ə)nərı] экспедиционный

expeditious [,ekspı'dıʃəs] быстрый; проворный; скорый; стремительный

expel [ıks'pel] выгонять; исключать; удалять; выбрасывать; выталкивать; изгонять; высылать (из страны)

expellee [,ıkspe'li:] лицо, высланное из страны; изгнанник; изгой; отверженный

expend [ıks'pend] тратить; расходовать

expendable [ıks'pendəbl] потребляемый; расходуемый; безвозвратный; невозвратимый; невозвратный; одноразового применения

expenditure [ıks'pendıtʃə] затрата; расход; расходы; трата; потребление

expenditure account [ıks'pendıtʃə|ə'kaunt] учет расходов

expense [ıks'pens] издержка; расход; трата; статья расхода; цена

expenses [ıks'pensız] издержки; расходы

expenses of litigation [ıks'pensız|əv|,lıtı'geıʃən] судебные издержки

experience [ıks'pıərıəns] (жизненный) опыт; переживание; случай; событие; (по)знания; стаж; опыт работы; квалификация; мастерство

experienced [ıks'pıərıənst] знающий; опытный

experiment [ıks'perımənt] — *сущ.* [ıks'perıment] — *гл.* опыт; проба; эксперимент; производить опыты; экспериментировать

experimental [eks,perı'mentl] экспериментальный; основанный на опыте; опытный; предварительный; пробный; подопытный

experimental check [eks,perı'mentl|'tʃek] экспериментальная проверка; проверка на опыте

experimentation [eks,perımen'teıʃ(ə)n] экспериментирование

expert ['ekspə:t] знаток; эксперт; мастер; специалист; умелец; опытный; искусный; квалифицированный

expert advice ['ekspə:t|əd'vaıs] экспертиза

expert examination ['ekspə:t|ıg,zæmı'neıʃən] экспертиза

expert witness ['ekspə:t|'wıtnıs] свидетель-эксперт

expertise [,ekspə:'ti:z] компетенция; знание дела; экспертиза; деловой опыт

expiate ['ekspıeıt] искупать (вину); заглаживать (оплошность)

expiation [,ekspı'eıʃ(ə)n] искупление; заглаживание

expiatory ['ekspıətərı] искупительный

expirate [eks'paəreıt] выдыхаемый воздух

expiration [,ekspaı(ə)'reıʃ(ə)n] выдыхание; выдох; окончание; истечение (срока)

expiratory [ıks'paıərət(ə)rı] выдыхательный; экспираторный; выдыхательный

expire [ıks'paıə] выдыхать; кончаться; истекать *(о сроке)*; терять силу *(о законе и т. п.)*; умирать; гибнуть; погибать; угасать; прекращаться с истечением срока

expiry [ıks'paıərı] окончание; истечение срока; прекращение действия с истечением срока

expiry date [ıks'paıərı|'deıt] срок действия

explain [ıks'pleın] объяснять; толковать *(значение)*; оправдывать; объяснять *(поведение)*
 to explain satisfactorily — толково объяснять

explainable [ıks'pleınəbl] объяснимый; поддающийся толкованию

explanation [ˌeksplə'neıʃ(ə)n] объяснение; пояснение; разъяснение; истолкование; трактовка; оправдание; реабилитация

explanatory [ıks'plænət(ə)rı] объяснительный; толковый *(о словаре)*

explanatory note [ıks'plænət(ə)rı|'nout] пояснительная записка

expletive [eks'pli:tıv] служащий для заполнения пустого места; вставной; дополнительный; бранный; вставное слово; присловье или бранное выражение

explicable ['eksplıkəbl] легкий; объяснимый

explicate ['eksplıkeıt] объяснять; развивать *(идею)*; излагать *(план)*

explication [ˌeksplı'keıʃ(ə)n] объяснение; пояснение; разъяснение; толкование; развертывание *(лепестков)*; экспликация *(театр.)*; план постановки *(пьесы)*

explicative [eks'plıkətıv] объяснительный; пояснительный

explicit [ıks'plısıt] явный; подробный; подробно разработанный; точный; ясный; явно заданный; положительно выраженный

explicit warrant [ıks'plısıt|'wɔrənt] официальный приказ

explicity [ıks'plısıtı] ясно; в прямой форме; положительным образом

explode [ıks'ploud] взрывать*(ся)*; разбивать; подрывать *(теорию и т. п.)*; разражаться *(гневом и т. п.)*; распускаться *(о цветах)*

exploded [ıks'ploudıd] взорванный; разорванный

exploded view [ıks'ploudıd|vju:] изображение по частям

exploder [ıks'ploudə] запал; взрыватель; детонатор

exploit ['eksplɔıt] — *сущ.* [ıks'plɔıt] — *гл.* деяние; подвиг; поступок; обслуживать; эксплуатировать; разрабатывать *(копи)*; использовать

exploitation [ˌeksplɔı'teıʃ(ə)n] эксплуатационный; эксплуатирование; эксплуатация

exploitative [ıks'plɔıtətıv] эксплуататорский

exploiter [ıks'plɔıtə] эксплуататор

exploration [ˌeksplɔ:'reıʃ(ə)n] изучение; исследование; поиски; дальняя разведка *(воен.)*; зондирование

exploratory [eks'plɔ:rət(ə)rı] исследующий; исследовательский

explore [ıks'plɔ:] исследовать; обследовать; изучать; искать; рассматривать; выяснять; обнаруживать; разведывать; узнавать; зондировать

explorer [ıks'plɔ:rə] исследователь; геологоразведчик

explosion [ıks'plouʒ(ə)n] взрыв; вспышка *(гнева и т. п.)*; детонационный

explosion engine [ıks'plouʒ(ə)n|'enʤın] двигатель внутреннего сгорания

explosionproof [ıks'plouʒ(ə)npru:f] взрывостойкий

explosive [ıks'plousıv] взрывчатый; вспыльчивый; несдержанный; взрывной *(фон.)*; взрывчатое вещество

explosive compound [ıks'plousıv|'kɔmpaund] взрывчатая смесь

explotable [ıks'plɔıtəbl] используемый; эксплуатируемый

exponent [eks'pounənt] истолкователь; представитель *(теории, направления и т. п.)*; исполнитель *(музыкального произведения и т. п.)*; образец; тип; экспонент; лицо или организация, принимающие участие в выставке; объяснительный; пояснительный; порядок; степень; показатель степени

export ['ekspɔ:t] — *сущ., прил.* [eks'pɔ:t] — *гл.* вывоз; экспорт; экспортирование; предмет вывоза; общее количество; общая сумма вывоза; вывозной; экспортный; экспортировать; вывозить *(товары)*

export duty ['ekspɔ:t|dju:tı] экспортная пошлина; вывозная пошлина

export licence ['ekspɔ:t|'laısəns] экспортная лицензия

export quota ['ekspɔ:t|'kwoutə] экспортная квота

exportable [ıks'pɔ:təbl] экспортируемый

exportation [ˌekspɔ:'teıʃ(ə)n] вывоз; экспорт; экспортирование

exporter [eks'pɔ:tə] экспортер

expose [ıks'pouz] выставлять; подвергать действию *(солнца, ветра и т. п.)*; оставлять незащищенным; подвергать воздействию; выдерживать; бросать на произвол судьбы; выставлять *(напоказ, на продажу)*; раскрывать *(секрет)*; разоблачать
 to expose to danger — подвергать опасности
 to expose to radiation — подвергать излучению

exposé [eks'pouzeı] публичное разоблачение

exposed [ɪks'pouzd] засвеченный; обнаженный; обнаруженный; раскрытый; открытый; незащищенный

exposition [ˌekspou'zɪʃ(ə)n] описание; изложение; изображение; толкование; выставка; показ; экспозиция; положение; расположение; подвергание воздействию

expositive [eks'pɔzɪtɪv] описательный; наглядный; объяснительный

expositor [eks'pɔzɪtə] толкователь; комментатор

expository [eks'pɔzɪt(ə)rɪ] объяснительный; пояснительный

expostulate [ɪks'pɔstjuleɪt] дружески пенять; увещевать *(кого-либо в чем-либо)*; дискутировать; обсуждать; спорить; протестовать; противиться; противоборствовать

expostulation [ɪks,pɔstju'leɪʃ(ə)n] увещевание; попытка разубедить

exposure [ɪks'pouʒə] выставление *(на солнце, под дождь и т. п.)*; подвергание *(риску, внешним факторам)*; оставление *(ребенка)* на произвол судьбы; разоблачение; раздевание; обнажение; выставка *(товаров)*; вид; местоположение; выдержка; облучение; экспозиция

to die of exposure — умереть будучи оставленным на произвол судьбы

exposure length [ɪks'pouʒə|leŋθ] выдержка

expound [ɪks'paund] излагать; объяснять; пояснять; разъяснять; толковать

express [ɪks'pres] экспресс *(ж.-д.)*; срочное *(почтовое)* отправление; пересылка *(денег, багажа, товаров)* с нарочным или через посредство транспортной конторы; частная транспортная контора; определенный; точно выраженный; прямо оговоренный; нарочитый; особый; специальный; частный; срочный; курьерский; спешно; очень быстро; с нарочным; выражать *(прямо, ясно)*; выжимать; отправлять срочной почтой или с нарочным *(письмо, посылку)*; отправлять через посредство транспортной конторы *(багаж и т. п.)*; ехать экспрессом; выражать; прямо устанавливать

to express dismay — выражать испуг

express delivery [ɪks'pres|dɪ'lɪvərɪ] срочная доставка

express desire [ɪks'pres|dɪ'zaɪə] настойчивое желание; настоятельная просьба

express elevator [ɪks'pres|'elɪveɪtə] скоростной лифт

express laboratory [ɪks'pres|lə'bɔrət(ə)rɪ] экспресс-лаборатория

express road [ɪks'pres|roud] скоростная автодорога

express telegram [ɪks'pres|'telɪgræm] телеграмма-молния

express way [ɪks'pres|'weɪ] автострада; автомагистраль со сквозным движением

expressible [ɪks'presəbl] выразимый

expression [ɪks'preʃ(ə)n] выражение *(лица, глаз и т. п.)*; оборот речи; выразительность; экспрессия; выжимание *(сока, масла и т. п.)*; выдавливание; отжимание; термин; формулировка

expressionist [ɪks'preʃənɪst] экспрессионист

expressive [ɪks'presɪv] выразительный; многозначительный; выражающий

expressly [ɪks'preslɪ] нарочито; специально; точно; ясно; положительным образом; словесно; в прямой форме

expropriate [eks'prouprɪeɪt] экспроприировать; лишать; отбирать; отнимать; отчуждать; отказываться от прав

expropriation [eks,prouprɪ'eɪʃ(ə)n] отчуждение; экспроприация; конфискация имущества; отказ от прав

expulsion [ɪks'pʌlʃ(ə)n] изгнание; исключение *(из школы, клуба)*; выталкивание; выдавливание; выселение; высылка; выхлоп; выпуск; продувка; выстреливание; удаление

expulsive [ɪks'pʌlsɪv] изгоняющий

expunge [eks'pʌndʒ] вычеркивать *(из списка)*; исключать *(из текста)*; стирать; подчищать

expurgate ['ekspə:geɪt] вычеркивать нежелательные места *(в книге)*

expurgation [ˌekspə:'geɪʃ(ə)n] вычеркивание *(нежелательных мест в книге)*

exquisite ['ekskwɪzɪt] денди; фат; щеголь; изысканный; изящный; тонкий; утонченный; законченный; полный; совершенный; острый *(об ощущении)*

exsanguination [ɪk,sæŋgwɪ'neɪʃən] обескровливание

exscind [ek'sɪnd] вырезать; отсекать

exsect [ek'sekt] иссекать

exsiccant ['eksɪkənt] высушивающий; высыхающий

exsiccate ['eksɪkeɪt] высушивать; сушить; иссыхать

exsiccation [ˌeksɪ'keɪʃ(ə)n] высушивание

exsufflation [ˌekssʌf'leɪʃən] отсасывание воздуха

extant [eks'tænt] сохранившийся; существующий в настоящее время; наличный

extemporaneous [eks,tempə'reɪnjəs] импровизированный; неподготовленный; случайный; незапланированный; спонтанный

extempore [eks'tempərɪ] импровизированный; неподготовленный; без подготовки; экспромтом

extemporize [ɪks'tempəraɪz] импровизировать

extend [ɪks'tend] простирать(ся); тянуть(ся); протягивать; вытягивать; натягивать *(проволоку* *между столбами и т. п.)*; распространяться; продлевать; пролонгировать; расширять *(дом и т. п.)*; продолжать *(дорогу и т. п.)*; удлинять; продлить; оттянуть *(срок)*; распространять *(влияние)*; оказывать *(покровительство, внимание)*; увеличивать выход продукта добавками, примесями *(обычно ухудшающими качество)*; исполнять судебный приказ о производстве денежного взыскания в пользу государства; распрямлять; разгибать;

extendable [ıks'tendəbl] безразмерный; растяжимый; эластичный

extended [ıks'tendıd] протянутый; длительный; обширный; продолженный; обширный; пространный; протяженный; распространенный *(грам.)*

extended credit [ıks'tendıd|'kredıt] долгосрочный кредит

extended-term arrangement [ıks'tendıdtə:m|ə'reındʒmənt] соглашение о продлении срока

extender card [ıks'tendə|ka:d] расширительная плата

extensibility [ıks,tensə'bılıtı] растяжимость

extensible [ıks'tensəbl] безразмерный; растяжимый; эластичный

extensile [eks'tensaıl] безразмерный; растяжимый; эластичный

extension [ıks'tenʃ(ə)n] пролонгация; вытягивание; протяжение; протяженность; расширение; распространение; удлинение; продолжение; развитие; отсрочка; продление; ветка *(ж.-д.)*; выпрямление *(мед.)*; вытяжение; наставка *(техн.)*; удлинитель; внутренний телефон; отводная трубка; добавочный номер *(в коммутаторе)*; размыкание *(строя) (воен.)*; растяжение *(анат.)*; предоставление *(кредита)*

extension ladder [ıks'tenʃ(ə)n|'lædə] раздвижная лестница

extensive [ıks'tensıv] громадный; крупный; обширный; пространный; далеко идущий; экстенсивный *(с.-х.)*

extensively [ıks'tensıvlı] широко; пространно; во все стороны

extent [ıks'tent] пределы; степень; простирание; протяжение; протяженность; распространение; размер; объем; ширь; мера

extenuate [eks'tenjueıt] облегчать; ослаблять; уменьшать; стараться найти извинение; смягчать *(вину)*; служить оправданием, извинением; доход недвижимости

extenuation [eks,tenju'eıʃ(ə)n] изнурение; истощение; ослабление; понижение; спад; извинение; частичное оправдание; смягчающее обстоятельство

extenuatory [eks'tenjuət(ə)rı] смягчающий *(вину)*; ослабляющий *(боль)*

exterior [eks'tıərıə] внешность; экстерьер; наружность; внешняя, наружная сторона; открытый пейзаж *(живоп.)*; съемка на натуре; внешний; наружный; поверхностный; внешний; заграничный; зарубежный; иностранный; посторонний

exterior angle [eks'tıərıə|'æŋgl] внешний угол

exterior mirror [eks'tıərıə|'mırə] наружное зеркало

exterior territorial waters [eks'tıərıə|,terı'tɔ:rıəl|'wɔ:təz] внешние территориальные воды

exteriority [eks,tıərı'ɔrıtı] внешняя сторона; положение вне чего-либо

exterminate [ıks'tə:mıneıt] искоренять; аннулировать; истреблять; ликвидировать

extermination [ıks,tə:mı'neıʃ(ə)n] уничтожение; истребление; искоренение; подавление

exterminator [ıks'tə:mıneıtə] искоренитель; истребитель; истребляющее средство

exterminatory [ıks'tə:mınət(ə)rı] истребительный; истребляющий

external [eks'tə:nl] внешний; наружный; поверхностный; находящийся, лежащий вне, за пределами чего-либо; *(чисто)* внешний; несущественный; иностранный; внешний *(о политике, торговле)*; внешность; вид; облик; внешнее; несущественное; показное; внешние обстоятельства

external account [eks'tə:nl|ə'kaunt] платежный баланс

external adviser [eks'tə:nl|əd'vaızə] приглашенный консультант

external auditor [eks'tə:nl|'ɔ:dıtə] внешний аудитор

external borrowings [eks'tə:nl|'bɔrouıŋz] внешние займы

external declaration [eks'tə:nl|,deklə'reıʃən] внешнее описание

external environment [eks'tə:nl|ın'vaıərənmənt] внешняя среда

external loan [eks'tə:nl|'loun] иностранный заем

extesticulate кастрировать

extinct [ıks'tıŋkt] потухший; исчезнувший; прекратившийся; угасший *(о чувствах, жизни и т. п.)*; вымерший; не имеющий продолжателя рода, наследника *(дворянского титула и т. п.)*; вышедший из употребления *(о слове, обычае и т. п.)*

extinction [ıks'tıŋkʃ(ə)n] тушение; потухание; угасание; исчезновение; погашение; гашение *(извести)*; вымирание *(рода)*; прекращение *(вражды)*; аннулирование; уничтожение

extinguish [ıks'tıŋgwıʃ] гасить; запрещать; подавлять; тушить; заслонять; затмевать; превосходить; уничтожать; тормозить

extinguisher [ıks'tıŋgwıʃə] огнетушитель

extirpate ['ekstə:peɪt] искоренять; вырывать с корнем; истреблять; удалять (мед.)
extirpation [,ekstə:'peɪʃ(ə)n] искоренение; истребление; удаление (мед.); вылущение
extol [ɪks'toul] восхвалять; превозносить; хвалить
extort [ɪks'tɔ:t] вымогать (деньги); выпытывать (тайну и т. п.); совершить вымогательство
extorted [ɪks'tɔ:tɪd] потерпевший от вымогательства; добытый вымогательством
extorter [ɪks'tɔ:tə] вымогатель
extortion [ɪks'tɔ:ʃ(ə)n] вымогание; вымогательство; шантаж; назначение грабительских цен
extortionate [ɪks'tɔ:ʃnɪt] вымогательский; грабительский (о ценах)
extortioner [ɪks'tɔ:ʃnə] вымогатель; гангстер; грабитель
extortive [ɪk'stɔ:tɪv] вымогательский
extra ['ekstrə] что-либо дополнительное; сверх программы; приплата; высший сорт; экстренный выпуск (газеты); статист (в театре, кино); накладные расходы; вспомогательный; добавочный; дополнительный; добавочный; излишний; лишний; остающийся; высшего качества; дополнительно; особенно; особо; отдельно
extra costs ['ekstrə'kɔsts] дополнительные расходы
extra earning ['ekstrə'ə:nɪŋ] приработка
extra job ['ekstrə'dʒɔb] дополнительная работа
extra money ['ekstrə'mʌnɪ] дополнительные деньги
extra nutrition ['ekstrə|nju(:)'trɪʃən] подкормка
extra tax ['ekstrə'tæks] дополнительный налог
extra time ['ekstrə'taɪm] дополнительное время (спорт.); сверхурочное время
extra- ['ekstrə-] (приставка) вне-; особо-; сверх-; экстра-
extra-constitutional ['ekstrə,kɔnstɪ'tju:ʃənl] внеконституционный
extra-contractual ['ekstrəkən'træktʃuəl] внедоговорный
extra-mundane ['ekstrə'mʌndeɪn] потусторонний
extra-mural ['ekstrə'mjuər(ə)l] заочный или вечерний
extra-official ['ekstrəə'fɪʃ(ə)l] не входящий в круг обычных обязанностей; неофициальный
extract ['ekstrækt] — сущ. [ɪks'trækt] — гл. экстракт; выдержка; цитата; вытяжка; выписка; извлечение (из книги); вытаскивать; удалять (зуб); извлекать (пулю); выжимать (сок); вырывать (согласие и т. п.); извлекать (выгоду, удовольствие и т. п.); получать экстракт; извлекать (корень) (мат.); выбирать (примеры, цитаты); делать выдержки; экстрагировать
extraction [ɪks'trækʃ(ə)n] извлечение; добывание; выбор; источник; начало; происхождение; экстракт; эссенция
extraction forceps [ɪks'trækʃ(ə)n'fɔ:seps] зубные щипцы
extractive [ɪks'træktɪv] добываемый; извлекаемый
extractor [ɪks'træktə] извлекающее устройство; экстрактор; щипцы (мед.); выбрасыватель (в оружии)
extracurricular [,ekstrəkə'rɪkjulə] внепрограммный
extraditable ['ekstrədaɪtəbl] подлежащий выдаче (о преступнике); обусловливающий выдачу (преступника); служащий основанием для выдачи
extradite ['ekstrədaɪt] выдавать (преступника); добиться выдачи
extradition [,ekstrə'dɪʃən] выдача (преступника); экстрадиция
extrahazardous ['ekstrə'hæzədəs] служащий источником повышенной опасности
extrajudicial ['ekstrədʒu(:)'dɪʃəl] внесудебный; выходящий за пределы данного дела
extrajurisdictional выходящий за пределы юрисдикции
extralegal [,ekstrə'li:g(ə)l] не предусмотренный законом
extramarital ['ekstrə'mærɪtl] внебрачный; добрачный; незаконнорожденный (о ребенке)
extranational [,ekstrə'næʃ(ə)nəl] выходящий за пределы одного государства
extraneous [eks'treɪnjəs] посторонний; паразитный; сторонний; постоянный; чуждый; внешний
extraordinaire [eks'trɔ:dɪ'nɛə] особенный; экстраординарный
extraordinarily [ɪks'trɔ:dnrɪlɪ] совершенно необычно; необычайным образом; чрезвычайный; нештатный; временный
extraordinary [ɪks'trɔ:dnrɪ] необычайный; выдающийся; замечательный; чрезвычайный; экстраординарный; необычный; странный; неестественный; ненормальный; удивительный; нештатный; временный; [,ekstrə'ɔ:dnrɪ] чрезвычайный (посланник) (дип.)
extraordinary majority [,ekstrə'ɔ:dnrɪ|mə'dʒɔrɪtɪ] подавляющее большинство
extraordinary measures [,ekstrə'ɔ:dnrɪ|'meʒəz] чрезвычайные меры
extraplanetary [,ekstrə'plænɪtərɪ] внепланетный
extrarisk ['ekstrərɪsk] особый риск
extrasensory ['ekstrə'sensərɪ] не познаваемый чувствами (филос.)

extrasensory individual [ˈekstrəˈsensərɪˌɪndɪˈvɪdjuəl] экстрасенс

extraterrestrial [ˈekstrətɪˈrestrɪəl] внеземной; инопланетянин

extraterrestrial being [ˈekstrətɪˈrestrɪəlˈbiːɪŋ] инопланетянин; неземное существо

extrauterine [ˌekstrəˈjuːtər(a)ɪn] внематочный *(анат.)*

extravagance [ɪksˈtrævɪɡəns] расточительность; сумасбродство; блажь; преувеличение; гиперболизация; утрирование; крайность; несдержанность

extravagancy [ɪkˈstrævəɡənsɪ] расточительность

extravagant [ɪksˈtrævɪɡənt] неэкономный; расточительный; сумасбродный; нелепый; экстравагантный *(о внешности, поступке)*; непомерный *(о требованиях, цене)*; крайний *(о взглядах, мнении)*; блуждающий

extravaganza [eksˌtrævəˈɡænzə] фантастическая пьеса; буффонада; феерия; нелепая выходка; несдержанная речь

extreme [ɪksˈtriːm] крайняя степень; крайность; конечный; концевой; крайний; непомерный; чрезвычайный; чрезмерный; последний

extreme accuracy [ɪksˈtriːmˈækjurəsɪ] предельная точность

extreme necessity [ɪksˈtriːmnɪˈsesɪtɪ] крайняя необходимость

extremely [ɪksˈtriːmlɪ] чрезвычайно; крайне; очень

extremeness [ɪksˈtriːmnɪs] крайность *(взглядов)*

extremism [ɪksˈtriːmɪzəm] экстремизм

extremist [ɪksˈtriːmɪst] экстремист; сторонник крайних мер, крайних взглядов

extremity [ɪksˈtremɪtɪ] конец; край; конечность; конечности; крайность; крайняя нужда; чрезвычайные меры; крайняя необходимость

extricate [ˈekstrɪkeɪt] выводить *(из затруднительного положения)*; разрешать *(сложную проблему)*

extrication [ˌekstrɪˈkeɪʃ(ə)n] высвобождение

extrinsic [eksˈtrɪnsɪk] внешний; примесный; несвойственный; неприсущий; инородный; не относящийся к существу вопроса

extrinsical [eksˈtrɪnsɪk(ə)l] внешний; наружный; поверхностный; внешний; посторонний; неприсущий; несвойственный; нехарактерный; случайный; чуждый

extrude [eksˈtruːd] выгонять; выталкивать; вытеснять; заменять; выдавливать; прессовать; штамповать

extrusion [eksˈtruːʒ(ə)n] выталкивание; выдавливание; прессование; вытеснение; изгнание; выбухание

exuberance [ɪɡˈzjuːb(ə)r(ə)ns] богатство; достаток

exuberant [ɪɡˈzjuːb(ə)r(ə)nt] богатый; изобильный; обильный; буйный; пышно растущий *(о растительности)*; бьющий через край; бурный; плодовитый *(о писателе и т. п.)*; многословный; цветистый

exude [ɪɡˈzjuːd] выделять*(ся) (о поте и т. п.)*; просачиваться

exult [ɪɡˈzʌlt] ликовать; радоваться; торжествовать

exultant [ɪɡˈzʌlt(ə)nt] ликующий

exultation [ˌeɡzʌlˈteɪʃ(ə)n] ликование; торжество

exuviation [ɪɡˌzjuːvɪˈeɪʃ(ə)n] линька; сбрасывание кожи; чешуи

eyas [ˈaɪəs] соколенок; птенец сокола; неоперившийся

eye [aɪ] глаз; око; зрение; взгляд; взор; взгляды; суждение; глазок *(в двери для наблюдения)*; кольцо; отверстие; очко; ушко *(иголки)*; петелька; люверс; проушина; глазок *(в сыре)*; смотреть; пристально разглядывать; наблюдать

eye capsule [ˈaɪˈkæpsjuːl] глазная капсула

eye strain [ˈaɪˈstreɪn] напряжение зрения

eye-beam [ˈaɪbiːm] быстрый взгляд

eye-catcher [ˈaɪˌkætʃə] нечто, бросающееся в глаза; яркое зрелище

eye-glass [ˈaɪɡlɑːs] линза; окуляр; монокль

eye-service [ˈaɪˌsəːvɪs] показная преданность

eye-spotted [ˈaɪˌspɒtɪd] испещренный глазками, пятнышками

eye-wink [ˈaɪwɪŋk] *(быстрый)* взгляд; мгновение; миг; момент

eye-witness [ˈaɪwɪtnɪs] свидетель-очевидец

eyeball [ˈaɪbɔːl] глазное яблоко *(анат.)*

eyebrow [ˈaɪbrau] бровь; бровный; козырек над иллюминатором

eyed egg [ˈaɪdˈeɡ] оплодотворенная икринка

eyeglass frame [ˈaɪɡlɑːsˈfreɪm] оправа очков

eyehole [ˈaɪhoul] глазная впадина; «глазок»

eyelash [ˈaɪlæʃ] ресничка

eyeless [ˈaɪlɪs] безглазый; незрячий; слепой

eyelet [ˈaɪlɪt] дырочка *(для шнурка)*

eyelid [ˈaɪlɪd] веко

eyeliner [ˈaɪlaɪnə] карандаш или жидкость для подведения глаз

eyepiece [ˈaɪpiːs] окуляр

eyerie [ˈɪərɪ] дом высоко в горах; гнездо орла, сокола и т.д.

eyeshot [ˈaɪʃɒt] поле зрения

eyesight [ˈaɪsaɪt] зрение

eyesore [ˈaɪsɔː] что-либо противное, оскорбительное *(для глаз)*; бельмо на глазу

eyre [eə] выездная сессия суда *(ист.)*

F

f [ef]; мн. — Fs; F's [efs] шестая буква английского алфавита; фа *(муз.)*; неудовлетворительная оценка *(в школе и некоторых колледжах) (амер.)*

fab [fæb] потрясающий; изумительный; сказочный; удивительный

fabaceous [fə'beɪʃəs] бобовый

fabiform ['feɪbɪfɔːm] бобовидный

fable ['feɪbl] басня; мифы; небылица; сюжет; выдумка; ложь; фабула; выдумывать; рассказывать басни

fabler ['feɪblə] баснописец; сказочник; сочинитель небылиц; выдумщик

fabric ['fæbrɪk] ткань; материя; материал; изделие; полотно; фабрикат; выделка; строение; структура; устройство; сооружение; здание; остов; матерчатый; тканый

fabricate ['fæbrɪkeɪt] выдумывать; изобретать; придумывать; подделывать *(документы)*; фальсифицировать; изготовлять; обрабатывать; производить; фабриковать; выделывать; строить

fabricated fact ['fæbrɪkeɪtɪd'fækt] фальсифицированный факт

fabricated metal products ['fæbrɪkeɪtɪd'metl'prɔdəkts] метизы

fabrication [ˌfæbrɪ'keɪʃ(ə)n] выдумка; домысел; подделка; подлог; фальсификация; фальшивка; изготовление; производство; сооружение; обработка; секционная сборка

fabulist ['fæbjulɪst] баснописец; выдумщик; лгун

fabulosity [ˌfæbju'lɔsɪtɪ] баснословность; легендарность

fabulous ['fæbjuləs] легендарный; мифический; сказочный; фантастический; невероятный; неправдоподобный; маловероятный; немыслимый; преувеличенный

facade [fə'sɑːd] фасад *(строит.)*; наружность; внешний вид; *(чисто)* внешняя сторона *(вопроса и т. п.)*; видимость

face [feɪs] лицо; лик; физиономия; выражение лица; гримаса; морда животного; поверхность; внешний вид; передняя; лицевая сторона; лицо *(медали и т. п.)*; вид спереди; фасад; наружная поверхность; гарнитура; опорная плоскость; торец; срез; фаска; наглость; циферблат; облицовка; рабочая поверхность; текст *(документа)*; макияж; стоять лицом к чему-либо; смотреть в лицо; быть обращенным в определенную сторону; встречать смело; смотреть в лицо без страха; сталкиваться *(с необходимостью)*; наталкиваться *(на трудности и т. п.)*; полировать; обтачивать; обкладывать; облицовывать *(камнем)*; отделывать *(платье)*

face amount ['feɪsə'maunt] номинальная сумма

face card ['feɪs|kɑːd] фигура *(в картах)*

face mask ['feɪs|mɑːsk] маска противогаза; дыхательная маска

face pack ['feɪs|pæk] косметическая маска

face up ['feɪs|ʌp] примириться с чем-либо неприятным; быть готовым встретить

face-guard ['feɪsgɑːd] защитная маска *(спорт.)*

face-hardened ['feɪs'hɑːdnd] с повышенной твердостью поверхности

face-saving ['feɪsseɪvɪŋ] спасение престижа, доброго имени, репутации

facecloth ['feɪsklɔθ] мочалка

faceless ['feɪslɪs] безликий

facer ['feɪsə] удар в лицо; неожиданное препятствие

facet ['fæsɪt] грань; фацет; аспект; фаска; шлифовать

facetious [fə'siːʃəs] шутливый; шуточный; веселый; живой; оживленный; развеселый

facia ['feɪʃə] приборная панель; щиток

facial ['feɪʃ(ə)l] лицевой; массаж лица

facial nerve ['feɪʃ(ə)l|nəːv] лицевой нерв

facile ['fæsaɪl] легкий; не требующий усилий; плавный *(о стиле, речи и т. п.)*; внешний; неглубокий; поверхностный; поспешный; покладистый; уступчивый; снисходительный *(о человеке)*

facilitate [fə'sɪlɪteɪt] облегчать; содействовать; способствовать; помогать; продвигать

facilitation [fəˌsɪlɪ'teɪʃ(ə)n] облегчение; помощь

facility [fə'sɪlɪtɪ] легкость; отсутствие препятствий и помех; плавность *(речи)*; гибкость; податливость; уступчивость; возможности; благоприятные условия; льготы; база; завод; лаборатория; средства обслуживания; заведение; учреждение; сооружение; установка; станция; оборудование; приспособления; аппаратура; удобства; способность; умение; иметь способности к языкам

facing ['feɪsɪŋ] облицовка; облицовка штифтового зуба; отделка; наружное покрытие; внешний слой; обточка *(поверхности)*; кант; отделка мундира *(обшлага, воротник и т. п. из материала другого цвета, кант)*; облицовочный; обшивка; обработка; наплавка поверхности

facing page ['feɪsɪŋ|peɪdʒ] страница разворота

facsimile [fæk'sɪmɪlɪ] факсимиле; точная копия; точное воспроизведение графического оригинала; штриховое изображение; фототелеграмма; фототелеграфная аппаратура

facsimile reproduction [fæk'sımılı,ri:prə'dʌkʃən] факсимильное воспроизведение

fact [fækt] обстоятельство; факт; событие; происшествие; случай; явление; действительность; истина; истинность; правда; суть; существо; сущность

fact sheet ['fækt'ʃi:t] напечатанная информация по какой-либо теме (правило, программа теле- и радиопередач)

fact-finding ['fækt,faındıŋ] расследование обстоятельств; установление фактов; следственный

faction ['fækʃ(ə)n] фракция; группирование; группировка; клика; раздоры; дух интриги

factional ['fækʃnl] фракционный; связанный с группой

factionalism ['fækʃnəlızm] фракционность

factious ['fækʃəs] раскольнический; фракционный

factitious [fæk'tıʃəs] искусственный; поддельный; ненастоящий; ненатуральный

factor ['fæktə] фактор; движущая сила; причина; генетический фактор; гормон; витамин; момент; особенность; комиссионер; агент; посредник; управляющий (имением); коэффициент; показатель; движущая сила процесса

factorial [fæk'tɔ:rıəl] генный

factorize ['fæktəraız] разлагать на множители

factorizing ['fæktəraızıŋ] наложение ареста на имущество должника у третьего лица

factorship ['fæktəʃıp] посредничество

factory ['fækt(ə)rı] завод; фабрика; фактория (ист.); фабричный

factory floor ['fæktrı'flɔ:] работники предприятия

factory setting ['fæktrı'setıŋ] заводская регулировка

factory ship ['fæktrı'ʃıp] плавучий рыбозавод

factotum [fæk'tout(ə)m] доверенный слуга

factual ['fæktʃuəl] фактический; действительный; основанный на фактах

facture ['fæktʃə] фактура; производство музыкальных инструментов

facultative ['fæk(ə)ltətıv] необязательный; факультативный; случайный; беспорядочный; несистематический; диспозитивный; способный жить в разных условиях

facultative reinsurance ['fæk(ə)ltətıv'ri:ın'ʃuərəns] факультативное перестрахование (фин.)

faculty ['fæk(ə)ltı] дар; способность; разрешение; право; правомочие; область науки или искусства; факультет; профессорско-преподавательский состав; власть

fad [fæd] прихоть; причуда; фантазия

faddiness ['fædınıs] чудачество

faddish ['fædıʃ] кратковременный (об увлечении, моде и т.д.)

fade [feıd] вянуть; увядать; постепенно затихать; замирать; выгорать; линять; блекнуть (из-за чего-либо); постепенно исчезать; стираться; сливаться (об оттенках); замирать (о звуках); обесцвечиваться

fade-proof ['feıdpru:f] светопрочный

fadeless ['feıdlıs] неувядающий; неувядаемый

fading ['feıdıŋ] выцветание; блеклость; выгорание цвета; замирание; линяющий; затухание

faery ['feıərı] волшебное царство; волшебство; фея; волшебный; феерический; воображаемый

fag [fæg] тяжелая, утомительная или скучная работа; изнурение; утомление; трудиться; утомляться

fag-end ['fæg'end] негодный или ненужный остаток чего-либо; окурок; конец

faggot ['fægət] вязанка; охапка хвороста; пук прутьев; фашина; запеченная и приправленная рубленая печенка; вязать хворост в вязанки; связывать

faham бурбонский чай

faience [faı'a:ns] фаянс; фаянсовый

fail [feıl] потерпеть неудачу; не иметь успеха; не сбываться; обманывать ожидания; не удаваться; изменить; покинуть; не исполнить; не сделать; недоставать; не хватать; иметь недостаток в чем-либо; обанкротиться; стать неплатежеспособным; быть отказанным; отпадать; ослабевать; терять силы; перестать действовать; выйти из строя; заглохнуть

to fail (in) an examination — провалиться на экзамене

failing ['feılıŋ] недостаток; слабость; отказ; перебой; нарушение; недостающий; отсутствующий; слабеющий; за неимением; в случае отсутствия; ввиду отсутствия

failsafe ['feılseıf] надежный; прочный

failure ['feıljə] неудача; неуспех; провал; недостаток; повреждение; прекращение платежей; авария; бездействие; неплатежеспособность; разрушение; неисполнение; несовершение; неисправность; отказ; поломка; отсутствие чего-либо; банкротство; несостоятельность; неспособность; неудачник; неудавшееся дело; небрежность; повреждение; отказ в работе; остановка или перерыв в действии; обвал (геол.); обрушение; отсутствие; нарушение; расстройство; разрыв; выход из строя; перебой; несрабатывание

failure of evidence ['feıljəəv'evıdəns] отсутствие доказательств

fain [feın] принужденный; склонный (уст.); готовый сделать что-либо

faineant [ˌfεəneɪˈɑːŋ] бездельник; лентяй; ленивый; праздный

faint [feɪnt] обморок; потеря сознания; слабый; слабеющий; бездеятельный; вялый; тусклый; неотчетливый; нечеткий; приторный; слабеть; падать в обморок

faint-heart [ˈfeɪntˈhɑːt] трус; малодушный человек

faint-hearted [ˈfeɪntˈhɑːtɪd] малодушный; трусливый

faint-heartedly [ˈfeɪntˈhɑːtɪdlɪ] трусливо; малодушно; нерешительно

fainting-fit [ˈfeɪntɪŋfɪt] обморок

faintly [ˈfeɪntlɪ] бледно; слабо; едва

fair [fεə] базар; рынок; ярмарка; благотворительный базар; выставка; показ; честный; добросовестный; справедливый; беспристрастный; законный; значительный; порядочный; посредственный; средний; белокурый; светлый; благоприятный; неплохой; незапятнанный; чистый; вежливый; учтивый; честно; прямо; точно; чисто; ясно; любезно; учтиво; придавать обтекаемость

fair deal [ˈfεəˈdiːl] честная сделка

fair decision [ˈfεəˈdɪsɪʒən] справедливое решение

fair employment practices law [ˈfεərɪmˌplɔɪməntˈpræktɪsɪzˈlɔː] трудовое право

fair game [ˈfεəˈgeɪm] безобидная игра; справедливая игра

fair man [ˈfεəˈmæn] блондин

fair price [ˈfεəˈpraɪs] сходная цена

fair-dealing [ˈfεəˌdiːlɪŋ] прямота; честность; честный

fair-spoken [ˈfεəˈspouk(ə)n] вежливый; мягкий; обходительный

fair-trading [ˈfεəˈtreɪdɪŋ] честный бизнес

fair-weather [ˈfεəˌweðə] пригодный только в хорошую погоду

faired [ˈfεəd] обтекаемый; согласованный

fairground [ˈfεəgraund] ярмарочная площадь

fairing [ˈfεərɪŋ] гостинец; подарок с ярмарки

fairly [ˈfεəlɪ] беспристрастно; объективно; справедливо; довольно; в известной степени; сносно; явно; совершенно; безусловно; фактически

fairness [ˈfεənɪs] справедливость; чистота; незапятнанность; беспристрастность; честность; добросовестность

fairway [ˈfεəweɪ] фарватер; судоходный канал *(мор.)*

fairy [ˈfεərɪ] фея; волшебница; волшебный; сказочный; воображаемый; кажущийся; мнимый; прозрачный; просвечивающий

fairy-ring champignon [ˈfεərɪŋˈtʃæmˈpɪnjən] опенок луговой *(бот.)*

fairy-ring mushroom [ˈfεərɪŋˈmʌʃrum] опенок луговой

fairy-tale [ˈfεərɪteɪl] *(волшебная)* сказка; выдумка; небылица

Fairyland [ˈfεərɪlænd] сказочная, волшебная страна

faith [feɪθ] вера; доверие; вероисповедание; честность; верность; лояльность; обещание; уверенность; моральная установка; ручательство; слово

faith healing [ˈfeɪθˈhiːlɪŋ] лечение внушением

faithful [ˈfeɪθful] верный; преданный; верующий; правоверный; правдивый; заслуживающий доверия; точный

faithfully [ˈfeɪθfulɪ] верно; честно

faithfulness [ˈfeɪθfulnɪs] верность; лояльность

faithless [ˈfeɪθlɪs] вероломный; ненадежный; не заслуживающий доверия; неверующий; неверный

fake [feɪk] подделка; подлог; фальсификация; фальшивка; плутовство; подделывать; обманывать; фальсифицировать; фабриковать; мошенничать; обжуливать; прикидываться; импровизировать

faked [feɪkt] фальшивый; поддельный; сфабрикованный

fakement [ˈfeɪkmənt] подделка; обман; махинация

faker [ˈfeɪkə] жулик; обманщик; разносчик; уличный торговец; коробейник

fakir [ˈfeɪkɪə] факир

fal-lal [ˈfæˈlæl] украшение; блестящая безделушка

falboot [ˈfælbuːt] складная шлюпка; разборная байдарка

falcate [ˈfælkeɪt] серповидный

falchion [ˈfɔːltʃ(ə)n] короткая широкая кривая сабля; меч

falcon [ˈfɔːlkən] сокол

falconer [ˈfɔːlkənə] соколиный охотник; сокольничий

falconry [ˈfɔːlk(ə)nrɪ] соколиная охота; выноска ловчих птиц

falderal [ˈfældəˈræl] безделушка; украшение; ничего не значащий припев в старинных песнях

faldstool [ˈfɔːldstuːl] складное кресло епископа; небольшой складной аналой

fall [fɔːl] падение; понижение; перепад; снижение; выпадение осадков; осень; водопад; впадение *(реки)*; уклон; обрыв; склон; выпадение *(волос и т. п.)*; количество сваленного леса; упадок; закат; потеря могущества; моральное падение; потеря чести; спад; падение цен; обесценение; схватка *(в борьбе)* *(спорт.)*; падать; понижаться; спадать; ниспадать *(об одежде, волосах и т. п.)*; опускаться; пасть морально; гибнуть; приходиться; доставаться; ложиться; утратить власть; потерпеть крах; разориться; сникнуть; обваливаться; оседать; впадать *(о реке)*; спускаться; сходить; стихать *(о ветре и т. п.)*; рождаться *(о ягнятах и т. п.)*; рубить *(лес)*; валить *(дерево)*; валиться *(о дереве)*; переходить по наследству; попадать под подозрение

to fall aboard (of) — столкнуться; сцепиться (с другим судном); брать на абордаж (судно)

to fall abreast of — не отставать от, идти в ногу с

to fall across — случайно встретить

to fall asleep — заснуть, изымать из обращения *(экон.)*

to fall away — покидать; изменять; спадать; уменьшаться; чахнуть; сохнуть; исчезать

to fall below — понижаться; ухудшаться

to fall dumb — онеметь

to fall heir to — стать чьим-либо наследником

to fall ill — заболеть

to fall in love — влюбляться

to fall on — нападать; набрасываться; выпадать на чью-либо долю; приступать к чему-либо; достигать; приходиться на какое-либо число

to fall victim — пасть жертвой

fall-off [ˈfɔːlɔf] линька

fallacious [fəˈleɪʃ(ə)s] порочный; ошибочный; ложный

fallacy [ˈfæləsɪ] ошибка; заблуждение; ложный вывод; обманчивость; ошибочность; софизм; ложный довод

fallen [ˈfɔːl(ə)n] павший; падший; упавший

fallibility [ˌfælɪˈbɪlɪtɪ] погрешность; ошибочность; подверженность отклонениям; ошибка

fallible [ˈfæləbl] подверженный ошибкам

falling [ˈfɔːlɪŋ] падение; понижение

falling birth-rate [ˈfɔːlɪŋˈbəːθreɪt] снижение уровня рождаемости

falling-out [ˈfɔːlɪŋˈaut] ссора

fallow [ˈfælou] пар *(с.-х.)*; вспаханный под пар *(о поле)*; неразвитой *(об уме, о человеке)*; поднимать пар *(с.-х.)*; вспахивать под пар; коричневато-желтый; красновато-желтый

fallow-deer [ˈfæloudɪə] лань

false [fɔːls] ложный; неверный; неправильный; обманный; вероломный; фальшивый; обманчивый; фальшивый *(о деньгах)*; искусственный *(о волосах, зубах)*

false accusation [ˈfɔːlsˌækju(ː)ˈzeɪʃən] ложное обвинение

false alarm [ˈfɔːlsəˈlɑːm] ложный сигнал тревоги

false belief [ˈfɔːlsbɪˈliːf] ошибочное убеждение

false bottom [ˈfɔːlsˈbɔtəm] двойное дно

false certificate [ˈfɔːlssəˈtɪfɪkɪt] поддельная справка

false charge [ˈfɔːlsˈtʃɑːdʒ] ложное обвинение

false coin [ˈfɔːlskɔɪn] подделка; фальшивая монета

false construction [ˈfɔːlskənˈstrʌkʃən] ложное толкование

false data [ˈfɔːlsˈdeɪtə] ложные данные

false denunciation [ˈfɔːlsdɪˌnʌnsɪˈeɪʃən] ложный донос

false diamond [ˈfɔːlsˈdaɪəmənd] фальшивый бриллиант

false key [ˈfɔːlskiː] отмычка

false mirror [ˈfɔːlsˈmɪrə] кривое зеркало

false name [ˈfɔːlsˈneɪm] вымышленное имя

false oat [ˈfɔːlsout] овсюг

false positive [ˈfɔːlsˈpɔzətɪv] ошибочный результат научного исследования

false witness [ˈfɔːlsˈwɪtnɪs] клятвопреступник; лжесвидетель

false-bottomed [ˈfɔːlsbɔtəmd] с двойным дном

false-hearted [ˈfɔːlsˈhɑːtɪd] вероломный; изменнический; предательский

falsehood [ˈfɔːlshud] ложь; неправда; измышления; лживость; вероломство

falsely [ˈfɔːlslɪ] притворно; фальшиво; ложно; ошибочно; обманным путем

falseness [ˈfɔːlsnɪs] фальшь; лживость; вероломство; ошибочность

falsetto [fɔːlˈsetou] фальцет

falsification [ˌfɔːlsɪfɪˈkeɪʃ(ə)n] подделка; фальшивка; искажение; фальсификация

falsify [ˈfɔːlsɪfaɪ] фальсифицировать; подделывать *(документы)*; искажать *(показания и т. п.)*; обманывать *(надежду)*; опровергать; отрицать

falsity [ˈfɔːlsɪtɪ] лживость; ложность; ложь; превратность

falter [ˈfɔːltə] спотыкаться; шататься; запинаться; говорить нерешительно; действовать нерешительно; колебаться; дрогнуть

faltering [ˈfɔːlt(ə)rɪŋ] запинающийся; колеблющийся; нерешительный; нетвердый; неуверенный

fame [feɪm] знаменитость; известность; популярность; репутация; слава; молва; прославлять; славить; славословить

famed [feɪmd] знаменитый; известный; прославленный

familial [fəˈmɪlɪəl] семейный; фамильный

familiar [fəˈmɪljə] хорошо известный; знакомый; обычный

familiarity [fəˌmɪlɪˈærɪtɪ] близкие, дружественные отношения; фамильярность; хорошая осведомленность

familiarization [fəˌmɪljəraɪˈzeɪʃ(ə)n] ознакомление; осваивание

familiarize [fəˈmɪljəraɪz] ознакомлять

familiarly [fəˈmɪljəlɪ] бесцеремонно; фамильярно

family [ˈfæmɪlɪ] семья; семейство; род; братство; объединение; содружество; гарнитура шрифта; семейный; родовой; фамильный

family allowance [ˈfæmɪlɪ|əˈlauəns] пособие на детей

family budget [ˈfæmɪlɪ|ˈbʌʤɪt] семейный бюджет

family fight [ˈfæmɪlɪ|faɪt] бытовая драка

family law [ˈfæmɪlɪ|ˈlɔː] семейное право

family lawyer [ˈfæmɪlɪ|ˈlɔːjə] специалист по семейному праву

family of languages [ˈfæmɪlɪ|əv|ˈlæŋgwɪʤɪz] языковая семья *(линг.)*

family statistics [ˈfæmɪlɪ|stəˈtɪstɪks] семейная статистика

family tree [ˈfæmɪlɪ|triː] родословное дерево

famine [ˈfæmɪn] голод *(стихийное бедствие)*; голодание; недостаток; нехватка; отсутствие

famish [ˈfæmɪʃ] морить голодом; голодать

famous [ˈfeɪməs] видный; выдающийся; знаменитый; известный; прославленный; замечательный; отличный

fan [fæn] веер; опахало; вентилятор; веялка; крыло ветряной мельницы; воздухонагнетатель; лопасть *(воздушного или гребного винта)*; энтузиаст; болельщик; любитель; веять *(зерно)*; обмахивать; раздувать; развертывать веером; обыскивать; подавать воздух; вентилировать

fan baffle [ˈfæn|bæfl] лопасть вентилятора

fan belt [ˈfæn|belt] вентиляторный ремень

fan club [ˈfæn|ˈklʌb] клуб болельщиков

fan-light [ˈfænlaɪt] веерообразное окно

fanatic [fəˈnætɪk] изувер; фанатик; изуверский; фанатический

fanatical bigot [fəˈnætɪkəl|ˈbɪgət] фанатичный сторонник

fanaticism [fəˈnætɪsɪzm] изуверство; фанатизм

fancier [ˈfænsɪə] знаток; любитель; специалист; эксперт

fanciful [ˈfænsɪful] капризный; с причудами; прихотливый; причудливый; странный; мифический; сказочный; фантастический

fancy [ˈfænsɪ] фантазия; воображение; мысленный образ; каприз; прихоть; причуда; склонность; пристрастие; любители; энтузиасты; болельщики; прихотливый; причудливый; фантастический; орнаментальный; разукрашенный; фасонный; маскарадный; модный; высшего качества; многоцветный *(о растениях)*; воображать; представлять себе; думать; полагать; предполагать; считать; нравиться; любить

fancy girl [ˈfænsɪ|gəːl] любовница; проститутка

fancy man [ˈfænsɪ|mæn] сутенер; альфонс

fancy strip [ˈfænsɪ|strɪp] багет

fancy woman [ˈfænsɪ|ˈwumən] любовница; проститутка

fancy-ball [ˈfænsɪ|bɔːl] костюмированный бал; маскарад; карнавал

fancy-dress [ˈfænsɪ|dres] костюмированный; маскарадный костюм

fancy-free [ˈfænsɪ|friː] невлюбленный

fancy-work [ˈfænsɪwəːk] вышивка; вышивание

fanfare [ˈfænfeə] фанфара *(муз.)*

fanfaronade [ˌfænfærəˈnaːd] бахвальство; фанфаронство

fang [fæŋ] клык; ядовитый зуб; корень зуба

fanged [fæŋd] клыкастый

fanner [ˈfænə] веялка; вентилятор

fantail [ˈfænteɪl] скат

fantasia [fænˈteɪzjə] фантазия *(муз.)*; арабский танец

fantasist [ˈfæntəzɪst] писатель-фантаст; фантазер

fantasize [ˈfæntəsaɪz] фантазировать

fantastic [fænˈtæstɪk] фантастический; причудливый; эксцентричный; гротескный; воображаемый

fantastical [fænˈtæstɪk(ə)l] фантастический; причудливый; сказочный; воображаемый; невыполнимый; превосходный; чудесный

fantasticality [fænˌtæstɪˈkælɪtɪ] причудливость; фантастичность

fantasy [ˈfæntəsɪ] воображение; фантазия; иллюзия; игра воображения; каприз; импровизировать

fanzine [ˈfænziːn] журнал для болельщиков

faqueita акула

far [faː] дальний; далекий; отдаленный; далеко; на большом расстоянии; гораздо; намного; значительное количество; большое расстояние

far and wide [ˈfaːr|ənd|ˈwaɪd] повсюду; всесторонне

far gone [ˈfaː|ˈgɔn] далеко зашедший; в последней стадии *(болезни)*; по уши в долгах; сильно пьяный; сильно или безнадежно влюбленный

far-away [ˈfaːrəweɪ] далекий; дальний; отдаленный; удаленный; отсутствующий; рассеянный

far-between [ˈfaːbɪˈtwiːn] редкий

far-famed [ˈfaːˈfeɪmd] широко известный

far-fetched [ˈfaːˈfetʃt] принесенный или привезенный издалека; натянутый; неестественный; искусственный

far-flung [ˈfaːˈflʌŋ] широко раскинувшийся; обширный

far-off [ˈfaːrˈɔf] далекий; дальний; отдаленный

far-out [ˈfaːrˈaut] передовой; нетрадиционный; свободный от предрассудков и условностей; крайний

far-outer [ˈfaːrˈautə] бунтарь; инакомыслящий

far-reaching [ˈfɑːˈriːtʃɪŋ] далеко идущий; чреватый серьезными последствиями; широкий

far-seeing [ˈfɑːˈsiːŋ] предусмотрительный; прозорливый

far-sighted [ˈfɑːˈsaɪtɪd] дальнозоркий; дальновидный; предусмотрительный; прозорливый

faradization [ˌfærədɪˈzeɪʃ(ə)n] фарадизация *(лечение индукционным током)*

farce [fɑːs] фарс; грубая выходка; фарш; фаршировать; шпиговать

farcical [ˈfɑːsɪk(ə)l] фарсовый; шуточный; нелепый; смехотворный

fardel [ˈfɑːd(ə)l] узел *(с вещами)*; бремя; груз

fare [fɛə] плата за проезд; ездок; пассажир; пища; стол; провизия; съестные припасы; быть; поживать; случаться; ехать; путешествовать; питаться

farewell [ˈfɛəˈwel] прощание; прощальный; до свидания!, добрый путь!

farewell banquet [ˈfɛəˈwelˈbæŋkwɪt] прощальный ужин

farina [fəˈraɪnə] мука; порошок; цветочная пыльца; крахмал; картофельная мука; манная крупа; белый мучнистый налет

farinaceous [ˌfærɪˈneɪʃəs] мучнистый; мучной

farkleberry черника кустарниковая

farm [fɑːm] ферма; хутор; *(крестьянское)* хозяйство; заповедник; арендная плата; аренда; арендное право; питомник; семья, берущая за плату детей на воспитание; сельскохозяйственный; обрабатывать землю; брать на откуп; сдавать в аренду *(имение)*; брать на воспитание детей *(за плату)*
to farm out — отдавать; передоверять часть работы другому; сдавать в аренду

farm land [ˈfɑːm|lænd] сельскохозяйственный земельный участок

farm road [ˈfɑːm|roud] проселочная дорога

farm-hand [ˈfɑːmhænd] сельскохозяйственный рабочий

farm-house [ˈfɑːmhaus] жилой дом на ферме

farmer [ˈfɑːmə] фермер; плантатор; арендатор; откупщик

farmhold [ˈfɑːmhould] земля, принадлежащая фермеру

farming [ˈfɑːmɪŋ] сельское хозяйство; занятие сельским хозяйством; сдача *(взятие)* в аренду

farmstead [ˈfɑːmsted] усадьба

farmyard [ˈfɑːmjɑːd] двор фермы

farraginous [fəˈrædʒɪnəs] сборный; смешанный; составной

farriery [ˈfærɪərɪ] ковка лошадей; кузница; ветеринарная хирургия

farther [ˈfɑːðə] более отдаленный; дальнейший; позднейший; добавочный; дополнительный

farthermost [ˈfɑːðəmoust] самый дальний; наиболее отдаленный

farthest [ˈfɑːðɪst] самый дальний; самый долгий; самый поздний

fasciation [ˌfæsɪˈeɪʃən] образование пучков

fascicle [ˈfæsɪkl] пучок; гроздь

fascicular [fəˈsɪkjulə] пучковатый

fascinate [ˈfæsɪneɪt] околдовывать; очаровывать; пленять; зачаровывать взглядом

fascinating [ˈfæsɪneɪtɪŋ] обворожительный; очаровательный; пленительный

fascination [ˌfæsɪˈneɪʃ(ə)n] очарование; обаяние; прелесть; привлекательность; притягательность

fascinator [ˈfæsɪneɪtə] чародей; легкая кружевная накидка для головы

fascism [ˈfæʃɪzm] фашизм

fascist [ˈfæʃɪst] фашист; фашистский

fash [fæʃ] беспокойство; мучение; досада; беспокоить*(ся)*; мучить*(ся)*

fashion [ˈfæʃ(ə)n] манера; образ; фасон; покрой; форма; мода; стиль; придавать вид, форму; фасонировать; приспосабливать

fashion-monger [ˈfæʃ(ə)nˌmʌŋgə] модник; модница

fashion-paper [ˈfæʃ(ə)nˌpeɪpə] модный журнал; журнал мод

fashion-plate [ˈfæʃ(ə)npleɪt] модная картинка; франт

fashionable [ˈfæʃnəbl] модный; светский; фешенебельный; светский человек

fashionable jacket [ˈfæʃnəblˈdʒækɪt] модный пиджак

fashioner [ˈfæʃnə] костюмер; портной

fast [fɑːst] пост; поститься; прочный; крепкий; твердый; стойкий; быстрый; проворный; скорый; стремительный; неточный; легкомысленный; несерьезный; крепко; прочно; сильно; быстро; часто; скоро

fast food [ˈfɑːstˈfuːd] еда, которую можно перехватить на скорую руку

fast-growing [ˈfɑːstˈgrouɪŋ] быстрорастущий

fast-sailing [ˈfɑːstˈseɪlɪŋ] быстроходный

fasten [ˈfɑːsn] прикреплять; крепить; закреплять; привязывать; завязывать; связывать; навязывать; запирать*(ся)*; застегивать*(ся)*; устремлять *(взгляд, мысли и т. п.)*; затвердевать *(о растворе)*; соединять; скреплять *(строит.)*

fastener [ˈfɑːsnə] задвижка; запор; щеколда; застежка «молния»; вывод; зажим; клемма; скрепка для бумаг; скоба

fastening [ˈfɑːsnɪŋ] закрепление; защелкивание; защелкивающий; крепежный; навязка; связка; застежка; навязывание; прикрепление; скрепка; скрепление; скрепляющий; закрепительный

fastening bolt [ˈfɑːsnɪŋˌboult] крепежный болт
faster-than-sound [ˈfɑːstədənˈsaund] сверхзвуковой; ультразвуковой
fastidious [fəsˈtɪdɪəs] привередливый; разборчивый; изощренный; изысканный; тонкий; утонченный
fastigium [fæˈstɪʤɪəm] верхушка; вершина
fasting [ˈfæstɪŋ] голодание
fastness [ˈfɑːstnɪs] прочность; крепость; оплот; твердыня; цитадель
fastness to staining [ˈfɑːstnɪstəˈsteɪnɪŋ] коррозионная стойкость
fat [fæt] жир; сало; растительное масло; смазка; мазь; полнота; тучность; ожирение; лучшая часть чего-либо; выигрышная роль; выигрышное место роли; жирный; сальный; маслянистый; упитанный; толстый; тучный; откормленный; плодородный; выгодный; доходный; богатый; обильный; глупый; тупоумный; откармливать
to fat rendering — *вытирать жир*
fat covering [ˈfætˈkʌvərɪŋ] жировой покров
fat land [ˈfætˈlænd] плодородная почва
fat stain [ˈfætˈsteɪn] жировое пятно
fat-free [ˈfætˈfriː] обезжиренный
fat-soluble [ˈfætˈsɔljubl] жирорастворимый
fata morgana [ˈfɑːtəmɔːˈgɑːnə] мираж; фата-моргана
fatal [ˈfeɪtl] неизбежный; роковой; фатальный; губительный; пагубный; смертельный
fatal accident [ˈfeɪtlˈæksɪdənt] несчастный случай со смертельным исходом
fatal error [ˈfeɪtlˈerə] неисправимая ошибка
fatalism [ˈfeɪtəlɪzm] фатализм
fatality [fəˈtælɪtɪ] рок; обреченность; судьба; несчастье; смерть (*от несчастного случая и т. п.*)
fate [feɪt] рок; судьба; доля; жребий; гибель; кончина; смерть; умирание; назначать; предназначать; предопределять
fated [ˈfeɪtɪd] предопределенный; обреченный
fateful [ˈfeɪtful] гибельный; злополучный; роковой; обреченный; решительный; важный (*по последствиям*); пророческий; грозный; зловещий; страшный
father [ˈfɑːðə] отец; родитель; прародитель; предок; родоначальник; старейший член; старейшина; покровитель; заступник; создатель; творец; вдохновитель; духовный отец; епископ; быть отцом; производить; порождать; быть автором; творцом; усыновлять; отечески заботиться; приписывать отцовство; приписывать авторство; возлагать ответственность
father node [ˈfɑːðəˌnoud] родительский узел
father-figure [ˈfɑːðəˌfɪgə] человек, которого ребенок любит и уважает, как родного отца

father-in-law [ˈfɑːð(ə)rɪnlɔː] свекор (*отец мужа*); тесть (*отец жены*); отчим
fatherhood [ˈfɑːðəhud] отцовство
fatherland [ˈfɑːðəlænd] отечество; отчизна; родина
fatherless [ˈfɑːðəlɪs] оставшийся без отца
fatherly [ˈfɑːðəlɪ] отцовский; нежный; отеческий; отечески
fathogram [ˈfæðəgræm] эхограмма
fathom [ˈfæðəm] измерять глубину (*воды*); делать промер лотом; вникать; понимать
fathometer [fæˈðɔmɪtə] эхолот (*мор.*)
fathomless [ˈfæðəmlɪs] неизмеримый; бездонный; безмерный; громадный; необъяснимый; непонятный; непостижимый
fatidical [feɪˈtɪdɪk(ə)l] пророческий
fatiguability [fəˌtiːgəˈbɪlɪtɪ] утомляемость
fatigue [fəˈtiːg] усталость; утомление; утомительность; утомительная работа; изматывать; изнурять; переутомлять; утомлять
fatten [ˈfætn] откармливать на убой; жиреть; толстеть; удобрять (*землю*)
to fatten on — *наживаться за счет кого-либо*
fatty [ˈfætɪ] жирный; жировой; толстяк
fatty tissue [ˈfætɪˈtɪsjuː] жировая ткань
fatuity [fəˈtjuː(ː)ɪtɪ] самодовольная глупость; бессмысленность; тщетность
fatuous [ˈfætjuəs] глупый; пустой; бесполезный (*о попытке*)
fauces [ˈfɔːsiːz] зев; глотка; устье раковины
faucet [ˈfɔːsɪt] вентиль; втулка; раструб; затычка; водопроводный кран; патрубок; пробка
fault [fɔːlt] дефект; недостаток; небрежность; провинность; сброс; нарушение; порок; погрешность; неисправность; повреждение; изъян; жаловаться на что-либо; ошибка; промах; вина; проступок; неправильно поданный мяч (*спорт.*)
fault-finder [ˈfɔːltˌfaɪndə] придира
fault-finding [ˈfɔːltˌfaɪndɪŋ] придирки; придирчивость; придирчивый
fault-free [ˈfɔːltˈfriː] надежный; безотказный
faultless [ˈfɔːltlɪs] безукоризненный; безупречный; совершенный; безошибочный; верный; точный
faulty [ˈfɔːltɪ] несовершенный; неправильный; ошибочный; испортившийся; испорченный; поврежденный; наделенный недостатками; дефектный
fauna [ˈfɔːnə] фауна
faveolus ячейка; альвеола
favorable [ˈfeɪv(ə)rəbl] благоприятный; благоприятствующий; льготный; подходящий
favored [ˈfeɪvəd] облегченный
favorite [ˈfeɪv(ə)rɪt] излюбленный; любимый

favose ячеистый; сотовый

favour ['feɪvə] благосклонность; расположение; одобрение; одолжение; любезность; пристрастие к кому-либо; покровительство; польза; интерес; помощь; значок; льгота; бант; розетка; сувенир; безвозмездное обязательство; письмо *(коммерч.)*; внешность; лицо; благоволить; быть благосклонным; оказывать внимание, любезность; благоприятствовать; помогать; поддерживать; способствовать; оказывать помощь; покровительствовать; быть пристрастным; оказывать предпочтение; беречь *(разг.)*; оберегать; щадить; быть похожим *(разг.)*

favourable ['feɪv(ə)rəbl] благоприятный; подходящий; годный; полезный; удобный; благосклонный; расположенный; симпатизирующий; льготный

favourable balance ['feɪv(ə)rəbl'bæləns] благоприятное равновесие

favoured ['feɪvəd] привилегированный; пользующийся преимуществом; благодатный *(о климате)*

favourite ['feɪv(ə)rɪt] любимец; фаворит; любимая вещь; фаворит *(о лошади)*; кандидат, имеющий наибольший шанс на успех *(на выборах)*; излюбленный; любимый

favouritism ['feɪv(ə)rɪtɪzm] фаворитизм

fawn [fɔːn] молодой олень; желтовато-коричневый; ласкаться; вилять хвостом; подлизываться; прислуживаться

fawning ['fɔːnɪŋ] раболепный

fax [fæks] факс; посылать по факсу

fay [feɪ] вера; верность; плотно соединять *(пригонять)*; примыкать

fealty ['fiː(ə)ltɪ] верность вассала феодалу *(ист.)*

fear [fɪə] боязнь; опасение; страх; возможность, вероятность *(чего-либо нежелательного)*; бояться; страшиться; опасаться; ожидать *(чего-либо нежелательного)*

fear-monger ['fɪəˌmʌŋgə] паникер

fearful ['fɪəful] страшный; ужасный; испуганный; напуганный; огромный; ужасный; робкий

fearless ['fɪəlɪs] бесстрашный; неустрашимый; мужественный; смелый; храбрый

feasance совершение; исполнение; издание *(закона)*

feasant совершающий; причиняющий; делающий

feasible ['fiːzəbl] выполнимый; осуществимый; вероятный; возможный; правдоподобный

feasible accuracy ['fiːzəbl'ækjurəsɪ] допустимая точность

feasor ['fiːzə] лицо, совершающее какое-либо действие

feast [fiːst] пир; празднество; банкет; празднование; торжество; наслаждение; удовольствие; праздник; ежегодный сельский церковный или приходский праздник; пировать; праздновать; принимать; чествовать; зачислять; угощать*(ся)*; наслаждаться

feast-day ['fiːstdeɪ] праздник; *(семейное)* торжество

feat [fiːt] подвиг; проявление большой ловкости, искусства; искусный; ловкий; хитроумный

feather ['feðə] перо; оперение; дичь; плюмаж; украшать*(ся)* перьями; придавать форму пера; оперяться

feather duster ['feðə'dʌstə] метелка из перьев для смахивания пыли

feather-bed ['feðəbed] перина; удобное местечко; богатство; пышность; роскошь; баловать; изнеживать

feather-brained ['feðəbreɪnd] ветреный; пустой

feathered ['feðəd] покрытый или украшенный перьями; оперившийся; оперенный; имеющий вид пера; быстрый; крылатый

feathering ['feðərɪŋ] оперение; что-либо похожее на оперение; циклическое движение; поворотный

feature ['fiːtʃə] особенность; характерная черта; деталь; приспособление; устройство; признак; свойство; черты лица; большая *(газетная)* статья; сенсационный материал *(о статье, сообщении по радио или телевидению)*; гвоздь программы; аттракцион; полнометражный фильм; основной фильм кинопрограммы; центральная передача телепрограммы; изображать; рисовать; набрасывать; обрисовывать; быть характерной чертой; показывать *(на экране)*; выводить в главной роли; делать гвоздем программы; отводить важнейшее место; исполнять главную роль; выступать в главной роли; напоминать чертами лица; походить на кого-либо *(что-либо)*

feature film ['fiːtʃəfɪlm] художественный фильм

feature-length ['fiːtʃəleŋθ] *(кино)* полнометражный

featureless ['fiːtʃəlɪs] лишенный характерных черт; невыразительный; лишенный оперения

febrifuge ['febrɪfjuːʤ] жаропонижающее *(средство)*; жаропонижающий

febrile ['fiːbraɪl] лихорадочный

February ['februərɪ] февраль; февральский

fecal ['fiːk(ə)l] фекальный

feces ['fiːsiːz] фекалии; осадок

feck [fek] ценность; интенсивность; мощность; сила; большая часть; большинство

feckless ['feklɪs] беспомощный

feculence ['fekjuləns] мутность; мутный осадок

feculent [ˈfekjulənt] мутный
fecund [ˈfiːkənd] жирный; плодородный; плодовитый
fecundate [ˈfiːkəndeɪt] делать плодородным; оплодотворять
fed [fed] кормленный; накормленный; скормленный
fed-up [ˈfedˈʌp] насыщенный; пресыщенный; пресытившийся
federal [ˈfedər(ə)l] союзный; федеральный; федералист
federal road [ˈfedər(ə)lˈroud] скоростная магистраль
federalism [ˈfedərəlɪzəm] федерализм
federalist [ˈfedərəlɪst] федералист
federate [ˈfedərɪt] — *прил.* [ˈfedəreɪt] — *гл.* союзный; федеративный; объединять(ся) на федеративных началах
federation [ˌfedəˈreɪʃ(ə)n] блок; объединение; союз; федерация; организация
federative [ˈfedərətɪv] союзный; федеративный
fee [fiː] возмещение расходов; вознаграждение; гонорар; вступительный или членский взнос; плата за учение; жалование; чаевые; поместье; земельная собственность; право наследования без ограничений; абсолютное право собственности; денежный сбор
fee collect [ˈfiːkəˈlekt] взимание членских взносов
fee-simple [ˈfiːˈsɪmpl] неограниченное право собственности
feeble [ˈfiːbl] слабый; немощный; слабосильный; хилый; жалкий; незначительный; ничтожный
feeble-minded [ˈfiːblˈmaɪndɪd] слабоумный
feed [fiːd] кормление; питание; пища; обильная еда; корм; фураж; порция; выгон; пастбище; подача *(топлива)*; кормовой; питать(ся); кормить(ся); пасти(сь); задавать корм; поддерживать; снабжать топливом; давать; задавать; поставлять; вводить данные
to feed on — *питать(ся) чем-либо; принимать; получать удовлетворение от чего-либо*
feed crop [ˈfiːdkrɔp] кормовая культура
feed reel [ˈfiːdriːl] подающая катушка
feed rod [ˈfiːdrɔd] ходовой вал
feedback [ˈfiːdbæk] изучение мнения потребителя; обратная связь
feedback circuit [ˈfiːdbækˈsəːkɪt] схема обратной связи
feeder [ˈfiːdə] едок; приток *(реки)*; канал; детский нагрудник; кормушка; питатель; подающий механизм; загрузочное устройство; дозатор
feeder road [ˈfiːdəroud] транспортная артерия

feeding [ˈfiːdɪŋ] подача; питание; питательный; питающий
feeding habit [ˈfiːdɪŋˈhæbɪt] особенность питания
feeding trends [ˈfiːdɪŋˈtrendz] особенности питания
feeding-bottle [ˈfiːdɪŋˌbɔtl] детский рожок
feel [fiːl] чувствовать; ощупывать; осязать; трогать; шарить; искать ощупью; ощущать; остро или тонко воспринимать; быть чувствительным к чему-либо; переживать; полагать; считать; быть убежденным; предчувствовать; осязание; ощущение; чувство; чутье; вкус
to feel blue — *быть грустным*
to feel cold — *зябнуть; мерзнуть*
to feel empty — *чувствовать голод*
to feel for — *сочувствовать; нащупывать*
to feel nohow — *чувствовать себя неважно*
to feel out — *выяснять чье-либо мнение*
to feel up to — *быть в состоянии*
feeler [ˈfiːlə] щупальце; усик; проба; пробный шар; агент; разведчик; шпион; датчик; чувствительный элемент; щуп; антенна
feelgood [ˈfiːlgud] оптимистический
feeling [ˈfiːlɪŋ] ощущение; сознание; чувство; эмоция; волнение; отношение; настроение; взгляд; тонкое восприятие *(искусства, красоты)*; вкус; впечатление; интуиция; предчувствие; чувствительный; прочувствованный; полный сочувствия
feeling of jealousy [ˈfiːlɪŋəvˈdʒeləsɪ] чувство ревности
feelingly [ˈfiːlɪŋlɪ] с чувством; с жаром
feeze [fiːz] возбуждение; тревога; беспокоить(ся); бить тревогу
feign [feɪn] притворяться; симулировать; выдумывать; придумывать; изобрести; подделывать; выдавать себя за другого
feigned [feɪnd] поддельный; притворный
feigningly [ˈfeɪnɪŋlɪ] притворно
feint [feɪnt] притворство; ложный выпад; финт; маневр для отвлечения внимания противника; сделать маневр для отвлечения внимания противника; полутон *(муз.)*
feisty [ˈfaɪstɪ] отважный; смелый; храбрый
felicitate [fɪˈlɪsɪteɪt] поздравлять; желать счастья; осчастливливать
felicitous [fɪˈlɪsɪtəs] благополучный; счастливый
felicity [fɪˈlɪsɪtɪ] счастье; блаженство; счастливое умение *(писать, рисовать и т. п.)*; меткость *(выражения)*
feline [ˈfiːlaɪn] кошачий
fell [fel] шкура; шкурка
fell-field [ˈfelfiːld] каменистая пустыня

fellow ['felou] собрат; товарищ; человек; парень; парная вещь; пара; член научного общества
fellow citizen ['felou'sitizn] согражданин
fellow countryman ['felou'kʌntrımən] земляк; соотечественник
fellow-feeling ['felou'fi:liŋ] расположение; симпатия; сочувствие; участие; общность взглядов или интересов
fellow-heir ['felou'ɛə] сонаследник
fellow-traveller ['felou'trævlə] спутник; попутчик; сочувствующий (полит.)
fellowship ['felouʃip] товарищество; чувство товарищества; братство; ассоциация; корпорация; общество; звание члена совета колледжа; звание стипендиата, занимающегося исследовательской работой; членство (в научном обществе и т. п.); стипендия, выплачиваемая лицам, окончившим университет и ведущим при нем исследовательскую работу
fellowship in crime ['felouʃip|in|'kraim] соучастие в преступлении
felon ['felən] уголовный преступник (юр.); преступный; жестокий; криминальный; уголовный
felon of himself ['felən|əv|him'self] самоубийца
feloness ['felənis] опасная уголовная преступница
felt [felt] войлок; фетр; войлочный; фетровый; кровельный картон
felt pen ['felt|pen] фломастер
felt side ['felt|said] лицевая сторона
felt tip pen ['felt|tip|'pen] фломастер
female ['fi:meil] женщина; самка; матка; женская особь; женского пола; женский; с внутренней резьбой
female dragon ['fi:meil|'drægən] белокрыльник болотный (биол.)
female suffrage ['fi:meil|'sʌfridʒ] избирательное право для женщин
female thread ['fi:meil|θred] внутренняя резьба
feme [fi:m] женщина; жена
feme sole ['fi:m|'soul] девушка; вдова; замужняя женщина с независимым состоянием
femicide ['femisaid] убийство женщины
feminine ['feminin] женский; свойственный женщинам; женственный; женоподобный
femininity [,femi'niniti] женственность; женский пол
feminism ['feminizm] феминизм
feminist ['feminist] феминист
feminization [,feminai'zeiʃən] феминизация
femoral ['femərəl] бедренный
femur ['fi:mə] бедро; бедренная кость
fen [fen] низинное болото
fen-fire ['fen,faiə] блуждающий огонек

fenberry ['fenberi] клюква
fence [fens] скупщик; перекупщик краденого; забор; изгородь; ограда; ограждение; фехтование; фехтовать; огораживать; загораживать; защищать; запрещать охоту и рыбную ловлю (на каком-либо участке); брать препятствие (о лошади); укрывать краденое; продавать краденое; предварительно обрабатывать избирателей (перед выборами)
fenceless ['fenslis] неогороженный; открытый; беззащитный; незащищенный
fencer ['fensə] фехтовальщик; лошадь, участвующая в скачках с препятствиями
fencing ['fensiŋ] огораживание; ограждение; изгородь; забор; ограда; материал для изгородей; фехтование
fend [fend] отражать; отгонять; парировать
fender ['fendə] каминная решетка; крыло (автомобиля)
fender flap ['fendə|flæp] брызговик
feneration ростовщичество
fennel [fenl] фенхель
fenny ['feni] болотистый; болотный
feoffment ['fefmənt] дарение недвижимости
feoffor ['fefə] даритель недвижимости
feral ['fiər(ə)l] дикий; неприрученный; одичавший; полевой (о растениях); грубый; нецивилизованный; погребальный; похоронный; траурный; гибельный; злополучный; роковой; смертельный
feretory ['ferit(ə)ri] гробница; склеп; похоронные дроги
ferial ['fiəriəl] будний; непраздничный
ferity ['feriti] дикое или нецивилизованное состояние; дикость
ferment ['fə:ment] — сущ. [fə(:)'ment] — гл. закваска; фермент; брожение; активизация; возбуждение; волнение; вызывать брожение; бродить; возбуждать(ся); волновать(ся); выхаживать(ся) (о пиве)
fermentable [fə(:)'mentəbl] способный к брожению; способный производить брожение
fermentation [,fə:men'teiʃ(ə)n] брожение; беспокойство; возбуждение; волнение; смятение
fern [fə:n] папоротник; сладкий корень (бот.)
fernery ['fə:nəri] место, заросшее папоротником
ferny ['fə:ni] поросший папоротником; папоротниковидный
ferocious [fə'rouʃ(ə)s] дикий; неприрученный; бесчеловечный; деспотический; жестокий; сильный
ferocity [fə'rɔsiti] дикость; жестокость; свирепость
ferret ['ferit] африканский хорек; разнюхивать; рыться; шарить; плотная бумажная, шерстяная или шелковая тесьма

FER — FIB

ferriage ['ferɪʤ] перевоз; переправа; плата за переправу

Ferris wheel ['ferɪs'wi:l] чертово колесо *(аттракцион)*

ferroconcrete ['ferou'kɔŋkri:t] железобетон

ferry ['ferɪ] перевоз; переправа; паром; перевозить; переезжать *(на лодке, пароме)*; перегонять *(самолеты)*; доставлять по воздуху; перевозка на плавучих средствах

ferry-boat ['ferɪbout] паром; судно для перевоза через реку и т. п.

ferryman ['ferɪmən] паромщик; перевозчик

fertile ['fə:taɪl] плодородный; изобильный; насыщенный; плодовитый; всхожий *(о семенах)*; плодоносящий

fertility [fə(:)'tɪlɪtɪ] плодородие; изобилие; богатство *(фантазии и т. п.)*; плодовитость; способность к воспроизведению потомства

fertilizable ['fə:tɪlaɪzəbl] годный для опыления

fertilization [,fə:tɪlaɪ'zeɪʃən] удобрение *(почвы)*

fertilize ['fə:tɪlaɪz] удобрять; обогащать; вносить удобрение; опылять *(биол.)*; оплодотворять

fertilizer ['fə:tɪlaɪzə] удобрение

ferule ['feru:l] линейка *(для наказания школьников)*; школьная дисциплина; строгий режим; плоская дощечка

fervency ['fə:v(ə)nsɪ] горячность; рвение; старание

fervent ['fə:v(ə)nt] горячий; жаркий; пылающий; пламенный; пылкий

fervent ardour ['fə:v(ə)nt'a:də] пылкое желание; горячее стремление

fervid ['fə:vɪd] горячий; пылкий

fervour ['fə:və] жар; пыл; страсть; рвение; зной

festal ['festl] веселый; оживленный; праздничный; радостный

festival ['festəv(ə)l] празднество; празднование; торжество; фестиваль

festive ['festɪv] веселый; оживленный; праздничный; радостный

festive publication ['festɪv,pʌblɪ'keɪʃən] юбилейный выпуск

festivity [fes'tɪvɪtɪ] веселье; празднества; торжества

festoon [fes'tu:n] гирлянда; фестон; украшать гирляндами, фестонами

fetal [fi:tl] плодный

fetal development ['fi:tl dɪ'veləpmənt] развитие плода

fetch [fetʃ] сходить за кем-либо; принести; достать; приносить убитую дичь *(о собаке)*; вызывать *(слезы, кровь)*; нравиться; очаровывать; привлекать; достигать; добиваться; выручать; получать; ударить; уловка; хитрость; привидение; двойник

fetch out ['fetʃ'aut] выявлять; выделять; оттенять; показывать; делать видимым

fetch over ['fetʃ'ouvə] приводить домой; переубедить

fete [feɪt] празднество; праздник; празднование; торжество; именины; чествовать кого-либо; праздновать

fetid ['fetɪd] зловонный

fetish ['fi:tɪʃ] фетиш; идол; кумир

fetishism ['fetɪʃɪzəm] фетишизм

fetishist ['fi:tɪʃɪst] фетишист

fetter ['fetə] путы; ножные кандалы; оковы; узы; заковывать; сковывать; спутывать *(лошадь)*; связывать по рукам и ногам *(в переносном значении)*

fetterless ['fetəlɪs] вакантный; незанятый; свободный

fetterlock ['fetələk] путы для лошади

fettle ['fetl] положение; состояние; чинить; поправлять; выправлять; исправлять; править

fettler ['fetlə] обрубщик *(техн.)*

feud [fju:d] длительная, часто наследственная вражда; междоусобица; враждовать; кровная вражда; кровная месть

feudal ['fju:dl] ленный; феодальный

feudalism ['fju:dəlɪzm] феодализм

feudalist ['fju:dəlɪst] феодал; приверженец феодального строя

feudatory ['fju:dət(ə)rɪ] вассальный; подчиненный; феодальный вассал

feuilleton ['fə:tɔ:ŋ] подвал *(полигр.)*

fever ['fi:və] жар; лихорадка; нервное возбуждение; лихорадочный; вызывать жар, лихорадку; бросать в жар; лихорадить

fever pitch ['fi:və'pɪtʃ] крайняя степень возбуждения, энтузиазма и т. п.

fevered ['fi:vəd] лихорадочный; возбужденный

few [fju:] мало; немногие; немного; несколько; незначительное число

fewness ['fju:nɪs] немногочисленность

fiacre [fi'a:kr] фиакр; наемный экипаж

fiance [fi'a:nseɪ] жених

fiasco [fi'æskou] крах; неудача; фиаско

fib [fɪb] выдумка; домысел; неправда; выдумывать; изобретать; привирать; придумывать; сыпать удары

fibber ['fɪbə] выдумщик

fiberglass ['faɪbəgla:s] стекловолокно

fiberoptics [,faɪbər'ɔptɪks] волоконная оптика

fibre ['faɪbə] волокно; волосок; слой; фибра; нить; склад характера

fibreboard ['faɪbəbɔ:d] фибровый картон

fibred ['faɪbəd] волокнистый

fibrin ['faɪbrɪn] клейковина

fibrous ['faɪbrəs] волокнистый; жилистый

fibula ['fɪbjulə] малая берцовая кость
ficelle [fɪ'sel] цвета небеленой ткани
fickle ['fɪkl] непостоянный; переменчивый; ненадежный; неустойчивый; переменный
fickleness ['fɪklnɪs] непостоянство; переменчивость
fictile ['fɪktɪl] глиняный; гончарный
fiction ['fɪkʃ(ə)n] выдумка; вымысел; домысел; беллетристика; художественная литература
fiction-monger ['fɪkʃ(ə)n‚mʌŋgə] выдумщик; сплетник
fictional ['fɪkʃnl] вымышленный
fictionalize ['fɪkʃənəlaɪz] выдумывать; изменять; измышлять; изобретать; придумывать
fictitious [fɪk'tɪʃəs] воображаемый; выдуманный; вымышленный; придуманный; поддельный; фальшивый; фиктивный; взятый из романа
fictitious assets [fɪk'tɪʃəs'æsets] нематериальные активы
fid [fɪd] клин; колышек; груда; куча; заклинивать
fiddle ['fɪdl] скрипка; сетка на столе *(чтобы вещи не падали во время качки) (мор.)*; штормовая планка; играть на скрипке; вертеть в руках; играть *(чем-либо)*
fiddle-case ['fɪdlkeɪs] футляр для скрипки
fiddle-faddle ['fɪdl‚fædl] пустяки; глупости; пустячный; бездельничать
fiddle-head ['fɪdlhed] резное украшение на носу корабля *(мор.)*
fiddle-string ['fɪdlstrɪŋ] скрипичная струна
fiddler ['fɪdlə] скрипач *(уличный)*
fiddlestick ['fɪdlstɪk] смычок
fiddley ['fɪdlɪ] кожух дымовой трубы
fiddling ['fɪdlɪŋ] пустой; занятый пустяками; жалкий; незначительный; ничтожный; пустячный
fiddly ['fɪdəlɪ] кропотливый
fidejussion [‚faɪdɪ'dʒʌʃ(ə)n] поручительство
fidelity [fɪ'delɪtɪ] верность; лояльность; добросовестность; преданность; правильность; точность
fidelity to the original [fɪ'delɪtɪ‚təðəə'rɪdʒnl] соответствие оригиналу
fidepromissor [‚faɪdɪprə'mɪsə] поручитель
fidget ['fɪdʒɪt] беспокойное состояние; нервные, суетливые движения; суетливый, беспокойный человек; непоседа; беспокойно двигаться; ерзать; быть в волнении; не быть в состоянии сосредоточить внимание; приводить в беспокойное состояние; нервировать
fidgety ['fɪdʒɪtɪ] беспокойный; неугомонный
fiducial [fɪ'djuːʃəl] основанный на вере или доверии; принятый за основу сравнения
fiduciary [fɪ'djuːʃərɪ] куратор; опекун; попечитель; доверенное лицо; доверенный; порученный

fie-fie ['faɪfaɪ] вульгарный; неприличный
field [fiːld] поле; луг; пространство; область; сфера деятельности; область применения, наблюдения; поле действия; поле сражения; сражение; поле или часть поля *(щита) (геральдика)*; фон; грунт *(картины и т. п.)*; спортивная площадка; все участники состязания или все, за исключением сильнейших; полевой; полоса *(для самолета)*; возбуждение; подмагничивание *(эл.)*
field audit ['fiːld'ɔːdɪt] ревизия на месте
field auditor ['fiːld'ɔːdɪtə] выездной аудитор
field laboratory ['fiːld lə'bɔrətərɪ] полевая лаборатория
field of gravitation ['fiːld əv‚grævɪ'teɪʃən] гравитационное поле
field-glasses ['fiːld‚glɑːsɪz] полевой бинокль
field-gun ['fiːldgʌn] полевая пушка *(воен.)*
field-house ['fiːldhaus] раздевалка и место хранения инвентаря; закрытый манеж
field-mouse ['fiːldmaus] полевая мышь
field-sports ['fiːldspɔːts] занятия охотой, рыбной ловлей и т. п.
field-work ['fiːldwəːk] работа в поле *(геолога и т. п.)*; разведка, съемка и т. п.; полевое укрепление *(воен.)*; оборонительные сооружения *(воен.)*; естественное наблюдение
fieldfare ['fiːldfɛə] дрозд-рябинник
fieldsman ['fiːldzmən] принимающий игрок *(в крикете)*
fiend [fiːnd] дьявол; демон; злодей; изверг
fiendish ['fiːndɪʃ] бесчеловечный; жестокий
fierce [fɪəs] лютый; свирепый; сильный *(о буре, жаре)*; горячий; неистовый; болезненный; неприятный
fierce battle ['fɪəs'bætl] жестокая схватка; яростная битва
fiery ['faɪərɪ] огненный; пламенный; горящий; вспыльчивый; несдержанный; пылкий; огненно-красный; воспламеняющийся
fiesta ['fjestɑː] празднество; праздник; торжество; фиеста
fife [faɪf] дудка; маленькая флейта; играть на дудке *(флейте)*
fifteen ['fɪf'tiːn] пятнадцать; команда игроков в регби *(спорт.)*
fifteenth ['fɪftiːnθ] пятнадцатый; пятнадцатая часть; пятнадцатое число
fifth [fɪfθ] пятый; пятая часть; пятое число; квинта *(муз.)*
fifthly ['fɪfθlɪ] в-пятых
fifties ['fɪftɪz] пятидесятые годы; пятьдесят лет; шестой десяток *(возраст между 50 и 59 годами)*
fiftieth ['fɪftɪɪθ] пятидесятый; пятидесятая часть
fifty ['fɪftɪ] пятьдесят

fifty-fifty [ˈfɪftɪˈfɪftɪ] поровну; пополам (разг.)

fig [fɪg] винная ягода; инжир; фиговое дерево; смоковница; наряд; настроение; состояние; наряжать; украшать

fig-leaf [ˈfɪgliːf] фиговый лист(ок)

fig-tree [ˈfɪgtriː] фиговое дерево; смоковница

fight [faɪt] бой; драка; борьба; прения; спор; задор; боксерский матч; драться; сражаться; воевать; бороться; защищать; отстаивать; вести бой (воен.); управлять (мор.); маневрировать (кораблем в шторм, в бою); науськивать; стравливать

to fight back — сопротивляться; давать отпор; сдерживать

fighter [ˈfaɪtə] боец; борец; рядовой; солдат; истребитель (авиац.); боксер

fighter bomber [ˈfaɪtəˈbɔmə] истребитель-бомбардировщик

fighting [ˈfaɪtɪŋ] бой; сражение; битва; борьба; война; драка; боевой; доблестный

figment [ˈfɪgmənt] вымысел; домысел; ложь; фикция

figurant [ˈfɪgjurənt] артист кордебалета; статист

figurante [ˌfɪgjuˈrɑːnt] артистка кордебалета

figuration [ˌfɪgjuˈreɪʃ(ə)n] вид; контур; очертание; форма; придание формы; оформление; орнаментация

figurative [ˈfɪgjurətɪv] фигуральный; переносный; метафорический; живописный; изобразительный; пластичный

figure [ˈfɪgə] фигура; внешний вид; облик; образ; личность; изображение; картина; статуя; иллюстрация; рисунок (в книге); диаграмма; коэффициент; цифра; число; чертеж; тело (геом.); фигура (в танцах, фигурном катании, пилотаже); гороскоп; арифметика; цена; изображать (графически, диаграммой и т. п.); представлять себе; фигурировать; играть видную роль; служить символом; символизировать; украшать (фигурами); обозначать цифрами; придавать форму; цифровать; высчитывать

figure-of-eight [ˈfɪgərəvˈeɪt] имеющий форму восьмерки

figure-skating [ˈfɪgəˌskeɪtɪŋ] фигурное катание (на коньках)

figured [ˈfɪgəd] фигурный; узорчатый; метафорический; образный

figurine [ˈfɪgjuriːn] статуэтка

filament [ˈfɪləmənt] нить; нить накала (электр.); волокно; волосок; тычиночная нить

filament lamp [ˈfɪləməntˌlæmp] лампа накаливания

filamentary [ˌfɪləˈmentərɪ] волокнистый

filature [ˈfɪlətʃə] шелкопрядение; шелкопрядильная фабрика; шелкомотальная фабрика

filbert [ˈfɪlbə(ː)t] лещина; фундук; орешник

filch [fɪltʃ] украсть; стянуть

file [faɪl] напильник (техн.); пилочка (для ногтей); подача (документа); обработка; отделка; полировка; усовершенствование; оглобля; скоросшиватель (для бумаг); шпилька (для накалывания бумаг); картотека; массив данных; подшитые бумаги; дело; досье; подшивка (газет); архив; картотека; файл; колонна (людей); очередь; хвост; цепочка; идти гуськом; регистрировать и хранить (документы) в каком-либо определенном порядке; подшивать к делу; сдавать в архив; представлять, подавать какой-либо документ; принять заказ к исполнению; ряд; шеренга; передвигать(ся) колонной; пилить; подпиливать; отделывать (стиль и т. п.)

to file saw — точить пилу

file description [ˈfaɪl|dɪsˈkrɪpʃən] описание файла (компьют.)

file number [ˈfaɪl|ˈnʌmbə] номер дела; регистрационный номер

filet [ˈfɪlet] филе (кружево)

filial [ˈfɪljəl] дочерний; сыновний

filiate [ˈfɪlɪeɪt] устанавливать отцовство; образовывать филиал

filiation [ˌfɪlɪˈeɪʃ(ə)n] отношение родства; происхождение; установление отцовства (юр.); ветвь; ответвление; отдел; отделение; филиал; образование филиала, местного отделения

filibuster [ˈfɪlɪbʌstə] пират; флибустьер; заниматься морским разбоем

filical [ˈfɪlɪk(ə)l] папоротниковый

filicide [ˈfɪlɪsaɪd] детоубийство; детоубийца

filiform [ˈfɪlɪfɔːm] нитевидный

filigree [ˈfɪlɪgriː] филигранная работа

filing [ˈfaɪlɪŋ] хранение данных; составление картотеки; ведение картотеки; подача документа

filing cabinet [ˈfaɪlɪŋ|ˈkæbɪnɪt] шкаф для хранения документов; архив; картотека

filing clerk [ˈfaɪlɪŋ|klɑːk] делопроизводитель

fill [fɪl] наполнять(ся); заполнять (отверстия и т. п.); закладывать; заполнять (сосуд доверху); пломбировать (зубы); удовлетворять; насыщать; занимать (должность); исполнять (обязанности); занимать (свободное время); исполнять; выполнять (заказ и т. п.); приготавливать лекарство (по рецепту врача); достаточное количество чего-либо; сытость

to fill in a form — заполнять анкету

to fill out — расширять(ся); наполнять(ся); заполнять (анкету)

to fill up — наполнять(ся); набивать; заполнять (вакансию); возмещать (недостающее)

to fill with smoke — дымить; куриться

fill-dike [ˈfɪldaɪk] дождливый период

fill-in ['fɪl'ɪn] временная замена
filler ['fɪlə] заполнитель
filler cap ['fɪlə|kæp] капот радиатора
fillet ['fɪlɪt] лента или узкая повязка *(на голову)*; узкая длинная лента из любого материала; филе*(й)*; желобок; углубление; повязывать лентой или повязкой; приготовлять филе из рыбы; галтель; валик; поясок; ободок; утолщение
filling ['fɪlɪŋ] наполнение; погрузка; насыпка; заливка; заправка горючим; пломба *(в зубе)*; набивка; прокладка; начинка; фарш; заряд *(снаряда)*
filling agent ['fɪlɪŋ|'eɪdʒənt] наполнитель
filling-station ['fɪlɪŋˌsteɪʃ(ə)n] автозаправочная станция
fillip ['fɪlɪp] щелчок; соударение; столкновение; толчок; мотив; побуждение; стимул; пустяк
filly ['fɪlɪ] живая, веселая девушка
film [fɪlm] пленка; легкий слой чего-либо; оболочка; налет; мазок; перепонка; кинопленка; фотопленка; фильм; кино; тонкая нить; покрывать*(ся)* пленкой, оболочкой; застилать*(ся)* дымкой *(over)*; снимать; производить киносъемку; экранизировать; сниматься в кино; поверхностный
film assembly ['fɪlm|ə'semblɪ] пленочный монтаж
film camera ['fɪlm|'kæmərə] пленочный фотоаппарат
film dubbing ['fɪlm|dʌbɪŋ] синхронное озвучивание
film editing room ['fɪlm|ˌedɪtɪŋ|'rum] монтажный цех
film former ['fɪlm|'fɔːmə] пленкообразующее вещество
film frame ['fɪlm|freɪm] кинокадр
film library ['fɪlm|'laɪbrərɪ] фильмотека
film make-up ['fɪlm|'meɪkʌp] верстка пленок
film output ['fɪlm|'autput] вывод на фотопленку
film rights ['fɪlm|raɪts] право на экранизацию
film scratch ['fɪlm|skrætʃ] царапина на пленке
film star ['fɪlm|staː] кинозвезда
film strip ['fɪlm|strɪp] диафильм
film studio ['fɪlm|'stjuːdɪou] киностудия
film test ['fɪlm|test] кинопроба будущего исполнителя роли
film-editing area ['fɪlm|'edɪtɪŋ|'eərɪə] фильмомонтажная аппаратная
filmic ['fɪlmɪk] кинематографический
filming ['fɪlmɪŋ] киносъемка
filmscript ['fɪlmskrɪpt] киносценарий
filmsetting ['fɪlmsetɪŋ] фотонабор
filmy ['fɪlmɪ] пленчатый; покрытый пленкой; туманный; тонкий, как паутинка
filter ['fɪltə] фильтр; фильтровать; процеживать; проникать; просачиваться
filter clogging ['fɪltəˌklɔgɪŋ] засорение фильтра
filter medium ['fɪltə|'miːdjəm] фильтрующий материал
filter-tipped ['fɪltətɪpt] сигарета с фильтром
filth [fɪlθ] грязь; отбросы; отходы производства; утиль; непристойность; сквернословие
filthy ['fɪlθɪ] грязный; запачканный; немытый; мерзкий; отвратительный; плохой; развращенный; вульгарный
filtration [fɪl'treɪʃn] фильтрация; пропускание через фильтр
fin [fɪn] плавник *(рыбы)*; ласта; киль *(мор.)*; плавать как рыба
finable ['faɪnəbl] облагаемый штрафом, пеней; поддающийся рафинированию
final ['faɪnl] плавник; ласт; стабилизатор; ребро; заусенец *(мор.)*; завершающий; заключительный; конечный; окончательный; последний; решающий; целевой; решающая игра *(спорт.)*; последний заезд в скачках, гонках и т. п.; выпускной экзамен
final answer ['faɪnl|'aːnsə] окончательный ответ
final assessment ['faɪnl|ə'sesmənt] окончательная оценка
final draft ['faɪnl|'draːft] рукопись, подготовленная для набора
final manuscript ['faɪnl|'mænjuskrɪpt] издательский оригинал
finalize ['faɪnəlaɪz] завершать; заканчивать; оканчивать; придавать окончательную форму
finally ['faɪnəlɪ] в заключение; в конечном счете; в конце концов; окончательно
finance [faɪ'næns] доходы; финансы; финансовое дело; ассигновать; выделить; финансировать; заниматься финансовыми операциями
finance department [faɪ'næns|dɪ'paːtmənt] финансовый отдел
finance law [faɪ'næns|'lɔː] финансовое право
financial [faɪ'nænʃ(ə)l] денежный; финансовый; материальный
financial ability [faɪ'nænʃ(ə)l|ə'bɪlɪtɪ] финансовая возможность
financial accounting [faɪ'nænʃ(ə)l|ə'kauntɪŋ] финансовый учет
financial advice [faɪ'nænʃ(ə)l|əd'vaɪs] финансовая консультация
financial adviser [faɪ'nænʃ(ə)l|əd'vaɪzə] финансовый консультант
financial agreement [faɪ'nænʃ(ə)l|ə'griːmənt] финансовое соглашение
financial arrangements [faɪ'nænʃ(ə)l|ə'reɪndʒmənts] финансовые условия
financial backing [faɪ'nænʃ(ə)l|'bækɪŋ] финансовая поддержка

financial burden [faɪˈnænʃ(ə)l|ˈbəːdn] финансовые затруднения

financial implications [faɪˈnænʃ(ə)l|ˌɪmplɪˈkeɪʃənz] финансовые последствия

financing activities [faɪˈnænsɪŋ|ækˈtɪvɪtɪz] финансовая деятельность

finch [fɪntʃ] вьюрок (орнит.); мелкая птица; щегол

finches [ˈfɪntʃɪz] вьюрковые

find [faɪnd] находить; встречать; признавать; обнаруживать; заставать; решать; выносить решение; убеждаться; приходить к заключению; считать; обрести; добиться; получить; снабжать; обеспечивать; попасть (в цель); вычислять (мат.); находка; обнаружение; раскрытие

finder [ˈfaɪndə] искатель (техн.); видоискатель (фото); определитель; окуляр; пеленгатор; дальномер

finding [ˈfaɪndɪŋ] находка; выявление; открытие; данные; нахождение; поиск; обнаружение; раскрытие; решение (присяжных); приговор (суда); вывод (комиссии); приклад (для платья и т. п.); фурнитура; определение (местонахождения); ориентация; ориентировка; полученные данные; добытые сведения; заключение; установление факта; обстоятельства дела

fine [faɪn] взыскание; пеня; штраф; штрафовать; налагать пеню; тонкий; утонченный; изящный; высокий; возвышенный (о чувствах); хороший; прекрасный; превосходный; мелкозернистый; высокого качества; очищенный; рафинированный; высокопробный; точный; ясный; сухой (о погоде); блестящий; чистый; нарядный; острый; мелкий; отлично; прекрасно; изящно; утонченно; делать(ся) прозрачным; очищать(ся); заострять; очищать; измельчать

a fine gesture — благородный жест
to fine down — делать(ся) изящнее, тоньше; уменьшаться; сокращаться

fine art [ˈfaɪnˈaːt] изобразительное искусство
fine gold [ˈfaɪnˈgould] чистое золото
fine intellect [ˈfaɪnˈɪntɪlekt] утонченный ум
fine lady [ˈfaɪnˈleɪdɪ] светская дама
fine needle work [ˈfaɪnˈniːdl|wəːk] вышивание
fine paper [ˈfaɪnˈpeɪpə] высокосортная бумага
fine print [ˈfaɪnˈprɪnt] мелкая печать; мелкий шрифт
fine-drawn [ˈfaɪnˈdrɔːn] сшитый незаметным швом; очень тонкий; искусный; тонкий; хитроумный; оптимальный (о весе боксера, борца и т. п.) (спорт.)
fine-fleece [ˈfaɪnˈfliːs] тонкорунный
fine-grained [ˈfaɪnˈgreɪnd] мелкозернистый

fine-spun [ˈfaɪnˈspʌn] тонкий (о ткани); хитросплетенный; запутанный; изощренный до предела или абсурда

fineness [ˈfaɪnnɪs] тонкость; изящество; удлинение; острота (чувств); проба (благородных металлов); высокое качество; мелкозернистость; величина зерна

finery [ˈfaɪnərɪ] пышный наряд; пышное украшение; убранство

finesse [fɪˈnes] тонкость; изящество; искусность; ухищрение; ловкий прием; хитрость; действовать искусно или хитро

finger [ˈfɪŋgə] палец (руки, перчатки); стрелка (часов); указатель (на шкале); трогать; перебирать пальцами; брать взятки; воровать; указывать аппликатуру (муз.); признавать; играть на музыкальных инструментах; туше (муз.)

finger-alphabet [ˈfɪŋgərælfəbɪt] азбука глухонемых

finger-board [ˈfɪŋgəbɔːd] клавиатура; гриф

finger-hole [ˈfɪŋgəhoul] боковое отверстие; клапан (в духовом инструменте)

finger-mark [ˈfɪŋgəmaːk] пятно от пальца; дактилоскопический отпечаток (пальца); хватать грязными пальцами

finger-nail [ˈfɪŋgəneɪl] ноготь

finger-plate [ˈfɪŋgəpleɪt] наличник дверного замка

finger-post [ˈfɪŋgəpoust] указательный столб на развилке дороги

finger-print [ˈfɪŋgəprɪnt] отпечаток пальцев; снимать отпечатки пальцев; дактилоскопировать

finger-stall [ˈfɪŋgəstɔːl] напальчник

fingerhold [ˈfɪŋgəhould] шаткая опора

fingering [ˈfɪŋgərɪŋ] игра на музыкальном инструменте; аппликатура; прикосновение пальцев

fingerprint file [ˈfɪŋgəprɪnt|ˈfaɪl] дактилоскопическая картотека

fingertip [ˈfɪŋgətɪp] кончик пальца (подушечка)

finial [ˈfaɪnɪəl] заканчивающее украшение, флерон (архит.)

finical [ˈfɪnɪk(ə)l] разборчивый; мелочно требовательный; жеманный; чересчур отшлифованный; перегруженный деталями

finish [ˈfɪnɪʃ] окончание; конец; финиш (спорт.); законченность; обработка; отделка; усовершенствование; кончать(ся); заканчивать; завершать; финишировать (спорт.); отделывать; выравнивать; сглаживать; прикончить; убить; разрушать; до крайности изнурять

to finish off — отработать

finished [ˈfɪnɪʃt] обработанный; доконченный; готовый

finished goods [ˈfɪnɪʃt|ˈgudz] готовая продукция

finished layout [ˈfɪnɪʃt ˈleɪaut] окончательный макет

finished product [ˈfɪnɪʃt ˈprɔdəkt] готовое изделие

finisher [ˈfɪnɪʃə] бетоноукладчик

finishing [ˈfɪnɪʃɪŋ] усовершенствование; брошюровочно-переплетные и отделочные работы; завершающий; конечный; последний

finishing school [ˈfɪnɪʃɪŋ ˈskuːl] пансион благородных девиц

finite [ˈfaɪnaɪt] ограниченный; имеющий предел; личный (о глаголе) (грам.)

fink [fɪŋk] штрейкбрехер; доносить; изменять; предавать; продавать

finless missile [ˈfɪnlɪs ˈmɪsaɪl] неоперенная ракета

finned [fɪnd] ребристый

finned missile [fɪnd ˈmɪsaɪl] оперенная ракета

finny [ˈfɪnɪ] имеющий плавники; богатый рыбой

fiord [fjɔːd] фиорд (норвеж.)

fir [fəː] пихта; ель; ель (древесина)

fir-cone [ˈfəːkoun] еловая шишка

fir-needle [ˈfəːniːdl] еловая или сосновая игла; хвоя

fire [ˈfaɪə] огонь; пламя; пожар; пыл; воодушевление; вдохновение; свечение; жар; лихорадка; огонь (воен.); стрельба; зажигать; поджигать; воспламенять(ся); топить (печь); загораться; воодушевлять; возбуждать; стрелять; палить; вести огонь; увольнять

to fire at — обращать (речь) к кому-либо

fire airplane [ˈfaɪə ˈeəpleɪn] пожарный самолет

fire alarm [ˈfaɪə əˈlaːm] пожарная тревога

fire bar [ˈfaɪə baː] колосник

fire brigade [ˈfaɪə brɪˈgeɪd] пожарная команда

fire cock [ˈfaɪə kɔk] пожарный кран

fire detector [ˈfaɪə dɪˈtektə] прибор пожарной сигнализации

fire drill [ˈfaɪə drɪl] пожарные учения

fire escape [ˈfaɪərɪsˈkeɪp] пожарная лестница

fire fighter [ˈfaɪə ˌfaɪtə] пожарный

fire foam producing machine [ˈfaɪə ˈfoum prəˈdjuːsɪŋ məˈʃiːn] огнетушительный пеногонный аппарат

fire protection device [ˈfaɪə prəˈtekʃən dɪˈvaɪs] противопожарное устройство

fire station [ˈfaɪə ˈsteɪʃən] пожарная часть

fire-eater [ˈfaɪərˌiːtə] пожиратель огня (о фокуснике); дуэлянт; бретер

fire-engine [ˈfaɪərˌenʤɪn] пожарная машина

fire-extinguisher [ˈfaɪərɪksˈtɪŋgwɪʃə] огнетушитель

fire-eyed [ˈfaɪəraɪd] с горящим взором

fire-fighting [ˈfaɪə ˈfaɪtɪŋ] противопожарный

fire-glass [ˈfaɪəglaːs] решетчатое окошечко печи

fire-guard [ˈfaɪəgaːd] каминная решетка

fire-hose [ˈfaɪəhouz] пожарный рукав

fire-insurance [ˈfaɪərɪnˌʃuər(ə)ns] страхование от огня

fire-light [ˈfaɪəlaɪt] свет от камина, костра и т. п.

fire-pan [ˈfaɪəpæn] жаровня

fire-place [ˈfaɪəpleɪs] камин; очаг; горн

fire-pump [ˈfaɪəpʌmp] брандспойт

fire-raising [ˈfaɪəˌreɪzɪŋ] поджог

fire-retardant tile [ˈfaɪərɪˌtaːdənt ˈtaɪl] огнестойкая плитка

fire-stopper [ˈfaɪəˈstɔpə] огнетушитель

fire-suppresion bottle [ˈfaɪəsəˌpreʃənˈbɔtl] огнетушитель

fire-warden [ˈfaɪəˌwɔːdn] начальник лесной пожарной охраны; брандмейстер

firearms [ˈfaɪəraːmz] огнестрельное оружие

firecracker [ˈfaɪəˈkrækə] фейерверк; шутиха

fired [ˈfaɪəd] уволенный; снятый с работы

firelock [ˈfaɪəlɔk] кремневое ружье; кремневый ружейный замок

fireman [ˈfaɪəmæn] кочегар

fireplug [ˈfaɪəplʌg] пожарный кран

fireproof [ˈfaɪəpruːf] несгораемый; огнеупорный; тугоплавкий

firewood [ˈfaɪəwud] дрова; растопка

fireworks [ˈfaɪəwəːks] фейерверк; блеск ума, остроумия и т. п.; вспыльчивость

firing [ˈfaɪərɪŋ] стрельба; производство выстрела или взрыва; топливо; сжигание топлива; отопление; растапливание; обжиг; запуск (ракеты); работа (реактивного двигателя); разжигание; разводка котла

firing ground [ˈfaɪərɪŋ graund] полигон; стрельбище

firing line [ˈfaɪərɪŋ ˈlaɪn] огневой рубеж; линия огня; предмет нападок

firm [fəːm] фирма; торговый дом; крепкий; твердый; устойчивый; непоколебимый; неизменный; стойкий; решительный; настойчивый; строгий; крепко; твердо; укреплять(ся); уплотнять(ся)

firm belief [ˈfəːm bɪˈliːf] твердое убеждение; непоколебимая вера

firm bond [ˈfəːm bɔnd] тесная связь

firm-name [ˈfəːmneɪm] фирменное наименование

firmament [ˈfəːməmənt] небесный свод

firman [fəːˈmaːn] разрешение; лицензия

firmness [ˈfəːmnɪs] незыблемость; твердость

firry [ˈfəːrɪ] еловый; заросший пихтами, елями

first [fəːst] начальный; первоначальный; первый; ранний; выдающийся; значительный; самая высокая партия в музыкальной пьесе или самый высокий голос в ансамбле; зарождение; зачин; начало; первое число; товары высшего качества; вначале; первоначально; сначала; сперва; впервые; предпочтительно; скорее

first cost [ˈfəːst|kɔst] себестоимость; первоначальная стоимость

first edition [ˈfəːst|ɪˈdɪʃən] первое издание

first milieu [ˈfəːst|ˈmiːljəː] молозиво

first name [ˈfəːst|ˈneɪm] имя *(в отличие от фамилии)*

first officer [ˈfəːst|ˈɔfɪsə] старший помощник

first priority [ˈfəːst|praɪˈɔrɪtɪ] первоочередность

first violinist [ˈfəːst|ˈvaɪəlɪnɪst] концертмейстер

first-aid [ˈfəːsteɪd] первая помощь; скорая помощь; аварийный ремонт *(техн.)*

first-born [ˈfəːstbɔːn] первенец

first-class [ˈfəːstˈklɑːs] первый класс; высший сорт; первоклассный; высокого качества; высокопробный

first-class cabin [ˈfəːstklɑːsˈkæbɪn] каюта первого класса

first-cousin [ˈfəːstˈkʌzn] двоюродный брат; двоюродная сестра

first-degree burn [ˈfəːstdɪˈgriːˈbəːn] ожог первой степени

first-hand [ˈfəːstˈhænd] из первых рук

first-night [ˈfəːstnaɪt] премьера; первое представление

first-rate [ˈfəːstˈreɪt] первоклассный; первостепенной важности или значения; отличный; превосходный

first-timer [ˌfəːstˈtaɪmə] начинающий; новичок

firstly [ˈfəːstlɪ] во-первых

firth [fəːθ] узкий морской залив; лиман

fisc [fɪsk] казна

fiscal [ˈfɪskəl] сборщик налогов; судебный исполнитель; налоговый; финансовый

fiscal boundaries [ˈfɪskəlˈbaundərɪz] налоговый округ

fiscal law [ˈfɪskəlˈlɔː] закон о налогообложении

fish [fɪʃ] рыба; крабы; фишка; накладка; планка; устрицы; Рыбы *(созвездие и знак зодиака)*; рыбный; ловить или удить рыбу

to fish for — искать в воде *(жемчуг и т. п.)*; выуживать *(секреты)*

fish broth [ˈfɪʃbrɔθ] рыбный бульон

fish net [ˈfɪʃnet] рыболовная сеть

fish oil [ˈfɪʃɔɪl] рыбий жир

fish spear [ˈfɪʃspɪə] подводное ружье

fish story [ˈfɪʃstɔːrɪ] преувеличение; небылицы

fish-ball [ˈfɪʃbɔːl] рыбная котлета

fish-dressing machine [ˈfɪʃˌdresɪŋ|məˈʃiːn] рыборазделочная машина *(мор.)*

fish-farming [ˈfɪʃfɑːmɪŋ] рыбоводство

fish-fork [ˈfɪʃfɔːk] острога

fish-hook [ˈfɪʃhuk] рыболовный крючок

fish-tackle [ˈfɪʃˌtækl] рыболовные принадлежности

fish-tail [ˈfɪʃteɪl] рыбий хвост; имеющий форму рыбьего хвоста

fisherman [ˈfɪʃəmən] рыбак; рыболов; рыболовное судно

fishery [ˈfɪʃərɪ] рыболовство; рыбный промысел; промысел морских животных

fishery biologist [ˈfɪʃərɪ|baɪˈɔləʤɪst] ихтиолог

fisheye [ˈfɪʃaɪ] дрозд

fishing [ˈfɪʃɪŋ] рыбная ловля; право рыбной ловли

fishing boat [ˈfɪʃɪŋ|bout] рыболовное судно

fishing-line [ˈfɪʃɪŋlaɪn] леса

fishing-rod [ˈfɪʃɪŋrɔd] удилище

fishy [ˈfɪʃɪ] рыбный; рыбий; изобилующий рыбой; с рыбным привкусом; подозрительный; сомнительный

fissilingual [fɪsɪˈlɪŋgwəl] с раздвоенным языком

fission [ˈfɪʃ(ə)n] деление; разделение; сегментация; дробление; раскалывание; расщепление; расщепляться

fissionable [ˈfɪʃnəbl] расщепляемый

fissure [ˈfɪʃə] трещина; расщелина; рванина; бороздка; излом

fist [fɪst] кулак; рука; указательный знак в виде изображения пальца руки; ударить кулаком

fistful [ˈfɪstful] *(полная)* горсть чего-либо; пригоршня

fisticuff [ˈfɪstɪkʌf] удар кулаком; кулачный бой; драться в кулачном бою

fistula [ˈfɪstjulə] дудка; свирель; фистула

fistular [ˈfɪstjulə] полый; дудчатый

fit [fɪt] пароксизм; припадок; приступ; судороги; конвульсии; истерия; влечение; настроение; побуждение; музыкальная строфа; межбуквенный просвет; порыв; годный; подходящий; соответствующий; достойный; заслуживающий; подобающий; стоящий; готовый; способный; в хорошем состоянии; в хорошей форме *(о спортсмене)*; здоровый; сильный; соответствовать; годиться; быть впору; совпадать; точно соответствовать; прилаживать(ся); приспосабливать(ся); монтировать; устанавливать; снабжать

to fit in (into) — приноравливать(ся); подходить; вставлять; подгонять; втискивать

fitch [fɪtʃ] волосяная кисть; хорьковый мех

fitchew [ˈfɪtʃuː] черный хорек

fitful [ˈfɪtful] судорожный; разрывный

fitness [ˈfɪtnɪs] годность; соответствие; пригодность; совпадение; приспособленность

fitter [ˈfɪtə] слесарь-монтажник; сборщик; монтер; портной, занимающийся переделкой, примеркой и т. п.

fitter-up [ˈfɪtərʌp] разметчик

fitting ['fɪtɪŋ] пригонка; прилаживание; арматура; фитинг; патрубок; штуцер; ниппель; приспособление; устройство; примерка; монтаж; набор; настройка; сборка; установка; годный; надлежащий

fitting-out ['fɪtɪŋ'aut] оснащение; снаряжение

fitting-room ['fɪtɪŋrum] примерочная

fitting-shop ['fɪtɪŋʃɔp] сборочная мастерская; монтажный цех

five [faɪv] пять; пятерка

five dollar bill ['faɪv,dɔlə'bɪl] билет в пять долларов

five-day ['faɪvdeɪ] пятидневный

five-finger ['faɪv,fɪŋgə] морская звезда; звездообразный; пятиконечный; лапчатка

fivefold ['faɪvfould] пятикратный; впятеро; в пятикратном размере

fivescore ['faɪvskɔ:] сотня; сто

fix [fɪks] дилемма; затруднительное положение; местонахождение; устанавливать; закреплять; фиксировать; констатировать; назначать выборы; укреплять; сгущать; густеть; твердеть

to fix a business appointment — назначить деловое свидание

to fix a coat — починить пиджак

to fix a date — назначать день

fixation [fɪk'seɪʃən] фиксация; фиксирование

fixed [fɪkst] неподвижный; постоянный; закрепленный; неизменный; твердый; стационарный; определенный; плохо растворяющийся; химически связанный; непреложный; навязчивый; установленный; назначенный; зафиксированный; нелетучий

fixed axle ['fɪkst'æksl] неподвижная ось

fixed bearing ['fɪkst'beərɪŋ] неподвижная опора

fixed border ['fɪkst'bɔ:də] установленная граница

fixed capital ['fɪkst'kæptl] основной капитал

fixed deposit ['fɪkst'dɪ'pɔzɪt] срочный вклад

fixing bolt ['fɪksɪŋ'boult] крепежный болт

fixing device ['fɪksɪŋ|dɪ'vaɪs] фиксатор

fixings ['fɪksɪŋz] оборудование; оснастка; принадлежности; снаряжение; экипировка; отделка *(платья)*; гарнир

fixity ['fɪksɪtɪ] недвижимость; неподвижность; покой; непоколебимость; стойкость; устойчивость

fixture ['fɪkstʃə] арматура; приспособление; прибор; подставка; прикрепление; договор фрахтования; хомут; обойма; движимость, соединенная с недвижимостью

fizgig ['fɪzgɪg] шутиха *(фейерверк)*; гарпун; острога

fizz [fɪz] шипение; шампанское; шипучий напиток; свист; шипеть; искриться; играть; свистеть

fizzle ['fɪzl] шипящий звук; неудача; фиаско; слабо шипеть

fizzy ['fɪzɪ] газированный; шипучий

fjord [fjɔ:d] фиорд; фьорд

flabbergast ['flæbəgɑ:st] изумлять; поражать

flabby ['flæbɪ] вялый; дряблый; отвислый; мягкотелый; слабохарактерный

flabellate ['flæbəleɪt] веерообразный

flaccid ['flæksɪd] вялый; слабый; бессильный; пассивный; колеблющийся; неуверенный; нетвердый; дряблый

flag [flæg] знамя; стяг; флаг; признак; флагман; перья; лист удлиненной формы; сигнализировать флагами; украшать флагами; плита *(для мощения)*; выстилать плитами; повиснуть; помечать; отмечать; поникнуть; ослабевать; слабеть; уменьшаться; чахнуть; поникать

flag-bearer ['flæg'beərə] знаменосец; парламентер

flag-captain ['flæg'kæptɪn] командир флагманского корабля

flagellate ['flædʒeleɪt] бичевать; пороть

flagellum [flə'dʒeləm] стелющийся побег; плеть; ус; жгутик

flagitious [flə'dʒɪʃəs] преступный; криминальный

flagman ['flægmæn] сигнальщик

flagon ['flægən] графин или большая бутыль со сплюснутыми боками

flagpole ['flægpoul] флагшток

flagrant ['fleɪgr(ə)nt] ужасающий; вопиющий; ужасный; страшный *(о преступнике и т. п.)*

flagship ['flægʃɪp] флагманский корабль; флагман

flagstaff clamp ['flægstɑ:f'klæmp] обойма для флагштока

flail [fleɪl] цеп; молотить

flair [fleə] нюх; чутье; склонность; способность

flak [flæk] зенитная артиллерия; зенитный огонь; оппозиция; сопротивление; критика; неодобрение; осуждение; порицание

flak jacket ['flæk'dʒækɪt] бронежилет

flake [fleɪk] хлопья; пласт; ряд; слой; чешуйка; тонкий слой; падать, сыпать*(ся)* хлопьями; расслаиваться; шелушиться; сушилка для рыбы

flake out ['fleɪk'aut] терять сознание; засыпать; слабеть *(от голода)*

flaking ['fleɪkɪŋ] отслаивание краски

flaky ['fleɪkɪ] похожий на хлопья; расслоенный; слоистый; чешуйчатый

flam [flæm] фальшивка; подделка; ложь; неправда; лесть; лживость; лицемерие; фальшь; обмануть; одурачить

flamboyant [flæmˈbɔɪənt] огненно-красный цветок; цветистый; яркий; чрезмерно пышный
flame [fleɪm] факел; огонь; пламя; яркий свет; пыл; страсть; гореть; пламенеть; пылать; вспыхнуть; покраснеть; проводить через пламя; стерилизовать пламенем
flame-retardant [ˈfleɪmrɪˈtɑːdənt] невоспламеняющийся; негорючий
flame-thrower [ˈfleɪmˌθrouə] огнемёт
flamenco [fləˈmɛŋkou] фламенко *(муз.)*
flameproof [ˈfleɪmpruːf] жароустойчивый
flaming [ˈfleɪmɪŋ] пламенеющий; пылающий; сочный; яркий; очень жаркий; пламенный; пылкий
flamingo [fləˈmɪŋgou] фламинго
flammable [ˈflæməbl] огнеопасный; легковоспламеняющийся; горючий
flamy [ˈfleɪmɪ] анютины глазки *(бот.)*; фиалка трёхцветная; огненный; пламенный
flan [flæn] открытый пирог с ягодами, фруктами и т. п.; диск для чеканки монеты
flank [flæŋk] бок; боковая сторона; склон *(горы)*; фланг *(воен.)*; крыло *(здания)*; быть расположенным или располагать сбоку, на фланге; защищать или прикрывать фланг; угрожать с фланга
flannelleaf [ˈflænlliːf] медвежье ухо
flap [flæp] клапан *(на кармане)*; отворот; створка; откидная крышка; длинное ухо; заслонка; щиток; звук, производимый развевающимся флагом; взмах крыльев; колыхание знамени и т. п.; удар; хлопок; шлепок; хлопушка *(для мух)*; откидная доска *(стола)*; взмахивать *(крыльями)*; махать; развевать(ся); качать; колебать; колыхать(ся); хлопать; шлёпать; ударять; бить *(ремнём)*; свисать
flap of the ear [ˈflæp|əv|ðəˈɪə] мочка уха
flap-eared [ˈflæpˈɪəd] вислоухий
flapjack [ˈflæpdʒæk] блин; лепёшка; оладья; плоская пудреница
flapper [ˈflæpə] утёнок
flare [flɛə] яркий, неровный свет; сияние; сверкание; блеск; световая вспышка; световой сигнал; сигнальная ракета; раструб; расширение; осветительный патрон; выпуклость *(сосуда и т. п.)*; ярко вспыхивать; ослеплять блеском; гореть ярким, неровным пламенем; коптить *(о лампе)*; расширять(ся); раздвигать; выступать; выдаваться наружу
to flare up — *вспыхнуть; разразиться гневом; вспылить; яростно говорить*
flare-up [ˈflɛərʌp] вспышка; шумная ссора; световой сигнал
flaring [ˈflɛərɪŋ] ярко, неровно горящий; бросающийся в глаза; безвкусный; кричащий; выпуклый; выступающий наружу

flash [flæʃ] вспышка; сверкание; вспышка *(чувства)*; проблеск; дульное пламя; мгновение; сверкать; вспыхивать; давать отблески; отражать; быстро промелькнуть; пронестись; замелькать; осенить; прийти в голову; блеснуть *(о догадке)*; передавать по телеграфу, радио и т. п. *(известия)*; подавать световой сигнал; внезапный; мгновенный
flash flood [ˈflæʃˈflʌd] ливневый паводок; внезапное наводнение
flash-light [ˈflæʃlaɪt] сигнальный огонь; проблесковый свет маяка; всякий неровный, мигающий свет; карманный электрический фонарь; освещение вспышкой
flash-point [ˈflæʃpɔɪnt] температура вспышки; точка воспламенения
flashback [ˈflæʃbæk] взгляд в прошлое; воспоминание; обратный кадр *(кино)*; серия кадров
flashbulb [ˈflæʃbʌlb] лампа-вспышка
flashing beacon [ˈflæʃɪŋˈbiːkən] проблесковый маяк
flashlight [ˈflæʃlaɪt] гальванический элемент; батарейка для карманного фонарика
flashy [ˈflæʃɪ] вульгарный; крикливый; цветистый; витиеватый *(о стиле)*
flask [flɑːsk] фляга; баллон; резервуар; колба; склянка; бутыль; разливать по колбам
flasket [ˈflɑːskɪt] маленькая фляжка; корзина для белья
flat [flæt] помещение; каюта; баржа; плоскодонная лодка; плоскость; плоская поверхность; равнина; низина; отмель; низкий берег; широкая неглубокая корзина; грань; бемоль *(муз.)*; задник *(театр.)*; плоский; ровный; распростёртый во всю длину; нерельефный; вялый; малый *(об интервале)* *(муз.)*; однообразный; скучный; унылый; безжизненный; неэнергичный; единообразный; твёрдый; плоский *(о шутке)*; категорический; прямой; плоско; врастяжку; плашмя; точно; как раз; прямо; без обиняков; решительно; делать или становиться ровным, плоским; квартира *(расположенная в одном этаже)*; дом с такими квартирами; монтажный лист
flat back [ˈflæt|bæk] плоский; прямой корешок *(книги)*
flat brush [ˈflæt|brʌʃ] плоская кисть
flat chisel [ˈflæt|ˈtʃɪzl] плоское долото
flat decision [ˈflæt|dɪˈsɪʒən] окончательное решение
flat denial [ˈflæt|dɪˈnaɪəl] категорический отказ
flat nose pliers [ˈflæt|nouz|ˈplaɪəz] плоскогубцы
flat pallet [ˈflæt|ˈpælɪt] плоский поддон
flat paper [ˈflæt|ˈpeɪpə] листовая бумага
flat plan [ˈflæt|plæn] схема монтажного листа

flat racing ['flæt|'reɪsɪŋ] скачки, не включающие прыжки через барьеры

flat roof ['flæt|ruːf] плоская крыша

flat-boat ['flætbout] плоскодонка

flat-iron ['flæt‚aɪən] утюг; полосовое железо

flatbed ['flætbed] плоскопечатная машина

flatfish ['flætfɪʃ] плоская рыба; камбалообразные

flatlet ['flætlɪt] небольшая квартирка

flatly ['flætlɪ] плоско; ровно; скучно; уныло; категорически; решительно; твердо

flatmate ['flætmeɪt] сосед по квартире

flatness ['flætnɪs] плоскость; пологость; безвкусица; скука; вялость; категоричность; радикальность; решительность; твердость

flatten ['flætn] делать(ся) ровным; плоским; выравнивать; разглаживать; стихать (о ветре, буре); выдыхаться; становиться безвкусным (о пиве, вине); становиться вялым, скучным; придавать матовость; нанести удар; сбить с ног; раздавить; детонировать; понижать на полтона

flattened [flætnd] сплющенный

flatter ['flætə] льстить; приукрашивать; преувеличивать достоинства; быть приятным; ласкать (взор, слух); растирка; гладилка (техн.)

flatterer ['flætərə] льстец

flattering ['flætərɪŋ] льстивый; раболепный; лестный

flattery ['flætərɪ] лесть

flatting ['flætɪŋ] прокатка; плющение

flatware ['flætwɛə] столовый прибор (нож, вилка и ложка); мелкая или плоская посуда

flatways ['flætweɪz] плашмя

flatworms ['flætwəːmz] плоские черви

flaunt [flɔːnt] гордо развеваться (о знаменах); выставлять (себя) напоказ; рисоваться; щеголять

flautist ['flɔːtɪst] флейтист

flavin ['fleɪvɪn] желтая краска; флавин

flavour ['fleɪvə] вкус; аромат; запах; особенность; привкус; приправлять; придавать вкус, запах

flavouring ['fleɪvərɪŋ] приправа; специя

flavourless ['fleɪvəlɪs] безвкусный; без запаха

flaw [flɔː] трещина; разрыв; дефект; брак (товара); изъян; недостаток; порок; пятно; порыв ветра; шквал; трескаться; портить; вызывать трещину; повреждать

flawless ['flɔːlɪs] без изъяна; безупречный

flawy ['flɔːɪ] с изъянами, пороками

flax [flæks] лен; кудель

flaxen ['flæks(ə)n] льняной; светло-желтый; соломенный (о цвете волос)

flay [fleɪ] сдирать кожу; свежевать; чистить; снимать кожицу; обдирать кору и т. п.; вымогать; разорять; драть шкуру; беспощадно критиковать

flay-flint ['fleɪflɪnt] вымогатель; скряга

flea [fliː] блоха; мелкое насекомое

flea market ['fliː|'maːkɪt] «блошиный рынок»; барахолка

flea-bite ['fliːbaɪt] блошиный укус; ничтожная боль; маленькое неудобство или неприятность; рыжее пятно на белой шерсти лошади

fleabane ['fliːbeɪn] полынь

fleahopper ['fliːhɔpə] травяной клоп

fleam [fliːm] ланцет

fleck [flek] крапинка; пятно; веснушка; частица; покрывать пятнами, крапинками; пятнистость

flecker ['flekə] испещрять

fledge [fledʒ] оперяться; выкармливать птенцов; оперять (стрелу); выстилать пухом и перьями (гнездо)

fledged [fledʒd] оперившийся; способный летать (о птицах)

fledg(e)ling ['fledʒlɪŋ] оперившийся птенец; ребенок; неопытный юнец

flee [fliː] бежать; спасаться бегством; избегать; исчезнуть; пролететь

fleece [fliːs] руно; овечья шерсть; копна волос; ворс; начес; стричь овец

fleecy ['fliːsɪ] покрытый шерстью; шерстистый

fleer [flɪə] презрительный взгляд; насмешка; презрительно улыбаться; насмехаться; скалить зубы

fleet [fliːt] флот; флотилия; парк (автомобилей, тракторов и т. п.); быстрый; проворный; скорый; быстротечный; мелкий (о воде); плыть по поверхности; быстро протекать; миновать

fleet-footed ['fliːt'futɪd] быстроногий

fleeting ['fliːtɪŋ] быстрый; мимолетный; скоротечный

flesh [fleʃ] мясо; плоть; тело; полнота; мякоть; похоть; мясистая часть плода; разжигать кровожадность; ожесточать; откармливать; полнеть

flesh-coloured ['fleʃ‚kʌləd] телесного цвета

fleshly ['fleʃlɪ] телесный; плотский; чувственный

fleshy ['fleʃɪ] мясистый; толстый

flex [fleks] гибкий шнур (электр.); гнуть; изгибать; сгибать; склонять

flexibility [‚fleksə'bɪlɪtɪ] гибкость; податливость; упругость; уступчивость; маневренность; приспособляемость; эластичность; пластичность

flexible ['fleksəbl] гибкий; гнущийся; эластичный; податливый; покладистый; послушный; уступчивый; пластичный

flexible binding ['fleksəb(ə)l|'baɪndɪŋ] мягкий переплет

flexible construction ['fleksəbl|kən'strʌkʃən] гибкое толкование

flexible hose ['fleksəbl|'houz] гибкий шланг

flexion ['flekʃ(ə)n] изогнутость; перегиб; сгиб; складка; флексия

flexitime ['fleksɪtaɪm] скользящий график

flexure ['flekʃə] сгибание; прогиб; сгиб; выгибание; изгиб; искривление; кривизна

flibbertigibbet ['flɪbətɪˈdʒɪbɪt] легкомысленный или ненадежный человек; человек без твердых убеждений; сплетник; сплетница

flick [flɪk] легкий удар (хлыстом, ногтем и т. п.); резкое движение; киносеанс; слегка ударить, стегнуть; смахнуть или сбросить что-либо легким ударом или щелчком (пепел с сигареты, крошки и т. п.)

flick-knife ['flɪknaɪf] пружинный, выкидной нож

flicker ['flɪkə] мерцание; мигание; трепетание; дрожание; короткая вспышка; кинокартина; фильм; мерцать; колыхаться; вибрировать; дрожать; качаться; бить; махать крыльями; американский дятел

flicker effect ['flɪkərɪˈfekt] мерцание

flickering ['flɪkərɪŋ] колеблющийся; неустановившийся; неустойчивый; трепещущий

flier ['flaɪə] ушастый окунь; рекламная листовка

flight [flaɪt] полет; перелет; лет; расстояние полета, перелета; рейс (авиац.); стая (птиц); град (стрел, пуль и т. п.); залп; звено (самолетов); выводок (птиц); быстрое течение (времени); ряд барьеров (на скачках); ряд ступеней; пролет лестницы; ряд шлюзов (на канале); совершать перелет; летать; слетаться (о стае птиц); бегство; поспешное отступление; побег

flight recorder ['flaɪtˈrɪkɔːdə] черный ящик (на самолете)

flight-deck ['flaɪtdek] полетная палуба (на авианосце); кабина экипажа авиалайнера

flight-lieutenant ['flaɪtlefˈtenənt] капитан авиации (в Англии)

flight-shot ['flaɪtʃɔt] дальность полета стрелы; выстрел влет

flightless ['flaɪtlɪs] бескрылый

flighty ['flaɪtɪ] непостоянный; изменчивый; ветреный

flim-flam ['flɪmflæm] абсурд; вздор; ерунда; трюк; мошенническая проделка; обманывать; мошенничать; вводить в заблуждение

flimsy ['flɪmzɪ] папиросная или тонкая бумага (для копий); легкий; тонкий (о ткани); ломкий; непрочный; хрупкий; безосновательный; необоснованный

flinch [flɪntʃ] вздрагивать (от боли); дрогнуть; уклоняться; отступать (от выполнения долга, намеченного пути и т. п.)

fling [flɪŋ] бросание; швыряние; сильное, резкое или торопливое движение; резкое (разг.), насмешливое замечание; веселое времяпрепровождение; попытка; бросать(ся); кидать(ся); швырять(ся); сделать быстрое, стремительное движение (руками и т. п.); брыкаться (о животном); распространять (звук, свет, запах); решительно приниматься

to fling aside — отвергнуть; пренебречь; отказаться

to fling down — сбрасывать на землю; разрушать

to fling in — бросать; давать в придачу; вставлять (слова)

to fling together — способствовать встрече; писать; читать в спешке

to fling up — всплеснуть руками; упускать; быстро строить; упоминать

flint [flɪnt] кремень; кремневая галька; что-либо очень твердое или жесткое, как камень

flint cloth ['flɪntˌklɔθ] шкурка

flint-hearted ['flɪntˈhɑːtɪd] жестокосердный

flint-lock ['flɪntlɔk] замок кремневого ружья (ист.); кремневое ружье

flint-paper ['flɪntˌpeɪpə] наждачная бумага

flinty ['flɪntɪ] кремневый; кремнистый; суровый; твердый как скала

flip [flɪp] щелчок; легкий удар; (непродолжительный) полет в самолете; щелкать; ударять слегка; смахнуть; стряхнуть (пепел с сигареты и т. п.); подбросить

flip-flap ['flɪpflæp] хлопающие звуки; сальто-мортале; род фейерверка; шутиха; качели (на ярмарке); род печенья (к чаю)

flippancy ['flɪpənsɪ] ветреность; легкомыслие; несерьезность; дерзость; неуважение

flippant ['flɪpənt] ветреный; легкомысленный; несерьезный; дерзкий; болтливый

flipper ['flɪpə] плавник; плавательная перепонка; ласт

flirt [flɜːt] кокетка; внезапный толчок; взмах; флиртовать; кокетничать; заигрывать; притворяться заинтересованным; быстро двигать(ся) или махать

flirtation [flɜːˈteɪʃ(ə)n] флирт

flirtatious [flɜːˈteɪʃəs] кокетливый

flirty ['flɜːtɪ] любящий пофлиртовать; кокетливый

flit [flɪt] перемена местожительства; перепархивать; перелетать с места на место; порхать; легко и бесшумно двигаться

flitch [flɪtʃ] засоленный и копченый свиной бок; филе палтуса; горбыль (лес.)

flitter ['flɪtə] порхать; летать; махать крыльями

flivver ['flɪvə] дешевый автомобиль; что-либо маленькое, дешевое, незначительное; крах; неудача; поражение; провал

float [flout] пробка; поплавок; буй; паром; пристань; плот; плавательный пояс; пузырь (у рыбы);

плавучая масса *(льда и т. п.)*; рампа *(театр.)*; телега; мастерок *(штукатура)*; плавать; всплывать; держаться на поверхности воды; поддерживать на поверхности воды; плыть по небу *(об облаках)*; проноситься; затоплять; наводнять; спускать на воду; снимать с мели; распространять *(слух)*; быть в равновесии

to float about — существовать; часто менять место работы

float chamber [ˈflout|ˈtʃeɪmbə] поплавковая камера

floatable [ˈfloutəbl] плавающий; плавучий; сплавной

floatage [ˈfloutɪʤ] плавучесть; то, что плавает; плавающие обломки после кораблекрушения; надводная часть судна

floating [ˈfloutɪŋ] плавающий; плавучий; изменчивый

floating barrack [ˈfloutɪŋ|ˈbærək] плавучая казарма

floating bearing [ˈfloutɪŋ|ˈbeərɪŋ] плавающий подшипник

floating bridge [ˈfloutɪŋ|ˈbrɪʤ] понтонный или наплавной мост

floaty [ˈfloutɪ] плавающий; плавучий; легкий

flocculent [ˈflɔkjulənt] пушистый; хлопьевидный

floccus [ˈflɔkəs] пуховое перо; хохолок; концевой пучок волос хвоста

flock [flɔk] пушинка; клочок; пучок *(волос)*; стадо овец; стая *(птиц)*; толпа; группа; паства *(церк.)*; стекаться; держаться вместе

flock of birds [ˈflɔk|əv|ˈbəːdz] стая птиц

floe [flou] плавучая льдина; ледяное поле

floeberg [ˈfloubəːg] обломок айсберга

flog [flɔg] пороть; сечь; стегать; погонять кнутом

flogging [ˈflɔgɪŋ] порка; телесное наказание

flood [flʌd] наводнение; половодье; паводок; прилив; повышение уровня воды; изобилие; поток; затоплять; наводнять; подниматься *(об уровне реки)*; выступать из берегов; устремиться; хлынуть потоком; заливать

flood-gate [ˈflʌdgeɪt] шлюз; шлюзные ворота

floodability [ˈflʌdəbɪlɪtɪ] непотопляемость

floodable [ˈflʌdəbl] затопляемый

floodlight [ˈflʌdlaɪt] прожекторное освещение; освещать прожектором

floor [flɔː] пол; дно; днище; минимальный уровень цен; настил; места для членов *(законодательного)* собрания; аудитория; публика; право выступать на собрании; этаж; ярус; гумно; дно *(моря, пещеры)*; киностудия; производство фильма; настилать пол; повалить на пол; сбить с ног; одолеть; справиться с кем-либо; сразить; смутить; заставить замолчать

floor show [ˈflɔː|ʃou] представление среди публики *(в кабаре и т. п.)*

floor-cloth [ˈflɔːklɔθ] линолеум; половая тряпка

floor-lamp [ˈflɔːlæmp] торшер

floor-manager [ˈflɔːˈmænɪʤə] помощник режиссера

flooring [ˈflɔːrɪŋ] настил; пол; настилка полов; половые доски

floorwalker [ˈflɔːwɔːkə] администратор универсального магазина

flop [flɔp] шлепанье; шлепнуться; плюхнуться; ударить; бить(ся); бить крыльями; полоскаться *(о парусах)*

floppy [ˈflɔpɪ] свободно висящий; ленивый; пассивный *(об уме)*; небрежный *(о стиле)*

floppy disk [ˈflɔpɪ|dɪsk] гибкий диск

flora [ˈflɔːrə] флора

floral [ˈflɔːr(ə)l] цветочный; цветковый; относящийся к флоре; растительный

florescence [flɔːˈresns] цветение; время цветения; расцвет

floret [ˈflɔːrɪt] цветочек

floriated [ˈflɔːrɪeɪtɪd] с цветочным орнаментом

floriculture [ˈflɔːrɪkʌltʃə] цветоводство

florid [ˈflɔrɪd] напыщенный; цветистый; красный; багровый *(о лице)*; кричащий *(о наряде)*

florigen гормон цветения

florist [ˈflɔrɪst] торговец цветами; цветовод

floss [flɔs] шелк-сырец; пух; пушок

flossy [ˈflɔsɪ] шелковистый

flotation ability [flouˈteɪʃən|əˈbɪlɪtɪ] плавучесть; проходимость *(автомобиля)*

flotilla [flouˈtɪlə] флотилия

flotsam [ˈflɔtsəm] выброшенный и плавающий на поверхности груз; плавающие обломки судна

flounce [flauns] резкое нетерпеливое движение; бросаться; метаться; резко двигаться; оборка; отделывать оборками

flounder [ˈflaundə] барахтаться; двигаться с трудом; путаться *(в словах)*; камбала

flour [ˈflauə] крупчатка; мука; порошок; пудра; пыль; посыпать мукой

flourish [ˈflʌrɪʃ] размахивание; завитушка; росчерк; цветистое выражение; фанфары; пышно расти; разрастаться; процветать; преуспевать; быть в расцвете; жить; действовать *(в определенную эпоху)*; размахивать чем-либо; туш *(муз.)*

flourishing [ˈflʌrɪʃɪŋ] здоровый; цветущий; пышущий здоровьем; крепкий; процветающий

floury [ˈflauərɪ] мучной; мучнистый; посыпанный мукой

flout [flaut] презирать; попирать; пренебрегать; топтать; насмехаться; издеваться

flow [flou] ток; текучесть; поток; струя; течение; прилив; изобилие; плавность *(речи, линий)*; течь; литься; струиться; ниспадать; проистекать; происходить; хлынуть; разразиться потоком; уплывать; наводнять; затоплять

flower [ˈflauə] цветок; цветущее растение; цвести; цветение

flower bed [ˈflauəbed] клумба

flowing [ˈflouɪŋ] текущий; водосточный; затекание; разливающийся; сливающийся; протекание; стекающий; струясь; плавно

flowing-out [ˈflouɪŋaut] утечка

flu [fluː] грипп (разг.)

fluctuant [ˈflʌktjuənt] плавающее растение

fluctuate [ˈflʌktjueɪt] колебаться; поколебать; пульсировать; изменить; неустойчивый

fluctuation [ˌflʌktjuˈeɪʃ(ə)n] колебание; пульсация; неустойчивость; отклонение; качание

flue [fluː] дымоход; пушок; газовый канал; хлопья пыли (под мебелью); род рыболовной сети

flueblock [ˈfluːblɔk] вытяжной шкаф

fluency [ˈfluː(ː)ənsɪ] плавность; беглость (речи)

fluent [ˈfluː(ː)ənt] гладкий; плавный; беглый (о речи); владеющий речью; напыщенный и пустой (о словах и т. п.); жидкий; текучий; переменная величина; функция

fluently [ˈfluː(ː)əntlɪ] гладко; плавно; бегло (о речи)

fluff [flʌf] пух; пушок; оплошность; ошибка; промах; плохо выученная роль (театр.); взбивать(ся); вспушить; читать (текст) с оговорками, запинаясь; промазать; промахнуться

fluffy [ˈflʌfɪ] пушистый; взбитый; ворсистый

fluid [ˈfluː(ː)ɪd] жидкость; жидкая или газообразная среда; жидкий; текучий; (постоянно) меняющийся; изменчивый; подвижный; жидкостный

fluid flywheel [ˈfluː(ː)ɪd ˈflaɪwiːl] гидромуфта

fluid medium [ˈfluː(ː)ɪd ˈmiːdjəm] жидкая среда

fluidity [fluː(ː)ˈɪdɪtɪ] жидкое состояние; текучесть; плавность (речи); изменчивость; подвижность

fluke [fluːk] камбала; палтус; плоская рыба; счастливая случайность; получить что-либо или выиграть игру благодаря счастливой случайности

flummery [ˈflʌmərɪ] пустые комплименты; болтовня; вздор; овсяная кашица

flump [flʌmp] глухой шум; стук; падать с глухим шумом; ставить; бросать что-либо на пол с глухим шумом, стуком

flunk [flʌŋk] полный провал; провалить(ся) на экзамене; исключить за неуспеваемость (из учебного заведения)

fluorescence [fluəˈresns] свечение

fluorescent dye [fluəˈresent ˈdaɪ] флуоресцентный краситель

fluorescent lamp [fluəˈresent ˈlæmp] люминесцентная лампа

flurry [ˈflʌrɪ] беспокойство; волнение; суматоха; шквал; сильный порыв ветра; внезапный ливень или снегопад; волновать; будоражить

flush [flʌʃ] внезапный прилив; пролив; поток (воды); смывание; промывка; промывание сильной струей воды (в унитазе и т. п.); прилив крови; краска (на лице); румянец; приступ (лихорадки); прилив; упоение (успехом и т. п.); буйный рост (зелени и т. п.); расцвет (молодости, сил и т. п.); внезапное изобилие чего-либо; полный (до краев — о реке); изобилующий; щедрый; расточительный; бить струей; обильно течь; хлынуть; приливать к лицу; вызывать краску на лице; вспыхнуть; (по)краснеть; затоплять; наполнять; переполнять (чувством); спугивать (дичь); взлетать; вспархивать; карты одной масти; давать вспышку; промывать; давать отростки (побеги); способствовать росту

flush left or flush right [flʌʃ ˈleft ɔː ˌflʌʃ ˈraɪt] выключка строки влево или вправо

flush pipe [ˈflʌʃ paɪp] сливная труба

fluster [ˈflʌstə] беспокойство; возбуждение; волнение; суета; волновать(ся); возбуждать(ся); слегка опьянеть

flute [fluːt] флейта; желобок; выемка; рифля; свистеть (о птице); делать выемки; желобить; играть на флейте

fluted [ˈfluːtɪd] рифленый; волнистый

flutist [ˈfluːtɪst] флейтист

flutter [ˈflʌtə] порхание; махание; дребезжание; волнение; трепет; дрожание; махать или бить крыльями; перепархивать; трепетать; биться неровно (о сердце); махать; развеваться (на ветру); дрожать от волнения; дребезжать; беспокоить(ся); волновать(ся)

flutter and wow [ˈflʌtər ənd ˈwau] детонация звука

fluty [ˈfluːtɪ] напоминающий звук флейты; мягкий и чистый; флейтовый

fluvial [ˈfluːvjəl] речной

fluvioterrestrial [ˈfluːvɪətɪˈrestrɪəl] обитающий в прибрежной зоне рек

flux [flʌks] течение; поток; приток; постоянная смена; обильное отделение; истечение; постоянное движение; истекать; давать слабительное; очищать; вытекать; плавить; расплавлять

fluxible [ˈflʌksəb(ə)l] изменчивый

fly [flaɪ] муха; вредитель (с.-х.); крылатое насекомое; флюгер; полет; расстояние полета; длина (флага); край (флага); разрез брюк; маятник; откидное полотнище палатки; ширинка (у брюк); летать; пролетать; спешить; развевать(ся); улетать; исчезать; пилотировать (самолет); переправлять пассажиров/грузы по воздуху; ловкий; проворный; расторопный; хитроумный; хитрый

to fly an airplane — управлять самолетом

to fly into a rage — прийти в ярость
to fly non-stop — лететь без посадки
to fly off — поспешно убегать; уклоняться; соскакивать; отлетать
to fly open — неожиданно открываться
to fly over — перепрыгнуть; перемахнуть через; перемещать(ся) по воздуху
fly leaf ['flaɪ‖liːf] форзац
fly-agaric ['flaɪˌægərɪk] мухомор *(бот.)*
fly-away ['flaɪəˌweɪ] широкий; свободный *(об одежде)*; развевающийся *(о волосах)*; ветреный; непостоянный *(о человеке)*
fly-by-night ['flaɪbaɪˌnaɪt] ненадежный; безответственный
fly-on-the-wall [ˌflaɪənθəˈwɔːl] документальный *(о фильмах, в которых воспроизводятся обычные события из жизни людей, а не интервью с ними)*
fly-paper ['flaɪˌpeɪpə] липкая бумага от мух
fly-past ['flaɪpɑːst] воздушный парад; демонстрационные полеты
fly-sheet ['flaɪʃiːt] листовка
fly-trap ['flaɪtræp] мухоловка
fly-wheel ['flaɪwiːl] маховое колесо; маховик
flyer ['flaɪə] птица; насекомое; летучая мышь; летчик; пилот; что-либо быстро движущееся; экспресс
flying ['flaɪɪŋ] полеты; летное дело; летающий; летучий; летательный; быстрый
flying adder ['flaɪɪŋˌædə] стрекоза
flying boat ['flaɪɪŋˈbout] летательный аппарат
flying man ['flaɪɪŋˈmæn] авиатор; летчик; пилот
flying visit ['flaɪɪŋˈvɪzɪt] мимолетный визит
flyman ['flaɪmæn] рабочий на колосниках *(театр.)*; кучер
flyover ['flaɪˌouvə] эстакада
foal [foul] жеребенок; осленок; жеребиться; жеребячий
foalfoot ['foulfut] мать-и-мачеха
foam [foum] пена; пениться; быть в бешенстве; взмылиться *(о лошади)*
foam fire extinguisher ['foumˌfaɪərˌɪksˈtɪŋgwɪʃə] пенный огнетушитель
foam plastic ['foumˈplæstɪk] пенопласт
foam-reducing composition ['foumrɪˌdjuːsɪŋˌkɔmpəˈzɪʃən] противопенная присадка в маслах
foamer ['foumə] пенообразователь
foamy ['foumɪ] пенящийся; покрытый пеной; взмыленный
focal ['fouk(ə)l] фокусный *(физ.)*; опорный; основной; центральный
focal distance ['fouk(ə)lˈdɪstəns] фокусное расстояние
focalizer ['foukəlaɪzə] фокусирующее свойство

foci ['foukaɪ] фокус
focus ['foukəs] фокус *(физ.)*; очаг *(инфекции, землетрясения)*; центр; средоточие; базисная точка; собирать(ся); помещать в фокусе; сфокусировать; сосредотачивать
focusing ['foukəsɪŋ] фокусировка
fodder ['fɔdə] корм для скота; фураж; давать корм *(скоту)*
fodder shed ['fɔdəʃed] кормохранилище
fodder silo ['fɔdəˈsaɪlou] силосная башня
foe [fou] враг; противник; недоброжелатель; недруг; неприятель
fog [fɔg] густой туман; дым или пыль, стоящие в воздухе; мгла; окутывать туманом; затуманивать(ся); озадачивать; трава, оставшаяся нескошенной, оставлять траву нескошенной
fog lamp ['fɔgˌlæmp] противотуманная фара
fog-horn ['fɔghɔːn] сирена, подающая сигналы судам во время тумана
fogbound ['fɔgbaund] задержанный туманом
fogey ['fougɪ] старомодный; отсталый
foggy ['fɔgɪ] туманный; темный; неясный
foible ['fɔɪbl] слабая струнка; слабость; недостаток; слабая, гибкая часть клинка
foil [fɔɪl] фольга; контраст; фон; служить контрастом; подчеркивать что-либо; след зверя; сбивать *(собаку)* со следа; ставить в тупик; расстраивать чьи-либо планы; срывать что-либо; отразить нападение; одолеть; рапира
foist [fɔɪst] всунуть; всучить
fold [fould] сгиб; складка; впадина; падь; извилины ущелья, каньона; створ *(двери)*; кольцо *(змеи)*; загон *(для скота)*; овчарня; паства *(церк.)*; загонять *(скот)*; сгибать; завертывать; обнимать; обхватывать; окутывать; фальцевать; складывать
to fold up — свертывать; завертывать; свернуться; скорчиться *(от боли, смеха)*
folded ['fouldɪd] складчатый
folded and collated ['fouldɪdˌəndkɔˈleɪtɪd] сигнальный экземпляр
folder ['fouldə] папка-скоросшиватель; несшитая брошюрка; книжечка *(рекламная, расписание поездов или самолетов)*; фальцовочный станок
folding ['fouldɪŋ] складной; створчатый
folding back seat ['fouldɪŋˈbækˌsiːt] складывающееся заднее сиденье
folding bicycle ['fouldɪŋˈbaɪsɪkl] складной велосипед
folding door ['fouldɪŋdɔː] раздвижная дверь
folding easel ['fouldɪŋˈiːzl] складной мольберт
folding hood ['fouldɪŋhuːd] складной верх
folding shutter ['fouldɪŋˈʃʌtə] жалюзи
folding-bed ['fouldɪŋbed] походная кровать; кровать-раскладушка

folding-chair ['fouldɪŋtʃeə] складной стул
foliage ['foulɪdʒ] листва; зеленая растительность; растительный мир; лиственный орнамент
foliage expansion ['foulɪdʒɪks'pænʃən] распускание листьев
foliage trees ['foulɪdʒ'triːz] лиственные деревья
foliar ['foulɪə] лиственный
foliate ['foulɪt] — *прил.* ['foulɪeɪt] — *гл.* лиственный; листообразный; покрываться листьями
folio ['foulɪou] фолиант; фолиантный; колонцифра
folk [fouk] люди; народ; народный
folk ballad ['fouk'bæləd] народная баллада
folk ballet ['fouk'bæleɪ] народный балет
folk-lore ['fouklɔː] фольклор
folklaw ['fouklɔː] обычай
folksy ['fouksɪ] близкий к народу; народный; коммуникабельный; контактный; общительный
follicle ['fɔlɪkl] кокон; стручок
follow ['fɔlou] соблюдать; придерживаться; явствовать; следовать; идти за; преследовать; следить; провожать *(взглядом)*; слушать; следить *(за словами)*; сопровождать кого-либо; придерживаться; заниматься чем-либо; сменить кого-либо; быть преемником; разделять взгляды; поддерживать; быть последователем; логически вытекать
follow my leader ['fɔlou'maɪ'liːdə] детская игра «делай, как я»
follow shot ['fɔlouʃɔt] кадр, снятый в движении
follow-up ['fɔlouʌp] проверка исполнения; мероприятие, проведенное во исполнение какого-либо решения; дополнительное сообщение; дополняющий; следящая система
follower ['fɔlouə] последователь; поборник; приверженец; сторонник
following ['fɔlouɪŋ] сопровождение; слежение *(за целью)*; вытекающий; позднейший; последующий; попутный *(о ветре, течении)*
folly ['fɔlɪ] глупость; недомыслие; безрассудство; безумие; глупый поступок; дорого стоящий каприз
foment [fou'ment] класть припарки; подстрекать; раздувать; разжигать *(ненависть, беспорядки и т. п.)*
fomentation [,foumen'teɪʃ(ə)n] припарка; подстрекательство
fond [fɔnd] любящий; нежный; излишне доверчивый; излишне оптимистичный
fondle ['fɔndl] ласкать
fondling ['fɔndlɪŋ] любимец
fondly ['fɔndlɪ] нежно; доверчиво; наивно
fondness ['fɔndnɪs] любовь; нежность
font [fɔnt] купель *(церк.)*; шрифт

food [fuːd] пища; питание; еда; корм; провизия; съестные припасы; продовольствие; питательный; продовольственный
food crop ['fuːdkrɔp] продовольственная культура *(с.-х.)*
food waste ['fuːdweɪst] пищевые отходы
food-card ['fuːdkaːd] продовольственная карточка
food-stuffs ['fuːdstʌfs] пища; корма; продовольствие; продукты питания; кормовые продукты; пищевые продукты
fool [fuːl] глупец; дурак; шут; безрассудный; глупый; дурачить(ся); одурачивать; кисель; обманывать
foolery ['fuːlərɪ] дурачество; глупый поступок
foolhardy ['fuːl,haːdɪ] безрассудно храбрый; любящий риск
foolish ['fuːlɪʃ] глупый; безрассудный
foolproof ['fuːlpruːf] несложный; понятный всем и каждому; с предохранителем; безопасный; защищенный от неосторожного или неумелого обращения; верный *(о деле) (разг.)*
foot [fut] ступня; нога; лапа; пята; поступь; походка; шаг; подошва; пехота *(воен.)*; фут *(мера длины)*; опора; основание; подножие; нижняя часть; нижний край; нижнее поле; ножка *(мебели)*; подножка; стойка; носок *(чулка)*; идти пешком; надвязывать *(чулок)*; подытоживать; подсчитывать; достигать; доходить; составлять
foot brake ['futbreɪk] ножной тормоз
foot-bridge ['futbrɪdʒ] пешеходный мостик
foot-gear ['futgɪə] обувь; чулки и носки
foot-hill ['futhɪl] предгорье
foot-key ['futkiː] педаль органа
foot-mark ['futmaːk] след; отпечаток *(ноги)*
foot-note ['futnout] подстрочное примечание; сноска; снабжать подстрочными примечаниями
foot-pace ['futpeɪs] шаг
foot-passenger ['fut,pæsɪndʒə] пешеход
foot-path ['futpaːθ] пешеходная дорожка; тропинка
foot-race ['futreɪs] состязание по ходьбе
foot-wear ['futweə] обувь
footage ['futɪdʒ] длина пленки или фильма в футах; метраж; отснятый материал фильма
football ['futbɔːl] футбол; футбольный
football ball ['futbɔːl'bɔːl] футбольный мяч
football-player ['futbɔːl,pleɪə] футболист
footband ['futbænd] каптал
footboard ['futbɔːd] подножка *(экипажа, железнодорожного вагона, автомобиля)*; запятки; ступенька; изножье *(кровати)*
footfall ['futfɔːl] поступь; звук шагов

FOO — FOR

foothold [ˈfuthould] опора для ноги; точка опоры; опорный пункт; плацдарм
footle [ˈfuːtl] абсурд; глупость; болтать чепуху
footless [ˈfutlıs] безногий; лишенный основания; неуклюжий *(амер.)*; неумелый
footlight [ˈfutlaıt] рампа
footlights [ˈfutlaıts] свет рампы
footloose [ˈfutluːs] независимый; свободный
footman [ˈfutmæn] *(ливрейный)* лакей
footsore [ˈfutsɔː] со стертыми ногами
footstalk [ˈfutstɔːk] стебель
footstep [ˈfutstep] след; поступь; походка; подножка; ступенька
footway [ˈfutweı] пешеходная дорожка; тротуар; лестница *(в шахте)*
footworn [ˈfutwɔːn] усталый *(о путнике)*; исхоженный; утоптанный *(о тропинке и т. п.)*
foppery [ˈfɔpərı] фатовство; щегольство
foppish [ˈfɔpıʃ] пустой
for [fɔː] — полная форма; [fɔr] — сокр.форма перед гласными; [fə] — сокр. форма перед согласными; для; ради; *передается также дательным падежом;* за; ради; за *(о цели)*; от; против; в направлении; к; из-за; по причине; вследствие; в течение; в продолжение; на *(расстояние)*; вместо; в обмен; за что-либо; на *(определенный момент)*; в; на; ибо; ввиду того что
for breakfast [fəˈbrekfəst] на завтрак
for the best [fəðəˈbest] для пользы; на пользу
for the reasons not depending on us [fəðəˈriːznznɔtdıˈpendıŋɔnˈʌs] по независящим от нас обстоятельствам
forage [ˈfɔrıdʒ] еда; корм; пища; фураж; добывать продовольствие или что-либо необходимое; грабить; опустошать
forage plants [ˈfɔrıdʒˈplɑːnts] кормовые растения
forage-cap [ˈfɔrıdʒkæp] пилотка
forager [ˈfɔrıdʒə] фуражир
foramen [fɔˈreımın] отверстие
forasmuch [f(ə)rəzˈmʌtʃ] ввиду того что; поскольку
foray [ˈfɔreı] набег; мародерство; нападение; производить грабительский набег
forbear [ˈfɔːbɛə] — *сущ.* [fɔːˈbɛə] — *гл.* предок; предшественник; родитель; воздерживаться; быть терпеливым; воздержаться *(от действия)*
forbearance [fɔːˈbɛər(ə)ns] воздержанность; снисходительность; терпеливость
forbid [fəˈbıd] запрещать; воспрещать
forbidden [fəˈbıdn] запретный; запрещенный
forbidden digit [fəˈbıdnˈdıdʒıt] запрещенный знак
forbidding [fəˈbıdıŋ] непривлекательный; отталкивающий; противный; угрожающий; грозный; жуткий; страшный; недоступный; недосягаемый; неприступный
forbs [fɔːbz] разнотравье
force [fɔːs] сила; насилие; принуждение; вооруженный отряд; вооруженные силы; войска; действие *(закона, постановления и т. п.)*; влияние; действенность; убедительность; значение; смысл; сила *(физ.)*; заставлять; принуждать; навязывать; брать силой; форсировать; перегружать машину; ускорять *(движение)*; добавлять обороты; выводить; выращивать
force majeure [ˌfɔːsmæˈʒəː] форс-мажор; чрезвычайные обстоятельства
force pump [ˈfɔːsˈpʌmp] нагнетательный насос
force-land [ˈfɔːslænd] совершать вынужденную посадку
force-meat [ˈfɔːsmiːt] фарш
forced [fɔːst] насильственный; обязательный; принудительный; натянутый *(об улыбке)*; неестественный; форсированный *(воен.)*
forced air circulation [ˈfɔːstˈɛəˌsəːkjuˈleıʃən] принудительная циркуляция воздуха
forced aspiration [ˈfɔːstˌæspəˈreıʃən] наддув *(техн.)*
forced circulation [ˈfɔːstˌsəːkjuˈleıʃən] принудительная циркуляция
forced confinement [ˈfɔːstkənˈfaınmənt] принудительное лишение свободы
forced labor [ˈfɔːstˈleıbə] принудительный труд
forcedly [ˈfɔːsıdlı] вынужденно; принужденно
forceful [ˈfɔːsful] сильный; действенный; результативный; убедительный
forceless [ˈfɔːslıs] бессильный
forceps [ˈfɔːseps] хирургические щипцы; пинцет; зажим для ран
forcible [ˈfɔːsəbl] насильственный; принудительный; веский; убедительный *(о доводе и т. п.)*; яркий
forcing [ˈfɔːsıŋ] насилие; принуждение; применение силы; сила; стимуляция *(роста)*; выгонка *(растения)* в парнике
ford [fɔːd] брод; поток; река; переходить вброд
fore [fɔː] нос *(мор.)*; носовая часть судна; впереди *(мор.)*
fore end [ˈfɔːrənd] окорок
fore-edge [ˈfɔːredʒ] передний обрез книги
fore-runner [ˈfɔːˌrʌnə] предтеча; предшественник; вестник; предвестник
forearm [ˈfɔːrɑːm] — *сущ.* [fɔːˈrɑːm] — *гл.* предплечье; заранее вооружаться
forebear [fɔːˈbɛə] прародитель; предок
forebode [fɔːˈboud] предвещать; предрекать; предсказывать; предчувствовать
foreboding [fɔːˈboudıŋ] плохое предзнаменование; предвестник беды; предчувствие

forebrain [fɔːˈbreɪn] передний мозг
forecast [ˈfɔːkɑːst] предсказание; прогноз; прогнозирование; прогнозировать
forecast accuracy [ˈfɔːkɑːstˈækjurəsɪ] точность прогноза
forecaster [ˈfɔːkɑːstə] предсказатель
forecasting activity [ˈfɔːkɑːstɪŋækˈtɪvɪtɪ] прогнозирование
forecasting approach [ˈfɔːkɑːstɪŋəˈprəutʃ] метод прогнозирования
forecastle [ˈfɔːkəsl] бак
forecourt [ˈfɔːkɔːt] внешний двор *(перед домом)*
foredeck [ˈfɔːdek] носовая часть палубы
forefinger [ˈfɔːfɪŋgə] указательный палец
forefoot [ˈfɔːfut] передняя нога или лапа
forefront [ˈfɔːfrʌnt] передовая линия *(фронта)*; передний край; важнейшее место; центр деятельности
forego [fɔːˈgou] предшествовать; отказываться; воздерживаться
foregoing [fɔːˈgouɪŋ] предшествующий; упомянутый выше; вышеизложенный
foregone [fɔːˈgɔn] известный или принятый заранее
foreground [ˈfɔːgraund] передний план *(картины)*; авансцена *(театр.)*; самое видное место
foreground scene [ˈfɔːgraundˈsiːn] передний план
foregut [ˈfɔːgʌt] передняя кишка; головная кишка
forehand [ˈfɔːhænd] передняя часть корпуса лошади *(перед всадником)*; удар справа *(теннис)*; заблаговременный
forehanded [fɔːˈhændɪd] заблаговременный; своевременный
forehead [ˈfɔrɪd] лоб
forehold [ˈfɔːhould] носовой трюм
foreign [ˈfɔrɪn] иностранный; внешний; заграничный; зарубежный; заезжий; нездешний; приезжий; чужой; несвойственный; чуждый; не относящийся к делу; несоответствующий
foreign body [ˈfɔrɪnˈbɔdɪ] инородное тело
foreign commerce [ˈfɔrɪnˈkɔməs] внешняя торговля
foreign currency account [ˈfɔrɪnˌkʌrənsɪəˈkaunt] валютный счет
foreign debt [ˈfɔrɪnˈdet] внешний долг государства
foreign exchange market [ˈfɔrɪnɪksˌtʃeɪndʒˈmɑːkɪt] валютный рынок
foreign language rights [ˈfɔrɪnˌlæŋgwɪdʒˈraɪts] право на перевод книги на иностранный язык
foreign literature [ˈfɔrɪnˈlɪtərɪtʃə] иностранная литература
foreign matter [ˈfɔrɪnˈmætə] примесь
foreign nation [ˈfɔrɪnˈneɪʃən] иностранное государство

foreign policy [ˈfɔrɪnˈpɔlɪsɪ] внешняя политика
foreign rights [ˈfɔrɪnˈraɪts] право на коммерческое использование произведения в других странах
foreign trade [ˈfɔrɪnˈtreɪd] внешняя торговля
foreign-trade balance [ˈfɔrɪntreɪdˈbæləns] внешнеторговый баланс
foreigner [ˈfɔrɪnə] иноземец; иностранец; чужестранец; чужой *(человек)*; иностранный корабль; растение, животное и т. п., вывезенное из другой страны; третье лицо
forejudge [fɔːˈdʒʌdʒ] принимать предвзятое решение; предрешать
foreknow [fɔːˈnou] знать наперед
foreknowledge [fɔːˈnɔlɪdʒ] предвидение
foreland [ˈfɔːlənd] мыс; прибрежная, приморская полоса; коса
foreleg [ˈfɔːleg] передняя нога или лапа
foreman [ˈfɔːmən] мастер; старший рабочий; бригадир; десятник
foremast [ˈfɔːmɑːst] фок-мачта *(мор.)*
foremilk [ˈfɔːmɪlk-] молозиво
foremost [ˈfɔːmoust] передний; передовой; самый главный; выдающийся; на первом месте; прежде всего; во-первых; в первую очередь
forename [ˈfɔːneɪm] имя *(в отличие от фамилии на бланках, анкетах и т. п.)*
forenoon [ˈfɔːnuːn] время до полудня; утро
forensic [fəˈrensɪk] судебный
forensic enquiry [fəˈrensɪkɪnˈkwaɪərɪ] судебная экспертиза
foreordain [ˌfɔːrɔːˈdeɪn] предопределять
forepart [ˈfɔːpɑːt] передняя часть; первая часть
foresail [ˈfɔːseɪl] фок *(мор.)*
foresee [fɔːˈsiː] предвидеть; предвосхищать; предсказывать
foreseeable [fɔːˈsiːəbl] поддающийся предвидению
foreshadow [fɔːˈʃædou] предвещать; предзнаменовать; предрекать; предсказывать
foreshore [ˈfɔːʃɔː] береговая полоса, затопляемая приливом
foreshorten [fɔːˈʃɔːtn] рисовать или чертить в перспективе или ракурсе
foresight [ˈfɔːsaɪt] предвидение; дальновидность; предусмотрительность; мушка *(мушка)*
foreskin [ˈfɔːskɪn] крайняя плоть
forest [ˈfɔrɪst] лес; заповедник *(для охоты)*; лесной; засаживать лесом
forest belt [ˈfɔrɪstˈbelt] лесной пояс
forest bog [ˈfɔrɪstˈbɔg] лесное болото
forest management [ˈfɔrɪstˈmænɪdʒmənt] лесное хозяйство
forest-steppe [ˈfɔrɪststep] лесостепь

forest-tundra [ˈfɔrɪstˈtʌndrə] лесотундра
forestage [ˈfɔːsteɪdʒ] авансцена
forestall [fɔːˈstɔːl] предупреждать; предвосхищать; опережать; забегать вперед; скупать товары или препятствовать их поступлению на рынок с целью повышения цен
forester [ˈfɔrɪstə] лесник; лесничий; обитатель лесов
forestry [ˈfɔrɪstrɪ] лесничество; лесоводство; лесное хозяйство; леса; лесные массивы
foretaste [ˈfɔːteɪst] — *сущ.* [fɔːˈteɪst] — *гл.* предвкушение; предвкушать
foretell [fɔːˈtel] предсказывать; прогнозировать; упреждать
forethought [ˈfɔːθɔːt] предусмотрительность; предумышленный; заранее обдуманное намерение
forethoughtful [fɔːˈθɔːtful] дальновидный; предусмотрительный
foretime [ˈfɔːtaɪm] старые времена; былые дни; прошлое
foretoken [ˈfɔːtouk(ə)n] — *сущ.* [fɔːˈtouk(ə)n] — *гл.* плохое предзнаменование; предвещать; предрекать; предсказывать
foretooth [ˈfɔːtuːθ] передний зуб
forever [fəˈrevə] навсегда; постоянно; беспрестанно
forewarn [fɔːˈwɔːn] остерегать; предостерегать; предупреждать
foreword [ˈfɔːwəd] введение; вступление; предисловие
forfeit [ˈfɔːfɪt] расплата *(за проступок и т. п.)*; утрата; лишение; наложение штрафа; штраф; конфискованная вещь; конфискация; потеря; конфискованный; поплатиться чем-либо; потерять право на что-либо; конфисковывать; лишать
forfeitable [ˈfɔːfɪtəb(ə)l] подлежащий конфискации
forfeited [ˈfɔːfɪtɪd] конфискованный
forfeiture [ˈfɔːfɪtʃə] потеря; конфискация; утрата; штраф; лишение
forgather [fɔːˈɡæðə] встречаться; собираться
forge [fɔːdʒ] кузница; *(кузнечный)* горн; выковывать; ковать; выдумывать; изобретать; придумывать; подделывать *(документ, подпись и т. п.)*; постепенно обгонять; постепенно выходить на первое место; возглавлять; лидировать
forged deeds [ˈfɔːdʒdˈdiːdz] подложные документы
forged die [ˈfɔːdʒdˈdaɪ] поддельный штамп
forger [ˈfɔːdʒə] тот, кто подделывает документы, подписи и т. п.; фальшивомонетчик; кузнец
forgery [ˈfɔːdʒ(ə)rɪ] подделка; подлог; фальсификация; фальшивка; подделывание; фальшивые деньги

forget [fəˈɡet] забывать; забываться; вести себя недостойно
forget-me-not [fəˈɡetmɪnɔt] незабудка
forgetful [fəˈɡetful] забывчивый; неаккуратный; небрежный
forgettable [fəˈɡetəbl] забываемый
forging machine [ˈfɔːdʒɪŋ|məˈʃiːn] ковочная машина; пресс для горячей штамповки
forgivable [fəˈɡɪvəbl] простительный
forgive [fəˈɡɪv] прощать; не требовать; не взыскивать *(долг)*
forgiveness [fəˈɡɪvnɪs] амнистия; помилование; прощение
forgiving [fəˈɡɪvɪŋ] всепрощающий; снисходительный
forgo [fɔːˈɡou] отказываться; воздерживаться от чего-либо
forgotten [fəˈɡɔtn] забытый
fork [fɔːk] вилка; рогатина; вилы; камертон; разветвление; ответвление; раздвоение; развилка *(дорог)*; распутье; рукав *(реки)*; вилка *(велосипеда)*; ветвиться; ответвляться; разветвляться; работать вилами
fork-lift [ˈfɔːklɪft] грузоподъемник
forked [fɔːkt] вилочный; вразвилку; раздвоенный; разветвленный
forkful [ˈfɔːkful] количество, которое можно зацепить вилкой
forlorn [fəˈlɔːn] несчастный; заброшенный; одинокий; покинутый
form [fɔːm] форма; вид; очертание; контур; фигура; разновидность; порядок; общепринятая форма; образец; бланк; анкета; формуляр; построение *(воен.)*; формирование; готовность; состояние; формальность; церемония; этикет; скамья; класс *(в школе)*; форма *(грам.)*; придавать, принимать *(форму, вид)*; составлять; создавать(ся); образовывать(ся); воспитывать; вырабатывать *(характер, качества и т. п.)*; дисциплинировать; тренировать; формировать(ся); строиться; формировать *(части) (воен.)*; основывать; заключать
form-master [ˈfɔːmˌmɑːstə] классный руководитель
formal [ˈfɔːm(ə)l] официальный; формальный; номинальный; относящийся к внешней форме; внешний; правильный; соответствующий правилам; симметричный; надлежаще оформленный
formal accusation [ˈfɔːm(ə)l|ˌækju(ː)ˈzeɪʃən] официальное обвинение
formal announcement [ˈfɔːm(ə)l|əˈnaunsmənt] официальное сообщение
formal authorities [ˈfɔːm(ə)l|ɔːˈθɔrɪtɪz] официальные полномочия

formal banquet [ˈfɔːm(ə)l ˈbæŋkwɪt] официальный прием; государственный прием
formal defect [ˈfɔːm(ə)l dɪˈfekt] недостаток формы
formal law [ˈfɔːm(ə)l ˈlɔː] процессуальное право
formal order [ˈfɔːm(ə)l ˈɔːdə] официальный приказ
formalism [ˈfɔːməlɪzm] формализм; педантичность; обрядовость (*рел.*)
formalist [ˈfɔːməlɪst] формалист; педант
formality [fɔːˈmælɪtɪ] соблюдение установленных норм и правил; педантичность; формальность; специальная процедура
formalization [ˌfɔːməlaɪˈzeɪʃən] формализация
format [ˈfɔːmæt] формат; размер страницы; форматировать; стандарт
formation [fɔːˈmeɪʃ(ə)n] фактура бумаги; образование; создание; формирование; составление; конструкция; строение; структура; характер; расположение; строй; порядок (*войск*)
formative [ˈfɔːmətɪv] образующий; созидательный; словообразующий
former [ˈfɔːmə] составитель; творец; разработчик; создатель; формирователь; бывший; давний; прежний; старый; предшествующий
former marriage [ˈfɔːməˈmærɪʤ] прежний брак
formicary [ˈfɔːmɪkərɪ] муравейник
formication [ˌfɔːmɪˈkeɪʃ(ə)n] мурашки по телу
formidable [ˈfɔːmɪdəbl] грозный; жуткий; страшный; чудовищный; гигантский; громадный; обширный; огромный; труднопреодолимый; внушительный; значительный
forming [ˈfɔːmɪŋ] составление; образование; штамповка
formless [ˈfɔːmlɪs] аморфный; бесформенный
formula [ˈfɔːmjulə] формула; формулировка; доктрина; лозунг; рецепт; смесь (*для грудных детей*); аналитическое выражение
formulaic [ˌfɔːmjuˈleɪk] стереотипный; шаблонный
formulary [ˈfɔːmjul(ə)rɪ] свод правил; система
formulate [ˈfɔːmjuleɪt] выражать; излагать; формулировать; выражать в виде формулы
formulation [ˌfɔːmjuˈleɪʃ(ə)n] редакция; формулировка
formulism [ˈfɔːmjulɪzm] слепое следование формуле
formwork [ˈfɔːmwəːk] опалубка
fornicate [ˈfɔːnɪkeɪt] вступать во внебрачную связь
fornication [ˌfɔːnɪˈkeɪʃ(ə)n] внебрачная связь
forsake [fəˈseɪk] оставлять; покидать; отказываться (*от привычки и т. п.*)
forsaken [fəˈseɪk(ə)n] брошенный; покинутый
forsooth [fəˈsuːθ] несомненно; поистине
forswear [fɔːˈsweə] лжесвидетельствовать; отказываться; отрекаться; отступаться; нарушать клятву; отрицать под присягой
forsworn [fɔːˈswɔːn] клятвопреступник
fort [fɔːt] форт; крепость
fort-feasor [ˈfɔːtˈfiːzə] правонарушитель
forte [ˈfɔːt] [ˈfɔːtɪ] сильная сторона (*в человеке*); форте (*муз*)
fortescue [ˈfɔːtɪskjuː] морской ерш
forth [fɔːθ] вперед; дальше; вовне; наружу; впредь
forthcoming [fɔːθˈkʌmɪŋ] появление; приближение; приход; явление; предстоящий; грядущий; близкий; будущий; приближающийся; ожидаемый; готовящийся к печати; обходительный (*разг.*); приветливый; общительный (*о человеке*)
forthright [ˈfɔːθraɪt] — *прил.* [fɔːˈθraɪt] — *нар.* прямой; откровенный; открытый; прямолинейный; честный; явный; прямо; решительно
forthright approach [ˈfɔːθraɪt əˈprəʊʧ] прямой подход
forthwith [fɔːθˈwɪθ] немедленно; тотчас
forties [ˈfɔːtɪz] сороковые годы; пятый десяток (*возраст между 40 и 49 годами*)
fortieth [ˈfɔːtɪɪθ] сороковой; сороковая часть
fortification [ˌfɔːtɪfɪˈkeɪʃ(ə)n] фортификация; укрепления; крепление (*вина*)
fortified [ˈfɔːtɪfaɪd] укрепленный (*воен.*); обогащенный; крепленый
fortify [ˈfɔːtɪfaɪ] укреплять; поддерживать (*морально, физически*); подтверждать; подкреплять (*фактами*); укреплять; сооружать укрепление
fortissimo [fɔːˈtɪsɪmoʊ] фортиссимо (*муз.*)
fortitude [ˈfɔːtɪtjuːd] сила духа; стойкость
fortnight [ˈfɔːtnaɪt] две недели
fortnightly [ˈfɔːt.naɪtlɪ] двухнедельный; выходящий раз в две недели (*о журнале*); происходящий каждые две недели; раз в две недели
fortress [ˈfɔːtrɪs] крепость
fortuitous [fɔːˈtjuː(ː)ɪtəs] беспорядочный; случайный; стохастический
fortuity [fɔːˈtjuː(ː)ɪtɪ] случайность; случай
fortunate [ˈfɔːʧnɪt] счастливый; удачный; благополучный; благоприятный; успешный
fortunately [ˈfɔːʧunɪtlɪ] счастливо; к счастью
fortune [ˈfɔːʧ(ə)n] удача; счастье; счастливый случай; рок; судьба; фатум; богатство; состояние; происходить; случаться; совершаться; наткнуться
fortune-teller [ˈfɔːʧ(ə)nˌtelə] ворожея; гадалка
fortuneless [ˈfɔːʧ(ə)nlɪs] незадачливый; несчастный; неудачный; бедный
forty [ˈfɔːtɪ] сорок; сорок (*единиц, штук*)

forum ['fɔːrəm] форум (ист.); суд (совести, чести, общественного мнения); заседание; конференция; собрание; форум; свободная дискуссия

forward ['fɔːwəd] передний; передовой; прогрессивный; идущий впереди других; работающий, успевающий лучше других; готовый (помочь и т. п.); всюду сующийся; развязный; нахальный; ранний; скороспелый; преждевременный; необычно ранний; заблаговременный (о закупках, контрактах); вперед; дальше; впредь; нападающий (в футболе) (спорт.); ускорять; помогать; способствовать; отправлять; пересылать; посылать; препровождать; представлять; подавать; передавать

forward base ['fɔːwəd|beɪs] главное основание; главная причина

forward path ['fɔːwəd|pɑːθ] цепь прямой передачи

forward somersault ['fɔːwəd|'sʌməsɔːlt] сальто вперед

forward split ['fɔːwəd|splɪt] шпагат (спорт.)

forwarder ['fɔːwədə] перевозчик; экспедитор

forwarding address ['fɔːwədɪŋ|ə'dres] адрес, по которому следует пересылать письма

forwarding agents ['fɔːwədɪŋ|'eɪdʒənts] экспедиторская фирма

forwardness ['fɔːwədnɪs] раннее развитие; готовность; самоуверенность; развязность; нахальство

forworn [fɔː'wɔːn] измученный; изнуренный; усталый

fossa ['fɔsə] яма; ямка; впадина; канал

fosse [fɔs] траншея (воен.)

fossick ['fɔsɪk] искать; разыскивать (разг.)

fossil ['fɔsl] окаменелость; ископаемое; ископаемый; окаменелый; несовременный; старомодный; устарелый

fossilize ['fɔsɪlaɪz] превращать(ся) в окаменелость; закоснеть

fossorial [fɔ'sɔːrɪəl] роющий; копающий

foster ['fɔstə] воспитывать; выхаживать; ходить (за детьми, больными); питать (чувство); лелеять (мысль); поощрять; побуждать; стимулировать; благоприятствовать

foster home ['fɔstə|'houm] приемная семья

foster-brother ['fɔstə,brʌðə] молочный брат

foster-child ['fɔstətʃaɪld] приемыш; воспитанник

foster-father ['fɔstə,fɑːðə] приемный отец

foster-mother ['fɔstə,mʌðə] кормилица; приемная мать

foster-sister ['fɔstə,sɪstə] молочная сестра

fosterage ['fɔstərɪdʒ] воспитание (чужого) ребенка; отдача (ребенка) на воспитание; побуждение; поощрение

fosterling ['fɔstəlɪŋ] питомец; подопечный

foul [faul] грязный; отвратительный; загрязненный; гнойный (о ране); заразный (о болезни); бесчестный; нравственно испорченный; подлый; предательский; неправильный; сыгранный не по правилам; непотребный; непристойный; бурный; ветреный (о погоде); встречный (о ветре); заросший ракушками и водорослями (о подводной части судна) (мор.); что-либо дурное, грязное и т. п.; столкновение (при беге, верховой езде и т. п.); нарушение правил игры (спорт.); нечестно; пачкать(ся); засорять(ся); нечестно играть (спорт.)
to commit a foul — совершить преступление

foul langauage ['faul|'læŋgwɪdʒ] сквернословие

foul motive ['faul|'moutɪv] низменное побуждение

foul words ['faul|wɔːdz] сквернословие

foul-mouthed ['faulmauðd] сквернословящий

fouling ['faulɪŋ] загрязнение; засорение; нагар; неисправность; неполадка; неверные показания приборов

foully ['faulɪ] грязно; отвратительно; предательски; жестоко

foumart ['fuːmɑːt] хорек

found [faund] давать основание; закладывать (фундамент, город); основывать; учреждать; создавать; учреждать; обосновывать; подводить основу; опираться; основываться (о доводах и т. п.); плавить; лить; отливать; снабженный всем необходимым

foundation [faun'deɪʃ(ə)n] фундамент; основа; устои; основание (города и т. п.); обоснованность; организация; учреждение; фонд

foundation nut [faun'deɪʃ(ə)n|nʌt] опорная гайка

foundation pit [faun'deɪʃ(ə)n|pɪt] котлован

foundationer [faun'deɪʃnə] стипендиат (получающий стипендию из благотворительных средств)

founded ['faundɪd] обоснованный; основанный

founder ['faundə] основатель; основоположник; родоначальник; учредитель; плавильщик; литейщик; идти ко дну; тонуть; погружаться

foundling ['faundlɪŋ] найденыш; подкидыш

foundling-hospital ['faundlɪŋ'hɔspɪtl] приют; воспитательный дом

foundress ['faundrɪs] основательница; учредительница

foundry ['faundrɪ] литейная; литейный цех; литье; отливка; литейное производство (дело)

foundry proof ['faundrɪ|pruːf] подписная корректура

fountain ['fauntɪn] ключ; источник; исток реки; фонтан; резервуар

fountain-head ['fauntɪn'hed] источник; ключ; первоисточник; первопричина

fountain-pen ['fauntɪnpen] авторучка

four [fɔː] четыре; четверка

four and twenty ['fɔːr|ənd|'twentɪ] двадцать четыре

four-barrel [ˈfɔːˈbærəl] четырехствольный
four-colour [ˈfɔːˈkʌlə] четырехкрасочный
four-colour printing [ˈfɔːkʌləˈprɪntɪŋ] четырехкрасочная печать
four-cornered [ˈfɔːˈkɔːnəd] четырехугольный
four-footed [ˈfɔːˈfutɪd] четвероногий
four-handed [ˈfɔːˈhændɪd] четверорукий (об обезьяне); для четырех человек (об игре); разыгрываемый в четыре руки (на рояле)
four-in-hand [ˈfɔːrɪnˈhænd] экипаж четверкой; галстук-самовяз, завязывающийся свободным узлом с двумя длинными концами
four-layer semiconductor rectifier [ˈfɔːleɪəˌsemɪkəndʌktəˈrektɪfaɪə] четырехслойный вентиль
four-letter word [ˈfɔːletəˈwəːd] непристойное слово; ругательство
four-masted [ˈfɔːˈmaːstɪd] четырехмачтовый
four-oared [ˈfɔːˈɔːd] четырехвесельный
four-seater [ˈfɔːˈsiːtə] четырехместная машина
four-square [ˈfɔːˈskwɛə] квадрат; квадратный; прямо; честно
four-way piece [ˈfɔːweɪˈpiːs] крестовина
four-wheel drive [ˈfɔːwiːlˈdraɪv] привод на четыре колеса
four-wheel drive off-road car [ˈfɔːwiːlˈdraɪvˌɔːfroudˈkaː] полноприводной автомобиль повышенной проходимости
fourfold [ˈfɔːfould] четырехкратный; четырежды; вчетверо
fourscore [ˈfɔːˈskɔː] восемьдесят; восемьдесят лет (о возрасте)
foursome [ˈfɔːsəm] игра в гольф между двумя парами (спорт.); компания (разг.); группа из четырех человек
fourteen [ˈfɔːˈtiːn] четырнадцать
fourteenth [ˈfɔːˈtiːnθ] четырнадцатый; четырнадцатая часть; четырнадцатое число
fourth [fɔːθ] четвертый; четверть; четвертое число
fourthly [ˈfɔːθlɪ] в-четвертых
fowl [faul] птица; дичь; домашняя птица; курица или петух; охотиться на дичь; ловить птиц
fowl-run [ˈfaulrʌn] птичий двор; птичник
fowler [ˈfaulə] птицелов; охотник
fowling bag [ˈfaulɪŋbæg] ягдташ
fowling-piece [ˈfaulɪŋpiːs] охотничье ружье
fox [fɔks] лиса; лисий мех; песец; гиеновидная собака, хитрец; лисий; покрывать(ся) бурыми пятнами (о бумаге)
fox-brush [ˈfɔksbrʌʃ] лисий хвост
fox-terrier [ˈfɔksˌterɪə] фокстерьер
foxberry [ˈfɔksberɪ] брусника
foxglove [ˈfɔksglʌv] наперстянка
foxhole [ˈfɔkshoul] лисья нора; стрелковая ячейка
foxtrot [ˈfɔkstrɔt] фокстрот (муз.); танцевать фокстрот
foxy [ˈfɔksɪ] лисий; хитрый; рыжий; красно-бурый; покрытый пятнами сырости (о бумаге); прокисший (о вине, пиве); имеющий резкий запах
foyer [ˈfɔɪeɪ] фойе (франц.)
frabjous [ˈfræbjəs] великолепный (разг.); веселый; оживленный; радостный
fraction [ˈfrækʃ(ə)n] дробь; частица; доля; крупица; искра; крупинка; обломок; осколок; фракция; коэффициент
fractional [ˈfrækʃnl] дробный; частичный; незначительный
fractional amount [ˈfrækʃnlˈəmaunt] часть суммы
fractional combustion [ˈfrækʃnlkəmˈbʌstʃən] неполное сгорание
fracture [ˈfræktʃə] перелом (мед.); трещина; разрушение; излом; разрыв; ломать(ся); вызывать перелом; раздроблять; разрушаться; трескаться
fracture toughness [ˈfræktʃəˈtʌfnɪs] вязкость разрушения; вязкость на излом; изломостойкость
fragile [ˈfrædʒaɪl] ломкий; хрупкий; ломкий; слабый; временный; недолговечный; преходящий
fragility [frəˈdʒɪlɪtɪ] ломкость; хрупкость; слабость; недолговечность
fragment [ˈfrægmənt] обломок; осколок; глыба; кусок; часть; отрывок; фрагмент; обрывок
fragmentary [ˈfrægmənt(ə)rɪ] отрывочный; фрагментарный
fragmentation [ˌfrægmenˈteɪʃ(ə)n] дробление; разбиение; разделение; раздробление; разрыв (снаряда) на осколки; осколочный
fragmented [ˈfrægməntɪd] разбитый на куски
fragrance [ˈfreɪgr(ə)ns] аромат; благоухание
fragrant [ˈfreɪgr(ə)nt] ароматный; благоухающий
frail [freɪl] тростник; корзина из тростника; ломкий; слабый; непрочный; хрупкий; болезненный; хилый; бренный; нравственно неустойчивый
frailty [ˈfreɪltɪ] хрупкость; непрочность; бренность; моральная неустойчивость
frame [freɪm] сооружение; система; станина; строение; остов; скелет; костяк; каркас; сруб; строение; структура; телосложение; рамка; рама; оправа (очков); парниковая рама; создавать; вырабатывать; составлять; сооружать; строить; вставлять в рамку; приспосабливать; развиваться; выражать в словах; произносить; сфабриковать; подстроить ложное обвинение; вырабатывать
frame duration [ˈfreɪmdjuəˈreɪʃən] длительность кадра
frame-by-frame recording [ˈfreɪmbaɪˈfreɪmrɪˈkɔːdɪŋ] покадровая видеозапись

frame-saw [ˈfreɪmsɔː] рамная пила
frame-to-frame jitter [ˈfreɪmtəˈfreɪmˈdʒɪtə] дрожание изображения
frame-up [ˈfreɪmʌp] тайный сговор; подтасовка фактов; ложное обвинение; провокация; судебная инсценировка; западня; капкан; ловушка; инсценированный
framework [ˈfreɪmwəːk] конструкция; система; пределы; сруб; остов; корпус; каркас; рама; обрамление; коробка; структура; рамки
framing [ˈfreɪmɪŋ] кадрирование; обрамление; рама; остов; сруб; структура; выработка; создание
franchise [ˈfræntʃaɪz] привилегия; льгота; право; избирательное право; франшиза (фин.)
frangible [ˈfrændʒɪbl] ломкий; хрупкий
frank [fræŋk] искренний; откровенный; открытый; освобождать от уплаты
frankfurter [ˈfræŋkfətə] сосиска
frankincense [ˈfræŋkɪnˌsens] ладан
frantic [ˈfræntɪk] безумный; неистовый; яростный
frap [fræp] связывать
fraternal [frəˈtəːnl] братский
fraternal twins [frəˈtəːnlˈtwɪnz] разнояйцовые близнецы
fraternity [frəˈtəːnɪtɪ] братство; община; ассоциация; лагерь; содружество
fraternization [ˌfrætənaɪˈzeɪʃ(ə)n] тесная дружба; братание
fraternize [ˈfrætənaɪz] относиться по-братски; брататься
fratricidal [ˌfreɪtrɪˈsaɪdl] братоубийственный
fratricide [ˈfreɪtrɪsaɪd] братоубийца; братоубийство
fraud [frɔːd] обман; мошенничество; подделка; обманщик; мошенник
fraudster [ˈfrɔːdstə] жулик; мошенник; обманщик; плут
fraudulent [ˈfrɔːdjulənt] обманный; жульнический; мошеннический
fraudulent concealment [ˈfrɔːdjulənt kənˈsiːlmənt] утаивание в обманных целях
fraudulent conversation [ˈfrɔːdjulənt ˌkɔnvəˈseɪʃən] мошенничество
fraudulent conveyance [ˈfrɔːdjulənt kənˈveɪəns] отчуждение имущества
fraught [frɔːt] полный; преисполненный; чреватый; нагруженный
fray [freɪ] драка; столкновение; протершееся место; протирать(ся); изнашивать(ся); обтрепывать(ся); раздражать; истрепать; издергать (нервы)
frazzle [ˈfræzl] изношенность (платья); потертые, обтрепанные края платья; махры; протереть(ся); износить(ся) до лохмотьев; измучить; вымотать
freak [friːk] каприз; причуда; чудачество; уродец; ненормальный ход (какого-либо естественного процесса); необычный; странный; причудливый; покрывать пятнами, полосами; испещрять; разнообразить
freak accident [ˈfriːkˈæksɪdənt] нелепый случай
freaked [friːkt] испещренный
freakish [ˈfriːkɪʃ] капризный; неестественный; причудливый; странный
freckle [ˈfrekl] веснушка; пятнышко; крапинка; покрывать(ся) веснушками
freckled [ˈfrekld] веснушчатый
free [friː] свободный; вольный; находящийся на свободе; безвозмездный; попутный; благоприятный; автономный; независимый; беспошлинный; непринужденный; добровольный; без принуждения; незанятый; грациозный; легкий; неограниченный; не стесненный правилами, обычаями и т. п.; щедрый; обильный; бесплатный; даровой; освобожденный от оплаты; доступный; открытый; незакрепленный; неприкрепленный; лишенный (чего-либо); свободно; бесплатно; освобождать (от); выпускать на свободу
free acceleration [ˈfriːækˌseləˈreɪʃən] свободное ускорение; разгон двигателя без нагрузки
free access [ˈfriːˈæksɪs] свободный доступ
free car park [ˈfriːˈkaːˈpaːk] бесплатная стоянка
free competition [ˈfriːˌkɔmpɪˈtɪʃən] свободная конкуренция
free currency [ˈfriːˈkʌrənsɪ] свободно конвертируемая валюта
free delivery [ˈfriːdɪˈlɪvərɪ] бесплатная доставка
free education [ˈfriːˌedju(ː)ˈkeɪʃən] бесплатное обучение
free engine clutch [ˈfriːˈendʒɪnˈklʌtʃ] муфта свободного хода
free lance work [ˈfriːˈlaːnsˈwəːk] внештатная работа
free lawyer [ˈfriːˈlɔːjə] бесплатный адвокат
free leg [ˈfriːˈleg] маховая нога (спорт.)
free list [ˈfriːˈlɪst] список товаров, не облагаемых пошлиной
free of charge [ˈfriːəvˈtʃaːdʒ] бесплатно
free on rail [ˈfriːɔnˈreɪl] франко-вагон
free will [ˈfriːˈwɪl] произвол; свобода воли
free-custom [ˈfriːˈkʌstəm] беспошлинный
free-floating [ˌfriːˈfloutɪŋ] нецелеустремленный; плывущий по течению
free-lancer [ˈfriːlaːnsə] работающий по найму
free-thinker [ˈfriːˈθɪŋkə] вольнодумец; свободомыслящий; атеист
free-throw line [ˈfriːθrouˈlaɪn] зона штрафного броска (спорт.)

free-way [ˈfriːweɪ] автострада *(амер.)*; многопутная дорога

free-will [ˈfriːwɪl] добровольный

freebooter [ˈfriːˌbuːtə] грабитель; вор; пират; похититель; флибустьер

freedom [ˈfriːdəm] независимость; самостоятельность; свобода; право; привилегия; свободное пользование; вольность *(разг.)*

freedom of speech [ˈfriːdəm|əv|ˈspiːtʃ] свобода слова

freedom of the city [ˈfriːdəm|əv|ðə|ˈsɪtɪ] почетное гражданство и вытекающие из него привилегии

freedom of the press [ˈfriːdəm|əv|ðə|ˈpres] свобода печати

freedom of worship [ˈfriːdəm|əv|ˈwɜːʃɪp] свобода веры

freelance [ˈfriːlɑːns] внештатный работник; работать внештатно

freeloader [ˈfriːloudə] иждивенец; нахлебник *(разг.)*

freely [ˈfriːlɪ] свободно; вольно; обильно; широко

freeman [ˈfriːmən] почетный гражданин города; полноправный гражданин

freephone [ˈfriːfoun] номер телефона, по которому можно звонить бесплатно

freestyle [ˈfriːstaɪl] использующий свободный стиль *(спорт.)*; фристайл

freestyle wrestling [ˈfriːstaɪl|ˈreslɪŋ] вольная борьба

freeze [friːz] запрет; блокирование; контроль; замерзать; покрываться льдом; мерзнуть; замораживать; застывать; затвердевать; стынуть; замораживать *(фонды и т. п.) (фин.)*; запрещать использование, производство или продажу сырья или готовой продукции

to freeze off — отказать(ся)

freeze frame [ˈfriːz|freɪm] стоп-кадр *(телевид.)*

freezer [ˈfriːzə] морозилка; камера замораживания; мороженица

freezing [ˈfriːzɪŋ] замерзание; застывание; замораживание; ледяной; леденящий; замораживающий; охлаждающий; замерзающий; не стойкий к морозу

freezing chamber [ˈfriːzɪŋ|ˈtʃeɪmbə] морозильная камера

freezing-point [ˈfriːzɪŋpɔɪnt] точка замерзания

freight [freɪt] фрахт; стоимость перевозки; плата за провоз; груз; наем судна для перевозки грузов; грузовой; товарный; грузить; фрахтовать

freight car [ˈfreɪt|kɑː] грузовой вагон

freight carrier [ˈfreɪt|ˈkærɪə] грузовой самолет

freight charges [ˈfreɪt|ˈtʃɑːdʒɪz] грузовые тарифы

freight costs [ˈfreɪt|kɔsts] транспортные расходы

freight terminal [ˈfreɪt|ˈtɜːmɪnəl] грузовой терминал

freight transport [ˈfreɪt|ˈtrænspɔːt] грузовой транспорт

freight vessel [ˈfreɪt|ˈvesl] грузовое судно

freightage [ˈfreɪtɪdʒ] фрахтовка; перевозка грузов; грузовместимость

freighter [ˈfreɪtə] фрахтовщик; наниматель *(владелец)* грузового судна; грузовое судно; грузовой самолет

frenetic [frɪˈnetɪk] буйный; бурный; неистовый; несдержанный

frenzied [ˈfrenzɪd] взбешенный

frenzy [ˈfrenzɪ] безумие; бешенство; неистовство

frequency [ˈfriːkwənsɪ] частота; частотность; частое повторение; повторяемость; концентрация

frequency curve [ˈfriːkwənsɪ|ˈkɜːv] частотная кривая

frequent [ˈfriːkwənt] — *прил.* [friːˈkwent] — *гл.* частый; часто повторяемый, встречающийся; обычный; часто посещать

frequenter [frɪˈkwentə] постоянный посетитель; завсегдатай

fresco [ˈfreskou] стенная роспись; фреска; фресковая живопись; украшать фресками

fresh [freʃ] свежий; новый; добавочный; бодрый; не уставший; свежий; чистый; здоровый; цветущий; бодрящий *(о погоде)*; свежий; крепкий *(о ветре)*; неопытный; прохлада

fresh air [ˈfreʃ|eə] свежий воздух

fresh bail [ˈfreʃ|beɪl] новое поручительство

fresh bread [ˈfreʃ|bred] свежий хлеб

fresh butter [ˈfreʃ|bʌtə] свежее масло

fresh hand [ˈfreʃ|hænd] неопытный человек

fresh-frozen [ˈfreʃˈfrouzn] свежезамороженный

freshen [ˈfreʃn] освежать *(в памяти)*; свежеть *(о ветре)*

freshen up [ˈfreʃn|ˈʌp] освежиться; освежить *(идею, текст)*

freshener [ˈfreʃnə] освежающий напиток; освежитель *(воздуха)*

freshening [ˈfreʃnɪŋ] очистка; опреснение воды; освежение воздуха

freshet [ˈfreʃɪt] поток пресной воды, вливающийся в море; выход реки из берегов; половодье; паводок

freshly [ˈfreʃlɪ] свежо; бодро; недавно; только что

freshman [ˈfreʃmən] первокурсник; новичок в школе

freshwater [ˈfreʃˌwɔːtə] пресноводный

fret [fret] лад *(муз.)*; раздражение; волнение; мучение; брожение *(напитков)*; разъедать; перетираться *(о тросе)*; подтачивать; размывать; подергиваться рябью; беспокоить(ся); мучить(ся); прямоугольный орнамент; украшать резьбой или лепкой; лад *(в гитаре)*

fret-saw ['fretsɔ:] пилка для выпиливания; лобзик
fretful ['fretful] капризный; раздражительный
fretsaw ['fretsɔ:] лобзик
fretum пролив; узкий залив
fretwork ['fretwə:k] резное *(лепное)* украшение; украшение, узоры, выпиленные из дерева лобзиком
friability [ˌfraɪəˈbɪlɪtɪ] рыхлость; рассыпчатость; сыпучесть
friable ['fraɪəbl] рыхлый; рассыпчатый; хрупкий
friar ['fraɪə] монах *(ист.)*; белое или слабо отпечатавшееся место на странице *(полигр.)*
friary ['fraɪərɪ] мужской монастырь
fribble ['frɪbl] бездельник; тунеядец; бездельничать
fricative ['frɪkətɪv] фрикативный; фрикативный звук
friction ['frɪkʃ(ə)n] сцепление; трение; разногласия; трения; растирание
friction cluth ['frɪkʃ(ə)n'klʌtʃ] фракционная муфта
Friday ['fraɪdɪ] пятница
fried ['fraɪd] жареный
fried eggs ['fraɪd|egz] яичница
friend [frend] друг; приятель; товарищ; коллега; доброжелатель; поборник; приверженец; сторонник; помогать; быть другом
friendless ['frendlɪs] одинокий; не имеющий друзей
friendliness ['frendlɪnɪs] дружелюбие; миролюбие
friendly ['frendlɪ] дружеский; дружески расположенный; дружелюбный; дружественный; товарищеский; сочувствующий; одобряющий; благоприятный; дружественно; дружелюбно
friendship ['frendʃɪp] дружба; товарищество; дружелюбие; дружелюбность; миролюбие
frigate ['frɪgɪt] фрегат; сторожевой корабль
fright [fraɪt] испуг; страх; пугало *(разг.)*; страшилище; пугать; грозить; тревожить
frighten ['fraɪtn] грозить; пугать
to frighten off — спугнуть
frightened ['fraɪtnd] испуганный
frightful ['fraɪtful] грозный; жуткий; страшный; ужасный; неприятный; противный; безобразный
frigid ['frɪdʒɪd] холодный; безразличный
frigidity [frɪˈdʒɪdɪtɪ] морозность; мерзлота; безразличие; холодность
frigofuge организм, не выносящий холода
frigole фасоль обыкновенная
frill [frɪl] оборка; сборки; жабо; ненужные украшения; ужимки
frilly [frɪl] отделанный оборками, рюшем и т. п.; разукрашенный; цветистый; вычурный

fringe [frɪndʒ] бахрома; челка; кайма; ворсинки; край; выходящий за рамки общепринятого; отделывать бахромой; граничить; обрамлять; окаймлять
fringe benefits ['frɪndʒ'benefits] дополнительные льготы
frippery ['frɪpərɪ] мишурные украшения; безделушки; манерность; претенциозность *(о литературном стиле)*
frisk [frɪsk] прыжок; скачок; прыгать; резвиться; махать *(веером)*
frisky ['frɪskɪ] игривый; резвый
fritillary [frɪˈtɪlərɪ] рябчик *(бот.)*
fritter ['frɪtə] оладья *(часто с яблоками и т. п.)*; отрывок; фрагмент; делить на мелкие части; растрачивать по мелочам
frivol ['frɪv(ə)l] вести праздный образ жизни; бессмысленно растрачивать *(время, деньги и т. п.)*
frivolity [frɪˈvɔlɪtɪ] легкомыслие; легкомысленный поступок; фривольность
frivolous ['frɪvələs] пустой; легкомысленный; несерьезный; фривольный; поверхностный; незначительный; пустячный; необоснованный
frizz [frɪz] кудри; вьющиеся волосы; парик; завивать; шипеть *(при жарении)*
frizzed [frɪzd] завитой
frizzle ['frɪzl] жарить(ся) с шипением; изнемогать от жары; завивка *(прическа)*; кудри; завивать(ся)
frizzy ['frɪzɪ] вьющийся; завитой
frock [frɔk] дамское или детское платье; ряса; тельняшка
frock-coat ['frɔk'kout] сюртук
frog [frɔg] лягушка
froggy ['frɔgɪ] лягушачий
frogling ['frɔglɪŋ] лягушонок
frogman ['frɔgmən] ныряльщик с аквалангом; водолаз
frolic ['frɔlɪk] шалость; резвость; веселье; веселый; резвый; оживленный; развеселый; шаловливый; проказничать; резвиться
from [frɔm] — полная форма; [frəm] — редуцированная форма; *указывает на пространственные отношения: от; из; с (передается также приставками); указывает на отправную точку, исходный пункт, предел: с; от; указывает на временные отношения: с; от; из; указывает на отнятие, изъятие, вычитание, разделение и т. п.: у; из; с; от; указывает на освобождение от обязанностей, избавление от опасности и т. п.: от; указывает на источник, происхождение: от; из; по; указывает на причину действия: от; из; указывает на различие: от; из; указывает на изменение состояния*
from (the) beginning ['frɔm|(ðə)bɪˈgɪnɪŋ] с начала

from beginning to end [ˈfrɔm|bɪˈgɪnɪŋ|təˈend] от начала до конца

from the very beginning [ˈfrɔm|ðəˌverɪ|bɪˈgɪnɪŋ] с самого начала

frond [frɔnd] ветвь с листьями; лист *(папоротника или пальмы)*

front [frʌnt] фасад; передняя сторона чего-либо; лицевая сторона; прибрежная полоса; прикрытие; фронт *(воен.)*; передовые позиции; сплочённость *(перед лицом врага)*; лицо; лик; чело; лоб; передняя часть головы; передний зуб; резец; накладка из волос; накрахмаленная манишка; набережная; приморский бульвар; область; сфера; поведение; передний; переднеязычный; головной; торцевой; лобовой; выходить на; быть обращенным к; препятствовать; противостоять; сопротивляться

front and back boards [ˈfrʌnt|ənd|ˈbæk|bɔːdz] передняя и задняя сторонки переплётной крышки из картона

front axle [ˈfrʌnt|ˈæksl] передняя ось

front cover [ˈfrʌnt|ˈkʌvə] передняя сторонка обложки

front desk [ˈfrʌnt|desk] передняя панель

front drive [ˈfrʌnt|draɪv] передний привод

front driving axle [ˈfrʌnt|ˌdraɪvɪŋ|ˈæksl] передний ведущий мост

front entrance [ˈfrʌnt|ˈentrəns] передний вход

front flap [ˈfrʌnt|ˈflæp] передний клапан суперобложки

front on [ˈfrʌnt|ˈɔn] фасадом к

front page [ˈfrʌnt|peɪdʒ] титульный лист; первая полоса *(в газете)*

front putty [ˈfrʌnt|ˈpʌtɪ] шпаклёвка

front screen [ˈfrʌnt|skriːn] ветровое стекло

front seat [ˈfrʌnt|siːt] переднее сиденье

front stalls [ˈfrʌnt|stɔːlz] ряды кресел партера

front steps [ˈfrʌnt|steps] подъезд; крыльцо; подход

front view [ˈfrʌnt|vjuː] главный вид; вид спереди; фасад; вертикальная проекция

front wheel bearing [ˈfrʌnt|wiːl|ˈbeərɪŋ] подшипник ступицы переднего колеса

front-bencher [ˈfrʌntˌbentʃə] министр; бывший министр; руководитель оппозиции

front-line [ˈfrʌntlaɪn] линия фронта; передний край

front-page [ˈfrʌntˈpeɪdʒ] помещаемый на первой странице *(газеты)*; очень важный

front-rank [ˈfrʌntˈræŋk] передовой

front-runner [ˌfrʌntˈrʌnə] лидер *(в беге, на скачках)*; кандидат на *(какой-либо)* пост, имеющий больше всего шансов

frontage [ˈfrʌntɪdʒ] фасад; палисадник; участок между зданием и дорогой; граница земельного участка *(по дороге, реке)*; ширина фронта *(воен.)*

frontal [ˈfrʌntl] лобный; лобовой *(воен.)*; фронтальный; торцовый *(техн.)*

frontal bone [ˈfrʌntl|ˈboun] лобная кость

frontal sinus [ˈfrʌntl|ˈsaɪnəs] лобная пазуха

frontier [ˈfrʌntɪə] граница; кордон; рубеж; пограничная полоса

frontier station [ˈfrʌntɪəˈsteɪʃən] пограничная станция

frontiersman [frʌnˈtɪəzmən] житель пограничной зоны

frontispiece [ˈfrʌntɪspiːs] фронтиспис

frontlet [ˈfrʌntlɪt] повязка на лбу; пятно на лбу животного

frontlist [ˈfrʌntlɪst] каталог выходящих книг

frontward [ˈfrʌntwəd] выходящий на фасад; *(лицом)* вперёд

frost [frɔst] мороз; иней; суровость; холодность; замораживание; провал *(пьесы, затеи и т. п.)*; побивать морозом *(растения)*; подмораживать; расхолаживать; подвергать быстрому замораживанию *(продукты)*; покрывать глазурью; посыпать сахарной пудрой; матировать *(стекло)*; подковывать на острые шипы; морозостойкий; ледяной налёт

frost hardiness [ˈfrɔst|ˈhɑːdɪnɪs] морозоустойчивость

frost-bitten [ˈfrɔstˌbɪtn] обмороженный

frost-bound [ˈfrɔstbaund] скованный морозом

frost-hardy [ˈfrɔstˌhɑːdɪ] морозостойкий *(о растениях)*

frost-work [ˈfrɔstwəːk] ледяной узор *(на стекле)*

frosted [ˈfrɔstɪd] тронутый морозом; покрытый инеем; матовый *(о стекле)*; глазированный *(о торте)*

frosted bulb [ˈfrɔstɪd|bʌlb] матовая лампочка

frostily [ˈfrɔstɪlɪ] холодно; неприветливо; сдержанно

frosty [ˈfrɔstɪ] морозный; ледяной; холодный; седой

froth [frɔθ] пена; вздорные мысли; пустые слова; болтовня; пениться; кипеть; сбивать в пену; пустословить; покрываться пеной

frothy [ˈfrɔθɪ] пенистый; пустой

frounce [frauns] завивать; делать сборки, складки; хмуриться

frown [fraun] сдвинутые брови; хмурый взгляд; выражение неодобрения; хмурить брови; смотреть неодобрительно; насупиться

frowst [fraust] спёртый *(разг.)*; затхлый воздух *(в комнате)*; духота; сидеть в духоте; бездельничать

frowsy см. frowzy

frowzy ['frauzɪ] затхлый; несвежий; спертый; грязный; запачканный; немытый; неряшливый; нечесаный

frozen ['frouzn] замерзший; замороженный; студеный; холодный; крайне сдержанный

frozen to the bone ['frouzn|tə|ðə|'boun] продрогший до костей

fructiferous [frʌk'tɪfərəs] плодоносящий

fructose ['frʌktous] фруктоза

frugal ['fru:g(ə)l] бережливый; экономный; скромный; умеренный

frugality [fru(:)'gælɪtɪ] бережливость; экономия; умеренность

fruit [fru:t] плод; фрукты; плоды; результаты; фруктовый; плодоносить

fruit machine ['fru:t|mə‚ʃi:n] игральный автомат (разг.)

fruit salad ['fru:t‚sæləd] фруктовый салат

fruit-cake ['fru:tkeɪk] кекс с изюмом или смородиной

fruit-grower ['fru:t‚grouə] плодовод; садовод

fruit-knife ['fru:tnaɪf] нож для фруктов

fruit-piece ['fru:tpi:s] натюрморт с фруктами

fruit-ripe ['fru:traɪp] брусника

fruit-tree ['fru:ttri:] плодовое дерево

fruitarian [fru:'tɛərɪən] человек, питающийся только фруктами

fruiter ['fru:tə] плодовое дерево; судно, груженное фруктами; садовод

fruiterer ['fru:tərə] торговец фруктами

fruitful ['fru:tful] плодовитый; жирный; плодородный; плодотворный; продуктивный; производительный

fruitful cooperation ['fru:tful|kou‚ɔpə'reɪʃən] плодотворное сотрудничество

fruitgrowing ['fru:t‚grouɪŋ] плодоводство; садоводство

fruition [fru(:)'ɪʃ(ə)n] пользование какими-либо благами; осуществление (надежд и т. п.)

fruitless ['fru:tlɪs] безрезультатный; бесплодный; бесполезный; напрасный

fruitstalk ['fru:tstɔ:k] плодоножка

fruity ['fru:tɪ] похожий на фрукты (по вкусу, запаху и т. п.); сохраняющий аромат винограда (о вине); звучный; сладкоголосый; сочный (разг.); смачный; непристойный

frumenty ['fru:məntɪ] сладкая пшеничная каша на молоке, приправленная корицей

frump [frʌmp] старомодно и плохо одетая женщина

frumpish ['frʌmpɪʃ] старомодно одетый; сварливый

frustrate [frʌs'treɪt] расстраивать; срывать (планы); делать тщетным

frustration [frʌs'treɪʃ(ə)n] расстройство (планов); крушение (надежд); разочарование; сожаление

frutex ['fru:teks] кустарник

fry [fraɪ] мелкая рыбешка; молодь; мальки; жареное мясо; жареное (кушанье); жаркое; жарить(ся)

to fry up — пережарить; высушить, подогревать

frying-pan ['fraɪɪŋpæn] сковорода

fubsy ['fʌbzɪ] полный; толстый; низкий; приземистый

fuddle ['fʌdl] опьянение; напоить допьяна; одурманивать

fuel ['fjuəl] горючее; топливо; снабжать топливом; запасаться топливом; заправляться (загружаться) горючим

fuel accumulator ['fjuəl|ə'kju:mjuleɪtə] топливный аккумулятор

fuel capacity ['fjuəl|kə'pæsɪtɪ] запас топлива

fuel (handling) coffin ['fjuəl|('hændlɪŋ)'kɔfɪn] контейнер для транспортировки ядерного топлива

fuel compartment ['fjuəl|kəm'pa:tmənt] топливный отсек

fuel composition ['fjuəl‚kɔmpə'zɪʃən] химический состав топлива

fuel consumption ['fjuəl|kən'sʌmpʃən] расход топлива

fuel hand pump ['fjuəl|'hænd|pʌmp] топливный ручной насос

fuel oil ['fjuəl|ɔɪl] мазут

fuel pump ['fjuəl|pʌmp] насос для подачи горючего; бензопомпа

fuel tank ['fjuəl|tæŋk] бензобак

fuel tank bay ['fjuəl|tæŋk|'beɪ] топливный отсек (на катере)

fueler ['fjuələ] танкер-заправщик

fuelling ['fjuəlɪŋ] горючее; топливо; заправка горючим

fuelling main ['fjuəlɪŋ|'meɪn] топливная магистраль

fuelling vehicle ['fjuəlɪŋ|'vi:ɪkl] бензозаправщик

fug [fʌg] духота; спертый воздух; сор; пыль (по углам помещения, в швах одежды и т. п.); сидеть в духоте

fugacious [fju(:)'geɪʃəs] мимолетный; скоропреходящий; летучий; нестойкий; быстро увядающий; быстро опадающий

fuggy ['fʌgɪ] спертый (о воздухе); душный

fugitive ['fju:dʒɪtɪv] беглец; беженец; эмигрант; дезертир; беглый; мимолетный; непрочный; скоропреходящий; эфемерный; лицо, скрывающееся от правосудия

fugitive offender ['fju:dʒɪtɪv|ə'fendə] преступник, находящийся в розыске

fugle ['fju:gl] руководить; служить образцом

fulcrum ['fʌlkrəm] опора; ствол; стебель; поддержка

fulfil [ful'fil] выполнять; делать; исполнять; осуществлять; совершать; завершать; заканчивать; оканчивать; удовлетворять *(требованиям, условиям и т. п.)*
to fulfil the daily quota — выполнить дневную норму

fulfilment [ful'filmənt] выполнение; исполнение; осуществление; свершение; совершение; завершение; конец; окончание

fulgent ['fʌldʒ(ə)nt] блистающий; сияющий

fulgurate ['fʌlgju(ə)reɪt] сверкнуть молнией; пронзить *(острой болью)*

fuliginous [fju:'lɪdʒɪnəs] закопченный; покрытый сажей

full [ful] полный; целый; поглощенный; обильный; сытый *(разг.)*; изобилующий; богатый чем-либо; широкий; свободный *(о платье)*; дородный; достигший высшей степени, высшей точки; вполне; как раз; весьма; очень; сильно

full age ['ful|eɪdʒ] совершеннолетие

full binding ['ful|'baɪndɪŋ] цельная переплетная крышка

full blood ['ful|blʌd] чистокровная лошадь; чистокровка

full board ['ful|'bɔ:d] полный пансион

full breakfast ['ful|'brekfəst] полноценный завтрак

full color television ['ful|kʌlə'telɪ,vɪʒən] цветное телевидение

full colour ['ful|'kʌlə] насыщенный цвет

full dress ['ful|'dres] полная парадная форма

full house ['ful|'hauz] аншлаг

full leather binding ['ful|'leðə'baɪndɪŋ] кожаный переплет

full marks ['ful|'mɑ:ks] отличная оценка; высокая оценка *(кого-либо, чего-либо)*; признание

full moon ['ful|mu:n] полнолуние

full name ['ful|'neɪm] полное имя

full stop ['ful|stɔp] точка *(пунктуац.)*

full-back ['ful|bæk] защитник *(в футболе)*

full-blooded ['ful'blʌdɪd] чистокровный; полнокровный; сильный; полный жизни

full-blown ['ful'bloun] полностью распустившийся *(о цветке)*

full-bodied ['ful'bɔdɪd] полный; склонный к полноте

full-dress rehearsal ['fuldres|rɪ'hɜ:səl] генеральная репетиция

full-faced ['ful'feɪst] с полным лицом; полнолицый; повернутый анфас

full-fed ['ful'fed] жирный; раскормленный; накормленный

full-flavoured [,ful'fleɪvəd] ароматный; с сильным запахом

full-fledged ['ful'fledʒd] вполне оперившийся; законченный; развившийся

full-freezer ['ful'fri:zə] морозильный траулер

full-grown ['ful'groun] выросший; развившийся; взрослый

full-length ['ful'leŋθ] во всю длину; во весь рост *(часто о портрете)*; полный; без сокращений

full-mouthed ['ful'mauðd] громкий

full-pelt ['fulpelt] полным ходом; на полном ходу

full-roed ['ful'roud] со зрелой икрой

full-scale ['ful'skeɪl] в натуральную величину; всеобъемлющий; глубокий; полный; совершенный

full-size [,ful'saɪz] в натуральную величину

full-throated [,fulθ'routɪd] очень громкий

full-time [,ful'taɪm] занимающий все *(рабочее)* время; полное рабочее время; занимающий полный рабочий день

fullering ['fulərɪŋ] чеканка

fullness ['fulnɪs] полнота; обилие; сытость

fully ['fulɪ] вполне; всецело; комплексно; полностью; совершенно; основательно

fulmar ['fulmə] глупыш *(орнит.)*

fulminate ['fʌlmɪneɪt] сверкать; греметь; взрывать(ся); выступать с осуждением *(чьих-либо действий и т. п.)*; изливать гнев на кого-либо; громить

fulminatory ['fʌlmɪnət(ə)rɪ] гремящий; громящий

fulsome ['fulsəm] неискренний

fulvous ['fʌlvəs] бурый; красновато-желтый

fumade [fju:'meɪd] копченая сардинка

fumatorium [,fju:mə'touriəm] дезинфекционная камера

fumble ['fʌmbl] нащупывать; неумело обращаться с чем-либо; вертеть; мять в руках

fume [fju:m] дым, пар с сильным запахом; испарение; пар(ы); парообразование; сильный запах; возбуждение; приступ гнева; окуривать; коптить; курить благовониями; дымить; испаряться; волноваться; раздражаться; кипеть от злости

fumetight ['fju:mtaɪt] газонепроницаемый

fumigate ['fju:mɪgeɪt] окуривать; обеззараживать; курить благовония

fumigation [,fju:mɪ'geɪʃ(ə)n] окуривание; дезинфекция; обеззараживание

fumy ['fju:mɪ] дымный; полный испарений

fun [fʌn] шутка; веселье; забава; шутить

fun-fair ['fʌnfeə] ярмарка с аттракционами, балаганом и т. п.

funambulist [fju(:)'næmbjulɪst] канатоходец

function ['fʌŋkʃ(ə)n] назначение; функция; должностные обязанности; торжество; торжественное собрание; вечер; прием; функция *(мат.)*;

зависимость; функционировать; действовать; выполнять функции

functional [ˈfʌŋkʃənl] функциональный; конструктивный (архит.)

functional approach [ˈfʌŋkʃənl|əˈprəutʃ] функциональный подход

functional knowledge [ˈfʌŋkʃənl|ˈnɔlɪʤ] функциональные знания

functionary [ˈfʌŋkʃnərɪ] должностное лицо; чиновник; официальный; функционер

fund [fʌnd] запас; фонд; капитал; денежные средства; ценные бумаги; государственные процентные бумаги; общественная, благотворительная организация; фонд; денежная сумма с целевым назначением; консолидировать; объединять; вкладывать капитал в ценные бумаги; делать запас

fund allocation [ˈfʌnd|æləˈkeɪʃən] ассигнование

fund-raising [ˈfʌndreɪzɪŋ] сбор денег (на благотворительность)

fundamental [ˌfʌndəˈmentl] основной; принципиальный; фундаментальный; капитальный; основополагающий

fundamentalizm [ˌfʌndəˈmentəlɪzm] фундаментализм (церк.)

funding [ˈfʌndɪŋ] субсидирование; финансирование (экон.)

fundraiser [ˈfʌndreɪzə] акция по сбору денег (на благотворительность); человек, собирающий деньги (на благотворительные нужды)

funeral [ˈfjuːn(ə)r(ə)l] похороны; похоронная процессия; заупокойная служба; погребальный; похоронный; траурный

funerary [ˈfjuːnərərɪ] погребальный; похоронный; траурный

funerary temple [ˈfjuːnərərɪˈtempl] погребальный храм

funereal [fjuː(ː)ˈnɪərɪəl] траурный; похоронный; мрачный; печальный

fungal [ˈfʌŋgəl] грибковый

fungous [ˈfʌŋgəs] губчатый; ноздреватый

fungus colony [ˈfʌŋgəsˈkɔlənɪ] грибная колония

funicular [fjuː(ː)ˈnɪkjulə] веревочный; канатный; фуникулер

funiculus [fjuː(ː)ˈnɪkjuləs] пуповина; пучок нервных клеток; семенной канатик (анат.)

funk [fʌŋk] испуг; страх; трус; бояться; трусить; уклоняться от чего-либо

funnel [ˈfʌnl] дымовая труба; дымоход; воронка; раструб

funnily [ˈfʌnɪlɪ] забавно; смешно; странно

funny [ˈfʌnɪ] забавный; смешной; смехотворный; комический; курьезный; потешный; странный; страничка юмора в газете; двухвесельная лодка; ялик

funny, monkey business [ˈfʌnɪ|(ˈmʌŋkɪ)ˈbɪznɪs] смешные дела; пустяковые дела

funny-man [ˈfʌnɪmæn] шутник; комик; юморист

fur [fəː] мех; шерсть; шкура; накипь; пушнина; меховые изделия; подбивать или отделывать мехом; покрываться накипью; меховой

fur colour [ˈfəː|ˈkʌlə] цвет меха

fur marker [ˈfəː|ˈmɑːkə] скорняк

fur stole [ˈfəː|stoul] боа

fur-bearing animal [ˈfəːbeərɪŋ|ˈænɪməl] пушной зверь

fur-seal [ˈfəːsiːl] морской котик

furbish [ˈfəːbɪʃ] полировать; чистить; счищать ржавчину

furcate [ˈfəːkeɪt] разветвленный; раздвоенный; раздваиваться

furcation [fəːˈkeɪʃ(ə)n] двоение; разветвление; раздвоение

furfur [ˈfəːfə] перхоть

furfuraceous [ˌfəːfəˈreɪəs] мелкочешуйчатый

furiosity [ˌfjurɪˈɔsɪtɪ] бешенство; ярость

furioso [ˌfjuərɪˈouzou] неистово; яростно

furious [ˈfjuərɪəs] взбешенный; неистовый; яростный

furiously [ˈfjuərɪəslɪ] яростно; неистово

furl [fəːl] свертка; свертывание; сжатие; что-либо свернутое; свертывать; убирать; складывать (веер, зонт); стягивать резинкой

furlough [ˈfəːlou] отпуск

furnace [ˈfəːnɪs] горн; очаг; печь; топка (котла)

furnace-bar [ˈfəːnɪsbɑː] колосник

furnish [ˈfəːnɪʃ] снабжать; доставлять; предоставлять; изображать; показывать; представлять; обставлять (мебелью); меблировать

furnished [ˈfəːnɪʃt] меблированный

furnished apartment [ˈfəːnɪʃt|əˈpɑːtmənt] меблированные комнаты

furnishing [ˈfəːnɪʃɪŋ] снаряжение

furniture [ˈfəːnɪtʃə] мебель; обстановка; оборудование; весь инвентарь (дома); оснастка (корабля и т. п.); содержимое; сбруя (уст.); такелаж

furore [fju(ə)ˈrɔːrɪ] фурор

furred [fəːd] отделанный мехом

furrier [ˈfʌrɪə] меховщик; скорняк

furriery [ˈfʌrɪərɪ] меховое дело; меховая торговля; меха

furrow [ˈfʌrou] борозда; бороздка; колея; путь; след; желоб; подводящий канал; акведук; глубокая морщина; пахотная земля; бороздить; возделывать; пахать; покрывать морщинами

furry [ˈfəːrɪ] меховой; подбитый мехом; покрытый налетом, накипью

further [ˈfəːðə] более отдаленный; дальнейший; добавочный; дальше; далее; затем; кроме того; более того; продвигать; поддерживать; поощрять; содействовать; способствовать

furtherance [ˈfəːð(ə)r(ə)ns] продвижение; поддержка; помощь

furthermore [ˌfəːðəˈmɔː] к тому же; кроме того; более того

furthest [ˈfəːðɪst] самый долгий; самый поздний

furtive [ˈfəːtɪv] затаенный; скрытый; тайный; хитроумный; хитрый

furtively [ˈfəːtɪvlɪ] крадучись; украдкой

fury [ˈfjuərɪ] неистовство; бешенство; ярость

fuscous [ˈfʌskəs] темноватый; с темным оттенком

fuse [fjuːz] плавка; плавкий предохранитель *(электр.)*; пробка; взрыватель; детонатор; запал; плавить*(ся)*; сплавлять*(ся)*; сделать короткое замыкание *(электр.)*; растворяться; объединяться; сливаться; смешиваться; соединяться; затравка; огнепроводный шнур; фитиль

fuselage [ˈfjuːzɪlɑːʒ] корпус *(авиац.)*; обшивка; фюзеляж

fusibility [ˌfjuːzəˈbɪlɪtɪ] плавкость

fusible [ˈfjuːzəbl] плавкий

fusillade [ˌfjuːzɪˈleɪd] стрельба; расстрел

fusion [ˈfjuːʒ(ə)n] плавка; расплавление; расплавленная масса; сплав; интеграция; объединение; слияние; сращивание

fusion bomb [ˈfjuːʒ(ə)n|bɔm] термоядерная бомба

fuss [fʌs] нервное, возбужденное состояние; суета; беспокойство из-за пустяков; суетливый человек, волнующийся из-за всяких пустяков; суетиться; волноваться из-за пустяков

fussy [ˈfʌsɪ] суетливый; нервный; вычурный

fustian [ˈfʌstɪən] фланель; вельвет; напыщенные речи; напыщенный стиль; фланелевый; вельветовый; надутый; напыщенный

fusty [ˈfʌstɪ] затхлый; несвежий; спертый; несовременный; старомодный; устаревший; устарелый

futhorc [ˈfuːθɔːk] рунический алфавит *(по названиям первых шести букв)*

futile [ˈfjuːtaɪl] безрезультатный; бесполезный; напрасный; тщетный; несерьезный; поверхностный; пустой

futility [fjuː(ː)ˈtɪlɪtɪ] тщетность

future [ˈfjuːtʃə] будущее *(время)*; будущность; будущий; грядущий; предполагаемый

future marriage [ˈfjuːtʃəˈmærɪdʒ] будущий брак

future witness [ˈfjuːtʃəˈwɪtnɪs] возможный свидетель

future wrong [ˈfjuːtʃəˈrɔŋ] возможный вред

futures [ˈfjuːtʃəz] срочные сделки

futurism [ˈfjuːtʃərɪzm] футуризм

futurist [ˈfjuːtʃərɪst] футурист

futuristic [ˌfjuːtʃəˈrɪstɪk] мифический; сказочный; фантастический

futurity [fjuː(ː)ˈtjuərɪtɪ] будущее; будущность; события будущего; загробная жизнь *(рел.)*

futurology [ˌfjuːtʃəˈrɔlədʒɪ] футурология

fuze [fjuːz] см. fuse

fuzz [fʌz] пух; пушинка; пышные волосы; покрываться слоем мельчайших пушинок; разлетаться *(о пухе)*

fuzzily [ˈfʌzɪlɪ] неясно; смутно; как в тумане

fuzzy [ˈfʌzɪ] пушистый; ворсистый; запущенный; неопределенный; неясный

G

g [dʒiː]; мн. — Gs; G's [dʒiːz] седьмая буква английского алфавита

gab [gæb] болтливость; разговорчивость; болтовня; болтать; трепать языком; крюк; вилка; вылет; вынос; выемка; отверстие; зарубка

gabble [ˈgæbl] бормотание; бессвязная речь; говорить неясно и быстро; бормотать; гоготать *(о гусях)*

gabbler [ˈgæblə] бормотун; болтун

gabby [ˈgæbɪ] разговорчивый *(разг.)*; словоохотливый

gable [ˈgeɪbl] фронтон *(архит.)*; конек крыши

gable roof [ˈgeɪbl|ruːf] двускатная крыша

gabled [ˈgeɪbld] остроконечный *(о крыше)*

gad [gæd] острие; острый шип; копье *(ист.)*

gadabout [ˈgædəbaut] бродяга; непоседа

gadding [ˈgædɪŋ] ползучий

gadfly [ˈgædflaɪ] овод; слепень

gadget [ˈgædʒɪt] приспособление; принадлежность; безделушка *(разг.)*

gadwall [ˈgædwɔːl] серая утка

gaff [gæf] острога; багор; багрить *(рыбу)*; дешевый театр; мюзик-холл; балаган; абсурд; вздор; ерунда

gaffe [gæf] оплошность; ошибка; ложный шаг

gaffer [ˈgæfə] старик *(разг.)*; дедушка *(обращение)*; десятник *(разг.)*; главный осветитель

gag [gæg] затычка; кляп; пробка; заглушка; прекращение прений *(в парламенте)*; острота; шутка; импровизация; обман; мистификация; вставлять кляп; затыкать рот; заставить замолчать; не давать говорить; заглушать; стопорить

gage [geɪdʒ] гарантия; заклад; залог; вызов *(на поединок)*; ручной залог; прибор; датчик; ручаться;

давать в качестве залога; биться об заклад; измерять; градуировать

gaggle ['gægl] стадо гусей; гоготанье; гоготать

gagman ['gægmən] сочинитель острот, шуток, реплик для эстрады, радио и т. п.

gaiety ['geɪətɪ] веселость; развлечения; веселье; веселый или нарядный вид

gaily ['geɪlɪ] весело; радостно; ярко

gain [geɪn] выгода; прибыль; доход; заработок; выигрыш (*в карты и т. п.*); прирост; рост; увеличение; корысть; нажива; добывать; зарабатывать; извлекать пользу, выгоду; выгадывать; выигрывать; добиваться; получать; приобретать; добираться; достигать; улучшаться; коэффициент усиления; прибавлять в весе; увеличиваться

to gain the lead — занять первое место

gainer [geɪnə] победитель

gainful ['geɪnful] доходный; прибыльный; стремящийся к выгоде

gainings ['geɪnɪŋz] вознаграждение; доход; заработок; приход; выигрыш; победа

gainsay [geɪn'seɪ] отрицать; возражать; опровергать; противоречить

gaint ['ʤaɪənt] гигантский; громадный

gait [geɪt] походка

gaiter ['geɪtə] гетры; краги; гамаша

gala ['ɡɑːlə] празднество; празднование; гала-представление; торжество; парадный; праздничный; торжественный

gala day ['ɡɑːlə|deɪ] день празднества; праздник

gala dress ['ɡɑːlə|dres] парадное или праздничное платье

gala night ['ɡɑːlə|naɪt] торжественный вечер

galactic [gə'læktɪk] галактический (*астр.*)

galactophagous питающийся молоком

galactosis [,gælæk'tousɪs] лактация

galah розовый какаду

galantine ['gæləntiːn] заливное

galaxy ['gæləksɪ] Галактика; Млечный Путь; Плеяда (*астр.*)

gale [geɪl] шторм; буря; штормовой ветер; взрыв; вспышка; ветерок; зефир восковник (*обыкновенный*)

galeeny [gə'liːnɪ] цесарка

galena [gə'liːnə] свинцовый блеск; галенит

galipot ['gælɪpot] застывшая сосновая или еловая смола

gall [ɡɔːl] желчь; желчный пузырь; галл; галлообразующее насекомое; желчность; раздражение; злоба; недовольство; неудовлетворение; наглость (*разг.*); нахальство; ссадина; натертое место; ссадить; натереть (*кожу*); беспокоить; возмущать; волновать; раздражать; уязвлять (*гордость*)

gall bladder [ɡɔːl|'blædə] желчный пузырь

gallant ['gælənt] — *сущ., прил.* [gə'lænt] — *гл.* доблестный; отважный; смелый; храбрый; величавый; живописный; красивый; прекрасный; привлекательный; галантный; внимательный; почтительный (*к женщинам*); светский человек; щеголь; кавалер; сопровождать (*даму*); ухаживать; быть галантным кавалером

gallantry ['gæləntrɪ] мужество; отвага; смелость; храбрость; галантность; изысканная любезность; любовная интрига; ухаживание

galleass ['gælɪæs] галеас (*ист.*); трехмачтовая галера

galleon ['gælɪən] галеон (*корабль*) (*ист.*)

gallery ['gælərɪ] галерея; галерка; публика на галерке; картинная галерея; хоры; балкон; портик; ярус

galley ['gælɪ] галера (*ист.*); камбуз; камбузный; вельбот; парусно-гребная шлюпка; гранки; оттиск гранки

galley-slave ['gælɪsleɪv] гребец на галере (*раб или осужденный преступник*); человек, обреченный на тяжелый труд

gallimaufry [,gælɪ'mɔːfrɪ] всякая всячина; мешанина

galling ['gɔːlɪŋ] стирание; износ от трения

gallinule ['gælɪnjuːl] водяная курочка; султанка

gallivant [,gælɪ'vænt] ухаживать; флиртовать; шляться; шататься; бродить

gallop ['gæləp] галоп; скакать галопом; галопировать; пускать (*лошадь*) галопом; быстро прогрессировать; делать что-либо быстро

gallopade [,gælə'peɪd] галоп (*танец*)

gallows ['gælouz] виселица; козлы; подтяжки (*разг.*); помочи

galluses ['gæləsɪz] подтяжки (*разг.*)

galop ['gæləp] галоп (*танец*); танцевать галоп

galore [gə'lɔː] в изобилии; достаток; изобилие; насыщение

galosh [gə'lɔʃ] галоша; резиновый бот

galvanic bath [gæl'vænɪkbɑːθ] гальванованна

galvanical [gæl'vænɪkəl] гальванический

galvanize ['gælvənaɪz] оцинковывать; оживлять; возбуждать

galvanocontractibility ['gælvənoukən,træktə'bɪlɪtɪ] способность мышцы сокращаться при воздействии электрическим током

galvanometer [,gælvə'nɔmɪtə] гальванометр

gambado [gæm'beɪdou] прыжок (*лошади*); неожиданная выходка

gambit ['gæmbɪt] гамбит (*шахм.*); первый шаг в чем-либо; уступка с целью получения выгоды в дальнейшем

gamble ['gæmbl] азартная игра; рискованное предприятие; авантюра; играть в азартные игры; спекулировать *(на бирже)*; рисковать

gambler ['gæmblə] игрок; картежник; аферист; участник азартной игры

gambling establishment ['gæmblɪŋ ɪs'tæblɪʃmənt] игорное предприятие

gambol ['gæmb(ə)l] прыжок; скачок; веселье; перепрыгивать; перескакивать; прыгать; скакать

game [geɪm] игра; партия; соревнования *(во мн. ч.)*; игры; забава; развлечение; шутка; дело; замысел; проект; «фокус»; увертка; уловка; охота; дичь; проститутка; хитрость; смелый; боевой; задорный; отважный; храбрый; охотно готовый сделать что-либо; играть в азартные игры; дичь; мясо диких уток, куропаток, зайчатина и т. п.; искалеченный; парализованный *(о руке, ноге)*; промысловый

game-bag ['geɪmbæg] ягдташ; охотничья сумка

game-bird ['geɪmbɜːd] пернатая дичь

game-cock ['geɪmkɔk] бойцовый петух

game-fish ['geɪmfɪʃ] промысловая рыба

game-playing machine ['geɪm‚pleɪɪŋ mə'ʃiːn] игровой автомат

game-preserve ['geɪmprɪ‚zɜːv] охотничий заповедник

gamekeeper ['geɪm‚kiːpə] лесник, охраняющий дичь *(от браконьеров и т. п.)*; охотничий инспектор

gamely ['geɪmlɪ] храбро

games-master ['geɪmz‚mɑːstə] преподаватель физкультуры

games-mistress ['geɪmz‚mɪstrɪs] преподавательница физкультуры

gamesmanship ['geɪmzmənʃɪp] искусство игры; искусство выигрывать

gamesome ['geɪmsəm] веселый; игривый; оживленный; шутливый

gamester ['geɪmstə] игрок; картежник

gamete ['gæmiːt, gə'miːt] половая клетка; зародышевая клетка *(биол.)*

gamic ['gæmɪk] половой; оплодотворенный; способный к оплодотворению

gamine [gæ'miːn] мальчишеский *(о внешности и поведении женщины, девочки)*; девчонка-сорванец

gaming-house ['geɪmɪŋhaus] игорный дом; казино

gaming-table ['geɪmɪŋ‚teɪbl] игорный стол; азартная игра на деньги

gamma ['gæmə] гамма *(третья буква греческого алфавита)*; гамма *(физ.)*; совка гамма *(бабочка)*; коэффициент контрастности

gamma radiation ['gæmə‚reɪdɪ'eɪʃən] гамма-излучение

gamma rays ['gæmə‚reɪz] гамма-лучи *(физ.)*

gammon ['gæmən] окорок; коптить; засаливать окорок; приготавливать бекон; ложь; неправда; обман; болтовня; обманывать; вводить в заблуждение; дезориентировать; нести вздор

gammoning ['gæmənɪŋ] засолка и копчение окорока; приготовление бекона

gamut ['gæmət] гамма *(муз.)*; диапазон *(голоса)*; музыкальный звуковой ряд; полнота, глубина чего-либо

gander ['gændə] молодой гусак; глупец; простак; женатый человек *(разг.)*

gang [gæŋ] бригада *(рабочих)*; неформальная группа; молодежная группировка; банда несовершеннолетних; артель; смена; банда; шайка; компания *(разг.)*; набор; комплект *(инструментов)*; организовать бригаду; организовать шайку; вступить в шайку; нападать

gang affiliation ['gæŋə‚fɪlɪ'eɪʃən] связь с бандой несовершеннолетних преступников

gang larceny ['gæŋ 'lɑːsnɪ] групповое похищение имущества

gang offence ['gæŋə'fens] групповое преступление

gang-cask ['gæŋkɑːsk] бочонок для пресной воды

gang-plank ['gæŋplæŋk] сходня; трап; продольная мачтовая банка *(на шлюпке)*

gang-rape ['gæŋreɪp] групповое изнасилование

gang-saw ['gæŋsɔː] лесопильная рама

ganged machine ['gæŋd mə'ʃiːn] спаренная *(вычислительная)* машина

ganger ['gæŋə] десятник; пешеход; быстрая лошадь

gangland ['gæŋlænd] бандитский; гангстерский

gangly ['gæŋglɪ] долговязый; неуклюжий

gangrene ['gæŋgriːn] гангрена

gangster ['gæŋstə] бандит; вымогатель; гангстер

gangway ['gæŋweɪ] сходня *(мор.)*; продольный мостик; проход между рядами *(кресел и т. п.)*; проход *(в парламенте)*, разделяющий палату общин на две части; рабочие мостки *(строит.)*; пристань

gannet ['gænɪt] олуша *(орнит.)*

ganoid ['gænɔɪd] гладкий и блестящий *(о чешуе)*; ганоидный *(о рыбе)*; ганоидная рыба

gantry ['gæntrɪ] портал; помост; платформа; козлы; сигнальный мостик *(над железнодорожными путями)*; подставка для бочек *(в погребе)*; радиолокационная антенна *(радио)*

gantry-crane ['gæntrɪ'kreɪn] портальный кран

gaol [dʒeɪl] тюрьма; тюремное заключение; заключать в тюрьму; содержать в тюрьме

gaol-bird ['dʒeɪlbɜːd] арестант; уголовник

gaoler ['dʒeɪlə] тюремщик; тюремный надзиратель

gap [gæp] брешь; пролом; разрыв; перерыв; щель; промежуток; зазор; интервал; «окно» *(в расписании)*; лакуна; пробел; пропуск; отставание в чем-либо; дефицит; утрата; глубокое расхождение *(во взглядах)*; горный проход; глубокое ущелье

gap adjustment [ˈgæp|əˈʤʌstmənt] регулировка зазора

gap-fill [ˈgæpfɪl] учебный тест, в котором нужно заполнить пропуски подходящими словами

gap-toothed [ˌgæptuːθt] с редкими зубами

gape [geɪp] зевок; изумленный взгляд; приступ зевоты; отверстие; дыра; зияние; широко разевать рот; зевать; глазеть; зиять

gape-seed [ˈgeɪpsiːd] то, на что глазеют; бесцельное разглядывание; зевака

gaper [ˈgeɪpə] зевака

gappy [ˈgæpɪ] с промежутками; с пробелами; неполный

garage [ˈgærɑːʒ] гараж; ставить в гараж

garb [gɑːb] наряд; одеяние; стиль одежды

garbage [ˈgɑːbɪʤ] *(кухонные)* отбросы; мусор; внутренности; требуха; макулатура

garbage-collector [ˈgɑːbɪʤkəˌlektə] уборщик мусора; мусорщик

garble [ˈgɑːbl] подтасовывать; искажать *(факты, доказательства)*

garcon [gɑːrˈsɔːŋ] гарсон; официант

garden [ˈgɑːdn] сад; огород; парк; садовый; огородный; возделывать; разводить *(сад)*

garden apartment [ˈgɑːdn|əˈpɑːtmənt] садовый домик

garden city [ˈgɑːdn|ˌsɪtɪ] город-сад

garden hose [ˈgɑːdn|houz] садовый шланг

garden pruner [ˈgɑːdn|ˌpruːnə] секатор; садовые ножницы

garden seat [ˈgɑːdn|siːt] садовая скамья

garden truck [ˈgɑːdn|ˈtrʌk] овощи и фрукты *(амер.)*

garden-bed [ˈgɑːdnbed] грядка; клумба

garden-frame [ˈgɑːdnfreɪm] парниковая рама

garden-house [ˈgɑːdnhaus] беседка; домик в саду

garden-party [ˈgɑːdnˌpɑːtɪ] прием гостей в саду

garden-plot [ˈgɑːdnplɔt] участок земли под садом; садовый участок

garden-stuff [ˈgɑːdnstʌf] овощи; плоды; цветы; зелень

garden-tillage [ˈgɑːdnˌtɪlɪʤ] садоводство

gardener [ˈgɑːdnə] садовник; огородник; садовод

gardening [ˈgɑːdnɪŋ] садоводство

garfish [ˈgɑːfɪʃ] сарган *(рыба)*

gargantuan [gɑːˈgæntjuən] большой; гигантский; колоссальный

gargle [ˈgɑːgl] полоскание *(для горла)*; полоскать *(горло)*

gargoyle [ˈgɑːgɔɪl] горгулья *(архит.)*

garibaldi [ˌgærɪˈbɔːldɪ] женская или детская блуза

garish [ˈgɛərɪʃ] кричащий *(о платье, красках)*; показной; яркий; ослепительный; блестящий *(о красках, свете и т. п.)*

garland [ˈgɑːlənd] гирлянда; венок; диадема; приз; пальма первенства; украшать гирляндой, венком; плести венок

garlic [ˈgɑːlɪk] чеснок; лук-чеснок; чесночный

garlicky [ˈgɑːlɪkɪ] чесночный; отдающий чесноком

garment [ˈgɑːmənt] предмет одежды; одежда; одеяние; покров

garner [ˈgɑːnə] амбар; житница; ссыпать зерно в амбар; складывать в амбар; запасать

garnish [ˈgɑːnɪʃ] гарнир; отделка; украшение; гарнировать *(блюдо)*; украшать; отделывать; вручать третьему лицу приказ суда о наложении ареста на имеющееся у него имущество должника

garnishment [ˈgɑːnɪʃmənt] наложение ареста на имущество должника у третьего лица

garnishment of account [ˈgɑːnɪʃmənt|əv|əˈkaunt] наложение ареста на счет в банке

garniture [ˈgɑːnɪtʃə] украшение; орнамент; отделка; гарнир; гарнитура; принадлежности

garret [ˈgærət] чердак; мансарда; голова

garreteer [ˌgærəˈtɪə] обитатель мансарды; бедный литератор

garrison [ˈgærɪsn] гарнизон; ставить гарнизон; вводить войска; назначать на гарнизонную службу

garrot [ˈgærət] жгут

garrulity [gæˈruːlɪtɪ] болтливость; говорливость

garrulous [ˈgæruləs] болтливый; говорливый; журчащий *(о ручье)*

garter [ˈgɑːtə] подвязка; орден Подвязки; надеть подвязку; надеть или пожаловать орден Подвязки

garter ring [ˈgɑːtə|rɪŋ] пружинное кольцо

gas [gæs] газ; газообразное вещество; бензин; газолин; горючее; бахвальство; болтовня; отравляющее вещество *(воен.)*; отравлять(ся) газом; наполнять газом; насыщать газом; выделять газ; заправляться горючим

gas attack [ˈgæs|əˌtæk] химическое нападение

gas burner [ˈgæs|ˈbɜːnə] газовая плита

gas cleaner [ˈgæs|ˈkliːnə] газоочиститель

gas cylinder [ˈgæs|ˈsɪlɪndə] газовый баллон

gas detector [ˈgæs|dɪˈtektə] газоопределитель

gas exchange [ˈgæs|ɪksˈtʃeɪnʤ] газообмен

gas hose [ˈgæs|houz] газовый шланг

gas mixture [ˈgæs|ˈmɪkstʃə] газовая смесь

gas oil [ˈgæs|ɔɪl] жидкое топливо

gas pedal [ˈgæs|ˈpedl] педаль газа

gas pipe wrench [ˈgæs|paɪp|ˈrentʃ] газовый ключ

gas tank [ˈgæs|tæŋk] резервуар для газа; бензобак

gas-bag [ˈgæsbæg] газовый баллон; аэростат
gas-bearing [ˈgæsˌbeərɪŋ] газоносный
gas-engine [ˈgæsˌenʤɪn] газовый двигатель; двигатель внутреннего сгорания
gas-field [ˈgæsfiːld] месторождение природного газа
gas-free [ˈgæsˈfriː] дегазированный
gas-jet [ˈgæsʤet] газовый рожок; горелка
gas-main [ˈgæsmeɪn] газопровод; газовая магистраль
gas-mask [ˈgæsmɑːsk] противогаз
gas-powered [ˈgæsˈpauəd] бензиновый
gas-station [ˈgæsˌsteɪʃ(ə)n] автозаправочная станция (амер.); бензоколонка
gas-stove [ˈgæsstouv] газовая плита
gasconade [ˌgæskəˈneɪd] бахвальство; хвастовство; бахвалиться; хвастаться
gaseous [ˈgæsjəs] газовый; газообразный; горючий газ
gaseous body [ˈgæsjəsˈbɔdɪ] газообразное тело
gash [gæʃ] глубокая рана; разрез; наносить глубокую рану
gasholder [ˈgæshouldə] газовый резервуар
gasificator [ˈgæsɪfɪkeɪtə] газификатор
gasiform [ˈgæsɪfɔːm] газообразный
gasify [ˈgæsɪfaɪ] газифицировать; превращать(ся) в газ
gasket [ˈgæskɪt] уплотняющая прокладка; уплотнение
gasket material [ˈgæskɪtˌməˈtɪərɪəl] герметик
gasketed [ˈgæskɪtɪd] герметизированный; уплотненный
gasoline [ˈgæsəliːn] бензин; бензиновый
gasoline tanker [ˈgæsəliːnˈtæŋkə] бензиновый танкер
gasometer [gæˈsɔmɪtə] счетчик газа; газомер
gasp [gɑːsp] затрудненное дыхание; удушье; дышать с трудом; задыхаться; открывать рот (от изумления)
gasper [ˈgɑːspə] дешевая папироса
gaspingly [ˈgɑːspɪŋlɪ] задыхаясь; с одышкой; в изумлении
gasproof [ˈgæspruːf] газонепроницаемый
gassed [gæst] газированный; газоотравленный
gassing [ˈgæsɪŋ] газообразование; отравление газом; окуривание газом; газовая дезинфекция; выделение газа; болтовня; бахвальство (разг.); кипение аккумулятора
gaster живот; брюшко
gastral брюшной; желудочный
gastric [ˈgæstrɪk] желудочный
gastric juice [ˈgæstrɪkˈʤuːs] желудочный сок (биол.)
gastrocoel гастральная полость

gastrointestinal [ˌgæstrouɪnˈtestɪnl] желудочно-кишечный
gastrointestinal track [ˌgæstrouɪnˈtestɪnlˈtræk] желудочно-кишечный тракт
gastronome [ˈgæstrənoum] гастроном; гурман
gastronomic [ˌgæstrəˈnɔmɪk] гастрономический
gastronomy [gæsˈtrɔnəmɪ] гастрономия; кулинария
gate [geɪt] ворота; калитка; вход; выход; затвор; клапан; застава; шлагбаум; количество зрителей (на стадионе, выставке и т. п.); вентиль; заслонка; задвижка; селектор
gate-crash [ˈgeɪtkræʃ] приходить незваным (разг.)
gate-crasher [ˈgeɪtˌkræʃə] безбилетный зритель; незваный гость (разг.)
gate-keeper [ˈgeɪtˌkiːpə] привратник; сторож
gate-post [ˈgeɪtpoust] воротный столб
gatehouse [ˈgeɪthaus] сторожка у ворот
gateway [ˈgeɪtweɪ] ворота; вход; подворотня; проход; выход; входной канал
gather [ˈgæðə] собирать(ся); скопляться; собираться; рвать (цветы); снимать (урожай); собирать (ягоды); подбирать; поднимать (с земли, с пола); накоплять; приобретать; морщить (лоб); собирать в складки (платье); нарывать; делать вывод; умозаключать; подбирать
gatherer [ˈgæðərə] собиратель
gathering [ˈgæð(ə)rɪŋ] наборка; подсадка; собирающий; собирание; накопление; сбор; подборка; скопление
gathering machine [ˈgæð(ə)rɪŋˌməˈʃiːn] листоподборочная машина
gatten-tree бересклет; калина (бот.)
gaud [gɔːd] безвкусное украшение; мишура; игрушка; безделка; пышные празднества
gaudy [ˈgɔːdɪ] большое празднество; безвкусный; кричащий; яркий; цветистый; витиеватый (о стиле)
gauffer [ˈgoufə] гофр; гофрировать
gauge [geɪʤ] мера; масштаб; индикатор; указатель; датчик; размер; калибр; критерий; способ оценки; измерительный прибор; образец; шаблон; лекало; эталон; измерять; проверять (размер); оценивать (человека, характер)
gaunt [gɔːnt] сухопарый; изможденный; исхудалый; вытянутый в длину; длинный; мрачный; отталкивающий; противный
gauntlet [ˈgɔːntlɪt] рукавица; перчатка с крагами (шофера, фехтовальщика и т. п.); латная рукавица (ист.)
gauze [gɔːz] газ (материя); марля; дымка (в воздухе); мелкая металлическая сетка; лицевая сетка (от пчел)
gauzy [ˈgɔːzɪ] тонкий; просвечивающий (о ткани)

gavel ['gævl] молоток *(председателя собрания, судьи или аукциониста)*
gavotte [gə'vɔt] гавот *(муз.)*
gawky ['gɔ:kɪ] неуклюжий; застенчивый *(о человеке)*
gay [geɪ] веселый; оживленный; радостный; беспутный; яркий; пестрый; блестящий; нарядный
gaze [geɪz] пристальный взгляд; пристально глядеть; вглядываться
gazelle [gə'zel] газель
gazette [gə'zet] ведомости; газета
gazetteer [,gæzɪ'tɪə] географический справочник; журналист; газетный работник
gazogene ['gæzoudʒi:n] аппарат для газирования напитков
gear [gɪə] механизм; аппарат; устройство; оборудование; снасть; шестерня; прибор; принадлежности; приспособление; передаточный механизм; привод; упряжь; движимое имущество; утварь; одежда; снабжать приводом; приводить в движение *(механизм)*; зацеплять; сцепляться *(о зубцах колес)*; направлять по определенному плану; приспосабливать; запрягать
to gear down — замедлять *(движение)*; ослаблять; понижать уровень
to gear up — ускорять *(движение и т. п.)*; готовить(ся) к чему-либо
gear down ['gɪə'daun] включать понижающую передачу
gear lever ['gɪə|'li:və] рычаг переключения передач
gear mechanism ['gɪə|'mekənɪzəm] зубчатая передача
gear oil ['gɪə|ɔɪl] трансмиссионное масло
gear train ['gɪə|treɪn] зубчатая передача
gear-box ['gɪəbɔks] коробка передач *(техн.)*
gear-change ['gɪətʃeɪndʒ] переключатель передач
gear-wheel ['gɪəwi:l] шестерня
gearbox case ['gɪəbɔks|'keɪs] картер коробки передач
gearing ['gɪərɪŋ] зубчатая передача; привод
gearshift lever ['gɪəʃɪft|'li:və] рычаг переключения передач
gecko ['gekou] геккон
Geiger counter ['gaɪgə|'kauntə] счетчик Гейгера
geisha ['geɪʃə] гейша
gel [dʒel] гель; студень; загустевать
gelatin(e) [,dʒelə'ti:n] желатин; желе; студень
gelatinize [dʒɪ'lætɪnaɪz] превращать(ся) в студень
gelatinous [dʒɪ'lætɪnəs] желатиновый; студенистый
gelation [dʒɪ'leɪʃ(ə)n] замораживание; застывание *(при охлаждении)*
geld [geld] кастрировать; кастрированный
gelding [geldɪŋ] мерин
gelid ['dʒelɪd] ледяной; студеный; леденящий; холодный *(о тоне, манере)*
gelling ['dʒelɪŋ] загущение; загустевание
gem [dʒem] драгоценный камень; самоцвет; драгоценность; жемчужина; украшать драгоценными камнями
geminate ['dʒemɪneɪt] сдвоенный; расположенный парами; сдваивать; удваивать; двойной; парный
gemination [,dʒemɪ'neɪʃ(ə)n] дублирование; сдваивание; удвоение
gemma ['dʒemə] почка; листовая почка; зародышевая почка
gemmation [dʒe'meɪʃ(ə)n] образование почек; почкование
gemsa серна
gendarme ['ʒɑ:ndɑ:m] жандарм *(франц.)*
gender ['dʒendə] род *(грам.)*; пол; возбуждать; вызывать; порождать
gender discrimination ['dʒendə|dɪs,krɪmɪ'neɪʃən] дискриминация женщин
gene [dʒi:n] ген *(биол.)*
gene-mutation ['dʒi:nmju(:)'teɪʃən] мутация генов
genealogical [,dʒi:njə'lɔdʒɪk(ə)l] генеалогический; родословный
genealogy [,dʒi:nɪ'ælədʒɪ] генеалогия; происхождение; родословная
general ['dʒen(ə)r(ə)l] общий; общего характера; всеобщий; генеральный; вездесущий; повсеместный; обыденный; обыкновенный; обычный; ведущий; главный; основной; генерал; военачальник; командующий; полководец
general acceptance ['dʒen(ə)r(ə)l|ək'septəns] безусловный акцепт
general accountant ['dʒen(ə)r(ə)l|ə'kauntənt] главный бухгалтер
general anaesthetic ['dʒen(ə)r(ə)l|,ænɪs'θetɪk] общий наркоз; общая анестезия
general book ['dʒen(ə)r(ə)l|buk] книга для массового читателя
general debate ['dʒen(ə)r(ə)l|dɪ'beɪt] общая дискуссия
general education ['dʒen(ə)r(ə)l|,edju(:)'keɪʃən] общее образование
general election ['dʒen(ə)r(ə)l|ɪ'lekʃən] всеобщие выборы
general exception ['dʒen(ə)r(ə)l|ɪk'sepʃən] возражение по существу дела
General Headquarters ['dʒen(ə)r(ə)l|'hed'kwɔ:təz] штаб главнокомандующего; ставка; главное командование
general list ['dʒen(ə)r(ə)l|lɪst] каталог для массового читателя

general manager ['ʤen(ə)r(ə)l|'mænıʤə] генеральный управляющий; директор предприятия

General Meeting ['ʤen(ə)r(ə)l|'mi:tıŋ] Генеральная Ассамблея *(ООН)*

general meeting ['ʤen(ə)r(ə)l|'mi:tıŋ] общее собрание

general practice ['ʤenrəl|'præktıs] врачебная практика

general public ['ʤen(ə)r(ə)l|'pʌblık] широкая публика; общественность

general publishing ['ʤen(ə)r(ə)l|'pʌblıʃıŋ] издание книг для массового читателя

general purpose vehicle ['ʤen(ə)r(ə)l|,pə:pəs|'vi:ıkl] джип

general representative ['ʤen(ə)r(ə)l|,reprı'zentətıv] генеральный представитель

general secondary education ['ʤen(ə)r(ə)l|'sekəndərı|,edju(:)'keıʃən] среднее общее образование

general tenancy ['ʤen(ə)r(ə)l|'tenənsı] бессрочная аренда

general town planning scheme ['ʤen(ə)r(ə)l|'taun|plænıŋ|'ski:m] генеральный план города

general words ['ʤen(ə)r(ə)l|'wə:dz] общая формулировка

general-purpose map ['ʤen(ə)r(ə)l,pə:pəs|'mæp] обзорная карта

generalissimo [,ʤen(ə)rə'lısımou] генералиссимус

generality [,ʤenə'rælıtı] всеобщность; применимость ко всему; неопределенность; утверждение общего характера; общие места; большинство; большая часть

generalization [,ʤen(ə)rəlaı'zeıʃ(ə)n] обобщение; общее правило

generalize ['ʤen(ə)rəlaız] обобщать; сводить к общим законам; распространять; вводить в общее употребление; придавать неопределенность; говорить неопределенно, в общей форме; образовывать общие понятия путем обобщения

generalized ['ʤen(ə)rəlaızd] обобщенный

generally ['ʤen(ə)rəlı] обычно; как правило; в целом; в общем смысле; вообще; широко *(распространенный)*; в большинстве случаев; большей частью

generalship ['ʤen(ə)r(ə)lʃıp] генеральский чин; звание генерала; полководческое искусство; руководство

general's (soldier's) battle ['ʤenərəlz|('souldʒəz)'bætl] бой, исход которого решает умелое командование *(солдатская доблесть)*

generate ['ʤenəreıt] вызывать; порождать; рождать; производить; генерировать *(программы)*; делать; изготовлять; вырабатывать

generating capacity ['ʤenəreıtıŋ|kə'pæsıtı] энергетическая мощность

generation [,ʤenə'reıʃ(ə)n] поколение; потомство; род; порождение; зарождение; начало; генерация; создание; образование; размножение

generational [,ʤenə'reıʃənəl] относящийся к определенному поколению

generative ['ʤenərətıv] производящий; производительный

generator ['ʤenəreıtə] производитель; источник энергии *(техн.)*; генератор; порождающая функция; нижний звук аккорда *(муз.)*

generator light ['ʤenəreıtə|laıt] контрольная лампа зарядки аккумуляторной батареи

generic [ʤı'nerık] родовой; характерный для определенного класса, вида и т. п.; всеобщий; общий; определенный родовыми признаками

generous ['ʤen(ə)rəs] великодушный; благородный; щедрый; обильный; большой; изрядный; плодородный *(о почве)*; интенсивный; густой *(о цвете)*; выдержанный; крепкий *(о вине)*

genesis ['ʤenısıs] происхождение; возникновение; генезис; источник; начало; Книга Бытия *(библ.)*

genetic [ʤı'netık] генетический

genetic affinity [ʤı'netık|ə'fınıtı] генетическая связь

genetic background [ʤı'netık|'bækgraund] генетическая среда

genetic code [ʤı'netık|'koud] генетический код

genetic equilibrium [ʤı'netık|,i:kwı'lıbrıəm] генетическое равновесие

genetic turnover [ʤı'netık|'tə:nouvə] обновление генофонда

geneticist [ʤı'netısıst] генетик

genetics [ʤı'netıks] генетика

genial ['ʤi:njəl] добрый; сердечный; радушный; добродушный; мягкий *(о климате)*; плодородный; производящий; брачный; [ʤı'naıəl] подбородочный *(анат.)*

geniality [,ʤi:nı'ælıtı] доброта; сердечность; радушие; добродушие; гостеприимство; мягкость *(климата)*

genially ['ʤi:njəlı] сердечно; добродушно

genicular [ʤı'nıkjulə] коленный

genital organ ['ʤenıtl|'ɔ:gən] половой орган

genitals ['ʤenıtlz] половые органы; гениталии

genitive ['ʤenıtıv] родительный; родительный падеж

genitourinary мочеполовой

genius [ˈdʒiːnjəs] гений; дух; одаренность; гениальность; гениальный человек; гениальная личность

genocide [ˈdʒenousaɪd] геноцид

genofond генофонд

genotype [ˈdʒenoutaɪp] генотип

genre [ˈʒɑːŋr] жанр; манера; стиль; жанровый

genteel [dʒenˈtiːl] благородный; благовоспитанный; светский; модный; изящный; элегантный; изысканный; тонкий; жеманный

gentle [ˈdʒentl] мягкий; добрый; тихий; спокойный; кроткий (*о характере*); нежный; ласковый (*о голосе*); легкий; слабый (*о ветре, о наказании и т. п.*); послушный; смирный (*о животных*); знатный; родовитый; отлогий; облагораживать; делать мягче (*человека*); объезжать (*лошадь*)

gentle breeze [ˈdʒentl|briːz] мягкий, легкий ветерок

gentlefolks [ˈdʒentlfouks] аристократия; дворянство; знать; элита

gentlehood [ˈdʒentlhud] знатность; благовоспитанность; любезность

gentleman [ˈdʒentlmən] джентльмен; владыка; властелин; господин; хорошо воспитанный и порядочный человек; дворянин (*ист.*)

gentleman-at-arms [ˈdʒentlmənətˈɑːmz] лейб-гвардеец

gentleness [ˈdʒentlnɪs] мягкость; доброта; отлогость

gentlewoman [ˈdʒentlˌwumən] дама; леди; дворянка (*ист.*); фрейлина (*уст.*); камеристка

gently [ˈdʒentlɪ] мягко; нежно; кротко; тихо; осторожно; спокойно; умеренно

gentry [ˈdʒentrɪ] нетитулованное мелкопоместное дворянство

genuflect [ˈdʒenju(ː)flekt] преклонять колена

genuflection [ˌdʒenju(ː)ˈflekʃ(ə)n] коленопреклонение

genuine [ˈdʒenjuɪn] действительный; истинный; настоящий; неподдельный; подлинный; искренний; чистопородный

genuinely [ˈdʒenjuɪnlɪ] искренне; неподдельно

genuineness [ˈdʒenjuɪnnɪs] подлинность

genus [ˈdʒiːnəs] род (*биол.*); сорт; вид; род

geodetics [ˌdʒiːouˈdetɪks] геодезия

geographer [dʒɪˈɔgrəfə] географ

geographic [dʒɪəˈgræfɪk] географический

geographical [dʒɪəˈgræfɪk(ə)l] географический

geography [dʒɪˈɔgrəfɪ] география

geologic(al) [dʒɪəˈlɔdʒɪk(əl)] геологический

geologist [dʒɪˈɔlədʒɪst] геолог

geologize [dʒɪˈɔlədʒaɪz] изучать геологию; заниматься геологическими исследованиями

geology [dʒɪˈɔlədʒɪ] геология

geometer [dʒɪˈɔmɪtə] геометр

geometrical [dʒɪəˈmetrɪk(ə)l] геометрический

geometrically similar model [dʒɪəˈmetrɪk(ə)lɪ|sɪmɪləˈmɔdəl] геометрическая подобная модель

geometry [dʒɪˈɔmɪtrɪ] геометрия

geophagous питающийся почвой

geophysical [ˌdʒɪ(ː)ouˈfɪzɪk(ə)l] геофизический

geopolitical [ˈdʒiːoupəlɪtɪkəl] геополитический

geranium [dʒɪˈreɪnjəm] герань

germ [dʒəːm] зародыш; семя; эмбрион (*биол.*); бактерия; микроб; микроорганизм; зачаток; почва; проросток; источник; начало; происхождение; давать ростки; развиваться; зарождаться

germ cell [ˈdʒəːm|sel] сперматозоид

germ-free [ˈdʒəːmfriː] стерильный

German badgerdog [ˈdʒəːmən|ˈbædʒədɔg] такса (*порода собак*)

German text [ˈdʒəːmən|ˈtekst] готический шрифт

germane [dʒəːˈmeɪn] уместный; подходящий; находящийся в близком кровном родстве; тесно связанный

germicidal [ˈdʒəːmɪsaɪdl] бактерицидный

germicidal lamp [ˈdʒəːmɪsaɪdl|ˈlæmp] бактерицидная лампа

germicide [ˈdʒəːmɪsaɪd] вещество, убивающее бактерии; убивающий бактерии; бактерицидный

germinal [ˈdʒəːmɪnl] зародышевый; зачаточный

germinal layer [ˈdʒəːmɪnl|ˈleɪə] зародышевый слой

germinate [ˈdʒəːmɪneɪt] прорастать; развиваться; давать почки или ростки; вызывать к жизни; порождать

germinating ability [ˈdʒəːmɪneɪtɪŋ|əˈbɪlɪtɪ] всхожесть

germination [ˌdʒəːmɪˈneɪʃ(ə)n] прорастание; развитие; рост; начало роста; образование почки; зарождение; всхожесть

gerontocracy [ˌdʒerɔnˈtɔkrəsɪ] правительство или правление старейших

gerrymander [ˈdʒerɪmændə] махинации; искажать факты; фальсифицировать; подтасовывать выборы

gerund [ˈdʒer(ə)nd] герундий (*грам.*)

gesso [ˈdʒesou] гипс (*для скульптуры*)

gestation [dʒesˈteɪʃ(ə)n] беременность; период беременности; созревание плода

gesticulate [dʒesˈtɪkjuleɪt] жестикулировать

gesticulation [dʒesˌtɪkjuˈleɪʃ(ə)n] жестикуляция

gestural [ˈdʒestʃərəl] жестикуляционный

gesture [ˈdʒestʃə] жест; телодвижение; мимика; жестикулировать

get [get] получать; добывать; доставать; зарабатывать; заразиться; схватить; покупать; приобретать; брать; достигать; добиваться; доставлять;

приносить; прибыть; добраться; достичь какого-либо места; попасть куда-либо; понимать (разг.); постигать; ставить в тупик; вычислять; устанавливать; съедать (завтрак, обед и т. п.); порождать; производить (о животных); владеть; иметь; обладать; (с инфинитивом) быть обязанным; быть должным что-либо сделать

to get about — распространяться (о слухах); начинать (вы)ходить после болезни

to get abroad — распространяться (о слухах); становиться известным

to get across — перебираться; переправляться; четко изложить; нервировать; раздражать

to get ahead — продвигаться; преуспевать

to get back — вернуть(ся); возмещать (потерю, убытки); наказывать (кого-либо)

to get by — проходить; проезжать; сдать (экзамен); выходить сухим из воды; сводить концы с концами; устраиваться

to get down — спуститься; сойти; снять (с полки); проглатывать; засесть (за учение и т. п.); подстрелить; выходить из-за стола; записывать; нервировать; уделять внимание

to get home — добраться до дома; выигрывать; быть понятым

to get in touch with — встречать; встречаться; собираться; сходиться; впадать (о реке); драться на дуэли; знакомиться; удовлетворять; соответствовать (желаниям, требованиям); оплачивать; опровергать (возражение)

to get nowhere — ничего не достичь

to get off — сойти; слезть; снимать (платье); отбывать; отправляться; начинать; убежать; спастись; отделаться (от наказания и т. п.)

to get off the trail — сбиться со следа

to get old — стариться

to get out — выходить; вылезать; вынимать; вытаскивать; произнести; вымолвить; стать известным (о секрете); выведывать; выспрашивать; бросить (привычку и т. п.); избегать делать что-либо; уходить; сбегать; публиковать; готовить

to get up — вставать; подниматься; садиться (в экипаж, на лошадь); усиливаться (о пожаре, ветре, буре); дорожать (о товарах); подготавливать; осуществлять; оформлять (книгу); ставить (пьесу); гримировать; наряжать; причесывать

get-at-able [getˈætəbl] вразумительный; доступный; отчетливый

get-in [ˈgetɪn] вгонка

get-together [ˈgetəˌgeðə] встреча; сбор; сборище; собрание; совещание; вечеринка

get-up [ˈgetʌp] устройство; общая структура; манера одеваться; стиль; обмундирование; одежда

getaway [ˈgetəweɪ] бегство (разг.); побег; старт (спорт.); передвижные декорации

getter [ˈgetə] приобретатель; добытчик; забойщик (горн.)

gewgaw [ˈgjuːgɔː] безделушка; пустяк; мишура

geyser [ˈgaɪzə][ˈgiːzə] гейзер

ghastly [ˈgɑːstlɪ] грозный; жуткий; страшный; мертвенно-бледный; воображаемый; призрачный; ужасный; неприятный; отвратительный; весьма; очень; страшно; ужасно; чрезвычайно

gherkin [ˈgəːkɪn] корнишон

ghetto [ˈgetou] гетто

ghost [goust] привидение; призрак; дух; душа; тень; легкий след чего-либо; преследовать; бродить как привидение; автор, работающий на другое лицо

ghost island [ˈgoustˈaɪlənd] островок безопасности

ghost picture [ˈgoustˈpɪktʃə] повторное изображение

ghost-writer [ˈgoustraɪtə] человек, пишущий (книгу, статью) за кого-либо

ghostly [ˈgoustlɪ] похожий на привидение; призрачный; внутренний; духовный; душевный

ghoul [guːl] вампир; вурдалак; упырь; кладбищенский вор

ghoulish [ˈguːlɪʃ] отвратительный; мерзкий

gialota морской окунь

giant [ˈdʒaɪənt] великан; гигант; исполин; титан; гигантский; громадный; исполинский

giantlike [ˈdʒaɪəntlaɪk] большой; гигантский; громадный; огромный

gibber [ˈdʒɪbə] невнятная, нечленораздельная речь; говорить быстро, невнятно, непонятно

gibberish [ˈgɪbərɪʃ] невнятная, непонятная речь

gibbet [ˈdʒɪbɪt] вешать; выставлять на позор, на посмешище

gibbosity [gɪˈbɔsɪtɪ] горб; горбатость; выпуклость; выступ

gibbous [ˈgɪbəs] горбатый; выпуклый; круглый; между второй четвертью и полнолунием (о Луне)

gibe [dʒaɪb] насмешка; насмехаться

giber [ˈdʒaɪbə] насмешник

gibus [ˈdʒaɪbəs] складной цилиндр

giddily [ˈgɪdɪlɪ] головокружительно; ветрено; легкомысленно

giddiness [ˈgɪdɪnɪs] головокружение; легкомыслие; ветреность; взбалмошность; несерьезность

giddy [ˈgɪdɪ] испытывающий головокружение; головокружительный; ветреный; легкомысленный

gift [gɪft] дар; подарок; подношение; способность; дарование; талант; дарение; право распределять (приходы, должности); дарить; жаловать; награждать; наделять; одаривать

gift-wrapped [ˈgɪftræpt] красиво упакованный
gifted [ˈgɪftɪd] даровитый; одаренный; способный; талантливый
gifted child [ˈgɪftɪd ˈtʃaɪld] одаренный ребенок
gig [gɪg] кабриолет; двуколка; гичка (быстроходная лодка); подъемная машина; лебедка; острога; ловить рыбу острогой; ангажемент (муз.)
gigantic [dʒaɪˈgæntɪk] большой; гигантский; исполинский
gigantism [dʒaɪˈgæntɪz(ə)m] гигантизм
giggle [ˈgɪgl] хихиканье; хихикать
giggly [ˈgɪgəlɪ] смешливый
gild [gɪld] золотить; украшать
gilded [ˈgɪldɪd] позолоченный
gilder [ˈgɪldə] позолотчик
gilding [ˈgɪldɪŋ] позолота; золочение
gill [gɪl] жабры; второй подбородок; бородка (у петуха); сережка (у курицы); глубокий лесистый овраг; горный поток
gill opening [ˈgɪlˈoupənɪŋ] жаберная щель
gill-breathing [ˈgɪlˈbriːðɪŋ] дышащий жабрами
gilled [gɪld] имеющий жабры
gilt [gɪlt] позолота; золоченый; позолоченный; молодая свинья
gilt-edged [ˈgɪltedʒd] с золотым обрезом; первоклассный; лучшего качества
gimbals [ˈdʒɪmbəlz] универсальный шарнир; карданный подвес
gimlet [ˈgɪmlɪt] бурав(чик); буравить
gimmick [ˈgɪmɪk] хитроумное приспособление; прием; уловка; ухищрение; хитрость; диковинка; новинка
gin [dʒɪn] западня; капкан; ловушка; силок; ручная лебедка; ловить в западню; очищать хлопок
gin-shop [ˈdʒɪnʃɔp] пивная
gingelli кунжут
ginger [ˈdʒɪndʒə] имбирь; воодушевление; огонек; рыжеватый цвет; рыжеволосый человек; имбирный; приправлять имбирем; взбадривать (беговую лошадь); подстегнуть; оживить
ginger beer [ˈdʒɪndʒəˈbɪə] имбирное пиво
ginger-snap [ˈdʒɪndʒəˈsnæp] имбирное печенье
gingerbread [ˈdʒɪndʒəbred] имбирный пряник (иногда золоченый); мишурный; пряничный; пышный
gingerly [ˈdʒɪndʒəlɪ] осторожный; осмотрительный; робкий; осторожно; осмотрительно; робко
gingery [ˈdʒɪndʒərɪ] имбирный; пряный; вспыльчивый; несдержанный; раздражительный; рыжеватый
gingiva [dʒɪnˈdʒaɪvə] десна
ginseng [ˈdʒɪnseŋ] женьшень
gipsy table [ˈdʒɪpsɪˌteɪbl] круглый столик (на трех ножках)

giraffe [dʒɪˈrɑːf] жираф(а)
gird [gəːd] опоясывать; подпоясывать(ся); прикреплять саблю, шашку к поясу; облекать (властью); обступать; окружать; охватывать; насмешка; насмехаться
girder [ˈgəːdə] балка; брус; перекладина; продольный бимс
girdle [ˈgəːdl] кушак; пояс; горизонтальная обмотка; кольцо; обойма; перехват; подпоясывать; окружать; опоясывать; охватывать; обнимать; кольцевать
girl [gəːl] девочка; девушка; прислуга; служанка; продавщица
girlfriend [ˈgəːlfrend] подруга; подружка; любимая девушка
girlhood [ˈgəːlhud] девичество
girlish [ˈgəːlɪʃ] девический
girt [gəːt] ригель; обвязка
girth [gəːθ] подпруга; обхват; размер; периметр; пояс; окружность; подтягивать подпругу; мерить в обхвате; окружать; опоясывать; охватывать
gist [dʒɪst] суть; сущность; главный пункт; основной пункт обвинения
gitarvis рохля (биол.)
gittern [ˈgɪtəːn] лира
give [gɪv] давать; отдавать; дарить; жертвовать; одаривать; жаловать (награду); завещать; платить; оплачивать; вручать; передавать; податливость; упругость; эластичность; зазор; составлять; равняться (мат.); предоставлять; поручать; быть источником; производить; заражать; посвящать; устраивать (обед); причинять; высказывать; показывать; налагать (наказание); выносить (приговор); уступать; соглашаться

to give a glance at — взглянуть на

to give a good account of oneself — хорошо себя зарекомендовать

to give a nudge — подтолкнуть

to give account of — давать отчет в чем-либо

to give back — возвращать; отдавать; отплатить (за обиду)

to give credit to — поверить чему-либо

to give forth — объявлять; обнародовать; распускать; распространять

to give in — уступать; сдаваться; подавать (заявление, отчет, счет); вписывать; регистрировать

to give or take — с поправкой в ту или иную сторону

to give the gate — дать отставку; уволить

to give the office — сделать намек

to give up — оставить; отказаться (от работы и т. п.); бросить (привычку); уступить; порывать с кем-либо; выдавать

give-and-take [ˈgɪvənˈteɪk] взаимные уступки; компромисс; обмен мнениями, любезностями,

GIV — GLA

колкостями и т. п.; уравнение условий *(соревнования) (спорт.)*

give-away [ˈgɪvəˌweɪ] *(ненамеренное)* разоблачение тайны или предательство; проданное дешево или отданное даром; низкий *(о цене)*

given [gɪvn] данное

giver [ˈgɪvə] тот, кто дает, дарит, жертвует; податель

giver of bribe [ˈgɪvər|əv|ˈbraɪb] взяткодатель

gizmo [ˈgɪzmou] штуковина; вещица *(о механизмах)*

glabrate [ˈglæbrɪt] безволосый; гладкий; оголенный; см. glabrous

glabrous [ˈgleɪbrəs] гладкий; лишенный волос *(о коже)*

glacial [ˈgleɪsjəl] ледниковый; ледовый; ледяной; леденящий; студеный; холодный; кристаллизованный

glaciate [ˈgleɪsɪeɪt] замораживать; превращать в лед; наводить матовую поверхность; замораживать; заморозить

glaciation [ˌgleɪsɪˈeɪʃən] оледенение; замораживание; превращение в лед

glacier [ˈglæsjə] ледник

glad [glæd] довольный; веселый; оживленный; праздничный; радостный; утешительный; счастливый *(поэт.)*

gladden [ˈglædn] радовать; веселить

glade [gleɪd] просека; поляна; полынья; разводье; проталина; луговина; болото с кочками; болотистый участок, поросший высокой травой

gladiator [ˈglædɪeɪtə] гладиатор

gladiatorial [ˌglædɪəˈtɔːrɪəl] гладиаторский

gladiolus [ˌglædɪˈouləs] гладиолус; шпажник

gladly [ˈglædlɪ] радостно; охотно; с удовольствием

gladsome [ˈglædsəm] веселый; оживленный; радостный

glaga дикий сахарный тростник

glague сныть *(бот.)*

glair [glɛə] яичный белок; смазывать яичным белком

glairy [ˈglɛərɪ] белковый; смазанный яичным белком

glamorize [ˈglæməraɪz] восхвалять; рекламировать; давать высокую оценку

glamour [ˈglæmə] волшебство; чары; романтический ореол; обаяние; очарование; эффектный; завоевать; зачаровать; околдовать; пленить; покорить

glamourous [ˈglæmərəs] красивый; обаятельный; очаровательный; эффектный

glance [glɑːns] быстрый взгляд; блеск; сверкание; мельком взглянуть; бегло просмотреть; поблескивать; блеснуть; сверкнуть; мелькнуть; отражаться; скользнуть; наводить глянец; полировать

to glance off — отскакивать

to glance over — быстро прочитывать; пролистывать

glancing blow [ˈglɑːnsɪŋ|ˈblou] косой удар

gland [glænd] уплотнение; набивка; железа *(анат.)*; сальник *(техн.)*; лимфатический узел; желудь; головка мужского полового члена

glandular [ˈglændjulə] железистый; в форме железы

glandule [ˈglændjuːl] железка

glare [glɛə] ослепительный блеск; яркий свет; блик; слепящий свет; ослепляющая фара; блестящая мишура; свирепый взгляд; ослепительно сверкать; свирепо смотреть

glare of a bulb [ˈglɛər|əv|ə|ˈbʌlb] свет лампочки

glaring [ˈglɛərɪŋ] яркий; ослепительный *(о свете)*; слишком яркий; кричащий *(о цвете)*; грубый; бросающийся в глаза; вопиющий *(об ошибке и т. п.)*

glaringly [ˈglɛərɪŋlɪ] ослепительно; ярко; вызывающе; грубо

glass [glɑːs] стекло; стеклянная посуда; стакан; рюмка; лупа; парниковая рама; парник; зеркало; смотровое стекло; очки; барометр; подзорная труба; телескоп; бинокль; микроскоп; песочные часы; *(получасовая)* склянка; стеклянный; вставлять стекла, остеклять; помещать в парник; отражаться *(как в зеркале)*; герметически закрывать в стеклянной посуде *(о консервах и т. п.)*

to glass in — окружать

glass calm [ˈglɑːs|kɑːm] зеркальная гладь

glass cloth [ˈglɑːs|klɔθ] стекловолокнистая ткань

glass fabric [ˈglɑːs|ˈfæbrɪk] стеклоткань

glass of beer [ˈglɑːs|əv|ˈbɪə] стакан пива

glass reflector [ˈglɑːs|rɪˈflektə] катафот

glass wool [ˈglɑːs|wuːl] стекловата

glass-blower [ˈglɑːsˌblouə] стеклодув

glass-case [ˈglɑːskeɪs] витрина

glass-culture [ˈglɑːsˌkʌltʃə] тепличная, парниковая культура

glass-cutter [ˈglɑːsˌkʌtə] стекольщик; алмаз *(для резки стекла)*; стеклорез

glass-dust [ˈglɑːsdʌst] наждак

glass-house [ˈglɑːshaus] стекольный завод; оранжерея; теплица; фотоателье *(со стеклянной крышей)*; тепличный

glass-paper [ˈglɑːsˌpeɪpə] наждачная бумага; шкурка

glass-ware [ˈglɑːsweə] стеклянная посуда; изделия из стекла

glassed [glɑːst] отполированный до зеркального блеска

glassed-in [ˌglɑːstˈɪn] застекленный

glassful ['glɑːsful] стакан (*как мера емкости*)

glassy ['glɑːsɪ] гладкий; зеркальный; отражающий; безжизненный; тусклый (*о взгляде, глазах*); стеклянный; стекловидный; прозрачный; гиалиновый

glaucous ['glɔːkəs] серовато-голубой; серовато-зеленый; тусклый

glaze [gleɪz] глазурь; глянец; глазированная посуда; вставлять стекла; застеклять; покрывать глазурью; покрывать льдом; тускнеть; стекленеть (*о глазах*); гололед

glazed [gleɪzd] застекленный; глазированный

glazed paper ['gleɪzd'peɪpə] глазированная бумага

glazier ['gleɪzjə] стекольщик

glazy ['gleɪzɪ] блестящий; глянцевитый; тусклый; безжизненный (*о взгляде*)

gleam [gliːm] слабый свет; проблеск; луч; отблеск; отражение (*лучей заходящего солнца*); проблеск; вспышка (*юмора, веселья и т. п.*); светиться; мерцать; отражать свет

glean [gliːn] подбирать колосья (*после жатвы*), виноград (*после сбора*); тщательно подбирать; собирать по мелочам (*факты, сведения*)

glebe [gliːb] земля; клочок земли; церковный участок

glee [gliː] веселье; ликование; песня (*для нескольких голосов*)

gleeful ['gliːful] веселый; ликующий; оживленный; радостный

gleeman ['gliːmæn] менестрель

glen [glen] узкая горная долина

glenoid суставный

glib [glɪb] бойкий (*о речи*); говорливый; речистый; гладкий (*о поверхности*); легкий; беспрепятственный (*о движении*)

glibly ['glɪblɪ] многоречиво; многословно

glide [glaɪd] скольжение; плавное движение; скользить; легато (*муз.*); двигаться плавно; проходить незаметно (*о времени*); планировать (*авиац.*)

glider ['glaɪdə] планер (*авиац.*)

gliding ['glaɪdɪŋ] скольжение; плавное движение; планирование; планеризм (*авиац.*)

gliding motion ['glaɪdɪŋ'mouʃən] скользящее движение

glimmer ['glɪmə] мерцание; тусклый свет; слабый проблеск; огонь; мерцать; тускло светить

glimmering ['glɪmərɪŋ] проблеск

glimpse [glɪmps] мелькание; проблеск; мимолетное впечатление; быстро промелькнувшая перед глазами картина; быстрый взгляд; некоторое представление; намек; (у)видеть мельком; мелькать; пролететь; промелькнуть; пронестись

glint [glɪnt] вспышка; сверкание; яркий блеск; мерцающий свет; вспыхивать; сверкать; ярко блестеть; отражать свет

glissade [glɪ'sɑːd] скольжение; соскальзывание; плавное движение; скольжение на крыло; глиссе (*в танцах*); скользить; соскальзывать

glisten ['glɪsn] блестеть; сверкать; искриться; сиять; блеск; отблеск; сверкание

glitter ['glɪtə] блестеть; сверкать; блистать; яркий блеск; сверкание; богатство; помпа; пышность; роскошь

glitterati [,glɪtə'rɑːtɪ] аристократия; дворянство; элита

glittery ['glɪtərɪ] блестящий

glitz [glɪts] блеск; притяжение

glitzy ['glɪtsɪ] блестящий; заманчивый; привлекательный

gloaming ['gloumɪŋ] сумерки

gloat [glout] тайно злорадствовать; торжествовать; пожирать глазами

gloatingly ['gloutɪŋlɪ] злорадно; со злорадством

global ['gloub(ə)l] всемирный; мировой; всеобщий; глобальный; полный

global quota ['gloub(ə)l'kwoutə] общая квота

globalize ['gloubəlaɪz] объединяться (*о предприятиях*)

globe ['gloub] шар; земной шар; небесное тело; глобус; держава (*эмблема власти монарха*); колокол воздушного насоса; круглый стеклянный абажур

globe-lightning ['gloub,laɪtnɪŋ] шаровая молния

globe-trotter ['gloub,trɔtə] человек, много путешествующий по свету

globose ['gloubous] шаровидный; сферический

globosity [glou'bɔsɪtɪ] шаровидность

globular ['glɔbjulə] сферический; сфероидальный; шарообразный; состоящий из шариков; содержащий шарики

globule ['glɔbjuːl] шарик; шаровидная частица; пилюля

glockenspiel ['glɔkənʃpiːl] металлофон (*муз.*)

glome головка (*соцветие*)

gloom [gluːm] мрак; темнота; тьма; мрачность; уныние; подавленное настроение; ипохондрик; меланхолик; хмуриться; заволакиваться (*о небе*); иметь хмурый или унылый вид; омрачать; вызывать уныние

gloomily ['gluːmɪlɪ] мрачно; уныло

gloomy ['gluːmɪ] мрачный; темный; угрюмый; печальный; гнетущий; хмурый

glorification [,glɔːrɪfɪ'keɪʃ(ə)n] восхваление; прославление

glorify ['glɔːrɪfaɪ] прославлять; восхвалять; окружать ореолом; возвеличивать; украшать

glorioule ['glɔːrɪoul] нимб; ореол; сияние

glorious [ˈglɔːrɪəs] славный; знаменитый; известный; популярный; великолепный; чудесный; восхитительный

glory [ˈglɔːrɪ] известность; популярность; слава; триумф; успех; великолепие; красота; нимб; ореол; сияние; гордиться

glorybind вьюнок

gloss [glɔs] внешний блеск; слава; обманчивая наружность; люстра; наводить глянец, лоск; лосниться; глосса; заметка на полях; толкование; подстрочник или глоссарий; превратное истолкование; составлять глоссарий; снабжать комментарием; превратно истолковывать; лощение; глянцевание

gloss art paper [ˈglɔs‚ɑːtˈpeɪpə] лощеная мелованная бумага

glossary [ˈglɔsərɪ] словарь (приложенный в конце книги); глоссарий

glossiness [ˈglɔsɪnɪs] глянец; лоск; глянцевитость

glossy [ˈglɔsɪ] глянцевый; лоснящийся; глянцевитый; фото на глянцевой бумаге

glossy paper [ˈglɔsɪˈpeɪpə] глянцевая бумага

glottal [glɔtl] гортанный

glottis [ˈglɔtɪs] голосовая щель

glove [glʌv] перчатка; надеть перчатку; снабжать перчатками

glover [ˈglʌvə] перчаточник

glow [glou] сильный жар; накал; свет; отблеск; зарево (отдаленного пожара, заката); яркость красок; румянец; пыл; горячность; оживленность; свечение; накаляться докрасна, добела; светиться; сверкать; тлеть; гореть; сверкать (о глазах); сиять (от радости); рдеть; пылать (о щеках); чувствовать приятную теплоту (в теле)

glow-worms [ˈglouwəːmz] светляки

glower [ˈglauə] сердитый взгляд; смотреть сердито

glowing [ˈglouɪŋ] раскаленный докрасна, добела; накаленный; ярко светящийся; горячий; пылкий; яркий (о красках); пылающий (о щеках)

glucose [ˈgluːkous] глюкоза

glue [gluː] клей; клеевой; клеить; приклеивать(ся); прилипать; склеиваться

glue putty [ˈgluːˈpʌtɪ] герметик

gluey [ˈgluː(ː)ɪ] клейкий; липкий

glum [glʌm] мрачный; угрюмый; хмурый

glumaceous [gluːˈmeɪʃəs] плёнчатый

glume [gluːm] шелуха (зерна)

glut [glʌt] избыток; излишек; излишнее количество; пресыщение; излишество (в еде и т. п.); насыщать; пресыщать; наполнять до отказа; затоваривать; забивать товаром

glutinous [ˈgluːtɪnəs] клейкий

glutton [glʌtn] обжора; жадный; ненасытный человек

gluttonous [ˈglʌtnəs] прожорливый

gluttony [ˈglʌtnɪ] обжорство

glycerine [ˈglɪs(ə)rɪn] глицерин

glycerol [ˈglɪs(ə)rɔl] глицерин

glyptography [glɪpˈtɔgrəfɪ] резьба по драгоценному камню

gnarl [nɑːl] нарост; узел

gnarled [nɑːld] шишковатый; сучковатый; искривленный; угловатый; грубый (о внешности); несговорчивый; упрямый; придирчивый

gnash [næʃ] скрежетать (зубами)

gnat [næt] комар; москит; мошка; кровососущее насекомое

gnaw [nɔː] грызть; глодать; разъедать (о кислоте); подтачивать; беспокоить; терзать

gnawer [ˈnɔːə] грызун

gnome [ˈnoumiː] афоризм; изречение; максима; гном; карлик

gnomish [ˈnoumɪʃ] похожий на гнома

gnu [nuː] гну (антилопа)

go [gou] идти; ходить; быть в движении; передвигаться (в пространстве или во времени); ехать; путешествовать; пойти; уходить; уезжать; стартовать; отправляться (часто с последующим герундием); приводиться в движение; направляться; руководствоваться; иметь хождение (о монете, пословице и т. п.); быть в обращении; быть в действии; работать (о механизме, машине); ходить (о часах); звучать; звонить (о колоколе, звонке и т. п.); бить; отбивать (о часах); простираться; вести куда-либо; пролегать; тянуться; пройти; быть принятым; получить признание (о плане, проекте); пройти; окончиться определенным результатом; проходить; исчезать; рассеиваться; расходиться; умирать; гибнуть; пропадать; теряться; податься; рухнуть; свалиться; сломаться; потерпеть крах; обанкротиться; отменяться; уничтожаться; переходить в собственность; доставаться; продаваться (по определенной цене); подходить; быть под стать чему-либо; гласить; говорить (о тексте, статье); сделать какое-либо движение; класть(ся); ставить(ся) на определенное место; постоянно храниться; умещаться; укладываться во что-либо; получать пособие

to go a-begging — нищенствовать; не иметь спроса, рынка; быть вакантным (о должности)

to go about — расхаживать; ходить туда и сюда; делать поворот кругом

to go across — быть понятым; менять точку зрения

to go after — искать; находить удовольствие в; стараться выиграть; стремиться

to go ahead — двигаться вперед; идти напролом; идти впереди (на состязании); продолжать

to go at a trot — идти рысью

to go away — уходить; убираться; заканчиваться; сбегать

to go back — возвращаться; нарушить (обещание, слово и т. п.); отказаться (от своих слов и т. п.)

to go beyond one's commission — превысить полномочия

to go down — снижаться

to go dry — ввести сухой закон

to go flop — потерпеть неудачу; потерпеть фиаско

to go for — идти за чем-либо (кем-либо); стремиться к чему-либо; быть принятым за кого-либо

to go for a walk — идти гулять

to go in — входить; участвовать (в состязании); затмиться (о солнце; луне)

to go into the Church — принимать духовный сан

to go out of mind — выскочить из памяти

to go out of service — выходить из строя

to go over — переходить (на другую сторону); переходить из одной партии в другую; переменить веру

to go round — вращаться; распространяться; повторяться

go-ahead ['gouæ'hed] согласие; одобрение

go-as-you-please ['gouəzju'pli:z] свободный от правил (о гонках и т. п.); неограниченный; нестесненный; лишенный плана, методичности; имеющий произвольную скорость, ритм

go-between ['goubɪˌtwi:n] делец; посредник; сват; связующее звено

go-by ['goubaɪ] обгон (на скачках)

go-cart ['gouka:t] ходунок (для обучения детей ходьбе); детская коляска; ручная тележка

go-carting ['gouka:tɪŋ] картинг

go-no-go decision ['gounouˌgoudɪ'sɪʒən] решение «годен-не годен»

go-off ['gou'ɔf] начало; старт

goad [goud] возбудитель; раздражитель; стимул; подгонять; побуждать; возбуждать; подстрекать; стимулировать

goal [goul] задача; цель; место назначения; финиш; ворота (спорт.); гол (спорт.)

goal kick ['goul|kɪk] удар по воротам

goal object ['goul|ɔbdʒkt] цель

goalkeeper ['goulˌki:pə] вратарь (спорт.)

goat [gout] козел; коза; Козерог (созвездие и знак зодиака)

goatherd ['gouthə:d] пастух, пасущий коз

goatish ['goutɪʃ] козлиный; похотливый

goatling ['goutlɪŋ] козленок

goatskin ['goutskɪn] сафьян; бурдюк

goatsuckers ['goutsʌkəz] козодой

goaty ['gouti] козлиный

goat's-leap ['goutsli:p] жимолость душистая

gob [gɔb] бычок (рыба)

gobble ['gɔbl] есть жадно; пожирать

to gobble up — поглощать в больших количествах; побеждать

gobbler ['gɔblə] индюк

Gobelin ['goubəlɪn] гобелен; гобеленовый

goblet ['gɔblɪt] бокал; кубок

god [gɔd] Бог; божество; всевышний; идол; кумир

godchild ['gɔdtʃaɪld] крестник; крестница

goddaughter ['gɔdˌdɔ:tə] крестница

goddess ['gɔdɪs] богиня

godfather ['gɔdˌfa:ðə] крестный отец; быть крестным отцом; дать (свое) имя чему-либо

godfearing ['gɔdˌfɪərɪŋ] богобоязненный

godforsaken ['gɔdfəˌseɪkn] заброшенный; захолустный

godhead ['gɔdhed] божество; божественность

godless ['gɔdlɪs] безбожный; нечестивый

godlike ['gɔdlaɪk] богоподобный; божественный; духовный

godliness ['gɔdlɪnɪs] благочестие; набожность

godmother ['gɔdˌmʌðə] крестная мать

godparenthood ['gɔd'pe(ə)rənthud] родство по крещению

godsend ['gɔdsend] неожиданное счастливое событие; удача; находка

godson ['gɔdsʌn] крестник

godspeed ['gɔd'spi:d] пожелание успеха

God's-acre ['gɔdzˌeɪkə] кладбище

goer ['gouə] ходок; отъезжающий

goggle ['gɔgl] изумленный, испуганный взгляд; защитные или темные очки; выпученный; вытаращенный (о глазах); смотреть широко раскрытыми глазами; вращать глазами

goggle-eyed ['gɔglaɪd] пучеглазый

goggled ['gɔgld] носящий защитные очки; в защитных очках

goggler ['gɔglə] ставрида

goggles ['gɔglz] защитные очки

going ['gouɪŋ] ходьба; скорость передвижения; отправление; отход; отъезд; состояние дороги, беговой дорожки; работающий; действующий (о предприятии и т. п.); действительный; объективный; реальный; существующий; преуспевающий; процветающий

gold [gould] золото; цвет золота; золотистый цвет; богатство; сокровища; состояние; ценность; центр мишени (при стрельбе из лука); золотой; золотистого цвета

gold backing of currency ['gould|bækɪŋ|əv|'kʌrənsɪ] золотое обеспечение денег

gold blocking ['gould|'blɔkɪŋ] золотое тиснение

GOL — GOS

gold foil [ˈgould|fɔil] золотая фольга; бронзовая фольга
gold-cloth [ˈgouldklɔθ] парча
gold-digger [ˈgould͵digə] золотоискатель
gold-fever [ˈgould͵fiːvə] золотая лихорадка
gold-field [ˈgouldfiːld] золотоносный район; золотой прииск
gold-plate [ˈgouldpleit] из накладного золота; позолотить; покрыть позолотой
goldband lily [ˈgouldbænd|ˈlili] лилия золотистая
goldcup [ˈgouldkʌp] лютик
golden [ˈgould(ə)n] золотистый; золотой
golden anniversary [ˈgould(ə)n|͵æniˈvəːsəri] золотая свадьба
golden eagle [ˈgould(ə)n|ˈiːgl] беркут
golden oriole [ˈgould(ə)n|ˈɔːrioul] иволга обыкновенная
goldfinch [ˈgouldfintʃ] щегол
goldsmith [ˈgouldsmiθ] золотых дел мастер; ювелир
golf [gɔlf] гольф; играть в гольф
golf ball [ˈgɔlfbɔːl] мяч для игры в гольф
golfer [ˈgɔlfə] игрок в гольф
gonad [ˈgounæd] половая железа
gondola [ˈgɔndələ] гондола; корзинка *(воздушного шара)*
gondolier [͵gɔndəˈliə] гондольер
gone [gɔn] уехавший; ушедший; разоренный; потерянный; пропащий; слабый; умерший; израсходованный; использованный
gonfalon [ˈgɔnfələn] знамя; хоругвь
gonfalonier [͵gɔnfələˈniə] знаменосец
gong [gɔŋ] гонг; ударный инструмент
goniometer [͵gouniˈɔmitə] прибор для измерения подвижности суставов
goniometry [͵gouniˈɔmitri] пеленгование
good [gud] хороший; приятный; неиспорченный; свежий; добродетельный; добрый; любезный; законный; неоспоримый; обоснованный; милый; годный; полезный; искусный; умелый; плодородный; надлежащий; целесообразный; кредитоспособный; надежный; значительный; платежеспособный; здоровый *(разг.)*; *усиливает значение следующего прилагательного;* благо; добро; выгода; польза; товар; движимость
good bail [ˈgud|beil] надежное поручительство
good bargain [ˈgud|ˈbaːgin] выгодная сделка
good case [ˈgud|keis] обоснованная версия
good conscience [ˈgud|ˈkɔnʃəns] добросовестность
good deal of money [ˈgud|diːl|əv|ˈmʌni] много денег
good ground [ˈgud|ˈgraund] достаточное основание
good motive [ˈgud|ˈmoutiv] доброе побуждение

good will mission [ˈgud|wil|ˈmiʃən] миссия доброй воли
goodness [ˈgudnis] доброта; великодушие; любезность; добродетель; хорошее качество; ценные свойства
goods [gudz] товар; товары; груз; багаж; вещи; имущество; требуемые, необходимые качества; именно то, что нужно; улики; вещественные доказательства, изобличающие преступника; грузовой; товарный; багажный
goods circulation [ˈgudz|͵səːkjuˈleiʃən] товарное обращение
goods delivery [ˈgudz|diˈlivəri] доставка товаров
goods received note [ˈgudz|riˈsiːvd|ˈnout] извещение о получении товара
goods rejection [ˈgudz|riˈdʒekʃən] бракераж товара
goods turnover [ˈgudz|ˈtəːnouvə] грузооборот
goods yard [ˈgudz|jaːd] склад
goodwill [ˈgud|wil] доброжелательность; расположение; добрая воля; рвение; готовность сделать что-либо
goody [ˈgudi] конфета; леденец; сентиментально благочестивый; ханжеский; чувствительно настроенный; ханжа
goosander [guːˈsændə] крохаль большой *(орнит.)*
goose [guːs] гусь; гусыня; портновский утюг
goose-egg [ˈguːseg] гусиное яйцо; нуль *(в играх)*
goose-fat [ˈguːsfæt] гусиный жир; гусиное сало
goose-flesh [ˈguːsfleʃ] гусиная кожа *(от холода, страха)*
gooseberry [ˈguzb(ə)ri] крыжовник; проволочный еж
goosee-tongue [ˈguːztʌŋ] мелисса *(бот.)*
goosefish [ˈguːzfiʃ] морской черт *(рыба)*
gore [gɔː] клин; участок земли клином; придавать форму клина; бодать; забодать; протыкать рогами; пробить *(борт судна о скалу)*
gorge [gɔːdʒ] глотка; пасть; зоб *(у птиц)*; пресыщение; отвращение; ярость; узкое ущелье; теснина; жадно есть; объедаться; жадно глотать; поглощать
gorgeous [ˈgɔːdʒəs] великолепный; замечательный; отличный; прекрасный; пышный; ярко расцвеченный; витиеватый *(о стиле)*
gorget [ˈgɔːdʒit] ожерелье
gorilla [gəˈrilə] горилла
gormandize [ˈgɔːməndaiz] обжорство; объедаться
gory [ˈgɔːri] окровавленный; кровопролитный
goshawk [ˈgɔshɔːk] ястреб
gosling [ˈgɔzliŋ] гусенок
gospel [ˈgɔsp(ə)l] Евангелие; назидание; наставление; проповедь; взгляды; убеждения; доктрина
gospeller [ˈgɔspələ] евангелист; проповедник

gossamer [ˈgɔsəmə] осенняя паутина *(в воздухе)*; тонкая ткань

gossamery [ˈgɔsəmərɪ] легкий; тонкий как паутина

gossip [ˈgɔsɪp] болтовня; сплетня; слухи; кумушка; болтунья; сплетник; болтать; беседовать; общаться; разговаривать; сплетничать; передавать слухи

gossipy [ˈgɔsɪpɪ] болтливый; любящий посплетничать; пустой; праздный *(о болтовне)*

gouache [guˈɑːʃ] гуашь

gouge [gaudʒ] стамеска; полукруглое долото; выдолбленное отверстие *(амер.)*; выемка и т. п.; выдалбливать; выдавливать

goujon пескарь

goulasha [ˈguːlæʃ] гуляш

gourami гурами *(рыба)*

gourd [guəd] тыква; бутыль из тыквы; горлянка

gourmet [ˈguəmeɪ] гурман *(франц.)*

gout [gaut] подагра; сгусток *(крови)*

govern [ˈgʌv(ə)n] править; управлять; регулировать; устанавливать; настраивать; руководить; регламентировать; владеть *(собой, страстями)*; влиять на кого-либо; направлять; определять смысл; обусловливать *(ход событий)*; служить прецедентом

governable [ˈgʌv(ə)nəbl] послушный; податливый; подчиняющийся; покорный

governance [ˈgʌv(ə)nəns] управление; власть; заведование; регулирование; руководство; подчиненность

governess [ˈgʌv(ə)nɪs] воспитательница; гувернантка; наставница

governing [ˈgʌv(ə)nɪŋ] контролирующий; руководящий; управляющий; важнейший; ведущий; главный; основной; правящий

governing body [ˈgʌv(ə)nɪŋ|ˈbɔdɪ] орган управления

government [ˈgʌvnmənt] власти; власть; правительство; форма правления; руководство; управление; регулирование; государственная власть; государственное устройство; форма государственного правления

government agency [ˈgʌvnmənt|ˈeɪdʒənsɪ] правительственный орган

government bond [ˈgʌvnmənt|bɔnd] правительственное долговое обязательство

government briefing [ˈgʌvnmənt|ˈbriːfɪŋ] правительственный брифинг

government bureaucracy [ˈgʌvnmənt|bjuəˈrɔkrəsɪ] государственный бюрократизм

government corruption [ˈgʌvnmənt|kəˈrʌpʃən] государственная коррупция

government grant [ˈgʌvnmənt|ˈgrɑːnt] правительственная субсидия

government of law [ˈgʌvnmənt|əv|ˈlɔː] господство права

governmental [ˌgʌv(ə)nˈmentl] правительственный

governmental establishment [ˌgʌv(ə)nˈmentl|ɪsˈtæblɪʃmənt] правительственный аппарат

governmental organs [ˌgʌv(ə)nˈmentl|ˈɔːgənz] правительственные органы

governmental payroll [ˌgʌv(ə)nˈmentl|ˈpeɪrɔul] государственные рабочие и служащие

governor [ˈgʌvənə] правитель; губернатор; комендант *(крепости)*; начальник *(тюрьмы)*; заведующий *(школой, больницей)*; член правления; регулятор; управляющее устройство

governor gear [ˈgʌvənəˈgɪə] регулирующий механизм

governor general [ˈgʌvənəˈdʒen(ə)r(ə)l] губернатор колонии или доминиона; генерал-губернатор

governorship [ˈgʌvnəʃɪp] должность губернатора; власть, юрисдикция губернатора; территория, подведомственная губернатору

gowan [ˈgauən] маргаритка

gown [gaun] платье *(женское)*; мантия *(судьи, преподавателя университета и т. п.)*; римская тога; надевать

gownsman [ˈgaunzmən] лицо, носящее мантию *(адвокат, профессор, судья, юрист)*

grab [græb] внезапная попытка схватить; быстрое хватательное движение; захват; вторжение; посягательство; присвоение; черпак; ковш; торпедодержатель; схватывать; хватать; пытаться схватить; захватывать

grabble [ˈgræbl] искать ощупью; ползать на четвереньках

grace [greɪs] грация; изящество; привлекательность; благоволение; благосклонность; приличие; такт; любезность; привлекательные свойства; милость; милосердие; прощение; отсрочка; передышка; молитва *(перед едой и после еды)*; светлость *(форма обращения)*; разрешение; льгота; амнистия; украшать; удостаивать; награждать

graceful [ˈgreɪsful] грациозный; изысканный; изящный; тонкий; отрадный; приятный; сладкий; элегантный

graceless [ˈgreɪslɪs] нравственно испорченный; непристойный; некрасивый; непривлекательный; тяжеловесный *(о стиле)*

gracious [ˈgreɪʃəs] внимательный; добрый; милосердный; милостивый; снисходительный; терпимый; любезный

graciously [ˈgreɪʃəslɪ] милостиво; любезно; снисходительно

grackle [ˈgrækl] скворец

GRA — GRA

gradate [grəˈdeɪt] располагать в порядке степеней

gradation [grəˈdeɪʃ(ə)n] градация; постепенность; постепенный переход; переходные ступени, оттенки; чередование гласных *(линг.)*; массовое размножение

grade [greɪd] градус; степень; ранг; класс; звание; качество; сорт; уклон; наклон; отметка *(амер.)*; оценка; улучшенная порода; располагать по рангу, по степеням; классифицировать; подбирать; сортировать; постепенно меняться; переходить *(в другую стадию)*; градуировать; улучшать породу путем скрещивания

grade school [ˈgreɪdˈskuːl] начальная школа *(амер.)*

grade-separated intersection [ˈgreɪdˌsepəreɪtɪdˌɪntə(ː)ˈsekʃən] дорожная развязка в двух уровнях

graded [ˈgreɪdɪd] ступенчато-изменяющийся

graded reader [ˈgreɪdɪdˈriːdə] адаптированная литература *(на иностранном языке)*

grader [ˈgreɪdə] сортировщик; ученик начальной школы; грейдер

gradient [ˈgreɪdjənt] наклон; скат; склон; уклон

gradient concept [ˈgreɪdjəntˈkɔnsept] теория градиентов

gradual [ˈgrædjuəl] постепенный; последовательный

gradually [ˈgrædjuəlɪ] постепенно

graduate [ˈgrædjuət] — *сущ.* [ˈgrædjueɪt] — *гл.* имеющий ученую степень; окончивший учебное заведение; выпускник; абитуриент; мензурка; окончить *(любое)* учебное заведение; располагать последовательно; градуировать; наносить деления; калибровать; постепенно изменяться; сгущать жидкость при помощи выпаривания

graduate school [ˈgrædjuətˌskuːl] аспирантура *(амер.)*

graduate student [ˈgrædjuətˌstjuːdənt] аспирант *(амер.)*

graduated [ˈgrædjueɪtɪd] градуированный; калиброванный

graduation [ˌgrædjuˈeɪʃ(ə)n] окончание учебного заведения; получение или присуждение ученой степени; калибровка; градация; нанесение делений; деления; линии

graft [graːft] прививка *(растения)*; привой; работа; прививать *(растение)*; взятка; незаконные доходы; получить взятку; взяточничество; трансплантат; привитая часть; подкуп; брать взятки; пользоваться нечестными доходами; черенковать

grafted [ˈgraːftɪd] привитой; пересаженный

grafter [ˈgraːftə] взяточник

grafting [ˈgraːftɪŋ] трансплантация; прививка; пересадка

graham [ˈgreɪəm] сделанный из пшеничной муки

grain [greɪn] зерно; крупа; зернышко; крупинка; гранула; песчинка; мельчайшая частица; зернистость; волокно; жилка; нитка; фибра; строение; структура; природа; склонность; характер; дробить; раздроблять; членить; хлебный злак; направление волокон

grain crop [ˈgreɪnˌkrɔp] урожай зерна

grain crops [ˈgreɪnˌkrɔps] зерновые культуры

grain direction [ˈgreɪndaɪˈrekʃən] продольное направление отлива бумаги *(полигр.)*

grain grower [ˈgreɪnˌgrouə] земледелец; землепашец; хлебороб

grain tank [ˈgreɪnˌtæŋk] бункер для зерна

graininess зернистость

grainy [ˈgreɪnɪ] негладкий; шероховатый; гранулированный; зернистый

graminivorous [ˌgræmɪˈnɪv(ə)rəs] травоядный

gramineous [greɪˈmɪnɪəs] травянистый; злаковый

gramma [ˈgræmə] пастбищная трава

grammage масса *(бумаги)*

grammar [ˈgræmə] грамматика; введение в науку; элементы науки; грамматическая система языка; учебник грамматики; грамматические навыки

grammar-school [ˈgræməskuːl] средняя школа; старшие классы средней школы

grammarian [grəˈmɛərɪən] грамматист

grammatical [grəˈmætɪk(ə)l] грамматический; грамматически правильный

grammatical category [grəˈmætɪk(ə)lˈkætɪgərɪ] грамматическая категория

gramme [græm] грамм

gramophone [ˈgræməfoun] граммофон; патефон

grampus [ˈgræmpəs] касатка *(ихт.)*

granary [ˈgrænərɪ] амбар; зернохранилище; элеватор; житница; хлебородный район

granatum гранат

grand [grænd] большой; величественный; монументальный; грандиозный; великий *(в титулах)*; возвышенный; благородный; главный; очень важный; великолепный; пышный; роскошный; импозантный; парадный; итоговый; суммирующий

grand larceny [ˈgrændˈlaːsnɪ] похищение имущества в крупных размерах

grand piano [ˈgrændˈpjænou] рояль

grand theft [ˈgrændˈθeft] крупная кража

grand-nephew [ˈgrænˌnevjuː] внучатый племянник

grand-niece [ˈgrænniːs] внучатая племянница

grandchild [ˈgræntʃaɪld] внук; внучка

granddaughter [ˈgrænˌdɔːtə] внучка

grandee [græn'di:] гранд *(испанский)*; вельможа; сановник; важная персона

grandeur ['grændʒə] грандиозность; великолепие; богатство; пышность; роскошь; знатность; *(нравственное)* величие

grandfather ['grænd,fɑ:ðə] дедушка

grandiloquence [græn'dɪləkwəns] высокопарность; напыщенность

grandiloquent [græn'dɪləkwənt] высокопарный; напыщенный

grandiosity [,grændɪ'ɔsɪtɪ] грандиозность

grandly ['grændlɪ] грандиозно

grandmother ['græn,mʌðə] бабушка; баловать; изнеживать

grandmotherly ['græn,mʌðəlɪ] проявляющий материнскую заботу; заботливый; опекающий; похожий на бабушку; излишне мелочный *(особенно о законодательстве)*

grandparent ['græn,pɛər(ə)nt] дед; бабка

grandson ['grænsʌn] внук

grandstand ['grændstænd] трибуна; места для зрителей *(на стадионе и т. п.)*; показной; рассчитанный на эффект

grange [greɪndʒ] мыза; амбар

granger's cattle [greɪndʒəz,kætl] мясомолочный скот

granite ['grænɪt] гранит; гранитный

grant [grɑ:nt] дар; официальное предоставление; дарственный акт; пожалование; дарственная; отчуждение; передача права собственности; дотация; субсидия; безвозмездная ссуда; грант; стипендия; послабление; разрешение; скидка; согласие; уступка; дарить; жаловать; даровать; предоставлять; давать дотацию, субсидию; разрешать; давать согласие на что-либо; дозволять; допускать; позволять

grant of dignity ['grɑ:nt|əv|'dɪgnɪtɪ] пожалование почетного звания

grant of pardon ['grɑ:nt|əv|'pɑ:dn] помилование

grant of parole ['grɑ:nt|əv|pə'roul] условно-досрочное освобождение

grant of patent ['grɑ:nt|əv|'peɪtənt] выдача патента

grant-in-aid ['grɑ:ntɪn'eɪd] дотация; субсидия; денежное ассигнование; денежное пожертвование

grant-maintained [,grɑ:ntmeɪn'teɪnd] находящийся на государственном обеспечении

grantee [grɑ:n'ti:] получающий в дар; лицо, получающее субсидию; лицо, которому дается разрешение или предоставляется право

grantor [grɑ:n'tɔ:] даритель; жертвователь; лицо, дающее разрешение или предоставляющее субсидию

granular ['grænjulə] зернистый; гранулированный; гранулярный

granulate ['grænjuleɪt] обращать*(ся)* в зерна; дробить; мельчить; гранулироваться

granulated sugar ['grænjuleɪtɪd|'ʃugə] сахарный песок

granulation [,grænju'leɪʃ(ə)n] грануляция; гранулирование; дробление; зернение; разбиение; разделение; зернистость

granule ['grænju:l] гранула; зерно; зернышко

grap crane ['græp|kreɪn] грейферный кран

grape [greɪp] виноград; виноградный

grapefruit ['greɪpfru:t] грейпфрут

grapery ['greɪpərɪ] оранжерея для винограда

grapevine ['greɪpvaɪn] виноградная лоза

graph [græf] график; диаграмма; кривая; набросок; схема; граф *(мат.)*; чертить график; изображать диаграммой

graphic ['græfɪk] графический; изобразительный; наглядный; живописный; живой; красочный *(о рассказе)*

graphic art ['græfɪk|ɑ:t] графика

graphic data ['græfɪk|'deɪtə] графические данные

graphical ['græfɪkl] графический

graphically ['græfɪk(ə)lɪ] графически; наглядно; живо; красочно

graphics ['græfɪks] графика; графический материал

graphics machine ['græfɪks|mə'ʃi:n] аппаратура видеографики

graphics pad ['græfɪks|pæd] графический электронный планшет

graphite ['græfaɪt] графит

grapple ['græpl] борьба; столкновение; стычка; схватка; ухватить*(ся)*; схватить*(ся)*; сцепиться

grasp [grɑ:sp] схватывание; крепкое сжатие; хватка; способность быстрого восприятия; понимание; рукоятка; ручка; схватывать; зажимать *(в руке)*; захватывать; хвататься; охватить; понять; осознать; овладеть; усвоить

grasping ['grɑ:spɪŋ] хваткий; цепкий; жадный; скупой

grass [grɑ:s] трава; дерн; злак; лужайка; газон; луг; выгон; пастбище; засевать травой; покрывать дерном; зарастать травой; пастись; выгонять в поле *(скот)*; растянуться на траве

grass cover ['grɑ:s|'kʌvə] травяной покров

grass widow ['grɑ:s|'wɪdou] соломенная вдова

grass-cutter ['grɑ:s,kʌtə] газонокосилка

grass-feeding ['grɑ:s,fi:dɪŋ] травоядный

grass-plot ['grɑ:s'plɔt] газон; лужайка

grassed [grɑ:st] покрытый травой

grasshopper ['grɑ:s,hɔpə] кузнечик; саранча

grassland ['grɑ:slænd] сенокосное угодье; луг; пастбище

grassy ['grɑːsɪ] покрытый травой; травяной; травянистый

grate [greɪt] решетка; сетка; каминная решетка; камин; тереть *(теркой)*; растирать; скрести с резким звуком; скрипеть; раздражать; раздражающе действовать

grateful ['greɪtful] благодарный; признательный; благодарственный; отрадный; приятный

gratefully ['greɪtfulɪ] с благодарностью; приятно

gratefulness ['greɪtfulnɪs] благодарность; приятность

gratification [ˌgrætɪfɪ'keɪʃ(ə)n] удовлетворение; удовольствие; вознаграждение; подачка; гратификация

gratify ['grætɪfaɪ] насыщать; удовлетворять; утолять; доставлять удовольствие; радовать *(глаз)*; попустительствовать; потакать; потворствовать; вознаграждать; давать взятку

grating ['greɪtɪŋ] решетка; сетка; резкий; скрипучий; раздражающий

gratis ['greɪtɪs, 'grɑːtɪs, 'grætɪs] бесплатный

gratis copy ['greɪtɪs|'kɔpɪ] бесплатный экземпляр

gratitude ['grætɪtjuːd] благодарность; признательность

gratuitous [grə'tjuː(ː)ɪtəs] безвозмездный; бесплатный; даровой; добровольный; беспричинный; ничем не вызванный; неспровоцированный; непрошеный

gratuitous contract [grə'tjuː(ː)ɪtəs|'kɔntrækt] безвозмездный договор

gratuitousness [grə'tjuː(ː)ɪtəsnɪs] безвозмездность

gratuity [grə'tjuː(ː)ɪtɪ] денежный подарок; пособие; чаевые; наградные; взятка

gravamen [grə'veɪmən] обвинение; жалоба

grave [greɪv] могила; гравировать; высекать; вырезать; запечатлевать; серьезный; веский; важный; важно; тяжелый; тяжело; медленно; низкий; угрожающий; степенный; авторитетный; влиятельный; мрачный; печальный; темный *(о красках)*; низкий *(о тоне)*

grave accent ['grɑːv|'æksənt] знак ударения слева направо

grave anxiety ['greɪv|æŋ'zaɪətɪ] сильное беспокойство; сильная тревога

grave crime ['greɪv|'kraɪm] тяжкое преступление

grave offence ['greɪv|ə'fens] тяжкое преступление

grave-digger ['greɪv|dɪgə] могильщик

gravel ['græv(ə)l] гравий; золотоносный песок; посыпать гравием; приводить в замешательство; ставить в тупик

gravel chippings ['græv(ə)l|'tʃɪpɪŋz] щебень

gravel road ['græv(ə)l|'roud] дорога, засыпанная гравием

gravel-blind ['græv(ə)l|blaɪnd] почти слепой

gravelly ['grævlɪ] состоящий из гравия; усыпанный гравием; засыпанный песком

graven ['greɪv(ə)n] высеченный

graver ['greɪvə] гравер; резчик; долото; резец; стамеска

gravestone ['greɪvstoun] могильная плита; надгробный камень

graveyard ['greɪvjɑːd] кладбище; место захоронения радиоактивных отходов

gravid ['grævɪd] беременная; с икрой

gravidity [græ'vɪdɪtɪ] беременность

gravitate ['grævɪteɪt] тяготеть; стремиться; притягиваться

gravitation [ˌgrævɪ'teɪʃ(ə)n] гравитация; сила тяжести; притяжение; тяготение

gravitational [ˌgrævɪ'teɪʃnl] гравитационный

gravity ['grævɪtɪ] вес; сила тяжести; тяготение; серьезность; важность; торжественность; серьезный вид; тяжесть; опасность *(положения и т. п.)*; степенность; уравновешенность; тяжесть правонарушения

gravity circulation ['grævɪtɪ|ˌsəːkju'leɪʃən] естественная циркуляция

gravure [grə'vjuə] глубокая печать; гравюра

gravure paper [grə'vjuə|'peɪpə] бумага для глубокой печати

gravure printing machine [grə'vjuə|'prɪntɪŋ|mə'ʃiːn] машина глубокой печати

gravy ['greɪvɪ] подливка *(из сока жаркого)*; соус

gravy-boat ['greɪvɪbout] соусник

gray [greɪ] серый; суровый

gray hen ['greɪ|hen] тетерка

grayback ['greɪbæk] сиг *(рыба)*

grayling ['greɪlɪŋ] хариус *(рыба)*

graze [greɪz] слегка касаться; задевать; содрать; натереть *(кожу)*; задевание; касание; обгрызать; обкусывать; общипывать; соприкосновение; легкая рана; царапина; трава, пригодная для пастбища; пасти; держать на подножном корму; пастись; щипать траву; использовать как пастбище

grazer ['greɪzə] пасущееся животное

grazier ['greɪzjə] скотовод; животновод

grazing ['greɪzɪŋ] выпас; выгон; пастбище; травоядный

grease [griːs] — *сущ.* [griːz] — *гл.* топленое сало; жир; смазочное вещество; густая смазка; смазывать; замасливать; засаливать

grease lubricant ['griːs|'luːbrɪkənt] солидол

grease-paint ['griːspeɪnt] грим *(театр.)*

greased [griːzd] смазываемый

greaser ['griːzə] смазчик; кочегар *(на пароходе)*

greasing ['griːzɪŋ] смазка *(техн.)*

greasing pit ['griːzɪŋ|pɪt] смотровая яма

greasy [ˈgriːzɪ] жирный; засаленный; сальный; не очищенный от жира *(о шерсти)*; скользкий и грязный *(о дороге)*; непристойный; скользкий; елейный; вкрадчивый; приторный; слащавый

greasy road [ˈgriːzɪˈroud] скользкая дорога

great [greɪt] великий; большой; огромный *(разг.)*; возвышенный *(о цели, идее и т. п.)*; интенсивный; сильный; замечательный; прекрасный; длительный; долгий; продолжительный; великолепный *(разг.)*; восхитительный; опытный; искусный; понимающий; разбирающийся

great anxiety [ˈgreɪtæŋˈzaɪətɪ] сильное беспокойство; сильная тревога

great bilberry [ˈgreɪtˈbɪlb(ə)rɪ] голубика

great black cockatoo [ˈgreɪtˈblækˌkɔkəˈtuː] чёрный какаду

great body of facts [ˈgreɪtˈbɔdɪəvˈfækts] масса фактов

great titmouse [ˈgreɪtˈtɪtmaus] большая синица

great-grandchild [ˈgreɪtˈgrændtʃaɪld] правнук; правнучка

great-grandfather [ˈgreɪtˈgrændˌfɑːðə] прадед

great-hearted [ˈgreɪtˈhɑːtɪd] великодушный

greatcoat [ˈgreɪtkout] пальто; шинель

greater [ˈgreɪtə] больший; больше; более значительный

greatly [ˈgreɪtlɪ] очень; весьма; значительно; сильно; чрезвычайно; возвышенно; благородно

greatness [ˈgreɪtnɪs] величие; мощность; сила; величина; протяжённость

greaves [griːvz] ножные латы; наколенники *(доспехов)*; остатки топлёного сала; шкварки

grebe [griːb] поганка *(птица)*

greed [griːd] жадность; скупость

greedily [ˈgriːdɪlɪ] жадно; с жадностью; прожорливо

greediness [ˈgriːdɪnɪs] жадность; скупость; прожорливость

greedy [ˈgriːdɪ] жадный; прожорливый

green [griːn] зелёный; покрытый зеленью; растительный *(о пище)*; сочный *(о корме)*; неспелый; незрелый; сырой; молодой; доверчивый; неопытный; необъезженный *(о лошади)*; полный сил; цветущий; свежий; бледный; болезненный; зелёная краска; зелёная лужайка; луг *(для игр и т. п.)*; растительность; листва; зелень; овощи; молодость; сила; делать(ся) зелёным; зеленеть; красить в зелёный цвет

green banana [ˈgriːnbəˈnɑːnə] зелёный банан

green belt [ˈgriːnˌbelt] зелёная зона *(вокруг города)*

green cheese [ˈgriːnˈtʃiːz] молодой сыр; зелёный сыр

green cloth [ˈgriːnˈklɔθ] зелёное сукно *(на столе, бильярде)*; игорный стол

green cormorant [ˈgriːnˈkɔːmərənt] зелёный баклан

green fodder [ˈgriːnˌfɔdə] трава; зелёный корм; фураж

green jacket [ˈgriːnˈdʒækɪt] личинка стрекозы *(биол.)*

green-blindness [ˈgriːnˈblaɪndnɪs] дальтонизм

green-eyed [ˈgriːnaɪd] ревнивый; завистливый

green-room [ˈgriːnrum] артистическое фойе; помещение для неотделанной продукции *(на фабрике)*

green-stuff [ˈgriːnstʌf] свежие овощи; огородная зелень

greenery [ˈgriːnərɪ] зелень; растительность; оранжерея; теплица

greenfish [ˈgriːnfɪʃ] луфарь *(рыба)*

greenflies [ˈgriːnflaɪz] тля

greengrocer [ˈgriːnˌgrousə] продавец фруктов

greengrocery [ˈgriːnˌgrousərɪ] зеленная или фруктовая лавка; зелень; фрукты

greenhorn [ˈgriːnhɔːn] новичок; неопытный человек

greenhouse [ˈgriːnhaus] оранжерея; теплица

greenish [ˈgriːnɪʃ] зеленоватый

greenness [ˈgriːnnɪs] зелень; незрелость; неискушённость; неопытность

greenwood [ˈgriːnwud] лиственный лес; лес в зелёном наряде

greeny [ˈgriːnɪ] зеленоватый

greenyard [ˈgriːnjɑːd] загон для отбившихся от стада животных

greet [griːt] приветствовать; здороваться; кланяться; встречать *(возгласами и т. п.)*; доноситься *(о звуке)*; открываться *(взгляду)*; плакать; достичь слуха

greeting [ˈgriːtɪŋ] поклон; приветствие; поздравление; встреча *(аплодисментами и т. п.)*

greetings card [ˈgriːtɪŋzˈkɑːd] поздравительная открытка

gregarious [grɪˈgɛərɪəs] стайный; стадный; коммуникабельный; контактный; общительный; скученный; сгруппированный; образующий скопления

grenade [grɪˈneɪd] граната; огнетушитель

grenade-gun [grɪˈneɪdgʌn] гранатомёт

grenadier [ˌgrenəˈdɪə] гренадер; макрурус *(рыба)*

grenadine [ˌgrenəˈdiːn] гвоздика с сильным запахом; шпигованная телятина; птица *(ломтиками)*; гранатовый сироп

grey [greɪ] серый; седой; бледный; болезненный; пасмурный; сумрачный; мрачный; невесёлый; серый цвет; седина; серый костюм; лошадь серой масти; делать(ся) серым; седеть

grey friar [ˈgreɪˈfraɪə] францисканец *(монах)*

grey goose [ˈgreɪˌguːs] дикий гусь

grey-eyed ['greɪaɪd] сероглазый
grey-headed ['greɪ'hedɪd] седой; старый; поношенный
grey-hen ['greɪhen] тетерка
greybeard ['greɪbɪəd] старик; пожилой человек; глиняный кувшин
greyhound ['greɪhaund] борзая; быстроходное океанское судно
greyish ['greɪɪʃ] сероватый; седоватый; с проседью
grid [grɪd] решетка; сетка; площадной; аккумуляторная пластина; объектодержатель; колосники
grid-iron ['grɪd‚aɪən] решетка; сетка
gridlock ['grɪdlɔk] пробка (на дорогах); безвыходное положение
grief [griːf] печаль; огорчение; несчастье
grievance ['griːv(ə)ns] обида; основание для недовольства; жалоба; ущерб; вред
grieve [griːv] огорчать; глубоко опечаливать; горевать; убиваться
grieved [griːvd] потерпевший ущерб
grievous ['griːvəs] горестный; печальный; прискорбный; тяжкий; достойный сожаления; тяжелый; мучительный (о боли и т. п.); вопиющий; страшный
grievously ['griːvəslɪ] горестно; печально; с прискорбием; мучительно
griffon ['grɪf(ə)n] сип (птица)
grig [grɪg] угорь (зоол.); кузнечик; сверчок
grill [grɪl] гриль; ростверк; решетка; сетка; жарить(ся) на рашпере; палить; жечь (о солнце); печься на солнце; мучить(ся)
grill-room ['grɪlrum] зал в ресторане или ресторан (где мясо и рыба жарятся при публике)
grille [grɪl] решетка; сетка
grilse [grɪls] молодой лосось
grim [grɪm] беспощадный; бесчеловечный; деспотичный; жестокий; непреклонный; неумолимый; грозный; жуткий; зловещий; мрачный; страшный
grimace [grɪ'meɪs] гримаса; ужимка; гримасничать
grime [graɪm] глубоко въевшаяся грязь; сажа; грязь; неопрятность; грязнить; загрязнять; марать; пачкать
grimy ['graɪmɪ] запачканный; покрытый сажей, углем; чумазый; грязный; смуглый
grin [grɪn] оскал зубов; усмешка; скалить зубы; ухмыляться
grind [graɪnd] размалывание; тяжелая, однообразная, скучная работа; молоть(ся); перемалывать(ся); растирать (в порошок); толочь; разжевывать; точить; шлифовать; затачивать; дробить; измельчать; играть на шарманке; полировать; тереть(ся) со скрипом (обо что-либо); вертеть ручку чего-либо; играть на шарманке; работать усердно, кропотливо; мучить; угнетать (чрезмерной требовательностью)
grinder ['graɪndə] точило; шлифовальный станок; станок для заточки; точильный камень; точильщик; шлифовщик; жернов; коренной зуб; мельница; дробилка; мухоловка (птица)
grindery ['graɪndərɪ] точильная мастерская; сапожные принадлежности
grinding ['graɪndɪŋ] шлифовка; размалывание; дробление; измельчение
grinding compound ['graɪndɪŋ|kəm'paund] притирочная паста
grinding powder ['graɪndɪŋ|'paudə] абразивный порошок
grinding wheel ['graɪndɪŋ|wiːl] шлифовальное колесо
grindle ильная рыба
grindstone ['graɪndstoun] точильный камень; точило
grip [grɪp] гриф; зажим; захватывающее приспособление; захват; полезная часть болта; схватывание; сжатие; зажатие; хватка; пожатие; власть; тиски; способность понять, схватить (суть дела); умение овладеть положением, чьим-либо вниманием; рукоять; ручка молота (спорт.); ручка; эфес; саквояж; схватить; сжать; крепко держать; понимать; схватывать (умом); овладевать вниманием; затирать; зажимать; захватывать
gripe [graɪp] зажим; зажатие; тиски; колики (разг.); резь; рукоятка; ручка; сжать; схватить; ухватить(ся); понять; постигнуть; уразуметь; усвоить; уяснить
grippe [grɪp] грипп (мед.)
gripper ['grɪpə] клещи
gripper edge ['grɪpər|edʒ] кромка листа, зажимаемая захватами
gripping power ['grɪpɪŋ|'pauə] сила сцепления
gripsack ['grɪpsæk] саквояж (амер.)
grisly ['grɪzlɪ] вызывающий ужас; суеверный страх; неприятный (разг.); скверный
grist [grɪst] зерно для помола; помол; нажива; прибыль (всегда в плохом смысле); солод
grist-mill ['grɪstmɪl] мукомольная мельница
gristle [grɪsl] хрящ
gristly ['grɪslɪ] хрящевой; хрящеватый
grit [grɪt] песок; гравий; крупнозернистый песчаник; дробь; щебень; зернистость
grit N величина зерна
gritty ['grɪtɪ] песчаный; с песком
grizzle ['grɪzl] серый цвет; седой человек; седой парик; серая лошадь; необожженный кирпич; низкосортный уголь; становиться серым; сереть;

седеть; огрызаться; рычать; хныкать; капризничать *(о детях)*
grizzled [ˈgrɪzld] седой; седеющий
grizzly [ˈgrɪzlɪ] серый; с сильной проседью; гризли *(североамериканский медведь)*
grizzly bear [ˈgrɪzlɪˈbeə] медведь гризли
groan [groun] тяжелый вздох; стон; скрип; треск; стонать; тяжело вздыхать; охать; со стонами высказывать; рассказывать; издавать треск; скрипеть
groat [grout] серебряная монета в 4 пенса *(ист.)*; мелкая, ничтожная сумма
grocer [ˈgrousə] торговец бакалейными товарами; бакалейщик
grocery [ˈgrous(ə)rɪ] бакалейная лавка; бакалейно-гастрономический магазин; бакалейная торговля
grog [grɔg] грог; пить грог
grog-shop [ˈgrɔgʃɔp] винная лавка
groin [grɔɪn] бок; пах; волнорез; ограждающий мол; ограждать валом
groin gland [ˈgrɔɪnˈglænd] паховый лимфатический узел
groom [grum] конюх; жених; придворный; чистить лошадь; ходить за лошадью
groomsman [ˈgrumzmən] шафер; дружка *(жениха)*
groove [gruːv] желобок; паз; выемка; вырез; канавка; углубление; борозда; прорез; рутина; обыкновение; обычай; привычка; нарез *(винтовки)*; карьер; рудник; шахта; делать пазы, канавки
grope [group] ощупывать; идти ощупью; искать; нащупывать
gropingly [ˈgroupɪŋlɪ] наудачу; ощупью
gross [grous] большой; крупный; брутто; оптом; тяжкий; пышный; объемистый; толстый; тучный; буйный *(о растительности)*; грубого помола; грубый; явный; ужасный; простой; жирный *(о пище)*; вульгарный; грязный; непристойный; плотный; сгущенный; весьма ощутимый; масса; множество; валовой
gross profit [ˈgrousˈprɔfɪt] валовая прибыль
gross shipment [ˈgrousˈʃɪpmənt] валовая отгрузка
gross tonnage [ˈgrousˈtʌnɪdʒ] валовая вместимость
gross value [ˈgrousˈvæljuː] валовая стоимость
gross weight [ˈgrousˈweɪt] вес брутто
grossly [ˈgrouslɪ] грубо; вульгарно; весьма; очень; чрезвычайно; крупно; оптовым путем
grotesque [grouˈtesk] гротеск; шарж; гротескный; абсурдный; нелепый; произведение в гротескной манере
grotto [ˈgrɔtou] грот; пещера

grouch [grautʃ] дурное настроение; брюзга; брюзжать; ворчать
ground [graund] земля; почва; грунт; местность; область; фон; заземление; основание; причина; расстояние; дно моря; участок земли; спортивная площадка; тема *(муз.)*; гуща; осадок; партер *(в театре)*; основывать; устанавливать; обосновывать; класть; опускать(ся) на землю; сесть на мель *(мор.)*; обучать основам предмета; грунтовать; заземлять *(электр.)*
ground clearance [ˈgraundˈklɪərəns] клиренс
ground-floor [ˈgraundˈflɔː] нижний, цокольный этаж
ground-game [ˈgraundˈgeɪm] наземная дичь; пушной зверь *(зайцы, кролики и т. п.)*
ground tackle [ˈgraundˈtækl] якорно-швартовочное устройство; якорное устройство
ground water [ˈgraundˌwɔːtə] почвенная, грунтовая вода; подпочвенные воды
ground-cherry [ˈgraundˈtʃerɪ] физалис *(бот.)*
ground-man [ˈgraundmæn] землекоп; служащий стадиона, поддерживающий спортплощадку в порядке *(спорт.)*
ground-nut [ˈgraundnʌt] земляной орех; арахис
ground-squirrel [ˈgraundˌskwɪr(ə)l] бурундук; суслик
groundbreaking [ˈgraundbreɪkɪŋ] большой; значительный; немалый
grounding [ˈgraundɪŋ] посадка на мель; обучение основам предмета
groundless [ˈgraundlɪs] беспочвенный; безосновательный; необоснованный
groundling [ˈgraundlɪŋ] донная рыба; голец; ползучее или низкорослое растение; невзыскательный зритель или читатель
groundwood [ˈgraundwud] древесная масса
groundwork [ˈgraundwəːk] фундамент; основа; поле; фон; полотно железной дороги
group [gruːp] группа; группировка; фракция; слои; круги *(общества)*; небольшой вокально-инструментальный ансамбль поп-музыки; комиссия; комитет; группировать(ся); подбирать гармонично краски, цвета; классифицировать; распределять по группам
grouping [ˈgruːpɪŋ] группирование; неравномерность расположения; классифицирование; определение принадлежности к какой-либо группе
groupment [ˈgruːpmənt] группирование; группировка; классификация
grouse [graus] ворчун; ворчать; тетерев
grout [graut] раствор; жидкий строительный раствор; зацементовывать
grouted macadam [ˈgrautɪdməˈkædəm] дорожное покрытие из гравия, залитого битумом

GRO — GUA

grove [grouv] лесок; роща
grovel [ˈgrɔvl] лежать ниц; ползать; унижаться
groveller [ˈgrɔvlə] низкопоклонник; подхалим
grow [grou] произрастать; расти; вырастать; увеличиваться; усиливаться *(о боли и т. п.); как глагол-связка в составном именном сказуемом;* делаться; становиться; выращивать; культивировать; отращивать *(бороду, волосы и т. п.)*
   to grow into the soil — пускать корни
   to grow over — зарастать
grow beet for fodder [ˈgrou|ˈbi:t|fəˈfɔdə] выращивать свёклу на корм
grow beet for sugar [ˈgrou|ˈbi:t|fəˈʃugə] выращивать свёклу на сахар
grower [ˈgrouə] тот, кто производит, разводит что-либо; садовод; плодовод; растение
growing [ˈgrouɪŋ] рост; выращивание; растущий; усиливающийся; возрастающий; поднимающийся; способствующий росту; стимулирующий рост
growing capacity [ˈgrouɪŋ|kəˈpæsɪtɪ] энергия роста
growl [graul] рычание; ворчанье; грохот; раскат *(грома);* рычать; ворчать; жаловаться; греметь *(о громе);* жужжание
growler [ˈgraulə] брюзга; ворчун; небольшой айсберг
grown-up [ˈgroun ʌp] взрослый *(человек)*
growth [grouθ] развитие; рост; прирост; увеличение; произрастание; выращивание; культивирование; культура; продукт; поросль; растительность; новообразование
growth curve [ˈgrouθ|kə:v] кривая роста
groyne [grɔɪn] волнорез; волнолом; сооружение для задержания песка, гальки; защищать волнорезами
grub [grʌb] личинка *(жука);* червовидная личинка; литературный поденщик; компилятор; грязнуля; неряха; вскапывать; выкапывать; выкорчёвывать; вытаскивать; копаться; рыться; откапывать *(в архивах, книгах);* много работать; надрываться; еда; корм; питание; пища; кормить
grub screw [ˈgrʌb|skru:] винт без головки
grub-ax(e) [ˈgrʌbæks] полольная мотыга
grubber [ˈgrʌbə] полольщик; корчевщик; корчеватель
grubbiness [ˈgrʌbɪnɪs] неряшливость; нечистоплотность
grubby [ˈgrʌbɪ] неряшливый; неопрятный; червивый
grudge [grʌdʒ] недовольство; недоброжелательство; зависть; причина недовольства; выражать недовольство; испытывать недоброе чувство к кому-либо; завидовать; неохотно давать; неохотно позволять; жалеть что-либо

grudgingly [ˈgrʌdʒɪŋlɪ] неохотно; нехотя
gruel [gruəl] жидкая *(овсяная)* каша; размазня
gruelling [ˈgruəlɪŋ] изнурительный
gruesome [ˈgru:səm] отвратительный; страшный; ужасный
gruff [grʌf] грубоватый; резкий; сердитый; грубый; хриплый *(о голосе)*
grumble [ˈgrʌmbl] ворчанье; ропот; дурное настроение; ворчать; жаловаться; урчать
grumbler [ˈgrʌmblə] ворчун
grumous [ˈgru:məs] бугристый
grumpy [ˈgrʌmpɪ] несдержанный; раздражительный
grunt [grʌnt] хрюканье; ворчанье; мычание *(о человеке);* хрюкать; ворчать
guana [ˈgwɑ:nə] игуана; любая большая ящерица
guanay баклан *(птица)*
guarantee [ˌgær(ə)nˈti:] гарантия; залог; поручительство; ручательство; свидетельство; гарант; индоссант; поручитель; тот, кому вносится залог; гарантировать; обеспечивать; поручаться; лицо, принимающее поручительство; ручаться; страховать
guarantee of payment [ˌgær(ə)nˈti:|əvˈpeɪmənt] гарантия оплаты долга
guarantee period [ˌgær(ə)nˈti:|ˈpɪərɪəd] срок гарантии
guarantor [ˌgær(ə)nˈtɔ:] поручитель; гарант; индоссант; авалист
guaranty [ˈgær(ə)ntɪ] гарантия; обязательство; залог; поручительство; ручательство; поручаться; гарантировать; обеспечивать; ручаться
guard [gɑ:d] ограждение; кринолин; кожух; караул; конвой; охрана; стража; часовой; караульный; сторож; конвоир; гвардия; бдительность; осторожность; оборонительное положение *(в боксе);* кондуктор *(ж.-д.);* сторожевой; охранять; сторожить; беречь; караулить; защищать; стоять на страже *(интересов и т. п.);* сдерживать *(мысли, выражения и т. п.)*
guard of honour [ˈgɑ:d|əvˈɔnə] почётный караул
guard post [ˈgɑ:d|poust] предупреждающий дорожный знак
guard-boat [ˈgɑ:dbout] дежурный катер
guard-rail [ˈgɑ:dreɪl] перила; поручень; направляющий рельс
guarded [ˈgɑ:dɪd] охраняемый
guardedly [ˈgɑ:dɪdlɪ] осторожно; сдержанно
guardhouse [ˈgɑ:dhaus] караульное помещение; гауптвахта
guardian [ˈgɑ:djən] опекун; куратор; попечитель; настоятель францисканского монастыря
guardianship [ˈgɑ:djənʃɪp] опека; опекунство; попечение; попечительство

guardsman [′gɑːdzmən] гвардеец; караульный
guava [′gwɑːvə] гуава *(плод)*
gubach губач *(рыба)*
gubernatorial [ˌgjuːbəːnə′tɔːrɪəl] относящийся к правителю, управляющему и т. п.; губернаторский
gudgeon [′gʌdʒən] пескарь
guenon мартышка
guerdon [′gəːdən] награда; премия; приз; вознаграждать; награждать
guerilla [gə′rɪlə] партизанская война; партизан; партизанский
guernsey [′gəːnzɪ] шерстяная фуфайка
guess [ges] гипотеза; догадка; предположение; приблизительный подсчет; отгадать; угадать; предполагать; гадать; догадываться; полагать *(амер.)*; считать
guess-work [′geswəːk] догадки; предположения
guesstimate [′gestɪmət] *(обоснованная)* догадка; *(интуитивная)* оценка; подсчитывать
guest [gest] гость; постоялец *(в гостинице)*; паразит *(животное или растение)*; гастролировать
guest house [′gest′haʊz] гостиница; отель; пансион
guest-card [′gestkɑːd] бланк, заполняемый прибывшим в гостиницу
guest-chamber [′gestˌtʃeɪmbə] комната для гостей
guffaw [gʌ′fɔː] грубый хохот; хохотать
guggle [′gʌgl] бульканье; булькать
guidance [′gaɪd(ə)ns] руководство; наведение *(ракет)*; уведомление; управление; указание
guidance document [′gaɪd(ə)ns′dɔkjumənt] руководящий документ
guide [gaɪd] проводник; гид; экскурсовод; руководитель; советчик; руководящий принцип; путеводитель; руководство; учебник; ориентир; разведчик *(воен.)*; направляющая деталь *(техн.)*; передаточный рычаг; быть чьим-либо проводником; вести; направлять; руководить; управлять; вести дела; быть руководителем; быть причиной, стимулом, основанием
guide axle [′gaɪd′æksl] ведущая ось
guide island [′gaɪd′aɪlənd] островок безопасности
guide mark [′gaɪd│mɑːk] знак; метка; отметка
guide pin [′gaɪd│pɪn] направляющий штифт
guide post [′gaɪd′pəʊst] рулевая колонка
guide to operations [′gaɪd│tə│ɔpə′reɪʃənz] руководство по эксплуатации
guide-book [′gaɪdbʊk] путеводитель
guide-line [′gaɪdlaɪn] директива; руководящие указания; общий курс; генеральная линия
guide-post [′gaɪdpəʊst] указательный столб *(на перекрестке)*
guide-rope [′gaɪdrəʊp] оттяжка

guided missile [′gaɪdɪd│′mɪsaɪl] управляемая ракета
guidon [′gaɪd(ə)n] *(остроконечный)* флажок *(на пике и т. п.)*
guild [gɪld] гильдия; цех; организация; союз
guile [gaɪl] обман; хитрость; коварство
guileful [′gaɪlful] вероломный; изменнический; коварный
guileless [′gaɪllɪs] простодушный
guillemot [′gɪlɪmət] гагарка
guillotine [ˌgɪlə′tiːn] гильотина; гильотинировать; резать *(обрезать)*; сорвать дискуссию *(в парламенте)*
guilt [gɪlt] вина; комплекс вины; грех; виновность
guiltily [′gɪltɪlɪ] виновато; с виноватым видом
guiltiness [′gɪltɪnɪs] виновность
guiltless [′gɪltlɪs] невинный; невиновный; не знающий чего-либо; не умеющий что-либо делать
guiltlessness [′gɪltlɪsnɪs] невиновность
guilty [′gɪltɪ] виновный; преступный; виноватый *(о взгляде, виде)*; вердикт о виновности
guilty mind [′gɪltɪ│maɪnd] вина
guinea-fowl [′gɪnɪfaʊl] цесарка
guinea-pig [′gɪnɪpɪg] морская свинка; директор компании, духовное лицо, врач и т. п., получающие гонорар в гинеях
guinness [′gɪnɪs] сорт пива *(«Гиннесс»)*
guise [gaɪz] вид; внешность; наружность; облик; личина; маска; предлог; наряд; одеяние; манера; обычай
guitar [gɪ′tɑː] гитара; играть на гитаре
guitarfish [gɪ′tɑːfɪʃ] скат
guitarist [gɪ′tɑːrɪst] гитарист
gules [gjuːlz] красный; красный цвет
gulf [gʌlf] морской залив; бухта; бездна; пропасть; вихрь; водоворот; воронка; пучина; поглощать; всасывать в водоворот
gull [gʌl] чайка; глупец; простак; обманывать
gullet [′gʌlɪt] пищевод; глотка; пазуха
gullibility [ˌgʌlɪ′bɪlɪtɪ] доверчивость; легковерие; легковерность
gullible [′gʌləbl] доверчивый; легковерный
gully [′gʌlɪ] глубокий овраг, лощина *(образованные водой)*; водосток; образовывать овраги, канавы; большой нож
gulp [gʌlp] большой глоток; глотательное движение или усилие; глотание; жадно, быстро или с усилием глотать; задыхаться; давиться; глотать *(слезы)*; сдерживать *(волнение)*; проглатывать
gum [gʌm] десна *(анат.)*; резина; галоша; жевательная резинка; смола; эвкалипт; растительный клей; клеить; приклеивать; выделять смолу; склеивать
gum elastic [′gʌm│ɪ′læstɪk] каучук; резина

GUM — GYR

gum tree [ˈgʌm|triː] эвкалипт
gum-boots [ˈgʌmbuːts] резиновые сапоги
gumboil [ˈgʌmbɔil] флюс
gummed paper [ˈgʌmd|ˈpeipə] гуммированная бумага
gummy [ˈgʌmi] клейкий; смолистый; источающий камедь, смолу; опухший; отекший
gumption [ˈgʌmpʃən] смышленость; находчивость; сообразительность; практическая смекалка; растворитель для красок
gumptious [ˈgʌmpʃəs] находчивый; сообразительный
gun [gʌn] орудие; пушка; пулемет; огнестрельное оружие; ружье; распылитель; сварочная горелка; револьвер (разг.); охотник; стрелок; пушечный; орудийный; стрелять; вести огонь; охотиться; обстреливать артиллерийским огнем (воен.)
gun dog [ˈgʌn|ˈdɔg] охотничья собака
gun layer [ˈgʌn|,leiə] (орудийный) наводчик (воен.)
gun-carriage [ˈgʌn,kæridʒ] лафет (воен.)
gun-fire [ˈgʌn,faiə] артиллерийский огонь
gun-running [ˈgʌn,rʌniŋ] незаконный ввоз оружия
gunboat [ˈgʌnbout] канонерская лодка, артиллерийский катер
gung-ho [,gʌŋˈhou] горячий; преданный; полный энтузиазма; наивный; простодушный
gunman [ˈgʌnmən] вооруженный огнестрельным оружием; оружейный мастер; вооруженный преступник; бандит
gunner [ˈgʌnə] канонир; артиллерист; пулеметчик; номер орудийного расчета; охотник; стрелок (авиац.); комендор (мор.)
gunnery [ˈgʌnəri] артиллерийское дело; артиллерийская стрельба
gunning [ˈgʌniŋ] охота с ружьем; обстрел; стрельба
gunpoint [ˈgʌnpɔint] дуло пистолета
gunpowder [ˈgʌn,paudə] порох
gunroom [ˈgʌnrum] кают-компания младших офицеров (на военных кораблях); комната, где хранятся охотничьи ружья
gunshot [ˈgʌnʃɔt] дальность выстрела; ружейный выстрел
gunsmith [ˈgʌnsmiθ] оружейный мастер
gurgle [ˈgəːgl] бульканье (воды); булькающий звук; булькать; журчать; полоскать горло
guru [ˈguːruː] гуру; духовный руководитель; учитель; светило; ведущий специалист
gush [gʌʃ] сильный или внезапный поток; ливень; излияние; поток; хлынуть; литься или разразиться потоком; изливать свои чувства
gusher [ˈgʌʃə] человек, изливающийся в своих чувствах; нефтяной фонтан
guslar [ˈguslə] гусляр
gust [gʌst] порыв ветра; хлынувший дождь и т. п.; взрыв (гнева и т. п.); вкус; понимание; острый или приятный вкус
gustation [gʌsˈteiʃ(ə)n] проба на вкус
gustatory [ˈgʌstət(ə)ri] вкусовой
gustatory gland [ˈgʌstət(ə)ri|ˈglænd] вкусовая железа
gustatory hallucination [ˈgʌstət(ə)ri|həˌluːsiˈneiʃən] вкусовая галлюцинация
gustatory organ [ˈgʌstət(ə)ri|ˈɔːgən] орган вкуса
gusty [ˈgʌsti] ветреный (о погоде и т. п.); бурный; порывистый
gut [gʌt] кишка; внутренности; узкий проход или пролив; потрошить (дичь и т. п.); опустошать (о пожаре); схватывать суть (книги), бегло просматривая
gut-scraper [ˈgʌt|ˈskreipə] скрипач (шутл.)
gutless [ˈgʌtləs] робкий; бесхарактерный
gutta-percha tree [ˈgʌtəˈpəːtʃəˈtriː] гуттаперчевое дерево
gutter [ˈgʌtə] водосточный желоб; выемка; низы (общества); делать желоба; стекать; оплывать (о свече)
gutter cover [ˈgʌtəˈkʌvə] решетка водостока
gutter margin [ˈgʌtə|ˈmɑːdʒin] внутреннее поле
gutter press [ˈgʌtə|pres] бульварная пресса
gutter-child [ˈgʌtəʃaild] беспризорный ребенок
gutter-man [ˈgʌtəmən] уличный торговец; разносчик
gutter-plough [ˈgʌtəplau] плуг-канавокопатель
guttler [ˈgʌtlə] обжора
guttural [ˈgʌt(ə)r(ə)l] гортанный; горловой
guy [gai] пугало; чучело; смешно одетый человек; малый; парень; выставлять на посмешище чье-либо изображение; издеваться; осмеивать
guzzle [ˈgʌzl] жадно глотать; пить; есть с жадностью; пропивать; проедать
guzzler [ˈgʌzlə] обжора; пьяница
gyle [gail] забродившее сусло; бродильный чан
gym-shoes [ˈdʒimˈʃuːz] легкая спортивная обувь
gymnasium [dʒimˈneizjəm] гимнастический зал; гимназия
gymnast [ˈdʒimnæst] гимнаст; гимнастка
gymnastic [dʒimˈnæstik] гимнастический
gymnastics [dʒimˈnæstiks] гимнастика
gynaecological [,gainikəˈlɔdʒik(ə)l] гинекологический
gynaecologist [,gainiˈkɔlədʒist] гинеколог
gynaecology [,gainiˈkɔlədʒi] гинекология
gypseous [ˈdʒipsiəs] гипсовый
gypsum [ˈdʒipsəm] гипс; гипсовать
gyrate [ˈdʒaiərit][,dʒai(ə)ˈreit] свернутый спиралью; вращаться по кругу; двигаться по спирали

gyration [ˌdʒaɪ(ə)'reɪʃ(ə)n] круговое или круговращательное движение; циркуляция; движение по окружности; вращение

gyratory ['dʒaɪ(ə)rət(ə)rɪ] вращательный; поворотный

gyrfalcon кречет *(птица)*

gyro-compass ['dʒaɪərəˌkʌmpəs] гирокомпас *(авиац.)*

gyropilot ['dʒaɪərəˌpaɪlət] автопилот *(авиац.)*

gyroscope ['dʒaɪərəskoup] гироскоп

gyrostat ['dʒaɪəroustæt] гиростат

gyrus ['dʒaɪ(ə)rəs] мозговая извилина

gyve [dʒaɪv] кандалы; оковы; узы; заковывать в кандалы; сковывать

H

h [eɪtʃ]; мн. — Hs; H's [eɪtʃɪz] восьмая буква английского алфавита

H-bomb ['eɪtʃbɔːm] водородная бомба

haberdasher ['hæbədæʃə] галантерейщик

haberdashery ['hæbədæʃərɪ] галантерея; галантерейные товары; предметы мужского туалета *(амер.)*; галантерейный магазин

habergeon ['hæbədʒ(ə)n] кольчуга *(ист.)*

habile ['hæbɪl] искусный; ловкий

habiliment [hə'bɪlɪmənt] предмет одежды

habilitate [hə'bɪlɪteɪt] одевать; готовиться к определенному роду деятельности *(преподаванию и т. п.)*

habit ['hæbɪt] привычка; обыкновение; навык; поведение; повадки; обычай; традиция; заведенный порядок; сложение; телосложение; особенность; свойство; характерная черта; облачение; одеяние; костюм для верховой езды; облачать; облекать; одевать

habit complex ['hæbɪt'kɔmpleks] система привычек

habit contraction ['hæbɪt|kən'trækʃən] тик *(мед.)*

habit of life ['hæbɪt|əv|'laɪf] образ жизни

habitability ['hæbɪtə'bɪlɪtɪ] обитаемость

habitable ['hæbɪtəbl] заселенный; населенный; обитаемый; годный для жилья

habitant ['hæbɪt(ə)nt] житель; обитатель; ['hæbɪtɔːŋ] канадец французского происхождения

habitat ['hæbɪtæt] родина; место распространения *(животного, растения)*; окружение; место жительства; место обитания; естественная среда

habitation [ˌhæbɪ'teɪʃ(ə)n] жилище; обитание; дом; жилое помещение; житье; проживание; городок; поселок; селение; поселение; право проживания

habitual [hə'bɪtjuəl] обыденный; обыкновенный; обычный; привычный; врожденный; пристрастившийся к чему-либо

habituate [hə'bɪtjueɪt] прививать; приучать; тренировать; часто посещать

habituation [həˌbɪtʃu'eɪʃən] адаптация; приспособление; привыкание

habitude ['hæbɪtjuːd] обыкновение; обычай; привычка; склонность; свойство; особенность; качество; характерная черта; установившийся порядок

habitus ['hæbɪtəs] склонность; характер; телосложение; склад

hack [hæk] кирка; мотыга; удар мотыги и т. п.; зарубка; зазубрина; резаная рана; ссадина на ноге от удара *(в футболе)*; сухой кашель; палубные часы; проверочный хронометр; рубить; разрубать; кромсать; разбивать на куски; тесать; обтесывать *(камень)*; делать зарубку; зазубривать; разбивать; разрыхлять мотыгой и т. п.; подрезать *(сучья и т. п.)*; давать напрокат; ехать *(верхом)* не спеша; понимать; использовать в качестве литературного поденщика; использовать на нудной, тяжелой работе; делать банальным; опошлять

hack-hammer ['hæk.hæmə] молоток каменщика

hack-writer ['hæk.raɪtə] литературный поденщик

hackee ['hækiː] бурундук *(зоол.)*

hacker ['hækə] хакер; программист высокой квалификации; пользователь, домогающийся незаконным поиском доступа к закрытой информации

hacking ['hækɪŋ] отрывистый и сухой *(о кашле)*

hackle ['hækl] оперение на шее у птиц; искусственная приманка *(для ужения рыбы)*; гнев; чесалка; гребень для льна; чесать лен; рубить; разрубать как попало; кромсать; откалывать

hackly ['hæklɪ] плохо отделанный; в зазубринах

hackney-carriage ['hæknɪˌkærɪdʒ] наемный экипаж

hackneyed ['hæknɪd] банальный; избитый; затасканный

hacksaw ['hæksɔː] ножовка

hackstand ['hækstænd] стоянка такси *(амер.)*

haddock ['hædək] пикша *(ихт.)*

hade [heɪd] отклоняться от вертикали; составлять угол с вертикалью

haematic [hɪ'mætɪk] кровяной; действующий на кровь; имеющий цвет крови; средство, действующее на кровь

haemorrhage ['hemərɪdʒ] кровотечение

haft [hɑːft] рукоятка; ручка; черенок

hag [hæg] ведьма; колдунья; чародейка

haggard [ˈhægəd] изможденный; измученный; осунувшийся; неприрученный; дикий

haggish [ˈhægɪʃ] похожий на ведьму; безобразный

haggle [ˈhægl] торговаться; придираться; находить недостатки; неумело резать; рубить; кромсать

hagridden [ˈhæɡˌrɪdn] мучимый кошмарами; подавленный; в угнетенном состоянии

hail [heɪl] град; сыпаться градом; осыпать градом (ударов и т. п.); оклик; приветствие; приветствовать; поздравлять; звать; окликать; происходить; быть родом; провозглашать; называть

hail-fellow(-well-met) [ˈheɪlˈfelou(ˈwelˈmet)] дружественный; дружеский; приятельский; товарищеский

hailer [ˈheɪlə] мегафон

hailstone [ˈheɪlstoun] градина

hailstorm [ˈheɪlstɔːm] ливень; гроза с градом; сильный град

hair [hɛə] волос; волосок; волосы; шерсть (животного); волосяной покров; щетина; иглы (дикобраза); нить в оптическом приборе

hair-covering [ˈhɛəˌkʌvərɪŋ] волосяной покров

hair-cut [ˈhɛəkʌt] стрижка

hair-do [ˈhɛədu:] прическа

hair-line [ˈhɛəlaɪn] тонкая, волосная линия; бечевка; визирная линия; нить в оптическом приборе; волосной; тонкий

hair-net [ˈhɛənet] сетка для волос

hair-pencil [ˈhɛəˌpensl] тонкая кисть для акварели

hair-piece [ˈhɛəpiːs] шиньон

hair-slide [ˈhɛəslaɪd] заколка для волос

hair-trigger [ˈhɛəˈtrɪɡə] вспыльчивый; несдержанный

hairbreadth [ˈhɛəbredθ] ничтожное, минимальное расстояние

hairbrush [ˈhɛəbrʌʃ] щетка для волос

haircap [ˈhɛəkæp] кукушкин лен (растение)

hairclipper [ˈhɛəˌklɪpə] машинка для стрижки волос

hairdresser [ˈhɛəˌdresə] парикмахер

hairdryer [ˈhɛədraɪə] фен

hairiness [ˈhɛərɪnɪs] волосатость

hairless [ˈhɛəlɪs] безволосый; лысый

hairpin [ˈhɛəpɪn] шпилька для волос

hairpin bend [ˈhɛəpɪnˈbend] крутой поворот

hairy [ˈhɛərɪ] покрытый волосами; волосатый; ворсистый (о ткани); мохнатый

hake [heɪk] серебристый хек

halberd [ˈhælbə(ː)d] алебарда (ист.)

halberdier [ˌhælbə(ː)ˈdɪə] алебардщик (ист.)

halcyon [ˈhælsɪən] безмятежный; спокойный; тихий; зимородок (птица)

hale [heɪl] здоровый; крепкий; тащить; тянуть

half [hɑːf] половина; часть чего-либо; семестр; половина игры (спорт.); половинный; неполный; частичный; наполовину; полу-; в значительной степени; почти; полрумба

half binding [ˈhɑːfˌbaɪndɪŋ] комбинированный переплет

half board [ˈhɑːfˈbɔːd] полупансион

half holiday [ˈhɑːfˈhɔlədɪ] сокращенный рабочий день

half hose [ˈhɑːfˈhouz] гольфы; носки

half measure [ˈhɑːfˈmeʒə] полумера

half moon [ˈhɑːfˈmuːn] полумесяц

half pay [ˈhɑːfˈpeɪ] половинный оклад

half sheet work [ˈhɑːfˈʃiːtˈwəːk] печатание с двойным спуском

half title [ˈhɑːfˈtaɪtl] шмуцтитул

half-adherent [ˈhɑːfədˈhɪərənt] полуприлегающий

half-and-half [ˈhɑːf(ə)ndˈhɑːf] смешанный в равных количествах; нерешительный; нетвердый; неуверенный; пополам

half-back [ˈhɑːfˈbæk] полузащитник (спорт.)

half-baked [ˈhɑːfˈbeɪkt] недопеченный; полусырой; незрелый; неискушенный; неопытный; необдуманный; непродуманный; неразработанный; опрометчивый; глупый

half-beam [ˈhɑːfˈbiːm] полубимс

half-blood [ˈhɑːfˈblʌd] брат, сестра только по одному из родителей; родство такого типа

half-bred [ˈhɑːfˈbred] смешанного происхождения; нечистокровный

half-breed [ˈhɑːfˈbriːd] метис; гибрид; помесь

half-brother [ˈhɑːfˈbrʌðə] единокровный, единоутробный брат; брат только по одному из родителей

half-caste [ˈhɑːfˈkɑːst] человек смешанной расы

half-coasted [ˈhɑːfˈkoustɪd] полукровный

half-cocked [ˈhɑːfˈkɔkt] на предохранительном взводе; неподготовленный

half-deck [ˈhɑːfˈdek] платформа

half-done [ˈhɑːfˈdʌn] сделанный наполовину; недоваренный; недожаренный

half-dozen [ˈhɑːfˈdʌzn] полдюжины

half-grown [ˈhɑːfˈɡroun] недоразвитый

half-hardy [ˈhɑːfˈhɑːdɪ] не выдерживающий зимы на открытом воздухе (о растении)

half-hearted [ˈhɑːfˈhɑːtɪd] вялый; колеблющийся; нерешительный; нетвердый; неуверенный; равнодушный; не проявляющий энтузиазма; полный противоречивых чувств

half-heartedly [ˈhɑːfˈhɑːtɪdlɪ] нерешительно; без особого энтузиазма

half-light [ˈhɑːfˈlaɪt] полутьма; полумрак; сумерки; полутон (живоп.); неяркий; плохо освещенный

half-mast ['ha:f'ma:st] приспускать *(флаг в знак траура)*

half-picture ['ha:f'pıktʃə] поле изображения

half-round ['ha:f'raund] полукруг; полуокружность; полукруглый

half-sighted ['ha:f'saıtıd] близорукий

half-sister ['ha:f‚sıstə] единокровная, единоутробная сестра; сестра только по одному из родителей

half-step ['ha:fstep] полутон *(муз.)*

half-term [‚ha:f't:m] короткие каникулы *(в середине семестра, четверти и т. п.)*

half-timbered [‚ha:f'tımbəd] деревянно-кирпичный

half-time ['ha:f'taım] неполная рабочая неделя; неполный рабочий день; неполная зарплата; перерыв между таймами *(спорт.)*

half-timer ['ha:f‚taımə] полубезработный; рабочий, занятый неполную неделю; учащийся, освобожденный от части занятий *(из-за работы)*

half-way ['ha:f'weı] лежащий на полпути; на полпути; наполовину; отчасти; частично; частью

half-witted ['ha:f'wıtıd] слабоумный

half-word ['ha:f'wə:d] аллюзия; намек; указание

half-year ['ha:f'jə:] полгода; семестр

half-yearly ['ha:f'jə:lı] полугодичный; полугодовой; издание, выходящее раз в полгода; раз в полгода

halftone ['ha:ftoun] полутон

halftone engraving ['ha:ftoun|ın'greıvıŋ] растровое клише

halftone illustration ['ha:ftoun|‚ıləs'treıʃən] растровая иллюстрация

halibut ['hælıbət] белокорый палтус; камбаловые

halicole обитающий на соленых почвах

halite ['hælaıt] каменная соль

hall [hɔ:l] зал; большая комната; холл; административное здание; приемная; вестибюль; коридор; общественное помещение; общежитие при университете; усадьба

hall bedroom ['hɔ:l‚bedrum] отгороженная часть передней, превращенная в спальню *(амер.)*; дешевая меблированная комната

hallelujah [‚hælı'lu:jə] аллилуйя

hallmark ['hɔ:lma:k] пробирное клеймо; проба; отличительный признак; критерий; ставить пробу; устанавливать критерий

hallow ['hælou] освящать; почитать; уважать; чтить

hallucinate [hə'lu:sıneıt] галлюцинировать; страдать галлюцинациями; вызывать галлюцинацию

hallucination [hə‚lu:sı'neıʃ(ə)n] галлюцинация

hallway ['hɔ:lweı] коридор; проход; прихожая

halo ['heılou] ореол; сияние

halogen lamp ['hælədʒən|'læmp] галогенная лампа

halolimnetic обитающий в соленых озерах

haloplankton морской планктон

halt [hɔ:lt] привал; остановка; платформа; полустанок; останавливать(ся); делать привал; «стой!» *(команда)*; колебаться; запинаться; хромать

halter ['hɔ:ltə] недоуздок; повод; веревка с петлей на виселице; надевать недоуздок; приучать к узде; вешать *(казнить)*

halting ['hɔ:ltıŋ] хромой; запинающийся

halve [ha:v] делить пополам; уменьшать; сокращать наполовину

ham [hæm] бедро; ляжка; ветчина; окорок; подколенная область

hamate ['heımeıt] кривой; крючковатый

hamburger ['hæmbə:gə] рубленый бифштекс; булочка с рубленым бифштексом; гамбургер

hamiform ['heımıfɔ:m] крючковидный

hamlet ['hæmlıt] деревня; деревушка; село

hammer ['hæmə] молоток; молот; молоточек, боек *(в различных музыкальных инструментах)*; овсянка *(птица)*; курок; ударник; молоток аукциониста; молот *(спорт.)*; вбивать, вколачивать; прибивать; стучать; колотить; ковать; чеканить; бить; ударять; сурово критиковать

hammer drill ['hæmə|drıl] отбойный молоток

hammer head ['hæmə|hed] ядро молота *(спорт.)*

hammer throw ['hæmə|'θrɔ:u] метание молота

hammer-blow ['hæməblou] тяжелый, сокрушительный удар

hammer-head ['hæməhed] головка молотка; рыба-молот

hammer-throwing ['hæmə'θrouıŋ] метание молота *(спорт.)*

hammering ['hæmərıŋ] ковка; чеканка; стук; удары; стучащий; ударяющий; простукивание; стуки в двигателе

hammersmith ['hæməsmıθ] кузнец

hammock ['hæmək] гамак; подвесная койка

hammock chair ['hæmək|'tʃɛə] складной стул *(с парусиновым сиденьем)*

hamper ['hæmpə] препятствовать; мешать; затруднять; стеснять движения; корзина с крышкой; пакет с лакомствами, с едой

hamster ['hæmstə] хомяк

hamulus ['hæmjuləs] крючок

hand [hænd] рука; кисть руки; пясть; лапа; передняя нога; власть; контроль; ловкость; умение; помощь; работник; рабочий; экипаж; команда судна; исполнитель; подпись; положение; сторона; источник *(сведений и т. п.)*; почерк; стрелка часов; ручной; сделанный ручным способом; управ-

ляемый вручную; вручать; передавать; посылать; помочь (*войти, пройти*); владение; забота
    to hand up — *подавать снизу вверх*

hand harpoon [ˈhænd|hɑːˈpuːn] подводное ружьё

hand jack [ˈhænd|dʒæk] ручной домкрат

hand money [ˈhændˈmʌnɪ] задаток наличными

hand rammer [ˈhændˈræmə] ручная трамбовка (*техн.*)

hand vice [ˈhænd|vaɪs] ручные тиски

hand-barrow [ˈhændˌbærou] носилки; ручная тележка; тачка

hand-driven [ˈhændˈdrɪvn] ручной; с ручным тормозом

hand-held computer [ˈhændheld|kəmˈpjuːtə] карманный компьютер

hand-me-down [ˈhændmiːˈdaun] подержанное платье; готовое платье; подержанный (*о платье*); готовый (*о платье*)

hand-mill [ˈhændmɪl] ручная мельница

hand-operated [ˈhændˈɔpəreɪtɪd] управляемый вручную

hand-pick [ˈhændpɪk] тщательно выбирать; подбирать

hand-picked [ˈhændpɪkt] выбранный; подобранный; отборный (*разг.*); отсортированный вручную

hand-play [ˈhændpleɪ] потасовка; жестикуляция

hand-reared [ˈhændˈrɪəd] выращенный в неволе

hand-to-hand [ˈhændtəˈhænd] рукопашный (*воен.*)

hand-to-mouth [ˌhændtuˈmauθ] бедный; недостаточный; скудный

hand-up [ˈhændʌp] грабитель; бандит; разбойник

handbag [ˈhændbæg] дамская сумочка; (*ручной*) чемоданчик

handball [ˈhændbɔːl] гандбол (*спорт.*); ручной мяч

handbell [ˈhændbel] колокольчик

handbill [ˈhændbɪl] рекламный листок; афиша

handbook [ˈhændbuk] руководство; справочник; указатель; книжка букмекера

handbrake [ˈhændbreɪk] ручной тормоз

handcrank [ˈhændkræŋk] рукоятка; штурвал

handcuffs [ˈhændkʌfs] наручники; надевать наручники

handful [ˈhændful] пригоршня; горсть; маленькая кучка; группа; горсточка

handglass [ˈhændglɑːs] ручная лупа; ручное зеркальце

handgrip [ˈhændgrɪp] пожатие; сжатие руки; схватка врукопашную; рукоятка; ручка

handheld [ˈhændheld] ручной; передвижной

handhold [ˈhændhould] то, за что можно ухватиться рукой (*например: выступ скалы; ветка дерева и т. п.*); рукоятка; ручка; перила; поручень

handhole [ˈhændhoul] горловина; смотровое окно

handicap [ˈhændɪkæp] гандикап (*спорт.*); дефект; недостаток; помеха; барьер; преграда; препятствие; уравновешивать силы (*спорт.*); уравнивать условия; ставить в невыгодное положение; быть помехой

handicraft [ˈhændɪkrɑːft] ремесло; ручная работа; искусство ремесленника; кустарный; ремесленный

handicraftsman [ˈhændɪkrɑːftsmən] кустарь; мастер; ремесленник

handkerchief [ˈhæŋkətʃɪf] носовой платок; шейный платок; косынка

handle [ˈhændl] дужка; ручка; рукоять; рукоятка; удобный случай; предлог; брать руками; держать в руках; делать (*что-либо*) руками; перебирать; перекладывать и т. п.; обходиться; обращаться с кем-либо (*чем-либо*); регулировать; управлять; сговориться; столковаться; рассматривать; разбирать; обрабатывать; осуществлять контроль; распоряжаться; манипулировать; заниматься (*проблемой*)

handle lift jack [ˈhændl|lɪft|dʒæk] ручной домкрат

handle-bar [ˈhændlbɑː] руль велосипеда

handler [ˈhændlə] дрессировщик; укротитель; заведующий складом; драйвер (*компьют.*); устройство управления; манипулятор

handling [ˈhændlɪŋ] обхождение; рассмотрение; разбирательство; обращение (*с кем-либо, с чем-либо*); трактовка (*темы*); обработка документов; манипулирование; уход (*за механизмом*); подход к решению (*вопросов и т. п.*); заведование; руководство; управление; регулирование

handling charges [ˈhændlɪŋˈtʃɑːdʒɪz] расходы на погрузку и разгрузку

handlist [ˈhændlɪst] алфавитный список; составлять алфавитный список

handmade [ˈhændˈmeɪd] рукодельный

handmaiden [ˈhændmeɪdən] служанка

handout [ˈhændaut] официальное заявление для печати; текст заявления для печати; тезисы (*доклада, лекции*), выдаваемые бесплатно; милостыня; подаяние; пища, одежда и т. п., раздаваемые бесплатно (*с благотворительной целью*)

handover [ˈhændˌouvə] передача (*из рук в руки*)

handpump [ˈhændpʌmp] ручной насос

handrail [ˈhændreɪl] перила; поручень

handrails [ˈhændreɪlz] поручни

hands-on [ˈhændzɔn] практический; связанный с жизнью

handsaw [ˈhændsɔː] ножовка; ручная пила

handscrew [ˈhændskruː] струбцина

handsel [ˈhænds(ə)l] подарок к Новому году и т. п.; подарок на счастье; почин; доброе начало *(торговли и т. п.)*; предвкушение; задаток; залог; первый взнос; дарить; жаловать; отдавать; начать; сделать впервые; отмечать открытие *(в торжественной обстановке)*; служить хорошим предзнаменованием

handset [ˈhændset] телефонная трубка; дистанционное управление *(телевизора, стереосистемы)*

handshake [ˈhændʃeɪk] рукопожатие

handsome [ˈhænsəm] красивый; прекрасный; статный; значительный; щедрый

handstand [ˈhændstænd] стойка на руках

handwheel [ˈhændwiːl] маховик; штурвал

handwork [ˈhændwɜːk] ручная работа

handwriting [ˈhændˌraɪtɪŋ] почерк; рукопись; собственноручная запись

handwritten [ˈhændˌrɪtn] рукописный

handy [ˈhændɪ] удобный *(для пользования)*; портативный; легко управляемый; *(имеющийся)* под рукой; близкий; искусный; ловкий; поворотливый; маневренный; легкодоступный

handy man [ˈhændɪˌmæn] подручный; на все руки мастер; матрос

handy-billy [ˈhændɪˈbɪlɪ] переносной насос

hang [hæŋ] вид; манера; особенности; смысл; значение чего-либо; склон; скат; наклон; уклон; вешать; подвешивать; развешивать; вешать *(казнить)*; навешивать; прикреплять; висеть; сидеть *(о платье)*; выставлять картины на выставке; застревать; задерживаться при спуске и т. п.

to hang about — *тесниться вокруг; бродить вокруг; околачиваться; шляться; слоняться; быть близким; надвигаться; прождать*

hang-glider [ˈhæŋˌglaɪdə] дельтаплан; дельтапланерист

hangar [ˈhæŋə] ангар; навес; сарай; склад

hanger [ˈhæŋə] тот, кто навешивает, наклеивает *(афиши и т. п.)*; крюк; крючок; вешалка *(платья)*; подвеска; серьга; подвесной кронштейн *(подшипник)*

hanger bracket [ˈhæŋəˈbrækɪt] подвеска

hangfire [ˈhæŋfaɪə] осечка; затяжное зажигание

hanging [ˈhæŋɪŋ] вешание; подвешивание; смертная казнь через повешение; висячий; подвесной

hangman [ˈhæŋmən] палач

hangout [ˈhæŋaʊt] притон

hank [hæŋk] моток; ракс

hanker [ˈhæŋkə] страстно желать; жаждать

hankering [ˈhæŋk(ə)rɪŋ] страстное желание; стремление

hansom (cab) [ˈhænsəm(ˈkæb)] двухколесный экипаж *(с местом для кучера сзади)*

haphazard [ˈhæpˈhæzəd] случай; случайность; случайный; необдуманный

hapless [ˈhæplɪs] бедственный; злополучный; несчастливый; несчастный; незадачливый; неудавшийся; неудачный

happen [ˈhæp(ə)n] случаться; происходить; *(случайно)* оказываться

to happen on — *случайно натолкнуться; встретить*

happening [ˈhæp(ə)nɪŋ] случай; событие

happenstance [ˌhæpənˈstæns] случайное происшествие; случайность

happily [ˈhæpɪlɪ] счастливо; к счастью; успешно; удачно

happiness [ˈhæpɪnɪs] счастье; удача; счастливый случай

happy [ˈhæpɪ] счастливый; удачный; довольный; веселый

happy birthday! [ˈhæpɪˈbɜːθdeɪ] с днем рождения!

happy medium [ˈhæpɪˈmiːdjəm] золотая середина

happy-go-lucky [ˈhæpɪgoʊˈlʌkɪ] беззаботный; беспечный; несерьезный; случайный; по воле случая

haptic [ˈhæptɪk] осязательный

harangue [həˈræŋ] речь *(публичная)*; горячее обращение; разглагольствование; произносить речь

haras [ˈhærəs] конный завод

harass [ˈhærəs] беспокоить; приставать; преследовать; назойливо ухаживать; докучать сексуальными домогательствами; волновать; изводить; тревожить; изнурять; утомлять

harassment [ˈhærəsmənt] беспокойство; агрессия; оскорбление; притеснение

harbinger [ˈhɑːbɪndʒə] вестник; предвестник

harbour [ˈhɑːbə] гавань; порт; прибежище; пристанище; убежище; укрытие; притон; стать на якорь *(в гавани)*; дать убежище; укрыть; приютить; затаить; питать *(чувство злобы, мести и т. п.)*; укрывать преступника; содержать воровской притон; портовый

harbourage [ˈhɑːbərɪdʒ] место для стоянки судов в порту; прибежище; пристанище; приют; убежище

harbourmaster [ˈhɑːbəmɑːstə] начальник, капитан порта; портовый инспектор

hard [hɑːd] жесткий; твердый; крепкий; сильный; трудный; тяжелый; требующий напряжения; суровый; холодный; строгий; безжалостный; несчастный; упорный; усердный; усиленно предающийся чему-либо; резкий; неприятный *(для слуха, глаза)*; определенный; подтвержденный; закаленный; устойчивый; жадный; скупой; жесткий *(о воде)*; густой; острый; проникающий; твердо; крепко; сильно; настойчиво; упорно; энергично; с трудом; тяжело; неумеренно; чрезмерно; жестоко; сурово; близко; вплотную; по пятам

hard copy [ˈhɑːdˈkɔpɪ] распечатка

hard disk [ˈhɑːdˈdɪsk] жесткий диск *(компьют.)*
hard drug [ˈhɑːdˈdrʌg] сильнодействующий наркотик
hard error [ˈhɑːdˈerə] постоянная ошибка
hard set [ˈhɑːdˈset] в трудном положении; голодный; насиженный *(о яйце)*; закрепленный неподвижно; упрямый
hard shoulder [ˈhɑːdˈʃəuldə] обочина
hard worker [ˈhɑːdˈwəːkə] работяга; труженик *(разг.)*
hard-back [ˈhɑːdbæk] книга в твердом переплете
hard-boiled [ˈhɑːdˈbɔɪld] сваренный вкрутую *(о яйце)*; бесчувственный; крутой; неподатливый; черствый; искушенный; прожженный; видавший виды
hard-earned [ˈhɑːdˈəːnd] с трудом заработанный
hard-edged [ˌhɑːdˈedʒd] бескомпромиссный
hard-faced [ˈhɑːdˈfeɪst] безжалостный; жестокий; суровый
hard-facing [ˈhɑːdˈfeɪsɪŋ] наплавка поверхности твердым сплавом
hard-featured [ˈhɑːdˈfiːtʃəd] с грубыми, резкими чертами лица
hard-grained [ˈhɑːdˈɡreɪnd] твердый; плотный *(о дереве)*; крупнозернистый; суровый; бесчувственный; упрямый
hard-handed [ˈhɑːdˈhændɪd] с загрубелыми *(от труда)* руками; грубый; жестокий; суровый
hard-headed [ˈhɑːdˈhedɪd] деловитый; практический; практичный; трезвый; искушенный; многоопытный; прожженный; настойчивый; упрямый
hard-hearted [ˈhɑːdˈhɑːtɪd] бесчувственный; черствый
hard-hitting [ˌhɑːdˈhɪtɪŋ] с сильным ударом; сильный; энергичный; мощный; труднодостижимый
hard-mouthed [ˈhɑːdˈmauðd] тугоуздый *(о лошади)*; неподатливый; своевольный; упрямый
hard-pressed [ˌhɑːdˈprest] *(находящийся)* в затруднении; испытывающий *(сильное)* давление *(с чьей-либо стороны)*
hard-tempered [ˈhɑːdˈtempəd] закаленный
hard-to-reach [ˈhɑːdtəˈriːtʃ] труднодоступный
hard-wearing [ˌhɑːdˈwɛərɪŋ] ноский; практичный *(об одежде, материи)*
hard-working [ˈhɑːdˌwəːkɪŋ] прилежный; работящий; трудолюбивый; усердный
hardbake [ˈhɑːdbeɪk] миндальная карамель
hard(-cover) binding [ˈhɑːd(kʌvə)ˈbaɪndɪŋ] твердая переплетная крышка
hardbitten [ˈhɑːdˈbɪtn] стойкий; упорный; упрямый

hardbound (hard-cover) book [ˈhɑːdbaund|(ˈhɑːdkʌvə)ˈbuk] книга в твердой переплетной крышке
harden [ˈhɑːdn] делать*(ся)* твердым; застывать; твердеть; закалять*(ся)*; укреплять*(ся)*; делать*(ся)* бесчувственным; ожесточать*(ся)*; цементировать
hardened offender [ˈhɑːdndəˈfendə] закоренелый преступник
hardener [ˈhɑːdnə] отвердитель
hardening [ˈhɑːdnɪŋ] закалка; цементация
hardhead [ˈhɑːdhed] практичный человек; твердолоб; скумбрия; серый кит
hardihood [ˈhɑːdɪhud] дерзость; отвага; смелость; храбрость; наглость
hardily [ˈhɑːdɪlɪ] смело
hardiness [ˈhɑːdɪnɪs] дерзость; отвага; смелость; храбрость; выносливость; крепость; стойкость
hardly [ˈhɑːdlɪ] едва; едва ли; с трудом; резко; сурово; ожесточенно
hardness [ˈhɑːdnɪs] твердость; плотность; прочность; жесткость *(воды)*; суровость *(климата)*
hards [hɑːdz] пакля
hardshell [ˈhɑːdʃel] с твердой скорлупой; не поддающийся уговорам; стойкий; непоколебимый
hardship [ˈhɑːdʃɪp] лишение; нужда; тяжелое испытание; трудность; неудобство
hardtail [ˈhɑːdteɪl] ставридовые
hardware [ˈhɑːdwɛə] металлические изделия; скобяные товары; аппаратура
hardwood [ˈhɑːdwud] твердая древесина
hardy [ˈhɑːdɪ] мужественный; отважный; смелый; храбрый; безрассудный; дерзкий; необдуманный; неосторожный; опрометчивый; выносливый; закаленный; стойкий; морозостойкий; морозоустойчивый
hardy breed [ˈhɑːdɪ|briːd] морозоустойчивая порода
hare [hɛə] заяц
hare-brained [ˈhɛəbreɪnd] безрассудный; опрометчивый
harebell [ˈhɛəbel] колокольчик
harem [ˈhɛərəm] гарем
haricot [ˈhærɪkou] фасоль; рагу *(обычно из баранины)*
hark [hɑːk] слушать
to hark at — слушать с недоверием
harlequin [ˈhɑːlɪkwɪn] арлекин; шут; многоцветный; пестрый
harlequinade [ˌhɑːlɪkwɪˈneɪd] арлекинада; шутовство
harm [hɑːm] вред; убыток; урон; ущерб; зло; обида; вредить; наносить ущерб
harmful [ˈhɑːmful] опасный; пагубный; вредный; вредоносный

harmless ['hɑ:mlɪs] невредный; безвредный; безобидный; безопасный

harmonic [hɑ:'mɔnɪk] гармонический; гармоничный; стройный; гармоника; колебание (физ.); частота; музыкальный; мелодичный; обертон

harmonica [hɑ:'mɔnɪkə] губная гармошка; аккордеон; гармоника

harmonically [hɑ:'mɔnɪkəlɪ] гармонично

harmonious [hɑ:'mounjəs] гармонирующий; дружный; согласный; мелодичный; гармоничный; созвучный

harmonist ['hɑ:mənɪst] музыкант; оркестратор; композитор; гармонист

harmonium [hɑ:'mounjəm] фисгармония (муз.)

harmonize ['hɑ:mənaɪz] гармонизировать; приводить в гармонию; согласовывать; соразмерять; аранжировать (муз.); гармонировать; настраивать

harmony ['hɑ:m(ə)nɪ] гармония; созвучие; согласие; соответствие; благозвучие; согласованность; соразмерность; стройность звучания; стиль письма; склад; изложение

harness ['hɑ:nɪs] упряжь; сбруя (ист.); доспехи; запрягать; впрягать; использовать (в качестве источника энергии — о реке, водопаде и т. п.); снаряжение; парусное вооружение

harp [hɑ:p] арфа; играть на арфе

harper ['hɑ:pə] менестрель; арфист-любитель

harpist ['hɑ:pɪst] арфист-профессионал

harpoon [hɑ:'pu:n] гарпун; острога; рыболовный багор; бить гарпуном

harpsichord ['hɑ:psɪkɔ:d] клавесин

harpy ['hɑ:pɪ] гарпия (миф.); хищник; вор; грабитель; похититель

harpy eagle ['hɑ:pɪ|i:gl] гарпия

harridan ['hærɪd(ə)n] ведьма

harrier ['hærɪə] гончая (на зайца); лунь (птица); участник кросса; грабитель; вор; похититель

harrow ['hærou] борона; боронить; мучить; терзать

harrowing ['hærouɪŋ] горестный; бедственный

harry ['hærɪ] разорять; опустошать; доводить до разорения; обездоливать; беспокоить; изводить; надоедать; разграбить

harsh [hɑ:ʃ] грубый; жесткий; шероховатый; неприятный; резкий; терпкий; строгий; суровый

harsh law ['hɑ:ʃ|lɔ:] жесткий закон

harshness ['hɑ:ʃnɪs] резкость; грубость; жесткость; суровость

hart [hɑ:t] взрослый самец оленя

hartshorn ['hɑ:tshɔ:n] олений рог; нашатырный спирт

harum-scarum ['hɛərəm'skɛərəm] легкомысленный, ветреный человек; безрассудный; опрометчивый; неаккуратный; небрежный; невнимательный; торопливый

harvest ['hɑ:vɪst] жатва; уборка хлеба; сбор (яблок, меда и т. п.); урожай; сбор урожая; результат, связанный с урожаем; собирать урожай; жать; пожинать плоды; расплачиваться (за что-либо)

harvest home ['hɑ:vɪst|houm] уборка урожая; праздник урожая; песнь жнецов; песнь урожая

harvest moon ['hɑ:vɪst|mu:n] полнолуние перед осенним равноденствием

harvest mouse ['hɑ:vɪst|maus] полевая мышь

harvester ['hɑ:vɪstə] жнец; уборочная машина

harvesting ['hɑ:vɪstɪŋ] уборка урожая

hash [hæʃ] блюдо из мелко нарезанного мяса и овощей; что-либо старое, выдаваемое в измененном виде за новое; беспорядок; мешанина; неразбериха; путаница; рубить; крошить (мясо); напутать; испортить что-либо

hasher ['hæʃə] мясорубка

hashish ['hæʃi:ʃ] гашиш

hasp [hɑ:sp] запор; накладка; засов; крюк; застежка; моток; запирать; накладывать засов

hassle [hæsl] барьер (разг.); преграда; препятствие; трудность; докучать (разг.); донимать; надоедать (разг.)

hassock ['hæsək] подушечка (подкладываемая под колени при молитве); пук травы; кочка

hastate ['hæsteɪt] стреловидный

haste [heɪst] поспешность; торопливость; спешка; неосмотрительность; неосторожность; опрометчивость

hasten ['heɪsn] спешить; торопить(ся); погонять; поторапливать; ускорять (процесс, рост и т. п.)

hastily ['heɪstɪlɪ] поспешно; торопливо; наскоро; необдуманно; опрометчиво; запальчиво

hastiness ['heɪstɪnɪs] поспешность; необдуманность; неосторожность; вспыльчивость

hasty ['heɪstɪ] поспешный; безрассудный; необдуманный; опрометчивый; вспыльчивый; несдержанный; резкий; быстрый; стремительный

hat [hæt] шляпа; шапка; надевать шляпу; снимать шляпу (перед кем-либо)

hat-block ['hætblɔk] болван(ка) для шляп

hat-check girl ['hættʃek|gə:l] гардеробщица

hat-shaped ['hætʃeɪpt] шляпообразный

hat-stand ['hætstænd] вешалка для шляп

hatband ['hætbænd] лента на шляпе

hatch [hætʃ] люк; решетка; крышка люка; заслонка; затвор; клапан; створка; запруда; шлюзная камера; выведение (цыплят); выводок; высиживать (цыплят); выводить цыплят в инкубаторе; насиживать (яйца); вылупляться из яйца; замышлять; тайно подготавливать; выгравированная линия; штрих; штриховать; гравировать

hatch cover [ˈhætʃˌkʌvə] крышка люка

hatchback [ˈhætʃbæk] задняя часть автомобиля с открывающейся вверх дверью; автомобиль с открывающейся вверх задней дверью

hatcher [ˈhætʃə] наседка; инкубатор; заговорщик; интриган

hatchery [ˈhætʃəri] инкубаторная станция; садок

hatchet [ˈhætʃit] топор; топорик; большой нож; резак; сечка; тесак

hatchet man [ˈhætʃit mən] наемный убийца

hatchet-face [ˈhætʃitfeis] продолговатое лицо с острыми чертами

hatching [ˈhætʃiŋ] гравировка

hatchling [ˈhætʃliŋ] личинка рыбы; вылупившийся птенец

hatchment [ˈhætʃmənt] мемориальная доска с изображением герба

hatchway [ˈhætʃwei] люк; шахта люка

hate [heit] ненависть; ненавидеть

hateful [ˈheitful] ненавистный; полный ненависти; злобный

hater [ˈheitə] ненавистник

hatpin [ˈhætpin] шляпная булавка

hatred [ˈheitrid] ненависть

hatter [ˈhætə] шляпный мастер; фабрикант; торговец шляпами

hauberk [ˈhɔːbək] кольчуга *(ист.)*

haughtiness [ˈhɔːtinis] высокомерие; надменность

haughty [ˈhɔːti] высокомерный; надменный

haul [hɔːl] волочение; тяга; буксировка; транспортировка; перевозка; подвозка; ездка; рейс; тяга; выборка *(сетей)*; улов; трофей; груз; тянуть; тащить; волочить; буксировать; протягивать; увлекать

haulage [ˈhɔːlidʒ] тяга; буксировка; подвозка; перевозка; стоимость перевозки

haulaway [ˈhɔːləˌwei] грузовик для перевозки готовых автомобилей

hauler [ˈhɔːlə] лебедка

haulier [ˈhɔːljə] лебедка; владелец грузовиков для перевозки товаров

hauling [ˈhɔːliŋ] транспортировка

hauling machine [ˈhɔːliŋ məˈʃiːn] буксирная лебедка

hauling winch [ˈhɔːliŋ wintʃ] лебедка

haulm [hɔːm] ствол; стебель; ботва; солома

haunch [hɔːntʃ] бедро; ляжка; задняя нога; обочина дороги

haunt [hɔːnt] часто посещаемое, любимое место; притон; логовище; прибежище; пристанище; убежище; часто посещать какое-либо место; появляться; являться; обитать *(о призраке и т. п.)*; преследовать; тревожить; не давать покоя

haunter [ˈhɔːntə] постоянный посетитель; завсегдатай; привидение; навязчивая идея; неотступно преследующая мысль

haunting [ˈhɔːntiŋ] преследующий; западающий в память; навязчивый

haustellate [ˈhɔːstəl(e)it] сосательный

hautboy [ˈoubɔi] гобой *(муз.)*; земляника

have [hæv] — полная форма; [həv, əv, v] — редуцированные формы иметь; обладать; содержать; иметь в составе; испытывать что-либо; подвергаться чему-либо; получать; добиваться; победить; взять верх; говорить; утверждать; знать; понимать; *образует фразовые глаголы с отглагольными существительными, обозначает конкретное действие; с абстрактными существительными означает испытывать чувство, ощущение; с существительными, обозначающими еду, имеет значение есть, пить; со сложным дополнением показывает, что действие выполняется не субъектом, выраженным подлежащим, а другим лицом по желанию субъекта, или что оно совершается без его желания; как вспомогательный глагол употребляется для образования перфектной формы, с последующим инфинитивом имеет модальное значение:* быть должным, вынужденным *(что-либо делать)*, допускать; терпеть; позволять

to have a bathe — выкупаться; искупаться

to have a brush — почистить щеткой

to have a hunch — подозревать; догадываться

to have a narrow squeak — с трудом избежать опасности; быть на волосок от чего-либо

to have a strong case — иметь убедительное доказательство

to have appeal — быть привлекательным; нравиться

to have dinner — обедать

to have in brains — помнить; иметь в виду

to have meaning — иметь значение; иметь смысл

to have mercy — щадить; миловать *(кого-либо)*

to have respect to — касаться; принимать во внимание

to have to — следовать; надлежать

to have up — приглашать; вызывать в суд

haven [ˈheivn] гавань; порт; прибежище; пристанище; приют; убежище; укрытие

haversack [ˈhævəsæk] сумка; мешок для провизии; ранец-рюкзак; сумка для противогаза *(воен.)*

having [ˈhæviŋ] достояние; имущество; собственность; состояние; владение; обладание

havoc [ˈhævək] опустошение; поражение; разорение; разрушение; опустошать; разорять; разрушать; расхищать

haw [hɔː] боярышник; ограда; бормотание; бормотать; произносить *(в нерешительности)* невнятные звуки; мигательная перепонка у птиц

hawbuck [ˈhɔːbʌk] неотесанный парень; мужлан

hawfinch [ˈhɔːfɪntʃ] дубонос обыкновенный *(птица)*

hawk [hɔːk] ястреб; сокол; маленькая хищная птица или оса; охотиться с ястребом или соколом; налетать как ястреб; торговать вразнос; распространять *(слухи, сплетни и т. п.)*

hawk-eyed [ˈhɔːkaɪd] имеющий острое зрение; бдительный; внимательный

hawk-nosed [ˈhɔːkˈnouzd] горбоносый; с орлиным носом; с крючковатым носом

hawker [ˈhɔːkə] уличный торговец

hawsepipe [ˈhɔːzpaɪp] якорная труба

hawser [ˈhɔːzə] буксирный трос

hawser clamp [ˈhɔːzəˈklæmp] зажимной стопор

hawthorn [ˈhɔːθɔːn] боярышник

hay [heɪ] сено; награда; премия; приз; небольшая сумма денег; косить траву и сушить сено; кормить сеном

hay cart [ˈheɪˈkɑːt] воз сена

hay fork [ˈheɪˈfɔːk] вилы для сена

hay harvest [ˈheɪˈhɑːvɪst] сенокос

hay rack [ˈheɪˈræk] ясли *(для скота)*

haycock [ˈheɪkɔk] копна сена

hayloft [ˈheɪlɔft] сеновал

haystack [ˈheɪstæk] стог сена

hazard [ˈhæzəd] возможность; случай; шанс; опасность; риск; азартная игра; опасное положение; рисковать; ставить на карту; осмеливаться; отваживаться; подвергать риску

hazardous [ˈhæzədəs] опасный; рискованный; служащий источником опасности

haze [heɪz] легкий туман; дымка; мгла; туман в голове; отсутствие ясности в мыслях; затуманивать

hazel [heɪzl] орешник обыкновенный; красновато-коричневый цвет; светло-коричневый цвет; светло-коричневый; карий

hazel-grouse [ˈheɪzlgraus] рябчик

hazel-hen [ˈheɪzlhen] рябчик *(зоол.)*

hazelnut [ˈheɪzlnʌt] лесной орех; фундук

hazewort [ˈheɪzwɜːt] копытень *(бот.)*

haziness [ˈheɪzɪnɪs] неясность; туманность

hazy [ˈheɪzɪ] туманный; подернутый дымкой; неопределенный; неясный; смутный

he [hiː] он *(о существе мужского пола); косвенный падеж* him — его, ему и т.д.; *косвенный падеж употребляется в разговорной речи вместо* he; мужчина, водящий *(в детской игре) (разг.)*

he came bodily [hiːˌkeɪmˈbɔdɪlɪ] он явился сам, лично

he-man [ˈhiːˈmæn] настоящий мужчина *(разг.)*

head [hed] голова; человек; рассудок; глава; руководитель; начальник; ведущее, руководящее положение; что-либо напоминающее по форме голову; магнитная головка; диск *(анат.)*; параграф; способность; ум; передняя часть; перед *(чего-либо)*; верхняя часть *(лестницы, страницы и т. п.)*; нос *(судна)*; мыс; изголовье *(постели)*; исток реки; верхушка; верхняя часть; крышка; шляпка *(гвоздя)*; головка *(булавки)*; набалдашник *(трости)*; назревшая головка нарыва; пена; сливки; заголовок; отдел; рубрика; лицевая сторона монеты; черенок *(ножа)*; крона; колос; метелка у злаковых; кочан капусты; обух *(топора)*; боек *(молота)*; главный; встречный; противный; возглавлять; вести; озаглавливать; направлять(ся); держать курс *(куда-либо)*; брать начало *(о реке)*; отбивать мяч головой; играть головой

head boy [ˈhedˈbɔɪ] старший префект; старший ученик; староста *(в мужской школе)*

head cavity [ˈhedˈkævɪtɪ] полость черепа

head clogging [ˈhedˈklɔgɪŋ] загрязнение головки

head of trade delegation [ˈhedəvˈtreɪdˌdelɪˈgeɪʃən] торгпред

head office [ˈhedˈɔfɪs] правление

head start [ˈhedˈstɑːt] рывок вперед на старте; преимущество *(в начале чего-либо) (спорт.)*

head tube [ˈhedˈtjuːb] передняя рама

head waiter [ˌhedˈweɪtə] метрдотель

head wear [ˈhedˈweə] истирание головки

head-liner [ˈhedˌlaɪnə] популярный актер; звезда экрана

head-money [ˈhedˌmʌnɪ] подушный налог; избирательный налог; награда, объявленная за поимку кого-либо

head-note [ˈhednout] краткое введение; тезис; вступление; краткое изложение основных вопросов по решенному делу

head-nurse [ˈhednɜːs] старшая сестра *(в больнице и т. п.)*

head-on [ˈhedˈɔn] лобовой; фронтальный; головой; передней частью; носом; во всеоружии

head-sea [ˈhedsiː] встречная волна

head-work [ˈhedwɜːk] умственная работа

headache [ˈhedeɪk] головная боль; барьер; неприятность; помеха; преграда

headachy [ˈhedeɪkɪ] страдающий головной болью; вызывающий головную боль

headband [ˈhedbænd] повязка на голове; лента на голову; заставка *(амер.)*

headboard [ˈhedbɔːd] передняя спинка *(изголовье)* кровати

headed [ˈhedɪd] снабженный заголовком

header [ˈhedə] прыжок, падение в воду вниз головой; глава; руководитель; удар по голове; магистраль; заголовок; колонтитул; ресивер; водосборник

headgear ['hedgɪə] головной убор; оголовье уздечки; наушники *(радио)*

headguard ['hedgɑːd] защитный шлем

heading ['hedɪŋ] заглавие; заголовок; рубрика; надпись; курс; направление; удар головой *(по мячу) (спорт.)*; направление движения корабля; колошение; образование кочанов

headlamp ['hedlæmp] фара автомобиля

headlamp alignment ['hedlæmp|ə'laɪnmənt] регулировка фар

headland ['hedlənd] мыс; незапаханный конец поля

headless ['hedlɪs] обезглавленный; лишённый руководства; бессмысленный; глупый

headlight ['hedlaɪt] головной прожектор *(локомотива)*; головной огонь *(самолёта)*; фара *(автомобиля)*; носовой огонь *(корабля)*; световой прибор

headlights lens ['hedlaɪts|'lenz] рассеиватель фары

headline ['hedlaɪn] заголовок *(прежде всего крупный)*; рубрика; шапка; краткое содержание выпуска последних известий *(по радио)*; озаглавить

headlong ['hedlɔŋ] безудержный; бурный; необузданный; неудержимый; неосмотрительный; неосторожный; опрометчивый; головой вперёд; опрометчиво; очертя голову

headmost ['hedmoust] передний; передовой

headphone ['hedfoun] наушники; головной телефон

headpiece ['hedpiːs] шлем; смекалка; ум; носовое украшение корабля

headquarters ['hed'kwɔːtəz] штаб *(воен.)*; штаб-квартира; местообитание; место жизнедеятельности; орган управления войсками; главное управление; центр; центральный орган *(какой-либо организации)*; источник *(сведений и т. п.)*

headrest ['hedrest] подголовник кресла; опора для головы *(в автомобиле, самолёте и т. п.)*

headroom ['hedruːm] габаритная высота; внутренняя высота *(кузова)*; просвет *(арки, моста)*; «высота туннеля или моста над дорогой» *(дорожный знак ограничения габаритной высоты)*; холостой ход

headsail ['hedseɪl] кливер; передние паруса

headship ['hedʃɪp] руководство; руководящее положение; главенство

headspring ['hedsprɪŋ] источник; начало; происхождение

headstall ['hedstɔːl] оголовье уздечки; недоуздок

headstone ['hedstoun] могильный камень; надгробие; краеугольный камень

headstrong ['hedstrɔŋ] настойчивый; своевольный; упрямый

headway ['hedweɪ] движение вперёд; поступательное движение; передний ход; прогресс; развитие; продвижение; успех; скорость движения

headword ['hedwəːd] заглавное слово

heady ['hedɪ] бурный; стремительный; горячий; опрометчивый; крепкий; опьяняющий

heal [hiːl] излечивать; исцелять; лечить; заживать; заживляться; успокаивать

heal-all ['hiːl'ɔːl] универсальное средство; панацея; название некоторых целебных растений

healer ['hiːlə] целитель

healing ['hiːlɪŋ] лечение; заживление; лечебный; целебный

healing balm ['hiːlɪŋ|'bɑːm] целебный бальзам

health [helθ] здоровье; целебная сила; здравоохранение; благосостояние; жизнеспособность; гигиенический; санитарный

health benefit ['helθ|'benɪfɪt] пособие по болезни

health care ['helθ|'keə] здравоохранение

health cock ['helθ|kɔk] тетерев

health farm ['helθ|'fɑːm] санаторий

health insurance ['helθ|ɪn'ʃuərəns] свидетельство о медицинском страховании

health service ['helθ|'səːvɪs] здравоохранение

health-officer ['helθ,ɔfɪsə] санитарный врач

health-resort ['helθrɪ'zɔːt] курорт

healthful ['helθful] целебный; здоровый; пышущий здоровьем

healthy ['helθɪ] здоровый; полезный для здоровья; нравственный *(о фильме и т. п.)*; здравый; разумный *(о взглядах и т. п.)*; жизнеспособный

heap [hiːp] груда; куча; штабель; масса *(разг.)*; уйма; много; множество; нагромождать; накоплять; нагружать; осыпать *(милостями, наградами и т. п.)*

hear [hɪə] слышать; слушать; внимать; разбирать; заслушивать; выслушивать; услышать; узнать; получить известие, письмо

hearer ['hɪərə] слушатель

hearing ['hɪərɪŋ] молва; слух; толки; предел слышимости; слушание; выслушивание; устное разбирательство; допрос в суде

hearing organ ['hɪərɪŋ|'ɔːgən] орган слуха

hearing-aid ['hɪərɪŋ|'eɪd] слуховой аппарат

hearing-mute ['hɪərɪŋmjuːt] немой

hearsay ['hɪəseɪ] молва; слух; толки; основанный на слухах; показания с чужих слов

hearse [həːs] катафалк; похоронные дроги; гроб

heart [hɑːt] сердце; мужество; отвага; смелость; любовь; чувства; сердцевина; ядро; очаг; центр; суть; сущность; расположенные в глубине районы; центральная часть страны; плодородие *(почвы)*; черви *(в картах) (употребляется во мн. ч.)*; сердечник *(техн.)*

heart attack [ˈhɑːtəˌtæk] сердечный приступ
heart block [ˈhɑːt|blɔk] сердечная блокада
heart-break [ˈhɑːtbreɪk] большое горе
heart-broken [ˈhɑːtˌbrouk(ə)n] убитый горем; с разбитым сердцем
heart-burning [ˈhɑːtˌbəːnɪŋ] досада; недовольство; неудовлетворение; тайная зависть; ревность
heart-disease [ˈhɑːtdɪˈziːz] болезнь сердца; порок сердца
heart-rending [ˈhɑːtˌrendɪŋ] душераздирающий; горестный; тяжелый
heart-service [ˈhɑːtˌsəːvɪs] искренняя преданность
heart-shaped [ˈhɑːtʃeɪpt] сердцевидный
heart-strings [ˈhɑːtstrɪŋz] глубочайшие чувства
heart-throb [ˈhɑːtθrɔb] сердцеед
heart-to-heart [ˈhɑːtəˈhɑːt] интимный; сердечный
heart-whole [ˈhɑːthoul] искренний; свободный от привязанностей
heartache [ˈhɑːteɪk] душевная боль; страдание
heartbeat [ˈhɑːtbiːt] пульсация сердца; сердцебиение; беспокойство; возбуждение; волнение
heartburn [ˈhɑːtbəːn] изжога
hearten [ˈhɑːtn] ободрять; подбодрять; удобрять *(землю)*
heartfelt [ˈhɑːtfelt] искренний; прочувствованный
hearth [hɑːθ] домашний очаг; камин; топка; горн
heartily [ˈhɑːtɪlɪ] искренне; сердечно; желательно; охотно; усердно; весьма; очень; сильно; чрезвычайно
heartiness [ˈhɑːtɪnɪs] искренность; сердечность; усердие; пыл; здоровье; крепость
heartland [ˈhɑːtlænd] глубокий тыл; важный район
heartless [ˈhɑːtlɪs] безжалостный; бессердечный
hearts [hɑːts] червы *(в картах)*
heartsease [ˈhɑːtsiːz] анютины глазки; фиалка трехцветная
heartsick [ˈhɑːtsɪk] павший духом; удрученный
heartwarming [ˈhɑːtˌwɔːmɪŋ] теплый; душевный; трогательный
hearty [ˈhɑːtɪ] сердечный; искренний; дружеский; дружественный; здоровый; крепкий; энергичный; обильный *(о еде)*; плодородный *(о почве)*
hearty welcome [ˈhɑːtɪ|ˈwelkəm] радушная встреча
heat [hiːt] жара; жар; тепло; температура; нагрев; теплота; гнев; пыл; накал; раздражение; течка у животных; раздражать; нагревать(ся); разогревать; подогревать; согревать(ся); накаливать; накаляться; топить
heat absorption capacity [ˈhiːt|əbˌsɔːpʃən|kəˈpæsɪtɪ] теплоемкость

heat balance [ˈhiːt|ˈbæləns] тепловое равновесие
heat exchange [ˈhiːt|ɪksˈtʃeɪndʒ] теплообмен
heat of food [ˈhiːt|əv|ˈfuːd] калорийность пищи
heat regulator [ˈhiːt|ˈregjuleɪtə] термостат
heat transfer capacity [ˈhiːtˌtrænsfəːˌkəˈpæsɪtɪ] теплопроводность
heat treatment [ˈhiːt|ˈtriːtmənt] тепловая обработка
heat-insulating material [ˈhiːtˈɪnsjuleɪtɪŋ|məˈtɪərɪəl] теплостойкий материал
heat-lightning [ˈhiːtˈlaɪtnɪŋ] зарница
heat-prostration [ˈhiːtprɔsˌtreɪʃən] тепловой удар
heat-resistant [ˈhiːtrɪˌzɪst(ə)nt] несгораемый; огнеупорный; тугоплавкий
heat-resistant [ˈhiːtrɪˈzɪstənt] термоустойчивый; жаростойкий
heat-spot [ˈhiːtspɔt] веснушка; прыщик
heat-stroke [ˈhiːtstrouk] тепловой удар
heat-treat [ˈhiːtˌtriːt] пастеризовать *(молоко и т. п.)*
heat-wave [ˈhiːtweɪv] тепловая волна; период сильной жары
heated [ˈhiːtɪd] нагретый; подогретый; разгоряченный; возбужденный; горячий; пылкий
heatedly [ˈhiːtɪdlɪ] возбужденно; гневно
heater [ˈhiːtə] нагревательный прибор; радиатор; грелка; обогреватель; калорифер
heater plug [ˈhiːtəplʌg] свеча зажигания
heath [hiːθ] степь; пустошь, поросшая вереском; вереск
heath-bell [ˈhiːθbel] цветок вереска
heath-hen [ˈhiːθhen] тетерка
heathen [ˈhiːð(ə)n] язычник; варвар *(разг.)*; неуч; языческий
heathendom [ˈhiːð(ə)ndəm] язычество; языческий мир
heathenish [ˈhiːðənɪʃ] языческий; варварский; грубый; жестокий
heather [ˈheðə] вереск
heathery [ˈheðərɪ] поросший, изобилующий вереском
heating [ˈhiːtɪŋ] нагрев; подогрев; обогрев; нагревание; подогревание; отопление; накаливание
heating capacity [ˈhiːtɪŋ|kəˈpæsɪtɪ] тепловая мощность
heating main [ˈhiːtɪŋ|ˈmeɪn] магистраль системы отопления
heating plant [ˈhiːtɪŋ|ˈplɑːnt] отопительная установка
heating system [ˈhiːtɪŋ|ˈsɪstɪm] отопительная система
heatproof [ˈhiːtpruːf] жаропрочный; теплостойкий

heave [hi:v] подъем; волнение *(моря)*; поднятие; вертикальные колебания; поднимать; перемещать *(тяжести)*; вздыматься; подниматься и опускаться *(о волнах, о груди)*; издавать *(звук)*; тянуть; выбирать; бросать

heave to [ˈhi:vˈtu:] ложиться в дрейф; дрейфовать

heaven [hevn] небеса; небо

heavenly [ˈhevnlɪ] небесный; божественный; священный; неземной; восхитительный; изумительный

heaver [ˈhi:və] грузчик

heavily [ˈhevɪlɪ] тяжело; весьма; очень; сильно; тягостно

heaviness [ˈhevɪnɪs] бремя; гнет; тяжесть; неуклюжесть; инертность; депрессия; горе

heaving of the sea [ˈhi:vɪŋ|əv|ðə|ˈsi:] волнение моря

heavy [ˈhevɪ] тяжелый; массивный; крупный; обременительный; мощный; вязкий; бурный; высокий *(о цене, налоге и т. п.)*; обильный; буйный *(о растительности)*; трудный; опасный; серьезный; сильный *(о буре, дожде, росе и т. п.)*; густой *(о тумане)*; мрачный; печальный; покрытый тучами *(о небе)*; бурный *(о море)*; тяжеловатый; неуклюжий; плохо соображающий; скучный; сонный; большегруз

heavy applause [ˈhevɪ|əˈplɔ:z] долгие и продолжительные аплодисменты

heavy beard [ˈhevɪˈbɪəd] густая борода

heavy bleeding [ˈhevɪˈbli:dɪŋ] сильное кровотечение; неостанавливающееся кровотечение

heavy bomber [ˈhevɪˈbɔmə] тяжелый бомбардировщик

heavy build [ˈhevɪˈbɪld] крепкое телосложение

heavy burden [ˈhevɪˈbə:dn] тяжелое бремя

heavy lorry [ˈhevɪˈlɔrɪ] трейлер

heavy oil [ˈhevɪˈɔɪl] мазут

heavy shower [ˈhevɪˈʃauə] ливень

heavy smoker [ˈhevɪˈsmoukə] заядлый курильщик

heavy taxation [ˈhevɪ|tækˈseɪʃən] большие налоги

heavy-caliber(calibre) [ˈhevɪˈkælɪbə] крупнокалиберный

heavy-duty [ˈhevɪˈdju:tɪ] облагаемый высокой пошлиной; повышенной прочности

heavy-duty vehicle [ˈhevɪdju:tɪ|ˈvi:ɪkl] автомобиль большой грузоподъемности

heavy-handed [ˈhevɪˈhændɪd] неловкий; неуклюжий; бесчеловечный; деспотический; жестокий; угнетающий; тяжеловесный *(о стиле и т. п.)*

heavy-hearted [ˈhevɪˈhɑ:tɪd] гнетущий; печальный

heavy-laden [ˈhevɪˈleɪdn] тяжело нагруженный; подавленный; угнетенный

heavy-weight [ˈhevɪweɪt] тяжеловес *(спорт.)*

hebdomad [ˈhebdəməd] неделя; что-либо состоящее из семи предметов

hebdomadal [hebˈdɔmədl] еженедельный

hebetate [ˈhebɪteɪt] тупой; притуплять*(ся)*

hebetude [ˈhebɪtju:d] тупоумие; помрачение сознания

heck [hek] задвижка; защелка; щеколда

hectic [ˈhektɪk] чахоточный; лихорадочный; беспокойный

hector [ˈhektə] задира; грубиян; хулиган; задирать; застращивать; грубить; оскорблять; хулиганить

hedge [heʤ] *(живая)* изгородь; ограда; барьер; преграда; препятствие; ни к чему не обязывающее заявление; огораживать изгородью; уклоняться; увиливать от прямого ответа; оставлять лазейку

hedge shears [ˈheʤ|ˈʃɪəz] секатор

hedge-hop [ˈheʤhɔp] бреющий полет; летать на бреющем полете

hedge-marriage [ˈheʤˌmærɪʤ] тайный брак

hedgehog [ˈheʤhɔg] еж

hedging-bill [ˈheʤɪŋbɪl] садовый нож

hedonic [hi:ˈdɔnɪk] жаждущий наслаждений

hedycarpous сладкоплодный

heed [hi:d] внимание; осторожность; обращать внимание; внимательно следить за чем-либо

heedful [ˈhi:dful] внимательный; заботливый

heedless [ˈhi:dlɪs] невнимательный; небрежный; непредусмотрительный; безрассудный

heel [hi:l] пятка; пята; пятка *(чулка или носка)*; задник *(ботинка)*; каблук; задний шип подковы; шпора у петуха; остаток чего-либо: корка сыра, хлеба и т. п.; прибивать каблуки, набойки; крен; угол крена; киль; пристукивать каблуками *(в танце)*; бить каблуком; следовать по пятам; кренить*(ся)*; килевать; кренговать

heel bone [ˈhi:l|ˈboun] пяточная кость

heel-piece [ˈhi:lpi:s] набойка; конец; концовка

heel-plate [ˈhi:lpleɪt] металлическая подковка на каблуке

heeled [hi:ld] подкованный; во всеоружии; снабженный деньгами

heft [heft] вес; масса; тяжесть; большая часть; поднимать; приподнимать; определять вес; взвешивать

hegemonic [ˌhi:gɪˈmɔnɪk] ведущий; главный; руководящий

hegemony [hɪ(:)ˈgemənɪ] гегемония; господство

heifer [ˈhefə] телка; нетель

height [haɪt] высота; вышина; рост; возвышенность; холм; степень; верх; высшая степень чего-либо; высоты *(знаний и т. п.)*; высота над уровнем моря; возвышение; высшая точка; максимум; предел

height of stroke [ˈhaɪt|əv|ˈstrouk] длина хода поршня

height-indicator [ˈhaɪtˈɪndɪkeɪtə] высотомер
heighten [ˈhaɪtn] повышать(ся); усиливать(ся); гиперболизировать; преувеличивать
heinous [ˈheɪnəs] гнусный; отвратительный
heir [ɛə] наследник; преемник; продолжатель
heir-at-law [ˈɛərətˈlɔː] наследник по закону
heirdom [ˈɛədəm] наследование; наследство
heiress [ˈɛərɪs] наследница; преемница; продолжательница
heirless [ˈeəlɪs] не имеющий наследников
heirloom [ˈɛəluːm] фамильная вещь; фамильная черта; наследие
heirship [ˈeəʃɪp] статус наследника; право наследования
heist [haɪst] воровство; грабеж; кража; ограбление
held [held] суд решил; решено; выдержанно; точно по длительности; ровно по силе
helical [ˈhelɪk(ə)l] спиральный; винтообразный
helicoid [ˈhelɪkɔɪd] винтообразный
Helicon [ˈhelɪkən] геликон (муз.)
helicopter [ˈhelɪkɔptə] вертолет (авиац.); геликоптер; перевозить на вертолете
helipad [ˈhelɪpæd] взлетно-посадочная площадка для вертолетов
heliport [ˈhelɪpɔːt] взлетно-посадочная площадка для вертолетов
helix [ˈhiːlɪks] спираль; спиральная линия; винтовая линия; винт (техн.); завиток ушной раковины (анат.)
hell [hel] ад; игорный дом; притон
hell-cat [ˈhelkæt] ведьма
hell-hound [ˈhelhaund] цербер; дьявол; изверг
hellish [ˈhelɪʃ] адский; бесчеловечный; антигуманный; жестокий; злобный; отвратительный; плохой; противный
helm [helm] руль; кормило; рулевой; владычество; власть; могущество; управление; рулевое колесо; румпель; штурвал; угол поворота штурвала; управлять; вести; направлять
helmet [ˈhelmɪt] каска; шлем; тропический шлем; колпак компаса
helmsman [ˈhelmzmən] рулевой; кормчий
help [help] поддержка; помощь; содействие; избавление; спасение; средство; помощник; прислуга; служанка; помогать; оказывать помощь, содействие; раздавать; угощать; передавать (за столом); (с модальным глаголом can, could) избежать; удержаться
to help over — выручить; помочь в затруднении
to help up — помочь встать; подняться; поддержать кого-либо
helper [ˈhelpə] ассистент; помощник; секретарь; подручный; вспомогательный паровоз (ж.-д.)

helpful [ˈhelpful] полезный
helping [ˈhelpɪŋ] поддержка; помощь; содействие; доза; порция
helpless [ˈhelplɪs] беспомощный; беззащитный; неумелый
helpline [ˈhelplaɪn] телефон доверия
helpmate [ˈhelpmeɪt] помощник; товарищ; пособник; подруга; муж; супруг; жена; супруга
helter-skelter [ˈheltəˈskeltə] беспорядок; беспорядочность; суматоха; беспорядочно; как попало
helve [helv] черенок; рукоять; ручка
hem [hem] рубец (на платке и т. п.); кайма; край; кромка; подрубать; обрамлять; окаймлять
hem-stitch [ˈhemstɪtʃ] ажурная строчка; мережка; делать ажурную строчку, мережку
hemeralopia [ˌhemərəˈloupɪə] куриная слепота
hemisphere [ˈhemɪsfɪə] полушарие; сфера; полусфера; область (знаний и т. п.); полушарие головного мозга и мозжечка
hemispheric(al) [ˌhemɪˈsferɪk(əl)] полусферический
hemistich [ˈhemɪstɪk] полустишие
hemline [ˈhemlaɪn] кромка; край (одежды)
hemocytogenesis образование кровяных клеток
hemoglobin [ˌhiːməˈgloubɪn] гемоглобин
hemp [hemp] конопля; пенька; конопляный; пеньковый
hempen [ˈhempən] пеньковый; конопляный
hen [hen] курица; тетерка; куропатка; самка птицы
hen night [ˈhen|naɪt] «девичник»
hen-coop [ˈhenkuːp] клетка для кур; курятник
hen-hearted [ˈhenˈhɑːtɪd] малодушный; трусливый
hen-house [ˈhenhaus] курятник
hen-roost [ˈhenruːst] насест
henbane [ˈhenbeɪn] белена (бот.)
hence [hens] отсюда; с этих пор; следовательно
henceforth [ˈhensˈfɔːθ] с этого времени; впредь
henchman [ˈhentʃmən] поборник; приверженец; сторонник; выдвиженец; приспешник; ставленник; оруженосец (ист.); паж
hendecagon [henˈdekəgən] одиннадцатиугольник (геом.)
henlock [ˈhenlɔk] болиголов
henna [ˈhenə] хна (бот.); хна (краска); красить волосы хной
hennery [ˈhenərɪ] птицеферма; курятник
heparin [ˈhepərɪn] гепарин
hepatic [hɪˈpætɪk] печеночный
hepatic duct [hɪˈpætɪkˈdʌkt] печеночный проток
heptagon [ˈheptəgən] семиугольник
Heptateuch [ˈheptətjuːk] первые семь книг Ветхого завета (рел.)

heptathlon [hep'tæθlən] семиборье *(спорт)*
her [hə:] *притяж. мест. от she*: ее; свой; принадлежащий ей
herald ['her(ə)ld] герольд *(ист.)*; глашатай; вестник; возвещать; извещать; объявлять; уведомлять; предвещать; предрекать; предсказывать
heraldic [he'rældɪk] геральдический
heraldry ['her(ə)ldrɪ] геральдика; гербоведение
herb [hə:b] трава; растение *(лекарственное)*
herbaceous [hə:'beɪʃ(ə)s] травяной; травянистый
herbage ['hə:bɪdʒ] травы; травяной покров
herbal ['hə:b(ə)l] травяной
herbalist ['hə:bəlɪst] знаток трав; торговец лечебными травами
herbarium [hə:'bɛərɪəm] гербарий
herbicide ['hə:bɪsaɪd] гербицид
herbivorous [hə:'bɪvərəs] травоядный
herbivorous animal [hə:'bɪvərəs 'ænɪməl] травоядное животное
herblike ['hə:blaɪk] травянистый
herborize ['hə:bəraɪz] собирать травы
herd [hə:d] стадо; пастух; скотник; толпа; гурт; стадный; ходить стадом; толпиться; быть вместе; подружиться; примкнуть; собирать вместе; пасти
herdsman ['hə:dzmən] пастух; скотник; скотовод
here [hɪə] здесь; тут; сюда; вот; в этот момент; при этом
hereabout(s) ['hɪərə,baut(s)] поблизости; где-то рядом
hereafter ['hɪər'ɑ:ftə] затем; дальше *(в статье, книге и т. п.)*; в будущем; будущее; грядущее; в дальнейшем; впредь; потусторонний мир
hereby ['hɪəbaɪ] сим *(юр.)*; этим; настоящим; при сем; таким образом
hereditability [hɪ,redɪtə'bɪlɪtɪ] передаваемость по наследству
hereditarily [hɪ'redɪt(ə)rɪlɪ] наследственно
hereditary [hɪ'redɪt(ə)rɪ] наследственный; потомственный; традиционный *(в данной семье)*
hereditary character [hɪ'redɪt(ə)rɪ 'kærɪktə] наследственный признак
hereditation [hɪ,redɪ'teɪʃən] влияние наследственности
heredity [hɪ'redɪtɪ] наследственность
herein ['hɪər'ɪn] в этом; здесь; при сем *(в документах)*
hereinabove [,hɪ(ə)rɪnə'bʌv] выше *(в документах)*
hereinafter ['hɪərɪn'ɑ:ftə] ниже; в дальнейшем *(в документах)*
hereinbefore [,hɪ(ə)rɪnbɪ'fɔ:] выше *(в данном документе)*
hereof [,hɪər'ɒv] об этом; отсюда; из этого *(в документах)*
hereon [,hɪ(ə)r'ɒn] на этом *(документе)*

heresy ['herəsɪ] ересь
heretic ['herətɪk] еретик
heretical [hɪ'retɪk(ə)l] еретический
hereto [hɪə'tu:] к этому; к тому *(документу)*
heretofore ['hɪətu'fɔ:] прежде; до этого; ранее; до сего времени
hereunder [,hɪ(ə)r'ʌndə] в силу настоящего договора
hereupon ['hɪərə'pɒn] вслед за этим; после этого; вследствие этого; вследствие чего
herewith ['hɪə'wɪð] настоящим *(сообщается и т. п.)*; при сем; посредством этого
heritable ['herɪtəbl] наследственный; наследуемый; могущий передаваться по наследству; переходящий по наследству; способный наследовать
heritage ['herɪtɪdʒ] наследство; наследие; доля наследства; наследуемая недвижимость; традиция; наследуемые признаки
heritor ['herɪtə] наследник; преемник; продолжатель
herm [hə:m] герма *(искусство)*
herma ['hə:mə] герма *(искусство)*
hermaphrodite [hə:'mæfrədaɪt] гермафродит; обоеполое существо
hermetic [hə:'metɪk] герметический; плотно закрытый
hermetical [hə:'metɪkəl] герметический
hermetically [hə:'metɪk(ə)lɪ] герметически; плотно
hermit ['hə:mɪt] отшельник; пустынник
hermit-crab ['hə:mɪt'kræb] рак-отшельник
hermitage ['hə:mɪtɪdʒ] хижина отшельника; уединенное жилище
hero ['hɪərou] герой; главное действующее лицо *(романа, пьесы и т. п.)*; полубог *(в античной литературе)*
hero-worship ['hɪərou,wə:ʃɪp] преклонение перед героями, культ киноактеров, спортсменов и т. п.; преклоняться перед героями; восторгаться *(актерами, спортсменами и т. п.)*
heroic [hɪ'rouɪk] героический; геройский; эпический; высокопарный; напыщенный *(о языке)*; опасный; рискованный *(о методе лечения)*; больше человеческого роста *(о статуе и т. п.)*
heroin ['herouɪn] героин
heroine ['herouɪn] героиня; главное действующее лицо *(романа, пьесы и т. п.)*
heroism ['herouɪzm] героизм; геройство; доблесть
heron ['her(ə)n] цапля
heronry ['her(ə)nrɪ] гнездовье цапель
herpetologist [,hə:pɪ'tɒlədʒɪst] герпетолог
herring ['herɪŋ] сельдь

herring-bone ['herɪŋboun] кладка кирпича «в елку»; вышивка «елочкой»
herringboning ['herɪŋ'bounɪŋ] подъем на лыжах «елочкой»
herself [hə:'self] себя; самое себя; -сь; себе; сама
hesitancy ['hezɪt(ə)nsɪ] колебание; нерешительность
hesitant ['hezɪt(ə)nt] колеблющийся; нерешительный
hesitate ['hezɪteɪt] колебаться; не решаться; стесняться; запинаться
hesitatingly ['hezɪteɪtɪŋlɪ] нерешительно
hesitation [,hezɪ'teɪʃ(ə)n] колебание; сомнение; нерешительность; неохота; заикание
hesitative ['hezɪteɪtɪv] проявляющий колебание; колеблющийся
Hesperian [hes'pɪərɪən] западный
Hesperus ['hesp(ə)rəs] вечерняя звезда
het-up ['hetʌp] возбужденный; в нервном состоянии
heterochrosis ненормальная окраска
heterodox ['het(ə)roudɔks] неортодоксальный; еретический
heterodoxy ['het(ə)roudɔksɪ] неортодоксальность; ересь
heterogeneity [,hetəroudʒɪ'ni:ɪtɪ] неоднородность; разнородность; смешанность; гетерогенность
heterogeneous output [,hetərou'dʒi:njəs'autput] выпуск разнородной продукции
heterogenous [,hetə'rɔdʒɪnəs] различный по природе
heteromorphic [,hetərou'mɔ:fɪk] аномальный
heterosexuality [,het(ə)rəsekʃu'ælɪtɪ] гетеросексуальность
heterosuggestion [,het(ə)rəsə'dʒestʃən] внушение
heterozygous [,hetərou'zɪgəs] гибридный
heuristic [hjuə'rɪstɪk] эвристический
hewer ['hju:ə] дровосек; каменотес; забойщик *(горн.)*; поденщик; временный рабочий
hexagon ['heksəgən] шестиугольник *(геом.)*
hexagonal [hek'sægənl] шестиугольный
heyday ['heɪdeɪ] зенит; расцвет; лучшая пора
hibernaculum [,haɪbə'nækjuləm] место зимней спячки
hibernal [haɪ'bə:nl] зимний
hibernate ['haɪbə:neɪt] находиться в зимней спячке *(о животных)*; зимовать; быть в бездействии
hibernation [,haɪbə:'neɪʃ(ə)n] зимняя спячка; бездействие; пассивность; инертность *(отсутствие активной деятельности)*
hiccough ['hɪkʌp] икота; икать = hiccup
hide [haɪd] кожа; шкура; укрытие; тайник; убежище; скрытый запас; прятать(ся); скрывать(ся)

hide-and-(go-)seek ['haɪdənd(gou)'si:k] *(игра в)* прятки
hidebound ['haɪdbaund] сильно исхудавший *(о скоте)*; ограниченный; с узким кругозором
hideous ['hɪdɪəs] страшный; ужасный
hiding ['haɪdɪŋ] порка; сокрытие; прятание
hiding-place ['haɪdɪŋpleɪs] потаенное место; убежище; тайник
hierarchical [haɪə'rɑ:kɪkəl] иерархический
hierarchy ['haɪərɑ:kɪ] иерархия; священноначалие *(церк.)*; теократия
hieroglyph ['haɪərouglɪf] иероглиф
hieroglyphic [,haɪərou'glɪfɪk] иероглифический; иероглифы; иероглифическое письмо
higgle ['hɪgl] торговаться
higgledy-piggledy ['hɪgldɪ'pɪgldɪ] полный беспорядок; беспорядочный; сбивчивый; сумбурный; как придется; в беспорядке
higgler ['hɪglə] разносчик; разъездной торговец
high [haɪ] высокий; возвышенный; главный; верховный; высший; лучший; большой; сильный; интенсивный; богатый; превосходный; роскошный; *(находящийся)* в самом разгаре; веселый; радостный; благородный; резкий *(о звуке)*; высоко; интенсивно; сильно; роскошно; высшая точка; максимум; антициклон; область высокого давления
high anxiety ['haɪ|æŋ'zaɪətɪ] сильное беспокойство; сильная тревога
high beam ['haɪ|bi:m] дальний свет фар
high birth-rate ['haɪ|'bə:θreɪt] высокая рождаемость
high cranberry ['haɪ|'krænbərɪ] калина обыкновенная
high falutin(g) ['haɪ|fə'lu:tɪn(ɪŋ)] напыщенность; напыщенный
high grade ['haɪ|greɪd] крутой подъем; высокосортный; высококачественный
high jump ['haɪ|dʒʌmp] прыжок в высоту
high jumper ['haɪ|dʒʌmpə] прыгун в высоту
high life ['haɪ|laɪf] высшее общество; высший свет; аристократия
high light ['haɪ|laɪt] световой эффект *(в живописи, фотографии)*; основной момент; факт
high point ['haɪ|'pɔɪnt] главный момент; кульминация
high priest ['haɪ|'pri:st] первосвященник; верховный жрец; корифей; ведущий деятель
high priestess ['haɪ|'pri:stɪs] верховная жрица; корифей; ведущий деятель *(о женщине)*
high quality ['haɪ|'kwɔlɪtɪ] доброкачественный
high relief ['haɪ|rɪ'li:f] горельеф
high school ['haɪ|sku:l] средняя школа
high season ['haɪ|'sizn] разгар сезона

HIG — HIK

high speed [ˈhaɪˈspiːd] максимальная скорость; быстрый ход; быстроходный; высокоскоростной; высокооборотный

high street [ˈhaɪˈstriːt] главная улица

high summer [ˈhaɪˈsʌmə] разгар лета

high tea [ˈhaɪˈtiː] ранний плотный ужин с чаем

high treason [ˈhaɪˈtriːzn] государственная измена

high water [ˈhaɪˈwɔːtə] паводок; подъем воды; наводнение

high-blown [ˈhaɪbloun] сильно раздутый; напыщенный

high-board diving [ˈhaɪbɔːdˌdaɪvɪŋ] прыжки с вышки (спорт.)

high-born [ˈhaɪbɔːn] знатного происхождения

high-bred [ˈhaɪbred] породистый; хорошо воспитанный

high-capacity [ˈhaɪkəˈpæsɪtɪ] фугасный снаряд

high-coloured [ˈhaɪˈkʌləd] румяный; густой; сочный; яркий; живой (об описании); преувеличенный; приукрашенный

high-density cargo [ˈhaɪˌdensɪtɪˈkɑːgou] тяжеловесный груз

high-fed [ˈhaɪfed] привыкший к роскошному столу; избалованный

high-flier [ˈhaɪˈflaɪə] честолюбец

high-flown [ˈhaɪfloun] высокий; высокопарный; напыщенный (о стиле и т. п.)

high-frequency [ˈhaɪˈfriːkwənsɪ] высокочастотный

high-heat [ˈhaɪhiːt] огнеупорный; жаростойкий

high-lift truck [ˈhaɪlɪftˈtrʌk] автопогрузчик

high-necked [ˈhaɪˈnekt] закрытый (о платье и т. п.)

high-octaine rating [ˈhaɪˌɔkteɪnˈreɪtɪŋ] высокое октановое число

high-performance [ˌhaɪpəˈfɔːməns] высокоэффективный

high-pitched [ˈhaɪpɪtʃt] пронзительный

high-powered [ˈhaɪˈpauəd] мощный; большой мощности

high-powered binoculars [ˈhaɪˌpauədbɪˈnɔkjuləz] сильный бинокль

high-pressure [ˈhaɪˈpreʃə] имеющий высокое давление

high-resistance [ˈhaɪrɪˈzɪstəns] имеющий высокое сопротивление

high-resolution [ˈhaɪrezəˈluːʃən] имеющий высокую разрешающую способность

high-rise apartment [ˈhaɪraɪzəˈpɑːtmənt] высотный дом; многоэтажный дом

high-riser [ˈhaɪˌraɪzə] высотный дом

high-risk [ˈhaɪrɪsk] чрезвычайно рискованный

high-road [ˈhaɪroud] прямой, самый легкий путь

high-scaler [ˈhaɪˈskeɪlə] верхолаз

high-speed camera [ˈhaɪspiːdˈkæmərə] аппарат для скоростной киносъемки

high-speed carry [ˈhaɪspiːdˈkærɪ] ускоренный перенос

high-speed traffic [ˈhaɪspiːdˈtræfɪk] скоростное движение

high-strength [ˈhaɪˈstreŋθ] высокопрочный

high-strength alloy [ˈhaɪstreŋθˈælɔɪ] высокопрочный сплав

high-temperature adhesive [ˈhaɪˌtemprɪtʃəədˈhiːsɪv] термостойкий клей

high-tension [ˈhaɪˈtenʃən] высоковольтный

high-water mark [ˈhaɪwɔːtəˈmɑːk] уровень полной воды; высшее достижение; высшая точка (чего-либо)

highboy [ˈhaɪbɔɪ] высокий комод

highbrow [ˈhaɪbrau] человек, претендующий на интеллектуальность, утонченность; далекий от жизни ученый; интеллигент; высокомерный

higher [ˈhaɪə] высший

higher brain center [ˈhaɪəˈbreɪnˌsentə] высший мозговой центр

higher center [ˈhaɪəˈsentə] высший центр

highest concentration [ˈhaɪstˌkɔnsenˈtreɪʃən] максимальная концентрация

highness [ˈhaɪnɪs] высота; возвышенность; высокая степень чего-либо; величина; протяженность; размер; высочество (титул)

highway [ˈhaɪweɪ] большая дорога; шоссе; главный путь; торговый путь; шина (техн.); дорога общественного пользования

highway code [ˈhaɪweɪˈkoud] правила дорожного движения

highway construction [ˈhaɪweɪkənˈstrʌkʃən] дорожное строительство

highway crossing [ˈhaɪweɪˈkrɔsɪŋ] переезд

highway man [ˈhaɪweɪˈmən] разбойник (с большой дороги)

highway striping [ˈhaɪweɪˈstraɪpɪŋ] разметка дороги

highway traffic [ˈhaɪweɪˌtræfɪk] уличное движение

hijack [ˈhaɪdʒæk] нападать с целью грабежа (на автомобили и т. п.); силой отнимать; угонять самолет; заниматься воздушным пиратством

hijack airplane [ˈhaɪdʒækˈeəpleɪn] захватить самолет

hijacker [ˈhaɪˌdʒækə] бандит; налетчик; воздушный пират

hijacking [ˈhaɪˌdʒækɪŋ] атака; грабеж; нападение; ограбление; угон самолета; воздушное пиратство

hike [haɪk] путешествовать; ходить пешком; бродяжничать

hiker [ˈhaɪkə] путешественник

hilarious [hɪˈlɛərɪəs] весёлый; оживлённый
hilarity [hɪˈlærɪtɪ] весёлость; веселье
hill [hɪl] возвышение; возвышенность; гора; холм; груда; куча; насыпать кучу; окучивать *(растение)*
hill ant [ˈhɪlˈænt] рыжий лесной муравей
hilliness [ˈhɪlɪnɪs] холмистость
hillock [ˈhɪlək] бугорок; холмик
hillside [ˈhɪlˈsaɪd] склон горы, холма
hilly [ˈhɪlɪ] холмистый
hilt [hɪlt] рукоятка; эфес
hilum [ˈhaɪləm] выемка; вырезка
himself [hɪmˈself] себя; -ся; себе; сам
hind [haɪnd] лань; самка оленя; батрак; работник на ферме; крестьянин; задний
hind axle [ˈhaɪndˈæksl] задний мост
hind-carriage [ˈhaɪnd͵kærɪʤ] прицеп
hind-head [ˈhaɪndhed] затылок
hindbrain [ˈhaɪndbreɪn] задняя часть головного мозга
hindcasting [ˈhaɪndkɑːstɪŋ] статистическое прогнозирование
hinder [ˈhaɪndə] — *прил.* [ˈhɪndə] — *гл.* задний; задерживать; затруднять; мешать; препятствовать; быть помехой
hindgut [ˈhaɪndgʌt] задняя кишка
hindmost [ˈhaɪndmoust] самый задний; последний; самый отдалённый
hindquarters [ˈhaɪndkwɔːtəz] задняя часть *(туши)*
hindrance [ˈhɪndr(ə)ns] барьер; помеха; преграда; препятствие
hindsight [ˈhaɪndsaɪt] близорукость; недальновидность; взгляд в прошлое; ретроспективный взгляд; прицел
hinge [hɪnʤ] петля; навеска; шарнир; крюк; стержень; суть; кардинальный пункт чего-либо; прикреплять на петлях; висеть; вращаться на петлях; шарнир
hinge axis [ˈhɪnʤˈæksɪs] ось шарнира *(техн.)*
hinged bearing [ˈhɪnʤdˈbeərɪŋ] шарнирная опора
hint [hɪnt] аллюзия; намёк; указание; совет; налёт; оттенок; намекать
hip [hɪp] бедро; бок; плод шиповника; повергать в уныние
hip-bath [ˈhɪpbɑːθ] сидячая ванна
hip-roof [ˈhɪpruːf] шатровая крыша; вальмовая крыша
hipflask [ˈhɪpflɑːsk] плоская фляжка
hipped [hɪpt] меланхоличный; унылый; помешанный на чём-либо
hippie [ˈhɪpɪ] хиппи
hippocampus [͵hɪpouˈkæmpəs] морской конёк
hippodrome [ˈhɪpədroum] ипподром; арена; цирк

hippopotamus [͵hɪpəˈpɔtəməs] гиппопотам
hire [ˈhaɪə] наём; вербовка; набор; прокат; плата за наём; нанимать; предоставлять работу; приглашать
hire-purchase [ˈhaɪəˈpəːtʃəs] покупка в рассрочку; продажа в рассрочку
hired killer [ˈhaɪədˈkɪlə] наёмный убийца
hireling [ˈhaɪəlɪŋ] наёмник; наймит; наёмная лошадь
hirer [ˈhaɪərə] наниматель; лицо, берущее вещь напрокат
hiring [ˈhaɪərɪŋ] договор личного найма; прокат
hiring at will [ˈhaɪərɪŋətˈwɪl] бессрочный наём
hirsute [ˈhəːsjuːt] волосатый; косматый
hiss [hɪs] шипение; свист; посторонние шумы; шипеть; свистеть; освистывать
hissing adder [ˈhɪsɪŋˈædə] африканская гадюка
histogenetic [͵hɪstəʤɪˈnetɪk] гистогенный
historian [hɪsˈtɔːrɪən] историк
historic(al) [hɪsˈtɔrɪk(əl)] исторический; имеющий историческое значение
historical data [hɪsˈtɔrɪkəlˈdeɪtə] исторические данные
historical necessity [hɪsˈtɔrɪkəlnɪˈsesɪtɪ] историческая необходимость
historicity [͵hɪstəˈrɪsɪtɪ] историчность
history [ˈhɪst(ə)rɪ] история; историческая наука; прошлое; историческая пьеса; совокупность имеющихся фактов; изменение во времени; характер протекания процесса; график временной зависимости
histrionic [͵hɪstrɪˈɔnɪk] актёрский; сценический; театрально-неестественный; лицемерный
histrionics [͵hɪstrɪˈɔnɪks] театральное представление; спектакль; театральное искусство; неестественность; театральность
hit [hɪt] толчок; удар; попадание; столкновение; удачная попытка; выпад; саркастическое замечание; удача; успех; спектакль, фильм, роман и т. п., пользующийся успехом; «гвоздь» сезона; бестселлер; шлягер; популярный исполнитель; любимец публики; ударять; поражать; ударить*(ся)*; попадать в цель; больно задевать; задевать за живое; находить; напасть; натолкнуться; наносить удар; ликвидировать; убивать; попадать
hit parade [ˈhɪtpəˈreɪd] хит-парад
hit-and-mis [ˈhɪtəndˈmɪs] неточный
hit-and-run [ˈhɪtəndˈrʌn] молниеносный; рассчитанный на быстрое действие
hit-and-run driver [ˈhɪtənd͵rʌnˈdraɪvə] водитель, скрывшийся с места происшествия
hit-or-miss [ˈhɪtɔːˈmɪs] случайный; сделанный кое-как; наугад; кое-как; наудачу

HIT — HOL

hitch [hıtʃ] рывок; толчок; зацепка; задержка; заминка; помеха; препятствие; остановка (*работающего механизма*); поездка на попутной машине (*разг.*); подвигать толчками; подталкивать; подтягивать; зацеплять(ся); прицеплять(ся); скреплять; сцеплять; привязывать; запрягать (*лошадь*); ковылять; прихрамывать

hitch pin [ˈhıtʃpın] колок; штифт

hitch-hike [ˈhıtʃhaık] путешествовать; перебираться с места на место, пользуясь бесплатно попутными машинами (*путешествовать автостопом*); «голосовать» на дороге

hither [ˈhıðə] сюда; ближний; расположенный ближе

hitherto [ˈhıðəˈtu:] до настоящего времени; до сих пор; ранее; до сего времени

hitman [ˈhıtmæn] наемный убийца

hitter [ˈhıtə] спортсмен, хорошо бьющий по мячу

hive [haıv] улей; рой пчел; людской муравейник; давать приют; роиться; заготовлять; запасать; сберегать; жить вместе, обществом

hoar [hɔ:] изморозь; иней; густой туман; седина; старость; старческий возраст; дряхлость; седой

hoard [hɔ:d] запас; скрытые запасы продовольствия и т. п.; что-либо накопленное или припрятанное; запасать; копить; накоплять; хранить; временный забор вокруг строящегося здания; щит для наклейки объявлений и афиш

hoarhead [ˈhɔ:hed] седой старик

hoarse [hɔ:s] охрипший; хриплый

hoarsen [ˈhɔ:sn] охрипнуть

hoarstone [ˈhɔ:stoun] межевой камень

hoary [ˈhɔ:rı] седой; древний; почтенный; покрытый белым пушком

hoax [houks] обман; ложь; мистификация; неправда; подшутить; мистифицировать

hoaxer [ˈhouksə] жулик; мошенник; плут

hob [hɔb] полка в камине для подогревания пищи; гвоздь или крюк, на который набрасывается кольцо (*в игре*); ступица; втулка (*колеса*); полоз (*саней*)

hob-nob [ˈhɔbnɔb] водить компанию; водить дружбу; дружить; прихрамывающая походка; затруднительное положение; путы; хромать; прихрамывать; ковылять

hobble-skirt [ˈhɔblskə:t] узкая юбка

hobbledehoy [ˈhɔbldıˈhɔı] неуклюжий подросток

hobby [ˈhɔbı] хобби; любимое занятие; страсть; велосипед старой конструкции

hobbyist [ˈhɔbıst] человек, увлеченный своим хобби

hobgoblin [ˈhɔbgɔblın] домовой; чертенок; пугало

hobnail [ˈhɔbneıl] сапожный гвоздь с большой шляпкой

hock [hɔk] заклад; залог; закладывать (*вещь*)

hockey [ˈhɔkı] хоккей

hockey-stick [ˈhɔkıstık] клюшка (*для игры в хоккей*)

hocus [ˈhoukəs] обманывать; вводить в заблуждение; дезориентировать; одурманивать; опаивать (*наркотиками*); подмешивать наркотики

hod [hɔd] бочок для раствора

hodden [ˈhɔdn] грубая некрашеная шерстяная материя

Hodge [hɔdʒ] батрак

hodiernal [ˌhoudıˈə:nəl] сегодняшний; относящийся к сегодняшнему дню

hoe [hou] мотыга; ковш (*экскаватора*); мотыжить; разрыхлять (*землю*); опалывать мотыгой

hog [hɔg] боров; свинья; годовалый бычок; молодая овца; грубый, грязный человек; скребок; щетка; выгибать спину; коротко подстригать (*гриву, усы*); скрести; чистить

hogcote [ˈhɔgkout] свинарник

hogget [ˈhɔgıt] молодой боров

hoggin [ˈhɔgın] крупный песок; гравий

hogging [ˈhɔgıŋ] выгнутость; кривизна

hognut [ˈhɔgnʌt] земляной каштан

hog's-bean [ˈhɔgzbi:n] белена черная (*бот.*)

hoi polloi [ˈhɔıˈpɔlɔı] массы; простонародье

hoik [hɔık] резкое движение; толчок; рвануть вверх; круто взлететь с земли, воды (*авиац.*); сделать горку

hoist [hɔıst] лебедка; поднятие; ворот; подъем; элеватор; подъемный кран; грузовая стрела; лифт; подъемный механизм; высота подъема; поднимать (*парус, флаг, груз*)

hoist-bridge [ˈhɔıstbrıdʒ] подъемный мост

hoity-toity [ˈhɔıtıˈtɔıtı] шум; беспорядок; легкомыслие; несерьезность; надменный; обидчивый; раздражительный

hold [hould] владение; захват; трюм; держатель; власть; влияние; способность понимания; понимание; то, за что можно ухватиться; ушко; опора; пауза (*муз.*); захват (*в борьбе, в боксе*); держать; владеть; иметь; выдерживать; удерживать (*позицию и т. п.*); держаться (*о погоде*); занимать (*пост, должность и т. п.*); занимать (*мысли*); овладевать (*вниманием*); содержать в себе; вмещать; полагать; считать; останавливать; сдерживать; проводить (*собрание*); вести (*разговор*); отмечать; праздновать; держать (*в тюрьме*); приостанавливать; признавать; решать; выносить решение в суде; обязывать; оставаться в силе

to hold out — *протягивать; предлагать; выдерживать; держаться до конца; хватать; держать что-либо в секрете от кого-либо; отказывать*
to hold over — *откладывать; медлить; сохранять; откладывать (про запас)*
to hold up — *выставлять; показывать; поддерживать; подпирать*

hold capacity [ˈhould|kəˈpæsɪtɪ] вместимость трюма

hold mark [ˈhould|mɑːk] сигнал отсутствия передачи *(по линии связи)*

hold-down screw [ˈhoulddaun|ˈskruː] прижимной винт

hold-over [ˈhouldˌouvə] пережиток; должностное лицо, переизбранное на новый срок; актер, с которым продлен контракт и т. п.; сенатор, оставшийся в новом составе конгресса

hold-up [ˈhouldʌp] налет; ограбление *(на улице, дороге)*; бандит; налетчик; остановка; задержка *(в движении)*

holdall [ˈhouldɔːl] портплед; вещевой мешок; сумка или ящик для инструмента

holdback [ˈhouldbæk] задержка; помеха; преграда; предохранительное устройство катапульты

holder [ˈhouldə] арендатор; съемщик; владелец; держатель; обладатель приза *(спорт.)*, почетного звания; рукоятка; ручка; опора; патрон *(эл.)*

holdfast [ˈhouldfɑːst] закрепа; захват; крюк; скоба; столярные тиски

holding [ˈhouldɪŋ] владение *(акциями)*; вклад; авуары; закрепление; удерживание; держание; арендованная недвижимость; судебное решение

holding capacity [ˈhouldɪŋ|kəˈpæsɪtɪ] вместимость; емкость; объем

holding center [ˈhouldɪŋ|ˈsentə] пересыльный центр

holding company [ˈhouldɪŋ|ˈkʌmpənɪ] компания, владеющая контрольными пакетами акций других компаний; компания-учредитель

holding forceps [ˈhouldɪŋ|ˈfɔːseps] держатель для тампона

hole [houl] дыра; отверстие; яма; нора; берлога; пробоина; раковина в металле; захолустье; отдушина; мертвая зона *(радио)*; лунка для мяча *(в играх)*; продырявить; просверливать; прорыть; загнать в лунку *(шар) (спорт.)*; загнать в нору *(зверя)*; бурить скважину

hole up [ˈhoul|ʌp] скрываться от полиции

hole-and-corner [ˈhouləndˈkɔːnə] тайный *(разг.)*; секретный; делающийся украдкой

holeproof [ˈhoulpruːf] не оставляющий лазеек

holergasia психическое расстройство всей личности

holey [ˈhoulɪ] дырявый

holiday [ˈhɔlədɪ] праздник; день отдыха; нерабочий день; отпуск; каникулы; праздничный; отдыхать; проводить отпуск

holiday salary [ˈhɔlədɪ|ˈsælərɪ] отпускное вознаграждение

holiday season [ˈhɔlədɪ|ˈsiːzn] курортный сезон; время летних отпусков

holiday-maker [ˈhɔlədɪˌmeɪkə] гуляющий; отдыхающий; экскурсант; турист; отпускник

holiness [ˈhoulɪnəs] святость

holistic [houˈlɪstɪk] единый *(филос.)*; целостный; целый

holistic approach [houˈlɪstɪk|əˈprout∫] глобальный подход

hollow [ˈhɔlou] пустота; впадина; углубление; котловина; полость; дупло; ложбина; лощина; пустой; полый; пустотелый; ввалившийся; впалый; глухой *(о звуке)*; вогнутый; неискренний; ложный; несерьезный; голодный; тощий; вполне; основательно; совершенно; совсем; выдалбливать; выкапывать

hollow chisel [ˈhɔlou|ˈt∫ɪzl] стамеска

hollow ware [ˈhɔlou|weə] глубокая посуда из фарфора, чугуна и т. п. *(котелки, миски, кувшины и т. п.)*

hollow-eyed [ˈhɔlouˌaɪd] с ввалившимися или глубоко сидящими глазами

hollow-hearted [ˈhɔlou|ˈhɑːtɪd] неискренний

holmme [houm] речной островок; пойма

holocaust [ˈhɔləkɔːst] уничтожение; истребление; всесожжение; полное сжигание жертвы огнем

hologram [ˈhɔləgræm] голограмма

holograph [ˈhɔlougrɑːf] собственноручно написанный документ; собственноручный

holographic testament [ˈhɔlougrɑːfɪk|ˈtestəmənt] собственноручно составленное завещание

holography [hɔˈlɔgrəfɪ] голография *(метод получения объемного изображения)*

holster [ˈhoulstə] кобура

holt [hoult] роща; лесистый холм; прибежище; пристанище; убежище

holy [ˈhoulɪ] священный; святой

Holy Ghost [ˈhoulɪ|ˈgoust] Святой Дух

Holy Office [ˈhoulɪˌɔfɪs] Святая палата *(официальное название инквизиции) (ист.)*

Holy Writ [ˈhoulɪ|rɪt] Священное Писание *(Библия)*

holystone [ˈhoulɪstoun] мягкий песчаник; пемза; чистить палубу песчаником, пемзой

homage [ˈhɔmɪdʒ] почитание; почтение; уважение; арендаторы

homager [ˈhɔmɪdʒə] арендатор

home [houm] дом; жилище; родина; семья; домашняя жизнь; домашний очаг; уют; убежище;

обиталище; местожительство; проживание; метрополия; приют; область распространения; домашний; родной; семейный; внутренний; отечественный *(о товарах)*; до конца; до отказа; крепко; туго; возвращаться домой; посылать, направлять домой; предоставлять жилье; жить *(у кого-либо)*

home currency [ˈhoumˈkʌrənsɪ] местная валюта; валюта данной страны

home farm [ˈhoum|faːm] ферма при усадьбе

home journey [ˈhoum|ˈdʒəːnɪ] путешествие по стране

home market [ˈhoumˈmaːkɪt] внутренний рынок

Home Office [ˈhoumˈɔfɪs] министерство внутренних дел

home rule [ˈhoum|ruːl] автономия; самоуправление; гомруль *(ист.)*

home team [ˈhoum|tiːm] команда хозяев поля *(спорт.)*

home thrust [ˈhoum|θrʌst] удачный удар; едкое замечание; удачный ответ

home trade [ˈhoum|treɪd] каботажная торговля

home truth [ˈhoum|truːθ] горькая правда

home-bred [ˈhoum|bred] доморощенный; простой; без лоска; местный

home-brew [ˈhoum|bruː] домашнее пиво; нечто примитивное

home-brewed [ˈhoum|bruːd] домашний *(о пиве и т. п.)*; доморощенный

home-grown [ˈhoumˈgroun] отечественного производства; местный

home-keeping [ˈhoum|kiːpɪŋ] домоседливый; ведущий домашнее хозяйство; домоседство; домоводство

home-made [ˈhoumˈmeɪd] домашнего изготовления; самодельный; отечественного производства

home-maker [ˈhoumˌmeɪkə] хозяйка дома; мать семейства

home-work [ˈhoumwəːk] домашняя работа; домашнее задание; тщательная подготовка *(к выступлению, собранию и т. п.)*; надомная работа

homecraft [ˈhoumkraːft] кустарный промысел

homeland [ˈhoumlænd] отечество; отчизна; родина

homeless [ˈhoumlɪs] бездомный; бесприютный

homelike [ˈhoumlaɪk] домашний; уютный; дружеский; дружественный; товарищеский

homeliness [ˈhoumlɪnɪs] простота; обыденность; безыскусственность; домашний уют

homely [ˈhoumlɪ] простой; обыденный; будничный; повседневный; домашний; уютный; невзрачный *(амер.)*; некрасивый

homeopathy [ˌhoumɪɔˈpæθɪ] гомеопатия

homer [ˈhoumə] почтовый голубь; гигантская акула

homeroom teacher [ˈhoumrumˌtiːtʃə] воспитатель; наставник; репетитор *(в американских школах)*

homesickness [ˈhoumˈsɪknɪs] тоска по родине; ностальгия по родине

homespun [ˈhoumspʌn] домотканый; грубый; простой

homestead [ˈhoumsted] усадьба; имение; поместье; ферма; домашнее имущество; жилище с прилегающим участком

homestretch [ˈhoumstretʃ] финишная прямая *(на ипподроме и т. п.)*; заключительная часть *(чего-либо)*

homeward [ˈhoumwəd] ведущий, идущий к дому; домой; к дому

homeward-bound [ˈhoumwədˈbaund] возвращающийся; отплывающий домой *(о корабле)*

homey [ˈhoumɪ] домашний; уютный

homicidal [ˌhɔmɪˈsaɪdl] убийственный; смертельный; смертоносный; лишающий человека жизни

homicide [ˈhɔmɪsaɪd] убийство

homicide offender [ˈhɔmɪsaɪdəˈfendə] убийца

homily [ˈhɔmɪlɪ] проповедь; назидание; наставление; нотация; поучение

homing [ˈhoumɪŋ] способность находить путь к дому

homing beacon [ˈhoumɪŋˈbiːkən] маяк, указывающий дорогу домой

homing missile [ˈhoumɪŋˈmɪsaɪl] самонаводящаяся ракета

hominify [həˈmɪnɪfaɪ] очеловечивать; придавать человеческие черты

hominy [ˈhɔmɪnɪ] мамалыга

homo [ˈhoumou] человек; гомо

homocentric [ˌhɔməˈsentrɪk] концентрический

homochromatic [ˌhɔməkrouˈmætɪk] равноцветный

homogeneity [ˌhɔmoudʒeˈniːɪtɪ] однородность; гомогенность; равносоставленность

homogeneous [ˌhɔməˈdʒiːnjəs] однофазный; однородный

homogeneous output [ˌhɔməˈdʒiːnjəsˈautput] выпуск однородной продукции

homologate [hɔˈmɔləgeɪt] признавать; подтверждать; соглашаться; допускать; одобрять; санкционировать

homologation [hɔˌmɔləˈgeɪʃən] одобрение; подтверждение; санкционирование

homologous [hɔˈmɔləgəs] соответственный

homonym [ˈhɔmounɪm] омоним *(линг.)*; тезка; однофамилец

homophone [ˈhɔmoufoun] омофон *(линг.)*

homophonic [ˈhɔmoufounɪk] унисонный

homoplasy аналогия *(в эволюции)*

homosexuality [ˈhoumouseksjuˈælɪtɪ] гомосексуализм

homy [ˈhoumɪ] домашний; напоминающий родной дом

hone [houn] точить

honest [ˈɔnɪst] добропорядочный; порядочный; честный; искренний; правдивый; настоящий; нравственный; целомудренный

honestly [ˈɔnɪstlɪ] честно; искренне; правдиво

honesty [ˈɔnɪstɪ] честность; правдивость

honey [ˈhʌnɪ] мед; медовый; донник белый *(бот.)*; говорить вкрадчиво; льстить

honey agaric [ˈhʌnɪˈægərɪk] опенок настоящий

honey fungus [ˈhʌnɪˈfʌŋgəs] опенок

honey-bee [ˈhʌnɪbiː] *(рабочая)* пчела

honey-bee colony [ˈhʌnɪbiːˈkɔlənɪ] пчелиная семья

honey-mouthed [ˈhʌnɪˈmauðd] льстивый; медоточивый; сладкоречивый

honeycomb [ˈhʌnɪkoum] медовые соты; сотовый; сотовидный; ноздреватый; ячеистый; изрешетить; продырявить; ослабить; подточить; снизить

honeydew [ˈhʌnɪdjuː] медвяная роса; клейкая жидкость

honeyed [ˈhʌnɪd] медовый; сладкий; льстивый; раболепный

honeymoon [ˈhʌnɪmuːn] медовый месяц; проводить медовый месяц

honeysucle [ˈhʌnɪsʌkl] жимолость

honk [hɔŋk] крик диких гусей; хрюканье; звук автомобильного гудка; кричать *(о диких гусях)*; сигналить *(авто)*

honky-tonk [ˈhɔŋkɪtɔŋk] дешевый бар или ночной клуб

honorarium [ˌɔnəˈrɛərɪəm] гонорар

honorary [ˈɔn(ə)rərɪ] почетный; неоплачиваемый; безвозмездный; вознаграждение; плата; гонорар

honorary degree [ˈɔn(ə)rərɪdɪˈgriː] почетная степень

honorific [ˌɔnəˈrɪfɪk] почетный; выражающий почтение; почтительный

honour [ˈɔnə] слава; честь; хорошая репутация; доброе имя; благородство; честность; почет; почтение; уважение; награды; почести; ордена; почитать; уважать; чтить; удостаивать; платить в срок *(по векселю)*; выполнять *(обязательства)*; соблюдать *(условия)*

honour compulsory [ˈɔnəkəmˈpʌlsərɪ] почетная обязанность

honour compulsory commitment [ˈɔnəkəmˌpʌlsərɪkəˈmɪtmənt] почетная обязанность

honourable [ˈɔn(ə)rəbl] почетный; благородный; добропорядочный; порядочный; честный; уважаемый; глубокоуважаемый; достопочтенный; почтенный *(форма обращения к детям знати, к судьям)*

honoured [ˈɔnəd] глубокоуважаемый; многоуважаемый; заслуженный

hooch [huːtʃ] спиртной напиток, добытый незаконным путем; самогон *(изготовляемый американскими индейцами)*

hood [hud] капюшон; капор; шапочка; чепчик; шлем; кожух; верх *(экипажа)*; хохолок *(птицы)*; крышка; чехол; колпак; капот; покрывать капюшоном, колпачком; закрывать; скрывать

hoodie [ˈhudɪ] серая ворона

hoodwink [ˈhudwɪŋk] ввести в заблуждение; обмануть; провести

hoof [huːf] копыто; копытное животное; бить копытом; идти пешком

hoofed [ˈhuːft] копытный

hoofless [ˈhuːflɪs] бескопытный

hook [huk] крюк; крючок; кривой нож; гак; серп; багор; крутой изгиб; излучина реки; западня; ловушка; хук *(короткий боковой удар левой в боксе)*; сгибать в виде крюка; зацеплять; прицеплять; застегивать(ся) *(на крючок)*; ловить; поймать *(рыбу)*; подцепить; поймать на удочку; заполучить; бодаться

hook switch [ˈhukˈswɪtʃ] рычажной переключатель

hook-and-eye [ˈhukəndˈaɪ] застегивать на крючки

hook-nosed [ˈhuknouzd] с крючковатым, орлиным носом

hook-up [ˈhukʌp] переплетение; связывание; соединение; сцепление; установление отношений, связи; союз

hooka(h) [ˈhukə] кальян

hooked [hukt] кривой; крючковатый; имеющий крючок или крючки

hooker [ˈhukə] рыболовное судно

hooligan [ˈhuːlɪgən] хулиган

hooliganism [ˈhuːlɪgənɪzm] хулиганство

hoop [huːp] обод; обруч; ворота *(в крокете)*; скреплять обручем; набивать обручи; окружать; связывать; сжимать; гиканье; крик; кольцо; обойма; бандаж; хомутик; скрепляющая муфта

hooping-cough [ˈhuːpɪŋkɔf] коклюш *(мед.)*

hoopoe [ˈhuːpuː] удод *(птица)* *(зоол.)*

hooray [huˈreɪ] ура! *(громкий победоносный возглас)*

hoot [huːt] гиканье; крики; крик совы; кричать; гикать; улюлюкать; ухать *(о сове)*; гудеть; свистеть *(о гудке, сирене)*

hooter [ˈhuːtə] гудок; сирена; ревун

Hoover [ˈhuːvə] пылесос *(по названию фирмы)*; пылесосить

hop [hɔp] прыжок; припрыгивание; скачок; танцы *(разг.)*; танцевальный вечер; прыгать; скакать на одной ноге; подпрыгивать; перепрыгивать;

вскакивать *(на ходу)*; танцевать; отплясывать; хромать; хмель; собирать хмель; класть хмель в пиво

hop trefoil [ˈhɔpˈtrefɔil] клевер полевой

hope [houp] надежда; надеяться; уповать; предвкушать; небольшой узкий залив; лощина; ущелье

hope chest [ˈhoupˈtʃest] сундук с приданым

hoped-for [ˈhouptfɔː] долгожданный; желанный

hopeful [ˈhoupful] надеющийся; подающий надежды; многообещающий; человек, подающий надежды

hopefulness [ˈhoupfulnɪs] оптимизм; надежда

hopeless [ˈhouplɪs] безнадежный; отчаявшийся; закоренелый; неисправимый; непоправимый

hopelessness [ˈhouplɪsnɪs] безвыходность; безнадежность

hopper [ˈhɔpə] прыгун; прыгающее насекомое; блоха; креветка; вагон; вагонетка с опрокидывающимся кузовом; самосвал; вагон с откидным дном; хоппер; бункер; грунтовой трюм

hopple [ˈhɔpl] стреножить *(лошадь)*; помешать; запутать

hopscotch [ˈhɔpskɔtʃ] детская игра «классы»

horary [ˈhɔːrərɪ] ежечасный; длящийся час; длящийся недолго

horde [hɔːd] орда; полчище; банда; шайка; компания; ватага; толпа; стая; рой *(насекомых)*; жить скопом; собираться кучами, толпами

horizon [həˈraɪzn] горизонт; кругозор; фон

horizontal [ˌhɔrɪˈzɔntl] горизонталь; горизонтальный

horizontal-hold control [ˌhɔrɪˈzɔntlhouldkənˈtroul] регулировка частоты строк

horme [ˈhɔːmɪ] целенаправленное стремление

hormone [ˈhɔːmoun] гормон *(анат.)*

hormonelike material [ˈhɔːmounlaɪkməˈtɪərɪəl] гормональное вещество

horn [hɔːn] рог; рожки *(улитки)*; усики *(насекомого)*; духовой инструмент; рожок; выступ; штырь; рупор; горн; охотничий рог; звуковой сигнал; гудок; сирена автомобиля; роговой; срезать рога; бодать; заборать

horn boss [ˈhɔːnbɔs] втулка колпака мины *(техн.)*

horn tube [ˈhɔːntjuːb] валторновая труба *(муз.)*

horned owl [ˈhɔːndˈaul] ушастая сова

hornlike [ˈhɔːnlaɪk] роговидный; рогоподобный

hornpipe [ˈhɔːnpaɪp] волынка *(музыкальный инструмент)*; хорнпайп *(название английского матросского танца)*

hornrimmed [ˈhɔːnˈrɪmd] в роговой оправе

horny [ˈhɔːnɪ] роговой; рогатый; имеющий рога; мозолистый; грубый; жесткий; ороговевший

horny-handed [ˈhɔːnɪˈhændɪd] с мозолистыми руками

horology [hɔˈrɔlədʒɪ] искусство измерения времени; часовое дело

horoscope [ˈhɔrəskoup] гороскоп

horrendous [həˈrendəs] страшный; ужасный

horrent [ˈhɔrənt] ощетинившийся; угрожающий

horrible [ˈhɔrəbl] жуткий; страшный; ужасный; отвратительный; отталкивающий; противный; роман ужасов

horrid [ˈhɔrɪd] страшный; ужасный; неприятный *(разг.)*; отталкивающий; противный

horrific [hɔˈrɪfɪk] ужасающий

horrify [ˈhɔrɪfaɪ] ужасать; страшить; шокировать

horripilation [hɔˌrɪpɪˈleɪʃ(ə)n] гусиная кожа; мурашки

horror [ˈhɔrə] ужас; отвращение; страх; омерзение

horror-stricken [ˈhɔrəˌstrɪk(ə)n] пораженный ужасом; в ужасе

horse [hɔːs] конь; лошадь; кавалерия; конница; конь *(гимнастический снаряд)*; рама; станок; подмости; козлы; морж; конный; конский; лошадиный; садиться на лошадь; ехать верхом; поставлять лошадей

horse breeder [ˈhɔːsˌbriːdə] коннозаводчик; коневод

horse breeding [ˈhɔːsˌbriːdɪŋ] коневодство

horse brush [ˈhɔːsˌbrʌʃ] скребница

horse manure [ˈhɔːsməˈnjuə] конский навоз

horse stall [ˈhɔːsstɔːl] стойло

horse-chanter [ˈhɔːsˌtʃɑːntə] барышник, торгующий лошадьми

horse-chestnut [ˈhɔːsˈtʃesnʌt] конский каштан

horse-cloth [ˈhɔːsklɔθ] попона

horse-collar [ˈhɔːsˌkɔlə] хомут

horse-comb [ˈhɔːskoum] скребница

horse-drawn [ˈhɔːsˈdrɔːn] на конной тяге

horse-hair [ˈhɔːsheə] конский волос; материя из конского волоса; волосяная бортовка, как из конского волоса

horse-knops [ˈhɔːsnɔps] василек

horse-mackerel [ˈhɔːsˌmækr(ə)l] ставрида

horse-marine [ˈhɔːsməˈriːn] человек на неподходящей работе или не в своей стихии

horse-mill [ˈhɔːsmɪl] мельница с конным приводом; нудная, однообразная работа

horse-power [ˈhɔːsˌpauə] лошадиная сила

horse-race [ˈhɔːsreɪs] бега; скачки

horse-radish [ˈhɔːsˌrædɪʃ] хрен обыкновенный

horse-shoe [ˈhɔːʃʃuː] подкова; что-либо имеющее форму подковы; подковывать лошадей

horse-soldier [ˈhɔːsˌsouldʒə] кавалерист

horse-whip [ˈhɔːswɪp] хлыст; отхлестать

horse-woman [ˈhɔːsˌwumən] всадница; наездница

horseflesh [ˈhɔːsfleʃ] конина

horsefly ['hɔːsflaɪ] слепень
horseless ['hɔːslɪs] безлошадный
horseman ['hɔːsmən] всадник; наездник; кавалерист; конюх; коннозаводчик
horsemanship ['hɔːsmənʃɪp] искусство верховой езды
horsepath ['hɔːspaːθ] вьючная тропа
horseplay ['hɔːspleɪ] грубое развлечение; грубые шутки
horseshoe bend ['hɔːʃʃuː|bend] лошадиная подкова
horseshoe-shaped ['hɔːʃʃuːʃeɪpt] подковообразный
horsestealer ['hɔːsˈstiːlə] конокрад
horsetail ['hɔːsteɪl] хвощ
horsey ['hɔːsɪ] любящий лошадей, верховую езду, охоту на лошадях; лошадиный; напоминающий лошадь (о лице и т. п.)
hortative ['hɔːtətɪv] увещевающий; назидательный; наставительный; поучительный
horticolate обитающий в садах
horticultural [ˌhɔːtɪˈkʌltʃ(ə)r(ə)l] садовый
horticulture ['hɔːtɪkʌltʃə] садоводство; огородничество
horticulturist [ˌhɔːtɪˈkʌltʃ(ə)rɪst] садовод
hose [houz] пожарный рукав; шланг; брандспойт; поливать из шланга; чулки; чулочные изделия; рейтузы; штаны, плотно обтягивающие ноги; гибкая труба
hose reel ['houz|riːl] барабан для шланга
hosier ['houzɪə] торговец трикотажными изделиями
hosiery ['houzɪərɪ] чулочные изделия; трикотаж; магазин трикотажных товаров (чулок, белья); трикотажная мастерская
hospice ['hɔspɪs] гостиница (монастырская); богадельня; приют; странноприимный дом (ист.)
hospitable ['hɔspɪtəbl] гостеприимный; восприимчивый; впечатлительный; открытый; чувствительный
hospital ['hɔspɪtl] больница; госпиталь; лазарет; лечебница; богадельня; благотворительная школа; специализированная ремонтная мастерская; госпитальный; больничный; санитарный
hospital bed ['hɔspɪtl|bed] больничная койка
hospital bill ['hɔspɪtl|bɪl] счет за лечение в больнице
hospital chart ['hɔspɪtl|tʃaːt] история болезни
hospital-ship ['hɔspɪtlʃɪp] госпитальное судно; плавучий госпиталь
hospital-train ['hɔspɪtltreɪn] санитарный поезд
hospitality [ˌhɔspɪˈtælɪtɪ] гостеприимство; радушие; хлебосольство
hospitality allowance [ˌhɔspɪˈtælɪtɪ|əˈlauəns] суммы на представительские расходы

hospitalization [ˌhɔspɪtəlaɪˈzeɪʃən] госпитализация
hospitalize ['hɔspɪtəlaɪz] госпитализировать; помещать в больницу
hospitaller ['hɔspɪtlə] госпитальер; член ордена госпитальеров (ист.)
host [houst] множество; толпа; масса; совокупность; сонм; воинство; войско; хозяин; содержатель; хозяин гостиницы; трактирщик; принимать гостей; вести программу (по радио, телевидению)
hostage ['hɔstɪdʒ] заложник; залог
hostel ['hɔst(ə)l] общежитие; турбаза; гостиница (уст.)
hostel(l)er ['hɔstələ] студент, живущий в общежитии; турист, останавливающийся на турбазах
hostelry ['hɔstəlrɪ] гостиница; пивная
hostess ['houstɪs] хозяйка; хозяйка гостиницы; бортпроводница; стюардесса; дежурная по этажу (в гостинице); старшая официантка (в ресторане); платная партнерша
hostile ['hɔstaɪl] вражеский; вражий; неприятельский; враждебный; противная сторона в судебном процессе
hostility [hɔsˈtɪlɪtɪ] вражда; антагонизм; акт войны; неприятельский характер; враждебность; враждебный акт
hostler ['hɔslə] конюх
hot [hɔt] горячий; жаркий; накаленный; пылкий; страстный; возбужденный; оживленный; захватывающий; находящийся в течке; перегретый; высокорадиоактивный; разгоряченный; раздраженный; страстно увлекающийся; темпераментный; свежий; близкий к цели; острый; пряный; теплый (о цвете); горячо; жарко
hot air ['hɔt|ɛə] горячий, нагретый воздух; пустая болтовня; бахвальство
hot blood ['hɔt|blʌd] горячая кровь
hot dog ['hɔt|dɔg] бутерброд с горячей сосиской, «хот-дог»
hot wind ['hɔt|wɪnd] суховей
hot-blooded ['hɔt|blʌdɪd] пылкий; страстный; вспыльчивый; несдержанный; теплокровный
hot-forming ['hɔt|fɔːmɪŋ] штамповка
hot-melt book ['hɔtmelt|buk] блок, скрепленный термоклеем
hot-plate ['hɔtpleɪt] электрическая, газовая плитка; плита кухонного очага
hot-water bottle [hɔtˈwɔːtə|bɔtl] водогрейный сосуд; грелка
hot-working ['hɔtˈwəːkɪŋ] горячая обработка
hotbed ['hɔtbed] парник; очаг; рассадник
hotchpotch ['hɔtʃpɔtʃ] рагу из мяса и овощей; овощной суп на бараньем бульоне; смесь; всякая всячина
hotel [houˈtel] гостиница; отель

HOT — HOU

hotel bill [hou'tel'bɪl] счет за проживание в гостинице

hotelier [ˌhou'telɪə] владелец или управляющий отелем

hotfoot ['hɔtfut] быстро; поспешно; идти быстро

hothead ['hɔthed] горячая голова (о человеке)

hothouse ['hɔthaus] оранжерея; теплица; сушильня (техн.); тепличный

hotline ['hɔtlaɪn] телефонная «горячая линия»

hotpot ['hɔtpɔt] тушеное мясо с овощами

hotspur ['hɔtspə(:)] горячий; вспыльчивый; необузданный человек; сорвиголова

hough [hɔk] поджилки; коленное сухожилие; подрезать поджилки

hound [haund] охотничья собака; гончая; травить; подвергать преследованиям

houndsberry ['haundzbərɪ] паслен черный

hour ['auə] час; определенное время; срок; время работы

hour-circle ['auə'sə:kl] часовой круг; небесный меридиан (астр.)

hour-hand ['auəhænd] часовая стрелка

hourglass ['auəglɑ:s] песочные часы (рассчитанные на один час)

hourly ['auəlɪ] ежечасный; неизменный; неизменяемый; постоянный; частый; почасовой (о плате); ежечасно; постоянно; часто

hourly wage ['auəlɪ 'weɪʤ] почасовая оплата труда

house [haus][hauz] дом; жилище; здание; помещение; семья; хозяйство; род; династия; палата (парламента); биржа; торговая фирма; театр; кинотеатр; зрители; публика; представление; сеанс; колледж университета; пансион при школе; гостиница; постоялый двор; религиозное братство; кворум законодательного органа; нора; берлога; гнездо; клетка; вольер; домашний; комнатный; предоставлять жилище; обеспечивать жильем; поселить; приютить; жить (в доме); помещать; убирать (о вещах, имуществе и т. п.); вмещать(ся); помещаться; расквартировывать (воен.); размещать; ставить на место; содержать (в тюрьме)

to house up — оставить кого-либо дома из-за болезни

house arrest ['haus ə'rest] домашний арест

house bosomed in trees ['haus 'buzəmd ɪn 'tri:z] дом, скрытый деревьями

house lights ['haus laɪts] освещение в театре, кинотеатре

house-agent ['haus'eɪʤ(ə)nt] комиссионер по продаже и сдаче внаем домов

house-boy ['hausbɔɪ] лакей; мальчик; слуга; служитель

house-break ['haus'breɪk] совершать кражу со взломом

house-breaker ['haus,breɪkə] взломщик; громила; рабочий по сносу домов

house-builder ['haus,bɪldə] строительный рабочий; техник; фирма по строительству жилых домов

house-dog ['hausdɔg] сторожевой пес

house-flag ['hausflæg] флаг пароходства

house-fly ['hausflaɪ] комнатная муха

house-party ['haus,pɑ:tɪ] компания гостей, проводящая несколько дней в загородном доме

house-room ['hausrum] жилая площадь; квартира; жилье

house-surgeon ['haus,sə:ʤ(ə)n] старший хирург, живущий при больнице

house-top ['haustɔp] крыша

house-warm ['hauswɔ:m] праздновать новоселье

house-warming ['haus,wɔ:mɪŋ] празднование новоселья

houseboat ['hausbout] плавучий дом; лодка или барка, приспособленная для жилья; плавучий дом отдыха; экскурсионное судно

housecoat ['hauskout] женский халат; пеньюар

housecraft ['hauskrɑ:ft] образцовое ведение домашнего хозяйства и умелое воспитание детей

houseful ['hausful] полный дом

household ['haushould] домочадцы; семейство; семья; домашнее хозяйство; второсортная мука; мука грубого помола; домашний; семейный; фамильный

household appliances ['haushould ə'plaɪənsɪz] бытовые электроприборы

householder ['haushouldə] домовладелец; квартиросъемщик; глава семьи

housekeeper ['haus,ki:pə] экономка; домоправительница; домашняя хозяйка

housekeeping ['haus,ki:pɪŋ] домашнее хозяйство; домоводство

housekeeping data ['haus,ki:pɪŋ 'deɪtə] служебные данные

houseless ['hauslɪs] бездомный; не имеющий крова

housemaid ['hausmeɪd] горничная; уборщица (в частном доме)

housemaster ['haus,mɑ:stə] заведующий пансионом при школе

housemate ['hausmeɪt] сосед по дому

housemother ['haus,mʌðə] мать семейства; глава семьи (о женщине); воспитательница в женском общежитии, интернате и т. п.

houseproof ['hauspru:f] типографская корректура

housewife ['hauswaɪf] хозяйка; домашняя хозяйка

housewife ['hʌzɪf] игольник; шкатулка для иголок

housewifely ['haus,waɪflɪ] хозяйственный; экономный; домовитый

housing ['hauzɪŋ] жилье; снабжение жилищем; жилищный вопрос; жилищное строительство; жилищный фонд; хранение; плата за хранение; убежище; укрытие; ниша; корпус; выемка; гнездо; паз; картер; кожух; надстройка

housing construction ['hauzɪŋ|kən'strʌkʃən] жилищное строительство

housing demand ['hauzɪŋ|dɪ'mɑːnd] нехватка жилья

housing law ['hauzɪŋ|'lɔː] жилищное право

hovel ['hɔvəl] лачуга; хибарка; шалаш; ниша *(для статуи)*; навес

hover ['hɔvə] парить *(о птице)*; вертеться; болтаться; быть; находиться вблизи; ждать поблизости; колебаться; не решаться; мешкать

hovercraft ['hɔvəkrɑːft] судно на воздушной подушке

how [hau] как?; каким образом?; сколько?; как; как!

however [hau'evə] как бы ни; однако; тем не менее; несмотря на это

howitzer ['hauɪtsə] гаубица *(воен.)*

howl [haul] вой; завывание; стон; рев; выть; завывать; стонать *(о ветре)*; реветь *(о ребенке)*

howler ['haulə] плакальщик; плакальщица; ревун; гудок; зуммер

howling ['haulɪŋ] воющий; гнетущий; подавленный; унылый

howsoever [,hausou'evə] как бы ни

hoy [hɔɪ] баржа

hoyden ['hɔɪdn] шумливая, крикливая девица; девчонка-сорванец

hub [hʌb] ступица *(колеса)*; втулка; центр внимания, интереса, деятельности

hubbub ['hʌbʌb] шум; гам; гул голосов

huckleberry ['hʌklbərɪ] черника

huckster ['hʌkstə] мелочной торговец; агент; комиссионер; маклер; посредник; корыстолюбивый человек; составитель рекламных радио- и телепередач; вести мелочную торговлю; торговаться; барышничать; широко рекламировать; навязывать *(товар)*

huddle ['hʌdl] груда; куча; масса; штабель; толпа; суматоха; сутолока; тайное совещание *(разг.)*; сваливать в кучу; загонять; заталкивать; прижиматься; жаться; съеживаться; свертываться калачиком

hue [hjuː] оттенок; тон; цвет

hue control ['hjuː|kən'troul] регулировка цветового тона

huff [hʌf] припадок раздражения, гнева; фук *(в шашках)*; раздражать; выводить из себя; задирать; запугивать; принуждать угрозами; обижать*(ся)*; оскорблять*(ся)*

huffish ['hʌfɪʃ] раздражительный; капризный; обидчивый

huffy ['hʌfɪ] надменный; самодовольный

hug [hʌg] крепкое объятие; захват; хватка *(в борьбе)*; крепко обнимать; сжимать в объятиях; держаться *(чего-либо)*; быть приверженным, склонным *(к чему-либо)*; выражать благосклонность *(кому-либо)*

huge [hjuːdʒ] большой; гигантский; громадный

hugely ['hjuːdʒlɪ] весьма; очень; сильно; чрезвычайно

hugeness ['hjuːdʒnɪs] громадность

hugger-mugger ['hʌgə,mʌgə] загадка; секрет; тайна; беспорядок; беспорядочность; непорядок; потайной; секретный; тайный; беспорядочный; тайно; беспорядочно; кое-как; скрывать; делать тайком; замять *(дело)*; делать беспорядочно, кое-как

huguenot ['hjuːgənɔt] гугенот *(франц. ист.)*

hulk [hʌlk] большое неповоротливое судно; не пригодный к плаванию старый корабль; большой неуклюжий человек

hulking ['hʌlkɪŋ] гигантский; громадный; неповоротливый

hull [hʌl] скорлупа; кожура; пленка; пустой стручок; шелуха; очищать от скорлупы; шелушить; лущить; корпус *(корабля, танка)*; каркас; остов

hull deflection ['hʌl|dɪ'flekʃən] деформация корпуса

hulled [hʌld] лущеный; очищенный; пленчатый

hullo(a) [hʌ'lou] алло!

hum [hʌm] гудение; гул; жужжание; шум; гудеть; жужжать; говорить запинаясь; мямлить; напевать с закрытым ртом; мурлыкать

hum pattern ['hʌm|'pætən] фоновые помехи

human ['hjuːmən] людской; человеческий; свойственный человеку; светский; общественный; социальный; мирской

human capability ['hjuːmən,keɪpə'bɪlɪtɪ] способность человека

human ceiling ['hjuːmən|'siːlɪŋ] порог физиологических нарушений

human liberties ['hjuːmən|'lɪbətɪz] права человека

human nature ['hjuːmən|'neɪtʃə] человеческая натура

human organism ['hjuːmən|'ɔːgənɪzm] человеческий организм

humane [hjuː(ː)'meɪn] гуманный; человечный; гуманитарный

humaneness [hjuː(ː)'meɪnnɪs] доброта; человеколюбие; человечность

humanism ['hjuːmənɪzm] гуманизм; гуманность

humanist ['hjuːmənɪst] гуманист; специалист в области гуманитарных наук

humanistic [,hjuːmə'nɪstɪk] гуманистический

humanitarian [hju(:),mænɪ'tɛərɪən] гуманист; филантроп; гуманный; человеколюбивый; человечный; гуманитарный

humanity [hju(:)'mænɪtɪ] человечество; человеческая природа; гуманность; человеколюбие; человечность; людская масса; толпа

humanize ['hju:mənaɪz] очеловечивать; смягчать; становиться гуманным

humankind ['hju:mən'kaɪnd] человечество

humanly ['hju:mənlɪ] по-человечески; с человеческой точки зрения; в пределах человеческих сил; гуманно; человечно

humanoid ['hju:mənɔɪd] человекообразный

humble ['hʌmbl] скромный; бедный; простой; покорный; послушный; смиренный; тихий; застенчивый; робкий; унижать; попирать; смирять; топтать

humble-bee ['hʌmblbi:] шмель

humbug ['hʌmbʌg] обман; притворство; вздор; чепуха; глупость; обманщик; хвастун; мятная конфета; обманывать

humdrum ['hʌmdrʌm] общее место; банальность; скучный человек; банальный; неинтересный; пресный; скучный

humect(ate) [hju(:)'mekt(eɪt)] мочить; смачивать; увлажнять

humeral ['hju:mərəl] плечевой

humerus ['hju:mərəs] плечевая кость

humicolous обитающий в почве

humid ['hju:mɪd] влажный; мокрый; сырой; отсыревший

humidification [hju:,mɪdɪfɪ'keɪʃən] увлажнение

humidifier [hju:'mɪdɪfaɪə] увлажнитель

humidify [hju(:)'mɪdɪfaɪ] мочить; смачивать; увлажнять

humidity [hju(:)'mɪdɪtɪ] влажность; мокрота; сырость; степень влажности

humiliate [hju(:)'mɪlɪeɪt] попирать; топтать; унижать

humiliating [hju(:)'mɪlɪeɪtɪŋ] оскорбительный; унизительный

humiliation [hju(:),mɪlɪ'eɪʃən] унижение

humility [hju(:)'mɪlɪtɪ] повиновение; подчинение; покорность; смирение; простота; скромность; умеренность

hummel ['hʌml] безрогий; комолый

hummer ['hʌmə] зуммер

humming ['hʌmɪŋ] гудящий; жужжащий; деятельный; энергичный

humming-bird ['hʌmɪŋbə:d] колибри (зоол.)

humming-top ['hʌmɪŋtɔp] волчок (игрушка)

hummock ['hʌmək] холмик; пригорок; возвышенность; ледяной торос

humor ['hju:mə] юмор; нрав; настроение; склонность; потакать (кому-либо); ублажать; приноравливаться; жидкость; влага; секреция; гумор; жидкость тела

humoresque [,hju:mə'resk] юмореска

humorist ['hju:mərɪst] весельчак; шутник; юморист

humorous ['hju:m(ə)rəs] юмористический; забавный; комический; комичный; курьезный; смешной; веселый

humourless ['hju:məlɪs] не обладающий чувством юмора

hump [hʌmp] горб; бугор; пригорок; дурное настроение; решающий, критический момент; горбить(ся); приводить, приходить в дурное настроение; взвалить на спину (узел и т. п.)

humpback ['hʌmpbæk] горб; горбун; горбуша

humpbacked ['hʌmpbækt] горбатый

humped [hʌmpt] горбатый

humpty-dumpty ['hʌmptɪ'dʌmptɪ] низенький толстяк; коротышка

humstrum ['hʌmstrʌm] бренчание; треньканье

humungous [hju:'mʌŋgəs] важный (разг.); значительный

humus ['hju:məs] перегной; чернозем

humus lake ['hju:məs'leɪk] гуминовое озеро

hunch [hʌntʃ] горб; толстый кусок; ломоть; горбыль (о доске); подозрение; предчувствие; горбить(ся); сутулить(ся); сгибать

hunchback ['hʌntʃbæk] горбун

hundred ['hʌndrəd] сто; ноль-ноль; число сто; сотня; округ (часть графства в Англии) (ист.)

hundredfold ['hʌndrədfould] стократный; во сто крат

hundreds ['hʌndrədz] сотни

hundredth ['hʌndrədθ] сотый; сотая часть

hundredths ['hʌndrədθs] сотые

hunger ['hʌŋgə] голод; голодание; сильное желание; жажда; длительное недоедание; чувство голода; голодать; быть голодным; принуждать голодом; сильно желать; жаждать

hunger-march ['hʌŋgəma:tʃ] голодный поход

hunger-strike ['hʌŋgəstraɪk] голодовка (тюремная); объявлять голодовку

hungerweed ['hʌŋgəwi:d] лютик полевой

hungry ['hʌŋgrɪ] голодный; голодающий; сильно желающий; жаждущий; скудный; неплодородный (о почве)

hunker ['hʌŋkə] прозвище консервативного члена демократической партии; старомодный (амер.) (ист.)

hunks [hʌŋks] скряга; скупец; скупой

hunt [hʌnt] охота; местное охотничье общество; поиски; охотиться; травить; гнать; преследовать *(зверя)*

hunter [ˈhʌntə] охотник; гунтер *(верховая лошадь)*; охотничья собака; карманные часы с крышкой

hunter's moon [ˈhʌntəz|muːn] полнолуние после осеннего равноденствия

hunting [ˈhʌntɪŋ] охота; охотничий

hunting-horn [ˈhʌntɪŋhɔːn] охотничий рог

hunting-party [ˈhʌntɪŋˌpɑːtɪ] охота *(участники охоты)*

hunting-season [ˈhʌntɪŋˌsiːzn] охотничий сезон

huntings [ˈhʌntɪŋz] овсянковые

huntress [ˈhʌntrɪs] женщина-охотник

huntsman [ˈhʌntsmən] охотник; егерь

hup(p) [hʌp] понукать лошадь; двигаться вперед

hurdle [ˈhəːdl] переносная загородка; плетень; барьер *(спорт.)*; препятствие; перескакивать через барьер; участвовать в барьерном беге

hurdle-race [ˈhəːdlreɪs] барьерный бег; скачки с препятствиями

hurdler [ˈhəːdlə] бегун в беге с препятствиями

hurdles [ˈhəːdlz] барьерный бег

hurdy-gurdy [ˈhəːdɪˌɡəːdɪ] старинный струнный музыкальный инструмент; шарманка

hurl [həːl] сильный бросок; бросать *(с силой)*; швырять; метать; метать *(спорт.)*

hurley [ˈhəːlɪ] ирландский хоккей на траве; клюшка для ирландского хоккея на траве

hurly-burly [ˈhəːlɪˌbəːlɪ] возбуждение; волнение

hurra(h) [huˈrɑː] ура! *(восклицание, возглас)*

hurricane [ˈhʌrɪkən] ураган; тропический циклон; ураганный; штормовой

hurried [ˈhʌrɪd] быстрый; поспешный; проворный; скорый; торопливый

hurried breakfast [ˈhʌrɪd|ˈbrekfəst] завтрак на бегу

hurry [ˈhʌrɪ] поспешность; торопливость; нетерпение; нетерпеливое желание *(сделать что-либо)*; торопить(ся); быстро вести или тащить; делать в спешке; поспешно посылать; отправлять и т. п.

hurry-scurry [ˈhʌrɪˈskʌrɪ] суматоха; суета; кое-как; наспех; действовать крайне поспешно; делать наспех; суетиться

hurry-up [ˈhʌrɪʌp] безотлагательный; спешный; срочный *(разг.)*

hurry-up repairs [ˈhʌrɪʌp|rɪˈpɛəz] срочный ремонт

hurst [həːst] бугор; холмик; роща; лесистый холм; банка; отмель

hurt [həːt] повреждение; боль; рана; вред; убыток; урон; ущерб; телесное повреждение; оскорбление; обида; причинить боль; повредить; ушибить; причинять вред, ущерб; задевать; обижать; делать больно; болеть; оскорбить

hurtful [ˈhəːtful] вредный; пагубный

hurtle [ˈhəːtl] пролетать; нестись со свистом, шумом; бросать с силой

husband [ˈhʌzbənd] муж; супруг; управлять; экономно вести хозяйство

husbandly [ˈhʌzbəndlɪ] супружеский; бережливый; экономный

husbandman [ˈhʌzbəndmən] землепашец; земледелец

husbandry [ˈhʌzbəndrɪ] сельское хозяйство; земледелие; хлебопашество; бережливость; экономия

hush [hʌʃ] тишина; молчание; покой; тишь; водворять тишину; успокаивать(ся); затихать; стихать; утихать

hush-hush [ˈhʌʃhʌʃ] не подлежащий разглашению; секретный

hush-money [ˈhʌʃˌmʌnɪ] взятка за молчание

hushfully [ˈhʌʃfulɪ] вполголоса; приглушенно

husk [hʌsk] шелуха; оболочка; пленка; кожица; скорлупа; поверхностный слой; листовая обертка початка кукурузы; лузга; что-либо внешнее, наносное; очищать от скорлупы; лущить; шелушить

husky [ˈhʌskɪ] эскимосский; эскимос; эскимоска; эскимосский язык; покрытый шелухой; сухой; охрипший; сиплый; рослый; сильный; крепкий человек; здоровяк; хаски *(порода собак)*

huso [ˈhjuːsou] белуга

hussar [huˈzɑː] гусар

hustings [ˈhʌstɪŋz] избирательная кампания; трибуна на предвыборном собрании; городской суд

hustle [ˈhʌsl] сутолока; толкотня; энергия; бешеная деятельность; теснить(ся); толкать(ся); понуждать; торопить сделать что-либо; мчаться; спешить; суетиться; торопиться

hustler [ˈhʌslə] энергичный человек

hut [hʌt] лачуга; хибар(к)а; хижина; барак; барачный; жить в бараках; размещать по баракам

hutch [hʌtʃ] клетка для кроликов и т. п.; закром

hutment [ˈhʌtmənt] поселок из нескольких хижин; размещение в бараках, хижинах и т. п.

hutting [ˈhʌtɪŋ] строительный материал для сооружения временного жилья

hy-spy [ˈhaɪˈspaɪ] игра в прятки

hyacinth [ˈhaɪəsɪnθ] гиацинт

hyaloid [ˈhaɪəlɔɪd] стекловидный

hybrid [ˈhaɪbrɪd] гибрид; помесь; что-либо составленное из разнородных элементов; гибридный; разнородный; смешанный

hybridity [haɪˈbrɪdɪtɪ] гибридность

hybridous [ˈhaɪbrɪdəs] гибридный

hydra [ˈhaɪdrə] гидра; жизненная форма влажной среды

hydrangea [haɪˈdreɪndʒə] гортензия

hydrate [ˈhaɪdreɪt] гидрат *(хим.)*

hydraulic [haɪˈdrɔːlɪk] гидравлический
hydraulic clamp [haɪˈdrɔːlɪk|ˈklæmp] гидравлический захват
hydraulic damper [haɪˈdrɔːlɪk|ˈdæmpə] гидравлический амортизатор
hydraulic shock absorber [haɪˈdrɔːlɪk|ˈʃɔk|əbˈsɔːbə] гидравлический амортизатор
hydraulics [haɪˈdrɔːlɪks] гидравлика
hydroaeroplane [ˈhaɪdrouˈɛərəpleɪn] гидроплан; гидросамолет
hydrocarbon [ˈhaɪdrouˈkɑːbən] углеводород
hydrocole обитатель влажных мест
hydrodynamics [ˈhaɪdroudaɪˈnæmɪks] гидродинамика
hydroextractor [ˈhaɪdrouɪksˈtræktə] отжимная центрифуга
hydrofoil [ˈhaɪdrəfɔɪl] подводное крыло; судно на подводных крыльях
hydrogen bomb [ˈhaɪdrɪʤən|ˈbɔm] водородная бомба
hydrolysis [haɪˈdrɔlɪsɪs] гидролиз *(хим.)*
hydromechanics [ˈhaɪdroumɪˈkænɪks] гидромеханика
hydrometer [haɪˈdrɔmɪtə] водомер; гидрометр
hydropathic [ˌhaɪdrouˈpæθɪk] водолечебный; водолечебница
hydropathy [haɪˈdrɔpəθɪ] водолечение
hydrophilic paper [ˌhaɪdrəˈfɪlɪk|ˈpeɪpə] гидрофильная бумага
hydroscopicity [ˌhaɪdrəskouˈpɪsɪtɪ] гигроскопичность
hydroski [ˈhaɪdrəskiː] водные лыжи
hydrosphere [ˈhaɪdrəsfɪə] гидросфера
hydrostatics [ˌhaɪdrouˈstætɪks] гидростатика
hydrotherapy [ˌhaɪdrouˈθerəpɪ] водолечение
hyena [haɪˈiːnə] гиена; гиеновые
hygiene [ˈhaɪʤiːn] гигиена
hygienic [haɪˈʤiːnɪk] санитарный; гигиенический
hygienical [haɪˈʤiːnɪk(ə)l] гигиенический; здоровый; цветущий; пышущий здоровьем
hyla [ˈhaɪlə] квакша
hylad лесное растение
hylic [ˈhaɪlɪk] вещественный; материальный
hylile [ˈhaɪlaɪl] лесной
hylocolous обитающий в лесу
hymen [ˈhaɪmən] девственная плева
hymeneal [ˌhaɪmeˈniː(ː)əl] брачный; супружеский
hymn [hɪm] гимн; церковный гимн; псалом; хвалебная песня; петь гимны или псалмы; славословить
hymn-book [ˈhɪmbuk] псалтырь
hymnal [ˈhɪmnəl] сборник церковных гимнов; относящийся к гимнам
hypacusia [ˌhɪpəˈk(j)uːsɪə] пониженный слух

hypalgesia [ˌhɪpælˈʤiːzɪə] пониженный болевой барьер *(гипальгезия)*
hype [haɪp] активная реклама; пускание пыли в глаза; очковтирательство; крикливо рекламировать; превозносить; расхваливать
hyper- [ˈhaɪpə] *(приставка)* гипер-; сверх-
hyper-arousal [ˈhaɪpə(r)əˈrauzəl] перевозбуждение
hyperacusia [ˌhaɪpərəˈk(j)uːsɪə] повышенный слух
hyperalgesia [ˌhaɪpə(r)ælˈʤiːzɪə] повышенный болевой барьер *(гиперальгезия)*
hyperallergy [ˈhaɪpə(r)æləʤɪ] аллергия
hyperbola [haɪˈpəːbələ] гипербола *(мат.)*
hyperbole [haɪˈpəːbəlɪ] преувеличение; гипербола; гиперболизация
hyperbolic(al) [ˌhaɪpə(ː)ˈbɔlɪk(əl)] преувеличенный; гиперболический
hyperboloid [haɪˈpəːbəlɔɪd] гиперболоид
hypercritical [ˈhaɪpə(ː)ˈkrɪtɪkəl] придирчивый; слишком строгий
hyperexcitability [ˌhaɪpərɪkˌsaɪtəˈbɪlɪtɪ] чрезмерная возбудимость
hypermetrical [ˈhaɪpə(ː)ˈmetrɪk(ə)l] имеющий лишний слог *(о стихе)*
hyperopia [ˌhaɪpəˈroupɪə] дальнозоркость
hypersensitive [ˈhaɪpə(ː)ˈsensɪtɪv] чрезмерно чувствительный
hypertension [ˈhaɪpə(ː)ˈtenʃ(ə)n] гипертония; повышенное кровяное давление
hypertoxicity [ˌhaɪpətɔkˈsɪsɪtɪ] повышенная токсичность
hypertrophy [haɪˈpəːtroufɪ] гипертрофия
hyperventilate [ˌhaɪpəˈventɪleɪt] учащенно дышать
hypervigilance [ˌhaɪpəˈvɪʤɪləns] сверхбдительность
hyphen [ˈhaɪf(ə)n] дефис; соединительная черточка; писать через дефис
hyphenated [ˈhaɪfəneɪtɪd] написанный через дефис
hypnagogic [ˌhɪpnəˈgɔʤɪk] гипнотический; снотворный
hypnosis [hɪpˈnousɪs] гипноз
hypnote [ˈhɪpnout] организм в состоянии сна
hypnotherapist [ˌhɪpnouˈθerəpɪst] врач, лечащий гипнозом
hypnotic [hɪpˈnɔtɪk] гипнотический; снотворный; загипнотизированный человек; снотворное *(средство)*
hypnotism [ˈhɪpnətɪzm] гипнотизм
hypnotist [ˈhɪpnətɪst] гипнотизер
hypnotize [ˈhɪpnətaɪz] гипнотизировать; подвергать гипнозу
hypoactivity [ˈhaɪpouækˈtɪvɪtɪ] пониженная активность

hypochondria [ˌhaɪpouˈkɔndrɪə] ипохондрия; угнетенное состояние
hypochondriac [ˌhaɪpouˈkɔndrɪæk] ипохондрик; страдающий ипохондрией
hypocrisy [hɪˈpɔkrəsɪ] лживость; лицемерие; притворство; фальшь
hypocrite [ˈhɪpəkrɪt] лицемер; ханжа
hypocritical [ˌhɪpəˈkrɪtɪk(ə)l] лицемерный; притворный; ханжеский
hypodermic needle [ˌhaɪpəˈdəːmɪkˈniːdl] игла шприца для подкожной инъекции
hypodermic syringe [ˌhaɪpəˈdəːmɪkˈsɪrɪnʤ] шприц для подкожной инъекции
hypogenesis [ˌhaɪpəˈʤenɪsɪs] задержка развития
hypometabolism [ˌhaɪpoumɪˈtæbəlɪzm] пониженный обмен веществ
hypophysis [haɪˈpɔfɪsɪs] гипофиз
hypotenuse [haɪˈpɔtɪnjuːz] гипотенуза
hypothec [haɪˈpɔθək] ипотека; закладная
hypothecate [haɪˈpɔθɪkeɪt] закладывать *(недвижимость)*
hypothecation [haɪˌpɔθɪˈkeɪʃən] ипотечный залог; ипотека
hypothesis [haɪˈpɔθɪsɪs] гипотеза; догадка; допущение; предположение
hypothesize [haɪˈpɔθɪsaɪz] выдвигать гипотезу
hypothetical [ˌhaɪpouˈθetɪk(ə)l] предположительный; допускаемый
hypotoxicity [ˌhaɪpoutɔkˈsɪsɪtɪ] пониженная ядовитость
hysteria [hɪsˈtɪərɪə] истерия
hysterical [hɪsˈterɪk(ə)l] истерический; истеричный
hysterical character [hɪsˈterɪk(ə)lˈkærɪktə] истеричный характер
hysterics [hɪsˈterɪks] истерика; истерический припадок
hystogram [ˈhɪstougræm] гистограмма
hythergraph [ˈhaɪðəgrɑːf] климатограмма

I

i [aɪ]; мн. — **Is**; **I's** [aɪz] девятая буква английского алфавита
I [aɪ] я *(личное местоимение)*
iambic [aɪˈæmbɪk] ямбический стих; ямбический
iambus [aɪˈæmbəs] ямб *(поэт.)*
ibex [ˈaɪbeks] горный альпийский козел
ibidem [ɪˈbaɪdem] там же; в том же месте *(лат.)*
ibis [ˈaɪbɪs] ибис *(орнит.)*

ice [aɪs] лед; мороженое; замораживать; примораживать; покрываться льдом; покрывать сахарной глазурью; обледеневать; замерзать; ледяной; ледовый
ice barrier [ˈaɪsˈbærɪə] ледяной барьер
ice hockey [ˈaɪsˈhɔkɪ] хоккей с шайбой *(спорт.)*
ice lolly [ˈaɪsˈlɔlɪ] фруктовое мороженое на палочке
ice piton [ˈaɪsˈpiːtɔn] ледяной крюк
ice ridge [ˈaɪsˈrɪʤ] ледяной гребень
ice skater [ˈaɪsˈskeɪtə] конькобежец
ice skates [ˈaɪsˈskeɪts] фигурные коньки
ice slope [ˈaɪsˈsloup] ледяной склон
ice-age [ˈaɪsˈeɪʤ] ледниковый период
ice-axe [ˈaɪsæks] ледоруб; ледовый топор *(альпинистов)*
ice-boat [ˈaɪsbout] буер *(парусные сани)*; ледокол; спасательная шлюпка с полозьями
ice-box [ˈaɪsbɔks] холодильник; ледник
ice-breaker [ˈaɪsˌbreɪkə] ледокол
ice-cap [ˈaɪskæp] ледниковый покров; шапка полярного льда *(геол.)*
ice-cold [ˈaɪsˈkould] холодный как лед; ледяной
ice-cream [ˈaɪskriːm] мороженое
ice-crystal cloud [ˈaɪskrɪstlˈklaud] перистое облако
ice-cutter [ˈaɪsˈkʌtə] ледорез
ice-drift [ˈaɪsdrɪft] дрейф льда; торосы; нагромождение плавучего льда
ice-field [ˈaɪsfiːld] ледяное поле; сплошной лед
ice-floe [ˈaɪsflou] плавучая льдина
ice-free [ˈaɪsfriː] незамерзающий; свободный от льда
ice-hole [ˈaɪshoul] прорубь
ice-house [ˈaɪshaus] ледник; ледохранилище; ледяное жилище *(эскимосов)*
ice-leaf [ˈaɪsliːf] медвежье ухо *(бот.)*; коровяк обыкновенный
ice-pack [ˈaɪspæk] ледяной пак; паковый лед; торосистый лед
ice-pail [ˈaɪspeɪl] ведерко со льдом *(для охлаждения напитков)*
ice-rink [ˈaɪsrɪŋk] каток
ice-run [ˈaɪsrʌn] ледяная горка *(для катания на санках)*
ice-show [ˈaɪsʃou] балет на льду
ice-skate [ˈaɪsskeɪt] конек *(для катания по льду)*; кататься на коньках
icebelt [ˈaɪsbelt] полоска дрейфующего льда
iceberg [ˈaɪsbəːg] айсберг
iceblink [ˈaɪsblɪŋk] отблеск льда
icebound [ˈaɪsbaund] скованный льдом *(о реке и т. п.)*; затертый льдами *(о корабле и т. п.)*
icefish [ˈaɪsfɪʃ] корюшка *(зоол.)*

iceman [´aɪsmæn] арктический путешественник; альпинист; мороженщик
icepick [´aɪspɪk] пестик для колки льда
ichandarin цитрусовый гибрид
ichneumon [ɪk´njuːmən] мангуст
ichnolite ископаемый отпечаток организма
ichthyic [´ɪkθɪɪk] рыбовидный; свойственный рыбам
ichthyography [ˌɪkθɪ´ɔgrəfɪ] ихтиография
ichthyoid [´ɪkθɪɔɪd] рыбоподобный
ichthyolite [´ɪkθɪəlaɪt] ископаемая рыба
ichthyology [ˌɪkθɪ´ɔləʤɪ] ихтиология
ichthyopterygium парный плавник у рыб
ichthyosaurus [ˌɪkθɪə´sɔːrəs] ихтиозавр
icicle [´aɪsɪkl] ледяная сосулька
icily [´aɪsɪlɪ] холодно
icing [´aɪsɪŋ] сахарная глазурь; покрывание сахарной глазурью; замораживание; обледенение
icon [´aɪkɔn] икона; образ; изображение
iconic [aɪ´kɔnɪk] портретный
iconoclast [aɪ´kɔnouklæst] иконоборец *(ист.)*; человек, борющийся с традиционными верованиями, предрассудками
iconoclastic [aɪˌkɔnə´klæstɪk] иконоборческий
iconography [ˌaɪkɔ´nɔgrəfɪ] иконография; художественная иллюстрация
ictus [´ɪktəs] ритмическое, метрическое ударение; удар пульса *(мед.)*; вспышка болезни *(мед.)*
icy [´aɪsɪ] ледяной; холодный; покрытый льдом
id [ɪd] язь
idea [aɪ´dɪə] идея; мысль; мнение; понятие; представление; суждение; воображение; фантазия; намерение; план
ideal [aɪ´dɪəl] идеал; образец; безукоризненный; безупречный; идеалистический; абстрактный; идеальный; совершенный; воображаемый; мысленный; кажущийся; мнимый; нереальный; мыслимый
idealism [aɪ´dɪəlɪzm] идеализм
idealist [aɪ´dɪəlɪst] идеалист
idealistic [aɪˌdɪə´lɪstɪk] идеалистический
ideality [ˌaɪdɪ´ælɪtɪ] идеальность; что-либо воображаемое, нереальное
idealization [aɪˌdɪəlaɪ´zeɪʃən] идеализация
idealize [aɪ´dɪəlaɪz] идеализировать; придерживаться идеалистических взглядов; превращать в идеал
ideally [aɪ´dɪəlɪ] идеально; превосходно; умозрительно; мысленно; в воображении; теоретически; в соответствии с идеалами
ideate [aɪ´diːeɪt] формировать понятия; воображать; мыслить; думать; представлять; вызывать в воображении

ideation [ˌaɪdɪ´eɪʃ(ə)n] способность формирования и восприятия идей
idee fixe [ɪdeɪ´fiːks] навязчивая идея; идефикс
idem [´aɪdem] тот же автор; та же книга; то же слово *(лат.)*
identical [aɪ´dentɪk(ə)l] тот же самый *(об одном предмете)*; одинаковый; идентичный; тождественный; сходный
identifiable [aɪˌdentɪ´faɪəbl] опознаваемый; определяемый; определимый; поддающийся учету; идентифицируемый
identification [aɪˌdentɪfɪ´keɪʃ(ə)n] отождествление; идентификация; опознание; установление личности *(подлинности)*; выяснение; солидаризация; распознавание; обозначение; определение; индивидуализация; поддержка; опознавательный
identified [aɪˌdentɪ´faɪd] опознанный; установленный; идентифицированный
identifier [aɪˌdentɪ´faɪə] лицо, производящее опознание *(установление личности)*
identify [aɪ´dentɪfaɪ] подлинность; тождественность; устанавливать тождество; опознавать; устанавливать личность; определять; устанавливать подлинность; отождествлять; солидаризироваться; идентифицировать; индивидуализировать
identifying witness [aɪˌdentɪ´faɪɪŋ|´wɪtnɪs] понятой
identikit [aɪ´dentɪkɪt] портрет *(преступника и т. п.)*, составленный по описанию
identity [aɪ´dentɪtɪ] идентичность; одинаковость; тождественность; тождество; подлинность; родство; индивидуальность; лицо; личность; особа; личный; опознавательный
identity card [aɪ´dentɪtɪ|´kaːd] удостоверение личности
identity parade [aɪ´dentɪtɪ|pə´reɪd] процедура опознавания подозреваемого *(стоящего в ряду других лиц)*
ideogram [´ɪdɪougræm] идеограмма *(условный значок, символ в идеографическом письме)*
ideograph [´ɪdɪəgraːf] значок; символ; идеограмма
ideographic(al) [ˌɪdɪou´græfɪk(əl)] идеографический
ideolect [´ɪdɪəlekt] индивидуальный словарный запас
ideological [ˌaɪdɪə´lɔʤɪk(ə)l] идеологический
ideologist [ˌaɪdɪ´ɔləʤɪst] идеолог
ideology [ˌaɪdɪ´ɔləʤɪ] идеология; мировоззрение
idiocy [´ɪdɪəsɪ] идиотизм; идиотия
idioglossia неправильное произношение согласных
idiom [´ɪdɪəm] идиома; идиоматическое выражение; характерный оборот; наречие; говор; диалект; язык; средство выражения *(обычно в искусстве)*

idiomatic [ˌɪdɪəˈmætɪk] идиоматический; характерный для данного языка; богатый идиомами; разговорный

idiopathic [ˌɪdɪəˈpæθɪk] беспричинный; спонтанный

idiosyncrasy [ˌɪdɪəˈsɪŋkrəsɪ] черта характера; особенность склада, стиля; темперамент; склад ума; особенности поведения; манеры; идиосинкразия

idiot [ˈɪdɪət] идиот

idiotype [ˈɪdɪoutaɪp] индивидуальный генотип

idiotypic [ˈɪdɪouˈtɪpɪk] относящийся к наследственности

idiovariation [ˈɪdɪouˌveəɪˈeɪʃən] мутация

idiovascular [ˈɪdɪouˈvæskjulə] относящийся к сосудам

idle [ˈaɪdl] незанятый; неработающий; безработный; ленивый; праздный; бесполезный; тщетный; свободный; работающий на малых оборотах; промежуточный; нейтральный; реактивный; неосновательный; пустой; бездействующий (техн.); холостой; лениться; бездельничать; работать вхолостую (о моторе и т. п.)

idle adjuster [ˈaɪdl|əˈʤʌstə] регулятор скорости холостого хода

idle adjustment [ˈaɪdl|əˈʤʌstmənt] регулировка оборотов холостого хода

idle capacity [ˈaɪdl|kəˈpæsɪtɪ] резервная мощность

idle capital [ˈaɪdl|ˈkæpɪtl] мертвый капитал

idle jet [ˈaɪdl|ʤet] жиклер холостого хода

idle running [ˈaɪdl|ˈrʌnɪŋ] холостой ход

idle space [ˈaɪdl|speɪs] вредное пространство (техн.)

idle threat [ˈaɪdl|ˈθret] пустая угроза

idle-headed [ˈaɪdlˈhedɪd] глупый; пустоголовый

idleness [ˈaɪdlnɪs] бесполезность; бездействие; бесплодность; простой; свободное время; незанятость

idler [ˈaɪdlə] бездельник; дачник; натяжной ролик; промежуточная шестерня; успокоитель цепи

idler bearing [ˈaɪdləˈbeərɪŋ] букса натяжного колеса

idling [ˈaɪdlɪŋ] безделье; лень; праздность; работа на холостом ходу (техн.); режим холостого хода

idly [ˈaɪdlɪ] лениво; праздно

idol [ˈaɪdl] идол; кумир

idolater [aɪˈdɔlətə] идолопоклонник; обожатель; поклонник

idolatress [aɪˈdɔlətrɪs] идолопоклонница; поклонница

idolatry [aɪˈdɔlətrɪ] идолопоклонство; культ; обожание; обожествление; поклонение

idolize [ˈaɪdəlaɪz] боготворить; делать кумиром; поклоняться идолам

idyll [ˈɪdɪl] идиллия; пастораль

idyllic [aɪˈdɪlɪk] идиллический

idyllize [ˈaɪdɪlaɪz] создавать идиллию

if [ɪf] *вводит косвенный вопрос или придаточное дополнительное предложение; в отрицательной форме выражает удивление, негодование и т. п.;* предположение; условие; ежели; коль; в том числе если; если; коли; разве

if the best happened [ˈɪf|ðə|ˈbest|ˈhæpnd] в лучшем случае

igloo [ˈɪgluː] иглу (*эскимосская хижина из затвердевшего снега*)

igneous [ˈɪgnɪəs] огненный; огневой; изверженный (*геол.*); пирогенный; вулканического происхождения

ignis fatuus [ˈɪgnɪs|ˈfætjuəs] блуждающий огонек; обманчивая надежда

ignitability [ɪgˌnaɪtəˈbɪlɪtɪ] воспламеняемость; возгораемость; степень воспламеняемости

ignite [ɪgˈnaɪt] воспламенять; зажигать; воспламеняться; загораться; зажигаться; раскалять до свечения; прокаливать; запаливать

igniter [ɪgˈnaɪtə] запал

ignition [ɪgˈnɪʃ(ə)n] воспламенение; зажигание; вспышка; возгорание; запал; прокаливание; запальный; самовозгорание; запуск ракетного двигателя

ignition advance [ɪgˈnɪʃ(ə)n|ədˈvɑːns] опережение зажигания

ignition amplifier [ɪgˈnɪʃ(ə)n|ˈæmplɪfaɪə] усилитель зажигания

ignition circuit [ɪgˈnɪʃ(ə)n|ˈsəːkɪt] цепь зажигания

ignition coil [ɪgˈnɪʃ(ə)n|ˈkɔɪl] катушка зажигания

ignition key [ɪgˈnɪʃ(ə)n|ˈkiː] ключ замка зажигания

ignition system [ɪgˈnɪʃ(ə)n|ˈsɪstɪm] система зажигания

ignoble [ɪgˈnoubl] низкий; подлый; постыдный; низкого происхождения (*уст.*)

ignominious [ˌɪgnouˈmɪnɪəs] бесчестный; позорный; постыдный

ignominy [ˈɪgnəmɪnɪ] бесславие; бесчестье; позор; стыд; низкое, постыдное поведение; низость

ignorance [ˈɪgn(ə)r(ə)ns] невежественность; невежество; необразованность; неведение; незнание; неосведомленность; заблуждение

ignorant [ˈɪgn(ə)r(ə)nt] невежественный; необразованный; несведущий; не знающий; неосведомленный

ignore [ɪgˈnɔː] игнорировать; пренебрегать; не знать; не учитывать; не принимать во внимание; не обращать внимания; не придавать значения; отклонять (*иск, жалобу*) (*юр.*)

iguana [ɪˈgjuːɑːnə] игуана

ilium [ˈɪlɪəm] подвздошная кость

ill [ıl] больной; нездоровый; плохой; злой; враждебный; вредный; гибельный; вред; зло; несчастья; плохо; худо; дурно; неблагоприятно; едва ли; с трудом

ill breeding ['ıl|'bri:dıŋ] дурные манеры; невоспитанность; грубость; плохое восприятие; неучтивость

ill-advised ['ıləd'vaızd] неблагоразумный; неосмотрительный; опрометчивый

ill-affected ['ılə'fektıd] нерасположенный; неблагожелательный

ill-assorted [,ılə'sɔ:tıd] несовместимые; не подходящие друг другу

ill-bred ['ıl'bred] дурно воспитанный; грубый; невоспитанный; неучтивый

ill-conditioned ['ılkən'dıʃənd] дурного нрава; сварливый; дурной; злой; нехороший; плохой; в плохом состоянии; в плохом положении

ill-considered ['ılkən'sıdəd] необдуманный; непродуманный; опрометчивый

ill-disposed ['ıldıs'pouzd] склонный к дурному; злой; недоброжелательный; в плохом настроении; не в духе; недружелюбный; враждебный

ill-effect ['ılı'fekt] отрицательное действие

ill-fated ['ıl'feıtıd] несчастливый; злополучный

ill-favoured ['ıl'feıvəd] некрасивый; неприятный

ill-feeling ['ıl'fi:lıŋ] неприязнь; вражда; враждебность; недружелюбие; чувство обиды

ill-fitting ['ıl'fıtıŋ] неподходящий (об одежде)

ill-found ['ıl'faund] плохо снабженный; испытывающий недостаток (в чем-либо)

ill-founded ['ıl'faundıd] безосновательный; необоснованный; малообоснованный

ill-gotten ['ıl'gɔtn] добытый или нажитый нечестным путем

ill-humoured ['ıl'hju:məd] в дурном настроении; дурного нрава

ill-judged ['ıl'dʒʌdʒd] неблагоразумный; неразумный; несмышленый; несвоевременный; поспешный

ill-luck ['ıl'lʌk] крах; невезение; неудача; поражение

ill-mannered ['ıl'mænəd] грубый; невежливый; невоспитанный; неучтивый

ill-natured ['ıl'neıtʃəd] дурного нрава; злобный; грубый

ill-omened ['ıl'oumend] предвещающий несчастье; зловещий

ill-placed ['ıl'pleıst] неудачно расположенный; неподходящий; несвоевременный; неуместный

ill-sorted ['ıl'sɔ:tıd] неудачно подобранный

ill-spoken ['ıl'spouk(ə)n] пользующийся дурной репутацией

ill-starred ['ıl'stɑ:d] родившийся под несчастливой звездой; несчастливый; неудачливый

ill-suited ['ıl'sju:tıd] бесполезный; неподходящий; непригодный

ill-tempered ['ıl'tempəd] со скверным характером; брюзгливый; раздражительный; сварливый

ill-timed ['ıl'taımd] негодный; неподходящий; несвоевременный; неуместный

ill-treat ['ıl'tri:t] плохо, дурно обращаться

ill-treatment ['ıl'tri:tmənt] дурное обращение

ill-usage ['ıl'ju:zıdʒ] плохое обращение с кем-либо

ill-use ['ıl'ju:z] плохо обращаться с кем-либо

ill-used ['ıl'ju:zd] подвергающийся дурному обращению

ill-will ['ıl'wıl] недоброжелательность; враждебность; злой умысел

ill-wisher ['ıl'wıʃə] недоброжелатель

ill-wresting ['ıl'restıŋ] искажающий; дающий неправильное освещение или толкование

illation [ı'leıʃ(ə)n] выведение; вывод; заключение; умозаключение

illative [ı'leıtıv] выражающий заключение; заключительный

illegal [ı'li:g(ə)l] беззаконный; незаконный; противоправный; неправомерный; противозаконный; конспиративный; нелегальный; запрещенный

illegal arrest [ı'li:g(ə)l|ə'rest] незаконный арест

illegal confinement [ı'li:g(ə)l|kən'faınmənt] незаконное лишение свободы

illegal custody [ı'li:g(ə)l|'kʌstədı] незаконное содержание под стражей

illegal detention [ı'li:g(ə)l|dı'tenʃən] незаконное содержание под стражей

illegal drug [ı'li:g(ə)l|drʌg] запрещенный наркотик

illegal manufacture [ı'li:g(ə)l|,mænju'fæktʃə] незаконное производство

illegality [,ılı(:)'gælıtı] беззаконность; незаконность; противозаконность; конспиративность; нелегальность; подпольность

illegibility [ı,ledʒı'bılıtı] неразборчивость; неудобочитаемость; нечеткость

illegible [ı'ledʒəbl] нечеткий; неразборчивый; неудобочитаемый (о почерке)

illegitimacy [,ılı'dʒıtıməsı] беззаконность; незаконность; противозаконность; незаконнорожденность; внебрачность; непоследовательность; нелогичность

illegitimate [,ılı'dʒıtımıt] беззаконный; незаконный; противозаконный; внебрачный; незаконнорожденный; нелогичный; логически неправильный; объявлять незаконным

illegitimate demonstration [ˌɪlɪˈdʒɪtɪmɪtˌdemənsˈtreɪʃən] незаконная демонстрация

illegitimate objective [ˌɪlɪˈdʒɪtɪmɪtǀəbˈdʒektɪv] незаконная цель

illiberal [ɪˈlɪb(ə)r(ə)l] непросвещенный; малообразованный; ограниченный; серый; нетерпимый *(к чужому мнению)*; скаредный; скупой

illicit [ɪˈlɪsɪt] противозаконный; запрещенный; недозволенный; незаконный

illicit market [ɪˈlɪsɪtǀˈmɑːkɪt] незаконная торговля

illimitable [ɪˈlɪmɪtəbl] абсолютный; беспредельный; неограниченный

illiquid [ɪˈlɪkwɪd] неликвидный

illiteracy [ɪˈlɪt(ə)rəsɪ] неграмотность; безграмотность; малограмотность

illiterate [ɪˈlɪt(ə)rɪt] неграмотный; неуч; невежда; недоучка; профан; неграмотный; безграмотный; малограмотный; необразованный; безграмотный; неграмотный; необразованный

illness [ˈɪlnɪs] нездоровье; болезнь; заболевание

illness allowance [ˈɪlnɪsǀəˈlauəns] пособие по болезни

illogical [ɪˈlɔdʒɪk(ə)l] алогичный; непоследовательный

illogicality [ˈɪlɔdʒɪˈkælɪtɪ] алогичность

illuminant [ɪˈljuːmɪnənt] осветительное средство; источник света

illuminate [ɪˈljuːmɪneɪt] освещать; озарять; иллюминировать; устраивать иллюминацию; украшать рукопись цветными рисунками; раскрашивать; просвещать; проливать свет; разъяснять

illuminating [ɪˈljuːmɪneɪtɪŋ] осветительный; освещающий; разъясняющий

illumination [ɪˌljuːmɪˈneɪʃ(ə)n] освещение; яркость; иллюминация; освещенность; разъяснение; истолкование; украшения и рисунки в рукописи; раскраска; вдохновение; осветительный

illumination equipment [ɪˌljuːmɪˈneɪʃ(ə)nǀɪˈkwɪpmənt] осветительная аппаратура

illumination in tensity [ɪˌljuːmɪˈneɪʃ(ə)nǀɪnˈtensɪtɪ] освещенность

illuminative [ɪˈljuːmɪnətɪv] освещающий; назидательный; наставительный; поучительный

illuminator [ɪˈljuːmɪneɪtə] иллюминатор; осветительный прибор; светильник; осветитель

illumine [ɪˈljuːmɪn] освещать; просвещать; оживлять; озарять

illusion [ɪˈluːʒ(ə)n] иллюзия; обман чувств; мираж; прозрачная кисея; тюль

illusionist [ɪˈluːʒənɪst] иллюзионист; фокусник; мечтатель; фантазер

illusive [ɪˈluːsɪv] обманчивый; призрачный; нереальный; иллюзорный

illusory [ɪˈluːs(ə)rɪ] иллюзионный; необъективный; нереальный; призрачный

illustrate [ˈɪləstreɪt] иллюстрировать; пояснять; иллюстрировать *(примерами, цитатами и т. п.)*

illustrated book [ˈɪləstreɪtɪdǀˈbuk] иллюстрированная книга

illustrated layout [ˈɪləstreɪtɪdǀˈleɪaut] макет с иллюстрациями

illustration [ˌɪləsˈtreɪʃ(ə)n] иллюстрирование; иллюстрация; рисунок; пример; пояснение; показ; чертеж

illustrative [ˈɪləstreɪtɪv] иллюстративный; пояснительный

illustrator [ˈɪləstreɪtə] иллюстратор

illustrious [ɪˈlʌstrɪəs] знаменитый; известный; прославленный

image [ˈɪmɪdʒ] образ; изображение; отображение; лицо; репутация; отражение *(в зеркале)*; статуя *(святого)*; идол; подобие; метафора; образ; икона; представление *(о чем-либо)*; облик *(политической партии и т. п.)*; изображать; создавать изображение; вызывать в воображении; представлять себе; изображать; отображать; символизировать

image analyzer [ˈɪmɪdʒǀˈænəlaɪzə] анализатор изображения

image angle [ˈɪmɪdʒǀˈæŋgl] угол изображения

image blur [ˈɪmɪdʒǀˈbləː] размытие изображения

image contrast [ˈɪmɪdʒǀˈkɔntræst] контраст изображения

image data [ˈɪmɪdʒǀˈdeɪtə] данные изображения

image element [ˈɪmɪdʒǀˈelɪmənt] деталь изображения

image sharpness [ˈɪmɪdʒǀˈʃɑːpnɪs] четкость изображения

image-building [ˈɪmɪdʒˌbɪldɪŋ] пропагандистская реклама; создание репутации *(политического деятеля, партии и т. п.)*

imagery [ˈɪmɪdʒ(ə)rɪ] образы; резьба; скульптура; образность

imaginable [ɪˈmædʒɪnəbl] воображаемый

imaginary [ɪˈmædʒɪn(ə)rɪ] воображаемый; нереальный; мнимый; мнимое число *(мат.)*

imagination [ɪˌmædʒɪˈneɪʃ(ə)n] воображение; творческая фантазия

imaginative [ɪˈmædʒɪnətɪv] одаренный богатым воображением; образный; богатый поэтическими образами

imaginative literature [ɪˈmædʒɪnətɪvǀˈlɪtərɪtʃə] художественная литература

imagine [ɪˈmædʒɪn] воображать; представлять себе; думать; выдумывать; мыслить; полагать;

предполагать; размышлять; догадываться; понимать; постигать; разгадывать

imaginings [ɪˈmæʤɪnɪŋz] грезы

imago [ɪˈmeɪgou] взрослая стадия

imam [ɪˈmɑːm] имам

imbalance [ɪmˈbæləns] отсутствие равновесия; неустойчивость; несогласованность; несоответствие; расхождение; несбалансированность; неравенство; неуравновешенность

imbecile [ˈɪmbɪsiːl] слабоумный; бессильный; физически слабый; дефективный; неразумный

imbecility [ˌɪmbɪˈsɪlɪtɪ] слабоумие; глупость; неспособность; неумение

imbibe [ɪmˈbaɪb] впитывать; всасывать; поглощать

imbibition [ˌɪmbɪˈbɪʃ(ə)n] впитывание; всасывание; насыщение влагой; поглощение

imbroglio [ɪmˈbrouliou] путаница; запутанная, сложная ситуация; полиритмия *(муз.)*

imbrue [ɪmˈbruː] запятнать; обагрить

imbue [ɪmˈbjuː] напитывать; насыщать; пропитывать; окрашивать *(ткань)*; пропитывать красителем *(ткань, дерево)*; морить *(дерево)*; вдохнуть; внушить; вселить; наполнять *(чувством)*

imitable [ˈɪmɪtəbl] поддающийся имитации

imitate [ˈɪmɪteɪt] подражать; стараться быть похожим; имитировать; копировать; передразнивать; подделывать; фальсифицировать

imitation [ˌɪmɪˈteɪʃ(ə)n] имитация; имитирование; копирование; подражание; подделка; суррогат; фальсификация; фальшивка; искусственный; поддельный

imitative [ˈɪmɪtətɪv] подражательный; неоригинальный; искусственный; поддельный; фальшивый; фиктивный; ненастоящий

imitator [ˈɪmɪteɪtə] имитатор; подражатель

immaculacy [ɪˈmækjuləsɪ] чистота; незапятнанность; безукоризненность; безупречность

immaculate [ɪˈmækjulɪt] незапятнанный; чистый; безукоризненный; безупречный; не имеющий цветных отметин

immanence [ˈɪmənəns] постоянное, неотъемлемое свойство, качество; имманентность *(филос.)*

immanent [ˈɪmənənt] постоянный; присущий; неотъемлемый; свойственный

immarginate неокаймленный

immaterial [ˌɪməˈtɪərɪəl] невещественный; бестелесный; внутренний; духовный; душевный; интеллектуальный; не имеющий значения; неважный; незначащий; несущественный

immateriality [ˈɪməˌtɪərɪˈælɪtɪ] невещественность; несущественность

immature [ˌɪməˈtjuə] незрелый; неспелый; недоразвитый; инфантильный; слаборазвитый; неустановившийся; ранний

immature delivery [ˌɪməˈtjuə|dɪˈlɪvərɪ] выкидыш нежизнеспособного плода; срочная доставка

immaturity [ˌɪməˈtjuərɪtɪ] незрелость; инфантильность; недоразвитость

immeasurability [ɪˌmeʒ(ə)rəˈbɪlɪtɪ] безмерность; неизмеримость

immeasurable [ɪˈmeʒ(ə)rəbl] неизмеримый; безмерный; громадный

immechanical противоречащий законам механики

immediacy [ɪˈmiːdjəsɪ] непосредственность; безотлагательность; незамедлительность

immediate [ɪˈmiːdjət] непосредственный; прямой; ближайший; близлежащий; соседний; безотлагательный; немедленный; срочный; спешный; незамедлительный

immediate compensation [ɪˈmiːdjət|ˌkɔmpenˈseɪʃən] единовременная компенсация

immediate knowledge [ɪˈmiːdjət|ˈnɔlɪʤ] непосредственные знания

immediately [ɪˈmiːdjətlɪ] непосредственно; немедленно; тотчас же; как только

immedicable [ɪˈmedɪkəbl] неизлечимый

immelodius [ˈɪmɪˈloudɪəs] немелодичный

immemorial [ˌɪmɪˈmɔːrɪəl] давний; незапамятный; старый; древний

immense [ɪˈmens] безмерный; большой; немалый; огромный; необъятный; великолепный; замечательный

immensely [ɪˈmenslɪ] безмерно; чрезвычайно; весьма; необычайно; очень; сильно

immensity [ɪˈmensɪtɪ] безмерность; необъятность

immergence [ɪˈməːʤəns] погружение; углубление

immerse [ɪˈməːs] погружать; окунать; поглощать; занимать *(мысли, внимание)*; вовлекать; запутывать; затоплять

immersion [ɪˈməːʃ(ə)n] погружение; осадка; крещение *(церк.)*; углубление

immersion heater [ɪˈməːʃ(ə)n|ˈhiːtə] электрокипятильник

immigrant [ˈɪmɪgr(ə)nt] иммигрант; мигрант; переселенец; переселяющийся; иммигрирующий; вселяющийся

immigrate [ˈɪmɪgreɪt] иммигрировать; переселяться

immigration [ˌɪmɪˈgreɪʃ(ə)n] иммиграция; переселение

imminence [ˈɪmɪnəns] приближение *(чего-либо)*; неминуемость; неизбежность; опасность; угроза; близость

imminent ['ɪmɪnənt] неизбежный; надвигающийся; неминуемый; предстоящий; близкий; грозящий

imminent danger ['ɪmɪnənt 'deɪndʒə] надвигающаяся опасность

immiscible [ɪ'mɪsɪbl] несмешиваемый; несмешивающийся

immiserization обнищание

immitigable [ɪ'mɪtɪgəbl] не поддающийся облегчению, смягчению; неумолимый; суровый

immixture [ɪ'mɪkstʃə] перемешивание; смешивание; участие; причастность

immobile [ɪ'moubaɪl] неподвижный; недвижимый; фиксированный

immobility [ˌɪmou'bɪlɪtɪ] недвижимость; неподвижность; покой; отсутствие мобильности; недвижимое имущество

immobilization [ɪˌmoubɪlaɪ'zeɪʃən] фиксация; лишение подвижности

immobilize [ɪ'moubɪlaɪz] делать неподвижным; лишать подвижности; фиксировать; останавливать; связывать; сковывать; наложить лубок, шину *(мед.)*; изымать из обращения *(монету)*

immoderate [ɪ'mɔd(ə)rɪt] излишний; неумеренный; чрезмерный; бурный; необузданный; несдержанный

immodest [ɪ'mɔdɪst] нескромный; вульгарный; неприличный; бесстыдный; наглый; низкий

immodesty [ɪ'mɔdɪstɪ] нескромность; неприличие; бесстыдство; наглость

immolate ['ɪmouleɪt] приносить в жертву; жертвовать *(чем-либо)*

immolation [ˌɪmou'leɪʃ(ə)n] жертвоприношение; жертва

immoral [ɪ'mɔr(ə)l] аморальный; безнравственный; распущенный

immoral conduct [ɪ'mɔr(ə)l 'kɔndəkt] аморальное поведение

immorality [ˌɪmə'rælɪtɪ] аморальность; безнравственность; развращенность; распущенность; аморальный поступок

immortal [ɪ'mɔːtl] бессмертный; бессрочный; вечный; неувядаемый; бессмертные *(о греческих и римских богах)*

immortality [ˌɪmɔː'tælɪtɪ] бесконечность; бессмертие; вечность

immortalization [ɪˌmɔːtəlaɪ'zeɪʃ(ə)n] увековечение

immortalize [ɪ'mɔːtəlaɪz] обессмертить; увековечить

immortelle [ˌɪmɔː'tel] бессмертник; сухоцвет

immovability [ˌɪmuːvə'bɪlɪtɪ] недвижимость; неподвижность; покой; непоколебимость; несокрушимость; бесстрастие; невозмутимость; спокойствие; тишина

immovable [ɪ'muːvəbl] недвижимый; неподвижный; постоянный; стабильный; стационарный; неколебимый; непоколебимый; непреклонный; стойкий; безмятежный; бесстрастный; невозмутимый; спокойный; тихий; недвижимое имущество; недвижимость

immune [ɪ'mjuːn] невосприимчивый; иммунный; освобожденный; свободный от чего-либо; неприкосновенный; неуязвимый

immune body [ɪ'mjuːn 'bɔdɪ] антитело

immunity [ɪ'mjuːnɪtɪ] невосприимчивость *(к какой-либо болезни)*; иммунитет; освобождение *(от платежа, налога и т. п.)*; неприкосновенность; льгота; привилегия; изъятие

immunization [ˌɪmjuː(:)naɪ'zeɪʃ(ə)n] иммунизация

immunize ['ɪmjuː(:)naɪz] иммунизировать

immunogenic [ˌɪmjunou'dʒɪnɪk] вызывающий иммунитет

immure [ɪ'mjuə] заточать; замуровывать; окружать стенами

immurement [ɪ'mjuəmənt] заключение; заточение; замуровывание; захоронение в стене

immutability [ɪˌmjuːtə'bɪlɪtɪ] неизменность; непреложность;

immutable [ɪ'mjuːtəbl] неизменный; постоянный; устойчивый; непреложный

impact ['ɪmpækt] — *сущ., прил.* [ɪm'pækt] — *гл.* удар; толчок; импульс; соударение; столкновение; коллизия; влияние; воздействие; действие; импульсный; ударный; плотно сжимать; прочно укреплять; ударять(ся); сталкиваться; уплотнять; резкое изменение давления

impacted metropolitan area [ɪm'pæktɪd ˌmetrə'pɔlɪtən 'eərɪə] территории, под которыми имеются линии метрополитена

impair [ɪm'peə] облегчать; ослаблять; снижать; уменьшать; ухудшать; повреждать; портить; наносить ущерб; умалять; нарушать; поражать

impaired [ɪm'peəd] замедленный; ослабленный; ухудшенный; поврежденный; пораженный

impaired development [ɪm'peəd dɪ'veləpmənt] задержанное развитие

impairment [ɪm'peəmənt] ухудшение; повреждение; регресс; упадок; расстройство; нанесение ущерба; ослабление; уменьшение

impale [ɪm'peɪl] прокалывать; пронзать; протыкать; сажать на кол; обносить частоколом

impalement [ɪm'peɪlmənt] чашечка цветка

impalpability [ɪmˌpælpə'bɪlɪtɪ] неосязаемость; неощутимость

impalpable [ɪm'pælpəbl] неосязаемый; неощутимый; мельчайший; незаметный; неприметный; неразличимый; неуловимый

impanel [ɪmˈpænl] включать в список присяжных

imparity [ɪmˈpærɪtɪ] неравенство

impark [ɪmˈpɑːk] использовать *(территорию)* под парк; помещать в парк *(диких животных)*

imparl [ɪmˈpɑːl] откладывать слушание дела с целью его дальнейшего мирного урегулирования

impart [ɪmˈpɑːt] давать; придавать; сообщать; передавать *(знания, новости)*

impartial [ɪmˈpɑːʃ(ə)l] беспристрастный; непредвзятый; справедливый; нелицеприятный

impartiality [ˈɪmˌpɑːʃɪˈælɪtɪ] непредвзятость; справедливость; беспристрастность; нелицеприятность

impartible [ɪmˈpɑːtɪbl] неделимый *(об имении)*

impassable [ɪmˈpɑːsəbl] неудобопроходимый; непроницаемый; непроходимый

impasse [æmˈpɑːs] тупик *(франц.)*; безвыходное положение

impassibility [ˈɪmˌpæsɪˈbɪlɪtɪ] нечувствительность; бесстрастность; бесчувственность

impassible [ɪmˈpæsɪbl] нечувствительный *(к боли и т. п.)*; бесстрастный; бесчувственный; невозмутимый

impassion [ɪmˈpæʃ(ə)n] внушать страсть; глубоко волновать

impassioned [ɪmˈpæʃ(ə)nd] охваченный страстью; страстный; пылкий

impassivity [ˌɪmpæˈsɪvɪtɪ] бесстрастие; невозмутимость

impaste [ɪmˈpeɪst] писать, густо накладывая краски *(живоп.)*; месить; превращать в массу

impatience [ɪmˈpeɪʃ(ə)ns] нетерпение; раздражительность; нетерпимость; суровость

impatient [ɪmˈpeɪʃ(ə)nt] нетерпеливый; не терпящий чего-либо; раздражительный; беспокойный; нетерпеливо ожидающий

impawn [ɪmˈpɔːn] отдавать в залог; закладывать; ручаться

impeach [ɪmˈpiːtʃ] брать под сомнение; оспаривать; бросать тень; осуждать; порицать; судить; обвинять; предъявлять обвинение в государственном преступлении

impeachable [ɪmˈpiːtʃəbl] спорный; вызывающий недоверие

impeachment [ɪmˈpiːtʃmənt] неодобрение; осуждение; оспаривание; изъявление сомнения; порицание; иск; обвинение; упрек; привлечение к суду *(за государственное преступление)*; импичмент; опорочивание; дискредитация

impeccability [ɪmˌpekəˈbɪlɪtɪ] непогрешимость; безупречность

impeccable [ɪmˈpekəbl] безукоризненный; безупречный; непогрешимый; совершенный

impecunious [ˌɪmpɪˈkjuːnjəs] бедствующий; безденежный; нуждающийся

impede [ɪmˈpiːd] сопротивляться; задерживать; затруднять; препятствовать; мешать; служить препятствием к браку *(юр.)*

impediment [ɪmˈpedɪmənt] задержка; помеха; преграда; препона; препятствие; препятствие к браку *(юр.)*; войсковое имущество

impedimental [ɪmˌpedɪˈmentl] задерживающий; препятствующий

impel [ɪmˈpel] приводить в движение; побуждать; принуждать; заставлять; вынуждать; склонять

impellent [ɪmˈpelənt] побудительная, движущая сила; двигающий; побуждающий

impeller [ɪmˈpelə] вертушка; наносное колесо; лопастное колесо

impend [ɪmˈpend] нависать; надвигаться; приближаться

impendence [ɪmˈpendəns] близость; угроза *(чего-либо)*

impendent [ɪmˈpend(ə)nt] неизбежный; неминуемый; предстоящий; грозящий

impending [ɪmˈpendɪŋ] будущий; грозящий; грядущий

impenetrability [ɪmˌpenɪtrəˈbɪlɪtɪ] недоступность; непроницаемость

impenetrable [ɪmˈpenɪtrəbl] недостижимый; недоступный; неприступный; непроходимый; непроницаемый; защищенный; непроглядный; непрозрачный; малопонятный; непонятный; непостижимый; неясный; не поддающийся воздействию; непробиваемый

impenetrate [ɪmˈpenɪtreɪt] проникать вглубь; проходить сквозь

impenitence [ɪmˈpenɪt(ə)ns] нераскаянность

impenitent [ɪmˈpenɪt(ə)nt] нераскаявшийся; закоренелый; неисправимый

imperative [ɪmˈperətɪv] крайне важный; императив; властный; начальственный; повелительный; обязывающий; императивный; настойчивый; настоятельный; срочный

imperceptible [ˌɪmpəˈseptəbl] малозаметный; незаметный

imperfect [ɪmˈpəːfɪkt] несовершенный; дефектный; с изъяном; незавершенный; неполный; неоконченный; плохой; недостаточный; прошедшее несовершенное время *(грам.)*; имперфект

imperfection [ˌɪmpəˈfekʃ(ə)n] несовершенство; неполнота; дефект; недостаток; нехватка; отсутствие; дефектность; недостаточность

imperforate [ɪmˈpəːfərɪt] не имеющий отверстия

imperial [ɪmˈpɪərɪəl] имперский; императорский; верховный; высший; величественный; великолепный; царственный; установленный; стан-

дартный *(об английских мерах)*; империал; верх экипажа, дилижанса и т. п.
  imperial eagle [ɪmˈpɪərɪəlˈiːgl] орел-могильник
  imperial roof [ɪmˈpɪərɪəlˈruːf] купольная крыша
  imperialism [ɪmˈpɪərɪəlɪzm] империализм
  imperialist [ɪmˈpɪərɪəlɪst] империалист; империалистический
  imperialistic [ɪmˌpɪərɪəˈlɪstɪk] империалистический
  imperil [ɪmˈperɪl] подвергать опасности
  imperious [ɪmˈpɪərɪəs] повелительный; властный; высокомерный; настоятельный; насущный
  imperishability [ɪmˌperɪʃəˈbɪlɪtɪ] нерушимость; вечность
  imperishable [ɪmˈperɪʃəbl] неразрушимый; стойкий; постоянный
  impermanent [ɪmˈpɜːmənənt] мимолетный; непостоянный; нестабильный; неустановившийся; неустойчивый
  impermeability [ɪmˌpɜːmjəˈbɪlɪtɪ] непроницаемость; герметичность; непрозрачность; непромокаемость
  impermeable [ɪmˈpɜːmjəbl] герметический; непрозрачный; непроницаемый; непромокаемый; уплотняющий; плотный
  impermissibility [ˌɪmpəˈmɪsəˈbɪlɪtɪ] недопустимость
  impermissible [ˌɪmpəˈmɪsəbl] невозможный; недопустимый; непозволительный
  impersonal [ɪmˈpɜːsnl] безличный *(грам.)*; не относящийся к определенному лицу; бескорыстный; беспристрастный; действительный; объективный; реальный; безликий; обезличенный
  impersonality [ɪmˌpɜːsəˈnælɪtɪ] безличность
  impersonate [ɪmˈpɜːsəneɪt] воплощать; олицетворять; исполнять роль; выдавать себя за другое лицо
  impersonation [ɪmˌpɜːsəˈneɪʃ(ə)n] воплощение; персонация; изображение кого-либо; олицетворение; исполнение роли; самозванство
  impersonator [ɪmˈpɜːsəneɪtə] создатель *(роли)*; самозванец; персонатор
  impersuadable [ˌɪmpəˈsweɪdəb(ə)l] не поддающийся убеждению
  impertinence [ɪmˈpɜːtɪnəns] дерзость; наглость; нахальство; неуважение; несвоевременность; неуместность; отсутствие отношения к делу
  impertinent [ɪmˈpɜːtɪnənt] дерзкий; наглый; нахальный; грубый; неподходящий; несвоевременный; не относящийся к делу; неуместный
  imperturbability [ˈɪmpə(ː)ˌtɜːbəˈbɪlɪtɪ] невозмутимость; покой
  imperturbable [ˌɪmpə(ː)ˈtɜːbəbl] безмятежный; невозмутимый

impervious [ɪmˈpɜːvjəs] непрозрачный; недоступный; непроницаемый; непроходимый; неотзывчивый; невосприимчивый; глухой *(к мольбам и т. п.)*; водонепроницаемый
  impetuosity [ɪmˌpetjuˈɒsɪtɪ] стремительность; импульсивность
  impetuous [ɪmˈpetjuəs] стремительный; порывистый; пылкий; бурный; бушующий; дикий
  impetus [ˈɪmpɪtəs] стремительность; сила движения; стимул; импульс; толчок; побуждение
  impiety [ɪmˈpaɪətɪ] отсутствие набожности, благочестия; дерзость; непочтительность; неуважение; пренебрежение
  impinge [ɪmˈpɪndʒ] ударяться; сталкиваться; вторгаться; нарушать; посягать
  impingement [ɪmˈpɪndʒmənt] соударение; столкновение; посягательство; толчок; удар; покушение *(на чьи-либо права)*; повреждение от ударов
  impious [ˈɪmpɪəs] нечестивый
  impish [ˈɪmpɪʃ] проказливый; враждебный; дурной; злой
  implacability [ɪmˌplækəˈbɪlɪtɪ] неумолимость; непримиримость
  implacable [ɪmˈplækəbl] неумолимый; суровый; непримиримый; неуклонный
  implant [ˈɪmplɑːnt] — *сущ.* [ɪmˈplɑːnt] — *гл.* имплантат; насаждать; вводить; внедрять; вселять; учреждать; внушать; сажать *(растения)*; производить имплантацию
  implant ions in semiconductor [ɪmˈplɑːntˈaɪənzˌɪnˌsemɪkənˈdʌktə] внедрять ионы в полупроводник
  implantation [ˌɪmplɑːnˈteɪʃ(ə)n] насаждение; введение; внедрение; учреждение; посадка *(растений)*; имплантация; вживление; пересадка
  implate [ɪmˈpleɪt] обшивать металлическими листами
  implausible [ɪmˈplɔːzɪbl] невероятный; невозможный; неправдоподобный
  implead [ɪmˈpliːd] преследовать по суду
  impleading [ɪmˈpliːdɪŋ] привлечение к суду
  implement [ˈɪmplɪmənt]] орудие; инструмент; прибор; выполнять; осуществлять; восполнять; приводить в исполнение; вводить в действие; обеспечивать выполнение; снабжать инструментами
  implementation [ˌɪmplɪmenˈteɪʃ(ə)n] реализация; выполнение; внедрение; воплощение; осуществление
  implex [ˈɪmpleks] запутанный; сложный
  implicate [ˈɪmplɪkeɪt] включать; вмешивать; вовлекать; впутывать; заключать в себе; подразумевать; запутывать; смешивать; спутывать

implication [ˌɪmplɪˈkeɪʃ(ə)n] включение; вовлечение; привлечение; замешанность; причастность; сообщничество; соучастие; то, что подразумевается; подтекст; смысл; предпосылка; значение; вывод; условие

implicative [ˌɪmplɪˈkeɪtɪv] подразумевающий

implicit [ɪmˈplɪsɪt] подразумеваемый; не выраженный прямо; скрытый; безоговорочный; безусловный; полный; молчаливый; неявный; внутренне присущий; выраженный неясно; предполагаемый

implicitly [ɪmˈplɪsɪtlɪ] косвенным образом; без колебаний; безоговорочно; не прямо; по смыслу; полностью; молчаливо; в порядке презумпции

implied [ɪmˈplaɪd] основанный на неопровержимости; подразумеваемый; предполагаемый

implode [ɪmˈploud] взрывать(ся) (вовнутрь)

implore [ɪmˈplɔː] умолять; заклинать; просить; упрашивать

imploring [ɪmˈplɔːrɪŋ] умоляющий

imploringly [ɪmˈplɔːrɪŋlɪ] умоляюще; с мольбой

imply [ɪmˈplaɪ] влечь за собой; заключать в себе; иметь следствием; значить; означать; подразумевать; нести с собой; предполагать; вытекать

impolicy [ɪmˈpɔlɪsɪ] нетактичность; неразумная политика

impolite [ˌɪmpəˈlaɪt] грубый; невежливый

impolitic [ɪmˈpɔlɪtɪk] неполитичный; бестактный; неразумный

imponderability [ɪmˌpɔndərəˈbɪlɪtɪ] невесомость

imponderable [ɪmˈpɔnd(ə)rəbl] невесомый; очень легкий; не поддающийся учету; незначительный; неощутимый

imporosity [ˌɪmpɔːˈrɔsɪtɪ] отсутствие пористости

import [ˈɪmpɔːt] — *сущ.* [ɪmˈpɔːt] — *гл.* ввоз; импорт; предметы ввоза; статьи импорта; импортировать; ввозить; вносить; привносить; значение; смысл; суть; выражать; означать; подразумевать; иметь значение; быть важным

import duty [ˈɪmpɔːtˈdjuːtɪ] импортная пошлина

importable [ɪmˈpɔːtəbl] ввозимый

importance [ɪmˈpɔːt(ə)ns] важность; значительность; значение

important [ɪmˈpɔːt(ə)nt] важный; значительный; существенный; важничающий; напыщенный

importation [ˌɪmpɔːˈteɪʃ(ə)n] ввоз; импорт; импортирование; импортные товары

importer [ɪmˈpɔːtə] импортер

imports [ˈɪmpɔːts] статьи импорта

importunate [ɪmˈpɔːtjunɪt] настойчивый; докучливый; назойливый; безотлагательный; спешный; срочный; экстренный

importune [ɪmˈpɔːtjuːn] докучать; надоедать просьбами; настойчиво домогаться; приставать

importunity [ˌɪmpɔːˈtjuːnɪtɪ] назойливость; приставание; назойливое домогательство

impose [ɪmˈpouz] облагать (*пошлиной, налогом и т. п.*); налагать (*обязательство и т. п.*); вводить; навязывать; устанавливать; назначать (*приговор*); составлять схему спуска полос в макете; обманывать; навязать(*ся*); обманом продать; всучить

imposer [ɪmˈpouzə] верстальщик

imposing [ɪmˈpouzɪŋ] производящий сильное впечатление; внушительный; импозантный

imposing scale [ɪmˈpouzɪŋˈskeɪl] макет спуска полос

imposition [ˌɪmpəˈzɪʃ(ə)n] возложение; наложение; пошлина; налог; обложение; мошенничество; ложь; обман; верстка печатной формы; назначение (*приговора*); установление

imposition layout [ˌɪmpəˈzɪʃ(ə)nˈleɪaut] макет спуска полос

impossibility [ɪmˌpɔsəˈbɪlɪtɪ] невозможность

impossible [ɪmˈpɔsəbl] невозможный; невыполнимый; неосуществимый; невероятный; неправдоподобный; возмутительный (*разг.*); невыносимый

impost [ˈɪmpoust] налог; таможенная пошлина; подать; дань; пята арки или свода (*строит.*)

impostor [ɪmˈpɔstə] жулик; мошенник; обманщик; плут; самозванец

imposture [ɪmˈpɔstʃə] жульничество; обман

impotable [ɪmˈpoutəbl] негодный для питья

impotence [ˈɪmpət(ə)ns] бессилие; неспособность; слабосилие; половая слабость; импотенция; импотентный; беспомощность

impotent [ˈɪmpət(ə)nt] стерильный; бесплодный; бессильный; слабый; импотентный

impound [ɪmˈpaund] конфисковать; задерживать; реквизировать; секвестровать; загонять (*скот*); заключать; запирать; запруживать (*воду*); изымать; сдавать или принимать на хранение в суд

impounder [ɪmˈpaundə] лицо, изымающее имущество

impoundment [ɪmˈpaundmənt] бассейн; водохранилище; резервуар; задержание, изъятие имущества

impoverish [ɪmˈpɔv(ə)rɪʃ] доводить до бедности, до обнищания; лишать средств; истощать (*почву*); подрывать (*здоровье*); обеднять; делать скучным, неинтересным

impoverished [ɪmˈpɔv(ə)rɪʃt] истощенный; исчерпанный; жалкий; убогий

impoverishment [ɪmˈpɔv(ə)rɪʃmənt] обеднение; обнищание

impracticability [ɪmˌpræktɪkəˈbɪlɪtɪ] невыполнимость

impracticable [ɪmˈpræktɪkəbl] невозможный; невыполнимый; неподатливый; упрямый; несговорчивый; неосуществимый; непроходимый; непроезжий; недостижимый; недоступный; негодный к употреблению; бесполезный; непригодный к использованию

imprecate ['ımprıkeıt] проклинать; призывать несчастья на чью-либо голову

imprecation [ˌımprı'keıʃ(ə)n] проклятие

imprecatory ['ımprıkeıtərı] проклинающий; призывающий несчастье

imprecise [ˌımprı'saıs] неопределенный; неточный

imprecision [ˌımprı'sıʒn] неточность

impregnability [ımˌpregnə'bılıtı] неприступность; неуязвимость; неколебимость; непоколебимость; несокрушимость; способность пропитываться *(техн.)*

impregnable [ım'pregnəbl] неприступный; недоступный; недосягаемый; неуязвимый; неколебимый; непоколебимый; непреклонный; стойкий

impregnate [ım'pregnıt] — *прил.* ['ımpregneıt] — *гл.* оплодотворенный; пропитанный; оплодотворять; наполнять; насыщать; пропитывать; внедрять; вводить

impregnated ['ımpregneıtıd] оплодотворенный; беременная; насыщенный; пропитанный

impregnation [ˌımpreg'neıʃən] оплодотворение; зачатие; пропитывание; осеменение; насыщение; пропитка

impresario [ˌımpre'saːrıou] антрепренер; импресарио

imprescriptibility ['ımprıˌskıptə'bılıtı] непогашаемость давностью

imprescriptible [ˌımprıs'krıptəbl] неотделимый; неотъемлемый; не погашаемый давностью

impress ['ımpres] — *сущ.* [ım'pres] — *гл.* отпечаток; оттиск; печать; штемпель; впечатление; след; отпечаток; печать *(чего-либо)*; отпечатывать; печатать; клеймить; штемпелевать; штамповать; внушать; внедрять в сознание; запечатлевать *(в сознании)*; производить впечатление; поражать; реквизировать *(имущество и т. п.)*

impressed [ım'prest] внешний; приложенный извне

impressibility [ımˌpresı'bılıtı] восприимчивость; впечатлительность

impressible [ım'presəbl] восприимчивый; впечатлительный; чувствительный

impression [ım'preʃ(ə)n] впечатление; восприятие; представление; углубление; мнение; отпечаток; оттиск; печать; печатание; тиснение; издание *(книги)*; тираж; перепечатка; допечатка *(без изменений)*

impression roll [ım'preʃ(ə)n|roul] прессовый валик *(в машинах глубокой печати)*

impressionability [ımˌpreʃnə'bılıtı] восприимчивость; чувствительность; впечатлительность

impressionable [ım'preʃnəbl] восприимчивый; впечатлительный; чувствительный

impressionism [ım'preʃnızm] импрессионизм

impressionist [ım'preʃənıst] импрессионист; импрессионистский

impressive [ım'presıv] производящий глубокое впечатление; впечатляющий; выразительный

impressment [ım'presmənt] насильственная вербовка *(на военную службу)*; мобилизация; изъятие; конфискация; реквизиция

imprest ['ımprest] аванс; подотчетная сумма

imprimatur [ˌımprı'meıtə] разрешение на печатание

imprint ['ımprınt] — *сущ.* [ım'prınt] — *гл.* отпечаток; выходные данные; отпечатывать; оставлять след; запечатлевать; фиксировать; закреплять в памяти

imprint date ['ımprınt|'deıt] год издания

imprison [ım'prızn] заключать в тюрьму; лишать свободы

imprisonment [ım'prıznmənt] заключение *(в тюрьму)*; лишение свободы

improbability [ımˌprɔbə'bılıtı] невероятность; неправдоподобие

improbable [ım'prɔbəbl] маловероятный; невероятный

improbity [ım'proubıtı] бесчестность

impromptu [ım'prɔmptjuː] экспромт; импровизация; импровизированный; без подготовки; экспромтом

improper [ım'prɔpə] негодный; неподходящий; непригодный; неуместный; неправильный; неправомерный; ложный; вульгарный; неприличный; непристойный; дефектный; негодный; неисправный; поврежденный; ненадлежащий

improper fraction [ım'prɔpə|'frækʃən] неправильная дробь

impropriate [ım'prouprıeıt] присваивать

impropriation [ımˌprouprı'eıʃən] присвоение

impropriety [ˌımprə'praıətı] несвоевременность; неуместность; неправильность; непригодность; нарушение приличия; ошибочность; непристойное поведение; неприличие

improvable [ım'pruːvəbl] поддающийся усовершенствованию, улучшению

improve [ım'pruːv] улучшать*(ся)*; совершенствовать*(ся)*; повышать ценность

improved [ım'pruːvd] улучшенный; усовершенствованный

improvement [ım'pruːvmənt] улучшение; усовершенствование; мелиорация; повышение; упорядочение; изобретение; возведение

improver [ɪmˈpruːvə] тот, кто (или то, что) улучшает; практикант; стажер; добавка к топливу; присадка к смазочному топливу

improvidence [ɪmˈprɔvɪd(ə)ns] близорукость; недальновидность; непредусмотрительность; расточительность

improvident [ɪmˈprɔvɪd(ə)nt] близорукий; недальновидный; неэкономный; расточительный

improvisation [ˌɪmprəvaɪˈzeɪʃ(ə)n] импровизация

improvisator [ɪmˈprɔvɪzeɪtə] импровизатор

improvise [ˈɪmprəvaɪz] импровизировать; наскоро устроить; смастерить

imprudence [ɪmˈpruːd(ə)ns] неблагоразумие; опрометчивость; необдуманность; неосмотрительность; неосторожность; опрометчивый поступок

imprudent [ɪmˈpruːd(ə)nt] неблагоразумный; опрометчивый; неосторожный; непредусмотрительный

impuberal [ɪmˈpjuːb(ə)rəl] неполовозрелый; незрелый; не достигший зрелости

impudence [ˈɪmpjud(ə)ns] дерзость; наглость; бесстыдство

impudent [ˈɪmpjud(ə)nt] дерзкий; нахальный; бесстыдный

impugn [ɪmˈpjuːn] оспаривать; опровергать; ставить под сомнение

impugnable [ɪmˈpjuːnəbl] спорный; дискуссионный; оспоримый; опровержимый

impugnment [ɪmˈpjuːnmənt] оспаривание; опровержение

impulse [ˈɪmpʌls] побуждение; толчок; удар; мотив; влечение; возбуждение; порыв; влечение; импульс; импульсный; активный; побуждать; давать толчок

impulsion [ɪmˈpʌlʃ(ə)n] импульс; побуждение; удар; толчок; стимулирование

impulsive [ɪmˈpʌlsɪv] импульсивный; побуждающий; толкающий; двигающий

impunity [ɪmˈpjuːnɪtɪ] безнаказанность; освобождение от наказания

impure [ɪmˈpjuə] нечистый; грязный; неочищенный; загрязненный; запачканный; смешанный; с примесью; неоднородный

impurity [ɪmˈpjuərɪtɪ] грязь; загрязнение; примесь; засорение

imputable [ɪmˈpjuːtəb(ə)l] приписываемый; относимый

imputation [ˌɪmpju(ː)ˈteɪʃ(ə)n] вменение в вину; обвинение; пятно, тень (на чьей-либо репутации)

impute [ɪmˈpjuːt] вменять (в вину, в заслугу); приписывать кому-либо; относить на чей-либо счет

in [ɪn] в пространственном значении указывает на: а) нахождение внутри или в пределах чего-либо: в(о), на, у; б) вхождение или внесение в пределы или внутрь чего-либо, проникновение в какую-либо среду: в, на; *употребляется в оборотах, указывающих на:* а) *часть суток, время года, месяц и т.д.* – в(о); *существительные в сочетании с* in *в данном значении передаются также наречиями;* б) *промежуток времени, продолжительность:* в, во время, в течение, через; *употребляется в оборотах, указывающих на условия, окружающую обстановку, цель или иные обстоятельства, сопутствующие действию или состоянию:* в(о), при, с, на; *существительные в сочетании с* in *в данном значении передаются также наречиями; употребляется в оборотах, указывающих на физическое или душевное состояние человека:* в, на; *существительные в сочетании с* in *в данном значении передаются также наречиями; употребляется в оборотах, выражающих ограничение свободы, передвижения и т. п.:* в, на, под; *употребляется в оборотах, указывающих на способ или средство, с помощью которых осуществляется действие; передается также тв. падежом; существительные в сочетании с* in *в данном значении передаются также наречиями; употребляется в оборотах, указывающих на материал, из которого что-либо сделано или с помощью которого делается:* в, из *(передается также тв. падежом); употребляется в оборотах, указывающих на внешнее оформление, одежду, обувь и т. п.:* в; *указывает на принадлежность к группе или организации, на род деятельности или должность:* в, на *(передается также тв. падежом); указывает на занятость каким-либо делом в ограниченный отрезок времени:* в, при, в то время как, во время; *причастия в сочетании с* in *в данном значении передаются также деепричастием; выражает отношения глагола к косвенному дополнению, существительного к его определению и т. п.:* в(о), над *(передается также различными падежами); указывает на соотношение двух величин, отношение длины, ширины и т. п.:* в; на; из *(передается тж. тв. падежом);* внутри; внутрь

in a blink [ˌɪn|əˈblɪŋk] в один миг

in a block [ˌɪn|əˈblɔk] в квартале

in a body [ˌɪn|əˈbɔdɪ] в полном составе

in a manner [ˌɪn|əˈmænə] до некоторой степени; в некотором смысле

in a mess [ˌɪn|əˈmes] в беспорядке; вверх дном; в грязи

in a narrow sense [ˌɪn|əˈnærou|sens] в узком понимании

in a similar way [ˌɪn|əˈsɪmɪlə|weɪ] подобным образом

in a trice [ˌɪn|əˈtraɪs] мгновенно; в один миг

in a varying degree [ˌɪn|əˈveərɪŋ|dɪˈgriː] в той или иной степени

in accord [ˌɪn|əˈkɔːd] согласно

in advance [ˌɪn|əd'vɑːns] предварительно
in any case [ˌɪn|ˈænɪ|keɪs] во всяком случае
in bad faith [ˌɪn|ˈbæd|feɪθ] вероломно
in bad repair [ˌɪn|ˈbæd|rɪ'peə] в плохом состоянии
in bonds [ˌɪn|ˈbɔndz] в тюрьме
in bulk [ˌɪn|ˈbʌlk] оптом
in calf [ˈɪn|ˈkɑːf] стельная корова
in cold blood [ˌɪn|ˈkould|blʌd] хладнокровно
in conformity with your instructions [ˌɪn|kən'fɔːmɪtɪ|wɪð|jɔː(r)|ɪn'strʌkʃənz] в соответствии с вашими инструкциями
in consequence of [ˌɪn|ˈkɔnsɪkwəns|'ɔv] вследствие
in copyright [ˌɪn|ˈkɔpɪraɪt] охраняемый авторским правом
in deficiency [ˌɪn|dɪ'fɪʃənsɪ] в недостаточном количестве
in diagram form [ˌɪn|ˈdaɪəgræm|fɔːm] графически; схематически
in different ways [ˌɪn|ˈdɪfrənt|weɪz] различно; по-разному; по-иному; иначе
in discharge of one's function [ˌɪn|dɪs'tʃɑːdʒ|əv|wʌnz|ˈfʌnkʃən] при исполнении служебных обязанностей
in due course [ˌɪn|ˈdjuː|kɔːs] своевременно
in due time [ˌɪn|ˈdjuː|taɪm] своевременно
in favour of [ˌɪn|ˈfeɪvə|'ɔv] в пользу
in flagrant delict [ˌɪn|ˈfleɪgrənt|'diːlɪkt] на месте преступления
in good condition [ˌɪn|ˈgud|kən'dɪʃən] годный к употреблению *(о пище)*
in good repair [ˌɪn|ˈgud|rɪ'peə] в хорошем состоянии
in good time [ˌɪn|ˈgud|taɪm] своевременно
in irons [ˌɪn|ˈaɪənz] в кандалах
in its own way [ˌɪn|ˈɪts|oun|weɪ] своего рода; в своем роде
in law [ˌɪn|ˈlɔː] по закону
in leaf [ˌɪn|ˈliːf] с распустившимися листьями
in no sense [ˌɪn|ˈnou|sens] ни в каком отношении
in no shape or form [ˌɪn|ˈnou|ʃeɪp|ə|'fɔːm] ни в каком виде; никоим образом
in one gulp [ˌɪn|ˈwʌn|ˈgʌlp] одним глотком; залпом; сразу
in one's bare skin [ˌɪn|ˈwʌnz|beə|skɪn] голый
in open daylight [ˌɪn|ˈoupən|ˈdeɪlaɪt] средь бела дня; публично
in order [ˌɪn|ˈɔːdə] в порядке
in particular [ˌɪn|pə'tɪkjulə] в особенности; в частности
in person [ˌɪn|ˈpəːsn] лично; собственной персоной
in place of [ˌɪn|ˈpleɪs|'ɔv] вместо
in print [ˌɪn|ˈprɪnt] в печати; в наличии

in retrospect [ˌɪn|ˈretrouspekt] возвращаясь назад; оглядываясь назад
in return of [ˌɪn|rɪ'təːn|'ɔv] взамен
in series [ˌɪn|ˈsɪərɪz] вразрез; врассечку; последовательно
in short [ˌɪn|ˈʃɔːt] вкратце
in stock [ˌɪn|ˈstɔk] имеющийся в наличии на складе
in the absence of evidence [ˌɪn|ðə|ˈæbsəns|əv|'evɪdəns] за отсутствием доказательств
in the beginning [ˌɪn|ðə|bɪ'gɪnɪŋ] вначале; сначала
in the belief that... [ˌɪn|ðə|bɪ'liːf|ˈðæt] с надеждой на то, что...
in the best of [ˌɪn|ðə|ˈbest|'ɔv] в лучшем виде
in the best way [ˌɪn|ðə|ˈbest|weɪ] наилучшим образом
in the capacity of [ˌɪn|ðə|kə'pæsɪtɪ|'ɔv] в качестве
in the clutch [ˌɪn|ðə|ˈklʌtʃ] в когтях
in the direction of [ˌɪn|ðə|daɪ'rekʃən|'ɔv] по направлению к
in unrestrained manner [ˌɪn|ˈʌnrɪs'treɪnd|ˈmænə] свободно; непринужденно; легко
in vain [ˌɪn|ˈveɪn] бесполезно; даром; напрасно
in view of [ˌɪn|ˈvjuː|'ɔv] ввиду; в виду
in- [ɪn-] в-; при-; внутри-; не-; без-
in-and-out [ˈɪnənd'aut] то внутрь, то наружу; снаружи и изнутри; досконально
in-between [ˌɪnbɪ'twiːn] интервал; пробел; промежуток; посредник; неустановившийся; переходный; промежуточный
in-depth [ɪn'depθ] всеохватывающий; углубленный; глубокий
in-group [ɪn'gruːp] консолидированная группа
in-patient [ɪn'peɪʃənt] стационарный больной
in-patient treatment [ɪn'peɪʃənt|'triːtmənt] стационарное лечение
in-plant training [ˈɪnplɑːnt|'treɪnɪŋ] повышение квалификации по месту работы
in-toed [ˈɪntoud] с пальцами ног, обращенными внутрь; косолапый
inability [ˌɪnə'bɪlɪtɪ] неспособность; невозможность; несостоятельность; неумение; отсутствие дееспособности
inaccessibility [ˈɪnæk,sesə'bɪlɪtɪ] недоступность; малодоступность; недостижимость; недосягаемость
inaccessible [ˌɪnæk'sesəbl] недоступный; малодоступный; недостижимый; недосягаемый
inaccuracy [ɪn'ækjurəsɪ] неточность; оплошность; ошибка; промах; погрешность; неаккуратность; неправильность; разброс; рассеивание
inaccurate [ɪn'ækjurɪt] неточный; неправильный; ошибочный; неверный

inaction [ɪnˈækʃ(ə)n] бездействие; пассивность; упущение

inactive [ɪnˈæktɪv] бездействующий; неактивный; пассивный; инертный; бездеятельный; вялый; несамостоятельный

inactivity [ˌɪnækˈtɪvɪtɪ] неактивность; бездеятельность; пассивность; бездействие

inadaptability [ˌɪnəˌdæptəˈbɪlɪtɪ] неприспособленность; неумение приспособляться; неприменимость

inadaptive [ˌɪnəˈdæptɪv] неприспособленный

inadequacy [ɪnˈædɪkwəsɪ] недостаточность; несоразмерность; несостоятельность; неполноценность; несоответствие требованиям; неадекватность

inadequate [ɪnˈædɪkwɪt] неадекватный; недостаточный; неудовлетворительный; несоразмерный; не соответствующий требованиям; неполноценный; неподходящий

inadhesive [ˌɪnədˈhiːsɪv] неклейкий; непристающий

inadmissibility [ˈɪnədˌmɪsəˈbɪlɪtɪ] недопустимость

inadmissible [ˌɪnədˈmɪsəbl] недопустимый; непозволительный; неприемлемый

inadvertence [ˌɪnədˈvəːt(ə)ns] невнимательность; небрежность; нерадивость; халатность; недосмотр; беспечность; неосмотрительность; оплошность; ошибка; упущение; непреднамеренность; неумышленность

inadvertency [ˌɪnədˈvəːt(ə)nsɪ] невнимательность; небрежность; халатность; недосмотр; оплошность; ошибка; упущение; непреднамеренность; неумышленность

inadvertent [ˌɪnədˈvəːt(ə)nt] невнимательный; неаккуратный; небрежный; невольный; ненамеренный; непроизвольный; нечаянный; оплошный; беспечный

inadvertently [ˌɪnədˈvəːtəntlɪ] по недосмотру; по оплошности; по невнимательности

inadvisable [ˌɪnədˈvaɪzəbl] нецелесообразный; неразумный

inalbuminate [ˌɪnælˈbjuːmɪneɪt] безбелковый

inalienability [ɪnˌeɪljənəˈbɪlɪtɪ] неотъемлемость; неотчуждаемость

inalienable [ɪnˈeɪljənəbl] неотъемлемый; неотчуждаемый

inalterable [ɪnˈɔːlt(ə)rəbl] неизменный; не поддающийся изменению

inane [ɪˈneɪn] пустой; бессодержательный

inanimate [ɪnˈænɪmɪt] неживой; неодушевленный; безжизненный; скучный; неоживленный; вялый; инертный; бездеятельный

inanimation [ɪnˌænɪˈmeɪʃ(ə)n] неодушевленность; безжизненность; пассивность; инертность

inanition [ˌɪnəˈnɪʃ(ə)n] изнурение; истощение; голод; недостаток пищи

inanity [ɪˈnænɪtɪ] пустота; бессодержательность

inappetence [ɪnˈæpɪtəns] отсутствие аппетита

inapplicability [ˈɪnˌæplɪkəˈbɪlɪtɪ] непригодность; негодность; несоответствие; неприменимость

inapplicable [ɪnˈæplɪkəbl] неприменимый; непригодный; негодный; неподходящий; несоответствующий

inapposite [ɪnˈæpəzɪt] неуместный

inappreciable [ˌɪnəˈpriːʃəbl] незаметный; неуловимый; неощутимый; незначительный; не принимаемый в расчет; бесценный; дорогой; неоценимый

inappreciation [ˌɪnəpriːʃɪˈeɪʃən] недооценка

inapprehensible [ˌɪnæprɪˈhensəbl] малопонятный; необъяснимый

inapproachable [ˌɪnəˈproʊtʃəbl] неприступный; недостижимый

inappropriate [ˌɪnəˈproʊprɪɪt] несоответствующий; неуместный; неподходящий

inappropriate jest [ˌɪnəˈproʊprɪɪtˈdʒest] неуместная шутка

inappropriateness [ˌɪnəˈproʊprɪɪtnɪs] неадекватность

inapt [ɪnˈæpt] неискусный; неумелый; негодный; неподходящий; непригодный; неуместный; несоответствующий; неквалифицированный; неспособный

inaptitude [ɪnˈæptɪtjuːd] неспособность; беспомощность; бессилие; неумение; несоответствие

inaptitude cause [ɪnˈæptɪtjuːdˈkɔːz] причина негодности

inartful [ɪnˈɑːtful] неискусный

inarticulate [ˌɪnɑːˈtɪkjulɪt] запутанный; невнятный; молчаливый; немой; нечленораздельный; бессловесный; несочлененный (зоол.)

inarticulation [ˌɪnɑːtɪkjuˈleɪʃən] невнятная речь; нечеткая артикуляция

inartificial [ˌɪnɑːtɪˈfɪʃ(ə)l] истинный; настоящий; натуральный; неподдельный; безыскусственный; естественный; простой

inartistic [ˌɪnɑːˈtɪstɪk] нехудожественный; лишенный художественного вкуса; неартистический

inasmuch as [ˌɪnəzˈmʌtʃˈæz] так как; ввиду того, что

inattention [ˌɪnəˈtenʃ(ə)n] невнимательность; невнимание; отсутствие заботы

inattentive [ˌɪnəˈtentɪv] невнимательный

inaudibility [ɪnˌɔːdəˈbɪlɪtɪ] невнятность; плохая слышимость

inaudible [ɪnˈɔːdəbl] малопонятный; бесшумный; неслышный; невнятный

inaugural [ɪˈnɔːɡjur(ə)l] вводный; вступительный

inaugurate [ɪˈnɔːgjureɪt] торжественно вводить в должность; открывать *(памятник, выставку и т. п.)*; начинать

inauguration [ɪˌnɔːgjuˈreɪʃ(ə)n] торжественное открытие; вступление в должность; инаугурация

inauspicious [ˌɪnɔːsˈpɪʃəs] зловещий; предвещающий дурное

inboard [ˈɪnbɔːd] находящийся внутри судна; внутренний; стационарный

inborn [ˈɪnˈbɔːn] врожденный; прирожденный; природный

inbound [ˈɪnbaund] прибывающий; возвращающийся из плавания, из-за границы и т. п.

inbreak [ˈɪnbreɪk] вторжение; вмешательство; нашествие

inbreathe [ˈɪnˈbriːð] вдыхать; вдохнуть *(в кого-либо энергию, силы и т. п.)*

inbred [ˈɪnbred] врожденный; рожденный от родителей, состоящих в кровном родстве между собой

inbreeding [ˈɪnˈbriːdɪŋ] инбридинг; родственное спаривание; самоопыление

inbuilt [ˌɪnˈbɪlt] врожденный

incalculable [ɪnˈkælkjuləbl] бесчисленный; многочисленный; не поддающийся учету; неожиданный; непредвиденный; непредусмотренный

incandesce [ˌɪnkænˈdes] накалять(ся) добела

incandescence [ˈɪnkænˈdesns] накал; накаливание; белое каление

incandescent lamp [ˈɪnkænˈdesənt ˈlæmp] лампа накаливания

incantation [ˌɪnkænˈteɪʃ(ə)n] заклинание; магическая формула; колдовство; чары

incapability [ɪnˌkeɪpəˈbɪlɪtɪ] неспособность

incapable [ɪnˈkeɪpəbl] неспособный; неправоспособный; нетрудоспособный

incapacious [ˌɪnkəˈpeɪʃəs] невместительный; тесный; ограниченный; узкий

incapacitate [ˌɪnkəˈpæsɪteɪt] делать неспособным/непригодным; выводить из строя *(воен.)*; лишать права

incapacitation [ˈɪnkəˌpæsɪˈteɪʃən] ограничение дееспособности; становление непригодным

incapacity [ˌɪnkəˈpæsɪtɪ] неспособность; неправоспособность *(юр.)*; несостоятельность; непригодность

incarcerate [ɪnˈkɑːsəreɪt] заключать в тюрьму; брать под стражу; сажать в карцер

incarceration [ɪnˌkɑːsəˈreɪʃən] взятие под стражу; заключение в тюрьму; водворение в карцер

incarnadine [ɪnˈkɑːnədaɪn] алый; цвета крови; розовый; окрашивать в алый цвет

incarnate [ɪnˈkɑːnɪt] — *прил.* [ˈɪnkɑːneɪt] — *гл.* воплощенный; олицетворенный; воплощать; олицетворять; исполнять; осуществлять; реализовывать

incarnation [ˌɪnkɑːˈneɪʃ(ə)n] воплощение; олицетворение; заживание; грануляция

incautious [ɪnˈkɔːʃəs] необдуманный; неосмотрительный; неосторожный

incendiarism [ɪnˈsendjərɪzm] поджог; подстрекательство

incendiary [ɪnˈsendjərɪ] поджигатель; подстрекатель; поджигающий; подстрекающий; сеющий рознь

incendiary bomb [ɪnˈsendjərɪ ˈbɔm] зажигательная бомба

incense [ˈɪnsens] ладан; фимиам; кадить; курить фимиам

incensory [ɪnˈsensərɪ] кадило; кадильница

incentive [ɪnˈsentɪv] побуждение; стимул; поощрение; мотив; стимулирующий; побудительный; вдохновляющий

incentive bonus [ɪnˈsentɪv ˈbounəs] поощрительная премия

inception [ɪnˈsepʃ(ə)n] начало; образование; возникновение

inceptive [ɪnˈseptɪv] начальный; начинающий; зарождающийся; исходный

incertitude [ɪnˈsɜːtɪtjuːd] неуверенность; неопределенность

incessant [ɪnˈsesnt] непрекращающийся; непрерывный; ежеминутный

incessant babble [ɪnˈsesnt ˈbæbl] непрерывная болтовня

incest [ˈɪnsest] кровосмешение; брак между ближайшими родственниками

incestuous [ɪnˈsestjuəs] кровосмесительный; виновный в кровосмешении

inchest [ɪnˈtʃest] упаковывать в ящики

inchmeal [ˈɪntʃmiːl] дюйм за дюймом; мало-помалу; постепенно

inchoate [ˈɪnkoueɪt] только что начатый; зачаточный; незаконченный; незавершенный; не доделанный до конца; рудиментарный; начать; положить начало

inchoative [ˈɪnkoueɪtɪv] начинательный; начинательный глагол

incidence [ˈɪnsɪd(ə)ns] сфера действия; сфера распределения; заострение; угол атаки; частотность; охват; наклон; падение; понижение; скос; снижение; влияние; бремя; воздействие; степень влияния; эффект воздействия

incident [ˈɪnsɪd(ə)nt] случай; случайность; эпизод; происшествие; аварийная ситуация; инцидент; обязанности, привилегии, связанные с пребыванием в какой-либо должности *(юр.)*; непредвиденный отказ; побочное обстоятельство; побочный; связанный; случайный; свойственный; присущий

incidental [ˌɪnsɪˈdentl] несущественный; побочный; свойственный; второстепенный; случайный; присущий; сопровождающий фильм, спектакль *(о музыке)*; эпизод; побочная линия сюжета

incidental advantage [ˌɪnsɪˈdentl|ədˈvɑːntɪʤ] побочная выгода

incidentally [ˌɪnsɪˈdentlɪ] наудачу; несущественно; нечаянно; случайно; в данном случае; между прочим

incinerate [ɪnˈsɪnəreɪt] сжигать; превращать в пепел; испепелять

incineration [ɪnˌsɪnəˈreɪʃ(ə)n] сжигание; кремация

incinerator [ɪnˈsɪnəreɪtə] мусоросжигательная печь; печь для кремации; установка для сжигания отходов

incipience [ɪnˈsɪpɪəns] зарождение; начало

incipient [ɪnˈsɪpɪənt] начинающийся; зарождающийся; начальный

incise [ɪnˈsaɪz] делать разрез; надрезать; вырезать; гравировать; насекать

incised [ɪnˈsaɪzd] надрезанный

incisiform [ɪnˈsaɪsɪfɔːm] имеющий форму резца

incision [ɪnˈsɪʒ(ə)n] разрез; надрез; насечка; вырез; надрезание; разрезание

incisive [ɪnˈsaɪsɪv] острый; колкий; язвительный

incisive tooth [ɪnˈsaɪsɪv|ˈtuːθ] резец

incisor [ɪnˈsaɪzə] резец; передний зуб

incisure насечка

incitable [ɪnˈsaɪtəb(ə)l] возбудимый

incitant [ɪnˈsaɪt(ə)nt] возбудитель

incitation [ˌɪnsaɪˈteɪʃən] возбуждение

incite [ɪnˈsaɪt] возбуждать; подстрекать; побуждать; поощрять; стимулировать

incitement [ɪnˈsaɪtmənt] подстрекательство; побуждение; стимул; стимулирование; возбудитель

inciter [ɪnˈsaɪtə] подстрекатель

incivility [ˌɪnsɪˈvɪlɪtɪ] невежливость; неучтивость

inclemency [ɪnˈklemənsɪ] суровость; неприветливость *(климата, погоды)*

inclement [ɪnˈklemənt] суровый; холодный *(о климате, погоде)*

inclinable [ɪnˈklaɪnəbl] расположенный; склонный; благоприятный; полезный; имеющий тенденцию

inclination [ˌɪnklɪˈneɪʃ(ə)n] наклон; наклонение; откос; отклонение; склонение *(магнитной стрелки)*; наклонность; склонность; влечение; уклон; угол наклона

incline [ɪnˈklaɪn] наклонная плоскость; наклон; скат; наклонять(ся); склонять(ся); располагать; иметь склонность; быть расположенным; нагибать

inclined [ɪnˈklaɪnd] склонный; косой; наклонный; покатый; пологий; предрасположенный

inclined line [ɪnˈklaɪnd|ˈlaɪn] наклонная линия

include [ɪnˈkluːd] заключать; содержать в себе; включать; заключать в себе

included [ɪnˈkluːdɪd] окруженный; включенный; невыступающий

including [ɪnˈkluːdɪŋ] включая; в том числе; включающий; заключающий

inclusion [ɪnˈkluːʒ(ə)n] включение; добавление; прибавление; присоединение

inclusive [ɪnˈkluːsɪv] включающий в себя; содержащий

incoagulability [ˈɪnkouˌæɡjuləˈbɪlɪtɪ] несвертываемость *(крови)*

incoercible [ˌɪnkouˈəːsəbəl] неукротимый

incognito [ɪnˈkɔɡnɪtou] инкогнито; живущий под чужим именем

incognizable [ɪnˈkɔɡnɪzəbəl] непознаваемый

incognizant [ɪnˈkɔɡnɪz(ə)nt] не знающий; не имеющий никакого представления

incoherence [ˌɪnkouˈhɪər(ə)ns] бессвязность; нелогичность; непоследовательность; несвязность

incoherent [ˌɪnkouˈhɪər(ə)nt] бессвязный; непоследовательный; рыхлый; несоответствующий; неподходящий

incombustibility [ˈɪnkəmˌbʌstəˈbɪlɪtɪ] несгораемость; негорючесть; невоспламеняемость

incombustible [ˌɪnkəmˈbʌstəbl] огнестойкий; негорючий; невоспламеняемый

incombustible material [ˌɪnkəmˈbʌstəbl|məˈtɪərɪəl] негорючий материал

income [ˈɪnkʌm] *(периодический, обыкн. годовой)* доход; приход; заработок; прибыль

income deductions [ˈɪnkʌm|dɪˈdʌkʃənz] вычеты из прибыли

income-tax [ˈɪnkʌmtæks] подоходный налог

incomer [ˈɪnˌkʌmə] входящий; вошедший; вновь пришедший; пришелец; иммигрант; наследник; преемник; продолжатель; особь, пришедшая со стороны

incoming [ˈɪnˌkʌmɪŋ] прибытие; приход; доходы; наступающий; следующий; вступающий *(в права, должность и т. п.)*; поступающий *(о платеже)*

incoming advice [ɪnˌkʌmɪŋ|ədˈvaɪs] входящее авизо

incoming message [ɪnˌkʌmɪŋ|ˈmesɪʤ] входящее сообщение *(техн.)*

incommensurability [ˈɪnkəˌmenʃ(ə)rəˈbɪlɪtɪ] несоизмеримость

incommensurable [ˌɪnkəˈmenʃ(ə)rəbl] несоизмеримый; несоизмеряемый; несравнимый

incommensurate [ˌɪnkə'menʃ(ə)rɪt] несоответствующий; несоизмеримый; несоразмерный

incommode [ˌɪnkə'moud] беспокоить; стеснять; мешать

incommodious [ˌɪnkə'moudjəs] неудобный; тесный

incommunicable [ˌɪnkə'mju:nɪkəbl] несообщаемый; непередаваемый

incommunicado [ˈɪnkəˌmju:nɪ'ka:dou] лишенный общения с людьми; отрезанный от внешнего мира; находящийся в одиночном заключении

incommunicative [ˌɪnkə'mju:nɪkətɪv] замкнутый; необщительный; скрытный; неразговорчивый

incommutable [ˌɪnkə'mju:təbl] неизменный; постоянный; неразменный

incompact [ˌɪnkəm'pækt] некомпактный; неплотный

incomparable [ɪn'kɔmp(ə)rəbl] несравнимый; бесподобный; несравненный

incompatibility [ˈɪnkəmˌpætə'bɪlɪtɪ] несовместимость; несовместность

incompatible [ˌɪnkəm'pætəbl] несовместимый; несовместный; несогласующийся

incompetence [ɪn'kɔmpɪt(ə)ns] некомпетентность; невежественность; неправоспособность; отсутствие права; неспособность; функциональная недостаточность; недееспособность

incompetent [ɪn'kɔmpɪt(ə)nt] некомпетентный; несведущий; неспособный; неумелый; неправоспособный (юр.)

incomplete [ˌɪnkəm'pli:t] недостаточный; недостающий; неполный; дефектный; несовершенный; недоконченный; незавершенный; незаконченный; редкий; с просветами

incomplete data [ˌɪnkəm'pli:t|'deɪtə] неполные данные

incompliance [ˌɪnkəm'plaɪəns] несовместимость; несогласие; расхождение; неуступчивость; неподатливость; упрямство

incomprehensibility [ɪnˌkɔmprɪhensə'bɪlɪtɪ] непонятность; непостижимость

incomprehensible [ɪn'kɔmprɪ'hensəbl] малопонятный; необъяснимый; непонятный; непостижимый

incomprehension [ɪn'kɔmprɪ'henʃ(ə)n] непонимание; отсутствие понимания

incomprehensive [ɪn'kɔmprɪ'hensɪv] непонятливый; ограниченный

incompressible [ˌɪnkəm'presəbl] несжимаемый; несжимающийся

incomputable [ˌɪnkəm'pju:təbl] бесчисленный; многочисленный

inconceivability [ˈɪnkənˌsi:və'bɪlɪtɪ] непостижимость

inconceivable [ˌɪnkən'si:vəbl] невообразимый; необъяснимый; непонятный; непостижимый; невероятный

inconclusive [ˌɪnkən'klu:sɪv] неубедительный; нерешающий; неокончательный; незавершенный; недостаточный; недоказательный; не доведенный до конца

inconcrete [ˌɪnkən'kri:t] неконкретный; абстрактный

incondite [ɪn'kɔndɪt] плохо составленный; путаный; неотделанный; неоконченный; грубый

incongruent [ɪn'kɔŋgruənt] несоответственный

incongruity [ˌɪnkɔŋ'gru(:)ɪtɪ] несовместимость; несоответствие; несвоевременность; неуместность; несочетаемость; несообразность

incongruous [ɪn'kɔŋgruəs] несоответственный; несочетаемый; несовместимый; нелепый; неподходящий; несвоевременный; неуместный

inconnected [ˌɪnkə'nektɪd] несвязанный

inconnu белорыбица; нельма (ихт.)

inconscient [ɪn'kɔnʃɪənt] подсознательный; неосознанный; бессознательный

inconsecutive [ˌɪnkən'sekjutɪv] нелогичный; непоследовательный

inconsequence [ɪn'kɔnsɪkwəns] нелогичность; непоследовательность

inconsequent [ɪn'kɔnsɪkwənt] нелогичный; непоследовательный; не относящийся к делу; неуместный; несущественный; неважный; незначащий; незначительный

inconsequent character [ɪn'kɔnsɪkwənt|'kærɪktə] неровный характер

inconsiderate [ˌɪnkən'sɪd(ə)rɪt] безрассудный; необдуманный; неосмотрительный; непродуманный; опрометчивый; невнимательный к другим

inconsiderate behaviour [ˌɪnkən'sɪd(ə)rɪt|bɪ'heɪvjə] неосмотрительное поведение

inconsistence [ˌɪnkən'sɪstəns] несовместимость; несообразность

inconsistency [ˌɪnkən'sɪst(ə)nsɪ] противоречивость; необоснованность; несогласованность; безалаберность; несовместимость; непоследовательность; несостоятельность; несообразность; изменчивость; несоответствие

inconsistent [ˌɪnkən'sɪstənt] изменчивый; непоследовательный; необоснованный; несостоятельный; несовместимый; противоречащий

inconsolable [ˌɪnkən'souləbl] безутешный; неутешный

inconsonant [ɪn'kɔnsənənt] несозвучный; негармонирующий; неровный

inconspicuous [ˌɪnkən'spɪkjuəs] не привлекающий внимания; незаметный; неприметный

inconstancy [ɪnˈkɔnst(ə)nsɪ] непостоянство; нерешительность

inconstant [ɪnˈkɔnst(ə)nt] изменчивый; непостоянный; неровный

inconsumable [ˌɪnkənˈsjuːməbl] неистребимый; не предназначенный для потребления

incontestability [ˈɪnkən,testəˈbɪlɪtɪ] неоспоримость; бесспорность

incontinence [ɪnˈkɔntɪnəns] несдержанность; недержание

incontinently [ɪnˈkɔntɪnəntlɪ] несдержанно; немедленно; тотчас

inconvenience [ˌɪnkənˈviːnjəns] беспокойство; неудобство; причинять неудобство; беспокоить

inconvenient [ˌɪnkənˈviːnjənt] неудобный; несподручный; неспособный; стеснительный

inconversable [ˌɪnkənˈvəːsəbl] необщительный

inconversant [ˌɪnkənˈvəːsənt] малосведущий; несведущий

inconvertibility [ˌɪnkən,vəːtɪˈbɪlɪtɪ] необратимость; неконвертируемость

inconvertible [ˌɪnkənˈvəːtəbl] необратимый; неизменяемый; устойчивый; неконвертируемый

inconvincible [ˌɪnkənˈvɪnsɪbl] не поддающийся убеждению

incoordinate [ˌɪnkouˈɔːdnɪt] некоординированный; несогласованный

incoordination [ˌɪnkouɔːdɪˈneɪʃən] нарушение координации; несогласованность

incorporate [ɪnˈkɔːp(ə)rɪt] — *прил.* [ɪnˈkɔːpəreɪt] — *гл.* соединенный; объединенный; нераздельный; соединять(ся); объединять(ся); включать *(в состав)*; поглощать; регистрировать, оформить *(общество и т. п.)*; принимать, включать в число членов; смешивать(ся); предоставлять права юридического лица

incorporation [ɪn,kɔːpəˈreɪʃ(ə)n] объединение; слияние; ассоциация; корпорация; общество; регистрация, оформление *(общества и т. п.)*; предоставление прав юридического лица; ассимиляция; инкорпорация; включение; внедрение; присоединение

incorporative [ɪn,kɔːpəˈreɪtɪv] акционерный

incorporator [ɪn,kɔːpəˈreɪtə] учредитель

incorporeal [ˌɪnkɔːˈpɔːrɪəl] бестелесный; невещественный; нематериальный

incorrect [ˌɪnkəˈrekt] неверный; неправильный; некорректный; неточный; ненадлежащий; недостаточный

incorrect (wrong) construction [ˌɪnkəˈrekt|(ˈrɔŋ)kənˈstrʌkʃən] неправильное толкование

incorrigibility [ɪn,kɔrɪʤəˈbɪlɪtɪ] неисправимость

incorrigible [ɪnˈkɔrɪʤəbl] неисправимый

incorrodible [ˌɪnkəˈroudəbl] нержавеющий

incorrupt [ˌɪnkəˈrʌpt] неиспорченный; непортящийся; не подвергшийся изменению; неподкупный

incorruptibility [ˈɪnkə,rʌptɪˈbɪlɪtɪ] неподкупность

incrassated [ɪnˈkræseɪtɪd] утолщенный

increase [ˈɪnkriːs] — *сущ.* [ɪnˈkriːs] — *гл.* возрастание; увеличение; умножение; приращение; повышать; усиливать(ся); размножение; рост; прибавление; прирост; возрастать; увеличивать(ся); расти

increaser [ɪnˈkriːsə] переходная муфта

increasing [ɪnˈkriːsɪŋ] усиливающийся; возрастающий; растущий; увеличивающийся

increasingly [ɪnˈkriːsɪŋlɪ] все больше и больше

incredibility [ɪn,kredɪˈbɪlɪtɪ] невероятность; неправдоподобие

incredible [ɪnˈkredəbl] маловероятный; невероятный; немыслимый; неслыханный; потрясающий

incredulity [ˌɪnkrɪˈdjuːlɪtɪ] недоверчивость; скептицизм

incremation [ˌɪnkrɪˈmeɪʃ(ə)n] кремация

increment [ˈɪnkrɪmənt] возрастание; расширение; надбавка к зарплате; привес; увеличение; приращение; прирост; рост; прибыль; дифференциал *(мат.)*

incremental [ˌɪnkrɪˈmentl] возрастающий; поднимающийся; долгосрочный; приростной

increscent [ɪnˈkresənt] нарастающий

incretion внутренняя секреция; функция щитовидной железы

incretology эндокринология

incretory [ɪnˈkriːtərɪ] эндокринный

incriminate [ɪnˈkrɪmɪneɪt] обвинять в преступлении; инкриминировать; уличать; вменять в вину

incriminatory [ɪnˈkrɪmɪnət(ə)rɪ] обвинительный; осуждающий

incrustant [ɪnˈkrʌstənt] накипь

incrustation [ˌɪnkrʌsˈteɪʃ(ə)n] образование нагара, корки; накипь; кора; корка; инкрустация

incrusted [ɪnˈkrʌstɪd] инкрустированный; покрытый коркой

incubate [ˈɪnkjubeɪt] высиживать; выводить *(цыплят)*; культивировать; сидеть *(на яйцах)*; разводить; выращивать *(бактерии и т. п.)*; вынашивать *(мысль, идею)*

incubation [ˌɪnkjuˈbeɪʃ(ə)n] высиживание *(цыплят)*; инкубация; разведение; выращивание *(бактерий и т. п.)*; инкубационный период *(мед.)*; культивирование

incubation time [ˌɪnkjuˈbeɪʃ(ə)n|taɪm] период инкубации

incubative [ˌɪnkjuˈbeɪtɪv] инкубационный

incubator [ˈɪnkjubeɪtə] инкубатор

incubus ['ınkjubəs] демон; злой дух; кошмар; груз забот; страшное сновидение

inculcate ['ınkʌlkeıt] внедрять; внушать

inculcation [,ınkʌl'keıʃ(ə)n] введение; внедрение; внушение

inculpate ['ınkʌlpeıt] обвинять; порицать; инкриминировать; вменять в вину; изобличать .

inculpation [,ınkʌl'peıʃ(ə)n] обвинение; изобличение; обличение; разоблачение; инкриминирование; вменение в вину

inculpatory [ın'kʌlpət(ə)rı] обвинительный; осуждающий; инкриминирующий; обвиняющий

incumbency [ın'kʌmbənsı] долг; обязанность; обязательство; должность; должностные функции; пребывание в должности

incumbent [ın'kʌmbənt] публичное должностное лицо

incumbrance [ın'kʌmbrəns] помеха; препятствие

incumbrancer [ın'kʌmbrənsə] залогодержатель

incur [ın'kə:] подвергаться *(чему-либо)*; навлечь на себя; нести, терпеть убытки; принимать на себя
  to incur a debt — влезть в долги
  to incur a liability — нести ответственность

incurability [ın,kjuərə'bılıtı] неизлечимость; неискоренимость

incurable [ın'kjuərəbl] неизлечимый; неисцелимый; неискоренимый

incuriosity [ın,kjuərı'ɔsıtı] отсутствие любопытства

incurious [ın'kjuərıəs] нелюбопытный; безразличный; невнимательный

incurrent [ın'kʌrənt] вклинивающийся; вдающийся; вдавливающийся

incursion [ın'kə:ʃ(ə)n] вмешательство; вторжение; нашествие; внезапное нападение; налет; набег; наступление *(моря) (геол.)*

incurvate ['ınkə:veıt] изогнутый; согнутый; сгибать; выгибать

incurvation [,ınkə:'veıʃ(ə)n] сгибание; выгиб; извилина; изгиб; кривизна

incurve ['ınkə:v] сгибаться *(внутрь)*; выгибать*(ся)*; загибать *(внутрь)*

incuse [ın'kju:z] вычеканенное изображение; выбитый; вычеканенный; выбивать *(изображение на монете и т. п.)*; чеканить

incut ['ınkʌt] врезка; вставка; врезанный; вставленный

indebted [ın'detıd] задолжалый; задолженный; находящийся в долгу; пользующийся ссудой; имеющий долг; должный

indebtedness [ın'detıdnıs] задолженность; сумма долга; чувство обязанности *(по отношению к кому-либо)*

indecency [ın'di:snsı] неприличие; непристойность; неприличное поведение; непристойное выражение или действие

indecent [ın'di:snt] неприличный; вульгарный; непристойный; неподобающий; непорядочный; нечестный

indecent act [ın'di:snt|'ækt] непристойное действие

indecent behavior [ın'di:snt|bı'heıvjə] непристойное поведение

indecent exposure [ın'di:snt|ıks'pouʒə] непристойное обнажение

indeciduous [,ındı'sıdʒuəs] вечнозеленый

indecipherable [,ındı'saıf(ə)rəbl] не поддающийся расшифровке; неотчетливый; неразборчивый; нечеткий; расплывчатый

indecision [,ındı'sıʒ(ə)n] колебание; неуверенность; нерешительность

indecisive [,ındı'saısıv] неокончательный; нерешающий; нерешительный; колеблющийся; неуверенный. нетвердый

indeclinable [,ındı'klaınəbl] несклоняемый *(грам.)*

indecomposable ['ın,di:kəm'pouzəbl] единый; неразложимый; целый; неразлагающийся

indecorous [ın'dekərəs] нарушающий приличия; некорректный; неблагопристойный; непристойный; некрасивый

indecorum [,ındı'kɔ:rəm] нарушение приличий; некорректность; неблагопристойность

indeed [ın'di:d] в самом деле; действительно; *служит для усиления, подчеркивания;* неужели!; да ну!; ну и ну! *(выражает удивление, иронию, сомнение)*

indefatigable [,ındı'fætıgəbl] неутомимый; неослабный

indefeasible [,ındı'fi:zəbl] неотъемлемый; неоспоримый; не подлежащий отмене; непреложный; неприкосновенный

indefectible [,ındı'fektəbl] безукоризненный; безупречный; совершенный; непортящийся

indefensibility ['ındı,fensə'bılıtı] невозможность защищать, оборонять, отстаивать

indefensible [,ındı'fensəbl] незащищенный; непригодный для обороны; не могущий быть оправданным; непростительный; недоказуемый

indefinable [,ındı'faınəbl] неопределимый; не поддающийся определению

indefinably [,ındı'faınəblı] неопределенно; расплывчато

indefinite [ın'defınıt] неопределенный; неясный; неограниченный; нечетко ограниченный

indefiniteness [ın'defınıtnıs] неопределенность

indehiscent [,ındı'hısənt] нераскрывающийся

indeliberate [,ındı'lıbəreıt] непредумышленный; непреднамеренный

indelibility [ɪnˌdelɪˈbɪlɪtɪ] неизгладимость
indelible [ɪnˈdelɪbl] несмываемый; нестираемый; незабвенный; незабываемый; неизгладимый
indelible mark [ɪnˈdelɪblˈmɑːk] водяной знак
indelicacy [ɪnˈdelɪkəsɪ] бестактность; нескромность
indelicate [ɪnˈdelɪkɪt] нетактичный; бестактный
indemnification [ɪnˌdemnɪfɪˈkeɪʃən] компенсация; возмещение вреда *(ущерба)*
indemnify [ɪnˈdemnɪfaɪ] обезопасить; застраховать; освободить *(от наказания)*; компенсировать; возмещать убыток; гарантировать возмещение убытков
indemnitee [ɪnˌdemnɪˈtiː] кредитор по договору гарантии
indemnitor [ɪnˈdemnɪtə] гарант
indemnity [ɪnˈdemnɪtɪ] гарантия от убытков, потерь; освобождение *(от материальной ответственности)*; возмещение вреда; выкуп; выплата; компенсация; контрибуция; репарация
indemonstrable [ɪnˈdemənstrəbl] недоказуемый; не требующий доказательства
indenization предоставление прав гражданства
indent [ˈɪndent] — *сущ.* [ɪnˈdent] — *сущ., гл.* зазубрина; зубец; выемка; вырез; документ с отрывным дубликатом; ордер; официальное требование; договор за печатью; отступ слева; заказ *(на товары и т. п.)*; купон *(амер.)*; клеймо; отпечаток; зазубривать; выдалбливать; вырезать; насекать; составлять документ с дубликатом *(отделенным линией отреза)*; выписывать ордер *(требование на товары)*; заказывать товары; изымать; конфисковать; реквизировать; начинать с красной строки; отдавать в обучение
indentation [ˌɪndenˈteɪʃ(ə)n] вырезание в виде зубцов; зубец; впадина; выемка; выделение абзаца; извилина; углубление; вдавливание; вмятина; отпечаток; оставлять отпечаток; вдавливать; нарезать; врезать; насекать
indented [ɪnˈdentɪd] зазубренный; зубчатый; насеченный
indention [ɪnˈdenʃən] отступ; красная строка; выделение абзаца; зубец; вырез
independence [ˌɪndɪˈpendəns] автономия; независимость; самостоятельность; суверенитет; самостоятельный доход; независимое состояние
independency [ˌɪndɪˈpendənsɪ] независимое государство
independent [ˌɪndɪˈpendənt] независимый; самостоятельный; не зависящий; имеющий самостоятельный доход; обладающий независимым состоянием; беспристрастный; непредубежденный; объективный; отдельный; суверенный; автономный; обеспеченный; изолированный

independent arm [ˌɪndɪˈpendəntǀɑːm] рычаг независимой подвески
independent auditor [ˌɪndɪˈpendəntǀˈɔːdɪtə] независимый аудитор
independent contractor [ˌɪndɪˈpendəntǀkənˈtræktə] независимый подрядчик
independent country [ˌɪndɪˈpendəntǀˈkʌntrɪ] независимая страна
independent suspension [ˌɪndɪˈpendəntǀsəsˈpenʃən] независимая подвеска
indescribable [ˌɪndɪsˈkraɪbəbl] неописуемый
indestructibility [ˈɪndɪsˌtrʌktəˈbɪlɪtɪ] неразрушимость
indestructible [ˌɪndɪsˈtrʌktəbl] неразрушимый
indeterminable [ˌɪndɪˈtəːmɪnəbl] неопределимый; неразрешимый *(о споре и т. п.)*
indeterminacy [ˌɪndɪˈtəːmɪnəsɪ] неопределенность
indeterminate [ˌɪndɪˈtəːmɪnɪt] неопределенный; неопределимый; неясный; сомнительный; незаконченный; неокончательный; нерешенный
indetermination [ˈɪndɪˌtəːmɪˈneɪʃən] нерешительность; колебание; неопределенность
index [ˈɪndeks] индекс; указатель; стрелка *(на приборах)*; алфавитный указатель; каталог; указательный палец; числовой показатель; оглавление; показатель степени *(мат.)*; коэффициент; снабжать указателем; составлять указатель; заносить в указатель
index competitiveness [ˈɪndeksǀkəmˈpetɪtɪvnɪs] показатель конкурентоспособности
index number [ˈɪndeksǀˈnʌmbə] индекс; показатель
indexation [ˌɪndekˈseɪʃən] индексация
indexed [ˈɪndekst] занумерованный; пронумерованный
indexing [ˈɪndeksɪŋ] индексация; индексирование
indexterity [ˌɪndekˈsterɪtɪ] неловкость; неуклюжесть; неумелость
india-rubber [ˈɪndjəˈrʌbə] каучук; резина; резинка для стирания; ластик
Indian blue [ˈɪndjənˈbluː] индиго
Indian cane [ˈɪndjənˈkeɪn] бамбук
Indian corn [ˈɪndjənˈkɔːn] кукуруза; маис
Indian summer [ˈɪndjənˈsʌmə] золотая осень; «бабье лето»
indicate [ˈɪndɪkeɪt] показывать; указывать; свидетельствовать; обозначать; означать; отмечать; покрывать; укрывать; служить признаком
indicated [ˈɪndɪkeɪtɪd] индикаторный; номинальный; приборный

indication [ˌɪndɪˈkeɪʃ(ə)n] указание; показание; отсчет *(прибора)*; знак; признак; симптом; показания *(для применения данного средства)*; примета

indicative [ɪnˈdɪkətɪv] указывающий; показывающий; изъявительное наклонение *(грам.)*

indicator [ˈɪndɪkeɪtə] индикатор; указатель; счетчик; стрелка прибора; показатель

indicatory [ɪnˈdɪkət(ə)rɪ] указательный; указывающий

indict [ɪnˈdaɪt] предъявлять обвинение; обвинять по обвинительному акту

indictable [ɪnˈdaɪtəbl] подлежащий рассмотрению в суде; подсудный; являющийся основанием для уголовного преследования

indictee [ˌɪndaɪˈtiː] обвиняемый *(на судебном процессе)*; обвиняемый по обвинительному акту

indictment [ɪnˈdaɪtmənt] обвинительный акт

indifference [ɪnˈdɪfr(ə)ns] безразличие; равнодушие; беспристрастность; маловажность; индифферентность; незначительность; несерьезность; ничтожность; посредственность

indifferent [ɪnˈdɪfr(ə)nt] безразличный; равнодушный; индифферентный; беспристрастный; незаинтересованный; нелицеприятный; объективный; маловажный; незначительный; посредственный; не имеющий большого значения

indifferentism [ɪnˈdɪfrəntɪzm] равнодушие; безразличие

indifferently [ɪnˈdɪfr(ə)ntlɪ] безразлично; равнодушно; плохо; посредственно; скверно

indigence [ˈɪndɪdʒ(ə)ns] бедность; нужда; состояние бедности

indigene [ˈɪndɪdʒiːn] абориген; туземец; местное животное, растение

indigenous [ɪnˈdɪdʒɪnəs] аборигенный; местный; туземный; врожденный; природный; прирожденный

indigent [ˈɪndɪdʒ(ə)nt] бедный; бедствующий; нуждающийся; неимущий

indigested [ˌɪndɪˈdʒestɪd] непереваренный; необдуманный; непродуманный; неусвоенный; бесформенный; беспорядочный; хаотический

indigestible [ˌɪndɪˈdʒestəbl] неудобоваримый

indigestion [ˌɪndɪˈdʒestʃən] расстройство пищеварения; несварение; диспепсия

indignant [ɪnˈdɪgnənt] негодующий; возмущенный

indignantly [ɪnˈdɪgnəntlɪ] с негодованием; возмущенно

indignation [ˌɪndɪgˈneɪʃ(ə)n] негодование; возмущение

indignity [ɪnˈdɪgnɪtɪ] пренебрежение; оскорбление

indigo [ˈɪndɪgoʊ] индиго *(растение и краска)*; софора *(бот.)*; цвет индиго

indigo blue [ˈɪndɪgoʊ|bluː] сине-фиолетовый цвет

indirect [ˌɪndɪˈrekt] непрямой; окольный; уклончивый; косвенный; косвенный *(грам.)*; вспомогательный; побочный

indirect action [ˌɪndɪˈrekt|ˈækʃən] косвенное воздействие

indirect bonus [ˌɪndɪˈrekt|ˈboʊnəs] дополнительная премия

indirect damages [ˌɪndɪˈrekt|ˈdæmɪdʒɪz] косвенные убытки

indirect labour standard [ˌɪndɪˈrekt|ˈleɪbə|ˈstændəd] стандарт выработки на вспомогательные виды работ

indirect witness [ˌɪndɪˈrekt|ˈwɪtnɪs] косвенный свидетель

indirection [ˌɪndɪˈrekʃ(ə)n] окольные пути; нечестные средства; обман

indiscernible [ˌɪndɪˈsəːnəbl] неразличимый; невидимый

indiscipline [ɪnˈdɪsɪplɪn] недисциплинированность

indiscreet [ˌɪndɪsˈkriːt] неблагоразумный; неосмотрительный; неосторожный; опрометчивый; несдержанный; бурный; необузданный; нескромный

indiscrete [ˌɪndɪsˈkriːt] нерасчлененный на части; компактный; однородный

indiscretion [ˌɪndɪsˈkreʃ(ə)n] неблагоразумный поступок; неосмотрительность; неосторожность; опрометчивость; нескромность; невежливость; неучтивость; невоспитанность

indiscriminate [ˌɪndɪsˈkrɪmɪnɪt] неразборчивый; не делающий различий; огульный; беспорядочный; смешанный

indiscriminate blows [ˌɪndɪsˈkrɪmɪnɪt|ˈbloʊz] беспорядочные удары

indiscriminateness [ˌɪndɪsˈkrɪmɪnɪtnɪs] неразборчивость; беспорядочность

indiscrimination [ˈɪndɪsˌkrɪmɪˈneɪʃ(ə)n] неумение разбираться *(различать)*; неразборчивость; неспособность распознавать

indispensable [ˌɪndɪsˈpensəbl] необходимый; обязательный; не допускающий исключений *(о законе и т. п.)*; непреложный

indispose [ˌɪndɪsˈpoʊz] не располагать; отвращать; восстанавливать; настраивать *(против кого-либо, чего-либо)*; делать непригодным, неспособным; вызывать недомогание

indisposed [ˌɪndɪsˈpoʊzd] нездоровый; испытывающий недомогание; нерасположенный

indisposition [ˌɪndɪspəˈzɪʃ(ə)n] недомогание; нездоровье; нежелание; неспособность; нерасположение; отвращение

indisputability [ˈɪndɪspjuːtəˈbɪlɪtɪ] бесспорность; неопровержимость

indisputable [ˌɪndɪsˈpjuːtəbl] бесспорный; неоспоримый

indissolubility [ˌɪndɪˌsɔljuˈbɪlɪtɪ] нерастворимость; нерасторжимость

indissoluble [ˌɪndɪˈsɔljubl] неразложимый; нерастворимый; неразрывный; нерушимый; прочный; нерасторжимый

indistinct [ˌɪndɪsˈtɪŋkt] неясный; неотчетливый; нечеткий; расплывчатый; смутный; малопонятный; невнятный; непонятный

indistinctive [ˌɪndɪsˈtɪŋktɪv] неотличительный; нехарактерный

indistinguishable [ˌɪndɪsˈtɪŋgwɪʃəbl] невидимый; неразличимый

indisturbable [ˌɪndɪsˈtəːbeb(ə)l] спокойный; невозмутимый

indite [ɪnˈdaɪt] сочинять; выражать в словах; писать (*письмо и т. п.*)

indivertible [ˌɪndaɪˈvəːtəbl] неизбежный; неминуемый; неотвратимый

individual [ˌɪndɪˈvɪdjuəl] индивидуальный; личный; отдельный; персональный; характерный; особенный; оригинальный; единичный; изолированный; сепаратный; частный; лицо; личность; особа; человек; индивидуум; особь; физическое лицо

individual antenna [ˌɪndɪˈvɪdjuəlǀænˈtenə] индивидуальная антенна

individual liability [ˌɪndɪˈvɪdjuəlǀlaɪəˈbɪlɪtɪ] индивидуальная ответственность

individual suspension [ˌɪndɪˈvɪdjuəlǀsəsˈpenʃən] независимая подвеска

individualism [ˌɪndɪˈvɪdjuəlɪzm] индивидуализм

individualist [ˌɪndɪˈvɪdjuəlɪst] индивидуалист

individuality [ˌɪndɪˌvɪdjuˈælɪtɪ] индивидуальность; личность; отдельность; самобытность

individualization [ˌɪndɪˌvɪdjuəlaɪˈzeɪʃən] индивидуализация; выделение; обособление

individualize [ˌɪndɪˈvɪdjuəlaɪz] индивидуализировать; придавать индивидуальный характер; подробно, детально определять

individuation [ˌɪndɪˌvɪdjuˈeɪʃən] индивидуализация; индивидуальность

indivisibility [ˈɪndɪˌvɪzɪˈbɪlɪtɪ] единство; неделимость; цельность

indivisible [ˌɪndɪˈvɪzəbl] неделимый; бесконечно малый; нечто неделимое; бесконечно малое

indocile [ɪnˈdousaɪl] непокорный; непослушный; трудновоспитуемый; непонятливый

indoctrinate [ɪnˈdɔktrɪneɪt] знакомить с какой-либо теорией, каким-либо учением; внушать (*мысли, мнение и т. п.*)

indoctrinated [ɪnˈdɔktrɪneɪtɪd] проникнутый какой-либо доктриной

indoctrination [ɪnˌdɔktrɪˈneɪʃ(ə)n] воспитание; образование; обучение; внушение идей; идеологическая обработка, подготовка

indolence [ˈɪndələns] леность; праздность

indolent [ˈɪndələnt] ленивый; праздный; бездеятельный; вялый; неактивный

indomitable [ɪnˈdɔmɪtəbl] неукротимый; неудержимый

indoor [ˈɪndɔː] находящийся (*происходящий*) в помещении; домашний; комнатный

indoors [ˈɪnˈdɔːz] внутри дома; в помещении

indraught [ˈɪndrɑːft] приток; поток (*воздуха, жидкости — внутрь*)

indrawn [ˈɪnˈdrɔːn] втянутый; направленный внутрь

indubious [ɪnˈdjuːbɪəs] несомненный; бесспорный

indubitable [ɪnˈdjuːbɪtəbl] несомненный; бесспорный; очевидный; самоочевидный

indubitably [ɪnˈdjuːbɪtəblɪ] несомненно; бесспорно

induce [ɪnˈdjuːs] заставлять; побуждать; склонять; убеждать; уговаривать; урезонивать; вызывать; стимулировать; вовлекать; воздействовать; причинять

induced [ɪnˈdjuːst] вынужденный; вызванный; наведенный

inducement [ɪnˈdjuːsmənt] побуждение; побуждающий мотив (*стимул*); приманка; встречное удовлетворение; поощрение

inducer [ɪnˈdjuːsə] воздухозаборник

induct [ɪnˈdʌkt] официально вводить в должность; призывать на военную службу; усаживать; водворять; вводить (*в курс дел*); посвящать; вовлекать

induction [ɪnˈdʌkʃ(ə)n] введение в должность; обучение; введение в курс дела; вступление; вызывание; провоцирование; наведение; впуск; всасывание; индукция; призыв на военную службу; индуктивный метод

induction pipe [ɪnˈdʌkʃ(ə)nǀpaɪp] впускной патрубок

inductive [ɪnˈdʌktɪv] индуктивный; вводный; вступительный

indulge [ɪnˈdʌldʒ] позволять себе удовольствие; давать себе волю (*в чем-либо*); доставлять удовольствие; быть снисходительным; баловать; потакать; потворствовать

indulgence [ɪnˈdʌldʒ(ə)ns] снисхождение; снисходительность; терпимость; потворство; потакание; поблажка; милость; привилегия; индульгенция (церк.); отпущение грехов; отсрочка платежа

indulgent [ɪnˈdʌldʒ(ə)nt] снисходительный; терпимый; потворствующий; потакающий

indulgently [ɪnˈdʌldʒ(ə)ntlɪ] снисходительно; милостиво

indumentum [ˌɪndju(:)ˈmentəm] оперение; волосяной покров; опушение

indurate [ˈɪndjuəreɪt] делать(ся) твердым; черствый; упрямый; бесчувственный; отвердевать; делать(ся) бесчувственным, черствым

induration [ˌɪndjuəˈreɪʃ(ə)n] затвердение; отвердение; ожесточение; черствость; упрямство

industrial [ɪnˈdʌstrɪəl] индустриальный; промышленный; производственный; употребляемый для промышленных целей; промышленник

industrial action [ɪnˈdʌstrɪəlˈækʃən] забастовка

industrial application [ɪnˈdʌstrɪəlˌæplɪˈkeɪʃən] промышленное применение

industrial dispute [ɪnˈdʌstrɪəldɪsˈpjuːt] трудовой конфликт

industrial espionage [ɪnˈdʌstrɪəlˌespɪəˈnɑːʒ] промышленный шпионаж

industrial establishment [ɪnˈdʌstrɪəlɪsˈtæblɪʃmənt] промышленное предприятие

industrial goods [ɪnˈdʌstrɪəlˈgudz] промышленные изделия

industrial law [ɪnˈdʌstrɪəlˈlɔː] трудовое право

industrial model [ɪnˈdʌstrɪəlˈmɔdl] промышленный образец

industrialist [ɪnˈdʌstrɪəlɪst] промышленник; предприниматель

industrialization [ɪnˌdʌstrɪəlaɪˈzeɪʃ(ə)n] индустриализация

industrialize [ɪnˈdʌstrɪəlaɪz] развивать промышленность

industrially [ɪnˈdʌstrɪəlɪ] в промышленном отношении; с индустриальной точки зрения; промышленным путем

industrially developed [ɪnˈdʌstrɪəlɪdɪˈveləpt] промышленно развитый

industrious [ɪnˈdʌstrɪəs] прилежный; работящий; старательный; надежный; усердный; трудолюбивый

industriously [ɪnˈdʌstrɪəslɪ] старательно; усердно

industry [ˈɪndəstrɪ] индустрия; промышленность; отрасль промышленности; прилежание; старание; трудолюбие; усердие; деятельность; предпринимательство; бизнес

induvia плодовый покров

indwell [ˈɪnˈdwel] проживать; постоянно пребывать; не покидать; не оставлять (о мыслях и т. п.)

indwelling [ˈɪnˈdwelɪŋ] пребывание (где-либо); живущий; постоянно пребывающий

inearth [ɪnˈəːθ] зарывать в землю; хоронить

inebriate [ɪˈniːbrɪɪt] — сущ., прил. [ɪˈniːbrɪeɪt] — гл. алкоголик; пьяница; пьяный; опьянять; вызывать опьянение

inebriation [ɪˌniːbrɪˈeɪʃ(ə)n] опьянение

inebriety [ˌɪnɪ(ː)ˈbraɪətɪ] опьянение; алкоголизм; пьянство

inedibility [ɪnˌedɪˈbɪlɪtɪ] несъедобность

inedible [ɪnˈedɪbl] несъедобный

ineducable [ɪnˈedjukəbl] не поддающийся обучению, воспитанию или дрессировке

ineffable [ɪnˈefəbl] невыразимый; несказанный

ineffaceable [ˌɪnɪˈfeɪsəbl] незабвенный; незабываемый; неизгладимый

ineffective [ˌɪnɪˈfektɪv] безрезультатный; напрасный; бесполезный; не производящий или не достигающий эффекта; недействительный; не имеющий силы; неспособный; неумелый

ineffectual [ˌɪnɪˈfektjuəl] безрезультатный; бесплодный; лишенный силы

inefficacious [ˌɪnefɪˈkeɪʃ(ə)s] недействительный; неэффективный

inefficiency [ˌɪnɪˈfɪʃənsɪ] неспособность; неумелость; неумение; недейственность; неэффективность; недостаточность

inefficient [ˌɪnɪˈfɪʃ(ə)nt] неспособный; неумелый; плохо действующий; неэффективный; малопроизводительный; недостаточный

inelaborate [ˌɪnɪˈlæbərɪt] неразработанный; безыскусственный; простой

inelastic [ˌɪnɪˈlæstɪk] жесткий; негибкий; негнущийся; неэластичный; неупругий

inelasticity [ˌɪnɪlæsˈtɪsɪtɪ] негибкость; неэластичность

inelegant [ɪnˈelɪgənt] неэлегантный; неизящный; безвкусный; неотделанный (о стиле)

ineligibility [ɪnˌelɪdʒəˈbɪlɪtɪ] неправомочность; отсутствие права

ineligible [ɪnˈelɪdʒəbl] не могущий быть избранным; неправомочный; нежелательный (о женихе или невесте); неподходящий; негодный (для военной службы); лишенный права на занятие должности

ineluctability [ˈɪnɪˌlʌktəˈbɪlɪtɪ] неизбежность; неминуемость

ineluctable [ˌɪnɪˈlʌktəbl] неизбежный; неминуемый

inept [ɪˈnept] негодный; неподходящий; непригодный; неуместный; неспособный; глупый

ineptitude [ɪˈneptɪtjuːd] несвоевременность; неуместность; бессилие; неспособность; неумелость; неумение; глупость

inequable [ɪnˈekwəbl] изменчивый; изменяющийся; неровный; неуравновешенный

inequality [ˌɪnɪ(ː)ˈkwɒlɪtɪ] неравенство; разница; неодинаковость; несходство; различие; изменчивость; непостоянство; неровность *(поверхности)*; несостоятельность; неспособность *(сделать что-либо)*; неравномерность

inequation [ˌɪnɪˈkweɪʃən] неравенство

inequilateral [ɪnˌiːkwɪˈlæt(ə)r(ə)l] неравносторонний

inequitable [ɪnˈekwɪtəbl] несправедливый; пристрастный

inequity [ɪnˈekwɪtɪ] несправедливость; пристрастность

ineradicable [ˌɪnɪˈrædɪkəbl] неискоренимый

inerrable [ɪnˈerəbl] безукоризненный; безупречный; непогрешимый

inerrancy [ɪnˈerənsɪ] непогрешимость

inert [ɪˈnəːt] инертный; неактивный; медлительный; нейтральный; бездеятельный; вялый; бездействующий

inertia [ɪˈnəːʃjə] инерция *(физ.)*; сила инерции; инертность; вялость; косность; медленное развитие; застой; бездействие

inertness [ɪˈnəːtnɪs] инертность; вялость

inescapable [ˌɪnɪsˈkeɪpəbl] неизбежный; неминуемый

inesculent [ɪnˈeskjuːlənt] несъедобный

inessential [ˌɪnɪˈsenʃ(ə)l] несущественный; неважный; незначащий; маловажный

inessentials [ˌɪnɪˈsenʃ(ə)lz] то, что не является предметом первой необходимости; предметы роскоши

inestimable [ɪnˈestɪməbl] не поддающийся оценке; бесценный; неоценимый

inevitability [ɪnˌevɪtəˈbɪlɪtɪ] неминуемость; неизбежность

inevitable [ɪnˈevɪtəbl] неизбежный; неминуемый; неотвратимый; фатальный; неизменный *(разг.)*

inevitable casualty [ɪnˈevɪtəbl ˈkæʒjʊəltɪ] чистая случайность

inexact [ˌɪnɪɡˈzækt] неточный; небрежный

inexactitude [ˌɪnɪɡˈzæktɪtjuːd] неточность

inexcusable [ˌɪnɪksˈkjuːzəbl] непростительный

inexcusable behaviour [ˌɪnɪksˈkjuːzəbl bɪˈheɪvjə] непростительное поведение

inexhaustible [ˌɪnɪɡˈzɔːstəbl] неистощимый; неисчерпаемый; необъятный; неутомимый; не знающий усталости

inexorability [ɪnˌeks(ə)rəˈbɪlɪtɪ] неумолимость

inexorable [ɪnˈeks(ə)rəbl] неумолимый; безжалостный; суровый

inexpediency [ˌɪnɪksˈpiːdjənsɪ] нецелесообразность; неблагоразумие

inexpedient [ˌɪnɪksˈpiːdjənt] нецелесообразный; неразумный

inexpensive [ˌɪnɪksˈpensɪv] дешевый; доступный

inexperience [ˌɪnɪksˈpɪərɪəns] неискушенность; неопытность

inexperienced [ˌɪnɪksˈpɪərɪənst] неопытный; неискушенный

inexpert [ɪnˈekspəːt] неискусный; неумелый; незрелый; неискушенный; неопытный; несведущий

inexpiable [ɪnˈekspɪəbl] неискупимый; неумолимый; суровый

inexplicit [ˌɪnɪksˈplɪsɪt] неопределенный; неясно выраженный, непонятный

inexpressible [ˌɪnɪksˈpresəbl] невыразимый; неописуемый

inexpugnable [ˌɪnɪksˈpʌgnəbl] неприступный; недоступный

inextinguishable [ˌɪnɪksˈtɪŋgwɪʃəbl] неугасимый; непрекращающийся

inextricable [ɪnˈekstrɪkəbl] запутанный; сложный; неразрешимый; безвыходный

inextricably [ˌɪneksˈtrɪkəblɪ] запутанность; сложность

infallible [ɪnˈfæləbl] безошибочный; непогрешимый; точный; верный; надежный

infamise [ˈɪnfəmaɪz] клеймить позором; поносить; клеветать; наговаривать; оговаривать

infamous [ˈɪnfəməs] имеющий дурную репутацию; позорный; бесчестный; постыдный; позорящий; лишенный гражданских прав

infamy [ˈɪnfəmɪ] бесславие; бесчестье; позор; стыд; постыдное, бесчестное поведение; низость; подлость; лишение гражданских прав

infancy [ˈɪnfənsɪ] раннее детство; младенчество; ранняя стадия развития; период становления; несовершеннолетие; малолетство; начальный

infant [ˈɪnfənt] младенец; ребенок; дитя; несовершеннолетний; детский; начальный; малолетний

infant natality [ˈɪnfənt nəˈtælɪtɪ] рождаемость

infant-school [ˈɪnfəntskuːl] школа для малышей *(от 5 до 7 лет, государственная, существует самостоятельно или в составе общей начальной школы)*

infanticide [ɪnˈfæntɪsaɪd] детоубийство

infantile [ˈɪnfəntaɪl] инфантильный; младенческий; детский; начальный; в ранней стадии развития

infantile behaviour [ˈɪnfəntaɪl bɪˈheɪvjə] поведение, достойное маленького ребенка, а не взрослого человека

infantilism [ɪnˈfæntɪlɪzm] инфантилизм; умственная и физическая задержка развития; отсталость

infantine [ˈɪnfəntaɪn] инфантильный; младенческий; начальный; в первой стадии

infantry [ˈɪnf(ə)ntrɪ] пехота; пехотный

infantryman [ˈɪnf(ə)ntrɪmən] пехотинец

infatuate [ɪnˈfætjueɪt] вскружить голову; свести с ума

infatuated [ɪnˈfætjueɪtɪd] ослепленный; влюбленный до безумия

infatuation [ɪnˌfætjuˈeɪʃ(ə)n] слепое увлечение; страстная влюбленность; безумная страсть

infect [ɪnˈfekt] заражать

infection [ɪnˈfekʃ(ə)n] заражение; инфекция; зараза; заразительность

infectious [ɪnˈfekʃəs] заразный; инфекционный

infectious disease [ɪnˈfekʃəsdɪˈziːz] инфекционное заболевание

infecund [ɪnˈfekənd] бесплодный

infelicitous [ˌɪnfɪˈlɪsɪtəs] несчастливый; несчастный; безуспешный; неудавшийся; неудачный

infelicity [ˌɪnfɪˈlɪsɪtɪ] бедствие; горе; несчастье; погрешность; грубая ошибка; промах

infer [ɪnˈfəː] заключать; делать заключение, вывод; значить; обозначать; означать; подразумевать

inferable [ɪnˈfəːrəbl] возможный в качестве вывода, заключения

inference [ˈɪnf(ə)r(ə)ns] выведение; вывод; заключение; умозаключение; подразумеваемое; гипотеза; догадка; предположение

inferential [ˌɪnfəˈrenʃ(ə)l] выведенный/выводимый путем заключения

inferior [ɪnˈfɪərɪə] подчиненный; младший по чину; нижестоящий; худший; плохой; низший; низкого качества; некондиционный; нижний

inferior quality [ɪnˈfɪərɪəˈkwɔlɪtɪ] низкое качество

inferiority [ɪnˌfɪərɪˈɔrɪtɪ] более низкое положение, достоинство, качество

inferiority complex [ɪnˌfɪərɪˈɔrɪtɪˈkɔmpleks] комплекс неполноценности

infernal [ɪnˈfəːnl] адский; бесчеловечный; дьявольский

infertile [ɪnˈfəːtaɪl] неплодородный; бесплодный

infertility [ˌɪnfəːˈtɪlɪtɪ] бесплодность; неплодовитость

infest [ɪnˈfest] кишеть; наводнять; заполнять; заражать

infestant [ɪnˈfestənt] возбудитель заболевания

infestation [ˌɪnfəsˈteɪʃən] заражение

infested [ɪmˈfestɪd] заросший сорняками

infidel [ˈɪnfɪd(ə)l] атеист; неверующий; язычник; неверный

infidelity [ˌɪnfɪˈdelɪtɪ] неверие; безбожие; атеизм; язычество; неверность

infield [ˈɪnfiːld] земля, прилегающая к усадьбе; пахотная земля; обрабатываемая земля

infighting [ˈɪnˌfaɪtɪŋ] бой с ближней дистанции (в боксе) (спорт.); ближний бой (воен.)

infiltrate [ˈɪnfɪltreɪt] пропускать (жидкость) через фильтр; фильтровать; просачиваться; проникать в тыл противника (воен.)

infiltration [ˌɪnfɪlˈtreɪʃ(ə)n] инфильтрация; фильтрат; просачивание; проникновение в тыл противника (воен.)

infiltrator [ˈɪnfɪltreɪtə] агент; лазутчик; разведчик; шпион

infiltree [ˌɪnfɪlˈtriː] нарушитель границы

infinite [ˈɪnfɪnɪt] (разг.) масса; множество; бесконечность; бесконечное пространство; бесконечный; безграничный; очень большой; неличный (грам.); безграничность

infinitesimal [ˌɪnfɪnɪˈtesɪməl] бесконечно малый

infinitive [ɪnˈfɪnɪtɪv] инфинитив; неопределенная форма глагола; неопределенный

infinitude [ɪnˈfɪnɪtjuːd] бесконечность; бесконечно большое число; количество

infinity [ɪnˈfɪnɪtɪ] безграничность; бесконечность

infirm [ɪnˈfəːm] дряхлый; немощный; слабосильный; слабый; слабовольный; слабохарактерный; нерешительный; колеблющийся; нестабильный; неустановившийся; неустойчивый

infirmary [ɪnˈfəːmərɪ] изолятор; лазарет

infirmity [ɪnˈfəːmɪtɪ] дряхлость; немощь; старость; физический, телесный или моральный недостаток; слабохарактерность; слабость; хилость; слабоволие

inflame [ɪnˈfleɪm] воспламеняться; вспыхивать; загораться; зажигать(ся); взволновать(ся); возбудить(ся); воспаляться (мед.)

inflammability [ɪnˌflæməˈbɪlɪtɪ] воспламеняемость; возбудимость; горючесть; огнеопасность

inflammable [ɪnˈflæməbl] легковоспламеняющийся; горючий; легко возбудимый; горючее вещество; загорающийся

inflammable cargo [ɪnˈflæməblˈkɑːgou] легковоспламеняющийся груз

inflammation [ˌɪnfləˈmeɪʃ(ə)n] воспламенение; зажигание; воспаление (мед.)

inflammatory [ɪnˈflæmət(ə)rɪ] возбудительный; возбуждающий

inflatable [ɪnˈfleɪtəbl] надувной

inflatable cushion [ɪnˈfleɪtəblˈkuʃən] воздушная подушка (в автомобиле)

inflate [ɪnˈfleɪt] надувать; наполнять газом; воздухом; накачивать; надуваться (от важности и т. п.); взвинчивать; вздувать (цены); производить инфляцию; вздуваться; раздуваться

inflated [ɪnˈfleɪtɪd] надутый; напыщенный

inflation [ɪnˈfleɪʃ(ə)n] надувание; наполнение воздухом, газом; инфляция (экон.); раздутость; вздутость

inflationary [ɪnˈfleɪʃənərɪ] инфляционный

inflect [ınˈflekt] сгибать; гнуть; вогнуть; *(грам.)* изменять окончание слова; склонять; спрягать; модулировать *(о голосе) (муз.)*

inflection [ınˈflekʃən] изгиб; сгибание; модуляция

inflexibility [ın‚fleksəˈbılıtı] негибкость; жесткость; несгибаемость; непоколебимость; непреклонность

inflexible [ınˈfleksəbl] негибкий; негнущийся; жесткий; непоколебимый; непреклонный

inflexion [ınˈflekʃ(ə)n] выгиб; извилина; изгиб; сгибание; флексия *(грам.)*; модуляция; изменение интонации

inflict [ınˈflıkt] наносить *(удар, рану и т. п.)*; причинять *(боль, страдание, убыток)*; назначать *(наказание)*; навязывать

infliction [ınˈflıkʃ(ə)n] причинение *(страдания)*; назначение *(наказания)*; кара; наказание; расплата; страдание; огорчение; печаль

inflorescence [‚ınflɔːˈresəns] соцветие; цветение

inflow [ˈınflou] впадение; наплыв; поток; прилив; втекание; приток; засасывание; впуск; вливаться; втекать; притекать

inflowing [ˈın‚flouıŋ] впадение; втекание; впадающий; втекающий

influence [ˈınfluəns] влияние; действие; воздействие; влиятельное лицо; оказывающий влияние; эффект; оказывать влияние; влиять

influent [ˈınfluənt] наплыв; подача; приток; впадающий; втекающий

influential [‚ınfluˈenʃ(ə)l] важный; влиятельный

influential circles [‚ınfluˈenʃ(ə)l|ˈsəːklz] влиятельные круги

influenza [‚ınfluˈenzə] грипп *(мед.)*; инфлюэнца

influx [ˈınflʌks] втекание; приток; прилив; наплыв *(туристов и т. п.)*; впадение *(притока в реку)*

info [ˈınfou] данные *(разг.)*; информация

inform [ınˈfɔːm] сообщать; информировать; уведомлять; доносить *(на кого-либо)*; наполнять *(чувством и т. п.)*; одушевлять; подавать жалобу

informal [ınˈfɔːml] неофициальный; неформальный; без соблюдения формальностей; естественный; непринужденный; не удовлетворяющий требованиям формы

informal talks [ınˈfɔːml|ˈtɔːks] неофициальные переговоры

informality [‚ınfɔːˈmælıtı] несоблюдение установленных формальностей; неформальность; отступление от формы; отсутствие церемоний; дефект формы; упрощенность

informant [ınˈfɔːmənt] информатор; доносчик; лицо, подавшее заявление об обвинении

information [‚ınfəˈmeıʃ(ə)n] информация; сообщение; сведения; знания; данные; компетентность; осведомленность; обвинение, жалоба *(поданные в суд)*; извещение; заявление об обвинении; донос; изложение фактических обстоятельств дела

information address [‚ınfəˈmeıʃ(ə)n|əˈdres] адресный стол

information booth [‚ınfəˈmeıʃ(ə)n|ˈbuːθ] справочное бюро

information bureau [‚ınfəˈmeıʃ(ə)n|bjuəˈrou] информационное бюро

information carrier [‚ınfəˈmeıʃ(ə)n|ˈkærıə] носитель информации

information collector [‚ınfəˈmeıʃ(ə)n|kəˈlektə] центр сбора информации

information density [‚ınfəˈmeıʃ(ə)n|ˈdensıtı] интенсивность потока информации

information-logical machine [‚ınfəˈmeıʃ(ə)n‚lɔdʒıkəl|məˈʃiːn] информационно-логическая *(вычислительная)* машина

informational [‚ınfəˈmeıʃənl] информационный

informative [ınˈfɔːmətıv] информативный; поучительный; содержащий информацию

informative sign [ınˈfɔːmətıv|ˈsaın] указатель

informed [ınˈfɔːmd] осведомленный; знающий; образованный

informer [ınˈfɔːmə] осведомитель; доносчик

infotainment [‚ınfouˈteınmənt] радио- или телепередача *(развлекательная и информационная одновременно)*

infra [ˈınfrə] ниже *(лат.)*

infra- [ınfrə-] ниже-; под-; инфра-

infra-red [ˈınfrəˈred] инфракрасный *(физ.)*; инфракрасное излучение

infraconscious [‚ınfrəˈkɔnʃəs] подсознательный

infract [ınˈfrækt] нарушать закон; ломать

infraction [ınˈfrækʃ(ə)n] нарушение правила; несоблюдение закона

infractor [ınˈfræktə] нарушитель

infrahuman [‚ınfrəˈhjuːmən] животное *(заменяющее человека в эксперименте)*; человекообразный

infrangible [ınˈfrændʒıbl] нерушимый; крепкий; ненарушимый; прочный; неразложимый; единый; неделимый; целый

infrastructure [ˈınfrəstrʌktʃə] инфраструктура

infrequent [ınˈfriːkwənt] не часто случающийся; редкий

infringe [ınˈfrındʒ] нарушать закон; посягать *(на чьи-либо права)*; не соблюдать обещание

infringement [ınˈfrındʒmənt] нарушение права *(закона)*; контрафакция

infringement of copyright [ınˈfrındʒmənt|əv|ˈkɔpıraıt] нарушение авторского права

infringer [ınˈfrındʒə] нарушитель

infructescence соплодие

infundibuliform [ˌɪnfʌnˈdɪbjulɪfɔːm] воронкообразный

infuriate [ɪnˈfjuərɪeɪt] приводить в ярость, в бешенство; разъярять

infuse [ɪnˈfjuːz] вливать; вселять; внушать; возбуждать (*чувство*); заронять (*сомнение*); зарождать (*чувство*); придавать (*храбрость*); заваривать, настаивать (*чай, травы*); настаиваться (*о чае*)

infusible [ɪnˈfjuːzəbl] неплавкий; тугоплавкий

infusion [ɪnˈfjuːʒ(ə)n] вливание; внушение (*надежды или мысли*); придание (*храбрости*); настой; вытяжка; экстракт; примесь

infusorian [ˌɪnfjuːˈzɔːrɪən] инфузория (*биол.*)

ingathering [ˈɪnˌɡæðərɪŋ] сбор (*урожая*)

ingeminate [ɪnˈdʒemɪneɪt] повторять; твердить

ingenerate [ɪnˈdʒenərɪt] присущий; врожденный

ingenious [ɪnˈdʒiːnjəs] изобретательный; искусный; остроумный; оригинальный (*об ответе и т. п.*)

ingenuity [ˌɪndʒɪˈnjuː(ː)ɪtɪ] изобретательность; искусность; мастерство

ingenuous [ɪnˈdʒenjuəs] бесхитростный; простодушный; простой

ingest [ɪnˈdʒest] глотать; проглатывать; заглатывать

ingestion [ɪnˈdʒestʃən] заглатывание; глотание; заражение через рот

ingle [ˈɪŋɡl] огонь в очаге

ingle-nook [ˈɪŋɡlnuk] местечко у огня, у камина

inglorious [ɪnˈɡlɔːrɪəs] бесславный; позорный; постыдный; без(ыз)вестный; незаметный

ingluvies [ɪnˈɡluːvɪːz] зоб у птиц; желудок у жвачных

ingoing [ˈɪnˌɡouɪŋ] вступление; вход; предварительная оплата ремонта и оборудования арендуемого помещения; входящий; вновь прибывающий

ingot [ˈɪŋɡət] слиток; болванка; чушка; брусок металла; литой

ingrained [ˈɪnɡreɪnd] проникающий; пропитывающий; прочно укоренившийся; застарелый; закоренелый; вкрапленный

ingrained bigot [ɪnˈɡreɪnd ˈbɪɡət] закоренелый приверженец

ingratiate [ɪnˈɡreɪʃɪeɪt] снискать (*чье-либо*) расположение

ingratiating [ɪnˈɡreɪʃɪeɪtɪŋ] заискивающий; льстивый; раболепный

ingratiatingly [ɪnˈɡreɪʃɪeɪtɪŋlɪ] заискивающе; льстиво

ingratitude [ɪnˈɡrætɪtjuːd] неблагодарность

ingravidate [ɪnˈɡrævɪdeɪt] оплодотворять

ingredient [ɪnˈɡriːdjənt] составная часть; ингредиент; компонент

ingress [ˈɪnɡres] ввод; вступление; вход; доступ; право входа

ingrowing [ˈɪnˌɡrouɪŋ] врастающий

ingrowth [ˈɪnɡrouθ] врастание внутрь; впячивание

inguinal [ˈɪŋɡwɪnl] паховый

inguinal ligament [ˈɪŋɡwɪnl ˈlɪɡəmənt] паховая связка (*анат.*)

ingurgitate [ɪnˈɡɜːdʒɪteɪt] жадно глотать; поглощать

inhabit [ɪnˈhæbɪt] жить; населять; обитать; проживать; существовать

inhabitable [ɪnˈhæbɪtəbl] пригодный для жилья

inhabitancy [ɪnˈhæbɪtənsɪ] местожительство; постоянное проживание

inhabitant [ɪnˈhæbɪt(ə)nt] житель; обитатель; организм, населяющий данное место

inhabitation [ɪnˌhæbɪˈteɪʃ(ə)n] жительство; проживание; жилище; жилье; местожительство; обитание

inhabited [ɪnˈhæbɪtɪd] заселенный; населенный

inhalation [ˌɪnhəˈleɪʃ(ə)n] вдыхание; ингаляция (*мед.*); вдох

inhale [ɪnˈheɪl] вдыхать; затягиваться (*табачным дымом*)

inhaler [ɪnˈheɪlə] ингалятор; респиратор; противогаз; воздушный фильтр; завзятый курильщик; воздухонагнетательный насос

inhaling apparatus [ɪnˈheɪlɪŋ ˌæpəˈreɪtəs] ингалятор

inharmonic [ˌɪnhɑːˈmɔnɪk] нарушающий гармонию

inharmonious [ˌɪnhɑːˈmounjəs] негармоничный; неслаженный

inhere [ɪnˈhɪə] быть присущим; принадлежать; быть неотъемлемым (*о правах и т. п.*)

inherence [ɪnˈhɪər(ə)ns] неотделимость; неотъемлемость

inherency [ɪnˈhɪər(ə)nsɪ] неотделимость; неотъемлемость

inherent [ɪnˈhɪər(ə)nt] неотъемлемый; присущий; свойственный; прирожденный; врожденный; специфический

inherit [ɪnˈherɪt] наследовать; унаследовать; перенять

inheritable [ɪnˈherɪtəbl] наследственный; потомственный; родовой; имеющий права наследства; наследуемый

inheritance [ɪnˈherɪt(ə)ns] наследование; унаследование; наследство; наследственность; наследуемая недвижимость; имеющий право наследовать

inheritance law [ɪnˈherɪt(ə)ns lɔː] наследственное право

inheritance tax [ɪnˈherɪt(ə)nsˈtæks] налог на наследство

inherited [ɪnˈherɪtɪd] унаследованный; врожденный

inheritor [ɪnˈherɪtə] наследник; преемник; продолжатель

inheritress [ɪnˈherɪtrɪs] наследница; преемница; продолжательница

inheritrix [ɪnˈherɪtrɪks] наследница; преемница; продолжательница

inhesion [ɪnˈhiːʒ(ə)n] присущность

inhibit [ɪnˈhɪbɪt] задерживать; подавлять; препятствовать; сдерживать; запрещать; тормозить; угнетать

inhibition [ˌɪnhɪˈbɪʃ(ə)n] запрещение; запрет; торможение; задержка; подавление; угнетение

inhibitor [ɪnˈhɪbɪtə] задерживающий фактор; ингибитор (хим.)

inhibitory [ɪnˈhɪbɪtərɪ] препятствующий; запретительный; запрещающий; задерживающий; тормозящий; подавляющий; угнетающий

inhomogeneous [ɪnˌhɔməˈdʒiːnjəs] неравномерный; неоднородный

inhospitable [ɪnˈhɔspɪtəbl] негостеприимный; суровый

inhuman [ɪnˈhjuːmən] бесчеловечный; негуманный; бесчувственный; жестокий; нечеловеческий; не свойственный человеку

inhumane [ˌɪnhjuː(ː)ˈmeɪn] негуманный; жестокий

inhumanity [ˌɪnhjuː(ː)ˈmænɪtɪ] бесчеловечность; жестокость

inhumation [ˌɪnhjuː(ː)ˈmeɪʃ(ə)n] предание земле; погребение

inhume [ɪnˈhjuːm] предавать земле; погребать

inimical [ɪˈnɪmɪk(ə)l] враждебный; недружелюбный; вредный; неблагоприятный

inimitable [ɪˈnɪmɪtəbl] неподражаемый; несравненный; неповторимый; непревзойденный

inion [ˈɪnɪən] затылочный бугор

iniquitous [ɪˈnɪkwɪtəs] ужасающе несправедливый; чудовищный

iniquity [ɪˈnɪkwɪtɪ] беззаконие; зло; несправедливость

initial [ɪˈnɪʃ(ə)l] начальный; исходный; отправной; первичный; первоначальный; начальная буква; инициал; буквица

initial adjustment [ɪˈnɪʃ(ə)lǀəˈdʒʌstmənt] первичная регулировка

initial citation [ɪˈnɪʃ(ə)lǀsaɪˈteɪʃən] первичный вызов ответчика в суд

initial concentration [ɪˈnɪʃ(ə)lˌkɔnsenˈtreɪʃən] исходная концентрация

initial instalment [ɪˈnɪʃ(ə)lǀɪnˈstɔːlmənt] первоначальный взнос

initial letter [ɪˈnɪʃ(ə)lǀˈletə] инициал

initially [ɪˈnɪʃəlɪ] начально; первично; первоначально

initials [ɪˈnɪʃəlz] инициалы

initiate [ɪˈnɪʃɪɪt]ǀ[ɪˈnɪʃɪeɪt] вновь принятый (в общество и т. п.); посвященный (в тайну и т. п.); вводить (в должность и т. п.); знакомить; принимать в члены общества, клуба и т. п.; начать; приступать; положить начало; стимулировать; побуждать; проявить инициативу; посвящать (во что-либо); основывать

initiation [ɪˌnɪʃɪˈeɪʃ(ə)n] введение (в общество); посвящение (во что-либо); основание; учреждение; побуждение; стимулирование

initiative [ɪˈnɪʃɪətɪv] почин; инициатива; начальный; вводный; исходный; отправной; инициативный; сделавший почин; положивший начало; право законодательной инициативы

initiator [ɪˈnɪʃɪeɪtə] инициатор; детонатор

initiatory [ɪˈnɪʃɪət(ə)rɪ] начальный; вводный; исходный; отправной; относящийся к посвящению (во что-либо)

inject [ɪnˈdʒekt] впрыскивать; вводить; впускать; вбрызгивать; вдувать; вставлять (замечание и т. п.)

injection [ɪnˈdʒekʃ(ə)n] вливание; впрыскивание; нагнетание; впрыск; введение; инъекция; лекарство для впрыскивания

injection cylinder [ɪnˈdʒekʃ(ə)nˈsɪlɪndə] инжекторный цилиндр

injector [ɪnˈdʒektə] инжектор (техн.); форсунка; лицо, производящее инъекцию; шприц; струйный насос

injector torch [ɪnˈdʒektəǀtɔːtʃ] инжекторная горелка

injudicial [ˌɪndʒuː(ː)ˈdɪʃəl] несправедливый; противоправный

injudicious [ˌɪndʒuː(ː)ˈdɪʃəs] неблагоразумный; необдуманный

injunction [ɪnˈdʒʌŋkʃ(ə)n] директива; предписание; приказ; указание; запрет; запретная норма

injurant [ˈɪndʒurənt] вещество, вредное для организма

injure [ˈɪndʒə] ранить; ушибить; испортить; причинить вред; повредить (что-либо); повредить (кому-либо); оскорбить; обидеть; нарушать права; обижать

injured [ˈɪndʒəd] обиженный; оскорбленный; раненый; потерпевший; поврежденный; получивший телесные повреждения

injurious [ɪnˈdʒuərɪəs] губительный; вредный; несправедливый; оскорбительный; клеветнический

injury ['ɪndʒ(ə)rɪ] вред; ущерб; травма; порча; поражение; рана; ушиб; несправедливость; оскорбление; обида; телесное повреждение

injury accident ['ɪndʒ(ə)rɪ'æksɪdənt] несчастный случай с причинением телесных повреждений

injury cause ['ɪndʒ(ə)rɪkɔːz] причина травмы

injustice [ɪn'dʒʌstɪs] несправедливость; отказ в правосудии

ink [ɪŋk] чернила; типографская краска; метить чернилами; покрывать, пачкать чернилами; покрывать типографской краской; закатывать краской

ink-bottle ['ɪŋk.bɒtl] чернильница

ink-eraser ['ɪŋkɪ,reɪzə] чернильный ластик

ink-holder ['ɪŋk.houldə] резервуар автоматической ручки

ink-jet printer ['ɪŋkdʒet'prɪntə] струйный принтер

ink-jet printing ['ɪŋkdʒet'prɪntɪŋ] краскоструйная печать

ink-pad ['ɪŋkpæd] штемпельная подушечка

ink-pencil ['ɪŋk.pensl] химический чернильный карандаш

ink-well ['ɪŋkwel] чернильница (в столе, в парте)

inking ['ɪŋkɪŋ] накатывание краски

inkle ['ɪŋkl] тесьма; лента (для отделки)

inkling ['ɪŋklɪŋ] намек (на что-либо); легкое подозрение

inkstand ['ɪŋkstænd] письменный прибор

inky ['ɪŋkɪ] покрытый чернилами; в чернилах; чернильный; цвета чернил

inland ['ɪnlənd] — сущ., прил. [ɪn'lænd] — нар. внутренняя часть страны; территория, удаленная от моря (границы); расположенный внутри страны; удаленный от моря или границы; внутренний; вглубь; внутрь; внутри страны

inlander ['ɪnləndə] житель внутренних районов страны

inlay ['ɪnleɪ] — сущ. [ɪn'leɪ] — гл. инкрустация; мозаичная работа; вкладывать; вставлять; выстилать; покрывать инкрустацией; мозаикой

inleakage [ɪn'liːkɪdʒ] подсос

inlet ['ɪnlet] узкий морской залив; фиорд; небольшая бухта; впуск (техн.); вход; входное (вводное) отверстие; ввод (электр.); приемный патрубок

inlet flange ['ɪnlet'flændʒ] впускной фланец

inly ['ɪnlɪ] внутренне; глубоко; искренне

inlying ['ɪn'laɪɪŋ] лежащий внутри; внутренний

inmate ['ɪnmeɪt] заключенный (в тюрьме); лицо, содержащееся под стражей; больной (в госпитале) и т. п.; жилец; квартирант; обитатель; съемщик

inn [ɪn] гостиница; постоялый двор

innate ['ɪ'neɪt] врожденный; природный; прирожденный

innavigable [ɪ'nævɪgəbl] несудоходный

inner ['ɪnə] внутренний

inner book ['ɪnə'buk] книжный блок

inner city ['ɪnə'sɪtɪ] старая, центральная часть города

inner lever ['ɪnə'liːvə] внутренний рычаг

inner tire ['ɪnə'taɪə] камера шины (автомобиля, велосипеда)

inner tube ['ɪnə'tjuːb] камера шины

inner tube vulcanizer ['ɪnətjuːb'vʌlkənaɪzə] вулканизатор камер

inner-directed ['ɪnədɪ'rektɪd] независимо мыслящий

innermost ['ɪnəmoust] лежащий глубоко внутри; глубочайший; сокровенный

innervate ['ɪnəːveɪt] раздражать; возбуждать

innervation [,ɪnəː'veɪʃən] раздражение; возбуждение

inning ['ɪnɪŋ] уборка урожая

innings ['ɪnɪŋz] подача (спорт.); очередь подачи мяча (в крикете, бейсболе); период нахождения у власти (политической партии, лица); наносная земля; земля, отвоеванная у моря

innkeeper ['ɪn,kiːpə] хозяин гостиницы, постоялого двора; трактирщик

innocence ['ɪnəs(ə)ns] безукоризненность; безупречность; невинность; чистота; невиновность; легкость; наивность; простодушие; простота; скромность; безвредность; целомудрие; девственность; глупость

innocent ['ɪnəs(ə)nt] невинный младенец; простак; невинный; чистый; добросовестный; невиновный; наивный; простодушный; безвредный; неконтрабандный

innocently ['ɪnəsntlɪ] невинно; простодушно

innocuous [ɪ'nɒkjuəs] безвредный; безобидный; безопасный; неядовитый

innominate [ɪ'nɒmɪnɪt] безымянный; не имеющий названия; не относящийся ни к одной из категорий, имеющих определенное наименование

innovate ['ɪnouveɪt] вводить новшества; производить перемены

innovation [,ɪnou'veɪʃ(ə)n] нововведение; новшество; новелла; обновление; рационализаторское предложение; изобретение

innovative ['ɪnoveɪtɪv] инновационный; новаторский; передовой

innovator ['ɪnouveɪtə] новатор; рационализатор

innovatory [,ɪnou'veɪtərɪ] новаторский

innuendo [,ɪnju(ː)'endou] косвенный намек; инсинуация

innumerable [ɪ'njuːm(ə)rəbl] бессчетный; бесчисленный; многочисленный

innutrition [,ɪnju(ː)'trɪʃ(ə)n] недостаток питания

inobservance [ˌɪnəbˈzəːvəns] несоблюдение; невнимательность

inobservant [ˌɪnəbˈzəːv(ə)nt] невнимательный; нарушающий *(постановления, правила и т. п.)*

inoccupation [ˈɪnˌɔkjuˈpeɪʃ(ə)n] безделье; лень; незанятость; праздность

inoculate [ɪˈnɔkjuleɪt] делать *(предохранительную)* прививку; засевать; прививать

inoculation [ɪˌnɔkjuˈleɪʃən] засев; прививка; внесение посевного материала; внедрение *(идей)*

inoculative [ɪˈnɔkjulətɪv] прививочный *(мед.)*

inodorous [ɪnˈoudərəs] без запаха; не имеющий запаха; непахнущий

inoffensive [ˌɪnəˈfensɪv] безвредный; безобидный; необидный

inofficial [ˌɪnəˈfɪʃ(ə)l] неофициальный; приватный; частный

inofficious [ˌɪnəˈfɪʃəs] недействующий; противоречащий моральному долгу *(юр.)*; несправедливый; наносящий обиду

inoperative [ɪnˈɔp(ə)rətɪv] недействующий; неисправный; выключенный; неработающий; бездействующий; неэффективный

inoperativeness [ɪnˈɔpərətɪvnɪs] неэффективность; недейственность; отсутствие юридической силы

inopportune [ɪnˈɔpətjuːn] негодный; неподходящий

inordinate [ɪˈnɔːdɪnɪt] неумеренный; чрезмерный; бурный; необузданный; несдержанный; беспорядочный

inorganic [ˌɪnɔːˈgænɪk] неорганический; не являющийся органической частью *(чего-либо)*; не связанный внутренне; чуждый

inorganic matter [ˌɪnɔːˈgænɪkˈmætə] неорганическое вещество

inorganic nutrition [ˌɪnɔːˈgænɪk|njuː)ˈtrɪʃən] минеральное питание

inornate [ˌɪnɔːˈneɪt] незамысловатый; простой

inosculate [ɪˈnɔskjuleɪt] соединять(ся); срастаться *(о кровеносных сосудах)*; переплетать(ся); соединять(ся) *(о волокнах)*

inpour [ɪnˈpɔː] просачиваться; проникать

input [ˈɪnput] подводимая мощность *(техн.)*; ввод данных в компьютер; информация на входе *(вычислительной машины)*; затраты на производство; входной сигнал; вводить данные; стимул

input data [ˈɪnputˈdeɪtə] входные данные

input matrix [ˈɪnputˈmeɪtrɪks] вводная матрица

inquest [ˈɪnkwest] дознание; следствие *(юр.)*

inquietude [ɪnˈkwaɪɪtjuːd] беспокойство; тревога; душевное волнение

inquire [ɪnˈkwaɪə] осведомляться; справляться; спрашивать; узнавать; наводить справки; добиваться сведений

inquirer [ɪnˈkwaɪərə] спрашивающий; производящий опрос; опросник

inquiring [ɪnˈkwaɪərɪŋ] вопрошающий; любознательный; пытливый

inquiry [ɪnˈkwaɪərɪ] вопрос; запрос; справка; обследование; расспрашивание; наведение справок; расследование; следствие; исследование; спрос; научное изыскание

inquiry form [ɪnˈkwaɪərɪ|fɔːm] анкета

inquiry office [ɪnˈkwaɪərɪ|ˈɔfɪs] справочное бюро

inquisition [ˌɪnkwɪˈzɪʃ(ə)n] расследование; следствие; инквизиция *(ист.)*; мучение; пытка

inquisitional [ˌɪnkwɪˈzɪʃənl] следственный; инквизиционный; инквизиторский

inquisitive [ɪnˈkwɪzɪtɪv] любознательный; пытливый; назойливо любопытный

inquisitiveness [ɪnˈkwɪzɪtɪvnɪs] любознательность; пытливость; любопытство

inquisitor [ɪnˈkwɪzɪtə] инквизитор *(ист.)*; судебный следователь

inroad [ˈɪnroud] набег; нашествие; вторжение; посягательство *(на чьи-либо права)*

inrush [ˈɪnrʌʃ] внезапное вторжение; натиск; напор *(хлынувшей воды)*; внезапный обвал; внезапный приток воды

insalubrious [ˌɪnsəˈluːbrɪəs] нездоровый; вредный для здоровья *(о климате, местности)*

insalubrity [ˌɪnsəˈluːbrɪtɪ] вредность для здоровья

insane [ɪnˈseɪn] душевнобольной; невменяемый; сумасшедший; не находящийся в здравом уме; бессмысленный; ненормальный; патологический; безрассудный; безумный; необдуманный

insane killer [ɪnˈseɪn|ˈkɪlə] лицо, совершившее убийство в состоянии невменяемости

insane person [ɪnˈseɪn|ˈpəːsn] ненормальный человек

insanitary [ɪnˈsænɪt(ə)rɪ] антисанитарный

insanity [ɪnˈsænɪtɪ] умопомешательство; невменяемость; безумие; душевное расстройство; психическая болезнь

insatiability [ɪnˌseɪʃəˈbɪlɪtɪ] ненасытность; жадность

insatiable [ɪnˈseɪʃəbl] ненасытный; жадный

insatiate [ɪnˈseɪʃɪɪt] ненасытный

inscribe [ɪnˈskraɪb] надписывать; вписывать; вырезать; начертать на дереве; камне и т. п. *(имя, надпись)*; посвящать *(кому-либо)*

inscription [ɪnˈskrɪpʃ(ə)n] надпись; краткое посвящение

inscriptive [ɪnˈskrɪptɪv] сделанный в виде надписи

inscrutability [ɪn‚skruːtəˈbɪlɪtɪ] загадочность; непостижимость

inscrutable [ɪnˈskruːtəbl] загадочный; необъяснимый; непонятный; непостижимый; непроницаемый

insect [ˈɪnsekt] насекомое; ничтожество

insect bite [ˈɪnsektˈbaɪt] укус насекомого

insect-eater [ˈɪnsekt‚iːtə] насекомоядное *(животное или растение)*

insect-net [ˈɪnsektnet] сачок для ловли бабочек

insecticide [ɪnˈsektɪsaɪd] средство от насекомых; инсектицид

insection [ɪnˈsekʃən] насечка; надрез

insectivores [ɪnˈsektɪvɔːs] насекомоядные животные

insectology [‚ɪnsekˈtɔləʤɪ] энтомология

insecure [‚ɪnsɪˈkjuə] небезопасный; опасный; ненадежный; неверный; непрочный; негарантированный; сомневающийся; неуверенный

insecurity [‚ɪnsɪˈkjuərɪtɪ] небезопасность; опасность; опасное положение; ненадежность; чувство ненадежности или сомнения

inseminate [ɪnˈsemɪneɪt] оплодотворять; осеменять

insemination [ɪn‚semɪˈneɪʃ(ə)n] оплодотворение

insensate [ɪnˈsenseɪt] неодушевленный; бесчувственный; неразумный; бессмысленный; несмышленый

insensibility [ɪn‚sensəˈbɪlɪtɪ] нечувствительность; потеря сознания; обморочное состояние; равнодушие; апатия; бесчувственность; безразличие; индифферентность; невосприимчивость

insensible [ɪnˈsensəbl] безразличный; невосприимчивый; нечувствительный; равнодушный; потерявший сознание; не сознающий; индифферентный; неотзывчивый; малозаметный; незаметный; неощутимый; неприметный; лишенный смысла; бессознательный; неразличимый

insensibly [ɪnˈsensəblɪ] незаметно; постепенно

insensitive [ɪnˈsensɪtɪv] нечувствительный; лишенный чувствительности; невосприимчивый; равнодушный

insensuous [ɪnˈsensjuəs] неосязаемый; неощутимый

insentient [ɪnˈsenʃɪənt] бесчувственный; неодушевленный

inseparability [ɪn‚sep(ə)rəˈbɪlɪtɪ] нераздельность; неразлучность

inseparable [ɪnˈsep(ə)rəbl] неотделимый; неразделимый; неотъемлемый; неразлучные друзья

insert [ˈɪnsət] — *сущ.* [ɪnˈsəːt] — *гл.* вставка; вкладыш; вклейка; дополнения; вставка в текст; вставлять *(во что-либо, между чем-либо)*; помещать *(в газете)*; вносить исправления, дополнения *(в рукопись)*; наносить *(на карту)*; делать вставку

insertion [ɪnˈsəːʃ(ə)n] вставление; вкладывание; включение; вставка *(в рукописи, в корректуре)*; объявление *(в газете)*; прошивка

inset [ˈɪnset] — *сущ.* [ˈɪnˈset] — *гл.* вкладка; вклейка *(в книге)*; вставка *(в платье и т. п.)*; врезка; вставлять; вкладывать

insetting [ɪnˈsetɪŋ] впечатывание

inseverable [ɪnˈsev(ə)rəbl] неотделимый; неразъединимый; неотъемлемый; неразлучный

inshore [ˈɪnˈʃɔː] прибрежный; близко к берегу; у берега; по направлению к берегу *(со стороны моря)*

insiccation [‚ɪnsɪˈkeɪʃən] высушивание; высыхание

inside [ˈɪnˈsaɪd] внутренняя сторона; внутренность; изнанка; сторона тротуара, удаленная от мостовой; внутренняя сторона *(поворота дороги)*; середина; душа *(разг.)*; мысль; ум; пассажир внутри дилижанса, омнибуса, автобуса и т. п.; секретные сведения; сведения из первоисточника; внутренний; секретный; скрытый; тайный; внутри; внутрь

inside market [ˈɪnsaɪdˈmɑːkɪt] внутренний рынок

inside of [ˈɪnsaɪdˈɔv] в пределах *(разг.)*

inside out [ˈɪnsaɪdˈaut] наизнанку

inside thread [ˈɪnsaɪd|θred] внутренняя резьба

insider [ˈɪnˈsaɪdə] член общества, организации; непосторонний человек; свой человек; хорошо осведомленный, информированный человек

insidious [ɪnˈsɪdɪəs] хитрый; коварный; незаметно подкрадывающийся или подстерегающий

insight [ˈɪnsaɪt] проницательность; способность проникновения в суть; интуиция; осмысление; понимание; постижение; способность разобраться в существе вопроса; ознакомление с материалами дела; догадка; озарение

insightful [ˈɪnsaɪtful] обладающий проницательностью

insignificance [‚ɪnsɪgˈnɪfɪkəns] незначительность; маловажность; несерьезность; ничтожность; бессодержательность

insignificancy [‚ɪnsɪgˈnɪfɪkənsɪ] незначительность; маловажность; несерьезность; ничтожность; бессодержательность

insignificant [‚ɪnsɪgˈnɪfɪkənt] незначительный; несущественный; пустяковый; ничтожный; ничего не выражающий; бессодержательный

insignificantly [‚ɪnsɪgˈnɪfɪkəntlɪ] незначительно; с ничтожным эффектом *(результатом)*

insincere [‚ɪnsɪnˈsɪə] лицемерный; неискренний; притворный

insincerity [‚ɪnsɪnˈserɪtɪ] лживость; лицемерие; неискренность; фальшь

insinuate [ɪnˈsɪnjueɪt] незаметно, постепенно вводить *(во что-либо)*; проникать; пробираться; вкрадываться; втираться; внушать исподволь, намеками; внедряться

insinuating [ɪnˈsɪnjueɪtɪŋ] умеющий добиться расположения, втереться в доверие; вкрадчивый; содержащий намек; вселяющий недоверие

insinuatingly [ɪnˈsɪnjueɪtɪŋlɪ] вкрадчиво; намеками; неопределенно; туманно

insinuation [ɪnˌsɪnjuˈeɪʃ(ə)n] инсинуация; намеки; нашептывание

insipid [ɪnˈsɪpɪd] безвкусный; пресный; скучный; вялый; безжизненный

insipidity [ˌɪnsɪˈpɪdɪtɪ] безвкусие; пресность; бесцветность; безжизненность; вялость

insist [ɪnˈsɪst] настаивать *(на чем-либо)*; настойчиво утверждать; настойчиво требовать

insistence [ɪnˈsɪst(ə)ns] настойчивость; стойкость; упорство; настойчивое требование

insistency [ɪnˈsɪst(ə)nsɪ] настойчивость; стойкость; упорство; настойчивое требование

insistent [ɪnˈsɪst(ə)nt] настойчивый; настоятельный *(о требовании)*; упорный; бросающийся в глаза; необычный; требующий внимания; привлекающий внимание

insobriety [ˌɪnsouˈbraɪətɪ] невоздержанность

insociable [ɪnˈsouʃəl] необщительный

insofar as [ˌɪnsəfɑːrˈæz] постольку поскольку; насколько

insolation [ˌɪnsouˈleɪʃ(ə)n] освещение *(предмета)* лучами солнца или какого-либо искусственного источника света; инсоляция; перегрев на солнце

insole [ˈɪnsoul] стелька

insolence [ˈɪns(ə)ləns] высокомерие; дерзость; наглость; надменность; пренебрежение; нахальство

insolent [ˈɪns(ə)lənt] оскорбительный; дерзкий; наглый; высокомерный; надменный; нахальный

insolubility [ɪnˌsɔljuˈbɪlɪtɪ] нерастворимость; неразрешимость

insoluble [ɪnˈsɔljubl] нерастворимый; неразрешимый

insolvency [ɪnˈsɔlv(ə)nsɪ] несостоятельность; банкротство; неплатежеспособность

insolvent [ɪnˈsɔlv(ə)nt] несостоятельный должник; банкрот; несостоятельный; неплатежеспособный

insomnia [ɪnˈsɔmnɪə] бессонница

insomniac [ɪnˈsɔmnɪæk] человек, страдающий бессонницей

insomnious [ɪnˈsɔmnɪəs] страдающий бессонницей

insomuch [ˌɪnsouˈmʌtʃ] as (that) настолько... что

insouciance [ɪnˈsuːsjəns] беззаботность; безмятежность; безразличие; индифферентность

insouciant [ɪnˈsuːsɪənt] беззаботный; безразличный; индифферентный

inspect [ɪnˈspekt] осматривать; пристально рассматривать; изучать; инспектировать; производить осмотр; обследовать; проверять; просматривать

inspection [ɪnˈspekʃ(ə)n] осмотр; освидетельствование; технический контроль; наблюдение; надзор; самоанализ; проверка; ревизия; таможенный досмотр; изучение; самонаблюдение; инспекция; инспектирование; исследование; обследование; официальное расследование; экспертиза; инспекционный; приемный; приемочный

inspection copy [ɪnˈspekʃ(ə)nˈkɔpɪ] сигнальный экземпляр

inspection hole [ɪnˈspekʃ(ə)nˈhoul] смотровое отверстие

inspector [ɪnˈspektə] инспектор; ревизор; контролер; наблюдатель; надзиратель; надсмотрщик; смотритель; приемщик *(амер.)*; браковщик

inspectorate [ɪnˈspekt(ə)rɪt] инспекция; штат контролеров; должность инспектора, контролера; район, обслуживаемый инспектором, контролером

inspectorial [ˌɪnspekˈtɔːrɪəl] инспекторский; ревизионный

inspiration [ˌɪnspəˈreɪʃ(ə)n] вдох; вдохновение; воодушевление; вдохновляющая идея; озарение; вдохновитель; побуждение; влияние; воздействие; действие; стимулирование; вдыхание; поглощение кислорода растениями

inspirational [ˌɪnspɪˈreɪʃənl] вдохновляющий; воодушевляющий

inspirator [ˈɪnspɪreɪtə] респиратор *(техн.)*

inspire [ɪnˈspaɪə] внушать; вселять *(чувство)*; вдыхать; дышать; стимулировать; вдохновлять; воодушевлять; инспирировать

inspiring [ɪnˈspaɪərɪŋ] вдохновляющий

inspirit [ɪnˈspɪrɪt] вдохнуть *(мужество и т. п.)*; воодушевить; ободрить

inspissate [ɪnˈspɪseɪt] конденсировать(ся); сгущать(ся)

inspissation [ˌɪnspɪˈseɪʃən] уплотнение; сгущение

instability [ˌɪnstəˈbɪlɪtɪ] неустойчивость; непостоянство; нестабильность; неуравновешенность

install [ɪnˈstɔːl] помещать; водворять; устраивать; усаживать; официально вводить в должность; устанавливать *(техн.)*; монтировать; собирать; располагать; размещать

installation [ˌɪnstəˈleɪʃ(ə)n] водворение; устройство на место; оборудование; введение в должность; установка *(техн.)*; сборка; монтаж; система; размещение; расположение

instalment [ɪnˈstɔːlmənt] очередной взнос *(при рассрочке)*; отдельный выпуск; часть тиража; партия *(товаров)*; частичный взнос

instalment credit [ɪnˈstɔːlməntˈkredɪt] кредит с погашением в рассрочку

instance [ˈɪnstəns] пример; отдельный случай; образец; требование; настояние; просьба; инстанция *(юр.)*; приводить в качестве примера; экземпляр; реализация; обстоятельство; производство дела в суде

instancy [ˈɪnstənsɪ] настоятельность; безотлагательность; спешность

instant [ˈɪnstənt] мгновение; миг; момент; настоятельный; упорный; немедленный; мгновенный; безотлагательный; незамедлительный; неотложный; текущий; текущего месяца; растворимый *(кофе, чай и т. п.)*; не требующий длительного приготовления

instant danger to life [ˈɪnstəntˌdeɪndʒəɪtəˈlaɪf] непосредственная угроза жизни

instant print [ˈɪnstəntˈprɪnt] срочное издание

instantaneous [ˌɪnst(ə)nˈteɪnjəs] мгновенный; немедленный

instantiate [ɪnˈstænʃɪeɪt] подтверждать; иллюстрировать примерами

instantly [ˈɪnstəntlɪ] немедленно; тотчас

instar [ˈɪnstɑː] возрастная стадия

instate [ɪnˈsteɪt] вводить в должность; обеспечивать; добиваться *(прав и т. п.)*; присваивать звание; утверждать в правах

instead [ɪnˈsted] вместо; взамен

instep [ˈɪnstep] подъем *(ноги, ботинка)*

instigate [ˈɪnstɪɡeɪt] побуждать; подстрекать; провоцировать; вызывать; раздувать

instigated killer [ˈɪnstɪɡeɪtɪdˈkɪlə] лицо, совершившее убийство по подстрекательству

instigation [ˌɪnstɪˈɡeɪʃ(ə)n] подстрекательство; побуждение; провокация

instigator [ˈɪnstɪɡeɪtə] подстрекатель; провокатор

instil(l) [ɪnˈstɪl] вливать по капле; пускать по капле *(мед.)*; исподволь внушать; вселять *(надежду, страх и т. п.)*

instillation [ˌɪnstɪˈleɪʃ(ə)n] вливание по капле; постепенное внушение *(чего-либо)*

instinct [ˈɪnstɪŋkt] [ɪnˈstɪŋkt] инстинкт; природное чутье; интуиция

instinctive [ɪnˈstɪŋktɪv] бессознательный; инстинктивный; интуитивный; подсознательный

instinctual [ɪnˈstɪŋkʃuəl] инстинктивный; интуитивный; подсознательный

institute [ˈɪnstɪtjuːt] институт; установленный закон; обычай; общество; организация для научной, общественной и др. работы; учреждение; краткосрочные курсы; серия лекций; основы права *(юр.)*; институции; устанавливать; вводить; основывать; учреждать; начинать; назначать *(расследование и т. п.)*; устраивать *(на должность и т. п.)*

institution [ˌɪnstɪˈtjuːʃ(ə)n] установление; учреждение; нечто установленное *(закон, обычай, система)*; общество; учреждение; ведомство; учебное заведение; институт *(общественный)*; назначение священником *(церк.)*; облечение духовной властью; орден *(монашеский)*; объединение

institutional [ˌɪnstɪˈtjuːʃənl] институциональный; относящийся к учреждению; рассчитанный главным образом на создание популярности фирмы, а не на сбыт данной партии товаров *(о рекламе)*; относящийся к лечебным, благотворительным и другим учреждениям; базисный; изначальный; основной

institutionalize [ˌɪnstɪˈtjuːʃənəlaɪz] превращать в институт, установление; наделять законным статусом; учреждать; помещать в больницу или другое лечебное учреждение; помещать в учреждение закрытого типа

institutive [ˈɪnstɪtjuːtɪv] узаконенный; установленный; учрежденный; учреждающий

instruct [ɪnˈstrʌkt] учить; обучать; уведомлять; знакомить адвоката с обстоятельствами дела; поручить ведение дела; инструктировать; информировать; сообщать; отдавать приказ; давать указания

instruction [ɪnˈstrʌkʃ(ə)n] обучение; инструктаж; директива; инструкция; предписание; указание; наказ; приказ; распоряжение

instructional [ɪnˈstrʌkʃənl] тренировочный; учебный

instructional advice [ɪnˈstrʌkʃənlˈədˈvaɪs] инструктаж

instructive [ɪnˈstrʌktɪv] назидательный; поучительный

instructor [ɪnˈstrʌktə] инструктор; руководитель; педагог; преподаватель; учитель; преподаватель высшего учебного заведения *(амер.)*

instrument [ˈɪnstrumənt] инструмент; аппарат; механизм; прибор; орудие; приспособление; музыкальный инструмент; средство; документ *(юр.)*; акт, связанный с приборами; практически осуществлять; проводить в жизнь; инструментовать *(муз.)*; оборудовать приборами

instrument board [ˈɪnstrumənˈbɔːd] приборный щиток

instrument box [ˈɪnstrumənˈbɔks] ящик для инструментов

instrument flying [ˈɪnstrumənˈflaɪɪŋ] слепой полет; полет по приборам *(авиац.)*

instrument housing [ˈɪnstrumənˈhauzɪŋ] корпус прибора

instrument of surrender ['ɪnstrumənt|əv|sə'rendə] акт о капитуляции

instrument room ['ɪnstrumənt|'rum] аппаратная; аппаратный зал (на телеграфе)

instrument shed ['ɪnstrumənt|'ʃed] инвентарный сарай

instrumental [ˌɪnstru'mentl] инструментальный; служащий орудием, средством (для чего-либо); способствующий (чему-либо); полезный; играющий важную роль

instrumentalist [ˌɪnstru'mentəlɪst] инструменталист; музыкант

instrumentality [ˌɪnstrumen'tælɪtɪ] поддержка; помощь; посредство; содействие

instrumentary [ˌɪnstru'mentərɪ] агентство; дочернее предприятие

instrumentation [ˌɪnstrumen'teɪʃ(ə)n] инструментовка (муз.); оборудование инструментами; пользование приборами; осуществление; проведение в жизнь; способ; средство; оснащение инструментами (техн.); оркестровка; манера исполнения

insubmergibility [ˌɪnsəbˌmə:ʤɪ'bɪlɪtɪ] непотопляемость

insubmergible [ˌɪnsəb'mə:ʤəbl] непотопляемый

insubmission [ˌɪnsəb'mɪʃən] непослушание; неповиновение; непокорность; неподчинение

insubmissive [ˌɪnsəb'mɪsɪv] непокорный; неподчиняющийся; неповинующийся

insubordinate [ˌɪnsə'bɔ:dnɪt] не подчиняющийся дисциплине; непокорный

insubordination ['ɪnsəˌbɔ:dɪ'neɪʃ(ə)n] неповиновение; непокорность; нарушение субординации; неподчинение

insubstantial [ˌɪnsəb'stænʃ(ə)l] иллюзорный; нереальный; непрочный; безосновательный; необоснованный; неосновательный

insufferable [ɪn'sʌf(ə)rəbl] невыносимый; несносный

insufficiency [ˌɪnsə'fɪʃ(ə)nsɪ] бедность; недостаточность; нехватка; недостаток; необоснованность

insufficient [ˌɪnsə'fɪʃ(ə)nt] недостаточный; несоответствующий; необоснованный; неудовлетворительный; неполный

insufflate ['ɪnsʌfleɪt] вдувать

insufflation [ˌɪnsʌ'fleɪʃ(ə)n] вдувание

insufflator ['ɪnsʌfleɪtə] аппарат для вдувания (мед.); инжектор для горения (техн.)

insular ['ɪnsjulə] островной; замкнутый; сдержанный; недалекий; ограниченный

insularity [ˌɪnsju'lærɪtɪ] островное положение; замкнутость; сдержанность

insulate ['ɪnsjuleɪt] изолировать; отделить от окружающих; образовывать остров; окружать водой; разобщать (техн.); изолировать (электр.)

insulated ['ɪnsjuleɪtɪd] изолированный; изолируемый

insulating material [ˌɪnsju'leɪtɪŋ|mə'tɪərɪəl] изоляционный материал

insulating tape [ˌɪnsju'leɪtɪŋ|teɪp] изоляционная лента

insulation [ˌɪnsju'leɪʃ(ə)n] изоляция; изоляционный материал

insulator ['ɪnsjuleɪtə] изоляционный материал; изолятор; непроводник; диэлектрик

insulin ['ɪnsjulɪn] инсулин

insulin coma ['ɪnsjulɪn|'koumə] инсулиновый шок

insult ['ɪnsʌlt] — сущ. [ɪn'sʌlt] — гл. оскорбление; обида; выпад; оскорблять; наносить оскорбление; обижать

insulting [ɪn'sʌltɪŋ] оскорбительный; обидный

insuperability [ɪnˌsju:p(ə)rə'bɪlɪtɪ] необоримость; неодолимость; непреодолимость

insuperable [ɪn'sju:p(ə)rəbl] необоримый; неодолимый; непреодолимый

insupportable [ˌɪnsə'pɔ:təbl] невыносимый; несносный; нестерпимый; безосновательный; необоснованный; неоправданный

insurable [ɪn'ʃuərəbl] могущий быть застрахованным

insurance [ɪn'ʃuər(ə)ns] страхование; страховая премия; сумма страхования; страховой полис; облигации и акции, выпущенные страховыми компаниями

insurance agency [ɪn'ʃuər(ə)ns|'eɪʤənsɪ] страховое агентство

insurance company [ɪn'ʃuər(ə)ns|'kʌmpənɪ] страховая компания

insurance contributions [ɪn'ʃuər(ə)ns|ˌkɔntrɪ'bju:ʃənz] страховые взносы

insurance policy [ɪn'ʃuər(ə)ns|'pɔlɪsɪ] страховой полис

insurant [ɪn'ʃuər(ə)nt] застрахованный

insure [ɪn'ʃuə] страховать(ся); застраховывать(ся); гарантировать; обеспечивать

insured [ɪn'ʃuəd] страхователь; застрахованный

insured accident [ɪn'ʃuəd|'æksɪdənt] страховой случай

insured cargo [ɪn'ʃuəd|'ka:gou] застрахованный груз

insured letter [ɪn'ʃuəd|'letə] ценное письмо

insurer [ɪn'ʃuərə] страховое общество; страховщик

insurgency [ɪn'sə:ʤənsɪ] бунт; восстание; мятеж; статус восставшей стороны

insurgent [ɪnˈsəːʤ(ə)nt] повстанец; бунтовщик; мятежник; восставшая сторона; восставший; мятежный

insurmountable [ˌɪnsə(ː)ˈmauntəbl] необоримый; неодолимый; непреодолимый

insurrection [ˌɪnsəˈrekʃ(ə)n] восстание; бунт; мятеж; мятежные действия

insurrectional [ˌɪnsəˈrekʃənl] повстанческий; мятежный

insurrectionary [ˌɪnsəˈrekʃnərɪ] повстанческий; мятежный

insurrectionist [ˌɪnsəˈrekʃnɪst] участник восстания; повстанец; мятежник

insusceptibility [ˈɪnsəˌseptəˈbɪlɪtɪ] иммунитет; иммунность; невосприимчивость; нечувствительность

insusceptible [ˌɪnsəˈseptəbl] нечувствительный; невосприимчивый; недоступный *(чувству)*

inswept [ˈɪnswept] обтекаемый *(техн.)*; сигарообразный; суживающийся

intact [ɪnˈtækt] неповрежденный; сохранный; нетронутый; целый; невредимый

intactile [ɪnˈtæktaɪl] неощутимый; неосязаемый; незримый

intaglio [ɪnˈtɑːlɪou] италия; глубоко вырезанное изображение на отшлифованном камне или металле; глубокая печать *(полигр.)*; вырезать; гравировать

intake [ˈɪnteɪk] поглощение; прием; приток; поступление; прием внутрь; потребление; набор служащих; общее число учащихся, принятых в учебное заведение *(в данном году)*; рекрут; впуск; потребляемая мощность; заборное отверстие; поступление в тюрьму

intangibility [ɪnˌtænʤəˈbɪlɪtɪ] неосязаемость; неуловимость; непостижимость

intangible [ɪnˈtænʤəbl] неосязаемый; неуловимый; непостижимый; нечто неуловимое, непостижимое; нематериальный; выраженный в правах

intangible asset [ɪnˈtænʤəbl ˈæsets] нематериальные активы

integer [ˈɪntɪʤə] нечто целое; целое число *(мат.)*

integral [ˈɪntɪɡr(ə)l] интеграл *(мат.)*; целый; полный; цельный; всеобъемлющий; неотъемлемый; существенный; комплексный; составной; интегральный

integral body frame [ˈɪntɪɡr(ə)l ˈbɔdɪ freɪm] несущий кузов

integral component [ˈɪntɪɡr(ə)l kəmˈpounənt] неотъемлемый компонент

integrality [ˌɪntɪˈɡrælɪtɪ] единство; полнота; целостность; цельность

integrant [ˈɪntɪɡrənt] неотъемлемая часть целого; составляющий элемент целого

integrate [ˈɪntɪɡreɪt] составной; полный; целый; составлять целое; завершать; соединять; интегрировать; объединять; укрупнять; придавать законченный вид; осуществлять расовую интеграцию

integrated [ˈɪntɪɡreɪtɪd] единый; комплексный; всесторонний

integrated book [ˈɪntɪɡreɪtɪd ˈbuk] книга с включенными в текст иллюстрациями

integrated capacitor [ˈɪntɪɡreɪtɪd kəˈpæsɪtə] интегральный конденсатор

integrated circuit [ˈɪntɪɡreɪtɪd ˈsəːkɪt] интегральная схема

integration [ˌɪntɪˈɡreɪʃ(ə)n] объединение; ассимиляция; единое целое; соединение; сведение в единое целое; интеграция; укрупнение; компоновка; комплектация

integration of cases [ˌɪntɪˈɡreɪʃ(ə)n əv ˈkeɪsɪz] объединение дел в одно производство

integrator [ˈɪntɪɡreɪtə] тот, кто интегрирует; интегрирующее устройство

integrifolious цельнолистный

integrity [ɪnˈteɡrɪtɪ] прямота; честность; чистота; неприкосновенность; целостность; высокие моральные качества

integument [ɪnˈteɡjumənt] наружный покров; оболочка; кожа; скорлупа; шелуха; кора

integumentary [ɪnˌteɡjuˈmentərɪ] покровный

intellect [ˈɪntɪlekt] интеллект; разум; рассудок; ум; умственные способности; умнейший человек

intellection [ˌɪntɪˈlekʃ(ə)n] деятельность ума; мышление; познание; понятие; представление; идея

intellective [ˌɪntɪˈlektɪv] интеллектуальный; мыслительный; умственный

intellectual [ˌɪntɪˈlektjuəl] интеллектуальный; мыслительный; умственный; мыслящий; размышляющий; разумный; мыслящий человек; интеллектуал; интеллигент; интеллигенция; творческий работник; интеллигентный

intellectual defect [ˌɪntɪˈlektjuəl dɪˈfekt] умственная неполноценность

intellectual property [ˌɪntɪˈlektjuəl ˈprɔpətɪ] интеллектуальная собственность

intellectuality [ˈɪntɪˌlektjuˈælɪtɪ] интеллектуальность

intelligence [ɪnˈtelɪʤ(ə)ns] интеллект; рассудок; ум; умственные способности; умственное развитие; смышленость; быстрое понимание; понятливость *(животных)*; информация; сведения; разведка; разведывательный; умственный; известия; сообщение; разведывательные данные

intelligence branch [ɪnˈtelɪʤ(ə)ns brɑːntʃ] разведывательная служба

intelligencer [ɪnˈtelɪdʒ(ə)nsə] информатор; осведомитель; тайный агент; шпион

intelligent [ɪnˈtelɪdʒ(ə)nt] понимающий; разумный; умный; восприимчивый; понятливый; смышленый; способный; знающий

intelligentsia [ɪnˌtelɪˈdʒentsɪə] интеллигенция

intelligibility [ɪnˌtelɪdʒəˈbɪlɪtɪ] вразумительность; понятность; доступность понимания; ясность; внятность; интеллигентность

intelligible [ɪnˈtelɪdʒəbl] вразумительный; понятный; ясный

intemperance [ɪnˈtemp(ə)r(ə)ns] несдержанность; невоздержанность; пристрастие к спиртным напиткам; пьянство

intemperate [ɪnˈtemp(ə)rɪt] бурный; необузданный; несдержанный; невоздержанный; склонный к излишествам

intend [ɪnˈtend] намереваться; иметь в виду; иметь намерение; хотеть; собираться; умышлять; направляться; предназначать; обозначать; означать; подразумевать

intended [ɪnˈtendɪd] суженый (жених); суженая (невеста); намеренный; умышленный

intended bodily harm [ɪnˈtendɪdˈbɔdɪlɪˈhɑːm] умышленное причинение телесного повреждения

intended killer [ɪnˈtendɪdˈkɪlə] лицо, совершившее умышленное убийство

intendment [ɪnˈtendmənt] намерение; понимание

intense [ɪnˈtens] крепкий; сильный; устойчивый; интенсивный; чрезмерный; напряженный; ревностный; яркий (о свете); впечатлительный; эксцентричный

intense ardour [ɪnˈtensˈɑːdə] сильное рвение

intense hatred [ɪnˈtensˈheɪtrɪd] жгучая ненависть

intense interest [ɪnˈtensˈɪntrɪst] живой интерес

intenseness [ɪnˈtensnɪs] сила; насыщенность; напряжение; напряженность

intensification [ɪnˌtensɪfɪˈkeɪʃ(ə)n] интенсификация; укрепление; усиление; усилие; напряжение

intensifier [ɪnˈtensɪfaɪə] усилитель; подсвечивающее устройство

intensify [ɪnˈtensɪfaɪ] усиливать(ся); ускорять

intension [ɪnˈtenʃ(ə)n] напряжение; усилие; напряженность; интенсивность; сила

intensity [ɪnˈtensɪtɪ] интенсивность; напряженность; мощность; сила; энергичность; яркость; глубина (краски и т. п.); степень; величина; энергия

intensity level [ɪnˈtensɪtɪˈlevl] уровень интенсивности

intensive [ɪnˈtensɪv] интенсивный; напряженный; усиленный; тщательный; глубокий

intensive bombardment [ɪnˈtensɪvˈbɔmˈbɑːdmənt] массированная бомбардировка

intent [ɪnˈtent] намерение; цель; умысел; значение; смысл; полный решимости; настойчиво стремящийся (к чему-либо); склонный (к чему-либо); погруженный (во что-либо); занятый (чем-либо); внимательный; пристальный; сосредоточенный; вынашивать намерение (умысел)

intention [ɪnˈtenʃ(ə)n] умысел; стремление; цель; желание; замысел; намерение; идея (филос.); понятие

intentional [ɪnˈtenʃənl] намеренный; преднамеренный; умышленный

intentionally [ɪnˈtenʃnəlɪ] намеренно; умышленно

intentness [ɪnˈtentnɪs] заботливость; напряженное внимание; тщательность

inter [ɪnˈtɜː] предавать земле; хоронить

inter- [ˈɪntə(ː)-] меж-; между-; среди; пере-; взаимо-

inter-departmental commission [ˈɪntəˌdiːpɑːtˈmentlkəˈmɪʃən] межведомственная комиссия

inter-library [ˌɪntə(ː)ˈlaɪbrərɪ] межбиблиотечный

interact [ˌɪntərˈækt] взаимодействовать; находиться во взаимодействии; действовать; воздействовать; влиять друг на друга; интермедия; антракт

interaction [ˌɪntərˈækʃ(ə)n] взаимодействие; взаимное влияние; взаимосвязь

interactive [ˌɪntərˈæktɪv] воздействующие друг на друга; согласованный; интерактивный; взаимодействующий; диалоговый; взаимосвязанный

interagency [ˌɪntərˈeɪdʒənsɪ] межведомственный

interallied [ˈɪntərəˈlaɪd] (меж)союзнический

interatomic [ˈɪntərəˈtɔmɪk] внутриатомный

interbrain [ˈɪntəbreɪn] промежуточный мозг

interbranchial [ˌɪntəˈbræŋkɪəl] межжаберный

interbreeding [ˌɪntəˈbriːdɪŋ] самоопыление

intercalary [ɪnˈtɜːkələrɪ] прибавленный для согласования календаря с солнечным годом (день 29 февраля); вставленный

intercalate [ɪnˈtɜːkəleɪt] прибавлять; вставлять

intercalation [ɪnˌtɜːkəˈleɪʃ(ə)n] вложение; вставка; помещение; прибавление

intercede [ˌɪntə(ː)ˈsiːd] заступаться; ходатайствовать; посредничать

intercellular [ˌɪntəˈseljulə] межклеточный

intercept [ˈɪntə(ː)sept] — сущ. [ˌɪntə(ː)ˈsept] — гл. перехват; перехватить; прерывать; выключать (свет, ток, воду); останавливать; задерживать; отрезать; отсекать; выделять; преградить путь; помешать; отсекаемый отрезок прямой; отделять двумя точками отрезок на линии

interception [ˌɪntə(ː)ˈsepʃ(ə)n] перехватывание; перехват; преграждение; барьер; преграда; препятствие; подслушивание (телефонных разговоров)

interceptor [ˌɪntəˈseptə] истребитель-перехватчик *(авиац.)*; интерцептор

intercession [ˌɪntəˈseʃ(ə)n] заступничество; ходатайство; посредничество; интерцессия

intercessor [ˌɪntəˈsesə] заступник; ходатай; посредник

intercessory [ˌɪntəˈsesərɪ] заступнический; ходатайствующий

interchain [ˌɪntə(:)ˈtʃeɪn] сковывать; связывать одной цепью

interchange [ˈɪntə(:)tʃeɪndʒ] — *сущ.* [ˌɪntə(:)ˈtʃeɪndʒ] — *гл.* обмен; альтернирование; смена; чередование; перестановка; обмениваться; заменять*(ся)*; чередовать*(ся)*; сменять; менять местами; переставлять; транспортная развязка

interchangeable [ˌɪntə(:)ˈtʃeɪndʒəbl] взаимозаменяемый; заменяемый; перестановочный; чередующийся

interchanger [ˌɪntəˈtʃeɪndʒə] обменник

intercity [ˈɪntə(:)ˈsɪtɪ] междугородный

intercity traffic [ˈɪntə(:)sɪtɪ|ˈtræfɪk] междугородное сообщение

intercity transport [ˈɪntə(:)sɪtɪ|ˈtrænspɔ:t] междугородный транспорт

intercity travels [ˈɪntə(:)sɪtɪ|ˈtrævlz] междугородное движение

intercollegiate [ˈɪntə(:)kəˈlɪdʒɪɪt] межуниверситетский

intercolonial [ˈɪntə(:)kəˈlounjəl] межколониальный

intercom [ˈɪntə(:)kɔm] внутренняя телефонная/селекторная связь *(в самолете, танке и т. п.)*

intercommunicate [ˌɪntə(:)kəˈmju:nɪkeɪt] общаться; иметь связь; сообщаться *(между собой)*; разговаривать друг с другом

intercommunication [ˈɪntə(:)kəˌmju:nɪˈkeɪʃ(ə)n] общение; сношение; беседа; интервью; собеседование; двухсторонняя связь; сообщение; тесное общение

intercommunion [ˌɪntə(:)kəˈmju:njən] тесное общение; взаимодействие

intercommunity [ˌɪntə(:)kəˈmju:nɪtɪ] общность; совместное владение *(чем-либо)*

intercondenser [ˌɪntəkənˈdensə] промежуточный конденсатор

interconnect [ˈɪntə(:)kəˈnekt] связывать*(ся)*

interconnection [ˈɪntə(:)kəˈnekʃən] взаимосвязь; взаимозависимость; соединение; схема соединения

intercontinental [ˈɪntə(:)ˌkɔntɪˈnentl] межконтинентальный

interconvertible [ˌɪntə(:)kənˈvə:tɪbl] взаимообратимый; взаимопревращаемый

intercooler [ˌɪntəˈku:lə] холодильник

intercorporate acquisition [ˌɪntəˈkɔ:pərɪt|ˌækwɪˈzɪʃən] приобретение корпорацией других корпораций

intercostal [ˌɪntə(:)ˈkɔstl] прерывистый; разрезной

intercourse [ˈɪntə(:)kɔ:s] общение; общественные связи или отношения; связь; половое сношение; деловая связь

intercross [ˌɪntə(:)ˈkrɔs] взаимно пересекаться; скрещивать*(ся)* *(о разных породах)*

intercut [ˌɪntəˈkʌt] обрывать; прекращать; прерывать

interdental [ˈɪntə(:)ˈdentl] межзубный

interdepartmental [ˈɪntə(:)ˌdi:pɑ:tˈmentl] межведомственный

interdepend [ˌɪntə(:)dɪˈpend] зависеть друг от друга

interdependence [ˌɪntə(:)dɪˈpendəns] взаимосвязь; взаимозависимость

interdict [ˈɪntə(:)dɪkt] — *сущ.* [ˌɪntə(:)ˈdɪkt] — *гл.* запрет; запрещение; отлучение; интердикт; запрещать; лишать права пользования; отрешать от должности; удерживать *(от чего-либо)*; лишить дееспособности

interdicted [ˌɪntə(:)ˈdɪktɪd] запрещенный; лишенный дееспособности

interdiction [ˌɪntə(:)ˈdɪkʃ(ə)n] запрещение; *(церк.)* отлучение; запрет; лишение дееспособности

interdictory [ˌɪntə(:)ˈdɪktərɪ] запрещающий; воспрещающий; запретительный

interdisciplinary [ˌɪntəˌdɪsɪˈplɪnərɪ] междисциплинарный

interest [ˈɪntrɪst] заинтересованность; интерес; выгода; польза; преимущество; доля; стремление; потребность; имущественное право; процентный доход; участие в прибылях; увлечение *(чем-либо)*; важность; значение; влияние *(на кого-либо)*; группа лиц, имеющих общие интересы; проценты *(на капитал)*; интересовать; заинтересовывать

interest charges [ˈɪntrɪst|ˈtʃɑ:dʒɪz] процентные начисления *(фин.)*; расходы по уплате процентов; процент по займам

interest date [ˈɪntrɪst|deɪt] срок уплаты процентов

interest debt [ˈɪntrɪst|det] долг по процентам

interest warrant [ˈɪntrɪst|ˈwɔrənt] процентный купон

interest-bearing [ˈɪntrɪstˈbeərɪŋ] процентный *(о ценных бумагах)*

interest-free [ˈɪntrɪstfri:] беспроцентный

interested [ˈɪntrɪstɪd] заинтересованный; предвзятый; предубежденный; небеспристрастный; пристрастный; тенденциозный; корыстный; корыстолюбивый; меркантильный

interested witness ['ıntrıstıd|'wıtnıs] пристрастный свидетель

interesting ['ıntrıstıŋ] интересный

interface [,ıntəfeıs] интерфейс; место стыковки; поверхность раздела; граница раздела; соединять *(компьют.)*; связывать с компьютером; служить средством связи; сопрягать программы

interfere [,ıntə'fıə] мешать; препятствовать; надоедать; вмешиваться; сталкиваться *(об интересах, мнениях и т.д.)*; быть помехой, преградой и т.д.

interference [,ıntə'fıər(ə)ns] вмешательство; помеха; препятствие; радиопомехи; интерференция; взаимное влияние; столкновение патентных притязаний

interfering [,ıntə'fıərıŋ] мешающий; назойливый

interferon [,ıntə'fı(ə)rən] интерферон

interfertile [,ıntə'fə:taıl] способный скрещиваться с другим определенным видом

interflow ['ıntə(:)flou][,ıntə(:)'flou] объединение; слияние; сращивание; объединяться; сливаться; соединяться

interfluent ['ıntə(:)flu:ənt] сливающийся; протекающий между

interfluve [,ıntə'flu:v] междуречье

interfuse [,ıntə(:)'fju:z] перемешивать(ся); смешивать(ся)

interfusion [,ıntə(:)'fju:ʒ(ə)n] перемешивание; смесь; состав

intergeneric [,ıntədʒı'nerık] межродовой

intergovernmental ['ıntəgʌvən'mentl] межправительственный; межгосударственный

intergrowth ['ıntəgrouθ] прорастание; срастание

interim ['ıntərım] промежуток времени; временный; промежуточный; предварительный

interim measure ['ıntərım|'meʒə] временная мера

interim order ['ıntərım|'ɔ:də] временное распоряжение

interinhibitive [,ıntərın'hıbıtıv] взаимотормозящий

interior [ın'tıərıə] внутренность; внутренняя сторона; внутренние районы страны; глубокий тыл; внутренние дела *(государства)*; интерьер; внутренний

interior angle [ın'tıərıə|'æŋgl] внутренний угол

interior light [ın'tıərıə|laıt] освещение кабины

interjacent [,ıntə(:)'dʒeısnt] лежащий между; промежуточный; переходный

interjaculate [,ıntə(:)'dʒækjuleıt] вставлять *(замечание)*; перебивать *(восклицаниями)*

interject [,ıntə(:)'dʒekt] вставлять *(замечание)*

interjection [,ıntə(:)'dʒekʃ(ə)n] восклицание; междометие *(грам.)*; возглас; вмешательство; перебивание

interlace [,ıntə(:)'leıs] переплетать; сплетать

interlacement [,ıntə(:)'leısmənt] переплетение; соединение; сплетение

interlamellar [,ıntə'læmələ] межпластинчатый

interlard [,ıntə(:)'la:d] уснащать; пересыпать *(речь, письмо иностранными словами и т. п.)*

interlayer [,ıntə'leıə] прослойка; промежуточный слой

interleaf ['ıntəli:f] прокладка из белой бумаги *(между листами книги)*

interleave [,ıntə(:)'li:v] прокладывать белую бумагу *(между листами книги)*; прослаивать

interline ['ıntə(:)laın][,ıntə(:)'laın] интерлиньяж; вписывать между строк

interline flicker ['ıntə(:)laın|'flıkə] мерцание строк

interlinear [,ıntə(:)'lınıə] междустрочный; подстрочный

interlinear space [,ıntə'lınıə|'speıs] интерлиньяж

interlineation ['ıntə(:),lını'eıʃ(ə)n] приписка; вставка между строк

interlingua [,ıntə'lıŋgwə] язык-посредник

interlink [,ıntə(:)'lıŋk] тесно связывать; сцеплять

interlock [,ıntə(:)'lɔk] блокировка; дверной выключатель; блокировочное устройство; соединять(ся); сцеплять(ся); смыкаться; блокировать *(техн.)*

interlocking device [,ıntə(:)'lɔkıŋ|dı'vaıs] блокировочное устройство

interlocution [,ıntə(:)lou'kju:ʃ(ə)n] беседа; диалог; разговор; собеседование

interlocutor [,ıntə(:)'lɔkjutə] собеседник

interlocutory [,ıntə(:)'lɔkjutərı] носящий характер беседы, диалога; промежуточный; временный; подготовительный; предварительный; предшествующий; неокончательный

interlocutress [,ıntə(:)'lɔkjutrıs] собеседница

interlope [,ıntə(:)'loup] вмешиваться в чужие дела; заниматься контрабандой

interloper ['ıntə(:)loupə] человек, вмешивающийся в чужие дела; торговец, нарушающий чужую монополию

interlude ['ıntə(:)lu:d] антракт; промежуточный эпизод; интерлюдия *(муз.)*

intermarriage [,ıntə'mærıdʒ] смешанный брак; брак между родственниками

intermarry ['ıntə(:)'mærı] породниться; смешаться путем брака *(о расах, племенах)*; вступить в брак друг с другом; вступить в брак с родственником

intermediary [,ıntə(:)'mi:djərı] посредник; посреднический; промежуточный; торговое посредничество

intermediate [,ıntə(:)'mi:djət] промежуточное звено; посредник; посредничать; промежуточный;

вспомогательный; добавочный; дополнительный; средний; посреднический

intermediate bearing [ˌɪntə(ː)ˈmiːdjət|ˈbeərɪŋ] промежуточный подшипник

intermediation [ˈɪntə(ː)ˌmiːdɪˈeɪʃ(ə)n] посредничество; вмешательство

intermediator [ˌɪntə(ː)ˈmiːdɪeɪtə] посредник

intermedium [ˌɪntə(ː)ˈmiːdjəm] средство сообщения, передачи; связующее звено; посредство

interment [ɪnˈtəːmənt] погребение

intermezzo [ˌɪntə(ː)ˈmetsou] интермедия

interminable [ɪnˈtəːmɪnəbl] бесконечный; вечный

intermingle [ˌɪntə(ː)ˈmɪŋgl] смешивать(ся); перемешивать(ся); общаться

intermission [ˌɪntə(ː)ˈmɪʃ(ə)n] задержка; остановка; пауза; перерыв; перебой; антракт; перемена (в школе); промежуток между приступами болезни

intermit [ˌɪntə(ː)ˈmɪt] остановить(ся) на время; прервать(ся)

intermittent [ˌɪntə(ː)ˈmɪt(ə)nt] прерывистый; блуждающий; неустойчивый; пульсирующий; периодический; скачкообразный; перемежающийся

intermix [ˌɪntə(ː)ˈmɪks] перемешивать(ся); смешивать(ся)

intermixture [ˌɪntə(ː)ˈmɪkstʃə] смешение; смесь; примесь

intern [ˈɪntəːn] — прил. [ɪnˈtəːn] — гл. интернированный; интернировать

internal [ɪnˈtəːnl] внутренний; духовный; душевный; сокровенный; качества; свойства

internal bleeding [ɪnˈtəːnl|ˈbliːdɪŋ] внутреннее кровотечение

internal combustion [ɪnˈtəːnl|kəmˈbʌstʃən] внутреннее сгорание

internal document [ɪnˈtəːnl|ˈdɔkjumənt] служебный документ

internal market [ɪnˈtəːnl|ˈmaːkɪt] внутренний рынок

internal pressure [ɪnˈtəːnl|ˈpreʃə] внутреннее давление

internal thread [ɪnˈtəːnl|ˈθred] внутренняя резьба

internal-combustion engine [ɪnˈtəːnlkəm.bʌstʃ(ə)n|ˈenʤɪn] двигатель внутреннего сгорания

internalize [ɪnˈtəːnəlaɪz] усваивать

internally [ɪnˈtəːnəlɪ] внутренне

internals [ɪnˈtəːnlz] внутренние органы

international [ˌɪntə(ː)ˈnæʃənl] интернациональный; международный; межгосударственный

international administration [ˌɪntə(ː)ˈnæʃənl|əd.mɪnɪsˈtreɪʃən] международная администрация

international committee [ˌɪntə(ː)ˈnæʃənl|kəˈmɪtɪ] международный комитет

international contract [ˌɪntə(ː)ˈnæʃənl|ˈkɔntrækt] внешнеторговая сделка

international cooperation [ˌɪntə(ː)ˈnæʃənl|kou.ɔpəˈreɪʃən] международное сотрудничество

international language [ˌɪntə(ː)ˈnæʃənl|ˈlæŋgwɪʤ] международный язык

international lawyer [ˌɪntə(ː)ˈnæʃənl|ˈlɔːjə] специалист по международному праву

international television link [ˌɪntə(ː)ˈnæʃənl|ˈtelɪˌvɪʒən|lɪŋk] международный канал изображения

international traffic [ˌɪntə(ː)ˈnæʃənl|ˈtræfɪk] международное сообщение (транспортное, коммуникационное и др.)

international treaty [ˌɪntə(ː)ˈnæʃənl|ˈtriːtɪ] международный договор

international waters [ˌɪntə(ː)ˈnæʃənl|ˈwɔːtəz] международные воды

Internationale [ˌɪntənæʃəˈnaːl] Интернационал (гимн)

internationalization [ˌɪntənæʃənəlaɪˈzeɪʃən] интернационализация

internationalize [ˌɪntə(ː)ˈnæʃnəlaɪz] делать интернациональным; ставить под контроль различных государств (о территории, стране); интернационализировать

internecine [ˌɪntə(ː)ˈniːsaɪn] междоусобный; разрушительный; смертоносный

internecine feud [ˌɪntə(ː)ˈniːsaɪn|ˈfjuːd] междоусобная вражда

internecine war [ˌɪntə(ː)ˈniːsaɪn|ˈwɔː] междоусобная война

internee [ˌɪntəːˈniː] интернированный; интернированное лицо

Internet [ˈɪntənet] Интернет; международная компьютерная сеть (компьют.)

internist [ɪnˈtəːnɪst] терапевт (амер.)

internment [ɪnˈtəːnmənt] интернирование

interpellate [ɪnˈtəːpeleɪt] делать запрос

interpellation [ɪnˌtəːpəˈleɪʃən] запрос

interpenetrate [ˌɪntə(ː)ˈpenɪtreɪt] глубоко проникать; наполнять собою; взаимопроникать

interpenetration [ˌɪntəpenɪˈtreɪʃən] взаимопроникновение

interpenetrative [ˌɪntə(ː)ˈpenɪtrətɪv] взаимопроникающий

interpersonal [ˌɪntəpəːsənl] межличностный

interplanetary [ˌɪntə(ː)ˈplænɪt(ə)rɪ] межпланетный

interplanetary vehicle [ˌɪntə(ː)ˈplænɪt(ə)rɪ|ˈviːɪkl] межпланетный корабль

interplay ['ɪntə(:)'pleɪ] взаимодействие; взаимодействовать

interpolate [ɪn'tə:pouleɪt] делать вставки в текст чужой рукописи (*умышленно или ошибочно*); вставлять слова; замечания; интерполировать

interpolation [ɪn,tə:pou'leɪʃən] вставка в готовый документ; интерполяция

interpose [,ɪntə(:)'pouz] вставлять; вводить; ставить между; посредничать; выдвигать; выставлять; прерывать (*замечанием, вводными словами*); становиться между; вклиниваться; вмешиваться; выступать с демаршем

interposition [ɪn,tə:pə'zɪʃ(ə)n] демарш; введение между; нахождение между; вмешательство; посредничество; дипломатическое выступление

interpret [ɪn'tə:prɪt] объяснять; толковать (*закон*); интерпретировать; понимать; переводить (*устно*); быть переводчиком (*устным*)

interpretation [ɪn,tə:prɪ'teɪʃ(ə)n] интерпретация; истолкование; объяснение; расшифровка; толкование; трактовка; перевод (*устный*); дешифрирование (*воен.*); обработка данных

interpretative [ɪn'tə:prɪtətɪv] объяснительный; пояснительный; содержащий толкование

interpreter [ɪn'tə:prɪtə] интерпретатор; истолкователь; переводчик (*устный*)

interreaction [,ɪntərɪ'ækʃən] взаимодействие

interregional [,ɪntə'ri:dʒənəl] межрегиональный

interregnum [,ɪntə'regnəm] междуцарствие; междувластие; интервал; перерыв

interrelate [,ɪntərɪ'leɪt] устанавливать взаимосвязь или контакт

interrelation ['ɪntə(:)rɪ'leɪʃ(ə)n] взаимоотношение; взаимосвязь; соотношение

interrelationship ['ɪntə(:)rɪ'leɪʃ(ə)nʃɪp] взаимная связь; взаимное родство; соответствие

interrogate [ɪn'terougeɪt] осведомляться; справляться; спрашивать; допрашивать

interrogation [ɪn,terou'geɪʃ(ə)n] вопрос; допрос; вопросительный знак

interrogative [,ɪntə'rɔgətɪv] вопросительный

interrogator [ɪn'terougeɪtə] опрашивающий; следователь; лицо, ведущее допрос

interrogatory [,ɪntə'rɔgətrɪ] письменный опрос сторон или свидетелей

interrogatory [,ɪntə'rɔgət(ə)rɪ] вопрос; допрос; опросный лист (*для показаний*); вопросительный; перечень вопросов для допроса

interrupt [,ɪntə'rʌpt] обрывать; прекращать; прерывать; вмешиваться (*в разговор и т. п.*); мешать; преграждать; препятствовать; нарушать; выключать

interrupted [,ɪntə'rʌptɪd] прерванный; прерывистый; с просветами; редкий

interrupter [,ɪntə'rʌptə] прерыватель

interruption [,ɪntə'rʌpʃ(ə)n] перерыв; прерывание; заминка; задержка; барьер; нарушение; помеха; прекращение; приостановка; вмешательство; препятствие

intersect [,ɪntə(:)'sekt] пересекать(ся); перекрещивать(ся); скрещивать(ся); делить на части; рассекать; делать засечку

intersection [,ɪntə(:)'sekʃ(ə)n] перекрещивание; пересечение; скрещение; точка (*линия*) пересечения; перекресток; засечка

intersegmental [,ɪntə'segməntəl] расположенный между сегментами

intersidereal [,ɪntə(:)saɪ'dɪərɪəl] межзвездный

interspace ['ɪntə(:)'speɪs] промежуток; интервал; делать промежутки; отделять промежутками; заполнять промежутки

interspecific [,ɪntəspə'sɪfɪk] межвидовой

interspecific competition [,ɪntəspə'sɪfɪk,kɔmpɪ'tɪʃən] межвидовая борьба

intersperse [,ɪntə(:)'spə:s] разбрасывать; рассыпать (*среди, между*); пересыпать; покрывать; усеивать; усыпать; разнообразить; вставлять в промежутки

interstage ['ɪntəsteɪdʒ] промежуток; промежуточный

interstate ['ɪntə(:)'steɪt] межштатный; расположенный между штатами; межгосударственный

interstellar ['ɪntə(:)'stelə] межзвездный

interstice [ɪn'tə:stɪs] промежуток; расщелина; щель; перегородка

interstitial [,ɪntə(:)'stɪʃəl] образующий трещины, щели; промежуточный

intertill [,ɪntə(:)'tɪl] пропахивать (*с.-х.*)

intertribal [,ɪntə(:)'traɪb(ə)l] межплеменной

intertwine [,ɪntə(:)'twaɪn] переплетать(ся); сплетать(ся); закручиваться; скручиваться

interval ['ɪntəv(ə)l] интервал; отрезок; промежуток; расстояние; пауза; перерыв; перемена; антракт; делить на отрезки

intervalometer [,ɪntəvə'lɔmɪtə] таймер

intervene [,ɪntə(:)'vi:n] вмешиваться; вступаться; происходить; иметь место (*за какой-либо период времени*); находиться; лежать между; явиться помехой; помешать; осуществлять интервенцию; вступать в процесс

intervenor [,ɪntə'vi:nə] сторона, вступающая в процесс

intervention [,ɪntə(:)'venʃ(ə)n] интервенция; вмешательство; вступление в процесс

interventionist [,ɪntə(:)'venʃənɪst] интервент; сторонник интервенции

interview ['ɪntəvju:] деловое свидание; встреча; сеанс психоанализа; опрос; беседа; интервью; иметь беседу; опрашивать; интервьюировать

interviewee [,ɪntəvju(:)'i:] интервьюируемый; дающий интервью

interviewer ['ɪntəvju:ə] опрашивающий; интервьюер

interweave [,ɪntə(:)'wi:v] воткать; заткать; сплетать; переплетать; вплетать

interweaving lane [,ɪntə(:)'wi:vɪŋ|'leɪn] полоса дороги для разгона

interwound [,ɪntə'waund] переплетенный; закрученный; скрученный

interzonal [,ɪntə(:)'zounl] межзональный

intestability [ɪn,testə'bɪlɪtɪ] неспособность быть свидетелем в суде

intestacy [ɪn'testəsɪ] отсутствие завещания; имущество, наследство, оставленное без завещания

intestate [ɪn'testɪt] человек, умерший без завещания

intestinal [ɪn'testɪnl] кишечный

intestine [ɪn'testɪn] кишечник; кишка; кишки; кишечный тракт; внутренний; междоусобный

intimacy ['ɪntɪməsɪ] тесная связь; близость; интимность

intimate ['ɪntɪmɪt] — сущ., прил. ['ɪntɪmeɪt] — гл. близкий друг; интимный; личный; персональный; близкий; тесный; хорошо знакомый; внутренний; сокровенный; однородный (о смеси); объявлять; ставить в известность; намекать; подразумевать; мельком упоминать

intimation [,ɪntɪ'meɪʃ(ə)n] сообщение; указание; аллюзия; намек

intimidate [ɪn'tɪmɪdeɪt] пугать; запугивать; устрашать

intimidation [ɪn,tɪmɪ'deɪʃ(ə)n] запугивание; устрашение; запуганность; страх

intimity [ɪn'tɪmɪtɪ] интимность

into ['ɪntu] — полная форма, ['ɪntə] — сокр. форма; *указывает на движение или направление внутрь, в сферу или область чего-либо:* в(о); на; *указывает на достижение какого-либо предмета; столкновение с каким-либо предметом:* в(о); *указывает на движение во времени:* в; к; *указывает на включение в категорию, список и т. п.:* в; *указывает на переход в новую форму, иное качество или состояние:* в(о); на; до

into the bargain ['ɪntə|ðə|'ba:gɪn] в придачу; к тому же

intolerable [ɪn'tɔl(ə)rəbl] невыносимый; нестерпимый

intolerance [ɪn'tɔlər(ə)ns] нетерпимость; невыносимость; неустойчивость

intolerant [ɪn'tɔlər(ə)nt] невыносимый; нетерпимый; невыносливый

intonation [,ɪntou'neɪʃ(ə)n] интонация; модуляция *(голоса)*; произнесение нараспев; чтение речитативом; зачин *(в церковной музыке)*

intone [ɪn'toun] интонировать; модулировать *(голос)*; исполнять речитативом; произносить нараспев; запевать; петь первые слова

intorted [ɪn'tɔ:tɪd] перевитой; закрученный внутрь

intoxicant [ɪn'tɔksɪkənt] опьяняющий напиток; отравляющее вещество; опьяняющий

intoxicate [ɪn'tɔksɪkeɪt] опьянять; возбуждать; отравлять *(мед.)*

intoxicated [ɪn'tɔksɪkeɪtɪd] находящийся в состоянии интоксикации *(опьянения)*

intoxicated killer [ɪn'tɔksɪkeɪtɪd|'kɪlə] лицо, совершившее убийство в состоянии опьянения

intoxication [ɪn,tɔksɪ'keɪʃ(ə)n] опьянение; упоение; интоксикация; отравление; возбуждение; увлечение; упоение

intra- ['ɪntrə-] внутри-; интра-; на внутренней стороне

intracranial [,ɪntrə'kreɪnɪəl] внутричерепной

intractability [ɪn,træktə'bɪlɪtɪ] неподатливость; несговорчивость; упрямство; трудность *(воспитания, обработки почвы, лечения болезни)*

intractable [ɪn'træktəbl] неподатливый; непокорный; упрямый; несговорчивый; трудновоспитуемый; труднообрабатываемый; трудноизлечимый; непослушный

intramural ['ɪntrə'mjuər(ə)l] находящийся *(происходящий)* в стенах *(или в пределах)* города; дома и.т. п.; очный *(об обучении)*

intransigence [ɪn'trænsɪʤəns] непримиримость

intransigent [ɪn'trænsɪʤ(ə)nt] непримиримый республиканец; политический деятель, не идущий на компромисс; непреклонный; непримиримый; несгибаемый; суровый

intransitive [ɪn'trænsɪtɪv] непереходный *(о глаголе)* *(грам.)*

intransmissible [,ɪntræns'mɪsəbl] не передаваемый *(на расстояние)*

intrant ['ɪntrənt] вступающий *(в должность, во владение имуществом и т. п.)*; поступающий *(в высшее учебное заведение)*

intraocular [,ɪntrə'ɔkjulə] внутриглазной

intraspecific competition
[,ɪntrəspə'sɪfɪk|,kɔmpɪ'tɪʃən] внутривидовая борьба

intrauterine [,ɪntrə'ju:tərɪn] внутриматочный

intravital [,ɪntrə'vaɪtl] прижизненный

intrepid [ɪn'trepɪd] бесстрашный; неустрашимый

intrepidity [,ɪntrɪ'pɪdɪtɪ] отвага; смелость; храбрость

intricacy ['ɪntrɪkəsɪ] запутанность; сложность; беспорядок; лабиринт

intricate ['ɪntrɪkɪt] сложный; запутанный; перепутанный

intriguant ['ɪntrɪgənt] заговорщик; интриган

intrigue [ɪn'tri:g] интрига; тайные происки; интриговать; строить козни; заинтересовать; заинтриговать

intriguing [ɪn'tri:gɪŋ] интригующий; строящий козни; ставящий в тупик; занимательный; увлекательный

intrinsic [ɪn'trɪnsɪk] внутренний; врожденный; присущий; свойственный; важный; значительный; существенный; наследственный; действительный; подлинный; прирожденный

intrinsic competition [ɪn'trɪnsɪk,kɔmpɪ'tɪʃən] прямая конкуренция

intro- ['ɪntrou-, 'ɪntrə-] внутри-; интро-

introduce [,ɪntrə'dju:s] вставлять; вводить; привносить; применять; знакомить; представлять; вносить на рассмотрение; предварять; предпосылать; интродуцировать; внедрять изобретение; учреждать; вводить в оборот

introduced law [,ɪntrə'dju:st|'lɔ:] внесенный законопроект

introduction [,ɪntrə'dʌkʃ(ə)n] введение; внесение на рассмотрение; нововведение; (официальное) представление; предисловие; предуведомление; рекомендательное письмо; введение в оборот

introductory [,ɪntrə'dʌkt(ə)rɪ] вводный; вступительный; начальный

introductory note [,ɪntrə'dʌkt(ə)rɪ|nout] введение

introjection [,ɪntrə'dʒekʃən] отождествление себя с другим

intromission [,ɪntrou'mɪʃ(ə)n] впуск; допущение; вхождение

introspect [,ɪntrou'spekt] смотреть внутрь; вникать; заниматься самонаблюдением, самоанализом

introspection [,ɪntrou'spekʃ(ə)n] самоанализ (псих.); самонаблюдение

introversible [,ɪntrou'və:sɪbəl] сосредоточенный на себе; обращенный внутрь

introvert ['ɪntrouvə:t] — сущ. [,ɪntrou'və:t] — гл. человек, сосредоточенный на своем внутреннем мире; сосредоточиваться на самом себе

intrude [ɪn'tru:d] вторгаться; входить без приглашения, разрешения; навязывать(ся); быть назойливым; внедрять(ся); вмешиваться; нарушать; посягать

intruder [ɪn'tru:də] навязчивый, назойливый человек; незваный гость; самозванец; нарушитель; вторгающийся

intrusion [ɪn'tru:ʒ(ə)n] вторжение; появление без приглашения; вмешательство; нарушение; посягательство; навязывание себя, своих мнений и т. п.

intrusive [ɪn'tru:sɪv] навязчивый; назойливый

intrust [ɪn'trʌst] поручать; возлагать; вверять

intuit [ɪn'tju:t] постигать интуитивно, внутренним чутьем

intuition [,ɪntju(:)'ɪʃ(ə)n] интуиция; чутье

intuitional [,ɪntju(:)'ɪʃənl] интуитивный; подсознательный; обладающий интуицией

intumescence [,ɪntju(:)'mesns] припухлость; распухание

inturn [ɪn'tə:n] вворачиваться

inula девясил (бот.)

inunction [ɪ'nʌŋkʃ(ə)n] втирание (мед.); мазь; помазание (церк.)

inundate ['ɪnʌndeɪt] затоплять; наводнять; осыпать; наполнять

inundation [,ɪnʌn'deɪʃ(ə)n] наводнение; паводок; подъем воды; наплыв; приток; скопление воды; затопление

inurbane [,ɪnə:'beɪn] неизящный; лишенный изысканности; грубый; невежливый; нелюбезный

inure [ɪ'njuə] прививать; приучать; тренировать; вступать в силу (юр.); становиться действительным; служить; идти на пользу; иметь юридическое действие

inurement [ɪ'njuəmənt] приучение; практика; привычка

inurnment [ɪ'nə:nmənt] погребение праха в урне (после кремации)

inutile [ɪ'nju:tɪl] бесполезный; напрасный

invade [ɪn'veɪd] вторгаться; захватывать; заселять; оккупировать; овладеть; нахлынуть (о чувстве); посягать на чьи-либо права; поражать (о болезни)

invaded tissue [ɪn'veɪdɪd|'tɪsju:] пораженная ткань

invader [ɪn'veɪdə] захватчик; оккупант; посягатель

invalid ['ɪnvəlɪd] — сущ., прил. [,ɪnvə'li:d] — гл. больной; инвалид; больной; искалеченный; нетрудоспособный; делать(ся) инвалидом; освобождать(ся) от военной службы по инвалидности; [ɪn'vælɪd] не имеющий законной силы; недействительный юридически; безосновательный; необоснованный

invalidate [ɪn'vælɪdeɪt] лишать законной силы; делать недействительным; опорочивать; считать неубедительным; признавать недействительным

invalidation [ɪn,vælɪ'deɪʃ(ə)n] аннулирование; лишение законной силы; опорочивание; признание недействительным

invalidity [,ɪnvə'lɪdɪtɪ] недействительность; инвалидность; несостоятельность; отсутствие юридической силы

invalidity benefit [,ɪnvə'lɪdɪtɪ|'benefɪt] пособие по инвалидности

invaluable [ɪn'væljuəbl] бесценный; неоценимый

invariability [ɪnˌvɛərɪə'bɪlɪtɪ] неизменность; неизменяемость; постоянство

invariable [ɪn'vɛərɪəbl] неизменный; стабильный; устойчивый; постоянный; неизменяемый

invasion [ɪn'veɪʒ(ə)n] вторжение; нашествие; агрессия; посягательство на чьи-либо права; приступ болезни; нарушение прав; приступ болезни

invasive [ɪn'veɪsɪv] захватнический; агрессивный

invective [ɪn'vektɪv] обличительная речь; выпад; брань; ругательства

inveigh [ɪn'veɪ] яростно нападать; ругать

inveigle [ɪn'viːgl] заманивать; завлекать; обманывать с дурной целью

inveiglement [ɪn'viːglmənt] обольщение; соблазн

invent [ɪn'vent] изобретать; делать открытие; выдумывать; сочинять; фабриковать дело; придумывать; открывать

invention [ɪn'venʃ(ə)n] изобретение; выдумка; домысел; измышление; изобретательность

inventive [ɪn'ventɪv] изобретательный; находчивый; быстрый на выдумку

inventive ability [ɪn'ventɪv|ə'bɪlɪtɪ] изобретательская жилка

inventor [ɪn'ventə] изобретатель; выдумщик; фантазер; лицо, сфабриковавшее дело

inventory ['ɪnvəntrɪ] инвентарь; опись; инвентаризация; наличие; запас; резерв; товарные запасы; перепись; опросник; анкета; список; реестр; учет; подсчет; перечень; товары, предметы, внесенные в инвентарь; составлять опись; вносить в инвентарь

inventory account ['ɪnvəntrɪ|ə'kaunt] учет товарно-материальных запасов

inventory accumulation ['ɪnvəntrɪ|əˌkjuːmjuː'leɪʃən] накопление товарно-материальных запасов

inventory balance ['ɪnvəntrɪ|'bæləns] уровень товарно-материальных запасов

inventory liquidation ['ɪnvəntrɪ|ˌlɪkwɪ'deɪʃən] ликвидация товарно-материальных запасов

inveracity [ˌɪnvə'ræsɪtɪ] лживость; несоответствие истине

inverse [ɪn'vɜːs] противоположность; обратный порядок; обратный; перевернутый; противоположный

inversely [ɪn'vɜːslɪ] обратно; противоположно

inversion [ɪn'vɜːʃ(ə)n] перестановка; перевертывание; изменение порядка; инверсия; переворачивание; выворот; отклонение от нормального положения

invert [ɪn'vɜːt] — *гл.* ['ɪnvɜːt] — *сущ.* опрокидывать; перевертывать; переворачивать; переставлять; менять порядок; обращать; гомосексуалист

invertebrate [ɪn'vɜːtɪbrɪt] беспозвоночное; беспозвоночный; бесхарактерный

inverted [ɪn'vɜːtɪd] опрокинутый; перевернутый; инверсный; обратный; противоположный

inverted valve [ɪn'vɜːtɪd|'vælv] обратный клапан

invest [ɪn'vest] помещать, вкладывать деньги, капитал; инвестировать; покупать что-либо; вручать орден; одевать; облачать; облекать полномочиями; блокировать *(воен.)*; окружать

to invest capital — *инвестировать капитал; привлекать капитал*

investigate [ɪn'vestɪgeɪt] расследовать; разузнавать; наводить справки; изучать; исследовать; рассматривать дело

investigating commission [ɪn'vestɪgeɪtɪŋ|kə'mɪʃən] следственная комиссия

investigation [ɪnˌvestɪ'geɪʃ(ə)n] расследование; следствие; *(научное)* исследование; дознание; изучение вопроса; рассмотрение дела

investigative [ɪn'vestɪgeɪtɪv] исследовательский; следственный

investigator [ɪn'vestɪgeɪtə] испытатель; исследователь; следователь

investiture [ɪn'vestɪtʃə] инвеститура; облачение; одеяние; формальное введение в должность, во владение; награждение; пожалование

investment [ɪn'vestmənt] капиталовложение; активы; помещение денег; инвестирование; инвестиция; вклад; предприятие или бумаги, в которые вложены деньги; облачение; одежда; облечение полномочиями, властью и т. п.; блокада *(воен.)*; осада

investment allocation [ɪn'vestmənt|ˌælə'keɪʃən] распределение инвестиций

investment bank [ɪn'vestmənt|bæŋk] инвестиционный банк

investment rate [ɪn'vestmənt|reɪt] норма инвестирования

investor [ɪn'vestə] вкладчик; инвестор; владелец ценных бумаг

inveteracy [ɪn'vet(ə)rəsɪ] закоренелость *(привычки)*; застарелость *(болезни)*

inveterate [ɪn'vet(ə)rɪt] глубоко вкоренившийся; закоснелый

invidious [ɪn'vɪdɪəs] вызывающий враждебное чувство; оскорбляющий несправедливостью; возмутительный; ненавистный; завидный; вызывающий зависть

invigilate [ɪn'vɪdʒɪleɪt] следить за экзаменующимися во время экзамена

invigorate [ɪn'vɪgəreɪt] давать силы; укреплять; подбадривать; воодушевлять; вдохновлять; вселять энергию

invigorative [ɪn'vɪgərətɪv] бодрящий; подкрепляющий; стимулирующий

invincibility [ɪnˌvɪnsɪˈbɪlɪtɪ] непобедимость; непреодолимость

invincible [ɪnˈvɪnsəbl] неодолимый; непобедимый; непреодолимый

inviolability [ɪnˌvaɪələˈbɪlɪtɪ] нерушимость; неприкосновенность

inviolable [ɪnˈvaɪələbl] нерушимый; неприкосновенный; пользующийся неприкосновенностью

inviolate [ɪnˈvaɪəlɪt] ненарушенный; неоскверненный

inviscid невязкий

invisibility [ɪnˌvɪzəˈbɪlɪtɪ] невидимость; неразличимость

invisible [ɪnˈvɪzəbl] невидимый; незримый; неразличимый

invitation [ˌɪnvɪˈteɪʃ(ə)n] приглашение; пригласительный; заманивание

invite [ɪnˈvaɪt] приглашать; просить; влечь; манить; привлекать; притягивать; побуждать *(к чему-либо)*; навлекать на себя; склонять; провоцировать

invitee [ˌɪnvaɪˈtiː] приглашенный; приглашенное лицо

inviting [ɪnˈvaɪtɪŋ] заманчивый; манящий; привлекательный

invocation [ˌɪnvouˈkeɪʃ(ə)n] призыв; вызов; обращение к музе; заклинание; мольба; ссылка на что-либо

invocatory [ɪnˈvɔkət(ə)rɪ] призывающий; призывный

invoice [ˈɪnvɔɪs] вычисление; расчет; счет-фактура; инвойс; выписать счет-фактуру; выставлять счет

invoice for the goods [ˈɪnvɔɪs fə ðəˈgudz] счет-фактура на товар

invoice to the amount of [ˈɪnvɔɪs tə ðə əˈmaunt ˈəv] счет-фактура на сумму

invoke [ɪnˈvouk] взывать; призывать; вызывать; ссылаться на что-либо; просить; умолять; упрашивать

involucrate [ˌɪnvəˈluːkreɪt] имеющий обвертку

involuntary [ɪnˈvɔlənt(ə)rɪ] невольный; ненамеренный; нечаянный; бессознательный; машинальный; непроизвольный

involuntary act [ɪnˈvɔlənt(ə)rɪˈækt] непроизвольное действие

involuntary failure [ɪnˈvɔlənt(ə)rɪˈfeɪljə] вынужденное бездействие

involute [ˈɪnvəluːt] закрученный; винтовой; спиральный; свернутый внутрь; скрученный; запутанный; сложный

involution [ˌɪnvəˈluːʃ(ə)n] закручивание спиралью; затейливость; запутанность *(о механизме, рисунке и т. п.)*; дегенерация; обратное развитие; уменьшение; сокращение

involve [ɪnˈvɔlv] завертывать; окутывать; закручивать *(спиралью)*; запутывать; впутывать; вовлекать; затрагивать; включать в себя; подразумевать; предполагать; содержать; вызывать; *(по)*влечь за собой; быть занятым

involved [ɪnˈvɔlvd] запутанный; сложный; включенный; вовлеченный

involvement [ɪnˈvɔlvmənt] запутанность; затруднительное положение; денежные затруднения; вовлечение; участие *(в чем-либо)*

invulnerability [ɪnˌvʌln(ə)rəˈbɪlɪtɪ] неуязвимость

invulnerable [ɪnˈvʌln(ə)rəbl] неуязвимый

inward [ˈɪnwəd] внутренний; направленный внутрь; обращенный внутрь, по направлению к диаметральной плоскости; духовный; интеллектуальный; мыслящий; умственный

inwardly [ˈɪnwədlɪ] внутри; внутрь; внутренне; в уме; в душе; про себя

inwardness [ˈɪnwədnɪs] истинная природа; сущность; внутренняя сила; духовная сторона; духовное начало

inweave [ˈɪnwiːv] воткать; заткать; вплетать; сплетать

inwrought [ˈɪnrɔːt] узорчатый *(о ткани)*; вотканный в материю *(об узоре)*; тесно связанный; сплетенный

iodine [ˈaɪoudiːn] йод

ion [ˈaɪən] ион

ionization [ˌaɪənaɪˈzeɪʃən] ионизация

ionization chamber [ˌaɪənaɪˈzeɪʃənˈtʃeɪmbə] ионизационная камера

iota [aɪˈoutə] йота *(греч.)*

ipecacuanha [ˌɪpɪkækjuˈænə] рвотный корень *(бот.)*

irascibility [ɪˌræsɪˈbɪlɪtɪ] вспыльчивость; раздражительность

irascible [ɪˈræsɪbl] вспыльчивый; несдержанный; раздражительный

irate [aɪˈreɪt] гневный; разгневанный; сердитый

ire [ˈaɪə] возмущение *(поэт.)*; гнев; ярость

ireful [ˈaɪəful] гневный

iridescence [ˌɪrɪˈdesns] радужность; переливчатость

iridescent [ˌɪrɪˈdesnt] радужный; переливающий всеми цветами радуги; флуоресцирующий

iris [ˈaɪərɪs] радуга; ирис *(бот.)*; диафрагма *(электр.)*; радужная оболочка глаза

irk [əːk] докучать; изнурять; надоедать

irksome [ˈəːksəm] утомительный; скучный; надоедливый

iron [ˈaɪən] железо *(элемент) (хим.)*; чугун; мягкая *(низкоуглеродистая)* сталь; черный металл; стремя; железный; сделанный из железа; крепкий;

сильный; твердый; гладить; утюжить; покрывать железом

iron lung [ˈaɪənˌlʌŋ] аппарат для искусственного дыхания (мед.)

iron-bound [ˈaɪənbaund] окованный железом; неколебимый; непоколебимый; непреклонный; суровый; скалистый (о береге)

iron-fall [ˈaɪənfɔːl] падение метеорита

iron-foundry [ˈaɪənˌfaundrɪ] чугунолитейный завод

iron-grey [ˈaɪənˈgreɪ] серо-стальной цвет

iron-handed [ˈaɪənˈhændɪd] жестокий; деспотичный; бесчеловечный

iron-mould [ˈaɪənmould] ржавое или чернильное пятно (на ткани)

iron-shod [ˈaɪənʃɔd] обитый железом; кованый; подкованный

iron-stone [ˈaɪənstoun] железная руда; бурый железняк

ironclad [ˈaɪənklæd] покрытый броней; бронированный; жесткий; твердый; нерушимый; броненосец

ironic(al) [aɪˈrɔnɪk(əl)] иронический

ironing [ˈaɪənɪŋ] глаженье; утюжка; платье, белье для глаженья

ironing-board [ˈaɪənɪŋbɔːd] гладильная доска

ironmonger [ˈaɪənˌmʌŋgə] торговец железными, скобяными изделиями

ironside [ˈaɪənsaɪd] отважный, решительный человек

ironwork [ˈaɪənwəːk] железное изделие; железная часть конструкции

irony [ˈaɪərənɪ] ирония

irradiance [ɪˈreɪdɪəns] интенсивность падающего излучения; сияние; свечение

irradiant [ɪˈreɪdɪənt] светящийся; излучающий; сияющий

irradiate [ɪˈreɪdɪeɪt] освещать; озарять; облучать; испускать лучи (физ.); разъяснять; вносить ясность; проливать свет; распространять (знания и т. п.); излучать

irradiation [ɪˌreɪdɪˈeɪʃ(ə)n] озарение; освещение; облучение; излучение; блеск; лучезарность; лучистость; сияние; степень выгорания топлива в реакторе; лучеиспускание

irradiation dose [ɪˌreɪdɪˈeɪʃ(ə)nˌdous] доза облучения

irrational [ɪˈræʃənl] неразумный; нерациональный; нелогичный; не одаренный разумом; иррациональный

irrational behaviour [ɪˈræʃənlbɪˈheɪvjə] нерациональное поведение

irrationality [ɪˌræʃəˈnælɪtɪ] неразумность; нелогичность; абсурдность; непоследовательность

irrebuttable [ˌɪrɪˈbʌtəbl] неопровержимый

irreceptive [ˌɪrɪˈseptɪv] невосприимчивый

irreciprocal [ˌɪrɪˈsɪprəkəl] односторонний; необратимый; необоюдный; действующий в одном направлении

irreclaimable [ˌɪrɪˈkleɪməbl] негодный для обработки; неисправимый; непоправимый; безвозвратный; невозвратимый

irreconcilable [ɪˈrekənsaɪləbl] непримиримый (о человеке); противоречивый

irrecoverable [ˌɪrɪˈkʌv(ə)rəbl] невозвратимый; неисправимый; необратимый; не подлежащий взысканию по суду

irrecusable [ˌɪrɪˈkjuːzəbl] неоспоримый; беспрекословный

irredeemable [ˌɪrɪˈdiːməbl] безнадежный; безысходный; неисправимый; непоправимый; не подлежащий выкупу; невыкупаемый (об акциях); не подлежащий обмену; неразменный (о бумажных деньгах)

irreducible [ˌɪrɪˈdjuːsəbl] не поддающийся превращению (в иное состояние и т. п.); не поддающийся улучшению или приведению в прежнее состояние; несократимый (мат.); несокращаемый; меньший; минимальный; наименьший; непреодолимый

irrefragable [ɪˈrefrəgəbl] бесспорный

irrefrangible [ˌɪrɪˈfrændʒɪbl] ненарушимый

irrefutable [ɪˈrefjutəbl] неопровержимый

irregular [ɪˈregjulə] неправильный; нарушающий правила; незаконный; недостаточный; беспорядочный; нерегулярный; распущенный; нестандартный; несимметричный; неровный (о поверхности); неправильный (грам.); ненадлежащий

irregular acquisition [ɪˈregjuləˌækwɪˈzɪʃən] неправомерное приобретение

irregular beat [ɪˈregjuləˈbiːt] неправильный ритм

irregular warrant [ɪˈregjuləˈwɔrənt] незаконный ордер

irregularity [ɪˌregjuˈlærɪtɪ] неправильность; нарушение нормы (симметрии, порядка и т. п.); беспорядочность; распущенность; неровность; неравномерность; нерегулярность; несоблюдение правил

irrelevance [ɪˈrelɪvəns] несвоевременность; неуместность; не относящийся к делу; неуместный вопрос и т. п.

irreligious [ˌɪrɪˈlɪdʒəs] нерелигиозный; неверующий

irremeable [ɪˈremɪəbl] безвозвратный; исчезнувший

irremediable [ˌɪrɪˈmiːdjəbl] неисправимый; необратимый; непоправимый; неизлечимый; неисцелимый

irremovability [ˈɪrɪˌmuːvəˈbɪlɪtɪ] несменяемость
irremovable [ˌɪrɪˈmuːvəbl] неустранимый; неотъемлемый; постоянный; присущий; несменяемый *(по должности)*
irreparable [ɪˈrep(ə)rəbl] неисправимый; необратимый; непоправимый; невозместимый; не поддающийся оценке
irreparable wrong [ɪˈrep(ə)rəbl|rɒŋ] непоправимый вред
irrepatriable [ˌɪrɪˈpætrɪəbl] человек, не подлежащий репатриации
irreplaceable [ˌɪrɪˈpleɪsəbl] незаменимый; невосстановимый
irreproachable [ˌɪrɪˈprəʊtʃəbl] безукоризненный; безупречный
irresistibility [ˈɪrɪˌzɪstəˈbɪlɪtɪ] неотразимость
irresistible [ˌɪrɪˈzɪstəbl] неотразимый; непреодолимый
irresolute [ɪˈrezəluːt] нерешительный; колеблющийся
irresolution [ˈɪˌrezəˈluːʃ(ə)n] колебание; непостоянство
irresolvable [ˌɪrɪˈzɒlvəbl] неразложимый *(на части)*; неразрешимый
irresponsibility [ˈɪrɪsˌpɒnsəˈbɪlɪtɪ] безответственность
irresponsible [ˌɪrɪsˈpɒnsəbl] неответственный; не несущий ответственности; безответственный; невменяемый
irresponsive [ˌɪrɪsˈpɒnsɪv] не отвечающий; не реагирующий; неотзывчивый; невосприимчивый
irretention [ˌɪrɪˈtenʃ(ə)n] неспособность к запоминанию
irretentive [ˌɪrɪˈtentɪv] не могущий удержать в памяти
irretraceable [ˌɪrɪˈtreɪsəbl] непрослеживаемый
irretrievable [ˌɪrɪˈtriːvəbl] невозместимый; невосполнимый
irreverence [ɪˈrev(ə)r(ə)ns] непочтительность; неуважение
irreverent [ɪˈrev(ə)r(ə)nt] непочтительный
irreversibility [ˌɪrɪˌvəːsəˈbɪlɪtɪ] невозможность отмены
irreversible [ˌɪrɪˈvəːsəbl] необратимый; нереверсивный; неотменяемый; непреложный; нерушимый; не подлежащий отмене
irrevocability [ɪˌrevəkəˈbɪlɪtɪ] бесповоротность; неотменяемость; безотзывность
irrevocable [ɪˈrevəkəbl] неотменяемый; окончательный; безвозвратный; безотзывный аккредитив; окончательно вступивший в силу
irrigate [ˈɪrɪgeɪt] орошать; промывать *(мед.)*
irrigation [ˌɪrɪˈgeɪʃ(ə)n] ирригация; орошение; промывание *(мед.)*

irrigation ditch [ˌɪrɪˈgeɪʃ(ə)n|dɪtʃ] оросительная канава
irrigative [ˈɪrɪgeɪtɪv] ирригационный; оросительный
irritability [ˌɪrɪtəˈbɪlɪtɪ] раздражительность
irritable [ˈɪrɪtəbl] несдержанный; раздражительный; раздражимый; болезненно чувствительный
irritant [ˈɪrɪt(ə)nt] раздражитель; раздражающее средство; вызывающий раздражение
irritate [ˈɪrɪteɪt] возмущать; раздражать; сердить; делать недействительным; аннулировать
irritating [ˈɪrɪteɪtɪŋ] раздражающий; вызывающий раздражение
irritation [ˌɪrɪˈteɪʃ(ə)n] гнев; недовольство
irritative [ˈɪrɪteɪtɪv] раздражающий
irrotational [ˌɪrəˈteɪʃənəl] безвихревой
irruption [ɪˈrʌpʃ(ə)n] внезапное вторжение; набег; нашествие
is [ɪz (полная форма); z, s (редуцированные формы)] 3-е лицо ед. ч. наст. вр. от be
ischium седалищная кость
isinglass [ˈaɪzɪŋglɑːs] рыбий клей
Islam [ˈɪzlɑːm] ислам
Islamic [ɪzˈlæmɪk] мусульманский; относящийся к исламу
Islamite [ˈɪzləmaɪt] мусульманин; исламистский; мусульманский
island [ˈaɪlənd] остров; что-либо изолированное; образовывать остров; окружать водой; изолировать; обособлять; островок безопасности
islander [ˈaɪləndə] островитянин; житель острова
isle [aɪl] остров
islet [ˈaɪlɪt] островок
isn't [ˈɪznt] сокр.; *(разг.)* = is not
isogenetic [ˌaɪsoʊdʒɪˈnetɪk] сходного происхождения
isogonal [aɪˈsɒgənəl] равноугольный
isolate [ˈaɪsəleɪt] изолировать; отделять; обособлять; разобщать; отключать; подвергать карантину
isolated [ˈaɪsəleɪtɪd] уединенный; замкнутый; изолированный; выделенный
isolated beach [ˈaɪsəleɪtɪd|biːtʃ] пустынный берег
isolation [ˌaɪsoʊˈleɪʃ(ə)n] изоляция; уединение; изолирование; отделение; выделение; разобщение; отключение
isolation ward [ˌaɪsoʊˈleɪʃ(ə)n|wɔːd] карцер; изолятор
isolator [ˈaɪsəleɪtə] изолятор
isometrics [ˌaɪsəˈmetrɪks] изометрические или статические упражнения *(для укрепления мышц)* *(спорт.)*
isoplateral [ˌaɪsəˈplætərəl] равносторонний; имеющий одинаковые поверхности
isosceles [aɪˈsɒsɪliːz] равнобедренный

isosceles triangle [aɪˈsɔsɪliːz ˈtraɪæŋgl] равнобедренный треугольник

issuable [ˈɪsjuːəbəl, ˈɪʃuːəbəl] относящийся к существу спора

issuance [ˈɪsjuːəns, ˈɪʃuːəns] выход; выпуск; издание; опубликование

issue [ˈɪsjuː, ˈɪʃuː] вытекание; излияние; истечение; выделение; выход; выходное отверстие; проблема; устье реки; выпуск; эмиссия; выдача; издание; потомок; потомство; дети; исход; результат; спорный вопрос; предмет спора; разногласие; выписка чеков; ценные бумаги; вытекать; выходить; исходить; происходить; получаться в результате *(чего-либо)*; иметь результатом; выпускать; издавать; пускать в обращение *(деньги и т. п.)*; вкладывать; публиковать; выходить *(об издании)*; выдавать; отпускать *(провизию, паек, обмундирование)*; издавать *(приказ)*

issue of stock [ˈɪsjuː əv ˈstɔk] выпуск акций

issue of warrants [ˈɪsjuː əv ˈwɔrənts] выдача гарантий

issueless [ˈɪsjuːlɪs, ˈɪʃuːlɪs] безрезультатный; бездетный

issuelessness [ˈɪsjuːlɪsnɪs, ˈɪʃuːlɪsnɪs] бездетность; безрезультатность

issuer [ˈɪsjuːə, ˈɪʃuːə] чекодатель; эмитент; издатель; векселедатель

isthmus [ˈɪsməs] перешеек; перешеечный

it [ɪt] он; она; оно *(о предметах и животных)*; это; *в качестве подлежащего заменяет какое-либо подразумеваемое понятие; в качестве дополнения образует словосочетания вместе с глаголами как переходными, так и непереходными;* идеал; последнее слово *(чего-либо)*; верх совершенства; «изюминка»; в детских играх тот, кто водит

italic [ɪˈtælɪk] курсивный

italic letter [ɪˈtælɪk ˈletə] курсивная буква

italic type [ɪˈtælɪk taɪp] курсив *(полигр.)*

italicize [ɪˈtælɪsaɪz] выделять курсивом; подчеркивать *(в рукописи)*; выделять подчеркиванием; подчеркивать; усиливать

itch [ɪtʃ] зуд; чесотка; жажда *(чего-либо)*; непреодолимое желание *(чего-либо)*; зудеть; чесаться; испытывать зуд; непреодолимое желание

itching [ˈɪtʃɪŋ] зудящий

item [ˈaɪtəm] каждый отдельный предмет *(в списке и т. п.)*; пункт; параграф; статья; часть; деталь; вопрос *(на повестке заседания)*; номер *(программы и т. п.)*; газетная заметка; новость; сообщение; позиция; вид товара; изделие; единица информации; записывать по пунктам; также; тоже; равным образом

itemize [ˈaɪtəmaɪz] перечислять по пунктам; детализировать; уточнять; классифицировать *(техн.)*; составлять спецификацию; составлять перечень

itenerant [aɪˈtɪnərənt] путешествующий; скитающийся

itenerary [aɪˈtɪnərərɪ] план поездки

iterant [ˈɪtərənt] повторяющийся

iterate [ˈɪtəreɪt] повторять; повторно заявлять; снова утверждать то же самое

iteration [ˌɪtəˈreɪʃ(ə)n] повторение

iterative [ˈɪtərətɪv] повторяющийся

itinerancy [ɪˈtɪn(ə)r(ə)nsɪ] странствование; переезд с места на место; объезд *(округа и т. п.)* с целью произнесения речей, проповедей и т. п.

itinerant [ɪˈtɪn(ə)r(ə)nt] тот, кто часто переезжает с места на место, объезжает свой округ *(о судье, проповеднике)*; странствующий; объезжающий свой округ

itinerary [aɪˈtɪn(ə)rərɪ] маршрут; путь; путевые заметки; путеводитель; дорожный; путевой

itinerate [ɪˈtɪnəreɪt] путешествовать; скитаться; странствовать; объезжать свой округ *(о судье, проповеднике)*

its [ɪts] свой

itself [ɪtˈself] себя; себе; сам; само; сама

ivied [ˈaɪvɪd] поросший плющом

ivory [ˈaɪv(ə)rɪ] слоновая кость; предметы из слоновой кости: игральные кости; бильярдные шары; клавиши; цвет слоновой кости; бивень; клык

ivory black [ˈaɪv(ə)rɪ ˈblæk] слоновая кость *(черная краска)*

ivory-nut [ˈaɪv(ə)rɪnʌt] слоновый орех

ivory-white [ˈaɪv(ə)rɪ ˈwaɪt] цвета слоновой кости

ivorybill [ˈaɪv(ə)rɪbɪl] белоклювый дятел

ivy [ˈaɪvɪ] плющ обыкновенный

J

j [ʤeɪ]; мн.ч. — Js; J's [ʤeɪz] десятая буква английского алфавита

jab [ʤæb] толчок; пинок; внезапный удар; удар *(воен.)*; пихать; тыкать; толкать; вонзать; втыкать; ударять; пронзать; пырнуть; колоть штыком *(воен.)*

to jab out — *выталкивать*

jabber [ˈʤæbə] болтовня; трескотня; бормотание; болтать; тараторить; трещать; бормотать

jabiru [ˈʤæbɪruː] бразильский ябиру *(биол.)*

jacamar якамар *(биол.)*

jacana якана *(биол.)*.

JAC — JAM

jacaranda [ˌdʒækəˈrændə] палисандровое дерево *(бот.)*

jack [dʒæk] человек; парень; работник; поденщик; валет *(масть в картах)*; домкрат *(техн.)*; рычаг; выносная опора; зажим; поднимать домкратом; мех *(для вина и т. п.)*; солдатская кожаная куртка без рукавов; самец осла или мула *(биол.)*; «прыгун» — часть механизма клавесина *(муз.)*; гнездо *(авт.)*

to jack over — *проворачивать (механизм)*

to jack up — *оставить; взбодрить; поднимать домкратом*

jack connection [ˈdʒæk|kəˈnekʃən] зажимное соединение

jack handle [ˈdʒæk|ˈhændl] рукоятка домкрата

jack mackerel [ˈdʒæk|ˈmækrəl] ставрида

jack screw [ˈdʒæk|skruː] винтовой домкрат

jack sprat [ˈdʒæk|spræt] ничтожество

jack tar [ˈdʒæk|taː] матрос

jack-by-the-hedge [ˈdʒækbaɪðəˈhedʒ] чесночник лекарственный *(бот.)*

jack-go-to-bed-at-moon [ˈdʒækgoutəˌbedətˈmuːn] козлобородник луговой *(бот.)*

jack-in-the-pulpit [ˈdʒækɪnðəˈpulpɪt] аризема трехлистная *(бот.)*

jack-knife [ˈdʒæknaɪf] большой складной нож

jack-stone [ˈdʒækstoun] галька

jackal [ˈdʒækɔːl] шакал; исполнять черную, неприятную работу

jackanapes [ˈdʒækəneɪps] нахал; выскочка; дерзкий, бойкий ребенок; фат; щеголь

jackboot [ˈdʒækbuːt] сапог выше колен

jackdaw [ˈdʒækdɔː] галка *(биол.)*

jacket [ˈdʒækɪt] куртка; френч; жакет; пиджак; камзол; шкура *(животного)*; кожура *(картофеля)*; шелуха; кожух; папка; обложка; суперобложка; надевать жакет, куртку

jacket blurb [ˈdʒækɪt|bləːb] реклама книги на суперобложке

jacket cooling [ˈdʒækɪt|ˈkuːlɪŋ] охлаждение водяной рубашкой

jacket fits well [ˈdʒækɪt|.fɪts|ˈwel] пиджак хорошо сидит

jacketed [ˈdʒækɪtɪd] одетый в жакет; куртку; обшитый снаружи *(техн.)*; закрытый кожухом

jackfruit [ˈdʒækfruːt] разнолистное хлебное дерево *(бот.)*

jackplug [ˈdʒækplʌg] контактный штекер

jackpot [ˈdʒækpɒt] банк *(в картах)*; куш; самый крупный выигрыш в лотерее

jacksmelt [ˈdʒæksmelt] калифорнийская атерина *(бот.)*

jacksnipe [ˈdʒæksnaɪp] гаршнеп; бекас *(биол.)*

jackwood [ˈdʒækwud] цельнолистное хлебное дерево *(бот.)*

Jacob's-ladder [ˈdʒeɪkəbzˈlædə] льнянка обыкновенная *(бот.)*

Jacob's-rod [ˈdʒeɪkəbzrɒd] асфоделина *(бот.)*

jaconet [ˈdʒækənet] легкая бумажная ткань типа батиста

jactation [dʒækˈteɪʃən] метания в бреду; конвульсивные движения *(мед.)*

jactitation [ˌdʒæktɪˈteɪʃ(ə)n] бахвальство; хвастовство; ложное утверждение *(юр.)*; высыпание семян *(при раскачивании плода) (бот.)*

jaculator [ˈdʒækjuleɪtə] плацентарный вырост у плодов *(биол.)*

jaculiferous меченосный *(биол.)*

jaded [ˈdʒeɪdɪd] измученный; изнуренный; пресытившийся

jaeger [ˈjeɪgə] поморник *(биол.)*

jag [dʒæg] острый выступ; зубец; острая вершина *(утеса)*; зазубрина; дыра; прореха, прорез *(в платье)*; делать зазубрины; вырезать зубцами; кромсать; зазубривать; насекать

jagged [ˈdʒægɪd] зубчатый; зазубренный

jaguar [ˈdʒægjuə] ягуар *(биол.)*

jail [dʒeɪl] тюрьма; тюремное заключение; заключать в тюрьму; содержать в тюрьме

to escape from jail — *бежать из тюрьмы*

to go to jail — *сесть в тюрьму*

to let smb. out of jail — *выпустить из тюрьмы*

to stay in jail — *сидеть в тюрьме*

jail delivery [ˈdʒeɪl|dɪˈlɪv(ə)rɪ] отправка из тюрьмы на суд; освобождение из тюрьмы

jail ward [ˈdʒeɪl|wɔːd] тюремная камера

jail-break [ˈdʒeɪlbreɪk] побег из тюрьмы

jail-breaker [ˈdʒeɪlbreɪkə] заключенный, бежавший из тюрьмы

jailer [ˈdʒeɪlə] тюремщик

jailing [ˈdʒeɪlɪŋ] заключение в тюрьму

jal(l)opy [ˈdʒæləpɪ] полуразвалившийся ветхий автомобиль *(самолет) (разг.)*

jalousie [ˈʒæluː(ː)ziː] жалюзи; шторы; ставни

jam [dʒæm] джем; варенье; сжатие; сжимание; защемление; заклинивание; давка; загромождение; затор; пробка; затруднительное или неловкое положение; замятие бумаги в печатающем механизме; впихивать; втискивать; набивать(ся) битком; загромождать; запруживать; импровизировать *(муз.)*; зажимать

jam nut [ˈdʒæm|nʌt] контргайка

jam tart [ˈdʒæm|taːt] пирог с вареньем

jam-jar [ˈdʒæmdʒaː] банка для варенья

jam-packed [ˌdʒæmˈpækt] набитый *(разг.)*

jam-up [ˈdʒæmʌp] затор; пробка *(в уличном движении)*

jamb [dʒæm] косяк *(двери, окна)*; боковые стенки камина; ножные латы; подставка; упор
jambola грейпфрут; помело *(биол.)*
jamboree [ˌdʒæmbəˈriː] веселье; празднество; слет *(бойскаутов)*
jamming [ˈdʒæmɪŋ] затор; пробка *(в уличном движении)*; заедание *(техн.)*; защемление; зажимание; транспортный запор
jangle [ˈdʒæŋgl] резкий звук; гул; гам; слитый шум голосов; нестройный звон колоколов; пререкания; спор; ссора; издавать резкие, нестройные звуки; нестройно звучать; шумно, резко говорить
janitor [ˈdʒænɪtə] привратник; швейцар; дворник *(амер.)*; сторож; уборщик
janizary [ˈdʒænɪzərɪ] янычар *(ист.)*
January [ˈdʒænjuərɪ] январь; январский
jap [dʒæp] лай; лаять
japan [dʒəˈpæn] черный лак *(особ. японский)*; лакированное японское изделие; лакировать; покрывать черным лаком
japanning [dʒəˈpænɪŋ] лакировка *(техн.)*
jape [dʒeɪp] шутка; шутить; высмеивать
jar [dʒɑː] неприятный, резкий или дребезжащий звук; дребезжание; дрожание; сотрясение; толчок; потрясение; неприятный эффект; дисгармония; несогласие; ссора; издавать неприятный, резкий звук; банка; кувшин; кружка; дребезжать; вызывать дрожание, дребезжание; сотрясать; раздражать; коробить; действовать на нервы; дисгармонировать; сталкиваться; ссориться; вибрировать *(техн.)*
jar bell [ˈdʒɑːǀbel] стеклянный колпак
jar of jam [ˈdʒɑːrǀəvǀdʒæm] банка варенья
jargon [ˈdʒɑːgən] жаргон; непонятный язык; тарабарщина
jarring [ˈdʒɑːrɪŋ] резкий; неприятный на слух; раздражающий
jasmin(e) [ˈdʒæsmɪn] жасмин
jasper [ˈdʒæspə] яшма
jaundice [ˈdʒɔːndɪs] желтуха; недоброжелательство; предвзятость; зависть; ревность; вызывать ревность, зависть
jaundiced [ˈdʒɔːndɪst] желтый; желтого цвета; желчный
jaunt [dʒɔːnt] увеселительная прогулка, поездка; предпринимать увеселительную прогулку, поездку
jauntily [ˈdʒɔːntɪlɪ] небрежно; весело; беспечно; с небрежным изяществом
jaunty [ˈdʒɔːntɪ] бойкий; веселый; оживленный; развеселый; самодовольный; небрежно-развязный; беспечный; несерьезный; изысканный; стильный; изящный; тонкий; утонченный
Java tea [ˈdʒɑːvəˈtiː] почечный чай
javelin [ˈdʒævlɪn] метательное копье; дротик
javelin throw [ˈdʒævlɪnǀθrou] метание копья
javelin thrower [ˈdʒævlɪnˈθrouə] метатель копья
javelin throwing [ˈdʒævlɪnˈθrouɪŋ] метание копья
jaw [dʒɔː] челюсть; пасть; рот; узкий вход *(долины, залива)*; болтливость *(разг.)*; скучное нравоучение *(разг.)*; клещи *(разг.)*; тиски; говорить *(долго и скучно)*; зажимное приспособление; колодка тормоза
jaw clutch [ˈdʒɔːǀklʌtʃ] кулачковая муфта
jawbone [ˈdʒɔːboun] челюстная кость *(биол.)*
jawfoot [ˈdʒɔːfuːt] ногочелюсть *(биол.)*
jay [dʒeɪ] сойка *(биол.)*
jazz [dʒæz] джаз; живость; энергия; яркие краски; пестрота; джазовый; грубый; кричащий; исполнять джазовую музыку; танцевать под джаз
jazz-band [ˈdʒæzˈbænd] джазовый оркестр
jazzman [ˈdʒæzmən] джазист
jealous [ˈdʒeləs] ревнивый; ревнующий; завидующий; завистливый; внимательный; заботливый; ревностный; ревниво оберегающий *(что-либо)*; бдительный
jealousy [ˈdʒeləsɪ] ревность; подозрительность; зависть
jeans [dʒiːnz] джинсы
jeep [dʒiːp] джип *(авто)*; небольшой разведывательный самолет; легковой автомобиль высокой проходимости
jeer [dʒɪə] презрительная насмешка; язвительное замечание; колкость; насмехаться; глумиться; высмеивать; зло подшучивать
jejune [dʒɪˈdʒuːn] скудный; тощий; бесплодный *(о почве)*; скучный; неинтересный; пресный; сухой
jejunum [dʒɪˈdʒuːnəm] тощая кишка
jelly [ˈdʒelɪ] желе; студень; превращать в желе, в студень; застывать; затвердевать
jelly coat [ˈdʒelɪǀkout] слизистая оболочка
jelly egg [ˈdʒelɪǀeg] слизистая оболочка яйца *(биол.)*
jelly-cat [ˈdʒelɪkæt] синяя зубатка *(биол.)*
jelly-fish [ˈdʒelɪfɪʃ] медуза *(биол.)*; бесхарактерный, мягкотелый человек *(разг.)*; гребневики *(биол.)*
jellygraph [ˈdʒelɪgrɑːf] копировальный аппарат
jellylike [ˈdʒelɪlaɪk] желеобразный; студенистый
jennet [ˈdʒenɪt] низкорослая испанская лошадь
jenny [ˈdʒenɪ] ослица *(биол.)*
jeopardize [ˈdʒepədaɪz] подвергать опасности; рисковать; подвергать уголовной ответственности *(юр.)*
jeopardy [ˈdʒepədɪ] опасность; риск
jerboa [dʒəˈbouə] тушканчик *(биол.)*
jeremiad [ˌdʒerɪˈmaɪəd] жалобы; сетования
jerk [dʒəːk] резкое движение; толчок; рывок; судорожное подергивание; вздрагивание; ухабистый

JER — JIN

(о дороге); резко толкать; дергать; двигаться резкими толчками; говорить отрывисто; вялить мясо длинными тонкими кусками

jerk elbow [ˈdʒəːkˈelbou] локтевой рефлекс
jerk jaw [ˈdʒəːkǀdʒɔː] челюстной рефлекс
jerk knee [ˈdʒəːkǀniː] коленный рефлекс
jerk tendon [ˈdʒəːkˈtendən] сухожильный рефлекс
jerked [dʒəːkt] вяленый
jerkin [ˈdʒəːkɪn] короткая *(обычно кожаная)* мужская куртка; камзол
jerking [ˈdʒəːkɪŋ] подергивание *(техн.)*
jerky [ˈdʒəːkɪ] двигающийся резкими толчками; тряский; отрывистый; вяленое мясо
jerque [dʒəːk] проверять судовые документы и груз
jerrican [ˈdʒerɪkən] металлическая канистра
jerry-building [ˈdʒerɪˌbɪldɪŋ] непрочная постройка
jerry-built [ˈdʒerɪbɪlt] построенный на скорую руку, кое-как
jersey [ˈdʒəːzɪ] джерси
jess [dʒes] путы; надевать путы
jessamine [ˈdʒesəmɪn] жасмин *(бот.)*
jest [dʒest] острота; шутка; высмеивание; насмешка; объект насмешек; посмешище; шутить; насмехаться; высмеивать
jest-book [ˈdʒestbuk] собрание шуток, анекдотов
jester [ˈdʒestə] шутник; шут
jesting [ˈdʒestɪŋ] шутливый; шуточный; любящий шутку; с юмором
Jesuit [ˈdʒezjuɪt] иезуит; двуличный человек; лицемер
jet [dʒet] черный янтарь *(минер.)*; блестящий черный цвет; струя; жиклер; патрубок; сопло; форсунка; реактивный двигатель; выпускать струей; брызгать; бить струей
jet airplane [ˈdʒetˈeəpleɪn] реактивный самолет
jet carburettor [ˈdʒetˈkaːbjuretə] жиклерный карбюратор *(техн.)*
jet chamber [ˈdʒetˈtʃeɪmbə] камера распыления
jet filter [ˈdʒetˈfɪltə] струйный фильтр
jet nozzle [ˈdʒetǀnɔzl] жиклер; форсунка
jet pipe [ˈdʒetǀpaɪp] инжекционная труба
jet plane [ˈdʒetǀpleɪn] реактивный самолет
jet set [ˈdʒetǀset] элита *(амер.)*; сливки общества
jet-black [ˈdʒetǀblæk] черный как смоль
jet-fighter [ˈdʒetˌfaɪtə] реактивный истребитель
jetsam [ˈdʒetsəm] груз, выброшенный за борт
jetting [ˈdʒetɪŋ] нагнетание
jettison [ˈdʒetɪsn] выбрасывание груза за борт во время бедствия; сбрасывать балласт; отделываться *(от какой-либо помехи)*; отвергать *(что-либо)*
jetton [ˈdʒetən] жетон

jetty [ˈdʒetɪ] мол; мостки; пристань; выступ здания *(архит.)*; закрытый балкон
Jew [dʒuː] еврей; иудей
jew-tree [ˈdʒuːtriː] тис
jewel [ˈdʒuːəl] драгоценный камень; драгоценности; сокровище; камень *(в часах)*; украшать драгоценными камнями; вставлять камни *(в часовой механизм)*
jewel-box [ˈdʒuːəlbɔks] футляр для ювелирных изделий
jewel-house [ˈdʒuːəlhaus] сокровищница
jeweller [ˈdʒuːələ] ювелир
jewellery [ˈdʒuːəlrɪ] драгоценности; ювелирные изделия
jewelry [ˈdʒuːəlrɪ] драгоценности; ювелирные изделия
Jewess [ˈdʒu(ː)ɪs] еврейка; иудейка
Jewish [ˈdʒu(ː)ɪʃ] еврейский; иудейский
Jew's-harp [ˈdʒuːzˈhaːp] варган *(музыкальный инструмент)*; расческа, обернутая в папиросную бумагу и используемая как музыкальный инструмент
jib [dʒɪb] кливер *(мор.)*; стаксель *(мор.)*; внезапно останавливаться; упираться; топтаться на месте *(о лошади и т. п.)*
jib door [ˈdʒɪbˈdɔː] потайная дверь; скрытая дверь *(строит.)*
jibe [dʒaɪb] соглашаться; согласоваться; соответствовать *(разг.)*
jiff(y) [ˈdʒɪf(ɪ)] мгновение; миг; момент *(разг.)*
jig [dʒɪg] джига *(старин. англ. народный танец)*; танцевать джигу; быстро двигаться взад и вперед; балка *(строит.)*; приманка *(в рыбной ловле и т. п.)*; блесна; классифицировать; подбирать; сортировать; зажимное приспособление
jigger [ˈdʒɪgə] рабочий, промывающий руду; сортировщик; мерный стаканчик *(для разливания спиртных напитков)*; рюмка; чудак; гончарный круг; подставка для киев; танцор, исполняющий джигу; кукольник *(в кукольном театре)*; короткое женское пальто
jiggery-pokery [ˈdʒɪgərɪˈpoukərɪ] интриги; козни; происки; абсурд; вздор
jiggle [ˈdʒɪgl] покачивание; тряска; покачивать*(ся)*; трясти*(сь)*
jihad [dʒɪˈhaːd] газават, священная война *(против немусульман)*; кампания против чего-либо; *(крестовый)* поход
jilt [dʒɪlt] увлечь и обмануть *(разг.)*
jimp [dʒɪmp] стройный; тонкий; изысканный; изящный; недостаточный; скудный
jimp-stemmous слабостебельный *(биол.)*
jingle [ˈdʒɪŋgl] звон; звяканье; побрякивание; перезвон; позывные; аллитерация; гармония; созвучие; звенеть; звякать; изобиловать созвучиями

jingle-bells ['dʒɪŋglbels] бубенчики
jingo ['dʒɪŋgou] шовинист; шовинистический
jingoistic [ˌdʒɪŋgou'ɪstɪk] шовинистический
jink [dʒɪŋk] увертка; уклонение; уловка; избегать; обходить; увертываться
jinx [dʒɪŋks] человек или вещь, приносящие несчастье
jird песчанка *(биол.)*
jitney ['dʒɪtnɪ] пять центов; дешевое маршрутное такси или автобус; дешевый; недорогой; третьесортный
jitter ['dʒɪtə] нервничать *(разг.)*; трепетать; дрожать; вибрация; дрожание
jitter distortion ['dʒɪtə|dɪs'tɔːʃn] случайное искажение
jitterbug ['dʒɪtəbʌg] нервный человек; паникер; любитель танцевать под джазовую музыку; джиттербаг *(танец)*
jive [dʒaɪv] исполнять джайв *(быструю джазовую музыку)*; танцевать под джазовую музыку
job [dʒɔb] работа; труд; сдельная работа; место; служба; задание; урок; использование своего положения в личных целях; многострадальный, терпеливый человек; лошадь *(экипаж)*, взятые напрокат; нанятый на определенную работу; наемный; работать сдельно; брать внаем лошадей, экипажи; спекулировать; внезапный удар; толчок; толкнуть; ударить; сильно дернуть лошадь за удила
to be out of job — *быть без работы*
to find (lose) a job — *найти (потерять) работу*
to give a job — *давать работу*
a hard job — *тяжелая работа*
to lie down on the job — *работать кое-как*
to need a job — *нуждаться в работе*
a permanent job — *постоянная работа*
a temporary job — *временная работа*
job action ['dʒɔb|'ækʃən] забастовка
job advertisement ['dʒɔb|əd'vəːtɪsmənt] рекламное объявление о найме
job assessment ['dʒɔb|ə'sesmənt] оценка характера и объема работ
job centre ['dʒɔb|'sentə] биржа труда; бюро по трудоустройству
job development ['dʒɔb|dɪ'veləpmənt] продвижение по службе
job mix ['dʒɔb|mɪks] загрузка *(компьют.)*
job number ['dʒɔb|'nʌmbə] номер партии; номер заказа
job seeker ['dʒɔb|'siːkə] ищущий работу
job sharing ['dʒɔb|'ʃɛərɪŋ] разделенная ставка
job wage ['dʒɔb|weɪdʒ] сдельная заработная плата
job-related accident ['dʒɔbrɪˌleɪtɪd|'æksɪdənt] производственная травма

jobation [dʒou'beɪʃ(ə)n] длинное, скучное нравоучение; выговор
jobber ['dʒɔbə] человек, занимающийся случайной работой; человек, работающий сдельно; биржевой маклер; комиссионер; оптовый книготорговец; недобросовестный делец; предприниматель, дающий лошадей и экипажи напрокат
jobbery ['dʒɔbərɪ] использование служебного положения в корыстных или личных целях; сомнительные операции; спекуляция; взяточничество
jobbing ['dʒɔbɪŋ] случайная, нерегулярная работа; случайный, нерегулярный *(о работе и т. п.)*; маклерство; торговля акциями; биржевая игра
jobbing shop ['dʒɔbɪŋ|ʃɔp] ремонтная мастерская
jobholder ['dʒɔbˌhouldə] человек, имеющий постоянную работу; государственный служащий
jobless ['dʒɔblɪs] безработный
joblessness ['dʒɔblɪsnɪs] безработица
jobsworth ['dʒɔbzwəːθ] бюрократ
jock-strap ['dʒɔkstræp] бандаж *(спорт.)*
jockey ['dʒɔkɪ] жокей; жулик; мошенник; обманщик; плут; парковщик; обманывать; надувать; вводить в заблуждение
jockey roller ['dʒɔkɪ|'roulə] направляющий ролик
jocose [dʒou'kous] шутливый; игривый
jocosity [dʒou'kɔsɪtɪ] шутливость; игривость
jocular ['dʒɔkjulə] шутливый; комический; юмористический
jocularity [ˌdʒɔkju'lærɪtɪ] веселость; шутка
jocund ['dʒɔkənd] веселый; живой; жизнерадостный; отрадный; приятный; сладкий
jocundity [dʒou'kʌndɪtɪ] веселость; жизнерадостность; приятность
jog [dʒɔg] толчок; встряхивание; подталкивание; соударение; столкновение; медленная, тряская езда; медленная ходьба; неровность; излом поверхности *(линии)*; помеха; легкое препятствие; толкать; трясти; подтолкнуть; проталкивать; слегка подталкивать локтем *(чтобы привлечь внимание к чему-либо)*; ехать; двигаться подпрыгивая, подскакивая; трястись; трусить; медленно, но упрямо продвигаться вперед; продолжать *(путь, работу и т. п.)*
joggle ['dʒɔgl] потряхивание; встряхивание; легкий толчок; трясти; подталкивать; потрясать; сотрясать; толкать; трястись; двигаться легкими толчками
joggler ['dʒɔglə] фланжировочный станок *(техн.)*
joggly ['dʒɔglɪ] неровный *(о почерке)*
jogtrot ['dʒɔgtrɔt] рысца; однообразие; рутина; нудный; однообразный
John's-wort ['dʒɔnzwəːt] зверобой *(бот.)*
join [dʒɔɪn] соединять(ся); присоединить(ся); объединиться *(с кем-либо)*; войти в компанию;

JOI — JOU

вступить в члены *(общества)*; снова занять свое место; возвратиться; сливаться; соединяться; граничить; наращивать; соединение; точка, линия, плоскость соединения

to join end-to-end — соединять впритык

joinder ['dʒɔɪndə] объединение; соединение; союз
joiner ['dʒɔɪnə] столяр; член нескольких клубов
joinery ['dʒɔɪnərɪ] столярная работа; столярное ремесло; столярные изделия; столярная мастерская
joiner's cramp ['dʒɔɪnəz|kræmp] струбцина
joining ['dʒɔɪnɪŋ] сборка
joining flange ['dʒɔɪnɪŋ|flændʒ] соединительный фланец
joining piece ['dʒɔɪnɪŋ|piːs] соединительная деталь
joining pipe ['dʒɔɪnɪŋ|paɪp] штуцер
joint [dʒɔɪnt] место соединения; соединение; стык; шов; сочленение; сустав; артроз *(мед.)*; общий; объединенный; сгруппированный; совместный; комбинированный; сочленять; соединять при помощи вставных частей, колен; разделять; разнимать; расчленять
joint account ['dʒɔɪntə'kaunt] общий счет в банке
joint action ['dʒɔɪnt|'ækʃən] совместное действие
joint and several ['dʒɔɪntənd'sevrəl] совместно и порознь
joint bolt ['dʒɔɪnt|boult] стягивающий болт
joint bond ['dʒɔɪnt|bɔnd] совместное обязательство
joint committee ['dʒɔɪnt|kə'mɪtɪ] межведомственная комиссия
joint disc ['dʒɔɪnt|dɪsk] уплотнительное кольцо
joint filler ['dʒɔɪnt|'fɪlə] герметик *(техн.)*
joint flange ['dʒɔɪnt|flændʒ] фланец полумуфты
joint imprint ['dʒɔɪnt|'ɪmprɪnt] выходные данные на совместном издании
joint ownership ['dʒɔɪnt|'ounəʃɪp] совместная собственность
joint sawing ['dʒɔɪnt|'sɔːɪŋ] нарезка швов в дорожном покрытии
joint sealing insert ['dʒɔɪnt|siːlɪŋ|'ɪnsəːt] герметизирующая прокладка
joint stock association ['dʒɔɪnt|stɔk|ə,sousɪ'eɪʃən] акционерная компания
joint tenancy ['dʒɔɪnt|'tenənsɪ] совместное владение
joint venture ['dʒɔɪnt|'ventʃə] совместное предприятие
joint-stock bank ['dʒɔɪntstɔk|'bæŋk] акционерный коммерческий банк
joint-stock company ['dʒɔɪntstɔk|'kʌmp(ə)nɪ] акционерное общество
jointing material ['dʒɔɪntɪŋ|mə'tɪərɪəl] материал для заполнения швов; уплотнительный материал

jointly ['dʒɔɪntlɪ] вместе; одновременно; совместно; сообща
joist [dʒɔɪst] брус; балка; бревно; балочный
joke [dʒouk] шутка; острота; смешной случай; объект шуток; посмешище; шутить; дразнить; подшучивать
joker ['dʒoukə] шутник; джокер; непредвиденное обстоятельство, так или иначе влияющее на ход дела
jokingly ['dʒoukɪŋlɪ] забавно; смешно; шутливо
jollification [,dʒɔlɪfɪ'keɪʃ(ə)n] празднество; празднование; увеселение
jollity ['dʒɔlɪtɪ] веселье; увеселение
jolly ['dʒɔlɪ] веселый; радостный; любящий веселую компанию; навеселе; подвыпивший; приятный *(разг.)*; замечательный; восхитительный; прелестный; весьма; очень; сильно; чрезвычайно; обращаться ласково; добиваться *(чего-либо)* лаской, лестью
jolly-boat ['dʒɔlɪbout] судовая шлюпка
jolt [dʒoult] толчок; соударение; столкновение; тряска; удар; встряхивать; подбрасывать; потрясать; сотрясать; трясти; двигаться подпрыгивая; трястись *(по неровной дороге)*
jolty ['dʒoultɪ] тряский
jongleur [ʒɔːŋ'gləː] менестрель *(средневековый бродячий певец)*
jonquil ['dʒɔŋkwɪl] нарцисс; бледно-желтый, палевый цвет; разновидность канарейки
josea кефаль
josh [dʒɔʃ] добродушная шутка; мистификация; подшучивать; мистифицировать; разыгрывать
Joshua ['dʒɔʃwə] юкка коротколистная *(бот.)*
joss [dʒɔs] китайский идол; амулет; талисман
joss-house ['dʒɔshaus] китайский храм; кумирня
jostle ['dʒɔsl] толчок; соударение; столкновение; удар; давка; толкотня; толкать*(ся)*; теснить*(ся)*; пихать; отталкивать
jot [dʒɔt] йота; ничтожное количество; кратко записать; бегло набросать
jotter ['dʒɔtə] записная книжка; блокнот
jotting ['dʒɔtɪŋ] памятка; набросок; краткая запись
jounce [dʒauns] ударять*(ся)*; трясти*(сь)*
journal ['dʒəːnl] дневник; академический журнал; газета; регистр; книга записей; ведомость; шейка вала *(техн.)*; протокол заседаний; дневной
journal bearing ['dʒəːnl|'beərɪŋ] опорный подшипник
journalese [,dʒəːnə'liːz] газетный штамп
journalism ['dʒəːnəlɪzm] профессия журналиста; журналистика
journalist ['dʒəːnəlɪst] журналист; газетный сотрудник; редактор журнала

journalistic [ˌdʒəːnəˈlɪstɪk] журнальный

journey [ˈdʒəːnɪ] поездка; путешествие; рейс; состав вагонеток *(горн.)*; совершать поездку, путешествие; миграция *(биол.)*

journey time [ˈdʒəːnɪ|taɪm] продолжительность рейса

journey-work [ˈdʒəːnɪwəːk] работа по найму; подённая работа; поденщина

journeyman [ˈdʒəːnɪmən] квалифицированный рабочий или ремесленник, работающий по найму *(в отличие от ученика и мастера)*; наемник

joust [dʒaust] рыцарский поединок; биться на поединке или турнире

jovial [ˈdʒouvjəl] веселый; общительный; оживленный; развеселый

joviality [ˌdʒouvɪˈælɪtɪ] веселость; общительность

jowl [dʒaul] челюсть; толстые щеки и двойной подбородок; зоб *(биол.)*

joy [dʒɔɪ] радость; веселье; удовольствие; что-либо вызывающее восторг, восхищение; комфорт; удобство; радовать(ся); веселить(ся)

joyful [ˈdʒɔɪful] радостный; счастливый

joyless [ˈdʒɔɪlɪs] безрадостный

joystick [ˈdʒɔɪstɪk] ручка/рычаг управления *(самолета и проч.)*

ju-ju [ˈdʒuːdʒuː] заклинание; чары; амулет; фетиш; запрет; запрещение; табу

juba [ˈdʒuːbə] грива

jubate [ˈdʒuːbɪt] с гривой; гривистый

jubilance [ˈdʒuːbɪləns] ликование

jubilant [ˈdʒuːbɪlənt] ликующий; торжествующий

jubilantly [ˈdʒuːbɪləntlɪ] ликующе; с ликованием

jubilate [ˌdʒuːbɪˈlɑːtɪ] — *сущ.* [ˈdʒuːbɪleɪt] — *гл.* радостный порыв; ликование; ликовать; торжествовать; радоваться

jubilation [ˌdʒuːbɪˈleɪʃ(ə)n] ликование; празднество

jubilee [ˈdʒuːbɪliː] празднество; юбилей *(преимущественно 50-летний)*

jubilize [ˈdʒuːbɪlaɪz] праздновать; ликовать; торжествовать

Judaic [dʒuː(ː)ˈdeɪɪk] еврейский; иудейский

Judaism [ˈdʒuːdeɪɪzm] иудаизм; еврейская религия

Judas [ˈdʒuːdəs] предатель

judas [ˈdʒuːdəs] отверстие, глазок в двери *(для подсматривания)*

Judas-coloured [ˈdʒuːdəsˈkʌləd] рыжий

judder [ˈdʒʌdə] вибрировать; дрожать; колебаться; глухой шум; толчкообразное движение транспортного средства при включении сцепления

judge [ˈdʒʌdʒ] судья; арбитр; эксперт; знаток; специалист; ценитель; судить; выносить приговор; быть арбитром; решать; оценивать; считать; полагать; составить себе мнение; приходить к выводу; критиковать; осуждать; порицать

judgement [ˈdʒʌdʒmənt] приговор; судебное решение; заключение суда в отношении правильности процедуры; наказание; кара; взгляд; мнение; суждение; рассудительность; здравый смысл; оценка; экспертиза

judgement appellate [ˈdʒʌdʒmənt|əˈpelɪt] решение апелляционного суда

judgement of death [ˈdʒʌdʒmənt|əv|ˈdeθ] приговор к смертной казни

judgement of dismissal [ˈdʒʌdʒmənt|əv|dɪsˈmɪsəl] отказ в иске

judgement-day [ˈdʒʌdʒməntdeɪ] судный день; день страшного суда

judgement-seat [ˈdʒʌdʒməntsiːt] судейское место; суд; трибунал; судебное разбирательство; судебный процесс

judges' stand [ˈdʒʌdʒɪz|stænd] судейская трибуна

judgmatic(al) [dʒʌdʒˈmætɪk(əl)] рассуждающий здраво *(разг.)*; рассудительный

judgmental [ˌdʒʌdʒˈmentl] поверхностный *(о мнении, суждении)*

judicature [ˈdʒuːdɪkətʃə] отправление правосудия; судоустройство; судейская корпорация; суд; судебное разбирательство; судебный процесс

judicial [dʒuː(ː)ˈdɪʃ(ə)l] законный; судебный; судейский; способный разобраться; рассудительный

judicial abuse [dʒuː(ː)ˈdɪʃ(ə)l|əˈbjuːz] судебное злоупотребление

judicial branch [dʒuː(ː)ˈdɪʃ(ə)l|brɑːntʃ] судебная власть

judicial confession [dʒuː(ː)ˈdɪʃ(ə)l|kənˈfeʃən] признание, сделанное в суде

judicial control [dʒuː(ː)ˈdɪʃ(ə)l|kənˈtroul] судебный контроль

judicial district [dʒuː(ː)ˈdɪʃ(ə)l|ˈdɪstrɪkt] судебный округ

judicial error [dʒuː(ː)ˈdɪʃ(ə)l|ˈerə] судебная ошибка

judicial law [dʒuː(ː)ˈdɪʃ(ə)l|lɔː] судебное право

judicial machinery [dʒuː(ː)ˈdɪʃ(ə)l|məˈʃiːnərɪ] судоустройство

judicial measure [dʒuː(ː)ˈdɪʃ(ə)l|ˈmeʒə] судебная мера

judicial precedent [dʒuː(ː)ˈdɪʃ(ə)l|ˈpresɪdənt] судебный прецедент

judiciary law [dʒuː(ː)ˈdɪʃɪərɪ|lɔː] судебная практика

judicious [dʒuː(ː)ˈdɪʃəs] благоразумный; здравомыслящий; разумный; рассудительный

judicious approach [dʒuː(ː)ˈdɪʃəs|əˈproutʃ] юридический подход

judo [ˈdʒuːdou] дзюдо

judoka [ˈdʒuːdoukə] дзюдоист

jug [dʒʌg] кувшин; тушить *(зайца, кролика)*; щелканье *(соловья и т. п.)*
jug band ['dʒʌg|bænd] шумовой оркестр
jugful ['dʒʌgful] кувшин *(чего-либо)*; мера емкости
jugged [dʒʌgd] зубчатый
juggle ['dʒʌgl] фокус; ловкость рук; трюк; ловкая проделка; обман; плутовство; показывать фокусы; жонглировать; надувать; обманывать; вводить в заблуждение
juggler ['dʒʌglə] фокусник; жонглер; жулик; мошенник; обманщик; плут
jugglery ['dʒʌglərɪ] жонглирование; показывание фокусов; ловкость рук; обман; плутовство; извращение фактов
jugular ['dʒʌgjulə] шейный; беспощадный; бесчеловечный; деспотический; самое уязвимое место
jugulate ['dʒʌgjuleɪt] задушить
juice [dʒuːs] сок; сущность; основа *(чего-либо)*
juice extractor ['dʒuːs|ɪks'træktə] соковыжималка
juicer ['dʒuːsə] соковыжималка
juicy ['dʒuːsɪ] сочный; *(разг.)* сырой; дождливый *(о погоде)*; колоритный *(разг.)*; первоклассный *(разг.)*; превосходный; прекрасный
jujitsu [dʒuː'dʒɪtsuː] джиу-джитсу *(япон. борьба)*
jukebox ['dʒuːkbɔks] музыкальный автомат
July [dʒu(ː)'laɪ] июль; июльский
jumble ['dʒʌmbl] беспорядочная смесь; куча; беспорядок; путаница; смешивать*(ся)*; перемешивать*(ся)* в беспорядке; двигаться в беспорядке; толкаться; дрожать; трястись
jumbo ['dʒʌmbou] крупная особь *(биол.)*
jump [dʒʌmp] прыжок; скачок; вздрагивание; движение испуга и т. п.; резкое повышение *(цен, температуры и т. п.)*; разрыв; резкий переход; ускорение; преимущество *(разг.)*; прыгать; скакать; вскакивать; подпрыгивать; подскакивать; вздрагивать; повышаться; подскакивать *(о температуре, ценах и т. п.)*; дергать; ныть *(о зубе и т. п.)*; перепрыгивать; перескакивать; соскакивать; качать; подбрасывать; захватывать *(что-либо)*; завладевать; избежать; не сделать *(чего-либо)*; бурить вручную
jump in prices ['dʒʌmp|ɪn|'praɪsɪz] резкое повышение цен
jump jet ['dʒʌmp|dʒet] реактивный самолет с вертикальным взлетом и вертикальной посадкой
to jump short — недопрыгнуть
to jump the queue — получить что-либо или пройти куда-либо без очереди
jump start ['dʒʌmp|stɑːt] запуск двигателя от постороннего источника
jump-seat ['dʒʌmpsiːt] откидное сиденье
jumped-up ['dʒʌmptʌp] самоуверенный; нахальный

jumper ['dʒʌmpə] прыгун в длину; прыгающее насекомое *(блоха, кузнечик и т. п.)*; салазки; санки; контролер *(в метро, автобусе и т. п.)*; парашютист *(амер.)*; матросская рубаха; блуза; рабочая блуза *(халат)*
jumping jack ['dʒʌmpɪŋ|dʒæk] дергающаяся фигурка на ниточке *(игрушка)*
jumping tower ['dʒʌmpɪŋ|'tauə] вышка для прыжков
jumping-off ground ['dʒʌmpɪŋɔf|graund] плацдарм *(воен.)*
jumping-rope ['dʒʌmpɪŋroup] прыгалка; скакалка *(амер.)*
jumpsuit ['dʒʌmpsjuːt] обмундирование парашютиста; костюм типа комбинезона *(мужской или женский)*; спортивный костюм
jumpy ['dʒʌmpɪ] нервный; несдержанный; раздражительный; действующий на нервы; скачущий *(о ценах)*
junction ['dʒʌŋkʃ(ə)n] связывание; соединение; сцепление; место, точка соединения или пересечения; скрещение; распутье; перекресток; слияние *(рек)*; синапс *(биол.)*; транспортная развязка
junction curve ['dʒʌŋkʃ(ə)n|kəːv] соединительная кривая
junction lay-out ['dʒʌŋkʃ(ə)n|'leɪaut] схема транспортной развязки
junction point ['dʒʌŋkʃ(ə)n|pɔɪnt] транспортный узел
juncture ['dʒʌŋktʃə] соединение; место соединения; положение дел; стечение обстоятельств; шов *(биол.)*
June [dʒuːn] июнь; июньский
jungle ['dʒʌŋgl] джунгли; густые заросли; дебри
jungly ['dʒʌŋglɪ] покрытый джунглями
junior ['dʒuːnjə] младший; подчиненный *(по службе)*; юниор *(спорт.)*; студент предпоследнего курса
juniority [dʒuːnɪ'ɔrɪtɪ] положение младшего *(подчиненного)*
juniper ['dʒuːnɪpə] можжевельник *(бот.)*
juniper tree ['dʒuːnɪpə|'triː] можжевельник
junk [dʒʌŋk] *(ненужный)* хлам; отбросы; утиль; солонина; вздор; чушь; джонка; разрезать; делить на куски
junk food ['dʒʌŋk|fuːd] готовая кулинарная продукция, не очень качественная
junk mail ['dʒʌŋk|meɪl] макулатурная почта
junk-shop ['dʒʌŋkʃɔp] лавка старых корабельных вещей, материалов; лавка старьевщика
junket ['dʒʌŋkɪt] сладкий творог с мускатным орехом и сливками; пирушка; празднество; празднование; пировать
junkman ['dʒʌŋkmən] старьевщик

junkyard ['ʤʌŋkja:d] свалка; место, куда свозятся и где сортируются утиль, отбросы, старый хлам и т. п.; кладбище старых автомобилей

junta ['ʤʌntə] хунта (полит.)

Jupiter's distaff ['ʤu:pitəz|'dista:f] шалфей (бот.)

Jupiter's-staff ['ʤu:pitəzsta:f] медвежье ухо (растение) (бот.)

Jurassic [ʤu'ræsik] юрский (геол.)

Jurassic period [ʤu'ræsik|'piəriəd] юрский период

jurat ['ʤuəræt] старший член муниципалитета (в некоторых английских городах)

juratory ['ʤu:rət(ə)ri] клятвенный

juratory action ['ʤu:rət(ə)ri|'ækʃən] присяга в суде

juridical [ʤuə'ridik(ə)l] юридический; законный; правовой

jurisconsult ['ʤuəriskən‚sʌlt] юрист

jurisdiction [‚ʤuəris'dikʃ(ə)n] подсудность; юрисдикция; подведомственная область; сфера полномочий

jurisdictional limit [‚ʤuəris'dikʃənəl|'limit] пределы юрисдикции

jurisprudence ['ʤuəris‚pru:d(ə)ns] законоведение; право; правоведение; юриспруденция

jurisprudent ['ʤuəris‚pru:d(ə)nt] сведущий в законах; законовед; правовед; юрист

jurist ['ʤuərist] законовед; правовед; юрист; студент юридического факультета; адвокат (амер.)

juristic(al) [ʤuə'ristik(əl)] юридический; законный; правовой

juror ['ʤuərə] присяжный; член жюри; человек, приносящий (принесший) присягу, клятву

juror's book ['ʤuərəz|buk] список присяжных

jury ['ʤuəri] присяжные; жюри (по присуждению наград и т. п.); аварийный; временный

jury list ['ʤuəri|list] список присяжных

jury-box ['ʤuəri|bɔks] место в суде, отведённое для присяжных

juryman ['ʤuərimən] присяжный; член жюри

jus [ʤʌs] закон; свод законов; законное право

jussive ['ʤʌsiv] властный; повелительный (грам.)

just [ʤʌst] беспристрастный; непредубеждённый; объективный; справедливый; обоснованный; имеющий основания; заслуженный; безошибочный; верный; правильный; только что; точно; как раз; именно; едва

just fear ['ʤʌst|'fiə] справедливое опасение

just in case ['ʤʌst|in|'keis] на всякий случай

justice ['ʤʌstis] справедливость; правосудие; юстиция; судья

justiceship ['ʤʌstisʃip] звание; должность судьи; срок службы судьи

justiciable [ʤʌs'tiʃiəbl] подсудный; подлежащий рассмотрению в суде

justiciary [ʤʌs'tiʃiəri] судейский чиновник; судебный; судейский

justifiable ['ʤʌstifaiəbl] могущий быть оправданным; позволительный; законный

justifiable threat ['ʤʌstifaiəbl|'θret] реальная угроза

justification [‚ʤʌstifi'keiʃ(ə)n] оправдание; оправдывающие обстоятельства; извинение; выключка строк слева и справа (полигр.); регулировка; юстировка

justificative ['ʤʌstifikeitiv] оправдательный; подтверждающий

justified end ['ʤʌstifaid|'end] неоправданная цель

justified setting ['ʤʌstifaid|'setiŋ] набор с выключкой строк

justify ['ʤʌstifai] оправдывать; находить оправдание; извинять; объяснять; подтверждать; производить выключку строк

justly ['ʤʌstli] справедливо; законно

jut [ʤʌt] выпуклость; выступ; выдаваться; выступать

jute [ʤu:t] джут

juvenescent [‚ʤu:vi'nesnt] становящийся юношей; отроческий; молодеющий

juvenile ['ʤu:vinail] юный; юношеский; предназначенный для юношества; подросток; юноша; молодая особь; детская книга; недоразвитый (биол.)

juvenile literature ['ʤu:vinail|'litəritʃə] литература для юношества

juvenile malefactor ['ʤu:vinail|'mælifæktə] несовершеннолетний преступник

juvenile offender ['ʤu:vinail|ə'fendə] несовершеннолетний преступник

juvenility [‚ʤu:vi'niliti] молодость; юность; юношество

juxtapose ['ʤʌkstəpouz] помещать бок о бок, рядом; накладывать друг на друга; сопоставлять

juxtaposition [‚ʤʌkstəpə'ziʃ(ə)n] непосредственное соседство; соприкосновение; наложение; сличение; сопоставление; сравнение; наложение прямой мутации и супрессора (биол.)

K

k [kei]; мн. — Ks; K's [keiz] одиннадцатая буква английского алфавита

K-ration ['kei‚ræʃ(ə)n] неприкосновенный запас

Kafir ['kæfə] кафрское сорго (бот.)

kahawai австралийский лосось

kahu лунь (орнит.)

KAK — KEL

kakapo [ˈkɑːkəpou] какапо *(совиный попугай) (орнит.)*
kakelaar лесной удод
kakergasia психоневроз; психоз; невроз; понижение умственной деятельности
kakesthesia недомогание
kaki [ˈkɑːkɪ] восточная хурма
kalan [kæˈlɑːn] калан; морская выдра; камчатский бобр
kale [keɪl] капуста; суп из капусты; овощной суп
kaleidoscope [kəˈlaɪdəskoup] калейдоскоп
kaleyard [ˈkeɪljɑːd] огород *(шотланд.)*
kamikaze [ˌkæmɪˈkɑːzɪ] камикадзе; самоубийственный
kanaka [ˈkænəkə] канак *(житель тихоокеанских о-вов)*; туземный рабочий сахарных плантаций *(в Австралии)*
kangaroo [ˌkæŋɡəˈruː] кенгуру
kanoon [kəˈnuːn] канун *(древний музыкальный инструмент типа арфы)*
kaoliang [ˌkauˈlɪɑːŋ] сорго восточноазиатское
kapellmeister [kɑːˈpelˌmaɪstə] дирижер; капельмейстер
kappa [ˈkæpə] каппа *(десятая буква греческого алфавита)*
karabiner карабин
karaoke [ˌkærɪˈoukɪ] караоке
karate [kəˈrɑːtɪ] карате
karateka [kəˈrɑːtɪkə] каратист
karma [ˈkɑːmə] карма
karyomit(e) хромосома
karyon клеточное ядро
karyoplast клеточное ядро
karyotheca ядерная оболочка
katonkel королевская макрель *(ихт.)*
katydid [ˈkeɪtɪdɪd] зеленый кузнечик
kawau большой баклан *(орнит.)*
kayak [ˈkaɪæk] каяк *(эскимосская лодка)*; байдарка
kazachok [ˌkɑːzəˈtʃɔk] народный танец казачок
kebab [kəˈbæb] кебаб *(жаркое типа шашлыка)*
kedar сосна кедровая сибирская
kedlock горчица полевая
keek [kiːk] соглядатай *(предпринимателя)*; подглядывать
keel [kiːl] киль *(судна)*; килевать корабль
keelage [ˈkiːlɪdʒ] килевой сбор *(один из портовых сборов в некоторых портах Англии)*
keen [kiːn] острый; резкий; пронзительный; сильный; жестокий; трескучий *(мороз)*; проницательный *(ум, взгляд)*; тонкий, острый *(слух и т. п.)*; сильный, глубокий *(о чувствах)*; интенсивный; ревностный; энергичный; сильно желающий *(чего-либо)*; стремящийся *(к чему-либо)*; строгий, резкий *(о критике и т. п.)*; напряженный; трудный; низкий, сниженный *(о ценах)*; причитать
keen competition [ˈkiːnˌkɔmpɪˈtɪʃən] острая конкуренция
keen demand [ˈkiːnˌdɪˈmɑːnd] повышенный спрос
keen price [ˈkiːnˌpraɪs] низкая цена
keen-witted [ˈkiːnˈwɪtɪd] сообразительный
keep [kiːp] держать; не отдавать; хранить; сохранять; беречь; соблюдать *(правило, договор и т. п.)*; сдержать *(слово, обещание)*; повиноваться *(закону)*; держаться; сохраняться; оставаться *(в известном положении, состоянии и т. п.)*; сохранять новизну, свежесть; не устаревать; продолжать делать *(что-либо)*; владеть; заставлять *(что-либо делать)*; содержать; обеспечивать; иметь в услужении, в распоряжении; вести; управлять; иметь в продаже; вести *(дневник, счета, книги и т. п.)*; защищать; охранять; скрывать; утаивать; сдерживать; задерживать; праздновать; справлять; пища; прокорм; содержание; запас корма для скота; главная башня *(средневекового замка)*

to keep a record — вести протокол
to keep a shop — держать магазин
to keep a straight face — сохранять невозмутимый вид
to keep a term — соблюдать срок
to keep after — продолжать преследовать; ругать
to keep clear of — остерегаться; избегать кого-либо
to keep company — составлять компанию; сопровождать; дружить
to keep in repair — содержать в исправном состоянии
to keep the law — соблюдать закон

keep one's balance [ˈkiːpˌwʌnzˈbæləns] сохранять равновесие; оставаться спокойным
keep-fit [ˌkiːpˈfɪt] поддержание формы
keeper [ˈkiːpə] хранитель; сторож; смотритель; надзиратель; владелец; санитар; лесник, охраняющий заповедник; хорошо сохраняющийся продукт; держатель; хомутик; замок; контргайка
keeping [ˈkiːpɪŋ] владение; обладание; содержание; сохранение; хранение; обеспечение; сокрытие; утаивание; защита; охрана; предохранение; присмотр; гармония; согласие; созвучие; выполнение; соблюдение
keeping strict [ˈkiːpɪŋˈstrɪkt] ритмичный
keeping-room [ˈkiːpɪŋrum] гостиная; общая комната
keepsake [ˈkiːpseɪk] подарок на память; сентиментальный; слащавый
kefir [ˈkefə] кефир
keg [keɡ] бочонок для пресной воды; анкерок *(мор.)*
kelly [ˈkelɪ] ведущая труба

kelp [kelp] бурая водоросль
kelt [kelt] отнерестившийся лосось
ken [ken] кругозор; круг знаний; знать; узнавать *(по виду)*
kennel [ˈkenl] конура; собачий питомник; свора собак *(охотничьих)*; лисья нора; лачуга; хибарка; держать в конуре
kenophobia агорафобия *(боязнь открытого пространства, толпы)*
kentledge [ˈkentlidʒ] противовес; постоянный балласт из чугунных болванок *(мор.)*
Kentucky moss [kenˈtʌkɪ|mɔs] портулак крупноцветный *(бот.)*
keratin [ˈkerətɪn] кератин
kerb [kə:b] *(каменная)* обочина; край тротуара; бордюр
kerbstone [ˈkə:bstoun] бордюрный камень
kerchief [ˈkə:tʃɪf] платок *(головной)*; косынка; шарф
kerchieft [ˈkə:tʃɪft] покрытый платком; косынкой
kerfuffle [kəˈfʌfl] суета; суматоха
kern(e) [kə:n] легковооруженный ирландский пехотинец; деревенщина; мужик
kernel [ˈkə:nl] зерно; косточка; зернышко; сердцевина *(плода)*; ядро *(ореха)*; содержание; суть; сущность
kerosene [ˈkerəsi:n] керосин
kersey [ˈkə:zɪ] грубая шерстяная материя; кирза
kerseymere [ˈkə:zɪmɪə] кашемир *(тонкая шерстяная ткань)*
kestrel [ˈkestr(ə)l] пустельга *(птица)*
ketch [ketʃ] кеч *(небольшое двухмачтовое судно)*
ketchup [ˈketʃəp] кетчуп
ketone [ˈki:toun] кетон *(растворитель)*
kettle [ˈketl] металлический чайник; котел; котелок; бадья; камбузный котел
kettledrum [ˈketldrʌm] литавра
key [ki:] ключ; разгадка; выключатель; код; подстрочный перевод; сборник решений задач; ключ к упражнениям; ключ для настройки музыкальных инструментов; шпонка; чека; клин; кнопка; переключатель; гаечный ключ; клапан духового инструмента; тональность; тон; высота голоса; оттенок *(о краске)*; клавиша; основной принцип; основной; ключевой; ведущий; командный; главный; запирать на ключ; заклинивать; коммутировать; переключать; использовать условные обозначения *(в объявлениях)*; настраивать музыкальные инструменты; приводить в соответствие
to key up — возбуждать; взвинчивать *(кого-либо)*; придавать решимость; смелость; повышать *(спрос и т. п.)*
key bolt [ˈki:|boult] шплинт; шпонка
key button [ˈki:|bʌtn] кнопка переключателя

key diagram [ˈki:|daɪəgræm] схема электрических соединений
key groove [ˈki:|gru:v] шпоночный паз
key in [ˈki:|ɪn] ввод данных с клавиатуры
key line [ˈki:|laɪn] заголовок в одну строку
key man [ˈki:|mæn] человек, занимающий ведущий пост, играющий важнейшую роль *(в политике, промышленности)*; опытный специалист; телеграфист *(амер.)*; ключевая фигура
key money [ˈki:|ˌmʌnɪ] дополнительная плата, взимаемая при продлении срока аренды
key point [ˈki:|pɔɪnt] важный *(в тактическом отношении)* пункт *(воен.)*
key witness [ˈki:|wɪtnɪs] главный свидетель
key-hole [ˈki:houl] замочная скважина; звуковое отверстие у духового инструмента
key-note [ˈki:nout] преобладающий тон; основная мысль; основная идея; лейтмотив; основной принцип; ведущий; основной; задавать тон; делать основной доклад *(на съезде, конференции)*
key-ring [ˈki:rɪŋ] кольцо для ключей
key-touch [ˈki:tʌtʃ] туше *(муз.)*
key-winding [ˈki:ˌwaɪndɪŋ] заводящийся ключом
keyboard [ˈki:bɔ:d] клавиатура; набирать на клавиатуре; клавишная панель; коммутационная панель; клавишный пульт
keyboarder [ˈki:bɔ:də] оператор ЭВМ
keyboardist [ˈki:bɔ:dɪst] музыкант, играющий на клавишных инструментах
keyed [ki:d] настроенный в определенной тональности *(муз.)*; взвинченный; взволнованный; гармонирующий; подходящий
keyed access [ˈki:d|æksɪs] доступ по ключу
keyhole plate [ˈki:houl|pleɪt] накладка дверного замка
keyhole saw [ˈki:houl|sɔ:] лобзиковая пила
keyline [ˈki:laɪn] эскиз
keynoter [ˈki:ˌnoutə] основной докладчик *(на съезде, конференции)*
keystroke [ˈki:strouk] набор знака; нажатие клавиши
keyword [ˈki:wə:d] ключевое слово
khaki [ˈka:kɪ] хаки *(материя защитного цвета)*; *(полевая)* военная форма
khan [ka:n] хан
kiang [kɪˈæŋ] тибетский кулан
kibble [ˈkɪbl] бадья; дробить; разбивать; разделять
kick [kɪk] удар ногой, копытом; пинок; отдача *(ружья)*; толчок; отскакивание; сила сопротивления; ударять ногой; лягаться; брыкаться; отдавать *(о ружье)*; высоко подбрасывать *(мяч)*; бить по мячу; забить гол; вдавленное дно бутылки

453

to kick against — не нравиться; выражать недовольство

to kick around — грубо обращаться; придираться; отдавать ненужные приказы

to kick in — взломать (*дверь и т. п.*); ворваться

to kick off — сбросить (*туфли и т. п.*); вводить мяч в игру ударом с центра (*спорт.*); начинать; уходить; сломаться

to kick up — швырять вверх ударом ноги; поднимать (*скандал, шум и т. п.*)

kickback [ˈkɪkbæk] бурная реакция

kicker [ˈkɪkə] брыкливая лошадь; критикан; скандалист; футболист

kickshaw [ˈkɪkʃɔː] лакомство; безделушка; пустячок

kid [kɪd] козленок; младший; молодой; обманывать; надувать; высмеивать; ягниться

kid-glove [ˈkɪdglʌv] деликатный; изысканный; мягкий; избегающий черной работы

kidnap [ˈkɪdnæp] украсть ребенка; насильно или обманом похитить человека с целью выкупа

kidnapper [ˈkɪdnæpə] лицо, похитившее человека

kidney [ˈkɪdnɪ] почка (*анат.*); род; тип; характер

kidney bean [ˈkɪdnɪˈbiːn] фасоль обыкновенная

kill [kɪl] убивать; бить; умерщвлять; лишать жизни; губить; уничтожать; ликвидировать; ослабить эффект; заглушить; сильно поразить; восхитить; сильно рассмешить; уморить; ослаблять; успокаивать (*боль и т. п.*); добыча (*на охоте*); истребление; убийство

to kill by will — умышленно убить

to kill deliberately — убить с заранее обдуманным намерением

to kill in self-defence — убить в состоянии самообороны

to kill in the heat of passion — убить в состоянии аффекта

to kill negligently — лишить жизни по небрежности

to kill out — уничтожать; искоренять

to kill under the influence — убить по подстрекательству или в состоянии опьянения

kill-devil [ˈkɪl.devl] искусственная приманка; блесна

kill-time [ˈkɪltaɪm] бессмысленное, пустое занятие; бессмысленный, пустой (*о занятии, времяпрепровождении и т. п.*)

killed [kɪld] убитый

killer [ˈkɪlə] убийца; бандит; гангстер; хищник; дельфин-касатка (*зоол.*)

killer bee [ˈkɪləbiː] трутень

killer in excess of self-defence [ˈkɪlərˌɪnˌɪk.sesˌəvˌselfdɪˈfens] лицо, совершившее убийство в результате превышения пределов самообороны

killer in the heat of passion [ˈkɪlərˌɪnˌðəˌhiːtˌəvˈpæʃən] лицо, совершившее убийство в состоянии аффекта

killer while intoxicated [ˈkɪləˌwaɪlˌɪnˈtɔksɪkeɪtɪd] лицо, совершившее убийство в состоянии опьянения

killing [ˈkɪlɪŋ] истребление; убийство; умерщвление; лишение жизни; убой; летальный; смертельный; смертоносный

killjoy [ˈkɪldʒɔɪ] человек, отравляющий другим удовольствие; брюзга

kilo- [ˈkiːlou-] кило-

kilobyte [ˈkiːloubaɪt] килобайт

kilocalorie [ˈkɪləˌkæləri] килокалория (ккал)

kilt [kɪlt] юбка шотландского горца или солдата шотландского полка; собирать в складки; подбирать; подтыкать подол

kin [kɪn] родня; родственники; родство; дом; род; семейство; семья; родственный; сходный; похожий; подобный

kind [kaɪnd] сорт; разновидность; разряд; вид; класс; род; кровное родство; отличительный признак (*особенности*); качество; природа; семейство; внимательный; добрый; любезный; сердечный; податливый; покладистый; покорный; послушный; мягкий (*о волосах*)

kind-hearted [ˈkaɪndˈhɑːtɪd] добрый; мягкосердечный

kindergarten [ˈkɪndəˌgɑːtn] детский сад

kindergartener [ˈkɪndəˌgɑːtnə] воспитатель в детском саду; ребенок, посещающий детский сад

kindle [ˈkɪndl] зажигать; разжигать; возбуждать; воодушевлять; воспламенять; загореться; зажечься; вспыхнуть

kindly [ˈkaɪndlɪ] добрый; доброжелательный; расположенный (*к кому-либо*); приятный; благоприятный (*о климате, почве и т. п.*); доброжелательно; любезно; (благо)приятно; легко; естественно

kindness [ˈkaɪndnɪs] доброта; доброжелательность; сердечность; доброе дело; одолжение; любезность

kindred [ˈkɪndrɪd] кровное родство; род; клан; родня; родные; родственники; духовная близость; родственный

kindred tribes [ˈkɪndrɪdˈtraɪbz] родственные племена

kinescope [ˈkɪnəskoup] кинескоп; записанная на пленку телепередача

kinesipathy двигательные расстройства

kinesis [kɪˈniːsɪs] кинез; движение

kinetics [kaɪˈnetɪks] кинетика; динамика

king [kɪŋ] король; царь; монарх; властитель; магнат; король (*в шахматах и картах*); дамка (*в* *шашках)*; главный стебель растения; царь термитов; чавыча *(ихт.)*; править; управлять; вести себя как король; повелевать

king bolt ['kɪŋ|boult] центральный шкворень
King of Arms ['kɪŋ|əv|'ɑ:mz] герольдмейстер
king pivot ['kɪŋ|'pɪvət] вращающаяся цапфа
king-size ['kɪŋsaɪz] очень большой; выдающийся; необычный
king-size bed ['kɪŋsaɪz|'bed] королевское ложе
kingbird ['kɪŋbə:d] тиран *(орнит.)*
kingcraft ['kɪŋkrɑ:ft] искусство правления
kingcup ['kɪŋkʌp] лютик луковичный *(бот.)*
kingdom ['kɪŋdəm] королевство; империя; княжество; царство; мир; область; сфера
kingfish ['kɪŋfɪʃ] солнечная рыба *(ихт.)*
kingfisher ['kɪŋˌfɪʃə] зимородок обыкновенный *(ихт.)*; зимородок *(орнит.)*
kinglet ['kɪŋlɪt] королёк
kingly ['kɪŋlɪ] королевский; царский; царственный; величественный; грандиозный
kingpin ['kɪŋpɪn] важное лицо; главная фигура; кегля, стоящая в середине; шкворень; палец с шаровым наконечником *(авт.)*
kingpin bearing ['kɪŋpɪn|'beərɪŋ] шкворневой подшипник
kingship ['kɪŋʃɪp] королевский сан; царствование
king's-clover ['kɪŋz'klouvə] донник лекарственный *(бот.)*
kink [kɪŋk] перекручивание; петля *(в веревке, проводе)*; узел *(в крученой нитке)*; выгиб; загиб; извилина; изгиб; судорога; излом; перекрутить*(ся)*; образовать узел; запутать*(ся)*; перекручивать*(ся)*
kinky ['kɪŋkɪ] курчавый *(о волосах)*; странный; эксцентричный
kinship ['kɪnʃɪp] родство; подобие; похожесть; сходство характера; схожесть; близость
kioriki малая выпь *(орнит.)*
kiosk ['kɪ(:)ɔsk] киоск; ларек; стойка; телефонная будка; открытая эстрада *(для оркестра)*
kip [kɪp] ночлежка; койка; постель; спать
kipper ['kɪpə] самец лосося во время нереста; копченая селедка; копченая рыба; солить и коптить рыбу
kiskies борщевик обыкновенный *(бот.)*
kiss [kɪs] поцелуй; лобзание; легкое прикосновение; легкий удар друг о друга *(бильярдных шаров)*; безе *(пирожное)*; целовать*(ся)*
kiss-me ['kɪsmɪ] анютины глазки; фиалка трехцветная
kiss-me-quick ['kɪsmɪ'kwɪk] локон *(на висках)*; анютины глазки *(цветы)*
kit [kɪt] обмундирование; снаряжение; экипировка; ранец; сумка; вещевой мешок; личное обмундирование и снаряжение *(воен.)*; сумка с инструментом; комплект *(набор)* инструментов; котенок; детеныш пушного зверя

kit-bag ['kɪtbæg] вещевой мешок; инструментальная сумка
kitchen ['kɪtʃɪn] кухня; кухонный; камбуз
kitchen garden ['kɪtʃɪn|'gɑ:dn] огород
kitchen herbs ['kɪtʃɪn|hə:bz] пряности *(травы)*
kitchen midden ['kɪtʃɪn|'mɪdn] мусорная яма; помойка
kitchen-cabinet ['kɪtʃɪn|'kæbɪnɪt] кухонный буфет; неофициальные советники главы правительства
kitchen-maid ['kɪtʃɪnmeɪd] судомойка
kitchen-range ['kɪtʃɪnreɪndʒ] плита
kitchen-sink ['kɪtʃɪnsɪŋk] раковина на кухне; натуралистический
kitchen-stuff ['kɪtʃɪnstʌf] продукты для кухни; кухонные отбросы
kitchen-ware ['kɪtʃɪnwɛə] кухонные принадлежности
kite [kaɪt] коршун *(зоол.)*; сокол; хищник; мошенник; шулер; воздушный змей; летать; парить в воздухе
kitsch [kɪtʃ] китч; вульгарная подделка; безвкусица
kitschy ['kɪtʃɪ] вульгарный; пустой
kitten ['kɪtn] котенок; котиться
kittle ['kɪtl] беспокойный; обидчивый; трудный; щекотать; озадачивать; ставить в тупик
kiwi ['ki:wɪ(:)] киви *(орнит.)*; бескрыл *(нелетающая птица)*; новозеландец *(разг.)*; фрукт киви
klaxon ['klæksən] ревун
Kleenex ['kli:neks] бумажный носовой платок
kleptomania [ˌkleptou'meɪnjə] клептомания
knack [næk] *(профессиональная)* ловкость; умение; сноровка; удачный прием; трюк; обыкновение; обычай; привычка; резкий звук; треск
knacker ['nækə] что-либо производящее резкий звук; кастаньеты; живодер
knacky ['nækɪ] искусный; квалифицированный; ловкий; умелый
knag [næg] сук; нарост
knaggy ['nægɪ] сучковатый
knap [næp] бить щебень; дробить камень; отчеканивать слова; вершина холма; гребень горы; холм; клевер луговой *(бот.)*
knapsack ['næpsæk] ранец; рюкзак
knapweed ['næpwi:d] василек *(бот.)*
knar [nɑ:] узел; шишка; нарост на дереве
knarry ['nɑ:rɪ] сучковатый; узловатый
knave [neɪv] вор; жулик; мошенник; плут; валет *(в картах)*
knavery ['neɪvərɪ] жульничество; мошенничество; обман; плутовство

knavish ['neɪvɪʃ] жульнический; мошеннический

knead [ni:d] замешивать; месить *(тесто, глину)*; смешивать в общую массу; формировать *(характер)*; массировать; растирать

kneading-trough ['ni:dɪŋtrɔf] квашня

knee [ni:] колено; наколенник; коленный; корневой вырост; колено трубы; ударить коленом; касаться коленом; вытягиваться на коленях *(о брюках)*; становиться на колени

knee bend ['ni:|bend] коленный сгиб

knee bolt ['ni:|boult] коленчатый болт

knee joint ['ni:|ʤɔɪnt] коленный сустав

knee pad ['ni:|pæd] защитный наколенник

knee-boot ['ni:bu:t] высокий сапог до колен

knee-breeches ['ni:,brɪtʃɪz] бриджи

knee-deep ['ni:'di:p] по колено

knee-high ['ni:'haɪ] *(высотой)* по колено

kneel [ni:l] преклонять колени; становиться на колени; стоять на коленях

knell [nel] похоронный звон; дурное предзнаменование; предзнаменование смерти, гибели; звонить при похоронах; звучать зловеще; предвещать *(гибель)*

knick-knack ['nɪknæk] безделушка; украшение; лакомство

knife [naɪf] нож; скальпель *(мед.)*; ножевой; резать ножом

knife fight ['naɪf|'faɪt] поножовщина

knife fold ['naɪf|'fould] ножевой фальц

knife sharpener ['naɪf|'ʃa:pnə] точило

knife-board ['naɪfbɔ:d] доска для чистки ножей

knife-edge ['naɪfeʤ] острие ножа; опорная призма *(весов и т. п.)*

knife-grinder ['naɪf,graɪndə] точильщик; точильный камень; точило

knife-switch ['naɪfswɪtʃ] рубильник *(электр.)*

knifing ['naɪfɪŋ] поножовщина

knifing filler ['naɪfɪŋ|'fɪlə] шпаклевка

knight [naɪt] рыцарь; витязь; рыцарь *(личное дворянское звание)*; кавалер одного из высших английских орденов; конь *(в шахматах)*; всадник *(член сословия всадников в Древнем Риме)*

knight errant ['naɪt|'er(ə)nt] странствующий рыцарь; донкихот; мечтатель

knighthood ['naɪthud] рыцарство; рыцарское звание; дворянство

knightly ['naɪtlɪ] рыцарский; благородный

knit [nɪt] вязать *(чулки и т. п.)*; скреплять(ся); соединять(ся); срастаться; сращивать(ся); объединять(ся) *(на основе общих интересов и т. п.)*

knit of fire ['nɪt|əv|'faɪə] комплект боеприпасов

knitback ['nɪtbæk] окопник лекарственный *(бот.)*

knitted ['nɪtɪd] вязаный; трикотажный; крепкий; сильный; спаянный; сплоченный

knitter ['nɪtə] вязальщик; вязальщица; трикотажная *(вязальная)* машина

knitting-needle ['nɪtɪŋ,ni:dl] вязальная спица

knitwear ['nɪtwɛə] вязаные вещи; трикотажные изделия

knob [nɔb] выпуклость; шишка; нарост; желвак; вздутие; ручка управления *(авт.)*; набалдашник; штурвал; выдаваться; выпячиваться

knobble ['nɔbl] шишечка

knobby ['nɔbɪ] узловатый; шишковатый; холмистый *(амер.)*

knobstick ['nɔbstɪk] дубинка; кистень; штрейкбрехер *(разг.)*

knock [nɔk] удар; толчок; детонация; резкая критика; придирки; нападки; ударять(ся); бить; стучать(ся); колотить; сбивать; наткнуться *(на что-либо)*; удариться *(обо что-либо)*

knock-down [nɔkdaun] — *сущ., прил.* [nɔk'daun] — *гл.* нокдаун *(спорт.)*; сокрушительный *(об ударе)*; сногсшибательный; разборный *(о мебели и т. п.)*; разбирать конструкцию

knock-kneed ['nɔk,ni:d] с вывернутыми внутрь коленями; слабый; трусливый

knock-out ['nɔkaut] нокаут *(спорт.)*; сшибающий с ног удар

knockabout ['nɔkəbaut] дешевое представление; грубый фарс; актер, участвующий в подобном представлении; драка; дорожный, рабочий *(об одежде)*; шумный, грубый *(о зрелище)*; бродячий

knocker ['nɔkə] дверной молоток; дверное кольцо; сигнальный молоток; критика

knocking ['nɔkɪŋ] детонация; стук двигателя; гидравлический удар в трубах

knocking-down ['nɔkɪŋ'daun] вдавливание

knoll [noul] холм; бугор; кочка; возвышение дна *(мор.)*; банка

knop [nɔp] цветковая почка; бутон

knot [nɔt] узел; бант; союз; узы; загвоздка; нарост; сук; сучок; затруднение; главный вопрос; основная *(сюжетная)* линия; группа; кучка *(людей)*; опухоль; шишка; завязать узел; завязывать узлом; связывать; запутывать(ся); спутывать(ся); хмурить *(брови)*

knot shaped roll ['nɔt|ʃeɪpt|'roul] крендель

knotty ['nɔtɪ] узловатый; сучковатый; затруднительный; сложный; трудный; тяжелый

know [nou] знать; иметь представление; сознавать; иметь определенные знания; уметь; отличать; узнавать; быть осведомленным

to know one's onions — хорошо знать свое дело; знать что-либо назубок *to know the ropes* — хорошо ориентироваться (*в чем-либо*); знать все ходы и выходы

know-all [ˈnouˈɔ:l] всезнайка

know-how [ˈnouhau] умение; знание дела; уровень знаний; техническая информация; секрет производства; технология; ноу-хау

know-how contract [ˈnouhauˈkɔntrækt] договор о передаче «ноу-хау»

know-nothing [ˈnouˌnʌθɪŋ] невежда; неуч; профан; агностик (*филос.*)

knower [ˈnouə] знающий человек

knowing [ˈnouɪŋ] знание; знакомство; понимание; осмысление; осознание; постижение; знающий; понимающий; ловкий; хитрый; коварный; проницательный; хитроумный; модный; щегольской; преднамеренный

knowingly [ˈnouɪŋlɪ] намеренно; сознательно; умышленно; понимающе; искусно; ловко; умело; заведомо

knowledge [ˈnɔlɪʤ] знание; познания; эрудиция; компетентность; осведомленность; сведения; знакомство; известие; сообщение; заведомость; половая близость

knowledgeable [ˈnɔlɪʤəbl] хорошо осведомленный; умный

known [noun] знакомый; известный

known good device [ˈnounˌgudˌdɪˈvaɪs] эталонный прибор

knuckle [ˈnʌkl] голяшка; кулак; сустав пальца; кастет; цапфа; шарнир; ударить; стукнуть; постучать костяшками пальцев

knuckle thread [ˈnʌklˌθred] круглая резьба

knuckle threaded [ˈnʌklˌθredɪd] с круглой резьбой

knur(r) [nə:] узел; шишка; нарост на дереве; деревянный мяч (*для некоторых игр*)

knurled [nə:ld] гофрированный

knurled nut [ˈnə:ldˌnʌt] гайка с накаткой

knurling [ˈnə:lɪŋ] насечка

koala [kouˈɑ:lə] коала (*сумчатый медведь*)

kob [kɔb] коб (*болотный козел*)

kodak [ˈkoudæk] быстро схватывать; ярко описывать

koekoea длиннохвостая кукушка (*орнит.*)

kohlrabi [ˈkoulˈrɑ:bɪ] кольраби

kohutapu песочник (*орнит.*)

kolstert морской карась (*ихт.*)

kolytic снижающий; прекращающий

kopje [ˈkɔpɪ] холмик (*южно-афр.*)

Koran [kɔˈrɑ:n] Коран

Koranic [kɔˈrænɪk] находящийся в Коране; основанный на Коране

kosteletzkya гибискус (*бот.*)

kowtow [ˈkauˈtau] низкий поклон; выражение подобострастия; делать низкий поклон (*касаясь головой земли*); раболепствовать

kraft paper [ˈkrɑ:ftˈpeɪpə] крафт-бумага (*упаковочная бумага*)

Kremlin [ˈkremlɪn] Кремль

krone [ˈkrounə] крона (*денежная единица в некоторых странах*)

kudos [ˈkju:dɔs] слава; известность; популярность; почет; кредитоспособность; капитал; деньги; основной капитал; основная сумма

kudu [ˈku:du:] лесная антилопа

kumiss [ku(:)ˈmɪs] кумыс

kumu морской петух (*ихт.*)

kurtosis [ˌkə:ˈtousɪs] эксцесс

kwanya луфарь (*ихт.*)

kwatuma мурена (*ихт.*)

l [el]; мн. — **Ls**; **L's** [elz] двенадцатая буква английского алфавита; что-либо имеющее форму буквы L

L-square [ˈelskweə] угольник для черчения

laager [ˈlɑ:gə] лагерь, окруженный повозками; располагаться лагерем, окруженным повозками

labefaction [ˌlæbɪˈfækʃ(ə)n] ослабление; повреждение

label [ˈleɪbl] ярлык; этикетка; бирка; помета (*в словаре*); метка; наклейка; прикреплять (*наклеивать*) ярлык; относить к какой-либо категории; приклеивать ярлык; этикетировать; метить; дополнение к завещанию

label paper [ˈleɪblˈpeɪpə] этикеточная бумага

labeling [ˈleɪb(ə)lɪŋ] прикрепление ярлыков; наклейка этикеток; метка

labelled [ˈleɪbld] маркированный

labial [ˈleɪbjəl] губной; губной звук (*фон.*)

labialization [ˌleɪbɪəlaɪˈzeɪʃ(ə)n] лабиализация

labiate [ˈleɪbɪeɪt] двугубый

labile [ˈleɪbɪl] нестабильный; неустойчивый; лабильный

lability [ləˈbɪlɪtɪ] изменчивость; непостоянство

labium [ˈleɪbɪəm] губа (*анат.*)

lablab [ˈlæblæb] гиацинтовые бобы (*бот.*)

labor см. **labour**

laboratory [ləˈbɔrət(ə)rɪ] лаборатория; лабораторный

laborious [ləˈbɔːrɪəs] трудный; тяжкий; утомительный; вымученный *(о стиле)*; работящий; старательный

labour [ˈleɪbə] труд; работа; усилие; рабочая сила; рабочий класс; роды; трудовой; рабочий; лейбористский; трудиться; работать; прилагать усилия; добиваться

labour agreement [ˈleɪbərəˈgriːmənt] трудовое соглашение

labour camp [ˈleɪbəkæmp] исправительно-трудовой лагерь

labour code [ˈleɪbəkoud] кодекс законов о труде; трудовой кодекс

labour contract [ˈleɪbəˈkɔntrækt] коллективный трудовой договор

labour controversy [ˈleɪbəˈkɔntrəvəːsɪ] трудовой конфликт

labour exchange [ˈleɪbərɪksˈtʃeɪndʒ] биржа труда

labour hours [ˈleɪbəˈauəz] рабочее время

labour union [ˈleɪbəˈjuːnjən] профсоюз

labour-intensive [ˌleɪbərɪnˈtensɪv] интенсивный *(труд)*

labour-market [ˈleɪbəˈmaːkɪt] рынок труда

labour-rent [ˈleɪbərent] отработка

labour-saving [ˈleɪbəˌseɪvɪŋ] дающий экономию в труде; рационализаторский *(о методах и т. п.)*

laboured [ˈleɪbəd] трудный; затрудненный; доставшийся с трудом; вымученный; тяжеловесный *(о стиле, шутке и т. п.)*

labourer [ˈleɪbərə] неквалифицированный рабочий; чернорабочий

labouring [ˈleɪb(ə)rɪŋ] рабочий; трудящийся; затрудненный

labourist [ˈleɪbərɪst] лейборист; член лейбористской партии

labrum [ˈlæbrəm] верхняя губа *(энт.)*

labyrinth [ˈlæbərɪnθ] лабиринт; трудное, безвыходное положение

labyrinthine [ˌlæbəˈrɪnθaɪn] подобный лабиринту; запутанный; сложный; трудный для понимания

lace [leɪs] тесьма; шнурок; кружево; шнуровать; стягиваться корсетом; украшать; отделывать; стегать; хлестать

lace-buttons [ˈleɪsbʌtnz] мелколепестник однолетний *(бот.)*

lacerate [ˈlæsəreɪt] раздирать; разрывать; рвать; терзать; мучить; калечить; разрываться

lacerated [ˈlæsəreɪtɪd] рваный

laceration [ˌlæsəˈreɪʃ(ə)n] разрывание; мука; терзание; разрыв; рваная рана

laches [ˈleɪtʃɪz] нерадивость; небрежность; просрочка; пропуск указанного срока; безосновательное промедление

lachrymal [ˈlækrɪm(ə)l] слезный

lachrymose [ˈlækrɪmous] плачущий; полный слез; плаксивый; слезливый

lacing [ˈleɪsɪŋ] шнур; шнуровка; шнурование; обшивание; отделка кружевом

lacing bar [ˈleɪsɪŋbaː] кронштейн

lacinia [læˈsɪnɪə] доля листа или лепестка

laciniate [læˈsɪnɪ(e)ɪt] дольчатый; рассеченный; с неровными краями; надрезанный

lacinula [læˈsɪnjulə] долька

lack [læk] недостаток; нужда; отсутствие; испытывать недостаток; нуждаться; не иметь; не хватать; недоставать

to lack finish — *быть неотделанным*

lack of evidence [ˈlækəvˈevɪdəns] отсутствие доказательств; недоказанность

lack of faith [ˈlækəvˈfeɪθ] неверие; безбожие; атеизм

lack of funds [ˈlækəvˈfʌndz] отсутствие средств

lack of jurisdiction [ˈlækəvˌdʒuərɪsˈdɪkʃən] неподсудность

lack of legal capacity [ˈlækəvˈliːgəlkəˈpæsɪtɪ] недееспособность

lack of logic [ˈlækəvˈlɔdʒɪk] нелогичность; непоследовательность; алогичность

lack of perpendicularity [ˈlækəvˌpəːpəndɪkjuˈlærɪtɪ] отклонение от вертикальной оси

lack of privacy [ˈlækəvˈpraɪvəsɪ] несоблюдение секретности

lack-all [ˈlækɔːl] несчастный; обездоленный человек

lackadaisical [ˌlækəˈdeɪzɪk(ə)l] томный; апатичный; бездеятельный

lackey [ˈlækɪ] лакей; слуга; прислуживать; лакействовать; раболепствовать

lacking [ˈlækɪŋ] недостающий; отсутствующий

lackland [ˈlæklænd] безземельный

lacklustre [ˈlækˌlʌstə] тусклый; без блеска

lacmus [ˈlækməs] лакмус

laconic(al) [ləˈkɔnɪk(əl)] лаконичный; краткий; короткий

lacquer [ˈlækə] лак; глазурь; покрывать лаком; лакировать

lacrimal [ˈlækrɪməl] слезный

lacrimal gland [ˈlækrɪməlˈglænd] слезная железа

lactase [ˈlækteɪs] лактаза

lactation [lækˈteɪʃ(ə)n] кормление грудью; лактация; выделение молока

lacteal [ˈlæktɪəl] млечный; молочный; хилёзный

lactescent [lækˈtesənt] похожий на молоко

lactic [ˈlæktɪk] молочный

lactobacillus [ˌlæktoubəˈsɪləs] молочнокислая бактерия

lactoflavin [ˌlæktouˈfleɪvɪn] лактофлавин, витамин B2

lactoserum сыворотка молока

lacuna [ləˈkjuːnə] пробел; пропуск; впадина; полость; углубление

lacy [ˈleɪsɪ] кружевной; похожий на кружево

lad [læd] мальчик; юноша; парень; лихой парень

ladder [ˈlædə] лестница; трап

ladder of success [ˈlædərəvsekˈsəs] средство достичь успеха

ladder rack [ˈlædə|ræk] зубчатая рейка

ladder truck [ˈlædə|trʌk] пожарная машина с лестницей

ladder-shaped [ˈlædəʃeɪpt] ступенчатый

laddie [ˈlædɪ] мальчуган, паренек (шотланд.)

lade [leɪd] устье реки; канал; проток; водная магистраль; грузить; нагружать; погружать; брать; вычерпывать

laden [ˈleɪdn] груженый; нагруженный; налитой (о зерне)

ladies' room [ˈleɪdɪzˈruːm] женская уборная

lading [ˈleɪdɪŋ] загрузка; нагрузка; погрузка; груз; фрахт

ladle [ˈleɪdl] подвесной ковш; черпак; черпать; разливать

lady [ˈleɪdɪ] дама; госпожа; леди (титул знатной дамы); дама сердца; возлюбленная; хозяйка дома

lady beetle [ˈleɪdɪ|biːtl] божья коровка

lady-in-waiting [ˈleɪdɪɪnˈweɪtɪŋ] фрейлина (королевы)

lady-love [ˈleɪdɪlʌv] возлюбленная

ladybell [ˈleɪdɪbel] бубенчик (бот.)

ladybird [ˈleɪdɪbəːd] божья коровка

ladyfinger [ˈleɪdɪfɪŋɡə] наперстянка пурпуровая (бот.)

ladyhood [ˈleɪdɪhud] звание, положение леди

lady's man [ˈleɪdɪz|mæn] кавалер; дамский угодник

lady's smock [ˈleɪdɪz|smɔk] сердечник луговой

lady's-delight [ˈleɪdɪzdɪˈlaɪt] анютины глазки (бот.)

lady's-maid [ˈleɪdɪzmeɪd] горничная; камеристка

lady's-purse [ˈleɪdɪzpəːs] пастушья сумка обыкновенная

lad's-love [ˌlædzˈlʌv] полынь лечебная (бот.)

lag [læɡ] отставание; задержка; сдвиг фаз; скрытое время; запаздывание; отставать; запаздывать; каторжник; срок каторги (ссылки); ссылать на каторгу; арестовывать; задерживать

lageniform бутылеобразный

lager (beer) [ˈlɑːɡə(bɪə)] легкое пиво

laggard [ˈlæɡəd] неповоротливый человек; бездеятельный; вялый; медлительный

lagging [ˈlæɡɪŋ] изоляция; запаздывание; отставание

lagoon [ləˈɡuːn] лагуна

laic(al) [ˈleɪk(əl)] мирской; светский; мирянин

laid [ˈleɪd] отложенный (об икре)

laid-back [ˌleɪdˈbæk] невозмутимый (разг.); отрешенный; спокойный; тихий

lair [lɛə] берлога; нора; логовище; лежать в берлоге (норе); уходить в берлогу (нору)

laissez-faire [ˈleɪseɪˈfɛə] невмешательство; непротивление; попустительство

lake [leɪk] озеро

lakelet [ˈleɪklɪt] озерко

laker [ˈleɪkə] озерная форель

lakeside [ˈleɪksaɪd] берег озера

laky [ˈleɪkɪ] озерный; изобилующий озерами; бледно-малиновый цвет

lam [læm] поспешное бегство; убегать; бить; колотить

lamb [læm] ягненок; барашек; агнец; мясо молодого барашка; простак; ягниться

lambaste [læmˈbeɪst] бить; колотить; сурово критиковать (разг.)

lambda probe [ˈlæmdəˈprəub] кислородный датчик

lambency [ˈlæmbənsɪ] блеск; сверкание

lambent [ˈlæmbənt] играющий, колыхающийся (о свете, пламени); блестящий

lambing [ˈlæmɪŋ] ягнение; окот овец

lamblike [ˈlæmlaɪk] безответный; кроткий; покорный; послушный

lambskin [ˈlæmskɪn] овчина; мерлушка

lamb's-foot [ˈlæmzfuːt] подорожник большой

lamb's-tongue [ˈlæmztʌŋ] мята полевая

lame [leɪm] хромой; увечный; парализованный; неубедительный; неудовлетворительный; калечить; обезображивать; увечить

lamella [ləˈmelə] пластинка; чешуйка; тонкий слой

lameness [ˈleɪmnɪs] хромота

lament [ləˈment] горестное стенание; плач; рыдания; жалобы; элегия; жалобная, похоронная песнь; стенать; плакать; оплакивать

lamentable [ˈlæməntəbl] прискорбный; плачевный; траурный; унылый

lamentation [ˌlæmenˈteɪʃ(ə)n] горестная жалоба; плач

lamina [ˈlæmɪnə] тонкая пластинка; тонкий слой; лист

laminar [ˈlæmɪnə] ламинарный; пластинчатый; слоистый

laminaria морская капуста

laminate [ˈlæmɪneɪt] расщеплять(ся) на тонкие слои; припрессовать пленку к оттиску

laminated [ˈlæmɪneɪtɪd] листовой; пластинчатый; слоистый

laminated glass [ˈlæmɪneɪtɪd|ˈglɑːs] триплекс

laminated paper [ˈlæmɪneɪtɪd|ˈpeɪpə] ламинированная бумага

lamination [ˌlæmɪˈneɪʃ(ə)n] разделение; размежевание; расслоение; плющение; раскатывание; ламинирование

laminator [ˌlæmɪˈneɪtə] ламинатор

lammergeier [ˈlæməgaɪə] бородач (орнит.)

lamp [læmp] лампа; фонарь; фара; прожектор; светильник; светоч; освещать

lamp bracket [ˈlæmp|ˈbrækɪt] кронштейн фары

lamp oil [ˈlæmp|ˈɔɪl] керосин

lamp pole [ˈlæmp|ˈpoʊl] фонарный столб

lamp-shade [ˈlæmpʃeɪd] абажур

lamper eel [ˈlæmpə(r)|iːl] минога

lamplight [ˈlæmplaɪt] свет лампы; искусственное освещение

lampoon [læmˈpuːn] злая сатира; памфлет; пасквиль; писать памфлеты, пасквили

lamppost [ˈlæmppoʊst] фонарный столб

lamprey [ˈlæmprɪ] речная минога

lanate [ˈleɪn(e)ɪt] пушистый; ворсистый

lance [lɑːns] пика; копье; острога; ланцет; пронзать пикой, копьем

lance-corporal [ˈlɑːnsˈkɔːp(ə)r(ə)l] младший капрал

lance-knight [ˈlɑːnsnaɪt] копейщик; ландскнехт (ист.)

lance-sergeant [ˈlɑːnsˈsɑːʤ(ə)nt] младший сержант

lancer [ˈlɑːnsə] улан; ланцье (старинный танец)

lancet [ˈlɑːnsɪt] ланцет; стилет (колющая часть жала у перепончатокрылых)

lancinating [ˈlɑːnsɪneɪtɪŋ] острый; стреляющий (о боли)

land [lænd] земля; суша; страна; государство; почва; земельная собственность; земельный; высаживать(ся) (на берег); приставать к берегу; причаливать; прибывать (куда-либо); достигать (какого-либо места); приводить (к чему-либо); ставить в то или иное положение; попасть; угодить

to land on — наговаривать; обвинять; ругать; спихивать на кого-либо

to land up — забивать грязью; становиться; оказываться; достигать; получать что-либо в конце

land bank [ˈlænd|bæŋk] земельный банк

land bird [ˈlænd|bɜːd] наземная птичка

land cable [ˈlænd|ˈkeɪbl] наземный кабель

land dispute [ˈlænd|dɪsˈpjuːt] земельный спор

land law [ˈlænd|lɔː] земельное право

land mass [ˈlænd|ˈmæs] земля; континент; суша

land office [ˈlænd|ˌɔfɪs] государственная контора

land power [ˈlænd|ˌpaʊə] военная мощь; мощная военная держава

land tie [ˈlænd|ˈtaɪ] анкер

land-agent [ˈlænd|eɪʤ(ə)nt] управляющий имением; агент по продаже земельных участков

land-breeze [ˈlændbriːz] береговой ветер; бриз

land-forces [ˈlænd|ˈfɔːsɪz] сухопутные войска

land-locked [ˈlændlɔkt] окруженный сушей; закрытый (о заливе, гавани); пресноводный (о рыбе)

land-on [ˈlænd|ɔn] делать посадку; приземляться

land-rover [ˈlænd|ˌroʊvə] легковой автомобиль «вездеход»

land-surveyor [ˈlændsə(ː)ˌveɪə] землемер

land-tax [ˈlændtæks] земельный налог

landed [ˈlændɪd] аграрный; земледельческий; земельный; владеющий земельной собственностью

landfall [ˈlændfɔːl] подход к берегу; обвал; оползень; посадка (авиац.); приземление

landfill [ˈlændfɪl] закапывание мусора, отходов; мусорная свалка

landholder [ˈlændˌhoʊldə] владелец (арендатор) недвижимости или земельного участка

landing [ˈlændɪŋ] высадка; место высадки; лестничная площадка; десантный

landing area [ˈlændɪŋ|ˈeərɪə] яма для прыжков (спорт.)

landing beacon [ˈlændɪŋ|ˈbiːkən] посадочный маяк

landing craft [ˈlændɪŋ|krɑːft] десантные суда

landing gear unit [ˈlændɪŋ|gɪə|ˈjuːnɪt] шасси

landing mat [ˈlændɪŋ|mæt] мат для прыжков (спорт.)

landing transport [ˈlændɪŋ|ˈtrænspɔːt] грузовой десантный транспорт

landing troops [ˈlændɪŋ|truːps] десантные войска

landing-net [ˈlændɪŋnet] рыболовный сачок; десантная сеть (воен.)

landing-stage [ˈlændɪŋsteɪʤ] пристань

landing-strip [ˈlændɪŋstrɪp] взлетно-посадочная полоса (авиац.)

landlady [ˈlændˌleɪdɪ] владелица дома, квартиры, сдаваемых внаем; хозяйка гостиницы, меблированных комнат, пансиона

landless [ˈlændlɪs] безземельный; безбрежный (о море)

landlord [ˈlænlɔːd] землевладелец; помещик; арендодатель; собственник недвижимости

landlouper [ˈlændˌloʊpə] бродяга

landmark [ˈlændmɑːk] межевой знак; веха; береговой знак

landowner [ˈlændˌoʊnə] землевладелец

landowning [ˈlændˌoʊnɪŋ] землевладение; землепользование; землевладельческий

landrail [ˈlændreɪl] коростель (орнит.)

landscape [ˈlændskeɪp] вид; ландшафт; пейзаж

landscape-painter [ˈlænskeɪpˌpeɪntə] пейзажист
landslide [ˈlændslaɪd] обвал; оползень
landsman [ˈlændzmən] сухопутный житель; неопытный моряк
landward(s) [ˈlændwəd(z)] к берегу
lane [leɪn] узкая дорога; тропинка; ряд; узкая улочка; проезд; переулок; проход *(между рядами)*; дорога с односторонним движением; полоса движения
lane line [ˈleɪn|laɪn] разделительная полоса
lane-control signal [ˈleɪnkənˌtrould|ˈsɪgnl] дорожный сигнал
lang syne [ˈlæŋ|ˈsaɪn] старина; былые дни; давным-давно; в старину; встарь
langouste [lɑːŋˈguːst] лангуст
language [ˈlæŋgwɪʤ] язык; речь; стиль; формулировка; текст; буква закона
language barrier [ˈlæŋgwɪʤ|ˈbærɪə] языковой барьер
language bonus [ˈlæŋgwɪʤ|ˈbounəs] надбавка к заработной плате за знание иностранных языков
language in force [ˈlæŋgwɪʤ|ɪn|ˈfɔːs] действующая формулировка
language of law [ˈlæŋgwɪʤ|əv|ˈlɔː] язык закона
languid [ˈlæŋgwɪd] апатичный; бездеятельный; вялый; томный; неинтересный; пресный; скучный
languish [ˈlæŋgwɪʃ] томный вид; томность; слабеть; чахнуть; вянуть; томиться; изнывать; тосковать; принимать печальный, томный вид
languishing [ˈlæŋgwɪʃɪŋ] бездеятельный; вялый; слабый; печальный; томный; траурный; унылый
languor [ˈlæŋgə] слабость; вялость; апатичность; томление; томность; отсутствие жизни, движения; застой
languorous [ˈlæŋgərəs] вялый; бездеятельный; изнемогающий; томный; душный; тяжелый *(об атмосфере)*
lank [læŋk] высокий и тонкий; худощавый; гладкий; невьющийся *(о волосах)*; длинный и мягкий *(о траве и т. п.)*
lanky [ˈlæŋkɪ] долговязый
lantern [ˈlæntən] фонарь
laodicean [ˌleɪoudɪˈsɪən] безразличный в вопросах религии или политики
lap [læp] пола; подол; колени; мочка *(уха)*; ущелье; круг; сгиб; оборот каната; часть *(спорт.)*; партия игры; круг; раунд; завертывать; складывать; свертывать; окутывать; сгибать; охватывать; плеск *(волн)*; лакать; жадно пить; глотать; полировать; шлифовать; наводить блеск
lap belt [ˈlæp|belt] поясной ремень безопасности
lap dissolve [ˈlæp|dɪˈzɒlv] наплыв
lap up [ˈlæp|ˈʌp] пить *(о животных)*; принимать; верить

lap-board [ˈlæpbɔːd] доска *(на коленях)*, заменяющая стол
lap-love [ˈlæplʌv] вьюнок
lapel [ləˈpel] лацкан; отворот
lapidary [ˈlæpɪdərɪ] гранильный; выгравированный на камне; короткий; краткий
lapidate [ˈlæpɪdeɪt] побить камнями
lapidicolous живущий под камнями
lapidify [ləˈpɪdɪfaɪ] превращать в камень
lappaceous колючий; с колючками
lappet [ˈlæpɪt] складка; изгиб; лацкан; лопасть; выступ
lapse [læps] упущение; ошибка; описка; падение; прегрешение; усечение; прекращение; утрата силы; переход права; течение; ход времени; истечение; промежуток времени; пасть морально; впадать в отчаяние; совершить снова какой-либо проступок; приняться за старое; терять силу; истекать *(о праве)*; переходить в другие руки; прекращаться
lapsed [læpst] бывший; былой; прошедший; прошлый; истекший; прекратившийся; потерявший силу; ставший недействительным
laptop [ˈlæptəp] небольшой портативный компьютер
lapwing [ˈlæpwɪŋ] чибис *(орнит.)*
larcenous [ˈlɑːsɪnəs] воровской; виновный в воровстве
larceny [ˈlɑːsənɪ] воровство; грабеж; кража; похищение имущества
larceny by finding [ˈlɑːsənɪ|baɪ|ˈfaɪndɪŋ] присвоение находки
larceny by trick [ˈlɑːsənɪ|baɪ|ˈtrɪk] мошенничество
larch [lɑːtʃ] лиственница *(бот.)*; древесина лиственницы
lard [lɑːd] шпиговать; смазывать салом
lardy [ˈlɑːdɪ] жирный; плодородный; сальный
large [lɑːʤ] большой; крупный; немалый; многочисленный *(о населении и т. п.)*; значительный; обильный; широкий *(о взглядах, толковании, понимании)*; широко; пространно; крупно *(писать, печатать)*; хвастливо; напыщенно
large (wide)-mouthed jar [ˈlɑːʤ|(ˈwaɪd)mauθt|ˈʤɑː] сосуд с широким горлом
large edition [ˈlɑːʤ|ɪˈdɪʃən] крупнотиражное издание
large heart [ˈlɑːʤ|ˈhɑːt] великодушие
large intestine [ˈlɑːʤ|ɪnˈtestɪn] толстая кишка
large print book [ˈlɑːʤ|prɪnt|ˈbuk] книга большого формата
large scale [ˈlɑːʤ|ˈskeɪl] в крупном масштабе; крупномасштабный; широкий; массивный *(о жилищном строительстве)*; крупный
large scale accident [ˈlɑːʤ|skeɪl|ˈæksɪdənt] катастрофа; крупная авария

large-berried [ˈlɑːʤˈberɪd] крупноягодный
large-flowered [ˈlɑːʤˈflauəd] крупноцветковый
large-fruited [ˈlɑːʤˈfruːtɪd] крупноплодный
large-handed [ˈlɑːʤˈhændɪd] щедрый; богатый; с большими руками; жадный
large-hearted [ˈlɑːʤˈhɑːtɪd] великодушный; благожелательный; приемлемый
large-leaved [ˈlɑːʤˈliːvd] крупнолистный
large-minded [ˈlɑːʤˈmaɪndɪd] с широкими взглядами; терпимый
largely [ˈlɑːʤlɪ] в значительной степени; много; обильно; щедро; в широком масштабе; на широкую ногу
largeness [ˈlɑːʤnɪs] большой размер; широта взглядов; великодушие
larger-than-life [ˌlɑːʤəðənˈlaɪf] мифический; невероятный
largess(e) [lɑːˈʤes] щедрый дар; щедрость
largish [ˈlɑːʤɪʃ] довольно большой
lariat [ˈlærɪət] веревка *(для привязывания лошади)*; аркан; лассо; ловить арканом
lark [lɑːk] жаворонок; шутка; веселье; забава; забавляться; шутить; брать препятствия *(на лошади)*
larky [ˈlɑːkɪ] любящий пошутить, позабавиться; проказливый; веселый
larrikin [ˈlærɪkɪn] *(молодой)* хулиган; буйный; грубый; шумный
larva [ˈlɑːvə] гусеница *(бабочки)*; личинка
larval [ˈlɑːv(ə)l] личиночный
larvina безногая личинка насекомых
larviparous откладывающий живых личинок
laryngeal [ˌlærɪnˈʤɪ(ː)əl] гортанный
laryngoscope [ləˈrɪŋɡəskoup] ларингоскоп
larynx [ˈlærɪŋks] глотка; гортань
lascivious [ləˈsɪvɪəs] похотливый; сладострастный; развратный
laser [ˈleɪzə] лазер
laser printer [ˈleɪzəˈprɪntə] лазерный принтер
laser welding chamber [ˈleɪzəˈweldɪŋˈʧeɪmbə] камера для лазерной сварки
lash [læʃ] плеть; бич; ремень *(кнута)*; удар хлыстом, бичом, плетью; резкий упрек; критика; хлестать; стегать; ударять; высмеивать; нестись; мчаться; ринуться
to lash at — накидываться
lash adjuster [ˈlæʃəˈʤʌstə] регулятор зазора клапанов
lasher [ˈlæʃə] водослив; дамба
lashing [ˈlæʃɪŋ] порка; брань; упреки; веревка; веревки *(связывающие что-либо)*
lass [læs] девушка; девочка; служанка; возлюбленная
lassie [ˈlæsɪ] девушка; девочка
lassitude [ˈlæsɪtjuːd] усталость; апатия

lasso [læˈsuː] аркан; лассо; ловить арканом, лассо
last [lɑːst] колодка *(обувная)*; последний; окончательный; прошлый; крайний; чрезвычайный; самый современный; в последний раз; что-либо последнее по времени; продолжаться; длиться; хватать; быть достаточным
last date [ˈlɑːstˈdeɪt] крайний срок
last resort [ˈlɑːstrɪˈzɔːt] последнее средство
last struggle [ˈlɑːstˈstrʌɡl] агония
last will [ˈlɑːstˈwɪl] последняя воля умирающего; завещание
last will and testament [ˈlɑːstˈwɪləndˈtestəmənt] завещание
last-ditch [ˌlɑːstˈdɪʧ] отчаянный; беззаветный
lasting [ˈlɑːstɪŋ] длительный; постоянный
lastly [ˈlɑːstlɪ] наконец *(при перечислении)*; в заключение
latch [læʧ] щеколда; запор; защелка; американский замок; запирать*(ся)*
latch-key [ˈlæʧkiː] ключ от американского замка; отмычка
latchet [ˈlæʧɪt] морской петух *(ихт.)*
latching mechanism [ˈlæʧɪŋˈmekənɪzm] фиксирующее устройство
late [leɪt] поздний; запоздалый; недавний; новый; последний; покойный; умерший; бывший; давний; прежний; старый; поздно; недавно; за последнее время
late ignition [ˈleɪtɪɡˈnɪʃən] позднее зажигание
latebricolous обитающий в углублении
latebrosus скрытый; укрытый
lately [ˈleɪtlɪ] недавно; за последнее время
latency [ˈleɪt(ə)nsɪ] скрытое состояние
lateness [ˈleɪtnɪs] задержка; запоздалость
latent [ˈleɪt(ə)nt] скрытый; латентный
latent competition [ˈleɪt(ə)ntˌkɔmpɪˈtɪʃən] скрытая конкуренция
latent defect [ˈleɪt(ə)ntdɪˈfekt] скрытый порок *(дефект)*
latent learning [ˈleɪt(ə)ntˈləːnɪŋ] скрытое обучение
later [ˈleɪtə] позже; более поздний; далее; дальше; после всех; потом
lateral [ˈlæt(ə)r(ə)l] боковой; горизонтальный; побочный; вспомогательный; вторичный; широкий *(о толковании)*; несущественный; боковая часть; ответвление
lateral movement [ˈlæt(ə)r(ə)lˈmuːvmənt] скольжение
lateral play [ˈlæt(ə)r(ə)lpleɪ] поперечный люфт
lateral pull [ˈlæt(ə)r(ə)lpul] поперечная тяга
lateral rear mirror [ˈlæt(ə)r(ə)lˈrɪəmɪrə] боковое зеркало заднего вида

lateral rigidity [ˈlæt(ə)r(ə)l|rɪˈʤɪdɪtɪ] поперечная жесткость
latest [ˈleɪtɪst] самый поздний; самый последний
latex [ˈleɪteks] латекс; млечный сок
lath [lɑːθ] планка; дранка; прибивать рейки; защелка; фиксатор
lathe [leɪð] токарный станок; обрабатывать на токарном станке
lather [ˈlɑːðə] мыльная пена; намыливать(ся); мылиться
lathery [ˈlɑːðərɪ] намыленный; взмыленный; вымышленный; ненастоящий
lathy [ˈlɑːθɪ] долговязый; худой
latibulize [ləˈtɪbjulaɪz] залечь в берлогу, в нору
laticiferous [ˌleɪtɪˈsɪfərəs] содержащий латекс
latinize [ˈlætɪnaɪz] латинизировать; употреблять латинизмы
latitude [ˈlætɪtjuːd] широта; воля; независимость; свобода; обширность
latten [lætn] латунь
latter [ˈlætə] недавний; более поздний; последний; последний (из двух названных)
latter-day [ˈlætədeɪ] недавний; новейший; новый
latterly [ˈlætəlɪ] недавно; к концу; под конец
lattermost [ˈlætəmoust] последний
lattice [ˈlætɪs] решетка; сетка; решетчатый; ставить решетку; обносить решеткой
latticed [ˈlætɪst] решетчатый
latticework [ˈlætɪswəːk] решетка; сетка
laud [lɔːd] одобрение; похвала; хвала; восхваление; прославление; хвалебный гимн; хвалить; прославлять
laudable [ˈlɔːdəbl] одобрительный; похвальный; хвалебный
laudable motive [ˈlɔːdəbl|ˈmoutɪv] похвальное побуждение
laudation [lɔːˈdeɪʃ(ə)n] панегирик; восхваление
laudator [lɔːˈdeɪtə] арбитр; консультант
laudatory [ˈlɔːdət(ə)rɪ] одобрительный; похвальный; хвалебный
laugh [lɑːf] смех; хохот; смеяться; рассмеяться; со смехом сказать; произнести
to laugh away — рассеять, прогнать смехом (скуку, опасения и т. п.)
to laugh down — засмеять; заглушить смехом (речь и т. п.)
laughable [ˈlɑːfəbl] смешной; комический; курьезный
laughing [ˈlɑːfɪŋ] смеющийся; улыбающийся; веселый; забавный; смешной
laughing jackass [ˈlɑːfɪŋ|ˈʤækæs] большой австралийский зимородок-хохотун (биол.)
laughing-stock [ˈlɑːfɪŋstɔk] посмешище

laughter [ˈlɑːftə] смех; хохот
launch [lɔːntʃ] бросать; метать; спускать судно на воду; начинать; пускать в ход; запускать (ракету и т. п.); выпускать (снаряд); катапультировать; горячо высказать; разразиться; старт; баркас; моторная лодка; катер
to launch on — начинать; предлагать; представлять; браться за что-либо (новое)
launcher [ˈlɔːntʃə] пусковая установка; летательная установка; гранатомет (воен.)
launching device [ˈlɔːntʃɪŋ|dɪˈvaɪs] пусковое устройство
launder [ˈlɔːndə] стирать и гладить (белье); стираться (о белье)
laundress [ˈlɔːndrɪs] прачка
laundry [ˈlɔːndrɪ] прачечная; белье для стирки или из стирки
laundry list [ˈlɔːndrɪ|lɪst] подробный список
laureate [ˈlɔːrɪɪt] лауреат; увенчанный лавровым венком; лавровый
laurel [ˈlɔr(ə)l] лавр; почести; венчать лавровым венком
laurelled [ˈlɔrəld] увенчанный лавровым венком, лаврами; знаменитый
lava [ˈlɑːvə] лава
lavatorial [ˌlævəˈtɔːrɪəl] туалетный
lavatory [ˈlævət(ə)rɪ] туалет; уборная
lave [leɪv] мыть; омывать; умывать; омывать (о ручье, потоке)
lavender [ˈlævɪndə] лаванда (бот.); бледно-лиловый цвет
laver [ˈleɪvə] красная водоросль
lavish [ˈlævɪʃ] щедрый; расточительный; обильный; богатый; изобильный; чрезмерный; быть щедрым; расточать
law [lɔː] закон; право; правило; принцип; юриспруденция; профессия юриста; суд; судебный процесс; судебная процедура; юстиция; правомерный; соответствующий закону; законный; юридический; правовой
law books [ˈlɔː|buks] юридическая литература
law compliance [ˈlɔː|kəmˈplaɪəns] соблюдение закона
law in vigour [ˈlɔː|ɪn|ˈvɪgə] действующий закон
law martial [ˈlɔː|ˈmɑːʃəl] военное положение
law merchant [ˈlɔː|ˈməːtʃənt] торговое право
law of civil procedure [ˈlɔː|rəv|ˈsɪvl|prəˈsiːʤə] гражданское процессуальное право
law of contract [ˈlɔː|rəv|ˈkɔntrækt] договорное право
law of crime [ˈlɔː|rəv|ˈkraɪm] уголовное право
law of domestic relations [ˈlɔː|rəv|dəˈmestɪk|rɪˈleɪʃənz] семейное право

LAW — LAY

law of employment [ˈlɔːrəvɪmˈplɔɪmənt] трудовое право

law of honour [ˈlɔːrəvˈɔːnə] кодекс чести

law of master and servant [ˈlɔːrəvˈmɑːstərəndˈsəːvənt] трудовое право

law of nations [ˈlɔːrəvˈneɪʃənz] международное право

law of nature [ˈlɔːrəvˈneɪtʃə] закон природы

law of persons [ˈlɔːrəvˈpəːsnz] личное право

law of property [ˈlɔːrəvˈprɔpəti] право собственности

law of relativity [ˈlɔːrəvˌreləˈtɪvɪtɪ] закон относительности

law of substance [ˈlɔːrəvˈsʌbstəns] материальное право

law of the jungle [ˈlɔːrəvðəˈdʒʌŋgl] закон джунглей

law of the sea [ˈlɔːrəvðəˈsiː] морское право

law order [ˈlɔːˈɔːdə] правопорядок

law-abiding [ˈlɔːəˌbaɪdɪŋ] законопослушный; уважающий законы; соблюдающий право

law-book [ˈlɔːbuk] кодекс; свод законов

law-breaker [ˈlɔːˌbreɪkə] правонарушитель; преступник

law-breaking [ˈlɔːˌbreɪkɪŋ] нарушение закона (права)

law-court [ˈlɔːkɔːt] суд; судебное разбирательство; судебный процесс

law-enforcement [ˈlɔːrɪnˈfɔːsmənt] правоохранительный

law-giver [ˈlɔːˌgɪvə] законодательная власть

law-giving [ˈlɔːˌgɪvɪŋ] законодательный

law-maker [ˈlɔːˌmeɪkə] законодатель

law-making [ˈlɔːˌmeɪkɪŋ] издание законов; законодательный; законодательство

law-monger [ˈlɔːˈmʌŋgə] мелкий адвокат; подпольный адвокат; адвокат, ведущий сомнительные дела

law-officer [ˈlɔːˈɔfɪsə] служащий судебного ведомства

lawful [ˈlɔːful] дозволенный; допустимый; законный; правомерный

lawful concession [ˈlɔːfulkənˈseʃən] правомерная уступка

lawful demand [ˈlɔːfuldɪˈmɑːnd] правомерное требование

lawful lot [ˈlɔːfulˈlɔt] законная лотерея

lawful wedlock [ˈlɔːfulˈwedlɔk] законный брак

lawfully [ˈlɔːfulɪ] законно; правомерно; в соответствии с законом; на законном основании

lawfulness [ˈlɔːfulnɪs] правомерность; законность

lawless [ˈlɔːlɪs] беззаконный; противозаконный; необузданный; несдержанный; неудержимый; неправомерный; незаконный; противоправный; не подчиняющийся законам; нарушающий закон; находящийся вне закона

lawlessly [ˈlɔːlɪslɪ] противозаконно; неправомерно; противоправно

lawlessness [ˈlɔːlɪsnɪs] беззаконие

lawman [ˈlɔːmæn] человек, работающий в правоохранительных органах

lawn [lɔːn] батист; газон; лужайка

lawn hockey [ˈlɔːnˌhɔkɪ] хоккей на траве

lawn-mower [ˈlɔːnˌmouə] газонокосилка

lawn-sprinkler [ˈlɔːnˌsprɪŋklə] машина для поливки газонов

lawsuit [ˈlɔːsjuːt] судебный процесс; иск; тяжба; судебное дело; правовой спор; судебное разбирательство

lawyer [ˈlɔːjə] юрист; адвокат; законовед; консультант по вопросам права; юрисконсульт; правовед; налим (рыба)

lawyering [ˈlɔːjərɪŋ] адвокатская практика

lax [læks] вялый; слабый; неплотный; рыхлый; распущенный; расхлябанный; небрежный; неряшливый; неопределенный; неточный; разбросанный

lax credit [ˈlæksˈkredɪt] льготный кредит

laxity [ˈlæksɪtɪ] бессилие; вялость; слабосилие; распущенность; недостоверность; ненадежность

lay [leɪ] класть; положить; возлагать (надежды и т. п.); налагать; вменять; придавать значение; примять посевы; повалить; накрывать; стелить; накладывать; покрывать слоем; класть яйца; нестись; метать икру; приписывать (кому-либо что-либо); предъявлять; обвинять; привести в определенное состояние; положение; песня; мелодия; успокаивать; ставить ловушку; устраивать засаду; мирской; недуховный; светский; непрофессиональный;

to lay a bet on — держать пари на что-либо

to lay an embargo upon smth — наложить эмбарго на что-либо

to lay aside — откладывать (в сторону); откладывать; приберегать; бросать; выбрасывать; отказываться; быть выведенным из строя; хворать

to lay down a plan — поставить цель; составить план

to lay in — выпороть

to lay low — повалить; опрокинуть; унизить; похоронить

to lay out — раскладывать

to lay over — покрывать (слоем чего-либо)

to lay up — откладывать; копить; возводить; сооружать; выводить временно из строя

to lay wait — подстеречь кого-либо; устроить кому-либо засаду

lay figure [ˈleɪ|ˈfɪgə] манекен *(художника)*; неправдоподобный персонаж; нереальный образ; ничтожество; человек, лишенный индивидуальности, значения

lay-by [ˈleɪbaɪ] придорожная площадка для стоянки автомобилей; железнодорожная ветка

lay-off [ˈleɪˈɔf] приостановка *(сокращение)* производства; период временного увольнения

lay-out [ˈleɪaut] расположение; планировка; план; разбивка; выставка; показ; макет *(книги, газеты и т. п.)*; оборудование; набор инструментов; дорожная схема; разметка дороги; изготавливать макет; макетирование; верстка

lay-over [ˈleɪˈouvə] салфетка или дорожка на скатерти; остановка *(в пути)*

lay-up [ˈleɪʌp] вывод из строя; простой *(машины и т. п.)*

layer [ˈleɪə] слой; пласт; налет; кладчик; укладчик; несушка; черенок; отводок; стелющийся побег

layer clouds [ˈleɪəˈklaudz] высокослоистые облака

layer-cake [ˈleɪəkeɪk] слоеный пирог

layered [ˈleəd] слоеный

layering [ˈleərɪŋ] размножение растений отводками

layette [leɪˈet] приданое новорожденного

laying [ˈleɪɪŋ] кладка яиц

laying-out machine [ˈleɪɪŋaut|məˈʃiːn] разметочная машина

laying-up berth [ˈleɪɪŋʌp|ˈbəːθ] место для постановки корабля на консервацию

layman [ˈleɪmən] мирянин; непрофессионал; дилетант

layperson [ˈleɪpəːsn] дилетант; любитель

layshaft [ˈleɪʃaːft] промежуточный вал коробки передач

laystall [ˈleɪstɔːl] свалка

lazaretto [ˌlæzəˈretou] лепрозорий; карантинное судно *(помещение)*

laze [leɪz] бездельничать

laziness [ˈleɪzɪnɪs] леность; лень

lazy [ˈleɪzɪ] ленивый

lazy-bones [ˈleɪzɪˌbounz] ленивец; лентяй *(разг.)*

lea [liː] луг; поле

leach [liːtʃ] зола; насыщенный раствор поваренной соли

lead [led] свинец; грифель; грузило; отвес; пломба; свинцовый; шпон *(полигр.)*; [liːd] руководство; инициатива; директива; пример; указания; первое место; ведущее место в состязании; главная роль или ее исполнитель*(ница)*; первый ход; поводок; привязь; ключ к решению; намек; направление расследования; версия; электропровод; приводить; возглавлять; командовать; руководить; управлять; вести; проводить; задавать наводящие вопросы

to lead away — увлечь; увести

to lead out of — выходить; выводить; воодушевлять; вовлекать в разговор

to lead up to — постепенно подготовлять; наводить разговор на что-либо

lead fuse [ˈled|fjuːz] плавкий предохранитель

lead out [ˈliːd|ˈaut] делать пробел

lead pencil [ˈled|ˈpensl] графитовый карандаш

lead screw [ˈliːd|skruː] ходовой винт

lead up [ˈliːd|ʌp] введение; подготовка; приготовление

lead-off [ˈliːdˈɔf] начало *(разг.)*, игрок, начинающий игру; исходный; начальный; начинающий; отправной

lead-through [ˈliːdθruː] проходная втулка

leaded [ˈledɪd] освинцованный

leaden [ˈledn] свинцовый; серый *(о небе, тучах и т. п.)*; тяжелый; тяжеловесный; тяжкий; увесистый; медлительный; неповоротливый

leaden seal [ˈledn|ˈsiːl] свинцовая пломба

leader [ˈliːdə] руководитель; глава; лидер; вожак; главная ветвь; росток; провод; водосточная труба; заголовок; проводник; дирижер; капельмейстер

leader pin [ˈliːdə|pɪn] направляющий штифт

leader-writer [ˈliːdəˌraɪtə] автор передовиц

leadership [ˈliːdəʃɪp] руководство; водительство; руководящая роль; превосходство *(в какой-либо области)*

leading [ˈliːdɪŋ] ведущий; главный; направляющий; гласный; основной; заведование; руководство; управление; указание; инструкция; директива

leading brake shoe [ˈliːdɪŋ|ˈbreɪk|ʃuː] ведущая тормозная колодка

leading part [ˈliːdɪŋ|ˈpaːt] главная роль

leading wheel [ˈliːdɪŋ|ˈwiːl] ведущее колесо

leading-in tube [ˈliːdɪŋɪn|ˈtjuːb] впускная труба

leaf [liːf] лист; листва; страница; лист *(книги)*; покрываться листвой; перелистывать; листать

leaf valve [ˈliːf|vælv] обратный клапан

leafage [ˈliːfɪdʒ] листва; крона

leafhopper [ˈliːfˈhɔpə] цикада

leafless [ˈliːflɪs] не имеющий листьев

leaflet [ˈliːflɪt] молодой лист; листовка; тонкая брошюра; проспект

leafy [ˈliːfɪ] покрытый листьями; листовой

league [liːg] лига; союз; конфедерация; союз государств; входить в союз; образовать союз

leak [liːk] течь; утечка; пропускать воду; давать течь; проникать; просачиваться; утекать; выдавать; проговариваться; просачивание; рассеивание

leak out [ˈliːk|ˈaut] протекать

leakage ['li:kɪʤ] просачивание; течь; утечка; фильтрация

leaker ['li:kə] человек, раскрывающий секретную информацию

leaking ['li:kɪŋ] негерметичный; неплотный

leaking joint ['li:kɪŋ 'ʤɔɪnt] неплотное соединение

leakproof ['li:kpru:f] герметичный

leakproofing material ['li:kpru:fɪŋ mə'tɪərɪəl] герметик

leaky ['li:kɪ] имеющий течь; негерметичный; неплотный

leal [li:l] лояльный; верный; честный

lean [li:n] тощий; худой; постный (о мясе); недостаточный; плохой; скудный; наклонять(ся); прислоняться; опираться; иметь склонность; наклон; склон; уклон

to lean on — *опираться; облокачиваться; давить на кого-то (заставлять)*

lean bacon ['li:n 'beɪkən] постная свиная грудинка

lean mix ['li:n mɪks] бедная смесь (авт.)

leaning ['li:nɪŋ] склонность; расположение; симпатия; сочувствие; участие; наклон; склон; уклон

leap [li:p] прыжок; скачок; резкое изменение (цен и т. п.); помеха; преграда; препятствие; прыгать; скакать; перепрыгивать; перескакивать; ухватиться; с радостью согласиться

leap-frog ['li:pfrɔg] чехарда; прыгать; перепрыгивать; попеременно опережать; двигаться перекатами (воен.)

leap-year ['li:pjə:] високосный год

learn [lə:n] учиться; учить; научиться; узнавать; ознакомиться с материалами дела (юр.)

learned ['lə:nt] ученый; эрудированный; научный (о журнале, обществе и т. п.)

learner ['lə:nə] учащийся; ученик

learning ['lə:nɪŋ] занятия; изучение; учение; образованность; познания; ученость; эрудиция

lease [li:s] аренда; сдача внаем; наем; договор об аренде; срок аренды; сдавать или брать внаем (в аренду)

lease agreement ['li:s ə'gri:mənt] договор аренды

lease for life ['li:s fə 'laɪf] пожизненная аренда

leasee арендатор (фин.)

leasehold ['li:should] пользование на правах аренды; наем; арендованное имущество; арендованный; взятый на откуп

leaseholder ['li:s,houldə] арендатор; жилец; квартирант; съемщик; наниматель

leash [li:ʃ] свора; смычок (для гончих); держать на привязи, на своре

leasing ['li:sɪŋ] долгосрочная аренда оборудования

least [li:st] превосх. от малейший; меньший; менее всего; в наименьшей степени

leastwise ['li:stwaɪz] по крайней мере

leather ['leðə] кожа; ремень; кожаное изделие; крага; кожаный; крыть кожей

leather boot ['leðə bu:t] кожаная обувь

leather cloth ['leðə klɔθ] имитация кожи (ткань, обработанная под кожу)

leather side ['leðə saɪd] мездра

leatherback ['leðəbæk] кожистая черепаха

leatherette [,leðə'ret] искусственная кожа; ледерин

leathern ['leðə(:)n] кожаный

leathery ['leðərɪ] похожий на кожу; жесткий; негибкий; твердый

leave [li:v] допущение; разрешение; отпуск; увольнение; отъезд; уход; переезжать; уезжать; оставлять; покидать; завещать; прекращать; покрываться листвой; сбиться с тона

to leave behind — *оставить после себя; оставить позади; превзойти; оставлять; забывать*

leave entitlement ['li:v ɪn'taɪtlmənt] право на очередной отпуск

leave-taking ['li:v,teɪkɪŋ] прощание

leaved [li:vd] покрытый листьями; имеющий листья; створчатый

leaven ['levn] дрожжи; закваска; заквашивать; подвергать действию (чего-либо); влиять

lecherous ['letʃ(ə)rəs] распутный

lecithin(e) ['lesəθ(a)ɪn] лецитин

lecotropal подкововидный

lectern ['lektə(:)n] кафедра

lection ['lekʃ(ə)n] проект; редакция; чтение; разночтение

lector ['lektɔ:] чтец

lecture ['lektʃə] лекция; назидание; наставление; читать лекцию; прочесть нотацию; выговаривать; отчитывать

lecture notes ['lektʃə 'nouts] конспект лекции

lecturer ['lektʃ(ə)rə] лектор; преподаватель (университета, колледжа); дьяк

lectureship ['lektʃəʃɪp] лекторство

ledge [leʤ] планка; полоска; рейка; выступ; уступ; борт; край; риф; шельф; бар

ledger ['leʤə] главная книга (в бухгалтерии); гроссбух; поперечная балка (строит.); надгробная плита

ledger line ['leʤə 'laɪn] добавочная нотная линейка

ledger-bait ['leʤəbeɪt] наживка

ledum багульник (бот.)

lee [li:] защита; предохранение; укрытие; подветренная сторона; подветренный

leech [liːtʃ] пиявка; вымогатель; гангстер; ставить пиявки; приставать; привязываться

leek [liːk] лук-порей

leer [lɪə] косой, хитрый взгляд; смотреть искоса

leery [ˈlɪərɪ] коварный; хитроумный; хитрый; подозрительный; сомнительный; темный

lees [liːz] осадок на дне; остатки; отбросы; подонки; отстой

leeward [ˈliːwəd] подветренная сторона; подветренный

leeway [ˈliːweɪ] отставание; потеря времени; запас времени

left [left] левый; налево; слева; левая сторона; левосторонний

left-hand drive [ˈlefthænd ˈdraɪv] автомобиль с левым рулевым управлением

left-hand turn [ˈlefthænd ˈtəːn] левый поворот

left-handed [ˈleftˈhændɪd] делающий все левой рукой; сделанный левой рукой; неуклюжий; лицемерный; неискренний; движущийся против часовой стрелки

left-hander [ˈleftˈhændə] левша; удар левой рукой

left-luggage office [ˈleftˌlʌɡɪdʒ ˈɔfɪs] камера хранения *(на вокзале)*

left-over [ˈleftˈouvə] избыток; излишек; остаток; пережиток

left-turning traffic [ˈlefttəːnɪŋ ˈtræfɪk] левостороннее движение транспорта

leftmost [ˈleftmoust] крайний слева

leftward(s) [ˈleftwəd(z)] влево; налево

lefty [ˈleftɪ] левша *(о спортсмене) (разг.)*; человек, отстаивающий левые взгляды

leg [leɡ] нога *(от бедра до ступни)*; протез; ножка; стойка; опора; участок дороги; подпорка

leg-of-mutton [ˈleɡəvˈmʌtn] треугольный

leg-pull [ˈleɡpul] попытка одурачить кого-либо; розыгрыш *(разг.)*

legacy [ˈleɡəsɪ] наследство; наследие

legal [ˈliːɡ(ə)l] законный; правовой; юридический; законный; узаконенный; судебный

legal access [ˈliːɡ(ə)l ˈæksɪs] законный доступ

legal accountability [ˈliːɡ(ə)l əˈkauntəbɪlɪtɪ] ответственность по закону

legal address [ˈliːɡ(ə)l əˈdres] юридический адрес

legal advertisement [ˈliːɡ(ə)l ədˈvəːtɪsmənt] сообщение в печати о предстоящем судебном процессе

legal advice [ˈliːɡ(ə)l ədˈvaɪs] юридическая консультация

legal adviser [ˈliːɡ(ə)l ədˈvaɪzə] юрисконсульт; юрист

legal age [ˈliːɡ(ə)l ˈeɪdʒ] совершеннолетие

legal authority [ˈliːɡ(ə)l ɔːˈθɔrɪtɪ] юридические полномочия

legal conception [ˈliːɡ(ə)l kənˈsepʃən] правовая концепция

legal confinement [ˈliːɡ(ə)l kənˈfaɪnmənt] законное лишение прав *(свободы)*

legal controversy [ˈliːɡ(ə)l ˈkɔntrəvəːsɪ] судебный спор

legal costs [ˈliːɡ(ə)l ˈkɔsts] судебные издержки

legal counsel [ˈliːɡ(ə)l ˈkaunsəl] юрисконсульт

legal deposit copy [ˈliːɡ(ə)l dɪˈpɔzɪt ˈkɔpɪ] обязательный экземпляр

legal effect [ˈliːɡ(ə)l ɪˈfekt] правовые последствия

legal home [ˈliːɡ(ə)l ˈhoum] юридическое местожительство

legal killer [ˈliːɡ(ə)l ˈkɪlə] палач

legal knowledge [ˈliːɡ(ə)l ˈnɔlɪdʒ] подсудность

legal literature [ˈliːɡ(ə)l ˈlɪtərɪtʃə] юридическая литература

legal marriage [ˈliːɡ(ə)l ˈmærɪdʒ] законный брак

legal medicine [ˈliːɡ(ə)l ˈmedsɪn] судебная медицина

legal notification [ˈliːɡ(ə)l ˌnoutɪfɪˈkeɪʃən] судебная повестка

legal person [ˈliːɡ(ə)l ˈpəːsn] юридическое лицо

legal techniques [ˈliːɡ(ə)l tekˈniːks] юридические методы

legal training [ˈliːɡ(ə)l ˈtreɪnɪŋ] юридическая подготовка

legal treatment [ˈliːɡ(ə)l ˈtriːtmənt] правовая оценка; квалификация

legal waiver [ˈliːɡ(ə)l ˈweɪvə] отказ в суде

legal writing [ˈliːɡ(ə)l ˈraɪtɪŋ] литературный труд

legal wrong [ˈliːɡ(ə)l ˈrɔŋ] правонарушение

legalistic [ˌliːɡəˈlɪstɪk] правовой; юридический

legality [lɪ(ː)ˈɡælɪtɪ] законность; легальность

legalize [ˈliːɡəlaɪz] легализовать; узаконивать; засвидетельствовать

to legalize the signature — заверить подпись

legate [ˈleɡɪt] — *сущ.* [lɪˈɡeɪt] — *гл.* легат; папский посол; завещать; отписывать

legatee [ˌleɡəˈtiː] наследник; преемник

legation [lɪˈɡeɪʃ(ə)n] дипломатическая миссия; дипломатическое представительство

legend [ˈledʒ(ə)nd] легенда

legendary [ˈledʒ(ə)nd(ə)rɪ] легендарный; сборник легенд

legerity [lɪˈdʒerɪtɪ] быстрота; проворство

leggings [ˈleɡɪŋz] ползунки

leggy [ˈleɡɪ] длинноногий

legibility [ˌledʒɪˈbɪlɪtɪ] четкость; разборчивость *(почерка, шрифта)*

legible [ˈledʒəbl] разборчивый; четкий; разборчиво написанный; удобочитаемый

legion [ˈliːdʒ(ə)n] легион; масса; множество; совокупность

legionary ['li:dʒənərɪ] легионер; легионерский
legionnaire [,li:dʒə'nɛə] легионер
legislate ['ledʒɪsleɪt] издавать законы; законодательствовать
legislation [,ledʒɪs'leɪʃ(ə)n] законодательство; законы; закон; законопроект; правило; принцип
legislation law [,ledʒɪs'leɪʃ(ə)n|lɔ:] законодательное право
legislative ['ledʒɪslətɪv] законодательный; законодательные органы
legislative body ['ledʒɪslətɪv|'bɔdɪ] законодательная власть; законодательный орган
legislative branch (of the government) ['ledʒɪslətɪv|'brɑ:ntʃ] законодательная власть
legislative business ['ledʒɪslətɪv|'bɪznɪs] законодательная деятельность
legislative clemency ['ledʒɪslətɪv|'klemənsɪ] помилование в законодательном порядке
legislative control ['ledʒɪslətɪv|kən'troul] законодательный контроль
legislative measures ['ledʒɪslətɪv|'meʒəz] законодательные меры
legislatively в законодательном порядке
legislator ['ledʒɪsleɪtə] законодатель; правовед; юрист
legislatorial [,ledʒɪslə'tɔ:rɪəl] законодательный
legislature ['ledʒɪsleɪtʃə] законодательная власть; законодательные учреждения
legist ['li:dʒɪst] правовед; юрист
legitimacy [lɪ'dʒɪtɪməsɪ] законность; легальность; законнорожденность
legitimacy declaration [lɪ'dʒɪtɪməsɪ|deklə'reɪʃən] заявление об удочерении (усыновлении) незаконнорожденного ребенка
legitimate [lɪ'dʒɪtɪmɪt] — прил. [lɪ'dʒɪtɪmeɪt] — гл. дозволенный; легальный; верный; истинный; законнорожденный; узаконивать; признавать законным; усыновлять (внебрачного ребенка); оправдывать; служить в качестве оправдания
legitimate business [lɪ'dʒɪtɪmɪt|'bɪznɪs] законный бизнес
legitimate demonstration [lɪ'dʒɪtɪmɪt|,deməns'treɪʃən] законная демонстрация
legitimate design [lɪ'dʒɪtɪmɪt|dɪ'zaɪn] законное намерение
legitimate object [lɪ'dʒɪtɪmɪt|'ɔbdʒɪkt] законная цель
legitimately [lɪ'dʒɪtɪmɪtlɪ] законно
legitimateness [lɪ'dʒɪtɪmɪtnɪs] законность
legitimation [lɪ,dʒɪtɪ'meɪʃ(ə)n] легализация; легитимация; узаконивание; усыновление (внебрачного ребенка)
legitimist [lɪ'dʒɪtɪmɪst] легитимист
legless ['leglɪs] безногий

leguleian [,legju'li:ən] кляузник; крючкотвор; сутяга; кляузнический
legume ['legju:m] боб; растение семейства бобовых
leguminous [lɪ'gju:mɪnəs] бобовый
leimocolous обитающий на влажных лугах
leister ['li:stə] острога
leisure ['leʒə] досуг; свободное время; отдых; свободный
leisure hours ['leʒə'auəz] время отдыха
leisured ['leʒəd] досужий; праздный; медленный; неторопливый
leisurely ['leʒəlɪ] медленный; неспешный; неторопливый; тихий; досужий; не спеша; спокойно
leitmotiv ['laɪtmou,ti:f] лейтмотив (муз.)
lemma ['lemə] краткое введение (в начале литературного произведения); аннотация; заметка на полях; лемма (мат.)
lemming ['lemɪŋ] лемминг (зоол.)
lemon ['lemən] лимон (плод и дерево); лимонный цвет
lemon squeezer ['lemən|'skwi:zə] соковыжималка для лимона
lemonade [,lemə'neɪd] лимонад
lemony ['lemənɪ] лимонный
lemur ['li:mə] лемур
lend [lend] давать взаймы; одалживать; ссужать; предоставлять заём; придавать; сообщать; предоставлять

to lend out — одалживать; выдавать книги (в библиотеке)

lend-lease agreement ['lendli:s|ə'gri:mənt] соглашение о ленд-лизе
lender ['lendə] заимодавец; кредитор
lending ['lendɪŋ] предоставление займа
lending activities ['lendɪŋ|æk'tɪvɪtɪz] ссудные виды деятельности банков
length [leŋθ] длина; расстояние; продолжительность; протяженность; объем (книги); длительность; срок; кусок; отрезок; отрез
length of brake path ['leŋθ|əv|'breɪk|pɑ:θ] длина тормозного пути автомобиля
length of imprisonment ['leŋθ|əv|ɪm'prɪznmənt] срок тюремного заключения
length of path ['leŋθ|əv|'pɑ:θ] протяженность трассы
length of punishment ['leŋθ|əv|'pʌnɪʃmənt] срок наказания
length of skidmark ['leŋθ|əv|'skɪdmɑ:k] длина следа тормозного пути автомобиля
length of the body ['leŋθ|əv|ðə|'bɔdɪ] длина тела
lengthen ['leŋθ(ə)n] удлинять(ся); увеличивать(ся); продолжаться; тянуться
lengthways ['leŋθweɪz] в длину; вдоль

lengthy [ˈleŋθɪ] очень длинный; растянутый; многословный; высокий (о человеке) (разг.)

lengthy applause [ˈleŋθɪ|əˈplɔːz] долгие и продолжительные аплодисменты

lenience [ˈliːnjəns] мягкость; снисходительность; терпимость

leniency [ˈliːnjənsɪ] мягкость; снисходительность; терпимость

lenient [ˈliːnjənt] мягкий; снисходительный; терпимый

lenitive [ˈlenɪtɪv] мягчительный; успокаивающее средство

lenity [ˈlenɪtɪ] милосердие; мягкость

lens [lenz] линза; оптическое стекло; лупа; рассеиватель фары; хрусталик глаза

lent lily [ˈlentˈlɪlɪ] нарцисс ложный

lentic [ˈlentɪk] стоячий (о воде); обитающий в стоячих водах

lentiginous [lenˈtɪʤɪnəs] пятнистый; крапчатый

lentil чечевица

lentil [ˈlentɪl] чечевица (бот.)

lentous [ˈlentəs] клейкий; липкий

leonine [ˈliː(ː)ounaɪn] львиный; леонинский (о стихе)

leopard [ˈlepəd] леопард; барс

leopard's-bane [ˈlepədzbeɪn] арника бесстебельная (бот.)

leotard [ˈlɪ(ː)outaːd] трико (костюм акробата); колготки

leper [ˈlepə] прокаженный

lepidoid [ˈlepɪdɔɪd] чешуевидный

lepidopterous [ˌlepɪˈdɔptərəs] чешуекрылый

lepidote [ˈlepɪdout] покрытый чешуйками

leporine [ˈlepəraɪn] заячий

leprechaun [ˈleprəkɔːn] эльф

leprosarium [ˌleprouˈsaːrɪəm] лепрозорий

leprosy [ˈleprəsɪ] проказа

leprous [ˈleprəs] прокаженный; свойственный проказе

leptocercal тонкохвостый

lese-majesty [ˈliːzˈmæʤɪstɪ] оскорбление правителя; государственное преступление; государственная измена

lesion [ˈliːʒ(ə)n] повреждение; поражение (органа, ткани); вред; убыток; ущерб; телесное повреждение

less [les] менее; меньше; меньший (о размере, продолжительности, числе и т. п.); меньшее количество; меньшая сумма и т. п.

less developed [ˈles|dɪˈveləpt] слаборазвитый (о стране и т. п.)

lessee [leˈsiː] арендатор; жилец; квартирант; съемщик; наниматель; организация, берущая напрокат оборудование

lessen [ˈlesn] уменьшать(ся); преуменьшать; недооценивать; умалять

lesser [ˈlesə] меньший

lesson [ˈlesn] задание; задача; урок; нотация; давать урок(и); обучать; читать нотацию; поучать

lessor [leˈsɔː] сдающий в аренду; арендодатель; лизинговая фирма

lest [lest] чтобы не; как бы не

let [let] позволять; разрешать; пускать; давать; давать возможность; оставлять; не трогать; сдавать внаем; сдача внаем; задерживать; затруднять; мешать; препятствовать; помеха; барьер; преграда; препятствие

to let by — пропустить; не обращать внимания

to let down — опускать; разочаровать; подвести; покинуть в беде; унизить; уронить; повредить репутации; разбавлять; разжижать; работать, не прилагая усилий

to let go — освобождать

to let in — впускать; обманом впутывать; вовлекать в беду

to let loose — освобождать; давать волю (воображению, гневу и т. п.)

to let out — выпускать; сделать шире; выпустить (о платье); проговориться; набрасываться на кого-либо; выветривать; размывать

to let out at — драться; ругаться

to let pass — не обращать внимания

to let up — ослабевать; прекращать; оставлять

let-alone [ˈletəˈloun] невмешательство

let-in [ˈletˈɪn] вставленный

let-off [ˈletɔf] прощение; освобождение от (заслуженного) наказания

let-up [ˈletʌp] прекращение; приостановка

let(t)able [ˈletəbəl] сдаваемый внаем; выдаваемый напрокат

letdown [ˈletˈdaun] упадок; ухудшение; разочарование

lethal [ˈliːθ(ə)l] смертельный; летальный; смертоносный; неизбежный; неотвратимый; фатальный

lethal dose [ˈliːθ(ə)lˈdous] летальная доза

lethargic(al) [leˈθaːʤɪk(əl)] летаргический; апатичный; бездеятельный

lethargy [ˈleθəʤɪ] летаргия; вялость; апатичность

lethiferous [lɪ(ː)ˈθɪfərəs] смертоносный; летальный; смертельный

letter [ˈletə] буква; символ; письмо; записка; послание; литература; знание; образованность; эрудиция; наймодатель; арендодатель; помечать буквами; надписывать чертеж; вытиснять буквы; заглавие на корешке книги

letter height [ˈletə|haɪt] высота буквы

letter of advice [ˈletər|əv|ədˈvaɪs] извещение; авизо
letter of attorney [ˈletər|əv|əˈtɜːnɪ] доверенность
letter of conveyance [ˈletər|əv|kənˈveɪəns] транспортная накладная
letter of credit [ˈletər|əv|ˈkredɪt] аккредитив
letter of guaranty [ˈletər|əv|ˈgærəntɪ] гарантийное письмо
letter of health [ˈletər|əv|ˈhelθ] свидетельство о состоянии здоровья
letter of hypothecation [ˈletər|əv|haɪˌpɒθɪˈkeɪʃən] залоговое письмо *(фин.)*
letter of inquiry [ˈletər|əv|ɪnˈkwaɪərɪ] письменный запрос
letter of introduction [ˈletər|əv|ˌɪntrəˈdʌkʃən] рекомендательное письмо
letter of reference [ˈletər|əv|ˈrefrəns] рекомендательное письмо
letter space [ˈletə|speɪs] межбуквенный промежуток
letter spacing [ˈletəˈspeɪsɪŋ] разрядка
letter-box [ˈletəbɒks] почтовый ящик
letter-carrier [ˈletəˌkærɪə] письмоносец; почтальон
letter-paper [ˈletəˌpeɪpə] почтовая бумага
letter-weight [ˈletəweɪt] почтовые весы; пресс-папье
lettered [ˈletəd] начитанный; *(литературно)* образованный; с тиснеными, выгравированными буквами *(заглавием)*; литерный; обозначенный буквами
lettering [ˈletərɪŋ] надпись; тиснение; каллиграфия; начертание букв
letterless [ˈletəlɪs] необразованный; безграмотный
letterpress [ˈletəpres] высокая печать; машина высокой печати
letterpress ink [ˈletəpresˈɪŋk] краска для высокой печати
letterpress machine [ˈletəpres|məˈʃiːn] машина высокой печати
letters of caption [ˈletəz|əv|ˈkæpʃən] ордер на арест
letting [ˈletɪŋ] сдача в наем *(в аренду)*
letting agreement [ˈletɪŋ|əˈgriːmənt] договор о сдаче в аренду, внаем
lettuce [ˈletɪs] салат-латук *(бот.)*
leucosticte горный вьюрок *(орнит.)*
leukocyte (leucocyte) [ˈl(j)uːkəsaɪt] лейкоцит
leukocytogenesis [ˈl(j)uːkəsaɪtouˈdʒenɪsɪs] образование лейкоцитов
leukopoiesis [ˌl(j)uːkəpɔɪˈiːsɪs] образующий лейкоциты
levant [lɪˈvænt] скрыться *(сбежать)*, не уплатив долгов

levee [ˈlevɪ] прием *(у главы государства)*; прием *(гостей)*; дамба; запруда; плотина; набережная; пристань
level [ˈlevl] уровень; ступень; равнина; горизонтальный; ровный; идентичный; одинаковый; вровень; ровно; выравнивать; сглаживать; уравновешивать
level ball [ˈlevl|bɔl] шаровой наконечник рычага
level crossing [ˈlevlˈkrɒsɪŋ] перекресток; железнодорожный переезд; транспортная развязка в одном уровне
level crossing gate [ˈlevl|krɒsɪŋ|ˈgeɪt] шлагбаум железнодорожного переезда
level indicator [ˈlevlˈɪndɪkeɪtə] индикатор уровня
level of pollution [ˈlevl|əv|pəˈluːʃən] уровень загрязнения
level regulator [ˈlevlˈregjuleɪtə] регулятор уровня
level sensor [ˈlevlˈsensə] датчик уровня
level shock absorber [ˈlevlˈʃɒk|æbˈsɔːbə] гидравлический амортизатор рычажного действия
level transmitter [ˈlevl|trænzˈmɪtə] датчик уровня
lever [ˈliːvə] рычаг; вага; тяга; плечо рычага; средство воздействия; балансир; рукоятка; поднимать; передвигать рычагом
lever arm [ˈliːvəˈɑːm] плечо рычага
lever brake [ˈliːvəˈbreɪk] ручной тормоз
lever key [ˈliːvəˈkiː] тумблер
lever transmission system [ˈliːvə|trænzˈmɪʃən|ˈsɪstɪm] система рычажных передач
leverage [ˈliːv(ə)rɪdʒ] система рычагов; подъемная сила
leviable [ˈlevɪəbl] подлежащий взысканию
levigate [ˈlevɪgeɪt] растирать в порошок
levitate [ˈlevɪteɪt] поднимать*(ся)*
levity [ˈlevɪtɪ] ветреность; легкомыслие
levy [ˈlevɪ] обложение; сбор; взимание *(податей, налогов)*; новобранцы; взимать *(налог)*; облагать *(налогом)*
lewd [luːd] похотливый; распутный; вульгарный; непристойный
lewdness [ˈluːdnɪs] похоть
lexical [ˈleksɪk(ə)l] лексический; лексикографический; словарный
lexicology [ˌleksɪˈkɒləʤɪ] лексикология
lexicon [ˈleksɪkən] лексика; лексикон; словарь
liability [ˌlaɪəˈbɪlɪtɪ] ответственность; долг; задолженность; обязанность; обязательство; подверженность; склонность; стремление; тенденция; барьер; помеха; преграда
liable [ˈlaɪəbl] обязанный; ответственный; подверженный; доступный; подлежащий; вероятный; возможный

liaise [lı'eız] поддерживать связь; служить офицером связи *(воен.)*
liaison [lı(:)'eızɔn] *(любовная)* связь; связь взаимодействия *(воен.)*; связывающий
liaison officer [lı(:)'eızɔn'ɔfısə] офицер связи *(воен.)*
liana [lı'a:nə] лиана
liar ['laıə] лгун
lib [lıb] освободительный
libation [laı'beıʃ(ə)n] возлияние
libber ['lıbə] сторонник движения женщин за свои права
libel ['laıb(ə)l] клевета; жалоба; исковое заявление; клеветать; писать пасквили; подавать жалобу; требовать конфискации; дискредитировать
libellant ['laıb(ə)lənt] истец *(в морском, церковном суде)*
libellee [,laıbə'li:] ответчик *(в морском, церковном суде)*
libeller ['laıblə] пасквилянт; клеветник
libellous ['laıbləs] клеветнический
liber ['laıbə] луб; лыко
liberal ['lıb(ə)r(ə)l] обильный; щедрый; великодушный; свободный от предрассудков; свободомыслящий; гуманитарный; вольный; небуквальный; либеральный *(полит.)*; либерал; сторонник либерализма
liberal arts ['lıb(ə)r(ə)l'a:ts] гуманитарные науки
liberal education ['lıb(ə)r(ə)l,edju(:)'keıʃən] гуманитарное образование; широкое общее образование
liberal translation ['lıb(ə)r(ə)l|træns'leıʃən] вольный перевод
liberal-minded ['lıb(ə)r(ə)l'maındıd] настроенный либерально; придерживающийся либеральных взглядов
liberalism ['lıb(ə)rəlızm] либерализм
liberality [,lıbə'rælıtı] щедрость; широта взглядов; терпимость
liberalize ['lıb(ə)rəlaız] делать(ся) либеральным; расширять кругозор
liberate ['lıbəreıt] освобождать; выделять в свободном состоянии
liberation [,lıbə'reıʃ(ə)n] высвобождение; освобождение; раскрепощение; выделение в свободном состоянии
liberator ['lıbəreıtə] освободитель; избавитель
liberie освобожденный военнопленный
libertarian [,lıbə'tɛərıən] сторонник доктрины о свободе воли; сторонник предоставления широких гражданских прав
libertine ['lıbə(:)taın] распутник; вольнодумец; вольноотпущенник; безнравственный; распущенный; свободомыслящий

liberty ['lıbətı] воля; независимость; свобода; право; бесцеремонность; вольность; вольности; привилегии; увольнение на берег
liberty boat ['lıbətı'bout] шлюпка с матросами, увольняемыми на берег; автобус для отпускников
liberty of conscience ['lıbətı|əv'kɔnʃəns] свобода совести
liberty of press ['lıbətı|əv'pres] свобода печати
liberty of speech ['lıbətı|əv'spi:tʃ] свобода слова
libidinous [lı'bıdınəs] сладострастный; чувственный; возбуждающий чувственность
librarian [laı'brɛərıən] библиотекарь
library ['laıbrərı] библиотека; библиотечный
library book ['laıbrərı'buk] библиотечная книга
library science ['laıbrərı'saıəns] библиотековедение
lice ['laıs] вши
licence ['laıs(ə)ns] разрешение; лицензия; патент; отклонение от правила, нормы *(в искусстве, литературе)*; водительские права
license ['laıs(ə)ns] разрешать; давать разрешение *(на что-либо)*; давать право, патент, привилегию
license plate ['laıs(ə)ns'pleıt] номерной знак автомобиля
license plate lamp ['laıs(ə)ns|pleıt|'læmp] фонарь освещения номерного знака автомобиля
licensed ['laıs(ə)nst] имеющий разрешение, право, привилегию, патент; авторитетный; привилегированный; дипломированный; разрешенный; лицензированный
licensee [,laıs(ə)n'si:] лицо, имеющее разрешение *(патент)*
licenser ['laıs(ə)nsə] лицо, выдающее разрешение *(патент)*
licensing ['laıs(ə)nsıŋ] лицензирование
licensing agreement ['laıs(ə)nsıŋ|ə'gri:mənt] соглашение о передаче права на использование патента
licensing board ['laıs(ə)nsıŋ|'bɔ:d] отдел лицензий
licensing law ['laıs(ə)nsıŋ|'lɔ:] лицензионное право
licentiate [laı'senʃıt] лиценциат; обладатель диплома
licentious [laı'senʃəs] безнравственный; распущенный; вольный; не считающийся с правилами
lichen ['laıkən, 'lıtʃən] лишайник; лишайники
licit ['lısıt] дозволенный; допустимый; законный
licit economy ['lısıt|ı(:)'kɔnəmı] законная экономика
licit market ['lısıt'ma:kıt] законная торговля
lick [lık] лизать; облизывать; бить; колотить; побивать; опережать; превосходить; превышать; спешить; мчаться; облизывание; незначительное количество; кусочек *(чего-либо)*; сильный удар; шаг; скорость

to lick the dust — быть поверженным наземь; быть побежденным; пресмыкаться; унижаться *(перед кем-либо)*

lickerish [ˈlɪkərɪʃ] лакомый; любящий лакомства; распутный

licking [ˈlɪkɪŋ] порка; побои; взбучка; поражение; разгром; разрушение

lickspittle [ˈlɪk‚spɪtl] льстец; подхалим

lid [lɪd] колпак; крышка *(от кастрюли)*; веко; крышка переплета; резкое ограничение; запрет

lido [ˈliːdou] открытый плавательный бассейн

lie [laɪ] измышления; ложь; неправда; обман; лгать; лежать; быть расположенным; простираться; находиться; заключаться *(в чем-либо)*; относиться *(к кому-либо)*; положение; место; направление; позиция; логово *(зверя)*

to lie about — валяться; быть разбросанным; ничего не делать

to lie back — откинуться *(на подушку и т. п.)*

to lie before — предстоять в будущем; быть более важным, чем что-либо

to lie behind — проходить; быть причиной

to lie in ambush — сидеть в засаде

lie-abed [ˈlaɪəbed] лежебока; соня

lie-detector [ˈlaɪdɪ‚tektə] детектор лжи *(прибор для проверки правильности показаний)*

liege [liːdʒ] вассал; сеньор; вассальный

lien [lɪən] гарантия; заклад; залог; залоговое право; селезенка *(мед.)*

lieutenant [lefˈtenənt (армия), leˈtenənt (флот)] лейтенант; заместитель; помощник

lieutenant colonel [lefˈtenəntˈkəːnl] подполковник

lieutenant-general [lefˈtenəntˈdʒen(ə)r(ə)l] генерал-лейтенант; наместник *(ист.)*

life [laɪf] жизнь; существование; образ жизни; натура; натуральная величина; живость; ресурс; оживление; энергия; биография; жизнеописание; общество; общественная жизнь; срок действия; срок службы, работы *(машины, учреждения)*; долговечность; пожизненное тюремное заключение; длящийся всю жизнь

life assurance [ˈlaɪfəˈʃuərəns] страхование жизни

life cycle [ˈlaɪfˈsaɪkl] жизненный цикл

life duration [ˈlaɪfdjuəˈreɪʃən] срок службы

life expectancy [ˈlaɪfɪks‚pekt(ə)nsɪ] средняя продолжительность жизни

life history [ˈlaɪfˈhɪstərɪ] история жизни

life land [ˈlaɪfˈlænd] земля, находящаяся в пожизненной аренде

life leasehold [ˈlaɪfˈliːshould] пожизненная аренда

life table [ˈlaɪfˈteɪbl] статистическая возрастная таблица

life tables [ˈlaɪfˈteɪblz] биологические параметры

life-buoy [ˈlaɪfbɔɪ] спасательный буй; спасательный круг

life-enhancing [ˈlaɪfɪnˈhɑːnsɪŋ] взбадривающий; оживляющий

life-guard [ˈlaɪfgɑːd] личная охрана *(короля и т. п.)*; спасатель на водах

life-hold [ˈlaɪfhould] пожизненная аренда

life-office [ˈlaɪf‚ɔfɪs] контора по страхованию жизни

life-saver [ˈlaɪf‚seɪvə] спасатель; член спасательной команды

life-saving service [ˈlaɪfseɪvɪŋˈsəːvɪs] спасательная служба

life-size(d) [ˈlaɪfˈsaɪz(d)] в натуральную величину

life-span [ˈlaɪfspæn] продолжительность жизни

life-termer [ˈlaɪf‚təːmə] приговоренный к пожизненному тюремному заключению; отбывающий пожизненное тюремное заключение

lifebelt [ˈlaɪfbelt] спасательный круг

lifeboat [ˈlaɪfbout] спасательная шлюпка

lifeless [ˈlaɪflɪs] бездыханный; мертвый; неинтересный; пресный; скучный; безжизненный

lifelong [ˈlaɪflɔŋ] бессрочный; вечный; пожизненный

lifetime [ˈlaɪftaɪm] продолжительность жизни; целая жизнь; долговечность; срок службы

lift [lɪft] поднятие; подъем; воодушевление; повышение; продвижение; возвышенность; подъемная машина; подъемник; лифт; подъемная сила; поднимаемая тяжесть; поднимать; возвышать; воодушевлять; давать повышение *(по службе)*; снимать; отменять; похищать; красть

lift and force pump [ˈlɪftəndˈfɔːsˈpʌmp] всасывающий нагнетательный насос

lift bridge [ˈlɪftˈbrɪdʒ] подъемный мост

lift type check valve [ˈlɪft‚taɪpˈtʃekˈvælv] обратный клапан с толкателем

lift-truck [ˈlɪfttrʌk] автопогрузчик

lift-up lid [ˈlɪftʌpˈlɪd] откидная крышка

lifted window [ˈlɪftɪdˈwɪndou] подъемное окно

lifter [ˈlɪftə] подъемное приспособление

lifter roller [ˈlɪftəˈroulə] передаточный валик

lifting [ˈlɪftɪŋ] поднимание; подъем

lifting capacity [ˈlɪftɪŋkəˈpæsɪtɪ] грузоподъемность

lifting gear [ˈlɪftɪŋˈgɪə] подъемный механизм

lifting height [ˈlɪftɪŋˈhaɪt] высота подъема

lifting nut [ˈlɪftɪŋˈnʌt] соединительная муфта

lifting power [ˈlɪftɪŋˈpauə] грузоподъемность

lifting truck [ˈlɪftɪŋˈtrʌk] автопогрузчик

ligament [ˈlɪgəmənt] связность; связь; связка *(анат.)*

ligature [ˈlɪgətʃuə] связность; связь; лигатура

light [laıt] свет; освещение; дневной свет; лампа; огонь; зажженная свеча; светило; знаменитость; разъяснение; световой; светлый; бледный *(о цвете)*; зажигать(ся); освещать; светить *(кому-либо)*; легкий; легковесный; незначительный; некрепкий *(о напитке)*; легко; облегченный; слабый; всасывающий инжектор; несущий; неожиданно натолкнуться; случайно напасть

to light up — закурить *(трубку)*; зажечь свет; загорать(ся); зажигать(ся); светить(ся)

light adaptation [ˈlaıt|ædæpˈteıʃən] световая адаптация

light alloy [ˈlaıt|ælɔı] легкий сплав
light beam [ˈlaıt|biːm] луч света; световой пучок
light beard [ˈlaıt|bıəd] бороденка
light beer [ˈlaıt|bıə] легкое пиво
light bias [ˈlaıt|baıəs] подсветка
light bomber [ˈlaıt|ˈbɔmə] легкий бомбардировщик
light breeze [ˈlaıt|ˈbriːz] мягкий, легкий ветерок
light bulb [ˈlaıt|bʌlb] прозрачная лампочка
light literature [ˈlaıt|ˈlıtərıtʃə] развлекательная литература
light marking an obstruction [ˈlaıt|ˈmaːkıŋ|ən|əbˈstrʌkʃən] световой сигнал обозначения дорожного препятствия
light signal [ˈlaıt|ˈsıgnl] светофор
light source [ˈlaıt|sɔːs] источник света
light spot [ˈlaıt|spɔt] маркёр
light table [ˈlaıt|teıbl] световое табло
light tower [ˈlaıt|tauə] маяк
light-absorbing [ˈlaıtəbˈsɔːbıŋ] светопоглощающий
light-enduring [ˈlaıtınˈdjuərıŋ] световыносливый
light-fingered [ˈlaıt.fıŋgəd] ловкий; нечистый на руку
light-footed [ˈlaıt.futıd] быстроногий; проворный
light-handed [ˈlaıt.hændıd] ловкий; мягкий; тактичный; с пустыми руками; недостаточно укомплектованный
light-head [ˈlaıthed] легкомысленный человек
light-metal alloy [ˈlaıtmetl|ˈælɔı] легкий сплав
light-minded [ˈlaıtˈmaındıd] легкомысленный; несерьезный
light-o'-love [ˈlaıtəˈlʌv] ветреная, капризная женщина
light-requiring [ˈlaıtrıˈkwaıərıŋ] светолюбивый
light-resistant [ˈlaıtrı.zıst(ə)nt] светостойкий
light-sensitive [ˈlaıtˈsensıtıv] светочувствительный
light-tight [ˈlaıtˈtaıt] светонепроницаемый
light-weight paper [ˈlaıtweıtˈpeıpə] бумага малой плотности

lighten [ˈlaıtn] освещать; светлеть; сверкать; делать(ся) более легким; облегчать; смягчать *(наказание)*
lighter [ˈlaıtə] осветитель; зажигалка; прикуриватель
lighter berth [ˈlaıtə|bəːθ] причал для мелких судов
lighterage [ˈlaıtərıʤ] лихтерный сбор; разгрузка *(погрузка)* судов лихтером
lighterman [ˈlaıtəmən] матрос на лихтере
lighthouse [ˈlaıthaus] маяк
lighting [ˈlaıtıŋ] освещение; свет; осветительная аппаратура
lighting column [ˈlaıtıŋˈkɔləm] фонарный столб
lighting director [ˈlaıtıŋdıˈrektə] режиссер по свету
lighting on roads [ˈlaıtıŋ|ɔn|ˈroudz] дорожное освещение
lightish [ˈlaıtıʃ] довольно светлый; довольно легкий
lightly [ˈlaıtlı] слегка; незначительно; чуть; несерьезно; с легким сердцем; легко; без усилий; беспечно; необдуманно; безразлично; пренебрежительно
lightness [ˈlaıtnıs] легкость; несложность; простота; проворство; расторопность; деликатность; такт; легкомыслие; несерьезность
lightning [ˈlaıtnıŋ] молния
lightning rod [ˈlaıtnıŋ|rɔd] молниеотвод
lightning stroke [ˈlaıtnıŋˈstrouk] удар молнии
lightning-like [ˈlaıtnıŋlaık] мгновенный; молниеносный; моментальный
lightning-strike [ˈlaıtnıŋˈstraık] спонтанная забастовка *(без предварительного объявления)*
lights [laıts] легкие *(анат.)*
lightship [ˈlaıtʃıp] плавучий маяк
lightsome [ˈlaıtsəm] светлый; легкий; проворный; быстрый; расторопный; веселый; оживленный; развеселый
lightweight cardboard [ˈlaıtweıtˈkaːdbɔːd] неплотная мелованная бумага
ligneous [ˈlıgnıəs] древесный
lignicole обитающий в древесине
lignin [ˈlıgnın] лигнин
lignivorous питающийся древесиной
lignosa древесная растительность
likable [ˈlaıkəbl] приятный; милый; отрадный
like [laık] аналогичный; подобный; похожий; сходный; идентичный; одинаковый; подобно; так; вероятно; возможно; как бы; любить; нравиться; хотеть *(в отриц. предложениях)*; влечения; склонности
like beans [ˈlaık|ˈbiːnz] во всю прыть
likelihood [ˈlaıklıhud] вероятность; возможность
likeness [ˈlaıknıs] сходство; подобие; портрет

likewise [ˈlaɪkwaɪz] подобно; также; более того
lilac [ˈlaɪlək] сирень; сиреневый
lilliputian [ˌlɪlɪˈpjuːʃən] лилипут; карлик; карликовый; крошечный
lilt [lɪlt] веселая, живая песенка; ритм *(песни, стиха)*; делать *(что-либо)* быстро, живо, весело; петь весело, живо
lily [ˈlɪlɪ] лилия; белый; лилейный
lily of the valley [ˈlɪlɪ|əv|ðə|ˈvælɪ] майский ландыш
lily-white [ˈlɪlɪˈwaɪt] белоснежный; лилейно-белый; безукоризненный; безупречный; совершенный
limb [lɪm] конечность; член *(тела)*; ветка; сук; отгиб лепестка; пластинка листа
limbate [ˈlɪmbeɪt] окаймленный
limber [ˈlɪmbə] гибкий; мягкий; податливый; быстрый; проворный; расторопный; делать*(ся)* гибким, податливым
limbic [ˈlɪmbɪk] краевой
limbless [ˈlɪmlɪs] лишенный конечностей; безрукий; безногий
limbus [ˈlɪmbəs] край; кайма; ободок
lime [laɪm] известь; липа *(дерево)*; лайм, зеленый лимон *(фрукт семейства цитрусовых)*
lime flower [ˈlaɪmˈflauə] липовый цветок
limicolous обитающий в иле
limit [ˈlɪmɪt] граница; кордон; предел; рубеж; допуск; лимит; ограничивать; ставить предел; служить границей, пределом; устанавливать срок
limit stop [ˈlɪmɪt|stɔp] стопор; упор
limit value [ˈlɪmɪt|ˈvælju] предельная величина
limitary [ˈlɪmɪt(ə)rɪ] конечный; ограниченный; ограничивающий; ограничительный; пограничный; смежный; соседний
limitation [ˌlɪmɪˈteɪʃ(ə)n] ограничение; сужение; оговорка; ограниченность; предел; узость; предельный срок; исковая давность
limitative [ˈlɪmɪtətɪv] лимитирующий; ограничивающий
limited [ˈlɪmɪtɪd] конечный; ограниченный; с ограниченной ответственностью
limited capacity [ˈlɪmɪtɪd|kəˈpæsɪtɪ] ограниченная возможность
limited edition [ˈlɪmɪtɪd|ɪˈdɪʃən] нумерованное издание; издание лимитированным тиражом
limited liability [ˈlɪmɪtɪd|ˌlaɪəˈbɪlɪtɪ] ограниченная ответственность
limited liability company [ˈlɪmɪtɪd|ˌlaɪəˈbɪlɪtɪ|ˈkʌmpənɪ] общество с ограниченной ответственностью
limited stop bus [ˈlɪmɪtɪd|stɔp|ˈbʌs] автобус-экспресс
limited velocity [ˈlɪmɪtɪd|vɪˈlɔsɪtɪ] ограниченная скорость

limited-life asset [ˈlɪmɪtɪdlaɪfˈæset] имущество с ограниченным сроком службы
limiting accuracy [ˈlɪmɪtɪŋˈækjurəsɪ] предел точности
limiting dimensions [ˈlɪmɪtɪŋ|dɪˈmenʃənz] габариты
limitless [ˈlɪmɪtlɪs] безграничный; бесконечный
limits of justifiable defence [ˈlɪmɪts|əv|ˈdʒʌstɪfaɪəbl|dɪˈfens] пределы необходимой обороны
limn [lɪm] писать *(картину, портрет)*; изображать; выказывать; выражать; описывать; иллюстрировать рукопись
limner [ˈlɪmnə] портретист; иллюстратор рукописи
limnetic [lɪmˈnetɪk] пресноводный; озерный
limousine [ˈlɪmu(ː)ziːn] лимузин
limp [lɪmp] прихрамывание; хромота; хромать; прихрамывать; идти с трудом; мягкий; нежесткий; безвольный; слабый
limp binding [ˈlɪmpˈbaɪndɪŋ] мягкий переплет
limp-bound edition [ˈlɪmpbaund|ɪˈdɪʃən] издание в мягкой обложке
limpidity [lɪmˈpɪdɪtɪ] прозрачность
limy [ˈlaɪmɪ] известковый; клейкий
linden [ˈlɪndən] липа
line [laɪn] линия; черта; штрих; шнур; граница; предел; область деятельности; контур; трос; шина; разделительная линия; происхождение; родословная; генеалогическая линия; очертания; строка; проводить линии; линовать; выстраивать*(ся)* в ряд, в линию; устанавливать
line adapter [ˈlaɪn|əˈdæptə] линейный адаптер
line artwork [ˈlaɪn|ˈɑːtwəːk] черно-белый штриховой рисунок
line assembly [ˈlaɪn|əˈsemblɪ] конвейерная сборка
line block [ˈlaɪn|blɔk] штриховое клише
line copy [ˈlaɪn|kɔpɪ] черно-белый штриховой рисунок
line engraving [ˈlaɪn|ɪnˈgreɪvɪŋ] штриховое клише
line illustration [ˈlaɪn|ˌɪləsˈtreɪʃən] штриховая иллюстрация
line image [ˈlaɪn|ˈɪmɪdʒ] штриховое изображение
line jitter [ˈlaɪn|ˈdʒɪtə] дрожание строк
line justification [ˈlaɪn|ˌdʒʌstɪfɪˈkeɪʃən] выключка строки
line length [ˈlaɪn|lenθ] формат строки
line map [ˈlaɪn|mæp] контурная карта
line negative [ˈlaɪn|ˈnegətɪv] штриховой негатив
line of ancestor [ˈlaɪn|əv|ˈænsɪstə] потомство по прямой линии
line of argument [ˈlaɪn|əv|ˈɑːgjumənt] аргументация
line of behavior [ˈlaɪn|əv|bɪˈheɪvjə] линия поведения

line of demarcation [ˈlaɪn|əv|ˌdiːmaːˈkeɪʃən] демаркационная линия

line of duty [ˈlaɪn|əv|ˈdjuːtɪ] служебные обязанности

line of latitude [ˈlaɪn|əv|ˈlætɪtjuːd] параллель

line of longitude [ˈlaɪn|əv|ˈlɔnʤɪtjuːd] меридиан

line production [ˈlaɪn|prəˈdʌkʃən] серийное производство

line shaft [ˈlaɪn|ʃaːft] трансмиссионный вал

line voltage [ˈlaɪn|ˈvoultɪʤ] напряжение в сети

line-up [ˈlaɪnʌp] — *сущ.* [ˈlaɪnʌp] — *гл.* строй; расстановка сил; предъявлять для опознания

lineage [ˈlɪnɪʤ] источник; начало; родословная; подсчет количества строк в тексте

lineal [ˈlɪnɪəl] родственник по прямой линии; наследственный; родовой; линейный; прямолинейный

lineament [ˈlɪnɪəmənt] черты *(лица)*; очертания; отличительная черта

linear [ˈlɪnɪə] линейный; прямолинейный; подобный линии; узкий и длинный

linear actuator [ˈlɪnɪə|ˈæktjueɪtə] задатчик линейного перемещения *(техн.)*

linear array [ˈlɪnɪə|əˈreɪ] однострочная матрица

linear distortion [ˈlɪnɪə|dɪsˈtɔːʃən] линейное искажение

lineature линиатура

linebreeding [ˈlaɪnˈbriːdɪŋ] линейное разведение

linecrossing [ˈlaɪnˈkrɔsɪŋ] линейное скрещивание

lined [laɪnd] морщинистый; покрытый морщинами

linen [ˈlɪnɪn] полотно; парусина; холст; белье; льняной

linen bin [ˈlɪnɪn|bɪn] бак для белья

lineolate исчерченный

liner [ˈlaɪnə] лайнер; пассажирский пароход или самолет; вкладыш; втулка; облицовка; подкладка; прокладка *(авт.)*

linesman [ˈlaɪnzmæn] судья на линии

ling [lɪŋ] вереск обыкновенный; камыш; осока *(бот.)*; налим *(ихт.)*

lingberry [ˈlɪŋbərɪ] брусника

linger [ˈlɪŋgə] засиживаться; задерживаться; медлить; мешкать; опаздывать

lingering [ˈlɪŋ(ə)rɪŋ] медлительный; томительный; затяжной *(о болезни, кризисе и т. п.)*; давнишний; старинный; долгий

lingual [ˈlɪŋgw(ə)l] языковой *(лингв.)*

linguist [ˈlɪŋgwɪst] лингвист; языковед

linguistics [lɪŋˈgwɪstɪks] лингвистика; языковедение; языкознание

liniment [ˈlɪnɪmənt] жидкая мазь *(для растирания)*

lining [ˈlaɪnɪŋ] подкладка; внутренняя обивка; облицовка; обшивка; выпрямление; выравнивание; распрямление

lining assembly [ˈlaɪnɪŋ|əˈsemblɪ] узел тормозной накладки

lining of a brake [ˈlaɪnɪŋ|əv|əˈbreɪk] фрикционная тормозная накладка

lining paper [ˈlaɪnɪŋ|ˈpeɪpə] бумага для оклейки

link [lɪŋk] звено; связь; соединение; соединять; связывать; сцеплять; смыкать; пламя; факел; передаточный рычаг

link ball [ˈlɪŋk|bɔl] шаровой наконечник тяги

link chain [ˈlɪŋk|ʧeɪn] шарнирная цепь

link coupling [ˈlɪŋk|ˈkʌplɪŋ] шарнирная муфта

link pin [ˈlɪŋk|pɪn] ось тяги

link rod [ˈlɪŋk|rɔd] соединительная тяга

link-verb [ˈlɪŋkvəːb] глагол-связка *(грам.)*

linkage [ˈlɪŋkɪʤ] зацепление; сочленение; сцепление

linked lights [ˈlɪŋkt|laɪts] система светофоров «зеленая волна»

linn [lɪn] водопад; глубокий овраг; ущелье; магнолия; липа

linseed [ˈlɪnsiːd] льняное семя

lint [lɪnt] семенной пух

lion [ˈlaɪən] лев; достопримечательности; знаменитость

lion-hearted [ˈlaɪənˌhaːtɪd] неустрашимый; отважный

lioness [ˈlaɪənɪs] львица

lionet [ˈlaɪənɪt] молодой лев; львенок

lion's-mouth [ˈlaɪənzˈmauθ] львиный зев *(бот.)*

lion's-tooth [ˈlaɪənztuːθ] одуванчик лекарственный

lip [lɪp] губа; губной; касаться губами; целовать

lip-read [ˈlɪpˈriːd] читать с губ

lipide [ˈlɪpɪd] липид

lipoclastic жирорасщепляющий

lipogenesis липогенез; образование жира

lipopexia отложение жира

liposoma [ˈl(a)ɪpəsoum] липосома

lipstick [ˈlɪpstɪk] губная помада

liquate [ˈlɪkweɪt] плавить; растоплять

liquefaction [ˌlɪkwɪˈfækʃən] конденсация; разжижение

liqueur [lɪˈkjuə] ликер

liquid [ˈlɪkwɪd] жидкость; жидкий; непостоянный; неустойчивый *(о принципах, убеждениях)*; прозрачный; светлый

liquid body [ˈlɪkwɪd|ˈbɔdɪ] жидкое тело

liquid brake [ˈlɪkwɪd|ˈbreɪk] гидравлический тормоз

liquid coolant [ˈlɪkwɪd|ˈkuːlənt] охлаждающая жидкость

liquid cooler [ˈlɪkwɪdˈkuːlə] жидкостный радиатор

liquid jet pump [ˈlɪkwɪdˈdʒetˌpʌmp] струйный насос

liquid level [ˈlɪkwɪdˈlevl] уровень жидкости

liquid level indicator [ˈlɪkwɪdˌlevlˈɪndɪkeɪtə] указатель уровня жидкости

liquid lubricant [ˈlɪkwɪdˈluːbrɪkənt] жидкая смазка

liquid pump [ˈlɪkwɪdˈpʌmp] гидравлический насос

liquid receiver [ˈlɪkwɪdrɪˈsiːvə] накопитель жидкости

liquid refrigerating agent [ˈlɪkwɪdrɪˌfrɪdʒəˈreɪtɪŋˈeɪdʒənt] охлаждающая жидкость

liquid stage meter [ˈlɪkwɪdˈsteɪdʒˈmiːtə] измеритель уровня жидкости

liquidate [ˈlɪkwɪdeɪt] выплатить долг; ликвидировать; уничтожить; определить сумму; оплатить

liquidated [ˈlɪkwɪdeɪtɪd] ликвидированный; оплаченный

liquidated debt [ˈlɪkwɪdeɪtɪdˈdet] погашенный долг

liquidation [ˌlɪkwɪˈdeɪʃ(ə)n] уплата долга; ликвидация дела; оплата; определение суммы

liquidator [ˈlɪkwɪdeɪtə] ликвидатор

liquor [ˈlɪkə] напиток; смазывать жиром; раствор; настойка; экстракт; жидкость

lisp [lɪsp] шепелявость; шепелявить

lissom(e) [ˈlɪsəm] гибкий; мягкий; эластичный; быстрый; проворный

list [lɪst] список; перечень; смета; бордюр; кромка; край; реестр; крен; наклон; крениться; накреняться; вносить в список; составлять список

list of contents [ˈlɪstəvkənˈtents] оглавление

list price [ˈlɪstˈpraɪs] цена по каталогу; прейскурант

list-register [ˈlɪstˈredʒɪstə] реестр

listener [ˈlɪsnə] слушатель; радиослушатель

listening [ˈlɪsnɪŋ] прослушивание; слушание; подслушивание *(воен.)*

listening dog [ˈlɪsnɪŋˈdɒg] сторожевая собака

literacy [ˈlɪt(ə)rəsɪ] грамотность

literal [ˈlɪt(ə)r(ə)l] алфавитный; буквенный; буквальный; дословный; точный; педантичный; сухой; опечатка; описка

literal (verbal) construction [ˈlɪt(ə)r(ə)l(ˈvəːbl)kənˈstrʌkʃən] буквальное толкование

literalism [ˈlɪt(ə)rəlɪzm] буквализм; понимание слова в его буквальном значении; точность изображения; копирование природы

literally [ˈlɪtərəlɪ] буквально; дословно; без преувеличения

literary [ˈlɪt(ə)rərɪ] литературный

literary agent [ˈlɪt(ə)rərɪˈeɪdʒənt] литературный агент

literary copyright [ˈlɪt(ə)rərɪˈkɒpɪraɪt] авторское право на литературное произведение

literate [ˈlɪtərɪt] грамотный человек; образованный; ученый

literature [ˈlɪt(ə)rɪtʃə] литература

lithe [laɪð] гибкий; мягкий

lithocrayon [ˈlɪθouˈkreɪən] литографский карандаш

lithographer [lɪˈθɔgrəfə] литограф

lithography [lɪˈθɔgrəfɪ] литография

litigate [ˈlɪtɪgeɪt] судиться *(с кем-либо)*; оспаривать *(на суде)*

litigation [ˌlɪtɪˈgeɪʃ(ə)n] тяжба; судебный процесс

litigation fee [ˌlɪtɪˈgeɪʃ(ə)nˈfiː] судебная пошлина

litigator [ˌlɪtɪˈgeɪtə] сторона в судебном процессе

litigious [lɪˈtɪdʒəs] сутяжнический; спорный; подлежащий судебному разбирательству

litre [ˈliːtə] литр

litter [ˈlɪtə] носилки; соломенная подстилка; выводок; помет; приплод; подстилать, настилать солому

litter bin [ˈlɪtəˌbɪn] урна для мусора; мусорная корзина

litterateur [ˌlɪtərəˈtəː] литератор; писатель

littery [ˈlɪtərɪ] в беспорядке; захламленный

little [ˈlɪtl] маленький; небольшой; короткий *(о времени, расстоянии)*; неважный; незначительный; слабый; несущественный; малогабаритный; мало; немного; небольшое количество; пустяк

little cluster fungus [ˈlɪtlˈklʌstəˈfʌŋgəs] летний опенок

littleness [ˈlɪtlnɪs] малая величина; незначительность; мелочность; незначительность; ничтожность

littling [ˈlɪtlɪŋ] детеныш в помете

littoral [ˈlɪtər(ə)l] прибрежный; приморский; побережье; приморский район

littoral zone [ˈlɪtər(ə)lˈzoun] береговая зона

liturgy [ˈlɪtə(ː)dʒɪ] литургия; ритуал церковной службы

livable [ˈlɪvəbl] годный; пригодный для жилья; уживчивый; коммуникабельный

live [lɪv] — *гл.* [laɪv] — *прил., нар.* жить; существовать; обитать; живой; действующий; энергичный; полный сил; яркий; важный; актуальный; передаваемый в эфир непосредственно, без записи

to live in — *иметь квартиру по месту службы*
to live out — *пережить*

live ammunition [ˈlaɪvˌæmjuˈnɪʃən] боевой патрон

live end [ˈlaɪvˈend] ведущий фланец

live load [ˈlaɪvˈloud] полезная нагрузка

live-bearer [ˈlaɪvˈbeərə] живородящее животное
live-bearing [ˈlaɪvˈbeərɪŋ] живородящий
live-born [ˈlaɪvbɔːn] живорожденный
live-forever [ˈlɪvfəˈrevə] заячья капуста; очиток
live-stock [ˈlaɪvstɔk] домашний скот
livelihood [ˈlaɪvlɪhud] средства к жизни
liveliness [ˈlaɪvlɪnɪs] активность; веселость
livelong [ˈlɪvlɔŋ] весь; целый; бесконечный; заячья капуста (бот.)
lively [ˈlaɪvlɪ] живой (об описании и т. п.); бойкий; веселый; живой; весело; оживленно
liven [ˈlaɪvn] оживить(ся); развеселить(ся)
liver [ˈlɪvə] житель; печень; печенка
liver-coloured [ˈlɪvəˈkʌləd] темно-каштановый
livery [ˈlɪvərɪ] ливрея; одеяние; покров; убор; ввод во владение; освобождение от опеки; несдержанный; раздражительный
livestock breeder [ˈlaɪvstɔkˈbriːdə] заводчик крупного рогатого скота
livestock breeding [ˈlaɪvstɔkˈbriːdɪŋ] разведение крупного рогатого скота
livid [ˈlɪvɪd] синевато-багровый; сердитый; злой
living [ˈlɪvɪŋ] средства к существованию; жизнь; образ жизни; живой; живущий; существующий
living law [ˈlɪvɪŋˈlɔː] действующий закон
living matter [ˈlɪvɪŋˈmætə] живая материя
living organism [ˈlɪvɪŋˈɔːgənɪzm] живой организм
lizard [ˈlɪzəd] ящерица
llama [ˈlɑːmə] лама (зоол.)
loach [loutʃ] голец (ихт.)
load [loud] груз; нагрузка; бремя; взвесь; наносы; тяжесть; грузить; нагружать; насыщать
load allocation [ˈloudˌæləˈkeɪʃən] распределение нагрузки
load axle [ˈloudˈæksl] нагруженная ось
load factor [ˈloudˈfæktə] коэффициент нагрузки
load handling [ˈloudˈhændlɪŋ] погрузо-разгрузочные работы
load per axle [ˈloudpəˈæksl] нагрузка на ось
load sharing [ˈloudˈʃeərɪŋ] распределение нагрузки
load-bearing capacity [ˈloudˌbeərɪŋkəˈpæsɪtɪ] грузоподъемность
load-bearing element [ˈloudˌbeərɪŋˈelɪmənt] несущая конструкция
load-bearing framework [ˈloudˌbeərɪŋˈfreɪmwəːk] несущий каркас
loaded [ˈloudɪd] перегруженный; тяжелый; веский; обоснованный; убедительный
loader [ˈloudə] грузчик; загрузчик
loader-digger [ˈloudəˈdɪgə] экскаватор-погрузчик
loading [ˈloudɪŋ] загрузка; погрузка
loading berth [ˈloudɪŋˈbəːθ] причал для погрузочных работ

loading plant [ˈloudɪŋˈplɑːnt] погрузочная установка
loaf [louf] буханка; каравай; булка; кочан (капусты); зря терять время
loaf of bread [ˈloufəvˈbred] батон хлеба
loafer [ˈloufə] бродяга; легкие кожаные туфли
loam [loum] плодородная земля; неочищенная глина
loan [loun] заем; ссуда; давать взаймы; ссужать
loan agreement [ˈlounəˈgriːmənt] договор о ссуде; кредитное соглашение
loan application [ˈlounˌæplɪˈkeɪʃən] заявка на получение ссуды
loan of money [ˈlounəvˈmʌnɪ] денежный заем
loan on policy [ˈlounɔnˈpɔlɪsɪ] ссуда под страховой полис
loan with strings [ˈlounwɪðˈstrɪŋz] заем, обусловленный политическими или экономическими обстоятельствами
loath [louθ] несклонный; нежелающий
loath-to-depart [ˈlouθtədɪˈpɑːt] прощальная песнь
loathe [louð] чувствовать отвращение; ненавидеть
loathing [ˈlouðɪŋ] отвращение; ненависть
lob [lɔb] идти, бежать тяжело, неуклюже
lobby [ˈlɔbɪ] вестибюль; приемная; кулуары
lobbying [ˈlɔbɪɪŋ] лоббирование
lobe [loub] доля; проценты; часть; кулачок (авт.); лопасть
lobster [ˈlɔbstə] омар
lobster-eyed [ˈlɔbstərˈaɪd] пучеглазый
lobule [ˈlɔbjuːl] долька (листа, плода)
lobule of the ear [ˈlɔbjuːləvðəˈɪə] мочка уха
local [ˈlouk(ə)l] коренной; местный; местный житель; локальный; пригородный поезд (автобус); местное отделение профсоюза
local anaesthetic [ˈlouk(ə)lˌænɪsˈθetɪk] местный наркоз; местная анестезия
local corrosion [ˈlouk(ə)lkəˈrouʒən] местная коррозия
local delivery [ˈlouk(ə)lˈdɪˈlɪvərɪ] местная доставка
local government [ˈlouk(ə)lˈgʌvnmənt] местное самоуправление
local jail [ˈlouk(ə)lˈdʒeɪl] местная тюрьма
local name [ˈlouk(ə)lˈneɪm] местное название
local road [ˈlouk(ə)lˈroud] проселочная дорога
local search for wanted file [ˈlouk(ə)lˈsəːtʃfəˈwɔntɪdˌfaɪl] картотека лиц, находящихся в местном розыске
local tax [ˈlouk(ə)lˈtæks] местный налог
local traffic [ˈlouk(ə)lˈtræfɪk] местное транспортное сообщение
locale [louˈkɑːl] место действия

LOC — LON

locality [lou'kælɪtɪ] местонахождение; местность; район; участок; окрестность; населенный пункт; признаки, характерные черты местности

localization [,loukəlaɪ'zeɪʃən] локализация

localization of faults [,loukəlaɪ'zeɪʃən|əv|'fɔːlts] выявление дефектов

localize ['loukəlaɪz] локализовать; ограничивать распространение; относить к определенному месту; определять местонахождение; локализировать

locally ['loukəlɪ] в определенном месте; в местном масштабе

locally available ['loukəlɪ|ə'veɪləbl] имеющийся на месте; не требующий доставки

locate [lou'keɪt] определять место, местонахождение; поселять(ся); устанавливать; разместить; поместить; поселить; заключить договор найма

locating bearing [lou'keɪtɪŋ|'beərɪŋ] упорный подшипник

locating pin [lou'keɪtɪŋ|pɪn] установочный штифт

location [lou'keɪʃ(ə)n] нахождение; размещение; местоположение; пункт; местожительство; участок; помещение

locative ['lɔkətɪv] аборигенный; коренной; местный падеж

loch [lɔk] озеро; узкий морской залив (шотланд.)

lock [lɔk] локон; волосы; пучок волос; клок шерсти; замок; запор; блокировка; запирать(ся) на замок; сжимать (в объятиях); тормозить; соединять; сплетать (пальцы, руки); шлюз

to lock away — спрятать под замок; запереть; держать секрет

to lock up — запирать; сажать в тюрьму

lock barrel ['lɔk|'bærəl] цилиндр замка

lock bolt ['lɔk|boult] крепежный болт

lock seaming ['lɔk|'siːmɪŋ] фальцевание

lock-up ['lɔkʌp] — сущ. ['lɔk'ʌp] — гл. время закрытия; гараж; тупик; прекращение работы; арестовывать; сажать в тюремный карцер

locked picture ['lɔkt|'pɪktʃə] стоп-кадр

locker ['lɔkə] шкафчик; рундук

locket ['lɔkɪt] медальон

locking agent ['lɔkɪŋ|'eɪdʒənt] закрепляющее вещество

locking bar ['lɔkɪŋ|baː] фиксатор замка

locking nut ['lɔkɪŋ|nʌt] стопорная гайка

locking of wheels ['lɔkɪŋ|əv|'wiːlz] блокировка колес

locking ring ['lɔkɪŋ|rɪŋ] стопорное кольцо

locknut ['lɔknʌt] контргайка

locksmith ['lɔksmɪθ] механик; слесарь

lockstep ['lɔkstep] жесткая конфигурация

locomotion [,loukə'mouʃ(ə)n] передвижение; перемещение

locomotive [,loukə'moutɪv] двигатель; мотор; устройство; локомотив; паровоз; движущий(ся); самодвижущийся

locus ['loukəs] местоположение

locust ['loukəst] саранча; цикада

locution [lou'kjuːʃ(ə)n] выражение; оборот речи; идиома

lodge [lɔdʒ] домик; сторожка у ворот; ложа; дать помещение; приютить; поселить; отдавать на хранение; депонировать; облекать; наделять

lodgement ['lɔdʒmənt] жилище; квартира; приют; скопление (чего-либо); затор; подача (жалобы и т. п.); пребывание; сдача в депозит

lodgement data ['lɔdʒmənt|'deɪtə] дата подачи (заявления)

lodger ['lɔdʒə] жилец; квартирант; съемщик; наниматель

lodging ['lɔdʒɪŋ] дом; жилище; жилье; сдаваемая комната

loft [lɔft] чердак; сеновал

loftiness ['lɔftɪnɪs] большая высота; возвышенность (идеалов и т. п.); величественность; статность

lofty ['lɔftɪ] возвышенный (об идеалах и т. п.); высокомерный; надменный; горделивый

log [lɔg] бревно; брус; колода

to log off — отключать

log book ['lɔg|buk] журнал учета

loggia ['lɔdʒə] лоджия

logic ['lɔdʒɪk] логика

logic bug ['lɔdʒɪk|'bʌg] логическая ошибка

logic chain ['lɔdʒɪk|'tʃeɪn] логическая цепь

logical ['lɔdʒɪk(ə)l] логический; относящийся к логике; последовательный; связный

logical consequence ['lɔdʒɪk(ə)l|'kɔnsɪkwəns] логическое следствие

logical decision ['lɔdʒɪk(ə)l|dɪ'sɪʒən] логическое решение

logician [lou'dʒɪʃ(ə)n] логик

logistic [lə'dʒɪstɪk] логистический

logjam ['lɔgdʒæm] залом; затор; завал (на дороге); мертвая точка; тупик (в переговорах и т. п.)

logo ['lɔgo(u)] фирменная марка

logogram ['lɔgougræm] знак (буква), заменяющие слово; логограмма

logotype ['lɔgoutaɪp] логотип; фирменный или товарный знак

logy ['lougɪ] медлительный; неповоротливый

loin [lɔɪn] поясница; филей; корейка

loiter ['lɔɪtə] медлить; мешкать

lollipop ['lɔlɪpɔp] леденец на палочке; сласти

lone [loun] одинокий; уединенный

loneliness ['lounlɪnɪs] одиночество

lonely [ˈlounlı] малолюдный; пустынный; уединенный

lonesome [ˈlounsəm] вызывающий тоску; унылый

long [lɔŋ] длинный; долгий; длительный; длинномерный; медленный; медлительный; многочисленный; обширный; долго; долгий срок; долгое время; страстно желать *(чего-либо)*; тосковать

long borrowings [ˈlɔŋˈbɔrouıŋz] долгосрочные ссуды

long clam [ˈlɔŋˈklæm] песчаная ракушка

long grain [ˈlɔŋˈgreın] продольная волокнистость *(бумаги)*

long jump [ˈlɔŋˈʤʌmp] прыжок в длину

long loaf [ˈlɔŋˈlouf] батон

long-ago [ˈlɔŋəˈgou] далекое прошлое; давние времена; давний; старый

long-distance [ˈlɔŋˈdıst(ə)ns] дальний; отдаленный; удаленный; междугородный, международный телефонный разговор

long-distance beam [ˈlɔŋˌdıstənsˈbi:m] дальний свет фар

long-distance bus [ˈlɔŋˌdıstənsˈbʌs] автобус дальнего сообщения

long-distance traffic [ˈlɔŋˌdıstənsˈtræfık] дальние перевозки

long-drawn(-out) [ˈlɔŋdrɔ:n(ˈaut)] длительный; долгосрочный

long-duration test [ˈlɔŋdjuəˌreıʃənˈtest] испытание на выносливость

long-eared [ˈlɔŋˈıəd] длинноухий

long-life [ˈlɔŋlaıf] длительный; долговечный; долговременный

long-liver [ˈlɔŋˌlıvə] долгожитель

long-range [ˈlɔŋˈreınʤ] дальнего действия; дальнобойный

long-range bomber [ˈlɔŋˌreınʤˈbɔmə] бомбардировщик дальнего действия

long-range missile [ˈlɔŋˌreınʤˈmısaıl] ракета дальнего действия

long-run analysis [ˈlɔŋrʌnəˈnælısıs] долгосрочный анализ

long-service bonus [ˈlɔŋˌsə:vısˈbounəs] надбавка за выслугу лет

long-sighted [ˈlɔŋˈsaıtıd] дальнозоркий; дальновидный; предусмотрительный

long-sightedness [ˈlɔŋˈsaıtıdnıs] дальнозоркость

long-stalked [ˈlɔŋˈstɔkt] длинностебельчатый

long-standing [ˈlɔŋˈstændıŋ] давний

long-stemmed [ˈlɔŋˈstemd] длинноствольный

long-term [ˈlɔŋˈtə:m] долгосрочный

long-term bond [ˈlɔŋtə:mˈbɔnd] долгосрочное денежное обязательство; долгосрочная облигация

long-term credit [ˈlɔŋtə:mˈkredıt] долгосрочный кредит

long-term financing business [ˈlɔŋtə:mˈfaıˈnænsıŋˈbıznıs] долгосрочные финансовые операции

long-term profitability [ˈlɔŋtə:mˌprɔfıtəˈbılıtı] долгосрочная рентабельность

long-wooled [ˈlɔŋˈwu:ld] длинношерстный

longanimity [ˌlɔŋgəˈnımıtı] долготерпение

longberry [ˈlɔŋbərı] ежевика

longed-for [ˈlɔŋdfɔ:] долгожданный; желанный

longevity [lɔnˈʤevıtı] долговечность; долгожительство; долголетие; продолжительность жизни

longevous [lɔnˈʤi:vəs] долговечный; долговременный

longing [ˈlɔŋıŋ] сильное, страстное желание, стремление; сильно, страстно желающий

longitude [ˈlɔndʒıtju:d] долгота *(геогр.)*

longitudinal [ˌlɔndʒıˈtju:dınl] продольный

longitudinal muscle [ˌlɔndʒıˈtju:dınlˈmʌsl] продольная мышца

longspun [ˈlɔŋspʌn] неинтересный; растянутый; скучный

longspur [ˈlɔŋspə:] подорожник

look [luk] взгляд; мнение; точка зрения; выражение *(глаз, лица)*; вид; внешность; наружность; облик; смотреть; глядеть

to look about — оглядываться по сторонам; осматриваться; ориентироваться

to look after — следить глазами, взглядом; присматривать за; заботиться о

to look back — оглядываться; вспоминать

to look down — смотреть свысока; презирать

to look for — искать; ожидать; надеяться на

to look in — заглянуть к кому-либо; смотреть телепередачу

to look out — выглядывать *(откуда-либо)*; быть настороже; подыскивать

to look over — просматривать; не заметить; простить; иметь вид; выходить

to look through — смотреть в *(окно и т. п.)*; просматривать что-либо; видеть кого-либо насквозь

look-alike [ˈlukəlaık] внешнее сходство

look-in [ˈlukın] взгляд мельком; короткий визит

look-out [ˈlukaut] — *сущ.* [lukˈaut] — *гл.* бдительность; настороженность; наблюдательный пункт; подбирать *(книги на складе)*

looker [ˈlukə] наблюдатель

looker-on [ˈlukəˈrɔn] зритель; наблюдатель

looking-for [ˈlukıŋfɔ:] поиски; надежды; ожидания

looking-glass [ˈlukıŋglɑ:s] зеркало

LOO — LOU

loom [lu:m] ткацкий станок; полумрак; тень; неясно вырисовываться; маячить; принимать преувеличенные, угрожающие размеры

loony [ˈlu:nɪ] сумасшедший

loop [lu:p] петля; скоба; хомут; кольцевая дорога; делать петлю; закреплять петлей

loop-hole [ˈlu:phoul] амбразура; бойница; лазейка; ухищрение

loose [lu:s] свободный; ненатянутый; рыхлый; просторный; широкий (об одежде); неточный; неопределенный; разболтанный; плохо соединенный; сыпучий; небрежный; неряшливый; освобождать; ослаблять; отпускать; давать волю; выстрелить

loose coupling [ˈlu:sˈkʌplɪŋ] эластичная муфта

loose cover [ˈlu:sˈkʌvə] съемная крышка

loose jacket [ˈlu:sˈdʒækɪt] свободный пиджак

loose-leaf book [ˈlu:sli:fˈbuk] непереплетенная книга; блок, скрепленный разъемными скобами

loosely [ˈlu:slɪ] свободно

loosen [ˈlu:sn] ослаблять(ся); становиться слабым; развязывать

looseness [ˈlu:snɪs] слабость; люфт; зазор

loot [lu:t] добыча; награбленное; грабеж; ограбление; грабить; уносить добычу

looted [ˈlu:tɪd] ограбленный

looter [ˈlu:tə] вор; грабитель; мародер

looting [ˈlu:tɪŋ] грабеж; мародерство

lop [lɔp] мелкие ветки; сучья; обрубать, подрезать ветви, сучья; свисать; двигаться неуклюже, прихрамывая; зыбь

lop-sided [ˈlɔpˈsaɪdɪd] кривобокий; наклоненный; односторонний; неравномерный; перекосившийся; кособокий; несимметричный

lophophilus обитатель холмов

loquacious [louˈkweɪʃəs] говорливый; журчащий

loquat [ˈlɔkwɔt] мушмула (плод)

lorchel строчок (гриб)

lord [lɔ:d] господин; владыка; лорд; пэр; член палаты лордов; Господь Бог; давать титул лорда

lordly [ˈlɔ:dlɪ] присущий лорду; барственный; богатый; пышный; роскошный; великодушный

lore [lɔ:] знания (в определенной области); профессиональные знания

lorgnette [lɔ:ˈnjet] лорнет; театральный бинокль (франц.)

lorica [lɔˈraɪkə] панцирь

lorication [ˌlɔrɪˈkeɪʃən] образование панциря

loris [ˈlɔ:rɪs] лори, ночной лемур (зоол.)

lorn [lɔ:n] несчастный; осиротелый; покинутый

loro balance остаток по счету лоро

lorry [ˈlɔrɪ] грузовой автомобиль; грузовик; вагонетка

lorry crane [ˈlɔrɪˈkreɪn] автокран

lose [lu:z] терять; потерять; лишаться; утрачивать; проигрывать; пропустить; опоздать; отставать (о часах); забывать; нести убыток; терпеть ущерб

to lose ground — отставать; отступать

lose one's balance [ˈlu:zwʌnzˈbæləns] упасть; потерять равновесие; выйти из себя

loser [ˈlu:zə] теряющий; проигравший

losing [ˈlu:zɪŋ] потеря; проигрыш; убыток

losing battle [ˈlu:zɪŋˈbætl] бой с большими человеческими потерями

loss [lɔs] потеря; утрата; пропажа; урон; проигрыш; убыток; ущерб; гибель

loss allowance [ˈlɔsəˈlauəns] норма допустимых потерь

loss of citizenship [ˈlɔsəvˈsɪtɪznʃɪp] утрата гражданства

loss of effect [ˈlɔsəvɪˈfekt] утрата юридической силы

loss of profit [ˈlɔsəvˈprɔfɪt] упущенная выгода

loss of right [ˈlɔsəvˈraɪt] потеря права

loss of voltage [ˈlɔsəvˈvoultɪdʒ] потеря напряжения

lost [lɔst] потерянный

lot [lɔt] жребий; участь; судьба; участок (земли); масса; много; партия (изделий); налог; пошлина; делить, дробить на участки, части; бросать жребий; гораздо; значительно

lotic [ˈloutɪk] проточный (о воде)

lotion [ˈlouʃ(ə)n] примочка; лосьон; жидкое косметическое средство; спиртной напиток

lottery [ˈlɔtərɪ] лотерея

lotus [ˈloutəs] лотос (бот.)

loud [laud] громкий; звучный; шумный; шумливый; резкий (о критике); кричащий (о красках, наряде и т. п.)

loud applause [ˈlaudəˈplɔ:z] громкие аплодисменты

loud hailer [ˈlaudˈheɪlə] громкоговоритель

loud-speaker [ˈlaudˈspi:kə] громкоговоритель; репродуктор

loudly [ˈlaudlɪ] громко; шумно; громогласно; кричаще

loudness level [ˈlaudnɪsˈlevl] уровень звука

lough [lɔk] озеро; залив

lounge [laundʒ] праздное времяпрепровождение; ленивая походка; стоять, опираясь (на что-либо)

lounger [ˈlaundʒə] бездельник

loupe [lu:p] лупа; увеличительное стекло

lour [ˈlauə] смотреть угрюмо; хмуриться; темнеть; покрываться тучами

louse [laus] вошь

lousiness [ˈlauzɪnɪs] вшивость

lousy [ˈlauzɪ] вшивый

loutish [ˈlautɪʃ] грубый; невежливый; неучтивый
louver [ˈluːvə] жалюзи
lovable [ˈlʌvəbl] заманчивый; милый; привлекательный
love [lʌv] любовь; привязанность; влюбленность; любить
to love back — отвечать взаимностью
love-apple [ˈlʌv͵æpl] помидор
love-roses [ˈlʌv͵rouzɪz] калина обыкновенная
lovebird [ˈlʌvbəːd] неразлучник *(птица)*
loveless [ˈlʌvlɪs] нелюбящий; нелюбимый
loveliness [ˈlʌvlɪnɪs] красота; миловидность
lovelock [ˈlʌvlɔk] локон, спускающийся на лоб, щеку
lovely [ˈlʌvlɪ] красивый; прекрасный; восхитительный
lover [ˈlʌvə] любовник; возлюбленный; влюбленный; любитель *(чего-либо)*; поклонник
lover of the antique [ˈlʌvərəvðəænˈtiːk] любитель старины
low [lou] невысокий; низкий; слабый; подавленный; пониженный; небольшой; недостаточный; тихий; негромкий *(о голосе)*; плохой; скверный; низко; незначительно; слабо; тихо; чуть; мычание; мычать
low birth-rate [ˈlouˈbəːθreɪt] низкая рождаемость
low gear [ˈlouˈgɪə] низшая передача
low idle [ˈlouˈaɪdl] малый холостой пробег
low life [ˈlouˈlaɪf] скромный, бедный образ жизни
low limit [ˈlouˈlɪmɪt] минимальный размер
low organisms [ˈlouˈɔːgənɪzəmz] низшие организмы
low-cost [ˈloukɔst] недорогой; дешевый
low-cut [͵louˈkʌt] имеющий большой вырез *(о платье, блузке)*
low-down [ˈloudaun] бесчестный; низкий; вульгарный; грубый; невежливый; неучтивый
low-grade paper [ˈlougreɪdˈpeɪpə] бумага низкого качества
low-paid [ˈlouˈpeɪd] низкооплачиваемый
low-paid job [ˈloupeɪdˈdʒɔb] низкооплачиваемая работа
low-power engine [ˈloupauərˈendʒɪn] маломощный двигатель
low-pressure pump [ˈloupreʃəˈpʌmp] насос с низким давлением
low-section tyre [ˈlousekʃənˈtaɪə] низкопрофильная шина
low-speed nozzle [ˈlouspiːdˈnɔzl] форсунка для малых оборотов двигателя
low-viscosity [ˈlouvɪsˈkɔsɪtɪ] жидкий
lowbrow [ˈloubrau] малообразованный человек; непритязательный; простой

lower [ˈlouə] низший; нижний; недавний *(о времени)*; унижать; разжаловать; понижать*(ся)*
lower arm [ˈlouərˈaːm] предплечье
lower berth [ˈlouəˈbəːθ] нижняя полка
lower border [ˈlouəˈbɔːdə] нижний предел
lower center [ˈlouəˈsentə] подкорковый центр
lower crankcase [ˈlouəˈkræŋkkeɪs] нижняя часть картера двигателя
lower jawbone [ˈlouəˈdʒɔːboun] нижняя челюсть
lower semicomplete [ˈlouəˈsemɪkəmˈpliːt] полуполный снизу
lowering [ˈlauərɪŋ] мрачный; темный
lowermost [ˈlouəmoust] самый нижний
lowland [ˈloulənd] низкая местность; долина
lowly [ˈloulɪ] занимающий низкое *(скромное)* положение; скромный; непритязательный; скудный
loyal [ˈlɔɪ(ə)l] верный; преданный; лояльный; законный
loyalty [ˈlɔɪ(ə)ltɪ] верность; преданность; лояльность; соблюдение законов
lozenge [ˈlɔzɪndʒ] ромб; ромбовидная фигура; лепешка; таблетка
lubber [ˈlʌbə] большой неуклюжий человек; неуклюжий
lubberly [ˈlʌbəlɪ] неуклюжий; неуклюже; неумело
lube [luːb] машинное масло
lubricant [ˈluːbrɪkənt] смазочный материал; смазка
lubricant bearing [ˈluːbrɪkəntˈbeərɪŋ] подшипник, требующий смазки
lubricate [ˈluːbrɪkeɪt] смазывать
lubricating can [ˈluːbrɪkeɪtɪŋˈkæn] ручная масленка
lubricating groove [ˈluːbrɪkeɪtɪŋˈgruːv] смазочная канавка
lubricating mineral oil [ˈluːbrɪkeɪtɪŋˈmɪnərəlˈɔɪl] минеральное масло
lubricating nipple [ˈluːbrɪkeɪtɪŋˈnɪpl] пресс-масленка
lubricating pump [ˈluːbrɪkeɪtɪŋˈpʌmp] масляный насос
lubricity [luːˈbrɪsɪtɪ] увертливость; уклончивость; непостоянство; безнравственность; похотливость; развращенность
lubricous [ˈluːbrɪkəs] гладкий; скользкий; похотливый
luce [luːs] щука
lucent [ˈluːsnt] светящийся; яркий; прозрачный; просвечивающий
lucerne [luːˈsəːn] люцерна посевная
lucid [ˈluːsɪd] прозрачный; ясный; понятный; разборчивый
lucidity [luːˈsɪdɪtɪ] ясность; прозрачность; понятность; четкость

lucifugous [luːˈsɪfəgəs] светобоязливый
luciphile [ˈluːsɪfaɪl] светолюбивый
luck [lʌk] рок; случай; судьба; везение; счастье; удача
luckily [ˈlʌkɪlɪ] к счастью; по счастливой случайности
lucky [ˈlʌkɪ] счастливый; удачный; приносящий счастье
lucrative [ˈluːkrətɪv] прибыльный; выгодный; доходный; корыстный
lucre [ˈluːkə] выгода; корысть
lucubrate [ˈluːkjuː(ː)breɪt] работать; заниматься по ночам; усердно трудиться
lucubration [ˌluːkjuː(ː)ˈbreɪʃ(ə)n] напряженная умственная работа; тщательно отделанное литературное произведение
ludicrous [ˈluːdɪkrəs] забавный; курьезный
lug [lʌg] волочение; тяга; дерганье; волочить; тащить; тянуть; сильно дергать
lug base tyre [ˈlʌg|beɪsˈtaɪə] шина с рельефным протектором
luggage [ˈlʌgɪdʒ] багаж; багажный
luggage examination [ˈlʌgɪdʒ|ɪgˌzæmɪˈneɪʃən] досмотр багажа
luggage rack [ˈlʌgɪdʒ|ræk] багажник автомобиля
lugubrious [luːˈguːbrɪəs] печальный; мрачный
lui-haai акула
lukewarm [ˈluːkwɔːm] тепловатый; равнодушный; вялый
lull [lʌl] временное затишье; успокаивать (боль); убаюкивать; укачивать (ребенка)
lullaby [ˈlʌləbaɪ] колыбельная (песня)
lumbar [ˈlʌmbə] поясничный
lumbar nerve [ˈlʌmbəˈnəːv] поясничный нерв
lumbar vertebra [ˈlʌmbəˈvəːtɪbrə] поясничный позвонок
lumber [ˈlʌmbə] бревна (амер.); пиломатериалы; загромождать; сваливать в беспорядке; громыхающие звуки; двигаться тяжело, неуклюже
lumber-mill [ˈlʌmbəmɪl] лесопильный завод (амер.)
lumberjack [ˈlʌmbədʒæk] дровосек; лесоруб (амер.)
lumbriciform червеобразный
lumen [ˈluːmɪn] просвет
luminance [ˈluːmɪnəns] яркость
luminance contrast [ˈluːmɪnənsˈkɔntræst] контраст яркости
luminance patch [ˈluːmɪnənsˈpætʃ] канал яркости
luminance threshold [ˈluːmɪnənsˈθreʃ(h)ould] порог яркости
luminary [ˈluːmɪnərɪ] светило
luminescence [ˌluːmɪˈnesns] люминесценция; свечение
luminescent [ˌluːmɪˈnesənt] светящийся
luminosity [ˌluːmɪˈnɔsɪtɪ] яркость света
luminous [ˈluːmɪnəs] светлый; светящийся; проливающий свет (на что-либо); просвещенный
luminous reflectance [ˈluːmɪnəs|rɪˈflektəns] белизна (бумаги)
lump [lʌmp] глыба; ком; комок; крупный кусок; большое количество; куча; смешивать в кучу, в общую массу
lump sum [ˈlʌmp|sʌm] полная сумма
lumpish [ˈlʌmpɪʃ] глыбообразный; неуклюжий; тяжеловесный
lumpy [ˈlʌmpɪ] комковатый; бугорчатый
lunacy [ˈluːnəsɪ] безумие; психоз; невменяемость (юр.); глупый поступок; психическое заболевание; сумасшествие
lunar [ˈluːnə] лунный
lunate [ˈluːneɪt] в форме полумесяца; серповидный
lunatic [ˈluːnətɪk] безумный; сумасшедший; психически больной; умалишенный; невменяемый
lunch [lʌntʃ] обед; обедать
luncheon [ˈlʌntʃ(ə)n] завтрак (официальный); легкий завтрак
luncheonette [ˌlʌntʃəˈnet] легкая закуска (амер.); буфет; закусочная
lung [lʌŋ] легкое (анат.)
lung capacity [ˈlʌŋ|kəˈpæsɪtɪ] жизненная емкость легких
lunge [lʌndʒ] прыжок (вперед); толчок; стремительное движение; ныряние; погружение; наносить удар; делать выпад; направиться; ринуться; устремиться
lungfish [ˈlʌŋfɪʃ] двоякодышащая рыба
lungful [ˈlʌŋful] глубокий вздох
lungwort [ˈlʌŋwəːt] медуница
lunule [ˈluːnjuːl] лунка
lupine [ˈluːpaɪn] волчий; [ˈluːpɪn] люпин (бот.)
lurch [ləːtʃ] крен; шаткая походка; крениться; идти шатаясь; пошатываться
lurcher [ˈləːtʃə] воришка; жулик; похититель; агент; разведчик; шпион
lure [ljuə] соблазн; приманка; привлекательность; завлекать; соблазнять
lurid [ˈljuərɪd] огненный; пылающий; грозовой; мрачный; страшный; трагический
lurk [ləːk] скрываться в засаде; прятаться; обман (разг.)
luscious [ˈlʌʃəs] ароматный; сладкий; приторный
lush [lʌʃ] сочный; буйный; пышный (о растительности); спиртной напиток
lust [lʌst] вожделение; похоть; страстно желать; испытывать вожделение

luster [ˈlʌstə] блеск; см. lustre
lustful [ˈlʌstful] похотливый
lustiness [ˈlʌstɪnɪs] бодрость; здоровье; крепость; сила
lustre [ˈlʌstə] глянец; блеск; лоск; известность; популярность; слава; люстра; придавать блеск; глянцевать
lustrous [ˈlʌstrəs] блестящий; глянцевый; лоснящийся
lusty [ˈlʌstɪ] здоровый; сильный
lute [luːt] лютня; шпаклевка; замазка; замазывать; шпаклевать
luteosterone [ˌluːtɪəˈsterən] гормон желтого тела
luxate [ˈlʌkseɪt] вывихнуть
luxation [lʌkˈseɪʃ(ə)n] вывих
luxuriance [lʌgˈzjuərɪəns] достаток; изобилие; насыщение; богатство *(воображения и т. п.)*
luxuriant [lʌgˈzjuərɪənt] густой; пышный *(бот.)*
luxuriate [lʌgˈzjuərɪeɪt] наслаждаться; блаженствовать; расти буйно, пышно; купаться в роскоши
luxurious [lʌgˈzjuərɪəs] богатый; пышный; роскошный; любящий роскошь; расточительный
luxury [ˈlʌkʃ(ə)rɪ] богатство; пышность; роскошь; предмет роскоши; большое удовольствие; наслаждение; роскошный; пышный; богатый
lying [ˈlaɪɪŋ] лживый; ложный; ложь; лживость; неправда; обман; лежащий; лежачий
lying-in [ˈlaɪɪŋˈɪn] родильный; роды
lymphatic duct [lɪmˈfætɪkˈdʌkt] лимфатический проток
lymphatic node [lɪmˈfætɪkˈnoud] лимфатический узел
lynx [lɪŋks] рысь
lyre [ˈlaɪə] лира
lyrebird [ˈlaɪəbəːd] лирохвост *(орнит.)*
lyric [ˈlɪrɪk] лирический; лирическое стихотворение
lyrics [ˈlɪrɪks] лирические стихи; лирика
lysine [ˈlaɪsiːn] лизин

M

m [em]; мн. — Ms; M's [emz] тринадцатая буква английского алфавита
maasbanker ставрида обыкновенная *(ихт.)*
macabre [məˈkɑːbr] погребальный; мрачный
macaco [məˈkeɪkou] черный лемур
macadam [məˈkædəm] щебень; шебеночное дорожное покрытие
macadam road [məˈkædəmˈroud] дорога с щебеночным покрытием
macadamize [məˈkædəmaɪz] мостить щебнем
macaque [məˈkɑːk] макака
macaroni [ˌmækəˈrounɪ] макароны; золотоволосый пингвин
macaroon [ˌmækəˈruːn] миндальное печенье
macartney [məˈkɑːtnɪ] золотистый фазан
macaw [məˈkɔː] ара *(орнит.)*
mace [meɪs] булава; жезл; мускатный орех
macerate [ˈmæsəreɪt] вымачивать; размачивать; изнурять; истощать; размягчать
maceration [ˌmæsəˈreɪʃ(ə)n] вымачивание; размачивание; изнурение; истощение
machete [məˈʃetɪ] мачете *(нож для рубки сахарного тростника и т. п.)*
machiavellian [ˌmækɪəˈvelɪən] неразборчивый *(в средствах)*; бессовестный
machicolation [ˌmætʃɪkouˈleɪʃ(ə)n] навесная бойница *(ист.)*
machinable [məˈʃiːnəb(ə)l] поддающийся механической обработке
machinal [məˈʃiːnəl] автоматический; механический
machinate [ˈmækɪneɪt] интриговать; строить козни
machination [ˌmækɪˈneɪʃ(ə)n] интрига; козни; махинация; происки
machine [məˈʃiːn] агрегат; машина; станок; механизм; велосипед; автомобиль; самолет; швейная машин(к)а; аппарат *(организационный и т. п.)*; машинный; подвергать механической обработке; обрабатывать на станке; шить *(на машине)*; печатать
machine instruction [məˈʃiːnɪnˈstrʌkʃən] машинная команда
machine intelligence [məˈʃiːnɪnˈtelɪdʒəns] искусственный интеллект
machine operated [məˈʃiːnˈɔpəreɪtɪd] с механическим приводом
machine-coated paper [məˈʃiːnˌkoutɪdˈpeɪpə] бумага машинного мелования
machine-finished paper [məˈʃiːnˌfɪnɪʃtˈpeɪpə] бумага машинной гладкости
machine-gun [məˈʃiːngʌn] пулемет; обстреливать пулеметным огнем
machine-gunner [məˈʃiːnˌgʌnə] пулеметчик
machine-made [məˈʃiːnmeɪd] сделанный машинным *(механическим)* способом
machine-made paper [məˈʃiːnmeɪdˈpeɪpə] бумага машинного отлива
machine-minder [məˈʃiːnˌmaɪndə] рабочий у станка
machine-readable codes [məˈʃiːnˌriːdəblˈkoudz] коды, читаемые компьютером

machine-shop [məˈʃiːnʃɔp] механическая мастерская; механический цех

machine-tool [məˈʃiːntuːl] станок; станкостроительный

machine-tool plant [məˈʃiːntuːlˈplɑːnt] станкостроительный завод

machined nut [məˈʃiːndǀnʌt] чистая гайка

machined surface [məˈʃiːndǀˈsəːfis] обработанная поверхность

machinery [məˈʃiːnəri] машинное оборудование; машины; механизм; детали машин; структура; процедура; организационный аппарат

machinery noise [məˈʃiːnəriǀˈnɔiz] механический шум

machining [məˈʃiːniŋ] изготовление оттиска на печатном прессе

machinist [məˈʃiːnist] механик; рабочий у станка; машинист; машиностроитель; швея

machismo [mæˈtʃizmou] мужественность; мужское начало

mackerel [ˈmækr(ə)l] макрель; скумбрия

mackintosh [ˈmækintɔʃ] макинтош; непромокаемое пальто; прорезиненная материя

mackle [ˈmæk(ə)l] пачкать

macro [ˈmækrou] всеобщий; общий; поголовный

macro- [ˈmækrou-] *в сложных словах означает* большой; необыкновенно большого размера

macrobiosis [ˌmækroubaiˈɔsis] долголетие; долговечность

macrobiotic [ˌmækroubaiˈɔtik] вегетарианский; долговечный; долгожитель; продлевающий жизнь

macrobiotics [ˌmækroubaiˈɔtiks] наука о продлении жизни

macrocephaly [ˌmækrouˈsefəli] патологическое увеличение размеров черепа

macrodactylous имеющий длинные пальцы

macrodont имеющий большие зубы

macrofossil крупное ископаемое

macroglossate имеющий большой язык

macrognathic имеющий сильно развитые челюсти

macromania [ˌmækrouˈmæniə] мания величия

macromyelon продолговатый мозг

macrophyllous [ˌmækrouˈfiləs] крупнолистный

macroprocessor [ˈmækrouˌprousesə] макропроцессор *(компьют.)*

macros макроопределение; макрос; макрокоманда *(компьют.)*

macroscopic [ˌmækrouˈskɔpik] макроскопический; видимый невооруженным глазом

macrosmatic имеющий сильно развитое чувство обоняния

macrostomatous большеротый

macrothermophilus обитатель тропиков

macrotous большеухий

maculate [ˈmækjuleit] покрывать пятнами

maculated [ˈmækjuleitid] покрытый пятнами; пятнистый

maculation [ˌmækjuˈleiʃən] система расположения пятен; пятнистость

mad [mæd] безумный; сумасшедший; бешеный; обезумевший; рассвирепевший; страстно любящий; помешанный; безрассудный; сумасбродный; буйно веселый; сводить с ума; вести себя как безумный

madam [ˈmædəm] мадам *(как обращение)*; госпожа; сударыня

madcap [ˈmædkæp] сумасброд; сорванец; сорвиголова

madden [ˈmædn] сходить с ума; раздражать; доводить до бешенства

maddlerwort [ˈmædlwəːt] полынь горькая

made [meid] изготовленный; искусственный; ненастоящий; ненатуральный; придуманный; произведенный; монтажный; сборный; составной; добившийся успеха

made up [ˈmeidǀʌp] искусственный; ненастоящий; ненатуральный; готовый *(об одежде)*; выдуманный; вымышленный; надуманный; придуманный; загримированный; с густым слоем краски на лице

made-to-measure [ˌmeidtəˈmeʒə] сделанный по мерке, по индивидуальному заказу

madefy [ˈmædifai] мочить; смачивать; увлажнять

madid [ˈmædid] влажный; мокрый; сырой

madnep пастернак посевной *(бот.)*

madness [ˈmædnis] безумие; сумасшествие; бешенство; душевное расстройство

madonna [məˈdɔnə] мадонна

madras [mədˈræs] хлопчатобумажная ткань в полоску

madrigal [ˈmædrigl] мадригал

madtom кошачий сом *(ихт.)*

maecenas [miː(ː)ˈsiːnæs] меценат

maelstrom [ˈmeilstroum] водоворот; вихрь

maestro [mɑːˈestrou] маэстро

maffick [ˈmæfik] бурно праздновать; бесноваться *(от радости)*

mafia [ˈmæfiə] мафия

mag [mæg] болтовня; болтун(ья); болтать

magazine [ˌmægəˈziːn] склад боеприпасов; вещевой склад; пороховой погреб; магазинная коробка *(винтовки)*; магазин *(для патронов)*; пистолетная обойма; *(кино)* бобина; *(фото)* кассета; *(периодический)* журнал; накопитель

magazine paper [ˌmægəˈziːnǀˈpeipə] журнальная бумага

mage [meɪdʒ] волшебник; маг; мудрец; мыслитель; философ

magenta [məˈdʒentə] маджента; красный *(цвет в триаде)*; пурпурный

maggot [ˈmægət] личинка насекомых; блажь; причуда; человек с причудами

maggoty [ˈmægəti] червивый

magic [ˈmædʒɪk] волшебство; магия; колдовство; очарование; волшебный; магический

magical [ˈmædʒɪk(ə)l] колдовской; сверхъестественный

magician [məˈdʒɪʃ(ə)n] волшебник; чародей; заклинатель; колдун; фокусник

magisterial [ˌmædʒɪsˈtɪərɪəl] судебный; судейский; авторитетный; влиятельный; заслуживающий доверия; властный; диктаторский; императивный; повелительный

magistracy [ˈmædʒɪstrəsɪ] должность судьи; магистрат; государственные чиновники; судебные должностные лица

magistral [məˈdʒɪstr(ə)l] преподавательский; учительский; авторитетный; поучающий; магистраль; магистральная линия

magistrate [ˈmædʒɪstreɪt] судья *(мировой)*; член городского магистрата *(в Англии)*; должностное лицо

magnanimity [ˌmægnəˈnɪmɪtɪ] великодушие

magnanimous [mægˈnænɪməs] великодушный

magnate [ˈmægneɪt] король; магнат

magnet [ˈmægnɪt] магнит; притягательная сила

magnetic [mægˈnetɪk] магнитный; притягивающий; привлекательный

magnetic anomaly map [mægˈnetɪk|əˌnɔməlɪ|ˈmæp] карта магнитных аномалий

magnetic card [mægˈnetɪk|ˈkɑːd] магнитная карта

magnetic compass [mægˈnetɪk|ˈkʌmpəs] магнитный компас

magnetic deflection [mægˈnetɪk|dɪˈflekʃən] магнитное отклонение

magnetic drum [mægˈnetɪk|ˈdrʌm] магнитный барабан

magnetic drum access [mægˈnetɪk|drʌm|ˈækses] выборка данных с магнитного барабана

magnetic field [mægˈnetɪk|ˈfiːld] магнитное поле

magnetic mine [mægˈnetɪk|ˈmaɪn] магнитная мина

magnetic tape transport mechanism [mægˈnetɪk|ˌteɪp|trænsˈpɔːt|ˈmekənɪzm] лентопротяжный механизм

magnetic valve [mægˈnetɪk|ˈvælv] электромагнитный клапан

magnetic-tape filing cabinet [mægˈnetɪkteɪp|ˈfɪlɪŋ|ˈkæbɪnɪt] шкаф для хранения магнитных лент

magnetically hard material [mægˈnetɪk(ə)lɪ|hɑːd|məˈtɪərɪəl] материал, стойкий к намагничиванию

magnetically soft material [mægˈnetɪk(ə)lɪ|sɔft|məˈtɪərɪəl] материал, подверженный намагничиванию

magnetism [ˈmægnɪtɪzm] магнетизм; гипнотизм

magnetizability [ˌmægnɪtaɪzəˈbɪlɪtɪ] намагничиваемость

magnetization [ˌmægnɪtaɪˈzeɪʃ(ə)n] намагничивание; намагниченность

magnetize [ˈmægnɪtaɪz] гипнотизировать; привлекать

magneto [mægˈniːtou] магнето; индуктор; магнитоэлектрическая машина

magnification [ˌmægnɪfɪˈkeɪʃ(ə)n] подъем; прирост; увеличение; укрепление; усиление; восхваление; масштаб

magnificence [mægˈnɪfɪsns] великолепие

magnificent [mægˈnɪfɪsnt] великолепный; величественный; изумительный; прекрасный; пышный

magnifier [ˈmægnɪfaɪə] увеличительное стекло; лупа

magnify [ˈmægnɪfaɪ] повышать; поднимать; увеличивать; гиперболизировать; преувеличивать; утрировать

magniloquence [mægˈnɪloukwəns] высокопарность

magniloquent [mægˈnɪloukwənt] высокопарный

magnitude [ˈmægnɪtjuːd] величина; размеры; важность; значение; значимость; значительность; величие

magnitude of population [ˈmægnɪtjuːd|əv|ˌpɔpjuˈleɪʃən] численность популяции

magnolia [mægˈnouljə] магнолия

magnolia-vine [mægˈnouljəvaɪn] лимонник

magpie [ˈmægpaɪ] сорока; попадание во внешний, предпоследний круг мишени

mahogany [məˈhɔgənɪ] красное дерево; обеденный стол; коричневато-красный цвет; сделанный из красного дерева; коричневато-красный *(о цвете)*

maid [meɪd] служанка; горничная; прислуга; дева; девица; девушка; молодой скат *(ихт.)*; служить горничной; работать прислугой

maid-of-all-work [ˈmeɪdəvɔːlˈwəːk] прислуга, выполняющая всю работу

maiden [ˈmeɪdn] девица; девушка; незамужняя; девственный; нетронутый; начальный; первоначальный; первый; скат *(ихт.)*

MAI — MAI

maiden name [ˈmeɪdnˈneɪm] девичья фамилия
maidenhead [ˈmeɪdnhed] девственная плева
maidenhood [ˈmeɪdnhud] девичество
maidenlike [ˈmeɪdnlaɪk] девичий; девический; скромный
maidservant [ˈmeɪdˌsəːv(ə)nt] служанка; прислуга; слуги
mail [meɪl] почта; почтовая корреспонденция; почтовый поезд; мешок с почтой; кольчуга; посылать по почте; сдавать на почту; покрывать кольчугой, броней
mail notification [meɪlˌnoutɪfɪˈkeɪʃən] почтовое уведомление
mail order [ˈmeɪlˈɔːdə] заказ на высылку товара по почте; почтовый перевод (амер.); товары почтой (по каталогу)
mail-boat [ˈmeɪlbout] почтовый пароход
mail-car [ˈmeɪlkɑː] почтовый вагон
mail-clad [ˈmeɪlklæd] одетый в кольчугу, броню
mail-order books [ˈmeɪlˌɔːdəˈbuks] книги, издаваемые и распространяемые по почтовым заказам потребителей
mail-order business [ˈmeɪlˌɔːdəˈbɪznɪs] бизнес, занимающийся рассылкой товаров почтой
mail-order selling [ˈmeɪlˌɔːdəˈselɪŋ] продажа по почте
mail-plane [ˈmeɪlpleɪn] почтовый самолет
mail-train [ˈmeɪltreɪn] почтовый поезд
mail-van [ˈmeɪlvæn] почтовый вагон
mailable [ˈmeɪləbəl] разрешенный к пересылке по почте
mailbox [ˈmeɪlbɔks] почтовый ящик
mailed [meɪld] защищенный броней; бронированный; покрытый чешуйками; пятнистый
mailer [ˈmeɪlə] отправитель; машина для автоматического адресования почтовых отправлений; контейнер для почты
mailing [ˈmeɪlɪŋ] сдача на почту
mailing address [ˈmeɪlɪŋəˈdres] почтовый адрес
mailing list [ˈmeɪlɪŋˈlɪst] список адресов клиентов
maillot [maɪˈjou] купальный костюм; трико (акробатов, танцоров)
maim [meɪm] увечье; калечить; обезображивать; увечить; совершать членовредительство
maimed [meɪmd] искалеченный; изувеченный; обезображенный
maimer [ˈmeɪmə] лицо, нанесшее увечье
maiming [ˈmeɪmɪŋ] нанесение увечья
main [meɪn] главная часть; основное; магистраль; трасса; главный; важнейший; ведущий; основной; хорошо развитой; сильный (физически)
main approach [ˈmeɪnəˈprouʧ] главный въезд
main base [ˈmeɪnˈbeɪs] главное основание; главная причина

main beam [ˈmeɪnˈbiːm] главная балка; дальний свет фар
main bearing [ˈmeɪnˈbeərɪŋ] коренной подшипник
main body [ˈmeɪnˈbɔdɪ] главные силы (войск); ядро (отряда и т. п.) (воен.)
main brake cylinder [ˈmeɪnˈbreɪkˈsɪlɪndə] главный тормозной цилиндр
main combustion chamber [ˈmeɪnkəmˈbʌstʃənˈtʃeɪmbə] основная камера сгорания
main console desk [ˈmeɪnkənˈsoulˈdesk] главный пульт управления
main door [ˈmeɪnˈdɔː] парадный вход
main drag [ˈmeɪnˈdræg] главная улица
main driving switch [ˈmeɪnˈdraɪvɪŋˈswɪtʃ] замок зажигания
main drum [ˈmeɪnˈdrʌm] главный барабан
main entrance [ˈmeɪnˈentrəns] главный вход
main frame [ˈmeɪnˈfreɪm] рама-шасси трактора
main jet [ˈmeɪnˈʤet] главный жиклер
main lock valve [ˈmeɪnˈlɔkˈvælv] главный запорный вентиль
main point [ˈmeɪnˈpɔɪnt] сущность
main propulsion unit [ˈmeɪnprəˈpʌlʃənˈjuːnɪt] главный двигатель
main pulley [ˈmeɪnˈpulɪ] ведущий шкив
main road [ˈmeɪnˈroud] магистральная дорога
main sources of finance [ˈmeɪnˈsɔːsɪzəvfaɪˈnæns] основные источники финансирования
main spring [ˈmeɪnˈsprɪŋ] основная рессора
main staircase [ˈmeɪnˈsteəkeɪs] парадная лестница
main station [ˈmeɪnˈsteɪʃən] центральный вокзал
main wheel [ˈmeɪnˈwiːl] ведущее колесо
mainframe [ˈmeɪnfreɪm] центральный компьютер
mainland [ˈmeɪnlənd] континент; материк; большой остров (среди группы небольших); континентальный
mainline [ˈmeɪnlaɪn] базисный; главный; основной; основополагающий
mainly [ˈmeɪnlɪ] главным образом; большей частью
mainmast [ˈmeɪnmɑːst] грот-мачта (мор.)
mainpernable могущий быть освобожденным под поручительство
mainroot [ˈmeɪnruːt] главный корень
mains fuse [ˈmeɪnzˈfjuːz] плавкий предохранитель
mains stabilizer [ˈmeɪnzˈsteɪbɪlaɪzə] стабилизатор напряжения
mainsail [ˈmeɪnseɪl] грот (мор.)
mainspring [ˈmeɪnsprɪŋ] ходовая пружина (часового механизма); главная движущая сила; источник

mainstream ['meɪnstriːm] основное направление; главная линия (*в искусстве, литературе и т. п.*)

mainswear ['meɪnsweə] лжесвидетельствовать

mainsworn ['meɪnswɔːn] лжесвидетель

maintain [meɪn'teɪn] поддерживать; удерживать; сохранять в силе; обслуживать; заявлять; содержать; оказывать поддержку; защищать; отстаивать; утверждать; предъявлять; возбуждать (*иск*); ремонтировать; эксплуатировать (*техн.*)

maintainability [meɪn,teɪnə'bɪlɪtɪ] ремонтопригодность

maintenance ['meɪntənəns] поддержка; поддержание; сохранение в силе; содержание; средства к существованию; алименты; заявление; утверждение; техническое обслуживание автомобиля; материально-техническое обеспечение

maintenance activity ['meɪntənəns æk'tɪvɪtɪ] работы по техническому обслуживанию

maintenance and operation instructions ['meɪntənəns,ənd|ɔpə'reɪʃən|ɪn'strʌkʃənz] инструкция по уходу и эксплуатации

maintenance contract ['meɪntənəns 'kɔntrækt] договор на техническое обслуживание

maintenance cost ['meɪntənəns 'kɔst] стоимость технического обслуживания автомобиля

maintenance department ['meɪntənəns dɪ'pɑːtmənt] отдел технического обслуживания

maintenance kit ['meɪntənəns 'kɪt] ремкомплект

maintenance medium ['meɪntənəns 'miːdjəm] физиологический раствор

maintenance-free ['meɪntənənsfriː] необслуживаемый

maize [meɪz] кукуруза; маис

majestic [mə'dʒestɪk] величественный; грандиозный

majesty ['mædʒɪstɪ] величественность; величие; величавость; величество (*титул*)

majolica [mə'jɔlɪkə] майолика

major ['meɪdʒə] майор; больший; более важный; старший; ведущий; главный; основной; мажорный (*муз.*); совершеннолетний

major accident ['meɪdʒər 'æksɪdənt] крупная авария

major account ['meɪdʒər ə'kaunt] крупный клиент

major axis ['meɪdʒər 'æksɪs] главная ось

major character ['meɪdʒə 'kærɪktə] главный признак

major component ['meɪdʒə kəm'pounənt] основной компонент

major failure ['meɪdʒə 'feɪljə] существенная неисправность

major total ['meɪdʒə 'toutl] итоговая сумма

major-domo ['meɪdʒə'doumou] мажордом; дворецкий

majorette [,meɪdʒə'ret] девушка в военной форме (*участница военного парада*)

majority [mə'dʒɔrɪtɪ] большинство; совершеннолетие

majority decision [mə'dʒɔrɪtɪ dɪ'sɪʒən] решение большинством голосов

majority opinion [mə'dʒɔrɪtɪ ə'pɪnjən] мнение большинства

majorize ['meɪdʒəraɪz] достичь совершеннолетия

majuscule ['mædʒəskjuːl] прописная буква (*в средневековых рукописях*)

make [meɪk] делать; совершать; сделать; производить; создавать; изготавливать; образовывать; составлять; готовить; приготовлять; равняться; получать; приобретать; добывать; зарабатывать; определять; предполагать; считать; вести себя как...; строить из себя; производство; работа; изделие; выработка; продукция; процесс становления; развитие; вид; форма; фасон; марка; стиль; модель; тип; склад характера

to make a (good) getaway — бежать; ускользнуть
to make a circuit — пойти обходным путем
to make charge — возбудить обвинение
to make a comparison — проводить сравнение
to make a complaint — подавать жалобу
to make a condition — поставить условие
to make a connection — скреплять; соединять
to make a contract — заключить договор
to make a deal — заключить сделку
to make a fortune — разбогатеть
to make a knot — завязать узел
to make a loan — взять заем; предоставлять ссуду
to make a match — жениться; выйти замуж
to make a muddle of — спутать; перепутать (*что-либо*)
to make a payment — производить платеж
to make a protest — заявить протест
to make a raise — раздобыть; получить взаймы
to make account of — придавать значение
to make accountable — привлекать к ответственности
to make acquainted with — ознакомиться
to make after — преследовать; пускаться вслед
to make allowance for — делать поправку на
to make amends — возмещать убытки; выплатить компенсацию
to make an appeal — подавать апелляцию
to make an arrangement — договориться
to make an award — вынести решение
to make an oath — дать клятву
to make an order — отдавать распоряжение
to make at — атаковать; наброситься

to make close — уплотнять
to make delivery — произвести поставку
to make demands — предъявлять требования
to make fast — закреплять
to make for — способствовать; содействовать; направляться; нападать; набрасываться
to make for greater clarity — вносить ясность
to make game of — высмеивать; подшучивать
to make gape — изумить кого-либо
to make go a longer way — растягивать
to make good — возместить; вести упорядоченный образ жизни; осуществлять; доказать; ремонтировать
to make good a loss — возместить убыток
to make law — устанавливать правовые нормы
to make mischief — ссорить; сеять раздоры; вредить
to make money — зарабатывать деньги; разбогатеть
to make of — понимать
to make one's mark — выдвинуться; отличиться
to make satisfaction — возмещать
to make sure — гарантировать
to make up — пополнять; возмещать; компенсировать; наверстывать; верстать; гримировать(ся); выдумывать; устраивать; улаживать; мириться

make up a balance [ˈmeɪkʌpəˈbæləns] составлять баланс

make-believe [ˈmeɪkbɪˌliːv] притворство; игра, в которой дети воображают себя кем-либо; воображение; фантазия; выдумщик; фантазёр; воображаемый; выдуманный; кажущийся; мнимый; искусственный; поддельный; притворный; делать вид; притворяться

make-up [ˈmeɪkʌp] грим; косметика; состав; строение; структура; натура; особенности; черты характера; тип; склад *(ума, характера)*; выдумка; макет; вёрстка

make-up artist [ˈmeɪkʌpˈɑːtɪst] гримёр

make-up man [ˈmeɪkʌpˈmæn] гримёр; верстальщик

makepeace [ˈmeɪkpiːs] миротворец

maker [ˈmeɪkə] разработчик; создатель; творец; изготовитель; формирователь; поэт; векселедатель

maker of law [ˈmeɪkərəvˈlɔː] законодатель

makeshift [ˈmeɪkʃɪft] замена; временный; импровизированный

makeweight [ˈmeɪkweɪt] добавка; добавление; довесок; дополнение; противовес *(техн.)*

making [ˈmeɪkɪŋ] создание; становление; изготовление; производство; совершение; работа; ремесло; форма; задатки; заработок

making of contract [ˈmeɪkɪŋəvˈkɔntrækt] заключение договора

making-ready [ˈmeɪkɪŋˈredɪ] наладка; установка

making-up [ˈmeɪkɪŋʌp] макетирование

mal- [mæl-] плохо; дурной; нехороший; плохой; без-; не-

malachite [ˈmæləkaɪt] малахит

malacia размягчение

malacodermous мягкопокровный

maladaptation [ˌmælædəpˈteɪʃən] плохая приспособляемость

maladjustment [ˌmæləˈdʒʌstmənt] неправильная регулировка; неумение приспособиться к окружающей обстановке; неточная настройка; диспропорция

maladministration [ˈmælədˌmɪnɪsˈtreɪʃ(ə)n] плохое управление

maladroit [ˌmæləˈdrɔɪt] неловкий; бестактный

malady [ˈmælədɪ] болезнь; заболевание; расстройство; недомогание

malaise [mæˈleɪz] недомогание

malapert [ˈmæləpəːt] дерзкий, бесстыдный человек; низкий

malapropos [ˌmælˈæprəpou] не вовремя; сделанный, сказанный некстати

malar [ˈmeɪlə] скуловая кость

malaria [məˈlɛərɪə] малярия

malassimilation [ˌmæləˌsɪmɪˈleɪʃən] плохое усвоение

malax [ˈmæləks] разминать; размягчать; перемешивать

malaxation [ˌmæləkˈseɪʃən] разжёвывание

Malay wild dog [məˈleɪˈwaɪldˈdɔg] красный волк

malcontent [ˈmælkənˌtent] недовольный человек; оппозиционер; недовольный; находящийся в оппозиции

maldevelopment [ˈmældɪˌveləpmənt] неправильное развитие; порок развития

male [meɪl] мужчина; самец; элемент детали; мужской; злой

male cat [ˈmeɪlˈkæt] кот

male connector [ˈmeɪlkəˈnektə] штырь

male dog [ˈmeɪlˈdɔg] кобель

male plug [ˈmeɪlˈplʌg] штекер

male screw [ˈmeɪlˈskruː] винт; наружная резьба

male-bee [ˈmeɪlbiː] трутень

malediction [ˌmælɪˈdɪkʃ(ə)n] проклятие; ругань

maledictory [ˌmælɪˈdɪkt(ə)rɪ] злоязычный; проклинающий

malefactor [ˈmælɪfæktə] злоумышленник; правонарушитель; преступник

malefic [məˈlefɪk] зловредный; пагубный; вредный

maleficence [məˈlefɪsns] зловредность; вредность; преступность

maleficent [mə'lefɪsnt] вредоносный; вредный; криминальный; преступный

maletolt(e) поборы; незаконное взыскание налогов

malevolence [mə'levələns] злорадство; недоброжелательность; недружелюбие

malevolent [mə'levələnt] злобный; злой

malfaction [mæl'fækʃən] преступление; правонарушение; проступок

malfeasance [mæl'fi:z(ə)ns] злодеяние; правонарушение; должностное преступление

malfeasant [mæl'fi:z(ə)nt] беззаконный; криминальный; преступный; уголовный; злоумышленник; правонарушитель; преступник

malformation ['mælfɔ:'meɪʃ(ə)n] порок развития; уродство

malformed [mæl'fɔ:md] уродливый; деформированный

malfunction [mæl'fʌŋkʃ(ə)n] неисправная работа; сбой в программе; неправильное срабатывание; аварийный режим; ошибка; не срабатывать

malic acid ['mælɪk 'æsɪd] яблочная кислота

malice ['mælɪs] злоба; злой умысел *(юр.)*

malicious [mə'lɪʃəs] злобный; злой; ожесточенный; злонамеренный; злоумышленный; совершенный со злым умыслом

malicious abuse [mə'lɪʃəs ə'bju:z] злоумышленное нарушение

malicious killer [mə'lɪʃəs 'kɪlə] лицо, совершившее тяжкое убийство

malicious wounding [mə'lɪʃəs 'wu:ndɪŋ] злоумышленное нанесение ран

maliciously [mə'lɪʃəslɪ] злоумышленно; злонамеренно; злобно

malign [mə'laɪn] дурной; пагубный; вредный; зловредный; злокачественный *(мед.)*; злословить; клеветать

malignance [mə'lɪgnəns] зловредность; злоба; злостность

malignancy [mə'lɪgnənsɪ] зловредность; пагубность; злобность

malignant [mə'lɪgnənt] злобный; злостный; зловредный; злокачественный

malignity [mə'lɪgnɪtɪ] злоба

malinger [mə'lɪŋgə] притворяться больным; симулировать болезнь

malingerer [mə'lɪŋgərə] симулянт

malingering [mə'lɪŋgərɪŋ] симуляция болезни

mall [mɔ:l] место для прогулки; игра в шары *(ист.)*

mallard ['mæləd] дикая утка; кряква

malleability [,mælɪə'bɪlɪtɪ] ковкость; тягучесть; податливость; покладистость

malleable ['mælɪəbl] ковкий; вязкий; мягкий; податливый; покладистый

malleable cast iron ['mælɪəbl 'kɑ:st 'aɪən] ковкий чугун

malleable iron ['mælɪəbl 'aɪən] ковкое железо

mallee ['mælɪ] эвкалипт

mallemuck ['mælɪmʌk] альбатрос; буревестник

mallet ['mælɪt] деревянный молоток; молоток скульптора; колотушка; резиновый молоток; киянка

malleus ['mælɪəs] молоточек *(анат.)*

mallie глупыш *(орнит.)*

malmsey ['mɑ:mzɪ] мальвазия *(вино)*

malnourished [,mæl'nʌrɪʃt] плохо питающийся

malnutrition ['mælnju(:)'trɪʃ(ə)n] недоедание; недостаточное *(неправильное)* питание

malodorant [mæ'loʊdər(ə)nt] зловонное вещество

malodorous [mæ'loʊdərəs] вонючий; зловонный

malpractice ['mæl'præktɪs] противозаконное действие; преступная небрежность врача при лечении больного; злоупотребление доверием; нарушение профессиональной этики

malt [mɔ:lt] солод; солодовый

malt-house ['mɔ:lthaʊs] солодовня

maltreat [mæl'tri:t] дурно обращаться; помыкать *(кем-либо)*

maltreatment [mæl'tri:tmənt] плохое обращение

malversation [,mælvə:'seɪʃ(ə)n] злоупотребление *(по службе)*; присвоение общественных *(государственных)* сумм

mamma ['mæmə] молочная железа

mammal ['mæm(ə)l] млекопитающее

mammary gland ['mæmərɪ 'glænd] молочная железа

mammock ['mæmək] глыба; кусок; обломок; ломать; разламывать на куски; рвать в клочья

mammon ['mæmən] богатство; деньги

mammonish ['mæmənɪʃ] сребролюбивый

mammoth ['mæməθ] мамонт; гигантский; громадный; крупный

man [mæn] человек; мужчина; мужественный человек; слуга; рабочий; служащий; солдат; рядовой; матрос; пешка; шашка *(в игре)*; занять позиции; стать к орудиям; подбодрять; приручать; укомплектовывать личным составом

man of business ['mæn əv 'bɪznɪs] деловой человек; агент; поверенный

man of distinction ['mæn əv dɪs'tɪŋkʃən] выдающийся, знаменитый человек

man of family ['mæn əv 'fæmɪlɪ] семейный человек; человек знатного рода

man of heart ['mæn əv 'hɑ:t] отзывчивый человек

man of iron [ˈmæn|əv|ˈaɪən] железный человек; человек железной воли

man of law [ˈmæn|əv|ˈlɔː] законник; адвокат; юрист

man of motley [ˈmæn|əv|ˈmɒtlɪ] шут

man of principle [ˈmæn|əv|ˈprɪnsəpl] принципиальный человек

man of straw [ˈmæn|əv|ˈstrɔː] соломенное чучело; ненадёжный человек; подставное, фиктивное лицо; воображаемый противник

man of the world [ˈmæn|əv|ðə|ˈwɜːld] человек, умудрённый жизненным опытом; светский человек

man with the bark on [ˈmæn|wɪð|ðə|ˈbɑːk|ɔn] неотёсанный человек

man-carried [ˈmæn.kærɪd] передвижной; переносный; транспортабельный

man-hour [ˈmæn'auə] человеко-час; трудозатраты

man-made [ˈmæn'meɪd] искусственный; созданный руками человека

man-of-war [ˈmænəv'wɔː] военный корабль

man-sized [ˈmænsaɪzd] большой; для взрослого человека; трудный *(разг.)*

manacle [ˈmænəkl] наручники; ручные кандалы; путы; помеха; преграда; препятствие; надевать наручники

manage [ˈmænɪʤ] руководить; управлять; заведовать; стоять во главе; уметь обращаться *(с чем-либо)*; владеть *(оружием и т. п.)*; усмирять; укрощать; выезжать *(лошадь)*; править *(лошадьми)*; справляться; ухитряться; суметь *(сделать)*

manageable [ˈmænɪʤəbl] поддающийся управлению; поддающийся дрессировке; податливый; покладистый; послушный; выполнимый

management [ˈmænɪʤmənt] управление; заведование; руководство; умение владеть; способ пользования; умение справляться; правление; администрация; дирекция; приём; уловка; ухищрение; хитрость; осторожное, бережное, чуткое отношение; хозяйственный режим; содержание животных; использование и воспроизводство природных ресурсов

management accountancy [ˈmænɪʤmənt|əˈkauntənsɪ] анализ хозяйственной деятельности

manager [ˈmænɪʤə] управляющий; заведующий; директор; администратор; руководитель; владелец; обладатель; хозяин; представитель одной из палат *(парл.)*; уполномоченный вести переговоры по вопросу, касающемуся обеих палат; импресарио; менеджер

manageress [ˈmænɪʤəˈres] заведующая; управительница

managerial [ˌmænəˈʤɪərɪəl] относящийся к управлению; директорский

managerial class [ˌmænəˈʤɪərɪəl|ˈklɑːs] правящие круги

managerial staff [ˌmænəˈʤɪərɪəl|ˈstɑːf] старший руководящий персонал

managerial work [ˌmænəˈʤɪərɪəl|ˈwɜːk] управленческая работа

managing [ˈmænɪʤɪŋ] ведущий; главный; руководящий; старший; деловитый; деловой; энергичный; бережливый; расчётливый; экономичный; экономный

managing director [ˈmænɪʤɪŋ|dɪˈrektə] директор-распорядитель

managing editor [ˈmænɪʤɪŋ|ˈedɪtə] заведующий редакцией

mandarin [ˈmændərɪn] мандарин *(плод)*; оранжевый цвет

mandate [ˈmændeɪt] мандат; наказ избирателей; приказ суда; поручение

mandated [ˈmændeɪtɪd] подмандатный

mandative [ˈmændətɪv] обязательный; принудительный; приказной

mandator [ˈmændətə] доверитель

mandatory [ˈmændət(ə)rɪ] мандатный; неизбежный; непременный; принудительный; обязательный; поверенный *(юр.)*

mandibulohyoid челюстно-подъязычный

mandolin(e) [ˈmændəlɪn] [ˌmændəˈliːn] мандолина

mandrel [ˈmændrɪl] пробойник

mandrill [ˈmændrɪl] мандрил *(обезьяна)*

manducation [ˌmændjuˈkeɪʃən] жевание

manducatory [ˌmændjuˈkeɪtərɪ] жевательный

mane [meɪn] грива

maned dog [ˈmeɪnd|dɒg] гривистый волк

manege [mæˈneɪʒ] манеж *(франц.)*; искусство верховой езды; выездка лошади

manelike [ˈmeɪnlaɪk] косматый

maneuver [məˈnuːvə] манёвр; маневрировать

maneuverability [məˌnuːvərəˈbɪlɪtɪ] манёвренность; манёвренные качества; поворотливость

maneuvering [məˈnuːvərɪŋ] маневрирование

manful [ˈmænful] мужественный; отважный

mangel [ˈmæŋgəl] свёкла кормовая

manger [ˈmeɪnʤə] кормушка; ясли

mangle [ˈmæŋgl] каток *(для белья)*; катать *(бельё)*; кромсать; рубить; калечить; искажать; портить *(цитату, текст и т. п.)*

mangle tree [ˈmæŋgl|triː] мангровое дерево

mango [ˈmæŋgou] манго

mangold [ˈmæŋgould] свёкла листовая

mangrove [ˈmæŋgrouv] мангровое дерево

mangy [ˈmeɪnʤɪ] паршивый; чесоточный; грязный; запущенный; запачканный

manhole ['mænhoul] лаз; люк; горловина; смотровое отверстие

manhood ['mænhud] возмужалость; зрелость; зрелый возраст; мужественность; мужское население страны

mania ['meɪnjə] мания

maniac ['meɪnɪæk] маньяк; помешанный; маниакальный

manic-depressive [,mænɪkdɪ'presɪv] маниакально-депрессивный

manicure ['mænɪkjuə] маникюр; делать маникюр

manicurist ['mænɪkjuərɪst] маникюрша

manifest ['mænɪfest] очевидный; явный; несомненный; простой; ясный; ясно показывать; делать очевидным; обнаруживать; обнародовать; издать манифест; доказывать; служить доказательством; обнаруживать(ся); проявлять(ся)

manifest design ['mænɪfest|dɪ'zaɪn] явное намерение

manifestation [,mænɪfes'teɪʃ(ə)n] выражение; обнаружение; проявление; демонстрация; манифестация; шествие; обнародование; объявление; оглашение

manifestative [,mænɪfes'teɪtɪv] явный; очевидный; проявляющийся

manifesto [,mænɪ'festou] манифест

manifold ['mænɪfould] многообразие; разнообразие; копия (через копирку); разнообразный; разнородный; трубопровод; коллектор

manifold classification ['mænɪfould|,klæsɪfɪ'keɪʃən] множественная классификация

manifolding ['mænɪfouldɪŋ] многоэкземплярная печать

manikin ['mænɪkɪn] человечек; карлик; манекен

manioc ['mænɪɔk] маниока (бот.)

maniple ['mænɪpl] манипул (подразделение римского легиона) (ист.)

manipulate [mə'nɪpjuleɪt] манипулировать; умело обращаться; (умело) управлять (станком и т. п.); воздействовать; влиять (на кого-либо, что-либо); подтасовывать; подделывать (факты, счета и т. п.)

manipulation [mə,nɪpju'leɪʃ(ə)n] манипуляция; обращение; махинация; подтасовка

manipulative [mə'nɪpjulətɪv] связанный с манипуляцией, управлением

manipulator [mə'nɪpjuleɪtə] машинист; моторист; оператор; манипулятор (техн.)

mankind [,mæn'kaɪnd] человечество; человеческий род; ['mænkaɪnd] мужчины; мужской пол

manlike ['mænlaɪk] мужской; мужеподобный (о женщине)

manliness ['mænlɪnɪs] мужественность

manly ['mænlɪ] мужественный; отважный; смелый; храбрый; мужеподобный (о женщине)

manna-croup ['mænə'kru:p] манная крупа

manned [mænd] укомплектованный людьми; человекоуправляемый

mannequin ['mænɪkɪn] манекен; манекенщица

manner ['mænə] способ; метод; образ действий; манера говорить, действовать; поведение; умение держать себя; нравы; обычаи; стиль; художественная манера; род; сорт

manner of fastening ['mænər|əv|'fa:snɪŋ] способ крепления

manner of payment ['mænər|əv|'peɪmənt] способ платежа

manner of proving ['mænər|əv|'pru:vɪŋ] способ доказывания

mannered ['mænəd] вычурный; манерный (о стиле, об артисте)

mannerism ['mænərɪzm] манерность; манеры

mannerless ['mænəlɪs] дурно воспитанный; невежливый

mannerliness ['mænəlɪnɪs] вежливость; воспитанность

mannerly ['mænəlɪ] вежливый; воспитанный; с хорошими манерами

manning ['mænɪŋ] (у)комплектование личным составом; укомплектованный

manning table ['mænɪŋ|teɪbl] штатное расписание

mannish ['mænɪʃ] мужеподобная; неженственная (о женщине); свойственный мужчине

manoeuvrability [mə,nu:vrə'bɪlɪtɪ] маневренность; подвижность

manoeuvre [mə'nu:və] маневр; интрига; маневрировать; перебрасывать войска

manometer [mə'nɔmɪtə] манометр

manor ['mænə] (феодальное) поместье

manor-house ['mænəhaus] помещичий дом

manorial [mə'nɔ:rɪəl] манориальный; относящийся к поместью

manpower ['mæn,pauə] рабочая сила; живая сила; личный состав; людские ресурсы; кадры

manque ['mɔŋkeɪ] не удостоившийся похвалы

mansard ['mænsa:d] мансарда (архит.)

mansard roof ['mænsa:d|'ru:f] мансардная крыша

manservant ['mæn'sə:vənt] лакей; слуга; служитель

mansion ['mænʃ(ə)n] большой особняк; большой дом; дворец; многоквартирный дом

mansion-house ['mænʃ(ə)nhaus] помещичий дом; официальная резиденция

manslaughter ['mæn,slɔ:tə] человекоубийство; непредумышленное убийство (юр.)

mantel-board ['mæntlbɔːd] деревянная полочка над камином
mantelet ['mæntlɪt] мантилья; мантелет; щит
mantis ['mæntɪs] богомол *(насекомое) (зоол.)*
mantissa [mæn'tɪsə] мантисса *(мат.)*
mantle ['mæntl] накидка; мантия; покров; кожух *(техн.)*; покрышка; покрывать; окутывать; накрывать; прикрывать; укрывать; покрываться пеной, накипью; краснеть *(о лице)*; приливать к щекам *(о крови)*; расправлять крылья
manual ['mænjuəl] руководство; наставление; справочник; указатель; инструкция; клавиатура органа; ручной; с ручным управлением
manual adjustment ['mænjuəl ə'dʒʌstmənt] ручная регулировка
manual delivery ['mænjuəl dɪ'lɪvərɪ] передача из рук в руки
manual shut-off valve ['mænjuəl 'ʃʌtɔf vælv] запорный клапан с ручным приводом
manual worker ['mænjuəl 'wəːkə] работник физического труда
manually ['mænjuəlɪ] ручным способом; вручную
manufactory [ˌmænju'fækt(ə)rɪ] завод; фабрика; мастерская; студия; цех; мануфактура *(ист.)*
manufacture [ˌmænju'fæktʃə] производство; изготовление; обработка изделия; фабрикаты; производить; выделывать; изготовлять; делать; обрабатывать; перерабатывать
manufactured goods [ˌmænju'fæktʃəd 'gudz] фабрикаты; промышленные товары
manufacturer [ˌmænju'fæktʃ(ə)rə] фабрикант; заводчик; бизнесмен; изготовитель; производитель
manufacturer's certificate [ˌmænju'fæktʃ(ə)rəz sə'tɪfɪkɪt] сертификат фирмы изготовителя
manufacturer's ID symbol [ˌmænju'fæktʃ(ə)rəz 'aɪ diː 'sɪmbəl] фирменный знак
manufacturer's warranty [ˌmænju'fæktʃ(ə)rəz 'wɔrəntɪ] гарантийные обязательства производителя
manufacture's brand [ˌmænju'fæktʃ(ə)rəz 'brænd] марка производителя
manufacturing [ˌmænju'fæktʃ(ə)rɪŋ] производство; выделка; изготовление; обработка; обрабатывающая промышленность; промышленный; производственный
manufacturing activity [ˌmænju'fæktʃ(ə)rɪŋ æk'tɪvɪtɪ] производственная деятельность
manufacturing capacity [ˌmænju'fæktʃ(ə)rɪŋ kə'pæsɪtɪ] производственная мощность
manufacturing cost [ˌmænju'fæktʃ(ə)rɪŋ kɔst] себестоимость изготовления товара

manumission [ˌmænju'mɪʃ(ə)n] освобождение *(от рабства)*; предоставление вольной *(крепостному)*; отпускная; вольная *(грамота)*
manumit [ˌmænju'mɪt] отпускать на волю; освобождать *(ист.)*
manure [mə'njuə] навоз; органическое удобрение; удобрять; унавоживать *(землю)*
manure gutter [mə'njuə 'gʌtə] сточный желоб
manure heap [mə'njuə hiːp] навозная куча
manuscript ['mænjuskrɪpt] манускрипт; рукопись; рукописный
many ['menɪ] многие; большинство; множество; много; немало
many-celled ['menɪ'seld] многоклеточный
many-sided ['menɪ'saɪdɪd] многогранный; разносторонний
many-stage ['menɪ'steɪdʒ] многоступенчатый; многостадийный; каскадный
many-stringed ['menɪ'strɪŋd] многострунный
man's performance capability ['mænz pə'fɔːməns ˌkeɪpə'bɪlɪtɪ] работоспособность человека
map [mæp] карта *(географическая или звездного неба)*; план местности; схема; наносить на карту; чертить карту; производить съемку местности
map-maker ['mæpˌmeɪkə] картограф
maple ['meɪpl] клен; кленовый
maple tree ['meɪpl triː] клен
maple-leaf ['meɪpl liːf] кленовый лист *(эмблема Канады)*
mar [maː] синяк; ушиб; ударить; повредить; искажать; поцарапать
maral марал
marasmus [mə'ræzməs] маразм; общее истощение; увядание *(организма)*
maraud [mə'rɔːd] мародерствовать
marauder [mə'rɔːdə] мародер
marauding [mə'rɔːdɪŋ] мародерство; мародерский; хищнический
marble ['maːbl] мрамор; коллекция скульптур из мрамора; детская игра в шарики; мраморный; расписывать под мрамор
marbled ['maːbld] крапчатый; под мрамор
marcel [maː'sel] горячая завивка волос; завивать волосы щипцами
March [maːtʃ] март; мартовский
march [maːtʃ] марш *(воен.)*; походное движение; суточный переход; ход; развитие *(событий)*; успехи *(науки и т. п.)*; марш *(муз.)*; маршевый; походный; граница; пограничная полоса; маршировать; двигаться походным порядком; вести строем; уводить; заставлять уйти
march past ['maːtʃ paːst] проходить церемониальным маршем

marching ['mɑːtʃɪŋ] походное движение *(воен.)*; движение походным порядком; маршировка; строевая подготовка

mare [mɛə] кобыла

mare's-nest ['mɛəznest] иллюзия; нечто несуществующее

margarine [ˌmɑːdʒəˈriːn] маргарин

margin ['mɑːdʒɪn] поле документа; край; полоса; грань; обочина дороги; допустимое отклонение; берег; опушка леса; предел; гарантийный взнос; запас; прибыль; оставлять запас; делать заметки на полях; обрамлять; окаймлять

margin of error ['mɑːdʒɪn|əv|'erə] предел погрешности

marginal ['mɑːdʒɪn(ə)l] написанный на полях книги; находящийся на краю; крайний; предельный; незначительный; несущественный; краевой; случайный; маргинальный

marginal abstract ['mɑːdʒɪn(ə)l|'æbstrækt] резюме на полях документа

marginal account ['mɑːdʒɪn(ə)l|əˈkaunt] мелкий клиент

marginal figure ['mɑːdʒɪn(ə)l|'fɪɡə] знак сноски

marginal majority ['mɑːdʒɪn(ə)l|məˈdʒɔrɪtɪ] незначительное большинство

marginalize ['mɑːdʒɪnəlaɪz] изолировать; обособлять

marginiform в виде каймы

margrave ['mɑːɡreɪv] маркграф *(ист.)*

maria налим

marigold ['mærɪɡould] календула; бархатцы *(бот.)*

marinade [ˌmærɪˈneɪd] маринад; мариновать; солить

marine [məˈriːn] морской флот; солдат морской пехоты; морской пейзаж *(живоп.)*; морской; судовой

mariner ['mærɪnə] матрос; моряк

marionette [ˌmærɪəˈnet] марионетка

marital ['mærɪtl] брачный; супружеский; мужнин; принадлежащий мужу

marital consent ['mærɪtl|kənˈsent] согласие вступить в брак

marital status ['mærɪtl|ˈsteɪtəs] семейное положение

maritime ['mærɪtaɪm] морской; приморский

maritime banditry ['mærɪtaɪm|'bændɪtrɪ] пиратство

maritime boundary ['mærɪtaɪm|'baundərɪ] морская граница

maritime law ['mærɪtaɪm|'lɔː] морское право

maritime traffic ['mærɪtaɪm|'træfɪk] морское судоходство

marjoram ['mɑːdʒərəm] майоран, душица *(бот.)*

mark [mɑːk] марка *(старая денежная единица Германии)*; метка; знак; этикетка; штамп; штемпель; фабричная марка; клеймо; товарный знак; отпечаток; след; показатель; признак; мишень; цель; граница; рубеж; черта; предел; норма; уровень; известность; балл; отметка; оценка *(знаний)*; веха; ориентир; пятно; свойство; рубец; шрам; отмечать; обозначать; обращать внимание; замечать; запоминать; оставить след, пятно, рубец; *(по)*ставить цену; ставить балл, отметку *(на школьной работе)*; характеризовать; записывать очки в игре; выслеживать дичь; метить; маркировать; ставить товарный знак; штамповать; клеймить

mark-down ['mɑːkdaun] снижение цены; разница между сниженной и старой ценой *(товара)*

mark-up ['mɑːkʌp] повышение цены *(на товар)*; разметка; разница между себестоимостью и продажной ценой

marked [mɑːkt] имеющий какие-либо знаки, вехи; замеченный; отмеченный; видимый; видный; заметный

marked bills ['mɑːkt|'bɪlz] банкноты с отличительными знаками

marker ['mɑːkə] маркер; клеймовщик; этикетка; ярлык; метка; клеймо; знак; веха; закладка *(в книге)*; дорожный знак; предупредительный знак

marker pen ['mɑːkə|pen] маркер

market ['mɑːkɪt] базар; рынок; сбыт; спрос; рынок сбыта; торговля; рыночные цены; рыночный; привезти на рынок; купить *(продать)* на рынке; продавать; сбывать; находить рынок сбыта

market access ['mɑːkɪt|'ækses] доступ к рынку; выход на рынок

market demand ['mɑːkɪt|dɪˈmɑːnd] рыночный спрос

market garden ['mɑːkɪt|ˌɡɑːdn] огород *(для выращивания овощей на продажу)*

market rate interest ['mɑːkɪt|'reɪt|'ɪntrɪst] рыночная норма процента *(фин.)*

market value ['mɑːkɪt|'væljuː] рыночная стоимость

market-place ['mɑːkɪtpleɪs] базарная, рыночная площадь

market-price ['mɑːkɪtˈpraɪs] рыночная цена

marketability [ˌmɑːkɪtəˈbɪlɪtɪ] товарность; пригодность для продажи; соответствие требованиям рынка; нормальное рыночное качество

marketable ['mɑːkɪtəbl] ходкий *(о товаре)*; товарный; рыночный; пригодный для продажи

marketeer [ˌmɑːkɪˈtɪə] коммерсант; купец; торговец; сторонник вступления в Общий рынок

marketer ['mɑːkɪtə] специалист по маркетингу

marketing ['mɑːkɪtɪŋ] продажа; торговля; предметы торговли; маркетинг

MAR — MAS

marketing action [ˈmaːkɪtɪŋˈækʃən] маркетинговая акция
marketing manager [ˈmaːkɪtɪŋˈmænɪʤə] руководитель службы маркетинга
marketing policy [ˈmaːkɪtɪŋˈpɔlɪsɪ] маркетинговая политика или планирование
marking [ˈmaːkɪŋ] расцветка; краска; окраска; цвет; маркировка; маркирование; метка; отметка; разметка; расцветка; клейм(л)ение
marking rule [ˈmaːkɪŋˈruːl] разметочная линейка
marksman [ˈmaːksmən] меткий стрелок
marksmanship [ˈmaːksmənʃɪp] меткая стрельба
marmalade [ˈmaːməleɪd] джем; конфитюр; повидло
marmorate [ˈmaːməreɪt] мраморный
marmoset [ˈmaːmouzet] мартышка; мармозетка (маленькая обезьянка)
marmot [ˈmaːmət] сурок (зоол.)
maroon [məˈruːn] темно-бордовый цвет; человек, высаженный на необитаемом острове; оставить в безвыходном положении; бездельничать; слоняться
marplot [ˈmaːplɔt] барьер; помеха; преграда
marquee [maːˈkiː] большая палатка; шатер
marquess [ˈmaːkwɪs] см. marquis
marquis [ˈmaːkwɪs] маркиз
marquise [maːˈkiːz] маркиза
marriage [ˈmærɪʤ] брак; замужество; женитьба; свадьба; бракосочетание; тесное единение; тесный союз; брачный
marriage certificate [ˈmærɪʤsəˈtɪfɪkɪt] свидетельство о заключении брака
marriage contract [ˈmærɪʤˈkɔntrækt] брачный договор
marriage lines [ˈmærɪʤˈlaɪnz] свидетельство о браке
marriage of convenience [ˈmærɪʤəvkənˈviːnjəns] брак по расчету
marriageable [ˈmærɪʤəbl] взрослый; достигший брачного возраста
marriageableness [ˈmærɪʤəb(ə)lnɪs] брачный возраст
married [ˈmærɪd] женатый; замужняя
married name [ˈmærɪdˈneɪm] фамилия в замужестве
marrow [ˈmærou] костный мозг; суть; существо; сущность; кабачок (бот.)
marrowbone [ˈmæroubəun] мозговая кость; содержание; суть
marry [ˈmærɪ] женить; выдавать замуж; жениться; выходить замуж; соединять(ся); сочетать(ся)
marsh [maːʃ] болото; топь
marsh harrier [ˈmaːʃˈhærɪə] болотный лунь
marsh tea [ˈmaːʃˈtiː] болотный багульник

marshal [ˈmaːʃ(ə)l] маршал; обер-церемониймейстер; судебный исполнитель; начальник полицейского участка; начальник пожарной команды; выстраивать (войска, процессию); располагать в определенном порядке (факты); размещать (гостей на банкете); торжественно вести; вводить
marshland [ˈmaːʃlænd] болотистая местность
marshmallow [ˌmaːʃˈmælou] зефир (кондитерское изделие); алтей лекарственный
marshy [ˈmaːʃɪ] болотистый; топкий; болотный
marsupial [maːˈsjuːpjəl] сумчатое животное; сумчатый
marsupial tiger [maːˈsjuːpjəlˈtaɪgə] сумчатый волк
mart [maːt] базар; рынок; торговый центр; аукционный зал
marten [ˈmaːtɪn] куница
martial [ˈmaːʃ(ə)l] военный; агрессивный; воинственный
martial law [ˈmaːʃ(ə)lˈlɔː] военное положение
martial spirit [ˈmaːʃ(ə)lˈspɪrɪt] воинственный дух
martin [ˈmaːtɪn] городская ласточка
martinet [ˌmaːtɪˈnet] сторонник строгой дисциплины
martlet [ˈmaːtlɪt] стриж; ласточка
martyr [ˈmaːtə] мученик; мученица; страдалец; страдалица; мучить; замучить
to make a martyr of oneself — строить из себя мученика
martyrdom [ˈmaːtədəm] мученичество; мука
martyrize [ˈmaːtəraɪz] мучить
marvel [ˈmaːv(ə)l] диво; чудо; замечательная вещь; удивляться; изумляться; восхищаться
marvellous [ˈmaːv(ə)ləs] изумительный; ошеломительный; чудесное; непостижимое
mascara [mæsˈkaːrə] краска; тушь для ресниц и бровей
mascot [ˈmæskət] талисман; человек (вещь), приносящие счастье
masculine [ˈmaːskjulɪn] мужской род (грам.); слово мужского рода; мужской; мужественный; смелый; храбрый
masculinity [ˌmæskjuˈlɪnɪtɪ] мужественность
mash [mæʃ] сусло; (картофельное) пюре; заваривать (солод) кипятком; раздавливать; разминать; увлечение; объект увлечения; завлекать; увлекать; протирать
masher [ˈmæʃə] пресс; давилка (для фруктов и т. п.); фат; щеголь; сердцеед
mask [maːsk] маска; личина; участник (участница) маскарада; противогаз; шаблон; маскировать; скрывать; надевать маску; притворяться
masked [maːskt] (за)маскированный; переодетый; бессимптомный (мед.); скрытый
masked ball [ˈmaːsktˈbɔːl] бал-маскарад

masking ['mɑ:skɪŋ] маскировка

mason ['meɪsn] каменщик; каменотес; масон; строить из камня *(кирпича)*; вести кладку

masonry ['meɪsnrɪ] каменная кладка; масонство

masque [mɑ:sk] театр масок

masquer ['mɑ:skə] участник бала-маскарада или театра масок

masquerade [ˌmæskə'reɪd] маскарад; участвовать в маскараде; надевать маскарадный костюм; притворяться; выдавать себя за кого-либо

mass [mæs] месса; обедня; масса; груда; множество; большинство; собирать(ся) в кучу

mass communication ['mæs|kəˌmju:nɪ'keɪʃən] массовая коммуникация

mass demonstration ['mæsˌdemənsˈtreɪʃən] демонстрация; манифестация; шествие

mass killing ['mæs'kɪlɪŋ] массовое убийство

mass market books ['mæs|mɑ:kɪt|'buks] книги массового ассортимента

mass media ['mæs'mi:djə] средства массовой информации

mass observation ['mæsˌɔbzə(:)'veɪʃən] массовое наблюдение

mass production ['mæs|prə'dʌkʃən] массовое производство

mass transit ['mæs'trænsɪt] общественный транспорт

mass transport ['mæs'trænspɔ:t] общественный транспорт

mass-produce ['mæsprə,dju:s] производить, выпускать серийно

massacre ['mæsəkə] резня; бойня; избиение; массовое убийство; устраивать резню; совершить массовое убийство

massage ['mæsɑ:ʒ] массаж; массировать

massed [mæst] многократный; многочисленный

masseter [mæ'si:tə] жевательный мускул

masseur [mæ'sə:] массажист

masseuse [mæ'sə:z] массажистка

massif ['mæsi:f] горный массив

massive ['mæsɪv] массивный; солидный; плотный; тяжелый; крупный; большой; массированный; объемистый; массовый; огромный

massive case ['mæsɪv'keɪs] крупное дело

massive success ['mæsɪv'sək'ses] грандиозный успех

massy ['mæsɪ] видный; массивный; представительный; солидный

mast [mɑ:st] плодокорм *(с.-х.)*; мачта; мачтовый; ставить мачту

mast base ['mɑ:st|beɪs] основание мачты

mast table ['mɑ:st|teɪbl] постамент

master ['mɑ:stə] хозяин; владелец; господин; наниматель; великий художник; мастер; квалифицированный рабочий; специалист; знаток своего дела; *(школьный)* учитель; магистр *(ученая степень)*; судебный распорядитель; оригинал, образец; главный; ведущий; руководящий; одолеть; подчинить себе; справиться; владеть; овладевать *(языком, музыкальным инструментом и т. п.)*; преодолевать *(трудности)*; вести; направлять; руководить; управлять

master control ['mɑ:stə|kən'troul] центральная аппаратная

master copy ['mɑ:stə|kɔpɪ] оригинал

master cylinder ['mɑ:stə'sɪlɪndə] главный цилиндр тормозной системы

master-builder ['mɑ:stə'bɪldə] строитель-подрядчик

master-key ['mɑ:stəki:] отмычка; универсальное средство

master-spirit ['mɑ:stəˌspɪrɪt] человек выдающегося ума

master-stroke ['mɑ:stəstrouk] что-либо выполненное с большим мастерством; ловкий ход

masterful ['mɑ:stəful] властный; властолюбивый; деспотический; самовластный; уверенный; мастерской

masterliness ['mɑ:stəlɪnɪs] искусство; мастерство; совершенство; умение

masterly ['mɑ:stəlɪ] мастерской; совершенный; мастерски

mastermind ['mɑ:stəmaɪnd] выдающийся ум; руководитель; вдохновитель *(тайный, неофициальный)*; управлять; руководить *(тайно)*

masterpiece ['mɑ:stəpi:s] шедевр

mastership ['mɑ:stəʃɪp] искусство; мастерство; умение; главенство; господство; должность учителя, директора и т. п.

mastery ['mɑ:st(ə)rɪ] мастерство; совершенное владение *(предметом)*; владычество; власть; господство

masthouse ['mɑ:sthaus] постамент; надстройка у основания мачты *(мор.)*

mastic ['mæstɪk] мастика; смола мастикового дерева; герметик; замазка; мастиковое дерево; бледно-желтый цвет

masticate ['mæstɪkeɪt] месить; жевать; пережевывать жвачку

mastication ['mæstɪkeɪʃən] жевание

mastication muscle ['mæstɪkeɪʃən|'mʌsl] жевательная мышца

masticatory [ˌmæstɪ'keɪtərɪ] жевательный

mastiff ['mæstɪf] мастифф *(английский дог)*

masting ['mɑ:stɪŋ] мачты; рангоут; размещение мачт; установка мачт или рангоута *(мор.)*

mastodon [ˈmæstədɒn] мастодонт

mat [mæt] мат; циновка; половик; рогожа; коврик; клеенка; подстилка; подкладка *(под предмет)*; войлок; подставка; покрытие; пленка; спутанные волосы; устилать циновками; стлать циновки; сбиваться; спутываться; переплетаться; матовый; неполированный; тусклый; делать матовым; делать тусклым

matador [ˈmætədɔː] матадор

match [mætʃ] спичка; запальный фитиль; огнепровод; человек *(вещь)*, подходящие под пару; ровня; пара; матч; соревнование; состязание; равносильный, достойный противник; брак; партия; подходить *(под пару)*; соответствовать; противопоставлять; противостоять; состязаться; женить; выдавать замуж; сватать; подбирать пару; спаривать; случать

match-box [ˈmætʃbɒks] спичечная коробка

match-making [ˈmætʃˌmeɪkɪŋ] сватовство; организация соревнований

matched [mætʃt] подобранный; пригнанный; годный; подходящий; соответствующий

matchless [ˈmætʃlɪs] бесподобный; неповторимый

matchmaker [ˈmætʃˌmeɪkə] сват; сваха; антрепренер *(спорт.)*

mate [meɪt] мат; сделать мат; товарищ; партнер; самец; самка; супруг(а); сочетать(ся) браком; сопоставлять; сравнивать; общаться; скрещивать(ся); спаривать(ся)

material [məˈtɪərɪəl] материал; вещество; данные; сведения; факты; принадлежности; существенный; материальный; вещественный; телесный; денежный; имущественный; важный; значительный

material and technical basis [məˈtɪərɪələndˈteknɪkəlˈbeɪsɪs] материально-техническая база

material assets [məˈtɪərɪəlˈæsets] товарно-материальные ценности

material consideration [məˈtɪərɪəlkənˌsɪdəˈreɪʃən] материальная компенсация

materialism [məˈtɪərɪəlɪzm] материализм

materiality [məˌtɪərɪˈælɪtɪ] существенность

materialization [məˌtɪərɪəlaɪˈzeɪʃ(ə)n] материализация; осуществление; претворение в жизнь

materialize [məˈtɪərɪəlaɪz] материализовать(ся); осуществлять(ся); претворять(ся) в жизнь *(о планах и т. п.)*

materially [məˈtɪərɪəlɪ] существенным образом; по существу; вещественно; материально; действительно; реально; фактически

materials handling [məˈtɪərɪəlzˈhændlɪŋ] погрузочно-разгрузочные работы; подъемно-транспортные работы

materials recovery [məˈtɪərɪəlzrɪˈkʌvərɪ] утилизация отходов

materials recycling [məˈtɪərɪəlzˌriːˈsaɪklɪŋ] повторное использование отходов производства

maternal [məˈtɜːnl] материнский; с материнской стороны

maternal gene [məˈtɜːnlˈdʒiːn] материнский ген

maternity [məˈtɜːnɪtɪ] материнство

maternity allowance [məˈtɜːnɪtɪəˈlaʊəns] пособие по беременности и родам

maternity benefit [məˈtɜːnɪtɪˈbenɪfɪt] пособие по беременности и родам

maternity leave [məˈtɜːnɪtɪˈliːv] отпуск по беременности и родам

mathematical [ˌmæθɪˈmætɪk(ə)l] математический

mathematician [ˌmæθɪməˈtɪʃ(ə)n] математик

mathematics [ˌmæθɪˈmætɪks] математика

matin [ˈmætɪn] утреннее щебетание птиц *(поэт.)*; *(за)*утреня *(церк.)*

matinee [ˈmætɪneɪ] дневной спектакль *(концерт)*

mating [ˈmeɪtɪŋ] спаривание; скрещивание; стыковка

mating flange [ˈmeɪtɪŋˈflændʒ] контрфланец

mating surfaces [ˈmeɪtɪŋˈsɜːfɪsɪz] сопряженные поверхности

matrass [ˈmætrəs] колба с длинным горлом

matriarch [ˈmeɪtrɪɑːk] женщина — глава рода *(в матриархальном обществе)*

matriarchy [ˈmeɪtrɪɑːkɪ] матриархат

matricide [ˈmeɪtrɪsaɪd] убийство собственной матери

matriculant [məˈtrɪkjulənt] абитуриент; выпускник

matriculate [məˈtrɪkjuleɪt] принять или быть принятым в высшее учебное заведение; принятый в высшее учебное заведение

matriheritage [ˌmætrɪˈherɪtɪdʒ] наследство *(наследники)* по женской линии

matrimonial [ˌmætrɪˈmoʊnjəl] супружеский; брачный

matrimonial agency [ˌmætrɪˈmoʊnjəlˈeɪdʒənsɪ] брачное агентство

matrimonial case [ˌmætrɪˈmoʊnjəlˈkeɪs] дело о разводе

matrimony [ˈmætrɪm(ə)nɪ] супружество; брак; марьяж *(карточная игра)*

matrix [ˈmeɪtrɪks] матрица; форма; строительный раствор; вяжущее вещество; таблица

matrixer [ˈmeɪtrɪksə] матричная схема

matron ['meɪtr(ə)n] замужняя женщина; мать семейства; матрона; экономка; сестра-хозяйка в больнице; вдова; завхоз; надзирательница; смотрительница

matron-of-honour ['meɪtr(ə)nəv'ɔnə] главная подружка невесты

matronal ['meɪtrən(ə)l] подобающий почтенной женщине

matt [mæt] матовый; тусклый

matt art paper ['mæt|'ɑːt|'peɪpə] матовая мелованная бумага

matt finish paper ['mæt|'fɪnɪʃ|'peɪpə] матовая бумага

matted ['mætɪd] спутанный; покрытый циновками, половиками; матовый; задернованный *(о почве)*

matter ['mætə] вещество; материя; материал; оригинал; сущность; содержание; предмет; факт; вопрос; дело; повод; иметь значение

matter in contest ['mætər|ɪn|'kɔntest] предмет спора

matter in controversy ['mætər|ɪn|'kɔntrəvəːsɪ] спорный вопрос

matter of aggravation ['mætər|əv|ˌægrə'veɪʃən] отягчающее обстоятельство

matter of common knowledge ['mætər|əv|'kɔmən|'nɔlɪʤ] общеизвестный факт

matter of confidence ['mætər|əv|'kɔnfɪdəns] конфиденциальный вопрос

matter of course ['mætər|əv|'kɔːs] ясное дело

matter of defence ['mætər|əv|dɪ'fens] обстоятельство в защиту

matter of fact ['mætər|əv|'fækt] реальная действительность

matter of form ['mætər|əv|'fɔːm] формальность

matter of litigation ['mætər|əv|ˌlɪtɪ'geɪʃən] предмет тяжбы

matter of official concern ['mætər|əv|ə'fɪʃəl|kən'səːn] служебное дело

matter of opinion ['mætər|əv|ə'pɪnjən] спорный вопрос

matter of procedure ['mætər|əv|prə'siːʤə] процессуальный вопрос

matter of record ['mætər|əv|'rekɔːd] документально подтвержденный факт

mattock ['mætək] мотыга

mattress ['mætrɪs] матрац; тюфяк; гимнастический мат

mattress rack ['mætrɪs|'ræk] матрацная сетка

maturate ['mætjuəreɪt] развиваться; созревать; формироваться

maturation [ˌmætjuə'reɪʃ(ə)n] созревание; достижение полного развития

mature [mə'tjuə] зрелый; спелый; выдержанный; созревший; готовый; тщательно обдуманный; продуманный; созревать; вполне развиться; доводить до зрелости, до полного развития; наступать *(о сроке платежа)*; подлежать оплате; завершаться чем-либо

mature animal [mə'tjuə|'ænɪməl] взрослое животное

mature larva [mə'tjuə|'lɑːvə] зрелая личинка

maturity [mə'tjuərɪtɪ] зрелость; полная сила; завершенность; спелость; совершеннолетие; наступивший срок исполнения обязательства *(платежа)*

matutinal [ˌmætju(ː)'taɪnl] утренний; начальный; первый; ранний

maudlin ['mɔːdlɪn] сентиментальный; сентиментальность

maul [mɔːl] кувалда; деревянный молоток; мушкель; бить кувалдой; избивать; калечить; терзать; неумело, грубо обращаться; жестоко критиковать

maunder ['mɔːndə] говорить бессвязно; бормотать; действовать, двигаться лениво, как во сне

maundy ['mɔːndɪ] обряд омовения ног беднякам на страстной неделе *(рел.)*

mausoleum [ˌmɔːsə'lɪəm] мавзолей

mauve [mouv] розовато-лиловый

maverick ['mævərɪk] скиталец; бродяга; человек, не принадлежащий ни к одной партии; диссидент

mavis ['meɪvɪs] певчий дрозд

maw [mɔː] сычуг; утроба

mawkish ['mɔːkɪʃ] противный на вкус; приторный; сентиментальный; слащавый; слезливый

maxi- ['mæksɪ-] макси- *(указывает на большую величину, длину)*

maxim ['mæksɪm] афоризм; изречение; максима; сентенция; правило поведения; принцип

maximality [ˌmæksɪ'mælɪtɪ] максимальность

maximize ['mæksɪmaɪz] увеличивать до крайности, до предела; придавать огромное значение

maximum ['mæksɪməm] максимум; максимальное значение; высшая степень; максимальный; наибольший; предельный

maximum capacity ['mæksɪməm|kə'pæsɪtɪ] максимальная мощность

may [meɪ] май; майский

may [meɪ] мочь; иметь возможность; быть вероятным; *выражает просьбу или разрешение; в восклицательных предложениях выражает пожелание; в вопросительных предложениях употребляется для смягчения резкости; употребляется как вспомогательный глагол для образования сложной формы сослагательного наклонения*

may-bloom ['meɪbluːm] цветок боярышника

may-bug ['meɪbʌg] майский жук

may-lily ['meɪˌlɪlɪ] ландыш

MAY — MEA

maybe [ˈmeɪbiː] может быть
mayhem [ˈmeɪhem] нанесение увечья; изувечение
mayonnaise [ˌmeɪəˈneɪz] майонез; рыба *(мясо)* под майонезом
mayor [mɛə] мэр
mayoralty [ˈmɛər(ə)ltɪ] должность мэра; срок пребывания в должности мэра
mayoress [ˈmɛərɪs] жена мэра; женщина-мэр
mazarine [ˌmæzəˈriːn] темно-синий цвет
maze [meɪz] лабиринт; беспорядок; неразбериха; путаница; ставить в тупик; приводить в замешательство; бродить по лабиринту
mazy [ˈmeɪzɪ] запутанный
meadow [ˈmedou] луг; луговина
meadow bog [ˈmedou|bɒg] заболоченный луг
meadow clary [ˈmedou|ˈklɛ(ə)rɪ] шалфей луговой *(бот.)*
meadow fescue grass [ˈmedou|ˈfeskjuː|grɑːs] овсяница луговая
meadow saffron [ˈmedou|ˈsæfrən] безвременник осенний
meadowy [ˈmedouɪ] луговой; богатый лугами *(о местности)*
meagre [ˈmiːgə] худой; тощий; недостаточный; дефицитный; небольшой; скудный; постный; бедный содержанием; ограниченный
meal [miːl] мука крупного помола; посыпать мукой; обваливать в муке; перемалывать; превращать в муку; принятие пищи; еда; принимать пищу; есть
meal ticket [ˈmiːl|ˈtɪkɪt] талон на обед
mealiness [ˈmiːlɪnɪs] мучнистость; рассыпчатость *(картофеля)*
mealtime [ˈmiːltaɪm] время принятия пищи *(обеда, ужина и т. п.)*
mealy [ˈmiːlɪ] мучнистый; мучной; рыхлый; рассыпчатый *(о картофеле)*; бледный; неискренний; сладкоречивый
mean [miːn] посредственный; плохой; слабый; нечестный; низкий; подлый; скаредный; скупой; придирчивый; недоброжелательный; скромный; смущающийся; середина; средоточие; центр; изобилие; благосостояние; средний; намереваться; иметь в виду; предназначать(ся); думать; подразумевать; значить; означать
mean value [ˈmiːn|ˈvæljuː] средний показатель
mean velocity [ˈmiːn|vɪˈlɒsɪtɪ] средняя скорость
meander [mɪˈændə] извилина *(дороги, реки)*; излучина; меандр; извиваться *(о реке, дороге)*; бродить без цели
meaning [ˈmiːnɪŋ] значение; значимость; значительность; смысл; значащий; *(много)*значительный; выразительный

meaningful [ˈmiːnɪŋful] выразительный; многозначительный
meaningless [ˈmiːnɪŋlɪs] бессмысленный
meaningly [ˈmiːnɪŋlɪ] многозначительно; нарочно; сознательно
meanly [ˈmiːnlɪ] низко; подло; посредственно; слабо
meanness [ˈmiːnnɪs] низость; подлость; посредственность; убожество
means [miːnz] устройство
means of conveyance [ˈmiːnz|əv|kənˈveɪəns] транспортные средства
meant for [ment|fɔː] рассчитанный на
meantime [ˈmiːntaɪm] тем временем; между тем
measles [ˈmiːzlz] корь; краснуха *(мед.)*
measurable [ˈmeʒ(ə)rəbl] измеримый; умеренный; не особенно большой
measurably [ˈmeʒ(ə)rəblɪ] до известной степени; в известной мере
measure [ˈmeʒə] мера; мерка; предел; степень; критерий; масштаб; формат строки; мерило; мероприятие; показатель; делитель *(мат.)*; измерять; мерить; отмерять; снимать мерку; оценивать; определять *(характер и т. п.)*; иметь размеры; помериться силами; соразмерять; регулировать; покрывать *(расстояние)*
measured [ˈmeʒəd] измеренный; обдуманный; взвешенный; сдержанный; неторопливый *(о речи)*; мерный; равномерный; размеренный; ритмичный
measured beat of the waves [ˈmeʒəd|ˈbiːt|əv|ðə|ˈweɪvz] размеренный плеск волн
measureless [ˈmeʒəlɪs] безмерный; безграничный; неизмеримый
measurement [ˈmeʒəmənt] измерение; промер; система мер
measurement accuracy [ˈmeʒəmənt|ˈækjurəsɪ] точность измерения
measurement range selector [ˈmeʒəmənt|ˈreɪndʒ|sɪˈlektə] переключатель диапазонов измерения
measurer [ˈmeʒərə] измеритель; измерительный прибор
measuring fault [ˈmeʒərɪŋ|ˈfɔːlt] погрешность измерения
measuring transductor [ˈmeʒərɪŋ|trænsˈdʌktə] датчик
meat [miːt] мясо; пища; мякоть *(плода)*; пища для размышлений; содержание
meat mincer [ˈmiːt|ˈmɪnsə] мясорубка
meat-ball [ˈmiːtbɔːl] фрикаделька
meat-chopper [ˈmiːt.tʃɒpə] мясорубка
meat-packing [ˈmiːt.pækɪŋ] мясоконсервное дело
meat-safe [ˈmiːtseɪf] рефрижератор; холодильник
meatman [ˈmiːtmən] мясник

meaty [ˈmiːtɪ] мясной; мясистый; дающий пищу уму; содержательный *(о книге, разговоре)*

mechanic [mɪˈkænɪk] механик; слесарь; ремесленник; мастеровой; техник

mechanical [mɪˈkænɪk(ə)l] машинный; механический; автоматический; технический; машинальный

mechanical balance [mɪˈkænɪk(ə)l|ˈbæləns] балансировка

mechanical cleaning [mɪˈkænɪk(ə)l|ˈkliːnɪŋ] механическая очистка

mechanical fault [mɪˈkænɪk(ə)l|ˈfɔːlt] механическая неисправность

mechanical injection [mɪˈkænɪk(ə)l|ɪnˈdʒekʃən] механический впрыск

mechanical shovel [mɪˈkænɪk(ə)l|ˈʃʌvl] экскаватор

mechanical tilting table [mɪˈkænɪk(ə)l|ˈtɪltɪŋ|ˈteɪbl] механическое опрокидывающее устройство

mechanical ventilation [mɪˈkænɪk(ə)l|ˌventɪˈleɪʃən] принудительная вентиляция

mechanician [ˌmekəˈnɪʃ(ə)n] конструктор; машиностроитель; механик

mechanics [mɪˈkænɪks] механика

mechanism [ˈmekənɪzm] аппарат; механизм; устройство; техника *(исполнения)*; прибор

mechanize [ˈmekənaɪz] механизировать

medal [ˈmedl] медаль; орден; жетон

medalled [ˈmedld] награжденный медалью *(орденом)*; украшенный, увешанный медалями *(орденами)*

medallion [mɪˈdæljən] медальон

medallist [ˈmedlɪst] медальер; получивший медаль; медалист

meddle [ˈmedl] вмешиваться *(во что-либо)*; соваться не в свое дело

meddler [ˈmedlə] беспокойный, надоедливый, вмешивающийся во все человек

meddlesome [ˈmedlsəm] вмешивающийся не в свои дела; надоедливый

media [ˈmedɪə] звонкий согласный *(фон.)*; пресса; оформление

media consumption [ˈmiːdjəkənˈsʌmpʃən] использование средств рекламы

medial [ˈmiːdjəl] средний; срединный

median [ˈmiːdjən] срединный; медиана *(мат.)*

median strip [ˈmiːdjənˈstrɪp] разделительная полоса *(авт.)*

mediate [ˈmiːdɪt] — *прил.* [ˈmiːdɪeɪt] — *гл.* промежуточный; посредствующий; опосредствованный; не непосредственный; посредничать; служить связующим звеном; занимать промежуточное положение; выступать в качестве посредника

mediation [ˌmiːdɪˈeɪʃ(ə)n] посредничество

mediator [ˈmiːdɪeɪtə] посредник; примиритель

mediatorial [ˌmiːdɪəˈtɔːrɪəl] посреднический

mediatory [ˈmiːdɪeɪtərɪ] посреднический

medic [ˈmedɪk] врачебный; медицинский; врач; медик; доктор; медицинский работник; люцерна

medicable [ˈmedɪkəbl] излечимый; поддающийся излечению

medical [ˈmedɪk(ə)l] врачебный; медицинский; терапевтический

medical attention [ˈmedɪk(ə)l|əˈtenʃən] медицинская помощь

medical bill [ˈmedɪk(ə)l|ˈbɪl] счет за лечение в больнице

medical card [ˈmedɪk(ə)l|kaːd] история болезни

medical check-up [ˈmedɪk(ə)l|ˈtʃekʌp] медицинское освидетельствование

medical first aid [ˈmedɪk(ə)l|ˈfəːsteɪd] первая помощь

medical history [ˈmedɪk(ə)l|ˈhɪstərɪ] история болезни; анамнез

medical record [ˈmedɪk(ə)l|ˈrekɔːd] история болезни

medicament [meˈdɪkəmənt] лекарство; медикамент; снадобье

medicate [ˈmedɪkeɪt] лечить лекарствами; насыщать; пропитывать лекарством

medication [ˌmedɪˈkeɪʃ(ə)n] лечение

medicative [ˈmedɪkeɪtɪv] лечебный; целебный

medicine [ˈmedsɪn] медицина; лекарство; медикамент; колдовство; магия; амулет; талисман

medicine bag [ˈmedsɪn|bæg] санитарная сумка

medicine dropper [ˈmedsɪn|ˌdrɔpə] пипетка

medicine glass [ˈmedsɪn|glaːs] мензурка

medicineman [ˈmedsɪnmæn] знахарь; шаман

medico-legal [ˌmedɪkouˈliːgəl] судебно-медицинский

medieval [ˌmedɪˈiːv(ə)l] средневековый

medievalism [ˌmedɪˈiːvəlɪzm] искусство, религия, философия Средних веков; увлечение Средневековьем

mediocre [ˈmiːdɪoukə] посредственный; заурядный; средний

mediocrity [ˌmiːdɪˈɔkrɪtɪ] посредственность; заурядность; бездарный, заурядный человек

meditate [ˈmedɪteɪt] замышлять; затевать; намереваться; планировать; предполагать; собираться; размышлять; обдумывать; обозревать; разглядывать; созерцать

meditation [ˌmedɪˈteɪʃ(ə)n] раздумье; размышление; созерцание; медитация

meditative [ˈmedɪtətɪv] созерцательный; задумчивый

mediterranean [ˌmedɪtəˈreɪnjən] удаленный от берегов моря; внутренний *(о море)*; средиземноморский

MED — MEM

medium [ˈmiːdjəm] способ; средство; середина; промежуточная ступень; обстановка; условия *(жизни)*; агент; посредник; средний; промежуточный; сдержанный; скромный; умеренный

medium bomber [ˈmiːdjəm|ˈbɔmə] средний бомбардировщик

medium pressure [ˈmiːdjəm|ˈpreʃə] промежуточное давление

medley [ˈmedlɪ] смесь; масса; месиво; смешанное общество; разношерстная толпа; пестрый; разнородный; смешанный; составной; мешать; перемешивать; смешивать; спутывать

medulla [meˈdʌlə] мозговой слой; сердцевина

medusa [mɪˈdjuːzə] медуза *(зоол.)*

meed [miːd] награда; премия; приз; заслуженная похвала

meek [miːk] кроткий; мягкий; покорный

meekness [ˈmiːknɪs] кротость; мягкость

meet [miːt] встречать*(ся)*; собираться; сходиться; впадать *(о реке)*; драться на дуэли; знакомиться; удовлетворять; соответствовать; отвечать *(требованиям)*; оплачивать; опровергать; оспаривать; место сбора *(охотников, велосипедистов и т. п.)*

to meet a commitment — выполнить обязательство
to meet a fact — оспаривать факт
to meet a loss — покрывать убытки
to meet a requirement — удовлетворять требованию
to meet a standard — соответствовать стандарту
to meet together — собираться; сходиться
to meet up — неожиданно встречать

meeting [ˈmiːtɪŋ] заседание; митинг; собрание; встреча; дуэль; встреча *(спорт.)*; игра; встречный

meeting point [ˈmiːtɪŋ|pɔɪnt] место встречи

meeting room [ˈmiːtɪŋ|rum] зал заседаний

meeting-house [ˈmiːtɪŋhaus] молитвенный дом

mega [ˈmegə] очень; в высшей степени; выдающийся; отличный

megalomania [ˌmegəlouˈmeɪnjə] megaломания; мания величия

megalopolis [ˌmegəˈlɔpəlɪs] мегаполис; слияние городов

megaphone [ˈmegəfoun] мегафон; рупор; говорить в рупор

megascopic [ˌmegəˈskɔpɪk] увеличенный; видимый невооруженным глазом

megrim [ˈmiːgrɪm] мигрень; уныние; каприз; прихоть; причуда

melancholia [ˌmelənˈkouljə] меланхолия

melancholic [ˌmelənˈkɔlɪk] подверженный меланхолии; меланхолический

melancholy [ˈmelənkəlɪ] уныние; подавленность; грусть; печаль; мрачный; подавленный; угнетенный; грустный; наводящий уныние

mélange [meɪˈlɑː(n)ʒ] смешение; объединение; смесь; меланж

melee [ˈmeleɪ] рукопашная схватка

meliorate [ˈmiːljəreɪt] улучшать*(ся)*; мелиорировать

melioration [ˌmiːljəˈreɪʃ(ə)n] улучшение; усовершенствование; мелиорация

melliferous [meˈlɪfərəs] медоносный

mellifluence [meˈlɪfluəns] медоточивость

mellifluent [meˈlɪfluənt] льстивый; медоточивый; сладкоречивый

mellow [ˈmelou] спелый; зрелый; сладкий и сочный *(о фруктах)*; приятный на вкус; выдержанный *(о вине)*; мягкий; сочный; густой *(о голосе, цвете и т. п.)*; плодородный; жирный; рыхлый *(о почве)*; умудренный опытом; смягчившийся с годами *(о человеке, характере)*; делать*(ся)* спелым, сочным; созревать; смягчать*(ся)*; разрыхлять*(ся)* *(о почве)*

mellowness [ˈmelounɪs] зрелость; спелость; мягкость; сочность; добросердечность

melodic [mɪˈlɔdɪk] мелодический

melodious [mɪˈloudjəs] мелодичный; мягкий; нежный; певучий; музыкальный *(о пьесе)*

melodist [ˈmelədɪst] композитор; певец

melodize [ˈmelədaɪz] делать мелодичным; сочинять мелодии

melodrama [ˈmelouˌdrɑːmə] мелодрама; театральность *(в манерах)*

melodramatic [ˌmeloudrəˈmætɪk] мелодраматический; аффектированный; напыщенный *(о манерах и т. п.)*

melody [ˈmelədɪ] мелодия; тон; мелодичность

melon [ˈmelən] дыня

melt [melt] таять; плавить*(ся)*; растапливать*(ся)*; растворять*(ся)*; смягчать*(ся)*; трогать; умиляться; слабеть; уменьшаться; исчезать; *(незаметно)* переходить *(в другую форму)*; сливаться

melt-fuse valve [ˈmeltfjuːz|ˈvælv] предохранительный клапан с плавкой вставкой

melted butter [ˈmeltɪd|ˈbʌtə] топленое масло

melted cheese [ˈmeltɪd|ˌtʃiːz] плавленый сыр

melter [ˈmeltə] плавильщик

melting [ˈmeltɪŋ] плавка; плавление; распускание; таяние; плавкий; тающий *(во рту)*; нежный; мягкий; чувствительный; трогательный

melting-point [ˈmeltɪŋˈpɔɪnt] точка плавления

member [ˈmembə] член; участник; партнер; представитель; участвующий; элемент конструкции *(техн.)*; орган

membership [ˈmembəʃɪp] членство; звание члена; количество членов; рядовые члены *(партии, профсоюза)*; состав съезда; членский

membrane [ˈmembreɪn] оболочка; перепонка; пленка; мембрана

membraneous [mem'breɪnjəs] перепончатый; пленочный

membranous [mem'breɪnəs] перепончатый; пленочный

memento [mɪ'mentou] напоминание; сувенир

memoir ['memwɑ:] краткая *(авто)*биография; воспоминания; мемуары; научная статья; ученые записки *(общества)*

memorabilia [,memərə'bɪlɪə] памятные вещи

memorability [,mem(ə)rə'bɪlɪtɪ] достопамятность; нечто достопамятное

memorable ['mem(ə)rəbl] незабвенный; незабываемый; памятный

memorandum [,memə'rændəm] заметка; памятная записка; дипломатическая нота; меморандум; докладная записка; служебная записка

memorial [mɪ'mɔ:rɪəl] памятник; записка; заметка; воспоминания; хроника; поминовение; напоминающий; мемориальный; устраиваемый в память; составлять *(подавать)* петицию

memorialist [mɪ'mɔ:rɪəlɪst] мемуарист; составитель петиции

memorialize [mɪ'mɔ:rɪəlaɪz] увековечивать память; подавать петицию

memorize ['memərаɪz] запоминать; заучивать наизусть; увековечивать память

memory ['memərɪ] память; воспоминание; запоминающее устройство

memory access control ['memərɪ|'ækses|kən'troul] управление доступом к памяти

memory adapter ['memərɪ|ə'dæptə] адаптер памяти

memory lock ['memərɪ|lɔk] блокировка памяти

menace ['menəs] угроза; опасность; грозить; запугивать; пугать; угрожать

menage [me'nɑ:ʒ] домашнее хозяйство; ведение хозяйства; организация, через которую можно делать покупки в рассрочку

menagerie [mɪ'næʤərɪ] бродячий зверинец

mend [mend] заштопанная дырка; заделанная трещина; починка; ремонт; улучшение *(здоровья, дел)*; исправлять; чинить; штопать; латать; ремонтировать *(дорогу)*; улучшать(ся); поправляться *(о здоровье)*

mendacious [men'deɪʃ(ə)s] лживый; ложный; неверный; неправильный

mendacity [men'dæsɪtɪ] лживость; лицемерие; ложь; фальшь

mender ['mendə] ремонтный мастер

mendicancy ['mendɪkənsɪ] нищенство; попрошайничество

mendicant ['mendɪkənt] нищий; попрошайка; монах нищенствующего ордена

mendicity [men'dɪsɪtɪ] нищенство

mending ['mendɪŋ] починка; штопка; ремонт; исправление; улучшение; усовершенствование

menfolk ['menfouk] мужчины

menial ['mi:njəl] слуга; лакей; прислужник; служитель; раболепный; лакейский

mensurable ['menʃurəbl] измеримый; ритмичный *(муз.)*

mensural ['mensjurəl] мерный; равномерный; размеренный; ритмичный

mensuration [,mensjuə'reɪʃ(ə)n] измерение

mental ['mentl] интеллектуальный; мыслящий; умственный; психический; мнемонический; производимый в уме; мысленный

mental action ['mentl|'ækʃən] умственная деятельность

mental age ['mentl|'eɪʤ] умственное развитие, соотносимое с возрастом

mental alienation ['mentl|,eɪljə'neɪʃən] умопомешательство *(мед.)*

mental capacity ['mentl|kə'pæsɪtɪ] умственные способности, интеллект

mental case ['mentl|keɪs] душевнобольной

mental healing ['mentl|'hi:lɪŋ] психотерапия

mental home ['mentl|houm] психиатрическая больница

mental hospital ['mentl|'hɔspɪtl] больница для умалишенных

mental pabulum ['mentl|'pæbjuləm] пища для ума

mental work ['mentl|'wə:k] умственная работа

mentality [men'tælɪtɪ] ум; интеллект; интеллектуальное развитие; разум; рассудок; склад ума; умонастроение

mentally ['mentəlɪ] умственно; мысленно; психически

mentally ill offender ['mentəlɪ|'ɪl|ə'fendə] психически больной преступник

mentation [men'teɪʃ(ə)n] умственный процесс; процесс мышления; умонастроение

menthol ['menθɔl] ментол

mention ['menʃ(ə)n] упоминание; ссылка; упоминать; ссылаться на

mentor ['mentɔ:] воспитатель; ментор; наставник; репетитор; руководитель

mentum подбородок

menu ['menju:] меню

men's room ['menz|'ru:m] мужская уборная

meow мяуканье; мяу; мяукать

mephitis [me'faɪtɪs] зловоние

mercantile ['mə:k(ə)ntaɪl] торговый; коммерческий; меркантильный; корыстный; мелочно-расчетливый

mercantile label ['mə:k(ə)ntaɪl|'leɪbl] ярлык

MER — MES

mercenary ['mə:sɪn(ə)rɪ] корыстный; корыстолюбивый; меркантильный; торгашеский; наемный; нанятый; наемник; наемный убийца

mercenary marriage ['mə:sɪn(ə)rɪ'mærɪdʒ] брак по расчету

mercer ['mə:sə] торговец шелком и бархатом

mercery ['mə:sərɪ] шелковый (бархатный) товар; торговля шелковым и бархатным товаром

merchandise ['mə:tʃ(ə)ndaɪz] товар; продавать; сбывать; торговать

merchandising rights ['mə:tʃ(ə)ndaɪzɪŋ'raɪts] право на использование образов героев телепередач и книг для выпуска товаров

merchant ['mə:tʃ(ə)nt] коммерсант; купец; торговец; оптовик; коммерческий; торговый

merchant bank ['mə:tʃ(ə)nt'bæŋk] коммерческий банк

merchant law ['mə:tʃ(ə)nt'lɔ:] торговое право

merchant marine ['mə:tʃ(ə)nt mə'ri:n] торговый флот

merchant-car ['mə:tʃ(ə)ntka:] торговый вагон

merchantable ['mə:tʃ(ə)ntəbl] ходкий (о товаре)

merchantman ['mə:tʃ(ə)ntmən] торговое судно

merciful ['mə:sɪful] милосердный; милостивый; сострадательный; благоприятный; мягкий (о наказании)

mercifulness ['mə:sɪfulnɪs] милосердие; жалость; сожаление; сострадание; мягкость

merciless ['mə:sɪlɪs] безжалостный; беспощадный; бесчеловечный; жестокий

mercurial [mə:'kjuərɪəl] ртутный; живой; подвижный; деятельный; жизненный; непостоянный; неустойчивый; переменный

mercuriality [,mə:kju(ə)rɪ'ælɪtɪ] живость; подвижность

Mercury ['mə:kjurɪ] планета Меркурий;

mercury ['mə:kjurɪ] ртуть; ртутный столб; пролеска (бот.); ртутный

mercury thermometer ['mə:kjurɪ θə'mɔmɪtə] ртутный термометр

mercy ['mə:sɪ] милосердие; жалость; сожаление; сострадание; милость; амнистия; помилование; прощение; везение; счастье; удача; успех

mere [mɪə] озеро; пруд; водное пространство; простой; не более чем; явный; видимый; очевидный; сущий

mere negation ['mɪə nɪ'geɪʃən] голословное отрицание

merely ['mɪəlɪ] только; просто; единственно

meretricious [,merɪ'trɪʃəs] показной; внешний; наружный; распутный

merge [mə:dʒ] всасывать; поглощать; сливать(ся); соединять(ся); объединять(ся)

merger ['mə:dʒə] поглощение; слияние; объединение

merging ['mə:dʒɪŋ] соединение дорог; соединение транспортных потоков

meridian [mə'rɪdɪən] меридиан (геогр.); зенит; полдень; высшая точка; расцвет (жизни); полуденный; находящийся в зените; верховный; высший; главный; кульминационный

meridional [mə'rɪdɪənl] меридиональный; южный

merit ['merɪt] заслуга; достоинство; качество; заслужить; быть достойным

meritorious [,merɪ'tɔ:rɪəs] достойный награды; одобрительный; похвальный; хвалебный; возражение по существу дела

meritorious defence [,merɪ'tɔ:rɪəs dɪ'fens] возражение по существу дела

merits and demerits ['merɪts ənd di:'merɪts] достоинства и недостатки

merle черный дрозд

merlin ['mə:lɪn] кречет (зоол.)

merlon ['mə:lən] зубец (крепостной стены)

merma тунец

mermaid ['mə:meɪd] русалка; сирена; наяда

merman ['mə:mæn] водяной; тритон

merrily ['merɪlɪ] весело; оживленно

merriment ['merɪmənt] веселье; развлечение

merry ['merɪ] веселый; оживленный; радостный; развеселый; забавный; курьезный; смешной; черешня

merry andrew ['merɪ'ændru:] фигляр; шут

merry jest ['merɪ'dʒest] веселая шутка

merry-go-round ['merɪgou,raund] карусель; вихрь (удовольствий и т. п.)

merry-maker ['merɪ,meɪkə] весельчак; забавник

merry-making ['merɪ,meɪkɪŋ] веселье; потеха

merry-meeting ['merɪ,mi:tɪŋ] пирушка

mesalliance [me'zælɪəns] неравный брак; мезальянс

mesencephalon средний мозг

mesenteron средняя кишка; гастральная полость

mesh [meʃ] петля; ячейка сети; отверстие; поймать в сети; опутывать сетями; запутываться в сетях
to mesh with — согласовываться

meshy ['meʃɪ] сетчатый; ячеистый

mesial ['mi:zjəl] срединный; средний

mesmeric [mez'merɪk] гипнотический

mesmerism ['mezm(ə)rɪzm] гипнотизм; гипноз

mesmerist ['mezm(ə)rɪst] гипнотизер

mesmerize ['mezm(ə)raɪz] гипнотизировать

mesne [mi:n] промежуточный

mesorhinal расположенный между ноздрями

mess [mes] беспорядок; кутерьма; беспорядочность; путаница; неприятность; производить беспорядок; пачкать; грязнить; портить дело; лодырничать; группа людей, питающихся за общим столом; общий стол; общее питание *(в армии и на флоте)*; блюдо; кушанье; похлебка; обедать совместно, за общим столом

message ['mesɪdʒ] сообщение; донесение; извещение; оповещение; письмо; послание; поручение; задание; миссия; официальное правительственное послание; идея *(книги и т. п.)*; посылать сообщение, донесение; передавать сигналами; сигнализировать; телеграфировать

messenger ['mesɪndʒə] вестник; посыльный; курьер; предвестник

messenger boy ['mesɪndʒə'bɔɪ] мальчик на посылках

messianic [ˌmesɪ'ænɪk] мессианский

messing compartment ['mesɪŋ|kəm'pɑːtmənt] кают-компания; столовая

messmate ['mesmeɪt] эвкалипт

messuage ['meswɪdʒ] усадьба

messy ['mesɪ] грязный; запачканный; немытый; беспорядочный

metabolic [ˌmetə'bɔlɪk] относящийся к обмену веществ

metabolic balance [ˌmetə'bɔlɪk|'bæləns] равновесие обмена веществ

metabolism [me'tæbəlɪzm] метаболизм; обмен веществ

metacarpus [ˌmetə'kɑːpəs] пясть

metal ['metl] металл; щебень; металлический; рельсы

metal to metal bonding ['metl|tə'metl|'bɔndɪŋ] склеивание металла с металлом

metal trim ['metl|trɪm] металлическая обшивка

metal-worker ['metl.wɜːkə] металлист

metalled road ['metld|roud] шоссе

metallic [mɪ'tælɪk] металлический

metallurgical [ˌmetə'lɜːdʒɪk(ə)l] металлургический

metamorphosis [ˌmetə'mɔːfəsɪs] метаморфоз(а)

metaphor ['metəfə] метафора

metaphorical [ˌmetə'fɔrɪk(ə)l] метафорический

metaphrase ['metəfreɪz] дословный перевод; находчивый ответ; переводить дословно

metaphysical [ˌmetə'fɪzɪk(ə)l] метафизический

metaphysician [ˌmetəfɪ'zɪʃ(ə)n] метафизик

metaphysics [ˌmetə'fɪzɪks] метафизика

metasitism каннибализм

metastasis [mɪ'tæstəsɪs] метастаз *(мед.)*

metcast ['metkɑːst] метеорологический прогноз погоды

mete [miːt] граница; пограничный знак; отмерять; распределять; определять; назначать *(награду, наказание)*

mete-wand ['miːtwɔnd] критерий; мера; мерило; мерка

meteor ['miːtjə] метеор; атмосферное явление

meteoric [ˌmiːtɪ'ɔrɪk] метеорический; метеорный; метеорологический; атмосферический; сверкнувший как метеор; ослепительный

meteorite ['miːtjəraɪt] метеорит

meteorology [ˌmiːtjə'rɔlədʒɪ] метеорология; метеорологические условия *(района, страны)*

meter ['miːtə] измеритель; счетчик; измерительный прибор; шкала прибора; экспонометр; метр

meter display ['miːtə|dɪs'pleɪ] приборная панель

meter reading ['miːtə|'riːdɪŋ] показания измерительного прибора

meterage ['miːtərɪdʒ] измерение *(при помощи измерительного прибора)*; показания измерительного прибора

metering ['miːtərɪŋ] замер; измерение; снятие показаний приборов; измерительный

metering pump ['miːtərɪŋ|'pʌmp] дозировочный насос

metering roll ['miːtərɪŋ|'roul] дозирующий валик

metering valve ['miːtərɪŋ|'vælv] дроссель

method ['meθəd] метод; способ; методика; прием; средство; система; порядок

method of trial and error ['meθəd|əv|'traɪəl|ənd|'erə] метод проб и ошибок

methodical [mɪ'θɔdɪk(ə)l] регулярный; систематический; систематичный; методичный

methodize ['meθədaɪz] приводить в систему, в порядок

methodology [ˌmeθə'dɔlədʒɪ] методика; методология

methyl alcohol ['meθɪl|'ælkəhɔl] метиловый спирт

meticulous [mɪ'tɪkjuləs] мелочный; дотошный; тщательный; щепетильный

metier ['metjeɪ] занятие; профессия; ремесло

metre ['miːtə] метр *(мера)*; размер; ритм; метр *(в стихосложении, музыке)*

metric ['metrɪk] метрический

metrical ['metrɪk(ə)l] измерительный; мерный

metrician [mɪ'trɪʃ(ə)n] знаток метрики *(стихотворной)*

Metro ['metrou] метро; метрополитен

metrology [me'trɔlədʒɪ] метрология; система мер и весов

metronome ['metrənoum] метроном

metronomic [ˌmetrə'nɔmɪk] равномерный; регулярный

metropolis [mɪ'trɔpəlɪs] столица; метрополия; центр деловой *(культурной)* жизни

MET — MID

metropolitan [ˌmetrəˈpɔlɪt(ə)n] столичный; относящийся к метрополии; житель столицы *(метрополии)*; архиепископ; митрополит

mettle [ˈmetl] натура; природа; темперамент; характер; пыл; ретивость; отвага; смелость; храбрость

mettled [ˈmetld] ретивый; горячий; смелый

mettlesome [ˈmetlsəm] смелый; отважный; рьяный; храбрый

mew [mju:] чайка; клетка *(для сокола, ястреба)*; сажать в клетку; сбрасывать рога *(об олене)*; мяуканье; мяу; мяукать; хныкать

mews [mju:z] конюшни; извозчичий двор

mezzanine [ˈmetsəni:n] антресоли *(архит.)*; помещение под сценой *(театр.)*

mezzotint(o) [ˈmetsouˌtɪnt(ou)] меццо-тинто *(ручной способ гравирования на металле)*; углубленная гравюра на металле, выполненная в технике меццо-тинто

miasma [mɪˈæzmə] вредные испарения

mica [ˈmaɪkə] слюда

micaceous [maɪˈkeɪʃəs] слюдяной

mickey [ˈmɪkɪ] насмехаться над кем-либо *(разг.)*

micro- [ˈmaɪkrou-] миниатюрный; микро-

microanatomy [ˌmaɪkrouəˈnætəmɪ] гистология

microbe [ˈmaɪkroub] бактерия; микроб; микроорганизм

microbial [maɪˈkroubɪəl] микробный

microbody [ˈmaɪkrouˌbɔdɪ] микротело

microcircuit card [ˈmaɪkrouˌsə:kɪt ˈkɑ:d] плата с микросхемами

microclimate [ˈmaɪkrouˈklaɪmɪt] микроклимат

microcopy [ˈmaɪkrouˌkɔpɪ] микрофотокопия; микрофильм

microcosm [ˈmaɪkroukɔzm] что-либо в миниатюре

microelement [ˈmaɪkrouˈelɪmənt] микроэлемент

microenvironment [ˌmaɪkrouɪnˈvaɪ(ə)rənmənt] микросреда

microfilm [ˈmaɪkroufɪlm] микрофильм

microflora [ˌmaɪkrouˈflɔ:rə] микрофлора

micrograph [ˈmaɪkrougrɑ:f] микроснимок; микрограф

microimage [ˈmaɪkrouˈɪmɪʤ] микроизображение

micromotor [ˈmaɪkrouˈmoutə] микродвигатель

micronutrient element [ˌmaɪkrouˈnju:trɪəntˈelɪmənt] питательный микроэлемент

microorganism [ˈmaɪkrouˈɔ:gənɪzm] микроорганизм

microphone [ˈmaɪkrəfoun] микрофон

microphyll [ˈmaɪkroufɪl] мелкий лист; растение с мелкими листьями

microprocessor [ˌmaɪkrouˈprousesə] микропроцессор

microscope [ˈmaɪkrəskoup] микроскоп

microscopic(al) [ˌmaɪkrəsˈkɔpɪk(əl)] микроскопический

mid- [mɪd-] в середине

mid-week [ˈmɪdwi:k] середина недели

midbrain [ˈmɪdbreɪn] средний мозг

midday [ˈmɪddeɪ] полдень; полдневный; полуденный

middle [ˈmɪdl] середина; средоточие; центр; талия; средний; поместить в середину

Middle Ages [ˈmɪdl ˈeɪʤɪz] Средние века

middle class [ˈmɪdl ˈklɑ:s] буржуазия

middle school [ˈmɪdl ˈsku:l] средняя школа

middle-aged [ˈmɪdl ˈeɪʤd] средневозрастный

middle-of-the-road [ˈmɪdləvðəˈroud] средний; половинчатый

middle-sized [ˈmɪdl ˈsaɪzd] средний; среднего размера

middle-weight [ˈmɪdlweɪt] средний вес; борец, боксер среднего веса *(68—71 кг)*

middlebrow [ˈmɪdlbrau] человек среднего интеллекта; обыватель; не требующий большого умственного напряжения *(о развлечениях)*

middleman [ˈmɪdlmæn] комиссионер; агент; маклер; посредник; крупный арендатор, занимающийся субарендой

middlemost [ˈmɪdlmoust] ближайший к центру; центральный

middling [ˈmɪdlɪŋ] средний; второсортный; посредственный; низкого качества; средне; так себе; сносно

middlings [ˈmɪdlɪŋz] товар среднего качества; второсортный товар *(о муке)*

midge [mɪʤ] мошка; комар

midget [ˈmɪʤɪt] карлик; лилипут; очень маленькое существо, вещь

midgets [ˈmɪʤɪts] карлики

midland [ˈmɪdlənd] внутренняя часть страны; центральный; удаленный от моря; внутренний *(о море)*

midmost [ˈmɪdmoust] находящийся в самой середине

midnight [ˈmɪdnaɪt] полночь; непроглядная тьма; полуночный; полночный

midnight blue [ˈmɪdnaɪt ˈblu:] темно-синий

midpoint [ˈmɪdpɔɪnt] средняя точка; центр; середина; центральный момент *(события, процесса и т. п.)*

midpoint wire [ˈmɪdpɔɪnt ˈwaɪə] нейтраль

midriff [ˈmɪdrɪf] диафрагма

midsized [ˈmɪdsaɪzd] имеющий средний размер

midst [mɪdst] середина; средоточие; центр

midstream ['mɪdstri:m] середина реки

midsummer ['mɪd‚sʌmə] середина лета; летнее солнцестояние

midway ['mɪd'weɪ] полпути; на полдороге

midweek [‚mɪd'wi:k] происходящий в середине недели

midwife ['mɪdwaɪf] акушерка; повивальная бабка

midwifery ['mɪdwɪf(ə)rɪ] акушерство

midwinter ['mɪd'wɪntə] середина зимы; зимнее солнцестояние

midwood ['mɪdwud] лесная чаща

mien [mi:n] мина; выражение лица; вид; внешность; наружность; облик; манера держать себя

miff [mɪf] легкая ссора; размолвка; вспышка раздражения; разозлить(ся); надуться; увянуть (о растении)

might [maɪt] могущество; власть; мощь; сила; энергия; мощность; энергичность

might-have-been ['maɪthəv'bi:n] упущенная возможность; неудачник; неосуществившийся; несбывшийся

mightily ['maɪtɪlɪ] весьма; мощно; очень; сильно; чрезвычайно

mightiness ['maɪtɪnɪs] мощность; величие

mighty ['maɪtɪ] могущественный; могучий; мощный; сильный; громадный; весьма; очень; сильно; чрезвычайно

mignonette [‚mɪnjə'net] резеда

mignonette tree [‚mɪnjə'net'tri:] хна

migrant ['maɪgr(ə)nt] кочующий; перелетный (о птице); мигрант; переселенец; мигрирующий; осуществляющий миграцию

migrate [maɪ'greɪt] мигрировать; переселяться; совершать перелет (о птицах)

migration [maɪ'greɪʃ(ə)n] миграция; передвижение; перемещение; переселение; перелет

migratory ['maɪgrət(ə)rɪ] перелетный; мигрирующий; проходной (о рыбах)

migratory bird ['maɪgrət(ə)rɪ'bə:d] перелетная птица

mil [mɪl] тысяча; мил; одна тысячная дюйма

milch [mɪltʃ] молочный (о скоте)

mild [maɪld] мягкий; кроткий; умеренный; неострый (о пище); слабый; тихий

mild-cured ['maɪld'kjuəd] малосольный

mild-mannered [‚maɪld'mænəd] кроткий; мягкий; спокойный; тихий

mildness ['maɪldnɪs] мягкость

mile [maɪl] миля

mile-post ['maɪlpoust] мильный столб

mileage ['maɪlɪʤ] расстояние в милях; число (пройденных) миль; проездные деньги (для командированных и т. п., из расчета расстояния в милях)

mileage counter ['maɪlɪʤ'kauntə] счетчик пройденного пути

milfoil ['mɪlfɔɪl] тысячелистник

milieu ['mi:ljə:] атмосфера; обстановка; среда

militancy ['mɪlɪt(ə)nsɪ] воинственность

militant ['mɪlɪt(ə)nt] агрессивный; воинственный; воюющий; активный; боевой; доблестный; боец; рядовой; солдат; активист; борец; защитник; поборник

militarily ['mɪlɪtərɪlɪ] воинственно; с военной точки зрения; в военном отношении; с помощью войск; применяя военную силу

militarism ['mɪlɪtərɪzm] агрессия; милитаризм

militarist ['mɪlɪtərɪst] милитарист; поджигатель войны; военщина

militaristic [‚mɪlɪtə'rɪstɪk] милитаристский

military ['mɪlɪt(ə)rɪ] военный; воинский; войска; военная сила; военные; военнослужащие

military administration ['mɪlɪt(ə)rɪəd‚mɪnɪs'treɪʃən] военная администрация

military age ['mɪlɪt(ə)rɪ'eɪʤ] призывной возраст

military alliance ['mɪlɪt(ə)rɪə'laɪəns] военный союз

military attache ['mɪlɪt(ə)rɪə'tæʃeɪ] военный атташе

military band ['mɪlɪt(ə)rɪ'bænd] военный оркестр

military base ['mɪlɪt(ə)rɪ'beɪs] военная база

military bearing ['mɪlɪt(ə)rɪ'bɛərɪŋ] военная выправка

military cargo ['mɪlɪt(ə)rɪ'ka:gou] военный груз

military detention ['mɪlɪt(ə)rɪdɪ'tenʃən] гауптвахта (воен.)

military duty ['mɪlɪt(ə)rɪ'dju:tɪ] воинская повинность

military espionage ['mɪlɪt(ə)rɪ‚espɪə'na:ʒ] военный шпионаж

military forces ['mɪlɪt(ə)rɪ'fɔ:sɪz] вооруженные силы

military leave ['mɪlɪt(ə)rɪ'li:v] увольнение

military service ['mɪlɪt(ə)rɪ'sə:vɪs] воинская служба

military tribunal ['mɪlɪt(ə)rɪtraɪ'bju:nl] военный трибунал

militate ['mɪlɪteɪt] задерживать; затруднять; препятствовать; свидетельствовать; говорить против (об уликах, фактах и т. п.); биться; бороться; воевать; драться

militia [mɪ'lɪʃə] милиция; народное ополчение (ист.)

militiaman [mɪ'lɪʃəmən] ополченец (ист.); солдат милиционной армии; милиционер

milk [mɪlk] молоко; молочный; доить; давать молоко (о скоте); извлекать выгоду (из чего-либо); эксплуатировать

MIL — MIN

milk mushroom [ˈmɪlkˈmʌʃrum] груздь
milk pail [ˈmɪlkpeɪl] подойник
milk-and-water [ˈmɪlkən(d)ˈwɔːtə] разбавленное молоко; бессодержательный разговор; бессодержательная книга, «вода»; безвкусный; водянистый; пустой; слабый; безвольный; бесхарактерный; безликий
milk-brother [ˈmɪlkˌbrʌðə] молочный брат
milk-float [ˈmɪlkflout] тележка для развозки молока
milk-govan [ˈmɪlkˈgʌvən] одуванчик лекарственный
milk-livered [ˈmɪlkˌlɪvəd] трусливый
milk-shake [ˈmɪlkʃeɪk] молочный коктейль
milk-white [ˈmɪlkwaɪt] молочно-белый
milker [ˈmɪlkə] дояр; доярка; доильная машина; молочная корова
milkman [ˈmɪlkmən] продавец молока
milky [ˈmɪlkɪ] молочный
mill [mɪl] мельница; завод; фабрика; (прокатный) стан; дробилка; фреза; пресс (для выжимания растительного масла); мельничный; заводской; фабричный; молоть; рушить (зерно); дробить; измельчать (руду); обрабатывать на станке; фрезеровать; двигаться кругом; кружить (о толпе, стаде)
mill paper [ˈmɪlˌpeɪpə] судебный архив
mill-board [ˈmɪlbɔːd] толстый картон
mill-dam [ˈmɪldæm] мельничная плотина
mill-hand [ˈmɪlhænd] фабричный (заводской) рабочий
mill-pond [ˈmɪlpɔnd] мельничный пруд; запруда у мельницы
mill-race [ˈmɪlreɪs] мельничный лоток; поток воды, приводящий в движение мельничное колесо
mill-stone [ˈmɪlstoun] жернов; бремя; гнет; груз
mill-wheel [ˈmɪlwiːl] мельничное колесо
milled-head screw [ˈmɪldhedˈskruː] винт с рифленой головкой
millenary [mɪˈlenərɪ] тысячелетняя годовщина; тысячелетний
millennial [mɪˈlenjəl] тысячелетний
millennium [mɪˈlenɪəm] тысячелетие; золотой век
miller [ˈmɪlə] мельник; фрезеровщик; фрезерный станок
millesimal [mɪˈlesɪm(ə)l] тысячный; тысячная часть
millet [ˈmɪlɪt] просо; просяной; из проса
milliner [ˈmɪlɪnə] модистка
millinery [ˈmɪlɪn(ə)rɪ] дамские шляпы; производство дамских шляп; торговля дамскими шляпами
milling [ˈmɪlɪŋ] помол; мукомольный
milling machine [ˈmɪlɪŋməˈʃiːn] фрезерный станок
million [ˈmɪljən] миллион
millionaire [ˌmɪljəˈnɛə] миллионер
millionairess [ˌmɪlɪəˈnɛəres] миллионерша
millionth [ˈmɪlɪənθ] миллионный
millwork [ˈmɪlwəːk] обработанные материалы и изделия для внутренних отделочных работ
millwright [ˈmɪlraɪt] монтажник; сборщик
milord [mɪˈlɔːd] милорд
milt [mɪlt] селезенка; молоки у рыб
mime [maɪm] мим (представление у древних греков и римлян); исполнять роль в пантомиме; имитировать; копировать; передразнивать; подражать
mimeograph paper [ˈmɪmɪəgrɑːfˈpeɪpə] ротаторная бумага
mimetic [mɪˈmetɪk] подражательный; имеющий защитную окраску или форму
mimetism [ˈmɪmɪtɪzm] подражание
mimic [ˈmɪmɪk] подражать; подражательный; переимчивый; ненастоящий; имитатор; мимический актер; пародировать; передразнивать
mimicry [ˈmɪmɪkrɪ] имитирование; мимикрия (биол.)
mimosa [mɪˈmouzə] мимоза
minaret [ˈmɪnəret] минарет (араб.)
minatory [ˈmɪnət(ə)rɪ] угрожающий
minbar [ˈmɪnbɑː] минбар
mince [mɪns] крошить; рубить; смягчать; ослаблять; умерять; успокаивать; измельчать; измельченная ткань; фарш
mincemeat [ˈmɪnsmiːt] начинка из изюма, миндаля, сахара (для пирога)
mincer [ˈmɪnsə] мясорубка
mind [maɪnd] разум; умственные способности; ум; интеллект; психика; психическое действие (здоровье); память; воспоминание; мнение; мысль; взгляд; желание; рассудок; намерение; дух; помнить; заботиться; заниматься чем-либо; смотреть за чем-либо; беречься; воздерживаться; возражать; иметь что-либо против
mind blindness [ˈmaɪndˈblaɪndnɪs] душевная слепота
mind-blowing [ˈmaɪndˈblouɪŋ] невероятный; потрясающий
mind-breaker [ˈmaɪndˌbreɪkə] головоломка; загадка
minded [ˈmaɪndɪd] расположенный; готовый (что-либо сделать)
minder [ˈmaɪndə] человек, присматривающий за чем-либо, заботящийся о ком-либо
mindful [ˈmaɪndful] помнящий; внимательный (к обязанностям); заботливый
mindless [ˈmaɪndlɪs] бессмысленный; глупый
mindset [ˈmaɪndset] отношение
mine [maɪn] принадлежащий мне; мой; моя; мое; рудник; копь; шахта; прииск; залежь; пласт;

мина *(воен.)*; подкоп; источник; заговор; интрига; производить горные работы; разрабатывать рудник; добывать руду; копать под землей; вести подкоп; минировать; ставить мины; зарываться в землю; подкапывать*(ся)*; подрывать

mine barrage ['maɪn|'bæraːʒ] минное заграждение

mine barrier ['maɪn|'bærɪə] минное заграждение

mine belt ['maɪn|belt] полоса минных заграждений

mine car ['maɪn|ka:] вагонетка

mine-detector ['maɪndɪ'tektə] миноискатель *(воен.)*

mine-layer ['maɪn.leɪə] минный заградитель

minecraft ['maɪnkraːft] минный заградитель; минный тральщик

minefield ['maɪnfiːld] минное поле *(воен.)*

minehunter ['maɪn.hʌntə] миноискатель

miner ['maɪnə] горняк; горнорабочий; шахтер; минер

mineral ['mɪn(ə)r(ə)l] минерал; полезные ископаемые; руда; минеральный

mineral resources ['mɪn(ə)r(ə)l|rɪ'sɔːsɪz] минеральные богатства

mineral water ['mɪn(ə)r(ə)l'wɔːtə] минеральная вода

minestrone [,mɪnɪ'strounɪ] мясной или куриный суп с овощами

mingle ['mɪŋgl] смешивать*(ся)*

mingle-mangle ['mɪŋgl'mæŋgl] смесь; всякая всячина; путаница

mini- ['mɪnɪ-] мини- *(указывает на малый размер, малую длину и т. п.)*

mini-skirt ['mɪnɪskəːt] мини-юбка

miniature ['mɪnjətʃə] миниатюра; макет *(модели построек и т. п. в миниатюре)*; малогабаритный; миниатюрный; изображать в миниатюре

miniaturize ['mɪnɪtʃəraɪz] уменьшать размеры

minibus ['mɪnɪbʌs] микроавтобус

minicab ['mɪnɪkæb] такси-малолитражка

minify ['mɪnɪfaɪ] преуменьшать; уменьшать

minikin ['mɪnɪkɪn] маленькая вещь; маленькое существо

minim ['mɪnɪm] половинная нота *(муз.)*

minimal ['mɪnɪml] меньший; минимальный; наименьший; очень маленький

minimize ['mɪnɪmaɪz] доводить до минимума; преуменьшать

minimum ['mɪnɪməm] минимум; минимальное количество; минимальный

minimus ['mɪnɪməs] младший из братьев *(однофамильцев)*, учащихся в одной школе; мизинец

mining ['maɪnɪŋ] горное дело; горная промышленность; разработка месторождений полезных ископаемых; минирование; горный; рудный

minion ['mɪnjən] любимец; фаворит; выдвиженец; креатура; ставленник

minister ['mɪnɪstə] министр; посланник; советник посольства; священник; исполнитель; слуга; служить; помогать; оказывать помощь, содействие; способствовать; совершать богослужение

Minister for Foreign Affairs ['mɪnɪstə|fə|'fɔrɪn|ə'feəz] министр иностранных дел

Minister for Taxation ['mɪnɪstə|fə|tæk'seɪʃən] начальник налогового управления

Minister of Communications ['mɪnɪstər|əv|kə,mjuːnɪ'keɪʃənz] министр связи

Minister of Cultural Affairs ['mɪnɪstər|əv|'kʌltʃərəl|ə'feəz] министр культуры

Minister of Defence ['mɪnɪstər|əv|dɪ'fens] министр обороны

Minister of Economic Affairs ['mɪnɪstər|əv|,iːkə'nɔmɪk|ə'feəz] министр экономики

Minister of Education ['mɪnɪstər|əv|,edju(:)'keɪʃən] министр просвещения

Minister of Energy ['mɪnɪstər|əv|'enəʤɪ] министр энергетики

Minister of Finance ['mɪnɪstər|əv|faɪ'næns] министр финансов

Minister of Housing ['mɪnɪstər|əv|'hauzɪŋ] министр жилищного строительства

Minister of the Interior ['mɪnɪstər|əv|ðə|ɪn'tɪərɪə] министр внутренних дел

ministerial [,mɪnɪs'tɪərɪəl] министерский; правительственный; служебный; вспомогательный; подсобный; исполнительный; административный; подчиненный; пастырский *(церк.)*

ministership ['mɪnɪstəʃɪp] должность министра

ministration [,mɪnɪs'treɪʃ(ə)n] оказание помощи; помощь; богослужение

ministry ['mɪnɪstrɪ] министерство; кабинет министров; правительство; управление; срок пребывания у власти министра *(кабинета)*; функции священника; духовенство; пастырство

Ministry of Cultural Affairs ['mɪnɪstrɪ|əv|'kʌltʃərəl|ə'feəz] министерство культуры

Ministry of Defence ['mɪnɪstrɪ|əv|dɪ'fens] министерство обороны

Ministry of Education ['mɪnɪstrɪ|əv|,edju(:)'keɪʃən] министерство образования

Ministry of Finance ['mɪnɪstrɪ|əv|faɪ'næns] министерство финансов

Ministry of Health ['mɪnɪstrɪ|əv|'helθ] министерство здравоохранения

miniver ['mɪnɪvə] мех горностая

miniweb ['mɪnɪweb] узкоролевая офсетная машина

mink [mɪŋk] норка *(животное и мех)*

minnow ['mɪnou] мелкая рыба; блесна

MIN — MIS

minor ['maɪnə] незначительный; второстепенный; меньший из двух; малый; мелкий; минорный *(муз.)*; грустный; несовершеннолетний
minor burn ['maɪnə'bəːn] поверхностный ожог
minor component ['maɪnəkəm'pounənt] второстепенный компонент
minor diameter ['maɪnədaɪ'æmɪtə] внутренний диаметр резьбы
minor larceny ['maɪnə'laːsnɪ] мелкая кража
minor offence ['maɪnərə'fens] мелкое правонарушение
minority [maɪ'nɔrɪtɪ] меньшинство; меньшее число; меньшая часть; малолетство; несовершеннолетие
minority opinion [maɪ'nɔrɪtɪə'pɪnjən] мнение меньшинства
minster ['mɪnstə] монастырская церковь; кафедральный собор
minstrel ['mɪnstr(ə)l] менестрель; поэт; певец
minstrelsy ['mɪnstr(ə)lsɪ] искусство менестрелей; менестрели; поэзия, песни менестрелей
mint [mɪnt] мята; монетный двор; большая сумма; большое количество; источник; начало; первопричина; происхождение; новый, только что выпущенный в свет; чеканить *(монету)*; создавать *(новое слово, выражение)*; выдумывать
mintage ['mɪntɪdʒ] чеканка *(монеты)*; монеты одного выпуска; отпечаток *(на монете)*; изобретение; создание
minuend ['mɪnjuend] уменьшаемое
minuet [ˌmɪnju'et] менуэт
minus ['maɪnəs] без; лишенный *(чего-либо)*; знак минуса; отрицательная величина *(мат.)*; отрицательный
minute ['mɪnɪt] — *сущ., гл.* [maɪ'njuːt] — *прил.* минута; мгновение; миг; момент; протокол *(заседания)*; рассчитывать время по минутам; набросок; памятная записка; вести протокол; мелкий; мельчайший; маленький; небольшой; незначительный; детальный; доскональный; подробный
minute account [maɪ'njuːtə'kaunt] подробный отчет
minute-book ['mɪnɪtbuk] журнал заседаний
minute-glass ['mɪnɪtglaːs] минутные песочные часы
minute-hand ['mɪnɪthænd] минутная стрелка
minutely ['mɪnɪtlɪ][maɪ'njuːtlɪ] ежеминутный; ежеминутно; подробно; точно
minuteness [maɪ'njuːtnɪs] малость; незначительность; несерьезность; детальность; точность
minutes of the court ['mɪnɪtsəvðə'kɔːt] судебный протокол
minx [mɪŋks] дерзкая девчонка; шалунья; кокетка

miracle ['mɪrəkl] чудо; удивительная вещь; выдающееся событие
miraculous [mɪ'rækjuləs] чудотворный; чудодейственный; сверхъестественный; изумительный; поразительный; удивительный
mirage ['mɪrɑːʒ] мираж
mire ['maɪə] топь; трясина; болото; грязь; завязнуть в грязи, в трясине; обрызгать грязью; втянуть *(во что-либо)*
miriness ['maɪərɪnɪs] болотистость; топкость
mirror ['mɪrə] зеркало; зеркальная поверхность; изображение; отображение; представление; воспроизводить; воссоздавать; отображать; отражать
mirror carp ['mɪrə'kɑːp] зеркальный карп
mirror-inverted ['mɪrəɪn'vəːtɪd] перевернутое изображение; зеркальное отражение
mirth [məːθ] веселье; радость
mirthful ['məːθful] веселый; оживленный; радостный; развеселый
mirthless ['məːθlɪs] безрадостный; грустный; невеселый
miry ['maɪərɪ] топкий; грязный; запачканный; немытый; загрязненный
mis- [mɪs-] *присоединяется к глаголам и отглагольным существительным; придавая значение* неправильно; ложно
mis-shapen ['mɪs'ʃeɪp(ə)n] деформированный; уродливый
mis-spell ['mɪs'spel] делать орфографические ошибки; писать с орфографическими ошибками
mis-spend ['mɪs'spend] неразумно, зря тратить
mis-spent ['mɪs'spent] растраченный впустую
mis-state ['mɪs'steɪt] делать неправильное, ложное заявление
mis-step [ˌmɪs'step] ложный шаг; оплошность; ошибка; оступиться
misadjust [ˌmɪsə'dʒʌst] неправильно *(неточно)* регулировать
misadventure ['mɪsəd'ventʃə] несчастье; несчастный случай
misadvise ['mɪsəd'vaɪz] давать плохой *(неправильный)* совет
misalignment [ˌmɪsə'laɪnmənt] отклонение; несовпадение; смещение; разрегулировка
misanthrope ['mɪz(ə)nθroup] мизантроп; человеконенавистник
misanthropic(al) [ˌmɪz(ə)n'θrɔpɪk(əl)] бесчеловечный; жестокий
misapplication ['mɪsæplɪ'keɪʃ(ə)n] неправильное использование; злоупотребление; растрата
misapply ['mɪsə'plaɪ] неправильно использовать; злоупотреблять; растрачивать
misapprehend ['mɪsˌæprɪ'hend] неправильно понимать

misapprehension [ˌmɪs̩ˌærɡɪ'henʃ(ə)n] неправильное представление *(понимание)*; недоразумение

misappropriate [ˌmɪsə'prouprɪeɪt] незаконно присвоить; расточить; растратить

misbecome [ˌmɪsbɪ'kʌm] не подходить; не приличествовать

misbegotten [ˌmɪsbɪˌɡɔtn] рожденный вне брака

misbehave [ˌmɪsbɪ'heɪv] дурно вести себя

misbehaviour [ˌmɪsbɪ'heɪvjə] недостойное поведение; проступок

misbelief [ˌmɪsbɪ'liːf] ложное мнение; заблуждение; ересь

misbelieve [ˌmɪsbɪ'liːv] заблуждаться; впадать в ересь

misbeliever [ˌmɪsbɪ'liːvə] еретик

misbirth [ˌmɪs'bəːθ] аборт; выкидыш

miscalculate [ˌmɪs'kælkjuleɪt] просчитываться

miscalculation [ˌmɪsˌkælkju'leɪʃ(ə)n] ошибка в расчете; просчет

miscall [mɪs'kɔːl] неверно называть; обзывать бранными словами

miscarriage [ˌmɪs'kærɪʤ] неудача; крах; ошибка; поражение; правонарушение; недоставка по месту назначения; преждевременные роды

miscarry [mɪs'kærɪ] *(по)*терпеть неудачу; не доходить по адресу

miscast [mɪs'kɑːst] поручать актеру неподходящую роль; неправильно распределять роли

miscegenation [ˌmɪsɪʤɪ'neɪʃ(ə)n] смешанный брак; расовое кровосмешение

miscellanea [ˌmɪsə'leɪnɪə] литературная смесь; разное *(рубрика)*; альманах; сборник

miscellaneous [ˌmɪsɪ'leɪnjəs] смешанный; разнообразный; составной; многообразный; разносторонний

miscellaneous asset [ˌmɪsɪ'leɪnjəsˌæset] прочее имущество

miscellany [mɪ'selənɪ] смесь; состав; альманах; сборник

mischance [mɪs'ʧɑːns] неудача; несчастный случай

mischief [ˌmɪstʃɪf] вред; повреждение; убыток; ущерб; беда; зло; озорство; проказы

mischief-maker [ˌmɪstʃɪfˌmeɪkə] заговорщик; интриган; смутьян

mischievous [ˌmɪstʃɪvəs] озорной; непослушный; вредный; злобный

miscognizant [ˌmɪs'kɔɡnɪzənt] неосведомленный о чем-либо

miscomprehension [ˌmɪsˌkɔmprɪ'henʃ(ə)n] недоразумение

misconceive [ˌmɪskən'siːv] неправильно понять; иметь неправильное представление

misconception [ˌmɪskən'sepʃ(ə)n] неправильное представление; недоразумение; ошибка; путаница

misconduct [mɪs'kɔndəkt] — *сущ.* [ˌmɪskən'dʌkt] — *гл.* дурное поведение; проступок; супружеская неверность; плохое исполнение своих обязанностей; должностное преступление; неправильный образ жизни; дурно себя вести; плохо исполнять свои обязанности; изменять *(жене, мужу)*; вести неправильный образ жизни

misconduct in office [mɪs'kɔndəkt|ɪn|'ɔfɪs] нарушение служебных обязанностей

misconstruction [ˌmɪskəns'trʌkʃən] неправильное толкование

misconstrue [ˌmɪskən'struː] неправильно толковать

miscount [ˌmɪs'kaunt] ошибка в счете; неверный счет

miscreant [ˌmɪskrɪənt] злодей; негодяй; испорченный; развращенный

miscreated [ˌmɪskrɪ(ː)'eɪtɪd] уродливый; уродливо сложенный

misdealing [ˌmɪs'diːlɪŋ] нечестный поступок; беспринципное поведение

misdeed [ˌmɪs'diːd] преступление; злодеяние; нарушение; правонарушение; оплошность; ошибка; промах; просчет; проступок

misdeem [mɪs'diːm] неправильно судить; составить неправильное мнение

misdelivery [ˌmɪsdɪ'lɪvərɪ] ошибочная доставка

misdescription [ˌmɪsdɪs'krɪpʃən] неправильное обозначение *(описание)*

misdirect [ˌmɪsdɪ'rekt] неверно, неправильно направлять; адресовать неправильно

misdirection [ˌmɪsdɪ'rekʃ(ə)n] неправильное указание *(руководство)*

misdoing [ˌmɪs'duː(ː)ɪŋ] оплошность; ошибка; промах; просчет; злодеяние; правонарушение; преступление

misdoubt [ˌmɪs'daut] сомневаться; подозревать; иметь дурные предчувствия

miser [ˌmaɪzə] скряга; скупец; бур

miserable [ˌmɪz(ə)r(ə)bl] жалкий; несчастный; печальный *(о новостях, событиях)*; убогий

miserably [ˌmɪz(ə)r(ə)blɪ] несчастно; весьма; очень; сильно; ужасно

miserliness [ˌmaɪzəlɪnɪs] жадность; прижимистость

miserly [ˌmaɪzəlɪ] скаредный; скупой

misery [ˌmɪzərɪ] страдание; невзгоды; несчастья; бедность; нищета

misfire [ˌmɪs'faɪə] осечка; пропуски зажигания; перебои в зажигании; давать осечку; не взрываться

misfiring [ˌmɪs'faɪərɪŋ] пропуск зажигания

misfit ['mɪsfɪt] плохо сидящее платье; что-либо неудачное, неподходящее; человек, плохо приспособленный к окружающим условиям; неприспособленный к жизни человек; неудачник

misfortune [mɪs'fɔːtʃ(ə)n] беда; неудача; несчастье; несчастный случай

misgive [mɪs'gɪv] внушать недоверие, опасения, дурные предчувствия

misgovern ['mɪs'gʌvən] плохо управлять

misguide ['mɪs'gaɪd] неправильно направлять; вводить в заблуждение

mishandle ['mɪs'hændl] плохо обращаться; плохо управлять

mishap ['mɪshæp] крах; несчастье; неудача; поражение

mishear ['mɪs'hɪə] ослышаться

mishmash ['mɪʃmæʃ] беспорядок; мешанина; путаница; смесь

misinform ['mɪsɪn'fɔːm] вводить в заблуждение

misinformation ['mɪsˌɪnfə'meɪʃ(ə)n] дезинформация; ложь; неправда

misinterpret ['mɪsɪn'təːprɪt] неверно истолковывать

misjudge ['mɪs'dʒʌdʒ] составить себе неправильное суждение; недооценивать

mislay [mɪs'leɪ] положить не на место; заложить; затерять

mislead [mɪs'liːd] вводить в заблуждение; сбивать с пути; толкать на дурной путь

misleading [mɪs'liːdɪŋ] вводящий в заблуждение; обманчивый

mismanage ['mɪs'mænɪdʒ] плохо управлять (чем-либо); портить

mismatch ['mɪsmætʃ] — *сущ.* ['mɪs'mætʃ] — *гл.* плохое сочетание; несоответствие; неудачный подбор; не подходить; не сочетаться

misname ['mɪs'neɪm] неверно называть

misnomer [mɪs'noumə] неправильное употребление термина

misogynist [maɪ'sɔdʒɪnɪst] женоненавистник

misplace ['mɪs'pleɪs] положить, поставить не на место

misplug ['mɪs'plʌg] неправильно присоединять (подключать)

misprint [mɪs'prɪnt] опечатка; описка; типографская ошибка; напечатать неправильно; сделать опечатку

misprize [mɪs'praɪz] недооценивать; преуменьшать

mispronounce ['mɪsprə'nauns] неправильно произносить

misquote ['mɪs'kwout] неправильно цитировать

misread ['mɪs'riːd] (про)читать неправильно; неправильно истолковывать

misrepresent ['mɪsˌreprɪ'zent] представлять в ложном свете; искажать факты

misrepresentation ['mɪsˌreprɪzen'teɪʃən] введение в заблуждение

misrule ['mɪs'ruːl] беспорядок; плохо управлять

miss [mɪs] осечка; промах; отсутствие; потеря (чего-либо); промахнуться; не достичь цели; упустить; пропустить; не заметить; не услышать; пропускать; делать перебои; не посетить; скучать; избежать; мисс; барышня

missal ['mɪs(ə)l] служебник (католический)

missel ['mɪz(ə)l] деряба (птица)

misshapen ['mɪs'ʃeɪpən] уродливый

missile ['mɪsaɪl] реактивный снаряд; ракета; метательный снаряд; реактивный; ракетный; метательный

missile base ['mɪsaɪl|'beɪs] ракетная база

missile director ['mɪsaɪl|dɪ'rektə] пульт управления ракетами

missile weapon ['mɪsaɪl|'wepən] ракетное оружие

missilery ['mɪsaɪlərɪ] ракетная техника; ракетостроение

missing ['mɪsɪŋ] недостающий; отсутствующий; без вести пропавший; безвестно отсутствующий

missing person ['mɪsɪŋ|'pəːsn] пропавший без вести

mission ['mɪʃ(ə)n] миссия; делегация; поручение; командировка; представительство; призвание; цель (жизни); миссионерская деятельность; миссионерский; посылать с поручением; вести миссионерскую работу; отправлять в командировку

missionary ['mɪʃnərɪ] миссионер; проповедник; посланец; посланник; посол; миссионерский

missis ['mɪsɪz] миссис; хозяйка

missive ['mɪsɪv] официальное письмо, послание

misspelling ['mɪs'spelɪŋ] орфографическая ошибка

mist [mɪst] туман; дымка; мгла; застилать туманом; затуманивать(ся); напылять; распылять

mist eliminator ['mɪst|ɪ'lɪmɪneɪtə] брызгоуловитель

mist sprayer ['mɪst|'spreɪə] распылитель

mistake [mɪs'teɪk] просчет; погрешность; ошибка; заблуждение; недоразумение; ошибаться; неправильно понимать; заблуждаться; принять кого-либо за другого или что-либо за другое

mistaken [mɪs'teɪk(ə)n] ложный; неправильный; ошибочный; неподходящий; несвоевременный; неуместный; заблуждающийся; ошибающийся

mistaken belief [mɪs'teɪk(ə)n|bɪ'liːf] ошибочное мнение; ошибочное убеждение, предположение

mistakenly [mɪs'teɪk(ə)nlɪ] ошибочно; неуместно

mister ['mɪstə] мистер; господин

mistime ['mɪs'taɪm] сделать (сказать) не вовремя, некстати; не попадать в такт; неправильно рассчитать время

mistiming ['mɪs'taɪmɪŋ] расхождение во времени; рассинхронизация

mistiness ['mɪstɪnɪs] туманность

misting ['mɪstɪŋ] разбрызгивание

mistranslate ['mɪstræns'leɪt] неправильно перевести

mistreat ['mɪs'tri:t] быть несправедливым (к кому-либо); приписывать дурные побуждения (кому-либо); плохо обращаться; ненадлежащим образом

mistress ['mɪstrɪs] хозяйка (дома); миссис; госпожа; учительница

mistrust [mɪs'trʌst] недоверие; подозрение; сомнение; не доверять; подозревать; сомневаться

mistrustful ['mɪs'trʌstful] недоверчивый; подозрительный

misty ['mɪstɪ] туманный; неопределенный; неотчетливый; неясный; смутный; затуманенный (слезами); мглистый

misty-eyed ['mɪstɪaɪd] сентиментальный до слез

misunderstand ['mɪsʌndə'stænd] неправильно понять

misunderstanding ['mɪsʌndə'stændɪŋ] неправильное понимание; недоразумение; ошибка; путаница; размолвка; распря; ссора

misuse ['mɪs'ju:s] — сущ. ['mɪs'ju:z] — гл. неправильное употребление; плохое обращение; злоупотребление; неправильно употреблять; дурно обращаться; злоупотреблять

miswording ['mɪs'wɜ:dɪŋ] неправильная формулировка

mite [maɪt] грош; полушка; скромная доля; лепта; маленькая вещь (существо); клещ

mitigate ['mɪtɪgeɪt] смягчать; уменьшать; умерять (жар, пыл); облегчать (боль)

mitigation [,mɪtɪ'geɪʃ(ə)n] смягчение; уменьшение

mitigatory ['mɪtɪgeɪtərɪ] смягчающий; успокоительный

mitosis [maɪ'tousi:z] непрямое деление ядра

mitre ['maɪtə] митра (церк.); епископский сан

mitre valve ['maɪtə|vælv] конический клапан

mitsukurina акула

mitt [mɪt] митенка (дамская перчатка без пальцев); боксерские перчатки; рука; кулак

mitten ['mɪtn] рукавица; варежка; латная перчатка

mix [mɪks] перемешивание; смешивание; смесь; состав смеси; беспорядок; беспорядочность; непорядок; путаница; мешать; примешивать; смешивать; сочетать(ся); общаться; вращаться (в обществе); сходиться; приготавливать смесь; смешивать

mix-up ['mɪks'ʌp] беспорядок; неразбериха; путаница; потасовка

mixed [mɪkst] перемешанный; смешанный; неодинаковый; разнородный; разный

mixed arbitration ['mɪkst|,ɑ:bɪ'treɪʃən] смешанный арбитраж (по вопросам факта и права)

mixed bad ['mɪkst|'bæd] нечто неоднородное (по качеству)

mixed wood ['mɪkst|'wud] смешанный лес

mixer ['mɪksə] смеситель; мешалка; миксер; общительный человек; электромиксер

mixing ['mɪksɪŋ] смешение

mixing chamber ['mɪksɪŋ|'tʃeɪmbə] смесительная камера

mixture ['mɪkstʃə] перемешивание; смешивание; смешение; смесь; состав; микстура

mizzle ['mɪzl] изморось

moan [moun] стон; стонать; оплакивать; жаловаться

moat [mout] ров (с водой); обносить рвом

mob [mɔb] сборище; толпа; мафия; толпиться; нападать толпой; окружать

mob law ['mɔb|lɔ:] самосуд

mobile ['moubaɪl] мобильный; движущийся; живой; подвижный; передвижной

mobile bank ['moubaɪl|'bæŋk] передвижной банк

mobile phone ['moubaɪl|'foun] мобильный телефон

mobility [mou'bɪlɪtɪ] подвижность; маневренность; мобильность; непостоянство; изменчивость; движимое имущество (юр.)

mobilization [,moubɪlaɪ'zeɪʃ(ə)n] мобилизация; призыв

mobilize ['moubɪlaɪz] мобилизовать(ся); (с)делать подвижным; пускать (деньги) в обращение

mobster ['mɔbstə] бандит; гангстер

mocassin ['mɔkəsɪn] мокасин

mock [mɔk] осмеяние; насмешка; посмешище; подражание; имитация; подделка; поддельный; фальшивый; фиктивный; притворный; мнимый; искусственный; ложный; притворный; насмехаться; высмеивать; осмеивать; передразнивать; пародировать; сводить на нет (усилия); делать бесполезным, бесплодным

mock marriage ['mɔk|'mærɪdʒ] фиктивный брак

mock-up ['mɔkʌp] макет (модель) в натуральную величину

mockery ['mɔkərɪ] издевательство; осмеяние; насмешка; пародия; посмешище; бесплодная попытка

mod [mɔd] ультрасовременный

MOD — MOI

modal ['moudl] касающийся формы *(а не существа)*; модальный *(линг.)*; относящийся к тональности *(муз.)*; ладовый

modality [mou'dælɪtɪ] модальность

mode [moud] метод; методика; способ; средство; образ; вид; конструкция; очертание; форма; мода; обыкновение; обычай; привычка; лад *(муз.)*; тональность; режим

mode of payment ['moud|əv|'peɪmənt] форма платежа

mode of production ['moud|əv|prə'dʌkʃən] способ производства

mode of working ['moud|əv|'wə:kɪŋ] рабочий режим

model ['mɔdl] модель; макет; шаблон; точная копия; образец; эталон; натурщик; натурщица; манекен; живая модель; образцовый; примерный; типовой; моделировать; лепить; оформлять; создавать по образцу *(чего-либо)*

model law ['mɔdl|'lɔ:] типовой закон

modeller ['mɔdlə] лепщик модели

modelling ['mɔdlɪŋ] моделирование

modelling plastilina ['mɔdlɪŋ|ˌplɑ:stɪ'li:nə] пластилин

modem ['moudem] модем

moderate ['mɔd(ə)rɪt] — *сущ., прил.* ['mɔdəreɪt] — *гл.* выдержанный *(о человеке)*; сдержанный; средний; посредственный *(о качестве)*; небольшой *(о количестве, силе)*; здравый; трезвый *(о мнении, точке зрения)*; умерять; ослаблять; смягчать; становиться умеренным; стихать *(о ветре)*; председательствовать; посредничать

moderate burn ['mɔd(ə)rɪt|'bə:n] ожог средней степени тяжести; ожог второй степени

moderation [ˌmɔdə'reɪʃ(ə)n] умеренность; сдержанность; сдерживание; регулирование; регулировка; выдержка; ровность *(характера)*

moderator ['mɔdəreɪtə] арбитр; посредник; регулятор; председатель собрания; ведущий беседу, дискуссию и т. п. по телевидению

modern ['mɔd(ə)n] современный; недавний; новейший; новый; человек нового времени

modern history ['mɔd(ə)n|'hɪstərɪ] новая история

modern law ['mɔd(ə)n|lɔ:] действующее право

modern school ['mɔd(ə)n|sku:l] школа без преподавания классических языков

modern-day [ˌmɔdən'deɪ] недавний; новый; современный

modernism ['mɔdənɪzm] модернизм; новейшие течения; неологизм *(линг.)*

modernity [mɔ'də:nɪtɪ] современность; современный характер

modernize ['mɔdənaɪz] преобразовать; усовершенствовать

modest ['mɔdɪst] скромный; умеренный; благопристойный; сдержанный

modest behaviour ['mɔdɪst|bɪ'heɪvjə] скромное поведение

modesty ['mɔdɪstɪ] скромность; умеренность; благопристойность; сдержанность

modicum ['mɔdɪkəm] очень малое количество; небольшие средства

modifiable ['mɔdɪfaɪəbl] поддающийся изменению

modification [ˌmɔdɪfɪ'keɪʃ(ə)n] видоизменение; изменение; вариация; модификация; поправки; незначительные отклонения

modificatory ['mɔdɪfɪkeɪtərɪ] видоизменяющий; меняющий

modified offset ['mɔdɪfaɪd|'ɔ:fset] модифицированное смещение

modifier ['mɔdɪfaɪə] атрибут; модификатор

modify ['mɔdɪfaɪ] видоизменять; модифицировать; смягчать; ослаблять; умерять; определять *(грам.)*

modish ['moudɪʃ] модный; гоняющийся за модой

modiste [mou'di:st] портниха; модистка

modular ['mɔdjulə] модульный

modularity [ˌmɔdju'lærɪtɪ] модульность; модульный принцип *(организации)*

modulate ['mɔdjuleɪt] модулировать; переходить из одной тональности в другую

modulation [ˌmɔdju'leɪʃ(ə)n] модуляция

module ['mɔdju:l] модуль; модульный отсек, блок; автономный отсек *(космического корабля)*; узел; унифицированный элемент

modulus ['mɔdjuləs] математический модуль; основание системы счисления; показатель степени; коэффициент

modus ['moudəs] метод; методика; способ

mohair ['mouhɛə] шерсть ангорской козы; мохер

Mohammedan [mou'hæmɪd(ə)n] магометанский; мусульманский; магометанин; мусульманин; магометанка; мусульманка

moiety ['mɔɪətɪ] половина; доля; часть

moil [mɔɪl] тяжелая работа; путаница; беспорядок; неразбериха; пятно; пачкать; кирка

moiré [mwɑ:] муар

moiré pattern ['mwɑ:reɪ|'pætən] муаровый узор

moist [mɔɪst] сырой; влажный; мокрый; дождливый

moisten ['mɔɪsn] увлажнять; мочить; смачивать; становиться мокрым, сырым; увлажняться

moistening ['mɔɪsnɪŋ] увлажнение

moisture ['mɔɪstʃə] влажность; сырость

moisture capacity ['mɔɪstʃə|kə'pæsɪtɪ] влагоемкость

moisture content of paper ['mɔɪstʃə|'kɔntent|əv|'peɪpə] влажность бумаги

moisture of condensation ['mɔɪstʃər|əv|ˌkɔnden'seɪʃən] конденсат

moisture penetration ['mɔɪstʃəˌpenɪ'treɪʃən] проникновение влаги

moisture trap ['mɔɪstʃə|træp] влагоотделитель

moisture-loving ['mɔɪstʃə'lʌvɪŋ] влаголюбивый

moisture-proof ['mɔɪstʃəpruːf] влагостойкий; влагонепроницаемый

moisture-resistant ['mɔɪstʃərɪ'zɪstənt] влагостойкий

moisturize ['mɔɪstʃəraɪz] мочить; смачивать; увлажнять

molar ['moulə] коренной зуб; главный; коренной; основной

molar tooth ['moulə|'tuːθ] коренной зуб

mold (mould) [mould] плесень; перегной; вылеплять муляж, слепок; гнить; разлагаться

moldy ['mouldɪ] плесневый; заплесневелый

mole [moul] родинка; крот; копать; рыть *(под землей)*; мол; дамба; запруда; плотина

mole-eyed ['moulaɪd] подслеповатый

molecular level [mou'lekjulə|'levl] молекулярный уровень

molecule ['mɔlɪkjuːl] молекула

molest [mou'lest] приставать; досаждать; докучать; учинить хулиганскую выходку; покушаться на растление малолетнего

molestation [ˌmoules'teɪʃ(ə)n] назойливость; приставание; досаждение; покушение на растление

molestful [mou'lestful] надоедливый; назойливый

mollification [ˌmɔlɪfɪ'keɪʃ(ə)n] смягчение; успокоение

mollify ['mɔlɪfaɪ] ослаблять; смягчать; успокаивать

molly ['mɔlɪ] большая корзина *(для фруктов и т. п.)*

molt [moult] линька; линять

molten ['moult(ə)n] расплавленный; литой

molten iron ['moult(ə)n|'aɪən] жидкий чугун

molting ['moultɪŋ] линька

moment ['moumənt] мгновение; миг; минута; момент; важность; значение; значимость; значительность

momentarily ['moumənt(ə)rɪlɪ] на мгновение; немедленно; ежеминутно

momentary ['moumənt(ə)rɪ] мгновенный; молниеносный; моментальный; временный; кратковременный; недолговечный

momently ['mouməntlɪ] с минуты на минуту; ежеминутно; на мгновение

momentous [mou'mentəs] важный; имеющий важное значение

momentum [mou'mentəm] импульс

momentum transfer [mou'mentəm|'trænsfəː] передача импульса

monac(h)al ['mɔnək(ə)l] монастырский; монашеский

monanthous одноцветковый

monarch ['mɔnək] король; монарх

monarchic(al) [mɔ'naːkɪk(əl)] монархический

monarchist ['mɔnəkɪst] монархист

monarchy ['mɔnəkɪ] монархия

monastery ['mɔnəst(ə)rɪ] *(мужской)* монастырь

monastic [mə'næstɪk] монастырский; монашеский; монах

Monday ['mʌndɪ] понедельник

mondial ['mɔndɪəl] всемирный; международный; мировой

monetary ['mʌnɪt(ə)rɪ] монетный; монетарный; денежный; валютный

monetary agreement ['mʌnɪt(ə)rɪ|ə'griːmənt] валютное соглашение

monetary allowance ['mʌnɪt(ə)rɪ|ə'lauəns] денежное пособие

monetary barriers ['mʌnɪt(ə)rɪ|'bærɪəz] денежные барьеры

monetary credit ['mʌnɪt(ə)rɪ|'kredɪt] денежный кредит

monetary damage ['mʌnɪt(ə)rɪ|'dæmɪʤ] денежный ущерб

monetary debt ['mʌnɪt(ə)rɪ|'det] денежная задолженность

monetary deficit ['mʌnɪt(ə)rɪ|'defɪsɪt] валютный дефицит

monetary exchange ['mʌnɪt(ə)rɪ|ɪks'tʃeɪnʤ] валютная биржа

monetary reserve ['mʌnɪt(ə)rɪ|rɪ'zəːv] валютный запас

monetary symbol ['mʌnɪt(ə)rɪ|'sɪmbəl] денежный знак

monetary unit ['mʌnɪt(ə)rɪ|'juːnɪt] денежная единица

monetize ['mʌnɪtaɪz] избирать *(металл)* как основу денежной системы; перечеканивать в монету; пускать *(деньги)* в обращение

money ['mʌnɪ] деньги; средство обращения; финансы; монетные системы; валюты; денежная сумма; выигрыш *(на скачках)*

money accumulation ['mʌnɪ|əˌkjuːmju'leɪʃən] накопление денег

money advance ['mʌnɪ|əd'vaːns] денежная ссуда

money allowance ['mʌnɪ|ə'lauəns] денежное пособие

money circulation ['mʌnɪˌsəːkjuˈleɪʃən] денежное обращение

money troubles ['mʌnɪˌtrʌblz] денежные затруднения; финансовые затруднения

money-box ['mʌnɪbɔks] копилка

money-lender ['mʌnɪˌlendə] заимодатель

money-market ['mʌnɪˌmɑːkɪt] кредитный рынок

moneyed ['mʌnɪd] богатый; денежный; монетарный

moneyless ['mʌnɪlɪs] не имеющий денег; нуждающийся в деньгах; безденежный

moneywort ['mʌnɪwəːt] вербейник

monger ['mʌŋgə] продавец; торговец

mongoose ['mɔŋguːs] мангуст (зоол.)

mongrel ['mʌŋgr(ə)l] нечистокровный; смешанный; составной

monition [mouˈnɪʃ(ə)n] наставление; назидание; поучение; предостережение; вызов в суд; увещевание

monitor ['mɔnɪtə] наставник; советник; старший ученик, наблюдающий за порядком в младшем классе; староста класса; монитор; варан (биол.); консультировать; наставлять; рекомендовать; советовать; вести радиоперехват

monitor lizard ['mɔnɪtəˈlɪzəd] варан

monitorial [ˌmɔnɪˈtɔːrɪəl] назидательный; наставительный; входящий в обязанности старосты

monitoring ['mɔnɪt(ə)rɪŋ] контроль; наблюдение; слежение; мониторинг

monitory ['mɔnɪt(ə)rɪ] предостерегающий; увещевательное послание (церк.)

monk [mʌŋk] монах; морской черт (ихт.)

monkery ['mʌŋkərɪ] монастырская жизнь; монашество; монахи; монашество

monkey ['mʌŋkɪ] обезьяна; подшучивать; забавляться

monkey spanner ['mʌŋkɪˈspænə] разводной ключ

monkey tricks ['mʌŋkɪˌtrɪks] проказы; шалости

monkey-bread ['mʌŋkɪbred] баобаб (дерево); плод баобаба

monkey-bread tree ['mʌŋkɪbredˈtriː] баобаб

monkey-jacket ['mʌŋkɪˌdʒækɪt] короткая матросская куртка; бушлат

monkey-nut ['mʌŋkɪnʌt] земляной орех; арахис

monkeyish ['mʌŋkɪɪʃ] обезьяний; шаловливый

monkhood ['mʌŋkhud] монашество

monkish ['mʌŋkɪʃ] монашеский

mono- ['mɔnou-] в сложных словах моно-; одно-; едино-

monochrome ['mɔnəkroum] однокрасочное изображение; черно-белая иллюстрация; монотонный; монохромный; однокрасочный

monochrome picture ['mɔnəkroumˈpɪktʃə] черно-белое изображение

monocle ['mɔnɔkl] монокль

monocracy [mɔˈnɔkrəsɪ] единовластие; единодержавие

monocular [mɔˈnɔkjulə] монокулярный; одноглазый

monody ['mɔnədɪ] ода для одного голоса (в древнегреческой трагедии); погребальная песнь

monogamist [mɔˈnɔgəmɪst] сторонник единобрачия

monogamy [mɔˈnɔgəmɪ] единобрачие; моногамия

monogram ['mɔnəgræm] монограмма

monograph ['mɔnəgrɑːf] монография; писать монографию

monolingual [ˌmɔnouˈlɪŋgwəl] одноязычный

monolith ['mɔnoulɪθ] монолит

monolithic [ˌmɔnouˈlɪθɪk] единый; целый

monologue ['mɔnəlɔg] монолог

monoplane ['mɔnoupleɪn] моноплан

monopolist [məˈnɔpəlɪst] монополист; сторонник системы монополий

monopoly [məˈnɔpəlɪ] монополия

monorail ['mɔnoureɪl] монорельсовая железная дорога; однорельсовая подвесная железная дорога

monosyllable ['mɔnəˌsɪləbl] односложное слово

monotint ['mɔnətɪnt] рисунок, гравюра в одну краску

monotone ['mɔnətoun] монотонность; однообразие; однообразность; монотонное чтение; говорить, читать или петь монотонно

monotonous [məˈnɔtnəs] монотонный; однообразный

monotony [məˈnɔtnɪ] однообразие; однообразность; скука

monsieur [məˈsjəː] владыка; властелин; господин; мосье

monsoon [mɔnˈsuːn] муссон; дождливый сезон

monster ['mɔnstə] чудовище; урод; гигантский; громадный; исполинский; обширный

monstrosity [mɔnsˈtrɔsɪtɪ] чудовищность; уродство; чудовище; уродливая вещь; уродливость

monstrous ['mɔnstrəs] зловещий; чудовищный; уродливый; безобразный; гигантский; громадный; исполинский

montage [mɔnˈtɑːʒ] монтаж (кино); фотомонтаж; калейдоскоп

montane ['mɔnteɪn] гористый; горный (о жителях)

month [mʌnθ] месяц

monthly ['mʌnθlɪ] (еже)месячный; ежемесячно; раз в месяц; ежемесячный журнал

monthly income ['mʌnθlɪˈɪnkəm] месячный доход

monthly wage [ˈmʌnθlɪˈweɪdʒ] месячное жалованье

monticule [ˈmɔntɪkjuːl] холмик

monument [ˈmɔnjumənt] памятник; монумент

monumental [ˌmɔnjuˈmentl] увековечивающий; монументальный; изумительный; необычайный; ошеломительный

monumentalize [ˌmɔnjuˈmentəlaɪz] увековечивать

mood [muːd] настроение; расположение духа; наклонение; лад; тональность

moody [ˈmuːdɪ] легко поддающийся переменам настроения, унылый; угрюмый; в дурном настроении

moon [muːn] луна; спутник *(планеты)*; лунный месяц; лунный свет; бродить, двигаться, действовать как во сне; проводить время в мечтаниях

moon rover [ˈmuːnˈrouvə] луноход

moon shot [ˈmuːnʃɔt] полет на Луну

moonbeam [ˈmuːnbiːm] полоса лунного света

moonfaced [ˈmuːnfeɪst] круглолицый

moonlight [ˈmuːnlaɪt] лунный свет; работать по совместительству

moonscape [ˈmuːnskeɪp] лунный ландшафт

moonshine [ˈmuːnʃaɪn] лунный свет; фантазия; вздор

moony [ˈmuːnɪ] похожий на луну; круглый; рассеянный; мечтательный; апатичный; нечувствительный

Moor [muə] марокканец; мавр

moor [muə] болото; вереск обыкновенный; участок для охоты; причалить; пришвартовать*(ся)*; стать на якорь

moorage [ˈmuərɪdʒ] место причала; плата за стоянку судна

moorfowl [ˈmuəfaul] болотная дичь

mooring [ˈmuərɪŋ] пристань; причал; постановка корабля на якорь *(мор.)*; швартовка

Moorish [ˈmuərɪʃ] мавританский

moory [ˈmuərɪ] болотистый

moose [muːs] американский лось

moot [muːt] дискуссионный; неясный; спорный; ставить на обсуждение; обсуждать

mooter [ˈmuːtə] участник юридического диспута

mop [mɔp] швабра; космы; копна *(волос)*; мыть пол шваброй; подтирать; вытирать *(слезы, пот)*

mope [moup] хандра; хандрить; быть в подавленном состоянии

mope-eyed [ˈmoupaɪd] близорукий

mopish [ˈmoupɪʃ] унылый

moppet [ˈmɔpɪt] ребенок *(ласково)*; малютка

moral [ˈmɔr(ə)l] мораль; назидание; нравы; нравственность; личное неимущественное право; моральный; нравственный; менторский; наставнический; нравоучительный; высоконравственный; добродетельный

moral code [ˈmɔr(ə)lˈkoud] моральный кодекс

moral damage [ˈmɔr(ə)lˈdæmɪdʒ] моральный ущерб

moral taint [ˈmɔr(ə)lˈteɪnt] аморальность; безнравственность

moral turpitude [ˈmɔr(ə)lˈtəːpɪtjuːd] аморальность; низменность; развращенность; порочность

morale [mɔˈrɑːl] моральное состояние; боевой дух

moralist [ˈmɔrəlɪst] моралист; добродетельный, высоконравственный человек

morality [məˈrælɪtɪ] мораль; нравственность; этика; основы морали

moralize [ˈmɔrəlaɪz] морализировать; извлекать мораль, урок; поучать; исправлять нравы

morally [ˈmɔrəlɪ] морально; нравственно; в нравственном отношении; добродетельно; по всей видимости; в сущности; фактически

morass [məˈræs] болото; трясина

moratorium [ˌmɔrəˈtɔːrɪəm] мораторий; временная приостановка выплаты задолженности

moratory [ˈmɔrət(ə)rɪ] дающий отсрочку платежа

moray [ˈmɔːreɪ] [məˈreɪ] мурена *(ихт.)*

morbid [ˈmɔːbɪd] болезненный; нездоровый; аномальный; неправильный; патологический; болезненно впечатлительный; *(психически)* нездоровый; отвратительный; страшный; ужасный

morbidity [mɔːˈbɪdɪtɪ] болезненность; заболеваемость

morbific [mɔːˈbɪfɪk] болезнетворный; вредный; вредоносный

mordacity [mɔːˈdæsɪtɪ] язвительность; колкость

mordant [ˈmɔːd(ə)nt] колкий; саркастический; язвительный

more [mɔː] более; больше; больший; более многочисленный; добавочный; еще; опять; снова

moreen [mɔːˈriːn] плотная *(полу)*шерстяная ткань *(для портьер)*

morel [mɔˈrel] сморчок *(гриб)*

moreover [mɔːˈrouvə] сверх того; кроме того

morgue [mɔːg] морг; высокомерие; надменность *(франц.)*

moribund [ˈmɔrɪbʌnd] умирающий; отмирающий

morning [ˈmɔːnɪŋ] утро; утренняя заря; ранний период; начало *(чего-либо)*; утренний

morning star [ˈmɔːnɪŋˈstɑː] утренняя звезда; Венера

morocco [məˈrɔkou] сафьян; сафьяновый

morose [məˈrous] замкнутый; мрачный; угрюмый

morphologic(al) [ˌmɔːfəˈlɔdʒɪk(əl)] морфологический

morphology [mɔːˈfɔlədʒɪ] морфология
morrow [ˈmɔrou] утро; завтра; завтрашний день
morse [mɔːs] морж *(зоол.)*
morsel [ˈmɔːs(ə)l] кусочек; вкусное блюдо; незначительный, не принимаемый в расчет человек
mortal [ˈmɔːtl] смертный; летальный; смертельный; смертоносный; беспощадный; бесчеловечный; человек
mortal being [ˈmɔːtl|biːɪŋ] простой смертный
mortal blow [ˈmɔːtl|blou] смертельный удар
mortal danger [ˈmɔːtl|ˈdeɪndʒə] смертельная опасность
mortal wound [ˈmɔːtl|wuːnd] смертельная рана
mortality [mɔːˈtælɪtɪ] смертность; человечество; смертные *(род человеческий)*; выход из строя
mortally [ˈmɔːtəlɪ] смертельно
mortar [ˈmɔːtə] ступа; ступка *(мед.)*; мортира; миномет; бомбомет; толочь в ступ(к)е
mortgage [ˈmɔːgɪdʒ] заклад; ипотека; закладная; закладывать; ручаться *(словом)*
mortgage bank [ˈmɔːgɪdʒ|ˈbæŋk] ипотечный банк
mortgage credit [ˈmɔːgɪdʒ|ˈkredɪt] ипотечный кредит
mortgage debenture [ˈmɔːgɪdʒ|dɪˈbentʃə] долговое обязательство под залог недвижимости
mortgage deed [ˈmɔːgɪdʒ|diːd] закладная
mortgage loan [ˈmɔːgɪdʒ|loun] заем под залог недвижимости
mortgage note [ˈmɔːgɪdʒ|ˈnout] ипотечное обязательство
mortgagor [ˌmɔːgəˈdʒɔː] закладчик; должник по закладной; залогодержатель
mortification [ˌmɔːtɪfɪˈkeɪʃ(ə)n] смирение; подавление; покорность; послушание; унижение; горькое чувство обиды, разочарования
mortify [ˈmɔːtɪfaɪ] подавлять *(страсти, чувства и т. п.)*; обижать; попирать; топтать; унижать
mortifying [ˈmɔːtɪfaɪɪŋ] оскорбительный; унизительный
mortise [ˈmɔːtɪs] долбежное долото; выемка; вырез; гнездо
mortuary [ˈmɔːtjuərɪ] морг; погребальный; похоронный; траурный
mosaic [mouˈzeɪɪk] мозаика; мозаичный; выкладывать мозаикой; делать мозаичную работу
Moslem [ˈmɔzlem] мусульманин; мусульманка; мусульманский
mosque [mɔsk] мечеть
mosquito [məsˈkiːtou] москит; комар
mosquito bite [məsˈkiːtou|baɪt] укус москита
mosquito-net [məsˈkiːtounet] сетка от комаров, москитов и т. п.
moss [mɔs] мох; болото; мхи; покрывать мхом

moss-grown [ˈmɔsˌgroun] поросший мхом; несовременный; старомодный
mossberry [ˈmɔsbərɪ] клюква
mossiness [ˈmɔsɪnɪs] мшистость; пушистость
mossy [ˈmɔsɪ] мшистый
most [moust] наибольший; больше всего; наиболее
mostly [ˈmoustlɪ] по большей части; главным образом; обыкновенно; обычно
mote [mout] пылинка; пятнышко
motel [mouˈtel] автопансионат; мотель
motet [mouˈtet] песнопение
moth [mɔθ] моль; бабочка; мотылек
moth-eaten [ˈmɔθˌiːtn] изъеденный молью; устаревший; изношенный; обветшалый; потертый
mother [ˈmʌðə] мать; матушка; источник; начало; относиться по-матерински; лелеять; охранять; усыновлять; брать на воспитание; быть матерью; родить; порождать; вызывать к жизни; приписывать авторство
mother ship [ˈmʌðəʃɪp] плавучая база; космический корабль-носитель
mother-country [ˈmʌðəˌkʌntrɪ] отечество; отчизна; родина; метрополия *(по отношению к колониям)*
mother-craft [ˈmʌðəkrɑːft] умение воспитывать детей
mother-in-law [ˈmʌð(ə)rɪnlɔː] теща; свекровь
motherhood [ˈmʌðəhud] материнство
motherland [ˈmʌðəlænd] отечество; отчизна; родина
motherly [ˈmʌðəlɪ] материнский; по-матерински
mother's mark [ˈmʌðəz|mɑːk] родимое пятно
motif [mouˈtiːf] основная тема; главная мысль; лейтмотив; кружевное украшение *(на платье)*
motile [ˈmoutaɪl] подвижный
motion [ˈmouʃ(ə)n] движение; ход; телодвижение; жест; походка; побуждение; показывать жестом
motion detection scheme [ˈmouʃ(ə)n|dɪˈtekʃən|skiːm] детектор движения
motion docket [ˈmouʃ(ə)n|ˈdɔkɪt] книга записей ходатайств
motion of rotation [ˈmouʃ(ə)n|əv|rouˈteɪʃən] вращательное движение
motion picture [ˈmouʃ(ə)n|ˈpɪktʃə] кинокартина; кинофильм
motional [ˈmouʃ(ə)nl] двигательный; моторный; ходовой
motionless [ˈmouʃ(ə)nlɪs] неподвижный; без движения; в состоянии покоя
motivate [ˈmoutɪveɪt] побуждать; принуждать; мотивировать

motivation [ˌmoutɪˈveɪʃ(ə)n] побуждение; движущая сила; мотив; мотивирование; изложение мотивов

motive [ˈmoutɪv] мотив; побуждение; повод; движущий; продвигающий; двигательный; моторный; ходовой; возбуждать; побуждать; стимулировать

motive axle [ˈmoutɪvˈæksl] ведущая ось

motive energy [ˈmoutɪvˈenəʤɪ] кинетическая энергия

motive force [ˈmoutɪv|fɔːs] движущая сила

motivity [mouˈtɪvɪtɪ] движущая сила

motofacient [ˌmoutəˈfeɪʃənt] двигательный

motor [ˈmoutə] двигатель; мотор; автомашина; автомобиль; машина; моторная лодка; двигательный; моторный; ходовой; автомобильный; ехать на автомобиле; везти на автомобиле

motor axis [ˈmoutərˈæksɪs] вал электродвигателя (техн.)

motor bonnet [ˈmoutəˈbɔnɪt] капот двигателя

motor cabinet [ˈmoutəˈkæbɪnɪt] моторный отсек

motor center [ˈmoutəˈsentə] двигательный центр

motor cortical center [ˈmoutəˈkɔːtɪkəlˈsentə] двигательный центр коры головного мозга

motor end organ [ˈmoutəˈendˈɔːgən] двигательный концевой аппарат

motor fuel [ˈmoutə|fjuəl] дизельное топливо

motor hood [ˈmoutəˈhud] капот двигателя

motor lorry [ˈmoutəˈlɔrɪ] грузовой автомобиль

motor mount [ˈmoutəˈmaunt] подвеска двигателя

motor nerve [ˈmoutəˈnəːv] двигательный нерв

motor output [ˈmoutəˈautput] мощность двигателя

motor pump [ˈmoutə|pʌmp] автонасос

motor reduction unit [ˈmoutərɪˈdʌkʃənˈjuːnɪt] двигатель с редуктором

motor roller [ˈmoutəˈroulə] самоходный каток

motor scooter [ˈmoutəˈskuːtə] мотороллер

motor sledge [ˈmoutə|sleʤ] мотосани

motor tank car [ˈmoutəˈtæŋk|kaː] автомобиль-цистерна

motor tune-up [ˈmoutəˈtjuːnʌp] регулировка двигателя

motor-boat [ˈmoutəbout] моторный катер (лодка); моторная шлюпка; теплоход

motor-car [ˈmoutəkaː] легковой автомобиль

motor-cycle [ˈmoutəˌsaɪkl] мотоцикл

motor-operated [ˈmoutə(r)ˈɔpəreɪtɪd] механический привод

motor-ship [ˈmoutəʃɪp] теплоход

motorcade [ˈmoutəkeɪd] автоколонна; вереница автомобилей; автомобильный кортеж

motorcar accident [ˈmoutəkaːˈæksɪdənt] автомобильная авария

motorcar body sheet [ˈmoutəkaːˈbɔdɪ|ʃiːt] стальной лист для автомобильных кузовов

motorcycle chain [ˈmoutəsaɪkl|ˈtʃeɪn] цепь мотоцикла

motorcycle combination [ˈmoutəsaɪklˌkɔmbɪˈneɪʃən] мотоцикл с коляской

motorcycle stand [ˈmoutəsaɪklˈstænd] стояночная опора мотоцикла

motorcycle tire [ˈmoutəsaɪklˈtaɪə] мотоциклетная шина

motorcycle with sidecar [ˈmoutəsaɪkl|wɪðˈsaɪdkaː] мотоцикл с коляской

motorcyclist [ˈmoutəˌsaɪklɪst] мотоциклист

motorcyclist's helmet [ˈmoutəˌsaɪklɪstsˈhelmɪt] защитный шлем мотоциклиста

motoring [ˈmoutərɪŋ] автомобильное дело; автомобильный спорт

motorized valve [ˈmoutəraɪzdˈvælv] клапан двигателя

motorman [ˈmoutəmæn] моторист; смазчик

motorway [ˈmoutəweɪ] автострада; автомагистраль; скоростная автострада

motosport [ˈmoutəspɔːt] мотоспорт

mottle [ˈmɔtl] крапинка; пятнышко; испещрять; крапать

mottled [ˈmɔtld] крапчатый; испещренный; пестрый; половинчатый

mottley [ˈmɔtlɪ] разноцветный; пестрый; всякая всячина; крапчатость; пятнистость; мозаика; крапинка; пятнышко

motto [ˈmɔtou] девиз; лозунг; призыв; пропаганда; эпиграф

moufflon [ˈmuːflɔn] дикий баран (муфлон)

mould [mould] плесень; плесенный грибок; покрываться плесенью; плесневеть; лекало; шаблон; матрица; характер; отливать форму; формовать; делать по шаблону; формировать (характер); создавать

moulder [ˈmouldə] литейщик; формовщик; создатель; разработчик; творец; формирователь; разлагаться (морально); бездельничать

moulding [ˈmouldɪŋ] отливка; формовка; лепное украшение (архит.)

moulding brad [ˈmouldɪŋ|bræd] проволочный штифт

mouldy [ˈmouldɪ] заплесневелый; покрытый плесенью

mouldy bread [ˈmouldɪˈbred] заплесневелый хлеб

mound [maund] насыпь; холм; курган; могильный холм; делать насыпь; насыпать холм

mount [maunt] холм; гора; лошадь под седлом; подложка; картон или холст, на который наклеена картина (карта); паспарту; оправа (камня); предметное стекло (для микроскопического среза); взбираться; восходить; подниматься, повышаться (о цене); садиться на лошадь (велосипед), в машину; монтировать; устанавливать

to mount with — оснащать; оборудовать

mountain ['mauntɪn] гора; конгломерат; куча; масса; множество; скопление; горный; нагорный

mountain-ash ['mauntɪn'æʃ] рябина (дерево)

mountaineer [ˌmauntɪ'nɪə] альпинист; горец; совершать восхождения на горы; лазить по горам

mountaineering [ˌmauntɪ'nɪərɪŋ] альпинизм

mountaineering boot [ˌmauntɪ'nɪərɪŋ'bu:t] альпинистский ботинок

mountainous ['mauntɪnəs] гористый; гигантский; громадный; обширный

mountainside ['mauntɪnsaɪd] горный скат; склон

mountebank ['mauntɪbæŋk] фигляр; шут; шарлатан; жульничать; обманывать

mounted ['mauntɪd] конный; моторизованный; смонтированный; установленный

mounted rigidly ['mauntɪd'rɪʤɪdlɪ] жестко установленный

mounting ['mauntɪŋ] установка; посадка на лошадь или в машину; набивка (чучела); компоновка; монтаж; сборка; оправа

mounting part ['mauntɪŋ|pa:t] крепежная деталь

mourn [mɔ:n] сетовать; оплакивать; носить траур; горевать; печалиться; скорбеть

mourner ['mɔ:nə] присутствующий на похоронах; плакальщик

mournful ['mɔ:nful] печальный; скорбный; траурный

mourning ['mɔ:nɪŋ] горесть; грусть; печаль; скорбь; плач; рыдание; траур; траурный

mouse [maus] — сущ. [mauz] — гл. мышь; выискивать; выслеживать

mousetrap ['maustræp] мышеловка

mousse [mu:s] мусс

moustache [məs'ta:ʃ] усы

moustachioed [məs'tæʃioud] усатый

mousy ['mausɪ] мышиный; мышиного цвета; робкий; тихий (как мышь); кишащий мышами

mouth [mauθ] — сущ. [mauð] — гл. рот; уста; едок; устье реки; вход; горловина; горлышко; входное отверстие; раструб; дуло; жерло; гримаса; говорить торжественно; изрекать; жевать; чавкать; гримасничать; впадать (о реке)

mouth opening ['mauθ|'oupnɪŋ] ротовое отверстие

mouth-filling ['mauθˌfɪlɪŋ] напыщенный

mouth-organ ['mauθˌɔ:gən] губная гармоника

mouth-watering ['mauθˌwɔ:tərɪŋ] аппетитный

mouther ['mauðə] напыщенный оратор; хвастун

mouthful ['mauθful] полный рот (чего-либо); кусок; глоток; небольшое количество; труднопроизносимое слово, фраза и т. п.

mouthpiece ['mauθpi:s] мундштук; наконечник; рупор; глашатай; оратор (от группы); выразитель (мнения, интересов и т. п.); микрофон

mouthy ['mauðɪ] напыщенный; болтливый; многословный

movability [ˌmu:və'bɪlɪtɪ] маневренность; подвижность

movable ['mu:vəbl] подвижной; движущийся; передвигающийся; передвижной; движимый (об имуществе); маневренный; переносной

movable bearing ['mu:vəbl'bɛərɪŋ] подвижная опора

movable bridge ['mu:vəbl'brɪʤ] разводной мост

movable effects ['mu:vəblɪ'fekts] движимое имущество

movable scenery ['mu:vəbl'si:nərɪ] передвижная декорация

move [mu:v] движение; перемена места; перемещение; переезд; ход; акт; действие; поступок; шаг; акция; выполнение; практика; ходатайство; предложение; просьба; демарш; двигать(ся); передвигать(ся); вращаться; приводить в движение; побуждать; перевозить; транспортировать; растрогать; трогать; волновать; вызывать (какие-либо чувства, эмоции); переезжать; переселяться; развиваться (о событиях); идти; подвигаться (о делах); расти; распускаться; переходить в другие руки; ходатайствовать

to move back — пятиться; идти задним ходом; подавать назад

to move counter-clockwise — двигаться против часовой стрелки

to move for — ходатайствовать о чем-либо

to move on — пройти; идти дальше; переходить (к чему-либо новому)

moveless ['mu:vlɪs] недвижимый; неподвижный; стационарный

movement ['mu:vmənt] движение; передвижение; перемещение; смещение; переезд; переселение; жест; телодвижение; ход; развитие действия; динамика

movent вносящий предложение

mover ['mu:və] двигатель; движущая сила; инициатор; автор (идеи и т. п.)

movie ['mu:vɪ] кинокартина; фильм; кинопромышленность

movie house ['mu:vɪ'haus] кинотеатр

moviegoer ['mu:vɪˌgouə] кинозритель

moviemaker ['mu:vɪˌmeɪkə] кинопромышленник

movietone ['mu:vɪtoun] звуковой фильм

moving ['mu:vɪŋ] движущий*(ся)*; перемещающийся; переселяющийся; передвигающийся; подвижной; волнующий; трогательный

moving apparatus ['mu:vɪŋ|æpə'reɪtəs] приводной механизм

moving pictures ['mu:vɪŋ|'pɪktʃəz] кинематограф; кино

moving staircase ['mu:vɪŋ|'stɛəkeɪs] эскалатор

mow [mau] гримаса; гримасничать; скирда; стог; сеновал; [mou] косить; жать

mower ['mouə] косец; косилка

mowing-machine ['mouɪŋməʃi:n] косилка; сенокосилка

much [mʌtʃ] много; очень; гораздо; значительно; почти; приблизительно; немало

muciferous выделяющий слизь; содержащий слизь; заполненный слизью

mucilage ['mju:sɪlɪʤ] клейкое вещество *(растений)*; растительный клей; слизь

mucilaginous [,mju:sɪ'læʤɪnəs] клейкий

muck [mʌk] навоз; болотный ил; перегной; унавоживать; пачкать

mucky ['mʌkɪ] грязный; запачканный; немытый; противный

mucous ['mju:kəs] слизь; слизистый; покрытый слизью

mucus ['mju:kəs] слизь

mud [mʌd] грязь; слякоть; ил; тина; осадок; отстой

mud pump ['mʌd|pʌmp] буровой насос

mud-guard ['mʌdga:d] брызговик

muddle ['mʌdl] неразбериха; беспорядок; путаница в голове; спутывать; путать

muddleheaded ['mʌdl,hedɪd] бестолковый; тупой

muddy ['mʌdɪ] грязный; запачканный; тусклый *(о свете)*; непрозрачный; мутный; нечистый *(о коже)*; неясный; путаный; помутившийся *(о рассудке)*

mudlark ['mʌdla:k] рабочий, прочищающий водостоки; уличный мальчишка; беспризорник

muesli ['mju:zlɪ] мюсли *(крупа, орехи, сухофрукты с молоком)*

muff [mʌf] муфта; гильза; цилиндр; зажимное устройство; сцепление; нескладный, неумелый или глуповатый человек; промахнуться; проворонить; промазать

muffineer [,mʌfɪ'nɪə] крытая посуда для подачи сдобы; сосуд для посыпания сдобы сахаром, солью и т. п.

muffle ['mʌfl] закутывать; окутывать; глушить; заглушать *(звук)*

muffled ['mʌfld] заглушенный; закутанный; укутанный

muffler ['mʌflə] кашне; шарф; рукавица; боксерская перчатка; глушитель

mug [mʌg] кружка; кубок *(как приз)*; прохладительный напиток; экзамен; новичок *(в игре)*; уличный грабитель; усиленно готовиться к экзамену; гримасничать

mug of beer ['mʌg|əv|'bɪə] кружка пива

mugful ['mʌgful] полная кружка *(чего-либо)*

mugging ['mʌgɪŋ] хулиганство; групповое нападение

muggy ['mʌgɪ] сырой и теплый *(о погоде и т. п.)*; удушливый, спертый *(о воздухе)*

mugwort ['mʌgwə:t] полынь обыкновенная

mulatto [mju(:)'lætou] мулат*(ка)*; оливковый, бронзовый *(о цвете)*

mulberry ['mʌlbərɪ] шелковица

mulct [mʌlkt] взыскание; пеня; штраф; кара; наказание; расплата; штрафовать; наказывать; налагать пеню; лишать чего-либо *(часто обманом)*

mulctary ['mʌlktərɪ] штрафной

mule [mju:l] домашняя туфля; мул; гибрид; помесь

muleteer [,mju:lɪ'tɪə] погонщик мулов

muliebrity [,mju:lɪ'ebrɪtɪ] женственность; изнеженность

mulish ['mju:lɪʃ] упрямый

mull [mʌl] беспорядок; неразбериха; путаница; напутать; перепутать; спутать; обдумывать; размышлять

mullet ['mʌlɪt] кефаль

multangular [mʌl'tæŋgjulə] многоугольный

multeity [mʌl'ti:ɪtɪ] многообразие; разнообразие

multi- ['mʌltɪ] много-; мульти-; много

multi-disk reader ['mʌltɪdɪsk|'ri:də] универсальный дисковод

multi-millionaire ['mʌltɪmɪljə'nɛə] мультимиллионер

multi-stage ['mʌltɪsteɪʤ] многостадийный; многоступенчатый; многошаговый; многокамерный; многоэтажный

multichannel communication [,mʌltɪ'tʃænl|kə,mju:nɪ'keɪʃən] многоканальная связь

multicolour ['mʌltɪ'kʌlə] многокрасочность; многокрасочный; цветной

multicolour illustration ['mʌltɪkʌlə|,ɪləs'treɪʃən] многокрасочная иллюстрация

multicultural [,mʌltɪ'kʌltʃərəl] относящийся к разным культурам

multiflame torch ['mʌltɪfleɪm|'tɔ:tʃ] многопламенная горелка

multifold ['mʌltɪfould] многократный; всесторонний

MUL — MUN

multiform [ˈmʌltɪfɔːm] многозначный; многообразный

multigrade oil [ˈmʌltɪɡreɪdˈɔɪl] универсальная смазка

multilateral [ˌmʌltɪˈlæt(ə)r(ə)l] многогранный; многосторонний

multilateral trade negotiations [ˌmʌltɪˈlæt(ə)r(ə)lˈtreɪdnɪˌɡoʊʃɪˈeɪʃənz] многосторонние торговые переговоры

multilayer card [ˌmʌltɪˈleɪəˈkɑːd] многослойная плата

multilayer paper [ˌmʌltɪˈleɪəˈpeɪpə] бумага многослойная

multilingual [ˌmʌltɪˈlɪŋɡwəl] многоязычный

multinational [ˈmʌltɪˈnæʃənl] многонациональный

multipartite [ˌmʌltɪˈpɑːtaɪt] разделенный на много частей

multiple [ˈmʌltɪpl] составной; складной; имеющий много отделов, частей; многократный; многочисленный; множественный; сложный; со сложной структурой

multiple access [ˈmʌltɪplˈækses] параллельный доступ

multiple columns setting [ˈmʌltɪplˌkɔləmzˈsetɪŋ] многоколонный набор

multiple-purpose [ˈmʌltɪplˈpəːpəs] универсальный; комбинированный

multiplex [ˈmʌltɪpleks] сложный; многократный

multiplex bus [ˈmʌltɪpleksˈbʌs] многосекционный автобус

multiplex thread [ˈmʌltɪpleksˈθred] многозаходная резьба

multiplexor [ˈmʌltɪˌpleksə] мультиплексор

multiplicand [ˌmʌltɪplɪˈkænd] множимое

multiplication [ˌmʌltɪplɪˈkeɪʃ(ə)n] умножение *(мат.)*; подъем; прирост; увеличение

multiplication table [ˌmʌltɪplɪˈkeɪʃ(ə)nˈteɪbl] таблица умножения

multiplicity [ˌmʌltɪˈplɪsɪtɪ] сложность; многообразие; разнообразие; разнообразность; многочисленность

multiplier [ˈmʌltɪplaɪə] множитель; коэффициент; составляющая

multiply [ˈmʌltɪplaɪ] увеличивать*(ся)*; размножать*(ся)*; умножать *(мат.)*; множить

multipurpose [ˈmʌltɪˈpəːpəs] комплексный; многоотраслевой; универсальный

multiracial [ˌmʌltɪˈreɪʃl] многорасовый

multispan bridge [ˈmʌltɪspænˈbrɪdʒ] многопролетный мост

multistory [ˈmʌltɪˈstɔːrɪ] многоэтажный

multisyllable [ˈmʌltɪˌsɪləbl] многосложное слово

multitude [ˈmʌltɪtjuːd] множество; большое число; масса; толпа

multitudinous [ˌmʌltɪˈtjuːdɪnəs] многократный; многочисленный; множественный

multiversity [ˌmʌltɪˈvəːsɪtɪ] университетский комплекс, включающий научно-исследовательский центр

mumble [ˈmʌmbl] бормотание; бормотать; с трудом жевать

mummer [ˈmʌmə] участник рождественской пантомимы; фигляр

mummery [ˈmʌmərɪ] рождественская пантомима; маскарад; представление

mummification [ˌmʌmɪfɪˈkeɪʃ(ə)n] мумификация; высыхание; превращение в мумию

mummify [ˈmʌmɪfaɪ] мумифицировать; ссыхаться; превращаться в мумию

mummy [ˈmʌmɪ] мумия; мягкая бесформенная масса

mump [mʌmp] быть не в духе; клянчить; нищенствовать; попрошайничать; обманывать; вводить в заблуждение

mumper [ˈmʌmpə] нищий; попрошайка

munch [mʌntʃ] жевать; чавкать

mundane [ˈmʌndeɪn] светский; земной; мирской

municipal [mjuː(ː)ˈnɪsɪp(ə)l] городской; муниципальный; автономный; независимый; самоуправляющийся

municipal bond [mjuː(ː)ˈnɪsɪp(ə)lˈbɔnd] муниципальные городские обязательства

municipal department [mjuː(ː)ˈnɪsɪp(ə)lˈdɪˈpɑːtmənt] муниципальный отдел

municipal elections [mjuː(ː)ˈnɪsɪp(ə)lɪˈlekʃənz] муниципальные выборы

municipal government [mjuː(ː)ˈnɪsɪp(ə)lˈɡʌvnmənt] муниципальные власти

municipal road [mjuː(ː)ˈnɪsɪp(ə)lˈroud] муниципальная дорога

municipality [mjuː(ː)ˌnɪsɪˈpælɪtɪ] город, имеющий самоуправление; муниципалитет

municipalize [mjuː(ː)ˈnɪsɪpəlaɪz] муниципализировать

munificence [mjuː(ː)ˈnɪfɪsns] необыкновенная щедрость

munificent [mjuː(ː)ˈnɪfɪsnt] необычайно щедрый

muniment [ˈmjuːnɪmənt] грамота; документ о правах, привилегиях и т. п.

munition [mjuː(ː)ˈnɪʃ(ə)n] военное имущество, снаряжение *(оружие, боеприпасы и т. п.)*; запасной фонд *(денежный)*; снабжать *(армию снаряжением)*

munition-factory [mjuː(ː)ˈnɪʃ(ə)nˌfæktərɪ] военный завод

munition-worker [mjuː(ː)ˈnɪʃ(ə)nˌwəːkə] рабочий военного завода

mural [ˈmjuər(ə)l] стенной; фреска; стенная роспись

murder [ˈmɜːdə] убийство; убивать; совершать убийство

murderer [ˈmɜːdərə] убийца

murderess [ˈmɜːdərɪs] убийца (о женщине)

murderous [ˈmɜːd(ə)rəs] смертоносный; смертельный; убийственный; кровожадный; кровавый

mure [mjuə] окружать стеной; замуровывать; заточать; заключать в тюрьму

muricated [ˈmjuərɪkeɪtɪd] покрытый колючками

murky [ˈmɜːkɪ] темный; мрачный; пасмурный

murlin [ˈmɜːlɪn] бурая водоросль

murmur [ˈmɜːmə] журчание; шум в сердце; жужжание насекомых; приглушенный шум голосов; шепот; ворчание; ропот; журчать; шелестеть; жужжать; шептать; роптать; ворчать

murmurous [ˈmɜːmərəs] журчащий; ворчащий; ворчливый

murrey [ˈmʌrɪ] багровый; темно-красный; темно-красный цвет

muscadine [ˈmʌskədɪn] мускатный виноград

muscle [ˈmʌsl] мускул; мышца

muscle curve [ˈmʌsl|kɜːv] кривая мышечного сокращения

muscle tone [ˈmʌsl|ˈtoun] мышечный тонус

muscoid мохообразный

muscular [ˈmʌskjulə] мускульный; мышечный; мускулистый; крепкий; сильный

muscular activity [ˈmʌskjulər|ækˈtɪvɪtɪ] мышечная активность

muscular coat [ˈmʌskjuləˈkout] мышечная оболочка

muscular efficiency [ˈmʌskjulər|ɪˈfɪʃənsɪ] мышечная нагрузка

muscular tissue [ˈmʌskjuləˈtɪsjuː] мышечная ткань

muscularity [ˌmʌskjuˈlærɪtɪ] мускулатура; мускулистость

muse [mjuːz] муза; размышление; задумчивость; размышлять; задумываться; задумчиво смотреть

musette [mjuː(ː)ˈzet] волынка (муз.); пасторальная мелодия

museum [mjuː(ː)ˈzɪəm] музей

museum-piece [mjuː(ː)ˈzɪəmpiːs] музейный экспонат; музейная редкость

mush [mʌʃ] что-либо мягкое; абсурд; вздор; чепуха; кашеобразная масса

mush area [ˈmʌʃˈeərɪə] зона неуверенного приема

mushroom [ˈmʌʃrum] гриб; быстро возникшее учреждение, новый дом и т. п.; грибной; похожий на грибы

mushy [ˈmʌʃɪ] мягкий; пористый

music [ˈmjuːzɪk] музыка; ноты; музыкальное произведение; музыкальные произведения

music printing paper [ˈmjuːzɪk|prɪntɪŋ|ˈpeɪpə] нотопечатная бумага

music-case [ˈmjuːzɪkkeɪs] папка для нот

music-hall [ˈmjuːzɪkhɔːl] мюзик-холл; концертный зал

music-paper [ˈmjuːzɪkˌpeɪpə] нотная бумага

music-stand [ˈmjuːzɪkstænd] пюпитр (для нот)

music-stool [ˈmjuːzɪkstuːl] вращающийся табурет (для играющего на рояле)

musical [ˈmjuːzɪk(ə)l] музыкальный; мелодичный; мюзикл

musical illustration [ˈmjuːzɪk(ə)l|ˌɪləsˈtreɪʃən] музыкальное сопровождение

musical-box [ˈmjuːzɪk(ə)lbɔks] музыкальная шкатулка

musician [mjuː(ː)ˈzɪʃ(ə)n] музыкант; оркестрант; композитор

musicianship [mjuːˈzɪʃnʃɪp] музыкальность

musicologist [ˌmjuːzɪˈkɔlədʒɪst] музыковед

musk [mʌsk] мускус; мускусный запах

musk-ox [ˈmʌskɔks] овцебык

musk-rat [ˈmʌskˈræt] ондатра

musk-shrew [ˈmʌskˈʃruː] выхухоль

musket [ˈmʌskɪt] мушкет (ист.)

musketeer [ˌmʌskɪˈtɪə] мушкетер (ист.)

musketry [ˈmʌskɪtrɪ] мушкетеры (ист.); ружейный огонь; стрелковое дело; стрелковая подготовка

muss [mʌs] беспорядок; беспорядочность; неразбериха; путаница; раздор; распря; ссора; приводить в беспорядок; пачкать; путать

must [mʌst (полная форма); məst (редуцированная форма)]; модальное долженствование; обязанность; необходимость; очевидность; уверенность; запрещение (в отриц. форме); настоятельная необходимость; требование

mustard [ˈmʌstəd] горчица; горчичный

mustard-pot [ˈmʌstədpɔt] горчичница

muster [ˈmʌstə] сбор; смотр; осмотр; освидетельствование; перекличка; скопление; общее число (людей или вещей); собирать(ся); инспектировать; обследовать; проверять

muster-out [ˈmʌstərˈaut] увольнение из армии

musty [ˈmʌstɪ] заплесневелый; прокисший; затхлый; несвежий; устарелый; косный; несовременный; старомодный

mutability [ˌmjuːtəˈbɪlɪtɪ] изменчивость; неустойчивость; переменчивость

mutable [ˈmjuːtəbl] изменяемый; изменчивый; переменчивый

mutant [ˈmjuːtənt] мутант

mutate [mjuː(ː)ˈteɪt] видоизменять(ся)

mutation [mjuː(ː)ˈteɪʃ(ə)n] изменение; мутация; перемена; превратность

mutator gene [mjuː(ː)ˈteɪtə|dʒiːn] ген-мутатор

mute [mju:t] немой; безгласный; безмолвный; молчаливый; лицо, отказывающееся отвечать на вопросы; сурдина *(муз.)*
mute swan [ˈmju:t|swɔn] лебедь-шипун
muted [ˈmju:tɪd] приглушенный
muteness [ˈmju:tnɪs] немота
mutilate [ˈmju:tɪleɪt] искажать; калечить; обезображивать; искажать *(смысл)*; испортить; нанести, причинить увечье; изувечить
mutilation [ˌmju:tɪˈleɪʃ(ə)n] увечье; искажение; искривление
mutineer [ˌmju:tɪˈnɪə] участник мятежа; мятежник
mutinous [ˈmju:tɪnəs] мятежный
mutiny [ˈmju:tɪnɪ] мятеж; бунт; открытое восстание; поднять мятеж; взбунтоваться
mutism [ˈmju:tɪzm] немота; отказ отвечать на вопросы; молчание допрашиваемого
mutter [ˈmʌtə] бормотание; ворчание; отдаленные раскаты *(грома)*; бормотать; ворчать; говорить тихо, невнятно; говорить по секрету; глухо грохотать
mutton [ˈmʌtn] баранина; бараний
mutton gammon [ˈmʌtn|ˈgæmən] бараний окорок
muttonfish [ˈmʌtnfɪʃ] бельдюга *(рыба)*
mutual [ˈmju:tjuəl] взаимный; обоюдный; общий; совместный
mutual advantage [ˈmju:tjuəl|ədˈva:ntɪʤ] взаимная выгода
mutual benefit [ˈmju:tjuəl|ˈbenɪfɪt] взаимная выгода
mutual concession [ˈmju:tjuəl|kənˈseʃən] взаимная уступка
mutual consent [ˈmju:tjuəl|kənˈsent] взаимное согласие
mutual exclusion [ˈmju:tjuəl|ɪksˈklu:ʒən] взаимное исключение
mutual independence [ˈmju:tjuəl|ˌɪndɪˈpendəns] взаимная независимость
mutuality [ˌmju:tjuˈælɪtɪ] обоюдность; взаимность; взаимозависимость
mutually [ˈmju:tjuəlɪ] взаимно; обоюдно
mutually advantageous cooperation [ˈmju:tjuəlɪˌædvənˈteɪʤəs|kouˌɔpəˈreɪʃən] взаимовыгодное сотрудничество
mutually beneficial basis [ˈmju:tjuəlɪˌbenɪˈfɪʃəl|ˈbeɪsɪs] взаимовыгодная основа
muvarica уклейка *(ихт.)*
muzzle [ˈmʌzl] намордник; морда; рыло; надевать намордник; заставить молчать
muzzle-sight [ˈmʌzlsaɪt] мушка *(воен.)*
muzzy [ˈmʌzɪ] сбитый с толку; неотчетливый; нечеткий; неясный; расплывчатый
my [maɪ] мой; моя; мое
myagrum полевка *(бот.)*

mycelium [maɪˈsi:lɪəm] грибница
myope [ˈmaɪoup] близорукий человек
myriad [ˈmɪrɪəd] несметное число; мириады; десять тысяч; бессчетный; бесчисленный
myrtle tree [ˈmə:tl|tri:] мирт
myself [maɪˈself] себя; меня самого; -ся; себе; сам
mysterious [mɪsˈtɪərɪəs] таинственный; загадочный; непостижимый; неразгаданный
mystery [ˈmɪst(ə)rɪ] загадка; секрет; тайна; таинство; детективный роман, рассказ и т. п.; мистерия; полный тайн
mystic [ˈmɪstɪk] мистик; мистический; потайной; секретный; тайный; таинственный
mystic will [ˈmɪstɪk|ˈwɪl] тайное завещание
mystical [ˈmɪstɪkl] мистический
mysticism [ˈmɪstɪsɪzm] мистицизм
mystification [ˌmɪstɪfɪˈkeɪʃ(ə)n] мистификация
mystify [ˈmɪstɪfaɪ] мистифицировать; окружать таинственностью; озадачивать; вводить в заблуждение
mystique [mɪsˈti:k] загадочность; неразгаданность; таинственность; тайны мастерства, известные лишь немногим
myth [mɪθ] миф; мифическое, выдуманное лицо; несуществующая вещь
mythic [ˈmɪθɪk] мифический; сказочный; фантастический
mythical [ˈmɪθɪk(ə)l] легендарный; мифический; сказочный; фантастический; вымышленный
mythological [ˌmɪθəˈlɔʤɪk(ə)l] мифологический; легендарный
mythology [mɪˈθɔləʤɪ] мифология

N

n [en]; мн. — Ns; N's [enz] четырнадцатая буква английского алфавита
nabob [ˈneɪbɔb] магнат; денежный мешок; обладатель несметных богатств
nacelle [næˈsel] гондола дирижабля
nacre [ˈneɪkə] перламутр; перламутровая раковина; перламутровый слой
nadir [ˈneɪdɪə] надир *(астр.)*; самый низкий уровень; крайний упадок; низшая точка; низший предел
nag [næg] пони; небольшая лошадь
nagging [ˈnægɪŋ] ворчливый; придирчивый; ноющий; ворчание; нытье

nail [neɪl] ноготь; гвоздь; коготь; забивать гвозди; прибивать *(гвоздями)*; приковывать *(внимание)* to nail together — *(наскоро)* сколачивать

nail claw [ˈneɪlˌklɔː] гвоздодер

nail polish [ˈneɪlˌpɔlɪʃ] лак для ногтей

nail punch [ˈneɪlˌpʌntʃ] пробойник для выбивания шплинтов

nail set [ˈneɪlˌset] пробойник

nail-brush [ˈneɪlbrʌʃ] щеточка для ногтей

naildrawer [ˈneɪlˌdrɔːə] гвоздодер

nailed-up [ˈneɪldˌʌp] сделанный кое-как; сколоченный наспех

naïve [naːˈiːv] наивный; простодушный; безыскусственный; простой; простоватый

naivety [naːˈiːvtɪ] наивность; простодушие; безыскусственность; наивное замечание; реплика

naked [ˈneɪkɪd] голый; нагой; обнаженный; лишенный *(листвы, растительности, мебели и т. п.)*; открытый; явный; беззащитный; незащищенный; безволосый; бесшерстный; беспокровный; ничем не подкрепленный

naked flame [ˈneɪkɪdˌfleɪm] открытое пламя

nam [næm] опись имущества; арест

namatophilous обитающий в ручьях

namby-pamby [ˈnæmbɪˌpæmbɪ] жеманство; сентиментальность; сентиментальный; жеманный

name [neɪm] имя; название; наименование; обозначение; имя существительное *(грам.)*; репутация; великий человек; род; фамилия; пустой звук; называть; давать имя; указывать; назначать *(на должность)*; именовать; предлагать кандидатуру; упоминать; приводить в качестве примера

name part [ˈneɪmˌpɑːt] заглавная роль в пьесе

name-child [ˈneɪmˌtʃaɪld] человек, названный в честь кого-либо

name-day [ˈneɪmdeɪ] именины

name-drop [ˈneɪmdrɔp] похваляться знакомством с видными людьми

name-plate [ˈneɪmpleɪt] табличка с именем *(на дверях)*; марка изготовителя; указательная планка; паспортная табличка; заголовок газеты; фирменный штемпель

nameless [ˈneɪmlɪs] неизвестный; безымянный; анонимный; невыразимый; неизмеримый; противный; незаконнорожденный; внебрачный

namely [ˈneɪmlɪ] а именно; то есть

namesake [ˈneɪmseɪk] тезка

nanism [ˈneɪnɪzm] карликовость

nanoid [ˈneɪnɔɪd] карликовый

nanophanerophyte низкорослый кустарник

nanous [ˈneɪnəs] низкорослый; карликовый

nap [næp] дремота; короткий сон; дремать; вздремнуть; пушок; ворс

napaceous репчатый

napalm [ˈneɪpɑːm] напалм; напалмовый

nape [neɪp] затылок; загривок

naphtha [ˈnæfθə] бензин-растворитель

napkin [ˈnæpkɪn] салфетка; подгузник; пеленки

napkin-ring [ˈnæpkɪnrɪŋ] кольцо для салфетки

napless [ˈnæplɪs] не имеющий ворса; без ворса; изношенный; поношенный; потертый; старый

nappy [ˈnæpɪ] прокладка; пушистый; ворсистый

narcissism [naːˈsɪsɪzm] самовлюбленность; самолюбование

narcissus [naːˈsɪsəs] нарцисс

narcomania [naːkəˈmeɪnɪə] наркомания

narcosis [naːˈkousɪs] наркоз

narcotic [naːˈkɔtɪk] наркотик; снотворное; наркоман; наркотический; усыпляющий

narcotist [ˈnaːkətɪst] наркоман

narcotize [ˈnaːkətaɪz] усыплять *(мед.)*; подвергать действию наркоза; притуплять боль

nard [naːd] девясил *(бот.)*

naris [ˈne(ə)rɪs] ноздря

nark [naːk] доносить; раздражать; приводить в бешенство

narrate [nəˈreɪt] говорить; повествовать; рассказывать

narration [nəˈreɪʃ(ə)n] история; описание; повествование; рассказ; пересказ; перечисление *(событий и т. п.)*; дикторский текст в кинофильме; комментарий

narrative [ˈnærətɪv] рассказ; описание; повествование; повесть; изложение фактов; повествовательный

narrator [nəˈreɪtə] рассказчик; диктор; актер, читающий текст от автора; ведущий; комментатор

narrow [ˈnærou] узкий; неширокий; тонкий; тесный; ограниченный; подробный; тщательный; точный; суживать; уменьшать; ограничивать;

narrow circumstances [ˈnærouˌsəːkəmstənsɪz] стесненные обстоятельства

narrow (secure) confinement [ˈnærouˌ(sɪˈkjuə)kənˈfaɪnmənt] заключение со строгим режимом изоляции

narrow construction [ˈnærouˌkənˈstrʌkʃən] узкое толкование

narrow goods [ˈnærouˌgudz] ленты, тесьма и т. п.

narrow inquiry [ˈnærouˌɪnˈkwaɪərɪ] тщательное расследование

narrow language [ˈnærouˌlæŋgwɪʤ] узкая формулировка

narrow means [ˈnærouˌmiːnz] ограниченные средства

narrow passage [ˈnærouˌpæsɪʤ] переулок; узкий проход

narrow-minded [ˈnærouˈmaɪndɪd] ограниченный; недалекий; узкий; с предрассудками; фанатичный

narrow-minded bigot [ˈnærou͵maɪndɪdˈbɪgət] узколобый фанатик

narrowed [ˈnæroud] суженный

narrowing [ˈærouɪŋ] сужение; уменьшение

narrowly [ˈnærouli] тесно; узко; чуть; подробно; точно; пристально

narrowness [ˈnærounɪs] узость; недалекость; ограниченность; односторонность

nasal [ˈneɪz(ə)l] носовой; гнусавый; носовой звук *(фон.)*

nasal cavity [ˈneɪz(ə)lˈkævɪtɪ] носовая пазуха; носовая полость

nasal duct [ˈneɪz(ə)lˈdʌkt] носовой проток

nasalize [ˈneɪzəlaɪz] говорить в нос

nascency [ˈnæsnsɪ] возникновение; рождение; процесс возникновения; зарождение

nascent [ˈnæsnt] зарождающий; возникающий; находящийся на стадии возникновения

nasolacrimal duct [͵neɪzouˈlækrɪməlˈdʌkt] слезно-носовой проток

nasopharynx [͵neɪzouˈfærɪŋks] носоглотка

nastily [ˈnɑːstɪlɪ] гадко; мерзко

nasturtium [nəsˈtəːʃəm] настурция

nasty [ˈnɑːstɪ] отвратительный; мерзкий; неприятный; плохой; скверный; вульгарный; грязный; непристойный; злобный; своенравный; опасный; рискованный

nasty sea [ˈnɑːstɪˈsiː] бурное море

natal [ˈneɪtl] относящийся к рождению

natality [neɪˈtælɪtɪ] рождаемость; естественный прирост населения; процент рождаемости; коэффициент рождаемости

natation [nəˈteɪʃ(ə)n] плавание; искусство плавания

natatorial [͵neɪtəˈtouriəl] плавательный; плавающий; относящийся к плаванию; приспособленный к плаванию

natatory [ˈneɪtət(ə)rɪ] плавательный; плавающий; относящийся к плаванию

nates [ˈneɪtiːz] ягодицы; зад

nation [ˈneɪʃ(ə)n] народ; нация; народность; народонаселение; население; государство; национальность; страна

nation-wide [ˈneɪʃ(ə)nwaɪd] общенациональный; всенародный; народный

national [ˈnæʃənl] государственный; народный; национальный; общенародный; согражданин; соотечественник; подданный, гражданин какого-либо государства

national bank [ˈnæʃənlˈbæŋk] национальный банк

national economy [ˈnæʃənlɪ(ː)ˈkɔnəmɪ] народное хозяйство

national frontier [ˈnæʃənlˈfrʌntjə] государственная граница

national government [ˈnæʃənlˈgʌvnmənt] федеральная власть

national legislation [ˈnæʃənl͵ledʒɪsˈleɪʃən] национальное законодательство

national production [ˈnæʃənlprəˈdʌkʃən] отечественное производство

national property [ˈnæʃənlˈprɔːpətɪ] государственная собственность

national revenue [ˈnæʃənlˈrevɪnjuː] государственные доходы

nationalism [ˈnæʃnəlɪzm] национализм; патриотизм; стремление к национальной независимости

nationalist [ˈnæʃnəlɪst] националист; борец за независимость своей родины; националистический; национально-освободительный

nationality [͵næʃəˈnælɪtɪ] национальность; национальная *(государственная)* принадлежность; национальные черты; гражданство; подданство; народ; нация; племя; национальное единство; статус государства; государственность

nationality law [͵næʃəˈnælɪtɪˈlɔː] закон о гражданстве

nationalization [͵næʃnəlaɪˈzeɪʃ(ə)n] национализация; включение в состав государства

nationalize [ˈnæʃnəlaɪz] национализировать; превращать в нацию; натурализовать; принимать в подданство; включать в состав государства

nationally [ˈnæʃnəlɪ] с общенациональной *(общегосударственной)* точки зрения; в национальном духе; в масштабе всей страны; всенародно

nationhood [ˈneɪʃ(ə)nhud] статус государства; государственность; статус нации

nationwide [ˈneɪʃənwaɪd] всенародный; общенациональный

native [ˈneɪtɪv] родной; туземный; местный; природный; прирожденный; унаследованный; врожденный; чистый; самородный *(о металлах)*; естественный; простой; уроженец; абориген; туземец; местное растение *(животное)*; местный житель; гражданин

native ability [ˈneɪtɪvəˈbɪlɪtɪ] врожденный талант

native speaker [ˈneɪtɪvˈspiːkə] носитель языка

native-born [ˈneɪtɪvbɔːn] аборигенный; туземный; коренной; рожденный в данной стране

nativity [nəˈtɪvɪtɪ] рождение; рождество *(рел.)*; гороскоп

natter [ˈnætə] ворчать; жаловаться; придираться; болтать *(разг.)*

natty [ˈnætɪ] аккуратный; исполнительный; опрятный; точный; искусный; ловкий; тонкий; хитроумный

natural [ˈnætʃr(ə)l] естественный; природный; настоящий; натуральный; относящийся к естествознанию; обычный; нормальный; понятный; дикий; некультивированный; самородный; присущий; врожденный; непринужденный; внебрачный; незаконнорожденный; побочный; одаренный человек; самородок

natural bent [ˈnætʃr(ə)l ˈbent] природные наклонности

natural death [ˈnætʃr(ə)l ˈdeθ] естественная смерть

natural disaster [ˈnætʃr(ə)l dɪˈzɑːstə] стихийное бедствие

natural father [ˈnætʃr(ə)l ˈfɑːðə] отец внебрачного ребенка

natural language [ˈnætʃr(ə)l ˈlæŋgwɪʤ] родной язык

natural medium [ˈnætʃr(ə)l ˈmiːdjəm] естественная среда

natural phenomena [ˈnætʃr(ə)l fɪˈnɒmɪnə] явление природы

natural power [ˈnætʃr(ə)l ˈpauə] сила природы

natural resources [ˈnætʃr(ə)l rɪˈsɔːsɪz] природные богатства

natural scale [ˈnætʃr(ə)l ˈskeɪl] натуральная величина

natural-ground [ˈnætʃr(ə)lgraund] континент; материк; прочный грунт

naturalist [ˈnætʃrəlɪst] натуралист (в искусстве); естествоиспытатель

naturalistic observation [ˌnætʃrəˈlɪstɪkˌɔbzəˈveɪʃən] естественное наблюдение

naturalization [ˌnætʃrəlaɪˈzeɪʃ(ə)n] натурализация; предоставление подданства; акклиматизация (растений, животных); ассимиляция новых слов в языке; проникновение новых обычаев в жизнь

naturalize [ˈnætʃrəlaɪz] натурализовать(ся) (об иностранце); акклиматизировать(ся) (о животном или растении); заниматься естествознанием; ассимилировать; заимствовать; перенимать; усваивать

naturally [ˈnætʃr(ə)lɪ] конечно; как и следовало ожидать; по природе; от рождения; естественно; легко; натурально; свободно

nature [ˈneɪtʃə] природа; основное свойство; натура; естество; организм; сущность; нрав; характер; род; сорт; класс; тип; прирожденные качества

nature reserve [ˈneɪtʃəˌrɪˈzəːv] заповедник

nature trail [ˈneɪtʃəˌtreɪl] дорога через сельскую местность

naught [nɔːt] ничто; нуль; бесполезный; жалкий; незначительный; ничтожный

naughtiness [ˈnɔːtɪnɪs] непослушание; озорство; испорченность

naughty [ˈnɔːtɪ] непослушный; капризный; дурной; испорченный; гадкий

nausea [ˈnɔːsjə] морская болезнь; отвращение; тошнота

nauseate [ˈnɔːsɪeɪt] вызывать отвращение; чувствовать тошноту

nauseous [ˈnɔːsjəs] отвратительный; плохой

nautical [ˈnɔːtɪk(ə)l] военно-морской; морской; мореходный; навигационный; корабельный

navaga навага (рыба)

navaids навигационное оборудование

naval [ˈneɪv(ə)l] (военно)морской; флотский; корабельный

naval architect [ˈneɪv(ə)l ˈɑːkɪtekt] корабельный инженер

naval authorities [ˈneɪv(ə)l ɔːˈθɒrɪtɪz] военно-морские власти

naval base [ˈneɪv(ə)l ˈbeɪs] военно-морская база

naval battle [ˈneɪv(ə)l ˈbætl] морской бой; морское сражение

naval law [ˈneɪv(ə)l ˈlɔː] военно-морской устав

naval telescope [ˈneɪv(ə)l ˈtelɪskoup] морская подзорная труба

navel [ˈneɪv(ə)l] пупок; пуп; пуповина; центр чего-либо

navel-string [ˈneɪv(ə)lstrɪŋ] пуповина

navigability [ˌnævɪgəˈbɪlɪtɪ] судоходность (водного пути); мореходность; мореходные качества (судна)

navigable [ˈnævɪgəbl] судоходный; мореходный; годный для морского плавания; летный; доступный для полетов; управляемый (об аэростате)

navigate [ˈnævɪgeɪt] плыть (на корабле); летать (на самолете); вести (корабль, самолет); управлять (самолетом, кораблем); направлять (переговоры)

to navigate an airplane — управлять самолетом

navigation [ˌnævɪˈgeɪʃ(ə)n] мореходство; судоходство; плавание; навигация; самолетовождение; штурманское дело; аэронавигация; ориентировка в полете

navigation canal [ˌnævɪˈgeɪʃ(ə)n kəˈnæl] судоходный канал (мор.)

navigational [ˌneɪvɪˈgeɪʃənl] штурманский; навигационный

navigator [ˈnævɪgeɪtə] мореплаватель; штурман; навигационная система; система наведения ракеты

navvy [ˈnævɪ] землекоп; чернорабочий; ковш; экскаватор

navy [ˈneɪvɪ] военно-морской флот; военно-морские силы; морское ведомство; флотилия; эскадра

navy brass [ˈneɪvɪˌbrɑːs] командующий флотом

navy-blue [ˈneɪvɪbluː] темно-синий

NAY — NEC

nay [neɪ] отрицательный ответ; отказ; запрещение; голос против *(при голосовании)*; даже; более того; мало того

Nazi ['nɑːtsɪ] нацист; фашист; нацистский; фашистский

Nazism ['nɑːtsɪzm] нацизм; фашизм

neanic юношеский

neap [niːp] убывать *(о приливе)*; квадратура

neaped [niːpt] севший на грунт при отливе

near [nɪə] близкий; тесно связанный; ближний; близлежащий; кратчайший; прямой *(о пути)*; ближайший *(о времени)*; сходный; приблизительно правильный; доставшийся с трудом; трудный; кропотливый; мелочный; прижимистый; скупой; подле; близко; поблизости; недалеко; около *(по месту или времени)*; почти; чуть не; едва не; возле; у; около *(о месте)*; к; почти *(о времени, возрасте и т. п.)*; приближаться; близиться; надвигаться; подходить

near at hand ['nɪərət'hænd] под рукой; скоро

near beer ['nɪə|bɪə] безалкогольное пиво

near miss ['nɪə|mɪs] промах; непрямое попадание; близкое прохождение мимо цели

near of kin ['nɪərəv'kɪn] состоящий в близком родстве; родственный; сходный; подобный

near-desert ['nɪə‚dezət] полупустыня

near-earth ['nɪə'əːθ] околоземный

near-sighted ['nɪə'saɪtɪd] близорукий

nearby ['nɪəbaɪ] рядом; близко; вскоре; близкий; соседний

nearest ['nɪərɪst] ближайший

nearly ['nɪəlɪ] близко; почти; приблизительно; около

nearness ['nɪənɪs] близость; родственность

nearside ['nɪəsaɪd] находящийся слева от водителя *(на дорогах с левосторонним движением)*

nearsight ['nɪəsaɪt] близорукость

neat [niːt] аккуратный; опрятный; чистый; неразбавленный; натуральный; без примесей; изящный; четкий; ясный; искусный; ловкий; хорошо сделанный; бык; вол; корова; крупный рогатый скот

neat beard ['niːt|bɪəd] аккуратная борода

neat juice ['niːt|ʤuːs] натуральный сок

neat-handed ['niːt‚hændɪd] искусный; ловкий

neat-herd ['niːthəːd] пастух; скотник; чабан

neatly ['niːtlɪ] аккуратно; опрятно; четко; ясно; искусно; ловко

neatness ['niːtnɪs] аккуратность; опрятность; безошибочность; четкость; искусность; ловкость

neat's-leather ['niːts‚leðə] воловья кожа

neb [neb] клюв; морда у животного

nebula ['nebjulə] бельмо; туманность *(астр.)*

nebulize ['nebjulaɪz] распылять(ся)

nebulizer ['nebjulaɪzə] распылитель

nebulosity [‚nebju'lɔsɪtɪ] облачность; неясность; туманность; неясность; нечеткость *(мысли, выражения и т. п.)*; расплывчатость

nebulous ['nebjuləs] неопределенный; неотчетливый; неясный; смутный; облачный; малопонятный; непонятный; туманный

necessaries ['nesɪsərɪz] необходимые предметы или услуги; предметы первой необходимости

necessarily ['nesɪs(ə)rɪlɪ] непременно; обязательно; неизбежно

necessary ['nesɪs(ə)rɪ] искомый; необходимый; нужный; требуемый; неизбежный; неминуемый; неотвратимый; вынужденный; недобровольный; необходимое; предметы первой необходимости

necessitarian [nɪ‚sesɪ'tɛərɪən] детерминист; детерминистский

necessitate [nɪ'sesɪteɪt] делать необходимым; неизбежно влечь за собой; вынуждать; требовать; вызывать необходимость

necessitous [nɪ'sesɪtəs] бедный; бедствующий; нуждающийся

necessity [nɪ'sesɪtɪ] необходимость; нужда; потребность; неизбежность; неотвратимость; бедность; нищета; предметы первой необходимости

neck [nek] шея; горлышко; горловина; ворот; шейка; шип; цапфа; воротник; кольцевая канавка; шейный; обниматься

neck bearing ['nek|bɛərɪŋ] опорный подшипник

neck frange ['nek|frænʤ] торцевая насадка

neck nerves ['nek|nəːvz] шейные нервы

neck rest ['nek|rest] подголовник

neck-piece ['nekpiːs] горжетка; шарфик; меховой воротник

neck-tie ['nektaɪ] галстук

neck-yoke ['nekjouk] хомут

neckband ['nekbænd] ворот *(рубашки)*; воротничок *(блузки)*; лента *(на шее)*

neckerchief ['nekəʧɪf] шейный платок; косынка; шарф

necklace ['neklɪs] ожерелье

necklet ['neklɪt] ожерелье

neckline ['neklaɪn] вырез *(у платья)*

necks [neks] цапфы *(техн.)*

necrologue ['nekrəlɔg] некролог

necrology [ne'krɔləʤɪ] список умерших

necromancer ['nekroumænsə] колдун; чародей

necromancy ['nekroumænsɪ] черная магия

necrophilia [‚nekrə'fɪlɪə] некрофилия

necropolis [ne'krɔpəlɪs] кладбище; некрополь

necropsy ['nekrɔpsɪ] вскрытие трупа

necrose [ne'krous] вызывать омертвение

necrosis [ne'krousɪs] омертвение; некроз

nectar ['nektə] нектар; чудесный напиток; цветочный сок; медок; газированная фруктовая вода
nectareous [nek'teərɪəs] нектарный
nectarine ['nektərɪn] персик; нектарин
need [niːd] надобность; нужда; потребность; запросы; нищета; спрос; побуждающий стимул; бедность; недостаток; нехватка; отсутствие; нуждаться (в чем-либо); иметь надобность, потребность; требовать(ся); бедствовать; быть необходимым
need for power ['niːd|fə'pauə] стремление к власти
need for social support ['niːd|fə'souʃəl|sə'pɔːt] потребность в социальной поддержке
needful ['niːdful] нужный; необходимый; потребный; насущный; необходимое
needle ['niːdl] игла; иголка; спица; крючок для вязания; стрелка; указатель; штырек; хвоя; шпиль; обелиск; шить; зашивать иглой; протискиваться; проникать
needle bearing ['niːdl|'beərɪŋ] игольчатый подшипник
needle-fish ['niːdlfɪʃ] игла-рыба; морская игла (зоол.)
needle-guard ['niːdlgɑːd] иглодержатель
needle-lace ['niːdlleɪs] кружево, связанное крючком
needle-point ['niːdlpɔɪnt] острие иглы
needlecase ['niːdlkeɪs] игольник
needles [niːdlz] хвоя
needleshaped ['niːdlʃeɪpt] иглообразный
needless ['niːdlɪs] ненужный; излишний
needlewoman ['niːdl,wumən] швея
needlework ['niːdlwəːk] шитье; вышивание; рукоделие
needs [niːdz] по необходимости; непременно
needy ['niːdɪ] бедствующий; нуждающийся; бедный; нищенский; убогий
nefarious [nɪ'fɛərɪəs] нечестивый; бесчестный; нечестный; низкий
negate [nɪ'geɪt] опровергать; отрицать; противоречить; забраковывать; отвергать; отказывать; сводить на нет; служить отрицанием
negation [nɪ'geɪʃ(ə)n] опровержение; отрицание; ничто; отказ
negationist [nɪ'geɪʃənɪst] нигилист
negative ['negətɪv] отрицательный; безрезультатный; негативный; не давший ожидаемого результата; злобный; злой; недоброжелательный; отрицание; отрицательный ответ; несогласие; отказ; вето; непризнание; запрет; отрицательная частица; фотонегатив; отрицать; возражать; опровергать; противоречить; забраковывать; отвергать; отказывать; нейтрализовать (действие чего-либо); не утверждать; отменять

negative acceleration ['negətɪv|æk,selə'reɪʃən] отрицательное ускорение
negative answer ['negətɪv|'ɑːnsə] отрицательный ответ
negative film ['negətɪv|'fɪlm] негативная пленка
negative narcissism ['negətɪv|'nɑːsɪsɪzm] недооценка самого себя
negative picture ['negətɪv|'pɪktʃə] негативное изображение
negative reading film ['negətɪv|,riːdɪŋ|'fɪlm] (зеркальное) изображение на пленке
negative word ['negətɪv|wəːd] отрицание
negativity [,negə'tɪvɪtɪ] отрицательность
negatory ['negət(ə)rɪ] дурной; отрицательный
neglect [nɪ'glekt] пренебрежение; игнорирование; упущение; невыполнение; небрежность; неуважение; заброшенность; запущенность; пренебрегать (чем-либо); не заботиться (о чем-либо); не обращать внимания (на кого-либо, что-либо); забрасывать; запускать; упускать; не делать
neglectful [nɪ'glektful] невнимательный (к кому-либо, чему-либо); небрежный; беззаботный; недобросовестный; нерадивый; халатный
negligence ['neglɪdʒ(ə)ns] небрежность; нерадивость; халатность
negligent ['neglɪdʒ(ə)nt] неаккуратный; небрежный; невнимательный; халатный; беспечный
negligible ['neglɪdʒəbl] незначительный; не принимаемый в расчет
negotiability [nɪ,gouʃə'bɪlɪtɪ] обращаемость; способность к обращению
negotiable [nɪ'gouʃəbl] могущий служить предметом переговоров, сделки; могущий быть купленным (проданным); проходимый, доступный (о вершинах, дорогах и т. п.); отчуждаемый; передаваемый; переуступаемый
negotiable bond [nɪ'gouʃəbl|'bɔnd] оборотное долговое обязательство
negotiable securities [nɪ'gouʃəbl|sɪ'kjuərɪtɪz] свободнообращающиеся ценные бумаги; оборотные ценные бумаги
negotiant [nɪ'gouʃɪənt] негоциант; купец
negotiate [nɪ'gouʃɪeɪt] вести переговоры; договариваться; совершать сделку; обсуждать условия; продать; реализовать (вексель и т. п.); вести дело; устраивать; улаживать; преодолевать (препятствие); торговать(ся); переуступать; пускать в обращение; инкассировать
negotiated peace [nɪ'gouʃɪeɪtɪd|'piːs] мир, достигнутый в результате переговоров
negotiating [nɪ,gouʃɪ'eɪtɪŋ] ведение переговоров о купле-продаже

negotiation [nɪˌgouʃɪ'eɪʃ(ə)n] переговоры; обсуждение условий; преодоление *(затруднений)*; ведение переговоров; передача; продажа

negotiations for the sale [nɪˌgouʃɪ'eɪʃ(ə)nz|fə|ðə'seɪl] переговоры о продаже

negotiator [nɪ'gouʃɪeɪtə] лицо, ведущее переговоры; делец; посредник; торговец

Negro ['ni:grou] негр; негритянка; негритянский; темнокожий; темный; черный

neigh [neɪ] ржание; ржать

neighbour ['neɪbə] сосед; соседка; находящийся рядом предмет; ближний; соседний; смежный; граничить; находиться у самого края; быть в дружеских, добрососедских отношениях; дружить *(с кем-либо)*

neighbourhood ['neɪbəhud] близость; соседство; область; окрестность; округа; район; соседи; соседские отношения; местный

neighbouring ['neɪb(ə)rɪŋ] пограничный; смежный; прилегающий; соседний

neighbouring commune ['neɪb(ə)rɪŋ|'kɔmju:n] район; соседний округ

neighbouring country ['neɪb(ə)rɪŋ|'kʌntrɪ] пограничное государство

neighbouring forest ['neɪb(ə)rɪŋ|'fɔrɪst] прилегающий лес

neighbourly ['neɪbəlɪ] добрососедский; дружеский; дружественный

neighbourship ['neɪbəʃɪp] близость; сопредельность; соседские отношения

neither ['naɪðə] ни тот, ни другой; ни один

neither... nor ['naɪðə...nɔː] ни... ни...

nematode ['nemətoud] нематода *(биол.)*

neologism [nɪ(:)'ɔləʤɪzm] неологизм *(линг.)*

neologize [nɪ(:)'ɔləʤaɪz] вводить новые слова

neon ['ni:ən] неон; неоновый *(хим.)*

neonatal [ˌni:ou'neɪtl] относящийся к новорожденному

neonate ['ni:ouneɪt] новорожденный

neophron ['ni:əfrɔn] стервятник *(зоол.)*

neophyte ['nɪ(:)oufaɪt] новообращенный; новичок; неофит

neoplasm ['ni:ouplæzm] новообразование

neoteric [ˌnɪ(:)ou'terɪk] недавний; новый; современный; новейший

nephew ['nevju(:)] племянник

nephrogonoduct мочеполовой канал

nepotism ['nepətɪzm] кумовство; семейственность

nepotist ['nepətɪst] человек, оказывающий протекцию своим родственникам

neritic прибрежный

nerval ['nə:vəl] нервный

nerve [nə:v] нерв; нервная система; сила; энергия; присутствие духа; мужество; хладнокровие; дерзость; наглость; нахальство; придавать силу, бодрость или храбрость; нервный

nerve block ['nə:v|blɔk] нервная блокада

nerve cell ['nə:v|sel] нервная клетка

nerve center ['nə:v|ˌsentə] нервный центр

nerve ending ['nə:v|'endɪŋ] нервное окончание

nerve plexus ['nə:v|'pleksəs] сплетение нервов

nerve terminal ['nə:v|'tə:mɪnl] нервное окончание

nerve tissue ['nə:v|'tɪsju:] нервная ткань

nerve-racking ['nə:vˌrækɪŋ] раздражающий; действующий на нервы

nerveless ['nə:vlɪs] слабый; бессильный; вялый

nervous ['nə:vəs] нервный; беспокоящийся *(о чем-либо)*; нервничающий; нервозный; взволнованный; нервирующий; возбудимый; действующий на нервы; выразительный *(о стиле)*; крепкий; мускулистый; сильный; устойчивый

nescience ['nesɪəns] неведение; незнание

ness [nes] мыс; нос *(только в географических названиях)*

nest [nest] гнездо; выводок; уютный уголок; гнездышко; вить гнездо; гнездиться; вмонтировать; встраивать; вставлять

nest-doll ['nestdɔl] комплект кукол, вкладывающихся одна в другую

nesting box ['nestɪŋ|bɔks] скворечник

nestle ['nesl] уютно *(удобно)* устроиться, свернуться; прильнуть; прижаться; ютиться; укрываться; давать приют

nestling ['nes(t)lɪŋ] птенец; малыш

net [net] сеть; невод; тенета; трал; сетка; западня; капкан; ловушка; сети; паутина; расставлять сети; ловить сетями; плести, вязать сети; получать *(приносить)* чистый доход; компьютерная сеть; без вычетов; чистый вес; конечный; общий; сальдо

net advantages ['net|əd'vɑ:ntɪʤɪz] чистые преимущества

net assets ['net|'æsets] чистые активы

net avails ['net|ə'veɪlz] чистая выручка

net balance ['net|'bæləns] чистое сальдо

net barrage ['net|'bærɑ:ʒ] сетевое заграждение

net billing ['net|'bɪlɪŋ] чистая выручка от продажи

net cash ['net|kæʃ] наличными без скидки

net cost ['net|kɔst] себестоимость

net engine power ['net|'enʤɪn|'pauə] полезная мощность двигателя

net fixed asset ['net|'fɪkst|'æset] балансовая стоимость основного капитала

net income ['net|'ɪnkəm] чистая прибыль

net profit ['net|'prɔfɪt] чистая прибыль

net receipts ['net|rɪ'si:ts] чистая выручка

net salaries ['net|'sæləriz] оклады без надбавок

net shipment ['net|'ʃɪpmənt] чистые отгрузки
netful ['netful] полная сеть
nether ['neðə] нижний; более низкий
netherworld ['neðəwə:ld] ад; преисподняя; преступный мир
netting ['netɪŋ] плетение сетей; ловля сетями; невод
nettle ['netl] крапива; обжигать крапивой; возмущать; раздражать; сердить; уязвлять
nettle-fish ['netlfɪʃ] медуза
network ['netwə:k] сеть; сетка; сетевой график; рамка; контур; цепь; схема; плетенка; сообщество; радиотрансляционная сеть; распределительная сеть
network front-end ['netwə:k|'frʌntend] сетевой процессор *(компьют.)*
network layout ['netwə:k|'leɪaut] схема распределения дорог
neural ['njuərəl] мозговой; нервный; относящийся к нервной системе
neuralgia [njuə'rældʒə] невралгия
neuraxis [nju'ræksɪs] спинной мозг
neurenteric нервно-кишечный
neuritis [njuə'raɪtɪs] воспаление нерва; неврит
neurologist [njuə'rɔlədʒɪst] невропатолог
neurology [njuə'rɔlədʒɪ] неврология
neuromuscular [,njuərə'mʌskjulə] нервно-мышечный
neuropathic ['njuərəpæθɪk] нервнобольной
neuropathy [,njuə'rɔpəθɪ] нервное заболевание
neurotic [njuə'rɔtɪk] невротический; нервный; лекарство, действующее на нервную систему
neurotic behaviour [njuə'rɔtɪk|bɪ'heɪvjə] нервное поведение
neurotic character [njuə'rɔtɪk|'kærɪktə] невротик; человек с неуравновешенной психикой
neuter ['nju:tə] средний род; нейтральный; бесполый; недоразвитый; бесплодный; кастрат; человек, занимающий нейтральную позицию
neutral ['nju:trəl] нейтраль; нейтральный; безучастный; нулевой; беспристрастный; средний; неопределенный; промежуточный; нейтральное государство; сероватый или серо-голубой цвет; человек, занимающий нейтральную позицию; нулевая отметка; нулевой провод
neutral axis ['nju:trəl|'æksɪs] нейтральная ось
neutral layer ['nju:trəl|'leɪə] средний уровень
neutralism ['nju:trəlɪzm] нейтралитет; нейтрализм; политика неприсоединения к блокам
neutralist ['nju:trəlɪst] сторонник нейтралитета; сохраняющий нейтралитет
neutrality [nju(:)'trælɪtɪ] нейтралитет

neutralization [,nju:trəlaɪ'zeɪʃ(ə)n] нейтрализация; подавление огнем *(воен.)*; беспристрастность; объективность
neutralize ['nju:trəlaɪz] нейтрализовать; балансировать; уравновешивать; обезвреживать; уничтожать
neutron ['nju:trɔn] нейтрон
neutron bomb ['nju:trɔn|'bɔm] нейтронная бомба
never ['nevə] никогда; ни разу; *служит для усиления отрицания;* конечно, нет; не может быть
never-ceasing ['nevə'si:zɪŋ] непрекращающийся; непрерывный
never-dying ['nevə'daɪɪŋ] бессмертный; неумирающий
never-ending ['nevər'endɪŋ] бесконечный; непрекращающийся; непрерывный
never-fading ['nevə'feɪdɪŋ] неувядающий
never-to-be-forgotten ['nevətəbɪfə'gɔtn] незабвенный; незабываемый
nevermore ['nevə'mɔ:] никогда больше; никогда впредь
nevertheless [,nevəð(ə)'les] несмотря на; однако; тем не менее
new [nju:] новый; иной; другой; обновленный; недавний; недавнего происхождения; недавно приобретенный; свежий; современный; новейший; передовой; дополнительный; незнакомый; непривычный; не бывший в употреблении
new moon ['nju:|'mu:n] новолуние
New Testament ['nju:|'testəmənt] Новый Завет *(рел.)*; Евангелие
New Year ['nju:|'jə:] Новый год; новогодний
New Year's Eve ['nju:|jə:z|'i:v] канун Нового года
new-blown ['nju:bloun] только что расцветший
new-fallen ['nju:,fɔ:l(ə)n] свежевыпавший; только что выпавший *(о снеге)*
new-fashioned ['nju:'fæʃ(ə)nd] новомодный; новой модели
new-fledged ['nju:fledʒd] только что оперившийся
new-found ['nju:faund] вновь обретенный; вновь основанный
new-made ['nju:meɪd] недавно сделанный; заново сделанный; переделанный
newborn ['nju:bɔ:n] новорожденный; возрожденный
newborn baby ['nju:bɔ:n|'beɪbɪ] новорожденный младенец
newcome ['nju:kʌm] вновь прибывший
newer literature ['nju:ə|lɪt(ə)rɪtʃə] новейшая, современная литература
newish ['nju:ɪʃ] довольно новый
newly ['nju:lɪ] заново; вновь; опять; по-иному; по-новому; недавно

NEW — NIC

newly-born child [ˈnjuːlɪbɔːn|ˈtʃaɪld] новорожденный

newly-wed [ˈnjuːlɪwed] новобрачный; новобрачная

newness [ˈnjuːnɪs] новизна

news [njuːz] известие; новости; новость; сообщение; известия; сообщения печати, радио и т. п.

news agency [ˈnjuːz|eɪdʒ(ə)nsɪ] телеграфное агентство

news analyst [ˈnjuːz|ænəlɪst] политический комментатор

news announcer [ˈnjuːz|əˈnaʊnsə] диктор новостей

news bureau [ˈnjuːz|bjʊəˈrou] служба новостей

news cinema [ˈnjuːz|sɪnɪmə] кинотеатр хроникально-документальных фильмов

news financial [ˈnjuːz|faɪˈnænʃəl] биржевые новости; биржевой отчет

news house [ˈnjuːz|haʊs] газетное издательство

news item [ˈnjuːz|aɪtem] информационный видеосюжет

news media [ˈnjuːz|miːdɪə] средства массовой информации

news release [ˈnjuːz|rɪˈliːs] сообщение для печати

news summary [ˈnjuːz|sʌmərɪ] информационный бюллетень

news-agent [ˈnjuːz|eɪdʒ(ə)nt] газетный киоскер

news-boy [ˈnjuːzbɔɪ] газетчик; продавец газет (мальчик или подросток)

news-department [ˈnjuːzdɪˌpɑːtmənt] информационный отдел; отдел печати

news-flash [ˈnjuːzflæʃ] короткое экстренное сообщение

news-letter [ˈnjuːz|letə] информационный бюллетень (торговой фирмы и т. п.); рекламный проспект

news-man [ˈnjuːzmæn] корреспондент; обозреватель; репортер; газетчик; продавец газет

news-print paper [ˈnjuːzprɪnt|ˈpeɪpə] газетная бумага

news-room [ˈnjuːzrum] информационная телестудия; отдел новостей

news-sheet [ˈnjuːzʃiːt] листовка

news-stand [ˈnjuːzstænd] газетный киоск

newscast [ˈnjuːzkɑːst] передача последних известий (по радио, телевидению); последние известия; передавать последние новости

newscaster [ˈnjuːzˌkɑːstə] диктор; радиокомментатор

newsdealer [ˈnjuːzˌdiːlə] газетный киоскер

newsfilm [ˈnjuːzfɪlm] кинохроника

newsmaker [ˈnjuːzˌmeɪkə] человек, находящийся в центре внимания средств массовой информации; известная личность; заметное явление; репортер

newsmonger [ˈnjuːzˌmʌŋgə] сплетник; сплетница

newspaper [ˈnjuːsˌpeɪpə] газета; газетный

newspaper boy [ˈnjuːsˌpeɪpə|ˈbɔɪ] курьер

newsreader [ˈnjuːzˌriːdə] диктор на радио или телевидении

newsreel [ˈnjuːzriːl] хроника; хроникальный фильм; киножурнал; сниматься в киножурнале

newsreel shooting [ˈnjuːzriːl|ˈʃuːtɪŋ] хроникально-документальная съемка

newsservice [ˈnjuːzˌsəːvɪs] агентство печати; информационное агентство

newsworthy [ˈnjuːzwəːðɪ] достойный освещения в печати; интересный, важный (о событии)

next [nekst] следующий; ближайший; близлежащий; соседний; будущий; грядущий; затем; после; потом; вблизи; возле; около; рядом

next door(to) [ˈnekstˈdɔː(tu)] по соседству; рядом

next-best [ˈneks(t)ˈbest] уступающий лишь самому лучшему

next-of-kin [ˈnekstəvˈkɪn] ближайший родственник

nexus [ˈneksəs] связь; узы; звено; логичность; связность; причинная зависимость

ne'er-do-weel [ˈnɛədu(ː)ˌwiːl] бездельник; негодник; тунеядец; никуда не годный

nib [nɪb] кончик; острие пера; (металлическое) перо; клюв (птицы); выпуклость; выступ; клин; острие

nib point [ˈnɪb|pɔɪnt] острый выступ (кончик)

nibble [ˈnɪbl] обгрызать; откусывать; покусывать; щипать (траву); клевать (о рыбах); есть маленькими кусочками; не решаться; колебаться; придираться; клев

nice [naɪs] хороший; приятный; любезный; внимательный; тактичный; изящный; сделанный со вкусом; элегантный; изысканный (о манерах, стиле); острый; тонкий; требующий большой точности (деликатности); вкусный; сладкий; аккуратный; подробный; скрупулезный; тщательный

nice judg(e)ment [ˈnaɪsˈdʒʌdʒmənt] тонкое правильное суждение

nice-looking [ˈnaɪsˈlukɪŋ] привлекательный; миловидный; притягательный

nicely [ˈnaɪslɪ] хорошо; хорошенько; мило; любезно; приятно; деликатно; тонко

nicety [ˈnaɪsɪtɪ] точность; пунктуальность; аккуратность; разборчивость; привередливость; придирчивость; щепетильность; изящество; изощренность; изысканность; утонченность; лакомство (уст.); детали; тонкости

niche [nɪtʃ] ниша; убежище; углубление; надлежащее место; поместить в нишу; найти себе убежище; удобно устроиться

nick [nɪk] зарубка; засечка; зазубрина; нарезка; бороздка; резьба; отверстие; пережим; прорезь; сужение; прорез; разрез; шлиц; шейка; трещина; щель; точный момент; критический момент; делать метку, зарубку; попасть в точку; угадать; поспеть вовремя; поймать *(преступника)*; разрезать; отрезать; подрезать

nickname ['nɪkneɪm] кличка; давать прозвище
nicotian [nɪ'kouʃ(ə)n] табачный; курильщик
nicotine ['nɪkəti:n] никотин
nictitate ['nɪktɪteɪt] мигать; моргать
nictitation [,nɪktɪ'teɪʃ(ə)n] мерцание; мигание
nidificate ['nɪdɪfɪkeɪt] вить гнездо
niece [ni:s] племянница
nifty ['nɪftɪ] остроумное замечание; острое словцо; модный; щегольской; стильный; отличный
nig [nɪg] обтесывать камни
niggard ['nɪgəd] скопидом; скряга; скупец; скупой
niggardly ['nɪgədlɪ] скаредный; скупой; недостаточный; плохой; скудный; скупо; скудно
nigger ['nɪgə] черномазый *(о неграх)*; негр; чернокожий *(груб.)*
niggle ['nɪgl] заниматься пустяками; размениваться на мелочи; одурачивать; обманывать; надувать; вводить в заблуждение
niggling ['nɪglɪŋ] мелочный; незначительный; несерьезный; требующий тщательной, кропотливой работы; неразборчивый *(о почерке)*
nigh [naɪ] аналогичный; ближний; близкий; сходный; близко; возле; около; рядом; почти; приблизительно
night [naɪt] ночь; вечер; мрак; темнота; вечерний; ночной
night blindness ['naɪt|'blaɪndnɪs] полный мрак; ночной мрак
night shift ['naɪtʃɪft] ночная смена
night shift bonus ['naɪtʃɪft'bounəs] надбавка за работу в ночную смену
night-bird ['naɪtbə:d] ночная птица; полуночник
night-chair ['naɪttʃɛə] судно; ночной горшок
night-clothes ['naɪtklouðz] ночное белье
night-flower ['naɪt,flauə] ночной цветок
night-fly ['naɪtflaɪ] ночной мотылек; ночная бабочка
night-glass ['naɪtglɑ:s] ночной морской бинокль
night-hag ['naɪthæg] ведьма; колдунья; чародейка; кошмар
night-long ['naɪtlɔŋ] продолжающийся всю ночь; в течение всей ночи; всю ночь
night-nurse ['naɪtnə:s] ночная сиделка

night-piece ['naɪtpi:s] картина, изображающая ночь *(вечер)*
night-porter ['naɪt,pɔ:tə] ночной портье
night-school ['naɪtsku:l] вечерняя школа; вечерние курсы
night-suit ['naɪtsju:t] пижама
night-time ['naɪttaɪm] ночное время; ночь
nightclub ['naɪtklʌb] ночной клуб
nightdress ['naɪtdres] ночная рубашка
nightfall ['naɪtfɔ:l] сумерки; наступление ночи
nighthawk ['naɪthɔ:k] человек, бодрствующий *(работающий)* по ночам; ночной таксист; козодой *(орнит.)*
nightingale ['naɪtɪŋgeɪl] соловей
nightly ['naɪtlɪ] ночной; еженощный; случающийся каждую ночь
nightmare ['naɪtmɛə] кошмар
nightshade ['naɪtʃeɪd] паслен *(бот.)*
nihilist ['naɪɪlɪst] нигилист
nihilistic [,naɪɪ'lɪstɪk] нигилистический
nihility [naɪ'ɪlɪtɪ] ничтожность; недействительность
nihilizm ['naɪɪlɪzm] нигилизм
nil [nɪl] ничего; ноль *(при счете в игре)*
nilow серая акула
nimble ['nɪmbl] проворный; ловкий; шустрый; легкий *(в движениях)*; живой, подвижный, гибкий *(об уме)*; сообразительный; быстрый; находчивый *(об ответе)*
nimbus ['nɪmbəs] нимб; ореол; сияние; дождевые облака
nine [naɪn] девять; девятка; девятый
ninefold ['naɪnfould] девятикратный; в девять раз больше
nineteen [naɪn'ti:n] девятнадцать
nineteenth ['naɪn'ti:nθ] девятнадцатый
nineties ['naɪntɪz] девяностые годы
ninetieth ['naɪntɪɪθ] девяностый
ninety ['naɪntɪ] девяносто
ninth [naɪnθ] девятый
ninthly ['naɪnθlɪ] в-девятых
nip [nɪp] укус; щипок; откушенный кусок; *(небольшой)* глоток; сжатие; зажимание; захват; зажим; ущипнуть; щипать; укусить; пресечь; прижать; сжимать; зажимать

to nip in(to) — вмешиваться в *(разговор)*; протискиваться, проталкиваться вперед; подшивать *(одежду)*

nipped [nɪpt] сжатый; зажатый; затертый льдами
nipper ['nɪpə] острогубцы; кусачки; щипцы; клещи; клешня; передний зуб; резец; механический стопор
nipping ['nɪpɪŋ] щиплющий; зажатие корабля во льдах

NIP — NOI

nipping claw [ˈnɪpɪŋˌklɔː] клешня
nipple [ˈnɪpl] соска; бугор; сопка; ниппель; соединительная втулка; патрубок; штуцер; сосок *(анат.)*
nippy [ˈnɪpɪ] морозный; резкий *(о ветре)*; проворный; официантка
nirvana [nɪəˈvɑːnə] нирвана
nit [nɪt] гнида
nitid [ˈnɪtɪd] блестящий; лоснящийся
nitrogen [ˈnaɪtrɪdʒən] азот
nitty [ˈnɪtɪ] вшивый
nitwitted [ˈnɪtˌwɪtɪd] глупый
nival [ˈnaɪvəl] снежный; растущий под снегом
no [nou] нет; не *(при сравн. ст. = not any; not at all)*
no charge [ˈnouˌtʃɑːdʒ] бесплатно
no claim admitted [ˈnouˌkleɪmədˈmɪtɪd] претензии не принимаются
no commercial value (NCV) [ˈnouˌkəˈmɜːʃəlˈvæljuː(ˈenˈsiːˈviː)] не имеет коммерческой ценности
no go [ˈnouˈgou] безвыходное положение; тупик
no great shakes [ˈnouˈgreɪtˈʃeɪks] неважный; нестоящий
no more [ˈnouˈmɔː] больше не
no one [ˈnouˈwʌn] никто
no parking [ˈnouˈpɑːkɪŋ] стоянка запрещена
no thoroughfare [ˈnouˈθʌrəfeə] проезд закрыт *(тупик)*
no trespassing [ˈnouˈtrespəsɪŋ] вход *(проход)* воспрещен
no-claim bonus [ˈnoukleɪmˈbounəs] вознаграждение за безаварийность
no-load [ˈnouˈloud] холостой ход автомобиля; нулевая нагрузка
no-load test [ˈnouloudˈtest] испытания на холостом ходу
no-man's-land [ˈnoumænzlænd] ничейная *(бесхозная)* земля; нечто среднее
no-nonsense [ˌnouˈnɔnsəns] вдумчивый; глубокомысленный; деловой; серьезный
no-trump [ˈnoutrʌmp] бескозырная игра; бескозырный
nobble [ˈnɔbl] подкупить; обмануть; украсть; поймать *(преступника и т. п.)*
nobiliary [nouˈbɪljərɪ] дворянский
nobility [nouˈbɪlɪtɪ] дворянство; родовая знать; благородство; великодушие; величие *(ума и т. п.)*
noble [ˈnoubl] благородный; великодушный; прекрасный; замечательный; превосходный; величественный; величавый; статный; знатный; титулованный
noble-minded [ˈnoublˈmaɪndɪd] благородный; великодушный
noble-mindedness [ˈnoublˈmaɪndɪdnɪs] благородство; великодушие
nobleman [ˈnoublmən] дворянин; титулованное лицо; пэр *(в Англии)*
noblewoman [ˈnoublˌwumən] дворянка; супруга пэра; леди
nobly [ˈnoublɪ] благородно; превосходно; прекрасно
nobody [ˈnoub(ə)dɪ] никто; ничтожество
nociceptor болевой рецептор
nock [nɔk] делать зарубки; натягивать тетиву
noctovision [ˌnɔktəˈvɪʒ(ə)n] способность видеть в темноте
nocturnal [nɔkˈtɜːnl] ночной; пассажный инструмент
nocturnalism [nɔkˈtɜːnəlɪzm] ночной образ жизни
nocturne [ˈnɔktɜːn] ноктюрн *(муз.)*; ночная сцена *(живоп.)*
nocuous [ˈnɔkjuəs] вредный; нездоровый; плохой; ядовитый
nod [nɔd] кивок; дремота; кивать головой *(в знак согласия, приветствия и т. п.)*; дремать; наклоняться, качаться *(о деревьях)*; покоситься, грозить обвалом *(о зданиях)*
nodal [ˈnoudl] центральный; опорный; основной; узловой
nodding lilac [ˈnɔdɪŋˈlaɪlək] сирень поникшая
noddy [ˈnɔdɪ] глупыш *(орнит.)*
node [noud] узел; нарост; утолщение; точка пересечения линий; узел колебаний
nodose [ˈnoudəs] узловатый
nodosity [nouˈdɔsɪtɪ] узловатость; утолщение
nodular [ˈnɔdjulə] узловатый; почковидный
nodule [ˈnɔdjuːl] валун; галька
nodus [ˈnoudəs] узел; затруднение; сложное сплетение обстоятельств; узел *(интриги)*
noetic [nouˈetɪk] духовный; интеллектуальный; абстрактный; отвлеченный; умозрительный
nog [nɔg] деревянный клин или гвоздь
nohow [ˈnouhau] никак; никоим образом; так себе
noise [nɔɪz] шум; гам; грохот; гвалт; гудение; гул; искажение; разговоры; слух; толки; звук *(неприятный)*; барьер; помехи; преграда; разглашать; распространять; обнародовать; кричать; шуметь
noise abatement [ˈnɔɪzəˈbeɪtmənt] шумопоглощение
noise cancellation [ˈnɔɪzˌkænseˈleɪʃən] подавление помехи *(техн.)*
noise density [ˈnɔɪzˈdensɪtɪ] интенсивность шума
noise-immunity [ˈnɔɪzɪˈmjuːnɪtɪ] помехозащищенность; помехоустойчивость
noiseless [ˈnɔɪzlɪs] бесшумный; спокойный; тихий; беззвучный; безмолвный

noiseproof ['nɔɪzpruːf] защищенный от шума, помех; не пропускающий шума; звуконепроницаемый

noisome ['nɔɪsəm] вредный; вредоносный; нездоровый; плохой; зловонный; отвратительный; противный

noisy ['nɔɪzɪ] шумный; шумливый; бойкий; галдящий; живой; кричащий; яркий (о цвете, костюме и т. п.)

nolism нежелание

nomad ['noumæd] кочевник; странник; бродяга

nomadic [nou'mædɪk] кочевой; кочующий; бродячий

nomadism ['noumədɪzm] кочевой образ жизни

nomenclative [nou'menklətɪv] номенклатурный; терминологический

nomenclature [nou'menklətʃə] номенклатура; перечень; список; классификация; терминология; систематика; образование терминов; система условных обозначений

nomenklatura [ˌnoumenkləˈtuərə] номенклатура; перечень; список; терминология

nominal ['nɔmɪnl] нарицательный; именной; номинальный; расчетный; незначительный; ничтожный; символический; условный

nominal acceleration time ['nɔmɪnl|æk,selə'reɪʃən|taɪm] номинальное время разгона

nominal capacity ['nɔmɪnl|kə'pæsɪtɪ] номинальная мощность

nominal cost ['nɔmɪnl|'kɔst] номинальная стоимость

nominal dimension ['nɔmɪnl|dɪ'menʃən] размеры установленных допусков

nominal hours ['nɔmɪnl|'auəz] запланированное рабочее время

nominal load capacity ['nɔmɪnl|'loud|kə'pæsɪtɪ] несущая способность

nominal price ['nɔmɪnl|praɪs] цена по прейскуранту

nominal quotation ['nɔmɪnl|kwou'teɪʃən] официальный курс

nominal share ['nɔmɪnl|'ʃeə] именная акция

nominal transfer ['nɔmɪnl|'trænsfəː] бесплатный перевод денег

nominally ['nɔmɪnəlɪ] номинально

nominate ['nɔmɪneɪt] выставлять; выдвигать; предлагать кандидата (на выборах); назначать (на должность); называть (дату); указывать наименование; давать название; относящийся к категории; имеющий определенное наименование

nomination [ˌnɔmɪ'neɪʃ(ə)n] назначение (на должность); выставление кандидата (на выборах); право назначения, выставления кандидата (при выборах на должность)

nominative ['nɔmɪnətɪv] именительный падеж (грам.); лицо, назначенное на должность

nominator ['nɔmɪneɪtə] лицо, предлагающее кандидата (при выборах) или назначающее на должность

nominee [ˌnɔmɪ'niː] кандидат, предложенный на какую-либо должность или выдвинутый на выборах

nomocracy [nou'mɔkrəsɪ] законность; правопорядок

nomogenous возникающий естественным путем

non-acceptance ['nɔnək'sept(ə)ns] непринятие

non-acoustical panel ['nɔnə'kuːstɪkəl|'pænl] звуконепроницаемая панель

non-adjustable ['nɔnə'dʒʌstəbl] нерегулируемый

non-aggression pact ['nɔnəg'reʃ(ə)n|'pækt] договор, пакт о ненападении

non-alcoholic ['nɔnˌælkə'hɔlɪk] безалкогольный

non-aligned country ['nɔnə'laɪnd|'kʌntrɪ] неприсоединившаяся страна

non-believer ['nɔnbɪ'liːvə] неверующий; скептик

non-belligerency ['nɔnbɪ'lɪdʒərənsɪ] неучастие в войне

non-belligerent ['nɔnbɪ'lɪdʒər(ə)nt] невоюющий; не принимающий участия в военных действиях

non-bookshop outlets ['nɔn'bukʃəp|'autlets] некнижные магазины, торгующие книгами

non-classified ['nɔn'klæsɪfaɪd] несекретный; без грифа

non-combatant ['nɔn'kɔmbət(ə)nt] нестроевой солдат, сержант, офицер; нестроевой; тыловой; не участвующий в боевых операциях

non-combustible ['nɔnkəm'bʌstɪbl] невоспламеняющийся; негорючий

non-committal ['nɔnkə'mɪtl] уклончивость; уклончивый

non-communicable ['nɔnkə'mjuːnɪkəbl] незаразный

non-competitive ['nɔnkəm'petɪtɪv] неконкурентоспособный

non-compliance ['nɔnkəm'plaɪəns] неподчинение; несовместимость; несогласие; расхождение; несоблюдение

non-conducting ['nɔnkən'dʌktɪŋ] изолирующий; непроводящий

non-conductor ['nɔnkənˌdʌktə] изолятор (техн.)

non-contacting ['nɔnkən'tæktɪŋ] бесконтактный

non-content ['nɔnkən'tent] недовольный; несогласный; голосующий против предложения (в палате лордов)

non-corrodible ['nɔnkə'roudəbl] нержавеющий

non-corrosive ['nɔnkə'rousɪv] нержавеющий

non-culpability [ˈnɔnˌkʌlpəˈbɪlɪtɪ] невиновность
non-delivery [ˈnɔndɪˈlɪvərɪ] непоставка
non-dimensional [ˈnɔndɪˈmenʃənl] безразмерный
non-discretion [ˈnɔndɪsˈkreʃən] отсутствие свободы действий
non-drip [ˈnɔnˈdrɪp] герметичный
non-driving wheel [ˈnɔndraɪvɪŋˈwiːl] неведущее колесо
non-ductile [ˈnɔnˈdʌktaɪl] неподатливый; упрямый
non-durable [ˈnɔnˈdjuərəbl] недолговечный; недолговременный; скоропреходящий; скоротечный
non-effective [ˈnɔnɪˈfektɪv] недействительный; непригодный; не имеющий силы; бесполезный; солдат (матрос), негодный к строевой службе (вследствие ранения и т. п.)
non-essential [ˈnɔnɪˈsenʃ(ə)l] неважный; незначащий; несущественный; пустяк; незначительный человек
non-event [ˈnɔnɪˈvent] снижение; спад; упадок
non-execution [ˈnɔnˌeksɪˈkjuːʃən] неисполнение
non-existent [ˈnɔnɪɡˈzɪstənt] несуществующий
non-fat [ˈnɔnˈfæt] не содержащий жира; нежирный
non-fiction literature [ˈnɔnˈfɪkʃənˈlɪtərɪtʃə] научная литература
non-foods [ˈnɔnˈfuːdz] непродовольственные товары
non-freeze solution [ˈnɔnfriːzsəˈluːʃən] антифриз
non-freezing [ˈnɔnˈfriːzɪŋ] морозоустойчивый
non-fulfil(l)ment [ˈnɔnfulˈfɪlmənt] невыполнение
non-glare [ˈnɔnˈɡleə] неослепляющая фара; неслепящий (свет фар)
non-hardy [ˈnɔnˈhɑːdɪ] нестойкий; невыносливый
non-homogenous [ˈnɔnˌhɔməˈdʒiːnjəs] неоднородный
non-impact [ˈnɔnˈɪmpækt] безударный; бесконтактный
non-independent [ˈnɔnˌɪndɪˈpendənt] зависимый; несамостоятельный
non-infected [ˈnɔnɪnˈfektɪd] незараженный
non-inflammable [ˈnɔnɪnˈflæməbl] негорючий; невоспламеняющийся
non-injured [ˈnɔnˈɪndʒəd] неповрежденный
non-interference [ˈnɔnˌɪntəˈfɪər(ə)ns] невмешательство
non-intervention [ˈnɔnˌɪntə(ː)ˈvenʃ(ə)n] невмешательство
non-labor [ˈnɔnˈleɪbə] нетрудовой (доход)
non-living matter [ˈnɔnlɪvɪŋˈmætə] неживая материя
non-loricate [ˈnɔnˈlɔrɪkeɪt] беспанцирный

non-lubricant bearing [ˈnɔnˈluːbrɪkəntˈbeərɪŋ] подшипник, не требующий смазки
non-migratory bird [ˈnɔnˈmaɪɡrətərɪˈbəːd] не перелетная птица
non-moral [ˈnɔnˈmɔr(ə)l] не связанный с моралью и этикой; аморальный; неэтичный
non-motive [ˈnɔnˈmoutɪv] неподвижный
non-national state [ˈnɔnˈnæʃənlˈsteɪt] многонациональное государство
non-net уцененный
non-obedience [ˈnɔnəˈbiːdjəns] неподчинение; неповиновение
non-observance [ˈnɔnəbˈzəːv(ə)ns] несоблюдение (правил и т. п.); нарушение (приказа и т. п.)
non-observance of safety regulations [ˈnɔnəbˈzəːv(ə)nsəvˈseɪftɪˌreɡjuˈleɪʃəns] несоблюдение правил техники безопасности
non-oxidizing [ˈnɔnˈɔksɪdaɪzɪŋ] неокисляющийся
non-partisan [ˈnɔnˌpɑːtɪˈzæn] стоящий вне партии; беспартийный; беспристрастный; объективный
non-party [ˈnɔnˈpɑːtɪ] беспартийный
non-payment [ˈnɔnˈpeɪmənt] неуплата; отсутствие платежа; неплатеж
non-performance [ˈnɔnpəˈfɔːməns] неисполнение
non-perishable [ˈnɔnˈperɪʃəbl] нескоропортящийся; стойкий
non-persistent [ˈnɔnpəˈsɪst(ə)nt] летучий; нестойкий
non-political [ˈnɔnpəˈlɪtɪkəl] аполитичный
non-predatory [ˈnɔnˈpredət(ə)rɪ] мирный; нехищный
non-productive [ˈnɔnprəˈdʌktɪv] непроизводящий; непроизводительный; непродуктивный
non-profit [ˈnɔnˈprɔfɪt] бесприбыльный; недоходный
non-profit activity [ˈnɔnˈprɔfɪtækˈtɪvɪtɪ] некоммерческое предприятие
non-proliferation [ˈnɔnprouˌlɪfəˈreɪʃ(ə)n] нераспространение ядерного оружия
non-random [ˈnɔnˈrændəm] неслучайный
non-rational [ˈnɔnˈræʃənl] иррациональный
non-recurrent [ˈnɔnrɪˈkʌrənt] разовый (о выплате); единовременный
non-regular [ˈnɔnˈreɡjulə] нерегулярный
non-repayable [ˈnɔnrɪˈpeɪəbl] безвозмездный
non-resident citizen [ˈnɔnˈrezɪdəntˈsɪtɪzn] гражданин, не являющийся постоянным жителем страны
non-resistance [ˈnɔnrɪˈzɪst(ə)ns] непротивление; пассивное подчинение
non-returnable [ˈnɔnrɪˈtəːnəbəl] невозвратный
non-rust [ˈnɔnˈrʌst] нержавеющий
non-shock [ˈnɔnˈʃɔk] ударостойкий

non-skid [ˈnɔnˈskɪd] приспособление против буксования колес; нескользящий; небуксующий; предохраняющий от скольжения

non-skid chain [ˈnɔnskɪdˈtʃeɪn] цепь противоскольжения

non-slip tile [ˈnɔnslɪpˈtaɪl] нескользящая плитка

non-smoker [ˈnɔnˈsmoukə] некурящий; вагон (купе) для некурящих

non-solvency [ˈnɔnˈsɔlvənsɪ] неплатежеспособность

non-standard [ˈnɔnˈstændəd] не соответствующий установленным нормам (о языке)

non-starter [ˈnɔnˈstɑːtə] не стартующий; не участвующий в соревнованиях (об участнике забега, заезда и т. п., также о лошади); человек, не имеющий никаких шансов на успех

non-stick [ˈnɔnˈstɪk] не допускающий пригорания

non-stop [ˈnɔnˈstɔp] поезд, автобус и т. п., идущий без остановок; безостановочный пробег; безостановочный; непрекращающийся; без посадки

non-traditional belief [ˈnɔntrəˈdɪʃənl‖bɪˈliːf] нетрадиционные взгляды

non-union [ˈnɔnˈjuːnjən] не состоящий членом профсоюза

non-unionist [ˈnɔnˈjuːnjənɪst] не член профсоюза

non-unionized [ˈnɔnˈjuːnjənaɪzd] не являющийся членом профсоюза; не имеющий профсоюзной организации (о предприятии)

nonagenarian [ˌnounədʒɪˈnɛərɪən] (человек) в возрасте между 89 и 100 годами; 90-летний (старик, старуха)

nonary [ˈnounərɪ] группа из девяти; девятеричный (о системе счисления)

none [nʌn] никто; ничто; ни один; никакой; нисколько; совсем не

nonentity [nɔˈnentɪtɪ] ничтожество (о человеке); несуществующая вещь; фикция; небытие

nonetheless [ˌnʌnðəˈles] несмотря на; однако

nonliterate [nɔnˈlɪtərɪt] неграмотный

nonpareil [ˈnɔnpərel] совершенство; несравненный; нонпарель, 6 кегль шрифта (полигр.)

nonplus [ˈnɔnˈplʌs] замешательство; затруднительное положение; приводить в замешательство; ставить в тупик, в затруднительное положение

nonplussed [ˈnɔnˈplʌst] затруднительный; трудный; тяжелый

nonsense [ˈnɔns(ə)ns] абсурд; бессмыслица; вздор; сумасбродство; бессмысленные поступки; пустяки

nonsensical [nɔnˈsensɪk(ə)l] бессмысленный; глупый

nonstriated muscle [ˈnɔnstraɪˈeɪtɪdˈmʌsl] гладкая мышца

nonsuch [ˈnʌnsʌtʃ] верх совершенства; образец

nonsuit [ˈnɔnˈsjuːt] прекращение иска; отказывать в иске; прекращать дело

nonviable [nɔnˈvaɪəbəl] нежизнеспособный

nonviolence [nɔnˈvaɪələns] отказ от применения насильственных методов

noodle [ˈnuːdl] лапша

nook [nuk] угол; вершина; угловая точка; укромный уголок; закоулок; глухое, удаленное место; бухточка

noon [nuːn] полдень; зенит; расцвет

noonday [ˈnuːndeɪ] полдень; время около полудня; время наибольшего подъема, процветания; полуденный

nooning [ˈnuːnɪŋ] полдень; полуденный перерыв; отдых; еда (в полдень)

noontide [ˈnuːntaɪd] время около полудня; зенит; расцвет

noontime [ˈnuːntaɪm] полдень

noose [nuːs] петля; аркан; лассо; западня; капкан; ловушка; силок; узы супружества

nor [nɔː] и... не; тоже... не; также... не

Nordic [ˈnɔːdɪk] нордический; северный; скандинавский

norland [ˈnɔːlənd] северный район

norm [nɔːm] норма; образец; стандарт

normal [ˈnɔːm(ə)l] нормальный; стандартный; обыкновенный; обычный; среднеарифметический; средний; перпендикулярный (геом.); нормальное состояние; нормальный тип; образец; размер

normal behaviour [ˈnɔːm(ə)l‖bɪˈheɪvjə] нормальное поведение

normal birth [ˈnɔːm(ə)l‖bəːθ] нормальные роды

normal concentration [ˈnɔːm(ə)l‖ˌkɔnsenˈtreɪʃən] нормальная концентрация

normal cross-section [ˈnɔːm(ə)l‖ˈkrɔsˈsekʃən] поперечное сечение

normal dimension [ˈnɔːm(ə)l‖dɪˈmenʃən] стандартный размер

normal edition [ˈnɔːm(ə)l‖ɪˈdɪʃən] типовое издание

normal profile [ˈnɔːm(ə)l‖ˈproufiːl] стандартное сечение

normal school [ˈnɔːm(ə)l‖skuːl] педагогическое училище

normal type [ˈnɔːm(ə)l‖taɪp] стандарт

normality [nɔːˈmælɪtɪ] нормальность; обычное состояние

normalization [ˌnɔːməlaɪˈzeɪʃ(ə)n] стандартизация; нормализация

normalize [ˈnɔːməlaɪz] нормализовать; упорядочивать; оценивать

normative [ˈnɔːmətɪv] нейтральный; нормативный

normative document [ˈnɔːmətɪv ˈdɔkjumənt] нормативный документ

north [nɔːθ] север; норд; северный ветер; северный; обращенный к северу

north-east [ˈnɔːθˈiːst] [(мор.) nɔːˈriːst] северо-восток; северо-восточный

north-eastern [ˈnɔːθˈiːstən] северо-восточный

north-polar [ˈnɔːθˈpoulə] арктический; полярный

north-west [ˈnɔːθˈwest] [(мор.) nɔːˈwest] северо-запад; северо-западный

northbound [ˈnɔːθbaund] идущий, движущийся на север (о поезде и т. п.)

norther [ˈnɔːðə] сильный северный ветер (дующий осенью и зимой на юге США)

northern [ˈnɔːð(ə)n] нордовый; северный; дующий с севера; житель севера; северный ветер

northern gannet [ˈnɔːðən ˈgænɪt] северная олуша

northern lights [ˈnɔːð(ə)n laɪts] северное сияние

northerner [ˈnɔːð(ə)nə] северянин; житель севера; житель северных штатов США

northward [ˈnɔːθwəd] к северу; на север; расположенный к северу от; обращенный на север; северное направление

nose [nouz] нос; обоняние; чутье; нюх; носик (чайника); морда; горлышко; наконечник; водорез; носовая часть корабля; сопло; насадка; патрубок; обонять; нюхать; обнюхивать; выискивать; выслеживать; тереться носом; двигаться вперед

nose-bag [ˈnouzbæg] торба (для лошади)

nose-dive [ˈnouzdaɪv] пикирование (авиац.); резкое падение (цен и т. п.)

nosogenic [ˌnɔsəˈdʒenɪk] болезнетворный; вредный; вредоносный

nostalgia [nɔsˈtældʒɪə] тоска по родине; ностальгия; тоска по прошлому

nostalgic [nɔsˈtældʒɪk] страдающий ностальгией; тоскующий по прошлому; вызывающий тоску по прошлому

nostril [ˈnɔstrɪl] ноздря

nostril of burner [ˈnɔstrɪl əv ˈbəːnə] форсунка

nosy [ˈnouzɪ] вмешивающийся не в свои дела; надоедливый

not [nɔt] не; нет; ни (в соединении с вспомогательными и модальными глаголами принимает в разг. речи форму n't [nt]: isn't; don't; didn't; can't и т. п.); для усиления отрицания

not harmful to the environment [ˈnɔt ˈhaːmful tə ðə ɪnˈvaɪərənmənt] безвредный для окружающей среды

not protected [ˈnɔt prəˈtektɪd] незащищенный

not to breathe a word [ˈnɔt tə ˈbriːð ə ˈwəːd] не проронить ни звука; держать в секрете

not to have a bean [ˈnɔt tə ˈhæv ə ˈbiːn] не иметь ни гроша

not worth a bean [ˈnɔt ˈwəːθ ə ˈbiːn] гроша ломаного не стоит

notability [ˌnoutəˈbɪlɪtɪ] знаменитость; известный, знаменитый человек; известность; лавры; значительность

notable [ˈnoutəbl] достопримечательный; замечательный; известный; заметный; видный; значительный; выдающийся человек

notably [ˈnoutəblɪ] исключительно; особенно; в особенности; больше всего; весьма; заметно; очень; сильно

notarial [nouˈtɛərɪəl] нотариальный

notarial will [nouˈtɛərɪəl ˈwɪl] нотариально оформленное завещание

notarize [ˈnoutəraɪz] заверить; засвидетельствовать нотариально

notary [ˈnoutərɪ] нотариус

notate [nouˈteɪt] записывать нотами

notation [nouˈteɪʃ(ə)n] изображение условными знаками, цифрами, буквами; индексация; совокупность условных знаков, применяемых для сокращенного выражения; запись; отметка; замечание; примечание; ссылка; обозначение; система изображения величин; указание

notch [nɔtʃ] выемка; метка; зарубка; прорезь; засечка; степень; уровень; бороздка; гнездо для шипа; отверстие для втулки; надрез; паз; желобок; впадина; вырез; царапина; зарубать; делать метку; прорезать; надсекать; надрезать

notched belt [ˈnɔtʃt ˈbelt] зубчатый ремень

note [nout] заметка; запись; примечание; ссылка; сноска; комментарий; аннотация; записка; расписка; справка; счет; банкнота; тон; долговая расписка; накладная; гарантия; нота (муз.); звук; пение; крик; сигнал; знак; знамение; символ; кредитный билет; репутация; известность; извещение; авизо; внимание; отличительный признак; делать заметки; записывать; составлять комментарии; аннотировать; замечать; обращать внимание; отмечать; упоминать; обозначать; указывать; принимать к сведению; опротестовывать вексель

note of exclamation [ˈnout əv ˌeksklə'meɪʃən] восклицательный знак

note of hand [ˈnout əv ˈhænd] долговое обязательство

note of interrogation [ˈnout əv ɪnˌterəˈgeɪʃən] вопросительный знак

note payable on demand [ˈnout ˈpeɪəbl ɔn dɪˈmaːnd] бланковая надпись (фин.)

note-book [ˈnoutbuk] записная книжка; тетрадь; ноутбук (портативный компьютер)

note-paper [ˈnoutˌpeɪpə] почтовая бумага

notecase [ˈnoutkeɪs] бумажник

noted [ˈnoutɪd] анонсированный; отмеченный

notedly [ˈnoutɪdlɪ] в значительной степени; заметно

noteless [ˈnoutlɪs] малозаметный; незаметный; неприметный; немузыкальный

notepad [ˈnoutpæd] блокнот

nothing [ˈnʌθɪŋ] ничего; ничто; мелочи; пустяки; небытие; нереальность; ноль; пустое место; нисколько; совсем нет

nothingarian [ˌnʌθɪŋˈɛərɪən] человек, не верящий ни во что

nothingness [ˈnʌθɪŋnɪs] небытие; ничто; несущественность; пустяки; незначительность; ничтожество

notice [ˈnoutɪs] извещение; уведомление; предупреждение; наблюдение; внимание; заметка; объявление; заявление; обозрение; рецензия; знание; осведомленность; оповещение; замечать; обращать внимание; отмечать; упоминать; предупреждать; уведомлять; давать обзор; рецензировать; извещать

notice of appeal [ˈnoutɪs|əv|əˈpiːl] протест; апелляция

notice of assessment [ˈnoutɪs|əv|əˈsesmənt] платежное извещение налогового органа

notice of opposition [ˈnoutɪs|əv|ɔpəˈzɪʃən] возражение; протест

notice of receipt [ˈnoutɪs|əv|rɪˈsiːt] расписка о получении

notice to appear [ˈnoutɪs|tə|əˈpɪə] вызов в суд (юр.)

notice-board [ˈnoutɪsbɔːd] доска объявлений

noticeable [ˈnoutɪsəbl] достойный внимания; видный; заметный; приметный; ощутимый

noticeably [ˈnoutɪsəblɪ] заметно; значительно

notifiable [ˈnoutɪfaɪəbl] подлежащий регистрации

notification [ˌnoutɪfɪˈkeɪʃ(ə)n] извещение; сообщение; предупреждение; заявление; объявление; регистрация (смерти и т. п.); уведомление; повестка

notify [ˈnoutɪfaɪ] извещать; уведомлять; объявлять; доводить до всеобщего сведения; давать сведения; вносить; записывать; регистрировать

notion [ˈnouʃ(ə)n] понятие; представление; идея; взгляд; мнение; точка зрения; знакомство; знание; намерение; изобретение; остроумное приспособление; прибор; категория; класс

notional [ˈnouʃənl] умозрительный; отвлеченный; воображаемый; кажущийся; мнимый; придирчивый; значимый (линг.); смысловой

notionalist [ˈnouʃnəlɪst] мудрец; мыслитель; философ; теоретик

notoriety [ˌnoutəˈraɪətɪ] дурная слава, известность; человек, пользующийся дурной славой

notorious [nouˈtɔːrɪəs] пользующийся дурной славой; печально известный; отъявленный; пресловутый; знакомый; известный

notorious malefactor [nouˈtɔːrɪəs|ˈmælɪfæktə] отъявленный преступник

notwithstanding [ˌnɔtwɪθˈstændɪŋ] несмотря на; вопреки; тем не менее; однако

nougat [ˈnuːgɑː] нуга

nought [nɔːt] ничто; ничтожество (о человеке)

noun [naun] имя существительное (грам.)

nourish [ˈnʌrɪʃ] кормить; насыщать; питать; подпитывать; ухаживать; растить; лелеять (надежду и т. п.); удобрять (землю)

nourished [ˈnʌrɪʃt] упитанный

nourishing [ˈnʌrɪʃɪŋ] обильный; питательный

nourishment [ˈnʌrɪʃmənt] кормление; питание; пища; еда; корм; поддержка

nous [naus] ум; разум; интеллект; здравый смысл; сметка; сообразительность

nova [ˈnouvə] новая звезда (астр.); новинка

novation [nouˈveɪʃ(ə)n] новация; нововведение; новшество

novel [ˈnɔv(ə)l] роман; новелла; новый закон; новая норма права; неизвестный; новейший; новый; новейшей конструкции

novelet [ˌnɔvəˈlet] повесть; рассказ; новелла; повествование; бульварный роман

novelette [ˌnɔvəˈlet] новелетта (музыкальное произведение)

novelettish [ˌnɔvəˈletɪʃ] сентиментальный

novelist [ˈnɔvəlɪst] писатель-романист

novelize [ˈnɔvəlaɪz] придавать (произведению) форму романа; обновлять; освежать; вводить новшество

novella [nouˈvelə] новелла

novelty [ˈnɔv(ə)ltɪ] новизна; новость; новинка; новшество; новация; нововведение; мелкие дешевые товары

novelty counter [ˈnɔv(ə)ltɪ|ˈkauntə] отдел новинок

novelty store [ˈnɔv(ə)ltɪ|ˈstɔː] магазин новинок

November [nouˈvembə] ноябрь; ноябрьский

novennial [nouˈvenjəl] повторяющийся каждые девять лет

novercal [nouˈvəːk(ə)l] присущий, свойственный мачехе (об отношении и т. п.)

novice [ˈnɔvɪs] начинающий; новичок; послушник или послушница (в церкви); новообращенный

noviciate [nouˈvɪʃɪɪt] искус; испытание; ученичество; период ученичества

now [nau] ныне; сегодня; сейчас; теперь; тотчас же; сию же минуту; тогда, в то время (в повествовании); настоящее время; данный момент

NOW — NUM

nowaday [ˈnauədeɪ] настоящий; современный; теперешний
nowadays [ˈnauədeɪz] в наше время; в наши дни; теперь; настоящее время
nowhere [ˈnouwɛə] нигде; никуда
nowise [ˈnouwaɪz] никоим образом; ни в коем случае; вовсе нет
noxious [ˈnɔkʃəs] вредный; вредоносный; нездоровый; пагубный
noxious substance [ˈnɔkʃəs ˈsʌbstəns] ядовитое (токсичное) вещество
noxious vapours [ˈnɔkʃəs ˈveɪpəz] ядовитые (токсичные) пары
noxiousness [ˈnɔkʃəsnɪs] вред; убыток; ущерб
nozzle [nɔzl] насадка; патрубок; сопло; форсунка; выпускное отверстие
nozzle pipe [ˈnɔzl paɪp] инжекционная труба
nociceptive болезненный; чувствительный к боли
nuance [njuˈɑːns] краска; нюанс; оттенок; тон
nubbly [ˈnʌblɪ] узловатый; шишковатый; кусковой; в кусках
nubia [ˈnjuːbjə] легкий женский шерстяной шарф
nubile [ˈnjuːbɪl] брачный (о возрасте); достигший брачного возраста (о девушке)
nubility [njuːˈbɪlɪtɪ] брачный возраст
nucha [ˈnjuːkə] затылок
nuchal [ˈnjuːkl] затылочный
nuciform [ˈnjuːsɪfɔːm] ореховидный
nucivorous [njuːˈsɪvərəs] питающийся орехами
nuclear [ˈnjuːklɪə] ядерный; атомный; содержащий ядро
nuclear bomb [ˈnjuːklɪə ˈbɔm] атомная бомба
nuclear charge number [ˈnjuːklɪə ˈtʃɑːdʒ ˈnʌmbə] зарядовое число
nuclear complex [ˈnjuːklɪə ˈkɔmpleks] ядерный комплекс
nuclear deterrent [ˈnjuːklɪə dɪˈterənt] ядерная угроза
nuclear energy [ˈnjuːklɪə ˈenɪdʒɪ] ядерная энергия
nuclear envelope [ˈnjuːklɪə ˈenvɪloup] ядерная оболочка
nuclear fallout [ˈnjuːklɪə ˈfɔːlaut] радиоактивные осадки
nuclear fission [ˈnjuːklɪə ˈfɪʃən] деление атомного ядра
nuclear weapon [ˈnjuːklɪə ˈwepən] ядерное оружие
nuclear-capable [ˈnjuːklɪə ˈkeɪpəbl] способный производить, доставлять, размещать ядерное оружие
nuclear-free [ˈnjuːklɪə ˈfriː] безъядерный
nuclear-powered ice-breaker [ˈnjuːklɪə pauəd ˈaɪs ˌbreɪkə] атомный ледокол

nuclearization [ˌnjuːklɪəraɪˈzeɪʃ(ə)n] оснащение ядерным оружием
nucleate [ˈnjuːklɪeɪt] образовывать ядро
nucleation [ˌnjuːklɪˈeɪʃən] образование ядра
nucleus [ˈnjuːklɪəs] ядро; центр (лат.); косточка (плода); пузырек
nucleus prior to fission [ˈnjuːklɪəs ˈpraɪətə ˈfɪʃən] атомное ядро до деления
nucule [ˈnjuː(ː)kjuːl] орешек; мелкий орех
nude [njuːd] обнаженная фигура (в живописи, скульптуре); нагой; обнаженный; голый; телесного цвета; неприкрытый; ясный; не имеющий исковой силы; бездоказательный
nude matter [ˈnjuːd ˈmætə] бездоказательное утверждение
nudge [nʌdʒ] легкий толчок локтем; слегка подталкивать локтем (чтобы привлечь чье-либо внимание)
nudity [ˈnjuːdɪtɪ] нагота; обнаженная часть тела
nugatory [ˈnjuːgət(ə)rɪ] малейший; мелкий; пустячный; недействительный; не имеющий силы; бесполезный; напрасный; тщетный
nugget [ˈnʌgɪt] самородок (золота)
nuisance [ˈnjuːsns] досада; неприятность; нудный человек; барьер; вред; источник вреда; зловредность; неудобство; помеха; преграда; нарушение покоя
nuisancer [ˈnjuːsnsə] нарушитель общественного порядка; нарушитель покоя
null [nʌl] недействительный; не имеющий силы; несуществующий; невыразительный; нехарактерный; ничтожный
null and void [ˈnʌl ənd ˈvɔɪd] ничтожный и не имеющий юридической силы; потерявший силу
null data [ˈnʌl ˈdeɪtə] неполные данные; отсутствие данных
nullification [ˌnʌlɪfɪˈkeɪʃ(ə)n] аннулирование; ликвидация; уничтожение; устранение; признание недействительным (не имеющим силы)
nullify [ˈnʌlɪfaɪ] аннулировать; сводить к нулю; делать недействительным
nullity [ˈnʌlɪtɪ] незначительность; ничтожность; недействительность
numb [nʌm] неподвижный; онемелый; оцепенелый; окоченелый (от холода); вызывать онемение, окоченение
number [ˈnʌmbə] количество; число; порядковый номер; цифра; сумма; численность; выпуск; экземпляр; число (грам.); нумеровать; числиться; быть в числе; насчитывать; зачислять; причислять; клеймить; считать; маркировать; подсчитывать
number combination [ˈnʌmbə ˌkɔmbɪˈneɪʃən] арифметический факт

number of revolutions [ˈnʌmbərəvˌrevəˈluːʃənz] число оборотов

number-plate [ˈnʌmbəpleɪt] номерной знак *(на автомобиле)*

number-plate lamp [ˈnʌmbəpleɪtˈlæmp] лампочка заднего номерного знака

numbering [ˈnʌmbərɪŋ] нумерация

numberless [ˈnʌmbəlɪs] бессчётный; бесчисленный; неисчислимый; несчётный; не имеющий номера

numbers game [ˈnʌmbəzˈgeɪm] жульничество; мошенничество

numbness [ˈnʌmnɪs] неподвижность; нечувствительность; оцепенение; окоченение; онемение

numerable [ˈnjuːm(ə)rəbl] исчислимый; поддающийся счёту; счётный

numeracy [ˈnjuːmərəsɪ] способность к количественному мышлению

numeral [ˈnjuːm(ə)r(ə)l] цифра; число; имя числительное *(грам.)*; числовой; цифровой; численный

numerate [ˈnjuːməreɪt] вычислять; исчислять; считать; обозначать цифрами

numeration [ˌnjuːməˈreɪʃ(ə)n] исчисление; счёт; нумерация; перечисление; система счисления

numerator [ˈnjuːməreɪtə] вычислитель; счётчик; числитель дроби *(мат.)*

numeric keypad [njuː(ː)ˈmerɪkˈkiːpæd] числовая *(цифровая)* клавиатура

numeric-alphabetic [njuː(ː)ˈmerɪkˌælfəˈbetɪk] буквенно-цифровой

numerical [njuː(ː)ˈmerɪk(ə)l] числовой; цифровой; численный

numerically [njuː(ː)ˈmerɪk(ə)lɪ] с помощью цифр; в цифрах; в числовом отношении

numerology [ˌnjuːməˈrɔləʤɪ] нумерология; гадание по числам

numerous [ˈnjuːm(ə)rəs] многократный; многочисленный

numerously [ˈnjuːm(ə)rəslɪ] в большом количестве

numinous [ˈnjuːmɪnəs] загадочный; мистический; непостижимый

numismatics [ˌnjuːmɪzˈmætɪks] нумизматика

numismatist [njuː(ː)ˈmɪzmətɪst] нумизмат

nummary [ˈnʌmərɪ] денежный; монетный

nummulary [ˈnʌmjuːlərɪ] денежный; монетарный; монетный

nummy [ˈnʌmɪ] скат

nuncupate [ˈnʌŋkjuː(ː)peɪt] делать устное завещание *(в присутствии свидетелей)*; давать устное обещание; устно принимать на себя обязательство

nuncupation [ˌnʌŋkjuː(ː)ˈpeɪʃ(ə)n] устное завещание; торжественное заявление

nuncupative [ˌnʌŋkjuː(ː)ˈpeɪtɪv] торжественно объявленный

nundinal [ˈnʌndɪn(ə)l] ярмарочный; базарный; рыночный; товарный

nunnery [ˈnʌnərɪ] женский монастырь

nuptial [ˈnʌpʃ(ə)l] брачный; матримониальный; свадебный; супружеский; брак; свадьба

nurse [nəːs] нянька; няня; кормилица; мамка; сиделка; медицинская сестра; песчаная акула *(ихт.)*; кормить, выкармливать *(ребёнка)*; нянчить; быть сиделкой; ухаживать *(за больным)*; лечить *(насморк, простуду)*; выращивать *(растение)*; лелеять *(мысль, надежду)*; питать, таить *(злобу)*; обхаживать; стараться задобрить; экономно хозяйничать; беречь; ласкать

nurse-child [ˈnəːstʃaɪld] питомец; приёмыш

nurse-maid [ˈnəːsmeɪd] няня

nursery [ˈnəːs(ə)rɪ] детская *(комната)*; питомник; рассадник; ясли *(для детей)*; инкубатор

nursery garden [ˈnəːsrɪˌgɑːdn] питомник; садоводство

nursery governess [ˈnəːsrɪˌgʌvnɪs] воспитательница; наставница; учительница

nursery rhymes [ˈnəːsrɪˈraɪmz] детские стишки; прибаутки

nursery school [ˈnəːsrɪˈskuːl] детский сад

nursery teacher [ˈnəːsrɪˈtiːtʃə] воспитательница детского сада

nurseryman [ˈnəːsrɪmən] владелец питомника

nursing-bottle [ˈnəːsɪŋˌbɔtl] рожок *(детский)*

nursing-centre [ˈnəːsɪŋˌsentə] детская консультация

nursing-home [ˈnəːsɪŋhoum] частная лечебница

nurs(e)ling [ˈnəːslɪŋ] питомец; грудной ребёнок; любимец; молодое животное, растение

nurture [ˈnəːtʃə] воспитание; образование; обучение; тренировка; выращивание; питание; пища; воспитывать; выращивать; обучать; растить; вынашивать план; кормить; насыщать; питать

nut [nʌt] орех; гайка *(техн.)*; муфта; порожек *(у струнных инструментов)*; колодочка смычка; собирать орехи

nut driver [ˈnʌtˈdraɪvə] гаечный ключ

nut screw [ˈnʌtˌskruː] винт с мелкой резьбой

nut thread [ˈnʌtˈθred] гаечная резьба

nut washer [ˈnʌtˈwɔʃə] гаечная шайба

nut-brown [ˈnʌtbraun] орехового, коричневого цвета

nut-oil [ˈnʌtˈɔɪl] ореховое масло

nut-tree [ˈnʌttriː] орешник

nutate [njuːˈteɪt] колебаться; покачиваться; кивать *(головой)*

nutation [njuːˈteɪʃ(ə)n] наклонение; покачивание *(головы)*; кивок

nutcracker [ˈnʌtˌkrækə] щипцы для орехов; кедровка *(орнит.)*
nutcrackers [ˈnʌtˌkrækəz] щипцы для орехов
nutlet [ˈnʌtlɪt] орешек
nutmeg [ˈnʌtmeg] мускатный орех
nutria [ˈnjuːtrɪə] нутрия *(животное и мех)*
nutrient [ˈnjuːtrɪənt] питательное вещество; обильный; питательный
nutrient medium [ˈnjuːtrɪənt ˈmiːdjəm] питательная среда
nutriment [ˈnjuːtrɪmənt] пища; еда; корм; питание
nutrition [njuːˈtrɪʃən] питание; пища; кормление; корм
nutritional [njuːˈtrɪʃənl] относящийся к питанию; пищевой; обильный; питательный; диетологический; диетный
nutritionist [njuː(ː)ˈtrɪʃənɪst] диетолог; диетсестра
nutritious [njuː(ː)ˈtrɪʃəs] питательный
nutritious breakfast [njuː(ː)ˈtrɪʃəs ˈbrekfəst] питательный завтрак
nutritive [ˈnjuːtrɪtɪv] питательное вещество; питательный; пищевой
nutshell [ˈnʌtʃel] ореховая скорлупа; косточка
nutting [ˈnʌtɪŋ] сбор орехов
nutty [ˈnʌtɪ] имеющий вкус ореха; вкусный; интересный; пикантный
nutwood [ˈnʌtwud] орешник; ореховое дерево *(древесина)*
nuzzle [ˈnʌzl] нюхать; водить носом *(о собаках)*; прижаться; прикорнуть; приютиться
nyctanthous цветущий ночью
nylon [ˈnaɪlən] нейлон; нейлоновые чулки
nymph [nɪmf] нимфа; красивая, изящная девушка; куколка; личинка *(насекомого)*
nystatin нистатин

O

o [ou]; мн. — Os; O's [ouz] пятнадцатая буква английского алфавита
oaf [ouf] уродливый, глупый ребенок; дурачок; неотесанный, неуклюжий человек
oafish [ˈoufɪʃ] нескладный; неуклюжий
oak [ouk] дуб; древесина дуба; изделия из дуба *(мебель и т. п.)*; венок из дубовых листьев; дубовый
oak-wood [ˈoukwud] дубрава
oaken [ˈouk(ə)n] дубовый
oakery [ˈoukərɪ] дубняк; местность, поросшая дубняком
oaklet [ˈouklɪt] молодой дуб; дубок
oakum [ˈoukəm] пакля
oaky [ˈoukɪ] дубовый
oar [ɔː] весло; гребец; грести
oarage [ˈɔːrɪdʒ] гребля; комплект весел
oared [ɔːd] весельный
oarlock [ˈɔːlɔk] уключина
oarsmanship [ˈɔːzmənʃɪp] умение грести; искусство гребли
oasis [ouˈeɪsɪs] оазис
oat [out] овес; пастуший рожок; пастораль; овсяный
oatcake [ˈoutˈkeɪk] овсяная лепешка
oaten [ˈoutn] овсяный; из овсяной соломы
oath [ouθ] клятва; зарок; обет; присяга; богохульство; проклятия; ругательства
oath of allegiance [ˈouθ|əv|əˈliːdʒəns] присяга на верность; воинская присяга
oath-breaker [ˈouθˌbreɪkə] клятвопреступник; нарушитель присяги
oath-breaking [ˈouθˌbreɪkɪŋ] нарушение клятвы, присяги
oatmeal [ˈoutmiːl] овсяная мука; толокно; овсянка; овсяная каша
oats [ˈouts] овес
obduction [ɔbˈdʌktʃən] вскрытие
obduracy [ˈɔbdjurəsɪ] закоснелость; черствость; ожесточение; настойчивость; упрямство
obdurate [ˈɔbdjurɪt] закоснелый; черствый; ожесточенный; настойчивый; настоятельный; упрямый
obedience [əˈbiːdjəns] повиновение; подчинение; покорность; послушание
obedient [əˈbiːdjənt] податливый; покорный; послушный; тихий
obedientiary [əˌbiːdɪˈenʃərɪ] монах *(выполняющий какое-либо послушание в монастыре)*
obeisance [ouˈbeɪs(ə)ns] реверанс; почтительный поклон; пиетет; почитание; почтение; уважение
obelisk [ˈɔbɪlɪsk] обелиск
obelize [ˈɔbɪlaɪz] отмечать крестиком
obese [ouˈbiːs] тучный; страдающий ожирением
obesity [ouˈbiːsɪtɪ] тучность; ожирение
obex [ˈoubeks] задвижка *(анат.)*
obey [əˈbeɪ] подчиняться; удовлетворять *(правилу, условию, уравнению и т. п.)*; повиноваться
obfuscate [ˈɔbfʌskeɪt] затемнять *(свет, вопрос)*; сбивать с толку; туманить рассудок
obiter [ˈɔbɪtə] между прочим; мимоходом
obituary [əˈbɪtjuərɪ] некролог; список умерших; погребальный; похоронный; траурный; некрологический; связанный со смертью

object [ˈɔbdʒɪkt] — *сущ.* [əbˈdʒekt] — *гл.* предмет; вещь; объект; цель; дополнение *(грам.)*; возражать; протестовать; не любить; не переносить

object in issue [ˈɔbdʒɪkt|ɪnˈɪsjuː] предмет спора

object lens [ˈɔbdʒɪkt|lens] объектив

object of ridicule [ˈɔbdʒɪkt|ɔvˈrɪdɪkjuːl] объект насмешек

object-teaching [ˈɔbdʒɪktˈtiːtʃɪŋ] наглядное обучение

objectification [əbˌdʒektɪfɪˈkeɪʃən] воплощение

objectify [əbˈdʒektɪfaɪ] воплощать; олицетворять; ссылаться на объективные причины

objection [əbˈdʒekʃ(ə)n] возражение; протест; нелюбовь; неодобрение; осуждение; порицание; дефект; недостаток; нехватка; отсутствие

objectionable [əbˈdʒekʃnəbl] вызывающий возражения; нежелательный; спорный; предосудительный; неприятный; неудобный; страдающий недостатками

objective [əbˈdʒektɪv] цель; намерение; стремление; объект *(наступления)*; объектный, косвенный падеж *(грам.)*; объектив *(оптика)*; беспристрастный; действительный; объективный; целевой; предметный; вещественный; материальный; реальный

objective appraisal [əbˈdʒektɪv|əˈpreɪzəl] объективная оценка

objectivism [əbˈdʒektɪvɪzm] стремление к объективности; объективная психология

objectivity [ˌɔbdʒekˈtɪvɪtɪ] беспристрастие; беспристрастность; объективность

objectless [ˈɔbdʒɪktlɪs] беспредметный; бесцельный

objurgate [ˈɔbdʒəːgeɪt] бранить; ругать; упрекать

objurgation [ˌɔbdʒəːˈgeɪʃ(ə)n] выговор; обвинение; укор; упрек

objurgatory [ɔbˈdʒəːgət(ə)rɪ] укоризненный

oblate [ˈɔbleɪt] сплющенный, сжатый у полюсов

oblation [ouˈbleɪʃ(ə)n] жертва; жертвоприношение; пожертвование на церковь или благотворительные дела

oblational [ouˈbleɪʃ(ə)nl] жертвенный

obligate [ˈɔblɪgeɪt] обязывать

obligation [ˌɔblɪˈgeɪʃ(ə)n] гарантия; обязательство; обязанность; долг; принудительная сила; обязательность *(закона, договора и т. п.)*; чувство признательности

obligatory [ɔˈblɪgət(ə)rɪ] непременный; обязательный; обязывающий

obligatory reinsurance [ɔˈblɪgət(ə)rɪˈriːɪnˈʃuərəns] облигаторское перестрахование *(фин.)*

obligatory writing [ɔˈblɪgət(ə)rɪˈraɪtɪŋ] долговая расписка

oblige [əˈblaɪdʒ] обязывать; связывать обязательством; заставлять; принуждать; делать одолжение; угождать

obliging [əˈblaɪdʒɪŋ] любезный; обязательный; услужливый

obligingly [əˈblaɪdʒɪŋlɪ] любезно; услужливо; вежливо

obligor [ˌɔblɪˈgɔː] лицо, принявшее на себя обязательство *(юр.)*

oblique [əˈbliːk] косой; наклонный; искривленный; покатый; окольный; косвенный; непрямой; косвенный *(грам.)*; отклоняться от прямой линии

oblique case [əˈbliːk|ˈkeɪs] косвенный падеж

oblique position [əˈbliːk|pəˈzɪʃən] наклонное положение

oblique stroke [əˈbliːk|ˈstrouk] косая черта

obliquity [əˈblɪkwɪtɪ] косое направление; отклонение от прямого пути; перекос

obliterate [əˈblɪtəreɪt] вычеркивать; стирать; отбрасывать; уничтожать; изглаживать из памяти

obliteration [əˌblɪtəˈreɪʃ(ə)n] вычеркивание; стирание; подавление; уничтожение; забвение; игнорирование; пренебрежение; сплющивание

oblivion [əˈblɪvɪən] забвение; игнорирование; пренебрежение; забывчивость; помилование; амнистия

oblivious [əˈblɪvɪəs] забывчивый; непомнящий; забывающий; рассеянный; не обращающий внимания; дающий забвение

obliviscence [ˌɔblɪˈvɪsəns] забывчивость

oblong [ˈɔblɔŋ] продолговатый; вытянутый; продолженный; удлиненный; продолговатая фигура; продолговатый предмет

oblong hole [ˈɔblɔŋ|ˈhoul] овальное отверстие

obloquy [ˈɔbləkwɪ] злословие; поношение; оскорбление; поругание; бесчестье; позор

obnoxious [əbˈnɔkʃəs] невыносимый; неприятный; несносный

obnoxious conduct [əbˈnɔkʃəs|ˈkɔndəkt] непристойное общественное поведение

obnubilation [ɔbˌnjuːbɪˈleɪʃən] затуманивание сознания; спутанность рассудка

oboe [ˈouboʊ] гобой *(муз.)*

oboist [ˈouboʊɪst] гобоист

obscene [ɔbˈsiːn] непристойный; непотребный; неприличный; порнографический

obscene phone calls [ɔbˈsiːn|ˈfoun|kɔːlz] хулиганские звонки по телефону

obscenity [ɔbˈsiːnɪtɪ] непристойность; непристойная брань; цинизм; бесстыдство

obscurant [ɔbˈskjuər(ə)nt] мракобес; обскурант

obscuration [ˌɔbskjuəˈreɪʃ(ə)n] помрачение; затмение; потемнение

OBS — OBT

obscure [əb'skjuə] мрачный; темный; тусклый; неопределенный; неотчетливый; неясный; смутный; непонятный; малопонятный; невразумительный; незаметный; неизвестный; ничем не прославленный; безвестный; затемнять; затушевывать; делать неясным (о значении слова и т. п.); заслонять; затмевать; превосходить

obscurity [əb'skjuərɪtɪ] мрак; темнота; тьма; двусмысленность; непонятность; неясность; неизвестность; безвестность; незаметность; что-либо неясное, непонятное

obsecration [ˌɔbsɪ'kreɪʃ(ə)n] мольба; просьба; умилостивление (богов)

obsequial [əb'siːkwɪəl] погребальный; похоронный; траурный

obsequies ['ɔbsɪkwɪz] похороны; погребение

obsequious [əb'siːkwɪəs] подобострастный; раболепный; исполнительный; послушный

obsequious behaviour [əb'siːkwɪəs|bɪ'heɪvjə] подобострастное поведение

obsequiousness [əb'siːkwɪəsnɪs] низкопоклонство; подобострастие

observable [əb'zɜːvəbl] видимый; заметный; различимый; требующий соблюдения (чего-либо); поддающийся наблюдению; достойный внимания

observance [əb'zɜːv(ə)ns] соблюдение (закона, обычая и т. п.); обряд; ритуал; церемониал; церемония; почтение (уст.)

observant [əb'zɜːv(ə)nt] внимательный; наблюдательный; приметливый; исполняющий (законы, предписания и т. п.); аккуратный; исполнительный; старательный

observation [ˌɔbzə(ː)'veɪʃ(ə)n] наблюдение; наблюдательность; соблюдение (законов, правил и т. п.); результаты научных наблюдений; высказывание; замечание; определение координат по высоте солнца; наблюдательный

observation balloon [ˌɔbzə(ː)'veɪʃ(ə)n|bə'luːn] аэростат наблюдения

observation window [ˌɔbzə(ː)'veɪʃ(ə)n|'wɪndou] смотровое окошко

observation(al) accuracy [ˌɔbzə(ː)'veɪʃən(l)|'ækjurəsɪ] точность наблюдений; точность измерений

observational [ˌɔbzə(ː)'veɪʃənl] внимательный; наблюдательный; приметливый

observatory [əb'zɜːvətrɪ] обсерватория; наблюдательный пункт

observe [əb'zɜːv] наблюдать; замечать; следить; соблюдать; заметить; сказать; вести научные наблюдения; снимать показания приборов

observed [əb'zɜːvd] предмет наблюдений

observer [əb'zɜːvə] наблюдатель; соблюдающий (что-либо); обозреватель (в газете); зритель

obsess [əb'ses] завладеть, преследовать, мучить (о навязчивой идее и т. п.); овладеть, обуять (о страхе)

obsession [əb'seʃ(ə)n] одержимость (желанием и т. п.); навязчивая идея; мысль

obsessional [əb'seʃənl] навязчивый (о мысли, идее и т.д.)

obsignate [əb'sɪgneɪt] скреплять печатью

obsolescense [ˌɔbsou'lesns] устаревание

obsolescent [ˌɔbseu'lesnt] выходящий из употребления; отживающий; устаревающий

obsolete ['ɔbsəliːt] вышедший из употребления; устарелый; устаревший; изношенный; обветшалый; потертый; старый; атрофированный

obsolete law ['ɔbsəliːt|'lɔː] устаревшая правовая норма

obstacle ['ɔbstəkl] помеха; преграда; препона; препятствие; тормоз

obstacle-race ['ɔbstəklreɪs] бег (скачки) с препятствиями

obstetric(al) [ɔb'stetrɪk] [ɔb'stetrɪk(ə)l] родовспомогательный; акушерский

obstetrical forceps [ɔb'stetrɪk(ə)l|'fɔːseps] акушерские щипцы

obstetrician [ˌɔbste'trɪʃ(ə)n] акушер; акушерка

obstetrics [ɔb'stetrɪks] акушерство

obstinacy ['ɔbstɪnəsɪ] упрямство; настойчивость; стойкость; упорство

obstinate ['ɔbstɪnɪt] упрямый; напористый; настойчивый; настоятельный; трудноизлечимый

obstreperous [əb'strep(ə)rəs] шумный; беспокойный; буйный

obstruct [əb'strʌkt] заграждать; загромождать; преграждать; препятствовать; затруднять; мешать; задерживать; блокировать

obstruction [əb'strʌkʃ(ə)n] затруднение (преграждение) прохода (продвижения); заграждение; задержание игрока; помеха; барьер; преграда; препятствие

obtain [əb'teɪn] получать; добывать; обретать; приобретать; добиваться; достигать; существовать; быть признанным; применяться

to obtain an advance of money — получить денежный задаток

obtainable [əb'teɪnəbl] достижимый; доступный

obtected [əb'tektɪd] покрытый оболочкой

obtest [əb'test] призывать (небо) в свидетели; заклинать; протестовать; противиться; противоборствовать

obtestation [ˌɔbtes'teɪʃ(ə)n] заклинание; мольба; апелляция; протест

obtrude [əb'truːd] выдвигать; выпячивать; высовывать; выставлять; навязывать(ся)

obtruncate [əb'trʌŋkeɪt] обрезать, срезать вершину

obtrusion [əbˈtruːʒ(ə)n] навязывание
obtrusive [əbˈtruːsɪv] выдающийся; выступающий; навязчивый
obturate [ˈɔbtjuəreɪt] закрывать; закупоривать; затыкать; сгущать; сжимать; уплотнять
obturator [ˈɔbtjuəreɪtə] затычка; пробка
obturator ring [ˈɔbtjuəreɪtəˈrɪŋ] компрессионное поршневое кольцо
obtuse [əbˈtjuːs] глупый; бестолковый; заглушенный; приглушенный
obtuse angle [əbˈtjuːsˈæŋgl] тупой угол (мат.)
obtuse-angled triangle [əbˈtjuːsæŋgldˈtraɪæŋgl] тупоугольный треугольник
obverse [ˈɔbvəːs] лицевая сторона (документа); лицо; передняя (верхняя) сторона; дополнение; составная часть; лицевой; обращенный наружу; дополнительный; являющийся составной частью
obviate [ˈɔbvɪeɪt] избегать; устранять; избавляться (от опасности и т. п.)
obvious [ˈɔbvɪəs] несомненный; очевидный; простой; явный; ясный
obviously [ˈɔbvɪəslɪ] очевидно; ясно
obvolute [ˈɔbvəluːt] обвитый; окутанный
occasion [əˈkeɪʒ(ə)n] возможность; случай; шанс; обстоятельство; основание; причина; повод; случай; событие; явление; служить поводом; давать повод
occasional [əˈkeɪʒnl] случающийся время от времени, иногда; беспорядочный; редкий; случайный; стохастический; приуроченный к определенному событию
occasional publication [əˈkeɪʒnlˌpʌblɪˈkeɪʃən] разовое издание
occasionally [əˈkeɪʒnəlɪ] изредка; время от времени; случайно
occidental [ˌɔksɪˈdentl] западный; уроженец или житель Запада
occidentalism [ˌɔksɪˈdentəlɪzm] обычаи, нравы, идеалы и т. п. западных народов
occipital [ɔkˈsɪpɪtl] затылочный
occiput [ˈɔksɪpət] затылок
occlude [əˈkluːd] преграждать; закрывать (отверстие, проход), закупоривать; заплывать; смыкаться (о зубах); зарастать (о ране на дереве)
occlusion [əˈkluːʒ(ə)n] преграждение; прикус; смыкание челюстей; закрытие; закупорка
occult [ɔˈkʌlt] потайной; секретный; сокровенный; тайный; загадочный; оккультный; таинственный; заслонять; затемнять; запутывать; прятать; скрывать
occultism [ˈɔk(ə)ltɪzm] оккультизм
occupancy [ˈɔkjupənsɪ] занятие; завладение; временное владение; аренда; владение; обладание

occupant [ˈɔkjupənt] жилец; квартирант; съемщик; временный владелец; арендатор; человек, занимающий какую-либо должность; оккупант; пассажир автомобиля
occupation [ˌɔkjuˈpeɪʃ(ə)n] завладение; занятие; временное пользование (домом и т.п); период проживания; оккупация; занятость
occupation zone [ˌɔkjuˈpeɪʃ(ə)nˈzoun] оккупированная территория
occupational [ˌɔkju(ː)ˈpeɪʃənl] профессиональный
occupational deferment [ˌɔkju(ː)ˈpeɪʃənldɪˈfəːmənt] отсрочка от призыва (по роду занятий)
occupational disease [ˌɔkju(ː)ˈpeɪʃənldɪˈziːz] профессиональное заболевание
occupational life [ˌɔkju(ː)ˈpeɪʃənlˈlaɪf] общий стаж работы лица
occupy [ˈɔkjupaɪ] занимать (дом, квартиру); арендовать; захватывать; завладевать; оккупировать; занимать (пространство, время); занимать (мысли, ум); занимать (пост)
occur [əˈkəː] происходить; случаться; совершаться; встречаться; попадаться; пересекаться; сталкиваться (неожиданно); приходить на ум
occurence [əˈkʌr(ə)ns] инцидент; происшествие; случай; эпизод; местонахождение; месторасположение; распространение
ocean [ˈouʃ(ə)n] океан; огромное пространство; океанский; относящийся к океану
ocean-going [ˈouʃ(ə)nˈgouɪŋ] океанский (о пароходе)
oceanic [ˌouʃɪˈænɪk] океанический; океанский
oceanography [ˌouʃəˈnɔgrəfɪ] океанография
ocelot [ˈousɪlɔt] оцелот
ochlophobia [ˌɔkləˈfoubɪə] патологический страх толпы
ocrea [ˈɔkrɪə] раструб (бот.)
octachord [ˈɔktəkɔːd] восьмиструнный
octagon [ˈɔktəgən] восьмиугольник
octagonal [ɔkˈtægənl] восьмиугольный; восьмигранный
octane booster [ˈɔkteɪnˈbuːstə] присадка, повышающая октановое число
octave [ˈɔktɪv] октава (муз.); восьмистишие; октава; восемь предметов
octennial [ɔkˈtenjəl] восьмилетний; происходящий раз в восемь лет
octet [ɔkˈtet] октет (ансамбль из 8 человек)
October [ɔkˈtoubə] октябрь; октябрьский
octopus [ˈɔktəpəs] осьминог; спрут
octosyllabic [ˈɔktousɪˈlæbɪk] восьмисложный стих
octuor [ˈɔktjuə] ансамбль из 8 человек (октет)
octuple [ˈɔktju(ː)pl] восьмикратный; восьмеричный

ocular ['ɔkjulə] окуляр; глазной; окулярный; наглядный

oculogyration движения глазного яблока

odd [ɔd] нечетный; непарный; разрозненный; лишний; добавочный; остающийся *(сверх суммы или определенного количества)*; незанятый; свободный; случайный; необычный; незнакомый; странный; эксцентричный

odd hand ['ɔd|hænd] человек, выполняющий случайную работу; разнорабочий

odd job ['ɔd|ʤɔb] случайная работа

odd moments ['ɔd|'moumənts] минуты досуга

odd money ['ɔd|'mʌnɪ] мелочь; сдача

odd months ['ɔd|'mʌnθs] месяцы, имеющие 31 день

odd numbers ['ɔd|'nʌmbəz] нечетные числа

odd pages ['ɔd|'peɪʤɪz] нечетные страницы

odd player ['ɔd|'pleɪə] запасной игрок

odd-come-short ['ɔdkʌm'ʃɔːt] избыток; излишек; остаток; обрывки; хлам

odd-come-shortly ['ɔdkʌm'ʃɔːtlɪ] в ближайший день

odd-sized paper ['ɔdsaɪzd|'peɪpə] бумага нестандартного формата

odd-toed ungulate ['ɔdtoud|'ʌŋgjuleɪt] непарнокопытное животное

oddish ['ɔdɪʃ] странный; чудаковатый; эксцентричный

oddity ['ɔdɪtɪ] странность; чудаковатость; чудак; причудливая вещь; из ряда вон выходящий случай

oddly ['ɔdlɪ] странно

oddly enough ['ɔdlɪ|ɪ'nʌf] как это ни странно

odds [ɔdz] неравенство; разница; разногласие; преимущество; гандикап; шансы

odds in favor ['ɔdz|ɪn|'feɪvə] шансы в пользу; благоприятные шансы

ode [oud] ода

odeum [ə'dɪəm] зрительный зал

odious ['oudjəs] гнусный; ненавистный; низкий; одиозный

odium ['oudjəm] ненависть; отвращение; бесчестье; позор; одиозность

odograph ['oudəgrɑːf] автопрокладчик *(техн.)*

odorant ['oudərənt] пахучее вещество; пахучий

odoriferous [,oudə'rɪfərəs] душистый; благовонный; благоухающий; пахучий

odorous ['oudərəs] душистый; имеющий запах; ароматный

odour ['oudə] запах; аромат; благоухание; обоняние; налет; привкус; известность; популярность; репутация

odourless ['oudəlɪs] без запаха; непахнущий

oecumenical [,iːkjuː(ː)'menɪk(ə)l] всемирный; вселенский *(церк.)*

oesophagus [iː'sɔfəgəs] пищевод

oestrum (estrum) ['estrəm] см. oestrus

oestrus (estrus) ['iːstrəs] овод; импульс; побуждение; стимул; толчок; страсть; страстное желание; течка *(биол.)*

of no effect [ɔv|'nou|ɪ'fekt] бесполезный

of noble birth [ɔv|'noubl|'bəːθ] знатного происхождения

of royal blood [ɔv|'rɔɪəl|'blʌd] королевских кровей

of the same batch ['ɔv|ðə|'seɪm|'bætʃ] того же сорта

off [ɔːf] выключенный; отключенный; удаленный; отделенный; дальний; прерванный; окончательный; аннулированный; отмененный; завершенный; разъединенный; отсутствующий; не работающий; снятый; расстояние; интервал; протяженность; удаление с поверхности; отклонение от нормы *(привычного состояния)*; неучастие в чем-либо; свободный *(о времени, часах)*; неурожайный *(о годе)*; мертвый *(о сезоне)*; второстепенный; правый; маловероятный; несвежий; не совсем здоровый; низкосортный

off limits ['ɔːf|'lɪmɪts] вход воспрещен *(амер.)*

off-balance ['ɔːf|bæləns] несбалансированный; неуравновешенный; потерявший равновесие

off-beat ['ɔːfbiːt] диковинный; неестественный; ненормальный; необычный; непривычный

off-centre [,ɔːf'sentə] периферийный; удаленный; нетрадиционный; смещенный относительно центра

off-colour ['ɔːf'kʌlə] необычного цвета; непрокрашенный; имеющий нездоровый вид; дурно настроенный; дефектный; неисправный; небезупречный; худшего качества; нечистой воды *(о бриллиантах)*

off-duty [,ɔːf'djutɪ] не при исполнении служебных обязанностей; свободное или нерабочее время

off-guard ['ɔːfgɑːd] неожиданный; застигнутый врасплох

off-hand ['ɔːf'hænd] импровизированный; сделанный без подготовки, экспромтом; бесцеремонный

off-handedly ['ɔːf'hændɪdlɪ] небрежно; бесцеремонно

off-hour job ['ɔːf,auə|'ʤɔb] работа по совместительству

off-key ['ɔːfkiː] фальшивый *(о звуке)*; неестественный; не вяжущийся *(с чем-либо)*

off-load ['ɔːf'loud] выгружать; разгружать

off-pitch ['ɔːfpɪtʃ] фальшивый *(о ноте)*

OFF-position ['ɔːfpə'zɪʃən] положение «выключено»

off-putting [,ɔːf'putɪŋ] смущающий; сбивающий с толку; обескураживающий

off-register [ˈɔːfˈreʤɪstə] несовмещение

off-road [ˈɔːfˈroud] вездеход; джип с полным приводом; транспортное средство для движения по бездорожью

off-road tyre [ˈɔːfroud|ˈtaɪə] шина для движения по бездорожью

off-season [ˈɔːfˈsiːzn] мертвый сезон

off-stage [ˈɔːfˈsteɪʤ] закулисный; невидимый; скрытый; тайный; закулисная часть сцены

off-the-map [ˈɔːfðəˈmæp] преданный забвению; устарелый; несущественный; незначительный

off-the-reel [ˈɔːfðəˈriːl] безостановочно; без перерыва

off-the-shelf [ˈɔːfðəˈʃelf] готовый; заготовленный; подготовленный

off-time [ˈɔːftaɪm] время пребывания в выключенном состоянии; время выключения

off-type [ˈɔːftaɪp] нетипичный

offal [ˈɔf(ə)l] требуха; голье; потроха; отбросы; отходы производства; побочные продукты переработки; утиль; дешевая рыба; падаль; отруби

offcast [ˈɔːfkɑːst] отвергнутый; отброшенный; изгнанник; изгой; отверженный

offence [əˈfens] обида; оскорбление; поругание; проступок; нарушение *(чего-либо)*; преступление; посягательство; правонарушение

offence against morality [əˈfens|əˈgeɪnst|məˈrælɪtɪ] преступление против нравственности

offence against sovereignty [əˈfens|əˈgeɪnstˈsɔvrəntɪ] посягательство на суверенитет

offence against the person [əˈfens|əˈgeɪnst|ðəˈpəːsn] преступление против личности

offend [əˈfend] обижать; оскорблять; задевать; совершить проступок; нарушить *(закон и т. п.)*; вызывать отвращение

offender [əˈfendə] злоумышленник; правонарушитель; преступник; обидчик; оскорбитель

offensive [əˈfensɪv] наступление; наступательная операция; обидный; оскорбительный; агрессивный; отвратительный; устрашающий; плохой; противный; враждебный; наступательный; наносящий вред окружающей среде

offensive language [əˈfensɪvˈlæŋgwɪʤ] оскорбительные выражения

offer [ˈɔfə] предложение; предложение цены; попытка; старание; стремление; предлагать; выражать готовность; пытаться; пробовать; выдвигать; случаться; являться; предлагать определенную цену; приносить; возносить *(молитвы)*

to offer an apology — извиняться

to offer consolation — утешить

to offer hand — протянуть руку; сделать предложение

to offer marriage — сделать предложение вступить в брак

to offer prospects of — сулить, обещать *(что-либо)*

offering [ˈɔf(ə)rɪŋ] предложение; подношение; пожертвование

offertory [ˈɔfət(ə)rɪ] церковные пожертвования; деньги, собранные во время церковной службы

office [ˈɔfɪs] должность; служба; обязанность; долг; функция; офис; контора; канцелярия; служебное помещение; ведомство; министерство; управление; услуга; церковная служба; обряд

office accountant [ˈɔfɪsəˈkauntənt] главный бухгалтер; контролер

office building [ˈɔfɪsˈbɪldɪŋ] административное здание

office employee [ˈɔfɪsˌemplɔɪˈiː] служащий

office for advertisements [ˈɔfɪsfərədˈvəːtɪsmənts] бюро объявлений; рекламное бюро

office hours [ˈɔfɪsˈauəz] часы работы *(учреждений)*; присутственные часы

office machine [ˈɔfɪsməˈʃiːn] конторская машина; офисный компьютер

office seeker [ˈɔfɪsˌsiːkə] претендент на должность

office worker [ˈɔfɪsˌwəːkə] служащий

office-bearer [ˈɔfɪsˌbɛərə] чиновник; должностное лицо

office-boy [ˈɔfɪsbɔɪ] курьер; посыльный

officer [ˈɔfɪsə] чиновник; должностное лицо; служащий; член правления *(клуба и т. п.)*; офицер; офицерский состав; полицейский; капитан на торговом судне *(мор.)*; обеспечивать, укомплектовывать офицерским составом; командовать; приказывать; распоряжаться

official [əˈfɪʃ(ə)l] служебный; связанный с исполнением служебных обязанностей; официальный; формулярный; должностной; должностное лицо

official announcement [əˈfɪʃ(ə)l|əˈnaunsmənt] официальное сообщение

official bribery [əˈfɪʃ(ə)l|ˈbraɪbərɪ] дача взятки должностному лицу

official citation [əˈfɪʃ(ə)l|saɪˈteɪʃən] ссылка на официальный источник

official corruption [əˈfɪʃ(ə)l|kəˈrʌpʃən] должностная коррупция

official document [əˈfɪʃ(ə)l|ˈdɔkjumənt] официальный документ

official duties [əˈfɪʃ(ə)l|ˈdjuːtɪz] служебные *(официальные)* обязанности

official gazette [əˈfɪʃ(ə)l|gəˈzet] официальный орган печати

official guest [əˈfɪʃ(ə)lˈgest] лицо, находящееся в стране с официальным визитом
official journey [əˈfɪʃ(ə)lˈdʒɜːnɪ] служебная командировка
official language [əˈfɪʃ(ə)lˈlæŋgwɪdʒ] государственный язык
official law [əˈfɪʃ(ə)lˈlɔː] принятый закон; вступивший в силу закон
official letter [əˈfɪʃ(ə)lˈletə] официальное письмо
official opinion [əˈfɪʃ(ə)ləˈpɪnjən] официальная точка зрения
official party candidate [əˈfɪʃ(ə)lˈpɑːtɪˈkændɪdɪt] официальный кандидат от политической партии
official reserves [əˈfɪʃ(ə)lrɪˈzɜːvz] государственные фонды
officialdom [əˈfɪʃ(ə)ldəm] чиновничество; бюрократизм
officialese [ə.fɪʃəˈliːz] канцелярский стиль; стиль официальных документов; чиновничий, бюрократический жаргон
officialize [əˈfɪʃəlaɪz] придавать официальный характер; подвергать официальному контролю; управлять с помощью бюрократического аппарата
officially [əˈfɪʃəlɪ] официально; формально
officiant [əˈfɪʃɪənt] священник, совершающий богослужение
officiary [əˈfɪʃɪərɪ] связанный с должностью (о титуле)
officiate [əˈfɪʃɪeɪt] исполнять обязанности; совершать богослужение
officinal [ˌɒfɪˈsaɪnl] лекарственный
officious [əˈfɪʃəs] назойливый; навязчивый; вмешивающийся не в свои дела; неофициальный; приватный; частный; услужливый; дружеский; дружественный; товарищеский
offing [ˈɔfɪŋ] взморье; море, видимое с берега до горизонта
offreckoning [ˈɔːf.reknɪŋ] вычет; вычитание; удержание
offscreen [ˈɔːfˈskriːn] закадровый; закулисный; потайной; секретный; тайный
offset [ˈɔːfset] отводок; побег; боковой отросток; отпрыск; потомок; ответвление; отвод (трубы); противовес; сдвиг; уравновешивать; возмещение; вознаграждение; офсетный (полигр.); возмещать; вознаграждать; совмещать; печать офсетным способом; сдвинутый; ответвленный
offset coefficient [ˈɔːfsetˌkouˈfɪʃənt] коэффициент смещения
offset ink [ˈɔːfsetˌɪŋk] краска для офсетной печати
offset lithography [ˈɔːfsetlɪˈθɔgrəfɪ] офсетная печать
offset polar winding [ˈɔːfsetˈpoulәˈwaɪndɪŋ] компенсационная обмотка
offset printing [ˈɔːfsetˈprɪntɪŋ] офсетная печать
offset-printing master [ˈɔːfset.prɪntɪŋˈmɑːstə] офсет-шаблон
offshoot [ˈɔːffuːt] ответвление; отводок; боковой отросток; боковая ветвь (рода)
offshore [ˈɔːfʃɔː] находящийся на расстоянии от берега; двигающийся в направлении от берега; в открытом море; офшор
offside [ˈɔːfsaɪd] (положение) вне игры (спорт.)
offspring [ˈɔːfsprɪŋ] потомство; помет; приплод; отпрыск; потомок; детище; плод; продукт; результат
offtake [ˈɔːfteɪk] отводная труба
oft-recurring [ˈɔftrɪˈkɜːrɪŋ] часто повторяющийся
often [ˈɔfn] часто; много раз
ogle [ˈougl] влюбленный взгляд; нежно поглядывать; строить глазки
ogre [ˈougə] великан-людоед
ohm [oum] ом (единица сопротивления)
oike местообитание
oikosite неподвижный паразит (биол.)
oil [ɔɪl] масло (растительное или минеральное); нефть; жидкая смазка; масляная краска; масляный; нефтяной; смазывать, пропитывать маслом
oil baron [ˈɔɪlˈbærən] нефтяной магнат
oil clarifier [ˈɔɪlˌklærɪfaɪə] маслоочиститель
oil cooler [ˈɔɪlˌkuːlə] масляный радиатор
oil damper [ˈɔɪlˌdæmpə] масляный успокоитель (техн.)
oil derrick [ˈɔɪlˈderɪk] нефтяная вышка
oil feeding [ˈɔɪlˈfiːdɪŋ] подача масла
oil filter [ˈɔɪlˌfɪltə] масляный фильтр
oil pressure [ˈɔɪlˈpreʃə] давление масла
oil pump [ˈɔɪlˈpʌmp] масляный насос
oil-baffle [ˈɔɪlˈbæfl] маслоотражатель
oil-bath aircleaner [ˈɔɪlbɑːθˈeəˌkliːnə] масляный воздухоочиститель
oil-bleeder screw [ˈɔɪlˈbliːdəˈskruː] винт слива масла
oil-burner [ˈɔɪlˌbɜːnə] керосинка
oil-car [ˈɔɪlkɑː] бак; емкость; цистерна
oil-cleaner [ˈɔɪlˌkliːnə] масляный фильтр
oil-cock [ˈɔɪlkɔk] масляный кран (техн.)
oil-deposit [ˈɔɪldɪˈpɔzɪt] масляный нагар (техн.)
oil-duct [ˈɔɪldʌkt] смазочный канал (техн.)
oil-engine [ˈɔɪlˈendʒɪn] дизель
oil-field [ˈɔɪlfiːld] нефтяное месторождение
oil-filler neck [ˈɔɪlˌfɪləˈnek] горловина маслоналивного патрубка
oil-fired [ˈɔɪlˈfaɪəd] работающий на нефти, мазуте и т. п.
oil-fuel [ˈɔɪlfjuəl] жидкое топливо; мазут
oil-level [ˈɔɪlˈlevl] уровень масла

oil-level gauge [ˈɔıllevlˈɡeıʤ] указатель уровня масла *(техн.)*
oil-palm [ˈɔılpɑːm] масличная пальма
oil-pan [ˈɔılpæn] поддон картера *(техн.)*
oil-pan drain [ˈɔılpænˈdreın] отверстие в поддоне картера для слива масла
oil-producing [ˈɔılprəˈdjuːsıŋ] нефтедобывающий
oil-ring [ˈɔılrıŋ] маслосъемное кольцо
oil-tanker [ˈɔılˌtæŋkə] танкер; нефтевоз; наливное судно
oil-well [ˈɔılwel] нефтяная скважина
oilbird [ˈɔılbəːd] гуахаро *(орнит.)*
oilcloth [ˈɔılklɔθ] клеенка; линолеум
oilcoat [ˈɔılkout] дождевик
oiled [ɔıld] пропитанный маслом; промасленный
oiling [ˈɔılıŋ] смазка
oilless bearing [ˈɔılısˈbeərıŋ] самосмазывающийся подшипник
oily [ˈɔılı] жирный; маслянистый; масляный; вкрадчивый; елейный; льстивый
ointment [ˈɔıntmənt] мазь; притирание
olcott-root [ˈɔlkətˈruːt] щавель красный
old [ould] старый; старческий; занимавшийся длительное время *(чем-либо)*; опытный; давнишний; старинный; бывший; прежний; выдержанный *(о вине)*; поношенный; потрепанный; обветшалый; закоренелый; прошлое; бывший в употреблении
old bird [ˈouldˈbəːd] стреляный воробей
old bulb [ˈouldˈbʌlb] луковица-матка
old fellow [ˈouldˈfelou] старина; дружище
old lady [ˈouldˈleıdı] совка *(энт.)*
old offender [ˈouldəˈfendə] закоренелый преступник; рецидивист
Old Testament [ˈouldˈtestəmənt] Ветхий Завет *(церк.)*
old-age [ˈouldˈeıʤ] старческий
old-clothesman [ˈouldˈklouðzmæn] старьевщик
old-established [ˈouldısˈtæblıʃt] давно установленный; давнишний
old-fashioned [ˈouldˈfæʃ(ə)nd] устарелый; несовременный; давний; старинный; старомодный
old-hand at [ˈouldhændˈæt] опытный человек *(в чем-либо)*
old-timer [ˈouldˌtaımə] старожил; ветеран; пожилой человек; старомодный человек; старомодная вещь
oldish [ˈouldıʃ] староватый
olecranon локтевой отросток
oleiferous [ˌoulıˈıfərəs] маслопроизводящий
olericulture [ˈɔlərıkʌltʃə] овощеводство; выращивание овощей; огородничество
olfact [ɔlˈfækt] нюхать; обонять

olfaction [ɔlˈfækʃən] обоняние; нюх
olfactory [ɔlˈfæktərı] обонятельный
olfactory organ [ɔlˈfæktərıˈɔːɡən] орган обоняния
olid [ˈɔlıd] зловонный
oligarch [ˈɔlıɡɑːk] олигарх
oligarchic(al) [ˌɔlıˈɡɑːkık(əl)] олигархический
oligarchy [ˈɔlıɡɑːkı] олигархия
oligoencephaly врожденная умственная отсталость
oligologia олигоалия *(скудность словарного запаса)*
oligophrenia [ˌɔlıɡouˈfriːnıə] олигофрения *(слабоумие)*
oligophrenic character [ˌɔlıɡouˈfriːnıkˈkærıktə] олигофрен
oligotokous приносящий немногочисленное потомство
olivaceous [ˌɔlıˈveıʃəs] оливковый; оливкового цвета
olive [ˈɔlıv] маслина; олива *(дерево и плод)*; оливковая роща; оливковый; оливкового цвета
olive oil [ˈɔlıvˈɔıl] оливковое масло
olive-branch [ˈɔlıvbrɑːntʃ] оливковая, масличная ветвь *(как символ мира)*
olive-tree [ˈɔlıvtriː] оливковое дерево
olive-wood [ˈɔlıvwud] древесина оливкового дерева; оливковая роща
olympiad [əˈlımpıæd] олимпиада
Olympian [ouˈlımpıən] олимпийский; величественный; снисходительный; греческий бог; обитатель Олимпа; олимпиец
Olympic [əˈlımpık] олимпийский
Olympic games [əˈlımpıkˈɡeımz] Олимпийские игры
omelet(te) [ˈɔmlıt(let)] омлет; яичница
omen [ˈoumen] знак; знамение; предвестие; служить предзнаменованием
ominous [ˈɔmınəs] грозный; зловещий; страшный
omissible [ouˈmısıbl] такой, которым можно пренебречь; несущественный
omission [əˈmıʃ(ə)n] пропуск; пробел; оплошность; упущение
omit [əˈmıt] игнорировать; манкировать; пренебрегать; упускать; пропускать; не включать
omnibus bill [ˈɔmnıbəsˈbıl] счет по разным статьям
omnicide [ˈoumnısaıd] всеобщее уничтожение
omnifarious [ˌɔmnıˈfɛərıəs] всевозможный; многообразный; различный; разнообразный
omniparity [ˈɔmnıˈpærıtı] всеобщее равенство
omnipotence [ɔmˈnıpət(ə)ns] всемогущество
omnipotent [ɔmˈnıpət(ə)nt] всемогущий; могучий
omnipresence [ˈɔmnıˈprez(ə)ns] вездесущность

omnipresent [ˈɔmnɪˈprez(ə)nt] вездесущий; повсеместный

omniscience [ɔmˈnɪsɪəns] всеведение

omniscient [ɔmˈnɪsɪənt] всеведущий

omnivorous [ɔmˈnɪv(ə)rəs] всеядный; всепожирающий; жадно поглощающий все

omphalic пупочный

omphalos [ˈɔmfəlɔs] пуп; пупок; центральный пункт; средоточие

on [ɔn] включенный; открытый; поверхностный; дальше; далее; вперед; продолжение, развитие действия; отправная точка или момент; включение; открытие; соединение *(об аппарате, механизме)*; наличие какой-либо одежды на ком-либо

on a bet [ˌɔnǀəˈbet] на спор

on a birthday [ˌɔnǀəˈbəːθdeɪ] в день рождения

on a block [ˌɔnǀəˈblɔk] в квартале

on a par [ˌɔnǀəˈpɑː] наравне; на одном уровне

on account [ˌɔnǀəˈkaunt] вперед; авансом

on approval [ˌɔnǀəˈpruːvəl] на пробу

on (in) behalf of [ˌɔnǀ(ˌɪn)bɪˈhɑːfǀɔv] в интересах кого-либо; от имени кого-либо

on behalf of my friends [ˌɔnǀbɪˈhɑːfǀəvǀmaɪˈfrendz] от имени моих друзей

on business [ˌɔnǀˈbɪznɪs] по делу

on comparable terms [ˌɔnǀˈkɔmpərəblǀtəːmz] на аналогичных условиях

on condition [ˌɔnǀkənˈdɪʃən] при условии

ON condition [ˈɔnǀkənˌdɪʃən] состояние «включено»

on condition that [ˌɔnǀkənˈdɪʃənǀðət] при условии, если *(что)*

on credit [ˌɔnǀˈkredɪt] в кредит

on deck [ˌɔnǀˈdek] на палубе; готовый к действиям

on demand [ˌɔnǀdɪˈmɑːnd] по первому требованию

on foot [ˌɔnǀˈfuːt] пешком

on her tenth birthday [ˌɔnǀhəˈtenθˈbəːθdeɪ] в день ее десятилетия

on horseback [ˌɔnǀˈhɔːsbæk] верхом

on leave [ˌɔnǀˈliːv] в отпуске

on my (his, her) behalf [ˌɔnǀˈmaɪ(ˈhɪz, ˈhəː)bɪˈhɑːf] в моих *(его, ее)* интересах; от моего *(его, ее)* имени

on oath [ˌɔnǀˈouθ] под присягой

on one's bended knees [ˌɔnǀˈwʌnzˈbendɪdˈniːz] коленопреклоненно

on one's deathbed [ˌɔnǀˈwʌnzˈdeθbed] на смертном одре

on parity basis [ˌɔnǀˈpærɪtɪˈbeɪsɪs] на паритетной основе

on purpose to [ˌɔnǀˈpəːpəstə] с целью

on the beam [ˌɔnǀðəˈbiːm] на траверзе

on the bend [ˌɔnǀðəˈbend] нечестным путем

on the ground of [ˌɔnǀðəˈgraundǀəv] по причине; на основании; под предлогом

on the nose [ˌɔnǀðəˈnouz] без опоздания

on the other hand [ˌɔnǀðəˈʌðəˈhænd] с другой стороны; зато

on the pavement [ˌɔnǀðəˈpeɪvmənt] без пристанища; на улице

on the stipulation that [ˌɔnǀðəˌstɪpjuˈleɪʃənǀðət] при условии, что

on the strength of [ˌɔnǀðəˈstreŋθǀəv] в силу

on the water [ˌɔnǀðəˈwɔːtə] на лодке, пароходе и т. п.

on the way home [ˌɔnǀðəˈweɪǀˈhoum] по пути домой; попутно

on the whole [ˌɔnǀðəˈhoul] в целом; во всем основном

on time [ˌɔnǀˈtaɪm] в рассрочку

on-demand publishing [ˈɔndɪˈmɑːndˈpʌblɪʃɪŋ] печатание книги по мере спроса

on-line data [ˈɔnlaɪnˈdeɪtə] оперативные данные

on-loading [ˈɔnˈloudɪŋ] с нагрузкой; под нагрузкой

on-off switch [ˈɔnˈɔfˌswɪtʃ] выключатель электропитания

on-press [ˈɔnpres] встроенный в машину

on-screen [ˈɔnskriːn] кинематографический; телевизионный

on-the-spot [ˌɔnðəˈspɔt] на месте; местный; незамедлительный; немедленный; непосредственный

on-the-spot news reporting [ˌɔnðəˈspɔtˈnjuːzǀrɪˈpɔːtɪŋ] репортаж с места событий

onager [ˈɔnəgə] дикий осел

once [wʌns] единовременно; однократно; один раз; иногда; когда-то; однажды

once and for all [ˈwʌnsǀəndǀfəˈrɔːl] окончательно

oncological [ˌɔnkəˈlɔdʒɪk(ə)l] онкологический

oncology [ɔnˈkɔlədʒɪ] онкология

oncoming [ˈɔnˌkʌmɪŋ] близость; приближение; надвигающийся; приближающийся; будущий; грядущий; предстоящий

oncoming traffic [ˈɔnˌkʌmɪŋˈtræfɪk] встречная полоса движения

ondatra [ɔnˈdætrə] ондатра

one [wʌn] единственный; один; одиночный; номер один; первый; единица; число один; одиночка; *употребляется как слово-заместитель во избежание повторения ранее упомянутого существительного в значении* человек; единственный; уникальный; единый; целый; одинаковый; такой же; какой-то; некий; неопределенный; кто-то; некто

one and all [ˈwʌnǀəndǀˈɔːl] все без исключения; все подряд; все до одного

one by one [ˈwʌnǀbaɪǀˈwʌn] отдельно; поодиночке; раздельно; порознь

one shot [ˈwʌnˈʃɔt] альманах; разовое выступление

one way or another [ˈwʌn|weɪ|ɔːr|əˈnʌðə] так или иначе

one-aloner [ˈwʌnəˈlounə] совершенно одинокий человек; одиночка

one-armed [ˈwʌnˈɑːmd] однорукий

one-decker [ˈwʌnˈdekə] однопалубное судно

one-eyed [ˈwʌnˈaɪd] одноглазый; кривой

one-figure [ˈwʌnˈfɪgə] однозначное число

one-idea'd [ˈwʌnaɪˈdɪəd] одержимый одной идеей; узкий *(о мировоззрении)*; ограниченный *(о человеке)*

one-legged [ˈwʌnˈlegd] одноногий; однобокий; односторонний

one-man [ˈwʌnˈmæn] одиночный; относящийся к одному человеку; производимый одним человеком; одноместный

one-man management [ˈwʌnmənˈmænɪʤmənt] единоличие; единоначалие

one-off [ˈwʌnˈɔf] единственный; одноразовый; одноразового употребления; предназначенный для особого случая, опыта и т. п.

one-piece [ˈwʌnˈpiːs] состоящий из одного куска; цельный; нераздельный; неразъемный

one-piece bathing costume [ˈwʌnpiːsˈbeɪðɪŋˈkɔstjuːm] сплошной купальный костюм

one-shot periodical rights [ˈwʌnʃɔt͵pɪərɪˈɔdɪkəlˈraɪts] право на разовое воспроизведение текста в газете или журнале

one-time [ˈwʌnˈtaɪm] бывший; былой; минувший

one-to-one [ˈwʌntəˈwʌn] индивидуальный; единообразный; идентичный; одинаковый

one-track [ˈwʌnˈtræk] одноколейный *(ж.-д.)*; узкий; неширокий; ограниченный; нерасторопный; монотонный; одинаковый; однообразный; с односторонним движением

one-upmanship [ˈwʌnˈʌpmənʃɪp] умение перещеголять других

one-way [ˈwʌnˈweɪ] односторонний

one-way classification [ˈwʌnweɪ͵klæsɪfɪˈkeɪʃən] классификация по одному признаку

one-way communication [ˈwʌnweɪkə͵mjuːnɪˈkeɪʃən] односторонняя связь

one-way observation [ˈwʌnweɪ͵ɔbzə(ː)ˈveɪʃən] одностороннее наблюдение

one-way traffic [ˈwʌnweɪˈtræfɪk] одностороннее движение

onefold [ˈwʌnfould] легкий; несложный; нетрудный; простой; простодушный

oneiric [ouˈnaɪ(ə)rɪk] относящийся к сновидениям

oneness [ˈwʌnnɪs] единство; тождество; неизменяемость; исключительность; одиночество; одобрение; подтверждение; согласие; единообразие; однородность; равномерность

oner [ˈwʌnə] редкий человек, предмет; тяжелый удар; наглая ложь

onerous [ˈɔnərəs] обременительный; трудный; тягостный; тяжкий

onerous burden [ˈɔnərəsˈbəːdn] тяжелое бремя

oneself [wʌnˈself] себя; -ся; себе; сам; *(самому)* себе; *(самого)* себя

onesided [ˈwʌnˈsaɪdɪd] однобокий; односторонний; кривобокий; ограниченный *(о человеке)*; несправедливый; предвзятый; пристрастный

onesided art-paper [ˈwʌnsaɪdɪdˈɑːtpeɪpə] бумага одностороннего мелования

one's best bet [ˈwʌnzˈbestˈbet] верное, выигрышное дело

one's early days [ˈwʌnzˈəːlɪˈdeɪz] юность

one's level best [ˈwʌnzˈlevlˈbest] предел возможностей кого-либо

onfall [ˈɔnfɔːl] атака; нападение; наступление

onflow [ˈɔnflou] движение; направление; течение

ongoing [ˈɔnˌgouɪŋ] поведение; образ жизни

onion [ˈʌnjən] лук; луковица; приправлять луком

onion-eye [ˈʌnjənaɪ] макрорус *(ихт.)*

onion-skin [ˈʌnjənskɪn] луковичная шелуха; тонкая гладкая бумага

oniony [ˈʌnjənɪ] луковый; луковичный

onlay [ˈɔnleɪ] накладка; отделка

onliness [ˈounlɪnɪs] одиночество

onlooker [ˈɔnˌlukə] зритель; наблюдатель

only [ˈounlɪ] единственный; только; исключительно; всего-навсего; единственно

only not [ˈounlɪˈnɔt] чуть не; едва не; почти

onomatology [͵ɔnəməˈtɔləʤɪ] терминология; номенклатура

onomatopoeia [͵ɔnəmætəˈpiːə] звукоподражание

onomatopoetic [͵ɔnəmætəˈpiːɪk] звукоподражательный

onrush [ˈɔnrʌʃ] атака; натиск

onset [ˈɔnset] нападение; начало; возникновение; появление

onshore [ˈɔnˈʃɔː] направляющийся к берегу, к суше; прибрежный; береговой; по направлению к берегу; на суше; на берегу

onslaught [ˈɔnslɔːt] бешеная атака; нападение

onstage [ˈɔnˈsteɪʤ] театральный; сценический; на сцене; на сцену

onto [ˈɔntu] на

onus [ˈounəs] бремя; ответственность; долг *(лат.)*

onward [ˈɔnwəd] продвигающийся; идущий вперед; прогрессивный; вперед; впереди; далее; дальше

onyx [ˈɔnɪks] оникс *(минер.)*; коготь; ноготь

oodles [ˈuːdlz] огромное количество; множество

ooler ольха клейкая

oospore [ˈouəspɔː] оплодотворенная яйцеклетка

ooze [uːz] липкая грязь; ил; тина; болото; топкая местность; медленное течение; просачивание, выделение влаги; медленно течь; медленно вытекать; сочиться; утекать; убывать; исчезать

oozy [ˈuːzɪ] илистый; тинистый; выделяющий влагу

opacification [ou͵pæsɪfɪˈkeɪʃən] помутнение

opacity [ouˈpæsɪtɪ] непроницаемость; затененность; неясность; смутность *(мысли, образа)*; мутность; помутнение; непрозрачность; темнота; неясность сознания

opal [ˈoup(ə)l] опал *(минер.)*; опаловый; с молочным оттенком

opaque [ouˈpeɪk] непрозрачный; непроницаемый; непросвечивающий; темный; темнота; мрак

open [ˈoup(ə)n] открытый; доступный; незанятый; неоплодотворенный; откровенный; искренний; незавершенный; выключенный; нерешенный; свободный *(о пути)*; непересеченный *(о местности)*; щедрый; гостеприимный; мягкий *(о земле)*; открытый *(о слоге, звуке)* *(фон.)*; гласность; открытого типа; размыкать; известность; открывать(ся); раскрывать(ся); начинать(ся); основывать

open ballot [ˈoup(ə)nˈbælət] открытое голосование

open body [ˈoup(ə)nˈbɔdɪ] открытый кузов

open border [ˈoup(ə)nˈbɔːdə] открытая граница

open car [ˈoup(ə)nˈkaː] кабриолет

open circuit [ˈoup(ə)nˈsəːkɪt] разомкнутая цепь

open class [ˈoup(ə)nˈklaːs] открытый класс яхт

open court [ˈoup(ə)nˈkɔːt] открытое судебное заседание; открытый судебный процесс; открывать судебное заседание

open credit [ˈoup(ə)nˈkredɪt] неограниченный кредит

open day [ˈoup(ə)nˈdeɪ] день открытых дверей *(в учебном заведении)*

open market [ˈoup(ə)nˈmaːkɪt] свободный рынок

open razor [ˈoup(ə)nˈreɪzə] бритва *(опасная)*

open season [ˈoup(ə)nˈsiːzn] сезон охоты

open shed [ˈoup(ə)nˈʃed] навес

open sitting [ˈoup(ə)nˈsɪtɪŋ] открытое заседание

open sore [ˈoup(ə)nˈsɔː] открытая рана; язва

open space [ˈoup(ə)nˈspeɪs] незагороженное место

open to [ˈoup(ə)nˈtuː] подверженный

open (railway) truck [ˈoup(ə)n(ˈreɪlweɪ)ˈtrʌk] товарный вагон

open-air [ˈoupnˈɛə] наружный; открытый

open-armed [ˈoupnˈaːmd] с распростертыми объятиями

open-door [ˈoupndɔː] открытый; явный

open-eared [ˈoupnˈɪəd] внимательно слушающий

open-ended [ˈoupənˈendɪd] не ограниченный временем; неокончательный; допускающий изменения, поправки и т. п. *(о предложении, проекте и т. п.)*; свободный, не связанный условиями и т. п.

open-eyed [ˈoupnˈaɪd] с широко раскрытыми *(от удивления)* глазами; бдительный; внимательный

open-faced [ˈoupnˈfeɪst] имеющий открытое лицо

open-handed [ˈoupnˈhændɪd] обильный; щедрый

open-hearted [ˈoup(ə)nˈhaːtɪd] с открытой душой; чистосердечный; великодушный

open-minded [ˈoupnˈmaɪndɪd] с широким кругозором; беспристрастный; непредубежденный; объективный; восприимчивый; впечатлительный; чувствительный

open-mindedness [ˈoupnˈmaɪndɪdnɪs] широта кругозора; непредубежденность; восприимчивость

open-mouthed [ˈoupnˈmauðd] разинув*(ший)* рот от удивления; жадный

open-work [ˈoupnwəːk] ажурная ткань; строчка; мережка; открытые работы *(горн.)*; открытая разработка; ажурный

opener [ˈoupnə] консервный нож

opening [ˈoupnɪŋ] отверстие; щель; расщелина; просвет; проход *(в горах)*; разворот; начало; открытие сезона; вступление; вступительная часть; открытие *(выставки, конференции, театрального сезона и т. п.)*; первое представление; удобный случай; благоприятная возможность; вакансия; канал; пролив; начальный; первый; вводный; вступительный; открывающий; исходный

opening address [ˈoupnɪŋəˈdres] вступительное слово

opening area of valve [ˈoupnɪŋˈɛərɪəɔvˈvælv] проходное сечение клапана

opening automatically [ˈoupnɪŋ͵ɔːtəˈmætɪkəlɪ] открывающийся автоматически

opening clause [ˈoupnɪŋˈklɔːz] вводная статья; вводная формула

opening stock [ˈoupnɪŋˈstɔk] начальный запас

openly [ˈoupnlɪ] открыто; публично; откровенно

openness [ˈoupnnɪs] откровенность; прямота; явность; искренность; очевидность; открытость

opera [ˈɔp(ə)rə] опера; оперное искусство *(с артиклем the)*; оперный театр

opera-cloak [ˈɔp(ə)rəklouk] манто *(для выездов)*; накидка

opera-glass(es) [ˈɔp(ə)rəˌglɑːs(ɪz)] театральный бинокль

opera-hat [ˈɔp(ə)rəhæt] шапокляк; складной цилиндр

opera-house [ˈɔp(ə)rəhaus] оперный театр

operable [ˈɔp(ə)rəbl] действующий; работающий; работоспособный; исправный

operagirl [ˈɔp(ə)rəgəːl] танцовщица кордебалета

operate [ˈɔpəreɪt] работать; действовать; заведовать; управлять; оказывать влияние; действовать; оперировать (мед.); производить операции (стратегические, финансовые); приводить(ся) в движение; управлять(ся); разрабатывать; эксплуатировать

to operate an account — вести счет (в банке)
to operate at capacity — работать с полной нагрузкой
to operate for a fall — играть на понижение
to operate for a rise — играть на повышение
to operate in the black — работать с прибылью
to operate in the red — работать с убытком

operated [ˈɔpəreɪtɪd] контролируемый; регулируемый; управляемый

operatic [ˌɔpəˈrætɪk] оперный

operatic singer [ˌɔpəˈrætɪkˈsɪŋə] оперный певец

operating [ˈɔpəreɪtɪŋ] операционный; данный; текущий; этот; рабочий (о режиме и т. п.)

operating activities [ˈɔpəreɪtɪŋ|ækˈtɪvɪtɪz] основная деятельность

operating character [ˈɔpəreɪtɪŋ|ˈkærɪktə] рабочая характеристика

operating conditions [ˈɔpəreɪtɪŋ|kənˈdɪʃənz] режим работы; условия работы; эксплуатационный режим

operating costs [ˈɔpəreɪtɪŋ|ˈkɔsts] эксплуатационные расходы

operating expences [ˈɔpəreɪtɪŋ|ɪksˈpensɪz] текущие расходы

operating gear [ˈɔpəreɪtɪŋ|ˈgɪə] механизм управления

operating lever [ˈɔpəreɪtɪŋ|ˈliːvə] пусковой рычаг

operating loss [ˈɔpəreɪtɪŋ|ˈlɔs] текущие убытки

operating maintenance [ˈɔpəreɪtɪŋ|ˈmeɪntɪnəns] текущее техническое обслуживание и ремонт

operating manual [ˈɔpəreɪtɪŋ|ˈmænjuəl] инструкция по эксплуатации

operating mode [ˈɔpəreɪtɪŋ|ˈmoud] режим работы

operating procedure [ˈɔpəreɪtɪŋ|prəˈsiːʤə] способ эксплуатации

operating profit [ˈɔpəreɪtɪŋ|ˈprɔfɪt] текущая прибыль

operating schedule [ˈɔpəreɪtɪŋ|ˈʃedjuːl] график работы

operating-room [ˈɔpəreɪtɪŋrum] операционная

operation [ˌɔpəˈreɪʃ(ə)n] действие; операция; работа; приведение в действие; процесс; команда; манипуляция; рабочий прием; опыт; эксперимент; действие лекарственного вещества; разработка; эксплуатация; управление (предприятием и т. п.); эксплуатационный

operational [ˌɔpəˈreɪʃənl] операционный; оперативный; относящийся к действию (работе); эксплуатационный; рабочий; действующий; работающий

operational audit [ˌɔpəˈreɪʃənlˈɔːdɪt] аудит хозяйственной деятельности

operational decision [ˌɔpəˈreɪʃənl|dɪˈsɪʒən] оперативное решение

operational demonstration [ˌɔpəˈreɪʃənl|ˌdemənsˈtreɪʃən] демонстрация работоспособности

operational reliability [ˌɔpəˈreɪʃənl|rɪˌlaɪəˈbɪlɪtɪ] безотказность; эксплуатационная надежность

operational risk [ˌɔpəˈreɪʃənl|ˈrɪsk] производственный риск

operative [ˈɔp(ə)rətɪv] действующий; действительный; действенный; оперативный; работающий; рабочий

operative language [ˈɔp(ə)rətɪv|ˈlæŋgwɪʤ] действующая формулировка

operative mistake [ˈɔp(ə)rətɪv|mɪsˈteɪk] существенное заблуждение

operatize [ˈɔpərətaɪz] написать оперу по какому-либо произведению

operator [ˈɔpəreɪtə] оператор; механик; телефонист; телеграфист; радист; связист; биржевой маклер; владелец предприятия или его управляющий (амер.)

operator's position [ˈɔpəreɪtəz|pəˈzɪʃən] рабочее место

operculum [ɔˈpəːkjuləm] оболочка; покрышка (биол.)

operetta [ˌɔpəˈretə] оперетта

ophidian [ɔˈfɪdɪən] относящийся к отряду змей; змеевидный; змееподобный; змея

ophiolatry [ˌɔfɪˈɔlətrɪ] змеепоклонство

ophtalmoscope [ɔfˈθælməskoup] глазное зеркало с лупой (мед.)

ophthalmic [ɔfˈθælmɪk] глазной

ophthalmologist [ˌɔfθælˈmɔləʤɪst] офтальмолог

ophthalmology [ˌɔfθælˈmɔləʤɪ] офтальмология

opiate [ˈoupɪɪt] опиат; наркотик; успокаивающее, снотворное средство; содержащий опиум; наркотический; снотворный; усыплять; ослаблять; притуплять

opine [ouˈpaɪn] высказывать мнение; полагать

opinion [əˈpɪnjən] взгляд; мнение; понятие; суждение; заключение специалиста; судебное решение

opinion evidence [əˈpɪnjən ˈevɪdəns] предполагаемое доказательство

opinion giver [əˈpɪnjən ˈgɪvə] выразитель общественного мнения

opinion poll [əˈpɪnjən poul] опрос общественного мнения

opinionated [əˈpɪnjəneɪtɪd] чрезмерно самоуверенный; упрямый; своевольный

opium [ˈoupjəm] опиум; сообщество паразитических растений

opium poppy [ˈoupjəm ˈpɔpɪ] опиумный мак

opophilous питающийся соком растений

opossum [əˈpɔsəm] опоссум

opponent [əˈpounənt] оппонент; противник; соперник; расположенный напротив; противоположный; агрессивный; враждебный

opportune [ˈɔpətjuːn] своевременный; благоприятный; подходящий; уместный

opportune act [ˈɔpətjuːn ˈækt] своевременный акт

opportune moment [ˈɔpətjuːn ˈmoumənt] подходящий момент

opportunism [ˈɔpətjuːnɪzm] оппортунизм

opportunity [ˌɔpəˈtjuːnɪtɪ] удобный случай; благоприятная возможность

oppose [əˈpouz] противопоставлять; сопротивляться; противиться; препятствовать; находиться в оппозиции; выступать против

opposed [əˈpouzd] обратный; противный; противоположный; встречающий сопротивление; враждебный

opposite [ˈɔpəzɪt] противоположный; инверсный; контрарный; обратный; антагонистичность; противоположность; напротив

opposition [ˌɔpəˈzɪʃ(ə)n] сопротивление; противодействие; противоборство; оппозиция; контраст; противоположность

oppositionist [ˌɔpəˈzɪʃənɪst] оппозиционер

oppress [əˈpres] подавлять; притеснять; угнетать; удручать

oppressed [əˈprest] угнетенный

oppression [əˈpreʃ(ə)n] гнет; иго; притеснение; угнетение; ярмо; угнетенность; подавленность

oppressive [əˈpresɪv] гнетущий; тягостный; угнетающий; властный; деспотический

oppressiveness [əˈpresɪvnɪs] гнетущая атмосфера

oppressor [əˈpresə] притеснитель; угнетатель

opprobrious [əˈproubrɪəs] оскорбительный; позорящий

opprobrium [əˈproubrɪəm] позор; бесчестье

oppugn [ɔˈpjuːn] возражать (против чего-либо); оспаривать; нападать; вести борьбу; бороться; сопротивляться

opt [ɔpt] выбирать; избирать (голосованием); предпочитать

optative [ˈɔptətɪv] желательный; оптативный

optic [ˈɔptɪk] визуальный; глазной; зрительный; оптический; видимый

optic nerve [ˈɔptɪk ˈnəːv] зрительный нерв

optical [ˈɔptɪk(ə)l] визуальный; зрительный; оптический

optical cable [ˈɔptɪk(ə)l ˈkeɪbl] оптический кабель

optical density [ˈɔptɪk(ə)l ˈdensɪtɪ] оптическая плотность

optical illusion [ˈɔptɪk(ə)l ɪˈluːʒən] оптический обман; обман зрения

optical image [ˈɔptɪk(ə)l ˈɪmɪdʒ] оптическое изображение

optician [ɔpˈtɪʃ(ə)n] оптик

optics [ˈɔptɪks] оптика; оптические приборы

optimal [ˈɔptɪməl] оптимальный; наилучший; наивыгоднейший

optimality [ˌɔptɪˈmælɪtɪ] оптимальность; наилучшее качество

optimism [ˈɔptɪmɪzm] оптимизм

optimist [ˈɔptɪmɪst] оптимист

optimistic(al) [ˌɔptɪˈmɪstɪk(əl)] оптимистический; оптимистичный

optimization [ˌɔptɪmaɪˈzeɪʃən] оптимизация

optimize [ˈɔptɪmaɪz] оптимизировать

optimum [ˈɔptɪməm] наиболее благоприятные условия; оптимальный

option [ˈɔpʃ(ə)n] выбор; право выбора (замены); предмет выбора; опцион

option key [ˈɔpʃ(ə)n kiː] клавиша выбора

option to purchase [ˈɔpʃ(ə)n tə ˈpəːtʃəs] право покупки

option to sell back [ˈɔpʃ(ə)n tə ˈsel ˈbæk] право перепродажи

optional [ˈɔpʃənl] необязательныйv; произвольный; факультативный

optional sampling [ˈɔpʃənl ˈsæmplɪŋ] произвольный выбор

optional subject [ˈɔpʃənl ˈsʌbdʒekt] факультативный предмет

optophone [ˈɔptəfoun] оптофон (прибор для чтения печатного текста слепыми)

opulence [ˈɔpjuləns] изобилие; богатство; достаток

opulent [ˈɔpjulənt] богатый; состоятельный; обильный; изобильный; пышный; напыщенный (о стиле)

opuscule [ɔˈpʌskjuːl] небольшое литературное, музыкальное произведение

or [ɔː] или; так или
or else [ˈɔːrˈels] или; иначе; а то; а не то
orach(e) [ˈɔrɪtʃ] лебеда
oracle [ˈɔrəkl] оракул; предсказание; прогноз; прорицание; непреложная истина
oracular [ɔˈrækjulə] пророческий; претендующий на непогрешимость; догматический; двусмысленный; загадочный; неопределенный
oral [ˈɔːr(ə)l] устный; словесный; разговорный
oral cavity [ˈɔːr(ə)lˈkævɪtɪ] полость рта
oral deposition [ˈɔːr(ə)l͵depəˈzɪʃən] устное показание
oral report [ˈɔːr(ə)lrɪˈpɔːt] устное сообщение
oral voting [ˈɔːr(ə)lˈvoutɪŋ] устное голосование
orally [ˈɔːrəlɪ] устно
orang-outan [ˈɔːræŋuːˈtæn] орангутан
orang-outang [ˈɔːræŋuːˈtæn] орангутан
orange [ˈɔrɪndʒ] апельсин; апельсиновое дерево; оранжевый цвет
orange agaric [ˈɔrɪndʒˈægərɪk] рыжик
orange tree [ˈɔrɪndʒtriː] апельсиновое дерево
orange-blossom [ˈɔrɪndʒ͵blɔsəm] померанцевый цвет; флердоранж (украшение невесты)
orange-peel [ˈɔrɪndʒpiːl] апельсиновая корка; апельсиновый цукат
orangery [ˈɔrɪndʒərɪ] апельсиновый сад или апельсиновая плантация; оранжерея (для выращивания апельсиновых деревьев)
orangey [ˈɔrɪndʒɪ] светло-оранжевый
oration [ɔːˈreɪʃ(ə)n] речь (торжественная)
orator [ˈɔrətə] говорящий; оратор
oratorical [͵ɔrəˈtɔrɪk(ə)l] ораторский; риторический
oratorio [͵ɔrəˈtɔːrɪou] оратория (муз.)
oratory [ˈɔrət(ə)rɪ] красноречие; ораторское искусство; риторика; разглагольствование; молельня; часовня
orb [ɔːb] шар; сфера; небесное светило; держава (королевская регалия); орбита; круг; оборот
orbed [ɔːbd] округленный; сферический; шарообразный
orbicular [ɔːˈbɪkjulə] округлый; сферический; шарообразный; завершенный
orbiculate leaf [ɔːˈbɪkjulɪtˈliːf] округлый лист
orbit [ˈɔːbɪt] орбита; глазница; сфера; шар; сфера, размах деятельности; выводить на орбиту; выходить на орбиту; вращаться по орбите
orbital [ˈɔːbɪtl] орбитальный; глазной
orbital cavity [ˈɔːbɪtlˈkævɪtɪ] глазная впадина
orbital road [ˈɔːbɪtlˈroud] кольцевая дорога
orbiting [ˈɔːbɪtɪŋ] движение по орбите; вывод на орбиту; орбитальный
orchard [ˈɔːtʃəd] фруктовый сад
orcharding [ˈɔːtʃədɪŋ] плодоводство

orchardman [ˈɔːtʃədmən] плодовод
orchestic [ɔːˈkestɪk] танцевальный
orchestics [ɔːˈkestɪks] танцевальное искусство
orchestra [ˈɔkɪstrə] оркестр; место для оркестра (хора); партер
orchestra pit [ˈɔkɪstrəˈpɪt] оркестровая яма
orchestral [ɔːˈkestr(ə)l] оркестровый
orchestrate [ˈɔːkɪstreɪt] инструментовать; оркестровать
orchestration [͵ɔːkesˈtreɪʃ(ə)n] инструментовка; оркестровка
orchestrelle [ˈɔːkɪstrəl] небольшой оркестр
orchid [ˈɔːkɪd] орхидея
orchidaceous [͵ɔːkɪˈdeɪʃəs] орхидейный
ordain [ɔːˈdeɪn] посвящать в духовный сан; предопределять; назначать; предписывать
ordeal [ɔːˈdiːl] суровое испытание
order [ˈɔːdə] порядок; последовательность; исправность; хорошее физическое состояние; спокойствие; порядок (ведения собрания и т. п.); регламент; устав; заказ; строй; отряд; степень (мат.); расположение; размещение; государственное устройство; строй (воен.); боевой порядок; слой общества; социальная группа; приказ; распоряжение; предписание; заказ; ордер; разрешение; пропуск; знак отличия; подкласс; ранг в иерархии стада или стаи; орден (знак отличия); рыцарский, религиозный орден; род; сорт; свойство; ранг; духовный сан (церк.); приводить в порядок; приказывать; предписывать; распоряжаться; направлять; заказывать; назначать; прописывать (лекарство и т. п.); предопределять; упорядочивать; распределять в определенном порядке
order bond [ˈɔːdəbɔnd] ордерное долговое обязательство
order department [ˈɔːdədɪˈpɑːtmənt] отдел заказов
order goods from the sample [ˈɔːdəˈguːdzfrəmðəˈsæmpl] заказ товара по образцам
order in advance [ˈɔːdərɪnədˈvɑːns] подавать предварительный заказ
order in writing [ˈɔːdərɪnˈraɪtɪŋ] письменный приказ
order of business [ˈɔːdərəvˈbɪznɪs] повестка дня
order of dismissal [ˈɔːdərəvdɪsˈmɪsəl] приказ об увольнении
order of priority [ˈɔːdərəvpraɪˈɔrɪtɪ] порядок очередности
order slip [ˈɔːdəslɪp] бланк заказа
order-form [ˈɔːdəfɔːm] бланк заказа; бланк требования
ordered [ˈɔːdəd] заказанный; упорядоченный; регулярный

ORD — ORI

ordering [ˈɔːdərɪŋ] распределение; упорядочение; управление; заведование; вариант перестановки

orderliness [ˈɔːdəlɪnɪs] аккуратность; порядок; упорядоченность; пунктуальность; подчинение законам

orderly [ˈɔːdəlɪ] дневальный (воен.); ординарец; связной (воен.); санитар (воен.); уборщик улиц; дворник; аккуратный; исполнительный; опрятный; точный; спокойный; правильный; дисциплинированный; организованный; регулярный; методичный; дежурный; правильно; должным образом

ordinal [ˈɔːdɪnl] порядковый; последовательный; порядковое числительное

ordinance [ˈɔːdɪnəns] указ; декрет; постановление муниципалитета; обряд; ритуал; таинство; план; расположение частей

ordinarily [ˈɔːdnrɪlɪ] обычно

ordinary [ˈɔːdnrɪ] обычный; обыкновенный; заурядный; посредственный; дежурное блюдо; столовая, где подают дежурные блюда; что-либо привычное; священник, исполняющий обязанность судьи

ordinary call [ˈɔːdnrɪˈkɔːl] частный разговор (по телефону)

ordinary contribution [ˈɔːdnrɪˌkɒntrɪˈbjuːʃən] обычный взнос

ordinary court [ˈɔːdnrɪˈkɔːt] обычный суд

ordinate [ˈɔːdnɪt] ордината

ordination [ˌɔːdɪˈneɪʃ(ə)n] посвящение в духовный сан; рукоположение; классификация

ordnance [ˈɔːdnəns] артиллерийские орудия; артиллерия; артиллерийский

ordure [ˈɔːdjuə] отходы производства; утиль; грязь; распутство; сквернословие; непристойность

ore [ɔː] руда; (драгоценный) металл; рудный

ore-dressing [ˈɔːdresɪŋ] обогащение руды

ore-mining [ˈɔːmaɪnɪŋ] разработка рудных месторождений; рудное дело

oread [ˈɔːrɪæd] солнцелюбивое растение

orectic [ɔˈrektɪk] возбуждающий аппетит (желание)

orexis [ɔˈreksɪs] аппетит

orgadophilus обитатель редкого леса

organ [ˈɔːgən] орган; организация; учреждение; голос; речь; печатный орган; газета; играть на органе

organ of sight [ˈɔːgənəvˈsaɪt] орган зрения

organ of smell [ˈɔːgənəvˈsmel] орган обоняния

organ of taste [ˈɔːgənəvˈteɪst] орган вкуса

organ of touch [ˈɔːgənəvˈtʌtʃ] орган осязания

organ of vision [ˈɔːgənəvˈvɪʒən] орган зрения

organ-blower [ˈɔːgənˌbləuə] раздувальщик мехов (у органа)

organ-grinder [ˈɔːgənˈgraɪndə] шарманщик

organ-loft [ˈɔːgənlɒft] галерея в церкви для органа; хоры

organic [ɔːˈgænɪk] органический; входящий в органическую систему; организованный; систематизированный; согласованный; взаимозависимый; взаимосвязанный

organic child [ɔːˈgænɪkˈtʃaɪld] ребенок с мозговой травмой

organic compound [ɔːˈgænɪkˈkɒmpaund] органическое соединение

organic matter [ɔːˈgænɪkˈmætə] органическое вещество

organicity органичность

organism [ˈɔːgənɪzm] организм; микрофлора; микроорганизм

organist [ˈɔːgənɪst] органист

organization [ˌɔːgənaɪˈzeɪʃən] организация; устройство; формирование; организм; организационный

organization chart [ˌɔːgənaɪˈzeɪʃ(ə)nˈtʃɑːt] устав

organizational [ˌɔːgənaɪˈzeɪʃənl] организационный

organizational crime [ˌɔːgənaɪˈzeɪʃənlˈkraɪm] организованная преступность

organize [ˈɔːgənaɪz] организовывать; устраивать; проводить организационные мероприятия; делаться органическим

organized [ˈɔːgənaɪzd] организованный

organized crime activity [ˈɔːgənaɪzdˈkraɪmækˈtɪvɪtɪ] организованная преступность

organized labor [ˈɔːgənaɪzdˈleɪbə] профсоюзы

organizer [ˈɔːgənaɪzə] организатор; устроитель

organy душица обыкновенная

orgasm [ˈɔːgæzm] оргазм

orgeat [ˈɔːʒæt] оршад (напиток)

orgiastic [ˌɔːdʒɪˈæstɪk] разнузданный; дикий; неприрученный

orgy [ˈɔːdʒɪ] оргия; разгул; множество (развлечений); чрезмерное увлечение

orient [ˈɔːrɪənt] Восток; восточный; восходящий; повышающийся; поднимающийся; ориентировать(ся); определять местонахождение (по компасу)

oriental [ˌɔːrɪˈentl] азиатский; восточный; житель Востока

orientalism [ˌɔːrɪˈentəlɪzm] ориентализм; культура, нравы, обычаи жителей Востока; востоковедение; ориенталистика

orientalist [ˌɔːrɪˈentəlɪst] востоковед; ориенталист

orientalize [ˌɔːrɪˈentəlaɪz] придавать, приобретать восточный (азиатский) характер

orientation [ˌɔːrɪenˈteɪʃ(ə)n] направленность; ориентация; ориентировка

orienteering [ˌɔːrɪenˈtɪərɪŋ] спортивное ориентирование (спорт.)

orifice [ˈɔrɪfɪs] дыра; отверстие; устье; вход; выход; проход

orifice flange [ˈɔrɪfɪs|ˈflænʤ] выпускной фланец

orifice plate [ˈɔrɪfɪs|pleɪt] дроссель

origami [ˌɔrɪˈgɑːmɪ] оригами (искусство складывания фигурок из бумаги)

origin [ˈɔrɪʤɪn] источник; начало; первопричина; происхождение; исходный пункт; начало отсчета; начало координат (мат.); место прикрепления мышцы (анат.)

origin of ordinates [ˈɔrɪʤɪn|əv|ˈɔːdnɪts] нулевая точка

original [əˈrɪʤənl] оригинал; подлинник; первоисточник; первопричина; оригинал, чудак; первый; первоначальный; исходный; начальный; первичный; истинный; настоящий; подлинный; оригинальный; самобытный; своеобразный; творческий

original amount [əˈrɪʤənl|əˈmaunt] первоначальная сумма

original capital [əˈrɪʤənl|ˈkæpɪtl] первоначальный капитал

original description [əˈrɪʤənl|dɪsˈkrɪpʃən] первоописание

original document [əˈrɪʤənl|ˈdɔkjumənt] подлинник

original edition [əˈrɪʤənl|ɪˈdɪʃən] первое издание

original manuscript [əˈrɪʤənl|ˈmænjuskrɪpt] авторская рукопись

original packing [əˈrɪʤənl|ˈpækɪŋ] заводская упаковка

original scientist [əˈrɪʤənl|ˈsaɪəntɪst] ученый-новатор

original sin [əˈrɪʤənl|sɪn] первородный грех

originality [əˌrɪʤɪˈnælɪtɪ] подлинность; оригинальность; самобытность; своеобразие; уникальность; новизна; свежесть

originally [əˈrɪʤɪnəlɪ] первоначально; по происхождению; оригинально

originate [əˈrɪʤɪneɪt] давать начало; порождать; производить; создавать; брать начало; происходить; возникать

origination [əˌrɪʤɪˈneɪʃ(ə)n] зарождение; начало; происхождение; генерирование; порождение; создание издательского оригинала

originative [əˈrɪʤɪneɪtɪv] дающий начало; порождающий; созидательный; творческий

originator [əˈrɪʤɪneɪtə] автор; изобретатель; создатель; инициатор

oriole [ˈɔːrɪoul] иволга (орнит.)

orison [ˈɔrɪz(ə)n] молитва

ornament [ˈɔːnəmənt] украшение; орнамент; церковная утварь; ризы; украшать

ornamental [ˌɔːnəˈmentl] служащий украшением; орнаментальный; декоративный; декоративное растение; безделушки; украшения

ornamental paper [ˌɔːnəˈmentl|ˈpeɪpə] декоративная бумага

ornamentation [ˌɔːnəmenˈteɪʃ(ə)n] украшения

ornate [ɔːˈneɪt] богато украшенный; витиеватый (о стиле)

ornery [ˈɔːnərɪ] злобный; ожесточенный (амер.)

ornithic [ɔːˈnɪθɪk] птичий

ornithologist [ˌɔːnɪˈθɔləʤɪst] орнитолог

orotund [ˈɔroutʌnd] звучный; полнозвучный; высокопарный; напыщенный; претенциозный

orphan [ˈɔːf(ə)n] сирота; висячая строка (полигр.); сиротский; делать сиротой; лишать родителей

orphanage [ˈɔːfənɪʤ] сиротство; приют для сирот

orphaned [ˈɔːf(ə)nd] осиротелый; лишившийся родителей

orphanhood [ˈɔːf(ə)nhud] сиротство

Orphic [ˈɔːfɪk] орфический; мистический; таинственный

orpine [ˈɔːpɪn] трехлистный очиток

orrery [ˈɔrərɪ] планетарий

orthocolpate прямобороздный

orthodox [ˈɔːθədɔks] ортодоксальный; правоверный; православный; общепринятый

Orthodox bishop [ˈɔːθədɔks|ˈbɪʃəp] епископ православной церкви

orthodoxy [ˈɔːθədɔksɪ] ортодоксальность; православие

orthoepy [ˈɔːθouepɪ] орфоэпия (линг.)

orthogonal [ɔːˈθɔgnəl] прямоугольный

orthography [ɔːˈθɔgrəfɪ] орфография; правописание

orthop(a)edy [ˈɔːθoupiːdɪ] ортопедия (мед.)

orthoptic [ɔːˈθɔptɪk] относящийся к нормальному зрению

ortolan [ˈɔːtələn] садовая овсянка (орнит.)

oscillate [ˈɔsɪleɪt] качать(ся); вибрировать; колебаться

oscillation [ˌɔsɪˈleɪʃ(ə)n] раскачивание; вибрация; колебание; качание; колебательный; раскачивающийся; вибрирующий

oscillation absorber [ˌɔsɪˈleɪʃ(ə)n|əbˈsɔːbə] амортизатор

oscillograph [ɔˈsɪləgrɑːf] осциллограф

osculate [ˈɔskjuleɪt] целоваться; граничить; соприкасаться

osculation [ˌɔskjuˈleɪʃ(ə)n] касание; соприкосновение

oscule [ˈɔskjuːl] устье; ротовое отверстие (зоол.); пора (биол.)
osculiferous пористый
osier [ˈouʒə] ива; лоза (ивы); ивовый
osier-bed [ˈouʒəbed] ивняк
osprey [ˈɔspri] скопа (орнит.)
ossa [ˈɔsə] кости; костный аппарат
osseous [ˈɔsiəs] костистый; костяной; костный
ossicle [ˈɔsikəl] косточка (анат.)
ossification [ˌɔsifiˈkeiʃən] окостенение
ossify [ˈɔsifai] превращать(ся) в кость; костенеть
ossuary [ˈɔsjuəri] склеп; пещера с костями; кремационная урна
osteal [ˈɔstiəl] костный
ostensible [ɔsˈtensəbl] служащий предлогом; мнимый; показной; очевидный; простой; явный; ясный
ostensible law [ɔsˈtensəbl ˈlɔː] презумпция права
ostensible threat [ɔsˈtensəbl ˈθret] видимость угрозы
ostensibly [ɔsˈtensəbli] якобы; как будто бы; для видимости
ostentation [ˌɔstenˈteiʃ(ə)n] показное проявление; хвастовство; выставление напоказ
ostentatious [ˌɔstenˈteiʃəs] показной; внешний; нарочитый
ostiate имеющий отверстие
ostiole [ˈɔstioul] отверстие; пора
ostium [ˈɔstiəm] отверстие; вход
ostler [ˈɔslə] конюх (на постоялом дворе)
ostracism [ˈɔstrəsizm] остракизм; изгнание из общества
ostrich [ˈɔstritʃ] страус
ostrich-plume [ˈɔstritʃpluːm] страусовое перо; страусовые перья
other [ˈʌðə] другой; иной; отличный; вспомогательный; дополнительный; остальные; иначе
other world [ˈʌðə wəːld] потусторонний мир
other-minded [ˈʌðəˈmaindid] инакомыслящий
other-worldly [ˈʌðəˈwəːldli] не от мира сего; внутренний; духовный; душевный; потусторонний
otherness [ˈʌðənis] различие; отличие; непохожесть
otherwhence [ˈʌðəwens] из другого места
otherwhere(s) [ˈʌðəwɛə(z)] в другом месте; в другое место
otherwise [ˈʌðəwaiz] иначе; иным способом; иным образом; по-другому; в других отношениях; или же; в противном случае; другой; иной; отличный; разный
otherwise-minded [ˈʌðəwaizˈmaindid] инакомыслящий
otic [ˈoutik] ушной; слуховой

otiose [ˈouʃious] безрезультатный; бесполезный; напрасный; ненужный; ленивый; праздный
otioseness [ˈouʃiousnis] безуспешность; бесполезность; тщета; тщетность; праздность
otostapes стремечко уха
otter [ˈɔtə] выдра; мех выдры
otter-dog [ˈɔtədɔg] охотничья собака на выдр
ottoman [ˈɔtoumən] оттоман; турок; оттоманский; турецкий; диван; тахта
ouananiche лосось; семга
ouch [autʃ] пряжка; брошка; оправа драгоценного камня
ought [ɔːt] долженствование; вероятность; упрек
ounce [auns] унция; капля; мало; чуточку
our [ˈauə] наш
ourselves [ˌauəˈselvz] себе; сами
oust [aust] выгонять; занимать (чье-либо) место; вытеснять; выселять (юр.)
out [aut] вне; вне игры; аут (спорт.); снаружи; наружу; вон; *придает действию характер завершенности; передается приставкой вы-; означает окончание, завершение чего-либо; означает истощение, прекращение действия чего-либо; означает уклонение от какой-либо нормы, правил, истины;* внешний; наружный; поверхностный; крайний; отдаленный; больше обычного; действующий или происходящий в другом месте; выход; лазейка; выгонять; вытеснять; гасить, тушить (фонарь, лампу и т. п.); нокаутировать (спорт.); отправляться на прогулку, экскурсию и т. п.
out and away [ˈautəndəˈwei] несравненно; намного; гораздо
out and out [ˈautəndˈaut] вполне; несомненно
out of business [ˈautəvˈbiznis] банкрот
out of collar [ˈautəvˈkɔlə] без работы; без службы
out of despair [ˈautəvdisˈpɛə] с отчаяния
out of favour [ˈautəvˈfeivə] в немилости
out of gear [ˈautəvˈgiə] невключенный; недействующий; неработающий
out of hail [ˈautəvˈheil] за пределами слышимости; вдали
out of justment [ˈautəvˈdʒʌstmənt] в неправильном положении
out of necessity [ˈautəvniˈsesiti] по необходимости
out of one's wits [ˈautəvˈwʌnzˈwits] обезумевший
out of range [ˈautəvˈreindʒ] вне досягаемости
out of season [ˈautəvˈsiːzn] не вовремя
out of sequence [ˈautəvˈsiːkwəns] не по порядку
out of sight [ˈautəvˈsait] вне пределов видимости
out of the blue [ˈautəvðəˈbluː] совершенно неожиданно; как гром среди ясного неба
out of turn [ˈautəvˈtəːn] вне очереди

out-and-out ['autnd'aut] глубокий; полный; совершенный

out-and-out war ['autnd'aut|wɔ:] тотальная война

out-and-outer ['autnd'autə] единственный в своем роде; что-либо не имеющее подобного, равного; экстремист; максималист

out-argue [aut'a:gju:] переспорить

out-of-body ['autəv'bɔdɪ] отстраненный

out-of-date ['autəv'deɪt] устаревший; устарелый; не применяющийся

out-of-line ['autəv'laɪn] смещенный; сдвинутый

out-of-operation ['autəv‚ɔpə'reɪʃən] неработающий

out-of-order ['autəv'ɔ:də] испорченный; не в порядке; неисправный

out-of-pocket ['autəv'pɔkɪt] уплаченный наличными; *(купленный)* за наличный расчет; безденежный; без средств

out-of-print ['autəv'prɪnt] книга, распроданная издателем и не предполагаемая для переиздания; редкий *(о книге)*

out-of-stock ['autəv'stɔk] распроданный

out-of-the-way ['autəvðə'weɪ] не по пути; в стороне; необыкновенный; необычный; незаурядный; отдаленный; далекий; трудно находимый; малоизвестный; неестественный; ненормальный; странный

out-of-town ['autəv'taun] находящийся или проживающий за городом, вне городской черты

out-of-tune ['autəv'tju:n] расстроенный *(муз.)*

out-worker ['aut‚wə:kə] надомник; надомница

outage ['autɪdʒ] простой; остановка работы; утечка; утруска; выпускное отверстие

outbalance [aut'bæləns] перевешивать; опережать; превосходить; превышать

outbid [aut'bɪd] перебивать цену; превзойти; перещеголять; оставить позади

outboard ['autbɔ:d] за бортом; ближе к борту

outbound ['autbaund] уходящий в дальнее плавание или за границу *(о корабле)*; отправляемый за границу; экспортный

outbrave [aut'breɪv] превосходить храбростью; относиться пренебрежительно *(вызывающе)*; не побояться проявить мужество

outbreak ['autbreɪk] взрыв; вспышка гнева; внезапное начало *(войны, болезни и т. п.)*; вспышка *(эпидемии)*; восстание; бунт; возмущение; мятеж; массовое появление

outbuild [aut'bɪld] строить прочнее, лучше; чрезмерно застраивать

outburst ['autbə:st] взрыв; вспышка

outcast ['autka:st] изгнанник; изгой; отверженный; отбросы; отходы производства; утиль; изгнанный; отверженный; бездомный; негодный; неподходящий; непригодный

outclass [aut'kla:s] оставить далеко позади; превзойти; иметь более высокий разряд *(спорт.)*

outcome ['autkʌm] исход; итог; последствие; результат; выход; выпускное отверстие

outcrop ['autkrɔp] — *сущ.* [aut'krɔp] — *гл.* выявление; обнаружение; случайно выявляться; обнаруживаться

outcry ['autkraɪ] громкий крик; выкрик; *(общественный)* протест; громко кричать; выкрикивать; протестовать; противиться; противоборствовать; перекричать

outdare [aut'dɛə] превосходить дерзостью, смелостью; бросать вызов

outdated ['aut'deɪtɪd] несовременный; старомодный

outdistance [aut'dɪstəns] обогнать; обойти; опередить; перегнать

outdo [aut'du:] превзойти; побороть; преодолеть

outdoor ['autdɔ:] находящийся *(совершающийся)* вне дома, на открытом воздухе; проводимый вне стен учреждения; внешний; наружный; поверхностный

outdoor antenna ['autdɔ:|æn'tenə] наружная антенна

outdoors ['aut'dɔ:z] на открытом воздухе; на улице; двор; улица

outdrive [aut'draɪv] обогнать; опередить; перегнать

outer ['autə] внешний; наружный; поверхностный; отдаленный от центра; физический *(в противоп. психическому)*; белое поле мишени, «молоко»

outer calyx ['autə|'keɪlɪks] подчашие

outer cover ['autə|'kʌvə] покрышка; чехол; кожух; футляр

outer edge ['autər|edʒ] внешняя кромка; наружный край; ободок

outer lever ['autə|'li:və] наружный рычаг

outer limit ['autə|'lɪmɪt] внешняя граница

outer lining ['autə|'laɪnɪŋ] облицовка

outer man ['autə|mæn] внешний вид; костюм

outer space ['autə|speɪs] открытый космос

outer wood ['autə|wud] опушка леса

outermost ['autəmoust] самый дальний от середины, от центра

outerwear ['autəwɛə] верхняя одежда

outface [aut'feɪs] смутить, сконфузить пристальным *(дерзким)* взглядом; держаться нагло, вызывающе

outfall ['autfɔ:l] устье; водоотвод; канава; желоб

outfield ['autfi:ld] отдаленное поле; неизведанная, неизученная область; игроки, находящиеся в дальней части поля

OUT — OUT

outfight [aut'faɪt] побеждать *(в бою, соревновании и т. п.)*

outfit ['autfɪt] снаряжение *(для экспедиции)*; экипировка; обмундирование; агрегат; оборудование; принадлежности; набор *(приборов, инструментов)*; ансамбль; предприятие; учреждение; снаряжать; экипировать; обмундировать; снабжать оборудованием

outfitter ['aut'fɪtə] поставщик снаряжения, обмундирования; розничный торговец, продающий одежду, галантерею и т. п.

outflank [aut'flæŋk] обходить фланг; выходить во фланг *(противника)*; перехитрить; обойти

outflow ['autflou] — *сущ.* [aut'flou] — *гл.* истечение; выход; выпуск; утечка; вытекать; истекать; струиться; течь

outflow pipe ['autflou'paɪp] сливная трубка *(техн.)*

outflux ['autflʌks] отток; выделение

outfox [aut'fɔks] перехитрить

outgeneral [aut'ʤen(ə)r(ə)l] превзойти в военном искусстве

outgiving ['aut'gɪvɪŋ] высказывание; декларация; заявление; объявление; несдержанный; откровенный

outgo ['autgou] — *сущ.* [aut'gou] — *гл.* уход; выход; отправление; отъезд; затрата; издержки; расход; трата; опережать; превосходить; превышать

outgoing [aut'gouɪŋ] уходящий; отбывающий; уезжающий; исходящий *(о бумагах, почте)*

outgoing advice [aut'gouɪŋ|əd'vaɪs] исходящее авизо

outgoing message [aut'gouɪŋ|'mesɪʤ] исходящее сообщение *(техн.)*

outgoing tenant [aut'gouɪŋ|'tenənt] жилец, выезжающий из квартиры

outgrow [aut'grou] перерастать; вырастать *(из платья)*; отделываться с возрастом *(от дурной привычки и т. п.)*; опережать в росте или развитии

outgrowth ['autgrouθ] отросток; отпрыск; потомок; продукт; результат; следствие; нарост; вырост; выпячивание

outguess [aut'ges] перехитрить

outhouse ['authaus] амбар; надворное строение; крыло здания; флигель

outing ['autɪŋ] загородная прогулка; экскурсия; пикник; выход; извержение

outlandish [aut'lændɪʃ] заморский; иностранный; странный; диковинный; необычайный; неестественный; нелепый; глухой *(о местности)*

outlast [aut'laːst] продолжаться дольше, чем *(что-либо)*; пережить *(что-либо)*; прожить; просуществовать

outlaw ['autlɔː] человек вне закона; изгой; изгнанник; беглец; вор; грабитель; похититель; разбойник; организация, объявленная вне закона; беззаконный; незаконный; противозаконный; объявлять *(кого-либо)* вне закона; изгонять из общества; лишать законной силы *(амер.)*

outlawed ['autlɔːd] объявленный вне закона; истекший

outlawry ['autlɔːrɪ] объявление вне закона; изгнание из общества

outlay ['autleɪ] — *сущ.* [aut'leɪ] — *гл.* затраты; издержки; потребление; расходы; затрачивать; расходовать; тратить

outlet ['autlet] выпускное *(выходное)* отверстие; вытекание; сток; рынок сбыта; торговая точка; разрядка; слив

outlier ['aut‚laɪə] человек, проживающий не по месту службы; посторонний

outline ['autlaɪn] очертание; наружный контур; контур иллюстрации; набросок; эскиз; очерк; график; диаграмма; конспект; план; схема; общее построение; основы; основные принципы; контурный; нарисовать контур; обрисовать; наметить в общих чертах; сделать набросок

outlined ['autlaɪnd] начерченный; обведенный

outlined picture ['autlaɪnd|'pɪktʃə] контурное изображение

outlive [aut'lɪv] пережить *(кого-либо, что-либо)*; выжить

outlook ['autluk] вид; перспектива; виды на будущее; наблюдение; наблюдательный пункт; точка зрения; кругозор

outlying ['aut‚laɪɪŋ] далекий; отдаленный; удаленный

outmanoeuvre [‚autmə'nuːvə] получить преимущество более искусным маневрированием; перехитрить

outmarch ['autmaːtʃ] маршировать *(двигаться)* быстрее *(кого-либо)*; пройти дальше *(кого-либо)*; обогнать; опередить; перегнать

outmatch [aut'mætʃ] затмевать; превосходить

outmoded [aut'moudɪd] вышедший из моды; старомодный; устаревший

outness ['autnɪs] внешний мир; объективная действительность

outnumber [aut'nʌmbə] превосходить численно

outpace [aut'peɪs] опережать; идти быстрее

outpatient ['aut‚peɪʃ(ə)nt] амбулаторный больной; амбулаторный

outpatient treatment ['autpeɪʃ(ə)nt|'triːtmənt] амбулаторное лечение

outperform ['autpə'fɔːm] делать лучше, чем другой

outperform the competitor ['autpə'fɔːm|ðə|kəm'petɪtə] перехитрить конкурента

outplacement [aut'pleɪsmənt] трудоустройство уволенных

outplay [aut'pleɪ] обыграть

outpost ['autpoust] авангард; аванпост; отдаленное поселение; сторожевая застава

outpour ['autpɔː] — *сущ.* [aut'pɔː] — *гл.* поток; течение; излияние *(чувств)*; выливать; изливать *(душу, чувства)*

output ['autput] продукция; продукт; изделие; выпуск; выработка; производительность; выход; мощность; отдача; пропускная способность; добыча *(горн.)*

output data ['autput|'deɪtə] выходные данные

output goods ['autput|'gudz] выпускаемые продукты

output valve ['autput|'vælv] выпускной клапан

output voltage ['autput|'voultɪdʒ] выходное отверстие

outrage ['autreɪdʒ] грубое нарушение закона или чужих прав; произвол; насилие; принуждение; применение силы; поругание; надругательство; осквернение; оскорбление; возмутительный случай, поступок; преступать, нарушать закон; производить насилие; оскорбить; надругаться

outrageous [aut'reɪdʒəs] жестокий; неистовый; яростный; возмутительный; оскорбительный; вопиющий; позорный

outrange [aut'reɪndʒ] иметь большую дальнобойность *(воен.)*; перегнать *(судно в состязании)*

outrank [aut'ræŋk] иметь более высокий ранг *(чин)*; быть старше по званию; опережать; превосходить; превосходить по рангу; превышать

outré ['uːtreɪ] преступающий границы; нарушающий *(приличия и т. п.)*; эксцентричный; преувеличенный

outreach ['autriːtʃ] программа помощи неимущим или нуждающимся

outride [aut'raɪd] обогнать; обойти; опередить; перегнать; выдержать; стойко перенести *(шторм, несчастье и т. п.)*

outrider ['aut,raɪdə] верховой, сопровождающий экипаж; полицейский эскорт; вестник; предвестник

outrigger ['aut,rɪgə] аутригер

outright ['autraɪt] — *прил.* [aut'raɪt] — *нар.* откровенный; открытый; прямой; явный; глубокий; полный; совершенный; вполне; совершенно; до конца; непосредственно; открыто; прямо; немедленно; сразу; раз и навсегда

outright barbarism ['autraɪt|'bɑːbərɪzm] абсолютное варварство

outrival [aut'raɪv(ə)l] затмить; перещеголять; превзойти

outrun [aut'rʌn] перегнать; опередить; обогнать; обойти; оставить позади себя; убежать *(от кого-либо)*; преступать пределы, границы

outrunner ['aut,rʌnə] скороход; пристяжная лошадь; собака-вожак *(в упряжке)*

outsail [aut'seɪl] перегнать *(о судне)*

outsell [aut'sel] продаваться лучше *(дороже)*, чем другой товар

outset ['autset] отправление; зарождение; начало; устье шахты, возвышающееся над почвой

outshine [aut'ʃaɪn] затмить; превзойти

outside ['aut'saɪd] наружная часть, сторона; внешняя поверхность; внешний мир; объективная реальность; внешность; наружность; внешний; наружный; поверхностный; крайний; находящийся с краю; посторонний; максимальный; наибольший; предельный; снаружи; извне; вовне; наружу; вне; за пределами; за пределы; кроме

outside diameter ['autsaɪd|daɪ'æmɪtə] наружный диаметр

outside rear view mirror ['autsaɪd|'rɪə|vjuː|'mɪrə] наружное зеркало заднего вида

outside thread ['autsaɪd|'θred] наружная резьба

outsider ['aut'saɪdə] посторонний *(человек)*, не принадлежащий к данному учреждению, кругу, партии; постороннее лицо; сторонний наблюдатель; неспециалист; любитель; дилетант; непрофессионал; профан; невоспитанный человек; аутсайдер *(спорт.)*

outsing [aut'sɪŋ] пропеть; прокричать

outsit [aut'sɪt] пересидеть *(других гостей)*; засидеться

outsize ['autsaɪz] больше стандартного размера *(о готовом платье)*; нестандартный

outskirts ['autskəːts] окраины; предместья *(города)*; опушка *(леса)*

outspeak [aut'spiːk] говорить лучше, выразительнее, громче *(кого-либо)*; высказать(ся)

outspoken [aut'spouk(ə)n] высказанный; выраженный; сформулированный; искренний; откровенный; открытый; прямой; явный

outspread ['aut'spred] распространение; расширение; распростертый; расстилающийся; разостланный; распространять(ся); простирать(ся)

outstanding [aut'stændɪŋ] выдающийся; замечательный; знаменитый; известный; выступающий вперед; неуплаченный; неоплаченный; просроченный; невыполненный; остающийся неразрешенным, спорным

outstanding account [aut'stændɪŋ|ə'kaunt] неоплаченный счет

outstanding amount [aut'stændɪŋ|ə'maunt] сумма задолженности

outstay [aut'steɪ] выдержать; выстоять; устоять

OUT — OVE

outstep [aut'step] переступать *(границы)*; выходить за пределы
outstretched [aut'stretʃt] протянутый; растянувшийся; растянутый
outstrip [aut'strɪp] обгонять; обходить; опережать; перегонять; превосходить *(в чем-либо)*
outtalk [aut'tɔ:k] заговорить *(кого-либо)*; не дать сказать слова *(другому)*
outtop [aut'tɔp] быть выше *(кого-либо, чего-либо)*; опережать; превосходить; превышать
outturn [aut'tə:n] выгружать
outturns ['auttə:nz] пробные оттиски
outvalue [aut'vælju:] стоить дороже
outvoice [aut'vɔɪs] перекричать
outvote [aut'vout] иметь перевес голосов; забаллотировать
outwalk [aut'wɔ:k] идти дальше, быстрее *(кого-либо)*
outward ['autwəd] внешний; наружный; поверхностный; направленный наружу; видимый; видный; очевидный; внешний вид; внешность
outward journey ['autwəd'dʒə:nɪ] заграничное путешествие
outwardly ['autwədlɪ] внешне; снаружи; на вид
outwardness ['autwədnɪs] объективное существование; объективность; внешность *(псих.)*
outwards ['autwədz] наружу; за пределы
outwear [aut'wɛə] изнашивать; быть прочнее; носиться дольше *(о вещи)*
outweigh [aut'weɪ] быть тяжелее; превосходить в весе; перевешивать; быть более влиятельным, важным и т. п.
outwit [aut'wɪt] перехитрить; провести *(кого-либо)*
outwork ['autwə:k] — *сущ.* [aut'wə:k] — *гл.* работа вне мастерской, вне завода и т. п.; надомная работа; внешнее укрепление; работать лучше и быстрее *(чем кто-либо)*
outworn [aut'wɔ:n] изношенный; негодный к употреблению; устарелый *(о понятиях)*; изнуренный
ouzel ['u:zl] дрозд *(орнит.)*
oval ['ouv(ə)l] овальный; овал
oval bush ['ouv(ə)l|buʃ] овальная втулка
oval fillister head screw ['ouv(ə)l|'fɪlɪstə|hed|'skru:] винт с цилиндрической головкой
oval head screw ['ouv(ə)l|hed|'skru:] винт со сферической головкой
ovality [ou'vælɪtɪ] овальность
ovary ['ouvərɪ] завязь *(биол.)*; яичник *(анат.)*
ovation [ou'veɪʃ(ə)n] овация; бурные аплодисменты
oven ['ʌvn] духовой шкаф; духовка; печь; термостат

oven glove ['ʌvn|glʌv] прихватка
ovenproof ['ʌvnpru:f] жаростойкий
over ['ouvə] наверху; излишний; наверх; вдобавок; избыточный; сверх
over- ['ouvə-] над-; пере-; сверх-; чрезмерно
over-abundance ['ouv(ə)rə'bʌndəns] избыток; излишнее количество
over-abundant ['ouv(ə)rə'bʌndənt] добавочный; избыточный; излишний
over-anxious ['ouvər'æŋkʃəs] слишком обеспокоенный; панически настроенный; очень старательный
over-colour ['ouvə'kʌlə] сгущать краски; преувеличивать
over-indulgence ['ouv(ə)rɪn'dʌldʒ(ə)ns] чрезмерное увлечение; злоупотребление
over-the-counter medicine ['ouvəðə,kauntə'medsɪn] лекарство, отпускаемое без рецепта
overact ['ouvər'ækt] переигрывать *(роль)*; утрировать; шаржировать
overactive ['ouvər'æktɪv] сверхактивный
overactivity ['ouvəræk'tɪvɪtɪ] гиперфункция
overage ['ouvərɪdʒ] переросток; переросший; избыток; излишек; излишнее количество
overall ['ouvərɔ:l] — *сущ., прил.* [,ouvər'ɔ:l] — *нар.* рабочий халат; комбинезон; полный; общий; от начала до конца; всеобщий; предельный; всеобъемлющий; всеохватывающий; суммарный; повсюду; везде; повсеместно; широко; полностью; в общем и целом
overall balance ['ouvərɔ:l|'bæləns] итоговый баланс
overall height ['ouvərɔ:l|'haɪt] габаритная высота
overall length ['ouvərɔ:l|'leŋθ] габаритная длина
overall size ['ouvərɔ:l|'saɪz] габаритный размер
overall view ['ouvərɔ:l|'vju:] общий вид
overall width ['ouvərɔ:l|'wɪdθ] габаритная ширина
overarch [,ouvər'a:tʃ] покрывать сводом; образовывать свод, арку
overawe [,ouvər'ɔ:] держать в благоговейном страхе; внушать благоговейный страх; принуждать к повиновению
overbalance [,ouvə'bæləns] перевес; избыток; превосходство; опережать; перевешивать; превосходить; превышать; вывести из равновесия; потерять равновесие и упасть
overbear [,ouvə'bɛə] пересиливать; одолевать; осиливать; превозмогать; подавлять; сдерживать; удерживать; опережать; превосходить; превышать
overbearing [,ouvə'bɛərɪŋ] властный; властолюбивый; повелительный
overblow ['ouvə'blou] раздувать; растягивать; пронестись; миновать *(о буре, опасности и т. п.)*

overblown [ˈouvəˈbloun] пронесшийся (*о буре и т. п.*); непомерно раздутый; полностью распустившийся (*о цветке*)

overboard [ˈouvəbɔːd] за борт; за бортом

overboil [ˈouvəˈbɔil] перекипеть; убежать (*о молоке и т. п.*)

overbold [ˈouvəˈbould] слишком смелый; дерзкий; неосмотрительный; неосторожный; опрометчивый

overbreathing [ˈouvəˈbriːðɪŋ] усиленное дыхание

overbrim [ˈouvəˈbrɪm] переполнять(*ся*); переливать(*ся*) через край

overbuild [ˈouvəˈbɪld] надстраивать; (*чрезмерно*) застраивать

overburden [ˌouvəˈbəːdn] перегрузка; перегружать; нагружать; обременять; отягощать

overbuy [ˌouvəˈbaɪ] покупать в слишком большом количестве; покупать слишком дорого (*уст.*)

overcapitalize [ˈouvəˈkæpɪtəlaɪz] определять капитал (*компании и т. п.*) слишком высоко

overcast [ˈouvəkɑːst] — *сущ.* [ˌouvəˈkɑːst] — *прил., гл.* сплошная облачность; облака; тучи; покрытый облаками; мрачный; хмурый (*о небе*); печальный; угрюмый; унылый; покрывать(*ся*); закрывать(*ся*); затемнять; темнеть

overcharge [ˈouvəˈtʃɑːdʒ] назначать завышенную цену; перегружать; загромождать деталями; преувеличивать (*в описании и т. п.*); завышенная цена; запрос

overchill [ˌouvəˈtʃɪl] переохлаждать

overchilled [ˌouvəˈtʃɪld] переохлажденный

overchoice [ˈouvətʃɔɪs] проблема неограниченного выбора

overcloud [ˌouvəˈklaud] застилать(*ся*) облаками; омрачать(*ся*)

overcoat [ˈouvəkout] пальто; шинель

overcome [ˌouvəˈkʌm] побороть; победить; побить; выиграть; превозмочь; преодолеть; охватить; обуять (*о чувстве*); истощить; лишить самообладания

overcommitment [ˈouvəkəˈmɪtmənt] чрезмерные обязательства

overcompensate [ˈouvəˈkɔmpənseɪt] компенсировать с избытком

overconfidence [ˈouvəˈkɔnfɪdəns] излишняя самоуверенность

overcool [ˌouvəˈkuːl] переохлаждать

overcooling [ˌouvəˈkuːld] переохлаждение

overcrop [ˌouvəˈkrɔp] истощать землю

overcrow [ˌouvəˈkrou] торжествовать (*над соперником и т. п.*)

overcrowd [ˌouvəˈkraud] переполнять (*помещение и т. п.*); толпиться

overcrowded [ˌouvəˈkraudɪd] переполненный

overcrowding [ˌouvəˈkraudɪŋ] перенаселение; перенаселенность

overcrusted [ˌouvəˈkrʌstɪd] покрытый корой

overdependence [ˈouvədɪˈpendəns] излишнее доверие

overdevelop [ˈouvədɪˈveləp] чрезмерно развивать

overdo [ˌouvəˈduː] заходить слишком далеко; переусердствовать; утрировать; гиперболизировать; преувеличивать; пережаривать; переутомлять(*ся*)

overdone [ˈouvəˈdʌn] преувеличенный; утрированный; пережаренный

overdose [ˈouvədous] — *сущ.* [ˌouvəˈdous] — *гл.* слишком большая, чрезмерная доза; вредная доза; передозировка (*лекарства*); давать слишком большую, вредную дозу

overdraw [ˈouvəˈdrɔː] превысить кредит (*в банке*); гиперболизировать; преувеличивать; утрировать

overdressed [ˈouvəˈdrest] одетый слишком нарядно

overdrink [ˈouvəˈdrɪŋk] слишком много пить; выпить больше другого; перепить

overdrive [ˈouvəˈdraɪv] изматывать; изнурять; переутомлять; загнать (*лошадь*)

overdue [ˈouvəˈdjuː] запоздалый; поздний; просроченный

overdue bill [ˈouvədjuːˈbɪl] просроченный счет

overdye [ˈouvəˈdaɪ] перекрасить в другой цвет; сделать слишком темным

overeat [ˈouvərˈiːt] объедаться; переедать

overemphasize [ˌouvərˈemfəsaɪz] излишне, чрезмерно подчеркивать

overemployment [ˈouvərɪmˈplɔɪmənt] чрезмерная занятость

overestimate [ˈouvərˈestɪmɪt] переоценка; завышать оценку; переоценивать; завысить

overestimation [ˈouvərˌestɪˈmeɪʃən] переоценка

overexcitation [ˈouvərˌeksɪˈteɪʃən] перевозбуждение

overextended [ˈouvərɪkˈstendɪd] затянутый; растянутый; чрезмерно раздутый

overextended account [ˈouvərɪkˈstendɪdəˈkaunt] просроченный счет

overfall [ˈouvəfɔːl] водослив

overfatigue [ˈouvəfəˈtiːg] переутомление

overfeed [ˈouvəˈfiːd] перекармливать; объедаться; переедать

overfill [ˌouvəˈfɪl] переполнять

overflight [ˈouvəflaɪt] перелет (*над чем-либо*)

overflow [ˈouvəflou] — *сущ.* [ˌouvəˈflou] — *гл.* переливание через край; разлив; наводнение; паводок; подъем воды; избыток; излишек; излишнее количество; обильное выделение; сливное отверстие; переливаться через край; заливать; затоплять; разливаться *(о реке)*; выходить за пределы; переполнять; быть переполненным

overflow of population [ˈouvəflouǀəvˌpɔpjuˈleɪʃən] перенаселение

overflowing [ˌouvəˈflouɪŋ] льющийся через край; бьющий через край; переполненный

overfulfil [ˈouvəfulˈfɪl] перевыполнять

overfulfilment bonus [ˈouvəfulˈfɪlməntǀˈbounəs] премия за перевыполнение плана

overfull [ˈouvəˈful] переполненный; чрезмерно повышенный

overgild [ˈouvəˈgɪld] позолотить

overground [ˈouvəgraund] надземный; [ˈouvəˈgraund] измельченный до пыли

overgrow [ˈouvəˈgrou] расти слишком быстро; перерастать *(что-либо)*; вырастать *(из чего-либо)*; зарастать

overgrown [ˈouvəˈgroun] переросший; растущий без ухода; неподстриженный *(о растениях)*; заросший

overgrown bureaucracy [ˈouvəˈgrounǀbjuəˈrɔkrəsɪ] раздутый бюрократический аппарат

overgrowth [ˈouvəgrouθ] гипертрофия; заросль

overhair [ˈouvəhɛə] остевой волос

overhang [ˈouvəhæŋ] [ˈouvəˈhæŋ] выступ; свес; выступать над чем-либо; нависать

overhaul [ˈouvəhɔ:l] — *сущ.* [ˌouvəˈhɔ:l] — *гл.* тщательный осмотр; капитальный ремонт; пересмотр; ревизия; демонтаж; разбирать; тщательно осматривать *(часто с целью ремонта)*; догнать; догонять; нагонять; настигать

overhead [ˈouvəˈhed] верхний; воздушный; надземный; [ˈouvəhed] накладные расходы

overhead allocation [ˈouvəhedǀæləˈkeɪʃən] распределение накладных расходов

overhead charges [ˈouvəhedǀˈtʃɑ:dʒɪz] накладные расходы

overhead projector [ˈouvəhedǀprəˈdʒektə] диапроектор

overhead valve [ˈouvəhedǀˈvælv] верхний клапан

overhear [ˌouvəˈhɪə] подслушивать; нечаянно услышать

overheat [ˈouvəˈhi:t] перегрев; перегревать(ся)

overheating [ˈouvəˈhi:tɪŋ] перегрев; перегревание

overindividual [ˈouvərˌɪndɪˈvɪdjuəl] социальный

overissue [ˈouvərˈɪsju:] чрезмерная эмиссия *(фин.)*; нераспроданные экземпляры тиража; чрезмерный выпуск; выпускать сверх дозволенного количества *(акции, банкноты и т. п.)*

overjoy [ˌouvəˈdʒɔɪ] осчастливить; очень обрадовать

overjoyed [ˌouvəˈdʒɔɪd] вне себя от радости; очень довольный; счастливый

overjump [ˌouvəˈdʒʌmp] перепрыгивать; перескакивать; прыгать; игнорировать; пропускать; упускать

overkill [ˈouvəˈkɪl] — *гл.* [ˈouvəkɪl] — *сущ.* применять средства поражения избыточной мощности; массовое уничтожение

overknee [ˈouvəˈni:] выше колен

overlabour [ˈouvəˈleɪbə] переутомлять работой; слишком тщательно отделывать

overladen [ˈouvəˈleɪdn] перегруженный

overland [ˈouvəlænd] — *прил.* [ˈouvəˈlænd] — *нар.* сухопутный; проходящий целиком или большей частью по суше; по суше; на суше

overlap [ˌouvəˈlæp] — *гл.* [ˈouvəlæp] — *сущ.* частично покрывать; заходить один за другой; перекрывать; частично совпадать; соединять внахлестку; наложение; совпадение

overlay [ˈouvəleɪ] — *сущ.* [ˌouvəˈleɪ] — *гл.* покрышка; салфетка; покрывало; покрывать *(краской и т. п.)*; перекрывать

overleap [ˌouvəˈli:p] перепрыгивать; перескакивать; выпускать; пропускать; упускать

overlearn [ˌouvəˈlə:n] заучивать; выучивать наизусть

overlie [ˌouvəˈlaɪ] лежать на чем-либо, над чем-либо

overling [ˈouvəlɪŋ] влиятельное, высокопоставленное лицо

overlive [ˌouvəˈlɪv] испытать; пережить; узнать

overload [ˌouvəˈloud] — *сущ.* [ˈouvəˈloud] — *гл.* перегрузка; перегружать

overlook [ˌouvəˈluk] возвышаться *(над городом, местностью и т. п.)*; обозревать; смотреть сверху *(на что-либо)*; выходить на, в; надзирать; смотреть *(за чем-либо)*; не заметить; проглядеть; не обратить внимания; смотреть сквозь пальцы

overlooker [ˌouvəˈlukə] надзиратель; надсмотрщик; смотритель

overlord [ˈouvəlɔ:d] сюзерен; верховный владыка; господин; повелитель; доминировать; господствовать; преобладать

overly [ˈouvəlɪ] чрезмерно

overman [ˈouvəmæn] бригадир; десятник; арбитр; судья; третейский судья

overmantel [ˈouvəˌmæntl] резное украшение над камином

overmaster [ˌouvəˈmɑ:stə] покорить; подчинить себе; овладеть всецело

overmastering [ˌouvəˈmɑ:st(ə)rɪŋ] необоримый; неодолимый; непреодолимый

overmatch [ˌouvəˈmætʃ] превосходить силой, умением

overmature [ˈouvəməˈtjuə] перезрелый

overmeasure [ˈouvəˈmeʒə] добавление; дополнение; излишек; придача; припуск

overmuch [ˈouvəˈmʌtʃ] чрезмерно; слишком много

overnight [ˈouvəˈnait] происходивший накануне вечером; ночной; продолжающийся всю ночь; накануне вечером; с вечера (*и всю ночь*); всю ночь; быстро; скоро; вдруг

overorganization [ˈouvəˌɔ:gənaiˈzeiʃən] бюрократизация

overpass [ˈouvəpɑ:s] — *сущ.* [ˌouvəˈpɑ:s] — *гл.* эстакада; путепровод; переезжать; пересекать; переступать; переходить; проходить; преодолевать; справляться; опережать; превосходить; превышать; оставлять без внимания; проходить мимо

overpay [ˈouvəˈpei] переплачивать

overpeopled [ˈouvəˈpi:pld] перенаселенный

overpersuade [ˈouvəpəˈsweid] переубеждать; склонять (*к чему-либо*)

overplay [ˌouvəˈplei] переигрывать; перестараться; придавать чрезмерное значение; раздувать

overplus [ˈouvəplʌs] излишек; избыток; излишнее количество

overpoise [ˈouvəpɔiz] — *сущ.* [ˌouvəˈpɔiz] — *гл.* перевес; превосходство; перевешивать

overpopulate [ˈouvəˈpɔpjuleit] перенаселять

overpopulation [ˈouvəˌpɔpjuˈleiʃ(ə)n] перенаселенность

overpower [ˌouvəˈpauə] подавлять; пересиливать

overpowering [ˌouvəˈpauəriŋ] непреодолимый; подавляющий

overpraise [ˌouvəˈpreiz] перехваливать

overpressure [ˈouvəˈpreʃə] чрезмерное давление; избыточное давление; слишком большое умственное (*нервное*) напряжение; нервное перенапряжение; перекомпрессия

overpriced [ˌouvəˈpraist] завышенный (*о цене*)

overprint [ˈouvəˈprint] печатать сверх тиража

overprize [ˌouvəˈpraiz] переоценивать

overproduce [ˈouvəprəˈdju:s] перепроизводить

overproduction [ˈouvəprəˈdʌkʃ(ə)n] затоваривание; перепроизводство

overprotection [ˈouvəprəˈtekʃən] чрезмерная опека

overrate [ˈouvəˈreit] переоценивать; преувеличивать

overreach [ˈouvəˈri:tʃ] — *сущ.* [ˌouvəˈri:tʃ] — *гл.* обман; ложь; неправда; хитрость; достигать; распространять(*ся*); выходить за пределы; перехитрить; достичь незаконным, мошенническим путем; овладевать (*аудиторией и т. п.*)

overreact [ˌouvəriˈækt] слишком остро реагировать (*на что-либо*); принимать близко к сердцу

overrefine [ˈouvəriˈfain] вдаваться в излишние тонкости

overrent [ˌouvəˈrent] брать слишком высокую арендную (*квартирную*) плату

override [ˌouvəˈraid] задавить; переехать; попирать; отвергать; не принимать во внимание; брать верх; перевешивать; заездить; блокировать автоматическую систему управления

overriding [ˌouvəˈraidiŋ] базисный; главный; основной; первостепенный

overriding clutch [ˌouvəraidiŋˈklʌtʃ] муфта включения переднего ведущего моста автомобиля

overripe [ˈouvəˈraip] перезрелый

overrotten [ˈouvəˈrɔtn] перегнивший

overrule [ˌouvəˈru:l] верховенствовать; господствовать; превалировать; преобладать; брать верх; аннулировать; считать недействительным; отвергать, отклонять предложение

overrun [ˌouvəˈrʌn] переливаться через край; наводнять; переходить дозволенные границы (*установленные сроки*); кишеть, зарастать (*сорняками*); опустошать; выходить за установленный предел; превышать время передачи; превышать скорость; разнос двигателя

overrunning clutch [ˌouvərʌniŋˈklʌtʃ] муфта свободного хода

overs [ˈouvəz] экземпляры сверх тиража для замены бракованных (*полигр.*)

oversaturation [ˈouvəˌsætʃəˈreiʃən] перенасыщение

oversea(s) [ˈouvəˈsi:z] заморский; заокеанский; заграничный; иностранный; за морем; через море; за границей; за границу

overseas supplier [ˈouvəsi:z|səˈplaiə] заокеанский поставщик

oversee [ˈouvəˈsi:] наблюдать; надзирать; следить; подсматривать; случайно увидеть

overseer [ˈouvəsiə] надзиратель; надсмотрщик; смотритель

overset [ˈouvəˈset] нарушать порядок; повергать в смущение; расстройство; опрокидывать(*ся*)

oversew [ˈouvəˈsou] сшивать через край

overshadow [ˌouvəˈʃædou] затемнять; затмевать; омрачать

overshoe [ˈouvəʃu:] галоша; ботик

overshoot [ˈouvəˈʃu:t] промахнуться (*при стрельбе*); стрелять лучше (*кого-либо*); превосходить; превышать

overside [ˈouvəsaid] — *сущ., прил.* [ˈouvəˈsaid] — *нар.* обратная сторона; грузящийся через борт; через борт; за борт

oversight [ˈouvəsait] недосмотр; оплошность; ошибка; упущение; контроль; надзор; присмотр; наблюдение

oversimplify [‚ouvə'sımplıfaı] упрощать; понимать слишком упрощенно

oversize(d) [‚ouvə'saız(d)] нестандартный размер; припуск; больше обычного размера; завышенного габарита *(техн.)*

oversleep ['ouvə'sli:p] проспать; заспаться

oversleeve ['ouvə'sli:v] нарукавник

overspeed ['ouvə'spi:d] завышенное число оборотов двигателя

overspend ['ouvə'spend] тратить слишком много; сорить деньгами; расстроить свое состояние *(здоровье)*

overspill ['ouvə'spıl] то, что пролито; *(эмигрирующий)* избыток населения

overspread [‚ouvə'spred] накрывать; покрывать; укрывать; простирать; раскидывать; распространять; рассеивать

overstate [‚ouvə'steıt] гиперболизировать; преувеличивать; утрировать

overstatement [‚ouvə'steıtmənt] гиперболизация; преувеличение; утрирование

overstay ['ouvə'steı] загоститься; засидеться

overstock ['ouvə'stɔk] излишний запас; избыток *(товара)*; делать слишком большой запас; затовариваться

overstrain ['ouvəstreın] — *сущ.* ['ouvə'streın] — *гл.* чрезмерное напряжение; перенапрягать; переутомлять

overstretch [‚ouvə'stretʃ] слишком натягивать

overstrung ['ouvə'strʌŋ] слишком напряженный *(о нервах и т. п.)*

overt ['ouvə:t] открытый; неприкрытый; внешний; откровенный; публичный; несекретный; нескрываемый

overtake [‚ouvə'teık] догнать; наверстать; нагнать; застигнуть врасплох; брать; овладевать

overtaking [‚ouvə'teıkıŋ] обгон

overtaking lane ['ouvəteıkıŋ|'leın] полоса обгона

overtask ['ouvə'ta:sk] перегружать работой; давать непосильное задание

overtax ['ouvə'tæks] обременять чрезмерными налогами; перенапрягать; обременять; затруднять; доставлять хлопоты, неудобства

overthrow ['ouvə'θrou] — *сущ.* [‚ouvə'θrou] — *гл.* поражение; ниспровержение; опрокидывать; свергать; побеждать; уничтожать

overtime ['ouvətaım] сверхурочные часы; сверхурочное время; дополнительное время *(спорт.)*; сверхурочный

overtime bonus ['ouvətaım|'bounəs] надбавка за сверхурочное время

overtime work ['ouvətaım|'wə:k] сверхурочная работа

overtired ['ouvə'taıəd] слишком усталый

overtiredness ['ouvə'taıədnıs] переутомление

overtly ['ouvə:tlı] открыто; публично; откровенно

overtop ['ouvə'tɔp] быть выше; возвышаться; превышать; превосходить *(по качеству)*; затмевать; господствовать; угнетать

overture ['ouvətjuə] попытка *(примирения, завязывания знакомства)*; инициатива *(переговоров, заключения договоров и т. п.)*; увертюра *(муз.)*

overturn ['ouvətə:n] — *сущ.* [‚ouvə'tə:n] — *гл.* поражение; ниспровержение; свержение; опрокидывать(ся); переворачивать(ся); падать; низвергать; ниспровергать; развенчивать; свергать; подрывать; уничтожать; опровергать

overuse ['ouvəju:s] — *сущ.* [‚ouvə'ju:z] — *гл.* чрезмерное использование; злоупотребление; слишком долго использовать; злоупотреблять

overvalue ['ouvə'vælju:] переоценка; переоценивать; придавать слишком большое значение

overview ['ouvəvju:] общее представление *(о каком-либо предмете)*; впечатление в общих чертах; *(беглый)* обзор *(деятельности и т. п.)*

overwatched [‚ouvə'wɔtʃt] изнуренный чрезмерным бодрствованием, бессонницей

overweening [‚ouvə'wi:nıŋ] высокомерный; самонадеянный

overweight ['ouvəweıt] — *сущ.* ['ouvə'weıt] — *гл.* излишек веса; избыточный вес; перегрузка; перевес; превосходство; преобладание; весящий больше нормы; тяжелее обычного; перегружать; обременять; затруднять

overweight vehicle ['ouvəweıt|'vi:ıkl] перегруженный автомобиль

overwhelm [‚ouvə'welm] заваливать; заливать; затоплять; забрасывать *(вопросами и т. п.)*; подавлять; сокрушать; разбивать *(неприятеля)*; овладевать; переполнять *(о чувстве и т. п.)*; ошеломлять; поражать; потрясать; губить; разорять

overwhelming [‚ouvə'welmıŋ] бесчисленный; многочисленный; несметный; подавляющий; необоримый; неодолимый; непреодолимый

overwhelming majority ['ouvəwelmıŋ|mə'dʒɔrıtı] подавляющее большинство

overwhelmingly [‚ouvə'welmıŋlı] очень; чрезвычайно; в подавляющем большинстве случаев

overwind ['ouvə'waınd] перекрутить завод *(часов и т. п.)*

overwinter [‚ouvə'wıntə] перезимовать

overwork ['ouvəwə:k] — *сущ.* ['ouvə'wə:k] — *гл.* сверхурочная работа; переутомляться

overwrite [‚ouvə'raıt] слишком много писать *(о чем-либо)*; исписываться *(о писателе и т. п.)*

overwrought ['ouvə'rɔ:t] переутомленный работой; возбужденный *(о нервах)*; перегруженный деталями; слишком тщательно отделанный

oviform [ˈouvifɔːm] овальный
ovine [ˈouvain] овечий
ovoid [ˈɔvɔid] яйцевидный; яйцеобразный
ovule [ˈouvjulə] семяпочка
owe [ou] быть должным (кому-либо); быть в долгу (перед кем-либо); быть обязанным
owing [ˈouiŋ] должный; причитающийся; оставшийся неуплаченным; обязанный (кому-либо)
owl [aul] сова; полуночник
owl-light [ˈaullait] полумрак; сумерки
owlet [ˈaulit] молодая сова; совенок
owlish [ˈauliʃ] похожий на сову
own [oun] свой собственный; родной; любимый; оригинальный; владеть; иметь; обладать; пользоваться; располагать; признавать(ся)
own capital [ˈounˈkæpitl] собственный капитал
own funds [ˈounˈfʌndz] собственные средства
own occupation [ˈounˌɔkjuˈpeiʃən] собственное дело
own signature [ˈounˈsignitʃə] личная подпись
owned asset [ˈounˈæsət] собственные активы
owner [ˈounə] владелец; собственник; хозяин; держатель
ownerless [ˈounəlis] бесхозный; беспризорный
ownership [ˈounəʃip] собственность; владение; достояние; имущество; право собственности
ownership in common [ˈounəʃipˈinˈkɔmən] коллективная собственность
owner's manual [ˈounəzˈmænjuəl] руководство для пользователя
ox [ɔks] буйвол; вол; бизон; бык
ox-driver [ˈɔksˌdraivə] погонщик волов
ox-eyed [ˈɔksaid] большеглазый; волоокий
ox-fence [ˈɔksfens] изгородь для рогатого скота
oxbow [ˈɔksbou] гнет; притеснение; ярмо; заводь реки
oxcart [ˈɔkskaːt] повозка, запряженная волами
oxen [ˈɔks(ə)n] рогатый скот
oxeye [ˈɔksai] большая синица
oxherd [ˈɔkshəːd] пастух; скотник; чабан
oxhide [ˈɔkshaid] воловья шкура
oxidation [ˌɔksiˈdeiʃ(ə)n] окисление (хим.)
oxidizing [ˌɔksiˈdaiziŋ] окисляющийся
oxter [ˈɔkstə] подмышка; внутренняя часть плеча; поддерживать, взяв за руки или под мышки; обнимать; сжимать в объятиях
oxygen [ˈɔksidʒ(ə)n] кислород; кислородный (хим.)
oxygen absorption [ˈɔksidʒ(ə)nəbˈsɔːpʃən] поглощение кислорода
oxygen bottle [ˈɔksidʒ(ə)nˈbɔtl] кислородный баллон
oxygen exchange [ˈɔksidʒ(ə)niksˈtʃeindʒ] кислородный обмен

oxygen mask [ˈɔksidʒ(ə)nˈmaːsk] кислородная маска
oxygenate [ɔkˈsidʒineit] окислять; насыщать кислородом
oxygenous [ɔkˈsidʒinəs] кислородный
oxygon [ˈɔksigɔn] остроугольный треугольник
oxylalia быстрая речь; скороговорка
oyster [ˈɔistə] устрица
ozone [ˈouzoun] озон (хим.)
ozonize [ˈouzounaiz] озонировать

P

p [piː]; мн. — Ps; P's [piːz] шестнадцатая буква английского алфавита
pabular(y) [ˈpæbjulə(ri)] пищевой; съестной; кормовой
pabulum [ˈpæbjuləm] пища
pace [peis] [ˈpeisi] шаг; длина шага; поступь; походка; скорость; темп; аллюр (лошади); иноходь; возвышение на полу; площадка; широкая ступенька (лестницы); шагать; расхаживать; ступать; ходить; измерять шагами; идти иноходью (о лошади); задавать темп; вести (в состязании); с позволения (кого-либо)
to pace (a)round — ходить (двигаться) безостановочно
pacer [ˈpeisə] иноходец
pace(-)setter [ˈpeissetə] лидер (в забегах, в гонках за лидером); задающий тон
pachyderm [ˈpækidəːm] толстокожее животное (зоол.)
pacific [pəˈsifik] безмятежный; невозмутимый; спокойный; тихий; мирный; миролюбивый; тихоокеанский; Тихий океан
pacification [ˌpæsifiˈkeiʃ(ə)n] спокойствие; тишина; умиротворение; успокоение; подавление; сдерживание; усмирение
pacificator [pəˈsifikeitə] миротворец
pacificatory [pəˈsifikət(ə)ri] примирительный; успокоительный
pacifism [ˈpæsifizm] пацифизм
pacifist [ˈpæsifist] пацифист
pacify [ˈpæsifai] умиротворять; успокаивать; укрощать (гнев); восстанавливать порядок или мир; обуздывать; подавлять; усмирять
pacing [ˈpeisiŋ] навязывание (определенного) ритма
pack [pæk] пакет; пачка; вьюк; кипа; связка; ранец; снаряжение; группа; банда; масса; множест-

во; свора *(гончих)*; стая *(волков и т. п.)*; колода *(карт)*; упаковочный; вьючный; упаковывать*(ся)*; запаковывать*(ся)*; укладывать вещи; укладываться; консервировать; скучивать*(ся)*; уплотнять*(ся)*; трамбовать; навьючивать *(лошадь)*

to pack a thing up — покончить с чем-либо

to pack away — убирать; упаковывать; есть много *(еды)*

to pack in — привлекать в большом количестве; оставить, отказаться *(от работы и т. п.)*

to pack off — посылать *(отправлять)* в упакованном виде; выпроваживать; прогонять

pack-animal ['pæk.ænɪm(ə)l] вьючное животное
pack-running ['pæk.rʌnɪŋ] стадность
pack-train ['pæktreɪn] вьючный обоз
package ['pækɪdʒ] тюк; кипа; посылка; место *(багажа)*; пакет; сверток; пачка *(сигарет)*; упаковка; упаковочная тара; контейнер; пошлина с товарных тюков; упаковывать; обрамлять; оформлять; складывать
package deal ['pækɪdʒ|diːl] пакет *(вопросов, предложений)*
package of a semiconductor device ['pækɪdʒ|əv|ə|ˌsemɪkənˈdʌktə|dɪ'vaɪs] корпус полупроводникового прибора
package tour ['pækɪdʒ|tuə] организованная туристическая поездка
packaged ['pækɪdʒd] завернутый; упакованный
packager ['pækɪdʒə] фирма, пакующая книги для типографии
packaging ['pækɪdʒɪŋ] обертка; тара; упаковка; изготовление упаковки
packaging material ['pækɪdʒɪŋ|mə'tɪərɪəl] упаковочный материал
packaging paper ['pækɪdʒɪŋ|'peɪpə] упаковочная бумага
packed [pækt] упакованный; слежавшийся; уплотненный; переполненный; скученный; крапленый; подтасованный *(о картах)*
packed meal ['pækt|miːl] бутерброды; сухой паек
packed weight ['pækt|weɪt] вес брутто *(с упаковкой)*
packer ['pækə] упаковщик *(на комбинате)*; заготовитель; экспортер пищевых продуктов *(мясных)*; рабочий *(мясо)*консервного завода; машина для упаковки; шулер
packer's brand ['pækəz|'brænd] марка упаковщика
packet ['pækɪt] блок; пакет; пачка; связка; группа; категория; куча; масса; пучок
packet-boat ['pækɪtbout] почтово-пассажирское судно; пакетбот

packing ['pækɪŋ] упаковка; укладка; тара; упаковочный материал; консервирование; затаривание; упаковочный
packing box ['pækɪŋ|bɔks] сальник
packing disc ['pækɪŋ|dɪsk] уплотнительное кольцо
packing industry ['pækɪŋ|'ɪndʌstrɪ] консервная промышленность
packing material ['pækɪŋ|mə'tɪərɪəl] упаковочный материал
packing paper ['pækɪŋ|'peɪpə] упаковочная бумага
packing-case ['pækɪŋkeɪs] ящик *(для упаковки)*
packman ['pækmən] разносчик
packthread ['pækθred] бечевка; шпагат
pact [pækt] договор; конвенция; пакт; соглашение
pad [pæd] мягкая прокладка; набивка; блокнот; подушка; втулка; мягкое седло; седелка; затычка; турнюр; лапа; подушечка *(на концах пальцев у человека или на подошве некоторых животных)*; подбивать *(набивать)* волосом *(ватой)*; подкладывать что-либо мягкое
padded ['pædɪd] обитый; набитый
padded bills ['pædɪd|'bɪlz] раздутые счета
padding ['pædɪŋ] набивка; набивочный материал
paddle ['pædl] весло; гребок; лопасть; лопатка *(для размешивания)*; валек *(для стирки белья)*; затвор *(шлюза)*; грести байдарочным веслом; плыть на байдарке; передвигаться при помощи гребных колес; шлепать по воде; плескаться; играть, перебирать руками; ковылять *(о ребенке)*
paddle-boat ['pædlbout] колесный пароход
paddle-wheel ['pædlwiːl] гребное колесо
paddling pool ['pædlɪŋ|puːl] детский плавательный бассейн
paddock ['pædək] выгул; загон *(при конном заводе)*; падок *(при ипподроме)*
padlock ['pædlɔk] висячий замок; запирать на висячий замок
padre ['pɑːdrɪ] католический священник; полковой или судовой священник
padrone [pə'drounɪ] капитан *(средиземноморского торгового судна)*; хозяин гостиницы; предприниматель, эксплуатирующий уличных музыкантов, нищенствующих детей, рабочих-эмигрантов
paederasty ['piːdəræstɪ] педерастия
paediatrician [ˌpiːdɪə'trɪʃ(ə)n] педиатр; врач по детским болезням; детский врач
paediatrics [ˌpiːdɪ'ætrɪks] педиатрия; учение о детских болезнях
paedology [piː'dɔlədʒɪ] педология
pagan ['peɪgən] язычник; атеист; неверующий; языческий
pagandom ['peɪgəndəm] языческий мир; язычество

paganish ['peɪgənɪʃ] языческий
paganism ['peɪgənɪzm] язычество
paganize ['peɪgənaɪz] обращать в язычество; придавать языческий характер
page [peɪdʒ] лист; страница; эпизод; полоса *(набора)*; паж; мальчик-слуга; нумеровать страницы; посылать; оставлять записку; сопровождать в качестве пажа; вызывать *(кого-либо)*, громко выкликая фамилию
page break ['peɪdʒ|breɪk] граница страницы; разрыв страницы
page composing ['peɪdʒ|kəm'pouzɪŋ] верстка пополосная
page depth ['peɪdʒ|depθ] длина полосы набора
page footer ['peɪdʒ|'futə] нижний колонтитул *(полигр.)*
page header ['peɪdʒ|'hedə] колонтитул; «шапка»
page layout ['peɪdʒ|'leɪaut] макет верстки полосы
page number ['peɪdʒ|'nʌmbə] колонцифра
page numbering ['peɪdʒ|'nʌmbərɪŋ] нумерация страниц
page-boy ['peɪdʒbɔɪ] посыльный
page-proof ['peɪdʒpruːf] корректурный оттиск полосы
pageant ['pædʒ(ə)nt] пышное зрелище; пышная процессия; карнавальное шествие; маскарад; инсценировка; живая картина *(представляющая исторический эпизод)*; показное, бессодержательное зрелище; пустой блеск
pageantry ['pædʒ(ə)ntrɪ] пышное зрелище; великолепие; блеск; шик; помпа; пустая видимость; блеф; фикция
pager ['peɪdʒə] пейджер
pageship ['peɪdʒʃɪp] должность пажа
paginal ['pædʒɪnl] *(по)*страничный
paginate ['pædʒɪneɪt] нумеровать страницы; разбивать текст на страницы; верстать полосу
pagination [,pædʒɪ'neɪʃ(ə)n] нумерация страниц
pagoda [pə'goudə] пагода *(архит.)*; легкая постройка; киоск для продажи газет, табака и т. п.
pagoda-tree [pə'goudətriː] индийская смоковница
pagurian [pə'djuərɪən] рак-отшельник; ракообразный; относящийся к семейству раков-отшельников
paid [peɪd] оплачиваемый; платный; нанятый; оплаченный; уплаченный
paid by hour ['peɪd|baɪ'auə] с почасовой оплатой
paid by month ['peɪd|baɪ'mʌnθ] с помесячной оплатой
paid days off ['peɪd|'deɪz|ɔːf] оплаченные нерабочие дни
paid leave ['peɪd|'liːv] оплаченный отпуск
paid-in ['peɪdɪn] уплаченный; внесенный *(о деньгах)*
paid-up ['peɪdʌp] выплаченный; оплаченный; платящий членские взносы; официально состоящий в организации; зарегистрированный *(о члене организации)*
pail [peɪl] ведро; бадья; кадка
pailful ['peɪlful] полное ведро
paillette [pæl'jet] фольга, подкладываемая под эмаль; блестка
pailou мемориальные ворота
pain [peɪn] боль; горе; несчастье; огорчение; печаль; страдание; труды; усилия; мучить; огорчать; причинять боль; болеть
pain barrier ['peɪn|bærɪə] болевой барьер
pained [peɪnd] огорченный; обиженный; страдальческий
painful ['peɪnful] причиняющий боль; болезненный; гнетущий; мучительный; тяжелый; неприятный
pain(-)killer ['peɪn,kɪlə] болеутоляющее средство
painless ['peɪnlɪs] безболезненный
painlessness ['peɪnlɪsnɪs] безболезненность
pains of jealousy ['peɪnz|əv|'dʒeləsɪ] муки ревности
painstaking ['peɪnz,teɪkɪŋ] старательность; усердие; усердность; исполнительный; усердный; кропотливый; тщательный
paint [peɪnt] краска; окраска; оттенок; тон; румяна; писать красками; заниматься живописью; красить; окрашивать; расписывать *(стену и т. п.)*; изображать; описывать; краситься; румяниться; смазывать *(мед.)*
to paint in — вписывать красками
to paint out — закрашивать *(надпись и т. п.)*
paint and varnish remover ['peɪnt|ənd|'vɑːnɪʃ|rɪ'muːvə] растворитель для лака и краски
paint application ['peɪnt|,æplɪ'keɪʃən] нанесение лакокрасочного покрытия
paint coat ['peɪnt|kout] слой краски
paint over ['peɪnt|'ouvə] закрашивать
paint stripper ['peɪnt|,strɪpə] жидкость для снятия краски *(с дверей, мебели и т. п.)*; растворитель
paint-box ['peɪntbɔks] коробка красок
paint-brush ['peɪntbrʌʃ] кисть
paint-spray gun ['peɪntspreɪ'gʌn] краскопульт; пульверизатор с краской
painted ['peɪntɪd] нарисованный, написанный красками; нарумяненный; награмированный; пестрый; разноцветный; яркий; лживый; лицемерный; притворный; фальшивый
painter ['peɪntə] живописец; художник; маляр
painterly ['peɪntəlɪ] живописный; относящийся к живописи

painting [ˈpeɪntɪŋ] живопись; роспись; изображение; картина; рисунок; окраска; раскрашивание; малярное дело

paintwork [ˈpeɪntwɜːk] окраска (*дома, комнаты, автомобиля и т. п.*)

painty [ˈpeɪntɪ] свежевыкрашенный; перегруженный красками (*о картине*); размалеванный

pair [pɛə] пара; вещь, состоящая из двух частей; парные предметы; (*супружеская*) чета; жених с невестой; два члена оппозиционных партий, не участвующие в голосовании по соглашению; смена, бригада (*рабочих*); парный; располагать(ся) парами; подбирать под пару; соединять(ся) по двое; сочетать(ся) браком

to pair off — разделять(ся) на пары; уходить парами; жениться (*разг.*); выйти замуж

pair of bellows [ˈpɛərəvˈbeləuz] ручные мехи

pair of binoculars [ˈpɛərəvbɪˈnɔkjuləz] пара очков

pair skating [ˈpɛəˈskeɪtɪŋ] парное катание

pair-horse [ˈpɛəhɔːs] парный; для парной упряжки

pair-royal [ˌpɛəˈrɔɪəl] три одинаковые карты; три кости (*с одинаковым количеством выпавших очков*); три одинаковые вещи; три персоны

pairing [ˈpɛərɪŋ] пара (*спортсменов, артистов, музыкантов, работающих вместе*)

pairwise [ˈpɛəwaɪz] попарно; по двое

pal [pæl] друг; приятель; сотоварищ; товарищ; дружить; подружиться (*с кем-либо*)

palace [ˈpælɪs] дворец; чертог; роскошное здание; особняк; официальная резиденция (*короля, высокопоставленного духовного лица или президента*); дворцовый

palace guard [ˈpælɪsˌgɑːd] дворцовая стража; узкий круг приближенных (*президента и т. п.*); когорта ближайших сотрудников, советников и т. п.

paladin [ˈpælədɪn] паладин

palaeography [ˌpælɪˈɔgrəfɪ] палеография

palaeolithic [ˌpælɪouˈlɪθɪk] палеолитический

palaeontologist [ˌpælɪɔnˈtɔləʤɪst] палеонтолог

palaeontology [ˌpælɪɔnˈtɔləʤɪ] палеонтология

palaeozoic [ˌpælɪouˈzouɪk] палеозойский; палеозой; палеозойская эра

palankeen [ˌpælənˈkiːn] см. palanquin

palanquin [ˌpælənˈkiːn] носилки; паланкин

palatability [ˌpælətəˈbɪlɪtɪ] вкусовые качества; приятный вкус

palatable [ˈpælətəbl] аппетитный; вкусный; отрадный; приятный

palatal [ˈpælətl] нёбный; палатальный; палатальный звук

palatalization [ˌpælətəlaɪˈzeɪʃ(ə)n] палатализация (*фон.*); смягчение

palate [ˈpælɪt] нёбо; вкус; интерес; склонность; стремление; тенденция

palatial [pəˈleɪʃ(ə)l] дворцовый; богатый; роскошный

palatine [ˈpælətaɪn] нёбный

palatine tonsil [ˈpælətaɪnˈtɔnsl] миндалевидная железа

palaver [pəˈlɑːvə] встреча; конференция; переговоры; совещание; пустая болтовня; лесть; лживые слова; болтать; льстить

pale [peɪl] кол; свая; частокол; ограда; граница; черта; пределы; рамки (*поведения*); бледный; слабый; тусклый (*о свете, цвете и т. п.*); бессильный; бледнеть; тускнеть

pale-blue [ˈpeɪlbluː] светло-голубой

pale-faced [ˈpeɪlfeɪst] бледнолицый; бледный

paleaceous [ˌpeɪlɪˈeɪʃəs] мякинный; похожий на мякину

paled [peɪld] огороженный (*частоколом, оградой, штакетником*)

palette [ˈpælɪt] палитра; цветовая гамма

palimpsest [ˈpælɪmpsest] палимпсест; написанный на месте прежнего текста

palindrome [ˈpælɪndroum] палиндром (*лит.*)

paling [ˈpeɪlɪŋ] забор; палисад; частокол; кол; колья

palingenesis [ˌpælɪnˈʤenɪsɪs] восстановление организма; регенерация; атавизм

palinode [ˈpælɪnoud] палинодия; отречение, отказ от своих слов, взглядов

palisade [ˌpælɪˈseɪd] палисад; частокол; обносить частоколом; окружать

palisander [ˌpælɪˈsændə] палисандр; палисандровое дерево

palish [ˈpeɪlɪʃ] бледноватый

pall [pɔːl] покров (*на гробе*); завеса; пелена; мантия; облачение; покрывать; окутывать покровом; затемнять; надоедать; пресыщать(ся)

pall-bearer [ˈpɔːlˌbɛərə] лицо, помогающее нести гроб или находящееся рядом с ним во время траурной церемонии

pall-mall [ˈpælˈmæl] пел-мел (*старинная игра в шары*)

palladium [pəˈleɪdjəm] залог безопасности; защита; оплот; палладий (*хим.*)

pallet [ˈpælɪt] соломенная постель; соломенный тюфяк; убогое ложе; паллет; поддон

palletize [ˈpælɪtaɪz] укладывать на поддоны; перевозить на поддонах

palliasse [ˈpælɪæs] соломенный тюфяк

palliate [ˈpælɪeɪt] временно облегчать (*боль, болезнь*); извинять; смягчать (*преступление, вину*); замалчивать; покрывать; укрывать

palliation [ˌpælɪˈeɪʃ(ə)n] временное облегчение *(боли, болезни)*; оправдание *(преступления)*

palliative [ˈpælɪətɪv] смягчающий; смягчающее обстоятельство

pallid [ˈpælɪd] мертвенно-бледный; слабый; неинтересный; пресный

pallidness [ˈpælɪdnɪs] ужасающая бледность

pallor [ˈpælə] бледность

pally [ˈpælɪ] дружеский; дружественный; приятельский; товарищеский; коммуникабельный; общительный

palm [pɑːm] ладонь; лопасть *(весла)*; прятать в руке *(карты и т. п.)*; трогать ладонью; гладить; подкупать; предлагать взятку; давать взятку; пальма; пальмовое дерево; пальмовая ветвь; веточка вербы и т. п.; пальмовый

to palm off — сбывать; подсовывать *(кому-либо)*

palm-oil [ˈpɑːmɔɪl] пальмовое масло; взятка

palmary [ˈpælmərɪ] заслуживающий пальму первенства; превосходный

palmate [ˈpælmɪt] лапчатый; пальчатый; снабженный плавательной перепонкой *(зоол.)*

palmcorder [ˈpɑːmˌkɔːdə] ручная видеокамера

palmer [ˈpɑːmə] паломник

palmiped(e) [ˈpælmɪpəd(piːd)] лапчатоногий; лапчатоногая птица

palmist [ˈpɑːmɪst] хиромант

palmistry [ˈpɑːmɪstrɪ] хиромантия

palomino [ˌpɑːlɔˈmiːnou] пегая лошадь с белой гривой

palp [pælp] щупальце *(зоол.)*

palpability [ˌpælpəˈbɪlɪtɪ] осязаемость; очевидность

palpable [ˈpælpəbl] осязаемый; ощутимый; очевидный; явный; ясный

palpate [ˈpælpeɪt] ощупывать

palpation [pælˈpeɪʃ(ə)n] ощупывание

palpitate [ˈpælpɪteɪt] сильно биться; пульсировать; трепетать; дрожать *(от страха, радости и т. п.)*

palpitating [ˈpælpɪteɪtɪŋ] актуальный; животрепещущий; жизненный; трепещущий

palpitation [ˌpælpɪˈteɪʃ(ə)n] сильное сердцебиение; пульсация; дрожь; страх; трепет

palsy [ˈpɔːlzɪ] паралич; парализовать; разбивать параличом; делать беспомощным

palter [ˈpɔːltə] кривить душой; плутовать; хитрить; торговаться; заниматься пустяками

to palter with — подходить (к кому-либо, чему-либо) несерьезно, бездумно; утаивать; говорить (о чем-либо) так, чтобы ввести в заблуждение

paltry [ˈpɔːltrɪ] жалкий; мелкий; незначительный; пустяковый; маленький; презренный

paltry fellow [ˈpɔːltrɪˈfelou] презренный человек

paludal [pəˈljuːdl] болотный; болотистый; малярийный

pampas [ˈpæmpəs] пампасы

pamper [ˈpæmpə] баловать; изнеживать

pamphlet [ˈpæmflɪt] брошюра; буклет; памфлет; технический проспект; техническая инструкция

pamphleteer [ˌpæmflɪˈtɪə] памфлетист; писать брошюры; дискутировать; полемизировать; спорить

pan [pæn] кастрюля; миска; сковорода; корыто; противень; чашка *(весов)*; котловина; готовить или подавать в кастрюле; промывать *(золотоносный песок)*; подвергнуть резкой критике

to pan out — намывать, давать золото (о песке); преуспевать; удаваться; устраиваться

pan loaf [ˈpænˈlouf] формовой хлеб

pan set [ˈpænˌset] набор кастрюль

pan-pipe [ˈpænpaɪp] свирель

panacea [ˌpænəˈsɪə] панацея; универсальное средство

panache [pəˈnæʃ] плюмаж; султан; рисовка; щегольство; особый стиль; своеобразие

panada [pəˈnɑːdə] хлебный пудинг

pancakes [ˈpænkeɪks] блины; оладьи

pancratium [pænˈkreɪʃɪəm] состязание по борьбе и боксу *(в Древней Греции)*

pancreas [ˈpæŋkrɪəs] поджелудочная железа

panda [ˈpændə] панда *(зоол.)*

panda-car [ˈpændəkɑː] патрульная полицейская автомашина

pandemic [pænˈdemɪk] пандемия; пандемический

pandemonium [ˌpændɪˈmounjəm] обиталище демонов; ад кромешный; столпотворение

pander [ˈpændə] сводник; пособник; сообщник; соучастник; сводничать; потворствовать; угождать; пособничать

pandowdy [pænˈdaudɪ] яблочный пудинг; пирог

pane [peɪn] оконное стекло; клетка *(в узоре)*; грань *(бриллианта, гайки)*

panegyric [ˌpænɪˈdʒɪrɪk] панегирик; похвала; хвала; похвальный; хвалебный

panegyrical [ˌpænɪˈdʒɪrɪk(ə)l] панегирический; хвалебный

panegyrize [ˈpænɪdʒɪraɪz] восхвалять; превозносить; хвалить

panel [ˈpænl] панель; тонкая доска для живописи; панно; плита; плоскость; выставочная витрина; присяжные *(заседатели)*; личный состав; персонал; комиссия; группа специалистов; участники дискуссии; обшивать панелями; отделывать полосой другого материала *(цвета)*

panel game [ˈpænlˌɡeɪm] вымогательство денег

panel lamp [ˈpænlˈlæmp] лампа приборной доски (щитка)

panel(l)ist [ˈpæn(ə)lıst] участник публичной дискуссии; участник радио- или телевикторины

panelled [ˈpænld] обшитый панелями

panelling [ˈpænlıŋ] панельная обшивка

panful [ˈpænful] полная кастрюля

pang [pæŋ] внезапная острая боль; угрызения совести; муки; мучения; внезапное проявление эмоций

panhandle [ˈpænˌhændl] ручка кастрюли; просить милостыню; попрошайничать

panhandling [ˈpænˌhændlə] попрошайничество

panic [ˈpænık] замешательство; паника; переполох; панический; пугать; наводить панику

panic sale [ˈpænıkˈseıl] срочная распродажа

panic-monger [ˈpænıkˌmʌŋgə] паникер

panic-stricken [ˈpænıkˌstrık(ə)n] охваченный паникой

panicle [ˈpænık(ə)l] метелка (бот.)

pannage [ˈpænıʤ] плодокорм (желуди, каштаны, орехи)

pannier [ˈpænıə] корзина (на вьючном животном); короб; панье (часть юбки); кринолин; плетеный щит (лучника); багажник велосипеда

pannikin [ˈpænıkın] жестяная кружка, кастрюлька, мисочка

panoplied [ˈpænəplıd] во всеоружии

panoply [ˈpænəplı] доспехи; защита; одеяние; прикрытие; богатство; пышность; роскошь

panopticon [pænˈɔptıkən] паноптикум; круглая тюрьма с помещением для смотрителя в центре

panorama [ˌpænəˈrɑːmə] вид; обзор; обозрение; осмотр; панорама (широкий охват состояния дел или постоянно меняющейся серии событий)

panoramic [ˌpænəˈræmık] панорамный

pansy [ˈpænzı] анютины глазки; женоподобный

pant [pænt] часто и тяжело дышать; задыхаться; пыхтеть; страстно желать; тосковать; трепетать; сильно биться (о сердце); говорить задыхаясь; выпаливать; одышка; тяжелое, затрудненное дыхание; пыхтение; биение (сердца)

pantaloon [ˌpæntəˈluːn] брюки; кальсоны; панталоны в обтяжку; рейтузы

pantechnicon [pænˈteknıkən] склад для хранения мебели; фургон для перевозки мебели

pantheon [ˈpænθıən] пантеон

panther [ˈpænθə] пантера; пума; ягуар

panties [ˈpæntız] детские штаны; трусы (детские или женские)

pantograph [ˈpæntəgrɑːf] пантограф

pantomime [ˈpæntəmaım] пантомима; представление для детей (на рождестве в Англии); пьеса-сказка; язык жестов; представление; фарс; объясняться жестами

pantomimic [ˌpæntouˈmımık] пантомимический

pantry [ˈpæntrı] кладовая (для провизии); буфетная (для посуды и т. п.)

pantryman [ˈpæntrımæn] буфетчик

pants [pænts] брюки; штаны; кальсоны

pantyhose [ˈpæntıhouz] колготки

panzer [ˈpæntsə] бронетанковые войска; бронированный; (броне)танковый

pap [pæp] кашка, пюре (для детей или больных); полужидкая масса; паста; эмульсия

papacy [ˈpeıpəsı] папство

papal [ˈpeıp(ə)l] папский

paparazzo [ˌpæpəˈrætsou] папарацци (фотограф, следующий за знаменитостями в надежде сделать скандальные фотографии)

papaverous [pəˈpeıv(ə)rəs] маковый

papaya [pəˈpaıə] папайя (бот.); дынное дерево; плод дынного дерева

paper [ˈpeıpə] бумага; газета; научный доклад; статья; диссертация; экзаменационный билет; письменная работа; бумажный пакет; документ; личные (служебные) документы; бумажный; существующий только на бумаге; газетный; тонкий, как бумага; завертывать в бумагу; оклеивать обоями, бумагой

paper arrangement [ˈpeıpərəˈreınʤmənt] формальная договоренность

paper bag [ˈpeıpəˌbæg] бумажный пакет

paper currency [ˈpeıpəˈkʌrənsı] бумажные деньги; банкноты; обращение банкнот

paper distortion [ˈpeıpəˌdısˈtɔːʃən] деформация бумаги

paper girl [ˈpeıpəˌgəːl] разносчица газет

paper merchant [ˈpeıpəˈməːtʃənt] поставщик бумаги

paper output [ˈpeıpərˈautput] вывод на бумагу

paper shop [ˈpeıpəˌʃɔp] газетный киоск (в котором можно также купить сигареты, сладости и канцелярские принадлежности)

paper shuffling [ˈpeıpəˈʃʌflıŋ] канцелярская работа

paper tape [ˈpeıpəˌteıp] бумажная перфолента

paper-board [ˈpeıpəbɔːd] картон

paper-clip [ˈpeıpəklıp] скрепка для бумаг

paper-hanger [ˈpeıpəˌhæŋə] обойщик

paper-mill [ˈpeıpəmıl] бумажная фабрика

paper-office [ˈpeıpərˌɔfıs] архив

paper-round [ˈpeıpəˌraund] разноска газет

paper-tape input [ˈpeıpəteıpˈınput] ввод с перфоленты

paper-thin [ˈpeıpəˈθın] тонкий, как бумага; толщиной с бумагу

paper-trail ['peɪpətreɪl] документы, являющиеся свидетельством какой-либо деятельности
paper-weight ['peɪpəweɪt] пресс-папье
paperback ['peɪpəbæk] издание в мягкой обложке; мягкий книжный переплет
paperback (paperbound, paper-covered) book ['peɪpəbæk|('peɪpəbaund, 'peɪpə͵kʌvəd)'buk] брошюра, книга в бумажной обложке
paperback rights ['peɪpəbæk|'raɪts] право на дешевое издание книги, ранее вышедшей в твердом переплете
paperbound ['peɪpəbaund] в мягкой обложке
paperless office ['peɪpəlɪs|'ɔfɪs] безбумажное делопроизводство
paperwork ['peɪpəwə:k] оформление документации
papery ['peɪpərɪ] похожий на бумагу; тонкий
papier mache ['pæpjeɪ'ma:ʃeɪ] папье-маше
papillary [pə'pɪlərɪ] папиллярный; сосковидный; сосочковый
papillary layer [pə'pɪlərɪ|'leɪə] сосочковый слой
papillate [pə'pɪleɪt] покрытый сосочками; сосковидный
papistry ['peɪpɪstrɪ] папизм
papoose [pə'pu:s] ребенок (североамериканских индейцев)
pappy ['pæpɪ] кашицеобразный; мягкий; нежный
paprika ['pæprɪ(:)kə] паприка; стручковый, красный перец
papyrus [pə'paɪərəs] папирус
par [pa:] паритетность; равноправие; паритет; номинальная цена; номинал; нормальное состояние; газетная заметка
par avion [͵pa:r|ə'vjɔ:ŋ] воздушной почтой; авиа
par excellence [pa:r|'eksəla:ns] по преимуществу; главным образом; в особенности
parable ['pærəbl] иносказание; притча
parabola [pə'ræbələ] парабола
parabolic [͵pærə'bɔlɪk] параболический
parabolical [͵pærə'bɔlɪk(ə)l] иносказательный; метафорический
paracentric(al) [͵pærə'sentrɪk(əl)] парацентрический
parachronism [pə'rækrənɪzm] парахронизм; хронологическая ошибка
parachute ['pærəʃu:t] парашют; парашютный; спускаться с парашютом; сбрасывать с парашютом
parachute jump ['pærəʃu:t|'dʒʌmp] прыжок с парашютом
parachuting ['pærəʃu:tɪŋ] прыжки с парашютом; занятия парашютным спортом
parachutist ['pærəʃu:tɪst] парашютист
paraclete ['pærəkli:t] заступник; утешитель

parade [pə'reɪd] парад; показ; выставление напоказ; построение; плац; место для гулянья; гуляющая публика; вереница; череда; строить(ся); проходить строем; маршировать; выставлять напоказ; шествовать; разгуливать
parade-ground [pə'reɪdgraund] учебный плац
paradic регулярный; правильный
paradigm ['pærədaɪm] образец; пример; парадигма (линг.)
paradise ['pærədaɪs] рай; галерка; раек (в театре); декоративный сад
paradisiac(al) [͵pærədɪ'seɪɪk(əl)] райский
paradox ['pærədɔks] парадокс
paradoxical [͵pærə'dɔksɪk(ə)l] парадоксальный
paraffin ['pærəfɪn] парафин; керосин; парафиновый; покрывать, пропитывать парафином
paraffin wax [͵pærəfɪn|'wæks] твердый парафин
paragon ['pærəgən] образец (совершенства, добродетели); алмаз, бриллиант весом в 100 карат и более
paragraph ['pærəgra:f] абзац; отступ; параграф; пункт; статья; газетная заметка; краткое сообщение; писать, помещать маленькие заметки; разделять на абзацы
paragraphic(al) [͵pærə'græfɪk(əl)] состоящий из параграфов, пунктов или отдельных заметок
paralinguistics [͵pærəlɪŋ'gwɪstɪks] паралингвистика
parallax ['pærəlæks] параллакс; параллактическое смещение
parallel ['pærəlel] параллель; аналогия; соответствие; сравнение; уподобление; параллельная прямая; параллельная линия; (геогр.) параллель; параллельный (расположенный параллельно, происходящий в одно и то же время); аналогичный; подобный; сходный; проводить параллель (между чем-либо); сравнивать; находить параллель (чему-либо); соответствовать; быть параллельным; проходить параллельно
parallel roller journal bearing ['pærəlel|'roulə|dʒə:nl|'beərɪŋ] параллельный опорный роликовый подшипник
parallel thread ['pærəlel|'θred] цилиндрическая резьба
parallelepiped [͵pærəle'lepɪped] прямоугольный параллелепипед; параллелепипед (геом.)
parallelism ['pærəlelɪzm] дублирование; параллельность
parallelogram [͵pærə'lelougræm] параллелограмм (геом.)
paralogism [pə'rælədʒɪzm] паралогизм; ошибочное умозаключение
paralogize [pə'rælədʒaɪz] делать ложное умозаключение

paralyse [ˈpærəlaɪz] поражать параличом; парализовать; ослабить

paralysed [ˈpærəlaɪzd] пораженный параличом; парализованный; ослабленный

paralysis [pəˈrælɪsɪs] паралич; беспомощность; полное бессилие

paralytic [ˌpærəˈlɪtɪk] пораженный параличом; парализованный; бессильный

paramedic [ˌpærəˈmedɪk] медик парашютно-десантных войск *(врач, фельдшер, санитар)*; врач, сбрасываемый к больному на парашюте *(в труднодоступных местах)*; медработник со средним образованием; медсестра; фельдшер; лаборант и т. п.

paramedical [ˌpærəˈmedɪk(ə)l] относящийся к среднему медицинскому персоналу

parameter [pəˈræmɪtə] коэффициент; параметр; характеристика

paramilitary [ˌpærəˈmɪlɪt(ə)rɪ] военизированный; полувоенный

paramount [ˈpærəmaunt] верховный; высший; главный; старший; основной; первостепенный

paramount title [ˈpærəmaunt ˈtaɪtl] преимущественное право

paramour [ˈpærəmuə] любовник; любовница

paranoia [ˌpærəˈnɔɪə] паранойя

paranoiac [ˌpærəˈnɔɪæk] параноидальный

paranoid [ˈpærənɔɪd] напоминающий паранойю; параноидный; параноик

paranormal [ˌpærəˈnɔːm(ə)l] сверхъестественный; сверхъестественное

parapack [ˈpærəpæk] ранец парашюта

parapet [ˈpærəpɪt] парапет; перила; перила моста; бруствер; обносить парапетом

paraph [ˈpærəf] параф; инициалы или росчерк в подписи; парафировать; подписывать инициалами

paraphernalia [ˌpærəfəˈneɪljə] личное имущество; личные вещи; атрибуты; принадлежности

paraphrase [ˈpærəfreɪz] изложение; пересказ; парафраза; излагать; пересказывать

parapolitical [ˌpærəpəˈlɪtɪk(ə)l] связанный с политикой

parapsychology [ˌpærəsaɪˈkɔləʤɪ] парапсихология

parasite [ˈpærəsaɪt] паразит; бездельник; тунеядец

parasitic(al) [ˌpærəˈsɪtɪk(əl)] паразитический; паразитный; вызываемый паразитом *(о заболевании)*

parasiticide [ˌpærəˈsɪtɪsaɪd] средство для уничтожения паразитов

parasitism [ˈpærəsaɪtɪzm] паразитизм

parasol [ˈpærəsɔl] небольшой зонтик *(от солнца)*

parasol mushroom [ˈpærəsɔl ˈmʌʃrum] зонтик *(гриб)*

parathyroid [ˌpærəˈθaɪrɔɪd] паращитовидная железа *(анат.)*

paratrooper [ˈpærəˌtruːpə] парашютист-десантник

paratroops [ˈpærətruːps] парашютные части

parboil [ˈpɑːbɔɪl] обваривать кипятком; слегка отваривать; перегревать; перекалять

parcel [ˈpɑːsl] пакет; сверток; тюк; узел; посылка; партия *(товара)*; участок *(земли)*; группа; кучка; куча; масса; часть; делить на части; дробить; завертывать в пакет

parcel post [ˈpɑːsl ˈpoust] почтово-посылочная служба

parcel ticket [ˈpɑːsl ˈtɪkɪt] квитанция на мелкую партию груза

parcelling [ˈpɑːslɪŋ] раздел; распределение

parcener [ˈpɑːsɪnə] сонаследник

parch [pɑːtʃ] слегка поджаривать, подсушивать; иссушать; палить; жечь *(о солнце)*; пересыхать *(о языке, горле)*; запекаться *(о губах)*

parched [pɑːtʃt] опаленный; сожженный; пересохший; запекшийся

parching [ˈpɑːtʃɪŋ] палящий

parchment [ˈpɑːtʃmənt] пергамент; рукопись на пергаменте; пергаментная бумага; пергаментный

parcook [ˈpɑːkuk] слегка проварить; наполовину сварить

pardon [ˈpɑːdn] извинение; прощение; амнистия *(юр.)*; помилование; извинять; оправдывать; прощать; *(по)*миловать; оставлять без наказания

pardonable [ˈpɑːdnəbl] простительный

pardoner [ˈpɑːdnə] продавец индульгенций *(ист.)*

pare [peə] подрезать *(ногти)*; срезать корку, кожуру; чистить; обчищать; сокращать; уменьшать; урезывать

to pare down — обстругивать; сокращать; урезывать

pared-down [ˈpeəddaun] свернутый; сокращенный; суженный; упрощенный

paregoric [ˌpærəˈgɔrɪk] болеутоляющий; болеутоляющее средство

parent [ˈpeər(ə)nt] родитель; родительница; праотец; предок; животное *(растение)*, от которого произошли другие; источник, причина *(зла и т. п.)*; родительский; исходный; являющийся источником; основной; вышестоящий *(об организации)*

parent company [ˈpeər(ə)nt ˈkʌmpənɪ] компания-учредитель; компания, владеющая контрольным пакетом акций другой компании

parent material [ˈpeər(ə)nt məˈtɪərɪəl] исходное вещество

parent state [ˈpeər(ə)nt ˈsteɪt] метрополия

parent-in-law [ˈpeər(ə)ntɪnˈlɔː] свекор; свекровь; тесть; теща

parentage [ˈpeər(ə)ntɪʤ] происхождение; линия родства; родословная; отцовство; материнство

parental [pə'rentl] родительский; отцовский; материнский; являющийся источником (возникновения, происхождения и т. п.)

parenthesis [pə'renθɪsɪs] вводное слово, предложение (грам.); круглые, простые скобки; интермедия; вставной эпизод; интервал

parenthesize [pə'renθɪsaɪz] вставлять (вводное слово или предложение); заключать в скобки

parenthetic(al) [ˌpær(ə)n'θetɪk(əl)] вводный; заключенный в скобки; изобилующий вводными предложениями; вставленный мимоходом

parenthood ['pɛərənthud] отцовство; материнство; родительские чувства; родительский долг

parenting ['pɛərəntɪŋ] воспитание детей; забота о детях

parget ['pɑːʤɪt] штукатурка; гипс; штукатурить; украшать лепкой

pariah ['pærɪə] пария; изгнанник; изгой

pariah-dog ['pærɪədɔɡ] бродячая собака

Parian ['pɛərɪən] паросский (род фарфора)

parietal bone [pə'raɪɪtl'boun] теменная кость

parietal lobe [pə'raɪɪtl'loub] теменная доля

paring ['pɛərɪŋ] подрезание; срезывание; обрезки; кожура; очистки

parish ['pærɪʃ] церковный приход; прихожане; приходский

parish road ['pærɪʃ'roud] проселочная дорога

parishioner [pə'rɪʃənə] прихожанин; прихожанка

parity ['pærɪtɪ] паритетность; равноправие; аналогия; соответствие; паритет (экон.)

park [pɑːk] парк; место стоянки автомобилей; заповедник; устричный садок; высокогорная долина; футбольное поле; поле для регби; разбивать парк; огораживать под парк (землю); ставить на стоянку; парковать автомобиль; положить куда-либо; устроиться

park area ['pɑːk'ɛərɪə] зеленая парковая зона

park-keeper ['pɑːk'kiːpə] садовник

parkin ['pɑːkɪn] пряник из овсяной муки на патоке

parking ['pɑːkɪŋ] автостоянка; парковка автомобиля; газон (с деревьями), идущий по середине улицы; знак «стоянка разрешена»

parking brake ['pɑːkɪŋ|breɪk] ручной тормоз

parking garage ['pɑːkɪŋ'ɡærɑːʒ] стоянка автомашин (подземная)

parking lights ['pɑːkɪŋ|laɪts] габаритные огни (у автомашины)

parking meter ['pɑːkɪŋ|miːtə] счетчик оплачиваемого времени стоянки автомобилей

parking ticket ['pɑːkɪŋ|tɪkɪt] штраф за нарушение правил стоянки

Parkinsonian chorea ['pɑːkɪn'sɔnjən|kɔ'rɪə] болезнь Паркинсона (дрожательный паралич) (мед.)

parkland ['pɑːklænd] парковые насаждения; парк; территория паркового типа; луговое угодье с отдельными деревьями

parkway ['pɑːkweɪ] аллея; автострада

parky ['pɑːkɪ] холодный (о погоде) (разг.)

parlance ['pɑːləns] язык; манера говорить (выражаться)

parlay ['pɑːleɪ] пари; ставка (в азартных играх); держать пари; делать ставку (в азартных играх)

parley ['pɑːlɪ] переговоры; вести переговоры; договариваться; обсуждать; говорить (на иностранном языке)

parleyvoo [ˌpɑːlɪ'vuː] французский язык; француз

parliament ['pɑːləmənt] парламент; сессия парламента; парламентский; имбирный пряник

parliamentarian [ˌpɑːləmen'tɛərɪən] член парламента; знаток парламентской практики; парламентский

parliamentarism [ˌpɑːlə'mentərɪzm] парламентаризм

parliamentary [ˌpɑːlə'ment(ə)rɪ] парламентарный; парламентский

parliamentary approbation [ˌpɑːlə'ment(ə)rɪ|æprə'beɪʃən] парламентское одобрение

parliamentary democracy [ˌpɑːlə'ment(ə)rɪ|dɪ'mɔkrəsɪ] парламентская демократия

parlour ['pɑːlə] скромная гостиная; общая комната (в квартире); отдельный кабинет (в ресторане); приемная (в гостинице и т. п.); ателье; зал; кабинет

parlour game ['pɑːlə|ɡeɪm] комнатная игра (типа викторины, шарады, фантов)

parlourmaid ['pɑːləmeɪd] горничная

parlous ['pɑːləs] опасный; затруднительный; рискованный; тяжелый; потрясающий; страшный; ужасный; весьма; очень; сильно; ужасно

parochial [pə'roukjəl] приходский; узкий; ограниченный; местнический

parochial road [pə'roukjəl'roud] проселочная дорога

parochialism [pə'roukjəlɪzm] ограниченность интересов; узость

parodist ['pærədɪst] пародист

parody ['pærədɪ] пародия; слабое подобие; пародировать

parol agreement ['pærəl|ə'ɡriːmənt] устное соглашение

parole [pə'roul] досрочное, временное или условное освобождение заключенного из тюрьмы; срок условного заключения; обязательство пленных не участвовать в военных действиях; пароль;

речь *(линг.)*; честное слово; обещание; освобождать заключенного условно

parolee [,pærə'li:] условно освобожденный заключенный; освобожденный из заключения под подписку *(о невыезде и т. п.)*

paroxysm ['pærəksızm] приступ *(болезни)*; припадок; спазм; судорога; взрыв *(смеха, негодования и т. п.)*

parquet ['pɑ:keı] паркет; передние ряды партера; паркетный; настилать паркет

parquet circle ['pɑ:keı|'sə:kl] амфитеатр

parquetry ['pɑ:kıtrı] паркет

parrel ['pærəl] наличник камина

parricide ['pærısaıd] отцеубийца; матереубийца; изменник родины; отцеубийство; матереубийство; измена родине

parrot ['pærət] попугай; учить *(кого-либо)* бессмысленно повторять *(что-либо)*

parrot-cry ['pærətkraı] избитый лозунг; штамп

parrotry ['pærətrı] бессмысленное повторение чужих слов

parry ['pærı] отражение удара; защита *(в фехтовании)*; отбив *(в боксе)*; парирование *(вопроса и т.д.)*; отражать *(удар, нападение)*; отражать; парировать; уклоняться; отделываться *(от чего-либо)*

parse ['pɑ:z] разбор; анализ *(предложения)*; делать грамматический разбор

parsimonious [,pɑ:sı'mounjəs] бережливый; расчетливый; экономный; скупой

parsimony ['pɑ:sımənı] бережливость; расчет; расчетливость; экономия; жадность; скаредность; скряжничество; скупость

parsing ['pɑ:zıŋ] грамматический разбор

parsley ['pɑ:slı] петрушка *(бот.)*

parsnip ['pɑ:snıp] пастернак *(бот.)*

parson ['pɑ:sn] приходский священник; пастор; проповедник; священник

parsonic [pɑ:'sɔnık] пасторский

part [pɑ:t] доля; часть; том; серия; выпуск; группа; фракция; часть тела; член; орган; участие; доля в работе; дело; обязанность; роль; сторона *(в споре и т. п.)*; местность; деталь; голос *(муз.)*; партия; разделять*(ся)*; отделять*(ся)*; расступаться; разрывать*(ся)*; разнимать; расчесывать; разделять на пробор; гибнуть; погибать; умирать

part from ['pɑ:t|'frɔm] расстаться, распрощаться с кем-либо

part load ['pɑ:t|'loud] неполный груз

part of speech ['pɑ:t|əv|'spi:tʃ] часть речи

part of world ['pɑ:t|əv|'wə:ld] часть света

part payment ['pɑ:t|'peımənt] выплата по частям

part time ['pɑ:t|'taım] неполный рабочий день

part-owner ['pɑ:t.ounə] совладелец

part-song ['pɑ:tsɔŋ] вокальное произведение для трех или более голосов *(муз.)*

part-time employee ['pɑ:ttaım|,emplɔı'i:] работающий на неполную ставку

part-time job ['pɑ:ttaım|'dʒɔb] работа на неполный рабочий день

partake [pɑ:'teık] принимать участие *(в чем-либо)*; разделять *(с кем-либо)*; воспользоваться *(гостеприимством и т. п.)*; отведать; съесть; выпить; иметь примесь *(чего-либо)*; отдавать *(чем-либо)*

partaker [pɑ:'teıkə] участвующий; участник

partaking [pɑ:'teıkıŋ] участие

parted ['pɑ:tıd] разделенный; разлученный

parterre [pɑ:'tɛə] партер *(театр.)*; задние ряды партера; амфитеатр; цветник

parti pris [pɑ:'ti:|'pri:] предвзятое мнение *(франц.)*

partial ['pɑ:ʃ(ə)l] частичный; неполный; фрагментарный; частный; предвзятый; пристрастный; местный

partial analysis ['pɑ:ʃ(ə)l|ə'næləsıs] частичный анализ

partial damage ['pɑ:ʃ(ə)l|'dæmıdʒ] частичный ущерб

partial opinion ['pɑ:ʃ(ə)l|ə'pınjən] пристрастное мнение

partial payment ['pɑ:ʃ(ə)l|'peımənt] частичная уплата; частичный платеж

partial witness ['pɑ:ʃ(ə)l|'wıtnıs] пристрастный свидетель

partiality [,pɑ:ʃı'ælıtı] необъективность; склонность; пристрастие *(к чему-либо)*

partible ['pɑ:tıbl] делимый; подлежащий делению *(о наследстве)*

participant [pɑ:'tısıpənt] участвующий; участник

participate [pɑ:'tısıpeıt] участвовать; разделять *(что-либо)*; пользоваться *(чем-либо)*; иметь общее *(с чем-либо)*

participating country [pɑ:'tısıpeıtıŋ|'kʌntrı] страна-участница *(договора, конференции и т. п.)*

participation [pɑ:.tısı'peıʃ(ə)n] участие; соучастие

participative [pɑ:'tısıpeıtıv] участвующий

participator [pɑ:'tısıpeıtə] участвующий; участник

participatory [pɑ:.tısı'peıtərı] общий; объединенный; совместный

participial [,pɑ:tı'sıpıəl] причастный; деепричастный *(грам.)*

participle ['pɑ:tısıpl] причастие; деепричастие *(грам.)*

particle ['pɑ:tıkl] частица; крупинка; крупица; неизменяемая частица *(грам.)*; суффикс; префикс; статья *(документа)*

particoloured ['pɑ:tı,kʌləd] пестрый; разноцветный

particular [pəˈtɪkjulə] особенный; особый; специфический; индивидуальный; отдельный; частный; исключительный; заслуживающий особого внимания; детальный; обстоятельный; подробный; тщательный; привередливый; разборчивый; частность; деталь; подробность; тонкость; подробный отчет

particularism [pəˈtɪkjulərɪzm] исключительная приверженность (к кому-либо, чему-либо)

particularistic [pəˌtɪkjuləˈrɪstɪk] узкий; частный

particularity [pəˌtɪkjuˈlærɪtɪ] особенность; специфика; подробность; характерная черта; признак; тщательность; обстоятельность; скрупулезность

particularize [pəˈtɪkjuləraɪz] подробно останавливаться (на чем-либо); вдаваться в подробности

particularized [pəˈtɪkjuləraɪzd] специализированный; особенный; особый; частный

particularly [pəˈtɪkjuləlɪ] очень; чрезвычайно; особенно; в особенности; особым образом; индивидуально; лично; в отдельности; детально; подробно

particulate filtering device [pəˈtɪkjuleɪtˈfɪltərɪŋdɪˈvaɪs] пылепоглощающий фильтр

parting [ˈpɑːtɪŋ] расставание; разлука; отъезд; прощание; разделение; разветвление; пробор; прощальный; уходящий; умирающий; угасающий; разделяющий; разветвляющийся; развилка

parting wall [ˈpɑːtɪŋˈwɔːl] перегородка

partisan [ˌpɑːtɪˈzæn] адепт; поборник; приверженец; сторонник; партизан; партизанский; узкопартийный; фанатичный; слепо верящий (чему-либо)

partisanship [ˌpɑːtɪˈzænʃɪp] приверженность

partition [pɑːˈtɪʃ(ə)n] расчленение; деление; раздел; разделение; глава; графа; подразделение; часть; отделение (в шкафу, сумке и т. п.); переборка; перегородка; делить; разделять; распределять; расчленять; членить; ставить перегородку

partitionist [pɑːˈtɪʃ(ə)nɪst] сторонник разделения страны

partitive [ˈpɑːtɪtɪv] разделительный; дробный; частный; разделительное слово (грам.)

partly [ˈpɑːtlɪ] немного; отчасти; частично; частью; до некоторой степени

partner [ˈpɑːtnə] участник; соучастник; товарищ; контрагент; супруг(а); партнер (в танцах, игре)

partnership agreement [ˈpɑːtnəʃɪpəˈɡriːmənt] соглашение о партнерстве

partridge [ˈpɑːtrɪʤ] куропатка

parturient [pɑːˈtjʊ(ə)rɪənt] разрешающаяся от бремени; рожающая; связанный с родами; родовой; послеродовой

parturition [ˌpɑːtjʊ(ə)ˈrɪʃ(ə)n] роды

party [ˈpɑːtɪ] группа; объединение; партия; партийный; отряд; команда; компания; прием гостей; званый вечер; вечеринка; сопровождающие лица; сторона; участник (юр.)

party at fault [ˈpɑːtɪəvˈfɔːlt] виновная сторона

party card [ˈpɑːtɪˈkɑːd] партийный билет

party convention [ˈpɑːtɪkənˈvenʃən] партийный съезд

party in office [ˈpɑːtɪɪnˈɔfɪs] правящая партия

party line [ˈpɑːtɪlaɪn] линия партии; политический курс; граница между частными владениями

party-goer [ˈpɑːtɪˌɡoʊə] непременный участник вечеров; завсегдатай вечеринок

party-liner [ˈpɑːtɪlaɪnə] сторонник линии партии

party-spirit [ˈpɑːtɪˈspɪrɪt] верность партии

partying [ˈpɑːtɪɪŋ] пикник

pas [pɑː] первенство; преимущество; приоритет; па (в танцах)

pas de deux [ˈpɑːdəˈdəː] па-де-де; балетный номер, исполняемый двумя партнерами

paschal [ˈpɑːsk(ə)l] относящийся к еврейской пасхе; пасхальный

pasha [ˈpɑːʃə] паша (турец.)

pasquinade [ˌpæskwɪˈneɪd] пасквиль

pass [pɑːs] двигаться вперед; проходить, проезжать (мимо чего-либо); миновать; протекать; пересекать; переходить, переезжать (через что-либо); переправлять(ся); перевозить; превращаться; переходить (из одного состояния в другое); переходить (в другие руки и т. п.); происходить; случаться; иметь место; произносить; обгонять; опережать; превышать; выходить за пределы; выдержать; пройти (испытание); удовлетворять (требованиям); выдержать экзамен (по какому-либо предмету); проводить (время, лето и т. п.); проходить (о времени); передавать; принимать (закон, резолюцию и т. п.); выносить (решение, приговор); пускать в обращение; исчезать; прекращаться; мелькнуть; появиться; проводить (рукой); пасовать (в спорте, в картах); делать выпад (в фехтовании); давать (слово, клятву, обещание); проход; путь; ущелье; дефиле; перевал; фарватер; пролив; судоходное русло (в устье реки); сдача экзамена без отличия; посредственная оценка; пропуск; бесплатный билет; контрамарка; фокус; передача (спорт.); (критическое) положение

to pass back — возвращать; передавать назад

to pass between — ответить на какое-либо действие тем же действием; обменяться (словами, взглядами и т. п.)

to pass current — быть общепринятым

to pass down — посылать, передавать (информацию и т. п.); проходить вперед (в автобусе и т. п.);

передавать или оставлять *(следующим поколениям, по наследству)*

    to pass for press — сдавать в типографию

    to pass from — меняться; переходить *(от одного состояния к другому)*; покинуть; умереть

    to pass out of wits — выскочить из памяти

    to pass round — передавать друг другу; пустить по кругу; обматывать; обводить

    to pass the baton — передать эстафету

    to pass the time — коротать время

    to pass to atmosphere — выходить в атмосферу

    to pass to limit — переходить к пределу

    to pass under — быть известным *(под именем)*

pass-book [ˈpɑːsbuk] банковская расчетная книжка

pass-degree [ˈpɑːsdɪˈgriː] диплом без отличия

passability [ˌpɑːsəˈbɪlɪtɪ] проходимость

passable [ˈpɑːsəbl] проходимый; проезжий; судоходный; сносный; удовлетворительный; имеющий хождение

passage [ˈpæsɪdʒ] прохождение; переход; проезд; проход; переезд; рейс; перелет *(птиц)*; дорога; перевал; переправа; путь; коридор; пассаж; галерея; передняя; вход; выход; право прохода; ход; течение *(событий, времени)*; превращение; проведение; утверждение *(закона)*; происшествие; событие; эпизод; разговор; стычка; пассаж *(муз.)*; совершать переезд; пересекать *(море, канал и т. п.)*; принимать вправо, влево; двигаться боком *(о лошади или всаднике)*; заставлять *(лошадь)* принимать вправо, влево

passage boat [ˈpæsɪdʒˌbout] паром

passage underground [ˈpæsɪdʒˌʌndəgraund] подземный переход

passageway [ˈpæsɪdʒweɪ] коридор; проход; проходная; переходный мостик *(мор.)*; перепускной канал клапана

passe [ˈpɑːseɪ] поблекший; несовременный; старомодный *(франц.)*

passe-partout [ˈpæspɑːtuː] отмычка; картонная рамка; паспарту *(франц.)*

passed law [ˈpɑːstˌlɔː] принятый закон

passenger [ˈpæsɪndʒə] пассажир; седок; слабый игрок спортивной команды; неспособный член *(организации и т. п.)*; пассажирский

passenger car unit [ˈpæsɪndʒəˈkɑːˈjuːnɪt] купе пассажирского вагона

passenger ship [ˈpæsɪndʒəˈʃɪp] пассажирское судно

passenger traffic [ˈpæsɪndʒəˈtræfɪk] пассажирское движение

passenger train [ˈpæsɪndʒəˈtreɪn] пассажирский поезд

passenger travel [ˈpæsɪndʒəˈtrævl] пассажирские перевозки

passer [ˈpɑːsə] человек, сдавший экзамены без отличия; контролер готовой продукции; браковщик

passer-by [ˈpɑːsəˈbaɪ] проезжий; прохожий

passerine [ˈpæsəraɪn] воробьиный; относящийся к воробьиным; птица из отряда воробьиных

passible [ˈpæsɪbl] способный чувствовать *(страдать)*

passing [ˈpɑːsɪŋ] прохождение; полет; протекание; брод; временный; мгновенный; недолговечный; беглый; беспорядочный; случайный; весьма; очень

passing beam [ˈpɑːsɪŋˌbiːm] ближний свет фар

passing bolt [ˈpɑːsɪŋˌboult] сквозной болт

passing on to [ˈpɑːsɪŋɔnˈtuː] переходя

passing place [ˈpɑːsɪŋˌpleɪs] полоса обгона

passing-bell [ˈpɑːsɪŋbel] похоронный звон

passingly [ˈpɑːsɪŋlɪ] мимоходом; очень

passion [ˈpæʃ(ə)n] страсть; страстное увлечение *(чем-либо, кем-либо)*; пыл; страстность; энтузиазм; предмет страсти; взрыв чувств; сильное душевное волнение; вспышка гнева; пассивное состояние; чувствовать или выражать страсть

Passion Week [ˈpæʃ(ə)nˌwiːk] Страстная неделя; 6-я неделя великого поста

passion-play [ˈpæʃ(ə)npleɪ] мистерия, представляющая страсти Господни *(ист.)*

passional [ˈpæʃənl] страстный

passionate [ˈpæʃənɪt] пылкий; влюбленный; вспыльчивый; горячий

passionless [ˈpæʃ(ə)nlɪs] бесстрастный; невозмутимый

passive [ˈpæsɪv] пассивный; инертный; бездеятельный; вялый; покорный; послушный; страдательный *(о залоге)*; беспроцентный *(фин.)*; пассивная форма

passive bond [ˈpæsɪvˈbɔnd] беспроцентная облигация

passive debt [ˈpæsɪvˈdet] беспроцентный долг

passive observer [ˈpæsɪvəbˈzɜːvə] пассивный наблюдатель

passive uptake [ˈpæsɪvˈʌpteɪk] пассивное поглощение

passivity [pæˈsɪvɪtɪ] пассивность; инертность; повиновение; подчинение; покорность

passkey [ˈpɑːskiː] отмычка; ключ от американского замка

passman [ˈpɑːsmæn] получающий диплом, степень без отличия

Passover [ˈpɑːsˌouvə] еврейская пасха; пасхальный агнец

passport [ˈpɑːspɔːt] паспорт; личные качества, дающие доступ куда-либо или являющиеся средством достижения чего-либо

passport control [ˈpɑːspɔːt|kənˈtroul] паспортный контроль

password [ˈpɑːswəːd] пароль; пропуск

past [pɑːst] прошлое; прошедшее; прошедшее время *(грам.)*; прошлый; минувший; былой; истекший; мимо; за; по ту сторону; после; свыше; сверх; за пределами *(достижимого)*

past compare [ˈpɑːst|kəmˈpeə] вне всякого сравнения

past history [ˈpɑːstˈhɪstərɪ] предыстория

past-master [ˈpɑːstˈmɑːstə] *(непревзойденный)* мастер *(в чем-либо)*

pasta [ˈpæstə] паста; блюда из макарон

paste [peɪst] тесто *(сдобное)*; пастила; халва; паста; мастика; клей; страз; мятая глина; замазка; приклеивать; обклеивать; склеивать

to paste on — *наклеивать на*
to paste up — *наклеивать; склеивать; расклеивать*

paste-in [ˈpeɪstɪn] вклейка

paste-up [ˈpeɪstʌp] монтаж; фотоформа; верстать; монтировать

pasteboard [ˈpeɪstbɔːd] картон *(в т. ч. многослойный)*; визитная карточка *(разг.)*; игральная карта; железнодорожный билет; картонный

pastel [pæsˈtel] пастель; пастельный

paster [ˈpeɪstə] рабочий, наклеивающий ярлыки; полоска клейкой бумаги *(амер.)*

pasteurization [ˌpæstəraɪˈzeɪʃ(ə)n] пастеризация

pasteurize [ˈpæstəraɪz] пастеризовать *(молоко)*

pasteurizer [ˈpæstəraɪzə] пастеризатор; аппарат для пастеризации

pastil [ˈpæst(ə)l] курительная ароматическая свеча; лепешка; таблетка

pastille [pæstl] пастилка

pastime [ˈpɑːstaɪm] приятное времяпрепровождение; развлечение; игра

pastiness [ˈpeɪstɪnɪs] клейкость; липкость

pasting [ˈpeɪstɪŋ] склеивание

pastor [ˈpɑːstə] духовный пастырь; пастор; розовый скворец; скворец

pastoral [ˈpɑːst(ə)r(ə)l] пастушеский; пасторальный; пастораль

pastorale [ˌpæstəˈrɑːlɪ] пастораль *(муз.)*

pastry [ˈpeɪstrɪ] кондитерские изделия *(пирожные, печенье и т. п.)*

pastry whirl [ˈpeɪstrɪ|wəːl] сдоба «улитка»

pastrycook [ˈpeɪstrɪkuk] кондитер

pasturable [ˈpɑːstjurəbl] пастбищный

pasturage [ˈpɑːstjurɪʤ] выгон; пастбище; подножный корм; пастьба

pasture [ˈpɑːstʃə] выгон; пастбище; подножный корм; пасти*(сь)*

pasture management [ˈpɑːstʃəˈmænɪʤmənt] уход за пастбищем

pasty [ˈpeɪstɪ] кашеобразный; тестообразный

pat [pæt] похлопывание; хлопанье; шлепанье; хлопок; шлепок *(звук)*; кусок; кружочек сбитого масла; похлопывать; шлепать; выразить кому-либо одобрение; кстати; «в точку»; своевременно; удачно; быстро; свободно; с готовностью; подходящий; уместный; удачный

patch [pætʃ] заплата; клочок; лоскут; обрывок; пятно неправильной формы; кусочек наклеенного пластыря; мушка *(на лице)*; повязка *(на глазу)*; небольшой участок земли; перемычка; отрывок; латать; ставить заплаты

to patch up — *чинить на скорую руку; заделывать; подправлять; улаживать (ссору); делать что-либо небрежно; подштопать (разг.); подлечить*

patch-pocket [ˈpætʃˌpɔkɪt] накладной карман

patchouli [ˈpætʃulɪ(ː)] пачули *(растение и духи)*

patchwork [ˈpætʃwəːk] лоскутная работа; одеяло, коврик и т. п. из разноцветных лоскутов; мешанина; ералаш; лоскутный; пестрый

patchy [ˈpætʃɪ] испещренный пятнами; пятнистый; неоднородный; пестрый; разношерстный; обрывочный; случайный *(о знаниях)*

pate [peɪt] башка; голова; макушка; интеллект; разум; рассудок; ум

pâté [ˈpæteɪ] паштет

patency [ˈpeɪt(ə)nsɪ] очевидность; явность

patent [ˈpeɪt(ə)nt] открытый; доступный; очевидный; явный; патентованный; патент; диплом; знак; печать *(ума, гениальности)*; патентовать; брать патент *(на что-либо)*

patent defect [ˈpeɪt(ə)nt|dɪˈfekt] явный порок *(дефект)*

patent leather [ˈpæt(ə)ntˈleðə] лакированная кожа; лак

patent name [ˈpæt(ə)ntˈneɪm] патентованное название

patent office [ˈpæt(ə)ntˈɔfɪs] патентное бюро

patented design [ˈpæt(ə)ntdɪˈzaɪn] запатентованный образец

patentee [ˌpeɪtənˈtiː] владелец патента

patently [ˈpeɪt(ə)ntlɪ] явно; очевидно; открыто

pater [ˈpeɪtə] зачинатель; отец; родоначальник

paternal [pəˈtəːnl] отцовский; родственный по отцу; отеческий

paternal gene [pəˈtəːnlˈʤiːn] отцовский ген

paternalism [pəˈtəːnəlɪzm] отеческое попечение; патернализм

paternalistic [pəˌtəːnəˈlɪstɪk] отцовский; отеческий

PAT — PAU

paternity [pəˈtɜːnɪtɪ] отцовство; происхождение по отцу

paternoster [ˌpætəˈnɔstə] «Отче наш» *(молитва)*; заклятие; магическая формула; четки

path [pɑːθ] тропинка; дорога; беговая дорожка; путь; трасса; цепь; линия поведения *(действия)*; орбита; траектория; маршрут

path of light rays [ˈpɑːθ|əv|ˈlaɪt|reɪz] путь световых лучей

pathetic [pəˈθetɪk] жалостный; трогательный; умилительный; душераздирающий; патетический

pathetics [pəˈθetɪks] патетика

pathfinder [ˈpɑːθˌfaɪndə] исследователь; землепроходец; следопыт; указатель курса *(мор.)*

pathless [ˈpɑːθlɪs] бездорожный; непроходимый; непроторенный; неисследованный

pathogenic [ˌpæθəˈdʒenɪk] болезнетворный; вредный; патогенный

pathological [ˌpæθəˈlɔdʒɪk(ə)l] аномальный; неправильный; патологический

pathologist [pəˈθɔlədʒɪst] патолог

pathology [pəˈθɔlədʒɪ] аномалия; отклонение; патология

pathos [ˈpeɪθɔs] пафос; что-либо вызывающее грусть, печаль или сострадание; восприимчивость; чувствительность

pathway [ˈpɑːθweɪ] тропа; дорожка; орбита; путь; траектория

patience [ˈpeɪʃəns] терпеливость; терпение; настойчивость; пасьянс *(карты)*

patient [ˈpeɪʃ(ə)nt] терпеливый; упорный; настойчивый; стойкий; терпящий; допускающий; больной; пациент

patients file [ˈpeɪʃ(ə)nts|ˈfaɪl] карточка пациентов

patio [ˈpætɪou] внутренний дворик *(исп.)*; патио

patisserie [pəˈtiːsərɪ] кондитерские изделия *(франц.)*; печенье; пирожное; кондитерский магазин

patois [ˈpætwɑː] местный говор *(франц.)*

patriarch [ˈpeɪtrɪɑːk] глава рода, общины; патриарх; старейшина; родоначальник; основоположник

patriarchal [ˌpeɪtrɪˈɑːk(ə)l] патриархальный; патриарший; многоуважаемый; почтенный; уважаемый

patriarchate [ˈpeɪtrɪɑːkɪt] патриаршество; резиденция патриарха; патриархия

patriarchy [ˈpeɪtrɪɑːkɪ] патриархат

patrician [pəˈtrɪʃ(ə)n] патриций; аристократ; аристократический; знатный

patricide [ˈpætrɪsaɪd] отцеубийство; отцеубийца

patrimonial [ˌpætrɪˈmounjəl] наследственный

patrimony [ˈpætrɪmənɪ] родовое, наследственное имение; вотчина; наследие; наследство

patriot [ˈpeɪtrɪət] патриот

patriotic [ˌpætrɪˈɔtɪk] патриотический

patriotic ardour [ˌpætrɪˈɔtɪk|ˈɑːdə] патриотический порыв

patriotism [ˈpætrɪətɪzm] патриотизм

patristic [pəˈtrɪstɪk] принадлежащий «отцам церкви»

patrol [pəˈtroul] дозор *(воен.)*; разъезд; патруль; патрулирование; патрульный; дозорный; сторожевой; патрулировать; охранять

patrol boat [pəˈtroul|ˈbout] патрульный катер

patrol combatant [pəˈtroul|ˈkɔmbətənt] сторожевой катер

patrol dog [pəˈtroul|ˈdɔg] сторожевая собака

patron [ˈpeɪtr(ə)n] покровитель; патрон; постоянный покупатель; клиент; постоянный посетитель

patronage [ˈpætrənɪdʒ] покровительство; попечительство; клиентура; постоянные покупатели *(посетители)*; покровительственное отношение; частная финансовая поддержка *(учреждений, предприятий, отдельных лиц и т. п.)*

patroness [ˈpeɪtrənɪs] покровительница; патронесса; заступница

patronize [ˈpætrənaɪz] заботиться; опекать; поддерживать; покровительствовать; относиться свысока, покровительственно, снисходительно; быть постоянным покупателем, посетителем

patronymic [ˌpætrəˈnɪmɪk] образованный от имени отца, предка *(об имени)*; фамилия, образованная от имени предка; родовое имя; отчество

pattella [pəˈtelə] коленная чашка

patten [ˈpætn] деревянный башмак

patter [ˈpætə] условный язык; жаргон; скороговорка; тараторить; бормотать *(часто молитвы)*; стук *(дождевых капель)*; легкий топот; стучать *(о дождевых каплях)*; семенить; шлепать

pattern [ˈpætən] образец; пример; модель; шаблон; эталон; образчик; выкройка; рисунок; узор; система; структура; стиль; характер литературного произведения; образцовый; примерный; делать по образцу; копировать; украшать узором

pattern of life [ˈpætən|əv|ˈlaɪf] образ жизни

patterned act [ˈpætənd|ˈækt] шаблонное действие

patty [ˈpætɪ] пирожок; лепешечка

pattypan [ˈpætɪpæn] форма для пирожков

paucity [ˈpɔːsɪtɪ] малочисленность; малое количество; недостаточность; нехватка

paunch [pɔːntʃ] живот

paunchy [ˈpɔːntʃɪ] с брюшком

pauper [ˈpɔːpə] бедный; неимущий; нищий; живущий на пособие по бедности

pauperism [ˈpɔːpərɪzm] бедность; нищета

pauperization [ˌpɔːpəraɪˈzeɪʃ(ə)n] обеднение; обнищание

pauperize ['pɔ:pəraɪz] доводить до нищеты

pause [pɔ:z] пауза; перерыв; остановка; замешательство; паника; цезура *(лит.)*; делать паузу; останавливаться; находиться в нерешительности; медлить

pave [peɪv] замащивать; мостить; выстилать *(пол)*; устилать; усеивать; укладывать дорожное покрытие

paved ['peɪvd] мощеный

paved area ['peɪvd|'eərɪə] мощеный участок

pavement ['peɪvmənt] панель; тротуар; пол, выложенный мозаикой; мостовая; дорожное покрытие

pavement-artist ['peɪvmənt,ɑ:tɪst] художник, рисующий на тротуаре *(чтобы заработать на жизнь)*

paver ['peɪvə] мостильщик; камень, кирпич и т. п. для мощения

pavilion [pə'vɪljən] ларек; палатка; шатер; павильон; беседка; летний концертный *(танцевальный)* зал; корпус *(больничный, санаторный)*

paving ['peɪvɪŋ] мостовая; дорожное покрытие; материал для мостовой

paving stone ['peɪvɪŋ|stoun] булыжник; брусчатка

paw [pɔ:] лапа; рука; почерк; трогать, скрести лапой; бить копытом *(о лошади)*

pawl [pɔ:l] стопор; собачка; задержник; щеколда; защелка; упор

pawn [pɔ:n] пешка *(шахм.)*; гарантия; заклад; залог; обязательство; закладывать; отдавать в залог; гарантировать; ручаться

pawn office ['pɔ:n,ɔfɪs] ломбард

pawnbroker ['pɔ:n,broukə] ростовщик

pawpaw ['pɔ:pɔ:] папайя *(бот.)*

pax [pæks] мир; символ мира

pay [peɪ] выплата; плата; уплата; жалованье; заработная плата; возмездие; расплата; плательщик долга; платный; рентабельный; выгодный; платить *(за что-либо)*; уплачивать *(долг, налог)*; оплачивать *(работу, счет)*; окупаться; быть выгодным; оказывать, обращать внимание *(на)*; смолить

to pay a benefit — *выплачивать пособие*
to pay a call — *нанести визит*
to pay a compliment — *сделать комплимент*
to pay an account — *оплачивать счет*
to pay back — *отплачивать*
to pay by the week — *производить повременную оплату труда*
to pay down — *платить наличными; делать первый взнос (при покупке в рассрочку)*
to pay in — *вносить на текущий счет*
to pay in kind — *оплата натурой*
to pay interest — *выплачивать проценты*
to pay its own way — *окупаться*
to pay off old scores — *свести счеты*

pay-box ['peɪbɔks] театральная касса

pay-envelope ['peɪ,envɪloup] конверт с заработной платой; получка

pay-out ['peɪaut] платеж; уплата

pay-sheet ['peɪʃi:t] платежная ведомость

payable ['peɪəbl] подлежащий уплате; доходный; выгодный

payee [peɪ'i:] получатель *(денег)*; предъявитель чека *(векселя)*

paying ['peɪɪŋ] выгодный; доходный; прибыльный

paying book ['peɪɪŋ|buk] книга платежей

paying capacity ['peɪɪŋ|kə'pæsɪtɪ] платежеспособность

paying concern ['peɪɪŋ|kən'sə:n] прибыльное предприятие

paying off ['peɪɪŋ|'ɔf] погашение *(долгов)*

paymaster ['peɪ,mɑ:stə] казначей; кассир

payment ['peɪmənt] плата; взнос; расчет; вознаграждение; компенсация

payment clause ['peɪmənt|'klɔ:z] пункт контракта об условиях платежа

payment terms ['peɪmənt|'tə:mz] условия оплаты

payments agreement ['peɪmənts|ə'gri:mənt] платежное соглашение

payola [peɪ'oulə] взятка; подкуп; вымогаемые шантажом деньги

pea [pi:] горох; горошина

pea soup ['pi:|'su:p] гороховый суп

pea-chick ['pi:tʃɪk] молодой павлин или молодая пава

pea-fowl ['pi:faul] павлин; пава

pea-shooter ['pi:,ʃu:tə] игрушечное *(духовое)* ружье

peace [pi:s] мир; спокойствие; мирный

peace conference ['pi:s|'kɔnfərəns] мирная конференция

peace corps ['pi:s|'kɔ:] корпус мира

peace movement ['pi:s|'mu:vmənt] движение сторонников мира

peace negotiations ['pi:s|nɪ,gouʃɪ'eɪʃənz] мирные переговоры

peace treaty ['pi:s|'tri:tɪ] мирный договор

peace-lover ['pi:s,lʌvə] сторонник мира

peace-minded ['pi:s'maɪndɪd] мирный; миролюбивый

peace-offering ['pi:s,ɔf(ə)rɪŋ] умилостивительная жертва; искупительная жертва

peace-officer ['pi:s,ɔfɪsə] блюститель порядка *(полицейский, шериф)*

peace-pipe ['pi:spaɪp] трубка мира

peaceable ['pi:səbl] мирный; миролюбивый

peaceful ['pi:sful] спокойный; тихий

PEA — PED

peacekeeper [ˈpiːsˌkiːpə] страж мира; войска по поддержанию мира
peacemaker [ˈpiːsˌmeɪkə] миротворец; примиритель
peach [piːtʃ] персик; персиковое дерево; персиковый; доносить *(на сообщника)*
peach-coloured [ˈpiːtʃˌkʌləd] персикового цвета
peach-tree [ˈpiːtʃtriː] персиковое дерево
peacock [ˈpiːkɔk] павлин; павлиний; важничать; чваниться
peacockery [ˈpiːˈkɔkərɪ] чванство; позерство
peahen [ˈpiːˈhen] пава
peak [piːk] пик; остроконечная вершина; высшая точка; кульминационный пункт; максимум; козырек кепки или фуражки; кончик бороды; гребень волны; гаснуть; угасать
peak hour [ˈpiːkˈauə] час пик
peak of activity [ˈpiːkǀəvǀækˈtɪvɪtɪ] максимум активности
peaked [piːkt] заостренный; остроконечный; острый; изможденный; осунувшийся
peaked cap [ˈpiːktǀˈkæp] картуз; шапка
peal [piːl] звон колоколов; трезвон; подбор колоколов; раскат *(грома)*; грохот *(орудий)*; греметь; раздаваться; трезвонить; возвещать трезвоном
peanut [ˈpiːnʌt] арахис; земляной орех; арахисовый
peanut butter [ˈpiːnʌtˈbʌtə] ореховое *(арахисовое)* масло
pear [pɛə] груша; грушевое дерево
pear-shaped [ˈpɛəʃeɪpt] грушевидный
pear-tree [ˈpɛətriː] грушевое дерево
pearl [pəːl] жемчуг; жемчужина; перл; перламутр; зернышко; крупинка; капля росы; слеза; жемчужный; перламутровый; добывать жемчуг; осыпать, украшать жемчужными каплями
pearl-diver [ˈpəːlˌdaɪvə] искатель, ловец жемчуга
pearly [ˈpəːlɪ] жемчужного цвета; украшенный жемчугом
peart [pɪət] в хорошем расположении духа; веселый; оживленный; сообразительный; быстро схватывающий
peasant [ˈpez(ə)nt] крестьянин; сельский житель; крестьянский; сельский
peasantry [ˈpez(ə)ntrɪ] крестьянство
pease [piːz] горох; гороховый
peat [piːt] торф; торфяной
peat-hag [ˈpiːthæg] заброшенные или выработанные торфяные разработки
peatbog [ˈpiːtbɔg] торфяник; торфяное болото
pebble [ˈpebl] галька; горный хрусталь, употребляемый для очков; линза из горного хрусталя; мостить булыжником; посыпать галькой
pebbly [ˈpeblɪ] покрытый галькой

peccability [ˌpekəˈbɪlɪtɪ] греховность; грешность
peccable [ˈpekəbl] грешный
peccancy [ˈpekənsɪ] грешность; грех
peccant [ˈpekənt] грешный; неправильный; вредный; нездоровый
peck [pek] куча; масса; множество; клевок; клевать; долбить клювом; копать киркой
pecker [ˈpekə] кирка
pectoral [ˈpektər(ə)l] нагрудное украшение; грудной; относящийся к грудной клетке
pectoral arc [ˈpektər(ə)lǀˈɑːk] грудной пояс; грудной свод
pectoral fin [ˈpektər(ə)lǀˈfɪn] грудной плавник
pectoral muscle [ˈpektər(ə)lǀˈmʌsl] грудная мышца
peculate [ˈpekjuleɪt] присваивать, растрачивать общественные деньги
peculation [ˌpekjuˈleɪʃ(ə)n] казнокрадство; растрата
peculator [ˈpekjuleɪtə] вор; казнокрад; похититель
peculiar [pɪˈkjuːljə] специфический; особенный; принадлежащий, свойственный исключительно *(кому-либо, чему-либо)*; странный; эксцентричный; личная собственность; особая привилегия
peculiarity [pɪˌkjuːlɪˈærɪtɪ] особенность; специфика; личное качество; свойство; характерная черта; странность
peculiarly [pɪˈkjuːljəlɪ] особенно; больше обычного; странно; лично; непосредственно; прямо
pecuniary [pɪˈkjuːnjərɪ] денежный; монетарный; преследующий материальные интересы; ищущий выгоды; облагаемый штрафом
pecuniary aid [pɪˈkjuːnjərɪǀˈeɪd] материальная помощь
pecuniary compensation [pɪˈkjuːnjərɪˌkɔmpənˈseɪʃən] денежная компенсация
pecuniary liability [pɪˈkjuːnjərɪˌlaɪəˈbɪlɪtɪ] финансовая ответственность
pecuniary loss [pɪˈkjuːnjərɪǀˈlɔs] материальный ущерб
pedagogic(al) [ˌpedəˈgɔdʒɪk(əl)] педагогический
pedagogics [ˌpedəˈgɔdʒɪks] педагогика
pedagogue [ˈpedəgɔg] учитель; педант
pedal [ˈpedl] педаль; ножной рычаг; педальный; нажимать на педаль; работать педалями; ехать на велосипеде
pedal wheel [ˈpedlǀwiːl] зубчатое колесо педали
pedant [ˈped(ə)nt] педант; доктринер
pedantic [pɪˈdæntɪk] педантичный
pedantry [ˈped(ə)ntrɪ] педантизм; педантичность
peddle [ˈpedl] торговать вразнос; заниматься пустяками; размениваться на мелочи
peddling [ˈpedlɪŋ] мелочная торговля; мелочный; незначительный; несущественный

pedestal [ˈpedɪstl] подножие; подставка; стойка; пьедестал; подушка; тумба у письменного стола; ставить, водружать на пьедестал

pedestal bearing [ˈpedɪstl|ˈbeərɪŋ] опорный подшипник

pedestrian [pɪˈdestrɪən] пешеходный; пеший; неинтересный; скучный; пешеход; участник соревнований по спортивной ходьбе

pedestrian area [pɪˈdestrɪən|ˈeərɪə] пешеходная зона

pedestrian crossing [pɪˈdestrɪən|ˈkrɔsɪŋ] пешеходный переход

pedestrian road [pɪˈdestrɪən|ˈroud] улица, закрытая для автотранспорта

pedestrian underpass [pɪˈdestrɪən|ˈʌndəpɑːs] подземный переход

pedestrianized [pɪˈdestrɪənaɪzd] пешеходный

pediatrics [ˌpiːdɪˈætrɪks] педиатрия

pedicle [ˈpedɪk(ə)l] плодоножка

pedicular [pɪˈdɪkjulə] вшивый

pedicure [ˈpedɪkjuə] педикюр; делать педикюр

pedigree [ˈpedɪgriː] генеалогия; происхождение; родословная; этимология (слова); племенной

pedigreed [ˈpedɪgriːd] породистый

pediment [ˈpedɪmənt] фронтон (архит.)

pedlar [ˈpedlə] коробейник; разносчик; сплетник

pedlary [ˈpedlərɪ] торговля вразнос; товары уличного торговца; мелкий товар

peek [piːk] взгляд украдкой; быстрый взгляд; заглядывать

peel [piːl] кожица; корка; шелуха; снимать корку, кожицу; шелушиться; лупиться; сходить (о коже, краске и т. п.)

to peel back — отвернуть; отогнуть (край одежды)

peeling [ˈpiːlɪŋ] кожа; корка; шелуха; отслаивание

peen hammer [ˈpiːn|ˈhæmə] слесарный молоток

peep [piːp] взгляд украдкой; первое появление; проблеск; прорез; разрез; скважина; щель; заглядывать; смотреть прищурясь; смотреть сквозь маленькое отверстие; выглядывать; выходить; появляться; проглядывать; проявляться (о качестве и т. п.); писк; чириканье; чирикать; пищать

peep-hole [ˈpiːphoul] глазок; смотровое отверстие или смотровая щель

peer [pɪə] равный; лорд; пэр; делать пэром; вглядываться; всматриваться; проглядывать (о солнце)

peerage [ˈpɪərɪdʒ] сословие пэров; знать; звание пэра; книга пэров

peeress [ˈpɪərɪs] супруга пэра; леди

peerless [ˈpɪəlɪs] бесподобный; несравненный

peeve [piːv] раздражение; жалоба; докучать; надоедать; раздражать

peeved [piːvd] раздраженный (разг.)

peevish [ˈpiːvɪʃ] брюзгливый; несдержанный; капризный; неуживчивый; свидетельствующий о дурном характере, настроении и т. п. (о замечании, взгляде и т. п.)

peg [peg] колышек; нагель; штифт; вешалка; крючок (вешалки); шпилька; прикреплять колышком; протыкать

to peg at — целиться во что-либо; бросать камнями в

to peg out — отмечать колышками (участок); разориться; быть разоренным; повесить (белье) на прищепках

peg-shaped [ˈpegʃeɪpt] конической формы

peg-top [ˈpegtɔp] юла; волчок (игрушка)

pegged currency [ˈpegd|ˈkʌrənsɪ] курс, который привязан к валюте другой страны (фин.)

pegging [ˈpegɪŋ] колья; закрепление кольями, колышками

pejorative [ˈpiːdʒ(ə)rətɪv] уничижительный

pelage [ˈpelɪdʒ] мех; шкура; шерсть (животных)

pelagian [pɪˈleɪdʒɪən] морской; пелагический; животные и растения, населяющие открытое море

pelf [pelf] деньги; презренный металл; богатство

pelican [ˈpelɪkən] пеликан

pelican crossing [ˈpelɪkən|ˈkrɔsɪŋ] пешеходный переход

pelisse [peˈliːs] длинная мантилья; детское пальто; гусарский ментик

pell-mell [ˈpelˈmel] путаница; мешанина; беспорядок; беспорядочный; беспорядочно; вперемешку; как попало

pellet [ˈpelɪt] шарик, катышек (из бумаги, хлеба и т. п.); пилюля; дробинка; пулька; обстреливать (бумажными катышками и т. п.)

pellicle [ˈpelɪkl] кожица; плева; пленка; тонкая пленка

pellucid [peˈljuːsɪd] прозрачный; просвечивающий; отчетливый; понятный; четкий; ясный

pelt [pelt] шкура; кожа; бросание; швыряние; сильный удар; стук дождя, града; бросать (в кого-либо); забрасывать (камнями, грязью); обстреливать; колотить, барабанить (о граде и т. п.), лить (о дожде); обрушиться (на кого-либо с упреками, вопросами и т. п.); спешить; броситься; ринуться

pelting [ˈpeltɪŋ] проливной

pelvic bone [ˈpelvɪk|ˈboun] кость таза

pelvic fin [ˈpelvɪk|ˈfɪn] брюшной плавник

pelvis [ˈpelvɪs] таз (анат.)

Pembroke table [ˈpembruk|ˈteɪbl] раскладной стол

pen [pen] ручка с пером; литературный стиль; автор; литератор; писатель; писать пером; писать;

сочинять; небольшой загон *(для скота, птицы)*; небольшая огороженная площадка и т. п.; помещение для арестованных при полицейском участке; запирать; заключать; загонять *(скот)* в загон

pen and ink [ˈpen|ənd|ˈɪŋk] письменные принадлежности; литературная работа; рисунок пером

pen friend [ˈpen|frend] знакомый или друг по переписке

pen meter [ˈpen|ˈmiːtə] карманный дозиметр

pen-holder [ˈpen͵houldə] ручка *(для пера)*

pen-name [ˈpenneɪm] литературный псевдоним

pen-wiper [ˈpen͵waɪpə] перочистка

penal [ˈpiːnl] уголовный; карательный; уголовно наказуемый *(о преступлении)*

penal clause [ˈpiːnl|ˈklɔːz] условие о неустойке; штрафная оговорка

penal law [ˈpiːnl|ˈlɔː] уголовное право; уголовный закон

penal lawyer [ˈpiːnl|ˈlɔːjə] криминалист

penal measure [ˈpiːnl|ˈmeʒə] карательная мера

penal treatment [ˈpiːnl|ˈtriːtmənt] карательное воздействие

penalize [ˈpiːnəlaɪz] караться законом; наказывать; штрафовать; накладывать штраф

penalty [ˈpenltɪ] наказание; взыскание; штраф; штрафной удар, пенальти *(спорт.)*; наказуемый

penalty clause [ˈpenltɪ|klɔːz] статья *(договора)* о штрафных санкциях

penalty tax [ˈpenltɪ|tæks] пеня

penance [ˈpenəns] епитимья *(рел.)*; возмездие; кара; налагать епитимью

penchant [ˈpɑːnʃɑːŋ] склонность *(к чему-либо, кому-либо)*

pencil [ˈpensl] карандаш; кисть *(живописца)*; манера, стиль *(живописца)*; рисовать; писать карандашом; вычерчивать

pencil sharpener [ˈpensl͵ˈʃɑːpnə] точилка для карандашей

pencil-case [ˈpenslkeɪs] пенал

pencilled [ˈpensld] тонко очерченный; подведенный; подрисованный

pencraft [ˈpenkrɑːft] искусство письма; литературный стиль

pendant [ˈpendənt] подвеска; брелок; кулон; пара *(к какому-либо предмету)*; дополнение; вымпел

pendant cord [ˈpendənt|ˈkɔːd] подвесной шнур

pendant fitting [ˈpendənt|ˈfɪtɪŋ] подвесной светильник

pendency [ˈpendənsɪ] состояние неопределенности; нерешенность

pendent [ˈpendənt] висячий; свисающий; нависающий; нерешенный; ожидающий решения; незаконченный *(о предложении)*

pending [ˈpendɪŋ] незаконченный; ожидающий решения; в продолжение; в течение; *(вплоть)* до; в ожидании

pending matter [ˈpendɪŋ|ˈmætə] дело на рассмотрении суда

pendulate [ˈpendjuleɪt] качаться, как маятник; колебаться; быть нерешительным

pendulous [ˈpendjuləs] подвесной; висячий *(о гнезде, цветке)*; качающийся

pendulum [ˈpendjuləm] зуммер; маятник; тиккер; неустойчивый человек, предмет

pendulum clock [ˈpendjuləm|ˈklɔk] маятниковые часы

pendulum device [ˈpendjuləm|dɪˈvaɪs] маятниковое устройство

penetrability [͵penɪtrəˈbɪlɪtɪ] проницаемость

penetrable [ˈpenɪtrəbl] проницаемый

penetralia [͵penɪˈtreɪljə] святилище

penetrate [ˈpenɪtreɪt] проникать внутрь; проходить сквозь; пронизывать; входить; пропитывать; пронизывать *(чем-либо)*; глубоко трогать; охватывать; постигать; понимать; вникать *(во что-либо)*

penetrating [ˈpenɪtreɪtɪŋ] проникающий; пронзительный; острый *(о взгляде и т. п.)*; прозорливый; с острым умом; пронзительный; резкий *(о звуке)*

penetration [͵penɪˈtreɪʃ(ə)n] проникание; проникновение; проницаемость; проницательность; острота *(взгляда и т. п.)*

penetrative [ˈpenɪtrətɪv] проникающий; пронзительный; резкий *(о звуке)*; мудрый; проницательный

penguin [ˈpeŋgwɪn] пингвин *(зоол.)*

peninsula [pɪˈnɪnsjulə] полуостров

peninsular [pɪˈnɪnsjulə] полуостровной; житель полуострова

penitence [ˈpenɪt(ə)ns] раскаяние; покаяние; сожаление

penitent [ˈpenɪt(ə)nt] раскаивающийся; кающийся; кающийся грешник

penitential [͵penɪˈtenʃ(ə)l] покаянный

penitentiary [͵penɪˈtenʃərɪ] исправительный дом; каторжная тюрьма; исправительный; корректирующий

penknife [ˈpennaɪf] перочинный ножик

penman [ˈpenmən] каллиграф; писец; автор; литератор; писатель

penmanship [ˈpenmənʃɪp] каллиграфия; чистописание; почерк; стиль *(манера)* писателя

penmate [ˈpenmeɪt] собрат по перу

penniless [ˈpenɪlɪs] без гроша; безденежный; нуждающийся; бедный; бедствующий

penning [ˈpenɪŋ] устройство каменного основания

PEN — PER

pennon ['penən] флажок; вымпел
penny ['penɪ] пенни
penny dreadful ['penɪ'dredful] бульварная литература
penny farthing ['penɪ'fɑːðɪŋ] велосипед (с колесами разного диаметра)
penny post ['penɪ|poust] почтовая оплата в 1 пенни
penny wise ['penɪ|waɪz] мелочный; незначительный
penny-pinching ['penɪ'pɪntʃɪŋ] скаредный; скупой (разг.)
pensile ['pensɪl] висячий (о гнезде и т. п.); свисающий; строящий висячие гнезда (о птице)
pension ['penʃ(ə)n] пенсия; пособие; выходное пособие; назначать пенсию; субсидировать ['pɑːŋsɪ:ŋ] пансион
to pension off — увольнять на пенсию; переставать пользоваться (чем-либо); переставать эксплуатировать (что-либо)
pension age ['penʃ(ə)n|'eɪdʒ] пенсионный возраст
pension capital fund ['penʃ(ə)n|'kæpɪtl|'fʌnd] пенсионный фонд
pensionable ['penʃ(ə)nəbl] дающий право на пенсию; имеющий право на пенсию
pensionary ['penʃ(ə)nərɪ] пенсионер; наемник; наймит; пенсионный
pensioner ['penʃənə] пенсионер; студент, оплачивающий обучение и содержание; наемник (уст.)
pensive ['pensɪv] задумчивый; печальный; унылый
penstock ['penstɔk] шлюз
pent [pent] заключенный; запертый
pent roof ['pent'ruːf] односкатная крыша
pent-up ['pentʌp] сдерживаемый
pentad ['pentæd] число пять; группа из пяти; промежуток времени в пять дней или пять лет
pentagon ['pentəgən] пятиугольник
Pentagon brass ['pentəgən|'brɑːs] шеф Пентагона
pentagonal [pen'tægənl] пятиугольный
pentagram ['pentəgræm] пентаграмма
pentangular [pen'tæŋgjulə] пятиугольный
pentasyllable [,pentə'sɪləbl] пятисложное слово
penthouse ['penthaus] тент; навес над дверями; фешенебельная квартира на крыше небоскреба
penthouse apartment ['penthaus|ə'pɑːtmənt] фешенебельная квартира на крыше небоскреба
penult(imate) [pɪ'nʌlt(ɪmɪt)] предпоследний; предпоследний слог
penumbra [pɪ'nʌmbrə] полусвет; полутень
penurious [pɪ'njuərɪəs] скупой; бедный; плохой; скудный
penury ['penjurɪ] бедность; нищета; нужда; скудость; недостаток; отсутствие

peon [pjuːn] ['piːən] пехотинец; полицейский; батрак; поденщик
people ['piːpl] народ; нация; люди; население; жители; родные; родственники; родители; свита; слуги; подчиненные; служащие; заселять; населять; поселяться; расти (о населении); заполнять; наполнять
people's bank ['piːplz|'bæŋk] народный банк
People's republic ['piːplz|rɪ'pʌblɪk] народная республика
pep [pep] бодрость духа; энергия; живость
pepper ['pepə] перец; острота; едкость; вспыльчивость; живость; темперамент; энергия; перчить; усеивать; усыпать; осыпать; забрасывать (камнями, вопросами и т. п.)
pepper tree ['pepə|triː] перечное дерево
pepper-and-salt ['pepərənd'sɔːlt] крапчатая шерстяная материя; крапчатый; с проседью (о волосах)
pepper-box ['pepəbɔks] перечница
pepper-corn ['pepəkɔːn] зернышко перца; перчинка
peppermint ['pepəmɪnt] перечная мята; мятная лепешка
peppery ['pepərɪ] наперченный; едкий; острый; вспыльчивый; несдержанный; раздражительный
per [pəː] по; посредством; через; согласно; за; на; в; с (каждого)
per annum [pər'ænəm] в год; ежегодно
per capita consumption [pə'kæpɪtə|kən'sʌmpʃən] потребление на душу населения
per cent [pə'sent] процент; на сотню
per contra [pəː'kɔntrə] на другой стороне счета; с другой стороны
per diem [pəː'daɪem] в день
per hour [pər'auə] в час
per saltum [pəː'sæltəm] сразу; одним махом
per se [pəː'siː] сам по себе; по существу
perambulate [pə'ræmbjuleɪt] ходить взад и вперед; расхаживать; обходить границы (владений и т. п.); объезжать (территорию с целью проверки, инспектирования и т. п.); ехать в детской коляске
perambulation [pə,ræmbju'leɪʃ(ə)n] прогулка; ходьба; обход (границ); поездка с целью осмотра и инспектирования
perambulator ['præmbjuleɪtə] детская коляска
perceive [pə'siːv] воспринимать; понимать; осознавать; постигать; ощущать; различать; чувствовать
percentage [pə'sentɪdʒ] процент; процентное отношение; процентное содержание; процентное отчисление; часть; доля; количество
percentagewise [pə'sentɪdʒwaɪz] в процентном отношении

perceptibility [pə,septə'bılıtı] воспринимаемость; ощутимость

perceptible [pə'septəbl] ощутимый; заметный; видимый

perception [pə'sepʃ(ə)n] восприятие; ощущение; чувство; осмысление; осознание; понимание

perceptive [pə'septıv] восприимчивый; впечатлительный; чувствительный

perceptivity [,pə:səp'tıvıtı] восприимчивость; впечатлительность; чувствительность

perceptual [pə'septʃuəl] относящийся к восприятию; перцепционный

perceptual ability [pə'septʃuəl|ə'bılıtı] способность к восприятию

perceptual learning [pə'septʃuəl|'lə:nıŋ] перцептивное обучение

perch [pə:tʃ] веха; жердь; шест; насест; высокое или прочное положение; садиться (о птице); усесться; взгромоздиться; опереться (обо что-либо); окунь

perchance [pə'tʃa:ns] наудачу; нечаянно; случайно; быть может; возможно

percipient [pə(:)'sıpıənt] воспринимающий; способный воспринимать; человек, способный легко воспринимать; перципиент (в телепатии)

percolate ['pə:kəleıt] просачиваться; проникать сквозь; проходить; процеживать; фильтровать; перколировать; распространяться; становиться известным

percolation [,pə:kə'leıʃ(ə)n] просачивание; процеживание; фильтрование

percolator ['pə:kəleıtə] фильтр; ситечко в кофейнике; кофейник с ситечком

percussion [pə'kʌʃ(ə)n] столкновение (двух тел); удар; сотрясение; ударный; взрывной

percussion instruments [pə'kʌʃ(ə)n|'ınstrəmənts] ударные инструменты

percussive [pə'kʌsıv] ударный

percussor [pə'kʌsə] перкуссионный молоточек (мед.)

perdition [pə:'dıʃ(ə)n] гибель; погибель; проклятие

perdurable [pə'djuərəbl] очень прочный; постоянный

peregrin(e) ['perıgrın] сокол; сапсан; чужеземный; привезенный из-за границы

peregrinate ['perıgrıneıt] ездить; странствовать

pèregrination [,perıgrı'neıʃ(ə)n] круиз; поездка

peregrine falcon ['perıgrın|'fælkən] сапсан

peremptory [pə'rempt(ə)rı] безоговорочный; властный; повелительный; догматический

peremptory declaration [pə'rempt(ə)rı|,deklə'reıʃən] категорическое заявление

perennial [pə'renjəl] длящийся круглый год; не пересыхающий летом; вечный; неувядаемый

perennially [pə'renjəlı] всегда; вечно; неизменно; постоянно

perfect ['pə:fıkt] — прил. [pə'fekt] — гл. совершенный; идеальный; законченный; цельный; точный; абсолютный; полный; истинный; настоящий; хорошо подготовленный; достигший совершенства; перфектный (грам.); совершенствовать; развивать; улучшать; выполнять; завершать

perfect binding ['pə:fıkt|'baındıŋ] клеевое бесшвейное скрепление блока

perfect binding machine ['pə:fıkt|,baındıŋ|mə'ʃi:n] машина для клеевого скрепления корешка

perfect combustion ['pə:fıkt|kəm'bʌstʃən] полное сгорание

perfected [pə'fektıd] усовершенствованный

perfectibility [pə,fektı'bılıtı] способность к совершенствованию; совершенство; состояние совершенства

perfectible [pə'fektəbl] способный к совершенствованию

perfection [pə'fekʃ(ə)n] безукоризненность; безупречность; совершенность; совершенство; законченность; высшая ступень; верх (чего-либо); завершение; конец; окончание; улучшение; усовершенствование

perfectionism [pə'fekʃənızm] высокая требовательность к себе и другим; стремление добиваться совершенства во всем

perfectionist [pə'fekʃənıst] взыскательный человек

perfectly ['pə:fıktlı] совершенно; вполне; отлично; совсем

perfector [pə'fektə] двусторонняя печатная машина

perfidious [pə:'fıdıəs] вероломный; изменнический; предательский

perfidy ['pə:fıdı] вероломство; измена; предательство

perforate ['pə:fəreıt] просверливать или пробивать отверстия; пробуравливать; проникать; совершенствовать; улучшать

perforated ['pə:fəreıtıd] продырявленный; просверленный

perforation [,pə:fə'reıʃ(ə)n] пробивание отверстий; пробуравливание; дыра; дырка; отверстие

perforator ['pə:fəreıtə] бурав; сверло; сверлильный станок

perforce [pə'fɔ:s] по необходимости; волей-неволей

perform [pə'fɔ:m] исполнять; выполнять; представлять; играть; исполнять (пьесу, роль); делать; выступать (спорт.); производить *to perform a deed* — совершить поступок

performance [pəˈfɔːməns] исполнение; выполнение; свершение; игра; действие; поступок; подвиг; представление *(театр.)*; спектакль; трюки

performance assurance [pəˈfɔːməns|əˈʃuərəns] обеспечение технических характеристик изделия

performance bond [pəˈfɔːməns|ˈbɔnd] гарантия выполнения контракта

performance characteristics [pəˈfɔːməns|ˌkærɪktəˈrɪstɪks] рабочие характеристики; эксплуатационные характеристики

performance index [pəˈfɔːməns|ˈɪndeks] коэффициент полезного действия

performance number [pəˈfɔːməns|ˈnʌmbə] октановое число бензина

performance per litre [pəˈfɔːməns|pəˈliːtə] литровая мощность двигателя

performed work [pəˈfɔːmd|ˈwəːk] выполненные работы

performer [pəˈfɔːmə] исполнитель

performing [pəˈfɔːmɪŋ] дрессированный; ученый *(о животном)*

performing rights [pəˈfɔːmɪŋ|ˈraɪts] права на сценическое воспроизведение

perfume [ˈpəːfjuːm] — *сущ.* [pəˈfjuːm] — *гл.* благоухание; аромат; запах; духи; душить *(духами и т. п.)*; делать благоуханным

perfumed [ˈpəːfjuːmd, pəˈfjuːmd] надушенный; душистый; благоуханный

perfumer [pəˈfjuːmə] парфюмер

perfumery [pəˈfjuːməri] парфюмерия

perfunctory [pəˈfʌŋkt(ə)ri] небрежный; невнимательный; поверхностный; формальный

perfuse [pəˈfjuːz] обрызгивать; заливать *(светом и т. п.)*

pergameneous [ˌpəːgəˈmiːnɪəs] пергаментный

pergola [ˈpəːgələ] пергола; беседка; беседка или крытая аллея из вьющихся растений

perhaps [pəˈhæps, præps] может быть; возможно

periapt [ˈperɪæpt] амулет

perigee [ˈperɪdʒiː] перигей *(астр.)*

peril [ˈperɪl] опасность; риск; угроза; подвергать опасности

perilous [ˈperɪləs] опасный; рискованный; тяжелый

perimeter [pəˈrɪmɪtə] периметр *(геом.)*; внешняя граница лагеря *(укрепления)*; круговой

period [ˈpɪərɪəd] период; промежуток времени; круг; цикл; пауза в конце периода; точка

period of gestation [ˈpɪərɪəd|əv|ʤesˈteɪʃən] период беременности

period of heat [ˈpɪərɪəd|əv|ˈhiːt] период нагрева

period of payment [ˈpɪərɪəd|əv|ˈpeɪmənt] срок платежа

period of storage [ˈpɪərɪəd|əv|ˈstɔːrɪʤ] период хранения

periodic [ˌpɪərɪˈɔdɪk] периодический; повторяющийся; циклический; риторический *(о стиле)*

periodic check [ˌpɪərɪˈɔdɪk|ˈtʃek] регулярная проверка

periodical [ˌpɪərɪˈɔdɪk(ə)l] периодический; периодическое издание; журнал

periodical press [ˌpɪərɪˈɔdɪk(ə)l|ˈpres] периодическая печать

periodically [ˌpɪərɪˈɔdɪk(ə)lɪ] через определенные промежутки времени; периодически; время от времени

periodicity [ˌpɪərɪəˈdɪsɪtɪ] периодичность; частота

peripatetic [ˌperɪpəˈtetɪk] аристотелевский *(филос.)*; странствующий; странник; странствующий торговец

peripheral [pəˈrɪfər(ə)l] окружной; периферийный; второстепенный; частный

peripheral cam [pəˈrɪfər(ə)l|ˈkæm] дисковый кулачок

periphery [pəˈrɪfərɪ] окружность; периферия *(мат.)*; провинция

periphrasis [pəˈrɪfrəsɪs] перифраз(а)

periphrastic [ˌperɪˈfræstɪk] изобилующий перифразами; иносказательный

peripteral [pəˈrɪptər(ə)l] окруженный колоннами

periscope [ˈperɪskoup] перископ

periscope wake [ˈperɪskoup|ˈweɪk] след от перископа

perish [ˈperɪʃ] гибнуть; погибать; умирать; губить; изнурять; портить(ся); терять свои качества *(о продуктах и т. п.)*; исчезнуть; кануть в вечность

perishable [ˈperɪʃəbl] бренный; непрочный; смертный; скоропортящийся

perishing [ˈperɪʃɪŋ] ужасный; сковывающий *(о холоде)*

peristyle [ˈperɪstaɪl] перистиль *(архит.)*

periwig [ˈperɪwɪg] парик

periwigged [ˈperɪwɪgd] в парике; носящий парик

perjure [ˈpəːʤə] лжесвидетельствовать *(юр.)*; давать ложное показание; нарушать клятву

perjured [ˈpəːʤəd] виновный в клятвопреступлении; клятвопреступный

perjured testimony [ˈpəːʤəd|ˈtestɪmənɪ] лжесвидетельство

perjurer [ˈpəːʤ(ə)rə] клятвопреступник; лжесвидетель

perjury [ˈpəːʤ(ə)rɪ] клятвопреступление; лжесвидетельство; вероломство; нарушение клятвы

perk [pəːk] вскидывать голову с бойким, нахальным видом; воспрянуть духом; оживиться; прихорашиваться; подаваться вперед

PER — PER

perky [ˈpɜːkɪ] бойкий; веселый; оживленный; развеселый; дерзкий; наглый; самоуверенный

perlustrate [pɜːˈlʌstreɪt] перлюстрировать

permanence [ˈpɜːmənəns] неизменность; постоянство; стабильность

permanency [ˈpɜːmənənsɪ] постоянная работа; постоянная организация и т. п.

permanent [ˈpɜːmənənt] постоянный; неизменный; долговременный; остаточный

permanent alimony [ˈpɜːmənənt ˈælɪmənɪ] пожизненное содержание

permanent connection [ˈpɜːmənənt kəˈnekʃən] постоянная связь

permanent coupling [ˈpɜːmənənt ˈkʌplɪŋ] жесткое сцепление; глухая муфта

permanent education [ˈpɜːmənənt ˌedju(ː)ˈkeɪʃən] непрерывное обучение

permanent effect [ˈpɜːmənənt ɪˈfekt] постоянный эффект

permanent extention [ˈpɜːmənənt ɪksˈtenʃən] остаточное растяжение

permanent job [ˈpɜːmənənt ˈdʒɔb] постоянная работа

permanent link [ˈpɜːmənənt ˈlɪŋk] неразъемное соединение

permanent mission [ˈpɜːmənənt ˈmɪʃən] постоянное представительство

permanent residence [ˈpɜːmənənt ˈrezɪdəns] постоянное место жительства

permanently [ˈpɜːmənəntlɪ] надолго; постоянно

permeability [ˌpɜːmjəˈbɪlɪtɪ] проницаемость; негерметичность

permeable [ˈpɜːmjəbl] проницаемый; негерметичный

permeate [ˈpɜːmɪeɪt] проникать; проходить сквозь; пропитывать; распространяться; пронизывать

permeation [ˌpɜːmɪˈeɪʃ(ə)n] проникание; просачивание

permissibility [pəˌmɪsɪˈbɪlɪtɪ] допустимость; позволительность

permissible [pəˈmɪsəbl] дозволенный; допустимый

permissible concentration [pəˈmɪsəbl ˌkɔnsenˈtreɪʃən] допустимая концентрация

permissible deviation [pəˈmɪsəbl ˌdiːvɪˈeɪʃən] допустимое отклонение

permissible dose [pəˈmɪsəbl ˈdous] допустимая доза

permissible tolerance [pəˈmɪsəbl ˈtɔlərəns] допустимая погрешность

permissible wear [pəˈmɪsəbl ˈweə] допустимый износ

permission [pəˈmɪʃ(ə)n] позволение; разрешение; санкция

permission department [pəˈmɪʃ(ə)n dɪˈpɑːtmənt] юридический отдел издательства

permission fee [pəˈmɪʃ(ə)n ˈfiː] плата за воспроизведение работ, охраняемых авторским правом

permissive [pəˈmɪsɪv] дозволяющий; позволяющий; разрешающий; рекомендующий *(но не предписывающий в обязательном порядке)*; снисходительный

permissiveness [pəˈmɪsɪvnɪs] вседозволенность

permit [ˈpɜːmɪt] — *сущ.* [pəˈmɪt] — *гл.* пропуск; допущение; позволение; разрешение; позволять; разрешать; давать разрешение

permutation [ˌpɜːmju(ː)ˈteɪʃən] перестановка; размещение

pernicious [pəˈnɪʃəs] пагубный; вредный; гибельный

pernicious habit [pəˈnɪʃəs ˈhæbɪt] вредная привычка

pernickety [pəˈnɪkɪtɪ] придирчивый; разборчивый; суетливый; тонкий; щекотливый

perorate [ˈperəreɪt] ораторствовать; делать заключение в речи; резюмировать

peroration [ˌperəˈreɪʃ(ə)n] заключение; заключительная часть речи

peroxide [pəˈrɔksaɪd] перекись *(хим.)*

perpend [pəˈpend] взвешивать; обдумывать

perpendicular [ˌpɜːp(ə)nˈdɪkjulə] перпендикуляр; вертикальная прямая; вертикальное, прямое положение; перпендикулярный; поперечный

perpendicular bisector [ˌpɜːp(ə)nˈdɪkjulə baɪˈsektə] медиана

perpetrate [ˈpɜːpɪtreɪt] совершать *(преступление и т. п.)*; предавать; вверять; поручать

to perpetrate an error — совершить ошибку

to perpetrate to paper — записывать

to perpetrate to prison — заключать в тюрьму

perpetration [ˌpɜːpɪˈtreɪʃ(ə)n] совершение *(преступления)*; злодеяние; правонарушение; преступление

perpetrator [ˈpɜːpɪtreɪtə] злоумышленник; преступник

perpetual [pəˈpetʃuəl] бесконечный; вечный; пожизненный; постоянный; беспрестанный; непрекращающийся

perpetuate [pəˈpetʃueɪt] увековечивать; сохранять навсегда

perpetuation [pəˌpetʃuˈeɪʃ(ə)n] увековечивание; сохранение навсегда

perpetuity [ˌpɜːpɪˈtju(ː)ɪtɪ] бесконечность; вечность; владение на неограниченный срок; пожизненная рента

perplex [pəˈpleks] ставить в тупик; приводить в недоумение; смущать; запутывать; усложнять

perplexed [pəˈplekst] ошеломленный; сбитый с толку; растерянный; запутанный

perplexedly [pəˈpleksɪdlɪ] недоуменно; растерянно

perplexing [pəˈpleksɪŋ] жесткий; твердый; крепкий; сильный; трудный; тяжелый; суровый; холодный; строгий; безжалостный; жадный; скупой

perplexing drinks [pəˈpleksɪŋˈdrɪŋks] крепкие спиртные напитки

perplexing to cure [pəˈpleksɪŋtəˈkjuə] трудноизлечимый

perplexity [pəˈpleksɪtɪ] недоумение; растерянность; смущение; препятствие; трудность

perquisite [ˈpəːkwɪzɪt] приработок; случайный доход; чаевые; привилегия; прерогатива; преимущественное право

perquisition [ˌpəːkwɪˈzɪʃ(ə)n] тщательный обыск; опрос; расследование

perron [ˈperən] наружная лестница подъезда, крыльца (архит.)

perse [pəːs] серовато-синий

persecute [ˈpəːsɪkjuːt] преследовать; подвергать гонениям (за убеждения); докучать; донимать; допекать; надоедать

persecution [ˌpəːsɪˈkjuːʃ(ə)n] гонение; преследование; травля

persecutor [ˈpəːsɪkjuːtə] гонитель; преследователь

perseverance [ˌpəːsɪˈvɪər(ə)ns] настойчивость; непоколебимость

persevere [ˌpəːsɪˈvɪə] упорно добиваться

persevering [ˌpəːsɪˈvɪərɪŋ] настойчивый; стойкий; упорный

persiennes [ˌpəːʃɪˈenz] жалюзи

persimmon [pəːˈsɪmən] хурма (бот.)

persist [pəˈsɪst] упорствовать; упорно продолжать; удерживаться; устоять

persistence [pəˈsɪst(ə)ns] настойчивость; упорство; выносливость; живучесть; закаленность; постоянство; неизменность

persistency [pəˈsɪst(ə)nsɪ] стойкость; выносливость; продолжительность

persistent [pəˈsɪst(ə)nt] настойчивый; стойкий; устойчивый; постоянный

persistent leaf [pəˈsɪst(ə)ntˈliːf] многолетний лист

person [ˈpəːsn] человек; личность; особа; субъект; внешность; облик

person in distress [ˈpəːsnɪndɪsˈtres] лицо, потерпевшее бедствие

person of consequence [ˈpəːsnəvˈkɔnsɪkwəns] влиятельное лицо

person of figure [ˈpəːsnəvˈfɪɡə] выдающаяся личность

person of vacation [ˈpəːsnəvvəˈkeɪʃən] отдыхающий; отпускник

persona [pəːˈsounə] внешняя роль; маска; личина

personable [ˈpəːsnəbl] красивый; с привлекательной внешностью; представительный

personage [ˈpəːsnɪʤ] выдающаяся личность; (важная) персона; человек; лицо; особа; персонаж; действующее лицо

personal [ˈpəːsnl] индивидуальный; персональный; задевающий, затрагивающий личность; личный

personal account [ˈpəːsnləˈkaunt] лицевой счет

personal asset [ˈpəːsnlˈæset] личное имущество

personal best [ˈpəːsnlˈbest] личный рекорд (спорт.)

personal business [ˈpəːsnlˈbɪznɪs] личные дела

personal column [ˈpəːsnlˈkɔləm] раздел частных объявлений (в газете)

personal computer [ˈpəːsnlkəmˈpjuːtə] персональный компьютер

personal effects [ˈpəːsnlɪˈfekts] личное имущество

personal files [ˈpəːsnlˈfaɪlz] личный архив

personal income [ˈpəːsnlˈɪnkʌm] личный доход

personal income tax allowance [ˈpəːsnlˌɪnkʌmˌtæksəˈlauəns] скидка с подоходного налога

personal liability [ˈpəːsnlˌlaɪəˈbɪlɪtɪ] личная ответственность

personal liberty [ˈpəːsnlˈlɪbətɪ] свобода личности

personal make-up [ˈpəːsnlˈmeɪkʌp] индивидуальные особенности

personal needs [ˈpəːsnlˈniːdz] личные нужды; повседневные потребности

personal property [ˈpəːsnlˈprɔpətɪ] личная собственность; движимое имущество

personal relations [ˈpəːsnlrɪˈleɪʃənz] личные взаимоотношения

personal tax [ˈpəːsnltæks] налог на движимое имущество

personal weapon [ˈpəːsnlˈwepən] личное оружие

personalia [ˌpəːsəˈneɪljə] рассказы, воспоминания и т. п. о чьей-либо личной жизни; личные вещи

personalistic [ˌpəːsənəˈlɪstɪk] личный; индивидуальный

personality [ˌpəːsəˈnælɪtɪ] индивидуальность; лицо; особа; личные свойства; особенности характера; (известная) личность; персона; деятель

personality clash [ˌpəːsəˈnælɪtɪˈklæʃ] столкновение личностей

personality organization [ˌpəːsəˈnælɪtɪˌɔːɡənaɪˈzeɪʃən] структура личности

personalize [ˈpəːsnəlaɪz] олицетворять; воплощать; относить на свой счет

personally [ˈpəːsnəlɪ] лично; персонально; собственной персоной; сам; что касается меня (его и т. п.)

personate [ˈpəːsəneɪt] играть роль; выдавать себя за кого-либо

personation [ˌpəːsəˈneɪʃ(ə)n] выдача себя за другого; воплощение; олицетворение

personification [pəːsɔnɪfɪˈkeɪʃ(ə)n] олицетворение; воплощение; одушевление

personify [pəːˈsɔnɪfaɪ] олицетворять; воплощать; одушевлять

personnel [ˌpəːsəˈnel] персонал; личный состав; кадры (предприятия, учреждения)

personnel administration [ˌpəːsəˈnel|ədˌmɪnɪsˈtreɪʃən] управление кадрами

personnel arrangements [ˌpəːsəˈnel|əˈreɪnʤmənts] штатное расписание

personnel department [ˌpəːsəˈnel|dɪˈpɑːtmənt] отдел кадров

personnel office [ˌpəːsəˈnel|ˈɔfɪs] отдел кадров

perspective [pəˈspektɪv] перспектива; вид; ракурс; проекция; перспективный; многообещающий; подающий надежды

perspicacious [ˌpəːspɪˈkeɪʃəs] мудрый; проницательный

perspicacity [ˌpəːspɪˈkæsɪtɪ] проницательность

perspicuity [ˌpəːspɪˈkjuː(ː)ɪtɪ] понятность; разборчивость

perspicuous [pəˈspɪkjuəs] отчетливый; понятный; ясно выражающий свои мысли

perspiration [ˌpəːspəˈreɪʃ(ə)n] потение; испарина; пот

perspiration water [ˌpəːspəˈreɪʃ(ə)n|ˈwɔːtə] конденсат

perspire [pəsˈpaɪə] потеть; быть в испарине

persuadable [pəˈsweɪdəbl] поддающийся убеждению

persuade [pəˈsweɪd] убеждать (в чем-либо); склонить; уговорить; отговорить (от чего-либо)

persuasion [pəˈsweɪʒ(ə)n] убеждение; обоснованность; убедительность; группа; секта; фракция

persuasive [pəˈsweɪsɪv] решительный; убедительный; мотив; побуждение; повод; стимул

persuasiveness [pəˈsweɪsɪvnɪs] обоснованность; убедительность

pert [pəːt] дерзкий; задиристый

pertain [pəːˈteɪn] принадлежать; иметь отношение (к чему-либо); быть свойственным; подобать; подходить

pertinacious [ˌpəːtɪˈneɪʃəs] настойчивый; неуступчивый; упрямый

pertinacity [ˌpəːtɪˈnæsɪtɪ] настойчивость; упрямство

pertinence [ˈpəːtɪnəns] уместность (замечания и т. п.); логичность; связность

pertinency [ˈpəːtɪnənsɪ] уместность (замечания и т. п.); логичность; отношение; связность; связь

pertinent [ˈpəːtɪnənt] уместный; подходящий; своевременный; имеющий отношение, относящийся к делу

perturb [pəˈtəːb] возмущать; тревожить; нарушать (спокойствие); волновать; смущать

perturbation [ˌpəːtə(ː)ˈbeɪʃ(ə)n] беспокойство; возбуждение; помеха; отклонение от нормы

peruke [pəˈruːk] парик

perusal [pəˈruːz(ə)l] внимательное чтение; рассматривание

peruse [pəˈruːz] внимательно прочитывать; внимательно рассматривать (лицо человека и т. п.)

pervade [pəːˈveɪd] распространяться; проникать; проходить (по, через)

pervasion [pəːˈveɪʒ(ə)n] распространение

pervasive [pəːˈveɪsɪv] проникающий; распространяющийся повсюду

perverse [pəˈvəːs] упрямый; капризный; несговорчивый; неправильный; превратный

perversion [pəˈvəːʃ(ə)n] извращение; искажение; извращенность

perversity [pəˈvəːsɪtɪ] упрямство; своенравие; извращенность; порочность

pervert [ˈpəːvəːt] [pəˈvəːt] отступник; извращать; фальсифицировать; портить; развращать

pervious [ˈpəːvjəs] проходимый; восприимчивый

pessimism [ˈpesɪmɪzm] пессимизм

pessimist [ˈpesɪmɪst] пессимист

pessimistic [ˌpesɪˈmɪstɪk] пессимистический

pest [pest] вредитель; паразит; язва; что-либо надоедливое; надоедливый человек

pester [ˈpestə] докучать; донимать; заполнять; наводнять

pesthole [ˈpesthoul] очаг заразы, эпидемии

pesticide [ˈpestɪsaɪd] пестицид (с.-х.); средство для борьбы с вредителями

pestiferous [pesˈtɪf(ə)rəs] распространяющий заразу; зловонный; вредный; опасный; плохой; докучливый; надоедливый

pestilence [ˈpestɪləns] (бубонная) чума; мор; поветрие; эпидемия

pestilent [ˈpestɪlənt] смертоносный; ядовитый; пагубный; вредный; тлетворный

pestilential [ˌpestɪˈlenʃ(ə)l] распространяющий заразу; губительный; пагубный

pestle [ˈpesl] пестик (ступки); толочь в ступе

pet [pet] баловень; любимец; любимое животное; любимая вещь; любимый; ручной; комнатный (о животном); баловать; ласкать; обида; раздражение; дурное настроение

petal [petl] лепесток

petard [pe'ta:d] петарда; хлопушка *(род фейерверка)*

peter out ['pi:tə(r)|'aut] истощаться; беднеть *(о месторождениях)*; исчезать; пропадать; теряться; провалиться; лопнуть; потерпеть неудачу

petersham ['pi:təʃəm] толстое сукно; пальто *(брюки)* из грубошерстного сукна; плотная лента *(для шляп)*

petite [pə'ti:t] маленькая; маленького роста; изящная

petition [pɪ'tɪʃ(ə)n] петиция; прошение; ходатайство; молитва; обращаться с петицией; подавать прошение; ходатайствовать; молить; просить; упрашивать

petitionary [pɪ'tɪʃnərɪ] содержащий просьбу; просительный

petrifaction [ˌpetrɪ'fækʃ(ə)n] окаменение; неподвижность; оцепенение

petrify ['petrɪfaɪ] превращать(ся) в камень; окаменевать; приводить в оцепенение; поражать; ошеломлять; остолбенеть; оцепенеть

petrochemistry [ˌpetrou'kemɪstrɪ] нефтехимия

petrol ['petrəl] бензин; газолин; моторное топливо; бензиновый; чистить бензином

petrol consumption ['petrəl|kən'sʌmpʃən] потребление бензина

petrol injection ['petrəl|ɪn'dʒekʃən] впрыск бензина

petrol pump ['petrəl|pʌmp] бензонасос

petrol service station attendant ['petrəl|'sə:vɪs|ˌsteɪʃən|ə'tendənt] оператор автозаправочной станции

petrol station ['petrəl|'steɪʃən] бензоколонка

petrol tank ['petrəl|tæŋk] бензобак

petrol tin ['petrəl|tɪn] бензиновая канистра

petrol vapour ['petrəl|'veɪpə] пары бензина

petrol-powered ['petrəl|'pauəd] бензиновый

petrolatum [ˌpetrə'leɪtəm] вазелин

petroleum [pɪ'trouljəm] нефть; нефтяной

petrous ['petrəs] окаменелый; твердый как камень

petticoat ['petɪkout] *(нижняя)* юбка; детская юбочка; женский

pettifog ['petɪfɔg] сутяжничать; вздорить из-за пустяков

pettifogger ['petɪfɔgə] кляузник; крючкотвор

pettifogging ['petɪfɔgɪŋ] мелочный; незначительный

petting ['petɪŋ] ласки; нежничание

pettish ['petɪʃ] обидчивый; раздражительный

petty ['petɪ] маловажный; мелкий; незначительный; небольшой

petty advocate ['petɪ|'ædvəkɪt] адвокат, ведущий мелкие дела

petty offender ['petɪ|ə'fendə] лицо, совершившее мелкое преступление

petulance ['petjuləns] раздражение; недовольство; неудовлетворение

petulant ['petjulənt] несдержанный; раздражительный

pew [pju:] церковная скамья со спинкой; постоянное отгороженное место в церкви *(занимаемое каким-либо важным лицом и его семьей)*

pew-rent ['pju:rent] плата за место в церкви

pewit ['pi:wɪt] чибис *(орнит.)*

pewter ['pju:tə] сплав олова со свинцом; оловянная посуда; оловянная кружка; оловянный

phalanx ['fælæŋks] фаланга

phantasm ['fæntæzm] иллюзия; призрак; фантом

phantasmagoria [ˌfæntæzmə'gɔrɪə] фантасмагория

phantasmagoric [ˌfæntæzmə'gɔrɪk] фантасмагорический

phantasmal [fæn'tæzm(ə)l] воображаемый; призрачный

phantom ['fæntəm] иллюзия; призрак; фантом; иллюзорный; призрачный

Pharaoh ['feərou] фараон

Pharisaic(al) [ˌfærɪ'seɪɪk(əl)] фарисейский; ханжеский

Pharisaism ['færɪseɪɪzm] фарисейство

Pharisee ['færɪsi:] фарисей; ханжа

pharmaceutist [ˌfa:mə'sju:tɪst] фармацевт

pharmacology [ˌfa:mə'kɔlədʒɪ] фармакология

pharmacy ['fa:məsɪ] фармация; аптека

pharynx ['færɪŋks] зев

phase [feɪz] фаза; стадия; период; этап; ступень развития; фазис; аспект; сторона; фазировать

to phase out — снимать с производства; выводить из строя

phasic ['feɪzɪk] стадийный; фазный

pheasant ['feznt] фазан

phenomenal [fɪ'nɔmɪnl] выдающийся; исключительный

phenomenon [fɪ'nɔmɪnən] событие; феномен; необыкновенное явление

phial ['faɪ(ə)l] пузырек; склянка; флакон; контейнер для жидкости

philander [fɪ'lændə] флиртовать; волочиться

philanderer [fɪ'lændərə] волокита; донжуан

philanthropic [ˌfɪlən'θrɔpɪk] благотворительный; филантропический

philanthropist [fɪ'lænθrəpɪst] филантроп

philanthropize [fɪ'lænθrəpaɪz] заниматься филантропией; покровительствовать *(кому-либо)*

philanthropy [fɪ'lænθrəpɪ] благотворительность; филантропия

philatelic [ˌfɪləˈtelɪk] филателистический
philatelist [fɪˈlætəlɪst] филателист
philately [fɪˈlætəlɪ] филателия
philharmonic [ˌfɪlɑːˈmɔnɪk] любящий музыку; филармонический; музыкальный (об обществе); филармония
Philistine [ˈfɪlɪstaɪn] мещанин; обыватель; филистер; филистимлянин (библ.); мещанский; обывательский
Philistinism [ˈfɪlɪstɪnɪzm] мещанство; филистерство
phillips screw [ˈfɪlɪps|skruː] винт с крестообразным шлицем
phillips screw-driver [ˈfɪlɪps|ˈskruːˌdraɪvə] крестообразная отвертка
philobiblic [ˌfɪlouˈbɪblɪk] любящий книги
philological [ˌfɪləˈlɔdʒɪk(ə)l] лингвистический; филологический; языковедческий
philologist [fɪˈlɔlədʒɪst] лингвист; филолог; языковед
philology [fɪˈlɔlədʒɪ] филология
philoprogenitive [ˌfɪlouprouˈdʒenɪtɪv] плодовитый; чадолюбивый
philosopher [fɪˈlɔsəfə] мудрец; мыслитель; философ; человек с философским подходом к жизни
philosophical [ˌfɪləˈsɔfɪk(ə)l] философский
philosophy [fɪˈlɔsəfɪ] философия
philtre [ˈfɪltə] любовный напиток; приворотное зелье
phlegm [flem] мокрота; слизь; флегма (мед.)
phlegmatic [flegˈmætɪk] вялый; флегматичный
phobia [ˈfoubɪə] невроз страха; фобия
phobic [ˈfoubɪk] страдающий фобией; относящийся к фобии
phoenix [ˈfiːnɪks] феникс (миф.); образец совершенства; чудо
phonal [ˈfoun(ə)l] голосовой; звуковой
phonate [fouˈneɪt] издавать звуки
phonatory band [fouˈnətərɪ|ˈbænd] голосовая связка
phone [foun] телефон; телефонная трубка; звонить по телефону
phone number [ˈfoun|ˈnʌmbə] номер телефона
phone up [ˈfoun|ʌp] звонить по телефону (разг.)
phone-tapping [ˈfountæpɪŋ] прослушивание телефонных разговоров
phoneme [ˈfouniːm] фонема
phonetic [fouˈnetɪk] фонетический
phoneticize [fouˈnetɪsaɪz] транскрибировать фонетически
phonetics [fouˈnetɪks] фонетика
phonic [ˈfounɪk] акустический; голосовой; звуковой
phonics [ˈfounɪks] акустика

phonogram [ˈfounəgræm] фонограмма; звукозапись; телефонограмма
phonograph [ˈfounəgrɑːf] фонограф; граммофон; патефон
phonographic [ˌfounəˈgræfɪk] фонографический
phonography [fouˈnɔgrəfɪ] фонография; стенографическая запись по фонетической системе
phonologic(al) [ˌfounəˈlɔdʒɪkəl] фонологический
phonology [fouˈnɔlədʒɪ] фонология
phonometer [fouˈnɔmɪtə] фонометр
phony [ˈfounɪ] ложный; поддельный; фальшивый; обман; ложь; неправда; жулик; обманщик
Phosphor [ˈfɔsfə] утренняя звезда (поэт.)
phosphoresce [ˌfɔsfəˈres] светиться; фосфоресцировать
photic [ˈfoutɪk] световой; относящийся к свету
photo [ˈfoutou] снимок; фотография (разг.)
photo-offset [ˌfoutouˈɔfset] плоская офсетная печать
photoactive [ˌfoutouˈæktɪv] светочувствительный
photocell [ˈfoutəsel] фотоэлемент
photocomposition [ˌfoutəkɔmpəˈzɪʃən] фотонабор
photocopier [ˌfoutəˈkɔpɪə] копировальное устройство
photocopy [ˌfoutəˈkɔpɪ] копия; ксерокс; фотокопировать
photoflash [ˈfoutəflæʃ] фотовспышка
photograph [ˈfoutəgrɑːf] фотографический снимок; фотография; снимать; фотографировать
photographer [fəˈtɔgrəfə] фотограф
photographic [ˌfoutəˈgræfɪk] фотографический
photographic exposure [ˌfoutəˈgræfɪk|ɪksˈpouʒə] время экспонирования
photographic team [ˌfoutəˈgræfɪk|ˈtiːm] киносъемочная группа
photography [fəˈtɔgrəfɪ] фотографирование; фотография; киносъемка; видеосъемка
photography director [fəˈtɔgrəfɪ|dɪˈrektə] оператор-постановщик
photogravure [ˌfoutəgrəˈvjuə] фотогравюра; фотогравировать
photojournalism [ˌfoutəˈdʒəːnəlɪzm] фотожурналистика
photomontage [ˌfoutoumɔnˈtɑːʒ] фотомонтаж
photophobia [ˌfoutouˈfoubɪə] светобоязнь (мед.)
photoplay [ˈfoutəpleɪ] фильм-спектакль; сценарий
photopolymer plate [ˌfoutəˈpɔlɪmə|ˈpleɪt] фотополимерное клише
photoprinter [ˌfoutəˈprɪntə] фотопечатающее устройство
phototherapy [ˌfoutəˈθerəpɪ] светолечение
phototypesetter [ˌfoutətaɪpˈsetə] фирма, специализирующаяся на фотонаборе

phrase [freɪz] фраза; выражение; оборот; манера; слог; стиль; выражать (словами)

phrase-book [ˈfreɪzbuk] (двуязычный) фразеологический словарь

phraseology [ˌfreɪzɪˈɔləʤɪ] фразеология; манера; слог; стиль; язык

phrasing [ˈfreɪzɪŋ] выражение, формулирование мысли

phrenetic [frɪˈnetɪk] исступленный; неистовый; активный; фанатичный; безумец; маньяк

phthisis [ˈθaɪsɪs] туберкулез; чахотка (мед.)

phut [fʌt] свист; треск

phylactery [fɪˈlæktərɪ] амулет; талисман

phylactic agent [fɪˈlæktɪkˈeɪʤənt] иммунное вещество

physic [ˈfɪzɪk] лекарство (разг.); давать лекарство (разг.)

physical [ˈfɪzɪk(ə)l] физический; материальный

physical body [ˈfɪzɪk(ə)lˈbɔdɪ] физическое лицо (не организация)

physical change [ˈfɪzɪk(ə)lˈtʃeɪnʤ] физическое изменение

physical description [ˈfɪzɪk(ə)lˈdɪsˈkrɪpʃən] словесный портрет подозреваемого

physical efficiency [ˈfɪzɪk(ə)lˈɪˈfɪʃənsɪ] физическая работоспособность

physical exercise [ˈfɪzɪk(ə)lˈeksəsaɪz] физическая нагрузка

physical form [ˈfɪzɪk(ə)lˈfɔ:m] внешний вид

physical injury [ˈfɪzɪk(ə)lˈɪnʤərɪ] травма; рана

physical menace [ˈfɪzɪk(ə)lˈmenəs] угроза физическим насилием

physical necessity [ˈfɪzɪk(ə)lˈnɪˈsesɪtɪ] физическая необходимость

physical parameter [ˈfɪzɪk(ə)lˈpəˈræmɪtə] физический параметр

physical plan [ˈfɪzɪk(ə)lˈplæn] план местности

physical splice [ˈfɪzɪk(ə)lˈsplaɪs] монтажная склейка

physician [fɪˈzɪʃ(ə)n] врач; доктор; медик; целитель; исцелитель

physicist [ˈfɪzɪsɪst] физик

physics [ˈfɪzɪks] физика

physiography [ˌfɪzɪˈɔgrəfɪ] физическая география; физиография

physiologist [ˌfɪzɪˈɔləʤɪst] физиолог

physiology [ˌfɪzɪˈɔləʤɪ] физиология

physique [fɪˈzi:k] телосложение; конституция; физические данные

piaffe [pɪˈæf] идти медленной рысью

pianette [pjæˈnet] маленькое пианино

pianino [pjæˈni:nou] пианино

pianist [ˈpɪənɪst] пианист; пианистка

piano [ˈpjænou] фортепьяно

piano-organ [ˈpjænouˌɔ:gən] вид шарманки

pic [pɪk] кинокартина; кинофильм; фотография

picaresque [ˌpɪkəˈresk] авантюрный; плутовской

picaroon [ˌpɪkəˈru:n] авантюрист; жулик; мошенник; плут; пират; пиратский корабль; совершать пиратские набеги

picayune [ˌpɪkəˈju:n] пустяк (разг.); мелкий; пустяковый; низкий; презренный

piccaninny [ˈpɪkənɪnɪ] негритенок; очень маленький

piccolo [ˈpɪkəlou] пикколо (муз.); малая флейта

pick [pɪk] кирка; кайла; остроконечный инструмент; выбирать; отбирать; подбирать; выискивать; искать; собирать (плоды); долбить; протыкать; ковырять; сковыривать; расщипывать; выбор; извлечение; что-либо отборное; лучшая часть (чего-либо); удар (чем-либо острым)

to pick and choose — быть разборчивым
to pick apart — придираться; критиковать
to pick away — удалять; снимать (небольшими частями)
to pick off — срывать; обрывать; снимать; стрелять, тщательно прицеливаясь
to pick up — подбирать; собирать; поднимать
to pick up passengers — принимать пассажиров
to pick up speed — набирать скорость

pick-a-back [ˈpɪkəbæk] на спине; за плечами

pick-off [ˈpɪkɔf] чувствительный элемент; датчик

pick-up [ˈpɪkʌp] датчик; захватывающее приспособление; приемное устройство

picked [pɪkt] подобранный; собранный; отборный

picker [ˈpɪkə] сборщик (хлопка, фруктов и т. п.); сортировщик; тряпичник; мусорщик

pickerel [ˈpɪkər(ə)l] молодая щука; щуренок

picket [ˈpɪkɪt] кол; пикет; пикетчик; сторожевая застава (воен.); пикетировать

picking [ˈpɪkɪŋ] собирание; отбор; сбор; воровство; разборка; сортировка; ощипывание (птицы); подбор заказа; список товаров с указанием их местоположения на складе

pickle [ˈpɪkl] рассол; уксус для маринада; неприятное положение; плачевное состояние; мариновать; солить

pickled [ˈpɪkld] соленый; маринованный; пьяный (разг.)

picklock [ˈpɪklɔk] взломщик; отмычка

pickpocket [ˈpɪkˌpɔkɪt] вор-карманник

pickup [ˈpɪkʌp] случайная знакомая; что-либо полученное по случаю; удачная покупка; улучшение; восстановление; звукосниматель (муз.); пикап (автомобиль)

picky [ˈpɪkɪ] разборчивый *(разг.)*; требовательный

pick'n'mix [ˈpɪk|n|ˈmɪks] разнообразный; разный

picnic [ˈpɪknɪk] пикник; приятное времяпрепровождение; удовольствие

pictorial [pɪkˈtɔːrɪəl] живописный; изобразительный; иллюстрированный; иллюстративный; яркий; живой *(о стиле и т. п.)*; иллюстрированное периодическое издание

picture [ˈpɪktʃə] картина; рисунок; изображение; описание; портрет; копия; что-либо очень красивое *(разг.)*; картинка; представление; мысленный образ; воплощение; олицетворение *(здоровья, отчаяния и т. п.)*; кинокадр; кинофильм; изображать на картине; рисовать; снимать; фотографировать; живописать; изображать; быть похожим; иметь сходство; представлять себе

picture jitter [ˈpɪktʃəˈdʒɪtə] дрожание изображения

picture-book [ˈpɪktʃəbuk] *(детская)* книжка с картинками; иллюстрированная книга

picture-(post)card [ˈpɪktʃə.(poust)kɑːd] художественная открытка

picture-gallery [ˈpɪktʃəˌgælərɪ] картинная галерея

picture-library [ˈpɪktʃəˌlaɪbrərɪ] пинакотека

picture-palace [ˈpɪktʃəˌpælɪs] кинотеатр

picture-quality degradation [ˈpɪktʃəˈkwɔlɪtɪˌdegrəˈdeɪʃən] ухудшение изображения

picture-show [ˈpɪktʃəʃou] кинотеатр; кинокартина

picture-wave [ˈpɪktʃəweɪv] видеосигнал

picturesque [ˌpɪktʃəˈresk] живописный; красивый; колоритный; яркий; образный *(о языке)*

picturization book rights [ˌpɪktʃəraɪˈzeɪʃən|buk|raɪts] право на издание книги изображений или комиксов, печатавшихся в газете

piddling [ˈpɪdlɪŋ] малейший; незначительный

pie [paɪ] пирог; пирожок; торт

piebald [ˈpaɪbɔːld] пегий *(о лошади)*; пестрый; разношерстный; пегая лошадь; пегое животное

piece [piːs] кусок; часть; обломки; осколки; участок *(земли)*; штука; определенное количество; деталь; отдельный предмет; картина; литературное или музыкальное произведение; обрабатываемое изделие; пьеса; образец; пример; шахматная фигура; монета; вставка; заплата; чинить; латать

to piece on — прилаживать; присоединяться; сочетаться

to piece together — собирать; соединять

piece of art [ˈpiːsəvˈɑːt] художественное произведение

piece of bread [ˈpiːsəvˈbred] кусок хлеба

piece of injustice [ˈpiːsəvɪnˈdʒʌstɪs] несправедливость

piece of work [ˈpiːsəvˈwəːk] *(отдельно выполненная)* работа, произведение

piece-goods [ˈpiːsgudz] штучные товары

piece-rate [ˈpiːsreɪt] сдельный *(об оплате)*

piece-wage [ˈpiːsweɪdʒ] сдельная оплата труда

piece-work job [ˈpiːswəːkˈdʒɔb] сдельная работа

piecemeal [ˈpiːsmiːl] по частям; постепенно; на куски; на части; сделанный по частям; постепенный; частичный

piecewise [ˈpiːswaɪz] кусочный; кусочно

piecrust [ˈpaɪkrʌst] корочка пирога

pied [paɪd] пестрый; разноцветный

pieman [ˈpaɪmən] пирожник; продавец пирогов

pier [pɪə] бык моста; дамба; запруда; плотина; пирс *(мор.)*; опора; столб; стойка

pierce [pɪəs] прокалывать; пронзать; протыкать; просверливать; пробуравливать; пробивать отверстие; постигать; проникать в тайны; пронизывать *(о холоде, взгляде)*; перфорировать; прорываться; проходить *(сквозь что-либо)*; резко раздаваться, пронзительно звучать *(в воздухе, тишине и т. п.)*

pierced disc [ˈpɪəstˈdɪsk] диск с отверстиями

piercer [ˈpɪəsə] шило; пробойник; бур

piercing [ˈpɪəsɪŋ] прокол; укол; пронзительный; острый; пронизывающий *(о взгляде, холоде)*; мудрый; проницательный; бронебойный *(воен.)*; перфорация; пробивка отверстий; прошивка

pierglass [ˈpɪəglɑːs] трюмо

pietism [ˈpaɪətɪzm] пиетизм *(рел.)*; ложное, притворное благочестие; ханжество

piety [ˈpaɪətɪ] благочестие; набожность; почтительность к родителям, к старшим; добродетельный поступок

piffle [ˈpɪfl] болтовня; вздор; болтать пустяки; действовать необдуманно; глупо поступать

pig [pɪg] *(молодая)* свинья; поросенок; болванка; брусок; пороситься

pig-iron [ˈpɪgˌaɪən] чугун

pig-sticker [ˈpɪgˌstɪkə] охотник на кабанов; большой карманный нож *(разг.)*

pigeon [ˈpɪdʒɪn] голубь; обманывать; вводить в заблуждение

pigeon-hearted [ˈpɪdʒɪnˈhɑːtɪd] робкий; трусливый

pigeon-hole [ˈpɪdʒɪnhoul] голубиное гнездо; отделение для бумаг *(в секретере, письменном столе и т. п.)*; классифицировать; приклеивать ярлыки

pigeongram [ˈpɪdʒɪngræm] сообщение, посланное с почтовым голубем

pigeonry [ˈpɪdʒɪnrɪ] голубятня

piggery [ˈpɪgərɪ] свинарник; хлев

piggish [ˈpɪgɪʃ] свиной; похожий на свинью; жадный; настойчивый; упрямый

piggy bank [ˈpɪgɪˌbæŋk] копилка

piggyback control [ˈpɪgɪbæk|kənˈtroul] автоматическое регулирование напряжения
piglet [ˈpɪglət] поросенок
pigment [ˈpɪgmənt] пигмент
pigment coat [ˈpɪgmənt|ˈkout] пигментная оболочка
pigmental [pɪgˈmentl] пигментный
pigmentation [ˌpɪgmənˈteɪʃ(ə)n] пигментация
pignut [ˈpɪgnʌt] земляной каштан
pigskin [ˈpɪgskɪn] свиная кожа; седло *(разг.)*
pigsty [ˈpɪgstaɪ] свинарник; хлев
pigtail [ˈpɪgteɪl] коса; косичка; табак, свернутый в трубочку; короткий кусок шланга
pigwash [ˈpɪgwɔʃ] помои
pike [paɪk] щука; копье; пика; прыжок согнувшись; наконечник стрелы; колючка; шип; вилы
pikelet [ˈpaɪklɪt] сдобная булочка; пышка
pikestaff [ˈpaɪkstɑːf] посох
pilaster [pɪˈlæstə] пилястр *(архит.)*
pilaw [pɪˈlau] плов *(перс.)*
pilchard [ˈpɪltʃəd] сардина
pile [paɪl] куча; груда; пачка; связка; погребальный костер; огромное здание; складывать, сваливать в кучу; накоплять; свая; столб; вбивать, вколачивать сваи; волос; пух; шерсть; ворс
piled [paɪld] ворсистый *(о ткани)*
pilferage [ˈpɪlfərɪdʒ] мелкая кража
pilferer [ˈpɪlfərə] мелкий жулик
pilgrim [ˈpɪlgrɪm] паломник; странник
pilgrimage [ˈpɪlgrɪmɪdʒ] паломничество; паломничать
piling [ˈpaɪlɪŋ] забивка свай; свайное сооружение
pill [pɪl] пилюля; ядро *(разг.)*; пуля; неприятный человек *(разг.)*; давать пилюли
pillage [ˈpɪlɪdʒ] воровство; мародерство; красть; мародерствовать
pillar [ˈpɪlə] столб; колонна; опора; стойка; пилон; основание; мачта; поддержка; подпирать; поддерживать
pillar-box [ˈpɪləbɔks] стоячий почтовый ящик; дзот *(воен.)*
pillar-stand [ˈpɪləstænd] стойка
pillion [ˈpɪljən] заднее сиденье *(мотоцикла)*; дамское седло
pillory [ˈpɪlərɪ] позорный столб; поставить, пригвоздить к позорному столбу; выставить на осмеяние
pillow [ˈpɪlou] подушка; вкладыш; подкладка; класть голову на что-либо; служить подушкой
pillow-block [ˈpɪloublɔk] опорный подшипник
pillow-case [ˈpɪloukeɪs] наволочка
pillow-sham [ˈpɪlouʃæm] накидка *(на подушку)*
pillowy [ˈpɪlouɪ] мягкий; гибкий; податливый

pilot [ˈpaɪlət] лоцман; летчик *(авиац.)*; пилот; контрольная жила; опытный проводник; сигнальная лампа; направляющее устройство; вести; пилотировать; руководить; быть проводником
to pilot an airplane — управлять самолетом
pilot bearing [ˈpaɪlət|ˈbeərɪŋ] направляющая опора
pilot bushing [ˈpaɪlət|ˈbuʃɪŋ] направляющая втулка
pilot jet [ˈpaɪlət|dʒet] жиклер холостого хода
pilot light [ˈpaɪlət|laɪt] индикатор
pilot lot [ˈpaɪlət|lɔt] опытная партия товаров
pilot model [ˈpaɪlət|mɔdl] опытный образец
pilot survey [ˈpaɪlət|ˈsəːveɪ] предварительный сбор информации
pilot test [ˈpaɪlət|ˈtest] контрольный тест
pilot valve [ˈpaɪlət|ˈvælv] управляющий клапан
pilot-film [ˈpaɪlətfɪlm] телепанорама *(обзор передач с демонстрацией отрывков)*
pilot-fish [ˈpaɪlətfɪʃ] рыба-лоцман
pilotage [ˈpaɪlətɪdʒ] проводка судов; лоцманское дело; пилотирование
piloting [ˈpaɪlətɪŋ] разработка прототипа; макетирование
pilule [ˈpɪljuːl] *(небольшая)* пилюля
pimento [pɪˈmentou] стручковый *(красный)* перец
pimping [ˈpɪmpɪŋ] маленький; жалкий; малейший; болезненный; слабый
pimple [ˈpɪmpl] прыщ; угорь
pimpled [ˈpɪmpld] прыщавый; прыщеватый
pin [pɪn] булавка; шпилька; прищепка; штырь; ось; цапфа; кнопка; брошка; значок; шпиль; шкворень; штифт; шплинт; скалка; прикалывать; скреплять; скалывать; прокалывать; пробивать; зашплинтовывать
to pin down to — связывать *(обещанием)*
pin support [ˈpɪnsəˈpɔːt] опора цапфы
pin-bolt [ˈpɪnboult] чека
pin-head [ˈpɪnhed] булавочная головка; мелочь; мелкие деньги; сдача
pin-hinge [ˈpɪnhɪndʒ] ось
pin-joint [ˈpɪndʒɔɪnt] шарнир; шарнирное соединение
pin-money [ˈpɪnˌmʌnɪ] карманные деньги
pin-point [ˈpɪnpɔɪnt] острие булавки; что-либо очень маленькое, незначительное; прицельный *(воен.)*; точный; указать точно; заострить внимание *(на чем-либо)*
pinafore [ˈpɪnəfɔː] передник *(детский)*; фартук
pinafore dress [ˈpɪnəfɔːˈdres] сарафан
pinaster [paɪˈnæstə] приморская сосна
pinboard [ˈpɪnbɔːd] коммутационная панель
pince-nez [ˈpænsneɪ] пенсне *(франц.)*
pincer prehension [ˈpɪnsəprɪˈhenʃən] хватательный рефлекс

PIN — PIQ

pincers [ˈpɪnsəz] клешни; столярные клещи; пинцет; щипцы
pincette [ˌpænˈset] пинцет
pinch [pɪntʃ] щипок; щепотка (соли и т. п.); крайняя нужда; стесненное положение; сжатие; сужение; ущипнуть; прищемить; ущемить; сдавливать; сжимать; жать; зажимать; ограничивать; стеснять; урезывать; скупиться; вымогать (деньги)
pinch-nut [ˈpɪntʃnʌt] контргайка
pinch-off [ˈpɪntʃɔf] скручивание
pinchbeck [ˈpɪntʃbek] фальшивые драгоценности; подделка; поддельный; фальшивый
pinchers [ˈpɪntʃəz] вмятины
pincushion [ˈpɪnˌkuʃɪn] подушечка для булавок
pine [paɪn] сосна; сосновый; чахнуть; томиться
pine-cone [ˈpaɪnkoun] сосновая шишка
pine-tree [ˈpaɪntriː] сосна
pineapple [ˈpaɪnˌæpl] ананас; ананасный
pinery [ˈpaɪnərɪ] сосняк; сосновый бор
pinfold [ˈpɪnfould] загон для скота; держать (скот) в загоне
ping [pɪŋ] свист (пули); гудение (комара); стук от удара; детонация; дребезжание; свистеть; гудеть; ударяться со стуком
ping-pong [ˈpɪŋpɔŋ] настольный теннис; пинг-понг
pinguid [ˈpɪŋgwɪd] жирный; маслянистый; богатый, плодородный (о почве)
pinhole [ˈpɪnhoul] прокол
pinholing [ˈpɪnhoulɪŋ] ноздреватость
pinion [ˈpɪnjən] шестерня; ведущая шестерня; оконечность птичьего крыла; перо; подрезать или связывать крылья; связывать (руки); крепко привязывать
pinion-drive [ˈpɪnjəndraɪv] шестеренчатый привод
pinion-gear [ˈpɪnjənˈgɪə] ведущая шестерня
pinioned [ˈpɪnjənd] крылатый
pink [pɪŋk] гвоздика (бот.); розовый цвет; верх; высшая степень; умеренный радикал; прокалывать; пронзать; стучать (в двигателе); работать с детонацией (техн.)
pink cockatoo [ˈpɪŋkˌkɔkəˈtuː] какаду-инка
pink out [ˈpɪŋkˈaut] рассверливать; растачивать
pinking [ˈpɪŋkɪŋ] детонация
pinkish [ˈpɪŋkɪʃ] розоватый
pinnacle [ˈpɪnəkl] остроконечная башенка; вершина; кульминационный пункт; возносить; украшать башенками
pinner [ˈpɪnə] род чепчика; передник
pinniped [ˈpɪnɪped] ластоногий; ластоногое животное
pinprick [ˈpɪnprɪk] булавочный укол; мелкая неприятность; досада

pintle [pɪntl] штырь; штифт; шкворень
piny [ˈpaɪnɪ] сосновый; поросший соснами
pioneer [ˌpaɪəˈnɪə] пионер; первый поселенец, исследователь; инициатор; зачинатель; новатор; сапер; первый; прокладывать путь; быть пионером; вести; направлять; руководить; управлять
pioneering [ˌpaɪəˈnɪərɪŋ] изыскания
pious [ˈpaɪəs] набожный; благочестивый; ханжеский
pip [pɪp] косточка; зернышко (плода); очко (в картах, домино); звездочка (на погонах); подстрелить; ранить; победить; разрушить (чьи-либо) планы; провалить (на экзамене); пищать; чирикать
pip-squeak [ˈpɪpskwiːk] что-либо незначительное (разг.), презренное; ничтожная личность
pipe [paɪp] труба; трубопровод; курительная трубка; свирель; дудка; свисток; волынка; пение; свист; играть на свирели; сопровождаться игрой на свирели (дудке); свистеть (о ветре и т. п.); петь (о птице); снабжать трубами; передавать (по проводам)
pipe defect [ˈpaɪpdɪˈfekt] повреждение трубы
pipe diameter [ˈpaɪpdaɪˈæmɪtə] диаметр трубы
pipe tree [ˈpaɪptriː] сирень обыкновенная
pipe-bend [ˈpaɪpbend] изгиб (колено) трубы
pipe-bracket [ˈpaɪpˈbrækɪt] кронштейн для подвески трубы
pipe-branch [ˈpaɪpbrɑːntʃ] патрубок
pipe-break [ˈpaɪpbreɪk] разрыв трубы
pipe-clamp [ˈpaɪpklæmp] хомут для труб
pipe-elbow [ˈpaɪpˈelbou] колено трубы
pipe-end [ˈpaɪpend] конец трубы
pipe-socket [ˈpaɪpˈsɔkɪt] штуцер; патрубок
piped music [ˈpaɪptˈmjuːzɪk] музыка, передающаяся по радио (в общественных местах)
pipedream [ˈpaɪpdriːm] несбыточная мечта; план, построенный на песке
pipeline [ˈpaɪplaɪn] трубопровод; нефтепровод; перекачивать по трубопроводу; прокладывать трубопровод
piper [ˈpaɪpə] волынщик; дудочник; игрок на свирели
pipette [pɪˈpet] пипетка; капать из пипетки
pipework [ˈpaɪpwəːk] трубы (как части какого-либо механизма)
piping [ˈpaɪpɪŋ] кант; игра (на дудке и т. п.); насвистывание; писк; пение (птиц); трубопровод; пронизывающий; резкий
pippin-faced [ˈpɪpɪnˈfeɪst] с круглым красным лицом
pipy [ˈpaɪpɪ] трубчатый; зычный; отчетливый
piquancy [ˈpiːkənsɪ] острота; пикантность
piquant [ˈpiːkənt] пикантный

pique [piːk] задетое самолюбие; досада; уколоть; задеть *(самолюбие)*; возбуждать *(любопытство)*; гордиться

piracy [ˈpaɪərəsɪ] пиратство; нарушение авторского права

piragua [pɪˈrægwə] пирога *(лодка)*

piranha [pɪˈrɑːnə] пиранья

pirate [ˈpaɪərɪt] пират; пиратское судно; нарушитель авторского права; заниматься пиратством; грабить; обкрадывать

pirated book [ˈpaɪərɪtɪdˈbuk] бездоговорно изданная книга; книга, изданная с нарушением авторских прав

piratical [paɪˈrætɪk(ə)l] пиратский

pirouette [ˌpɪruˈet] пируэт; делать пируэты

piscatorial [ˌpɪskəˈtɔːrɪəl] рыболовный; рыбацкий

pisciculture [ˈpɪsɪkʌltʃə] рыбоводство

pisciculturist [ˌpɪsɪˈkʌltʃərɪst] рыбовод

piscine [ˈpɪsiːn] плавательный бассейн; [ˈpɪsaɪn] рыбный

pisiform [ˈpɪsɪfɔːm] гороховидный

pismire [ˈpɪsmaɪə] муравей

piss-take [ˈpɪsteɪk] издевательство; насмешка

pistachio [pɪsˈtɑːʃɪou] фисташковое дерево *(бот.)*; фисташка *(плод)*; фисташковый цвет

piste [piːst] лыжня

pistol [ˈpɪstl] пистолет; револьвер; пистолетный; стрелять из пистолета *(револьвера)*

pistol-shot [ˈpɪstlʃɔt] пистолетный выстрел

piston [ˈpɪstən] пистон; клапан *(в медных духовых инструментах)*; поршень

piston barrel [ˈpɪstənˈbærəl] поршневой блок

piston capacity [ˈpɪstənkəˈpæsɪtɪ] рабочий объем цилиндра

piston clearance [ˈpɪstənˈklɪərəns] зазор поршня

piston compressor [ˈpɪstənkəmˈpresə] поршневой компрессор

piston displacement [ˈpɪstəndɪsˈpleɪsmənt] рабочий объем цилиндра

piston engine [ˈpɪstənˈenʤɪn] поршневой двигатель

piston load [ˈpɪstənˈloud] нагрузка на поршень

piston pin [ˈpɪstənˈpɪn] поршневой палец *(техн.)*

piston pressure [ˈpɪstənˈpreʃə] давление на поршень

piston pump [ˈpɪstənˈpʌmp] поршневой насос

piston ring [ˈpɪstənˈrɪŋ] поршневое кольцо

piston-knock [ˈpɪstənnɔk] перебой в работе двигателя

piston-stroke [ˈpɪstənstrouk] ход поршня

pit [pɪt] яма; углубление; впадина; шахта; карьер; выемка; волчья яма; западня; изъязвление; преисподняя; партер *(задние ряды за креслами)*; складывать, закладывать в яму *(для хранения)*; рыть ямы; покрывать*(ся)* ямками; оставлять следы, отметины; фруктовая косточка; вынимать косточки

pit hydrant [ˈpɪtˈhaɪdrənt] пожарный гидрант

pit-stop [ˈpɪtstɔp] остановка; привал

pita [ˈpiːtə] пита *(лаваш)*

pitch [pɪtʃ] смола; вар; деготь; смолить; высота *(тона, звука)*; напряжение; шаг резьбы; степень; уровень; уклон; скат; наклон; падение; килевая качка *(судна)*; бросок; подача *(спорт.)*; партия товара; разбивать *(палатки, лагерь)*; располагаться лагерем; бросать; кидать; выставлять на продажу; коэффициент укорочения шага; коэффициент шаговый обмоточный

pitch-dark [ˈpɪtʃˈdɑːk] очень темный

pitch-grouted macadam [ˈpɪtʃˌgrautɪdməˈkædəm] щебеночное покрытие

pitch-pipe [ˈpɪtʃpaɪp] камертон-дудка

pitched battle [ˈpɪtʃtˈbætl] жестокая схватка; яростная битва

pitcher [ˈpɪtʃə] кувшин; каменный брусок; подающий (в бейсболе)

pitchfork [ˈpɪtʃfɔːk] вилы для копания; камертон; взбрасывать вилами; неожиданно назначить на высокую должность

pitching stones [ˈpɪtʃɪŋˈstounz] каменное основание

pitchy [ˈpɪtʃɪ] смолистый; смоляной; черный как смоль

piteous [ˈpɪtɪəs] жалкий; жалобный; достойный сожаления

pitfall [ˈpɪtfɔːl] волчья яма; рытвина; яма

pith [pɪθ] сердцевина *(растения)*; спинной мозг; суть; сущность; интенсивность; мощность; сила; энергия

pith-fleck [ˈpɪθflek] червоточина; пятнистость

pithily [ˈpɪθɪlɪ] в точку; по существу

pithless [ˈpɪθlɪs] без сердцевины; вялый; слабый; бессодержательный; малосодержательный

pithy [ˈpɪθɪ] с сердцевиной; губчатый; крепкий; сильный; устойчивый; энергичный; содержательный; сжатый *(о стиле)*

pitiable [ˈpɪtɪəbl] жалкий; ничтожный

pitiful [ˈpɪtɪful] жалостливый; сострадательный; жалкий; маленький; несчастный

pitiless [ˈpɪtɪlɪs] безжалостный; бесчеловечный; жестокий

pitman [ˈpɪtmən] шахтер; углекоп

pitman arm [ˈpɪtmənˈɑːm] рулевая сошка

pittance [ˈpɪt(ə)ns] скудное вспомоществование или жалованье; жалкие гроши; небольшая часть или небольшое количество

pitter-patter [ˈpɪtəˈpætə] частое легкое постукивание; часто и легко *(ударять, стучать и т. п.)*

pittite [ˈpɪtaɪt] зритель последних рядов партера

pituitary [pɪˈtju(:)ɪt(ə)rɪ] слизистый
pituitary gland [pɪˈtju(:)ɪt(ə)rɪˈglænd] гипофиз; мозговой придаток
pity [ˈpɪtɪ] жалость; раскаяние; сожаление; сострадание; печальный факт; жалеть; соболезновать
pitying [ˈpɪtɪɪŋ] выражающий (испытывающий) жалость, сожаление
pityingly [ˈpɪtɪɪŋlɪ] с жалостью; с сожалением
pivot [ˈpɪvət] точка вращения; точка опоры; шарнир; шкворень; осевой стержень; центр вращения; надеть на стержень; вертеться; вращаться
pivot bearing [ˈpɪvətˈbeərɪŋ] шарнирная опора
pivot bridge [ˈpɪvətˈbrɪʤ] разводной мост
pivot pin [ˈpɪvətˈpɪn] ось шарнира; палец шарнира
pivot point [ˈpɪvətˈpɔɪnt] центр вращения
pivot rest [ˈpɪvətˈrest] шарнирная опора
pivot steer [ˈpɪvətˈstɪə] рулевой механизм
pivot suspension [ˈpɪvətsəsˈpenʃən] шарнирная подвеска
pivotal [ˈpɪvətl] центральный; основной; кардинальный; базисный; главнейший; вращающийся; поворотный
pivoting bearing [ˈpɪvətɪŋˈbeərɪŋ] поворотный подшипник; шарнирная опора
pivoting device [ˈpɪvətɪŋdɪˈvaɪs] шарнирное устройство
pixel [ˈpɪksl] пиксел (элемент изображения)
pixilated [ˈpɪksɪleɪtɪd] одержимый; со странностями; пьяный
pixy [ˈpɪksɪ] фея; эльф
pizza [ˈpiːtsə] пицца
pizzazz [pɪˈzæz] веселость; приподнятое настроение; бодрость
pizzeria [ˌpiːtsəˈriːə] пиццерия
placability [ˌplækəˈbɪlɪtɪ] кротость; незлопамятность; благодушие
placable [ˈplækəbl] кроткий; незлопамятный; благодушный
placard [ˈplækɑːd] афиша; плакат; табличка; расклеивать (объявления); использовать плакаты для рекламы
placate [pləˈkeɪt] умиротворять; унимать; усмирять; успокаивать
placatory [ˈplækət(ə)rɪ] задабривающий; умиротворяющий
place [pleɪs] место; жилище; город; населенный пункт; местечко; селение; площадь; должность; положение; служба; сиденье; место (в экипаже, за столом и т. п.); место в книге; страница; отрывок; помещать; размещать; класть; ставить; отдавать; посылать (куда-либо); определять на должность; устраивать; вкладывать деньги, капитал; делать заказ; определять (местоположение, дату и т. п.); считать; причислять; оценивать; продавать; сбывать (товар и т. п.); возлагать (надежду, ответственность и т. п.); занять (какое-либо) место; присудить одно из первых мест (спорт.); находиться в определенном положении

to place aside — прекратить (работу и т. п.) на некоторое время; положить конец (чему-либо); откладывать; копить (деньги); беречь (время)

to place in storage — ставить на хранение

place identification sign [ˈpleɪsaɪˌdentɪfɪˈkeɪʃənˈsaɪn] указатель названия населенного пункта
place of birth [ˈpleɪsəvˈbəːθ] место рождения
place of employment [ˈpleɪsəvɪmˈplɔɪmənt] место работы
place of residence [ˈpleɪsəvˈrezɪdəns] место жительства
place setting [ˈpleɪsˈsetɪŋ] столовый прибор на одну персону
place-card [ˈpleɪskɑːd] карточка на официальном приеме, указывающая место гостя за столом
place-holder [ˈpleɪsˌhouldə] должностное лицо; государственный служащий
place-hunter [ˈpleɪsˌhʌntə] карьерист
place-name [ˈpleɪsneɪm] географическое название
placebo [pləˈsiːbou] безвредное лекарство, прописываемое для успокоения больного
placeman [ˈpleɪsmən] должностное лицо; чиновник; карьерист
placement [ˈpleɪsmənt] помещение; размещение; определение на должность
placer [ˈpleɪsə] (золотой) прииск; россыпь
placid [ˈplæsɪd] безмятежный; невозмутимый
placidity [plæˈsɪdɪtɪ] безмятежность; спокойствие
placket [ˈplækɪt] карман в юбке; разрез в юбке (для застежки)
plage [plɑːʒ] пляж (франц.)
plagiarism [ˈpleɪʤərɪzm] плагиат
plagiarist [ˈpleɪʤərɪst] плагиатор
plagiary [ˈpleɪʤərɪ] плагиат; плагиатор
plague [pleɪg] чума; моровая язва; мор; бедствие; катастрофа; наказание; неприятность; досада; насылать бедствие; мучить
plague-spot [ˈpleɪgspɔt] чумное пятно; зачумленная местность
plaguesome [ˈpleɪgsəm] досадный (разг.); надоедливый; неприятный
plaguy [ˈpleɪgɪ] неприятный; досадный; весьма; очень; сильно
plaice [pleɪs] камбала
plaid [plæd] плед
plain [pleɪn] очевидный; явный; ясный; простой; понятный; незамысловатый; обыкновенный; одноцветный; без узора (о материи); глад-

кий; ровный *(о местности)*; скромный *(о пище и т. п.)*; откровенный; прямой; незнатный; некрасивый; равнина; поле брани; плоскость; отчетливо; разборчиво; ясно; откровенно; сетовать; жаловаться

plain bearing [ˈpleɪnˈbeərɪŋ] подшипник скольжения

plain paper [ˈpleɪnˈpeɪpə] немелованная бумага

plain tile [ˈpleɪnˈtaɪl] плоская черепица

plain tyre [ˈpleɪnˈtaɪə] шина с гладким протектором

plain-clothes man [ˈpleɪnˈkloudzˈmæn] сыщик; переодетый полицейский

plain-spoken [ˈpleɪnˈspoukən] откровенный; открытый; прямой

plainly [ˈpleɪnlɪ] непосредственно; откровенно; прямо

plainness [ˈpleɪnnɪs] простота; понятность; скромность; очевидность; прямота; некрасивость

plainsman [ˈpleɪnzmən] житель равнин

plaint [pleɪnt] иск *(юр.)*; плач; стенание

plaint note [ˈpleɪntˈnout] исковое заявление

plaintiff [ˈpleɪntɪf] истец *(юр.)*; истица

plaintive [ˈpleɪntɪv] горестный; жалобный

plait [plæt] коса *(волос)*; складка *(на платье)*; сгиб; заплетать; плести; закладывать складки

plaited bun [ˈplætɪdˈbʌn] витая сдоба

plan [plæn] план; проект; замысел; намерение; предположение; цель; способ действий; график; диаграмма; схема; чертеж; система; планировать; проектировать; чертить план; надеяться; намереваться; затевать; распланировать

planch [plɑ:nʃ] дощечка; планка

plane [pleɪn] плоскость; грань *(кристалла)*; проекция; уровень *(развития знаний и т. п.)*; самолет; рубанок; плоский; пологий; ровный; парить; строгать; скоблить; выравнивать

to plane away — состругивать

plane geometry [ˈpleɪnʤɪˈɔmɪtrɪ] планиметрия

plane of action [ˈpleɪnəvˈækʃən] плоскость зацепления

planer [ˈpleɪnə] строгальщик *(рабочий)*; дорожный утюг

planet [ˈplænɪt] планета; мир

planet-struck [ˈplænɪtstrʌk] охваченный паникой; запуганный

planetarium [ˌplænɪˈtɛərɪəm] планетарий

planetary [ˈplænɪt(ə)rɪ] планетарный; планетный; земной; мирской; блуждающий

plangent [ˈplænʤənt] протяжный; заунывный; однозвучный

planish [ˈplænɪʃ] править; выправлять; шлифовать; полировать; лощить

plank [plæŋk] *(обшивная)* доска; планка; настилать; выстилать; обшивать досками

plank-bed [ˈplæŋkbed] нары

planking [ˈplæŋkɪŋ] обшивка досками; доски

plankton [ˈplæŋktən] планктон

planless [ˈplænlɪs] бессистемный

planned [plænd] планированный; планомерный

planned parenthood [ˈplændˈpe(ə)rənthud] регулируемая *(планируемая)* рождаемость

planner [ˈplænə] планировщик; конструктор; проектировщик; топограф

planning [ˈplænɪŋ] планирование; проектирование; землеустройство

plant [plɑ:nt] растение; саженец; урожай; место; позиция; положение; сажать; сеять; засаживать; прочно ставить; устанавливать; втыкать; заселять; поселять; внедрять; насаждать; внушать *(мысль)*; наносить удар; ударять с силой; бросать; покидать; завод; фабрика; агрегат

to plant on — *подсовывать; сбывать*

plant cover [ˈplɑ:ntˈkʌvə] растительный покров

plant kingdom [ˈplɑ:ntˈkɪŋdəm] растительный мир

plant schedule [ˈplɑ:ntˈʃedju:l] режим работы предприятия

plant-lice [ˈplɑ:ntlaɪs] тля *(мн.ч.)*

plant-louse [ˈplɑ:ntlaus] тля *(ед.ч.)*

plantation [plænˈteɪʃ(ə)n] плантация; насаждение

planted [ˈplɑ:ntɪd] насаженный; посаженный; засаженный

planted moulding [ˈplɑ:ntɪdˈmouldɪŋ] накладная декоративная планка

planter [ˈplɑ:ntə] плантатор; фермер; основатель; основоположник

plaque [plɑ:k] настенный барельеф; металлический *(фарфоровый)* диск; тарелка *(как стенное украшение)*; дощечка; пластинка с фамилией или названием учреждения; почетный значок

plash [plæʃ] всплеск; плеск; лужа; плескать(ся); сплетать; плести

plasma [ˈplæzmə] плазма

plasma torch [ˈplæzməˈtɔ:tʃ] плазменная горелка

plaster [ˈplɑ:stə] штукатурка; пластырь; штукатурить; накладывать пластырь; мазать; покрывать слоем *(чего-либо)*; пачкать; наклеивать; грубо льстить

plaster cast [ˈplɑ:stəˈkɑ:st] гипсовый слепок; гипсовая повязка

plasterboard [ˈplɑ:stəbɔ:d] штукатурная плита; сухая штукатурка

plasterer [ˈplɑ:st(ə)rə] штукатур

plastic [ˈplæstɪk] пластмасса; пластик; пластический; гибкий; пластичный; лепной; скульптурный; податливый; покорный; пластичность

plastic bag [ˈplæstɪkˈbæg] целлофановый пакет

plastic bottle ['plæstɪk|'bɒtl] пластиковый сосуд
plasticine ['plæstɪsi:n] пластилин
plasticity [plæs'tɪsɪtɪ] пластичность; эластичность
plastics ['plæstɪks] пластмасса
plastron ['plæstrɒn] манишка; пластрон; латный нагрудник *(ист.)*
plat [plæt] [plɑ:] план; *(небольшой)* участок земли; снимать план; блюдо с едой
plate [pleɪt] складка *(на одежде)*; пластинка; дощечка; тарелка; столовое серебро; посуда; плита; клише; лист; листовая сталь; гравюра; вставная челюсть
plate cam ['pleɪt|'kæm] дисковый кулачок
plate clutch ['pleɪt|'klʌtʃ] пластинчатая муфта; дисковое сцепление
plate coupling ['pleɪt|'kʌplɪŋ] дисковая муфта
plate cylinder ['pleɪt|'sɪlɪndə] формный цилиндр
plate-basket ['pleɪt‚bɑ:skɪt] корзинка для вилок, ножей и т. п.
plate-glass ['pleɪt'glɑ:s] зеркальное стекло
plate-layer ['pleɪt‚leɪə] путевой рабочий
plate-making ['pleɪt'meɪkɪŋ] изготовление печатных форм
plate-mark ['pleɪtmɑ:k] пробирное клеймо; проба
plate-rack ['pleɪtræk] сушилка для посуды
plateau ['plætou] плато; плоская возвышенность; плоскогорье
plateful ['pleɪtful] полная тарелка
platen ['plæt(ə)n] валик *(пишущей машины)*; бумагоопорный валик; стол *(станка)*; столик *(прибора)*
plater ['pleɪtə] лудильщик
platform ['plætfɔ:m] перрон; платформа; помост; трибуна; сцена; подиум; политическая позиция; плоская возвышенность
platform boots ['plætfɔ:m|'bu:ts] сапоги на платформе
platform shoes ['plætfɔ:m|'ʃu:z] туфли на платформе
platform truck ['plætfɔ:m|'trʌk] автопогрузчик
plating ['pleɪtɪŋ] покрытие металлом; золочение; листовая обшивка
platinum ['plætɪnəm] платина; платиновый
platitude ['plætɪtju:d] банальность; избитость; тривиальность
platitudinarian ['plætɪ‚tju:dɪ'nɛərɪən] банальный; пошляк
platitudinous [‚plætɪ'tju:dɪnəs] банальный; плоский
Platonic [plə'tɒnɪk] платонический; ограничивающийся словами; теоретический
platoon [plə'tu:n] взвод *(воен.)*; полицейский отряд

platter ['plætə] большое плоское блюдо; деревянная тарелка
platypus утконос
plaudit ['plɔ:dɪt] аплодисменты; рукоплескания; громкое, восторженное выражение одобрения
plausibility [‚plɔ:zə'bɪlɪtɪ] правдоподобие; вероятность; возможность; благовидность; умение внушать доверие
plausible ['plɔ:zəbl] правдоподобный; вероятный; возможный; благовидный
play [pleɪ] забава; шутка; азартная игра; пьеса; драма; представление; спектакль; действие; зазор; люфт; свободный ход; деятельность; простор; свобода; забавляться; играть; резвиться; поступать; вести себя легкомысленно; исполнять *(роль, музыкальное произведение)*; играть на музыкальном инструменте

to play a trick — подшучивать; поддразнивать

to play about — играть; забавляться; манипулировать

to play along — подыгрывать; тянуть; оттягивать время

to play down — преуменьшать; умалять; заигрывать

to play foul — поступать нечестно; предавать

to play in — сопровождать музыкой; войти в игру *(спорт.)*

to play out — проигрывать

to play the hypocrite — лицемерить; притворяться

to play up — принимать деятельное участие *(в разговоре, деле)*; вести себя мужественно, героически; стараться играть как можно лучше

play-actor ['pleɪ‚æktə] актер; комедиант; неискренний человек
play-bill ['pleɪbɪl] театральная афиша; театральная программа
play-boy ['pleɪbɔɪ] повеса; прожигатель жизни
play-day ['pleɪdeɪ] праздник; нерабочий день
play-thing ['pleɪθɪŋ] игрушка
playable ['pleɪbl] годный, подходящий для игры *(о площадке)*
playback [pleɪbæk] воспроизведение; проигрывание *(звуко- или видеозаписи)*; *(звуко)*воспроизводящее устройство *(видеомагнитофона)*
playback head ['pleɪbæk|'hed] головка воспроизведения
playback position ['pleɪbæk|pə'zɪʃən] режим воспроизведения
playback VTR ['pleɪbæk|'vi:ti:'ɑ:] воспроизводящий видеомагнитофон
player ['pleɪə] участник игры; игрок; актер; музыкант; картежник; автоматический музыкальный инструмент; проигрыватель; устройство воспроизведения; плеер

playfellow ['pleɪˌfelou] друг детства
playful ['pleɪful] веселый; игривый; оживленный
playgame ['pleɪgeɪm] детская игра; ерунда
playgoer ['pleɪˌgouə] театрал
playground ['pleɪgraund] площадка для игр; спортивная площадка
playgroup ['pleɪgruːp] детский сад
playhouse ['pleɪhaus] театр (драматический)
playing time ['pleɪɪŋ|'taɪm] время воспроизведения
playing-card ['pleɪɪŋkɑːd] игральная карта
playing-field ['pleɪɪŋfiːld] площадка, футбольное поле и т. п.
playlet ['pleɪlɪt] небольшая пьеса
playmate ['pleɪmeɪt] партнер (в играх и т. п.)
playpen ['pleɪpen] детский манеж
playroom ['pleɪruːm] детская комната; комната для игр
playsuit ['pleɪsjuːt] ползунки
playtime ['pleɪtaɪm] время игр и развлечений; время начала спектакля (амер.)
playwright ['pleɪraɪt] драматург
plea [pliː] мольба; запрос; просьба; привлечение; призыв; оправдание; ссылка; предлог; довод
plea of not guilty ['pliː|əv|nɔt|'gɪltɪ] заявление о невиновности
pleach [pliːtʃ] сплетать (ветви)
plead [pliːd] выступать в суде; защищать подсудимого, представлять (в суде) его интересы; обращаться с просьбой; ходатайствовать; ссылаться (на что-либо); приводить (что-либо) в оправдание
pleader ['pliːdə] адвокат; борец; проситель; ходатай
pleading ['pliːdɪŋ] защита; предохранение; заступничество; ходатайство; просительный; умоляющий
pleasant ['pleznt] отрадный; приятный; милый; славный
pleasantly ['plezntlɪ] любезно; весело; приятно
pleasantness ['plezntnɪs] приятность; удовольствие
pleasantry ['plezntrɪ] шутливость; шутка; комическая выходка
please [pliːz] нравиться; получать удовольствие; угождать; доставлять удовольствие; радовать; желать; изволить; хотеть; пожалуйста!; будьте добры!
pleased [pliːzd] довольный
pleasing ['pliːzɪŋ] приятный; доставляющий удовольствие; заманчивый; нравящийся; привлекательный; угодливый; услужливый
pleasurable ['pleʒ(ə)rəbl] доставляющий удовольствие; приятный
pleasure ['pleʒə] удовольствие; наслаждение; развлечение; воля; соизволение; желание; увеселительный; доставлять удовольствие; находить удовольствие; искать развлечений
pleasure-boat ['pleʒəbout] лодка; яхта; прогулочный катер
pleasure-ground ['pleʒəgraund] площадка для игр; парк; сад
pleat [pliːt] складка (на платье); делать складки
plebeian [plɪ'bɪ(ː)ən] плебей; плебейский
pledge [pledʒ] залог; заклад; поручительство; дар; подарок; тост; обет; обещание; отдавать в залог; закладывать; связывать обещанием
  to pledge oneself — взять на себя обязательство
pledgee [ple'dʒiː] залогодержатель
pledget ['pledʒɪt] компресс; тампон
plenary ['pliːnərɪ] безоговорочный; неограниченный; пленарный (о заседании и т. п.)
plenary confession ['pliːnərɪ|kən'feʃən] безоговорочное признание
plenipotentiary [ˌplenɪpou'tenʃ(ə)rɪ] компетентный; уполномоченный; абсолютный; безраздельный; полномочный представитель
plenitude ['plenɪtjuːd] полнота; изобилие
plenteous ['plentjəs] богатый; изобильный; обильный; плодородный; урожайный
plentiful ['plentɪful] изобилующий; богатый (чем-либо)
plenty ['plentɪ] (из)обилие; благополучие; множество; избыток; масса; обильный; богатый; вполне; довольно; совершенно; очень; чрезвычайно
plenum ['pliːnəm] встреча; пленум; совещание; вентиляционная камера; область повышенного давления; безраздельность; неограниченность; полнота
pleonasm ['plɪ(ː)ənæzm] плеоназм (линг.); избыточность
pleonastic [plɪə'næstɪk] многословный
plethora ['pleθərə] изобилие; большой избыток
plethoric [ple'θɔrɪk] полнокровный; бьющий через край
plexiglass ['pleksɪglɑːs] плексиглас; органическое стекло
pliability [ˌplaɪə'bɪlɪtɪ] гибкость; ковкость; пластичность
pliable ['plaɪəbl] легко поддающийся влиянию; уступчивый; гибкий; ковкий
pliancy ['plaɪənsɪ] гибкость; эластичность; податливость; покладистость
pliant ['plaɪənt] гибкий; эластичный; послушный; уступчивый
plication [plɪ'keɪʃ(ə)n] извилина; изгиб; складка
pliers ['plaɪəz] щипцы; плоскогубцы
plight [plaɪt] гарантия; долг; обязательство; помолвка; связывать обещанием; помолвить
plinth [plɪnθ] плинтус; цоколь (строит.)

PLO — PLU

plod [plɔd] тяжелая походка; тяжелый путь; тяжелая работа; брести; тащиться

plodder ['plɔdə] работник; работяга; труженик; флегматичный, скучный человек

plodding ['plɔdɪŋ] медленный и тяжелый *(о походке)*; работящий; трудолюбивый; усердный; усидчивый

plonk [plɔŋk] шум; грохот падения *(чего-либо тяжелого)*; уронить, бросить *(что-либо тяжелое)*

plop [plɔp] падение в воду; внезапно

plosive ['plousɪv] взрывной *(о согласном звуке)*; взрывной звук

plot [plɔt] участок земли; план; чертеж; набросок; составлять план; делать схему; организовывать; планировать; заговор; интрига; сюжет; фабула; интриговать; плести интриги

to plot out — *делить на участки; распределять*

plot owner ['plɔt|'ounə] владелец участка

plotless ['plɔtlɪs] бессюжетный

plotter ['plɔtə] заговорщик; интриган; графопостроитель; самописец

plotting ['plɔtɪŋ] составление плана; вычерчивание кривой *(диаграммы)*; нанесение данных на график

plotting machine ['plɔtɪŋ|mə'ʃi:n] графопостроитель

plotting paper ['plɔtɪŋ|,peɪpə] миллиметровая бумага

plotting table ['plɔtɪŋ|,teɪbl] стол-планшет, планшетный стол

plough [plau] плуг; снегоочиститель; вспаханное поле; пашня; вспахивать; пахать

to plough out — *распахивать*

to plough through — *продвигаться с трудом; осилить; одолеть*

to plough up — *взрывать; взметать землю (о снарядах); выкапывать; выдергивать (из земли)*

ploughboy ['plauboɪ] ведущий лошадь с плугом крестьянский парень

ploughland ['plaulænd] пахотная земля

ploughman ['plaumən] земледелец; пахарь; хлебороб

ploughshare ['plauʃeə] лемех

plovers ['plʌvəz] ржанки *(орнит.)*

ploy [plɔɪ] прием; уловка; ухищрение; хитрость; излюбленное развлечение

pluck [plʌk] дерганье; дергающее усилие; смелость; отвага; собирать; срывать; выдергивать; ощипывать *(птицу)*; перебирать *(струны)*

plucky ['plʌkɪ] решительный; храбрый

plug [plʌg] пробка; затычка; стопор; *(пожарный)* кран; заглушка; разъем; запальная свеча; прессованный табак *(для жевания)*; затвор *(воен.)*; штепсельный разъем; затыкать; закупоривать; заглушать

plug hole ['plʌg|houl] отверстие под пробку

plug socket ['plʌg|'sɔkɪt] гнездо разъема

plug-in ['plʌgɪn] штекерный; вставной; разъемный

plug-in card ['plʌgɪn|'ka:d] сменная плата

plug-in socket ['plʌgɪn|'sɔkɪt] штепсельное гнездо

plug-switch ['plʌgswɪtʃ] штепсельный выключатель

pluggable ['plʌgəbl] съемный; сменный

plum [plʌm] слива; сливовое дерево; изюм; сливовый; полный; тучный

plum cake ['plʌm|keɪk] кекс с изюмом

plum duff ['plʌm|dʌf] пудинг с изюмом

plum-tree ['plʌmtri:] сливовое дерево

plumage ['plu:mɪdʒ] оперение; перья

plumage colour ['plu:mɪdʒ|'kʌlə] окраска оперения

plumb [plʌm] отвес; перпендикуляр; грузило; вертикальный; отвесный; абсолютный; явный; точно; как раз; измерять глубину; бросать лот; вскрывать; проникать *(в тайну и т. п.)*

plumb gone ['plʌm|'gɔn] как в воду канул

plumb-line ['plʌmlaɪn] отвес; перпендикуляр; критерий; мерило; мерка

plumbeous ['plʌmbɪəs] свинцовый; свинцового цвета

plumber ['plʌmə] водопроводчик; паяльщик

plumbery ['plʌmərɪ] водопроводное дело; паяльная мастерская

plumbing ['plʌmbɪŋ] водопровод; водопроводное дело

plumbum ['plʌmbəm] свинец

plume [plu:m] перо; султан; завиток; спираль; струя; шлейф; чистить клювом *(перья)*; быть довольным *(собой)*; гордиться; ощипывать

plummy ['plʌmɪ] изобилующий сливами; хороший *(разг.)*; выгодный; завидный

plumose ['plu:mous] оперенный; перистый

plump [plʌmp] полный; округлый; пухлый; выкармливать; толстеть; полнеть; прямой; решительный; безоговорочный *(об отказе и т. п.)*; внезапно; тяжелое падение; немедленно оплатить; выложить *(деньги)*; нагрянуть

plumper ['plʌmpə] голосующий только за одного *(кандидата)*

plumule ['plu:mju(:)l] перышко

plumy ['plu:mɪ] перистый; покрытый *(украшенный)* перьями

plunder ['plʌndə] воровство; грабеж; награбленное добро; добыча

plunderage ['plʌnd(ə)rɪdʒ] ограбление; добыча

plunge [plʌndʒ] ныряние; погружение; окунать(ся); погружать(ся); бросаться; врываться

plunger ['plʌndʒə] ныряльщик; водолаз
plunger valve ['plʌndʒə'vælv] поршневой клапан
plunk [plʌŋk] звон; перебор (струн); сильный удар; перебирать струны
pluperfect ['plu:'pə:fikt] давно прошедшее время; давний
plural ['pluər(ə)l] множественный; множественное число (грам.)
pluralism ['pluərəlizm] совместительство; плюрализм
plurality [pluə'ræliti] множественность; масса; множество; совокупность
plus [plʌs] знак плюс; добавочное количество; положительная величина; вспомогательный; дополнительный; избыточный
plush [plʌʃ] плюш; плисовые штаны; плюшевый; плисовый
Plutonian [plu:'tounjən] адский; плутонов
pluvial ['plu:vjəl] дождевой
pluvious ['plu:vjəs] дождливый
ply [plai] изгиб; складка; слой; прядь (троса); петля; виток (веревки и т. п.); склонность; способность; усердно работать (чем-либо); засыпать, забрасывать (вопросами); потчевать; усиленно угощать
pneumatic [nju(:)'mætik] пневматический; воздушный; пневматическая шина
pneumatic spring [nju(:)'mætik'spriŋ] пневматическая рессора
pneumatically operated [nju(:)'mætikəli'ɔpəreitid] пневматический
pneumatics [nju(:)'mætiks] пневматика
pneumogastric nerve [,nju:mou'gæstrik'nə:v] блуждающий нерв
pneumonia [nju(:)'mounjə] воспаление легких; пневмония
poach [poutʃ] незаконно охотиться; вторгаться в чужие владения; вмешиваться; тяжело ступать; вязнуть; мять (глину)
poacher ['poutʃə] браконьер
poachy ['poutʃi] влажный; сырой; топкий (о почве)
pock [pɔk] оспина; рябинка; выбоина; щербина; яма; покрываться оспинами; становиться рябым (о лице); оставлять следы, отметины (на поверхности); разбрасывать; раскидывать
pocket ['pɔkit] карман; луза; зона; очаг; район; бункер; выбоина; выемка; углубление; паз; гнездо; карманный; класть в карман; подавлять; загонять в лузу
pocket edition ['pɔkit|i'diʃən] карманное издание
pocket hole ['pɔkit|houl] глухое отверстие
pocket meter ['pɔkit'mi:tə] карманный дозиметр
pocket-book ['pɔkitbuk] записная книжка; бумажник; книга карманного формата
pocket-camera ['pɔkit,kæm(ə)rə] портативный фотоаппарат
pocket-knife ['pɔkitnaif] карманный нож
pocket-money ['pɔkit,mʌni] деньги на мелкие расходы; мелочь
pocketful ['pɔkitful] полный карман (чего-либо)
pockety ['pɔkiti] душный; затхлый; несвежий
pococurante ['poukoukju(ə)'rænti] безразличный; равнодушный
pod [pɔd] стручок; кожура; стайка (птиц); гондола
podded ['pɔdid] стручковый; состоятельный
podgy ['pɔdʒi] приземистый и толстый; короткий и толстый (о пальцах)
podium ['poudiəm] скамьи вдоль стен комнаты; возвышение (для дирижера и т. п.); подиум
poem ['pouim] поэма; стихотворение; что-либо прекрасное, поэтичное
poet ['pouit] поэт
poetess ['pouitis] поэтесса
poetic [pou'etik] поэтический; поэтичный
poetic justice [pou'etik'dʒʌstis] идеальная справедливость
poetical [pou'etik(ə)l] стихотворный
poeticize [pou'etisaiz] поэтизировать
poetics [pou'etiks] поэтика
poetize ['pouitaiz] писать стихи; воспевать в стихах
poetry ['pouitri] поэзия; стихи; поэтичность
pogrom ['pɔgrəm] истребление; погром
poignancy ['pɔinənsi] едкость; острота; пикантность; мучительность; резкость (боли); проницательность (острота)
poignant ['pɔinənt] едкий; острый; пикантный; бедственный; горький; резкий (о боли); мудрый; проницательный; живой (об интересе)
poignantly ['pɔinəntli] едко; колко; мучительно
point [pɔint] точка; пункт; момент; вопрос; дело; суть; смысл; место; станция (амер.); момент (времени); очко; достоинство; преимущество; особенность; острие; наконечник; острый конец; пробойник; щуп; вершина горы; показывать пальцем; указывать; наводить; целиться; быть обращенным, направленным (в какую-либо сторону); обращать (чье-либо) внимание; отмечать; подчеркивать; иметь целью; стремиться; (за)точить; (за)острить; оживлять; придавать остроту; ставить знаки препинания
point of contact ['pɔint|əv|'kɔntækt] точка касания; контакт; точка встречи
point of departure ['pɔint|əv|di'pɑ:tʃə] отправная точка; исходный пункт

point of support [ˈpɔint|əv|səˈpɔːt] точка опоры
point of tangent [ˈpɔint|əv|ˈtænʤənt] точка касания
point size [ˈpɔint|ˈsaiz] кегль шрифта
point size change [ˈpɔint|saiz|ˈtʃeinʤ] изменение кегля набора
point welding [ˈpɔint|ˈweldiŋ] точечная сварка
point-blank [ˈpɔintˈblæŋk] категорический; резкий; решительный; наотрез; прямо; решительно
point-of-sail [ˈpɔintəvˈseil] пункт продажи (в магазине)
pointed [ˈpɔintid] остроконечный; заостренный; острый; колкий; критический (о замечании); подчеркнутый; совершенно очевидный
pointedly [ˈpɔintidli] остро; по существу; стараясь подчеркнуть; многозначительно
pointer [ˈpɔintə] указатель; стрелка (часов, весов и т. п.); указка; пойнтер (порода собак)
pointful [ˈpɔintful] уместный; подходящий
pointing [ˈpɔintiŋ] указание (направления, места и т. п.); намек; пунктуация; расстановка знаков препинания
pointless [ˈpɔintlis] неостроумный; плоский; бессмысленный
points [ˈpɔints] стрелка (трансп.)
pointsman [ˈpɔintsmən] стрелочник (ж.-д.); постовой полицейский; регулировщик
poise [pɔiz] баланс; равновесие; устойчивость; осанка; состояние нерешительности; колебание; гиря (часов и т. п.); балансировать; держаться (в равновесии); держать (голову); висеть в воздухе; парить; поднять для броска (копье, пику)
poison [ˈpɔizn] яд; отрава; ядовитый; отравляющий; отравлять; заражать; портить; развращать
poison gas [ˈpɔizn|ˈgæs] ядовитый газ
poison-pen [ˈpɔiznpen] автор анонимных писем
poisoner [ˈpɔiznə] отравитель
poisoning [ˈpɔizniŋ] отравление; порча
poisonous [ˈpɔiznəs] ядовитый; отвратительный; противный
poisonous action [ˈpɔiznəsˈækʃən] ядовитое действие
poke [pouk] толчок; тычок; поля козырьком (у женской шляпы); совать; пихать; тыкать; толкать; протыкать; мешать (кочергой); шуровать (топку); идти, искать (что-либо) ощупью; куль; мешок; торба

to poke up — совать; пихать; толкать; запереть; похоронить себя (где-либо)

poker [ˈpoukə] кочерга; прибор для выжигания по дереву; покер (карточная игра)
poker-faced [ˈpoukəˈfeist] с непроницаемым, каменным лицом

poker-work [ˈpoukəwəːk] выжигание по дереву, коже и т. п.
poky [ˈpouki] тесный; убогий; узкий; мелкий; незначительный; серый; неряшливый; неопрятный (об одежде)
polar [ˈpoulə] обратный; полярный; противоположный; полюсный; диаметрально противоположный
polar bear [ˈpouləˈbɛə] белый медведь; полярный медведь
polar circle [ˈpouləˈsəːkl] полярный круг (северный или южный)
polar fox [ˈpouləˈfɔks] песец; полярный песец
polar lights [ˈpoulə|laits] северное сияние
polar opposite [ˈpouləˈɔpəzit] полярная противоположность
polarity [pouˈlæriti] полярность; совершенная противоположность
polarize [ˈpouləraiz] поляризовать; придавать определенное направление
Pole [poul] поляк; полька
pole [poul] столб; шест; жердь; лейка; веха; кол; багор; дышло; подпирать шестами; отталкивать(ся) шестом, веслами; полюс; полюсный
pole-ax(e) [ˈpoulæks] боевой топор; бердыш; секира
pole-star [ˈpoulstaː] Полярная звезда; путеводная звезда
pole-vault [ˈpoulvɔːlt] прыжок с шестом в высоту; прыгать с шестом
pole-vaulter [ˈpoulˌvɔːltə] прыгун с шестом
pole-vaulting [ˈpoulˌvɔːltiŋ] прыжки с шестом
polecat [ˈpoulkæt] хорек
polemic [pɔˈlemik] полемический; дебаты; дискуссия; прения; спор
polemicist [pɔˈlemisist] полемист; спорщик
polemology [pɔˈleməlʤi] полемология; комплекс специальных дисциплин
police [pəˈliːs] полиция; полицейские; наряд; полицейский; охранять; поддерживать порядок (в стране); обеспечивать полицией (город, район)
police barrier [pəˈliːsˈbariə] полицейское заграждение
police-court [pəˈliːsˈkɔːt] полицейский суд
police-office [pəˈliːsˈɔfis] полицейское управление (города)
police-officer [pəˈliːsˈɔfisə] полицейский
police-station [pəˈliːsˈsteiʃ(ə)n] полицейский участок
policeman [pəˈliːsmən] полицейский
policlinic [ˌpɔliˈklinik] поликлиника (при больнице)
policy [ˈpɔlisi] политика; стратегия; установка; курс; страховой полис

policy plan ['pɔlɪsɪ'plæn] план деятельности

policy-holder ['pɔlɪsɪˌhouldə] держатель страхового полиса

policy-making ['pɔlɪsɪˌmeɪkɪŋ] разработка, формулирование или проведение *(определенного)* политического курса

polish ['pɔlɪʃ] глянец; полировка; шлифовка; воск; лак; чистка; политура; мастика *(для полов)*; изысканность; шлифование; полирование; лоск; совершенство *(слога и т. п.)*; полировать; шлифовать; наводить лоск, глянец; становиться гладким, шлифованным; чистить *(обувь)*; делать изысканным *(слог и т. п.)*

polished ['pɔlɪʃt] *(от)*полированный; блестящий; гладкий; изысканный; тонкий; утонченный; элегантный; безукоризненный; безупречный; шлифованный

polite [pə'laɪt] вежливый; учтивый; изысканный; утонченный

politely [pə'laɪtlɪ] вежливо; любезно

politeness [pə'laɪtnɪs] вежливость; учтивость

politic ['pɔlɪtɪk] проницательный; благоразумный *(о человеке)*; бережливый; расчетливый; хитроумный

political [pə'lɪtɪk(ə)l] политический; государственный; *(узко)*партийный; политический заключенный

political alliance [pə'lɪtɪk(ə)l|ə'laɪəns] политический союз

political body [pə'lɪtɪk(ə)l|'bɔdɪ] политический орган

political campaign [pə'lɪtɪk(ə)l|kæm'peɪn] политическая кампания

political conspiracy [pə'lɪtɪk(ə)l|kən'spɪrəsɪ] политический заговор

political criminal [pə'lɪtɪk(ə)l|'krɪmɪnl] политический преступник

political disaster [pə'lɪtɪk(ə)l|dɪ'zɑːstə] политическая катастрофа

political district [pə'lɪtɪk(ə)l|'dɪstrɪkt] административный округ; административный район

political entity [pə'lɪtɪk(ə)l|'entɪtɪ] политическая организация

political espionage [pə'lɪtɪk(ə)l|ˌespɪə'nɑːʒ] политический шпионаж

political killer [pə'lɪtɪk(ə)l|'kɪlə] террорист

political killing [pə'lɪtɪk(ə)l|'kɪlɪŋ] террористический акт

political law [pə'lɪtɪk(ə)l|'lɔː] государственное право

political offender [pə'lɪtɪk(ə)l|ə'fendə] политический преступник

political terror [pə'lɪtɪk(ə)l|'terə] политический террор

political terrorism [pə'lɪtɪk(ə)l|'terərɪzm] политический терроризм

politically [pə'lɪtɪk(ə)lɪ] с государственной или политической точки зрения; обдуманно; расчетливо

politician [ˌpɔlɪ'tɪʃ(ə)n] политик; государственный деятель

politicize [pə'lɪtɪsaɪz] обсуждать политические вопросы; придавать политический характер

politics ['pɔlɪtɪks] политика; политическая жизнь; политическая деятельность; политические убеждения

polity ['pɔlɪtɪ] государственное устройство; образ *(форма)* правления; государство; держава; страна

polk [pɔlk] танцевать польку

polka ['pɔlkə] полька *(танец)*

poll [poul] список избирателей; регистрация избирателей; голосование; баллотировка; подсчет голосов; проводить голосование; подсчитывать голоса; голосовать; подрезать верхушку *(дерева)*

pollack ['pɔlək] сайда *(рыба)*

pollard ['pɔləd] подстриженное дерево; отруби *(с мукой)*

pollen ['pɔlɪn] пыльца; опылять

pollex ['pɔleks] большой палец

pollinator ['pɔlɪneɪtə] опылитель

polling ['poulɪŋ] голосование

polling booth ['poulɪŋ'buːθ] кабина для голосования; урна для голосования

polling day ['poulɪŋ'deɪ] день выборов *(голосования)*

polling station ['poulɪŋ'steɪʃən] избирательный участок

pollster ['poulstə] лицо, производящее опрос общественного мнения

pollute [pə'luːt] загрязнять; пачкать; осквернять; портить

polluter [pə'luːtə] источник загрязнения *(окружающей среды)*

pollution [pə'luːʃ(ə)n] загрязнение; осквернение

pollution by gases [pə'luːʃ(ə)nbaɪ'gæsɪz] загрязнение газами

pollution control [pə'luːʃ(ə)n|kən'troul] контроль за окружающей средой

pollution resistant [pə'luːʃ(ə)n|rɪ'zɪstənt] стойкий к загрязнению

pollution-inhibiting [pə'luːʃ(ə)nɪn'hɪbɪtɪŋ] предохраняющий от загрязнения

polo ['poulou] поло *(спорт.)*

polonaise [ˌpɔlə'neɪz] полонез *(танец и музыкальная форма)*

poltergeist ['pɔltəgaɪst] полтергейст

poltroon [pɔl'truːn] трус

POL — POP

poltroonery [pɔl'truːnərɪ] трусость
polyandry ['pɔlɪændrɪ] многомужество
polyatomic [,pɔlɪə'tɔmɪk] многоатомный
polybody ['pɔlɪbɔdɪ] сладкий корень *(бот.)*
polychromatic [,pɔlɪkrou'mætɪk] многоцветный
polychrome ['pɔlɪkroum] раскрашенная статуя
polygamous [pɔ'lɪgəməs] многобрачный
polyglot ['pɔlɪglɔt] полиглот; многоязычный
polygon ['pɔlɪgən] многоугольник; шестиугольник; полигон
polygraph ['pɔlɪgrɑːf] детектор лжи
polyhedral ['pɔlɪ'hedr(ə)l] многогранный
polymath ['pɔlɪmæθ] эрудит
polymeric gene [,pɔlɪ'merɪk'dʒiːn] полимерный ген
polynomial [,pɔlɪ'noumj(ə)l] многочленный; многочлен; полином
polyphonic [,pɔlɪ'fɔnɪk] полифонический; многозвучный
polyphony [pə'lɪfənɪ] полифония
polysemy ['pɔlɪsɪ(ː)mɪ] многозначность; полисемия
polyzonal [,pɔlɪ'zounl] многозональный
pomace ['pʌmɪs] яблочные выжимки *(при изготовлении сидра)*; рыбные остатки, тук *(после отжимания жира используемые в качестве удобрения)*; жмых
pomade [pə'mɑːd] помада *(для волос)*; помадить *(волосы)*
pomegranate ['pɔm,grænɪt] гранат *(плод)*; гранатовое дерево
pomegranate tree ['pɔm,grænɪt'triː] гранат
pomiculture ['poumɪkʌltʃə] плодоводство
pommel ['pʌml] головка *(эфеса шпаги)*; передняя лука *(седла)*; бить; колотить
pomp [pɔmp] великолепие; помпа
pompadour ['pɔmpəduə] высокая прическа с валиком; светло-розовый оттенок
pompier (ladder) ['pɔmpɪə('lædə)] пожарная лестница
pompon ['pɔːmpɔːŋ] помпон
pomposity [pɔm'pɔsɪtɪ] помпезность; напыщенность
pompous ['pɔmpəs] напыщенный; великолепный
ponceau ['pɔnsou] пунцовый цвет; цвет красного мака
poncho ['pɔntʃou] пончо
pond [pɔnd] водоем; бассейн; водохранилище; заполнять; запруживать
pond lily ['pɔnd'lɪlɪ] кувшинка пахучая
ponder ['pɔndə] обдумывать; взвешивать; размышлять
ponderability [,pɔnd(ə)rə'bɪlɪtɪ] весомость
ponderable ['pɔnd(ə)rəbl] весомый *(аргумент)*

ponderosity [,pɔndə'rɔsɪtɪ] вес; масса; тяжесть; тяжеловесность
ponderous ['pɔnd(ə)rəs] громоздкий; увесистый; тяжелый; неинтересный; скучный
pone [poun] кукурузная лепешка; сдоба
poniard ['pɔnjəd] кинжал; закалывать кинжалом
pontiff ['pɔntɪf] Папа Римский; архиерей; епископ; первосвященник
pontifical [pɔn'tɪfɪk(ə)l] папский; епископальный
pontificate [pɔn'tɪfɪkɪt] первосвященство; понтификат
pontoon [pɔn'tuːn] понтон; понтонный мост
pony ['pounɪ] пони; малого размера
poodle ['puːdl] пудель
pool [puːl] лужа; омут; заводь; плавательный бассейн; общий фонд; общий котел; бюро; объединение; пул *(американский бильярд)*; объединять в общий фонд; складываться
pooled [puːld] объединенный; суммарный
poop [puːp] изнурять; переутомлять; увядать
poor [puə] бедный; малоимущий; несчастный; жалкий; невзрачный; слабый; недостаточный
poor choice ['puə'tʃɔɪs] бедный выбор
poor fumes ['puə'fjuːmz] токсичные дымы
poor mixture ['puə'mɪkstʃə] бедная смесь *(техн.)*
poor-box ['puəbɔks] кружка для сбора на бедных
poor-house ['puəhaus] богадельня; работный дом
poor-law ['puəlɔː] закон о бедных
poor-quality ['puə,kwɔlɪtɪ] низкого качества; недоброкачественный; простенький *(об изделии и т. п.)*
poor-rate ['puəreɪt] налог в пользу бедных
poor-spirited ['puə'spɪrɪtɪd] робкий; трусливый
poorly ['puəlɪ] скудно; плохо; жалко; неудачно; нездоровый
pop [pɔp] отрывистый звук *(хлопушки и т. п.)*; выстрел; шипучий напиток *(разг.)*; совать; всовывать; бросаться с шумом; внезапно; популярный концерт
pop valve ['pɔp'vælv] пружинный клапан
pop-art ['pɔpɑːt] поп-арт; искусство в стиле «поп»
pop-eyed ['pɔpaɪd] пучеглазый; с широко открытыми глазами; напуганный
pop-out ['pɔpaut] выступ
pop-up book ['pɔpʌp'buk] книга с поднимающимися при раскрывании рисунками
pop-up menu ['pɔpʌp'menjuː] всплывающее меню *(компьют.)*
pope [poup] Папа Римский; священник; поп
popish ['poupɪʃ] папистский
poplar ['pɔplə] тополь
popper ['pɔpə] кнопка *(для одежды)*
poppet valve ['pɔpɪt'vælv] тарельчатый клапан

popping [ˈpɒpɪŋ] выпуск газа в атмосферу
popple [ˈpɒpl] плеск; плескание; волноваться; плескаться; бурлить; вскипать
poppy [ˈpɒpɪ] мак; маковый *(бот.)*
popster [ˈpɒpstə] любитель джазовой музыки
populace [ˈpɒpjuləs] простой народ; массы; жители; народонаселение; население
popular [ˈpɒpjulə] государственный; народный; национальный; знаменитый; известный; популярный; доступный; общедоступный; общераспространенный; широко известный
popular belief [ˈpɒpjuləbɪˈliːf] широко распространенное убеждение
popular control [ˈpɒpjuləkənˈtroul] народный контроль
popular pamphlet [ˈpɒpjuləˈpæmflɪt] популярная брошюра
popular schooling [ˈpɒpjuləˈskuːlɪŋ] народное образование
popular-science literature [ˈpɒpjuləˌsaɪənsˈlɪtərɪtʃə] научно-популярная литература
popularity [ˌpɒpjuˈlærɪtɪ] знаменитость; известность; популярность
popularization [ˌpɒpjuləraɪˈzeɪʃ(ə)n] популяризация
popularize [ˈpɒpjuləraɪz] популяризировать; излагать в общедоступной форме
popularly [ˈpɒpjuləlɪ] всем народом; всенародно; популярно
populate [ˈpɒpjuleɪt] населять; водиться; заселять; обитать
population [ˌpɒpjuˈleɪʃ(ə)n] народонаселение; жители; заселение; поселение
populism [ˈpɒpjulɪzəm] популизм
populous [ˈpɒpjuləs] густонаселенный; заселенный
porcelain [ˈpɔːs(ə)lɪn] фарфор; фарфоровое изделие
porcelain tooth [ˈpɔːs(ə)lɪnˈtuːθ] фарфоровый зуб
porcellaneous [ˌpɔːsəˈleɪnɪəs] фарфоровый
porch [pɔːtʃ] крыльцо; подход; подъезд; портик; крытая галерея
porcine [ˈpɔːsaɪn] свиной; низкий; свиноподобный
porcupine [ˈpɔːkjupaɪn] дикобраз
pore [pɔː] пора; скважина; сосредоточенно изучать; обдумывать
pork [pɔːk] свинина; сделанный из свинины; свиной
pork pie [ˈpɔːkˈpaɪ] пирог со свининой
porky [ˈpɔːkɪ] жирный; сальный
pornography [pɔːˈnɒgrəfɪ] порнография
porosity [pɔːˈrɒsɪtɪ] пористость

porous [ˈpɔːrəs] пористый; ноздреватый; губчатый
porridge [ˈpɒrɪdʒ] *(овсяная)* каша
porringer [ˈpɒrɪndʒə] суповая чашка; мисочка
port [pɔːt] гавань; порт; прибежище; приют; канал; отверстие; прорезь; проход; портовый
port city [ˈpɔːtˈsɪtɪ] портовый город
port side [ˈpɔːtˈsaɪd] левый борт
portability [ˌpɔːtəˈbɪlɪtɪ] портативность; взаимозаменяемость
portable [ˈpɔːtəbl] портативный; переносный; передвижной; разборный; транспортабельный
portable computer [ˈpɔːtəblkəmˈpjuːtə] портативный компьютер
portable drill [ˈpɔːtəblˈdrɪl] ручная дрель
portage [ˈpɔːtɪdʒ] переноска; перевозка; провоз; транспорт; стоимость перевозки
portal [ˈpɔːtl] портал *(архит.)*; главный вход; ворота; тамбур *(дверей)*; портальный
portative [ˈpɔːtətɪv] портативный
portend [pɔːˈtend] предвещать; предзнаменовать
portent [ˈpɔːtənt] знамение; предвестие; чудо
portentous [pɔːˈtentəs] предсказывающий дурное; зловещий; изумительный; необыкновенный; важный; напыщенный *(о человеке)*
porter [ˈpɔːtə] привратник; швейцар; носильщик; докер; портер *(черное пиво)*
portfire [ˈpɔːtfaɪə] запал; огнепроводный шнур
portfolio [pɔːtˈfouljou] портфель; должность министра; папка
porthole [ˈpɔːthoul] *(бортовой)* иллюминатор; орудийный порт; амбразура *(башни)*; выбоина; выемка; рытвина
portico [ˈpɔːtɪkou] портик
portiere [pɔːˈtjɛə] портьера *(франц.)*
portion [ˈpɔːʃ(ə)n] часть; доля; надел; доза; порция; приданое; удел; участь; делить на части; выделять часть, долю; наделять частью имущества; давать приданое
portionless [ˈpɔːʃ(ə)nlɪs] без приданого *(о невесте)*
portliness [ˈpɔːtlɪnɪs] полнота; тучность; солидность; надежность
portly [ˈpɔːtlɪ] дородный; полный; тучный; представительный; внушительный; осанистый
portmanteau [pɔːtˈmæntou] чемодан; дорожная сумка
portrait [ˈpɔːtrɪt] портрет; изображение; описание
portrait format [ˈpɔːtrɪtˈfɔːmæt] вертикальный формат
portraitist [ˈpɔːtrɪtɪst] портретист
portraiture [ˈpɔːtrɪtʃə] портретная живопись; портрет; изображение; описание

portray [pɔːˈtreɪ] рисовать портрет; изображать; описывать; представлять (кого-либо) на сцене или в кино
portrayal [pɔːˈtreɪəl] рисование (портрета); изображение; воссоздание
portreeve [ˈpɔːtriːv] помощник мэра (в некоторых городах)
portress [ˈpɔːtrɪs] привратница
pose [pouz] позировать; принимать позу; вид (кого-либо); выдавать себя (за кого-либо); излагать; формулировать; ставить; предлагать (вопрос, задачу); представлять собой; являться; поза
poser [ˈpouzə] трудный вопрос; проблема
posh [pɔʃ] отличный; превосходный; прекрасный
posit [ˈpɔzɪt] класть в основу доводов; постулировать; утверждать; класть; помещать; ставить
position [pəˈzɪʃ(ə)n] положение; местоположение; место; позиция; расположение; обычное, правильное место; возможность; должность; отношение; точка зрения; класть; помещать; ставить; определять местоположение; устанавливать; размещать
position of importance [pəˈzɪʃ(ə)n|əv|ɪmˈpɔːtəns] ответственный пост
position of joint [pəˈzɪʃ(ə)n|əv|ˈdʒɔɪnt] место соединения
position of rest [pəˈzɪʃ(ə)n|əv|ˈrest] положение покоя
positional [pəˈzɪʃənl] позиционный
positioner [pəˈzɪʃənə] установочное устройство; позиционер
positioning [pəˈzɪʃənɪŋ] расположение; размещение; установка в определенное положение; позиционирование
positive [ˈpɔzətɪv] положительный; несомненный; определенный; точный; уверенный; положительный (о степени) (грам.)
positive allowance [ˈpɔzətɪv|əˈlauəns] зазор
positive answer [ˈpɔzətɪv|ˈɑːnsə] положительный ответ
positive displacement pump [ˈpɔzətɪv|dɪsˈpleɪsmənt|ˈpʌmp] поршневой насос
positive film [ˈpɔzətɪv|ˈfɪlm] диапозитив
positive locking [ˈpɔzətɪv|ˈlɔkɪŋ] принудительная блокировка
positive picture [ˈpɔzətɪv|ˈpɪktʃə] диапозитивное изображение
positively [ˈpɔzətɪvlɪ] положительно; несомненно; с уверенностью; решительно; безусловно
posse [ˈpɔsɪ] отряд (полицейских); группа вооруженных людей, наделенная определенными правами

possess [pəˈzes] владеть; обладать; располагать; владеть собой; сохранять (терпение, спокойствие и т. п.); овладевать; захватывать (о чувстве, настроении и т. п.)
possessed [pəˈzest] одержимый; ненормальный
possession [pəˈzeʃ(ə)n] владение; обладание; собственность; имущество; пожитки
possessive [pəˈzesɪv] собственнический; притяжательный (грам.)
possessor [pəˈzesə] владелец; обладатель; хозяин
possibility [ˌpɔsəˈbɪlɪtɪ] вероятность; возможность; случай
possible [ˈpɔsəbl] вероятный; возможный; выполнимый; сносный; терпимый
possible connection [ˈpɔsəbl|kəˈnekʃən] возможность подключения
possibly [ˈpɔsəblɪ] возможно; может быть
possum [ˈpɔsəm] опоссум
post [poust] должность; положение; почта; почтовое отделение; подпорка; стойка; штифт; свая; вывешивать, расклеивать (объявления, афиши и т. п.); почтовый; отправлять по почте; опустить в почтовый ящик
post office [ˈpoust|ˌɔfɪs] отделение связи
post- [poust-] по; после
post-bellum [ˌˈpoustˈbeləm] послевоенный
post-boy [ˈpoustbɔɪ] почтальон; форейтор
post-crown [ˈpoustkraun] штифтовая коронка
post-delivery leave [ˌpoustdɪˈlɪvərɪ|ˈliːv] послеродовой отпуск
post-editing [ˈpoustˈedɪtɪŋ] внесение исправлений в отредактированный текст
post-house [ˈpousthaus] почтовая станция
post-ignition [ˌpoustɪgˈnɪʃən] позднее зажигание
post-meridian [ˈpoustməˈrɪdɪən] послеполуденный
post-mortem examination [ˈpoustˈmɔːtəm|ɪgˌzæmɪˈneɪʃən] патолого-анатомическое исследование
post-natal life [ˈpoustneɪtl|ˈlaɪf] внеутробная жизнь
post-scriptum [ˈpoustˈskrɪptəm] после написанного; постскриптум; приписка к письму
post-war [ˈpoustˈwɔː] послевоенный
post-war boom [ˈpoustwɔːˈbuːm] послевоенное восстановление
postage [ˈpoustɪdʒ] почтовая оплата; почтовые расходы
postage charges [ˈpoustɪdʒ|ˈtʃɑːdʒɪz] почтовые расходы
postage fee [ˈpoustɪdʒ|ˈfiː] почтовый сбор
postage stamp [ˈpoustɪdʒ|ˈstæmp] почтовая марка
postal [ˈpoust(ə)l] почтовый
postal address [ˈpoust(ə)l|əˈdres] почтовый адрес

postal delivery ['poust(ə)l|dɪ'lɪvərɪ] доставка по почте

postal department ['poust(ə)l|dɪ'pa:tmənt] почтовое отделение

postcard ['poustka:d] почтовая карточка; открытка

postcode ['poustkoud] почтовый индекс *(в Великобритании)*

postdate ['poust'deɪt] дата, проставленная более поздним числом; датировать более поздним числом

poster ['poustə] афиша; объявление; плакат; стенная реклама; расклейщик афиш

poster paper ['poustə|'peɪpə] бумага одностороннего мелования

posterior [pɔs'tɪərɪə] задний; последующий; вытекающий

posteriorly [pɔs'tɪərɪəlɪ] сзади

posterity [pɔs'terɪtɪ] потомство; последующие поколения

postern ['poustə:n] боковая дверь; задняя дверь; боковая дорога или боковой вход

posthaste ['poust'heɪst] с большой поспешностью; сломя голову

posthorse ['pousthɔ:s] почтовая лошадь

posthumous ['pɔstjuməs] посмертный; рожденный после смерти отца

posting ['poustɪŋ] отправка корреспонденции по почте; регистрация

postman ['poustmən] почтальон

postpone [poust'poun] откладывать; медлить; отсрочивать; относить в конец предложения; подчинять; ставить ниже

postponement [poust'pounmənt] задержка; опоздание; отсрочка

postscript ['pousskrɪpt] постскриптум; комментарий к выпуску новостей *(по радио)*

postulant ['pɔstjulənt] кандидат

postulate ['pɔstjulɪt] ['pɔstjuleɪt] аксиома; постулат; предварительное условие; ставить условием

postural ['pɔstʃərəl] относящийся к осанке

postural change ['pɔstʃərəl|'tʃeɪndʒ] перемена положения

posture ['pɔstʃə] поза; положение; осанка; место; состояние; позировать

posy ['pouzɪ] *(маленький)* букет цветов; девиз *(на кольце и т. п.)*

pot [pɔt] горшок; котелок; банка; цветочный горшок; консервировать; заготовлять впрок; варить в котелке

pot-herb ['pɔthə:b] зелень; коренья

pot-hole ['pɔthoul] выбоина; рытвина; яма

pot-hole lake ['pɔthoul|'leɪk] водоем в рытвине

pot-house ['pɔthaus] кабак; пивная

pot-pourri [pou'puri(:)] попурри; ароматическая смесь *(из сухих лепестков) (франц.)*

pot-roast ['pɔtroust] тушеное мясо *(говядина)*

potability [,poutə'bɪlɪtɪ] пригодность для питья

potable ['poutəbl] годный для питья; питьевой; напитки

potation [pou'teɪʃən] питье; глоток; спиртной напиток

potato [p(ə)'teɪtou] картофель *(растение)*; картофельный

potato harvester [p(ə)'teɪtou|'ha:vɪstə] картофелеуборочный комбайн

potato-digger [p(ə)'teɪtou|'dɪgə] картофелекопалка

potatory ['poutət(ə)rɪ] питейный

potency ['pout(ə)nsɪ] могущество; мощь; сила; действенность; производительность; потенциальная возможность

potent ['pout(ə)nt] могущественный; могучий; сильнодействующий; крепкий; решающий; убедительный

potentate ['pout(ə)nteɪt] владыка; властелин; властитель; монарх

potential [pou'tenʃ(ə)l] возможность; случай; шанс; потенциал; потенциальный; вероятный; возможный

potentiate [pou'tenʃɪeɪt] придавать силу; делать возможным

pother ['pɔðə] шум; волнение; гудение; удушливый дым; облако пыли; волновать; беспокоить; тревожить

potion ['pouʃ(ə)n] доза лекарства; зелье; снадобье

potman ['pɔtmən] подручный в кабаке

potted ['pɔtɪd] консервированный; комнатный; выращиваемый в горшке *(о растении)*; записанный на пленку *(пластинку)*

potter ['pɔtə] гончар

pottery ['pɔtərɪ] гончарные изделия; керамика; гончарная мастерская; гончарное дело

potting ['pɔtɪŋ] герметизация; заливка *(пластмассой, компаундом)*

potty ['pɔtɪ] детский горшок; мелкий; небольшой; незначительный; помешанный *(на чем-либо)*

pouch [pautʃ] сумка; мешочек; кисет; класть в сумку

pouchy ['pautʃɪ] мешковатый

poult [poult] птенец; цыпленок; индюшонок и т. п.

poulterer ['poult(ə)rə] торговец домашней птицей

poultice ['poultɪs] припарка; класть припарки

poultry ['poultrɪ] домашняя птица

poultry breeder ['poultrɪ|'bri:də] тот, кто разводит домашнюю птицу

poultry breeding ['poultrɪ'briːdɪŋ] разведение птиц
pounce [pauns] коготь *(ястреба и т. п.)*; внезапный прыжок; наскок; набрасываться; налетать; пробивать; просверливать
pound [paund] загон *(для скота)*; тюрьма; загонять в загон; заключать в тюрьму; тяжелый удар; бить; колотить; фунт *(мера весов)*
to pound in — вбивать; вколачивать
pounder ['paundə] предмет весом в один фунт; пестик
pounding ['paundɪŋ] дробление; измельчение; разбиение; что-либо измельченное *(раздробленное)*
pour [pɔː] лить*(ся)*; наливать; разливать*(ся)*; впадать в море *(о реке)*; выливать; выделять; излучать; испускать *(свет, тепло и т. п)*; ливень
pour point depressant ['pɔːǀpɔɪntǀdɪ'presənt] депрессорная присадка
pouring ['pɔːrɪŋ] проливной *(о дожде)*; разливательный; разливание
pouring hole ['pɔːrɪŋǀhoul] сливное отверстие
pouring ladle ['pɔːrɪŋǀ'leɪdl] литейный ковш
pout [paut] недовольная гримаса; надутые губы; надуть губы
poverty ['pɔvətɪ] бедность; нищета; нужда; скудность; оскудение
poverty-ridden ['pɔvətɪˌrɪdn] бедствующий
poverty-stricken ['pɔvətɪˌstrɪkn] бедный; бедствующий
powder ['paudə] порошок; пыль; пудра; порох; посыпать *(порошком)*; присыпать; испещрять; усыпать; превращать в порошок; толочь
powder-flask ['paudəˌflɑːsk] пороховница
powder-magazine ['paudəˌmægəˈziːn] пороховой погреб
powdered ['paudəd] порошкообразный; напудренный; испещренный; усыпанный *(крапинками и т. п.)*; соленый
powdery ['paudərɪ] порошкообразный; похожий на пудру; рассыпчатый; посыпанный порошком; припудренный
power ['pauə] сила; мощность; энергия; могущество; власть *(государственная)*; влияние; мощь; полномочие; держава; способность; возможность; поддерживать; вдохновлять
power amplifier ['pauəǀ'æmplɪfaɪə] усилитель мощности
power brake ['pauəǀbreɪk] механический тормоз
power density ['pauəǀ'densɪtɪ] удельная мощность
power dissipation ['pauəˌdɪsɪ'peɪʃən] рассеяние мощности
power distributor ['pauəǀdɪs'trɪbjutə] распределительная коробка
power gas ['pauəǀgæs] топливный газ

power gas engine ['pauəǀgæsǀ'endʒɪn] газовый двигатель
power line ['pauəǀlaɪn] линия высокого напряжения; линия электропередачи
power of attorney ['pauərǀəvǀə'tɜːnɪ] договоренность
power of cohesion ['pauərǀəvǀkou'hiːʒən] сила сцепления
power panel ['pauəǀ'pænl] щит питания
power plant ['pauəǀplɑːnt] электростанция
power shaft ['pauəǀʃɑːft] приводной вал
power steering ['pauəǀ'stɪərɪŋ] рулевой привод с усилителем
power supplier ['pauəǀsə'plaɪə] поставщик электроэнергии
power switch ['pauəǀswɪtʃ] выключатель питания
power unit ['pauəǀ'juːnɪt] блок питания
power-boat ['pauəbout] моторный катер; моторная шлюпка
power-house ['pauəhaus] электростанция; очень энергичный человек *(разг.)*
power-off ['pauərǀ'ɔːf] выключенный двигатель
power-on ['pauərǀ'ɔn] включенный двигатель
power-operated ['pauərǀ'ɔpəreɪtɪd] с механическим приводом
power-up ['pauərǀ'ʌp] включение питания
powered air ['pauədǀ'eə] сжатый воздух
powerful ['pauəful] крепкий; могучий; мощный; влиятельный; сильный; сильнодействующий; значительный; обоснованный; убедительный
powerful binoculars ['pauəfulǀbɪ'nɔkjuləz] сильный бинокль
powerless ['pauəlɪs] бессильный
powwow ['pauwau] знахарь; колдун *(у североамериканских индейцев)*; церемония заклинания *(у североамериканских индейцев)*; заниматься знахарством
practicability [ˌpræktɪkə'bɪlɪtɪ] осуществимость; целесообразность; проходимость
practicable ['præktɪkəbl] возможный; осуществимый; реальный; полезный; могущий быть использованным; проходимый; проезжий *(о дороге)*
practical ['præktɪk(ə)l] практичный; утилитарный; целесообразный; полезный; удобный; действительный; подлинный; вещественный; реальный
practicality [ˌpræktɪ'kælɪtɪ] практицизм; практичность
practically ['præktɪk(ə)lɪ] практически; фактически; почти; приблизительно
practice ['præktɪs] практика; применение, осуществление на практике; тренировка; упражнение; привычка; обычай; установленный порядок
practice hall ['præktɪsǀhɔːl] тренировочный зал
practician [præk'tɪʃ(ə)n] практик; практикующий врач или юрист

practise [ˈpræktɪs] применять, осуществлять на практике; заниматься *(чем-либо)* профессионально; практиковать; упражняться; тренироваться; приучать; тренировать

practised [ˈpræktɪst] искусный; квалифицированный

practitioner [prækˈtɪʃnə] практикующий врач или юрист

praepostor [priːˈpɒstə] старший ученик, наблюдающий за дисциплиной

praetorian [priː(ː)ˈtɔːrɪən] преторианский; преторианец

pragmatic [prægˈmætɪk] деловитый; практический; практичный; прагматичный; догматичный

pragmatic approach [prægˈmætɪkəˈproʊtʃ] прагматический подход

pragmatical [prægˈmætɪk(ə)l] назойливый; вмешивающийся в чужие дела; прагматичный

prairie [ˈprɛərɪ] прерия; степь; степной; живущий в прерии

prairie dog [ˈprɛərɪ|dɒg] луговая собака

prairie wolf [ˈprɛərɪ|wulf] койот; луговой волк

praise [preɪz] *(по)*хвала; восхваление; хвалить; превозносить; славословить

praiseworthy [ˈpreɪzˌwəːðɪ] достойный похвалы; похвальный

pram [præm] детская коляска

prance [prɑːns] прыжок; скачок; гордая походка; надменная манера *(держаться)*; становиться на дыбы; гарцевать

prancing [ˈprɑːnsɪŋ] скачущий; важный *(о походке, манере держаться)*

prang [præŋ] бомбардировка; авария; катастрофа; столкновение в воздухе; сбить *(самолет)*; совершить аварийную посадку; разбить самолет

prank [præŋk] выходка; проказа; украшать

prankish [ˈpræŋkɪʃ] шаловливый; озорной; шутливый

prate [preɪt] болтовня; пустословие; нести чепуху

prattle [ˈprætl] лепет; лепетать; щебетать *(о птицах)*; журчать *(о ручье)*

prattler [ˈprætlə] лепечущий ребенок

prawn [prɔːn] пильчатая креветка; ловить креветок

praxis [ˈpræksɪs] действие; практика; применение; обыкновение; обычай; привычка; примеры; упражнения *(по грамматике и т. п.)*

pray [preɪ] молиться; молить; просить; умолять; упрашивать

prayer [ˈprɛə] [ˈpreɪə] молитва; просьба; проситель; ходатай

prayer-book [ˈprɛəbuk] молитвенник; требник

prayerful [ˈprɛəful] богомольный; молитвенный

praying [ˈpreɪɪŋ] моление

pre- [priː] впереди; до; заблаговременно; заранее; пред

pre-Christian [ˈpriːˈkrɪstjən] дохристианский

pre-eminent [prɪ(ː)ˈemɪnənt] выдающийся; превосходящий других

pre-empt [prɪ(ː)ˈempt] покупать раньше других; завладевать раньше других

pre-existing agreement [ˈpriːɪgˈzɪstɪŋ|əˈgriːmənt] ранее существовавшее соглашение

pre-history [ˈpriːˈhɪstərɪ] предыстория; совокупность сведений о доисторической эпохе

pre-human [ˈpriːˈhjuːmən] существовавший на Земле до появления человека

pre-prandial [ˈpriːˈprændɪəl] предобеденный

pre-press [ˈpriːˈpres] допечатный

pre-press costs [ˈpriːpresˈkɒsts] стоимость допечатного процесса

pre-publication [ˈpriːˌpʌblɪˈkeɪʃən] до выхода книги

pre-school [ˈpriːˈskuːl] дошкольный

pre-schooler [ˈpriːˈskuːlə] дошкольник

pre-teen [ˈpriːˈtiːn] ребенок 10-12 лет

pre-trial examination [priːˈtraɪəl|ɪgˌzæmɪˈneɪʃən] предварительное судебное следствие

pre-view [ˈpriːˈvjuː] предварительный закрытый просмотр кинофильма, выставки и т. п.; анонс; рекламный показ отрывков из кинофильма

pre-war [ˈpriːˈwɔː] довоенный

preach [priːtʃ] проповедовать; читать проповедь; поучать; читать наставления

preacher [ˈpriːtʃə] проповедник

preaching [ˈpriːtʃɪŋ] проповедование; назидание; наставление; проповедь

preachment [ˈpriːtʃmənt] проповедь; нравоучение

preamble [priːˈæmbl] вводная часть; вступление; предисловие; делать предисловие

precarious [prɪˈkɛərɪəs] случайный; беспорядочный; опасный; рискованный; безосновательный; необоснованный

precaution [prɪˈkɔːʃ(ə)n] предосторожность; дальновидность; предостережение; предупреждение

precautionary measure [prɪˈkɔːʃənərɪˈmeʒə] мера предосторожности

precede [prɪ(ː)ˈsiːd] предшествовать; стоять или идти перед *(чем-либо)*, впереди *(кого-либо)*; превосходить *(по важности и т. п.)*; занимать более высокое положение *(по должности)*; быть впереди *(в каком-либо отношении)*; предпосылать; расчищать путь *(для чего-либо)*

precedence [prɪ(ː)ˈsiːd(ə)ns] предшествование; первенство; превосходство *(в знаниях и т. п.)*; старшинство

precedent [ˈpresɪd(ə)nt] — *сущ.* [prɪˈsiːd(ə)nt] — *прил.* прецедент; предшествующий; прежний

preceding [prɪ(:)'siːdɪŋ] предшествующий; прежний

preceptive [prɪ'septɪv] назидательный; наставительный; поучительный

preceptor [prɪ'septə] воспитатель; наставник; репетитор

preceptorial [ˌpriːsep'tɔːrɪəl] наставнический; нравоучительный

preceptress [prɪ'septrɪs] воспитательница; наставница

prechill [prɪ'tʃɪl] предварительно охлаждать

precinct ['priːsɪŋkt] огороженная территория, прилегающая к зданию; граница; предел

preciosity [ˌpreʃɪ'ɔsɪtɪ] изысканность; утонченность

precious ['preʃəs] дорогостоящий; драгоценный; дорогой; любимый; манерно-изысканный; весьма

precious cargo ['preʃəs'kaːgou] ценный груз

precious stone ['preʃəs'stoun] драгоценный камень

precipice ['presɪpɪs] обрыв; пропасть; опасное положение

precipitance [prɪ'sɪpɪt(ə)ns] стремительность; неосмотрительность; неосторожность; опрометчивость

precipitant [prɪ'sɪpɪt(ə)nt] быстрый; скорый; стремительный; действующий опрометчиво

precipitate [prɪ'sɪpɪtɪt] — *прил.* [prɪ'sɪpɪteɪt] — *гл.* стремительный; быстрый; поспешный; скорый; неосмотрительный; низвергать; повергать; торопить; ускорять

precipitate action [prɪ'sɪpɪtɪt'ækʃən] опрометчивый поступок

precipitation [prɪˌsɪpɪ'teɪʃ(ə)n] низвержение; стремительность; ускорение; увеличение *(темпа)*

precipitous [prɪ'sɪpɪtəs] крутой; обрывистый

précis ['preɪsiː] краткое изложение; аннотация; конспект; составлять конспект; кратко излагать

precise [prɪ'saɪz] точный; определенный; аккуратный; исполнительный; пунктуальный; отчетливый; четкий; ясный; доскональный; скрупулезный; тщательный; педантичный; щепетильный

precise adjustment [prɪ'saɪz|ə'dʒʌstmənt] точная регулировка

precise bearing of the word
[prɪ'saɪz|'beərɪŋ|əv|ðə|'wəːd] точное значение слова

precisely [prɪ'saɪslɪ] точно; именно; совершенно верно *(как ответ)*

precisian [prɪ'sɪʒ(ə)n] педант; формалист

precisianism [prɪ'sɪʒ(ə)nɪzm] педантизм; формализм

precision [prɪ'sɪʒ(ə)n] точность; четкость; аккуратность; меткость; точный; меткий

precleaner [prɪ'kliːnə] фильтр предварительной очистки

preclude [prɪ'kluːd] отводить; предотвращать; предупреждать; мешать; препятствовать

preclusion [prɪ'kluːʒ(ə)n] помеха; преграда; препона; препятствие

precocious [prɪ'kouʃəs] рано развившийся; не по годам развитой; преждевременный; ранний; скороспелый *(с.-х.)*

preconceive ['priːkən'siːv] представлять себе заранее

preconceived ['priːkən'siːvd] предвзятый; пристрастный

preconception ['priːkən'sepʃ(ə)n] предвзятое мнение; предубеждение; предрассудок

precox шизофрения

precursor [prɪ(:)'kəːsə] предтеча; предшественник; вестник; предвестник

precursory [prɪ(:)'kəːsərɪ] предвещающий; предшествующий; подготовительный; предварительный

predate [ˌpriː'deɪt] датировать задним, более ранним числом; предшествовать

predator ['predətə] хищник

predatory ['predət(ə)rɪ] грабительский; агрессивный; хищный

predatory animal ['predət(ə)rɪ'ænɪməl] хищник

predawn [prɪ(:)'dɔːn] предрассветный; предутренний

predecessor ['priːdɪsesə] предтеча; предшественник; предок; родитель

predestination [prɪ(:)ˌdestɪ'neɪʃ(ə)n] назначение; предназначение

predestine [prɪ(:)'destɪn] назначать; определять

predestined construction
[prɪ(:)'destɪnd|kən'strʌkʃən] предвзятое толкование

predetermine ['priːdɪ'təːmɪn] назначать; предназначать; предопределять; повлиять *(на кого-либо)*

predetermined course ['priːdɪ'təːmɪnd|'kɔːs] заданный курс

predial ['priːdɪəl] земельный; сельский; аграрный; прикрепленный к земле *(о крепостном)*

predicament [prɪ'dɪkəmənt] затруднительное положение; затруднение; категория

predicant ['predɪkənt] проповедник; проповеднический

predicate ['predɪkɪt] — *сущ.* ['predɪkeɪt] — *гл.* предикат *(грам.)*; сказуемое; утверждение; утверждать

predicative [prɪ'dɪkətɪv] предикативный член; именная часть составного сказуемого

predict [prɪ'dɪkt] предсказывать; прогнозировать; пророчить; упреждать

predictability [prɪˌdɪktə'bɪlɪtɪ] предсказуемость

predictable [prɪ'dɪktəbl] предсказуемый

prediction [prɪˈdɪkʃ(ə)n] предсказание; прогноз; пророчество
predictive [prɪˈdɪktɪv] предсказывающий; пророческий
predictor [prɪˈdɪktə] предсказатель; прибор управления артиллерийским зенитным огнем *(воен.)*
predilection [ˌpriːdɪˈlekʃ(ə)n] пристрастие; склонность *(к чему-либо)*
predispose [ˈpriːdɪsˈpouz] предрасполагать *(к чему-либо)*
predisposing cause [ˈpriːdɪsˈpouzɪŋˈkɔːz] предрасполагающий фактор
predisposition [ˈpriːˌdɪspəˈzɪʃ(ə)n] предрасположенность
predominance [prɪˈdɔmɪnəns] господство; превосходство
predominant [prɪˈdɔmɪnənt] преобладающий; господствующий *(над)*
predominate [prɪˈdɔmɪneɪt] господствовать; преобладать; превалировать *(над)*
predominatingly [prɪˈdɔmɪneɪtɪŋlɪ] особенно; преимущественно
preen [priːn] чистить *(перья)* клювом; прихорашиваться; гордиться собой
prefabricate [ˈpriːˈfæbrɪkeɪt] изготовлять заводским способом
preface [ˈprefɪs] предисловие; вводная часть; вступление; пролог; снабжать *(книгу и т. п.)* предисловием; начинать; предпосылать; писать предисловие; делать предварительные замечания
prefatory [ˈprefət(ə)rɪ] вводный; вступительный
prefect [ˈpriːfekt] префект
prefecture [ˈpriːfektjuə] префектура
prefer [prɪˈfəː] выбирать; избирать; предпочитать; повышать *(в чине)*; продвигать *(по службе)*; представлять; подавать *(прошение, жалобу и т. п.)*
preferable [ˈpref(ə)rəbl] предпочтительный
preferably [ˈpref(ə)rəblɪ] лучше; предпочтительно
preference [ˈpref(ə)r(ə)ns] выбор; избрание; предпочтение; то, чему отдается предпочтение; преимущественное право на оплату *(о долге)*; льготная таможенная пошлина; преференция; преферанс *(карточная игра)*; привилегированный
preferential [ˌprefəˈrenʃ(ə)l] пользующийся предпочтением; предпочтительный; льготный *(экон.)*
preferential duty [ˌprefəˈrenʃ(ə)lˈdjuːtɪ] льготные пошлины
preferential price [ˌprefəˈrenʃ(ə)lˈpraɪs] льготная цена
preferment [prɪˈfəːmənt] продвижение по службе; повышение
preferred treatment [prɪˈfəːdˈtriːtmənt] льготный режим

prefigure [ˌpriːˈfɪgə] служить прообразом; быть прототипом
prefilter [prɪˈfɪltə] фильтр грубой очистки
prefix [ˈpriːfɪks] — *сущ.* [priːˈfɪks] — *гл.* префикс *(грам.)*; приставка; предпосылать; ставить в начале; вводный знак
preform [priːˈfɔːm] формировать заранее
preformed joint filler [priːˈfɔːmdˈʤɔɪntˈfɪltə] герметик
pregnable [ˈpregnəbl] ненадежно укрепленный *(о крепости и т. п.)*; уязвимый
pregnancy [ˈpregnənsɪ] беременность; чреватость; богатство *(воображения и т. п.)*; содержательность
pregnant [ˈpregnənt] беременная; чреватый; богатый *(о воображении и т. п.)*; содержательный; полный смысла, значения
pregnant woman [ˈpregnəntˈwumən] беременная женщина
preheat [priːˈhiːt] предварительно нагревать; подогревать
preheater [priːˈhiːtə] подогреватель
preheating [priːˈhiːtɪŋ] подогрев; предварительный нагрев
prehension [prɪˈhenʃən] хватание; захватывание; способность схватывать; сообразительность; цепкость ума
prehension arm [prɪˈhenʃənˈɑːm] захватывающий рычаг
prehistoric [ˈpriːhɪsˈtɔrɪk] доисторический
preignition [ˈpriːɪgˈnɪʃən] преждевременная вспышка
preinjection [ˈpriːɪnˈʤekʃən] ранний впрыск
prejudge [ˈpriːˈʤʌʤ] осуждать, не выслушав; предрешать
prejudgement [ˈpriːˈʤʌʤmənt] предвзятость; предвзятое мнение
prejudice [ˈpreʤudɪs] ущерб; предубеждение; предвзятое мнение; предрассудок; причинять ущерб; причинять вред
prejudicial [ˌpreʤuˈdɪʃ(ə)l] наносящий ущерб; вредный; пагубный
prelate [ˈprelɪt] прелат
prelect [prɪ(ː)ˈlekt] читать лекцию
prelection [prɪ(ː)ˈlekʃ(ə)n] лекция *(в университете)*
prelector [prɪ(ː)ˈlektə] лектор *(в университете)*
preliminary [prɪˈlɪmɪnərɪ] подготовительное мероприятие; подготовительный; предварительный
preliminary advice [prɪˈlɪmɪnərɪədˈvaɪs] предварительное авизо
preliminary bombardment [prɪˈlɪmɪnərɪbɔmˈbɑːdmənt] артиллерийская подготовка *(воен.)*

preliminary confinement [prɪˈlɪmɪnərɪ|kənˈfaɪnmənt] предварительное заключение

preliminary consideration [prɪˈlɪmɪnərɪ|kənˌsɪdəˈreɪʃən] предварительное рассмотрение дела

preliminary data [prɪˈlɪmɪnərɪˈdeɪtə] предварительные данные

preliminary detention [prɪˈlɪmɪnərɪ|dɪˈtenʃən] предварительное заключение

preliminary enquiry [prɪˈlɪmɪnərɪ|ɪnˈkwaɪərɪ] предварительное судебное следствие

preliminary figures [prɪˈlɪmɪnərɪˈfɪɡəz] предварительные данные

preliminary pages [prɪˈlɪmɪnərɪˈpeɪdʒɪz] титульные элементы книги

preliminary return [prɪˈlɪmɪnərɪ|rɪˈtɜːn] предполагаемый доход

prelude [ˈpreljuːd] вступление; прелюдия (муз.); служить вступлением; начинать

prelusive [prɪ(ː)ˈljuːsɪv] вводный; вступительный

premature [ˌpreməˈtjuə] безвременный; преждевременный; ранний; необдуманный; поспешный

premature baby [ˌpreməˈtjuəˈbeɪbɪ] недоношенный ребёнок

premature birth [ˌpreməˈtjuəˈbɜːθ] преждевременное появление на свет

prematurity [ˌpreməˈtjuərɪtɪ] преждевременность; досрочность; недоношенность

premeditate [prɪ(ː)ˈmedɪteɪt] обдумывать; продумывать заранее

premeditated [prɪ(ː)ˈmedɪteɪtɪd] обдуманный заранее; преднамеренный

premeditation [prɪ(ː)ˌmedɪˈteɪʃ(ə)n] намеренность; преднамеренность; умышленность

premier [ˈpremjə] премьер-министр; первый; первоначальный; ранний

premiere [ˈpremɪɛə] премьера (театр.)

premiership [ˈpremjəʃɪp] премьерство; положение или должность премьер-министра

premise [ˈpremɪs] — сущ. [prɪˈmaɪz] — гл. предпосылка; вышеизложенное; предпосылать

premium [ˈpriːmjəm] награда; вознаграждение; премия; приз; плата; страховая премия

premolar ложнокоренной зуб

premonition [ˌpriːməˈnɪʃ(ə)n] предостережение; предупреждение; предчувствие

premonitory [prɪˈmɒnɪt(ə)rɪ] предостерегающий

prentice [ˈprentɪs] подмастерье

preoccupation [prɪ(ː)ˌɒkjuˈpeɪʃ(ə)n] занятие (места) раньше кого-либо; невнимательность; рассеянность

preoccupied [prɪ(ː)ˈɒkjupaɪd] поглощённый мыслями; озабоченный; ранее захваченный

preoccupy [prɪ(ː)ˈɒkjupaɪ] занимать; поглощать внимание

preordination [ˌpriːɔːdɪˈneɪʃ(ə)n] предназначение; предопределение

prep [prep] приготовление уроков; подготовительная школа; подготовительный

prepackage [ˈpriːˈpækɪdʒ] расфасовать (заранее)

prepaid asset [ˈpriːˈpeɪdˈæset] авансированные средства

preparation [ˌprepəˈreɪʃ(ə)n] подготовка; приготовление; сборы; приготовление уроков; препарат; лекарство

preparative [prɪˈpærətɪv] приготовительный; подготовительный; подготовка; приготовление

preparatory [prɪˈpærət(ə)rɪ] подготовительный; предварительный; подготовительная школа

prepare [prɪˈpɛə] готовить(ся); подготавливать(ся); готовить; составлять смесь; обрабатывать; приготавливать; предварительно очищать

prepared [prɪˈpɛəd] подготовленный; сделанный

preparedness [prɪˈpɛədnɪs] готовность; подготовленность

prepay [ˈpriːˈpeɪ] платить вперёд

prepayment [ˈpriːˈpeɪmənt] предварительная оплата

prepense [prɪˈpens] преднамеренный; предумышленный

preplan [prɪ(ː)ˈplæn] предварительно планировать; намечать заранее

preponderance [prɪˈpɒnd(ə)r(ə)ns] превосходство; преобладание

preponderant [prɪˈpɒnd(ə)r(ə)nt] преобладающий; имеющий перевес

preponderate [prɪˈpɒndəreɪt] перевешивать; иметь перевес; превосходить; превышать (что-либо); преобладать

prepossess [ˌpriːpəˈzes] овладевать (о чувстве, идее, мысли и т. п.); вдохновлять; внушать (чувство, мнение и т. п.); иметь предубеждение

prepossessing [ˌpriːpəˈzesɪŋ] отрадный; приятный

prepossession [ˌpriːpəˈzeʃ(ə)n] расположение; склонность; предвзятое отношение; предубеждение

preposterous [prɪˈpɒst(ə)rəs] абсурдный; нелепый; несообразный

prepotency [prɪˈpəʊt(ə)nsɪ] превалирование; преобладание

prepotent [prɪˈpəʊt(ə)nt] могучий; сильный; преобладающий; доминирующий

preproduction [ˈpriːprəˈdʌkʃən] подготовка телепрограмм

prerequisite [ˈpriːˈrekwɪzɪt] предпосылка; необходимый как условие

prerogative [prɪˈrɔgətɪv] прерогатива; исключительное право; привилегия; обладающий прерогативой

presage [ˈpresɪdʒ] знамение; предвестие; предчувствие; предзнаменовывать

prescience [ˈpresɪəns] предвидение

prescient [ˈpresɪənt] наделенный даром предвидения; предвидящий

prescribe [prɪsˈkraɪb] предписывать; прописывать (*лекарство*)

prescript [ˈpriːskrɪpt] директива; постановление; предписание

prescription [prɪsˈkrɪpʃ(ə)n] предписание; рекомендация; указание; установка; рецепт

prescription medicine [prɪsˈkrɪpʃ(ə)nˈmedsɪn] лекарство, отпускаемое по рецепту

prescriptive [prɪsˈkrɪptɪv] предписывающий; основанный на праве давности или давнем обычае

preselection [ˌpriːsɪˈlekʃ(ə)n] предварительный подбор

presence [ˈprezns] присутствие; наличие; наличность; соседство

presence-chamber [ˈprezns.tʃeɪmbə] приемный зал

present [ˈpreznt — *сущ., прил.* [prɪˈzent] — *гл.* настоящее время; присутствующий; имеющийся налицо; теперешний; настоящий; современный; существующий; данный; этот самый; дар; подарок; подношение; преподносить; дарить; представлять (*кому-либо*); давать, показывать (*спектакль*); показывать (*актера*); прицеливаться; целить; целиться

present law [ˈprezntˈlɔː] действующее право

present-day [ˈprezntdeɪ] недавний; новый; современный

presentable [prɪˈzentəbl] благопристойный; порядочный

presentation [ˌprezenˈteɪʃ(ə)n] представление (*кому-либо*); подношение (*подарка*); дар; подарок; показ; презентация

presentation copy [ˌprezenˈteɪʃ(ə)nˈkɔpɪ] представительский экземпляр

presentee [ˌprezenˈtiː] получатель подарка; кандидат (*на должность*); лицо, представленное ко двору

presenter [prɪˈzentə] податель; предъявитель; даритель; жертвователь; ведущий программу (*на телевидении, радио*)

presentiment [prɪˈzentɪmənt] предчувствие

presently [ˈprezntlɪ] вскоре; немного времени спустя; ныне; сегодня; сейчас; теперь

presentment [prɪˈzentmənt] представление; показ (*спектакля*); воссоздание; изложение

preservation [ˌprezə(ː)ˈveɪʃ(ə)n] сохранение; предохранение; сохранность; консервирование

preservative [prɪˈzəːvətɪv] защитный; оградительный; предохраняющее средство

preserve [prɪˈzəːv] беречь; оберегать; заготовлять впрок; консервировать

preset [ˌpriːˈset] заранее устанавливать; задавать

preset adjustment [priːˈsetəˈdʒʌstmənt] предварительная регулировка

preset tolerance [priːˈsetˈtɔlərəns] заданный допуск

preside [prɪˈzaɪd] председательствовать; осуществлять контроль, руководство

presidency [ˈprezɪd(ə)nsɪ] председательство; президентство

president [ˈprezɪd(ə)nt] глава; председатель; президент; ректор (*университетского колледжа*)

president-elect [ˈprezɪd(ə)ntɪˈlekt] избранный, но еще не вступивший в должность президент

presidential [ˌprezɪˈdenʃ(ə)l] президентский

presidential candidate [ˌprezɪˈdenʃ(ə)lˈkændɪdɪt] кандидат в президенты

presidentship [ˈprezɪd(ə)ntʃɪp] президентство

presidium [prɪˈsɪdɪəm] президиум

press [pres] печать; пресса; типография; надавливание; пресс; давка; свалка; спешка; жать; прижимать; выжимать; давить; нажимать; прессовать; толкать; торопить; требовать немедленных действий; настаивать

press attaché [ˈpresəˈtæʃeɪ] пресс-атташе

press costs [ˈpresˈkɔsts] расходы на печать

press review [ˈpresrɪˈvjuː] обзор печати

press-agency [ˈpres.eɪdʒ(ə)nsɪ] агентство печати

press-bed [ˈpresbed] складная кровать (*убирающаяся в шкаф*)

press-box [ˈpresbɔks] места для представителей печати (*на состязаниях, спектаклях и т. п.*)

press-button control [ˈpres.bʌtnkənˈtroul] кнопочное управление

press-conference [ˈpresˈkɔnfərəns] пресс-конференция

press-cutting [ˈpres.kʌtɪŋ] газетная вырезка

press-mould [ˈpresmould] пресс-форма

press-officer [ˈpres.ɔfɪsə] осуществляющий связь с печатью; пресс-атташе

press-photographer [ˈpresf(ə)ˈtɔgrəfə] фотокорреспондент

press-plate [ˈprespleɪt] нажимной диск сцепления

press-proofs [ˈprespruːfs] сводка; сигнальный экземпляр; контрольный оттиск

press-release [ˈpresrɪˈliːs] сообщение для печати; пресс-коммюнике; пресс-релиз

press-roll [ˈpresroul] прижимной ролик

press-stud [ˈpresstʌd] кнопка (*на одежде*)

pressed air [ˈprestˈeə] сжатый воздух

presser ['presə] лапка
pressing ['presɪŋ] обжатие; прессование; прессовка; неотложный; спешный; настойчивый; настоятельный
pressing screw ['presɪŋ'skruː] нажимной винт
pression ['preʃən] сжатие; давление; прессование
pressman ['presmən] газетчик; журналист; печатник; прессовщик; штамповщик
pressure ['preʃə] давление; сжатие; напор; стискивание; стесненность; затруднительные обстоятельства; гнет
pressure indicator ['preʃər'ɪndɪkeɪtə] указатель давления
pressure of business ['preʃərəv'bɪznɪs] загруженность заказами
pressure regulating valve ['preʃə‚regjuleɪtɪŋ'vælv] клапан регулировки давления
pressure-angle ['preʃər'æŋgl] угол профиля
pressure-control valve ['preʃəkən‚troul'vælv] клапан регулировки давления
pressure-cooker ['preʃə‚kukə] (кастрюля-) скороварка
pressure-drag ['preʃədræg] гидродинамическое сопротивление
pressure-drop ['preʃədrɔp] перепад давления; падение давления
pressure-feed ['preʃəfiːd] подача под давлением
pressure-hall ['preʃəhɔːl] упорный шариковый подшипник
pressure-marking ['preʃə'mɑːkɪŋ] пломбирование
pressure-piston ['preʃə'pɪstən] гидравлический поршень
pressure-release valve ['preʃərɪ‚liːs'vælv] предохранительный клапан
pressure-screw ['preʃəskruː] прижимной винт
pressure-seal ['preʃəsiːl] сальник
pressure-sensing element ['preʃə‚sensɪŋ'elɪmənt] датчик давления
pressure-sensitive ['preʃə'sensɪtɪv] самоклеющийся
pressure-sensitive adhesive ['preʃə‚sensɪtɪv|əd'hiːsɪv] самоклеющаяся пленка
pressurize ['preʃəraɪz] герметизировать; оказывать давление, нажим
prestidigitation ['prestɪ‚dɪdʒɪ'teɪʃ(ə)n] ловкость рук; показывание фокусов
prestidigitator [‚prestɪ'dɪdʒɪteɪtə] фокусник
prestige [pres'tiːʒ] авторитет; вес; престиж (франц.)
prestigious [pres'tɪdʒəs] престижный
presumable [prɪ'zjuːməbl] вероятный; возможный
presumably [prɪ'zjuːməblɪ] предположительно; по-видимому

presume [prɪ'zjuːm] предполагать; полагать; допускать; осмеливаться; позволять себе
presumedly [prɪ'zjuːmɪdlɪ] предположительно
presuming [prɪ'zjuːmɪŋ] самонадеянный
presumption [prɪ'zʌmpʃ(ə)n] гипотеза; догадка; предположение; основание для предположения; вероятность; самонадеянность; презумпция (юр.)
presumption of innocence [prɪ'zʌmpʃ(ə)n|əv'ɪnəsns] презумпция невиновности
presumptive [prɪ'zʌmptɪv] предполагаемый; гипотетический
presumptuous [prɪ'zʌmptjuəs] самонадеянный; бесцеремонный
presupposition [‚priːsʌpə'zɪʃ(ə)n] гипотеза; догадка; предположение
pretence [prɪ'tens] отговорка; предлог; притворство; ложь; неправда; обман; претензия; обвинение; требование
pretend [prɪ'tend] притворяться; делать вид; симулировать; ссылаться на; использовать в качестве предлога; претендовать (на что-либо); решиться; позволить себе
pretended [prɪ'tendɪd] лицемерный; поддельный
pretender [prɪ'tendə] притворщик; претендент (на трон, титул и т. п.)
pretension [prɪ'tenʃ(ə)n] претензия; притязание; предъявление прав (на что-либо); претенциозность
pretentious [prɪ'tenʃəs] вычурный; претенциозный; много о себе возомнивший
pretermission [‚priːtə'mɪʃ(ə)n] небрежность; недосмотр; перерыв; временное прекращение
pretermit [‚priːtə'mɪt] пропустить; не упомянуть; пренебречь; бросить; оставить
preternatural [‚priːtə'nætʃrəl] сверхъестественный
pretext ['priːtekst] — сущ. [prɪ'tekst] — гл. отговорка; повод; приводить в качестве отговорки
prettify ['prɪtɪfaɪ] принаряжать; украшать
pretty ['prɪtɪ] миловидный; прелестный; хорошенький; приятный; хороший; значительный; изрядный
pretzel [pretsl] сухой кренделек, посыпанный солью
prevail [prɪ'veɪl] торжествовать; одержать победу; достигать цели; преобладать; превалировать; существовать; быть распространенным; бытовать
prevailing [prɪ'veɪlɪŋ] господствующий; превалирующий; широко распространенный
prevalence ['prevələns] широкое распространение; распространенность; господство; преобладание
prevalent ['prevələnt] (широко) распространенный; преобладающий; превалирующий

prevalent belief [ˈprevələnt bɪˈliːf] широко распространенное убеждение

prevaricate [prɪˈværɪkeɪt] говорить уклончиво; увиливать

prevarication [prɪˌværɪˈkeɪʃ(ə)n] увиливание; уклончивость

prevaricator [prɪˈværɪkeɪtə] лукавый человек

prevenance [ˈprev(ə)nəns] услужливость; предупредительность

prevent [prɪˈvent] отводить; предотвращать; мешать; препятствовать (чему-либо); не допускать; предохранять; предупреждать

prevention [prɪˈvenʃ(ə)n] ограждение; отведение

preventive [prɪˈventɪv] превентивный; предупредительный; профилактический

preventive control [prɪˈventɪv kənˈtroul] профилактический осмотр

preventive maintenance [prɪˈventɪv ˈmeɪntɪnəns] профилактический ремонт; профилактическое техническое обслуживание

preventive martial law [prɪˈventɪv ˈmɑːʃəl lɔː] военное положение

preventive measure [prɪˈventɪv ˈmeʒə] предупредительная мера

Preventive Service [prɪˈventɪv ˈsəːvɪs] служба береговой охраны

preventive treatment [prɪˈventɪv ˈtriːtmənt] профилактика

preventive war [prɪˈventɪv wɔː] превентивная война

previous [ˈpriːvjəs] предыдущий; предшествующий; опрометчивый; поспешный; преждевременный

previous carry [ˈpriːvjəs ˈkærɪ] перенос из предыдущего разряда

previously [ˈpriːvjəslɪ] заблаговременно; заранее

previse [prɪ(ː)ˈvaɪz] предвидеть; предвосхищать; предсказывать; остерегать; предостерегать; предупреждать

prevision [prɪ(ː)ˈvɪʒ(ə)n] предвидение

prey [preɪ] добывание; добыча; жертва; ловить; охотиться; вымогать; обманывать; мучить; терзать

price [praɪs] стоимость; цена; ценность; назначать цену; оценивать

price abatement [ˈpraɪs əˈbeɪtmənt] снижение цены

price action [ˈpraɪs ˈækʃən] ценовой маневр

price behaviour [ˈpraɪs bɪˈheɪvjə] динамика цен

price cut [ˈpraɪs kʌt] снижение цены

price fixing [ˈpraɪs ˈfɪksɪŋ] сговор между компаниями о цене (на конкурирующие товары)

price-list [ˈpraɪslɪst] прейскурант; прайс-лист

priceless [ˈpraɪslɪs] бесценный; неоценимый

pricing [ˈpraɪsɪŋ] калькуляция цен

pricing policy [ˈpraɪsɪŋ ˈpɔlɪsɪ] политика цен

prick [prɪk] прокол; укол; острая боль от укола; шило; (у)колоть(ся); делать пометки (в списке и т. п.); отмечать; побуждать; подстрекать; прокалывать

prick-eared [ˈprɪkˈɪəd] с торчащими вверх ушами; остроухий

pricker [ˈprɪkə] шило

pricket [ˈprɪkɪt] годовалый олень; острие, на которое насаживается свеча

pricking [ˈprɪkɪŋ] прокалывание

prickle [ˈprɪkl] шип; колючка; иглы (ежа, дикобраза и т. п.); колоть; пронзать; протыкать; испытывать покалывание

prickly [ˈprɪklɪ] имеющий шипы, колючки; колючий

prickly tang [ˈprɪklɪ tæŋ] бурая водоросль

pride [praɪd] гордость; чувство гордости; гордыня; спесь

priest [priːst] священник; жрец

priestcraft [ˈpriːstkrɑːft] вмешательство духовенства в светские дела; интриги и козни духовенства

priestess [ˈpriːstɪs] жрица

priesthood [ˈpriːsthud] священство; духовенство

prig [prɪg] педант; формалист

priggish [ˈprɪgɪʃ] педантичный; самодовольный

prill [prɪl] самородок (горн.); небольшой кусок руды; модель; образец; проба; экземпляр

prim [prɪm] чопорный; напряженный; натянутый; исполнительный; подтянутый; точный

primacy [ˈpraɪməsɪ] первенство; приоритет; сан архиепископа

primal [ˈpraɪm(ə)l] первобытный; примитивный; простой; ведущий; главный; основной

primarily [ˈpraɪm(ə)rɪlɪ] первоначально; сперва; сначала; прежде всего; первым делом; главным образом

primary [ˈpraɪmərɪ] что-либо имеющее первостепенное значение; основной цвет; исходный; первичный; первоначальный

primary accounting [ˈpraɪmərɪ əˈkauntɪŋ] первичный учет

primary acquisition [ˈpraɪmərɪ ˌækwɪˈzɪʃən] сбор исходных данных

primary alternative [ˈpraɪmərɪ ɔːlˈtəːnətɪv] исковое заявление

primary circuit [ˈpraɪmərɪ ˈsəːkɪt] цепь низкого напряжения

primary commodities [ˈpraɪmərɪ kəˈmɔdɪtɪz] основные виды сырья

primary education [ˈpraɪmərɪ ˌedju(ː)ˈkeɪʃən] начальное образование

primary necessities [ˈpraɪmərɪ nɪˈsesɪtɪz] предметы первой необходимости

primary publishing [ˈpraɪməriˈpʌblɪʃɪŋ] издание учебников для начальной школы

primary refining [ˈpraɪmərɪrɪˈfaɪnɪŋ] грубая очистка

primary road [ˈpraɪmərɪroud] автомагистраль; магистральная дорога

primary valve [ˈpraɪmərɪvælv] всасывающий клапан

primate [ˈpraɪmeɪt] примат

prime [praɪm] расцвет; лучшая часть; цвет; начало; весна; ведущий; главный; основной; лучший; отличный; превосходный; прекрасный; заранее снабжать информацией; всасывать

prime contractor [ˈpraɪmkənˈtræktə] генеральный подрядчик

prime cost [ˈpraɪmkɔst] себестоимость

Prime Minister [ˈpraɪmˈmɪnɪstə] премьер-министр

prime mover [ˈpraɪmˈmuːvə] тягач

primer [ˈpraɪmə] букварь; учебник для начинающих; средство воспламенения; капсюль; запал; детонатор; грунтовка

primeval [praɪˈmiːv(ə)l] первобытный; примитивный

priming coat [ˈpraɪmɪŋkout] грунтовка

priming cost [ˈpraɪmɪŋkɔst] себестоимость

priming pump [ˈpraɪmɪŋpʌmp] топливный насос

primipara [praɪˈmɪpərə] первородящая; женщина, рожающая в первый раз

primitive [ˈprɪmɪtɪv] примитивный; простой; первобытный; первобытный человек; основной цвет

primitive case [ˈprɪmɪtɪvkeɪs] первопричина

primitive trade [ˈprɪmɪtɪvtreɪd] кустарное ремесло

primness [ˈprɪmnɪs] чопорность; жеманство

primogenitor [ˌpraɪmouˈdʒenɪtə] (древнейший) предок; пращур

primogeniture [ˌpraɪmouˈdʒenɪtʃə] первородство; право старшего сына на наследование недвижимости

primordial [praɪˈmɔːdjəl] изначальный; исконный; первобытный; примитивный; зачаточный

primp [prɪmp] наряжаться; прихорашиваться

primus [ˈpraɪməs] примус

prince [prɪns] принц; князь; магнат; крупный предприниматель; выдающийся деятель (литературы, искусства и т. п.)

princely [ˈprɪnslɪ] величественный; царский; царственный; великолепный; замечательный; прекрасный; роскошный

princess [prɪnˈses] принцесса; княгиня

principal [ˈprɪnsəp(ə)l] глава; начальник; патрон; главный лонжерон (авт.); ректор университета; директор колледжа (школы); ведущий актер (актриса); важнейший; ведущий; главный; основной

principal beam [ˈprɪnsəp(ə)lˈbiːm] насадка; главный лонжерон

principal road [ˈprɪnsəp(ə)lroud] главная дорога

principal street [ˈprɪnsəp(ə)lˈstriːt] главная улица

principally [ˈprɪnsəp(ə)lɪ] главным образом; преимущественно

principle [ˈprɪnsəpl] принцип; правило; закон; первопричина; источник

principled [ˈprɪnsəpld] принципиальный; с твердыми устоями

prink [prɪŋk] чистить перья (о птицах); наряжать(ся); прихорашивать(ся)

print [prɪnt] оттиск; отпечаток; след; печатное издание; печать; шрифт; печатание; печатный; печатать; запечатлевать

print number [ˈprɪntˈnʌmbə] тираж

print order [ˈprɪntˈɔːdə] заказ на тираж

print out [ˈprɪntˈaut] распечатывать

print run [ˈprɪntrʌn] тираж

print-chain [ˈprɪnttʃeɪn] литерная цепь

print-limited company [ˈprɪntˌlɪmɪtɪdˈkʌmpənɪ] частное товарищество с ограниченной ответственностью

print-out [ˈprɪntaut] распечатка

print-seller [ˈprɪntˌselə] продавец гравюр и эстампов

print-shop [ˈprɪntʃɔp] типография; магазин гравюр и эстампов

printable [ˈprɪntəbl] достойный напечатания; могущий быть напечатанным

printed character [ˈprɪntɪdˈkærɪktə] печатный знак

printed matter [ˈprɪntɪdˈmætə] печатный материал; бандероль

printed sheet [ˈprɪntɪdˈʃiːt] запечатанный лист

printer [ˈprɪntə] копировально-множительный аппарат; печатник; типограф; набойщик; принтер; печатная машина

printer's error [ˈprɪntəzˈerə] типографская ошибка

printing [ˈprɪntɪŋ] печатание; печать; печатное издание; тираж; печатное дело

printing art [ˈprɪntɪŋˈɑːt] искусство книгопечатания

printing density [ˈprɪntɪŋˈdensɪtɪ] плотность печати

printing process [ˈprɪntɪŋˈprouses] способ печати

printing sequence [ˈprɪntɪŋˈsiːkwəns] последовательность печатания цветов

printing trade [ˈprɪntɪŋˈtreɪd] торговля печатной продукцией

printing works ['prɪntɪŋ|'wə:ks] типографские работы

printing-house ['prɪntɪŋhaus] типография

printing-press ['prɪntɪŋ‚pres] печатная машина; печатный станок

prior ['praɪə] прежний; давний; более важный; веский; настоятель; приор

prior period audit ['praɪə|'pɪərɪəd|'ɔ:dɪt] аудиторская проверка предыдущего периода

prioress ['praɪərɪs] настоятельница

prioritize [praɪ'ɔrɪtaɪz] отдавать, оказывать предпочтение; располагать в соответствии с приоритетом

priority [praɪ'ɔrɪtɪ] первенство; приоритет; порядок срочности, очередности

priority road [praɪ'ɔrɪtɪ|'roud] магистраль; дорога первостепенного значения

priory ['praɪərɪ] монастырь; приорат

prism ['prɪzm] призма

prison ['prɪzn] тюрьма; тюремный

prison administration ['prɪzn|əd‚mɪnɪs'treɪʃən] тюремная администрация

prison guard ['prɪzn|'ga:d] тюремная охрана

prison-breaker ['prɪzn‚breɪkə] бежавший из тюрьмы

prisoner ['prɪznə] заключенный; узник; обвиняемый; (военно)пленный

prisoner at the bar ['prɪznər|ət|ðə|'ba:] обвиняемый на скамье подсудимых

pristine ['prɪstaɪn] античный; древний; чистый; нетронутый

privacy ['praɪvəsɪ] уединенность; загадка; секретность

private ['praɪvɪt] частный; личный; персональный; неофициальный; одинокий; уединенный; конфиденциальный; потайной

private adviser ['praɪvɪt|əd'vaɪzə] частный консультант

private beach ['praɪvɪt|'bi:tʃ] частный пляж

private capacity ['praɪvɪt|kə'pæsɪtɪ] статус частного лица

private citizen ['praɪvɪt|'sɪtɪzn] частное лицо

private company ['praɪvɪt|'kʌmpənɪ] частная компания

private correspondence ['praɪvɪt|‚kɔrɪs'pɔndəns] частная корреспонденция

private detective ['praɪvɪt|dɪ'tektɪv] частный детектив

private enterprise ['praɪvɪt|'entəpraɪz] частное предпринимательство

private income ['praɪvɪt|'ɪnkʌm] личный доход

private individual ['praɪvɪt|‚ɪndɪ'vɪdjuəl] частное лицо

private labour ['praɪvɪt|'leɪbə] частный труд

private law ['praɪvɪt|'lɔ:] гражданское право

private meeting ['praɪvɪt|'mi:tɪŋ] закрытое заседание

private sector ['praɪvɪt|'sektə] частный сектор

private transport ['praɪvɪt|'trænspɔ:t] личный транспорт

privateer [‚praɪvə'tɪə] капер; капитан или член экипажа капера (ист.)

privately ['praɪvɪtlɪ] частным образом; про себя

privation [praɪ'veɪʃ(ə)n] лишение; нужда; потеря; недостаток; отсутствие (чего-либо)

privative ['prɪvətɪv] указывающий на отсутствие чего-либо; отнимающий что-либо; отрицательный (об аффиксах и т. п.)

privatize ['praɪvətaɪz] приватизировать

privilege ['prɪvɪlɪdʒ] привилегия; преимущество; право; справедливое требование; справедливость; беспристрастие; нелицеприятность; давать привилегию; освобождать (от чего-либо)

privileged ['prɪvɪlɪdʒd] привилегированный

privity ['prɪvɪtɪ] секретность; тайна; конфиденциальность; осведомленность; соучастие; прикосновенность

privy ['prɪvɪ] частный; одинокий; уединенный; посвященный (во что-либо)

prize [praɪz] награда; премия; приз; выигрыш; находка; неожиданное счастье; оценивать; производить оценку; устанавливать цену; поднимать, взламывать или передвигать посредством рычага

prize-fighter ['praɪz‚faɪtə] боксер-профессионал

prize-money ['praɪz‚mʌnɪ] призовые деньги

prize-ring ['praɪzrɪŋ] ринг (в боксе)

prizewinner ['praɪz‚wɪnə] призер; лауреат

pro [prou] за; ради; для

pro forma [prou'fɔ:mə] ради формы; для проформы; составленный заранее; примерный; ориентировочный

pro forma (invoice) [prou'fɔ:mə('ɪnvɔɪs)] счет-фактура (на предоплату)

pro rata [prou'ra:tə] в соответствии; в пропорции; пропорционально

pro- [prou-] со значением поддерживающий; защищающий за; про-; замещающий вместо

pro-family [‚prou'fæmɪlɪ] консервативный; общепринятый; обычный; традиционный; правый; реакционный

proactive [prou'æktɪv] профилактический; предупреждающий

probabilistic [‚prɔbəbɪ'lɪstɪk] вероятный; вытекающий из теории вероятностей

probability [‚prɔbə'bɪlɪtɪ] вероятность; возможность; правдоподобие

probability table [‚prɔbə'bɪlɪtɪ|'teɪbl] таблица вероятностей

probable deviation [ˈprɔbəbl|ˌdiːvɪˈeɪʃən] вероятное отклонение

probable error [ˈprɔbəbl|ˈerə] вероятная ошибка

probably [ˈprɔb(ə)blɪ] вероятно

probate action [ˈproubɪt|ˈækʃən] иск о наследстве

probation [prəˈbeɪʃ(ə)n] испытание; стажировка; испытательный срок

probationary [prəˈbeɪʃn(ə)rɪ] испытательный; испытывающий; проверочный; находящийся на испытании

probative [ˈproubətɪv] веский; доказательный; убедительный; служащий для испытания

probe [proub] зонд (мед.); зондирование; космическая исследовательская ракета; автоматическая научно-исследовательская станция; исследовать; расследовать

problem [ˈprɔbləm] проблема; вопрос; задача; сложная ситуация; трудный случай

problem child [ˈprɔbləm|ˈtʃaɪld] трудный ребенок

problematic(al) [ˌprɔblɪˈmætɪk(əl)] проблематичный; маловероятный; сомнительный

proboscidian [ˌproubəˈsɪdɪən] хоботный; хоботное животное

proboscis [prouˈbɔsɪs] хобот; хоботок (насекомых)

procedural [prəˈsɪdʒər(ə)l] процедурный; процессуальный

procedural error [prəˈsɪdʒər(ə)l|ˈerə] процессуальная ошибка

procedure [prəˈsiːdʒə] образ действия; технологический процесс; процедура

proceed [prəˈsiːd] продолжать (говорить); отправляться; идти; направляться; возобновлять (дело, игру и т. п.); происходить; развиваться; исходить; действовать; поступать

proceeds [ˈprousiːdz] доход; вырученная сумма

process [ˈprouses] процесс; ход развития; движение; течение; ход

process engraving [ˈprouses|ɪnˈgreɪvɪŋ] изготовление клише фотомеханическим способом

process of ageing [ˈprouses|əv|ˈeɪdʒɪŋ] процесс старения

process-camera [ˈprousesˈkæmərə] фоторепродукционный аппарат

processing [ˈprousɪsɪŋ] проявление пленки и печатание с негатива; обработка; обработка данных (компьют.)

processing capacity [ˈprousɪsɪŋ|kəˈpæsɪtɪ] пропускная способность

processionist [prəˈseʃənɪst] участник процессии

processor [ˈprousesə] процессор (компьют.)

proclaim [prəˈkleɪm] провозглашать; объявлять; заявлять; обнародовать; свидетельствовать; говорить (о чем-либо)

proclamation [ˌprɔkləˈmeɪʃ(ə)n] официальное объявление; декларация; провозглашение; воззвание; призыв; прокламация

proclivity [prəˈklɪvɪtɪ] склонность; наклонность

proconsulate [prouˈkɔnsjulɪt] проконсульство

procrastinate [prouˈkræstɪneɪt] откладывать (со дня на день); мешкать

procreate [ˈproukrɪeɪt] производить потомство; порождать

procreation [ˌproukrɪˈeɪʃ(ə)n] произведение потомства; генерирование; порождение

procumbent [prouˈkʌmbənt] лежащий ничком; распростертый; стелющийся (бот.); ползучий

procurable [prəˈkjuərəbl] доступный; могущий быть приобретенным

procuration [ˌprɔkju(ə)ˈreɪʃ(ə)n] ведение дел по доверенности; власть; влияние; доверенность; полномочие; купля; покупка; получение; приобретение

procurator [ˈprɔkju(ə)reɪtə] поверенный (юр.); доверенное лицо; адвокат

procure [prəˈkjuə] доставлять; добывать; обеспечивать; приносить

procurement [prəˈkjuəmənt] купля; получение; приобретение; поставка (оборудования и т. п.); сводничество

procurer [prəˈkjuərə] заготовитель; поставщик; производитель; сводник

prod [prɔd] шило; стрекало и т. п.; прокалывать; пронзать; протыкать; подгонять; побуждать; подстрекать

prodigal [ˈprɔdɪg(ə)l] неэкономный; расточительный; обильный; щедрый; непомерный; чрезмерный

prodigality [ˌprɔdɪˈgælɪtɪ] мотовство; расточительность; щедрость; достаток; изобилие

prodigally [ˈprɔdɪgəlɪ] расточительно; богато; много; обильно

prodigious [prəˈdɪdʒəs] изумительный; ошеломительный; гигантский; громадный; обширный; огромный; зловещий; смертный; чудовищный

prodigy [ˈprɔdɪdʒɪ] чудо; одаренный человек; необыкновенно одаренный

prodrome [ˈproudroum] введение; вводная часть

produce [ˈprɔdjuːs] — сущ. [prəˈdjuːs] — гл. изделие; продукт; продукция; результат; производить; изготовлять; создавать; поставить (пьесу, кинокартину); вызывать; быть причиной

to produce in lots — выпускать серийно

produced [prəˈdjuːst] выделанный; создаваемый

producer [prəˈdjuːsə] изготовитель; поставщик; производитель; режиссер-постановщик; продюсер; директор кинокартины

producible [prəˈdjuːsəbl] производимый

product [ˈprɔdəkt] продукт; продукция; произведение; изделие; исход; результат
product of combustion [ˈprɔdəkt|əv|kəmˈbʌstʃən] продукт сгорания
product specification [ˈprɔdəkt|ˌspesifiˈkeiʃən] технические характеристики изделия
production [prəˈdʌkʃ(ə)n] производство; изготовление; обработка; продукция; изделие; изделия; результат; производительность; выработка; *(художественное)* произведение; постановка *(пьесы, кинокартины)*; производственный
production assurance [prəˈdʌkʃ(ə)n|əˈʃuərəns] гарантия качества продукции
production bundle [prəˈdʌkʃ(ə)n|ˈbʌndl] серийная продукция
production car [prəˈdʌkʃ(ə)n|kɑː] серийный автомобиль
production character [prəˈdʌkʃ(ə)n|ˈkæriktə] признак продуктивности
production cost [prəˈdʌkʃ(ə)n|kɔst] себестоимость изготовления товара; производственные расходы
production cutback [prəˈdʌkʃ(ə)n|ˈkʌtbæk] сокращение объема производства
production department [prəˈdʌkʃ(ə)n|diˈpɑːtmənt] производственный отдел
production director [prəˈdʌkʃ(ə)n|diˈrektə] видеорежиссер
production log [prəˈdʌkʃ(ə)n|lɔg] режиссерский сценарий
production manager [prəˈdʌkʃ(ə)n|ˈmænidʒə] заведующий производственным отделом
production number [prəˈdʌkʃ(ə)n|ˈnʌmbə] серийный номер изделия
productive [prəˈdʌktiv] производительный; производящий; жирный; плодородный; причиняющий; влекущий за собой
productive forces [prəˈdʌktiv|ˈfɔːsiz] производительные силы
productiveness [prəˈdʌktivnis] продуктивность; производительность
productivity [ˌprɔdʌkˈtiviti] производительность; продуктивность
productivity of land [ˌprɔdʌkˈtiviti|əv|lænd] урожайность
proem [ˈprouem] введение; вступление; начало; прелюдия
profanation [ˌprɔfəˈneiʃ(ə)n] профанация; осквернение
profane [prəˈfein] мирской; светский; непосвященный; богохульный; нечестивый; языческий; осквернять; профанировать
profanity [prəˈfæniti] богохульство; профанация

profess [prəˈfes] открыто признавать(ся), заявлять; исповедовать *(веру)*; претендовать *(на ученость и т. п.)*; изображать; притворяться; заниматься какой-либо деятельностью; избрать своей профессией; обучать; преподавать
professed [prəˈfest] открытый; открыто заявленный; воображаемый; кажущийся; мнимый
professedly [prəˈfesidli] явно; открыто; по собственному признанию
profession [prəˈfeʃ(ə)n] деятельность; занятие; профессия; заявление *(о своих чувствах и т. п.)*; (веро)исповедание
professional [prəˈfeʃənl] профессиональный; имеющий профессию *(специальность)*
professional advice [prəˈfeʃənl|ədˈvais] консультация специалиста
professional conclusion [prəˈfeʃənl|kənˈkluːʒən] заключение эксперта
professional job [prəˈfeʃənl|dʒɔb] работа по профессии
professional killer [prəˈfeʃənl|ˈkilə] убийца-профессионал
professional knowledge [prəˈfeʃənl|ˈnɔlidʒ] профессиональные знания
professional literature [prəˈfeʃənl|ˈlitəritʃə] профессиональная литература
professional privilege [prəˈfeʃənl|ˈprivilidʒ] профессиональное право
professional worker [prəˈfeʃənl|ˈwəːkə] лицо свободной профессии
professionalism [prəˈfeʃnəlizm] профессионализм; профессионализация
professionalize [prəˈfeʃnəlaiz] превращать *(какое-либо занятие)* в профессию
professionally [prəˈfeʃnəli] профессионально; как специалист
professor [prəˈfesə] профессор *(университета)*; педагог; преподаватель; учитель, исповедующий религию; тапер
professorate [prəˈfesərit] профессорство; профессура
professorial [ˌprɔfeˈsɔːriəl] профессорский
professorship [prəˈfesəʃip] профессорство
proffer [ˈprɔfə] предложение; высказывать; предлагать; советовать
proficiency [prəˈfiʃ(ə)nsi] опытность; искушенность; умение
proficient [prəˈfiʃ(ə)nt] искусный; опытный; знаток; мастер; специалист; эксперт
profile [ˈproufail] краткое сообщение *(об авторе, фирме)*; контур; профиль; краткий биографический очерк; сечение; вертикальный разрез; рисовать в профиль; изображать в профиль, в разрезе

profit ['prɔfıt] благо; выгода; полезность; польза; прибыль; доход; приносить пользу; быть полезным; получать прибыль

profit and loss ['prɔfıt|ənd|'lɔs] доходы и убытки

profit and loss account ['prɔfıt|ənd|'lɔs|ə'kaunt] отчет о прибылях и убытках

profit-seeking ['prɔfıt‚si:kıŋ] стяжательство; погоня за наживой

profitability ['prɔfıtə'bılıtı] рентабельность

profitable ['prɔfıtəbl] прибыльный; выгодный; доходный; полезный; благоприятный

profitably ['prɔfıtəblı] выгодно; с выгодой; с прибылью

profiteer [‚prɔfı'tıə] спекулянт; барышник; перекупщик; спекулировать

profiteering [‚prɔfı'tıərıŋ] спекуляция; нажива

profits tax ['prɔfıts|'tæks] налог на прибыль

profligacy ['prɔflıgəsı] распутство; расточительность

profligate ['prɔflıgıt] распутный; неэкономный; расточительный; развратник; распутник; расточитель

profound [prə'faund] глубокий; основательный; мудрый; абсолютный; полный; совершенный; проникновенный

profundity [prə'fʌndıtı] (огромная) глубина; пропасть

profuse [prə'fju:s] изобильный; богатый (чем-либо); щедрый; расточительный

profuse bleeding [prə'fju:s|'bli:dıŋ] сильное кровотечение; неостанавливающееся кровотечение

profusely [prə'fju:slı] обильно; щедро; много; чрезмерно

profusion [prə'fju:ʒ(ə)n] изобилие; богатство; достаток; избыток; насыщение; чрезмерная роскошь; расточительность; щедрость

prog [prɔg] еда; корм; пища; провизия на дорогу или для пикника

progenitor [prou'dʒenıtə] прародитель; основатель рода; предок; предтеча; предшественник

progenitress [prou'dʒenıtrıs] прародительница; основательница рода

progenitrix [prou'dʒenıtrıks] прародительница; основательница рода

progeny ['prɔdʒını] потомство; отпрыск; потомок; последователи; ученики

prognosis [prɔg'nousıs] предсказание; прогноз; пророчество

prognostic [prɔg'nɔstık] служащий предвестником; предвещающий; предвестие; предзнаменование

prognosticate [prɔg'nɔstıkeıt] предвещать; предсказывать; прогнозировать

prognostication [prɔg‚nɔstı'keıʃ(ə)n] знамение; предвестие; предзнаменование; предсказание; прогноз

program(me) ['prougræm] план; программа; представление; спектакль; план (работы и т. п.); программный; программировать

program assembly ['prougræm|ə'semblı] монтаж программы

program continuity ['prougræm|‚kɔntı'nju(:)ıtı] выпуск телевизионных программ

program identification ['prougræm|aı‚dentıfı'keıʃən] идентификация программы

program package ['prougræm|'pækıdʒ] блок программ

program schedules ['prougræm|'ʃedju:lz] программа передач

programmable ['prougræməbl] программируемый

programmer ['prougræmə] программист

programming ['prougræmıŋ] программирование

progress ['prougrəs] — сущ. [prə'gres] — гл. прогресс; развитие; движение вперед; достижения; успехи; течение; ход; продвижение; прогрессировать; развиваться; совершенствоваться; продвигаться вперед

progression [prə'greʃ(ə)n] движение; прогресс; продвижение; совершенствование; последовательность (событий и т. п.); прогрессия (мат.)

progressist [prə'gresıst] прогрессист; сторонник прогресса

progressive [prə'gresıv] передовой; прогрессивный; поступательный (о движении)

progressive tax [prə'gresıv|'tæks] прогрессивный налог

progressive taxation [prə'gresıv|tæk'seıʃən] прогрессивное налогообложение

prohibit [prə'hıbıt] гасить; запрещать; подавлять; препятствовать; мешать

prohibition [‚proυı'bıʃ(ə)n] блокирование; задержка; запрещение; запрещение продажи спиртных напитков; сухой закон

prohibitive [prə'hıbıtıv] запретительный; запрещающий; препятствующий; чрезмерно, непомерно высокий (о цене, издержках и т. п.)

prohibitory sign [prə'hıbıt(ə)rı|'saın] запрещающий дорожный знак

project ['prɔdʒekt] — сущ. [prə'dʒekt] — гл. проект; план; программа (строительства и т. п.); строительный объект; осуществляемое строительство; проектировать; составлять проект, план; бросать, отражать (тень, луч света и т. п.); выдаваться; выступать

project construction [ˈprɔʤekt|kənˈstrʌkʃən] проектное строительство

projected sales [prəˈʤektɪd|ˈseɪlz] предполагаемая продажа

projectile [ˈprɔʤɪktaɪl] — *сущ.* [prəˈʤektaɪl] — *прил. (реактивный)* снаряд; пуля; метательный

projecting camera [prəˈʤektɪŋ|ˈkæmərə] проектор

projection [prəˈʤekʃ(ə)n] бросание; метание; проектирование; проект; план; наметка; выступ; выступающая часть

projection screen [prəˈʤekʃ(ə)n|ˈskriːn] проекционный экран

projection unit [prəˈʤekʃ(ə)n|ˈjuːnɪt] видеопроектор

projectionist [prəˈʤekʃənɪst] киномеханик

projector [prəˈʤektə] проектировщик; составитель проектов; прожектор

prolapse [ˈproulæps] пролапс; выпадение *(какого-либо органа)*; выпадать

prolate [ˈprouleɪt] вытянутый *(подобно сфероиду)*; растянутый; широко распространенный

proletarian [ˌprouliˈtɛərɪən] пролетарий; рабочий; пролетарский

proletariat(e) [ˌprouliˈtɛərɪət] пролетариат

proliferate [prouˈlɪfəreɪt] распространяться *(о знаниях и т. п.)*; быстро увеличиваться

proliferation [prouˌlɪfəˈreɪʃ(ə)n] распространение; быстрое увеличение

prolific [prouˈlɪfɪk] жирный; плодородный; плодовитый; изобилующий

prolix [ˈprouliks] многословный; нудный; *(излишне)* подробный

prolixity [prouˈlɪksɪtɪ] многословие; нудность

prolocutor [prouˈlɔkjutə] председатель *(церковного собора)*

prologize [ˈproulǝgaɪz] писать, произносить пролог

prologue [ˈproulɔg] введение; вступление; пролог

prolong [prəˈlɔŋ] отсрочить; продлевать; продолжать; протягивать дальше

prolongation [ˌproulɔŋˈgeɪʃ(ə)n] задержка; отсрочка; продление; удлинение; продолжение *(линии и т. п.)*

prolonged [prəˈlɔŋd] длительный; затянувшийся

prolonged applause [prəˈlɔŋd|əˈplɔːz] долгие и продолжительные аплодисменты

prolonged depression [prəˈlɔŋd|dɪˈpreʃən] длительная депрессия

prolusion [prouˈljuːʒ(ə)n] предварительная попытка; проба *(сил)*; вступительная статья; предварительные замечания

promenade [ˌprɔmɪˈnɑːd] прогулка; гулянье; променад; место для гулянья; прогуливаться; гулять; разгуливать; водить гулять; выводить на прогулку

prominence [ˈprɔmɪnəns] выпуклость; выступ; возвышение

prominent [ˈprɔmɪnənt] выступающий; торчащий; выпуклый; рельефный; видный; выдающийся

promiscuity [ˌprɔmɪsˈkjuː(ː)ɪtɪ] разнородность; неоднородность; смешанность; беспорядочность; неразборчивость *(в знакомствах, связях и т. п.)*; промискуитет

promiscuous [prəˈmɪskjuəs] разнородный; беспорядочный; неразборчивый *(в знакомствах, связях и т. п.)*

promiscuous behaviour [prəˈmɪskjuəs|bɪˈheɪvjə] деятельность разного рода

promise [ˈprɔmɪs] заверение; обещание; обязательство; перспектива; вид; ракурс; проекция; обещать; давать обещание

promised [ˈprɔmɪst] обещанный

promising [ˈprɔmɪsɪŋ] многообещающий; подающий надежды

promising beginning [ˈprɔmɪsɪŋ|bɪˈgɪnɪŋ] многообещающее начало

promisor [ˈprɔmɪsə] лицо, дающее обещание (обязательство)

promissory [ˈprɔmɪsərɪ] заключающий в себе обещание *(обязательство)*

promissory note [ˈprɔmɪsərɪ|ˈnout] вексель *(фин.)*

promote [prəˈmout] выдвигать; продвигать; повышать в чине *(звании)*; способствовать; помогать; поддерживать; поощрять; стимулировать

promoter [prəˈmoutə] патрон; покровитель; подстрекатель

promoting effect [prəˈmoutɪŋ|ɪˈfekt] стимулирующее действие

promotion [prəˈmouʃ(ə)n] продвижение; поощрение; продвижение по службе; повышение в звании; перевод *(ученика)* в следующий класс

promotion copies [prəˈmouʃ(ə)n|ˈkɔpɪz] рекламные экземпляры книги

promotion man [prəˈmouʃ(ə)n|mæn] агент; посредник; торговец

promotional [prəˈmouʃənl] содействующий; способствующий

prompt [prɔmpt] проворный; быстрый; оплаченный; доставленный немедленно; быстро; точно; ровно; подсказка; напоминание; побуждать; вызывать *(мысль и т. п.)*

prompt action [ˈprɔmpt|ˈækʃən] немедленное действие

prompt shipment [ˈprɔmpt|ˈʃɪpmənt] немедленная отгрузка

prompt-box [ˈprɔmptbɔks] суфлерская будка

prompter ['prɔmptə] суфлер; подсказчик *(разг.)*
prompter's box ['prɔmptəz|bɔks] будка суфлера
prompting ['prɔmptɪŋ] мотив; побуждение; повод
promptitude ['prɔmptɪtjuːd] быстрота; проворство
promptly ['prɔmptlɪ] быстро; немедленно; сразу; точно
promulgate ['prɔm(ə)lgeɪt] объявлять; провозглашать; опубликовывать; пропагандировать; распространять; увеличивать
promulgated law ['prɔm(ə)lgeɪtɪd|'lɔː] обнародованный закон
promulgation [,prɔm(ə)l'geɪʃ(ə)n] обнародование; объявление; оглашение; распространение
prone [proun] *(лежащий)* ничком; распростертый; наклонный; покатый
prong [prɔŋ] зубец *(вилки и т. п.)*; зуб; заостренный инструмент; поднимать, поворачивать вилами; прокалывать; пронзать; протыкать
pronged [prɔŋd] снабженный зубцами, острием и т. п.
pronoun ['prounaun] местоимение *(грам.)*
pronounce [prə'nauns] объявлять; декларировать; высказываться; выговаривать; говорить; произносить

to pronounce judgement against plantiff — отказать в иске *(юр.)*

to pronounce judgement for plantiff — удовлетворить иск *(юр.)*

pronounceable [prə'naunsəbl] удобопроизносимый
pronounced [prə'naunst] резко выраженный; определенный; отчетливый
pronouncedly [prə'naunstlɪ] определенно; строго; точно; явно; подчеркнуто; категорически; решительно
pronouncement [prə'naunsmənt] произнесение, объявление *(решения или приговора)*; официальное заявление; декларация
pronouncing [prə'naunsɪŋ] произношение; произнесение; заявление; извещение; объявление; сообщение
pronunciation [prə,nʌnsɪ'eɪʃ(ə)n] произношение; внушение; выговор; произнесение; фонетическая транскрипция
proof [pruːf] доказательство; свидетельское показание; испытание; проба; непроницаемый; непробиваемый
proof copy ['pruːf|'kɔpɪ] пробный оттиск; пробное изображение
proof correction marks ['pruːf|kə'rekʃən|'maːks] корректурные знаки
proof corrections ['pruːf|kə'rekʃənz] корректура
proof-reader ['pruːf.riːdə] корректор

proof-reader's marks ['pruːf.riːdəz|'maːks] корректорские знаки
proof-reading ['pruːf.riːdɪŋ] чтение корректуры
prop [prɔp] подпорка; стойка; подставка; опора; основание; поддержка; подпирать; снабжать подпорками; поддерживать; прислонить*(ся)* *(к чему-нибудь)*
propaganda [,prɔpə'gændə] лозунг; призыв; пропаганда
propagandist [,prɔpə'gændɪst] пропагандист
propagandize [,prɔpə'gændaɪz] пропагандировать; вести пропаганду
propagate ['prɔpəgeɪt] размножать*(ся)*; разводить; распространять*(ся)*; передавать по наследству *(качества, свойства)*
propagation [,prɔpə'geɪʃ(ə)n] размножение; разведение; распространение
propel [prə'pel] продвигать вперед; толкать; приводить в движение; двигать*(ся)*
propellent [prə'pelənt] метательное взрывчатое вещество *(воен.)*; ракетное топливо; движущий; способный двигать; метательный
propeller [prə'pelə] передача; привод; пропеллер; воздушный *(гребной)* винт; вертушка; двигательный
propeller fan [prə'pelə|'fæn] лопастной вентилятор
propeller shaft [prə'pelə|ʃaːft] карданный вал
propeller-driven airplane [prə'pelə.drɪvn|'eəpleɪn] винтовой самолет
propelling [prə'pelɪŋ] движущий; метательный; продвигающий
propensity [prə'pensɪtɪ] склонность; расположение *(к чему-либо)*; пристрастие *(к чему-либо)*
proper ['prɔpə] присущий; свойственный; правильный; должный; надлежащий; приличный; пристойный; истинный; точный
proper fraction ['prɔpə|'frækʃən] правильная дробь
proper weight ['prɔpə|'weɪt] собственная масса
properly ['prɔpəlɪ] должным образом; как следует; правильно; пристойно; прилично
propertied ['prɔpətɪd] имеющий собственность; имущий
propertied classes ['prɔpətɪd|'klaːsɪz] имущие классы
property ['prɔpətɪ] имущество; собственность; свойство; качество; характерная черта; характеристика; особенность; имущественный
property accountability ['prɔpətɪ|ə.kauntə'bɪlɪtɪ] материальная ответственность
property damage ['prɔpətɪ|'dæmɪdʒ] материальный ущерб

property destruction [ˈprɔpətɪdɪsˈtrʌkʃən] уничтожение имущества
property levy [ˈprɔpətɪˈlevɪ] налог на имущество
property offence [ˈprɔpətɪəˈfens] имущественное преступление
property tax [ˈprɔpətɪˈtæks] налог на доход с недвижимости
property-man [ˈprɔpətɪmæn] бутафор; реквизитор
property-owning [ˈprɔpətɪˈounɪŋ] собственнический
property-room [ˈprɔpətɪrum] бутафорская; реквизиторская
prophecy [ˈprɔfɪsɪ] предсказание; прогноз; пророчество
prophesy [ˈprɔfɪsaɪ] предсказывать; прогнозировать; пророчить; упреждать
prophet [ˈprɔfɪt] пророк; проповедник *(идей и т. п.)*; предсказатель
prophetic(al) [prəˈfetɪk(əl)] пророческий
prophylactic [ˌprɔfɪˈlæktɪk] профилактический; превентивный; профилактическое средство; профилактическая мера
propinquity [prəˈpɪŋkwɪtɪ] близость; родственность; подобие; родство; сходство; схожесть
propitiate [prəˈpɪʃɪeɪt] мирить; примирять; улаживать; умилостивлять
propitiation [prəˌpɪʃɪˈeɪʃ(ə)n] примирение; улаживание
propitiator [prəˈpɪʃɪeɪtə] умиротворитель; примиритель
propitiatory [prəˈpɪʃɪət(ə)rɪ] примирительный; утешающий; искупительный; умилостивительный
propitious [prəˈpɪʃəs] благосклонный; благоприятный; годный; подходящий; полезный
propolis [ˈprɔpəlɪs] прополис; пчелиный клей
propone [prəˈpoun] высказывать; заявлять; излагать; предлагать на обсуждение
proponent [prəˈpounənt] борец; защитник; поборник; сторонник; предлагающий что-либо на обсуждение
proportion [prəˈpɔːʃ(ə)n] пропорция; отношение; соотношение; соразмерность; пропорциональность; доля; звено; квота; часть; соразмерять *(с чем-либо)*; делить; распределять; дозировать; подбирать состав
proportional [prəˈpɔːʃənl] пропорциональный; соизмеримый; соразмерный
proportionality [prəˌpɔːʃəˈnælɪtɪ] пропорциональность
proportionate [prəˈpɔːʃnɪt] соразмерный; пропорциональный; соразмерять; делать пропорциональным
proportioning [prəˈpɔːʃnɪŋ] дозировка

proposal [prəˈpouz(ə)l] предложение; план; предложение *(о браке)*
propose [prəˈpouz] предлагать; вносить предложение; намереваться; ожидать; полагать; предполагать
proposer [prəˈpouzə] создатель теории; автор предложения
proposition [ˌprɔpəˈzɪʃ(ə)n] предложение; план; проект; заявление; утверждение; теорема *(мат.)*
propound [prəˈpaund] предлагать на обсуждение
proprietary [prəˈpraɪət(ə)rɪ] собственнический; частный; патентованный; право собственности; владелец; обладатель; собственник; хозяин
proprietor [prəˈpraɪətə] собственник; владелец; держатель; обладатель; хозяин
proprietorial [prəˌpraɪəˈtɔːrɪəl] собственнический
proprietorship [prəˈpraɪətəʃɪp] имущество; собственность
proprietress [prəˈpraɪətrɪs] собственница; владелица; владетельница
propriety [prəˈpraɪətɪ] правильность; правомерность; уместность; пристойность
props [prɔps] реквизит
propulsion [prəˈpʌlʃ(ə)n] тяга; тяговое усилие; продвижение; движение вперед; движущая сила; силовая установка
propulsive [prəˈpʌlsɪv] приводящий в движение; побуждающий; продвигающий; сообщающий поступательное движение
prorate [ˈproureɪt] — *сущ.* [prouˈreɪt] — *гл.* пропорциональная доля *(амер.)*; распределять пропорционально
prosaic [prouˈzeɪɪk] прозаический; прозаичный; скучный
prosaically [prouˈzeɪɪk(ə)lɪ] прозаично
prosaist [ˈprouzeɪɪst] прозаик; скучный, прозаический человек
proscenium [prouˈsiːnjəm] авансцена; просцениум *(ист.)*
proscribe [prousˈkraɪb] объявлять вне закона; изгонять; высылать; осудить и запретить
proscription [prousˈkrɪpʃ(ə)n] объявление вне закона; изгнание; опала; проскрипция *(ист.)*
prose [prouz] проза; прозаичность; прозаичный; писать прозой; излагать стихи прозой
prosecute [ˈprɔsɪkjuːt] вести; проводить; выполнять; продолжать *(занятие и т. п.)*; преследовать судебным порядком; выступать в качестве обвинителя
prosecution [ˌprɔsɪˈkjuːʃ(ə)n] ведение; выполнение; работа *(над чем-либо)*; судебное преследование
prosecution case [ˌprɔsɪˈkjuːʃ(ə)nˈkeɪs] версия обвинения

prosecutor [ˈprɔsɪkjuːtə] обвинитель; прокурор; истец

proselytize [ˈprɔsɪlɪtaɪz] обращать в свою веру

prosify [ˈprouzɪfaɪ] излагать стихи прозой; писать прозой; делать прозаичным, обыденным

prosody [ˈprɔsədɪ] просодия

prospect [ˈprɔspekt] — *сущ.* [prəsˈpekt] — *гл.* вид; панорама; предполагаемый клиент, подписчик и т. п.; исследовать; делать изыскания; разведывать

prospective [prəsˈpektɪv] будущий; ожидаемый; грядущий; относящийся к будущему; касающийся будущего

prospector [prəsˈpektə] разведчик; изыскатель; золотоискатель

prospectus [prəsˈpektəs] проспект *(книги, издания, учебного заведения, акционерного общества и т. п.)*

prosper [ˈprɔspə] благоденствовать; преуспевать; процветать; воспользоваться благоприятным *(моментом, случаем и т. п.)*

prosperity [prɔsˈperɪtɪ] преуспевание; процветание

prosperous [ˈprɔsp(ə)rəs] процветающий; благополучный; счастливый; зажиточный; обеспеченный; состоятельный

prosthesis [ˈprɔsθɪsɪs] протез; протезирование

prosthetic [prɔsˈθetɪk] протезный

prostitute [ˈprɔstɪtjuːt] проститутка; заниматься проституцией

prostitution [ˌprɔstɪˈtjuːʃ(ə)n] проституция

prostrate [ˈprɔstreɪt] — *прил.* [prɔsˈtreɪt] — *гл.* распростертый; лежащий ничком; поверженный; попранный; изнеможенный; обессиленный; в прострации; повергать ниц; опрокинуть; подавлять; подчинять

prostration [prɔsˈtreɪʃ(ə)n] распростертое положение; изнеможение; упадок сил; прострация; поверженное состояние

prosy [ˈprouzɪ] прозаичный; банальный; прозаический

protagonist [prouˈtægənɪst] главный герой; главное действующее лицо; актер, играющий главную роль; борец; защитник; поборник

protean [prouˈtiːən] изменчивый; многообразный

protect [prəˈtekt] защищать; охранять; ограждать; предохранять

protecting [prəˈtektɪŋ] защитный

protecting cover [prəˈtektɪŋ|ˈkʌvə] щиток; защитный кожух

protection [prəˈtekʃ(ə)n] защита; охрана; ограждение; покровительство; протекционизм; охранная грамота; пропуск; паспорт

protection device [prəˈtekʃ(ə)n|dɪˈvaɪs] защитное устройство

protectionism [prəˈtekʃənɪzm] покровительство; протекционизм

protective [prəˈtektɪv] защитный; оградительный

protective belt [prəˈtektɪv|belt] лесной пояс; защитная зона

protective clothing [prəˈtektɪv|ˈklouðɪŋ] спецодежда

protective coating [prəˈtektɪv|ˈkoutɪŋ] защитное покрытие

protective coloring [prəˈtektɪv|ˈkʌlərɪŋ] защитная окраска

protective covering [prəˈtektɪv|ˈkʌvərɪŋ] защитное покрытие

protective eyewear [prəˈtektɪv|ˈaɪweə] защитные очки

protective layer [prəˈtektɪv|ˈleɪə] защитный слой

protective measure [prəˈtektɪv|ˈmeʒə] мера предосторожности

protective treatment [prəˈtektɪv|ˈtriːtmənt] профилактика

protector [prəˈtektə] защитник; покровитель; защитное устройство; предохранитель; чехол; протектор

protectorship [prəˈtektəʃɪp] протекторат; покровительство; патронат; протекционизм

protectory [prəˈtektərɪ] заведение для беспризорных детей и несовершеннолетних правонарушителей

protectress [prəˈtektrɪs] защитница; покровительница

protégé(e) [ˈprouteʒeɪ] протеже *(франц.)*

protein [ˈproutiːn] белок; протеин

protest [ˈproutest] — *сущ.* [prəˈtest] — *гл.* апелляция; опротестование; протест; протестовать; возражать; заявлять протест

Protestant [ˈprɔtɪst(ə)nt] протестант; протестантский

protestation [ˌproutesˈteɪʃ(ə)n] торжественное заявление; протест; возражение

protocol [ˈproutəkɔl] протокол; отчет; правила дипломатического этикета; вести протокол; заносить в протокол

proton [ˈproutɔn] протон

protoplast [ˈproutəplæst] оригинал; прообраз; прототип

protoplastic [ˌproutəˈplæstɪk] первообразный; начальный

prototype [ˈproutətaɪp] первообраз; прообраз; прототип

prototype model [ˈproutətaɪp|ˈmɔdl] опытная модель *(образец)*

protract [prəˈtrækt] тянуть; медлить; чертить *(план)*

protracted [prəˈtræktɪd] затянувшийся; длительный

protractedly [prəˈtræktɪdlɪ] длительно

protraction [prəˈtrækʃ(ə)n] задержка; заминка; проволочка; промедление; нанесение на план или чертеж; начертание

protractor [prəˈtræktə] транспортир

protrude [prəˈtruːd] высовывать(ся); выдаваться; торчать

protruding [prəˈtruːdɪŋ] выдающийся; выступающий вперед; торчащий; высунутый наружу

protrusion [prəˈtruːʒ(ə)n] выпуклость; выступ; выпячивание; высовывание

protrusive [prəˈtruːsɪv] выдающийся вперед; выступающий; торчащий

protuberance [prəˈtjuːb(ə)r(ə)ns] выпуклость; выступ; протуберанец (астр.)

protuberant [prəˈtjuːb(ə)r(ə)nt] выпуклый; выдающийся вперед

proud [praud] гордый; великолепный; величавый

proud boast [ˈpraud|boust] бахвальство

proud-stomached [ˈpraud|stʌməkt] высокомерный; заносчивый; надменный

proudly [ˈpraudlɪ] гордо; с гордостью; величественно

prove [pruːv] доказывать; удостоверять; подтверждать документами; испытывать; пробовать; подвергать испытанию; оказываться; демонстрировать; показывать

proven [ˈpruːv(ə)n] доказанный

provenance [ˈprɔvɪnəns] происхождение; генезис; источник

provender [ˈprɔvɪndə] корм; фураж

proverb [ˈprɔvəb] пословица; олицетворение

provide [prəˈvaɪd] снабжать; обеспечивать; обеспечивать средствами к существованию; давать; предоставлять; принимать меры; готовиться; предусматривать

provide service [prəˈvaɪd|ˈsəːvɪs] производить обслуживание

provided [prəˈvaɪdɪd] обеспеченный; снабженный; предусмотренный

providence [ˈprɔvɪd(ə)ns] дальновидность; предусмотрительность

provident [ˈprɔvɪd(ə)nt] предусмотрительный; дальновидный; расчетливый; бережливый

provident bank [ˈprɔvɪd(ə)nt|bæŋk] сберегательная касса

providential [ˌprɔvɪˈdenʃ(ə)l] провиденциальный; предопределенный; благоприятный; счастливый; удачный; успешный

providently [ˈprɔvɪd(ə)ntlɪ] осторожно; предусмотрительно; расчетливо

provider [prəˈvaɪdə] заготовитель; поставщик; производитель; кормилец семьи

province [ˈprɔvɪns] зона; область; провинция; район; периферия; область (знаний и т. п.); сфера деятельности; компетенция

provincial [prəˈvɪnʃ(ə)l] провинциальный; периферийный; местный; провинциал

provision [prəˈvɪʒ(ə)n] обеспечение; снабжение; заготовка; заготовление; мера предосторожности; оговорка

provisional [prəˈvɪʒnl] временный; преходящий; подготовительный; предварительный; предшествующий; условный

provisional government [prəˈvɪʒnl|ˈgʌvnmənt] временное правительство

proviso [prəˈvaɪzou] условие; оговорка (в договоре)

provisory [prəˈvaɪz(ə)rɪ] договорный; конвенционный; условный; временный; преходящий

provitamin [prouˈvaɪtəmɪn] провитамин

provocateur [ˌprouvɔkəˈtəː] провокатор

provocation [ˌprɔvəˈkeɪʃ(ə)n] вызов; побуждение; подстрекательство; провокация

provocative behaviour [prəˈvoukətɪv|bɪˈheɪvjə] провокационные действия

provoke [prəˈvouk] вызывать; призывать; провоцировать; возмущать; раздражать; сердить

provoking [prəˈvoukɪŋ] раздражающий; досадный; неприятный

provost [ˈprɔvəst] ректор (в некоторых английских университетских колледжах); проректор (в американских университетах)

prow [prau] нос (судна, самолета); корабль (поэт.); челн

prowess [ˈprauɪs] героизм; геройство; доблесть; отвага; удаль

prowl [praul] красться; бродить; рыскать (в поисках добычи); идти крадучись; мародерствовать

prowler [ˈpraulə] бродяга; вор; грабитель; похититель; мародер

proximate [ˈprɔksɪmɪt] ближайший; непосредственный; близлежащий

proximate cause [ˈprɔksɪmɪt|ˈkɔːz] непосредственная причина

proximate damages [ˈprɔksɪmɪt|ˈdæmɪdʒɪz] прямые убытки

proximity [prɔkˈsɪmɪtɪ] близость; родственность

proxy [ˈprɔksɪ] полномочие; передача голоса; доверенность; заместитель; доверенное лицо; уполномоченный; сделанный, совершенный, выданный по доверенности

prude [pruːd] притворно стыдливая женщина; ханжа; блюститель нравов

PRU — PUB

prudence [ˈpruːd(ə)ns] благоразумие; дальновидность; осмотрительность; осторожность; рассудительность; бережливость; расчетливость; экономия; экономность

prudent [ˈpruːd(ə)nt] благоразумный; мудрый; предусмотрительный; разумный; осторожный; бережливый; расчетливый; сберегательный; экономный

prudential [pru(ː)ˈdenʃ(ə)l] благоразумный; благоразумное соображение; благоразумный подход

prudery [ˈpruːdəri] притворная стыдливость; излишняя щепетильность

prune [pruːn] чернослив; красновато-лиловый цвет; обрезать; подрезать *(деревья и т. п.)*; сокращать *(расходы и т. п.)*

prune butter [ˈpruːn|ˈbʌtə] масло из чернослива

prunella [pru(ː)ˈnelə] прюнель *(материя)*

pruning [ˈpruːnɪŋ] обрезка *(деревьев)*

prurience [ˈpruəriəns] непреодолимое желание; зуд; похотливость

prurient [ˈpruəriənt] похотливый

pry [praɪ] любопытный; интерес; любопытство; подглядывать; подсматривать; любопытствовать; домкрат; рычаг; стержень; извлекать с трудом

psalm [sɑːm] псалом; петь псалмы

psalmodist [ˈsælmədɪst] псалмопевец

Psalter [ˈsɔːltə] псалтырь

pseud(o)- [ˈpsjuːdou-] ложно-; псевдо-

pseudonym [ˈpsjuːdənɪm] псевдоним

psychedelic [ˌsaɪkəˈdelɪk] психоделический; громкий; броский; густой; сочный; яркий

psychiatric(al) [ˌsaɪkɪˈætrɪk(əl)] психиатрический

psychiatric examination [ˌsaɪkɪˌætrɪkˌɪɡˌzæmɪˈneɪʃən] психиатрическая экспертиза

psychiatric ward [ˌsaɪkɪˈætrɪkˈwɔːd] изолятор в психиатрической больнице

psychiatrist [saɪˈkaɪətrɪst] психиатр

psychiatry [saɪˈkaɪətri] психиатрия

psychic [ˈsaɪkɪk] внутренний; духовный; душевный; психический

psychic excitement [ˈsaɪkɪk|ɪkˈsaɪtmənt] психическое возбуждение

psychical [ˈsaɪkɪk(ə)l] психический

psychological warfare [ˌsaɪkəˈlɔdʒɪkəlˈwɔːfeə] психологическая война

psychologist [saɪˈkɔlədʒɪst] психолог

psychology [saɪˈkɔlədʒi] психология

psychopathic case [ˌsaɪkouˈpæθɪk|keɪs] нервнобольной

psychosis [saɪˈkousɪs] психоз

pub [pʌb] пивная; кабак; трактир; гостиница *(разг.)*

puberty [ˈpjuːbəti] половая зрелость

pubis [ˈpjuːbɪs] лобковая кость

public [ˈpʌblɪk] общественный; государственный; социальный; народный; национальный; общенародный; коммунальный

public acceptance [ˈpʌblɪk|əkˈseptəns] общественное признание

public address [ˈpʌblɪk|əˈdres] публичное выступление

public announcement [ˈpʌblɪk|əˈnaunsmənt] официальное сообщение

public approval [ˈpʌblɪk|əˈpruːvəl] общественное одобрение

public beach [ˈpʌblɪk|ˈbiːtʃ] общественный пляж

public character [ˈpʌblɪk|ˈkærɪktə] общественный деятель

public company [ˈpʌblɪk|ˈkʌmp(ə)nɪ] открытая, публичная акционерная компания

public conduct [ˈpʌblɪk|ˈkɔndəkt] общественное поведение

public control [ˈpʌblɪk|kənˈtroul] общественный контроль

public convenience [ˈpʌblɪk|kənˈviːnjəns] уборная *(в общественном месте)*; общественная польза

public credit [ˈpʌblɪk|ˈkredɪt] общественное доверие

public debt [ˈpʌblɪk|ˈdet] государственный долг

public deposits [ˈpʌblɪk|dɪˈpɔzɪts] депозит государственных учреждений

public disturbance [ˈpʌblɪk|dɪsˈtəːbəns] нарушение общественного порядка

public domain [ˈpʌblɪk|douˈmeɪn] общественное достояние

public enterprise [ˈpʌblɪk|ˈentəpraɪz] государственное предприятие

public finances [ˈpʌblɪk|faɪˈnænsɪz] государственные финансы

public green space [ˈpʌblɪk|ˈɡriːn|ˌspeɪs] парковая зеленая зона

public house [ˈpʌblɪk|ˈhaus] пивная; таверна; трактир

public lavatories [ˈpʌblɪk|ˈlævətərɪz] общественный туалет

public library system [ˈpʌblɪk|ˈlaɪbrəri|ˌsɪstɪm] сеть публичных библиотек

public lighting [ˈpʌblɪk|ˈlaɪtɪŋ] уличное освещение

public mind [ˈpʌblɪk|ˈmaɪnd] общественное мнение

public obligation [ˈpʌblɪk|ˌɔblɪˈɡeɪʃən] облигация государственного займа

public opinion [ˈpʌblɪk|əˈpɪnjən] общественное мнение

public order [ˈpʌblɪk|ˈɔːdə] общественный порядок

public organ ['pʌblɪk|'ɔːgən] государственный орган

public purse ['pʌblɪk|pəːs] казна

public relations ['pʌblɪk|rɪ'leɪʃ(ə)nz] связи с общественностью; служба информации и пропаганды; рекламный; относящийся к рекламе *(информации)*

public road ['pʌblɪk|'roud] общественная дорога

public sale ['pʌblɪk|'seɪl] аукцион

public school ['pʌblɪk|'skuːl] привилегированное частное закрытое среднее учебное заведение для мальчиков *(в Англии)*; бесплатная средняя школа *(в США и Шотландии)*

public sector ['pʌblɪk|'sektə] государственный сектор экономики

public securities ['pʌblɪk|sɪ'kjuərɪtɪz] государственные ценные бумаги

public transport ['pʌblɪk|'trænspɔːt] общественный транспорт

public trial ['pʌblɪk|'traɪəl] открытый судебный процесс

public utterance ['pʌblɪk|'ʌtərəns] публичное заявление

public war ['pʌblɪk|'wɔː] война между государствами

public welfare ['pʌblɪk|'welfeə] общественное благосостояние

public works ['pʌblɪk|'wəːks] общественные работы

publication [ˌpʌblɪ'keɪʃ(ə)n] опубликование; публикация; оглашение; обнародование; издание *(книги и т. п.)*

publication date [ˌpʌblɪ'keɪʃ(ə)n|'deɪt] дата поступления в продажу

publication printer [ˌpʌblɪ'keɪʃ(ə)n|'prɪntə] издатель

publicist ['pʌblɪsɪst] журналист; публицист; специалист по международному праву; агент по рекламе

publicity [pʌb'lɪsɪtɪ] гласность; публичность; реклама; объявление; рекламное объявление

publicity adviser [pʌb'lɪsɪtɪ|əd'vaɪzə] консультант по рекламе

publicity budget [pʌb'lɪsɪtɪ|'bʌʤɪt] расходы, предусмотренные на рекламу; рекламный бюджет

publicity bureau [pʌb'lɪsɪtɪ|bjuə'rou] рекламное бюро

publicity campaign [pʌb'lɪsɪtɪ|kæm'peɪn] рекламная кампания

publicity department [pʌb'lɪsɪtɪ|dɪ'paːtmənt] отдел рекламы

publicize ['pʌblɪsaɪz] афишировать; рекламировать; разглашать; оглашать; раскрывать; оповещать; уведомлять

publicly ['pʌblɪklɪ] публично; открыто

publish ['pʌblɪʃ] публиковать; выпускать; издавать; оглашать; издавать; опубликовывать

publisher ['pʌblɪʃə] издатель; владелец газеты *(амер.)*

publisher's catalog(ue) ['pʌblɪʃəz|'kætəlɔg] издательский каталог

publisher's corrections ['pʌblɪʃəz|kə'rekʃənz] издательская корректура

publisher's imprint ['pʌblɪʃəz|'ɪmprɪnt] издательская марка

publishing ['pʌblɪʃɪŋ] издательское и книготорговое дело

publishing agreement ['pʌblɪʃɪŋ|ə'griːmənt] издательский договор

publishing contract ['pʌblɪʃɪŋ|'kɔntrækt] издательский договор

publishing house (office) ['pʌblɪʃɪŋ|'haus('ɔfɪs)] издательство

publishing industry ['pʌblɪʃɪŋ|'ɪndəstrɪ] издательское дело

publishing trade ['pʌblɪʃɪŋ|'treɪd] издательское и книготорговое дело

publishment ['pʌblɪʃmənt] официальное объявление о предстоящем бракосочетании

puce [pjuːs] красновато-коричневый цвет

puck [pʌk] шайба *(в хоккее)*

pucker ['pʌkə] морщина; складка; сборка; морщить*(ся)*; делать складки; собирать в сборку

puckish ['pʌkɪʃ] плутовской; проказливый

pudding ['pudɪŋ] пудинг; вид колбасы

puddle ['pʌdl] лужа; мутить *(воду)*; барахтаться в воде; смущать; сбивать с толку

puddly ['pʌdlɪ] грязный; покрытый лужами

pudency ['pjuːdənsɪ] стыдливость

pudge [pʌʤ] толстяк; коротышка *(разг.)*

puerile ['pjuəraɪl] ребяческий; незрелый; легкомысленный

puerility [pjuə'rɪlɪtɪ] ребячество

puff [pʌf] дуновение *(ветра)*; порыв; струя воздуха; дымок; клуб дыма; дуть порывами; пыхтеть; дымить; пускать клубы дыма

puff-ball ['pʌfbɔːl] дождевик

puff-box ['pʌfbɔks] пудреница

puffy ['pʌfɪ] запыхавшийся; страдающий одышкой; одутловатый; отекший; порывистый *(о ветре)*; высокопарный; напыщенный

pug [pʌg] мопс; мятая глина; мять глину; след зверя; идти по следам; преследовать

pug-nose ['pʌgnouz] курносый нос

pugilism ['pjuːʤɪlɪzm] кулачный бой; бокс

pugilist ['pjuːʤɪlɪst] борец; боксер; защитник; яростный спорщик

pugnacious [pʌg'neɪʃəs] агрессивный; драчливый

pugnacity [pʌg'næsɪtɪ] драчливость

puke [pjuːk] рвота; рвать; тошнить
pulchritude [ˈpʌlkrɪtjuːd] красота; миловидность
pule [pjuːl] хныкать; скулить
pull [pul] тяга; дерганье; натяжение; тянущая сила; растяжение; напряжение; усилие; удар весла; глоток; затяжка *(табачным дымом)*; тянуть; тащить; натягивать; дергать; растягивать; разрывать; грести; идти на веслах; плыть *(о лодке с гребцами)*
to pull a face — *гримасничать*
pull down [ˈpul|ˈdaun] демонтировать; разбирать
pull of the belt [ˈpul|əv|ðə|ˈbelt] натяжение ремня
pull off [ˈpul|ˈɔːf] сжимать
pull out [ˈpul|ˈaut] извлекать; вытягивать
pull the brake [ˈpul|ðə|ˈbreɪk] нажимать на тормоз
pull up [ˈpul|ˈʌp] вырывать с корнем
pull-back [ˈpulbæk] препятствие; помеха; преграда; приспособление для оттягивания
pull-on [ˈpulɔn] предмет одежды без застежек *(перчатки, корсет и т. п.)*; натягиваемый, надеваемый без застежек
pull-out [ˈpulaut] выдвижной; вытяжной
pull-over [ˈpulˌouvə] пуловер; свитер
pull-up [ˈpulʌp] натяжение *(проводов)*
puller [ˈpulə] гребец; приспособление для вытаскивания; штопор; натяжной ролик; съемник
pullet [ˈpulɪt] молодка *(курица)*
pulley [ˈpulɪ] ролик; шкив; блок
pullicate [ˈpʌlɪkɪt] материал для цветных носовых платков; цветной носовой платок
pulling [ˈpulɪŋ] натяжение
pulling ability [ˈpulɪŋ|əˈbɪlɪtɪ] тяговая мощность
pulling down [ˈpulɪŋ|daun] демонтаж; разборка
pulling ring [ˈpulɪŋ|ˈrɪŋ] натяжное кольцо
pulling strap [ˈpulɪŋ|ˈstræp] натяжной ремень
pullulate [ˈpʌljuleɪt] прорастать; размножаться; кишеть; возникать; появляться *(о теориях и т. п.)*
pulmonary circulation [ˈpʌlmənərɪˌsəːkjuˈleɪʃən] малый круг кровообращения
pulp [pʌlp] пульпа *(мед.)*; мякоть плода; превращать*(ся)* в мягкую массу; очищать от шелухи *(кофейные зерна и т. п.)*
pulp fiction [ˈpʌlp|ˈfɪkʃən] дешевая литература
pulpit [ˈpulpɪt] кафедра *(проповедника)*; пульт управления
pulpiteer [ˌpulpɪˈtɪə] проповедник; проповедовать
pulpy [ˈpʌlpɪ] мягкий; мясистый; сочный
pulsate [pʌlˈseɪt] пульсировать; биться; вибрировать
pulsatile [ˈpʌlsətaɪl] пульсирующий; ударный инструмент
pulsation [pʌlˈseɪʃ(ə)n] пульсация
pulse [pʌls] пульс; пульсация; биение *(жизни и т. п.)*; импульс; толчок; настроение; чувство; ритм ударов *(весел и т. п.)*; биться; вибрировать; пульсировать
pulser [ˈpʌlsə] датчик импульсов; пульсатор
pulverization [ˌpʌlv(ə)raɪˈzeɪʃ(ə)n] пульверизация; превращение в порошок
pulverize [ˈpʌlvəraɪz] растирать; размельчать; превращать*(ся)* в порошок; распылять*(ся)*; сокрушать, разбивать *(доводы противника)*
pulverizer [ˈpʌlvəraɪzə] пульверизатор; распылитель
pulverulent [pʌlˈverjulənt] порошкообразный; пылевидный
puma [ˈpjuːmə] кугуар; пума
pumice [ˈpʌmɪs] пемза; чистить, шлифовать пемзой
pummel [ˈpʌml] бить *(кулаками)*
pump [pʌmp] насос; помпа; работать насосом; качать; выкачивать
pump barrel [ˈpʌmp|ˈbærəl] поршневой блок насоса
pump injection [ˈpʌmp|ɪnˈdʒekʃən] механическое распыление
pump out [ˈpʌmp|ˈaut] откачивать
pump output [ˈpʌmp|ˈautput] мощность насоса
pump-room [ˈpʌmprum] зал для питья минеральных вод на курортах; бювет; насосное отделение
pumpernickel [ˈpʌmpənɪkl] хлеб из грубой непросеянной ржаной муки
pumping [ˈpʌmpɪŋ] нагнетание; накачивание
pumping action [ˈpʌmpɪŋ|ˈækʃən] работа насоса
pumping unit [ˈpʌmpɪŋ|ˈjuːnɪt] насосный агрегат
pumpkin [ˈpʌmpkɪn] тыква *(обыкновенная)*
pun [pʌn] игра слов; каламбур; каламбурить
punch [pʌntʃ] дырокол; пробойник; пуансон *(полигр.)*; удар кулаком; бить кулаком; компостер; пунш; кернер; пробивать отверстие
punch-drunk [ˈpʌntʃdrʌŋk] в состоянии шока; получивший травму головы или сотрясение мозга; ошеломленный; потрясенный
punched card [ˈpʌntʃt|kɑːd] перфокарта
punched hole [ˈpʌntʃt|ˈhoul] пробитое отверстие
puncheon [ˈpʌntʃ(ə)n] большая бочка; подпорка; стойка; пробойник
puncher [ˈpʌntʃə] компостер; дырокол
punchline [ˈpʌntʃlaɪn] кульминационный пункт
punchy [ˈpʌntʃɪ] колкий; острый; язвительный
punctilio [pʌŋkˈtɪlɪou] формальность; щепетильность
punctual [ˈpʌŋktjuəl] аккуратный; пунктуальный; точный
punctuality [ˌpʌŋktjuˈælɪtɪ] аккуратность; пунктуальность; точность

punctuate [ˈpʌŋktjueɪt] ставить знаки препинания; акцентировать; подчеркивать; сосредоточивать; перемежать; прерывать
punctuation [ˌpʌŋktjuˈeɪʃ(ə)n] пунктуация
punctuation mark [ˌpʌŋktjuˈeɪʃ(ə)nˈmɑːk] знак препинания
puncture [ˈpʌŋktʃə] укол; прокол; прокалывать; пробивать отверстие
punctured [ˈpʌŋktʃəd] проколотый; колотый
pungency [ˈpʌndʒ(ə)nsɪ] едкость; острота
pungent [ˈpʌndʒ(ə)nt] острый; пикантный; едкий
punish [ˈpʌnɪʃ] наказывать; карать; налагать взыскание
punishable [ˈpʌnɪʃəbl] наказуемый; заслуживающий наказания
punishment [ˈpʌnɪʃmənt] кара; наказание; расплата; взыскание *(воен.)*
punitive [ˈpjuːnɪtɪv] карательный
punitive action [ˈpjuːnɪtɪvˈækʃən] карательная мера
punitive measure [ˈpjuːnɪtɪvˈmeʒə] карательная акция
punk [pʌŋk] гнилое дерево *(амер.)*; что-либо ненужное, никчемное *(разг.)*; чепуха; отбросы; мусор
punnet [ˈpʌnɪt] круглая корзинка *(для фруктов)*
punster [ˈpʌnstə] остряк; каламбурист
punt [pʌnt] плоскодонный ялик; малая шаланда; плыть *(на плоскодонке)*, отталкиваясь шестом; ставка; делать ставку на лошадь
punter [ˈpʌntə] профессиональный игрок; понтер
puny [ˈpjuːnɪ] маленький; хилый; незначительный; ничтожный
pup [pʌp] щенок; щениться
pupil [ˈpjuːpl] ученик; учащийся; воспитанник; зрачок
pupil(l)age [ˈpjuːpɪlɪdʒ] ученичество; детство; младенчество
pupil(l)ary [ˈpjuːpɪlərɪ] ученический; находящийся под опекой
puppet [ˈpʌpɪt] кукла; марионетка
puppet-play [ˈpʌpɪtpleɪ] кукольный спектакль; кукольный театр
puppet-show [ˈpʌpɪtʃou] кукольный театр
puppeteer [ˌpʌpɪˈtɪə] кукловод; кукольник
puppetry [ˈpʌpɪtrɪ] кукольное представление; лицемерие; ханжество
puppy [ˈpʌpɪ] щенок; молодой тюлень
purblind [ˈpəːblaɪnd] подслеповатый; недальновидный
purchasable [ˈpəːtʃəsəbl] могущий быть купленным; коррумпированный; подкупной; продажный
purchase [ˈpəːtʃəs] покупка; закупка; приобретение; купленная вещь; стоимость; ценность; подъемный механизм; покупать; приобретать

purchase day-book [ˈpəːtʃəsˈdeɪbuk] книга покупок
purchase ledger [ˈpəːtʃəsˈledʒə] книга расходов
purchaser [ˈpəːtʃəsə] заказчик; клиент; покупатель
purchasing arrangements [ˈpəːtʃəsɪŋəˈreɪndʒmənts] соглашение о закупках
pure [pjuə] чистый; беспримесный; чистокровный; безупречный
pure alcohol [ˈpjuərˈælkəhɒl] чистый спирт
pure blood [ˈpjuəblʌd] «голубая кровь»; королевская кровь
pure-bred line [ˈpjuəbredˈlaɪn] чистопородная линия
purée [ˈpjuəreɪ] суп-пюре; пюре *(франц.)*
purely [ˈpjuəlɪ] вполне; исключительно; чисто
purgative [ˈpəːgətɪv] слабительный; очистительный
purgatory [ˈpəːgət(ə)rɪ] чистилище *(рел.)*; ущелье *(амер.)*; очистительный
purge [pəːdʒ] очищение; очистка; очищать; искупать *(вину)*; оправдываться; продувать
purge date [ˈpəːdʒˈdeɪt] дата истечения срока хранения *(данных)*
purification [ˌpjuərɪfɪˈkeɪʃ(ə)n] очистка; очищение
purificatory [ˈpjuərɪfɪkeɪtərɪ] очистительный
purify [ˈpjuərɪfaɪ] очищать(ся); совершать обряд очищения *(церк.)*
Puritan [ˈpjuərɪt(ə)n] пуританин; пуританский
Puritanism [ˈpjuərɪtənɪzm] пуританство; строгие нравы
purity [ˈpjuərɪtɪ] чистота; безупречность; непорочность; беспримесность
purl [pəːl] журчание; журчать; падение вниз головой; перевернуть(ся); упасть вниз головой
purlieu [ˈpəːljuː] окрестности; окраины; предместье
purlin(e) [ˈpəːlɪn] перекладина
purloin [pəːˈlɔɪn] воровать; похищать
purple [ˈpəːpl] пурпурный цвет; пурпур; фиолетовый цвет; порфира; одеяние или сан кардинала
purplish [ˈpəːplɪʃ] багрянистый
purport [ˈpəːpət] смысл; содержание; намерение; цель; означать; значить
purpose [ˈpəːpəs] назначение; намерение; преднамеренность; цель; результат; исход; итог; успех; воля; целенаправленность; целеустремленность; иметь целью; намереваться
purposeful [ˈpəːpəsful] целеустремленный; имеющий намерение; умышленный; намеренный; преднамеренный; полный значения; важный
purposeful observation [ˈpəːpəsfulˌɔbzəːˈveɪʃən] целенаправленное наблюдение

purposeless [ˈpəːpəslɪs] бесцельный; безрезультатный; непреднамеренный; непроизвольный

purposely [ˈpəːp(ə)slɪ] нарочно; с целью; преднамеренно

purposive [ˈpəːpəsɪv] служащий для определенной цели; намеренный; преднамеренный; сознательный; бесповоротный; решительный

purr [pəː] мурлыканье; мурлыкать; ровная (спокойная) работа двигателя

purse [pəːs] кошелек; деньги; богатство; мошна; денежный фонд

purse-bearer [ˈpəːsˌbɛərə] казначей

purse-proud [ˈpəːspraud] гордый своим богатством; зазнавшийся (богач)

pursuance [pəˈsjuː(ː)əns] выполнение; действие; исполнение; совершение; погоня; преследование

pursue [pəˈsjuː] преследовать; следовать по намеченному пути

pursuer [pəˈsjuː(ː)ə] преследователь; преследующий; гонитель

pursuit [pəˈsjuːt] преследование; травля; стремление; поиски; занятие

pursy [ˈpəːsɪ] богатый; гордый своим богатством; сморщенный

purvey [pəːˈveɪ] поставлять; снабжать; быть поставщиком; заготовлять; запасать

purveyance [pəːˈveɪəns] доставка; обеспечение; припасы; провиант; продовольствие

purveyor [pəːˈveɪə] заготовитель; поставщик; производитель

push [puʃ] толкать; пихать; нажимать; продвигать(ся); проталкивать(ся); выдвигать(ся); толчок; удар; давление; нажим

push aside [ˈpuʃəˈsaɪd] отталкивать; отпихивать; устранять; отстранять; уступать (место)

push back [ˈpuʃˈbæk] отбрасывать

push off [ˈpuʃˈɔːf] отталкиваться; отплывать (от берега); сталкивать

push on [ˈpuʃˈɔn] спешить; проталкивать; ускорять

push-button [ˈpuʃˌbʌtn] кнопка (звонка и т. п.); кнопочный (об управлении)

push-cart [ˈpuʃkɑːt] ручная тележка; детский стул на колесах

push-chair [ˈpuʃtʃɛə] складная коляска

push-cycle [ˈpuʃsaɪkl] самокат

push-over [ˈpuʃˌouvə] слабый игрок; слабый противник; слабовольный человек

push-tug [ˈpuʃtʌg] буксир-толкач

pusher [ˈpuʃə] толкач; самоуверенный, напористый человек

pushful [ˈpuʃful] очень предприимчивый

pushing [ˈpuʃɪŋ] активный; деятельный; напористый; настойчивый

pusillanimity [ˌpjuːsɪləˈnɪmɪtɪ] малодушие; трусость

pussy-cat [ˈpusɪkæt] киска; кошка

pussy-willow [ˈpusɪˌwɪlou] верба

pussyfoot [ˈpusɪfut] осторожный человек; красться по-кошачьи; действовать осторожно

pustular [ˈpʌstjulə] прыщавый

pustulate [ˈpʌstjuleɪt] покрываться прыщами

put [put] класть; положить; (по)ставить; помещать; сажать; пододвигать; прислонять; предлагать, ставить на обсуждение; приделать; приладить; подвергать

to put a coin in circulation — пускать монету в обращение

to put a constraint — оказывать давление; применять насилие

to put back — передвигать назад; возвращать на место; задерживать

to put down — опускать; класть; высаживать; давать возможность выйти (пассажирам); откладывать; прерывать (работу и т. п.); поглощать (о еде) (разг.); съедать; выпивать; записывать

to put off — высаживать; выпускать; выключать (электричество и т. п.); откладывать

to put on — надевать; принимать вид; прикидываться; притворяться; ставить (на сцене); запускать; включать; приводить в действие

to put on the queue — ставить в очередь

to put out — выгонять; удалять; устранять; убирать; вытянуть; высовывать; давать побеги (о растении); вывихнуть (плечо и т. п.)

to put out of action — выводить из строя

to put over — сообщить; довести до сведения; объяснить; обмануть

to put right — исправить

to put smth. in a claim — предъявлять права на что-либо

to put through — выполнить; закончить (работу); соединять (по телефону); принимать (закон законодательным органом)

to put up — поднимать; строить; воздвигать (здание и т. п.); выставлять на продажу; повышать (цены); останавливаться в гостинице и т. п.; вспугнуть (дичь)

put on (take off) jeans [ˈputˈɔn|(ˈteɪkˈɔːf)ˌdʒiːnz] надеть (снять) джинсы

put up for auction [ˈputˈʌp|fərˈɔːkʃən] выставлять на аукцион

put-up job [ˈputʌpˈdʒɔb] подлог; махинация

putative [ˈpjuːtətɪv] воображаемый; кажущийся; мнимый; предполагаемый

putative father [ˈpjuːtətɪvˈfɑːðə] предполагаемый отец

putrefaction [ˌpjuːtrɪˈfækʃ(ə)n] гниение; разложение; гнилость; моральное разложение

putrefy ['pju:trɪfaɪ] гнить; разлагаться *(о трупе)*; вызывать гниение; разлагаться *(морально)*; подвергнуться действию коррупции

putrescence [pju:'tresns] гниение

putrid ['pju:trɪd] гнилой; прогнивший; испортившийся

putridity [pju:'trɪdɪtɪ] гниль; гнилость; моральное разложение; испорченность

putsch [putʃ] путч *(нем.)*

putter ['pʌtə] короткая клюшка *(для гольфа)*; работать впустую; тратить время на пустяки; двигаться медленно, вяло

puttier ['pʌtɪə] стекольщик

putty ['pʌtɪ] *(оконная)* замазка; шпаклевка; замазывать замазкой; шпаклевать

puzzle ['pʌzl] головоломка; загадка; замешательство; препятствие; ставить в тупик; озадачивать

puzzlement ['pʌzlmənt] замешательство; паника; смущение; головоломка; загадка

pygm(a)ean [pɪg'mi:ən] карликовый; миниатюрный

pygmy ['pɪgmɪ] карлик; пигмей; ничтожество

pygmy water-lily ['pɪgmɪ|'wɔ:təlɪlɪ] кувшинка малая

pyjamas [pə'dʒɑ:məz] пижама

pylon ['paɪlənz] пилоны *(архит.)*

pyramid ['pɪrəmɪd] пирамида; располагать в виде пирамиды; ставить на карту *(рисковать)*

pyramidal [pɪ'ræmɪdl] пирамидальный

pyre ['paɪə] погребальный костер

pyretic [paɪ'retɪk] лихорадочный; жаропонижающий

pyrotechnic [,paɪrou'teknɪk] пиротехнический

pyrotechnics [,paɪrou'teknɪks] пиротехника

python ['paɪθ(ə)n] питон; прорицатель

pythoness ['paɪθənes] пифия; вещунья; прорицательница

pyx [pɪks] дарохранительница *(церк.)*

Q

q [kju:] мн. — Qs; Q's [kju:z] семнадцатая буква английского алфавита

quab пескарь

quack [kwæk] кряканье; крякать; знахарь; шарлатан; шарлатанский; лечить снадобьями; мошенничать; обманывать; шарлатанствовать

quackery ['kwækərɪ] знахарство; надувательство

quad [kwɔd] *(сокр. от quadrangle — четырехугольник; от quadrat — квадрат; от quadruplet —* один из четырех близнецов; *от quadruple —* четырехсторонний; состоящий из четырех частей*)* четверка лошадей *(разг.)*

quad carburettor ['kwɔd|'kɑ:bjuretə] четырехкамерный карбюратор

quadragenarian [,kwɔdrədʒɪ'nɛərɪən] сорокалетний; сорокалетний человек

quadrangle ['kwɔ,dræŋgl] четырехсторонник; четырехугольник; четырехугольный двор, окруженный зданиями

quadrangular [kwɔ'dræŋgjulə] четырехугольный

quadrant lever ['kwɔdrənt|'li:və] рычаг переключения передач

quadrate ['kwɔdrɪt] — *сущ.* [kwɔ'dreɪt] — *гл.* квадрат; делать квадратным; согласовать*(ся)*; соответствовать

quadratic [kwə'drætɪk] квадратичный; квадратный

quadrennial [kwɔ'drenɪəl] длящийся четыре года; происходящий раз в четыре года; четырехлетний

quadrifid расчлененный на четыре части

quadrilateral ['kwɔdrɪ'læt(ə)r(ə)l] четырехсторонник; четырехугольник; четырехсторонний

quadrille [kwə'drɪl] кадриль

quadrillion [kwɔ'drɪljən] квадриллион *(единица с 15 нулями) (мат.)*

quadripartite ['kwɔdrɪ'pɑ:taɪt] состоящий из четырех частей; разделенный на четыре части

quadrisyllable ['kwɔdrɪ'sɪləbl] четырехсложное слово

quadroon [kwɔ'dru:n] квартерон *(родившийся от мулатки и белого)*

quadrupedal [kwɔ'dru:pɪdl] четвероногий

quadruple ['kwɔdrupl] учетверенное количество; учетверять

quadruplets ['kwɔdruplɪts] четверо близнецов

quaere ['kwɪərɪ] вопрос; проблема

quaff [kwɑ:f] пить большими глотками; осушать залпом

quag [kwæg] трясина; болото

quaggy ['kwægɪ] болотистый; топкий; трясинный; текущий по болотистой местности; дряблый *(о теле)*

quagmire ['kwægmaɪə] болото; трясина; затруднительное положение

quail [kweɪl] перепел; дрогнуть; струсить; спасовать; запугивать

quail-pipe ['kweɪlpaɪp] манок

quaint [kweɪnt] приятный; привлекательный своей необычностью или стариной; причудливый; эксцентричный

quake [kweɪk] дрожание; дрожь; землетрясение; трястись; дрожать; качаться; колебаться *(о земле)*

quaking ['kweɪkɪŋ] дрожащий; трясущийся

quaky [ˈkweɪkɪ] дрожащий; трясущийся
qualification [ˌkwɔlɪfɪˈkeɪʃ(ə)n] оговорка; ограничение; квалификация; подготовленность; определение; характеристика *(деятельности, взглядов и т. п.)*; избирательный ценз; квалификационные, отборочные соревнования *(спорт.)*
qualificatory [ˈkwɔlɪfɪkət(ə)rɪ] квалифицирующий; ограничивающий
qualified [ˈkwɔlɪfaɪd] знающий; компетентный; сведущий; годный; подходящий; пригодный; соответствующий; ограниченный
qualified approval [ˈkwɔlɪfaɪd|əˈpruːvəl] частичное одобрение
qualified elector [ˈkwɔlɪfaɪd|ɪˈlektə] лицо, имеющее право голоса
qualify [ˈkwɔlɪfaɪ] обучать для какой-либо цели; готовить *(кого-либо)* к какой-либо деятельности; готовиться к какой-либо деятельности; приобретать какую-либо квалификацию; быть компетентным; получать право *(на что-либо)*; делать *(стать)* правомочным; оценивать; квалифицировать; называть; зарабатывать; ослаблять; смягчать
qualifying [ˈkwɔlɪfaɪɪŋ] квалификационный
qualitative [ˈkwɔlɪtətɪv] качественный
qualitative change [ˈkwɔlɪtətɪv|ˈtʃeɪndʒ] качественное изменение
qualitative character [ˈkwɔlɪtətɪv|ˈkærɪktə] качественный признак
qualitative composition [ˈkwɔlɪtətɪv|ˌkɔmpəˈzɪʃən] качественный состав
quality [ˈkwɔlɪtɪ] качество; свойство; особенность; характерная черта; высокое качество; достоинство; тембр *(голоса)*; определять качество
quality assurance [ˈkwɔlɪtɪ|əˈʃuərəns] гарантия качества
quality bonus [ˈkwɔlɪtɪ|ˈbounəs] премия за качество
quality check [ˈkwɔlɪtɪ|ˈtʃek] проверка качества
quality control [ˈkwɔlɪtɪ|kənˈtroul] контроль качества
qualm [kwɑːm] приступ дурноты; приступ малодушия, растерянности
qualmish [ˈkwɑːmɪʃ] испытывающий угрызения совести
quandary [ˈkwɔndərɪ] затруднительное положение; затруднение; недоумение
quango [ˈkwæŋgou] комитет, назначенный правительством, но работающий независимо от него
quant [kwɔnt] шест для отталкивания; отталкивать(ся) шестом
quantification [ˌkwɔntɪfɪˈkeɪʃən] определение количества или величины
quantify [ˈkwɔntɪfaɪ] определять количество
quantitative [ˈkwɔntɪtətɪv] количественный
quantitative change [ˈkwɔntɪtətɪv|ˈtʃeɪndʒ] количественное изменение
quantitative character [ˈkwɔntɪtətɪv|ˈkærɪktə] количественный признак
quantitative composition [ˈkwɔntɪtətɪv|ˌkɔmpəˈzɪʃən] количественный состав
quantity [ˈkwɔntɪtɪ] количество; величина *(мат.)*; долгота звука *(фон.)*; количество звука
quantity discount [ˈkwɔntɪtɪ|ˈdɪskaunt] скидка при крупной закупке
quantum [ˈkwɔntəm] величина; количество; сумма; доля; квота; часть; квант *(физ.)*
quarantine [ˈkwɔr(ə)ntiːn] карантин; подвергать изоляции; подвергать карантину
quarantine control [ˈkwɔr(ə)ntiːn|kənˈtroul] карантинный надзор
quarrel [ˈkwɔr(ə)l] ссора; перебранка; ссориться
quarrelsome [ˈkwɔr(ə)lsəm] вздорный; сварливый
quarry [ˈkwɔrɪ] каменоломня; открытая разработка; карьер; источник сведений; рыться *(в книгах и т. п.)*; выискивать факты, информацию; намеченная жертва
quarter [ˈkwɔːtə] четверть; четверть часа; квартал *(года)*; квартал *(города)*; страна света; обхождение; прием; задник *(сапога)*; делить на четыре *(равные)* части
quarter-back [ˈkwɔːtəbæk] защитник *(в американском футболе)*
quarter-binding [ˈkwɔːtəˌbaɪndɪŋ] переплет с кожаным корешком
quarterage [ˈkwɔːtərɪdʒ] расквартирование; выплата по кварталам *(пенсии и т. п.)*
quarterly [ˈkwɔːtəlɪ] журнал, выходящий раз в три месяца; ежеквартальный; трехмесячный; раз в квартал; раз в три месяца
quartermaster [ˈkwɔːtəˌmɑːstə] квартирмейстер *(воен.)*; начальник *(хозяйственного)* снабжения; старшина-рулевой *(мор.)*
quartet(te) [kwɔːˈtet] квартет *(муз.)*; тетрада
quartz [kwɔːts] кварц *(минер.)*
quartz lamp [ˈkwɔːtz|læmp] кварцевая лампа
quash [kwɔʃ] аннулировать; отменять; подавлять; сокрушать *(юр.)*
quasi [ˈkwɑːzɪ(ː)] как будто; как бы; почти *(лат.)*
quasi- [ˈkwɑːzɪ-] *в сложных словах* квази-; полу-
Quasimodo [ˌkwæsɪˈmoudou] Фомино воскресенье *(рел.)*
quater-centenary [ˌkwɔːtəsenˈtiːnərɪ] четырехсотлетний юбилей; четырехсотлетие
quaternary [kwəˈtɜːnərɪ] состоящий из четырех частей; четвертной
quaternion [kwəˈtɜːnjən] тетрада; четверка; четыре; кватернион *(мат.)*

quatrain [ˈkwɔtreɪn] четверостишие

quatrefoil [ˈkætrəfɔɪl] четырехлистник *(архит.)*

quaver [ˈkweɪvə] восьмая нота *(муз.)*; дрожание голоса; трель; вибрировать; дрожать; колебаться; трястись; произносить дрожащим голосом

quavery [ˈkweɪvərɪ] дрожащий

quayside [ˈkiːsaɪd] пристань

queasy [ˈkwiːzɪ] щепетильный; деликатный; привередливый; разборчивый

queen [kwiːn] королева; богиня; царица; дама *(карт.)*; ферзь *(шахматная фигура)*; матка *(у пчел)*; править; быть королевой; царить

queen-bee [ˈkwiːnˈbiː] пчелиная матка

queen-of-the-meadow [ˈkwiːnəvðəˈmedou] таволга широколистная *(бот.)*

queenhood [ˈkwiːnhud] положение королевы; период царствования королевы

queenly [ˈkwiːnlɪ] подобающий королеве; царственный

queer [kwɪə] странный; чудаковатый; сомнительный; подозрительный; портить; вредить; наносить ущерб; вводить в заблуждение

quell [kwel] подавлять *(мятеж, оппозицию)*; успокаивать; подавлять *(страх и т. п.)*

quench [kwentʃ] гасить; тушить; утолять *(жажду)*; охлаждать *(пыл)*; закаливать *(сталь)*; подавлять *(желание, чувства)*

quenched [ˈkwentʃt] угасший *(о рефлексе)*

quenching [ˈkwentʃɪŋ] угасающий; разрушающий

quenchless [ˈkwentʃlɪs] неугасимый; неутолимый

querist [ˈkwɪərɪst] задающий вопросы

quern [kwəːn] ручная мельница

querulous [ˈkwerulǝs] постоянно недовольный; ворчливый

query [ˈkwɪǝrɪ] вопрос; дело; проблема; колебание; неопределенность; вопросительный знак; спрашивать; осведомляться; выражать сомнение; подвергать сомнению

quest [kwest] поиски; искомый предмет; искать; разыскивать; искать пищу *(о животных)*

question [ˈkwestʃ(ə)n] вопрос; проблема; дело; обсуждаемый вопрос; сомнение; спрашивать; задавать вопрос

question-mark [ˈkwestʃ(ə)nmaːk] вопросительный знак

questionable [ˈkwestʃənəbl] сомнительный; подозрительный

questionary [ˈkwestʃənərɪ] вопросительный; анкета

questioner [ˈkwestʃənə] корреспондент; обозреватель

questionless [ˈkwestʃ(ə)nlɪs] несомненный; бесспорный; очевидный; несомненно; бесспорно

questionnaire [ˌkwestɪəˈnɛə] вопросник; анкета; опросный лист

queue [kjuː] косичка *(парика)*; очередь; заплетать *(в)* косу; стоять в очереди; становиться в очередь

queue detector [ˈkjuːdɪˈtektə] реле фиксации

quibble [ˈkwɪbl] игра слов; каламбур; уловка; ухищрение; уклоняться от сути вопроса; играть словами; выискивать недостатки; придираться

quiche [kiːʃ] пирог с заварным кремом и различной начинкой

quick [kwɪk] быстрый; скорый; живой; проворный; сообразительный; смышленый; острый *(о зрении, слухе, уме)*

quick child [ˈkwɪkˈtʃaɪld] сообразительный ребенок

quick to sympathize [ˈkwɪktəˈsɪmpəθaɪz] отзывчивый

quick train [ˈkwɪkˈtreɪn] скорый поезд

quick-action [ˈkwɪkˈækʃən] быстродействие

quick-bread [ˈkwɪkˈbred] печенье из пресного теста

quick-fence [ˈkwɪkfens] живая изгородь

quick-firing [ˈkwɪkˌfaɪərɪŋ] скорострельный

quick-fix [ˈkwɪkˈfɪks] быстрый успех; быстро достигнутый результат *(лечения и т. п.)*; скороспелое, непродуманное решение

quick-freeze [ˈkwɪkfriːz] быстро замораживать *(продукты)*

quick-setting adhesive [ˈkwɪkˌsetɪŋ|ədˈhiːsɪv] быстросохнущий клей

quick-tempered [ˈkwɪkˈtempəd] вспыльчивый; несдержанный

quick-time [ˈkwɪktaɪm] строевой, походный шаг *(воен.)*

quick-witted [ˈkwɪkˈwɪtɪd] находчивый; сообразительный; остроумный

quickbeam [ˈkwɪkbiːm] рябина обыкновенная *(бот.)*

quicken [ˈkwɪk(ə)n] оживлять(ся); оживать; воздействовать; стимулировать; раззадоривать; распалять; ускорять; рябина

quicklime [ˈkwɪklaɪm] негашеная известь

quickly [ˈkwɪklɪ] быстро

quickness [ˈkwɪknɪs] быстрота

quicksand [ˈkwɪksænd] плывун; зыбучий песок

quicksilver [ˈkwɪkˌsɪlvə] ртуть

quid [kwɪd] кусок прессованного табака для жевания; соверен или фунт стерлингов

quid pro quo [ˈkwɪd|prouˈkwou] услуга за услугу; компенсация *(лат.)*

quiddity [ˈkwɪdɪtɪ] сущность

quiescence [kwaɪˈesns] недвижимость; покой; состояние покоя

quiescent [kwaɪˈesnt] находящийся в покое; неподвижный; покоящийся

quiescent condition [kwaɪˈesnt|kənˈdɪʃən] состояние покоя

quiescent current [kwaɪˈesnt|ˈkʌrənt] ток холостого хода

quiet [ˈkwaɪət] тихий; бесшумный; скромный; спокойный; неподвижный; мягкий (о человеке); неяркий; не бросающийся в глаза; тайный; скрытый; укромный; тишина; безмолвие; затишье; умиротворять; успокаивать

quieten [ˈkwaɪətn] усмирять; унимать(ся); успокаиваться

quietly [ˈkwaɪətlɪ] спокойно; тихо

quietness [ˈkwaɪətnɪs] покой; успокоение

quietude [ˈkwaɪtjuːd] затишье

quietus [kwaɪˈiːtəs] конец; смерть

quiff [kwɪf] челка

quill [kwɪl] птичье перо; зубочистка; (гусиное) перо для письма; игла у дикобраза

quilt [kwɪlt] стеганое одеяло; стегать, подбивать ватой; зашивать в подкладку платья, в пояс и т. п.

quinary [ˈkwaɪnərɪ] пятеричный; состоящий из пяти

quince [kwɪns] айва; грушевая айва

quincentenary [ˌkwɪnsenˈtiːnərɪ] пятисотлетний юбилей; пятисотлетие

quinine [kwɪˈniːn] хинное дерево; хинин

quinnat [ˈkwɪnət] чавыча (рыба)

quinoa [ˈkiːnouə] лебеда

quinquagenarian [ˌkwɪŋkwədʒɪˈnɛərɪən] пятидесятилетний; человек пятидесяти лет

quinquefoil лапчатка (бот.)

quinquennial [kwɪŋˈkwenɪəl] пятилетний; пятилетие

quinquennium [kwɪŋˈkwenɪəm] пятилетие

quintessence [kwɪnˈtesns] квинтэссенция; наиболее существенное

quintet(te) [kwɪnˈtet] квинтет (муз.)

quintuple [ˈkwɪntjupl] пятикратный; состоящий из пяти предметов, частей; увеличивать(ся) в пять раз

quip [kwɪp] саркастическое замечание; колкость; делать колкие замечания; насмехаться

quirk [kwəːk] игра слов; каламбур; причуда; росчерк пера; завиток (рисунка); высмеивать

quirky [ˈkwəːkɪ] изворотливый; ловкий; ушлый; странный; необычный; причудливый (о человеке)

quisle [ˈkwɪzl] быть предателем; предавать родину

quisling [ˈkwɪzlɪŋ] изменник; предатель

quit [kwɪt] увольнение (с работы) (амер.); свободный; отделавшийся (от чего-либо, от кого-либо); оставлять; покидать; уходить; освобождаться, избавляться (от чего-либо)

  to quit claim — отказаться от права

quite [kwaɪt] вполне; совершенно; всецело; довольно; до некоторой степени; в самом деле

quittance [ˈkwɪt(ə)ns] билет; квитанция; расписка; возмещение; отплата; освобождение (от обязательства, платы и т. п.)

quiver [ˈkwɪvə] дрожь; трепет; дрожание голоса; трепетать; колыхаться; вызывать дрожь; подрагивать; быстро и часто махать (крыльями); колчан

quiverful [ˈkwɪvəful] количество стрел, которое умещается в колчане; большая семья

quixotry [ˈkwɪksətrɪ] донкихотство

quiz [kwɪz] насмешка; шутка; мистификация; насмешник; контрольный вопросник; насмехаться, подшучивать (над чем-либо); смотреть насмешливо или с любопытством; производить опрос

quizmaster [ˈkwɪzˌmɑːstə] ведущий викторины

quizzical [ˈkwɪzɪk(ə)l] насмешливый; лукавый; забавный; чудаковатый

quod [kwɔd] тюрьма; сажать в тюрьму

quoin [kɔɪn] внешний угол здания; угловой камень кладки

quoit [kɔɪt] метательное кольцо с острыми краями; метание колец в цель (игра)

quorate [ˈkwɔːreɪt] имеющий кворум

quorum [ˈkwɔːrəm] кворум

quorum call [ˈkwɔːrəm|ˈkɔːl] требование кворума

quota [ˈkwoutə] доля; квота; количество; часть

quotation [kwouˈteɪʃ(ə)n] цитирование; выдержка; цитата; стоимость; цена; ценность

quotation-marks [kwouˈteɪʃ(ə)nˈmɑːks] кавычки

quote [kwout] цитировать; ссылаться (на кого-либо); открывать кавычки; брать в кавычки; назначать цену; котировать; выдержка; цитата

quotidian [kwɔˈtɪdɪən] ежедневный; каждодневный; суточный; банальный; избитый; неоригинальный

quotient [ˈkwouʃ(ə)nt] частное; результат; коэффициент (мат.)

quotum [ˈkwoutəm] доля; квота; часть

Quran [kuˈrɑːn] Коран

Quranic [kuˈrænɪk] относящийся к Корану

R

r [ɑː]; мн. — Rs; R's [ɑːz] восемнадцатая буква английского алфавита

rabbet [ˈræbɪt] выемка; вырез; желобок; паз; гнездо; врубка; шпунт; рудник; шахта

rabbi [ˈræbaɪ] раввин; ребе (обращение)

rabbin [ˈræbɪn] раввин

rabbinate ['ræbɪnɪt] сан раввина; раввины
rabbinic(al) [ræ'bɪnɪk(əl)] раввинский
rabbit ['ræbɪt] кролик; трусливый, слабый человек; охотиться на кроликов
rabbit-hutch ['ræbɪthʌtʃ] клетка для домашних кроликов
rabbity ['ræbɪtɪ] изобилующий кроликами; кроличий
rabble ['ræbl] толпа; кочерга
rabble-rouser ['ræbl‚rauzə] демагог; подстрекатель
rabid ['ræbɪd] бешеный (о собаке); неистовый; яростный
rabidity [ræ'bɪdɪtɪ] бешенство; неистовство; ярость
race [reɪs] состязание в беге, в скорости; гонка; погоня; быстрое движение; стремительный поток; состязаться в скорости; участвовать в гонках; играть на скачках; мчаться; нестись; стремительно продвигаться; раса; род; племя; народ; источник; начало; происхождение; вид; разряд; сорт; особый аромат; особый стиль
race-card ['reɪskɑːd] программа скачек
race-course ['reɪskɔːs] беговая дорожка; трек; скаковой круг; ипподром
race-cruising catamaran ['reɪs‚kruːzɪŋ‚kætəmə'ræn] гоночный катамаран
race-hatred ['reɪs'heɪtrɪd] расовая, национальная вражда
race-horse ['reɪshɔːs] скаковая лошадь
race-suicide ['reɪs'sjuːɪsaɪd] вымирание, вырождение народа
racer ['reɪsə] гонщик; скаковая, беговая лошадь
racial ['reɪʃ(ə)l] расовый
racial animosity ['reɪʃ(ə)l‚ænɪ'mɔsɪtɪ] расовая неприязнь
racial discrimination ['reɪʃ(ə)l‚dɪsˌkrɪmɪ'neɪʃən] расовая дискриминация
racial test ['reɪʃ(ə)l'test] установление расовой принадлежности
racialism ['reɪʃəlɪzm] расизм; расовая дискриминация
racialist ['reɪʃəlɪst] расист
racing ['reɪsɪŋ] состязание в скорости; набирание скорости; игра на бегах, на скачках; разгон
racing bicycle ['reɪsɪŋ'baɪsɪkl] гоночный велосипед
racing kayak ['reɪsɪŋ'kaɪæk] гоночная байдарка
rack [ræk] кормушка; вешалка; подставка; полка; сетка для вещей (в вагонах, автобусах и т. п.); стенд; стойка; штатив; дыба; мучить; пытать; заставлять работать сверх сил; изнурять; истощать; опустошение; разорение; иноходь; идти иноходью
rack-and-ruin ['rækənd'ruɪn] полное разорение
rack-rent ['rækrent] непомерно высокая арендная плата; взимать непомерно высокую арендную плату
rack-wheel ['rækwiːl] зубчатое колесо
racket ['rækɪt] ракетка (для игры в теннис); гудение; гул; шум; разгульный образ жизни
rackety ['rækɪtɪ] беспорядочный; шумный; беспутный; разгульный
racking ['rækɪŋ] мучительный; непосильный; непомерный (о налоге и т. п.)
raconteur [‚rækɔn'təː] рассказчик
rac(c)oon [rə'kuːn] енот
racy ['reɪsɪ] яркий; живой (о речи, стиле); характерный; специфический; острый; пикантный
radar ['reɪdə] радиолокатор; радар
radar beacon ['reɪdə'biːkən] радар; радиолокационный маяк
radar map ['reɪdə'mæp] радиолокационная карта
radial ['reɪdjəl] радиальный; лучевой
radial ball bearing ['reɪdjəl'bɔːl'beərɪŋ] радиально-упорный шариковый подшипник
radiance ['reɪdjəns] сияние; блеск; великолепие
radiancy ['reɪdjənsɪ] сияние; блеск; великолепие
radiant ['reɪdjənt] светящийся; излучающий свет; лучезарный; лучистый; источник тепла, света (физ.)
radiate ['reɪdɪeɪt] излучать (свет, тепло); излучаться; сиять; лучиться (о глазах и т. п.); распространять(ся)
radiating antenna ['reɪdɪeɪtɪŋæn'tenə] передающая антенна
radiation [‚reɪdɪ'eɪʃ(ə)n] излучение; радиация; облучение; сияние; лучевой
radiation barrier [‚reɪdɪ'eɪʃ(ə)n'bærɪə] радиационная защита
radiation disease [‚reɪdɪ'eɪʃ(ə)ndɪ'ziːz] лучевая болезнь
radiation effect [‚reɪdɪ'eɪʃ(ə)nɪ'fekt] действие излучения
radiation field [‚reɪdɪ'eɪʃ(ə)n'fiːld] поле излучения
radiation monitor [‚reɪdɪ'eɪʃ(ə)n'mɔnɪtə] монитор излучения
radiation shield [‚reɪdɪ'eɪʃ(ə)n'ʃiːld] радиационная защита
radiation treatment [‚reɪdɪ'eɪʃ(ə)n'triːtmənt] облучение (мед.)
radiative ['reɪdɪətɪv] излучающий
radiator ['reɪdɪeɪtə] радиатор; батарея (отопления); излучатель (техн.)
radiator baffle ['reɪdɪeɪtə'bæfl] перегородка радиатора
radiator cap ['reɪdɪeɪtə'kæp] крышка радиатора
radiator grille ['reɪdɪeɪtə'grɪl] решетка радиатора

RAD — RAI

radiator mascot ['reɪdɪeɪtə'mæskət] эмблема на передней части капота автомобиля

radiator rib ['reɪdɪeɪtə'rɪb] звено батареи

radical ['rædɪk(ə)l] радикал; знак корня (мат.); корень (числа); корень (слова); звездчатый; звездообразный

radicalism ['rædɪkəlɪzm] радикализм

radicalize ['rædɪkəlaɪz] вводить; укоренять

radicle ['rædɪkl] корешок

radio ['reɪdɪou] радио; радиовещание; радиоприемник; радиограмма; передавать по радио

radio aerial ['reɪdɪou'ɛərɪəl] радиоантенна

radio and TV rights ['reɪdɪou|ənd|tiː'viː'raɪts] право на адаптацию текста для радио и телевидения

radio beacon ['reɪdɪou'biːkən] радиомаяк

radio cabin ['reɪdɪou'kæbɪn] радиорубка

radio call ['reɪdɪou'kɔːl] радиосигнал

radio communication ['reɪdɪou|kə,mjuːnɪ'keɪʃən] радиосвязь

radio engineering ['reɪdɪou|en(d)ʒɪ'nɪərɪŋ] радиотехника

radio link ['reɪdɪou'lɪŋk] радиолиния

radio network ['reɪdɪou'netwəːk] радиосеть

radio-active wastes ['reɪdɪou'æktɪv'weɪsts] радиоактивные отходы

radio-controlled ['reɪdɪoukən'trould] управляемый по радио

radio-locator ['reɪdɪoulou'keɪtə] радиолокатор

radio-recover ['reɪdɪourɪː'kʌvə] магнитола

radio(broad)cast ['reɪdɪou('brɔːd)kaːst] передавать по радио; вести радиопередачу

radiogram ['reɪdɪougræm] радиограмма; рентгеновский снимок; радиола

radiograph ['reɪdɪougraːf] делать рентгеновский снимок

radiography [,reɪdɪ'ɔgrəfɪ] рентгенология; радиография

radioman ['reɪdɪoumæn] радист; радиотехник

radionics [,reɪdɪ'ɔnɪks] радиоэлектроника

radiotelephone ['reɪdɪou'telɪfoun] радиотелефон

radish ['rædɪʃ] редиска

radius ['reɪdjəs] радиус (мат.); лучевая кость; округа; пределы; спица (колеса)

radius of turning ['reɪdjəs|əv'təːnɪŋ] радиус поворота

radix ['reɪdɪks] корень (растения, слова); источник (зла и т. п.)

raff [ræf] беспутничать

raffish ['ræfɪʃ] беспутный; вульгарный; непристойный

raffle ['ræfl] лотерея; разыгрывать в лотерее; участвовать в лотерее

raft [raːft] плот; составлять или гнать плот; сплавлять (лес); переправлять(ся) на плоту, пароме

rafter ['raːftə] стропило; балка; ставить стропила

raftsman ['raːftsmən] плотовщик; плотогон; сплавщик

rag [ræg] лоскут; тряпка; клочок; обрывок; тряпичный; тряпочный; грубые шутки; поддразнивание; скандал; шум; дразнить; разыгрывать; скандалить; шуметь

rag fair ['ræg|fɛə] барахолка; толкучка

rag trade ['ræg|'treɪd] производство и продажа одежды (особенно женской)

rag-picker ['ræg,pɪkə] старьевщик; тряпичник

ragamuffin ['rægə,mʌfɪn] оборванец; оборвыш

ragbag ['rægbæg] мешок для лоскутов, обрезков и т. п.; всякая всячина

rage [reɪdʒ] ярость; гнев; неистовство; страсть; сильное стремление (к чему-либо); злиться; быть в ярости, в гневе; бушевать; свирепствовать

ragged ['rægɪd] неровный; зазубренный; шероховатый; одетый в лохмотья; оборванный; косматый; нечесаный; небрежный; неотделанный (о стиле)

ragged layout ['rægɪd'leɪaut] верстка без выключки строк

raging ['reɪdʒɪŋ] неистовый; яростный; мучительный; сильный

raging battle ['reɪdʒɪŋ'bætl] жестокая схватка; яростная битва

raglan ['ræglən] непромокаемое пальто

ragout ['rægu:] рагу (франц.)

ragtime ['rægtaɪm] регтайм (синкопированный танцевальный ритм); нелепый; смехотворный

raid [reɪd] набег; внезапное нападение; рейд; налет; облава; совершать налет, набег, облаву; вторгаться

raider ['reɪdə] участник налета, набега, облавы; самолет, участвующий в воздушном налете

rail [reɪl] перила; ограда; поручни; рельс; железнодорожный путь; поперечина; перекладина; вешалка; обносить перилами, забором; перевозить (посылать) по железной дороге; прокладывать рельсы; браниться; ругаться

railage ['reɪlɪdʒ] железнодорожные перевозки; оплата железнодорожных перевозок

railhead ['reɪlhed] временный конечный пункт строящейся железной дороги; станция снабжения

raillery ['reɪlərɪ] добродушная насмешка; шутка

railroad ['reɪlroud] железная дорога; железнодорожный

railroad traffic ['reɪlroud'træfɪk] железнодорожное движение

railroader ['reɪlroudə] железнодорожник; владелец железной дороги (амер.)

railway [ˈreɪlweɪ] железная дорога; железнодорожный путь; железнодорожный; строить железную дорогу; путешествовать по железной дороге

railway accident [ˈreɪlweɪˈæksɪdənt] железнодорожная катастрофа

railway carriage [ˈreɪlweɪˈkærɪʤ] пассажирский вагон

railway service-car [ˈreɪlweɪˈsəːvɪskɑː] специальный вагон

railway-yard [ˈreɪlweɪˈjɑːd] сортировочная станция

rain [reɪn] дождь; потоки, ручьи (слез); град (ударов и т. п.); идти, литься (о дожде); сыпать(ся); литься

to rain in — промокать; пропускать дождь; проникать в помещение (о дожде)

to rain off — отменить из-за дождя

rain-storm [ˈreɪnstɔːm] ливень с ураганом

rain-swept [ˈreɪnswept] смытый дождем

rainbow [ˈreɪnbou] радуга; многоцветный; радужный

raincoat [ˈreɪnkout] непромокаемое пальто; плащ

raindrop [ˈreɪndrɔp] дождевая капля

rainfall [ˈreɪnfɔːl] количество осадков; ливень

rainforest [ˈreɪnfɔrɪst] тропический лес; влажные джунгли

rainless [ˈreɪnlɪs] засушливый; без дождя

rainmaker [ˈreɪnˌmeɪkə] благодетель; лоббист; человек с широкими возможностями

rainwater pipe [ˈreɪnwɔːtəˈpaɪp] водосточная труба

rainy [ˈreɪnɪ] дождливый; дождевой (о туче, ветре)

raise [reɪz] поднимать; ставить (вопрос); будить; воскрешать; воздвигать (здание и т. п.); выращивать (растения); разводить (птицу, скот); растить; воспитывать (детей); повышать (в звании, должности); поднимать (на защиту и т. п.); вызывать (смех, сомнение, тревогу); собирать (налоги и т. п.); запеть; начать (песню); издать (крик); подъем; дорога в гору; повышение; поднятие; увеличение

to raise the gorge — приводить в ярость

raised [reɪzd] поставленный на дрожжах; лепной; рельефный

raised check [ˈreɪzdˈtʃek] поддельный чек

raised cheese head [ˈreɪzdˈtʃiːzˈhed] выпуклая цилиндрическая головка

raisin [ˈreɪzn] изюм; изюминка

raisin tree [ˈreɪznˈtriː] смородина

raja(h) [ˈrɑːʤə] раджа (индийск.)

rake [reɪk] грабли; скребок; кочерга; сгребать; заравнивать; чистить скребком; тщательно искать; окидывать взглядом; озирать; повеса; распутник; вести распутный образ жизни; повесничать

to rake away — отгребать; выгребать

raker [ˈreɪkə] грабли; гребенка (разг.)

rakish [ˈreɪkɪʃ] распутный; распущенный; быстроходный; щегольской; лихой

rally [ˈrælɪ] восстановление (сил, энергии); объединение, съезд; собрание; авторалли (спорт.); овладевать собой; оправляться (от страха, горя, болезни); шутить; иронизировать (над кем-либо)

ram [ræm] баран; таранить; налететь на что-либо; расшибиться обо что-либо; забивать; втискивать; трамбовать

Ramadan [ˈræmədæn] рамадан, девятый месяц мусульманского года

ramble [ˈræmbl] прогулка; поездка (без определенной цели); экскурсия; бродить без цели, для удовольствия; говорить бессвязно; перескакивать с одной мысли на другую; ползти, виться (о растениях)

rambler [ˈræmblə] праздношатающийся; бродяга; ползучее растение

rambling [ˈræmblɪŋ] слоняющийся; бродячий; разбросанный; бессвязный; несвязный; ползучий (о растении)

ramekin [ˈræmɪkɪn] острая закуска, запеченная в горшочке (формочке); порционный горшочек или порционная формочка

ramification [ˌræmɪfɪˈkeɪʃ(ə)n] разветвление; отросток; ответвление; развилка; ветви дерева

ramify [ˈræmɪfaɪ] ветвиться; разветвляться

rammer [ˈræmə] трамбовка; шомпол

rammish [ˈræmɪʃ] дурно пахнущий; похотливый

ramose [ˈreɪməs] ветвистый

ramp [ræmp] пандус; съезд; скат; уклон; трап; идти под уклон; идти скатом; ползти, виться (о растениях); становиться на дыбы

rampage [ræmˈpeɪʤ] сильное возбуждение; буйство; быть в сильном возбуждении; неистовствовать

rampageous [ræmˈpeɪʤəs] буйный; неистовый

rampant [ˈræmpənt] сильно распространенный; свирепствующий (о болезнях, пороках); буйно разросшийся; безудержный; неистовый; яростный; пандус

rampart [ˈræmpɑːt] (крепостной) вал; оплот; охрана; предохранение; защищать, укреплять валом

ramrod [ˈræmrɔd] шомпол

ramshackle [ˈræmˌʃækl] ветхий; обветшалый

ramson [ˈræmsən] черемша

ranch [rɑːntʃ] ранчо (амер.); крупное фермерское хозяйство; заниматься скотоводством; жить на ферме

rancher [ˈrɑːntʃə] хозяин ранчо; работник на ранчо

rancid [ˈrænsɪd] прогорклый; протухший

rancid butter [ˈrænsɪdˈbʌtə] прогорклое масло

rancidity [ræn'sɪdɪtɪ] прогорклость
rancorous ['ræŋkərəs] враждебный; злобный
rancour ['ræŋkə] злоба; затаенная вражда
random ['rændəm] наугад; наудачу; случайный; беспорядочный
random access ['rændəm'ækses] произвольный доступ
random action ['rændəm'ækʃən] случайное воздействие
random observation ['rændəm͵ɔbzə'veɪʃən] случайное наблюдение
randomize ['rændəmaɪz] уравнивать вероятности
randy ['rændɪ] грубый; хамский; похотливый; распутный; сварливая женщина; бродяга; назойливый нищий
range [reɪndʒ] ассортимент; размах; дальность; диапазон; разброс; ранг; шкала; сфера; интервал; дистанция; досягаемость; область; простираться; выравнивать строку по краю набора *(полигр.)*
range left or range right ['reɪndʒ'left|ɔ:'reɪndʒ'raɪt] выключка строки влево или вправо
range of action ['reɪndʒ|əv'ækʃən] предел действия
range of values ['reɪndʒ|əv'væljuːz] область значений
range-finder ['reɪndʒ͵faɪndə] дальномерщик; дальномер *(техн.)*
ranger ['reɪndʒə] бродяга; скиталец; странник; лесничий; смотритель королевского парка *(в Англии)*; конная полиция *(амер.)*; рейнджер *(военнослужащий десантного диверсионно-разведывательного подразделения)*
rangy ['reɪndʒɪ] бродячий; стройный, мускулистый *(о животных)*; обширный; громадный
rank [ræŋk] ряд; звание; чин; служебное положение; категория; класс; разряд; степень; высокое социальное положение; шеренга *(воен.)*; строить(ся) в шеренгу; выстраивать(ся) в ряд, в линию; классифицировать; давать определенную оценку; занимать какое-либо место; роскошный; буйный *(о растительности)*; заросший; жирный, плодородный *(о почве)*; прогорклый *(о масле)*; отвратительный; противный
ranker ['ræŋkə] офицер, выслужившийся из рядовых
ranking ['ræŋkɪŋ] расположение; размещение; распределение; вышестоящий *(по званию, положению)*
rankle ['ræŋkl] терзать; мучить *(об обиде, ревности, зависти)*
ransack ['rænsæk] искать; обыскивать *(дом, комнату)*; рыться в поисках потерянного
ransom ['rænsəm] возмещение; выкуп; выплата; искупление *(церк.)*; выкупать; освобождать за выкуп

rant [rænt] напыщенная речь; громкие слова; шумная проповедь; говорить напыщенно; декламировать; проповедовать
ranter ['ræntə] пустослов; напыщенный проповедник
ranunculus [rə'nʌŋkjuləs] лютик
rap [ræp] легкий удар; стук; ответственность *(за проступок)* *(разг.)*; наказание; слегка ударять; стучать
rapacious [rə'peɪʃəs] жадный; прожорливый; хищный *(о животных)*
rapacity [rə'pæsɪtɪ] жадность; скупость; прожорливость
rape [reɪp] изнасилование; насиловать; рапс
rapid ['ræpɪd] быстрый; стремительный; крутой *(о склоне)*
rapid-fire ['ræpɪd'faɪə] скорострельный
rapidity [rə'pɪdɪtɪ] быстрота; резвость; скорость
rapier ['reɪpjə] рапира
rapier-thrust ['reɪpjəθrʌst] укол; удар рапирой; ловкий выпад; остроумный, находчивый ответ
rapine ['ræpaɪn] грабеж; ограбление; кража; похищение
rapist ['reɪpɪst] насильник; виновный в изнасиловании
rapport [ræ'pɔː] взаимоотношения; связь; взаимопонимание; понимание; согласие
rapporteur [͵ræpɔː'tɜː] докладчик
rapprochement [ræ'prɔʃmɑːŋ] восстановление (возобновление) дружественных отношений *(между государствами)*
rapt [ræpt] восхищенный; увлеченный; поглощенный *(мыслью и т. п.)*; похищенный
raptor ['ræptə] хищник *(зоол.)*
raptorial [ræp'tɔːrɪəl] хищный *(о птицах, животных)*
rapture ['ræptʃə] восторг; выражение восторга; экстаз; воровство; кража; похищение
rapturous ['ræptʃ(ə)rəs] восторженный
rare [rɛə] негустой; разреженный; необыкновенный; необычный; редкий; исключительно; недожаренный; недоваренный *(о мясе)*
rare bird ['rɛə'bɜːd] редкая птица
rare book ['rɛə'buk] редкая книга
rare breed ['rɛə'briːd] редкая порода
rare eggs ['rɛər'egz] яйца всмятку
rare find ['rɛə'faɪnd] редкая находка
rarebit ['rɛəbɪt] гренки с сыром
raree-show ['rɛərɪʃou] кукольный театр; раек *(ящик с передвижными картинками)*; зрелище; уличное представление
rarefaction [͵rɛərɪ'fækʃ(ə)n] разжижение; разрежение; разреженность

rarefy [ˈrɛərɪfaɪ] разжижать(ся); разрежать(ся); очищать; утончать

rarely [ˈrɛəlɪ] нечасто; редко; исключительно; необычайно

rareness [ˈrɛənɪs] раритет; редкость

rareripe [ˈrɛəraɪp] скороспелый; ранний; первый *(о фруктах, овощах)*; скороспелка

rarity [ˈrɛərɪtɪ] редкость; антикварная вещь; раритет; разреженность *(воздуха)*

rascal [ˈrɑːsk(ə)l] жулик; мошенник; плут

rascaldom [ˈrɑːsk(ə)ldəm] жульничество; мошенничество; обман; мошенники

rascality [rɑːsˈkælɪtɪ] мошенничество; обман

rascally [ˈrɑːskəlɪ] нечестный; обманный

rash [ræʃ] стремительный; поспешный; скорый; сыпь; шуршание

rasher [ˈræʃə] тонкий ломтик бекона или ветчины *(для поджаривания)*

rasher of bacon [ˈræʃər ɒv ˈbeɪkən] тонкий ломтик бекона для поджаривания

rasp [rɑːsp] дребезжание; скрежет; скребущий звук; рашпиль; скрести; тереть; подпиливать; дребезжать

raspberry [ˈrɑːzb(ə)rɪ] малина

rasping [ˈrɑːspɪŋ] опилки *(металлические)*

raspy [ˈrɑːspɪ] дребезжащий; скрежещущий

rat [ræt] крыса; предатель; штрейкбрехер; крысиный; мышиный; предать; выдать *(кого-либо)*; донести; отказаться; отречься; поступиться

rat-tail [ˈrætteɪl] тонкий напильник

rat-tat [ˈrætˈtæt] *(громкий)* стук в дверь

rat-trap [ˈræt træp] крысоловка; безвыходное положение

ratafia [ˌrætəˈfiːə] миндальный ликер; наливка, приготовленная на фруктовых косточках; миндальное печенье

ratal [ˈreɪt(ə)l] сумма обложения

rataplan [ˌrætəˈplæn] барабанный бой, стук; бить в барабан

ratch [rætʃ] храповик; собачка *(техн.)*

ratchet [ˈrætʃɪt] трещотка; храповик; собачка

ratchet up [ˈrætʃɪt ˈʌp] расширять; углублять; усугублять

rate [reɪt] норма; ставка; тариф; соответственная часть; пропорция; местный налог; темп; скорость; ход; разряд; класс; сорт; паек; порция; оценивать; производить оценку; считать; расценивать; рассматривать(ся); считаться

to rate with — занимать привилегированное положение

rate adjustment [ˈreɪt əˈdʒʌstmənt] коррекция частоты вращения *(техн.)*; регулировка скорости

rate of freight [ˈreɪt ɒv ˈfreɪt] фрахтовая ставка

rate of return (profit rate) [ˈreɪt ɒv rɪˈtɜːn (ˈprɒfɪt reɪt)] нормы дивидендов, нормы прибыли

rate of surplus value [ˈreɪt ɒv ˈsɜːpləs ˈvæljuː] норма прибавочной стоимости

rate-card [ˈreɪtkɑːd] расценки на публикацию рекламы

rateable [ˈreɪtəbl] подлежащий обложению налогом, сбором; пропорциональный; соизмеримый; соразмерный

rated [ˈreɪtɪd] имеющий разряд

rated ability [ˈreɪtɪd əˈbɪlɪtɪ] расчетная способность

rater [ˈreɪtə] ругатель

rathe [reɪð] утренний; ранний; быстрый; проворный *(поэт.)*

rather [ˈrɑːðə] лучше; охотнее; предпочтительно; скорее; вернее; правильнее; до некоторой степени; довольно

raticide [ˈrætɪsaɪd] средство против крыс

ratification [ˌrætɪfɪˈkeɪʃ(ə)n] ратификация; утверждение *(юр.)*

ratify [ˈrætɪfaɪ] утверждать *(юр.)*; ратифицировать; скреплять *(подпись печатью)*

rating [ˈreɪtɪŋ] оценка; отнесение к тому или иному классу, разряду; обложение налогом; сумма налога; положение; класс; разряд; ранг; цифровые данные; внушение; выговор

ratio [ˈreɪʃɪoʊ] соотношение; коэффициент; степень; множитель

ratio of grade [ˈreɪʃɪoʊ ɒv ˈɡreɪd] коэффициент откоса

ration [ˈræʃ(ə)n] доза; паек; порция; рацион; выдавать паек; снабжать продовольствием; нормировать; распределять *(продукты, промтовары)*

ration-book [ˈræʃ(ə)nbuk] учетная книга

ration-card [ˈræʃ(ə)nkɑːd] продовольственная *(промтоварная)* карточка

rational [ˈræʃənl] разумный; полезный; рациональный *(мат.)*

rational being [ˈræʃənl ˈbiːɪŋ] разумное существо; рациональное существо

rationale [ˌræʃəˈnɑːl] разумное объяснение; логическое обоснование; основная причина

rationalism [ˈræʃnəlɪzm] рационализм

rationalist [ˈræʃnəlɪst] рационалист; рационалистический

rationality [ˌræʃəˈnælɪtɪ] разумность; рациональность; *(умственная)* нормальность

rationalization [ˌræʃnəlaɪˈzeɪʃ(ə)n] рационализация

rationalize [ˈræʃnəlaɪz] рационализировать; улучшать; давать рационалистическое объяснение

rationalizer [ˈræʃnəlaɪzə] новатор; рационализатор

RAT — RE-

rationally ['ræʃnəli] рационально; разумно
rationing ['ræʃniŋ] нормирование продуктов (промтоваров)
ratter ['rætə] крысолов (о собаке)
rattle ['rætl] треск; грохот; стук; веселье; суматоха; детская погремушка; трещотка (ночного сторожа и т. п.); хрипение; трещать; грохотать; греметь; говорить быстро, громко
rattlesnake ['rætlsneik] гремучая змея
rattling ['rætliŋ] грохочущий; шумный
rattling-good ['rætliŋ'gud] великолепный; замечательный
ratty ['ræti] крысиный; кишащий крысами
raucous ['rɔːkəs] хриплый
ravage ['rævidʒ] опустошение; разорение; уничтожение; портить; разрушать; уничтожать; опустошать; разорять
rave [reiv] бредить; говорить бессвязно; неистовствовать; восторгаться; восхищаться
ravel ['ræv(ə)l] беспорядок; неразбериха; путаница; обрывок нитки; запутывать(ся); усложнять (вопрос и т. п.)
raven ['reivn] — сущ. ['rævn] — гл. ворон; рыскать в поисках добычи; набрасываться (на что-либо); пожирать
ravenous ['rævənəs] очень голодный; изголодавшийся; жадный; прожорливый; хищный (о животных)
ravin ['rævin] добыча; жертва (о человеке, животном); воровство; грабеж; ограбление
ravine [rə'viːn] ущелье; овраг
raving ['reiviŋ] абсурд; бред; неистовство; рев (бури); бредовый
ravioli [ˌrævi'ouli] равиоли (род пельменей)
ravish ['rævɪʃ] похищать; приводить в восторг; восхищать
ravishing ['rævɪʃiŋ] восхитительный
ravishment ['rævɪʃmənt] похищение (женщины); восторг; восхищение
raw [rɔː] сырой; необработанный; необученный; неопытный; промозглый (о погоде); грубый, безвкусный (в художественном отношении); ссадина; больное место; сдирать кожу
raw materials ['rɔːməˈtɪərɪəlz] сырье
raw-boned ['rɔːˈbound] очень худой; костлявый
raw-rubber ['rɔːˈrʌbə] каучук
rawness ['rɔːnɪs] необработанность; неискушенность; неопытность; ссадина; больное место; промозглая сырость
ray [rei] луч; проблеск; излучать(ся); расходиться лучами
rayon ['reiɔn] искусственный шелк; вискоза

raze [reiz] разрушать до основания; сровнять с землей; изглаживать; стирать; скользить по поверхности; слегка касаться
razee [rei'ziː] корабль со срезанной верхней палубой; сокращать
razor ['reizə] бритва; брить
razor-back ['reizəbæk] острый хребет
razor-blade ['reizəbleid] лезвие бритвы
razor-edge ['reizərˈedʒ] острие бритвы, ножа; острый край (чего-либо); резкая грань; опасное положение
razor-setting belt ['reizəsetiŋˈbelt] ремень для правки бритвы
razorbill ['reizəbil] гагарка (зоол.)
razzia ['ræziə] набег; нападение; полицейская облава (араб.)
re- ['riː-] снова; заново; еще раз; обратно
re-arm ['riːˈɑːm] перевооружать(ся)
re-armament ['riːˈɑːməmənt] перевооружение
re-collect ['riːkəˈlekt] вновь собрать; объединить; прийти в себя; опомниться
re-count ['riːˈkaunt] пересчет голосов при выборах; пересчитывать (голоса при выборах)
re-do ['riːˈduː] делать вновь; переделывать
re-echo [riː(ː)ˈekou] эхо; повторное эхо; отдаваться эхом
re-elect ['riːɪˈlekt] переизбирать; избирать снова
re-election ['riːɪˈlekʃ(ə)n] переизбрание; вторичное избрание
re-enact ['riːɪˈnækt] вновь узаконивать; возобновлять старый закон; восстановить, проиграть (в лицах) какое-либо событие
re-entrant [riːˈentr(ə)nt] вновь входящий; вновь возвращающийся; входящий угол
re-establish ['riːɪsˈtæbliʃ] возрождать; восстанавливать
re-examine ['riːɪgˈzæmin] подвергать переоценке, пересмотру (мнения и т. п.)
re-group ['riːˈgruːp] перегруппировывать; перемещать
re-grouping ['riːˈgruːpiŋ] перегруппировка; перестановка
re-hash ['riːˈhæʃ] переделка на новый лад (чего-либо старого); переделывать; перекраивать (по-новому)
re-housing ['riːˈhauziŋ] переселение в новый дом; предоставление нового жилья
re-join [rɪˈdʒɔin] возражать; реагировать
re-purchase ['riːˈpəːtʃəs] покупать обратно (ранее проданный товар)
re-recording area [ˌriːrɪˈkɔːdiŋˈɛəriə] аппаратная перезаписи
re-run ['riːˈrʌn] повторный показ (кинофильма, телевизионного фильма)

re-sale [ˈriːˈseɪl] перепродажа

re-sign [ˈriːˈsaɪn] вновь подписывать

re-surface [ˈriːˈsəːfɪs] покрывать заново; перекладывать покрытие дороги; вновь заасфальтировать; всплывать на поверхность *(о подводной лодке)*

re-think [ˈriːˈθɪŋk] пересматривать *(заново)*

re-tyre [ˈriːˈtaɪə] менять шины

re-usable [ˈriːˈjuːzəbl] повторно используемый; многократного пользования

re-use [ˈriːˈjuːz] — *гл.* [ˈriːˈjuːs] — *сущ.* снова использовать; повторное использование

reach [riːtʃ] протягивание *(руки и т. п.)*; предел досягаемости; досягаемость; область влияния; охват; кругозор; сфера; пространство; протяжение; плес; колено реки; радиус действия; протягивать; вытягивать; доставать; дотягиваться; брать; достигать; доходить; застать; настигнуть

to reach an agreement — *достичь договоренности*

reach-me-down [ˈriːtʃmɪdaun] готовое платье

reachless [ˈriːtʃlɪs] недоступный; недосягаемый

react [rɪ(ː)ˈækt] реагировать; отзываться; влиять; вызывать ответную реакцию; противодействовать; оказывать сопротивление

reaction [rɪ(ː)ˈækʃ(ə)n] реакция; обратное действие; влияние; воздействие; противодействие; реактивный

reaction type [rɪ(ː)ˈækʃ(ə)nˈtaɪp] фенотип

reactionary [rɪ(ː)ˈækʃnərɪ] противодействующий; дающий обратную реакцию; консерватор; реакционер; консервативный; реакционный

reactivate [rɪˈæktɪveɪt] возобновлять; восстанавливать

reactive [rɪ(ː)ˈæktɪv] реагирующий; вступающий в реакцию; отвечающий или реагирующий *(в ответ на какие-либо действия)*

reactive thrust [rɪ(ː)ˈæktɪvˈθrʌst] реактивная тяга

reactivity [ˌriːækˈtɪvɪtɪ] реактивность

reactor [rɪ(ː)ˈæktə] реактор

read [riːd] читать; толковать; объяснять; гласить; показывать *(о приборе и т. п.)*; изучать; чтение; время, проведенное в чтении; грамотный; начитанный; образованный; вычитывать

to read a riddle — *разгадать загадку*

to read between the lines — *читать между строк*

to read to oneself — *читать про себя*

readability [ˌriːdəˈbɪlɪtɪ] удобочитаемость; читабельность

readable [ˈriːdəbl] хорошо написанный; интересный; четкий; удобочитаемый

reader [ˈriːdə] читатель; любитель книг; чтец; корректор; преподаватель *(университета)*; лектор; хрестоматия; сборник текстов для чтения

readership [ˈriːdəʃɪp] должность преподавателя университета; круг читателей; читательская масса; контингент читателей

reader's note [ˈriːdəzˈnout] аннотация

readily [ˈredɪlɪ] охотно; быстро; с готовностью; легко; без труда

readiness [ˈredɪnɪs] готовность; охота; подготовленность; быстрота; живость

reading [ˈriːdɪŋ] чтение; знания; начитанность; публичное чтение; лекция; вариант текста; разночтение; толкование, понимание *(чего-либо)*

reading copy [ˈriːdɪŋˈkɔpɪ] пробный рекламный оттиск

reading-desk [ˈriːdɪŋdesk] пюпитр

reading-glass [ˈriːdɪŋglaːs] увеличительное стекло

reading-lamp [ˈriːdɪŋlæmp] настольная лампа

reading-room [ˈriːdɪŋrum] читальный зал; читальня; корректорская

readjust [ˈriːəˈdʒʌst] переделывать; исправлять *(заново)*; приспосабливать; прилаживать; подрегулировать

readjustment [ˈriːəˈdʒʌstmənt] исправление; переделка; приспособление; подгонка; перестройка; перегруппировка; преобразование

ready [ˈredɪ] готовый; заготовленный; подготовленный; согласный; готовый *(на что-либо)*; податливый; легкий; быстрый; имеющийся под рукой; готовить; готовиться

ready cash [ˈredɪ|kæʃ] наличные деньги

ready condition [ˈredɪ|kənˈdɪʃən] состояние готовности

ready-made [ˈredɪˈmeɪd] готовый; избитый; неоригинальный

ready-witted [ˈredɪˈwɪtɪd] находчивый; сообразительный

reaffirm [ˈriːəˈfəːm] вновь подтверждать

real [rɪəl] истинный; настоящий; неподдельный; несомненный; недвижимый *(об имуществе)*

real assets [ˈrɪəl|ˈæsɪts] недвижимое имущество; недвижимость

real-estate activities [ˈrɪəlɪsˌteɪt|ækˈtɪvɪtɪz] операции с недвижимостью

real-estate dealer [ˈrɪəlɪsˌteɪt|ˈdiːlə] агент по продаже недвижимости; торговец недвижимостью

real-estate loan [ˈrɪəlɪsˌteɪt|ˈloun] ипотечный заем

real-estate tax [ˈrɪəlɪsˌteɪt|ˈtæks] налог с оборота; налог на недвижимость

realign [ˈriːəˈlaɪn] перестраивать; преобразовывать

realignment [ˈriːəˈlaɪnmənt] изменение; перестройка; преобразование

realism [ˈrɪəlɪzm] реализм

realist [ˈrɪəlɪst] реалист

REA — REB

realistic [rɪəˈlɪstɪk] жизненный; реалистический; практичный; трезвый; утилитарный

reality [rɪ(ː)ˈælɪtɪ] действительность; реальность; нечто реальное; истинность; подлинная сущность; неподдельность; реализм

realizable [ˈrɪəlaɪzəbl] могущий быть реализованным; осуществимый; поддающийся пониманию, осознанию

realization [ˌrɪəlaɪˈzeɪʃ(ə)n] осмысление; осознание; понимание; постижение; осуществление, выполнение (плана и т. п.)

realize [ˈrɪəlaɪz] представлять себе; понимать (ясно, в деталях); осуществлять, выполнять (план, намерение); реализовать; продавать; получить (такую-то сумму за что-либо)

reallocate [riːˈæləkeɪt] перераспределять

really [ˈrɪəlɪ] действительно; в самом деле; подлинно; собственно; так-таки

realm [relm] королевство; государство; область; сфера

realtor [ˈrɪəltə] агент по продаже недвижимости (амер.)

realty [ˈrɪəltɪ] недвижимое имущество (юр.)

ream [riːm] стопка бумаги

reamer [ˈriːmə] развертка (техн.); соковыжималка

reanimate [riːˈænɪmeɪt] оживить; вернуть к жизни

reap [riːp] жать; снимать урожай; пожинать плоды

reaper [ˈriːpə] жнец; жница; жатвенная машина; жатка

reaping-hook [ˈriːpɪŋhuk] серп

reappear [ˈriːəˈpɪə] снова появляться, показываться

reappraisal [ˈriːəpˈreɪzl] пересмотр (взглядов и т. п.)

rear [rɪə] поднимать (голову, руку); возвышать (голос); воздвигать; сооружать; воспитывать; выращивать; становиться на дыбы; тыл; задняя сторона; задний; тыльный

rear axle [ˈrɪərˈæksl] задний мост; задняя ось

rear compartment [ˈrɪəkəmˈpɑːtmənt] багажник

rear drive [ˈrɪədraɪv] передача в заднем мосте

rear drum brake [ˈrɪəˈdrʌmbreɪk] задний тормозной барабан

rear lamp [ˈrɪəˈlæmp] задний фонарь

rear mirror [ˈrɪəˈmɪrə] зеркало заднего вида

rear seat [ˈrɪəˈsiːt] заднее сиденье

rear suspension [ˈrɪəsəsˈpenʃən] задняя подвеска

rear trunk [ˈrɪəˈtrʌŋk] багажное отделение

rear window wiper [ˈrɪəˈwɪndouwaɪpə] стеклоочиститель заднего окна

rear wing [ˈrɪəˈwɪŋ] заднее крыло

rear-admiral [ˈrɪəˈædm(ə)r(ə)l] контр-адмирал

rear-axle casing [ˈrɪərˈækslˈkeɪsɪŋ] картер заднего моста

rear-guard [ˈrɪəgɑːd] арьергард

rear-wheel drive [ˈrɪəwiːlˈdraɪv] привод на задние колеса

rearmost [ˈrɪəmoust] самый задний; последний; тыльный

rearmouse [ˈrɪəmaus] летучая мышь

rearrange [ˈriːəˈreɪndʒ] менять; передвигать

rearrangement [ˈriːəˈreɪndʒmənt] перестановка; перегруппировка

rearwards [ˈrɪəwədz] назад; в тыл; в сторону тыла

reason [ˈriːzn] разум; рассудок; причина; повод; основание; рассуждать (о чем-либо); обсуждать; убеждать; уговаривать; доказывать; утверждать
to reason with — уговаривать; урезонивать

reasonable [ˈriːznəbl] разумный; благоразумный; рассудительный; приемлемый; сносный; недорогой (о цене); обладающий разумом

reasonably [ˈriːznəblɪ] разумно; умеренно; довольно; достаточно

reasoning [ˈriːznɪŋ] рассуждение; умозаключение; объяснения; аргументация; мыслящий; способный рассуждать

reassemble [ˈriːəˈsembl] снова собираться; встречаться

reassert [ˈriːəˈsəːt] подтверждать; вновь заявлять; заверять

reassess [ˈriːəˈses] производить переоценку (имущества и т. п.); подвергать переоценке, пересмотру (мнения и т. п.)

reassessment [ˈriːəˈsesmənt] переоценка; ревизия

reassurance [ˌriːəˈʃuər(ə)ns] уверение; заверение; гарантия; восстановленное доверие; вновь обретенная уверенность, смелость

reassure [ˌriːəˈʃuə] заверять; уверять; убеждать

reave (reive) [riːv] похищать; отнимать; опустошать; разорять

reawaken [ˈriːəˈweɪkən] снова пробуждать (чувство, желание и т. п.)

rebate [ˈriːbeɪt] — сущ. [rɪˈbeɪt] — гл. сбавка; скидка; уступка; делать скидку, уступку; притуплять; ослаблять

rebec(k) [ˈriːbek] старинная трехструнная скрипка

rebel [ˈrebl] — сущ., прил. [rɪˈbel] — гл. повстанец; бунтовщик; мятежный; бунтарский; повстанческий; поднимать восстание; протестовать

rebel army [ˈreblˈɑːmɪ] повстанческие формирования

rebellion [rɪˈbeljən] восстание; бунт; мятеж; сопротивление; отпор

rebellious [rɪˈbeljəs] мятежный; повстанческий; недисциплинированный; непослушный; упорный

rebellow [rɪˈbelou] отдаваться громким эхом

rebirth [riːˈbəːθ] возрождение; воссоздание

reborn [ˈriːˈbɔːn] возрожденный; возродившийся

rebound [rɪˈbaund] отдача; рикошет; реакция; подавленность после возбуждения; отскакивать; отпрянуть; отступить; иметь обратное действие

rebuff [rɪˈbʌf] отпор; резкий отказ; давать отпор; отказывать наотрез

rebuild [ˈriːˈbɪld] отстроить заново; восстановить

rebuke [rɪˈbjuːk] обвинение; укор; упрек; внушение; выговор; упрекать; винить; делать выговор, замечание

rebus [ˈriːbəs] ребус

rebut [rɪˈbʌt] давать отпор; отражать; опровергать *(обвинение и т. п.)*

rebuttal [rɪˈbʌtl] опровержение *(обвинения и т. п.)*

recalcitrance [rɪˈkælsɪtr(ə)ns] непокорность; настойчивость; упорство

recalcitrancy [rɪˈkælsɪtr(ə)nsɪ] непокорность; настойчивость; упорство

recalcitrant [rɪˈkælsɪtr(ə)nt] непокорный; упорный; непокорный человек

recalcitrate [rɪˈkælsɪtreɪt] упорствовать; сопротивляться

recall [rɪˈkɔːl] призыв вернуться; отозвание *(депутата, посланника и т. п.)*; вызов исполнителя на бис; вызывать обратно; возвращать, отзывать *(депутата, должностное лицо)*; выводить *(из задумчивости)*; вспоминать; напоминать; воскрешать *(в памяти)*

recalled witness [rɪˈkɔːld ˈwɪtnɪs] свидетель, вызванный повторно

recant [rɪˈkænt] отрекаться; отказываться от своего мнения *(публично)*

recantation [ˌriːkænˈteɪʃ(ə)n] отречение; отказ *(от убеждений и т. п.)*

recapitulate [ˌriːkəˈpɪtjuleɪt] перечислять; повторять; резюмировать; суммировать

recapitulative [ˌriːkəˈpɪtjulətɪv] конспективный; краткий; суммирующий

recast [ˈriːˈkɑːst] придание *(чему-либо)* новой, исправленной формы; переделка; переделанное изделие; переделывать; перерабатывать; придавать новую форму; перестраивать *(предложение, абзац и т. п.)*; перераспределять роли *(в театре)*; поставить пьесу с новым составом исполнителей; пересчитывать

recede [rɪ(ː)ˈsiːd] отступать; пятиться; удаляться; ретироваться; отказываться; отрекаться; отступать *(от своих слов, взглядов, договоренности и т. п.)*; падать в цене; отклоняться назад; быть срезанным, покатым *(о лбе, подбородке)*; убывать; спадать; идти на убыль; возвращать захваченное

receipt [rɪˈsiːt] расписка; квитанция; получение; рецепт *(кулинарный)*; средство для достижения какой-либо цели; дать расписку в получении

receipt-book [rɪˈsiːtbuk] квитанционная книжка

receipts tax [rɪˈsiːts tæks] налог с оборота

receivable [rɪˈsiːvəbl] могущий быть полученным; годный к принятию

receive [rɪˈsiːv] получать; принимать; воспринимать; вмещать

to receive odds — получать преимущество

received [rɪˈsiːvd] общепринятый; общепризнанный

receiver [rɪˈsiːvə] получатель; телефонная трубка; радиоприемник; расширительный бачок

receiving antenna [rɪˈsiːvɪŋ ænˈtenə] приемная антенна

receiving blanket [rɪˈsiːvɪŋ ˈblæŋkɪt] впитывающее одеяло

recency [ˈriːsnsɪ] новизна; свежесть

recension [rɪˈsenʃ(ə)n] просмотр и исправление текста

recent [ˈriːsnt] недавний; последний

recent developments [ˈriːsnt dɪˈveləpmənts] последние разработки, достижения *(в какой-либо области)*

recent events [ˈriːsnt ɪˈvents] недавние события

recently [ˈriːsntlɪ] недавно; на днях

recently born [ˈriːsntlɪ ˈbɔːn] новорожденный

receptacle [rɪˈseptəkl] вместилище; приемник; получатель; хранилище; коробка; ящик; мешок; картер; кожух; сосуд

reception [rɪˈsepʃ(ə)n] получение; принятие; прием *(в члены)*; прием *(гостей)*; приемная; вечеринка; встреча; восприятие

reception centre [rɪˈsepʃn ˈsentə] приемник для бездомных, беспризорных и т. п.; призывной пункт *(воен.)*

reception-room [rɪˈsepʃ(ə)nrum] гостиная; приемная

receptionist [rɪˈsepʃənɪst] секретарь в приемной *(у врача, фотографа и т. п.)*

receptive [rɪˈseptɪv] восприимчивый; впечатлительный; рецептивный

receptivity [rɪsepˈtɪvɪtɪ] восприимчивость; чувствительность

receptor [rɪˈseptə] рецептор; орган чувств *(биол.)*

recess [rɪˈses] перерыв в заседаниях *(парламента, суда и т. п.)*; каникулы *(в школе, университете)*; *(большая)* перемена в школе; уединенное место; глухое место; укромный уголок; углубление; ниша; маленькая бухта; делать углубление; помещать в укромном месте; отодвигать назад; делать перерыв в занятиях

recessed head screwdriver [rɪˈsest hed ˈskruːdraɪvə] крестообразная отвертка

recession [rɪ'seʃ(ə)n] вычеркивание; удаление; устранение; отступание *(моря, ледника)*; углубление; спад; рецессия

recessional [rɪ'seʃənl] каникулярный

recessive [rɪ'sesɪv] отступающий; удаляющийся

recharge ['riː'tʃɑːʤ] перезаряжать

rechargeable ['riː'tʃɑːʤəbl] перезаряжаемый

rechargeable accumulator ['riː'tʃɑːʤəbl|ə'kjuːmjuleɪtə] перезаряжающийся аккумулятор

rechauffe [rɪ'ʃoufeɪ] разогретое кушанье

recidivism [rɪ'sɪdɪvɪzm] рецидивизм

recidivist [rɪ'sɪdɪvɪst] рецидивист

recipe ['resɪpɪ] рецепт *(кулинарный)*; средство, способ *(достигнуть чего-либо)*

recipience [rɪ'sɪpɪəns] получение; прием; принятие; восприимчивость; впечатлительность

recipiency [rɪ'sɪpɪənsɪ] получение; прием; принятие; восприимчивость; впечатлительность

recipient [rɪ'sɪpɪənt] адресат; получатель; приемник; получающий; восприимчивый; впечатлительный

reciprocal [rɪ'sɪprək(ə)l] взаимный; обоюдный; эквивалентный; равносильный

reciprocal concessions [rɪ'sɪprək(ə)l|kən'seʃənz] взаимные уступки

reciprocal liabilities [rɪ'sɪprək(ə)l|laɪə'bɪlɪtɪz] взаимные обязательства

reciprocate [rɪ'sɪprəkeɪt] возмещать; компенсировать; отплачивать; обмениваться *(услугами, любезностями)*

reciprocation [rɪ,sɪprə'keɪʃ(ə)n] возвратно-поступательное движение; ответное действие; взаимный обмен

reciprocity [,resɪ'prɔsɪtɪ] взаимность; двойственность; взаимодействие; связь; согласование

recital [rɪ'saɪtl] изложение; обзор; повествование; рассказ; подробное перечисление фактов; история; описание; повествование; сольный концерт; концерт из произведений одного композитора

recitation [,resɪ'teɪʃ(ə)n] перечисление *(фактов и т. п.)*; декламация; публичное чтение; отрывок или стихотворение для заучивания

recitative [,resɪtə'tiːv] речитатив

recite [rɪ'saɪt] декламировать; повторять по памяти; говорить; излагать; рассказывать; сообщать; перечислять *(факты и т. п.)*

reciter [rɪ'saɪtə] декламатор; чтец

reck [rek] *(только в вопросительных и отрицательных предложениях)* обращать внимание; принимать во внимание

reckless ['reklɪs] безрассудный; необдуманный; дерзкий; доблестный; отчаянный; пренебрегающий *(чем-либо)*

reckless killer ['reklɪs|'kɪlə] лицо, совершившее убийство по неосторожности

reckling ['reklɪŋ] слабый; маленький; нуждающийся в уходе детеныш; младший ребенок в семье; чахлый

reckon ['rek(ə)n] считать; подсчитывать; рассматривать; думать; предполагать; полагаться; рассчитывать; принимать во внимание

reckoner ['rekənə] человек, делающий подсчеты

reckoning ['reknɪŋ] итог; подсчет; расчет; счет; возмездие; расплата

reclaim [rɪ'kleɪm] исправлять; перевоспитывать; поднимать *(целину, заброшенные земли)*; требовать обратно; вернуть себе *(утраченное)*

reclamation [,reklə'meɪʃ(ə)n] исправление; поправка; протест; рекламация; освоение *(неудобных, целинных, заброшенных земель)*; утилизация; использование отходов

reclame [reɪ'klɑːm] реклама; рекламирование; объявление; стремление к известности

recline [rɪ'klaɪn] облокачивать(ся); откидываться назад; полагаться; откидывать *(голову)*

recluse [rɪ'kluːs] затворник; затворница; отшельник; уединенный

reclusive [rɪ'kluːsɪv] затворнический; отшельнический

recognition [,rekəg'nɪʃ(ə)n] узнавание; опознание; признание; известность

recognizable ['rekəgnaɪzəbl] могущий быть узнанным

recognize ['rekəgnaɪz] опознавать; узнавать; признавать *(что-либо, кого-либо)*; выражать признание, одобрение; осознавать; понимать

recoil [rɪ'kɔɪl] отдача; откат; ужас; отвращение *(к чему-либо)*; отпрянуть; отшатнуться

recollect [,rekə'lekt] вспоминать; припоминать

recollection [,rekə'lekʃ(ə)n] воспоминание; память; воспоминания; мемуары

recommence ['riːkə'mens] возобновлять

recommend [,rekə'mend] рекомендовать; советовать; представлять *(к награде и т. п.)*; выдвигать *(на должность)*; поручать *(чьему-либо)* попечению; говорить в *(чью-либо)* пользу

recommendation [,rekəmen'deɪʃ(ə)n] рекомендация; консультация; представление *(к награде и т. п.)*; качества, говорящие в пользу *(кого-либо)*

recommendatory [,rekə'mendət(ə)rɪ] рекомендательный

recompense ['rekəmpens] вознаграждение; возмещение; компенсация; вознаграждать; награждать; компенсировать

reconcilability ['rekən,saɪlə'bɪlɪtɪ] совместимость; терпимость

reconcilable ['rekənsaıləbl] непротиворечивый; совместимый; примирительный

reconcile ['rekənsaıl] примирять; улаживать (ссору, спор); мирить; согласовывать (мнения, заявления)

reconciliation [,rekənsılı'eıʃ(ə)n] примирение; улаживание; взаимодействие; координация

recondite [rı'kondaıt] темный; неясный; малопонятный

recondition ['ri:kən'dıʃ(ə)n] ремонтировать; переоборудовать; менять; переделывать; восстанавливать силы, здоровье

reconnaissance [rı'konıs(ə)ns] разведка; поиск; зондирование; прощупывание; разведывательный

reconnect ['ri:kə'nekt] снова подключать (электричество, газ, воду)

reconnoitre [,rekə'noıtə] производить, вести разведку; разведывать

reconquer ['ri:'koŋkə] снова побеждать, захватывать

reconsider ['ri:kən'sıdə] пересматривать (заново)

reconstitute ['ri:'konstıtju:t] возрождать; воспроизводить

reconstruct ['ri:kəns'trʌkt] перестраивать; преобразовывать; восстанавливать (по данным)

reconstruction ['ri:kəns'trʌkʃ(ə)n] перестройка; реконструкция; воссоздание; восстановление

reconstructive ['ri:kəns'trʌktıv] восстановительный

reconvene ['ri:kən'vi:n] снова созывать (парламент, собрание и т.д.)

reconversion ['ri:kən'və:ʃ(ə)n] возвращение к условиям мирного времени

record ['reko:d] — сущ., прил. [rı'ko:d] — гл. запись; регистрация (фактов); летопись; протокол (заседания и т. п.); официальный документ; отчет; факты; данные (о ком-либо); характеристика; памятник прошлого; граммофонная пластинка; рекорд; рекордный; записывать; регистрировать; записывать на пластинку (на пленку); снимать (фото- или киноаппаратом); увековечивать; оставлять след, отпечаток

record film ['reko:d|fılm] документальный фильм

record VTR ['reko:d|'vi:ti:'a:] записывающий видеомагнитофон

record-breaker ['reko:d,breıkə] побивающий предыдущий рекорд

record-holder ['reko:d,houldə] обладатель рекорда; рекордсмен

record-player ['reko:d'pleıə] проигрыватель граммофонных пластинок

recorder [rı'ko:də] протоколист; счетчик; род старинной флейты; звукозаписывающий аппарат

recording [rı'ko:dıŋ] регистрация; запись информации; звукозапись; отчетность (бухг.); записывающий; регистрирующий

recording density [rı'ko:dıŋ|'densıtı] плотность записи

recording rights [rı'ko:dıŋ|'raıts] право на звукозапись музыкального или литературного произведения

recording studio [rı'ko:dıŋ|'stju:dıou] студия звукозаписи

recording suit [rı'ko:dıŋ|sju:t] видеомонтажная аппаратная

recordist [rı'ko:dıst] звукооператор; инженер звукозаписи; оператор видеозаписи

recordsman ['reko:dzmən] рекордсмен

recount [rı'kaunt] рассказывать; излагать подробно

recoup [rı'ku:p] возмещать; компенсировать; покрыть; удерживать часть должного (юр.); вычитать

recoupment [rı'ku:pmənt] возмещение (убытков и т. п.); компенсация; удержание части должного (юр.)

recourse [rı'ko:s] обращение за помощью; прибежище; пристанище; убежище

recover [rı'kʌvə] обретать снова; возвращать себе; оправляться (от чего-либо); приходить в себя; наверстывать

recoverable [rı'kʌv(ə)rəbl] возместимый; восстанавливаемый; восстановимый; извлекаемый; непотребляемый

recovered [rı'kʌvəd] выздоровевший

recovery [rı'kʌvərı] выздоровление; восстановление; возмещение; возвращение (утраченного)

recreancy ['rekrıənsı] трусость; малодушие; измена; предательство

recreant ['rekrıənt] трус; изменник; малодушный; трусливый; вероломный; предательский

recreate ['rekrıeıt] восстанавливать силы; освежать; занимать; развлекать

recreation [,rekrı'eıʃ(ə)n] восстановление сил; освежение; отдых; развлечение; перемена (между уроками)

recreational [,rekrı'eıʃənl] развлекательный; относящийся к сфере развлечений

recreational facilities [,rekrı'eıʃənl|fə'sılıtız] места отдыха и развлечений

recreative ['rekrıeıtıv] восстанавливающий силы; освежающий; развлекающий; занимающий

recrement ['rekrımənt] остатки; отбросы

recriminate [rı'krımıneıt] обвинять друг друга; отвечать обвинением

recrimination [rı,krımı'neıʃ(ə)n] взаимное (встречное) обвинение

REC — RED

recriminatory [rɪˈkrɪmɪnət(ə)rɪ] отвечающий обвинением на обвинение

recrudesce [ˌriːkruːˈdes] оживляться; распространяться

recrudescence [ˌriːkruːˈdesns] вторичное появление; возобновление

recruit [rɪˈkruːt] новобранец; призывник; новый член *(партии, общества и т. п.)*; новый участник; новичок; вербовать *(новобранцев, новых членов и т. п.)*; комплектовать *(часть)*; пополнять *(ряды, запасы)*; укреплять *(здоровье)*; нанимать; предоставлять работу; приглашать на работу

recruitment [rɪˈkruːtmənt] набор новобранцев; дополнение; подкрепление; восстановление здоровья; поправка

rect-drive acceleration [ˈrektdraɪvǀækˌseləˈreɪʃən] ускорение на прямой передаче

rectal orifice [ˈrektəlˈɔrɪfɪs] анальное отверстие

rectangle [ˈrekˌtæŋgl] прямоугольник

rectangular [rekˈtæŋgjulə] прямоугольный

rectification [ˌrektɪfɪˈkeɪʃ(ə)n] исправление; поправка; выпрямление *(тока) (электр.)*; ректификация

rectify [ˈrektɪfaɪ] исправлять; поправлять; править

rectilineal [ˌrektɪˈlɪnɪəl] прямой; прямолинейный

rectitude [ˈrektɪtjuːd] честность; прямота; правильность *(суждений)*

recto [ˈrektou] правая *(нечетная)* страница

rector [ˈrektə] ректор; приходский священник; пастор

rectorial [rekˈtɔːrɪəl] ректорский

rectorship [ˈrektəʃɪp] должность *(звание)* ректора

rectory [ˈrekt(ə)rɪ] дом приходского священника, пастора; должность приходского священника

rectoscope [ˈrektəskoup] ректоскоп

rectum [ˈrektəm] прямая кишка

recumbency [rɪˈkʌmbənsɪ] лежачее положение

recumbent [rɪˈkʌmbənt] лежачий; откинувшийся *(на что-либо)*

recuperate [rɪˈkjuːp(ə)reɪt] восстанавливать силы; выздоравливать

recuperation [rɪˌkjuːpəˈreɪʃ(ə)n] восстановление сил; выздоровление

recuperative [rɪˈkjuːp(ə)rətɪv] восстанавливающий силы; укрепляющий

recur [rɪˈkəː] возвращаться *(к чему-либо)*; вновь приходить на ум; снова возникать *(о мысли)*; повторяться; происходить вновь; обращаться, прибегать *(к чему-либо)*

recurrence [rɪˈkʌr(ə)ns] возвращение; повторение; возврат; рецидив

recurrent [rɪˈkʌr(ə)nt] повторяющийся время от времени; периодический

recurve [riːˈkəːv] загибать*(ся)* назад; в обратном направлении

recusancy [ˈrekjuz(ə)nsɪ] неповиновение; неподчинение

recusant [ˈrekjuz(ə)nt] отказывающийся подчиняться законам, власти; нонконформист *(ист.)*

recyclable [riːˈsaɪk(ə)ləbl] повторно использованный

recycle [riːˈsaɪkl] повторно использовать; возвращать в оборот *(отходы производства)*; использовать для другой цели

red [red] красный; алый; багряный; рыжий

red ape [ˈredǀeɪp] орангутанг

red beech tree [ˌredǀˈbiːtʃǀtriː] бук

red bilberry [ˈredǀˈbɪlb(ə)rɪ] брусника

red cabbage [ˈredǀˈkæbɪʤ] краснокочанная капуста

red clover [ˈredǀˈklouvə] клевер луговой

red currant [ˈredǀˈkʌr(ə)nt] красная смородина

red herring [ˈredǀˈherɪŋ] копченая селедка; отвлекающий маневр

red light [ˈredǀˈlaɪt] красный свет

red meat [ˈredǀˈmiːt] черное мясо *(баранина, говядина)*; сырое мясо

red-blooded [ˈredˈblʌdɪd] сильный; храбрый; энергичный; полный событий, захватывающий *(о романе и т. п.)*

red-hot [ˈredˈhɔt] накаленный докрасна; возбужденный; разгоряченный; горячий; пламенный; новейший

red-pencil [ˈredˈpensl] подвергать цензуре; исправлять; поправлять; править

red-tape [ˈredˈteɪp] бюрократизм; волокита; канцелярщина

redact [rɪˈdækt] облекать в литературную форму; редактировать; готовить к печати

redaction [rɪˈdækʃ(ə)n] редактирование; новое *(пересмотренное)* издание; редакция

redactor [rɪˈdæktə] редактор

redbreast [ˈredbrest] малиновка *(орнит.)*

redden [ˈredn] окрашивать*(ся)* в красный цвет; краснеть

reddish [ˈredɪʃ] красноватый

rede [riːd] совет; рассуждение; умозаключение; замысел; план; консультировать; наставлять; советовать; толковать

redeem [rɪˈdiːm] выкупать *(заложенные вещи и т. п.)*; выплачивать *(долг по закладной)*; возмещать; возвращать; выполнять *(обещание и т. п.)*; спасать; избавлять; освобождать

redeemable [rɪˈdiːməbl] подлежащий выкупу, погашению; исправимый *(о недостатке)*; ненадежный

redeemer [rɪˈdiːmə] избавитель; спаситель

redefine [ˈriːdɪˈfaɪn] переопределить
redefinition [ˌriːdefɪˈnɪʃən] переопределение
redemption [rɪˈdempʃ(ə)n] выкуп; возмещение; искупление; освобождение
redemptive [rɪˈdemptɪv] спасительный
redesign [ˈriːdɪˈzaɪn] переконструировать
redevelop [ˈriːdɪˈveləp] перестраивать; преобразовывать
redevelopment [ˈriːdɪˈveləpmənt] перестройка; преобразование
redhead [ˈredhed] рыжеволосый человек
redirect [ˈriːdɪˈrekt] переориентировать(ся)
rediscover [ˈriːdɪsˈkʌvə] снова найти, открыть
redistribution [ˈriːˌdɪstrɪˈbjuːʃ(ə)n] передел; перераспределение
redneck [ˈrednek] неотесанный человек; деревенщина
redness [ˈrednɪs] краснота
redolence [ˈredoul(ə)ns] аромат; благоухание
redolent [ˈredoul(ə)nt] издающий (сильный) запах; ароматный; напоминающий; вызывающий воспоминания (о чем-либо)
redouble [rɪˈdʌbl] возрастать; увеличивать(ся); усугублять(ся); складывать(ся) вдвое
redoubt [rɪˈdaut] редут (воен.)
redoubtable [rɪˈdautəbl] грозный; зловещий; доблестный; отважный; смелый; храбрый
redound [rɪˈdaund] способствовать; содействовать; обернуться против (кого-либо)
redraft [ˈriːˈdrɑːft] переписать, пересоставить (проект, документ)
redress [rɪˈdres] исправление; корректировка; возмещение; удовлетворение; исправлять; поправлять; править; возмещать; компенсировать
redskin [ˈredskɪn] (североамериканский) индеец; краснокожий
redstart [ˈredstɑːt] горихвостка
reduce [rɪˈdjuːs] ослаблять; сокращать; понижать в должности и т. п.; доводить (до какого-либо состояния); сводить, приводить (к чему-либо); уменьшать; снижать (цены); худеть; соблюдать диету; вынуждать; заставлять; побеждать; покорять
to reduce to zero — сводить к нулю
reduced [rɪˈdjuːst] пониженный; уменьшенный; стесненный (об обстоятельствах); покоренный
reduced pressure [rɪˈdjuːstˈpreʃə] пониженное давление
reduced tariff [rɪˈdjuːstˈtærɪf] льготный тариф
reducible [rɪˈdjuːsəbl] допускающий уменьшение, снижение
reducing gear [rɪˈdjuːsɪŋˈɡɪə] редуктор
reducing sleeve [rɪˈdjuːsɪŋˈsliːv] редукционная муфта
reducing valve [rɪˈdjuːsɪŋˈvælv] переходной патрубок
reduction [rɪˈdʌkʃ(ə)n] снижение; понижение; скидка; подавление; покорение
reductive [rɪˈdʌktɪv] сокращенный; упрощенный (книж.)
redundance [rɪˈdʌndəns] чрезмерность; избыток; многословие; сокращение рабочих (служащих); сокращение штатов
redundant [rɪˈdʌndənt] излишний; чрезмерный; многословный
reduplicate [rɪˈdjuːplɪkeɪt] удваивать; повторять; удваивать (грам.)
reduplication [rɪˌdjuːplɪˈkeɪʃ(ə)n] удвоение; дублирование; удвоение (грам.)
reed [rɪd] — *сущ.* [riːd] — *гл.* тростник; камыш; свирель; покрывать (крыши) тростником, соломой
reeded [ˈriːdɪd] заросший тростником; крытый тростником
reedy [ˈriːdɪ] заросший тростником; тростниковый; тонкий, пронзительный (о голосе)
reef [riːf] риф; подводная скала; рудная жила; золотоносный пласт
reefer [ˈriːfə] авторефрижератор
reefy [ˈriːfɪ] опасный из-за множества рифов
reek [riːk] неприятный запах; дымить; куриться; испускать пар, испарения; отдавать (чем-либо дурным)
reeky [ˈriːkɪ] дымящийся; испускающий пар; дымный; закопченный
reel [riːl] рулетка; рулон (кинопленки или кинофильма); бобина; вихрь; наматывать на катушку; разматывать; сматывать (с чего-либо); вертеться; кружиться; чувствовать головокружение; качаться; пошатнуться (от удара, потрясения и т. п.)
reel summary [ˈriːlˈsʌmərɪ] кинообозрение
reel-fed machine [ˈriːlˌfedməˈtʃiːn] рулонная печатная машина
reel-to-reel VTR [ˈriːltəˌriːlˈviːtiːˈɑː] катушечный видеомагнитофон
reeve [riːv] церковный староста; председатель сельского (городского) совета (в Канаде)
refection [rɪˈfekʃ(ə)n] закуска
refer [rɪˈfəː] посылать; направлять; наводить справку; справляться; приписывать (чему-либо); объяснять (чем-либо); иметь отношение; относиться; ссылаться (на кого-либо, на что-либо)
referee [ˌrefəˈriː] третейский судья; арбитр; рефери; судья; первый судья
reference [ˈrefr(ə)ns] ссылка; сноска; справка; упоминание; намек; рекомендация; снабжать (текст) ссылками; справляться
reference mark [ˈrefr(ə)nsˈmɑːk] знак сноски (полигр.)

reference point ['refr(ə)ns|'pɔɪnt] начальная точка отсчета; исходная точка; начало координат

referendum [,refə'rendəm] референдум; всенародный опрос

referral [rɪ'fɜ:rəl] направление *(на работу, к врачу и т. п.)*

refill ['ri:fɪl] — *сущ.* ['ri:'fɪl] — *гл.* добавление; пополнение; наполнять вновь; пополнять*(ся)*

refine [rɪ'faɪn] очищать; рафинировать; усовершенствовать; вдаваться в тонкости
to refine oil — *очищать масло*
to refine plan — *уточнять план*

refined [rɪ'faɪnd] очищенный; рафинированный; улучшенный; усовершенствованный; изощренный; изысканный

refinement [rɪ'faɪnmənt] очищение; рафинирование; улучшение; усовершенствование; утонченность; изящество

refinery [rɪ'faɪnərɪ] очистительный завод

refit ['ri:'fɪt] починка; ремонт; переоборудование; ремонтировать; восстанавливать; устанавливать на прежнее место

reflate [ri:'fleɪt] восстанавливать прежний уровень *(цен и т. п.)*

reflect [rɪ'flekt] отражать; размышлять; раздумывать
to reflect light — *отражать свет*
to reflect on — *бросать тень; подвергать сомнению*

reflectance [rɪ'flektəns] глянец

reflected light [rɪ'flektɪd|'laɪt] отраженный свет; преломленный свет; отсвет; отблеск; след

reflecting barrier [rɪ'flektɪŋ|'bærɪə] отражающий экран

reflection [rɪ'flekʃ(ə)n] отражение; отблеск; отсвет; образ; размышление; обдумывание

reflective [rɪ'flektɪv] отражающий; отражательный; отраженный; интеллектуальный; задумчивый *(о виде)*

reflective stud [rɪ'flektɪv|'stʌd] столб с катафотами

reflector [rɪ'flektə] отражатель

reflector lamp [rɪ'flektə|'læmp] зеркальная лампа

reflectory copy [rɪ'flektərɪ|'kɔpɪ] непрозрачный оригинал

reflex ['ri:fleks] образ; отражение; отсвет; отблеск; рефлекс; рефлекторный; непроизвольный

reflex action ['ri:fleks|'ækʃən] рефлекторное действие

reflex circuit ['ri:fleks|'sɜ:kɪt] рефлекторная дуга

reflex effect ['ri:fleks|ɪ'fekt] рефлекторное действие

reflex movement ['ri:fleks|'mu:vmənt] рефлекторное движение

reflexive [rɪ'fleksɪv] возвратный *(грам.)*

refluent ['refluənt] отливающий

reflux ['ri:flʌks] отлив

reforest ['ri:'fɔrɪst] восстанавливать лесные массивы; насаждать леса

reform ['ri:'fɔ:m] вновь формировать; перестраивать*(ся)*

reform [rɪ'fɔ:m] перестройка; преобразование; реформа; исправление; улучшение; улучшать*(ся)*; реформировать

reformat реформатировать; изменять формат текста или оформление издания

reformation [,refə'meɪʃ(ə)n] изменение; преобразование

reformative [rɪ'fɔ:mətɪv] реформирующий; изменяющий; исправительный

reformatory [rɪ'fɔ:mət(ə)rɪ] исправительное заведение для малолетних преступников; преобразующий; реформирующий

reformed [rɪ'fɔ:md] преобразованный; исправившийся

reformer [rɪ'fɔ:mə] преобразователь; реформатор

reformism [rɪ'fɔ:mɪzəm] реформизм

refraction [rɪ'frækʃ(ə)n] преломление; рефракция *(физ.)*

refractive [rɪ'fræktɪv] преломляющий

refractoriness [rɪ'frækt(ə)rɪnɪs] строптивость; непокорность; огнеупорность *(техн.)*

refractory [rɪ'frækt(ə)rɪ] огнеупорный материал *(техн.)*; настойчивый; упрямый

refractory material [rɪ'frækt(ə)rɪ|mə'tɪərɪəl] жароупорный материал

refrain [rɪ'freɪn] воздерживаться; остерегаться; обуздывать; унимать; припев; рефрен

refrangible [rɪ'frændʒɪbl] преломляемый *(о лучах)*

refresh [rɪ'freʃ] освежать*(ся)*; подкреплять*(ся)*; освежать в памяти; пополнять запасы

refresher [rɪ'freʃə] освежающий напиток; памятка; повторительный курс; повторный

refreshment [rɪ'freʃmənt] подкрепление; восстановление сил; отдых; освежающий напиток

refrigerant [rɪ'frɪdʒər(ə)nt] охлаждающее вещество; охладитель; жаропонижающее средство *(мед.)*; охлаждающий; холодильный

refrigerate [rɪ'frɪdʒəreɪt] охлаждать*(ся)*; замораживать; хранить в холодном месте

refrigerating machinery [rɪ'frɪdʒəreɪtɪŋ|mə'ʃi:nərɪ] холодильное оборудование; холодильная установка

refrigeration [rɪ,frɪdʒə'reɪʃ(ə)n] охлаждение; замораживание

refrigerator [rɪ'frɪdʒəreɪtə] рефрижератор; холодильник; конденсатор

refuge ['refju:dʒ] убежище; островок безопасности *(авт.)*; давать убежище; служить прибежищем; находить убежище

refugee [,refju(:)'dʒi:] беженец; эмигрант

refulgence [rɪˈfʌldʒ(ə)ns] сияние; яркость
refulgent [rɪˈfʌldʒ(ə)nt] сверкающий; сияющий
refund [ˈriːfʌnd] — *сущ.* [riːˈfʌnd] — *гл.* оплата; платеж; уплата; возвращение *(денег)*; возмещение *(расходов)*; возвращать; возмещать; отдавать
refundable [riːˈfʌndəbl] возвращаемый; возмещаемый
refurbish [ˈriːˈfəːbɪʃ] обновлять; освежать
refurbishment [ˈriːˈfəːbɪʃmənt] восстановление; обновление
refusal [rɪˈfjuːz(ə)l] отказ; право первого выбора
refuse [rɪˈfjuːz] — *гл.* [ˈrefjuːs] — *сущ., прил.* отвергать; отказывать; отрицать; вновь плавить; переплавлять(ся); остатки; мусор; выжимки; негодный; никчемный
to refuse flatly — наотрез отказать(ся)
refuse collector [ˈrefjuːs|kəˈlektə] автомобиль для вывозки мусора
refutable [ˈrefjutəbl] опровержимый
refutation [ˌrefju(ː)ˈteɪʃ(ə)n] опровержение; отрицание
refute [rɪˈfjuːt] опровергать; отрицать
regain [rɪˈgeɪn] получить обратно; возвратиться
regal [ˈriːg(ə)l] королевский; царский; величественный
regal bearing [ˈriːg(ə)l|ˈbeərɪŋ] манера держать себя по-королевски
regale [rɪˈgeɪl] пир; угощение; изысканное блюдо; угощать; пировать
regalia [rɪˈgeɪljə] регалии; королевские права и привилегии *(ист.)*; большая сигара хорошего качества
regality [rɪˈgælɪtɪ] королевский суверенитет; королевские привилегии *(ист.)*
regally [ˈriːgəlɪ] по-царски
regard [rɪˈgɑːd] внимание; забота; расположение; уважение; поклон; привет; отношение; связь; принимать во внимание; считаться; рассматривать; относиться
regardful [rɪˈgɑːdful] внимательный; заботливый
regardless [rɪˈgɑːdlɪs] не заслуживающий внимания; невзирая ни на что
regatta [rɪˈgætə] парусные *(гребные)* гонки; регата
regelate [ˈriːdʒəleɪt] смерзаться
regency [ˈriːdʒ(ə)nsɪ] регентство
regenerate [rɪˈdʒenərɪt] — *прил.* [rɪˈdʒenəreɪt] — *гл.* преобразованный; улучшенный; перерождать(ся); возрождать(ся)
regeneration [rɪˌdʒenəˈreɪʃ(ə)n] духовное возрождение; регенерация; восстановление
regenerative [rɪˈdʒenərətɪv] возрождающий; восстанавливающий
regenerative ability [rɪˈdʒenərətɪv|əˈbɪlɪtɪ] регенерационная способность

regent [ˈriːdʒ(ə)nt] регент
reggae [ˈregeɪ] регги
regicide [ˈredʒɪsaɪd] цареубийца; цареубийство
régime [reɪˈʒiːm] режим; власть; строй
regimen [ˈredʒɪmen] правление; система правления; режим; диета; управление *(грам.)*
regiment [ˈredʒɪmənt] полк; формировать полк; сводить в полки; организовывать; распределять по группам
regimental [ˌredʒɪˈmentl] полковой
regimental band [ˌredʒɪˈmentl|ˈbænd] полковой оркестр
regimentals [ˌredʒɪˈmentlz] полковая форма; обмундирование; экипировка
regimentation [ˌredʒɪmenˈteɪʃ(ə)n] распределение по группам, категориям и т. п.; строгая регламентация жизни
region [ˈriːdʒ(ə)n] страна; край; область; регион; район *(страны)*; слой *(атмосферы)*
regional [ˈriːdʒənl] областной; местный; региональный
regional agreement [ˈriːdʒənl|əˈgriːmənt] региональное соглашение
regional commission [ˈriːdʒənl|kəˈmɪʃən] региональная комиссия
regionalism [ˈriːdʒənəlɪzm] деление на районы; ведомственность; местничество; провинциализм *(в речи)*; местное слово *(выражение)*
register [ˈredʒɪstə] журнал *(записей)*; классный журнал; официальный список; реестр; приводка; совмещение; регистрировать; вносить в список; зарегистрироваться; отметиться *(где-либо)*; сдавать на хранение *(багаж)*; запечатлевать(ся)
register mark [ˈredʒɪstəˈmɑːk] регистрационная отметка
registered [ˈredʒɪstəd] зарегистрированный; отмеченный
registered design [ˈredʒɪstəd|dɪˈzaɪn] зарегистрированный промышленный образец
registered letter [ˈredʒɪstəd|ˈletə] заказное письмо
registered partnership [ˈredʒɪstəd|ˈpɑːtnəʃɪp] зарегистрированное товарищество
registrant [ˈredʒɪstrənt] лицо, получившее патент *(на что-либо)*
registration [ˌredʒɪsˈtreɪʃ(ə)n] регистрация; запись
registration fee [ˌredʒɪsˈtreɪʃ(ə)n|ˈfiː] регистрационный взнос
registration number [ˌredʒɪsˈtreɪʃ(ə)n|ˈnʌmbə] регистрационный номер
registry [ˈredʒɪstrɪ] регистратура; регистрация; журнал записей; реестр
registry office [ˈredʒɪstrɪ|ˈɔfɪs] загс
regnal [ˈregn(ə)l] относящийся к царствованию короля

regnant ['regnənt] царствующий; преобладающий; широко распространенный

regorge [ri(:)'gɔ:ʤ] изрыгать; течь обратно

regress ['ri:gres] — *сущ.* — [ri'gres] — *гл.* возвращение; обратное движение; регресс; упадок; двигаться в обратном направлении; возвращаться к отправной точке; регрессировать

regression [ri'greʃ(ə)n] возвращение в прежнее состояние

regressive [ri'gresiv] регрессивный; обратный

regret [ri'gret] сожаление; раскаяние; сожалеть, горевать (*о чем-либо*); раскаиваться

regretful [ri'gretful] полный сожаления; опечаленный; раскаивающийся; полный раскаяния

regrettable [ri'gretəbl] прискорбный

regulable ['regjuləbl] регулируемый

regular ['regjulə] правильный; регулярный; систематический; обычный; очередной; квалифицированный; профессиональный; постоянный; регулярные войска; постоянный посетитель, клиент (*разг.*)

regular army ['regjulə'a:mi] регулярная армия; постоянная армия

regular beat ['regjulə'bi:t] правильный ритм

regular customer ['regjulə'kʌstəmə] постоянный покупатель

regular due ['regjulə'dju:] членский взнос

regular meeting ['regjulə'mi:tiŋ] очередное собрание

regular staff ['regjulə'sta:f] основной штат

regularity [,regju'læriti] закономерность; правильность; беспрерывность; непрерывность; порядок; система

regularize ['regjuləraiz] делать правильным; упорядочивать

regularly-spaced distribution ['regjuləli'speist,distri'bju:ʃən] равномерное распределение

regulate ['regjuleit] упорядочивать; приспосабливать (*к требованиям, условиям*); соразмерять; регулировать (*механизм и т. п.*); настраивать

regulating automatically ['regjuleitiŋ,ɔ:tə'mætikəli] автоматически регулирующийся

regulating lever ['regjuleitiŋ'li:və] регулировочный рычаг

regulating valve ['regjuleitiŋ'vælv] регулирующий клапан

regulation [,regju'leiʃ(ə)n] регулирование; приведение в порядок; директива; правило; предписание; выверка

regulative ['regjulətiv] регулирующий

regulator ['regjuleitə] регулировщик

regulator of temperature ['regjuleitər|əv|'tempritʃə] термостат

regurgitate [ri'gɜ:ʤiteit] хлынуть обратно; извергать(ся); изрыгать

rehabilitate [,ri:ə'biliteit] реабилитировать; восстанавливать в правах; ремонтировать; возрождать

rehabilitation ['ri:ə,bili'teiʃ(ə)n] реабилитация; оправдание; ремонт; возрождение

rehearsal [ri'hɜ:s(ə)l] репетиция; повторение; перечисление; пересказ

rehearse [ri'hɜ:s] репетировать; повторять; перечислять; излагать; пересказывать

reheat ['ri:'hi:t] подогревать

reify ['ri:ifai] материализовать; превращать в нечто конкретное

reign [rein] царствование; владычество; власть; царствовать; властвовать; господствовать

reimburse [,ri:im'bɜ:s] возвращать; возмещать; покрывать (*сумму*)

reimbursement [,ri:im'bɜ:smənt] возмещение; компенсация

reimbursement of national income taxation [,ri:im'bɜ:smənt|əv|'næʃənl|'inkəm|tæk'seiʃən] возмещение национального подоходного налога

reimbursement of outlay [,ri:im'bɜ:smənt|əv|'autlei] возмещение расходов

reimport [ri:'impɔ:t] реимпорт (*фин.*)

rein [rein] поводья; вожжа; сдерживающее средство; контроль; править, управлять вожжами; сдерживать

reincarnate [ri:'inka:neit] — *гл.* ['ri:in'ka:nit] — *прил.* перевоплощать; воплощать снова; перевоплощенный

reincarnation ['ri:inka:'neiʃ(ə)n] перевоплощение

reindeer ['reindiə] северный олень; олений

reindeer lichen ['reindiə'laiken] олений мох

reinforce [,ri:in'fɔ:s] усиливать; подкреплять; укреплять

reinforced concrete [,ri:in'fɔ:st|'kɔnkri:t] железобетон

reinforcement [,ri:in'fɔ:smənt] арматура; укрепление; упрочение; усиление; подкрепление

reinless ['reinlis] без вожжей; без поводьев; без контроля; без управления

reins [reinz] почки; поясница

reinstate ['ri:in'steit] восстанавливать в прежнем положении, в правах; восстанавливать (*порядок, здоровье*); поправлять (*здоровье*)

reinstatement ['ri:in'steitmənt] восстановление

reinsurance ['ri:in'ʃuər(ə)ns] перестрахование; вторичная страховка

reinsure ['ri:in'ʃuə] перестраховывать; вторично страховать

reinterment ['ri:ɪn'tə:mənt] вторичное захоронение; перенос останков на новое место захоронения

reissue ['ri:'ɪsju:] оттиск; переиздание; перепечатка; переиздавать

reiterate [ri:'ɪtəreɪt] повторять; делать снова и снова

reiteration [ri:,ɪtə'reɪʃ(ə)n] повторение (многократное); повторяемость

reiterative [ri:'ɪt(ə)rətɪv] повторяющийся

reiver (reaver) ['ri:və] вор; грабитель; похититель

reject ['ri:dʒekt] — сущ. [rɪ'dʒekt] — гл. бракованное изделие; отвергать; отказывать; браковать

rejectee [,rɪdʒek'ti:] негодный к военной службе

rejection [rɪ'dʒekʃ(ə)n] отказ; непринятие; отклонение; отсортировка; бракераж; браковка; извержение

rejection limit [rɪ'dʒekʃ(ə)n'lɪmɪt] критическая граница

rejector [rɪ'dʒektə] отражатель (техн.)

rejig ['ri:'dʒɪg] переделать; преобразовать

rejoice [rɪ'dʒɔɪs] радовать(ся); веселиться; праздновать (событие); обладать (чем-либо)

rejoicingly [rɪ'dʒɔɪsɪŋlɪ] радостно; с радостью; весело

rejoin ['ri:'dʒɔɪn] снова соединять(ся); воссоединять(ся); возвращаться к; включиться; подключиться

rejoinder [rɪ'dʒɔɪndə] возражение; ответ

rejuvenate [rɪ'dʒu:vɪneɪt] омолаживать(ся)

rejuvenation [rɪ,dʒu:vɪ'neɪʃ(ə)n] омоложение; восстановление сил

rejuvenescent [,ri:dʒu:vɪ'nesnt] молодеющий; придающий жизненную силу, живость

rekindle ['ri:'kɪndl] зажечь; разжечь

relapse [rɪ'læps] повторение; рецидив; (снова) впадать (в какое-либо состояние)

relapsed criminal [rɪ'læpst'krɪmɪnl] рецидивист

relate [rɪ'leɪt] рассказывать; устанавливать связь; определять соотношение (между чем-либо); устанавливать личный контакт (с кем-либо); относиться; иметь отношение; состоять в родстве

related [rɪ'leɪtɪd] связанный; соединенный; аналогичный; родственный; сходный

related by blood [rɪ'leɪtɪd baɪ'blʌd] кровные родственники

relation [rɪ'leɪʃ(ə)n] отношение; зависимость; связь; повествование; изложение; родственник; родственница; родство

relational [rɪ'leɪʃənl] относительный; соответственный; родственный

relationship [rɪ'leɪʃ(ə)nʃɪp] родство; отношение; взаимоотношение

relative ['relətɪv] родственник; родственница; относительный; соответственный; сравнительный

relative equilibrium ['relətɪv,i:kwɪ'lɪbrɪəm] относительное равновесие

relative error ['relətɪv'erə] относительная ошибка

relative humidity ['relətɪv hju(:)'mɪdɪtɪ] относительная влажность

relatively ['relətɪvlɪ] относительно; по поводу; сравнительно; соответственно

relativity [,relə'tɪvɪtɪ] относительность; условность; теория относительности

relax [rɪ'læks] ослаблять(ся); расслаблять(ся); делать передышку; отдыхать; смягчать(ся); делать(ся) менее строгим

relaxation [,ri:læk'seɪʃ(ə)n] ослабление; передышка; развлечение; смягчение

relaxing [rɪ'læksɪŋ] расслабляющий; смягчающий

relay [rɪ'leɪ] смена (рабочих); эстафета (спорт)

relay ['ri:leɪ] переключатель; реле; сменять; обеспечивать смену; передавать (дальше)

relay actuator ['ri:leɪ'æktjueɪtə] реле

relay-race ['ri:leɪ'reɪs] эстафетный бег; эстафетная гонка

release [rɪ'li:s] освобождение; избавление; облегчение; выпуск фильма (на экран); избавлять; освобождать

release bearing [rɪ'li:s'beərɪŋ] выжимной подшипник

release case [rɪ'li:s'keɪs] лицо, подлежащее освобождению из-под стражи

release clause [rɪ'li:s'klɔ:z] условие об освобождении от обязательств

release date [rɪ'li:s'deɪt] дата выпуска

release lever [rɪ'li:s'li:və] рычаг выключения

released neutron [rɪ'li:st'nju:trɔn] высвободившийся нейтрон

relegate ['relɪgeɪt] направлять; отсылать; классифицировать; переводить в низшую категорию

relegation [,relɪ'geɪʃ(ə)n] высылка; депортация; перевод в низшую категорию

relent [rɪ'lent] смягчаться

relentless [rɪ'lentlɪs] безжалостный; жестокий; непреклонный; неослабевающий; неустанный; непрекращающийся

relevance ['relɪvəns] правомерность; уместность

relevancy ['relɪvənsɪ] правомерность; уместность

relevant ['relɪvənt] уместный; относящийся к делу

reliability [rɪ,laɪə'bɪlɪtɪ] надежность; прочность; аутентичность; достоверность

reliability analysis [rɪ,laɪə'bɪlɪtɪ ə'næləsɪs] анализ надежности

reliable [rɪ'laɪəbl] безопасный; надежный; прочный; заслуживающий доверия; достоверный

reliable data [rɪˈlaɪəbl ˈdeɪtə] надежная информация

reliance [rɪˈlaɪəns] доверие; уверенность; надежда; опора; поддержка

reliant [rɪˈlaɪənt] уверенный; самонадеянный; самоуверенный

relic [ˈrelɪk] след; остаток; пережиток; мощи; реликвии; сувенир

relict [ˈrelɪkt] реликтовый

reliction [rɪˈlɪkʃ(ə)n] медленное и постепенное отступание воды с образованием суши; земля, обнаженная отступившим морем

relief [rɪˈliːf] облегчение; помощь; утешение; пособие по безработице; подкрепление; рельеф (изображение); рельефность; контраст; четкость; рельефный

relief cut [rɪˈliːf kʌt] сокращение пособий

relief port [rɪˈliːf pɔːt] сливное отверстие

relief valve [rɪˈliːf vælv] предохранительный клапан

relief-works [rɪˈliːfwɜːks] общественные работы для безработных

reliefer [rɪˈliːfə] получающий пособие

relieve [rɪˈliːv] облегчать; уменьшать; ослаблять (напряжение); освобождать (от чего-либо); успокаивать; оказывать помощь; выручать

to relieve guard — сменять караул

relight [ˈriːˈlaɪt] снова зажечь; снова загореться

religion [rɪˈlɪdʒ(ə)n] вероисповедание; религия; монашество; культ; святыня

religioner [rɪˈlɪdʒ(ə)nə] религиозный человек; монах

religiosity [rɪˌlɪdʒɪˈɔsɪtɪ] религиозность

religious [rɪˈlɪdʒəs] культовый; религиозный; церковный; верующий; набожный; монашеский; добросовестный; тщательный; благоговейный

religious animosity [rɪˈlɪdʒəs ˌænɪˈmɔsɪtɪ] религиозная вражда

religious belief [rɪˈlɪdʒəs bɪˈliːf] религиозная вера

religious bigot [rɪˈlɪdʒəs ˈbɪɡət] религиозный фанатик

religious liberty [rɪˈlɪdʒəs ˈlɪbətɪ] свобода вероисповедания

religious test [rɪˈlɪdʒəs test] установление вероисповедания

religiousness [rɪˈlɪdʒəsnɪs] религиозность

relinquish [rɪˈlɪŋkwɪʃ] сдавать, оставлять (территорию и т. п.); оставлять (надежду); бросать (привычку); облегчать; ослаблять

relish [ˈrelɪʃ] привкус; запах; приправа; соус; гарнир; привлекательность; пристрастие, склонность (к чему-либо); небольшое количество; получать удовольствие (от чего-либо); наслаждаться; смаковать

relive [ˈriːˈlɪv] снова вернуться к жизни; возродиться; оживить в памяти; снова, вновь пережить

reload [ˈriːˈloud] перегружать; нагружать снова; перезаряжать

relocate [ˈriːlouˈkeɪt] перемещать; переселять; переехать

reluctance [rɪˈlʌktəns] недружелюбие; нерасположение

reluctant [rɪˈlʌktənt] неохотный; вынужденный (о согласии и т. п.); упорный; не поддающийся

rely [rɪˈlaɪ] полагаться; надеяться; доверять; зависеть (от чего-либо)

remain [rɪˈmeɪn] оставаться; пребывать на прежнем месте; оставаться в каком-либо состоянии

remainder [rɪˈmeɪndə] разница; разность; результат; остаток; остатки тиража; распродавать остатки по дешевой цене; остающийся

remaining stock [rɪˈmeɪnɪŋ stɔk] сохранившийся запас

remains [rɪˈmeɪnz] остаток; остатки; останки; прах; посмертные произведения

remake [ˈriːˈmeɪk] переделывать; делать заново; переделка; переделывание

reman [ˈriːˈmæn] укомплектовывать личным составом; подбодрять; вселять мужество

remand [rɪˈmɑːnd] арестованный (юр.); оставленный под стражей (для продолжения следствия); отчислять (воен.)

remand home [rɪˈmɑːnd houm] дом предварительного заключения для малолетних преступников

remark [rɪˈmɑːk] замечание; наблюдение; примечание; пометка; замечать; наблюдать; обнаруживать; делать замечание; высказываться

remarkable [rɪˈmɑːkəbl] замечательный; поразительный; выдающийся; известный

remarkably [rɪˈmɑːkəblɪ] замечательно; удивительно; в высшей степени

remarriage [ˈriːˈmærɪdʒ] вступление в новый брак

remarry [ˈriːˈmærɪ] вступить в новый брак

remaster [ˈriːˈmɑːstə] обновить (фильм, музыкальную запись и т.д.)

rematch [ˈriːmætʃ] переигровка (спорт.)

remediable [rɪˈmiːdjəbl] излечимый; поправимый

remedial [rɪˈmiːdjəl] лечебный; исправляющий; исправительный; корректирующий

remedial measures [rɪˈmiːdjəl ˈmeʒəz] меры предосторожности

remedy [ˈremɪdɪ] средство от болезни; лекарство; средство, мера (против чего-либо); исправлять; поправлять

remedyless [ˈremɪdɪlɪs] закоренелый; неизлечимый

remember [rɪˈmembə] помнить; хранить в памяти; вспоминать; припоминать; передавать привет; дарить; завещать; давать на чай

remembrance [rɪˈmembr(ə)ns] воспоминание; память; сувенир; подарок на память

remind [ˈrɪmaɪnd] быть похожим; напоминать

reminder [rɪˈmaɪndə] напоминание

remindful [rɪˈmaɪndful] напоминающий; вызывающий воспоминания

reminisce [ˌremɪˈnɪs] предаваться воспоминаниям; вспоминать прошлое

reminiscence [ˌremɪˈnɪsns] воспоминание; черта, напоминающая что-либо; воспоминания; мемуары; реминисценция

reminiscent [ˌremɪˈnɪsnt] вспоминающий; склонный к воспоминаниям; напоминающий; вызывающий воспоминания

remiss [rɪˈmɪs] невнимательный; небрежный; бездеятельный; вялый; слабый

remissible [rɪˈmɪsɪbl] дозволенный; допустимый

remission [rɪˈmɪʃ(ə)n] прощение, отпущение *(грехов)*; освобождение от уплаты, от наказания; отмена или смягчение *(приговора)*; уменьшение, ослабление *(боли)*

remissive [rɪˈmɪsɪv] освобождающий; прощающий; ослабляющий; уменьшающий

remit [rɪˈmɪt] прощать, отпускать *(грехи)*; воздерживаться *(от наказания, взыскания долга)*; посылать по почте *(деньги)*

remittance [rɪˈmɪt(ə)ns] пересылка; денежный перевод

remittee [ˌremɪˈtiː] получатель денежного перевода; получатель денег по аттестату

remittent [rɪˈmɪtənt] перемежающийся; малярия

remix [ˈriːmɪks] новая аранжировка музыкального произведения; аранжировать музыкальное произведение

remnant [ˈremnənt] обрезки; остаток; отметина; пережиток

remodel [ˈriːmɔdl] переделывать; менять

remonstrance [rɪˈmɔnstr(ə)ns] протест; возражение; увещевание; уговоры

remonstrant [rɪˈmɔnstr(ə)nt] возражающий; протестующий

remonstrate [rɪˈmɔnstreɪt] протестовать; возражать; убеждать, увещевать *(кого-либо)*

remorse [rɪˈmɔːs] угрызение совести; раскаяние; жалость; сострадание

remorseful [rɪˈmɔːsful] полный раскаяния; полный сожаления

remorseless [rɪˈmɔːslɪs] безжалостный; беспощадный; не испытывающий раскаяния

remote [rɪˈmout] дальний, отдаленный *(во времени и пространстве)*; небольшой; незначительный

remote control [rɪˈmout kənˈtroul] дистанционное управление

remote effect [rɪˈmoutɪˈfekt] следствие

remote threat [rɪˈmoutˈθret] отдаленная угроза

remote-control manipulator [rɪˈmoutkənˌtroul məˈnɪpjuleɪtə] манипулятор с дистанционным управлением

remotely [rɪˈmoutlɪ] удаленно; нисколько; ничуть

remoteness [rɪˈmoutnɪs] давность

remould [ˈriːmould] изменять; переопределять

remount [riːˈmaunt] — *гл.* [ˈriːmaunt] — *сущ.* снова всходить; подниматься *(по лестнице и т. п.)*; восходить *(к более раннему периоду)*; ремонтировать; запасная лошадь

removability [rɪˌmuːvəˈbɪlɪtɪ] сменяемость; перемещаемость

removable [rɪˈmuːvəbl] передвигаемый; подвижной; съемный; устранимый; сменяемый; сменный; монтируемый

removal [rɪˈmuːv(ə)l] перемещение; переезд; смещение; устранение

removal-van [rɪˈmuːv(ə)lvæn] фургон для перевозки мебели

remove [rɪˈmuːv] ступень; шаг; степень отдаления; поколение; следующее блюдо *(за обедом)*; передвигать; перемещать; убирать; уносить; снимать

to remove parentheses — *раскрывать скобки*

removed [rɪˈmuːvd] отдаленный; дальний; несвязанный; убранный

remover [rɪˈmuːvə] пятновыводитель

remunerate [rɪˈmjuːnəreɪt] вознаграждать; удостаивать; компенсировать

remuneration [rɪˌmjuːnəˈreɪʃ(ə)n] вознаграждение; оплата

remunerative [rɪˈmjuːn(ə)rətɪv] вознаграждающий; хорошо оплачиваемый; выгодный

remunerative price [rɪˈmjuːn(ə)rətɪvˈpraɪs] выгодная цена

renaissance [rəˈneɪs(ə)ns] эпоха Возрождения; Ренессанс; возрождение; оживление *(искусства и т. п.)*

renal [ˈriːn(ə)l] почечный

renal duct [ˈriːn(ə)lˈdʌkt] мочеточник

rename [ˈriːˈneɪm] дать новое имя; переименовать

renascense [rɪˈnæsns] возобновление; возрождение

renascent [rɪˈnæsnt] возрождающийся

rencontre (rencounter) [rɔŋˈkɔntrə] дуэль; столкновение; случайная встреча; случайное столкновение

rencounter [renˈkauntə] встречаться враждебно; случайно сталкиваться

rend [rend] отрывать; отдирать; раздирать; разрывать; рвать; дробить; раскалывать; расщеплять

render ['rendə] оплата; плата; воздавать; отдавать; платить; оказывать *(помощь и т. п.)*; представлять; приводить в какое-либо состояние; переводить *(на другой язык)*; сдавать(ся)

to render aid — *оказывать помощь*

to render delicate — *изнеживать; баловать*

rendering ['rend(ə)rɪŋ] перевод; передача, исполнение *(образа произведения)*; оказание *(услуги, помощи и т. п.)*

rendezvous ['rɔndɪvuː] свидание; место свидания; место встреч

rendition [ren'dɪʃən] воспроизведение

renegade ['renɪɡeɪd] ренегат; изменник; вероломный; изменнический

renege [rɪ'niːɡ] изменять своему слову

renew [rɪ'njuː] обновлять; реставрировать; повторять; возобновлять

to renew a lease — *возобновить аренду*

renewable [rɪ'njuːəbl] восстановимый; возобновляемый *(о природных ресурсах и т. п.)*

renewal [rɪ'njuː(ː)əl] возрождение; возобновление *(подписки)*; восстановление; возвращение; повторение; обновление

renewal of lease [rɪ'njuː(ː)əl|əv|'liːs] возобновление аренды

renounce [rɪ'nauns] отказываться; отрекаться *(от друзей)*

renouncement [rɪ'naunsmənt] отказ; отклонение; отречение

renovate ['renouveɪt] возрождать; восстанавливать; обновлять; восстанавливать *(силы)*

renovation [,renou'veɪʃ(ə)n] восстановление; реконструкция; обновление

renovator ['renouveɪtə] восстановитель; реставратор

renown [rɪ'naun] известность; популярность; слава

renowned [rɪ'naund] знаменитый; известный; прославленный

rent [rent] дыра; прореха; щель; разрыв *(в облаках)*; расселина; трещина; несогласие; расхождение *(во взглядах)*; арендная плата; рента; брать в аренду, внаем; сдавать в аренду

rent-free ['rent'friː] освобожденный от арендной *(квартирной)* платы

rent-roll ['rentroul] список земель и доходов от их аренды; доход, получаемый от сдачи в аренду

rentable ['rentəbl] сдающийся в аренду; рентабельный

rental ['rentl] сумма арендной платы; рентный доход

renter ['rentə] съемщик; арендатор; жилец; квартирант

rentier ['rɔntɪeɪ] рантье

renumber ['riːnʌmbə] перенумеровать

renunciation [rɪ,nʌnsɪ'eɪʃ(ə)n] *(само)*отречение; отказ

renunciatory [rɪ'nʌnsɪətəɪrɪ] содержащий отказ, уступку, отречение

reopen ['riːˈoup(ə)n] открывать(ся) вновь; возобновить; начать снова

reorder ['riːˈɔːdə] повторный заказ; делать повторный заказ

reorganization ['riːˌɔːɡənaɪ'zeɪʃ(ə)n] перестройка; реорганизация; реформа

reorganize ['riːˈɔːɡənaɪz] изменять; обновлять; преобразовывать

repair [rɪ'pɛə] ремонт; починка; восстановление; годность; исправность; запасной; ремонтировать; чинить; воспроизводить; восстанавливать; возмещать; выплачивать; направляться; отправляться; посещать; навещать; прибегать

to repair loss — *возмещать убыток*

repair depot [rɪ'pɛə|'depou] ремонтная база

repair directions [rɪ'pɛə|dɪ'rekʃənz] инструкция по устранению неисправностей

repair part [rɪ'pɛə|'paːt] запасная часть

repair pit [rɪ'pɛə|pɪt] смотровая канава

repair shop [rɪ'pɛə|ʃɔp] ремонтная мастерская

repair tools [rɪ'pɛə|'tuːlz] ремонтные инструменты

repair-man [rɪ'pɛəmæn] ремонтный мастер; ремонтный рабочий

repairable [rɪ'pɛərəbl] поддающийся ремонту

repairable defect [rɪ'pɛərəbl|dɪ'fekt] устранимый дефект

reparable ['rep(ə)rəbl] поправимый

reparation [,repə'reɪʃ(ə)n] возмещение; компенсация

repartee [,repaː'tiː] остроумный ответ; находчивость; остроумие

repast [rɪ'paːst] еда *(обед, ужин и т. п.)*; трапеза; пиршество

repatriable [riː'pætrɪəbl] подлежащий репатриации

repatriate [riː'pætrɪeɪt] репатриант; возвращать(ся) на родину; репатриировать(ся)

repatriation ['riːpætrɪ'eɪʃ(ə)n] возвращение на родину; репатриация

repay [riː'peɪ] отдавать, возвращать долг; отплачивать; вознаграждать; возмещать *(ущерб, расходы)*; компенсировать

repayable [riː'peɪəbl] подлежащий уплате, возмещению

repayment [riː'peɪmənt] оплата; уплата; возмещение; вознаграждение

repeal [rɪ'pi:l] аннулирование; отмена *(закона и т. п.)*; аннулировать; отменять *(закон)*

repeat [rɪ'pi:t] повторение; исполнение на бис; повторять; говорить наизусть; передавать; рассказывать

repeated [rɪ'pi:tɪd] повторный; вторичный; частый

repeatedly [rɪ'pi:tɪdlɪ] повторно; несколько раз; неоднократно

repeater [rɪ'pi:tə] ретранслятор

repeating rifle [rɪ'pi:tɪŋ'raɪfl] магазинная винтовка

repel [rɪ'pel] отгонять; отбрасывать; отражать; отвергать; отклонять; вызывать отвращение, неприязнь

repellent [rɪ'pelənt] репеллент; средство, отпугивающее насекомых; вызывающий отвращение; возмутительный

repent ['ri:pənt] — *прил.* [rɪ'pent] — *гл.* ползучий *(бот.)*; пресмыкающийся *(зоол.)*; раскаиваться; сокрушаться

repentance [rɪ'pentəns] покаяние; раскаяние; сожаление

repentant [rɪ'pentənt] раскаивающийся; выражающий раскаяние

repercussion [,ri:pə'kʌʃ(ə)n] отдача *(после удара)*; отзвук; след; эхо

repertoire ['repətwa:] репертуар

repertory ['repət(ə)rɪ] склад; хранилище

repetition [,repɪ'tɪʃ(ə)n] возвращение; повторение; повторение наизусть; заучивание наизусть; двойник; дубликат; копия

repetitious [,repɪ'tɪʃəs] смолистый; многословный

repetitive [rɪ'petɪtɪv] без конца повторяющийся; скучный

rephrase ['ri:'freɪz] перефразировать

repine [rɪ'paɪn] роптать; жаловаться

replace [rɪ'pleɪs] ставить или класть обратно на место; вернуть; восстановить; заменять; замещать

replaceable [rɪ'pleɪsəbl] заменимый; замещаемый

replacement [rɪ'pleɪsmənt] замена; замещение; подстановка

replacement part [rɪ'pleɪsmənt'pa:t] сменная деталь

replant ['ri:'pla:nt] пересаживать *(растение)*; снова засаживать *(растениями)*

replay ['ri:'pleɪ] переигрывать *(матч и т. п.)*

replenish [rɪ'plenɪʃ] снова наполнять; пополнять

replenishment [rɪ'plenɪʃmənt] повторное наполнение; пополнение

replete [rɪ'pli:t] наполненный; насыщенный; хорошо обеспеченный *(снабженный) (чем-либо)*

repletion [rɪ'pli:ʃ(ə)n] переполнение; пресыщение

replica ['replɪkə] реплика; дубликат; точная копия; репродукция

replicate ['replɪkeɪt] повторять; тиражировать

replication [,replɪ'keɪʃ(ə)n] возражение; ответ; калькирование; копирование; размножение

reply [rɪ'plaɪ] ответ; отклик; реакция; отвечать; отзываться; реагировать

report [rɪ'pɔ:t] отчет; доклад; сообщение; молва; слух; репутация; слава; табель успеваемости; звук взрыва, выстрела; сообщать; описывать; рассказывать; делать официальное сообщение; докладывать; представлять отчет; являться; составлять; давать отчет *(для прессы)*; давать репортаж; жаловаться на; выставлять обвинение

reportage [,repɔ:'ta:ʒ] репортаж

reported [rɪ'pɔ:tɪd] сообщенный; переданный; доложенный

reported speech [rɪ'pɔ:tɪd'spi:tʃ] косвенная речь *(грам.)*

reportedly [rɪ'pɔ:tɪdlɪ] по сообщениям; как сообщают

reporter [rɪ'pɔ:tə] докладчик; репортер; обозреватель

reporting day [rɪ'pɔ:tɪŋ'deɪ] день подачи извещения

reposal [rɪ'pouzl] надежды; упование; отдохновение; отдых

repose [rɪ'pouz] полагаться *(на кого-либо, что-либо)*; наделять *(кого-либо чем-либо)*; вручать полномочия *(кому-либо)*; отдых; передышка; сон; покой; давать отдых; класть; лежать; покоиться; останавливаться; задерживаться *(о памяти, воспоминаниях)* на чем-либо; основываться; держаться

reposeful [rɪ'pouzful] успокоительный; невозмутимый; спокойный; тихий

repository [rɪ'pɔzɪt(ə)rɪ] хранилище; база; склад; склеп

repossess ['ri:pə'zes] снова вступать во владение *(чем-либо)*; изымать за неплатеж *(вещь, взятую в кредит или напрокат)*

repossession [,ri:pə'zeʃn] повторное вступление во владение

repot ['ri:'pɔt] пересаживать в другой горшок *(растение)*

repoussé [rə'pu:seɪ] штампованное изделие; барельеф на металле; рельефный

reprehend [,reprɪ'hend] делать выговор; порицать

reprehensible [,reprɪ'hensəbl] достойный порицания; предосудительный

reprehension [,reprɪ'henʃ(ə)n] порицание; осуждение; неодобрение

represent [,reprɪ'zent] изображать, представлять в определенном свете; выдавать *(за кого-либо)*; олицетворять; означать; исполнять *(роль)*; быть представителем какого-либо лица или организации; излагать; формулировать; объяснять

representation [ˌreprɪzenˈteɪʃ(ə)n] изображение; воссоздание; театральное представление; заявление; утверждение; представительство; апелляция; опротестование; протест

representative [ˌreprɪˈzentətɪv] представитель; делегат; образец; представляющий; характерный; уполномоченный; показательный; типичный; символизирующий

repress [rɪˈpres] подавлять *(восстание и т. п.)*; наказывать; репрессировать; сдерживать *(слезы и т. п.)*

repressed wish [rɪˈprestˈwɪʃ] подавляемое желание

represser [rɪˈpresə] деспот; угнетатель; усмиритель

repression [rɪˈpreʃ(ə)n] подавление; усмирение; наказание; репрессия; сдерживание *(чувств)*

repressive [rɪˈpresɪv] репрессивный

reprieve [rɪˈpriːv] передышка; временное облегчение

reprimand [ˈreprɪmɑːnd] внушение; выговор; замечание; делать, объявлять выговор

to be reprimanded — получить взыскание

reprint [ˈriːˈprɪnt] повторный тираж; переиздание; перепечатка; отдельный оттиск *(статьи и т. п.)*; переиздавать; перепечатывать; допечатка

reprise [rɪˈpriːz] реприза *(муз.)*; повторять *(песню и т.д.)*

repro [ˈreprou] репродукция; эстамп; копия

repro paper [ˈreprouˈpeɪpə] мелованная бумага для высококачественных пробных оттисков иллюстраций

reproach [rɪˈproutʃ] упрек; обвинение; укор; позор; бесчестье; срам; бранить; критиковать; упрекать

reproachful [rɪˈproutʃful] укоризненный; недостойный; позорный; постыдный

reproachfully [rɪˈproutʃfulɪ] укоризненно

reprobate [ˈreproubeɪt] распутник; негодяй; подлец; безнравственный; распутный; низкий; подлый; бичевать; осуждать

reprobation [ˌreprouˈbeɪʃ(ə)n] порицание; неодобрение

reproduce [ˌriːprəˈdjuːs] воспроизводить; возобновлять постановку *(спектакля)*; делать копию; порождать; производить; возрождать; восстанавливать

reproducer [ˌriːprəˈdjuːsə] воспроизводитель; громкоговоритель; репродуктор; воспроизводящее устройство

reproducible [ˌriːpeəˈdjuːsəbl] воспроизводимый

reproduction [ˌriːprəˈdʌkʃ(ə)n] воспроизведение; размножение; дубликат; копия

reproduction fee [ˌriːprəˈdʌkʃ(ə)nˈfiː] плата за разрешение на воспроизведение

reproduction quality [ˌriːprəˈdʌkʃ(ə)nˈkwɔlɪtɪ] качество воспроизведения

reproduction rights [ˌriːprəˈdʌkʃ(ə)nˈraɪts] права на воспроизведение *(иллюстраций или текста)*

reproductive [ˌriːprəˈdʌktɪv] воспроизводительный

reproof [rɪˈpruːf] порицание; выговор; упрек

reprove [rɪˈpruːv] порицать; делать выговор

reptile [ˈreptaɪl] пресмыкающееся; рептилия; подлый человек; подхалим; пресмыкающийся; низкий; продажный

reptilian [repˈtɪlɪən] пресмыкающееся; рептилия; относящийся к рептилиям; подобный рептилиям; низкий; подлый

republic [rɪˈpʌblɪk] республика; группа людей с общими интересами

republican [rɪˈpʌblɪkən] республиканский; республиканец *(полит.)*

republicanism [rɪˈpʌblɪkənɪzm] республиканство; республиканский дух; республиканская система правления

repudiate [rɪˈpjuːdɪeɪt] отрекаться от *(чего-либо)*; отвергать; не признавать *(теорию и т. п.)*; отказываться от уплаты долга, от обязательства

repudiation [rɪˌpjuːdɪˈeɪʃ(ə)n] отрицание; отречение *(от чего-либо)*

repugnance [rɪˈpʌgnəns] отвращение; антипатия; противоречие; несовместимость

repugnant [rɪˈpʌgnənt] противный; отвратительный; несовместимый; противоречащий

repugnatorial fluid [rɪˌpʌgnəˈtɔːrɪəlˈfluː(ː)ɪd] отпугивающая жидкость

repulse [rɪˈpʌls] отпор; противодействие; сопротивление; отказ; отклонение; отражать *(атаку)*; разбивать *(противника)*

repulsion [rɪˈpʌlʃ(ə)n] антипатия; недружелюбие; отвращение

repulsive [rɪˈpʌlsɪv] омерзительный; отталкивающий; отражающий; отвергающий

reputable [ˈrepjutəbl] почтенный; достойный уважения

reputation [ˌrepju(ː)ˈteɪʃ(ə)n] репутация; слава; доброе имя

repute [rɪˈpjuːt] общее мнение; репутация; полагать; считать

reputed [rɪˈpjuːtɪd] имеющий хорошую репутацию; известный; считающийся *(кем-либо)*; предполагаемый

request [rɪˈkwest] просьба; требование; запрос; заявка; просить *(позволения и т. п.)*; запрашивать; требовать

requiem [ˈrekwɪem] реквием

require [rɪ'kwaɪə] командовать; приказывать; распоряжаться; нуждаться (*в чем-либо*); требовать (*чего-либо*)

required [rɪ'kwaɪəd] необходимый; искомый

requirement [rɪ'kwaɪəmənt] требование; необходимое условие; потребность

requisite ['rekwɪzɪt] то, что необходимо; все необходимое; необходимый; нужный; требуемый

requisite majority ['rekwɪzɪt|mə'dʒɒrɪtɪ] требуемое большинство

requisition [ˌrekwɪ'zɪʃ(ə)n] официальное предписание; требование; заявление; заявка; спрос; условие; изымать; конфисковать; реквизировать

requital [rɪ'kwaɪtl] воздаяние; вознаграждение; возмездие; кара; расплата

requite [rɪ'kwaɪt] отплачивать; вознаграждать; отомстить; отплатить

reschedule ['riː'ʃedjuːl] перепланировать; назначить на другое число

rescission [rɪ'sɪʒ(ə)n] отмена; уничтожение

rescissory action [rɪ'sɪsərɪ|'ækʃən] иск о расторжении

rescript ['riːskrɪpt] рескрипт

rescue ['reskjuː] спасение; избавление; освобождение; спасательный; выручать; избавлять; спасать; беречь; экономить (*время, деньги, труд, силы и т. п.*)

rescue facilities ['reskjuː|fə'sɪlɪtɪz] спасательные средства

rescue party ['reskjuː'paːtɪ] спасательная экспедиция

rescuer ['reskjuə] избавитель; спаситель

research [rɪ'səːtʃ] (*научное*) исследование; исследовательская работа; тщательные поиски; исследовательский; исследовать; заниматься исследованиями

research activity [rɪ'səːtʃ|æk'tɪvɪtɪ] научно-исследовательская работа

research collection [rɪ'səːtʃ|kə'lekʃən] научная коллекция

research department [rɪ'səːtʃ|dɪ'paːtmənt] научно-исследовательский отдел; исследовательский отдел

research laboratory [rɪ'səːtʃ|lə'bɒrət(ə)rɪ] исследовательская лаборатория

research organization [rɪ'səːtʃ|ˌɔːgənaɪ'zeɪʃən] научно-исследовательская организация

research work [rɪ'səːtʃ|'wəːk] научно-исследовательская работа

researcher [rɪ'səːtʃə] исследователь

reseat ['riː'siːt] посадить обратно; поставить новые кресла, ряды (*в театре и т. п.*)

reseda ['resɪdə] резеда; бледно-зеленый цвет

resell ['riː'sel] перепродавать

resemblance [rɪ'zembləns] похожесть; сходство

resemble [rɪ'zembl] походить; иметь сходство

resent [rɪ'zent] негодовать; возмущаться

resentful [rɪ'zentful] обиженный; возмущенный; обидчивый

resentment [rɪ'zentmənt] негодование; возмущение

reservation [ˌrezə'veɪʃ(ə)n] оставление; резервирование; оговорка; сохранение какого-либо права (*юр.*); резервация; заповедник (*в США и Канаде*)

reserve [rɪ'zəːv] запас; резерв; заповедник; оговорка; условие; исключение; сдержанность; осторожность; умолчание; запасной; резервный; сберегать; откладывать; запасать; резервировать; заказывать заранее; предназначать

to reserve a seat — заранее взять (*заказать*) билет; занять (*обеспечить*) место

reserve bank [rɪ'zəːv|'bæŋk] резервный банк

reserve funds [rɪ'zəːv|'fʌndz] резервный фонд (*капитал*)

reserve stock [rɪ'zəːv|'stɒk] неприкосновенный запас

reserved [rɪ'zəːvd] сдержанный; замкнутый; заказанный заранее; запасной; резервный

reserved area [rɪ'zəːvd|'eəpə] заповедник

reserved lane [rɪ'zəːvd|'leɪn] специальная полоса движения

reservedly [rɪ'zəːvɪdlɪ] осторожно; сдержанно

reservist [rɪ'zəːvɪst] резервист (*состоящий в запасе вооруженных сил*)

reservoir ['rezəvwaː] резервуар; бассейн; водохранилище; запас; источник (*знаний, энергии и т. п.*); сокровищница; хранилище

reset ['riː'set] вновь устанавливать; (*вновь*) вставлять в оправу; вправлять (*сломанную руку и т. п.*); перенабрать; набирать повторно

resettle ['riː'setl] переселять(ся) (*о беженцах, эмигрантах и т. п.*)

resettlement ['riː'setlmənt] миграция; переезд; переселение

reshape ['riː'ʃeɪp] приобретать новый вид или иную форму; меняться; придавать новый вид или иную форму

reshuffle ['riː'ʃʌfl] переставлять; перегруппировывать; перестановка; перегруппировка

reside [rɪ'zaɪd] проживать; пребывать; находиться; принадлежать (*о правах и т. п.*); быть присущим, свойственным

residence ['rezɪd(ə)ns] местожительство; резиденция; местонахождение; дом; квартира; проживание; пребывание; время, длительность пребывания

resident ['rezɪd(ə)nt] постоянный житель; резидент; лицо, проживающее по месту службы; неперелетная птица; проживающий; постоянно живущий; присущий

resident citizen ['rezɪd(ə)nt|'sɪtɪzn] гражданин, постоянно проживающий в стране

residential [,rezɪ'denʃ(ə)l] жилой (*о районе города*); связанный с местом жительства

residential area [,rezɪ'denʃ(ə)l|'eərɪə] жилой район

residential district [,rezɪ'denʃ(ə)l|'dɪstrɪkt] жилой район

residential institution [,rezɪ'denʃ(ə)l|,ɪnstɪ'tju:ʃən] однодневный приют

residential-type city [,rezɪ'denʃ(ə)ltaɪp|'sɪtɪ] пригород

residentiary [,rezɪ'denʃərɪ] относящийся к месту жительства; связанный с местом жительства; обязанный проживать в своем приходе (*церк.*)

residual [rɪ'zɪdjuəl] остаток; остаточный продукт; остаточные явления (*после болезни*); остаточный

residuary [rɪ'zɪdjuərɪ] оставшийся; остающийся

residue ['rezɪdju:] остаток; выжимки; вычет

resign [rɪ'zaɪn] слагать (*с себя обязанности*); уходить в отставку; отказываться (*от права, претензий, мысли и т. п.*); передавать (*на чье-либо попечение и т. п.*)

resignation [,rezɪg'neɪʃ(ə)n] отказ от (*уход с*) должности; отставка; заявление об отставке; повиновение; подчинение

resigned [rɪ'zaɪnd] покорный; безропотный

resilience [rɪ'zɪlɪəns] гибкость; упругость; эластичность

resilient [rɪ'zɪlɪənt] гибкий; пружинистый; упругий; жизнерадостный; неунывающий

resin ['rezɪn] смола; канифоль; смолить; канифолить (*смычок*)

resinous ['rezɪnəs] смолистый

resist [rɪ'zɪst] сопротивляться; бороться; препятствовать; воздерживаться (*от чего-либо*)

resistance [rɪ'zɪst(ə)ns] сопротивление; отпор; сопротивляемость (*организма*)

resistance coefficient [rɪ'zɪst(ə)ns|,kouɪ'fɪʃənt] коэффициент сопротивления

resistance movement [rɪ'zɪst(ə)ns|'mu:vmənt] движение Сопротивления (*полит.*)

resistant [rɪ'zɪst(ə)nt] прочный; стойкий

resistible [rɪ'zɪstəbl] отразимый

resistless [rɪ'zɪstlɪs] необоримый; неодолимый; непреодолимый; неспособный сопротивляться

resit ['ri:sɪt] — *сущ*. ['ri:'sɪt] — *гл.* переэкзаменовка; пересдавать экзамен

resole ['ri:'soul] ставить новые подметки

resoluble [rɪ'zɔljubl] разложимый; растворимый

resolute ['rezəlu:t] непоколебимый; прочный; устойчивый

resolution [,rezə'lu:ʃ(ə)n] резолюция; решение; решительность; решимость; твердость (*характера*); четкость, резкость (*изображения*); разложение на составные части; анализ; демонтаж; разборка; разрешение (*проблемы, конфликта и т. п.*); развязка (*в литературном произведении*)

resolve [rɪ'zɔlv] намерение; решение; решать(ся); принимать решение; решать голосованием; выносить резолюцию; разрешать (*сомнения и т. п.*); распадаться; растворять(ся)

resolved [rɪ'zɔlvd] решительный; твердый

resonance ['reznəns] резонанс

resonant ['reznənt] звучащий; раздающийся; резонирующий; с хорошим резонансом

resort [rɪ'zɔ:t] прибежище; убежище; обращение (*за помощью*); курорт; обращаться за помощью

resound [rɪ'zaund] звучать; оглашать(ся); повторять; отражать (*звук*); греметь; производить сенсацию; прославлять; славить; славословить

resource [rɪ'sɔ:s] запасы; ресурсы; возможность; способ; средство; способ времяпрепровождения, развлечения; изобретательность; находчивость

resourceful [rɪ'sɔ:sful] изобретательный; находчивый

resourcefulness [rɪ'sɔ:sfulnɪs] изобретательность; находчивость

resources [rɪ'sɔ:sɪz] богатство; состояние; изобилие

resources allocation [rɪ'sɔ:sɪz|,ælə'keɪʃən] распределение ресурсов

respect [rɪs'pekt] почтение; уважение; отношение; причастность; связь; уважать; почитать; чтить; беречь; жалеть; щадить; соблюдать; не нарушать

respectability [rɪs,pektə'bɪlɪtɪ] почтенность; респектабельность; светские приличия

respectable [rɪs'pektəbl] почтенный; представительный; заслуживающий уважения; приемлемый; приличный; сносный; порядочный; значительный (*о количестве и т. п.*)

respecter [rɪs'pektə] уважающий других; почтительный человек

respectful [rɪs'pektful] почтительный; вежливый

respectfully [rɪs'pektfulɪ] почтительно

respectfulness [rɪs'pektfulnɪs] почтительность

respective [rɪs'pektɪv] надлежащий; соответственный

respectively [rɪs'pektɪvlɪ] соответственно; в указанном порядке

respiration [,respə'reɪʃ(ə)n] дыхание; вдох и выдох

respirator ['respəreɪtə] респиратор; противогаз

respiratory [rɪs'paɪərət(ə)rɪ] дыхательный; респираторный

respiratory arrest [rɪsˈpaɪərət(ə)rɪ|əˈrest] остановка дыхания
respiratory metabolism [rɪsˈpaɪərət(ə)rɪ|meˈtæbəlɪzm] газообмен
respiratory track [rɪsˈpaɪərət(ə)rɪ|ˈtræk] дыхательный путь
respire [rɪsˈpaɪə] дышать; отдышаться; перевести дыхание; вздохнуть с облегчением; воспрянуть духом
respite [ˈrespaɪt] передышка; отсрочка *(платежа, наказания, исполнения приговора и т. п.)*; дать отсрочку
resplendence [rɪsˈplendəns] блеск; великолепие
resplendent [rɪsˈplendənt] блестящий; сверкающий; блистательный; великолепный; прекрасный
respond [rɪsˈpɔnd] отвечать; отзываться; реагировать; соответствовать; быть подходящим
respondent [rɪsˈpɔndənt] отвечающий; реагирующий; внимательный; отзывчивый
response [rɪsˈpɔns] ответ; отклик; ответное чувство; реакция
response decrement [rɪsˈpɔnsˈdekrɪmənt] угасание реакции
responsibility [rɪsˌpɔnsəˈbɪlɪtɪ] ответственность; обязанности; обязательства; платежеспособность *(амер.)*
responsible [rɪsˈpɔnsəbl] ответственный; надежный; достойный доверия; важный; значительный; платежеспособный
responsive [rɪsˈpɔnsɪv] ответный; легко реагирующий
rest [rest] покой; отдых; сон; перерыв; пауза; передышка; неподвижность; место для отдыха *(гостиница, отель, мотель и т. п.)*; покоиться; лежать; отдыхать; давать отдых, покой; оставаться без изменений; остаток; остальное; другие; остальные; оставаться; сохраняться
rest-day [ˈrestdeɪ] день отдыха
rest-house [ˈresthaus] гостиница для путешественников; дом отдыха; дом призрения для престарелых и инвалидов; санаторий для выздоравливающих
rest-room [ˈrestrum] комната отдыха; помещение для отдыха; уборная; туалет *(в театре и т. п.)*
restart [ˈriːˈstɑːt] возобновлять; восстанавливать; возрождение; восстановление
restate [ˈriːˈsteɪt] вновь заявить
restatement [ˈriːˈsteɪtmənt] повторное заявление; подтверждение
restaurant [ˈrest(ə)rɔːŋ] ресторан
restaurateur [ˌrestɔ(ː)rəˈtəː] владелец ресторана
rested [ˈrestɪd] отдохнувший
restful [ˈrestful] успокоительный; успокаивающий; безмятежный; невозмутимый; тихий

resting-place [ˈrestɪŋpleɪs] место отдыха; площадка на лестнице
restitute [ˈrestɪtjuːt] возмещать *(ущерб, убытки)*
restitution [ˌrestɪˈtjuːʃ(ə)n] возвращение имущества; восстановление; реституция
restive [ˈrestɪv] своенравный; упрямый *(о человеке)*; норовистый *(о лошади)*; беспокойный
restless [ˈrestlɪs] беспокойный; бойкий; тревожный
restlessness [ˈrestlɪsnɪs] неугомонность; нетерпеливость
restock [ˈriːˈstɔk] пополнять запасы
restoration [ˌrestəˈreɪʃ(ə)n] возрождение; восстановление; реконструкция; реставрация; ремонт
restorative [rɪsˈtɔrətɪv] тонизирующий; укрепляющий; укрепляющее, тонизирующее средство
restore [rɪsˈtɔː] восстанавливать; возвращать *(в прежнее состояние, на прежнее место)*; отдавать обратно; возвращать; реставрировать *(картину и т. п.)*; реконструировать
restorer [rɪsˈtɔːrə] реставратор; восстановитель; регенератор
restrain [rɪsˈtreɪn] сдерживать; держать в границах; ограничивать; суживать; задерживать; изолировать
restrained [rɪsˈtreɪnd] сдержанный; скромный; спокойный; ограниченный
restraint [rɪsˈtreɪnt] самообладание; сдержанность; замкнутость; строгость *(литературного стиля)*; ограничение; стеснение
restrict [rɪsˈtrɪkt] ограничивать; заключать *(в пределы)*
restricted [rɪsˈtrɪktɪd] ограниченный; узкий
restriction [rɪsˈtrɪkʃ(ə)n] ограничение; сужение
restrictive [rɪsˈtrɪktɪv] ограничительный; сдерживающий; запрещающий *(о сигнале)*
restructure [ˈriːˈstrʌktʃə] реструктурировать
rests [rests] знаки пауз *(муз.)*
result [rɪˈzʌlt] результат; исход; вывод; итог; следовать; происходить в результате
resultant [rɪˈzʌlt(ə)nt] получающийся в результате; проистекающий
resume [rɪˈzjuːm] возобновлять; продолжать *(после перерыва)*; получать; брать обратно; подводить итог; резюмировать
résumé [ˈrezjuː(ː)meɪ] резюме; сводка; краткие анкетные данные *(о поступающем на работу и т. п.)*
resumption [rɪˈzʌmpʃ(ə)n] возобновление; продолжение *(после перерыва)*; возвращение; получение обратно
resumptive [rɪˈzʌmptɪv] обобщающий; суммирующий
resurgence [rɪˈsəːʤəns] возрождение *(надежд и т. п.)*; восстановление *(сил)*

resurgent [rɪˈsɜːʤənt] возрождающийся *(о надеждах и т. п.)*; оправляющийся *(после поражения)*; оживающий; восставший

resurrect [ˌrezəˈrekt] воскресать; воскрешать *(старый обычай, память о чем-либо)*; выкапывать *(тело из могилы)*

resurrection [ˌrezəˈrekʃ(ə)n] воскресение *(из мертвых)*; воскрешение *(обычая и т. п.)*

resuscitate [rɪˈsʌsɪteɪt] оживлять; приводить в сознание; воскресать; приходить в сознание

retail [ˈriːteɪl] — *сущ., прил.* [riːˈteɪl] — *гл.* розничная продажа; розничный; продавать(ся) в розницу; пересказывать; повторять; распространять

retail business [ˈriːteɪlˈbɪznɪs] розничные продажи

retail customer [ˈriːteɪlˈkʌstəmə] розничный покупатель

retail dealer [ˈriːteɪlˈdiːlə] розничный торговец

retail price [ˈriːteɪlˈpraɪs] розничная цена

retailer [riːˈteɪlə] розничный торговец; лавочник; сплетник

retain [rɪˈteɪn] удерживать; сдерживать; беречь; охранять; вспоминать; помнить

to retain a lawyer — нанимать адвоката

retainer [rɪˈteɪnə] вассал; лакей; слуга; служитель

retaining wall [rɪˈteɪnɪŋˈwɔːl] подпорная стенка

retake [ˈriːˈteɪk] снова взять, занять или захватить; пересдавать экзамен; пересъемка

retaliate [rɪˈtælɪeɪt] отплачивать; отвечать тем же самым; мстить; предъявлять встречное обвинение

retaliation [rɪˌtælɪˈeɪʃ(ə)n] воздаяние; кара; расплата

retaliatory [rɪˈtælɪət(ə)rɪ] ответный; репрессивный

retaliatory measure [rɪˈtælɪət(ə)rɪˈmeʒə] ответная мера

retard [rɪˈtɑːd] откладывать; медлить; отсрочивать; задерживать; препятствовать; запаздывать

retardation [ˌriːtɑːˈdeɪʃ(ə)n] задерживание; замедление; помеха; преграда; запаздывание

retarded [rɪˈtɑːdɪd] медленный; тихий; постепенный; неспешащий; неинтересный; скучный; вялый *(о торговле)*

retarded ignition [rɪˈtɑːdɪdɪgˈnɪʃən] позднее зажигание

retell [ˈriːˈtel] снова рассказывать

retention [rɪˈtenʃ(ə)n] удержание; сохранение; память

retentive [rɪˈtentɪv] сохраняющий; удерживающий; хороший *(о памяти)*

reticence [ˈretɪs(ə)ns] сдержанность; молчаливость; скрытность; умалчивание

reticent [ˈretɪs(ə)nt] сдержанный; спокойный; скрытный; тайный; умалчивающий *(о чем-либо)*

reticle [ˈretɪkl] сетка

reticulate [rɪˈtɪkjulɪt] сетчатый

reticulation [rɪˌtɪkjuˈleɪʃ(ə)n] сетчатый узор; сетчатое строение

reticule [ˈretɪkjuːl] ридикюль; сумочка

retina [ˈretɪnə] сетчатка *(глаза)*

retinue [ˈretɪnjuː] свита

retire [rɪˈtaɪə] удаляться; уходить; оставлять *(должность)*; уходить в отставку; уединяться

retired [rɪˈtaɪəd] удалившийся от дел; отставной; уединенный; изолированный; замкнутый; скрытный

retired person [rɪˈtaɪədˈpɜːsn] пенсионер

retiree [rɪˌtaɪəˈriː] отставник; офицер в отставке

retirement [rɪˈtaɪəmənt] отставка; выход в отставку или на пенсию; уединение; уединенная жизнь

retirement account [rɪˈtaɪəməntəˈkaunt] пенсионный счет

retirement accounting [rɪˈtaɪəməntəˈkauntɪŋ] учет амортизации методом разового начисления

retirement age [rɪˈtaɪəməntˈeɪʤ] пенсионный возраст

retirement benefit [rɪˈtaɪəməntˈbenefɪt] пенсия; выходное пособие

retiring [rɪˈtaɪərɪŋ] застенчивый; скромный; склонный к уединению

retiring age [rɪˈtaɪərɪŋˈeɪʤ] пенсионный возраст

retool [ˈriːˈtuːl] переоборудовать; оснащать новой техникой

retort [rɪˈtɔːt] возражение; резкий ответ; остроумная реплика; находчивый ответ; резко возражать; парировать *(колкость)*; обгонять; опережать; перегонять

retortion [rɪˈtɔːʃ(ə)n] загибание назад

retouch [ˈriːˈtʌtʃ] ретушь; ретуширование; ретушировать; подкрашивать *(волосы, ресницы)*; делать поправки *(на картине, в стихах и т. п.)*

retouching [ˈriːˈtʌtʃɪŋ] ретушь; ретуширование

retrace [rɪˈtreɪs] проследить *(процесс в развитии)*; восстанавливать в памяти; возвращаться *(по пройденному пути)*

retract [rɪˈtrækt] втягивать; отводить; брать назад *(слова и т. п.)*; отрекаться; отказываться *(от чего-либо)*

retractable [rɪˈtræktəbl] втягивающийся; втяжной; сократимый

retractation [ˌriːtrækˈteɪʃ(ə)n] отречение; отказ *(от своих слов и т. п.)*

retractile [rɪˈtræktaɪl] способный сокращаться, втягиваться

retraction [rɪˈtrækʃ(ə)n] втягивание; сокращение; стягивание

retrain [ˈriːˈtreɪn] переобучать(ся)

retraining [ˈriːˈtreɪnɪŋ] переподготовка

retranslate ['ri:træns'leɪt] вновь перевести; сделать обратный перевод

retransmission ['ri:trænz'mɪʃən] ретрансляция; ретрансмиссия

retreat [rɪ'tri:t] отступление; уединение; убежище; пристанище; приют; психиатрическая больница; уходить; отступать; отходить; удаляться

retrench [rɪ'trentʃ] сокращать; урезывать *(расходы)*; экономить; окапываться

retrial ['ri:'traɪ(ə)l] пересмотр судебного дела *(юр.)*; повторное слушание дела; повторный эксперимент; новая проба

retribution [,retrɪ'bju:ʃ(ə)n] воздаяние; возмездие

retributive [rɪ'trɪbjutɪv] карательный

retrievable [rɪ'tri:vəbl] восстановимый; поправимый

retrieval [rɪ'tri:v(ə)l] возврат; возвращение; исправление; корректирование; поправка

retrieve [rɪ'tri:v] *(снова)* найти; вернуть себе; доставать, изымать *(откуда-либо)*; восстанавливать; возвращать в прежнее состояние

retriever [rɪ'tri:və] охотничья собака *(ретривер)*; человек, занимающийся сбором чего-либо; эвакуационный тягач

retro ['retrou] ретро

retro- ['retrou-] *встречается в словах латинского происхождения со значением* сзади; назад; прошлый

retroaction [,retrou'ækʃ(ə)n] обратная реакция; обратное действие

retroactive [,retrou'æktɪv] касающийся прошедшего

retrofit ['retroufɪt] модифицировать *(модель)*

retrograde ['retrougreɪd] ретроград; направленный назад; реакционный; двигаться назад; ухудшаться

retrogress ['retrougres] двигаться назад; регрессировать; ухудшаться

retrogression [,retrou'greʃ(ə)n] обратное движение; упадок; ухудшение

retrogressive [,retrou'gresɪv] возвращающийся обратно; реакционный; регрессирующий

retrospect ['retrouspekt] взгляд назад, в прошлое

retrospection [,retrou'spekʃ(ə)n] размышление о прошлом; ретроспекция

retrospective [,retrou'spektɪv] обращенный в прошлое; ретроспективный; относящийся к прошлому

retroussé [rə'tru:seɪ] вздернутый, курносый *(о носе)*

retry ['ri:'traɪ] снова разбирать *(судебное дело)*; снова пробовать

return [rɪ'tə:n] возвращение; обратный путь; отдача; возврат; возражение; ответ; оборот; доход; прибыль; официальный отчет; избрание; обратный; возвращать; отдавать; отплачивать; возвращаться; идти обратно; приносить *(доход)*; возражать; отвечать

return address [rɪ'tə:n|ə'dres] обратный адрес

return commission [rɪ'tə:n|kə'mɪʃən] возвращенное вознаграждение

return fare [rɪ'tə:n|'feə] билет в оба конца

return on land [rɪ'tə:n|ɔn|'lænd] доход от земли

return on sales [rɪ'tə:n|ɔn|'seɪlz] доход от продаж

return valve [rɪ'tə:n|'vælv] возвратный клапан

returnable (re-usable) bottle [rɪ'tə:nəbl|('ri:'ju:zəbl)'bɔtl] сосуд многократного использования

returnee [,rɪtə:'ni:] вернувшийся в свою часть *(после госпиталя)*; призванный на действительную службу *(из запаса)*; вернувшийся *(из поездки, ссылки и т. п.)*

returns [rɪ'tə:nz] сведения; результаты выборов; возврат нераспроданных изданий

reunification [ri:,ju:nɪfɪ'keɪʃən] воссоединение

reunify ['ri:'ju:nɪfaɪ] воссоединять

reunion ['ri:'ju:njən] воссоединение; встреча друзей; вечеринка; примирение

reunite ['ri:ju:'naɪt] *(вос)*соединять(ся); намереваться; предполагать

rev [rev] оборот *(двигателя)*; ускорять темп *(музыки и т. п.)*; убыстрять

rev up ['rev'ʌp] набирать скорость

revalue ['ri:'vælju:] переоценивать

revamp [ri:'væmp] поправлять; починять; ремонтировать *(разг.)*

revanche [rɪ'va:nʃ] реванш

reveal [rɪ'vi:l] оконный откос; притолока; открывать; разоблачать; обнаруживать; показывать

reveille [rɪ'vælɪ] подъем; утренняя заря

revel ['revl] веселье; пировать; бражничать; кутить; наслаждаться; получать удовольствие

revelation [,revɪ'leɪʃ(ə)n] откровение; раскрытие *(тайны и т. п.)*; разоблачение

revelatory ['revələt(ə)rɪ] разоблачительный

reveller ['revlə] бражник; гуляка; кутила

revelry ['revlrɪ] пирушка; попойка; шумное веселье

revenge [rɪ'vendʒ] месть; мщение; реванш; мстить; отомстить; отплатить

revengeful [rɪ'vendʒful] мстительный

revenger [rɪ'vendʒə] мститель

revenue ['revɪnju:] годовой доход *(государственный)*; департамент государственных сборов; таможенный

revenue account ['revɪnju:|ə'kaunt] счет доходов

revenue code ['revɪnju:|'koud] налоговое законодательство

revenue office [ˈrevɪnjuːˈɔfɪs] бюро налогов и сборов

reverberant [rɪˈvəː(ə)rənt] отражающийся (о звуке и т. п.); звучащий; звучный

reverberate [rɪˈvəːb(ə)reɪt] отражать(ся), отдаваться (о звуке); плавить (в отражательной печи); воздействовать; влиять; отражаться; иметь последствия

reverberating [rɪˈvəːb(ə)reɪtɪŋ] отражающийся; звучащий; гремящий; громкий (о славе и т. п.)

reverberation [rɪˌvəːbəˈreɪʃ(ə)n] отражение; раскат (грома); отзвук; след; эхо

revere [rɪˈvɪə] уважать; почитать; чтить

reverence [ˈrev(ə)r(ə)ns] почтение; благоговение; уважение; поклон; реверанс; почитать; преклоняться

reverend [ˈrev(ə)r(ə)nd] многоуважаемый; почтенный; преподобный (титул священника)

reverent [ˈrev(ə)r(ə)nt] благоговейный; почтительный

reverential [ˌrevəˈrenʃ(ə)l] благочестивый; набожный; праведный

reverie [ˈrevərɪ] задумчивость; мечтательность; мечты

reversal [rɪˈvəːs(ə)l] полное изменение; полная перестановка; отмена; аннулирование

reverse [rɪˈvəːs] обратная сторона (монеты и т. п.); выворотка; перемена (к худшему); неудача; превратность; задний (обратный) ход; противоположный; выворотный; перевертывать; опрокидывать; переворачивать; изменять; менять; обменивать; обмениваться

reverse direction [rɪˈvəːsdaɪˈrekʃən] менять направление

reverse gear [rɪˈvəːsˈgɪə] задний ход

reverse of title [rɪˈvəːsəvˈtaɪtl] оборот титульной страницы

reverse out [rɪˈvəːsˈaut] делать выворотку

reversibility [rɪˌvəːsəˈbɪlɪtɪ] обратимость; реверсивность

reversible [rɪˈvəːsəbl] конвертируемый; обратимый; двусторонний (о ткани)

reversible blade [rɪˈvəːsəblˈbleɪd] оборотное лезвие

reversible steering gear [rɪˈvəːsəblˈstɪərɪŋgɪə] обратимый рулевой механизм

reversing lever [rɪˈvəːsɪŋˈliːvə] рычаг реверса

reversing light [rɪˈvəːsɪŋlaɪt] фонарь заднего хода

reversion [rɪˈvəːʃ(ə)n] возвращение (к прежнему состоянию); страховка, выплачиваемая после смерти

reversion of copyright [rɪˈvəːʃ(ə)nəvˈkɔpɪraɪt] восстановление прав автора, если издателю не удалось выпустить книгу

reversionary [rɪˈvəːʃnərɪ] инверсный; обратный

revert [rɪˈvəːt] возвращаться; повернуть назад

revet [rɪˈvet] облицовывать (строит.); выкладывать камнем

review [rɪˈvjuː] обзор; обозрение; проверка; просмотр; рецензия; периодический журнал; смотр; парад; обозревать; осматривать; проверять; просматривать

review by the author [rɪˈvjuːbaɪðəˈɔːθə] автореферат

review map [rɪˈvjuːˈmæp] обзорная карта

review room [rɪˈvjuːˈrum] просмотровый зал

review slip [rɪˈvjuːˈslɪp] письмо, сопровождающее книгу, отсылаемую на рецензию

reviewer [rɪˈvjuː(ː)ə] обозреватель; корреспондент; рецензент

revile [rɪˈvaɪl] оскорблять; ругать(ся)

revise [rɪˈvaɪz] проверять; инспектировать; исправлять; видоизменять; модифицировать

revised [rɪˈvaɪzd] исправленный

revision [rɪˈvɪʒ(ə)n] переоценка; пересмотр; новая редакция (книги); ревизия; инспекция; контроль

revisit [ˈriːˈvɪzɪt] снова посетить

revisory [rɪˈvaɪzərɪ] ревизионный

revitalize [ˈriːˈvaɪtəlaɪz] воскрешать; восстанавливать

revival [rɪˈvaɪv(ə)l] возрождение; оживление; восстановление (сил, энергии)

revive [rɪˈvaɪv] приходить в себя; приводить в чувство; возобновлять; восстанавливать

revivification [rɪ(ː)ˌvɪvɪfɪˈkeɪʃ(ə)n] возвращение к жизни; оживление

revivify [rɪ(ː)ˈvɪvɪfaɪ] возрождать к жизни; оживлять

revocable [ˈrevəkəbl] подлежащий отмене

revocation [ˌrevəˈkeɪʃ(ə)n] отмена; аннулирование (закона и т. п.)

revoke [rɪˈvouk] отменять; аннулировать (закон, приказ и т. п.); брать назад (обещание)

revolt [rɪˈvoult] бунт; восстание; мятеж; апелляция; опротестование; протест; отвращение; восстать; взбунтоваться; противиться; чувствовать отвращение

revolted [rɪˈvoultɪd] восставший

revolting [rɪˈvoultɪŋ] отвратительный; отталкивающий

revolute arm [ˈrevəl(j)uːtˈaːm] поворотный рычаг

revolution [ˌrevəˈluːʃ(ə)n] переворот; революция; крутая ломка; крутой перелом; круговое вращение; полный оборот; цикл; периодическое возвращение; круговорот

revolutionary [ˌrevəˈluːʃnərɪ] революционер; левый; революционный; вращающийся; поворачивающийся

revolutionist [ˌrevəˈluːʃnɪst] революционер

revolutionize [ˌrevəˈluːʃnaɪz] революционизировать; производить коренную ломку

revolve [rɪˈvɔlv] вращать(ся); вертеть(ся); вертеться вокруг чего-либо; периодически возвращаться (сменяться); обдумывать

revolver [rɪˈvɔlvə] револьвер; барабан (техн.)

revolving [rɪˈvɔlvɪŋ] обращающийся; вращающийся; крутящийся

revolving clamp [rɪˈvɔlvɪŋˈklæmp] кантователь

revolving door [rɪˈvɔlvɪŋdɔː] дверь-вертушка

revulsion [rɪˈvʌlʃ(ə)n] внезапное сильное изменение (чувств и т. п.); отвращение

revulsive [rɪˈvʌlsɪv] отвлекающий

reward [rɪˈwɔːd] награда; премия; приз; возмещение; вознаграждение; компенсация; награждать

reward scheme [rɪˈwɔːdˈskiːm] система поощрений

rewarding [rɪˈwɔːdɪŋ] заслуживающий; стоящий; ценный

rewind [ˈriːwaɪnd] — гл. [ˈriːwaɪnd] — сущ. перематывать; перемотка

rewind time [ˈriːwaɪndˈtaɪm] время перемотки

rewire [ˈriːwaɪə] заново электрифицировать

reword [ˈriːˈwɜːd] выражать другими словами; менять формулировку; воспроизвести; повторить

rework [ˈriːˈwɜːk] менять; переделывать

rewrite [ˈriːˈraɪt] переписать; переделать; преобразовать

rhapsodic(al) [ræpˈsɔdɪk(əl)] восторженный; напыщенный

rhapsodize [ˈræpsədaɪz] говорить, писать напыщенно

rhapsody [ˈræpsədɪ] рапсодия; восторженная, напыщенная речь

rhesus [ˈriːsəs] резус (зоол.)

rhetor [ˈriːtə] ритор; профессиональный оратор

rhetoric [ˈretərɪk] риторика; ораторское искусство

rhetorical [rɪˈtɔrɪk(ə)l] риторический

rhetorician [ˌretəˈrɪʃ(ə)n] ритор

rheum [ruːm] насморк

rheumatic [ruːˈmætɪk] ревматический; ревматик

rheumatism [ˈruːmətɪzm] ревматизм

rheumy [ˈruːmɪ] слезящийся

rhinoceros [raɪˈnɔs(ə)rəs] носорог

rhizome [ˈraɪzoum] корневище

rhomb [rɔm] ромб

rhombic [ˈrɔmbɪk] ромбический

rhombus [ˈrɔmbəs] ромб

rhubarb [ˈruːbɑːb] ревень (бот.)

rhyme [raɪm] рифма; рифмованный стих; поэзия

rhymed [raɪmd] рифмованный

rhythm [ˈrɪð(ə)m] ритм; темп; размер (стиха)

rhythmic(al) [ˈrɪðmɪk(əl)] мерный; равномерный

riant [ˈraɪənt] улыбающийся, веселый (о лице, глазах)

rib [rɪb] край; острый край; ребро (чего-либо); снабжать ребрами; укреплять

ribald [ˈrɪb(ə)ld] сквернослов; грубиян; грубый; непристойный

ribaldry [ˈrɪb(ə)ldrɪ] непристойность; сквернословие

ribbed [rɪbd] ребристый; рифленый; полосатый

ribbon [ˈrɪbən] лента; узкая полоска; клочья; знак отличия; нашивка; орденская лента; украшать лентами; делить, разрывать на полоски

ribboned [ˈrɪbənd] украшенный лентами

rice [raɪs] рис; рисовый

rice-water [ˈraɪsˈwɔːtə] рисовый отвар

rich [rɪtʃ] богатый (чем-либо); роскошный; ценный; стоящий; жирный; сдобный; сочный (о фруктах)

riches [ˈrɪtʃɪz] богатство; обилие; пышность; богатства; сокровища

richly [ˈrɪtʃlɪ] богато; роскошно; вполне; основательно; полностью

richness [ˈrɪtʃnɪs] богатство (чего-либо); яркость; живость (красок и т. п.); плодородие; сдобность; жирность (пищи); сочность (плода)

rick [rɪk] стог; скирда; складывать в стог

rickety [ˈrɪkɪtɪ] рахитичный; расшатанный, хрупкий (о здоровье)

rickshaw [ˈrɪkʃɔː] рикша (японск.)

ricochet [ˈrɪkəʃet] рикошет; бить рикошетом

rid [rɪd] освобождать; избавлять (от чего-либо)

ridable [ˈraɪdəbl] пригодный для верховой езды

riddance [ˈrɪd(ə)ns] избавление; устранение

riddle [ˈrɪdl] головоломка; загадка; говорить загадками; разгадывать (загадки); решето; грохот; сито; экран; щит; просеивать; дырявить; решетить; пронизывать

ride [raɪd] прогулка; поездка; езда (верхом, на машине, на велосипеде и т. п.); дорога; аллея; просека; аттракцион для катания (колесо обозрения, карусель и т. п.); ехать верхом; сидеть верхом (на чем-либо); ехать (в автобусе, в трамвае, на велосипеде, в поезде и т. п.); катать(ся); качать(ся); управлять; подавлять; терроризировать; быть обусловленным (чем-либо); зависеть от; импровизировать (о музыке)

to ride at anchor — стоять на якоре

to ride double — ехать вдвоем на одной лошади
to ride down — нагонять, настигать верхом; сшибить с ног; задавить; загнать; вымотать

rider [ˈraɪdə] всадник; наездник; седок; дополнение, поправка (*к документу*); предмет, лежащий поверх другого предмета

ridge [rɪdʒ] гребень горы; хребет; подводная скала; конек (*крыши*); грядка; гребень борозды; образовывать складки (*борозды*); топорщиться

ridge-pole [ˈrɪdʒpoul] растяжка; распорка (*у палатки*)

ridged [rɪdʒd] заостренный; остроконечный; острый; коньковый (*о крыше*)

ridged tole коньковая черепица

ridicule [ˈrɪdɪkjuːl] осмеяние; насмешка; незначительность; несерьезность; осмеивать; высмеивать

ridiculous [rɪˈdɪkjuləs] незначительный; нелепый; несерьезный

riding [ˈraɪdɪŋ] верховая езда; верховой; для верховой езды

riding boots [ˈraɪdɪŋˈbuːts] сапоги для верховой езды

riding-hall [ˈraɪdɪŋhɔːl] (*крытый*) манеж

riding-master [ˈraɪdɪŋˌmɑːstə] инструктор по верховой езде; берейтор

rife [raɪf] обычный; частый; распространенный; изобилующий

riffle [ˈrɪfl] порог (*на реке*); стремнина; зыбь; рябь; быстро перелистывать (*страницы и т. п.*)

rifle [ˈraɪfl] винтовка; нарезное оружие; стрелковая часть; стрелки; ружейный; стрелковый; стрелять из винтовки; обдирать (*кору и т. п.*)

rifle-green [ˈraɪflˈgriːn] темно-зеленый (*цвет мундира английских стрелков*)

rifle-range [ˈraɪflreɪndʒ] полигон; стрельбище; тир

rifle-shot [ˈraɪflʃɔt] ружейный выстрел; дальность ружейного выстрела; стрелок (*из винтовки*)

rifleman [ˈraɪflmən] стрелок

rifling [ˈraɪflɪŋ] нарезка (*в оружии*)

rift [rɪft] трещина; расселина; щель; размолвка; разрыв; ссора; ущелье; порог; перекат (*реки*); раскалывать(*ся*); отщеплять(*ся*)

rig [rɪg] выезд; упряжка; буровая вышка; борозда; оснащать; вооружать (*судно*); проделка; уловка; действовать нечестно

to rig out — снаряжать; экипировать; наряжать

rigger [ˈrɪgə] специалист по сборке самолетов; такелажник (*мор.*)

rigging [ˈrɪgɪŋ] снасти; такелаж; снаряжение (*разг.*)

right [raɪt] право; привилегия; справедливость; беспристрастие; нелицеприятность; правильность; истинное положение вещей; действительность; правая сторона; порядок; правый; справедливый; верный; правильный; прямой (*о линии, об угле*); здоровый; в хорошем состоянии; исправный; точно; как раз; полностью; совершенно; выпрямлять(*ся*); исправлять(*ся*); защищать права

right angle [ˈraɪtˈæŋgl] прямой угол

right answer [ˈraɪtˈɑːnsə] правильный ответ

right here [ˈraɪtˈhɪə] как раз здесь; в эту минуту

right now [ˈraɪtˈnau] в этот момент

right of ownership [ˈraɪtəvˈounəʃɪp] право собственности

right of veto [ˈraɪtəvˈviːtou] право вето

right of voting [ˈraɪtəvˈvoutɪŋ] право голосования

right-and-left [ˈraɪtəndˈleft] направо и налево; во все стороны; выстрел из обоих стволов; удар обеими руками (*спорт.*)

right-angled [ˈraɪtæŋgld] прямоугольный

right-handed [ˈraɪtˈhændɪd] правша; правосторонний

right-lined [ˈraɪtˈlaɪnd] образованный прямыми линиями; прямолинейный

right-minded [ˈraɪtˈmaɪndɪd] благонамеренный; приемлемый; разумный; рациональный

right-of-way [ˈraɪtəvˈweɪ] право прохода (*проезда*) через чужую землю; полоса отчуждения

right-reading film [ˈraɪtˌriːdɪŋˈfɪlm] позитивная пленка; диапозитив

right-side [ˈraɪtsaɪd] лицевая сторона

right-thinking [ˈraɪtˈθɪŋkɪŋ] благонамеренный; разумный; рациональный

right-winger [ˈraɪtˈwɪŋə] консерватор

rightabout [ˈraɪtəbaut] противоположное направление; поворот обратно, в противоположную сторону

righteous [ˈraɪtʃəs] добродетельный; праведный; беспристрастный; объективный; справедливый

righteous anger [ˈraɪtʃəsˈæŋgə] праведный гнев

righteousness [ˈraɪtʃəsnɪs] праведность; добродетельность; беспристрастие; нелицеприятность

rightful [ˈraɪtful] дозволенный; допустимый; законный; принадлежащий по праву; беспристрастный; объективный

rightly [ˈraɪtlɪ] справедливо; правильно; должным образом

rightwards [ˈraɪtwədz] направо

rigid [ˈrɪdʒɪd] жесткий; несгибаемый; неподвижный; непреклонный; стойкий; строгий; суровый

rigid attachment [ˈrɪdʒɪdəˈtætʃmənt] жесткое крепление

rigid coupling [ˈrɪdʒɪdˈkʌplɪŋ] жесткая муфта

rigid pavement [ˈrɪdʒɪdˈpeɪvmənt] бетонное покрытие

rigidity [rɪˈdʒɪdɪtɪ] жесткость; категоричность; неколебимость; стойкость; строгость

rigidity of paper [rɪ'dʒɪdɪtɪ|əv|'peɪpə] жесткость бумаги

rigmarole ['rɪgm(ə)roul] вздор; бессвязный

rigor ['raɪɡɔː] озноб; оцепенение; окоченение

rigorism ['rɪgərɪzm] суровость; высокие требования *(к стилю)*

rigorous ['rɪg(ə)rəs] суровый; строгий; точный; скрупулезный; тщательный

rigour ['rɪgə] неумолимость; строгость; суровость; правильность; точность; скрупулезность; тщательность

rile [raɪl] возмущать; раздражать; сердить; мутить *(воду и т. п.)*

rill [rɪl] ручеек; источник; родник; течь ручейком; струиться

rim [rɪm] ободок; край; оправа *(очков)*; скоба; опорное кольцо; обод колеса; обод *(у мебели)*; снабжать ободком, ободом и т. п.; служить ободом; обрамлять

rim of flywheel ['rɪm|əv|'flaɪwiːl] обод маховика

rime [raɪm] иней; изморозь; покрывать инеем

rimless ['rɪmlɪs] не имеющий обода, оправы

rimy ['raɪmɪ] заиндевевший; морозный

rind [raɪnd] кора; кожура; корка; сдирать кору; очищать кожицу

ring [rɪŋ] кольцо; круг; ободок; обруч; оправа *(очков)*; цирковая арена; площадка *(для борьбы)*; ринг; окружать кольцом; обводить кружком; надевать кольцо; кружить; виться; звон; звучание; *(телефонный)* звонок; намек *(на)*; звенеть; звучать; оглашаться; звонить по телефону

to ring around — сделать несколько телефонных звонков

to ring hollow — звучать фальшиво, неискренне *(о голосе, словах)*

to ring one's own bell — заниматься саморекламой

to ring up — разбудить звонком; звонить; вызывать по телефону; пробивать (чек); выбивать (сумму)

ring finger ['rɪŋ|'fɪŋgə] безымянный палец

ring piston ['rɪŋ|'pɪstən] кольцевой поршень

ring road ['rɪŋ|'roud] окружная дорога; кольцевая автодорога

ring-fence ['rɪŋ|'fens] ограда *(окружающая что-либо со всех сторон)*

ring-mail ['rɪŋmeɪl] кольчуга

ring-net ['rɪŋ|'net] сачок для ловли бабочек

ring-side ['rɪŋsaɪd] первые ряды вокруг ринга, арены и т. п.; удобная точка для обзора; место, положение, откуда все видно

ringed [rɪŋd] отмеченный кружком; обрученный *(с кем-либо)*; женатый; замужняя

ringer ['rɪŋə] звонарь; первоклассная вещь *(разг.)*; замечательный человек

ringing ['rɪŋɪŋ] звон; трезвон; вызов; посылка вызова или вызывного сигнала; звонкий; звучный; громкий

ringleader ['rɪŋ|liːdə] вожак; главарь; зачинщик

ringlet ['rɪŋlɪt] колечко; локон

ringleted ['rɪŋlɪtɪd] завитой; в локонах; курчавый

rings [rɪŋz] гимнастические кольца

rink [rɪŋk] каток

rinse [rɪns] полоскание; краска для волос; полоскать; промывать; смывать; запивать *(еду и т. п.)*

rinsing ['rɪnsɪŋ] полоскание; остатки; последние капли

riot ['raɪət] бунт; восстание; мятеж; разгул; необузданность; буйство; изобилие; бунтовать; принимать участие в бунте; бесчинствовать; нарушать общественный порядок; растрачивать попусту *(время, деньги)*

riot shield ['raɪət|'ʃiːld] щит *(полицейский)*

rioter ['raɪətə] мятежник; бунтовщик; повстанец

riotous ['raɪətəs] буйный; шумливый; обильный; пышный; буйный *(о растительности)*

riotous crowd ['raɪətəs|'kraud] буйная толпа

rip [rɪp] разрез; разрыв; разрезать; распарывать; раскалывать *(дрова)*; лопаться; раскалываться

to rip away — срывать

to rip out — выдирать; вырывать; испускать *(крик)*; отпускать *(ругательство)*

riparian [raɪ'rɛərɪən] прибрежный; владелец прибрежной полосы

ripe [raɪp] зрелый; созревший; спелый; возмужалый; выдержанный; готовый

ripe age ['raɪp|'eɪdʒ] почтенный возраст; зрелый возраст

ripe banana ['raɪp|bə'nɑːnə] спелый банан

ripen ['raɪp(ə)n] зреть; созревать; делать зрелым

ripeness ['raɪpnɪs] зрелость; спелость; законченность

riposte [rɪ'poust] ответный удар, укол *(в фехтовании)*; находчивый ответ; парировать удар, укол *(в фехтовании)*

ripping ['rɪpɪŋ] великолепный; изумительный; весьма; очень; чрезвычайно

ripple ['rɪpl] зыбь; рябь; волнистость *(волос)*; журчание; пульсация; покрывать(ся) рябью; струиться; течь; журчать

ripple carry ['rɪpl|'kærɪ] сквозной перенос

ripply ['rɪplɪ] покрытый рябью; волнистый; волнообразный; извилистый

riptide ['rɪptaɪd] быстрина

rise [raɪz] повышение; подъем; увеличение; рост *(влияния)*; приобретение веса *(в обществе)*; улучшение *(положения)*; прибавка *(к жалованью)*; выход на поверхность; восход *(солнца, луны)*; возвышенность; холм; начало; происхождение; исток *(реки)*; подниматься; вставать на ноги; возвышаться; быть выше *(чего-либо)*; возрастать; увеличиваться; усиливаться; приобретать вес, влияние; быть в состоянии справиться; восставать; происходить; начинаться

    to rise in applause — встречать овацией
    to rise to the fly — попасться на удочку

rise-and-fall clause [ˈraɪzəndˌfɔːlˈklɔːz] условие о повышении или понижении цены

riser [ˈraɪzə] подступень лестницы *(строит.)*

risibility [ˌrɪzɪˈbɪlɪtɪ] смешливость

risible [ˈrɪzɪbl] смешливый; забавный; курьезный

rising [ˈraɪzɪŋ] бунт; восстание; мятеж; вставание; восход; возвышение; повышение; поднятие; опухоль; возрастающий; восходящий; поднимающийся

rising birth-rate [ˈraɪzɪŋˈbəːθreɪt] повышение уровня рождаемости

risk [rɪsk] опасность; риск; угроза; рисковать *(чем-либо)*; отваживаться *(на что-либо)*

risk appraisal [ˈrɪskəˈpreɪzəl] оценка риска

risk assets [ˈrɪskˈæsɪts] неликвидные активы

risk-taking [ˈrɪskˈteɪkɪŋ] рискованное действие

riskiness [ˈrɪskɪnɪs] опасность; рискованность; угроза

risky [ˈrɪskɪ] опасный; рискованный

risque [ˈrɪskeɪ] рискованный; сомнительный; непристойный *(об остроте, шутке)*

rissole [ˈrɪsoul] котлета; тефтеля

rite [raɪt] обряд; церемония; ритуал

ritual [ˈrɪtjuəl] ритуал; церемония; требник; обрядовый; ритуальный; церемониальный

ritualism [ˈrɪtjuəlɪzm] обрядность

ritualist [ˈrɪtjuəlɪst] приверженец обрядности

ritualistic [ˌrɪtjuəˈlɪstɪk] обрядовый; ритуальный; церемониальный

rival [ˈraɪv(ə)l] соперник; конкурент; соперничающий; конкурирующий; соперничать; состязаться

rivalry [ˈraɪv(ə)lrɪ] соперничество; соревнование

rive [raɪv] прорез; разрез; трещина; раскалывать*(ся)*; разрубать; разрывать*(ся)*

river [ˈrɪvə] река; поток; течение; речной

river beacon [ˈrɪvəˈbiːkən] речной буй

river otter [ˈrɪvəˈɔtə] речная выдра

river-bank [ˈrɪvəˈbæŋk] речной берег

river-bed [ˈrɪvəˈbed] русло реки

river-horse [ˈrɪvəˈhɔːs] бегемот; гиппопотам; водяной *(миф.)*

riverain [ˈrɪvəreɪn] человек, живущий на берегу реки; прибрежный; речной

riverfront [ˈrɪvəfrʌnt] прибрежная зона

riverside [ˈrɪvəsaɪd] прибрежная полоса; берег реки; прибрежный; находящийся на берегу

rivet [ˈrɪvɪt] заклепка; заклепывать; клепать; сосредоточивать *(внимание)*; приковывать, устремлять *(взор)*; приковывать *(к месту)*; сковывать *(движение)*

rivet nut [ˈrɪvɪtˈnʌt] заклепочная гайка

riveting [ˈrɪvɪtɪŋ] захватывающий; интересный

rivulet [ˈrɪvjulɪt] ручей; речушка

roach [rout∫] плотва *(зоол.)*

road [roud] дорога; путь; шоссе; улица; мостовая; проезжая часть улицы

road accident [ˈroudˈæksɪdənt] дорожное происшествие; несчастный случай на транспорте

road adherence [ˈroudədˈhɪərəns] сцепление с дорогой

road approach [ˈroudəˈprout∫] подъездная дорога

road breaker [ˈroudˌbreɪkə] пневматический отбойный молоток

road bridge [ˈroudˈbrɪʤ] автодорожный мост

road capacity [ˈroudkəˈpæsɪtɪ] пропускная способность дороги

road construction [ˈroudkənˈstrʌk∫ən] дорожные работы

road grader [ˈroudˈgreɪdə] грейдер

road gravel [ˈroudˈgrævəl] дорожный гравий

road illumination [ˈroudɪˌljuːmɪˈneɪ∫ən] дорожное освещение

road laws [ˈroudˈlɔːz] правила дорожного движения

Road up [ˈroudˈʌp] «путь закрыт» *(дорожный знак)*

road vehicle [ˈroudˈviːɪkl] дорожное транспортное средство

road verge [ˈroudˈvəːʤ] обочина

road-bed [ˈroudbed] дорожное полотно

road-block [ˈroudblɔk] дорожная пробка; транспортный затор; дорожная застава; дорожный контрольно-пропускной пункт

Road-Board [ˈroudbɔːd] управление шоссейных дорог

road-book [ˈroudbuk] дорожный справочник; атлас автомобильных дорог

road-crossing [ˈroudˈkrɔsɪŋ] перекресток

road-curve [ˈroudˈkəːv] дорожный поворот

road-grip [ˈroudgrɪp] сцепление с дорогой

road-hog [ˈroudhɔg] неосторожный автомобилист; нарушитель дорожных правил

road-house [ˈroudhaus] придорожная закусочная; буфет; придорожная гостиница

road-making [ˈroudˈmeɪkɪŋ] прокладка дорог

road-marking [ˈroudˈmɑːkɪŋ] разметка дороги; установка дорожных указателей

road-roller [ˈroudˈroulə] дорожный каток

road-show [ˈroud∫ou] гастрольное представление; репортаж с места событий

road-sign ['roud'saɪn] дорожный указатель
road-tanker ['roud'tæŋkə] автоцистерна
road-tar ['roudtɑ:] гудрон
road-tax ['roud'tæks] налог на транспортное средство
road-user ['roud'ju:zə] автомобилист
road-user on foot ['roud,ju:zərɔn|'fut] пешеход
roadless ['roudlɪs] бездорожный
roadman ['roudmən] дорожный рабочий
roadside ['roudsaɪd] край дороги; обочина; придорожный
roadside ditch ['roudsaɪd|'dɪtʃ] кювет
roadster ['roudstə] дорожный велосипед; родстер (двухместный автомобиль с открытым верхом); экипаж (лошадь) для дальних поездок; завзятый путешественник (по дорогам); корабль, стоящий на рейде
roadway ['roudweɪ] шоссе; мостовая; проезжая часть дороги; полоса отчуждения (дороги); железнодорожное полотно; дорожное полотно
roadworks ['roudwɔ:ks] ремонтные работы на дороге
roam [roum] скитание; странствование; бродить; путешествовать; скитаться; странствовать
roan [roun] чалая лошадь; чалый; мягкая овечья кожа (для переплетов)
roar [rɔ:] рев; гул; шум; хохот; реветь; орать; рычать; храпеть (о лошади)
roaring ['rɔ:rɪŋ] бурный; шумный; живой; кипучий
roast [roust] жаркое; (большой) кусок жареного мяса; обжиг (техн.); жареный; жарить(ся); печь(ся); греть(ся)
roastbeef ['roustbi:f] ростбиф
roaster ['roustə] жаровня; обжигательная печь (техн.); молочный поросенок или молодой петушок (для жаркого)
roasting-jack ['roustɪŋdʒæk] вертел
rob [rɔb] грабить; воровать; отнимать; лишать (чего-либо)
robber ['rɔbə] грабитель; похититель; разбойник
robber baron ['rɔbə|'bærən] главарь воровской шайки
robbery ['rɔbərɪ] кража; грабеж
robe [roub] мантия; широкая одежда; халат; женское платье; облачать(ся); надевать
robin ['rɔbɪn] зарянка (орнит.)
robot ['roubɔt] автомат; робот; автоматический
robotic [rou'bɔtɪk] роботизированный; действующий робот
robotics [rou'bɔtɪks] робототехника
robust [rou'bʌst] крепкий; прочный; устойчивый; здравый, ясный (об уме)
rocaille рокайль (архит.)

rochet ['rɔtʃɪt] стихарь с узкими рукавами; парадная мантия английских пэров
rock [rɔk] скала; утес; опора; нечто надежное; камень; булыжник; горный; каменный; качать(ся); колебать(ся); трясти(сь); убаюкивать; укачивать
rock dove ['rɔk|'dʌv] сизый голубь
rock layer ['rɔk|'leɪə] прослойка породы
rock music ['rɔk|'mju:zɪk] рок-музыка
rock spike ['rɔk|'spaɪk] скальный крюк
rock wall ['rɔk|'wɔ:l] отвесная скала; утес
rock'n'roll ['rɔkn'roul] рок-н-ролл
rock-climber ['rɔk'klaɪmə] скалолаз
rock-garden ['rɔk,gɑ:dn] сад с декоративными каменными горками
rock-hard ['rɔk'hɑ:d] очень твердый
rock-oil ['rɔk'ɔɪl] нефть
rock-ribbed ['rɔk'rɪbd] жесткий; негибкий; негнущийся; верный; преданный; стойкий
rock-salt ['rɔk'sɔ:lt] каменная соль
rockabilly [,rɔkə'bɪlɪ] народная песня, исполняемая в ритме рока
rocker ['rɔkə] качалка (колыбели); лоток (для промывания золота); коромысло
rocker-arm ['rɔkər'ɑ:m] коромысло (техн.)
rocket ['rɔkɪt] ракета; ракетный двигатель; реактивный снаряд; ракетный; реактивный; взлетать; взмывать; пускать ракеты
rocket-launcher ['rɔkɪt'lɔ:ntʃə] противотанковое реактивное ружье; реактивная установка
rocketeer [,rɔkɪ'tɪə] специалист по ракетной технике; сигнальщик-ракетчик
rocketer ['rɔkɪtə] птица, взлетающая прямо вверх
rocketry ['rɔkɪtrɪ] ракетная техника
rocking-chair ['rɔkɪŋtʃeə] кресло-качалка
rocking-horse ['rɔkɪŋhɔ:s] игрушечный конь-качалка
rocks [rɔks] сухая кладка
rocky ['rɔkɪ] каменистый; скалистый; крепкий; непоколебимый; неподатливый
rococo [rə'koukou] стиль рококо; вычурный; претенциозный; устаревший
rod [rɔd] прут; стержень; брус; розга; удочка
rod coupling ['rɔd|'kʌplɪŋ] стержневая муфта
rodent ['roudənt] грызун (зоол.)
rodeo [rou'deɪou] загон для клеймения скота; родео; состязание ковбоев
rodomontade [,rɔdəmɔn'teɪd] бахвальство; хвастовство; хвастливый
roe [rou] косуля
rogue [roug] жулик; мошенник; негодяй; бродяга
roguery ['rougərɪ] мошенничество; жульничество; обман; проказы; шалости

roguish [ˈrougɪʃ] жуликоватый; проказливый; шаловливый

roil [rɔɪl] мутить (воду); взбалтывать; возмущать; досаждать

roily [ˈrɔɪlɪ] мутный

roister [ˈrɔɪstə] бесчинствовать

roisterer [ˈrɔɪst(ə)rə] бражник; гуляка

roistering [ˈrɔɪst(ə)rɪŋ] бесчинство; шумный; буйный

role [roul] амплуа; роль

roll [roul] свиток; сверток (материи, бумаги и т. п.); связка (соломы); катышек (масла, воска); рулон; катушка; каталог; список; ведомость; вращение; качка; крен; булочка; рулет (мясной и т. п.); катить(ся); вертеть(ся); вращать(ся); свертывать(ся); завертывать; раскатывать; греметь; грохотать; укатывать

  to roll (the) dice — кидать кости
  to roll away — откатывать(ся); рассеиваться (о тумане)
  to roll by — проезжать мимо; проходить (о времени)
  to roll in — приходить; сходиться в большом количестве; вкатывать(ся)
  to roll up — завертывать; заворачивать

roll-call [ˈroulkɔːl] перекличка; поименное голосование

roll-collar [ˈroulˈkɔlə] мягкий воротничок

roll-top desk [ˈroultɔpˈdesk] письменный стол-бюро с убирающейся крышкой

rolled [rould] листовой; прокатный (техн.)

roller [ˈroulə] вал; волна; газонокосилка; бигуди; роликовый

roller bearing [ˈrouləˈbeərɪŋ] подшипник качения

roller-bandage [ˈrouləˈbændɪʤ] бинт; пачка бинта

roller-coaster [ˈrouləˈkoustə] американские горки (аттракцион)

roller-skate [ˈrouləskeɪt] — сущ. [ˈroulə͵skeɪt] — гл. конек на роликах; кататься на роликах

roller-towel [ˈrouləˈtau(ə)l] полотенце на ролике

rollick [ˈrɔlɪk] шумное веселье; шальная выходка; веселиться; резвиться; шуметь

rolling [ˈroulɪŋ] бортовая качка; холмистый

rolling barrage [ˈroulɪŋˈbæraːʒ] холмистое, бугристое заграждение

rolling bearing [ˈroulɪŋˈbeərɪŋ] шариковый подшипник

rolling shutter [ˈroulɪŋˈʃʌtə] маркиза (шторы)

rolling-pin [ˈroulɪŋpɪn] скалка

rolling-stock [ˈroulɪŋstɔk] подвижной состав (ж.-д.)

rolling-stone [ˈroulɪŋstoun] перекати-поле (о человеке)

roman alphabet [ˈroumənˈælfəbɪt] латинский алфавит

romance [rəˈmæns] роман; рыцарский роман (в стихах); роман (героического жанра); романический эпизод; любовная история; романс (муз.); романтика; выдумка; небылица; преувеличивать, приукрашивать действительность

romancer [rəˈmænsə] сочинитель средневековых романов; выдумщик; фантазер

romantic [rəˈmæntɪk] романтичный; романтический; фантастический (о проекте и т. п.); воображаемый; вымышленный; романтик

romanticism [rəˈmæntɪsɪzm] романтизм

romanticize [rəˈmæntɪsaɪz] идеализировать

romp [rɔmp] возня; шумная игра; сорванец; сорвиголова; возиться; шумно играть (о детях); сделать что-либо с легкостью

romper [ˈrɔmpə] детский комбинезон

rondo [ˈrɔndou] рондо (муз.)

rood [ruːd] крест; крестовина; распятие; четверть акра; клочок земли

rood-loft [ˈruːdlɔft] хоры в церкви

roof [ruːf] крыша; кровля; крыть; настилать крышу; дать кров; приютить

roof-hood [ˈruːfhud] складной верх кузова

roof-rack [ˈruːfræk] багажник автомобиля, установленный на крыше

roofed berth [ˈruːftˈbəːθ] крытый причал

roofer [ˈruːfə] кровельщик

roofing [ˈruːfɪŋ] кровельный материал; покрытие крыши; кровельные работы; кровля

roofing-paper [ˈruːfɪŋˈpeɪpə] рубероид

rooftop [ˈruːftɔp] плоская крыша

rook [ruk] ладья (шахм.); грач; жулик; мошенник; обманывать

rookery [ˈrukərɪ] грачевник; лежбище (тюленей, котиков и т. п.); птичий базар; густонаселенный ветхий дом; трущобы

rookie [ˈrukɪ] новичок; новобранец

room [rum, ruːm] комната; палата; помещение; квартира; местоположение; пространство; возможность (для свершения чего-либо); дать помещение; разместить (людей)

room antenna [ˈrumænˈtenə] комнатная антенна

room-mate [ˈrumˈmeɪt] товарищ по комнате

roomette [ruˈmet] купе спального вагона

roomful [ˈrumful] полная комната (людей, гостей и т. п.)

roominess [ˈrumɪnɪs] вместительность; емкость

roomy [ˈrumɪ] просторный; свободный

roost [ruːst] насест; курятник; усаживаться на насест; устраиваться на ночлег

rooster [ˈruːstə] петух; забияка; задира

root [ru:t] корень; корнеплоды; источник; причина; прародитель; предок; основатель рода; пускать корни; укоренять(ся); внедрять(ся); поддерживать; поощрять; ободрять

to root away — *выкорчевать*

root canal [ˈru:t|kəˈnæl] корневой канал

root-and-branch [ˈru:təndˈbra:ntʃ] основательно; коренным образом

root-crop [ˈru:tkrɔp] корнеплод

rooted [ˈru:tɪd] укоренившийся; коренящийся (*в чем-либо*); прочный; глубокий (*о чувстве*)

rooted twig [ˈru:tɪdˈtwɪg] укоренившаяся ветка

rootle [ˈru:tl] рыть землю рылом (*о свиньях*); искать; разыскивать; рыться

rootless [ˈru:tlɪs] без корней; не имеющий корней

rootlet [ˈru:tlɪt] корешок

rootstock [ˈru:tstɔk] подвой

rope [roup] канат; веревка; трос; скакалка; канатный; веревочный; привязывать канатом; связывать веревкой; ловить арканом

to rope in — *окружать канатом; заманивать; втягивать; вовлекать*

rope-dancer [ˈroup.da:nsə] канатоходец

rope-ladder [ˈroupˈlædə] веревочная лестница

rope-way [ˈroupweɪ] канатная дорога

ropemanship [ˈroupmənʃɪp] искусство хождения по канату; искусство альпинизма

roper [ˈroupə] канатный мастер; упаковщик

ropy [ˈroupɪ] тягучий; клейкий (*о жидкости*); липкий

rosarian [rouˈzɛɪrɪən] любитель роз

rosarium [rouˈzɛərɪəm] розарий

rosary [ˈrouzərɪ] сад или грядка с розами; четки; молитвы по четкам

rose [rouz] роза; румянец; розовый цвет; розетка

rose-breasted cockatoo [ˈrouzˈbrestɪd|ˌkɔkəˈtu:] розовый какаду

rose-bud [ˈrouzbʌd] бутон розы; красивая молоденькая девушка

rose-bush [ˈrouzbuʃ] розовый куст

rose-coloured [ˈrouzˌkʌləd] розовый; радужный; жизнерадостный

rose-water [ˈrouz.wɔ:tə] розовая вода; притворная любезность; слащавость

roseate [ˈrouzɪɪt] розовый; веселый; оживленный; радостный

rosewood [ˈrouzwud] палисандровое дерево; розовое дерево (*древесина*)

rosin [ˈrɔzɪn] канифоль; смола; натирать канифолью (*смычок*)

roster [ˈroustə] расписание дежурств; перечень; список

rostrum [ˈrɔstrəm] трибуна; помост; кафедра; нос корабля; клюв

rosy [ˈrouzɪ] розовый; румяный; цветущий (*о человеке*); ясный; светлый; радужный

rot [rɔt] гниль; труха; провал; неудача (*в состязаниях*); портиться; разлагаться; разрушаться; портить; вредить; наносить ущерб

rotary [ˈroutərɪ] вращательный; поворотный; ротационный

rotary actuator [ˈroutərɪˈæktjueɪtə] привод вращательного движения (*техн.*)

rotary blade [ˈroutərɪˈbleɪd] плавающее лезвие

rotary hose [ˈroutərɪˈhouz] буровой шланг

rotary machine [ˈroutərɪ|məˈʃi:n] ротационная печатная машина

rotary tedder [ˈroutərɪˈtedə] барабанная сеноворошилка

rotary valve [ˈroutərɪˈvælv] поворотный клапан; шаровой затвор

rotate [rouˈteɪt] вращать(ся); чередовать(ся); сменять(ся) по очереди

rotating beacon [rouˈteɪtɪŋˈbi:kən] вращающийся маяк

rotating joint [rouˈteɪtɪŋˈdʒɔɪnt] шарнир

rotation [rouˈteɪʃ(ə)n] вращение; чередование; периодическое повторение

rotational [rouˈteɪʃənl] непостоянный; переменный; вращающийся; крутящийся

rotative [ˈroutətɪv] вращательный; поворотный

rotatory [ˈroutət(ə)rɪ] поворотный; вращающий

rotisserie [rouˈtɪsərɪ] духовка-гриль

rotogravure ink краска для глубокой печати

rotor [ˈroutə] ротор (*техн.*); несущий винт; винт вертолета (*авиац.*)

rotor arm [ˈroutərˈa:m] ручка распределителя зажигания

rotor plane [ˈroutəpleɪn] вертолет; геликоптер

rotten [ˈrɔtn] гнилой; испортившийся; тухлый; непрочный; слабый

rotten banana [ˈrɔtn|bəˈna:nə] гнилой банан

rottenness [ˈrɔtnnɪs] гнилость; испорченность; нечестность; низость

rottweiler [ˈrɔtvaɪlə] ротвейлер (*порода собак*)

rotund [rouˈtʌnd] полный; толстый; звучный; полнозвучный; округленный (*о фразе*); высокопарный (*о стиле*)

rotunda [rouˈtʌndə] ротонда; холл в гостинице

rotundifoliate камнеломка

rotundity [rouˈtʌndɪtɪ] округленность; полнота

rouble [ˈru:bl] рубль

rouge [ru:ʒ] румяна; губная помада; румяниться; красить губы

rough [rʌf] грубый; неровный; шершавый; шероховатый; косматый; резкий; неприятный (*о звуке); неотесанный; терпкий; тяжелый; неровность (*местности*); делать грубым, шероховатым

rough beard [ˈrʌfˈbɪəd] густая борода

rough-and-ready [ˈrʌfəndˈredɪ] сделанный кое-как, на скорую руку; грубый, но эффективный (*о методе, приеме и т. п.*); бесцеремонный; грубый

rough-and-tumble [ˈrʌfəndˈtʌmbl] драка; свалка; беспорядок; неразбериха; беспорядочный; случайный

rough-cast [ˈrʌfkɑːst] первоначальный набросок; грубая модель; грубо оштукатуренный; набрасывать (*план*); намечать

rough-draft [ˈrʌfˈdrɑːft] предварительный проект; черновик; эскиз; набросок

rough-hew [ˈrʌfˈhjuː] грубо обтесывать

rough-jacket [ˈrʌfˈdʒækɪt] речная камбала (*биол.*)

rough-spoken [ˈrʌfˈspouk(ə)n] выражающийся грубо

roughage [ˈrʌfɪdʒ] грубые корма; грубая пища; грубый, жесткий материал

roughen [ˈrʌfn] делать(*ся*) грубым, шероховатым; грубеть

roughly [ˈrʌflɪ] грубо; небрежно; неровно; бурно; резко

roughness [ˈrʌfnɪs] грубость; неотделанность; неровность; шершавость

roulette [ruːˈlet] рулетка (*азартная игра*)

round [raund] круглый; шарообразный; сферический; мягкий, низкий, бархатистый (*о голосе*); полный, крупный, значительный (*о сумме*); круг; окружность; обход; прогулка; ряд; цикл; тур; раунд; кусочек; ломтик; бедро; округлять(*ся*); огибать; обходить кругом; повертывать(*ся*); вокруг; кругом; вспять; назад; обратно

to round out — закруглять(*ся*); делать(*ся*) круглым; полнеть

round nut [ˈraundˈnʌt] круглая гайка

round of applause [ˈraundəvəˈplɔːz] взрыв аплодисментов

round-end [ˈraundend] окорок

round-shot [ˈraundʃɒt] пушечное ядро

round-shouldered [ˈraundˈʃouldəd] сутулый

round-table [ˈraundˈteɪbl] (*происходящий*) за круглым столом

round-table talks [ˈraundteɪblˈtɔːks] переговоры за круглым столом

round-the-clock [ˈraundðəklɔk] круглосуточный

round-up [ˈraundʌp] закругление; округление; налет; рейд; сводка новостей (*по радио, в газете*); сбор; сборище

roundabout [ˈraundəbaut] окольный; обходной; иносказательный; дородный; карусель

roundelay [ˈraundɪleɪ] коротенькая песенка с припевом; пение птицы; хоровод

roundish [ˈraundɪʃ] закругленный; кругловатый

roundly [ˈraundlɪ] кругло; напрямик; откровенно; прямо; энергично; основательно; приблизительно

rouse [rauz] будить; пробуждаться; воодушевлять; раздражать; выводить из себя

rousing [ˈrauzɪŋ] воодушевляющий; возбуждающий; поразительный; потрясающий

rout [raut] разгром; поражение; разбить наголову; обращать в бегство; шумное сборище; толпа; обыскивать; выкапывать; обнаруживать; поднимать с постели; выгонять; вытеснять; исключать

route [ruːt] дорога; курс; маршрут; направлять (*по определенному маршруту*); распределять

route map [ˈruːtˈmæp] путевая карта

route section [ˈruːtˈsekʃən] отрезок пути

route train [ˈruːtˈtreɪn] маршрутный поезд

routine [ruːˈtiːn] заведенный порядок; определенный режим; рутина; шаблон; определенный; установленный

routinely [ruːˈtiːnlɪ] запросто; повседневно; в плановом порядке; регулярно

rove [rouv] (*бесцельная*) прогулка; скитания; странствие; скитаться; странствовать; блуждать (*о взгляде, мыслях*)

rover [ˈrouvə] скиталец; странник; пират; морской разбойник

roving [ˈrouvɪŋ] ровница (*текст.*); бродячий; кочевой, кочующий; блуждающий (*о взгляде и т. п.*)

row [rou] линия; ряд; строка; ряд домов; улица; гребля; прогулка на лодке; грести; перевозить в лодке; [rau] гудение; гул; шум; свалка; ссора; скандалить; шуметь

row-boat (rowing-boat) [ˈroubout] лодка с веслами (*амер.*)

rowan [ˈrauən, ˈrouən] рябина, плоды рябины

rowan-tree [ˈrauəntriː] рябина

rowdy [ˈraudɪ] буян; хулиган; шумный; буйный

rowdyism [ˈraudɪɪzm] хулиганство

rower [ˈrouə] гребец

rowing [ˈrouɪŋ] гребля; [ˈrauɪŋ] внушение; выговор; нагоняй

rowing coach [ˈrouɪŋˈkoutʃ] тренер по гребле

rowing-boat [ˈrouɪŋˈbout] гребная шлюпка

rowlock [ˈrɔlək] уключина

royal [ˈrɔɪ(ə)l] королевский; царский; величественный; грандиозный

royal albatross [ˈrɔɪ(ə)lˈælbətrɔs] королевский альбатрос

royal bearing [ˈrɔɪ(ə)lˈbeərɪŋ] манера держать себя по-королевски

royal blood [ˈrɔɪ(ə)lˈblʌd] «голубая кровь»; королевская кровь

Royal Highness [ˈrɔɪ(ə)lˈhaɪnɪs] королевское высочество

royalistic [ˌrɔɪəˈlɪstɪk] роялистский

royalty [ˈrɔɪ(ə)ltɪ] королевское достоинство; королевская власть; член(ы) королевской семьи; величие; царственность; авторский гонорар

royalty statement [ˈrɔɪ(ə)ltɪˈsteɪtmənt] письменное обязательство издателя относительно отчислений автору

rub [rʌb] трение; натирание; растирание; натертое место; натирать; начищать

to rub away — *стирать; оттирать; лишать(ся) новизны; стирать(ся)*

to rub down — *вытирать досуха; точить; шлифовать*

rubber [ˈrʌbə] резина; каучук; ластик; резинка; галоши; резиновые изделия; массажист; массажистка; резиновый; прорезиненный

rubber adhesive [ˈrʌbərədˈhiːsɪv] резиновый клей

rubber packing [ˈrʌbəˈpækɪŋ] резиновая прокладка

rubber-stamp [ˈrʌbəstæmp] — *сущ.* [ˈrʌbəˈstæmp] — *гл.* печать; штамп; ставить печать

rubber-tree [ˈrʌbətriː] каучуковое дерево

rubberized [ˈrʌbəraɪzd] прорезиненный; покрытый резиной

rubberneck [ˈrʌbənek] зевака; любопытный человек

rubbery [ˈrʌbərɪ] резиновый

rubbing [ˈrʌbɪŋ] трение; натирание; рисунок, копированный притиранием

rubbish [ˈrʌbɪʃ] мусор; хлам; абсурд; вздор; ерунда

rubble [ˈrʌbl] булыжник; рваный камень; валун

rubicund [ˈruːbɪkənd] румяный

rubiginous [ruː(ː)ˈbɪdʒɪnəs] ржавого цвета

rubious [ˈruː(ː)bɪəs] рубинового цвета

rubric [ˈruːbrɪk] рубрика; заголовок; абзац; отступ

rubricate [ˈruːbrɪkeɪt] разбивать на абзацы; снабжать подзаголовками; отмечать *(выделять)* красным цветом

ruby [ˈruːbɪ] рубин; ярко-красный цвет; красное вино

ruche [ruːʃ] рюшка

ruck [rʌk] масса; множество; скопление; толпа; толчея

ruckle [ˈrʌkl] извилина; изгиб; морщина; складка; делать складки, морщины; хрипеть; издавать хрипящие звуки

rucksack [ˈruksæk] рюкзак

rudder [ˈrʌdə] руль поворота; руководящий принцип

ruddiness [ˈrʌdɪnɪs] краснота; румянец

ruddy [ˈrʌdɪ] румяный; красноватый

rude [ruːd] грубый; оскорбительный; невежественный; невоспитанный; необработанный; сырой; сильный; резкий *(о звуке)*; крепкий *(о здоровье)*

rude awakening [ˈruːdəˈweɪknɪŋ] горькое разочарование

rudeness [ˈruːdnɪs] грубость

rudiment [ˈruːdɪmənt] рудиментарный орган; начатки; зачатки; элементарные знания

rudimentary [ˌruːdɪˈment(ə)rɪ] зачаточный; недоразвитый; азбучный; простой; элементарный

rue [ruː] жалость; сострадание; раскаяние; сожаление; раскаиваться; сожалеть

rueful [ˈruːful] унылый; печальный; жалкий; жалобный; полный сожаления, раскаяния

ruefully [ˈruːfulɪ] печально; уныло; с сожалением; с сочувствием

ruff [rʌf] ерш *(рыба)*; козырь; бить козырем

ruffle [ˈrʌfl] рябь; суматоха; шум; досада; недовольство; раздражение; рябить *(воду)*; раздражать(ся); сердить(ся)

rufous [ˈruːfəs] красновато-коричневый; рыжий

rug [rʌg] ковер; коврик; плед

Rugby [ˈrʌgbɪ] регби *(спорт.)*

rugged [ˈrʌgɪd] неровный; негладкий; суровый; строгий; прямой *(о человеке)*; грубый; морщинистый

rugose [ˈruːgous] морщинистый; складчатый

ruin [ruɪn] гибель, крушение *(надежд и т. п.)*; разорение; крах; развалины; руины; причина гибели; губить; разорять; разрушать

ruinous [ˈruɪnəs] разорительный; гибельный; развалившийся; разрушенный

rule [ruːl] правило; принцип; постановление; решение суда *(судьи)*; правление; власть; владычество; господство; устав *(общества)*; *(масштабная)* линейка; наугольник; масштаб; управлять; править; разрешать *(дело)*

to rule off — *отделить чертой; провести линейкой черту; закрыть счет*

to rule out — *вычеркивать; исключать; мешать; препятствовать*

to rule the roost — *командовать; распоряжаться; задавать тон*

rule of law [ˈruːlˌəvˈlɔː] правило, установленное законом

ruler [ˈruːlə] владыка; властелин; правитель; линейка

ruling [ˈruːlɪŋ] заведование; руководство; управление; постановление; судебное решение

ruling class [ˈruːlɪŋˈklɑːs] правящий класс

ruling pen [ˈruːlɪŋˈpen] рейсфедер

rum [rʌm] ром; спиртной напиток; странный; неестественный; подозрительный

rumba [ˈrʌmbə] румба *(танец)*; танцевать румбу

RUM — RUN

rumble [ˈrʌmbl] громыхание; грохот; недовольство; ропот; громыхать; грохотать; сказать громко; урчать

rumble-tumble [ˈrʌmblˈtʌmbl] тряска; громоздкий тряский экипаж

ruminant [ˈruːmɪnənt] жвачный; задумчивый; жвачное животное

ruminant animal [ˈruːmɪnəntˈænɪməl] жвачное животное

ruminate [ˈruːmɪneɪt] жевать жвачку; раздумывать; размышлять

ruminative [ˈruːmɪnətɪv] задумчивый

rummage [ˈrʌmɪʤ] обыск; осмотр; поиски; таможенный досмотр; осмотр (судна); старье; хлам; производить таможенный досмотр; рассматривать; тщательно исследовать

rummer [ˈrʌmə] кубок

rumour [ˈruːmə] молва; слух; толки; распространять слухи; рассказывать новости

rump [rʌmp] крестец; огузок

rumple [ˈrʌmpl] мять; приводить в беспорядок; ерошить волосы

run [rʌn] бег; пробег; короткая поездка; маршрут; рейс; расстояние; отрезок пути; показ; просмотр (фильма, спектакля); серия; ход; работа; действие (машины, мотора); период времени; полоса; спрос; средний тип (разряд); тираж; желоб; лоток; труба и т. п.; направление; уклон; трасса; бежать; бегать; двигаться; передвигаться (быстро); ходить; катиться; спасаться бегством; убегать; быстро распространяться; быть действительным на известный срок; идти (о пьесе); участвовать (в соревнованиях, скачках, бегах); выставлять (свою) кандидатуру на выборах; направлять; управлять (машиной); лить; наливать; проводить; прокладывать

to run a person close — быть чьим-либо опасным соперником; быть почти равным кому-либо

to run across — (случайно) встретиться с кем-либо; натолкнуться на кого-либо; подвезти (кого-либо)

to run after — преследовать; бежать за (кем-либо, чем-либо)

to run along — подвезти (кого-либо); уходить

to run at — набрасываться; накидываться на кого-либо

to run away — убегать; вытекать (о жидкости); бежать; уклоняться (от чего-либо); избегать (чего-либо)

to run away with — заставить потерять самообладание; одержать легкую победу; тратить (деньги, время и т. п.); увлечься мыслью; забрать себе в голову

to run low — понижаться; опускаться; истощаться; иссякать (о пище, деньгах и т. п.)

to run off — угонять; не производить впечатления; бойко декламировать; читать; выгонять; выставлять (гостей и т. п.)

to run the rocks — потерпеть крушение; натыкаться на непреодолимые препятствия

to run to — достигать (суммы, цифры); тяготеть к чему-либо; иметь склонность к чему-либо; хватать; быть достаточным

to run up — быстро расти; увеличиваться; поднимать(ся); набирать скорость

to run wild — зарастать; расти недорослем, без образования; вести распутный образ жизни

run duration [ˈrʌnˌdjuəˈreɪʃən] длительность работы

run into [ˈrʌnˈɪntu] сталкиваться; наезжать

run up [ˈrʌnˈʌp] набирать скорость

run-down [ˈrʌndaun] краткое изложение; сокращение численности, количества; жалкий; захудалый; истощенный; уставший; незаведенный (о часах)

run-on [ˈrʌnɔn] дополнительный тираж

run-on price [ˈrʌnɔnˈpraɪs] цена за дополнительный тираж

run-out [ˈrʌnaut] изнашивание; износ; выпуск; выход; движение по инерции

run-position [ˈrʌnpəˈzɪʃən] рабочее положение

run-up [ˈrʌnʌp] разбег

runabout [ˈrʌnəbaut] бродяга; праздношатающийся; небольшой автомобиль; моторная лодка

runaway [ˈrʌnəweɪ] беглец; дезертир; побег; убежавший; беглый; легкий; доставшийся легко

rung [rʌŋ] ступенька стремянки или приставной лестницы; спица колеса

runic [ˈruːnɪk] рунический (линг.)

runnel [ˈrʌnl] ручеек; канава; сток

runner [ˈrʌnə] бегун; участник состязания в беге; инкассатор; посыльный; гонец; курьер; бегунок; резьба (авт.); отросток (биол.); отводок; усик; шина

runner-up [ˈrʌnərˈʌp] участник состязания, занявший второе место

running [ˈrʌnɪŋ] бег(а); беготня; ход, работа (машины, мотора и т. п.); бегущий; текущий; непрерывный; последовательный; плавный; текучий; подвижной; работающий

running costs [ˈrʌnɪŋˈkɔsts] текущие расходы

running days [ˈrʌnɪŋˈdeɪz] текущие дни

running gear [ˈrʌnɪŋˈgɪə] ходовая часть

running head [ˈrʌnɪŋˌhed] колонтитул

running headline [ˈrʌnɪŋˈhedlaɪn] колонтитул

running sheet [ˈrʌnɪŋˈʃiːt] сигнальный лист

running time [ˈrʌnɪŋˌtaɪm] рабочее время (машины); время хода; эфирное время

running track [ˈrʌnɪŋˈtræk] гаревая дорожка

running-board ['rʌnɪŋbɔːd] подножка (автомобиля)

runny ['rʌnɪ] жидкий; текучий; слезящийся

runout ['rʌnaut] выпускной желоб

runt [rʌnt] низкорослое животное; карликовое растение; человек маленького роста; карлик; коротышка

runway ['rʌnweɪ] взлетно-посадочная полоса (авиац.); тропа к водопою; огороженное место (для кур и т. п.)

rupture ['rʌptʃə] прорыв; пролом; разрыв

rural ['ruər(ə)l] аграрный; деревенский

rural area ['ruər(ə)l|'eərɪə] сельские территории

rural commune ['ruər(ə)l|'kɔmjuːn] сельская община

rural district ['ruər(ə)l|'dɪstrɪkt] сельский округ; сельский район

rural economy ['ruər(ə)l|ɪ(ː)'kɔnəmɪ] сельское хозяйство

ruse [ruːz] прием; уловка; ухищрение; хитрость

rush [rʌʃ] тростник; камыш; совершенный пустяк; мелочь; стремительное движение; бросок; напор; натиск; стремление (к чему-либо); погоня (за чем-либо); большой спрос (на); спешный; срочный; требующий быстрых действий; бросаться; мчаться; действовать, выполнять слишком поспешно

rush job ['rʌʃ|'dʒɔb] случайная работа

rushlight ['rʌʃlaɪt] слабый свет; слабый проблеск (разума и т. п.)

rushy ['rʌʃɪ] поросший камышом, тростником; тростниковый; камышовый

rusk [rʌsk] сухарь

russet ['rʌsɪt] красновато-коричневый цвет; желтовато-коричневый цвет; сорт желтовато-коричневых яблок

Russian ['rʌʃ(ə)n] русский; русская; русский язык

Russian alphabet ['rʌʃ(ə)n|'ælfəbɪt] русский алфавит

russule ['rʌsjuːl] сыроежка (гриб) (бот.)

rust [rʌst] коррозия; ржавчина; ржаветь; покрываться ржавчиной; подвергать коррозии; портиться; притупляться (от бездействия); ржавеющий

rust protection ['rʌst|prə'tekʃən] защита от коррозии

rust removing ['rʌst|rɪ'muːvɪŋ] удаление ржавчины

rust-preventing agent ['rʌstprɪˌventɪŋ|'eɪdʒənt] антикоррозийное средство

rust-proofing coating ['rʌstˌpruːfɪŋ|'koutɪŋ] антикоррозийное покрытие

rusted through ['rʌstɪd|'θruː] проржавевший насквозь

rustic ['rʌstɪk] простой; невежливый; деревенский; сельский; грубо сработанный; неотесанный; сельский житель; крестьянин; грубо отесанный камень

rusticate ['rʌstɪkeɪt] удалиться в деревню; жить в деревне; прививать простые, грубые манеры; огрублять; временно исключать (студента) из университета

rustication [ˌrʌstɪ'keɪʃ(ə)n] временное исключение (студента) из университета

rusticity [rʌs'tɪsɪtɪ] безыскусственность; простота; деревенские нравы

rustle ['rʌsl] шелест; шорох; шуршание; шелестеть; шуршать

rustless ['rʌstlɪs] нержавеющий

rustproof ['rʌstpruːf] нержавеющий

rusty ['rʌstɪ] заржавленный; ржавый; запущенный; устаревший; хриплый; прогорклый

rut [rʌt] борозда; колея; путь; привычка; что-либо обычное, привычное; оставлять колеи; проводить борозды

rutabaga ['ruːtə'beɪgə] брюква (бот.)

ruth [ruːθ] жалость; сожаление

ruthless ['ruːθlɪs] безжалостный; жестокий

ruthless behaviour ['ruːθlɪs|bɪ'heɪvjə] жестокое поведение

rye [raɪ] рожь; ржаной

rye-bread ['raɪ'bred] ржаной хлеб

ryot ['raɪət] индийский крестьянин, земледелец

S

s [es]; мн. — Ss; S's ['esɪz] девятнадцатая буква английского алфавита; предмет или линия в виде буквы S

sabbath ['sæbəθ] священный день отдыха (суббота у евреев; воскресенье у христиан); отдохновение; покой; шабаш ведьм

sabbath school ['sæbəθ|'skuːl] воскресная школа

sabbatic(al) [sə'bætɪk(əl)] субботний (у евреев); воскресный (у христиан)

sable ['seɪbl] соболь; соболий мех; черный цвет; траур; траурный; мрачный; похоронный

sabot ['sæbou] деревянный башмак; сабо (франц.)

sabotage ['sæbətɑːʒ] саботаж; диверсия; организовывать диверсию

saboteur [ˌsæbə'tɜː] диверсант (франц.)

sabre (saber) ['seɪbə] сабля; шашка; кавалеристы; рубить саблей

sabre-rattling ['seɪbə'rætlɪŋ] бряцание оружием
sabre-toothed ['seɪbətu:θt] саблезубый *(зоол.)*
sabulous ['sæbjuləs] песчаный
saccharine ['sækərɪn] ['sækəraɪn] сахарин; сахарный; сахаристый; приторный; слащавый
sacerdotal [,sæsə'doutl] жреческий; священнический
sachem ['seɪtʃəm] вождь конфедерации северо-американских индейских племён *(амер.)*
sachet ['sæʃeɪ] маленький пакет
sack [sæk] кошелка; куль; мешок; торба; койка; постель; разграбление; класть или ссыпать в мешок; уволить; воровать; грабить; красть
sack-cloth ['sækklɔθ] холст; мешковина; власяница
sack-coat ['sækkout] широкое, свободное пальто
sack-race ['sækreɪs] бег в мешках *(аттракцион)*
sackful ['sækful] полный мешок *(чего-либо)*
sacking ['sækɪŋ] материал для мешков; мешковина; насыпка в мешки
sacral ['seɪkr(ə)l] обрядовый; ритуальный; церемониальный
sacrament ['sækrəmənt] таинство *(церк.)*; причастие; знак; символ; клятва; обет
sacramental [,sækrə'mentl] сакраментальный; священный; клятвенный
sacramental obligation [,sækrə'mentl,ɔblɪ'geɪʃən] клятвенное обязательство
sacred ['seɪkrɪd] священный; святой; неприкосновенный; посвящённый
sacrifice ['sækrɪfaɪs] жертва; потеря; проигрыш; убыток; жертвоприношение; приносить в жертву; жертвовать
sacrificial [,sækrɪ'fɪʃ(ə)l] жертвенный
sacrilege ['sækrɪlɪʤ] кощунство; святотатство
sacrilegious [,sækrɪ'lɪʤəs] кощунственный; святотатственный
sacristy ['sækrɪstɪ] ризница
sacrosanct ['sækrousæŋkt] священный; неприкосновенный
sacrum ['seɪkrəm] крестец *(анат.)*
sad [sæd] гнетущий; грустный; печальный; тусклый; тёмный *(о краске)*
sadden ['sædn] печалить*(ся)*
saddle ['sædl] седло; седлать; садиться в седло; взваливать; обременять
saddle-cloth ['sædlklɔθ] чепрак
saddle-girth ['sædlgə:θ] подпруга
saddle-horse ['sædlhɔ:s] верховая лошадь
saddle-stiching ['sædl'stɪtʃɪŋ] шитьё внакидку
saddle-stitch machine ['sædlstɪtʃ|mə'ʃi:n] вкладочно-швейная машина
saddlefast ['sædlfa:st] крепко держащийся в седле
sadism ['seɪdɪzm] садизм
sadist ['seɪdɪst] садист
sadistic [sə'dɪsɪtɪk] садистский
sadistic killer [sə'dɪstɪk|'kɪlə] убийца-садист
sadness ['sædnɪs] грусть; печаль; скорбь
safari [sə'fa:rɪ] сафари; охотничья экспедиция
safe [seɪf] сейф; несгораемый ящик или шкаф; холодильник; невредимый; неповреждённый; сохранный; в безопасности; осторожный *(о человеке)*
safe conduct ['seɪf'kɔndʌkt] охранное свидетельство; охрана; эскорт; гарантия неприкосновенности
safe deposit ['seɪf|dɪ'pɔzɪt] хранилище; сейф
safe-keeping ['seɪf'ki:pɪŋ] сохранение; хранение
safeguard ['seɪfga:d] гарантия; охрана; охранное свидетельство; предосторожность; охранять; гарантировать
safely ['seɪflɪ] в сохранности; безопасно; благополучно
safety ['seɪftɪ] безопасность; надёжность; сохранность
safety arrangements ['seɪftɪ|ə'reɪnʤmənts] мероприятия по технике безопасности
safety barrier ['seɪftɪ|'bærɪə] защитное ограждение
safety bumper ['seɪftɪ|'bʌmpə] защитный амортизатор
safety chain ['seɪftɪ|'tʃeɪn] предохранительная цепь
safety clutch ['seɪftɪ|'klʌtʃ] предохранительная муфта
safety collar ['seɪftɪ|'kɔlə] предохранительное кольцо
safety coupling ['seɪftɪ|'kʌplɪŋ] предохранительная муфта
safety device ['seɪftɪ|dɪ'vaɪs] предохранитель
safety helmet ['seɪftɪ|'helmɪt] защитная каска
safety island ['seɪftɪ|'aɪlənd] островок безопасности
safety regulations ['seɪftɪ|,regju'leɪʃənz] правила безопасности
safety-belt ['seɪftɪbelt] спасательный пояс; ремень безопасности
safety-catch ['seɪftɪkætʃ] предохранитель
safety-laws ['seɪftɪlɔ:z] правила техники безопасности
safety-marking ['seɪftɪ'ma:kɪŋ] предупредительная разметка
safety-match ['seɪftɪmætʃ] *(безопасная)* спичка
safety-net ['seɪftɪnet] сетка безопасности *(в цирке)*; страховка; подстраховка; гарантия
safety-pin ['seɪftɪpɪn] английская булавка
safety-plug ['seɪftɪplʌg] плавкий предохранитель
safety-razor ['seɪftɪ,reɪzə] безопасная бритва
safety-sign ['seɪftɪ'saɪn] предупредительный знак
saffian ['sæfjən] сафьян

saffron ['sæfr(ə)n] шафран *(бот.)*; шафрановый
saffron milk cap ['sæfr(ə)n|'mılk|kæp] рыжик
sag [sæg] искривление; провисание; прогиб; перекос; оседание; осесть; покоситься; свисать; обвисать
saga ['sɑ:gə] сага; сказание
sagacious [sə'geıʃəs] проницательный; дальновидный; здравомыслящий; благоразумный
sagacity [sə'gæsıtı] проницательность; прозорливость
sage [seıdʒ] мудрец; мыслитель; философ
sage-brush ['seıdʒbrʌʃ] полынь *(бот.)*
sage-green ['seıdʒ'gri:n] серовато-зеленый цвет
sagene ['sɑ:ʒen] сажень
saggy ['sægı] бездеятельный; вялый; отвисший
sagittal ['sædʒıtl] стреловидный
said [sed] *(с определенным артиклем) (выше)*упомянутый; *(выше)*указанный
sail [seıl] парус*(а)*; парусное судно; плавание; крыло ветряной мельницы; плавать; совершать плавание; управлять *(судном)*
sail-cloth ['seılklɔθ] парусина
sailboat (sailing boat) ['seılbout ('seılıŋ|bout)] корабль; парусная шлюпка; швертбот
sailer ['seılə] парусное судно
sailing ['seılıŋ] плавание; мореходство; кораблевождение; навигация; судоходство; парусный спорт; парусный
sailing catamaran ['seılıŋ|kætəmə'ræn] парусный катамаран
sailing-craft ['seılıŋkrɑ:ft] парусное судно
sailing-master ['seılıŋ,mɑ:stə] штурман
sailing-ship ['seılıŋʃıp] парусное судно; парусник
sailor ['seılə] матрос; моряк; матросский
sailorly ['seıləlı] ловкий; понятливый; характерный для моряка
sailplane ['seılpleın] планер
sails ['seılz] паруса
saint [seınt] — полная форма, [sənt, sınt, snt] — редуцированные формы; святой
sainted ['seıntıd] святой; канонизированный; причисленный к лику святых
sainthood ['seınthud] святость
saintly ['seıntlı] безгрешный; безукоризненный
salable ['seıləbl] пользующийся спросом, ходкий *(о товаре)*; сходный *(о цене)*
salacious [sə'leıʃəs] похотливый; сладострастный; вульгарный; непристойный
salacity [sə'læsıtı] похотливость; сладострастие; непристойность
salad ['sæləd] салат; винегрет
salad leek ['sæləd'li:k] лук салатный
salad-bowl ['sælədboul] салатница

salad-days ['sælədeız] пора юношеской неопытности; зеленая юность
salamander ['sælə,mændə] саламандра *(зоол.)*; жаровня
salary ['sælərı] жалованье; оклад; заработная плата
sale [seıl] продажа; отпуск; сбыт; продажа с аукциона, с торгов; распродажа
sale contract [seıl|'kɔntrækt] договор продажи
sales activity ['seılz|æk'tıvıtı] деятельность по продаже *(сбыту)*
sales campaign ['seılz|kæm'peın] кампания по сбыту
sales day-book ['seılz|'deıbuk] книга продаж
sales delivery ['seılz|dı'lıvərı] доставка продажной продукции
sales department ['seılz|dı'pɑ:tmənt] отдел сбыта
sales forecast ['seılz|'fɔ:kɑ:st] подсчет будущих продаж
sales ledger ['seılz|'ledʒə] книга сбыта
sales manager ['seılz|'mænıdʒə] начальник отдела сбыта
sales promotion ['seılz|prə'mouʃən] мероприятия, стимулирующие покупку товара
sales-clerk ['seılzklɑ:k] продавец; торговец
sales-force ['seılzfɔ:s] продавцы
sales-room ['seılzrum] аукционный зал
sales-tax ['seılztæks] налог с оборота
salesmanship ['seılzmənʃıp] умение продавать, торговать
salience ['seıljəns] выпуклость; выступ; клин
salient ['seıljənt] выдающийся; выступающий; выпуклый; заметный; яркий
saline [sə'laın] — *сущ.* ['seılaın] — *прил.* солончак; соляной раствор; солевой; соляной
salinity [sə'lınıtı] соленость
salivary gland ['sælıvərı'glænd] слюнная железа
sallow ['sælou] ива; желтоватый; болезненный *(о цвете лица)*; делать*(ся)* желтым; желтеть
sally ['sælı] вылазка *(воен.)*; прогулка; экскурсия; вспышка *(гнева и т. п.)*; остроумная реплика; острота
salmon ['sæmən] лосось; семга; оранжево-розовый
salon ['sælɔ:ŋ] гостиная; приемная; салон *(франц.)*
saloon [sə'lu:n] салун *(амер.)*; пивная; салон *(на пароходе)*; салон-вагон; кузов автомобиля типа седан
saloon-deck [sə'lu:ndek] пассажирская палуба I класса
salt [sɔ:lt] соль; остроумие; соленый; солить; засаливать; консервировать

salt metabolism [ˈsɔːlt|məˈtæbəlɪzəm] солевой обмен

salt-beef [ˈsɔːltbiːf] солонина

salt-cellar [ˈsɔːlt‚selə] солонка

salt-glaze [ˈsɔːltgleɪz] глазурь; обливка

saltation [sælˈteɪʃ(ə)n] пляска; прыганье; прыжок; скачок

saltatory [ˈsæltət(ə)rɪ] прыгающий; скачущий; скачкообразный; резко меняющийся

salted [ˈsɔːltɪd] соленый

salted butter [ˈsɔːltɪd|ˈbʌtə] соленое масло

saltern [ˈsɔːltəːn] солеварня

salubrious [səˈluːbrɪəs] здоровый; полезный для здоровья; целительный

salubrity [səˈluːbrɪtɪ] крепкое здоровье; условия или свойства, благоприятные для здоровья

salutary [ˈsæljut(ə)rɪ] целительный; благотворный; полезный

salutation [‚sælju(ː)ˈteɪʃ(ə)n] приветствие

salutatory [səˈljuːtət(ə)rɪ] приветственный

salute [səˈluːt] приветствие; салют; здороваться; приветствовать; салютовать; отдавать честь (воен.)

salvage [ˈsælvɪʤ] спасение имущества (на море или от огня); вознаграждение за спасение имущества; спасенное имущество; спасать (судно, имущество)

salvage-car [ˈsælvɪʤˈkaː] автомобиль техпомощи

salvation [sælˈveɪʃ(ə)n] избавление; спасение

Salvation Army [sælˈveɪʃ(ə)n|ˈaːmɪ] Армия спасения

salve [saːv] целебная мазь; средство для успокоения; смягчать; успокаивать

salver [ˈsælvə] поднос

salvo [ˈsælvou]; мн. salvoes [ˈsælvouz] оговорка; ограничение; увертка; отговорка; уловка; ухищрение; оправдание; утешение; залп; батарейная очередь; бомбовый залп; взрыв аплодисментов

salvor [ˈsælvə] спасательный корабль; человек, участвующий в спасении (корабля, имущества)

samba [ˈsæmbə] самба (бразильский танец)

sambo [ˈsæmbou] самбо (потомок смешанного брака индейцев и негров в Латинской Америке)

same [seɪm] тот (же) самый; одинаковый; равный; равносильный; тождественный; идентичный; монотонный; однообразный

sameness [ˈseɪmnɪs] одинаковость; сходство; однообразие

samovar [‚sæmouˈvaː] самовар

sampan [ˈsæmpæn] сампан (китайская лодка)

sample [ˈsaːmpl] образец; образчик; проба; модель; шаблон; испытывать; пробовать

sample pages [ˈsaːmpl|ˈpeɪʤɪz] пробные оттиски страниц для рекламы и переговоров о сбыте

sampler [ˈsaːmplə] образец вышивки; модель; шаблон

sampling [ˈsaːmplɪŋ] отбор проб или образцов; образец; проба; вывод пробного оттиска

sampling analysis [ˈsaːmplɪŋ|əˈnæləsɪs] выборочный анализ

sampling audit [ˈsaːmplɪŋ|ˈɔːdɪt] выборочная проверка

sampling error [ˈsaːmplɪŋ|ˈerə] ошибка выборки

samurai [ˈsæmuraɪ] самурай (японск.)

sanative [ˈsænətɪv] оздоровляющий; целебный

sanatorium [‚sænəˈtɔːrɪəm] санаторий

sanctified [ˈsæŋktɪfaɪd] посвященный; освященный; ханжеский

sanctify [ˈsæŋktɪfaɪ] освящать; очищать от порока; посвящать; одобрять; санкционировать

sanctimony [ˈsæŋktɪmənɪ] лживость; фальшь; ханжество

sanction [ˈsæŋkʃ(ə)n] одобрение; санкция; согласие; поддержка (чего-либо); одобрять; санкционировать; утверждать

sanctity [ˈsæŋktɪtɪ] святость; святыня

sanctuary [ˈsæŋktjuərɪ] святилище; пристанище; убежище; заказник; заповедник

sand [sænd] песок; гравий; песчинки; песчаный пляж; отмель; песочный цвет; посыпать песком; зарывать в песок

sand-dune [ˈsændˈdjuːn] дюна

sand-form [ˈsændfɔːm] форма для песка

sand-glass [ˈsændglaːs] песочные часы

sand-paper [ˈsænd‚peɪpə] наждачная бумага

sandal [ˈsændl] сандалия; сандал; сандаловое дерево

sandbank [ˈsændbæŋk] песчаная отмель; банка

sandbox [ˈsændbɔks] песочница (для детских игр)

sanded [ˈsændɪd] посыпанный, покрытый песком; смешанный с песком

sandpit [ˈsændpɪt] песочница

sandstone [ˈsændstoun] песчаник

sandstorm [ˈsændstɔːm] самум; песчаная буря

sandwich [ˈsænwɪʤ] бутерброд; сандвич; помещать посередине; вставлять (между)

sandy [ˈsændɪ] песчаный; песочный; рыжеватый; зыбкий; непрочный

sandy beach [ˈsændɪ|ˈbiːʧ] песчаный берег

sane [seɪn] нормальный; в своем уме; здравый; благоразумный; рассудительный

sang-froid [ˈsɔːŋˈfrwaː] невозмутимый; хладнокровный (франц.)

sanguinary [ˈsæŋgwɪnərɪ] кровавый; кровопролитный; кровожадный; проклятый

sanguine [ˈsæŋgwɪn] сангвинический; жизнерадостный; оптимистический; румяный

sanguineous [sæŋˈgwɪnɪəs] полнокровный; кровопролитный

sanguivorous [sæŋˈgwɪvərəs] кровососущий (о насекомых)

sanitarian [ˌsænɪˈtɛərɪən] санитарный врач; гигиенист; санитарный

sanitary [ˈsænɪt(ə)rɪ] гигиенический; санитарный

sanitate [ˈsænɪteɪt] улучшать санитарное состояние; оборудовать санузел в помещении

sanitation [ˌsænɪˈteɪʃ(ə)n] оздоровление; улучшение санитарных условий; санитария

sanity [ˈsænɪtɪ] нормальная психика; здравый ум; здравомыслие

sans [sænz] рубленый шрифт; шрифт без засечек (полигр.)

Sanskrit [ˈsænskrɪt] санскрит; санскритский

sap [sæp] сок (растений); жизненные силы; жизнеспособность; истощать; исчерпывать; опустошать

sapid [ˈsæpɪd] вкусный; интересный; содержательный

sapidity [səˈpɪdɪtɪ] вкус; содержательность

sapience [ˈseɪpjəns] мудрость

sapient [ˈseɪpjənt] мудрый

sapiential [ˌseɪpɪˈenʃ(ə)l] благоразумный; глубокий

sapless [ˈsæplɪs] высохший; засохший; засушливый; бездеятельный; безжизненный; вялый; застойный; бессодержательный; неинтересный; пресный; скучный

sapling [ˈsæplɪŋ] молодое деревце; молодое существо

sapor [ˈseɪpə] вкус

sapper [ˈsæpə] сапер

sapphire [ˈsæfaɪə] сапфир; темно-синий

sappy [ˈsæpɪ] сочный; сильный; молодой; полный сил; в соку

Saracen [ˈsærəsn] сарацин (ист.)

sarcasm [ˈsɑːkæzm] сарказм

sarcastic [sɑːˈkæstɪk] саркастический

sarcophagus [sɑːˈkɔfəgəs] саркофаг

sardine [sɑːˈdiːn] сардина

sari [ˈsɑːrɪ(ː)] сари (индийская женская одежда)

sartorial [sɑːˈtɔːrɪəl] портновский; портняжный

sash [sæʃ] кушак; пояс; орденская лента; украшать лентой, поясом

sash-window [ˈsæʃˈwɪndou] подъемное окно

sassy [ˈsæsɪ] дерзкий; развязный; бойкий; живой; оживленный (разг.)

Satan [ˈseɪt(ə)n] сатана

Satanic [səˈtænɪk] сатанинский

satchel [ˈsætʃ(ə)l] сумка; ранец (для книг)

sate [seɪt] перекармливать

sateen [sæˈtiːn] сатин

satellite [ˈsætəlaɪt] приспешник; приверженец; спутник (астр.); искусственный спутник; зависимое государство; государство-сателлит

satellite communication [ˈsætəlaɪtkəˌmjuːnɪˈkeɪʃən] спутниковая связь

satellite-town [ˈsætəlaɪtˈtaun] город-спутник

satiate [ˈseɪʃɪeɪt] насыщать; пресыщать; пресыщенный

satiation [ˌseɪʃɪˈeɪʃ(ə)n] насыщение; пресыщение

satin [ˈsætɪn] атлас; атласный

satiny [ˈsætɪnɪ] атласный; шелковистый

satire [ˈsætaɪə] сатира; ирония; насмешка

satiric(al) [səˈtɪrɪk(əl)] сатирический

satirize [ˈsætəraɪz] высмеивать

satisfaction [ˌsætɪsˈfækʃ(ə)n] удовлетворение; сатисфакция; уплата долга; исполнение обязательства; расплата; искупление грехов

satisfactory [ˌsætɪsˈfækt(ə)rɪ] удовлетворительный; достаточный; приятный; хороший

satisfy [ˈsætɪsfaɪ] удовлетворять; соответствовать; утолять (голод, любопытство и т. п.); убеждать; рассеивать сомнения

saturate [ˈsætʃəreɪt] насыщать; пропитывать; промокший; пропитанный влагой

saturated [ˈsætʃəreɪtɪd] глубокий; интенсивный (о цвете)

saturation [ˌsætʃəˈreɪʃ(ə)n] насыщение; насыщенность; поглотительный

saturation value [ˌsætʃəˈreɪʃ(ə)nˈvæljuː] степень насыщения

Saturday [ˈsætədɪ] суббота

saturnine [ˈsætəːnaɪn] мрачный; угрюмый; свинцовый

satyr [ˈsætə] сатир; развратник; распутник

sauce [sɔːs] соус; гарнир из овощей (разг.); приправлять соусом; придавать пикантность

sauce-boat [ˈsɔːsbout] соусник

saucebox [ˈsɔːsbɔks] нахал(ка)

saucepan [ˈsɔːspən] кастрюля

saucer [ˈsɔːsə] блюдце; поддонник

saucy [ˈsɔːsɪ] дерзкий; нахальный; веселый; живой

sauna [ˈsaunə] финская парная баня; сауна

saunter [ˈsɔːntə] прогулка; медленная походка; гулять; прогуливаться

sausage [ˈsɔsɪdʒ] колбаса; сосиска

sausage roll [ˈsɔsɪdʒˈroul] пирожок с мясом; сосиска, запеченная в булочке

sausage-meat [ˈsɔsɪdʒmiːt] колбасный фарш

savage [ˈsævɪdʒ] дикий; первобытный; невозделанный; необитаемый; пугливый (о животных, птицах и т. п.); буйный; необузданный; бурный; штормовой; грубый, невоспитанный человек; дикарь

savagery [ˈsævɪʤ(ə)rɪ] дикость; жестокость; свирепость

savanna(h) [səˈvænə] саванна; плоскость

savant [ˈsævənt] *(крупный)* ученый

save [seɪv] выручать; спасать; накапливать; оставлять; избавлять *(от чего-либо)*; за исключением; кроме; без; если бы не
to save face — *не ударить лицом в грязь*
to save one's pains — *экономить силы*
to save the day — *спасти положение*

saveloy [ˈsævɪlɔɪ] выдержанная сухая колбаса; сервелат

saver [ˈseɪvə] бережливый человек; вещь, помогающая сберечь деньги, труд и т. п.

saving [ˈseɪvɪŋ] спасительный; бережливый; расчетливый; экономный; избавление; спасение; бережливость; расчет; сбережение; экономия

savings account [ˈseɪvɪŋz|əˈkaunt] сберегательный счет

savings deposit [ˈseɪvɪŋz|dɪˈpɔzɪt] сберегательный вклад

savings-bank [ˈseɪvɪŋzˈbæŋk] сберегательная касса; сберегательный банк

savings-book [ˈseɪvɪŋzˈbuk] сберегательная книжка

saviour [ˈseɪvjə] избавитель; спаситель

savoir-faire [ˈsævwɑːˈfɛə] находчивость *(франц.)*; выдержка; такт

savory [ˈseɪvərɪ] чабрец

savour [ˈseɪvə] особый вкус или запах; привкус; интерес; вкус *(к чему-либо)*; оттенок; примесь; тон; иметь привкус или запах; отдавать чем-либо; приправлять
to savour of — *сравнивать; сличать; ставить наравне; сравниться; выдерживать сравнение; уподоблять*

savourless [ˈseɪvəlɪs] пресный

savoury [ˈseɪv(ə)rɪ] вкусный; острый; соленый; приятный; привлекательный

savvey [ˈsævɪ] сообразительность; здравый смысл; понимать; постигать; соображать

saw [sɔː] пила; пилить(ся); распиливать

saw-edged [ˈsɔːˈreʤd] зазубренный; пилообразный

saw-horse [ˈsɔːhɔːs] козлы для пилки дров

saw-mill [ˈsɔːmɪl] лесопильный завод

sawder [ˈsɔːdə] лесть; комплименты

sawdust [ˈsɔːdʌst] опилки

sawfish [ˈsɔːfɪʃ] рыба-пила

sawyer [ˈsɔːjə] пильщик

saxboard [ˈsæksbɔːd] фальшборт

Saxon-blue [ˈsæksnˈbluː] темно-голубой цвет

saxophone [ˈsæksəfoun] саксофон

say [seɪ] говорить; сказать; произносить вслух; повторять наизусть; иметь мнение; считать; полагать; показывать; указывать; мнение; слово; авторитет; влияние
to say no — *отрицать; отказать*
to say no more — *замолчать*
to say nothing of — *не говоря о*
to say over — *повторять*

say-so [ˈseɪsou] непререкаемый авторитет; распоряжение; авторитетное заявление *(разг.)*

saying [ˈseɪɪŋ] поговорка; присловье

scabbard [ˈskæbəd] ножны

scabrous [ˈskeɪbrəs] шероховатый; шершавый; деликатный; щекотливый

scad [skæd] ставрида

scaffold [ˈskæf(ə)ld] леса; эшафот; плаха; обстраивать лесами; поддерживать; подпирать; нести *(на себе)* нагрузку

scaffolding [ˈskæf(ə)ldɪŋ] леса; подмостки

scald [skɔːld] ожог; обваривать; ошпаривать; скальд *(сканд.)*

scalded [ˈskɔːldɪd] обваренный; пастеризованный

scalding [ˈskɔːldɪŋ] обжигающий; жгучий; едкий; язвительный

scale [skeɪl] чешуя *(у рыб и т. п.)*; шелуха; чистить, соскабливать чешую; шелушиться; весы; взвешивать; весить; ступень, уровень *(развития)*; масштаб; размер; градация; шкала; масштабная линейка; гамма *(муз.)*; подниматься; взбираться *(по лестнице и т. п.)*; сводить к определенному масштабу; масштабировать; определять масштаб; изображать в; регулировать *(количество, объем и т. п. чего-либо)*; быть соизмеримыми, сопоставимыми

scale-leaf [ˈskeɪlliːf] прилистник; чешуйчатый лист

scalene triangle [ˈskeɪliːnˈtraɪæŋgl] неравносторонний треугольник *(мат.)*

scaling-ladder [ˈskeɪlɪŋˈlædə] стремянка; пожарная лестница

scallop [ˈskɔləp] гребешок *(моллюск) (зоол.)*; створка раковины гребешка

scalp [skælp] кожа черепа; скальп; скальпировать; раскритиковать

scalpel [ˈskælpəl] скальпель

scaly [ˈskeɪlɪ] чешуйчатый; покрытый накипью, отложениями

scamper [ˈskæmpə] быстрый бег; пробежка; беглое чтение; поспешное бегство

scampish [ˈskæmpɪʃ] непутевый; плутоватый

scan [skæn] сканирование; пристально разглядывать; изучать; бегло просматривать; скандировать *(о стихах)*; разлагать изображение *(телевид.)*; сканировать; развертывать *(полигр.)*

scandal ['skændl] позорный, неприличный поступок; злословие; сплетни
scandalize ['skændəlaız] возмущать; шокировать; злословить; сплетничать
scandalmonger ['skændl,mʌŋgə] сплетник
scandalous ['skændələs] позорный; постыдный; клеветнический
scandalous behaviour ['skændələs|bı'heıvjə] скандальное поведение
scanner ['skænə] сканер; сканирующее устройство
scanning ['skænıŋ] сканирование; считывание; электронное цветоделение
scant [skænt] скудный; недостаточный
scantling ['skæntlıŋ] весьма небольшое количество; стеллаж для бочек
scanty ['skæntı] недостаточный; ограниченный; скудный
scape [skeıp] стебель (растения); черешок
scapula ['skæpjulə] лопатка (анат.), (техн.)
scar [ska:] рубец; шрам; оставлять шрам; зарубцовываться; рубцеваться; скала; утес
scarab ['skærəb] скарабей (жук)
scaramouch ['skærəmautʃ] Скарамуш (персонаж итальянской комедии dell'arte); хвастливый трус
scarce [skɛəs] дефицитный; недостаточный; скудный; редкий
scarcely ['skɛəslı] едва; как только; только что; едва ли; вряд ли; с трудом
scarcity ['skɛəsıtı] недостаток; нехватка; дефицит; раритет; редкость; уникум
scare [skɛə] внезапный испуг; паника; пугать; испугать; напугать
scare-head(ing) ['skɛəhed(ıŋ)] сенсационный заголовок (в газете)
scarecrow ['skɛəkrou] пугало; чучело
scared [skɛəd] испуганный
scaremonger ['skɛə,mʌŋgə] паникер
scarf [ska:f] шарф; галстук; скос; косой край или срез; резать вкось; скашивать; обтесывать края, углы
scarf-pin ['ska:fpın] булавка для галстука
scarify ['skɛərıfaı] жестоко раскритиковать; разрыхлять почву перед посевом
scarlet ['ska:lıt] алый; ярко-красный цвет
scarlet-fever ['ska:lıt'fi:və] скарлатина
scarp [ska:p] крутой откос; делать отвесным или крутым
scarring ['ska:rıŋ] рубцевание; рубцы
scary ['skɛərı] жуткий; зловещий; пугливый (разг.)
scathe [skeıð] вред; убыток; ущерб; причинять вред; губить
scatheless ['skeıðlıs] невредимый; неповрежденный
scathing ['skeıðıŋ] враждебный; едкий; жестокий
scatter ['skætə] разбрасывать; раскидывать; посыпать; усыпать; разгонять; рассеивать
scatter-proof ['skætəpru:f] пробный оттиск иллюстрации
scattered ['skætəd] рассыпанный; разбросанный (о домах, предметах); изолированный; отдельный
scattershot ['skætəʃɔt] естественный; незапланированный
scavenge ['skævındʒ] убирать мусор (с улиц); рыться, копаться в отбросах (в поисках пищи и т. п.)
scavenger ['skævındʒə] уборщик мусора; метельщик улиц; животное, птица или рыба, питающиеся падалью; писатель, смакующий грязные темы
scenario [sı'na:rıou] сценарий (итал.)
scenarist ['si:nərıst] сценарист
scene [si:n] место действия (в пьесе, романе и т. п.); место происшествия, события; сцена; явление (в пьесе); пейзаж; картина; зрелище
scene-dock ['si:ndɔk] склад декораций
scene-painter ['si:n,peıntə] художник-декоратор
scenery ['si:nərı] декорации; декорация; вид; ландшафт; пейзаж
scenic ['si:nık] сценический; театральный; живописный; красивый; декоративный
scent [sent] запах; духи; отметина; отпечаток; след; нюх; чутье
sceptic ['skeptık] скептик
sceptical ['skeptık(ə)l] скептический
scepticism ['skeptısızm] скептицизм
sceptre ['səptə] скипетр
schedule ['ʃedju:l] список; перечень; каталог; расписание; график; план; программа; составлять (список, опись и т. п.); составлять (или включать в) расписание
schedule of accounts payable ['ʃedju:l|əv|ə'kaunts|'peıəbl] реестр кредиторской задолженности (фин.)
schedule of accounts receivable ['ʃedju:l|əv|ə'kaunts|rı'si:vəbl] реестр дебиторской задолженности (фин.)
schedule-net ['ʃedju:lnet] сетевой график
schema ['ski:mə] схема; план; программа; схима (церк.)
schematic [skı'mætık] схематический
scheme [ski:m] план; проект; программа; построение; схема; диаграмма; расположение; система; интрига; махинация; конспект; краткое изложение; плести интриги; интриговать; планиро-

SCH — SCO

вать; проектировать; составлять план; рассчитывать

schemer [ˈskiːmə] заговорщик; интриган; прожектер

schism [ˈsɪzm] ересь; схизма

schismatic [sɪzˈmætɪk] раскольнический; фракционный; раскольник; схизматик

schistose [ˈʃɪstous] расслоенный; слоистый

schizoid [ˈskɪtsɔɪd] шизоидный; шизофреник

schizophrenia [ˌskɪtsouˈfriːnjə] шизофрения

scholar [ˈskɔlə] ученый; филолог-классик; стипендиат

scholarly [ˈskɔləlɪ] ученый; свойственный ученым

scholarly (scientific) approach [ˈskɔləlɪ|(ˌsaɪənˈtɪfɪk)əˈproutʃ] научный подход; научный метод

scholarship [ˈskɔləʃɪp] образованность; познания; стипендия

scholastic [skəˈlæstɪk] учительский; преподавательский; школьный; схоластический; ученый

scholasticism [skəˈlæstɪsɪzm] схоластика

school [skuːl] школа; обучение; учение; занятия в школе; уроки; школа, направление (*в науке, литературе, искусстве*); учебный; школьный; дисциплинировать; сдерживать; усмирять

school contractor [ˈskuːl|kənˈtræktə] фирма, издающая учебную литературу

school-band [ˈskuːlˈbænd] школьный оркестр

school-board [ˈskuːlbɔːd] школьный совет

school-book [ˈskuːlbuk] учебник; учебное пособие

school-leaver [ˈskuːlˈliːvə] ученик, бросивший школу; абитуриент; выпускник

school-satchel [ˈskuːlˈsætʃəl] ранец

school-teacher [ˈskuːlˌtiːtʃə] школьный учитель; педагог

school-time [ˈskuːltaɪm] часы занятий; годы учения; школьные годы

schoolable [ˈskuːləbl] подлежащий обязательному школьному обучению; поддающийся обучению

schoolboy [ˈskuːlbɔɪ] ученик; школьник; мальчишеский

schooled [skuːld] выученный; обученный

schoolgirl [ˈskuːlgəːl] ученица; школьница

schooling [ˈskuːlɪŋ] (*школьное*) обучение; плата за обучение

schoolmaster [ˈskuːlˌmɑːstə] школьный учитель; педагог; воспитатель; наставник

schoolmasterly [ˈskuːlˌmɑːstəlɪ] менторский; наставнический; нравоучительный

schoolmate [ˈskuːlmeɪt] школьный товарищ

schoolmiss [ˈskuːlmɪs] школьница; застенчивая, наивная девушка

schoolmistress [ˈskuːlˌmɪstrɪs] школьная учительница

schoolroom [ˈskuːlrum] класс; классная комната; аудитория

schooner [ˈskuːnə] шхуна

science [ˈsaɪəns] наука; умение; ловкость; искусство

science fiction [ˈsaɪənsˈfɪkʃən] научно-фантастическая литература

science intensive [ˈsaɪənsɪnˈtensɪv] наукоемкий

science of science [ˈsaɪəns|əvˈsaɪəns] науковедение

sciential [saɪˈenʃ(ə)l] научный; знающий; ученый

scientific [ˌsaɪənˈtɪfɪk] научный; высокого класса (*о спортсмене*)

scientific brainpower [ˌsaɪənˈtɪfɪkˈbreɪnpauə] научные кадры

scientific literature [ˌsaɪənˈtɪfɪkˈlɪtərɪtʃə] научная литература

scientific witness [ˌsaɪənˈtɪfɪkˈwɪtnɪs] свидетель-эксперт

scientific, technical and medical publishing [ˌsaɪənˈtɪfɪk,ˈteknɪkəl|əndˈmedɪkəl|ˈpʌblɪʃɪŋ] издание литературы по науке, технике и медицине

scientist [ˈsaɪəntɪst] ученый; естествоиспытатель

scintilla [sɪnˈtɪlə] искра; крупица (*перен.*)

scintillate [ˈsɪntɪleɪt] сверкать; искриться; мерцать

scintillating [ˈsɪntɪleɪtɪŋ] живой; жизненный; интересный

scintillation [ˌsɪntɪˈleɪʃ(ə)n] сверкание; блеск

sciolism [ˈsaɪoulɪzm] мнимая ученость; наукообразие

sciolist [ˈsaɪoulɪst] лжеученый

scion [ˈsaɪən] побег (*растения*); отпрыск; потомок

scission [ˈsɪʒ(ə)n] разделение; разрезание

scissors [ˈsɪzəz] ножницы

scissors-and-paste job [ˈsɪzəzəndˌpeɪstˈdʒɔb] макетирование оригинала

sclerotic coat [sklɪəˈrɔtɪkˈkout] склера

scobs [skɔbz] опилки; стружки; окалина; шлак

scoff [skɔf] насмешка; посмешище; насмехаться; осмеивать

scoffer [ˈskɔfə] насмешник

scold [skould] бранить(ся); распекать; брюзжать; ворчать

scolding [ˈskouldɪŋ] нагоняй; брань

sconce [skɔns] канделябр; бра; подсвечник; голова или череп; смекалка; сообразительность; штрафовать

scoop [skuːp] лопатка; совок; черпак; разливательная ложка; ковш; черпание; котлован; впадина; углубление; черпать; вычерпывать; копать; выкапывать; выдалбливать; высверливать

scoop-net ['sku:pnet] сачок

scooter ['sku:tə] детский самокат; мотороллер; скутер *(гидроцикл)*

scop [skɔp] средневековый английский поэт; менестрель

scope [skoup] границы, рамки, пределы *(возможностей, знаний и т. п.)*; возможности; простор *(для передвижения, действий, мысли и т. п.)*

scorch [skɔ:tʃ] ожог; пятно от ожога; опалять*(ся)*; подпаливать*(ся)*; обжигать; сжигать дотла; полностью уничтожать; мчаться с бешеной скоростью *(разг.)*

scorched [skɔ:tʃt] выжженный; спаленный

scorcher ['skɔ:tʃə] жаркий день; лихач *(об автомобилисте и т. п.) (разг.)*

scorching ['skɔ:tʃɪŋ] палящий; жаркий; знойный; жестокий; уничтожающий *(о критике)*

score [skɔ:] зарубка; бороздка; метка; надрез; счет; задолженность *(в лавке, ресторане и т. п.)*; счет очков *(в игре)*; удача; множество; основание; причина; делать зарубки, отметки; засчитывать; записывать в долг; выигрывать; иметь успех

score-board ['skɔ:bɔ:d] табло

scorer ['skɔ:rə] счетчик очков; маркер; игрок, забивающий мяч

scoria ['skɔ:rɪə] шлак; окалина

scorn [skɔ:n] презрение; пренебрежение; насмешка; объект презрения; презирать; пренебрегать

scornful ['skɔ:nful] презрительный; насмешливый

scorpion ['skɔ:pjən] скорпион

scot [skɔt] шотландец; скотт *(ист.)*

scot-free ['skɔt'fri:] невредимый; неповрежденный; ненаказанный; безнаказанно

scotch [skɔtʃ] шотландцы; шотландский диалект; шотландское виски *(разг.)*; выемка; вырез; надрез; калечить; обезображивать; подавлять; удерживать; задерживать; замедлять

scoundrel ['skaundr(ə)l] негодяй; подлец

scoundrelly ['skaundrəlɪ] низкий; подлый

scour ['skauə] мытье; чистка; промоина; размыв; чистить; оттирать; мыть; промывать; избавлять; освобождать; рыскать; бегать *(в поисках чего-либо)*

scourge [skə:dʒ] плеть; бич; бедствие; бичевать; карать; наказывать

scout [skaut] разведчик; бойскаут; поиск; разведка; шпионаж; вести разведку; разведывать; отвергать *(что-либо)*; пренебрегать *(чем-либо)*

scowl [skaul] хмурый вид; сердитый взгляд; хмуриться; смотреть сердито; бросать сердитый взгляд

scrabble ['skræbl] царапать; взбираться; восходить; карабкаться

scraggy ['skrægɪ] тощий

scramble ['skræmbl] свалка; драка; борьба *(за овладение)*; карабкаться; продираться; протискиваться; драться; бороться за обладание *(чем-либо)*; взбалтывать

scrannel ['skrænl] тощий; жалкий; скрипучий

scrap [skræp] клочок; кусочек; лоскуток; объедки; остатки; вырезка из газеты; отдавать на слом; превращать в лом; выбрасывать за ненадобностью; драка; стычка; драться

scrap-book ['skræpbuk] альбом для наклеивания вырезок

scrap-heap ['skræphi:p] свалка; помойка

scrap-yard ['skræpja:d] свалка; мусорная яма; помойка

scrape [skreɪp] скобление; царапина; скрип; затруднение; неприятная ситуация; скоблить; скрести*(сь)*; задевать; шаркать; скрипеть

to scrape away — отчищать; отскабливать
to scrape together — сгребать *(в одну кучу)*; собрать с трудом *(группу и т. п.)*

scraper ['skreɪpə] железная скоба; железная сетка у входа; скребок; скряга; скупой

scrappy ['skræpɪ] состоящий из остатков, обрывков; бессвязный; обрывочный; фрагментарный

scratch [skrætʃ] царапина; росчерк; пометка; каракули; почесывание; расчесывание; скрип; царапанье; чирканье; метка; насечка; случайный; разношерстный; царапать*(ся)*; скрести*(сь)*; расчесывать; чесать*(ся)*; рыть когтями; рыться *(в земле)*; чиркать

scratch-wig ['skrætʃwɪɡ] накладка из волос

scratchy ['skrætʃɪ] грубый, неискусный *(о рисунке)*; скрипучий; царапающий *(о пере)*; шершавый; грубый *(о ткани)*

scrawl [skrɔ:l] небрежно, наспех написанная записка; небрежный почерк; писать каракулями

screak [skri:k] пронзительно скрипеть; визжать

scream [skri:m] вопль; пронзительный крик; пронзительно кричать; вопить; визжать

screamer ['skri:mə] превосходный экземпляр *(разг.)*; книга, кинофильм и т. п., производящие сильное впечатление или вызывающие неудержимый смех *(разг.)*; сенсационный заголовок *(амер.)*

screaming ['skri:mɪŋ] кричащий *(о цвете, газетном заголовке и т. п.)*; уморительный

screamingly ['skri:mɪŋlɪ] в высшей степени; очень

screamy ['skri:mɪ] крикливый; визгливый; кричащий *(о красках)*

screech [skri:tʃ] визгливый или хриплый крик; скрип; визг *(тормозов и т. п.)*; визгливо или хрипло кричать; визжать; скрипеть

screed [skri:d] длинная скучная речь, статья и т. п.

screen [skri:n] ширма; экран; щит; доска (для объявлений); киноэкран; радиоэкран; сито; растр (полигр.); защищать; прикрывать; укрывать; экранизировать; снимать в кино

screen adaptation [ˈskri:n|ˌædæpˈteɪʃən] экранизация

screen intensity [ˈskri:n|ɪnˈtensɪtɪ] яркость экрана

screen line number [ˈskri:n|ˈlaɪn|ˌnʌmbə] линиатура растра

screen-angle [ˈskri:nˈæŋgl] угол поворота растра

screen-play [ˈskri:npleɪ] сценарий

screen-printing [ˈskri:nˈprɪntɪŋ] трафаретная печать

screen-ruling [ˈskri:nˈru:lɪŋ] линиатура растра

screen-washer [ˈskri:nˈwɔʃə] стеклоомыватель

screen-writer [ˈskri:nˌraɪtə] кинодраматург; сценарист

screened image [ˈskri:ndˈɪmɪdʒ] растрированное изображение

screened print [ˈskri:ndˈprɪnt] печать с помощью трафарета

screening [ˈskri:nɪŋ] просеивание; отбор; отсев

screw [skru:] болт; винт; шуруп; поворот винта; винтовой; привинчивать; завинчивать; скреплять винтами; выжимать; скаредничать; скряжничать; вертеть(ся); крутить(ся)

screw adjustment [ˈskru:əˈdʒʌstmənt] регулировка винта

screw clip [ˈskru:ˈklɪp] винтовой зажим

screw wrench [ˈskru:ˈrentʃ] разводной гаечный ключ

screw-boss [ˈskru:bɔs] ступица гребного винта (техн.)

screw-cap jar [ˈskru:kæpˈdʒa:] сосуд с завинчивающейся пробкой

screw-clamp [ˈskru:klæmp] струбцина

screw-clutch [ˈskru:ˈklʌtʃ] сцепная муфта

screw-disc [ˈskru:dɪsk] диск гребного винта

screw-driver [ˈskru:ˌdraɪvə] отвертка

screw-head [ˈskru:hed] головка винта

screw-nut [ˈskru:nʌt] гайка

screw-pitch [ˈskru:pɪtʃ] шаг резьбы винта

screw-propeller [ˈskru:prəˌpelə] гребной винт

screwed union clutch [ˈskru:dˈju:njənˈklʌtʃ] двоичная винтовая муфта

screwy [ˈskru:ɪ] подозрительный; сомнительный; странный; прижимистый; скупой

scribal copy [ˈskraɪb(ə)lˈkɔpɪ] рукописная копия

scribble [ˈskrɪbl] небрежный или неразборчивый почерк; каракули; писать быстро и небрежно

scribe [skraɪb] писец; переписчик; помощник; референт; секретарь; размечать; ставить метки; помечать

scrimmage [ˈskrɪmɪdʒ] драка; свалка; участвовать в схватке

scrimp [skrɪmp] скупиться (на что-либо); урезывать

scrimpy [ˈskrɪmpɪ] недостаточный; скудный; скупой

script [skrɪpt] почерк; рукописный шрифт; письменная работа экзаменующегося; писать сценарий (для кино, телевидения или радио); литературный сценарий

script-girl [ˈskrɪptgə:l] помощница режиссера

script-writer [ˈskrɪptˌraɪtə] сценарист; автор беседы или лекции по радио

scriptural [ˈskrɪptʃ(ə)r(ə)l] библейский; относящийся к Священному Писанию

scripture [ˈskrɪptʃə] Священное Писание; библейский

scroll [skroul] завиток (муз.); манускрипт; свиток; завиток (подписи); росчерк; перечень; список; спираль

scroll-work [ˈskroulwə:k] орнамент в виде завитков

Scrooge [skru:dʒ] скряга (разг.)

scroop [skru:p] скрип; скрипеть

scrounge [skraundʒ] добыть; украсть; попрошайничать; жить за чужой счет (разг.)

scrub [skrʌb] кустарник; поросль; малорослое существо; ничтожный человек; жесткая щетка; поденщик, выполняющий тяжелую, грязную работу; тереть; скрести; чистить; мыть щеткой; скраб (косметическое средство для очищения кожи лица)

scrubber [ˈskrʌbə] скребок

scrubbing-brush [ˈskrʌbɪŋˈbrʌʃ] жесткая щетка

scrubby [ˈskrʌbɪ] низкий; низкорослый; жалкий; захудалый; незначительный; поросший кустарником; заросший щетиной

scrubland [ˈskrʌblænd] лесной район

scruff [skrʌf] загривок

scrummage [ˈskrʌmɪdʒ] схватка вокруг мяча

scruple [ˈskru:pl] крупица; сомнения; колебания; угрызения совести; стесняться; не решаться (на что-либо)

scrupulosity [ˌskru:pjuˈlɔsɪtɪ] щепетильность; добросовестность; честность

scrupulous [ˈskru:pjuləs] щепетильный; совестливый; добросовестный; доскональный; скрупулезный; тщательный

scrutator [skru:ˈteɪtə] внимательный исследователь (чего-либо)

scrutinize [ˈskru:tɪnaɪz] внимательно рассматривать; тщательно исследовать

scrutiny [´skru:tını] испытующий взгляд; внимательный осмотр, исследование; проверка правильности результатов выборов

scud [skʌd] стремительное плавное движение; порыв ветра; шквал; мчаться; нестись; скользить

scuff [skʌf] идти волоча ноги; истереть(ся); износить(ся)

scuffle [skʌfl] драка; шарканье (ногами); драться; кое-как, наспех делать (что-либо); ходить, шаркая ногами, волоча ноги

scull [skʌl] парное весло; кормовое короткое весло; грести парными вёслами; грести кормовым веслом

sculler [´skʌlə] гребец парными вёслами; маленькая двухвесельная лодка; ялик

sculp [skʌlp] ваять; лепить (разг.)

sculptor [´skʌlptə] ваятель; скульптор

sculptress [´skʌlptrıs] женщина-скульптор

sculptural [´skʌlptʃ(ə)r(ə)l] скульптурный

sculpture [´skʌlptʃə] ваяние; изваяние; скульптура; складки на земной коре; ваять; высекать; лепить; выветривать; размывать

sculpturesque [‚skʌlptʃə´resk] пластический; пластичный; скульптурный

scum [skʌm] накипь; пена; отбросы; опустившийся человек; снимать пену; пениться

scummy [´skʌmı] пенистый; низкий; подлый

scunner [´skʌnə] отвращение; испытывать отвращение

scupper [´skʌpə] напасть врасплох и перебить; вывести из строя, потопить (судно и команду)

scurf [skə:f] перхоть; налёт; отложения

scurfy [´skə:fı] покрытый перхотью; покрытый налётом, отложениями

scurrility [skʌ´rılıtı] грубость; непристойность

scurrilous [´skʌrıləs] грубый; непристойный; невежливый

scurrilous behaviour [´skʌrıləs|bı´heıvjə] непристойное поведение

scurry [´skʌrı] быстрое, стремительное движение; беготня; суета; ливень или снегопад с сильным ветром; бег, скачки на короткую дистанцию; поспешно двигаться; бежать; сновать; суетиться; спешить; делать кое-как, наспех

scurvy [´skə:vı] цинга (болезнь); низкий; подлый; презренный

scut [skʌt] короткий хвост (зайца, кролика, оленя)

scuttle [´skʌtl] люк; иллюминатор; стремительное бегство; торопливая походка; поспешно бежать; спешить; суетиться

scythe [saıð] коса; косить

sea [si:] море; волнение (на море); огромное количество (чего-либо); морской; приморский

sea girdle [´si:|´gə:dl] морская капуста

sea horse [´si:|hɔ:s] морской конёк

sea lamprey морская минога

sea law [´si:|´lɔ:] морское право

sea-bathing [´si:´beıðıŋ] купание в море

sea-biscuit [´si:´bıskıt] сухарь; галета

sea-borne [´si:bɔ:n] перевозимый по морю

sea-breeze [´si:´bri:z] ветер с моря; морской бриз

sea-calf [´si:ka:f] тюлень (зоол.)

sea-chest [´si:tʃest] матросский сундучок

sea-craft [´si:kra:ft] морские суда; морской флот; искусство кораблевождения

sea-dog [´si:dɔg] тюлень; налим; свечение моря в тумане; опытный моряк; морской волк

sea-dragon [´si:´drægən] морской дракон; пегас (ихт.)

sea-floor [´si:´flɔ:] морское дно

sea-going [´si:‚gouıŋ] дальнего плавания (о судне); мореходный

sea-green [´si:´gri:n] цвета морской волны

sea-gull [´si:gʌl] чайка

sea-king [´si:´kıŋ] викинг

sea-line [´si:´laın] береговая линия; линия горизонта (в море)

sea-maid [´si:meıd] русалка; морская нимфа

sea-power [´si:‚pauə] морская держава

sea-rover [´si:´rouvə] морской пират; пиратский корабль

sea-serpent [´si:´sə:pənt] морская змея

sea-swallow [´si:´swɔlou] крачка

sea-train [´si:´treın] морской железнодорожный паром

sea-wall [´si:´wɔ:l] дамба; запруда; плотина

sea-way [´si:weı] фарватер; судоходная часть моря; волнение на море

seaboard [´si:bɔ:d] берег моря; побережье; приморье; приморский; прибрежный

seafaring [´si:‚fɛərıŋ] мореплавание; навигация; судоходство; мореходный

seal [si:l] тюлень (зоол.); котиковый мех; печать; клеймо; гарантия; доказательство; знак; герметик; мастика; замазка; ставить печать; скреплять печатью; скреплять (сделку и т. п.); опечатывать; пломбировать; торжественно узаконить

to seal off — плотно закрывать; перекрывать; окружать; блокировать

seal-ring [´si:lrıŋ] перстень с печаткой

sealed [si:ld] запечатанный; малопонятный; неизвестный

sealed chamber [´si:ld|´tʃeımbə] герметичная камера

sealer [´si:lə] охотник на тюленей; зверобойное судно

sealery [´si:lərı] лежбище тюленей

sealing end [´si:lıŋ|´end] торцевая муфта

SEA — SEC

sealing washer [ˈsiːlɪŋˈwɔʃə] уплотнительная шайба

sealing-wax [ˈsiːlɪŋwæks] сургуч

seam [siːm] шов; рубец; морщина; бороздить; покрывать рубцами; сшивать; соединять швами

seaman [ˈsiːmən] моряк; матрос

seamanship [ˈsiːmənʃɪp] искусство мореплавания; морская практика

seamless [ˈsiːmlɪs] без шва; из одного куска; цельнотянутый (о трубах)

seamstress [ˈsemstrɪs] швея

seamy [ˈsiːmɪ] покрытый швами

seance [ˈseɪɑːns] заседание (франц.); встреча; собрание; спиритический сеанс

seaport [ˈsiːpɔːt] портовый город; морской порт

sear [sɪə] сухой (книж.); увядший; иссушать; опалять; прижигать; ожесточать

search [sɜːtʃ] поиски; обыск; исследование; изучение; поисковый; искать; разыскивать; обыскивать; производить обыск; исследовать; проникать

search activities [ˈsɜːtʃækˈtɪvɪtɪz] поисковые мероприятия

search witness [ˈsɜːtʃˈwɪtnɪs] понятой при обыске

search-light [ˈsɜːtʃlaɪt] прожектор

search-party [ˈsɜːtʃˌpɑːtɪ] поисковая группа

searcher [ˈsɜːtʃə] лицо, производящее обыск, осмотр; таможенный досмотрщик; поисковое судно (рыболовного флота)

searching [ˈsɜːtʃɪŋ] тщательный (об исследовании); испытующий (о взгляде); пронизывающий (о ветре)

seared [sɪəd] ослабленный; притупленный

seashore [ˈsiːˈʃɔː] морской берег; морское побережье

seasickness [ˈsiːˈsɪknɪs] морская болезнь

seaside [ˈsiːˈsaɪd] морской курорт; приморский

season [ˈsiːzn] время года; сезон; период; пора; подходящее время; подходящий момент; сезонный; закалять; приучать; приправлять; придавать интерес, пикантность

season-ticket [ˈsiːznˈtɪkɪt] сезонный билет; абонемент

seasonable [ˈsiːznəbl] по сезону; своевременный; уместный

seasonal [ˈsiːzənl] сезонный

seasoned [ˈsiːznd] выдержанный (о товаре); бывалый; закаленный; опытный; приправленный (о пище)

seat [siːt] сиденье; место (в театре, на стадионе и т. п.); билет; должность; пост; местонахождение; усадьба; усаживать; предоставлять место; назначать на должность; проводить (кандидата в парламент и т. п.); снабжать стульями; вмещать; поселять

seat adjuster [ˈsiːtəˈdʒʌstə] регулятор положения сиденья

seat of the company [ˈsiːtəvðəˈkʌmpənɪ] местонахождение компании, общества

seat of the trouble [ˈsiːtəvðəˈtrʌbl] корень зла

seat of war [ˈsiːtəvˈwɔː] театр военных действий

seat-back [ˈsiːtbæk] спинка сиденья

seat-belt [ˈsiːtbelt] ремень безопасности

seating [ˈsiːtɪŋ] рассаживание; усаживание; обеспечение местами для сидения (стульями, креслами и т. п.); места для сидения; сидячие места

seating frame [ˈsiːtɪŋˈfreɪm] фундаментная рама

seaward [ˈsiːwəd] направленный к морю; к морю; в сторону моря

seaweed [ˈsiːwiːd] морская водоросль

seaworthy [ˈsiːˌwəːðɪ] обладающий хорошими мореходными качествами

secant [ˈsiːk(ə)nt] секущая; секанс; пересекающий; секущий

secateurs [ˈsekətəːz] садовые ножницы; секатор (франц.)

secede [sɪˈsiːd] отделяться; откалываться; отходить

secession [sɪˈseʃ(ə)n] выход (из партии, союза и т. п.); раскол; отделение

secessionist [sɪˈseʃnɪst] отступник; раскольник

seclude [sɪˈkluːd] отделять; изолировать

secluded [sɪˈkluːdɪd] уединенный; укромный

seclusion [sɪˈkluːʒ(ə)n] уединение

second [ˈsek(ə)nd] секунда (мера времени, угла); мгновение; второй; другой; повторный; вторичный; вспомогательный; добавочный; второстепенный; второсортный; помощник; следующий по рангу; получивший второй приз, вторую премию; второй класс (в поезде, на пароходе и т. п.); секундант; второе число; поддерживать; помогать; подкреплять; быть секундантом; петь партию второго голоса; во-вторых, вторым номером; во второй группе

second chamber [ˈsek(ə)ndˈtʃeɪmbə] верхняя палата (парламента)

second colour [ˈsek(ə)ndˈkʌlə] второй цвет

second hand [ˈsek(ə)ndˈhænd] секундная стрелка

second nature [ˈsek(ə)ndˈneɪtʃə] вторая натура

second quality [ˈsek(ə)ndˈkwɔlɪtɪ] второй сорт

second trial [ˈsek(ə)ndˈtraɪəl] повторное рассмотрение дела

second-class [ˈsek(ə)n(d)ˈklɑːs] второклассный; второсортный; низкого качества

second-class travel accommodation [ˈsek(ə)ndklɑːsˈtrævlˌkəməˈdeɪʃən] место в вагоне второго класса (в салоне второго класса или в каюте второго класса)

second-degree burn ['sek(ə)nddɪˌgriː'bɜːn] ожог средней степени тяжести; ожог второй степени

second-guess ['sekənd'ges] предвидеть; предугадать; провидеть

second-hand ['sek(ə)nd'hænd] подержанный; из вторых рук *(об информации и т. п.)*

second-in-command ['sekəndˌɪnkə'mɑːnd] заместитель командующего, командира

second-rate ['sek(ə)nd'reɪt] посредственный

second-string ['sekəndstrɪŋ] дублер

second-thought ['sekəndθɔːt] переоценка; пересмотр *(задним числом)*

second-wind ['sekəndwɪnd] второе дыхание; прилив новых сил

secondary ['sek(ə)nd(ə)rɪ] вторичный; вспомогательный; второстепенный; средний *(об образовании)*; подчиненный; представитель

secondary boycott ['sek(ə)nd(ə)rɪ'bɔɪkət] повторный бойкот

secondary character ['sek(ə)nd(ə)rɪ'kærɪktə] вторичный половой признак

secondary planet ['sek(ə)nd(ə)rɪ'plænɪt] спутник; малая планета

secondary product ['sek(ə)nd(ə)rɪ'prɔdəkt] вторичный продукт

secondary school ['sek(ə)nd(ə)rɪ'skuːl] средняя школа

secondary venturi ['sek(ə)nd(ə)rɪ|ven'tjuː(ə)rɪ] смесительная камера

seconder ['sek(ə)ndə] поддерживающий предложение; выступающий за *(проект, предложение)*

secondly ['sek(ə)ndlɪ] во-вторых

secondment [sɪ'kɔndmənt] командирование

secrecy ['siːkrɪsɪ] тайна; загадка; секрет; скрытность

secret ['siːkrɪt] загадка; секрет; тайна; секретный; тайный; потайной; скрытный; уединенный; укромный

secret agent ['siːkrɪt'eɪʤənt] секретный агент

secret ballot ['siːkrɪt'bælət] тайное голосование

secret profit ['siːkrɪt'prɔfɪt] скрытая прибыль

secret treaty ['siːkrɪt'triːtɪ] тайный договор

secretaire [ˌsekrɪ'tɛə] секретер *(франц.)*; бюро; письменный стол

secretarial [ˌsekrə'tɛərɪəl] секретарский

secretariat(e) [sekrə'tɛərɪət] секретариат; должность секретаря

secretary ['sekrətrɪ] помощник; референт; секретарь; руководитель организации; министр

secretary-bird ['sekrətrɪbɜːd] секретарь *(птица)*

secretaryship ['sekrətrɪʃɪp] должность, обязанности или квалификация секретаря

secrete [sɪ'kriːt] прятать; скрывать

secretion [sɪ'kriːʃ(ə)n] сокрытие; укрывание

secretive [sɪ'kriːtɪv] замаскированный; скрытный; тайный

secretly ['siːkrɪtlɪ] незаметно для других; скрытно

sect [sekt] секта

sectarian [sek'tɛərɪən] сектантский; ограниченный; узкий; сектант; фанатик

sectarianism [sek'tɛərɪənɪzm] сектантство

sectary ['sektərɪ] сектант

section ['sekʃ(ə)n] отрезок; рассечение; разрез; профиль; срез; секция; деталь; часть; делить на части; подразделять

section-mark ['sekʃ(ə)nmɑːk] знак параграфа

section-paper ['sekʃ(ə)n'peɪpə] бумага в клетку

sectional ['sekʃnəl] разборный; секционный; групповой; местный

sectional center ['sekʃnəl'sentə] местная станция

sector ['sektə] сектор; участок; часть

secular ['sekjulə] вековой; вечный; происходящий раз в сто лет; мирской; светский; мирянин

secular cantata ['sekjulə|kæn'tɑːtə] светская кантата

secular clergy ['sekjulə'klɜːʤɪ] белое духовенство

secure [sɪ'kjuə] спокойный; уверенный *(в чем-либо)*; безопасный; надежный; гарантированный; застрахованный; охранять; гарантировать; закреплять; прикреплять; запирать; заграждать; брать под стражу

to secure places — заказать билеты

secured [sɪ'kjuəd] обеспеченный; гарантированный *(товарными ценностями)*; застрахованный *(от риска)*

securiform [sɪ'kjuərɪfɔːm] имеющий форму топора

securing bolt [sɪ'kjuərɪŋ'bəult] зажимный болт

securities [sɪ'kjuərɪtɪz] ценные бумаги

security [sɪ'kjuərɪtɪ] безопасность; надежность; уверенность; защита; охрана; обеспечение; гарантия; залог

security analysis [sɪ'kjuərɪtɪ|ə'næləsɪs] анализ ценных бумаг

security analyst [sɪ'kjuərɪtɪ'ænəlɪst] специалист по ценным бумагам

Security Council [sɪ'kjuərɪtɪ'kaunsl] Совет Безопасности *(ООН)*

security measures [sɪ'kjuərɪtɪ'meʒəz] меры безопасности

security-blanket [sɪ'kjuərɪtɪ'blæŋkɪt] гарантия безопасности

security-guard [sɪ'kjuərɪtɪ'gɑːd] конвоир; охранник

security-man [sɪ'kjuərɪtɪmən] сотрудник службы безопасности

security-pact [sɪ'kjuərɪtɪ'pækt] договор о безопасности

security-reserve [sɪˈkjuərɪtɪˈzəːv] страховой фонд
security-risk [sɪˈkjuərɪtɪˈrɪsk] неблагонадежный человек; подозрительная личность
sedan [sɪˈdæn] седан *(тип закрытого кузова) (авто)*; носилки; паланкин
sedate [sɪˈdeɪt] невозмутимый; спокойный
sedation [sɪˈdeɪʃ(ə)n] спокойствие; тишина; успокоение
sedative [ˈsedətɪv] успокаивающий; болеутоляющий
sedentary [ˈsednt(ə)rɪ] сидячий
sedge [sedʒ] осока *(бот.)*
sedgy [ˈsedʒɪ] из осоки; похожий на осоку; поросший осокой
sediment [ˈsedɪmənt] осадок; отстой
sedimentary [ˌsedɪˈment(ə)rɪ] осадочный
sedimentation [ˌsedɪmenˈteɪʃ(ə)n] осаждение
sedimentation tank [ˌsedɪmenˈteɪʃ(ə)nˈtæŋk] отстойник
sedition [sɪˈdɪʃ(ə)n] подстрекательство к мятежу, бунту
seditious [sɪˈdɪʃ(ə)s] бунтарский; мятежный
seduce [sɪˈdjuːs] соблазнять; обольщать; пленять; покорять
seducer [sɪˈdjuːsə] соблазнитель
seduction [sɪˈdʌkʃ(ə)n] обольщение; соблазн
seductive [sɪˈdʌktɪv] привлекательный; притягательный
seductress [sɪˈdʌktrɪs] соблазнительница
sedulity [sɪˈdjuːlɪtɪ] прилежание; старание; усердие
sedulous [ˈsedjuləs] исполнительный; прилежный
see [siː] видеть; смотреть; осматривать; понимать; сознавать; вообразить; представить себе; выяснять; узнавать; видаться; встречаться; консультироваться; советоваться; принимать *(посетителя)*; провожать; находить; считать; престол *(епископа и т. п.)*
to see across — переводить, провожать *(через улицу и т. п.)*
to see after — смотреть, следить за кем-либо, чем-либо
to see fit — считать, полагать *(что-либо)* подходящим, желательным
to see off — провожать *(уезжающих)*; пережить
to see out — встречать на улице; видеть *(что-либо)* за окном, снаружи; провожать *(до дверей, к выходу)*; пережить *(кого-либо, что-либо)*; довести *(что-либо)* до *(благополучного)* конца; завершить
to see through — видеть насквозь; доводить до конца; быть, присутствовать *(где-либо)* с начала до конца

to see very little of smb. — редко встречаться с кем-либо
see-through [ˈsiːθruː] проступание текста на обороте
seed [siːd] семя; зерно; источник; начало; первопричина; сеять; засевать *(поле)*; очищать от зернышек
seed capital [ˈsiːdˈkæpɪtl] начальный капитал
seed-drill [ˈsiːddrɪl] сеялка
seed-harrow [ˈsiːdˈhærou] посевная борона
seed-leaf [ˈsiːdliːf] семядоля
seed-lobe [ˈsiːdloub] семядоля
seed-oil [ˈsiːdɔɪl] растительное масло
seed-plot [ˈsiːdplɔt] питомник; рассадник
seed-time [ˈsiːdtaɪm] посевной сезон
seeder [ˈsiːdə] сеятель; рабочий на сеялке; приспособление для удаления зерен, косточек из фруктов
seedling [ˈsiːdlɪŋ] сеянец; рассада; саженец
seedy [ˈsiːdɪ] наполненный семенами; изношенный; обветшалый
seeing [ˈsiːɪŋ] видение; зрительный процесс; союз
seek [siːk] искать; разузнавать; добиваться; стремиться
seek political asylum [ˈsiːkpəˈlɪtɪkəlǝˈsaɪləm] искать политическое убежище
seek redress from [ˈsiːkrɪˈdresˈfrɔm] требовать возмещения
seel [siːl] завязать *(глаза)*
seem [siːm] казаться; представляться; выглядеть
seeming [ˈsiːmɪŋ] кажущийся; ненастоящий; мнимый
seemingly [ˈsiːmɪŋlɪ] на вид; по-видимому
seemly [ˈsiːmlɪ] подобающий; приличествующий; приличный
seep [siːp] просачиваться; проникать; протекать
seepage [ˈsiːpɪdʒ] просачивание; утечка
seer [ˈsiːə] провидец; пророк
seesaw [ˈsiːsɔː] детские качели; возвратно-поступательное движение; двигаться вверх и вниз или взад и вперед; неустойчиво
seethe [siːð] бурлить; кипеть; быть охваченным *(каким-либо чувством)*
seething animosity [ˈsiːðɪŋˌænɪˈmɔsɪtɪ] глубокая враждебность
segment [ˈsegmənt] доля; кусок; отрезок; сегмент; долька *(апельсина и т. п.)*; делить на отрезки
segregate [ˈsegrɪgeɪt] отделять(ся); выделять(ся
segregation [ˌsegrɪˈgeɪʃ(ə)n] отделение; выделение; изоляция; сегрегация
segregative [ˈsegrɪgeɪtɪv] способствующий отделению; необщительный; скрытный

seignior [ˈseɪnjə] феодальный властитель *(ист.)*; сеньор

seine [seɪn] рыболовная сеть; невод; ловить неводом, сетью

seismic [ˈsaɪzmɪk] сейсмический

seize [siːz] схватить; завладевать; захватывать; воспользоваться; понять *(мысль)*

seized edition [ˈsiːzd|ˈdɪʃən] конфискованное издание

seizure [ˈsiːʒə] вторжение; захват; посягательство; конфискация; наложение ареста; припадок; приступ

seizure note [ˈsiːʒəˈnout] акт о конфискации груза таможней

seldom [ˈseldəm] редко

select [sɪˈlekt] отборный; избранный; отчетливый; понятный; разборчивый; выбирать; подбирать

selected [sɪˈlektɪd] отобранный; подобранный

selectee [ˌselekˈtiː] призванный на военную службу; призывник

selection [sɪˈlekʃ(ə)n] выбор; избрание; извлечение; набор *(каких-либо вещей)*; сборник избранных произведений

selective [sɪˈlektɪv] выбирающий; отбирающий; отборный; избирательный

selective breeding [sɪˈlektɪv|ˈbriːdɪŋ] селекция

selective effect [sɪˈlektɪv|ɪˈfekt] избирательное действие

selector [sɪˈlektə] отборщик; мелкий фермер *(в Австралии)*

selector calling [sɪˈlektəˈkɔːlɪŋ] селекторный вызов

selector rod [sɪˈlektəˈrɔd] шток переключения передач

self [self] собственная личность; сам; сплошной, однородный *(о цвете)*; одноцветный *(о цветке)*

self- [self-] естественный; само-; собственный

self-abandonment [ˈselfəˈbændənmənt] самозабвение

self-abasement [ˈselfəˈbeɪsmənt] самоунижение

self-abnegation [ˈselfˌæbnɪˈgeɪʃ(ə)n] самоотречение; самопожертвование

self-acting [ˈselfˈæktɪŋ] автоматический; самодействующий

self-action [ˈselfˈækʃ(ə)n] самопроизвольное действие

self-adaptive [ˈselfəˈdæptɪv] самоприспосабливающийся

self-adhesive [ˈselfədˈhiːsɪv] самоклеющийся

self-adhesive paper [ˈselfədˌhiːsɪvˈpeɪpə] самоклеющаяся бумага

self-affirmation [ˈselfˌæfəˈmeɪʃ(ə)n] самоутверждение

self-appointed [ˈselfəˈpɔɪntɪd] назначивший сам себя

self-assertive [ˈselfəˈsəːtɪv] напористый; настоятельный

self-assumption [ˈselfəˈsʌmpʃ(ə)n] высокомерие; чванство

self-assurance [ˈselfəˈʃuər(ə)ns] самоуверенность; самонадеянность

self-collected [ˈselfkəˈlektɪd] сдержанный; собранный

self-coloured [ˈselfˈkʌləd] однотонный; одноцветный; естественной окраски

self-communion [ˈselfkəˈmjuːnjən] размышление, раздумье *(о себе)*

self-complacency [ˈselfkəmˈpleɪsnsɪ] самодовольство; самоуспокоенность

self-conceit [ˈselfkənˈsiːt] заносчивость; самомнение

self-condemnation [ˈselfˌkɔndemˈneɪʃ(ə)n] самоосуждение

self-confessed [ˈselfkənˈfest] откровенный; признающий себя виновным

self-confidence [ˈselfˈkɔnfɪdəns] самоуверенность

self-confident [ˈselfˈkɔnfɪd(ə)nt] самонадеянный; самоуверенный

self-conscious [ˈselfˈkɔnʃəs] застенчивый; неловкий

self-contained [ˈselfkənˈteɪnd] замкнутый; необщительный; скрытный; отдельный *(о квартире)*

self-contradiction [ˈselfˌkɔntrəˈdɪkʃ(ə)n] внутреннее противоречие

self-control [ˈselfkənˈtroul] самообладание

self-criticism [ˈselfˈkrɪtɪsɪzm] самокритика

self-cultivation [ˈselfˌkʌltɪˈveɪʃ(ə)n] самосовершенствование

self-deceit [ˈselfdɪˈsiːt] самообман

self-defence [ˈselfdɪˈfens] самозащита; самооборона

self-delusion [ˈselfdɪˈluːʒ(ə)n] самообман

self-deprecating [ˈselfˈdeprɪkeɪtɪŋ] умаляющий собственное достоинство

self-destruction [ˈselfdɪsˈtrʌkʃ(ə)n] самоуничтожение; самоубийство

self-determination [ˈselfdɪˌtəːmɪˈneɪʃ(ə)n] самоопределение

self-devotion [ˈselfdɪˈvouʃ(ə)n] преданность; посвящение себя всего *(какому-либо делу)*; самопожертвование

self-doubt [ˈselfˈdaut] неуверенность в себе

self-effacing [ˈselfɪˈfeɪsɪŋ] скромный; держащийся в тени

self-esteem [ˈselfɪsˈtiːm] уважение к себе; чувство собственного достоинства; самолюбие

self-evident [ˈselfˈevɪd(ə)nt] очевидный; не требующий доказательств
self-examination [ˌselfɪɡˌzæmɪˈneɪʃən] самопроверка; самоанализ
self-expanding cement [ˈselfɪksˈpændɪŋsɪˈment] саморасширяющийся цемент
self-explanatory [ˈselfɪksˈplænət(ə)rɪ] бесспорный; несомненный; самоочевидный; ясный
self-expression [ˈselfɪksˈpreʃ(ə)n] самовыражение
self-flagellation [ˌselfˌflædʒəˈleɪʃ(ə)n] самобичевание
self-governing [ˈselfˈɡʌvənɪŋ] автономный; независимый; самоуправляющийся
self-government [ˈselfˈɡʌvnmənt] республика; самоуправление
self-healing [ˈselfˈhiːlɪŋ] самозаживление
self-help [ˈselfˈhelp] самопомощь
self-humiliation [ˈselfhjuː(ː)ˌmɪlɪˈeɪʃ(ə)n] самоунижение
self-immolation [ˌselfˌɪmoʊˈleɪʃ(ə)n] самосожжение; самопожертвование
self-importance [ˈselfɪmˈpɔːt(ə)ns] важничанье; самомнение
self-induced hypnotism [ˈselfɪnˌdjuːstˈhɪpnətɪzm] самовнушение
self-indulgent [ˈselfɪnˈdʌldʒənt] потворствующий, потакающий своим желаниям
self-instructed carry [ˈselfɪnˌstrʌktɪdˈkærɪ] автоматический перенос
self-interest [ˈselfˈɪntrɪst] своекорыстие; эгоизм
self-interested action [ˈselfˌɪntrɪstɪdˈækʃən] действие в интересах личной выгоды
self-invited [ˈselfɪnˈvaɪtɪd] напросившийся, незваный (о госте)
self-knowledge [ˈselfˈnɒlɪdʒ] самопознание
self-lighting [ˈselfˈlaɪtɪŋ] самовоспламеняющийся
self-loathing [ˈselfˈloʊθɪŋ] ненависть к самому себе
self-love [ˈselfˈlʌv] себялюбие
self-lubricating bearing [ˌselfˈluːbrɪkeɪtɪŋˈbeərɪŋ] самосмазывающийся подшипник
self-luminous [ˈselfˈluːmɪnəs] самосветящийся
self-made [ˈselfˈmeɪd] обязанный всем самому себе
self-maiming [ˈselfˈmeɪmɪŋ] членовредительство
self-mastery [ˈselfˈmɑːst(ə)rɪ] умение владеть собой
self-murder [ˈselfˈməːdə] самоубийство
self-offence [ˈselfəˈfens] то, что делается в ущерб собственным интересам; недооценка самого себя
self-partiality [ˌselfˌpɑːʃɪˈælɪtɪ] переоценка собственных достоинств
self-pity [ˈselfˈpɪtɪ] жалость к себе
self-portrait [ˈselfˈpɔːtrɪt] автопортрет

self-possessed [ˈselfpəˈzest] хладнокровный; выдержанный
self-praise [ˈselfˈpreɪz] самовосхваление
self-preservation [ˈselfˌprezə(ː)ˈveɪʃ(ə)n] самосохранение
self-propelled [ˈselfprəˈpeld] самоходный (об артиллерии, орудиях)
self-publishing [ˈselfˈpʌblɪʃɪŋ] издание книги автором
self-realization [ˈselfˌrɪəlaɪˈzeɪʃ(ə)n] развитие своих способностей
self-recording [ˈselfrɪˈkɔːdɪŋ] самопишущий
self-regard [ˈselfrɪˈɡɑːd] эгоизм
self-reliance [ˈselfrɪˈlaɪəns] уверенность в своих силах
self-renunciation [ˈselfrɪˌnʌnsɪˈeɪʃ(ə)n] самоотречение; самопожертвование
self-rescue [ˈselfˈreskjuː] самоспасение
self-respect [ˈselfrɪsˈpekt] чувство собственного достоинства
self-restraint [ˈselfrɪsˈtreɪnt] воздержание; сдержанность
self-righteous [ˈselfˈraɪtʃəs] самодовольный; уверенный в своей правоте; фарисейский
self-rigorous [ˈselfˈrɪɡ(ə)rəs] требовательный к себе
self-rule [ˈselfˈruːl] автономия; самоуправление (полит.)
self-sacrifice [ˈselfˈsækrɪfaɪs] самопожертвование
self-satisfaction [ˈselfˌsætɪsˈfækʃən] самодовольство; самоуспокоенность
self-satisfied [ˈselfˈsætɪsfaɪd] самодовольный
self-seeker [ˈselfˈsiːkə] карьерист
self-service [ˈselfˈsəːvɪs] самообслуживание
self-styled [ˈselfˈstaɪld] самозваный; мнимый
self-sufficiency [ˈselfsəˈfɪʃ(ə)nsɪ] независимость; самостоятельность; самонадеянность
self-suggestion [ˈselfsəˈdʒestʃ(ə)n] самовнушение
self-support [ˈselfsəˈpɔːt] автономия; самостоятельность; суверенитет
self-supporting base [ˈselfsəˌpɔːtɪŋˈbeɪs] хозрасчет
self-surviving [ˈselfsəˈvaɪvɪŋ] переживший самого себя
self-taught [ˈselfˈtɔːt] выучившийся самостоятельно; самоучка
self-violence [ˈselfˈvaɪələns] самоубийство
self-will [ˈselfˈwɪl] своеволие; упрямство
self-winding [ˈselfˈwaɪndɪŋ] с автоматическим заводом
selfhood [ˈselfhʊd] личность; индивидуальность; эгоизм
selfish [ˈselfɪʃ] эгоистичный
selfishness [ˈselfɪʃnɪs] эгоизм
selfless [ˈselflɪs] самоотверженный

selfsame ['selfseɪm] тот же самый
sell [sel] продавать(ся); торговать; рекламировать; популяризовать
to sell at a loss — *продавать с убытком*
to sell hard — *плохо продаваться; иметь плохой сбыт*
to sell in bulk — *продавать оптом; продавать без упаковки, вповалку*
to sell on — *уговорить*
to sell out — *продать; распродать*
sell at cost ['sel|ət|'kɔst] продавать по себестоимости
sell by auction ['sel|baɪ|'ɔːkʃən] продавать с аукциона
sell-out ['selaut] распродажа (разг.); пьеса, выставка, пользующаяся большим успехом; измена; предательство
seller ['selə] продавец; торговец; ходкий товар
selvedge ['selvɪdʒ] кромка; кайма; край
semantic [sɪ'mæntɪk] семантический (линг.)
semaphore ['seməfɔː] семафор; ручная сигнализация (флажками и т. п.); сигналить
semblance ['sembləns] вид; внешность; наружность; облик; видимость; близость; подобие; схожесть
semen ['siːmen] семя
semester [sɪ'mestə] семестр
semi- ['semɪ] полу-
semi-annual ['semɪ'ænjuəl] полугодичный; полугодовой
semi-annual account ['semɪ'ænjuəl|ə'kaunt] полугодовой отчёт
semi-automatic ['semɪˌɔːtə'mætɪk] полуавтоматический
semi-basement ['semɪ'beɪsmənt] полуподвал
semi-centennial ['semɪsen'tenjəl] полувековой; пятидесятилетний юбилей
semi-conscious ['semɪ'kɔnʃəs] полубессознательный
semi-detached ['semɪdɪ'tætʃt] имеющий общую стену
semi-final ['semɪ'faɪnl] полуфинал (спорт.)
semi-fluid ['semɪ'fluːɪd] вязкий; полужидкий
semi-monthly ['semɪ'mʌnθlɪ] выходящий два раза в месяц (о периодическом издании); дважды в месяц
semi-official ['semɪə'fɪʃ(ə)l] полуофициальный; официозный
semi-product ['semɪ'prɔdəkt] полуфабрикат; полуобработанное изделие
semi-professional ['semɪprə'feʃənl] полупрофессиональный
semi-rigid ['semɪ'rɪdʒɪd] полужёсткий (о дирижабле)

semi-skilled ['semɪ'skɪld] полуквалифицированный
semi-tropical ['semɪ'trɔpɪk(ə)l] субтропический
semibold type ['semɪˌbɔld'taɪp] полужирный шрифт
semibreve ['semɪbriːv] целая нота (муз.)
semicircle ['semɪˌsəːkl] полукруг
semicircular ['semɪ'səːkjulə] полукруглый
semicolon ['semɪ'koulən] точка с запятой; знак ковариантного дифференцирования (мат.)
semicommercial ['semɪkə'məːʃəl] полузаводской; опытно-заводской
semicompact ['semɪ'kɔmpækt] полукомпактный
semicompactness ['semɪkəm'pæktnɪs] полукомпактность
semicomplement ['semɪ'kɔmplɪmənt] полудополнение
semicomplementarity ['semɪˌkɔmplɪmen'teərɪtɪ] полудополняемость
semicomplementary ['semɪˌkɔmplɪ'mentərɪ] полудополнительный
semicomplemented ['semɪ'kɔmplɪmentɪd] полудополненный
semicompletable ['semɪkəm'pliːtəbl] полудополнимый
semicomplete ['semɪkəm'pliːt] полуполный
semicomputable ['semɪkəm'pjuːtəbl] полувычислимый (лог.)
semiconducting material ['semɪkənˌdʌktɪŋ|mə'tɪərɪəl] полупроводниковый материал (техн.)
semiconductor analogue indicator ['semɪkənˌdʌktə|'ænəlɔg|'ɪndɪkeɪtə] полупроводниковый экран
semiconductor assembly ['semɪkənˌdʌktə|ə'semblɪ] полупроводниковый блок
semiconductor assembly set ['semɪkənˌdʌktə|ə'semblɪ|'set] набор полупроводниковых приборов
semiconductor band ['semɪkənˌdʌktə|'bænd] зона (радио)
semiconductor catalysis ['semɪkənˌdʌktə|kə'tælɪsɪs] катализ на полупроводнике
semiconductor crystal ['semɪkənˌdʌktə|'krɪstl] полупроводниковый кристалл
semiconductor device ['semɪkənˌdʌktə|dɪ'vaɪs] полупроводниковый прибор
semiconductor diode ['semɪkənˌdʌktə|'daɪoud] кристаллический диод; полупроводниковый диод
semiconductor display device ['semɪkənˌdʌktə|dɪs'pleɪ|dɪ'vaɪs] полупроводниковый индикатор

semiconductor electronics [ˈsemɪkənˌdʌktərˌɪlekˈtrɒnɪks] полупроводниковая электроника

semiconductor film [ˈsemɪkənˌdʌktəˈfɪlm] полупроводниковая пленка

semiconductor iraser [ˈsemɪkənˌdʌktərˌɪˈreɪzə] полупроводниковый иразер

semiconductor limiter [ˈsemɪkənˌdʌktəˈlɪmɪtə] полупроводниковый ограничитель

semiconductor modulator diode [ˈsemɪkənˌdʌktəˈmɔdjuleɪtəˈdaɪoud] модуляторный диод

semiconductor noise diode [ˈsemɪkənˌdʌktəˈnɔɪzˈdaɪoud] полупроводниковый шумовой диод

semiconductor parametron полупроводниковый параметрон

semiconductor rectifier assembly [ˈsemɪkənˌdʌktəˈrektɪfaɪərˌəˈsemblɪ] выпрямительный полупроводниковый блок

semiconductor rectifier diode [ˈsemɪkənˌdʌktəˈrektɪfaɪəˈdaɪoud] выпрямительный полупроводниковый диод

semiconductor rectifier stack [ˈsemɪkənˌdʌktəˈrektɪfaɪəˈstæk] выпрямительный полупроводниковый столб

semiconductor switch [ˈsemɪkənˌdʌktəˈswɪtʃ] переключатель полупроводников

semicone [ˈsemɪˈkoun] полуконус

semiconjugate [ˈsemɪˈkɔndʒugɪt] полусопряженный

semicontinuos [ˈsemɪkənˈtɪnjuəs] полунепрерывный

semicontinuous work [ˈsemɪkənˈtɪnjuəsˈwəːk] полунепрерывный режим работы

semicontinuously [ˈsemɪkənˈtɪnjuəslɪ] полунепрерывно

semiconvergence [ˈsemɪkənˈvəːdʒəns] псевдосходимость

semiconvex [ˈsemɪˈkɔnveks] полувыпуклый

semicubical [ˈsemɪˈkjuːbɪkəl] полукубический

semicubical parabola [ˈsemɪˈkjuːbɪkəlˌpəˈræbələ] полукубическая парабола

semicylinder [ˈsemɪˈsɪlɪndə] полуцилиндрический; полуцилиндр

semicylindrical [ˈsemɪsɪˈlɪndrɪk(ə)l] полуцилиндрический

semidegree [ˈsemɪˈdɪgriː] полустепень

semiderivation [ˈsemɪˌderɪˈveɪʃən] полувывод

semidetached house [ˈsemɪdɪˈtætʃtˈhaus] сблокированный двухквартирный дом

semideterminant [ˈsemɪdɪˈtəːmɪnənt] полуопределитель

semidiagonal [ˈsemɪdaɪˈægənl] полудиагональ

semidiameter [ˈsemɪdaɪˈæmɪtə] полудиаметр; радиус

semidiesel [ˈsemɪˈdiːzəl] калоризаторный двигатель

semidifference [ˈsemɪˈdɪfrəns] полуразность

semidihedral [ˈsemɪdaɪˈhiːdrəl] полудиэдр

semidirect [ˈsemɪdɪˈrekt] полупрямой

semidiscrete [ˈsemɪdɪsˈkriːt] полудискретный

semidiscretization полудискретизация

semidissipative [ˈsemɪˈdɪsɪpeɪtɪv] полудиссипативный

semidistance [ˈsemɪˈdɪstəns] полурасстояние

semidistribution-free [ˈsemɪˌdɪstrɪˈbjuːʃənˈfriː] полунепараметрический

semidistributive [ˈsemɪdɪsˈtrɪbjutɪv] полудистрибутивный

semidome [ˈsemɪdoum] полукупол

semidurable consumer goods [ˈsemɪˈdjuərəblˌkənˈsjuːməˈgudz] потребительские товары с ограниченным сроком пользования

semidurables [ˈsemɪˈdjuərəblz] товары с ограниченным сроком пользования (*от полугода до трех лет*)

semidynamic [ˈsemɪdaɪˈnæmɪk] полудинамический

semiejection [ˈsemɪˈdʒekʃən] полувыведение

semielementary [ˈsemɪˌelɪˈmentərɪ] полуэлементарный

semiellipse [ˈsemɪˈlɪps] полуэллипс

semiempirical [ˈsemɪemˈpɪrɪkəl] полуэмпирический

semiendomorphism полуэндоморфизм

semiequivalence [ˈsemɪˈkwɪvələns] полуэквивалентность

semiequivalent [ˈsemɪˈkwɪvələnt] полуэквивалентный

semiexpendable [ˈsemɪɪksˈpændəbəl] одноразового применения

semiexternal [ˈsemɪeksˈtəːnl] полурасширенный

semifactor [ˈsemɪˈfæktə] фактороид

semifaithful [ˈsemɪˈfeɪθful] полуточный

semifamily [ˈsemɪˈfæmɪlɪ] полусемейство

semifeed [ˈsemɪˈfiːd] полураскат

semifield [ˈsemɪˈfiːld] полуполе

semifinished product [ˈsemɪˈfɪnɪʃtˈprɔdəkt] полуфабрикат

seminal [ˈsiːmɪnl] семенной; зародышевый; плодотворный; конструктивный

seminar [ˈsemɪnɑː] семинар

seminarian [ˌsemɪˈnɛərɪən] семинарист

seminary [ˈsemɪnərɪ] духовная семинария (*католическая*); семинария; школа (*для девочек*); питомник; рассадник

semiprecious ['semɪ'preʃəs] полудрагоценный; самоцветный

semiquaver ['semɪ'kweɪvə] шестнадцатая нота *(муз.)*

senate ['senɪt] сенат; совет *(в университетах)*

senator ['senətə] сенатор

senatorial [,senə'tɔːrɪəl] сенаторский

send [send] посылать; отправлять; ниспосылать *(дождь);* насылать *(чуму);* бросать, посылать *(мяч и т. п.);* приводить в какое-либо состояние

to send ahead — посылать вперед или впереди чего-либо

to send as a delegate — делегировать; посылать в качестве делегата, представителя

to send down — исключать или временно отчислять из университета; понижать *(цены и т. п.)*

to send for — посылать за; вызвать; пригласить; заказать; выписать

to send forth — испускать; издавать; посылать; отправлять

to send forward — посылать вперед; пересылать

to send in — подавать заявление

to send off — отсылать *(письмо, посылку и т. п.);* прогонять; провожать; устраивать проводы

to send up — направлять вверх; повышать; отправлять

send-off ['sendɔf] проводы; хвалебная рецензия

sender ['sendə] отправитель; телеграфный аппарат; передатчик

senescence [sɪ'nes(ə)ns] старение

senescent [sɪ'nes(ə)nt] стареющий

senile ['siːnaɪl] старческий; дряхлый

senility [sɪ'nɪlɪtɪ] старость; дряхлость

senior ['siːnjə] старший; выпускной; последний *(о классе, курсе, семестре);* пожилой человек; старший, вышестоящий

senior partner ['siːnjə|'paːtnə] глава фирмы

Senior Prom ['siːnjə|prɔm] вечер выпускников школы

seniority [,siːnɪ'ɔrɪtɪ] старшинство; трудовой стаж

senna ['senə] сенна

sensation [sen'seɪʃ(ə)n] ощущение; чувство; сенсация

sensational [sen'seɪʃ(ə)nl] сенсационный

sense [sens] чувство; ощущение; сознание; разум; здравый смысл; значение; ощущать; чувствовать; понимать; постигать

sense-organ ['sens'ɔːgən] орган чувств *(зрения, слуха и т. п.)*

senseless ['senslɪs] безразличный; бесчувственный; бессмысленный; бессодержательный

sensibility [,sensɪ'bɪlɪtɪ] чувствительность; точность *(прибора);* восприимчивость

sensible ['sensəbl] *(благо)*разумный; здравомыслящий; заметный; ощутимый

sensitive ['sensɪtɪv] чувствительный; восприимчивый; впечатлительный; чуткий; обидчивый

sensitive (sensitized) paper ['sensɪtɪv|('sensɪtaɪzd)'peɪpə] бумага светочувствительная

sensitiveness ['sensɪtɪvnɪs] чувствительность

sensitivity [,sensɪ'tɪvɪtɪ] восприимчивость

sensitivity loss [,sensɪ'tɪvɪtɪ|'lɔs] потеря чувствительности

sensory ['sensərɪ] восприимчивый; чувствительный

sensory canal ['sensərɪ|kə'næl] сенсорный канал

sensual ['sensjuəl] плотский; чувственный; сладострастный

sensualist ['sensjuəlɪst] сластолюбец

sensuality [,sensju'ælɪtɪ] чувственность

sensuous ['sensjuəs] чувственный *(о восприятии);* эстетический

sentence ['sentəns] приговор; осуждение; предложение *(грам.);* осуждать; приговаривать; обречь

sentencing decision ['sentənsɪŋ|dɪ'sɪʒən] решение суда о назначении наказания

sententious [sen'tenʃ(ə)s] нравоучительный; наставнический

sentience ['senʃ(ə)ns] восприимчивость; чувствительность

sentient ['senʃ(ə)nt] ощущающий; чувствующий

sentiment ['sentɪmənt] чувство; мнение; сентиментальность

sentimental [,sentɪ'mentl] сентиментальный

sentimentalist [,sentɪ'mentəlɪst] сентиментальный человек

sentimentality [,sentɪmen'tælɪtɪ] сентиментальность

sentinel ['sentɪnl] часовой; страж; охранять; стоять на страже

sentry ['sentrɪ] часовой, караул *(воен.)*

sentry-go ['sentrɪgou] караульная служба

sepal ['sep(ə)l] чашечка *(цветка);* чашелистик

separability [,sep(ə)rə'bɪlɪtɪ] отделимость

separable ['sep(ə)rəbl] отделимый; разложимый

separate ['seprɪt] — *сущ., прил.* ['sepəreɪt] — *гл.* изолированный; отдельный; особый; индивидуальный; отделять*(ся);* разделять*(ся);* разлагать*(ся) (на части)*

separate judgement ['seprɪt|'ʤʌʤmənt] частное решение, вынесенное в ходе процесса

separate opinion ['seprɪt|ə'pɪnjən] особое мнение

separated artwork ['sepəreɪtɪd|'aːtwəːk] цветоделенное изображение *(на фотопленке)*

separatee [,sepərə'tiː] демобилизованный

separation [ˌsepəˈreɪʃ(ə)n] отделение; разделение; разложение на части
separatism [ˈsep(ə)rətɪzm] сепаратизм
separatist [ˈsep(ə)rətɪst] сепаратист
separator [ˈsepəreɪtə] сепаратор; сортировочный аппарат; решето; сито; зерноочиститель; молотилка *(в комбайне)*
sept [sept] ирландский клан; септ
septan [ˈseptən] семидневный
September [sepˈtembə] сентябрь; сентябрьский
septenary [sepˈtenərɪ] семеричный
septennial [sepˈtenjəl] семилетний; происходящий раз в семь лет
septilateral [ˈseptɪˈlæt(ə)r(ə)l] семисторонний
septuagenarian [ˌseptjuədʒɪˈnɛərɪən] семидесятилетний; в возрасте между 70 и 79 годами; человек в возрасте между 70 и 79 годами
septum [ˈseptəm] перегородка *(в сердце)*
septuple [ˈseptjupl] семикратный; семикратное количество
sepulchral [sɪˈpʌlkr(ə)l] мертвый; погребальный; мрачный
sepulchre [ˈsep(ə)lkə] могила; гробница; погребать; предавать земле
sepulture [ˈsep(ə)ltʃə] погребение
sequacious [sɪˈkweɪʃəs] податливый; покорный; логичный; последовательный
sequel [ˈsiːkw(ə)l] продолжение; распространение; последующее событие; исход; результат; следствие
sequence [ˈsiːkwəns] ряд; порядок *(следования)*; *(по)*следствие; исход; итог; результат
sequencer [ˈsiːkwənsə] синтезатор *(муз.)*
sequent [ˈsiːkwənt] следующий; являющийся следствием
sequential [sɪˈkwenʃ(ə)l] являющийся продолжением; логичный; последовательный
sequester [sɪˈkwestə] секвестр; уединение; изоляция; секвестровать; изолировать; обособлять
sequestered [sɪˈkwestəd] изолированный; автономный
seral community [ˈserəl|kəˈmjuːnɪtɪ] неустойчивое сообщество
seraph [ˈserəf] серафим
seraphic [seˈræfɪk] ангельский; неземной
Serbo-Croat [ˈsəːbouˈkrouət] сербо-хорватский язык
sere [sɪə] засохший; сухой; увядший
serenade [ˌserɪˈneɪd] серенада; исполнять серенаду
serene [sɪˈriːn] ясный; спокойный; прояснять
serenity [sɪˈrenɪtɪ] безмятежность; разборчивость
serf [səːf] крепостной; невольник; раб *(ист.)*

serfdom [ˈsəːfdəm] крепостное право; рабство
sergeant [ˈsɑːdʒ(ə)nt] сержант
sergeant-major [ˈsɑːdʒ(ə)ntˈmeɪdʒə] главный сержант; старшина
serial [ˈsɪərɪəl] сериальный; серийный; логичный; последовательный; выходящий выпусками; периодическое издание
serial publication [ˈsɪərɪəlˌpʌblɪˈkeɪʃən] выпуск партиями
serialization [ˌsɪərɪəlaɪˈzeɪʃən] публикация книги по частям
seriate [ˈsɪərɪeɪt] в виде серий; расположенный по порядку; периодический; повторяющийся
series [ˈsɪəriːz] ряд; линия; серия
series number [ˈsɪəriːzˈnʌmbə] номер серии
serious [ˈsɪərɪəs] вдумчивый; глубокомысленный; серьезный; важный; значительный; существенный
seriousness [ˈsɪərɪəsnɪs] вдумчивость; глубокомыслие; серьезность
sermon [ˈsəːmən] проповедь; поучение
sermonize [ˈsəːmənaɪz] проповедовать; поучать; читать мораль, нотацию
serpent [ˈsəːp(ə)nt] змей; змея; злой, коварный человек
serpent-charmer [ˈsəːp(ə)ntˌtʃɑːmə] заклинатель змей
serpentine [ˈsəːp(ə)ntaɪn] змеиный; извивающийся; хитрый; коварный; извиваться; изгибаться
serpentine road [ˈsəːp(ə)ntaɪnˈroud] извилистая дорога
serrated [seˈreɪtɪd] зубчатый; зазубренный
serration [seˈreɪʃ(ə)n] зубчатость; вырез; зуб; зубец
serried [ˈserɪd] сомкнутый *(плечом к плечу)*
serrulated [ˈserjuleɪtɪd] мелкозубчатый
servant [ˈsəːv(ə)nt] слуга; прислуга *(domestic servant)*; служащий *(государственного учреждения)*
servant-maid [ˈsəːv(ə)ntmeɪd] служанка
serve [səːv] служить; быть полезным; годиться; удовлетворять; благоприятствовать *(о ветре и т. п.)*; служить в армии; подавать *(на стол)*
to serve a trick — сыграть с кем-либо шутку
to serve for — годиться для чего-либо; служить в качестве чего-либо
to serve no purpose — никуда не годиться
served term [ˈsəːvdˈtəːm] отбытый срок наказания
server [ˈsəːvə] поднос *(для тарелок, блюд)*; лопаточка и вилка *(для салата, рыбы)*
service [ˈsəːvɪs] служба; обслуживание; сервис; сообщение; связь; движение; рейсы; одолжение; услуга; сервиз; служебный; обслуживать; управлять; эксплуатировать

service bureau ['sə:vɪs|bjuə'rou] бюро услуг
service car ['sə:vɪs|ka:] автомобиль техпомощи
service certificate ['sə:vɪssə'tɪfɪkɪt] служебное удостоверение
service entrance ['sə:vɪs'entr(ə)ns] служебный вход; черный ход
service station ['sə:vɪs'steɪʃən] станция технического обслуживания
service-area ['sə:vɪs'eərɪə] зона подачи (спорт.)
service-book ['sə:vɪsbuk] молитвенник
service-charge ['sə:vɪs'tʃɑ:dʒ] плата за услуги
service-demand ['sə:vɪsdɪ'ma:nd] запрос на обслуживание (техн.)
service-dress ['sə:vɪs'dres] форменная одежда
service-job ['sə:vɪsdʒɔb] работа в сфере услуг
service-pipe ['sə:vɪs'paɪp] домовая водопроводная или газопроводная труба
service-stair ['sə:vɪs'steə] черная лестница
service-tree ['sə:vɪstri:] ирга канадская; рябина домашняя
serviceable ['sə:vɪsəbl] полезный; пригодный; эффективный; закрепленный; прочный; стойкий
serviceman ['sə:vɪsmæn] военнослужащий; мастер по ремонту
services sector ['sə:vɪsɪz'sektə] сфера обслуживания
servicing guarantee ['sə:vɪsɪŋ|ˌgærən'ti:] гарантия обслуживания
serviette [ˌsə:vɪ'et] салфетка (франц.)
servile ['sə:vaɪl] рабский; подобострастный
servility [sə:'vɪlɪtɪ] подобострастие; раболепие
serving ['sə:vɪŋ] кусок; порция; часть
serving trolley ['sə:vɪŋ'trɔlɪ] сервировочный столик на колесиках
servitude ['sə:vɪtju:d] рабство; порабощение
servo ['sə:vou] вспомогательный; добавочный
servo-cylinder ['sə:vou'sɪlɪndə] цилиндр гидроусилителя
sesquialteral [ˌseskwɪ'æltər(ə)l] полуторный
sesquipedalian [ˌseskwɪpɪ'deɪljən] полуторафутовый; очень длинный; неудобопонятный
session ['seʃ(ə)n] заседание; собрание; сессия (парламентская, судебная)
set [set] комплект; набор; круг людей, связанных общими интересами; радиоприемник; телевизор; направление (течения, ветра); саженец; посадочный материал; укладка (волос); неподвижный, застывший (о взгляде, улыбке); обдуманный (о намерении); установленный; назначенный; предписанный; ставить; класть; налаживать; устанавливать; сажать (растение); укладывать (волосы); подавать (пример)

to set a problem — поставить задачу

to set about — начинать делать (что-либо); приступать (к чему-либо); побуждать (кого-либо) начать делать (что-либо); распространять (слух и т. п.)

to set apart — помещать отдельно, раздельно; сберегать (деньги, время и т. п.); отдалять

to set aside — откладывать (в сторону)

to set at nought — ни во что не ставить

to set before — представлять; излагать (факты, идею и т. п.); предлагать (что-либо на выбор)

to set down — класть, ставить (на землю, на стол и т. п.); высаживать; ссаживать

to set off — отправляться (в путь); намереваться (делать что-либо); уравновешивать; компенсировать

to set out — выставлять (на продажу или на обозрение); излагать

to set pace — задавать темп

to set straight — убрать (комнату и т. п.); исправлять, поправлять (кого-либо)

to set up — воздвигать; устанавливать; ставить; учреждать

set determination ['set|dɪˌtə:mɪ'neɪʃən] твердое решение
set of problems ['set|əv'prɔbləmz] задачник
set-back ['setbæk] задержка (развития и т. п.); регресс; препятствие; крах; неудача; поражение
set-down ['setdaun] отпор; резкий отказ; упрек; выговор; обвинение
set-off ['set'ɔf] украшение; контраст; антитеза
set-out ['set'aut] зарождение; зачин; начало; выставка; витрина; показ
set-piece ['set'pi:s] эпизод (в пьесе и т. п.); детально спланированная военная операция
set-up ['setʌp] осанка; организация; устройство; установка; размещение (техн.); сложенный (о человеке); веселый; оживленный
settee [se'ti:] диван
setter ['setə] сеттер (собака); механизм для установки; наладчик; установщик
setting ['setɪŋ] окружающая обстановка; окружение; декорации и костюмы; художественное оформление (спектакля); оправа (камня); музыка на слова (стихотворения); заход (солнца); кладка (каменная); печатный набор
setting-up costs ['setɪŋʌp'kɔsts] расходы на размещение заказа
settle ['setl] поселить(ся); водворить(ся); обосноваться; приводить(ся) в порядок; устанавливать(ся); успокаивать(ся); заселять; колонизировать; оседать; опускаться на дно; садиться

to settle by lot — решить жеребьевкой
to settle old scores — свести счеты

to settle up — расплачиваться; рассчитываться; закончить; уладить

settled [ˈsetld] крепкий; сильный; устойчивый; определенный; прочный; местный; оседлый; тихий; уравновешенный

settlement [ˈsetlmənt] колония; поселение; заселение; колонизация; расчет; уплата; небольшой поселок; группа домов

settlement account [ˈsetlmənt|əˈkaunt] расчетный счет

settlement day [ˈsetlmənt|ˈdeɪ] день платежа; расчетный день

settler [ˈsetlə] колонист; поселенец

settling [ˈsetlɪŋ] осадок; отстой; налет; выравнивание; регулирование

settling chamber [ˈsetlɪŋ|ˈtʃeɪmbə] отстойная камера

seven [ˈsevn] семь; семерка

sevenfold [ˈsevnfould] семикратный; в семь раз (больше)

seventeen [ˈsevnˈtiːn] семнадцать

seventh [ˈsevnθ] седьмой

seventy [ˈsevntɪ] семьдесят

sever [ˈsevə] освобождать; отделять; перерезать; отрубать; откалывать; разрывать (отношения)

several [ˈsevr(ə)l] несколько; изолированный; отдельный; некоторое количество

severance [ˈsevər(ə)ns] изоляция; отделение; отрыв; разделение

severe [sɪˈvɪə] строгий; суровый; резкий; сильный; трудный; тяжелый

severe burn [sɪˈvɪəˈbəːn] серьезный ожог; ожог третьей степени

severe competition [sɪˈvɪə|ˌkɔmpɪˈtɪʃən] жестокая конкуренция

severe offender [sɪˈvɪər|əˈfendə] опасный преступник

severely [sɪˈvɪəlɪ] строго

severity [sɪˈverɪtɪ] строгость; суровость; трудности; тяготы

sew [sou] зашивать; сшивать; шить; [sjuː] спускать (воду)

sewage [ˈsjuː(ː)ɪdʒ] сточные воды; нечистоты

sewage life [ˈsjuː(ː)ɪdʒ|laɪf] фауна и флора сточных вод

sewage treatment [ˈsjuː(ː)ɪdʒ|ˈtriːtmənt] очистка сточных вод

sewer [ˈsouə] швец; швея; [ˈsjuːə] мажордом

sewerage [ˈsjuərɪdʒ] канализация

sewn binding [ˈsoun|ˈbaɪndɪŋ] сшивной переплет

sex [seks] пол (биол.); секс; половой; сексуальный

sex determination [ˈseks|dɪˌtəːmɪˈneɪʃən] определение пола

sex offence [ˈseksəˈfens] половые извращения; сексуальное домогательство

sex perversion [ˈseks|pəˈvəːʃən] половое извращение

sex typing [ˈseksˈtaɪpɪŋ] типизация по полу

sexagenarian [ˌseksədʒɪˈnɛərɪən] шестидесятилетний (в возрасте между 59 и 70 годами); человек в возрасте между 59 и 70 годами

sexagesimal [ˌseksəˈdʒesɪm(ə)l] шестидесятый; шестидесятая часть

sexennial [sekˈsenjəl] шестилетний; происходящий каждые шесть лет

sexiness [ˈseksɪnɪs] чувственность; сексуальность

sexless [ˈsekslɪs] бесполый

sextette [seksˈtet] секстет (муз.)

sextuple [ˈsekstjupl] шестикратный

sexual [ˈseksjuəl] половой

sexual activity [ˈseksjuəl|ækˈtɪvɪtɪ] половая активность

sexual cycle [ˈseksjuəl|ˈsaɪkl] половой цикл

sexual misconduct [ˈseksjuəl|mɪsˈkɔndəkt] половое извращение

sexual urge [ˈseksjuəl|ˈəːdʒ] половое влечение

shabby [ˈʃæbɪ] поношенный; потрепанный; обносившийся; захудалый; убогий (о доме и т. п.); жалкий; малейший

shabrack [ˈʃæbræk] чепрак

shack [ʃæk] лачуга; хижина; будка; жить; сожительствовать (с кем-либо)

shackle [ˈʃækl] кандалы; оковы; узы; заковывать в кандалы; затруднять; обременять

shade [ʃeɪd] тень; полумрак; намек; нюанс; заслонять от света; затенять; омрачать; затуманивать; тушевать; штриховать

shaded [ˈʃeɪdɪd] затененный; заштрихованный

shading [ˈʃeɪdɪŋ] затенение; штриховка; ретуширование

shadow [ˈʃædou] тень; полумрак; постоянный спутник; призрак; излагать туманно или аллегорически; омрачать; предвещать; предсказывать

shadow cabinet [ˈʃædou|ˈkæbɪnɪt] «теневой» кабинет

shadow economy [ˈʃædou|ɪˈkɔnəmɪ] теневая экономика

shadowy [ˈʃædouɪ] воображаемый; призрачный; неотчетливый; запутанный; маловразумительный; мрачный

shady [ˈʃeɪdɪ] тенистый; гадательный; маловероятный

shaft [ʃɑːft] древко (копья); ручка; рукоятка; черенок; вспышка молнии; ствол; стебель; шпиль

shag [ʃæg] чаща; густые заросли молодых деревьев; взлохмачивать (волосы); засаживать деревьями, кустарником; поймать/ найти и принести обратно *(мяч) (спорт.)*

shaggy [ˈʃægɪ] косматый; лохматый; ворсистый; с начесом; шероховатый; шершавый

shagreen [ʃæˈgriːn] шагрень

shah [ʃɑː] шах *(перс.)*

shake [ʃeɪk] встряска; дрожь; вибрация; трещина; щель; трясти*(сь)*; встряхивать; дрожать; ослабить; поколебать

to shake off — *стряхивать (пыль и т. п.); избавляться*

to shake up — *встряхивать; взбалтывать; раздражать*

shake-rag [ˈʃeɪkræg] оборванец

shake-up [ˈʃeɪkʌp] встряска; перемещение должностных лиц

shaker [ˈʃeɪkə] шейкер, сосуд для приготовления коктейля

shaky [ˈʃeɪkɪ] нестабильный; нетвердый; шаткий; трясущийся; вибрирующий; дрожащий

shall [ʃæl] — полная форма; [ʃəl, ʃl] — редуцированные формы; *вспомогательный глагол (служит для образования будущего времени в 1 л. ед. и мн. ч.); модальный глагол (выражает решимость, приказание, обещание, угрозу во 2 и 3 л. ед. и мн. ч.)*

shallop [ˈʃæləp] шлюп; ялик

shallow [ˈʃæloʊ] мелкий; внешний; неглубокий; мелеть; уменьшать глубину

sham [ʃæm] притворство; ложь; мошенничество; фальшивка; притворщик; симулянт; искусственный; притворный; бутафорский; прикидываться; притворяться

sham contract [ˈʃæmˈkɒntrækt] фиктивный договор

sham marriage [ˈʃæmˈmærɪdʒ] фиктивный брак

shaman [ˈʃæmən] шаман

shamble [ˈʃæmbl] неуклюжая походка; волочить ноги; тащиться

shambles [ˈʃæmblz] бойня; разрушения; руины

shambolic [ʃæmˈbɒlɪk] беспорядочный; сбивчивый

shame [ʃeɪm] позор; стыд; стыдить; пристыдить

shamefaced [ˈʃeɪmfeɪst] застенчивый; стыдливый

shameful [ˈʃeɪmful] позорный

shameless [ˈʃeɪmlɪs] бесстыдный; низкий

shammer [ˈʃæmə] притворщик; симулянт

shammy [ˈʃæmɪ] замша

shampoo [ʃæmˈpuː] шампунь; мыть *(голову)*

shamrock [ˈʃæmrɒk] трилистник *(эмблема Ирландии)*

shank [ʃæŋk] голень; голяшка; нога; узкая часть подошвы; стержень; ствол; опадать

shanty [ˈʃæntɪ] лачуга; хибарка; хоровая рабочая песня матросов

shape [ʃeɪp] форма; очертание; вид; образ; фигура; создавать, делать *(из чего-либо)*; придавать форму; формировать; приспосабливать

shaped [ʃeɪpt] имеющий определенную форму

shaped crown [ˈʃeɪptˈkraʊn] сформированная крона

shapeless [ˈʃeɪplɪs] бесформенный

shapely [ˈʃeɪplɪ] хорошо сложенный; стройный; приятной формы

shaping bag [ˈʃeɪpɪŋˈbæg] вулканизационная камера

shard [ʃɑːd] надкрылья *(жука)*

share [ʃɛə] доля; проценты; часть; забота; интерес; участие; акция; пай; делить*(ся)*; распределять; участвовать *(в чем-либо)*

share of capital [ˈʃɛərəvˈkæpɪtl] доля капитала

share of labour [ˈʃɛərəvˈleɪbə] доля труда

share of production accumulation [ˈʃɛərəvprəˈdʌkʃənəˌkjuːmjuˈleɪʃən] доля производственного накопления

shareholder [ˈʃɛəˌhoʊldə] акционер *(фин.)*

shark [ʃɑːk] акула; вымогатель; мошенник; пожирать; вымогать; обманывать

sharp [ʃɑːp] острый; отточенный; определенный; отчетливый *(о различии, очертании и т. п.)*; резкий, пронзительный звук; диез *(муз.)*; ровно; точно

sharp agaric [ˈʃɑːpˈægərɪk] волнушка

sharp bend [ˈʃɑːpˈbend] крутой изгиб

sharp blade [ˈʃɑːpˈbleɪd] острое лезвие

sharp warning [ˈʃɑːpˈwɔːnɪŋ] категорическое предупреждение

sharp-cut [ˈʃɑːpˈkʌt] остроконечный; острый

sharp-eyed [ˈʃɑːpˈaɪd] обладающий острым зрением

sharp-set [ˈʃɑːpˈset] очень голодный; жадный; падкий *(на что-либо)*; расположенный под острым углом

sharp-witted [ˈʃɑːpˈwɪtɪd] сообразительный; умный; остроумный

sharpen [ˈʃɑːp(ə)n] заострять; точить; осложнять; усиливать

sharpish [ˈʃɑːpɪʃ] быстрый; проворный; скорый

sharply [ˈʃɑːplɪ] резко

sharpshooter [ˈʃɑːpˌʃuːtə] меткий стрелок; снайпер

shatter [ˈʃætə] разбить*(ся)* вдребезги; раздробить; обломок; осколок

shattering [ˈʃætərɪŋ] бьющийся; ломкий; осколочный

shave [ʃeɪv] бритье; стружка; щепа; брить*(ся)*; строгать; скоблить

shaver [ˈʃeɪvə] бритва

shaving [ˈʃeɪvɪŋ] бритье; стружка

SHA — SHI

shaving-brush [ˈʃeɪvɪŋbrʌʃ] кисточка для бритья
shaving-cream [ˈʃeɪvɪŋkriːm] крем для бритья
shawl [ʃɔːl] платок; шаль; надевать платок; укутывать в шаль
she [ʃiː] она *(о существе женского пола; о некоторых неодушевленных предметах при персонификации; косв. падеж:* her *— ее и т. п.; косв. падеж употр. в разговорной речи как именит. падеж:* that's her *— это она)*
she- [ʃiː-] *в сложных словах означает самку животного*
sheaf [ʃiːf] сноп; вязанка; пачка; связка *(бумаг, денег)*; пучок; вязать в снопы
sheafer [ˈʃiːfə] сноповязалка
sheafter [ˈʃiːftə] снопонакладчик
shear [ʃɪə] ножницы; стрижка; стричь *(овец)*; резать; срезать; лишать чего-либо
shearing machine [ˈʃɪərɪŋ məˈʃiːn] механические ножницы
sheat-fish [ˈʃiːtfɪʃ] сом
sheath [ʃiːθ] ножны; футляр; узкое, облегающее фигуру платье
sheathe [ʃiːð] вкладывать в ножны, в футляр; заключать в оболочку; защищать
sheave [ʃiːv] бобина; катушка
shed [ʃed] ронять; терять; проливать; лить; навес; сарай
sheen [ʃiːn] блеск; сияние; блестящий, сверкающий наряд; живописный; прекрасный
sheeny [ˈʃiːnɪ] блестящий; сияющий
sheep [ʃiːp] овца; баран; робкий, застенчивый человек
sheep-dog [ˈʃiːpdɒg] овчарка
sheep-faced [ˈʃiːpfeɪst] застенчивый; робкий
sheep-run [ˈʃiːprʌn] овечье пастбище
sheep-walk [ˈʃiːpwɔːk] овечий загон
sheepish [ˈʃiːpɪʃ] застенчивый; робкий; глуповатый
sheepskin [ˈʃiːpskɪn] овчина; баранья кожа; пергамент
sheer [ʃɪə] истинный; настоящий; абсолютный; безусловный; вертикальный; отвесный; незагрязненный; неразбавленный; отвесно; перпендикулярно

to sheer off — отходить под углом; отворачивать; убегать; исчезать; уклоняться от чего-либо; избегать чего-либо

sheet [ʃiːt] простыня; печатный лист; газета; ведомость; таблица; листовой; покрывать *(простыней, брезентом, снегом и т. п.)*; отрывной; отрезной
sheet blanket [ˈʃiːt ˈblæŋkɪt] хлопчатобумажное одеяло
sheet sizes [ˈʃiːt ˈsaɪzɪz] стандартные размеры бумаги

sheet-fed machine [ˈʃiːt,fed məˈʃiːn] машина с листовой подачей
sheet-fed press [ˈʃiːt,fed ˈpres] листовая печатная машина
sheet-feed [ˈʃiːtˈfiːd] устройство подачи бумаги
sheeted [ˈʃiːtɪd] покрытый; всеобщий; общий; сплошной
sheeter [ˈʃiːtə] листорезальная машина
sheeting [ˈʃiːtɪŋ] защитное покрытие
sheik(h) [ʃeɪk] шейх *(араб.)*
sheikhdom [ˈʃeɪkdəm] эмират
shelf [ʃelf] полка; уступ; выступ; риф; *(от)*мель; шельф
shelf-life [ˈʃelflaɪf] срок хранения *(продукции)*
shell [ʃel] скорлупа; шелуха; оболочка; корка; раковина; панцирь; щит *(черепахи)*; остов; каркас; гильза *(патрона)*; артиллерийский снаряд; гроб; очищать от скорлупы; лущить; обстреливать артиллерийским огнем
shell-fish [ˈʃelfɪʃ] моллюск; ракообразное
shelled [ʃeld] имеющий раковину, панцирь
shelly [ˈʃelɪ] изобилующий раковинами; похожий на раковину
shelter [ˈʃeltə] приют; прибежище; бомбоубежище; приютить; дать приют
shelve [ʃelv] ставить на полку; откладывать; класть в долгий ящик; увольнять; отстранять от дел
shelved [ʃelvd] находящийся на полке; отлогий
shelving [ˈʃelvɪŋ] стеллаж
shepherd [ˈʃepəd] пастух; скотник; чабан; пастырь; пасти
shepherdess [ˈʃepədɪs] пастушка
sherbet [ˈʃɜːbət] шербет
sheriff [ˈʃerɪf] шериф
sherry [ˈʃerɪ] херес
shibboleth [ˈʃɪbəleθ] устаревшее поверье; тайный пароль
shield [ʃiːld] защита; щит; экран; заслонять; защищать; накрывать
shieling [ˈʃiːlɪŋ] выгон; пастбище; хижина пастуха; навес для овец *(шотланд.)*
shift [ʃɪft] изменение; перемещение; сдвиг; смена; перемена; чередование; *(рабочая)* смена; способ; средство; уловка; хитрость; перемещать*(ся)*; передвигать*(ся)*; перекладывать *(ответственность и т. п.)*; изменять; менять
shiftless [ˈʃɪftlɪs] беспомощный; неумелый; бесхитростный; простой; ленивый
shifty [ˈʃɪftɪ] изобретательный; ловкий; коварный; хитроумный; ненадежный; непорядочный
shikar [ʃɪˈkɑː] охота; охотиться
shilly-shally [ˈʃɪlɪˌʃælɪ] непостоянство; нерешительность; нерешительный; колеблющийся; колебаться

shim [ʃɪm] клин; подшипник; тонкая прокладка; шайба; заклинивать

shimmy [ˈʃɪmɪ] вибрировать; дрожать

shin [ʃɪn] голень; рулька; карабкаться; лазить

shindy [ˈʃɪndɪ] гудение; гул; веселье

shine [ʃaɪn] сияние; (солнечный, лунный) свет; блеск; глянец; лоск; великолепие; светить(ся); блестеть; сиять; блистать (в обществе, разговоре)

to shine through — светить, проходить сквозь что-либо (о свете); быть понятным, ясно видимым (сквозь что-либо)

shingle [ˈʃɪŋgl] короткая дамская стрижка; коротко стричь волосы

shingly [ˈʃɪŋglɪ] покрытый галькой

shining [ˈʃaɪnɪŋ] яркий; сияющий; великолепный

shiny [ˈʃaɪnɪ] блестящий; лоснящийся

ship [ʃɪp] корабль; судно; экипаж корабля; грузить; производить посадку (на корабль); перевозить, отправлять (груз и т. п.) любым видом транспорта

ship-builder [ˈʃɪpˌbɪldə] кораблестроитель; судостроитель

ship-building hall [ˈʃɪpˌbɪldɪŋ ˈhɔːl] корпусный цех

ship-master [ˈʃɪpˌmɑːstə] капитан торгового судна

ship-timber [ˈʃɪpˈtɪmbə] корабельный лес

ship-way [ˈʃɪpweɪ] стапель

shipload [ˈʃɪpləʊd] судовой груз; грузовместимость

shipmate [ˈʃɪpmeɪt] товарищ по плаванию

shipment [ˈʃɪpmənt] погрузка (на корабль); отправка (товаров); груз; партия отправленного товара; перевозка товаров

shipper [ˈʃɪpə] грузоотправитель

shipping [ˈʃɪpɪŋ] (торговый) флот; отправка товара, суда; погрузка; перевозка груза; мореплавание; навигация; судоходство

shipping advice [ˈʃɪpɪŋ ədˈvaɪs] извещение об отгрузке

shipping agent [ˈʃɪpɪŋ ˈeɪdʒənt] грузоотправитель

shipping business [ˈʃɪpɪŋ ˈbɪznɪs] экспедиторское дело

shipping costs [ˈʃɪpɪŋ ˈkɔsts] расходы на отправку товара

shipping document [ˈʃɪpɪŋ ˈdɔkjumənt] погрузочный документ

shipping note [ˈʃɪpɪŋ ˈnəʊt] накладная

shipwreck [ˈʃɪprek] кораблекрушение; (перен.) крушение надежд и т. п.; гибель; обломки кораблекрушения; потерпеть кораблекрушение

shipwright [ˈʃɪpraɪt] корабельный плотник; кораблестроитель

shipyard [ˈʃɪpjɑːd] верфь; судостроительный завод

ship's badge [ˈʃɪps ˈbædʒ] эмблема корабля

shire [ˈʃaɪə] графство (уст.); королевство

shirk [ʃəːk] увиливать; уклоняться (от чего-либо)

shirt [ʃəːt] рубашка (мужская); блуза

shirt-sleeve [ˈʃəːtsliːv] незамысловатый; простой; нецеремонный; прямой

shirt-tail [ˈʃəːtteɪl] низ рубашки

shiver [ˈʃɪvə] дрожь; страх; трепет; дрожать; трястись

shivery [ˈʃɪvərɪ] дрожащий; трепещущий; ломкий; хрупкий

shoal [ʃəʊl] мелкое место; мелководье; мелкий; мелководный; стая; косяк (рыбы); толпиться

shock [ʃɔk] удар; толчок; потрясение; ударный; сокрушительный; выигрывать; побеждать; возмущать; раздражать; копна волос; не стойкий к ударам

shock absorber [ˈʃɔk əbˈsɔːbə] амортизатор

shock absorption [ˈʃɔk əbˈsɔːpʃən] смягчение удара

shock-brigade [ˈʃɔkbrɪˌgeɪd] ударная бригада

shock-worker [ˈʃɔkˌwəːkə] ударник

shocking [ˈʃɔkɪŋ] изумительный; потрясающий; весьма; очень; сильно

shoddy [ˈʃɔdɪ] дешевая подделка; претенциозность; поддельный; притворный; фальшивый

shoe [ʃuː] полуботинок; туфля; подкова; обувать; подковывать; подбивать; обшивать (чем-либо)

shoe polish [ˈʃuːˈpɔlɪʃ] крем для (чистки) обуви

shoe with studs [ˈʃuː wɪð ˈstʌdz] туфли с шипами

shoe-lace [ˈʃuːleɪs] шнурок для ботинок

shoe-leather [ˈʃuːˌleðə] сапожная кожа

shoe-string [ˈʃuːstrɪŋ] шнурок для ботинок; небольшая сумма денег (разг.)

shoehorn [ˈʃuːhɔːn] рожок (для обуви)

shoemaker [ˈʃuːˌmeɪkə] сапожник

shoo-in [ˈʃuːˈɪn] бесспорная кандидатура (на выборах)

shoot [ʃuːt] охота; охотничье угодье; стрельба; бросок; рывок; побег; росток; стрелять; застрелить; расстрелять; внезапно появиться; пронестись; распускаться (о деревьях, почках); пускать ростки; бросать; кидать; швырять; фотографировать; снимать фильм

to shoot away — стрелять непрерывно; расстрелять (патроны, боеприпасы)

to shoot forth — пронестись; промелькнуть; распускаться; прорастать

to shoot in — ворваться (внутрь); пристреливаться

to shoot off — оторвать (осколком бомбы и т. п.); умчаться; стрелять в воздух; пускать (фейерверк, ракету)

shooter [ˈʃuːtə] стрелок; револьвер

shooting [ˈʃuːtɪŋ] стрельба; охота; право на охоту; внезапная острая боль; киносъемка

shooting star [′ʃu:tɪŋsta:] метеор; падающая звезда
shooting-box [′ʃu:tɪŋbɔks] охотничья сумка
shooting-gallery [′ʃu:tɪŋˌgælərɪ] тир
shooting-season [′ʃu:tɪŋsɪzn] охотничий сезон
shop [ʃɔp] лавка; магазин; мастерская; студия; цех; цеховой

to go shopping — делать покупки, ходить по магазинам

shop-assistant [′ʃɔpəˌsɪstənt] продавец; продавщица; торговец
shop-floor [′ʃɔpflɔ:] профсоюзные массы; рядовые члены профсоюза
shop-front [′ʃɔp′frʌnt] витрина; окно магазина
shop-lift [′ʃɔp′lɪft] красть из магазина
shop-lift offence [′ʃɔplɪft|ə′fens] кража в магазине
shop-window [′ʃɔp′wɪndou] витрина
shopman [′ʃɔpmən] продавец; торговец; коммерсант; купец; лавочник
shopper [′ʃɔpə] заказчик; клиент; покупатель
shopping [′ʃɔpɪŋ] посещение магазина с целью покупки *(чего-либо)*
shopping mall [′ʃɔpɪŋ′mɔ:l] торговый пассаж
shoppy [′ʃɔpɪ] с большим количеством магазинов *(о районе города)*
shore [ʃɔ:] берег *(моря, озера)*; подпорка; опора; подкос; нести; поддерживать; подпирать; оказывать поддержку; укреплять
shore-boat [′ʃɔ:′bout] береговая шлюпка
shore-line [′ʃɔ:′laɪn] береговая линия
shoreless [′ʃɔ:lɪs] безбрежный; необъятный
shoresman [′ʃɔ:zmən] прибрежный рыбак; лодочник; портовый грузчик
shoreward [′ʃɔ:wəd] движущийся по направлению к берегу; по направлению к берегу
short [ʃɔ:t] короткий; краткий; низкий; невысокий *(о человеке)*; недостаточный; неполный; хрупкий; ломкий; краткость

to short of — исключая; не доезжая

short day [′ʃɔ:t′deɪ] укороченный рабочий день
short-bill [′ʃɔ:tbɪl] краткосрочная трата
short-borrowings [′ʃɔ:t′bɔrouɪŋz] краткосрочные ссуды
short-cause list [′ʃɔ:tkɔ:z′lɪst] список дел, подлежащих рассмотрению вне очереди
short-change [′ʃɔ:t′tʃeɪndʒ] обсчитывать; недодавать *(сдачу)*; вводить в заблуждение; дезориентировать
short-circuit [′ʃɔ:t′sə:kɪt] короткое замыкание; сделать короткое замыкание *(электр.)*; упростить; укоротить; препятствовать; мешать; срывать *(планы)*; действовать в обход *(правил и т. п.)*
short-cut [′ʃɔ:tkʌt] мелкая крошка *(сорт табака)*; укороченный; свернутый
short-delivery [′ʃɔ:tdɪ′lɪvərɪ] недопоставка

short-haul [′ʃɔ:thɔ:l] перевозящий на короткие дистанции
short-lease [′ʃɔ:t′li:s] краткосрочная аренда
short-lived [′ʃɔ:t′lɪvd] недолговечный; мимолетный
short-loan [′ʃɔ:t′loun] краткосрочный заем
short-range [′ʃɔ:t′reɪndʒ] с малым радиусом действия; ближнего действия
short-run [′ʃɔ:t′rʌn] малый тираж
short-shipment [′ʃɔ:t′ʃɪpmənt] недогруз
short-sight [′ʃɔ:t′saɪt] близорукость
short-spoken [′ʃɔ:t′spouk(ə)n] немногословный; неразговорчивый
short-staffed [′ʃɔ:t′sta:ft] неукомплектованный штатами
short-story [′ʃɔ:t′stɔrɪ] новелла
short-tempered [′ʃɔ:t′tempəd] бурный; вспыльчивый
short-term credit [′ʃɔ:ttə:m′kredɪt] краткосрочный кредит
short-term debt [′ʃɔ:ttə:m′det] краткосрочный долг
short-term note [′ʃɔ:ttə:m′nout] краткосрочный простой вексель
short-weight [′ʃɔ:t′weɪt] недовес
shortage [′ʃɔ:tɪdʒ] нехватка; дефицит; отсутствие
shortage of cash [′ʃɔ:tɪdʒ|əv|′kæʃ] кассовый дефицит
shortage of money [′ʃɔ:tɪdʒ|əv|′mʌnɪ] денежный дефицит
shortcoming [ˌʃɔ:t′kʌmɪŋ] недостаток; нехватка; отсутствие
shorten [′ʃɔ:tn] сокращать(ся); укорачивать(ся)
shortfall [′ʃɔ:tfɔ:l] дефицит; недостача
shortgun [′ʃɔ:tgʌn] вынужденный
shorthand [′ʃɔ:thænd] стенография
shortish [′ʃɔ:tɪʃ] довольно короткий
shortly [′ʃɔ:tlɪ] вскоре; незадолго; скоро; коротко; сжато
shorts [ʃɔ:ts] трусики; шорты
shot [ʃɔt] пушечное ядро; дробинка; дробь; выстрел; попытка *(угадать и т. п.)*; небольшая доза; съемка; съемочный кадр; фотоснимок; заряжать; переливчатый; изношенный
shot-gun [′ʃɔtgʌn] дробовик *(ружье)*
shot-push [′ʃɔtpuʃ] толкание ядра
should [ʃud] — полная форма; [ʃəd, ʃd] — редуцированные формы; *вспомогательный глагол (служит для образования будущего в прошедшем в 1 л. ед. и мн. ч.; служит для образования: а) условного наклонения в 1 л. ед. и мн. ч.; б) сослагательного наклонения); модальный глагол, выражающий: а) долженствование, уместность, целесообразность; б) предположение, вытекающее из обстоятельств*

shoulder ['ʃouldə] плечо; плечевая кость; выступ; уступ; обочина *(дороги)*; вешалка; толкать плечом; задевать плечом; проталкиваться; брать на себя *(ответственность, вину)*
to shoulder one's way — *проталкиваться; протискиваться*
shoulder bearing ['ʃouldə'beərɪŋ] опорный подшипник
shoulder joint ['ʃouldə'dʒɔɪnt] плечевой сустав
shoulder-belt ['ʃouldəbelt] ремень безопасности; перевязь через плечо; портупея *(воен.)*
shoulder-blade ['ʃouldəbleɪd] лопатка *(анат.)*
shoulder-head ['ʃouldəhed] подзаголовок с левой выключкой
shoulder-length ['ʃouldə'lenθ] длиной до плеч *(о волосах)*
shout [ʃaut] возглас; крик; кричать
shouting ['ʃautɪŋ] крики; возгласы одобрения, приветствия
shove [ʃʌv] толчок; столкновение; пихать; толкать(ся)
to shove aside — *отталкивать; отпихивать; устранять; отстранять; уступать (место)*
to shove off — *отталкиваться от берега (о лодке)*
shovel ['ʃʌvl] лопата; совок; копать; рыть; сгребать; выгребать
show [ʃou] демонстрация; показ; зрелище; спектакль; выставка; витрина; внешний вид; видимость; показная пышность; парадность; показывать; проявлять; выставлять; доказывать
to show oneself — *появляться в обществе*
to show through — *проступать, просвечивать (сквозь что-либо)*
show-bill ['ʃoubɪl] афиша
show-case ['ʃoukeɪs] витрина
show-flat ['ʃouflæt] демонстрационная площадка
show-girl ['ʃougə:l] статистка
show-piece ['ʃoupi:s] экспонат; предмет отличного качества
show-room ['ʃourum] выставочный зал
show-through ['ʃouθru:] проступание текста с обратной стороны листа
show-time ['ʃoutaɪm] время показа шоу
shower ['ʃauə] ливень; душ; орошать; поливать; осыпать; забрасывать; принять душ
shower-cloud ['ʃauəklaud] ливневое облако
showery ['ʃauərɪ] дождливый
showing ['ʃouɪŋ] изображение; описание; показ; выставка; впечатление
showmanship ['ʃoumənʃɪp] искусство организации публичных зрелищ; умение произвести эффект, показать товар лицом
showy ['ʃouɪ] густой; сочный; яркий; кричащий; безвкусный; пестрый; разнородный

shram [ʃræm] приводить в оцепенение
shrapnel ['ʃræpnl] шрапнель
shred [ʃred] глыба; клочок; частица; мизерное количество; кромсать; резать или рвать на клочки
shredded ['ʃredɪd] дробленый; расщепленный
shredder ['ʃredə] канцелярская бумагорезальная машина
shrew [ʃru:] землеройка *(зоол.)*; сварливая женщина
shrewd [ʃru:d] проницательный; умный; низкий, сниженный *(о ценах)*
shrewish ['ʃru:ɪʃ] сварливый
shriek [ʃri:k] пронзительный крик; визг; пронзительно кричать; визжать; выкрикивать
shrievalty ['ʃri:v(ə)ltɪ] должность шерифа; сфера полномочий шерифа; срок пребывания шерифа в должности
shrill [ʃrɪl] пронзительный; пронизывающий; назойливый; настойчивый; пронзительно кричать; визжать
shrimp [ʃrɪmp] креветка *(зоол.)*; ловить креветок
shrine [ʃraɪn] гробница; усыпальница; место поклонения; святыня; благоговейно хранить
shrink [ʃrɪŋk] сморщивать(ся); сокращать(ся); высыхать; пересыхать; усыхать; отпрянуть; отступить *(от чего-либо)*; избегать *(чего-либо)*; уклоняться от чего-либо
shrinkage ['ʃrɪŋkɪdʒ] сокращение; свертывание; усадка; усушка
shrinkage strain ['ʃrɪŋkɪdʒ'streɪn] усадочная деформация
shrinking ['ʃrɪŋkɪŋ] усадочный *(техн.)*
shrive [ʃraɪv] исповедовать; отпускать грехи
shrivel ['ʃrɪvl] сморщивать(ся); съеживаться; ссыхаться; делать(ся) бесполезным
shroud [ʃraud] саван; пелена; покров; завертывать в саван; обвертывать; окутывать
shrouds ['ʃraudz] ванты *(мор.)*
shrub [ʃrʌb] куст; кустарник
shrubbery ['ʃrʌbərɪ] аллея, обсаженная кустарником
shrubby ['ʃrʌbɪ] поросший кустарником; кустарниковый
shrubs ['ʃrʌbz] кустарник *(мн.ч.)*
shrug [ʃrʌg] пожимание *(плечами)*; пожимать *(плечами)*
shrunken ['ʃrʌŋk(ə)n] сморщенный; съежившийся
shuck [ʃʌk] шелуха; створка устрицы, жемчужницы и т. п.; лущить; очищать от шелухи; сбрасывать; снимать
shudder ['ʃʌdə] дрожь; содрогание; вздрагивать; содрогаться

SHU — SIG

shuffle [ˈʃʌfl] шарканье; тасование *(карт)*; обман; трюк; уловка; перемещение; сдвиг; смещение; тасовать *(карты)*; перемешивать; двигать; вилять; изворачиваться

shun [ʃʌn] беречься; избегать

shunt [ʃʌnt] курсор; стрелка; указатель; передавать *(разг.)*; передвигать

shut [ʃʌt] запирать*(ся)*; затворять*(ся)*; закрывать; складывать

to shut off — выключать *(воду, ток и т. п.)*; изолировать

to shut out — не впускать; не допускать

to shut up — плотно закрыть; забить; заколотить; закрыть *(магазин, предприятие)*

shut-down [ˈʃʌtdaun] закрытие *(предприятия)*; выключение; изъятие; исключение

shut-in [ˈʃʌtɪn] автономный; замкнутый; изолированный

shutter [ˈʃʌtə] ставень; жалюзи; задвижка; заслонка; затвор; закрывать ставнями

shuttle [ˈʃʌtl] челнок *(ткацкого станка, швейной машины)*; затвор шлюза; ускоренная перемотка; двигать*(ся)* взад и вперед

shuttle-bus [ˈʃʌtlbʌs] пригородный автобус

shuttle-time [ˈʃʌtltaim] время перемотки

shuttlecock [ˈʃʌtlkɔk] волан

shy [ʃai] пугливый; застенчивый; робкий; бросаться в сторону; пугаться; бросать *(камень, мяч)*

sibilant [ˈsɪbɪlənt] свистящий; шипящий; свистящий или шипящий звук *(фон.)*

sibling [ˈsɪblɪŋ] брат или сестра

sibyl [ˈsɪbɪl] предсказательница; колдунья

sibylline [sɪˈbɪlaɪn] пророческий

siccative [ˈsɪkətɪv] сушильный

sice [saɪs] шесть очков *(на игральных костях)*; грум; конюх

sick [sɪk] больной; болезненный; нездоровый; тоскующий *(по чему-либо)*

sick-bay [ˈsɪkbeɪ] корабельный лазарет

sick-headache [ˈsɪkˈhedeɪk] мигрень

sick-list [ˈsɪklɪst] список больных; больничный лист

sicken [ˈsɪkn] заболевать; чувствовать тошноту; испытывать отвращение; испытывать досаду, раздражение

sickening [ˈsɪknɪŋ] отвратительный; плохой; противный

sickle [ˈsɪkl] серп

sickly [ˈsɪklɪ] болезненный; нездоровый *(о климате)*; тошнотворный; сентиментальный; слащавый

sickness [ˈsɪknɪs] болезнь; заболевание; тошнота

side [saɪd] сторона; бок; край; позиция; точка зрения; склон *(горы)*; стенка; боковой; побочный; примкнуть к кому-либо; быть на чьей-либо стороне

side bet [ˈsaɪdˈbet] побочное пари

side effect [ˈsaɪdɪˈfekt] побочное действие

side-bar [ˈsaɪdbɑː] лонжерон

side-by-side [ˈsaɪdbaɪˈsaɪd] рядом

side-car [ˈsaɪdkɑː] коляска мотоцикла

side-car motorcycle [ˈsaɪdkɑːˈməutəˌsaɪkl] мотоцикл с коляской

side-dish [ˈsaɪddɪʃ] гарнир; салат

side-issue [ˈsaɪdˌɪsjuː] побочный или второстепенный; несущественный вопрос

side-line [ˈsaɪdlaɪn] побочная работа; товары, не составляющие главный предмет торговли в данном магазине

side-show [ˈsaɪdʃou] интермедия; вставной номер

side-step [ˈsaɪdˈstep] шаг в сторону; отступать в сторону; уступать дорогу; уклоняться от удара; обходить

side-track [ˈsaɪdtræk] запасный путь; разъезд; переводить на запасный путь; уводить в сторону; отвлекать *(кого-либо)* от цели

side-view [ˈsaɪdvjuː] профиль; вид сбоку

side-walk [ˈsaɪdwɔːk] тротуар

side-wind [ˈsaɪdwɪnd] боковой ветер; непрямое влияние

side-winder [ˈsaɪdˌwɪndə] удар сбоку

sideboard [ˈsaɪdbɔːd] буфет; сервант

sidelight [ˈsaɪdlaɪt] боковой фонарь; случайная информация, проливающая свет на что-либо

sideling [ˈsaɪdlɪŋ] наклонный; непрямой

sidelong [ˈsaɪdlɔŋ] боковой; косой; направленный в сторону; вкось; боком; в сторону

sidereal [saɪˈdɪərɪəl] звездный; звездообразный

siderotrophic lake [ˌsaɪdərəˈtrɔfɪkˈleɪk] озеро с отложениями железа

sideways [ˈsaɪdweɪz] в сторону; вкось; боком

siding [ˈsaɪdɪŋ] запасный *(ж.-д.)*; подъездной путь; ветка; наружная обшивка

sidle [ˈsaɪdl] *(под)*ходить бочком, робко, украдкой

siege [siːdʒ] осада; долгий, тягостный период времени

sierra [ˈsɪərə] горная цепь *(исп.)*

sieve [sɪv] решето; сито; болтун; отсеивать; просеивать

sift [sɪft] отсеивать; просеивать; сыпать; посыпать *(сахаром и т. п.)*; тщательно рассматривать; анализировать *(факты и т. п.)*; подробно допрашивать *(кого-либо)*

sigh [saɪ] вздох; вздыхать; тосковать; оплакивать

sight [saɪt] зрение; поле зрения; взгляд; вид; зрелище; достопримечательности; точка зрения; прицел; заметить; различить; увидеть

sight-read [ˈsaɪtˈriːd] играть или петь с листа *(по нотам)*; читать *(ноты, текст)* с листа

sight-seeing [ˈsaɪtˌsiːɪŋ] осмотр достопримечательностей

sight-seeing bus [ˈsaɪtˌsiːɪŋˈbʌs] экскурсионный автобус

sightless [ˈsaɪtlɪs] невидящий; слепой; невидимый

sightly [ˈsaɪtlɪ] красивый; приятный на вид; видный

sightseer [ˈsaɪtˌsiːə] турист, осматривающий достопримечательности

sign [saɪn] знак; символ; признак; примета; знамение; предзнаменование; вывеска; след; подписывать(*ся*); выражать жестом; подавать знак; отмечать; ставить знак

to sign for — расписаться за *(что-либо)*

to sign on — подписать контракт; нанимать на работу; записываться; регистрироваться

to sign over — передавать *(право, собственность)*; отказываться в чью-либо пользу

sign-language [ˈsaɪnˈlæŋgwɪdʒ] кинетическая речь *(лингв.)*; объяснение с помощью жестов

sign-painter [ˈsaɪnˌpeɪntə] художник, рисующий вывески

sign-post [ˈsaɪnpoust] указательный столб; указатель

signal [ˈsɪgnl] знак; сигнал; выдающийся; замечательный; контрольный; сигнальный; сигнализировать; давать сигнал

signal beacon [ˈsɪgnlˈbiːkən] сигнальный знак *(мор.)*

signalize [ˈsɪgnəlaɪz] отмечать; ознаменовать; сигнализировать; подавать сигнал

signaller [ˈsɪgnələ] связист *(воен.)*

signalman [ˈsɪgnlmən] сигнальщик

signatory [ˈsɪgnət(ə)rɪ] подписавшаяся сторона

signature [ˈsɪgnɪtʃə] подписание; подпись

signboard [ˈsaɪnbɔːd] вывеска

signet [ˈsɪgnɪt] печатка; печать

significance [sɪgˈnɪfɪkəns] значение; смысл; важность; значительность; многозначительность; выразительность

significant [sɪgˈnɪfɪkənt] значительный; важный; выразительный; значимый *(о суффиксе и т. п.)*

signification [ˌsɪgnɪfɪˈkeɪʃ(ə)n] *(точное)* значение; *(точный)* смысл

signify [ˈsɪgnɪfaɪ] значить; означать; иметь значение; высказывать; предвещать; предрекать

sika пятнистый олень

silence [ˈsaɪləns] молчание; безмолвие; покой; забвение; отсутствие сведений; заставить замолчать; заглушать

silencer [ˈsaɪlənsə] глушитель

silent [ˈsaɪlənt] безмолвный; немой; молчаливый; не высказанный вслух; непроизносимый *(о букве)*; бесшумный; тихий

silhouette [ˌsɪluː(ː)ˈet] силуэт; изображать в виде силуэта; вырисовываться *(на фоне чего-либо)*

silicic [sɪˈlɪsɪk] кремниевый

silicon atom [ˈsɪlɪkənˈætəm] атом кремния

silk [sɪlk] шелк; шелковые нитки; шелковый

silk-screen printing [ˈsɪlkskriːnˈprɪntɪŋ] трафаретная печать

silk-stocking [ˈsɪlkˈstɔkɪŋ] роскошно одетый человек *(амер.)*; богач; богатый; пышный; роскошный; элегантный; аристократический; знатный

silken [ˈsɪlk(ə)n] шелковый; вкрадчивый; мягкий; нежный; роскошный; элегантный

silky [ˈsɪlkɪ] шелковистый; вкрадчивый

sill [sɪl] порог; подоконник *(наружный)*

sillabub [ˈsɪləbʌb] *(взбитые)* сливки с вином и сахаром

silliness [ˈsɪlɪnɪs] глупость

silly [ˈsɪlɪ] глупый; слабоумный

silo [ˈsaɪlou] силосная яма или башня; силосовать

silt [sɪlt] ил; наносы; осадок; засорять(*ся*) илом

silvan [ˈsɪlvən] лесистый; лесной

silver [ˈsɪlvə] серебро; серебряные монеты; деньги; серебряные изделия; серебряный; седой *(о волосах)*; серебрить; седеть

silver anniversary [ˈsɪlvərˌænɪˈvəːsərɪ] серебряная свадьба

silver-plate [ˈsɪlvəˈpleɪt] покрывать серебром

silver-tongued [ˈsɪlvəˈtʌŋd] сладкоречивый; красноречивый

silvern [ˈsɪlvən] серебряный *(поэт.)*

silversmith [ˈsɪlvəsmɪθ] серебряных дел мастер

silverware [ˈsɪlvəwɛə] изделия из серебра

silviculture [ˈsɪlvɪkʌltʃə] лесоводство

simian [ˈsɪmɪən] обезьяний; обезьяноподобный; обезьяна

similar [ˈsɪmɪlə] похожий; сходный; подобный *(геом.)*

similarity [ˌsɪmɪˈlærɪtɪ] подобие; похожесть; сходство

similarly [ˈsɪmɪləlɪ] так же; подобным образом

similitude [sɪˈmɪlɪtjuːd] подобие; сходство; вид; образ

simmer [ˈsɪmə] закипание; закипать; кипеть на медленном огне; еле сдерживать *(гнев или смех)*

simon-pure [ˈsaɪmənˈpjuə] истинный; настоящий; подлинный

simper [ˈsɪmpə] жеманная или глупая улыбка; притворно или глупо улыбаться

simple ['sɪmpl] несложный; простой; неразложимый; элементарный; прямой; честный; незнатный; явный; истинный
simple majority ['sɪmpl|mə'dʒɔrɪtɪ] простое большинство
simple-minded ['sɪmpl'maɪndɪd] бесхитростный; глупый; туповатый
simple-hearted ['sɪmpl'hɑːtɪd] простодушный
simplicity [sɪm'plɪsɪtɪ] простота; наивность; простодушие; непритязательность
simplification [ˌsɪmplɪfɪ'keɪʃ(ə)n] упрощение
simplify ['sɪmplɪfaɪ] упрощать
simplistic [sɪm'plɪstɪk] упрощенческий
simply ['sɪmplɪ] легко; просто
simulate ['sɪmjuleɪt] симулировать; притворяться; иметь вид (чего-либо); походить (на что-либо); моделировать; воспроизводить (реальные условия работы при испытании)
simulated ['sɪmjuleɪtɪd] поддельный; фальшивый; воспроизводящий; моделирующий
simulation [ˌsɪmju'leɪʃ(ə)n] симуляция; притворство; воспроизведение; имитация
simulator ['sɪmjuleɪtə] притворщик; симулянт; тренажер
simultaneity [ˌsɪm(ə)ltə'nɪətɪ] одновременность
simultaneous [ˌsɪm(ə)l'teɪnjəs] одновременный; совместный
simultaneous carry [ˌsɪm(ə)l'teɪnjəs'kærɪ] одновременный перенос
sin [sɪn] грех; (со)грешить; нарушать (правила, нормы)
sin-offering ['sɪn'ɔf(ə)rɪŋ] искупительная жертва
sinapism ['sɪnəpɪzm] горчичник
since [sɪns] с тех пор; тому назад; после; так как; хотя; со времени; затем что; ибо; поскольку
since the beginning of time ['sɪns|ðə|bɪ'gɪnɪŋ|əv'taɪm] с незапамятных времен
sincere [sɪn'sɪə] искренний; чистосердечный
sincerity [sɪn'serɪtɪ] искренность
sinciput ['sɪnsɪpʌt] темя
sinew ['sɪnjuː] сухожилие; мускулатура; физическая сила; движущая сила; закреплять; укреплять; усиливать
sinewy ['sɪnju(ː)ɪ] мускулистый; яркий, живой (о стиле)
sinful ['sɪnful] греховный; грешный
sing [sɪŋ] петь; воспевать; ликовать; свист (ветра, пули)
singe [sɪndʒ] ожог; опалять(ся); палить
singer ['sɪŋə] певец; певица; бард; поэт; певчая птица
singing ['sɪŋɪŋ] пение
singing-master ['sɪŋɪŋˌmɑːstə] учитель пения

single ['sɪŋgl] один; единственный; одинокий; холостой; незамужняя; билет в один конец; выбирать; отбирать
single bed ['sɪŋgl|bed] односпальная кровать
single citizenship ['sɪŋgl|'sɪtɪznʃɪp] единое гражданство
single cream ['sɪŋgl|'kriːm] сливки к кофе
single man ['sɪŋgl|mən] холостяк; вдовец
single tax ['sɪŋgl|'tæks] единый налог
single woman ['sɪŋgl|'wumən] незамужняя женщина; вдова
single-copy order ['sɪŋglkɔpɪ'ɔːdə] заказ на один экземпляр книги
single-eyed ['sɪŋgl'aɪd] одноглазый; прямой; прямолинейный; честный; целеустремленный
single-frame jogging ['sɪŋglfreɪm|'dʒɔgɪŋ] кадровое воспроизведение
single-handed ['sɪŋgl'hændɪd] однорукий; сделанный без посторонней помощи
single-seater ['sɪŋglˌsiːtə] одноместный автомобиль или самолет
single-stage ['sɪŋgl'steɪdʒ] одноступенчатый
single-winged ['sɪŋgl'wɪŋd] одностворчатый
singlehearted ['sɪŋgl'hɑːtɪd] прямодушный; преданный своему делу; целеустремленный
singlestick ['sɪŋglstɪk] палка с рукояткой (для фехтования); фехтование
singlet ['sɪŋglɪt] фуфайка; спортивная майка
singleton ['sɪŋglt(ə)n] одиночка; единственный ребенок; единичный предмет
singly ['sɪŋglɪ] отдельно; поодиночке; порознь; самостоятельно; без помощи других
singsong ['sɪŋsɔŋ] монотонное чтение или пение; импровизированный концерт; монотонный; однообразный; читать стихи; говорить или петь монотонно
singular ['sɪŋgjulə] единственное число; слово в единственном числе (грам.); исключительный; необыкновенный; неестественный; своеобразный
singularity [ˌsɪŋgju'lærɪtɪ] оригинальность; особенность
sinister ['sɪnɪstə] грозный; зловещий; страшный
sink [sɪŋk] раковина (для стока воды); сточная труба; низина; мойка; шахтный ствол; опускать(ся); снижать(ся); тонуть (о корабле и т. п.); погружаться; гибнуть; ослабевать; впадать; западать (о щеках и т. п.); погашать (долг)
sink-lake ['sɪŋk'leɪk] долинное озеро; затопленная долина
sinker ['sɪŋkə] грузило
sinking ['sɪŋkɪŋ] опускание; внезапная слабость
sinner ['sɪnə] грешник
sinter ['sɪntə] окалина; шлак

sinuosity [ˌsɪnjuˈɒsɪtɪ] извилистость; извилина; изгиб; волнообразное движение
sinuous [ˈsɪnjuəs] извилистый; волнистый; запутанный; сложный
sip [sɪp] маленький глоток; потягивать; прихлебывать
siphon [ˈsaɪf(ə)n] сифон; переливать через сифон
sippet [ˈsɪpɪt] кусочек хлеба, обмакнутый в подливку, молоко и т. п.; гренка
sir [sɜː] — *полная форма;* [sə] — *редуцированная форма* сэр; господин; сударь *(как обращение)*
sire [ˈsaɪə] ваше величество; сир *(обращение к королю)*
siren [ˈsaɪərən] сирена; сигнал воздушной тревоги
sirloin [ˈsɜːlɔɪn] оковалок; филей
siskin [ˈsɪskɪn] чиж
sister [ˈsɪstə] сестра; медицинская сестра; сиделка; девушка *(как обращение)*; член религиозной общины; монахиня; родственный
sister-in-law [ˈsɪst(ə)rɪnlɔː] невестка *(жена брата)*; золовка *(сестра мужа)*; свояченица *(сестра жены)*
sisterhood [ˈsɪstəhud] родственная связь сестер; религиозная сестринская община
sisterly [ˈsɪstəlɪ] сестринский
sit [sɪt] сидеть; сажать; усаживать; вмещать; быть рассчитанным на; позировать; сидеть *(о платье)*; обременять; заседать *(о суде или парламенте)*
to sit down — садиться; мириться; терпеть; приниматься *(за что-либо)*
to sit tight — сидеть молча, не обнаруживая себя
sit back [ˈsɪtˈbæk] откидываться *(на спинку стула и т. п.)*; отстоять *(от дороги)*; бездельничать
sit-down [ˈsɪtdaun] сидячий
site [saɪt] местонахождение; местоположение; участок *(для строительства)*; сайт; располагать; выбирать место
sitter [ˈsɪtə] натурщик; наседка
sitter-in [ˈsɪtərˈɪn] няня, присматривающая за детьми в отсутствие родителей
sitting [ˈsɪtɪŋ] заседание; собрание; совещание; сидячее место; сиденье
sitting-room [ˈsɪtɪŋrum] общая комната в квартире; гостиная; место, помещение для сидения
situate [ˈsɪtjueɪt] помещать в определенные условия или в определенную среду
situated [ˈsɪtjueɪtɪd] расположенный; находящийся
situation [ˌsɪtjuˈeɪʃ(ə)n] место; местоположение; обстановка; положение; ситуация
sitz bath [ˈsɪts|bɑːθ] сидячая ванна
six [sɪks] шесть; шестерка; шестеро
sixfold [ˈsɪksfould] шестикратный; вшестеро
sixteen [ˈsɪksˈtiːn] шестнадцать
sixth [sɪksθ] шестой; шестая часть
sixthly [ˈsɪksθlɪ] в-шестых
sixty [ˈsɪkstɪ] шестьдесят
size [saɪz] размер; величина; габариты; сортировать по величине; кегль *(шрифта)*
to size up — определять размер; составлять мнение
sizeable [ˈsaɪzəbl] порядочного размера
sizzle [ˈsɪzl] шипение, шипящий звук *(при жарении на огне)*; шипеть *(при жарении)*; испепелять; обжигать
sjambok [ˈʃæmbɔk] бич; плеть
skate [skeɪt] скат *(рыба)*; конек; кататься на коньках; скользить
skateboard [ˈskeɪtbɔːd] скейтборд *(доска на роликах для катания на асфальте)*
skater [ˈskeɪtə] конькобежец
skating-rink [ˈskeɪtɪŋrɪŋk] каток
skein [skeɪn] моток пряжи; стая диких гусей *(в полете)*
skeletal [ˈskelɪt(ə)l] скелетный; скелетообразный
skeleton [ˈskelɪtn] скелет; костяк; набросок; план
skeleton agreement [ˈskelɪtn|əˈgriːmənt] типовое соглашение
skeleton-key [ˈskelɪtnkiː] отмычка
skeptic [ˈskeptɪk] скептический
skerry [ˈskerɪ] риф; шхера
sketch [sketʃ] эскиз; набросок; беглый очерк; отрывок; описывать в общих чертах
to sketch out — изображать схематически
sketch-book [ˈsketʃbuk] альбом для зарисовок
sketch-map [ˈsketʃmæp] схематическая карта
sketch-pad [ˈsketʃpæd] альбом для набросков
sketchy [ˈsketʃɪ] эскизный; отрывочный; поверхностный
skew [skjuː] наклон; склон; скос; уклон; косой; несимметричный; уклоняться; отклоняться; сворачивать в сторону; перекашивать; искажать; извращать; смотреть искоса; косить глазами
skew-eyed [ˈskjuːˈaɪd] косоглазый
skewbald [ˈskjuːbɔːld] пегий
skewer [ˈskjuə] небольшой вертел; насаживать *(на что-либо)*; прокалывать; пронзать; протыкать
ski [skiː] лыжа; ходить на лыжах
ski-jumping [ˈskiːˈdʒʌmpɪŋ] прыжки на лыжах с трамплина
ski-run [ˈskiːrʌn] лыжня
ski-running [ˈskiːˈrʌnɪŋ] ходьба на лыжах
skid [skɪd] подставка; салазки; направляющий рельс; заносить *(авто)*; буксовать; тормозить; спускаться на тормозах; резко падать
skid chain [ˈskɪdˈtʃeɪn] цепь противоскольжения
skier [ˈskiːə] лыжник
skiing lodge [ˈskiːɪŋ|lɔdʒ] лыжная база
skilful [ˈskɪlful] искусный; умелый

skill [skɪl] искусство; мастерство
skilled [skɪld] искусный; квалифицированный
skilly [ˈskɪlɪ] жидкая похлебка
skim [skɪm] снимать (накипь и т. п.); едва касаться; нестись; скользить
skimble-skamble [ˈskɪmbl,skæmbl] бессвязный; несвязный
skimmer [ˈskɪmə] шумовка
skimp [skɪmp] скудно снабжать; урезывать; скупиться
skimpy [ˈskɪmpɪ] недостаточный; скудный; узкий, короткий (об одежде); бережливый; расчетливый; скупой
skin [skɪn] кожа; шкура; кожица; кожура; наружный слой; оболочка; мех (для вина); покрывать(ся) кожей, пленкой; сдирать кожу, шкуру; снимать кожуру

to skin through — протискиваться через (что-либо); с трудом пройти (испытание и т. п.)

skin-deep [ˈskɪnˈdiːp] поверхностный; неглубокий (о чувствах и т. п.); поверхностно
skin-diver [ˈskɪnˌdaɪvə] ловец жемчуга; аквалангист
skin-diving [ˈskɪnˌdaɪvɪŋ] подводное плавание
skin-tight [ˈskɪnˈtaɪt] плотно облегающий; обтягивающий (об одежде)
skinflint [ˈskɪnflɪnt] скряга; скупец; скупой
skinful [ˈskɪnful] полный мех (вина)
skinhead [ˈskɪnhed] бритоголовый
skinless [ˈskɪnlɪs] не имеющий кожи, кожуры
skinny [ˈskɪnɪ] тощий
skip [skɪp] прыжок; скачок; прыгать; скакать; перепрыгивать; перескакивать; пропускать; упускать
skip mackerel [ˈskɪpˈmækrəl] молодой луфарь
skipjack [ˈskɪpdʒæk] прыгающая игрушка; общее название прыгающих жуков и рыб
skipper [ˈskɪpə] шкипер; капитан (торгового судна)
skipping-rope [ˈskɪpɪŋroup] скакалка
skirl [skəːl] звук волынки; резкий, пронзительный звук; играть на волынке
skirmish [ˈskəːmɪʃ] перестрелка между мелкими отрядами; битва; столкновение; перестреливаться; сражаться мелкими отрядами
skirmisher [ˈskəːmɪʃə] стрелок в цепи; застрельщик (ист.)
skirt [skəːt] юбка; подол; пола; быть расположенным на опушке, на краю; огибать; идти вдоль края; проходить; проезжать

to skirt around — уклоняться (от чего-либо)

skirting [ˈskəːtɪŋ] кайма; край; юбочная ткань
skirting-board [ˈskəːtɪŋbɔːd] борт пиджака; подгиб юбки

skit [skɪt] шутка; пародия; сатира; масса; множество; толпа
skitter [ˈskɪtə] легко и быстро нестись (едва касаясь поверхности)
skittish [ˈskɪtɪʃ] норовистый или пугливый (о лошади); живой; игривый; капризный
skittle [ˈskɪtl] кегля
skittle-alley [ˈskɪtlˌælɪ] кегельбан
skittles [ˈskɪtlz] кегли
skive [skaɪv] разрезать, слоить (кожу, резину); стачивать (грань драгоценного камня)
skiver [ˈskaɪvə] нож для разрезания кожи; тонкая кожа
sklent [sklent] ложь; неправда; обман; лживый; неверный; лгать
skulk [skʌlk] скрываться; прятаться; подкрадываться; пробираться
skull [skʌl] череп
skull-cap [ˈskʌlkæp] ермолка; тюбетейка
skunk [skʌŋk] вонючка (зоол.); скунс
skunk-bear [ˈskʌŋkbeə] росомаха
sky [skaɪ] небеса; небо; высоко забросить (мяч); вешать под потолок (картину)
sky-blue [ˈskaɪˈbluː] лазурь; лазурный
sky-diving [ˈskaɪˌdaɪvɪŋ] затяжные прыжки с парашютом
sky-high [ˈskaɪˈhaɪ] высокий; достигающий неба; до небес; очень высоко
sky-line [ˈskaɪlaɪn] горизонт; линия горизонта; очертание на фоне неба
sky-rocket [ˈskaɪˌrɔkɪt] сигнальная ракета; устремляться ввысь
sky-troops [ˈskaɪtruːps] парашютно-десантные войска
skyer [ˈskaɪə] высоко заброшенный мяч
skyey [ˈskaɪɪ] небесный; возвышенный; высокий; небесно-голубой
skyjack [ˈskaɪdʒæk] угонять самолеты
skylark [ˈskaɪlɑːk] жаворонок; забавляться; выкидывать штуки; резвиться
skylight [ˈskaɪlaɪt] люк
skyscraper [ˈskaɪˌskreɪpə] небоскреб
skyward(s) [ˈskaɪwəd(z)] к небу
skyway [ˈskaɪweɪ] эстакада; воздушная трасса; авиатрасса; дорога на эстакаде
slab [slæb] горбыль (строит.); плита; лист; пластина; глыба; кусок; часть; мостить плитами
slack [slæk] слабый; дряблый; медленный; бездействие; безделье
slack-baked [ˈslækˈbeɪkt] непропеченный; недоразвитый
slacken [ˈslæk(ə)n] облегчать; ослаблять; уменьшать; слабнуть; замедлять
slacks [slæks] широкие брюки

slag [slæg] выгарки; окалина; шлак
slake [sleɪk] утолять *(жажду)*; тушить *(огонь)*
slalom [ˈsleɪləm] слалом *(спорт.)*
slam [slæm] хлопанье *(дверьми)*; захлопывать(ся); хлопать; бросать со стуком; швырять; устраивать слэм *(танцы)*
slander [ˈslɑːndə] злословие; клевета; клеветать; порочить репутацию
slanderous [ˈslɑːnd(ə)rəs] клеветнический
slang [slæŋ] жаргон; сленг; относящийся к сленгу; жаргонный
slant [slɑːnt] наклон; склон; уклон; наклонять(ся); отклонять(ся)
slanting [ˈslɑːntɪŋ] косой; наклонный; покатый
slantwise [ˈslɑːntwaɪz] косо
slap [slæp] шлепок; хлопать; шлепать
slap-happy [ˈslæphæpɪ] беззаботный; легкомысленный
slap-stick [ˈslæpstɪk] хлопушка; грубый, дешевый фарс
slapdash [ˈslæpdæʃ] стремительный; поспешный; как попало; кое-как
slash [slæʃ] удар сплеча; разрез; прорез; глубокая рана; вырубка; рубить *(саблей)*; полосовать; косить; хлестать
slashing [ˈslæʃɪŋ] рубка саблей; сеча; быстрый; сильный
slat [slæt] балка; брус; дощечка; ягодица
slate [sleɪt] синевато-серый цвет; заносить в список; раскритиковать *(разг.)*; выбранить
slate-club [ˈsleɪtklʌb] касса взаимопомощи
slate-pencil [ˈsleɪtˈpensl] грифель
slate-roof [ˈsleɪtruːf] шиферная кровля
slater [ˈsleɪtə] кровельщик; суровый критик
slather [ˈslæðə] тратить; расходовать в больших количествах; намазывать толстым слоем
slatternly [ˈslætə(ː)nlɪ] неряшливый
slaty [ˈsleɪtɪ] сланцеватый; расслоенный; слоистый
slaughter [ˈslɔːtə] резня; кровопролитие; избиение; убой *(скота)*; устраивать резню; убивать; резать *(скот)*
slaughterhouse [ˈslɔːtəhaus] бойня
slaughterous [ˈslɔːtərəs] кровопролитный; кровожадный
Slav [slɑːv] славянин; славянка; славянский
Slavdom [ˈslɑːvdəm] славяне; славянство
slave [sleɪv] невольник; раб; рабский
slave-born [ˈsleɪvbɔːn] рожденный в рабстве
slave-driver [ˈsleɪvˌdraɪvə] надсмотрщик над рабами; эксплуататор
slave-holder [ˈsleɪvˌhouldə] рабовладелец
slaver [ˈsleɪvə] работорговец; грубая лесть
slavery [ˈsleɪvərɪ] неволя; рабство; тяжелый подневольный труд
slavish [ˈsleɪvɪʃ] рабский
Slavophil [ˈslævoufɪl, ˈslɑːvoufɪl] славянофил
Slavophobe [ˈslævoufoub, ˈslɑːvoufoub] славянофоб
slayer [ˈsleɪə] киллер; убийца
sledding [ˈsledɪŋ] езда, катание на санях *(на салазках)*; санный путь; достижения; успехи
sledge [sledʒ] салазки; сани; ехать на санях
sledge-hammer [ˈsledʒˌhæmə] кувалда; кузнечный молот; сокрушительный
sledge-track [ˈsledʒˈtræk] санный путь
sleek [sliːk] гладкий; лоснящийся; елейный; приглаживать; наводить лоск
sleep [sliːp] сон; засыпать; спать; бездействовать
to sleep away — проспать
to sleep out — спать на открытом воздухе; спать, ночевать не дома
sleeper [ˈsliːpə] коварная поправка; спящий; спальное место *(в вагоне)*; шпала
sleeperette [ˌsliːpəˈret] откидывающееся кресло в самолете или междугородном автобусе
sleeping-bag [ˈsliːpɪŋbæg] спальный мешок
sleeping-berth [ˈsliːpɪŋbəːθ] спальное место
sleeping-car [ˈsliːpɪŋkɑː] спальный вагон
sleeping-draught [ˈsliːpɪŋdrɑːft] снотворное средство
sleepless [ˈsliːplɪs] бессонный; бодрствующий
sleepwalker [ˈsliːpˌwɔːkə] лунатик
sleepy [ˈsliːpɪ] сонливый; сонный; бездеятельный; вялый; ленивый
sleet [sliːt] дождь со снегом; крупа
sleety [ˈsliːtɪ] слякотный
sleeve [sliːv] рукав; гильза
sleeve bearing [ˈsliːvˈbeərɪŋ] подшипник скольжения
sleeve-protectors [ˈsliːvprəˈtektəz] нарукавники
sleigh [sleɪ] салазки; сани
sleigh-bell [ˈsleɪbel] бубенчик
sleight-of-hand [ˈslaɪtəvˈhænd] ловкость рук; жонглерство
slender [ˈslendə] стройный; тонкий; скудный; слабый
slenderize [ˈslendəraɪz] худеть; терять в весе; делать тонким
sleuth [sluːθ] собака-ищейка; сыщик *(разг.)*; идти по следу
slew [sluː] поворот; поворотное движение; поворачивать(ся); вращать(ся); заводь; болото
slice [slaɪs] ломтик; ломоть; тонкий слой *(чего-либо)*; часть; доля; широкий нож; неправильный удар *(в гольфе)*; резать ломтиками; нарезать
slice of bread [ˈslaɪsəvˈbred] кусок хлеба

SLI — SLU

sliced bread [ˈslaɪst|ˈbred] нарезной хлеб
slick [slɪk] блестящий; гладкий; быстрый; ловкий; хитрый; скользкий; гладко; ловко; прямо
slicker [ˈslɪkə] макинтош, непромокаемый плащ
slide [slaɪd] скольжение; ледяная горка или дорожка; каток; оползень; диапозитив; слайд; скользить; кататься по льду; поскользнуться; выскользнуть

to slide out — незаметно выскальзывать; ускользнуть; избежать *(чего-либо нежелательного)*

slide-fastener [ˈslaɪd.fɑːsnə] застежка-молния
slide-nut [ˈslaɪdnʌt] ходовая гайка
sliding weight scales [ˈslaɪdɪŋ|ˈweɪt|skeɪlz] медицинские весы
sliding-door [ˈslaɪdɪŋˈdɔː] раздвижная дверь
slight [slaɪt] игнорирование; невнимание; легкий; незначительный; слабый; тонкий; хрупкий; пренебрегать; игнорировать
slight bend [ˈslaɪt|ˈbend] легкий изгиб; небольшой изгиб
slight (slim) build [ˈslaɪt|(ˈslɪm)ˈbɪld] изящного, хрупкого телосложения
slightly [ˈslaɪtlɪ] мало; незначительно
slim [slɪm] стройный; тонкий; коварный; хитрый; *(по)*худеть; *(по)*терять в весе
slime [slaɪm] слизь; покрывать*(ся)* слизью
slimline [ˈslɪmlaɪn] тонкий; узкий
slimy [ˈslaɪmɪ] слизистый; вязкий; скользкий
sling [slɪŋ] праща; бросание; швыряние; веревка; канат; ремень; трос; перевязь; швырять; вешать через плечо
slink [slɪŋk] красться; идти крадучись
slinky [ˈslɪŋkɪ] облегающий *(о платье)*
slip [slɪp] бланк; комбинация; пододеяльник; скольжение; сползание; сдвиг; смещение; ошибка; промах; плавки; кулисы *(театр.)*; скользить; проскользнуть; исчезнуть
slip-cover [ˈslɪpˈkʌvə] чехол *(для мебели)*; суперобложка
slip-on [ˈslɪpɔn] свитер; блузка *(надевающаяся через голову)*; свободное платье; надевающийся через голову; свободный; широкий
slip-road [ˈslɪproʊd] подъездная дорога
slipcase [ˈslɪpkeɪs] футляр для книг
slipover [ˈslɪp.oʊvə] футляр; чехол; пуловер; свитер
slippage [ˈslɪpɪdʒ] снижение; сокращение; спад
slipper [ˈslɪpə] комнатная туфля
slippery [ˈslɪpərɪ] скользкий; увертливый; ненадежный; беспринципный *(о человеке)*
slipshod [ˈslɪpʃɔd] неаккуратный; небрежный; неряшливый
slipsole [ˈslɪpsoʊl] стелька

slit [slɪt] длинный разрез; щель; разрезать в длину; нарезать узкими полосами; дробить; колоть
slit-mask [ˈslɪtˈmɑːsk] щелевой трафарет
slither [ˈslɪðə] скользить; скатываться
slithery [ˈslɪðərɪ] скользкий
slitting machine [ˈslɪtɪŋ|məˈʃiːn] бобинорезальная машина
sliver [ˈslɪvə] лучина; щепка; прядь *(шерсти)*; откалываться; расщеплять*(ся)*
slobbery [ˈslɔbərɪ] слюнявый; сентиментальный; слезливый
slog [slɔg] сильный удар; тяжелая, утомительная работа; сильно ударять
slogan [ˈsloʊgən] лозунг; призыв; девиз
sloop [sluːp] шлюп; сторожевой корабль
slop [slɔp] жидкая грязь; слякоть; помои; проливать*(ся)*; расплескивать*(ся)*
slop-pail [ˈslɔppeɪl] помойное ведро
slope [sloʊp] дорожка для приземления *(спорт.)*; наклон; скат; склон; уклон; клониться; иметь наклон
sloping [ˈsloʊpɪŋ] косой; наклонный; покатый
sloppy [ˈslɔpɪ] покрытый лужами; мокрый *(о дороге)*; жидкий *(о пище)*; неряшливый; небрежный *(о работе и т. п.)*
slosh [slɔʃ] хлюпать; шлепать *(по лужам, грязи)*; заляпывать *(краской)*; залить *(чем-либо)*
slot [slɔt] щелка; щель; прорезь; прорезать; продалбливать; найти место; вставить
sloth [sloʊθ] бездельничанье; лень; медлительность
sloth-bear [ˈsloʊθbeə] медведь-губач
slothful [ˈsloʊθful] инертный; ленивый
slotted screw [ˈslɔtɪdˈskruː] винт со шлицем
slouch [slaʊtʃ] неуклюжая походка; сутулость; лентяй; увалень; неуклюже держаться; сутулиться
slough [slaʊ] болото; топь; трясина; депрессия; уныние
sloven [ˈslʌvn] неряха
slovenliness [ˈslʌvnlɪnɪs] неряшливость
slovenly [ˈslʌvnlɪ] неряшливый
slow [sloʊ] медленный; постепенный; не спешащий; медленно; замедлять; снижать *(скорость и т. п.)*

to slow down — снижать скорость; снизить темп жизни; жить более спокойно; уменьшать; замедлять

slow-down [ˈsloʊdaʊn] замедление; снижение темпа работы *(вид забастовки)*
slow-motion disk recorder
[ˈsloʊ.moʊʃənˈdɪsk|rɪˈkɔːdə] аппарат замедленного повтора сюжетов
slubber [ˈslʌbə] делать небрежно, кое-как
sludge [slʌdʒ] густая грязь; ил; тина
sludgy [ˈslʌdʒɪ] грязный; запачканный

slug [slʌg] слизень *(зоол.)*; слизняк; личинка; идти с трудом; тащиться

slugabed [ˈslʌgəˌbed] соня; лежебока; лентяй

sluggard [ˈslʌgəd] бездельник; лентяй; тунеядец

slugger [ˈslʌgə] сильный отбивающий игрок *(в бейсболе)*

sluggish [ˈslʌgɪʃ] вялый; медленный; неторопливый; тихий; медлительный; инертный

sluice [sluːs] шлюз; перемычка; заливать; обливать; мыть; омывать; промывать

slum [slʌm] трущобы; посещать трущобы *(с благотворительной целью)*

slumber [ˈslʌmbə] сон; дремота; спать; дремать

slumber-suit [ˈslʌmbəsjuːt] пижама

slumberous [ˈslʌmb(ə)rəs] навевающий сон; сонный

slump [slʌmp] резкое падение цен, спроса или интереса; кризис; оползание *(грунта)*; оползень; резко падать *(о ценах, спросе на товары)*; тяжело опускаться; садиться

slur [sləː] пятно *(на репутации)*; слияние *(звуков, слов)*; произносить невнятно; глотать *(слова)*; писать неразборчиво

slurb [sləːb] безликий город

slurp [sləːp] хлюпать; чавкать; хлюпание; чавканье

slush [slʌʃ] грязь; слякоть; смазывать; окатывать грязью или водой

slush-pump [ˈslʌʃpʌmp] буровой насос

slushy [ˈslʌʃɪ] слякотный; сентиментальный *(разг.)*

sluttish [ˈslʌtɪʃ] неряшливый

sly [slaɪ] коварный; ловкий; хитрый; лукавый; озорной; потайной; секретный

smack [smæk] вкус; привкус; запах; примесь; немного еды; глоток питья; чмоканье; звонкий поцелуй; звонкий шлепок; хлопок; чмокать губами; хлопать; шлепать; сравнивать; сличать; уподоблять; пахнуть; отдавать

small [smɔːl] маленький; небольшой; мелкий; незначительный; ничтожный; тонкий; немногочисленный

small ad [ˈsmɔːlˌæd] короткое объявление *(в газете)*

small business [ˈsmɔːlˈbɪznɪs] малый бизнес

small (token) coin [ˈsmɔːl(ˈtoukən)ˈkɔɪn] разменная монета

small intestine [ˈsmɔːlɪnˈtestɪn] тонкая кишка

small-board [ˈsmɔːlbɔːd] дощечка; планка

small-holder [ˈsmɔːlˈhouldə] мелкий собственник; мелкий арендатор

small-order surcharge [ˈsmɔːlˈɔːdəˈsəːtʃɑːdʒ] надбавка на заказ на небольшое количество книг

small-scale [ˈsmɔːlˈskeɪl] небольшой; ограниченный

small-screen [ˈsmɔːlˌskriːn] ТВ; телевидение

small-sword [ˈsmɔːlsɔːd] рапира; шпага

small-talk [ˈsmɔːltɔːk] светский разговор

small-tooth comb [ˈsmɔːltuːθˈkoum] частый гребень

smallish [ˈsmɔːlɪʃ] меньший, чем надо

smallpox [ˈsmɔːlpɔks] оспа

smarm [smɑːm] приглаживать; прилизывать; ублажать; подлизываться

smart [smɑːt] жгучая боль; бедствие; горе; несчастье; резкий; сильный *(об ударе, боли)*; суровый *(о наказании)*; быстрый; проворный; ловкий; умный; сообразительный; нарядный; модный; вызывать жгучую боль

smarten [ˈsmɑːtn] прихорашивать(ся); принаряжать(ся); прибирать; работать усерднее, прилежнее; вести себя лучше

smartly [ˈsmɑːtlɪ] аккуратно; быстро

smash [smæʃ] внезапное падение; грохот; гибель; разрушение; уничтожение; столкновение; катастрофа; банкротство; сокрушительный удар; огромный успех; сталкиваться; разбить; сокрушить; уничтожить *(противника и т. п.)*

smash-hit [ˈsmæʃˈhɪt] шлягер; популярное шоу

smashing [ˈsmæʃɪŋ] сильный; сокрушительный; тяжелый; великолепный; превосходный

smattering [ˈsmæt(ə)rɪŋ] поверхностное знание; небольшое число; кое-что

smear [smɪə] вязкое или липкое вещество; пятно; мазок; бесславие; бесчестье; загрязнять; мазать; бесславить; бесчестить

smeary [ˈsmɪərɪ] грязный; запачканный; немытый

smell [smel] обоняние; запах; чувствовать запах; обонять; нюхать; пахнуть

smeltery [ˈsmeltərɪ] плавильня; плавильный завод

smew [smjuː] луток *(птица)*

smile [smaɪl] улыбка; благоволение; расположение; улыбаться; выражать улыбкой *(согласие и т. п.)*

smilingly [ˈsmaɪlɪŋlɪ] смеясь

smirch [sməːtʃ] пятно; загрязнять; пачкать; пятнать

smirk [sməːk] ухмылка; ухмыляться

smite [smaɪt] разбивать; разрушать; рассекать; карать; наказывать; сильный удар; попытка; стремление

smith [smɪθ] кузнец; рабочий по металлу

smithereens [ˈsmɪðəˈriːnz] осколки; черепки

smithy [ˈsmɪðɪ] кузница; кузнец *(амер.)*

smock [smɔk] детский комбинезон; толстовка *(мужская блуза)*; рабочий халат

SMO — SNE

smog [smɔg] густой туман с дымом и копотью; смог

smoke [smouk] дым; копоть; курение; туман; дымка; дымить(ся); коптить (о лампе и т. п.); курить; коптить

smoke deflector ['smouk|dɪ'flektə] дымовая заслонка; дымовая завеса

smoke-ball ['smoukbɔːl] дымовой снаряд (воен.); дымовая бомба

smoke-black ['smoukblæk] сажа

smoke-cloud ['smouk'klaud] дымовое облако; дымовая завеса

smoke-consumer ['smoukkən'sjuːmə] дымопоглощающее устройство

smoke-dried ['smouk'draɪd] копченый

smoke-dry ['smouk'draɪ] коптить

smoke-house ['smoukhaus] коптильня; печь для копчения

smoke-stack ['smoukstæk] дымовая труба

smoked [smoukt] дымчатый; закопченный; копченый

smoked bacon ['smoukt|'beɪkən] копченая свиная грудинка

smoker ['smoukə] курильщик; коптильщик

smoking-room ['smoukɪŋˌrum] курительная (комната)

smoky ['smoukɪ] дымный; закоптелый; коптящий; дымчатый

smooch [smuːtʃ] обниматься (разг.); целоваться

smooth [smuːð] гладкий; ровный; однородный; плавный; спокойный; уравновешенный; вкрадчивый; льстивый; приглаживание; гладкая поверхность; приглаживать; сглаживать(ся); смягчать; смазывать; успокаивать(ся)

smooth paper ['smuːð'peɪpə] гладкая бумага

smooth-faced ['smuːðfeɪst] бритый; вкрадчивый; лицемерный

smooth-tongued ['smuːðtʌŋd] льстивый; раболепный; сладкоречивый

smoothing plane ['smuːðɪŋ'pleɪn] фуганок

smorgasbord ['smɔːgəsbɔːd] «шведский стол» (разнообразные закуски, сервированные а-ля фуршет); масса; множество

smother ['smʌðə] душить; задохнуться; тушить; густое облако дыма или пыли; тлеющая зола

smothery ['smʌð(ə)rɪ] душный; удушливый

smoulder ['smouldə] тлеющий огонь; тлеть; теплиться (о чувствах)

smudge [smʌdʒ] грязное пятно; мазать(ся); пачкать(ся); отгонять дымом; окуривать

smudgy ['smʌdʒɪ] грязный; запачканный; немытый

smug [smʌg] самодовольный и ограниченный; чопорный

smuggle ['smʌgl] провозить контрабандой; заниматься контрабандой

smuggler ['smʌglə] контрабандист

smut [smʌt] сажа; грязное пятно; непристойность; пачкать(ся) сажей; заражать(ся) головней (о растениях)

smutty ['smʌtɪ] грязный; запачканный; вульгарный; непристойный

snack [snæk] легкая закуска

snaffle ['snæfl] уздечка; задержать; поймать

snag [snæg] коряга; пенек; сучок; обломанный зуб; выпуклость; выступ

snaggy ['snægɪ] сучковатый

snail [sneɪl] улитка

snake [sneɪk] змея

snake-bite ['sneɪkbaɪt] змеиный укус; укус ядовитой змеи

snaky ['sneɪkɪ] змеиный; кишащий змеями; волнистый; волнообразный; коварный; хитрый

snap [snæp] треск; щелканье; щелчок; застежка; защелка; резкая отрывистая речь; кусочек; щелкать; лязгать; хлопать (чем-либо); защелкивать(ся); укусить; порвать(ся); сломать(ся)

to snap on — (неожиданно) включать (свет)

to snap out — говорить резко, грубо; выходить из какого-либо состояния

snap fastener ['snæp|'fɑːsnə] кнопка (для одежды)

snap-roll ['snæproul] бочка (авиац.)

snapping turtle ['snæpɪŋ|'təːtl] каймановая черепаха

snappish ['snæpɪʃ] придирчивый; раздражительный

snappy ['snæpɪ] живой; энергичный

snapshot ['snæpʃɔt] снимок; фотография; выстрел навскидку; делать снимок; фотографировать

snare [snɛə] западня; ловушка; поймать в ловушку

snare-drum ['snɛə'drʌm] малый (военный) барабан

snarl [snɑːl] рычание; ворчание; рычать; огрызаться (о животном); сердито ворчать; брюзжать; спутанные нитки; спутанный клубок; беспорядок; беспорядочность; неразбериха; путаница; мешать; перемешивать; смешивать; спутывать; приводить в беспорядок

snatch [snætʃ] хватание; обрывок; короткий промежуток (времени); хватать(ся); ухватить(ся)

snatchy ['snætʃɪ] отрывистый; обрывочный

sneak [sniːk] красться; увиливать; ускользать; делать что-либо тайком, украдкой

sneaking ['sniːkɪŋ] подлый; низкий; трусливый; тайный; неосознанный (о чувстве)

sneer [snɪə] презрительная усмешка; насмешка; глумление; насмехаться; глумиться

sneering ['snɪərɪŋ] насмешливый
sneeze [sniːz] чихание; чихать
snick [snɪk] выемка; вырез; слегка надрезать
snicker ['snɪkə] ржание; смешок; хихиканье; тихо ржать; хихикать
snide [snaɪd] фальшивая драгоценность или монета; искусственный; поддельный; фальшивый; низкий; подлый
sniff [snɪf] сопение; *(презрительное)* фырканье; вдох; втягивание носом; сопеть; нюхать; обнюхивать
sniffle [snɪfl] сопеть; хлюпать носом; сопение; хлюпание; насморк
snifting-valve ['snɪftɪŋvælv] выдувной клапан
snigger ['snɪgə] хихиканье; подавленный смех; хихикать
snip [snɪp] надрез; обрезок; кусок; резать *(ножницами)*
snipe [snaɪp] выстрел из укрытия; стрелять из укрытия; язвить; иронизировать *(над кем-либо)*
sniper ['snaɪpə] меткий стрелок; снайпер
snipper ['snɪpə] портной
snippet ['snɪpɪt] отрезок; лоскут; обрывки *(сведений и т. п.)*
snippy ['snɪpɪ] обрывочный; краткий; важничающий; надменный; грубый; резкий
snitch [snɪtʃ] украсть
to snitch on — *доносить*
snivel ['snɪvl] хныканье; слезливое лицемерие; причитать; лицемерно выражать сочувствие
snob [snɔb] сноб
snobbery ['snɔbərɪ] снобизм
snobbish ['snɔbɪʃ] снобистский
snood [snuːd] сетка *(для волос)*
snoot [snuːt] гримаса; относиться свысока
snooze [snuːz] короткий сон *(днем)*; вздремнуть
snore [snɔː] храп; храпеть
snorkel ['snɔːk(ə)l] дыхательная трубка *(для подводного плавания)*
snort [snɔːt] фырканье; храпение; фыркать
snout-to-vent length длина туловища *(рыбы)*
snow [snou] снег; снежный; сыпаться *(о снеге)*
snow leopard ['snou'lepəd] ирбис; снежный барс
snow-bank ['snoubæŋk] снежный нанос; сугроб
snow-blindness ['snou'blaɪndnɪs] слепящий снег
snow-bound ['snoubaund] заснеженный; занесенный снегом; задержанный снежными заносами
snow-break ['snoubreɪk] оттепель; таяние снега; снегозащитное заграждение *(у шоссе, полотна железной дороги)*
snow-broth ['snoubrɔθ] снежная слякоть
snow-capped ['snoukæpt] покрытый снегом *(о горах)*
snow-drift ['snoudrɪft] снежный сугроб
snow-man ['snoumæn] снежная баба; снеговик
snow-slip ['snouslɪp] лавина
snow-white ['snou'waɪt] белоснежный
snowball ['snoubɔːl] снежок; снежный ком; играть в снежки; расти как снежный ком
snowball tree ['snoubɔːl'triː] калина обыкновенная махровая
snowdrop ['snoudrɔp] подснежник
snowfall ['snoufɔːl] снегопад
snowflake ['snoufleɪk] снежинка; хлопья снега
snowstorm ['snoustɔːm] буран; вьюга; метель
snowy ['snouɪ] снежный; покрытый снегом; белоснежный
snub [snʌb] пренебрежительное обхождение; резкое оскорбительное замечание; относиться с пренебрежением; унижать
snub-nosed ['snʌbnouzd] курносый
snuff [snʌf] нюхательный табак; порошок; вдыхать; нагар на свече
snuff-box ['snʌfbɔks] табакерка
snuff-colour ['snʌf‚kʌlə] табачный цвет
snuffle ['snʌfl] сопение; гнусавость; сопеть
snug [snʌg] уютный; удобный; аккуратный; чистый; достаточный; приводить в порядок; устраиваться уютно, удобно
snuggle ['snʌgl] прислонять(ся); прижимать(ся); приютиться *(о доме, деревне и т. п.)*
so [sou] так; таким образом; также; тоже; настолько; итак; поэтому; так что
so far ['sou'fɑː] до сих пор; пока
so far as ['sou‚fɑːr'əz] поскольку; коль скоро
so that ['sou'ðæt] вследствие; так что
so-and-so ['souən'sou] такой-то *(вместо имени)*; так-то
so-called ['sou'kɔːld] так называемый
so-so ['sousou] неважный; так себе; сносный
soak [souk] замачивание; впитывание; всасывание
soap [soup] мыло; намыливать(ся); мыть(ся) мылом
soap bubbles ['soup‚bʌblz] мыльные пузыри
soap powder ['soup‚paudə] стиральный порошок
soapbox ['soupbɔks] импровизированная трибуна; любимая тема, «конек»
soapy ['soupɪ] мыльный
soar [sɔː] парить; высоко летать; планировать
sob [sɔb] рыдание; всхлипывание; рыдать; всхлипывать
sob story ['sɔb'stɔːrɪ] слезливая, душещипательная история
sober ['soubə] трезвый; умеренный; рассудительный; протрезвлять(ся); отрезвлять
sobriety [sou'braɪətɪ] трезвость; умеренность; рассудительность; уравновешенность

SOC — SOL

soccer [ˈsɔkə] футбол (разг.)
sociability [ˌsouʃəˈbɪlɪti] общительность
sociable [ˈsouʃəbl] коммуникабельный; контактный; дружеский (о встрече и т. п.)
social [ˈsouʃ(ə)l] общественный; социальный; коммуникабельный; общительный; светский
social acceptance [ˈsouʃ(ə)l|əkˈseptəns] общественное признание
social character [ˈsouʃ(ə)l|ˈkærɪktə] общественный характер
social climber [ˈsouʃ(ə)l|ˌklaɪmə] карьерист
social code [ˈsouʃ(ə)l|ˈkoud] социальные нормы
social implication [ˈsouʃ(ə)l|ˌɪmplɪˈkeɪʃən] социальное значение
social ladder [ˈsouʃ(ə)l|ˈlædə] иерархическая лестница
social organism [ˈsouʃ(ə)l|ˈɔːgənɪzm] социальное общество
social orientation [ˈsouʃ(ə)l|ˌɔːrɪenˈteɪʃən] социальная ориентация
social pressure [ˈsouʃ(ə)l|ˈpreʃə] социальное давление
social security [ˈsouʃ(ə)l|sɪˈkjuərɪti] социальное обеспечение
social security tax [ˈsouʃ(ə)l|sɪˌkjuərɪti|ˈtæks] налог в фонд социального обеспечения
social welfare [ˈsouʃ(ə)l|ˈwelfeə] социальное обеспечение
social worker [ˈsouʃ(ə)l|ˈwəːkə] социальный работник
socialist [ˈsouʃəlɪst] социалист; социалистический
socialistic [ˌsouʃəˈlɪstɪk] социалистический
sociality [ˌsouʃɪˈælɪti] общественный характер; общественный инстинкт; общительность
socialize [ˈsouʃəlaɪz] обобществлять; национализировать; подготавливать к жизни в коллективе, в обществе; общаться
socially [ˈsouʃəlɪ] социально; в общественном отношении; в обществе; неофициально; приветливо
socially dangerous [ˈsouʃəlɪ|ˈdeɪndʒrəs] социально опасный
society [səˈsaɪətɪ] общество; общественность; свет; светское общество; объединение; организация; светский
sociologist [ˌsousɪˈɔlədʒɪst] социолог
sociology [ˌsousɪˈɔlədʒɪ] социология; общественные науки
sock [sɔk] носок; стелька; натягивать носки; соударение; столкновение; удар
socket [ˈsɔkɪt] впадина; гнездо; углубление; электрическая розетка
socket end [ˈsɔkɪt|ˈend] муфта

socketed pier [ˈsɔkɪtɪd|ˈpɪə] шарнирная опора
socle [ˈsɔkl] тумба; цоколь; плинтус
sod [sɔd] дерн; дернина; обкладывать дерном
soda [ˈsoudə] сода; содовая вода; газированная вода
sodality [souˈdælɪti] братство; лагерь; содружество
sodden [ˈsɔdn] промокший; пропитанный; непропеченный, сырой (о хлебе)
sodium ion [ˈsoudjəm|ˈaɪən] ион натрия
soever [souˈevə] любым способом присоединяясь к словам who, what, when, how, where, служит для усиления
sofa [ˈsoufə] диван; софа
soft [sɔft] мягкий; нежный; ласковый; тихий
soft binding [ˈsɔft|ˈbaɪndɪŋ] мягкая обложка; мягкий переплет
soft breeze [ˈsɔft|ˈbriːz] мягкий, легкий ветерок
soft cover [ˈsɔft|ˈkʌvə] мягкая обложка
soft drink [ˈsɔft|ˈdrɪŋk] безалкогольный напиток
soft paper [ˈsɔft|ˈpeɪpə] мягкая бумага
soft soap [ˈsɔft|soup] жидкое мыло; льстить
soft toy [ˈsɔft|ˈtɔɪ] мягкая игрушка
soft-boiled [ˈsɔft.bɔɪld] сваренный всмятку
soft-hearted [ˈsɔft|ˈhaːtɪd] мягкосердечный; отзывчивый
soft-sell [ˈsɔft|ˈsel] ненавязчивая реклама
soft-spoken [ˈsɔft.spouk(ə)n] произнесенный тихо; сладкоречивый
softback [ˈsɔftbæk] книга в мягкой обложке
soften [ˈsɔfn] смягчать(ся)
softly-softly [ˈsɔftlɪˈsɔftlɪ] ненавязчиво
software [ˈsɔftweə] компьютерные программы; программа (радио или телевидения)
software catalog(ue) [ˈsɔftweə|ˈkætəlɔg] каталог программного обеспечения
software manufacturer [ˈsɔftweə|ˌmænjuˈfæktʃərə] фирма по разработке программного обеспечения
soggy [ˈsɔgɪ] сырой; мокрый; пропитанный водой; тяжеловесный; нудный; скучный (о стиле, произведении и т. п.)
soignee [ˈswaːnjeɪ] элегантный
soil [sɔɪl] грунт; земля; почва; суша; пачкать(ся); запятнать
soil-pipe [ˈsɔɪlpaɪp] канализационная труба
soilless [ˈsɔɪllɪs] безупречный; незапятнанный; чистый
sojourn [ˈsɔdʒəːn] (временное) пребывание; (временно) жить, проживать
sol-fa [ˈsɔlˈfaː] сольфеджио; петь сольфеджио
sola check [ˈsoulə|ˈtʃek] единичный чек (в одном экземпляре)
solace [ˈsɔləs] утешение; утешать; умиротворять; унимать; успокаивать

solar ['soulə] солнечный
solar day ['soulə'deı] астрономические сутки
solar month ['soulə'mʌnθ] календарный месяц
solder ['soldə] паять; спаивать
soldier ['souldʒə] солдат; рядовой; военнослужащий; военный
soldierly ['souldʒəlı] воинский; с военной выправкой; агрессивный; воинственный; мужественный; отважный
soldiership ['souldʒəʃıp] военное искусство
sole [soul] подошва; подметка; нижняя часть; единственный; единый; исключительный; необыкновенный
sole agency ['soul'eıdʒənsı] исключительное право одного лица представлять фирму или продавать товар в определенном районе
sole distribution agreement ['soul‚dıstrı'bju:ʃən ə'gri:mənt] договор на исключительное распространение товаров
sole representative ['soul‚reprı'zentətıv] единственный представитель
solely ['soullı] единственно; исключительно; только
solemn ['soləm] торжественный; важный; серьезный; официальный; формальный; мрачный; темный
solemnity [sə'lemnıtı] торжественность; важность; значимость; серьезность
solemnization ['soləmnaı'zeıʃ(ə)n] празднество; празднование; торжество
solemnize ['soləmnaız] праздновать; торжественно отмечать; придавать серьезность, торжественность; совершать торжественную церемонию
solicit [sə'lısıt] просить; упрашивать; молить; требовать; запрашивать
solicitation [sə‚lısı'teıʃ(ə)n] настойчивая просьба; ходатайство; подстрекательство
solicitor [sə'lısıtə] юрисконсульт
solicitous [sə'lısıtəs] полный желания (сделать что-либо); желающий
solicitude [sə'lısıtju:d] заботливость; беспокойство; забота; волнение
solid ['solıd] твердый; сплошной; цельный; непрерывный; прочный; крепкий; солидный; единогласный; сплоченный; твердое тело (физ.); единогласно
solid body ['solıd'bodı] твердое тело
solid evidence ['solıd'evıdəns] веское доказательство
solid-fueled missile ['solıd‚fjuəld'mısaıl] твердотопливная ракета
solidarity [‚solı'dærıtı] солидарность; единство; сплоченность
solidify [sə'lıdıfaı] делать(ся) твердым; твердеть

solidity [sə'lıdıtı] твердость
soliloquize [sə'lıləkwaız] говорить с самим собой; произносить монолог
soliloquy [sə'lıləkwı] разговор с самим собой; монолог
solitaire [‚solı'teə] солитер (бриллиант); пасьянс
solitary ['solıt(ə)rı] одинокий; уединенный; единичный; индивидуальный; отшельник
solitary confinement ['solıt(ə)rıkən'faınmənt] одиночное заключение
solitary ward ['solıt(ə)rı'wo:d] камера одиночного заключения
solitude ['solıtju:d] одиночество; уединение; уединенные, безлюдные места
solo ['soulou] соло (муз.); сольный номер; исполнять соло; солировать
soloist ['soulouıst] солист; солистка
solubility [‚solju'bılıtı] растворимость
soluble ['soljubl] растворимый; объяснимый; разрешимый
solute ['solju:t] раствор
solution [sə'lu:ʃ(ə)n] раствор; растворение; распускание; решение; разрешение (вопроса и т. п.)
solvable ['solvəbl] разрешимый
solve [solv] решать; разрешать (проблему и т. п.); платить (долг)
solvency ['solv(ə)nsı] платежеспособность
solvent ['solv(ə)nt] растворитель; растворяющий; платежеспособный
somatic [so'mætık] материальный; соматический; телесный
somatic nerve [so'mætık'nə:v] двигательный нерв
somatic obsession [so'mætık əb'seʃən] страх мнимого физического недостатка
sombre ['sombə] мрачный; темный; угрюмый
some [sʌm] другие; кое-кто; некоторые; одни; некоторое количество; какой-нибудь; какой-то; некий; некоторый; немного; несколько; немало; порядочно; около; приблизительно
some place ['sʌm'pleıs] где-нибудь; куда-нибудь
some time ['sʌm'taım] некоторое время
somebody ['sʌmbədı] кто-нибудь; кто-то
somehow ['sʌmhau] как-нибудь; как-то; почему-то
someone ['sʌmwʌn] кто-нибудь; кто-то
somersault ['sʌməso:lt] прыжок кувырком; кувыркание; кувыркаться
something ['sʌmθıŋ] кое-что; нечто
sometime ['sʌmtaım] когда-нибудь; когда-то; некогда; прежде; бывший; давний; прежний; старый
sometimes ['sʌmtaımz] иногда; время от времени; временами

someway [ˈsʌmweɪ] каким-то образом; как-нибудь

somewhat [ˈsʌmwɔt] что-то; кое-что; отчасти; до некоторой степени

somewhere [ˈsʌmweə] где-то; где-нибудь; куда-нибудь; куда-то

somnambulist [sɔmˈnæmbjulɪst] лунатик

somnifacient [ˌsɔmnɪˈfeɪʃənt] снотворный; снотворное средство

somniferous [sɔmˈnɪfərəs] снотворный; усыпляющий

somnolence [ˈsɔmnələns] сонливость; дремота; сонное состояние

somnolent [ˈsɔmnələnt] дремлющий; сонный; убаюкивающий; усыпляющий

son [sʌn] сын; отпрыск; потомок

son-in-law [ˈsʌnɪnlɔː] зять (муж дочери)

sonant [ˈsounənt] звонкий; звонкий согласный

sonata [səˈnɑːtə] соната (муз.)

song [sɔŋ] пение; песня; романс; стихотворение

song-bird [ˈsɔŋbəːd] певчая птица

song-thrush [ˈsɔŋθrʌʃ] певчий дрозд

songful [ˈsɔŋful] мелодичный

songster [ˈsɔŋstə] певец; певчая птица; поэт; песенник; сборник песен

songstress [ˈsɔŋstrɪs] певица

sonic [ˈsɔnɪk] акустический; звуковой; имеющий скорость звука

sonic field [ˈsɔnɪkˈfiːld] акустическое поле

soniferous [səˈnɪfərəs] передающий звук; звучащий; звонкий; звучный

sonnet [ˈsɔnɪt] сонет

sonority [səˈnɔrɪtɪ] звонкость; звучность

sonorous [səˈnɔːrəs] звонкий; звучный; высокопарный (о стиле, языке)

soon [suːn] скоро; вскоре; рано; желательно; охотно

soot [sut] сажа; копоть; покрывать сажей

sooth [suːθ] истина; истинность; правда

soothe [suːð] унимать; успокаивать; утешать; смягчать; облегчать (боль); тешить (тщеславие)

soother [ˈsuːðə] льстец

soothing [ˈsuːðɪŋ] успокоительный; успокаивающий

soothing balm [ˈsuːðɪŋˈbɑːm] целебный бальзам

soothsay [ˈsuːθseɪ] предсказывать; прогнозировать; пророчествовать

soothsayer [ˈsuːθˌseɪə] предсказатель; гадалка

sooty [ˈsutɪ] покрытый копотью; закопченный; черный, как сажа; черноватый

sooty albatross [ˈsutɪˈælbətrɔs] дымчатый альбатрос

sop [sɔp] кусок (хлеба и т. п.), обмакнутый в подливку, молоко и т. п.; макать; обмакивать (хлеб и т. п.); впитывать; вбирать

sophisticate [səˈfɪstɪkeɪt] извращать; подделывать; фальсифицировать; лишать простоты, естественности

sophisticated [səˈfɪstɪkeɪtɪd] лишенный простоты, естественности; искушенный в житейских делах; опытный; сложный; тонкий (о приборе, машине, системе и т. п.)

sophistication [səˌfɪstɪˈkeɪʃ(ə)n] изощренность; изысканность; утонченность; искушенность; опыт

soporific [ˌsɔpəˈrɪfɪk] наркотический; усыпляющий; наркотик; снотворное

sopping [ˈsɔpɪŋ] мокрый; промокший (насквозь)

soprano [səˈprɑːnou] сопрано

sorb [sɔːb] рябина

sorbet [ˈsɔːbeɪ] фруктовое мороженое

sorcerer [ˈsɔːs(ə)rə] волшебник; колдун; чародей

sorceress [ˈsɔːs(ə)rɪs] ведьма; колдунья; чародейка

sorcery [ˈsɔːs(ə)rɪ] колдовство; волшебство; чары

sordid [ˈsɔːdɪd] грязный; запачканный; жалкий; убогий; низкий; подлый; корыстный

sordino [sɔːˈdiːnou] сурдина (муз.)

sore [sɔː] рана; язва; больное место; болезненный; чувствительный

sorehead [ˈsɔːhed] брюзга; нытик; недовольный; раздраженный

sorely [ˈsɔːlɪ] жестоко; тяжко; весьма; очень; сильно

soreness [ˈsɔːnɪs] болезненность; чувствительность; раздражительность; чувство обиды

sorrel [ˈsɔr(ə)l] щавель; гнедой; красновато-коричневый

sorrow [ˈsɔrou] горе; печаль; скорбь; грусть; сожаление; горевать; печалиться; скорбеть

sorrowful [ˈsɔrəful] печальный; убитый горем; скорбный; плачевный; прискорбный

sorry [ˈsɔrɪ] огорченный; полный сожаления; жалкий; несчастный; плохой; грустный; мрачный

sort [sɔːt] вид; класс; тип; сорт; качество; свойство; манера; гарнитура; сортировать; разбирать; классифицировать

sorter [ˈsɔːtə] сортировщик

sortie [ˈsɔːtɪ(ː)] вылазка (воен.); выход из кабины (космонавта) (разг.)

sortilege [ˈsɔːtɪlɪdʒ] колдовство; ворожба; гадание

sortition [sɔːˈtɪʃ(ə)n] жеребьевка; распределение по жребию

sot [sɔt] горький пьяница; напиваться; пить

souffle [ˈsuːfl] шум; дыхательный шум

soufflé [ˈsuːfleɪ] суфле

sough [sau] шелест; легкий шум *(ветра)*; шелестеть; вздыхать

souk [su:k] базар *(в мусульманских странах)*

soul [soul] дух; душа; лицо; персона; человек; воплощение; модель; образец; олицетворение; энергия; мощность; сила

soul music [ˈsoulˈmju:zɪk] соул *(негритянская музыка)*

soulful [ˈsoulful] эмоциональный; внутренний; духовный; душевный

soulless [ˈsoullɪs] бездушный; жестокий

sound [saund] звук; гудение; гул; шум; звуковой; звучать; издавать звук; провозглашать; прославлять; здоровый; крепкий; неиспорченный; прочный; зонд; щуп; измерять глубину *(лотом)*; испытать; проверить

sound barrier [ˈsaundˈbærɪə] звуковой барьер

sound bomb [ˈsaundˈbɔm] акустическая бомба

sound channel track [ˈsaundˈtʃænlˈtræk] дорожка звукового канала

sound control [ˈsaundkənˈtroul] звукорежиссерская аппаратная

sound damper [ˈsaundˈdæmpə] шумопоглотитель

sound director [ˈsaunddɪˈrektə] звукорежиссер

sound engineer [ˈsaundˌendʒɪˈnɪə] звукоинженер

sound insulation [ˈsaundˌɪnsjuˈleɪʃən] звукоизоляция

sound law [ˈsaundˈlɔ:] действующий закон

sound machine [ˈsaundməˈʃi:n] исправная машина

sound man [ˈsaundˈmæn] звукооператор; звукорежиссер

sound mind [ˈsaundˈmaɪnd] нормальная психика

sound updating [ˈsaundˈʌpdeɪtɪŋ] замена звукового сопровождения

sound vehicle [ˈsaundˈvi:ɪkl] звуковая передвижная станция

sound-absorbing material [ˈsaundəbˌsɔ:bɪŋməˈtɪərɪəl] звукоизолирующий материал

sound-board [ˈsaundbɔ:d] дека *(муз.)*

sound-film [ˈsaundfɪlm] звуковой кинофильм

sound-program link [ˈsaundˌprougræmˈlɪŋk] канал радиовещания

sound-proof [ˈsaundpru:f] звуконепроницаемый; делать звуконепроницаемым

sounding [ˈsaundɪŋ] звучащий; издающий звук; звучный; громкий

sounding balloon [ˈsaundɪŋbəˈlu:n] шар-зонд

soundly [ˈsaundlɪ] обоснованно; серьезно; умело; беспробудно; крепко; вполне; основательно; полностью

soup [su:p] суп; густой туман *(разг.)*; придавать силу, живость

soup bowl [ˈsu:pˈboul] супница

soup-kitchen [ˈsu:pˌkɪtʃɪn] бесплатная столовая для нуждающихся

soup-plate [ˈsu:ppleɪt] глубокая тарелка

sour [ˈsauə] кислый; прокисший; угрюмый; закисать; прокисать; заквашивать

source [sɔ:s] верховье; исток; источник; ключ; начало; первоисточник

source document [ˈsɔ:sˈdɔkjumənt] первоисточник

source language [ˈsɔ:sˈlæŋgwɪdʒ] язык оригинала

source of raw materials [ˈsɔ:sɔvˈrɔ:məˈtɪərɪəlz] сырьевая база

souse [saus] рассол; солонина; солить; мариновать

south [sauθ] юг; зюйд *(мор.)*; южный ветер; южный; в южном направлении

South American jackal [ˈsauθəˌmerɪkənˈdʒækɔ:l] южноамериканская дикая собака *(биол.)*

south-east [ˈsauθˈi:st] юго-восток; юго-восточный; в юго-восточном направлении

south-easter [ˈsauθˈi:stə] юго-восточный ветер

south-easterly [ˈsauθˈi:stəlɪ] расположенный к юго-востоку; дующий с юго-востока

south-eastern [ˈsauθˈi:stən] юго-восточный

south-west [ˈsauθˈwest] юго-запад; юго-западный; в юго-западном направлении

southbound [ˈsauθbaund] направляющийся на юг

southerly [ˈsʌðəlɪ] южный; к югу; в южном направлении

southerner [ˈsʌðənə] южанин; житель юга; житель южных штатов США

southernmost [ˈsʌðənmoust] самый южный

souvenir [ˈsu:v(ə)nɪə] сувенир; подарок на память *(франц.)*

sovereign [ˈsɔvrɪn] монарх; король; повелитель; соверен *(золотая монета в один фунт стерлингов)*; верховный; высший; суверенный; державный; высокомерный; отличный; превосходный

sovereignty [ˈsɔvr(ə)ntɪ] верховная власть; независимость; суверенитет; суверенное государство

sow [sou] сеять; засевать; распространять; насаждать; [sau] свинья; свиноматка

sower [ˈsouə] сеятель; сеялка

sowing [ˈsouɪŋ] посев; засевание

soy [sɔɪ] соевый соус

soya [ˈsɔɪə] соя; соевый боб

spa [spa:] курорт с минеральными водами; минеральный источник

space [speɪs] пространство; расстояние; место; площадь; интервал времени; промежуток; пробел; отступ; спуск; срок; набирать в разрядку

space allocation [ˈspeɪsˌæləˈkeɪʃən] распределение площади торгового зала

space fiction ['speɪs'fɪkʃ(ə)n] фантастические романы и рассказы о межпланетных путешествиях

space probe ['speɪs'proub] космическая исследовательская ракета

space satellite ['speɪs'sætəlaɪt] искусственный спутник

space shuttle ['speɪs'ʃʌtl] челночный воздушно-космический аппарат

space suit ['speɪs'sju:t] космический скафандр

space weapon ['speɪs'wepən] космическое оружие

spaceband ['speɪsbænd] шпационный клин

spaceless ['speɪslɪs] безграничный; бесконечный; беспредельный; лишённый пространства

spaceman ['speɪsmæn] астронавт; космонавт

spaceport ['speɪspɔ:t] космодром

spacer ['speɪsə] шайба

spacial пространственный; территориальный

spacing ['speɪsɪŋ] разрядка (полигр.); пробел; интервал

spacious ['speɪʃəs] просторный; обширный; вместительный; всеобъемлющий; разносторонний

spade [speɪd] лопата; заступ; копать лопатой

spades ['speɪdz] пики (в картах)

spall [spɔ:l] осколок; обломок; разбивать (руду); дробить (породу)

span [spæn] промежуток времени; короткое расстояние; пролёт моста; охватывать; простираться

span roof ['spæn'ru:f] двускатная крыша

spangle ['spæŋgl] блёстка; украшать блёстками

spangly ['spæŋglɪ] покрытый блёстками

spaniel ['spænjəl] спаниель (порода собак); подхалим; низкопоклонник

Spanish trefoil ['spænɪʃ'trefɔɪl] люцерна посевная

spank [spæŋk] шлепок; хлопать; (от)шлёпать (ладонью)

spanner ['spænə] гаечный ключ

spar [spa:] наступательный или оборонительный приём в боксе; петушиный бой; боксировать

spare [spɛə] запасная часть (машины); запасной; резервный; беречь; жалеть; экономить

spare card ['spɛə'ka:d] запасная плата

spare part ['spɛə'pa:t] запасная часть

spare wheel ['spɛə'wi:l] запасное колесо

sparge [spa:dʒ] брызгать; обрызгивать

sparger ['spa:dʒə] разбрызгиватель

sparing ['spɛərɪŋ] недостаточный; скудный; умеренный; бережливый; экономный

spark [spa:k] искра; вспышка; проблеск; искриться; щёголь

spark advance ['spa:k'əd'va:ns] опережение зажигания

spark control ['spa:k'kən'troul] регулирование зажигания

spark knock ['spa:k'nɔk] детонация

sparking-plug ['spa:kɪŋplʌg] свеча зажигания

sparkle ['spa:kl] искорка; блеск; сверкание; живость; оживлённость; искриться; сверкать

sparkler ['spa:klə] бенгальский огонь

sparklet ['spa:klɪt] искорка

sparkling ['spa:klɪŋ] блестящий; искрящийся; игристый; пенистый; шипучий

sparrow ['spærou] воробей

sparse [spa:s] разбросанный; редкий

sparse beard ['spa:s'bɪəd] бородёнка

spasm ['spæzm] спазма; судорога; приступ; порыв

spasmodic [spæz'mɔdɪk] спазматический; судорожный; нерегулярный; неритмичный; неровный

spat [spæt] небольшая ссора; лёгкий удар; шлепок; (по)хлопать; (по)шлёпать

spate [speɪt] (внезапный) разлив реки; наводнение; внезапный ливень

spatter ['spætə] брызги (грязи, дождя); брызганье; забрызгивать; разбрызгивать; брызгать; расплёскивать; возводить клевету; чернить; испещрять; покрывать; усеивать

spatula ['spætjulə] лопаточка; шпатель (мед.)

spawn [spɔ:n] икра; метать икру; порождать; вызывать (что-либо)

spawning ['spɔ:nɪŋ] нерест

spawning area ['spɔ:nɪŋ'ɛərɪə] нерестилище

spawning dress ['spɔ:nɪŋ'dres] брачный наряд (зоол.)

spawning livery ['spɔ:nɪŋ'lɪvərɪ] брачный наряд (биол.)

speak [spi:k] говорить; изъясняться; разговаривать; сказать; высказывать(ся); отзываться; свидетельствовать

to speak in game — говорить в шутку

to speak up — говорить громко и отчётливо; высказаться

speaker ['spi:kə] оратор; диктор на радио; громкоговоритель; рупор; спикер (в парламенте)

speaking ['spi:kɪŋ] говорящий; выразительный; беседа; разговор; собеседование

spear [spɪə] копьё; дротик; острога; гарпун; пронзать копьём

spearman ['spɪəmən] копьеносец

special ['speʃ(ə)l] специальный; особый; особенный; индивидуальный; спешный; срочный; экстренный; экстренный выпуск

special case ['speʃ(ə)l'keɪs] особый случай

special delivery ['speʃ(ə)l'dɪ'lɪvərɪ] срочная доставка

special effects ['speʃ(ə)l'ɪ'fekts] спецэффекты

special occurence [ˈspeʃ(ə)l|əˈkʌrəns] особый случай

special report [ˈspeʃ(ə)l|rɪˈpɔːt] спецкорреспонденция

special shock dose [ˈspeʃ(ə)l|ˈʃɔk|ˌdous] ударная доза

special treatment [ˈspeʃ(ə)l|ˈtriːtmənt] особый тюремный режим

special-effects equipment [ˈspeʃ(ə)lɪˌfekts|ɪˈkwɪpmənt] аппаратура для спецэффектов

specialist [ˈspeʃəlɪst] знаток; специалист; эксперт

speciality [ˌspeʃɪˈælɪtɪ] занятие; профессия; специальность; отличительная черта; особенность

specialization [ˌspeʃəlaɪˈzeɪʃ(ə)n] специализация

specialize [ˈspeʃəlaɪz] специализировать(ся); приспосабливать(ся)

specially [ˈspeʃəlɪ] специально; особенно; в особенности; больше всего

specially dangerous [ˈspeʃəlɪ|ˈdeɪndʒrəs] особо опасный

specialty [ˈspeʃ(ə)ltɪ] особенность; характерная черта; признак; занятие; профессия; специальность

species [ˈspiːʃiːz] род; порода; вид; разновидность

species character [ˈspiːʃiːz|ˈkærɪktə] видовой признак

species composition [ˈspiːʃiːz|ˌkɔmpəˈzɪʃən] видовой состав

species diversity [ˈspiːʃiːz|daɪˈvəːsɪtɪ] видовое разнообразие

species list [ˈspiːʃiːz|ˈlɪst] список видов

specific [spɪˈsɪfɪk] особенный; особый; специфический; характерный

specific character [spɪˈsɪfɪk|ˈkærɪktə] специфика

specific denial [spɪˈsɪfɪk|dɪˈnaɪəl] отрицание конкретного факта

specific guarantee [spɪˈsɪfɪk|ˌgærənˈtiː] специальная гарантия

specific volume [spɪˈsɪfɪk|ˈvɔljum] удельный вес

specific weight [spɪˈsɪfɪk|ˈweɪt] удельный вес

specification [ˌspesɪfɪˈkeɪʃ(ə)n] спецификация; детализация; описание; деталь, подробность (контракта и т. п.)

specify [ˈspesɪfaɪ] точно определять; устанавливать; указывать; отмечать

specimen [ˈspesɪmɪn] образец; образчик; пробный экземпляр

specimen jar [ˈspesɪmɪn|ˈdʒɑː] сосуд для хранения препаратов

specious [ˈspiːʃəs] благовидный; правдоподобный; внешний; наружный; обманчивый; показной

speck [spek] крапинка; пятнышко; крупинка; частица; частичка; испещрять; пятнать

speckled [ˈspekld] крапчатый

spectacle [ˈspektəkl] зрелище; очки; изображение; показ; представление; спектакль

spectacular [spekˈtækjulə] импозантный; эффектный; захватывающий; эффектное зрелище

spectator [spekˈteɪtə] зритель; наблюдатель; очевидец; свидетель

spectatress [spekˈteɪtrɪs] зрительница

spectral [ˈspektr(ə)l] воображаемый; призрачный

spectral band [ˈspektr(ə)l|ˈbænd] полоска спектра

spectre [ˈspektə] иллюзия; привидение; призрак; дурное предчувствие

spectrum [ˈspektrəm] спектр; спектральный

specular [ˈspekjulə] зеркальный; отражающий

speculate [ˈspekjuleɪt] размышлять; раздумывать; спекулировать; играть на бирже

speculation [ˌspekjuˈleɪʃ(ə)n] размышление; предположение; теория; умозрение; спекуляция; спекулирование

speculative [ˈspekjulətɪv] умозрительный; теоретический; спекулятивный; опасный; рискованный

speculator [ˈspekjuleɪtə] перекупщик; спекулянт; биржевой делец; мудрец; мыслитель; философ

speech [spiːtʃ] речевая деятельность; говор; произношение; речь; ораторское выступление

speechify [ˈspiːtʃɪfaɪ] ораторствовать; разглагольствовать

speechless [ˈspiːtʃlɪs] немой; безмолвный; онемевший; невыразимый

speed [spiːd] скорость; быстрота; успех; погонять; подгонять

speed change lever [ˈspiːd|ˌtʃeɪndʒ|ˈliːvə] рычаг переключения скорости

speed detector [ˈspiːd|dɪˈtektə] детектор скорости

speed selector [ˈspiːd|sɪˈlektə] переключатель скоростей; рукоятка переключения скоростей

speed-law [ˈspiːdˈlɔː] правила ограничения скорости движения

speed-limit [ˈspiːd|lɪmɪt] дозволенная скорость (езды)

speed-skates [ˈspiːdˈskeɪts] беговые коньки

speed-up [ˈspiːdʌp] убыстрение; ускорение; форсирование; повышение нормы выработки без повышения зарплаты

speedily [ˈspiːdɪlɪ] быстро; поспешно

speeding [ˈspiːdɪŋ] езда с недозволенной скоростью

speedometer [spɪˈdɔmɪtə] спидометр

speedwell [ˈspiːdwel] вероника (бот.)

speedy [ˈspiːdɪ] быстрый; скорый; поспешный; безотлагательный; незамедлительный

spelaean [spɪˈliːən] пещерный; живущий в пещере; спелеологический

spell [spel] заклинание; чары; обаяние; заколдовывать; писать или произносить (слово) по буквам;

означать; влечь за собой; короткий промежуток времени; дать передышку; отдохнуть; передохнуть

spellbound ['spelbaund] очарованный; ошеломленный

spelling ['spelɪŋ] орфография; правописание; произнесение слова по буквам; образец

spelling-book ['spelɪŋbuk] орфографический словарь или справочник; сборник упражнений по правописанию

spencer ['spensə] спенсер (короткий шерстяной жакет)

spend [spend] тратить; расходовать; проводить (время); истощать

spendthrift ['spendθrɪft] мот; расточитель; неэкономный; расточительный

spent [spent] использованный; истощенный; исчерпанный; выдохшийся; изнуренный; усталый

sphenoid ['sfi:nɔɪd] клиновидный

spheral ['sfɪərəl] сферический; шарообразный; симметричный; гармонический

sphere [sfɪə] сфера; шар; глобус; планета; небесное светило; замыкать в круг; придавать форму шара

spherical ['sferɪk(ə)l] сферический; шарообразный

spherical ball bearing ['sferɪk(ə)l|'bɔ:l|'beərɪŋ] шариковый подшипник

sphericity [sfɪ'rɪsɪtɪ] сферичность; шарообразность

spherule ['sferju:l] шарик; небольшой шар

sphinx [sfɪŋks] сфинкс; загадочное существо; непонятный человек

sphygmograph ['sfɪgməgra:f] сфигмограф

spice [spaɪs] специя; пряность; привкус; примесь; острота; пикантность; приправлять (пряностями)

spick and span ['spɪk|ənd\'spæn] безупречно чистый; новый; свежий; с иголочки

spider ['spaɪdə] паук; крестовина

spider-web ['spaɪdəweb] паутина; сплетение

spidery ['spaɪdərɪ] паукообразный; паучий; легкий; неплотный; тонкий

spier ['spaɪə] агент; разведчик; шпион

spike [spaɪk] колос; острый выступ; острие; шип; гвоздь (на подошве); снабжать остриями, шипами; отвергнуть; опровергнуть

spiked [spaɪkt] с остриями; с шипами

spikewise ['spaɪkwaɪz] в виде острия

spiky ['spaɪkɪ] заостренный; остроконечный; усаженный остриями; сварливый; несговорчивый

spile [spaɪl] втулка; деревянная затычка; кол; свая

spill [spɪl] (разг.) ливень; поток; проливать(ся); разливать(ся); затычка; деревянная пробка

spillage ['spɪlɪʤ] утечка; утруска; потеря; убыль

spin [spɪn] вращение; кружение; прясть; пируэт; сучить

to spin out — *растягивать; долго и нудно рассказывать что-либо; экономить; смущать*

spinach ['spɪnɪʤ] шпинат

spinal cord ['spaɪnl|'kɔ:d] спинной мозг (биол.)

spindle ['spɪndl] веретено; вытягиваться; делаться длинным и тонким; шпиндель

spindling ['spɪndlɪŋ] долговязый человек; тонкий побег; тонкое и высокое дерево; худой и высокий (о человеке); тонкий и высокий (о дереве и т. п.)

spindly ['spɪndlɪ] длинный и тонкий; веретенообразный

spindrift ['spɪndrɪft] пена или брызги морской воды

spine [spaɪn] сущность; гребень (горы); корешок (переплета)

spine lettering ['spaɪn|'letərɪŋ] текст на корешке (книги)

spine-chilling ['spaɪntʃɪlɪŋ] ужасающий

spineless ['spaɪnlɪs] бесхарактерный; бесхребетный; мягкотелый

spines [spaɪnz] колючки

spinner ['spɪnə] прядильщик; пряха; прядильная машина; вращающаяся стойка для книг

spinney ['spɪnɪ] заросль; рощица

spinning ['spɪnɪŋ] прядение; прядильный

spinster ['spɪnstə] старая дева; незамужняя (женщина)

spiny ['spaɪnɪ] колючий; покрытый шипами или иглами; затруднительный; трудный

spiny lobster ['spaɪnɪ|'lɔbstə] лангуст

spiracle ['spaɪərəkl] отдушина

spiral ['spaɪər(ə)l] завиток; спираль; винтовой; винтообразный

spiral binding ['spaɪər(ə)l|'baɪndɪŋ] скрепление блоков спиралью

spire ['spaɪə] шпиль; шпиц; курсор; острие; стрелка; указатель; остроконечная верхушка; завиток; спираль; виток; оборот

spirit ['spɪrɪt] дух; духовное начало; душа; привидение; смысл; сущность; моральная сила; характер (дух); алкоголь; спирт; спиртной напиток; спиртовой; воодушевлять; ободрять

spirited ['spɪrɪtɪd] живой; смелый; энергичный

spirited bidding ['spɪrɪtɪd|'bɪdɪŋ] горячие торги

spiritism ['spɪrɪtɪzm] спиритизм

spiritless ['spɪrɪtlɪs] безжизненный; вялый

spiritual ['spɪrɪtjuəl] внутренний; духовный; душевный; возвышенный; одухотворенный; божественный; святой; культовый; религиозный; церковный

spiritual bond ['spɪrɪtjuəl|'bɔnd] духовная связь

spiritual needs [ˈspɪrɪtjuəlˈniːdz] духовные потребности

spirituality [ˌspɪrɪtjuˈælɪtɪ] духовность; одухотворенность

spirituous [ˈspɪrɪtjuəs] спиртной; алкогольный (о напитках)

spit [spɪt] вертел; шомпол; длинная отмель; намывная коса; стрелка; плевок; слюна; небольшой дождик или снег; плевать(ся); моросить; брызгать; насаживать на вертел

to spit on — проявлять враждебность к кому-либо

spite [spaɪt] злоба; злость; досаждать

spiteful [ˈspaɪtful] злобный; злой; ожесточенный; злорадный; недоброжелательный; язвительный

spitfire [ˈspɪtfaɪə] вспыльчивый, раздражительный человек

splanchnic cavity [ˈsplæŋknɪkˈkævɪtɪ] брюшная полость

splash [splæʃ] брызганье; брызги; всплеск; плеск; пятно; забрызгивать; брызгать(ся); плескать(ся); шлепать (по грязи или воде); шлепнуться; бултыхнуться; расцвечивать

splash-board [ˈsplæʃbɔːd] крыло автомобиля

splat [splæt] звук всплеска (шлепка)

splatter [ˈsplætə] плескаться; журчать; говорить невнятно; бормотать

splay [spleɪ] откос; скос; косой; расширяющийся; скошенный; вывернутый наружу; неуклюжий; скашивать края (отверстия); расширять(ся)

spleen [spliːn] недовольство; неудовлетворение; раздражение; селезенка

splendent [ˈsplendənt] блестящий; сверкающий

splendid [ˈsplendɪd] великолепный; роскошный; блестящий; отличный (разг.); превосходный

splendour [ˈsplendə] блеск; великолепие; богатство; величие; слава; благородство

splenetic [splɪˈnetɪk] желчный; несдержанный; раздражительный

splicing sleeve [ˈsplaɪsɪŋˈsliːv] соединительная муфта

spline [splaɪn] шпонка

splined shaft [ˈsplaɪndˈʃɑːft] зубчатый вал

splint [splɪnt] осколок; щепа

splinter [ˈsplɪntə] осколок; заноза; осколочный; расщеплять(ся); раскалывать(ся); разбиваться

splintery [ˈsplɪntərɪ] похожий на щепку или осколок; легко расщепляющийся или разлетающийся на осколки

split [splɪt] раскалывание; трещина; расщелина; прорезь; раскол; расщепленный; расколотый; раскалывать(ся); расщеплять(ся)

to split up — разделять(ся); раскалывать(ся); прекращать отношения

split bearing [ˈsplɪtˈbeərɪŋ] разъемный подшипник

split personality [ˈsplɪtˌpəːsəˈnælɪtɪ] раздвоение личности

split-ring [ˈsplɪtˈrɪŋ] кольцо для ключей

split-second [ˈsplɪtˈsekənd] доля секунды; мгновение ока

splitting [ˈsplɪtɪŋ] оглушительный; пронзительный; головокружительный; острый; сильный (о головной боли); раскольнический

splotch [splɔtʃ] грязное пятно; большое неровное пятно

splotchy [ˈsplɔtʃɪ] покрытый пятнами; запачканный

splurge [splɜːdʒ] выставление напоказ; хвастать; пускать пыль в глаза; тратить деньги на что-либо

splutter [ˈsplʌtə] бессвязная речь; лопотание; брызги; шипение; говорить быстро и бессвязно

spoil [spɔɪl] добыча; награбленное добро; прибыль; выгода; портить; вредить; наносить ущерб; баловать; портиться (о продуктах)

spoilage [ˈspɔɪlɪdʒ] порча; ухудшение; испорченный товар; брак

spoilage allowance [ˈspɔɪlɪdʒəˈlauəns] норма допустимых потерь вследствие порчи продукции

spoiler [ˈspɔɪlə] нарушитель; спойлер (авт.)

spoilt [spɔɪlt] испорченный; избалованный; испортившийся

spoke [spouk] спица (колеса); ступенька; перекладина (приставной лестницы)

spoken [ˈspouk(ə)n] устный; разговорный; словесный

spokesman [ˈspouksmən] представитель; делегат; оратор

spoliation [ˌspouliˈeɪʃ(ə)n] грабеж; захват имущества

sponge [spʌndʒ] губка; губчатое вещество; вытирать, мыть, чистить губкой

sponge-cake [ˈspʌndʒˈkeɪk] бисквит

sponger [ˈspʌndʒə] иждивенец; нахлебник; ловец губок

spongy [ˈspʌndʒɪ] губчатый; пористый; болотистый; топкий

sponsion [ˈspɔnʃ(ə)n] гарантия; поручительство

sponsor [ˈspɔnsə] гарант; индоссант; спонсор; поручитель; опекун; покровитель; попечитель; крестный (отец); крестная (мать); организатор; устроитель; ручаться (за кого-либо); поддерживать; субсидировать

sponsorship [ˈspɔnsəʃɪp] спонсорство

spontaneity [ˌspɔntəˈniːɪtɪ] самопроизвольность; спонтанность; непосредственность

SPO — SPR

spontaneous [spɔn'teɪnjəs] самопроизвольный; спонтанный; добровольный; непосредственный; стихийный

spontaneous combustion [spɔn'teɪnjəs|kəm'bʌstʃən] самовозгорание

spoof [spu:f] мистификация; розыгрыш; выдуманный; сфабрикованный; мистифицировать; обманывать

spooky ['spu:kɪ] грозный; жуткий; страшный; ужасный

spool [spu:l] шпулька; катушка; бобина; наматывать (на катушку, шпульку и т. п.)

spoon [spu:n] ложка; блесна; черпать ложкой

spoon-meat ['spu:nmi:t] жидкая пища для младенца

spoonful ['spu:nful] полная ложка (чего-либо)

spoor [spuə] след (зверя); выслеживать; идти по следу

sporadic [spə'rædɪk] единичный; отдельный

sport [spɔ:t] спорт; спортивные игры; охота; рыбная ловля; спортивные соревнования; забава; развлечение; шутка; посмешище; спортивный; играть; резвиться; заниматься спортом

sport-boat ['spɔ:t'bout] спортивная лодка; спортивный катер

sportful ['spɔ:tful] веселый; забавный; развеселый

sporting ['spɔ:tɪŋ] спортивный; охотничий

sportive ['spɔ:tɪv] веселый; игривый; оживленный; спортивный

sports round-up ['spɔ:ts'raundʌp] сводка спортивных новостей

sports special ['spɔ:ts'speʃ(ə)l] спортивный спецвыпуск

sportsman ['spɔ:tsmən] спортсмен; охотник; рыболов; честный, порядочный человек

sportsmanlike ['spɔ:tsmənlaɪk] спортсменский; честный; порядочный

sportsmanship ['spɔ:tsmənʃɪp] спортивное мастерство; увлечение спортом; прямота; честность

sportswear ['spɔ:tsweə] спортивная одежда

sportswoman ['spɔ:ts,wumən] спортсменка

sporty ['spɔ:tɪ] спортсменский; лихой; удалой; внешний; наружный; показной

spot [spɔt] пятно; пятнышко; крапинка; прыщик; капля (дождя); очко (в игре); позор; печать одной дополнительной краской; наличный; имеющийся на складе; пачкать; покрывать(ся) пятнами; позорить; пятнать

spotted ['spɔtɪd] крапчатый; пятнистый; запачканный; запятнанный

spotter ['spɔtə] наблюдатель; корректировщик (огня) (воен.)

spotty ['spɔtɪ] пятнистый; пестрый; прыщеватый; неоднородный

spouse [spauz] супруг; жена; муж; супруга; супружеская чета

spout [spaut] горлышко; носик; рыльце; бить струей; струиться; литься потоком; выбрасывать; извергать

sprag clutch ['spræg'klʌtʃ] муфта свободного хода

sprain [spreɪn] растяжение связок; растянуть связки

sprat [spræt] килька; шпрот; шпротовый

sprawl [sprɔ:l] неуклюжая поза; неуклюжее движение; растянуть(ся); развалиться

sprawling ['sprɔ:lɪŋ] расползающийся; ползучий

spray [spreɪ] ветка; побег; узор в виде веточки; водяная пыль; брызги; распылитель; распылять; опрыскивать; опылять

spray-gun ['spreɪgʌn] пульверизатор; краскопульт

spread [spred] распространение; размах (крыльев и т. п.); протяжение; пространство; покрывало; скатерть; разворот; развертывать(ся); простирать(ся); разносить(ся); распространять(ся)

to spread over — откладывать

spread-eagle ['spred'i:gl] распластанный; распластать

spreader ['spredə] распространитель

spree [spri:] веселье; шалости; кутеж

sprig [sprɪg] веточка; побег; молодой человек; юноша; украшать узором в виде веточек

sprightly ['spraɪtlɪ] бойкий; веселый; живой; оживленный; весело; оживленно

spring [sprɪŋ] прыжок; скачок; пружина; рессора; упругость; эластичность; живость; энергия; источник; ключ; родник; течь; трещина; прыгать; вскакивать; бросаться; бить ключом; брать начало; происходить; возникать; весна; весенний

spring-board ['sprɪŋbɔ:d] трамплин; плацдарм (воен.)

spring-clean ['sprɪŋ'kli:n] производить генеральную уборку (помещения)

springe [sprɪndʒ] капкан; ловушка; силок

springer ['sprɪŋə] прыгун; собака из породы спаниелей; цыпленок

springhead ['sprɪŋhed] источник; начало; происхождение

springtime ['sprɪŋtaɪm] весна; весенняя пора

springy ['sprɪŋɪ] упругий; эластичный; пружинистый

sprinkle ['sprɪŋkl] брызганье; обрызгивание; мелкий дождик; небольшое количество; капля; брызгать; кропить; посыпать (чем-либо); разбрасывать; брызгать; накрапывать

sprinkler ['sprɪŋklə] разбрызгиватель; лейка; дождеватель

sprint [sprɪnt] бег на короткую дистанцию; спринт; бежать на короткую дистанцию; спринтовать

sprinter ['sprɪntə] бегун на короткие дистанции; спринтер (спорт.)

sprite [spraɪt] эльф; фея

sprout [spraut] отросток; побег; росток; пускать ростки; расти; отращивать

sprouting cutting ['sprautɪŋ'kʌtɪŋ] проросший черенок

spruce [spru:s] щеголеватый; нарядный; элегантный; приводить в порядок; принаряжаться

spruce cone ['spru:s|koun] еловая шишка

spruce fir ['spru:s|fə:] ель

sprung [sprʌŋ] треснувший (о бите, ракетке); захмелевший (разг.)

spry [spraɪ] живой; подвижный; проворный

spud [spʌd] мотыга; цапка; окапывать; окучивать

spume [spju:m] пена; накипь; пениться

spumous ['spju:məs] пенистый; покрытый пеной

spunky ['spʌŋkɪ] мужественный; храбрый

spur [spə:] шпора; вершина; отрог или уступ горы; побуждение; стимул; пришпоривать; побуждать; подстрекать; спешить; мчаться

spurious ['spjuərɪəs] поддельный; фиктивный; внебрачный; незаконнорожденный

spurn [spə:n] отвергать с презрением; отталкивать; отпихивать ногой; презрительно относиться (к кому-либо); презрительный отказ; отклонение; пинок ногой

spurt [spə:t] струя; внезапное резкое усилие; рывок; бить струей; выбрасывать (пламя); делать внезапное усилие, рывок

sputter ['spʌtə] брызги; шипение; суматоха; гудение; гул; шум; брызгать слюной; плеваться

spy [spaɪ] шпион; тайный агент; шпионить; следить; заметить; найти; обнаружить; разглядеть; увидеть

spy-glass ['spaɪgla:s] подзорная труба

spyhole ['spaɪhoul] глазок (дверной); смотровое отверстие (в чугунолитейной печи)

squab [skwɔb] неоперившийся голубь; туго набитая подушка; кушетка; короткий и толстый; приземистый

squabble ['skwɔbl] перебранка, ссора из-за пустяков; вздорить, пререкаться из-за пустяков

squad [skwɔd] группа (воен.); команда; отделение

squad car ['skwɔd|ka:] полицейская автомашина

squad drill ['skwɔd|drɪl] обучение новобранцев строю

squadron ['skwɔdr(ə)n] эскадрон (воен.); (артиллерийский) дивизион; эскадрилья; сводить в эскадроны

squalid ['skwɔlɪd] грязный; запачканный; нищенский; жалкий; бедный

squall [skwɔ:l] вопль; пронзительный крик; визг; вопить; пронзительно кричать; шквал

squally ['skwɔ:lɪ] бурный; бушующий; дикий; порывистый

squalor ['skwɔlə] грязь; запущенность; нищета; бедность; нужда; убожество

squama ['skweɪmə] чешуя

squander ['skwɔndə] расточительство; расточать; проматывать

square [skwɛə] квадрат; прямоугольник; клетка; площадь; сквер; квартал (города); квадратный; в квадрате; прямоугольный; правильный; ровный; точный; прямо; лицом к лицу; придавать квадратную форму; делать прямоугольным; выпрямлять; распрямлять

square brackets ['skwɛə|'brækɪts] квадратные скобки

square-back ['skwɛəbæk] прямой корешок

squared timber ['skwɛəd|'tɪmbə] брусья

squarely ['skwɛəlɪ] прямо; лицом к лицу

squash [skwɔʃ] раздавленная масса, «каша»; фруктовый напиток; толпа; давка; сутолока; раздавливать; расплющивать; толпиться; проталкивать(ся); втискивать(ся)

squashy ['skwɔʃɪ] мягкий; мясистый; болотистый; топкий

squat [skwɔt] сидение на корточках; нора; сидеть на корточках; припадать к земле

squatter ['skwɔtə] сидящий на корточках; поселившийся незаконно на незанятой земле; незаконно вселившийся в дом

squaw [skwɔ:] индианка (жительница Северной Америки)

squawk [skwɔ:k] пронзительный крик (птицы); пронзительно кричать (о птице); громко жаловаться (разг.); протестовать

squeak [skwi:k] писк; скрип; пищать; пропищать; скрипеть

squeal [skwi:l] визг; пронзительный крик; визжать; пронзительно кричать

squeamish ['skwi:mɪʃ] привередливый; разборчивый; подверженный тошноте; слабый (о желудке); щепетильный; брезгливый; обидчивый

squeezability [ˌskwi:zə'bɪlɪtɪ] сжимаемость

squeezable ['skwi:zəbl] вдавливающийся; сжимающийся; легко поддающийся давлению; податливый; уступчивый

squeeze [skwi:z] сжатие; пожатие; давление; сдавливание; выдавленный сок; давка; теснота;

сжимать; сдавливать; стискивать; вынуждать; вымогать

squeeze clamp [ˈskwiːz|ˈklæmp] тросовый зажим

squeezed [skwiːzd] выжатый

squeezer [ˈskwiːzə] соковыжималка

squelch [skweltʃ] хлюпанье; отпор; уничтожающий ответ; хлюпать; подавить, заставить замолчать

squib [skwɪb] петарда; шутиха; эпиграмма; памфлет; пасквиль; взрываться; метаться

squid [skwɪd] кальмар

squiggly [ˈskwɪɡəlɪ] волнистый; волнообразный

squint [skwɪnt] косоглазие; косить (глазами); раскосый

squint-eyed [ˈskwɪntaɪd] косоглазый; косой; злой; предубежденный

squire [ˈskwaɪə] помещик; сквайр; оруженосец (ист.); ухаживать

squirearchy [ˈskwaɪərəkɪ] аграрии; помещичий класс; власть помещиков, землевладельцев

squirm [skwɜːm] извиваться; изгибаться; корчиться

squirrel [ˈskwɪr(ə)l] белка; собирать про запас; запасаться

squirt [skwɜːt] струя; шприц; спринцовка; пускать струю; бить струей

squish [skwɪʃ] хлюпать

stab [stæb] удар (острым оружием); внезапная острая боль; вонзать; нападать; вредить

stability [stəˈbɪlɪtɪ] устойчивость; стабильность; постоянство; твердость (характера)

stabilization [ˌsteɪbɪlaɪˈzeɪʃ(ə)n] стабилизация; упрочение

stabilize [ˈsteɪbɪlaɪz] стабилизировать; делать устойчивым

stabilized [ˈsteɪbɪlaɪzd] прочный; устойчивый

stabilizer [ˈsteɪbɪlaɪzə] стабилизатор

stable [ˈsteɪbl] конюх; стойкий; устойчивый; крепкий; прочный; неизменный; постоянный; конюшня; хлев

stable birth-rate [ˈsteɪbl|ˈbɜːθreɪt] постоянное значение коэффициента рождаемости

stable community [ˈsteɪbl|kəˈmjuːnɪtɪ] устойчивое общество (сообщество)

stableman [ˈsteɪblmən] конюх

stack [stæk] скирда; стог; груда; куча; (разг.) масса; множество; дымовая труба; ряд дымовых труб; складывать в стог

to stack up — располагать(ся) один над другим; соответствовать; быть сравнимым

stack-yard [ˈstækjɑːd] гумно

stadia [ˈsteɪdjə] дальномерная линейка

stadium [ˈsteɪdjəm] стадион

staff [stɑːf] палка; посох; жезл; флагшток; древко; опора; поддержка; столп; штат служащих; служебный персонал; штаб (воен.); штатный; штабной (воен.); укомплектовывать штаты; набирать кадры

staff nurse [ˈstɑːf|ˈnɜːs] (младшая) медицинская сестра

staff-man [ˈstɑːfmæn] штатный сотрудник

staffing [ˈstɑːfɪŋ] кадровое обеспечение

stag [stæɡ] вол; биржевой спекулянт; холостяцкая вечеринка; холостяцкий

stag-beetle [ˈstæɡˈbiːtl] жук-олень

stag-night [ˈstæɡnaɪt] холостяцкая вечеринка

stage [steɪdʒ] помост; платформа; сцена; эстрада; арена; поприще; период; стадия; ступень; ставить (пьесу); инсценировать; организовывать; осуществлять

stage direction [ˈsteɪdʒ|dɪˈrekʃ(ə)n] режиссерское искусство; режиссура

stage director [ˈsteɪdʒ|dɪˈrektə] постановщик; режиссер

stage door [ˈsteɪdʒ|dɔː] служебный вход в театр

stage effect [ˈsteɪdʒ|ɪˈfekt] сценический эффект

stagehand [ˈsteɪdʒhænd] рабочий сцены

stager [ˈsteɪdʒə] опытный, бывалый человек

stagger [ˈstæɡə] пошатывание; шатание; шататься; идти шатаясь; колебаться; быть в нерешительности

staggerer [ˈstæɡərə] сильный удар; потрясающее известие или событие; трудный вопрос

staggering [ˈstæɡərɪŋ] ошеломленный; пораженный

staghorn [ˈstæɡhɔːn] пушистый сумах

staging [ˈsteɪdʒɪŋ] постановка пьесы; леса (строит.); подмости

staging area [ˈsteɪdʒɪŋ|ˈeəɪə] строительная площадка; военная база

staging-post [ˈsteɪdʒɪŋˈpoust] стоянка (во время путешествия); этап (пути); важная подготовительная стадия

stagnancy [ˈstæɡnənsɪ] застой; косность; инертность

stagnant [ˈstæɡnənt] стоячий (о воде); закоснелый; консервативный; инертный; вялый

stagnate [stæɡˈneɪt] застаиваться (о воде); быть бездеятельным

stagnation [stæɡˈneɪʃ(ə)n] вялость; застой; стагнация; консерватизм; косность

stagy [ˈsteɪdʒɪ] неестественный; театральный

staid [steɪd] положительный; степенный; уравновешенный

stain [steɪn] пятно; позор; пачкать(ся); пятнать; портить (репутацию и т. п.); красить; окрашивать(ся)

stained [steɪnd] испачканный; в пятнах; запятнанный; опозоренный; окрашенный; подкрашенный

staining [ˈsteɪnɪŋ] ржавеющий; не устойчивый к коррозии

stainless [ˈsteɪnlɪs] добропорядочный; порядочный; безукоризненный; безупречный

stainless steel [ˈsteɪnlɪsˈstiːl] нержавеющая сталь

stair [stɛə] ступенька *(лестницы)*; лестница; трап

stair-rails [ˈstɛəˈreɪlz] перила

staircase [ˈstɛəkeɪs] лестница; лестничная клетка; лестничная площадка

stairhead [ˈstɛəhed] верхняя площадка лестницы

stairway [ˈstɛəweɪ] лестничный марш

stake [steɪk] кол; столб; стойка; приз *(на скачках и т. п.)*; укреплять или подпирать колом, стойкой; ставить на карту, рисковать *(чем-либо)*

stale [steɪl] несвежий; спертый; избитый; утративший новизну; изнашивать*(ся)*

stale bread [ˈsteɪlˈbred] черствый хлеб

stalemate [ˈsteɪlˈmeɪt] мертвая точка; безвыходное положение; тупик; поставить в безвыходное положение

stalk [stɔːk] ствол; стебель; черенок; ствол *(пера)*; гордая, величавая поступь; шествовать; гордо выступать

stalker [ˈstɔːkə] ловчий; охотник; упорный преследователь

stall [stɔːl] стойло; палатка; прилавок; кресло в партере; место стоянки автомашин; ставить в стойло; застревать *(в грязи, глубоком снеге и т. п.)*

stallion [ˈstæljən] жеребец

stalwart [ˈstɔːlwət] стойкий приверженец; верный последователь; человек крепкого здоровья; верный; решительный; стойкий; дюжий; здоровый; рослый

stamina [ˈstæmɪnə] запас жизненных сил; выносливость

stammer [ˈstæmə] заикание; заикаться

stammerer [ˈstæmərə] заика

stamp [stæmp] штамп; печать; марка; гербовая марка; род; сорт; топанье; топот; штамповать; чеканить; отпечатывать; производить тиснение

stamp-collector [ˈstæmpkəˌlektə] коллекционер почтовых марок

stampede [stæmˈpiːd] паническое бегство; стихийное массовое движение; обращать*(ся)* в паническое бегство

stamping [ˈstæmpɪŋ] тиснение

stance [stæns] поза; положение; позиция; установка

stanchion [ˈstɑːnʃ(ə)n] стойка; столб; подпорка

stand [stænd] остановка; сопротивление; место; позиция; стоянка *(такси и т. п.)*; взгляд; точка зрения; пьедестал; подставка; этажерка; консоль; подпора; стойка; трибуна; ларек; киоск; стенд; стоять; водружать; помещать; ставить; вставать

to stand between — быть посредником между

to stand by — *присутствовать; быть безучастным зрителем; быть наготове*

to stand for — *поддерживать; стоять за; символизировать; означать; обозначать; значить; подразумевать*

stand-by [ˈstæn(d)baɪ] надежная опора; запас; запасной; резервный

stand-by machinery [ˈstæn(d)baɪməˈʃiːnərɪ] резервные механизмы

stand-by unit [ˈstæn(d)baɪˈjuːnɪt] запасной агрегат

stand-in [ˈstændɪn] благоприятное положение; замена; смена

stand-off [ˈstændˈɔf] холодность; сдержанность *(в отношениях с окружающими)*; нейтрализация

stand-up [ˈstændʌp] стоячий

standard [ˈstændəd] знамя; штандарт; мерило; норма; образец; стандарт; класс *(в начальной школе)*; стандартный; типовой; общепринятый; нормативный

standard agreement [ˈstændədəˈɡriːmənt] стандартная форма контракта

standard design [ˈstændəddɪˈzaɪn] типовой проект

standard deviation [ˈstændədˌdiːvɪˈeɪʃən] допустимое отклонение

standard error [ˈstændədˈerə] стандартная ошибка

standard observer [ˈstændədəbˈzɜːvə] идеальный наблюдатель

standard of credit worthiness [ˈstændədəvˈkredɪtˈwɜːðɪnɪs] стандарты кредитоспособности

standard paper sizes [ˈstændədˈpeɪpəˈsaɪzɪz] стандартные размеры бумаги

standard-bearer [ˈstændədˌbɛərə] знаменосец; руководитель движения; вождь

standardization [ˌstændədaɪˈzeɪʃ(ə)n] нормализация; стандартизация; типизация

standardize [ˈstændədaɪz] стандартизировать; калибровать; нормализировать

standfast [ˈstændfɑːst] прочное положение

standing [ˈstændɪŋ] длительность; продолжительность; положение; репутация; вес в обществе; стаж; стояние; стоящий; постоянный; установленный

standing army [ˈstændɪŋˈɑːmɪ] постоянная армия; регулярная армия

standing instructions [ˈstændɪŋɪnsˈtrʌkʃənz] постоянные инструкции

standing judgement ['stændɪŋ|'ʤʌʤmənt] судебное решение, оставленное в силе

standing order ['stændɪŋ|'ɔ:də] постоянный заказ

standpipe ['stændpaɪp] стояк

standpoint ['stændpɔɪnt] точка зрения

standstill ['stændstɪl] бездействие; застой; остановка

standstill agreement ['stændstɪl|ə'gri:mənt] соглашение о невмешательстве

stapes ['steɪpi:z] стремя (анат.)

staple ['steɪpl] скобка; колено; основной предмет торговли; главный элемент (чего-либо); сырье; важнейший; ведущий

staple commodities ['steɪpl|kə'mɔdɪtɪz] предметы первой необходимости

stapler ['steɪplə] сшиватель

star [sta:] звезда; светило; звездный; звездообразный; украшать звездами

star-spangled ['sta:'spæŋgld] усыпанный звездами

star-turn ['sta:tə:n] главный номер программы

starboard ['sta:bəd] правый борт; лежащий направо; положить право на борт

starch [sta:tʃ] крахмал; церемонность; чопорность; крахмалить

starchy ['sta:tʃɪ] крахмалистый; содержащий крахмал; накрахмаленный; чопорный

stardom ['sta:dəm] ведущее положение в театре или кино; положение звезды

stare [stɛə] изумленный или пристальный взгляд; смотреть пристально; глазеть

stark [sta:k] застывший; окоченевший; абсолютный; полный; совершенный

starlet ['sta:lɪt] небольшая звезда; талантливая молодая киноактриса; будущая звезда; восходящая звезда

starlight ['sta:laɪt] свет звезд; звездный; звездообразный

starling ['sta:lɪŋ] скворец; водорез; волнорез

starlit ['sta:lɪt] звездный; освещенный светом звезд

starry ['sta:rɪ] звездный; звездообразный; яркий; сияющий как звезды; лучистый (о глазах)

start [sta:t] отправление; начало; старт (спорт.); преимущество; пуск в ход; запуск; начинать; браться (за что-либо); стартовать (спорт.)

to start up — вскакивать; появляться; пускать в ход

start-line ['sta:tlaɪn] линия старта

starter ['sta:tə] участник состязания; диспетчер; стартер автомобиля

starting condition ['sta:tɪŋ|kən'dɪʃən] пусковой режим

starting conditions ['sta:tɪŋ|kən'dɪʃənz] начальные условия

starting dive ['sta:tɪŋ|'daɪv] стартовый прыжок

starting material ['sta:tɪŋ|mə'tɪərɪəl] исходный материал

starting pedal ['sta:tɪŋ|'pedl] педаль стартера

starting pistol ['sta:tɪŋ|'pɪstl] стартовый пистолет

startle ['sta:tl] испуг; страх; испугать; сильно удивить; вздрагивать

startler ['sta:tlə] сенсационное событие или заявление

startling ['sta:tlɪŋ] изумительный; поразительный; потрясающий; удивительный

starvation [sta:'veɪʃ(ə)n] голод; голодание; голодная смерть

starve [sta:v] умирать от голода; голодать

starveling ['sta:vlɪŋ] изнуренный, голодный человек; истощенное животное; голодный; изнуренный

stash [stæʃ] копить (разг.); припрятывать

stasis ['stæsɪs] застой

state [steɪt] состояние; строение; структура; форма; место; позиция; положение; ранг; богатство; великолепие; пышность; роскошь; парадный; торжественный; заявлять; утверждать; устанавливать; точно определять; государство; держава; страна; штат; государственный

state arbitration ['steɪt|a:bɪ'treɪʃən] государственный арбитраж

state bank ['steɪt|'bæŋk] государственный банк

state banquet ['steɪt|'bæŋkwɪt] официальный прием; государственный прием

state budget ['steɪt|'bʌʤɪt] государственный бюджет

state control ['steɪt|kən'troul] государственный контроль

state criminal ['steɪt|'krɪmɪnəl] государственный преступник

state of emergency ['steɪt|əv|ɪ'mə:ʤənsɪ] чрезвычайное положение

state ownership ['steɪt|'ounəʃɪp] государственная собственность

state terrorism ['steɪt|'terərɪzm] государственный терроризм

statecraft ['steɪtkra:ft] искусство управлять государством

stated ['steɪtɪd] установленный; назначенный; регулярный; сформулированный; зафиксированный; высказанный

statehood ['steɪthud] статус государства; государственность

stateless ['steɪtlɪs] не имеющий гражданства

statelet ['steɪtlɪt] маленькое независимое государство

stately ['steɪtlɪ] величавый; величественный; полный достоинства

statement ['steɪtmənt] заявление; утверждение; изложение; формулировка; официальный отчет; бюллетень

statement of claim ['steɪtmənt|əv|'kleɪm] заявление

statesman ['steɪtsmən] государственный деятель

statewide ['steɪtwaɪd] в масштабе штата

static(al) ['stætɪk(ə)l] неподвижный; статический; стационарный

station ['steɪʃ(ə)n] место; пост; пункт; станция; железнодорожная станция; вокзал; общественное положение; станционный; ставить на *(определенное)* место; помещать

station program director ['steɪʃ(ə)n|'proʊgræm|dɪ'rektə] выпускающий режиссер

station wagon ['steɪʃ(ə)n|'wægən] автомобиль типа «универсал»

station-house ['steɪʃ(ə)nhaʊs] полицейский участок

stationary ['steɪʃnərɪ] канцелярские принадлежности; закрепленный; стационарный; неизменный; постоянный

stationary bicycle ['steɪʃnərɪ|'baɪsɪkl] неразъемный велосипед

statistic(al) [stə'tɪstɪk(ə)l] статистический

statistical abstract [stə'tɪstɪk(ə)l|'æbstrækt] краткий статистический обзор

statistical accuracy [stə'tɪstɪk(ə)l|'ækjʊrəsɪ] статистическая точность

statistics [stə'tɪstɪks] статистика; статистические данные

statuary ['stætjʊərɪ] скульптура; скульптурный

statue ['stætjuː] изваяние; статуя

statuesque [ˌstætjʊ'esk] застывший; похожий на изваяние; величавый

statuette [ˌstætjʊ'et] статуэтка

stature ['stætʃə] рост; стан; фигура

status ['steɪtəs] статус; общественное положение; положение; состояние

status of ownership ['steɪtəs|əv|'oʊnəʃɪp] статус собственности

status quo ['steɪtəs|'kwoʊ] статус-кво; существующее или существовавшее положение

status symbol ['steɪtəs|'sɪmb(ə)l] символ общественного положения

statute ['stætjuːt] статут; законодательный акт парламента; устав

statutory ['stætjʊt(ə)rɪ] установленный *(законом)*

statutory act ['stætjʊt(ə)rɪ|'ækt] нормативный акт

stave [steɪv] перекладина *(приставной лестницы)*; палка; шест

stay [steɪ] пребывание; остановка; стоянка; оставаться; задерживаться; останавливаться; жить; гостить

to stay in — *оставаться дома; не выходить; оставаться на своем рабочем месте (форма забастовки)*

stay tightener ['steɪ|'taɪtnə] натяжной винт

stay-nut ['steɪnʌt] упорная гайка

stayer ['steɪə] стаер *(спорт.)*

staying ['steɪɪŋ] останавливающий(ся); задерживающий(ся); сдерживающий(ся); остающийся неизменным; неослабевающий

steadfast ['stedfəst] твердый; прочный; устойчивый; непоколебимый; стойкий; уравновешенность; самообладание; стабильность; прочность; устойчивость

steady ['stedɪ] устойчивый; прочный; равномерный; ровный; неизменный; неизменяемый; твердый; верный; непоколебимый; спокойный; уравновешенный; делать(ся) твердым, устойчивым; остепениться

steady beat ['stedɪ|'biːt] постоянный ритм

steady condition ['stedɪ|kən'dɪʃən] стационарный режим; стабильное состояние

steady-state conditions ['stedɪsteɪt|kən'dɪʃənz] стационарный режим

steak [steɪk] кусок мяса, рыбы *(для жарения)*; бифштекс

steal [stiːl] воровать; грабить; сделать *(что-либо)* незаметно, украдкой, тайком; добиться *(чего-либо)* хитростью; красться; прокрадываться; воровство; грабеж; кража; украденный предмет

to steal away — *незаметно ускользнуть; взять без разрешения*

stealing ['stiːlɪŋ] воровство; грабеж; кража; украденное; краденые вещи

stealthily ['stelθɪlɪ] втихомолку; тайно; украдкой

stealthy ['stelθɪ] потайной; секретный; тайный

steam [stiːm] пар; испарение; парообразование; паровой; запотевать

steam distillation ['stiːm|dɪstɪ'leɪʃən] перегонка с сухим паром

steam sterilizer ['stiːm|'sterɪlaɪzə] паровой стерилизатор

steam-bath ['stiːmbɑːθ] паровая ванна; парилка

steam-boiler ['stiːm|ˌbɔɪlə] паровой котел

steam-driven ['stiːm|ˌdrɪvn] приводимый в движение паром; с паровым двигателем

steam-hammer ['stiːm|'hæmə] паровой молот

steam-iron ['stiːm|ˌaɪən] паровой утюг

steam-launch ['stiːm|'lɔːntʃ] паровой катер

steam-turbine ['stiːm|ˌtəːbɪn] паровая турбина

steamer ['stiːmə] пароход; пароварка

steamy ['stiːmɪ] парообразный; насыщенный парами; испаряющийся

stearin [ˈstɪərɪn] стеарин
steel [stiːl] сталь; меч; шпага; огниво; стальной; закалять; ожесточать
steel baron [ˈstiːlˈbærən] «стальной» король; жестокий король
steel-blue [ˈstiːlˈbluː] синевато-стальной цвет
steel-engraving [ˈstiːlɪnˈɡreɪvɪŋ] гравюра на стали
steel-gray [ˈstiːlˈɡreɪ] серый цвет с голубым отливом
steel-plated [ˈstiːlˈpleɪtɪd] бронированный; обшитый сталью
steelmaker [ˈstiːlˈmeɪkə] компания, производящая сталь
steely [ˈstiːlɪ] стальной; из стали; непреклонный; суровый; твердый как сталь
steelyard [ˈstiːljɑːd] безмен
steep [stiːp] крутой; невероятный; неправдоподобный; преувеличенный; круча; обрыв; погружать (в жидкость); пропитывать; погружаться; уходить с головой; погрязнуть; бучить; выщелачивать
steepen [ˈstiːp(ə)n] делать(ся) круче
steeple [ˈstiːpl] пирамидальная крыша; шпиц; колокольня
steeplechase [ˈstiːpltʃeɪs] бег или скачки с препятствиями
steer [stɪə] править рулем; управлять; слушаться управления; следовать; идти (по определенному курсу)
steering [ˈstɪərɪŋ] рулевое управление
steering axis [ˈstɪərɪŋˈæksɪs] ось поворотного шкворня (авт.)
steering column lock [ˈstɪərɪŋˌkɔləmˈlɔk] противоугонный замок зажигания на рулевой колонке
steering drag rod [ˈstɪərɪŋˈdræɡˈrɔd] рулевая тяга
steering system accumulator [ˈstɪərɪŋˌsɪstɪməˈkjuːmjuleɪtə] аккумулятор системы рулевого управления
steering-gear bellow [ˈstɪərɪŋɡɪəˈbelou] мембрана рулевого механизма
steering-wheel [ˈstɪərɪŋwiːl] рулевое колесо; штурвал
steering-wheel adjustment [ˈstɪərɪŋwiːlləˈdʒʌstmənt] регулировка наклона рулевого колеса (техн.)
steersman [ˈstɪəzmən] рулевой (спорт.)
stein of beer [ˈsteɪnəvˈbɪə] глиняная кружка пива
stelae [ˈstiːliː] стела (архит.)
stele [ˈstiːlɪ] [ˈstiːl] стела (архит.); надгробный обелиск; колонна с надписями или изображениями; рукоятка; древко копья
stellar [ˈstelə] звездный; звездообразный
stellated [ˈsteleɪtɪd] звездообразный; расходящийся лучами в виде звезды

stem [stem] ствол; стебель; черенок; рукоятка (инструмента); ножка (бокала и т. п.); род; племя; происходить; запруживать; задерживать; форштевень (мор.); носовая часть лодки
stem cutting [ˈstemˈkʌtɪŋ] стеблевой черенок
stencil [ˈstensl] трафарет; шаблон
stenograph [ˈstenəɡrɑːf] стенографический знак; стенографическая запись; стенографировать
step [step] шаг; звук шагов; поступь; походка; след (ноги); короткое расстояние; поступок; мера; ступать; шагать
to step down — спуститься; уступить свою позицию
to step in — входить; включаться (в дело и т. п.); вмешиваться
step-brother [ˈstepˌbrʌðə] сводный брат
step-by-step [ˈstepbaɪˈstep] постепенно; шаг за шагом; постепенный; пошаговый
step-child [ˈsteptʃaɪld] пасынок; падчерица
step-down gear [ˈstepdaunˈɡɪə] понижающая передача
step-ladder [ˈstepˌlædə] стремянка
step-mother [ˈstepˌmʌðə] мачеха
step-motherly [ˈstepˌmʌðəlɪ] незаботливый; неприязненный
step-parent [ˈstepˌpeərənt] мачеха или отчим
step-sister [ˈstepˌsɪstə] сводная сестра
steppe [step] степь
steppe eagle [ˈstepˈiːɡl] степной орел
stereo [ˈstɪərɪou] объемный
stereobate [ˈsterɪəbeɪt] стереобат (архит.)
stereoimpression [ˌsterɪouɪmˈpreʃən] стереоэффект
stereometry [ˌstɪerɪˈɔmɪtrɪ] стереометрия
stereophonic sound [ˌsterɪəˈfɔnɪkˈsaund] стереозвук
stereoscopic [ˌstɪərɪəsˈkɔpɪk] объемный; стереоскопический
stereotype [ˈstɪərɪətaɪp] шаблон; стереотип; избитость; избитый; стереотипный; шаблонный; делать избитым, стандартным
stereotype caster [ˈstɪərɪətaɪpˈkɑːstə] аппарат для отливки стереотипов
stereotyped [ˈstɪərɪətaɪpt] неоригинальный; стандартный
sterile [ˈsteraɪl] бесплодный; неспособный к деторождению; безрезультатный; стерилизованный; стерильный
sterile gauze dressing [ˈsteraɪlˈɡɔːzˈdresɪŋ] стерильная марлевая повязка
sterility [steˈrɪlɪtɪ] бесплодие; бесплодность; стерильность
sterilization [ˌsterɪlaɪˈzeɪʃ(ə)n] стерилизация

sterilize [ˈsterɪlaɪz] делать бесплодным; стерилизовать

sterilizing lamp [ˈsterɪlaɪzɪŋˈlæmp] стерилизационная лампа

sterling [ˈstəːlɪŋ] английская валюта; стерлинги; фунты стерлингов; серебро установленной пробы

stern [stəːn] корма; строгий; суровый; неумолимый; задний; кормовой

stern design [ˈstəːn|dɪˈzaɪn] твердое намерение; проектное задание

sternutation [ˌstəːnjuː(ː)ˈteɪʃ(ə)n] чиханье

sternutatory [ˈstəːnjutət(ə)rɪ] вызывающий чиханье; чихательный

stertorous [ˈstəːtərəs] тяжелый; хрипящий; затрудненный (о дыхании)

stethoscope [ˈsteθəskoup] стетоскоп (мед.); выслушивать стетоскопом

stevedore [ˈstiːvɪdɔː] портовый грузчик; грузить или разгружать корабль

stew [stjuː] тушеное мясо; (разг.) беспокойство; волнение; тушить(ся); варить(ся); изнемогать от жары

steward [stjuəd] управляющий (крупным хозяйством, имением и т. п.); эконом (клуба и т. п.); стюард (официант или коридорный на пассажирском судне, бортпроводник на самолете)

stewardess [ˈstjuədɪs] горничная (на пассажирском судне); стюардесса; бортпроводница (на самолете)

stewards [stjuədz] распорядители

stewed [stjuːd] тушеный

stick [stɪk] палка; прут; ветка; веточка; рукоятка; втыкать; вкалывать; приклеивать; наклеивать; расклеивать; липнуть; присасываться; приклеиваться; завязнуть; застрять; озадачить; поставить в тупик; всучить; навязать

to stick up for — защищать; поддерживать

stick-in-the-mud [ˈstɪkɪnðəmʌd] косный, отсталый человек; отсталый; консервативный; косный

sticker [ˈstɪkə] колючка; шип; расклейщик афиш; упорный, настойчивый человек

stickiness [ˈstɪkɪnɪs] негибкость; жесткость

sticking-plaster [ˈstɪkɪŋˌplɑːstə] липкий пластырь; лейкопластырь

stickle [ˈstɪkl] возражать; упрямо спорить (по мелочам); колебаться; сомневаться

stickler [ˈstɪklə] ярый сторонник; приверженец (чего-либо)

sticky [ˈstɪkɪ] клейкий; липкий; жаркий и влажный

stiff [stɪf] тугой; негибкий; жесткий; окостеневший; одеревенелый; густой; плотный; непоколебимый; непреклонный; педант; формалист

stiff-necked [ˈstɪfˈnekt] настойчивый; упрямый

stiffen [ˈstɪfn] делать(ся) негибким, жестким

stifle [ˈstaɪfl] душить; удушать; задыхаться; тушить (огонь); замять (дело и т. п.); подавлять; сдерживать

stifling [ˈstaɪflɪŋ] душный

stigma [ˈstɪgmə] пестик (цветка); рыльце (цветка); выжженное клеймо (у преступника) (ист.); бесславие; позор; стигматы (церк.); рыльце (биол.)

stigmatize [ˈstɪgmətaɪz] клеймить; бесчестить

stile [staɪl] ступеньки для перехода через забор или стену; перелаз; турникет

still [stɪl] бесшумный; тихий; недвижимый; неподвижный; спокойный; рекламный кадр; успокаивать; утихомиривать; до сих пор; (все) еще; по-прежнему; все же; тем не менее; однако; еще (в сравнении)

still life [ˈstɪl|laɪf] натюрморт (живоп.)

still picture [ˈstɪl|ˌpɪktʃə] фотоснимок

still-born baby [ˈstɪlbɔːn|ˈbeɪbɪ] мертворожденный ребенок

still-born child [ˈstɪlbɔːn|ˈtʃaɪld] мертворожденный ребенок

still-room [ˈstɪlrum] кладовая; буфетная

stilly [ˈstɪlɪ] безмолвно; тихо

stilt [stɪlt] ходуля; ходулочник (орнит.)

stilted [ˈstɪltɪd] высокопарный; напыщенный

stilts [stɪlts] ходули

stimulant [ˈstɪmjulənt] возбуждающее средство; спиртной напиток; побуждение; стимул; возбуждающий; стимулирующий

stimulate [ˈstɪmjuleɪt] возбуждать; стимулировать; побуждать; поощрять

stimulating agent [ˈstɪmjuleɪtɪŋ|ˈeɪdʒənt] стимулятор

stimulation [ˌstɪmjuˈleɪʃ(ə)n] возбуждение; поощрение

stimulative [ˈstɪmjulətɪv] возбуждающий; стимулирующий

stimulus [ˈstɪmjuləs] стимул; побудитель; влияние

sting [stɪŋ] жало; укус; ожог крапивой; колкость; ядовитость; острота; сила; жалить; жечь (о крапиве, осе и т. п.); причинять острую боль

stinger [ˈstɪŋə] жало (насекомого); жалящее насекомое и т. п.

stinging [ˈstɪŋɪŋ] жалящий; жгучий; имеющий жало

stingy [ˈstɪndʒɪ] скаредный; скупой; ограниченный; скудный

stink [stɪŋk] зловоние; вонять; смердеть

stinking [ˈstɪŋkɪŋ] вонючий; отвратительный (разг.); противный

stint [stɪnt] ограничение; граница; предел; урочная работа; определенная норма *(работы)*; урезывать; ограничивать; скупиться

stipend [ˈstaɪpend] жалованье; стипендия

stipendiary [staɪˈpendjərɪ] оплачиваемый; получающий жалованье

stipple [ˈstɪpl] работа; гравирование пунктиром; рисовать или гравировать пунктиром

stipple engraving [ˈstɪpl|ɪnˈgreɪvɪŋ] гравирование пунктирной манерой

stipulate [ˈstɪpjuleɪt] ставить условием; обусловливать

stipulation [ˌstɪpjuˈleɪʃ(ə)n] обусловливание; условие; оговорка

stipule [ˈstɪpjuːl] прилистник

stir [stəː] шевеление; движение; размешивание; паника; переполох; суета; шевелить*(ся)*; двигать*(ся)*; мешать; помешивать; размешивать; взбалтывать; волновать; возбуждать

stir-about [ˈstəːrəˈbaut] каша

stirrer-up [ˈstəːrərˈʌp] виновник; возбудитель

stirring [ˈstəːrɪŋ] взбалтывание; помешивание; деятельный; активный; волнующий

stirrup [ˈstɪrəp] стремя

stirrup-cup [ˈstɪrəpkʌp] прощальный кубок

stitch [stɪtʃ] стежок; шов; петля *(в вязанье)*; острая боль; колотье в боку; шить; сшивать; стегать; вышивать

stock [stɔk] главный ствол *(дерева)*; опора; подпора; рукоятка; ручка; ружейная ложа; род; семья; раса; запас; инвентарь; сырье; акционерный капитал *(экон.)*; основной капитал; фонды; акции; снабжать; иметь в наличии, в продаже; хранить на складе; создавать запас; заезженный; избитый

stock addition [ˈstɔk|əˈdɪʃən] прирост запасов

stock company [ˈstɔk|kʌmp(ə)nɪ] акционерная компания

stock control [ˈstɔk|kənˈtroul] контроль наличия запасов и их регистрация

stock exchange [ˈstɔk|ɪksˌtʃeɪndʒ] фондовая биржа

stock exchange bank [ˈstɔk|ɪksˌtʃeɪndʒ|bæŋk] банк, кредитующий биржевые сделки

stock exchange dealings [ˈstɔk|ɪksˌtʃeɪndʒ|ˈdiːlɪŋz] фондовые сделки

stock level [ˈstɔk|levl] количество запасов

stock-in-trade [ˈstɔkɪnˈtreɪd] запас товаров; инвентарь; оборудование

stock-market [ˈstɔkˌmaːkɪt] фондовая биржа; уровень цен на бирже

stock-market crash [ˈstɔkˌmaːkɪt|ˈkræʃ] крах фондовой биржи

stock-raising [ˈstɔkˌreɪzɪŋ] животноводство; скотоводство; животноводческий; скотоводческий

stock-room [ˈstɔkrum] кладовая; склад

stock-still [ˈstɔkˈstɪl] неподвижно, как столб

stock-taking [ˈstɔkˌteɪkɪŋ] инвентаризация; проверка фондов; переучет товаров

stock-turn [ˈstɔkˈtəːn] складской оборот товаров

stockade [stɔˈkeɪd] частокол; укрепление; форт; огораживать или укреплять частоколом

stockbroker [ˈstɔkˌbroukə] биржевой маклер

stockfish [ˈstɔkfɪʃ] вяленая рыба

stockgambler [ˈstɔkˌgæmblə] игрок на бирже; биржевой спекулянт

stockholder [ˈstɔkˌhouldə] акционер; владелец акции

stockinet [ˌstɔkɪˈnet] трикотаж; трикотажное полотно; чулочная вязка

stocking [ˈstɔkɪŋ] чулок; чулочный

stocking filler [ˈstɔkɪŋ|ˈfɪlə] подарок на Рождество *(в чулке)*

stocklist [ˈstɔklɪst] список товаров, имеющихся на складе

stockman [ˈstɔkmæn] скотовод; пастух; скотник

stockpile [ˈstɔkpaɪl] запас; резерв; накапливать; делать запасы

stockpiling [ˈstɔkpaɪlɪŋ] накопление

stockyard [ˈstɔkjaːd] скотопригонный двор

stockybuild [ˈstɔkɪbɪld] коренастый

stodge [stɔdʒ] тяжелая сытная еда; жадно есть

stoke [stouk] поддерживать огонь *(в топке)*

stoker [ˈstoukə] кочегар; истопник; механическая топка

stole [stoul] палантин; меховая накидка

stolen merchandise [ˈstoulən|ˈməːtʃəndaɪz] похищенный товар

stolid [ˈstɔlɪd] бесстрастный; невозмутимый; флегматичный

stolidity [stɔˈlɪdɪtɪ] флегматичность

stomach [ˈstʌmək] желудок; живот; аппетит; вкус, склонность *(к чему-либо)*; быть в состоянии съесть; снести; стерпеть

stomach-ache [ˈstʌməkeɪk] боль в животе

stomach-churning [ˈstʌməkˈtʃəːnɪŋ] вызывающий тошноту

stomach-tooth [ˈstʌməktuːθ] нижний клык

stomachic [stouˈmækɪk] желудочный; способствующий пищеварению

stomatology [ˌstɔməˈtɔlədʒɪ] стоматология

stomp [stɔmp] топать

stone [stoun] камень; градина; каменный

Stone Age [ˈstounˈeɪdʒ] каменный век

stone-dead [ˈstounˈded] безжизненный; мертвый; погибший

stone-deaf [ˈstounˈdef] совершенно глухой

stone-pine [ˈstounpaɪn] пиния

stone-work [ˈstounwəːk] каменная кладка; каменные работы

stonecrop ['stounkrɔp] очиток
stoned [stound] очищенный от косточек
stonemason ['stoun,meɪsn] каменщик
stone's cast ['stounz¦ka:st] расстояние, на которое можно бросить камень; небольшое расстояние
stony ['stounɪ] каменистый; прочный; твердый; недвижимый; неподвижный; холодный
stony-hearted ['stounɪ,ha:tɪd] жестокосердный
stooge [stu:dʒ] подставное лицо; осведомитель; провокатор
stool [stu:l] табурет(ка); скамеечка
stool layer ['stu:l¦leɪə] отпрыск
stoop [stu:p] сутулость; снисхождение; унижение; наклонять(ся); нагибать(ся); сутулить(ся); унижать(ся)
stop [stɔp] задержка; пауза; перерыв; короткое пребывание; остановка *(трамвая и т. п.)*; знак препинания; останавливать(ся); прекращать(ся); кончать(ся)
  to stop in — заглянуть; зайти; продолжать гореть
  to stop over — остановиться в пути; сделать остановку; проводить ночь не дома
  to stop up — затыкать; заделывать; закупоривать; закрывать; не ложиться спать
stop-cock ['stɔpkɔk] запорный кран
stop-gap ['stɔpgæp] затычка; временная мера; замена; временный заместитель
stop-line ['stɔplaɪn] стоп-линия
stop-water material ['stɔp,wɔ:tə¦mə'tɪərɪəl] водонепроницаемые прокладки
stoppage ['stɔpɪdʒ] задержка; остановка; прекращение работы; забастовка; вычет; вычитание; удержание
stopper ['stɔpə] пробка; затычка; закупоривать; затыкать
stopping ['stɔpɪŋ] остановка; затыкание; зубная пломба
storage ['stɔ:rɪdʒ] (со)хранение; база; склад; складирование; хранилище
storage battery ['stɔ:rɪdʒ¦bætərɪ] аккумуляторная батарея *(электр.)*
storage expenses ['stɔ:rɪdʒɪks'pensɪz] расходы по хранению
storage reservoir ['stɔrɪdʒ¦'rezəvwa:] бассейн; водохранилище; резервуар
store [stɔ:] запас; резерв; припасы; имущество; склад; магазин; снабжать; наполнять; запасать; откладывать
store-card ['stɔ:ka:d] кредитная карточка
store-door delivery ['stɔ:dɔ:¦dɪ'lɪvərɪ] доставка груза на склад грузополучателя
store-house ['stɔ:haus] склад; амбар; кладовая; сокровищница; кладезь

store-keeper ['stɔ:,ki:pə] коммерсант; лавочник; кладовщик
store-room ['stɔ:rum] кладовая
store-room requisition form ['stɔ:rum,rekwɪ'zɪʃən¦'fɔ:m] бланк заявки на отпуск товарно-материальных ценностей
storey ['stɔ:rɪ] этаж; ярус
storied ['stɔ:rɪd] легендарный; известный по преданиям; украшенный историческими или легендарными сюжетами
storiette [,stɔ:rɪ'et] короткий рассказ
stork [stɔ:k] аист
storm [stɔ:m] буря; гроза; ураган; взрыв; град *(чего-либо)*; сильное волнение; смятение; бушевать; свирепствовать; кричать; горячиться; стремительно нестись; проноситься
storm-cloud ['stɔ:mklaud] грозовая туча; нечто предвещающее беду; «туча на горизонте»
storm-cone ['stɔ:mkoun] штормовой сигнальный цилиндр
storm-drum ['stɔ:mdrʌm] штормовой сигнальный цилиндр
storm-trooper ['stɔ:m,tru:pə] боец ударных частей; штурмовик *(ист.)*
stormy ['stɔ:mɪ] бурный; штормовой; предвещающий бурю; неистовый; яростный
story ['stɔ:rɪ] описание; повествование; история; предание; сказка; сюжет; фабула
story-book ['stɔ:rɪbuk] сборник рассказов, сказок
story-teller ['stɔ:rɪ,telə] рассказчик; автор рассказов; сказочник
storyline ['stɔ:rɪlaɪn] фабула; основная сюжетная линия
stout [staut] крепкий; плотный; прочный; отважный; решительный; дородный; полный; тучный
stoutness ['stautnɪs] крепость; прочность; отвага; смелость; полнота; тучность
stove [stouv] печь; печка; кухонная плита; теплица; сушилка
stow [stou] укладывать; складывать; наполнять; набивать
stowage ['stouɪdʒ] складывание; укладка; укладывание; складочное место; штивка *(укладка груза в трюме)*
stowaway ['stouəweɪ] безбилетный пассажир *(на пароходе, самолете)*
straddle ['strædl] широко расставлять ноги; подставка
strafe [stra:f] кара; наказание; расплата; ругать; бранить
straggle ['strægl] разбросанная группа *(предметов)*; быть разбросанным; беспорядочно тянуться;

отставать; идти вразброд; двигаться в беспорядке; блуждать *(о мыслях)*

straggling ['stræglɪŋ] беспорядочный; разбросанный

straight [streɪt] неизогнутый; прямой; невьющийся *(о волосах)*; правильный; ровный; находящийся в порядке; искренний; честный; верный; надежный; прямо; по прямой линии; метко; правильно; точно

straight-edge ['streɪtedʒ] линейка; правило

straight-faced ['streɪt'feɪst] с непроницаемым лицом

straightaway ['streɪtəweɪ] прямой; быстрый; проворный; скорый

straighten ['streɪtn] выпрямлять(ся); выправлять; приводить в порядок

straightforward [streɪt'fɔːwəd] откровенный; прямой; честный; простой

straightforward text setting [streɪt'fɔːwəd'tekst,setɪŋ] простой текстовой набор

straightway ['streɪtweɪ] немедленно; сразу

strain [streɪn] натяжение; растяжение; напряжение; натягивать; растягивать(ся); напрягать(ся); переутомлять(ся); племя; порода; род; стиль; тон речи

to strain off — отцеживать

strained [streɪnd] натянутый; напряженный; неестественный; искаженный

strainer ['streɪnə] сито; фильтр; стяжка; натяжное устройство

straining ['streɪnɪŋ] напряжение

strait [streɪt] пролив; затруднительное положение; нужда; перешеек

strait-jacket ['streɪt'dʒækɪt] смирительная рубашка

strait-laced ['streɪtleɪst] строгий; пуританский

straiten ['streɪtn] ограничивать; стеснять; суживать

straitened ['streɪtnd] стесненный

stramineous [strə'mɪnɪəs] соломенно-желтый; не имеющий значения, веса

stramonium [strə'mounɪəm] дурман вонючий

stramony ['stræmənɪ] дурман вонючий

strand [strænd] берег; прибрежная полоса; сесть на мель *(перен.)*; высадить на берег; нитка *(бус)*; вить; крутить; скручивать

strange [streɪndʒ] чужой; неизвестный; странный; необыкновенный; сдержанный; холодный

strange behaviour ['streɪndʒbɪ'heɪvjə] странное поведение

stranger ['streɪndʒə] чужестранец; незнакомец

strangle ['stræŋgl] задушить; удавить; задыхаться; подавлять; сдерживать; удерживать

strangle-hold ['stræŋglhould] удушение; мертвая хватка

strap [stræp] ремень; ремешок; полоска материи или металла; штрипка; завязка; стягивать ремнем

strapper ['stræpə] здоровый, рослый человек

strapping ['stræpɪŋ] липкий пластырь в виде ленты; порка ремнем; рослый; сильный

stratagem ['strætɪdʒəm] *(военная)* хитрость; уловка

strategic(al) [strə'tiːdʒɪk(ə)l] стратегический; оперативный

strategic balance [strə'tiːdʒɪk'bæləns] стратегическое равновесие

strategic missile [strə'tiːdʒɪk'mɪsaɪl] стратегическая ракета

strategic weapon [strə'tiːdʒɪk'wepən] оружие стратегического назначения; стратегическое оружие

strategics [strə'tiːdʒɪks] политика; стратегия

strategy ['strætɪdʒɪ] стратегия; оперативное искусство

stratocracy [strə'tɔkrəsɪ] военная диктатура

stratocumulus [,strætou'kjuːmjuləs] слоистые кучевые облака

stratosphere ['strætousfɪə] стратосфера

stratospheric [,strætous'ferɪk] стратосферный

stratus ['streɪtəs] слоистые облака

straw [strɔː] солома; соломка; соломинка; соломенная шляпа; мелочь; пустяк; соломенный; ненадежный; сомнительный

straw baler ['strɔː'beɪlə] соломокопнитель

straw ballot ['strɔː'bælət] неофициальный опрос; предварительное голосование

straw poll ['strɔː'pɔl] выборочный опрос общественного мнения

straw stack ['strɔː'stæk] стог соломы

strawberry ['strɔːb(ə)rɪ] клубника; клубничный

strawberry-mark ['strɔːb(ə)rɪ'maːk] красноватое родимое пятно

strawboard ['strɔːbɔːd] упаковочный картон

strawy ['strɔːɪ] соломенный; похожий на солому; покрытый соломой *(о крыше)*

stray [streɪ] заблудившееся или отбившееся от стада животное; заблудившийся ребенок; заблудившийся; бесприютный; случайный; сбиться с пути; заблудиться; отбиться

stray bullet ['streɪ'bulɪt] шальная пуля

strayed [streɪd] заблудившийся

streak [striːk] полоска *(неровная, изогнутая)*; жилка; прожилка; черта *(характера)*; проводить полосы; испещрять; мелькать; проноситься

streaked [striːkt] с полосами; с прожилками

streaky ['striːkɪ] полосатый; с прослойками; изменчивый; непостоянный

streaky bacon [ˈstriːkɪˈbeɪkən] слоеный бекон
stream [striːm] ручей; струя; вереница; поток; направление; течение; вытекать; литься; струиться; течь; развевать(ся); проноситься
streamer [ˈstriːmə] вымпел; длинная узкая лента; лозунг; транспарант
streaming [ˈstriːmɪŋ] текучий; протекание; истечение
streamlet [ˈstriːmlɪt] ручеек
streamline [ˈstriːmlaɪn] направление (*воздушного течения*); обтекаемый; придавать обтекаемую форму; упрощать; модернизировать; рационализировать
streamliner [ˈstriːmˌlaɪnə] поезд, автобус, автомобиль и т. п. обтекаемой формы
streamy [ˈstriːmɪ] изобилующий ручьями, потоками; бегущий; струящийся
street [striːt] улица; уличный
street Arab [ˈstriːtˈærəb] беспризорник
street encounter [ˈstriːtɪnˈkauntə] интервью прохожих; уличное интервью
street orderly [ˈstriːtˈɔːdəlɪ] уборщик улиц
street-cleaning machine [ˈstriːtˌkliːnɪŋ|məˈʃiːn] поливальная машина
street-door [ˈstriːtdɔː] парадная дверь
street-lamp [ˈstriːtlæmp] уличный фонарь
street-walker [ˈstriːtˈwɔːkə] уличная проститутка
strength [streŋθ] интенсивность; мощность; сила; прочность; крепость; неприступность; численный состав
strengthen [ˈstreŋθ(ə)n] усиливать(ся); укреплять(ся)
strenuous [ˈstrenjuəs] сильный; энергичный; усердный
stress [stres] давление; нажим; напор; напряжение; стресс; ударение
stressful [ˈstresful] стрессовый
stretch [stretʃ] вытягивание; растягивание; удлинение; напряжение; натяжка; преувеличение; промежуток времени; растягивать(ся); вытягивать(ся); натягивать(ся); напрягать(ся)
to stretch one's luck — искушать судьбу
stretcher [ˈstretʃə] носилки; преувеличение (*разг.*); подножка
stretching screw [ˈstretʃɪŋˈskruː] стяжной винт
stretchy [ˈstretʃɪ] тянущийся (*о ткани*)
strew [struː] разбрасывать; разбрызгивать; посыпать (*песком*); усыпать (*цветами*); расстилать
stricken [ˈstrɪk(ə)n] пораженный (*чем-либо*)
strickle [ˈstrɪkl] точильный брусок; скобель
strict [strɪkt] определенный; точный; строгий; требовательный
strict-security camp [ˈstrɪktsɪˌkjuərɪtɪˈkæmp] лагерь строгого режима

strictly [ˈstrɪktlɪ] строго
strictly confidential [ˈstrɪktlɪˌkɒnfɪˈdenʃəl] строго секретно
stride [straɪd] большой шаг; расстояние между расставленными ногами; успехи; шагать (*большими шагами*); перешагнуть; сидеть верхом
stridency [ˈstraɪdənsɪ] резкость
strident [ˈstraɪd(ə)nt] резкий; скрипучий
strife [straɪf] борьба; раздор; спор
strike [straɪk] ударять(ся); бить; высекать (*огонь*); зажигать(ся); выбивать; чеканить; найти; наткнуться на; случайно встретить; приходить в голову; производить впечатление; поражать; сражать; соударение; столкновение; удар; неожиданная удача; забастовка; стачка; коллективный отказ (*от чего-либо*); бойкот; забастовочный; стачечный; бастовать; объявлять забастовку
to strike back — отпарировать
to strike home — достичь цели (*об ударе*); производить желаемый эффект на кого-либо
to strike into — вонзать; вселять (*ужас и т. п.*); направляться; углубляться; начинать; прерывать
to strike out — вычеркивать; отбрасывать; удалять; изобрести; придумать
to strike up — начинать
strike clause [ˈstraɪkˈklɔːz] статья о забастовках
strike committee [ˈstraɪkkəˈmɪtɪ] стачечный комитет
strike the balance [ˈstraɪkðəˈbæləns] сводить баланс
strike-breaker [ˈstraɪkˌbreɪkə] штрейкбрехер
strike-breaking [ˈstraɪkˌbreɪkɪŋ] подавление забастовки
striker [ˈstraɪkə] молотобоец; забастовщик; стачечник
striking [ˈstraɪkɪŋ] (по)разительный; выдающийся; ударный
string [strɪŋ] веревка; бечевка; шнурок; тетива (*лука*); струна (*муз.*); вереница; ряд; волокно; жилка; завязывать; привязывать; шнуровать; натягивать (*струну*); напрягать
to string with — подшучивать
string band [ˈstrɪŋˈbænd] оркестр
stringency [ˈstrɪndʒ(ə)nsɪ] строгость; вескость; обоснованность; убедительность
stringent [ˈstrɪndʒ(ə)nt] строгий; обязательный; точный; стесненный недостатком средств; веский; убедительный
stringy [ˈstrɪŋɪ] волокнистый; вязкий; тягучий
strip [strɪp] полоса; лента; страничка юмора (*в газете, журнале*); взлетно-посадочная полоса; порча; разрушение; ухудшение; сдирать; снимать; обнажать; лишать (*чего-либо*); разбирать; демонтировать

strip in ['strɪp|'ɪn] вклеивать
stripe [straɪp] полоса; нашивка; шеврон; испещрять полосами
striped [straɪpt] полосатый
stripling ['strɪplɪŋ] подросток; юноша
stripper ['strɪpə] стриптизерша
stripping guide ['strɪpɪŋ|'gaɪd] макет монтажа
strive [straɪv] стараться; прилагать усилия; бороться
stroke [strouk] удар; кровоизлияние в мозг; взмах; отдельное движение или усилие; прием; ход; бой часов; гладить (рукой); поглаживать; ласкать
stroke capacity ['strouk|kə'pæsɪtɪ] рабочий объем цилиндра
stroker ['stroukə] кочегар
stroll [stroul] прогулка; бродить; гулять; прогуливаться; странствовать; давать представления (об актерах)
stroller ['stroulə] прогуливающийся; бродяга
strolling ['stroulɪŋ] бродячий
strong [strɔŋ] сильный; обладающий большой физической силой; здоровый; решительный; энергичный; прочный; выносливый; крепкий; неразведенный (о веществе, напитке); грубый
strong beer ['strɔŋ|'bɪə] крепкое пиво
strong belief ['strɔŋ|bɪ'li:f] твердое убеждение; непоколебимая вера
strong bond ['strɔŋ|'bɔnd] тесная связь
strong language ['strɔŋ|'læŋgwɪʤ] сильные выражения
strong-arm ['strɔŋ'a:m] применяющий силу; применять силу
strong-box ['strɔŋbɔks] сейф; несгораемый ящик; денежный шкаф
strong-willed ['strɔŋ'wɪld] решительный; волевой; настойчивый; упрямый
stronghold ['strɔŋhould] крепость; твердыня; цитадель; оплот; опорный пункт (воен.)
strongman ['strɔŋmæn] сильный человек; сильная личность
strophe ['stroufɪ] строфа
stroppy ['strɔpɪ] несговорчивый; сварливый (разг.)
structural ['strʌktʃ(ə)r(ə)l] структурный; строительный
structural description ['strʌktʃ(ə)r(ə)l|dɪs'krɪpʃən] структурное описание
structure ['strʌktʃə] состав; строение; структура; дом; здание; сооружение
struggle ['strʌgl] битва; борьба; война; напряжение; усилие; бороться; биться; отбиваться; делать усилия; стараться изо всех сил
strum [strʌm] бренчание; треньканье; бренчать; тренькать

strung [strʌŋ] снабженный струнами; взвинченный; напряженный
strut [strʌt] важная или неестественная походка; ходить с важным, напыщенным видом; нести; поддерживать; подпирать
stub [stʌb] пень; короткий тупой обломок или остаток; выкорчевывать; вырывать с корнем; ударяться ногой обо что-либо твердое; погасить окурок
stub axle ['stʌb|'æksl] поворотная цапфа (авт.)
stubble ['stʌbl] жнивье; коротко остриженные волосы; давно не бритая борода; щетина
stubbly ['stʌblɪ] торчащий; щетинистый (о бороде и т. п.)
stubborn ['stʌbən] неподатливый; упрямый; упорный
stubbornness ['stʌbənnɪs] упрямство; настойчивость; упорство
stubby ['stʌbɪ] усеянный пнями; похожий на обрубок; коренастый
stucco ['stʌkou] отделочный; штукатурить
stucco-work ['stʌkouwə:k] лепная работа
stud [stʌd] гвоздь; запонка; обивать; усеивать; усыпать
stud farm ['stʌd|'fa:m] конный завод
studded tyre ['stʌdɪd|'taɪə] шипованая шина
student ['stju:d(ə)nt] студент, изучающий (что-либо); ученый
student body ['stju:d(ə)nt|'bɔdɪ] студенческий совет
studentship ['stju:d(ə)ntʃɪp] студенческие годы; стипендия
studied ['stʌdɪd] намеренный; обдуманный; искусственный; изучаемый; знающий; начитанный
studio ['stju:dɪou] студия; ателье; радиостудия; киностудия; телестудия
studio apartment ['stju:dɪou|ə'pa:tmənt] ателье; мастерская
studio light ['stju:dɪou|'laɪt] студийное освещение
studio scenery ['stju:dɪou|'si:nərɪ] студийные заставки
studio window ['stju:dɪou|'wɪndou] окно в студию
studio-couch ['stju:dɪoukautʃ] диван-кровать
studious ['stju:djəs] занятый наукой; исполнительный; прилежный
study ['stʌdɪ] изучение; исследование; научные занятия; приобретение знаний; наука; область науки; предмет (достойный) изучения; научная работа; рабочий кабинет; очерк; изучать; исследовать; заниматься; учиться; готовиться (к экзамену и т. п.); заботиться (о чем-либо); стремиться (к чему-либо); стараться; заучивать наизусть
study in oils ['stʌdɪ|ɪn|'ɔɪlz] этюд маслом

stuff [stʌf] материал; вещество; вещи; имущество; набивать; начинять; фаршировать; втискивать; засовывать; затыкать; пломбировать зуб

stuffer [ˈstʌfə] реклама, отсылаемая по почте в конвертах

stuffing [ˈstʌfɪŋ] набивка (подушки и т. п.); прокладка; начинка

stuffing-box [ˈstʌfɪŋbɔks] сальниковая коробка (техн.)

stuffy [ˈstʌfɪ] душный; спертый; заложенный (о носе при простуде); неинтересный; скучный

stultify [ˈstʌltɪfaɪ] выставлять в смешном виде; сводить на нет (результаты работы и т. п.)

stumble [ˈstʌmbl] спотыкание; запинка; задержка; ложный шаг; ошибка; спотыкаться; оступаться; запинаться; ошибаться

stumbling-block [ˈstʌmblɪŋblɔk] камень преткновения

stump [stʌmp] пень; обрубок; культя; окурок; огрызок (карандаша); корчевать; ковылять; тяжело ступать

stumpy [ˈstʌmpɪ] коренастый; приземистый

stun [stʌn] оглушать; ошеломлять

stunning [ˈstʌnɪŋ] оглушающий; ошеломляющий

stunt [stʌnt] остановка в росте; задержка роста; останавливать рост; удачное, эффектное выступление (на спортивных соревнованиях); трюк; фокус; штука; демонстрировать смелость, ловкость; показывать фокусы; выкидывать номера

stunted [ˈstʌntɪd] мелкий; низкорослый; чахлый

stupe [stjuːp] горячий компресс; ставить горячий компресс

stupefaction [ˌstjuːpɪˈfækʃ(ə)n] остолбенение; оцепенение; изумление

stupefy [ˈstjuːpɪfaɪ] изумлять; поражать; ошеломлять; притуплять ум или чувства

stupendous [stjuː(ː)ˈpendəs] изумительный; громадный; огромной важности

stupid [ˈstjuːpɪd] глупый; бестолковый; оцепеневший

stupidity [stjuː(ː)ˈpɪdɪtɪ] глупость; тупость

stupor [ˈstjuːpə] остолбенение; оцепенение

sturdy [ˈstəːdɪ] здоровый; крепкий; сильный; отважный; стойкий; твердый

sturdybuild [ˈstəːdɪbɪld] крепкий, здоровый (о человеке)

sturgeon [ˈstəːdʒ(ə)n] осетр

stutter [ˈstʌtə] заикание; заикаться; запинаться

stutterer [ˈstʌtərə] заика

style [staɪl] стиль; слог; манера (петь и т. п.); направление, школа (в искусстве); мода; фасон; покрой; изящество; вкус; блеск; шик; род; сорт; тип; столбик (биол.); титуловать; величать; именовать; конструировать по моде; вводить в моду; модернизировать; преобразовать; усовершенствовать

style of binding [ˈstaɪl|əv|ˈbaɪndɪŋ] вид переплета

styling [ˈstaɪlɪŋ] моделирование (одежды, предметов обихода и т. п.); дизайн

stylish [ˈstaɪlɪʃ] стильный; выдержанный в определенном стиле; модный; элегантный; богатый

stylist [ˈstaɪlɪst] стилист; модельер

stylistic [staɪˈlɪstɪk] стилистический

stylize [ˈstaɪlaɪz] изображать в традиционном стиле; стилизовать

stylus [ˈstaɪləs] граммофонная иголка

stymy [ˈstaɪmɪ] ставить в безвыходное положение; загнать в угол

suability [ˌsjuː(ː)əˈbɪlɪtɪ] возможность привлечь к суду

suasion [ˈsweɪʒ(ə)n] уговаривание

suave [swɑːv] учтивый; обходительный; вежливый

suavity [ˈswɑːvɪtɪ] обходительность

sub- [sʌb-] (приставка) указывает на положение ниже чего-либо или под чем-либо; указывает на подчинение по службе, низший чин; указывает на более мелкое подразделение; указывает на передачу другому лицу; указывает на недостаточное количество вещества в данном соединении; указывает на незначительную степень, малое количество

sub-head [ˈsʌbhed] подзаголовок; заместитель директора школы

sub-heading [ˈsʌbˌhedɪŋ] подзаголовок

sub-human [ˈsʌbˈhjuːmən] нечеловеческий; недостойный человека

sub-manager [ˈsʌbˈmænɪdʒə] помощник управляющего; помощник заведующего

sub-section [ˈsʌbˌsekʃ(ə)n] подсекция; подраздел

sub-title [ˈsʌbˌtaɪtl] подзаголовок

sub-titling [ˈsʌbˌtaɪtlɪŋ] введение субтитров

sub-titling equipment [ˈsʌbˌtaɪtlɪŋ|ɪˈkwɪpmənt] аппаратная ввода субтитров

sub-zero [ˈsʌbˈzɪərou] ниже нуля (о температуре)

subaltern [ˈsʌblt(ə)n] младший офицер (воен.); подчиненный

subaqueous [ˈsʌbˈeɪkwɪəs] подводный

subaudition [ˌsʌbɔːˈdɪʃ(ə)n] подразумевание

subbing [ˈsʌbɪŋ] подготовка рукописи к печати

subconscious [ˈsʌbˈkɔnʃəs] инстинктивный; интуитивный; подсознательный

subcontinent [ˌsʌbˈkɔntɪnənt] субконтинент

subculture [ˌsʌbˈkʌltʃə] субкультура

subcutaneous [ˈsʌbkjuː(ː)ˈteɪnjəs] подкожный

subdivide [ˈsʌbdɪˈvaɪd] подразделять(ся)

subdivisible [ˈsʌbdɪˈvɪzəbl] поддающийся дальнейшему разделению

subdivision [ˈsʌbdɪˌvɪʒ(ə)n] подразделение

subdual [səb'dju(:)əl] подчинение; покорение
subdue [səb'dju:] завоевывать; пленять; смягчать; ослаблять; снижать; обрабатывать землю
subdued [səb'dju:d] подавленный; подчиненный; угнетенный; приглушенный; смягченный
subgroup ['sʌbgru:p] подблок; подгруппа
subjacent [sʌb'ʤeɪs(ə)nt] расположенный ниже (чего-либо); лежащий в основе
subject ['sʌbʤɪkt] — *сущ., прил.* [səb'ʤekt] — *гл.* тема; предмет разговора; сюжет; повод (*к чему-либо*); дисциплина; предмет; подданный; субъект; человек; зависимый; подвластный; подчинять; покорять; подвергать (*воздействию, влиянию и т. п.*); представлять
subject nation ['sʌbʤɪkt'neɪʃən] зависимое государство
subject to the rules of law [səb'ʤekt|tə|ðə|'ru:lz|əv|'lɔ:] с соблюдением правил, установленных законом
subjection [səb'ʤekʃ(ə)n] покорение; подчинение; зависимость; подвластность; подневольность
subjective [səb'ʤektɪv] субъективный; свойственный подлежащему (*грам.*)
subjectivity [,sʌbʤek'tɪvɪtɪ] субъективность
subjoin ['sʌb'ʤɔɪn] добавлять; приписывать в конце
subjugate ['sʌbʤugeɪt] завоевывать; пленять
subjugation [,sʌbʤu'geɪʃ(ə)n] завоевание; пленение
subjugator ['sʌbʤugeɪtə] покоритель; поработитель
subjunctive [səb'ʤʌŋktɪv] сослагательное наклонение; сослагательный
sublease ['sʌb'li:s] субаренда; заключать договор субаренды
sublime [sə'blaɪm] величественный; возвышенный; высокий; гордый; надменный
subliminal [sʌb'lɪmɪnl] инстинктивный; интуитивный; подсознательный; действующий на подсознание
subliminal consciousness [sʌb'lɪmɪnl'kɔnʃəsnɪs] подсознание
sublimity [sə'blɪmɪtɪ] величественность; возвышенность
sublunary [sʌb'lu:nərɪ] земной; подлунный
submachine-gun ['sʌbmə'ʃi:ngʌn] пистолет-пулемет; автомат
submarine ['sʌbməri:n] подводная лодка; подводное растение; подводный
submarine boat ['sʌbməri:n'bout] подводная лодка
submarine escape circle ['sʌbməri:n|ɪs'keɪp|'sə:kl] круг дальности ухода подводной лодки
submarine mine ['sʌbməri:n'maɪn] лодочная мина

submariner [sʌb'mærɪnə] подводник; член команды подводной лодки
submerge [səb'mə:ʤ] затоплять; погружать(ся)
submerged [səb'mə:ʤd] затопленный; погруженный
submergence [səb'mə:ʤ(ə)ns] погружение в воду; затопление
submission [səb'mɪʃ(ə)n] подчинение; повиновение; покорность; послушание; представление, подача (*документов и т. п.*)
submissive [səb'mɪsɪv] покорный; послушный
submit [səb'mɪt] подчинять(ся); покорять(ся); представлять на рассмотрение; предлагать (*свое мнение и т. п.*); доказывать; утверждать
submontane [sʌb'mɔnteɪn] находящийся у подножия горы
subordinate [sə'bɔ:dnɪt] — *сущ., прил.* [sə'bɔ:dɪneɪt] — *гл.* подчиненный; вспомогательный; второстепенный; добавочный; низший; придаточный (*грам.*); подчинять; ставить в зависимость
subordination [sə,bɔ:dɪ'neɪʃ(ə)n] подчинение; субординация; подчинение (*грам.*)
suborn [sʌ'bɔ:n] подкупать; склонять к преступлению
subornation [,sʌbɔ:'neɪʃ(ə)n] подкуп; взятка; попытка склонить к незаконному действию
suborner [sʌ'bɔ:nə] дающий взятку; взяткодатель
subplot ['sʌbplɔt] побочная сюжетная линия
subpoena [səb'pi:nə] повестка с вызовом в суд; вызывать в суд
subpolar ['sʌb'poulə] субполярный
subreption [səb'repʃ(ə)n] получение чего-либо путем сокрытия каких-либо фактов
subscribe [səb'skraɪb] жертвовать деньги; подписывать(ся) (*под чем-либо*); присоединяться (*к чьему-либо мнению и т. п.*); делать предварительный заказ
subscriber [səb'skraɪbə] подписчик; абонент; жертвователь
subscription [səb'skrɪpʃ(ə)n] пожертвование; (*подписной*) взнос; подписка (*на газету и т. п.*); подпись (*на документе*); подписной
subsequent ['sʌbsɪkwənt] вытекающий; последующий; следующий
subsequent marriage ['sʌbsɪkwənt'mærɪʤ] последующий брак
subsequent trial ['sʌbsɪkwənt'traɪəl] последующее рассмотрение дела
subsequently ['sʌbsɪkwəntlɪ] впоследствии; позднее
subserve [səb'sə:v] поддерживать; поощрять; содействовать

subservience [səb'sə:vjəns] подхалимство; раболепство; полезность; содействие *(цели)*

subservient [səb'sə:vjənt] подчиненный; раболепный; служащий средством; содействующий

subside [səb'saɪd] опускаться; падать; понижаться; убывать; затихать; стихать; умолкать; оседать *(о почве и т. п.)*

subsidence [səb'saɪd(ə)ns] падение

subsidiarity [səbˌsɪdɪ'ærɪtɪ] дополнительность

subsidiary [səb'sɪdjərɪ] вспомогательный; добавочный; дополнительный; второстепенный

subsidiary company [səb'sɪdjərɪ'kʌmpənɪ] дочерняя компания

subsidize ['sʌbsɪdaɪz] субсидировать; финансировать

subsidy ['sʌbsɪdɪ] субсидия; денежное ассигнование; дотация

subsist [səb'sɪst] существовать; жить; кормиться; прокормить; содержать

subsistence [səb'sɪst(ə)ns] бытие; жизнь; существование; средства к существованию; пропитание

subsoil ['sʌbsɔɪl] подпочва

substance ['sʌbst(ə)ns] вещество; материя; субстанция; содержание; суть; сущность; имущество; состояние

substandard ['sʌb'stændəd] нестандартный; не соответствующий языковой норме *(линг.)*

substantial [səb'stænʃ(ə)l] вещественный; действительный; важный; значимый; крепкий; прочный; состоятельный; питательный

substantial breakfast [səb'stænʃ(ə)l|'brekfəst] плотный завтрак

substantial controversy [səb'stænʃ(ə)l|'kɔntrəvə:sɪ] существенное противоречие

substantially [səb'stænʃəlɪ] по существу; в основном; в значительной степени; основательно; прочно

substantiate [səb'stænʃɪeɪt] доказывать; подтверждать; придавать конкретную форму; делать реальным

substantiation [səbˌstænʃɪ'eɪʃ(ə)n] доказывание; довод; доказательство; основание

substantive ['sʌbst(ə)ntɪv] автономный; независимый; самостоятельный; субстантивный *(грам.)*; имя существительное *(грам.)*

substitute ['sʌbstɪtju:t] заместитель; помощник; замена; замещение; суррогат; заменять; замещать *(кого-либо)*; подставлять; замена игрока; запасные игроки

substitution [ˌsʌbstɪ'tju:ʃ(ə)n] замена; замещение; подстановочный

substructure ['sʌbˌstrʌktʃə] базис; основа; основание; фундамент

subsume [səb'sju:m] относить к какой-либо категории

subsurface ['sʌb'sə:fɪs] находящийся, лежащий под поверхностью; подводный

subtenant ['sʌb'tenənt] субарендатор

subterranean [ˌsʌbtə'reɪnjən] подземный; секретный; подпольный

subtext ['sʌbtekst] подтекст

subtilize ['sʌtɪlaɪz] возвышать; облагораживать; обострять *(чувства, восприятие и т. п.)*; вдаваться в тонкости; мудрить

subtle ['sʌtl] нежный; неуловимый; тонкий, острый, проницательный *(об уме, замечании и т. п.)*; утонченный

subtlety ['sʌtltɪ] нежность; тонкость; искусность; хитрость

subtraction [səb'trækʃən] вычитание

subtrahend ['sʌbtrəhend] вычитаемое

subtropical ['sʌb'trɔpɪk(ə)l] субтропический

suburb ['sʌbə:b] окраина; пригород; окрестности; предместья; пригородный

suburban [sə'bə:b(ə)n] окраинный; пригородный; житель пригорода

suburban bus [sə'bə:b(ə)n|bʌs] пригородный автобус

suburbanite [sə'bə:bənaɪt] житель пригорода

suburbia [sə'bə:bɪə] предместья и их жители; пригороды

subvention [səb'venʃ(ə)n] субсидия; дотация; денежное пожертвование; субвенция

subversion [sʌb'və:ʃ(ə)n] низвержение; низложение

subversive [sʌb'və:sɪv] гибельный; губительный; разрушительный; подрывной

subversive activity [sʌb'və:sɪv|æk'tɪvɪtɪ] подрывная деятельность

subvert [sʌb'və:t] свергать; ниспровергать; низвергать

subway ['sʌbweɪ] тоннель; подземный переход; подземная железная дорога *(амер.)*; метро

succeed [sək'si:d] следовать за чем-либо, кем-либо; сменять; наследовать; быть преемником; достигать цели; преуспевать; иметь успех

success [s(ə)k'ses] достижение; победа; удача

successful [s(ə)k'sesful] благополучный; счастливый; удачный; успешный; преуспевающий; удачливый

successful candidate [s(ə)k'sesful|'kændɪdɪt] кандидат, прошедший на выборах

succession [s(ə)k'seʃ(ə)n] последовательность; непрерывный ряд

succession duty [s(ə)k'seʃ(ə)n|'dju:tɪ] налог на наследуемую недвижимость

SUC — SUI

succession law [s(ə)k'seʃ(ə)n|'lɔː] наследственное право

successive [s(ə)k'sesɪv] вытекающий; последующий; следующий один за другим; последовательный

successive carry [s(ə)k'sesɪv|'kærɪ] последовательный перенос

successor [s(ə)k'sesə] преемник; наследник

succinct [sək'sɪŋkt] краткий; сжатый

succour ['sʌkə] помощь, оказанная в тяжелую минуту; помогать; приходить на помощь; поддерживать *(в тяжелую минуту)*

succulence ['sʌkjuləns] мясистость; сочность

succulent ['sʌkjulənt] сочный

succumb [sə'kʌm] поддаться; уступить; стать жертвой *(чего-либо)*; умереть

such [sʌtʃ] такой; такой-то; определенный *(но не названный)*; таковой; тот; такие; те

such that ['sʌtʃ'ðæt] такой, что; так что

such-and-such ['sʌtʃ(ə)nsʌtʃ] такой-то

suchlike ['sʌtʃlaɪk] аналогичный; подобный; сходный; такой

suck [sʌk] сосание; всасывание; засасывание; небольшой глоток; сосать; всасывать

sucked [sʌkt] высосанный

sucker ['sʌkə] сосун(ок) *(молочный поросенок)*; леденец на палочке *(разг.)*

sucking ['sʌkɪŋ] грудной *(о ребенке)*; начинающий; незрелый; неискушенный; неопытный

suckle ['sʌkl] кормить грудью; вскармливать

suction ['sʌkʃ(ə)n] сосание; всасывание; присасывание; всасывающий

suction hose ['sʌkʃ(ə)n|'houz] шланг пылесоса

sudatorium [ˌsju(ː)də'tɔːrɪəm] парильня *(в бане)*

sudden ['sʌdn] внезапный; неожиданный; непредвиденный; быстрый; поспешный

sudden assault ['sʌdn|ə'sɔːlt] внезапное нападение

sudden death ['sʌdn|'deθ] внезапная смерть

suddenly ['sʌdnlɪ] вдруг; внезапно

sudorific [ˌsjuːdə'rɪfɪk] потогонный; потогонное средство

sudsy ['sʌdzɪ] мыльный; пенистый

sue [sjuː] преследовать судебным порядком; возбуждать дело *(против кого-либо)*; просить

suede [sweɪd] замша; замшевый *(франц.)*

suffer ['sʌfə] страдать; испытывать; претерпевать; дозволять; допускать; мириться; примиряться; сносить; терпеть

sufferance ['sʌf(ə)r(ə)ns] терпеливость; терпение; молчаливое согласие; попустительство

sufferer ['sʌf(ə)rə] страдалец; пострадавший

suffering ['sʌf(ə)rɪŋ] страдание; страдающий

suffice [sə'faɪs] быть достаточным; хватать; удовлетворять

sufficiency [s(ə)'fɪʃ(ə)nsɪ] достаточность; достаток

sufficient [s(ə)'fɪʃ(ə)nt] достаточный; достаточное количество *(разг.)*

suffix ['sʌfɪks] суффикс; прибавлять *(суффикс)*

suffocant ['sʌfəkənt] удушающий; удушливый; отравляющее вещество удушающего действия

suffocate ['sʌfəkeɪt] душить; удушать; задыхаться

suffocation [ˌsʌfə'keɪʃ(ə)n] удушение; удушье

suffrage ['sʌfrɪdʒ] право голоса; избирательное право; голос *(при голосовании)*; одобрение; согласие

suffuse [sə'fjuːz] заливать *(слезами)*; покрывать *(румянцем, краской)*

suffusion [sə'fjuːʒ(ə)n] краска; румянец; покрытие *(краской)*

sugar ['ʃugə] сахар; лесть; обсахаривать; подслащивать

sugar candy ['ʃugəˌkændɪ] леденец

sugar-basin ['ʃugəˌbeɪsn] сахарница

sugar-beet ['ʃugəbiːt] сахарная свекла; свекловица

sugar-bowl ['ʃugəboul] сахарница

sugar-cane ['ʃugəkeɪn] сахарный тростник

sugar-coat ['ʃugəkout] покрывать сахаром; приукрашивать

sugar-tongs ['ʃugətɔŋz] щипцы для сахара

sugary ['ʃugərɪ] сахарный; сладкий; сахаристый; льстивый; приторный

suggest [sə'dʒest] предлагать; советовать; внушать; вызывать; подсказывать *(мысль)*

suggestibility [səˌdʒestɪ'bɪlɪtɪ] внушаемость; суггестивность

suggestible [sə'dʒestəbl] поддающийся внушению; могущий быть внушенным

suggestion [sə'dʒestʃ(ə)n] предложение; совет; намек; указание; внушение

suggestive [sə'dʒestɪv] вызывающий мысли; намекающий на что-либо непристойное; неприличный

suicidal [sjuː'saɪdl] самоубийственный; губительный; смертоносный

suicide ['sjuːsaɪd] самоубийство; самоубийца
to suicide oneself — покончить с собой

suit [sjuːt] карточная масть; мужской костюм; комплект; набор; прошение; ходатайство о помиловании; сватовство; ухаживание; процесс *(юр.)*; тяжба; гармония; согласие; удовлетворять требованиям; быть удобным; быть полезным, пригодным; годиться; подходить; соответствовать; быть к лицу; приспосабливать

suit-case ['sjuːtkeɪs] небольшой плоский чемодан
suit-money ['sjuːt'mʌnɪ] судебные издержки
suitable ['sjuːtəbl] годный; подходящий
suite [swiːt] свита; комплект; набор; сюита *(муз.)*
suited ['sjuːtɪd] годный; подходящий; пригодный
suitor ['sjuːtə] поклонник; проситель; ходатай
sulk [sʌlk] дуться; быть сердитым, мрачным, угрюмым
sulky ['sʌlkɪ] мрачный; надутый; угрюмый
sullen ['sʌlən] замкнутый; сердитый; угрюмый; мрачный; зловещий; страшный; медленно текущий *(о ручье и т. п.)*
sullen behaviour ['sʌlən|bɪ'heɪvjə] угрюмое поведение
sully ['sʌlɪ] загрязнять; марать; пачкать; пятнать
sulphur-spring ['sʌlfə'sprɪŋ] серный источник
sulphurate ['sʌlfjureɪt] пропитывать серой; окуривать серой
sultan ['sʌlt(ə)n] султан; порода белых кур
sultana [sʌl'tɑːnə] султанша; жена, дочь, сестра или мать султана; фаворитка
sultanate ['sʌltənɪt] султанат; владения и власть султана
sultriness ['sʌltrɪnɪs] духота
sultry ['sʌltrɪ] душный; жаркий; знойный; страстный *(о темпераменте и т. п.)*
sum [sʌm] сумма; количество; величина; суть; существо; сущность; арифметическая задача; складывать; подводить итог
summary ['sʌmərɪ] краткое изложение; резюме; конспект; сводка; краткий; суммарный; скорый; быстрый
summation [sʌ'meɪʃ(ə)n] подведение итога; суммирование; итог; совокупность
summer ['sʌmə] лето; период цветения, расцвета; летний; проводить лето; пасти *(скот)* летом
summerhouse ['sʌməhaus] беседка
summertime ['sʌmətaɪm] летнее время; лето
summery ['sʌmərɪ] летний
summer's day ['sʌməz'deɪ] летний день; длинный день
summit ['sʌmɪt] вершина; верх; встреча или совещание глав правительств; дипломатия на высшем уровне
summit talks ['sʌmɪt|tɔːks] переговоры на высшем уровне
summon ['sʌmən] вызывать *(в суд)*; требовать исполнения *(чего-либо)*; созывать *(собрание и т. п.)*; собирать; призывать
summons ['sʌmənz] вызов *(в суд)*; судебная повестка
sump [sʌmp] выгребная яма; сточный колодец; шахтный зумпф

sumptuous ['sʌmptjuəs] роскошный; дорогостоящий; шикарный
sun [sʌn] солнце; солнечный свет; солнечные лучи; греть*(ся)* на солнце; выставлять на солнце; подвергать действию солнца
sun-baked ['sʌnbeɪkt] высушенный на солнце
sun-bath ['sʌnbɑːθ] солнечная ванна
sun-bathe ['sʌnbeɪð] загорать
sun-blinkers ['sʌn'blɪŋkəz] защитные очки от солнца
sun-glasses ['sʌn'glɑːsɪz] солнцезащитные очки
sun-tan ['sʌn'tæn] загар
sun-up ['sʌnʌp] восход солнца *(амер.)*
sunbeam ['sʌnbiːm] солнечный луч; жизнерадостный человек *(ребёнок)*
sunblind ['sʌnblaɪnd] маркиза *(навес для защиты от солнца)*; тент
sunblock ['sʌnblɒk] солнцезащитный крем
sunburnt ['sʌnbəːnt] загорелый
sunburst ['sʌnbəːst] яркие солнечные лучи, неожиданно появившиеся из-за туч; ювелирное изделие в виде солнца с лучами
sundae ['sʌndeɪ] сливочное мороженое с фруктами, сиропом, орехами и т. п.
Sunday ['sʌndɪ] воскресенье; воскресный
Sunday-school ['sʌndɪskuːl] воскресная церковная школа
sundew ['sʌndjuː] росянка; венерина мухоловка
sundial ['sʌndaɪəl] солнечные часы
sundown ['sʌndaun] закат; заход солнца; ширококополая дамская шляпа *(амер.)*
sundry ['sʌndrɪ] различный; разный; всякая всячина; разное
sunflower ['sʌn,flauə] подсолнечник; подсолнечный
sung dialogue ['sʌŋ|'daɪəlɒg] речитативный диалог
sunk [sʌŋk] ниже уровня; погруженный; потопленный; в затруднительном положении
sunken ['sʌŋk(ə)n] затонувший; погруженный; осевший; впалый; запавший
sunless ['sʌnlɪs] без солнца; темный; тусклый; пасмурный
sunlight ['sʌnlaɪt] солнечный свет
sunlit ['sʌnlɪt] освещенный солнцем
sunny ['sʌnɪ] солнечный; освещенный солнцем; веселый; радостный
sunrise ['sʌnraɪz] восход солнца; утренняя заря
sunset ['sʌnset] заход солнца; закат; вечерняя заря
sunshade ['sʌnʃeɪd] зонтик *(от солнца)*; навес; тент

SUN — SUP

sunshine [ˈsʌnʃaɪn] солнечный свет; хорошая погода; веселье; радость; счастье; удача; источник радости, счастья и т. п.

sunstroke [ˈsʌnstrouk] солнечный удар

sunward [ˈsʌnwəd] обращенный к солнцу; по направлению к солнцу

sunwise [ˈsʌnwaɪz] по часовой стрелке

sup [sʌp] глоток; отхлебывать; прихлебывать

super [ˈsjuːpə] лишний или ненужный человек; первоклассный товар; отличный; первосортный; превосходный

super- [ˈsjuːpə-] над-; сверх-

superannuate [ˌsjuːpəˈrænjueɪt] увольнять по старости или переводить по нетрудоспособности на пенсию; изымать из употребления (за ненужностью); устареть; выйти из употребления

superannuation [ˌsjuːpəˌrænjuˈeɪʃ(ə)n] увольнение по старости; переход на пенсию; пенсия лицу, уволенному по старости

superannuation allowance [ˌsjuːpəˌrænjuˈeɪʃ(ə)nəˈlauəns] пенсия по старости

superannuation (pension) fund [ˌsjuːpəˌrænjuˈeɪʃ(ə)n(ˈpenʃən)ˈfʌnd] пенсионный фонд

superannuation scheme [ˌsjuːpəˌrænjuˈeɪʃ(ə)nˈskiːm] программа пенсионного обеспечения

superarithmetical [ˈsjuːpərˌærɪθˈmetɪkəl] суперарифметический

superaromaticity [ˈsjuːpərəˌrouməˈtɪsɪtɪ] сверхароматичность

superatmospheric [ˈsjuːpərˌætməsˈferɪk] сверхатмосферный; сверхбарометрический

superaudio telegraphy [ˌsjuːpərˈɔːdɪouˌtɪˈlegrəfɪ] надтональное телеграфирование (радио)

superb [sjuː(ː)ˈpəːb] великолепный; роскошный; прекрасный; благородный; величественный; замечательный; отличный

superbasic [ˌsjuːpəˈbeɪsɪk] надосновный

superbig [ˈsjuːpəbɪg] сверхкрупный

superblock [ˈsjuːpəblɔk] системный блок (хранящий информацию о параметрах файловой системы) (компьют.)

superbomb [ˈsjuːpəbɔm] водородная бомба

superbumpy [ˈsjuːpəˈbʌmpɪ] сверхбугристый

superbundance [ˌsjuːpəˈbʌndəns] чрезмерное изобилие; большой избыток

superburden [ˈsjuːpəbəːdn] чрезмерно высокие накладные расходы

supercalender [ˌsjuːpəˈkælɪndə] суперкаландр

supercalendered paper [ˌsjuːpəˈkælɪndədˈpeɪpə] лощеная бумага

supercargo [ˈsjuːpəˌkaːgou] суперкарго (мор.)

supercavitation [ˌsjuːpəˌkævɪˈteɪʃən] суперкавитация

supercentrifuge [ˌsjuːpəˈsentrɪfjuːdʒ] суперцентрифуга; ультрацентрифуга (техн.)

supercilious [ˌsjuːpəˈsɪlɪəs] высокомерный; надменный; презрительный

supererogation [ˌsjuːpərˌerəˈgeɪʃ(ə)n] превышение требований долга; выполнение излишнего

superette [ˌsjuːpəˈret] небольшой магазин самообслуживания

superficial [ˌsjuːpəˈfɪʃ(ə)l] внешний; неглубокий; поверхностный; малосодержательный

superficial burn [ˌsjuːpəˈfɪʃ(ə)lˈbəːn] поверхностный ожог

superficiality [ˌsjuːpəˌfɪʃɪˈælɪtɪ] поверхностность

superficies [ˌsjuːpəˈfɪʃiːz] грань; плоскость; поверхность; зона; местность; область; территория; внешний вид

superfine [ˈsjuːpəˈfaɪn] чрезмерно утонченный; слишком тонкий; высшего сорта; тончайший

superfluity [ˌsjuːpəˈfluː(ː)ɪtɪ] избыточность; обилие; избыток; излишек; излишнее количество

superfluous [sjuː(ː)ˈpəːfluəs] излишний; ненужный; чрезмерный

supergroup [ˈsjuːpəgruːp] очень популярная рок-группа

superhero [ˈsjuːpəˈhɪərou] супергерой

superhuman [ˌsjuːpəˈhjuːmən] сверхчеловеческий

superimpose [ˈsjuːp(ə)rɪmˈpouz] накладывать (одно на другое)

superincumbent [ˌsjuːp(ə)rɪnˈkʌmbənt] лежащий, покоящийся (на чем-либо); выступающий (над чем-либо)

superinduce [ˌsjuːp(ə)rɪnˈdjuːs] вводить дополнительно; привносить

superintend [ˌsjuːprɪnˈtend] заведовать; руководить; управлять; смотреть (за чем-либо); надзирать

superintendence [ˌsjuːprɪnˈtendəns] надзор; контроль; наблюдение; управление

superintendent [ˌsjuːprɪnˈtendənt] глава; директор; начальник; старший полицейский офицер (следующий чин после инспектора)

superior [sjuː(ː)ˈpɪərɪə] высший; старший; лучший; превосходный; высшего качества; высокомерный; самодовольный; глава; начальник; руководитель; превосходящий другого

superior article [sjuː(ː)ˈpɪərɪəˈaːtɪkl] товар высшего качества

superior character [sjuː(ː)ˈpɪərɪəˈkærɪktə] индекс

superior letters [sjuː(ː)ˈpɪərɪəˈletəz] надстрочные буквы

superior quality [sjuː(ː)ˈpɪərɪəˈkwɔlɪtɪ] высокое качество

superiority [sjuː(ː)ˌpɪərɪˈɔrɪtɪ] старшинство; превосходство

superiority complex [sju(:),pɪərɪˈɔrɪtɪˈkɔmpleks] мания величия

superiorly [sju(:)ˈpɪərɪəlɪ] выше; сверху; лучше

superlative [sju(:)ˈpəːlətɪv] величайший; высочайший; вершина; кульминация; высшая точка; превосходная степень *(грам.)*; прилагательное или наречие в превосходной степени *(грам.)*

supermarket [ˈsjuːpəˈmɑːkɪt] большой магазин самообслуживания; универсам

supermundane [,sjuːpəˈmʌndeɪn] неземной; не от мира сего

supernal [sju(:)ˈpəːnl] божественный; духовный; небесный

supernatural [,sjuːpəˈnætʃr(ə)l] сверхъестественный

supernatural being [,sjuːpəˈnætʃr(ə)lˈbiːɪŋ] сверхъестественное существо

superpose [ˈsjuːpəˈpouz] накладывать *(одну вещь на другую)*

superpower [ˈsjuːpəˌpauə] сила, не имеющая себе равной; сверхдержава; одна из наиболее мощных великих держав

superprofit [,sjuːpəˈprɔfɪt] сверхприбыль

supersede [,sjuːpəˈsiːd] заменять; замещать; смещать; вытеснять; занимать *(чье-либо)* место

supersensible [ˈsjuːpəˈsensəbl] сверхчувственный

supersonic [ˈsjuːpəˈsɔnɪk] сверхзвуковой; ультразвуковой

superstitious beliefs [,sjuːpəˈstɪʃəsˌbɪˈliːfs] суеверия

superstructure [ˈsjuːpəˌstrʌktʃə] надстройка; часть здания выше фундамента

supertax [ˈsjuːpətæks] налог на сверхприбыль

supervacaneous [,sjuːpəvəˈkeɪnjəs] излишний; ненужный

supervise [ˈsjuːpəvaɪz] смотреть; наблюдать *(за чем-либо)*; надзирать; заведовать

supervision [,sjuːpəˈvɪʒ(ə)n] надзор; наблюдение; заведование; контроль

supervisor [ˈsjuːpəvaɪzə] надсмотрщик; надзиратель; контролер; смотритель; инспектор школы

supervisory [,sjuːpəˈvaɪz(ə)rɪ] контролирующий; наблюдательный

supervisory organ [,sjuːpəˈvaɪz(ə)rɪˈɔːgən] контрольный орган

supplement [ˈsʌplɪmənt] — *сущ.* [ˈsʌplɪment] — *гл.* дополнение; приложение; дополнять

supplementary [,sʌplɪˈmentərɪ] добавочный; дополнительный

supplementation [,sʌplɪmenˈteɪʃən] добавление; дополнение; пополнение

suppliant [ˈsʌplɪənt] просительный; умоляющий; проситель; ходатай

supplicate [ˈsʌplɪkeɪt] молить; просить; умолять; упрашивать

supplication [,sʌplɪˈkeɪʃ(ə)n] мольба; просьба

supplicatory [ˈsʌplɪkət(ə)rɪ] просительный; умоляющий

supplier [səˈplaɪə] заготовитель; поставщик; производитель

supplier's account [səˈplaɪəzəˈkaunt] счет поставщика

supply [səˈplaɪ] снабжение; поставка; запас; спрос и предложение; питающий; подающий; снабжающий; снабжать; поставлять; доставлять; давать; замещать

supply agreement [səˈplaɪəˈgriːmənt] договор на поставку

supply analysis [səˈplaɪəˈnæləsɪs] изучение предложения

supply department [səˈplaɪdɪˈpɑːtmənt] отдел снабжения

supply depot [səˈplaɪˈdepou] торговая база

supply unit [səˈplaɪˈjuːnɪt] блок питания

support [səˈpɔːt] поддержка; кормилец *(семьи)*; оплот; опора; средства к существованию; поддерживать; содействовать; способствовать; помогать; поддерживать *(материально)*; подкреплять; подтверждать; подпирать; выдерживать; сносить

support arm [səˈpɔːtˈɑːm] опорный рычаг

support bar [səˈpɔːtˈbɑː] опорная балка

support bearing [səˈpɔːtˈbeərɪŋ] опорный подшипник

support cables [səˈpɔːtˈkeɪblz] натяжные тросы

supporter [səˈpɔːtə] адепт; поборник; приверженец; сторонник; подвязка; подтяжка

supporting [səˈpɔːtɪŋ] поддерживающий; помогающий

supporting axle [səˈpɔːtɪŋˈæksl] несущая ось

supporting structure [səˈpɔːtɪŋˈstrʌktʃə] каркас

supportive [səˈpɔːtɪv] поддерживающий; подпирающий

suppose [səˈpouz] допускать; думать; полагать; подразумевать в качестве условия

supposed [səˈpouzd] воображаемый; кажущийся; мнимый; предполагаемый

supposedly [səˈpouzɪdlɪ] по общему мнению; предположительно

supposing [səˈpouzɪŋ] если *(бы)*; предположим, что...; допустим, что...

supposition [,sʌpəˈzɪʃ(ə)n] гипотеза; догадка; предположение

suppositional [,sʌpəˈzɪʃənl] гипотетический; предполагаемый; предположительный

supposititious [sə,pɔzɪˈtɪʃəs] поддельный; подложный; фальшивый

suppress [səˈpres] пресекать; сдерживать; подавлять *(восстание и т. п.)*; запрещать *(газету)*; кон-

SUP — SUR

фисковать; изымать из продажи *(книгу и т. п.)*; скрывать, замалчивать *(правду и т. п.)*

suppression [sə'preʃ(ə)n] подавление

suppurate ['sʌpju(ə)reɪt] гноиться

suppuration [,sʌpju(ə)'reɪʃ(ə)n] нагноение

supra-national ['sjuːprə'næʃənl] наднациональный

suprarenal capsule ['sjuːprə'riːnl|'kæpsjuːl] надпочечник

suprarenal gland ['sjuːprə'riːnl|'glænd] надпочечник

supremacist [sjuː'preməsɪst] сторонник превосходства, доминирующего положения какой-либо группы

supremacy [sjuː'preməsɪ] верховенство; верховная власть; господство; превосходство; преобладание

supreme [sjuː(ː)'priːm] верховный; высший; главный; старший; высочайший; величайший; крайний; последний; предельный

supreme power [sjuː(ː)'priːm|'pauə] верховная власть

supremo [sjuː'priːmou] *(верховный)* глава; вождь; руководитель

surcease [səː'siːs] остановка; прекращение; прекращать*(ся)*

surcharge ['səːtʃɑːdʒ] — *сущ.* [səː'tʃɑːdʒ] — *гл.* добавочная нагрузка; перегрузка; приплата; доплата *(за письмо)*; надбавка; дополнительный налог; пеня; штраф; перегружать; взимать дополнительную плату или дополнительный налог; запрашивать слишком высокую цену

surcingle ['səːsɪŋgl] подпруга; стягивать подпругой

sure [ʃuə] верный; безошибочный; безопасный; надежный; уверенный

surefooted ['ʃuə'futɪd] устойчивый; не спотыкающийся

surely ['ʃuəlɪ] конечно; непременно; несомненно; твердо; верно; надежно

surety ['ʃuərətɪ] гарант; индоссант; поручитель; гарантия; залог; поручительство

surf [səːf] прибой; буруны; заниматься серфингом *(спорт.)*

surface ['səːfɪs] грань; плоскость; поверхность; вид; внешность; облик; внешний; поверхностный; отделывать поверхность; стесывать; всплывать на поверхность

surface defect ['səːfɪs|dɪ'fekt] поверхностный дефект

surface transport ['səːfɪs|'trænspɔːt] наземный транспорт

surface vessel ['səːfɪs|'vesl] надводное судно

surface-to-air missile ['səːfɪstə,eə|'mɪsaɪl] зенитная ракета

surfacing ['səːfɪsɪŋ] покрытие дороги

surfboard ['səːfbɔːd] доска для серфинга

surfeit ['səːfɪt] излишество; неумеренность *(в пище и питье)*; избыток; излишек; пресыщение; пресыщать*(ся)*; перекармливать

surge [səːdʒ] большая волна; волны; подниматься; вздыматься; волноваться *(о толпе)*; (на)хлынуть

surgeon ['səːdʒ(ə)n] хирург; военный или военно-морской врач; офицер медицинской службы

surgeoncy ['səːdʒ(ə)nsɪ] должность военного врача

surgery ['səːdʒ(ə)rɪ] хирургия; кабинет или приемная врача с аптекой

surgical ['səːdʒɪk(ə)l] хирургический

surly ['səːlɪ] угрюмый; сердитый; грубый

surmise ['səːmaɪz] — *сущ.* [səː'maɪz] — *гл.* догадка; подозрение; предположение; предполагать; подозревать; высказывать догадку

surmount [səː'maunt] преодолевать; справляться

surmountable [səː'mauntəbl] преодолимый

surname ['səːneɪm] фамилия

surpass [səː'pɑːs] превосходить; превышать; обгонять; опережать; перегонять

surpassing [səː'pɑːsɪŋ] исключительный; превосходный; прекрасный

surplus ['səːpləs] избыток; излишек; остаток; излишний; избыточный; добавочный

surplus conditions ['səːpləs|kən'dɪʃənz] превышение предложений над спросом

surplus value ['səːpləs|'væljuː] прибавочная стоимость

surplusage ['səːpləsɪdʒ] излишек; избыток; остаток

surprise [sə'praɪz] удивление; неожиданность; сюрприз; внезапный; неожиданный; изумлять; поражать; удивлять; нагрянуть неожиданно; нападать или заставать врасплох

surprising [sə'praɪzɪŋ] неожиданный; внезапный; непредсказуемый

surprisingly [sə'praɪzɪŋlɪ] удивительно; необычайно; неожиданно

surrender [sə'rendə] сдача; капитуляция; отступление; отказ *(от чего-либо)*; сдавать*(ся)*; уступать; подчиняться; отвергать; отказываться; отрицать

to surrender a lease — отказываться от аренды *(фин.)*

surrender warrant [sə'rendə|'wɔrənt] приказ о выдаче

surreptitious [,sʌrəp'tɪʃəs] тайный

surrogate ['sʌrəgɪt] заместитель; замена; заменитель; суррогат; замещать; заменять

surround [sə'raund] окружать; обступать

surrounding [sə'raundɪŋ] близлежащий; соседний; окружающий

surrounding medium [sə'raundıŋ|'mi:djəm] окружающая среда

surroundings [sə'raundıŋz] окрестности; среда; круги; окружение; сферы

surtax ['sə:tæks] добавочный подоходный налог; облагать добавочным подоходным налогом

surveillance [sə:'veıləns] надзор; наблюдение

survey ['sə:veı] — *сущ., прил.* [sə:'veı] — *гл.* обозрение; осмотр; обзор; обследование; инспектирование; отчет об обследовании; обзорный; обозревать; осматривать; изучать с какой-либо целью; инспектировать

surveyor [sə(:)'veıə] землемер; геодезист; инспектор в морском транспорте и страховании

survivability [sə,vaıvə'bılıtı] живучесть

survival [sə'vaıv(ə)l] выживание; пережиток

Survival Service Commission [sə'vaıv(ə)l|'sə:vıs|kə'mıʃən] Комиссия спасения исчезающих видов животных и растений при Международном союзе охраны природы

survive [sə'vaıv] пережить *(современников, свою славу и т. п.)*; выдержать; испытать; узнать; остаться в живых; продолжать существовать; уцелеть

survivor [sə'vaıvə] оставшийся в живых; уцелевший

susceptibility [sə,septə'bılıtı] восприимчивость; впечатлительность; чувствительность; обидчивость

susceptible [sə'septəbl] восприимчивый; впечатлительный; чувствительный; обидчивый; влюбчивый

susceptive [sə'septıv] впечатлительный; чувствительный

suspect ['sʌspekt] — *сущ., прил.* [səs'pekt] — *гл.* подозрительный; сомнительный; темный; подозревать; думать; полагать; предполагать

suspend [səs'pend] подвешивать; свешиваться; приостанавливать; откладывать; временно прекращать; временно отстранять, исключать и т. п.

suspended [səs'pendıd] висящий; подвешенный; висячий; подвесной; приостановленный

suspended matter [səs'pendıd|'mætə] взвешенное вещество

suspender [səs'pendə] подвязки; резинка для носков; резинка для чулок

suspense [səs'pens] неизвестность; неопределенность; временное прекращение, приостановка

suspension [səs'penʃ(ə)n] вешание; подвешивание; приостановка; прекращение; временная отставка; висячий; подвесной

suspension arm [səs'penʃ(ə)n|'a:m] рычаг подвески

suspension points [səs'penʃ(ə)n|'pɔınts] многоточие

suspensive [səs'pensıv] приостанавливающий; колеблющийся; нетвердый; неуверенный

suspensory [səs'pens(ə)rı] подвешивающий; поддерживающий; поддерживающая повязка

suspicion [səs'pıʃ(ə)n] подозрение; оттенок; привкус

suspicious [səs'pıʃəs] подозрительный

suss [sʌs] разузнать; понять; относиться с подозрением, недоверчиво

sustain [səs'teın] поддерживать; подпирать; подкреплять; испытывать; выносить; выдерживать; доказывать; подтверждать; выдерживать *(роль, характер и т. п.)*

to sustain damage — терпеть убытки

sustained [səs'teınd] длительный; непрерывный; продолжительный

sustaining [səs'teınıŋ] поддерживающий; подпирающий; доказывающий; подтверждающий

sustenance ['sʌstınəns] средства к существованию; питание; пища; питательность; опора; поддержка; помощь

sustention [səs'tenʃ(ə)n] поддержка; поддержание в том же состоянии

susurration [,sju:sə'reıʃ(ə)n] шепот; легкий шорох

suzerain ['su:zəreın] феодальный властитель; сюзерен; сюзеренное государство

suzerainty ['su:zəreıntı] власть сюзерена; сюзеренитет

svelte [svelt] стройный, гибкий *(о женщине)*

swab [swɔb] швабра; мыть шваброй; подтирать шваброй

swabber ['swɔbə] уборщик; увалень

swaddle ['swɔdl] пеленать *(младенца)*; сдерживать

swaddling-clothes ['swɔdlıŋ|klouðz] пеленки; начальный период развития; незрелость; контроль; ограничение

swag [swæg] награбленное добро, добыча; деньги, ценности, добытые незаконным путем

swage [sweıdʒ] штамп; матрица

swagger ['swægə] чванливая и самодовольная манера держаться, походка и т. п.; развязность; важничать; чваниться

swaggerer ['swægərə] хвастун; щеголь

swain [sweın] деревенский парень; пастушок

swallow ['swɔlou] глоток; глотание; глотка; прожорливость; глотать; проглатывать; стерпеть; принимать на веру; ласточка

swamp [swɔmp] болото; топь; болотный; болотистый; заливать; затоплять

swamper ['swɔmpə] житель болотистой местности *(амер.)*; разнорабочий; неквалифицированный рабочий

swampland ['swɔmplænd] болотистая местность

swampy [ˈswɔmpɪ] болотистый

swan [swɔn] лебедь; бард; поэт

swank [swæŋk] бахвальство; хвастовство; бахвалиться; хвастать; щеголять

swan's-down [ˈswɔnzdaun] лебяжий пух; теплая полушерстяная ткань

swap [swɔp] товарообмен; меновая торговля

sward [swɔːd] газон; дерн; покрывать дерном, травой; засаживать газон

swarf [swɔːf] мелкая металлическая стружка

swarm [swɔːm] рой; стая; толпа; пчелиный рой; толпиться; кишеть; роиться; лезть; карабкаться

swarm of bees [ˈswɔːm|əv|ˈbiːz] пчелиный рой

swarthy [ˈswɔːðɪ] смуглый; темный

swash [swɔʃ] плеск; прибой; сильное течение; отмель; сильный удар; плескать(ся); ударять с силой; бахвалиться; важничать

swat [swɔt] удар; хлопок; шлепок; ударять; бить; хлопать

swatch [swɔtʃ] образчик *(ткани)*

swath [swɔːθ] полоса скошенной травы; ряд; взмах косы

swathe [sweɪð] бинт; обмотка; бинтовать; закутывать; обматывать

sway [sweɪ] взмах; колебание; покачивание; власть; влияние; владычество; качать(ся); колебать(ся); иметь влияние *(на кого-либо, что-либо)*; склонять *(кого-либо к чему-либо)*

swear [swɛə] зарок; клятва; присяга; богохульство; ругательство; клясться; присягать; давать показания под присягой; ругаться; ругать; богохульствовать

to swear in — приводить к присяге при вступлении в должность

swearing-in [ˈswɛərɪŋˈɪn] приведение к присяге при вступлении в должность

sweat [swet] испарина; пот; потение; потеть

to sweat out — вымогать; вымаливать; избавляться; выдерживать *(до конца)*

sweat gland [ˈswetˈglænd] потовая железа

sweat-box [ˈswetbɔks] карцер

sweater [ˈswetə] свитер; джемпер; эксплуататор

sweaty [ˈswetɪ] потный

sweep [swiːp] выметание; подметание; чистка; трубочист; мусор; взмах; размах; кругозор; охват; мести; подметать; прочищать; чистить; сметать; уничтожать; сносить; увлекать; охватывать; окидывать взглядом

sweep-net [ˈswiːpnet] невод; сеть; трал; сачок для бабочек

sweeping [ˈswiːpɪŋ] подметание; уборка; *мн.* мусор; широкий; с большим охватом; быстрый; проворный; скорый; не делающий различий

sweepstake(s) [ˈswiːpsteɪk(s)] пари на скачках; тотализатор

sweet [swiːt] сладкий; душистый; свежий; неиспорченный; благозвучный; мелодичный; любимый; милый; приятный; ласковый; сентиментальный; слащавый; плодородный *(о почве)*; леденец; конфета; наслаждения

sweet biscuit [ˈswiːtˈbɪskɪt] сладкое печенье

sweet butter [ˈswiːtˈbʌtə] сладкое масло

sweet cherry [ˈswiːtˈtʃerɪ] черешня

sweet flag [ˈswiːtˈflæg] аир тростниковый

sweet-scented [ˈswiːtˈsentɪd] душистый

sweet-shop [ˈswiːtʃɔp] кондитерская

sweet-stuff [ˈswiːtstʌf] конфеты; сласти

sweeten [ˈswiːtn] подслащивать; наполнять благоуханием; смягчать; освежать; проветривать; удобрять

sweetener [ˈswiːtənə] заменитель сахара

sweetheart [ˈswiːthɑːt] возлюбленная; возлюбленный; дорогой, дорогая *(в обращении)*

sweetish [ˈswiːtɪʃ] сладковатый

sweetmeat [ˈswiːtmiːt] конфета; леденец; засахаренные фрукты

sweetness [ˈswiːtnɪs] свежесть; сладость

swell [swel] возвышение; выпуклость; нарастание; разбухание; опухоль; припухлость; волнение; зыбь; щегольской; богатый; увеличивать(ся); разрастаться; набухать; опухать; возвышаться; подниматься

swelling [ˈswelɪŋ] опухоль; возвышение; выпуклость; выступ; прирост; разбухание; увеличение; вздымающийся; набухающий; нарастающий; высокопарный

swelter [ˈsweltə] духота; зной; изнемогать от зноя

sweltering [ˈsweltərɪŋ] душный; жаркий; знойный

swerve [swəːv] изменение; ответвление; отклонение; отклоняться от прямого пути; сворачивать в сторону

swift [swɪft] быстрый; скорый; стремительный; быстро; поспешно; стриж; обтягивать; перетягивать

swift trial [ˈswɪftˈtraɪəl] безотлагательное рассмотрение дела

swift witness [ˈswɪftˈwɪtnɪs] пристрастный свидетель

swift-handed [ˈswɪftˈhændɪd] быстрый; ловкий; скорый; стремительный

swig [swɪg] большой глоток *(спиртного)*; потягивать *(вино)*

swill [swɪl] полоскание; обливание водой; полоскать; обливать водой

swim [swɪm] плавание; головокружение; обморок; плавать; плыть; переплывать; заставлять плыть; чувствовать головокружение; кружиться *(о голове)*

swimmer ['swɪmə] пловец; поплавок

swimming ['swɪmɪŋ] плавание; головокружение; плавающий; предназначенный для плавания; плавательный; залитый; испытывающий головокружение

swimming bladder ['swɪmɪŋ|'blædə] плавательный *(воздушный)* пузырь

swimming cap ['swɪmɪŋ|'kæp] купальная шапочка

swimming-bath ['swɪmɪŋbɑːθ] плавательный бассейн

swimmingly ['swɪmɪŋlɪ] гладко; без помех; превосходно

swindle ['swɪndl] мошенничество; обман; обманывать

swindler ['swɪndlə] вор; жулик; мошенник; плут

swine [swaɪn] домашняя свинья; нахал

swine-breeding ['swaɪn'briːdɪŋ] свиноводство

swineherd ['swaɪnhəːd] свинопас

swinery ['swaɪnərɪ] свинарник

swing [swɪŋ] качание; колебание; размах; взмах; ход; естественный ход; свобода действий; ритм; мерная, ритмичная походка; качели; поворот; качать(ся); колебать(ся); размахивать; вертеть(ся); поворачивать(ся)

to swing round — неожиданно повернуться; изменить мнение

swing-bridge ['swɪŋ'brɪdʒ] разводной мост

swinging ['swɪŋɪŋ] качание; колебание; покачивание; качающийся; колеблющийся; поворотный

swipe [swaɪp] сильный удар; ударять с силой

swirl [swəːl] водоворот; воронка; завиток; локон; кружить(ся) в водовороте; обвивать; испытывать головокружение

swish [swɪʃ] шелест; шуршание; рассекать воздух со свистом; шелестеть; шуршать

switch [swɪtʃ] прут; хлыст; выключатель *(электр.)*; переключатель; коммутатор; ударять прутом или хлыстом; махать; размахивать; резко хватать *(что-либо)*

to switch off — выключать ток; давать отбой; заставить замолчать

to switch on — включать *(свет, радио и т. п.)*; становиться интересным, возбужденным

to switch over — переключать(ся); менять места; меняться местами

switch to main beam ['swɪtʃ|tə|'meɪn|'biːm] переключаться на дальний свет *(авт.)*

switch-cock ['swɪtʃkɔk] распределительный кран

switchback ['swɪtʃbæk] американские горки

switching unit ['swɪtʃɪŋ|'juːnɪt] блок коммутации

swollen ['swoul(ə)n] вздутый; раздутый; непомерно высокий *(о ценах и т. п.)*

swoon [swuːn] обморок; падать в обморок; потерять голову; впадать в экстаз

swoop [swuːp] внезапное нападение; налет; устремляться вниз; налетать; бросаться

swop [swɔp] замена; мена; обмен; менять; обменивать(ся)

sword [sɔːd] меч; шпага

sword-arm ['sɔːdɑːm] правая рука

sword-bearer ['sɔːd,bɛərə] оруженосец; меченосец

sword-belt ['sɔːdbelt] портупея

sword-cut ['sɔːdkʌt] резаная рана; рубец

sword-lily ['sɔːd,lɪlɪ] гладиолус *(бот.)*

sword-play ['sɔːdpleɪ] фехтование; пикировка; состязание в остроумии

swordfish ['sɔːdfɪʃ] рыба-меч

swordsmanship ['sɔːdzmənʃɪp] искусство фехтования

sworn [swɔːn] присягнувший; поклявшийся; верный; неизменный

sworn deposition ['swɔːn|,depə'zɪʃ(ə)n] письменное показание под присягой

sworn evidence ['swɔːn|'evɪdəns] показания под присягой

sworn witness ['swɔːn|'wɪtnɪs] свидетель под присягой

swot [swɔt] тяжелая работа

sycophancy ['sɪkəfənsɪ] лесть; низкопоклонство

sycophant ['sɪkəfənt] льстец; подхалим

sycophantic [,sɪkə'fæntɪk] льстивый

syllabary ['sɪləbərɪ] слоговая азбука

syllabic [sɪ'læbɪk] слоговой; силлабический

syllabicate [sɪ'læbɪkeɪt] разделять на слоги; произносить по слогам

syllable ['sɪləbl] слог; произносить по слогам

syllabus ['sɪləbəs] программа *(курса, лекций)*; конспект; план; график; программа; расписание

sylph [sɪlf] сильф; грациозная женщина

symbiotic [,sɪmbɪ'ɔtɪk] симбиозный

symbol ['sɪmb(ə)l] символ; эмблема; знак; обозначение

symbol of value ['sɪmb(ə)l|əv|'væljuː] символ стоимости *(фин.)*

symbolism ['sɪmbəlɪzm] символизм

symbolize ['sɪmbəlaɪz] символизировать; изображать символически

symmetric(al) [sɪ'metrɪk(əl)] симметрический; симметричный

symmetrize ['sɪmɪtraɪz] делать симметричным; располагать симметрично

symmetry ['sɪmɪtrɪ] симметрия; соразмерность

sympathetic [ˌsɪmpəˈθetɪk] сочувственный; милый; приятный; симпатичный
sympathize [ˈsɪmpəθaɪz] сочувствовать; выражать сочувствие; благожелательно относиться; симпатизировать
sympathy [ˈsɪmpəθɪ] сочувствие; сострадание; симпатия; взаимное понимание; общность (в чем-либо)
symphonic [sɪmˈfɔnɪk] симфонический
symphony [ˈsɪmfənɪ] симфония; симфонический
symposium [sɪmˈpouzjəm] симпозиум; совещание по определенному научному вопросу; философская или иная дружеская беседа
symptom [ˈsɪmptəm] симптом; признак
symptom cluster [ˈsɪmptəmˈklʌstə] синдром
synagogue [ˈsɪnəgɔg] синагога
synch (sync) [sɪŋk] синхронизация звука и изображения; синхронизировать
synchronism [ˈsɪŋkrənɪzm] одновременность; синхронность
synchronize [ˈsɪŋkrənaɪz] синхронизировать; совпадать по времени; координировать; согласовывать во времени; устанавливать одновременность событий; показывать одинаковое время (о часах); сверять (часы); озвучивать (кинофильм)
synchronous [ˈsɪŋkrənəs] одновременный; параллельный; синхронный
syndicate [ˈsɪndɪkɪt] — сущ. [ˈsɪndɪkeɪt] — гл. картель; синдикат; объединять в синдикаты; синдицировать
syndrome [ˈsɪndroum] синдром; совокупность симптомов
synergy [ˈsɪnədʒɪ] совместные усилия
synod [ˈsɪnəd] собор духовенства; синод; совет; съезд
synonym [ˈsɪnənɪm] синоним
synonymic [ˌsɪnəˈnɪmɪk] синонимичный
synopsis [sɪˈnɔpsɪs] конспект; краткий обзор; синопсис
synoptic(al) [sɪˈnɔptɪk(əl)] конспективный; обзорный; синоптический
synoptic map [sɪˈnɔptɪkˈmæp] синоптическая (метеорологическая) карта
syntactic(al) [sɪnˈtæktɪk(əl)] синтаксический
syntax [ˈsɪntæks] синтаксис
synthesis [ˈsɪnθɪsɪs] обобщение; синтез
synthesizer [ˈsɪnθɪsaɪzə] синтезатор
syringe [ˈsɪrɪndʒ] шприц для уколов; спринцовка; пожарный насос; опрыскиватель
syrinx [ˈsɪrɪŋks] свирель (Пана); флейта; нижняя гортань певчих птиц
syrup [ˈsɪrəp] сироп
syrupy [ˈsɪrəpɪ] сладкий как сироп; сентиментальный

system [ˈsɪstɪm] система; метод; устройство; сеть (дорог и т. п.); организм; вселенная; мир
system catalog(ue) [ˈsɪstɪmˈkætəlɔg] системный каталог
systematic(al) [ˌsɪstɪˈmætɪk(əl)] систематический; систематичный; методический; методичный
systematize [ˈsɪstɪmətaɪz] группировать; классифицировать; систематизировать; приводить в порядок
systemic circulation [sɪsˈtemɪkˌsəːkjuˈleɪʃən] большой круг кровообращения

T

t [tiː] мн. — Ts; T's [tiːz] двадцатая буква английского алфавита
T-shirt [ˈtiːʃəːt] тенниска
tab [tæb] вешалка; петелька; этикетка; ярлык; петлица; учет; шпонка; символ; табуляция; клавиша; пришивать вешалку, петельку и т. п.; обозначать; именовать; называть; сводить в таблицы; располагать в виде таблиц, диаграмм
tabby [ˈtæbɪ] полосатая кошка; злая сплетница; старая дева; муар; полосатый; наносить темные полосы
tabernacle [ˈtæbə(ː)nækl] палатка; шатер; храм; молельня
table [ˈteɪbl] стол; пища; еда; кухня; общество за столом; доска для настольных игр; надпись на плите, дощечке; скрижаль; таблица; расписание; табель; плоская поверхность; поверхность кости; столовый; класть на стол; предлагать, выносить на обсуждение; вносить резолюцию; составлять таблицы, расписание
table game [ˈteɪblˈgeɪm] настольная игра
table of contents [ˈteɪblˈɔvˈkənˈtents] оглавление; содержание
table-beet [ˈteɪblbiːt] столовая свекла
table-book [ˈteɪblbuk] хорошо изданная книга с иллюстрациями; записная книжка; книга таблиц
table-centre [ˈteɪblˈsentə] вышитая салфетка
table-cloth [ˈteɪblklɔθ] скатерть
table-glass [ˈteɪblglaːs] граненый (столовый) стакан
table-hop [ˈteɪblhɔp] подсаживаться к (чужому) столику (в ресторане, ночном клубе и т. п.)
table-knife [ˈteɪblnaɪf] столовый нож
table-land [ˈteɪbllænd] плато; плоскогорье
table-leg [ˈteɪb(ə)lleg] ножка стола
table-napkin [ˈteɪblˈnæpkɪn] салфетка

table-talk ['teɪblˌtɔːk] застольная беседа
table-tennis ['teɪblˈtenɪs] настольный теннис
tableau ['tæblou] живописная картина; яркое изображение; неожиданная сцена *(франц.)*
tableful ['teɪblful] полный стол *(угощений)*; полный стол гостей; застолье
tablespoon ['teɪblspuːn] столовая ложка
tablet ['tæblɪt] дощечка *(с надписью)*; блокнот; таблетка; кусок; планшет
tabloid ['tæblɔɪd] бульварная газета; резюме; конспект; краткий обзор; таблетка; сжатый; низкопробный; низкого качества
taboo [təˈbuː] табу; запрет; запретный; запрещенный; священный; запрещать
tabouret ['tæbərɪt] скамеечка; табурет; пяльцы
tabular ['tæbjulə] в виде таблиц; табличный; имеющий плоскую форму или поверхность; пластинчатый; расслоенный; слоистый
tabulare пластинчатая кость
tabulate ['tæbjuleɪt] сводить в таблицы; придавать плоскую поверхность; плоский; пологий; ровный
tabulation [ˌtæbjuˈleɪʃ(ə)n] составление таблицы; табуляция; классификация данных
tabulator key ['tæbjuleɪtəˈkiː] клавиша табуляции
tachometer [tæˈkɔmɪtə] тахометр
tachoscope тахоскоп
tachyauxesis быстрый рост
tachycardia [ˌtækɪˈkɑːdɪə] тахикардия
tachylalia торопливая речь
tachyphemia многословие; болтливость; логорея
tachyphrasia многословие; болтливость
tachytrophism ускоренный обмен веществ
tacidy ['tæsɪdɪ] молчаливо; подразумеваемым образом
tacit ['tæsɪt] не выраженный словами; подразумеваемый; молчаливый; автоматическая пролонгация
tacit approval ['tæsɪtəˈpruːvəl] молчаливое одобрение
tacit collusion ['tæsɪtkəˈluːʒən] молчаливый сговор
tacit complicity ['tæsɪtkəmˈplɪsɪtɪ] молчаливое соучастие
tacit consent ['tæsɪtkənˈsent] молчаливое согласие
taciturn ['tæsɪtəːn] молчаливый; неразговорчивый
taciturnity [ˌtæsɪˈtəːnɪtɪ] молчаливость; неразговорчивость
tack [tæk] гвоздик; курс; галс; политическая линия; клейкость; липкость; прикреплять гвоздиками, кнопками

tacking ['tækɪŋ] поворот *(в виндсерфинге)*
tackle ['tækl] снаряжение; принадлежности; инструмент; такелаж *(мор.)*; закреплять снастями; схватить; пытаться удержать; пытаться убедить *(кого-либо)*; перехватывать, отбирать *(мяч в футболе)*
tacky ['tækɪ] липкий
tact [tækt] такт; тактичность
tactful ['tæktful] мягкий; тактичный
tactical ['tæktɪk(ə)l] тактический; боевой; временный; ловкий; расчетливый
tactical weapons ['tæktɪk(ə)lˈwepənz] тактическое оружие
tactician [tækˈtɪʃ(ə)n] тактик
tactics ['tæktɪks] тактика
tactile ['tæktaɪl] осязательный; осязаемый; ощутимый
tactile organ ['tæktaɪlˈɔːgən] орган осязания
tactless ['tæktlɪs] бестактный
tactor ['tæktə] концевой осязательный орган; осязательное тельце
tactual ['tæktjuəl] осязательный
taenia ['tiːnɪə] цепень *(биол.)*; бинт; медицинская повязка
taeniate лентообразный; полосатый
taffeta ['tæfɪtə] тафта
tag [tæg] болтающийся конец; петля; ушко; избитая фраза; цитата; припев; метка; заключение; эпилог; мораль; признак; ярлык; этикетка; прикреплять ярлык, метку на животном; снабжать ярлыком; добавлять; прилагать; назначать цену; метить

to tag along — *ходить, следовать по пятам*

tag-end ['tægˈend] конец; последняя часть *(чего-либо)*; обрывок; осколок; излишек; остаток
tagged [tægd] снабженный ярлыком, этикеткой; помеченный
taiga ['taɪgɑː] тайга *(русс.)*
tail [teɪl] хвост; коса; косичка; свита; остатки; отбросы; отросток; заповедное имущество; урезанная собственность; задний; хвостовой; снабжать хвостом; тянуться длинной лентой

to tail after — *неотступно следовать за кем-либо*

to tail away — *постепенно уменьшаться; исчезать вдали; убывать; замирать; рассеиваться; отставать; пуститься наутек; обходить соперников*

tail-bone ['teɪlboun] копчик
tail-coat ['teɪlˈkout] фрак
tail-wind ['teɪlwɪnd] попутный ветер
tailband ['teɪlbænd] каптал
tailor ['teɪlə] портной; закройщик; торговец мужским платьем; луфарь *(ихт.)*; шить; быть портным

tailor-made [ˈteɪləmeɪd] мужского покроя (о строгой женской одежде); фабричного производства; сделанный по заказу

tailor-make [ˈteɪləmeɪk] делать по специальному заказу

tailored [ˈteɪləd] сделанный портным; сделанный на заказ; оформленный в строгом стиле

tailpiece [ˈteɪlpiːs] задний конец; хвостовая часть (чего-либо); струнодержатель (у скрипки)

tailpin [ˈteɪlpɪn] пуговичка

tailplane [ˈteɪlpleɪn] хвостовой стабилизатор (у самолета)

tails [teɪlz] фрак

taint [teɪnt] позор; пятно; налет; примесь (чего-либо нежелательного, неприятного); зараза; испорченность; заражать(ся); портить(ся)

tainted [ˈteɪntɪd] испортившийся; испорченный

taintless [ˈteɪntlɪs] безукоризненный; безупречный; совершенный

take [teɪk] брать; взять; получать; принимать; овладеть; застать; поймать; взятие; задерживать; арестовывать; захват; обращать в собственность; сбор (театральный); выручка; добыча на охоте; улов рыбы; хватать; поглощать; ловить; оттягивать; приобретать правовой титул

to take a breath — вдохнуть; перевести дыхание
to take a brief — принимать на себя ведение дела
to take a header — нырнуть
to take a hint — понять (намек) с полуслова
to take a law off the books — отменить закон
to take a list — накрениться
to take a shot at — стрелять по чему-либо; пытаться; предпринять попытку; попытаться рискнуть
to take aback — захватить врасплох; поразить
to take aboard — погрузить(ся); взять на борт корабля, лодки
to take after — походить на кого-либо; подражать; погнаться; преследовать
to take against — выступать против; испытывать неприязнь; не любить
to take along — брать с собой
to take amiss — обижаться; неправильно понимать что-либо
to take an appeal — подать апелляцию
to take ashore — выгрузить с корабля на берег
to take at his word — поймать кого-либо на слове
to take away — убирать; уносить; уводить; увозить; удалять; вычитать; отбирать; отнимать; портить; изъять
to take back — отводить; отвозить; относить; брать обратно; напоминать (прошлое); повторять
to take business — рассматривать дела
to take by descent — наследовать по закону
to take care — заботиться; проявлять заботу
to take cold — простудиться
to take depositions — снимать показания
to take effect — вступать в силу; оказывать воздействие
to take for — принимать за; купить
to take for all in all — в полном смысле
to take from — верить; считать истинным; принимать (вид, форму и т. п.); наследовать (имя, название и т. п.); вычитать; снижать; ослаблять; отбирать; забирать
to take hazards — идти на риск
to take heart of grace — собраться с духом
to take in — принимать (гостя); предоставлять приют; брать (жильцов и т. п.); брать (работу на дом); выписывать (газету и т. п.); вгонять; присоединять (территорию); включать; содержать; понять; разобраться; поверить; обмануть; обманывать; ушивать (одежду); пропускать; передавать
to take legal action — предъявлять иск
to take legal advice — консультироваться с юристом
to take legal recourse — обращаться в суд
to take legal steps — подавать в суд
to take life — лишить жизни
to take measure — снимать мерку
to take measures — принимать меры
to take no denial — не принимать отказа
to take notice of — быть осведомленным
to take off — убирать; уносить; снимать; поднимать; взлетать; сбрасывать; подражать; имитировать; вычитать
to take on — брать (работу); браться (за дело и т. п.); приобретать (форму, качество и т. п.); брать дополнительно; важничать; иметь успех; становиться популярным; полнеть
to take on hire — нанимать
to take on sale — брать на комиссию
to take opinion — получить консультацию
to take out — вынимать; удалять; выводить (пятно); выводить (на прогулку и т. п.); выходить; выезжать; пригласить (в театр, ресторан); брать с собой; выписывать (цитаты); забирать; получать; получать (права и т. п.); разрушать; уничтожать; тревожить; вытаскивать
to take out a patent — брать патент
to take out a process against smb. — привлекать к судебной ответственности
to take part — принимать участие; участвовать
to take pity — сжалиться (над кем-либо)
to take place — случаться; иметь место
to take possession — завладевать; вступать во владение
to take root — укореняться
to take the knock — разориться

to take the minutes — вести протокол
to take the opportunity (of) — воспользоваться случаем
to take to court — направлять в суд
to take to smth. — пристраститься; проявлять (интерес, симпатию к чему-либо); привыкать; приспосабливаться к чему-либо; обращаться, прибегать к чему-либо; начинать заниматься чем-либо
to take up — обсуждать (план и т. п.); поднимать; сматывать; свертывать; укорачивать; убирать; подтягивать; закреплять; покровительствовать; опекать; принять; подхватить; компенсировать; улучшаться (о погоде)
to take up arms — взяться за оружие
to take up the hatchet — начать войну
to take up the running — вести (в гонке); брать инициативу в свои руки

take-down [ˈteɪkˈdaun] демонтаж; разборка; разборный

take-off [ˈteɪkɔːf] карикатура; взлет; отрыв от земли (авиац.); скидка; комиссия (юр.); старт; отвод; ответвление; отбор мощности

take-off [ˈteɪkˈɔːf] взлетать; подниматься

take-off platform [ˈteɪkɔːfˈplætfɔːm] трамплин

take-out [ˈteɪkaut] вычеты (из зарплаты и т. п.); рассказ на нескольких идущих подряд страницах; бутерброды (еда) в дорогу

take-over [ˈteɪkˌouvə] вторжение; захват; овладение; посягательство; вступление во владение вместо прежнего владельца; поглощение другой компании

take-up reel [ˈteɪkʌpˈriːl] приемная катушка

taker [ˈteɪkə] получатель; покупатель; наниматель

taker of bribe [ˈteɪkərəvˈbraɪb] взяткополучатель

taking [ˈteɪkɪŋ] вторжение; захват; взятие; овладение; завладение; добыча; посягательство; арест; улов; заманчивый; манящий

taking against the will [ˈteɪkɪŋəˈgenstðəˈwɪl] завладение имуществом против воли потерпевшего

taking of interest [ˈteɪkɪŋəvˈɪntrɪst] нанесение ущерба интересам

taking-up [ˈteɪkɪŋʌp] поглощение; оттягивание

tale [teɪl] рассказ; описание; повесть; выдумки; россказни; сплетня

tale-bearer [ˈteɪlˌbɛərə] сплетник; доносчик

tale-teller [ˈteɪlˌtelə] рассказчик; выдумщик

talent [ˈtælənt] дар; дарование; талант; одаренность; талантливый человек; талантливые люди

talented [ˈtæləntɪd] одаренный; талантливый

talentless [ˈtæləntlɪs] бездарный; лишенный таланта

talisman [ˈtælɪzmən] талисман

talk [tɔːk] разговор; беседа; переговоры; лекция; пустой разговор; болтовня; говорить; разговаривать (о чем-либо, с кем-либо); сплетничать; распространять слухи; читать лекцию
to talk around — обсуждать, не доходя до существа дела
to talk down — перекричать (кого-либо); умалять; порочить; говорить с кем-либо свысока
to talk into — уговорить; убедить; доводить разговорами (до чего-либо)
to talk up — хвалить; расхваливать; говорить прямо и откровенно; дерзить; возражать

talk-film [ˈtɔːkˈfɪlm] звуковой фильм

talkative [ˈtɔːkətɪv] разговорчивый; словоохотливый; болтливый

talkativeness [ˈtɔːkətɪvnɪs] болтливость; разговорчивость

talker [ˈtɔːkə] тот, кто говорит; разговорчивый человек; болтун; хороший оратор

talking [ˈtɔːkɪŋ] говорящий; разговорчивый; выразительный

talking machine [ˈtɔːkɪŋməˈʃiːn] фонограф; граммофон

talking-film [ˈtɔːkɪŋˈfɪlm] звуковой фильм

talking-to [ˈtɔːkɪŋtuː] внушение; выговор

tall [tɔːl] высокий; невероятный; чрезмерный

tallage [ˈtælɪdʒ] сборы; налоги

tallboy [ˈtɔːlbɔɪ] высокий комод

tallegalane кефаль

tallow [ˈtæləu] мазь (сало); смазывать (жиром)

tallowy [ˈtæləuɪ] сальный; жирный

tally [ˈtælɪ] бирка; этикетка; ярлык; дубликат; фотокопия; счет (в игре); подсчет; соответствовать; совпадать; прикреплять ярлык; регистрировать; подсчитывать

tally-shop [ˈtælɪʃɒp] магазин, где товары продаются в рассрочку

tallywag [ˈtælɪwæg] морской окунь

talon [ˈtælən] коготь; длинный ноготь; талон (от квитанции, банковского билета); карты, оставшиеся в колоде после сдачи

talus [ˈteɪləs] откос; скат

tamable [ˈteɪməbl] укротимый

tamarack [ˈtæməræk] лиственница американская (бот.)

tamarin [ˈtæmərɪn] когтистая обезьяна, игрунок (тамарин)

tambour [ˈtæmbuə] барабан; круглые пяльцы (для вышивания); вышивка тамбурным швом; тамбур; вышивать (на пяльцах)

tambourin [ˈtæmburɪn] тамбурин (музыкальный инструмент и французский танец)

tambourine [ˌtæmbəˈriːn] бубен; тамбурин

tame [teɪm] ручной; прирученный; укрощенный; одомашненный; окультуренный; пассивный; покорный; послушный; скучный; неинтересный; дрессировать; приручать; сдерживать; смирять; удерживать

tameless [ˈteɪmlɪs] дикий; неприрученный; неудержимый; неудержный; неукротимый

tamer [ˈteɪmə] укротитель; дрессировщик

tamp [tæmp] заполнять; набивать; наполнять; трамбовать; уплотнять

tamper [ˈtæmpə] вмешиваться; соваться во что-либо; трогать; портить; вредить; коррумпировать; наносить ущерб; фальсифицировать; искажать; подделывать; подкупать; манипулировать; оказывать тайное влияние; трамбовка; пест

to tamper with — портить; подделывать; несерьезно заниматься чем-либо; подкупать; оказывать тайное влияние

tampering [ˈtæmpərɪŋ] подделка; фальсификация; манипуляции; коррумпирование; подкуп

tampion [ˈtæmpɪən] втулка; затычка; дульная пробка; крышка

tampon [ˈtæmpən] тампон; вставлять тампон

tamtam [ˈtæmtæm] тамтам *(ударный инструмент)*

tan [tæn] дубильная кора; желтовато-коричневый цвет; загар; дубить *(кожу)*; загорать

tanager [ˈtænəʤə] танагра *(орнит.)*

tandem [ˈtændəm] тандем *(велосипед для двоих или троих)*; последовательно соединенный и расположенный; сдвоенный; упряжка цугом

tang [tæŋ] резкий привкус; острый запах; характерная черта, особенность; звон; бугель; рыба-хирург *(ихт.)*; звенеть; громко звучать; звонить; говорить звонко, громко

tangage [ˈtæŋɪʤ] килевая качка *(мор.)*

tangent [ˈtænʤənt] тангенс; касательная линия; тангенциальный

tangerine [ˌtænʤ(ə)ˈriːn] мандарин *(плод)*; оранжевый цвет

tangibility [ˌtænʤɪˈbɪlɪtɪ] осязаемость; действительность; реальность; явь

tangible [ˈtænʤ(ə)bl] вещественный; материальный; осязаемый; ясный; ощутимый; заметный; реальность; факт

tangible assets [ˈtænʤ(ə)bl ˈæsets] материальные активы

tangle [ˈtæŋgl] спутанный клубок; неразбериха; путаница; сплетение; морская капуста; запутывать(ся); усложнять(ся)

tangle-tail [ˈtæŋglteɪl] очиток едкий

tango [ˈtæŋgou] танго; танцевать танго

tank [tæŋk] бак; резервуар; цистерна; чан; ванна; водоем; отсек; танк; танковый; пастернак посевной *(бот.)*; наливать в бак; идти напролом

to tank up — заправляться горючим; заправлять *(автомобиль)* горючим

tank-car [ˈtæŋkkɑː] цистерна *(ж.-д.)*; автоцистерна

tank-ship [ˈtæŋkʃɪp] танкер; наливное судно

tank-top [ˈtæŋktɔp] рубашка с бретельками; безрукавка

tank-truck [ˈtæŋktrʌk] автоцистерна

tank-wagon [ˈtæŋkˌwægən] железнодорожная цистерна

tanker [ˈtæŋkə] танкер; наливное судно; бак; емкость; цистерна; самолет-заправщик; бензозаправщик

tanner [ˈtænə] дубильщик; кожевник; крем для загара

tannery [ˈtænərɪ] кожевенный завод; сыромятня; дубление

tansy [ˈtænzɪ] пижма *(бот.)*

tantalize [ˈtæntəlaɪz] мучиться; страдать

tantara [ˈtæntərə] [tænˈtɑːrə] фанфары

tantivy [tænˈtɪvɪ] быстрый галоп; быстрый; проворный; скорый; вскачь

tantrum [ˈtæntrəm] вспышка гнева

tap [tæp] затычка; пробка; кран; сорт; марка вина; пункция; подслушивающее устройство; вынимать пробку, затычку и т. п.; выпрашивать, выуживать деньги; легкий стук, удар; набойка на каблуке; стучать; постукивать; обстукивать; хлопать; делать прокол; делать надрез на дереве

to tap a house — установить в доме «жучки»

tap-hole [ˈtæphoul] резьбовое отверстие

tap-room [ˈtæprum] бар; пивная

tape [teɪp] лента; тесьма; магнитофонная лента; связывать шнуром, тесьмой; измерять рулеткой; обнаруживать; засекать; записывать на магнитную ленту

tape archive [ˈteɪp ˈɑːkaɪv] видеофонотека

tape cassette [ˈteɪp kəˈset] магнитофонная кассета

tape drum [ˈteɪp drʌm] ленточный барабан

tape duplicator [ˈteɪp ˈdʌplɪkeɪtə] устройство для перезаписи лент

tape lace-up [ˈteɪp ˈleɪsʌp] заправка магнитной ленты

tape library [ˈteɪp ˈlaɪbrərɪ] видеофонотека

tape tension arm [ˈteɪp ˈtenʃən ɑːm] рычаг натяжного ролика; натяжной рычаг

tape transcript [ˈteɪp ˈtrænskrɪpt] магнитофонная запись

tape transmitter distributor [ˈteɪp trænzˈmɪtə dɪsˈtrɪbjutə] устройство для считывания с ленты

tape-machine operator [ˈteɪpməˌʃiːn ˈɔpəreɪtə] инженер видеозаписи

tape-measure [ˈteɪpˌmeʒə] рулетка

tape-record ['teɪprɪˌkɔːd] записывать на магнитофонную пленку

tape-recorder ['teɪprɪˌkɔːdə] магнитофон

tape-timer ['teɪpˌtaɪmə] счетчик магнитной ленты

tape-wear ['teɪpweə] износ ленты

taper ['teɪpə] тонкая свечка; слабый свет; конус; коническая форма; постепенное ослабление; спад; конусообразный; длинный и тонкий (о пальцах)

taper washer ['teɪpə'wɔʃə] клиновидная шайба

tapered ['teɪpəd] оттянутый; суженный

tapered screw thread ['teɪpəd'skruː'θred] коническая резьба

tapering ['teɪpərɪŋ] суживающийся к одному концу; конусообразный; тонкий и длинный (о пальцах руки и т. п.)

tapeworm ['teɪpwəːm] ленточный червь

tapioca [ˌtæpɪ'oukə] тапиока (крупа)

tapir ['teɪpə] тапир (биол.)

tapped hole ['tæpt'houl] резьбовое отверстие

tapper ['tæpə] телеграфный ключ

tappet ['tæpɪt] кулачок; кулак; палец (техн.)

tapping ['tæpɪŋ] оснащение подслушивающими устройствами; подслушивание с помощью «жучков»; заборное отверстие; выпуск жидкости (мор.); нарезание резьбы

tapster ['tæpstə] буфетчик; бармен

tar [taː] смола; деготь; гудрон; мазать дегтем; смолить; бесчестить; позорить; порочить; чернить

taradiddle ['tærədɪdl] ложь (разг.); неправда; обман

tarantella [ˌtærən'telə] тарантелла (итал. нар. танец)

tardigrade ['taːdɪgreɪd] медленно передвигающийся

tardy ['taːdɪ] медлительный

target ['taːgɪt] цель; мишень; задание; контрольная цифра; плановый; планировать; нацеливаться

target language ['taːgɪt'læŋgwɪdʒ] язык перевода

tariff ['tærɪf] стоимость; тариф; цена; пошлина; включить в тариф; установить расценку; облагать пошлиной; тарифицировать

tariff system ['tærɪf'sɪstɪm] тарифная система

tariff war ['tærɪf'wɔː] таможенная война

tariff-wall ['tærɪfwɔːl] тарифный барьер

tarn [taːn] болотная крачка

tarnish ['taːnɪʃ] тусклость; пятно; лишать(ся) блеска; тускнеть; бесчестить; позорить

tarpaulin [taː'pɔːlɪn] брезент; просмоленная парусина; матросская шапка (куртка); штормовка; покрывать брезентом

tarragon ['tærəgən] полынь, эстрагон (бот.)

tarred [taːd] просмоленный

tarred yarn [taːd'jaːn] смоленая дратва

tarry ['tærɪ] задерживать; медлить; мешкать; ждать; дожидаться; пребывать; останавливаться

tart [taːt] кислый; терпкий; едкий; резкий; колкий (об ответе, возражении и т. п.); несдержанный; раздражительный; фруктовое пирожное

tart up ['taːt'ʌp] сделать интереснее; принарядить; украсить

tartan ['taːt(ə)n] клетчатая шерстяная материя; шотландка; шотландский плед

tartan(e) ['taːtn] тартана (парусное судно)

tartareous шероховатый; с грубой поверхностью

task [taːsk] урочная работа; задача; задание; задать работу; обременять; перегружать

task bonus ['taːsk'bounəs] целевая премия

task group ['taːsk'gruːp] исследовательская группа; экспедиционный корпус (воен.)

task-demand ['taːskdɪ'maːnd] требования к заданию

task-oriented ['taːsk'ɔːrɪəntɪd] проблемно-ориентированный; целенаправленный; целеустремленный

task-work ['taːskwəːk] сдельная работа; урочная работа

taskmaster ['taːskˌmaːstə] бригадир; десятник; надзиратель; надсмотрщик

tassel ['tæs(ə)l] кисточка (как украшение); закладка (в виде ленточки в книге)

taste [teɪst] вкус; склонность; пристрастие; привкус; понимание; манера; стиль; попробовать на вкус; отведать; иметь вкус (привкус)

taste blindness ['teɪst'blaɪndnɪs] потеря вкуса

tasteful ['teɪstful] сделанный со вкусом; обладающий хорошим вкусом

tasteless ['teɪstlɪs] безвкусный; пресный; скучный; с дурным вкусом; бестактный

taster ['teɪstə] дегустатор; рецензент издательства

tasting ['teɪstɪŋ] испытание; опыт; проба; глоток; кусочек

tasty ['teɪstɪ] вкусный; отрадный; приятный; имеющий хороший вкус; изящный

tat [tæt] плести кружево

tatterdemalion [ˌtætədə'meɪljən] оборванец

tatting ['tætɪŋ] плетеное кружево; плетение кружева

tattle ['tætl] пустой разговор; сплетни; судачить; сплетничать

tattler ['tætlə] болтун; сплетник

tattoo [tə'tuː] сигнал вечерней зори; барабанная дробь; стук; бить, играть зорю; барабанить пальцами; отбивать такт ногой; барабанить; татуировка; татуировать

taunt [tɔːnt] насмешка; язвительное замечание; насмехаться; говорить колкости; дразнить

taupe [toup] серо-коричневый; темно-серый

taut [tɔːt] туго натянутый; упругий; напряженный; в хорошем состоянии; исправный

tauten [ˈtɔːt(ə)n] туго натягивать(ся)

tautologize [tɔːˈtɔlədʒaɪz] повторяться

tautology [tɔːˈtɔlədʒɪ] тавтология

tavern [ˈtævən] таверна; бар; закусочная

taw [tɔː] мраморный шар; шарики (*детская игра*); черта, с которой бросают шарики

tawdry [ˈtɔːdrɪ] мишурный; кричаще безвкусный; дешевый шик; безвкусные украшения

tawny [ˈtɔːnɪ] рыжевато-коричневый; темно-желтый; смуглый; темнокожий

tax [tæks] налог; пошлина; сбор; облагать налогом; чрезмерно напрягать; подвергать испытанию; утомлять; делать выговор; отчитывать (*кого-либо*); определять размер судебных издержек

tax abatement [ˈtæks|əˈbeɪtmənt] налоговая скидка

tax allowance [ˈtæks|əˈlauəns] налоговая скидка

tax asset [ˈtæks|ˈæset] налоговое требование

tax avoidance [ˈtæks|əˈvɔɪdəns] уход от налогообложения

tax barrier [ˈtæks|ˈbærɪə] налоговый барьер

tax benefit [ˈtæks|ˈbenefɪt] налоговая льгота

tax burden [ˈtæks|ˈbəːdn] бремя налогов

tax concession [ˈtæks|kənˈseʃən] налоговая льгота

tax cut [ˈtæks|ˈkʌt] снижение налога

tax deduction [ˈtæks|dɪˈdʌkʃən] удержание налога

tax evasion [ˈtæks|ɪˈveɪʒ(ə)n] уклонение от уплаты налогов

tax exemption [ˈtæks|ɪɡˈzempʃən] налоговая льгота (*освобождение от уплаты налогов*)

tax in kind [ˈtæks|ɪnˈkaɪnd] натуральный налог

tax law [ˈtæks|ˈlɔː] налоговое законодательство

tax legislation [ˈtæks|ˌledʒɪsˈleɪʃən] налоговое законодательство

tax on land [ˈtæks|ɔnˈlænd] поземельный налог

tax on trade [ˈtæks|ɔnˈtreɪd] промысловый налог

tax treatment [ˈtæks|ˈtriːtmənt] налоговой режим

tax yield [ˈtæks|ˈjiːld] налоговый доход

tax-adviser [ˈtæksədˌvaɪzə] консультант по вопросам налогообложения

tax-bearer [ˈtæksˌbeərə] налогоплательщик

tax-case [ˈtæksˈkeɪs] дело о налоговом правонарушении

tax-collector's office [ˈtækskəˌlektəzˈɔfɪs] налоговое управление

tax-evador [ˈtæksɪˌveɪdə] лицо, уклоняющееся от уплаты налогов

tax-exempt [ˈtæksɪɡˈzempt] не подлежащий обложению налогом

tax-farmer [ˈtæksˈfɑːmə] откупщик

tax-filling form [ˈtæksˌfɪlɪŋˈfɔːm] бланк налоговой декларации

tax-free [ˈtæksˈfriː] не облагаемый налогом

tax-payer [ˈtæksˌpeɪə] налогоплательщик

taxability [ˌtæksəˈbɪlɪtɪ] облагаемость налогом

taxable [ˈtæksəbl] облагаемый налогом; подлежащий обложению налогом

taxable capacity [ˈtæksəbl|kəˈpæsɪtɪ] налогоспособность

taxation [tækˈseɪʃ(ə)n] обложение налогом; налогообложение; взимание налога; размер, сумма налога; доход от налогообложения

taxi [ˈtæksɪ] такси

taxi-man [ˈtæksɪmən] шофер такси

taxidermy [ˈtæksɪdəːmɪ] набивка чучел

taximeter [ˈtæksɪˌmiːtə] счетчик; таксометр

taxing [ˈtæksɪŋ] обложение налогом; налоговый

tea [tiː] чай; настой; крепкий отвар (*бульон*); камелия (*бот.*)

tea-bread [ˈtiːbred] сдобный хлебец или булочка к чаю

tea-caddy [ˈtiːˌkædɪ] чайница

tea-garden [ˈtiːˌɡɑːdn] кафе или ресторан на открытом воздухе; чайная плантация

tea-house [ˈtiːhaus] чайная (*на Востоке*); кафе; закусочная

tea-kettle [ˈtiːketl] чайник (*для кипячения воды*)

tea-party [ˈtiːˌpɑːtɪ] званый чай; общество, приглашенное на чай

tea-pot [ˈtiːpɔt] чайник (*для заварки*)

tea-room [ˈtiːrum] кафе-кондитерская

tea-table [ˈtiːˌteɪbl] чайный стол; общество за чаем

teach [tiːtʃ] учить; обучать; преподавать; приучать; проучить

teach-in [ˈtiːtʃɪn] диспут-семинар

teachability [ˌtiːtʃəˈbɪlɪtɪ] обучаемость

teachable [ˈtiːtʃəbl] доступный, усваиваемый (*о предмете*); способный к учению; понятливый; прилежный

teacher [ˈtiːtʃə] учитель(ница); преподаватель(ница)

teaching [ˈtiːtʃɪŋ] воспитание; образование; обучение; доктрина; учение

teal [tiːl] чирок (*орнит.*)

team [tiːm] упряжка (*лошадей, волов*); спортивная команда; бригада; артель (*рабочих*); экипаж судна; запрягать; объединяться в бригаду, команду и т. п.

team-work [ˈtiːmwəːk] бригадная (*артельная*) работа; согласованная работа; совместные усилия; взаимодействие

teamster [ˈtiːmstə] погонщик; возница; водитель грузовика

teamwise ['ti:mwaɪz] вместе; совместно; сообща
tear [tɛə] [tɪə] разрыв; дыра; прореха; стремительное движение; спешка; неистовство; рвать(ся); срывать; отрывать(ся); отнимать; выхватывать; оцарапать; поранить; изнашиваться; мчаться; бушевать; неистовствовать; слеза; капля (росы)
to tear into — врываться; налетать, неся разрушения; набрасываться (разг.); разрывать
tear duct ['tɪə'dʌkt] слезный проток
tear-drop ['tɪədrɔp] слеза; слезинка
tear-gas ['tɪə'gæs] слезоточивый газ
tearful ['tɪəful] плачущий; полный слез; готовый расплакаться; печальный; траурный; унылый
tearless ['tɪəlɪs] без слез; бесчувственный
tease [ti:z] дразнить; поддразнивать; надоедать; приставать; выпрашивать; домогаться; начесывать; взбивать (волосы)
teaser ['ti:zə] задира; трудная задача (разг.); головоломка
teat [ti:t] сосок
technical ['teknɪk(ə)l] технический; индустриальный; производственный; специальный; формальный; технико-юридический; относящийся к определенной области знаний или определенному виду искусства; специальная терминология; технические подробности
technical auxiliaries ['teknɪk(ə)l|ɔ:g'zɪljərɪz] обслуживающий технический персонал
technical backwardness ['teknɪk(ə)l|'bækwədnɪs] техническая отсталость; несовершенство
technical design ['teknɪk(ə)l|dɪ'zaɪn] проектное задание
technical inspection bureau ['teknɪk(ə)l|ɪn'spekʃən|bjuə'rou] бюро технического надзора
technician [tek'nɪʃ(ə)n] человек, знающий свое дело; специалист; человек, хорошо владеющий техникой (в живописи, музыке и т. п.)
technicolor [,teknɪ'kʌlə] яркий; живой; сочный (о красках и т. п.)
technics ['teknɪks] техника; технические науки
technique [tek'ni:k] техника; технические приемы; метод; методика; способ
technologic(al) [,teknə'lɔʤɪk(əl)] технологический; промышленный; технический; особый; специальный
technologist [tek'nɔləʤɪst] технолог
technology [tek'nɔləʤɪ] технические и прикладные науки; методика; технология; специальная терминология
tectonic [tek'tɔnɪk] архитектурный; тектонический (геол.)
tectum перемычка; мостик (анат.)
ted [ted] ворошить (сено)
tedder ['tedə] сеноворошилка
tedious ['ti:djəs] неинтересный; скучный; утомительный
tedium ['ti:djəm] скука; утомительность
tee [ti:] название буквы Т; вещь, имеющая форму буквы Т; тройник; мишень (в играх)
teem [ti:m] изобиловать; кишеть; быть полным (плодовитым); полно проявляться
teeming ['ti:mɪŋ] переполненный; битком набитый; плодовитый; изобилующий; кишащий
teenage ['ti:neɪʤ] находящийся в возрасте от 13 до 19 лет; юношеский
teenager ['ti:n,eɪʤə] подросток; юноша или девушка
teens [ti:nz] возраст от 13 до 19 лет (включительно)
teeny ['ti:nɪ] подросток; юноша или девушка; крохотный (разг.); крошечный
teeter ['ti:tə] детские качели (доска, положенная на бревно); качание; пошатывание; качаться на качелях; колебаться; раскачиваться
teeth [ti:θ] зубы
teethe [ti:ð] прорезываться (о зубах); начинаться; намечаться
teetotal [ti:'toutl] непьющий; трезвый; абсолютный (разг.); полный
teetotaller [ti:'toutlə] трезвенник
teflon ['teflɔn] тефлон
tegular ['tegjulə] черепичный
tehee [ti:'hi:] хихиканье; хихикать
telarian прядущий паутину
telecast ['telɪkɑ:st] телевизионная передача; телевизионное вещание; передавать телевизионную программу
telecommunication ['telɪkə,mju:(:)nɪ'keɪʃ(ə)n] дальняя связь; телефон; телеграф или радио
telecontrol ['telɪkən'troul] телеуправление; дистанционное управление
telecruiser ['telɪ'kru:zə] передвижная телевизионная станция
telefilm ['telɪfɪlm] телевизионный фильм
telegenic [,telɪ'ʤenɪk] телегеничный; хорошо выглядящий на экране телевизора
telegram ['telɪgræm] телеграмма
telegraph ['telɪgrɑ:f] телеграф; телеграфный; телеграфировать
telekinesis [,telɪkaɪ'ni:sɪs] телекинез; перемещение предметов на расстоянии
telepathic [,telɪ'pæθɪk] телепатический
telepathy [tɪ'lepəθɪ] телепатия
telephone ['telɪfoun] телефон; телефонный; звонить
to telephone in — посылать сообщение по телефону
telephone bill ['telɪfoun|'bɪl] счет за пользование телефоном

TEL — TEM

telephone book ['telɪfoun|'buk] телефонная книга
telephone booth ['telɪfoun|'bu:θ] телефонная будка
telephone directory ['telɪfoun|daɪ'rektərɪ] телефонный справочник
telephone number ['telɪfoun|'nʌmbə] номер телефона
telephone set ['telɪfoun|'set] телефонный аппарат
telephonic [,telɪ'fɔnɪk] телефонный
telephonist [tɪ'lefənɪst] телефонист(ка)
teleprinter ['telɪ,prɪntə] телетайп
telescope ['telɪskoup] телескоп; оптическая труба; оптический прицел; выдвигать(ся); раздвигать(ся); складывать(ся); сталкиваться (о поездах); сжимать, сокращать (текст, рассказ и т. п.)
telescopic suspension [,telɪs'kɔpɪk|səs'penʃən] телескопическая подвеска
telescreen ['telɪskri:n] экран телевизора
teleview ['telɪvju:] телевизионная передача; телеобозрение; обозрение телевизионных передач
televiewer ['telɪvju:ə] телезритель
televise ['telɪvaɪz] передавать телевизионную программу; показывать по телевидению; смотреть передачу по телевидению
television ['telɪ,vɪʒ(ə)n] телевидение; телевизор; телевизионная передача; телепередача
television center ['telɪ,vɪʒ(ə)n|'sentə] телецентр
television journalism ['telɪ,vɪʒ(ə)n|'dʒə:nəlɪzm] тележурналистика
television line selector ['telɪ,vɪʒ(ə)n|'laɪn|sɪ'lektə] блок выделения строки
television player ['telɪ,vɪʒ(ə)n|'pleɪə] видеопроигрыватель
televisor ['telɪvaɪzə] телевизор
telex ['teleks] телекс
tell [tel] рассказывать; говорить; сказать; указывать; показывать; свидетельствовать; уверять; заверять; сообщать; выдавать (тайну); выбалтывать; приказывать; отличать; различать; выделяться; сказываться; отзываться

to tell apart — отличать; различать
to tell off — отсчитывать; отбирать (для определенного задания)

tellable ['teləbl] могущий быть рассказанным; стоящий того, чтобы о нем рассказали
teller ['telə] рассказчик; кассир в банке; счетчик голосов
telling ['telɪŋ] описание; повествование; рассказ; внушение; выговор; нагоняй; директива; приказ; указание; учет; действенный; впечатляющий; выразительный
telltale ['telteɪl] болтун; сплетник; ябедник; предательский; выдающий (что-либо)
tellurian [te'ljuərɪən] житель Земли; относящийся к Земле; земной

telluric [te'ljuərɪk] земной
temerarious [,temə'rɛərɪəs] безрассудный; отчаянный
temerity [tɪ'merɪtɪ] безрассудство; опрометчивость
temp [temp] работать временно (разг.); заменять (кого-либо); быть на подхвате (о работе секретарши)
temper ['tempə] нрав; характер; настроение; самообладание; сдержанность; раздражительность; вспыльчивость; регулировать; умерять; смягчать(ся); сдерживать(ся); удачно сочетать; смешивать в нужных пропорциях; доводить до нужного состояния; приходить в нужное состояние; делать смесь; смешивать краски
tempera ['tempərə] темпера
temperament ['temp(ə)rəmənt] темперамент; характер; нрав
temperamental [,temp(ə)rə'mentl] бойкий; живой; темпераментный; свойственный определенному темпераменту
temperance ['temp(ə)r(ə)ns] сдержанность; умеренность; воздержание; трезвенность
temperate ['temp(ə)rɪt] воздержанный; сдержанный; умеренный; умеренный (о климате и т. п.)
temperature ['temprɪtʃə] температура; степень нагрева; накал страстей; повышенная температура (разг.); жар
temperature-resistant ['temprɪtʃərɪ'zɪstənt] жаростойкий; жаропрочный
temperature-sensing device ['temprɪtʃə,sensɪŋ|dɪ'vaɪs] датчик температуры
tempest ['tempɪst] буря; бушевать
tempestuous [tem'pestjuəs] буйный; бурный
templar ['templə] тамплиер; храмовник (ист.)
template ['templɪt] шаблон
template activity ['templɪt|æk'tɪvɪtɪ] матричная активность
temple ['templ] храм; сооружать храм; висок
tempo ['tempou] темп (муз.); ритм; темп (жизни и т. п.)
temporal ['temp(ə)r(ə)l] временный; преходящий; бренный; светский; мирской; гражданский; височный
temporal absence ['temp(ə)r(ə)l|'æbsəns] временное отсутствие
temporal bone ['temp(ə)r(ə)l|'boun] височная кость
temporal distribution ['temp(ə)r(ə)l|,dɪstrɪ'bju:ʃən] распределение во времени
temporality [,tempə'rælɪtɪ] временный характер
temporary ['temp(ə)rərɪ] временный; преходящий; сезонный
temporary alimony ['temp(ə)rərɪ|'ælɪmənɪ] временное содержание

temporary annuity ['temp(ə)rərɪ|ə'njuɪtɪ] временная рента
temporary appointment ['temp(ə)rərɪ|ə'pɔɪntmənt] временное назначение
temporary certificate ['temp(ə)rərɪ|sə:'tɪfɪkɪt] временное свидетельство
temporary custody ['temp(ə)rərɪ|'kʌstədɪ] временное содержание под стражей
temporary disk ['temp(ə)rərɪ|'dɪsk] рабочий диск (компьют.)
temporary file ['temp(ə)rərɪ|'faɪl] рабочий файл (компьют.)
temporary leave ['temp(ə)rərɪ|'liːv] временное разрешение
temporary standard ['temp(ə)rərɪ|'stændəd] временная норма
temporary storage ['temp(ə)rərɪ|'stɔːrɪʤ] рабочая память (компьют.)
temporize ['tempəraɪz] лавировать; ловчить; медлить; затягивать; колебаться; выжидать; тянуть время; обсуждать условия; идти на компромисс
tempt [tempt] соблазнять; искушать; прельщать; уговаривать; склонять
temptation [temp'teɪʃ(ə)n] искушение; соблазн; приманка
tempter ['temptə] искуситель; соблазнитель
tempting ['temptɪŋ] заманчивый; привлекательный; искушающий; соблазняющий
tempting bait ['temptɪŋ|'beɪt] соблазнительная наживка
temptress ['temptrɪs] искусительница; соблазнительница
ten [ten] десять; десятка (цифра); десяток
tenable ['tenəbl] здравый; логический; прочный; надежный (о позиции)
tenacious [tɪ'neɪʃ(ə)s] крепкий; устойчивый; цепкий; стойкий; живучий; упорный; вязкий; липкий; клейкий
tenacity [tɪ'næsɪtɪ] цепкость; упорство; стойкость; вязкость; липкость; долговечность; живучесть
tenancy ['tenənsɪ] срок аренды; арендованное имущество; владение недвижимостью; аренда; наем помещения
tenancy in common ['tenənsɪ|ɪn|'kɔmən] общее владение
tenant ['tenənt] жилец; житель; обитатель; владелец; арендатор; съемщик; наниматель; арендовать; нанимать
tenant of demesne ['tenənt|əv|dɪ'meɪn] субарендатор
tenant-right ['tenənt|'raɪt] право аренды
tenanted ['tenəntɪd] арендованный
tench [tentʃ] линь (ихт.)

tend [tend] иметь тенденцию (к чему-либо); клониться (к чему-либо); иметь склонность (к чему-либо); иметь в себе элементы (чего-либо); направляться; вести в определенном направлении (о дороге, курсе и т. п.); заботиться (о ком-либо); ухаживать (за больным, за растениями и т. п.); обслуживать
tendance ['tendəns] забота (о ком-либо); присмотр; прислужники; свита
tendency ['tendənsɪ] влечение; тенденция; склонность; стремление; направление; цель; идея; замысел; тенденциозный
tendentious [ten'denʃəs] предвзятый; пристрастный; тенденциозный
tender ['tendə] предложение; заявка на подряд; платежное средство; торги; заявка на торгах; заявление о подписке на ценные бумаги; высказывать; предлагать; предоставлять; вносить; приносить извинения; представлять документы; мягкий; молодой; тонкий; незрелый; хрупкий; слабый; любящий; нежный; чувствительный; болезненный; деликатный; щекотливый; заботливый; чуткий
to tender thanks — *приносить благодарность*
tender age ['tendər|'eɪʤ] ранний возраст
tender breeding ['tendə|'briːdɪŋ] тепличное воспитание
tender health ['tendə|'helθ] слабое здоровье
tender-eyed ['tendəraɪd] с мягким ласковым взглядом; имеющий слабое зрение
tender-hearted ['tendə'hɑːtɪd] добрый; мягкосердечный
tenderer ['tendərə] лицо, делающее предложение
tendergreen ['tendəgriːn] капуста зеленая
tenderling ['tendəlɪŋ] маленький ребенок; неженка
tenderly ['tendəlɪ] нежно; мягко; осторожно
tenderness ['tendənɪs] нежность
tendinous ['tendɪnəs] жилистый; мускулистый; сухожильный
tendon ['tendən] сухожилие (анат.)
tendril-shaped ['tendrɪl'ʃeɪpt] усиковидный
tendrilar ['tendrɪlə] вьющийся
tenebrous ['tenɪbrəs] мрачный; темный
tenement ['tenɪmənt] арендуемое имущество; недвижимость; права, связанные с недвижимостью; владение; предмет владения
tenent удерживающий; цепкий
tenet ['tiːnet] догмат; норма; принцип
tenfold ['tenfould] десятикратный; состоящий из десяти частей; во много раз; намного
tennis ['tenɪs] теннис
tennis-ball ['tenɪsbɔːl] теннисный мяч
tennis-court ['tenɪskɔːt] (теннисный) корт
tennis-player ['tenɪs,pleɪə] теннисист

tenofibrils волокна сухожилия
tenon saw ['tenən'sɔː] шипорезная пила
tenor ['tenə] течение; направление; текст; содержание; общее содержание; смысл документа; копия; дубликат; срок векселя; тенор; теноровый
tenpins ['tenpɪnz] кегли
tens [tenz] десятки
tense [tens] время (грам.); натянутый; тугой; возбужденный; напряженный; напрягать; натягивать
tensely ['tenslɪ] с напряжением; напряженно
tensile ['tensaɪl] растяжимый; эластичный
tensility [ten'sɪlɪtɪ] растяжимость
tension ['tenʃ(ə)n] напряжение; напряженное состояние; натянутость; неестественность; натягивание; натяжение; растяжение
tension adjustment ['tenʃ(ə)n|ə'dʒʌstmənt] регулировка натяжения
tension roll ['tenʃ(ə)n'roul] валик натяжной
tensity ['tensɪtɪ] напряженное состояние; напряженность
tensive ['tensɪv] создающий напряжение
tent [tent] ларек; палатка; разбить палатку; жить в палатках
tent-bed ['tentbed] походная кровать
tentacle ['tentəkl] щупальце; чувствительный волосок
tentacular [ten'tækjulə] имеющий форму щупальца; подобный щупальцу
tentative ['tentətɪv] испытательный; опытный; пробный; экспериментальный; предварительный; временный
tentative draft ['tentətɪv'drɑːft] экспериментальный проект
tented ['tentɪd] полный палаток; покрытый палатками; в форме палатки (шатра); живущий в палатке; имеющий палатку
tenth [tenθ] десятый; десятая часть; десятина
tenths [tenθs] десятые
tenuity [te'njuː(ː)ɪtɪ] разреженность (воздуха); изящество; легкость; тонкость; бедность; нужда; нищета; скудость; убожество; слабость (звука); простота (стиля)
tenuous ['tenjuəs] незначительный; тонкий (о различиях); разреженный (о воздухе)
tenure ['tenjuə] обладание; пребывание в должности; срок владения; срок пребывания в должности; владение недвижимостью
tenure of employment ['tenjuər|əv|ɪm'plɔɪmənt] срок трудового договора; срок службы
tenure of office ['tenjuər|əv|'ɔfɪs] пребывание в должности
tepee ['tiːpiː] вигвам североамериканских индейцев

tepefy ['tepɪfaɪ] слегка подогревать(ся)
tepid ['tepɪd] тепловатый
ter [tə:] трижды
teraglin горбыль (ихт.)
teratism уродство; уродливое развитие
tercel ['tə:səl] самец сокола
tercentenary [,tə:sen'tiːnərɪ] трехсотлетняя годовщина; трехсотлетие; трехсотлетний
tercet ['tə:sɪt] трехстишие; терцина; терцет
tergiversate ['tə:dʒɪvə:seɪt] быть отступником, предателем; уклоняться
tergiversation [,tə:dʒɪvə:'seɪʃ(ə)n] отступничество; ренегатство; увертка; ухищрение
term [tə:m] срок; выражение; слово; промежуток времени; период; срок полномочий; термин; семестр; условие; язык; аренда на срок; выражать; называть; обозначать; формулировать; способ выражаться; слагаемое
term of appointment ['tə:m|əv|ə'pɔɪntmənt] срок полномочий
term of bill ['tə:m|əv|'bɪl] срок векселя
term of contract ['tə:m|əv|'kɔntrækt] срок исполнения договора
term of lease ['tə:m|əv|'liːs] срок аренды
term of partnership ['tə:m|əv|'paːtnəʃɪp] договор товарищества
term of payment ['tə:m|əv|'peɪmənt] срок платежа
term of validity ['tə:m|əv|və'lɪdɪtɪ] срок действия
term-time ['tə:mtaɪm] период занятий (в школе, колледже и т. п.)
termagant ['tə:məgənt] грубая, сварливая женщина; мегера; сварливый
termer ['tə:mə] преступник, отбывающий наказание
terminable ['tə:mɪnəbl] ограниченный сроком; срочный
terminal ['tə:mɪnl] конечная станция; конечный пункт; конечное слово; конечная часть; окончание; терминальный; конечный
terminal decision ['tə:mɪnl|dɪ'sɪʒən] окончательное решение
terminal of a semiconductor device ['tə:mɪnl|əv|ə|'semɪkən.dʌktə|dɪ'vaɪs] вывод полупроводникового прибора
terminal wage ['tə:mɪnl|'weɪdʒ] выходное пособие
terminate ['tə:mɪneɪt] ставить предел; положить конец; кончаться; завершаться; заканчивать; прекращаться; заключать; ограничивать
termination [,tə:mɪ'neɪʃ(ə)n] конец; окончание; прекращение; завершение; окончание (грам.); исход; итог; последствие; результат
termination of rights [,tə:mɪ'neɪʃ(ə)n|əv|'raɪts] прекращение прав

terminology [ˌtɜːmɪˈnɒləʤɪ] номенклатура; терминология

termitarium [ˌtɜːmɪˈte(ə)rɪəm] термитник

termitary [ˈtɜːmɪtərɪ] гнездо термитов

termite [ˈtɜːmaɪt] термит; термиты

termless [ˈtɜːmlɪs] не имеющий границ; безграничный; бессрочный; вечный; пожизненный; не ограниченный условиями; независимый

terms [ˈtɜːmz] условия договора (фин.)

terms of delivery [ˈtɜːmz|əv|dɪˈlɪvərɪ] условия поставки

terms of payment [ˈtɜːmz|əv|ˈpeɪmənt] условия оплаты

tern [tɜːn] три предмета; три числа и т. п.; тройка; крачка (орнит.)

ternary [ˈtɜːnərɪ] тернар; триада; троичный; тройной

terra-cotta [ˈterəˈkɒtə] терракота; терракотовый

terrace [ˈterəs] насыпь; уступ; веранда; терраса; ряд домов вдоль улицы; газон посреди улицы; плоская крыша

terraced [ˈterɪst] террасированный; снабженный террасой; стоящий в ряду стандартных домиков

terracing [ˈterəsɪŋ] террасирование; террасированный склон; ряд на трибуне стадиона

terrain [ˈtereɪn] край; местность; территория; район; земной

terraneous [teˈreɪnɪəs] наземный

terrapin [ˈterəpɪn] черепаха; водяная черепаха; автомобиль-амфибия

terraqueous [teˈreɪkwɪəs] состоящий из земли и воды; земноводный; сухопутно-морской (о путешествии)

terrarium [təˈre(ə)rɪəm] террариум

terrarium cage [təˈre(ə)rɪəm|ˈkeɪʤ] террариум

terre-tenant [teəˈtenənt] владелец недвижимости; арендатор

terrene [teˈriːn] земной; поверхность земли

terrestrial meridian [tɪˈrestrɪəl|məˈrɪdɪən] меридиан

terrible [ˈterəbl] внушающий страх, ужас; страшный; ужасный; громадный

terrick крачка (орнит.)

terricolous [teˈrɪkələs] почвенный

terrier [ˈterɪə] терьер (порода собак)

terrific [təˈrɪfɪk] смертный; ужасающий

terrify [ˈterɪfaɪ] ужасать; устрашать; внушать или вселять ужас, страх; запугивать

territorial [ˌterɪˈtɔːrɪəl] аграрный; земельный; земледельческий; территориальный

territorial army [ˌterɪˈtɔːrɪəl|ˈɑːmɪ] местные военные формирования

territoriality [ˌterɪtɔːrɪˈælɪtɪ] территориальность

territory [ˈterɪt(ə)rɪ] территория; земля; местность; область; область, сфера (науки и т. п.)

terror [ˈterə] страх; ужас; террор; лицо или вещь, внушающие страх

terror-haunted [ˈterəˈhɔːntɪd] преследуемый страхом

terror-stricken [ˈterəˌstrɪk(ə)n] объятый или охваченный ужасом

terrorism [ˈterərɪzm] терроризм

terrorist [ˈterərɪst] террорист

terrorize [ˈterəraɪz] терроризировать; вселять страх

terry-cloth [ˈterɪklɒθ] махровая ткань (для купальных халатов, простынь и т. п.)

terry-cloth robe [ˈterɪklɒθ|ˈroub] купальный халат

terse [tɜːs] сжатый; краткий (о стиле); немногословный (об ораторе)

terse language [ˈtɜːs|ˈlæŋgwɪʤ] краткая формулировка

tessellated [ˈtesɪleɪtɪd] мозаичный; мощенный разноцветными плитками; клетчатый; шахматный

tessellation [ˌtesɪˈleɪʃ(ə)n] мозаичная работа; мозаика

tessera [ˈtesərə] кубик мозаики; мозаика

test [test] испытание; мерило; тест; критерий; исследование; проба; опыт; анализ; реакция; реактив; проверочная, контрольная работа; тестирование; проверка; испытательный; пробный; подвергать испытанию; производить опыты (анализы); проверять

to test out — проверить; испытать

test audit [ˈtest|ˈɔːdɪt] контрольная проверка

test base [ˈtest|ˈbeɪs] испытательная база

test card [ˈtest|ˈkɑːd] контрольная перфокарта

test chart [ˈtest|ˈtʃɑːt] таблица для измерения остроты зрения

test conditions [ˈtest|kənˈdɪʃənz] условия испытаний; условия тестирования

test confidence [ˈtest|ˈkɒnfɪdəns] полнота теста; надежность критерия

test-ban [ˈtestbæn] запрещение испытаний ядерного оружия

test-bed [ˈtestbed] система отладки

test-glass [ˈtestglɑːs] пробирка

test-mixer [ˈtestˌmɪksə] мензурка

test-pilot [ˈtestˈpaɪlət] летчик-испытатель

test-tube [ˈtes(t)tjuːb] пробирка; родившийся в результате искусственного оплодотворения

test-tube baby [ˈtes(t)tjuːb|ˈbeɪbɪ] ребенок, родившийся в результате искусственного оплодотворения

test-type [ˈtesttaɪp] таблица для определения остроты зрения

testa ['testə] панцирь
testaceous [tes'teɪʃəs] панцирный (зоол.); защищенный панцирем; кирпичного цвета (о животных и растениях)
testacy ['testəsɪ] наличие завещания
testament ['testəmənt] завещание (юр.); завет (рел.)
testamentary [ˌtestə'ment(ə)rɪ] завещательный; переданный по завещанию
testamentary case [ˌtestə'ment(ə)rɪ'keɪs] дело о завещании
testamentary compulsion [ˌtestə'ment(ə)rɪ|kəm'pʌlʃən] принуждение к составлению завещания
testamentary disposition [ˌtestə'ment(ə)rɪˌdɪspə'zɪʃən] завещательное распоряжение
testamentary language [ˌtestə'ment(ə)rɪ'læŋgwɪʤ] формулировка завещания
testamentation [ˌtestəmen'teɪʃən] составление завещания
testate ['testɪt] завещатель; составлять завещание; оставлять по завещанию; переданный по завещанию; свидетельствовать
testation [tes'teɪʃən] свидетельство; доказательство
testator [tes'teɪtə] завещатель; наследователь; свидетель
testatrix [tes'teɪtrɪks] завещательница
testectomy кастрация
tester ['testə] лицо, производящее испытание; лаборант; испытатель; анализ; испытательный прибор; контрольно-измерительный прибор; тестер; щуп; зонд; балдахин
testicle ['testɪkl] яичко; семенник (анат.)
testicular fluid [te'stɪkjulə'flu:ɪd] сперма
testification [ˌtestɪfɪ'keɪʃ(ə)n] дача показаний
testifier ['testɪfaɪə] свидетель
testify ['testɪfaɪ] показывать; давать показания; заявлять; утверждать; свидетельствовать (о чем-либо); быть свидетельством или доказательством
testily ['testɪlɪ] вспыльчиво; раздражительно
testimonial [ˌtestɪ'mounjəl] свидетельство; удостоверение; характеристика; рекомендация; коллективный дар; приветственный адрес; денежное подношение; подношение; благодарственный; приветственный
testimonial compulsion [ˌtestɪ'mounjəl|kəm'pʌlʃən] принуждение к даче свидетельских показаний
testimonially [ˌtestɪ'mounjəlɪ] в качестве свидетеля

testimony ['testɪmənɪ] показание свидетеля; доказательство; довод; утверждение; (торжественное) заявление
testing ['testɪŋ] испытание; исследование; тестирование; испытательный; проверочный; выявляющий глубинные свойства
testis ['testɪs] яичко; семенник (анат.)
testosterone [te'stɔstəroun] тестостерон
testudinate [te'stju:dɪnɪt] имеющий твердую защитную раковину; черепаший
testudo [tes'tju:dou] лира (муз. инструмент); сухопутные черепахи
testy ['testɪ] вспыльчивый; раздражительный
tetanus ['tetənəs] столбняк
tetany ['tetənɪ] судороги
tetchy ['tetʃɪ] обидчивый; раздражительный
tête-à-tête ['teɪtɑ:'teɪt] свидание или разговор наедине; небольшой диван для двоих; доверительный; конфиденциальный; с глазу на глаз; наедине
tether ['teðə] привязь (для пасущегося животного); привязать (пасущееся животное)
tetra- ['tetrə] четырех-
tetrachotomous ['tetrə'kɔtəməs] разделенный на четыре части
tetragon ['tetrəgən] четырехсторонник; четырехугольник
tetrastich ['tetrəstɪk] строфа; эпиграмма; стихотворение из четырех строк
tetrasyllable ['tetrəˌsɪləbl] четырехсложное слово
tetter ['tetə] лишай; парша; экзема
text [tekst] текст; цитата из Библии; тема (речи, проповеди)
text area ['tekst'eərɪə] площадь набора (полигр.)
text editor ['tekst'edɪtə] текстовой редактор
text file ['tekst'faɪl] текстовой файл
text matter ['tekst'mætə] текстовой набор
text processing ['tekst'prousesɪŋ] обработка текста
text revision ['tekst rɪ'vɪʒən] редактирование текста
text underlay ['tekst'ʌndəleɪ] подтекстовка
text-book ['tekstbuk] курс; руководство; учебник
text-hand ['teksthænd] крупный круглый почерк
textile ['tekstaɪl] текстильный; ткацкий; текстиль(ное изделие); ткань
textual ['tekstjuəl] текстовый; относящийся к тексту; буквальный; дословный
texture ['tekstʃə] строение ткани; текстура; состав; строение; структура; своеобразие
texture paper ['tekstʃə'peɪpə] текстурная бумага
thalassophilus обитатель моря
thalassophyte морская водоросль

than [ðæn] — *полная форма*; [ðəп, ðn] — *редуцированные формы* чем; нежели

thanatoid [ˈθænətɔɪd] смертельный; ядовитый

thank [θæŋk] благодарность; благодарить

thank-offering [ˈθæŋk.ɔf(ə)rɪŋ] благодарственная жертва

thankful [ˈθæŋkful] благодарный

thankfully [ˈθæŋkfulɪ] к счастью; слава богу

thankless [ˈθæŋklɪs] неблагодарный

thanksgiving [ˈθæŋks.gɪvɪŋ] благодарственный молебен; благодарение

thankworthy [ˈθæŋk.wəːðɪ] заслуживающий благодарности

that [ðæt] — *полная форма*; [ðət, ðt] — *редуцированные формы* тот; который; так; настолько; до такой степени

that is all there is to it [ˈðæt|ɪz|ˈɔːl|ðeər|ˈɪz|tə|ɪt] только и всего

thatch [θætʃ] соломенная или тростниковая крыша; крыша из пальмовых листьев; солома или тростник *(для кровли)*; крыть соломой *(тростником)*

thatching [ˈθætʃɪŋ] сооружение крыш из соломы, тростника или пальмовых листьев; крыша из соломы, тростника или пальмовых листьев

thaumaturge [ˈθɔːmətəːdʒ] волшебник; маг; чудотворец

thaw [θɔː] оттепель; таяние; потепление *(в отношениях)*; смягчение международной напряженности; таять; оттаивать; согреваться; растапливать *(снег и т. п.)*; смягчаться; становиться дружелюбнее, сердечнее

the [ðiː] — *полн. форма*; [ðɪ] — *краткая форма перед гласными*; [ðə, ð] — *краткие формы перед согласными* определенный артикль

the cost to the consumer [ðə|ˈkɔst|tə|ðə|kən'sjuːmə] издержки потребителя

the Customs [ðə|ˈkʌstəmz] таможня

the state of emergency [ðə|ˈsteɪt|əv|ɪˈməːdʒənsɪ] чрезвычайное положение

theater [ˈθɪətə] театр; мелодраматический; театральный

theatral [ˈθɪətrəl] театральный

theatre [ˈθɪətə] театр; аудитория в виде амфитеатра; поле действий *(амер.)*

theatre-goer [ˈθɪətə.gouə] театрал

theatrical [θɪˈætrɪk(ə)l] сценический; театральный; напыщенный; неестественный; профессиональный актер; спектакль; костюмы; декорации

theatricality [θɪˌætrɪˈkælɪtɪ] театральность; неестественность; мелодраматичность

theatricalize [θɪˈætrɪkəlaɪz] инсценировать; театрализовать

theatrics [θɪˈætrɪks] сценическое искусство

theca [ˈθiːkə] капсула; оболочка; пыльцевой мешок

thee [ðiː] тебе; тебя

theft [θeft] воровство; грабеж; кража; украденные вещи; покража

their [ðeə] их; принадлежащий им; свой

theism [ˈθiːɪzm] теизм

thematic [θɪˈmætɪk] тематический; относящийся к основе *(грам.)*; основообразующий

theme [θiːm] тема; предмет *(разговора, сочинения)*

theme park [ˈθiːm|paːk] парк отдыха с аттракционами, оборудованием и т. п.

themselves [ð(ə)mˈselvz] себя; себе; сами

then [ðen] тогда; затем; позже; после; потом; в таком случае; кроме того; к тому же; *для усиления значения при выражении согласия;* то время; тогдашний; существовавший в то время

thenceforth [ˈðensˈfɔːθ] с этого времени; впредь

theocracy [θɪˈɔkrəsɪ] теократия

theocratic [θɪəˈkrætɪk] теократический

theologian [θɪəˈloudʒən] богослов

theological [θɪəˈlɔdʒɪk(ə)l] богословский

theology [θɪˈɔlədʒɪ] богословие

theorem [ˈθɪərəm] теорема

theoretical [θɪəˈretɪkəl] теоретический

theoretically [θɪəˈretɪkəlɪ] теоретически; в идеале; абсолютно; гипотетически

theoretician [ˌθɪərəˈtɪʃən] теоретик

theoretics [θɪəˈretɪks] теория *(в противоположность практике)*

theorist [ˈθɪərɪst] теоретик

theorize [ˈθɪəraɪz] теоретически предсказывать; строить теории

theory [ˈθɪərɪ] теория; учение; предположение; доктрина; принцип; теоретическое объяснение; версия

theory of evolution [ˈθɪərɪ|əv|ˌiːvəˈluːʃən] теория эволюции

theory of relativity [ˈθɪərɪ|əv|ˌreləˈtɪvɪtɪ] теория относительности

therapist [ˈθerəpɪst] врач; невропатолог; психиатр; физиотерапевт

therapy [ˈθerəpɪ] лечение; терапия

there [ðeə] — *полная форма*; [ðə] — *редуцированная форма* там; туда; здесь; тут; на этом месте

thereabout(s) [ˈðeərəbaut(s)] поблизости; возле; неподалеку; около; около этого; приблизительно; в этом роде

thereafter [ðeərˈaːftə] после этого; впоследствии; соответственно

thereat [ðeərˈæt] там; в том месте; тогда; в то время; по этой причине

thereby [ˈðeəˈbaɪ] таким образом; в связи с этим; тем самым; в силу этого

therefor [ðɛəˈfɔː] для этого; за это
therefore [ˈðɛəfɔː] поэтому; следовательно
therefrom [ðɛəˈfrɔm] оттуда
therein [ðɛərˈin] здесь; там; в этом; в том; в нем; в этом отношении
thereof [ðɛərˈɔv] из этого; из того; этого; того
thereon [ðɛərˈɔn] на том; на этом; после того; вслед за тем
thereout [ðɛərˈaut] оттуда; из того
thereto [ðɛəˈtuː] к тому; к этому; туда; кроме того; к тому же; вдобавок
theretofore [ˈðɛətəˈfɔː] до того времени
thereunder [ðɛərˈʌndə] под тем; под этим; на основании этого или в соответствии с этим
thereupon [ðɛərəˈpɔn] на том; на этом; вслед за тем, вследствие того; в отношении того
therewith [ðɛəˈwiθ] с тем; с этим; к тому же; немедленно; тотчас
thermal [ˈθəːm(ə)l] термический; тепловой; горячий; термальный (об источнике)
thermic [ˈθəːmɪk] тепловой; термический
thermography [θəˈmɔgrəfi] термография
thermometer [θəˈmɔmɪtə] градусник; термометр
thermoplastic adhesive [ˌθəːməˈplæstɪk|ədˈhiːsɪv] термопластичный клей
thermoplastic binding [ˌθəːməˈplæstɪk|ˈbaɪndɪŋ] клеевое скрепление блоков
thermos [ˈθəːmɔs] термос
thermos bottle [ˈθəːmɔs|ˈbɔtl] термос
thermostat [ˈθəːməstæt] термостат
therophyte однолетнее растение
thesaurus [θɪ(ː)ˈsɔːrəs] сокровищница; хранилище; словарь; справочник; энциклопедия; идеологический словарь; тезаурус
thesis [ˈθiːsɪs] тезис; положение; диссертация; тема для сочинения, очерка и т. п.
Thespian [ˈθɛspɪən] драматический, трагический актер или актриса; драматический; трагический
theurgy [ˈθiːəːʤɪ] волшебство; магия
they [ðeɪ] они (о людях, животных, предметах и т. п.)
thiamine [ˈθaɪəmɪn] витамин B1
thick [θɪk] толстый; жирный; густой; частый; хриплый; низкий (о голосе); многозвучный; неразборчивый; невнятный; гуща; часто; неясно
thick beard [ˈθɪkˈbɪəd] густая борода
thick-set [ˈθɪkˈsɛt] густо засаженный; коренастый; густая заросль
thick-skinned [ˈθɪkˈskɪnd] толстокожий (в переносном значении)
thicken [ˈθɪk(ə)n] утолщать; наращивать; делать более густым; сгущать; учащаться; темнеть; мрачнеть; запутываться; усложняться; становиться хриплым (о голосе)
thickened [ˈθɪk(ə)nd] утолщенный
thicket [ˈθɪkɪt] чаща; заросли; поросль; молодой лес
thickness [ˈθɪknɪs] толщина; плотность; густота; вязкость; напластование; пласт; слой
thief [θiːf] вор; грабитель; похититель
thieve [θiːv] (с)воровать; (у)красть
thievery [ˈθiːvəri] воровство; грабеж; кража; похищение; украденная вещь
thieves' Latin [ˈθiːvzˈlætɪn] воровской жаргон
thievish [ˈθiːvɪʃ] вороватый; нечистый на руку
thievishly [ˈθiːvɪʃli] воровато; бесчестно
thigh [θaɪ] бедро; бедренная кость; ляжка
thimble [ˈθɪmbl] наперсток
thimble-eye [ˈθɪmblˈaɪ] японская скумбрия
thimble-flower [ˈθɪmblˈflauə] черноголовка обыкновенная (бот.)
thimbleful [ˈθɪmblful] глоточек; щепотка; небольшое количество
thin [θɪn] тонкий; худой; худощавый; редкий; жидкий; неубедительный; разбавленный; ненасыщенный; шаткий; тусклый; слабый; худеть; утончать(ся); заострять; оскудевать; редеть; разжижать; разбавлять
to thin out — редеть; сокращаться; пустеть (о помещении); прореживать; продергивать
thin flank [ˈθɪnˈflæŋk] пашина
thin-skinned [ˈθɪnˈskɪnd] тонкокожий; легкоранимый; обидчивый
thin-walled [ˈθɪnˈwɔːld] тонкостенный
thing [θɪŋ] вещь; предмет; дело; обстоятельство; случай; факт; вещи (дорожные); багаж; одежда; личные вещи, принадлежности; утварь; создание; существо
think [θɪŋk] думать; мыслить; придумывать; находить; полагать; считать; понимать; представлять себе
to think aloud — думать вслух; размышлять вслух
to think away — выбросить из головы
to think back — помнить; вспомнить
to think nothing of — быть дурного мнения; ни во что не ставить; считать пустяком
to think out — продумать до конца; разгадать; разрешить; решить
thinkable [ˈθɪŋkəbl] вероятный; возможный; мыслимый; осуществимый; реальный
thinker [ˈθɪŋkə] мудрец; мыслитель; философ
thinking [ˈθɪŋkɪŋ] размышление; мнение; понятие; суждение; интеллектуальный; разумный
thinner [ˈθɪnə] разбавитель
third [θəːd] третий; треть; третья часть; терция (муз.)

third speed [ˈθəːdˈspiːd] третья передача *(авт.)*
Third World [ˈθəːdˈwəːld] третий мир *(неприсоединившиеся страны)*; развивающиеся страны
third-class [ˈθəːdˈklɑːs] третий класс *(на пароходе, в поезде)*
third-degree burn [ˈθəːddɪˌgriːˈbəːn] серьезный ожог; ожог третьей степени
thirdly [ˈθəːdlɪ] в-третьих
thirst [θəːst] жажда; жаждать *(чего-либо)*
thirsty [ˈθəːstɪ] томимый жаждой; иссохший *(о почве)*; жаждущий *(чего-либо)*
thirteen [ˈθəːˈtiːn] тринадцать
thirties [ˈθəːtɪz] тридцатые годы
thirty [ˈθəːtɪ] тридцать
this [ðɪs] этот; эта; это
this time [ˈðɪsˈtaɪm] на этот раз
thistle [θɪsl] артишок; чертополох
thistly [ˈθɪslɪ] заросший чертополохом; колючий
thitherward(s) [ˈðɪðəwəd(z)] в ту сторону; туда
thole [θoul] уключина
thong [θɔŋ] ремень; плеть; стегать
thoracic cage [θɔːˈræsɪkˈkeɪdʒ] грудная клетка *(мед.)*
thorn [θɔːn] колючка; шип; боярышник; терн
thorn-apple [ˈθɔːnˈæpl] дурман вонючий
thorny [ˈθɔːnɪ] колючий; тернистый; нелегкий; трудный; противоречивый *(о вопросе и т. п.)*
thorough [ˈθʌrə] полный; совершенный; законченный; доскональный; тщательный
thorough-bred [ˈθʌrəbred] породистый; чистокровный; хорошо воспитанный; безупречный; чистокровное, породистое животное
thorough-paced [ˈθʌrəpeɪst] хорошо выезженный; отъявленный; полный; точный
thoroughfare [ˈθʌrəfɛə] оживленная улица; транспортная артерия; проход; проезд; путь сообщения
thoroughgoing [ˈθʌrəˌgouɪŋ] идущий напролом; без компромиссов; коренной; радикальный; решительный
thoroughly [ˈθʌrəlɪ] вполне; совершенно; до конца; тщательно
thoroughness [ˈθʌrənɪs] доскональность; законченность
though [ðou] хотя; несмотря на; даже; если бы; хотя бы; тем не менее; однако *(же)*; все-таки
thought [θɔːt] мысль; мышление; желание; намерение; цель; забота; внимание
thought-out [ˈθɔːtaut] продуманный
thought-reading [ˈθɔːtˌriːdɪŋ] чтение чужих мыслей
thoughtful [ˈθɔːtful] задумчивый; погруженный в размышления; содержательный *(о книге и т. п.)*; заботливый; чуткий; внимательный

thoughtless [ˈθɔːtlɪs] безрассудный; беспечный; глупый; необдуманный; невнимательный *(к другим)*
thousand [ˈθauz(ə)nd] тысяча
thousandfold [ˈθauz(ə)ndfould] тысячекратный
thousands [ˈθauz(ə)ndz] тысячи
thousandths [ˈθauz(ə)ntθs] тысячные
thraldom [ˈθrɔːldəm] рабство *(ист.)*; неволя; рабская зависимость
thrall [θrɔːl] крепостной; невольник; раб; рабство *(ист.)*; покорять; порабощать
thrash [θræʃ] бить; пороть; победить *(в борьбе, состязании)*
thrasher [ˈθræʃə] пересмешник *(орнит.)*
thrashing [ˈθræʃɪŋ] взбучка; побои; порка; трепка; перегрузка
thrasonical [θrəˈsɔnɪk(ə)l] хвастливый
thread [θred] нитка; нить; резьба *(техн.)*; нарезка; шаг *(винта)*; нитяной; нитевидный; продевать нитку *(в иголку)*; нанизывать *(бусы и т. п.)*; вплетать; переплетать
thread diameter [ˈθredˌdaɪˈæmɪtə] диаметр резьбы
thread lead [ˈθredˈliːd] шаг винта
thread pitch [ˈθredˈpɪtʃ] шаг резьбы
thread-mark [ˈθredmɑːk] водяной знак *(на деньгах и т. п.)*
thread-sewn book [ˈθredsounˈbuk] сшитая книга
threadbare [ˈθredbɛə] изношенный; потертый; старый; бедно одетый; избитый *(о шутке, доводе и т. п.)*
threaded bolt [ˈθredɪdˈboult] болт с нарезкой
threadlike [ˈθredlaɪk] нитевидный; волокнистый
threadworms [ˈθredwəːmz] круглые черви; нематоды
thready [ˈθredɪ] нитяной; нитевидный; волокнистый; тонкий *(о голосе)*
threat [θret] опасность; риск; угроза
threaten [ˈθretn] грозить; угрожать *(чем-либо)*
threatening [ˈθretnɪŋ] угрозы; угрожающий; грозящий; нависший *(об опасности и т. п.)*
three [θriː] три; триада; тройка
three (golden) balls [ˈθriːˈ(gɔld(ə)n)ˈbɔːlz] вывеска ростовщика, дающего деньги под заклад
three-colour process [ˈθriːˌkʌləˈprouses] трехкрасочная печать
three-cornered [ˈθriːˈkɔːnəd] треугольный; трилинейный
three-decker [ˈθriːˈdekə] трехпалубное судно; трилогия; трехтомный роман
three-dimensional [ˈθriːdɪˈmenʃənl] трехмерный; пространственный; объемный
three-lane road [ˈθriːleɪnˈroud] трехполосная дорога

three-legged intersection [ˈθriːlegd|ˌɪntəˈsekʃən] развилка

three-legged junction [ˈθriːlegd|ˈʤʌŋkʃən] развилка

three-master [ˈθriːˈmɑːstə] трехмачтовое судно

three-part [ˈθriːpɑːt] трехголосие

three-phase circuit [ˈθriːfeɪz|ˈsəːkɪt] цепь трехфазного тока

three-phase generator [ˈθriːfeɪz|ˈʤenəreɪtə] генератор трехфазного тока

three-piece outfit [ˈθriːpiːs|ˈautfit] трио

three-poster [ˈθriːˈpoustə] трехмачтовое парусное судно

three-quarter [ˈθriːˈkwɔːtə] трехчетвертной

three-seat [ˈθriːˈsiːt] трехместный

three-way bulb [ˈθriːweɪ|ˈbʌlb] трехходовая лампочка

three-wheeler [ˈθriːˈwiːlə] трехколесный велосипед; мотоцикл с коляской

threefold [ˈθriːfould] утроенный; тройной

threesome [ˈθriːsəm] три человека; тройка; состоящий из трех; осуществляемый тремя

threnode [ˈθrenoud] погребальная песнь; погребальное пение; надгробная песнь

threnody [ˈθriːnədɪ] погребальная песнь; погребальное пение; надгробная песнь

thresh (thrash) [θreʃ] молотить; измолачивать

thresher (thrasher) [ˈθreʃə] молотильщик; молотилка; морская лисица (ихт.)

threshing (threshing) [ˈθreʃɪŋ] молотьба

threshing-drum [ˈθreʃɪŋdrʌm] молотилка

threshing-floor [ˈθreʃɪŋflɔː] гумно

threshold [ˈθreʃhould] порог; преддверие; отправной пункт; предел; мера чувствительности

thrift [θrɪft] бережливость; расчетливость

thriftless [ˈθrɪftlɪs] небережливый; неэкономный; расточительный

thrifty [ˈθrɪftɪ] бережливый; экономный; процветающий; цветущий

thrill [θrɪl] возбуждение; глубокое волнение; нервная дрожь; трепет; что-либо волнующее, захватывающее; вибрация; колебание; вызывать трепет; сильно взволновать; испытывать трепет; сильно взволноваться

thrilled [θrɪld] взволнованный; возбужденный; заинтригованный; захваченный

thriller [ˈθrɪlə] фильм, книга, пьеса, рассчитанные на то, чтобы взволновать, захватить зрителя (читателя); триллер

thrilling [ˈθrɪlɪŋ] волнующий; захватывающий; вибрирующий; дрожащий

thrive [θraɪv] благоденствовать; преуспевать; буйно, пышно расти; разрастаться

throat [θrout] глотка; горло; узкий проход; узкое отверстие; бормотать; напевать хриплым голосом

throat-bolt [ˈθroutboult] анкерный болт

throaty [ˈθroutɪ] гортанный; хриплый

throb [θrɔb] биение; пульсация; беспокойство; волнение; страх; трепет; сильно биться (пульсировать); беспокоиться; волноваться; трепетать

throe [θrou] сильная боль; агония; судорога

thrombus [ˈθrɔmbəs] тромб

throne [θroun] трон; престол; высокое положение; возводить на престол

throng [θrɔŋ] толпа; толчея; масса; множество; скопление; толпиться; заполнять (о толпе); переполнять (помещение)

throstle [ˈθrɔsl] певчий дрозд

throttle [ˈθrɔtl] дроссель; рычаг управления двигателем; душить; задыхаться

throttle blade [ˈθrɔtl|ˈbleɪd] дроссельная заслонка

throttle grip [ˈθrɔtl|ˈɡrɪp] ручка газа

throttle pedal [ˈθrɔtl|ˈpedl] педаль газа

through [θruː] *указывает на пространственные отношения:* через; сквозь; по; *указывает на временные отношения:* в течение, в продолжение, включительно; *в сочетаниях, имеющих переносное значение;* в, через, через (посредство), от, по причине; вследствие; из-за; благодаря; насквозь; вполне; основательно; совершенно; беспересадочный; прямой; беспрепятственный; свободный

through bill of lading [ˈθruːˈbɪl|əv|ˈleɪdɪŋ] сквозной коносамент (фин.)

through-bolt [ˈθruːboult] сквозной болт

through-hole [ˈθruːhoul] сквозное отверстие

through-road [ˈθruːroud] магистральная дорога

through-train [ˈθruːtreɪn] прямой поезд

through-way [ˈθruːweɪ] скоростное шоссе

throughout [θruː(ː)ˈaut] в продолжение; по всему; во всех отношениях

throughput [ˈθruːput] производительность

throw [θrou] бросание; бросок; риск; рискованное дело; покрывало (на кровати); гончарный круг; бросать; кидать; метать; быстро, неожиданно приводить (в определенное состояние)

to throw aside — отбрасывать; отстранять

to throw at — бросать; забрасывать; направлять; посылать (взгляд); набрасываться

to throw away — выкидывать; пропустить; не воспользоваться; тратить; растрачивать

to throw back upon — возвращать (к чему-либо); теснить

to throw light upon — проливать свет на (что-либо)

to throw lustre on — придать блеск (чему-либо); прославить (что-либо) *to throw over* — бросать; оставлять; покидать; уходить; отказываться *(от плана, намерения и т. п.)*; свергать *(правительство)*

to throw together — наспех составлять; компилировать; сводить вместе; сталкивать *(о людях)*; собирать в одном месте

throw into gear [ˈθrouˈɪntəˈgɪə] включать передачу

throw out of gear [ˈθrouˈautəvˈgɪə] выключать передачу

throw-back [ˈθroubæk] регресс; атавизм; возврат к прошлому

throw-out [ˈθrouaut] отбросы *(разг.)*; отходы производства; утиль

throw-out bearing [ˈθrouautˈbeərɪŋ] выжимной подшипник

thrower [ˈθrouə] метатель; гранатометчик; гончар; метательный аппарат

thrum [θrʌm] бренчание; треньканье; бренчать; тренькать; издавать бренчащий звук; напевать; говорить монотонно; барабанить пальцами

thrush [θrʌʃ] дрозд

thrushes [θrʌʃiz] дроздовые

thrust [θrʌst] толчок; выпад; удар; вооруженное нападение; атака; толкать; тыкать; лезть; пролезать; протискиваться; навязывать *(кому-либо)*

to thrust at — толкаться; пробиваться; лезть; наносить удар; вонзать

to thrust into — пробиваться; лезть; навязываться; пролезать; втираться; совать; засовывать; всовывать; просовывать; наносить удар; всаживать; вколачивать

to thrust through — пробиваться

thrust bearing [ˈθrʌstˈbeərɪŋ] нажимной подшипник сцепления; упорный подшипник

thrust collar [ˈθrʌstˈkɔlə] упорная шайба

thrust screw [ˈθrʌstˈskruː] распорный винт

thrust washer [ˈθrʌstˈwɔʃə] упорная шайба

thrust-stage [ˈθrʌstˈsteɪdʒ] большая авансцена

thud [θʌd] глухой звук; стук *(от падения тяжелого тела)*; свалиться; сорваться; ударяться с глухим стуком

thug [θʌg] убийца

thuggery [ˈθʌgərɪ] удушение

thumb [θʌm] большой палец руки; палец рукавицы; листать, смотреть журнал, книгу; загрязнить; захватать

thump [θʌmp] тяжелый удар *(кулаком, дубинкой)*; глухой звук *(удара)*; наносить тяжелый удар; ударяться; биться с глухим шумом

thumping [ˈθʌmpɪŋ] гигантский; громадный; весьма *(разг.)*; очень; сильно

thunder [ˈθʌndə] гром; грохот; гудение; гул; шум; греметь; колотить; стучать; говорить громогласно

to thunder out — выкрикивать; скандировать

thunder-clap [ˈθʌndəklæp] удар грома; неожиданное событие; ужасная новость

thunder-cloud [ˈθʌndəklaud] грозовая туча

thunder-peal [ˈθʌndəpiːl] удар, раскат грома

thunder-storm [ˈθʌndəstɔːm] гроза

thunder-stroke [ˈθʌndəstrouk] удар грома

thunderbolt [ˈθʌndəboult] удар молнии; белемнит; чертов палец *(остатки ископаемых моллюсков)*

thundering [ˈθʌnd(ə)rɪŋ] громоподобный; оглушающий; громадный

thunderous [ˈθʌnd(ə)rəs] грозовой; предвещающий грозу; громовой; оглушительный

thurible [ˈθjuərɪbl] кадило

thurify [ˈθjuərɪfaɪ] кадить

Thursday [ˈθəːzdɪ] четверг

thus [ðʌs] так; таким образом; поэтому; до; до такой степени

thwack [θwæk] *(сильный)* удар; бить; колотить

thwart [θwɔːt] косой; пересекающийся; расстраивать, разрушать *(планы и т. п.)*; перечить

thyroid [ˈθaɪrɔɪd] щитовидная железа; щитовидный

thyroid gland [ˈθaɪrɔɪdˈglænd] щитовидная железа

thyrsus [ˈθəːsəs] тирс; жезл Вакха

thyself [ðaɪˈself] -ся; себя; сам; сама

tiara [tɪˈɑːrə] тиара; диадема

tibia [ˈtɪbɪə] большая берцовая кость; голень

tick [tɪk] чехол *(матраца, подушки)*; тиканье; галочка; знак; метка; тикать; делать отметку; вычисление; расчет; счет; брать в долг; покупать в кредит; клещ *(зоол.)*

tick-tack [ˈtɪkˈtæk] тик-так; тиканье; звук биения сердца

tick-tack-toe [ˈtɪktækˈtou] игра в крестики и нолики

ticker [ˈtɪkə] маятник; часы *(разг.)*

ticker-tape [ˈtɪkəteɪp] телеграфная лента

ticker-tape reception [ˈtɪkəteɪprɪˈsepʃ(ə)n] торжественная встреча; торжественный проезд по улицам города

ticket [ˈtɪkɪt] билет; ярлык; объявление *(о сдаче внаем)*; удостоверение; карточка; квитанция; билетный; прикреплять ярлык

ticket-of-leave [ˈtɪkɪtəvˈliːv] досрочное освобождение заключенного

ticking-over [ˈtɪkɪŋˈouvə] работа двигателя на малых оборотах

tickle ['tɪkl] щекотание; щекотка; щекотать; чувствовать щекотание; угождать; доставлять удовольствие; веселить; ловить *(рыбу)* руками

tickler ['tɪklə] затруднение; щекотливое положение; трудная задача

tickseed ['tɪksiːd] череда

tide [taɪd] морской прилив и отлив; время года; период; движение; направление; взрыв; волна; подъем; плыть по течению; нести по течению; смывать

tidewater ['taɪd‚wɔːtə] приливная вода; прибрежный; приморский

tidiness ['taɪdɪnɪs] опрятность

tidy ['taɪdɪ] аккуратный; исполнительный; убирать; приводить в порядок

tie [taɪ] связь; соединение; узел; узы; галстук; завязка; шнурок; обуза; тягота; игра вничью; разделение голосов поровну; обязательство; завязывать(ся); привязывать; скреплять; связывать; ограничивать условиями; сравнять счет; сыграть вничью; лиговать *(муз.)*

tie-bolt ['taɪboult] анкерный болт

tie-fastening boot [‚taɪ‚fɑːsnɪŋ'buːt] ботинок на шнуровке

tie-in ['taɪɪn] книга, сделанная на основе сериала или выходящая одновременно с ним; ограничительная оговорка

tie-pin ['taɪpɪn] булавка для галстука

tie-rod arm ['taɪrɔd‚ɑːm] боковая рулевая тяга

tie-shoe ['taɪʃuː] мужской полуботинок

tie-up ['taɪʌp] путы; связанность; *(разг.)* связь; союз; остановка, задержка *(движения и т. п.)*

tie-washer ['taɪ‚wɔʃə] натяжная шайба

tier [taɪə] [tɪə] держатель; крепление; патрон; детский фартук *(амер.)*; ряд; ярус; бухта *(каната)*; уровень; располагать ярусами

tierce [tɪəs] одна третья часть

tiff [tɪf] размолвка; распря

tiffin ['tɪfɪn] второй завтрак; завтракать

tig [tɪg] прикосновение

tiger ['taɪgə] тигр; опасный противник *(в спорте)*; задира; хулиган

tigerish ['taɪgərɪʃ] тигриный; свирепый и кровожадный как тигр

tiger's-mouth ['taɪgəzmauθ] львиный зев большой

tight [taɪt] плотный; компактный; сжатый; непроницаемый; тугой; туго натянутый; тесный *(о платье, обуви)*; трудный; тяжелый

tight-fisted ['taɪt'fɪstɪd] скаредный; скупой

tight-lipped ['taɪt'lɪpt] молчаливый

tighten ['taɪtn] сжимать(ся); натягивать(ся); уплотнять

tighten a screw ['taɪtnə'skruː] подтягивать болт; затянуть болт

tighten belt ['taɪtn|belt] натяжной ремень

tightener ['taɪtnə] натяжное устройство; натяжной ролик

tightening screw ['taɪtnɪŋ'skruː] стопорный винт

tightness ['taɪtnɪs] напряженность

tightrope-dancer ['taɪtroup‚dɑːnsə] канатоходец; акробат

tights [taɪts] трико; колготки

tigress ['taɪgrɪs] тигрица

tile [taɪl] черепица; изразец; кафель; плитка; цилиндр *(шляпа)*; гончарная труба

tile-tree ['taɪltriː] липа разнолистная

tiled roof ['taɪld'ruːf] черепичная кровля

tiler ['taɪlə] мастер по кладке черепицы

tiling ['taɪlɪŋ] черепичная кровля

till [tɪl] до; не раньше; *(до тех пор)* пока *(не)*; денежный ящик; касса *(в магазине или банке)*; возделывать землю; пахать

tillage ['tɪlɪdʒ] обработка почвы; возделанная земля; пашня

tiller ['tɪlə] румпель *(мор.)*; земледелец; землепашец; хлебороб; побег; росток; отросток; рукоятка; рычаг; выбрасывать побеги; давать ростки; прорастать

tiller compartment ['tɪləkəm'pɑːtmənt] румпельное отделение

tilt [tɪlt] наклонное положение; раздор; ссора; наклонять(ся); опрокидывать(ся); вращать

to tilt at — бороться; критиковать кого-либо, что-либо *(в выступлении, в печати и т. п.)*

tilth [tɪlθ] обработка почвы; пашня; пахотная земля; глубина возделанного слоя

tilting bearing ['tɪltɪŋ'bɛərɪŋ] шарнирная опора

timbal ['tɪmbəl] литавра

timber ['tɪmbə] древесина; деревянный; брус; бревно; строительный материал *(из дерева)*

timber-toe(s) ['tɪmbətou(z)] человек с деревянной ногой *(разг.)*; человек с тяжелой поступью

timbered ['tɪmbəd] деревянный; лесистый

timbering ['tɪmbərɪŋ] лесоматериалы; плотничество; столярничество

timbre ['tæmbə] тембр

timbrel ['tɪmbr(ə)l] бубен; тамбурин

time [taɪm] время; срок; времена; период времени; определенный срок; эпоха; век; жизнь; темп; ритм; такт; размер; повременный; удачно выбирать время; рассчитывать *(по времени)*; назначать время; исполнять в такт; отбивать в такт; выдерживать такт

time belt ['taɪm|belt] часовой пояс

time in service ['taɪm|ɪn|'səːvɪs] продолжительность эксплуатации

time limit ['taɪm|'lɪmɪt] предельный срок
time of performance ['taɪm|əv|pə'fɔːməns] срок исполнения
time zone ['taɪm|zoun] часовой пояс
time-barred ['taɪm‚baːd] погашенный давностью
time-charter ['taɪm'tʃaːtə] тайм-чартер *(фин.)*
time-honoured ['taɪm‚ɔnəd] освященный веками
time-keeping ['taɪm‚kiːpɪŋ] хронометраж; хронометрия; табельный учет
time-loan ['taɪmloun] срочный заем
time-off ['taɪmɔːf] время окончания разговора
time-out ['taɪm'aut] перерыв *(в работе, спортивных играх и т. п.)*
time-saving ['taɪm‚seɪvɪŋ] экономящий время; ускоряющий
time-server ['taɪm‚səːvə] приспособленец; конъюнктурщик; оппортунист
time-serving ['taɪm‚səːvɪŋ] приспособленчество; оппортунизм; приспособленческий
time-study ['taɪm‚stʌdɪ] хронометраж
time-table ['taɪm‚teɪbl] расписание *(железнодорожное, школьное и т. п.)*; график *(работы и т. п.)*
time-work ['taɪmwəːk] повременная работа; поденная или почасовая работа
time-worn ['taɪmwɔːn] ветхий; изношенный; старый; устаревший
timekeeper ['taɪm‚kiːpə] табельщик; хронометрист
timeless ['taɪmlɪs] несвоевременный; не относящийся к определенному времени
timeliness ['taɪmlɪnɪs] своевременность
timely ['taɪmlɪ] своевременный; уместный
timer ['taɪmə] часы; хронометр; таймер; регулятор выдержки времени
timid ['tɪmɪd] робкий; застенчивый
timidity [tɪ'mɪdɪtɪ] робость; застенчивость
timing ['taɪmɪŋ] выбор определенного времени; расчет времени; график; программа; расписание; синхронизация; хронометраж
timing chain ['taɪmɪŋ|'tʃeɪn] цепь привода распределительного механизма
timing gear ['taɪmɪŋ|'gɪə] распределительная шестерня
timing lever ['taɪmɪŋ|'liːvə] рычаг для установки опережения зажигания
timorous ['tɪmərəs] робкий; очень боязливый
tin [tɪn] олово; оловянная посуда; жестянка; консервная банка; оловянный; ненастоящий; поддельный; лудить; покрывать оловом; затормаживать; консервировать
tin ear [tɪn|'ɪə] отсутствие музыкального слуха
tin-opener ['tɪn‚oupnə] консервный нож
tin-pan ['tɪnpæn] металлический; резкий; неприятный *(о звуке)*

tinction ['tɪŋkʃən] окрашивание
tinctorial [tɪŋk'tɔːrɪəl] красильный
tincture ['tɪŋktʃə] оттенок; примесь *(какого-либо цвета)*; настойка; раствор; тинктура; привкус; примесь; слегка окрашивать; придавать *(запах, вкус и т. п.)*
tindery ['tɪndərɪ] легковоспламеняющийся
tine [taɪn] зубец вил, бороны; острие
tinge [tɪndʒ] легкая окраска; оттенок; тон; привкус; след; слегка окрашивать; придавать оттенок
tingle ['tɪŋgl] звон в ушах; покалывание; вызывать звон *(в ушах)*; ощущение колотья; щипать и т. п.; гореть *(от стыда, негодования)*; дрожать; трепетать *(от)*
tinhorn ['tɪnhɔːn] хвастун; внешний; дешевый; показной
tinker ['tɪŋkə] лудильщик; медник; лудить; паять; спаивать; чинить кое-как, на скорую руку
tinkle ['tɪŋkl] звон колокольчика или металлических предметов друг о друга; звяканье; звенеть; звонить; звякать; бренчать
tinkler ['tɪŋklə] колокольчик *(разг.)*; медник; лудильщик
tinkly ['tɪŋklɪ] звенящий; бренчащий
tinman ['tɪnmən] жестянщик
tinned [tɪnd] запаянный в жестяную коробку; консервированный; покрытый слоем олова
tinsel ['tɪns(ə)l] блестки; мишура; показной блеск; ткань с блестящей нитью; мишурный; внешний; показной; украшать мишурой; придавать дешевый блеск
tint [tɪnt] интенсивность цвета; краска; окраска; оттенок; тон; растровый фон *(полигр.)*; бледный; светлый; слегка окрашивать; подцвечивать; подсвечивать
tinted ['tɪntɪd] окрашенный
tintinnabulation [‚tɪntɪ‚næbju'leɪʃ(ə)n] звон колоколов
tinware ['tɪnwɛə] жестяные изделия; оловянная посуда
tiny ['taɪnɪ] очень маленький; крошечный; карликовый
tip in ['tɪp|'ɪn] вклеивать
tiphophilus обитатель прудов
tiphophyte прудовое растение
tipping ['tɪpɪŋ] вклейка иллюстраций
tire ['taɪə] одежда; головной убор; шина; автопокрышка; одевать; украшать
tissue ['tɪsjuː] ['tɪʃjuː] ткань
tissue paper ['tɪsjuː|'peɪpə] папиросная бумага
tit [tɪt] синица
title ['taɪtl] заглавие; название; титул; наименование; раздел; звание; право собственности; пра-

TIT — TOP

вооснование; право на иск; озаглавливать; давать заглавие

title leaf [ˈtaɪtl|ˈliːf] титульный лист
title page [ˈtaɪtl|peɪdʒ] титульная страница
title page verso [ˈtaɪtl|peɪdʒ|ˈvəːsou] оборот титула
titled [ˈtaɪtld] титулованный; названный
titled-deed [ˈtaɪtld|ˈdiːd] документ, подтверждающий право собственности
titles [ˈtaɪtlz] надписи; титры
titular government [ˈtɪtjulə|ˈɡʌnmənt] законное правительство
to [tuː] — *полн. форма*; [tu] — *кратк. форма перед гласными*; [tə, t] — *кратк. формы перед согласными указывает на направление: к, в, на; указывает на предел движения, расстояния, времени, количества: на, до; указывает на высшую степень точности, аккуратности, качества и т. п.; указывает на цель действия: на, для; указывает на лицо, по отношению к которому или в интересах которого совершается действие*

to a certain degree — *до известной степени*

toad [toud] жаба; жабий
toad-fish [ˈtoudfɪʃ] тетрадон *(ихт.)*
toaster [ˈtoustə] тостер
tobacco [təˈbækou] табак; махорка
tod [tɔd] лисица; хитрец
toe [tou] палец ноги; передняя часть копыта
toe-board [ˈtoubɔːd] ступенька у автомобиля
toe-cap [ˈtoukæp] носок *(ботинка)*
toffee [ˈtɔfɪ] ирис *(конфета)*
together [təˈɡeðə] вдвоем; воедино; кряду; вместе; слитно
toggle lever [ˈtɔɡl|ˈliːvə] коленчатый рычаг
toggle-switch [ˈtɔɡlswɪtʃ] тумблер
togue голец *(ихт.)*
toil [tɔɪl] тяжелый труд; усиленно трудиться; пошлина
toilet [ˈtɔɪlɪt] ватерклозет; туалетный; туалет; костюм *(туалет)*; ванная комната
toilet-pan [ˈtɔɪlɪtpæn] унитаз
token [ˈtoukən] знак; символ; признак; примета; жетон
token coin [ˈtoukən|ˈkɔɪn] разменная монета
token contribution [ˈtoukən|ˌkɔntrɪˈbjuːʃən] символический взнос
tolerable [ˈtɔlərəbl] приемлемый; допустимый; терпимый
tolerance [ˈtɔlərəns] допуск; допустимое отклонение; выносливость; терпимость
tolerance distribution [ˈtɔlərəns|ˌdɪstrɪˈbjuːʃən] допустимое распределение
tolerance level [ˈtɔlərəns|ˈlevl] допустимый уровень

tolerant [ˈtɔlərənt] толерантный; допустимый; приемлемый; терпимый
toll [toul] пошлина; сбор; плата *(дополнительная)* за услуги; колокольный звон; взимать пошлину; аннулировать; звонить в колокол
toll road [ˈtoul|ˈroud] платная дорога
toll-free [ˈtoul|ˈfriː] беспошлинный
tollable [ˈtouləbl] облагаемый пошлиной
toluene [ˈtɔljuiːn] толуол
tomb [tuːm] надгробие
tombstone [ˈtuːmstoun] могильный камень; надгробная плита
tomentose [təˈmentous] пушистый; опушенный; косматый; мохнатый; войлочный
tommy [ˈtɔmɪ] белая акула
ton [tʌn] тонна: мера веса, мера объема
tonal character [ˈtounl|ˈkærɪktə] тембр
tonality [touˈnælɪtɪ] тональность
tone [toun] тонус; настроение; тенденция; общая атмосфера; обстановка
tone-painting [ˈtoun|ˈpeɪntɪŋ] звукопись *(муз.)*
toneless [ˈtounlɪs] монотонный; невыразительный
tong морской язык *(ихт.)*
tongs [tɔŋz] щипцы; захват
tongue [tʌŋ] язык; речь; язычный
tonic contraction [ˈtɔnɪk|kənˈtrækʃən] тоническое сокращение
tonicity [touˈnɪsɪtɪ] тонус
tonnage [ˈtʌnɪdʒ] тоннаж; грузоподъемность в тоннах
tonsil [ˈtɔnsl] миндалина *(анат.)*
too [tuː] слишком; очень; крайне; тоже; также; к тому же; действительно
too big for one's boots [ˈtuː|ˈbɪɡ|fə|ˈwʌnz|ˈbuːts] самонадеянный *(разг.)*
tool [tuːl] рабочий инструмент; механизм; пособие; оборудовать
tool up [ˈtuːl|ˈʌp] оборудовать; оснащать
tool-bag [ˈtuːlbæɡ] сумка для инструмента
tool-chest [ˈtuːltʃest] ящик для инструментов
toolkit [ˈtuːlkɪt] комплект *(набор)* инструментов
tools [ˈtuːlz] инструменты; инструментарий; орудия труда
tooth [tuːθ] зуб; зубец *(техн.)*
tooth scales [ˈtuːθ|ˈskeɪlz] инструменты для удаления зубного камня
tooth-ache [ˈtuːθeɪk] зубная боль
toothed [ˈtuːθt] [ˈtuːðd] зубчатый; имеющий зубы
toothed bar [ˈtuːθt|ˈbɑː] зубчатая рейка
top [tɔp] волчок *(игрушка)*; верхушка; верх; высшая точка; высшая цена; высокое положение; высшая степень
top of form [ˈtɔp|əv|ˈfɔːm] начало страницы

top side [ˈtɔpˈsaɪd] лицевая сторона бумаги
top speed [ˈtɔpˈspiːd] предельная скорость
top-copy [ˈtɔpˈkɔpɪ] сигнальный экземпляр
top-secret [ˈtɔpˈsiːkrɪt] совершенно секретно
toper [ˈtoupə] акула
topic [ˈtɔpɪk] тема; предмет
topical [ˈtɔpɪkəl] локальный; тематический; проблемный
topinambour топинамбур, земляная груша
topper [ˈtɔpə] ботворез; товар особо высокого качества
torch [tɔːtʃ] факел; факельный; газовый; лампа; сварочная горелка; газовый резак; карманный фонарь
torch battery [ˈtɔːtʃˈbætərɪ] гальванический элемент; батарейка для карманного фонарика
torn [tɔːn] разодранный; разорванный
torpedo [tɔːˈpiːdou] торпеда; сигнальная петарда; электрический скат *(ихт.)*; атаковать торпедами; торпедный
torpedo weapon [tɔːˈpiːdouˈwepən] торпедное оружие
torpedo-boat [tɔːˈpiːdoubout] торпедный катер
torpedo-bomber [tɔːˈpiːdouˈbɔmə] бомбардировщик-торпедоносец
torpid [ˈtɔːpɪd] бездеятельный; апатичный; оцепеневший
torpidity [tɔːˈpɪdɪtɪ] оцепенение; отупение; бездействие
torpor [ˈtɔːpə] оцепенение; онемелость; оглушение; безразличие; апатия; бездействие
torque actuator [ˈtɔːkˈæktjueɪtə] механизм передачи крутящего момента
torque coupling assembly [ˈtɔːkˈkʌplɪŋəˈsemblɪ] муфта передачи крутящего момента
torque spanner [ˈtɔːkˈspænə] динамометрический ключ
torrets осока
torrid [ˈtɔrɪd] жаркий; горячий; знойный; страстный; выжженная солнцем растительность
torse [tɔːs] торс, развертывающаяся поверхность *(мат.)*
torsion [ˈtɔːʃən] кручение; крутящийся
torso [ˈtɔːsou] торс *(мат.)*
tortious [ˈtɔːʃəs] деликатный
tortoise [ˈtɔːtəs] черепаха; черепаховый
tortugie каменный окунь
tortuosity [ˌtɔːtjuˈɔsɪtɪ] извилистость; искривление; неискренность
tortuous [ˈtɔːtjuəs] извилистый; деформированный; неискренний
torture [ˈtɔːtʃə] пытка; истязание; муки; пытать; истязать; мучить
torus [ˈtɔːrəs] цветоложе

toss [tɔs] разметывать; бросать; кидать; метать; жеребьевка; жребий
tossing [ˈtɔsɪŋ] толчея; тряска
total [ˈtoutl] целое; сумма; итог; общий; всеобщий; весь; целый; абсолютный; подсчитывать; подводить итог
total activity [ˈtoutlækˈtɪvɪtɪ] всеобъемлющая деятельность
total asset [ˈtoutlˈæset] сумма активов
total claim [ˈtoutlˈkleɪm] общая сумма требований
total cost [ˈtoutlˈkɔst] общая стоимость
total length [ˈtoutlˈleŋθ] абсолютная длина
total weight [ˈtoutlˈweɪt] общий вес
totality [touˈtælɪtɪ] *(полный)* набор; *(полная)* совокупность; множество
totalizer [ˈtoutəlaɪzə] суммирующее устройство; сумматор; счетчик; тотализатор
toucan [ˈtuːkən] тукан
touch [tʌtʃ] соприкосновение; контакт; связь; касание; осязание; сношения; туше; штрих; мелкая деталь; оттенок; налет; немного; касаться; доходить до; одалживать кому-либо деньги; трогать; волновать
touch-and-go [ˈtʌtʃən(d)ˈgou] рискованный; опасный; критический
touch-screen [ˈtʌtʃˈskriːn] сенсорный экран
touchableness [ˈtʌtʃəblnɪs] осязаемость
touching [ˈtʌtʃɪŋ] относительно; касательно; касающийся
touchingness [ˈtʌtʃɪŋnɪs] раздражительность; обидчивость; вспыльчивость; повышенная чувствительность
touchy [ˈtʌtʃɪ] обидчивый; раздражительный; повышенно чувствительный; рискованный
tough [tʌf] упрямый; грубый; несговорчивый; тягучий; вязкий; жесткий; стойкий; выносливый; крепкий
toughness [ˈtʌfnɪs] прочность; ударная вязкость; жесткость; крепость
tour [ˈtuə] путешествие; турне; объезд; рейс; обход *(караула)*; рабочая смена; оборот *(цикл)*; совершать путешествие, турне и т. п.
touring [ˈtuərɪŋ] туризм
tourist [ˈtuərɪst] турист; туристический
tourist camp [ˈtuərɪstˈkæmp] туристическая база
tow [tou] буксировка; буксируемое судно; буксировать
tow-bar [ˈtoubɑː] жесткая буксировка
tow-boat [ˈtoubout] буксир; буксирное судно
tow-hook [ˈtouhuk] прицепное устройство
towage [ˈtouɪdʒ] буксировка
toward(s) [təˈwɔːd(z)] к; на; навстречу

tower ['tauə] башня; башенный; выситься; пилон

towing ['touɪŋ] буксировка; протаскивание; буксирный; буксировочный

towing arrangement ['touɪŋ|ə'reɪndʒmənt] буксирное устройство

town [taun] город; административный центр; городской

town bus ['taun|'bʌs] городской автобус

town council ['taun|'kauns(ə)l] городской совет

town court ['taun|'kɔːt] городской суд

townsman ['taunzmən] житель города; горожанин

toxic ['tɔksɪk] отравляющий; токсичный; ядовитый

toxicity [tɔk'sɪsɪtɪ] токсичность; ядовитость

toy [tɔɪ] игрушка; безделушка; игрушечный; играть

toy spade ['tɔɪ|'speɪd] детская лопатка

toywort ['tɔɪwəːt] пастушья сумка *(бот.)*

trace ['treɪs] след; знак; отпечаток; крапинка; прослеживать; разыскивать; устанавливать состояние; выслеживать; следить; следовать

tracer ['treɪsə] следопыт; копировальное устройство; прибор для отыскания повреждений; трассирующий *(воен.)*

tracer ammunition ['treɪsər|æmju'nɪʃən] трассирующие боеприпасы

tracer-bullet ['treɪsə,bulɪt] трассирующая пуля

tracer-element ['treɪsə,elɪmənt] меченый атом *(хим.)*

trachea [trə'kɪə] трахея; дыхательное горло

tracheal [trə'kɪəl] сосудистый

tracing ['treɪsɪŋ] розыск пропавших без вести; выслеживание; отыскание повреждений

tracing-leg ['treɪsɪŋ|'leg] опорная нога

track [træk] курс; путь; маршрут; гусеница; дорожка; трек; колея; след; тропинка; выслеживать; следить; прокладывать путь; оставлять след; бродить

track-gauge ['træk|'geɪdʒ] ширина колеи

track-suit ['træksjuːt] спортивный костюм для тренировок

tracking ['trækɪŋ] слежение; сопровождение; следящий

tract [trækt] тракт *(анат.)*; участок; площадь; *(переписной)* район

traction ['trækʃən] тяга; тяговое усилие; волочение; сила сцепления

traction-engine ['trækʃən,endʒɪn] тяговый двигатель

tractive unit ['træktɪv|'juːnɪt] тягач

tractor ['træktə] трактор; тягач; тракторный

tractor-leveller ['træktə'levələ] грейдер

trade ['treɪd] торговля; отрасль экономики; профессия; профессиональная деятельность; промышленность; занятие; ремесло; товарооборот; промысел; клиентура; покупатели; торговые круги; розничная торговля; обмен; торговать; торговый; профессиональный

trade agency ['treɪd|'eɪdʒənsɪ] торговое агентство

trade allowance ['treɪd|ə'lauəns] скидка розничным торговцам

trade and industry ['treɪd|ənd|'ɪndʌstrɪ] торговля и промышленность

trade association ['treɪd|ə,sousɪ'eɪʃən] ассоциация предпринимателей

trade balance ['treɪd|'bæləns] торговый баланс

trade barrier ['treɪd|'bærɪə] торговое ограничение

trade binding ['treɪd|'baɪndɪŋ] переплетная крышка для массовых изданий

trade book ['treɪd|'buk] книга, поступающая в розницу; литература массового издания

trade boycott ['treɪd|'bɔɪkət] экономическое эмбарго

trade discount ['treɪd|'dɪskaunt] скидка розничным торговцам

trade education ['treɪd|,edju'keɪʃən] профессиональное образование или обучение

trade embargo ['treɪd|em'baːgou] эмбарго на торговлю

trade fair ['treɪd|'feə] ярмарка

trade journal ['treɪd|'dʒəːnl] отраслевой журнал

trade on commission ['treɪd|ɔn|kə'mɪʃən] комиссионная торговля

trade representation ['treɪd|,reprɪzen'teɪʃən] торговое представительство

trade representative ['treɪd|,reprɪ'zentətɪv] торговый представитель

trade union ['treɪd|'juːnjən] профсоюз

trade-mark ['treɪdmaːk] товарный *(торговый)* знак; фирменный знак; торговая *(фабричная)* марка

trade-mark design ['treɪdmaːk|dɪ'zaɪn] дизайн товарного знака

trade-marks act ['treɪdmaːks|'ækt] закон о товарных знаках

trade-name ['treɪdneɪm] название фирмы; наименование товара

trade-off ['treɪdɔf] — *сущ.* ['treɪd'ɔːf] — *гл.* компромисс; альтернатива; выбор; поступиться чем-либо

trade-off decision ['treɪdɔf|dɪ'sɪʒən] компромиссное решение

trader ['treɪdə] торговец; спекулянт; торговое судно

trading ['treɪdɪŋ] торговля; коммерция; промысел; производственная деятельность; профессиональная деятельность; торговый; занимающийся торговлей

trading area [′treɪdɪŋ|′eərɪə] торговая зона
trading loss [′treɪdɪŋ|′lɔs] торговый убыток
trading profit [′treɪdɪŋ|′prɔfɪt] торговая или производственная прибыль
trading ticket [′treɪdɪŋ|′tɪkɪt] товарный ярлык
tradition [trə′dɪʃən] традиция; старый обычай; передача владения
traditional [trə′dɪʃənl] традиционный
traditionary [trə′dɪʃən(ə)rɪ] основанный на обычае; традиционный
traduction [trə′dʌkʃən] клевета; логический вывод
traffic [′træfɪk] движение; сообщение; транспорт; перевозки; грузооборот; торговля; торговля и транспорт; торговать; транспортный; дорожный
traffic area [′træfɪk|′eərɪə] проезжая часть
traffic beam [′træfɪk|biːm] дальний свет
traffic bollard [′træfɪk|′bɔləd] островок безопасности
traffic control [′træfɪk|kən′troul] регулировка уличного движения
traffic density [′træfɪk|′densɪtɪ] плотность движения
traffic indicator [′træfɪk|′ɪndɪkeɪtə] указатель направления движения
traffic interchange [′træfɪk|′ɪntətʃeɪnʤ] транспортная развязка
traffic lane [′træfɪk|′leɪn] полоса движения
traffic law [′træfɪk|′lɔː] дорожное право
traffic light [′træfɪk|laɪt] светофор
traffic queue [′træfɪk|kjuː] транспортный затор
traffic sign [′træfɪk|saɪn] дорожный знак; разметка
traffic signal [′træfɪk|′sɪgnəl] светофор; стоп-сигнал
traffic-jam [′træfɪkʤæm] транспортный затор; дорожная «пробка»
trafficability [,træfɪkə′bɪlɪtɪ] проходимость
trafficator [′træfɪkeɪtə] поворот *(дорожный указатель)*
trafficking [′træfɪkɪŋ] торговля запрещенным товаром
trail [treɪl] след; хвост; отставание; дорожка; тропинка; тащить(ся); идти по следу
trailer [′treɪlə] прицеп; трейлер
trailership [′treɪləʃɪp] трейлерное судно *(мор.)*; судно с горизонтальным способом погрузки и выгрузки
trailing [′treɪlɪŋ] свободное вращение руля; стелющийся; ползучий; задний; сбегающий
train [treɪn] воспитывать; учить; обучать; приучать; дрессировать; тренировать; формировать; готовить; поезд; ехать поездом; кортеж; свита

trained [′treɪnd] обученный; подготовленный; тренированный; дрессированный
trainee [treɪ′niː] ученик *(на производстве)*; стажер; практикант
trainer [′treɪnə] тренажер; инструктор; тренер; дрессировщик
training [′treɪnɪŋ] обучение; воспитание; подготовка к чему-либо; дрессировка; тренинг; тренировка; формирование; тренировочный; учебный
training period [′treɪnɪŋ|′pɪərɪəd] испытательный срок
training simulator [′treɪnɪŋ|′sɪmjuleɪtə] тренажер
training-school [′treɪnɪŋ′skuːl] специальное училище; исправительно-трудовая колония; реформаторий *(для малолетних правонарушителей)*
traitor [′treɪtə] предатель; изменник
traitorous [′treɪtərəs] предательский
trajectory [′træʤɪktərɪ] траектория; линия движения; орбиталь
tram [′træm] трамвай; ехать на трамвае
tram rails [′træm|reɪlz] трамвайные рельсы
tram-lines [′træmlaɪnz] трамвайные пути
tramp [træmp] бездомный; бродяга; бродячий; бродить
tramper [′træmpə] бродяга; трамповое судно; трамп *(мор.)*
trample [′træmpl] топтать; затаптывать; утаптывать
trampoline [′træmpəliːn] батут
tramway [′træmweɪ] трамвайная линия; трамвайный путь
tranquil [′træŋkwɪl] спокойный; уравновешенный; не выражающий признаков волнения
tranquillity [træŋ′kwɪlɪtɪ] спокойствие; состояние равновесия; покой; порядок
tranquillization [,træŋkwɪlaɪ′zeɪʃn] успокоение
tranquillizer [′træŋkwɪlaɪzə] транквилизатор; успокаивающее средство
transact [træn′zækt] вести дела, переговоры; заключать сделки
transaction [træn′zækʃn] дело; сделка; операция *(торговая)*; ведение дела; мировая сделка
transaction account [træn′zækʃən|ə′kaunt] текущий счет; краткосрочный депозит
transactor [træn′zæktə] лицо, ведущее переговоры; посредник; делец
transcend [træn′send] превосходить; превышать; находиться за пределами понимания; превосходить границы
transcribe [træns′kraɪb] транскрибировать; перезаписывать; переписывать; расшифровывать; воспроизводить
transcript [′trænskrɪpt] копия; запись; расшифровка стенограммы; матрица; воспроизведение

transcript of interrogation [ˈtrænskrɪpt|əv|ɪn.tərəˈgeɪʃən] протокол допроса

transcription [trænsˈkrɪpʃən] замена обозначений; перезапись; транскрипция

transducer [trænzˈdjuːsə] датчик; преобразователь

transductor [trænzˈdʌktə] трансдуктор; магнитный усилитель

transect [trænˈsekt] делать поперечный разрез

transection [trænˈsekʃən] поперечное сечение

transfer [ˈtrænsfəː] — *сущ.* [trænsˈfəː] — *гл.* передача; перемещение; уступка; перенос; трансферт; переход права; документ о передаче; денежный перевод; передача в собственность; перечисление; пересадка; зеркальное изображение; передавать; переводить; перечислять; переносить; перемещать; пересаживать(ся)

transfer-case [ˈtrænsfəːˈkeɪs] раздаточная коробка

transfer-note [ˈtrænsfəːˈnout] переводной вексель

transferable [trænsˈfəːrəbl] могущий быть переданным; переводимый

transferable account [trænsˈfəːrəbl|əˈkaunt] переводной счет

transference [ˈtrænsfərəns] передача; уступка; перевод *(денежных сумм)*; отклонение от курса *(мор.)*

transform [trænsˈfɔːm] превращать; преобразовывать; изменять; обращать; видоизменять

transformation [ˌtrænsfəˈmeɪʃən] превращение; трансформация; изменение; преобразование

transformer [trænsˈfɔːmə] трансформатор; преобразователь

transformer cell [trænsˈfɔːməˈsel] трансформаторная ячейка

transfuse [trænsˈfjuːz] делать переливание крови; переливать

transfusion [trænsˈfjuːʒən] переливание крови; слияние; смешение

transgress [trænsˈgres] переходить; переступать; нарушать нормы права

transgression [trænsˈgreʃən] нарушение норм права

transgressor [trænsˈgresə] правонарушитель

tranship [trænˈʃɪp] перегружать; переотправлять; пересаживать

transience [ˈtrænzɪəns] мимолетность; скоротечность

transient [ˈtrænzɪənt] временно проживающий; временный постоялец; временный; преходящий; транзитный; неустойчивый; изменяемый

transit [ˈtrænsɪt] транзит; перевозка; нахождение в пути; кульминация *(астр.)*; прохождение; проезд; пролет частиц; переход из одного состояния в другое; перекачка

transit traffic [ˈtrænsɪt|ˈtræfɪk] транзитная перевозка

transition [trænˈsɪʒən] переход; перемещение; перемена; переходный период

transition joint [trænˈsɪʒən|ˈdʒɔɪnt] переходная муфта

transitory [ˈtrænsɪtərɪ] переходный; преходящий; временный; кратковременный

translate [trænsˈleɪt] переводить с одного языка на другой; переносить; сдвигать; перемещать; объяснять; толковать; транслировать; преобразовывать

translation [trænsˈleɪʃən] перевод; преобразование; сдвиг; смещение; трансляция; радиопередача; конвертирование; толкование

translation rights [trænsˈleɪʃən|ˈraɪts] право на перевод

translator [trænsˈleɪtə] переводчик; конвертор; транслятор

translocate [ˌtrænzlouˈkeɪt] перемещать; смещать

transmissible [trænzˈmɪsəbl] передающийся; заразный

transmission [trænzˈmɪʃən] передаточный механизм; коробка передач; трансмиссия; передача; перенос; пересылка; переуступка прав; передача дела в другую инстанцию

transmission belt [trænzˈmɪʃən|ˈbelt] приводной ремень

transmission case [trænzˈmɪʃən|ˈkeɪs] картер коробки передач

transmission gear [trænzˈmɪʃən|ˈgɪə] коробка передач; передаточный механизм

transmission time [trænzˈmɪʃən|ˈtaɪm] время передачи

transmit [trænzˈmɪt] посылать; пересылать; сообщать; передавать; пропускать; переносить; отправлять; проводить; транспортировать; переуступать

transmittal [trænzˈmɪtl] передаточный механизм; передача; перенос; пересылка

transmitted [trænzˈmɪtɪd] передаваемый; переданный; посланный

transmitter [trænzˈmɪtə] радиопередатчик; носитель; рация; переносчик инфекции

transmitting range [trænzˈmɪtɪŋ|ˈreɪndʒ] зона приема

transmutation [ˌtrænzmjuːˈteɪʃən] превращение; преобразование; трансмутация; взаимопревращение; переход одного вида в другой

transparency [trænsˈpeərənsɪ] прозрачность; светопроницаемость

transparent [trænsˈpeərənt] прозрачный; просвечивающий; откровенный; очевидный

transplantate [trænsˈplɑːnteɪt] трансплантат

transplantation [ˌtrænsplɑːnˈteɪʃən] трансплантация; пересадка

transplanting [trænsˈplɑːntɪŋ] высадка (с.-х.)

transport [ˈtrænspɔːt] — *сущ., прил.* [trænsˈpɔːt] — *гл.* транспорт; машина; перевозка; передача прав; транспортировать; перевозить; переносить; транспортный

transportability [trænsˌpɔːtəˈbɪlɪtɪ] удобоперевозимость; транспортабельность

transportable [trænsˈpɔːtəbl] удобоперевозимый; переносной; транспортабельный

transportation [ˌtrænspɔːˈteɪʃən] транспорт; перевозка; транспортирование

transposition [ˌtrænspəˈzɪʃən] перемещение; перегруппировка

transreceiver [ˌtrænsrɪˈsiːvə] приемопередатчик

transudate [trænˈsjuːdeɪt] транссудат; просачиваться

transudation [ˌtrænsjuːˈdeɪʃən] потение; выпотевание; просачивание

transverse [ˈtrænzvəːs] поперечный; косой; располагаться поперек; перпендикулярный; пересекать; перекрестный

transverse axis [ˈtrænzvəːsˈæksɪs] поперечная ось

transverse spring [ˈtrænzvəːsˈsprɪŋ] поперечная рессора

trap [træp] капкан; ловушка; люк; трап; сифон; внутреннее прерывание; поймать; ставить ловушку; ловить капканом

trapeze [trəˈpiːz] трапеция (спорт.)

trapezium [trəˈpiːzjəm] трапеция (мат.)

trapezius [trəˈpiːzɪəs] трапециевидная мышца

trash [træʃ] хлам; мусор; дрянь; чушь; дешевка

traumatic [trɔːˈmætɪk] травматический; травмирующий

traumatism [ˈtrɔːmətɪzm] травматизм

traumatize [ˈtrɔːmətaɪz] травмировать

traumatology [ˌtrɔːməˈtɔlədʒɪ] травматология

travel [ˈtrævl] путешествие; переселение; миграция; рейс; движение; путешествовать; передвигаться; распространяться

to travel as tourist — ездить туристом

to travel hard — ехать в жестком вагоне

to travel soft — ехать в мягком вагоне

travel bureau [ˈtrævlˈbjuərou] бюро путешествий

travel business [ˈtrævlˈbɪznɪs] туристический бизнес

travel document [ˈtrævlˈdɔkjumənt] проездной документ

traveller [ˈtrævlə] путешественник; турист; коммивояжер

traveller's cheque [ˈtrævləzˈtʃek] туристический чек

travelling [ˈtrævlɪŋ] разъездной; движение; перемещение; движущийся

travelling auditor [ˈtrævlɪŋˈɔːdɪtə] выездной аудитор

traversable [trəˈvəːsəbl] оспоримый

traverse [ˈtrævəs] — *сущ.* [trəˈvəːs] — *гл.* поперечина (техн.); препятствие; траверс (спорт.); траверз (мор.); возражения ответчика по существу иска; отрицание фактов, приводимых противоположной стороной (фин.); пересекать; преодолевать

traverser [ˈtrævəsə] сторона, выдвигающая возражение

traversing speed [ˈtrævəsɪŋˈspiːd] ходовая скорость

travesty [ˈtrævɪstɪ] шарж; бурлеск; пародия

trawl [trɔːl] трал (мор.); тралить; траловая сеть (мор.)

trawler [ˈtrɔːlə] траулер

trawler-factory [ˈtrɔːləˈfæktərɪ] рыбообрабатывающий траулер

tray [treɪ] поднос; лоток; поддон

treacherous [ˈtretʃərəs] предательский

treachery [ˈtretʃərɪ] предательство

treacle [ˈtriːkl] патока

treacle-cake [ˈtriːklkeɪk] пряник

tread [tred] поступь; след; утаптывать; резьба; ступенька; шагать; ступать; попирать; протектор покрышки (авт.)

tread profile [ˈtredˈproufiːl] рисунок протектора

treadle [ˈtredl] ножной привод; педаль

treason [ˈtriːzn] государственная измена

treasonable [ˈtriːznəbl] изменнический

treasure [ˈtreʒə] сокровище; деньги; богатство; клад; дорожить; ценить

treasure-house [ˈtreʒəhaus] казначейство; сокровищница

treasurer [ˈtreʒərə] казначей; заведующий финансовым отделом; секретарь (акционерной корпорации); хранитель

treasury [ˈtreʒərɪ] казначейство; казна; сокровищница

treasury security [ˈtreʒərɪsɪˈkjuərɪtɪ] казначейская ценная бумага

treat [triːt] обращаться; обходиться; пользоваться; угощать; считать; рассматривать; вести переговоры с кем-либо о чем-либо; договариваться; обрабатывать; трактовать; рассматривать вопрос; лечить больного; воздействовать на преступника

treatment [ˈtriːtmənt] обращение; обхождение; уход; режим; обработка; трактовка; лечение; воспитательные меры

treatment allowance [ˈtriːtməntəˈlauəns] пособие на лечение

treaty [ˈtriːtɪ] договор; конвенция; соглашение; переговоры
treaty commitments [ˈtriːtɪ|kəˈmɪtmənts] договорные обязательства
treaty of marriage [ˈtriːtɪ|əv|ˈmærɪʤ] брачный договор
treble [ˈtrebl] тройной; утроенный; утраивать(ся)
treble-clef [ˈtreblklef] скрипичный ключ; ключ «соль»
tree [triː] дерево
tree-stump [ˈtriːˈstʌmp] пень
treeless [ˈtriːlɪs] безлесный
trefoil [ˈtrefɔɪl] клевер; трилистник
trellis [ˈtrelɪs] шпалера
trembler [ˈtremblə] прерыватель
trembling [ˈtremblɪŋ] трепетание; трепет; дрожь; страх; дребезжание; дрожание
tremelloid киселеобразный; студенистый
trench [trenʧ] ров; котлован; траншея; рыть канаву, окоп и т. п.
trend [trend] тенденция; ход; движение; общее направление (движения); изменение; изменяться в каком-либо направлении; иметь тенденцию
trepan [trɪˈpæn] ловушка
trespass [ˈtrespəs] нарушение; причинять вред; совершать правонарушение; покушаться; переступать границы чужого владения
trespasser [ˈtrespəsə] правонарушитель
trestle [ˈtresl] козлы; подмости
triad [ˈtraɪəd] триада; трезвучие; что-то состоящее из трех частей
trial [ˈtraɪəl] испытание; исследование; проверка; проба; опыт; судебное разбирательство; судебный процесс; слушание дела по существу
trial balance [ˈtraɪəl|ˈbæləns] пробный баланс
trial balloon [ˈtraɪəl|bəˈluːn] пробный шар
trial-and-error method [ˈtraɪələnd,erəˈmeθəd] метод проб и ошибок
trial-brief [ˈtraɪəlbriːf] меморандум по делу
trial-list [ˈtraɪəlˈlɪst] список дел к слушанию (юр.)
triangle [ˈtraɪæŋgl] треугольник; треугольный (геом.)
tribe [traɪb] племя; род; клан
tribeship [ˈtraɪbʃɪp] члены племени
tribulation [,trɪbjuˈleɪʃən] горе; страдание
tribunal [traɪˈbjuːnl] трибунал; суд
tribute [ˈtrɪbjuːt] дань; подношение; подать; награда; отдавать должное, дань
triceps [ˈtraɪseps] трицепс (анат.); трехглавая мышца
trichotrophy питание волос
trick [trɪk] уловка; обман; хитрость; прием; ухищрение; трюк; обманывать; хитрить

trickle [ˈtrɪkl] струйка; сочение; сочиться; капать; стекать
tricolor kinescope [ˈtrɪkələˈkɪnɪskoup] цветной кинескоп
trident [ˈtraɪdənt] трезубец
tried [ˈtraɪd] проверенный; надежный; испытанный
triennial [traɪˈenjəl] трехлетний; что-то происходящее раз в три года
trier [ˈtraɪə] лицо, рассматривающее вопрос; судья
trifle [ˈtraɪfl] малость; пустяк; немного; лентяйничать
triforium [traɪˈfɔːrɪəm] трифорий (архит.)
trig [trɪg] тормозить; защелкивать
trigeminal [traɪˈʤemɪnl] тройничный нерв
trigeminal nerve [traɪˈʤemɪnlˈnəːv] тройничный нерв
trigger [ˈtrɪgə] триггер; курок; защелка; спускать курок; запускать; отпирать
triggerfish [ˈtrɪgəfɪʃ] спинорог (ихт.)
trigonometry [,trɪgəˈnɔmɪtrʊ] тригонометрия
trilateral [traɪˈlætərəl] трехсторонний
trilateral treaty [traɪˈlætərəlˈtriːtɪ] трехсторонний договор
trim [trɪm] готовность; состояние готовности; стрижка; балансировка; приводить в состояние готовности; приводить в порядок; сокращать, снижать (издержки); обрезать; подрезать; стричь; опрятный
trim beard [ˈtrɪmˈbɪəd] аккуратная борода
trimmed [trɪmd] сбалансированный; уравновешенный; аккуратный; подстриженный
trimmer [ˈtrɪmə] второстепенная балка; машина для обрезки
trimming [ˈtrɪmɪŋ] подрезка; отделка; балансировка; снятие заусенцев (техн.)
trinity [ˈtrɪnɪtɪ] троичность; триединство
trip [trɪp] поездка; рейс; плавание; путешествие; поход; ошибка; спотыкаться
trip recorder [ˈtrɪp|rɪˈkɔːdə] счетчик-интегратор пройденного пути
trip-mileage counter [ˈtrɪp,maɪlɪʤˈkauntə] спидометр
tripe [traɪp] рубец; требуха
triple [ˈtrɪpl] тройной; утроенный; тройственный; трехсторонний; утраивать(ся)
triplet [ˈtrɪplɪt] тройка; тройняшка; триплет (стих.); триоль (муз.)
triplicate [ˈtrɪplɪkɪt] третий экземпляр
triplication [,trɪplɪˈkeɪʃən] утраивание
triplicity [trɪˈplɪsɪtɪ] троичность
tripod [ˈtraɪpɔd] штатив; треножник; трехногий

tripper ['trɪpə] выключающее устройство; расцепляющее устройство; опрокидывающий механизм

tripus треножник *(анат.)*

triskaidekaphobia страх перед числом тринадцать

triturate ['trɪtʃureɪt] порошок; порошковать

triumphal [traɪ'ʌmfəl] торжественный; триумфальный

trivalve трехстворчатый

trivial ['trɪvɪəl] тривиальный; банальный; незначительный

trocar ['troukɑ:] троакар *(мед.)*

trolley ['trɔlɪ] дрезина; тележка; вагонетка

trolley-bus ['trɔlɪbʌs] троллейбус

trombone [trɔm'boun] тромбон

trombonist [trɔm'bounɪst] тромбонист

troop [tru:p] стадо; отряд людей; формировать отряды; войсковой

trooper ['tru:pə] военнослужащий

troops [tru:ps] войска

trophy ['troufɪ] награда; трофей; приз; добыча

tropical ['trɔpɪkəl] тропический

tropical birds ['trɔpɪkəl'bə:dz] тропические птицы

trotter ['trɔtə] свиная ножка

trouble ['trʌbl] беспокойство; волнение; тревога; забота; затруднение; помеха; неисправность; повреждение; авария; перебой *(в работе)*; нарушение *(производственного процесса)*; нарушать *(правильный ход работы)*; надоедать; тревожить*(ся)*

trouble-free ['trʌbl'fri:] безаварийный; безотказный; надежный

troublemaker ['trʌbl,meɪkə] нарушитель общественного порядка

troubleproof ['trʌblpru:f] безаварийный; бесперебойный; безотказный; с защитой от повреждений

troubleshoot ['trʌblʃu:t] выявлять повреждения, неисправности; разрешать проблемы

troubleshooting ['trʌbl,ʃu:tɪŋ] выявление повреждений, неисправностей; разрешение проблем

trough [trɔf] впадина; корыто; желоб; лоток; кормушка

troupe [tru:p] труппа

trout [traut] радужная форель; голец *(ихт.)*

trove [trouv] найденный клад

trowel ['trauəl] кельма; лопатка *(техн.)*; мастерок; лопатка

truancy ['tru:ənsɪ] прогул

truant ['tru:ənt] прогуливать занятия в школе; прогульщик; бездельник

truce [tru:s] перемирие; передышка

truck [trʌk] товарообмен; оплата труда товарами; платить натурой; товарообмен; мелочный товар; связь; отношения; платформа; товарная платформа; грузовик; обменивать; вести меновую торговлю; торговать вразнос; заниматься овощеводством; перевозить на грузовиках

trucker ['trʌkə] водитель грузовика

true [tru:] правда; истина; настоящий; подлинный; верный; правильный; точный; преданный; искренний; честный; правдивый

true-bred ['tru:'bred] хорошо воспитанный; чистокровный

trueness ['tru:nɪs] верность; правдивость; лояльность; преданность; точность; правильность

truffle ['trʌfl] трюфель *(конфета, гриб)*; трюфельный

trumped-up case ['trʌmpt,ʌp'keɪs] сфабрикованное дело

trumpet ['trʌmpɪt] труба *(муз.)*; играть на трубе; трубить

truncate ['trʌŋkeɪt] усекать; отбрасывать *(мат.)*; округлять; обрезать; укорачивать; прерывать

truncated ['trʌŋkeɪtɪd] усеченный; обрезанный

truncation [trʌŋ'keɪʃən] усечение; срез; сокращение

truncheon (baton) ['trʌntʃən ('bætən)] дубинка; жезл

trundle ['trʌndl] зубчатое колесо

trunk [trʌŋk] ствол дерева; багажник; баул; магистраль; торс; туловище; хобот

trunk-back ['trʌŋkbæk] кожистая черепаха

trunk-route ['trʌŋkru:t] магистральная дорога

truss-head ['trʌshed] плоская головка винта

trust [trʌst] вера; доверие; доверенность; кредит; опека; трест; концерн; доверительная собственность; доверять; верить; предоставлять кредит; вверять; поручать попечению; надеяться; распоряжение имуществом на началах доверительной собственности

trustee [trʌs'ti:] попечитель; опекун; куратор; администратор; государство, осуществляющее опеку; доверенное лицо

trusteeship [trʌs'ti:ʃɪp] опека; попечительство

trustify ['trʌstɪfaɪ] трастировать

trustworthy ['trʌst,wə:ðɪ] достоверный; заслуживающий доверия; кредитоспособный; солидный

truth [tru:θ] истина; истинность; точность; достоверность; правда

try [traɪ] попытка; испытание; проба; пытаться; пробовать; испытывать; судить; разбирать; рассматривать; расследовать

trying ['traɪɪŋ] трудный; тяжелый

tsetse ['tsetsɪ] муха цеце

tub [tʌb] ванна; кадка; чан

tuba ['tju:bə] труба *(анат.)*

tubarao акула

tubate трубкообразный

tube [tju:b] подземная железная дорога; метро; тоннель; труба; трубка; тюбик; пробирка; цилиндрический
tube valve [′tju:b′vælv] вентиль
tube-builder [′tju:b′bɪldə] листовертка *(энт.)*
tubercular [tju:′bə:kjulə] бугорчатый; клубеньковый
tuberculate [tju:′bə:kjulɪt] туберкулезный
tuberculosis [tju:,bə:kju′lousɪs] туберкулез; бугорчатка
tuberidium ложный клубень *(бот.)*
tubing [′tju:bɪŋ] трубопровод; трубы; трубооборудование; насосно-компрессорные трубы
tubular [′tju:bjulə] трубчатый; цилиндрический; трубный звук
tubule [′tju:bju:l] трубочка; сосуд; каналец *(анат.)*
tuck [tʌk] вытачка; складка на одежде; делать складки на одежде; подтыкать
tug [tʌg] усилие; буксир; рывок; тянуть; буксировать; брать на буксир; дергать
tuition [tju(:)′ɪʃən] попечительство; опека; обучение
tulip [′tju:lɪp] тюльпан; тюльпановый
tumble [′tʌmbl] падение; кувыркание; переворачивать; опрокидывать; упасть; кувыркаться
tumbler [′tʌmblə] выключатель; переключатель; тумблер
tumbleweed [′tʌmblwi:d] перекати-поле *(бот.)*
tumor [′tju:mə] новообразование; опухоль; вздутие
tumult [′tju:mʌlt] буйство; мятеж; грохот; шум
tumultuously [tju(:)′mʌltjuəslɪ] буйно; шумно
tuna [′tju:nə] тунец *(ихт.)*
tundra [′tʌndrə] тундра
tune [tju:n] тон; мелодия; мелодичность; размер; величина; мотив; строй; настроенность; настраивать; налаживать; звучать; издавать звуки; петь; напевать
tune-up [′tju:nʌp] регулировка карбюратора; настройка муз. инструмента или приемника
tuneless [′tju:nlɪs] беззвучный
tuner [′tju:nə] настройщик; настроечный механизм
tunic [′tju:nɪk] оболочка; покров; плева *(анат.)*; туника
tunicle [′tju:nɪkl] естественный покров
tuning [′tju:nɪŋ] настройка; наладка; перестройка
tuning-pad [′tju:nɪŋpæd] колок *(муз.)*
tunnel [tʌnl] тоннель; труба; шахта; туннель *(анат.)*
tuny [′tju:nɪ] мелодичный
tupping [′tʌpɪŋ] спаривание; случка
turbinal [′tə:bɪn(ə)l] носовая раковина
turbine [′tə:bɪn] турбина; турбинный

turbine disc [′tə:bɪn′dɪsk] диск турбины
turbo-charged diesel [′tə:bou,tʃɑ:dʒd′di:zəl] дизель с турбонаддувом
turbo-jet [′tə:bou′dʒet] турбореактивный двигатель; турбореактивный
turbot [′tə:bət] белокорый палтус *(ихт.)*
turbulence [′tə:bjuləns] турбулентность; степень турбулентности
turbulent [′tə:bjulənt] бурный; турбулентный; вихревой; бушующий; завихряющий
turbulent wave [′tə:bjulənt′weɪv] турбулентный поток
turf [tə:f] торф; дерн
turfy [′tə:fɪ] дернистый; торфяной
turgescence [tə:′dʒesns] набухание; набухаемость; тургор
turgid [′tə:dʒɪd] набухший; раздутый; разбухший; опухший
turgor [′tə:gə] тургор
turkey [′tə:kɪ] индюк; индейка
turkey-cock [′tə:kɪkɔk] индюк
Turkish bath [′tə:kɪʃ′bɑ:θ] турецкая баня
turk's-cap lily [′tə:kskæp′lɪlɪ] лилия кудреватая
turn [tə:n] оборот; изменение; перемена; поворот; виток; конец; форма; очередь; смена *(рабочая)*; вращать(ся); делаться; становиться; оказываться; пускать в обращение *(деньги, товары)*; отклонять; обращать что-либо во что-либо; зависеть от чего-либо; направлять; огибать; поворачивать; менять; включать или выключать

to turn off light — гасить свет
to turn round — оборачиваться; поворачиваться
turn-up — изгиб вверх

turn signal [′tə:n,sɪgnl] сигнал поворота
turn-out [′tə:naut] выпуск *(продуктов производства)*; забастовка; забастовщик; разъезд *(ж.-д.)*
turn-screw [′tə:nskru:] отвертка
turnabout [′tə:nə′baut] поворот
turned [′tə:nd] витой
turner [′tə:nə] токарь; гончар
turning [′tə:nɪŋ] вращение; верчение; кружение; превращение; поворот дороги; токарный
turning joint [′tə:nɪŋ′dʒɔɪnt] шарнирное соединение
turning machine [′tə:nɪŋmə′ʃi:n] токарный станок
turnip [′tə:nɪp] репа; капуста полевая
turnip cabbage [′tə:nɪp′kæbɪdʒ] брюква
turnkey [′tə:nki:] контракт на возведение и сдачу в эксплуатацию объекта «под ключ»; на условиях подряда «под ключ»
turnover [′tə:n,ouvə] обмен; оборот; круговорот; обновление; товарооборот
turnover tax [′tə:n,ouvə′tæks] налог с оборота

turpitude ['tə:pɪtjuːd] подлость; развращенность; порочность

turret ['tʌrɪt] башенка; турель; орудийная башня

turtle-dove ['tə:tldʌv] дикий голубь

tusk [tʌsk] клык; бивень

tusker ['tʌskə] кабан-секач

tussock ['tʌsək] кочка

tutor ['tjuːtə] опекун; попечитель; наставник; репетитор; опекать

tutorage ['tjuːtərɪʤ] опекунство; попечительство; несовершеннолетие; малолетство

tutorial [tju(ː)'tɔːrɪəl] опекунский; наставнический; период обучения в колледже; учебное пособие

tutsan зверобой *(бот.)*

tutu ['tuːtuː] балетная пачка

TV (television) ['tiː'viː (ˌtelɪ'vɪʒən)] телевидение

twain ['tweɪn] двое; пара

tweezers ['twiːzəz] пинцет

twelfth [twelfθ] двенадцатый; двенадцатая часть

twelve [twelv] двенадцать

twenty ['twentɪ] двадцать

twice [twaɪs] дважды; вдвое

twig [twɪg] ветвь; побег; веточка; росток; прутик; пороть

twin [twɪn] близнец; двойник; двойной; парный; спаренный; сдвоенный

twin-bed ['twɪn'bed] двухъярусная кровать

twin-engined ['twɪn'enʤɪnd] оснащенный двумя двигателями

twin-labor ['twɪn'leɪbə] роды двойней

twin-screw ['twɪn'skruː] двухвинтовой

twin-shaft ['twɪn'ʃɑːft] двухвальный

twinkle ['twɪŋkl] мерцание; мерцание света; мигать; мерцать; моргать

twinning ['twɪnɪŋ] рождение двойни

twins [twɪnz] близнецы; близнецы-пара; двойня

twist [twɪst] поворот; изгиб; трюк; твист *(танец)*; отклонение; обман; отклонять; обманывать; искажать смысл; крутить; вертеть

twisting ['twɪstɪŋ] скручивание; закручивание

twitch [twɪtʃ] подергивание; судорога; конвульсия

twite ['twaɪt] горная чечетка *(орнит.)*

two [tuː] два; двойка; две; двое

two-chambered ['tuː'tʃeɪmbəd] двухкамерный

two-class ['tuː'klɑːs] двухразрядный

two-colour press ['tuːˌkʌlə'pres] двухкрасочная печать

two-digit number ['tuːˌdɪʤɪt'nʌmbə] двухзначное число

two-dimensional ['tuːdɪ'menʃənl] двумерный; двухразмерный; плоский

two-door saloon car ['tuːˌdɔːsə'luːn'kɑː] двухдверный седан

two-high berthing ['tuːˌhaɪ'bəːθɪŋ] двухъярусные койки

two-horned ['tuː'hɔːnd] двурогий

two-humped ['tuː'hʌmpt] двугорбый

two-piece bathing costume ['tuːˌpiːs'beɪðɪŋ'kɔstjuːm] раздельный купальный костюм

two-seater boat ['tuːˌsiːtə'bout] двухместная шлюпка

two-speed axle ['tuːˌspiːd'æksl] мост с двухступенчатой главной передачей

two-stage ['tuː'steɪʤ] двухступенчатый

two-sticker ['tuː'stɪkə] двухмачтовое парусное судно *(мор.)*

two-way communication ['tuːˌweɪˌkɔmjuːnɪ'keɪʃən] двухсторонняя связь

two-year ['tuː'jɪə] двухгодовой

twofold ['tuːfould] двойной; двукратный; сдвоенный

twoness ['tuːnɪs] парность; двойственность

tyce чавыча *(ихт.)*

tychoplankton прибрежный планктон

tychopotamic живущий в заводях

tycoon [taɪ'kuːn] промышленный магнат; финансовый магнат

tygum кефаль

tying ['taɪɪŋ] привязывание; завязывание

tying-up ['taɪɪŋˌʌp] скручивание; связывание

tympanic cavity [tɪm'pænɪk'kævɪtɪ] барабанная полость

tympanic membrane [tɪm'pænɪk'membreɪn] барабанная перепонка

tympanist ['tɪmpənɪst] ударник; барабанщик

tympanum ['tɪmpənəm] среднее ухо; барабанная полость; барабан

type [taɪp] тип; типичный экземпляр; типичный образец; типичный представитель; разновидность; модель; вид; род; класс; группа; символ; серия; литера; шрифт; печать; набор; литера для ручного набора; типичный; типографский; печатный

type area ['taɪp'ɛərɪə] площадь набора; длина печатной строки

type declaration ['taɪpˌdeklə'reɪʃən] описание типа данных

type family ['taɪp'fæmɪlɪ] гарнитура шрифта

type size ['taɪpˌsaɪz] кегль шрифта

type sort ['taɪpˌsɔːt] гарнитура шрифта

type-body ['taɪp'bɔdɪ] кегль шрифта

type-case ['taɪpkeɪs] наборная касса *(полигр.)*

type-face ['taɪpfeɪs] гарнитура шрифта; начертание шрифта

type-height ['taɪp'haɪt] высота шрифта

type-in ['taɪp'ɪn] вводить; набирать
type-matter ['taɪp'mætə] типографский набор
type-run ['taɪprʌn] печатать на пишущей машинке; вводить; набирать; выводить; печатать
type-set ['taɪpset] набирать
type-setter ['taɪp‚setə] наборщик; наборное устройство; буквонаборный
type-setting ['taɪp‚setɪŋ] типографский набор
typer ['taɪpə] печатающее устройство
typescript ['taɪpskrɪpt] машинописный текст
typewriter ['taɪp‚raɪtə] пишущая машинка
typical ['tɪpɪkəl] типичный; типовой; типический; характерный
typicalness ['tɪpɪkəlnɪs] типичность
typifying ['tɪpɪfaɪɪŋ] характерно; типично
typing ['taɪpɪŋ] набор на клавиатуре; печатание; типизация
typist ['taɪpɪst] машинистка
typo ['taɪpou] опечатка
typography [taɪ'pɔgrəfɪ] книгопечатание; оформление книги
typological [‚taɪpə'lɔʤɪkəl] типологический
typology [taɪ'pɔləʤɪ] типология
tyrant ['taɪərənt] тиран; деспот; тиранить
tyre ['taɪə] обувать *(надевать шину)*; шина; покрышка
tyre chain ['taɪə'tʃeɪn] цепь противоскольжения
tyre-tread ['taɪə'tred] протектор шины

U

u [juː]; мн. — Us; U's [juːz] двадцать первая буква английского алфавита
ubiety [ju(ː)'biːətɪ] местонахождение; местопребывание; месторасположение
ubiquitous [ju(ː)'bɪkwɪtəs] вездесущий; повсеместный
ubiquity [ju(ː)'bɪkwɪtɪ] вездесущность; повсеместность
udder ['ʌdə] вымя
udo ['juːdou] аралия *(бот.)*
udometer [ju(ː)'dɔmɪtə] дождемер
uglify ['ʌglɪfaɪ] искажать; искривлять; обезображивать; уродовать
ugliness ['ʌglɪnɪs] уродство; некрасивая внешность
ugly ['ʌglɪ] безобразный; уродливый; неприятный; скверный; отталкивающий; опасный; угрожающий
uhlan ['uːlaːn] улан *(ист.)*

ukulele [‚juːkə'leɪlɪ] гавайская гитара
ulcer ['ʌlsə] язва
ulcerate ['ʌlsəreɪt] изъязвлять*(ся)*; губить; портить
ulcerous ['ʌls(ə)rəs] изъязвленный; язвенный
uliginous [ju(ː)'lɪʤɪnəs] илистый; болотистый; болотный; липкий; вязкий; растущий на болоте
ullage ['ʌlɪʤ] незаполненный объем; нехватка; утечка; недостача
ulna ['ʌlnə] локтевая кость
ulnar ['ʌlnə] локтевой
ulotrichous [ju'lɔtrɪkəs] шерстистый; покрытый курчавыми волосами
ulster ['ʌlstə] длинное свободное пальто
ulterior [ʌl'tɪərɪə] невидимый; невыраженный; вытекающий; дальнейший; лежащий по ту сторону; расположенный дальше
ultima ['ʌltɪmə] последний
ultimate ['ʌltɪmɪt] самый отдаленный; конечный; завершающий; окончательный; максимальный; наибольший; наивысший; предельный; последний; предел; основной принцип
ultimate accuracy ['ʌltɪmɪt'ækjurəsɪ] предельная точность
ultimate consumer ['ʌltɪmɪt|kən'sjuːmə] непосредственный потребитель
ultimate load ['ʌltɪmɪt'loud] предельная загрузка
ultimate point ['ʌltɪmɪt'pɔɪnt] конечная точка
ultimate result ['ʌltɪmɪt|rɪ'zʌlt] окончательный результат
ultimate strain ['ʌltɪmɪt'streɪn] предельная деформация
ultimate strength ['ʌltɪmɪt'streŋθ] запас прочности
ultimate stress ['ʌltɪmɪt'stres] предельное напряжение
ultimate user ['ʌltɪmɪt'juːzə] конечный пользователь
ultimately ['ʌltɪmɪtlɪ] в конечном счете; в конце концов
ultimatum [‚ʌltɪ'meɪtəm] ультиматум; заключительное слово *(заявление, предложение и т. п.)*
ultimo ['ʌltɪmou] прошлого месяца
ultra ['ʌltrə] крайний *(об убеждениях, взглядах)*; человек крайних взглядов; ультра
ultra- ['ʌltrə-] сверх-; ультра-; крайне; очень; чрезвычайно
ultra-confidential ['ʌltrə‚kɔnfɪ'denʃəl] совершенно секретно
ultra-hazardous ['ʌltrə'hæzədəs] источник повышенной опасности
ultra-modern ['ʌltrə'mɔdən] сверхсовременный; ультрасовременный

ultra-mundane [ˌʌltrəˈmʌndeɪn] расположенный за пределами Солнечной системы

ultra-short [ˈʌltrəˈʃɔːt] ультракороткий

ultra-short waves [ˈʌltrəˌʃɔːtˈweɪvz] ультракороткие волны

ultra-sound [ˈʌltrəˈsaund] ультразвук

ultra-violet [ˈʌltrəˈvaɪəlɪt] ультрафиолет; ультрафиолетовый

ultra-violet lamp [ˈʌltrəˌvaɪəlɪtˈlæmp] лампа с ультрафиолетовым излучением

ultra-violet light [ˈʌltrəˌvaɪəlɪtˈlaɪt] ультрафиолетовый свет

ultramarine [ˌʌltrəməˈriːn] ультрамарин; ультрамариновый

ultramontane [ˌʌltrəˈmɔnteɪn] являющийся сторонником абсолютного авторитета Папы Римского

ultrasonic [ˈʌltrəˈsɔnɪk] сверхзвуковой; ультразвуковой

ululate [ˈjuːljuleɪt] выть; завывать

umber [ˈʌmbə] умбра (краска); темно-коричневый

umbilical [ˌʌmbɪˈlaɪk(ə)l] пупочный

umbilicus [ʌmˈbɪlɪkəs] пупок; рубчик

umbo [ˈʌmbou] выпуклость; горбинка

umbrage [ˈʌmbrɪʤ] сень; тень; обида

umbrageous [ʌmˈbreɪʤəs] тенистый; обидчивый; подозрительный; дающий тень

umbraticolous тенелюбивый; теневыносливый

umbrella [ʌmˈbrelə] зонтик; барраж; заградительный огонь (воен.); авиационное прикрытие (воен.)

umiak [ˈuːmɪæk] эскимосская лодка из шкур

umpire [ˈʌmpaɪə] посредник; третейский судья; рефери; арбитр; второй судья; судья на вышке (спорт.)

umpire's chair [ˈʌmpaɪəzˈʧeə] судейская вышка

umpteen [ˈʌmptiːn] бесчисленный (воен.); многократный; многочисленный

un- [ʌn-] *придает глаголу противоположное значение; глаголам, образованным от существительных, придает обыкновенно значение лишать, освобождать от; прилагательным, причастиям и существительным с их производными, а также наречиям придает отрицательное значение не-, без-; усиливает отрицательное значение глагола*

un-shod [ˈʌnˈʃɔd] неподкованный; раскованный (о лошади); необутый

un-shorn [ˈʌnˈʃɔːn] нестриженый; неподстриженный

unabashed [ˌʌnəˈbæʃt] нерастерявшийся; несмутившийся; бессовестный; нечестный; низкий; незапуганный

unabiding [ˌʌnəˈbaɪdɪŋ] временный; недолговечный

unable [ʌnˈeɪbl] неспособный (к чему-либо)

unable to pay [ʌnˈeɪbl|təˈpeɪ] неплатежеспособный

unabridged [ˌʌnəˈbrɪʤd] несокращенный; полный

unaccented [ˌʌnækˈsentɪd] безударный

unacceptable [ˌʌnəkˈseptəbl] недопустимый; непозволительный; неприемлемый

unaccepted [ˌʌnəkˈseptəd] непринятый

unaccomodated [ˌʌnəˈkɔmədeɪtɪd] неприспособленный

unaccompanied [ˌʌnəˈkʌmpənɪd] без аккомпанемента

unaccomplished [ˌʌnəˈkɔmplɪʃt] незаконченный

unaccounted-for [ˌʌnəˈkauntɪdfɔː] необъясненный; неясный; пропавший без вести

unachievable [ˌʌnəˈʧiːvəbl] недостижимый; недоступный; недосягаемый; неприступный

unacknowledged [ˌʌnəkˈnɔlɪʤd] неподтвержденный

unadjusted [ˌʌnəˈʤʌstɪd] неурегулированный

unadmitted [ˌʌnədˈmɪtɪd] непризнанный

unadulterated [ˌʌnəˈdʌltəreɪtɪd] неподдельный

unadulterated alcohol [ˌʌnəˈdʌltəreɪtɪdˈælkəhɔl] чистый спирт

unadvised [ˌʌnədˈvaɪzd] поспешный; неблагоразумный; неосторожный; неосмотрительный; не получивший совета

unadvisedly [ˌʌnədˈvaɪzɪdlɪ] безрассудно; необдуманно

unaffected [ˌʌnəˈfektɪd] непораженный; нетронутый

unagreeable [ˌʌnəˈgriːəbl] неприятный; непоследовательный; алогичный

unaided [ʌnˈeɪdɪd] лишенный помощи; без (посторонней) помощи

unalienable [ʌnˈeɪljənəbl] неотчуждаемый

unallowable [ˌʌnəˈlauəbl] недопустимый; невозможный

unallowed [ˌʌnəˈlaud] запрещенный; недозволенный; неразрешенный

unalloyed [ˌʌnəˈlɔɪd] беспримесный; чистый

unalterable [ʌnˈɔːltərəbl] непреложный

unalterable law [ʌnˈɔːltərəblˈlɔː] непреложный закон

unambiguous [ˌʌnæmˈbɪgjuəs] недвусмысленный; прозрачный; ясный; точно выраженный

unambiguous sentence [ˌʌnæmˈbɪgjuəsˈsentəns] однозначное предложение

unambiguousness [ˌʌnæmˈbɪgjuəsnɪs] недвусмысленность

unambitious [ˌʌnəmˈbɪʃəs] нечестолюбивый

unamenable [ˌʌnəˈmiːnəbl] неподатливый; непослушный; неподчиняющийся

unamended [ˈʌnəˈmendɪd] неизменный
unanimity [ˌjuːnəˈnɪmɪtɪ] единодушие; единогласие
unanimous [juː(ː)ˈnænɪməs] единогласный; единодушный
unanimous consent [juː(ː)ˈnænɪməs kənˈsent] единодушное согласие
unanimously [juː(ː)ˈnænɪməslɪ] единодушно; единогласно
unannounced [ˈʌnəˈnaʊnst] (явившийся) без объявления, без доклада
unanswerable [ʌnˈɑːnsərəbl] неопровержимый; неоспоримый
unanswered [ʌnˈɑːnsəd] оставшийся без ответа (о письмах, просьбах)
unanticipated [ˈʌnænˈtɪsɪpeɪtɪd] непредвиденный
unappealable [ˌʌnəˈpiːləbl] не подлежащий апелляции
unappealing [ˈʌnəˈpiːlɪŋ] непривлекательный
unappeasable [ˈʌnəˈpiːzəbl] непримиримый; суровый; неудержимый; неукротимый; неутомимый
unappetizing [ˈʌnˈæpɪtaɪzɪŋ] неаппетитный; невкусный
unapplied [ˈʌnəˈplaɪd] остающийся без применения
unappreciated [ˈʌnəˈpriːʃɪeɪtɪd] недооцененный; непонятый
unapprehended [ʌnˌæprɪˈhendɪd] непонятный
unapprised [ˈʌnəˈpraɪzd] неосведомленный
unapproved [ˈʌnəˈpruːvd] неутвержденный
unargued [ʌnˈɑːgjuːd] принятый без возражений
unarm [ʌnˈɑːm] разоружать(ся)
unarmed [ʌnˈɑːmd] безоружный; невооруженный
unartful [ʌnˈɑːtful] безыскусственный; простой; неискусный
unascertained [ˈʌnæsəˈteɪnd] невыясненный; неустановленный
unasked [ʌnˈɑːskt] добровольный; непрошеный
unaspiring [ˈʌnəsˈpaɪərɪŋ] нечестолюбивый; не претендующий на что-либо
unassertive [ˈʌnəˈsɜːtɪv] застенчивый; скромный
unassessable [ˈʌnəˈsesəbl] не подлежащий обложению
unassisted [ˈʌnəˈsɪstɪd] без помощи
unassuming [ˈʌnəˈsjuːmɪŋ] непритязательный; скромный
unassured [ˈʌnəˈʃʊəd] неуверенный; сомнительный; ненадежный; незастрахованный
unatonable [ˈʌnəˈtoʊnəbl] не могущий быть заглаженным (о вине); невозместимый
unattached [ˈʌnəˈtætʃt] непривязанный; неприкрепленный; незамужняя; неженатый; холостой
unattainable [ˈʌnəˈteɪnəbl] недостижимый; недоступный; недосягаемый

unattended [ˈʌnəˈtendɪd] автоматический; дистанционно управляемый
unattested [ˈʌnəˈtestɪd] незасвидетельствованный
unauthentic [ˈʌnɔːˈθentɪk] недостоверный
unauthoritative [ˈʌnɔːˈθɒrɪtətɪv] неавторитетный
unauthorized [ʌnˈɔːθəraɪzd] запрещенный; недозволенный; неправомочный
unauthorized access [ʌnˈɔːθəraɪzd ˈækses] несанкционированный доступ
unauthorized biography [ʌnˈɔːθəraɪzd baɪˈɒgrəfɪ] неавторизованная биография
unauthorized edition [ʌnˈɔːθəraɪzd ɪˈdɪʃən] контрафактное издание; издание, выпущенное с нарушением авторских прав
unavailability [ˈʌnəˌveɪləˈbɪlɪtɪ] коэффициент простоя
unavailable [ˈʌnəˈveɪləbl] не имеющийся в наличии; недействительный; не имеющий силы; недоступный; отсутствующий
unavailing [ˈʌnəˈveɪlɪŋ] безрезультатный; бесплодный; бесполезный; напрасный
unavailing efforts [ˈʌnəˌveɪlɪŋ ˈefəts] тщетные усилия
unavenged [ˈʌnəˈvendʒd] неотомщенный
unaware [ˈʌnəˈweə] не знающий; не подозревающий (чего-либо); неосведомленный
unawares [ˈʌnəˈweəz] неожиданно; врасплох; непредумышленно; нечаянно; случайно
unbacked [ʌnˈbækt] не имеющий сторонников, поддержки; необъезженный (о лошади)
unbailed [ʌnˈbeɪld] без поручительства
unbalance [ʌnˈbæləns] дисбаланс; разбалансировка; отсутствие равновесия; нарушать баланс, равновесие
unbalanced [ʌnˈbælənst] неуравновешенный; неустойчивый (о психике); разбалансированный
unbar [ʌnˈbɑː] снимать запрет
unbarred [ʌnˈbɑːd] незапрещенный
unbearable [ʌnˈbɛərəbl] невыносимый; несносный; нетерпимый
unbeaten [ʌnˈbiːtn] непревзойденный
unbecoming [ˈʌnbɪˈkʌmɪŋ] несоответствующий; неподходящий
unbegun [ˈʌnbɪˈgʌn] (еще) не начатый; не имеющий начала; существующий вечно; извечный
unbelief [ˈʌnbɪˈliːf] неверие
unbending [ʌnˈbendɪŋ] негнущийся; непоколебимый; непреклонный; несгибаемый; нецеремонный; нечопорный; простой
unbiased [ʌnˈbaɪəst] беспристрастный; объективный
unbidden [ʌnˈbɪdn] незваный; непрошеный

unbind [ʌnˈbaɪnd] развязывать; распускать; распутывать; избавлять; освобождать от обязательств; отпускать; снимать повязку (*с раны и т. п.*)

unbleached [ʌnˈbliːtʃt] неотбеленный

unblemished [ʌnˈblemɪʃt] безукоризненный; безупречный

unblended [ʌnˈblendɪd] несмешанный; чистый

unblessed [ʌnˈblest] лишенный благословения; бедственный; злополучный; несчастливый; несчастный

unblock [ʌnˈblɔk] открыть; устранить препятствие

unblocking [ʌnˈblɔkɪŋ] разблокировка

unbodied [ʌnˈbɔdɪd] бесплотный; бестелесный

unbosom [ʌnˈbuzəm] поверять (*тайну*); изливать (*чувства*)

unbound [ʌnˈbaʊnd] свободный от обязательств; непереплетенный (*о книге*)

unbound book [ʌnˈbaʊnd ˈbuk] книжный блок

unbounded [ʌnˈbaʊndɪd] неограниченный; абсолютный; безмерный; беспредельный

unbowed [ʌnˈbaʊd] непокоренный

unbrace [ʌnˈbreɪs] ослаблять; расслаблять

unbrazing [ʌnˈbreɪzɪŋ] распайка

unbreakable [ʌnˈbreɪkəb(ə)l] небьющийся; неломкий; нехрупкий

unbred [ʌnˈbred] плохо воспитанный

unbridle [ʌnˈbraɪdl] распрягать

unbridled [ʌnˈbraɪdld] разнузданный; необузданный

unbridled anger [ʌnˈbraɪdld ˈæŋgə] необузданная ярость

unbundled attribute [ʌnˈbʌndld ˈætrɪbjuːt] конкретный атрибут

unburden [ʌnˈbɜːdn] облегчать бремя, ношу; сбросить тяжесть

unbusiness-like [ʌnˈbɪznɪslaɪk] непрактичный

unbutton [ʌnˈbʌtn] расстегивать

unbuttoned [ʌnˈbʌtnd] расстегнутый; естественный; непринужденный

uncage [ʌnˈkeɪdʒ] выпускать из клетки

uncalled [ʌnˈkɔːld] невостребованный

uncalled-for [ʌnˈkɔːldfɔː] непрошеный; неуместный; ничем не вызванный

uncannily [ʌnˈkænɪlɪ] таинственно; жутко

uncanny [ʌnˈkænɪ] жуткий; зловещий; сверхъестественный

uncap [ʌnˈkæp] снимать шляпу; снимать крышку; открывать; откупоривать

uncapped [ʌnˈkæpt] неограниченный

uncapsizable [ʌnkæpˈsaɪzəbl] неопрокидывающийся

uncared for [ʌnˈkɛəd fɔː] заброшенный

uncareful [ʌnˈkɛəf(ə)l] небрежный; неосторожный

uncart [ʌnˈkɑːt] разгружать тележку

uncase [ʌnˈkeɪs] вынимать из ящика, футляра, ножен; распаковывать

uncaused [ʌnˈkɔːzd] беспричинный; извечный

uncertain [ʌnˈsɜːtn] точно не известный; сомнительный; неясный; неуверенный; колеблющийся; двусмысленный; неопределенный; изменчивый; ненадежный; недостоверный

uncertainty [ʌnˈsɜːtntɪ] неуверенность; нерешительность; неизвестность; неопределенность; изменчивость; недостоверность; сомнительность; ненадежность

uncertainty of exchange rates [ʌnˈsɜːtntɪ əv ɪksˈtʃeɪndʒ ˈreɪts] валютные колебания

unchain [ʌnˈtʃeɪn] спускать с цепи; избавлять; освобождать

unchallengeable [ʌnˈtʃælɪndʒəbl] неопровержимый; неоспоримый; непреложный

unchallenged [ʌnˈtʃælɪndʒd] не вызывающий возражений

unchancy [ʌnˈtʃɑːnsɪ] неудачный; случившийся некстати; небезопасный

unchanged [ʌnˈtʃeɪndʒd] неизменившийся; оставшийся прежним

uncharacteristic [ʌnˌkærɪktəˈrɪstɪk] нетипичный; нехарактерный

uncharitable [ʌnˈtʃærɪtəbl] жестокий; немилосердный

uncharted [ʌnˈtʃɑːtɪd] не отмеченный на карте

unchecked [ʌnˈtʃekt] необузданный; несдержанный; неудержимый; беспрепятственный; свободный; непроверенный

unchecked advance [ʌnˈtʃekt ədˈvɑːns] беспрепятственное продвижение

unchristian [ʌnˈkrɪstjən] недобрый; неудобный

unchurch [ʌnˈtʃɜːtʃ] отлучать от церкви

uncina осока

uncinate [ʌnsɪnɪt] крючковатый

uncivil [ʌnˈsɪvl] грубый; невежливый; нелюбезный

uncivilized [ʌnˈsɪvɪlaɪzd] варварский; нецивилизованный

unclad [ʌnˈklæd] голый; нагой; обнаженный

unclaimed [ʌnˈkleɪmd] невостребованный

unclasp [ʌnˈklɑːsp] отстегивать застежку; разжимать (*объятия*); выпускать (*из рук, из объятий*)

unclassified [ʌnˈklæsɪfaɪd] неклассифицированный; несекретный; рассекреченный

uncle [ˈʌŋkl] дядя

unclean [ʌnˈkliːn] неопрятный; нечистый; отвратительный; грязный; аморальный

unclear [ʌnˈklɪə] малопонятный; неясный; туманный; неуверенный; сомневающийся
uncleared [ʌnˈklɪəd] нерастаможенный
uncloak [ˈʌnˈklouk] снимать плащ; срывать маску; разоблачать
unclose [ˈʌnˈklouz] открывать(ся)
unclosed [ˈʌnˈklouzd] открытый; незаконченный; незавершенный
unclothe [ˈʌnˈklouð] раздевать; обнажать; открывать; раскрывать
unco [ˈʌŋkou] неестественный; ненормальный; странный; необыкновенно; весьма; очень; сильно; незнакомец; новости
uncoated paper [ʌnˈkoutɪdˈpeɪpə] немелованная бумага
uncock [ˈʌnˈkɔk] спускать с боевого взвода без выстрела
uncoil [ˈʌnˈkɔɪl] разматывать(ся); раскручивать(ся)
uncoined [ˈʌnˈkɔɪnd] нечеканный; истинный; настоящий; непритворный; подлинный
uncoloured [ˈʌnˈkʌləd] неокрашенный
uncombed [ˈʌnˈkoumd] растрепанный; нерасчесанный
uncomely [ˈʌnˈkʌmlɪ] некрасивый; непривлекательный
uncomfortable [ʌnˈkʌmf(ə)təbl] неудобный; испытывающий неудобство; стесненный
uncommercial [ˈʌnkəˈməːʃəl] некоммерческий
uncommitted [ˈʌnkəˈmɪtəd] не связавший себя (чем-либо); не принявший на себя обязательства; не переданный в комиссию (парламента); не совершенный (об ошибке, преступлении и т. п.); не находящийся в заключении
uncommon [ʌnˈkɔmən] выдающийся; замечательный; редкий; редко встречающийся или случающийся; необычный
uncommonly [ʌnˈkɔmənlɪ] замечательно; удивительно
uncommunicative [ˈʌnkəˈmjuːnɪkətɪv] молчаливый; необщительный; скрытный
uncompanionable [ˈʌnkəmˈpænjənəbl] необщительный; скрытный
uncomplaining [ˈʌnkəmˈpleɪnɪŋ] безропотный; покорный; послушный
uncompliant [ˈʌnkəmˈplaɪənt] неподатливый; несговорчивый
uncomplicated [ʌnˈkɔmplɪkeɪtɪd] легкий; несложный; нетрудный; не давший осложнений
unconditional [ˈʌnkənˈdɪʃ(ə)nl] не ограниченный условиями; безоговорочный; безусловный
unconditional guarantee [ˈʌnkənˈdɪʃ(ə)nlˌgærənˈtiː] безусловная гарантия

unconditioned [ˈʌnkənˈdɪʃ(ə)nd] необусловленный; неоговоренный; абсолютный; безусловный; несомненный; полный
unconfirmed [ˈʌnkənˈfəːmd] неподтвержденный
unconforming [ˈʌnkənˈfɔːmɪŋ] не соответствующий (требованиям); вызывающий возражения
unconformity [ˈʌnkənˈfɔːmɪtɪ] несоответствие
unconfutable [ˈʌnkənˈfjuːtəbl] неопровержимый
uncongenial [ˈʌnkənˈʤiːnjəl] чуждый по духу; неподходящий; неблагоприятный
unconnected [ˈʌnkəˈnektɪd] не связанный (с чем-либо); неродственный; не имеющий связей; бессвязный; несвязный
unconquerable [ʌnˈkɔŋk(ə)rəbl] неодолимый; непобедимый; непреодолимый
unconscious [ʌnˈkɔnʃəs] не сознающий (чего-либо); бессознательный; неосознаваемый; неосознанный; невольный; непреднамеренный
unconscious person [ʌnˈkɔnʃəsˈpəːsn] человек, находящийся без сознания
unconsidered [ˈʌnkənˈsɪdəd] необдуманный
unconsonant [ʌnˈkɔnsənənt] противоречащий
unconstrained [ˈʌnkənˈstreɪnd] действующий не по принуждению; добровольный; свободный; естественный; непринужденный
uncontemplated [ʌnˈkɔntəmpleɪtɪd] непредвиденный
uncontestable [ˌʌnkənˈtestəbl] бесспорный
uncontrollable [ˌʌnkənˈtrouləbl] неконтролируемый; не поддающийся контролю
uncontrollable bleeding [ˌʌnkənˈtrouləblˈbliːdɪŋ] сильное кровотечение; неостанавливающееся кровотечение
uncontrolled [ˈʌnkənˈtrould] неконтролируемый; неорганизованный
uncontrolled ignition [ˌʌnkənˈtrouldɪgˈnɪʃən] нерегулируемое зажигание
unconventional [ˌʌnkənˈvenʃənl] чуждый условности; нешаблонный
unconvincing [ˌʌnkənˈvɪnsɪŋ] неубедительный
uncord [ˈʌnˈkɔːd] освобождать; отвязывать; развязывать; распутывать
uncork [ˈʌnˈkɔːk] откупоривать; давать выход, волю (чувствам)
uncorruptible [ˈʌnkəˈrʌptəbl] неподкупный
uncostly [ʌnˈkɔstlɪ] дешевый; доступный; недорогой
uncountable [ˈʌnˈkauntəbl] бессчетный; бесчисленный
uncouth [ʌnˈkuːθ] неуклюжий; грубоватый; грубый; неотесанный
uncover [ʌnˈkʌvə] снимать; открывать; обнаруживать; выявлять; изобличать; раскрывать; оставлять без прикрытия (воен.)

uncovered [ʌnˈkʌvəd] неприкрытый; откровенный; с непокрытой головой

uncrippled [ʌnˈkrɪpld] неповрежденный

uncritical [ʌnˈkrɪtɪk(ə)l] принимающий слепо, без критики; некритичный

uncrossed [ʌnˈkrɔst] неперечеркнутый; беспрепятственный; свободный

uncrown [ʌnˈkraun] свергать с престола

uncrowned [ʌnˈkraund] некоронованный; недоконченный; незаконченный

unction [ˈʌŋkʃ(ə)n] помазание (обряд); втирание мази; мазь; набожность; елейность; пыл; рвение

unctuous [ˈʌŋktjuəs] маслянистый; елейный

uncultured [ʌnˈkʌltʃəd] грубый; невоспитанный; некультурный

uncurb [ʌnˈkəːb] разнуздывать; давать волю (чувствам и т. п.)

uncut [ˈʌnˈkʌt] неразрезанный; несрезанный; с необрезанными полями (о книге); полный, несокращенный (о тексте); неподстриженный; нескошенный

undamaged [ʌnˈdæmɪʤd] неповрежденный

undeceive [ˌʌndɪˈsiːv] выводить из заблуждения; открывать глаза (на что-либо)

undecided [ˌʌndɪˈsaɪdɪd] нерешенный; колеблющийся; нерешительный; не принявший решения

undecisive [ˌʌndɪˈsaɪsɪv] неокончательный; не решающий

undecked [ʌnˈdekt] неукрашенный; без украшений; беспалубный

undeclared [ˌʌndɪˈklɛəd] необъявленный; непровозглашенный; не предъявленный на таможне (о вещах, подлежащих таможенному сбору)

undeclinable [ˌʌndɪˈklaɪnəbl] не могущий быть отвергнутым; несклоняемый (грам.)

undefended [ˌʌndɪˈfendɪd] незащищенный

undeliberate [ˌʌndɪˈlɪbərɪt] необдуманный; неосторожный

undenominational [ˌʌndɪˌnɔmɪˈneɪʃənl] не относящийся к какому-либо вероисповеданию

under [ˈʌndə] под; ниже; на; в соответствии с; в силу; согласно; на основании; по приказу; меньше; вниз; внизу; нижний; нижестоящий; низший; подчиненный

to work under a professor — работать под руководством профессора

under (an) anaesthetic [ˈʌndə(æn)ˌænɪsˈθetɪk] под наркозом

under arrest [ˈʌndərəˈrest] под арестом

under average [ˈʌndərˈævərɪʤ] ниже среднего

under constraint [ˈʌndəkənˈstreɪnt] по принуждению

under no-load conditions [ˈʌndəˈnouˌloudkənˈdɪʃənz] режим холостого хода

under one's arms [ˈʌndəˈwʌnzˈɑːmz] под мышкой

under penalty [ˈʌndəˈpenltɪ] под страхом наказания

under reservations [ˈʌndəˌrezəˈveɪʃənz] с оговорками

under such conditions [ˈʌndəˈsʌtʃkənˈdɪʃənz] при таких обстоятельствах

under the baton of [ˈʌndəðəˈbætənɔv] под управлением

under the contract [ˈʌndəðəˈkɔntrækt] по контракту

under the direction of [ˈʌndəðədɪˈrekʃənɔv] под руководством

under the terms of the contract [ˈʌndəðəˈtəːmzəvðəˈkɔntrækt] согласно условиям контракта

under warranty [ˈʌndəˈwɔrəntɪ] на гарантии

under-age [ˈʌndərˈeɪʤ] несовершеннолетний

under-cover [ˈʌndəˌkʌvə] потаенный; потайной; секретный; тайный

under-cover man [ˈʌndəˌkʌvəˈmæn] детектив; сыщик; сотрудник спецслужб

under-crossing [ˈʌndəˈkrɔsɪŋ] подземный переход

under-employed capacity [ˈʌndərɪmˈplɔɪdkəˈpæsɪtɪ] неиспользованная мощность

under-exposed [ˈʌndərɪksˈpouzd] недодержанный

under-ripe [ˈʌndəˈraɪp] недозрелый; недоспелый

under-the-counter [ˈʌndəðəˈkauntə] продающийся из-под полы

under-the-table [ˈʌndəðəˈteɪbl] тайный; подпольный; незаконный (о сделке и т. п.)

under-the-terms [ˈʌndəðəˈtəːmz] по условиям

underact [ˈʌndərˈækt] исполнять роль бледно, слабо

underaction [ˈʌndərˈækʃ(ə)n] побочная интрига; эпизод; неэнергичные действия

underarm [ˈʌndərˈɑːm] подмышка; подмышечный

underbody [ˈʌndəˈbɔdɪ] нижняя часть кузова

underbred [ˈʌndəˈbred] дурно воспитанный; грубый; непородистый; нечистокровный

undercarriage [ˈʌndəˌkærɪʤ] шасси; ходовая часть

undercharge [ˈʌndəˈtʃɑːʤ] слишком низкая цена; уменьшенный заряд (воен.); назначать слишком низкую цену; заряжать уменьшенным зарядом (воен.); недогружать

underclass [ˈʌndəklɑːs] низшие слои общества

undercloud [ˈʌndəklaud] под подозрением

undercoat [ˈʌndəkout] одежда, носимая под другой одеждой; подшерсток

undercroft [ˈʌndəkrɔft] подвал со сводами

undercurrent [ˈʌndəˌkʌr(ə)nt] низовое подводное течение; скрытая тенденция; не выраженное явно настроение, мнение и т. п.
undercut [ˈʌndəkʌt] — *сущ.* [ˌʌndəˈkʌt] — *гл.* вырезка; зарубка; подрезать
underdelivery [ˈʌndədɪˈlɪvərɪ] недопоставка
underdo [ˌʌndəˈduː] недоделывать; недожаривать
underdog [ˈʌndədɒg] подчиняющаяся или побежденная сторона; человек, которому не повезло в жизни; неудачник
underdone [ˌʌndəˈdʌn] недожаренный
underdrive [ˈʌndəˈdraɪv] понижающая передача
underestimate [ˈʌndərˈestɪmɪt] — *сущ.* [ˈʌndərˈestɪmeɪt] — *гл.* недооценка; недооценивать; преуменьшать
underexploitation [ˈʌndərˌeksplɔɪˈteɪʃən] недостаточное *(неполное)* использование ресурсов
underfed [ˈʌndəˈfed] недоедающий; недокармливаемый; недокормленный
underfeed [ˈʌndəˈfiːd] недокармливать; недоедать
underfeeding [ˈʌndəˈfiːdɪŋ] недокармливание
underfoot [ˌʌndəˈfut] под ногами; в подчинении; под контролем
underframe [ˈʌndəˈfreɪm] подрамник
underfur [ˈʌndəˈfɜː] подшерсток
undergarment [ˈʌndəˌgɑːmənt] предмет нижнего белья
underground [ˈʌndəgraund] — *сущ.* [ˌʌndəˈgraund] — *прил., нар.* метрополитен; подпольная организация; подполье; подземный; подпольный; потайной; секретный; тайный; под землей; противозаконный; преступный
underground car park [ˌʌndəˈgraund|ˈkɑːpɑːk] подземная автостоянка
underground parking [ˌʌndəˈgraund|ˈpɑːkɪŋ] подземная автостоянка
undergrowth [ˈʌndəgrouθ] подлесок; подлесье; подрост; мелколесье; подшерсток
underhand [ˈʌndəhænd] закулисный; потайной; секретный; тайный; коварный; лукавый; хитроумный; хитрый; тайно; за спиной
underinflation [ˈʌndərɪnˈfleɪʃən] недостаточное внутреннее давление в шинах
underjaw [ˈʌndədʒɔː] нижняя челюсть
underlease [ˈʌndəliːs] субаренда; сдавать в субаренду; заключать договор субаренды
underlet [ˈʌndəˈlet] передавать в субаренду; сдавать в аренду за более низкую плату
underline [ˈʌndəlaɪn] — *сущ.* [ˌʌndəˈlaɪn] — *гл.* линия, подчеркивающая слово; подчеркивать; иметь приоритет
underlip [ˈʌndəlɪp] нижняя губа *(анат.)*
underload [ˌʌndəˈloud] недостаточно нагружать; недогружать

underlying [ˌʌndəˈlaɪɪŋ] лежащий или расположенный под чем-либо; основной; лежащий в основе
underlying hardware [ˌʌndəˈlaɪɪŋˈhɑːdweə] базовое оборудование
undermentioned [ˌʌndəˈmenʃənd] нижеупомянутый
undermine [ˌʌndəˈmaɪn] подкапывать; делать подкоп; минировать; подрывать; подмывать *(берега)*; губить; разрушать; уничтожать
undermost [ˈʌndəmoust] самый нижний; низший
underneath [ˌʌndəˈniːθ] вниз; внизу; ниже; под
underorders [ˈʌndərˈɔːdəz] при исполнении служебных обязанностей
underpaid [ˌʌndəˈpeɪd] низкооплачиваемый; малооплачиваемый
underpan [ˈʌndəpæn] поддон
underpants [ˈʌndəpænts] кальсоны; трусы *(мужские)*
underpass [ˈʌndəpɑːs] проезд под полотном дороги; подземный ход; тоннель
underpay [ˌʌndəˈpeɪ] оплачивать по более низкой ставке
underpin [ˌʌndəˈpɪn] подпирать *(стены)*; подводить фундамент; поддерживать; подкреплять *(тезис, аргумент и т. п.)*
underpinning [ˌʌndəˈpɪnɪŋ] подведение фундамента; крепление; обоснование
underplot [ˈʌndəplɒt] побочная, второстепенная интрига *(в пьесе, романе)*; тайный замысел
underpressure [ˈʌndəˈpreʃə] пониженное давление; разрежение; вакуум-метрическое давление
underpretence [ˈʌndərprɪˈtens] под предлогом
underprivileged [ˌʌndəˈprɪvɪlɪdʒd] пользующийся меньшими правами; бедный; неимущий
underprize [ˌʌndəˈpraɪz] недооценивать; преуменьшать
underproduce [ˈʌndəprəˈdjuːs] выпускать продукцию в недостаточном количестве
underproduction [ˈʌndəprəˈdʌkʃ(ə)n] недопроизводство
underproof [ˌʌndəˈpruːf] недостаточный
underquote [ˌʌndəˈkwout] предлагать по более низкой цене
underrate [ˌʌndəˈreɪt] недооценивать; преуменьшать; давать заниженные показания *(о приборе)*
underscore [ˌʌndəˈskɔː] подчеркивать
undersea [ˈʌndəsiː] — *прил.* [ˌʌndəˈsiː] — *нар.* подводный; под водой
undersea weapon [ˌʌndəsiːˈwepən] подводное оружие
undersell [ˈʌndəˈsel] продавать дешевле других
undershipment [ˈʌndəˈʃɪpmənt] недогруз

undershirt [ˈʌndəʃɜːt] нижняя рубаха
underside [ˈʌndəsaɪd] нижняя часть *(предмета)*; дно; низ; оборотная сторона; днище
undersign [ˌʌndəˈsaɪn] ставить свою подпись; подписывать*(ся)*
undersigned [ˈʌndəsaɪnd] нижеподписавшиеся
undersized [ˈʌndəˈsaɪzd] маломерный; карликовый; мелкий; низкорослый
underskirt [ˈʌndəskɜːt] нижняя юбка
undersong [ˈʌndəsɒŋ] припев; рефрен; сопровождающая мелодия; скрытый смысл
understaining [ˈʌndəˈsteɪnɪŋ] недостаточная окраска *(препарата)*
understand [ˌʌndəˈstænd] понимать; истолковывать; подразумевать; *(у)*слышать; узнать; догадываться; предполагать; уславливаться; уметь; смыслить *(в чем-либо)*
understandable [ˌʌndəˈstændəb(ə)l] понятный; ясный
understanding [ˌʌndəˈstændɪŋ] осмысление; понимание; постижение; общий язык; разум; способность понимать; соглашение; взаимопонимание; согласие; понимающий; разумный; внимательный; отзывчивый; чуткий
understate [ˌʌndəˈsteɪt] недооценивать; преуменьшать; умалять; не высказывать открыто, до конца
understatement [ˈʌndəˈsteɪtmənt] преуменьшение; умаление; сдержанное высказывание; замалчивание
understerilization [ˈʌndəˌsterɪlaɪˈzeɪʃən] недостаточная стерилизация
undertake [ˌʌndəˈteɪk] предпринимать; совершать; брать на себя определенную обязанность, функции; гарантировать; ручаться
undertaker [ˈʌndəˌteɪkə] владелец похоронного бюро; [ˌʌndəˈteɪkə] предприниматель
undertaking [ˌʌndəˈteɪkɪŋ] предприятие; акт; действие; дело; обязательство; принятая обязанность; соглашение; [ˈʌndəˌteɪkɪŋ] похоронное бюро
undertenant [ˈʌndəˈtenənt] субарендатор
undertone [ˈʌndətoʊn] полутон; оттенок; подтекст; скрытый смысл
undertow [ˈʌndətoʊ] отлив прибоя
underused [ˌʌndərˈjuːzd] недоиспользованный; недогруженный *(о производственных мощностях)*
underwater [ˈʌndəˈwɔːtə] подземные воды; подводный
underway [ˈʌndəweɪ] на ходу; дорожный; двигающийся
underweight [ˈʌndəweɪt] недовес; неполный вес; имеющий недовес
underwit [ˈʌndəwɪt] слабоумный *(человек)*
underwood [ˈʌndəwʊd] подлесок; поросль

underwork [ˈʌndəwɜːk] — *сущ.* [ˈʌndəˈwɜːk] — *гл.* работа менее квалифицированная или худшего качества; работать недостаточно; работать за более низкую плату; недостаточно полно использовать *(что-либо)*
underworld [ˈʌndəwɜːld] преисподняя; низы общества
underwrite [ˈʌndəraɪt] подписывать*(ся)*; гарантировать; ручаться; подтверждать *(письменно)*
underwriter [ˈʌndəˌraɪtə] страховая компания; нижеподписавшийся; страховщик; гарант размещения займа или акций
underwriting [ˈʌndəraɪtɪŋ] страхование
undeserving [ˌʌndɪˈzɜːvɪŋ] не заслуживающий *(чего-либо)*
undeserving of respect [ˌʌndɪˈzɜːvɪŋ|əv|rɪsˈpekt] не заслуживающий уважения
undesigned [ˈʌndɪˈzaɪnd] непреднамеренный; неумышленный
undesirable [ˌʌndɪˈzaɪərəbl] нежелательный; неприемлемый
undetected [ˌʌndɪˈtektɪd] необнаруженный; неоткрытый
undeveloped [ˌʌndɪˈveləpt] неразвитой; недоразвитый; необработанный *(о земле)*; незастроенный *(о земле)*
undigestible [ˌʌndɪˈdʒestɪbl] непереваримый
undiluted [ˌʌndaɪˈljuːtɪd] неразбавленный; неразведенный
undine [ˈʌndiːn] русалка; ундина
undiplomatic behaviour [ˌʌnˌdɪpləˈmætɪk|bɪˈheɪvjə] недипломатичное поведение
undipped [ʌnˈdɪpt] некрещеный
undischarged [ˈʌndɪsˈtʃɑːdʒd] невыполненный *(о долге и т. п.)*; неуплаченный; не восстановленный в правах *(о банкроте)*; неразряженный
undisciplined [ʌnˈdɪsɪplɪnd] недисциплинированный; неискушенный; необученный; неопытный
undisciplined (unruly) behaviour [ʌnˈdɪsɪplɪnd|(ʌnˈruːlɪ)bɪˈheɪvjə] недисциплинированное поведение
undisclosed [ˈʌndɪsˈkloʊzd] нераскрытый; неизвестный
undiscovered [ˈʌndɪsˈkʌvəd] неведомый; незнакомый; неизвестный; необнаруженный
undiscriminated [ˈʌndɪsˈkrɪmɪneɪtɪd] недискриминированный; пользующийся равными правами; невидимый; неразличимый
undisguised [ˈʌndɪsˈɡaɪzd] незамаскированный; нескрываемый; откровенный; открытый; явный
undismayed [ˈʌndɪsˈmeɪd] не упавший духом
undisposed [ˈʌndɪsˈpoʊzd] нерасположенный; нераспределенный *(об имуществе)*

undisproved [ˌʌndɪsˈpruːvd] неопровергнутый
undissolving [ˌʌndɪˈzɔlvɪŋ] нерастворяющийся
undisturbed [ˌʌndɪsˈtɜːbd] невозмутимый; непотревоженный; спокойный; тихий; ненарушенный (*о порядке*)
undiverted [ˌʌndaɪˈvɜːtɪd] пристальный (*о внимании*)
undivided [ˌʌndɪˈvaɪdɪd] неразделенный; целый
undivided authority [ˌʌndɪˈvaɪdɪd|ɔːˈθɔrɪtɪ] единоначалие
undo [ʌnˈduː] отмена команды; открывать; развязывать; расстегивать; уничтожать сделанное; портить; разрушать; разбирать; расторгать; аннулировать
undoing [ʌnˈduː(ː)ɪŋ] уничтожение; гибель; развязывание; расстегивание; аннулирование; ликвидация
undone [ʌnˈdʌn] несделанный; недоконченный; погубленный; развязанный; расстегнутый
undoubted [ʌnˈdautɪd] бесспорный; несомненный; подлинный
undoubtful [ʌnˈdautful] несомненный
undraw [ʌnˈdrɔː] открывать, раздвигать (*шторы, занавески*)
undreamed of [ʌnˈdremt|ɔv] и во сне не снившийся; невообразимый; неожиданный
undress [ʌnˈdres] — *сущ., гл.* [ˈʌndres] — *прил.* домашний костюм; раздевать(ся); повседневный, непарадный (*об одежде*)
undressed [ʌnˈdrest] неодетый; раздетый; грубый; необработанный; неочищенный; неубранный (*о витрине*)
undue [ʌnˈdjuː] чрезвычайный; чрезмерный; неправомерный; несвоевременный; негодный; по сроку не подлежащий оплате; ненадлежащий
undulate [ˈʌndjuleɪt] волнистый; волнообразный; извилистый; быть волнистым; быть холмистым (*о местности*)
undulating [ˈʌndjuleɪtɪŋ] колеблющийся
undulation [ˌʌndjuˈleɪʃ(ə)n] волнистость; волнообразное движение; неровность поверхности
undulatory [ˈʌndjulətərɪ] волнообразный
unduly [ʌnˈdjuːlɪ] незаконно; неправильно; чрезмерно; ненадлежащим образом
undying [ʌnˈdaɪɪŋ] бессмертный; вечный
unearned [ˈʌnˈɜːnd] незаработанный; незаслуженный
unearth [ˈʌnˈɜːθ] вырывать из земли; извлекать; раскапывать
unearthly [ʌnˈɜːθlɪ] неземной; сверхъестественный; странный; абсурдный
unease [ʌnˈiːz] беспокойство; возбуждение; волнение; тревога; предчувствие беды; смущение; неловкость

uneasiness [ʌnˈiːzɪnɪs] неудобство; беспокойство; возбуждение; неловкость; стесненность; тревога
uneasy [ʌnˈiːzɪ] неудобный; беспокойный; тревожный; неловкий; стесненный; связанный (*о движениях и т. п.*)
uneatable [ˈʌnˈiːtəbl] несъедобный
uneconomic [ˈʌnˌiːkəˈnɔmɪk] неэкономический; бездоходный; невыгодный; нерентабельный
uneducated [ʌnˈedjukeɪtɪd] безграмотный; необразованный
unemployable [ˈʌnɪmˈplɔɪəbl] искалеченный; нетрудоспособный
unemployed [ˈʌnɪmˈplɔɪd] безработный; незанятый; вакантный
unemployment [ˈʌnɪmˈplɔɪmənt] безработица
unemployment benefit [ˌʌnɪmˈplɔɪməntˈbenɪfɪt] пособие по безработице
unemployment compensation [ˌʌnɪmˈplɔɪməntˌkɔmpenˈseɪʃən] пособие по безработице
unencapsulated [ˈʌnɪnˈkæpsjuleɪtɪd] бескапсюльный
unencumbered [ˈʌnɪnˈkʌmbəd] свободный от долгов
unendowed [ˈʌnɪnˈdaud] не обеспеченный капиталом
unendurable [ˈʌnɪnˈdjuərəbl] невыносимый; нестерпимый
unenviable [ʌnˈenvɪəbl] незавидный
unequal [ˈʌnˈiːkw(ə)l] неравный; неравноправный; неограниченный; неодинаковый
unequalled [ˈʌnˈiːkw(ə)ld] бесподобный; неповторимый
unequipped [ˈʌnɪˈkwɪpt] неподготовленный; неприспособленный
unequivocal [ˈʌnɪˈkwɪvək(ə)l] недвусмысленный; определенный; прозрачный; ясный
unerring [ʌnˈɜːrɪŋ] безошибочный; верный; корректный
uneven [ʌnˈiːv(ə)n] неровный; шероховатый; неуравновешенный; непарный; нечетный
uneven handwriting [ʌnˈiːv(ə)nˈhændraɪtɪŋ] неровный почерк
uneven surface [ʌnˈiːv(ə)nˈsɜːfɪs] шероховатая поверхность
uneven-aged [ʌnˈiːv(ə)nˈeɪdʒd] разновозрастный
uneventful [ˈʌnɪˈventful] не богатый событиями
unexampled [ˌʌnɪɡˈzɑːmpld] беспримерный; беспрецедентный; небывалый
unexcelled [ˈʌnɪkˈseld] неповторимый; неподражаемый; непревзойденный
unexceptionable [ˌʌnɪkˈsepʃnəbl] превосходный; замечательный; безупречный

unexceptional [ˈʌnɪkˈsepʃənl] неисключительный; обыденный; не допускающий возражений; безобидный; не вызывающий возражений

unexecuted [ˈʌnˈeksɪkjuːtɪd] невыполненный; неоформленный *(о документе)*

unexpected [ˈʌnɪksˈpektɪd] неожиданный; непредвиденный

unexperienced [ˈʌnɪksˈpɪərɪənst] незрелый; неискушенный; неопытный

unexplored [ˈʌnɪksˈplɔːd] неведомый; незнакомый; неисследованный

unexpurgated text [ʌnˈekspɜːgeɪtɪdˈtekst] невычеркнутый текст

unfabled [ʌnˈfeɪbld] невымышленный; истинный

unfading [ʌnˈfeɪdɪŋ] неувядаемый; неувядающий; нелиняющий

unfailing [ʌnˈfeɪlɪŋ] неизменный; верный; неисчерпаемый

unfair [ˈʌnˈfɛə] несправедливый; пристрастный; непорядочный; нечестный

unfairness [ˈʌnˈfɛənɪs] неровность; нечестность; несправедливость; недобросовестность

unfaithful [ˈʌnˈfeɪθful] вероломный; изменнический; не соответствующий действительности; неточный

unfaltering [ʌnˈfɔːlt(ə)rɪŋ] недрогнувший; решительный; твердый

unfamiliar [ˈʌnfəˈmɪljə] неведомый; незнаемый; необычный; непривычный

unfashionable [ˈʌnˈfæʃnəbl] немодный

unfasten [ˈʌnˈfɑːsn] откреплять; отстегивать; расстегивать

unfathered [ˈʌnˈfɑːðəd] незаконнорожденный; неизвестного происхождения

unfathomable [ʌnˈfæðəməbl] бездонный; безмерный; громадный; неизъяснимый; необъяснимый; непонятный; непостижимый

unfavourable [ˈʌnˈfeɪv(ə)rəbl] неблагоприятный; неблагосклонный; неприятный; отрицательный

unfavourable conditions [ʌnˈfeɪv(ə)rəbl|kənˈdɪʃənz] неблагоприятные условия

unfavoured [ˈʌnˈfeɪvəd] не пользующийся благосклонностью или помощью

unfed [ˈʌnˈfed] некормленый; ненакормленный

unfeeling [ʌnˈfiːlɪŋ] бесчеловечный; бесчувственный

unfee'd [ʌnˈfiːd] не получивший гонорара, чаевых; не вознагражденный

unfeigned [ʌnˈfeɪnɪd] искренний; истинный

unfertilized [ˈʌnˈfɜːtɪlaɪzd] неоплодотворенный

unfetter [ˈʌnˈfetə] снимать оковы; освобождать

unfettered [ˈʌnˈfetəd] освобожденный *(от оков, пут)*

unfile [ˈʌnˈfaɪl] исключить из списков

unfinished [ˈʌnˈfɪnɪʃt] незавершенный; незаконченный; грубый; необработанный; неотшлифованный

unfinished business [ʌnˈfɪnɪʃtˈbɪznɪs] незавершенное дело

unfit [ˈʌnˈfɪt] негодный; неподходящий; непригодный; нездоровый; негодный *(по состоянию здоровья)*; делать непригодным

unfix [ˈʌnˈfɪks] откреплять; делать неустойчивым; расшатывать; подрывать

unfledged [ˈʌnˈfledʒd] неоперенный

unflinching [ʌnˈflɪntʃɪŋ] решительный; твердый

unfocused [ʌnˈfoukəst] несфокусированный; несосредоточенный

unfold [ʌnˈfould] развертывать(ся); раскрывать(ся); распускаться *(о почках)*; раскрывать; открывать *(планы, замыслы)*

unforeseen [ˈʌnfɔːˈsiːn] неожиданный; непредвиденный

unforeseen circumstances [ˌʌnfɔːˈsiːnˈsəːkəmstənsɪz] непредвиденные обстоятельства

unforgettable [ˈʌnfəˈgetəbl] незабвенный; достопамятный

unforgivable [ˈʌnfəˈgɪvəbl] непростительный

unforgiving [ˈʌnfəˈgɪvɪŋ] непрощающий; неумолимый

unformed [ˈʌnˈfɔːmd] бесформенный; *(еще)* не сформировавшийся

unfortunate [ʌnˈfɔːtʃnɪt] несчастный; злополучный; несчастливый; безуспешный; неудавшийся; неудачный; горемыка; неудачник

unfortunately [ʌnˈfɔːtʃnɪtlɪ] к несчастью; к сожалению

unfounded [ˈʌnˈfaundɪd] безосновательный; голословный; необоснованный; неосновательный

unfounded jealousy [ʌnˈfaundɪdˈdʒeləsɪ] беспочвенная ревность

unfriendly [ˈʌnˈfrendlɪ] недружелюбный; неприветливый; вредный; неблагоприятный

unfrock [ˈʌnˈfrɔk] лишать духовного сана

unfruitful [ˈʌnˈfruːtf(u)l] неплодоносящий; неплодородный; бесплодный; безрезультатный

unfunded [ˈʌnˈfʌndɪd] текущий *(о долге)*

unfunny [ˈʌnˈfʌnɪ] неостроумный; несмешной

unfurnished apartment [ʌnˈfɜːnɪʃtəˈpɑːtmənt] немеблированные комнаты

ungainly [ʌnˈgeɪnlɪ] неловкий; нескладный; неуклюжий

ungodly [ʌnˈgɔdlɪ] неверующий; возмутительный; ужасный; нелепый

ungovernable [ʌnˈgʌv(ə)nəbl] непокорный; неукротимый; необузданный

ungraceful [ʌnˈgreɪsful] неизящный; неловкий

ungracious [ʌnˈgreɪʃəs] грубый; невежливый; неприятный

ungraded [ʌnˈgreɪdɪd] несортированный; неклассифицированный; низкого качества

ungrateful [ʌnˈgreɪtful] неблагодарный; неприятный

ungrease [ʌnˈgriːz] обезжиривать

ungrounded [ʌnˈgraʊndɪd] безосновательный; беспочвенный

ungrudging [ʌnˈgrʌdʒɪŋ] щедрый; добрый; широкий (о натуре); богатый; изобильный; обильный

ungual [ˈʌŋgwəl] ногтевой

unguarded [ʌnˈgɑːdɪd] беспечный; неосмотрительный; незащищенный

unguarded border [ʌnˈgɑːdɪd ˈbɔːdə] неохраняемая граница

unguardedly [ʌnˈgɑːdɪdlɪ] без охраны

unguent [ˈʌŋgwənt] мазь

unguilty [ʌnˈgɪltɪ] невиновный

ungula [ˈʌŋgjulə] ноготь; коготь; копыто

unhackneyed [ʌnˈhæknɪd] новейший; новый; оригинальный; свежий

unhand [ʌnˈhænd] отнимать руки (от чего-либо); выпускать из рук

unhandsome [ʌnˈhænsəm] уродливый; грубый; невежливый; нелюбезный; неучтивый; неблагородный; невеликодушный

unhang [ʌnˈhæŋ] снимать (что-либо висящее)

unhappily [ʌnˈhæpɪlɪ] несчастливо; к несчастью; к сожалению

unhappy [ʌnˈhæpɪ] несчастливый; несчастный; безуспешный; неудавшийся; неудачный

unharmed [ʌnˈhɑːmd] невредимый; незатронутый; нетронутый

unharness [ʌnˈhɑːnɪs] распрягать

unheard [ʌnˈhɜːd] неслышный; невыслушанный; неизвестный

unheard of [ʌnˈhɜːd ɔv] небывалый; неслыханный

unheeded [ʌnˈhiːdɪd] незамеченный; не принятый во внимание

unheeding [ʌnˈhiːdɪŋ] неаккуратный; небрежный

unhelpful [ʌnˈhelpf(u)l] безрезультатный; бесполезный; напрасный; не оказывающий помощи

unhesitatingly [ʌnˈhezɪteɪtɪŋlɪ] без колебания; решительно; уверенно

unhewn [ʌnˈhjuːn] нео(б)тесанный; неотделанный

unhinge [ʌnˈhɪndʒ] снимать с петель (дверь); вносить беспорядок; расстраивать; выбивать из колеи

unholstery [ʌnˈhoʊlstərɪ] обивка

unholy [ʌnˈhoʊlɪ] нечестивый; злобный; ожесточенный; порочный

unholy alliance [ʌnˈhoʊlɪ əˈlaɪəns] неудачный союз

unhook [ʌnˈhʊk] снять с крючка; расстегнуть (крючки); отцепить

unhoped (for) [ʌnˈhoʊpt(fɔː)] внезапный; неожиданный; непредсказуемый

unhorse [ʌnˈhɔːs] сбрасывать с лошади

unhoused [ʌnˈhaʊzd] бездомный; лишенный крова

unhurried [ʌnˈhʌrɪd] медленный; неспешный; неторопливый; тихий

unhurt [ʌnˈhɜːt] целый и невредимый

unhygienic [ˌʌnhaɪˈdʒiːnɪk] негигиеничный; нездоровый

uni- [ˈjuːnɪ-] в сложных словах одно-; едино-

unicellular [ˌjuːnɪˈseljulə] одноклеточный (биол.)

unicorn [ˈjuːnɪkɔːn] единорог

unicorn-fish [ˈjuːnɪkɔːnfɪʃ] нарвал (зоол.)

unidentified [ˌʌnaɪˈdentɪfaɪd] неопознанный; неотождествленный

unidimensional [ˌjuːnɪdɪˈmenʃənəl] линейный

unification [ˌjuːnɪfɪˈkeɪʃ(ə)n] объединение; унификация

unified [ˈjuːnɪfaɪd] единообразный; объединенный

unified screw thread [ˈjuːnɪfaɪd ˈskruː ˈθred] стандартная резьба

uniform [ˈjuːnɪfɔːm] форменная одежда; форма; одинаковое оформление книги; единообразный; однообразный; неизменный; одинаковый; однородный; неизменяемый; постоянный; одевать в форму

uniform accounting [ˈjuːnɪfɔːm əˈkaʊntɪŋ] единый бухгалтерский учет

uniform edition [ˈjuːnɪfɔːm ɪˈdɪʃən] одинаковое оформление серии книг

uniformed [ˈjuːnɪfɔːmd] одетый в форму

uniformity [ˌjuːnɪˈfɔːmɪtɪ] единообразие

unify [ˈjuːnɪfaɪ] объединять; соединять; унифицировать; приводить к единообразию

unilaminate [ˌjuːnɪˈlæmɪneɪt] однослойный

unilateral [ˌjuːnɪˈlæt(ə)r(ə)l] однонаправленный; односторонний

unilateral contract [ˌjuːnɪˈlæt(ə)r(ə)l ˈkɔntrækt] односторонняя сделка

unimaginable [ˌʌnɪˈmædʒɪnəbl] невообразимый

unimaginative [ˌʌnɪˈmædʒɪnətɪv] лишенный воображения; прозаический

unimodal [ˌjuːnɪˈmoʊdl] однородный

unimpaired [ˌʌnɪmˈpɛəd] незатронутый; непострадавший; нетронутый

unimpeachable [ˌʌnɪmˈpiːtʃəbl] безупречный; безукоризненный; бесспорный; неоспоримый

unimpeachable witness [ˌʌnɪmˈpiːtʃəbl ˈwɪtnɪs] безупречный свидетель

unimpeded [ˌʌnɪmˈpiːdɪd] беспрепятственный; свободный

unimpeded access [ˌʌnɪmˈpiːdɪd ˈækses] беспрепятственный доступ

unimportant [ˌʌnɪmˈpɔːt(ə)nt] неважный; незначащий; несущественный

unimpressed [ˌʌnɪmˈprest] не находящийся под впечатлением

unimpressive [ˌʌnɪmˈpresɪv] невыразительный

unimprovable [ˌʌnɪmˈpruːvəbl] неисправимый; непоправимый; безукоризненный; безупречный; идеальный; совершенный

unimproved [ˌʌnɪmˈpruːvd] неисправленный; неулучшенный; необработанный *(о земле)*; неупотребляемый; неиспользованный

uninfluenced [ˌʌnˈɪnfluənst] не находящийся под влиянием; непредубежденный

uninformed [ˌʌnɪnˈfɔːmd] малокомпетентный; неосведомленный; несведущий

uninhabitable [ˌʌnɪnˈhæbɪtəbl] непригодный для жилья

uninhabited [ˌʌnɪnˈhæbɪtɪd] необитаемый

uninhibited [ˌʌnɪnˈhɪbɪtɪd] несдерживаемый; свободный

uninitiated [ˌʌnɪˈnɪʃɪeɪtɪd] непосвященный; малокомпетентный; малосведущий; несведущий

uninjured [ˌʌnˈɪndʒəd] неповрежденный; непострадавший

uninspired [ˌʌnɪnˈspaɪəd] невдохновленный; невоодушевленный; неинспирированный

uninspiring [ˌʌnɪnˈspaɪ(ə)rɪŋ] не создающий стимула; скучный

uninsured [ˌʌnɪnˈʃuəd] незастрахованный

unintelligent [ˌʌnɪnˈtelɪdʒ(ə)nt] неумный; невежественный; необразованный; несведущий

unintelligible [ˌʌnɪnˈtelɪdʒəbl] неразборчивый

unintended [ˌʌnɪnˈtendɪd] невольный; непреднамеренный; неумышленный; непредусмотренный

unintentionally [ˌʌnɪnˈtenʃnəlɪ] непреднамеренно; неумышленно

uninterested [ˌʌnˈɪntrɪstɪd] не заинтересованный; не интересующийся; безразличный; равнодушный

uninterrupted [ˌʌnˌɪntəˈrʌptɪd] непрерываемый; беспрерывный; непрерывный

uninvestigated [ˌʌnɪnˈvestɪɡeɪtɪd] неисследованный

uninvited [ˌʌnɪnˈvaɪtɪd] неприглашенный; незваный

uninviting [ˌʌnɪnˈvaɪtɪŋ] непривлекательный; неаппетитный

union [ˈjuːnjən] союз; объединение; соединение; единение; слияние; согласие; брачный союз; муфта; патрубок; штуцер; ниппель; профсоюз

union card [ˈjuːnjənˈkɑːd] профсоюзный билет

union suit [ˈjuːnjənˈsjuːt] мужской нательный комбинезон

unionist [ˈjuːnjənɪst] член профсоюза

unionization [ˌjuːnɪənaɪˈzeɪʃ(ə)n] юнионизация

unionize [ˈjuːnjənaɪz] объединять; соединять; объединять в профсоюзы

unique [juːˈniːk] единственный в своем роде; уникальный; замечательный *(разг.)*; необыкновенный; раритет; редкость; уникум

unisex [ˈjuːnɪseks] уравнивание полов *(в работе, спорте и т. п.)*; унификация мужской и женской одежды; годный для лиц обоего пола; неразличимый по полу

unisexual [ˈjuːnɪˈseksjuəl] однополый

unison [ˈjuːnɪzn] унисон

unit cost [ˈjuːnɪtˈkɔst] себестоимость одного экземпляра; себестоимость одной книги

unit of fire [ˈjuːnɪtəvˈfaɪə] комплект боеприпасов

unit of language [ˈjuːnɪtəvˈlæŋɡwɪdʒ] языковая единица

unit of length [ˈjuːnɪtəvˈleŋθ] единица длины

unit of measure [ˈjuːnɪtəvˈmeʒə] единица меры *(измерения)*

unit of money [ˈjuːnɪtəvˈmʌnɪ] денежная единица

unit of weight [ˈjuːnɪtəvˈweɪt] единица веса

unit price [ˈjuːnɪtˈpraɪs] цена за экземпляр

unit value [ˈjuːnɪtˈvæljuː] величина единицы измерения *(наборных элементов)*

unit weight [ˈjuːnɪtˈweɪt] удельный вес

unitary [ˈjuːnɪt(ə)rɪ] единичный; индивидуальный; отдельный; унитарный; единый; стремящийся к единству

unitary hue [ˈjuːnɪt(ə)rɪˈhjuː] основные цвета

unite [juːˈnaɪt] соединять(ся); объединять(ся)

united [juːˈnaɪtɪd] соединенный; объединенный; сгруппированный; сросшийся; общий; совместный; дружный

unitized [ˈjuːnɪtaɪzd] блочный

units [ˈjuːnɪts] единицы

unity [ˈjuːnɪtɪ] единство; слитность; спаянность; дружба; согласие; единица *(число)*; совместное владение

universal [ˌjuːnɪˈvəːs(ə)l] всеобщий; всемирный; всеохватывающий; всесторонний; универсальный

Universal Copyright Convention [ˌjuːnɪˈvəːs(ə)lˈkɔpɪraɪtkənˈvenʃən] Всемирная конвенция об авторском праве

universal drive [ˌjuːnɪˈvəːs(ə)lˈdraɪv] карданная передача

universal joint [ˌjuːnɪˈvəːs(ə)lˈdʒɔɪnt] карданный шарнир с крестовиной

universal spanner [ˌjuːnɪˈvəːs(ə)lˈspænə] универсальный гаечный ключ

universally [ˌjuːnɪˈvəːs(ə)lɪ] везде; всюду; повсюду

universe [ˈjuːnɪvəs] мир; Вселенная; космос; мироздание; человечество; население Земли

university [ˌjuːnɪˈvəːsɪtɪ] университет; университетский

university press [ˌjuːnɪˈvəːsɪtɪˈpres] университетское издательство

unjoin [ˈʌnˈdʒɔɪn] разъединять

unjust [ˈʌnˈdʒʌst] напрасный; незаслуженный; несправедливый; неправомерный

unjustifiable [ʌnˈdʒʌstɪfaɪəbl] неоправданный; неправомерный

unjustifiable threat [ʌnˈdʒʌstɪfaɪəblˈθret] нереальная угроза

unjustified [ʌnˈdʒʌstɪfaɪd] неоправданный; неподтвержденный

unkempt [ˈʌnˈkempt] нечесаный; неопрятный; неряшливый; небрежный (о стиле)

unkennel [ˈʌnˈkenl] выгонять из норы или конуры; обнаруживать; открывать; разоблачать; раскрывать

unkind [ʌnˈkaɪnd] враждебный; дурной; злой; недобрый

unking [ʌnˈkɪŋ] свергнуть с престола

unknowable [ˌʌnˈnouəbl] непознаваемый; непостижимый

unknowing [ˈʌnˈnouɪŋ] невежественный; незнающий; неосведомленный

unknowingly [ˈʌnˈnouɪŋlɪ] бессознательно

unknown [ˈʌnˈnoun] неизвестный; тайно; без ведома

unknown case [ʌnˈnounˈkeɪs] неизвестная причина

unlaboured [ˈʌnˈleɪbəd] достигнутый без усилия; легкий; непринужденный; не вымученный (о стиле)

unlace [ˈʌnˈleɪs] расшнуровывать; распускать шнуровку

unlade [ˈʌnˈleɪd] выгружать; разгружать

unladen [ˈʌnˈleɪdn] не обремененный (чем-либо)

unladylike [ˈʌnˈleɪdɪlaɪk] неженственный; не свойственный, не подобающий леди

unlawful [ˈʌnˈlɔːful] беззаконный; незаконный; внебрачный; неправомерный

unlawful act [ʌnˈlɔːfulˈækt] противоправное действие

unlawful advantage [ʌnˈlɔːfulədˈvɑːntɪdʒ] незаконная выгода

unlawful device [ʌnˈlɔːfuldɪˈvaɪs] противозаконная махинация

unlawful lot [ʌnˈlɔːfulˈlɒt] незаконная лотерея

unlearn [ˈʌnˈləːn] разучиться; забыть то, что знал

unlearned [ˈʌnˈləːnɪd] безграмотный; малограмотный; неграмотный; неученый; невыученный; незаученный

unleash [ˈʌnˈliːʃ] спускать с привязи; развязать; дать волю

unleavened [ˈʌnˈlevnd] пресный (о тесте)

unless [ənˈles] кроме; за исключением; разве только

unlettered [ˈʌnˈletəd] неграмотный; необразованный

unlicensed [ˈʌnˈlaɪsənst] не имеющий лицензии; свободный от лицензии

unlike [ˈʌnˈlaɪk] непохожий на; не такой, как; в отличие от

unlikely [ʌnˈlaɪklɪ] маловероятный; невероятный; ничего хорошего не обещающий; непривлекательный; вряд ли; едва ли

unlimited [ʌnˈlɪmɪtɪd] безграничный; неограниченный

unlink [ˈʌnˈlɪŋk] разъединять; расцеплять; размыкать

unlisted [ʌnˈlɪstɪd] не включенный в список

unlit [ˈʌnˈlɪt] незажженный; запутанный; маловразумительный

unlive [ˈʌnˈlɪv] изменить образ жизни; жить иначе

unload [ˈʌnˈloud] разгружать(ся); выгружать; разряжать (воен.); отделываться; избавляться (от чего-либо невыгодного)

unlock [ˈʌnˈlɔk] отпирать; открывать

unlooked for [ʌnˈluktˈfɔː] внезапный; неожиданный

unlovable [ˈʌnˈlʌvəbl] недостойный любви; не вызывающий симпатии; непривлекательный; неприятный

unloved [ˈʌnˈlʌvd] нелюбимый

unlovely [ˈʌnˈlʌvlɪ] непривлекательный; неприятный

unloving [ˈʌnˈlʌvɪŋ] нелюбящий

unluckily [ʌnˈlʌkɪlɪ] к несчастью

unlucky [ʌnˈlʌkɪ] безуспешный; неудавшийся; неудачный; злополучный; несчастливый

unmade [ˈʌnˈmeɪd] еще не сделанный; неизготовленный

unmade bed [ʌnˈmeɪdˈbed] незастланная постель

unmake [ˈʌnˈmeɪk] уничтожать (сделанное); аннулировать; менять; переделывать; трансформировать; понижать (в чине, звании)

unman [ˈʌnˈmæn] лишать мужественности, мужества; оставить без людей; оголить

unmanageable [ʌnˈmænɪdʒəbl] трудно поддающийся контролю или обработке; трудный (о ребенке, о положении и т. п.); непокорный

unmanned [ˈʌnˈmænd] не укомплектованный (штатом); безлюдный; необитаемый; без экипажа

unmannerly [ʌnˈmænəlɪ] грубый; невежливый; невоспитанный; нелюбезный

unmapped [ˈʌnˈmæpt] не нанесенный на карту

unmarked [ˌʌnˈmɑːkt] незамеченный; немеченый; неотмеченный
unmarried [ˌʌnˈmærɪd] холостой; неженатый; незамужняя
unmask [ˌʌnˈmɑːsk] снимать маску; разоблачать; обнаруживать *(воен.)*; демаскировать *(воен.)*
unmatched [ˌʌnˈmætʃt] не имеющий себе равного; бесподобный
unmeasured [ˌʌnˈmeʒəd] неизмеренный; безмерный; большой; громадный; непомерный; чрезвычайный; чрезмерный
unmeet [ˌʌnˈmiːt] негодный; неподходящий; непригодный
unmelodious [ˌʌnmɪˈloudjəs] немелодичный
unmentionable [ʌnˈmenʃnəbl] вульгарный; неприличный; нецензурный
unmindful [ʌnˈmaɪndful] забывчивый; небрежный; невнимательный
unmitigated barbarism [ʌnˈmɪtɪgeɪtɪd ˈbɑːbərɪzm] абсолютное варварство
unmixed [ˌʌnˈmɪkst] несмешанный; чистый
unmoral [ˌʌnˈmɔr(ə)l] безнравственный
unmounted [ˌʌnˈmauntɪd] пеший; неоправленный *(о драгоценном камне)*; неокантованный *(о картине)*
unmoved [ˌʌnˈmuːvd] неподвижный; нерастроганный; оставшийся равнодушным; непоколебимый; непреклонный; несгибаемый
unmuzzle [ˌʌnˈmʌzl] снимать намордник; дать возможность говорить, высказываться
unnamed [ˌʌnˈneɪmd] безымянный; неупомянутый
unnatural [ʌnˈnætʃr(ə)l] неестественный; ненормальный; чудовищный; бессердечный; жестокий
unnaturalization [ˌʌnˌnætʃrəlaɪˈzeɪʃən] лишение гражданства
unnecessary [ʌnˈnesɪs(ə)rɪ] излишний; лишний; ненужный
unnerve [ˌʌnˈnɜːv] нервировать; расстраивать
unnoted [ˌʌnˈnoutɪd] незамеченный; неотмеченный
unnoticed [ˌʌnˈnoutɪst] незамеченный
unnumbered [ˌʌnˈnʌmbəd] ненумерованный; несчитанный; бессчетный; бесчисленный; многочисленный; несметный; несчетный
unobjectionable [ˌʌnəbˈdʒekʃnəbl] не вызывающий возражений; не вызывающий неприятного чувства
unobservant [ˌʌnəbˈzɜːv(ə)nt] невнимательный; ненаблюдательный
unobstructed [ˌʌnəbˈstrʌktɪd] беспрепятственный
unobstructed access [ˌʌnəbˌstrʌktɪd ˈækses] беспрепятственный доступ
unoccupied [ˌʌnˈɔkjupaɪd] свободный; незанятый; праздный *(о людях)*; необитаемый; пустой

unofficial [ˌʌnəˈfɪʃ(ə)l] неофициальный; приватный; частный
unopened [ˌʌnˈoup(ə)nd] закрытый; неоткрытый
unopposed candidate [ˌʌnəˈpouzd ˈkændɪdɪt] единственный кандидат
unoriginal [ˌʌnəˈrɪdʒənl] неоригинальный; заимствованный
unorthodox behaviour [ʌnˈɔːθədɔks bɪˈheɪvjə] неординарные манеры
unowned [ˌʌnˈound] бесхозный
unpack [ˌʌnˈpæk] распаковывать
unpaid [ˌʌnˈpeɪd] неуплаченный; неоплаченный; не получающий платы; безвозмездный; бесплатный; льготный
unpalatable [ʌnˈpælətəbl] невкусный; неприятный
unparalleled [ʌnˈpærəleld] не имеющий себе равного; беспримерный; бесподобный
unpardonable [ʌnˈpɑːdnəbl] непростительный
unparented [ˌʌnˈpɛər(ə)ntɪd] не имеющий родителей; осиротелый; брошенный родителями
unpaved [ˌʌnˈpeɪvd] немощеный
unpeg [ˌʌnˈpeg] вынимать, выдергивать колышки
unpenetrable [ʌnˈpenɪtrəbl] непрозрачный; непроницаемый
unperformed [ˌʌnpəˈfɔːmd] невыполненный; неосуществленный
unperson [ʌnˈpɜːsn] бывшая персона; видный деятель, потерявший положение
unpick [ʌnˈpɪk] распарывать
unpin [ˌʌnˈpɪn] откалывать; вынимать булавки *(из чего-либо)*
unplaced [ˌʌnˈpleɪst] не имеющий места; не находящийся на месте; не назначенный на должность
unplant [ˌʌnˈplɑːnt] вырывать с корнем
unplug [ʌnˈplʌg] выдернуть вилку из розетки; отключить; выдернуть затычку, пробку; прочистить *(что-либо засорившееся)*
unpointed [ˌʌnˈpɔɪntɪd] тупой; неотточенный *(о карандаше и т. п.)*; неостроумный; плоский; пологий; ровный; не относящийся к делу *(о замечании)*; без знаков препинания
unpopular belief [ʌnˈpɔpjulə bɪˈliːf] непопулярное мнение; нераспространенное мнение
unposted [ˌʌnˈpoustɪd] *(еще)* не отправленный *(по почте)*; не опущенный в почтовый ящик; неосведомленный
unpractical [ˌʌnˈpræktɪk(ə)l] непрактичный
unpractised [ʌnˈpræktɪst] не примененный на практике; неискусный; неискушенный; неопытный
unpredictable [ˌʌnprɪˈdɪktəbl] не могущий быть предсказанным; не поддающийся прогнозированию

unprefaced [ʌnˈprefɪst] без предисловия

unprejudiced [ʌnˈpredʒudɪst] беспристрастный; нелицеприятный

unpremeditated [ˌʌnprɪˈmedɪteɪtɪd] непреднамеренный; неумышленный

unprintable [ʌnˈprɪntəbl] непригодный для печати; непечатный; нецензурный

unprocurable [ˌʌnprəˈkjuərəbl] недоступный; такой, которого нельзя достать

unproductive [ˌʌnprəˈdʌktɪv] непродуктивный

unprofessional [ˌʌnprəˈfeʃənl] непрофессиональный; не соответствующий этике данной профессии

unprovoked [ˌʌnprəˈvoukt] ничем не вызванный; неспровоцированный

unpurposed [ʌnˈpəːpəst] бесцельный

unqualify [ʌnˈkwɔlɪfaɪ] дисквалифицировать

unquenchable [ʌnˈkwentʃəbl] неутолимый; неиссякаемый (об энтузиазме и т. п.)

unquestionable [ʌnˈkwestʃənəbl] бесспорный; неоспоримый

unquestionable alibi [ʌnˈkwestʃənəblˈælɪbaɪ] бесспорное алиби

unquestioned [ʌnˈkwestʃ(ə)nd] неоспариваемый; не вызывающий сомнения; неопрошенный

unquestioning [ʌnˈkwestʃənɪŋ] не задающий вопросов; бесспорный; несомненный; полный

unquiet [ʌnˈkwaɪət] беспокойство; волнение; тревога; беспокойный; взволнованный

unquote [ʌnˈkwout] закрывать кавычки

unquoted [ʌnˈkwoutɪd] нецитированный

unready [ʌnˈredɪ] неготовый; непроворный; несообразительный; колеблющийся; нерешительный

unreal [ʌnˈrɪəl] ненастоящий; поддельный; воображаемый; нереальный

unreasonable [ʌnˈriːznəbl] безрассудный; неблагоразумный; необдуманный; непомерный; чрезмерный; непомерно высокий (о цене и т. п.)

unrecognized [ʌnˈrekəgnaɪzd] неузнанный; непризнанный

unreconstructed [ˌʌnriːkənˈstrʌktɪd] неперестроенный

unrecorded [ˌʌnrɪˈkɔːdɪd] незафиксированный; незапротоколированный; незаписанный

unredressed [ˌʌnrɪˈdrest] невозмещенный

unreel [ʌnˈriːl] разматывать(ся)

unrefined [ˌʌnrɪˈfaɪnd] неочищенный; нерафинированный; грубый; невежливый; неучтивый

unrelated [ˌʌnrɪˈleɪtɪd] неродственный

unrelenting [ˌʌnrɪˈlentɪŋ] безжалостный; бесчеловечный; неослабевающий; неуменьшающийся

unreliability [ˌʌnrɪˌlaɪəˈbɪlɪtɪ] ненадежность; недоверие

unreliable [ˌʌnrɪˈlaɪəbl] ненадежный; не заслуживающий доверия

unrelieved [ˌʌnrɪˈliːvd] не освобожденный (от каких-либо обязанностей или обязательств); не получающий помощи, облегчения; необлегченный; монотонный; однообразный; несмененный (о часовом и т. п.)

unremarkable [ˌʌnrɪˈmɑːkəb(ə)l] обыкновенный

unremarked [ˌʌnrɪˈmɑːkt] незамеченный

unremitting [ˌʌnrɪˈmɪtɪŋ] неослабный; беспрестанный; упорный

unrepentant [ˌʌnrɪˈpentənt] некающийся; нераскаявшийся

unrepresentative [ˌʌnreprɪˈzentətɪv] нехарактерный; непредставительный

unrepresented [ˌʌnˌreprɪˈzentɪd] непредставленный

unrepugnant [ˌʌnrɪˈpʌgnənt] покорный

unrequited [ˌʌnrɪˈkwaɪtɪd] невознагражденный; неоплаченный; неотомщенный

unreserved [ˌʌnrɪˈzəːvd] откровенный; бурный; необузданный; несдержанный; не ограниченный (какими-либо условиями); незабронированный; не заказанный заранее

unreservedly [ˌʌnrɪˈzəːvɪdlɪ] откровенно; открыто; свободно; безоговорочно

unresolved [ˌʌnrɪˈzɔlvd] нерешительный; не решившийся (на что-либо); не принявший решения; неразрешенный

unresponsible [ˌʌnrɪsˈpɔnsəbl] безответственный

unrest [ʌnˈrest] беспокойство; волнение; тревога; беспорядки; бесчинства; волнения

unresting [ʌnˈrestɪŋ] неутомимый

unrestraint [ˌʌnrɪsˈtreɪnt] несдержанность; необузданность

unrestricted [ˌʌnrɪsˈtrɪktɪd] абсолютный; неограниченный; полный

unrig [ʌnˈrɪg] демилитаризовать (мор.); обезоруживать; разоружать

unrighteous [ʌnˈraɪtʃəs] нечестивый; неправедный; нечестный; несправедливый; незаслуженный

unripe [ʌnˈraɪp] неспелый; незрелый; недозрелый

unroll [ʌnˈroul] развертывать(ся)

unrolling [ʌnˈroulɪŋ] развертывающийся

unruly [ʌnˈruːlɪ] буйный; неистовый

unsaddle [ʌnˈsædl] расседлать (лошадь); сбросить (седока)

unsafe [ʌnˈseɪf] ненадежный; опасный

unsanitary [ʌnˈsænɪt(ə)rɪ] негигиеничный; антисанитарный; грязный; запачканный; немытый

unsatisfying [ʌnˈsætɪsfaɪɪŋ] ненасыщающий; неудовлетворяющий

unsaturated [ʌnˈsætʃəreɪtɪd] ненасыщенный

unsavoury [ʌnˈseɪv(ə)rɪ] невкусный; отвратительный; отталкивающий

unsay [ʌnˈseɪ] брать назад свои слова; отрекаться от своих слов

unscalable [ʌnˈskeɪləbl] неприступный *(о крутом подъеме и т. п.)*

unscathed [ʌnˈskeɪðd] невредимый; неповрежденный

unscheduled audit [ʌnˈʃedjuːld ˈɔːdɪt] внеплановая проверка

unschooled [ʌnˈskuːld] необученный; неопытный; врожденный; естественный

unscientific [ˈʌnˌsaɪənˈtɪfɪk] антинаучный; ненаучный

unscramble [ʌnˈskræmbl] разлагать на составные части; расшифровывать *(секретное послание и т. п.)*

unscrew [ʌnˈskruː] отвинчивать(ся); развинчивать(ся)

unscripted [ʌnˈskrɪptɪd] ведущийся непосредственно с места события

unscrupulous [ʌnˈskruːpjuləs] неразборчивый в средствах; нещепетильный; беспринципный; бессовестный; нечестный; низкий

unseal [ʌnˈsiːl] вскрывать; распечатывать; раскрывать

unsearchable [ʌnˈsɜːtʃəbl] необъяснимый; непонятный

unseasonable [ʌnˈsiːznəbl] не по сезону; неподходящий; несвоевременный; неуместный

unseat a valve [ʌnˈsiːt ə ˈvælv] открывать клапан

unseaworthiness [ʌnˈsiːˌwɜːðɪnɪs] непригодность к плаванию

unsecured [ˈʌnsɪˈkjuəd] необеспеченный; незапертый *(о двери и т. п.)*

unseemly [ʌnˈsiːmlɪ] неподобающий; вульгарный; непристойный

unseen [ʌnˈsiːn] невидимый; небывалый; невиданный

unserfaced [ʌnˈsɜːfɪst] грунтовый

unsettle [ʌnˈsetl] нарушать распорядок *(чего-либо)*; выбивать из колеи; расстраивать(ся)

unsewn [ʌnˈsoun] несшитый; распарывать

unshakable belief [ʌnˈʃeɪkəbl bɪˈliːf] твердое убеждение; непоколебимая вера

unshapely [ʌnˈʃeɪplɪ] бесформенный; некрасивый

unshared [ʌnˈʃɛəd] неразделенный *(о чувстве и т. п.)*

unsharpness [ʌnˈʃɑːpnɪs] нечеткость

unshaven [ʌnˈʃeɪvn] небритый

unsheathe [ʌnˈʃiːð] вынимать из ножен

unshed [ʌnˈʃed] непролитый

unsheltered [ʌnˈʃeltəd] незащищенный; неприкрытый; не имеющий приюта, убежища

unshutter [ʌnˈʃʌtə] открывать, снимать ставни

unsighted [ʌnˈsaɪtɪd] не попавший в поле зрения; не снабженный прицелом; неприцельный

unsinkability [ʌnˌsɪŋkəˈbɪlɪtɪ] непотопляемость

unsinkable [ʌnˈsɪŋkəbl] непотопляемый

unsized [ʌnˈsaɪzd] не сортированный по величине

unskilful [ʌnˈskɪlful] неискусный; неумелый; неловкий; нескладный; неуклюжий

unskilled [ʌnˈskɪld] неквалифицированный; неумелый

unsocial [ʌnˈsouʃ(ə)l] необщительный; скрытный; антиобщественный

unsold [ʌnˈsould] нераспроданный

unsolicited [ˌʌnsəˈlɪsɪtɪd] предоставленный добровольно

unsoluble [ʌnˈsɔljubl] нерастворимый

unsolvable [ʌnˈsɔlvəbl] неразрешимый; нерешенный

unsolved [ʌnˈsɔlvd] нерешенный *(о задаче, проблеме)*

unsolved case [ʌnˈsɔlvd ˈkeɪs] нераскрытое преступление, «висяк»

unsought [ʌnˈsɔːt] непрошеный; полученный без усилий с чьей-либо стороны

unsound [ʌnˈsaund] нездоровый; больной; болезненный; гнилой; испорченный; ненормальный; необоснованный; дефектный; ошибочный; ненадежный; неглубокий *(сон)*

unsounded [ʌnˈsaundɪd] неизмеренный *(о глубине)*

unsown [ʌnˈsoun] незасеянный

unsparing [ʌnˈspɛərɪŋ] расточительный; щедрый; усердный; не щадящий сил; беспощадный; бесчеловечный; жестокий

unspeakable [ʌnˈspiːkəbl] невыразимый *(словами)*; очень плохой

unspent [ʌnˈspent] неистраченный; нерастраченный; неутомленный

unspoiled [ʌnˈspɔɪlt] неиспорченный

unspoken [ʌnˈspouk(ə)n] невыраженный; невысказанный

unsportsmanlike [ʌnˈspɔːtsmənlaɪk] неспортивный; недостойный спортсмена; бесчестный; непорядочный

unsportsmanlike behaviour [ʌnˈspɔːtsmənlaɪk bɪˈheɪvjə] поведение, недостойное спортсмена; поведение, не соответствующее законам чести и совести

unspotted [ʌnˈspɔtɪd] незапачканный; незапятнанный

unsqueeze [ʌnˈskwiːz] распаковывать *(компьют.)*

UNS — UNW

unstable [ʌnˈsteɪbl] нетвердый; нестабильный; неустойчивый; изменчивый; колеблющийся

unstarched [ˈʌnˈstɑːtʃt] ненакрахмаленный; естественный; непринужденный; нечопорный

unstated [ˈʌnˈsteɪtɪd] неупомянутый; несформулированный

unstatutable [ˈʌnˈstætjuːtəbl] не дозволенный статутом, уставом

unsteady [ˈʌnˈstedɪ] неустойчивый; нетвердый; непостоянный; неустановившийся

unsterilized [ˈʌnˈsterɪlaɪzd] нестерилизованный

unstrap [ˈʌnˈstræp] отстегивать; развязывать (ремень и т. п.)

unsubstantial [ˈʌnsəbˈstænʃ(ə)l] несущественный; бестелесный; невесомый; невещественный; нереальный

unsuitable [ˈʌnˈsjuːtəbl] неподобающий; неподходящий

unsullied [ˈʌnˈsʌlɪd] незапятнанный (о репутации и т. п.)

unsunned [ˈʌnˈsʌnd] не освещенный или не согретый солнцем

unsupported [ˈʌnsəˈpɔːtɪd] без чьей-либо помощи; без опоры

unsure [ˈʌnˈʃuə] ненадежный; неопределенный; неуверенный; колеблющийся; неустановившийся; неустойчивый

unswathe [ˈʌnˈsweɪð] распеленывать; разбинтовывать

unsworn [ˈʌnˈswɔːn] не давший присяги; не связанный клятвой

unsympathetic [ˈʌnˌsɪmpəˈθetɪk] несочувствующий; жестокий; черствый; антипатичный; неприятный; несимпатичный

untamable [ˈʌnˈteɪməbl] не поддающийся приручению

untangle [ˈʌnˈtæŋgl] развязывать; распутывать

untenable [ˈʌnˈtenəbl] непригодный для обороны; непригодный для жилья

untensioned bolt [ʌnˈtenʃəndˈboult] незатянутый болт

unthankful [ˈʌnˈθæŋkful] неблагодарный

unthrone [ˈʌnˈθroun] свергнуть с престола

untidy [ʌnˈtaɪdɪ] неопрятный; неаккуратный; в беспорядке (о комнате)

untie [ʌnˈtaɪ] развязывать; распутывать; избавлять; освобождать; отпускать

until [ənˈtɪl] впредь до; кончая; пока не; до тех пор

until further notice [ənˈtɪlˈfəːðəˈnoutɪs] до следующего уведомления

untimely [ʌnˈtaɪmlɪ] безвременный; преждевременный; несвоевременный; неподходящий; неуместный; безвременно; преждевременно

untrimmed [ˈʌnˈtrɪmd] необрезанный

untrimmed size [ˈʌntrɪmdˈsaɪz] формат необрезанной полосы; необрезной формат

untrue [ˈʌnˈtruː] неверный (кому-либо); ложный; неверный; неправильный; ошибочный; отклоняющийся от нормы; не соответствующий типу

untuned [ˈʌnˈtjuːnd] расстроенный (о музыкальном инструменте)

unusual [ʌnˈjuːʒuəl] необыкновенный; необычный; странный; редкий; выдающийся; замечательный; поразительный

unveil [ʌnˈveɪl] снимать покрывало (с чего-либо); торжественно открывать (памятник); открывать (тайну, планы и т. п.)

unversed [ˈʌnˈvəːst] несведущий; неопытный; неискусный (в чем-либо)

unvital [ˈʌnˈvaɪtl] нежизнеспособный; безжизненный

unvoiced [ˈʌnˈvɔɪst] непроизнесенный

unvote [ˈʌnˈvout] отменять повторным голосованием

unwanted [ˈʌnˈwɔntɪd] нежеланный; нежелательный; лишний; ненужный

unwanted sound [ˈʌnˌwɔntɪdˈsaund] посторонний шум

unwarned [ˈʌnˈwɔːnd] непредупрежденный

unwarranted [ʌnˈwɔrəntɪd] неоправданный

unwary [ʌnˈwɛərɪ] необдуманный; неосмотрительный

unwater [ʌnˈwɔːtə] осушать; откачивать воду

unwed [ʌnˈwed] невенчанный; холостой; незамужняя

unwelcome [ʌnˈwelkəm] нежеланный; непрошеный

unwell [ʌnˈwel] нездоровый

unwholesome [ʌnˈhoulsəm] вредный; вредоносный; нездоровый

unwieldy [ʌnˈwiːldɪ] большой; громоздкий; неуклюжий; объемистый

unwilling [ˈʌnˈwɪlɪŋ] нерасположенный; несклонный

unwind [ˈʌnˈwaɪnd] разматывать(ся); раскручивать(ся); развивать(ся) (о сюжете)

unwisdom [ˈʌnˈwɪzdəm] глупость; неблагоразумие

unwitnessed [ˈʌnˈwɪtnɪst] незамеченный; не подтвержденный свидетельскими показаниями

unwonted [ʌnˈwountɪd] непривычный; необычный; редкий; не привыкший (к чему-либо)

unworkable [ˈʌnˈwəːkəbl] неприменимый; негодный для работы

unworkmanlike [ˈʌnˈwəːkmənlaɪk] сделанный по-любительски, неумело

unworldly [ˌʌnˈwəːldlɪ] не от мира сего; духовный; несветский

unworn [ʌnˈwɔːn] неношеный; непоношенный

unwrap [ʌnˈræp] развертывать(ся)

unwritten [ʌnˈrɪtn] неписаный; незаписанный; чистый *(о странице)*

unwritten law [ʌnˌrɪtnˈlɔː] неписаное право

unyoke [ʌnˈjouk] снимать ярмо *(с кого-либо)*; освобождать от ига

unzip [ʌnˈzɪp] расстегнуть молнию

up [ʌp] *указывает на нахождение наверху или на более высокое положение наверху, выше; указывает на подъем наверх, вверх; указывает на увеличение, повышение в цене, в чине, в значении и т. п.; указывает на приближение; указывает на близость или сходство; указывает на переход из горизонтального положения в вертикальное или от состояния покоя к деятельности; указывает на истечение срока, завершение или результат действия; указывает на совершение действия*: вверх по, по направлению к источнику, центру, столице и т. п.; вдоль по; вглубь; против *(течения, ветра и т. п.)*; идущий; поднимающийся вверх; повышающийся; направляющийся в крупный центр или на север *(о поезде)*; шипучий *(о напитках)*; взлет; подъем; увеличение; достижение; победа; успех; поднимать; повышать *(цены)*; вскакивать

up and down [ˈʌpənˈdaun] вверх и вниз; открыто; прямо

up fade [ˈʌpˈfeɪd] введение изображения

up to [ˈʌptə] вплоть; до; вплоть до

up to date [ˈʌptəˈdeɪt] до настоящего времени

up to this point [ˈʌptəðɪsˈpɔɪnt] до сих пор

up- [ʌp-] *в значении* вверх, кверху *прибавляется к существительным, образуя разные части речи; прибавляется к глаголам и отглагольным существительным, образуя существительные со значением* рост, подъем, изменение состояния *и т. п.; прибавляется к глаголам, образуя новые глаголы, указывающие на полноту действия*

up-and-coming [ˈʌpəndˈkʌmɪŋ] напористый; предприимчивый; подающий надежды; многообещающий

up-and-down [ˈʌpənˈdaun] холмистый; двигающийся вверх и вниз, с места на место; перпендикулярный; поперечный

up-front [ˌʌpˈfrʌnt] честный; открытый; авансом; вперед

up-market car [ʌpˈmɑːkɪtˈkɑː] автомобиль высшего класса

up-stream [ˈʌpˈstriːm] против течения; вверх по течению

up-to-date [ˈʌptəˈdeɪt] современный; соответствующий современным требованиям

upas [ˈjuːpəs] анчар *(бот.)*; пагубное влияние

upbear [ʌpˈbɛə] поддерживать

upbraid [ʌpˈbreɪd] бранить; укорять *(за что-либо)*

upcoming [ˈʌpˈkʌmɪŋ] наступающий; развивающийся; подающий надежды

upcountry [ˈʌpˈkʌntrɪ] внутренние районы страны; расположенный внутри страны; внутренний

update [ˈʌpdeɪt] исправление; дополнение; модернизировать; преобразовать; усовершенствовать

update by copy [ˈʌpdeɪtbaɪˈkɔpɪ] модификация файла с созданием новой версии

update file [ˈʌpdeɪtˈfaɪl] файл изменений

updo [ˈʌpduː] прическа, при которой волосы зачесываются наверх

upgrade [ˈʌpgreɪd] — *сущ.* [ˈʌpˈgreɪd] — *гл.* подъем; переводить на более высокооплачиваемую работу; реконструировать; усовершенствовать

upgrowth [ˈʌpgrouθ] прогресс; развитие; рост; усовершенствование; то, что растет, тянется вверх

upheaval [ʌpˈhiːv(ə)l] перенос; сдвиг; смещение; переворот; беспорядки; бунт

upheave [ʌpˈhiːv] поднимать(ся)

uphill [ˈʌpˈhɪl] в гору; идущий в гору

uphold [ʌpˈhould] поддерживать; защищать; поощрять

upholder [ʌpˈhouldə] поборник; приверженец; сторонник

upholster [ʌpˈhoulstə] обивать *(мебель)* *(чем-либо)*; вешать *(портьеры, ковры и т. п.)*

upholstered [ʌpˈhoulstəd] обитый *(материей)*; богатый; пышный; роскошный

upholsterer [ʌpˈhoulst(ə)rə] обойщик; драпировщик

upkeep [ˈʌpkiːp] содержание *(в исправности)*; ремонт; стоимость содержания

upland [ˈʌplənd] нагорная страна; нагорье; возвышенность; гористая часть страны; нагорный; отдаленный; лежащий внутри страны

uplift [ˈʌplɪft] — *сущ.* [ʌpˈlɪft] — *гл.* подъем *(культуры и т. п.)*; духовный подъем; поднимать *(настроение)*

upon [əˈpɔn] — *полная форма*; [əpən] — *редуцированная форма* на; при; по

upon a closer view [əˈpɔnəˈklouzəˈvjuː] при внимательном рассмотрении

upon a fair balance [əˈpɔnəˈfeɪəˈbæləns] по зрелом размышлении

upon my word! [əˈpɔnmaɪˈwəːd] честное слово!

upper [ˈʌpə] верхний; высший; наивысший; передок ботинка; верхний зуб

upper arm [ˈʌpərˈɑːm] плечо

upper beam [ˈʌpəˈbiːm] дальний свет

upper berth [ˈʌpəˈbəːθ] верхняя койка

upper circle [ˈʌpəˈsəːkl] ярус

UPP — URB

upper class [ˈʌpəˈklɑːs] дворянство; аристократия; высшие слои общества

upper (lower) deck [ˈʌpə(ˈlouə)ˈdek] верхняя (нижняя) палуба

upper jaw [ˈʌpəˈdʒɔː] верхняя челюсть

upper jawbone [ˈʌpəˈdʒɔːboun] верхнечелюстная кость; верхняя челюсть

upper lip [ˈʌpəˈlɪp] верхняя губа (анат.)

upper semicomplete [ˈʌpəˌsemɪkəmˈpliːt] полуполный сверху

upper torso restraint [ˈʌpəˈtɔːsouˈrɪstreɪnt] ремень безопасности

upper-works [ˈʌpəwəːks] надводная часть судна

uppercut [ˈʌpəkʌt] удар снизу (в боксе)

uppermost [ˈʌpəmoust] самый верхний; высший; главный; господствующий; наверху; прежде всего

upraise [ʌpˈreɪz] поднимать; воздевать; возвышать

upright [ˈʌpraɪt] — сущ. [ˈʌpˈraɪt] — прил., нар. пианино; подпорка; колонна; стойка; стойка (спорт.); вертикально; прямо; отвесно; стоймя; вертикальный; отвесный

upright piano [ˈʌpraɪtˈpjænou] пианино

uprightly [ˈʌpˌraɪtlɪ] прямо; честно

uprights [ˈʌpraɪts] стойки с перекладиной для прыжков в высоту

uprise [ˈʌpraɪz] — сущ., прил. [ʌpˈraɪz] — гл. восход; появление; приход; явление; подъем; бунтовать; возмущаться; восставать; подниматься; стояк трубопровода; восходящий; идущий вертикально вверх

uprising [ʌpˈraɪzɪŋ] бунт; восстание; мятеж

uproar [ˈʌpˌrɔː] гам; гудение; гул; шум; беспорядки; волнение

uproarious [ʌpˈrɔːrɪəs] буйный; неистовый

uproot [ʌpˈruːt] вырывать с корнем; искоренять

uprush [ˈʌprʌʃ] накат волны

upscale [ʌpˈskeɪl] выше среднего уровня; высококачественный

upset [ʌpˈset] опрокидывать(ся); нарушать (порядок и т. п.); расстраивать; огорчать; выводить из душевного равновесия; нарушать пищеварение; опрокидывание; высадка (давлением); беспорядок; огорчение; расстройство; недомогание

upshift [ʌpˈʃɪft] включать повышающую передачу

upshot [ˈʌpʃɔt] развязка; заключение; конец; окончание; результат

upside [ˈʌpsaɪd] верхняя сторона или часть

upside-down [ˈʌpsaɪdˈdaun] перевернутый вверх дном; вверх дном; в беспорядке

upstage [ʌpˈsteɪdʒ] относящийся к задней части сцены; высокомерный; надменный; в глубине сцены

upstairs [ʌpˈstɛəz] вверх (по лестнице); наверх; наверху; в верхнем этаже; верхняя часть здания; человек, живущий в верхнем этаже

upstanding [ʌpˈstændɪŋ] стоячий; стоящий; прямой; с прямой осанкой; здоровый; честный и прямой

upstart [ˈʌpˌstɑːt] выскочка; вскакивать; заставить вскочить; спугнуть

upsurge [ˈʌpˌsəːdʒ] — сущ. [ʌpˈsəːdʒ] — гл. повышение; подъем; рост; повышаться; подниматься

upsweep [ˈʌpswiːp] зачесывать; убирать наверх (волосы)

upswept exhaust [ˈʌpsweptɪgˈzɔːst] выхлопная труба

upswing [ˈʌpswɪŋ] подъем; улучшение; подниматься; улучшаться

uptake [ˈʌpteɪk] осмысление; понимание; постижение; поглощение; потребление; ввод; вытяжка; дымоход; вертикальный канал; шахта

uptight [ˈʌptaɪt] встревоженный; напряженный; скованный; злой; ожесточенный; озлобленный

uptown [ˈʌpˈtaun] верхняя часть города; расположенный или находящийся в верхней части города; в верхней части города

uptrend [ˈʌpˈtrend] тенденция к повышению

upturn [ʌpˈtəːn] подъем; улучшение (условий и т. п.); рост (цен и т. п.); перевертывать; переворачивать; повертывать

upturned [ˈʌpˈtəːnd] направленный кверху; перевернутый; взрытый; раскопанный; вздернутый

upward [ˈʌpwəd] вверх; направленный вверх, наверх; восходящий

upwards [ˈʌpwədz] вверх; больше; старше; выше

upwind [ʌpˈwɪnd] против ветра; с той стороны, откуда дует ветер

urban [ˈəːbən] городской; муниципальный

urban area [ˈəːbənˈɛərɪə] городские площади

urban freeway [ˈəːbənˈfriːweɪ] скоростная автомагистраль

urban management [ˈəːbənˈmænɪdʒmənt] управление городом

urban municipality [ˈəːbənˌmjuːnɪsɪˈpælɪtɪ] городской муниципалитет

urban people [ˈəːbənˈpiːpl] городское население; люди, живущие в городах

urban public transport [ˈəːbənˈpʌblɪkˈtrænspɔːt] городской общественный транспорт

urban transportation [ˈəːbənˌtrænspɔːˈteɪʃən] городской транспорт

urban village [ˈəːbənˈvɪlɪdʒ] поселок городского типа

urban ward [ˈəːbənˈwɔːd] административная часть города

urbane [əːˈbeɪn] вежливый; с изысканными манерами

urbanity [əːˈbænɪtɪ] вежливость; любезность; учтивость; городская жизнь

urbanization [ˌəːbənaɪˈzeɪʃ(ə)n] урбанизация

urbanize [ˈəːbənaɪz] делать вежливым, учтивым; превращать в город (поселок и т. п.)

urchin [ˈəːtʃɪn] мальчишка; пострел; ёж; морской ёж

urea [ˈjuərɪə] мочевина

ureter [juˈriːtə] мочеточник

urethra [juəˈriːθrə] мочеиспускательный канал (анат.)

urethroscope [juəˈriːθrəˈskoup] уретроскоп

urge [əːdʒ] побуждение; толчок; понуждать; подгонять; побуждать; подстрекать; убеждать; настаивать на; надоедать; твердить одно и то же

to urge along on — подгонять; гнать вперед; побуждать

urgency [ˈəːdʒ(ə)nsɪ] безотлагательность; настоятельность; настойчивость; назойливость

urgent [ˈəːdʒ(ə)nt] безотлагательный; настоятельный; спешный; срочный; крайне необходимый; настойчивый; упорный; назойливый

urinal [ˈjuərɪnl] писсуар

urinary [ˈjuərɪnərɪ] мочевой

urinary bladder [ˈjuərɪnərɪˈblædə] мочевой пузырь

urine [ˈjuərɪn] моча

urn [əːn] урна; электрический самовар или кофейник

urocyst мочевой пузырь

urogenital [ˌjuərouˈdʒenɪtl] мочеполовой

urogenital track [ˌjuərouˈdʒenɪtlˈtræk] мочеполовой тракт

urology [juəˈrɔlədʒɪ] урология

ursine [ˈəːsaɪn] медвежий

urticant [ˈəːtɪkənt] жгучий

us [ʌs] — *полная форма*; [əs, s] — *редуцированные формы* мы (для обозначения неопределенного круга лиц в обобщенных суждениях)

usable [ˈjuːzəbl] годный к употреблению; практичный; удобный

usage [ˈjuːzɪdʒ] использование; пользование; употребление; эксплуатация; обращение; обхождение; обыкновение; обычай; привычка; традиция; словоупотребление

usage conditions [ˈjuːzɪdʒ kənˈdɪʃənz] условия эксплуатации

use [juːs] — *сущ.* [juːz] — *гл.* употребление; применение; использование; выгода; право пользования; польза; толк; обыкновение; привычка; назначение; цель; использовать; пользоваться; прилагать; израсходовать; обращаться; обходиться

use assurance [ˈjuːsəˈʃuərəns] эксплуатационная гарантия

used-car damp [ˈjuːzdˌkɑːˈdæmp] автомобильная свалка; свалка подержанных автомобилей

used-up [ˈjuːzdˈʌp] измученный; изнуренный

useful [ˈjuːsful] полезный; пригодный; способный (разг.); успешный; весьма похвальный

useless [ˈjuːslɪs] бесполезный; никуда не годный; плохо себя чувствующий (разг.); в плохом настроении

user [ˈjuːzə] потребитель; употребляющий; пользователь; абонент

user-friendly [ˈjuːzəˈfrendlɪ] несложный для пользователя

usher [ˈʌʃə] билетер; швейцар; капельдинер; пристав (в суде); церемониймейстер; проводить; вводить; объявлять; возвещать (приход, наступление)

usheress [ˈʌʃərɪs] билетерша

usherette [ˌʌʃəˈret] капельдинерша; билетерша

usual [ˈjuːʒuəl] обыкновенный; обычный

usually [ˈjuːʒuəlɪ] обычно; обыкновенно; как правило

usurer [ˈjuːʒ(ə)rə] ростовщик

usurious [juːˈzjuərɪəs] ростовщический

usurious transaction [juːˈzjuərɪəs trænˈzækʃən] ростовщическая сделка

usurp [juːˈzəːp] узурпировать; незаконно захватывать

usurpation [ˌjuːzəːˈpeɪʃ(ə)n] узурпация; незаконный захват

usurper [juːˈzəːpə] захватчик; узурпатор

usury [ˈjuːʒurɪ] ростовщичество; ростовщический процент

utensil [juː(ː)ˈtensl] посуда; утварь; принадлежность

uterine [ˈjuːtəraɪn] утробный; маточный

uterine neck [ˈjuːtəraɪnˈnek] шейка матки

uterus [ˈjuːtərəs] матка

utilitarian [ˌjuːtɪlɪˈtɛərɪən] утилитарный; утилитарист

utility [juː(ː)ˈtɪlɪtɪ] полезность; выгодность; коммунальные сооружения, предприятия; коммунальные услуги; общественная полезность (экон.); утилитарный; практичный (о товарах)

utility bill [juː(ː)ˈtɪlɪtɪˈbɪl] счет за пользование коммунальными услугами

utilization [ˌjuːtɪlaɪˈzeɪʃ(ə)n] использование; употребление; утилизация; эксплуатация

utmost [ˈʌtmoust] самый отдаленный; крайний; предельный; величайший; самое большое; все возможное

utopian [juːˈtoupjən] утопический; утопист

utter [ˈʌtə] издавать; произносить; переуступать; передавать; сбывать; выражать словами; излагать; пускать в обращение; полный; совершенный; абсолютный; крайний

utter barbarism [ˈʌtəˈbɑːbərɪzm] абсолютное варварство

utter boredom [ˈʌtəˈbɔːdəm] полная скука

utterance [ˈʌt(ə)r(ə)ns] высказывание; дикция; произношение; манера говорить; дар слова; переуступка; передача; пуск в обращение

utterly [ˈʌtəlɪ] весьма; крайне; очень; чрезвычайно

uvula [ˈjuːvjulə] язычок *(анат.)*

uvular [ˈjuːvjulə] язычковый

uxoricide [ʌkˈsɔːrɪsaɪd] женоубийство

uxorious [ʌkˈsɔːrɪəs] очень или слишком любящий свою жену

V

v [viː] мн. — Vs; V's [viːz] двадцать вторая буква английского алфавита; что-либо имеющее форму буквы V; римская цифра 5

V-Day [ˈviːdeɪ] День победы *(во Второй мировой войне)*

V-eight [ˈviːˈeɪt] V-образный восьмицилиндровый двигатель

V-sign [ˈviːsaɪn] знак победы

vaca каменный окунь

vacancy [ˈveɪk(ə)nsɪ] пустота; пробел; пропуск; вакансия; свободное место; безучастность; рассеянность; бездеятельность

vacant [ˈveɪk(ə)nt] незанятый; пустой; свободный; вакантный; незанятый *(о должности)*; рассеянный; бессмысленный; безучастный; отсутствующий *(взгляд и т. п.)*; бездействующий; бездеятельный

vacant flat [ˈveɪk(ə)ntˈflæt] свободная квартира

vacant possession [ˈveɪk(ə)ntpəˈzeʃən] «помещение готово для въезда» *(объявление)*

vacantly [ˈveɪk(ə)ntlɪ] безучастно; бессмысленно; рассеянно

vacate [vəˈkeɪt] освобождать; оставлять; покидать; упразднять; аннулировать; отменять; уничтожать

vacation [vəˈkeɪʃ(ə)n] оставление; освобождение; каникулы; отпуск; отпускной; каникулярный; отдыхать; брать отпуск

vacationer [vəˈkeɪʃ(ə)nə] отпускник

vaccinate [ˈvæksɪneɪt] вакцинировать; делать прививку

vaccination [ˌvæksɪˈneɪʃ(ə)n] вакцинация

vacillate [ˈvæsɪleɪt] колебаться, проявлять нерешительность; качаться; колебаться

vacillating [ˈvæsɪleɪtɪŋ] колеблющийся; нерешительный

vacillation [ˌvæsɪˈleɪʃ(ə)n] колебание; непостоянство; шатание

vacuity [væˈkjuː(ː)ɪtɪ] отсутствие мысли; бессодержательность *(взгляда и т. п.)*; пустые, бессодержательные слова («вода»)

vacuole [ˈvækjuoul] вакуоль

vacuous [ˈvækjuəs] пустой; бездействующий; бездеятельный; праздный

vacuum [ˈvækjuəm] вакуум; безвоздушное пространство; пониженное давление *(по сравнению с атмосферным)*; пустота; вакуумный

vacuum chamber [ˈvækjuəmˈtʃeɪmbə] барокамера

vacuum cleaner [ˈvækjuəmˈkliːnə] пылесос

vacuum packed [ˈvækjuəmˈpækt] в герметической упаковке

vacuum pump [ˈvækjuəmˈpʌmp] вакуумный насос

vacuum-assisted hydraulic brake system [ˈvækjuəməˌsɪstɪdˈhaɪdrɔːlɪkˈbreɪkˈsɪstɪm] гидравлическая тормозная система

vacuum-booster brake [ˈvækjuəmˌbuːstəˈbreɪk] тормоз с вакуумным усилителем

vagabond [ˈvægəbɒnd] бродяга; бездельник *(разг.)*; мерзавец; бродячий; скитаться; бродяжничать; странствовать

vagabondage [ˈvægəbɒndɪdʒ] бродяжничество

vagal [ˈveɪgl] блуждающий; бродячий

vagarious [vəˈgɛərɪəs] капризный; странный

vagary [ˈveɪgərɪ] каприз; причуда; выходка; превратности

vagina [vəˈdʒaɪnə] влагалище

vaginal speculum [vəˈdʒaɪnəlˈspekjuləm] влагалищное зеркало

vagrancy [ˈveɪgr(ə)nsɪ] бродяжничество; выходка; причуда

vagrant [ˈveɪgr(ə)nt] бродяга; праздношатающийся; бродячий; странствующий; изменчивый; блуждающий *(о взгляде и т. п.)*

vague [veɪg] неопределенный; неясный; смутный; неуловимый; рассеянный; отсутствующий *(о взгляде и т. п.)*

vaguely [ˈveɪglɪ] неясно

vagueness [ˈveɪgnɪs] неопределенность

vagus [ˈveɪgəs] блуждающий нерв *(анат.)*

vail [veɪl] склонять *(оружие, знамена)*; уступать; склоняться *(перед кем-либо)*; снимать *(шляпу)*; наклонять *(голову)*; опускать *(глаза)*

vain [veɪn] тщетный; напрасный; пустой; суетный; внешний; мишурный; наружный; показной; тщеславный; полный самомнения

vain boast ['veɪn'bəust] пустое хвастовство
vainglorious [veɪn'glɔ:rɪəs] тщеславный; хвастливый
vainglory [veɪn'glɔ:rɪ] тщеславие; хвастливость
vainly ['veɪnlɪ] напрасно; тщетно; тщеславно
vale [veɪl] дол (*поэт.*); долина; канавка для стока воды; ['veɪlɪ] прощание
valediction [,vælɪ'dɪkʃ(ə)n] прощание; прощальная речь; прощальные пожелания
valedictory [,vælɪ'dɪktərɪ] прощальная речь; прощальный
valency ['veɪlənsɪ] валентность; валентный
valentine ['væləntaɪn] возлюбленный; возлюбленная; любовное (*шутливое*) послание; стихи, посылаемые в день святого Валентина
valerian [və'lɪərɪən] валериана
valet ['vælɪt] камердинер; лакей; служащий гостиницы, занимающийся чисткой, утюжкой одежды; служить камердинером; заниматься чисткой, утюжкой одежды (*в гостинице*)
valetudinarian ['vælɪ,tju:dɪ'nɛərɪən] болезненный; мнительный; болезненный, мнительный человек; человек слабого здоровья
valetudinarianism ['vælɪ,tju:dɪ'nɛərɪənɪzm] болезненность; мнительность
valiancy ['væljənsɪ] доблесть; отвага; смелость
valiant ['væljənt] храбрый; доблестный (*человек*); героический (*поступок*); храбрый человек
valid ['vælɪd] действительный (*юр.*); имеющий силу; веский; обоснованный (*довод, возражение*)
valid judgement ['vælɪd'ʤʌʤmənt] судебное решение, вступившее в законную силу
valid marriage ['vælɪd'mærɪʤ] действительный брак
valid signature ['vælɪd'sɪgnɪtʃə] действительная подпись
validate ['vælɪdeɪt] одобрять; ратифицировать; объявлять действительным; придавать законную силу
validation [,vælɪ'deɪʃ(ə)n] ратификация; утверждение; легализация; придание законной силы
validity [və'lɪdɪtɪ] действительность; законность; аргументированность; вескость
valise [və'li:z] саквояж; чемодан; ранец; переметная сума
valley ['vælɪ] долина
valor ['vælə] бесстрашие; мужество; неустрашимость
valorization [,vælərɑɪ'zeɪʃən] валоризация
valorous ['vælərəs] героический; геройский; доблестный
valour ['vælə] героизм; геройство; доблесть

valuable ['væljuəbl] ценный; дорогой; дорогостоящий; драгоценный; полезный; поддающийся оценке; ценные вещи; драгоценности
valuation [,vælju'eɪʃ(ə)n] оценка (*имущества*); вальвация (*фин.*)
value ['vælju:] ценность; стоимость; цена; число; справедливое возмещение; оценка; значение; величина; смысл (*слова*); оценивать; производить оценку; устанавливать цену
value added ['vælju:'ædɪd] добавленная стоимость
value date ['vælju:'deɪt] срок векселя
value of commodity ['vælju:'əv kə'mɔdɪtɪ] товарная стоимость
value-added tax ['vælju:,ædɪd'tæks] налог на добавленную стоимость
valuer ['væljuə] оценщик
valuta [və'lu:tə] валюта
valve [vælv] клапан; вентиль; золотник; створка (*раковины*); клапан (*сердца*)
vamp [væmp] передок (*ботинка*); заплата; чинить; латать; соблазнительница; завлекать
vampire ['væmpaɪə] вампир; упырь; вымогатель; жулик
vampirism ['væmpɪrɪzm] вера в вампиров; кровожадность; алчность
van [væn] авангард; фургон; багажный (*товарный*) вагон; перевозить в фургоне, товарном вагоне и т. п.
vandal ['vænd(ə)l] вандал; варвар; хулиган; варварский
vandalism ['vændəlɪzm] вандализм; варварство
vandalize ['vændəlaɪz] бесчинствовать; хулиганить; разрушать
vandalroot ['vændəlru:t] валериана лекарственная
vane [veɪn] флюгер; лопасть
vanguard ['vænga:d] головной отряд (*воен.*); авангард
vanilla [və'nɪlə] ваниль; ванильное мороженое (*разг.*); ванильный
vanillin [və'nɪlɪn] ванилин
vanish ['vænɪʃ] исчезать; пропадать
vanishing ['vænɪʃɪŋ] исчезающий; исчезновение
vanishing-line ['vænɪʃɪŋ'laɪn] линия схода (*параллельных плоскостей*)
vanity ['vænɪtɪ] суета; суетность; тщета; тщетность; тщеславие
vanity-bag ['vænɪtɪbæg] дамская сумочка; карманный несессер
vanquish ['væŋkwɪʃ] побеждать; покорять; преодолевать; подавлять (*какое-либо чувство и т. п.*)
vanquisher ['væŋkwɪʃə] победитель; покоритель
vantage ['va:ntɪʤ] преимущество; приоритет

VAN — VEG

vantage-ground [ˈvɑːntɪdʒˈgraund] удобная, выгодная позиция; пункт наблюдения
vapid [ˈvæpɪd] безвкусный; пресный; плоский; бессодержательный
vapidity [væˈpɪdɪtɪ] безвкусность
vaporescense [ˌveɪpəˈresns] испарение; парообразование
vaporization [ˌveɪpəraɪˈzeɪʃən] испарение; выпаривание
vaporize [ˈveɪpəraɪz] испарять(ся); выпаривать
vaporous [ˈveɪpərəs] парообразный; наполненный парами
vapour [ˈveɪpə] пар; пары; испарения; нечто нереальное; химера; фантазия; испаряться; болтать попусту; бахвалиться
vapour-bath [ˈveɪpəbɑːθ] паровая ванна, баня; парильня
vapourish [ˈveɪpərɪʃ] хвастливый; страдающий ипохондрией
vapoury [ˈveɪpərɪ] туманный; затуманенный; гнетущий; унылый
varan [ˈværən] варан (зоол.)
variability [ˌvɛərɪəˈbɪlɪtɪ] изменчивость; непостоянство; перемена
variable [ˈvɛərɪəbl] изменчивый; изменяющийся; непостоянный; переменный; различный
variable costs [ˈvɛərɪəblˈkɔsts] меняющиеся издержки производства
variance [ˈvɛərɪəns] разногласие; размолвка; изменение; несоответствие; несходство; дисперсия
variant [ˈvɛərɪənt] вариант; версия; разновидность; отличный от других; иной
variate [ˈvɛərɪeɪt] случайная величина; случайная переменная; изменяться; отклоняться
variation [ˌvɛərɪˈeɪʃ(ə)n] изменение; перемена; разновидность; вариант; изменчивость; отклонение
varicoloured [ˈvɛərɪˌkʌləd] разноцветный; разнообразный
varied [ˈvɛərɪd] различный; дифференцированный; разнообразный
variegate [ˈvɛərɪgeɪt] раскрашивать в разные цвета; разнообразить
variegated [ˈvɛərɪgeɪtɪd] разноцветный; пестрый; разнообразный; неоднородный
variegated leaf [ˈvɛərɪgeɪtɪdˈliːf] пестрый лист
varietal [vəˈraɪətl] сортовой
variety [vəˈraɪətɪ] разновидность; разнообразие; многосторонность; ряд; множество; сорт
variety show [vəˈraɪətɪˈʃou] варьете; эстрадное представление; эстрадный концерт
variform [ˈvɛərɪfɔːm] имеющий различные формы
variorum [ˌvɛərɪˈɔːrəm] издание, содержащее различные варианты одного текста

various [ˈvɛərɪəs] разный; разнообразный; разносторонний
varnish [ˈvɑːnɪʃ] лак; глянец; лоск; внешний налет; нагар; лакировать; покрывать лаком; придавать лоск; прикрывать; прикрашивать (недостатки)
varsity [ˈvɑːsɪtɪ] университет; университетский (разг.)
vary [ˈvɛərɪ] изменять(ся); менять(ся); разниться; отличаться; различаться; разнообразить; варьировать; регулировать
vasal [ˈveɪsəl] сосудистый
vase [vɑːz] ваза
vase-painting [ˈvɑːzˌpeɪntɪŋ] вазовая живопись
vaseline [ˈvæsɪliːn] вазелин
vasoconstriction [ˌveɪsoukənˈstrɪkʃən] сужение сосудов
vasodilatation [ˌveɪsoudaɪˈleɪʃən] расширение сосудов
vassal [ˈvæs(ə)l] вассал (ист.); зависимое лицо; лакей; слуга; служитель; подчиненный
vast [vɑːst] обширный; громадный; многочисленный; огромный
vastly [ˈvɑːstlɪ] значительно; в значительной степени; крайне (разг.); очень
vat [væt] чан; бак; цистерна
vatic [ˈvætɪk] пророческий
vaticinate [væˈtɪsɪneɪt] предсказывать; пророчествовать
vatman [ˈvætmən] черпальщик
vaudeville [ˈvoudəvɪl] водевиль; варьете (амер.); эстрадное представление
vault [vɔːlt] свод; подвал; погреб; склеп (со сводом); возводить свод (над чем-либо); прыгать
vaulted [ˈvɔːltɪd] сводчатый
vaulting [ˈvɔːltɪŋ] возведение свода; свод; своды
vaulting-horse [ˈvɔːltɪŋhɔːs] гимнастический конь
vaunt [vɔːnt] хвастовство; хвастаться (чем-либо); восхвалять; превозносить; хвалить
veal [viːl] телятина; телячий (о кушанье)
vector [ˈvektə] вектор (мат.); переносчик инфекции; направлять; наводить; придавать направление
vector address [ˈvektərəˈdres] векторный адрес
vector field [ˈvektəˈfiːld] векторное поле
vedette [vɪˈdet] конный часовой; кавалерийский пост; торпедный катер
veer [vɪə] перемена направления; менять направление; изменять взгляды
veering [ˈvɪərɪŋ] поворот
vegan [ˈviːgən] строгий вегетарианец
vegetable [ˈvedʒɪtəbl] овощ; растительный; овощной
vegetable plot [ˈvedʒɪtəblˈplɔt] грядка
vegetal [ˈvedʒɪtl] растительный

vegetarian [ˌvedʒɪ'tɛərɪən] вегетарианец; вегетарианский; травоядный; травоядное животное
vegetarianism [ˌvedʒɪ'tɛərɪənɪzm] вегетарианство
vegetate ['vedʒɪteɪt] произрастать; расти; прозябать; жить растительной жизнью
vegetated ['vedʒɪteɪtɪd] покрытый растительностью
vegetation [ˌvedʒɪ'teɪʃ(ə)n] растительность; произрастание; прозябание; растительная жизнь; вегетационный
vegetative ['vedʒɪtətɪv] растительный; вегетационный; прозябающий; живущий растительной жизнью
vehemence ['vi:ɪməns] сила; горячность; страстность
vehement ['vi:ɪmənt] сильный; неистовый; страстный
vehicle ['vi:ɪkl] средство передвижения (автомобиль, вагон, повозка и т. п.); летательный аппарат; средство выражения и распространения (мыслей); проводник (звука, света, инфекции и т. п.); растворитель; связующее вещество
vehicle alarm ['vi:ɪkl|ə'la:m] предупредительный сигнал автомобиля
vehicle class ['vi:ɪkl|'kla:s] класс автомобиля
vehicle exhaust gas ['vi:ɪkl|ɪg'zɔ:st|'gæs] выхлопные газы автомобиля
vehicle identification number ['vi:ɪkl|aɪˌdentɪfɪ'keɪʃən|'nʌmbə] заводской номер автомобиля
vehicle inspection ['vi:ɪkl|ɪn'spekʃən] техосмотр автомобиля
vehicle length ['vi:ɪkl|'leŋθ] длина автомобиля
vehicle licence ['vi:ɪkl|'laɪsəns] водительские права
vehicle operating cost ['vi:ɪkl|'ɔpəreɪtɪŋ|'kɔst] стоимость эксплуатации автомобиля
vehicle registration ['vi:ɪkl|ˌredʒɪs'treɪʃən] регистрация автомобиля
vehicular [vɪ'hɪkjulə] перевозочный; автомобильный
veil [veɪl] покрывало; вуаль; чадра; покров; завеса; пелена; предлог; маска; закрывать покрывалом, вуалью; скрывать; прикрывать; замалчивать
veiled [veɪld] закрытый вуалью, чадрой, покрывалом; завуалированный; с хрипотцой (о голосе)
vein [veɪn] вена; кровеносный сосуд; жилка; склонность; настроение
veined [veɪnd] испещренный жилками, прожилками
veins [veɪnz] вены
veiny ['veɪnɪ] жилистый; с разбухшими венами
velar ['vi:lə] задненебный звук (фон.)
velarium [vɪ'lɛərɪəm] навес (над амфитеатром в Древнем Риме)

veldt [velt] плоскость; вельд; степь
vellum ['veləm] тонкий пергамент; калька
velocipede [vɪ'lɔsɪpi:d] трехколесный велосипед; дрезина (амер.)
velocity [vɪ'lɔsɪtɪ] скорость; быстрота; скоростной
velocity of circulation [vɪ'lɔsɪtɪ|əv|ˌsə:kju'leɪʃən] скорость обращения денег
velodrome ['vi:lədroum] велодром
velour(s) [və'luə] велюр; драп-велюр; велюровая шляпа (франц.)
velvet ['velvɪt] бархат; бархатистость; вельвет; мягкость; выгода (разг.); неожиданный доход; выигрыш; бархатистый
velvet jeans ['velvɪt|'dʒi:nz] вельветовые джинсы
velveteen ['velvɪ'ti:n] вельветин
venal ['vi:nl] продажный; подкупной
venality [vi:'nælɪtɪ] продажность
vend [vend] продавать; реализовать
vendee [ven'di:] заказчик (юр.); клиент; покупатель
vendetta [ven'detə] вендетта; кровная месть
vendible ['vendəbl] годный для продажи; товары для продажи
vending ['vendɪŋ] продажа через торговые автоматы
vending machine ['vendɪŋ|mə'ʃi:n] торговый автомат
vendor ['vendɔ:] продавец; торговец
vendue master [ven'dju:|'ma:stə] аукционист
veneer [vɪ'nɪə] шпон; однослойная фанера; (кирпичная) облицовка; наружный слой; внешний лоск; налет; фанерный; обклеивать фанерой
venenate ['venɪneɪt] отравлять
veneniferous содержащий яд
venenous ['venɪnəs] ядовитый
venerable ['ven(ə)rəbl] многоуважаемый; почтенный; уважаемый; древний; освященный веками
venerate ['venəreɪt] благоговеть (перед кем-либо); чтить
veneration [ˌvenə'reɪʃ(ə)n] благоговение; культ; поклонение; почитание
venerator ['venəreɪtə] почитатель
venereal [vɪ'nɪərɪəl] сладострастный; венерический
venereal disease [vɪ'nɪərɪəl|dɪ'zi:z] венерическое заболевание
vengeance ['vendʒ(ə)ns] месть; мщение
vengeful ['vendʒful] мстительный
venial ['vi:njəl] простительный
venison ['venzn] оленина
venom ['venəm] яд; злоба
venomous ['venəməs] ядовитый; злобный; ожесточенный

venous duct ['vi:nəs'dʌkt] венозный проток
vent [vent] входное (выходное) отверстие; отдушина; выражение; выход; клапан; сделать отверстие (в чем-либо); выпускать (дым и т. п.); испускать; выражать; высказывать
vent-pipe ['ventpaıp] вытяжная труба
ventage ['ventıʤ] отдушина; клапан (духового инструмента)
ventiduct ['ventıdʌkt] вентиляционная труба; отверстие
ventilate ['ventıleıt] вентилировать; проветривать; снабжать клапаном, отдушиной; обсуждать; выяснять (вопрос)
ventilation [,ventı'leıʃ(ə)n] проветривание; вентиляция; обсуждение; выяснение (вопроса)
ventilation shaft [,ventı'leıʃ(ə)n'ʃa:ft] вытяжная шахта
ventilator ['ventıleıtə] вентилятор
venting ['ventıŋ] проветривание; удаление воздуха из топливной системы
ventipane ['ventıpeın] вентиляционный люк в крыше автомобиля
ventricose ['ventrıkous] вздутый
ventriloquism [ven'trıləkwızm] чревовещание
ventriloquist [ven'trıləkwıst] чревовещатель
venture ['ventʃə] рискованное предприятие (начинание); спекуляция; сумма, подвергаемая риску; рисковать (чем-либо); ставить на карту; отважиться; осмелиться
venturer ['ventʃərə] предприниматель, идущий на риск; авантюрист
venturesome ['ventʃəsəm] смелый; безрассудно храбрый; азартный; идущий на риск; опасный; рискованный
venue ['venju:] судебный округ (юр.); место сбора, встречи (разг.)
veracious [və'reıʃəs] правдивый; верный; достоверный
veracity [və'ræsıtı] правдивость; достоверность; точность
veranda(h) [və'rændə] веранда; терраса; места под навесом для зрителей на стадионе
verb [və:b] глагол
verbal ['və:b(ə)l] глагольный; устный; словесный; буквальный
verbal abilities ['və:b(ə)lə'bılıtız] умение выражать мысли
verbal adjective ['və:b(ə)l'æʤıktıv] отглагольное прилагательное
verbal adverb ['və:b(ə)l'ædvə:b] причастие; деепричастие (грам.)
verbal communication ['və:b(ə)lkə,mju:nı'keıʃən] вербальная коммуникация

verbal construction ['və:b(ə)lkən'strʌkʃən] буквальное толкование
verbal message ['və:b(ə)l'mesıʤ] словесное сообщение
verbal notice ['və:b(ə)l'noutıs] устное уведомление
verbal testimon ['və:b(ə)l'testımən] устные свидетельские показания
verbalism ['və:bəlızm] педантизм; пустые слова; многословие
verbalist ['və:bəlıst] педант
verbalization [,və:b(ə)laı'zeıʃ(ə)n] многословие; воплощение в слова
verbalize ['və:bəlaız] быть многословным; выражать словами
verbally ['və:bəlı] устно
verbatim [və:'beıtım] дословная передача; стенографический отчет; аккуратный; буквальный; дословный; дословно; слово в слово
verbiage ['və:bııʤ] многословие; пустословие
verbose [və:'bous] многословный
verbosity [və:'bɔsıtı] многословие
verdancy ['və:d(ə)nsı] зелень; зеленый цвет; незрелость; неискушенность; неопытность
verdant ['və:d(ə)nt] зеленеющий; зеленый; неискушенный; неопытный
verdict ['və:dıkt] вердикт; решение присяжных заседателей; мнение; суждение
verdurous ['və:ʤərəs] заросший, поросший зеленью
verge [və:ʤ] край; обочина; клониться; приближаться (к чему-либо); кромка крыши
to verge (up)on — граничить с чем-либо
verger ['və:ʤə] жезлоносец (в процессиях); церковный служитель
veridical [ve'rıdık(ə)l] правдивый; соответствующий действительности
verifiable ['verıfaıəbl] поддающийся проверке; неголословный
verification [,verıfı'keıʃ(ə)n] контроль; проверка; подтверждение (предсказания, сомнения)
verify ['verıfaı] обследовать; проверять; подтверждать; исполнять (обещание)
verisimilar [,verı'sımılə] правдоподобный; вероятный
verisimilitude [,verısı'mılıtju:d] правдоподобие
veritable ['verıtəbl] истинный; настоящий; подлинный
verity ['verıtı] истина; правда; истинность; правдивость
verjuice ['və:ʤu:s] кислый сок (незрелых фруктов); неприветливость; резкость
vermeil ['və:meıl] вермель; позолоченное серебро, бронза или медь

vermicelli [ˌvəːmɪˈselɪ] вермишель *(итал.)*
vermicular [vəːˈmɪkjulə] червеобразный; относящийся к червям
vermiform [ˈvəːmɪfɔːm] червеобразный *(в форме червя)*
vermilion [vəˈmɪljən] киноварь; ярко-красный цвет; окрашивать в ярко-красный цвет
vermin [ˈvəːmɪn] паразиты *(клопы, вши и т. п.)*; хищники; вредители; хищная птица; преступный элемент; преступник
verminous [ˈvəːmɪnəs] кишащий паразитами; передаваемый паразитами; отвратительный; отталкивающий
verm(o)uth [ˈvəːməθ] вермут
vernacular [vəˈnækjulə] народный; туземный; родной *(о языке)*; свойственный данной местности; общеупотребительный; родной язык; местный диалект; профессиональный жаргон; народное, общеупотребительное название
vernacular name [vəˈnækjuləˈneɪm] местное название
vernal [ˈvəːnl] весенний; молодой; свежий
verruca [vəˈruːkə] бородавка
versatile [ˈvəːsətaɪl] многосторонний; гибкий; изменчивый; непостоянный
versatility [ˌvəːsəˈtɪlɪtɪ] многосторонность
verse [vəːs] строфа; стих; поэзия; стихи; писать стихи; выражать в стихах
verse-monger [ˈvəːsˌmʌŋɡə] рифмоплет; версификатор
versed [vəːst] опытный; сведущий *(в чем-либо)*
versicoloured [ˈvəːsɪˌkʌləd] разноцветный; переливающийся разными цветами
versification [ˌvəːsɪfɪˈkeɪʃ(ə)n] стихосложение; просодия; переложение в стихотворную форму
versifier [ˈvəːsɪfaɪə] версификатор
versify [ˈvəːsɪfaɪ] писать стихи; перелагать в стихи
version [ˈvəːʃ(ə)n] версия; вариант; перевод; текст *(перевода или оригинала)*
verso [ˈvəːsou] левая *(четная)* страница раскрытой книги; оборотная сторона *(монеты, медали)*; оборот *(листа)*
versus [ˈvəːsəs] против; в сравнении с
vertebra [ˈvəːtɪbrə] позвонок; позвоночник
vertebral [ˈvəːtɪbr(ə)l] позвоночный
vertebrate [ˈvəːtɪbrɪt] позвоночное животное
vertex [ˈvəːteks] вершина; верхушка; макушка головы; темя
vertical [ˈvəːtɪk(ə)l] вертикальный; отвесный; теменной; вертикальная линия; перпендикуляр
vertical journal [ˈvəːtɪk(ə)l ˈʤəːnl] опорная пята
vertical justification [ˈvəːtɪk(ə)l ˌʤʌstɪfɪˈkeɪʃən] выключка по вертикали *(полигр.)*

vertiginous [vəːˈtɪʤɪnəs] головокружительный; страдающий головокружением; вращающийся; крутящийся; поворачивающийся
vertigo [ˈvəːtɪgou] головокружение
verve [vəːv, veəv] живость и яркость *(описания)*; сила *(изображения)*; индивидуальность художника
very [ˈverɪ] истинный; настоящий; сущий; *подчеркивает тождественность, совпадение или противоположность;* предельный; самый; весьма; очень; сильно; *служит для усиления* часто в сочетании с превосх. ст. прилагательного; *подчеркивает близость, принадлежность*
very same [ˈverɪˈseɪm] точно такой же
very slight [ˈverɪˈslaɪt] незначительный
vesicate [ˈvesɪkeɪt] нарывать
vesper [ˈvespə] вечерняя звезда; вечер
vesper-bell [ˈvespəbel] вечерний звон
vespertine [ˈvespətaɪn] вечерний
vespiary [ˈvespɪərɪ] осиное гнездо; колония ос
vespine [ˈvespaɪn] осиный
vessel [ˈvesl] сосуд; корабль; судно; самолет
vest [vest] жилет; нижняя рубашка; распашонка; облекать *(чем-либо)*; переходить *(об имуществе, наследстве и т. п.)*; наделять *(имуществом и т. п.)*
vest-pocket [ˈvestˌpɔkɪt] жилетный карман; карманный; небольшого размера; маленький
vestal [ˈvestl] девственница; монахиня; непорочный; целомудренный
vested [ˈvestɪd] облаченный; законный; принадлежащий по праву
vestibular [vesˈtɪbjulə] вестибулярный
vestibule [ˈvestɪbjuːl] вестибюль; передняя; тамбур
vestige [ˈvestɪʤ] след; остаток; рудимент
vestigial [vesˈtɪʤɪəl] исчезающий; остаточный
vestry [ˈvestrɪ] помещение для молитвенных и других собраний
vestry-clerk [ˈvestrɪklɑːk] приходский казначей *(избираемый прихожанами)*
vestryman [ˈvestrɪmən] член приходского управления
vesture [ˈvestʃə] одеяние; покров; облачать; облекать; одевать
vestured [ˈvestʃəd] одетый; покрытый
vet [vet] делать ветеринарный осмотр; лечить *(животных)*; быть ветеринаром
vetch [vetʃ] вика *(бот.)*
veteran [ˈvet(ə)r(ə)n] ветеран; бывалый солдат; заслуженный; маститый
veterinary [ˈvet(ə)rɪn(ə)rɪ] ветеринарный
veto [ˈviːtou] вето; запрещение; право вето; налагать вето *(на что-либо)*; запрещать
vex [veks] досаждать; раздражать; возмущать; беспокоить; волновать; дразнить *(животное)*; без конца обсуждать; дебатировать

VEX — VID

vexation [vek'seɪʃ(ə)n] досада; недовольство; неприятность

vexatious [vek'seɪʃəs] сопряженный с неприятностями; беспокойный; досадный; неудобный; обременительный

vexed [vekst] раздосадованный

vexing ['veksɪŋ] неприятный; раздражающий

viability [,vaɪə'bɪlɪtɪ] жизнеспособность; жизнестойкость

viable ['vaɪəbl] жизнеспособный

viaduct ['vaɪədʌkt] виадук; путепровод

vial ['vaɪəl] бутылочка; пузырек; пробирка

viands ['vaɪəndz] пища; провизия; яства

viatic [vaɪ'ætɪk] дорожный

viator [vaɪ'eɪtə] путешественник

vibrant ['vaɪbr(ə)nt] вибрирующий; резонирующий (о звуке); трепещущий; дрожащий

vibrate [vaɪ'breɪt] вибрировать; дрожать; качаться; колебаться; трепетать; звучать (в ушах, в памяти); вызывать вибрацию (в чем-либо); сомневаться; колебаться; быть в нерешительности

vibrating roller [vaɪ'breɪtɪŋ'roulə] вибрационный каток

vibration [vaɪ'breɪʃ(ə)n] вибрация; колебания

vibration damper [vaɪ'breɪʃ(ə)n'dæmpə] гаситель колебаний

vibration suspension [vaɪ'breɪʃ(ə)nsəs'penʃən] антивибрационная подвеска

vibratory ['vaɪbrət(ə)rɪ] вибрирующий; вызывающий вибрацию; дрожащий; колеблющийся

vibrio ['vɪbrɪou] вибрион

viburnum [vaɪ'bə:nəm] калина

vicar ['vɪkə] викарий; наместник; помощник

vicarage ['vɪkərɪʤ] должность приходского священника; дом священника

vicarial [vaɪ'kɛərɪəl] викарный; пастырский

vicariation географическое замещение

vicarious [vaɪ'kɛərɪəs] замещающий другого; сделанный за другого

vice [vaɪs] зло; порок; недостаток (в характере и т. п.); норов (у лошади); тиски; сжимать; стискивать; зажимать в тиски; взамен; вместо

vice versa ['vaɪsɪ'və:sə] наоборот (лат.); обратно; в обратном порядке

vice- ['vaɪs-] вице-

vice-admiral ['vaɪs'ædm(ə)r(ə)l] вице-адмирал

vice-chairman ['vaɪs'tʃɛəmən] заместитель председателя

vice-president ['vaɪs'prezɪd(ə)nt] вице-президент

vicegerent ['vaɪs'ʤer(ə)nt] наместник

vicennial [vɪ'senɪəl] двадцатилетний (срок, период), происходящий каждые 20 лет

viceregal ['vaɪs'ri:g(ə)l] вице-королевский

vicereine ['vaɪs'reɪn] супруга вице-короля

viceroy ['vaɪsrɔɪ] вице-король; наместник короля

vicinage ['vɪsɪnɪʤ] соседство; окрестности

vicinal ['vɪsɪnəl] аборигенный; коренной; местный; пограничный; смежный

vicinity [vɪ'sɪnɪtɪ] близость; соседство; окрестность округа; район

vicious ['vɪʃəs] порочный; ошибочный; неправильный; дефектный; злой; злобный (о взгляде, словах); норовистый; ужасный

vicious bigot ['vɪʃəs'bɪgət] озлобленный сторонник чего-либо

vicious will ['vɪʃəs'wɪl] порочная воля

vicissitude [vɪ'sɪsɪtju:d] превратность; смена; чередование; перемена

victim ['vɪktɪm] жертва

victimization [,vɪktɪmaɪ'zeɪʃ(ə)n] гонение; преследование

victimize ['vɪktɪmaɪz] делать своей жертвой; мучить; обманывать; вводить в заблуждение; подвергать преследованию; увольнять рабочих и служащих

victor ['vɪktə] победитель; победоносный

victoria [vɪk'tɔ:rɪə] легкий двухместный экипаж; легковая автомашина с откидным верхом

victoria plum [vɪk'tɔ:rɪəplʌm] сорт сливы

victorious [vɪk'tɔ:rɪəs] победоносный; победный; триумфальный

victory ['vɪkt(ə)rɪ] победа

victress ['vɪktrɪs] победительница

victual ['vɪtl] еда; корм; пища; снабжать провизией; запасаться провизией

victualler ['vɪtlə] поставщик продовольствия

victualling ['vɪtlɪŋ] снабжение продовольствием

victualling-yard ['vɪtlɪŋja:d] продовольственные склады (при доках)

video ['vɪdɪou] видеосигнал; ТВ; телевидение; телевизионный; связанный с телевидением

video cassette ['vɪdɪoukə'set] видеокассета

video editor ['vɪdɪou'edɪtə] инженер видеомонтажа

video filming ['vɪdɪou'fɪlmɪŋ] видеосъемка

video long player ['vɪdɪou'lɔŋ'pleɪə] проигрыватель долгоиграющих видеодисков

video nasty ['vɪdɪou'na:stɪ] видеофильм (боевик или фильм ужасов)

video record ['vɪdɪou'rekɔ:d] видеодорожка

video section ['vɪdɪou'sekʃən] канал изображения

video shooting ['vɪdɪou'ʃu:tɪŋ] видеосъемка

video spectrum ['vɪdɪou'spektrəm] спектр видеосигнала

video tape recording ['vɪdɪəteɪprɪ'kɔ:dɪŋ] покадровая видеозапись

video track ['vɪdɪou'træk] дорожка видеозаписи

video-cassette work print ['vɪdɪoukə,set|'wə:k|prɪnt] монтажная видеокассета

video-to-video ['vɪdɪətə'vɪdɪou] перезапись

videophone ['vɪdɪəfoun] видеотелефон

videotape recorder ['vɪdɪəteɪp|rɪ,kɔ:də] видеомагнитофон

vie [vaɪ] конкурировать; соперничать; соревноваться

view [vju:] вид; пейзаж; поле зрения; кругозор; обзор; перспектива; взгляд; мнение; точка зрения; намерение; осмотр; картина (*пейзаж*); обозревать; оглядывать; осматривать; рассматривать; оценивать; судить (*о чем-либо*); смотреть (*кинофильм, телепередачу и т. п.*)

view-finder ['vju:,faɪndə] видеоискатель

view-point ['vju:pɔɪnt] точка зрения

viewer ['vju:ə] зритель (*телезритель*); осмотрщик

viewing stand ['vju:ɪŋ|'stænd] трибуна для зрителей

viewy ['vju:ɪ] странный; чудаковатый; эффектный; яркий; шикарный

vigesimal [vɪ'dʒesɪm(ə)l] разделенный на двадцать частей; состоящий из двадцати частей

vigil ['vɪdʒɪl] бодрствование; дежурство; пикетирование (*здания суда, посольства и т. п.*); канун праздника

vigilance ['vɪdʒɪləns] бдительность; бессонница (*мед.*); настороженность; зоркость

vigilant ['vɪdʒɪlənt] бдительный

vigorous ['vɪg(ə)rəs] сильный; энергичный

vigorously ['vɪg(ə)rəslɪ] решительно; сильно; энергично

vigour ['vɪgə] сила; энергия; мощность; действительность; законность; легальность

viking ['vaɪkɪŋ] викинг (*ист.*)

vile [vaɪl] низкий; подлый; отвратительный (*разг.*)

vilification [,vɪlɪfɪ'keɪʃ(ə)n] поношение

vilify ['vɪlɪfaɪ] поносить; чернить (*кого-либо*)

vilipend ['vɪlɪpend] пренебрежительно отзываться (*о ком-либо*)

villa ['vɪlə] вилла; отдельный дом; небольшой особняк

village ['vɪlɪdʒ] деревня; селение; село; поселок; деревенский

villager ['vɪlɪdʒə] сельский житель

villain ['vɪlən] злодей; негодяй

villainous ['vɪlənəs] мерзкий; отвратительный; низкий; подлый; злодейский

villainy ['vɪlənɪ] мерзость; подлость; злодейство

villein ['vɪlɪn] виллан (*ист.*); крепостной

vim [vɪm] энергия (*разг.*); сила; мощность; напор; энергичность

vimba рыбец (*ихт.*)

vindicate ['vɪndɪkeɪt] доказывать; отстаивать (*право и т. п.*)

vindication [,vɪndɪ'keɪʃ(ə)n] доказательство; защита; оправдание

vindicator ['vɪndɪkeɪtə] борец; защитник; поборник

vindicatory ['vɪndɪkətərɪ] защитительный; карательный

vindictive [vɪn'dɪktɪv] мстительный; карательный

vine [vaɪn] виноградная лоза; лиана; вьющееся растение; виноград

vine-dresser ['vaɪn,dresə] виноградарь

vine-prop ['vaɪnprɔp] шпалера

vinegar ['vɪnɪgə] уксус; неприятный; нелюбезный; уксусный; кислый

vinegary ['vɪnɪgərɪ] уксусный; кислый; неприятный

vineyard ['vɪnjəd] виноградник

vinous ['vaɪnəs] винный; вызванный опьянением; бордовый

vintage ['vɪntɪdʒ] сбор (*урожай*) винограда; вино из сбора определенного года; модель; тип; склад характера

vintager ['vɪntɪdʒə] сборщик винограда

viol ['vaɪəl] виола (*музыкальный инструмент*)

viola [vɪ'oulə] альт (*музыкальный инструмент*); ['vaɪələ, vaɪ'oulə] фиалка (*бот.*)

viola player [vɪ'oulə,pleɪə] альтист

violaceous [,vaɪə'leɪʃəs] фиолетовый

violate ['vaɪəleɪt] нарушать; преступать (*клятву, закон*); осквернять (*могилу и т. п.*); насиловать; вторгаться; врываться; нарушать (*тишину и т. п.*)

violation [,vaɪə'leɪʃ(ə)n] нарушение; правонарушение

violator ['vaɪəleɪtə] нарушитель

violence ['vaɪələns] сила; неистовство; стремительность; жестокость; применение силы

violent ['vaɪələnt] неистовый; яростный; интенсивный; сильный; насильственный; искаженный; неправильный

violent construction ['vaɪələnt|kən'strʌkʃən] произвольное толкование

violent death ['vaɪələnt|'deθ] насильственная смерть

violent offence ['vaɪələnt|ə'fens] насильственное преступление

violently ['vaɪələntlɪ] очень; сильно; неистово; яростно; жестоко; бесчеловечно

violet ['vaɪəlɪt] фиалка; фиолетовый цвет

violin [,vaɪə'lɪn] скрипка (*инструмент*); скрипач (*в оркестре*)

violinist ['vaɪəlɪnɪst] скрипач

violoncello [,vaɪələn'tʃelou] виолончель

viper ['vaɪpə] гадюка (зоол.); вероломный человек
viperous ['vaɪpərəs] ехидный; ожесточенный
virago [vɪ'rɑ:gou] сварливая женщина; мегера
viral ['vaɪər(ə)l] вирусный
virgin ['və:dʒɪn] дева; девственница; девичий; девственный
virginity [və:'dʒɪnɪtɪ] девственность
viridity [vɪ'rɪdɪtɪ] зелень; свежесть; незрелость
virile ['vɪraɪl] возмужалый; зрелый; мужественный; сильный; смелый; храбрый
virility [vɪ'rɪlɪtɪ] мужество; смелость; храбрость; возмужалость; мужественность
virology [,vaɪə'rɔlədʒɪ] вирусология
virtual ['və:tjuəl] фактический; действительный
virtual reality ['və:tʃuəl rɪ:'ælɪtɪ] виртуальная реальность (компьют.)
virtually ['və:tjuəlɪ] фактически; в сущности; поистине
virtue ['və:tju:] добродетель; достоинство; хорошее качество; действие; сила; целомудрие; свойство; качество; характерная черта
virtuosity [,və:tju'ɔsɪtɪ] виртуозность; понимание тонкостей искусства
virtuous ['və:tjuəs] добродетельный; целомудренный
virulence ['vɪrulens] ядовитость; сила; злоба; злобность
virulent ['vɪrulənt] ядовитый; опасный; страшный (о болезни); злобный; враждебный
virus ['vaɪərəs] вирус; зараза; яд; вирусный (лат.)
virus carrier ['vaɪərəs 'kærɪə] вирусоноситель
virus disease ['vaɪərəs dɪ'zi:z] вирусное заболевание
vis-á-vis ['vi:zɑ:vi:] визави; друг против друга; напротив; в отношении; по отношению
visa ['vi:zə] виза; визировать
to get a visa — получить визу
to grant a visa — предоставить визу
visceral ['vɪsər(ə)l] относящийся к внутренностям
viscidity [vɪ'sɪdɪtɪ] вязкость; тягучесть; клейкость
viscosity [vɪs'kɔsɪtɪ] вязкость; клейкость; тягучесть; коэффициент вязкости
viscount ['vaɪkaunt] виконт
viscountess ['vaɪkauntɪs] виконтесса
viscous ['vɪskəs] вязкий; липкий
viscous clutch ['vɪskəs 'klʌtʃ] вязкостная муфта
visibility [,vɪzɪ'bɪlɪtɪ] видимость; обзор
visible ['vɪzəbl] видимый; видный; открытый; очевидный; явный
visibly ['vɪzəblɪ] видимо; заметно; явно

vision ['vɪʒ(ə)n] зрение; проникновение; проницательность; предвидение; вид; зрелище; видение; мечта
vision mixer ['vɪʒ(ə)n 'mɪksə] ассистент режиссера
visional ['vɪʒnl] визуальный; зрительный; оптический; воображаемый; кажущийся; мнимый
visionary ['vɪʒnərɪ] призрачный; воображаемый; склонный к галлюцинациям; мечтательный; непрактичный; невыполнимый; мечтатель; фантазер
visit ['vɪzɪt] посещение; визит; поездка; навещать; посещать
visitable ['vɪzɪtəbl] открытый для посетителей; привлекающий (большое число) посетителей
visitant ['vɪzɪt(ə)nt] высокий гость; перелетная птица
visitation [,vɪzɪ'teɪʃ(ə)n] официальное посещение; объезд; испытание; кара; «божье наказание»
visitatorial [,vɪzɪtə'tɔ:rɪəl] инспектирующий; инспекторский
visiting ['vɪzɪtɪŋ] посещающий; навещающий на дому
visiting alien ['vɪzɪtɪŋ 'eɪljən] временно проживающий
visiting day ['vɪzɪtɪŋ 'deɪ] приемный день
visiting-card ['vɪzɪtɪŋ 'kɑ:d] визитная карточка
visiting-round ['vɪzɪtɪŋ 'raund] обход (караулов, пациентов)
visitor ['vɪzɪtə] гость; посетитель; инспектор; контролер; ревизор
visor ['vaɪzə] козырек (фуражки); забрало (шлема) (ист.)
vista shot ['vɪstə ʃɔt] общий план
visual ['vɪzjuəl] визуальный; зрительный; видимый; видный; изобразительный; наглядный; оптический
visual aid ['vɪzjuəl 'eɪd] визуальная помощь
visual engineer ['vɪzjuəl 'endʒɪnɪə] видеоинженер
visual examination ['vɪzjuəl ɪg,zæmɪ'neɪʃən] визуальное обследование
visual observation ['vɪzjuəl ,ɔbzə'veɪʃən] визуальное наблюдение
visual perception ['vɪzjuəl pə'sepʃən] зрительное восприятие
visualization [,vɪzjuəlaɪ'zeɪʃ(ə)n] отчетливый зрительный образ
visualize ['vɪzjuəlaɪz] отчетливо представлять себе; мысленно видеть; делать видимым
vita ['vaɪtə] краткая автобиография
vital ['vaɪtl] жизненно важный; важный; существенный; энергичный; полный жизни; губительный; роковой
vital activity ['vaɪtl æk'tɪvɪtɪ] жизнедеятельность
vitality [vaɪ'tælɪtɪ] жизнеспособность; выносливость; живучесть

vitalize ['vaɪtəlaɪz] оживлять; обновлять
vitals ['vaɪtlz] жизненно важные органы; наиболее важные части, центры и т. п.
vitamin ['vɪtəmɪn] витамин; витаминный
vitamin deficiency ['vɪtəmɪn|dɪ'fɪʃənsɪ] авитаминоз
vitiate ['vɪʃɪeɪt] портить; искажать; делать недействительным (*контракт, аргумент*)
vitiation [,vɪʃɪ'eɪʃ(ə)n] порча; ухудшение; лишение силы (*юр.*); признание недействительным
viticulture ['vɪtɪkʌltʃə] виноградарство; витикультура
vitreous ['vɪtrɪəs] стекловидный; стеклянный
vitreous (body) humour ['vɪtrɪəs|('bɔdɪ)'hju:mə] стекловидное тело глаза
vitrify ['vɪtrɪfaɪ] превращать(ся) в стекло
vitriol ['vɪtrɪəl] купорос; сарказм; язвительность
vitriolic [,vɪtrɪ'ɔlɪk] купоросный; едкий; резкий; саркастический
vituperate [vɪ'tju:pəreɪt] бранить; ругать
vituperation [vɪ,tju:pə'reɪʃ(ə)n] брань; поношение
vituperative [vɪ'tju:p(ə)rətɪv] бранный; ругательный
viuva морской окунь
viva ['vi:və] да здравствует!; виват!; ура!
viva voce ['vaɪvə'vousɪ] устный экзамен; словесный; устный
vivacious [vɪ'veɪʃəs] живой; оживленный
vivacity [vɪ'væsɪtɪ] живость; оживленность
vivarium [vaɪ'vɛərɪəm] виварий; садок
vivid ['vɪvɪd] яркий; ясный; живой; пылкий
vivify ['vɪvɪfaɪ] оживлять
viviparous [vɪ'vɪpərəs] живородящий
vixen ['vɪksn] самка лисицы; сварливая женщина; мегера
vixenish ['vɪksnɪʃ] враждебный; злой; сварливый
viz [vɪz] (*сокр. от* videlicet; *читается* namely) а именно
vizier [vɪ'zɪə] визирь
vocable ['voukəbl] произносимый
vocabulary [və'kæbjuləri] словарь; запас слов; лексикон; словарный запас
vocal ['vouk(ə)l] голосовой; вокальный; для голоса; крикливый; шумный; звучащий; звучный; наполненный звуками; устный; высказывающийся (*открыто*)
vocal cords ['vouk(ə)l|'kɔ:dz] голосовые связки (*биол.*)
vocal organ ['vouk(ə)l|'ɔ:gən] орган речи
vocalic [vou'kælɪk] гласный; богатый гласными (*о языке, слове*); гласный звук
vocalist ['voukəlɪst] вокалист; певец; певица
vocalization [,voukəlaɪ'zeɪʃ(ə)n] применение голоса

vocalize ['voukəlaɪz] произносить звонко; издавать звуки; выражать; высказывать
vocally ['voukəlɪ] устно; в пении; вокально; громко
vocals ['voukəlz] пение
vocation [vou'keɪʃ(ə)n] призвание; склонность (*к чему-либо*); занятие; профессия
vocational [vou'keɪʃənl] профессиональный
vocational education [vou'keɪʃənl|,edju(:)'keɪʃən] профессиональное образование
vocative ['vɔkətɪv] звательный падеж
vociferate [vou'sɪfəreɪt] горланить; кричать; орать
vociferation [vou,sɪfə'reɪʃ(ə)n] крик(и); гудение; гул
vociferous [vou'sɪf(ə)rəs] громкоголосый; горластый; многоголосый; громкий; шумный
vodka ['vɔdkə] водка (*русс.*)
vogue [voug] мода; знаменитость; известность
voice [vɔɪs] голос; мнение; выражать (*словами*)
voice canal ['vɔɪs|kə'næl] голосовой канал
voice mail ['vɔɪs'meɪl] голосовая почта; автоответчик
voice-box ['vɔɪs'bɔks] гортань
voiced [vɔɪst] звонкий (*фон.*)
voiceless ['vɔɪslɪs] не имеющий голоса; потерявший голос; безгласный; немой; безмолвный
void [vɔɪd] пустота; вакуум; пробел; незанятый; пустой; свободный; оставлять; покидать (*место*); делать недействительным; аннулировать
void ballot ['vɔɪd|'bælət] недействительное голосование
void content ['vɔɪd|kɔn'tent] пористость
volant ['voulənt] проносящийся; быстрый; подвижный; летающий
volatile ['vɔlətaɪl] летучий; быстро испаряющийся; непостоянный; изменчивый; летучее вещество; крылатое животное
volatility [,vɔlə'tɪlɪtɪ] изменчивость; непостоянство; неустойчивость
volatilize [vɔ'lætɪlaɪz] улетучивать(ся); испарять(ся)
volcanic [vɔl'kænɪk] вулканический; бурный (*о темпераменте и т. п.*)
volcano [vɔl'keɪnou] вулкан
vole [voul] полевка (*мышь*) (*зоол.*)
volition [vou'lɪʃ(ə)n] волевой акт; воля; сила воли
volitional [vou'lɪʃnəl] волевой
volley ['vɔlɪ] залп; град; поток (*упреков и т. п.*); стрелять залпами; сыпаться градом
volley-ball ['vɔlɪbɔ:l] волейбол
volley-ball ball ['vɔlɪbɔ:l|'bɔ:l] волейбольный мяч
volplane ['vɔlpleɪn] планирование (*самолета*); планировать
volt [voult] вольт (*физ.*)

volt [vɔlt] вольт *(конный спорт)*; уклонение от удара противника *(в фехтовании)*
voltage ['voultɪdʒ] напряжение
voltage adjuster ['voultɪdʒ|əˈdʒʌstə] регулятор напряжения
voltmeter ['voult|mi:tə] вольтметр
volubility [ˌvɔljuˈbɪlɪtɪ] говорливость; разговорчивость
voluble ['vɔljubl] говорливый; многоречивый; речистый; вьющийся *(о растении)*
volume ['vɔljum] книга; том; объем; громкость звука; масса *(какого-либо вещества)*; значительное количество; вместительность; толщина бумаги; емкость; сила; полнота *(звука)*
volume control ['vɔljum|kənˈtroul] регулировка громкости
volume discount ['vɔljum|ˈdɪskaunt] скидка при крупной закупке
volume of business ['vɔljum|əvˈbɪznɪs] торговый оборот
volume of deliveries ['vɔljum|əv dɪˈlɪvərɪz] объем поставок
volume rights ['vɔljum|ˈraɪts] право на публикацию текста в форме книги
volumetric [ˌvɔljuˈmetrɪk] объемный
voluminous [vəˈlju:mɪnəs] многотомный *(об издании)*; плодовитый *(о писателе)*; массивный; обширный
voluntary ['vɔlənt(ə)rɪ] добровольный; добровольческий; содержащийся на добровольные взносы; намеренный; преднамеренный; добровольные действия; добровольная работа
voluntary abandonment ['vɔlənt(ə)rɪ|əˈbændənmənt] добровольный отказ
voluntary liquidation ['vɔlənt(ə)rɪˌlɪkwɪˈdeɪʃən] добровольная ликвидация
voluntary waste ['vɔlənt(ə)rɪ|ˈweɪst] умышленная порча имущества
volunteer [ˌvɔlənˈtɪə] волонтер; доброволец; добровольный; добровольческий; поступить добровольцем на военную службу
volunteer army [ˌvɔlənˈtɪə|ˈɑ:mɪ] добровольные военные формирования
voluptuary [vəˈlʌptjuərɪ] сластолюбец
voluptuous [vəˈlʌptjuəs] чувственный; сладострастный; пышный; роскошный
volute [vəˈlju:t] завиток; спираль; свиток; спиральный
vomit ['vɔmɪt] извергать
voodoo ['vu:du:] вера в колдовство; шаманство; знахарь; шаман; колдовской; знахарский; околдовать
voracious [vəˈreɪʃəs] прожорливый; жадный; ненасытный

voracity [vəˈræsɪtɪ] прожорливость
vortex ['vɔ:teks] водоворот; вихрь; вихревой
vortex trail ['vɔ:teks|ˈtreɪl] вихревой след
vortical ['vɔ:tɪk(ə)l] вихревой; вращательный
votaress ['voutərɪs] почитательница; сторонница; монахиня
votary ['voutərɪ] почитатель; приверженец; монах
vote [vout] голосование; баллотировка; *(избирательный)* голос; право голоса; общее число голосов; избирательный бюллетень; ассигнования; кредиты *(принятые законодательным органом)*; голосовать; постановлять большинством голосов; признавать
to vote through — провести путем голосования
voter ['voutə] избиратель; участник голосования
voting ['voutɪŋ] голосование
voting age ['voutɪŋ|ˈeɪdʒ] возраст, дающий право на голосование
voting authority ['voutɪŋ|ɔːˈθɔrɪtɪ] право голоса по акциям
voting booth ['voutɪŋ|ˈbu:θ] урна для голосования
voting district ['voutɪŋ|ˈdɪstrɪkt] избирательный округ
voting paper ['voutɪŋ|ˌpeɪpə] избирательный бюллетень
votive ['voutɪv] исполненный по обету
vouch [vautʃ] ручаться; поручиться; подтверждать
voucher ['vautʃə] гарант; поручитель; расписка; оправдательный документ; ручательство; поручительство *(в письменном виде)*; ваучер
voucher copy ['vautʃə|ˈkɔpɪ] сигнальный экземпляр
vouchsafe [vautʃˈseɪf] удостаивать; соизволить
vow [vau] клятва; обет; давать обет; клясться *(в чем-либо)*
vowel ['vau(ə)l] гласный *(звук)*; гласная буква
vox [vɔks] голос *(лат.)*
voyage ['vɔɪdʒ] плавание; морское путешествие; полет; перелет *(на самолете)*; плавать; путешествовать *(по морю)*; летать *(на самолете)*
voyager ['vɔɪədʒə] мореплаватель
vocational maladjustment [vouˈkeɪʃənl|ˈmæləˈdʒʌstmənt] профнепригодность
vulcanization [ˌvʌlkənaɪˈzeɪʃən] вулканизация
vulgar ['vʌlgə] грубый; вульгарный; пошлый; простонародный; народный; родной *(о языке)*
vulgar fraction ['vʌlgəˈfrækʃən] простая дробь; дробное число
vulgarian [vʌlˈgɛərɪən] вульгарный, невоспитанный человек; выскочка; парвеню
vulgarism ['vʌlgərɪzm] вульгарность; пошлость; вульгарное выражение; вульгаризм

vulgarity [vʌlˈgærɪtɪ] вульгарность; пошлость
vulgarization [ˌvʌlgəraɪˈzeɪʃ(ə)n] опошление; вульгаризация
vulgarize [ˈvʌlgəraɪz] опошлять; вульгаризировать
vulnerability [ˌvʌln(ə)rəˈbɪlɪtɪ] уязвимость; ранимость
vulnerable [ˈvʌln(ə)rəbl] уязвимый; ранимый
vulnerary [ˈvʌln(ə)rərɪ] целительный
vulpine [ˈvʌlpaɪn] лисий; коварный; лукавый
vulture [ˈvʌltʃə] гриф (птица); хищник (о человеке)
vulturous [ˈvʌltʃurəs] агрессивный; хищный
vulvar lips [ˈvʌlvəˈlɪps] половые губы

W

w [ˈdʌblju(:)] мн. — Ws; Wrs [ˈdʌblju(:)z] двадцать третья буква английского алфавита

wabble (wobble) [ˈwɔbl] неустойчивое движение; качание; колебание; качаться; колебаться; дрожать
wacky [ˈwækɪ] юродивый (разг.)
wad [wɔd] кусок, комок (ваты, шерсти и т. п.); пачка бумажных денег; деньги; набивать или подбивать ватой
wadding [ˈwɔdɪŋ] вата, шерсть (для набивки); набивка; подбивка; вкладыш; подкладка
waddle [ˈwɔdl] походка вперевалку; ходить вперевалку
wade [weɪd] переход вброд; брод; переходить вброд; пробираться; идти (по грязи, снегу); преодолевать
to wade in — войти (в воду и т. п.); налететь; натолкнуться
to wade through — одолеть (что-либо трудное, скучное); пробираться; идти с трудом (по песку, снегу и т. п.)
wafer [ˈweɪfə] вафля; сургучная печать; плата; пластина
wafer(waffle)-iron [ˈweɪfəˌaɪən] вафельница
wafer(waffle)-thin [ˌweɪfəˈθɪn] очень тонкий
waff [wɔf] легкое движение; мимолетное видение
waffle [ˈwɔfl] вафля
waft [wɑːft] взмах (крыла); дуновение (ветра); отзвук; донесшийся звук; струя (запаха); мимолетное ощущение; нести, нестись (по воздуху, по воде); доносить

wag [wæg] взмах; кивок; махать; качать(ся); колебать; сплетничать; кивать; делать знак; шутник; прогуливать
wage [weɪdʒ] заработная плата; связанный с заработной платой; относящийся к заработной плате; осуществлять; вести войну; проводить кампанию; бороться; держать пари; приносить присягу
wage advance [ˈweɪdʒədˈvɑːns] аванс
wage and salaries [ˈweɪdʒəndˈsælərɪz] заработная плата рабочих и служащих
wage claim [ˈweɪdʒkleɪm] требование повысить заработную плату
wage-cut [ˈweɪdʒkʌt] снижение заработной платы
wage-earner [ˈweɪdʒˌəːnə] (наемный) работник; рабочий; кормилец
wage-freeze [ˈweɪdʒfriːz] замораживание заработной платы
wage-pressure [ˈweɪdʒˈpreʃə] требование повышения заработной платы
wage-rate [ˈweɪdʒreɪt] ставка; тариф заработной платы
wage-work [ˈweɪdʒwəːk] наемный труд
wager [ˈweɪdʒə] пари; ставка; держать пари; рисковать (чем-либо); ставить на что-либо (кого-либо)
wagering [ˈweɪdʒərɪŋ] заключение пари
wagering transaction [ˈweɪdʒərɪŋtrænˈzækʃən] сделка, заключенная на пари
wages-fund [ˈweɪdʒɪzfʌnd] фонд заработной платы
waggery [ˈwægərɪ] шалость; (грубая) шутка; шутливость
waggish [ˈwægɪʃ] шаловливый; озорной; забавный; курьезный
waggle [ˈwægl] помахивание; покачивание; помахивать; покачивать(ся)
waggly [ˈwæglɪ] нестабильный; неустановившийся; неустойчивый
wag(g)on [ˈwægən] тележка; повозка; фургон; автофургон; вагон-платформа; грузить в фургон; перевозить в фургоне
wagon-train [ˈwægənˈtreɪn] обоз
wag(g)onette [ˌwægəˈnet] экипаж с двумя продольными сиденьями
wagtail [ˈwægteɪl] трясогузка
waif [weɪf] никому не принадлежащая, брошенная вещь; бесхозная вещь; заблудившееся домашнее животное; бродяга; бездомный человек; беспризорный ребенок
wail [weɪl] вопль; завывание (ветра); причитания; стенания; вопить; выть; причитать; стенать; оплакивать
wailful [ˈweɪlful] грустный; печальный
wain [weɪn] телега
wainscot [ˈweɪnskət] деревянная стенная панель; обшивать панелью

WAI — WAL

waist [weıst] талия; сужение; шейка; средняя часть корабля

waist-belt [ˈweıstbelt] поясной ремень

waist-deep [ˈweıstˈdiːp] доходящий до пояса; по пояс

waistband [ˈweıstbænd] пояс *(юбки, брюк)*

waistcoat [ˈweıskout] жилет

waisted screw [ˈweıstıdˈskruː] винт с коническим концом

waistline [ˈweıstlaın] талия; линия талии

wait [weıt] ожидание; засада; выжидание; ждать; прислуживать *(за столом и т. п.)*; сопровождать; сопутствовать

to wait on — *являться результатом (чего-либо); наносить визит; являться к кому-либо*

waiter [ˈweıtə] официант; посетитель, дожидающийся приема и т. п.; поднос

waiting [ˈweıtıŋ] ожидание; выжидательный; ждущий; прислуживающий

waiting area [ˈweıtıŋˈeəriə] островок безопасности

waiting game [ˈweıtıŋˈgeım] выжидательная позиция

waiting list [ˈweıtıŋˈlıst] очередь *(на получение чего-либо)*

waiting space [ˈweıtıŋˈspeıs] дополнительная полоса для кратковременной остановки

waiting-room [ˈweıtıŋrum] приемная; зал ожидания *(на вокзале)*

waitress [ˈweıtrıs] официантка; подавальщица

waive [weıv] отказываться от права, требования, привилегии; временно откладывать; не требовать выполнения чего-либо

waiver [ˈweıvə] отказ от права, требования, привилегии; документ об отказе от права; формуляр предварительного выпуска программного изделия

wake [weık] просыпаться; будить; бодрствовать; опомниться; очнуться; осознать; попутный поток; кильватер *(мор.)*

wakeful [ˈweıkful] бодрствующий; бессонный; бдительный; внимательный; страдающий бессонницей

wakefulness [ˈweıkfulnıs] бодрствование

wakeless [ˈweıklıs] крепкий, непробудный *(о сне)*

waken [ˈweık(ə)n] пробуждаться; просыпаться; будить; пробуждать

wakening [ˈweıknıŋ] пробуждение

waking [ˈweıkıŋ] бодрствование; бодрствующий; бдительный; недремлющий

wale [weıl] полоса, рубец *(от удара плетью, прутом)*; полосовать *(плетью, прутом)*; оставлять рубцы

walk [wɔːk] ходьба; расстояние; шаг; походка; занятие; профессия; общественное положение; прогулка пешком; тропа; аллея; жизненный путь; сфера деятельности; идти; ходить; гулять; водить гулять; прогуливать *(кого-либо)*

to walk about — *прогуливаться; прохаживаться; фланировать; шагать; расхаживать; ступать; ходить; идти через толпу*

to walk away — *уходить; уводить; оставаться целым и невредимым (после аварии); легко победить*

to walk off — *уходить; уводить; одержать легкую победу*

to walk on — *идти вперед; продолжать ходьбу; плохо обращаться с кем-либо*

to walk over — *перешагнуть*

to walk the floor — *ходить взад и вперед*

walk-over [ˈwɔːkˈouvə] легкая победа

walkabout [ˈwɔːkəbaut] пеший туризм

walker [ˈwɔːkə] ходок; скороход *(спорт.)*

walking [ˈwɔːkıŋ] ходьба; походка; гуляющий; ходячий

walkingstick [ˈwɔːkıŋstık] трость

walkout [ˈwɔːkaut] забастовка; стачка; демонстративный уход; выход из организации или уход с собрания *(в знак протеста)*

walkout [ˈwɔːkˈaut] бастовать

walkthrough [ˈwɔːkθruː] сквозной контроль

walkup apartment [ˈwɔːkʌpəˈpɑːtmənt] квартира в доме без лифта

walkway [ˈwɔːkweı] дорожка; аллея; проход; пешеходная дорожка

wall [wɔːl] стена; стенка; граница; барьер; преграда; перегородка; переборка *(мор.)*; укрепления *(воен.)*; обносить стеной; укреплять; строить укрепления; разделять стеной

to wall off — *отгораживать; воздвигать перегородки, барьеры*

wall bars [ˈwɔːlˈbɑːz] шведская стенка *(спорт.)*

wall bracket bearing [ˈwɔːlˈbrækıtˈbeərıŋ] консольный подшипник

wall-covering [ˈwɔːlˌkʌvərıŋ] обои

wall-eye [ˈwɔːlaı] глаз с бельмом

wall-eyed [ˈwɔːlaıd] с бельмом на глазу; косоглазый; косой; свирепый *(о взгляде)*

wall-paper [ˈwɔːlˌpeıpə] обои

wall-sided [ˈwɔːlˈsaıdıd] прямостенный

walled [wɔːld] обнесенный стеной

wallet [ˈwɔlıt] бумажник; футляр; сумка *(для инструментов и т. п.)*

wallop [ˈwɔləp] сильный удар; грохот; шум *(от падения)*; крепкий кулак; физическая сила; пиво; поколотить; бить *(палкой)*; тяжело ступать; ходить вперевалку

wallow [ˈwɔlou] валяться; барахтаться

walnut [ˈwɔːlnʌt] грецкий орех; ореховое дерево

walrus [ˈwɔːlrəs] морж

waltz [wɔ:ls] вальс; вальсировать; танцевать вальс
waltz off [ˈwɔ:ls|ˈɔf] легко выиграть; уводить кого-либо
wamble [ˈwɔmbl] пошатываться; идти нетвердой походкой; переворачивать(ся); урчать (в животе)
wan [wɔn] бледный; изнуренный; болезненный; серый; тусклый; изматывать; изнурять; переутомлять
wand [wɔnd] палочка; прут; дирижерская палочка; волшебная палочка; жезл
wander [ˈwɔndə] бродить; странствовать; блуждать; заблудиться; отклоняться от курса; менять направление; отклонение; смещение; уход; странствие
wanderer [ˈwɔndərə] странник; скиталец; бродяга
wandering [ˈwɔndərɪŋ] странствие; путешествие; бред; бессвязные речи; бродячий; блуждающий
wanderlust [ˈwɔndəlʌst] страсть к путешествиям; охота к перемене мест
wane [weɪn] убывание; спад; упадок; убывать; уменьшаться; ослабевать
wangle [ˈwæŋgl] хитрость; уловка; нечестная сделка; добиться; выпросить
waning moon [ˈweɪnɪŋ|ˈmu:n] убывающая луна
Wankel engine роторно-поршневой двигатель
want [wɔnt] недостаток; необходимость; потребность; желание; отсутствие; нехватка; жажда; бедность; нужда; желать; хотеть; испытывать недостаток; нуждаться; требовать; испытывать необходимость; быть нужным; требоваться

to want for — разыскиваться (о преступнике)
to want in — хотеть войти; хотеть пригласить, позвать кого-либо

want of care [ˈwɔnt|əv|ˈkeə] халатность; недостаток книмания; потребность во внимании
want-ad [ˈwɔnt|ˈæd] (короткое) объявление (в газете) в отделе спроса и предложения
wantage [ˈwɔntɪdʒ] нехватка; недостающее количество
wanted [ˈwɔntɪd] разыскиваемый правоохранительными органами
wanting [ˈwɔntɪŋ] нуждающийся; недостающий; отсутствующий; придурковатый
wanton [ˈwɔntən] бессмысленный; злоумышленный; беспричинный; безмотивный; необоснованный; произвольный; самонадеянный; экстравагантный; шикарный; распутный; распутница; резвиться; буйно разрастаться
war [wɔ:] война; борьба; военный; воевать
war chest [ˈwɔ:|tʃest] средства на войну
War Office [ˈwɔ:r|ˈɔfɪs] Военное министерство
war widow [ˈwɔ:|ˈwɪdou] вдова убитого на войне
war-cloud [ˈwɔ:klaud] предвоенная атмосфера; призрак надвигающейся войны
war-craft [ˈwɔ:krɑ:ft] военный корабль или самолет; военные корабли или самолеты
war-cry [ˈwɔ:kraɪ] боевой клич; лозунг
war-devastated [ˈwɔ:ˈdevəsteɪtɪd] разоренный, опустошенный войной
war-dog [ˈwɔ:dɔg] бывалый солдат; милитарист (амер.)
war-lord [ˈwɔ:lɔ:d] верховный глава армии; военачальник; командующий; полководец
war-monger [ˈwɔ:ˌmʌŋgə] поджигатель войны; подстрекать к войне
war-worn [ˈwɔ:wɔ:n] опустошенный войной; истощенный войной
warble [ˈwɔ:bl] трель; мелодия; песнь; издавать трели; петь (о птицах)
warbler [ˈwɔ:blə] певчая птица
ward [wɔ:d] опека; попечительство; опекаемый; подопечный; административный район города; больничная палата; тюремная камера; заключение; содержание под стражей

to ward off — отражать, отвращать (удар, опасность); держать кого-либо на расстоянии

warden [ˈwɔ:dn] начальник; директор; ректор; смотритель; надзиратель
warder [ˈwɔ:də] тюремщик
wardress [ˈwɔ:drɪs] тюремная надзирательница; тюремщица
wardrobe [ˈwɔ:droub] гардероб (шкаф); гардероб (одежда); платяной
wardroom [ˈwɔ:drum] офицерская кают-компания; офицеры корабля
wardship [ˈwɔ:dʃɪp] забота; опека; попечительство; покровительство
ware [weə] изделия; товар(ы); продукты производства; бдительный; внимательный; осторожный; остерегаться
warehouse [ˈweəhaus] — сущ., прил. [ˈweəhauz] — гл. товарный склад; большой магазин; складской; помещать на склад; хранить на складе; складировать
warehouse book [ˈweəhaus|ˈbuk] складская книга
warehouseman [ˈweəhausmən] владелец склада; служащий на складе; оптовый торговец
warehousing [ˈweəhauzɪŋ] хранение на складах; складирование; плата за хранение на складе
warehousing allowance [ˈweəhauzɪŋ|əˈlauəns] скидка с оптовой цены при доставке товара в магазин минуя склад
warfare [ˈwɔ:feə] война; ведение войны; борьба; столкновение; боевые действия
warhead [ˈwɔ:hed] боеголовка
warily [ˈweərɪlɪ] осторожно
wariness [ˈweərɪnɪs] осмотрительность; осторожность

WAR — WAS

warlike [ˈwɔːlaɪk] агрессивный; воинственный; военный

warlock [ˈwɔːlɒk] волшебник; колдун

warm [wɔːm] теплый; подогретый; согретый; жаркий; разгоряченный; страстный; согревание; греть(ся); нагревать(ся)

warm up [ˈwɔːmˈʌp] прогревать; разминаться

warm-boot [ˈwɔːmbuːt] перезапуск памяти *(компьют.)*

warm-hearted [ˈwɔːmˈhɑːtɪd] сердечный; участливый; добрый

warm-house [ˈwɔːmhaus] оранжерея; теплица

warm-up [ˈwɔːmʌp] разминка

warmed-over [ˈwɔːmdˌouvə] подогретый; разогретый; теплый

warmer [ˈwɔːmə] грелка; подогревательный или нагревательный прибор

warming [ˈwɔːmɪŋ] согревание; подогревание; побои; трепка

warmish [ˈwɔːmɪʃ] тепловатый

warmly [ˈwɔːmlɪ] тепло; дружественно; сердечно

warmth [wɔːmθ] тепло; теплота; сердечность; горячность; запальчивость

warn [wɔːn] предупреждать; предостерегать

warning [ˈwɔːnɪŋ] оповещение; предупреждение; предупреждающее сообщение; предостережение; предупредительный знак; оградительный знак; признак *(чего-либо предстоящего)*; предостерегающий; предупреждающий; предупредительный; сигнальный

warning system [ˈwɔːnɪŋˈsɪstɪm] система аварийной сигнализации

warp [wɔːp] основа *(ткани)*; извращенность; искривление; перекос; деформация; наносный ил; коробить(ся); искривляться; перекашиваться; деформироваться; извращать; искажать *(взгляды и т. п.)*

warped [wɔːpt] покоробленный; искаженный; извращенный *(об информации и т. п.)*

warping [ˈwɔːpɪŋ] искривление; перекос

warrant [ˈwɒr(ə)nt] ордер *(на арест и т. п.)*; гарантия; приказ; удостоверение; свидетельство; предписание; основание; полномочие; правомочие; оправдание; оправдывать; служить оправданием или основанием; подтверждать; гарантировать; ручаться; давать право, полномочия

to issue a warrant — издать приказ

warrant of attorney [ˈwɒr(ə)ntˈəvəˈtɜːnɪ] доверенность

warrant of commitment [ˈwɒr(ə)ntˈəvkəˈmɪtmənt] приказ о заключении под стражу

warrant of search [ˈwɒr(ə)ntˈəvˈsɜːtʃ] ордер на обыск

warrant of surrender [ˈwɒr(ə)ntˈəvsəˈrendə] приказ о выдаче

warrant of the bench [ˈwɒr(ə)ntˈəvðəˈbentʃ] судебный ордер

warrantable [ˈwɒr(ə)ntəbl] законный; допустимый

warranted [ˈwɒr(ə)ntɪd] гарантированный; подтвержденный; обоснованный; оправданный

warrantee [ˌwɒrənˈtiː] лицо, которому дается гарантия

warranter [ˈwɒrəntə] лицо, дающее гарантию

warrantor [ˈwɒr(ə)ntɔː] лицо, дающее гарантию; поручитель; гарант

warranty [ˈwɒr(ə)ntɪ] основание; гарантия; разрешение; санкция

warranty assurance [ˈwɒr(ə)ntɪəˈʃuərəns] гарантийный срок службы

warranty of authority [ˈwɒr(ə)ntɪəvɔːˈθɒrɪtɪ] доверенность

warranty of genuineness [ˈwɒr(ə)ntɪəvˈdʒenjuɪnnɪs] гарантия подлинности

warren [ˈwɒr(ə)n] участок, где водятся кролики; кроличий садок; перенаселенный дом, район и т. п.

warring [ˈwɔːrɪŋ] непримиримый; несовместимый; воюющий; находящийся в состоянии войны

warrior [ˈwɒrɪə] воин; боец; ратник

warship [ˈwɔːʃɪp] военный корабль

wart [wɔːt] бородавка; нарост; наплыв *(на дереве)*

wart-hog [ˈwɔːthɒg] бородавочник *(зоол.)*

wartime boom [ˈwɔːtaɪmˈbuːm] промышленная активность военного времени

warty [ˈwɔːtɪ] покрытый бородавками; бородавчатый

wary [ˈwɛərɪ] осторожный; подозрительный; настороженный

wash [wɒʃ] мытье; стирка; белье *(разг.)*; прибой; шум прибоя; старое русло *(реки)*; овраг; вымывание; промывка; кильватер; лопасть весла; мыть(ся); отмывать; размывать; смачивать; выстирывать; стирать

to wash ashore — прибивать к берегу

to wash over — переливаться через край; приходить на ум

wash-and-wear [ˈwɒʃənˈwɛə] одежда из ткани, не требующей глаженья после стирки

wash-boiler [ˈwɒʃˌbɔɪlə] бак для кипячения белья

wash-bowl [ˈwɒʃboul] таз

wash-drawing [ˈwɒʃˌdrɔːɪŋ] акварель

wash-hand [ˈwɒʃhænd] умывальный

wash-house [ˈwɒʃhaus] прачечная

wash-leather [ˈwɒʃˌleðə] замша

wash-off [ˈwɒʃɒf] смыв

wash-out [ˈwɒʃaut] размыв; смыв

wash-room ['wɔʃrum] умывальня; туалет *(амер.)*; уборная

wash-stand ['wɔʃstænd] умывальник

washable ['wɔʃəbl] нелиняющий; стирающийся

washer ['wɔʃə] мойщик; промывной аппарат; мойка; стиральная машина; моечная машина; шайба; прокладка

washiness ['wɔʃɪnɪs] водянистость; слабость

washing ['wɔʃɪŋ] мытье; стирка; белье *(для стирки)*; обмылки; промывка; очистка; стирающийся; употребляемый для стирки; моющий

washing powder ['wɔʃɪŋ'paudə] стиральный порошок

washing-down ['wɔʃɪŋdaun] заливание корабля волной

washing-up bowl [ˌwɔʃɪŋ'ʌp'boul] раковина для мытья посуды

washy ['wɔʃɪ] жидкий; водянистый; бледный; блеклый; бездеятельный; вялый; застойный

wasp [wɔsp] оса

waspish ['wɔspɪʃ] язвительный; раздражительный; осиный *(о талии)*

wassail ['wɔseɪl] пирушка; бражничать; пировать

wastage ['weɪstɪʤ] изнашивание; износ; потери; убыль; расточительность

wastage rate ['weɪstɪʤ'reɪt] норма отходов

waste [weɪst] пустыня; потеря; порча; ущерб; необрабатываемая земля; неустранимый брак; излишняя трата; отбросы; отходы; выделения *(мед.)*; износ; изнашивание; упадок сил; потеря веса; пустынный; незаселенный; лишний; ненужный; тратить впустую; наносить ущерб; опустошать; изматывать; изнурять; переутомлять; расточать

waste film ['weɪstfɪlm] отходы монтажа

waste-pipe ['weɪstpaɪp] сточная труба

waste-reduction bonus ['weɪstrɪˌdʌkʃən'bounəs] надбавка за уменьшение отходов производства

waste-thrift ['weɪstθrɪft] расточитель

wasteful ['weɪstful] неэкономный; расточительный

wasteland ['weɪstlænd] пустошь; пустырь; медленное развитие

waster ['weɪstə] расточитель; брак; бракованное изделие

wasting ['weɪstɪŋ] опустошительный; опустошающий; изнурительный *(о болезни)*

watch [wɔʧ] часы; внимание; наблюдение; бдительность; сторож; стража; дозор; караул; часовой; наблюдать; смотреть; бодрствовать; дежурить; караулить; охранять; выжидать; ждать

watch-box ['wɔʧbɔks] караульная будка

watch-dog ['wɔʧdɔg] сторожевой пес

watch-fire ['wɔʧfaɪə] бивачный костер; сигнальный костер

watch-guard ['wɔʧgɑːd] цепочка или шнурок для часов

watch-maker ['wɔʧˌmeɪkə] часовщик

watch-night ['wɔʧnaɪt] ночь под Новый год

watch-tower ['wɔʧˌtauə] сторожевая башня

watcher ['wɔʧə] сторож; наблюдатель; знаток; исследователь; специалист; эксперт

watchful ['wɔʧful] бдительный; внимательный; осторожный; наблюдательный; настороженный

watchman ['wɔʧmən] ночной сторож; караульный

watchword ['wɔʧwəːd] пароль; лозунг; клич; призыв

water ['wɔːtə] вода; воды; водоем; море; волны; *(минеральные)* воды; прилив и отлив; уровень воды; паводок; мочить; набирать воду; смачивать; поливать; орошать; снабжать влагой; увлажнять; доливать; поить *(животных)*; разбавлять *(водой)*; сглаживать; смягчать; водяной; водный

water birds ['wɔːtə'bəːdz] водоплавающие птицы

water lentil ['wɔːtə'lentɪl] маленькая ряска

water lizard ['wɔːtə'lɪzəd] тритон

water mole ['wɔːtə'moul] выхухоль

water polo ['wɔːtə'poulou] водное поло

water repellency ['wɔːtərɪ'pelənsɪ] гидрофобность

water resistance ['wɔːtərɪ'zɪstəns] водостойкость

water ski ['wɔːtəskiː] водные лыжи

water skiing ['wɔːtəskiːɪŋ] катание на водных лыжах

water-bearer ['wɔːtəˌbɛərə] водонос

water-bearing ['wɔːtəˌbɛərɪŋ] водоносный

water-bed ['wɔːtəbed] кровать с водяным матрацем

water-blister ['wɔːtəˌblɪstə] волдырь; пузырь

water-butt ['wɔːtəbʌt] бочка для дождевой воды

water-can ['wɔːtəkæn] бидон

water-carriage ['wɔːtəˌkærɪʤ] водный транспорт

water-carrier ['wɔːtəˌkærɪə] водонос; водовоз

water-colour ['wɔːtəˌkʌlə] акварель*(ная краска)*; акварель *(рисунок)*; акварельный

water-content ['wɔːtə'kɔntənt] влагосодержание

water-cooled engine ['wɔːtəkuːld'enʤɪn] двигатель с водяным охлаждением

water-craft ['wɔːtəkrɑːft] судно

water-drinker ['wɔːtəˌdrɪŋkə] трезвенник

water-drop ['wɔːtədrɔp] капля воды; слеза

water-engine ['wɔːtər'enʤɪn] пожарная машина

water-exchange ['wɔːtərɪks'ʧeɪnʤ] водообмен

water-gauge ['wɔːtəgeɪʤ] водомер

water-glass ['wɔːtəglɑːs] водомерное стекло; стеклянный сосуд для воды; ваза

water-ice ['wɔːtəraɪs] фруктовое мороженое

water-line ['wɔːtəlaɪn] ватерлиния; береговая линия

water-line begining ['wɔːtəlaɪn|bɪ'gɪnɪŋ] носовая часть ватерлинии
water-meadow ['wɔːtə‚medou] заливной луг
water-melon ['wɔːtə‚melən] арбуз
water-meter ['wɔːtə'miːtə] водомер
water-mill ['wɔːtəmɪl] водяная мельница
water-nymph ['wɔːtə'nɪmf] русалка; наяда
water-parting ['wɔːtə‚paːtɪŋ] водораздел
water-pipe ['wɔːtəpaɪp] водопроводная труба
water-plane ['wɔːtəpleɪn] уровень воды; поверхность воды
water-plant ['wɔːtəplaːnt] водоросль
water-pump ['wɔːtəpʌmp] водяной насос
water-repellent ['wɔːtərɪ'pelənt] гидрофобный
water-resistant ['wɔtərɪ'zɪstənt] водостойкий
water-supply ['wɔːtəsə‚plaɪ] водоснабжение
water-table ['wɔːtə'teɪbl] уровень грунтовых вод
water-tank ['wɔːtə'tæŋk] пожарная автоцистерна
water-tap ['wɔːtə'tæp] водяной смеситель
water-tower ['wɔːtə‚tauə] водонапорная башня
water-wings ['wɔːtəwɪŋz] спасательный пояс (для начинающих плавать)
watercourse ['wɔːtəkɔːs] поток; ручей; течение; русло
waterfall ['wɔːtəfɔːl] водопад
waterfowl ['wɔːtəfaul] водоплавающие птицы
watering ['wɔːt(ə)rɪŋ] поливка; разбавление водой
watering-hole ['wɔːtərɪŋ'houl] бар; пивная
watering-place ['wɔːt(ə)rɪŋpleɪs] водопой; воды; курорт с минеральными водами; морской курорт
waterless ['wɔːtəlɪs] безводный
waterlock ['wɔːtəlɔk] гидравлический затвор
waterlog ['wɔːtəlɔg] затоплять; заболачивать; пропитывать водой
waterlogged ['wɔːtəlɔgd] полузатопленный; заболоченный; пропитанный водой; затопленный; залитый водой; погруженный в воду
waterman ['wɔːtəmən] лодочник; перевозчик; гребец
watermark ['wɔːtəmaːk] водяной знак (на бумаге)
waterproof electric torch ['wɔːtəpruːf|ɪ'lektrɪk|'tɔːtʃ] водонепроницаемый электрический фонарь
waterproof glue ['wɔːtəpruːf|gluː] водостойкий клей
waterproofing ['wɔːtəpruːfɪŋ] герметизация швов
waters ['wɔːtəz] водная территория
waterscape ['wɔːtəskeɪp] морской пейзаж
watershed ['wɔːtəʃed] водораздел; бассейн реки
waterside ['wɔːtəsaɪd] берег
waterspout ['wɔːtəspaut] водяной смерч; водосточная труба
watertight ['wɔːtətaɪt] водонепроницаемый; влагонепроницаемый

waterway ['wɔːtəweɪ] водный путь; фарватер (мор.)
waterworks ['wɔːtəwəːks] водопроводная станция; водопроводные сооружения; водные сооружения; фонтан
watery ['wɔːtərɪ] водяной; влажный; мокрый; сырой; водянистый; жидкий (о пище); бледный; бесцветный (о красках и т. п.); предвещающий дождь; полный слез (о глазах)
wattle ['wɔtl] плетень; плести (плетень); строить из плетня
wattle-fence ['wɔtl'fens] плетень
wattled ['wɔtld] плетеный
waul [wɔːl] кричать; мяукать
wave [weɪv] вал; волна; подъем; колебание; волнение; завивка; сигнал; размахивать; махать; виться
to wave aside — не принимать во внимание; отмахнуться от чего-либо
wave diffusion ['weɪv|dɪ'fjuːʒən] рассеяние волн
wave top ['weɪv|tɔp] вершина волны (физ., мор.)
wave-form ['weɪvfɔːm] форма волны (сигнала, колебания); сигнал
wave-like ['weɪvlaɪk] волнообразный
waved [weɪvd] волнистый (о волосах); завитой
wavelet ['weɪvlɪt] небольшая волна
waver ['weɪvə] колебаться; дрогнуть (о войсках); колыхаться (о пламени); развеваться; полоскаться (о флаге и т. п.)
wavering ['weɪv(ə)rɪŋ] нерешительность; колебание; неуверенность; колеблющийся; нестабильный; неустойчивый
waviness ['weɪvɪnɪs] волнистость
wavy ['weɪvɪ] волнистый; волнообразный; извилистый; колеблющийся; неустановившийся; неустойчивый
wax [wæks] воск; ушная сера; парафин; приступ гнева; ярость; восковой; вощить
wax crayon ['wæks|'kreɪən] цветной мелок
wax-cloth ['wæksklɔθ] линолеум
waxed paper [‚wækst|'peɪpə] вощеная бумага
waxen ['wæks(ə)n] восковой; бесцветный; бледный; вощеный; мягкий как воск
waxy ['wæksɪ] восковой; похожий на воск; вощеный
way [weɪ] путь; дорога; направление; сторона; расстояние; движение вперед; ход; метод; право проезда или прохода; средство; обычай; привычка; особенность; образ жизни; область; сфера; состояние; отношение; спусковая дорожка; стапель
way of life ['weɪ|əv|'laɪf] образ жизни
way out ['weɪ|aut] выход
way-bill ['weɪbɪl] список пассажиров; маршрут (туристический и т. п.); транспортная накладная; путевой лист

way-out ['weɪ'aut] выдающийся; исключительный; новейший; современный *(о музыке и т. п.)*; далекий; дальний; отдаленный

way-over [,weɪ'ouvə] чересчур

way-station ['weɪ'steɪʃ(ə)n] небольшая промежуточная станция *(амер.)*

way-worn ['weɪwɔ:n] утомленный *(о путнике)*

wayfarer ['weɪ,fɛərə] путник; странник

wayfaring ['weɪ,fɛərɪŋ] странствие; круиз; поездка; путешествие; странствующий; перебирающийся с места на место

waygoing ['weɪ,gouɪŋ] прощание; отбывающий

waylay [weɪ'leɪ] подстерегать; устраивать засаду *(на кого-либо)*; перехватить по пути *(кого-либо)* для разговора и т. п.

wayside ['weɪsaɪd] придорожная полоса; обочина; полоса отчуждения *(ж.-д.)*; придорожный

wayward ['weɪwəd] своенравный; капризный; изменчивый; своевольный; заблудший; изменяющийся; непостоянный; непокорный; сбившийся с пути; ставший на преступный путь

wayward girl ['weɪwəd'gə:l] несовершеннолетняя проститутка

wayward minor ['weɪwəd'maɪnə] несовершеннолетний преступник

waywarden ['weɪwɔ:dn] дорожный инспектор

waywardness ['weɪwədnɪs] непослушание; своенравие

weak [wi:k] слабый; нерешительный; слабовольный; неубедительный; слабый, водянистый *(о чае и т. п.)*

weak beer ['wi:k'bɪə] слабое *(некрепкое)* пиво

weak will ['wi:k'wɪl] слабоволие

weak-eyed ['wi:k'aɪd] со слабым *(или с плохим)* зрением

weak-headed ['wi:k'hedɪd] слабоумный; легко пьянеющий

weak-kneed ['wi:k'ni:d] малодушный; слабовольный

weak-minded ['wi:k'maɪndɪd] слабовольный; малодушный; бесхарактерный; нерешительный; умственно отсталый; слабоумный

weak-sighted ['wi:k'saɪtɪd] с плохим зрением

weak-spirited ['wi:k'spɪrɪtɪd] малодушный

weak-willed ['wi:k'wɪld] слабовольный

weaken ['wi:k(ə)n] ослаблять; слабеть; ослабевать; становиться слабым; поддаваться; сдаваться

weakling ['wi:klɪŋ] слабый *(слабовольный)* человек

weakly ['wi:klɪ] болезненный; хилый; слабо

weakness ['wi:knɪs] слабость; склонность; пристрастие *(к чему-либо)*; недостаток; отсталость; безосновательность; необоснованность; хилость; хрупкость телосложения; недостаточность; нерешительность; вялость; безволие; неубедительность; необоснованность

weal [wi:l] благо; благополучие; благосостояние

weald [wi:ld] поля; пустошь

wealth [welθ] богатство; состояние; изобилие

wealthy ['welθɪ] богатый; состоятельный; изобилующий; обильный

wean [wi:n] отнимать от груди; отучать *(от)*; ребенок

weapon ['wepən] оружие; средство; орудие

weaponless ['wepənlɪs] безоружный; невооруженный

weaponry ['wepənrɪ] вооружение

weapons of mass destruction ['wepənz|əv|'mæs|dɪs'trʌkʃən] оружие массового уничтожения

weapons of war ['wepənz|əv|'wɔ:] средства ведения войны

wear [wɛə] ношение; носка *(одежды)*; одежда; платье; амортизация; изнашивание; износ; истирание; срабатывание; быть одетым *(во что-либо)*; носить *(одежду и т. п.)*; носиться *(об одежде)*; выглядеть; иметь вид; изнашивать(ся); стирать; протирать; пробивать; размывать; утомлять; изнурять; истираться; подвигаться; приближаться *(о времени)*

  to wear scent — *душиться*

  to wear the willow — *носить траур; горевать по возлюбленному*

wear and tear ['wɛər|ən|'tɛə] износ; амортизация

wear hardness ['wɛə|'hɑ:dnɪs] износостойкость

wear-in ['wɛərɪn] приработка

wear-resistant ['wɛərɪ'zɪstənt] износоустойчивый; износостойкий

wearability [,wɛərə'bɪlɪtɪ] изнашиваемость; истираемость

wearable ['wɛərəb(ə)l] предмет одежды, пригодный для ношения

wearer ['wɛərə] владелец *(шляпы, пальто и т. п.)*

weariful ['wɪərɪful] неинтересный; пресный; скучный

weariless ['wɪərɪlɪs] неутомимый

wearily ['wɪərɪlɪ] утомительно; скучно; устало

weariness ['wɪərɪnɪs] усталость; утомленность; скука; утомительность

wearing ['wɛərɪŋ] предназначенный для носки; утомительный; неинтересный; нудный

wearisome ['wɪərɪs(ə)m] изнурительный; изнуряющий; скучный; наводящий тоску

wearproof ['wɛəpru:f] износостойкий; медленно срабатывающийся; износоустойчивый

weary ['wɪərɪ] изнуренный; утомленный; уставший; усталый; потерявший терпение от чего-либо; скучный; изнывающий от скуки; утомительный; утомлять(ся); устать; потерять терпение

weasel ['wi:zl] ласка *(зоол.)*; горностай
weasel-worded [,wi:zl'wə:dɪd] намеренно нечетко сформулированный
weather ['weðə] погода; непогода; шторм; относящийся к погоде; наветренный; метеорологический; выветривать(ся); выдерживать *(бурю, натиск, испытание)*; подвергаться атмосферным влияниям
weather bureau ['weðə'bjuərou] бюро погоды
weather conditions ['weðəkən'dɪʃənz] метеорологические условия
weather forecaster ['weðə,fɔ:ka:stə] человек, занимающийся прогнозом погоды
weather report ['weðərɪ'pɔ:t] прогноз погоды
weather-beaten ['weðə,bi:tn] поврежденный бурями; обветренный; загорелый; видавший виды; потрепанный
weather-bound ['weðəbaund] задержанный непогодой
weather-cloth ['weðəklɔθ] защитный брезент
weather-glass ['weðəgla:s] барометр
weather-ship ['weðəʃɪp] плавучая метеорологическая станция
weather-vane ['weðəveɪn] флюгер
weatherboard ['weðəbɔ:d] наветренный борт *(мор.)*
weathering ['weðərɪŋ] выветривание
weatherproof ['weðəpru:f] непромокаемый; защищенный от атмосферных влияний
weathertight ['weðətaɪt] защищенный от атмосферных явлений
weatherwear ['weðəweə] защитная одежда *(на случай дождя и т. п.)*
weave [wi:v] ткать; плести; вплетать; сливать(ся); соединять(ся); сплетать(ся); извиваться, петлять *(о дороге)*; качаться; покачиваться
weaver ['wi:və] ткач; ткачиха
weaving ['wi:vɪŋ] извилистость
weaving lane ['wi:vɪŋ'leɪn] полоса обгона
weaving section ['wi:vɪŋ'sekʃən] извилистый участок дороги
web [web] летная перепонка; паутина; сплетение; сеть; рулон; роль *(бумаги)*; колесный диск; перемычка; шейка; щека; *(плечо)* кривошипа; составная балка; плести паутину; заманивать в сети; вовлекать; втягивать
web-fed press ['webfed'pres] рулонная печатная машина
web-offset printing ['web,ɔ:fset'prɪntɪŋ] рулонная *(ролевая)* офсетная печать
webbed [webd] перепончатый
webbing ['webɪŋ] тканая лента; тесьма

wed [wed] выдавать замуж; женить; вступать в брак; комбинировать; совмещать; соединять; сочетать
wedded ['wedɪd] брачный; супружеский; преданный *(чему-либо)*
wedding ['wedɪŋ] свадьба; бракосочетание; свадебный
wedding anniversary ['wedɪŋ,ænɪ'və:sərɪ] годовщина свадьбы
wedding-bells ['wedɪŋbelz] свадебные колокольчики; свадебные бубенцы
wedding-day ['wedɪŋdeɪ] день свадьбы; годовщина свадьбы
wedding-gown ['wedɪŋgaun] свадебное платье
wedding-ring ['wedɪŋrɪŋ] обручальное кольцо
wedge [wedʒ] клин; что-либо имеющее форму клина; закреплять клином; раскалывать при помощи клина
to wedge in — вклинивать
to wedge off — расталкивать
wedge writing ['wedʒ'raɪtɪŋ] клинопись
wedge-shaped belt drive ['wedʒʃeɪpt'belt'draɪv] клиновидная передача
wedged stretcher ['wedʒd'stretʃə] подрамник для холста
wedges ['wedʒɪz] клинья
wedlock ['wedlɔk] супружество; брак
Wednesday ['wenzdɪ] среда *(день недели)*
wee [wi:] крошечный; маленький *(шотланд.)*
weed [wi:d] сорная трава; сорняк; сигара; полоть; очищать; избавлять
weed-killer ['wi:d,kɪlə] гербицид
weed-tree ['wi:dtri:] дерево-сорняк
weedy ['wi:dɪ] заросший сорняками; худосочный; нескладный
week [wi:k] неделя; шесть рабочих дней недели
week-end ['wi:k'end] время отдыха с пятницы или субботы до понедельника
weekday ['wi:kdeɪ] будний день
weekly ['wi:klɪ] еженедельник; еженедельное периодическое издание; еженедельный; недельный; еженедельно; раз в неделю
ween [wi:n] думать; полагать; размышлять; надеяться; питать надежду
weep [wi:p] плакать; рыдать; оплакивать; покрываться каплями; запотевать; капать; течь; просачиваться; пропускать воду; протекание; просачивание; отпотевание
weeper ['wi:pə] плакальщик; траурная повязка
weeping ['wi:pɪŋ] плакучий; запотевший; влажный; мокнущий; плач; рыдание
weeping trees ['wi:pɪŋ'tri:z] плакучие деревья
weeping willow ['wi:pɪŋ'wɪlou] плакучая ива
weepy ['wi:pɪ] плаксивый; слезливый

weigh [weɪ] весить; взвешивать(ся); обдумывать; оценивать; сравнивать; иметь вес, значение; влиять; нагружать; отягощать

weigher [ʹweɪə] весовщик; безмен; весы

weighing-machine [ʹweɪɪŋməˌʃiːn] весы

weight [weɪt] вес; масса; тяжесть; груз; нагрузка; авторитет; влияние; значение; нагружать; отягощать; обременять; взвешивать; обдумывать; оценивать; весить; иметь вес; соизмерять; влиять; сравнивать

weight density [ʹweɪtʹdensɪtɪ] удельный вес

weight loss [ʹweɪtʹlɔs] потеря в весе

weight-lifter [ʹweɪtˌlɪftə] штангист

weighted [ʹweɪtɪd] утяжеленный

weighting [ʹweɪtɪŋ] взвешивание; груз; грузило

weightless [ʹweɪtlɪs] невесомый

weightlessness [ʹweɪtlɪsnɪs] невесомость; состояние невесомости

weighty [ʹweɪtɪ] тяжеловесный; увесистый; обременительный; важный; значительный; существенный

weir [wɪə] плотина; запруда; устраивать плотину; запруживать

weird [wɪəd] доля; судьба; знамение; предзнаменование; роковой; фатальный; загадочный; неразгаданный

welcome [ʹwelkəm] приветствие; гостеприимство; радушный прием; желанный; вожделенный; приветствовать; радушно принимать

welcoming [ʹwəlkəmɪŋ] гостеприимный

weld [weld] соединение; сварной шов; связывать; соединять; сплачивать; сваривать

weld material [ʹweldməʹtɪərɪəl] металл шва; свариваемый материал

welder [ʹweldə] сварщик; сварочный агрегат

welding [ʹweldɪŋ] сварка; сварочный

welfare [ʹwelfɛə] благоденствие; благополучие; благосостояние; благотворительность; прибавка к жалованью

welfare allowance [ʹwelfɛərəʹlauəns] прибавка к жалованью

welkin [ʹwelkɪn] небо; небосвод

well [wel] родник; водоем; колодец; хлынуть; бить ключом; основательно; правильно; разумно; скважина; хорошо; хороший

well begun is half done [ʹwelbɪʹɡʌnɪzʹhɑːfʹdʌn] хорошее начало полдела откачало (пословица)

well-adjusted [ʹweləʹdʒʌstɪd] уравновешенный; хорошо адаптированный

well-advised [ʹweledʹvaɪzd] благоразумный; мудрый; разумный

well-appointed [ʹweləʹpɔɪntɪd] хорошо оборудованный; хорошо снаряженный

well-armed [ʹwelʹɑːmd] хорошо вооруженный

well-balanced [ʹwelʹbælənst] рассудительный; уравновешенный; гармоничный; пропорциональный; слаженный; сбалансированный; спокойный; выдержанный

well-becoming [ʹwelbɪʹkʌmɪŋ] годный; подходящий

well-behaved [ʹwelbɪʹheɪvd] благонравный; выдрессированный; хорошо себя ведущий

well-being [ʹwelʹbiːɪŋ] здоровье; благополучие; достаток

well-born [ʹwelʹbɔːn] знатный; родовитый

well-bred [ʹwelʹbred] благовоспитанный; породистый; чистокровный; получивший хорошее воспитание

well-built [ʹwelʹbɪlt] крепкий; хорошо сложенный

well-conditioned [ʹwelkənʹdɪʃənd] морально устойчивый; выдержанный; уравновешенный; здоровый; воспитанный; культурный; крепкий; из хорошей семьи; в хорошем состоянии

well-conducted [ʹwelkənʹdʌktɪd] тактичный; воспитанный; хорошо поставленное дело; хорошо руководимый

well-defined [ʹweldɪʹfaɪnd] четкий; вполне определенный

well-directed [ʹweldɪʹrektɪd] меткий (*о выстреле и т. п.*)

well-doer [ʹwelʹduː(ː)ə] добродетельный человек; благодетель

well-doing [ʹwelʹduː(ː)ɪŋ] добрые дела и поступки

well-done [ʹwelʹdʌn] хорошо, удачно сделанный; хорошо прожаренный

well-dressed [ʹwelʹdrest] хорошо одетый, одевающийся

well-educated [ʹwelʹedjukeɪtɪd] хорошо образованный

well-fed [ʹwelʹfed] откормленный

well-found [ʹwelʹfaund] хорошо оборудованный

well-groomed [ʹwelʹɡruːmd] хорошо ухоженный (*о лошади*); холеный; выхоленный

well-grounded [ʹwelʹɡraundɪd] обоснованный; сведущий; имеющий хорошую подготовку

well-informed [ʹwelɪnʹfɔːmd] хорошо осведомленный

well-kept [ʹwelʹkept] содержащийся в порядке

well-knit [ʹwelʹnɪt] крепко сколоченный; крепкого сложения; спаянный; сплоченный

well-known [ʹwelʹnoun] выдающийся; известный; популярный; пресловутый

well-mannered [ʹwelʹmænəd] воспитанный; благовоспитанный

well-marked [ʹwelʹmɑːkt] отчетливый; четкий

well-nigh [ʹwelnaɪ] близко; почти; приблизительно

well-off ['wel'ɔːf] богатый; зажиточный; хорошо снабженный; обеспеченный
well-paid ['wel'peɪd] хорошо оплачиваемый
well-paid job ['welpeɪd|'dʒɔb] хорошо оплачиваемая работа
well-preserved ['welprɪ'zəːvd] хорошо сохранившийся
well-proportioned ['welprə'pɔːʃ(ə)nd] пропорциональный; соразмерный
well-read ['wel'red] начитанный; обладающий обширными знаниями в какой-либо области
well-run ['wel'rʌn] отлично действующий (о предприятии, лавке и т. п.)
well-seeming ['wel'siːmɪŋ] хороший на вид
well-set ['wel'set] коренастый; правильно пригнанный; крепкий
well-thoughtout ['wel'θɔːtaut] обоснованный; продуманный
well-timed ['wel'taɪmd] своевременный; уместный
well-to-do ['weltə'duː] богатый; зажиточный
well-tried ['wel'traɪd] испытанный
well-turned ['wel'təːnd] удачный; удачно выраженный; складный
well-water ['wel.wɔːtə] колодезная или родниковая вода
wellhead ['welhed] источник; родник; ключ; начало; происхождение
welt [welt] рант (башмака); след; рубец; соударение; столкновение; удар; обшивать; окаймлять
welter ['weltə] столпотворение; неразбериха; барахтаться; валяться; вздыматься и падать (о волнах); беспокоиться; волноваться; тревожиться
wench [wentʃ] девчонка; девушка; молодая женщина
werewolf ['wəːwulf, 'wɪəwulf] оборотень
west [west] запад; западный ветер; вест (мор.); западный; в западном направлении
westering ['westərɪŋ] закатывающийся (о солнце); направленный на запад
westerly ['westəlɪ] западный; с запада; на запад
western ['westən] западный; относящийся к западу; вестерн; приверженец западной римско-католической церкви; расположенный на западе; ковбойский
westerner ['westənə] житель или уроженец западных штатов (в США); представитель Запада (о стране, культуре и т. п.)
westward ['westwəd] направленный к западу
wet [wet] мокрый; влажный; непросохший; дождливый; сырой; плаксивый; слезливый; влажность; сырость; мочить; смачивать
wet smile ['wet|'smaɪl] улыбка сквозь слезы

wet-blanket ['wet|'blæŋkɪt] обескураживать (разг.); отравлять удовольствие
wet-nurse ['wetnəːs] кормилица; нянька
wet-suit ['wetsjuːt] костюм для подводного плавания
wetland ['wetlænd] заболоченная территория
wetness ['wetnɪs] сырость; влажность
whack [wæk] сильный удар; звук от удара; бить; колотить; ударять
whale [weɪl] кит
whaling ['weɪlɪŋ] охота на китов; китобойный промысел; китобойный; гигантский (разг.); громадный
wham [wæm] удар; звук удара (взрыва); столкновение; бить; ударять
whang [wæŋ] громкий удар; бить (о барабане); ударять
wharf [wɔːf] пристань; причал; набережная; пирс; верфь
what [wɔt] что?; какой?; сколько?; каков?
what a pity! ['wɔt|ə|'pɪtɪ] как жаль!; какая жалость!
what a score! ['wɔt|ə|'skɔː] повезло!
what gives! ['wɔt|'gɪvz] что я вижу!; да ну!
what with ['wɔt|wɪð] вследствие; из-за
whatever [wɔt'evə] какой бы ни; любой; (хоть) что-нибудь (разг.); какой-нибудь
whatever betide [wɔt'evə|bɪ'taɪd] что бы ни случилось
whatnot ['wɔtnɔt] этажерка для безделушек; всякая всячина; пустяки; безделушки
wheat [wiːt] пшеница
wheat bread ['wiːt|'bred] пшеничный (белый) хлеб
wheedle ['wiːdl] подольщаться; обхаживать; выманивать лестью
wheedling ['wiːdlɪŋ] льстивый; умеющий уговорить с помощью лести
wheel [wiːl] колесо; колесико; руль; диск турбины; шестерня; штурвал; маховик; круг; кружение; оборот; прялка; гончарный круг; катить; везти (тачку и т. п.); описывать круги
wheel alignment ['wiːl|ə'laɪnmənt] регулировка колес
wheel balancer ['wiːl|'bælənsə] станок для балансировки колес
wheel bearing ['wiːl|'beərɪŋ] роликовый подшипник
wheel live axle ['wiːl|'laɪv|'æksl] вращающаяся ось колеса
wheel plough ['wiːl|'plau] колесный плуг
wheel track spacing ['wiːl|'træk|'speɪsɪŋ] ширина колеи
wheel tread ['wiːl|tred] протектор шины
wheel trim ['wiːl|trɪm] колпак колеса
wheel web ['wiːl|web] диск колеса

wheel wrench ['wi:l'rentʃ] гаечный ключ для снятия и установки колес

wheel-base ['wi:lbeɪs] расстояние между осями колес; колесная база

wheel-camber ['wi:l'kæmbə] развал колес

wheel-chair ['wi:l'tʃɛə] кресло на колесах *(для инвалидов)*

wheelbarrow ['wi:l.bærou] тачка

wheeled [wi:ld] колесный; имеющий колеса

wheelhouse ['wi:l'haus] рулевая рубка

wheeling ['wi:lɪŋ] езда на велосипеде; поворот; оборот

wheeze [wi:z] тяжелое дыхание; одышка; хрип; дышать с присвистом; хрипеть

whelk [welk] прыщ

whelm [welm] заливать; поглощать; подавлять

whelp [welp] щенок; детеныш; щениться; производить детенышей

when [wen] когда?; в то время как; как только; тогда как; хотя; несмотря на; если

whence [wens] откуда?; как?; каким образом?

whenever [wen'evə] когда же; всякий раз когда; когда бы ни

where [wɛə] где?; куда?; туда, туда, куда, туда, где; где

whereabouts ['wɛərəbauts] — *сущ.* ['wɛərə'bauts] — *нар. (приблизительное)* местонахождение; месторасположение; где?; около какого места?; в каких краях?

whereas [wɛər'æz] тогда как; несмотря на то что; поскольку; принимая во внимание

whereat [wɛər'æt] на это; затем; после этого; о чем; на что

whereby [wɛə'baɪ] посредством чего; в силу чего; как; каким образом

wherefore ['wɛəfɔ:] почему?; по какой причине?; для чего?; источник; основа; причина

whereof [wɛər'ɔv] из которого; о котором; о чем

whereupon [.wɛərə'pɔn] на чем?; где?; после чего; вследствие чего; тогда

wherever [wɛər'evə] где?; куда?; где бы ни; куда бы ни

wherry ['werɪ] лодка; ялик; небольшая шлюпка

whet [wet] правка *(бритвы и т. п.)*; точить; разжигать; раззадорить

whether ['weðə] ли *(союз)*; который из двух

whetstone ['wetstoun] точильный камень

whey [weɪ] сыворотка

which [wɪtʃ] который?; какой?; кто? *(подразумевается выбор)*

whiff [wɪf] дуновение; струя; дымок; веять; слегка дуть; пускать клубы *(дыма)*; попыхивать

whiffle ['wɪfl] разбрасывать; развевать; рассеивать; дрейфовать; посвистывать; свистеть

whiffy ['wɪfɪ] попахивающий

while [waɪl] время; промежуток времени; пока; в то время как; несмотря на то что; тогда как

while as ['waɪl'əz] когда

while away ['waɪlə'weɪ] бездельничать

whilom ['waɪləm] бывший; давний; прежний; старый; некогда; когда-то; во время оно

whim [wɪm] прихоть; каприз; причуда

whimsical ['wɪmzɪk(ə)l] причудливый; эксцентричный; капризный; прихотливый

whimsicality [.wɪmzɪ'kælɪtɪ] причуды; прихотливость

whine [waɪn] жалобный вой; хныканье; плакаться; скулить; хныкать

whinger ['wɪŋə] кинжал; короткий меч

whip [wɪp] кнут; хлыст; кучер; взбитые сливки; уведомление; сечь; хлестать; ругать; резко критиковать; собирать; объединять *(людей)*

to whip up — *разжигать*

whip-staff ['wɪpstɑ:f] вертикальный румпель

whippet ['wɪpɪt] гончая *(собака)*

whipping ['wɪpɪŋ] битье; побои; порка; поражение; разгром

whipping-boy ['wɪpɪŋbɔɪ] козел отпущения

whippy ['wɪpɪ] гибкий; упругий

whirl [wə:l] вращение; кружение; вихревое движение; вихрь; спешка; суматоха; смятение *(чувств)*; вертеть(ся); кружить(ся); проноситься; быть в смятении

whirlabout ['wə:ləbaut] вращение; кружение; волчок; юла

whirligig ['wə:lɪgɪg] вертушка; юла; карусель

whirlpool ['wə:lpu:l] водоворот; воронка

whirlwind ['wə:lwɪnd] вихрь; смерч; ураган; вихревой; ураганный

whirr [wə:] шум *(машин, крыльев)*; жужжание; шуметь *(о машинах и т. п.)*; проноситься с шумом, свистом

whisk [wɪsk] венчик *(для сбивания)*; смахивать; сгонять; сбивать

whisker ['wɪskə] бакенбарды; усы *(кошки, тигра и т. п.)*; контактный усик; точечный контакт

whisky ['wɪskɪ] виски

whisper ['wɪspə] шепот; молва; слух; шорох; шуршание; говорить шепотом; шептать; шелестеть; шуршать

whisperer ['wɪspərə] сплетник

whistle ['wɪsl] свист; свисток; сирена; гудок; свистеть; давать свисток *(как сигнал)*; насвистывать *(мотив и т. п.)*; проноситься со свистом

whistling ['wɪslɪŋ] свист; свистящий

whit [wɪt] йота; капелька

white [waɪt] белила; белый; бледный; седой; серебристый

white blood cell ['waıt|'blʌd|,sel] лейкоцит
white bread ['waıt|'bred] белый хлеб
white cabbage ['waıt|'kæbıʤ] капуста белокочанная
white charlock ['waıt|'tʃɑ:lək] дикая редька
white frost ['waıt|frɔst] иней; изморозь
white goods [,waıt|'gu:dz] постельное и столовое бельё
white lie ['waıt|'laı] ложь во спасение
white note ['waıt|'nout] целая нота; половинная нота
white radish ['waıt|'redıʃ] редька
white-collar ['waıt|'kɔlə] канцелярский *(разг.)*; конторский
white-collar job ['waıt,kɔlə|'ʤɔb] работа служащего *(ИТР)*
white-haired [,waıt|'hɛəd] седой; светловолосый
white-handed ['waıt|hændıd] добропорядочный; порядочный; честный
white-lipped ['waıt,lıpt] с побелевшими *(от страха)* губами
white-livered ['waıt,lıvəd] малодушный; трусливый
whitecap ['waıtkæp] пенистый гребень волны, барашек
whiten ['waıtn] белить; отбеливать; побелеть; *(по)*бледнеть
whiteness ['waıtnıs] белизна; белый цвет; бледность
whitening ['waıtnıŋ] мел; беление; побелка; отбеливание
whitesmith ['waıtsmıθ] жестянщик; лудильщик
whitethorn ['waıtθɔ:n] боярышник
whitewash ['waıtwɔʃ] побелка; белить; скрывать недостатки
whither ['wıðə] куда?; куда
whitish ['waıtıʃ] бел*(ес)*оватый; белесый
whittle ['wıtl] строгать или оттачивать ножом
whity- ['waıtı-] *в сложных словах* светло-; беловато-
whiz(z) [wız] свист *(рассекаемого воздуха)*; просвистеть; проноситься со свистом
who [hu:] кто?; который; кто; кого
whodun(n)it ['hu:'dʌnıt] детективный роман, фильм и т. п.
whoever [hu(:)'evə] кто бы ни; который бы ни
whole [houl] все; система; целое; весь; целый; невредимый; полный; кровный; родной
whole binding ['houl|'baındıŋ] цельная переплётная крышка
whole blood ['houl|'blʌd] родная кровь
whole-hearted ['houl|'hɑ:tıd] искренний; идущий от всего сердца, от всей души

whole-length ['houl|'leŋθ] портрет во весь рост; во весь рост
whole-souled ['houl|'sould] благородный; искренний; абсолютный; безраздельный; неограниченный
wholeness ['houlnıs] единство; целостность; цельность
wholesale ['houlseıl] оптовая торговля; оптовый; в больших размерах
wholesale bookseller ['houlseıl|'buk,selə] оптовый книготорговец
wholesale business ['houlseıl|'bıznıs] оптовые продажи; оптовая тоговля
wholesale circulation ['houlseıl|,sə:kju'leıʃən] оптовый товарооборот
wholesale dealer ['houlseıl|'di:lə] оптовый торговец
wholesale depot ['houlseıl|'depou] оптовая база
wholesale merchant ['houlseıl|'mə:tʃənt] коммерсант
wholesaler ['houl,seılə] оптовик
wholesaling activity ['houlseılıŋ|æk'tıvıtı] деятельность по оптовой торговле
wholesome ['houls(ə)m] полезный; благотворный
wholesome breakfast ['houls(ə)m|'brekfəst] полезный завтрак
wholly ['houlı] полностью; целиком
whoop [hu:p] возглас; восклицание; выкрикивать; кричать; кашлять; приветствовать радостными возгласами
whoosh [wu:ʃ] свист *(рассекаемого воздуха)*; пронестись со свистом
whore [hɔ:] проститутка
whoredom ['hɔ:dəm] блуд; распутство
whorehouse ['hɔ:'haus] публичный дом
whortleberry ['wə:tl,berı] черника
why [waı] почему?; зачем?
wick [wık] фитиль; тампон
wicked ['wıkıd] злой; нехороший; грешный; злобный; порочный; нечистый; озорной; плутовской; шаловливый; безнравственный
wickedness ['wıkıdnıs] злобность; злая выходка; злоба; порок; дурной проступок; преступление; грех; греховность
wicker ['wıkə] плетёная корзинка; плетёный
wicker-work ['wıkəwə:k] плетение; плетёные изделия
wicket ['wıkıt] калитка; турникет
wickiup ['wıkıʌp] хижина *(индейцев)*; хибарка; шалаш *(амер.)*
wide [waıd] обширный; широкий; большой; просторный; далёкий; дальний; отдалённый; широко; повсюду

wide application [ˈwaɪd|ˌæplɪˈkeɪʃən] широкое применение
wide area of thought [ˈwaɪd|ˈeərɪə|əvˈθɔːt] широкий кругозор
wide choice [ˈwaɪd|tʃɔɪs] богатый выбор
wide exposure [ˈwaɪd|ɪksˈpouzə] широкое воздействие
wide-awake [ˈwaɪdəˈweɪk] бодрствующий; неспящий; недремлющий; начеку; бдительный; осторожный; осмотрительный
wide-awakeness [ˈwaɪdəˈweɪknɪs] бодрствование; осторожность; осмотрительность
wide-eyed [ˈwaɪdˈaɪd] с широко открытыми глазами (от изумления и т. п.)
wide-open [ˈwaɪdˈoup(ə)n] широко открытый
wide-ranging [ˈwaɪdˈreɪndʒɪŋ] громадный; крупный; обширный; широкий
wide-screen film [ˈwaɪdskriːnˈfɪlm] широкоэкранный кинофильм
wide-spread [ˈwaɪdspred] широко распространенный
widen [ˈwaɪdn] расширять(ся)
widow [ˈwɪdou] вдова; висячая строка (полигр.); делать вдовой, вдовцом
widow rock cod [ˈwɪdouˈrɔkˈkɔd] морской окунь
widowed [ˈwɪdoud] овдовевший
widower [ˈwɪdouə] вдовец
widowhood [ˈwɪdouhud] вдовство
width [wɪdθ] ширина; широта; расстояние; полоса; полотнище
width across flats [ˈwɪdθəˈkrɔsˈflæts] размер гайки под ключ
wield [wiːld] владеть; иметь в руках
wieldly [ˈwiːldlɪ] легко управляемый; послушный
wife [waɪf] жена; супруга
wifehood [ˈwaɪfhud] замужество; статус замужней женщины
wifeless [ˈwaɪflɪs] овдовевший; холостой
wifely [ˈwaɪflɪ] свойственный, подобающий жене
wig [wɪg] парик
wiggle [ˈwɪgl] покачивание; ерзание; покачивать(ся); извиваться
wigwag [ˈwɪgwæg] сигнализация флажками; сигнализировать флажками; семафорить
wild [waɪld] дикий; невозделанный; необитаемый; пугливый; нецивилизованный; яростный; буйный; безумный; штурмовой; трудно управляемый; бурный; необузданный; бешеный; неистовый; исступленный; наугад; как попало
wild animal [ˈwaɪldˈænɪməl] дикое животное
wild boar [ˈwaɪldˈbɔː] кабан
wild card [ˈwaɪldˈkɑːd] непредсказуемый человек; непредсказуемое явление

wildcat [ˈwaɪldkæt] дикая кошка; рискованное предприятие; рискованный; фантастический (план и т. п.); незаконный; несанкционированный
wilderness [ˈwɪldənɪs] пустыня; дикая местность; запущенная часть сада; масса; множество
wildfowl [ˈwaɪldfaul] дичь
wilding tree [ˈwaɪldɪŋˈtriː] лесная яблоня
wildlife [ˈwaɪldlaɪf] живая природа
wildlife law [ˈwaɪldlaɪfˈlɔː] законодательство об охране животного мира
wile [waɪl] хитрость; уловка; обман; прием; ухищрение; вовлекать; впутывать
wilful [ˈwɪlful] упрямый; своевольный; своенравный; сознательный; преднамеренный; намеренный; умышленный; несговорчивый
wilful child [ˈwɪlfulˈtʃaɪld] капризный ребенок
wilful default [ˈwɪlfulˈdɪˈfɔːlt] умышленное неисполнение своих обязанностей
wilfulness [ˈwɪlfulnɪs] умысел; своенравность
will [wɪl] воля; сила воли; намерение; желание; энергия; энтузиазм; завещание; проявлять волю; желать; хотеть; велеть; внушать; заставлять; завещать; отказывать; отписывать
to make a will — составить завещание
to contest a will — оспаривать завещание
will contestation [ˈwɪlˌkɔntesˈteɪʃən] оспаривание завещания
will of the decedent [ˈwɪləvðəˈdɪˈsiːdənt] завещание, воля умершего
will to power [ˈwɪltəˈpauə] жажда власти
will-o'-the-wisp [ˈwɪləðwɪsp] блуждающий огонек; нечто обманчивое, неуловимое
will-power [ˈwɪlˌpauə] сила воли
willing [ˈwɪlɪŋ] готовый (сделать что-либо); охотно делающий что-либо; добровольный; исполнительный; старательный; усердный
willingly [ˈwɪlɪŋlɪ] охотно; с готовностью
willingness [ˈwɪlɪŋnɪs] готовность; охота; желание
willow [ˈwɪlou] ива; (разг.) бита (в крикете, бейсболе)
willowy [ˈwɪlouɪ] заросший ивняком; гибкий и тонкий (о человеке)
willy-nilly [ˈwɪlɪˈnɪlɪ] волей-неволей
wilt [wɪlt] бессилие; вялость; слабость; вянуть; поникать; увядать; слабеть; ослабевать
wily [ˈwaɪlɪ] лукавый; хитрый; коварный; плутоватый; хитроумный
wimble [ˈwɪmbl] бурав; сверло; коловорот
wimp [wɪmp] скучный человек; безответный человек; мещанин; обыватель (разг.)
wimpish [ˈwɪmpɪʃ] бесхарактерный (разг.)
win [wɪn] выигрыш; победа (в игре и т. п.); выиграть; победить; одержать победу

WIN — WIN

to win an action — выиграть дело в суде
to win out — преодолеть все трудности; добиться успеха
to win over — склонить на свою сторону; расположить к себе
to win through — пробиться; преодолеть (трудности)

wince [wɪns] вздрагивание; содрогание; вздрагивать; морщиться *(от боли)*
winch [wɪntʃ] ворот; подъёмная лебёдка; брашпиль; поднимать с помощью лебёдки
winch cable [ˈwɪntʃˈkeɪbl] трос лебёдки
wind [wɪnd] ветер; воздушная струя; поток воздуха; дух; запах; дыхание; пустые слова; вздор; слух; намёк; сушить на ветру; проветривать; чуять; идти по следу; дать перевести дух; обдувать; вентилировать; [waɪnd] виток; поворот; изгиб; перемотка; виться; извиваться; изгибаться; заводить (часы); трубить; играть на духовом инструменте
to wind clock — заводить часы
to wind off — разматывать(ся)
to wind up — сматывать; подтягивать (дисциплину); взвинчивать; ликвидировать (предприятие и т. п.)
wind up [ˈwaɪndˈʌp] ликвидировать компанию; завершать
wind-band [ˈwɪndbænd] духовой оркестр
wind-bill [ˈwɪndbɪl] фиктивный вексель
wind-blown [ˈwɪndbloun] надутый; раздутый; несущийся по ветру; овеваемый ветрами; короткие и зачесанные вперёд *(о волосах)*
wind-break [ˈwɪndbreɪk] ветролом; щит; экран; защитная лесополоса *(вдоль дороги и т. п.)*
wind-instrument [ˈwɪndˌɪnstrumənt] духовой инструмент
wind-jammer [ˈwɪndˌdʒæmə] парусное судно
wind-up [ˈwaɪndʌp] завершение; конец
windage [ˈwɪndɪdʒ] сопротивление воздуха; снос (снаряда) ветром; надводная часть судна; парусность судна
windcheater [ˈwɪndˌtʃiːtə] ветронепроницаемая куртка
winder [ˈwaɪndə] [ˈwɪndə] вьющееся растение; заводной ключ; трубач
windfall [ˈwɪndfɔːl] плод, сбитый ветром; бурелом; ветровал; неожиданная удача
windfallen trees [ˈwɪndˌfɔːlənˈtriːz] валежник
windflaw [ˈwɪndflɔː] порыв ветра
winding [ˈwaɪndɪŋ] извилина; изгиб; поворот; виток; спираль; обмотка (эл.); намотка; провод прошивки; наматывание; извилистый; витой
winding crown [ˈwaɪndɪŋˈkraun] заводная головка
winding-sheet [ˈwaɪndɪŋʃiːt] саван
winding-up [ˈwaɪndɪŋʌp] ликвидация компании

windless [ˈwɪndlɪs] безветренный
windmill [ˈwɪnmɪl] ветряная мельница
windmilling [ˈwɪnˈmɪlɪŋ] свободное вращение
window [ˈwɪndou] окно; отверстие; оконный
window display [ˈwɪndouˌdɪsˈpleɪ] витрина
window gardening [ˈwɪndouˈɡɑːdnɪŋ] комнатное цветоводство
window lintel [ˈwɪndouˈlɪntl] оконная перемычка
window-case [ˈwɪndoukeɪs] витрина
window-dresser [ˈwɪndouˌdresə] оформитель витрин; очковтиратель
window-dressing [ˈwɪndouˌdresɪŋ] украшение витрин; умение показать товар лицом
window-pane [ˈwɪndoupeɪn] оконное стекло
window-sill [ˈwɪndousɪl] подоконник
windowing [ˈwɪndouɪŋ] кадрирование; отсечение; организация окон на дисплее *(компьют.)*
windpipe [ˈwɪndpaɪp] трахея
windrow [ˈwɪndrou] полоса скошенного хлеба, сена и т. п.
windshield [ˈwɪndʃiːld] козырёк; ветровое стекло
windshield washer unit [ˈwɪndʃiːldˈwɔʃəˈjuːnɪt] стеклоомыватель
windstorm [ˈwɪndstɔːm] буря; метель
windy [ˈwɪndɪ] ветреный; обдуваемый ветром; несерьёзный; пустой
wine [waɪn] вино; тёмно-красный цвет; винный
wine-cellar [ˈwaɪnˌselə] винный погреб
wine-grower [ˈwaɪnˌɡrouə] винодел; виноградарь
wineglass [ˈwaɪnɡlɑːs] бокал; рюмка; фужер
wineglassful [ˈwaɪnɡlɑːsful] четыре столовых ложки *(лекарства)*
winery [ˈwaɪnərɪ] винный завод
wing [wɪŋ] крыло; кулисы *(в театре)*; снабжать крыльями; подгонять; ускорять; пускать *(стрелу)*; лететь; бортовой
wing screw [ˈwɪŋˈskruː] барашковый винт
wing-beat [ˈwɪŋbiːt] взмах крыльев
wing-in-ground-effect machine [ˈwɪŋɪnˈɡraundɪˈfektməˈʃiːn] экраноплан *(мор.)*
winged [wɪŋd] крылатый; окрылённый; быстрый; проворный; скорый
winged missile [ˈwɪŋdˈmɪsaɪl] крылатая ракета
wingless [ˈwɪŋlɪs] бескрылый
wings [wɪŋz] кулисы
wink [wɪŋk] моргание; подмигивание; мгновение; миг; момент; мигать; моргать; мерцать
winking [ˈwɪŋkɪŋ] мигание; моргание; короткий сон; дремота
winner [ˈwɪnə] победитель; *(первый)* призёр
winning [ˈwɪnɪŋ] выигрыш; достижение; победа; успех; выигрывающий; побеждающий; заманчивый; обаятельный
winning-post [ˈwɪnɪŋpoust] финишный столб

winnow [ˈwɪnou] сеять (зерно); отсеивать
winsome [ˈwɪnsəm] привлекательный; притягательный
winter [ˈwɪntə] зима; зимний; проводить зиму; зимовать
winter quarters [ˈwɪntəˈkwɔːtəz] места зимовки животных
winter sports [ˈwɪntəˈspɔːts] зимние виды спорта
winter tyre [ˈwɪntəˈtaɪə] зимняя резина (шина)
winter-cover [ˈwɪntəˈkʌvə] жалюзи радиатора (авт.)
wintering [ˈwɪnt(ə)rɪŋ] зимовка; зимующий
wintering area [ˈwɪnt(ə)rɪŋˈeərɪə] место зимовки
wintertime [ˈwɪntətaɪm] зима; зимний сезон
wintry [ˈwɪntrɪ] зимний; холодный; неприветливый (об улыбке и т. п.); безрадостный
wipe [waɪp] носовой платок; глумление; издевка; вытирать; протирать; обтирать; утирать; размагничивать
to wipe off — ликвидировать
wipe-out [ˈwaɪpaut] стирание магнитной ленты
wiper [ˈwaɪpə] стеклоочиститель; носовой платок (разг.)
wiper-blade [ˈwaɪpəbleɪd] щетка стеклоочистителя
wiper-cam [ˈwaɪpəkæm] кулачок стеклоочистителя
wire entanglement [ˈwaɪərɪnˈtæŋglmənt] проволочное заграждение
wire printer [ˈwaɪəˈprɪntə] матричное печатающее устройство с игольчатой головкой
wire side [ˈwaɪəsaɪd] оборотная сторона бумаги
wire strainer [ˈwaɪəˈstreɪnə] натяжной винт
wire-backed tread [ˈwaɪəbæktˈtred] металлокордный протектор
wire-brush [ˈwaɪəbrʌʃ] метелка
wire-cutter [ˈwaɪəˌkʌtə] кусачки
wire-dancer [ˈwaɪəˌdɑːnsə] канатоходец
wire-haired [ˈwaɪəheəd] жесткошерстный
wiredrawn [ˈwaɪədrɔːn] слишком тонкий (о различии и т. п.); надуманный
wireless [ˈwaɪəlɪs] радио; радиовещание; радиоприемник; беспроводный; беспроволочный; радиограмма
wiretap [ˈwaɪətæp] радиоперехват
wiretapper [ˈwaɪəˌtæpə] устройство для перехвата телефонных разговоров
wiretapping [ˈwaɪəˌtæpɪŋ] радиоперехват; перехват информации; прослушивание телефонных разговоров
wiring [ˈwaɪərɪŋ] электропроводка; монтаж; проволочная арматура; монтажная схема; выбор схемы монтажных соединений

wiry [ˈwaɪərɪ] похожий на проволоку; гибкий; крепкий; жилистый; выносливый
wisdom [ˈwɪzd(ə)m] мудрость; здравый смысл
wisdom-tooth [ˈwɪzd(ə)mˈtuːθ] зуб мудрости
wise [waɪz] мудрый; глубокий; знающий; компетентный
wiseacre [ˈwaɪzˌeɪkə] мудрец; мыслитель
wisecrack [ˈwaɪzkræk] удачное замечание; саркастическое замечание; острить
wish [wɪʃ] желание; пожелание; просьба; предмет желания; желать; хотеть; высказать пожелания
to wish joy — поздравлять (кого-либо)
wishful [ˈwɪʃful] желаемый; жаждущий; желающий
wisp [wɪsp] пучок, жгут (соломы, сена и т. п.); клочок; обрывок; метелка; что-либо слабое, неразвившееся, скоропреходящее
wispy [ˈwɪspɪ] тонкий
wistful [ˈwɪstful] тоскливый; тоскующий; задумчивый (о взгляде, улыбке)
wit [wɪt] разум; ум; остроумие; соображение; остряк; ведать; знать
witch [wɪtʃ] колдунья; ведьма; обворожить; околдовать
witch-hunt [ˈwɪtʃhʌnt] охота на ведьм; преследование прогрессивных деятелей
witchcraft [ˈwɪtʃkrɑːft] колдовство; черная магия
with [wɪð] указывает на связь, совместность, согласованность во взглядах, пропорциональность: с; указывает на предмет действия или орудие, с помощью которого совершается действие: передается тв. падежом; указывает на наличие чего-либо, характерный признак; указывает на обстоятельства, сопутствующие действию; указывает на причину: от, из-за; указывает на лицо, по отношению к которому совершается действие: у, касательно, с(о), несмотря на
with a bounce [ˈwɪðəˈbauns] одним скачком
with an allowance for risk [ˈwɪðənəˈlauənsfəˈrɪsk] с учетом риска
with certainty [ˈwɪðˈsəːtntɪ] с уверенностью
with decision [ˈwɪðdɪˈsɪʒən] уверенно; решительно
with impunity [ˈwɪðɪmˈpjuːnɪtɪ] безнаказанно; без вреда для себя
with one accord [ˈwɪðˈwʌnəˈkɔːd] единодушно
with regard to [ˈwɪðrɪˈgɑːdtu] относительно; в отношении
with respect to [ˈwɪðrɪsˈpekttu] что касается
with- [wɪð-] прибавляется к глаголам со значением назад; прибавляется к глаголам со значением против
withal [wɪˈðɔːl] к тому же; вдобавок; в то же время

WIT — WOB

withdraw [wɪðˈdrɔː] отдергивать; брать назад; отменять; забирать; отзывать; изымать; прекращать; отводить войска; извлекать; выходить; уходить; уводить

to withdraw an action — отозвать иск

to withdraw the money — снять деньги со счета

withdrawal [wɪðˈdrɔː(ə)l] отдергивание; взятие назад; изъятие; отзыв; отозвание; отмена; уход; удаление; отход *(воен.)*; вывод войск

withdrawal of demand [wɪðˈdrɔː(ə)l|əv|dɪˈmɑːnd] изъятие требования

withdrawal of money [wɪðˈdrɔː(ə)l|əvˈmʌnɪ] снятие денег со счета

withdrawal of nationality [wɪðˈdrɔː(ə)l|əv|næʃəˈnælɪtɪ] лишение гражданства

withdrawal of record [wɪðˈdrɔː(ə)l|əvˈrekɔːd] отозвание иска

withdrawn [wɪðˈdrɔːn] замкнутый

wither [ˈwɪðə] вянуть; сохнуть; блекнуть; ослабевать; слабеть; уменьшаться

withered [ˈwɪðəd] иссохший; сморщенный; морщинистый *(о коже)*; изнуренный

withering [ˈwɪð(ə)rɪŋ] иссушающий; бедственный; испепеляющий *(о взгляде и т. п.)*

withers [ˈwɪðəz] холка *(у лошади)*

withersoever [ˌwɪðəsouˈevə] куда бы ни

withhold [wɪðˈhould] отказывать в чем-либо; воздерживаться от чего-либо; приостанавливать; останавливать; сдерживать; удерживать; утаивать; не сообщать

to withhold the grant of patent — отказать в выдаче патента

to withhold information — не сообщать имеющуюся информацию

within [wɪˈðɪn] в; в пределах; внутри; не далее *(как)*; не позднее; в течение

within sight [wɪˈðɪn|ˈsaɪt] в пределах видимости

within the law [wɪˈðɪn|ðəˈlɔː] в рамках закона

without [wɪˈðaut] без; вне; за; снаружи; наружная сторона; если не; без того, чтобы

without book [wɪˈðaut|ˈbuk] по памяти

without cease [wɪˈðaut|ˈsiːz] непрестанно

without check [wɪˈðaut|ˈtʃek] без задержки; безостановочно

without complaint [wɪˈðaut|kəmˈpleɪnt] безропотно

without delay [wɪˈðaut|dɪˈleɪ] безотлагательно; немедленно; без промедления

without doubt [wɪˈðaut|ˈdaut] очевидно; несомненно; поистине

without peer [wɪˈðaut|ˈpɪə] несравненный

without prejudice to smb's rights [wɪˈðaut|ˈpreʤudɪs|təˈsʌmbədɪzˈraɪts] без ущерба чьим-либо правам

without reserve [wɪˈðaut|rɪˈzəːv] безоговорочно

without roads [wɪˈðaut|ˈroudz] бездорожный; непроходимый

without undue delay [wɪˈðaut|ʌnˈdjuː|dɪˈleɪ] без излишнего промедления

withstand [wɪðˈstænd] выдержать; противостоять

witless [ˈwɪtlɪs] глупый; слабоумный

witness [ˈwɪtnɪs] свидетель; очевидец; понятой; доказательство; свидетельство; свидетельские показания; быть свидетелем; видеть; давать показания; заверять; свидетельствовать; служить доказательством; подписывать в качестве свидетеля

to break down a witness — опровергнуть свидетельские показания

to witness a line-up — присутствовать в качестве понятого на опознании

to witness an arrest — присутствовать в качестве понятого при аресте

witness against a defendant [ˈwɪtnɪs|əˈgenst|ədɪˈfendənt] свидетель истца

witness against a plaintiff [ˈwɪtnɪs|əˈgenst|əˈpleɪntɪf] свидетель ответчика

witness against an accused [ˈwɪtnɪs|əˈgenst|ənəˈkjuːzd] свидетель обвинения

witness by defendant [ˈwɪtnɪs|baɪ|dɪˈfendənt] свидетель, выставленный ответчиком

witness by the court [ˈwɪtnɪs|baɪ|ðəˈkɔːt] свидетель, вызванный судом

witness by the defence [ˈwɪtnɪs|baɪ|ðə|dɪˈfens] свидетель, выставленный защитой

witness of arrest [ˈwɪtnɪs|əvəˈrest] понятой при аресте

witness of search [ˈwɪtnɪs|əvˈsəːtʃ] понятой при обыске

witness on oath [ˈwɪtnɪs|ɔn|ˈouθ] свидетель под присягой

witness to an overt act [ˈwɪtnɪs|tu|ənˈouvəːtˈækt] показания очевидца

witticism [ˈwɪtɪsɪzm] острота; шутка

wittily [ˈwɪtɪlɪ] остроумно

wittingly [ˈwɪtɪŋlɪ] сознательно; умышленно; заведомо; намеренно

witty [ˈwɪtɪ] остроумный

witty answer [ˈwɪtɪ|ˈɑːnsə] остроумный ответ

wizard [ˈwɪzəd] волшебник; колдун; фокусник; колдовской

wizardry [ˈwɪzədrɪ] колдовство; чары

wizen(ed) [ˈwɪzn(d)] высохший *(о растении)*; иссохший и морщинистый *(о человеке)*

wobble [ˈwɔbl] качание; раскачивание; колебание; неустойчивое движение; качаться; колебаться; идти шатаясь; дрожать

wobbler [ˈwɔblə] ненадежный человек

wobbling [ˈwɔblɪŋ] качание диска; виляние колес

wobbly [ˈwɔblɪ] нестабильный; шаткий
woe [wou] горе; скорбь
woe betide him who... [ˈwoubɪˈtaɪd|hɪm|ˈhuː] горе тому, кто...
woe-begone [ˈwoubɪˌgɔn] удрученный горем; мрачный
woeful [ˈwouful] скорбный; горестный; очень плохой; жалкий; страшный
wold [would] пустынное нагорье; пустошь; низина
wolf [wulf] волк; обжора; жестокий, злой человек
wolf trees [ˈwulf|triːz] разросшиеся деревья
wolf-cub [ˈwulfkʌb] волчонок
wolf-dog [ˈwulfdɔg] волкодав
wolfish [ˈwulfɪʃ] волчий; зверский
wolverine [ˈwulvəriːn] росомаха (зоол.)
woman [ˈwumən] женщина
woman-hater [ˈwumənˌheɪtə] женоненавистник
woman-to-woman [ˈwuməntəˈwumən] откровенный (о разговоре, в котором участвуют две женщины)
womanhood [ˈwumənhud] женская зрелость; женские качества; женственность; женский пол; женщины
womanish [ˈwumənɪʃ] женоподобный; женский
womankind [ˈwumənˈkaɪnd] женский пол; женщины
womanlike [ˈwumənlaɪk] женственный
womanliness [ˈwumənlɪnɪs] женственность
womenfolk [ˈwɪmɪnfouk] женщины
wonder [ˈwʌndə] удивление; изумление; чудо; нечто удивительное; удивляться; интересоваться; желать знать
wonder-struck [ˈwʌndəstrʌk] изумленный; пораженный
wonder-work [ˈwʌndəwəːk] чудо
wonder-worker [ˈwʌndəˌwəːkə] чудотворец; человек, творящий чудеса (о враче и т. п.)
wonderful [ˈwʌndəful] замечательный; изумительный
wonderland [ˈwʌndəlænd] страна чудес
wonderment [ˈwʌndəmənt] изумление; удивление; нечто удивительное
wondrous [ˈwʌndrəs] изумительный; поразительный
wont [wount] обыкновение; обычай; привычка; традиция
wonted [ˈwountɪd] привычный; знакомый; привыкший к новым условиям
woo [wuː] ухаживать; свататься; добиваться; уговаривать; докучать просьбами
wood [wud] лес; роща; дерево (материал); древесина; лесоматериал; дрова; деревянный; сажать лес; запасаться топливом

wood alcohol [ˈwud|ˈælkəhɔl] метиловый (древесный) спирт
wood rasp [ˈwud|ˈrɑːsp] рашпиль по дереву
wood-cutter [ˈwudˌkʌtə] дровосек; гравер по дереву
wood-grouse [ˈwudgraus] глухарь
wood-lice [ˈwudlaɪs] мокрицы
wood-winds [ˈwudwɪndz] деревянные духовые инструменты
wood-worker [ˈwudˌwəːkə] плотник; столяр; токарь по дереву; деревообделочный станок
woodbine [ˈwudbaɪn] жимолость (бот.); дешевая сигарета
woodcock [ˈwudkɔk] вальдшнеп
woodcraft [ˈwudkrɑːft] знание леса; умение мастерить из дерева
woodcut [ˈwudkʌt] гравюра на дереве
wooded [ˈwudɪd] лесистый
wooden [ˈwudn] деревянный; безжизненный
wooden-hulled [ˈwudnˌhʌld] с деревянным корпусом
woodland [ˈwudlənd] лесистая местность; лесной
woodman [ˈwudmən] лесник; лесоруб
woodpecker [ˈwudˌpekə] дятел
woodward [ˈwudwɔːd] — сущ. [ˈwudwəd] — нар. лесничий; в сторону леса
woodwork [ˈwudwəːk] деревянные изделия; деревянные части строения (двери, оконные рамы и т. п.)
woody [ˈwudɪ] лесистый; древесный
wooer [ˈwu(ː)ə] поклонник
wool [wul] шерсть; руно; шерстяные изделия
wool-gathering [ˈwulˌgæð(ə)rɪŋ] рассеянность; витание в облаках; рассеянный
woollen [ˈwulən] шерстяной; шерстяная ткань
woolly [ˈwulɪ] покрытый шерстью; шерстистый; неясный; путаный (о доводах и т. п.); шерстяной свитер
woolly milk cap [ˈwulɪ|ˈmɪlk|ˈkæp] розовая волнушка
woolly-leaved [ˈwulɪˌliːvd] пушистолистный
woolpack cloud [ˈwulpæk|ˈklaud] кучевое облако
word [wəːd] слово; разговор; речь; замечание; обещание; заверение; вести; сообщение; формулировка; приказание; девиз; текст; лозунг; выражать словами; подбирать выражения; излагать; формулировать; составлять документ
to have words — ссориться
word break [ˈwəːd|breɪk] перенос (грам.)
word count [ˈwəːd|ˈkaunt] подсчет слов в тексте
word for word [ˈwəːd|fə|ˈwəːd] слово в слово; буквально
word space [ˈwəːd|speɪs] промежуток между словами в тексте

word-book ['wəːdbuk] песенник; либретто оперы; словарь

word-book ['wəːdbuk] словарь; песенник; либретто оперы

word-building ['wəːd‚bɪldɪŋ] словообразование

word-by-word ['wəːdbaɪ'wəːd] пословно

word-for-word ['wəːdfə'wəːd] дословно; дословный

word-painting ['wəːd‚peɪntɪŋ] образное описание

word-perfect ['wəːd'pəːfɪkt] знающий наизусть

word-picture ['wəːd‚pɪktʃə] словесное изображение

word-play ['wəːdpleɪ] игра слов; каламбур

worded ['wəːdɪd] сформулированный; изложенный

wording ['wəːdɪŋ] редакция текста; форма выражения; формулировка; текст; редакция; стиль формулировок

wordless ['wəːdlɪs] без слов; молчаливый; невыраженный; не выразимый словами

words [wəːdz] текст; слова песни; либретто оперы

wordy ['wəːdɪ] многословный; словесный; устный

work [wəːk] работа; труд; занятие; продукция; изделие; произведение; механизм; работающая часть; обработка; завод; мастерские; договор подряда; дело; действие; поступок; работать; заниматься чем-либо; действовать; быть или находиться в действии; заслужить; отработать; обрабатывать; вычислять; решать

to work at high pressure — работать быстро, энергично

to work in — проникать; прокладывать себе дорогу; вставлять; вводить; признать; соответствовать

to work out — решать (задачу); составлять; выражаться (в такой-то цифре); истощать; с трудом добиться; отработать (долг и т. п.)

to work overtime — работать сверхурочно

to work up — разрабатывать; отделывать; придавать законченный вид; возбуждать; вызывать

work camp ['wəːk'kæmp] исправительно-трудовой лагерь

work file ['wəːk'faɪl] рабочий файл (компьют.)

work of art ['wəːk|əv|'aːt] произведение искусства

work record card ['wəːk|'rekɔːd|'kaːd] трудовая книжка

work surface ['wəːk|'səːfɪs] рабочая поверхность

work-bench ['wəːkbentʃ] слесарный верстак

work-boat ['wəːkbout] рабочий катер

work-day ['wəːkdeɪ] будний день; рабочий день

work-force ['wəːkfɔːs] рабочая сила; работники; рабочие

work-people ['wəːk‚piːpl] рабочий люд

work-place ['wəːkpleɪs] производственное помещение; рабочее место

work-shy ['wəːkʃaɪ] бездельник; лентяй; ленивый; уклоняющийся от работы

work-space ['wəːkspeɪs] рабочее место

work-table ['wəːk‚teɪbl] рабочий столик

work-week ['wəːk'wiːk] рабочая неделя

workability [‚wəːkə'bɪlɪtɪ] применимость, годность (к обработке)

workable ['wəːkəbl] доходный; прибыльный; рентабельный; выполнимый; осуществимый

workaday ['wəːkədeɪ] будничный; житейский

workbook ['wəːkbuk] конспект (курса лекций и т. п.); тетрадь для записи произведенной работы; сборник упражнений

worker ['wəːkə] рабочий; работник; сотрудник; трудовой

worker-bee ['wəːkə'biː] рабочая пчела

workhorse ['wəːkhɔːs] рабочая лошадь; лицо, выполняющее большую часть общей работы

working ['wəːkɪŋ] действие; деятельность; работа; практика; эксплуатация; использование; употребление; работающий; рабочий; отведенный для работы; использованный; действующий; эксплуатационный; пригодный для работы

working area ['wəːkɪŋ|'eərɪə] рабочая зона, поверхность

working capital ['wəːkɪŋ|'kæpɪtl] оборотный капитал

working class ['wəːkɪŋ|'klaːs] рабочий класс

working days ['wəːkɪŋ|'deɪz] рабочие дни

working document ['wəːkɪŋ|'dɔkjumənt] рабочий документ

working language ['wəːkɪŋ|'læŋgwɪʤ] рабочий язык

working law ['wəːkɪŋ|'lɔː] трудовое законодательство

working man ['wəːkɪŋ|'mən] неквалифицированный рабочий; чернорабочий

working process ['wəːkɪŋ|'prousəs] трудовой процесс

working time ['wəːkɪŋ|'taɪm] рабочее время

working-out ['wəːkɪŋ'aut] детальная разработка (плана и т. п.)

workload ['wəːkloud] объем работы

workman ['wəːkmən] рабочий; работник

workmanship ['wəːkmənʃɪp] искусство; мастерство; квалификация; разряд; качество работы

workout ['wəːkaut] обучение; тренировка

workpiece ['wəːkpiːs] заготовка

workprint ['wəːkprɪnt] видеокопия; рабочий позитив

works [wəːks] завод; фабрика

workshop ['wə:kʃɔp] мастерская; студия; цех; секция; семинар; симпозиум; цеховой

workwoman ['wə:k‚wumən] работница; труженица

world [wə:ld] мир; свет; Вселенная; общество; определенная сфера деятельности; царство; кругозор; всемирный; мировой

world outlook ['wə:ld'autluk] мировоззрение

world view ['wə:ld'vju:] мировоззрение

world war ['wə:ld'wɔ:] мировая война

World War I ['wə:ld'wɔ:'wʌn] Первая мировая война *(1914–1918 гг.)*

World War II ['wə:ld'wɔ:'tu:] Вторая мировая война *(1939–1945 гг.)*

world-beater ['wə:ld‚bi:tə] чемпион мира; артист, музыкант и т. п. мирового класса; что-либо замечательное

world-class ['wə:ld'kla:s] мирового класса

world-famous ['wə:ld'feiməs] пользующийся мировой известностью

world-old ['wə:ld'ould] старый как мир

world-power ['wə:ld‚pauə] мировая держава

world-wide distribution ['wə:ldwaid‚distri'bju:ʃən] распространение по всему миру

worldling ['wə:ldliŋ] человек, поглощенный земными интересами

worldly ['wə:ldli] мирской; земной; любящий жизненные блага; искушенный; многоопытный

worldly-wise ['wə:ldli'waiz] бывалый; опытный

worm [wə:m] червяк; червь; глист; низкий человек; презренная личность; вползать; проникать; просачиваться; выпытать; разузнать; узнать

worm-eaten ['wə:m‚i:tn] источенный червями; несовременный; старомодный; устарелый

worm-hole ['wə:mhoul] червоточина

worm-tunnel ['wə:m'tʌnəl] червоточина

wormwood ['wə:mwud] полынь; горечь

wormy ['wə:mi] червивый; низкий; подлый

worn [wɔ:n] изношенный; потертый; старый; избитый; неоригинальный; изнуренный; сработавшийся

worn-out ['wɔ:n'aut] изношенный; обветшалый; измотанный; измученный; изнуренный; усталый

worn-out jeans ['wɔ:naut'ʤi:nz] поношенные джинсы

worried ['wʌrid] озабоченный

worrier ['wʌriə] беспокойный человек

worrisome ['wʌrisəm] беспокойный; причиняющий беспокойство; назойливый

worry ['wʌri] беспокойство; тревога; волнение; озабоченность; забота; попечительство; надоедать; приставать; докучать; беспокоить(ся); мучить(ся); терзать(ся); волновать(ся)

worrying ['wʌriŋ] волнующий

worsen ['wə:sn] ухудшать(ся)

worship ['wə:ʃip] культ; почитание; поклонение; обожествление; богослужение; вероисповедание; почитать; поклоняться; исповедовать; благоговеть; обожать; бывать в церкви

worship(p)er ['wə:ʃipə] поклонник; верующий *(рел.)*

worst [wə:st] наихудший; хуже всего; одержать верх; победить

worth [wə:θ] достоинство; стоимость; достоинства; ценность; значение; стоящий; заслуживающий; обладающий; заслуженный

worth appraisal ['wə:θə'preizəl] определение ценности

worth-while ['wə:θ'wail] стоящий; дельный; заслуживающий

worthless ['wə:θlis] ничего не стоящий; бесполезный; никчемный

worthy ['wə:ði] достойный; заслуживающий; подобающий; соответствующий; достойный человек; знаменитость; популярность

would [wud] — *полная форма*; [wəd, ed, d] — *редуцированные формы вспомогательный глагол, служащий для образования будущего в прошедшем во 2 и 3 лице; вспомогательный глагол, служащий для образования условного наклонения; служебный глагол, выражающий привычное действие, относящееся к прошедшему времени; модальный глагол, выражающий упорство, настойчивость, желание, вероятность, вежливую просьбу*

would-be ['wudbi:] претендующий *(на что-либо)*; с претензией *(на что-либо)*; предполагаемый; потенциальный; искусственный; поддельный; притворный

would-be assassin ['wudbi:ə'sæsin] потенциальный убийца

would-be competitor ['wudbi:kəm'petitə] потенциальный конкурент

wound [wu:nd] рана; ранение; повреждение; обида; оскорбление; убыток; ущерб; ранить; причинить боль; задеть; наносить рану

wounding ['wu:ndiŋ] нанесение ран

wow [wau] нечто из ряда вон выходящее; ошеломить; поразить; здорово! *(восклицание)*

wrack [ræk] остатки кораблекрушения; водоросль *(выброшенная на берег моря)*; разрушать(ся)

wrangle ['ræŋgl] дискуссия; прения; *(по)*спорить; повздорить

wrangler ['ræŋglə] крикун; спорщик; ковбой *(разг.)*

wrap [ræp] шаль; платок; одеяло; плед; обертка; упаковка; завертывать; сворачивать; окутывать; обертывать

wrapper ['ræpə] халат; капот; обертка; бандероль; оберточная бумага; суперобложка
wrapping ['ræpɪŋ] упаковка
wrapping paper ['ræpɪŋ'peɪpə] оберточная бумага
wrath [rɔːθ] гнев; ярость
wrathful ['rɔːθful] гневный; рассерженный
wreak [riːk] давать выход, волю (злобному чувству)
wreath [riːθ] венок; гирлянда; завиток; кольцо (дыма)
wreathe [riːð] свивать; сплетать (венки); обвивать(ся); клубиться (о дыме); покрываться (морщинами и т. п.)
wreathed [riːðd] сплетенный; покрытый
wreck [rek] крушение; авария; затор; заклинивание; катастрофа; остов разбитого судна; гибель; поломка; заедание; обломки самолета; развалина; вызвать крушение, разрушение; топить корабль; потерпеть катастрофу; погибнуть
to wreck a country's economy — *подорвать экономику страны*
wreckage ['rekɪdʒ] крушение, гибель корабля; обломки чего-либо
wrecked [rekt] потерпевший кораблекрушение или аварию
to be wrecked — *потерпеть крушение*
wrecking ['rekɪŋ] поражение; разгром; разрушение; снос (зданий); спасательный; вредный; губительный; аварийный; разрушающий
wrecking car ['rekɪŋ'kɑː] автомобиль техпомощи
wrench [rentʃ] дерганье; скручивание; вывих; щемящая тоска; вывертывать; вырывать; вывихнуть; извращать; искажать; гаечный ключ
wrest [rest] рывок; выдергивать; искажать; извращать
wrestle ['resl] упорная борьба (с трудностями и т. п.); биться; бороться; драться
wrestler ['reslə] борец
wretch [retʃ] несчастный; негодяй; негодник
wretched ['retʃɪd] несчастный; жалкий; никуда не годный; плохо
wriggle ['rɪgl] выгиб; извилина; изгиб; извиваться; изгибаться; вилять; увиливать
wriggler ['rɪglə] заговорщик; интриган
wring [rɪŋ] скручивание; выжимание; крутить; скручивать; жать (об обуви); терзать; выжимать
wrinkle ['rɪŋkl] морщина; складка; морщить(ся)
wrinkly ['rɪŋklɪ] морщинистый; в морщинах
wrist [rɪst] запястье; наручный
wristband ['rɪstbænd] манжета; обшлаг; браслет
wristlet ['rɪstlɪt] браслет; ремешок для ручных часов
writ [rɪt] судебный приказ

writable ['raɪtəbl] что-либо, на что можно перезаписывать (аудио-, видеокассета и т. п.)
write [raɪt] писать; сочинять музыку, рассказы; выражать; показывать; записывать; вводить информацию; запись
to write for a living — *быть писателем*
to write out — *переписывать; выписывать*
to write up — *подробно описывать; восхвалять в печати; назначать*
write mode ['raɪt'moud] способ записи
write-in ['raɪtɪn] запись
write-off ['raɪtɔːf] аннулирование; письменный отказ; негодное имущество (разг.); брак; обломки
write-up ['raɪtʌp] хвалебная статья; рекламирование; подробный газетный отчет; описание (события, состояния больного и т. п.)
writer ['raɪtə] писатель; автор; литератор; сочинитель; клерк; писец; служащий; нижеподписавшийся; записывающее устройство; редактор (программа)
writeset ['raɪtset] записываемый набор
writhe [raɪð] корчиться (от боли)
writing ['raɪtɪŋ] письмо; литературное произведение; документ; документация; почерк; запись; записывающий
writing-ink ['raɪtɪŋ'ɪŋk] чернила
writing-master ['raɪtɪŋˌmɑːstə] учитель чистописания
writing-materials ['raɪtɪŋməˌtɪərɪəlz] письменные принадлежности
writing-pad ['raɪtɪŋ'pæd] блокнот; бювар
writing-paper ['raɪtɪŋˌpeɪpə] почтовая бумага; писчая бумага
writing-table ['raɪtɪŋˌteɪbl] письменный стол
written notice ['rɪtn'noutɪs] письменное уведомление
written-off ['rɪtnɔːf] списанный
wrong [rɔŋ] неправда; заблуждение; неправильность; зло; вред; несправедливость; правонарушение; деликт; обида; неправильный; неправомерный; ненадлежащий; ошибочный; дурной; несправедливый; неисправный; неверно; неправильно; вредить; причинять зло или вред; обижать
wrong answer ['rɔŋ'ɑːnsə] ошибочный ответ
wrong belief ['rɔŋbɪ'liːf] заблуждение
wrong construction ['rɔŋkən'strʌkʃən] неправильное толкование
wrong-doer ['rɔŋ'duə] обидчик; оскорбитель; грешник; злоумышленник; правонарушитель; преступник
wrong-doing ['rɔŋ'du(ː)ɪŋ] грех; проступок; преступление; злодеяние; причинение ущерба; правонарушение
wrong-foot ['rɔŋ'fuːt] доставлять неприятности

wrongful ['rɔŋful] неправильный; неправомерный; несправедливый; вредный; плохой; незаконный; преступный

wrongful dismissal ['rɔŋful|dɪs'mɪsəl] неправомерное увольнение

wrongfully ['rɔŋfulɪ] незаконно; противоправно; неправомерно

wrongfulness ['rɔŋfulnɪs] неправомерность; незаконность

wrongheaded ['rɔŋ'hedɪd] заблуждающийся; упорствующий в заблуждениях

wry [raɪ] искаженный; кривой; перекошенный; неправильный; противоречивый

x [eks] мн. — Xs, X's ['eksɪz] двадцать четвертая буква английского алфавита; крест; ошибка; загадка

X-cut ['ekskʌt] вруб

X-radiation ['eks,reɪdɪ'eɪʃən] рентгеновское излучение

X-ray ['eks'reɪ] рентгеновские лучи; рентгеновский; просвечивать, исследовать рентгеновскими лучами

X-ray beam ['eks,reɪ'bi:m] пучок рентгеновских лучей

xanthous ['zænθəs] желтый

xebec ['zi:bek] шебека (тип парусного судна на Средиземном море)

xenial ['zi:nɪəl] связанный с гостеприимством, относящийся к гостеприимству

xenogamy [zɪ(:)'nɔgəmɪ] перекрестное оплодотворение

xenomania [,zenou'meɪnjə] страсть ко всему иностранному

xenophobia [,zenou'foubɪə] неприязненное отношение к иностранцам

xerocopy ['zerou'kɔpɪ] ксерокопия

Xerox ['zɪərɔks] ксерокс (аппарат для снятия ксерокопий); ксерокопия

XX ['eksɪz] двадцать долларов (амер.); обман, предательство (разг.)

xylanthrax [zaɪ'lænθræks] древесный уголь

xylograph ['zaɪləgrɑ:f] гравюра на дереве (ксилогравюра)

xylographer [zaɪ'lɔgrəfə] ксилограф; гравер по дереву

xylography [zaɪ'lɔgrəfɪ] ксилография

xylophone ['zaɪləfoun] ксилофон (муз.)

y [waɪ]; мн. — Ys; Y's [waɪz] двадцать пятая буква английского алфавита; игрек, неизвестная величина (мат.)

Y-shaped ['waɪʃeɪpt] Y-образный; вилкообразный

yacht [jɔt] яхта; плавать, ходить на яхте

yacht-club ['jɔtklʌb] яхт-клуб

yachting ['jɔtɪŋ] парусный спорт

yachtsman ['jɔtsmən] владелец яхты; яхтсмен

yachtswoman ['jɔts,wumən] яхтсменка; владелица яхты

yak [jæk] як (зоол.)

yale lock ['jeɪl|lɔk] автоматический «американский» замок

yam [jæm] ямс; батат (бот.)

yammer ['jæmə] жаловаться; ныть; говорить глупости; нести вздор

yank [jæŋk] дерганье; рывок; дергать
to yank off — вытащить; вытолкать
to yank out — вытащить; выдернуть

yap [jæp] лай; тявканье; пронзительно лаять

yapp [jæp] мягкий кожаный переплет

yard [jɑ:d] двор; парк (ж.-д.); загон; загонять (скотину на двор)

yard-bird ['jɑ:dbə:d] новобранец

yard-stick ['jɑ:dstɪk] мерка; мерило; критерий

yarn [jɑ:n] нить; пряжа; рассказ; анекдот; рассказывать байки; болтать

yashmak ['jæʃmæk] чадра

yaw [jɔ:] отклонение от направления движения; отклоняться от курса

yawn [jɔ:n] зазор; люфт; зевок; зевота; зевать; зиять; разверзаться

yean [ji:n] ягниться

yeanling ['ji:nlɪŋ] козленок; ягненок

year [jə:] год; возраст; годы

year after year ['jə:r|ɑ:ftə|'jə:] с каждым годом; каждый год; год от году

year in year out ['jə:r|ɪn|'jə:'raut] из года в год

year-class ['jə:klɑ:s] возрастная группа

year-end ['jə:'rend] конец финансового года

yearling ['jə:lɪŋ] годовалое животное; саженец; годовалый; первогодок; однолетнее растение

yearlong ['jə:lɔŋ] длящийся целый год

yearly ['jə:lɪ] годичный; годовой; ежегодный; каждый год; раз в год

yearn [jə:n] томиться; тосковать

yearning [ˈjəːnɪŋ] сильное желание; острая тоска
yeast [jiːst] дрожжи; закваска
yeasty [ˈjiːstɪ] пенистый; бродящий; дрожжевой; пустой (*о словах и т. п.*); жизнерадостный; бьющий через край; незрелый; неустоявшийся; меняющийся
yegg [jeg] взломщик; вор
yell [jel] пронзительный крик; вопить; кричать; выкрикивать
yellow [ˈjelou] желтый; желтизна; желтеть
yellow-bellied [ˈjelouˌbelɪd] трусливый
yellowback [ˈjeloubæk] дешевый бульварный роман; французский роман (*в желтой обложке*)
yellowish [ˈjelouɪʃ] желтоватый
yellowness [ˈjelounɪs] желтизна
yellowy [ˈjelouɪ] желтоватый
yelp [jelp] визг; лай; визжать; лаять
yen [jen] сильное желание; жаждать; стремиться (*сделать что-либо*)
yeoman [ˈjoumən] йомен (*ист.*); фермер средней руки; мелкий землевладелец
yes [jes] да; утверждение; согласие
yes-man [ˈjesmæn] подпевала; подхалим
yester-evening [ˈjestərˈiːvnɪŋ] вчерашний вечер; вчера вечером
yester-year [ˈjestəˈjəː] прошлый год
yesterday [ˈjestədɪ] вчера; совсем недавно; вчерашний день
yet [jet] еще; все еще; кроме того; уже (*в вопросительных предложениях*); даже; даже более; до сих пор; когда-либо; тем не менее; все же; все-таки
yew-tree [ˈjuːtriː] тис
yield [jiːld] сбор плодов; урожай; доход; доходность; производить; приносить; давать (*плоды, урожай, доход*); уступать; соглашаться (*на что-либо*); сдавать(ся); поддаваться; подаваться; пружинить
to yield to a demand — уступать требованию
to yield to none — не уступать никому (*по красоте, доброте и т. п.*)
to yield up — отказываться от; сдаваться; сдавать, уступая силе
to yield up the ghost — отдать богу душу; умереть
yielder [ˈjiːldə] нечто приносящее доход, урожай
yielding [ˈjiːldɪŋ] неконфликтующий; податливый; покладистый; пружинистый; упругий; неустойчивый; оседающий
yoghourt (yog(h)urt) [ˈjougəːt] йогурт
yoke [jouk] ярмо; пара запряженных волов; иго; рабство; хомут; впрягать в ярмо; соединять; сочетать
yokefellow [ˈjoukˌfelou] товарищ (*по работе*); супруг(а)
yokel [ˈjouk(ə)l] деревенщина; неотесанный парень

yolk [jouk] желток; середина
yonks [jɔnks] длительное время
you [juː] — *полная форма*; [ju, jə] — *редуцированные формы* вы; ты
young [jʌŋ] молодой; юный; юношеский; недавний; новейший; новый; последний; незрелый; неискушенный; неопытный; молодежь; молодняк; детеныш
youngish [ˈjʌŋɪʃ] моложавый
youngling [ˈjʌŋlɪŋ] ребенок; детеныш; птенец; неопытный человек
youngster [ˈjʌŋstə] мальчик; юноша; юнец; курсант
your [jɔː] — *полная форма*; [ju, jə] — *редуцированные формы* ваш; твой
Your Holiness [ˈjɔːˈhoulɪnɪs] Ваше Святейшество (*обращение к Папе Римскому*)
Your Honour [ˈjɔːˈrɔnə] ваша честь
Your Ladyship [ˈjɔːˈleɪdɪʃɪp] ваша милость
Your Mightiness [ˈjɔːˈmaɪtɪnɪs] ваше высочество; ваша светлость (*титул*)
yours [jɔːz] ваш; твой
yours sincerely [ˈjɔːzsɪnˈsɪəlɪ] с искренним уважением (*в письме*)
yours to command [ˈjɔːztəkəˈmaːnd] к вашим услугам
yourself [jɔːˈself] себя; себе; сам; сами
youth [juːθ] юность; молодость; юноша; молодежь; молодежный
youth hostel [ˈjuːθˈhɔstl] молодежная турбаза (*гостиница*)
youthful [ˈjuːθful] молодой; юный; юношеский; новый; недавний; новейший; ранний
yowl [jaul] вой; выть
yule [juːl] святки
yummy [ˈjʌmɪ] вкусный (*разг.*); ласкающий глаз; заманчивый; привлекательный; притягательный

Z

z [zed]; мн. — Zs; Z's [zedz] последняя, двадцать шестая буква английского алфавита
zander [ˈzændə] судак
zany [ˈzeɪnɪ] шут; сумасброд; фигляр
zap [zæp] жизненная сила; столкновение; конфронтация; застрелить; нанести поражение; приставать
zariba [zəˈriːbə] колючая изгородь (*араб.*); палисад

zeal [ziːl] рвение; старание; усердие
zealot ['zelət] фанатический приверженец; фанатик
zealotry ['zelətrɪ] фанатизм
zealous ['zeləs] рьяный; усердный; жаждущий
zebra ['ziːbrə] зебра *(зоол.)*
zebra-crossing ['ziːbrə'krɔsɪŋ] пешеходный переход *(«зебра»)*
zed [zed] название буквы Z
zenith ['zenɪθ] верх; зенит; кульминация
zephyr ['zefə] зефир; ласкающий ветерок; зефир *(ткань)*; накидка; легкая шаль
zero ['zɪərou] ничто; нуль; нулевая точка; первая основная точка температурной шкалы; нулевой; исходный
to zero in — пристреливаться; нацеливаться; наводить на цель; вести огонь *(по чему-либо, кому-либо)*; сосредотачиваться; концентрироваться
zero adjusting screw ['zɪərou ə'dʒʌstɪŋ 'skruː] регулировочный винт
zero position ['zɪərou pə'zɪʃən] исходная позиция
zero visibility ['zɪərou ˌvɪzɪ'bɪlɪtɪ] плохая видимость; нулевая видимость
zero-gravity ['zɪərou'grævɪtɪ] невесомость
zero-mark ['zɪərou'mɑːk] нулевая отметка
zero-rated ['zɪərou reɪtɪd] нулевой налог на добавленную стоимость
zest [zest] пикантность; «изюминка»; интерес *(разг.)*; жар; живость *(разг.)*; энергия; склонность; стремление; придавать пикантность *(разг.)*; придавать интерес
ziggurat ['zɪɡəræt] зиккурат *(храмовая башня)*
zigzag ['zɪɡzæɡ] зигзаг; зигзагообразный; зигзагообразно; делать зигзаги
zinc [zɪŋk] цинк; цинковый
zinc-galvanized steel ['zɪŋk ˌɡælvənaɪzd 'stiːl] оцинкованная сталь
zinciferous [zɪŋ'kɪfərəs] содержащий цинк
zinco ['zɪŋkou] цинковое клише
zing [zɪŋ] высокий резкий звук; производить высокий резкий звук
Zionism ['zaɪənɪzm] сионизм
zip [zɪp] свист пули; треск разрываемой ткани; темперамент; энергия; застегивать*(ся)* на молнию; быть энергичным, полным энергии; пролететь; промелькнуть; пронестись
zip-a-tone ['zɪpətoun] растровый фон на самоклеющейся пленке
zipper ['zɪpə] застежка-молния; ботинки или сапоги на молнии
zippy ['zɪpɪ] живой; энергичный; яркий
zither ['zɪθə] цитра
zodiac ['zoudɪæk] зодиак
zodiacal [zou'daɪək(ə)l] зодиакальный
zoetic жизненный
zoic ['zouɪk] животный
zombie ['zɔmbɪ] зомби; оживший мертвец
zonal ['zounl] зональный
zone [zoun] зона; пояс; полоса; район; регион; зональный; поясной; районный; региональный; окружать; опоясывать; охватывать; разделять на зоны
zoning ['zounɪŋ] районирование
zonk [zɔŋk] ошеломить
to zonk out — одурманить *(наркотиком)*; напиться
zoo [zuː] зоопарк
zoological [ˌzo(u)ə'lɔdʒɪk(ə)l] зоологический
zoologist [zo(u)'ɔlədʒɪst] зоолог
zoology [zo(u)'ɔlədʒɪ] зоология
zucchini [zuː'kiːnɪ] цуккини *(кабачок) (амер.)*
zygomatic bone [ˌzaɪɡə'mætɪk 'boun] скуловая кость
zymosis [zaɪ'mousɪs] брожение; заразная болезнь
zymotic [zaɪ'mɔtɪk] бродильный; заразный

Таблица неправильных глаголов

I форма	II форма	III форма	Значение
be [biː]	was [wɔz] were [wəː]	been [biːn]	быть
become [bɪˈkʌm]	became [bɪˈkeɪm]	become [bɪˈkʌm]	сделаться, стать
begin [bɪˈgɪn]	began [bɪˈgæn]	begun [bɪˈgʌn]	начинать (-ся)
bite [baɪt]	bit [bɪt]	bit [bɪt]	кусать (ся)
blow [blou]	blew [bluː]	blown [bloun]	дуть
break [breɪk]	broke [brouk]	broken [broukn]	ломать (ся)
bring [brɪŋ]	brought [brɔːt]	brought [brɔːt]	приносить
build [bɪld]	built [bɪlt]	built [bɪlt]	строить
burn [bəːn]	burnt [bəːnt]	burnt [bəːnt]	гореть, жечь
buy [baɪ]	bought [bɔːt]	bought [bɔːt]	покупать
catch [kætʃ]	caught [kɔːt]	caught [kɔːt]	ловить, схватывать
choose [tʃuːz]	chose [tʃouz]	chosen [tʃouzn]	выбирать
cost [kɔst]	cost [kɔst]	cost [kɔst]	стоить
come [kʌm]	came [keɪm]	come [kʌm]	приходить
cut [kʌt]	cut [kʌt]	cut [kʌt]	резать
do [duː]	did [dɪd]	done [dʌn]	делать
draw [drɔː]	drew [druː]	drawn [drɔːn]	рисовать
dream [driːm]	dreamt [dremt]	dreamt [dremt]	мечтать
drink [drɪŋk]	drank [dræŋk]	drunk [drʌŋk]	пить
drive [draɪv]	drove [drouv]	driven [drɪvn]	вести
eat [iːt]	ate [et]	eaten [iːtn]	есть
fall [fɔːl]	fell [fel]	fallen [fɔːln]	падать
feed [fiːd]	fed [fed]	fed [fed]	кормить
feel [fiːl]	felt [felt]	felt [felt]	чувствовать

I форма	II форма	III форма	Значение
fight [faɪt]	fought [fɔːt]	fought [fɔːt]	бороться, сражаться
find [faɪnd]	found [faund]	found [faund]	находить
fly [flaɪ]	flew [fluː]	flown [floun]	летать
forget [fəˈget]	forgot [fəˈgɔt]	forgotten [fəˈgɔtn]	забывать
get [get]	got [gɔt]	got [gɔt]	получить, делаться, становиться
give [gɪv]	gave [geɪv]	given [gɪvn]	давать
go [gou]	went [went]	gone [gɔn]	идти, ходить
grow [grou]	grew [gruː]	grown [groun]	расти, становиться
hang [hæŋ]	hung [hʌŋ]	hung [hʌŋ]	вешать, висеть
have [hæv]	had [hæd]	had [hæd]	иметь
hear [hɪə]	heard [həːd]	heard [həːd]	слышать
hide [haɪd]	hid [hɪd]	hidden [hɪdn]	спрятать
hold [hould]	held [held]	held [held]	держать
keep [kiːp]	kept [kept]	kept [kept]	держать, хранить
know [nou]	knew [njuː]	known [noun]	знать
lead [liːd]	led [led]	led [led]	вести
learn [ləːn]	learnt [ləːnt]	learnt [ləːnt]	учить (ся)
leave [liːv]	left [left]	left [left]	оставлять, покидать
let [let]	let [let]	let [let]	позволять
lose [luːz]	lost [lɔst]	lost [lɔst]	терять
make [meɪk]	made [meɪd]	made [meɪd]	делать
mean [miːn]	meant [ment]	meant [ment]	значить
meet [miːt]	met [met]	met [met]	встречать
put [put]	put [put]	put [put]	класть
read [riːd]	read [red]	read [red]	читать
ride [raɪd]	rode [roud]	ridden [rɪdn]	ездить верхом
rise [raɪz]	rose [rouz]	risen [rɪzn]	подниматься

I форма	II форма	III форма	Значение
run [rʌn]	ran [ræn]	run [rʌn]	бежать
say [seı]	said [sed]	said [sed]	сказать
see [si:]	saw [sɔ:]	seen [si:n]	видеть
sell [sel]	sold [sould]	sold [sould]	продавать
send [send]	sent [sent]	sent [sent]	посылать
set [set]	set [set]	set [set]	заходить (о солнце)
shake [ʃeık]	shook [ʃuk]	shaken [ʃeıkn]	трясти
shine [ʃaın]	shone [ʃɔn]	shone [ʃɔn]	сиять, блестеть
shoot [ʃu:t]	shot [ʃɔt]	shot [ʃɔt]	стрелять
shut [ʃʌt]	shut [ʃʌt]	shut [ʃʌt]	закрывать
sing [sıŋ]	sang [sæŋ]	sung [sʌŋ]	петь
sit [sıt]	sat [sæt]	sat [sæt]	сидеть
sleep [sli:p]	slept [slept]	slept [slept]	спать
speak [spi:k]	spoke [spouk]	spoken [spoukn]	говорить
spend [spend]	spent [spent]	spent [spent]	тратить
stand [stænd]	stood [stud]	stood [stud]	стоять
swim [swım]	swam [swæm]	swum [swʌm]	плавать
take [teık]	took [tuk]	taken [teıkn]	брать
teach [ti:tʃ]	taught [tɔ:t]	taught [tɔ:t]	обучать
tell [tel]	told [tould]	told [tould]	сказать
think [θıŋk]	thought [θɔ:t]	thought [θɔ:t]	думать
throw [θrou]	threw [θru:]	thrown [θroun]	бросать
understand [ʌndə'stænd]	understood [ʌndə'stud]	understood [ʌndə'stud]	понимать
wear [wɛə]	wore [wɔ:]	worn [wɔ:n]	носить
win [wın]	won [wʌn]	won [wʌn]	выигрывать
write [raıt]	wrote [rout]	written [rıtn]	писать

Материки и части света

Africa [ˈæfrikə] Африка
America [əˈmerikə] Америка
Antarctica [æntˈɑːktikə] Антарктида
Australia [ɔːsˈtreiljə] Австралия
Eurasia [juəˈreiʒə] Евразия

Государства

Afghanistan [æfˌgæniˈstæn] Афганистан
Albania [ælˈbeinjə] Албания
Algeria [ælˈdʒiəriə] Алжир
Andorra [ænˈdɔːrə] Андорра
Antigua and Barbuda [ænˈtiːgə|ən|baːˈbuːdə] Антигуа и Барбуда
Argentina [ˌɑːdʒənˈtiːnə] Аргентина
Armenia [ɑːˈmiːnjə] Армения
Australia [ɔːsˈtreiljə] Австралия
Austria [ˈɔːstriə] Австрия
Azerbaijan [ɑːˌzəbaiˈdʒɑːn] Азербайджан
Abkhazia [æbˈkeiʒiə] Абхазия
Angola [ænˈgoulə] Ангола
Bahamas, the [bəˈhɑːməz] Багамы
Bahrain [bəˈrein] Бахрейн
Bangladesh [ˈbæŋgləˈdeʃ] Бангладеш
Barbados [bɑːˈbeidouz] Барбадос
Bashkiria [bʌʃˈkiːriə] Башкирия
Belgium [ˈbeldʒəm] Бельгия
Benin [beˈnˈin] Бенин
Bolivia [bəˈliviə] Боливия
Bosnia and Herzegovina [ˈbɔzniə|ænd|həːtsəgəˈviːnə] Босния и Герцеговина
Botswana [bɔtsˈwɑːnɑː] Ботсвана
Brazil [brəˈzil] Бразилия
Bulgaria [bʌlˈgeəriə] Болгария
Burkina Faso [buəˈkiːnəˈfɑːsɔː] Буркина-Фасо
Burundi [buːˈruːndi] Бурунди
Buryatia [buərˈjɑːtiə] Бурятия
Byelorussia [ˈbjeləˈrʌʃə] Белоруссия
Cambodia [kæmˈboudiə] Камбоджа
Cameroon [ˌkæməˈruːn] Камерун
Canada [ˈkænədə] Канада
Cape Verde Islands [ˈkeip|ˈvəːd|ˈailəndz] Кабо-Верде
Central African Republic [ˈsentrəl|ˈæfrikən|riˈpʌblik] Центральноафриканская Республика
Chad [tʃæd] Чад
Chili [ˈtʃili] Чили
China [ˈtʃainə] Китай
Chuvashia [tʃuˈvɑːʃiə] Чувашия
Colombia [kəˈlʌmbiə] Колумбия
Comoros [ˈkɔmourouz] Коморские острова
Congo [ˈkɔŋgou] Конго
Costa Rica [ˈkɔstəˈriːkə] Коста-Рика
Cote d'Ivoire [ˌkɔt|divˈwɑː] Кот-д'Ивуар
Croatia [krouˈeiʃiə] Хорватия
Cuba [ˈkjuːbə] Куба
Cyprus [ˈsaiprəs] Кипр
Czechia [ˈtʃekiə] Чехия
Czechoslovakia [ˈtʃekousləˈvɑːkiə] Чехословакия
Dagestan [ˌdægəsˈtæn] Дагестан
Denmark [ˈdenmɑːk] Дания
Djibouti [dʒiˈbuːti] Джибути
Dominica [ˌdɔmiˈniːkə] Доминика
Dominican Republic [douˈminikən|riˈpʌblik] Доминиканская республика
Ecuador [ˈekwədɔː] Эквадор
Egypt [ˈiːdʒipt] Египет
El Salvador [elˈsælvədɔː] Сальвадор
Equatorial Guinea [ˌekwəˈtɔːriəlˈgini] Экваториальная Гвинея
Estonia [esˈtouniə] Эстония
Ethiopia [ˌiːθiˈoupiə] Эфиопия
Fiji [ˈfiːdʒi] Фиджи
Finland [ˈfinlənd] Финляндия
France [frɑːns] Франция
Gabon [gɑːˈbɔn] Габонская Республика
Gambia [ˈgæmbiə] Гамбия
Georgia [ˈdʒɔːdʒə] Грузия
Germany [ˈdʒəːməni] Германия
Ghana [ˈgɑːnə] Гана
Grand Bahama [ˈgrænd|bəˈhɑːmə] Багамские острова
Great Britain [ˈgreit|ˈbritn] Великобритания
Greece [griːs] Греция
Grenada [grəˈneidə] Гренада
Guatemala [ˈgwɑːtiːmɑːlə] Гватемала
Guinea [ˈgini] Гвинея
Guinea-Bissau [ˈginibiˈsau] Гвинея-Бисау
Guyana [gaiˈɑːnə] Гайана
Haiti [ˈheiti] Гаити
Honduras [hɔnˈdjuərəs] Гондурас
Hungary [ˈhʌŋgəri] Венгрия
Iceland [ˈaislənd] Исландия
India [ˈindjə] Индия
Indonesia [ˌindouˈniːzjə] Индонезия
Iran [iˈrɑːn] Иран
Iraq [iˈrɑːk] Ирак
Ireland [ˈaiələnd] Ирландия
Israel [ˈizreiəl] Израиль
Italy [ˈitəli] Италия

Jamaica [ʤəˈmeikə] Ямайка
Japan [ʤəˈpæn] Япония
Jordan [ˈʤɔːdən] Иордания
Kabardino-Balkaria [kæbəˈdiːnoubælkeəriə] Кабардино-Балкария
Kalmykia [kælˈmikiə] Калмыкия
Kara-Kalpak [ˌkaːraːkaːlˈpaːk] Каракалпакия
Karelia [kəˈriːliə] Карелия
Kazakhstan [ˌkaːzaːhˈstaːn] Казахстан
Kenya [ˈkiːnjə] Кения
Kirghizia [kəːˈgiːziə] Киргизия
Korea [kəˈriə] Корея
Kuwait [kuˈwait] Кувейт
Laos [ˈlauz] Лаос
Latvia [ˈlætviə] Латвия
Lebanon [ˈlebənən] Ливан
Lesotho [leˈsɔtə] Лесото
Liberia [laiˈbiəriə] Либерия
Libya [ˈlibiə] Ливия
Liechtenstein [ˈlihtənʃtain] Лихтенштейн
Lithuania [ˌliθjuːˈeinjə] Литва
Luxemburg [ˈlʌksəmbəːg] Люксембург
Macedonia [ˌmæsiˈdouniə] Македония
Madagascar [ˌmædəˈgæskə] Мадагаскар
Malawi [məˈlaːwi] Мала́ви
Malaysia [məˈləiʒə] Малайзия
Maldives [ˈmældaivz] Мальдивы
Mali [ˈmaːli] Мали
Malta [ˈmɔːltə] Мальта
Mauritania [ˌmɔːriˈteiniə] Мавритания
Mauritius [mɔːˈriʃəs] Маврикий
Mexico [ˈmeksikou] Мексика
Moldova [mɔːlˈdɔːvaː] Молдова
Monaco [ˈmɔnəkou] Монако
Mongolia [ˈmɔŋgouljə] Монголия
Montenegro [mɔntiˈniːgrou] Черногория
Mordovia [ˈmɔːdouviə] Мордовия
Morocco [mouˈrɔkou] Марокко
Mozambique [ˌmouzəmˈbiːk] Мозамбик
Myanma [ˈmjaːnma] Мьянма
Namibia [næˈmibjə] Намибия
Nepal [niˈpɔːl] Непал
Netherlands [ˈneðələndz] Нидерланды
New Zeland [ˈnjuːˈziːlənd] Новая Зеландия
Nicaragua [ˌnikərəˈgwa] Никарагуа
Nigeria [naiˈʤiəriə] Нигерия
Norway [ˈnɔːwei] Норвегия
Pakistan [ˌpaːkisˈtaːn] Пакистан
Panama [ˈpænəmaː] Панама
Papua New Guinea [ˈpæpjuəˈnjuːˈgini] Па́пуа-Новая Гвинея
Paraguay [ˈpærəgwai] Парагвай
Peru [pəru] Перу
Poland [ˈpoulənd] Польша

Portugal [ˈpɔrtugəl] Португалия
Qatar [kæˈtaː] Катар
Republic of South Africa [riˈpʌblikǀəvǀsauθˈæfrikə] Южно-Африканская Республика
Romania [rəˈmeiniə] Румыния
Rwanda [ruˈændə] Руанда
Saint Lucia [seintˈljuːʃə] Сент-Люсия
Saint Vincent and the Grenadines [seintˈvinsntǀəndǀgrenəˈdiːnz] Сент-Ви́нсент и Гренадины
San Marino [ˌsaːnǀmaːˈriːnə] Сан-Марино
Sao Tome e Principe [ˌsauŋǀtuːˈmeǀəiǀˈpriːŋsipi] Сан-Томе и Принсипи
Saudi Arabia [saːˈuːdiǀəˈreibiə] Саудовская Аравия
Senegal [ˌseniˈgɔːl] Сенегал
Seychelles [seiˈʃelz] Сейшельские острова
Sierra Leone [siˈerəˈliˈoun] Сьерра-Леоне
Singopore [ˌsiŋgəˈpɔː] Сингапур
Solomon Islands [ˈsɔləmənǀˈailəndz] Соломоновы острова
Somalia [səˈmaːliə] Сомали
Spain [ˈspein] Испания
Srilanka [ˈsriˈlæŋkə] Шри-Ла́нка
Sudan [suːdæn] Судан
Surinam [ˈsuərinæm] Суринам
Swaziland [ˈswaːziˌlænd] Свазиленд
Sweden [ˈswiːdn] Швеция
Switzerland [ˈswitsələnd] Швейцария
Syria [ˈsiriə] Сирия
Tanzania [ˌtænˈzaːnjə] Танзания
Thailand [ˈtailænd] Таиланд
Togo [ˈtougou] Того
Tonga [ˈtɔŋgə] Тонга
Trinidad and Tobago [ˈtrinidædǀəndǀtəˈbeigou] Тринидад и Тобаго
Tunisia [tjuːˈniʒiə] Тунис
Turkey [ˈtəːki] Турция
Tuvalu [tuˈvaːlu] Тува́лу
Uganda [juːˈgændə] Уганда
United Arab Emirates [juːˈnaitidǀˈærəbǀəˈmiərits] Объединенные Арабские Эмираты
United States of America [juːˈnaitidǀˈsteitsǀəvǀəˈmerikə] Соединенные Штаты Америки
Uruguay [ˈjuərəgwai] Уругвай
Vanuatu [vaːnuːˈaːtuː] Вануату
Venezuela [ˈvenəzwiːlə] Венесуэла
Vietnam [ˈvjetˈnæm] Вьетнам
Western Samoa [ˈwestənǀsəˈmouə] Западное Само́а
Jemen [ˈjemən] Йемен
Jugoslavia [juːgəˈslaːviə] Югославия
Zaire [zəˈiːrə] Заир
Zambia [ˈzæmbiə] Замбия
Zimbabwe [zimˈbaːbwi] Зимбабве

Города

Abakan [ʌbʌˈkaːn] Абакан (Хакасия)
Abu Dhabi [ˌaːbuːˈdaːbi] Абу́-Да́би (Абу-Даби)
Accra [əˈkraː] Аккра (Гана)
Addis Ababa [ˈædisˈæbəbə] Аддис-Абеба (Эфиопия)
Algiers [ælˈdʒiəz] Алжир (Алжир)
Al Kuwait [ælkuˈweit] Эль-Кувейт (Кувейт)
Alma-Ata [ˌaːlmaːˈaːtaː] Алма-Ата (Казахстан)
Ankara [ˈæŋkərə] Анкара (Турция)
Antananarivo [ˈæntəˌnænəˈriːvəu] Антананариву (Мадагаскар)
Apia [aˈpiːaː] Апиа (западное Самоа)
Asuncion [ˌaːsuːnˈsjɔːn] Асунсьо́н (Парагвай)
Ashkhabad [ˌaːʃhaːˈbaːd] Ашхабад (Туркмения)
Amman [ˈæmˈmæn] Амман (Иордания)
Amsterdam [ˈæmstədæm] Амстердам (Нидерланды)
Andorra La Vella [aːnˈdɔːrəlaːˈveljaː] Андорра-ла-Велья (Андорра)
Athens [ˈæθɔnz] Афины (Греция)
Baku [bʌˈkuː] Баку (Азербайджан)
Bandar Seri Begawan [ˈbaːndaːˈseriːbəˈgaːwən] Бандар-Сери-Бегаван (Бруней)
Bangkok [bæŋˈkɔk] Бангкок (Таиланд)
Batumi [baːˈtumi] Батуми (Аджария)
Beuirut [beiˈruːt] Бейрут (Ливан)
Belgrade [ˈbelgreid] Белград (Сербия)
Berlin [bəːˈlin] Берлин (ФРГ)
Bern [bəːn] Берн (Швейцария)
Bishkek [biʃˈkek] Бишкек (Киргизия)
Bratislava [ˈbraːtjiːslaːvaː] Братислава (Словакия)
Brazzaville [ˈbræzəvil] Браззавиль (Конго)
Bridgetown [ˈbridʒtaun] Бриджтаун (Барбадос)
Buenos Aires [ˈbweinəsˈɛəriz] Буэнос-Айрес (Аргентина)
Bujumbura [ˈbuːdʒəmˈbuərə] Бужумбу́ра (Бурунди)
Cairo [ˈkaiərəu] Каир (Египет)
Caracas [kəˈrækɔs] Каракас (Венесуэла)
Cheboksary [tʃibʌˈksaːri] Чебоксары (Чувашия)
Colombo [kəuˈlʌmbəu] Коломбо (Шри-Ланка)
Conakry [ˈkɔnəkri] Ко́накри (Гвинея)
Copenhagen [ˌkəupənˈheigən] Копенгаген (Дания)
Dakar [daːˈkaː] Дакар (Сенегал)
Daressalam [ˈdaːressəˈlaːm] Дар-эс-Салам (Танзания)
Deihi [ˈdeli] Дели (Индия)
Djakarta [dʒəˈkaːtə] Джакарта (Индонезия)
Djibouti [dʒiˈbuːti] Джибути (Джибути)
Dushanbe [djuːˈʃæmbə] Душанбе (Таджикистан)
Elista [iˈliːstə] Элиста (Калмыкия)
Gaborone [ˈgæbərɔn] Габороне (Ботсвана)
Georgetown [ˈdʒɔːdʒtaun] Джорджтаун (Гайана)

Hanoi [haːˈnɔi] Ханой (Вьетнам)
Harare [ˈhaːrərə] Хараре (Зимбабве)
Havana [həvænə] Гавана (Куба)
Helsinki [ˈhelsiŋki] Хельсинки (Финляндия)
Honiara [ˌhəuniˈaːrə] Хониара (Соломоновы острова)
Islamabad [isˈlaːməˌbaːd] Исламабад (Пакистан)
Madrid [məˈdrid] Мадрид (Испания)
Makhachkala [ˌmaːhaːtʃkaːˈlaː] Махачкала (Дагестан)
Malabo [məˈlaːbəu]) Мала́бо (Экваториальная Гвинея)
Male [ˈmaːlei] Ма́ле (Мальдивы)
Managua [mənaːgwə] Манагуа (Никарагуа)
Manama [mæˈnæmə] Манама (Бахрейн)
Manila [məˈnilə] Манила (Филиппины)
Maputo [məˈpuːtəu] Мапуту (Мозамбик)
Mbabane [ˌmbaːbaːn] Мбаба́не (Свазиленд)
Mexico [ˈmeksikəu] Мехико (Мексика)
Minsk [minsk] Минск (Белоруссия)
Monrovia [mənˈrəuviə] Монровия (Либерия)
Montevideo [ˌmɔntiviˈdeiəu] Монтевидео (Уругвай)
Moroni [ˌmɔrɔˈniː] Морони (Коморские острова)
Moscow [ˈmɔskəu] Москва (Россия)
Nairobi [naiˈrəubi] Найроби (Кения)
Nalchik [naːljtʃik] Нальчик (Кабардино-Балкария)
Nassau [ˈnæsɔː] Нассау (Багамские острова)
N'Djamena [ndʒaːˈmenə] Нджамена (Чад)
Nicosia [ˌnikəˈsiːə] Никосия (Кипр)
Nouakchott [ˈnwaːkˈʃɔːt] Нуакшо́т (Мавритания)
Nukualofa [ˌnuːkuəˈlɔfə] Нукуало́фа (Тонга)
Oslo [ˈslɔu] Осло (Норвегия)
Ottawa [ˈɔtəwə] Оттава (Канада)
Ouagadougou [ˌwaːgəˈduːguː] Уагаду́гу (Буркина-Фасо)
Kabul [kəˈbuːl] Кабул (Афганистан)
Kampala [kaːmpaːˈlaː] Кампа́ла (Уганда)
Katmandu [kaːtmaːnˈduː] Катманду (Непал)
Kazan [kʌˈzaːnj] Казань (Татария)
Khartum [kaːˈtuːm] Хартум (Судан)
Kiev [ˈkiːjəf] Киев (Украина)
Kigali [kiˈgaːli] Кигали (Руанда)
Kingston [ˈkiŋstən] Кингстон (Ямайка)
Kishinev [ˈkiʃinjɔːʃ] Кишинев (Молдова)
Kuala Lumpur [ˈkwaːləˈlumpuə] Куа́ла-Лу́мпур (Малайзия)
Lagos [ˈlgəs] Ла́гос (Нигерия)
La Paz [laːˈpaːs] Ла-Пас (Боливия)
Libreville [ˌliːbrəˈviːl] Либревиль (Габон)
Lima [ˈliːmə] Лима (Перу)
Lisbon [ˈlizbən] Лиссабон (Португалия)

Ljubljana [ˈljuːbljaːnaː] Любляна (Словения)
Lome [ˌlɔːmei] Ломе́ (Того)
London [ˈlʌndən] Лондон (Великобритания)
Luanda [luːˈændə] Луанда (Ангола)
Panama [ˈpænəmaː] Панама (Панама)
Paramaribo [ˌpærəˈmæribəu] Парамарибо (Суринам)
Paris [ˈpæris] Париж (Франция)
Peking [ˈpiːkiŋ] Пекин (Китай)
Petrozavodsk [ˌpjitrəzvɔːtsk] Петрозаводск (Карелия)
Pnom-Penh [ˌpnɔːmˈpen] Пномпень (Камбоджа)
Port-au-Prince [ˌpɔːtəuˈprins] Порт-о-Пренс (Гаити)
Port Louis [ˈpɔːtˈluːis] Порт-Луи (Маврикий)
Port Moresby [ˈpɔːtˈmɔuzbi] Порт-Мо́рсби (Папуа-Новая Гвинея)
Port of Spain [ˈpɔːtəvˈspein] Порт-оф-Спейн (Тринидад и Тобаго)
Porto Novo [ˈpɔːtəˈnəuvəu] Порто-Ново (Бенин)
Port Vila [ˈpɔitˈviːlə] Порт-Вила (Вануату)
Prague [ˈpraːg] Прага (Чехия)
Praia [ˈpraiə] Прая (Кабо-Верде)
Pyongyang [pjəˈnjaːn] Пхеньян (КНДР)
Quito [ˈkiːtə] Кито (Эквадор)
Rabat [rəˈbaːt] Рабат (Марокко)
Reykjavik [ˈreikjaːvik] Рейкьявик (Исландия)
Riga [ˈriːgə] Рига (Латвия)
Riyadh [riˈjaːd] Эр-Рияд (Саудовская Аравия)
Rome [ˈrəum] Рим (Италия)
Roseau [rɔˈzou] Розо́ (Доминика)
Saint George's [seintˈdʒɔːdʒiz] Сент-Джорджес (Гренада)
Saint John's [seintˈdʒɔːnz] Сент-Джонс (Антигуа и Барбуда)
Sanaa [sɔnˈæ] Сана́ (Йемен)
San Jsoe [ˌsænhəˈzei] Сан-Хосе (Коста-Рика)
San Marino [ˌsaːnˌmaːˈriːnə] Сан-Марино (Сан-Марино)
San Salvador [ˌsænˈsælvədəː] Сан-Сальвадор (Сальвадор)
Santiago [ˌsæntiˈaːgəu] Сантьяго (Чили)
Santo-Domingo [ˌsæntæ dəˈmiŋgəu] Санто-Доминго (Доминиканская республика)
Sao Tome [ˌsaunˌtuːˈmeə] Сан-Томе (Сан-Томе и Принсипи)
Sarajevo [ˈsaːraːjevə] Сараево (Босния и Герцеговина)
Seoul [ˈsəul] Сеул (Корея)
Singapore [ˌsiŋgəˈpəː] Сингапур (Сингапур)
Skopje [ˈskəupje] Скопье (Македония)
Sofia [ˈsəufiə] София (Болгария)
Stockholm [ˈstɔkhəum] Стокгольм (Швеция)
Suva [ˈsuːvə] Сува (Фиджи)
Tegucigalpa [təˌguːsiˈgælpə] Тегусигальпа (Гондурас)
Teheran [ˌtehəˈraːn] Тегеран (Иран)
Tirana [tiˈraːnaː] Тирана (Албания)
Titograd [ˈtiːtəgraːd] Титоград (Черногория)
Tokyo [ˈtəukiəu] Токио (Япония)
Tripoli [ˈtripəli] Триполи (Ливия)
Tunis [ˈtjuːnis] Тунис (Тунис)
Ulan Bator [ˈuːlaːnˈbaːtɔː] Улан-Батор (Монголия)
Valletta [vɔˈletə] Валлета (Мальта)
Victoria [vikˈtɔːriə] Виктория (Сейшельские острова)
Vienna [viˈenə] Вена (Австрия)
Vientiane [ˌvjænˈtjaːn] Вьентьян (Лаос)
Vilnuis [ˈvilniəs] Вильнюс (Литва)
Warsaw [ˈwɔːsɔː] Варшава (Польша)
Jamoussoukro [ˈjaːmuːˈsuːkrə] Ямусукро (Кот д'Ивуар)
Jaounde [jaːˌuːnˈdei] Яунде (Камерун)
Zagreb [ˈzaːgreb] Загреб (Хорватия)

Моря и океаны

Adiatic Sea [ˌeidriˈætikˈsiː] Адриатическое море
Aegean Sea [iːˈdʒiːənˈsiː] Эгейское море
Andaman Sea [ˈændəmənˈsiː] Андаманское море
Arabian Sea [əˈreibjənˈsiː] Аравийское море
Arafura Sea [ˌaːraːfuːraːˈsiː] Арафурское море
Aral Sea [ʌraːlˈsiː] Аральское море
Arctic Ocean [ˈaːktikˈouʃən] Северный Ледовитый океан
Atlantic Ocean [ətˈlæntikˈouʃən] Атлантический океан
Azov, Sea of [ˈsiːˌəvˌʌˈzɔːf] Азовское море
Baltic Sea [ˈbɔːltikˈsiː] Балтийское море
Barents Sea [ˈbærəntsˈsiː] Баренцево море
Beaufort Sea [ˈboufətˈsiː] море Бо́форта
Bellingshausen Sea [ˈbeliŋzˌhauznˈsiː] море Беллинсгаузена
Bering Sea [ˈberiŋˈsiː] Берингово море
Black Sea [ˌblækˈsiː] Черное море
Beloye Ozero [ˈbjeləjəˈɔːzjirə] Белое озеро
Caribian Sea [ˌkæribiːənˈsiː] Карибское море
Caspian Sea [ˈkæspiənˈsiː] Каспийское море
Chukchi Sea [ˈtʃuktʃiˈsiː] Чукотское море
Coral Sea [ˈkɔrəlˈsiː] Коралловое море
Dead Sea [ˈdedˈsiː] Мертвое море
East China Sea [ˈiːstˈtʃainəˈsiː] Восточно-Китайское море
East Siberian Sea [ˈiːstˌsaiˈbiəriənˈsiː] Восточно-Сибирское море

Greenland Sea [ˈgriːnlənd ˈsiː] Гренландское море
Indian Ocean [ˈindjən ˈouʃən] Индийский океан
Ionian Sea [aiˈounjən ˈsiː] Ионическое море
Irish Sea [ˈaiəriʃ ˈsiː] Ирландское море
Marmara, Sea of [ˈsiː əv ˈmaːmərə] Мраморное море
Mediterranean Sea [ˌmeditəˈreinjən ˈsiː] Средиземное море
North Sea [ˈnɔːθ ˈsiː] Северное море
Norwegian Sea [ˈnɔːˈwiːdʒn ˈsiː] Норвежское море
Okhotsk, Sea of [ˈsiː əv ɔˈhɔːtsk] Охотское море
Pacific Ocean [pəˈsifik ˈouʃən] Тихий океан
Red Sea [ˈred ˈsiː] Красное море
Sargasso Sea [ˈsaːˈgæsou ˈsiː] Саргассово море
Tasman Sea [ˈtæzmən ˈsiː] Тасманово море
japan, Sea of [ˈsiː əv dʒəˈpæn] Японское море
Kara Sea [ˈkaːrə ˈsiː] Карское море
Lapev Sea [ˈlaːptjəf ˈsiː] море Лаптевых
White Sea [ˈwait ˈsiː] Белое море
Yellow Sea [ˈjelou ˈsiː] Желтое море

Заливы и проливы

Abukir [ˌæbuːˈkiə] залив Абукир
Alaska, Gulf of [ˈgʌlf əv əˈlæskə] залив Аляска
Amundsen Gulf [ˈaːmunsən ˈgʌlf] залив Амундсена
Amur Bay [aːˈmuə ˈbei] Амурский залив
Anegada Passage [ˌænəˈgaːdə ˈpæsidʒ] пролив Анегада
Apalachee Bay [ˌæpəˈlætʃiː ˈbei] залив Апалачи
Aden, Gulf of [ˈgʌlf əv ˈaːdn] Аденский залив
Aqaba, Gulf of [ˈgʌlf əv ˈækəbə] залив Акаба
Barrow Straight [ˈbærou ˈstreit] пролив Барроу
Bashi Channel [ˈbaːʃi ˈtʃænl] пролив Баши
Bengal, Bay of [ˈbei əv benˈgɔːl] Бенгальский залив
Bering Straight [ˈberiŋ ˈstreit] Берингов пролив
Biscay, Bay of [ˈbei əv ˈbiskei] Бискайский залив
Bosporus [ˈbɔspərəs] пролив Босфор
Botany Bay [ˈbɔtəni ˈbei] залив Ботани-Бей
Bothnia, Gulf of [ˈgʌlf əv ˈbɔθniə] Ботнический залив
Bristol Channel [ˈbristl ˈtʃænl] Бристольский залив
Bungo Straight [buŋgou ˈstreit] пролив Бунго
Burgas, Gulf of [ˈgʌlf əv buəˈgaːs] Бургасский залив
Cadiz, Gulf of [ˈgʌlf əv kəˈdiz] Кадисский залив
California, Gulf of [ˈgʌlf əv ˌkæliˈfɔːnjə] Калифорнийский залив
Cambay, Gulf of [ˈgʌlf əv kæmˈbei] Камбейский залив
Cardigan Bay [ˈkaːdigən ˈbei] залив Кардиган
Carpentaria, Gulf of [ˈgʌlf əv ˌkaːpənˈteəriə] залив Карпентария
Cook Inlet [ˈkuk ˈinlet] залив Кука
Corinth, Gulf of [ˈgʌlf əv ˈkɔrinθ] Коринфский залив
Dardanelles [ˌdaːdəˈnəlz] пролив Дарданеллы
Denmark Strait [ˈdənmaːk ˈstreit] Датский пролив
Dmitri Laptev Strait [dəˈmiːtri ˈlaːptjəf ˈstreit] пролив Дмитрия Лаптева
Donegal Bay [ˈdɔniˌgɔːl ˈbei] залив Донегол
Dover, Strait of [ˈstreit əv ˈdouvə] Дуврский пролив
Finland, Gulf of [ˈgʌlf əv ˈfinlənd] Финский залив
Gabes, Galf of [ˈgʌlf əv ˈgaːbəs] залив Габес
Genoa, Gulf of [ˈgʌlf əv ˈdʒenənə] Генуэзский залив
Georgia, Strait of [ˈstreit əv ˈdʒɔːdʒjə] пролив Джорджия
Gibraltar, Strait of [ˈstreit əv dʒiˈbrɔːltə] Гибралтарский пролив
Great Belt [ˈgreit ˈbelt] пролив Большой Бельт
Guinea, Gulf of [ˈgʌlf əv ˈgini] Гвинейский залив
Hamilton Inlet [ˈhæmiltən ˈinlet] залив Гамильтон
Honduras, Gulf of [gʌlf əv hɔnˈdjuərəs] Гондурасский залив
Hudson Bay [ˈhʌdsn ˈbei] Гудзонов залив
Hudson Strait [ˈhʌdsn ˈstreit] Гудзонов пролив
Izmir, Gulf of [ˈgʌlf əv izˈmir] Измирский залив
Magellan, Strait of [ˈstreit əv məgelən] Магелланов пролив
Mannar, Gulf of [ˈgʌlf əv məˈnaː] Манарский пролив
Mexico, Gulf of [ˈgʌlf əv ˈmeksikou] Мексиканский залив
Napels, Bay of [ˈbei əv ˈneiplz] Неаполитанский залив
North Channel [ˈnɔːθ ˈtʃænl] Северный пролив
Panama, Gulf of [ˈgʌlf əv ˈpænəmaː] Панамский залив
Papua, Gulf of [ˈgʌlf əv ˈpæpjuə] залив Папуа
Pas de Calais [ˌpaːd kaːˈle] пролив Па-де-Кале
Persian Gulf [ˈpəːʃən ˈgʌlf] Персидский залив
Riga, Gulf of [ˈgʌlf əv ˈriːgə] Рижский залив
Saint George's Channel [seint ˈdʒɔːdʒiz ˈtʃænl] пролив Святого Георга
Saint Lawrence, Gulf of [ˈgʌlf əv seint ˈlɔːrəns] залив Святого Лаврентия
Juan de Fuca, Strait of [ˈstreit əv ˈhwaːn də ˈfuːkə] пролив Хуан-де-Фука
Kerch Strait [ˈkertʃ ˈstreit] Керченский пролив
La Manche [laː ˈmaːnʃ] пролив Ла-Манш
La Perouse [ˈlaːpəˌruːz] пролив Лаперуза
Torres Strait [ˈtɔːrəs ˈstreit] пролив Торреса
Valencia, Gulf of [ˈgʌlf əv vəˈlenʃiə] Валенсийский залив
Venice, Gulf of [ˈgʌlf əv ˈvenis] Венецианский залив

Реки

Adige [ˈaːdiʤe] Адидже
Amazon [ˈæməzən] Амазонка
Aldan [ʌlˈdaːn] Алдан
Amu Darya [aːˈmuːˌdaːrˈjaː] Амударья
Amur [aːˈmuə] Амур
Angara [ʌŋgʌˈraː] Ангара
Apalachicola [ˌæpəˌlætʃiˈkoulə] Апалачикола
Apure [aːˈpuːrei] Апуре
Araks [ʌˈraːks] Аракс
Argun [ˈaːˈguːn] Аргунь
Aruwimi [ˌaːruːˈwiːmi] Арувими
Benue [ˈbeinwei] Бенуэ
Bio-Bio [ˈbiːouˈbiːou] Био-Био
Brahmaputra [ˌbraːməˈpuːtrə] Брахмапутра
Bug [buːg] Буг
Clyde [ˈklaid] Клайд
Danube [ˈdænjuːb] Дунай
Desna [desˈnaː] Десна
Dnieper [ˈniːpə] Днепр
Dniester [ˈniːstə] Днестр
Don [dəːn] Дон
Euphrates [juːˈfreitiːz] Евфрат
Ganges [ˈgænʤiːr] Ганг
Han [haːn] Ханьшуй
Huai He [ˈhwaiˈhʌ] Хуанхе
Hudson [ˈhʌdsn] Гудзон
Indigirka [ˌindiˈgirkə] Индигирка
Irtish [irˈtiʃ] Иртыш
Kama [ˈkaːmə] Кама
Katun [ˈkʌˈtuːn] Катунь
Kuban [ˈkubaːn] Кубань
Kura [ˈkuˈraː] Кура
Lena [ˈljenə] Лена
Mississippi [ˌmisiˈsipi] Миссисипи
Missouri [miˈzuəri] Миссури
Moskva [mʌskvaː] Москва
Neman [ˈnemən] Неман
Neva [njeˈvaː] Нева
Nile [nail] Нил
Northern Dvina [ˈnɔːðnˌdviˈnaː] Северная Двина
Ob [əːpj] Обь
Odra [ˈɔːdraː] Одра
Oka [ʌˈkaː] Ока
Tuber [ˈtaibə] Тибр
Tisza [ˈtisə] Тиса
Ussuri [uːˈsuri] Уссури
White Nile [ˈwaitˈnail] Белый Нил

Озера

Alakol [aːləˈkəl] Алаколь
Albert, Lake [ˈleikˌælbət] Альберт
Amadeus, Lake [ˈleikˌæmɔˈdiːəs] Амадиес
Athabasca, Lake [ˈleikˌæθəˈbæskə] Атабаска
Baikal, Lake [ˈleikˌbaiˈkaːl] Байкал
Balaton [ˈbælətən] Балатон
Baskunchak [bʌskunˈtʃaːk] Баскунчак
Bohol [bəˈhɔːl] Бохоль
Chad, Lake [ˈleikˈtʃaːd] Чад
Champlain, Lake [ˈleikʃəmˈplein] Шамплейн
Chudskoye Ozero [ˈtʃuːtskəjəˈɔːzjirə] Чудское озеро
Geneva, Lake of [ˈleikəvʤiˈniːvə] Женевское озеро
Great Bear Lake [ˈgeitˈbɛəˈleik] Большое Медвежье озеро
Great Lakes [ˈgeitˈleiks] Великие озера
Great Salt Lake [ˈgeitˈsɔːltˈleik] Большое Соленое озеро
Ilmen [ˈlmən] Ильмень
Issyk Kul [ˈisikˈkəːl] Иссык-Куль
Ness, Loch [lɔhˈnes] Лохнесс
Onega [ʌnjegə] Онежское озеро
Ontario [ənˈteəriou] Онтарио
Kara Bogaz Gol [kaːˌraːˌbouˈaːzˌgəːl] Кара-Богаз-Гол
Khanka [ˈhaːŋkə] Ханка
Ladoga [ˈlaːdəgə] Ладожское озеро

Водопады

Angel Falls [ˈeinʤəlˈfɔːlz] Анхель
Aughrabies Falls [ouˈgraːbisˈfɔːlz] Ауграбис
Boyoma Falls [bɔiˈouməˈfɔːlz] Бойома
Livingstone Falls [ˈliviŋstənˈfɔːlz] водопады Ливингстона
Niagara Falls [naiˈægərəˈfɔːlz] Ниагарский водопад
Shashone Falls [ʃəˈʃouniˈfɔːlz] Шошони
Victoria Falls [vikˈtɔːriəˈfɔːlz] Виктория

Острова и полуострова

Aclins Island [ˈæklinz|ˈailənd] Аклинс
Adelaide Peninsula [ˈædleid|piˈninsjulə] полуостров Аделаида
Admiralty Island [ˈædmirəlti|ˈailənd] острова Адмиралтейства
Ahvenanman [ˈɑːhvenɑːn.mɑː] острова Ахвенанма
Aland Islands [ˈoulɑːnd|ˈailəndz] Аландские острова
Alaska Peninsula [əˈlæskə|piˈninsjulə] полуостров Аляска
Albemarbe Island [ˈælbimə|ˈailənd] остров Альбемар
Aldabra [ˈælˈdæbrə] острова Альдабра
Aleutians [əˈljuːʃəns] Алеутские острова
Alor [ˈɑːlɔː] остров Алор
Amirantes [ˈæmirænts] Амирантские острова
Andamans [ˈændəmənz] Андаманские острова
Andros [ˈændrəs] остров Андрос
Anguilla [æŋˈgwilə] остров Ангилья
Antarctic Peninsula [æntˈɑːktik|piˈninsjulə] Антарктический полуостров
Antigua [ænˈtiːgə] остров Антигуа
Antilles [ænˈtiliz] Антильские острова
Antipodes [ænˈtipədiːz] острова Антиподов
Apsheron [ʌpʃəˈrɔːn] Апшеронский полуостров
Arabian Peninsula [əˈreibjən|piˈninsjulə] Аравийский полуостров
Ascension Island [əˈsenʃən|ˈailənd] остров Вознесения
Asia Minor [ˈeiʃə|ˈmainə] полуостров Малая Азия
Auckland Islands [ˈɔːklənd|ˈailəndz] остров Оклэнд
Babuyan Islands [ˌbɑːbɑːˈjɑːn|ˈailəndz] остров Бабуян
Bagamas [bəˈhɑːməz] Багамские острова
Balearic Islands [ˌbæliˈærik|ˈailəndz] Балеарские острова
Bali [bɑːli] остров Бали
Balkan Peninsula [ˈbɔːlkən|piˈninsjulə] Балканский полуостров
Barbados [bɑːˈbeidouz] остров Барбадос
Barbuda [bɑːˈbuːdə] остров Барбуда
Barents Island [ˈbærənts|ˈailənd] остров Баренца
Bering Island [ˈberiŋ|ˈailənd] остров Беринга
Bermudas [bəˈmjuːdəz] Бермудские острова
Borneo [ˈbɔːniou] остров Борнео
Calabria [kəˈleibriə] полуостров Калабрия
Camau [kəˈmau] полуостров Камау
Canary Islands [kəˈneəri|ˈailəndz] Канарские острова
Capri [ˈkɑːpri] остров Капри
Cayman Islands [keiˈmæn|ˈailəndz] Каймановы острова
Channel Islands [ˈtʃænl|ˈailənd] Норманские острова
Christmas Island [ˈkrisməs|ˈailənd] остров Рождества
Chukotski Peninsula [tʃuˈkɔːtski|piˈninsjulə] Чукотский полуостров
Cocos Islands [ˈkoukəs|ˈailəndz] Кокосовые острова
Comoro Islands [ˈkəmərou|ˈailəndz] Коморские острова
Cook Islands [ˈkuk|ˈailəndz] острова Кука
Corfu [kɔːˈfuː] остров Корфу
Corsica [ˈkɔːsikə] остров Корсика
Crete [kriːt] остров Крит
Crimea, the [kraiˈmiːə] Крымский полуостров
Curacao [ˌkuərəˈsau] остров Кюрасао
Delos [ˈdiːləs] остров Делос
Dickson Island [ˈdiːksn|ˈailənd] остров Диксон
Easter Island [ˈiːster|ˈailənd] остров Пасхи
Elba [ˈelbə] остров Эльба
Faddeyevski [fʌˈdjeijəfski] остров Фаддеевский
Faerois [feərouz] Фарерские острова
Fiji [ˈfiːdʒi] острова Фиджи
Florida [ˈfloridə] полуостров Флорида
Folklend Islands [ˈfɔːklənd|ˈailəndz] Фолклендские острова
Formosa [fɔːˈmousə] остров Формоза
Frisian Islands [ˈfriʒən|ˈailəndz] Фризские острова
Galapagos Islands [gəˈlɑːpəgəs|ˈailəndz] Галапагосские острова
George Land [gəˈdʒɔːdʒ|ˈlænd] остров Земля Георга
Gozo [ˈɔːzɔː] остров Гозо
Greater Antilles [ˈgreitər|ænˈtiliz] Большие Антильские остова
Greater Sunda Isles [ˈgreitə|ˈsʌndə|ˈailz] Большие Зондские острова
Guadeloupe [ˈgwɔdluːp] остров Гваделупа
Hawaiian Islands [həˈwauən|ˈailəndz] Гавайские острова
Hebrides [ˈhebridiːz] Гебридские острова
Hindustan [ˌhinduˈstɑːn] полуостров Индостан
Hokkaido [hɔˈkaidou] остров Хоккайдо
Hondo [ˈhɔndou] остров Хондо
Honshu [ˈhɔnʃuː] остров Хонсю
Iberian Peninsula [aiˈbiəriən|piˈninsjulə] Пиренейский полуостров
Indo-China [ˈindəˈtʃainə] полуостров Индокитай
Ionian Islands [aiˈounjən|ˈailəndz] Ионические острова
Jersey [ˈdʒɔːzi] остров Джерси
Juan Fernandez [ˈdʒuːən|fəˈnændez] острова Хуан-Фернандес
Kamchatka [kʌmˈtʃɑːtkə] полуостров Камчатка

835

Kerch Peninsula [ˈkertʃpiˈninsjulə] Керченский полуостров
Kola Peninsula [ˈkɔːləpiˈninsjulə] Кольский полуостров
Komandorskie Islands [kəmʌnˈdəːrskijəˈailəndz] Командорские острова
Kuriles [kuːˈriːlz] Курильские острова
Lesbos [ˈlezbɔs] остров Лесбос
Lesser Antilles [ˈlesərænˈtiliz] Малые Антильские острова
Madiera [məˈdiərə] острова Мадейра
Majorca [məˈdʒɔːkə] остров Майорка
Malvinas Islands [maːlˈviːnaːsˈailəndz] Мальвинские острова
Mangyshlak [ˌmaːŋɡiʃˈlaːk] полуостров Мангышлак
Man, Isle of [ailəvˈmæn] остров Мэн
Manua Islands [məˈnuːəˈailəndz] острова Мануа
Marianas [ˌmeəriˈænəz] Марианские острова
Marshall Islands [ˈmaːʃəlˈailəndz] Маршалловы острова
Martinique [ˌmaːtiˈniːk] остров Мартиника
New Caledonia [njuːˌkæliˈdounjə] остров Новая Каледония
New Guinea [ˈnjuːˈɡini] остров Новая Гвинея
New Hebrides [ˈnjuːˈhebridiːz] острова Новые Гебриды
Nicobar Islands [ˈnikəbaːrˈailəndz] Никобарские острова

Pescadores [ˌpeskəˈdouris] Пескадорские острова
Philippines [ˈfilipiːnz] Филиппины (острова)
Princes Islands [ˈprinsizˈailəndz] Принцевы острова
Saint Helena [ˌseintheˈliːnə] остров Святой Елены
Samoa Island [səˈmouəˈailənd] остров Самоа
Santa Cruz Islands [ˌsæntəˈkruːzˈailəndz] острова Санта-Крус
Scandinavia [ˌskændiˈneivjə] Скандинавский полуостров
Shetland Islandz [ˈʃetləndˈailəndz] Шетландские острова
Sicily [ˈsisili] остров Сицилия
Sinai [ˈsainai] Синайский полуостров
Selland [ˈʃelaːn] остров Зеландия
Suth Orkneys [ˈsauθˈɔːkniz] Южные Оркнейские острова
Sunda Isles [ˈsʌndəˈailz] Зондские острова
Tahiti [təˈhiːti] остров Таити
Taiwan [taiˈwaːn] остров Тайвань
Tobago [təˈbeigou] остров Тобаго
Tsushima [ˈtsuːʃiːˌmaː] остров Цусима
Tubuai Islands [ˌtuːbuˈaiˈailəndz] острова Тубуаи
Vancouver Island [vænˈkuːvəˈailənd] остров Ванкувер
Virgin Islands [ˈvəːdʒinˈailəndz] Виргинские острова
Wales [weilz] полуостров Уэльс
Jucatan [juːkəˈtæn] полуостров Юкатан

Пустыни

Alashan [ˈaːlaːˈʃaːn] пустыня Алашань
An Nafud [ˌænnæˈfuːd] Большой Нефуд
Arabian Desert [əˈreibjənˈdezət] Аравийская пустыня
Atacama Desert [ˌaːtaːˈkaːmaːˈdezət] пустыня Атакама
Erg Chech [ˈerɡʃeʃ] пустыня Эрг-Шеш
Gibson Desert [ˈɡibsənˈdezət] пустыня Гибсона
Gobi, the [ˈɡoubi] пустыня Гоби
Great Victoria Desert [ˈɡreitvikˈtɔːriəˈdezət] Большая пустыня Виктория

Kalahari Desert [ˌkaːlaːhaːriˈdezət] пустыня Калахари
Kara Kum [ˌkaːraːˈkuːm] пустыня Каракумы
Kyzyl Kum [kiˈzilˈkuːm] пустыня Кызыл-Кум
Namib Desert [ˈnaːmibˈdezət] пустыня Намиб
Nubian Desert [ˈnjuːbiənˈdezət] Нубийская пустыня
Registan [ˌreiɡiˈstaːn] пустыня Регистан
Sahara [səˈhaːrə] пустыня Сахара
Syrian Desert [ˈsiriənˈdezət] Сирийская пустыня
Thar Desert [taːˈdezət] пустыня Тар

Горы и нагорья

Aconcagua [ˌækənˈkaːɡwə] Аконкагуа
Adirondack Mountains [ˌædiˈrɔndækˈmauntinz] горы Адирондак
Ahaggar Mountains [əˈhæɡəˈmauntinz] нагорье Ахаггар
Alaska Range [əˈlæskəˈreindʒ] Аляскинский хребет
Ala Tau [ˌaːlaːˈtau] Алатау (горные хребты)

Aldan Mountains [ʌlˈdaːnˈmauntinz] Алданское нагорье
Allegheny Mountains [æliˈɡeiniˈmauntinz] горы Аллеганы
Alps [ælps] горы Альпы
Altai [ʌlˈtai] горы Алтай
Andes [ˈændiːz] горы Анды

Anti-Lebanon [ˌænti'lebənən] горы Антиливан
Apennines ['æpənainz] горы Апеннины
Appalachian Mountains [ˌæpə'lætʃiən|'mauntinz] горы Аппалачи
Ararat ['ærəræt] гора Арарат
Athos ['æθɒs] гора Афон
Australian Alps [ɔːs'treiljən|'ælps] Австралийские Альпы
Abyssinian Highlands [ˌæbi'siniən|'hailəndz] Абиссинское нагорье
Balkan Mountains ['bɔːlkən|'mauntinz] Балканы
Ben Lomond [ben|'loumənd] горы Бен-Ломонд
Bernese Alps ['bəːniːz|'ælps] горы Бернские Альпы
Bernina [bə'niːnə] горный массив Бернина
Beskids ['beskidz] горы Бескиды
Blanc, Mont [ˌmɔːŋ|'blaːŋ] горный массив Монблан
Blue Mountains ['bluː|'mauntinz] Блу-Маунтинс
Cambian Mountains ['kæmbiən|'mauntinz] Кембрийские горы
Contabrian Mountains [kæn'teibriən|'mauntinz] Кантабрийские горы
Cariboo Mountains ['kæribuː|'mauntinz] горы Карибу
Carpathians [kaː'peiθiənz] Карпаты
Caucasus, the ['kɔːkəsəs] Кавказ
Chomolungma ['tʃoumou'luŋmaː] гора Джомолунгма
Cordilleras ['kɔːdil'jeərəs] Кордильеры (горная система)
Crimean Mountains [krai'miən|'mauntinz] Крымские горы
Ethiopian Highlands [ˌiːθi'oupjən|'hailəndz] Эфиопское нагорье
Everest, Mount ['maunt|'evərest] гора Эверест
Ghats ['gɔːts] горы Гаты
Great Basin ['greit|'beisn] нагорье Большой Бассейн
Helicon ['helikən] гора Геликон
High Tatra ['hai|'taːtrə] горы Высокие Татры
Iran, Plateau of ['plætou|əv|i'raːn] Иранское нагорье
Maritime Alps ['mæritaim|'ælps] Приморские Альпы
Nothern Highlands ['nɔːðn|'hailəndz] Северо-Шотландское нагорье
Pamir [pə'miə] Памир (горная система)
Parnassus [paː'næsəs] гора Парнас
Pennine Chain ['penain|'tʃein] Пеннинские горы
Pyrenees ['piəriniːz] Пиренеи
Rocky Mountains ['rɔki|'mauntinz] Скалистые горы
Tatra Mountains ['taːtrə|'mauntinz] горы Татры
Kara Dag [ˌkaːraː|'daː] хребет Карадаг
Karakoram Range [ˌkærə'kourəm|'reindʒ] горная система Каракорум
Kazbek [kʌz'bjek] гора Казбек
Kilimanjaro, Mount ['maunt|ˌkilimən'dʒaːrou] гора Килиманджаро
Western Ghats ['wəstən|'gɔːts] горы Западные Гаты
White Mountains ['wait|'mauntinz] горы Уайт-Маунтинс

Вулканы

Citlaltepetl [siˌtlaːl'teiˌpetl] Ситлальтепетль
Colima [kou'liːmaː] Колима
Cotopaxi [ˌkoutou'pæksi] Котопахи
Etna ['etnə] Этна
Fujiyama ['fuːdʒi'jaːmə] Фудзияма
Grand Falls ['grænd|'fɔːlz] Гранд-Фолс
Irazu ['iːraːsuː] Ирасу
Krakatau [ˌkraːkə'tau] Кракатау
Popocatepetl [ˌpupəˌkætə'petl] Попокатепетль
Tajumulco [taːhuː'muːlkə] Тахумулько
Vesuvius [vi'sjuːviəs] Везувий

Знаки Зодиака

Aquarius [ə'kweəriəs] Водолей
Pisces ['pisiːz] Рыбы
Aries ['eəriːz] Овен
Taurus ['tɔːrəs] Телец
Gemini ['dʒeminai] Близнецы
Cancer ['kænsə] Рак
Leo ['liː(ː)ou] Лев
Virgo ['vəːgou] Дева
Libra ['laibrə] Весы
Scorpio ['skɔːpiou] Скорпион
Sagittarius [ˌsædʒi'teəriəs] Стрелец
Capricorn ['kæprikɔːn] Козерог

Денежные единицы

Название страны		Денежная единица		Разменная монета	
Afganistan	Афганистан	afgani	афгани	pul	пул
Albania	Албания	lek	лек	qintar	киндарка
Algeria	Алжир	Algerian dinar	алжирский динар	centime	сантим
Angola	Ангола	kwanza	кванза	lwei	лвей
Argentina	Аргентина	peso	песо	centavos	сентаво
Australia	Австралия	Australian dollar	австралийский доллар	cent	цент
Austria	Австрия	euro	евро	euro cent	евроцент
Bahamas	Багамы	Bahamian dollar	багамский доллар	cent	цент
Bahrain	Бахрейн	Bahrain dinar	бахрейнский динар	fils	филс
Bangladesh	Бангладеш	taka	така	paisa	пайса
Barbados	Барбадос	Barbados dollar	барбадосский доллар	cent	цент
Belgium	Бельгия	euro	евро	euro cent	евроцент
Benin	Бенин	CFA franc	франк КФА	centime	сентиме
Bermuda	Бермуды	Bermuda dollar	бермудский доллар	cent	цент
Bhutan	Бутан	ngultrum	нгултрум	chetrum	четрум
Bolivia	Боливия	boliviano	боливиано	centavo	сентаво
Botswana	Ботсвана	pula	пула	thebe	тхебе
Brazil	Бразилия	real	реал	centavo	сентаво
Brunei	Бруней	Brunei dollar	брунейский доллар	sen	сен
Bulgaria	Болгария	lev	лев	stotinka	стотинка
Burkina Faso	Буркина-Фасо	CFA franc	франк КФА	centime	сентиме
Burundi	Бурунди	Burundi franc	франк Бурунди	centime	сентиме
Cambodia	Камбоджа	riel	риель	baiza	байза
Cameroon	Камерун	CFA franc	франк КФА	centime	сентиме

Название страны		Денежная единица		Разменная монета	
Canada	Канада	Canadian dollar	канадский доллар	cent	цент
Central African Republic	Центрально-африканская Республика	CFA franc	франк КФА	centime	сентиме
Chad	Чад	CFA franc	франк КФА	centime	сентиме
Chile	Чили	Chilean peso	чилийское песо	centavo	сентаво
China	Китай	yuan	юань	jiao	цзяо
Colombia	Колумбия	Colombian peso	колумбийское песо	centavo	сентаво
Comoros	Коморские острова	Comoros franc	франк Коморских островов	нет разменной монеты	
Congo	Конго	CFA franc	франк КФА	centime	сентиме
Costa Rica	Коста-Рика	Costa Rican colon	колон	centimo	сентимо
Cuba	Куба	Cuban peso	кубинское песо	centavo	сентаво
Cyprus	Кипр	Cyprus pound	кипрский фунт	cent	цент
Czech Republic	Чехия	koruna	чешская крона	haleru	геллер
Côte d`Ivore	Кот-д`Ивуар	CFA franc	франк КФА	centime	сентиме
Denmark	Дания	Danish krone	датская крона	ore	эре
Djibouti	Джибути	Djibouti franc	франк Джибути	centime	сентиме
Dominican Republic	Доминиканская республика	Dominican Republic peso	доминиканское песо	centavo	сентаво
Ecuador	Эквадор	sucre	сукре	centavo	сентаво
Egypt	Египет	Egyptian pound	египетский фунт	piastre	пиастр
El Salvador	Сальвадор	Salvadorean colon	сальвадорский колон	centavo	сентаво
Equatorial Guinea	Экваториальная Гвинея	CFA franc	франк КФА	centime	сентиме
Ethiopia	Эфиопия	birr	быр	cent	цент
Fiji	Фиджи	Fiji dollar	доллар Фиджи	cent	цент
Finland	Финляндия	euro	евро	euro cent	евроцент

Название страны		Денежная единица		Разменная монета	
France	Франция	euro	евро	euro cent	евроцент
French Polynesia	Французская Полинезия	CFA franc	франк КФА	centime	сентиме
Gabon	Габон	CFA franc	франк КФА	centime	сентиме
Gambia	Гамбия	dalasi	даласи	bututs	бутут
Germany	Германия	euro	евро	euro cent	евроцент
Ghana	Гана	cedi	седи	pesewas	песева
Great Britain	Великобритания	pound sterling	фунт стерлингов	pence	пенс
Greece	Греция	euro	евро	euro cent	евроцент
Grenada	Гренада	East caribbean dollar	восточно-карибский доллар	cent	цент
Guatemala	Гватемала	quetzal	кетсаль	centavos	сентаво
Guinea	Гвинея	Guinea franc	гвинейский франк	cent	цент
Guinea-Bissau	Гвинея-Бисау	Guinea peso	песо Гвинеи-Бисау	centavo	сентаво
Guyana	Гайана	Guyana dollar	гайанский доллар	centimos	сантим
Haiti	Гаити	gourde	гурд	centime	сантим
Honduras	Гондурас	lempira	лемпира	centavo	сентаво
Hong Kong	Гонконг	Hong kong dollar	гонконгский доллар	cent	цент
Hungary	Венгрия	forint	форинт	filler	филлер
Iceland	Исландия	krona	исландская крона	aurar	эйре
India	Индия	Indian rupee	индийская рупия	paise	пайса
Indonesia	Индонезия	Indonesian rupee	индонезийская рупия	sen	сен
Iran	Иран	Iranian rial	иранский риал	dinar	динар
Iraq	Ирак	Iraqi dinar	иракский динар	fils	филс
Ireland	Ирландия	euro	евро	euro cent	евроцент

Название страны		Денежная единица		Разменная монета	
Israel	Израиль	shekel	шекель	agorot	агорот
Italy	Италия	euro	евро	euro cent	евроцент
Jamaica	Ямайка	Jamaican dollar	ямайский доллар	cent	цент
Japan	Япония	jen	иена	sen	сен
Jordan	Иордания	Jordanian dinar	иорданский динар	fils	филс
Kenya	Кения	Kenya shilling	кенийский шиллинг	cent	цент
Kuwait	Кувейт	Kuwaiti dinar	кувейтский динар	fils	филс
Laos	Лаос	kip	кип	at	ат
Lebanon	Ливан	Lebanese pound	ливанский динар	piastre	пиастр
Lesotho	Лесото	loti	лоти	licente	лисенте
Liberia	Либерия	Liberian dollar	либерийский доллар	cent	цент
Luxembourg	Люксембург	euro	евро	euro cent	евроцент
Macao	Макао	pataca	патака	avos	аво
Madagascar	Мадагаскар	Malagasy franc	малагасийский франк	centimo	сентимо
Malawi	Малави	kwacha	малавийская квача	tambala	тамбала
Malaysia	Малайзия	ringgit	ринггит	sen	сен
Maldives	Мальдивские острова	rufiya	руфия	нет разменной монеты	
Mali	Мали	CFA franc	франк КФА	centime	сентиме
Malta	Мальта	Maltese lira	мальтийская лира	cent	цент
Mauritania	Мавритания	onguiya	угия	khoums	хумса
Mauritius	Маврикий	Mauritian rupee	маврикийская рупия	cent	цент
Mexico	Мексика	Mexican peso	мексиканское песо	centavo	сентаво
Mongolia	Монголия	tugrik	тугрик	mongo	мунгу

Название страны		Денежная единица		Разменная монета	
Morocco	Марокко	Moroccan dirham	марокканский дирхам	centime	сантим
Mozambique	Мозамбик	metical	метикаль	centavo	сентаво
Nepal	Непал	Nepalese rupee	непальская рупия	paisa	пайса
Netherlands	Нидерланды	euro	евро	euro cent	евроцент
New Caledonia	Новая Каледония	CFA franc	франк КФА	centime	сентиме
New Zealand	Новая Зеландия	New Zealand dollar	новозеландский доллар	cent	цент
Nicaragua	Никарагуа	cordoba	кордоба	centavo	сентаво
Niger	Нигер	CFA franc	франк КФА	centime	сентиме
Nigeria	Нигерия	naira	найра	kobo	кобо
Norway	Норвегия	Norwegian krone	норвежская крона	ore	эре
Pakistan	Пакистан	Pakistan rupee	пакистанская рупия	paisa	пайса
Panama	Панама	balboa	бальбоа	centesimo	сентесимо
Papua New Guinea	Папуа-Новая Гвинея	kina	кина	toea	тойя
Paraguay	Парагвай	guarani	гварани	centimos	сантим
Peru	Перу	sol	сол	centimo	сентимо
Philippines	Филиппины	Philippine peso	филиппинское песо	centavo	сентаво
Poland	Польша	zloty	злотый	groszy	гроши
Portugal	Португалия	euro	евро	euro cent	евроцент
Republic of Korea	Корея	won	вона	chen	чон
Republic of South Africa	ЮАР	rand	ранд	cent	цент
Russia	Россия	ruble	рубль	kopeika	копейка
Rwanda	Руанда	Rwanda franc	руандийский франк	centime	сентим
Saudi Arabia	Саудовская Аравия	Saudi riyal	риал Саудовской Аравии	sen	сен

Название страны		Денежная единица		Разменная монета	
Senegal	Сенегал	CFA franc	франк КФА	нет разменной монеты	
Seychelles	Сейшельские острова	Seychelles rupee	сейшельская рупия	cent	цент
Sierra Leone	Сьерра-Леоне	leone	леоне	cent	цент
Singapore	Сингапур	Singapore dollar	сингапурский доллар	cent	цент
Slovakia	Словакия	koruna	словацкая крона	haleru	геллер
Slovenia	Словения	tolar	толар	нет разменной монеты	
Somalia	Сомали	Somali shilling	сомалийский шиллинг	cent	цент
Spain	Испания	euro	евро	euro cent	евроцент
Sri Lanka	Шри-Ланка	Sri Lanka rupee	рупия Шри-Ланки	cent	цент
Sudan	Судан	Sudanese pound	суданский фунт	piastre	пиастр
Swaziland	Свазиленд	lilangeni	лилангени	cent	цент
Sweden	Швеция	Swedish krona	шведская крона	ore	эре
Switzerland	Швейцария	Swiss franc	швейцарский франк	centime	сентиме
Syria	Сирия	Syrian pound	сирийский фунт	piastre	пиастр
Taiwan	Тайвань	New Taiwan dollar	новый тайваньский доллар	cent	цент
Tanzania	Танзания	Tanzanian shilling	танзанийский шиллинг	cent	цент
Thailand	Таиланд	baht	бат	satang	сатанг
Togo	Того	CFA franc	франк КФА	centime	сентиме
Tonga	Тонга	Pa`anga	паанга	seniti	сенити
Tunisia	Тунис	Tunisian dinar	тунисский динар	millimes	миллим
Turkey	Турция	Turkish lira	турецкая лира	kutus	кутус
Uganda	Уганда	Uganda shilling	угандийский шиллинг	cent	цент

Название страны		Денежная единица		Разменная монета	
United Arab Emirates	Объединенные Арабские Эмираты	UAE dirham	дирхам ОАЭ	fils	филс
Uruguay	Уругвай	Uruguayan peso	уругвайское песо	centesimo	сентесимо
US	США	US dollar	доллар США	cent	цент
Vietnam	Вьетнам	dong	донг	hao	хао
Western Samoa	Западное Самоа	tala	тала	sene	сене
Yemen	Йемен	Yemeni riyal	йеменский реал	fils	филс
Yugoslavia	Югославия	dinar	югославский динар	para	пара
Zaire	Заир	zaire	заир	makuta	макута
Zambia	Замбия	Zambian Kwacha	замбийская квача	ngwee	нгве
Zimbabwe	Зимбабве	Zimbabwe dollar	доллар Зимбабве	cent	цент

Страны Еврозоны

Austria	[ˈɔːstriə]	Австрия
Belgium	[ˈbelʤəm]	Бельгия
Finland	[ˈfinlənd]	Финляндия
France	[frɑːns]	Франция
Germany	[ˈʤəːməni]	Германия
Greece	[griːs]	Греция
Ireland	[ˈaiələnd]	Ирландия
Italy	[ˈitəli]	Италия
Luxemburg	[ˈlʌksəmbəːg]	Люксембург
Netherlands	[ˈneðələndz]	Нидерланды
Portugal	[ˈpɔrtugəl]	Португалия
Spain	[ˈspein]	Испания

Количественные числительные

zero [ˈzɪərou] ноль
one [wʌn] один
two [tuː] два
three [θriː] три
four [fɔː] четыре
five [faɪv] пять
six [sɪks] шесть
seven [sevn] семь
eight [eɪt] восемь
nine [naɪn] девять
ten [ten] десять
eleven [ɪˈlevn] одиннадцать
twelve [twelv] двенадцать
thirteen [ˈθəːˈtiːn] тринадцать
fourteen [ˈfɔːˈtiːn] четырнадцать
fifteen [ˈfɪfˈtiːn] пятнадцать
sixteen [ˈsɪksˈtiːn] шестнадцать
seventeen [ˈsevnˈtiːn] семнадцать
eighteen [ˈeɪˈtiːn] восемнадцать
nineteen [ˈnaɪnˈtiːn] девятнадцать
twenty [ˈtwentɪ] двадцать
twenty one [ˈtwentɪˈwʌn] двадцать один
thirty [ˈθəːtɪ] тридцать
forty [ˈfɔːtɪ] сорок
fifty [ˈfɪftɪ] пятьдесят
sixty [ˈsɪkstɪ] шестьдесят
seventy [ˈsevntɪ] семьдесят
eighty [ˈeɪtɪ] восемьдесят
ninety [ˈnaɪntɪ] девяносто
one hundred [ˈwʌnˈhʌndrəd] сто
one hundred and one [ˈwʌnˈhʌndrədənˈwʌn] сто один
two hundred [ˈtuːˈhʌndrəd] двести
one thousand [ˈwʌnˈθauzənd] тысяча
ten thousand [ˈtenˈθauzənd] десять тысяч
one hundred thousand [ˈwʌnˈhʌndrədˈθauzənd] сто тысяч
one million [ˈwʌnˈmɪljən] миллион
one milliard [ˈwʌnˈmɪljɑːd] миллиард

Порядковые числительные

first [fəːst] первый
second [ˈsekənd] второй
third [θəd] третий
fourth [fɔːθ] четвертый
fifth [fɪfθ] пятый
sixth [sɪksθ] шестой
seventh [sevnθ] седьмой
eighth [eɪtθ] восьмой
ninth [naɪnθ] девятый
tenth [tenθ] десятый
eleventh [ɪˈlevnθ] одиннадцатый
twelfth [twelfθ] двенадцатый
thirteenth [ˈθəːˈtiːnθ] тринадцатый
fourteenth [ˈfɔːˈtiːnθ] четырнадцатый
fifteenth [ˈfɪfˈtiːnθ] пятнадцатый
sixteenth [ˈsɪksˈtiːnθ] шестнадцатый
seventeenth [ˈsevnˈtiːnθ] семнадцатый
eighteenth [ˈeɪˈtiːnθ] восемнадцатый
nineteenth [ˈnaɪnˈtiːnθ] девятнадцатый
twentieth [ˈtwentɪθ] двадцатый
twenty-first [ˈtwentɪˈfəːst] двадцать первый
thirtieth [ˈθəːtɪθ] тридцатый
fortieth [ˈfɔːtɪθ] сороковой
fiftieth [ˈfɪftɪθ] пятидесятый
sixtieth [ˈsɪkstɪθ] шестидесятый
seventieth [ˈsevntɪθ] семидесятый
eightieth [ˈeɪtɪθ] восьмидесятый
ninetieth [ˈnaɪntɪθ] девяностый
one hundredth [ˈwʌnˈhʌndrədθ] сотый
one thousandth [ˈwʌnˈθauzəndθ] тысячный
ten thousandth [ˈtenˈθauzəndθ] десятитысячный
one hundred thousandth [ˈwʌnˈhʌndrədˈθauzəndθ] стотысячный
one millionth [ˈwʌnˈmɪljənθ] миллионный

Дроби

a half [əˈhɑːf] одна вторая
a third [əˈθəːd] одна треть
a quarter [əˈkwɔːtə] одна четверть
a twentieth [əˈtwentɪθ] одна двадцатая
one and a half [ˈwʌnəndəˈhɑːf] одна целая и одна вторая
three quarters [ˈθriːˈkwɔːtəz] три четверти

Меры длины

length [lenθ] длина
distance [ˈdɪstəns] расстояние
meter [ˈmiːtə] метр
kilometer [ˈkɪlouˌmiːtə] километр
mile [maɪl] миля
sea mile [ˈsiːˈmaɪl] морская миля
inch [ɪntʃ] дюйм

Дни недели и праздники

Sunday [ˈsʌndɪ] воскресенье
Monday [ˈmʌndɪ] понедельник
Tuesday [ˈtjuːdɪ] вторник
Wednesday [ˈwenzdɪ] среда
Thursday [ˈθəːzdɪ] четверг
Friday [ˈfraɪdɪ] пятница
Saturday [ˈsætədɪ] суббота
working day [ˈwəːkɪŋˈdeɪ] рабочий день
holiday [ˈhɔlədɪ] праздник
Easter [ˈiːstə] Пасха
Whitsunday [ˈwɪtˈsʌndɪ] Троица
Christmas [ˈkrɪstməs] Рождество
New Year [ˈnjuːˈjɪə] Новый год
Birthday [ˈbəːθdeɪ] День рождения

Месяцы и времена года

January [ˈdʒænjuərɪ] январь
February [ˈfebruərɪ] февраль
March [maːtʃ] март
April [ˈeɪprɪl] апрель
May [meɪ] май
June [dʒuːn] июнь
July [dʒu(ː)ˈlaɪ] июль
August [ˈɔːgəst] август
September [sepˈtembə] сентябрь
October [ɔkˈtoubə] октябрь
November [nouˈvembə] ноябрь
December [dɪˈsembə] декабрь
monthly [ˈmʌnθlɪ] ежемесячный
spring [sprɪŋ] весна
summer [ˈsʌmə] лето
autumn [ˈɔːtəm] осень
winter [ˈwɪntə] зима
yearly [ˈjɪəlɪ] ежегодный
of many years [əvˈmænɪˈjɪə] долголетний
long-standing [ˈlɔŋˈstændɪŋ] долголетний
quarter [ˈkwɔːtə] квартал
leap-year [ˈliːpˈjɪə] високосный год
century [ˈsentʃurɪ] столетие; век

Квадратные меры

area [ˈeərɪə] площадь
square decimeter [ˈskweəˈdesɪˌmiːtə] квадратный дециметр
acre [ˈeɪkə] акр
hectare [ˈhektaː] гектар
ton [tʌn] тонна
ounce [auns] унция
half an ounce [ˈhaːfənˈauns] лот

День и время дня

the day before yesterday [ðəˈdeɪbɪˈfɔːˈjestədɪ] позавчера
yesterday [ˈjestədɪ] вчера
today [təˈdeɪ] сегодня
tomorrow [təˈmɔrou] завтра
the day after tomorrow [ðəˈdeɪˈaːftətəˈmɔrou] послезавтра
morning [ˈmɔːnɪŋ] утро
in the morning [ɪnðəˈmɔːnɪŋ] утром
midday [ˈmɪddeɪ] полдень

noon [nu:n] полдень
afternoon [ˈɑːftəˈnuːn] после обеда; пополудни
evening [ˈiːvnɪŋ] вечер
eve [iːv] канун
in the evening [ɪnðəˈiːvnɪŋ] вечером
night [naɪt] ночь
at night [ətˈnaɪt] ночью
midnight [ˈmɪdnaɪt] полночь
at midnight [ətˈmɪdnaɪt] в полночь

at daytime [ətˈdeɪtaɪm] днем
daily [ˈdeɪlɪ] днем; ежедневно
every day [ˈevrɪˈdeɪ] ежедневно; каждый день
to dawn [tuˈdɔːn] светать
to get dark [tuˈgetˈdɑːk] смеркаться
twilight [ˈtwaɪlaɪt] сумерки
semi-darkness shade [ˌsemɪˈdɑːknɪsˈʃeɪd] полумрак
decade [ˈdekeɪd] декада

Породы собак

German Shepherd dog [ˈdʒɜːmənˈʃepəd.dɔg] овчарка
St. Bernard [ˌsəntbəˈnɑː] сенбернар
Bulldog [ˈbuldɔg] бульдог
Fox Terrier [ˈfɔksˌterɪə] фокстерьер
Russian Black Terrier [ˈrʌʃənˈblækˌterɪə] черный терьер
Poodle [puːdl] пудель

Boxer [ˈbɔksə] боксер
Scottish Terrier [ˈskɔtɪʃˌterɪə] скотч-терьер (шотландский терьер)
Greyhound [ˈgreɪhaund] борзая
Setter [ˈsetə] сеттер
Yorkshire Terrier [ˈjɔːkʃɪəˌterɪə] йоркширский терьер

Линейные меры

1 league — лига = 4,83 км
1 mile — миля = 1,609 км
1 chain — чейн = 20,12 м
1 rod — род = 5,03 м
1 fathom — фатом, морская сажень = 1,83 м
1 yard — ярд = 91,44 см
1 foot — фут = 30,48 см

1 pace — пейс = 76,2 см
1 span — спен = 22,86 см
1 link — линк = 20 см
1 inch — дюйм = 2,54 см
1 line — линия = 2,1 мм
1 point — точка = 0,351 мм
1 mil — мил = 0,025 мм

Шалаева Галина Петровна

БОЛЬШОЙ СОВРЕМЕННЫЙ АНГЛО-РУССКИЙ СЛОВАРЬ С ТРАНСКРИПЦИЕЙ

Редактор *Е. Коровкина*
Верстка *С. Васильева, Е. Вараевой*
Корректор (английский текст) *Е. Коровкина*
Корректор (русский текст) *В. Славкин*
Обложка выполнена отделом дизайна ФО «СЛОВО»

Налоговая льгота — общероссийский классификатор продукции
ОК-005-93, том 2; 953000 — книги, брошюры

ООО «Филологическое общество «СЛОВО»
Лицензия ЛР № 061646 от 05.12.97
121357, Москва, ул. Ватутина, 13, к. 1
e-mail: slovo@df.ru; www.slovobook.ru

ООО «Издательство «Эксмо».
127299, Москва, ул. Клары Цеткин, д. 18/5. Тел.: 411-68-86, 956-39-21.
Home page: www.eksmo.ru   E-mail: info@eksmo.ru

Книжные магазины изд-ва «Филол. о-во «СЛОВО» (в Москве):
Ватутина ул., 13, к. 1 (м. «Кунцевская»), т. 444-40-10
Доватора ул., 6/6, к. 8, стр. 3 (м. «Спортивная»), т. 248-39-24
Ленинский пр-т, 148 (м. «Юго-Западная»), т. 433-66-66
Чертановская ул., 45а, к.1 (м. «Чертановская»)
Шипиловский пр-д, 39, к. 1 (м. «Орехово»), т. 343-44-37
Тихвинская ул., 17, стр. 1 (м. «Савеловская»), т. 978-08-85
2-я Пугачевская, 10, к. 1 (м. «Преображенская»)

Интернет-магазин изд-ва «Филол. о-во «СЛОВО» (в Москве):
http:\\www.slovobook.ru

Оптовая торговля книгами «Эксмо»:
ООО «ТД «Эксмо». 142702, Московская обл., Ленинский р-н, г. Видное,
Белокаменное ш., д. 1, многоканальный тел. 411-50-74.
E-mail: **reception@eksmo-sale.ru**
По вопросам приобретения книг «Эксмо» зарубежными оптовыми покупателями обращаться в отдел зарубежных продаж ООО «ТД «Эксмо»
E-mail: **foreignseller@eksmo-sale.ru**
International Sales: For Foreign wholesale orders, please contact International Sales Department at **foreignseller@eksmo-sale.ru**
По вопросам заказа книг «Эксмо» в специальном оформлении обращаться в отдел корпоративных продаж ООО «ТД «Эксмо» E-mail: **project@eksmo-sale.ru**
Оптовая торговля бумажно-беловыми и канцелярскими товарами для школы и офиса «Канц-Эксмо»: Компания «Канц-Эксмо»: 142700, Московская обл., Ленинский р-н, г. Видное-2, Белокаменное ш., д. 1, а/я 5. Тел./факс +7 (495) 745-28-87 (многоканальный). e-mail: **kanc@eksmo-sale.ru**, сайт: **www.kanc-eksmo.ru**

Подписано в печать 23.08.2007. Формат 84х90 $^{1}/_{16}$. Усл. печ. л. 89,04.
Тираж 5000 экз. Заказ № 3396.

Отпечатано с электронных носителей издательства.
ОАО "Тверской полиграфический комбинат". 170024, г. Тверь, пр-т Ленина, 5.
Телефон: (4822) 44-52-03, 44-50-34, Телефон/факс (4822)44-42-15
Home page - www.tverpk.ru Электронная почта (E-mail) - sales@tverpk.ru